Handbuch der Politischen Philosophie und Sozialphilosophie
Band 1

Handbuch der Politischen Philosophie und Sozialphilosophie

Herausgegeben von
Stefan Gosepath, Wilfried Hinsch und Beate Rössler

in Zusammenarbeit mit
Robin Celikates und Wulf Kellerwessel

Band 1
A–M

W DE G

♾ Gedruckt auf säurefreiem Papier
das die US-ANSI-Norm über Haltbarkeit erfüllt.

ISBN 978-3-11-017408-3

Bibliografische Information der Deutschen Nationalbibliothek

Die Deutsche Nationalbibliothek verzeichnet diese Publikation in der Deutschen Nationalbibliografie; detaillierte bibliografische Daten sind im Internet über http://dnb.d-nb.de abrufbar.

Printed in Germany

Layout und Satz: Dörlemann Satz, Lemförde
Einbandgestaltung: Martin Zech, Bremen
Druck und buchbinderische Verarbeitung: Hubert & Co. GmbH & Co. KG, Göttingen

Vorwort

Das Handbuch der Politischen Philosophie und Sozialphilosophie (HPPS) soll für den deutschsprachigen Raum eine bisher so noch nicht vorhandene, umfassende, differenzierte und wissenschaftlich verlässliche Darstellung der gegenwärtigen Politischen Philosophie und Sozialphilosophie bieten. Das Handbuch zielt daher auf die möglichst übersichtliche und eingehende, gleichwohl kompakte Darstellung des vorliegenden Wissensstoffs dieser beiden zusammenhängenden Sachgebiete in alphabetischer Anordnung. Erstrebt ist die Zusammenstellung wissenschaftlicher Einzelerkenntnisse, Fragestellungen und Probleme sowie ihre Einordnung in einen größeren Zusammenhang. Das Handbuch greift weit über den Bereich der Politischen Philosophie und Sozialphilosophie im engeren Sinne hinaus und berücksichtigt, wo nötig, relevante Themen der Praktischen Philosophie im weiteren Sinn. Doch auch über den Bereich der Philosophie hinaus werden Fragestellungen, Methoden und Ergebnisse benachbarter und sachlich einschlägiger Einzelwissenschaften aufgenommen: der Sozial- und Rechtswissenschaften ebenso wie der empirischen Humanwissenschaften und der Natur- und Technikwissenschaften.

Der Schwerpunkt des inhaltlichen Aufbaus der Handbuchartikel liegt auf der Exposition von Sachproblemen, Methoden und theoretischen Ansätzen. Dabei wird die systematische Darstellung jedoch durch die nötigen historischen, insbesondere begriffs- und ideengeschichtlichen Ausführungen ergänzt. Die Artikel sollen als Sachartikel ein Höchstmaß an Informationen vermitteln. Diese Informationen sollten für alle an der Philosophie Interessierten aus sich heraus verständlich sein.

Der Form nach ist das Handbuch der Politischen Philosophie und Sozialphilosophie ein nach Lemmata alphabetisch geordnetes lexikalisches Nachschlagewerk. Begriffe, Themen und Probleme, denen kein eigener Artikel gewidmet ist, werden im jeweiligen Kontext erfasst und unter dem entsprechenden Lemma behandelt. Die Lemmata sind dabei so angelegt, dass sie systematisch einen thematischen Bereich erschließen, der seinerseits auch noch einmal durch ein erschöpfendes Sach- und Personenregister zugänglich gemacht ist. Die Einträge sind dabei so konzise wie möglich und so ausführlich wie nötig. Unter 1. findet sich eine definitorische Bestimmung des Begriffs sowie ein einleitender Überblick; unter 2. eine knappe Problem- und Begriffsgeschichte; und unter 3. der Stand der systematischen Diskussion. Die Nennung der wichtigsten Forschungsliteratur unter 4. ermöglicht eine schnelle Vertiefung der Auseinandersetzung mit dem entsprechenden Thema.

Neben Einträgen zu Sachthemen enthält das Handbuch der Politischen Philosophie und Sozialphilosophie auch Einträge zu Personen. In erster Linie wurden Personeneinträge zu historisch bedeutenden Figuren aufgenommen, da wichtige Theorien in den Lemmata behandelt werden und nicht primär in den Personeneinträgen. Unter 1. findet sich hier ein biographischer Abriss, unter 2. die Entwicklung des Werkes, unter 3. die Nennung der systematisch zentralen Positionen sowie unter 4. die einschlägige Literatur.

Die beabsichtigte Funktion eines umfassenden Nachschlagewerkes erfüllt das Handbuch sowohl durch die alphabetische Einteilung als auch durch ein vorangestelltes Verzeichnis aller Lemmata und das Sach- und Personenregister.

Das Handbuch der Politischen Philosophie und Sozialphilosophie richtet sich an die an politisch-sozialen Themen interessierte akademische und nicht-akademische Öffentlichkeit. Für die akademische Lehre und Forschung soll das Handbuch als Nachschlagewerk und als Quelle für knappe Einführungen in den reichen gegenwärtigen Stand der Theoriebildung in der Politischen Philosophie und Sozialphilosophie dienen. Der interessierten Öffentlichkeit in Politik, Verwaltung und Publizistik soll es Informationen darüber bieten, in welchen Weisen die Politische Philosophie und die Sozialphilosophie zum Verständnis und zur Lösung gegenwärtiger gesellschaftlicher Probleme beitragen können. Darüber hinaus hoffen wir, dass das Handbuch zu einem Standardwerk wird, das seinen Platz in allen öffentlichen, wissenschaftlichen Bibliotheken und politisch orientierten Arbeitsstellen findet.

Der Entstehungsprozess des Handbuchs gestaltete sich sehr viel länger und komplizierter, als wir uns dies gewünscht und erwartet hätten. Einige der Autorinnen und Autoren hielten sich pflichtbewusst an die ersten vorgesehenen Abgabetermine, andere nicht. Vor allem aber haben Universitätswechsel der Herausgeber und die damit verbundenen Wechsel in der Redaktion zu manchmal langen Verzögerungen geführt, so dass nun einige der Beiträge schon längere Zeit auf unseren Schreibtischen warten mussten. Allen Autorinnen und Autoren schulden wir großen Dank für ihre Mitarbeit, ihre Geduld und ihr Verständnis für die redaktionelle Bearbeitung ihrer Texte. Wir hoffen, dass sie mit dem Ergebnis ebenso zufrieden sind wie wir.

Danken wollen wir auch den Mitarbeiterinnen und Mitarbeitern, ganz besonders Anne Leist, Nil Berber und Christian Müller aus Saarbrücken, Anna Bouffier und Tanja Munk aus Aachen sowie Christoph Broszies, Christina Müller, Peter Arnhold und vor allem Valentin Beck aus Bremen für ihre unermüdliche Bereitschaft, Texte zu korrigieren, Bibliographien zu ergänzen und dabei immer die Übersicht zu behalten. Zudem danken wir der Fritz Thyssen Stiftung für Wissenschaftsförderung für die finanzielle Unterstützung.

Danken wollen wir schließlich dem Verlag Walter de Gruyter und vor allem Gertrud Grünkorn, ohne deren Langmut und Ermutigungen unser Handbuch sicher nicht zu einem solch guten Abschluss gekommen wäre, sowie Christoph Schirmer für die gute Zusammenarbeit.

Stefan Gosepath, Wilfried Hinsch und Beate Rössler sowie Robin Celikates und Wulf Kellerwessel

Inhaltsverzeichnis

Band 1

Band 2

A

Abstimmungsverfahren

1.
Der Terminus »Abstimmungsverfahren« wird im zweifachen Sinne verwendet: Zum einen bezeichnet er im Sinne der Theorie der Demokratie ein Verfahren zur Mandatsverteilung bei Parlamentswahlen (Mandatsverteilungsverfahren). Zum anderen benennt er im Sinne der *Public Choice Theory* ein Verfahren zur Durchführung und Bewertung von Abstimmungen. »Abstimmung« im hier intendierten Sinne bezeichnet die Stellungnahme einer Personengesamtheit, die der gemeinsamen Willensbildung dient.

2.
Abstimmungen mit einfacher Mehrheit sind in der Antike im Zusammenhang mit republikanischen oder demokratischen Verfassungen überliefert. Theoretische Überlegungen gibt es aber außerhalb der allgemeinen Staatstheorie erst vereinzelt seit dem Mittelalter. Die Verwendung der Zweidrittelmehrheit für die Papstwahl wurde auf dem dritten Laterankonzil 1179 mit der Begründung eingeführt, dass eine solche Mehrheit von 2:1 nur dann in das gegenteilige Verhältnis von 1:2 umschlagen kann, wenn mindestens die Hälfte der ursprünglichen Befürworter die Seiten wechseln. Von Raimundus Lullus stammt das später auch von Condorcet formulierte Prinzip, die Entscheidung aus den paarweisen Vergleichen der einzelnen Kandidaten zu ermitteln.

Erst im 18. Jahrhundert beginnen in nennenswertem Umfang philosophische Reflexionen zu Abstimmungsverfahren. Condorcet, der mit seinem Jury-Theorem auch das erste Resultat zur Zuverlässigkeit von Abstimmungsverfahren lieferte, und Borda formulieren nahezu zeitgleich ihre alternativen Verfahren, welche die Nachteile des Mehrheitswahlrechts beseitigen sollen.

Ebenfalls in die zweite Hälfte des 18. Jahrhunderts fallen Vorschläge zu Mandatsverteilungsverfahren: Das d'Hondtsche Verfahren wurde 1792 von Thomas Jefferson für die Verteilung der Sitze im US-Repräsentantenhaus vorgeschlagen, während Alexander Hamilton 1790 das später nach Hare-Niemeyer benannte Verfahren propagierte.

In der heutigen Forschung zur Theorie der Demokratie dominieren hauptsächlich negative, an Arrows Unmöglichkeitstheorem angelehnte Resultate, sowie wahrscheinlichkeitstheoretische wie auch empirische Untersuchungen in der Folge des Condorcet-Jury-Theorems.

3.

3.1. Das Problem der Mandatsverteilung bei Parlamentswahlen ist die Behandlung der Reste bei der Bestimmung der Quote aus dem Stimmanteil multipliziert mit der Zahl der Sitze des Hauses (vgl. Carnal/Riedwyl 2002). Das Verfahren der größten Reste von Hare-Niemeyer, zuerst von Alexander Hamilton, einem der Väter der US-amerikanischen Verfassung vorgeschlagen, und bei der deutschen Bundestagswahl angewendet, weist jeder Partei zunächst den ganzzahligen Anteil an Sitzen zu, der sich aus der abgerundeten Quote ergibt. Anschließend werden die verbleibenden Sitze den Parteien mit den größten Resten zugeschlagen.

Eine Alternative bilden die Quotientenverfahren. Man dividiert die Stimmenzahlen jeder Partei nacheinander durch alle natürlichen Zahlen (oder alle ungeraden Zahlen) und vergibt die Mandate in der Reihenfolge aller dieser Zahlen an die Parteien. Das erste Verfahren nach d'Hondt wurde ursprünglich von Thomas Jefferson vorgeschlagen, die zweite Methode ist nach André Sainte-Laguë benannt. Es gibt weitere Quotientenverfahren mit anderen Divisorenreihen.

Eine wichtige Bedingung ist die sog. *Hausmonotonie*. Sie stellt sicher, dass keine Partei Mandate verliert, wenn das Parlament vergrößert wird. Weiterhin würde man erwarten, dass diejenige Partei, welche die Mehrheit der Stimmen auf sich vereinigt, auch die Mehrheit der Sitze erhalten soll (*Mehrheitsbedingung*). Das d'Hondtsche Verfahren erfüllt beide Bedingungen, die Methode von Sainte-Laguë erfüllt nur die Bedingung der Hausmonotonie. Eine weitere wichtige Forderung ist die nach *Stimmenmonotonie*: Eine Partei sollte keine Mandate verlieren, wenn ihr Stimmenanteil steigt. Diese Bedingung wird von dem Verfahren von Sainte-Laguë nicht erfüllt. Die Restemethode von Hare-Niemeyer verletzt alle drei genannten Bedingungen.

Unter den o.g. Kriterien erscheint das d'Hondtsche Verfahren den anderen überlegen. Der einzige Kritikpunkt wäre, dass es unter Umständen die großen Parteien bevorzugt, denn diese können mehr Mandate bekommen als die aufgerundete Quote. Hier schneidet das Verfahren von Sainte-Laguë deutlich besser ab (vgl. Pukelsheim 2002): Bei den bayerischen Kommunalwahlen am 3. März 2002 erhielt die CSU 45,5 % der Stimmen, aber von den 5556 zu verteilenden Sitzen 81 mehr als die zu erwartenden 2528 – ein Unterschied, der größer ist als der gesamte Münchner Stadtrat. Nach dem Verfahren von Sainte-Laguë würde die Zahl der Bonussitze von 95 auf 9 sinken. Tatsächlich lässt sich zeigen, dass letzteres Verfahren in einem gewissen Sinne sogar eine optimale Annäherung an den gewünschten Erfolgswert liefert (vgl. Carnal/Riedwyl 2002, 82).

Das Prinzip der *Erfolgswertgleichheit* fordert die Gleichheit der Anzahl der Stimmen, die für den Gewinn eines Sitzes gebraucht werden, für alle Parteien. Idealerweise müsste das Verhältnis von Mandatszahl und Stimmenzahl für jede Partei dem Verhältnis der Gesamtzahl der Sitze und Zahl der Wähler entsprechen. Für große Parteien kann bei dem d'Hondtschen Verfahren das Verhältnis jedoch über dem Sollwert liegen, in der genannten Kommunalwahl lag es für die CSU in Rosenheim um 6,9 % zu hoch. Niemals kann eine Partei nach d'Hondt jedoch weniger Mandate als die abgerundete Quote bekommen.

3.2. Die Public Choice Theory (auch: Politische Ökonomie) beschäftigt sich mit der Anwendung ökonomischer Methoden, insbesondere der Entscheidungs-, Spiel- und Sozialwahltheorie, auf die Probleme der modernen Demokratie. Sie ist weitestgehend deskriptiv orientiert: Im Gegensatz etwa zur Normativen Sozialwahltheorie werden hier die beteiligten Agenten, wie Wähler, Politiker, Lobbyisten oder Regierungsmitarbeiter, nur entsprechend ihrem Eigeninteresse modelliert.

Im weiteren Sinne zählen zur Public Choice Theory auch fundamentale Resultate der Sozialwahltheorie, wie etwa Arrows berühmtes Unmöglichkeitstheorem (Arrow 1951). Eine Variante hiervon betrifft unmittelbar die Unmöglichkeit konsistenter Gruppenentscheidungen über mehrere logisch zusammenhängende Aspekte. Das sog. Diskursive Dilemma (*discursive dilemma*) tritt grundsätzlich bei allen Entscheidungen auf, die mindestens drei Wähler umfassen sowie drei Sachverhalte betreffen, die in einer bestimmten logischen Abhängigkeit stehen.

Nehmen wir an, ein Stadtrat bestehend aus drei Personen soll über den Bau eines neuen Schulgebäudes entscheiden. Alle drei Entscheider sind sich einig, dass das Gebäude dann gebaut werden soll, wenn es A) notwendig und B) finanzierbar ist. Der erste Stadtrat stimmt für A und gegen B, der zweite umgekehrt gegen A und für B, während der dritte beiden Bedingungen zustimmt. Somit ergibt sich eine Mehrheit für beide Bedingungen einzeln genommen. Betrachtet man jedoch das Votum für die Konjunktion von beiden Bedingungen ›A und B‹, so stimmen eine Mehrheit bestehend aus den ersten beiden Personen dagegen, weil sie jeweils eine der Bedingungen verletzt sehen. Ein allgemeines Theorem zeigt, dass vergleichbare Situationen bei allen nicht-diktatorischen Abstimmungsverfahren auftreten. List (2006) sieht dieses Resultat als ein Argument gegen die deliberative Auffassung von Demokratie.

Arrows Unmöglichkeitstheorem zeigt, dass jedes ernstzunehmende Wahlverfahren mit mehr als zwei Alternativen die Entscheidung über jedes Alternativenpaar nicht unabhängig von den anderen Alternativen treffen kann. Bei paarweiser Abstimmung nach einfacher Mehrheit können zyklischen Rangordnungen entstehen. Ebenso kann nach gängigen Wahlverfahren, wie der Mehrheitswahl, ein sog. Condorcet-Sieger, welcher im paarweisen Vergleich allen anderen Kandidaten vorgezogen wird, die Wahl verlieren und sogar auf den letzten Platz kommen. Dieses berühmte, nach Condorcet benannte Paradoxon hat dieser als Verallgemeinerung von Szenarien, die von Borda ein Jahr früher untersucht worden waren, gefunden (vgl. Condorcet 1785). Als Beispiel sei der Ausgang der Wahlen von 1970 im Staate New York genannt: James Buckley (rechter Flügel der Republikaner) 39%, Richard Ottinger (Demokraten) 37%, Charles Goodell (linker Flügel der Republikaner) 24%. Unterstellt man, dass ein Buckley-Wähler lieber Goodell als Ottinger gehabt hätte, und dass ein Goodell-Wähler Ottinger gegenüber Buckley bevorzugt hätte, wäre Goodell Condorcet-Sieger geworden. Dennoch wäre er selbst bei zwei Wahlgängen wie nach dem französischen Wahlrecht schon nach der ersten Runde ausgeschieden. In der Präsidentschaftswahl von 1912 wurde mit Wilson vermutlich sogar ein Condorcet-Verlierer nach der Mehrheitsregel gewählt (vgl. Gehrlein 2006, 8).

Condorcet vertrat die Ansicht, dass aus dem Ergebnis der paarweisen Mehrheitsentscheidungen der allgemeine Wille abgeleitet werden soll. Borda hat die Tatsache, dass ein Condorcet-Gewinner Wahlverlierer sein kann, dazu verleitet, das Mehrheitsverfahren für drei und mehr Kandidaten zugunsten des nach ihm benannten Rangverfahrens aufzugeben. Bei letzterem erfolgt eine Stimmgewichtung entsprechend dem Rang, den der Wähler einem Kandidaten zuweist: Der bevorzugte Kandidat erhält n Punkte, der nächste n-1 usw. Tatsächlich zeichnet sich das Borda-Verfahren unter anderen Ranggewichtungsverfahren dadurch aus, dass ein Condorcet-Sieger niemals die letzte Position einnehmen kann. Dennoch garantiert das Borda-Verfahren nicht die Wahl eines Condorcet-Siegers. Dieser wird hingegen von Condorcets eigenem Verfahren gewählt, das die Rangordnung mit der höchsten Punktzahl auswählt: Jede mögliche Rangfolge R der Kandidaten enthält eine Punktzahl, die sich aus der Summe der Wählerstimmen ergibt, die X vor Y gesetzt haben, aufsummiert für jedes Paar X und Y, für welches X vor Y in R gilt. Da es sich um ein universelles Verfahren handelt, das keine Zyklen erzeugt, kann Arrows Unabhängigkeitsbedingung nur in einem eingeschränkten Sinne gelten: Kandidaten, die direkt hintereinander gelistet werden, behalten diese Rangfolge auch bei, wenn alle anderen Kandidaten nicht berücksichtigt werden.

3.3. Eine weitere wichtige Forschungsrichtung bietet die mathematische wie empirische Analyse der Zuverlässigkeit von Wahlverfahren. Es wird unterstellt, dass es eine objektiv richtige Alternative gibt, welche die Abstimmungsberechtigten mit einer gewissen Wahrscheinlichkeit wählen. Das wichtigste mathematische Resultat hierzu ist das sog. Jury-Theorem von Condorcet. Es besagt, dass in einer *mehrheitlichen* Abstimmung über einen Sachverhalt in einer Jury von *probabilistisch unabhängig abstimmenden* Personen, von denen das Urteil jedes einzelnen mit mehr als *fünfzigprozentiger Wahrscheinlichkeit zuverlässig* ist, die Wahrscheinlichkeit eines korrekten Urteils mit der Zahl N der Jury-Mitglieder steigt und sogar für *N* gegen unendlich gegen eins konvergiert.

Häufig wird das Condorcet-Jury-Theorem fälschlicherweise auf Entscheidungen von

Geschworenen angewendet. Da die Geschworenen sich beraten und zudem auf ein einstimmiges Urteil einigen müssen, sind die Juroren weder unabhängig noch liegt überhaupt eine Mehrheitswahl vor. Zudem ist das Ziel bei Gerichtsprozessen nicht die Maximierung der Wahrscheinlichkeit eines korrekten Urteils, sondern die Minimierung der Wahrscheinlichkeit der Verurteilung eines Unschuldigen. Das Condorcet-Jury-Theorem weist eine überraschende Eigenschaft auf: Die Wahrscheinlichkeit eines korrekten Urteils hängt nicht von dem Verhältnis von Mehrheit und Minderheit, sondern von dessen Differenz ab: Obwohl also a priori (vor der Auszählung) eine große Jury zuverlässiger arbeitet als eine kleine, kann doch eine 5/6-Mehrheit in einer zwölfköpfigen Jury nach dem Jury-Theorem dasselbe Gewicht wie eine 50,4%ige Mehrheit in einer 1000-köpfigen Jury haben: In beiden Fällen liegt die Differenz bei 8 Stimmen (vgl. List 2006). List hat gezeigt, dass nur in sehr speziellen Fällen das Verhältnis von Bedeutung ist (bei denen die Kompetenz der einzelnen Juroren mit deren Anzahl sinkt) und dass in allen diesen Fällen Condorcets Konvergenzresultat *nicht* gilt. Damit ist gezeigt, dass letzteres mit Mehrheitsverhältnissen inkompatibel ist.

Diese Resultate zeigen auch, dass das Condorcet-Theorem in seinen bisherigen Formen kaum als theoretische Fundierung einer Demokratie geeignet ist. Gäbe es etwa unter zwei Präsidentschaftskandidaten einen objektiv besseren, so wäre selbst eine äußerst knappe Mehrheit von wenigen tausend Stimmen bei Wählern mit geringer, aber positiver Zuverlässigkeit mit einer geradezu astronomisch hohen Zuverlässigkeitsrate assoziiert. Dennoch wäre kaum mit ähnlich hoher Wahrscheinlichkeit zu erwarten, dass sich derselbe Wahlausgang auch nur wenige Tage später reproduzieren ließe.

Empirische Studien (vgl. Karotkin 1994) zeigen, dass ein Kollegium aus drei Richtern in privatrechtlichen Fällen nicht zu besseren Resultaten kommt als ein einziger Richter. In strafrechtlichen Entscheidungen ist das Gegenteil der Fall. Als Qualitätskriterium wurde die Ablehnungsrate der Berufungsverfahren gewählt.

4.

Arrow, K., 1951, Social Choice and Individual Values, New York: Wiley 1966.

Balinski, M. L./Young, H. P., 2001, Fair Representation, Washington, D.C.: Brookings Institution Press.

Balinski, M., 2002, Die Ungerechtigkeit der Wahlverfahren, in: Spektrum der Wissenschaft 24.

Black, D., 1958, The Theory of Committees and Elections, Cambridge: Cambridge University Press.

Buchanan, J. M./Tullock, G., 1962, The Calculus of Consent, Ann Arbor: University of Michigan Press.

Carnal, H./Riedwyl, H., 2002, Wer kommt ins Parlament?, in: Spektrum der Wissenschaft 24.

Condorcet, M. de, 1785, Essai sur l'application de l'analyse à la probabilité des décisions rendues à la pluralité des voix, Paris: Imprimerie royale.

Derichs, C., 2006, Wahlsysteme und Wahltypen, Wiesbaden: VS.

Deubner, C./Jannig, J., 1996, Zur Reform des Abstimmungsverfahrens im Rat der Europäischen Union, in: Integration 19.

Downs, A., 1957, Ökonomische Theorie der Demokratie, Tübingen: Mohr 1986.

Dumler, H., 2000, Wahlgleichheit und Mandatsverteilungsverfahren, Universität Augsburg: Diss.

Gehrlein, W., 2006, Condorcet's Paradox, New York: Springer.

Heinemann, I., 1999, Public Choice und moderne Demokratietheorie, Frankfurt/M.: Lang.

Karotkin, D., 1994, Effect of the Size of the Bench on the Correctness of Court Judgements. The Case of Israel, in: International Review of Law and Economics 14.

Klemisch-Ahlert, M., 1991, Verhandlungslösungen als soziale Entscheidungsmechanismen, Frankfurt/M.: Hain.

Kopfermann, K., 1991, Mathematische Aspekte der Wahlverfahren, Mannheim: BI.

List, C., 2006, The Discursive Dilemma and Public Reason, in: Ethics 116.

Mueller, D., 2003, Public Choice, Cambridge: Cambridge University Press.

Napel, S., 2002, Strategic Power Revisited, München: CES.

Niskanen, W. A., 1987, Bureaucracy, in: C. Rowley (Hg.), Democracy and Public Choice, Oxford: Blackwell.

Olson, M., 1965, Die Logik des kollektiven Handelns, Tübingen: Mohr 1992.

Ostrom, V., 1986, The Theory of the Compound Republic, Lincoln: University of Nebraska Press.
Pukelsheim, F., 2002, Wahlgleichheit – Muster ohne Wert?, in: Spektrum der Wissenschaft 24.
Riedwyl, H./Steiner, J., 1995, What Is Proportionality Anyhow?, in: Comparative Politics 27.
Riker, W. H., 1962, The Theory of Political Coalitions, New Haven: Yale University Press.
Sichelstiel, G., 1998, Abstimmungsverfahren und Nutzenethiken, Frankfurt/M.: Lang.
Tullock, G., 1987, Public Choice, in: A Dictionary of Economics, Bd. 3, Houndmills: Palgrave Macmillan.
Tullock, G., 1989, The Economics of Special Privilege and Rent-Seeking, Dordrecht: Kluwer.
Woodall, D. R., 1986, How Proportional is Proportional Representation?, in: The Mathematical Intelligencer 8.

Daniel Schoch

Achtung

1.

Achtung ist eine Einstellung, die Menschen haben oder haben können. Sie bezieht sich immer auf etwas (ihren ›Gegenstand‹). Es lassen sich zwei Typen von Achtung unterscheiden: Achtung vor anderen und Selbst-Achtung. Eng mit dem Begriff der Achtung hängen die Begriffe der Würde und Menschenwürde zusammen. In verschiedenen Konzeptionen von Achtung spiegeln sich verschiedene allgemeinere Auffassungen von Person, Selbstbewusstsein und Sozialität wieder.

2.

Der Begriff der Achtung hat mit Kant (1785; 1788; 1795) eine für die praktische Philosophie zentrale Bedeutung gewonnen. Das seit einigen Jahrzehnten verstärkte Interesse an kantischen Ansätze in der Ethik hat auch zu größerer Beschäftigung mit dem Begriff des Respekts für Personen geführt. Durch Kant angestoßen, aber dennoch relativ eigenständig sind Ansätze einer Konzeption wechselseitiger Anerkennung von Personen, wie sie v.a. im Deutschen Idealismus – etwa bei Hegel (1807) – entwickelt wurden. Alle diese Theorie-Ansätze spielen insbesondere in der aktuellen Diskussion zur politischen Philosophie und Sozialphilosophie eine große Rolle.

3.

3.1. Achtung vor anderen ist eine komplexe Einstellung, die verschiedene mentale Zustände umfasst (vgl. Hill 1998; Dillon 2003; Hudson 1980). Achtung involviert zunächst bestimmte Arten von Überzeugungen über das Objekt der Achtung – dass es bestimmte positive Eigenschaften hat. Normalerweise handelt es sich um Eigenschaften, die auf eine überdurchschnittliche Leistung zurückgeführt werden. Man kann jemand wegen seines Aussehens attraktiv finden, aber es ist schwer zu sehen, wie man jemand aufgrund seines Aussehens achten kann (vgl. aber Cranor 1983, 104f.).

Eng verbunden mit solchen Überzeugungen sind Evaluationen: Der Gegenstand der Achtung weist bestimmte Merkmale auf, die positiv bewertet werden. Achtung ist normativ. Weiterhin involviert Achtung Gefühle, Emotionen und v.a. Wünsche: Wer jemanden achtet, kann nicht einen neutralen Willen hinsichtlich des Gegenstands der Achtung haben. Typischerweise will man, dass es dem Geachteten wohl ergeht und identifiziert sich (zumindest zum Teil) mit dessen Anliegen und Zielen.

Achtung hat damit auch einen wesentlichen Bezug zu Verhalten und Handlung. Wer jemanden achtet, hat bestimmte Intentionen und Verhaltendispositionen. Damit ist allerdings nicht gesagt, dass Achtung sich immer direkt in Verhalten niederschlagen muss.

3.2. Als Subjekte der Achtung kommen offenbar nur Personen in Frage, da nur sie zu den oben aufgeführten psychologischen Einstellungen in der Lage sind, solche Einstellungen anderen sowie sich selbst zuschreiben können und schließlich andere wie auch sich selbst normativ zu bewerten fähig sind. In diesem Sinne ist Achtung ganz offenbar an Personensein gebunden. Damit wird zugleich deutlich, dass Achtung eine reflexive Einstellung ist (vgl. Frankfurt 1999, 152f.). Zwar fokussiert Achtung auf den anderen, aber dies immer im Licht des eigenen Selbstbildes. Dass ich den mutigen Lebensretter achte, hängt auch damit zusammen, dass ich ähnliches Verhalten meinerseits nicht für selbstverständlich halte. Die Achtung, die jemand für jemand anderen hat, sagt auch etwas darüber aus, wer und wie jemand selbst gerne sein will.

3.3. Wer oder was kann Gegenstand der Achtung sein? Es liegt nahe anzunehmen, dass letztlich nur Personen geachtet werden können (vgl. Green 1982; Cranor 1983; Hill 1998). Man kann die These, dass die Subjekte der Achtung zugleich deren Objekte sind, die ›Identitätsthese‹ nennen. Auf den ersten Blick scheint sie falsch zu sein: Sprechen wir nicht davon, dass wir die Wahrheit, die Moral oder die Wissenschaft achten? Der Augenschein trügt hier offenbar: Wir achten all dies höchstens insofern, als wir die Personen achten, die sich an die Wahrheit oder an die Moral halten. Wenn man schon nicht Abstrakta achten kann, kann man nicht doch Wesen achten, die weder Menschen noch Personen sind? Kann man nicht Achtung vor der Mähne des Löwen haben oder vor dem Matterhorn? Bewunderung, Ehrfurcht, Furcht und Ähnliches sicherlich, aber Achtung? Wie verhält es sich mit Achtung vor dem Leben oder Achtung vor der Natur? Kant spricht an einer Stelle davon, dass uns genau zwei Dinge Respekt abverlangen: »der bestirnte Himmel über mir und das moralische Gesetz in mir« (Kant 1788, 161). Der Respekt, von dem Kant spricht, scheint allerdings etwas Anderes zu sein als Achtung. Man kann die Sterne weder achten noch verachten. Und mit ›Achtung‹ vor Regeln ist einfach gemeint, dass man versucht, ihnen zu folgen. Die Identitätsthese erweist sich bei näherem Nachdenken als plausibler als zunächst erwartet; es gibt allerdings, wie sich zeigen wird, dennoch Grund, sie zumindest einzuschränken.

3.4. Bisher war von »Achtung« in dem Sinne die Rede, dass jemand jemand anderen für etwas Bestimmtes achtet. Achtung dieser Art ist spezifisch und konditional. Jemand, der den Erstbesteiger des Mount Everest achtet, achtet ihn für eine spezifische Leistung und insofern bzw. unter der Bedingung der Annahme, dass der andere wirklich die Erstbesteigung vorgenommen hat. Es gibt allerdings auch eine stärker generalisierte Achtung. Wir achten etwa andere als Personen, Menschen, Vernunftwesen etc. Es kommt dabei nicht darauf an, was den anderen im Besonderen auszeichnet, als vielmehr darauf, dass er eine Person, ein Mensch oder ein Vernunftwesen ist. Diese generalisierte Achtung ist anders als die spezifische Achtung egalitär: Achtung als Personen gebührt allen Personen gleichermaßen. Die spezifische Achtung hingegen erlaubt Abstufungen und Hierarchien zwischen verschiedenen Personen und ist oft mit Status-Differenzen und bestimmten sozialen Rollen verbunden.

Dieser Unterschied zwischen spezifischer und generalisierter Achtung erklärt auch das unterschiedliche Verhältnis, in dem Achtung und Moral zueinander stehen können. Spezifische Achtung kann im Extremfall Personen gelten, von denen man weiß, dass sie sich in moralischer Hinsicht ganz abscheulich verhalten, die aber zugleich einen geschätzten Charakterzug aufweisen. Die Darstellung von Mafia-Bossen in Filmen ist ein Beispiel unter vielen. Es verwundert daher nicht, dass für Moralphilosophen die generalisierte Achtung von sehr viel größerem Interesse war und ist als die spezifische. Eine der Formulierungen von Kants kategorischem Imperativ besagt, dass man andere Personen immer auch als Zweck und nie nur als Mittel behandeln solle (vgl. Kant 1785, 429). Achtung vor Personen wird im Gefolge von Kant heute oft als wichtiges Prinzip der Moral betrachtet (vgl. Downie/Telfer 1969; Benn 1975/76; Donagan 1977; Fried 1978, 29, 114f.; Hill 2000; Raz 2001, Kap. 4; vgl. dagegen auch Cranor 1983, Frankena 1986 sowie die Beiträge in Green 1982). Man kann allerdings bezweifeln, dass ein solches Prinzip als Grundprinzip der Moral taugt: Welche substantiellen Implikationen hat es denn? Und führt es nicht insofern zu kontra-intuitiven Resultaten, als es z.B. mit jeder Art von Behandlung von Tieren vereinbar zu sein scheint? Das Prinzip des Respekts vor Personen scheint höchstens einen Teil der Moral zu erfassen (vgl. Hill 1998).

Umstritten ist, ob es auch nicht-konditionale, unbedingte Achtung gibt: Kann jemand jemand anderen achten, und zwar nicht wegen irgendwelcher Eigenschaften (Matterhornerstbesteiger oder Person zu sein), sondern ›ganz einfach so‹? Falls ja, haben wir es hier mit einer Art von Achtung zu tun, die nicht verwirkt werden oder hinfällig werden kann (anders als die bedingte Achtung). Die Tatsache, dass wir Kleinkinder und ganz allgemein nicht ›normal‹ entwickelte Menschen anders behandeln als Geldautomaten oder Ameisen, spricht dafür, dass es auch unbedingte oder nicht-relative Achtung gibt. Wir achten jene ja nicht für irgendetwas oder in irgendeiner Hinsicht, und auch nicht in der ganz allgemeinen Hinsicht, dass sie Personen oder moralische Subjekte sind. Diese Art von Achtung ist uns offenbar sehr wichtig (vgl. für verwandte Unterscheidungen Gewirth 1992, 11f.; Darwall 1977; vgl. kritisch Cranor 1975, 310f.).

3.5. Das Phänomen der unbedingten Achtung legt eine Einschränkung der Identitätsthese nahe, nach der der Gegenstand der Achtung nur vollentwickelte Personen sein können. Man könnte zwar vermuten, dass wir deshalb auch nicht voll entwickelte Personen in unbedingter Weise achten, weil sie das Potential haben oder einmal gehabt haben, Personen zu sein. Diese Auffassung hebt jedoch nicht auf unbedingte, sondern auf konditionale Achtung ab: auf Achtung als potentielle Person.

Wer grundsätzlich als möglicher Adressat unbedingter Achtung in Frage kommt, ist schwer zu entscheiden. Einen Anhaltspunkt stellt die Frage dar, warum wir jemanden in unkonditionaler Weise achten. Irgendwelche qualifizierenden Eigenschaften scheiden hier ja gerade aus. Eine mögliche Antwort besagt, dass wir andere unbedingt achten, weil sie ein Bedürfnis danach haben (oder wir das zumindest annehmen) und weil wir der Auffassung sind, dass dieses Bedürfnis ernst genommen werden sollte. Wer immer ein Bedürfnis nach unkonditionaler Achtung hat, hätte auch zumindest prima facie einen Anspruch auf solche Achtung (vgl. Feinberg 1973). Wie aber etwa die Fälle von Neugeborenen und geistig Schwerbehinderten zeigen, ist diese Antwort nur begrenzt befriedigend: Hier liegt ja kein (entwickeltes) Bedürfnis nach Achtung durch andere vor; die Interaktionsfähigkeit mag ganz unentwickelt sein. Dass wir dennoch unbedingte Achtung gegenüber solchen Wesen zeigen, könnte damit zusammenhängen, dass wir uns mit ihnen ›identifizieren‹ und stellvertretend für sie Achtung durch andere einfordern.

3.6. Selbst-Achtung stellt einen besonderen Fall von Achtung dar. Für das Wohl von Personen ist es wesentlich, dass sie sich selbst achten können. Eine notwendige Bedingung dafür liegt darin, dass man ein gewisses Maß an Achtung durch andere erfährt. Umgekehrt scheint meine Achtung durch den anderen davon abzuhängen, dass ich mich selbst achte. Kant hat auf diesen Aspekt sehr deutlich hingewiesen: »Wer sich aber zum Wurm macht, kann nachher nicht klagen, daß er mit Füßen getreten wird.« (Kant 1797, 437) Hinzu kommt, dass die Achtung durch andere nur dann etwas wert ist, wenn diese anderen selbst achtenswert erscheinen: Nur der von mir geachtete andere kann mich (in meinen eigenen Augen) achten. Schließlich kann ich meine Achtung des anderen selbst nur ernst nehmen, wenn ich mich selbst ernst nehme, achte. Alle vier Momente – meine Selbstachtung, die Selbstachtung des anderen, seine Achtung durch mich und meine Achtung durch ihn – bedingen sich wechselseitig und sind in Isolation nicht denkbar (vgl. hingegen Sachs 1982).

All dies zeigt, dass Achtung von Reziprozität gekennzeichnet ist. Dies gilt insbesondere für die unbedingte Achtung. Aber selbst die spezifische und konditionale Achtung ist, wenn überhaupt, dann nur in Grenzen mit Asymmetrien, Ungleichheiten und Machtdifferenzen vereinbar (vgl. Hegel 1807, 145–155; Sennett 2003). Achtung ist, zugespitzt formuliert, nur unter Wesen möglich, die sich prinzipiell als ihresgleichen betrachten. Allerdings muss hier angemerkt werden, dass wir Achtung in einigen Fällen auch auf solche Wesen beziehen, die wir nicht ohne Einschränkungen als unseresgleichen betrachten und die nicht am sozialen Austausch von Achtung teilnehmen können: Kleinkinder, geistig Schwerbehinderte und andere. Es mag aber sein, dass wir selbst diese Fälle nur vor dem Hintergrund der Achtung unter Gleichen verstehen können.

Der Aspekt der Gleichheit verweist auf politische Aspekte der Achtung. In Politik und Gesellschaft hat die gleiche oder ungleiche Verteilung von Respekt und Achtung immer schon eine große Rolle gespielt. In der politischen Philosophie hat das Thema allerdings lange Zeit eher im Hintergrund gestanden. In jüngster Zeit hat sich das etwas verändert (vgl. Margalit 1996; Rawls 1971; Taylor 1992; Honneth 1992). Gesellschaften sollten ihren Mitgliedern eine gewisse basale Selbst-Achtung ermöglichen (wenn nicht konditionaler, so doch unbedingter Art) und Beziehungen wechselseitiger Achtung schützen, wenn nicht gar fördern. Eine Gesellschaft, die ihre Mitglieder oder einige ihrer Mitglieder systematisch erniedrigt, ist nicht akzeptabel.

4.

Benn, S. I., 1975/76, Freedom, Autonomy and the Concept of a Person, in: Proceedings of the Aristotelian Society 76.

Cranor, C. F., 1975, Toward a Theory of Respect for Persons, in: American Philosophical Quarterly 12.

Cranor, C. F., 1983, On Respecting Human Beings as Persons, in: Journal of Value Inquiry 17.

Darwall, S., 1977, Two Kinds of Respect, in: Ethics 88

Dillon, R. S., 2003, Respect, in: E. N. Zalta (Hg.), Stanford Encyclopedia of Philosophy, http://plato.stanford.edu/entries/respect (Stand 1. Juli 2008).

Donagan, A., 1977, The Theory of Morality, Chicago: University of Chicago Press.

Downie, R. S./Telfer, E., 1969, Respect for Persons, London: Allen & Unwin.

Feinberg, J., 1973, Some Conjectures about the Concept of Respect, in: Journal of Social Philosophy 4.

Frankena, W. K., 1986, The Ethics of Respect for Persons, in: Philosophical Topics 14.

Frankfurt, H. G., 1999, Equality and Respect, in: ders., Necessity, Volition, and Love, Cambridge: Cambridge University Press.

Fried, C., 1978, Right and Wrong, Cambridge/MA: Harvard University Press.

Gewirth, A., 1992, Human Dignity as the Basis of Rights, in: M. J. Meyer/W. A. Parent (Hg.), The Constitution of Rights, Ithaca: Cornell University Press.

Green, O. H. (Hg.), 1982, Respect for Persons, New Orleans: Tulane University.

Hegel, G. W. F., 1807, Phänomenologie des Geistes, Frankfurt/M.: Suhrkamp 1977.

Hill, T. E., 1998, Respect for Persons, in: E. Craig (Hg.), The Routledge Encyclopedia of Philosophy, London: Routledge.

Hill, T. E., 2000, Basic Respect and Cultural Diversity, in: ders., Respect, Pluralism, and Justice, Oxford: Oxford University Press.

Honneth, A., 1992, Kampf um Anerkennung, Frankfurt/M.: Suhrkamp 1998.

Hudson, S.D., 1980, The Nature of Respect, in: Social Theory and Practice 6.

Kant, I., 1785, Grundlegung zur Metaphysik der Sitten, in: Akademie-Ausgabe, Bd. 4, Berlin: de Gruyter 1968.

Kant, I., 1788, Kritik der praktischen Vernunft, in: Akademie-Ausgabe, Bd. 5, Berlin: de Gruyter 1968.

Kant, I., 1797, Die Metaphysik der Sitten, in: Akademie-Ausgabe, Bd. 6, Berlin: de Gruyter 1968.

Margalit, A., 1996, Politik der Würde, Frankfurt/M.: Fischer 1999.

Rawls, J., 1971, Eine Theorie der Gerechtigkeit, Frankfurt/M.: Suhrkamp 1975.

Raz, J., 2001, Value, Respect and Attachment, Cambridge: Cambridge University Press.

Sachs, D., 1982, Self-Respect and Respect for Others, in: Tulane Studies in Philosophy 31.

Sennett, R., 2003, Respekt im Zeitalter der Ungleichheit, Berlin: btv 2004.

Taylor, C., 1992, Multikulturalismus und die Politik der Anerkennung, Frankfurt/M.: Fischer 1997.

Peter Baumann

Adel/Aristokratie

1.

Um den Preis der Vereinfachung eines begriffsgeschichtlich verwickelten Sachverhalts lässt sich behaupten, dass die »Aristokratie« im Vergleich zur sozialen Standesbezeichnung »Adel« eine ethische Kategorie darstellt. Die Aristokratie ist die Herrschaft der an Tugend oder Einsicht Besten, insofern diese Herrschaft von einer Mehrheit (und nicht bloß von einem einzigen) ausgeübt wird. Ob man adelig ist oder nicht, betrifft hingegen die zumeist durch die Geburt vermittelte Zugehörigkeit zu einer sozialen Schicht. Für sie kann man nichts, selbst wenn die Abstammung sozial mit der Aura der Teilhabe an den besonderen Kräften eines bestimmten »Geschlechts« verbunden ist. Zum Adel ist man nicht befähigt. Aristokratisches Regieren hingegen setzt etwas voraus, das der Mehrheit abgeht, nämlich »die Tugend«. Sie dient als Sammelbezeichnung der Haltungen und des Könnens guter Staatsmänner und -frauen.

Zwischen Adel und Aristokratie besteht dennoch kein Gegensatz. Das Besondere des Begriffspaares liegt sogar in der notorisch zirkulären Beziehung. Immerhin wird der aristokratische Anspruch traditionell durch den Adel vermittelt. Die Assoziierung derer, die fürs Regieren als besonders tüchtig gelten, mit den Wohlhabenden, Wohlgeborenen, Wohlerzogenen und Wohlgeratenen entspringt keinem Zufall. Die Neigung zum Guten gedeiht danach nur unter vorhandenen guten Bedingungen. In ihrer Familiengeschichte finden Abkömmlinge ihre Vorbilder und Leitlinien. Die Verantwortung vor den Ahnen erzeugt die Nötigung, es den Vorfahren gleich zu tun, sie zu überbieten oder ihnen wenigstens keine Schande zu machen. Wer eine adelige Erziehung genießt, dem wird ein Sinn für die geschichtliche Tiefe der Welt, politisches Augenmaß, Durchsetzungsvermögen, diplomatisches Geschick und eine gewisse Virilität vermittelt. Die edle Geburt ist eine Glückssache; im Selbstverständnis von Adeligen befähigen die genannten Umstände dennoch in besonderer Weise zum Regieren.

2.

Historisch begegnet man der Aristokratie bereits bei den Anfängen des politischen Denkens in der klassischen griechischen Philosophie. Für diese lassen sich bereits drei Bedeutungsvarianten von Aristokratie unterscheiden (vgl. Conze/Meier 1972, 4f.). Sie haben das politische Denken über Jahrhunderte geprägt. Erstens bedeutet Aristokratie in einem gänzlich unspezifischen Sinn, dass die beste Herrschaft von denen ausgeübt wird, die dazu am besten befähigt sind. So gesehen ist die Aristokratie begrifflich weder von der Anzahl der Regierenden abhängig noch mit einem bestimmten Verfassungstypus verbunden. Selbst Platons von Philosophen gelenkter Staat ist in diesem Sinne »aristokratisch«. Zweitens ist »aristokratisch« ein Typus von Verfassung, der sich von anderen unterscheidet. Die Aristokratie wird, bei Aristoteles zumal, begriffen als ausgezeichnete Form der Herrschaft der Wenigen, der Oligarchie. Kenntlich macht sie sich an einem kritischen Prinzip, das unter einer solchen Verfassung die Befähigung zum Regieren vermittelt und mit jener Vorstellung des gelungenen Lebens verbunden ist, die in einer so verfassten Gemeinschaft vorherrscht. Dieses Prinzip ist für die Aristokratie die Tugend und das mit ihr verbundene Ideal eines tugendhaften »edlen Lebens« – im klaren Gegensatz zur Demokratie, deren Prinzip die Freiheit ist und deren Lebensideal es ist, so zu leben, wie es beliebt. Gleichwohl lässt sich das kritische Prinzip der Aristokratie weiter bestimmen. Um seine Funktion zu erfüllen, die Herrschaft der Wenigen zu legitimieren, ist es nicht auf ein nur wenig konturiertes Tugendideal beschränkt. Bei Montesquieu liegt – ähnlich wie bei Platons Diskussion der Timokratie (Herrschaft der Angesehenen) – die Emphase nicht so sehr auf der Tugend als vielmehr auf der Ehre als dem bestimmenden Prinzip. Drittens lassen sich gewisse Verfassungselemente als »aristokratisch« beschreiben, sofern Hierarchien bestehen und bestimmte Kriterien für die Selektion von Ämtern herangezogen werden. In diesem Verständnis erfährt der Begriff der Aristokratie seine wirkungsgeschichtlich bedeutendste Ausformung in der Theorie der gemischten Verfassung, welche die historische Stabilität und die Güte einer politischen Gemeinschaft durch die Kombination »reiner« Verfassungsformen garantiert sieht. Das gilt sowohl für deren antike Ausprägung bei Aristoteles oder Polybios als auch für ihre anglikanisierten Versionen, die bei Alexander Hamilton bis in die Zeit der Amerikanischen Revolution fortwirken.

Wird die Bedeutung der Aristokratie von Erbadel und Wohlstand entkoppelt, dann löst sich das Befähigtsein von der sozialen Stellung. Kant hat den Erbadel ausdrücklich als nicht verallgemeinerungsfähig verworfen, ohne freilich die Verdienstlichkeit als Voraussetzung der Amtsausübung zu bestreiten. Ähnlichen Gedanken begegnet man bei Harrington und am Vorabend der Amerikanischen Revolution (mit wechselndem Einschluss der Wohlhabenden) im Hinblick auf eine durch ihr Talent und Können ausgezeichnete »natural aristocracy«, der es zusteht, in Republiken eine führende Rolle zu spielen.

3.

3.1. Für die zweite und die dritte Bedeutungsvariante ist die eingangs erwähnte Zirkularität wesentlich. Sie erklärt, dass die »Aristokratie« ein soziales Beobachtungsschema darstellt, das herangezogen wird, um sowohl die Herrschaft einer Gruppe als auch den Bezug dieser Gruppe auf einen Herrschaftsanspruch zu bezeichnen. Was ihren Status angeht, so haben Adelige politische Vorrechte, die mit einem arbeitslosen Einkommen verbunden sind. Um den Preis von Vereinfachungen lässt sich vom englischen Kriterium des *gentleman* ausgehend generalisieren, dass nur eine Person, die nicht arbeiten muss, jene Freiheit vom Markt genießt, die ein edles Leben ermöglicht. Die mit dem edlen Leben verbundenen politischen und wirtschaftlichen Rechte sind Vorrechte, zumal sie anderen nicht zustehen und zumeist ererbt, vererbbar und nicht selbst erworben sind. Das bedeutet nicht, dass Adelige keine Verantwortung tragen, im Gegenteil, sie tragen diese insbesondere im militärischen Bereich. Die Rechtfertigung dieser herausragenden Stellung liegt in der Tugend. Als Qualität des Charakters ist sie nicht bloß notorisch korruptionsanfällig, sondern auch schwer zu fassen. Es ist nicht deutlich, worin die Tugend nun wirklich besteht. Stehen Demut, Milde und Großzügigkeit in ihrem Mittelpunkt oder doch Furchtlosigkeit und Entschlossenheit? Es ist verhältnismäßig leicht, ein Edelmann zu sein, wenn wegen der Undeutlichkeit des Tugendideals letztlich der Lebensstil wichtiger ist als der Charakter. Deswegen hat sich die Aristokratie erhalten, obwohl sich seit dem christlichen Mittelalter Zweifel daran regten, dass Umstände wie Wohlstand oder Wohlgeburt über den edlen Charakter den Ausschlag zu geben vermögen.

3.2. Unterdessen ist der Adel obsolet geworden. Mit seiner politischen Bedeutungslosigkeit ist auch die Aristokratie als rationalisierendes Prinzip verblichen. Der Adel wurde hinfällig, als er ans Licht der Auklärung gezogen und durch die Anwendung des Nützlichkeitsprinzips – in seinen mehr oder weniger utilitaristisch ausgeprägten Varianten – der Nutzlosigkeit überführt worden war. Das Fortschreiben der Vorrechte lässt sich nicht mehr rechtfertigen, wenn es um die Effizienz geht und auf der Hand liegt, dass die herausragende Stellung der Edelmänner die Gesamtwohlfahrt negativ beeinträchtigt. Aus der Perspektive einer aufgeklärten Rechtfertigung der Aristokratie kommt mit dem Grundsatz der Chancengleichheit (»career open to all talents«) die Aristokratie zu sich selbst und damit auch an ihr Ende. Das demokratische »workmanship ideal«, wonach die individuelle Anstrengung für die soziale Führungsrolle würdig macht, oder die in der gegenwärtigen politischen Philosophie diskutierte »Ausstattung mit größerem Talent« sind die plebejischen Nachklänge der Wohlgeborenheit.

Das Edle ist seitdem sozial entwurzelt und offen für die Selbstzuordnung durch jene, die sich für etwas Besseres halten und sich wie Nietzsche von der Herde unterschieden wissen wollen.

In der politischen Sprache der Gegenwart dürfte der Begriff der Aristokratie seine Relevanz eingebüsst haben. Die Adeligen existieren für die Regenbogenpresse. Was die Übersetzung des Könnens in einen Regierungsanspruch angeht, wird diese Funktion nun von der »Elite« eingenommen. Sie ist die unedle Variante der Besten. Dem Begriff haftet die bürgerliche Nüchternheit rationalen Entscheidens in marktwirtschaftlichen und bürokratischen Kontexten an. Zur Elite gehört man kraft Ausbildung, aber stets nur sub specie der Nachfrage seitens der lenkenden Stellen und Entscheidungsträger. In dem Maße wie der Kreislauf von der Nachfrage zur nachgefragten Leistung verläuft und also der Markt über das Gute und Edle bestimmt, ist der Adel ein untergegangener. Was der Adel nicht ist, nämlich flexibel und anpassungsfähig, ist für die Zugehörigkeit zur Elite unverzichtbar.

Allerdings hat man bloß Tocqueville zu konsultieren, um zu entdecken, dass Epochenbrüche kleiner sein mögen, als sie sich darstellen. Bei steigender sozialer Ungleichheit, so Tocqueville, leben die Reichen und die Armen in anderen Welten. Die Unterordnung der großen Masse unter die kleine Gruppe der industriellen Entscheidungsträger lässt einen ›Neuen Adel‹ entstehen. In dem Maße, in dem der Nimbus dieser Besseren den Wirtschaftskreislauf und die politischen Entscheidungen bestimmt, regeneriert sich der Adel auf dem Boden der liberalen Demokratie. Das Beispiel der Vereinigten Staaten zeigt, dass die Konversion von Vermögen in politischen Einfluss einer Gesellschaft starke aristokratische Züge verleiht. Im ›Erledigtsein‹ der Aristokratie ist also noch genug Unerledigtes enthalten.

4.

Conze, W./Meier, C., 1972, Adel, Aristokratie, in: O. Brunner/W. Conze/R. Koselleck (Hg.), Geschichtliche Grundbegriffe, Bd. 1, Stuttgart: Klett-Cotta.

Kinneging, A., 1997, Aristocracy, Antiquity and History, New Brunswick: Transaction.

Pocock, J. G. A., 1975, The Machiavellian Moment, Princeton: Princeton University Press.

Wienfort, M., 2006, Der Adel in der Moderne, Göttingen: Vandenhoeck & Ruprecht.

Alexander Somek

Adorno, Theodor W. (1903–1969)

1.

Nach dem Abitur nahm Adorno an der Universität seiner Heimatstadt Frankfurt/M. das Studium der Philosophie, Psychologie, Soziologie und Musikwissenschaft auf und promovierte 1924 in Philosophie mit einer erkenntnistheoretischen Arbeit (*Die Transzendenz des Dinglichen und Noematischen in Husserls Philosophie*). Anschließend widmete er sich in Wien musikpraktischen Studien bei Alban Berg u.a. 1927 kehrte Adorno nach Frankfurt zurück und gewann Anschluss an Max Horkheimer und das Frankfurter Institut für Sozialforschung. 1931 gelang ihm die Habilitation zum Privatdozenten für Philosophie an der Universität Frankfurt bei Paul Tillich (veröffentlicht 1933 als *Kierkegaard. Konstruktion des Ästhetischen*). In Anwendung des nationalsozialistischen »Gesetzes zur Wiederherstellung des Berufsbeamtentums« wurde Adorno die Lehrbefugnis im September 1933 entzogen. Er emigrierte nach Großbritannien, wo er in Oxford als advanced student mit einer Arbeit über Husserl bei Gilbert Ryle den angelsächsischen Doktorgrad zu erwerben beabsichtigte. Adorno trat in diesen Jahren mit einigen Arbeiten zur Musikästhetik und Musiksoziologie hervor. Die Aufsätze »Zur gesellschaftlichen Lage der Musik« (1932), »Über Jazz« sowie »Über den Fetischcharakter in der Musik und die Regression des Hörens« (1938) erschienen in der *Zeitschrift für Sozialfor-*

schung. Adorno bemühte sich zudem nach Kräften, Einfluss auf die redaktionelle Arbeit der Zeitschrift zu nehmen und bot sich Horkheimer als engsten philosophischen Berater an (vgl. Horkheimer 1985 ff., Bd. 15 u. 16). Im Februar 1938 konnte Adorno dann als offizieller Mitarbeiter des Instituts nach New York übersiedeln und die Zusammenarbeit mit Horkheimer intensivieren, dem er 1941 auch an die Westküste folgte. Hier verfassten Adorno und Horkheimer gemeinsam die *Dialektik der Aufklärung*. Auf Adornos Vorarbeit beruhen insbesondere der erste Exkurs zur Odyssee und das Kapitel zur »Kulturindustrie«. Zwischen 1944 und 1947 schrieb er zudem an den Aphorismen, die 1951 unter dem Titel *Minima Moralia* erschienen. Adorno kehrte 1949 nach Frankfurt zurück, wo er bis zu seinem Tode im Sommer 1969 als Professor für Philosophie und Soziologie wirkte. In diesen Jahren entstanden weitere wichtige Werke, insbesondere *Philosophie der neuen Musik* (1949), *Negative Dialektik* (1966) und *Ästhetische Theorie* (postum 1970). In der Nachfolge Horkheimers übernahm Adorno die Leitung des Instituts für Sozialforschung. Nicht erst in den 1960er Jahren gelangte Adorno als einer der Hauptvertreter der Kritischen Theorie bzw. der Frankfurter Schule (auch außerhalb wichtiger akademischer Debatten wie dem »Positivismusstreit«) zu beeindruckender Präsenz in den Massenmedien und leistete einen wesentlichen Beitrag zur intellektuellen Gründung der Bundesrepublik (vgl. Albrecht/Behrmann/Bock u.a. 1999).

2.

Schon in seiner Antrittsvorlesung (»Zur Aktualität der Philosophie«) formuliert Adorno sein Programm gesellschaftskritischen Philosophierens als eine Art negativer Ontologie, die gedankliche Anregungen Siegfried Kracauers aufnimmt, aber v.a. den Einfluss Walter Benjamins verrät. Den Gegenstand von Gesellschaftskritik sieht Adorno seitdem in der Wirklichkeit als Ganzer, die nur in Trümmergestalt Anhalt für die Hoffnung gebe, es könnte doch einmal zur Verwirklichung gerechter Verhältnisse kommen. Die Adornos Denken bestimmende geschichtsphilosophische Grundfigur, die auch seinen wesentlichen Beitrag zur Untersuchung der *Dialektik der Aufklärung* darstellt, steht bereits im Zentrum des 1932 verfassten Textes über »Die Idee der Naturgeschichte«. Wie in den einschlägigen Passagen der *Dialektik der Aufklärung* wird Natur hier gedacht als archaisch-mythischer Teufelskreis der Wiederholung des Immergleichen. Geschichte, die diesen Namen verdiente, wäre in Adornos Sicht dagegen allererst das umwerfend Neue, das diesen Kreislauf durchbricht. In der Wiederholung des schlechten Immergleichen gefangen ist Adorno zufolge auch die in Herrschaft verstrickte Aufklärung, deren Dialektik er im Unterschied zu Horkheimer nicht vorrangig in der Haltlosigkeit der praktischen Vernunft der Moderne sieht, sondern bereits in der homerischen Verarbeitung antiker Mythen aufweisen zu können glaubt. Adornos Kritik der zeitgenössischen Aufklärung, die seiner Diagnose zufolge die Gestalt der »Kulturindustrie« angenommen hat, orientiert sich an Alfred Sohn-Rethels Analyse der Tauschabstraktion und identifiziert die alle Güter – auch die Subjekte – ergreifende gleichmacherische Warenform als die Grundstruktur allen gesellschaftlichen Übels. Die *Negative Dialektik* schließlich, Adornos philosophisches Hauptwerk, geht den Aporien nach, in die sich die Vernunft bei dem Versuch verstricken muss, dem Anderen der Vernunft gerecht zu werden, das ihr ihrem eigenen Begriff nach prinzipiell nicht zugänglich ist. Wie dieses »Nicht-Identische« insbesondere in der ästhetischen Erfahrung stimmiger Kunstwerke zur Erscheinung kommt, ist schließlich das zentrale Thema der *Ästhetischen Theorie*.

3.

Adorno sieht die menschliche Gesellschaft in einer allumfassenden geschichtsphilosophischen Perspektive als einen ungeheuren Verblendungszusammenhang an, der einzig vom Gedanken der Erlösung und Versöhnung erleuchtet wird (vgl. Adorno 1997, Bd. 4, 281). Kritik entzündet sich dabei immer an dem, was nicht sein soll: an konkretem

Leiden, und verweist auf das, was dennoch möglich zu sein scheint: Freiheit und Solidarität. Geleitet ist sie von dem einen Imperativ: dass Auschwitz sich nicht wiederhole.

Auch das weite Spektrum kleinerer Studien, in dem Adornos Werk eine Vielzahl aufschlussreicher Beobachtungen versammelt, artikuliert nicht zuletzt Figuren negativer Theologie. Adornos Kritik der Herrschaft rationaler Subjektivität über die Natur, sich selbst und den anderen wurzelt in einer prinzipiellen Kritik der Urteilsform begrifflichen Denkens. Sein Denken in »Konstellationen« will daher jeden Bemächtigungswillen unterlaufen und Herrschaftsstrukturen von innen aufbrechen, indem es ausdrücklich auf die hierarchische Ordnung klassifizierender Begriffe verzichtet, polemisch auf den »Vorrang des Objekts« setzt und verspricht, »das Begriffslose mit Begriffen aufzutun, ohne es ihnen gleichzumachen« (Adorno 1997, Bd. 6, 21).

4.

Adorno, T. W., 1993 ff., Nachgelassene Schriften, Frankfurt/M.: Suhrkamp.

Adorno, T. W., 1997, Gesammelte Schriften, Frankfurt/M.: Suhrkamp.

Albrecht, C./Behrmann, G. C./Bock, M. u.a., 1999, Die intellektuelle Gründung der Bundesrepublik, Frankfurt/M.: Campus.

Bernstein, J. M., 2001, Adorno, Cambridge: Cambridge University Press.

Friedeburg, L. v./Habermas, J. (Hg.), 1983, Adorno-Konferenz 1983, Frankfurt/M.: Suhrkamp.

Geyer, C.-F., 1980, Aporien des Metaphysik- und Geschichtsbegriffs der Kritischen Theorie, Darmstadt: WBG.

Habermas, J., 1985, Der philosophische Diskurs der Moderne, Frankfurt/M.: Suhrkamp.

Honneth, A. (Hg.), 2005, Dialektik der Freiheit, Frankfurt/M.: Suhrkamp.

Horkheimer, M., 1985 ff., Gesammelte Schriften, Frankfurt/M.: Fischer.

Lindner, B./Lüdke, W. M. (Hg.), 1980, Materialien zur ästhetischen Theorie, Frankfurt/M.: Suhrkamp.

Menke, C., 1991, Die Souveränität der Kunst, Frankfurt/M.: Suhrkamp.

Müller-Doohm, S., 2003, Adorno – Eine Biographie, Frankfurt/M.: Suhrkamp.

Schmucker, J. F., 1977, Adorno – Logik des Zerfalls, Stuttgart: Frommann-Holzboog.

Thyen, A., 1989, Negative Dialektik und Erfahrung, Frankfurt/M.: Suhrkamp.

Wellmer, A., 1985, Zur Dialektik von Moderne und Postmoderne, Frankfurt/M.: Suhrkamp.

Heidrun Hesse

Ästhetik, politische

1.

»Politische Ästhetik« ist ein Begriff, der sich in zwei Hinsichten auffächern lässt: Zum einen wird damit nach der politischen Eigenschaft *der* Ästhetik gefragt, zum anderen nach einer politisch zu bestimmenden Ästhetik in Abgrenzung zu anderen nicht politischen Ästhetiken. Die zentralen Fragen im Kontext des Begriffs der politischen Ästhetik lauten: Kann oder soll also die Ästhetik als Ganze politisch bestimmt werden? Oder sind es lediglich bestimmte ästhetische Praktiken, denen politische Eigenschaften zugeschrieben werden können? Fragt man nach dem Politischen der Ästhetik und/oder der Kunst, so möchte man klären, wie sich die Aspekte, die mit dem Ästhetischen verbunden werden, politisch auswirken bzw. wo die Politik in das Ästhetische gemischt wird. Das Politische *in* der Ästhetik zu bestimmen, bedeutet, sich über politische Folgen ästhetischer Vorgänge oder Dinge klar zu werden. Viele ästhetische Programme schreiben z.B. der Kunst eine Rolle im Erziehungsprozess des Staatsbürgers oder im Prozess der Vergemeinschaftung zu.

Das Ästhetische *in* der Politik zu bestimmen, fragt dagegen meistens nach der instrumentellen Inanspruchnahme von affektiven und sensualistischen Vermögen der Kunst zur Durchsetzung kunstferner Zwecke des eigenen Interesses. Walter Benjamin hat diese beiden Seiten in der berühmten Formel auf den Begriff gebracht, die bereits ein politischer Kommentar zur Kunst des italienischen Futurismo war, dass es nämlich nicht auf die Ästhetisierung der Politik ankomme, sondern um die Politisierung der Ästhetik gehe (vgl. Benjamin 1936, 467, 469). Damit verpflichtet sich Benjamin selbst einem Programm einer politischen Ästhetik. Die Unterscheidung zwischen Ästhetiken, die für sich politische Geltungsansprüche stellen, und Politiken, die sich zu ihrer Durchsetzung ästhetischer Techniken der Affektsteuerung bedienen, ist historisch oft nicht trennscharf. Denn oft werden der Kunst erst einmal diejenigen Vermögen zugeschrieben, die dann politisch eingesetzt werden sollen. Beide Varianten verbindet zumindest die Annahme, dass das Ästhetische Einfluss auf das Außerästhetische nimmt und dass es eine enge Verbindung von Kunst und Welt gibt, sei erstere nun weltschöpfend, -erschließend oder -negierend.

2.

Seit der Diskussion zum Stellenwert der Künste in der und zur Polis, wie sie Platon in seinen Schriften zum Staat eingeführt hat, sind immer wieder Versuche unternommen worden, das Politische der Ästhetik auf ihre staatsbürgerliche Erziehungsfunktion hin zu diskutieren.

2.1. Bei Platon wird nicht etwa die Kunst insgesamt verworfen, sondern diese unterschieden in eine erwünschte und eine unerwünschte (Rep. II 376c ff., X 595a ff.). Die Kunst selber wird als Medium betrachtet, das Vorbilder auf affektive und somit höchst wirksame Art im Guten wie im Schlechten vermitteln kann. Seit Platon wird der Kunst damit ein direkter politischer Sinn darüber zugesprochen, dass sie erzieherischen Einfluss auf die Herausbildung der Tugenden des politischen Bürgers ausübt. Aus der Sphäre der Lüge und Täuschung steigt sie dort auf, wo sie die Ideen des Guten und Tugendhaften vorbildhaft formt. Platons Bestimmung des Ästhetischen als Politisches räumt der Kunst zwar eine privilegierte Stellung im staatsbürgerlichen Erziehungsprozess ein, schreibt ihr aber eine teleologische Subordination unter das höher bewertete politische Ziel des idealen Staates zu, die durch Zensur durchgesetzt werden muss. Der ästhetische Staat Platons ist eine Erziehungsdiktatur.

2.2. In dieser Tradition bewegen sich auch die politischen Ästhetiken des 20. Jahrhunderts, die der Kunst eine positive Vorbildfunktion zuschreiben und sie als kulturelles Symbol des politischen Systems verstehen (vgl. z.B. den ›sozialistischen Realismus‹ mit seinen ›positiven Helden‹). Dass die Kunst weder ganz frei noch neutral ist, sondern an Interessen gebunden zwischen der Affirmation des Bestehenden und radikaler Gesellschaftskritik selbst eine historisch prekäre Lage einnimmt, wird zu ihrer Bestimmung im frühen Neomarxismus der 1920er und 1930er Jahre (z.B. bei Kracauer, Lukàcs, Marcuse u.a.) und später in der Wende zu den *Cultural Studies,* die zwischen foucaultscher Machtanalyse und historistischem Kulturrelativismus der Ästhetik die Autonomie absprechen.

2.3. Eine radikale Umkehrung der platonischen Unterordnung der Kunst unter die Politik bildet sich im deutschen Idealismus und der Romantischen Schule aus. Im Anschluss an Kants Bestimmung aus der *Kritik der Urteilskraft* wird der Anspruch auf ein im sensus communis von allen geteiltes Geschmacksurteil, zu dem die Kunstwerke herausfordern, zu einem politischen Vorgang – und zwar insoweit sich so eine Gemeinschaft bildet, die auf Erkenntnissen beruht, die dem ›freien Spiel der Einbildungskraft und des Verstandes‹ entstammen und darum zum Medium eben einer Freiheit werden können, die dem bloßen Gesetz und seiner Befolgung überlegen sein sollen (vgl. Kant 1790, §§ 9, 20). Für Kant wird also in der Ästhetik ein Freiheitsmodell aktiviert, das aus sich heraus politisch ist, weil es einer idealen bürgerlichen Gemeinschaft entspricht. In der radikalen Freiheitsidee verliert sich der funktionale Aspekt, der in Platons Argument vorrangig war. In

Schillers *Briefen zur ästhetischen Erziehung des Menschen* wird dieses Moment aus Kants Ästhetik weiter radikalisiert und sowohl dem formalen Recht des Kontraktualismus wie auch den ethischen Begründungen von Pflichten entgegengestellt (Schiller 1795, 27. Brief). Die Kunst ermöglicht es eine Freiheit zu konstituieren, in der der Mensch sich selbst als »Objekt des freien Spiels« gegenübersteht. Damit ist die Kernidee, die in die Idee der autonomen Kunst eingehen wird, formuliert: Frei von Zwecken und Mitteln wird die Kunst zum Medium der interesselosen und darin von allen teilbaren Selbstreflexion – und schließlich zur Reflexion ihrer selbst.

2.4. Die Überführung in einen ›ästhetischen Staat‹ wird am Ende als unio mystica einer neuen Religion gedacht, in der das Gemeinwesen zusammengeführt wird. Im *Ältesten Systemprogramm des deutschen Idealismus* (1796/97), das dem Freundeskreis von Hölderlin, Schelling und Hegel zugeschrieben wird, ist »der höchste Akt der Vernunft« zum »ästhetischen Akt« geworden. Am Ende wird die Kunst zwar nicht zur Politik, aber zur das Gemeinwesen begründenden Religion, die nun an Stelle des Rechts treten soll. Damit ist die Begründung einer politischen Ästhetik in eine Sackgasse geraten, was zwar zu einer folgenreichen Poetik bis in die Kunst des 20. Jahrhunderts hinein geführt hat, aber zugleich auch den Bereich des Politischen wieder eingeebnet hat.

3.

3.1. Die kantsche Bestimmung des Gefühls des Schönen als Topos der Subjektwerdung durch Rückbezüglichkeit, die gleichzeitig Herrschaftsreduktion ist und sogar Herrschaftsfreiheit verspricht, hat eine Ästhetik der Freiheit angestoßen, die bis heute wirksam ist, und in deren Begriffen das Verhältnis von Ästhetik und Politik gedacht wird. Eine Reiteration unternimmt Hannah Arendt in ihren Kant-Vorlesungen *Das Urteilen*. Im ästhetischen Urteil werden wir befähigt, die Perspektivität als solche anzuerkennen, ohne in die interessen- und zweckgebundene Übernahme oder Ablehnung einzelner Perspektiven zu verfallen. So wird auch hier die eigentliche politische Dimension im Urteilen über Kunst zur Selbstreflexivität im Sinne einer Relativierung der eigenen Perspektive und einer spektatorialen Anerkennung der vielen anderen Perspektiven. Erzählungen gewinnen einen überperspektivischen Sinn, da sie über die Einzelperspektive ihrer eigenen Konstruktion jeweils reflexiv und kommunikativ hinausweisen, indem sie auf andere hin erzählt werden. So führt die Kunst nicht aus der Welt heraus, sondern in diese hinein. Das Imaginative der phänomenal erscheinenden Welt im Auge des Betrachters führt aber auch zu einer jener Möglichkeiten, die der Romantik so am Herzen lag: die einer anderen oder neuen Welt. Arendt (1982) hat diesen Einbruch des Neuen in die Welt im Rückgriff auf die ›Natalität‹ des Menschen begründet, durch die der Mensch zum Handeln und damit zur Freiheit befähigt wird. In dieser Konzeption des plötzlichen In-die-Welt-Tretens kann man einen Ansatz zu einer politischen Ästhetik sehen. Die ästhetische Erfahrung der Dinge intensiviert die Beziehung zur Welt, sie bringt den Einzelnen dazu, tiefer in die Welt einzudringen, sowohl die anderen Standpunkte zu sehen, wie auch die eigene Individuierung imaginativ zu stärken. In dieser antiromantischen Wendung der romantischen Ästhetik wird keine communio höherer Grade angestrebt, sondern der Sinn für die Mannigfaltigkeit der wirklichen Welt geschärft. Am Ende schließt sich hier aber auch der Kreis zur engen Koppelung von Politik und Moral im Medium des Ästhetischen, denn die ästhetische Erfahrung führt auch für Arendt zu einer moralischen Bezugnahme auf die Welt, zu einer zuwendenden Sorge um Ich und Welt. Die Koppelung von politischen, ästhetischen und moralischen Motiven wird gebunden an die Urteilskraft und damit an das Vermögen zur kritischen Unterscheidung. Dies verbindet die unterschiedlichsten Ansätze, das Ästhetische und das Politische zu koppeln.

3.2. Es lassen sich hier aber auch Ästhetiken voneinander abgrenzen, die dieses selbstreflexive Spiel zwischen Subjekt, Kunstwerk und Welt weniger als kommunikative Verflechtung *durch* die Kunst, sondern als ein *der* Kunst eingeschriebenes Vermögen sehen. In Theodor W. Adornos Metapher vom Kunstwerk als Flaschenpost, deren Empfänger keine Adresse hat, wird diese Seite stärker akzentuiert. Das Vermögen der Kunst besteht hier weniger in der Politisierung der Sinne als vielmehr in einer Form kritischer Durchdringung der Wirklichkeit anstelle ihrer sinnlich intensivierten Bejahung. Die theoretische Grundlage hierfür ist freilich ebenfalls eine Wendung der romantischen Ästhetik, die Abschied genommen hat von der Ästhetik als der Lehre vom Schönen und stattdessen das Widerständige und Sperrige am Kunstwerk hervorhebt. ›Ästhetische Imperative‹ zielen auf eine künftige Gesellschaft und nicht mehr auf die Gründung eines ästhetischen Staates oder einer im Ästhetischen sich bildenden Gemeinschaft. Die Kunst tritt nicht *in* die Welt, sondern tritt dieser entgegen: eine Kunst der Entzweiung. In dieser wird die Kritik zur radikalen Negation – das Kunstwerk bleibt ein Rätsel, das selbstreflexiv die Entzweiung als eine Figur des Bruchs zwischen Sinn und Subjekt offen hält statt zu schließen. Das Politische der Ästhetik ist ihre Freiheit, ihre Weigerung gegenüber der instrumentellen Indienstnahme. Insofern aber die Kunst selbst historisch gerahmt und produziert ist, bleibt sie ambivalent. Nur da, wo sie radikal unverfügbar ist, erfüllt sie ihre politische Statthalterschaft, wo sie dies nicht ist, verfällt sie der Affirmation (vgl. etwa Adorno 1970, 26).

Die Negation als eine Grundbestimmung des Ästhetischen kennzeichnet auch die Verfahren der Dekonstruktion, die gegenüber der Adornoschen Ästhetik weniger das zeitphilosophische Motiv des U-topischen, des Messianischen im Auge hat, als vielmehr das A-topische des im Ort der Schrift eingeklammerten Sinns, der sich nie einholen lässt. Beiden ästhetischen Theorien ist gemeinsam die Betonung der Entzweiung und des Dividuellen (eine unabdingbare Teilbarkeit jenseits identitärer Einheit) gegenüber den Sinnstiftung und das Gemeinsame betonenden Ästhetiken der Gemeinschaft (vgl. etwa Menke 1988).

3.3. Für die Begründung einer politischen Ästhetik stellen diese paradigmatischen Modelle ein Problem dar: Entweder wird das Politische funktional bestimmt und verstößt damit gegen die Postulate, die in der ästhetischen Freiheit als Vorbedingung und Modell politischer Freiheit formuliert wurden – oder das Ästhetische wird zur Warteschleife der politischen Kritik, die nie politisch praktisch werden kann und darin gegen das Postulat des Politischen als Handeln verstößt. Diese als aporetisch verstandenen Grenzen werden von den Ästhetiken des Pragmatismus in mehrere Richtungen geschliffen. John Dewey (1934) verbindet *Kunst als Erfahrung* mit *Kunst als Kommunikation* – und schließt sich damit ebenfalls der romantischen Privilegierung der Kunst als Medium ästhetischer Gemeinschaftsbildung an. Allerdings wird die Gemeinschaft selbst nicht mehr als eine Sekte Gleichgestimmter gedacht, sondern als *the Great Community*, als Inklusion. Damit wird der Schritt vom platonischen Polis-Modell zur modernen Demokratie gemacht – Kunst behält ihre eigenen Vermögen zu einer Erfahrung und Erkenntnis umschließenden Bildung, die sie aber nun politisch als *Massen*medium kommunizieren kann.

Die politische Ästhetik im Ausgang des Pragmatismus ist gekennzeichnet durch eine nicht negierende Erweiterung des Kunstbereichs selbst. Sowohl Richard Rorty (1989) wie auch Stanley Cavell (1987) haben den Unterschied im Sinne einer ontologischen Differenz zwischen Kunst und Massenkultur zurückgewiesen. Was jeweils wie im Ästhetischen erfahrbar wird, ist nicht durch die soziale Distinktion von Oben und Unten definiert. Damit wird das Ästhetische zu einem offenen Medium, das sich weder u-topisch auf eine andere Zeit, noch a-topisch auf einen anderen Ort bezieht, sondern sich im ›nowhere‹ bewegt, allerdings in einer Bewegung, die nicht mehr als Schließung gedacht wird, sondern als offener Horizont, als sich ständig verschiebender Radius sozialen Handelns.

In Bezug auf eine Begründung politischer Ästhetik stellt sich also die Frage, ob sie jenseits einer politischen Theorie noch zu denken ist, die den politischen Rahmen moderner Massendemokratien ausfüllen müsste. Eine politische Ästhetik, die kein eigenes politisches Telos im ›now and here‹ des politischen Handelns entfaltet, kehrt nicht zufällig zurück zu ihren Anfängen: zu Platon und den Romantikern. Wo weder das autokratische noch das vergemeinschaftende Modell der Politikschöpfung durch Kunst akzeptabel erscheint, tritt die Figur der radikalen Kritik und Entzweiung als politische Kritik an der Politik auf.

4.

Adorno, T. W., 1970, Ästhetische Theorie, Frankfurt/M.: Suhrkamp 1985.
Ankersmit, F. R., 1997, Aesthetic Politics, Stanford: Stanford University Press.
Anonymus, 1796/97, Das älteste Systemprogramm des deutschen Idealismus, in: G. W. F. Hegel, Werke, Bd. 1, Frankfurt/M.: Suhrkamp 1971.
Arendt, H., 1982, Das Urteilen, München: Piper 1998.
Barck, K./Faber, R. (Hg.), 1999, Ästhetik des Politischen – Politik des Ästhetischen, Würzburg: Königshausen & Neumann.
Benjamin, W., 1920, Der Begriff der Kunstkritik in der deutschen Romantik, in: Gesammelte Schriften, Bd. I.1, Frankfurt/M.: Suhrkamp 1974.
Benjamin, W., 1936, Das Kunstwerk im Zeitalter seiner technischen Reproduzierbarkeit, in: Gesammelte Schriften, Bd. I.2, Frankfurt/M.: Suhrkamp 1974.
Cavell, S., 1987, Nach der Philosophie, Berlin: Akademie 2001.
Dewey, J., 1934, Kunst als Erfahrung, Frankfurt/M.: Suhrkamp 2003.
Kant, I., 1790, Kritik der Urteilskraft, Frankfurt/M.: Suhrkamp 1974.
Menke, C., 1988, Die Souveränität der Kunst, Frankfurt/M.: Suhrkamp 2000.
Rancière, J., 2000, Die Aufteilung des Sinnlichen, Berlin: b-books 2006.
Rorty, R., 1989, Kontingenz, Ironie und Solidarität, Frankfurt/M.: Suhrkamp.
Schiller, F., 1795, Über die Ästhetische Erziehung des Menschen, in: Sämtliche Werke, Bd. 5, München: Hanser 1993.

GERTRUD KOCH

Afrika, politische Philosophie in

1.

1.1. Unter »Afrika« wird im Folgenden der gesamte Kontinent verstanden, südlich und nördlich der Sahara. Zwar unterscheiden sich Bevölkerung und Geschichte der dem Mittelmeer zugewandten Länder Nordafrikas erheblich von Bevölkerung und Geschichte anderer Regionen dieses Erdteils, vergleichbare Unterschiede kennzeichnen jedoch auch die unterschiedlichen Regionen zwischen Sahara und dem Kap der Guten Hoffnung. Auf der anderen Seite sind weit in die Menschheitsgeschichte zurückreichende Verbindungen zwischen dem Niltal und dem zentralen sowie westlichen Sudan bis zur Atlantikküste unbestreitbar.

1.2. Als »Polis«, unter welchem Begriff diejenige Form gesellschaftlichen Zusammenschlusses verstanden wird, in der Menschen tendenziell den Gesamtzusammenhang ihres Gemeinschaftslebens organisieren, haben Afrikaner in vielen Räumen über lange Zeiträume Systeme entwickelt, die sich vom »Staat« der europäischen Neuzeit (ebenso wie von der antiken griechischen Polis) stark unterscheiden. Gleichwohl handelt es sich im Sinne des obigen Verständnisses von »Polis« um politische Systeme. Die moderne Geschichts- und Sozialwissenschaft unterscheidet im vorkolonialen Afrika Gesellschaften mit Zentralgewalt, Verwaltungsapparat und Judikatur, also mit einem Staat, von staatslosen Gesellschaften (vgl. Fortes/Evans-Pritchard 1940, 5).

Die Kolonialherrschaft in der ersten Hälfte

des 20. Jahrhunderts zwang alle Völker Afrikas in staatliche Ordnungen nach dem Modell Europas, auch die unabhängigen Länder Äthiopien und Liberia. Selbst nach dem Abschütteln der Kolonialherrschaft hielten die neuen Führungseliten an der staatlichen Verfassung ihrer Macht fest, was ihnen allerdings in einigen Ländern – z.B. Somalia – völlig und in anderen – z.B. Kongo-Kinshasa, Tschad, Zentralafrika – weitgehend misslang. Trotz dieser Fälle von »Staatsversagen« (vgl. Tetzlaff/Engel/Mehler 1995) orientiert sich die aktuelle politische Philosophie Afrikas an der realen sowie der erstrebenswerten Gestalt afrikanischer Staaten und an der realen sowie der erstrebten Rolle dieser Staaten im Gesamtsystem der Weltpolitik.

1.3. Als Belege afrikanischer Philosophie lassen sich für die vorkoloniale Zeit wegen des Fehlens von Schrift in den meisten Kulturen nur selten bestimmte Autoren zitieren; so behandeln von den neun Kapiteln der Überblicksdarstellung von Hallen (2002) acht das 20. Jahrhundert. Jedoch wäre es irreführend, dem alten Afrika die Existenz von Philosophie und damit auch von politischer Philosophie abzusprechen.

2.

2.1. Ob das pharaonische Ägypten über seine Nachahmer in Nubien auf andere Regionen Afrikas ausgestrahlt hat, oder ob es selbst aus schwarz-afrikanischen Wurzeln seiner Bevölkerung erwuchs (so Diop 1954), bleibt umstritten. Jedoch finden Historiker an vielen Orten Überlieferungen eines sakralen Königtums, die einander so stark ähneln, dass sie »aus einer gemeinsamen Quelle stammen müssen« (Oliver/Fage 1978, 45). Sie sind noch heute sowohl bei den Mossi in Burkina Faso wie im ostafrikanischen Buganda oder bei den Zulu Südafrikas lebendig.

2.2. Bedeutende Impulse aus dem Dreieck der in Vorderasien entstandenen monotheistischen Religionen erhielt Afrika (nach jüdischen und christlichen Einflüssen auf Nordafrika, Nubien und Äthiopien) in Gestalt des Islam alsbald nach dessen Begründung. Sie verschmolzen im ganzen Sudan und in der Swahili-Stadtkultur der ostafrikanischen Küste mit dem alten sakralen Königtum. Dieser Synkretismus löste seit dem 18. Jahrhundert in Westafrika und im oberen Niltal immer wieder Schübe von Reformbewegungen zur Reinigung des Islam aus, die häufig zu Kriegen und zur Gründung neuer Staaten führten. Dank der Schriftkultur des Islam sind die Ideen z.B. Usman dan Fodios (1745–1817), der das Kalifat von Sokoto im heutigen Nord-Nigeria begründete, in gesicherten Quellen dokumentiert (vgl. Hodgkin 1975, 244ff.).

2.3. Protest und Widerstand gegen die europäische Kolonialherrschaft, die sich zwischen ca. 1885 und 1914 in ganz Afrika durchsetzte, verdanken ihre Dynamik zu erheblichen Teilen der gleichzeitigen christlichen Mission, speziell in Analogie zur Befreiungs-Theologie des Alten Testaments. Bei vielen Protagonisten des antikolonialen Kampfes mischte sich dieser Impuls mit Elementen des Marxismus. Intellektuelle und Praktiker der Politik in den meisten Ländern Afrikas trafen sich seit 1945 mindestens bis 1980 im Bekenntnis zu einem (im Einzelnen unterschiedlich gefärbten) Sozialismus (vgl. Friedland/Rosberg 1964). Ideen z.B. eines Julius Nyerere (1922–1999) fanden Beachtung in Europa wie in Afrika und wurden teilweise mit der Wirklichkeit in seiner Heimat Tanzania verwechselt (vgl. Nyerere 1979). Die nach 1918 parallel zum Leninismus in Europa um sich greifenden faschistischen Ideen eines autoritär-»totalen« Staates oder der »völkisch«-nationalsozialistische Rassismus beeinflussten dagegen die Theorie der afrikanischen Antikolonial-Bewegung kaum (abgesehen vom »Christlichen Nationalismus« des weißen Afrikaner-Volks in Südafrika); umso deutlicher schlugen sie sich in der politischen Praxis des nachkolonialen Afrika seit ca. 1960 nieder. Aus der von Europa durch seinen atlantischen Sklavenhandel geschaffenen schwarz-afrikanischen Diaspora in Nordamerika griff ab 1900 die Idee eines Panafrikanismus nach Afrika über, wo sie 1963 zur Gründung der *Organization of African Unity* (OAU, seit 2001 *African Union*: AU) beitrug. So entstand ein freilich schwaches, da dem Veto jedes einzelnen Mitgliedstaates unterworfenes Gegengewicht zur Fixierung der Politik auf den postkolonialen Staat.

2.4. Die allermeisten Staaten Afrikas fielen bald nach der Entkolonisierung unter die Herrschaft von Diktatoren in Zivil oder Uniform. Sie beanspruchten die Aura des alten sakralen Königtums und versprachen gleichzeitig ihren Völkern »Fortschritt« in das Gelobte Land des Wohlstands. Das Scheitern dieser politischen Systeme, die Kritiker als Populismus oder (nach Max Weber) Patrimonialismus kennzeichnen, löste etwa ab 1985 vornehmlich unter den städtischen Bildungsschichten und gewerkschaftlich organisierten Arbeitern eine Demokratie-Bewegung aus. Einige ihrer Wortführer versuchen, Distanz vom Modell Europas bzw. Nordamerikas zu halten, andere sind zur Übernahme dessen wesentlicher Elemente wie Mehrparteien-System, Gewaltentrennung, einklagbare Grundrechte bereit. Algerien verstrickte sich seit 1992 in einen Bürgerkrieg, weil die Demokratie-Bewegung dort mit einem islamischen Fundamentalismus verschmolz. Als Beispiele eventuell funktionsfähiger Demokratien sind in Afrika gegenwärtig Südafrika, Senegal, Mali, Ghana, Kenia (erheblich eingeschränkt seit Januar 2008) und Mozambique zu nennen.

3.

3.1. In der Gegenwart wirken bei vielen Inhabern politischer Macht, die daneben philosophische Autorität beanspruchen, immer noch die Ideen einiger Gründerväter der nachkolonialen Staaten weiter. Bei Intellektuellen, die gegen Macht-Eliten opponieren, ist das noch häufiger der Fall. Lebendig ist besonders das Prestige Kwame Nkrumahs (ca. 1909–1972), der 1951–1966 Ghana regierte; er setzte ein Einpartei-Regime durch, das er als alle Schichten umfassende Volksgemeinschaft verstand, während er sich philosophisch zu Marx und Lenin bekannte (vgl. Nkrumah 1963; ders. 1964; ders. 1965). Beides offen zu proklamieren ist seit dem Zusammenbruch der Sowjetunion nicht mehr opportun; aber unverkennbar klammern sich sowohl ein bekennender Sozialist wie Präsident Robert Mugabe in Zimbabwe, der die Opposition mit Polizeigewalt knebelt, als auch Präsident Yoweri Museveni in Uganda, der seinem Volk ein »no-party-system« mit einer allein regierenden »Bewegung« verordnet hat, in Nkrumahs Fußstapfen an das Machtmonopol in ihren Staaten.

3.2. Ernsthafter als Nkrumah arbeitete mit dem Instrument marxscher Klassenanalyse Amilcar Cabral (1921–1973), der 1956 die Befreiungsbewegung in Portugiesisch-Guinea gründete und als ihr Exil-Führer im benachbarten Conakry einem politischen Mord zum Opfer fiel. Seine Theorien werden in der Gegenwart ebenso diskutiert wie seine Praxis (vgl. Chabal 2003). Cabral sah mit Recht im Kleinbürgertum die maßgebliche Kraft des Antikolonialismus in Afrika und hielt diese Schicht nur dann für tauglich zur Erreichung fortschrittlicher Entwicklungsziele in unabhängigen Staaten, wenn sie entgegen ihrem Eigeninteresse (nämlich Bourgeoisie zu werden) in revolutionärem Geist als Arbeiter- und Bauernklasse »wieder geboren« würde (vgl. Cabral 1974). Den Klassenkampf innerhalb afrikanischer Gesellschaften, von dem die Inhaber politischer Macht (vor und erst recht nach der Unabhängigkeit) in der Regel nichts hören wollen, untersucht der oppositionelle tanzanische Jura-Professor Issa G. Shivji seit den späten 1960er Jahren (vgl. Shivji 1986; ders. 1989; ders. 1991). Sein Konzept einer leistungsfähigen afrikanischen Demokratie will die zur Diktatur tendierende Staatsmacht einschränken und verwirft gleichzeitig das liberale Vertrauen sowohl in die soziale Heilkraft des kapitalistischen Marktes als auch in das westliche Modell repräsentativer Demokratie; für eine »neue oder Volksdemokratie« (Shivji 1991, 27) fordert er die direkte Kontrolle der Menschen über ihre Lebensumstände und erwartet, diese durch die Autonomie gesellschaftlicher Verbände, die Menschenrechte erkämpfen, erreichen zu können.

3.3. Ähnlich wie Shivji verweist auch Hermann Yameogo, Jurist und Politiker in Burkina Faso, den überforderten postkolonialen Staat in seine Schranken, indem er eine Verlagerung der Verantwortung aus der Zentrale auf die Dörfer fordert, in denen dann eine Art Rätedemokratie stattfinden soll (vgl. Yameogo 1993, 128). Er ergänzt dieses Projekt durch Rückgriff auf den Panafrikanismus des von ihm verehrten Nkrumah, der 1963 anstatt der lockeren OAU echte Vereinigte Staaten von Afrika gründen wollte.

3.4. Für Achille Mbembe aus Kamerun, der in den USA und Senegal Sozialwissenschaft lehrte, bevor er nach Südafrika übersiedelte, ist die »Wende zur Demokratie« immer noch eine Klassenfrage, zumal die grassierende Armut »soziale Kämpfe in größeren Dimensionen aufflammen lassen wird als früher« (Mbembe 2001, 57f.). Die Verantwortung für Staatszerfall und die anderen Miseren Afrikas verteilt Mbembe auf die IWF/Weltbank-Strukturanpassungsprogramme und die korrupten Staatsklassen. In ähnlicher Weise macht Mohamed Salih, der aus dem Sudan stammt und in Leiden und Bayreuth Entwicklungspolitik lehrt, die Auflagen der internationalen Finanzinstitute und das seines Erachtens von den Industrieländern oktroyierte Demokratiemodell dafür verantwortlich, dass partielle »ethnische« Loyalitäten Staat und Nation in Afrika zu überwuchern drohen (vgl. Salih 2001). Julius Ihonvbere aus Nigeria, der für die Ford-Stiftung arbeitet, sieht gleichwohl im »Imperialismus« den Erzfeind, der im Kolonialsystem und danach den afrikanischen Staat zu dem Zweck konstruiert habe, »Klassenherrschaft, Ausbeutung und Eliten-Kollaboration mit dem Auslandskapital als Teil der internationalen kapitalistischen Ordnung fortzuführen« (Ihonvbere 2000, 5).

3.5. Ist in solchen Theorie-Ansätzen Misstrauen gegen den »Westen« zu spüren, so greifen andere politische Denker des heutigen Afrika ohne Scheu Werte und Modelle von Demokratie auf, die universale Geltung beanspruchen und damit freilich auch die Probleme demokratischer Praxis aus Europa und Nordamerika nach Afrika transportieren. Eine erste Dokumentation dieses Flügels der afrikanischen Demokratie-Bewegung entstand auf einem Seminar der Konrad-Adenauer-Stiftung mit den Politikwissenschaftlern der Universität Nairobi 1985; insbesondere Michael Chege (seit 1996 Direktor des Afrika-Studienzentrums in Gainesville) kritisierte dort scharf den Populismus der Diktaturen sowohl mit linkem als auch mit rechtem Zungenschlag, verwarf deren Neigung, externe Faktoren wie den »Imperialismus« und »fremde Ideologie« für die wirtschaftlichen Nöte Afrikas verantwortlich zu machen, und forderte stattdessen eine demokratische Politik, die »allein Licht auf die Probleme werfen könne« (Oyugi/Gitonga 1987, 163–177). Ähnliche Stimmen wurden 1986 auf einem gemeinsamen Kongress der African Association of Political Science und der Deutschen Vereinigung für Politische Wissenschaft laut (vgl. Meyns/Nabudere 1989). Wenige Jahre später warf Jacques Mariel Nzouankeu, Professor der Universität Dakar (Senegal), den Einpartei-Regimen Unterdrückung der Bürger und Totalitarismus vor, griff die Vorstellung von spezifisch »afrikanischen Menschenrechten« als versteckten Rassismus an und postulierte, dass es keine Freiheit gebe, die gut für den Westen und schlecht für Afrika wäre. Daraus leitete er konkret einen Katalog von Grundsätzen ab, der das Mehrparteien-System, Pressefreiheit, unabhängige Gerichtsbarkeit, freie Wahlen und Staatsmacht auf begrenzte Zeit umfasst (vgl. Nzouankeu 1991, 397–409).

3.6. Das wichtigste Laboratorium für praktische Demokratie, damit auch für politische Philosophie in Afrika, ist die Republik Südafrika – und das nicht erst seit dem Fall der Apartheid 1990, sondern auch zuvor, als für die weiße Minderheit demokratische Restbestände britischer Tradition fortbestanden und politische Theorie unter südafrikanischen Intellektuellen jedweder Hautfarbe weltweit debattiert wurde. Verfechter der Apartheid lehnten sich an Calvinschen Fundamentalismus und zum Teil an den Rassismus deutscher Nationalsozialisten an (vgl. Klerk 1975). Den Gegenpol bildete seit 1921 die streng auf Lenin ausgerichtete, dann von Stalin gleichgeschaltete Kommunistische Partei (vgl. Lerumo 1973). Die seit 1912 aktive Befreiungsbewegung der schwarzen Südafrikaner, der *African National Congress* (ANC), formulierte 1955 gemeinsam mit weißen Kommunisten als sein Grundsatzprogramm die *Freedom Charter* (vgl. Polley 1988, 134f.), in der sich der Ruf nach klassischen Menschenrechten und Mehrheits-Herrschaft mit unbestimmten Hinweisen auf ein sozialistisches Wirtschaftsprogramm für das künftige Südafrika mischt. Angesichts des Wegfalls sowjetischer Rückendeckung für seinen Kampf schwenkte der ANC 1988 auf »Verfassungs-Richtlinien« eindeutig westlich-demokratischer Kontur ein (vgl. Lodge 1991, 352–356), und dank der Autorität Nelson Mandelas (vgl. Mandela 1994) verfestigte diese Strömung sich nicht nur 1996 zu einem lupenrein demokratischen Verfassungstext, sondern auch zu einem voraussichtlich tragfähigen Fundament für demokratische Praxis in Südafrika. Eine Säule des Fundaments ist die Aufarbeitung von Verbrechen der Vergangenheit in der von Erzbischof Desmond Tutu geleiteten *Wahrheits- und Versöhnungskommission* (vgl. Tutu 2001) – samt scharfer, aus unterschiedlichen Positionen frei geäußerter Kritik an deren Arbeit. Allgemein stellen nicht nur Stimmen aus der weißen Minderheit und parteipolitischen Opposition, sondern z.B. auch der Erziehungswissenschaftler Neville Alexander (Alexander 2001) in Frage, ob das Konzept und die Politik des ANC geeignet sind, den nach wie vor der südafrikanischen Gesellschaft eingebrannten Rassismus nachhaltig zu überwinden.

3.7. Fundamentale Kritik an der Demokratie ist gegenwärtig v.a. aus dem Lager der islamischen Fundamentalisten Algeriens zu vernehmen. Im Vorlauf zu den für 1991 versprochenen, dann vom Militär abgebrochenen freien Wahlen urteilte als Wortführer der *Islamischen Heilsfront* (FIS) Ali Belhadj in der Zeitschrift El-Mounquid: »Die Demokratie stellt Unglauben und Glauben auf die gleiche Ebene. Das Wort Freiheit stellt die Gruppen der Menschen gegen jede Autorität, bis hin zur Sunna Gottes. Deshalb werden wir dieses Vokabular auslöschen, soweit wir können. [...] Wir glauben, dass Recht nur aus Entscheidungen der Scharia erkannt wird, nicht durch die Vielzahl von Akteuren und durch demagogische Reden. Die Gefolgschaft des Propheten war eine ganz kleine Schar, während jene, die den Götzen folgten, eine Masse waren. Der wohlunterrichtete Leser des Koran stellt fest, dass in den meisten Fällen Gott die Masse tadelt und die kleine Anzahl lobt.« (zit. in Al-Ahnaf/Botiveau/Frégosi 1991, 87ff.)

4.

Al-Ahnaf, M./Botiveau, B./Frégosi, F., 1991, L'Algérie par ses Islamistes, Paris: Karthala.

Alexander, N., 2001, Südafrika. Der Weg von der Apartheid zur Demokratie, München: Beck.

Cabral, A., 1974, Die Revolution als Waffe, Berlin: Rotbuch.

Chabal, P., 2003, Amilcar Cabral, London: Hurst.

Diop, C. A., 1954, Nations Nègres et Culture, Paris: Présence Africaine.

Fortes, M./Evans-Pritchard, E. E., 1940, African Political Systems, London: Oxford University Press.

Friedland, W. H./Rosberg, C. G. (Hg.), 1964, African Socialism, Stanford: Stanford University Press.

Hallen, B., 2002, A Short History of African Philosophy, Bloomington: Indiana University Press.

Hodgkin, T., 1975, Nigerian Perspectives, London: Oxford University Press.

Ihonvbere, J. O., 2000, Africa and the New World Order, New York: Lang.

Klerk, W. A. de, 1975, The Puritans in Africa, Harmondsworth: Penguin.

Lerumo, A. [eigentl. M. Harmel], 1973, Fünfzig Jahre Kampf der Südafrikanischen Kommunistischen Partei 1921–1971, Berlin: Dietz.

Lodge, T., 1991, All, Here, and Now. Black Politics in South Africa in the 1980s, London: Hurst.

Mandela, N., 1994, Der lange Weg zur Freiheit, Frankfurt/M.: Fischer.

Mbembe, A., 2001, On the Postcolony, Berkeley: University of California Press.

Meyns, P./Nabudere, D. W. (Hg.), 1989, Democracy and the One-Party-State in Africa, Hamburg: Institut für Afrika-Kunde.
Nkrumah, K., 1963, Sprung über zwei Jahrtausende, Düsseldorf: Econ.
Nkrumah, K., 1964, Consciencism, London: Heinemann
Nkrumah, K., 1965, Neo-Colonialism the Last Stage of Imperialism, London: Nelson.
Nyerere, J. K., 1979, Afrikanischer Sozialismus, Stuttgart: Dienste in Übersee.
Nzouankeu, J. M., 1991, L'Afrique devant l'Idée de Démocratie, in: Revue Internationale des Sciences Sociales 128.
Oliver, R./Fage, J. D., 1978, A Short History of Africa, Harmondsworth: Penguin.
Oyugi, W. O./Gitonga, A. (Hg.), 1987, Democratic Theory and Practice in Africa, Nairobi: Heinemann.
Polley, J. A. (Hg.), 1988, The Freedom Charter and the Future, Kapstadt: IDASA.
Salih, M. A. M., 2001, African Democracies and African Politics, London: Pluto.
Shivji, I. G., 1986, Law, State and the Working Class in Tanzania, London: Currey.
Shivji, I. G., 1989, The Concept of Human Rights in Africa, London: CODESRIA.
Shivji, I. G. (Hg.), 1991, State and Constitutionalism, Harare: SAPES.
Tetzlaff, R./Engel, U./Mehler, A. (Hg.), 1995, Afrika zwischen Dekolonisation, Staatsversagen und Demokratisierung, Hamburg: Institut für Afrika-Kunde.
Tutu, D., 2001, Keine Zukunft ohne Versöhnung, Düsseldorf: Patmos.
Yameogo, H., 1993, Repenser l'Etat Africain, Paris: Harmattan.

FRANZ ANSPRENGER

Althusser, Louis (1918–1990)

1.

Althusser wurde in Birmandreis in Algerien geboren, lebte ab 1930 in Marseille, dann in Lyon, und geriet 1940 bis zum Kriegsende in deutsche Gefangenschaft. Anschließend studierte er bis 1948 Philosophie (u. a. bei Gaston Bachelard) an der École Normale Supérieure und blieb dort in verschiedenen akademischen Funktionen; seit 1948 war er Mitglied der Kommunistischen Partei Frankreichs (PCF). Ab Anfang der 1960er Jahre wurde er zu einem der führenden, auch einer größeren Öffentlichkeit bekannten marxistischen Intellektuellen Frankreichs. Seine in Kooperation mit zahlreichen Schülern (Etienne Balibar, Pierre Macherey, Jacques Rancière u. a.) entwickelte Marx-Interpretation führte zu heftigen Kontroversen innerhalb der politischen Milieus und wurde überdies zu einem Kernthema des alle Geistes- und Sozialwissenschaften erfassenden Streits um Strukturalismus und »Anti-Humanismus«. Althusser war gleichermaßen wichtiger Anreger und Gesprächspartner einiger der bedeutendsten Denker der französischen Nachkriegszeit (etwa Jacques Lacan und Michel Foucault), wie v. a. ab Mitte der 1970er Jahre einer der schärfsten Kritiker der Politik der PCF, der gegenüber er gleichwohl, anders als viele seiner Generationsgenossen, loyal blieb. Seine akademische Karriere und öffentliche Wirksamkeit fand 1980 ein jähes Ende, als er in einem Anfall im Rahmen einer langen Depressionserkrankung seine Frau Hélène tötete. Er wurde ohne Strafprozess in eine psychiatrische Klinik eingewiesen, lebte anschließend zurückgezogen in Paris, arbeitete zeitweilig an einem erst posthum erschienenen autobiographischen Text und starb 1990.

2.

Althussers erste Aufsatzsammlung (*Für Marx*, 1965) setzt viele Parameter der späteren Ausarbeitung eines alternativen Marx-Verständnisses, wie es v. a. das Gemeinschaftswerk *Das Kapital lesen* (1968) vorgeschlagen hat: Gegen die herrschenden Interpretationen wird Marx als Denker der Komplexität profiliert, der sich nicht auf einen dogmatischen Ökonomismus reduzieren lässt; aber gleichzeitig ist er ebenso wenig der Vordenker eines sozialistischen Humanismus, zu dem man ihn im westlichen Marxismus oft ausgehend von einer emphatischen Lektüre der Frühschriften machen wollte. Für Althusser ist der reife Marx, der sich langsam aus dem übermächtigen Einfluss Hegels und Feuerbachs herausarbeitet, in der Tat der revolutionäre Begründer einer neuen Art von Wissenschaft der Geschichte und der Gesellschaft. Eine solche Wissenschaft versteht Gesellschaft als strukturierte Totalität (vgl. Althusser/Balibar 1968, I, 127; II, 252ff.) mit nichtlinearen »überdeterminierten« Kausalverhältnissen zwischen den verschiedenen gesellschaftlichen Sphären (vgl. Althusser 1965, 78ff., 151ff.), die zwar »in letzter Instanz« (ebd., 81) ökonomisch begründet sind, sich aber auf keine einfachen Basis/Überbau-Determinationen reduzieren lassen. In seinen späteren Schriften entfernt sich Althusser vom Theoretizismus seiner früheren Position und erläutert stattdessen die Rolle der Philosophie nicht als ideologiefreie Wissenschaft, sondern als »Klassenkampf in der Theorie« (*Lenin und die Philosophie*, 1969; *Elemente der Selbstkritik*, 1974; vgl. Althusser 1965, 210). Die auch von der Rezeption her gesehen wichtigste Etappe ist der Entwurf einer materialen Theorie der Ideologie (*Ideologie und ideologische Staatsapparate*, 1970), die – in Anlehnung an Lacan – die Bedeutung der subjektkonstitutierenden »Anrufung« (*interpellation*) für das Funktionieren ideologischer Systeme herausarbeitet. Es bleibt umstritten, ob sich in einigen der späten, erst nach seinem Tod erschienenen Texte tatsächlich der von Althusser beschworene neue Materialismus abzeichnet (*Le courant souterrain du matérialisme de la rencontre*, entst. 1982).

3.

Zweifellos hat Althusser in der westeuropäischen Diskussion um Marx und den Marxismus ein neues theoretisches Niveau etabliert, an dem sich seither v.a. die wissenschaftstheoretisch und methodologisch avancierten Vorschläge zur Rekonstruktion des materialistischen Erbes messen müssen. Seine bahnbrechenden Überlegungen zur Ideologietheorie sind darüber hinaus ein fruchtbarer Ausgangspunkt für zahlreiche sozialtheoretische Anstrengungen (von den *Cultural Studies* etwa bei Stuart Hall bis zum sozialen Konstruktivismus Judith Butlers) geworden und bleiben einer der gewichtigsten Vorschläge im Streit um eine schlagkräftige kritische Theorie der Gesellschaft. Gleichwohl scheint der v.a. im frühen Werk Althussers verfolgte Versuch, aus Marx' Kritik der kapitalistischen Ökonomie eine generelle Theorie der Geschichte zu entwickeln, kaum haltbare Reduktionen mit sich zu führen. Ähnliches gilt für die subjekttheoretische Reformulierung der Ideologiekritik: Ihre radikale funktionalistische Beschreibung der »Fiktion« des Subjekts im Prozess der Anerkennung/Verkennung scheint nur um den Preis einer Abstraktion von den nicht zuletzt aus der Perspektive der betroffenen Subjekte höchst unterschiedlichen, nämlich mehr oder weniger repressiven Weisen, ein Selbst zu werden, möglich zu sein.

4.

Althusser, L., 1965, Für Marx, Frankfurt/M.: Suhrkamp 1968.
Althusser, L., 1970, Ideologie und ideologische Staatsapparate, in: ders., Ideologie und ideologische Staatsapparate, Hamburg: VSA 1977.
Althusser, L., 1992, Die Zukunft hat Zeit/Die Tatsachen. Zwei autobiographische Texte, Frankfurt/M.: Fischer 1993.
Althusser, L., 1994, Écrits philosophiques et politiques, 2 Bde., Paris: Stock/IMEC.
Althusser, L./Balibar, E., 1968, Das Kapital lesen, 2 Bde., Reinbek: Rowohlt 1972.

Böke, H./Müller, J. C./Reinfeldt, S. (Hg.), 1994, Denk-Prozesse nach Althusser, Hamburg: Argument.
Charim, I., 2002, Der Althusser-Effekt. Entwurf einer Ideologietheorie, Wien: Passagen.
Honneth, A., 1977, Geschichte und Interaktionsverhältnisse. Zur strukturalistischen Deutung des Historischen Materialismus, in: ders./U. Jaeggi (Hg.), Theorien des Historischen Materialismus, Frankfurt/M.: Suhrkamp.
Kaplan, E. A./Sprinker, M. (Hg.), 1993, The Althusserian Legacy, London: Verso.
Moulier-Boutang, Y., 1992, Louis Althusser, Bd. 1, Paris: Grasset.
Pfaller, R., 1997, Althusser. Das Schweigen im Text, München: Fink.

Axel Honneth/Martin Saar

Anarchismus

1.

Unter »Anarchismus« versteht man eine intellektuelle und politische Richtung, für die die Ausübung von Zwang, insbesondere von staatlichem Zwang, gegenüber Menschen ungerechtfertigt ist und beseitigt werden sollte. Während im Alltagsverständnis häufig die Gewaltbereitschaft der Anarchisten, v.a. des späten 19. Jahrhunderts, im Mittelpunkt steht, lehnen viele Anarchisten, wenn nicht die Mehrzahl, Gewalt als Mittel zur Durchsetzung ihres Zieles ab.

2.

Über die Anfänge des Anarchismus gibt es unterschiedliche Auffassungen. Mitunter werden die antiken Kyniker und das in diese Tradition gehörende politische Frühwerk des Stoikers Zenon genannt (vgl. Nettlau 1994, Bd. 1), aus späterer Zeit die freien mittelalterlichen Städte. Eine heute noch in den verschiedensten Kontexten zitierte Quelle ist die von Rabelais 1534 in seinem Roman *Gargantua* (Kap. LVII) genannte Abtei Thelema, in der nur die Regel gilt: »Tu was dir gefällt.« Als anarchistische Utopien gelten auch Foignys *La Terre australe connue* (1676) und Diderots Beschreibung von Tahiti (*Supplément au voyage de Bougainville*, 1773; vgl. Saage 1990).

Als erster systematischer Vertreter des Anarchismus gilt inzwischen William Godwin (1756–1836) mit seinem Hauptwerk *An Enquiry Concerning Political Justice* (1793), obwohl er sich nicht als Anarchisten bezeichnet und kaum Wirkung auf die spätere anarchistische Bewegung ausgeübt hat. Godwins Werk enthält eine besondere Spannung aus der Verbindung von konsequentialistischer Ausrichtung am Gemeinwohl mit der calvinistischen Betonung der Intention einer Handlung (vgl. Philp 2006). Damit eine Handlung im vollen Sinne frei werde, genügt nicht die bloße Freiwilligkeit. Erst die entsprechende Beschaffenheit der handlungsleitenden Intention macht eine Handlung moralisch – und frei. Zur Moralität wie zur Freiheit kann man daher durch keine Autorität, erst recht durch keine Regierung gezwungen werden. Godwin folgt in seiner Kritik an bestehenden Regierungen zwar in erheblichem Maße Rousseau, dehnt seine Kritik aber auf jeden Staat und jede Herrschaft aus, die in das private Urteil des Individuums eingreift. Er lehnt auch einen Sozialvertrag ab (vgl. Crowder 1991, 55 ff.).

Bemerkenswert ist, dass Kant in seiner *Anthropologie in pragmatischer Hinsicht*, also nur fünf Jahre nach der ersten Auflage von Godwins Buch, Anarchie nicht etwa durch bloße Gewalt oder durch Freiheit und Gewalt ohne Gesetz kennzeichnet, sondern als Gesetz und Freiheit ohne Gewalt (vgl. Kant 1798, 330). Für die beste Organisationsform hält er allerdings die Republik, in der das Gesetz auch durchgesetzt werden kann.

Zu den frühen Anarchisten, die sich selbst nicht als solche bezeichneten, rechnet man für gewöhnlich auch Max Stirner (eigentlich Johann Caspar Schmidt, 1806–1856), der in seinem Hauptwerk *Der Einzige und sein Eigentum* (1845) einen radikalen Individualismus vertritt und im Unterschied zu den »klassischen« Anarchisten wie Proudhon, Bakunin, Kropotkin, aber auch Godwin, nicht nur eine staatliche, sondern auch eine moralische Regulierung der Menschen ablehnt und sich »nur auf meine Macht« verlassen will. Stirner gehört auch zu den ersten scharfen Kritikern der Kommunisten und der »sozialen Liberalisten« wie Proudhon, die meinen, »die Gesellschaft *gebe*, was wir brauchen, und Wir seien ihr deshalb *verpflichtet*, seien ihr alles schuldig. [...] Die Gesellschaft ist eine neue Herrin, ein neuer Spuk, ein neues ›höchstes Wesen‹, das uns ›in Dienst und Pflicht nimmt!‹« (Stirner 1845, 135)

Als »eigentlicher Vater des Anarchismus« gilt Pierre-Joseph Proudhon (1809–1865), der sich als erster selbst als Anarchist bezeichnete. Proudhon geht es um die Erhaltung der persönlichen Freiheit in der menschlichen Gemeinschaft, die er auch nicht für eine Demokratie aufgeben will, da dort nur die Willkür der Mehrheit anstelle von Moral und Vernunft herrscht. Dazu muss alles Eigentum abgeschafft werden, das über das für alle gleiche

Maß hinausgeht, meint Proudhom jedenfalls in seinem vielleicht berühmtesten Werk *Was ist das Eigentum?* (1840). Staatseigentum lehnt Proudhon jedoch ab: »Der Kommunismus ist Unterdrückung und Knechtschaft.« (Proudhon 1840, 211)

Die für den Anarchismus des 19. und des frühen 20. Jahrhunderts paradigmatischen Gestalten sind trotz und wegen ihrer Unterschiedlichkeit wohl Bakunin (1814–1876) und Kropotkin (1842–1921). Beide waren stark von Proudhon beeinflusst. Bakunin, dem ersten Berufsrevolutionär, der in seinem äußerst bewegten Leben in zahlreichen Ländern Europas für die Revolution kämpfte und deshalb mehrfach im Gefängnis saß, war die Aktion wichtiger als theoretische Klarheit. Dennoch steht er verglichen mit anderen Anarchisten Marx trotz intensiver persönlicher Feindschaft und trotz seiner Ablehnung von Intellektualismus und Wissenschaftsverherrlichung theoretisch am nächsten. Er weist den liberalen Gedanken eines Freiheitsrechtes, das seine Grenzen an der Freiheit der anderen findet, als künstliche Trennung der Menschen zurück und sieht sich erst dann als »wahrhaft frei, wenn alle Menschen, die mich umgeben, Männer und Frauen, ebenso frei sind wie ich [...]. Meine [...] durch die Freiheit aller bestätigte persönliche Freiheit erstreckt sich ins Unendliche.« (Bakunin 1870, 132f.) Kropotkin zog sich nach einigen Jahren der Agitation und einem Gefängnisaufenthalt nach England zurück, wo er ein Gelehrtenleben führte und seine theoretischen Positionen entwickelte. Charakteristisch für ihn ist die Verbindung von Gemeinschaftsmoral, freiheitlich kommunistischer Wirtschaftsform und (natur-)wissenschaftlicher Zugangsweise zu sozialen Fragen. Er will zeigen, dass die Bereitschaft zur wechselseitigen Hilfe bei Tieren und Menschen eine ebenso natürliche wie vorteilhafte Anlage darstellt, und dass erst die staatliche Repression die Menschen zu Verbrechern werden lässt.

Kropotkins naturwissenschaftliche Deutung der gesellschaftlichen Entwicklung zur Anarchie, aber auch vom Marxismus inspirierte Modelle sozialer Gesetzmäßigkeit gerieten innerhalb der anarchistischen Bewegung in die Kritik Errico Malatestas (1853–1932) und seiner Anhänger, die wiederum den voluntaristischen Aspekt der Revolution hervorhoben. Auch sie rückten allerdings trotz aller Kritik an der »bürgerlichen Demokratie« mehr und mehr von dem Gedanken gewaltsamer Durchsetzung der Anarchie ab (vgl. Pani/Vaccaro 81ff.). Wenig gewaltbereit, trotz der Beteiligung an revolutionären Vorgängen wie der Münchner Räterepublik, war auch der eher literarische Anarchismus deutscher Autoren wie Gustav Landauer (1870–1919) und Erich Mühsam (1878–1934), die beide eines grausamen gewaltsamen Todes, durch Soldaten, welche 1919 die Räterepublik niederschlugen, bzw. durch die SS, starben (vgl. Eisenbart 1996). Hingegen bildet die Gewalt der vom Mythos des Generalstreiks getragenen proletarischen Massen gegen die von Schiebern und Gaunern beherrschte bürgerliche Demokratie gerade das Zentrum der Version des Anarchosyndikalismus, die sich wesentlich an Sorels *Réflexions sur la violence* (1905) anlehnt. Der Anarchosyndikalismus versuchte, die anarchistische Bewegung mit den Ende des 18., Anfang des 19. Jahrhunderts bestehenden Arbeiterorganisationen in Verbindung zu bringen, denen man eine besondere Rolle bei der Revolution zusprach. Differenzen gab es darüber, ob man ihnen bleibende Autorität zusprach, wie im nichtanarchistischen revolutionären Syndikalismus der italienischen Anhänger Sorels, ob man also ihre Funktion rein ökonomisch oder wesentlich politisch interpretierte. Unbestreitbar bleibt, dass der Anarchosyndikalismus durch die spanische Confederación Nacional del Trabajo in den 1930er Jahren in der spanischen Republik und im Bürgerkrieg bis zum Sieg Francos erheblichen politischen Einfluss besaß (vgl. Berti 1998, 46f., 787ff., 808ff.).

In den 1930er Jahren verloren die Anarchisten überall an Boden, insbesondere wenn sie sich auf gewaltsame Auseinandersetzungen mit Faschisten und Kommunisten einließen. So waren es denn auch Anarchisten wie Rudolf Rocker, die auf die strukturellen Gemeinsamkeiten der verschiedenen totalitären Systeme hinwiesen. Manche Anarchisten reklamieren deshalb nicht ohne eine gewisse Berechtigung die Urheberschaft für die Totalitarismusforschung. Für die Zeit nach dem Zweiten Weltkrieg werden Intellektuelle wie Michel Foucault und Gilles Deleuze zu den Anarchisten gezählt. Es findet sich auch eine Denkrichtung, die man als »philosophical anarchism« bezeichnet, und besonders seit den späten 1960er Jahren gibt es anarchistisch inspirierte Aktionen und anarchistische Netzwerke, allerdings keine auch nur ansatzweise homogene anarchistische Bewegung.

Teilweise als Gegenreaktion zu Rawls' sozialliberaler Gerechtigkeitskonzeption entwickelte sich in den Vereinigten Staaten eine Version des Liberalismus, die die individualanarchistische Denkweise von US-amerikanischen Autoren wie Henry Thoreau, einem der ersten Verfechter zivilen Ungehorsams, und Benjamin Tucker (1854–1939), allerdings in deutlicher Wendung gegen soziale Umverteilung, fortsetzte. Eine herausragende Stellung nimmt hier Robert Nozicks *Anarchy, State, and Utopia* (1974) ein.

3.

Systematisch lassen sich folgende Typen des Anarchismus unterscheiden: Zur Kategorie des *Gemeinschaftsanarchismus* oder *klassischen Anarchismus* gehören Proudhon, Bakunin, Kropotkin und ihr engeres Umfeld und ferner auch Godwin. Von den neueren Autoren dürfte am ehesten Michael Taylor dazu gehören (vgl. Taylor 1982). George Crowder nennt als wesentliche Säulen des klassischen Anarchismus a) ein anspruchsvolles Konzept von Freiheit als moralisch geleiteter Selbstbestimmung, b) eine trotz plakativer Abwehr gegen Rousseau deutlich von diesem beeinflusste Kritik an der Eigenliebe und der materialen Ungleichheit in der bürgerlichen Gesellschaft und c) eine durch den auch feststellbaren Romantizismus oft übersehene positive Einstellung zu Wissenschaft und technischem Fortschritt, die allerdings dezentral eingesetzt werden sollen (vgl. Crowder 1991, Kap. 1). Dagegen sieht Giampietro Berti als »tragenden Kern« des anarchistischen Denkens eine dreifache Negation: die Negation Gottes, die Negation des Staates und die Negation des Kapitalismus (vgl. Berti 1998, 32).

Der klassische Anarchismus steht erstens vor dem Problem, eine extrem optimistische Anthropologie verfechten zu müssen, der zufolge etwa gewaltsames Fehlverhalten von Menschen einzig auf Repression und ungleicher Eigentumsverteilung zurückzuführen ist. Zweitens wird kaum deutlich, wie etwa der Zwang zur Arbeit und die Garantie gleich bleibender Besitzverhältnisse ohne jede Repression gewahrt werden sollen. Drittens bleibt unklar, wie der Weg in die repressionsfreie Gesellschaft mit Menschen durchgeführt werden soll, die bereits durch Repression verdorben sind.

Der *Anarchosyndikalismus* kann als eine praktisch-politische Umsetzung und Weiterentwicklung des Gemeinschaftsanarchismus gelten, insofern man versuchte, die faktisch vorhandenen Arbeiter-Organisationen in den Kampf für den Anarchismus einzubinden. Er offenbarte aber gerade im Augenblick des historischen Erfolges – 1936 in Katalonien – seine politische Unfähigkeit, da die anarchistischen Kräfte trotz der in Wahlen errungenen Macht kein entsprechendes politisches Programm umzusetzen vermochten.

Der *radikale Anarchismus* bestreitet die Berechtigung jeder politischen und rechtlichen Regulierung des Individuums und will alles Zusammenleben dem spontanen und freiwilligen Zusammenwirken der Individuen überlassen. Diese Figur ist in der Gegenwartsdiskussion eher ein Idealtypus, stellt als solcher allerdings einen gern gesehenen, weil leicht zu widerlegenden »Gast« in verschiedenen Werken der politischen Philosophie und Rechtsphilosophie dar. Als historische Position, die etwas Vergleichbares behauptete, kann man allenfalls Stirner ansehen, der alles Recht, jeden Staat und jede Moral als Unterdrückung des oder der Einzigen zurückweist.

Der *philosophische Anarchismus* untersucht die Argumente, die für gewöhnlich zur Rechtfertigung staatlicher Herrschaft herangezogen werden, und weist auf ihre Schwachstellen und Unzulänglichkeiten für diesen Zweck hin. Die Bezeichnung geht wohl auf Benjamin Tucker zurück, doch gelten heute eher John Simmons und Robert Paul Wolff als typische Vertreter dieser Richtung. Ein vielleicht charakteristisches Beispiel für die Argumentationsweise ist die von Simmons (1992) geübte Kritik an Lockes Kriterium der stillschweigenden Zustimmung durch das Verbleiben im Land, welche die Pflicht zum Gehorsam begründen soll: Wer kann das Recht haben, mich vor die Alternative zu stellen, zu gehorchen oder meinen Wohnsitz zu verlassen?

Der *elitäre Anarchismus* sieht durch die staatlichen, rechtlichen und moralischen Forderungen, aber auch bereits durch die Massenkultur der Allzuvielen die persönliche Freiheit und den persönlichen Lebensraum bedroht, ohne sich unbedingt für eine gewalttätige Gegenwehr auszusprechen. Vielleicht kann man Jüngers *Waldgänger* in diese Rubrik einordnen (Jünger 1951). In den letzten Jahren hat im Lichte einer bestimmten Konzeption des Liberalismus Richard Flathman in seinen *Reflections of a Would-Be Anarchist* die Anarchie als Gegenentwurf zum egalitären, soziale Gerechtigkeit einklagenden Liberalismus interpretiert. Nach dem ihm vorschwebenden *willful liberalism* ist die lobenswerteste Eigenschaft des Menschen nicht die moralische Tugend, sondern eher die virtù Machiavellis, die Großmut (magnanimity), die Virtuosität in der Gestaltung des eigenen Lebens, die Selbstüberwindung im Sinne Nietzsches und die Selbstverwirklichung im Sinne Oakeshotts, was etwas irreführend oft unter dem Namen »Perfektionismus« geführt werde (Flathman 1998, 13 ff., 42).

Der *Wirtschaftsanarchismus* wird durch Autoren wie Robert Nozick und David Friedman repräsentiert. Er wendet sich primär gegen jede Einmischung des Staates in die Ökonomie, speziell gegen den Sozialstaat. Dieser Auffassung zufolge ist jede Bemühung um Verteilungsgerechtigkeit Zwangsarbeit der Bessergestellten (vgl. Nozick 1974, Kap. 8; Friedman, 1971, 21 ff.).

Schließlich vertritt der *aufgeklärte Anarchismus* aufgrund der Erfahrungen des 20. Jahrhunderts und des Umstandes, dass der Staat heute keineswegs mehr als bloßer Schutz für die Wohlhabenden verstanden wird, die Auffassung, der Weg zur Anarchie bedürfe des Schutzes der liberalen und sozialen Demokratie. Er führt die normativen Prinzipien des egalitären Liberalismus konsequent zu Ende und fordert darüber hinaus den Spielraum zur kreativen, eigenständigen Entwicklung der Individuen wie der Gesellschaft als Ganzer. Durch diese dem klassischen Anarchismus entlehnte Dimension des Utopischen und Perfektionistischen unterscheidet er sich vom Liberalismus (vgl. Kaufmann 1999).

4.

Bakunin, M., 1870, Gott und der Staat, Grafenau: Trotzdem 2003.

Bakunin, M., 1873, Staatlichkeit und Anarchie und andere Schriften, Frankfurt/M.: Ullstein 1972.

Berti, G., 1998, Il pensiero anarchico dal Settecento al Novecento, Bari: Lacaita.

Crowder, G., 1991, Classical Anarchism, Oxford: Clarendon.

Diderot, D., 1773, Nachtrag zu ›Bougainvilles Reise‹, Frankfurt/M.: Insel 1965.

Eisenbart, C., 1996, Erich Mühsam, in: H. Diefenbacher (Hg.), Anarchismus, Darmstadt: WBG.

Flathman, R. E., 1998, Reflections of a Would-Be Anarchist, Minneapolis: University of Minnesota Press.

Foigny, G. de, 1676, La Terre australe connue, Paris: STFM 1990.

Friedman, D., 1971, The Machinery of Freedom, La Salle: Open Court 1995.

Godwin, W., 1793, An Enquiry concerning Political Justice, and its Influence on General Virtue and Happiness, 2 Bde., The Political and Philosophical Works of William Godwin, Bde. 3–4, London: Pickering & Chatto 1993.

Jünger, E., 1951, Der Waldgang, Stuttgart: Klett-Cotta 1998.

Kant, I., 1798, Anthropologie in pragmatischer Hinsicht, Akademie-Ausgabe, Bd. 7, Berlin: de Gruyter 1968.

Kaufmann, M., 1999, Aufgeklärte Anarchie. Eine Einführung in die politische Philosophie, Berlin: Akademie.

Kropotkin, P., 1890, La Morale Anarchica, Roma: Stampa alternativa 1999.

Kropotkin, P., 1892, Eroberung des Brotes, Grafenau: Trotzdem 1989.

Kropotkin, P., 1896, Der Anarchismus, Grafenau: Trotzdem 1997.

Kropotkin, P., 1902, Gegenseitige Hilfe in der Tier- und Menschenwelt, Leipzig: Thomas 1920.
Nettlau, M., 1994, Geschichte der Anarchie, 10 Bde., Münster: Bibliothek Thélème.
Nozick, R., 1974, Anarchie, Staat, Utopia, München: Olzog 2006.
Pani, F./Vaccaro, S., 1997, Il pensiero anarchico, Colognola ai Colli: Demetra.
Philp, M., 2006, William Godwin, in: E. N. Zalta (Hg.), Stanford Encyclopedia of Philosophy, http://plato.stanford.edu/entries/godwin (Stand 1. Juli 2008).
Proudhon, P.-J., 1840, Was ist das Eigentum?, Wien: Monte verità 1992.
Proudhon, P.-J., 1846, System der ökonomischen Widersprüche oder Philosophie des Elends, Berlin: Kramer 2003.
Proudhon, P.-J., 1849, Die Bekenntnisse eines Revolutionärs, Frankfurt/M.: AV 2000.
Rinderle, P., 2005, Der Zweifel des Anarchisten, Frankfurt/M.: Klostermann.
Saage, R., 1990, Gibt es einen anarchistischen Diskurs in der klassischen Utopietradition?, in: ders., Das Ende der politischen Utopie?, Frankfurt/M.: Suhrkamp.
Simmons, J., 1992, The Lockean Theory of Rights, Princeton: Princeton University Press.
Simmons, J., 1996, Philosophical Anarchism, in: J. T. Sanders/J. Narveson (Hg.), For and Against the State, Boston: Rowman & Littlefield.
Simmons, J., 2001, Justification and Legitimacy, Cambridge: Cambridge University Press.
Sorel, G., 1905, Über die Gewalt, Frankfurt/M.: Suhrkamp 1981.
Spaemann, R., 1977, Die Utopie der Herrschaftsfreiheit, in: ders., Zur Kritik der politischen Utopie, Stuttgart: Klett.
Stirner, M., 1845, Der Einzige und sein Eigentum, Stuttgart: Reclam 1972.
Taylor, M., 1982, Community, Anarchy and Liberty, Cambridge: Cambridge University Press.
Wolff, R. P., 1970, In Defense of Anarchism, Berkeley: University of California Press 1998.

MATTHIAS KAUFMANN

Anerkennung

1.

1.1. Man kann eine Person, Gruppe, Eigenschaft, Leistung, Meinung, Tatsache, Grenze, Vaterschaft u. Ä. anerkennen. Durch Akte der Anerkennung wird zum Ausdruck gebracht, dass die anerkennende Person, Gemeinschaft, Behörde etc. die jeweils anerkannte Person, Gruppe, Sache etc. nicht bloß wahrnimmt, sondern auch akzeptiert. Der Begriff »Anerkennung« steht für einen Vorgang, bei dem es *zugleich* zur kognitiven Erfassung (An*erkennung*) und evaluativen Bestätigung (*An*erkennung) eines Gegenstandes oder Gegenübers kommt. Anerkennung kann daher allgemein als eine konstatierende und gleichzeitig zustimmende Kenntnisnahme verstanden werden. Diese geht entweder demonstrativ bzw. ausdrücklich vonstatten, man nehme das Beispiel eines amtlichen Stempels, oder aber sie ist bloß ›implizit‹ vorhanden, wie etwa bei einem Spiel, dessen Regeln nicht bei jedem Spielbeginn eigens thematisiert zu werden brauchen. Aus Sicht der praktischen Philosophie ist jedoch insbesondere *intersubjektive* Anerkennung von Belang.

1.2. Intersubjektive Anerkennung kann als ein zwischenmenschlicher Akt der Identifizierung und Bejahung einer *Person* (oder einzelner ihrer *Eigenschaften*) verstanden werden. Wer einen anderen Menschen anerkennt, gibt diesem zu verstehen, dass er ihn (oder einzelne seiner Eigenschaften) zur Kenntnis nimmt *und* respektiert. Der Tendenz nach zielt intersubjektive Anerkennung – was sie von allen anderen Formen der Anerkennung unterscheidet – auf *Reziprozität*, d.h. Wechselseitigkeit. In einer berühmten Formulierung Hegels (1807, 147) heißt es: »Sie anerkennen sich als gegenseitig sich anerkennend.« Demnach ist intersubjektive Anerkennung allein dann *vollwertig* gegeben, wenn die jeweils anerkannte Person die jeweils anerkennende Person ebenfalls für hinreichend anerkennungswürdig hält.

Gleichwohl ist Anerkennung häufig bloß einseitig vorhanden, wodurch asymmetrische

Interaktionsverhältnisse bewirkt werden, wie man sie z.B. in sozialen Abhängigkeits- oder Herrschaftsbeziehungen vorfindet. In Fällen dieser Art, v.a. aber auch dann, wenn ein völliges Fehlen wechselseitiger Anerkennung konstatiert werden muss, kann von Verzerrungen oder gar ›Pathologien‹ der Anerkennung die Rede sein.

2.

2.1. Gemeinhin kann als unbestritten gelten, dass der Anerkennungsbegriff erstmals beim jungen Hegel einen zentralen theoriearchitektonischen Stellenwert zugewiesen bekommt. Weniger häufig ist jedoch der ideengeschichtliche Hinweis erfolgt, dass sich die Anerkennungstheorie Hegels einer eigentümlichen Verknüpfung vertragstheoretischen Denkens bei Hobbes mit Motiven der Naturrechtslehre Fichtes verdankt (vgl. Siep 1979; Wildt 1982; Honneth 1992).

Hobbes hatte im *Leviathan* die Ansicht vertreten, dass es die beängstigende Aussicht auf einen die Selbsterhaltung gefährdenden und nicht zuletzt auf Ruhmsucht beruhenden »Kampf aller gegen alle« ist, durch die sich die Mitglieder eines Gemeinwesens zum Abschluss eines ihre Sicherheit verbürgenden Staatsvertrages motiviert sehen. Später war dann Fichte in seinem Werk über die *Grundlage des Naturrechts* zu der Überzeugung gelangt, dass überhaupt erst die Institution des Rechts jene bewusstseinstheoretischen Voraussetzungen schafft, die notwendig sind, damit Menschen sich ihrer selbst als Personen, d.h. freie Subjekte, gewahr werden können. In anderen autonomen Personen, so Fichte, lernen sie zugleich die Grenzen der eigenen Freiheit erkennen und anerkennen. Hegel hat nun diese beiden Motive zu der Idee eines »Kampfes um Anerkennung« verschmolzen, zugleich aber (a) systematisch erweitert und (b) historisch dynamisiert (s. auch Williams 1998).

(a) Zum einen sind dabei unterschiedliche *Typen* von Anerkennung hervorgetreten, die den seinerzeit von Fichte abgesteckten Rahmen symmetrischer Rechtsbeziehungen sprengen und die in jüngster Zeit v.a. von Honneth (1992) in zeitgenössischer Begrifflichkeit reformuliert worden sind: Während erstens ›Liebe‹ auf die unverwechselbare *Einzigartigkeit* des jeweils geliebten Menschen zielt, gilt zweitens rechtliche und moralische ›Achtung‹ dem spezifischen Status von Personen, *Gleiche unter Gleichen* zu sein, während drittens soziale Wertschätzung oder ›Solidarität‹ auf die Eigenschaft einzelner Gesellschafts- oder Gruppenmitglieder bezogen ist, unter diesen Gleichen noch einmal *Besondere* zu sein.

(b) Zum anderen kommt der soziale Kampf bei Hegel nicht mehr, wie noch bei Hobbes, mit dem Abschluss eines Staatsvertrages zu seinem Ende. Vielmehr sollen die genannten drei Anerkennungsformen ein historisch wachsendes Bedürfnisniveau andeuten: Der wechselseitige Anspruch auf Erfüllung sich steigernder und wiederholt frustrierter Bedürfnisse nach Anerkennung konstituiert eine Arena sozialer Auseinandersetzungen, in denen die Modalitäten sittlichen Miteinanders erstritten und überdies politisch institutionalisiert werden müssen. Damit wird der soziomoralische Entwicklungsprozess der menschlichen Gattung als ein Kampfgeschehen rekonstruiert und auf das konflikthaltige Potenzial von Negativerfahrungen versagter Anerkennung zurückgeführt.

2.2. Im Anschluss an Hegel müssen v.a. zwei Traditionslinien unterschieden werden, die systematisch an das Paradigma der Anerkennung anknüpfen, und zwar in nahezu entgegengesetzter normativer Stoßrichtung. Die sog. linkshegelianische Tradition reicht von Marx über Kojève und Fromm bis hin zum frühen Habermas. In deren Werken flackert – mal mehr, mal weniger ungeschminkt – ein geschichtsphilosophischer Optimismus auf, der von der Hoffnung getragen ist, dass der Kampf um Anerkennung langfristig immer anspruchsvollere Formen moralischen Miteinanders hervorbringen und am Ende gar wahrhafte Emanzipation bewirken werde (vgl. z.B. Habermas 1967).

Demgegenüber konzipiert eine spezifisch

französische Traditionslinie eine Art pejorativen Intersubjektivismus, für den v.a. auch Rousseau Pate gestanden hat und der über Althusser bis hin zu Sartre führt. Hegels vieldeutiges Diktum von einem »Kampf auf Leben und Tod« (1807, 149) aufgreifend, will diese Traditionslinie im Kampf um Anerkennung weniger das Potenzial der menschlichen Befreiung als vielmehr eine besondere Form der Unfreiheit walten sehen. Der anerkennende Andere tritt dabei entweder als anonymer Bote der kapitalistischen Ideologieproduktion auf, der den Menschen zur Übernahme systemkonformer und Individualität abtötender Identitätsangebote anhält (vgl. Althusser 1977). Oder aber der ertappende »Blick« des anerkennenden Anderen bringt sein vor Scham erstarrendes Gegenüber in die existenzielle Zwangslage, von nun an auf ein nicht mehr zu korrigierendes Bild seiner selbst festgelegt und damit zum »Tod meiner Möglichkeit« verurteilt zu sein (Sartre 1943).

3.
Die zentrale Prämisse philosophischer Theorien der Anerkennung lautet: Subjekte können zu einem angemessenen Bewusstsein ihrer selbst, d.h. zu einer stabilen Ich-Identität, allein in Auseinandersetzung mit konkreten anderen Subjekten gelangen, indem sie lernen, sich in deren reaktiven Blicken, Gesten, Äußerungen und Handlungen zugleich zu erkennen und anzuerkennen.

Damit ist ein intersubjektiver, mal freiheitsverbürgender, mal freiheitsbedrohender Abhängigkeitszusammenhang von kognitiven Leistungen und normativen Bewertungen behauptet, aus denen Subjekte im Zuge einer »Individuierung durch Vergesellschaftung« wechselseitig hervorgehen (vgl. Habermas 1988). Die normativen Implikationen dieser Annahme werden heute v.a. in vier disziplinären Hinsichten fruchtbar gemacht:

3.1. In der philosophischen Ethik ist man unter Bezugnahme auf das Theorem der Anerkennung zu der Überzeugung gelangt, dass die Gewissheit, anerkannt zu werden, sowohl als ontogenetische *Ermöglichungs-* wie auch als existenzielle *Vollzugsbedingung* guten Lebens aufgefasst werden muss:

(a) Aus entwicklungspsychologischer Sicht wird hier die – prominent bereits von Mead (1934) vertretene – Einsicht zentral, dass erst das Einleben in eine Praxis wechselseitiger Anerkennung unterschiedliche Modi gesunden Selbstseinkönnens in Aussicht stellt, die als notwendige *Ermöglichungsbedingungen* gelingenden Lebens aufgefasst werden müssen. Ausgehend von der Überzeugung, dass sich ein Kind nur dann zu einer reifen Persönlichkeit entwickeln kann, wenn es sich von seinen ersten Bezugspersonen umfassend geliebt und geachtet weiß (vgl. Benjamin 1988, Kap. 1), lässt sich ein Bild individueller Persönlichkeitsentwicklung zeichnen, dem zufolge das gelingende Leben auf ein durch Anerkennung ermöglichtes Zusammenspiel von ›Selbstvertrauen‹ (durch Liebe und Fürsorge), ›Selbstachtung‹ (durch rechtlich-moralische Achtung) und ›Selbstwertgefühl‹ (durch solidarische Gemeinschaftsbindungen) angewiesen ist und auch im späteren Leben bleiben wird (vgl. Honneth 1992, Kap. 5).

(b) Gleichwohl ist diese Abhängigkeit keine absolute Größe im Leben. Einerseits wird es im weiteren Vollzug der je eigenen Existenz Situationen und Lebensphasen geben, in denen sich die Stärke eines Charakters gerade gegen den Widerstand versagter Anerkennung behaupten muss (vgl. Mead 1934, Teil III). Andererseits können Bindungen und Interaktionen, in denen reziproke Wertschätzung zum Tragen kommt, mit der Zeit auch einen *intrinsischen* Wert annehmen. Denkt man z.B. an Freundschaftsbeziehungen, so weisen diese eher den Charakter der Freiwilligkeit als den der Notwendigkeit auf. Sie sollten daher als wünschenswerte Modi des *Vollzugs* gelingenden Lebens aufgefasst werden (vgl. Seel 1995, Kap. 2.5 u. 3.1).

3.2. Im Rahmen der Moralphilosophie gilt intersubjektive Anerkennung derzeit nicht nur als soziale *Vorbedingung* fairer Kooperation, sondern zudem auch als wichtigste *Hinsicht* moralischen Handelns:

(a) Eine gewisse rudimentäre Form der wechselseitigen Anerkennung wird in der Moral bereits vorausgesetzt. Erst wenn die Betroffenen sich gegenseitig als in moralischer Hinsicht gleichwertige Subjekte respektieren, liegen jene symmetrischen sozialen Verhältnisse vor, in denen sich ein faires und friedvolles Zusammenleben entfalten kann (vgl. Seel 1995, Kap. 3). Ein verlässliches Wechselspiel von Rechten und Pflichten lässt sich allein auf Basis eines durch reziproke Anerkennung besorgten Gleichgewichts realisieren, angesichts dessen sich die Betroffenen zugleich als Adressaten und Autoren der Moral verstehen lernen (vgl. Habermas 1983).

(b) Darüber hinaus soll die Moraltheorie jedoch die komplexen Ansprüche ausbuchstabieren, die auf Anerkennung bedachte Personen *insgesamt* anmelden. Wenn das gelingende Leben auf unterschiedliche Formen von Anerkennung, d.h. nicht nur auf gleiche moralische Achtung, angewiesen ist, so stellt sich unweigerlich die Frage, *inwieweit* Menschen einander Anerkennung ›schulden‹ (vgl. Tugendhat 1993). Nach Honneth (2000, Abschnitt II) bilden Liebe, Achtung und Solidarität gemeinsam die moralische Infrastruktur, vor deren Hintergrund Individuen ein unverzerrtes Selbstverhältnis zu erwerben und zu bewahren versuchen. Akte der Fürsorge und der Solidarität können demnach als notwendige Korrektur der ›Differenzblindheit‹ einer seit Kant traditionell auf Fragen der Gerechtigkeit konzentrierten Unparteilichkeitsmoral aufgefasst werden, weil sie, so Honneth, dem unmittelbaren Nahfeld von Personen eine besondere moralische Bedeutung zuerkennen.

3.3. Im Rahmen der politischen Philosophie ist der Anerkennungsbegriff in den letzten Jahren zunehmend ins Blickfeld von *Theorien der Gerechtigkeit* gerückt, zugleich aber auch ins Zentrum einer multikulturalistischen bzw. feministischen *Politik der Differenz*:

(a) Soll die Moralphilosophie den Status legitimer Ansprüche auf Anerkennung klären, so hätten, daran anschließend, Theorien *distributiver Gerechtigkeit* die Frage zu erörtern, ob und in welchen Hinsichten Anerkennung gesamtgesellschaftlich verteilt werden kann (vgl. Iser 2004). Da zweifelhaft ist, ob tatsächlich alle Formen von Anerkennung als *Güter* aufgefasst werden können, die sich auf politischem Wege direkt umverteilen lassen – man denke hier erneut an Fälle von Liebe und Solidarität –, kann dies zunächst nur so verstanden werden, dass unterschiedliche Bedürfnisse nach Anerkennung die relevanten *Hinsichten* abgeben, in denen die herrschenden gesellschaftlichen Verteilungsverhältnisse der »Rechtfertigung« bedürfen (vgl. Forst 1994, Kap. V).

(b) Mancherorts hat sich jedoch aus der fehlenden Deckungsgleichheit von Gerechtigkeit und Anerkennung die Überzeugung ergeben, dass der politische Anerkennungskampf überhaupt nicht länger am Leitfaden distributiver *Gleichverteilung* konzeptionalisiert werden könne (vgl. Lash/Featherstone 2002). Eine entsprechende Kritik, wie sie im angloamerikanischen Sprachraum seit gut zehn Jahren unter dem Stichwort einer multikulturalistischen oder auch feministischen *politics of recognition* verhandelt wird, nimmt ihren Ausgang von der Annahme, dass die auf Gleichverteilung konzentrierte Perspektive der Unparteilichkeit bereits auf grundbegrifflicher Ebene zu Verlusten führt. Sie müsse all jene Charakteristika spätmoderner (individueller wie kollektiver) Lebensformen ausblenden, die sich nicht ohne weiteres verallgemeinern und unter das formale rawlssche Prinzip einer »Gerechtigkeit als Fairness« zwängen lassen (vgl. Taylor 1992).

3.4. Aus Sicht der Sozialphilosophie konkurriert der Anerkennungsbegriff derzeit nicht nur als normativer Maßstab zeitdiagnostischer *Gesellschaftskritik*, sondern auch als alternatives Paradigma von Theorien *soziohistorischer Entwicklung*:

(a) Parallel zu den Entwicklungen im Bereich der weitgehend (re)konstruktiv verfahrenden politischen Gerechtigkeitstheorie war in den letzten Jahren zu beobachten, dass sich auch der normative Fokus der eher de(kon)struktiv ausgerichteten Zeit- und Kulturdiagnostik verschoben hat (vgl. Lash/Featherstone 2002). Als Wertmaßstab einer zeitkritisch orientierten Sozialphilosophie, so die Überzeugung, könne heute nicht mehr allein das dienen, was den Mitgliedern einer Gemeinschaft *gleichermaßen* aus der Perspektive der Unparteilichkeit zustehe, vielmehr seien nun auch jene *besonderen* Anerkennungsbedürfnisse relevant, die aus dem spätmodernen Menschen ein je unverwechselbares Individuum oder Gruppenmitglied machten. Entsprechend sollen *Pathologien* der Anerkennung heute überall dort diagnostiziert werden können, wo die kritisierte Gesellschaft nicht das nötige Maß an Anerkennung aufweist, auf das ihre Mitglieder notwendig angewiesen sind (vgl. Fraser/Honneth 2003).

(b) Dabei wird erneut die vom jungen Hegel entliehene Vorstellung zentral, dass der Verlauf einer jeden Persönlichkeitsentwicklung als ein individueller Reifungsprozess zu verstehen ist, der zugleich das Potenzial sozialer Evolution und Emanzipation in sich birgt. Subjektive Bedürfnisse nach Anerkennung können, wenn sie in größerem Maßstab frustriert werden, in soziale Bewegungen einmünden, in deren Rahmen die bislang Marginalisierten dann gemeinsam moralisch anspruchsvollere Formen des Gemeinschaftslebens zu erkämpfen suchen (vgl. Moore 1978; Taylor 1992). Aus einer solchen linkshegelianischen Perspektive gesehen, beginnt sich am normativen Horizont der soziomoralischen Entwicklung die Vision einer »posttraditionalen Sittlichkeit« abzuzeichnen, die sich als ein stetig wachsendes Netz unverzerrter, pluralistischer Anerkennungsbeziehungen entfalten würde (vgl. Honneth 1992, Kap. 9).

3.5. Kritik an der zeitgenössischen Anerkennungstheorie ist v.a. in folgenden beiden Hinsichten laut geworden: Zum einen wird von kapitalismuskritischer Seite aus bemängelt, dass klassische Forderungen nach *Umverteilung* bloß unzureichend anhand des Anerkennungsparadigmas zu konzeptionalisieren seien (vgl. dazu die Diskussion in Fraser/Honneth 2003). Zum anderen muss festgestellt werden, dass die Anerkennungstheorie eine linkshegelianische Schlagseite aufweist, deren Emphase sich mit der durchaus bedenkenswerten Skepsis ihrer französischen Konkurrenzlinie kaum mehr vereinbaren lässt (vgl. Butler 2003). Man sollte daher eindeutiger als bisher an die Überzeugung Rousseaus, Althussers oder auch Sartres erinnern, dass Sozialpraktiken der Anerkennung in Destruktion ›umschlagen‹ können (vgl. Düttmann 1997).

Dadurch würde deutlich werden, dass Akte der Anerkennung zwar Liebe, Achtung oder auch Wertschätzung bedeuten *können*, dass sie aber nicht selten auch als Medium eines Konformität erzwingenden Machtapparates fungieren (vgl. Markell 2003). Darüber hinaus wäre an die aus klinischen Studien bekannte Einsicht anzuknüpfen, dass die Sehnsucht nach Anerkennung nicht nur die Grenzen des Moralischen – wie etwa in dem viel diskutierten Fall des Neonazis –, sondern auch die des ›Gesunden‹ überschreiten kann, wenn sie in ein narzisstisches Gefängnis aus Eitelkeit und Geltungssucht führt, aus dem zu entrinnen es weniger der Anerkennung als vielmehr der Therapie bedürfte.

4.

Althusser, L., 1970, Ideologie und ideologische Staatsapparate, Hamburg: VSA 1977.

Benjamin, J., 1988, Die Fesseln der Liebe, Frankfurt/M.: Fischer 1993.

Butler, J., 2003, Kritik der ethischen Gewalt, Frankfurt/M.: Suhrkamp.

Düttmann, A. G., 1997, Zwischen den Kulturen, Frankfurt/M.: Suhrkamp.

Forst, R., 1994, Kontexte der Gerechtigkeit, Frankfurt/M.: Suhrkamp.

Fraser, N./Honneth, A., 2003, Umverteilung oder Anerkennung?, Frankfurt/M.: Suhrkamp.

Habermas, J., 1967, Arbeit und Interaktion, in: ders., Technik und Wissenschaft als Ideologie, Frankfurt/M.: Suhrkamp 1969.

Habermas, J., 1983, Moralbewußtsein und kommunikatives Handeln, Frankfurt/M.: Suhrkamp.

Habermas, J., 1988, Individuierung durch Vergesellschaftung, in: ders., Nachmetaphysisches Denken, Frankfurt/M.: Suhrkamp.

Hegel, G. W. F., 1807, Phänomenologie des Geistes, Werke, Bd. 3, Frankfurt/M.: Suhrkamp 1986.

Honneth, A., 1992, Kampf um Anerkennung, Frankfurt/M.: Suhrkamp.

Honneth, A., 2000, Das Andere der Gerechtigkeit, Frankfurt/M.: Suhrkamp.
Iser, M., 2004, Anerkennung, in: G. Göhler/M. Iser/I. Kerner (Hg.), Politische Theorie, Wiesbaden: VS.
Lash, S./Featherstone, M. (Hg.), 2002, Recognition and Difference, London: Sage.
Markell, P., 2003, Bound by Recognition, Princeton: Princeton University Press.
Mead, G. H., 1934, Geist, Identität und Gesellschaft, Frankfurt/M.: Suhrkamp 1968.
Moore, B., 1978, Ungerechtigkeit, Frankfurt/M.: Suhrkamp 1982.
Sartre, J. P., 1943, Das Sein und das Nichts, Reinbek bei Hamburg: Rowohlt 1991.
Seel, M., 1995, Versuch über die Form des Glücks, Frankfurt/M.: Suhrkamp.
Siep, L., 1979, Anerkennung als Prinzip der praktischen Philosophie, Freiburg: Alber.
Taylor, C., 1992, Multikulturalismus und die Politik der Anerkennung, Frankfurt/M.: Fischer 1993.
Tugendhat, E., 1993, Vorlesungen über Ethik, Frankfurt/M.: Suhrkamp.
Wildt, A., 1982, Autonomie und Anerkennung, Stuttgart: Klett-Cotta.
Williams, R., 1998, Hegel's Ethics of Recognition, Berkeley: University of California Press.

ARND POLLMANN

Anomie

1.

Anomie als Verunsicherung kultureller Orientierungsmaßstäbe und als Schwächung sozialer Begrenzungen und Bindungen ist kein Ausnahmezustand, sondern immer latent präsent. Eine strukturelle Gefahr für gesellschaftliche Stabilität, so haben es sozialwissenschaftliche Klassiker der Analyse moderner Gesellschaften wie Tönnies oder Durkheim eindringlich betont, entsteht erst dann, wenn die Wechselwirkung zwischen Anomie und Integration außer Kontrolle gerät; anders ausgedrückt: wenn die bändigende Kraft sozialer Regeln nachlässt. Im frühen soziologisch-philosophischen Denken der Moderne repräsentieren Regelhaftigkeit (gr.: nómos = Nomie) und Gesetzlosigkeit (gr.: a-nómos = Anomie) also keine sich ausschließenden Gegensatzpaare, sondern existieren parallel und ausgeglichen. Mit den vielfältigen Umschwüngen ökonomischer, politischer und sozialer Art in der Zeit vom 19. zum 20. Jahrhundert scheint allerdings diese notwendige Ausgeglichenheit ins Wanken zu geraten, und die Karriere des Anomiekonzepts beginnt.

2.

Im Allgemeinen wird der Begriff Anomie auf Emile Durkheim zurückgeführt. Allerdings findet er sich schon in der antiken griechischen Philosophie und taucht mit ähnlichem Bedeutungsgehalt auch in der Bibel auf. In England wird der Begriff der Anomie im Kontext der religiösen Dispute des 17. Jahrhunderts wieder verwendet. Es ist jedoch das Verdienst von Durkheim und Merton, auf kulturelle und strukturelle Merkmale der modernen Gesellschaft hingewiesen zu haben, die zur Anomie führen können.

3.

3.1. Durkheim verdeutlicht sein Verständnis von Anomie in einem relativ kurzen Abschlusskapitel seines Werkes *Über die Teilung der sozialen Arbeit* (1893), in dem es vornehmlich um den Prozess der Arbeitsteilung mit dem historischen Übergang von ›mechanischer‹ zu ›organischer Solidarität‹ und um das Problem der ›sozialen Integration‹ geht. Anomische Konsequenzen von Arbeitsteilung zeigen sich Durkheim zufolge, wenn soziale Integration ausbleibt und die Etablierung ›organischer Solidarität‹ nicht mit der Auflösung ›mechanischer Solidarität‹ Schritt hält (Tönnies (1887) spricht in diesem Kontext von Gesellschaft und Gemeinschaft). Durkheim macht die Arbeitsteilung nicht direkt für das Entstehen der Anomie verantwortlich, sondern führt diese auf außergewöhnliche historische Umstände und gesellschaftliche Krisen zurück. Die arbeitsteilige Neuordnung der Gesellschaft wird von ihm nämlich als eine notwendige Bedingung der Entwicklung moralischer Stabilität dargestellt und in seinen Frühwerken auch noch optimistisch diagnostiziert. Diese arbeitsteilige Gesellschaft bedarf Durkheim zufolge sowohl einer ›inneren Solidarität‹ als auch eines Regelkanons, damit das Zusammenspiel der einzelnen gesellschaftlichen Organe (heute: Teilsysteme) gesichert wird. Anomische Formen der Arbeitsteilung bewirken nun genau das Gegenteil: Sie stören das Zusammenspiel ›gesellschaftlicher Organe‹. Damit werden traditionelle Regelungen uneindeutig und anomisch. Als Folge einer zu weit getriebenen Arbeitsteilung sieht Durkheim die Gefahr der mangelnden wechselseitigen Anpassung unterschiedlicher Arbeitsfunktionen. Anomie wird also dadurch herbeigeführt, dass eine voranschreitende Arbeitsteilung ausreichend wirksame Regulationskontakte zwischen den Gesellschaftsmitgliedern und damit auch befriedigende soziale Beziehungen zunehmend verhindert.

Weiter und genauer ausgearbeitet wird das Anomiekonzept dann in *Der Selbstmord* (1897). In diesem Werk macht Durkheim eine mangelnde gesellschaftliche Integration und Störung der kollektiven Ordnung dafür verantwortlich, dass sich die ›Krankheit‹ anomischer Gesellschaften auf die Krankheit von Menschen überträgt, in letzter Konsequenz bis hin zum Selbstmord. Dabei versteht Durkheim die Krise moderner Gesellschaft jetzt als einen moralischen Bindungsverlust, der sich darin zeigt »daß die Gesellschaft nicht [...] soviel inneren Zusammenhang aufweist, um alle ihre Mitglieder in Abhängigkeit zu erhalten [...], daß die gestörte und geschwächte Gesellschaft es zulassen muß, daß eine große Zahl ihrer Mitglieder zu weitgehend ihrem Einfluß entgeht« (Durkheim 1897, 294). Anomie meint hier also den Bedeutungsverlust kollektiver gesellschaftlicher Orientierungen, besonders in Phasen sehr rascher und sprunghafter Veränderung. Sobald nämlich das soziale Regularium in rapiden Phasen sozialen Wandels nicht mehr Schritt halten kann, stehen soziale Werte nicht mehr mit den zur Verfügung stehenden Mitteln im Einklang. Soziale Integration oder moralische Regeln dürfen bei Durkheim nicht interpretiert werden als individuell verfügbare oder manipulierbare Eigenschaften, die der Entscheidungsgewalt der Einzelnen anheim gestellt sind. Vielmehr besitzen diese Disziplinierungsstrukturen einen eindeutigen Zwangs- bzw. Beschränkungscharakter. Der Einzelne wird bei Durkheim durch ein soziales Band von Regeln domestiziert und diszipliniert; nur durch den heilsamen regulierenden Einfluss der Gesellschaft erlangt der Einzelne moralischen Halt, nur durch sie ist ihm die für den sozialen Zusammenhalt notwendige Disziplin vorgegeben. Durkheims Anomiebegriff markiert demnach einen gesellschaftlichen Defekt. Anomie bedeutet bei ihm die Unfähigkeit gesellschaftlicher Regelsysteme, individuelle Abweichungen erwünschten Verhaltens unterdrücken zu können.

3.2. Stärker noch als Durkheim hat Robert K. Merton nach dem Zweiten Weltkrieg mit seiner Anomietheorie (vgl. Merton 1957) Gesellschaftstheorien beeinflusst und empirische Untersuchungen angeregt. Sein Ansatz bestimmte vornehmlich in den 1950er und -60er Jahren die Kriminalsoziologie und stellt den Zusammenhang zwischen Sozialstruktur und abweichendem Verhalten ins Zentrum. Eine wichtige Rolle spielt dabei die Schichtenbestimmtheit abweichenden Verhaltens. Für Merton ist das Verhältnis von Werten und Zielen moderner Gesellschaften und legitimen Mitteln zur Erreichung dieser Ziele zentral. Falls beide schwer in Einklang gebracht werden können, entsteht besonders für die unteren Bevölkerungssegmente die Gefahr von Abweichung, Kriminalität und Anomie, weil illegitime Mittel gewählt werden.

Merton legt seiner Anomietheorie mehrere Vorannahmen zugrunde, die sich auf die US-amerikanische Gesellschaft seiner Zeit beziehen. Die eine Voraussetzung besteht in einer zeitdiagnostischen Analyse zentraler kultureller Orientierungsmuster (für die USA: Erfolg). Das Erfolgsmotiv wird nach Merton universell vermittelt durch die Sozialisationsinstanzen der Familie, der Schule, der Arbeitswelt und auch der Massenmedien. Erfolg und Wohlstand als allgemeine gesellschaftliche Ziele stellen für Merton so etwas wie eine moralische Orientierungsinstanz dar, die das Handeln aller bestimmt. Die andere Voraussetzung bestimmt die schichtspezifische Verteilung von Abweichung bzw. Kriminalität. Dies ist von entscheidender Bedeutung, weil Merton trotz Kritik an amtlichen Kriminalitätsstatistiken von einer erhöhten Kriminalitätsrate der Unterschicht ausgeht. Erfolg als gesellschaftlicher Zentralwert lässt sich Merton zufolge für Angehörige der Unterschicht schwerer erreichen als für Angehörige der Mittel- und Oberschichten; und dies führt dazu, dass Unterschichtangehörige ihre Ziele mit illegitimen Mitteln zu erreichen versuchen.

Die zentrale These Mertons unterscheidet zwischen zwei gesellschaftlichen Ebenen, nämlich der kulturellen und der sozialen Struktur einer Gesellschaft. Die *kulturelle Ebene* besteht aus den Zielen, die allen Mitgliedern der Gesellschaft als legitime Zielsetzungen präsentiert werden. Weiterhin entscheidet die kulturelle Ebene über die erlaubten Wege zur Erreichung dieser Ziele. Merton unterscheidet hier analytisch zwischen Zielen und Mitteln und geht von einer tatsächlichen Geltung regulativer Normen für alle Bevölkerungssegmente aus. Die genannten Vorannahmen sind zwar vielfach kritisiert worden, verleihen Mertons Theorie jedoch auch ihre Stringenz. Kulturelle Ziele werden als gegeben angenommen, und institutionalisierte Normen entscheiden darüber, welche Mittel zur Erreichung der Ziele eingesetzt werden können. Gesellschaften weisen Merton zufolge dann anomische Tendenzen auf, wenn die institutionalisierten Normen zwar die Ziele stark betonen, die Mittelwahl jedoch vage und diffus bleibt. Konkret heißt das: Es ist sehr klar, was man als Gesellschaftsmitglied erreichen sollte, es bleibt aber diffus, wie diese Ziele realisiert werden können. An Schärfe gewinnt das Phänomen der Anomie bei Merton nun durch die Hinzunahme der Ebene der *Sozialstruktur*.

Der Begriff der Sozialstruktur beschreibt die tatsächliche Ebene sozialer Regulierungen. Auch hier nimmt Merton wieder eine analytische Trennung vor, und zwar zwischen der normativen Ebene der sozialen Kultur und der faktischen Ebene der Sozialstruktur. Die Sozialstruktur bezieht sich auf den geschichteten Gesellschaftsaufbau und betrifft die relationalen Austauschbeziehungen unterschiedlicher Bevölkerungsgruppen. Ihr kommt eine entscheidende theoriearchitektonische Bedeutung zu, da durch sie die Schichtenbestimmtheit abweichenden Verhaltens erklärt werden kann. Auf der Ebene der kulturellen Struktur (kulturelle Ziele) ist dies noch nicht möglich, da Merton die kulturelle Ebene mit ihren Normen und Zielsetzungen auf die gesamte Gesellschaft bezieht. Hier steht Merton der Argumentation Durkheims noch sehr nahe, in der Anomie als Zustand der Regellosigkeit verstanden wird, sofern soziale Regularien ihre Aufgabe nicht mehr erfüllen können, die Wünsche und Bedürfnisse von Gesellschaftsmitgliedern zu regulieren. Das Konstrukt der Sozialstruktur erlaubt nun eine schichten- bzw. gruppenspezifische Differenzierung. Hohe Aspirationen und ein Mangel an legitimen Mitteln bedingen die Auslösung einer anomischen Spannung. Als Form der Anpassung an diese anomische Situation kommt es in der Folge nach Merton zu abweichendem Verhalten.

3.3. Am Ende des 20. Jahrhunderts erlebte das Konzept der Anomie eine Renaissance bzw. Weiterentwicklung. Dies wurde angestoßen durch die internationalen Wandlungsprozesse im Gefolge des Zusammenbruchs des Sozialismus, der Diskussionen um Globalisierung und Transformation, um neue Formen von Armut (Prekariat) und um steigende Kriminalität. Beobachtbare Phänomene von Unterregulierung, Normenerosion, aber auch Überregulierung führen zu der Frage zurück, wie individuelle und kollektive Akteure mit dem aktuellen rapiden politischen, ökonomischen und sozialen Wandel umgehen und welche politischen Konsequenzen daraus entstehen (vgl. Dahrendorf 2003). Neue empirische und theoretische Probleme betreffen dabei die Operationalisierung und damit die

Messbarkeit von Anomie sowie die Klärung international verankerter Faktorenbündel für anomische Erscheinungen. Stellt bei Durkheim der Übergang von segmentären zu funktional ausdifferenzierten Gesellschaften den historischen Hintergrund für das Anomiekonzept dar, so sind es heute die Bedingungen einer globalisierten Weltgesellschaft, vor denen das Anomiekonzept auf die ungelösten Dialektiken von Integration/Desintegration, Gerechtigkeit/Ungerechtigkeit, Armut/Reichtum, Regulierung/Deregulierung und Orientierung/Desorientierung verweist.

4.

Adler, F. (Hg.), 1995, The Legacy of Anomie Theory, New Brunswick: Transaction.

Besnard, P., 1987, L'Anomie, Paris: PUF.

Bohle, H. H./Heitmeyer, W./Kühnel, W./Sander, U., 1997, Anomie in der modernen Gesellschaft, in: W. Heitmeyer (Hg.), Was treibt die Gesellschaft auseinander?, Frankfurt/M.: Suhrkamp.

Dahrendorf, R., 2003, Auf der Suche nach einer neuen Ordnung. Eine Politik der Freiheit für das 21. Jahrhundert, München: Beck.

Durkheim, E., 1893, Über die Teilung der sozialen Arbeit, Frankfurt/M.: Suhrkamp 1977.

Durkheim, E., 1897, Der Selbstmord, Neuwied: Luchterhand 1973.

Merton, R. K., 1957, Soziologische Theorie und soziale Struktur, Berlin: de Gruyter 1998.

Passas, N. (Hg.), 1997, The Future of Anomie Theory, Boston: Northeastern University Press.

Tönnies, F., 1887, Gemeinschaft und Gesellschaft, Darmstadt: WBG 2005.

Uwe Sander

Anthropologie, philosophische

1.

Unter »Anthropologie« wird die Lehre (aus gr.: logos) vom Menschen (gr.: anthropos) verstanden. Sie hat insbesondere seit dem 18. Jahrhundert zu einer Vielfalt von erfahrungswissenschaftlichen Anthropologien (biologische, medizinische, geschichtliche, politische, Sozial- und Kultur-Anthropologien) geführt. Im Unterschied zu diesen Anthropologien beschäftigt sich die *philosophische* Anthropologie mit dem Wesen des Menschen, das in seiner Lebensführung – alle anthropologischen Teilaspekte strukturell integrierend – vollzogen wird. Seit den 1920er Jahren ist umstritten, ob die philosophische Anthropologie nur eine besondere Disziplin innerhalb der Philosophie darstellt oder darüber hinaus die Fundierungs- und Begründungsaufgaben der Philosophie selbst übernehmen kann. Der letztere Anspruch wird von der »Philosophischen Anthropologie« (vgl. Arlt 2001, 13) erhoben. Die philosophische Anthropologie behandelt als Philosophie die Grenzfragen der menschlichen Lebensführung, aber als Anthropologie bezieht sie die Grenzfragen auf die Themen und Methoden zweier Vergleichsreihen, der »horizontalen« und »vertikalen« (Plessner 1928, 32): In der vertikalen Richtung wird die Spezies menschlicher Lebewesen mit anderen Lebensformen im Hinblick auf die Frage verglichen, ob die Spezifikation des Menschen im Rahmen der lebendigen Natur hinreichend erfolgen kann oder darüber hinaus durch einen »Wesensunterschied« (Scheler 1928, 36) fundiert und begründet werden muss. In horizontaler Richtung werden Soziokulturen des homo sapiens untereinander im Hinblick auf das für die Spezifikation menschlichen Daseins wesensnötige Minimum an Möglichkeiten verglichen. Dies erfolgt sowohl historisch unter Einschluss ausgestorbener als auch in der Unterscheidung gegenwärtig lebender Soziokulturen. In der englischen und französischen Literatur wird das zuletzt genannte Verfahren eher als Teil der »Ethnologie« betrachtet. Der Zusammenhang der vertikalen und horizontalen Spezifikationsrichtungen des Menschen als Individuum und Gattung ist selbst geschichtlich und bedarf daher einer »politischen Anthropologie« der »geschichtlichen Weltansicht« (vgl. Plessner 1931, 139–144).

2.

Anthropologische Fragen nach der Besonderheit des Menschen setzen geschichtlich immer wieder eine Auseinandersetzung mit Anthropomorphismen (in vertikaler Richtung) und Ethnozentrismen (in horizontaler Richtung) voraus. Dabei wird kulturgeschichtlich unter Anthropomorphismus zunächst verstanden, dass die von den Menschen verehrten Natur- oder Götterwesen unwissentlich nach dem der Menschen eigenen Vorbild und ihrer eigenen Gestalt gebildet wurden (vgl. Landmann 1982, 14f.). So verwandt sich die frühen Völker mit den von ihnen verehrten Wesen fühlten, so wenig fühlten sie es sich mit ihresgleichen: »Alle Fremden waren keine ›Menschen‹. Man nennt dieses Phänomen Ethnozentrismus.« (ebd., 16) Die erste Überwindung von Anthropomorphismen und Ethnozentrismen setzt vorphilosophisch in den schriftlichen Hochkulturen ein und wird philosophisch artikuliert, insofern unter Gebildeten argumentativ mit den in Mythen und Religionen enthaltenen Menschenbildern umgegangen wird.

Die sophistische Verwendung der Unterscheidung zwischen *physis* (Natur) und *nomos* (Brauch und Konvention geschichtlich erkämpfter Satzung) ermöglicht die grundsätzliche Gleichstellung aller Menschen *als* Menschen, woraus sich andere Unterschiede und Gemeinsamkeiten von Menschen ergeben als zuvor im Rahmen einer kosmologischen Metaphysik. Dies zeigt die Bejahung des Homo-mensura-Satzes des Protagoras: »[D]er Mensch – und das gilt für den Menschen als Gattung wie als Einzelwesen – ist das Maß aller Dinge.« (Landmann 1982, 34; vgl. ebd., 20) Während der Sophist Protagoras die im Vergleich zu Tieren menschenspezifischen Kulturleistungen gutheißt, kritisieren die Kyniker die verschwenderische Verwöhnung und Verweichlichung des Menschen durch seine kulturellen Erleichterungen vom Standpunkt einer entbehrungsreichen Natur des Menschen (vgl. ebd., 32). Cicero griff stoische Anregungen auf, als er den Begriff der *humanitas* prägte: »Humanitas ist die Entfaltung und Verfeinerung der höchsten sittlichen und geistigen Anlagen des Menschen. Es liegt in ihr komplex eine gewisse Rücksicht auf den Nebenmenschen.« (ebd., 22) Haben alle Menschen eine gemeinsame Natur als Vernunftwesen, ergibt sich auch der Begriff der Einen Menschheit (vgl. ebd., 23). Fasst man den Ertrag der antiken Diskussion unter Einschluss von Plato und Aristoteles zusammen, so zeichnet sich der Mensch durch dreierlei aus: »a) Im Gegensatz zu reinen Vernunftwesen, einer Gottheit oder einem Engel, geht es um ein *zôon* bzw. *animal*: um ein Leib- und Lebewesen. b) Im Unterschied zu den uns gewöhnlichen Tieren ist es ein *zôon logon echon* oder *animal rationale*: ein denk- und sprachfähiges Wesen. c) Nicht zuletzt ist es *zôon politikon* sowohl im unspezifischen Sinn des *ens sociale*: der Angewiesenheit auf Gemeinschaft, als auch im spezifischen Sinn des *ens politicum*: der Anlage auf ein Gemeinwesen, eine Polis, hin.« (Höffe 1999, 64)

Die jüdisch-christliche Religionsentwicklung wurde durch ihre theologische Reflexion in Grenzen auch philosophisch vergleichbar. Das Movens dieser Religionsentwicklung besteht in ihrer Spannung zwischen der Gottesebenbildlichkeit des Menschen und dem transzendenten Abstand Gottes vom Menschen, wozu das Verbot, sich von Gott ein Bild zu machen, gehört. Diese Spannung wird umso interpretationsbedürftiger, als im Christentum der transzendenteste Gott (in seinem Sohn) ein menschliches Schicksal gewinnt (vgl. Landmann 1982, 57). Das Paradox der Identität und Differenz zwischen Gott und Mensch erfordert nicht nur spekulativ eine Drittheit zu seiner Überbrückung, sondern auch konstitutiv eine geschichtliche Auslegung, in der gegenüber »einem gleichbleibenden Wesen des Menschen« etwas »Neues gewonnen« wird: »[D]er Mensch ist ein geschichtliches Wesen, das im Laufe seiner Geschichte grundlegende Wandlungen durchmacht.« (ebd., 63)

Der Humanist Pico della Mirandola (1486) vergleicht den Menschen mit einem Chamäleon der Schöpfung, das in seiner Natur nicht vorbestimmt, sondern frei ist, zwischen Tierheit und Gottheit zu wählen, weshalb es der

Wahrung seiner Würde bedarf. Unter humanistischem Einfluss und nach der Reformation kommt es in der deutschen Schulphilosophie zu der Disziplin »Anthropologie« als »Lehre der Menschennatur«(vgl. Landmann 1982, 6; Marquard 1995, 143). Seit der Renaissance erfolgt die philosophische Aufwertung anthropologischer Fragen v.a. in der Kritik am christlichen Theo- und Anthropozentrismus und an der christlichen Erbschuld- und Gnadenlehre (vgl. Landmann 1982, Kap. I. 2.).

Zweifellos machen in der Neuzeit Hobbes, Locke und Rousseau philosophischen Gebrauch von anthropologischen Annahmen, wenn sie auf unterschiedliche Weise die physis-nomos-Unterscheidung in der Differenz zwischen Natur- und Gesellschaftszuständen neu begründen. Die philosophische Relevanz anthropologischer Fragen verdichtet sich aber erst in dem Maße zu einer philosophischen Anthropologie, in dem *beide* anthropologischen Fragerichtungen (vgl. oben 1.) in *einen* philosophischen Zusammenhang gebracht werden, der *weder mechanistisch* reduziert *noch metaphysisch* durch die *positive* Fassung eines *jenseitig* Absoluten legitimiert werden muss. Darin bestand eine übergreifende Tendenz der Aufklärung (vgl. Krauss 1978; Ricken 1984), während der Mensch in dualistischen Ansätzen nicht als ein sprachlich-vernünftiges Gefühls- und Leibwesen in den Blick kommen konnte. Im Maße dieser Tendenz erfolgte der Durchbruch zur philosophischen Anthropologie erst seit dem letzten Viertel des 18. Jahrhunderts gegen Heilsgeschichten und für ein neues Geschichtsverständnis (vgl. dagegen Marquard 1995, 143ff.): Im anthropologischen, von göttlicher Transzendenz emanzipierten Kreis der Wissenserzeugung spielt der Mensch seither eine doppelte Rolle. Er wird empirisches Objekt positiver Wissenschaftsdisziplinen und normativer (transzendentaler) Ermöglichungs- und Begrenzungsgrund (Subjekt) seiner Selbstobjektivierungen (vgl. Foucault 1966, 301, 390, 412, 436). Das anthropologische Ende des Menschen scheint nah, wenn den empirischen Anthropologien die abschließende Definition seines Wesens zugetraut wird. Gegen diesen anthropologischen Zirkel deckt aber das Philosophieren diejenigen Ermöglichungsstrukturen auf, welche die künftige Fortsetzung der personalen Lebensführung einschließlich der anthropologischen Forschung erlauben. Das Primat in der Menschenfrage, ob sie anthropologisch definitiv beantwortet oder philosophisch begründet offen gehalten wird, ist selbst in der Moderne umkämpft. In diesem politischen Kampf wird Lebensmacht gewonnen und verloren, Lebenspolitik entgrenzt und begrenzt (vgl. Plessner 1931; Foucault 1975/76).

In der deutschen Philosophie eröffnete Herders enzyklopädisch-sensualistischer Pantheismus einen geschichtlich-kausal differenzierenden Entwicklungszusammenhang zwischen den Naturformen und den künstlichen, durch Arbeit, Kunst, Sprache (zwischen Poesie und abstrakten Zeichen) sowie Vernunft geistigen Lebensformen. Körperlich im Vergleich zu Tieren ein Mängelwesen, müsse der Mensch seine leiblich-sinnlichen Vernunftanlagen erst in kultureller Gemeinschaft und individuell selbsttätig zur Humanität bilden. Deren realer Möglichkeitscharakter, Fortschritt und Harmonie würden epochenhistorisch durch Rückschritt und Gegensatz verwirklicht, was zur Bejahung menschlichen Lebens gehöre. Anders als Herder hat Schiller Kants Dualismus vom Vernunft- und Naturwesen Mensch anerkannt. Gleichwohl hat Schiller ästhetisch-geschichtlich versucht, die Einheit in der Differenz der Menschennatur im Rahmen philosophischer Überlegungen zum Spiel zu entwerfen: »[D]er Mensch spielt nur, wo er in voller Bedeutung des Worts Mensch ist, und *er ist nur da ganz Mensch, wo er spielt*.« (Schiller 1795, 314) Feuerbach vertritt gegen Hegel einen sinnlich orientierten Materialismus und löst in seinem Hauptwerk *Das Wesen des Christentums* (1841) das theologische in das anthropologische Wesen der Religion auf. Das einheitliche Verstandes-, Moral- *und* Herzenswesen des Menschen sei durch die gesellschaftliche Arbeitsteilung zu einem Geheimnis in Gott entfremdet worden (vgl. Feuerbach 1843/46, 335–339).

3.

Seit Gehlens Selbststilisierung (vgl. 1957/61) zum systematischen Begründer der Philosophischen Anthropologie und Habermas' Kritik an der Philosophischen Anthropologie (vgl. 1958) hat sich die Vorstellung verbreitet, die Philosophischen Anthropologien von Scheler, Plessner und Gehlen bildeten einen einheitlichen Strömungszusammenhang oder wenigstens einheitlichen Denkansatz (vgl. Fischer 2000). Diese falsche Vereinheitlichung hat die Auseinandersetzung mit den drei verschiedenen Philosophischen Anthropologien (wirkungsgeschichtlich zunächst zugunsten von Gehlen) enorm vereinfacht, aber auch dazu geführt, phänomenologische Anthropologie insgesamt als ein angeblich »subjektphilosophisch gebundenes Denken« abzuwerten (vgl. Habermas 1985, 369). Dem steht seit den 1990er Jahren eine problemgeschichtliche Lektüre und systematische Entfaltung allein der Plessnerschen Philosophischen Anthropologie gegenüber (vgl. Beaufort 2003), die angesichts des naturphilosophischen Defizits der Gegenwartsphilosophie inzwischen auch Habermas (2001, 27f., 64f., 89f.) positiv rezipiert. Plessners Philosophische Anthropologie wird als der naturphilosophisch-phänomenologische und mit klassischen Pragmatismen vergleichbare Ausweg aus den Grenzen der Sprachanalyse und der Sprachhermeneutik rekonstruiert. Diese Rekonstruktion erfolgt angesichts der lebenswissenschaftlich und menschheitsgeschichtlich neuen Herausforderungen, ohne hinter das Niveau an Dezentrierungen des Subjekts zurückzufallen (vgl. Krüger 1999/2001; zur Vergleichbarkeit Plessners mit Foucault oder Derrida auch Seitter 1985; Eßbach 1994; Waldenfels 1994).

Schelers Anspruch, der systematische Begründer der Philosophischen Anthropologie zu sein, steht entgegen, dass sie bei ihm noch in den metaphysischen Dualismus von Leben und Geist (Scheler 1928, 37f., 70f., 80f., 91) spekulativ personalistisch eingebunden wird. Sein für die Philosophische Anthropologie bleibendes Verdienst besteht aber in der gegenüber Husserl neuen phänomenologischen Methode, die Ermöglichungsstruktur von Erfahrung so freizulegen, dass durch kein hermeneutisches Vorurteil vorab die Antwort zugunsten der transzendentalen *Subjektivität* feststeht. Um die Begegnung mit und Beschreibung von *spezifisch lebendigen* Phänomenen zu ermöglichen, *neutralisiert* Scheler das phänomenologische Verfahren *gegen die dualistische Vorentscheidung*, das Phänomen müsse entweder *physisch* oder *psychisch bestimmt* werden. Dadurch kann das Phänomen sich *von sich aus als* gerade und nur *in* dem Doppelaspekt *zwischen* Physischem und Psychischem *Lebendiges zeigen* (vgl. Scheler 1928, 18f., 39, 42). Dem entspricht in Diltheys geschichtlicher Lebensphilosophie, den methodischen Ausgangspunkt der Rekonstruktion vom *Ausdruck* alles Lebendigen zu nehmen.

In dieser methodischen Überkreuzung (von Schelers Phänomenologie und G. Mischs Systematisierung Diltheys) für die Fundierung sowohl der Natur- als auch der Kulturwissenschaften entdeckte Plessner das in der einheitlichen Perspektive des Doppelaspektes von Physischem und Psychischen durchzuhaltende *naturphilosophische* Verfahren: Er spezifiziert Lebendiges als den seine eigene Grenze realisierenden Körper, der sich dezentral oder zentral organisieren und sich azentrisch, zentrisch oder exzentrisch positionieren kann. Die Spezifikation menschlicher Lebewesen werde letztlich durch die »exzentrische Positionalität« (Plessner 1928, Kap. 7) ermöglicht. In ihr erfolgt die Verhaltensbildung von *außerhalb* des *organischen Zentrums* und seiner Vorangepasstheit an eine bestimmte *Umwelt* her, d.h. *weltoffen* und daher eines *geschichtlichen* Rückbezuges auf die expressive Körper-Leib-Differenz bedürftig. Die exzentrische Positionalität ermögliche es Personen, zwischen Körperhaben (was für sie austauschbar und vertretbar ist) und Leibsein (was für sie nicht austauschbar und nicht vertretbar ist) in der Lebensführung zu unterscheiden. Solange Personen leben, stehen sie *in* (nicht: *über*) der Aufgabe, den Bruch zwischen Körper und Leib zu verschränken. Dafür bedürfen sie einer personalen »Mitwelt«, von der her erst Außen- und Innenwelt sinngemäß unterschieden werden können. Plessners »Mitwelt« liegt in der Rekonstruktion der Ermöglichungsstruktur von lebendiger Erfahrung noch vor der Unterscheidung zwischen »Einzahl und Mehrzahl« (Plessner 1928, 305), weshalb sie weder in einer bewusstseinsphilosophischen noch in einer intersubjektivitätstheoretischen Auslegung aufgehen kann (vgl. dagegen Habermas 1981, 139f.). Diese Interpretationen ergeben sich bei Plessner erst als das historische Ergebnis des kultur- und sozialanthropologisch konstitutiven Schauspielens *in* und *mit* Rollen, die Privates und Öffentliches, die Grunddifferenz des Politischen, zu unterscheiden ermöglichen (vgl. Plessner 1924, Kap. 4–6). Soziokulturelle Rollen kann man sprachlich anhand der Verwendungsweisen von Personalpronomina rekonstruieren, aber ihre strittigen und umkämpften Grenzen werden im ungespielten »Lachen und Weinen« (Plessner 1940) erfahren.

Gehlen hat demgegenüber die Philosophie der Anthropologie auf eine interdisziplinäre Funktion der künftigen Erfahrungswissenschaft reduziert (vgl. Gehlen 1957/61, 16ff.) und Schelers ebenso wie Plessners anthropologische Grundeinsicht umgewertet, nach der Menschen aus ihrer exzentrischen Weltoffenheit heraus geschichtlich immer erneut ihre soziokulturellen Umwelten erst produzieren müssen. An die Stelle von Schelers *Ausgleich* bzw. Plessners *Verschränkung* zwischen der Exzentrierung und der Rezentrierung in der menschlichen Verhaltensbildung tritt bei Gehlen die Frage, wie der Mensch durch *Entlastung* von seiner kommunikativen Weltoffenheit (vgl. Gehlen 1940, 2. Teil) in künstlich geschaffenen Umwelten (eindeutige Handlungsschemata und Institutionen) bioanthropologisch am Leben gehalten werden könne. Rothacker (vgl. 1982, 174ff.) beansprucht die gleiche Funktion dieser Bio-Anthropologie für seine Kultur-Anthropologie. Heideggers Kritik an der Philosophischen Anthropologie (vgl. Arlt 2001, 44–56) trifft deshalb auf Schelers Metaphysik und Gehlens Empirismus zu, nicht aber auf Plessners *naturphilosophisch indirektes* Verfahren, die Wesensspezifik des Menschen in ihrer geschichtlichen *Fraglichkeit* offen zu halten (vgl. Krüger/Lindemann 2006).

4.

Arlt, G., 2001, Philosophische Anthropologie, Stuttgart: Metzler.

Beaufort, J., 2003, Plessner lesen, in: Information Philosophie 31.

Eßbach, W., 1994, Der Mittelpunkt außerhalb, in: G. Dux/U. Wenzel (Hg.), Der Prozeß der Geistesgeschichte, Frankfurt/M.: Suhrkamp.

Feuerbach, L., 1841, Das Wesen des Christentums, Berlin: Akademie 1956.

Feuerbach, L., 1843/46, Grundsätze der Philosophie der Zukunft, in: ders., Gesammelte Werke, Bd. 9, Berlin: Akademie 1970.

Fischer, J., 2000, Philosophische Anthropologie, Universität Göttingen: Diss.

Foucault, M., 1966, Die Ordnung der Dinge, Frankfurt/M.: Suhrkamp 1971.

Foucault, M., 1975/76, In Verteidigung der Gesellschaft, Frankfurt/M.: Suhrkamp 1999.

Gehlen, A., 1957/61, Anthropologische und sozialpsychologische Untersuchungen, Reinbek: Rowohlt 1986.

Gehlen, A., 1940, Der Mensch, in: Gesamtausgabe, Bd. 3, Frankfurt/M.: Klostermann 1993.

Habermas, J., 1958, Anthropologie, in: Fischer Lexikon Philosophie, Frankfurt/M.: Fischer.

Habermas, J., 1981, Philosophisch-politische Profile, Frankfurt/M.: Suhrkamp.

Habermas, J., 1985, Der philosophische Diskurs der Moderne, Frankfurt/M.: Suhrkamp.

Habermas, J., 2001, Die Zukunft der menschlichen Natur, Frankfurt/M.: Suhrkamp.

Haucke, K., 2003, Das liberale Ethos der Würde, Würzburg: Königshausen & Neumann.

Herder, J. G., 1784/91, Ideen zur Philosophie der Geschichte der Menschheit, 2 Bde., Berlin: Aufbau 1952.

Herder, J. G., 1793/97, Briefe zur Beförderung der Humanität, Berlin: Aufbau 1971.

Höffe, O., 1999, Demokratie im Zeitalter der Globalisierung, München: Beck.

Krauss, W., 1978, Zur Anthropologie des 18. Jahrhunderts, Berlin: Akademie.

Krüger, H.-P., 1999/2001, Zwischen Lachen und Weinen, 2 Bde., Berlin: Akademie.

Krüger, H.-P./Lindemann, G. (Hg.), 2006, Philosophische Anthropologie im 21. Jahrhundert, Berlin: Akademie.

Landmann, M., 1982, Philosophische Anthropologie, Berlin: de Gruyter.

Marquard, O., 1995, Der Mensch »Diesseits der Utopie«, in: ders., Glück im Unglück, München: Fink.
Pico della Mirandola, G., 1486, Über die Würde des Menschen, Hamburg: Meiner 1990.
Plessner, H., 1924, Grenzen der Gemeinschaft, in: ders., Gesammelte Schriften, Bd. 5, Frankfurt/M.: Suhrkamp 1981.
Plessner, H., 1928, Die Stufen des Organischen und der Mensch, Berlin: de Gruyter 1975.
Plessner, H., 1931, Macht und menschliche Natur, in: ders., Gesammelte Schriften, Bd. 5, Frankfurt/M.: Suhrkamp 1981.
Plessner, H., 1940, Lachen und Weinen, in: ders., Gesammelte Schriften, Bd. 8, Frankfurt/M.: Suhrkamp 1982.
Ricken, U., 1984, Sprache, Anthropologie, Philosophie in der französischen Aufklärung, Berlin: Akademie.
Rothacker, E., 1982, Philosophische Anthropologie, Bonn: Bouvier.
Scheler, M., 1928, Die Stellung des Menschen im Kosmos, Bonn: Bouvier 1995.
Schiller, F., 1793, Über Anmut und Würde, in: ders., Prosa-Schriften, Bd. 2, Stuttgart: Kohlhammer 1956.
Schiller, F., 1795, Über die ästhetische Erziehung des Menschen in einer Reihe von Briefen, in: ders., Prosa-Schriften, Bd. 2, Stuttgart: Kohlhammer 1956.
Seitter, W., 1985, Menschenfassungen, München: Boer.
Waldenfels, B., 1994, Antwortregister, Frankfurt/M.: Suhrkamp.

Hans-Peter Krüger

Anthropologie, soziale

1.

Der ursprünglich aus der britischen Sozialwissenschaft stammende Terminus »Sozialanthropologie« bezeichnet eine Disziplin, die sich der systematischen Erforschung menschlicher Lebensweisen widmet. Von anderen Wissenschaften, die sich ebenfalls mit den »Techniken des Menschseins« (vgl. Ong 1999) beschäftigen, wie Soziologie oder Sozialpsychologie, unterscheidet sie sich durch ihre Methoden und eine Perspektive, die empirisch beobachtete Details mit globalen, sozialen Prozessen verbindet. Dies erfordert einen offenen Forschungsansatz, bei dem die Fragen die verwendeten Methoden bedingen und fundamentale Vorannahmen in Frage gestellt werden. Aufgabe der Anthropologie ist es, so Nancy Scheper-Hughes, das Exotische konventionell und im Anschluss daran das konventionelle Denken seltsam erscheinen zu lassen (vgl. Ochert 2002).

Für viele Anthropologen ist die Methode der ethnographischen Feldforschung, die »teilnehmende Beobachtung«, zentrales, die Disziplin einendes Element. Da zahlreiche Konzepte, von »Mutterschaft« bis »Recht«, in unterschiedlichen Gesellschaften verschiedene Bedeutungen haben, stehen kulturvergleichend arbeitende Anthropologen analytischen Kategorien und sozialen Klassifizierungen, die im Zentrum ihrer Nachbardisziplinen stehen, kritisch gegenüber.

2.

Das Interesse an kultureller Vielfalt und menschlichen Universalien beschäftigte Philosophen seit dem Altertum. Ihre moderne Form fand die Sozialanthropologie jedoch erst im frühen 20. Jahrhundert als Reaktion auf den Kulturevolutionismus. Dieser propagierte eine unilineare Entwicklungskala, auf deren Stufen alle Gesellschaften eingeordnet wurden und deren Höhepunkt die westliche Zivilisation darstellte. Der Kulturevolutionismus war eng mit dem Kolonialismus verbunden, basierte er doch auf von Missionaren, Reisenden und Administratoren zusammengetragenen Materialien.

Franz Boas (1858–1942), der die empirische Erforschung der Bewohner der amerikanischen Nordwestküste begann, vertrat dagegen die Ansicht, dass Gesellschaften nur nach gründlicher empirischer Erforschung und aus ihrer eigenen Geschichte heraus verstanden werden können. Als Begründer der systematischen Feldforschung gilt jedoch der in Großbritannien lehrende Bronislaw Malinowski (1884–1942), der während des Ersten Weltkriegs zwei Jahre auf den Trobriandinseln verbrachte. In seiner Nachfolge wurde die mehrmonatige Feldforschung, während derer der Forscher am Leben der untersuchten sozialen Szene teilnehmend Daten sammelt, zur zentralen Erkenntnismethode der Disziplin.

Während die Praxis der Feldforschung die Anthropologie in den USA, Großbritannien und Frankreich prägte, war dies in Deutschland und vielen Staaten Zentral- und Osteuropas nicht der Fall. Die dort als »Ethnologie«, »Völkerkunde« oder »Volkskunde« firmierenden Wissenschaften – wobei sich erstere außereuropäischen Gesellschaften und letztere dem Studium der nationalen Volkskultur widmete – waren historisch und museologisch geprägt und ab dem Zweiten Weltkrieg international marginalisiert. Um ihren Anschluss an die angelsächsische Forschungstradition zu signalisieren, haben sich seit den 1970er Jahren viele Völkerkunde-Institute in solche für Sozial- und Kulturanthropologie umbenannt, während die Volkskunde vielerorts als »Europäische Ethnologie« firmiert.

Die Gründungsgeneration der US-amerikanischen Anthropologie, Boas und seine Schüler, unter ihnen Ruth Benedict (1887–1948), Margaret Mead (1901–1978) und Alfred Kroeber (1876–1960), war vordringlich an fremden Kulturen als symbolischen Systemen interessiert. Benedict und Mead rückten in ihren Arbeiten die Beziehungen zwischen Individuum und Kultur in den Mittelpunkt und schrieben einzelnen Gruppen spezifische Kulturstile zu. Malinowski und A. R. Radcliffe-Brown (1881–1955) verwarfen diesen kulturalistischen Ansatz und sahen die Aufgabe der Anthropologie vielmehr darin, die Beziehungen zwischen einzelnen sozialen Institutionen (Verwandtschaft, Rechtsinstanzen etc.) zu erforschen. Ihrem Funktionalismus zufolge sind die Elemente einer Gesellschaft aufeinander abgestimmt und dienen dem Erhalt des Gesamtsystems. Insbesondere Radcliffe-Brown ging es darum, universelle Regeln des sozialen Lebens herauszuarbeiten.

Diese unterschiedlichen Foci der US-amerikanischen Kulturanthropologie und der britischen Sozialanthropologie haben sich z.T. gehalten. So schlägt sich die z.B. von Kroeber vertretene holistische Sicht, die biologische, archäologische und linguistische Aspekte für das Verständnis von Kultur betont, bis heute in US-amerikanischen Lehrplänen nieder. Eine strikte Abkehr vom Kulturalismus verfolgen zwar die materialistischen Ansätze von Kulturökologen und Neoevolutionisten wie Julian Steward (1902–1972) oder Roy Rappaport (1926–1997), die kulturelle Besonderheiten auf Umweltfaktoren zurückführen und z.B. Tieropfer als Reaktion auf Proteinbedarf deuten. Doch die auf sie folgenden einflussreichen Fachvertreter wie Marshall Sahlins (1930-) und Clifford Geertz (1926–2006) traten wieder für die Autonomie der symbolischen Sphäre ein. Der hermeneutische Ansatz der »Symbolischen Anthropologie« nähert sich Kulturen oft durch die »dichte Beschreibung« (Geertz) eines zentralen Rituals (des balinesischen Hahnenkampfes oder Cooks Ermordung in Ozeanien).

Ebenso nachhaltig war der Funktionalismus in Großbritannien, auch wenn er in der Folgezeit stark kritisiert wurde. So argumentiert Edmund Leach (1910–1989) und die Manchester Schule um Max Gluckman (1911–1975), dass Konflikt statt harmonischer Integration der Normalzustand von Gruppen sei und dem Systemerhalt diene. E. E. Evans-Pritchard (1902–1973) meint, dass Sozialanthropologie keine Naturwissenschaft, sondern eine Geisteswissenschaft sei, deren Hauptaufgabe die Übersetzung fremder Weltbilder sei. Doch auch herausragende britische Anthropologen der Nachkriegszeit wie Mary Douglas (1913–2007) und Victor Turner (1920–1983) verbinden das Studium von Symbolen und Ritualen mit einer funktionalistischen Tradition. So deutet Douglas (1966) die Kategorisierung von Materie als Schmutz als Grenzziehung zwischen sozialen Gruppen und als Marker der Grenze zwischen Natur und Kultur.

Nach dem Zweiten Weltkrieg hat eine enorme Ausdifferenzierung der anthropologischen Wissenschaft stattgefunden. Im Zuge des Kalten Krieges standen, insbesondere in den USA, wesentlich mehr Mittel für die Erforschung neuer Weltregionen bereit. Jetzt erschienen nicht mehr nur Monographien über Stammesgesellschaften, sondern Studien über Städte und staatliche Gesellschaften. Eine Reihe neuer Subdisziplinen und Theorien, von »Kognitiver Anthropologie« bis hin zu neomarxistischen Ansätzen entstand, unter ihnen auch der in Frankreich von Claude Lévi-Strauss entwickelte Strukturalismus. Anhand der Analyse von Verwandtschaftssystemen und Mythen postulierte Lévi-Strauss ein universelles Regelsystem, welches die Beziehungen einzelner Kulturelemente zueinander strukturiert.

3.
Seit den 1970er Jahren hat die Disziplin nochmals einen fundamentalen Wandel vollzogen, bedingt sowohl durch historische Ereignisse – Dekolonisierung, das Ende des Kalten Krieges, Globalisierung – als auch durch theoretische Trends wie Feminismus, Postkolonialismus und die Arbeiten Michel Foucaults (1926–1984) sowie Pierre Bourdieus (1930–2002).

Zum Teil als Reaktion auf Ansätze wie den Strukturalismus fand eine Relativierung der Rolle von System und Struktur zugunsten strategisch handelnder Akteure statt. Bourdieus »Habitus« bietet ein Modell für die Reproduktion und den Wandel von Kultur, indem es u.a. darlegt, wie vermeintlich individueller Geschmack, sozialer Status und »kulturelles Kapital« miteinander korrelieren. Foucault wiederum beschreibt, wie Wahrheit diskursiv und institutionell erzeugt wird und dem Erhalt von Machtunterschieden dient. Darauf aufbauend lenkt Edward Said (1978) die Aufmerksamkeit auf die Art, in der westliches Wissen über andere Gesellschaften – und die Einteilung in »den Westen« und »die Anderen« als solche – von wirtschaftspolitischen Interessen durchzogen war und »den Westen« in einer ständigen »positionellen Überlegenheit« platziert. Nachdem die Dichotomie zwischen Wir und den Anderen aufgebrochen war, begannen Anthropologen vermehrt auch westliche Gesellschaften zu untersuchen. Feministische und postkoloniale Ansätze, letztere vertreten von einer Reihe nicht-westlicher Anthropologen, wenden sich gegen die essentialisierende Darstellung von Kulturen und arbeiten die z.T. subversiven Perspektiven und Praktiken von Frauen und Kolonialisierten heraus.

Diese Dezentrierungen sowie die exponentiell gestiegenen Kontakte zwischen Gesellschaften führten dazu, dass »Kultur«, bis dato Kernkonzept der Disziplin, einer Analyse unterzogen wurde, in deren Verlauf nicht nur die »Komplizenschaft« zwischen Anthropologie und westlichen »großen Erzählungen« wie der von der unilinaren »Entwicklung« aufgedeckt wurde, sondern die Wahrheitsansprüche der Disziplin und die ethnographische Autorität als solche zur Debatte standen (vgl. Marcus/Clifford 1986). In der Folge dessen wird das alte Kulturkonzept, welches Gesellschaften als statische, isolierte Einheiten betrachtet, durch ein dynamisches Verständnis von Kultur als mobil und wandelbar abgelöst. Statt dem Anspruch, »eine Kultur« zu beschreiben, sehen viele heutige Anthropologen ihre Aufgabe darin, Momentaufnahmen kultureller Praktiken und Strategien zu erstellen. Zu den gegenwärtig besonders intensiv debattierten sozialanthropologischen Themengebieten und Forschungsfragen gehören: Globalisierung (3.1.), Ethnizität und Nationalstaat (3.2.), Körper, Medizin und Wissenschaft (3.3.) sowie Herrschafts- und Kontrolltechnologien (3.4.).

3.1. Sozialanthropologie begann als Erforschung einzelner Gruppen. Soweit äußere Einflüsse einbezogen wurden, galten sie als Störfaktor. In der Nachfolge von Wallersteins Weltsystemtheorie fingen Anthropologen wie Eric Wolf (1982) an, lokale Kulturen als Teil globaler Dominanzsysteme zu verstehen. Heute reflektiert fast jede Ethnographie die Einbindung der untersuchten sozialen Szene in ihrem größeren Umfeld.

Anthropologen haben die Sicht von Globalisierung als weltweite, vom Westen angetriebene Kulturschmelze, die zu einem »Kampf der Kulturen« (Huntington) oder einem »Ende der Geschichte« (Fukuyama) führt, hinterfragt. Ihre Untersuchungen der Schnittstelle zwischen globaler und lokaler Ebene weisen vielmehr darauf hin, dass weltweit verfügbare Waren und Ideen, von Seifenopern (vgl. Miller 1994) bis Menschenrechten (vgl. Wilson 1997), an verschiedenen Orten von Menschen unterschiedlich in die eigene Lebenswelt integriert werden und dabei ihre Bedeutungen verändern. Im Prozess der weltweiten Vernetzung verschwinden zwar kulturelle Besonderheiten, zugleich entstehen aber neue, die oft als »kreolisiert« beschrieben werden. Alte Formen der Ausgrenzung und Ermächtigung werden von neuen abgelöst (vgl. Hannerz 1996).

Für die Erforschung dieser Prozesse wurden neue Konzeptualisierungen entwickelt. Eine einflussreiche stammt von Appadurai (1990), der zufolge Globalisierung aus asynchronen und ungleichmäßigen Kulturströmen besteht und mit Hilfe von fünf Sphären (Ethno-, Techno-, Finanz-, Medien- und Ideosphäre) analysiert werden kann. Arbeiten über nur schwer lokalisierbare Gruppen, von Geschäftsleuten bis Aktivistennetzwerken, veränderten wiederum die Praxis der Feldforschung, die nun oft »multilokal« ist (vgl. Marcus 1999).

3.2. Benedict Anderson (1983) beschreibt Nationen als historische Konstrukte und untersucht, wie deren Subjekte eine gemeinsame Identität entwickeln. Sein Werk, ebenso wie das von Eric Hobsbawm und James Scott, hat das anthropologische Interesse an Ethnizität und Nationalismus neu geweckt. Viele Studien dokumentieren, wie im Zuge von Kolonialismus und Kapitalismus, Nationen oder Ethnien zu quasi naturgegebenen Entitäten wurden und dekonstruieren diese. Auch nichtwestliche Staaten waren Erfinder nationaler und ethnischer »Essenzen« (vgl. Thongchai 1994). Da der Nationalstaat als wesentliches Element der westlich produzierten Moderne angesehen wird, führt dies zu der Debatte, inwieweit diese eine einzige, anderen Regionen aufoktroyierte Entwicklung darstellt, oder man eher von multiplen Modernen ausgehen sollte.

Obwohl einige Wissenschaftler das Aufkommen einer »postnationalen Vorstellungswelt« (Appadurai) in Aussicht stellen, lässt sich zugleich eine Zunahme ethnischer Nationalismen konstatieren. Um die Gleichzeitigkeit dieser Trends zu verstehen, entstand ein Korpus von Studien, der sich mit Diaspora, Migration und ethnischen Netzwerken befasste. Basch/Glick-Schiller/Szanton Blanc (1994) postulieren, dass, im Gegensatz zum herkömmlichen Verständnis von Migration als Bruch mit dem Heimatland, Globalisierung die diskursiven, politischen und wirtschaftlichen Praktiken eines »Transnationalismus« ermögliche. Diesem Verständnis zufolge sind Migranten sowohl an ihren Ursprungsorten als auch an einem oder mehreren Wohnorten verankert. Ong (1999) beschreibt, wie Auslandschinesen zwischen den unterschiedlichen »Wahrheitsregimen« der Nationalstaaten, des globalen Kapitalismus und der Familie hin- und her manövrieren. Die Quintessenz dieser Studien ist, dass Globalisierung sowohl zur Stärkung als auch zur Schwächung nationaler Ideologien führen kann.

3.3. In Folge des Feminismus und der Arbeiten Foucaults wurden geschlechtsspezifische Perspektiven maßgeblich, und generierten eine Fülle von Studien, die die Rolle der Frau und die soziale Festschreibung von Beziehungskonventionen, Sexarbeit, Homo- und Transsexualität untersuchten. Dies führte zur Infragestellung der kulturellen und wissenschaftlichen Konstrukte, die unsere Vorstellungen von Geschlechterunterschieden prägen. In den 1990er Jahren entwickelte sich daraus ein Interesse an Wissenschaft an sich, insbesondere den Biowissenschaften. Marilyn Strathern (1992) problematisiert die Trennung zwischen Natur und Kultur und weist darauf hin, dass selbst die bislang als unhinterfragt biologisch geltende Schwangerschaft im Zeitalter der neuen Reproduktionstechnologien eher ein sozialer Fakt ist. Arbeiten über Naturwissenschaftler (vgl. Latour 1991), Immunologie (vgl. Martin 1994) und das Humangenomprojekt (vgl. Rabinow 1997) versuchen die neuen Grenzen zwischen dem Sozialen und Biologischen auszuloten und zu verstehen, wie sich die Kommodifizierung von Körpern auf Identität und Kontrolle auswirkt, Gesundheit und Krankheit kulturell definiert werden und Gentechniker, nationale Öffentlichkeiten und transnationale Unternehmen im Spannungsfeld zwischen öffentlichem Interesse und privatem Profit operieren.

3.4. Die Befragung der Beziehung zwischen dem Biologischen und dem Sozialen, auf deren Gestaltung nach Foucault die »Bio-Macht« des modernen Staats beruht, ist Teil eines breiten Interesses an diffusen Kontrolltechnologien. Im Zuge des Neoliberalismus werden Normen und Ideen von weitgehend gewaltfreien und vermeintlich wertfreien Rationalitäten dominiert, die sich ebenso in staatlichen Institutionen wie in der Zivilgesellschaft manifestieren. Ethnographische Studien über zentrale Akteure dieser Prozesse, von der Weltbank bis zu universitären Evaluierungskommissionen, untersuchen die Generierung und Manipulation von Wissen und Normen.

Diese Arbeiten sind charakteristisch für die Entwicklung der Sozialanthropologie, an deren Anfängen die oft unbewusste »Komplizenschaft« bei der Unterwerfung und Klassifizierung von vor-staatlichen Gesellschaften steht, hin zu einer »Öffentlichen Anthropologie«, die sich der Gestaltung von sozialem Wandel verschrieben hat.

4.

Anderson, B., 1983, Die Erfindung der Nation, Frankfurt/M.: Campus 2005.
Appadurai, A., 1990, Disjuncture and Difference in the Global Economy, in: Theory, Culture and Society 7.
Basch, L./Glick-Schiller, N./Szanton Blanc, C., 1994, Nations Unbound, Langhorne: Gordon and Breach.
Douglas, M., 1966, Reinheit und Gefährdung, Frankfurt/M.: Suhrkamp 1987.
Hannerz, U., 1996, Transnational Connections, London: Routledge.
Latour, B., 1991, Wir sind nie modern gewesen, Frankfurt/M.: Suhrkamp 2007.
Marcus, G./Clifford, J., 1986, Writing Culture, Berkeley: University of California Press.
Marcus, G., 1999, Ethnography Through Thick and Thin, Princeton: Princeton University Press.
Martin, E., 1994, Flexible Bodies, Boston: Beacon Press.
Miller, D., 1994, Modernity. An Ethnographic Approach. Oxford: Berg.
Ochert, A., 2002, 100 Years of Attitude. Anthropology at Berkeley, in: California Alumni.
Ong, A., 1999, Flexible Citizenship, Durham: Duke University Press.
Rabinow, P., 1997, Anthropologie der Vernunft, Frankfurt/M.: Suhrkamp 2004.
Said, E., 1978, Orientalismus, Frankfurt/M.: Fischer 1979.
Strathern, M. (Hg.), 1992, Reproducing the Future, London: Routledge.
Thongchai, W., 1994, Siam Mapped, Honolulu: University of Hawai'i Press.
Wilson, R. (Hg.), 1997, Human Rights, Culture and Context, London: Pluto.
Wolf, E., 1982, Europe and the People Without History, Berkeley: University of California Press.

JOANA BREIDENBACH/PÁL NYÍRI

Antisemitismus

1.

»Antisemitismus« umfasst alle Formen und Stufen der Ablehnung gegenüber Juden, wie sie manifest durch Diskriminierung und Gewalt, latent durch Ressentiments, als Haltung der Abneigung in Erscheinung treten. Antisemitismus tritt ohne räumliche und zeitliche Begrenzung als Vorurteil von der Antike bis zur Gegenwart auf, er äußert sich im Mittelalter und in der Neuzeit durch kulturelle, soziale und ökonomische Ausgrenzung der jüdischen Minderheit, durch Massaker und Pogrome und erreichte mit neuer Begründung als Rassendoktrin im 19. Jahrhundert den Höhepunkt im Genozid an ca. sechs Millionen Juden unter der Herrschaft des Nationalsozialismus. In der Gegenwart hat der Antisemitismus den Charakter der politischen Ideologie weitgehend verloren, er zeigt sich als verbreitetes individuelles Vorurteil.

1.1. Der Begriff »Antisemitismus« ist wörtlich genommen (»Semitengegnerschaft«) eine Missbildung, weil er, um Judenfeindschaft mit wissenschaftlichem Anspruch zu verbrämen, die Sprachfamilie der Semiten (Araber, Äthiopier, Akkader, Kanaanäer, Aramäer) als »Rasse« versteht, dabei jedoch nur die Juden meint. Der Begriff wurde 1879 im Umkreis des Publizisten Wilhelm Marr geprägt, den Hintergrund bildete die öffentlich diskutierte »Judenfrage«. Dieser Diskurs über die Emanzipation der Juden wurde, seit die rechtliche Gleichstellung durch die Revolution in Frankreich erreicht war, in vielen Ländern geführt und war weitgehend von sozial und kulturell determinierter Ablehnung bestimmt. 1879/80 war »die Judenfrage« in Deutschland einerseits Gegenstand eines Gelehrtenstreits, den der Historiker Heinrich von Treitschke mit Überfremdungsängsten ausgelöst hatte, andererseits wurde sie durch den Berliner Hofprediger Adolf Stöcker in dessen christlich-sozial argumentierender Kampagne gegen die Arbeiterbewegung instrumentalisiert. In Österreich vertrat der Wiener Bürgermeister Karl Lueger ähnliche Positionen. Der Begriff »Antisemitismus« ist zwar ohne Definition und theoretische Herleitung als modische Neubildung eingeführt, aber rasch als Programm verstanden worden.

1.2. »Antisemitismus« dient als Oberbegriff für alle politisch, sozial, religiös, kulturell oder emotional begründete Judenfeindschaft. Er ist auf Grund seiner Tradition, die in die Antike zurückreicht, das älteste Vorurteil gegen eine Minderheit überhaupt, wenngleich die historische Kontinuität immer wieder neu motiviert und instrumentalisiert wurde, vom Mittelalter bis zur Gegenwart als christlich-religiöser Vorbehalt (Antijudaismus), seit dem 19. Jahrhundert als völkische und rassistische Doktrin (»moderner Antisemitismus«), die in die Ideologie des Nationalsozialismus Eingang fand und bis zur Konsequenz der Vertreibung und Vernichtung im Völkermord führte. Als Reflex auf Schuldgefühle entstand in der Bundesrepublik der »sekundäre Antisemitismus«; als politischer Affekt gegen Israel in der DDR wie in allen Ostblockstaaten der Antizionismus. Antisemitismus enthält als ausgrenzende Ideologie Elemente von Xenophobie und Rassismus, ist aber damit nicht gleichzusetzen, da er als übergreifende Weltanschauung und Protesthaltung eigene Charakteristika aufweist, die über stereotype Vorurteile, mit irrationalen Einstellungen und Vorbehalten Feindbilder konstruiert, die über die eigentliche Judenfeindschaft hinaus der Welterklärung dienen und vielfältig instrumentalisiert werden können.

2.

Unter der Parole des Antisemitismus organisierten sich Feinde der 1871 in Deutschland verfassungsrechtlich fixierten Judenemanzipation und Gegner der gesellschaftlichen und politischen Modernisierung. Im letzten Drittel des 19. Jahrhunderts wurde der Antisemitismus zunächst in Deutschland und Österreich, dann auch in Frankreich, zur Ideologie und politischen Bewegung, fungierte aber auch generell als »kultureller Code« (Volkov 1990) für die Zugehörigkeit zur konservativen nationalen Mehrheitsgesellschaft. Trotz breiter Publizistik und Partei- bzw. Verbandsorganisation hatte der Antisemitismus im Kaiserreich keinen bestimmenden Einfluss, entwickelte vielmehr erst nach dem Ersten Weltkrieg als Bestandteil völkischer und nationalistischer Programme politische Brisanz und wurde 1933 Staatsdoktrin in Deutschland.

Als Erklärungsmodell haben die Ansätze der Frankfurter Schule (Adorno, Horkheimer), die neomarxistische Gesellschaftstheorie mit psychoanalytischen Erkenntnissen verbinden, und ihre Weiterentwicklungen (vgl. Claussen 1994; Rensmann 1998) wegweisende Bedeutung. Ideengeschichtliche Erklärungsversuche erscheinen in der modernen Vorurteilsforschung weniger fruchtbar als sozialwissenschaftliche empirische Untersuchungen (vgl. Bergmann/Erb 2000). Historische Interpretationen führten zur Krisentheorie, die soziale Spannungen und Ängste thematisiert. Die Theoriediskussion ist immer von der historischen Evidenz des Holocaust geprägt, Ausgangspunkt ist die Erkenntnis, dass Antisemitismus ein Symptom für Probleme der Mehrheitsgesellschaft bildet.

3.

Antisemitismus konfrontiert Betroffene wie Betrachter mit Definitions-, Erklärungs- und Wahrnehmungsproblemen. Zu unterscheiden sind vier Grundphänomene: Erstens der christliche Antijudaismus, die religiös motivierte, aber auch kulturell, sozial und ökonomisch determinierte Form des Ressentiments gegen Juden vom Mittelalter bis zur Neuzeit; zweitens der scheinbar wissenschaftlich, anthropologisch und biologistisch argumentierende Rassenantisemitismus, der im 19. Jahrhundert entstand und im Holocaust mündete. Neben traditioneller Judenfeindschaft bildete sich im westlichen Nachkriegsdeutschland eine dritte Form des Ressentiments, der sekundäre Antisemitismus, als eigenständige Erscheinung mit wenig manifester Ausprägung, aber erheblicher Latenz. Diese Form speist sich aus Gefühlen der Scham und Schuldabwehr: Nicht trotz, sondern wegen Auschwitz werden Ressentiments gegen Juden mobilisiert, die sich an Entschädigungsleistungen und Wiedergutmachungszahlungen kristallisieren. Der sekundäre Antisemitismus ist ursprünglich ein westdeutsches Phänomen, da er sich an Restitutionsleistungen festmacht, wie sie von der DDR nicht erbracht wurden. Dafür war eine andere Erscheinungsform antijüdischer Ressentiments, der Antizionismus, dort entscheidender Bestandteil von Politik, Propaganda und folglich auch der Sozialisation der DDR-Bürger.

Der Antisemitismus konzipiert »den Juden« als feindliches Konstrukt, sieht ihn als Projektion negativer Eigenschaften und Verhaltensweisen, die mit der Realität nichts zu tun haben. Er reagiert entgegen landläufiger Meinung und insbesondere entgegen der Behauptung von Judenfeinden nicht auf Eigenschaften und Handlungen von Juden, daher ist das Vorhandensein von Juden keine Voraussetzung von Antisemitismus. Konstitutiv für den Antisemitismus als Vorurteil ist es, dass sich das Ressentiment immer gegen »den Juden« als solchen richtet, das heißt auch, dass die Träger des Vorurteils die Definitionshoheit beanspruchen (»wer Jude ist, bestimme ich«).

Zu unterscheiden ist der manifeste Antisemitismus, der sich in Attacken gegen Personen, in Sachbeschädigungen und Propagandadelikten äußert, von einem latenten Antisemitismus, der sich im Alltagsdiskurs allenfalls als stillschweigendes Einverständnis über »die Juden« zeigt, aber überwiegend auf der Einstellungsebene bleibt, also v.a. bei Meinungsumfragen in Erscheinung tritt. Manifester Antisemitismus ist auf Grund der politischen Kultur in Deutschland weniger verbreitet. Die meisten zur Verfolgung kommenden Straftaten sind Akte von Volksverhetzung, die anderen einschlägigen Delikte sind Friedhofschändungen und Anschläge auf Synagogen. Sie dienen häufig auch als Hintergrund ausländerfeindlicher und rassistischer Bekundungen.

Die Motive für latenten Antisemitismus, wie er in Meinungsumfragen und in Briefen an Medien und jüdische Repräsentanten zum Ausdruck kommt, sind vielfältig. Den *Anlass* bilden oft Auftritte jüdischer Prominenz bzw. damit im Zusammenhang stehende Presseveröffentlichungen über meist unangenehme Ereignisse wie rechtsextreme Exzesse, Synagogen- oder Friedhofschändungen. Die Respondenten wollen nicht mit den Tätern identifiziert werden, wollen keinem mit Argwohn beobachteten Kollektiv von mutmaßlichen Rechtsextremisten oder Neonazis oder zumindest Unbelehrbaren angehören und fühlen sich deshalb von Vertretern der Minderheit *in toto* zu Unrecht gebrandmarkt. Das wehren sie als Anmaßung ab und bemühen sich, das auslösende Ereignis als marginal und die jüdische Reaktion darauf als überproportional darzustellen. Viele deutsche Bürger wollen nicht über die Geschichte des Nationalsozialismus definiert werden und lehnen es vehement ab, an Ereignisse erinnert zu werden, mit denen sie persönlich nichts zu tun haben, die sie wegen ihrer späten Geburt nicht mitverantworten wollen. Die Verwahrung gegenüber einer als Resultat von Schuldvorwurf empfundenen Erziehungsdiktatur, ausgeübt durch Repräsentanten der jüdischen Minderheit im Namen der Opfer über die nichtjüdische Mehrheit als Repräsentanten der Täter, ist ein verbreitetes Anliegen. Als häufig erkennbares Motiv erscheint auch ein unspezifischer Unmut über Regierung, Volksvertreter, politische und ökonomische Verhältnisse oder über die unerfreulichen Zeitläufte ganz allgemein. Solcher Verdruss, der nicht auf unmittelbare Handlungen oder Reden von Vertretern der Minderheit reagiert, wird gern an die Adresse der vermeintlich Begünstigten und Privilegierten gerichtet, denen unverhältnismäßiger Einfluss auf alle Bereiche des öffentlichen Lebens zugeschrieben wird. Den Juden wird die traditionelle Sündenbockfunktion zugeschrieben. Sozialneid schließt sich unmittelbar an. Gespeist aus langer Tradition dienen stereotype Vorstellungen vom jüdischen Reichtum, von jüdischer Geschäftstüchtigkeit und Geldgier der Überzeugung, Juden würden materiell bevorzugt, sie erhielten unzulässige Restitutionsleistungen oder unerhörte Subventionen. Ein wichtiges Motiv ist kleinbürgerliche Überfremdungsangst, die das Eigene bedroht sieht und die Juden zu Fremden macht. Die Juden werden in eine Stellvertreterrolle gedrängt und finden sich ausgegrenzt mit allem, was als fremdartig Angst macht und Unbehagen erzeugt.

Als Legitimierungsstrategie des Antisemitismus dient die häufig artikulierte Sorge um das Verhältnis von Nichtjuden und Juden, das Plädoyer für »Versöhnung« geht einher mit der Befürchtung, die Diskussion um Vergangenes, das Aufrühren von Erinnerung an die Verbrechen des Nationalsozialismus und die damit verbundene Mahnung zu Toleranz und Verständnis gegenüber der Minderheit könnte kontraproduktiv wirken, also Vorbehalte gegen die Juden erst erzeugen oder fördern statt sie abzubauen. Was als Antisemitismus öffentlich wird, speist sich aus verschiedenen Wurzeln und enthält Elemente aller Phänomene der Judenfeindschaft, die über Stereotype (»der Jude« als die Mehrheit bedrohende machthungrige, gefährliche, unversöhnlich/rachsüchtige geldgierige Existenz) transportiert werden.

Antisemitismus wird oft als Mittel zum Zweck eingesetzt. Nur eine kleine Minderheit wird sich als ideologisch festgelegte Gruppe von Judenfeinden im traditionellen Sinne ausmachen lassen; die Mehrheit derer, die mit antisemitischen Vorurteilen, Stereotypen und Klischees hantieren, hat bestimmte politische, in der Regel deutschnational-patriotische Absichten. Der sekundäre Antisemitismus, der aus Schuldgefühlen gegenüber Juden artikuliert wird, kann sich aufladen zu einem »Erlösungsantisemitismus«. Gemeint ist damit die Befreiung vom Schuld- und Leidensdruck, der durch das Bewusstsein vom Völkermord verursacht ist. Voraussetzung der Erlösung ist eine Schuld der Juden, die Opferfunktion der Juden muss dazu außer Kraft gesetzt werden: Juden, die als Täter wahrgenommen werden, erlauben es, Gefühle der Empathie, des Schuldbewusstseins, des Unbehagens durch Parteinahme gegen die Juden zu ersetzen. Dazu braucht es Gründe: etwa die Politik Israels oder Schuld gegenüber den Palästinensern, als willkommener Ansatzpunkt für Ablehnung, für den Entzug von Empathie und für die Zuwendung zur arabischen Seite. Kritik an Israel dient damit als Ventil für Antisemitismus, der anders nicht ungestraft zu artikulieren ist. Antisemitismus funktioniert als hermetisches System. Dem entspricht die Argumentationsstrategie der Behauptung von »Tatsachen«, deren Unbeweisbarkeit als Beweis dargestellt wird (Verschwörungsphantasien). Eine solche ›Argumentation‹ bleibt intellektuell und emotional unerreichbar für logische Einwände.

4.
Benz, W., 2004, Was ist Antisemitismus?, München: Beck.
Benz, W., 2007, Die Protokolle der Weisen von Zion. Die Legende von der jüdischen Weltverschwörung, München: Beck.
Benz, W. (Hg.), 2008, Der Hass gegen die Juden. Dimensionen und Formen des Antisemitismus, Berlin: Metropol.
Bergmann, W., 1997, Antisemitismus in öffentlichen Konflikten, Frankfurt/M.: Campus.
Bergmann, W., 2002, Geschichte des Antisemitismus, München: Beck.
Bergmann, W./Erb, R., 2000, Antisemitismus in der Bundesrepublik, Opladen: Leske + Budrich.
Claussen, D., 1994, Grenzen der Aufklärung. Zur gesellschaftlichen Genese des modernen Antisemitismus, Frankfurt/M.: Fischer.
Haury, T., 2002, Antisemitismus von links. Kommunistische Ideologie, Nationalismus und Antizionismus, Hamburg: Hamburger Edition.
Holz, K., 2001, Nationaler Antisemitismus, Hamburg: Hamburger Edition.
Jahrbuch für Antisemitismusforschung, 1992 ff., Berlin: Metropol.
Korn, S., 1999, Geteilte Erinnerung. Beiträge zur »deutsch-jüdischen« Gegenwart, Berlin: Philo 2001.
Rensmann, L., 1998, Kritische Theorie über den Antisemitismus, Berlin: Argument.
Rensmann, L., 2004, Demokratie und Judenbild. Antisemitismus in der politischen Kultur der Bundesrepublik Deutschland, Wiesbaden: VS.
Volkov, S., 1990, Antisemitismus als kultureller Code, München: Beck 2000.

Wolfgang Benz

Arbeit

1.
»Arbeit« ist einerseits ein Begriff der allgemeinen Sprache, auch der Umgangssprache. Er wird andererseits in verschiedenen Wissenschaften fachsprachlich benutzt und definiert. Arbeit ist schließlich eine »historisch-fundamentale Kategorie« (Negt 2001, 425), die in westlichen Gesellschaften seit Beginn der Moderne zur Diskussion grundsätzlicher Selbstverständnisprobleme dient. Historisch und im Zivilisationsvergleich weisen der Begriff und seine Äquivalente sehr unterschiedliche Bedeutungen auf. Auch im gegenwärtigen Sprachgebrauch bleibt der Begriff vieldeutig, unscharf, umstritten und von der jeweiligen Sprechsituation abhängig.

1.1. Im allgemeinen Sprachgebrauch heutiger westlicher Gesellschaften meint Arbeit *im umfassenden Sinn* ein Ensemble körperlicher und geistiger Tätigkeiten des Menschen mit dem Zweck, etwas herzustellen, zu leisten, zu erreichen oder Aufgaben zu erfüllen. Arbeit meint zugleich das Ergebnis solcher Tätigkeiten. Spiel, Muße, Nichtstun und Freizeit sind Gegenbegriffe. Häufig wird Arbeit jedoch im *engeren* Sinn von »Erwerbsarbeit« verstanden und meint dann Tätigkeiten, die der Herstellung von Gütern oder Erbringung von Leistungen zum Zweck des Tausches auf Märkten dienen, d.h. Arbeit, von der man lebt und durch die man verdient. Erwerbsarbeit kann in abhängiger oder selbstständiger Stellung oder auf einer der vielen Zwischenstufen geleistet werden. Arbeit für Lohn und Gehalt ist nur eine, wenngleich die verbreitetste und meistdiskutierte Form von Erwerbsarbeit.

1.2. Die *Wirtschaftswissenschaften* verstehen Arbeit v.a. als Produktionsfaktor neben Boden und Kapital oder als zweckentsprechend zu organisierende wirtschaftliche Tätigkeit. Die *Ingenieurwissenschaften* schließen daran an und behandeln Arbeit in ihrem wechselseitigen Zusammenhang mit betrieblicher Organisation und Technik – meist mit Interesse an der optimalen Nutzung von Arbeitskraft. Die *Soziologie* thematisiert Arbeit v.a. als Prozess, in dem Menschen soziale Beziehungen eingehen und der für das Leben des Individuums und die Gesellschaft als Ganze von großer Bedeutung ist. Die *Anthropologie* fasst Arbeit einerseits als zweckrationale Transformation eines zu bearbeitenden Objektes und andererseits als Element interaktiver Beziehungen zwischen Menschen. Sie begreift Arbeit als universelles Phänomen im Umgang der Menschen mit der Natur, doch betont sie gleichzeitig die unendliche Vielfalt der Arbeitspraktiken und der kulturellen Bedeutungen von Arbeit. Sie hat früh die in anderen Disziplinen übliche Beschränkung auf den abendländischen Kulturkreis durchbrochen. Die *Psychologie* fasst Arbeit als Ensemble physischer und psychischer Funktionen hauptsächlich der Individuen auf, unter dem Aspekt der Erbringung von Leistungen und im Hinblick auf Motivation, Führung, Kommunikation, Selektion, Arbeitsplatz, Qualifizierung sowie des Verhältnisses von Arbeit und Persönlichkeit (Arbeitspsychologie). Die *Rechtswissenschaft* behandelt v.a. die vertraglichen Dimensionen der Arbeit und die rechtliche Stellung der Arbeitenden in Wirtschaft, Gesellschaft und Staat. Die *Philosophie* thematisiert Arbeit als zentrale Dimension des Verhältnisses von Mensch und Natur, als zentrales Moment menschlicher Gesellschaft, Identität und Selbstverwirklichung. Von Aristoteles über Hegel und Marx bis zu Arendt und Habermas stellt das viel diskutierte und unterschiedlich bestimmte Verhältnis von Arbeit und Praxis einen leitenden Gesichtspunkt der philosophischen Beschäftigung mit Arbeit dar (Riedel 1973). Die *Geschichtswissenschaft* beschäftigt sich mit all dem, jedoch primär unter dem Gesichtspunkt des Wandels in der Zeit und unter Betonung der historischen Kontexte. Zu erwähnen sind schließlich die *Physiologie*, die bereits einem Muskel (z.B. dem Herz) zuspricht, »Arbeit« zu leisten, und die *Physik*, die unter Arbeit das Produkt aus Kraft (P) und Weg (s) versteht bzw. Arbeit synonym mit »Energie« verwendet.

1.3. Kulturen differieren sehr in der Art, in der sie bestimmte menschliche Tätigkeiten zusammenfassen und als »Arbeit« (oder mit einem partiell äquivalenten Begriff) von anderen menschlichen Tätigkeiten abgrenzen. Bei weitem nicht alle verfügen über einen allgemeinen Arbeitsbegriff. Entsprechend schwierig ist die Übersetzung von »Arbeit« in nicht-westliche Sprachen (vgl. Kocka/Offe 2000; Bierwisch 2003; Spittler 2002; Beck/Spittler 1996; Takemura 1997). Trotz grundsätzlicher Ähnlichkeit bestehen aber auch Unterschiede zwischen westlichen Sprachen. So verfügt das Englische über »labour« und »work«, um auszudrücken, was Arbeit meint. »Labour« bezieht sich dabei stärker auf den Prozess, die Mühen und die Last, die Instrumentalität und die marktvermittelte Erwerbsbezogenheit von Arbeit, »work« mehr auf das Produkt (Werk, œuvre), auf Arbeit als Leistung und Befriedigung, als zweckgerichtete menschliche Tätigkeit oder als Selbstzweck. Doch der Unterschied ist weder scharf noch konstant, alles hängt vom Sprachkontext ab (z.B. Biernacki 1995, 196f., 272ff.).

2.

2.1. In der sich abzeichnenden Standarddarstellung zur Geschichte von Begriff und Verständnis der Arbeit in Europa dient die *Antike*, speziell das klassische Athen, als Gegenbild zur Moderne. Es fehlte dort an einem umfassenden Arbeitsbegriff, der mühselige Plackerei ebenso wie schöpferische Werkgestaltung umfasst hätte; die soziale Einschätzung der Arbeit blieb skeptisch und distanziert, ihre Wirklichkeit von Unfreiheit (durch Sklaven bzw. im Haus) und Inferiorität geprägt. Arbeit und Freiheit, Arbeit und Bürgerrecht standen in Spannung zueinander; die Gesellschaft der Polis war keine Arbeitsgesellschaft, wenngleich sie Arbeit voraussetzte.

2.2. Durch und durch ambivalent war, auf biblischer Grundlage (Pannenberg 1986), das Verständnis der Arbeit im spätantik-mittelalterlichen *Christentum*. Es begriff Arbeit als Fluch und Segen, Strafe und göttlichen Auftrag zugleich. In den Regeln und im Wirken wichtiger Mönchsorden erfuhr Arbeit – auch einfache Handarbeit – eine sinnfällige, wenngleich begrenzte Aufwertung. In der *europäischen Stadt* des *Mittelalters* und der *frühen Neuzeit* – mit dem zünftigen Handwerk und dem korporativ organisierten Handel als sozialökonomischer Basis – gewann Arbeit an sozialer Bedeutung. V.a. qualifizierte, berufsförmige, »ehrbare« Arbeit war mit Freiheit, Zugehörigkeit und Bürgerrecht innerlich verknüpft. Arbeit war für die entstehende Stadtbürgerkultur prägend, auch mit anti-feudaler Spitze. Stadtbürgerliche Kultur wirkte aufwertend auf Arbeit zurück. In den Städten begann man seit dem 14. Jahrhundert, Armut, Bettelei und »Müßiggang« zu bekämpfen, womit sich obrigkeitliche Positivnormung von Arbeit, Fleiß, Ordnung und Disziplin verband. Dies setzten die absolutistischen Staaten der frühen Neuzeit fort.

2.3. Die *Reformationen des 16. Jahrhunderts* brachten einen weiteren Anerkennungsschub für die Arbeit im Leben, wenngleich die neuere Forschung – in gewisser Korrektur an Max Weber (Weber 1904/05) – vor einer allzu modernen Lesart der reformatorischen Arbeitsvorstellungen warnt und betont, wie sehr Arbeit auch für Luther und selbst Calvin religiösen Zwecken unter- und dem Glauben nachgeordnet blieb. Im *17.* und *18. Jahrhundert* – in den Schriften aufklärerischer Philosophen und früher Nationalökonomen – kam es dann zur emphatischen Aufwertung der Arbeit als Quelle von Eigentum, Reichtum und Zivilität bzw. als Kern menschlicher Selbstverwirklichung – dies oft mit antiaristokratischer Spitze, in bürgerlichem Geist und mit neuprotestantischer Selbstgewissheit, befördert vom sich durchsetzenden Kapitalismus und vom technologischen Fortschritt, auch von der inneren Staatsbildung der Territorialstaaten. Adam Smith wertete die Arbeit auf und Immanuel Kant die Muße als »leere Zeit« ab: »Ie mehr wir beschäfftigt seyn, desto mehr fühlen wir daß wir leben [...] In der Musse fühlen wir [...] eine Leblosigkeit.« (Kant 1773, 234) Es gab Gegenreden, welche die Mühsal und Qual harter Arbeit betonten, die Muße priesen und die menschliche Neigung zum Müßiggang verteidigten. Wer selbst mit seinen Händen arbeitete, wird Arbeit oft anders erfahren haben, als es die Intellektuellen beschrieben. Arbeit, das wusste man, hatte etwas mit Verpflichtung und Notwendigkeit zu tun, erforderte Disziplin und Anstrengung über den Punkt hinaus, an dem sie aufhörte, nur zu befriedigen und zu erfüllen. Arbeit war und blieb immer auch Mühe und Last (vgl. Thomas 1999, XIV). Dennoch, bis 1800 hatte sich in der westlichen Zivilisation der Arbeitsbegriff ein Stück weit aus seiner einstmals dominanten Verbindung mit Kampf, Not und Mühsal gelöst, aufs Schöpferisch-Kreative hinbewegt und als Kern menschlicher – jedenfalls bürgerlicher – Identitätsbildung empfohlen. In der Konsequenz galt Arbeit als Menschenrecht (vgl. Conze 1972; Tilgher 1977; Walther 1990; Meier 1986; Zorn 1986; Joyce 1987; Applebaum 1992; Nippel 2000; Oexle 2000; van Dülmen 2000; Ehmer 2001).

3.

3.1. Im *19.* und größten Teil des *20. Jahrhunderts* wurde *einerseits* Arbeit als anspruchsvoller Zentralbegriff mit »kulturfundierendem Charakter« (Riedel 1973, 126) weitergedacht und bekräftigt: Arbeit als Dimension menschlicher Selbstverwirklichung und Befreiung (Hegel), als »Bedingung des Stoffwechsels« zwischen Mensch und Natur sowie als Kern der Menschheitsgeschichte (Marx) bis hin zur protestantisch gefärbten Arbeits- und Berufsethik Max Webers und der marxistisch geprägten Kapitalismuskritik des 20. Jahrhunderts. *Andererseits* setzte sich wirtschafts-, gesellschafts- und begriffsgeschichtlich, als Folge von Kapitalismus, Industrialisierung und gesetzlich-administrativer Normierung, die *Einengung* von Arbeit auf *Erwerbsarbeit* durch: auf instrumentelle und produktive Arbeit, institutionell aus sonstigen Lebensvollzügen gelöst, arbeitsteilig und sehr oft fremdbestimmt, häufig kräftezehrend und abnutzend, oft ärmlich und elend, dies v.a. als Hand- und Lohnarbeit. *Beides* – die anspruchsvolle Zielvorstellung von Arbeit als Kern menschlicher Würde und Menschenrecht *und* die breite Erfahrung von Arbeit als untergeordnet, fremdbestimmt und abnutzend – wurde öffentlich diskutiert und zunehmend politisiert. Aus diesem *Gegensatz* entstand die scharfe und mobilisierende *Kritik* – am schärfsten durch Marx – an der Entfremdung der Arbeit und den Widersprüchen der bürgerlichen Gesellschaft wie umgekehrt der *Anspruch* – am wirkungsvollsten in der Arbeiterbewegung – auf Aufwertung und Humanisierung der Arbeit sowie auf Würde, Einbeziehung und Macht der Arbeiterklasse.

3.2. Gleichzeitig gewann die Arbeit als Erwerbsarbeit an sozialer, kultureller und politischer Bedeutung und prägte die Gesellschaft wie nie zuvor, so dass man in Bezug auf das 19. und 20. Jahrhundert von einer »Arbeitsgesellschaft« spricht. Arbeitserfolge und -misserfolge definierten Einkommen, Ansehen, Einfluss und Leben der Vielen. Arbeit bedurfte kaum noch der Rechtfertigung durch anderes, sie wurde selbstbegründend und sinnstiftend. Vorstellungen von »deutscher Arbeit« speisten die Nationalbewegung. Die größten Protest- und Reformbewegungen – die Arbeiter- und Frauenbewegungen – verfolgten arbeitsbezogene Ziele und benutzten geleistete Arbeit als Legitimationsgrundlage für weit reichende Forderungen nach Teilhabe und Mitbestimmung. Erwerbsarbeit diente als Basis des entstehenden Sozialstaats, der den Nationalstaat neu legitimierte. Wegen ihrer zentralen Bedeutung wurde Erwerbsarbeit moralisch-politisch bewertet und zunehmend gesetzlich-administrativ normiert. Die moderne Unterscheidung zwischen Arbeit und Arbeitslosigkeit kam seit den 1880er Jahren auf. Die Dominanz der Erwerbsarbeit prägte noch ihr Gegenteil: Freizeit, Erholung und Ferien definierten sich relativ zu ihr, nämlich als ihre Unterbrechung. Das gilt auch für die gegen sie gerichtete Kritik: so Friedrich Nietzsches Polemik gegen die »atemlose Hast der Arbeit«, die von Amerika aus auch in Europa zu »wunderlicher Geistlosigkeit« führe, und Paul Lafargues *Recht auf Faulheit* von 1883 (vgl. Kocka 2003; Zimmermann/Didry/Wagner 1999; Ehmer 2003; Nietzsche 1882, 556).

3.3. Zu Beginn des 21. Jahrhunderts ist der utopische Gehalt von Arbeit nicht vergessen, die Erwerbsarbeit flächendeckender als je zuvor (z.B. wird ein Großteil der Arbeit der Frauen heute anders als früher als Erwerbsarbeit geleistet) und nicht zu sehen, was die markt- und erwerbsbezogene Arbeit als zentrales Strukturelement der Gesellschaft ersetzen könnte. Dennoch mehren sich die Stimmen, die das Ende der westlichen Arbeitsgesellschaft diagnostizieren oder voraussagen. Die digitale Revolution und die beschleunigte Globalisierung sind dabei, das Wirtschaftssystem umzugestalten und die Anforderungen an die Arbeit zu verändern. Viel Flexibilität wird verlangt und Unsicherheit zugemutet. Das schafft neue Gegensätze zwischen Arbeitnehmern und Arbeitgebern, auf die die herkömmlichen, sozialstaatlich abgefederten Ausgleichsverfahren noch keine Antwort bereithalten. Die Regulierungskraft der Nationalstaaten nimmt ab. Die Fragmentierung der Arbeit in Raum und Zeit schreitet voran. Die Grenzen zwischen »Arbeitslosigkeit« und »Vollbeschäftigung« verfließen, Teile der Arbeitswelt nehmen Patchwork-Charakter an. Zwar weiß man, dass das lebenslängliche, einberufliche, auf den männlichen Verdiener eines vollen Familienlohns abgestellte »Normalarbeitsverhältnis« niemals die Regel, sondern immer das Privileg einer Minderheit war, aber zur Zeit befindet es sich auf dem weiteren Rückzug – während sich die Familien- und Geschlechterordnung radikal ändert und ihm auch diese Grundlage entzieht. Es ist schwer zu sehen, wie die zahlreichen Teilzeit- und Kurzzeit-Jobs, die an die Stelle fester Arbeitsplätze treten, jene soziale Stabilisierungsfunktion erfüllen können sollen, die – auch abhängige – Arbeit einstmals erfüllt haben mag. V.a. aber lässt die verbreitete Massenarbeitslosigkeit die 1958 von Hannah Arendt gestellte, seit Anfang der 1980er Jahre vehement diskutierte Frage »Geht der Arbeitsgesellschaft die Arbeit aus?« nicht verstummen, obwohl andere Volkswirtschaften (außerhalb Deutschlands) sich an die neuen Verhältnisse mit weniger Arbeitslosigkeit anpassen, auch hierzulande die Zahl der Beschäftigten mit der Wirtschaftskonjunktur variiert und überall noch viel zu tun ist, nur unter den jeweils gegebenen ökonomischen und politischen Bedingungen nicht immer leicht in ein effektives Angebot von Arbeitsplätzen umgesetzt wird.

»Art und Menge der verfügbaren Arbeit reichen nicht mehr aus, um Gesellschaften und das individuelle Leben zu strukturieren.« (Dahrendorf 2001) Vieles ist im Fluss, und Prognosen sind schwierig (vgl. Arendt 1958; Matthes 1982; Offe 1984; König 1990; Rifkin 1995; Janssens 1998; Tilly/Tilly 1999; Supiot 1999; Kocka/Offe 2000; Zimmermann 2001).

Die Debatte über Arbeit und Gesellschaft ändert sich. In den Hintergrund getreten ist die klassische Kritik an der Arbeitsteiligkeit, Kommerzialisierung, Entfremdung, Fremdbestimmung und Ausbeutung kapitalistisch organisierter Lohnarbeit im Namen eines individuelle Selbstverwirklichung und gesellschaftliche Solidarität ermöglichenden, umfassenden Arbeitsbegriffs, eine Kritik, die im 19. und 20. Jahrhundert vorherrschte. Auch die Forderung nach Humanisierung und Demokratisierung der Arbeitswelt ist verblasst. Schließlich findet die Kritik an Wachstum und Konkurrenz angesichts verbreiteter Wachstumsschwäche und regional reduzierter wirtschaftlicher Dynamik wenig Befürworter (so aber noch im Hinblick auf Arbeit: Fetscher 1995). In den Vordergrund tritt dagegen die prinzipielle Frage nach der Bedeutung der Arbeit für Leben und Glück der Einzelnen und für den Zusammenhalt der Gesellschaft als Ganzer. Die Antworten sind vielstimmig.

(a) Eine heterogene Mehrheit hält an der Unverzichtbarkeit von Erwerbsarbeit als Grundsäule gesellschaftlicher Organisation und Kohärenz fest und plädiert für den Versuch erneuter Annäherung an Wachstum und Vollbeschäftigung, sei es durch wirtschaftsliberal inspirierte Reformen, sei es durch eine neue sozialdemokratische Balance zwischen Fördern und Fordern, Ermöglichung und Verpflichtung, Rechten und Verantwortung. Doch es stellt sich die Frage, wie realistisch diese Strategien unter heutigen Bedingungen sind.

(b) Eine kleine Minderheit argumentiert und eine große Minderheit von Transferzahlungsempfängern führt praktisch vor, dass Arbeitslosigkeit kein größeres Problem darstellen *muss*, sofern sie nicht mit Mittellosigkeit einhergeht. Man kann auf die radikale Verkürzung der Lebensarbeitszeit und auf die Ausdehnung des begehrten, sofern ökonomisch gesicherten Ruhestands im 20. Jahrhundert verweisen, auf die verbreitete Hochschätzung der »Freizeit« wie auf einzelne Stimmen, die Arbeitslosigkeit als Befreiung interpretieren (vgl. zum »Manifest der glücklichen Arbeitslosen«: Beck 2000, 31ff.). Die Botschaft lautet: Nicht jede Erwerbsarbeit ist besser als keine; und: Arbeit ist nie nur Erfüllung und Selbstverwirklichung, sondern immer auch Mühe und Anstrengung; die Erwerbsarbeit ist nicht die einzige Quelle für Lebenssinn und Lebensfreude; ihre Bedeutung lässt nach. Aber wie verallgemeinerbar ist diese Position in Gesellschaften, deren Wohlstand, weitere Entwicklung, ja Existenz unter Bedingungen zunehmend weltweiter Konkurrenz eben doch auch weiter von Arbeit, Anstrengung und Leistung abhängen? Lässt sich ohne Bezug auf Arbeit und Leistung wirklich eine gerechtere Verteilung von Pflichten und Rechten finden? Auch ist nicht überholt, was klassisch Marie Jahoda und Kollegen 1933 in ihrer Studie über die *Arbeitslosen von Marienthal* gezeigt haben: dass längere Erwerbsarbeitslosigkeit die Gefahr psychischer und sozialer Verarmung erheblich erhöht sowie Exklusion und gesellschaftliche Fragmentierung verstärkt.

(c) Eine dritte Position verfechten jene, die an der Unabdingbarkeit von Arbeit für das Gelingen individueller Lebensläufe und den angemessenen Zusammenhalt von Gesellschaften festhalten, aber für eine erneute Erweiterung des Arbeitsbegriffs eintreten und ihn von der Verengung auf Erwerbsarbeit befreien wollen, welche ihm im 19. und 20. Jahrhundert widerfuhr. Einige plädieren für Engagement »jenseits von Lohn und Leistung« und fordern ein »Grundgehalt als Bürgerrecht« (vgl. Mückenberger/Offe/Ostner 1989; Gorz 2000; Negt 2001, 463; Van Parijs 1995). Eine ähnliche Stoßrichtung hat der Einsatz für zivilgesellschaftliche »Bürgerarbeit« (Beck 1999) über Erwerbsarbeit hinaus. Nicht nur von feministischer Seite wird daran erinnert, dass es viel Bedarf an Bildungs-, Erziehungs-, Haus-, Familien-, Eigen- und Kommunikationsarbeit gibt, der weder durch marktbezogene Erwerbsarbeit noch durch sozialstaatliche Gewährleistung abgedeckt wird und einen anerkannten Platz im Ensemble der Arbeiten der Zukunft haben sollte. Tatsächlich wird ja viel unbezahlte Arbeit ständig geleistet, insbesondere von Frauen bei der Erziehung von Kindern sowie in den Bereichen Bildung, Versorgung, Pflege und gesellschaftlicher Zusammenhalt, und von vielen im »Ehrenamt« wie in den verschiedensten Bürgerinitiativen und Projekten. Wie kann man solche Tätigkeiten anerkennen, fördern und absichern, ohne sie in Erwerbsarbeit zu verwandeln? Das Plädoyer für eine zukünftige *Tätigkeitsgesellschaft*, die über die (Erwerbs-)Arbeitsgesellschaft hinausreicht, zielt in eine ähnliche Richtung (vgl. Dahrendorf 1980; Beck 2000, 52 ff.).

Es gibt viel Kritik an solchen Vorschlägen, die in der Tat vieles offen lassen. Doch die tatsächliche Zunahme praktischen zivilgesellschaftlichen Engagements in den letzten Jahren lässt erkennen, dass es ihnen nicht völlig an Verankerung in den realen Verhältnissen fehlt. Letztlich geht es um die Wiedergewinnung eines ehemals umfassenderen Arbeitsbegriffs, jedoch auf höherem Wohlstands- und Bildungsniveau als vor Beginn der kapitalistischen Industrialisierung, anders ausgedrückt: um die Annäherung von Arbeit an Praxis, um gesellschaftlichen Umbau grundsätzlicher Art. In neuer Form und mit neuen Inhalten bleibt Arbeit ein fundamentaler Begriff in den Diskussionen über das Selbstverständnis und die Zukunftsperspektiven der gegenwärtigen Gesellschaft.

4.

Applebaum, H., 1992, The Concept of Work, Albany: State University of New York Press.

Arendt, H., 1958, Vita activa oder Vom tätigen Leben, München: Piper 1999.

Beck, K./Spittler, G. (Hg.), 1996, Arbeit in Afrika, Hamburg: LIT.

Beck, U., 1999, Modell Bürgerarbeit, in: ders. (Hg.), Schöne neue Arbeitswelt, Frankfurt/M.: Campus.

Beck, U. (Hg.), 2000, Die Zukunft von Arbeit und Demokratie, Frankfurt/M.: Suhrkamp.

Biernacki, R., 1995, The Fabrication of Labor. Germany and Britain, 1640–1914, Berkeley: University of California Press.

Bierwisch, M. (Hg.), 2003, Die Rolle der Arbeit in verschiedenen Epochen und Kulturen, Berlin: Akademie.

Conze, W., 1972, Arbeit, in: O. Brunner/W. Conze/W. Koselleck (Hg.), Geschichtliche Grundbegriffe, Bd. 1, Stuttgart: Klett-Cotta.

Dahrendorf, R., 1980, Im Entschwinden der Arbeitsgesellschaft, in: Merkur 34.

Dahrendorf, R., 2001, Leben als Tätigkeit, in: Frankfurter Allgemeine Zeitung, 24. 12. 2001.

Dülmen, R. van, 2000, Arbeit in der Frühen Neuzeit, in: J. Kocka/C. Offe (Hg.), Geschichte und Zukunft der Arbeit, Frankfurt/M.: Campus.

Ehmer, J., 2001, History of Work, in: International Encyclopedia of Social and Behavioral Sciences, Bd. 24, London: Elsevier.

Ehmer, J., 2003, Die Geschichte der Arbeit als Spannungsfeld von Begriff, Norm und Praxis, in: Bericht über den 23. Österreichischen Historikertag, Salzburg: Veröffentlichungen des Verbandes österreichischer Historiker und Geschichtsvereine.

Fetscher, I., 1995, Arbeit, Muße und Spiel, in: Ruprecht-Karls-Universität (Hg.), Arbeitslosigkeit in der Arbeitsgesellschaft, Heidelberg: Winter.

Gorz, A., 2000, Arbeit zwischen Misere und Utopie, Frankfurt/M.: Suhrkamp.

Jahoda, M./Lazarsfeld, P./Zeisel, H., 1933, Die Arbeitslosen von Marienthal, Frankfurt/M.: Suhrkamp 1975.

Janssens, A. (Hg.), 1998, The Rise and Decline of the Male Breadwinner Family?, Cambridge: Cambridge University Press.

Joyce, P. (Hg.), 1987, The Historical Meanings of Work, Cambridge: Cambridge University Press.

Kant, I., 1773, Vorlesung zur Moralphilosophie, Berlin: de Gruyter 2004.

Kocka, J., 2003, Arbeit als Problem der europäischen Geschichte, in: M. Bierwisch (Hg.), Die Rolle der Arbeit in verschiedenen Epochen und Kulturen, Berlin: Akademie.

Kocka, J., 2005, Mehr Last als Lust. Arbeit und Arbeitsgesellschaft in der europäischen Geschichte, in: J. Baten/J. Ehmer/R. Fremdling u.a. (Hg.), Jahrbuch für Wirtschaftsgeschichte 2, Berlin: Akademie.

Kocka, J./Offe, C. (Hg.), 2000, Geschichte und Zukunft der Arbeit, Frankfurt/M.: Campus.

König, H., 1990, Die Krise der Arbeitsgesellschaft und die Zukunft der Arbeit, in: ders./B. v. Greiff/H. Schauer (Hg.), Sozialphilosophie der industriellen Arbeit, Opladen: Westdeutscher Verlag.

Matthes, J. (Hg.), 1982, Krise der Arbeitsgesellschaft?, Frankfurt/M.: Campus.
Meier, C., 1986, Arbeit, Politik, Identität, in: V. Schubert (Hg.), Der Mensch und seine Arbeit, St. Ottilien: EOS.
Mückenberger, U./Offe, C./Ostner, J., 1989, Das staatlich garantierte Grundeinkommen, in: H. Krämer/C. Leggewie (Hg.), Wege ins Reich der Freiheit, Berlin: Rotbuch.
Negt, O., 2001, Arbeit und menschliche Würde, Göttingen: Steidl.
Nietzsche, F., 1882, Die fröhliche Wissenschaft, in: KSA, Bd. 3, München/Berlin: dtv/de Gruyter 1999.
Nippel, W., 2000, Erwerbsarbeit in der Antike, in: J. Kocka/C. Offe (Hg.), Geschichte und Zukunft der Arbeit, Frankfurt/M.: Campus.
Oexle, O. G., 2000, Arbeit, Armut, »Stand« im Mittelalter, in: J. Kocka/C. Offe (Hg.), Geschichte und Zukunft der Arbeit, Frankfurt/M.: Campus.
Offe, C., 1984, Arbeitsgesellschaft, Frankfurt/M.: Campus.
Pahl, R. E. (Hg.), 1984, On Work, Oxford: Blackwell.
Pannenberg, W., 1986, Fluch und Segen der Arbeit, in: V. Schubert (Hg.), Der Mensch und seine Arbeit, St. Ottilien: EOS.
Riedel, M., 1973, Arbeit, in: Handbuch philosophischer Grundbegriffe, Bd. 1, München: Kösel.
Rifkin, J., 1995, The End of Work, New York: Putnam's Sons.
Spittler, G., 2002, Arbeit – Transformation von Objekten oder Interaktion mit Subjekten?, in: Peripherie 22.
Supiot, A. (Hg.), 1999, Au-delá de l'emploi, Paris: Flammarion.
Takemura, E., 1997, The Perception of Work in Tokugawa Japan, Oxford: Oxford University Press.
Thomas, K. (Hg.), 1999, The Oxford Book of Work, Oxford: Oxford University Press.
Tilgher, A., 1930, Work, New York: Arno Press 1977.
Tilly, C./Tilly, C., 1998, Work Under Capitalism, Boulder: Westview.
Van Parijs, P., 1995, Real Freedom for All, Oxford: Clarendon Press.
Walther, R., 1990, Arbeit – ein begriffsgeschichtlicher Überblick, in: H. König/B. v. Greiff/ H. Schauer (Hg.), Sozialphilosophie der industriellen Arbeit, Opladen: Westdeutscher Verlag.
Weber, M., 1904/05, Die protestantische Ethik und der Geist des Kapitalismus, in: ders., Gesammelte Aufsätze zur Religionssoziologie, Bd. 1, Tübingen: UTB 1988.
Zimmermann, B./Didry, C./Wagner, P. (Hg.), 1999, Le travail et la nation, Paris: MSH.
Zimmermann, B., 2001, Work and Labor. History of the Concept, in: International Encyclopedia of the Social and Behavioral Sciences, Bd. 24, London: Elsevier.
Zorn, W., 1986, Arbeit in Europa vom Mittelalter bis ins Industriezeitalter, in: V. Schubert (Hg.), Der Mensch und seine Arbeit, St. Ottilien: EOS.

JÜRGEN KOCKA

Arbeitsteilung

1.

1.1. »Arbeitsteilung« bedeutet, dass innerhalb einer Einheit – das kann ein Körper, eine Maschine oder ein Sozialsystem sein – die Teile spezifische Funktionen übernehmen, die aus dieser Einheit ausgegliedert wurden: dass ein Teil z.B. die Koordination verschiedener Aufgaben, ein anderer deren Ausführung übernimmt. Die funktionale Differenzierung und Spezialisierung sollen die Leistungsfähigkeit des Gesamtsystems steigern. Bekanntlich sah Adam Smith in *Der Wohlstand der Nationen* (1776) in der erweiterten Arbeitsteilung, der Aufspaltung eines einheitlichen Arbeitsprozesses in eine Reihe elementarer Arbeitsvorgänge v.a. ein Mittel der Produktionssteigerung.

Die ausgegliederten Funktionen können von gleicher oder von unterschiedlicher Wichtigkeit für das Funktionieren der Einheit sein. Die Aufgliederung der Funktionen, die funktionale Differenzierung, kann horizontal oder vertikal erfolgen. Arbeitsteilung als funktionale Differenzierung und Spezialisierung geht in menschlichen Gesellschaften Hand in Hand mit sozialen Differenzierungen. So handelt es sich bei der vertikalen Arbeitsteilung, bleibt man beim Beispiel der funktionalen Differenzierung in koordinierende und ausführende Tätigkeit, um die Über- bzw. Unterordnung von Funktionen im Bearbeitungsprozess nach dem Grad der Entscheidungsbefugnis, bei der horizontalen Arbeitsteilung um weitere Spezialisierungen innerhalb von gleichrangigen Aufgabenbereichen, z.B. innerhalb der Koordination. Die verschiedenen Funktionen im arbeitsteiligen Gefüge einer Gesellschaft bieten ihren Inhabern – Männern und Frauen, Jung und Alt – unterschiedliche Chancen der Machtausübung, des Erwerbs von materiellen Ressourcen, Status und Prestige.

Neben dem auf Erwerbsarbeit bezogenen Sinn wird der Begriff auch auf intellektuelle, politische, moralische und andere Formen von Verteilungen von Tätigkeiten angewandt.

1.2. Arbeitsteilung vereinigt also einen technischen und einen sozialen Prozess. Durkheim verwendet in seiner klassischen Studie *Über soziale Arbeitsteilung* von 1893 den Begriff sowohl für die historisch-sozioökonomische Tendenz zur Ausdifferenzierung und Verselbständigung von Berufstätigkeiten (Berufsdifferenzierung), Arbeitsgängen, Fähigkeiten und Fertigkeiten wie auch für die historisch-gesellschaftliche Tendenz zur Ausdifferenzierung und Verselbständigung von Institutionen wie der Politik, der Wirtschaft, dem Recht und der jeweils korrespondierenden Funktionen. Die Arbeitsteilung ist dann ein zentrales Prinzip der komplexen Gesellschaften, das nicht nur eine technisch-ökonomische, sondern v.a. auch eine gesellschaftliche Bedeutung hat und das sogar annäherungsweise zur Bestimmung von Strukturtypen der Gesellschaft benutzt werden kann.

Auch weniger komplexe Sozialgebilde kannten und kennen Arbeitsteilung. Nur wurde und wird hier die Arbeit askriptiv nach zugeschriebenen meist als natürlich geltenden Eigenschaften wie dem Geschlecht, dem Alter, einer bestimmten Herkunft (Geburtsstatus) und den damit verbundenen Leistungserwartungen geteilt und zugewiesen. Die durch diese oft auch »natürlich« genannte soziale Arbeitsteilung zugewiesene Arbeit kann dabei mehrere Tätigkeiten vereinigen, wie im Fall der typischen Frauen- oder Männerarbeit. Technisch handelt es sich bei solch einer Form der sozialen Arbeitsteilung um Arbeitsvereinigung (vgl. Bücher 1920) oder um Produktionsteilung (Jagen vs. Sammeln; Viehzucht vs. Acker- und Gartenbau) und eben nicht um Arbeitsteilung im engeren Sinn. Die askriptive Zuteilung von Arbeitsaufgaben ist nicht – zumindest nicht in erster Linie – am Ziel der Leistungssteigerung orientiert: Im Vordergrund stehen Status- und Prestigefragen.

2.
Arbeitsteilung ist eine zentrale und universale Voraussetzung von komplexen Gesellschaften, die wiederum durch komplexe Konfigurationen der Teilung von Arbeit gekennzeichnet sind und diese kontinuierlich anregen. Marx und Engels sahen in der Arbeitsteilung die in einem langen historischen Prozess entstandene, sich ständig verändernde Aufgliederung des gesellschaftlichen Produktions- und Reproduktionsprozesses in Teilbereiche und Teilprozesse sowie die Zuordnung der bereichs- und prozessspezifischen Tätigkeiten zu einzelnen bzw. zu Gruppen von Menschen. Im Grad der gesellschaftlichen Arbeitsteilung äußerte sich der Entwicklungsstand der Produktivkräfte; jede neue Produktivkraft, jede technische und soziale Innovation hatte eine neue Ausbildung der Teilung der Arbeit zur Folge.

In der Sozialtheorie des 18. und des 19. Jahrhunderts war die »Arbeitsteilung« zum zentralen Begriff geworden, der den Übergang von traditionalen (ständisch gegliederten) Agrargesellschaften zu modernen (funktional differenzierten) modernen Industriegesellschaften zumindest beschreiben sollte. Smith erklärte die Erweiterung der Arbeitsteilung individualistisch-utilitaristisch aus dem Zweck, mehr produzieren zu wollen, während Adam Ferguson (1792, 20ff.) das produktionsfördernde Moment der Arbeitsteilung zwar ebenfalls erkannte, deren Ursachen jedoch wie später Durkheim soziologisch erklärte: durch die Vermehrung und die Konzentration der Bevölkerung, die eine Steigerung der Produktion erzwangen – eine Erklärung, die nicht befriedigt, da man fragen muss, ob derartige Größenveränderungen nicht bereits Arbeitsteilung voraussetzen.

Während in der Tradition von Adam Smith (1776) bis Herbert Spencer (1897) der Zusammenhang zwischen Arbeitsteilung und Produktivität diskutiert und Fragen der Verbindung der Menschen und der sozialen Kohäsion in einer arbeitsteiligen Gesellschaft als Effekt der List der sozialen Vernunft unterstellt wurden, die sozialistische Tradition die Beziehung zwischen Arbeitsteilung, Ausbeutung und Klassenbildung analysierte, griffen Ferguson und Durkheim das Verhältnis zwischen Arbeitsteilung und Solidarität auf (vgl. Müller/Schmid 1992, 488f.). Durkheim versteht dabei Solidarität allein als Relationierungsmodus und Form der Soziabilität. Arbeitsteilung muss ihm zufolge keineswegs soziale Desintegration erzeugen, wie Marx und Engels, aber auch Comte unterstellten, sie kann auch sozialisierend wirken, und zwar gerade dann, wenn sich Verschiedene assoziieren. Kooperation in der Verschiedenheit (die »organische«, nicht die »mechanische« Solidarität) soll die soziale Einheit komplexer Gesellschaften, in denen die Verschiedenheiten der Menschen gegenüber den Ähnlichkeiten überhand genommen haben, sichern.

3.

3.1. Durkheim hatte bei seinen Überlegungen zur integrativen Kraft der Arbeitsteilung v.a. Formen der beruflichen Differenzierung und Spezialisierung im Auge. Dagegen sah er in der Arbeitszerlegung, die zu seiner Zeit noch kaum entwickelt war, die aber systematisiert als Taylorismus maßgeblich die Entwicklung der Industrie bis in die zweite Hälfte des 20. Jahrhunderts treiben sollte, eine anormale bzw. »anomische« Form der Arbeitsteilung, die zwar Formen der funktionellen Interdependenz (vgl. Friedmann 1959), aber keine vergleichbare organische Solidarität hervorbringen konnte. Das Taylorsystem zielte auf eine Steigerung der Effizienz der industriellen Arbeitsorganisation durch Abbau jener Verhaltensspielräume, die die Arbeiter zur Zurückhaltung ihrer Leistung nutzen konnten. Es wollte jene Spielräume erkunden, und diese dann abschaffen, u.a. durch eine völlige Dequalifizierung der Tätigkeit zur repetitiven Teilarbeit, durch Verdichtung (höheres Arbeitstempo, Abschaffung »unproduktiver« Zeiten) und durch eine Entlohnung nach dem strengen Prinzip der Individualleistung, der eine kaum erreichbare Maximalnorm vorgegeben wurde. Anders als erwartet fand der Taylorismus aber seine Grenzen zunächst in der widerständigen sozio-kulturellen Überformung der Arbeitsleistung, in der Bildung von informellen Gruppen, in informellen Absprachen usw., und dann in den Interessen der Unternehmen an neuen Formen der Arbeitsgestaltung (neue Produktionskonzepte), die auf eine weitere Ausdifferenzierung des Prinzips arbeitsteiliger Organisation und auf eine stärker ganzheitliche Nutzung der Arbeitskraft hinausliefen: z.B. auf eine Überführung einer polaren Arbeitsstruktur, in der sich extrem zersplitterte und hoch qualifizierte Tätigkeiten gegenüberstanden, in eine gemischte Arbeitsstruktur. Prozesse der Rationalisierung des Arbeitsprozesses durch Arbeitszerlegung und Technisierung fanden nicht nur in der Industrie, sondern auch in der Verwaltung, schließlich auch im Bereich sozialer Dienste und im privaten Haushalt statt. Dabei kann ansatzweise eine Rücknahme arbeitsteiliger Arbeitsorganisation in der Dienstleistungsgesellschaft beobachtet werden: Technisch vermittelt produzieren die Menschen ihre eigene Dienste, sie bedienen sich selbst.

3.2. Manchmal entscheiden selbst in hochmodernen Gesellschaften bestimmte kulturelle und sozial festgelegte Vorstellungen darüber, welche Tätigkeiten in einer Hand vereinigt werden und wer diese vereinigten Tätigkeiten ausüben soll. Eine Arbeitsteilung nach *Geschlechtern* existiert immer noch. In einigen westlichen Staaten ging die Integration von Frauen in die Erwerbsarbeit mit einer verschärften geschlechterspezifischen Segregation des Arbeitsmarktes und einer neuen Form der Arbeitsteilung zwischen Frauen einher. So helfen Frauen – nicht Männer – in den nordeuropäischen Staaten durch die Übernahme erwerbsförmiger haushaltsbezogener Dienste, insbesondere durch die Betreuung von Kindern und alten Menschen, anderen Frauen, erwerbstätig zu sein. Selbst in den Staaten, in denen Frauen (fast) im gleichen Umfang wie Männer erwerbstätig sind und Geschlechtergleichheit die Norm ist, übernehmen Frauen den größeren Teil der Familienarbeit. V.a. Mütter scheinen immer noch eine andere Mischung von Erwerbs- und Familienarbeit zu bevorzugen als Väter. Viele Männer definieren ihr Vatersein in erster Linie über ihre Rolle als Ernährer und als Vollzeiterwerbstätige, Mütter sehen sich eher als Teilzeitbeschäftigte.

Während ältere Ansätze in der Tradition Durkheims das integrative Potential der Spezialisierung von Frauen und Männern auf unterschiedliche Aufgaben betonen, erklären neuere das Beharrungsvermögen der geschlechterspezifischen Arbeitsteilung mikroökonomisch mit Kosten-Nutzen-Erwägungen und mit innerfamiliären Machtverhältnissen. Björnberg (2003) unterscheidet ein vertragsorientiertes, ein bedürfnisorientiertes und ein an einer traditionellen Geschlechterordnung orientiertes Muster der Verteilung häuslicher Arbeit bei schwedischen Zwei-Verdiener-Paaren. Das erste basiert auf einer von Kalkülen und Verhandlungen bestimmten Idee von Gemeinschaft, in der jeder Partner einen gleich großen Anteil der jeweils anfallenden Arbeit übernehmen sollte; funktionale Differenzierung und Spezialisierung in der Haus- und Familienarbeit sind in diesem Modell zurückgenommen – unter Umständen auf Kosten der Effizienz, aber nicht unbedingt auf Kosten der Einheit. Nur wird die moralgebundene Interaktion, die im zweiten Muster vorherrscht, durch eine preisgebundene Interaktion ersetzt, denn die Partner verständigen sich im Prozess der Aushandlung der jeweiligen Leistung über deren jeweils zu quantifizierenden Wert. Das zweite Muster häuslicher Arbeitsteilung und seiner Begründung folgt einer relationalen Ethik der Sorge, die das Wohl der ganzen Familie, nicht das individuelle in den Vordergrund rückte. Jedes Muster ist auf seine Weise konfliktträchtig, das erste auf den ersten Blick mehr als die anderen beiden; alle Muster sind zudem sehr voraussetzungsvoll, sollen sie die angestrebte Einheit erhalten.

3.3. Neben der Frage nach neuen Formen technischer Arbeitsteilung und der nach dem Verschwinden bzw. dem Beharrungsvermögen der geschlechterspezifischen Arbeitsteilung hat das Phänomen der *internationalen* Arbeitsteilung die wissenschaftliche und politische Debatte beschäftigt. Sehr allgemein formuliert bezeichnet »internationale Arbeitsteilung« die Verteilung der zu erbringenden Leistungen zur Erreichung gemeinsamer wirtschaftlicher Ziele auf verschiedene Staaten bzw. Volkswirtschaften, wobei diese Verteilung und die zu erreichenden Ziele abgesprochen, geplant oder durch den Markt durchgesetzt werden (sollen). Idealiter fördert ein Staat die Rohstoffe, die ein anderer für seine industrielle Produktion benötigt und dem Rohstoff produzierenden wiederum im Austausch zu Marktpreisen zur Verfügung stellt.

Unter dem Stichwort der »neuen« internationalen Arbeitsteilung wird seit längerem die Verlagerung von Industrien und Produktionsbereichen, dazu gehören inzwischen auch Dienstleistungen, aus den hoch industrialisierten Ländern in die Staaten der Peripherie bzw. in sog. Schwellenländer – das sind Staaten im industriellen Aufholprozess – verlagert. Dabei werden die Wettbewerbsvorteile der Schwellenländer, die in großen Lohnunterschieden, geringen oder sogar fehlenden Sozialabgaben und in der geringen Regulierung der Produktionstätigkeit sowie der Beschäftigungsverhältnisse bestehen, ausgenutzt. Diese Arbeitsteilung wird durch technische Infrastrukturen, insbesondere das Internet, forciert, da die Verlagerung nun nicht nur physisch und räumlich, sondern auch virtuell erfolgen kann – eine wichtige Voraussetzung für die funktionale und soziale Differenzierung insbesondere von Dienstleistungstätigkeiten. So können heute selbst hoch qualifizierte Routinedienste, wie die Ausfertigung von Standardverträgen oder Bauplänen, in internationaler Arbeitsteilung und per Internet erbracht werden. Der verlagernde Staat kann dabei auf kostengünstige, qualifizierte Arbeitskräfte im Aufnahmeland zurückgreifen, ohne in deren Qualifizierung investiert zu haben. Damit wird eine schon länger existierende Form der international arbeitsteiligen Nutzung unentgeltlich gewonnenen Humankapitals ausgeweitet: die der Beschäftigung qualifizierter Männer und Frauen aus Staaten der Peripherie in den hoch industrialisierten Ländern.

Betonte man zunächst die negativen Folgen, z.B. die Abhängigkeiten, die für die aufnehmenden Staaten durch die neue internationale Arbeitsteilung entstehen, so konzentrieren sich neuere Analysen auf die mit dieser Arbeitsteilung verbundenen Wechselwirkungen: z.B. auf die Rückwirkungen der Auslagerung – von Tätigkeiten bzw. ihrer Möglichkeit – für den abgebenden Staat und seine Beschäftigten oder auf die Folgen der Arbeitsmigration, die einen wichtigen Aspekt der neuen internationalen Arbeitsteilung ausmacht, für den abgebenden und den aufnehmenden Staat. Mit Hilfe des Konzepts der »global care chain« verdeutlicht Hochschild (2001) die neue – internationale und vertikale – Arbeitsteilung zwischen hoch qualifizierten berufstätigen westlichen Frauen und meist in einem qualifizierten Beruf ausgebildeten Arbeitsmigrantinnen aus den Schwellenländern, die, um ein besseres Einkommen für ihre Familien zu erzielen, ihre Heimat verlassen haben und nun die Kinder dieser Frauen betreuen, ihre eigenen Kinder aber in der Heimat zurück- und wiederum fremd betreuen lassen. Noch können die westlichen Mütter damit rechnen, dass die Migrantinnen über ihre bezahlte Betreuungsleistung hinaus unentgeltlich ein Mehr einbringen – ein emotionales Surplus – mütterliche Gefühle, die die Migrantin dem fremden Kind zuwendet, weil das eigene Kind weit weg ist.

4.

Björnberg, U., 2003, Making Agreements and Managing Conflicts, in: Current Sociology 52.

Bücher, K., 1920, Die Entstehung der Volkswirtschaft, Tübingen: Laup.

Comte, A., 1830–42, Die Soziologie. Die positive Philosophie im Auszug, Stuttgart: Kröner 1974.

Durkheim, E., 1893, Über soziale Arbeitsteilung, Frankfurt/M.: Suhrkamp 1992.

Ferguson, A., 1792, Principles of Moral and Political Science, Hildesheim: Olms 1975.

Friedmann, G., 1959, Grenzen der Arbeitsteilung, Frankfurt/M.: EVA.

Hochschild, A. R., 2001, Global Care Chains and Emotional Surplus Value, in: W. Hutton/A. Giddens (Hg.), On the Edge. Living with Global Capitalism, London: Vintage.

Kern, H./Schumann, M., 1984, Das Ende der Arbeitsteilung, München: Beck.

König, R., 1958, Arbeitsteilung, in: ders. (Hg.), Soziologie, Frankfurt/M.: Fischer.

Luhmann, N., 1992, Arbeitsteilung und Moral, in: E. Durkheim, Über soziale Arbeitsteilung, Frankfurt/M.: Suhrkamp.

Marx, K/Engels, F., 1845/46, Die deutsche Ideologie, Berlin: Dietz 1957.

Müller, H. P./Schmid, M., 1992, Arbeitsteilung, Solidarität und Moral, in: E. Durkheim, Über soziale Arbeitsteilung, Frankfurt/M.: Suhrkamp.

OECD, 2002, Women at Work. Who Are They and How Are They Faring?, in: OECD (Hg.), Employment Outlook, Paris: OECD.

Smith, A., 1776, Der Wohlstand der Nationen, München: dtv 1999.

Spencer, H., 1897, The Principles of Sociology, 3 Bde., New York: Appleton.

Ilona Ostner

Arendt, Hannah (1906–1975)

1.

Geboren 1906 in Hannover, gestorben 1975 in New York, gehört Hannah Arendt zu jener Gruppe deutsch-jüdischer Emigranten, in deren Lebens- und Werkgeschichte sich die historischen Ereignisse des 20. Jahrhunderts besonders deutlich eingeschrieben haben. In Königsberg aufgewachsen, studierte sie ab 1924 in Marburg, Freiburg und Heidelberg u.a. bei Martin Heidegger und Karl Jaspers und promovierte 1929 bei Jaspers mit einer Dissertation über den *Liebesbegriff bei Augustin*. Die Arbeit an einer Monographie über *Rahel Varnhagen* wurde 1933 durch die nationalsozialistische Machtergreifung und Arendts Emigration nach Paris unterbrochen, wo sie die Auswanderung jüdischer Jugendlicher nach Palästina organisierte. 1941 emigrierte Arendt nach einem vorübergehenden Aufenthalt im französischen Internierungslager Durs in die USA. Dort wurde sie zu einer der herausragenden, dabei stets umstrittenen, politischen Intellektuellen und zu einer der wichtigsten Stimmen der politischen Philosophie des 20. Jahrhunderts. Standen ihre Anfangsjahre in den USA im Zeichen politisch-organisatorischer und publizistischer Tätigkeiten – u.a. für die deutsch-jüdische Emigrantenzeitung *Aufbau*, die *Conference for Jewish Cultural Reconstruction* und den Schocken Verlag –, so stieß Arendts Arbeit seit dem Erscheinen von *Elemente und Ursprünge totaler Herrschaft* 1951 zunehmend auf Interesse innerhalb des akademischen Milieus. Auf Einladungen zu Vortragsreihen u.a. nach Princeton und Chicago folgten Lehrtätigkeiten u.a. in Berkeley, Chicago, Wesleyan, an der Columbia University und der New School for Social Research in New York. Neben der Ausarbeitung ihrer politischen Philosophie, wie sie sich in *Vita activa* (1958), der Aufsatzsammlung *Zwischen Vergangenheit und Zukunft* (1961) oder den Überlegungen in *Über die Revolution* (1963) findet, blieb Arendt zeitlebens an tagespolitischen Interventionen interessiert: von der publizistischen Begleitung des Schicksals des Staates Israels und des politischen Zionismus bis zu ihren skandalträchtigen Überlegungen zur Rassendiskriminierung (»Reflections on Little Rock«, 1959) oder den durch die Studentenbewegung der späten 1960er Jahre veranlassten Reflexionen über die Frage *Macht und Gewalt* (1970). Mit ihrer Prozessberichterstattung im Jerusalemer Eichmann-Prozess, die sie 1963 für den *New Yorker* unternahm (und die bald darauf als *Eichmann in Jerusalem* erschien), löste Arendt eine heftige und ausgedehnte öffentliche Kontroverse aus, deren Nachwirkungen bis heute spürbar sind. Das philosophische Spätwerk *Das Leben des Geistes* ist unvollendet geblieben und erst nach ihrem Tod erschienen.

2.

Zwei Merkmale stechen an Arendts Werk hervor: zum einen das Ausmaß, in dem politisch-historische Reflexion und philosophische Begriffsbildung miteinander verzahnt sind, ohne dass das eine zum bloßen Anwendungsfall des anderen würde, und zum anderen die Kontinuität der Fragestellungen und Motive, die sich trotz des über weite Strecken scheinbar unsystematischen Charakters des Werkes in einer Weise durchhalten, die es möglich macht, von einer oder *der* politischen Philosophie Arendts im Sinne einer einheitlichen Fragestellung und Position zu sprechen.

Steht die Dissertation über den *Liebesbegriff bei Augustin* noch ganz im Zeichen der frühen existenzphilosophischen Prägung, so markiert Arendts Portrait Rahel Varnhagens den Beginn ihrer Beschäftigung mit der »jüdischen Frage«, die, ihrem eigenen Bekunden nach, nicht nur den Ausgangspunkt ihres politischen Engagements darstellt, sondern die Entwicklung ihrer politischen Philosophie maßgeblich prägt. Dafür steht u.a. die Figur des »Pariah«, die den Fokus ihrer Deutung von Varnhagens Leben als Geschichte einer deutschen Jüdin zwischen Antisemitismus und Assimilation bildet, aber auch die anhand der romantischen Salons entwickelten Überlegungen zur Öffentlichkeit (vgl. Benhabib 1996). Es sind dann die *Elemente und Ursprünge totaler Herrschaft,* die in vielerlei Hinsicht zum Mittelpunkt ihres Werks werden, sofern hier neben dem Beitrag zum Verständnis des Totalitarismus schon diejenigen Probleme zum Vorschein kommen, die das spätere Werk Arendts, von der philosophisch-anthropologischen Grundlegung des Politischen bis zu ihren Überlegungen über die Urteilskraft, beherrschen. Philosophisch-systematisch wird diesen Fragestellungen in *Vita activa* nachgegangen. In einer charakteristischen Mischung aus Aristotelismus und einer Existenzphilosophie, die die »Selbstischkeit« (Arendt) der Vorgänger zu überwinden trachtet, stellt *Vita activa* sich dar als eine Neubestimmung des »Politischen« und der menschlichen Fähigkeit des Handelns in einer historischen Situation, die die Bedingungen des Handelns selbst zerstört zu haben scheint. Das arendtsche Bemühen um eine Wiedergewinnung des »Sinns von Politik« ist ein zugleich philosophisches wie politisches Projekt, das ihr gesamtes Werk durchzieht.

3.

3.1. Die Eigenart des arendtschen Beitrags zum Verständnis des Totalitarismus erschließt sich nur vor dem Hintergrund einer doppelten Entgegensetzung: Ihre Konzeptualisierung des Phänomens totaler Herrschaft als neuer, historisch unvordenklicher Herrschaftsform unterscheidet sich durch die Einbeziehung des Stalinismus und die Unterscheidung zwischen *totaler Herrschaft* und den ihrer Analyse nach ›bloß‹ *autoritären* Herrschaftsformen des europäischen Faschismus einerseits von den (häufig marxistisch inspirierten) Faschismustheorien, die diesen aus der Kontinuität bürgerlich-kapitalistischer Herrschaft bzw. aus der Dynamik kapitalistischer Ökonomie abzuleiten versuchen. Von der liberalen Totalitarismustheorie (von Popper bis Bracher) andererseits unterscheidet sie der Umstand, dass für Arendt die entpolitisierte bürgerlich-liberale Gesellschaft der ihre Privatinteressen verfolgenden Individuen nicht das Gegenmodell zum Totalitarismus ist, sondern zu seiner Vorgeschichte gehört.

Wenn der Totalitarismus das Resultat einer Dynamik ist, die mit dem Imperialismus des 19. Jahrhunderts eingesetzt hat, um mit den antisemitischen Bewegungen des 19. und 20. Jahrhunderts eine Konstellation einzugehen, die ihrerseits auf die prekäre Situation des Verfalls des europäischen Nationalstaats reagiert, so waren es Arendt zufolge die damit gleichzeitig welt- und selbstlos gewordenen atomisierten Massen, die das Ausgangsmaterial der totalitären Mobilisierung bildeten. Es sind dann das totalitäre Einschmelzen aller zu einer Person und die Tilgung von Pluralität, die die Spezifik totaler Herrschaft ausmachen. Und so besteht eine der systematischen Pointen ihrer Argumentation darin, totale Herrschaft nicht als totale *Politisierung* der Gesellschaft zu verstehen, der private Autonomie und individuelle Freiheit entgegenzusetzen wären, sondern als *Entpolitisierung* der Gesellschaft in einer Situation, in der die »gemeinsame Welt zwischen den Individuen in Stücke geschlagen war« (Arendt 1951, 515), als Zerstörung also nicht negativ-individueller Freiheit, sondern der politischen Freiheit des gemeinsamen Handelns. Arendts These, dass die Konzentrationslager nicht Mittel zum Zweck sind, sondern Form und Gehalt totaler Herrschaft ausmachen, steht im Zusammenhang der These, dass diese das Wesen der Herrschaft selbst verändert und die Bedingungen des menschlichen Zusammenlebens überhaupt in Frage stellt.

3.2. Arendts Projekt der Wiedergewinnung eines Konzepts des Politischen gegenüber der modernen »Verdeckung« des Sinns von Politik ist es um die Revitalisierung einer Erfahrung zu tun, die sie nicht nur in der Selbstregierung der antiken Polis, sondern auch in den immer wiederkehrenden Erfahrungen revolutionärer Neugründungen und Umstürze – exemplarisch dafür die Amerikanische Revolution und der Ungarnaufstand 1956 – ausmacht. Dabei zeichnet sich ihr Unternehmen durch eine sehr eigenwillige Deutung des Kerngehalts von Politik aus, die wiederum quer zu gängigen Positionen steht. Die entscheidenden Merkmale ihres Politikbegriffs sind nämlich einerseits die aristotelisch inspirierte Fundierung von Politik in kommunikativer Praxis und Selbstregierung sowie die Trennung des eigentlich politischen Bereichs von dem der Herrschaft (bzw. Gewalt) und des strategischen Handelns. Arendts Unterscheidung von Macht und Gewalt und der kommunikative Charakter ihres Machtbegriffs, der Macht dort lokalisiert, wo »gemeinsam gesprochen und gehandelt« wird, reflektiert das (vgl. Arendt 1970). Entscheidend für ihren Politikbegriff ist andererseits ihre Orientierung an den innovativen Momenten des Politischen: In den ereignishaft-außergewöhnlichen Momenten revolutionärer Gründungssituationen realisiert sich demnach die menschliche Fähigkeit, »einen Anfang zu machen« (vgl. Arendt 1958b). Damit ist das eigentlich Politische gekennzeichnet durch Freiheit im Sinne der Spontaneität und durch das Handeln als menschliche Tätigkeitsform, die Ereignisse setzt und initiiert – im Gegensatz zum bloß reaktiven »Sich-verhalten«. Politik in diesem Sinne ist nicht gleichzusetzen mit der Verwaltung öffentlicher Aufgaben, sondern markiert einen davon zu unterscheidenden öffentlichen Bereich freier Gestaltungsmöglichkeiten, in dem über die gemeinsame Welt entschieden wird. Hier gibt es keine externen Kriterien oder vorgegebenen Maßstäbe, nichts, das nicht seinerseits nur politisch zu entscheiden wäre. Arendts Position, dass »jeder Anspruch auf absolute Wahrheit, die von den Meinungen der anderen unabhängig zu sein vorgibt, die Axt an die Wurzel aller Politik [...] legt« (Arendt 1972, 51), bestimmt das Politische als einen Bereich, der ohne Rekurs auf (metaphysische) Wahrheit und letzte Gewissheiten auskommen muss. Die scharfe Unterscheidung zwischen dem Bereich des Politischen und dem des Sozialen, die ihr Werk dabei durchzieht, ist immer umstritten geblieben (vgl. Benhabib 1996; Pitkin 1989).

3.3. Ist nach Arendt *Pluralität* – die »ursprüngliche Verschiedenheit« aller Menschen voneinander und die »Ursprünglichkeit der Tatsache, daß zum Begriff des Menschen der des anderen Menschen gehört« (Arendt 1993, 10, 38) – die Grundbedingung menschlicher Existenz und Grundlage der Politik als »Zusammen- und Miteinandersein der Verschiedenen« (ebd., 9), so ist *Natalität*, das »Faktum des Geborenwerdens«, Voraussetzung für die in der Politik sich realisierende Fähigkeit, »einen Anfang zu machen«. Diese zutiefst politische Anthropologie, deren Grundlagen Arendt in *Vita activa* zu systematisieren versucht, bezeichnet jedoch keinesfalls unzerstörbare »Natureigenschaften« des Menschen. Wo »Sein und Erscheinen« (Arendt 1979, 29) dasselbe sind, gibt es das Vermögen zu handeln und die Verschiedenheit nur, sofern diese sich realisieren.

Die in *Vita activa* vorgenommene Unterscheidung zwischen Arbeiten, Herstellen und Handeln kann dabei als die philosophisch-anthropologische Fundierung ihrer Überlegungen zum Politischen gelten. In der Abgrenzung zu den beiden anderen Formen menschlichen Tätigseins nämlich wird der spezifische Charakter des Handelns, der der Möglichkeit des Politischen zugrunde liegt, erkennbar: Während Arbeit auf die Reproduktion des Lebens gerichtet ist und das Herstellen als instrumentelle Tätigkeit die Dingwelt – als die Welt bleibender Gegenstände, die uns umgibt – schafft, wirkt das Handeln in den öffentlichen Raum menschlicher Angelegenheiten hinein, der durch kommunikative Interaktion konstituiert wird.

3.4. In Arendts Überlegungen zur Urteilskraft, obwohl fragmentarisch und teilweise inkonsistent, bündeln sich viele Fragestellungen ihres Werks. Die im Buch über Eichmann aufgeworfene Frage nach der »Gedankenlosigkeit« und dem Verlust der Urteilskraft als dem Ursprung des Bösen, aber auch die von Arendt diagnostizierte »Krise des Verstehens«, das Verschwinden der Maßstäbe und die »Verkümmerung des Gemeinsinns« bilden den Hintergrund ihres Versuchs, im Rekurs auf die *Kritik der Urteilskraft* die »andere politische Philosophie Kants« herauszupräparieren (vgl. Arendt 1985). Die die Urteilskraft auszeichnende »erweiterte Denkungsart«, als das Vermögen, »an Stelle jedes anderen zu denken« wird so von Arendt als genuin politisches Vermögen verstanden, ein Vermögen, das »über die Äußerung bloßer Vorlieben« hinausgeht, ohne dabei auf »die apriorische und sichere Gültigkeit« zu zielen, die »die kantische Vernunft verlangte« (Benhabib 1996, 295).

3.5. Arendts Werk hat, vermittelt über mehrere Rezeptionswellen, seinen Einfluss in ganz verschiedene Richtungen entfaltet. Unübersehbar ist der Einfluss, den Arendts »kommunikativer Machtbegriff« (vgl. Habermas 1978) und ihre Anknüpfung an die aristotelische Unterscheidung von *praxis* und *techne* auf Habermas' Konzept des »kommunikativen Handelns« ausgeübt hat. Auch die Idee »deliberativer Demokratie«, wie sie im Anschluss an Habermas u.a. von Seyla Benhabib entwickelt worden ist, verdankt sich einem erneuten Produktivmachen des arendtschen Impulses.

Während Arendts Werk in den USA zunächst im Zusammenhang einer Revitalisierung des Republikanismus diskutiert worden ist, haben ihre Ideen – motiviert u.a. von den Umbrüchen in Osteuropa – ihre Wirkung im Rahmen der Diskussion um die Zivilgesellschaft und die Bedeutung ziviler Assoziationen und politischer Öffentlichkeit für die moderne Demokratie entfaltet (vgl. Cohen/Arato 1992; Dubiel/Frankenberg/Rödel 1989). Aber auch einige Strömungen des »postmodernen« und postmodern-feministischen Denkens (vgl. Villa 1996; Honig 1995) knüpfen an Arendts politische Philosophie als an eine Differenztheorie *avant la lettre* an, in der sich ein antiessentialistisches Konzept von Identität und ein performativer Handlungsbegriff ankündigen. Hat Arendts Einsicht in die Unhintergehbarkeit des Politischen in verschiedenen Strömungen des Postmarxismus Spuren hinterlassen, so wird von Giorgio Agamben (1995) die Spezifik der totalitären Herrschaftsorganisation in den Konzentrationslagern (wie Arendt sie beschrieben hat) in Verbindung mit der foucaultschen Biomacht-These zur Figur des »homo sacer« weitergedacht.

4.

Arendt, H., 1929, Der Liebesbegriff bei Augustin, Berlin: Philo 2003.

Arendt, H., 1951, Elemente und Ursprünge totaler Herrschaft, München: Piper 1958.

Arendt, H., 1958a, Rahel Varnhagen, München: Piper 1959.

Arendt, H., 1958b, Vita activa, München: Piper 1967.

Arendt, H., 1961, Zwischen Vergangenheit und Zukunft, München: Piper 2000.

Arendt, H., 1963a, Eichmann in Jerusalem, München: Piper.

Arendt, H., 1963b, Über die Revolution, München: Piper 1965.

Arendt, H., 1970, Macht und Gewalt, München: Piper 1975.

Arendt, H., 1972, Wahrheit und Lüge in der Politik, München: Piper.

Arendt, H., 1978, Vom Leben des Geistes, München: Piper 1979.

Arendt, H., 1985, Das Urteilen, München: Piper.

Arendt, H., 1993, Was ist Politik?, München: Piper.

Arendt, H., 2002, Denktagebuch, 2 Bde., München: Piper.

Agamben, G., 1995, Homo Sacer, Frankfurt/M.: Suhrkamp 2002.

Benhabib, S., 1996, Hannah Arendt, Hamburg: Rotbuch 1998.

Bernstein, R., 1996, Hannah Arendt and the Jewish Question, Cambridge/MA: MIT Press.

Canovan, M., 1992, Hannah Arendt, Cambridge: Cambridge University Press.

Cohen, J./Arato, A., 1992, Civil Society and Political Theory, Cambridge/MA: MIT Press.

Dubiel, H./Frankenberg, G./Rödel, U., 1989, Die demokratische Frage, Frankfurt/M.: Suhrkamp.

Habermas, J., 1978, Hannah Arendts Theorie der Macht, in: A. Reif (Hg.), Hannah Arendt, Wien: Europaverlag.

Honig, B. (Hg.), 1995, Feminist Interpretations of Hannah Arendt, University Park: Pennsylvania State University Press.

Jaeggi, R., 1997, Welt und Person. Zum anthropologischen Hintergrund der Gesellschaftskritik Hannah Arendts, Berlin: Lukas.

Passerin d'Entrèves, M., 1994, The Political Philosophy of Hannah Arendt, London: Routledge.

Pitkin, H. F., 1998, The Return of the Blob, Chicago: University of Chicago Press.

Taminiaux, J., 1992, The Thracian Maid and the

Professional Thinker, Albany: State University of New York Press 1997.
Villa, D., 1996, Arendt and Heidegger, Princeton: Princeton University Press.
Villa, D. (Hg.), 2000, The Cambridge Companion to Hannah Arendt, Cambridge: Cambridge University Press.
Young-Bruehl, E., 1982, Hannah Arendt, Frankfurt/M.: Fischer 1991.

RAHEL JAEGGI

Aristoteles (384–322 v. Chr.)

1.

Aristoteles wurde im nordöstlichen Teil Griechenlands, in der Stadt Stagira, geboren. Im Jahr 367 trat er Platons Akademie in Athen bei, wo er sich zuerst als Schüler, dann als Dozent insgesamt 20 Jahre lang aufhielt. Nach dem Tod Platons im Jahr 347 v. Chr. musste Aristoteles, der als Makedonier nie volles Bürgerrecht in Athen erhalten hatte, die Stadt wahrscheinlich wegen antimakedonischer Umtriebe verlassen. In den folgenden Jahren kam er u.a. nach Assos und Lesbos, und kehrte schließlich in seine Heimatstadt zurück, bis er im Jahr 343 v. Chr. vom makedonischen König Philipp II. eingeladen wurde, die Ausbildung seines Sohnes, Alexander des Großen, zu übernehmen. Im Jahr 335 v. Chr. kehrte er nach Athen zurück und gründete dort seine eigene Schule, das Lykeion. Sein zweiter Athenaufenthalt dauerte bis 323 v. Chr., dem Todesjahr von Alexander dem Großen. Aristoteles musste Athen wegen seiner Verbindung zu Makedonien erneut verlassen und floh nach Chalkis auf Euböa. Dort starb er im darauf folgenden Jahr im Alter von 62 Jahren.

Obwohl viele seiner Schriften nicht überliefert sind, hat Aristoteles ein ungewöhnlich umfangreiches Werk hinterlassen. Neben Schriften zur theoretischen und praktischen Philosophie kennen wir Werke zur Physik und Philosophiegeschichte, zur Biologie, Zoologie, Physiologie, Meteorologie, Astronomie, Dichtungskritik, Verfassungsgeschichte usw. Zu seinen Hauptwerken zählen *Nikomachische Ethik*, *Eudemische Ethik*, *Politik*, *Kategorien*, *Peri Hermeneias*, *Topik*, *Erste und Zweite Analytiken*, *Metaphysik*, *Physik*, *De Anima* und *Poetik*.

2.

Die politische Theorie im engeren Sinn ist bei Aristoteles Teil einer Disziplin, die er selbst *politikê* bzw. *politikê epistêmê* (›auf die *polis* bezogene Wissenschaft‹) nennt, zu welcher neben der Staats- und Verfassungstheorie, der Sozial- und Gesellschaftsphilosophie auch die Ethik und somit die gesamte praktische Philosophie gehört. Fokus dieser Disziplin ist die Polis, der griechische Stadtstaat, zu dessen Zuständigkeiten auch kulturelle und religiöse Belange sowie die Erziehung seiner Bürger gehören, so dass auf dem Weg der Moralerziehung ein enger Zusammenhang zwischen Polis und Individualmoral besteht. Daher ist auch bei Aristoteles die Entwicklung der politischen Philosophie letztlich nicht von der Ethik und Moralphilosophie zu trennen. Explizit werden die philosophischen Grundlagen der Polis in der Schrift *Politik* erörtert; außerdem hat Aristoteles eine Sammlung von 158 Verfassungen angelegt, wovon allerdings nur eine Geschichte der Athener Verfassung (*Der Staat der Athener*) erhalten ist. Auch den Schriften *Rhetorik* und *Ökonomik* kommt eine gewisse Bedeutung für die politische Theorie zu, wobei die Authentizität letzterer allerdings umstritten ist.

Das Werk *Politik* umfasst acht Einzelbücher, die z. T. eigenständige Ansätze in Aristoteles' politischer Philosophie widerspiegeln. In der Forschung ist umstritten, ob diese Ansätze als Teile einer kohärenten Gesamttheorie betrachtet werden können, ob sie sich in Einzelfragen widersprechen und ob die verschiedenen Ansätze als Ausdruck einer philosophischen Entwicklung des Aristoteles angesehen werden müssen. Jedenfalls stellen Buch I (Entstehung der Polis, Herrschaftsformen), Buch III (Teile der Polis, Bürger, Verfassungsarten, Gerechtigkeit), die Bücher IV–VI und die Bücher II, VII-VIII jeweils relativ eigenständige Ansätze zur politischen Philosophie dar, wobei auch die Bücher IV (nichtideale Verfassungen), V (Erhalt und Untergang von Verfassungen) und VI (Demokratie, Oligarchie) in verschiedenartige Untersuchungen unterteilt werden können. Buch II enthält eine Kritik verschiedener Verfassungsentwürfe, die als Einleitung zu einer Untersuchung über die beste Verfassung dienen soll; tatsächlich wird eine Untersuchung der besten Verfassung für »diejenigen, die in der Lage sind, ihren eigenen Wünschen gemäß zu leben«, in den Büchern VII und VIII vorgelegt. Von einer besten Verfassung ist auch in Buch III die Rede, jedoch scheint dort eine andere Verfassung gemeint zu sein, nämlich eine, die die Vorzüge der Königsherrschaft und der Herrschaft der Besten bzw. Tugendhaften miteinander verbindet. Die Bücher I und III stellen jeweils Teile zweier unvollständig durchgeführter Vorhaben dar: Buch I hatte sich die Behandlung mehrerer Herrschaftsformen zum Ziel gesetzt, bricht aber nach der Behandlung einer einzigen Herrschaftsform ab. Die Erörterung von Buch III wendet sich nach allgemeinen Ausführungen über den Bürger und die verschiedenen Verfassungsarten der Detailanalyse von Einzelverfassungen zu, endet aber abrupt nach der Diskussion der Königsherrschaft.

3.

3.1. Für die praktische Philosophie des Aristoteles gilt allgemein, dass sie keinen Selbstzweck darstellt, sondern um der Handlung (*praxis*) willen da ist (vgl. EN I 1, 1095a5–6) und zur Verbesserung der Lebensführung beitragen kann (vgl. EN I 1, 1094a22–24). Der praktisch-politische Philosoph kann daher durch Beratschlagung von Gesetzgebern und Staatsmännern dazu beitragen, die politische Situation einer Polis zu verbessern. Allerdings hält es Aristoteles nicht für sachdienlich, wenn Theoretiker nur ideale Staatsmodelle entwerfen, an denen die bestehenden Staaten gemessen werden (vgl. Pol. IV 1, 1288b35–39). So kritisiert er auch utopische Entwürfe, wie denjenigen in Platons *Politeia*, dafür, dass eine Realisierung unmöglich erscheint (vgl. Pol. II 5, 1264a5 ff.) Die Verfassung und Gesetzgebung einer Polis muss den ökonomischen Bedingungen und dem moralisch-intellektuellen Zustand der Bevölkerung angepasst sein. Der politische Philosoph soll daher einerseits einer Polis nur zu einer solchen Ordnung raten, die von der bestehenden Verfassung aus tatsächlich erreicht werden kann (vgl. Pol. IV 1, 1289a1 ff.). Die praktische Zielsetzung politischer Philosophie bedeutet andererseits nicht, dass die theoretischen Grundlagen vernachlässigt werden dürften; im Gegenteil ist es die philosophische Durchdringung möglichst vieler die Polis betreffenden Fragen, welche den Philosophen als politischen Ratgeber qualifizieren (vgl. Pol. III 8, 1279b12–15), »zusätzlich« zur vollständigen Kenntnis seines spezifischen Forschungsgegenstandes müsse der politische Philosoph in der Lage sein, den bestehenden Verfassungen zu helfen (vgl. Pol. IV 1, 1289a5).

3.2. Aristoteles' politische Philosophie nimmt immer wieder auf die Wesensbestimmung der Polis Bezug. Er gibt gleich mehrere definitorische Bestimmungen: (a) Die Polis ist diejenige Gemeinschaft, die nach dem höchsten Gut, dem glücklichen Leben, strebt (vgl. Pol. I 1, 1252a1–7; III 8, 1280a31 f.; VII 8, 1328a35–37). Die spezifische Differenz der politischen Gemeinschaft liegt demnach in einem bestimmten Handlungsziel, nämlich in dem guten oder glücklichen Leben. Auch alle anderen Gemeinschaften verfolgen ein Ziel, das Besondere am Ziel der Polis ist aber der umfassende Charakter des Glücks, das alle Teilziele einschließt oder übertrifft (vgl. Pol. I 1, 1252a6). Das glückliche Leben ist nicht nur das in der Polis gemeinschaftlich erstrebte Ziel, sondern auch das höchste Ziel eines jeden Einzelnen; in den aristotelischen *Ethiken* wurde gezeigt, dass dieses Ziel durch Ausübung der spezifisch menschlichen Tugenden erreicht werden kann und grundsätzlich gilt, dass das Glück der Polis und des Einzelnen der Art nach identisch sind (vgl. Pol. VII 2,

1324a5 ff.). Dies bedeutet jedoch keineswegs, dass jede Polis die Ausübung der Tugenden zum gemeinsamen höchsten Gut erklären würde; jede Polis erstrebt das Glück, aber welche Konzeption des Glücks in einer Polis dominiert, hängt von der Staatsverfassung und den charakterlichen Voraussetzungen der Bürger ab; dass eine Polis als Ganze das tugendhafte Leben erstrebt, ist für Aristoteles der ideale Ausnahmefall. (b) Die Polis ist um des Überlebens willen entstanden, sie hat aber um des guten Lebens willen Bestand (vgl. Pol. I 2, 1252b27–30). Der Zusammenschluss zu einer Gemeinschaft erfolgte zur kooperativen Sicherung des Überlebens. Von einer ›Polis‹ spricht man aber erst, wenn es sich um eine – im Sinne der Überlebenssicherung – selbstgenügsame Gemeinschaft handelt, denn dies ist Voraussetzung dafür, dass ein gemeinschaftliches Ziel, das gute Leben, planvoll verfolgt und realisiert werden kann. Nur unter besonders schlechten äußeren Umständen kommt es vor, dass das schiere Überleben das einzig erreichbare Ziel einer Polis darstellt (vgl. Pol. III 6, 1278b24–30). (c) »Deshalb ist jede Polis natürlich, wenn nämlich auch die ersten Gemeinschaften (schon natürlich waren).« (Pol. I 2, 1252b30 f.) Da die erste Kooperation zwischen Menschen durch natürliche Bedürfnisse und die natürliche Ausstattung des Menschen veranlasst wurde und da eine kontinuierliche Entwicklung von der ersten Kooperation bis zu der sich einstellenden Selbstgenügsamkeit führt, ist auch die Polis selbst als natürlich anzusehen. Dieser Bestimmung entspricht die These, dass der Mensch von Natur aus ein ›politisches‹, auf ein Leben in der Polis ausgelegtes Lebewesen (*physei politikon zôion*) sei (vgl. Pol. I 2, 1253a2 f.) (s. u. 3.3.). (d) Die Polis ist eine Vereinigung von Freien, Ähnlichen oder Gleichgestellten (vgl. Pol. VII 8, 1328a36; III 6, 1279a8–10). Die Polis ist im Unterschied zu anderen Gemeinschaftsformen ein Zusammenschluss von Teilnehmern, die auch selbst an öffentlichen Ämtern partizipieren können; die politische Herrschaft, die in der Polis ausgeübt wird, unterscheidet sich daher der Art nach von der Herrschaft der Eltern über die Kinder oder des Herren über die Sklaven.

3.3. Die Natürlichkeit der Polis sowie die ›politische Natur‹ des Menschen enthalten für Aristoteles polis*legitimierende* Implikationen: Der Mensch ist auf Kooperation angewiesen und würde ein Zusammenleben selbst dann suchen, wenn er nicht auf gegenseitige Hilfe angewiesen wäre (vgl. Pol. III 6, 1278b17–21). Da aber die Polis die Vollendungsform kooperativer Gemeinschaften darstellt, bedarf ihre Existenz keiner weiteren Legitimation neben der natürlichen Ausstattung des Menschen. Umgekehrt nutzt Aristoteles die ›politische Natur‹ des Menschen, um dafür zu argumentieren, dass der gesetzlose Zustand außerhalb der Polis unnatürlich und der außerhalb von Gesetzen lebende Mensch das schlechteste aller Lebewesen sei (vgl. Pol. I 2, 1253a32–33). Dies wiederum legitimiert Anstrengungen, die der zunehmenden Auflösung der Gesetzesbindung und einem drohenden Verfassungsumsturz entgegenwirken (vgl. Pol. V 8.).

Die Bestimmung der Polis hat aber auch polis*normierende* Konsequenzen: Weil die Teilnehmer einer Polis sich zum gemeinsamen Nutzen zusammengefunden haben, der für jeden einen Anteil am guten Leben bedeute (vgl. Pol. III 6, 1278b21–23), und weil die Polis den Zusammenschluss gleicher und freier Teilnehmer bedeutet, muss die in der Polis ausgeübte Herrschaft den anteiligen Nutzen aller Teilnehmer, und nicht nur der herrschenden Gruppe anstreben (vgl. Pol. III 6, 1279a8–21). Daraus ergibt sich ein elementares Kriterium für die Bewertung aller Verfassungsformen, insofern sie daran gemessen werden müssen, ob sie die Wesensbestimmung der Polis erfüllen: ›Richtig‹ sind nur diejenigen Verfassungen, die den Nutzen aller Bürger anstreben, ›verfehlt‹ oder ›entartet‹ sind die Verfassungen, die nur den Nutzen der herrschenden Gruppe verfolgen. Die Polisdefinition (a) ermöglicht darüber hinaus einen wertenden Vergleich zwischen verschiedenen Verfassungsformen sowie eine Bewertung von Herrschafts- und Partizipationsansprüchen. Wenn z.B. die Oligarchen verlangen, proportional zu dem in die Polis eingebrachten Geld an der Regierung beteiligt zu werden, dann argumentiert Aristoteles, dass die Polis keinem partikularen Ziel (z.B. Tauschhandel, Verteidigung), sondern dem gemeinschaftlichen Glück verpflichtet sei, weswegen ein Beitrag zu diesem Ziel der Polis, der u.a. in Tugend und Bildung bestehen könnte, höher zu bewerten sei als das eingebrachte Geld der Oligarchen (vgl. Pol. III 9).

3.4. Weil die Polis etwas Zusammengesetztes sei, betont Aristoteles immer wieder, dass eine Analyse der Polis bei ihren kleinsten Teilen ansetzen müsse (vgl. Pol. I 1, I 3, III 1, IV 3, IV 4, VII 8). Dieses elementarisierende Vorgehen führt zu ganz unterschiedlichen Ergebnissen: In Buch I der *Politik* gelangt er durch eine genetische Betrachtung zu den kleinsten Teilen der Polis, die er in den Haushalten und Dorfgemeinschaften findet. In Buch III wird der Bürger als kleinster Teil der Polis bestimmt; da umgekehrt die Polis »die Menge von Bürgern ist, die zur Selbstgenügsamkeit des Lebens ausreicht« (Pol. III 1, 1275b20f.), kann der Bürger als jemand definiert werden, der an der Polis wirklich teilhat, und die Teilhabe wird hier durch den Zugang zu öffentlichen Ämtern definiert. Art und Umfang dieser Teilhabe ist in verschiedenen Verfassungsformen unterschiedlich geregelt. Der Umstand, dass Frauen und Sklaven von dieser Teilhabe in den meisten Verfassungen faktisch ausgeschlossen waren und daher nicht als Bürger angesehen wurden, wird von Aristoteles grundsätzlich unter Hinweis auf eine angeblich natürliche Eignung zur Übernahme politischer Ämter gebilligt. In den viel diskutierten Kapiteln Pol. I 4–6 unterscheidet Aristoteles zwischen natürlichen und widernatürlichen Sklaven, wobei letztere nur durch kontingente politisch-militärische Entwicklungen zu Sklaven wurden, während erstere durch den Mangel an einschlägiger Begabung charakterisiert sind und daher nach Aristoteles' Auffassung zu Recht von der politischen Teilhabe ausgeschlossen werden. In Buch IV erfolgt die Elementarisierung durch eine funktionale Unterteilung, z.B. in Bauern, Handwerker, Marktleute, Lohnarbeiter und Krieger. Durch die Ausprägung und das relative Gewicht der verschiedenen funktional definierten Gruppen innerhalb der Polis können verschiedene Unterarten von Verfassungen beschrieben werden. In Buch VII wird zwar ebenfalls eine funktionale Unterteilung vorgenommen, weil es aber um die beste und wunschgemäß eingerichtete Verfassung geht, wird unterschieden zwischen Teilen der Polis, die für das Erreichen der Selbstgenügsamkeit notwendig sind, und Teilen in dem emphatischen Sinn, dass es um Gruppen geht, die an den öffentlichen Geschäften selbst Anteil haben.

3.5. Die Verfassung ist die grundlegende Ordnung einer Polis (vgl. Pol. III 6, 1278b8–10; IV 1, 1289a15f.); sie gibt der Polis ihre wesentliche Form; bei einem Wechsel der Verfassung stellt sich daher sogar die Frage, ob es sich noch um dieselbe Polis handle (vgl. Pol. III 3, 1276b1ff.). Aristoteles schenkt deshalb der Unterscheidung verschiedener Verfassungsformen große Beachtung. Zunächst werden Verfassungen rein quantitativ danach unterschieden, ob einer (Monarchie), wenige (Oligarchie) oder die große Menge (Demokratie) regiert. Dem daraus entstehenden traditionellen Dreierschema fügt Aristoteles zunächst die Aristokratie (vgl. Rhet. I 8) hinzu; denn es sei ein Unterschied, ob die Regierung der Wenigen durch Reichtum (Oligarchie) oder durch Tugend und Bildung (›Aristokratie‹ im ursprünglichen Sinn von ›Herrschaft der besten‹) legitimiert wird; im Vergleich beider gehört Aristoteles' Sympathie der wohlverstandenen aristokratischen Verfassung, allerdings meint er, es sei nicht einfach, die hierfür geeigneten Bürger zu finden (vgl. Pol. III 7, 1279a39ff., Rhet. I 1, 1354a34f.). Schließlich differenziert er auch noch die Alleinherrschaft aufgrund des Kriteriums, dass bei der Königsherrschaft eine gewisse Ordnung eingehalten wird, während die Tyrannis schrankenlos sei (vgl. Rhet. I 8). Erst mit *Politik* III 7 führt er ein klares Kriterium für die Unterscheidung richtiger und verfehlter

Verfassungen ein, indem er zwischen Verfassungen unterscheidet, die dem Allgemeinwohl (Königsherrschaft, Aristokratie, Politie), und solchen, die nur dem Herrscherwohl (Tyrannis, Oligarchie, Demokratie) verpflichtet sind. Das Gegenstück zur Demokratie (Herrschaft der Masse auf Kosten anderer Gruppen) ist die sog. Politie; der Ausdruck wird selbst innerhalb der *Politik* mehrdeutig gebraucht, bezeichnet aber in diesem Zusammenhang eine auf das Wohl aller ausgerichtete Volksherrschaft. Mit diesem Schema meint Aristoteles auch zeigen zu können, dass die Tyrannis als Gegenstück zur besten Verfassung, also zu der gemeinwohlorientierten Alleinherrschaft, als die schlechteste Verfassung erwiesen werden könne (vgl. Pol. IV 2, 1289a38ff.); ebenso steht der Aristokratie als der zweitbesten Möglichkeit die Oligarchie als die zweitschlechteste gegenüber, während der geringste Abstand zwischen Politie und Demokratie bestehe. Dieses einfache Schema von drei richtigen und drei verfehlten Verfassungsarten wird von Aristoteles mehrfach differenziert und durch die Definition von Unterarten ergänzt.

Aristoteles' Einstellung zur Demokratie (im Sinne der athenischen, direkten, Demokratie, die sich in wesentlichen Hinsichten von den modernen Demokratien und dem modernen Rechts- und Verfassungsstaat unterscheidet) ist ambivalent. Einerseits hält er die Tendenz der Demokratien zum exzessiven Gebrauch des Abstimmungsprinzips für eine Bedrohung der Polisordnung. Historisch sieht er diese Tendenz in der Verfassungsgeschichte Athens exemplifiziert (vgl. *Der Staat der Athener* 28 und 41), theoretisch konstruiert er eine Abfolge von zunehmend radikaleren Stadien der Demokratie, die bis zur völligen Ablösung der ›Gesetzesherrschaft‹ durch das Abstimmungsprinzip und somit zur Aufhebung der Verfassung führt (vgl. Pol. IV 4, 1292a30–32). In diesem Radikalisierungsprozess spielt die Einflussmöglichkeit von Demagogen in der Demokratie eine entscheidende Rolle: Diese fordern das Volk auf, mehr und mehr selbst zu entscheiden (vgl. ebd., 1292a28–29), sie selbst aber beherrschen die Meinung des Volkes und einige von ihnen versuchen letztendlich, sich zum Tyrannen aufzuschwingen. Auch stellt für Aristoteles das Schwinden der Gesetzesautorität in den radikalen Formen der Demokratie eine an sich problematische Tendenz dar, insofern er die Gesetzherrschaft als eine Ordnung der Polis nach vernünftigen Grundsätzen ansieht (vgl. Pol. III 18, 1287a18–20, 1287a28–32), die der kurzfristigen Verfügung durch Volksentschlüsse entzogen sein sollte. Andererseits ist es gerade Aristoteles, der die Demokratie gegenüber dem platonischen Prinzip einer Herrschaft der Kompetenten rechtfertigt: Erstens geht er davon aus, dass die politische Partizipation möglichst vieler Bürger zur Stabilität und Einheit der Polis beiträgt, weil sich die ausgeschlossenen Einwohner wie ein Feind innerhalb der Polis verhalten würden (vgl. Pol. III 11, 1281b29f.). Zweitens zeigt er im sog. Summierungsargument (vgl. Pol. III 11), dass auch von der Masse eine spezifische Kompetenz bei der Verwaltung der Polis erwartet werden kann, insofern die ›summierte‹ Kompetenz der Masse das Wissen einzelner herausragender Personen in bestimmter Hinsicht übertreffe: Sein Argument ist, dass wie bei Musik- und Theateraufführungen die Menge der bessere Richter sei, weil die einen diesen, die anderen jenen Aspekt des aufgeführten Stücks besser beurteilen könnten. Außerdem sei in bestimmten Bereichen das Urteil des Benutzers dem des Herstellers vorzuziehen (wie beim Flötenspieler im Vergleich zum Flötenbauer); diese spezifische Kompetenz des Anwenders übe auch der Bürger aus, wenn er sein Recht zur Einsetzung und Beurteilung von Regierenden und Beamten wahrnimmt.

4.

Aristoteles, Werke, Berlin: Akademie 1965ff.

Höffe, O. (Hg.), 2001, Aristoteles: Politik, Berlin: Akademie.

Keyt, D./Miller, F. D., 1991, A Companion to Aristotle's Politics, Oxford: Blackwell.

Kraut, R., 2002, Aristotle. Political Philosophy, Oxford: Oxford University Press.

Miller, F. D., 1995, Nature, Justice, and Rights in Aristotle's Politics, Oxford: Clarendon.
Patzig, G. (Hg.), 1990, Aristoteles' Politik, Göttingen: Vandenhoeck & Ruprecht.
Rapp, C., 2004, Aristoteles zur Einführung, Hamburg: Junius.
Schütrumpf, E., 1991, Aristoteles: Politik I, II-III. Übersetzung und Erläuterungen, in: Aristoteles, Werke, Bd. 9, Teilbde. 1 und 2, Berlin: Akademie.
Schütrumpf, E./Gehrke, H.-J., 1996, Aristoteles: Politik IV-VI. Übersetzung und Erläuterungen, in: Aristoteles, Werke, Bd. 9, Teilbd. 3, Berlin: Akademie.
Schütrumpf, E., 2005, Aristoteles: Politik VII-VIII. Übersetzung und Erläuterungen, in: Aristoteles, Werke, Bd. 9, Teilbd. 4, Berlin: Akademie.

Christof Rapp

Armut

1.

Armut liegt vor, wo ein Mensch weniger hat, als er zum Leben bräuchte. Sie besteht in einem Zustand elementaren Mangels. Zu klären ist allerdings, was ein Mensch zum Leben braucht.

Macht ein Mangel das physische Überleben auf Dauer unmöglich, so sprechen viele Armutsforscher von *absoluter Armut*. Allerdings sind die wenigsten der Ansicht, dass es nur diese Art der Armut gibt; andernfalls dürfte Armut in den wohlfahrtsstaatlichen Demokratien des Westens als grundsätzlich überwunden gelten. Doch mit »Leben« muss nicht das schiere *Über*leben gemeint sein, denn man kann auch von einem menschen*unwürdigen* Leben sprechen. Negatorisch stützt sich eine solche Formulierung auf gesellschaftsrelative Standards minimaler Anständigkeit von Ausstattungen und Gelegenheiten. Armut ist eine Form der *sozialen Exklusion*. Für den Fall, dass sie nicht das Leben überhaupt, jedoch ein menschenwürdiges Leben vereitelt, hat sich der Ausdruck *relative Armut* eingebürgert.

2.

Für eine sozialwissenschaftliche und eine philosophisch-normative Betrachtung von Armut kommen zwei Perspektiven in Betracht: die des Einzelmenschen, der Armut erleidet, und die des Kollektivs, das sie hervorbringt oder zulässt. Da man die erste Perspektive für die normativ entscheidende halten kann, konzentriert sich das Folgende v.a. auf sie. Weil Armut eine Form sozialer Exklusion ist, kann jedoch auch die zweite Perspektive nicht völlig übergangen werden. Exklusionen haben schließlich Bedeutung für beides: für das Wohlergehen und die Freiheiten des Einzelnen wie für die Struktur und Dynamik ganzer Gesellschaften. Daher sei zunächst etwas über die soziale Bedeutung von Armut gesagt.

2.1. Armut spielt in vielen Sozialtheorien die Rolle eines ›Schattens‹, der die systemische Integration bürgerlicher Gesellschaften begleitet und auf ihre Brüchigkeit verweist. Eigene Konturen gewinnt die Figur des Armen allerdings erst in Theorien, die sich an elenden Lagen als solchen und nicht etwa an den motivationalen Triebkräften für Revolutionen interessiert zeigen. Anders als der Proletarier in der Theorie von Marx ist der Arme in der Soziologie Georg Simmels nicht durch seine Handlungsfähigkeit, vielmehr durch seine Rolle als Hilfeempfänger charakterisiert. Armut wird Simmel (1908) zufolge durch soziale Unterstützung geradezu konstituiert: Der Arme ist nur mehr negativ in die Gesellschaft integriert. Von den frühkapitalistischen Versuchen der Arbeitserzwingung über die viktorianischen Armenhäuser bis zum paternalistischen Sozialstaat fungiert er »als bloßes Objekt für Vornahmen der Gesamtheit mit ihm« (ebd., 546).

Niklas Luhmann (1994) sieht in seinen späten Schriften die Gefahr, dass die funktionale Differenzierung moderner Gesellschaften durch die Leitunterscheidung von Inklusion und Exklusion gebrochen oder sogar abgelöst werden könnte. Der Arme ist an der tendenziellen Unfähigkeit zu erkennen, überhaupt noch an teilsystemische Kommunikationen

Anschluss zu finden. In seiner Lage bündeln sich die Ausschlussgründe von fehlender Ausbildung und Arbeit bis zur Illegalität. Wer der ›Unterklasse‹ der Deklassierten angehört, kann der Gesellschaft auch nicht glaubhaft mit dem Entzug reproduktionsnotwendiger Leistungen drohen, weil er selbst als Objekt von Ausbeutung ersetzbar oder überflüssig ist. Der Arme ist in der heutigen Soziologie v.a. als *Marginalisierter* vertreten.

2.2. Will man diesen Umstand relativen Ausschlusses normativ kritisieren, so kann man wiederum, wie es der Republikanismus tut, die Perspektive des Kollektivs einnehmen. Armut erscheint dann als Hindernis für die Bildung guter Bürgerschaften: Sie untergräbt die bürgerschaftliche Kompetenz des Einzelnen und gefährdet den Zusammenhalt des Ganzen (vgl. Offe/Preuß 1991). Allerdings kann der Eigenwert politischer Partizipation heute nicht mehr der selbstverständliche Ausgangspunkt der normativen Betrachtung sein: Der moderne Bürgerstatus ist in der Form *subjektiver Rechte* verbürgt, und das impliziert eine Freiheit zur *Abwendung* von den öffentlichen Angelegenheiten.

2.3. Wie stellt sich Armut im Lichte der Rechtsidee dar? Hier hängt vieles davon ab, worauf man die Gültigkeit von Rechtsansprüchen zurückführt. Folgt man einem kontraktualistischen Pfad, so resultieren Rechte aus einem Klugheitsarrangement unter sanktionsfähigen Akteuren. Für die Armen verheißt das nichts Gutes: Da ihre Abhängigkeit von der Gesellschaft eine *einseitige* ist, scheinen rationale Nutzenmaximierer sich straflos über ihre Bedürfnisse hinwegsetzen zu können. Allerdings mag vielen Armen immer noch eine *destruktive* Fähigkeit, etwa zur Gefährdung der öffentlichen Sicherheit, geblieben sein. In diesem Fall sollten die Parteien klugerweise Anrechte auf Zuwendungen vereinbaren, die ihre Grenze an einem Gleichgewichtspunkt der sozialen Befriedung finden (vgl. Waldron 1993, Kap. 10). Damit ist allerdings zugleich die Grenze des Kontraktualismus erreicht: Wer kein Drohpotenzial aufzubauen vermag, fällt aus der Betrachtung der Vertragsparteien heraus, es sei denn, diese nehmen etwa ein sentimentales Interesse an ihm.

2.4. Die Alternative wäre, von allen Kräfteverhältnissen und kontingenten Neigungen zu *abstrahieren* und gerade darin die spezifische Differenz einer moralischen Willensbildung zu erblicken: Eine Regel darf genau dann als begründet gelten, wenn sie die *positionsunabhängige* Zustimmung eines jeden finden kann. Ein selbst noch vom Kontraktualismus geprägtes Modell für diese Art der Willensbildung ist die Entscheidungssituation in der Gerechtigkeitstheorie von John Rawls (1971). Wiederum beraten rationale Nutzenmaximierer, jetzt aber unter Bedingungen des Nichtwissens, die sie zu strikt allgemeinen Überlegungen über das für alle Vorteilhafte anhalten. Die Parteien hinter dem »Schleier des Nichtwissens« werden Rawls zufolge risikoavers entscheiden. Sie werden für eine bestmögliche Ausstattung der Schlechtestgestellten votieren und dafür auch einen weniger als maximalen Durchschnittsnutzen in Kauf nehmen.

Fraglich ist allerdings, ob diese Begründung des »Differenzprinzips« verständlich macht, was uns an Armut stören sollte. Dagegen spricht, dass sie ohne jeden Hinweis auf regelrechtes Elend auskommt. Dieser Umstand erklärt sich aus Rawls' *distributiver* Ausgangsfrage: Sie lautet, wann bei *vorausgesetzter* Gleichheit eine ungleiche Verteilung gerechtfertigt wäre. Hingegen verweist der Armutsbegriff jedenfalls auch auf Situationen elementaren Mangels. Das damit angesprochene Problem ist an sich nicht distributiver Natur, mag es auch mit ungleicher Verteilung kausal verknüpft sein (vgl. Waldron 1993, Kap. 11).

3.
Von einer Annäherung an einen Zustand strikter Gleichheit unterscheidet sich Armutsbekämpfung durch das Ziel, alle Menschen über *absolut* definierte Schwellen zu heben. Zur Bestimmung der Schwellenwerte werden in der heutigen Philosophie zwei ver-

schiedene Wege eingeschlagen. Der erste, eher indirekte, verläuft durch das Gebiet der Grundrechte. Der zweite, direktere Weg folgt den Spuren der philosophischen Anthropologie und zielt auf eine Konzeption von Grundbedürfnissen.

3.1. Von Henry Shue (1980) stammt der Vorschlag, einige Grundrechte als besonders basal anzusehen, da man ohne sie keine anderen Rechte genießen könne. Zu diesen *basic rights* zählt Shue auch ein Recht auf Subsistenz. Selbst Liberale, die nur Freiheitsrechte als genuine Grundrechte gelten lassen, sollten einsehen, dass formale Freiheiten der Materialisierung bedürfen. Bedenkt man überdies, dass nicht alle Menschen zu einem selbstbestimmten Leben in der Lage sind, so kann man Rechtsansprüche auf elementare Hilfen begründen, ohne auf die faktischen Voraussetzungen der Freiheit rekurrieren zu müssen (vgl. Tugendhat 1998). Alle Rechte, ohne die Menschen nicht auch tatsächlich in Würde zu leben vermögen, stehen dann grundsätzlich auf *derselben* Stufe der Rechtfertigung.

Ein Vorzug der menschenrechtlichen Betrachtung liegt in der Aufwertung des Status der potenziell Armen: Diese müssen nicht auf die Bereitschaft der Reichen zur Caritas hoffen oder auf die Furcht vor Revolutionen vertrauen. Vielmehr können sie als Subjekte bindender Ansprüche hervortreten, was ihrer *Selbstachtung* zugute kommen dürfte. Sie dürfen sich dann grundsätzlich *als Gleiche* geachtet wissen. Nach vorherrschender Auffassung sichern die Menschenrechte allerdings nur Schwellenwerte der Menschenwürdigkeit. Da Armut ein Unterschreiten dieser Schwelle bedeutet, ist ihre Vermeidung oder Bekämpfung ein menschenrechtliches Gebot.

3.2. Will man diesen Schwellenwert *inhaltlich* kennzeichnen, so bietet sich die Bezugnahme auf Grundbedürfnisse an (vgl. Pogge 1997). Alle Bedürfnisse haben eine relationale Struktur der Form: A benötigt x, um zu y. In einem engeren Sinne sprechen wir allerdings nur dann von einem Bedürfnis, wenn ein Anspruch durch allgemein nachvollziehbare *Dringlichkeit* gedeckt ist. Das ist der Fall, wenn der y-Terminus für grundlegende Funktionsweisen oder Zustände steht (vgl. Sen 1981; einen inhaltlichen Vorschlag macht Nussbaum 1999). Damit werden wesentlich empirische Fragen berührt. Die folgende Unterscheidung soll andeuten, worin genuin philosophische Beiträge zu einer Konzeption von Grundbedürfnissen bestehen.

In der politischen Philosophie spielen zumindest implizit zwei Arten von Grundbedürfnissen eine Rolle: solche, die unsere empirische Existenz, und solche, die unser normatives Selbstverständnis betreffen. Manche Funktionen und Fähigkeiten sind unverzichtbar für ein menschliches Leben überhaupt, wenn wir darunter das Leben eines reflexionsfähigen Tieres verstehen: Hierzu zählen das Leben selbst, minimale leibliche und seelische Gesundheit, minimale Bewegungsfreiheit und minimale Bildung (vgl. Seel 1995). Andere Funktionen und Fähigkeiten sind notwendige Bedingung nicht schon eines menschlichen, doch eines menschen*würdigen* Lebens. Auf dieser zweiten Stufe steht das evaluative oder moralische Selbstverständnis der Person auf dem Spiel. Menschen leiden an dem Wissen, in ihrer sozialen Welt nicht wahrhaft als Gleiche zu gelten; sie sind auch *symbolisch* verletzbar (vgl. Honneth 1992; Margalit 1996).

Selbstbewusste Menschen haben ein Interesse höherer Ordnung an einer verantwortlich übernommenen, autonomen Lebensführung. Zugleich ist ihnen daran gelegen, in ihrer sozialen Welt angemessen auftreten und für ihre Darbietungen mit intersubjektiver Schätzung rechnen zu können. Wer in Würde lebt, kann ohne Scham in der Öffentlichkeit erscheinen (so schon Smith 1776). Das setzt einen Zugang zu *zivilisatorischen Schlüsselgütern* voraus.

Das Bedürfnis, in der Öffentlichkeit nicht als gescheitert dazustehen, verweist einmal mehr auf den Stellenwert der Selbstachtung (vgl. Rawls 1971; Honneth 1992). Diese droht widrigenfalls von ihren beiden Quellen her zu versiegen: der Möglichkeit, in einem schätzenswerten Lebensentwurf aufzugehen, und der Gewissheit, als selbstbestimmte Person zu gelten, die auf eigenen Füßen zu stehen vermag. Beides macht Armut zu einem prototypischen Fall sozial verfügter oder jedenfalls nicht verhinderter Entwürdigung (so Margalit 1996, 265). *Basale* Armut allerdings geht dieser Stufe der Schädigung noch voraus. Sie macht nicht erst das menschenwürdige, sondern bereits das menschliche Leben unmöglich, indem sie die Ausbildung personaler Fähigkeiten überhaupt vereitelt.

3.3. Die letzten Überlegungen finden in der empirischen Armutsforschung eine Entsprechung im Begriff der *Lebenslagen*. Wer eine Lebenslagenkonzeption vertritt, richtet seine Aufmerksamkeit auf die qualitativen Dimensionen von Armut, die in Nachteilen wie Kontaktarmut, Mangel an Bildung, vermeidbaren Krankheiten und vorzeitigem Tod zu Tage treten (vgl. Huster 1996, 22ff.; Hauser 1997, 20ff.). Die zentrale Schwäche solcher Ansätze ist jedoch ihre *unzureichende Spezifizität*: Nachteilige Lebenslagen können viele Ursachen haben, und nicht alle würden wir alltagssprachlich mit »Armut« in Verbindung bringen.

Zu Armut gehört offenbar auch eine besondere Art von Ursachen: Der Arme ist deshalb arm dran, weil er an einem *Ressourcendefizit* leidet. Diese begriffliche Intuition wird von einem zweiten Ansatz in der empirischen Armutsforschung festgehalten. Ressourcenansätze konzentrieren sich auf die grob ungleiche Verteilung von (Geld-)Mitteln. Als arm gilt in offiziellen Messungen zumeist, wer einen bestimmten Schwellenwert an dauerhaftem Einkommen – gewöhnlich zwischen 40 und 60 Prozent des durchschnittlichen Pro-Kopf-Einkommens – unterschreitet. Aber auch dieser Ansatz hat eine Achillesferse. Sie besteht in der mangelnden *normativen Signifikanz,* wie ein Gedankenexperiment verdeutlichen mag: Würde sich in einer Gesellschaft das durchschnittliche Einkommen bei gleichbleibender Verteilung verdoppeln, so müsste in dieser Gesellschaft niemand mehr Not leiden. Wäre es dann nicht dramatisierend, weiterhin von »Armut« zu reden? Das Gedankenexperiment soll den *absoluten* Charakter des Übels unterstreichen und richtet sich gegen seine bloß *relationale* Bestimmung (vgl. ähnlich Rescher 1972).

Man kann die komplementären Schwierigkeiten der beiden Ansätze allerdings ausräumen, indem man Ressourcen und Lebenslagen in ein Verhältnis von Mitteln zu Zwecken bringt. Armut ist dann definierbar als *Mangel an Ressourcen, der Menschen an einer menschlichen und menschenwürdigen Lebensführung hindert* (vgl. ausführlich Ladwig 2002). Der Vorschlag hebt beides hervor: eine allgemeine Ursache und ein durch sie bewirktes Übel. Auf dieser Grundlage sei abschließend noch einmal der mehrdeutige Ausdruck »relative Armut« betrachtet, der für Armutsbestimmungen in ›reichen‹ Gesellschaften unverzichtbar zu sein scheint.

3.4. Der Ausdruck »relative Armut« kann *erstens* darauf anspielen, dass es in verschiedenen Gesellschaften unterschiedlich ›teuer‹ ist, der Armut zu entgehen (vgl. Sen 1999, 112). Die Schlüsselgüter, die zu einer minimal anständigen Ausstattung gehören, können von Gesellschaft zu Gesellschaft variieren. Unter »relativer Armut« kann *zweitens* verstanden werden, dass Menschen auch an der Stellung und den Aussichten anderer Personen ihre eigene Misere ablesen. Ist der Mensch, wofür psychologisch vieles spricht, ein vergleichendes Wesen (vgl. klassisch Runciman 1966), so dürfte das absolute Befinden auch eine Funktion relationaler Größen sein. Das ändert indes nichts an der absoluten Bestimmung der Notlagen selbst. Anders verhält es sich erst mit einer *dritten* Bedeutung. Relative Armut besteht demnach in dem Umstand des Wenigerhabens als solchem; sie ist *genuin* relational. Es ist diese dritte Verwendungsweise, mit der die begriffliche Verbindung zwischen Armut und Elend gekappt wird und die man aus diesem Grund für nicht sinnvoll halten mag. Damit wäre über die konventionelle Messung von Armut noch nicht automatisch der Stab gebrochen: Die Verteilung von Geldeinkommen mag unter Umständen ein brauchbarer

Indikator für das Vorliegen von Notlagen sein. Allerdings muss der Blick dann zugleich den Notlagen selbst gelten und für mögliche Beschädigungen eines menschlichen und menschenwürdigen Lebens hermeneutisch sensibel sein.

4.

Hauser, R., 1997, Armutsberichterstattung, in: H.-H. Noll (Hg.), Sozialberichterstattung in Deutschland, Weinheim: Juventa.
Honneth, A., 1992, Kampf um Anerkennung. Zur moralischen Grammatik sozialer Konflikte, Frankfurt/M.: Suhrkamp.
Huster, E.-U., 1996, Armut in Europa, Opladen: Leske + Budrich.
Kymlicka, W., 1990, Politische Philosophie heute, Franfurt/M.: Campus 1996.
Ladwig, B., 2002, Arm und reich. Eine normative Betrachtung, in: Die Armutskonferenz u.a. (Hg.), Was Reichtümer vermögen. Gewinner und VerliererInnen in europäischen Wohlfahrtsstaaten, Wien: Mandelbaum.
Luhmann, N., 1994, Inklusion und Exklusion, in: H. Berding (Hg.), Nationales Bewußtsein und kollektive Identität, Frankfurt/M.: Suhrkamp.
Margalit, A., 1996, Politik der Würde. Über Achtung und Verachtung, Berlin: Fest 1997.
Nussbaum, M. C., 1999, Gerechtigkeit oder Das Gute Leben, Frankfurt/M.: Suhrkamp.
Offe, C./U.-K. Preuß, 1991, Democratic Institutions and Moral Resources, in: D. Held (Hg.), Political Theory Today, Cambridge: Polity.
Pogge, T., 1997, Lebensstandards im Kontext der Gerechtigkeitslehre, in: Zeitschrift für philosophische Forschung 51.
Rawls, J., 1971, Eine Theorie der Gerechtigkeit, Frankfurt/M.: Suhrkamp 1975.
Rescher, N., 1972, Welfare, Pittsburgh: University of Pittsburgh Press.
Runciman, W. G., 1966, Relative Deprivation and Social Justice, Berkeley: University of California Press.
Seel, M., 1995, Versuch über die Form des Glücks, Frankfurt/M.: Suhrkamp.
Sen, A., 1981, Poverty and Famines, Oxford: Oxford University Press.
Sen, A., 1999, Ökonomie für den Menschen. Wege zu Gerechtigkeit und Solidarität in der Marktwirtschaft, München: Hanser.
Shue, H., 1980, Basic Rights, Princeton: Princeton University Press 1996.
Simmel, G., 1908, Soziologie. Untersuchungen über die Formen der Vergesellschaftung, Frankfurt/M.: Suhrkamp 1992.
Smith, A., 1776, Der Wohlstand der Nationen, München: dtv 1978.
Tugendhat, E., 1998, Die Kontroverse um die Menschenrechte, in: S. Gosepath/G. Lohmann (Hg.), Philosophie der Menschenrechte, Frankfurt/M.: Suhrkamp.
Waldron, J., 1993, Liberal Rights, Cambridge: Cambridge University Press.

Wer sich ein Bild von »offiziellen« Methoden und Ergebnissen der Armutsforschung für die Bundesrepublik Deutschland machen will, sei verwiesen auf: Bundesregierung/Bundesministerium für Arbeit und Sozialordnung (Hg.), 2001, Lebenslagen in Deutschland. Der erste Armuts- und Reichtumsbericht der Bundesregierung, 2 Bde., Bonn.

Einschlägig für die »offizielle« Erfassung von Armut im Weltmaßstab ist der jährliche World Development Report der Weltbank: http://www.worldbank.org/poverty/wdrpoverty/report/index.htm (Stand 1. Juli 2008).

Bernd Ladwig

Arrow, Kenneth J. (*1921)

1.

Arrow wurde in New York geboren und ging dort zur Schule. 1940 erhielt er den Bachelor in Social Science des City College in New York. Sein Hauptinteresse galt aber schon damals dem Studium der Mathematik, welches er 1941 an der Columbia University mit dem M.A. abschloss. Er wechselte dann in das Department für Ökonomie, wo er, nach einer kriegsbedingten Unterbrechung, 1951 den Doktorgrad erhielt. 1949 ging Arrow nach Stanford, wo er schließlich Professor wurde und ab 1962 das Department für Ökonomie leitete. Nach einem vorübergehenden Wechsel 1968 an die Harvard University kehrte Arrow 1979 nach Stanford zurück. Arrow war und ist Fellow und Gastprofessor an verschiedenen Institutionen, wie dem Christ College in Cambridge und dem Institut für Höhere Studien in Wien.

2.

Arrow ist Autor mehrerer Standardwerke zur modernen Ökonomie, die auch heute noch als aktuell gelten. Seine einflussreiche Monographie *Social Choice and Individual Values* (1951) erwuchs aus seiner Dissertation und enthält die letzte Version seines berühmten Unmöglichkeitstheorems. Zusammen mit F. Hahn hat Arrow eine umfassende Ausarbeitung seiner Gleichgewichtstheorie publiziert (1983). Seine gesammelten Aufsätze wurden in sieben Bänden als *Collected Papers of Kenneth Arrow* veröffentlicht (1985). Arrow ist Mitherausgeber der ständig fortgeführten Reihe *Handbook of Mathematical Economics* (1981 ff.). Im Bereich der Theorie der Entscheidungen unter Risiko hat Arrow zahlreiche einschlägige Aufsätze publiziert (1984). Seine Vorlesungen (Arrow 1965) behandeln das berühmte, nach ihm und John W. Pratt benannte Maß für (relative) Risikoaversion.

3.

3.1. Arrow wird zur walrasschen Schule innerhalb der Neoklassischen Ökonomie gezählt. Ihm ist ein moderner Beweis des sog. ersten und zweiten Wohlfahrtstheorems zu verdanken. Die mathematische Verallgemeinerung und Präzisierung des Gleichgewichtsbegriffs durch Arrow war bahnbrechend für die Entwicklung der modernen Gleichgewichtstheorie durch ihn selbst und Debreu, die einer direkten Fundierung durch die Mikroökonomie zugänglich ist.

Die ökonomischen Systeme, die Arrow betrachtet, bestehen aus Güterallokationen zu den Marktteilnehmern, sowie Stückgutpreisen für jedes Gut. Güter werden rein quantitativ durch eine reelle Zahl repräsentiert. Die Marktteilnehmer versuchen nun, durch Kauf und Verkauf der Güter untereinander zum Marktpreis ihre Präferenzen zu maximieren. Es handelt sich um ein Ein-Schritt-Modell, bei dem eine Ausgangsallokation in einem Zeitschritt durch Tausch und Produktion umgewandelt wird. Die Edgeworth-Box ist ein Spezialfall einer solchen Ökonomie für zwei Personen und zwei Güter ohne Produktion.

Ein Pareto-Optimum ist eine pareto-optimale Umverteilung (oder Transformation durch Produktion) der Güter, d.h. eine Allokation, zu der es keine Alternative gibt, die alle Personen gleich gut, aber mindestens eine besser stellt. Das Pareto-Optimum ist ein rein wohlfahrtstheoretisches Konzept, in das Preise nicht eingehen. Ein ökonomisches Marktgleichgewicht (*competitive equilibrium*) im Arrow-Debreu-Modell erfüllt zwei Bedingungen. (i) Es ist ebenfalls ein Pareto-Optimum, aber relativ zu gegebenen Preisen für alle Güter, und innerhalb der Budgetschranken, die sicherstellen, dass niemand mehr Güter erhält, als er bezahlen kann. Diese Bedingung repräsentiert die Interessen der Konsumenten innerhalb ihrer Möglichkeiten. (ii) Zusätzlich wird verlangt, dass der Gesamtwert der Summe aller Güter der Allokation relativ zu den gegebenen Preisen mindestens so hoch ist wie der jeder anderen möglichen Allokation. Dies repräsentiert die Interessen der Produzenten nach Wertmaximierung der produzierten Güter.

Während die beiden Wohlfahrtstheoreme zeigen, dass ökonomische Gleichgewichte immer Pareto-Optima sind und umgekehrt (vgl. Arrow 1951), bestehen Arrows Beiträge zur allgemeinen Gleichgewichtstheorie (vgl. Arrow 1954) insbesondere darin, hinreichende Bedingungen für deren Existenz aufzuzeigen.

Für die klassische Ökonomie (insbesondere seit Walras) ist es wesentlich, dass die Marktpreise nicht extern vorgegeben oder gar normativ festgesetzt werden. Vielmehr ist es der Markt selber (genauer: die rationalen Eigeninteressen der Marktteilnehmer), der die Preise festlegt (nicht jedoch die Wirtschaftssubjekte als solche, diese sind Preisnehmer). Es geht also in der allgemeinen Gleichgewichtstheorie darum zu zeigen, dass Preise existieren, die ein effektives Marktgleichgewicht ermöglichen. In der Regel sind solche Preise aber nicht eindeutig.

Selbstverständlich implizieren die Wohlfahrtstheoreme keine Aussage über die Verteilung des Einkommens. Wie schon am Beispiel der Edgeworth-Box einzusehen, können extrem ungleiche Verteilungen (z.B. einer erhält alles) als Gleichgewichte auftreten. Die Verteilung der Güter hängt von der Ausgangsverteilung ab. Das zweite Wohlfahrtstheorem zeigt, dass zur Vermeidung von Konflikten mit der Pareto-Effizienz staatliche Eingriffe zum Zwecke der Umverteilung auf die Erstausstattung begrenzt werden sollten.

Das Arrow-Debreu-Modell ist keine reine Tauschwirtschaft. Firmen besitzen die Möglichkeit, Güter zu transformieren. Die technischen Möglichkeiten der Firmen werden durch die Menge der möglichen Produktionspläne repräsentiert. Diese werden durch die ein- und ausgehende Güterbilanz für den betreffenden Zeitschritt dargestellt. Werden negative Preise zugelassen, so können auch Abfälle, deren Entsorgung Kosten verursachen, ausgedrückt werden. Die Marktteilnehmer besitzen Anteile an den Firmen.

Im Arrow-Debreu-Modell bleibt offen, wie das Gleichgewicht zustande kommt (›*invisible hand*‹). Walras vermutete eine bestimmte Annäherungsprozedur, die letztendlich zu Konvergenz führen soll. Es stellt sich aber heraus, dass dies nicht der Fall ist, da sie nicht mit Gütertausch verbunden ist (vgl. Geanakoplos 1987). Eine spieltheoretische Fundierung der Arrow-Debreu-Theorie erfolgte durch Shapley/Shubik (1977), allerdings um den Preis zusätzlicher Annahmen. Hierbei werden Marktgleichgewichte auf spieltheoretische Nash-Gleichgewichte zurückgeführt. Letztere sind soziale Zustände, bei denen sich niemand durch eine einseitige Aktion verbessern kann.

Dem Modell liegen zahlreiche Idealisierungen zugrunde, wie perfekter Wettbewerb, Transaktionskostenfreiheit und die Abwesenheit externer Effekte. Güter sind in Wirklichkeit nicht beliebig fein unterteilbar und werden oft nicht unabhängig voneinander, sondern in Bündeln gehandelt. Sollte dies doch der Fall sein, gibt es oft nicht genügend Verkäufer, um von Konkurrenz sprechen zu können. Kritisch ist die mathematisch bedingte Annahme, dass sich bei je zwei Produktionsplänen stets jeder beliebige ›gemischte‹ Produktionsplan realisieren lässt. Aufgrund der klassischen Rationalitätsannahmen wie vollständige Information und Markttransparenz können Fälle von Marktversagen, wie Akerlofs berühmter ›Market for Lemons‹, nicht modelliert werden.

3.2. Berühmt wurde Arrow durch sein Unmöglichkeitstheorem für Sozialwahlverfahren, die bestimmten Anforderungen genügen sollen. Ein Präferenzprofil gibt für jede der beteiligten Personen eine Liste mit der Reihenfolge an, in der diese die Alternativen bewertet. Ein Sozialwahlverfahren bildet jedes Profil auf eine soziale Reihenfolge der Alternativen ab. Wichtig für Arrows Resultat ist, dass das Verfahren auch wirklich eine eindeutige Reihenfolge ergibt. Es muss die sog. Transitivitätsbedingung gelten, nach der wenn Alternative *a* vor *b* und *b* vor *c* gewertet wird, auch *a* vor *c* zu werten ist. Dies ist z.B. schon bei der einfachen (paarweisen) Mehrheitsregel nicht erfüllt, weil diese Zyklen erzeugen kann. Arrow setzt voraus, dass für jedes Alternativenpaar die soziale Reihenfolge nur von der Wertung dieses Alternativenpaars bei allen Individuen abhängt. Eine Alternative setzt sich gegenüber einer anderen durch, unabhängig davon, an welchen Orten die beiden Alternativen im Präferenzprofil aufgeführt sind, solange nur die Reihenfolge der Wertungen bei allen Personen hinsichtlich dieses Paares übereinstimmt. Weiterhin gelte das sog. Pareto-Prinzip, nach dem sich eine Alternative gegenüber einer anderen immer dann durchsetzt, wenn alle Personen die erste gegenüber der zweiten bevorzugen. Arrow hat nun gezeigt, dass seine Axiome nur mit diktatorischen Sozialwahlverfahren vereinbar sind, bei denen ein und dieselbe Person stets ihre Präferenzen durchsetzt.

Die Literatur zu Arrows Unmöglichkeitstheorem ist unüberschaubar. Es wurden diverse alternative Beweise (besonders anschaulich Geanakoplos 1996) und Verallgemeinerungen gefunden (etwa Kelley 1978, Suzumura/Xu 1999, Nehring 2003, Feldmann/Serano 2006, einführend Gaertner 2006). Arrows Theorem ist verwandt mit dem Gibbard-Satterthwaite-Theorem über die Strategieanfälligkeit von Sozialwahlverfahren (vgl. Reny 2001) und bildet die Basis für Theoreme zum Diskursiven Dilemma in der Demokratietheorie.

3.3. Arrow ist auch Begründer der endogenen Wachstumstheorie (1962), welche Innovationen nicht als externe Phänomene ansieht, sondern sie ökonomisch zu erklären versucht. Seit den 1980er Jahren wurden verschiedene Theorien entwickelt, welche die Anreize zur Innovation und zur Bildung von Humankapital modellieren. Eine der Vorraussagen der endogenen Wachstumstheorie gegenüber der Neoklassik ist, dass steigende Sparraten ein höheres Wachstum zur Folge haben.

4.

Arrow, K., 1951, Social Choice and Individual Values, New York: Wiley 1966.

Arrow, K., 1962, The Economic Implications of Learning by Doing, in: Review of Economic Studies 29.

Arrow, K., 1963, Uncertainty and the Welfare Economics of Medical Care, in: American Economic Review 53.

Arrow, K., 1964, Studies in Linear and Non-Linear Programming, Stanford: Stanford University Press.

Arrow, K., 1965, Aspects of the Theory of Risk Bearing, Helsinki: Yrjö Hahnson Foundation.

Arrow, K. (Hg.), 1981 ff., Handbook of Mathematical Economics, Amsterdam: North Holland.

Arrow, K., 1983, General Competitive Analysis, Amsterdam: North Holland.

Arrow, K., 1984, Individual Choice Under Certainty and Uncertainty, Cambridge/MA: Belknap Press.

Arrow, K., 1985, Collected Papers of Kenneth Arrow, 7 Bde., Cambridge/MA: Harvard University Press.

Chichilnisky, G., 1999, Markets, Information, and Uncertainty, Cambridge: Cambridge University Press.

Feiwel, G., 1987a, Arrow and the Foundations of the Theory of Economic Policy, Basingstoke: Macmillan.

Feiwel, G., 1987b, Arrow and the Ascent of Modern Economic Theory, Basingstoke: Macmillan.

Feldmann, A./Serano, R., 2006, Arrow's Impossibility Theorem, Brown University Department of Economics Working Paper No. 11.

Fuchs-Seliger, S., 1983, A Duality Approach to Arrow's Impossibility Theorem, Karlsruhe: Institut für Wirtschaftstheorie und Operations-Research, Discussion Paper No. 208.

Gaertner, W., 2001, Domain Conditions in Social Choice Theory, Cambridge: Cambridge University Press.

Gaertner, W., 2006, A Primer in Social Choice Theory, Oxford: Oxford University Press.

Geanakoplos, J., 1987, Arrow-Debreu Model of General Equilibrium, in: I. Eatwell/M. Milgate/P. Newman (Hg.), The New Palgrave Dictionary of Money and Finance, Bd. 1, Hampshire: Palgrave Macmillan 1992.

Geanakoplos, J., 1996, Three Brief Proofs of Arrow's Impossibility Theorem, Cowles Foundation: Discussion Paper.

Heller, W., 1986, Essays in Honour of Kenneth J. Arrow, Cambridge: Cambridge University Press.

Kelley, J., 1978, Arrow Impossibility Theorems, New York: Academic Press.

Kuhn, H., 1953, K. J. Arrow's Contribution to the Theory of Games, in: Annals of Mathematical Studies, 28.

MacKay, A., 1980, Arrow's Theorem, New Haven: Yale University Press.

Nehring, K., 2003, Arrow's Theorem as a Corollary, in: Economics Letters 80.

Reny, P., 2001, Arrow's Theorem and the Gibbard-Satterthwaite Theorem, in: Economics Letters 70.

Shapley, L. S./Shubik, M., 1977, Trade Using One Commodity as a Means of Payment?, in: Journal of Political Economy 85.

Suzumura, K./Xu, Y., 1999, Welfarist-Consequentialism, Similarity of Attitudes, and Arrow's General Impossibility Theorem, Tokyo: Institute of Economic Research.

Daniel Schoch

Asyl

1.

Als juristischer Begriff bezeichnet »Asyl« heute den Schutz vor politischer Verfolgung. Unter »asylon« (gr.: das, was nicht ergriffen werden darf) verstand man im Altertum einen Gegenstand oder Ort, der es aufgrund seiner Heiligkeit verbot, Personen, Tiere oder Gegenstände, die ihn berührten oder betraten, ungestraft von ihm zu entfernen. Die Institution des Asyls ergänzte profane Rechtsordnungen und schwächte sie ab. Über diesen religiösen Ursprung des Asyls besteht in der Literatur Einigkeit (vgl. Kimminich 1983, 7).

2.

Das sakral-magische Asylverständnis verlor bereits in der Antike an Bedeutung: Verfolgte begaben sich nicht mehr in die Obhut des heimatlichen Gottes, sondern suchten und fanden Schutz außerhalb der Gemeinschaft, in die sie ursprünglich durch Geburt aufgenommen worden waren. Das Asylrecht ist damit zu einem Recht der Staaten geworden, das von den meisten Staaten nach deren Nützlichkeitserwägungen gewährt oder verweigert wird. Daher kommt die Qualität des Asylrechts als »zusätzlicher Gerechtigkeitsmechanismus über das Völkerrecht hinaus« (Tremmel 1993, 3) häufig nicht zum Tragen. Lediglich im Geltungsbereich des bundesdeutschen Grundgesetzes ist das Recht auf politisches Asyl als ein – seit der Verfassungsänderung 1993 jedoch faktisch eingeschränktes – Menschenrecht (Art. 16 a GG) ausgestaltet. Eine solche menschenrechtliche Begründung von Asyl gilt als wesentliche Voraussetzung, um einer Ideologisierung des Asylrechts nach politischen Kriterien entgegenzutreten (vgl. Marx 1984, 230).

3.

Seine philosophische Dimension gewinnt Asyl aus dem Spannungsfeld »die drinnen und die draußen« (Singer 1994, 315). Bei Asyl, aber auch bei Migration im Allgemeinen, geht es u.a. um die moralphilosophische Frage, von welchen Grundsätzen sich eine (potenzielle) Aufnahmegesellschaft in ihrer Antwort auf das Asylbegehren von Angehörigen anderer Staaten leiten lassen soll. Mit der Aufnahme von Zufluchtssuchenden ist unter Umständen eine Einschränkung im Wohlfahrtsniveau der Aufnahmegesellschaft verbunden. Daher hängt die Bereitschaft, eine entsprechende Verpflichtung wahrzunehmen, sowohl von den Motiven als v.a. auch von der Zahl der Einlassbegehrenden (objektive Daten, aber auch subjektive Einschätzung) ab.

3.1. Da Asyl dem besonderen Schutzbedürfnis Verfolgter gerecht werden muss (nach dem Grundgesetz nur »politisch« Verfolgter), ist die staatliche Freiheit, Asyl zu verweigern, eingeschränkt: (a) Jeder Flüchtling, der physisch an die Grenze des potenziellen Aufnahmestaates gelangt, kann um Asyl nachfragen. (b) Das völkerrechtlich anerkannte »Refoulement«-Verbot begründet einen Schutz vor Abweisung und Abschiebung eines Asylsuchenden in ein Land, in dem ihm Verfolgung wegen seiner politischen Überzeugung, seiner Religion oder Rasse drohen – außer im Fall vorrangiger Gründe staatlicher Sicherheit.

3.2. Ungeachtet der Dimensionen und Formen des Weltflüchtlingsproblems im 20. und 21. Jahrhundert halten die westlichen Aufnahmestaaten an der Unterscheidung zwischen Asyl und Migration fest. Auch solche Flüchtlinge, die z.B. als Kriegsflüchtlinge im Flüchtlingscamp eines an das Krisengebiet angrenzenden Staates notdürftig untergebracht sind und sich um Aufnahme in eine westliche Industrienation bemühen, werden anders behandelt als Asylbewerber. (a) Diejenigen, die an der Landesgrenze stehen und sich auf den Asylgrundsatz berufen, profitieren vom Prinzip der Nähe (vgl. Singer 1994, 324). Ihre Ablehnung oder Ausweisung erfordert ein aktives Einschreiten der Aufnahmegesellschaft. Anders dagegen bei der auch wesentlich größeren Zahl von Flüchtlingen, die physisch weit entfernt leben und uns nicht als Individuen gegenübertreten. Um die Aufnahme eines Flüchtlings aus einem fernen Lager zu verhindern, genügt es aus Sicht der reichen Nationen, untätig zu bleiben. (b) Diese Bevorzugung von Asylsuchenden gegenüber Armutsflüchtlingen ist rechtsstaatlich geboten und auch unter moralischen Gesichtspunkten nahe liegend: Außenstehenden, die aufgrund ihrer politischen Überzeugung oder ihrer Religion verfolgt werden, nutzt der Export materieller Güter in Form von Entwicklungshilfe nicht. Da Freiheit nicht exportierbar ist, kann ihnen nur durch die Aufnahme in einen geschützten Raum geholfen werden. (c) In Anbetracht der positiven Konsequenzen, die sich aus dem Erreichen des Aufnahmestaates bzw. dem Einreichen eines Asylgesuchs ergeben, liegt die Versuchung nahe, Asyl als Eintrittskarte zu nutzen. Asylbewerber können (politische) Verfolgung nur vortäuschen, um sich so den Zutritt zu der wirtschaftlich attraktiven und angenehmere Lebensumstände verheißenden Aufnahmegesellschaft zu erleichtern. Nahe liegend ist ein solches Verhalten in den Aufnahmeländern, die ihre Grenzen z.B. für Arbeitsmigranten geschlossen und/oder hohe Hürden für den Familiennachzug errichtet haben. Asyl ist dann die letzte Möglichkeit, Zutritt zur Aufnahmegesellschaft zu erhalten. Ein derartiges Verhalten ist unter Umständen auch eine Reaktion darauf, dass der grundgesetzliche Begriff der »politischen« Verfolgung sehr eng gefasst (vgl. Münch 1993, 28ff.), und das Leben vieler Flüchtlinge in ihrer Heimatgemeinschaft zwar nicht aufgrund staatlicher Verfolgung, jedoch durch Krieg, Umweltkatastrophen oder wirtschaftliche Not gefährdet ist. Aus ethischer Sicht ist die Ausgrenzung dieser Flüchtlinge als sog. Wirtschaftsflüchtlinge ohnehin unsinnig; schließlich ist die fluchtauslösende Not oft lebensbedrohlich und meist durch politische Entscheidungen mitbedingt.

3.3. Ausgehend vom Konzept der distributiven Gerechtigkeit befasst sich der Kommunitarist Michael Walzer mit den Konsequenzen, die sich aus der Existenz einer politischen Gemeinschaft ergeben: Zu den vielen Distributionsentscheidungen, die deren Mitglieder zu treffen haben, gehört auch die über die Behandlung von Fremden, also derjenigen, die der Gemeinschaft nicht angehören. Ähnlich wie ein Verein, der den Eintritt reglementieren, den Weggang aber nicht verhindern kann (vgl. Walzer 1992, 76f.), entscheidet die Gemeinschaft über Aufnahme- bzw. Ausschlusskategorien, bestimmt also durch politische Entscheidungen über die Vergabe der Mitgliedschaft. Die Frage, ob Staaten das Recht haben, Flüchtlingen den Zugang zu verweigern und die Grenzen zu schließen, wird von Walzer mit der Begründung bejaht, dass ohne diese Option klar definierte Gemeinwesen nicht bestehen könnten.

3.4. Dagegen muss nach Einschätzung des Utilitaristen Peter Singer das Interesse der Flüchtlinge, in ein Land umzusiedeln, in dem ihre Lebensgrundlagen gesichert sind, stets schwerer wiegen als die dagegen stehenden Interessen der Aufnahmestaaten, die sich u.a. um ihre wirtschaftliche Entwicklung, den Arbeitsmarkt, die Integrationsfähigkeit der Flüchtlinge, die Integrationsbereitschaft der Aufnahmegesellschaft oder sogar die Umweltbelastung sorgen. Singer argumentiert, dass es falsch wäre, die nicht abschätzbaren Folgen z.B. einer Verdoppelung des Flüchtlingsaufnahmekontingents zur Grundlage politischer Entscheidungen zu machen. Da sich die Folgen einer höheren Aufnahmequote für die schutzsuchenden Menschen auf jeden Fall positiv darstellten, könnten sie nicht gegen die bloß zu vermutenden negativen Konsequenzen verrechnet werden. Aus dieser Überlegung zieht jedoch auch er nicht die Schlussfolgerung, dass ein Land so lange Flüchtlinge einlassen muss, bis es sich auf derselben Armutsstufe befindet wie die Herkunftsländer (vgl. Singer 1994, 332f.). Ähnlich wie Walzer sieht Singer keine entsprechende moralische Verpflichtung von Zufluchtsstaaten (vgl. Walzer 1992, 87). Auch im Namen der Gerechtigkeit dürfen an eine Flüchtlinge aufnehmende Solidargemeinschaft nicht Erwartungen herangetragen werden, die ihre Leistungsfähigkeit übersteigen.

3.5. Die Forderung der praktischen Ethik, die westliche Flüchtlings- und Asylpolitik solle das Ergebnis eines »wohlüberlegten Versuchs« (Singer 1994, 333) sein, die moralischen Verpflichtungen der Industriestaaten zu bestimmen, geht implizit von der Annahme aus, dass sich die Lebensbedingungen von Kriegs- oder Armutsflüchtlingen durch eine Aufnahme in die reichen Nationen nachhaltig verbessern. Dagegen versuchen die Zufluchtsstaaten diese moralische Vereinnahmung dadurch zu relativieren, dass sie z.B. auf die negativen Folgen von Wanderungsbewegungen für die Herkunftsländer verweisen (u.a. den »brain drain«, also die Abwanderung der jungen und mobilen (Wissens-)Elite eines Landes).

3.6. Grundsätzlich bietet sich eine in zweifacher Hinsicht subsidiäre Lösung des Weltflüchtlingsproblems an (vgl. Tremmel 1993, 256ff.). Zum einen kann und muss kein westlicher Aufnahmestaat das Flüchtlingsproblem und die daraus für die Industrieländer resultierenden moralischen Verpflichtungen allein lösen. Vielmehr müssen sich die Aufnahmeländer um gemeinsame Aktionen bemühen, um die Flüchtlingsnot zu überwinden und ihr Entstehen möglichst zu verhindern. Zum anderen soll die gegenüber einer unbegrenzten Flüchtlingsaufnahme zu bevorzugende Entwicklungs- bzw. Wirtschaftshilfe lediglich Hilfe zur Selbsthilfe sein.

4.

Kimminich, O., 1983, Grundprobleme des Asylrechts, Darmstadt: WBG.

Marx, R., 1984, Eine menschenrechtliche Begründung des Asylrechts, Baden-Baden: Nomos.

Münch, U., 1992, Asylpolitik in der Bundesrepublik Deutschland, Opladen: Leske + Budrich 1993.

Singer, P., 1976, Praktische Ethik, Stuttgart: Reclam 1994.

Tremmel, H., 1993, Grundrecht Asyl. Die Antwort der Sozialethik, Freiburg: Herder.

Walzer, M., 1983, Sphären der Gerechtigkeit, Frankfurt/M.: Campus 1992.

Whelan, F. G., 1988, Citizenship and Freedom of Movement, in: M. Gibney (Hg.), Open Borders? Closed Societies?, New York: Greenwood Press.

URSULA MÜNCH

Aufklärung

1.

Der deutsche Ausdruck »Aufklärung« ist, in der übertragenen Bedeutung des Wortes, seit dem Ende des 17. Jahrhunderts belegt, und zwar in der bis ins 19. Jahrhundert geläufigen Verbindung »Aufklärung des Verstandes«. Dieses Verbalsubstantiv scheint eine original deutsche Wortbildung zu sein. Andere Sprachen kennen, zumindest zu dieser Zeit, kein vergleichbares *substantivum actionis*, das dann zugleich als Epochenbegriff dienen könnte. Erst später wurde das Jahrhundert der Aufklärung in Frankreich *siècle des lumières* und in England *age of enlightenment* genannt. In Deutschland hingegen avanciert »Aufklärung« im Laufe des 18. Jahrhunderts zu einem Schlüsselbegriff für eine dominierende geistige und gesellschaftliche Reformbewegung, die sich die Aufklärung des Verstandes zum Programm gemacht hatte. Im Laufe der zweiten Hälfte des 18. Jahrhunderts wird allerdings die Frage nach dem Wesen der Aufklärung immer lauter, und diese eskaliert dann in den 1780er und -90er Jahren in einer überbordenden Diskussion über die wahre Aufklärung, an der sich, neben vielen anderen, auch Kant und Mendelssohn beteiligten (vgl. Bahr 1974; Schneiders 1974). Nicht zuletzt dadurch, aber auch allgemein durch die Selbsthistorisierung der Aufklärung an der Schwelle zu einem neuen Jahrhundert, wird Aufklärung auch zu einem Epochenbegriff. Aufgrund dieser Entwicklung bedeutet »Aufklärung« im deutschen Sprachraum immer noch einerseits eine mehr oder weniger programmatische Tätigkeit, die wesentlich auf klare Erkenntnis zielt, andererseits eine vorherrschende Geistesbewegung des 18. Jahrhunderts, die, wenn die griechische Philosophie als erste Aufklärung interpretiert wird, auch als neue oder zweite Aufklärung verstanden wird. Doch heißt das »Jahrhundert der Aufklärung« auch »Jahrhundert der Vernunft«, »Jahrhundert der Kritik« oder im Hinblick auf die Leitwissenschaft der Zeit das »philosophische Jahrhundert«.

2.

Ganz allgemein gesprochen war die Aufklärung des 18. Jahrhunderts eine geistige und gesellschaftliche Reformbewegung, die sich von der Klarheit des Denkens nicht nur geistige und moralische Forschritte, sondern auch eine Besserung aller Verhältnisse versprach; Wahrheit durch Klarheit sollte auch einer richtigen oder doch besseren Gesellschaftsordnung dienen. Offensichtlich gab es nach Jahrhunderten primär theologischen Denkens ein deutlich verstärktes anthropologisches Interesse, verstärkte Versuche des Menschen, sich mit Hilfe seiner Vernunft in seiner Welt zurechtzufinden. Und offensichtlich gab es nach Jahrhunderten großer Gläubigkeit, Abergläubigkeit und Leichtgläubigkeit eine deutliche Tendenz zu kritischem Denken, das in ständig wiederholten Forderungen nach Aberglaubens- und Vorurteilskritik, Kritik des Fanatismus und der Schwärmerei usw. zu Tage tritt. Dieses kritische Denken ist als Selbstdenken, wie es nun heißt, durch betonte Rationalität und Authentizität charakterisiert; als sog. Freidenken ist es zugleich gegen innere und äußere Zensuren gerichtet. Wenn das Postulat der Selbständigkeit aber nicht nur auf das Denken, sondern auch auf das Handeln bezogen wird, wird es zum Postulat der Freiheit auch in gesellschaftlicher bzw. politischer Hinsicht. Vernunft und Freiheit sind aber für die Aufklärung des 18. Jahrhunderts kein Selbstzweck, sie sollen der Erlangung von Glück und Tugend bzw. von Glück durch Tugend dienen. So entsteht ein allgemeines Nützlichkeitsdenken, das die Rationalität der gesamten Lebensführung und aller Lebensverhältnisse als Ziel impliziert.

Historisch gesehen war die Aufklärung zunächst eine Antwort auf eine bestimmte geschichtliche Situation, wie schon ein kurzer Blick auf die Religion, Politik und Wissenschaft der Zeit zeigt. Mit der Ausbildung zentral regierter und mehr und mehr national verstandener Großstaaten sowie der gleichzeitigen Spaltung der christlichen Kirche durch die Reformation war in Europa spätestens seit dem 16. Jahrhundert eine völlig neue Problemsituation entstanden, die durch das Aufkommen einer der Absicht nach weltanschaulich neutralen Naturwissenschaft noch verschärft wurde. Kriege um die vermeintlich wahre Religion und die richtige Staatsordnung prägen das 17. Jahrhundert und damit die Ausgangslage für die Aufklärung. Auf dem Gebiet der Religion entsteht angesichts der traumatischen Erfahrung ständiger Religionskriege einerseits das Postulat einer überkonfessionellen vernünftigen Religion bzw. natürlichen Theologie, andererseits das Postulat der Religionsfreiheit, das später zu einem Postulat allgemeiner Denk- und Redefreiheit erweitert wurde. V.a. aber suchte die Aufklärung die wahre Religion jetzt in der praktizierten Moral, der Tugend. Auf dem Gebiet der Politik, wo aus der Sicht der vernunftorientierten Aufklärer ebenfalls fast nur Unvernunft in Gestalt absolutistischer Willkür herrschte, boten sich zwei Möglichkeiten zur Weltverbesserung an: entweder zu versuchen, den Absolutismus im Sinne eines aufgeklärten Reformabsolutismus zu instrumentalisieren, oder sich in einer Revolution gegen ihn zu erheben. Die meisten Aufklärer haben, jedenfalls bis zur Französischen Revolution, für den ersten Weg optiert. Auf dem Gebiet der Wissenschaft lag für die Zeitgenossen in den neuen Naturwissenschaften ein erstes Modell theologieunabhängigen Denkens vor, das Hoffnung auf eine freie Philosophie wecken konnte, die mit den Wissenschaften eng verknüpft war, diese aber auch im Hinblick auf das allgemeine Weltverständnis überhöhen würde. So konnte die Philosophie, die sich selbst noch als Wissenschaft verstand, zur Leitwissenschaft der Epoche werden.

3.

3.1. So sehr die Aufklärung auch als ein allgemeineuropäisches und relativ homogenes Phänomen gesehen werden kann, so deutlich zeigen sich doch bei näherem Hinsehen markante Unterschiede. Nicht nur kann und muss zwischen Aufklärung seiner selbst und Aufklärung des anderen, Aufklärung von oben und Aufklärung von unten, Fürstenaufklärung und Volksaufklärung usw. unterschieden werden, nicht nur müssen die unterschiedlichen Phasen oder Generationen unterschieden werden. Nachdrücklich müssen auch die Unterschiede zwischen den einzelnen Nationen herausgestellt werden, und zwar im Hinblick auf die geschichtliche Ausgangssituation wie im Hinblick auf die gesellschaftliche Rahmensituation. Schlagwortartig lassen sich für die sog. Kernländer der Aufklärung drei symbolische Daten und drei verschiedene Tendenzen nennen. In Großbritannien begann die Aufklärung mit einem alles bestimmenden politischen Sieg, der Glorious Revolution von 1688, zu der sich intellektuelle und politische Mächte gleichermaßen vereinten. Dadurch wurde die parlamentarische Monarchie festgeschrieben, Adel und Bürgertum verbanden sich in einer gemischten Verfassung und die Aufklärung konnte sich relativ ungestört v.a. als Religionskritik entwickeln. In Frankreich begann die Aufklärung 1685 mit einer religiösen und politischen Katastrophe, nämlich mit der Aufhebung des Ediktes von Nantes, das den Protestanten Religionsfreiheit gewährt hatte. Angesichts der nun stabilisierten Einheit von Thron und Altar konnte Aufklärung zunächst fast nur als grundsätzliche, und zwar geheime Opposition stattfinden – soweit die Aufklärer nicht emigrierten mussten. In Deutschland konnte es nach dem Westfälischen Frieden, in dem der Status quo festgeschrieben worden war, anscheinend kein großes Ereignis geben, das die ganze »verspätete Nation« erschüttert hätte. Hier war es ein provinzielles akademisches Spektakel, nämlich die Einführung der deutschen Sprache als Unterrichtssprache durch Christian Thomasius (1687), das sich im Nachhinein als Anfang einer Kulturrevolution erweisen sollte. So musste es, bei aller Ähnlichkeit der aufklärerischen Grundintentionen, zu grundverschiedenen Typen von Aufklärung kommen, die sich auf allen Gebieten des geistigen und gesellschaftlichen Lebens, v.a. in der Philosophie und Politik bzw. Politiktheorie erkennen lassen.

3.2. In Großbritannien, wo der Geist der Aufklärung die Politik wesentlich bestimmte, bildete sich ein geistiges Klima aus, das auf dem Kontinent nur in den protestantischen Niederlanden eine gewisse Entsprechung hatte. Die Neubestimmung der Funktion des schon Jahrhunderte alten Parlaments führte zur Ausbildung von politischen Parteien und zur Entwicklung einer auch politischen Zielen verpflichteten Presse; hier wie auch in dem neuen Genre des bürgerlichen Romans konnte sich das Programm der Aufklärung relativ frei entwickeln. Gleichzeitig entstand, sozusagen im Gegenzug zu den alten, verkrusteten Universitäten der schon durch Francis Bacon präfigurierte Typus des *gentleman philosopher* – philosophische Schriftsteller, die unabhängig von universitären Zwängen in lockerer Form ihre Ideen entwickeln konnten. Sie waren in aller Regel, im Sinne einer in England schon seit dem Spätmittelalter vorherrschenden Geistesrichtung, pragmatisch und psychologisch eingestellt. Nur im weitgehend katholischen Schottland spielte die Universität, indem sie sich den modernen Ideen öffnete, auch im 18. Jahrhundert eine wichtige Rolle.

Die Grundlage für das philosophische, insbesondere auch das politikphilosophische Denken des 18. Jahrhunderts wurde in England von John Locke gelegt. Er war 1688 mit dem gleichen Schiff, das Wilhelm von Oranien nach England brachte, aus dem holländischen Exil zurückgekehrt und entwickelte, von adeligen Mäzenen gefördert, in weitgehender Übereinstimmung mit der neuen Gesellschaftsordnung, die maßgeblichen Ideen der englischen Aufklärung: eine empiristische Erkenntniskritik, eine sekten- und kirchenkritische Aufforderung zur Toleranz und *last but not least* als Grundlage der Staatsphilosophie eine kritische Rechtfertigung des englischen Regierungssystems (vgl. Locke 1690). Dabei griff er auf die Vertragstheorie zurück, wie sie vor ihm Thomas Hobbes zur Rechtfertigung der absolutistischen Monarchie konzipiert hatte (vgl. Hobbes 1651), änderte sie jedoch in entscheidenden Punkten im Sinne einer Mäßigung und Liberalisierung ab. Der Mensch erscheint ihm nicht als ein einzelgängerischer Wolf, der sich selbst mit einem Gesellschafts- und Unterwerfungsvertrag zähmt, sondern als ein von Natur geselliges Wesen, das auch als Bürger gewisse Freiheitsrechte haben muss. Um aber den freien und vernünftigen Menschen gegen die Übergriffe der Staatsmacht zu schützen, muss der Staat in Schranken gehalten werden, und zwar v.a. durch eine Teilung seiner Gewalt.

Lockes politische Vorstellungen fanden weitgehende Anerkennung und wurden nicht mehr grundsätzlich in Frage gestellt. Sie wurden erst in der zweiten Hälfte des 18. Jahrhunderts durch die politische Ökonomie von Adam Smith (1776) ergänzt, und zwar im Sinne des Liberalismus. Smith entwickelte die bis heute vielfach vertretene Idee, dass, wenn jeder seinen eigenen Nutzen verfolgen dürfe und dieses Spiel der Kräfte nicht behindert werde, die natürlichen Egoismen sich auf natürliche Weise ausgleichen würden. Damit wäre dann auch, wie seine Nachfolger meinten, das größte Glück der größten Zahl gesichert.

3.3. Die Ausgangslage der Aufklärung in Frankreich, einem großen und kulturell dominierenden Land, aber zentralabsolutistisch regierten kirchlichen und königlichen Staat, bestimmt natürlich auch das staatsphilosophische Denken in Frankreich. Die Aufklärer, die sich »*philosophes*« nennen und ihr Forum außerhalb der Universität in den Salons finden, stehen, ohne feste Bindung an den Staat, zumeist in innerer, später auch oftmals äußerer Opposition zum Regime, und zwar nicht selten in radikaler, zumindest verbalradikaler Opposition; eine Reform des Systems erschien ihnen unmöglich. Unter den aufrührerischen Geistern, von denen Voltaire der bekannteste war, finden sich auch zwei bedeutende politische Denker, Montesquieu und Rousseau.

Montesquieu, immerhin zeitweise Parlamentspräsident von Bordeaux, hat seine Kritik des Absolutismus und seine Vorliebe für die konstitutionelle Monarchie nur sehr vorsichtig kundgetan. Er ist stark von Locke und dem englischen Regierungssystem beeindruckt, glaubt aber nicht, dass jede Regierungsform für jedes Land geeignet ist. Vielmehr setzt er die Regierungsform zur Natur und Geschichte eines Landes und seiner Menschen in Beziehung und ebnet so schon früh den Weg für eine Staatsphilosophie, die über den abstrakten Gedanken eines allgemeinen Vertrages hinausgeht (vgl. Montesquieu 1748). Demgegenüber macht Rousseau, seiner Herkunft nach ein Genfer Kleinbürger, keinen Hehl aus seiner Abneigung gegen die absolutistische Zentralmonarchie und die mit ihr verbundene Luxuskultur, die den Menschen verderbe. Der Mensch sei frei geboren, aber überall liege er in Ketten. Eigentlich sollte seine natürliche Freiheit im Vollzuge eines *contrat social* in eine höhere bürgerliche Freiheit übergehen bzw. übergegangen sein. Mit diesem Gesellschaftsvertrag sollte eine Art Willensgemeinschaft entstehen, die auch als *peuple* oder *nation* bezeichnet wird und die am Ende wichtiger zu sein scheint als die zunächst pathetisch eingeforderte Freiheit des Einzelnen (vgl. Rousseau 1762). So oder so konnte sich die Französische Revolution diese Parolen, die auch in Deutschland ein starkes Echo fanden, zu Eigen machen und unter dem Eindruck der US-amerikanischen Unabhängigkeitserklärung zu einer Deklamation der Menschenrechte weiterentwickeln. Rousseau war allerdings schon mehr Aufklärungskritiker als Aufklärer, er bezweifelte nicht nur den Fortschrittscharakter der Zivilisation im Allgemeinen, sondern auch den Fortschritt der Moral durch Erkenntnis im Besonderen. Als die Französische Revolution die Welt veränderte, waren er und die meisten französischen Aufklärer allerdings schon tot.

3.4. Ganz anders stellt sich, trotz gewisser ähnlicher Strukturen (Dominanz der dogmatischen Theologen und absolutistischen Herrscher), die geistige und gesellschaftliche Situation in Deutschland dar, und zwar während der ganzen Aufklärungsepoche. Deutschland besitzt aufgrund seiner politischen und religiösen Zerrissenheit eine Unzahl von Universitäten, die das geistige Leben bestimmen; auch der neue kritische Geist geht von den Universitäten aus. Und hier ist es v.a. die neue, d.h. die durch Grotius und Hobbes erneuerte Naturrechtslehre, die eine Chance zu bieten scheint, aus bloßer Vernunft eine zwar meist noch transzendent begründete, aber von der konfessionellen Theologie weitgehend unabhängige Theorie der richtigen Daseinsordnung zu entwickeln, die sowohl das Leben des Einzelnen wie der Gesamtgesellschaft reglementieren soll. Ein Versuch, die Gesellschaft grundsätzlich praktisch zu revolutionieren, lag allerdings außerhalb des Horizontes dieser universitären Politiktheorie, er wäre auch angesichts der politischen Kleinstaaterei in Deutschland sinnlos gewesen. Die beamteten Professoren optierten klugerweise für einen gemäßigten Reformkurs.

Christian Thomasius, der Initiator der deutschen Aufklärung, der streng zwischen Privat- und Staatspolitik unterscheidet und letztere angeblich ganz den »hohen Herren« überlassen will, behandelt das Problem des Staates fast ausschließlich als Rechtsproblem, nämlich im Rahmen seiner Naturrechtslehre. Nach seiner Theorie ist der Mensch zwar potentiell ein *animal civile*, tritt aber erst durch einen Vertrag in den *status civilis*, wobei er faktisch alle natürlichen Rechte aufgibt. Der Staat sollte ganz im Sinne eines aufgeklärten Absolutismus, gemeinsam durch Fürsten und Philosophen, nämlich durch Befehl und Rat, in Richtung auf Recht und Moral regiert werden. Ähnlich denkt auch Christian Wolff (1721): Der Bürger hat im Vertrag seine angeborenen Freiheitsrechte faktisch verloren, damit die eingesetzte Regierung ungestört für Tugend und Wohlfahrt sorgen kann, wobei die Regierung im Falle eines aufgeklärten Volkes auch einmal demokratisch verfasst sein kann. Selbst Kant, der, nun schon stark von Rousseau beeinflusst, die natürliche individuelle Freiheit des Menschen betont, denkt noch in der Kategorie des Vertrages und schreckt vor dem Gedanken einer Volksherrschaft zurück. Gegen Ende des Jahrhunderts wird dann aber der im Prinzip liberalistische Vertragsgedanke mit seiner Voraussetzung eines ursprünglich vereinzelten Individuums obsolet; der Staat wird jetzt, im Deutschen Idealismus, v.a. als vorgängige Ganzheit, als geschichtliches Gebilde und natürlicher Organismus oder sogar als metaphysische Wesenheit aufgefasst.

3.5. Nicht zuletzt aus dieser Perspektive stellt sich auch die Frage nach dem Ende bzw. Scheitern der Aufklärung. Seit 1781 hatte Kant dem Erkenntnisoptimismus und der Glücksmoral den theoretischen Boden entzogen, 1789 begann die Zerstörung der politischen Welt des 18. Jahrhunderts, der sog. alteuropäischen Gesellschaftsordnung. Das im Terror endende Freiheits- und Tugendpathos der Französischen Revolution, aber auch der daraus sich entwickelnde kriegerische Nationalismus stürzte v.a. die deutschen Aufklärer in das Dilemma von Freiheits- und Vaterlandsliebe, dem sie letztlich nicht gewachsen waren; auch in Deutschland begann ein neuer Nationalismus den Republikanismus zu überwuchern. Das alte Staatsmodell, wonach der Staat durch Vertrag entstand und wie eine Maschine funktionierte, hatte ausgedient. Außerdem hatte der kritische Geist der Aufklärung in vielen Punkten erkennbar gesiegt, kirchlicher Hexenglaube und juristische Folter waren weitgehend ausgerottet bzw. abgeschafft. Insofern war die Aufklärung allem Anschein nach weitgehend überflüssig geworden.

3.6. Die Bedeutung der Aufklärung wird auch heute noch extrem unterschiedlich gesehen. Während es in England und Frankreich eine lange und dominante Tradition aufklärerischen Denkens gibt, wurde in Deutschland die Aufklärung etwa seit 1800 durch wirkungsmächtige, zumindest zum Teil antiaufklärerische Geistesbewegungen (Klassik, Romantik, Idealismus und Historismus) geradezu verschüttet. Aus der Sicht der zum Teil genialen Vertreter dieser Richtungen erschien die Aufklärung borniert rationalistisch, platt und oberflächlich, geschichts- und gefühlsfeindlich; Marx und Nietzsche, die sich selbst ein Stück weit als Aufklärer verstanden, orientierten sich nur noch an der französischen Aufklärung. Erst mit dem Ende des Zweiten Weltkrieges, der auch eine Folge des politischen Irrationalismus war, erfolgte eine Neubewertung der Aufklärung im Allgemeinen und damit auch eine Neubesinnung auf die Aufklärung des 18. Jahrhunderts in Deutschland. Parallel und nahezu unabhängig voneinander wurden einerseits Forderungen nach einer neuen ›aufgeklärteren‹ Aufklärung laut (insbesondere in der Frankfurter Schule), andererseits historische Initiativen zur Erforschung der deutschen Aufklärung ergriffen, die zu einer gewissen Konjunktur der Aufklärungsforschung geführt haben.

Offensichtlich hängt die Bewertung der Aufklärung als Epoche v.a. von zwei Kriterien ab: (1) Was man als Eigenschaften der Aufklärung ansieht und wie man diese dann beurteilt sowie (2) wie man zur Aufklärung als einem ›übergeschichtlichen‹ Programm und einer jederzeit möglichen und nötigen Tätigkeit steht. Zu den kaum bestreitbaren Errungenschaften der Aufklärung gehören z.B. die Bekämpfung von Aberglauben und Vorurteilen, die Forderung nach Toleranz und Menschenrechten; dieser von Europa ausgehende Kampf für ein freies Denken geht auch heute noch vielfach weiter. Allerdings hat die Aufklärung durch die Stärkung der Kritik, der individuellen Freiheit und Vernunft, auch, und zwar zum Teil gegen ihre eigene Intention, ein Zerstörungspotential entwickelt, das die alteuropäischen Denkweisen, die Bindung an Glauben und Geschichte, weitgehend geschwächt und so dem modernen Nihilismus mit den Boden bereitet hat. Die Frage ist daher immer noch, was dem freien Denken positiv zugetraut wird und wie es mit den nachhaltig gefährdeten Gesellschaftsordnungen der Moderne harmonieren kann.

4.

Alt, P. A., 1996, Aufklärung, Stuttgart: Metzler.

Bahr, E. (Hg.), 1974, Was ist Aufklärung?, Stuttgart: Reclam.

Bödeker, H. E./Hermann, U. (Hg.), 1987, Aufklärung als Politisierung – Politisierung als Aufklärung, Hamburg: Meiner.

Delon, M., 1997, Dictionnaire Européen des Lumières, Paris: PUF.

Hobbes, T., 1651, Leviathan, Frankfurt/M.: Suhrkamp 2006.

Israel, J., 2001, Radical Enlightenment, Oxford: Oxford University Press.

Israel, J., 2006, Enlightenment Contested, Oxford: Oxford University Press.

Jüttner, S./Schlobach, J. (Hg.), 1992, Europäische Aufklärung(en), Hamburg: Meiner.

Locke, J., 1690, Zwei Abhandlungen über die Regierung, Frankfurt/M.: Suhrkamp 2007.

Montesquieu, C. de, 1748, Vom Geist der Gesetze, Stuttgart: Reclam 1986.

Rousseau, J.-J., 1762, Vom Gesellschaftsvertrag, Stuttgart: Reclam 1986.

Schneiders, W., 1974, Die wahre Aufklärung. Zum Selbstverständnis der deutschen Aufklärung, Freiburg: Alber.

Schneiders, W., 1990, Hoffnung auf Vernunft. Aufklärungsphilosophie in Deutschland, Hamburg: Meiner.

Schneiders, W., 1997, Das Zeitalter der Aufklärung, München: Beck 2005.

Schneiders, W. (Hg.), 1995, Lexikon der Aufklärung, München: Beck 2001.

Smith, A., 1776, Untersuchung über Wesen und Ursachen des Reichtums der Völker, Tübingen: Mohr Siebeck 2006.

Stollberg-Rilinger, B., 2000, Europa im Jahrhundert der Aufklärung, Stuttgart: Reclam.

Wolff, C., 1721, Vernünftige Gedanken von dem gesellschaftlichen Leben der Menschen und insonderheit vom gemeinen Wesen, München: Beck 2004.

Wolton, J./Porter, R./Rogers, P./Stafford, B. M. (Hg.), 1991, The Blackwell Companion to the Enlightenment, Oxford: Blackwell.

Werner Schneiders

Augustinus von Hippo (354–430)

1.

Augustinus wurde in Nordafrika geboren, studierte zunächst in Thagaste und Karthago, arbeitete dann dort sowie in Rom als Lehrer und wurde 384 als Professor für Rhetorik nach Mailand berufen. Infolge einer persönlichen Krise und des in den *Bekenntnissen* (vgl. VIII 12, 29) geschilderten Bekehrungserlebnisses wandte er sich von seinem weltlichen Leben ab und ganz der Religion zu. Augustinus kehrte nach Nordafrika zurück, gründete ein Kloster und wirkte von 395 bis zu seinem Tod als Bischof von Hippo Regius. Er wird als Heiliger verehrt.

Augustinus gilt als der philosophisch bedeutendste unter den lateinischen Kirchenvätern; er ist zudem eine der einflussreichsten Figuren der westlichen Theoriegeschichte. In seinem Werk, das primär religionsphilosophischen, theologischen, ontologischen und epistemologischen Problemen gewidmet ist, finden sich wiederholt auch Überlegungen zu politisch-sozialen Grundlagenproblemen, besonders in der Schrift *De civitate dei*. Augustinus gelangt in mehreren Hinsichten zu innovativen Positionen, die sich auf das Mittelalter und die Frühneuzeit prägend ausgewirkt haben.

2.

Charakteristisch für Augustinus' politische Philosophie ist zunächst die Neubestimmung des Verhältnisses von Politik und Religion. Augustinus differenziert zwischen zwei Gemeinschaften (*societates*): einer irdischen (*civitas terrena*) und einer himmlischen (*civitas caelestis*). Zwar bildet er damit eine der wesentlichen Inspirationsquellen politisch-theologischer Zwei-Reiche-Lehren, er selbst denkt aber nicht an leichthin identifizierbare, konkrete soziale Gruppen. Gemeint ist weder der Kontrast zwischen säkularem Staat und Theokratie noch die Antithese von Nicht-Christen und Christen. Mit der Antithese von *civitas terrena* und *civitas caelestis* bezeichnet er einen moralisch-motivationalen Gegensatz, nämlich den zwischen Individuen mit insgesamt schlechter und insgesamt guter Strebenstendenz. Daher kann er die gemeinte Gegenüberstellung auch mit den Begriffen *civitas diaboli* und *civitas dei* wiedergeben. Augustins Interesse richtet sich darauf, die subtile Interaktion beider Gemeinschaften im Verlauf der Geschichte zu untersuchen. Mit Blick auf das christlich gewordene römische Reich seiner Zeit vertritt er folgerichtig eine zurückhaltende, distanzierte Haltung und charakterisiert dessen Geschichte und aktuelle Politik als moralisch äußerst fragwürdig.

Wichtig ist sodann seine Neubewertung der Funktion politischer Gerechtigkeit. Auch wenn Augustinus unter »Gerechtigkeit« primär eine personale Tugend versteht, verwendet er große Aufmerksamkeit auf die Frage, ob Gerechtigkeit auch im Sinn eines moralischen Staatsfundaments zu fordern sei. Anders als die klassische antike Staatstheorie bei Platon, Aristoteles und Cicero lehnt er diese Forderung ab. Dies wird besonders deutlich in einer berühmten Textpassage (vgl. *De civitate dei* IV 4), die mit der Frage beginnt »Bei fehlender Gerechtigkeit – was sind da Reiche anderes als große Räuberbanden?« (*remota iustitia quid sint regna nisi magna latrocinia*). Gemeint ist hier nicht »*wenn* ihnen Gerechtigkeit fehlt«, sondern »*weil* ihnen Gerechtigkeit fehlt«. Allen irdischen Staaten mangelt es im Unterschied zur *civitas dei* prinzipiell an Gerechtigkeit. Augustinus scheint seine Auffassung spürbar modifiziert zu haben. Noch im Frühwerk vertrat er die Ansicht, jede staatliche Rechtsordnung müsse auf Gerechtigkeit beruhen; er behauptete, es liege überhaupt kein Gesetz vor, wenn eine Bestimmung nicht auch gerecht sei (vgl. *De libero arbitrio* I 11).

Augustins Vergleich des Staates mit einer Räuberbande verfolgt die kritische Absicht zu zeigen, dass bei einer rechtsmoralischen Staatsdefinition das römische Reich nicht mehr als Staat gelten würde. In kritischer Auseinandersetzung mit Ciceros *De re publica* definiert er (in *De civitate dei* XIX 24) den Begriff des Volkes als »Vereinigung einer vernunftbegabten Menge, die durch einträchtiges Streben nach gewissen geliebten Dingen zusammengehalten wird«. Augustinus hebt klar hervor, dass er an beliebige gemeinsame Interessen denkt. Er gelangt damit zu einer interessenfunktionalen Staatsdefinition. Als staatskonstitutive Elemente, die zugleich für Räuberbanden kennzeichnend sind, führt er explizit an: (i) Das Vorhandensein einer Gruppe von Menschen, (ii) eine zwangsbefugte Führung, (iii) einen Sozialvertrag (*pactum societatis*), (iv) die Geltung eines Gesetzes (*lex*), (v) die Verständigung auf bestimmte Kooperationsregeln und Verteilungsprozeduren sowie (vi) Expansionsdrang oder strategische Interessenvertretung nach außen. Allein für Staaten gelten zudem folgende Merkmale: (vii) eine hinreichend große Menschenmenge, die man als ›Volk‹ bezeichnen kann, (viii) eine feste, zumal städtische Siedlungsform, (ix) den Besitz eines festen Territoriums und (x) rechtliche Straflosigkeit, d.h. die allgemeine Anerkennung als legitime Gemeinschaft (vgl. *De civitate dei* IV 4). Offenkundig handelt es sich bei den Punkten (vii) bis (x) um deskriptive und kontingente, nicht um normative, gerechtigkeitsrelevante Eigenschaften. Staaten funktionieren ebenso wie Räuberbanden nach dem Prinzip des gemeinsamen Nutzens (*utilitatis communio*) sowie eines Regel- oder Rechtskonsensus (*iuris consensus*).

3.

Lässt sich aus dieser Entkoppelung von Moral und Politik und aus der Subjektivierung und Spiritualisierung schließen, Augustinus sei einer der geistigen Ahnherren einer liberalen Staatsauffassung? Als tendenziell liberal erscheint zwar die Zurückhaltung des augustinischen Staates in Moral- und Glücksfragen sowie der Rat an den christlichen Herrscher, Realpolitik anstelle einer an Idealstandards orientierten Politik zu betreiben; hingegen stehen Augustins Vorstellungen zur staatlichen Religionspolitik im Widerspruch zum Liberalismus (zum Für und Wider vgl. White 1994). Immerhin ist der vielfach gegen Augustinus erhobene Vorwurf ungerechtfertigt, er empfehle eine bedingungslose Loyalität gegenüber dem Staat (vgl. dazu Burnell 1993). Ferner ergibt sich aus dieser Position eine betont nüchterne, tendenziell pessimistische Analyse der politischen Realität. So beklagt Augustinus in eindringlichen Phänomenanalysen politischen Expansionismus, Herrschsucht, individuelles Prestigedenken, Verschwendung sowie Folterpraktiken im Justizwesen.

4.

Augustinus, De civitate dei/Vom Gottesstaat, München: dtv 1997.

Augustinus, Bekenntnisse, München: dtv 1997.

Augustinus, De libero arbitrio/Der freie Wille, Paderborn: Schöningh 2006.

Burnell, P., 1993, The Problem of Service to Unjust Regimes in Augustine's *City of God*, in: Journal of the History of Ideas 54.

Fortin, E. L./Kries, D. (Hg.), 1994, Augustine: Political Writings, Indianapolis: Hackett.

Horn, C. (Hg.), 1997, Augustinus: De Civitate Dei, Berlin: Akademie.

Horn, C., 2002, Politische Gerechtigkeit bei Cicero und Augustinus, in: Internationale Zeitschrift für Philosophie 2.

Weithman, P., 2001, Augustine's Political Philosophy, in: E. Stump/N. Kretzmann (Hg.), The Cambridge Companion to Augustine, Cambridge: Cambridge University Press.

White, M., 1994, Pluralism and Secularism in the Political Order. St. Augustine and Theoretical Liberalism, in: The University of Dayton Review 22.

CHRISTOPH HORN

Ausbeutung

1.

Der Begriff »Ausbeutung« gehört zum Grundbestand des Vokabulars der Empörung, des Aufbegehrens und der Kritik gegenüber ungerechten sozialen Verhältnissen. Die Präzisierung dieses normativ höchst aufgeladenen Begriffs erweist sich allerdings als schwierig. So hat der Verweis auf Ausbeutung seine agitierende Kraft für politische und soziale Bewegungen – wie sie sich von den Frühzeiten der Arbeiterbewegung bis hin zu den globalisierungskritischen Bewegungen der letzten Jahre immer wieder zeigte – kaum verloren, seine theoretische Explikation andererseits ist uneinheitlich und verwickelt. Gehört zur Kernbedeutung des Ausbeutungsbegriffs, dass jemand aus dem Verhältnis zu einem anderen auf unfaire Weise Nutzen zieht, so ist die Frage, inwiefern zur Ausbeutung immer auch Elemente des Zwangs und der Instrumentalisierung gehören, und in welcher Hinsicht das Ausbeutungsverhältnis dem Ausgebeuteten schadet, umstritten.

1.1. Sieht man von der wertneutralen Verwendung des Begriffs ab, wie er sich in der Rede von der »Ausbeutung von Bodenschätzen« (im Sinne ihrer Verwertung) niederschlägt, so herrscht in der alltagssprachlichen Verwendung des Ausbeutungsbegriffs der pejorative Gebrauch vor. Wo von »Ausbeutung« die Rede ist, geht es vornehmlich um ein moralisch verwerfliches Verhältnis, und meistens um ein Verhältnis zwischen Menschen. Einige diesbezügliche Intuitionen sind weit verbreitet: Kinderarbeit ist Ausbeutung. Wer seine Produkte in den *sweatshops* der verarmten Länder des Trikont (also Asiens, Lateinamerikas und Afrikas) herstellen lässt oder solche Produkte kauft, profitiert von der Ausbeutung der dortigen Bevölkerung. Jemand, der zu einer von ihm abhängigen Person eine sexuelle Beziehung eingeht, beutet diese emotional aus. Aber auch Phänomene wie Prostitution und Leihmutterschaft sind als potentielle Ausbeutungsverhältnisse im Visier der Kritik. Schon an diesen wenigen Beispielen zeigt sich die Vielschichtigkeit des Ausbeutungsbegriffs. Dass jemand ausgebeutet wird, bedeutet einerseits, dass er nicht das bekommt, was er – im Sinne einer Idee des gerechten Tauschs – verdient. Ausbeutung bezeichnet in diesem Sinn die *quantitative Unangemessenheit* eines Tauschverhältnisses. Allerdings ist Kinderarbeit nicht nur zu schlecht bezahlt und auch die Bewertung der »Leihmutterschaft« als Ausbeutungsverhältnis bezieht sich nicht vornehmlich auf deren unangemessene finanzielle Vergütung. An die Bewertung dieser Phänomene als Ausbeutung heftet sich zusätzlich die Intuition, dass hier ein Tauschverhältnis besteht, wo keines sein sollte. Die Rede von Ausbeutung verweist also nicht nur auf eine quantitative, sondern auch auf die *qualitative Unangemessenheit* einer Beziehung. In den Gebrauch des Ausbeutungsbegriffs gehen entsprechend verschiedene Vermutungen ein: Ausbeutungsverhältnisse beinhalten Unfreiwilligkeit, Abhängigkeit, ungleiche Machtverhältnisse und Zwang. Ausbeutung wird aber auch mit dem Problem der Instrumentalisierung assoziiert. Ausgebeutet ist jemand dann, wenn er als bloßes Mittel für einen Zweck betrachtet, also lediglich benutzt wird. Jemand, der ausgebeutet ist, erfährt demzufolge also nicht nur eine unfaire Behandlung, sondern auch moralische Missachtung. Selbst die technologiekritische Rede von der »Ausbeutung der Natur« hat an diesen Bedeutungskomponenten teil, sofern Ausbeutung im Gegensatz zu einer angemessenen Nutzung darin besteht, dass natürliche Ressourcen ohne Rücksicht auf ihre Regenerierbarkeit und (damit) ohne Achtung vor dem, was die Natur »ausmacht«, behandelt wird.

1.2. In der zeitgenössischen liberalen politischen Philosophie spielt die Konzeptualisierung des Ausbeutungsbegriffs keine tragende Rolle. Wo auf ihn zur Beschreibung und Bewertung ungerechter Verhältnisse Bezug genommen wird, geschieht dies häufig evokativ, ohne dass die Implikationen des Ausbeutungsbegriffs offen gelegt würden. Umgekehrt bleibt, aus dieser Perspektive, die Bestimmung von Ausbeutungsverhältnissen abhängig von einer sie fundierenden Theorie der Gerechtigkeit.

Eine zentrale Bedeutung dagegen hat die Rede von Ausbeutung bei Marx und im Marxismus. Der Ausbeutungsbegriff markiert nicht nur eine der ethischen Grundintuitionen der marxschen Kapitalismuskritik; er tritt in analytischer Funktion auf. Gerade weil in der bürgerlich-kapitalistischen Gesellschaft – und damit unter Bedingungen des freien Vertrags zwischen Kapitalisten und

Lohnarbeitern – die Ausbeutungsstruktur nicht offen zutage tritt, bedarf es einer Theorie der Ausbeutung, um diese als Strukturmerkmal der kapitalistischen Produktionsweise zu enthüllen. So gewinnt der Ausbeutungsbegriff im Zusammenhang mit Marx' Kritik der politischen Ökonomie eine analytisch-technische Bedeutung, die sich mit der Alltagsverwendung des Begriffs nur teilweise deckt. Auf dem Hintergrund der marxschen Arbeitswerttheorie wird Ausbeutung als Aneignung der Mehrarbeit des Arbeiters durch den Kapitalisten verstanden, d.h. als Aneignung dessen, was der Arbeiter über das hinaus erarbeitet, was für die Reproduktion seiner Arbeitskraft nötig ist, oder als Aneignung des Mehrwerts. Der Umfang der Ausbeutung ergibt sich so aus der Differenz zwischen der tatsächlichen Tagesarbeitszeit und der für die Reproduktion der Arbeitskraft notwendigen Arbeitszeit pro Tag, der Grad der Ausbeutung durch die Mehrwertrate, d.h. durch das Verhältnis von Mehrarbeit zu notwendiger Arbeit, bezahlter zu unbezahlter Arbeit. Ausbeutung ist im Kapitalismus nicht Raub. Sie beruht nicht auf offenen Herrschaftsverhältnissen oder direkter Gewalt, wohl aber auf dem indirekten Zwang der Umstände (vgl. Elster 1978).

2.

Der Begriff »Ausbeutung« ist im Zusammenhang mit den Arbeitskämpfen der frühen Industrialisierung in das politische Vokabular eingegangen. Legt allerdings noch das frühsozialistisch-antikapitalistische Verständnis nahe, dass es sich hier um eine Form des Raubes handelt, so bemüht sich die politische Ökonomie seit Smith und Ricardo um die wissenschaftliche Klärung des Problems. Die ökonomische Neoklassik kennt Ausbeutung als die Entlohnung der Arbeiter unterhalb des Grenzprodukts ihrer Arbeit. Heute hat sich eine »weite Verwendung« des Begriffs durchgesetzt, die die Anwendung des Ausbeutungskriteriums auf Verhältnisse außerhalb der Lohnarbeit ermöglicht und neue Problemfelder wie das der Geschlechterverhältnisse, des Verhältnisses zur Umwelt oder der Problematik des ungleichen Tauschs im internationalen Handel erschließt.

3.

3.1. Zu einer umfangreichen Debatte hat im analytischen Marxismus John Roemers Versuch geführt, eine ökonomische Theorie der Ausbeutung zu reformulieren, in der die umstrittenen Grundannahmen der marxschen Arbeitswerttheorie durch eine Theorie der Eigentumsbeziehungen ersetzt sind (vgl. Roemer 1982; Nielsen/Ware 1997). Demnach ist in einer Gesellschaft mit Privateigentum an Produktionsmitteln eine Gruppe S durch eine dieser gegenüberstehende Gruppe S' genau dann ausgebeutet, wenn gilt, dass durch eine Umverteilung des Besitzes an Produktionsmitteln, in der jeder einen Anteil dieser Produktionsmittel erhielte, die Gruppe S gegenüber der vorherigen Situation besser gestellt und entsprechend S' schlechter gestellt wäre. Der Schlüssel zur ausbeuterischen Natur des Kapitalismus liegt dann nicht mehr im Charakter der Lohnarbeit, sondern in den ungleichen Eigentumsverhältnissen bzw. in der Ungleichverteilung der Produktionsmittel. Fraglich ist jedoch, ob nicht weitere Komponenten wie Zwang oder eine dem Tauschverhältnis inhärente Herrschaftsstruktur hinzugefügt werden müssen, um Ausbeutung als spezifische Form der Ungleichheit und Ungerechtigkeit auszeichnen zu können (vgl. Reiman 1987). Weiterhin ist bezweifelt worden, ob Roemers Reformulierung dem spezifisch marxistischen Beitrag zum Verständnis von Ausbeutung noch gerecht wird, sofern sich die Begründungslasten hin zu einer (liberalen) Theorie von Gerechtigkeit und Gleichheit verschieben (vgl. Bonschab/Schrader 1999).

3.2. Im Zusammenhang der Diskussion über den normativen Status der marxschen Kapitalismuskritik ist die Frage aufgeworfen worden, inwiefern Ausbeutung Unrecht ist (vgl. Arneson 1981; Wood 1995). So findet sich bei Marx einerseits der Hinweis darauf, dass Ausbeutung kein Unrecht sei, sondern lediglich die Funktionsweise der kapitalistischen Ökonomie ausmache, die sich in vollständiger Übereinstimmung mit dem Rechtsverständnis der bürgerlichen Gesellschaft befinde. Andererseits sind die moralischen Konnotationen des Ausbeutungsbegriffs auch bei Marx unverkennbar, so dass sich aus der Verwendung des Ausbeutungsbegriffs eine Kritik der bürgerlich-kapitalistischen Ordnung im Ganzen abzuleiten scheint.

Allen Wood (1995) plädiert für ein normativ neutrales Verständnis des Ausbeutungsbegriffs, um dann diejenigen Verhältnisse als moralisch problematische Ausbeutungsverhältnisse herauszuarbeiten, in denen der Ausbeuter den Ausgebeuteten unter Ausnutzung seiner besonderen Schwäche oder besonderen Verletzbarkeit für seine Zwecke benutzt. Die moralische Verwerflichkeit der Ausbeutung liegt dementsprechend in der mit dieser einhergehenden basalen Verletzung der Forderung wechselseitigen Respekts, die auch dann noch impliziert ist, wenn das ausbeuterische Arrangement weder auf (offenbarer) Unfreiwilligkeit beruht, noch unrechtmäßig oder ungerecht (im Sinne des ungleichen Tauschs) ist. Das entspricht einerseits der Intuition, dass Ausbeutung mehr beinhaltet als die ungerechte Verteilung von Ressourcen. Es legt andererseits nahe, dass der Kapitalismus strukturimmanent ausbeuterisch ist, sofern die Besitzer an Produktionsmitteln über entscheidende Verhandlungsvorteile gegenüber den in dieser Hinsicht besonders verletzbaren Anbietern der Arbeitskraft verfügen.

3.3. Lassen sich auch konsensuelle Verhältnisse, in denen kein Zwang ausgeübt wird, als Ausbeutung bezeichnen? Haben wir es mit Ausbeutung nur dann zu tun, wenn dem Ausgebeuteten Schaden zugefügt wird, oder gibt es auch Fälle, in denen ein Verhältnis für beide Seiten vorteilhaft ist und es sich dennoch um ein Ausbeutungsverhältnis handelt, das als solches moralisch verwerflich ist? Mit Fragen wie diesen beschäftigen sich einige Versuche, das Konzept der Ausbeutung analytisch zugänglich zu machen. So findet sich eine Analyse verschiedener Komponenten von Ausbeutung bei Joel Feinberg (1988): Ist Ausbeutung eine interpersonale Beziehung, in der eine Partei (A) von ihrer Beziehung zu einer Partei (B) profitiert, indem sie einen Vorteil aus den Eigenschaften oder den spezifischen Umständen von Bs Situation bezieht, so unterscheidet Feinberg zwischen Fällen, in denen dabei Bs Rechte verletzt werden oder entgegen ihren Interessen gehandelt wird, und solchen, in denen dies nicht der Fall ist.

Einen umfassenden Versuch, das Problem der Ausbeutung im Rahmen liberal-egalitärer politischer Theorie zu thematisieren und dabei die moralische Feinstruktur ausbeuterischer Verhältnisse explizit zu machen, unternimmt Alan Wertheimer (1996). Demnach beruht ein Verhältnis zwischen A und B dann auf Ausbeutung, wenn (1) A erwarten kann, aus seiner Interaktion mit B einen Gewinn zu erzielen und (2) für B daraus entweder Schaden resultiert (»harmful exploitation«) oder er bei dieser Interaktion zwar auch gewinnt, aber weniger als er sollte (»mutually advantageous exploitation«). Wertheimer orientiert sich größtenteils an Phänomenen der Ausbeutung außerhalb des ökonomischen Sektors und untersucht Ausbeutung v.a. anhand derjenigen Fälle, die konsensuell vonstatten gehen und in denen das Ausbeutungsverhältnis – obwohl unfair – für beide Seiten einen Vorteil birgt. So lässt sich der *spezifische* Gehalt von Ausbeutungsverhältnissen fassen, der in der Diagnose eines Schadens oder dem Vorliegen eines Zwangsverhältnisses nicht aufgeht. Die Analyse der Strukturelemente der Ausbeutung – der Natur der unfairen Transaktion und der verschiedenen möglichen Verfälschungen des Einverständnisses – führt zu einer Feindifferenzierung der Fälle von Ausbeutung und zu dem Ergebnis, dass auch Verhältnisse, die auf wechselseitigem Vorteil beruhen, unfair und ausbeuterisch sein können. Für die moralische Grundlage einer staatlichen Intervention gegen solche Verhältnisse ergibt sich daraus, dass politisch-rechtliche Konsequenzen auf die spezifische Konstellation abzustimmen und gegenüber den Gefahren des paternalistischen Eingriffs abzuwägen sind.

3.4. Die Erweiterung des Ausbeutungsbegriffes über die Analyse ökonomischer Ausbeutung hinaus zeigt sich als unumgänglich in Bezug auf die Themen neuerer Debatten. So lässt sich die mit der Ungleichheit in den Geschlechterverhältnissen einhergehende Ausbeutung in traditionellen ökonomischen Kategorien alleine nicht fassen. Die Analyse von Ausbeutungsverhältnissen außerhalb von Lohnarbeitsverhältnissen – etwa in der Familie die mit Hausarbeit und Kindererziehung verbundene »affektive Produktion« – erfordern eine »politische Ökonomie der Reproduktion« (Mies 1997). Der (marxistische) Feminismus konstatiert eine Abhängigkeit kapitalistischer Ausbeutung von der innerfamiliären Ausbeutung der Frau und weist auf, dass die im engen Sinne »produktive« Arbeit (des Mannes) auf der Ausbeutung der vom dominanten Verständnis unsichtbar gemachten und abgewerteten reproduktiven Arbeit beruht, die typischerweise nicht als Lohnarbeit auftritt und hauptsächlich von Frauen geleistet wird. Genereller ist behauptet worden, dass das patriarchale Familiensystem eine soziale Struktur darstellt, die Frauen anfällig macht für Abhängigkeit, Ausbeutung und Missbrauch (vgl. Okin 1989). Auch die zeitgenössischen Problemlagen, wie sie mit der »Leihmutterschaft« oder der kommerziellen Ausbeutung des menschlichen Körpers (in Form z.B. der Käuflichkeit von Organen) einhergehen, verlangen einen komplexen und weiten Ausbeutungsbegriff (vgl. Wilkinson 2003).

3.5. Die ökonomische Globalisierung schließlich führt zu der Frage, ob es sich bei den hier entstehenden, teilweise an frühkapitalistische Verhältnisse erinnernden Zwangslagen um eine Rückkehr der alten Ausbeutungsform oder um eine neue Form der Ausbeutung handelt. Sozialdiagnostisch erlangt in den heutigen, von Massenarbeitslosigkeit und Exklusionstendenzen gekennzeichneten Gesellschaften die Überlegung neue Relevanz, dass Ausbeutung an das Vorhandensein eines Verhältnisses gebunden ist. So hat Jürgen Habermas auch mit Bezug auf die sog. Dritte Welt auf eine »Form der Unterprivilegierung« hingewiesen, »die in Zukunft wohl immer weniger in Kategorien der Ausbeutung begriffen werden kann«: »Ihre Entrechtung und ihre Pauperisierung fällt nicht mehr zusammen mit *Ausbeutung*, weil das System nicht von ihrer Arbeit lebt.« (Habermas 1969, 87)

Antonio Negri und Michael Hardt entwickeln hingegen ein neues Verständnis von Ausbeutung als »Expropriation des Gemeinsamen«. Lasse sich Ausbeutung unter den Bedingungen des »gegenwärtigen Paradigma[s] der immateriellen Produktion« nicht länger ausgehend von messbaren Zeitquanten denken, so wird diese von ihnen neu bestimmt als »private Aneignung eines Teils oder der Gesamtheit des Werts, der als Gemeinsames geschaffen wurde« (Hardt/Negri 2004, 171).

4.

Arneson, R., 1981, What's Wrong with Exploitation?, in: Ethics 91.

Bonschab T./Schrader, R., 1999, Ausbeutung, Klasse und Freiheit im Analytischen Marxismus, in: Deutsche Zeitschrift für Philosophie 47.

Cohen, G.A., 1979, The Labor Theory of Value and the Concept of Exploitation, in: Philosophy and Public Affairs 8.

Elster, J., 1978, Exploring Exploitation, in: Journal of Peace Research 15.

Feinberg, J., 1988, The Moral Limits of Criminal Law, Bd. 4: Harmless Wrongdoing, Oxford: Oxford University Press.

Habermas, J., 1969, Wissenschaft und Technik als Ideologie, Frankfurt/M.: Suhrkamp.

Hardt, M./Negri, A., 2004, Multitude, Frankfurt/M.: Campus.

Marx, K., 1865, Lohn, Preis, Profit, in: MEW, Bd. 16, Berlin: Dietz 1989.

Marx, K., 1867, Das Kapital, Bd. 1, Berlin: Dietz 1969.

Mies, M., 1997, Social Origins of the Sexual Division of Labor, in: K. Nielsen/R. Ware (Hg.), Exploitation, Atlantic Highlands: Humanities.

Nielsen, K./Ware, R. (Hg.), 1997, Exploitation, Atlantic Highlands: Humanities.

Okin, S. M., 1989, Justice, Gender, and the Family, New York: Basic Books.

Reeve, A., 1987, Modern Theories of Exploitation, London: Sage.

Reiman, J., 1987, Exploitation, Force, and the Mo-

ral Assessment of Capitalism, in: Philosophy and Public Affairs 16.
Roemer, J., 1982, General Theory of Class and Exploitation, Cambridge/MA: Harvard University Press.
Wertheimer, A., 1996, Exploitation, Princeton: Princeton University Press.
Wilkinson, S., 2003, Bodies for Sale. Ethics and Exploitation in the Human Body Trade, London: Routledge.
Wood, A. W., 1995, Exploitation, in: Social Philosophy and Policy 12.

RAHEL JAEGGI

Ausnahmezustand

1.

»Ausnahmezustand« ist ein Begriff des Verfassungsrechts. Er bezeichnet (a) den Zustand einer Suspendierung oder Modifikation von Verfassungsbestimmungen zum Zwecke des Schutzes der Rechtsordnung als Ganzer in einer außergewöhnlichen Notstandssituation; (b) eine dem Recht äußerliche Notstandssituation (Krieg, Rebellion, Naturkatastrophe, Versorgungskrise etc.) als Tatbestandsvoraussetzung für die Geltung von Notstandsrecht im obigen Sinne; (c) die Suspendierung der *gesamten* bestehenden Ordnung im Sinne einer Radikalisierung der unter (a) genannten Auffassung des Begriffs.

Im modernen Rechtsstaat ist das Notstandsrecht gewöhnlich selbst Teil der geschriebenen Verfassung. Aus der Zweckbestimmung, die Wiederherstellung der sachlichen Voraussetzungen des Normalzustandes zu ermöglichen oder zu erleichtern, ergibt sich einerseits, dass im Ausnahmezustand erweiterte Handlungsbefugnisse der staatlichen Gewalt gelten; andererseits sind diese Befugnisse zumeist zeitlich befristet und sachlich begrenzt, insbesondere insoweit durch Notstandsmaßnahmen Grundrechte oder allgemeine Verfassungsprinzipien wie dasjenige der Gewaltenteilung berührt werden. Die im Verfassungsrecht verschiedener Staaten verwendete notstandsrechtliche Terminologie steht im Kontext der jeweiligen Rechtstradition und differiert nach Maßgabe der Art des Notstands. Im Englischen sind etwa »state of emergency« und »martial law« (Kriegsrecht) gebräuchliche Begriffe, im Französischen »état d'urgence«, »état de siège« (Belagerungszustand) und »loi martiale«. Im Grundgesetz der Bundesrepublik Deutschland kommt der Begriff »Ausnahmezustand« nicht vor; vielmehr werden »Verteidigungsfall« (Art. 115a-l), »Spannungsfall« (Art. 80a) und »Innerer Notstand« (Art. 91 und 87a) unterschieden.

2.

Zwar kann das Rechtsinstitut der Diktatur im römischen Recht als frühe Form der Bewältigung von Notstandssituationen angesehen werden; auch manifestiert sich die Figur einer Suspension der Rechtsordnung bereits in der klassischen Formel »necessitas non habet legem« [Not hat kein Gesetz] (Corpus iuris civilis, Dig. 1, 3, 31). Der Begriff »Ausnahmezustand« im engeren Sinne ist aber an die Idee eines verfassungsmäßigen Normal- oder Regelzustandes und von daher historisch an den modernen Verfassungsstaat gebunden; der Begriff entsteht erst im 19. Jahrhundert und ersetzt im Deutschen den älteren Terminus »Belagerungszustand«.

Für die Problematisierung des Ausnahmezustands in der neueren Verfassungslehre sind die präsidialen Notstandsbefugnisse in der Verfassung der Weimarer Republik (Art. 48 WRV) im negativen Sinne paradigmatisch, weil angenommen wird, dass die Art ihrer Verwendung zur Auflösung der demokratischen Ordnung wesentlich beigetragen habe (vgl. Blomeyer 1999; Schmitt 1928, 213–259). Die Aufnahme von Notstandsbestimmungen in das Grundgesetz der Bundesrepublik war daher politisch heftig umstritten (vgl. Schneider 1986); sie erfolgt erst 1968, nachdem in der ursprünglichen Fassung wegen bestehender Vorbehaltsrechte der Besatzungsmächte auf eine Regelung verzichtet worden war (vgl. zur Begriffsgeschichte insgesamt Boldt 1967; ders. 1972).

3.

3.1. Kritische Diskussionen des Notstandsrechts im Verfassungsstaat beziehen sich gewöhnlich nicht nur auf seine Effizienz, sondern auch und v.a. auf das historisch und politisch manifeste Risiko eines Missbrauchs im Sinne der Entstehung einer über Ausnahmesituationen hinausreichenden Machtkonzentration oder im Sinne des Übergangs zu einem anderen Regierungssystem unter dem Schein der Legalität. Grundsätzlich ist jedes Notstandsrecht ein Ensemble von rechtlichen Instrumenten, das zur *Erhaltung* einer bestimmten, politisch und verfassungsrechtlich definierten Ordnung dient. Die rechtsphilosophische Problematik besteht darin, dass zum Zwecke des Schutzes der Rechtsordnung in einige der durch diese Ordnung garantierten Rechte über das im Normalzustand gerechtfertigte Maß hinaus eingegriffen wird. Die Legitimität einer solchen »paradoxen« Praxis ist abhängig von ihrer Temporalisierung, d.h. von einer quantitativ wirksamen Beschränkung auf seltene Fälle und kurze Zeiträume; sie ist ferner davon abhängig, bei welcher Instanz die Definitionsmacht für diese Ausnahmesituationen liegt und in welcher Weise Feststellungs- und Ausübungskompetenzen im Notstandsrecht getrennt sind.

Die unter 1(c) genannte, auf Carl Schmitt zurückgehende Definition des Ausnahmezustands als »Suspendierung der gesamten bestehenden Ordnung« (Schmitt 1922, 18) ist theoriegeschichtlich ebenso einflussreich wie umstritten. Bei Schmitt ist die Idee einer solchen Suspendierung eng verbunden mit der Idee einer personal verkörperten Souveränität. Der Ausnahmefall offenbare »das Wesen der staatlichen Autorität« (ebd., 19), indem er sichtbar mache, dass Souveränität kein Herrschafts-, sondern ein Entscheidungsmonopol sei. Daher wird bei Schmitt der Begriff »Ausnahmezustand« als Element der Definition von Souveränität herangezogen: »Souverän ist, wer über den Ausnahmezustand entscheidet« (ebd., 13), und zwar »sowohl darüber, ob der extreme Notfall vorliegt, als auch darüber, was geschehen soll, um ihn zu beseitigen« (ebd., 14).

In der Verfassungswirklichkeit der gegenwärtig bestehenden demokratischen Rechtsstaaten tritt Schmitts Auffassung des Ausnahmezustands jedoch in den Hintergrund. Verbindet man allerdings seine Souveränitätsdefinition mit der Idee der Volkssouveränität, so verwandelt sie sich in ein Argument für die Stärkung der Rolle des Parlaments im Notstandsrecht. Das Parlament vertrete nämlich den Souverän und entscheide daher über den Ausnahmezustand (vgl. Böckenförde 1978, 1889). Diese Position entspricht der Logik der parlamentarischen Demokratie, ist aber im Notstandsrecht der meisten Staaten unvollkommen realisiert. Die Erwartung, dass im Ausnahmezustand die Schwerfälligkeit parlamentarischer Entscheidungsverfahren besonders negativ ins Gewicht falle oder das Parlament überhaupt am Zusammentreten gehindert sein könnte, hat vielfach zu der Auffassung geführt, dass der Ausnahmezustand »die Stunde der Exekutive« sei. So ermöglicht z.B. Art. 16 der französischen Verfassung eine Selbstermächtigung des Staatspräsidenten zu Notstandsmaßnahmen, die nur an die formelle Konsultation, nicht aber an die Zustimmung anderer Verfassungsorgane gebunden ist.

Auch die Regelungen zum Notstandsrecht im Grundgesetz der Bundesrepublik sind unter dem Aspekt der Gewaltenteilung problematisch. Die Feststellung des Verteidigungsfalls nach Art. 115a GG fällt zwar prinzipiell in die Kompetenz von Bundestag und Bundesrat; zudem kann das Parlament die Aufhebung des Verteidigungsfalls verlangen. Mangels einer Befristung und einer mit ihr verbundenen Überprüfungs*pflicht* seitens des Parlaments ist aber eine Perpetuierung des Ausnahmezustands und eine weitgehende Selbstausschaltung der parlamentarischen Kontrolle unter bestimmten Umständen denkbar (vgl. Hesse 1991, Rn. 767f.). Für die Feststellung des Inneren Notstandes und den Einsatz der Streitkräfte gegen einen bewaffneten Aufstand (Art. 87a und Art. 91 GG) ist nicht einmal ein Beschluss des Bundestages erforderlich, d.h. die als Missbrauchsschranke wesentliche Trennung von Feststellungs- und Ausübungsbefugnis entfällt.

Die rechtsstaatliche Regelung des Ausnahmezustands beruht auf einer klaren Unterscheidung von Ausnahmezustand und Normalzustand. Aus dieser Unterscheidung folgt nicht nur eine zeitliche Befristung des Ausnahmezustands, sondern auch die Forderung, ein Eindringen von Notstandsrecht in das Recht der Normallage zu verhindern. Für die Erfüllung dieser Forderung ist es von Vorteil, wenn das Notstandsrecht auf die Befugnis zu besonderen *Maßnahmen* beschränkt ist, ohne zugleich veränderte Kompetenzen der *Rechtsetzung* vorzusehen, die über den Ausnahmezustand hinaus wirken könnten (vgl. Schmitt 1928, 247–252; Böckenförde 1978, 1889; für die USA Gross 2003).

Rechtsstaatliche Prinzipien scheinen es zunächst nahezulegen, in der Verfassung für eine Vielfalt möglicher Notstandssituationen detaillierte Vorsorge zu treffen, um ein Handeln von Verfassungsorganen im rechtsfreien Raum zu verhindern. Tatsächlich ist die Frage nach der angemessenen Regelungsdichte weitaus komplexer. Ihre Beantwortung hängt u.a. davon ab, inwieweit öffentliche Notstände als »vorhersehbar« angesehen werden (vgl. Boldt 1967, 232; Böckenförde 1978, 1885). Wird die Unvorhersehbarkeit akzentuiert, so liegt einerseits eine Regelung in Gestalt einer Generalklausel nahe, die es einer definierten Instanz erlaubt, in jedem Ausnahmefall, der den Bestand des Staates oder seiner Rechtsordnung gefährdet, die »erforderlichen Maßnahmen« zur Beseitigung der Gefahr zu ergreifen. Eine solche Generalklausel ist stets ein missbrauchsgefährdetes Instrument. Andererseits könnte die Differenzierung des Notstandsrechts in detaillierte Regelungen für vorhersehbare Fälle ihrerseits gerade dazu führen, dass im unvorhersehbaren Fall auf ein ungeschriebenes, übergesetzliches Notstandsrecht zurückgegriffen werden müsste (vgl. Windthorst 2003, 376–382).

Der damit umrissenen Problemdisposition folgt im Grundsatz auch die verfassungstheoretische Debatte in den USA nach dem 11. September 2001 (vgl. Scheuerman 2006). Dabei ist als Hintergrund zu berücksichtigen, dass in der US-Verfassung die Machtkonzentration beim Präsidenten mit dem Verzicht auf besondere Notstandsbestimmungen einhergeht (vgl. Rossiter 1948, 209–222); die Kontrolle der präsidialen Machtausübung obliegt in der Hauptsache der judikativen Gewalt.

3.2. Dass die Bedeutung des Begriffs »Ausnahmezustand« zwischen einem rationalen Rechtsinstitut und einem Einbruch des Faktischen in die Rechtsordnung changiert, kann zum Anlass genommen werden, den Ausnahmezustand – geschichtsphilosophisch – als einen paradigmatischen Begriff für das Verhältnis von Recht, Politik und Leben zu interpretieren. In diesem Sinne beschreibt Giorgio Agamben den Ausnahmezustand als »eine Zone der absoluten Unbestimmtheit zwischen Anomie und Recht« (Agamben 2003, 69), die es dem Recht allererst ermögliche, »in einem herausragenden Punkt mit dem Leben eins zu sein« (ebd., 100). Der Ausnahmezustand im okzidentalen Rechtssystem gründe nämlich in der »wesentlichen Fiktion, daß die Anomie [...] noch in Beziehung zur Rechtsordnung steht und daß die Macht, die Norm zu suspendieren, unmittelbar auf das Leben zugreift« (ebd., 101). Agambens politisch-historische Diagnose ist die eines tendenziell permanent gewordenen Ausnahmezustands; in ihm transformiere sich das politisch-rechtliche System in eine »tödliche Maschine«, die »den Okzident derzeit in den weltweiten Bürgerkrieg« führe (ebd., 102f.).

3.3. Unabhängig von solchen Möglichkeiten einer geschichtsphilosophischen Dramatisierung verdient es sozialphilosophische Beachtung, dass der Begriff »Ausnahmezustand« in einem abgeleiteten und ausgeweiteten Sinne auch in der Alltagssprache Verwendung findet. Er bezeichnet hier mit wechselnder positiver oder negativer Färbung Situationen des öffentlichen wie auch privaten Lebens, in denen Verhaltensregeln und -routinen außer Kraft gesetzt sind. Die in solchen Situationen auftretende Erwartungsdestabilisierung wird mit besonderen Erlebnisqualitäten assoziiert. Die Verwendung des Ausnahmebegriffs beschwört dabei zwar die Vorstellung, dass soziale Normen im Allgemeinen kategorisch gelten und ihre Aufhebung nur temporär und diskontinuierlich erfolgen könne. Aber diese Vorstellung ist nur einfacher, nicht auch richtiger als die, dass eine Praxis des Gehorsams immer schon mit irgendeiner Praxis der Suspension verschränkt sei.

4.

Agamben, G., 2003, Ausnahmezustand, Frankfurt/M.: Suhrkamp 2004.
Blomeyer, P., 1999, Der Notstand in den letzten Jahren von Weimar, Berlin: Duncker & Humblot.
Böckenförde, E.-W., 1978, Der verdrängte Ausnahmezustand, in: Neue Juristische Wochenschrift 31.
Boldt, H., 1967, Rechtsstaat und Ausnahmezustand, Berlin: Duncker & Humblot.
Boldt, H., 1972, Ausnahmezustand, in: O. Brunner/W. Conze/R. Koselleck (Hg.), Geschichtliche Grundbegriffe, Bd. 1, Stuttgart: Klett-Cotta.
Corpus iuris civilis, Bd. 2, Digesten 1–10, Heidelberg: Müller 1995.
Hesse, K., 1991, Grundzüge des Verfassungsrechts der Bundesrepublik Deutschland, Heidelberg: Juristischer Verlag.
Gross, O., 2003, Chaos and Rules, in: Yale Law Journal 112.
Rossiter, C. L., 1948, Constitutional Dictatorship, Princeton: Princeton University Press.
Scheuerman, W. E., 2006, Emergency Powers and the Rule of Law After 9/11, in: Journal of Political Philosophy 14.
Schmitt, C., 1922, Politische Theologie, Berlin: Duncker & Humblot 1993.
Schmitt, C., 1928, Die Diktatur, Berlin: Duncker & Humblot.
Schneider, M., 1986, Demokratie in Gefahr?, Bonn: Verlag Neue Gesellschaft.
Windthorst, K., 2003, Der Notstand, in: M. Thiel (Hg.), Wehrhafte Demokratie, Tübingen: Mohr Siebeck.

Norbert Axel Richter

Austin, John (1790–1859)

1.

John Austin, geboren in Creeting Mill, Suffolk, gilt als Begründer des modernen Rechtspositivismus. Nach seinem Militärdienst studierte er Rechtswissenschaft, wurde 1818 Barrister und erhielt 1828/9 nach einem zweijährigen Studienaufenthalt in Bonn die Professur für Jurisprudenz am neu gegründeten University College London. In London wurde sein Denken nachhaltig durch den Utilitarismus geprägt. Zu seinen Nachbarn zählten J. Bentham und der junge J. S. Mill, der als Student Austins Vorlesungen hörte. 1832 wurden diese Vorlesungen unter dem Titel *The Province of Jurisprudence Determined* herausgegeben und blieben, neben kürzeren Pamphleten, sein einziges zu Lebzeiten publiziertes Werk. Denn bereits im gleichen Jahr musste er seinen Lehrstuhl wegen mangelnder Studentenzahlen und aufgrund seiner labilen Gesundheit aufgeben. Es schlossen sich wenig produktive Wanderjahre an, die er mit seiner Frau und Förderin, der erfolgreichen Schriftstellerin und Übersetzerin Sarah Austin (geb. Taylor), in Deutschland, Frankreich und auf Malta verbrachte. 1848 kehrte Austin nach England zurück und starb 1859 in Weybridge.

2.

Auch wenn Austins nachgelassenes Werk nur aus wenigen Titeln besteht und in einer äußerst kurzen Schaffensperiode entstanden ist, stellt es einen der wirkmächtigsten Beiträge zur Rechtstheorie im angloamerikanischen Raum dar. In den sechs Vorlesungen *The Providence of Jurisprudence Determined* (1832) legt Austin den methodischen Grundstein für den modernen Rechtspositivismus und bereitet den Boden für die analytische Rechtstheorie. Posthum wird seine Theorie durch die Herausgabe der *Lectures on Jurisprudence* (1861–63) und durch das Pamphlet *A Plea for the Constitution* (1859) vervollständigt. In der letztgenannten Schrift verteidigt Austin das konservative Argument, wonach eine Verfassungsordnung nicht reformiert werden sollte, weil dadurch die Autorität des Gesetzes in Frage gestellt und die Stabilität des Staates insgesamt gefährdet würde.

3.
In der Geschichte der Rechtstheorie ist Austins Name eng mit seiner Grundlegung des Rechtspositivismus verbunden. Darin bricht er mit der seinerzeit dominanten Tradition, in der die Rechtstheorie vornehmlich als eine Unterart der Ethik behandelt wurde. Anstatt nach der ›guten Regierung‹ zu fragen, konzipiert Austin das Recht als eine eigenständige normative Gattung, die empirisch beschrieben und begriffsanalytisch definiert werden kann.

3.1. Austins rechtspositivistischer Ansatz lässt sich in der Formel ›Setzung + Sanktion‹ ausdrücken. Zunächst betrachtet er jedes Gesetz – ausgenommen sind Naturgesetze – als die positive Setzung eines intelligenten Wesens. Dabei führt er eine trennscharfe Unterscheidung zwischen Recht und Moral ein (Austin 1861, 17ff.). Bei moralischen (*ethical* oder *divine*) Gesetzen fungiert Gott als Gesetzgeber, im Falle juridischer Gesetze legt der Souverän fest, was als Recht bzw. Unrecht zu gelten hat. Zusätzlich sind Gesetze dadurch gekennzeichnet, dass sie bei Ungehorsam und Zuwiderhandlung mit einem spezifischen Übel drohen. Je nach Art der Sanktionen lassen sich unterschiedliche Gesetzesgattungen klassifizieren. Zusammengenommen unterscheidet sich das positive Recht von anderen Gesetzesgattungen also darin, dass es erstens von einem Souverän aufgestellt wurde und zweitens mit spezifisch strafrechtlichen Sanktionen droht.

3.2. Mit seiner kategorialen Abtrennung von Recht und Moral wendet sich Austin in aller Schärfe gegen den Naturrechtsgedanken. Auch wenn ein juridisches Gesetz gegen ein moralisches Gesetz verstößt, bleibt es ein Gesetz sui generis, dessen Geltung eben auf seine unabhängige Inkraftsetzung und auf einen strafrechtlichen Sanktionierungsapparat zurückzuführen ist. Austin definiert hier erstmals die Grunddoktrin des Rechtspositivismus, wie er dann bei H. L. A. Hart und H. Kelsen weiter ausgearbeitet wird: »Die Existenz eines Gesetzes ist eine Sache, sein Wert ein anderer. Ein Gesetz, das tatsächlich existiert, ist ein Gesetz, auch wenn wir es nicht gut finden mögen oder es von jenem Text abweicht, an dem wir unsere Billigung oder Missbilligung ausrichten.« (Austin 1832, 157)

3.3. Austins Rechtspositivismus bescheidet sich zunächst damit, die Geltung von Rechten zu erklären, und klammert dazu die moralische Bewertung dieser Rechte aus. Aber er entwickelt auch eine Antwort zur Verhältnisbestimmung von Recht und Moral. Für den Fall, dass moralische und juridische Pflichten miteinander kollidieren, sind die drohenden göttlichen Sanktionen für die Glückseligkeit einer Person letztlich stärker zu gewichten als strafrechtliche Sanktionen. Für Austin steht die Gefolgschaft göttlicher Gesetze deswegen im Einklang mit dem utilitaristischen Nützlichkeitsprinzip.

3.4. Die Befehlsstruktur des Rechts, wie sie Bentham (1789) und Austin (1832; ders. 1861–63) systematisch herausgearbeitet haben, ist unter dem Begriff der Imperativtheorie (*command theory*) des Rechts bekannt geworden. Ein Befehl ist der Ausdruck des Wunsches, dass eine andere Person eine Handlung auszuführen oder zu unterlassen hat, begleitet von der Androhung eines Übels bei Zuwiderhandlung. Das Recht wird als ein generalisierter Befehl begriffen, insofern es nicht einzelne Handlungen für einzelne Personen, sondern Handlungstypen für eine politische Gesellschaft festlegt. Die Befehle gehen vom Souverän aus, der in Übereinstimmung mit den Souveränitätslehren von J. Bodin, T. Hobbes und C. Schmitt als eine Person oder Institution definiert wird, der alle Personen Gehorsam schulden, die aber selbst keiner Gerichtsbarkeit untersteht.

3.5. Austins Leistung, einen von Ethik und Religion unabhängigen Zugriff auf die Analyse juridischer Normen zu eröffnen, bildet zugleich den Ausgangspunkt für die vielschichtige Kritik an seiner rechtspositivistischen Position und besonders der Imperativtheorie. Bemängelt wird u.a., dass die Imperativtheorie nicht ausreichend zwischen gerechtem und ungerechtem Recht zu unterscheiden vermag, dass sie für eine Konzeption internationalen Rechts unbrauchbar ist und dass sie letztlich nur eine bestimmte Klasse von Rechten erklären kann (vgl. Hart 1961).

4.

Austin, J., 1832, The Province of Jurisprudence Determined, Cambridge: Cambridge University Press 1995.
Austin, J., 1859, A Plea for the Constitution, London: John Murray.
Austin, J., 1861–63, Lectures on Jurisprudence or the Philosophy of Positive Law, London: John Murray.

Bentham, J., 1789, Principien der Gesetzgebung, Frankfurt/M.: Sauer und Auvermann 1966.
Bix, B. H., 2004, Legal Positivism, in: M. P. Golding/W. A. Edmundson (Hg.), The Blackwell Guide to the Philosophy of Law and Legal Theory, Oxford: Blackwell.
Hamburger, L./Hamburger, J., 1985, Troubled Lives. John and Sarah Austin, Toronto: University of Toronto Press.
Hart, H. L. A., 1961, Der Begriff des Rechts, Frankfurt/M.: Suhrkamp 1973.
Hart, H. L. A., Introduction, in: J. Austin, The Province of Jurisprudence Determined, London: Weidenfeld and Nicolson 1954.
Löwenhaupt, W., 1972, Politischer Utilitarismus und bürgerliches Rechtsdenken. John Austin und die ›Philosophie des positiven Rechts‹, Berlin: Duncker & Humblot.
Mill, J. S., 1863, Austin on Jurisprudence, in: Edinburgh Review 118.
Morison, W. L., 1982, John Austin, London: Edward Arnold.
Rumble, W. E., 1995, The Thought of John Austin, London: Athlone.
Sebok, A., 1998, Legal Positivism in American Jurisprudence, Cambridge: Cambridge University Press.

Henning Hahn

Autonomie

1.

Wenn in der politischen Philosophie und Moralphilosophie des Westens von »individueller Autonomie« als grundlegendem Wert die Rede ist, so handelt es sich dabei um ein äußerst modernes, ja modernistisches Phänomen. Während die Betonung des vernünftigen freien Willens einer Person als Ankerpunkt der Moral zumindest bis auf Augustinus zurückgeht, kommt dem Begriff der Autonomie erst im moralischen und politischen Denken des 17. und 18. Jahrhunderts eine Schlüsselstellung zu (vgl. Schneewind 1988; Lindley 1986). Diese Entwicklung findet ihren Höhepunkt in Kants Philosophie, spiegelt sich aber auch in Mills komplexem Utilitarismus wider (vgl. Kant 1785; Mill 1859). Als Element des moralischen Vokabulars der Moderne bezeichnet »Autonomie« insbesondere die Fähigkeit vernünftiger Akteure, moralische Prinzipien zu erkennen und auf sich selbst anzuwenden. Diese Fähigkeit begründet moralische Verantwortlichkeit, gebietet moralische Achtung und setzt paternalistischen Eingriffen enge Grenzen. In der politischen Philosophie bezieht sich »Autonomie« meist auf die Fähigkeit der Bürgerinnen und Bürger, die Regeln des gesellschaftlichen Zusammenlebens selbst zu bestimmen. In diesem Verständnis steht der Autonomiebegriff im Zentrum des Liberalismus und der Vertragstheorie. Im Allgemeinen bezieht sich »Autonomie« auf die Fähigkeit der Selbstbestimmung bzw. auf den Status, der mit dieser Fähigkeit einhergeht (*auto-nomos*) (vgl. Feinberg 1989; Christman 1989).

2.

Für ein adäquates Verständnis des Begriffs der Autonomie sind einige grundlegende begriffliche Unterscheidungen von Bedeutung.

Erstens ist Autonomie von Freiheit unterschieden, wobei sich letztere (insbesondere in ihrer »negativen« Bestimmung) auf die Abwesenheit von externen Handlungsbeschränkungen bezieht. Es handelt sich um einen »Möglichkeitsbegriff« (vgl. Taylor 1985). »Autonomie« bezieht sich hingegen auf die »interne« Fähigkeit von Akteuren, sich selbst zu bestimmen, also kompetente und unabhängige Entscheidungen zu treffen. Während sich »Freiheit« also auf unbeschränktes Handeln bezieht, meint »Autonomie« die Unabhängigkeit und Authentizität der Person im Hinblick auf die Motivation der eigenen Handlungen (vgl. Dworkin 1988, 13–15, 19f.).

Zudem ist zwischen »moralischer« und »personaler« Autonomie zu unterscheiden. Erstere bezieht sich auf die Fähigkeit von Personen, das objektive Moralgesetz bzw. allgemeine moralische Normen zu erkennen und anzuwenden. Kant zufolge kommt diese Fähigkeit allen vernünftigen Wesen als solchen zu, wodurch sie universellen Moralprinzipien unterworfen sind (vgl. Hill 1989). »Personale Autonomie« meint hingegen die *nicht* auf moralische Prinzipien beschränkte Fähigkeit, Wünsche, Prinzipien und Handlungen auf unabhängige und authentische Weise selbst zu bestimmen.

Personale Autonomie kann darüber hinaus als allgemeine Eigenschaft einer Person oder als Aspekt eines bestimmten Teils ihres Lebens verstanden werden (vgl. Dworkin 1988, 12–20; Christman 1991). Diesem lokalen Verständnis zufolge bezieht sich Autonomie auf die Fähigkeit, bezüglich mancher Erfahrungsbereiche selbstbestimmt zu sein, während man in anderen Bereichen heteronomen Gewohnheiten und Abhängigkeiten folgt. Autonomie kann demnach entweder als graduierbare oder als nicht-graduierbare Eigenschaft verstanden werden. Insofern sich Autonomie auf diejenige Eigenschaft einer Person bezieht, die paternalistische Eingriffe oder moralische Achtung begründet, ist man entweder autonom oder nicht. Selbst wenn man die Fähigkeit der Selbstbestimmung für graduierbar hält, muss man immer noch wissen, welche Schwelle an basaler Autonomie anzusetzen ist, um die entsprechenden Restriktionen und Präskriptionen zu bestimmen. Autonomie kann demnach als niedrigstufige basale Autonomie oder als höherstufiges Charakterideal verstanden werden. Kant scheint Autonomie im ersteren, Mill im letzteren Sinne zu verstehen (vgl. Arneson 1991).

3.

3.1. Wie schon bemerkt, stellt die Idee der Selbstbestimmung den Kern der Autonomie dar. So versteht Kant Autonomie als zentralen Aspekt praktischer Vernunft, durch den alle vernünftigen Wesen in der Lage sind, universelle Gesetze zu bestimmen, die eine Bewertung aller möglichen Handlungen (Maximen) ermöglichen (vgl. Kant 1785). Mill zufolge ist »Autonomie« (bzw. »Individualität«) als »Unabhängigkeit im Denken« bzw. als Fähigkeit, das eigene Wohl auf eigene Weise zu verwirklichen, zu verstehen (vgl. Mill 1859, Kap. 3). Demgemäß hat Autonomie für Kant intrinsischen Wert, während sie Mill zufolge sowohl von instrumentellem Wert – als Mittel zur Verwirklichung des umfassenden Nutzens – als auch konstitutiv für das Wohlergehen ist.

Dies weist auf zwei Aspekte des Begriffs hin, die auch in den gegenwärtigen Debatten eine Rolle spielen. Dabei werden »Fähigkeitsbedingungen« und »Authentizitätsbedingungen« betont. So wird von einigen Autoren etwa behauptet, Autonomie sei nichts weiter als eine Reihe von Fähigkeiten (vgl. Meyers 1989; Benson 1994). Andere hingegen meinen, dass die autonome Person zusätzlich aus authentischen Motiven und Wünschen handeln können müsse: Sie müsse durch ihre *eigenen* Wünsche zum Handeln bewegt werden. Hier kann man mit Mill etwa an die Unabhängigkeit von manipulativem Druck oder von dominanten sozialen Wertvorstellungen denken. Eine Kombination dieser Bedingungen führt zu einer Konzeption von Autonomie, die eine vernünftige Entscheidungsfindung als Voraussetzung der Autonomie betrachtet (vgl. Berofsky 1995; Young 1991; Haworth 1986; Meyers 1989).

Ein einflussreicher Ansatz versucht, diese Bedingungen in einem »hierarchischen« Autonomiemodell zusammenzuführen: Eine Person ist dann autonom, wenn sie durch Wünsche motiviert wird, von denen sie wünscht, motiviert zu werden, wenn ihr Wunsch erster Ordnung also durch einen Wunsch oder eine Überlegung zweiter Ordnung gestützt wird. In diesem Sinne kann von der autonomen Person gesagt werden, dass sie sich mit ihren Wünschen erster Ordnung identifiziert (vgl. Frankfurt 1971; Dworkin 1988, Kap. 1–2; Buss/Overton 2002). Dieses Modell versucht die Bedingungen von Autonomie zu spezifizieren, ohne einen bestimmten substantiellen Wert als notwendig auszuweisen. V.a. wird hier von der autonomen Person nicht verlangt, dass sie tatsächlich unabhängig von Einflüssen ist, nur müssen diese (internen oder externen) Einflüsse von ihr aus einer reflektierten Perspektive zweiter Ordnung gebilligt werden können. Gefordert wird also eine »prozedurale«, nicht eine »substantielle« Unabhängigkeit (vgl. Dworkin 1988, 30f.). Diese »inhaltsneutrale« Bestimmung von Autonomie ist allerdings umstritten, und gegen dieses Modell sind zahlreiche Einwände erhoben worden (vgl. Christman 1989, 3–23; Mackenzie/Stoljar 2000; Taylor 2005): Erstens ist letztlich nicht klar, was mit der geforderten »Identifikation« genau gemeint ist. Einerseits kann man sagen, dass wir uns mit allen Aspekten unserer Person identifizieren, die wir als solche anerkennen – das aber wird Abhängigkeiten und Zwänge mit einschließen, mit denen wir uns zwar identifizieren müssen, zu denen wir uns aber nicht autonom verhalten können. Andererseits können wir uns mit jenen Prinzipien, Werten und Idealen identifizieren, die wir am meisten schätzen, so dass wir autonom handeln, wenn wir durch unser »bestes Selbst« motiviert werden. Das aber impliziert, dass alle, die hinter diesen Idealen zurückbleiben, nicht autonom genannt werden können, auch wenn sie weder manipuliert noch gezwungen werden (vgl. Watson 1989; Berofsky 1995, 99–102). Zweitens stellt sich die Frage nach einer Garantie dafür, dass die Wünsche zweiter Ordnung selbst authentisch und nicht das Ergebnis einer Manipulation sind. Entweder müssen wir noch höherstufige Wünsche annehmen, was in einen nicht abschließbaren Regress führt; oder wir haben gar keine hinreichenden Kriterien für Autonomie angegeben und das Modell ist unvollständig (vgl. Friedman 1986; Thalberg 1989).

In Antwort auf diese Kritik behauptet Frankfurt, dass die Identifikation mit den Wünschen erster Ordnung »aus ganzem Herzen« erfolgen müsse (vgl. etwa Frankfurt 2006). Sie seien uns besonders wichtig und basierten auf Überzeugungen und Wünschen, deren Aufgabe uns undenkbar erscheint, so dass Frankfurt von »volitionalen Notwendigkeiten« spricht. Die Authentizität dieser Wertungen soll dadurch verbürgt werden, dass sie einfach zum Ausdruck bringen, wer wir sind (vgl. Cuypers 2001, 85–130). Damit wird der unplausiblen Annahme begegnet, Autonomie setze voraus, dass wir uns unabhängig von unserem sozialen und historischen Kontext selbst erschaffen. Es sei unvermeidlich, dass bestimmte auch von diesem Kontext geprägte Aspekte unserer Persönlichkeit nicht einfach von uns zurückgewiesen werden können (vgl. Mele 1995, 146–150; Christman 2001). Dennoch ist dieser Ansatz noch immer einem problematischen »Zeitscheiben«-Verständnis von Autonomie verpflichtet, da die Authentizität von Wünschen nur mit Bezug auf die gegenwärtige Struktur unserer Urteile und Wünsche geprüft wird. Prozesse der Sozialisierung oder der Manipulation, die einen Einfluss auf die Entwicklung solcher Wünsche haben können, werden nicht berücksichtigt. Eine Theorie der Autonomie sollte jedoch in der Lage sein, zu unterscheiden, ob Entwicklungsprozesse zu authentischen Wünschen beitragen oder nicht.

Auf diesen Einwand antwortet ein »historisches« Verständnis von Autonomie, dem zufolge für die Prozesse, durch die Personen zu ihren Wünschen, Werten etc. kommen, zusätzliche Bedingungen angegeben werden müssen. Diese können entweder objektive Kriterien für die Prozesse gelungener

Wunsch- und Wertbildung angeben (etwa ein Maß an kritischer Reflexivität) oder sich auf die subjektive Bejahung der Prozesse durch die Akteure selbst beziehen. Dies lässt sich so verstehen, dass eine Person verantwortlich (autonom) ist, wenn sie ihre Wünsche auf eine gegenüber Gründen responsive Weise entwickelt (vgl. Fischer/Ravizza 1998) und die entsprechenden Prozesse ohne von den Akteuren nicht kontrollierbare Zwangseinwirkungen ablaufen (vgl. Mele 1995) oder die Person ihre Wünsche etc. im Lichte ihrer Entstehungsprozesse reflektiert (vgl. Christman 1991; ders. 2001).

Doch auch die Betonung der kritischen Reflexion als Hauptkriterium von Authentizität ist in Frage gestellt worden: Es gibt viele Fälle, in denen Akteure ihre eigenen Motive und Wünsche falsch verstehen. Dass das Selbst sich selbst opak sei, ist denn auch eine der Hauptthesen von der Psychoanalyse inspirierter Modelle der Autonomie (vgl. Meyers 1994).

Als Alternative schlagen einige Theoretiker ein Verständnis von Autonomie als Menge von *Fähigkeiten* vor. Auch wenn hierzu die Fähigkeit der Selbstreflexion gehöre, werden die höherstufigen Urteile über Charakteristika erster Ebene nicht als zentral für Autonomie angesehen (vgl. Meyers 1989; Benson 1987), insbesondere wenn sich eine solche Reflexion auf Ideale bezieht (vgl. Berofsky 1995). Authentizität werde damit als notwendiger Aspekt von Autonomie heruntergespielt.

In kritischer Auseinandersetzung mit derartigen Annahmen ist jedoch betont worden, dass auch das hierarchische Autonomiemodell nicht von einer tatsächlichen und ständigen Reflexion als Authentizitätstest ausgehen müsse. Die Annahme, dass Akteure über ihre zentralen Charaktereigenschaften reflektieren (können) oder dass sie diese aufgrund von Reflexionen ändern könnten, erscheine nämlich alles andere als plausibel (vgl. Christman 1991; ders. 2001). Die geforderte Reflexion sei vielmehr hypothetischer Natur: Würde man über bestimmte Charaktereigenschaften reflektieren, wäre man im Ergebnis nicht von ihnen entfremdet. Demnach wäre man solange autonom, wie man diejenigen Eigenschaften ändern könnte, die man im Ergebnis eines Reflexionsprozesses verwerfen würde.

Eine weitere Kritik des dominanten Ansatzes – des Frankfurt/Dworkin-Modells der Autonomie – bezieht sich auf die Annahme, Autonomie könne individualistisch verstanden werden. Ein Verständnis von Autonomie als Selbstreflexion und Identifikation vernachlässigt die konstitutive Bedeutung vergangener und gegenwärtiger sozialer Verhältnisse für das Selbst. Autonomie sollte deshalb selbst als »relational« verstanden werden (vgl. Nedelsky 1989; Mackenzie/Stoljar 2000).

Die Unterscheidung zwischen einer Autonomiekonzeption, die der relationalen oder sozialen Natur des Selbst Rechnung trägt, und einer relationalen Konzeption von Autonomie ist jedoch entscheidend. Der ersten Konzeption zufolge sind die traditionellen Konzeptionen von Autonomie vereinbar mit der sozialen Konstituiertheit des Selbst, solange dieses Selbst zur Selbstreflexion fähig ist. Die zweite Konzeption muss unterscheiden zwischen notwendigen sozialen Hintergrundbedingungen von Autonomie und der Behauptung, Autonomie erfordere eine bestimmte soziale Position, die etwa eine gewisse Unabhängigkeit garantiere. Letzteres würde bedeuten, dass Autonomie nicht einfach prozedurale, sondern substantielle Unabhängigkeit erfordert. Das aber widerspricht dem Verständnis von Autonomie als inhalts- bzw. wertneutraler Eigenschaft von Personen (vgl. Christman 2004). Zugleich scheint eine im prozeduralen Sinne unabhängige Person, die ihre eigene Unterdrückung »wählt«, nicht als autonom gelten zu können (vgl. Oshana 1998).

Eine Theorie personaler Autonomie muss letztlich nicht nur der »Autorität des Akteurs« zur Formulierung der eigenen Sichtweise Rechnung tragen, sondern auch zwischen »selbstbestimmten Personen« und Opfern von Zwangsherrschaft, Indoktrinierung, Manipulation sowie anderen Formen von Unterdrückung unterscheiden. Der Fokus des hier vorgestellten Modells reicht von Selbstreflexion und Identifikation über verschiedene Fähigkeiten bis zu relationalen Eigenschaften wie Status und Macht. In allen Fällen wird der normative Status von Autonomie nicht festgelegt und nicht mit moralischen oder politischen Prinzipien in Eins gesetzt.

3.2. Bekanntlich findet sich die Verbindung von Autonomie und moralischen Prinzipien sowie Pflichten v.a. bei Kant. Kant zufolge setzt praktische Vernünftigkeit Freiheit schon voraus, und zwar sowohl im negativen Sinn als »Freiheit von der Bestimmung durch unsere Wünsche« (oder andere kontingente Faktoren) als auch im positiven Sinn als »Fähigkeit der Selbstgesetzgebung«. Insofern allein das universelle moralische Gesetz (der kategorische Imperativ) völlig frei von Kontingenzen ist, sind wir nur dann frei, wenn wir uns diesem Gesetz unterwerfen. Unsere so verstandene Autonomie ist dann nicht nur der Grund moralischer Verpflichtung, sondern auch der moralischen Achtung, die sich vernünftige Wesen selbst und wechselseitig schulden (vgl. Kant 1785).

Eine der vielen Schwierigkeiten dieser Position besteht darin, dass *Selbst*bestimmung hier nur gelingt, wenn das Selbst der Deliberation und der praktischen Vernunft mit dem von allen kontingenten Wünschen freien moralischen Selbst durchgängig zusammenfällt. Da die Forderungen der Moral aber rein formaler Natur sind und nichts über ethische Festlegungen und Persönlichkeitseigenschaften aussagen, scheint dieses »Selbst« nur eine leere Hülle, ein abstraktes Selbst zu sein, das mit unserem tatsächlichen verkörperten und sozial eingebetteten Selbst wenig zu tun hat (vgl. Taylor 1975; Williams 1985; Stocker 1976).

Unter den neueren Versuchen einer Revitalisierung des Kantianismus (vgl. O'Neill 1989; Hill 1991) ist derjenige von Christine Korsgaard (1996) einschlägig, da er Autonomie als Fähigkeit, Normen zu reflektieren und sich selbst aufzuerlegen, ins Zentrum einer Theorie der Quellen der Normativität rückt. Vernünftige Akteure verfügen Korsgaard zufolge über eine »praktische Identität«, die ihre Werte ordnet und ihre Selbstkonzeption strukturiert. Im Unterschied zu Kant werden von Korsgaard manche unserer praktischen Identitäten jedoch als rollenspezifisch und durch unsere soziale Existenz bestimmt verstanden. Die grundlegendste dieser Identitäten ist jedoch unsere moralische Identität. Autonomie ist demnach die Quelle aller Verpflichtungen, da sie in der Fähigkeit besteht, uns selbst dank unserer praktischen Identitäten Verpflichtungen aufzuerlegen.

In diesem Zusammenhang stellt sich insbesondere die Frage nach der Art der vorausgesetzten Identität. Der Akteur muss sich mit dem moralischen Standpunkt identifizieren, damit wechselseitige Achtung auf diese Weise in Autonomie begründet werden kann. Praktische Entscheidungen, die unseren Charakter ausdrücken, involvieren jedoch mehr als nur unsere kognitiven Fähigkeiten. Affektive und andere Aspekte unseres Urteilens sind oft mitentscheidend und begründen als Aspekte unserer »Menschlichkeit« zudem auch die Achtung unserer Selbst und anderer. Erweitern wir die Fähigkeit praktischer Vernunft um diese affektiven Aspekte, so kann sie nicht länger als zu kognitiv, abstrakt oder intellektualistisch kritisiert werden (vgl. Stocker 1976; Gilligan 1982).

3.3. Im Rahmen der politischen Philosophie geht es insbesondere bei der Frage nach den Grundlagen und der Rechtfertigung des Liberalismus um Autonomie (vgl. Anderson/ Christman 2005). Der Liberalismus als Erbe der Sozialvertragstheorien der Aufklärung geht von der Annahme aus, dass bei der Rechtfertigung politischer Autorität den Prinzipien der Gerechtigkeit vor dem Wohlergehen und der Tugend der Bürger Vorrang gebührt (vgl. Christman 2002, Kap. 1 und 4). Liberaler Gerechtigkeit geht es dabei insbesondere um den Schutz der Integrität des Individuums, das als autonome Person vorgestellt wird, die dazu in der Lage ist, Macht- und Autoritätsverhältnisse zu wählen und zu verwerfen. Die

Konzeption der autonomen Person dient deshalb zugleich als Modell für den Bürger, dessen Zustimmung der politischen Autorität Legitimität verleiht, und für die Person, an deren Interessen und Bedürfnissen sich die Prinzipien der distributiven Gerechtigkeit ausrichten (vgl. Rawls 1971, Kap. 13).

Dieser Ansatz ist u.a. von Seiten des Kommunitarismus und einer Politik der Identität kritisiert worden, die sich gegen die vermeintlich ›hyperindividualistischen‹ und potentiell ausschließenden Effekte einer solchen Konzeption der autonomen Person richten. Die Person werde als völlig losgelöst von sozialen Verhältnissen, Wertbindungen und ethnischen, religiösen und geschlechtsspezifischen Identitäten gedacht. Insofern wirkliche Bürger sich gemäß derartiger Identitätsstiftungen definierten und durch entspre-
chende Bindungen motiviert seien, zugleich aber den Anforderungen der Gerechtigkeit unterstehen sollen, zeige sich der inkohärente und ausschließende Charakter liberaler Gerechtigkeit (vgl. Sandel 1982; Taylor 1975; ders. 1991; Young 1990; Raz 1986).

Eine prominente Reaktion auf diese Kritik besteht in einer differenzierteren Konzeption der Autonomie, die nicht voraussetzt, dass Individuen völlig losgelöst von allen gemeinschaftlichen Bindungen und partikularen Identitäten zur Beurteilung von Prinzipien in der Lage sind. Es wird nach dieser Neukonzeption lediglich verlangt, dass der autonome Akteur, dessen Interessen und Sichtweise den Gegenstand der Achtung ausmachen, *bestimmte* Verpflichtungen beurteilen kann sowie zur Verwerfung der entfremdenden und unterdrückerischen Verpflichtungen in der Lage ist (vgl. Kymlicka 1989).

Derartige Kritiken haben Verteidiger des Liberalismus wie Rawls dazu gebracht, eine rein »politische« Version des Liberalismus zu vertreten. Diese operiert mit einem Idealmodell des autonomen Bürgers als einer Person, die über einen Gerechtigkeitssinn und eine Konzeption des Guten verfügt. Über dieses Ideal soll sich ein Konsens herausbilden, der die aus ihm abgeleiteten politischen Prinzipien legitimiert. Demnach wird nicht angenommen, dass Autonomie metaphysisch verankert oder moralisch grundlegend ist (vgl. Rawls 1993; Gray 1993; Larmore 1996). Solche begrifflichen Neuausrichtungen des Liberalismus bleiben weiterhin ebenso kontrovers wie die Idee, dass Gerechtigkeit primär den Schutz der Interessen der als autonom vorgestellten Bürger betreffe. Die Idee eines selbstbestimmten, authentischen und unabhängigen Akteurs, der sowohl von einer unterdrückenden Sozialisierung als auch von ungerechtfertigten Handlungsrestriktionen frei ist, bleibt für das moralische und politische Denken der Gegenwart jedoch von zentraler Bedeutung.

4.

Anderson, J./Christman, J. (Hg.), 2005, Autonomy and the Challenges to Liberalism, Cambridge: Cambridge University Press.

Arneson, R., 1985, Freedom and Desire, in: Canadian Journal of Philosophy 15.

Arneson, R., 1991, Autonomy and Preference Formation, in: J. Coleman/A. Buchanan (Hg.), In Harm's Way, Cambridge: Cambridge University Press.

Arpaly, N., 2003, Unprincipled Virtue. An Inquiry into Moral Agency, Oxford: Oxford University Press.

Benson, P., 1994, Autonomy and Self-Worth, in: Journal of Philosophy 91.

Berofsky, B., 1995, Liberation from Self, New York: Cambridge University Press.

Bratman, M., 2007, Structures of Agency, Oxford: Oxford University Press.

Buss, S./Overton, L. (Hg.), 2002, Contours of Agency, Cambridge/MA: MIT Press.

Christman, J. (Hg.), 1989, The Inner Citadel. Essays on Individual Autonomy, New York: Oxford University Press.

Christman, J., 1991, Autonomy and Personal History, in: Canadian Journal of Philosophy 21.

Christman, J., 2001, Liberalism, Autonomy, and Self-Transformation, in: Social Theory and Practice 27.

Christman, J., 2002, Social and Political Philosophy, London: Routledge.

Christman, J., 2004, Relational Autonomy, Liberal Individualism, and the Social Constitution of Selves, in: Philosophical Studies 117.

Cuypers, S. 2001, Self-Identity and Personal Autonomy, Aldershot: Ashgate.

Double, R., 1992, Two Types of Autonomy Accounts, in: Canadian Journal of Philosophy 22.
Dworkin, G., 1988, The Theory and Practice of Autonomy, New York: Cambridge University Press.
Feinberg, J., 1989, Autonomy, in: J. Christman (Hg.), The Inner Citadel, New York: Oxford University Press.
Fischer, J. M./Ravizza, M., 1998, Responsibility and Control, New York: Cambridge University Press.
Frankfurt, H., 1971, Willensfreiheit und der Begriff der Person, in: ders., Freiheit und Selbstbestimmung, Berlin: Akademie 2001.
Frankfurt, H., 2006, Sich selbst ernst nehmen, Frankfurt/M.: Suhrkamp 2007.
Friedman, M., 1986, Autonomy and the Split-Level Self, in: Southern Journal of Philosophy 24.
Gilligan, C., 1982, Die andere Stimme, München: Piper 1999.
Gray, J. 1993, Post-Liberalism, London: Routledge.
Haworth, L., 1986, Autonomy, New Haven: Yale University Press.
Hill, T., 1989, The Kantian Conception of Autonomy, in: J. Christman (Hg.), The Inner Citadel, New York: Oxford University Press.
Kant, I., 1785, Grundlegung zur Metaphysik der Sitten, Frankfurt/M.: Suhrkamp 2007.
Korsgaard, C. M., 1996, The Sources of Normativity, New York: Cambridge University Press.
Kymlicka, W., 1989, Liberalism, Community and Culture, Oxford: Clarendon.
Larmore, C., 1996, The Morals of Modernity, New York: Cambridge University Press.
Lindley, R., 1986, Autonomy, Atlantic Highlands: Humanities.
Mackenzie, C./Stoljar, N. (Hg.), 2000, Relational Autonomy, New York: Oxford University Press.
May, T., 1994, The Concept of Autonomy, in: American Philosophical Quarterly 31.
Mele, A. R., 1995, Autonomous Agents, New York: Oxford University Press.
Meyers, D. T., 1989, Self, Society, and Personal Choice, New York: Columbia University Press.
Meyers, D. T., 1994, Subjection and Subjectivity, London: Routledge.
Mill, J. S., 1859, Über die Freiheit, Stuttgart: Reclam 1974.
Nedelsky, J., 1989, Reconceiving Autonomy, in: Yale Journal of Law and Feminism 1.
O'Neill, O., 1989, Constructions of Reason, Cambridge: Cambridge University Press.
Oshana, M., 1998, Personal Autonomy and Society, in: Journal of Social Philosophy 29.
Rawls, J., 1971, Eine Theorie der Gerechtigkeit, Frankfurt/M.: Suhrkamp 2001.
Rawls, J., 1993, Politischer Liberalismus, Frankfurt/M.: Suhrkamp 2003.
Raz, J., 1986, Morality and Freedom, Oxford: Oxford University Press.
Sandel, M., 1982, Liberalism and the Limits of Justice, Cambridge: Cambridge University Press 1999.
Schneewind, J. B., 1998, The Invention of Autonomy, Cambridge: Cambridge University Press.
Sher, G., 1997, Beyond Neutrality, Cambridge: Cambridge University Press.
Taylor, C., 1975, Hegel, Frankfurt/M.: Suhrkamp 1978.
Taylor, C., 1985, Der Irrtum der negativen Freiheit, in: ders., Negative Freiheit?, Frankfurt/M.: Suhrkamp 1998.
Taylor, C., 1991, The Ethics of Authenticity, Cambridge/MA: Harvard University Press.
Taylor, J. S. (Hg.), 2005, Personal Autonomy, Cambridge: Cambridge University Press.
Thalberg, I., 1989, Hierarchical Analyses of Unfree Action, in: J. Christman (Hg.), The Inner Citadel, New York: Oxford University Press.
Velleman, David, Self to Self, Cambridge: Cambridge University Press 2006.
Young, I. M., 1990, Justice and the Politics of Difference, Princeton: Princeton University Press.
Young, R., 1986, Autonomy, New York: St. Martin's Press.

John Christman
(Aus dem Englischen von Robin Celikates)

Autorität, normative

1.

Von einer *Person* oder *Institution* wird gesagt, sie habe normative oder praktische Autorität, wenn andere Personen verpflichtet sind, sich gemäß ihrer Befehle oder den von ihr erlassenen Normen zu verhalten. Das philosophische Problem der normativen Autorität besteht darin, ob eine solche Gehorsamspflicht mit der Rationalität und Autonomie der Befehls- oder Normadressaten vereinbar ist. Von normativer Autorität in diesem Sinne ist die theoretische Autorität einer Person für ein

Sachgebiet zu unterscheiden, wenn deren Expertise die Person zu einer verlässlichen Quelle von Information auf diesem Gebiet macht. Schließlich kann eine Person in einem abgeleiteten (indirekten) Sinn Autorität haben bzw. autorisiert sein, etwas zu tun, wenn das Rechtssystem oder die Moral der Person das Recht zuschreibt oder erlaubt, dies zu tun.

2.
Normative Autorität wurde (und wird) auf Abstammung oder der (vermeintlichen) natürlichen Superiorität einiger Menschen über andere gegründet. Für die heutige philosophische Diskussion ist das relevante Verständnis dasjenige der Aufklärung (vgl. Rabe 1972): In Antwort auf den philosophischen Anarchismus soll legitime Autorität möglich sein, wenn sie denen dient, die autoritativ gesetzte Normen (Gesetze und Befehle) befolgen sollen. Denn der Autorität zu folgen sei vereinbar mit rationalem und autonomem Handeln oder Voraussetzung für solches Handeln und diene dem Wohl der Bürgerinnen und Bürger.

Zwei Modelle der Autorität und der von ihr zu erbringenden Dienstleistung lassen sich unterscheiden, nämlich das *Modell des Streitschlichters* und das des *Vermittlers von Handlungsgründen*. Die Vertragstheorien von Hobbes (1651), Locke (1690), Rousseau (1762) und Kant (1793) unterbreiten alternative Interpretationen des Modells der Autorität als Streitschlichter: Der Streit über normative Fragen unter den Bürgern wird autoritativ entschieden. Der Gehorsam des Einzelnen ist der Preis dafür, dass auch die anderen Bürger Gehorsam leisten, und dies ist notwendige Voraussetzung für die Realisierung der Güter sozialer Kooperation.

Platon hat das Modell normativer Autorität als Vermittler von Handlungsgründen entwickelt: Autoritäten dienen den Bürgern dadurch, dass sie sie autoritativ anleiten, gemäß den richtigen Handlungsgründen und nicht anders zu handeln. Dann können die Bürger Vorteile realisieren, nämlich z.B. unnötige Risiken vermeiden, Deliberationskosten einsparen, ihre Willensschwäche überwinden und ihre Handlungen koordinieren (vgl. Rep., 488a-489c, 514a-521c; Raz 1986, 75). Die beiden Modelle von Autorität sind verschieden, schließen einander aber nicht aus. Legitime politische Autoritäten erbringen typischerweise Dienstleistungen im Sinne beider Modelle (vgl. 3.6.).

3.
Normative Autorität beruht auf der Gehorsamspflicht der ihr Unterworfenen (im Weiteren: Bürger). Ist die Erfüllung dieser Gehorsamspflicht *rationalen* und *autonomen* Personen möglich? Dies ist eine doppelte Herausforderung an jede Theorie legitimer Autorität, weil die Anforderungen rationalen und autonomen Handelns verschiedene sind.

3.1. Autonomie und Autorität scheinen einander auszuschließen (vgl. Wolff 1990): Die Person, die ihre Gehorsamspflicht einer Autorität gegenüber erfüllt, nimmt ohne zu überlegen an, dass die Tatsache, dass die Autorität ihr befiehlt, so und nicht anders zu handeln, ihr einen Grund gibt, genau so zu handeln. Eine autonome Person hingegen wird einen Befehl niemals als einen Handlungsgrund erachten, der unabhängig seines Inhalts gilt und das Überlegen des Adressaten beendet. Denn eine *autonome* Person weist die Existenz solcher Handlungsgründe (also »unabweisbarer und inhaltsunabhängiger Handlungsgründe«; Hart 1982) zurück.

Die Annahme legitimer Autorität impliziert, dass nach Vorschrift oder Befehl gehandelt zu haben eine Entschuldigung sein kann. *Autonom* zu sein soll bedeuten, das Ziel zu verfolgen, nach inhaltlichen moralischen Gründen und aufgrund eigener Überlegung zu handeln. Auch wenn Autoritäten das positiv geltende Recht ändern können, bestreitet die Idee der Autonomie, dass sie die Geltung moralischer Handlungsgründe ändern können.

Rational zu sein soll bedeuten, das Ziel zu verfolgen, gemäß Gründen zu handeln, die, gemessen an den substantiellen Standards, auf die sich die Person verpflichtet hat, Geltung haben. Wenn die Gründe zugunsten der

Handlung, welche die Autorität verlangt, überwiegen, dann sollte die Person die Handlung genau deshalb ausführen, nicht aber, weil sie autoritativ befohlen wurde. Wenn hingegen die Gründe gegen die autoritativ befohlene Handlung überwiegen, sollte die Person die Handlung nicht ausführen, weil Personen nie entgegen dem Ergebnis der Abwägung von Gründen handeln sollten. Ein Befehl als solcher kann demnach kein entscheidender Handlungsgrund sein (vgl. Wolff 1990). Eine rationale Person kann aber glauben, dass autoritative Befehle entscheidende Handlungsgründe sind, die unabhängig ihres Inhalts gelten und das Nachdenken des Adressaten beenden. Wenn sie deshalb dem Befehl Folge leistet, ist sie rational, aber nicht im o.g. Sinn autonom. Autonom, aber nicht rational ist eine Person, wenn sie aus inhaltlichen Gründen handelt, die gemäß ihren eigenen substantiellen Rationalitätsstandards nicht ausschlaggebend sind.

3.2. Einige Theoretiker (vgl. Ladenson 1990) bestreiten, dass legitime Autoritäten unabhängig davon, ob ihre Direktiven richtig oder falsch sind, das Recht haben, Pflichten aufzuerlegen; stattdessen werden die Weisungen der Autoritäten als gerechtfertigte Drohungen verstanden, deren Nicht-Befolgung Sanktionen nach sich zieht. Rationales und autonomes Handeln steht in keinem Konflikt zu dieser Konzeption von Autorität. Die angedrohte Strafe kann ausschlaggebend dafür sein, dass die Handlungsgründe zugunsten der Befolgung der Weisung sprechen. Drohungen sind auch keine Gründe, die unabhängig ihres Inhalts Geltung beanspruchen. Allerdings verschiebt diese Interpretation von Autorität die Probleme lediglich. Denn die Durchsetzung der Sanktionen durch die Machthaber muss als rational und moralisch erwiesen werden. Die nicht-normative Macht über eine Person und autorisiert zu sein, solche Macht auszuüben, ist weder gleichbedeutend mit normativer Autorität noch kann sie sie ersetzen (vgl. Raz 1990).

Die Direktiven einer Autorität könnten für ihre Adressaten epistemisch nützlich sein: Anstatt selbst das Für und Wider zu erwägen, kommen sie zum richtigen praktischen Schluss, indem sie die Direktive auf ihre Handlungssituation anwenden. Personen haben demnach dann einen Grund, den Autoritäten Gehorsam zu leisten, wenn ihre Weisungen ausschlaggebende Gründe dafür sind, dass die befohlenen Handlungen vernünftig sind. Ist normative Autorität auf theoretische reduziert, wäre erstere nur dann legitim, wenn ihre Erklärungen dem Rat eines Experten entsprechen (vgl. Platon, Rep., 428b–429a). Rationales und autonomes Handeln steht in keinem Konflikt zu dieser revisionistischen Konzeption von Autorität.

Gegen die Reduktion normativer auf theoretische Autorität scheint zumindest folgendes zu sprechen: Während wir keinen Grund haben, dem Rat eines Experten zu folgen, wenn wir wissen, dass er sich irrt, verlangen normative Autoritäten unseren Gehorsam, selbst wenn ihre Direktiven falsch sind. Gewöhnlich verhängen normative Autoritäten Sanktionen nicht gegen die, die ihre Befehle für falsch halten, sondern gegen die, die sie nicht befolgen. Ferner sind Autoritäten notwendig für die Lösung von Koordinationsproblemen, die definitionsgemäß durch mehr als eine Strategie gleichermaßen akzeptabel gelöst werden können. Expertise ist für die Lösung irrelevant. Auch in Fällen, in denen Expertise relevant ist, ist jedenfalls in Rechtssystemen diese nicht die Quelle der normativen Autorität. Beansprucht eine Amtsperson, die Autorität zu besitzen, eine Weisung zu erteilen, dann begründen nicht die besonderen Qualitäten der Person, etwa ihre Expertise für den Regelungsbereich, die Legitimation des Anspruchs, sondern das Amt, das sie bekleidet. Während in Rechtssystemen Autorität unpersönlich ist, ist die Autorität eines Experten ganz und gar persönlich: sie hängt von dem überlegenen Wissen oder Können des Experten ab.

3.3. Gemäß dem Modell der *Autorität als Vermittlung von Handlungsgründen* beruht normative Autorität auf theoretischer, lässt sich aber nicht auf diese reduzieren. Eine Autorität ist für den Bürger in dem Maße legitim, in dem sie ihrer Rolle als Vermittler von Handlungsgründen effektiv entspricht. Dann entspricht der Bürger den für ihn geltenden Handlungsgründen besser durch die Befolgung der autoritativen Direktiven, als wenn er versuchte, diesen Handlungsgründen direkt zu entsprechen.

Varianten dieses Modells unterscheiden sich nicht zuletzt mit Blick auf die Frage, ob Bürger einer Autorität folgen können, ohne sich der Autorität im Sinne einer Regel zu beugen, die keine Ausnahmen zulässt. Raz vertritt die Vorrangthese (vgl. 1986, 57–61 sowie 41f.), gemäß welcher normative Erwägungen, die relevant sind, wenn keine autoritative Weisung vorliegt, gänzlich irrelevant sind, wenn und weil eine solche Weisung vorliegt. Dann ist es rational, der legitimen Autorität zu gehorchen, weil die inhaltlichen Gründe gegen die autoritative Weisung nicht länger relevant sind. Gehorsam widerspricht auch autonomem Handeln nicht, weil Autoritäten nur legitim sind (vgl. ebd., 42–53, 73–75), sofern ihren Anweisungen Folge zu leisten die Wahrscheinlichkeit erhöht, im Sinne der relevanten inhaltlichen Gründe richtig zu handeln.

Gegen Raz vertreten andere Theoretiker die Auffassung, Bürger sollten autoritative Weisungen nicht befolgen, wenn dies entweder gemäß Abwägung aller inhaltlichen Gründe (vgl. Green 1988, 113f.) oder der aufgrund einer autoritativen Direktive neu gewichteten inhaltlichen Gründe (vgl. Perry 1989, 913) nicht geboten ist, oder wenn die Vermutung zugunsten der Befolgung einer Überprüfung nicht standhält (vgl. Schauer 1991, 91). Gegen die Vorrangthese wird von diesen Autoren vorgebracht, es lasse sich nicht erweisen, dass die autoritative Weisung die Handlungsgründe ersetzen muss, wenn die inhaltlichen Handlungsgründe für die autoritative Weisung sprechen, statt sie um einen weiteren Grund zu ergänzen, neu zu gewichten oder mit der (widerlegbaren) Vermutung zu versehen, dass sie zugunsten der Weisung sprechen. Fällt die je anders verstandene Abwägung der inhaltlichen Gründe gegen die Befolgung der Weisung aus, beschreiben die Modelle je unterschiedliche Bedingungen, unter denen der Weisung *keine* Folge zu leisten ist.

3.4. Das traditionelle *liberale* Verständnis der Dienstleistung von politischen Autoritäten ist das des *Streitschlichters*. Autoritäten dienen den Bürgern, indem sie ihnen eine Methode anbieten, ihre Konflikte über normative Fragen zu lösen. Erfolg misst sich nicht (ausschließlich) an der Qualität der autoritativen Weisungen, sondern (in erster Linie) daran, ob die erlassenen Weisungen die tatsächlichen oder möglichen Konflikte haben lösen können. Die Legitimität der politischen Autoritäten und die moralische Verpflichtung, sich gemäß der autoritativen Weisungen zu verhalten, beruht auf der Akzeptanz der Streitschlichtungsmethode durch die Bürger als mögliche oder tatsächliche Streitparteien.

Zwei Hauptvarianten des Streitschlichtungsmodells können unterschieden werden. Vertragstheoretiker sehen die Akzeptanz in einem Zustimmungsakt des Bürgers. Die moralische Verpflichtung beruht auf dem gegebenen Versprechen (vgl. Simmons 1999). Gemäß der Theorie des fairen Miteinanders besteht die Akzeptanz in der freiwilligen Annahme der Vorteile der Streitschlichtungsmethode durch die Bürger – die Verpflichtung ist eine der Fairness: Insofern die Bürger die Vorteile solcher Streitschlichtung akzeptieren, müssen sie auch deren Kosten tragen (vgl. Rawls 1971, 130–135; ders. 1964).

Ein rational Handelnder kann die vertragstheoretische Variante der Begründung politischer Verpflichtung für wahr halten, sofern sie kohärent ist: Die autoritative Weisung konstituiert einen Handlungsgrund, der unabhängig seines Inhalts gilt, weil jeder Bürger zum Gehorsam verpflichtet ist. Die Abwägung aller Gründe, der inhaltlichen wie der, die unabhängig ihres Inhalts gelten, kann dann zugunsten des Gehorsams mit der Weisung ausfallen, auch wenn es wahr ist, dass, wäre die autoritative Weisung nicht ergangen, der Bürger hätte anders handeln sollen.

Um andererseits den Konflikt zwischen Autorität und Autonomie auflösen zu können, müsste das vertragstheoretische Argument zeigen können, dass die Zustimmung Gründe generiert, die unabhängig ihres Inhalts gelten und entscheidend sein können (vgl. 3.1.). Es müsste wahr sein, dass Bürger aufgrund von Zustimmung verpflichtet sein können, den Ergebnissen autoritativer Streitschlichtung zu folgen. Das vertragstheoretische Argument scheint aber das zu Beweisende – dass die generelle Zustimmung zu einem autoritativen Streitschlichtungsverfahren die Verbindlichkeit seiner Ergebnisse als entscheidenden Handlungsgrund unabhängig ihres Inhalts ausweisen kann – als feststehend vorauszusetzen. Denn wenn der Wille einer anderen Person die Geltung von moralischen Handlungsgründen nicht ändern kann und mir deshalb nicht gebieten kann zu tun, was ich unabhängig von seinem Befehl nicht tun darf, dann kann auch mein eigener Wille mir nicht erlauben, entgegen der geltenden moralischen Handlungsgründe zu handeln.

3.5. Die Begründung des Modells der Autorität als Streitschlichter im Sinne einer Theorie des fairen Miteinanders kann den Konflikt zwischen Autorität und Autonomie wenigstens abschwächen. Bürger sollen einer *demokratisch gewählten politischen Autorität* unter Bedingungen einer für den einzelnen Bürger bedeutsamen Freiheit Gehorsam leisten, weil ein derart verfasster staatlicher Zusammenhang nicht nur die Bedingungen für die Herstellung und Wahrung sozial notwendiger Güter sichert, sondern auch die Freiheit der Individuen als Mitglieder einer staatlich gefassten Gruppe ermöglicht und fair ist (vgl. Gans 1992, 94–119; Christiano 1999). Wenn unter solchen Bedingungen Bürger den Gehorsam verweigern, bestimmen sie die Regeln sozialer Kooperation einseitig und deshalb auf unangemessene Weise. Demokratische Ordnungen, die für sie charakteristische Meinungs- und Willensbildung, ihre institutionalisierten Entscheidungsverfahren und Rechenschaftspflichten unterscheiden sich von anderen u.a. durch das Maß, in dem sie den Bürgern erlauben, bestimmte Freiheits- und Gleichheitsnormen sowie Normen gegenseitigen Respekts zu realisieren, und dadurch, dass solche Verfahren, insofern sie öffentlich sind, die Durchsetzung verallgemeinerungsfähiger Ansprüche befördern (vgl. Habermas 1996; Gutmann/Thompson 1996, 55). Demokratische Entscheidungsverfahren können deshalb die Bürger befähigen, als Gleiche und Freie die Bedingungen ihres Lebens zu gestalten. Außerdem können demokratische Entscheidungsverfahren als fair gelten, insofern sie für eine ungefähre Gleichverteilung der Macht über politische Entscheidungen nicht zuletzt dadurch sorgen, dass die einzelnen Bürger die bedeutsame Chance haben, die Gründe für ihre Position darzulegen und andere von denselben zu überzeugen (vgl. Warren 1996).

Ungehorsam gegenüber einer so verstandenen demokratischen Entscheidung ist unangemessene Machtanmaßung. Wer Ungehorsam leistet, verweigert seinen Mitbürgern den Respekt, der ihnen als gleichen Teilnehmern eines die Macht fair aufteilenden Systems gebührt: Er bestreitet, dass das Ergebnis gilt, das die Mehrheit legitimerweise erwarten durfte, und bestreitet der Mehrheit damit die Kontrolle über ihr Leben, die sie legitimerweise beansprucht. Demnach erfordert die Autonomie der Bürger, dass demokratische Autoritäten das moralische Recht haben, ihre Bürger selbst dann zu verpflichten, wenn ihre Entscheidungen falsch sind. Individuen sind nur autonom, sind sie selbst und andere bereit, gemäß den Ergebnissen autoritativer Verfahren zu handeln, sofern diese Verfahren legitim sind. Diese Überlegung kann als Ausdruck einer angenommenen generellen Pflicht zur Gerechtigkeit (vgl. Rawls 1971, 130–135; Waldron 1993) oder von Pflichten aufgrund von Mitgliedschaft in Gruppen besonderen Werts (vgl. Dworkin 1986, 195–215; Scheffler 2001) verstanden werden.

3.6. Die Legitimität politischer Autorität dürfte davon abhängen, dass sie Dienstleistungen im Sinne beider Modelle, desjenigen der fairen und demokratisch legitimierten Streitschlichtung (vgl. 3.4., 3.5.) und desjenigen des Vermittlers von Handlungsgründen (vgl. 3.3.), erbringt. Letzteres Modell für sich genommen übersieht, dass es der Politik nicht allein darum geht, dass die richtigen Entscheidungen getroffen werden. Es unterschätzt sowohl die Bedeutung der Entscheidungsverfahren für die Legitimität der Ergebnisse als auch den wichtigen möglichen Beitrag demokratischer Entscheidungsverfahren zur Stärkung und Bewahrung der Autonomie von Individuen als Mitgliedern staatlich gefasster politischer Gesellschaften. Andererseits betont das Modell normativer Autorität als Vermittler von Handlungsgründen zu Recht, dass unsere Gehorsamspflicht gegenüber einer normativen Autorität wenigstens von unserer begründeten Vermutung abhängt, dass die Abwägung aller Gründe regelmäßig jedenfalls nicht zu Ungunsten ihrer Weisungen ausfällt.

4.

Christiano, T., 1999, Justice and Disagreement at the Foundations of Political Authority, in: Ethics 110.

Dworkin, R., 1986, Law's Empire, Cambridge/MA: Harvard University Press.

Gans, C., 1992, Philosophical Anarchism and Political Disobedience, Cambridge: Cambridge University Press.

Green, L., 1988, The Authority of the State, Oxford: Clarendon Press.

Gutmann, A./Thompson, D., 1996, Democracy and Disagreement, Cambridge/MA: Harvard University Press.

Habermas, J., 1996, Drei normative Modelle der Demokratie, in: ders., Die Einbeziehung des Anderen, Frankfurt/M.: Suhrkamp.

Hart, H. L. A., 1982, Commands and Authoritative Legal Reasons, in: ders., Essays on Bentham, Oxford: Clarendon Press.

Hobbes, T., 1651, Leviathan, Frankfurt/M.: Suhrkamp 1984.

Kant, I., 1793, Über den Gemeinspruch: Das mag in der Theorie richtig sein, taugt aber nicht für die Praxis, in: Werke, Bd. 8, Frankfurt/M.: Suhrkamp 1968.

Ladenson, R., 1990, A Defense of a Hobbesian Conception of Law, in: J. Raz (Hg.), Authority, New York: New York University Press.

Locke, J., 1690, Zwei Abhandlungen über die Regierung, Frankfurt/M.: Suhrkamp 1977.

Perry, S., 1989, Second-Order Reasons, Uncertainty and Legal Theory, Southern California Law Review 62.

Rabe, H., 1972, Autorität. Elemente einer Begriffsgeschichte, Konstanz: UVK.

Rawls, J., 1964, Legal Obligation and the Duty of Fair Play, in: ders., Collected Papers, Cambridge/MA: Harvard University Press 1999.

Rawls, J., 1971, Eine Theorie der Gerechtigkeit, Frankfurt/M.: Suhrkamp 1979.

Raz, J., 1986, The Morality of Freedom, Oxford: Clarendon Press.

Raz, J., 1990, Introduction, in: ders. (Hg.), Authority, New York: New York University Press.

Rousseau, J.-J., 1762, Vom Gesellschaftsvertrag, Stuttgart: Reclam 1977.

Schauer, F., 1991, Playing by the Rules, Oxford: Clarendon Press.

Scheffler, S., 2001, Relationships and Responsibilities, in: ders., Boundaries and Allegiances, Oxford: Oxford University Press.

Simmons, A. J., 1999, Justification and Legitimacy, in: Ethics 109.

Waldron, J., 1993, Special Ties and Natural Duties, in: Philosophy and Public Affairs 22.

Warren, M. E., 1996, Deliberative Democracy and Authority, in: American Political Science Review 90.

Wolff, R. P., 1990, The Conflict Between Authority and Autonomy, in: J. Raz (Hg.), Authority, New York: New York University Press.

LUKAS H. MEYER

B

Bakunin, Michail (1814–1876)

1.

Das Leben Bakunins, des ersten Berufsrevolutionärs, war derart ereignisreich, dass bereits eine Aufzählung der Ortsveränderungen, die er unternahm oder die man ihm aufzwang, mehrere Seiten beanspruchen würde (vgl. Bakunin 1870, 156ff.; Grawitz 1999). Hervorzuheben bleiben die Herkunft aus dem russischem Landadel, der Besuch der Artillerieschule und eine dreijährige Aktivität als Offizier, die er 1836 aufgab, um sich philosophischen Studien zu widmen, erst in Russland, dann in Deutschland und in der Schweiz. Von dort reiste er, bereits als Revolutionär, nach Frankreich, und ignorierte 1844 den Befehl, nach Russland zurückzukehren, was seine Verbannung und Enteignung zur Folge hatte. Bakunin bereiste in den folgenden Jahren verschiedene europäische Länder, in denen er sich an revolutionären Bewegungen beteiligte, bis man ihn 1849 in Chemnitz verhaftete, einkerkerte, zum Tode verurteilte und schließlich nach Österreich auslieferte, wo man ihn einkerkerte, zum Tode verurteilte und an Russland auslieferte. Dort wurde er nach sechs Jahren Festungshaft nach West- und dann nach Ostsibirien deportiert. Nach seiner Heirat 1858 gelang ihm 1861 die Flucht über Nordamerika nach England. Die folgenden Jahre, bis hin zu seinem Tod entwickelte Bakunin eine intensive Reisetätigkeit zur Agitation und zur Unterstützung von Aufständen, deren Misslingen ihn immer wieder zur Flucht zwang. Längere Aufenthalte gab es in Schweden, in der Schweiz und in Neapel. Als Vertreter der Mechaniker von Neapel geriet er beim vierten Kongress der Internationalen Arbeiter-Assoziation im Jahr 1869 in Basel in eine Konfrontation mit Marx, den er bereits 1844 in Paris kennen gelernt hatte. Marx sorgte zwei Jahre später dafür, dass Bakunin und seine Freunde aus der Internationalen ausgeschlossen wurden. Allerdings führte dies auch zum Untergang der Internationalen, die sich 1876 in New York selbst auflöste, im gleichen Jahr wie die 1872 gegründete »antiautoritäre Internationale« der Anarchisten.

2.

Bakunin wird allgemein als eindrucksvolle und dynamische Persönlichkeit geschildert, der die revolutionäre Aktion stets wichtiger war als theoretische Präzision. Er stand in seiner Jugend der deutschen Romantik und dem deutschen Idealismus nahe, und schloss sich den linken Junghegelianern an. Nach seiner Bekanntschaft mit Proudhon und Marx entwickelte er sich jedoch mehr und mehr zum rigorosen Materialisten.

3.

Bakunin dürfte unter den Vertretern des klassischen Anarchismus – Godwin, Proudhon, Bakunin und Kropotkin – am stärksten von Hegel beeinflusst sein, und trotz der für die spätere Zeit bestimmenden persönlichen Feindschaft lässt er am ehesten eine Nähe zu Marx erkennen. Allerdings weist er jeden Führungsanspruch der geistig Arbeitenden über die körperlich Arbeitenden, jede »Aristokratie der Intelligenz«, auch von Seiten der Arbeiter gegenüber den Bauern, ja insgesamt den Anspruch der Wissenschaft auf Führung, im Namen »des Lebens« zurück (vgl. Bakunin 1873, 246, 339; Berti 1998, 254ff.). Ferner wendet sich Bakunin ohne jede Einschränkung gegen den Staat, den er ausschließlich als Instrument der Unterdrückung versteht. Dies gilt nicht nur für monarchische und aristokratische Herrschaftsformen, sondern auch für die repräsentative Demokratie. Schließlich ist Bakunin sich gewiss, dass »ein bürgerliches Parlament nie etwas anderes wird tun können, als die Sklaverei des Volkes gesetzlich zu machen und alle Maßnahmen zu bewilligen, die darauf ausgehen, sein Elend und seine Unwissenheit zu verewigen« (Bakunin 1873, 122). Dass auch Arbeiter im Parlament vertreten sein könnten, zog Bakunin offenbar nicht im Sinne einer positiven Entwicklung in Betracht, wie seine erbitterte Abwehr der Ausweitung des Wahlrechts andeutet. Bakunin zufolge beruhen der Gedanke eines Freiheitsrechtes und die Auffassung, die Freiheit des einen finde ihre Grenze bei der Freiheit des anderen, auf einer künstlichen Trennung der Menschen, die dem Zweck dient, die vorhandene Ungleichheit zu konservieren und zu verteidigen. »Nur dann bin ich wahrhaft frei, wenn alle Menschen, die mich umgeben, [...] ebenso frei sind wie ich. [...], wenn meine Freiheit, [...] widergespiegelt in dem gleichmäßig freien Bewusstsein aller, mir durch allgemeine Anerkennung bestätigt wird. Meine [...] durch die Freiheit aller bestätigte persönliche Freiheit erstreckt sich ins Unendliche.« (Bakunin 1870, 132f.)

Doch scheint auch diese Unendlichkeit ihre Grenzen zu haben, denn es gibt bei Bakunin eine Pflicht zur Arbeit und zur Kindererziehung, ohne dass allerdings klar wäre, welche Sanktionen mit entsprechenden Pflichtverletzungen verbunden sind. »Inmitten des Kampfes« gibt es ferner durchaus solche, die leiten und befehlen, andere die Befehle ausführen, wobei »jeder nur gehorcht, weil der Führer nur das befiehlt, was er selbst will« (Bakunin 1873, 220f.). Was mit denen geschieht, die nicht wirklich wissen, was sie wollen, lässt ein Hinweis auf das Verfahren im anarchistischen Geheimbund erahnen, wo »Unentschlossenheit, Weichlichkeit, Gleichgültigkeit, Nachlässigkeit, Apathie und mangelnde Pünktlichkeit eines tätigen Bruders« ihn entehren, von einem lebendigen zum toten Mann machen, den man ausschließt und bekämpft (ebd., 48).

4.

Bakunin, M., 1961ff., Archives Bakounine (Gesamtausgabe), Leiden: Brill.

Bakunin, M., 1870, Gott und der Staat, Grafenau: Trotzdem 2003.

Bakunin, M., 1873, Staatlichkeit und Anarchie und andere Schriften, Frankfurt/M.: Ullstein 1972.

Berti, G., 1998, Il pensiero anarchico dal Settecento al Novecento, Bari: Lacaita.

Crowder, G., 1991, Classical Anarchism, Oxford: Clarendon Press.

Dolgoff, S. (Hg.), 1980, Bakunin on Anarchism, Montréal: Black Rose.

Grawitz, M., 1999, Bakunin, Hamburg: Schulenburg.

Solms, F., 1996, ›Ich will nicht ich sein; ich will Wir sein‹. Die Geschichte des ersten Berufsrevolutionärs Michail Alexandrowitsch Bakunin, in: H. Diefenbacher (Hg.), Anarchismus, Darmstadt: WBG.

Matthias Kaufmann

Bataille, Georges (1897–1962)

1.

Georges Bataille wurde in Billom (Auvergne) geboren, wuchs in Reims auf und absolvierte an der École des Chartres eine Ausbildung zum Bibliothekar. Von 1922 bis 1942 arbeitete er an der Bibliothèque Nationale in Paris. Durch Michel Leiris und André Masson in den surrealistischen Kreis eingeführt, brach er mit diesem, als André Breton Ende der 1920er Jahre eine radikal politische Wende verlangte. 1928 veröffentlichte er die Erzählung *Die Geschichte des Auges* unter dem Pseudonym Lord Auch. Mit Leiris und Carl Einstein gründete er 1929 die Zeitschrift *Documents*. Von 1931 bis 1934 war er Mitglied des *Cercle Communiste Démocratique*, der sich 1935 unter dem Namen

Contre-Attaque reorganisierte. 1934 besuchte er die Hegel-Vorlesungen von Alexandre Kojève. Mit Pierre Klossowski u.a. gründete er 1936 die Zeitschrift *Acéphale*, 1937 mit Leiris, Roger Caillois u.a. das *Collège de Sociologie*. 1946 begründete Bataille die bis heute bestehende Zeitschrift *Critique*. Zu seinen wichtigsten Schriften zählen *Der Begriff der Verausgabung* (1933), *Die psychologische Struktur des Faschismus* (1933/34), *Die innere Erfahrung* (1943), *Die Freundschaft* (*Le Coupable*, 1944), *Über Nietzsche* (1945) und *Methode der Meditation* (1947). Von seinem auf drei Bände angelegten Hauptwerk erschien nur *Der verfemte Teil* (*La part maudite*, 1949), fortgeführt in *Die Erotik* (1957) und *Die Tränen des Eros* (1957). Der dritte Teil ist in *Die Souveränität* (1956) zusammengefasst. Daneben publizierte Bataille u.a. die Aufsatzsammlung *Die Literatur und das Böse* (1955) sowie die Romane *Abbé C* (1953) und *Das Blau des Himmels* (1957).

2.

Batailles Werk kreist um ein nichtreduktives Verhältnis von Denken und Sein. Die beiden maßgeblichen Bezüge seiner Heterologie, also seines Denkens des Heterogenen, sind Hegel und Nietzsche. Den Begriff der Verausgabung, der jene Handlungen bezeichnet, die völlig unproduktiv sind und damit jeder ökonomischen Rationalität entgegenstehen, entwickelt er im Anschluss an die Theorie der Gabe von Marcel Mauss, Marxens Analyse der Produktivkräfte und Freuds Trieblehre, wobei die Letzteren eine Verschiebung erfahren. Nicht Reproduktion und Selbsterhaltung bilden die Grundlage einer allgemeinen Ökonomie, sondern Formen der Verschwendung. Diesen geht Bataille in allen Lebensbereichen nach, anhand von Phänomenen wie Ekel, Lachen, Grausamkeit, Krieg, Luxus, Fest, Kunst, Perversion und Religion. In seinen philosophischen Schriften unter dem Obertitel *Die atheologische Summe* interpretiert er Nietzsches Philosophie als ein enthauptetes Denken, das sich der irreduziblen Heterogenität stellt. Dagegen steht Hegels Begriff der Aufhebung, der jedem Widerspruch seinen beschränkten Platz anweist und das Problem des Heterogenen permanent verschiebt. Die Geschichte der sozialen Kämpfe sieht Bataille ebenso durch die Verausgabung bestimmt. So ist die Feudalherrschaft durch die Feste der Reichen gekennzeichnet, während in modernen Gesellschaften die Verausgabung in Formen des Krieges und der Revolution auf die Massen übergeht. In *Der verfemte Teil* erweitert Bataille diesen Ansatz zu einer allgemeinen Gesellschaftstheorie. Eine Gesellschaft wird erst durch den Gebrauch, den sie vom Überschuss macht, zu einer bestimmten Gesellschaft. Der Überschuss gibt das Problem seiner Vernichtung auf. Jede soziale Ordnung muss in einem heterogenen Bereich ihre Ordnung selbst überschreiten. Keine Gesellschaft kommt ohne Opfer aus. Im Anschluss an die religionssoziologischen Arbeiten von Max Weber und Emile Durkheim identifiziert Bataille die Unterscheidung von homogen und heterogen mit »profan« und »heilig«. Deswegen ist der verfemte Teil zugleich durch Ausgrenzung, Erniedrigung, Verelendung und durch Sakralisierung gekennzeichnet.

3.

Obwohl Batailles Werk zu allen theoretischen Strömungen seiner Zeit Korrespondenzen unterhält, lässt es sich weder als existenzialistisch, surrealistisch, strukturalistisch noch als psychoanalytisch oder ethnologisch klassifizieren. Als systematisches Zentrum kann man seine Theorie der Souveränität ansehen. Herrschaft und Verfemung sind aufeinander bezogen, indem sie außerhalb der homogenen Ordnung stehen und diese zugleich einsetzen. Exemplarisch kommt dies in Batailles Analyse des nationalsozialistischen Faschismus zur Geltung. Der Führer muss selbst das Elend der Massen durchlebt haben, um die elenden Massen in eine homogene Ordnung transformieren zu können. Verkürzend könnte man sagen: Souverän ist nicht derjenige, der das Recht auf alles hat, sondern derjenige, der die Fähigkeit besitzt, alles zu geben. Eine souveräne Handlung kann nicht von der beschränkten Ökonomie bestimmt sein. In diesem Sinn entwickelt Bataille eine

Theorie der Kunst als souveräne Kommunikation und eine Theorie der Subjektivität, die sich gegen das Paradigma der Naturbeherrschung wendet. Im souveränen Subjekt ist das unfreie Selbstopfer, zugleich Herr und Knecht zu sein, zugunsten eines freien Selbstopfers überwunden, von dem, wie Bataille sagt, der Wahnsinn nur eine schwache Vorstellung gibt. Von Theoretikern wie Jean-Paul Sartre oder Jürgen Habermas (1988, 248 ff.) ist Bataille als ein Mystiker kritisiert worden, was nur insoweit zutrifft, als er eine neue Religion unter Bedingungen der Immanenz für unverzichtbar hielt.

4.

Bataille, G., 1933/1949, Die Aufhebung der Ökonomie: Der Begriff der Verausgabung. Der verfemte Teil, München: Matthes & Seitz 2001.
Bataille, G., 1933–34/1956, Die psychologische Struktur des Faschismus. Die Souveränität, München: Matthes & Seitz 1997.
Bataille, G., 1943/1947, Die innere Erfahrung. Methode der Meditation, München: Matthes & Seitz 1999.
Bataille, G., 1944, Die Freundschaft, München: Matthes & Seitz 2002.
Bataille, G., 1945, Sur Nietzsche, Paris: Gallimard.
Bataille, G., 1957, Die Erotik, München: Matthes & Seitz 1998.
Bataille, G., 1957, Die Tränen des Eros, München: Matthes & Seitz 2005.
Bataille, G., 1970 ff., Œuvres complètes, Paris: Gallimard.

Bischof, R., 1984, Souveränität und Subversion. Georges Batailles Theorie der Moderne, München: Matthes & Seitz.
Derrida, J., 1967, Von der beschränkten zur allgemeinen Ökonomie, in: ders., Die Schrift und die Differenz, Frankfurt/M.: Suhrkamp 1976.
Habermas, J., 1988, Der philosophische Diskurs der Moderne, Frankfurt/M.: Suhrkamp.
Hetzel, A./Wiechens, P. (Hg.), 1998, Georges Bataille, Würzburg: Königshausen & Neumann.
Mattheus, B., 1984–97, Georges Bataille. Eine Thanatographie, 3 Bde., München: Matthes & Seitz.
Wiechens, P., 1995, Bataille zur Einführung, Hamburg: Junius.

LEANDER SCHOLZ

Beauvoir, Simone de (1908–1986)

1.

Simone de Beauvoir wurde in Paris in eine katholisch-bürgerliche, aber verarmte Familie geboren. Da sie nicht mit einer Mitgift rechnen konnte, musste sie, um für ihren Unterhalt aufzukommen, einen Beruf erlernen. Nach dem Studium der Philosophie wurde sie zur Lehrerausbildung zugelassen, für die sie Seminare an der École Normale Supérieure besuchte. Dort lernte sie Jean-Paul Sartre kennen, mit dem sie eine Beziehung begann, die bis zu seinem Tod andauerte. Zwei Jahre später nahm Beauvoir eine Stelle als Philosophielehrerin in Marseille an, und nach einigen Jahren erhielt sie eine Anstellung in Paris. Nach dem Ausbruch des Zweiten Weltkrieges begann die Politik in ihrem Leben eine Rolle zu spielen. 1943 wurde sie aus dem Schulunterricht entlassen und beschloss, sich dem Schreiben zu widmen. Von da an publizierte sie in hohem Tempo Essays, Artikel, ein Theaterstück, Romane und Autobiographisches. Nach dem Krieg hatte sie mehr und mehr Anteil an dem Ruhm, der den Existenzialisten, v.a. in der Person Sartres zufiel. Ihr politisches Engagement schlug sich u.a. nieder in ihren Publikationen über den Algerienkrieg, ihren Protesten gegen die Einschränkung der Pressefreiheit, ihrer Teilnahme an Demonstrationen für die Menschenrechte und ihrer aktiven Partizipation an der Frauenbewegung.

2.

Das Hauptthema des Werkes von Simone de Beauvoir ist die ethische Beziehung zu den Mitmenschen. In Sartres ursprünglicher Existenzphilosophie spielt der Konflikt zwischen den Menschen eine zentrale Rolle. Kennzeichen unseres Menschseins ist das Bewusstsein, das immer Bewusstsein-von-Etwas ist und das andere Menschen ausschließlich als ein Etwas, als ein Ding in der Welt wahrnehmen kann. Die Beziehung zwischen Menschen kann daher nur ein Subjekt-Objekt-Verhältnis sein. Hieraus entsteht der ewige Konflikt darum, wer die Position des Subjekts (des Selbst) und wer jene des Objekts (des Anderen) einnimmt. Bei Sartre sind wir frei, aber auch dazu verdammt, unser Leben in Einsamkeit zu führen, wollen wir nicht in ›Unaufrichtigkeit‹ (mauvaise foi) leben, also unsere menschliche Beschaffenheit als einsames Bewusstsein verleugnen.

In »Für eine Moral der Doppelsinnigkeit« arbeitet Beauvoir Sartres – cartesianischen – Existenzialismus zu einer ethischen Theorie um. Sie betont hier die *Einheit von Körper und Bewusstsein*. Wir existieren nicht nur als rationales Bewusstsein, sondern auch als psychophysische Einheit, v.a. in unseren Emotionen. In der Dimension der Gefühle können wir mit anderen in Kontakt treten. Das Eingehen emotionaler Beziehungen ist für Beauvoir die einzig richtige ethische Haltung. Wenn wir uns rühren lassen, versuchen wir, andere nicht zu unterwerfen, sondern ihnen zu begegnen. Nur auf dieser Basis sind wirkliche Liebe, Solidarität und Freundschaft möglich. Wir müssen es also wagen, unseren Status als absolut freies Bewusstsein in eine körperliche Beziehung zur Welt und zum Mitmenschen zu verwandeln. Erst auf diese Weise sind wir Beauvoir zufolge wirklich frei. Erst dann nehmen wir nämlich unsere Freiheit aktiv auf uns und tragen damit auch die Verantwortung für die menschliche Freiheit im Allgemeinen und die unseres konkreten Mitmenschen im Besonderen.

Unsere Annäherung an den Mitmenschen geschieht jedoch immer vor dem Hintergrund unserer Existenz als individuelles Bewusstsein. Wir werden mit dem Anderen niemals völlig eins werden, und unsere Neigung, den Anderen zu unterwerfen, werden wir immer bekämpfen müssen. Jeder ist ein individuelles Bewusstsein *und* eine Einheit von Körper und Bewusstsein: Die condition humaine ist doppelsinnig (ambigu). Beauvoir betont dabei auch die Notwendigkeit sozialer Freiheit: Freiheit hat bei ihr immer eine soziale Komponente, und auch hierin unterscheidet sie sich wesentlich von Sartres ursprünglicher Existenzphilosophie.

Ab 1946 arbeitet Beauvoir, unterbrochen von einem viermonatigen Aufenthalt in den USA und dem Verfassen des Reisetagebuchs *Amerika Tag und Nacht*, an *Das andere Geschlecht*. Diese umfassende Studie über die Situation der Frau wird ihr am meisten umstrittenes Werk und macht sie, mit einer Auflage von mehreren Millionen Exemplaren, finanziell unabhängig. Beauvoir beschreibt hier die traditionelle Situation der Frau als die des absolut Anderen in der Kultur. Der Mann wusste sich im Laufe der Geschichte immer die Position des Subjektes zu verschaffen, desjenigen, der handelt und entscheidet. Er hat die Frau in die Position des Anderen gestellt, derjenigen, die ihm als Gegensatz diente, um ihn beständig als Subjekt zu bestätigen. Die Frau konnte nur eine vom Mann abgeleitete Identität entwickeln. Jedes Bewusstsein strebt danach, seine Souveränität einem anderen aufzuerlegen, und dem Mann ist es die ganze Geschichte hindurch gelungen, dies der Frau gegenüber zu realisieren.

Dass gerade die Frau zu dem Anderen gemacht worden ist, hat Beauvoir zufolge mit der größeren Bestimmtheit der Frau durch ihre Körperlichkeit zu tun. War die Frau v.a. mit der Reproduktion des Lebens beschäftigt, so konnte der Mann sich selbst über das Tier erheben: Er konnte die Welt gestalten und der Zukunft Form geben. Die biologischen Merkmale der Frau bestimmen Beauvoir zufolge jedoch nicht an sich das Schicksal der Frau. Sie erhalten erst im sozial-kulturellen und ökonomischen Zusammenhang ihre Bedeutung. Die Körperlichkeit der Frau wurde von Männern eingesetzt, um sie in eine bestimmte Situation zu bringen. Die Biologie an sich reicht nicht aus, um die Frau zu definieren. Es ist die *Kultur*, und nicht die Natur, die Männer und Frauen unterscheidet: »Man kommt nicht als Frau zur Welt, man wird es.«

Das letzte Kapitel trägt den Titel »Auf dem Weg zur Befreiung«: Eine Neugestaltung der Gesellschaft ist notwendig, damit die Existenz von Frauen nicht länger der der Männer untergeordnet wird. Frauen müssen als Bewusstseine anerkannt werden und ihre Freiheit sowie ihre Existenz als Subjekte auf sich nehmen. In *Das andere Geschlecht* richtet Beauvoir ihre Hoffnung für die Befreiung der Frau noch auf den Sozialismus: Zusammen mit der Befreiung von der Arbeit unter kapitalistischen Bedingungen soll zugleich der Mythos der Weiblichkeit und die damit verbundene Unterdrückung der Frau abgeschafft werden. Enttäuscht von der Situation der Frau in den sozialistischen Ländern, sah sie den Feminismus später als eine notwendig selbstständige politische Bewegung.

Das andere Geschlecht ist als phänomenologische Studie in der Fortsetzung Husserls konzipiert. Der Philosophie kommt darin die Aufgabe zu, die Phänomene aus dem unmittelbaren Erlebnis heraus als Ganze aufzuklären – und damit als Gegengewicht zur erklärenden und reduktionistischen Herangehensweise der Fachwissenschaften zu wirken. Auf diese Weise soll *Das andere Geschlecht* die gesamte Situation der Frau als Phänomen aufzeigen, ohne sie wissenschaftlich auf nur einen Faktor zu reduzieren. Dies erklärt den umfassenden Charakter des Werkes und macht es als solches unübertroffen.

Das Buch zog heftige Kritiken auf sich, in feministischen ebenso wie in anti-feministischen Kreisen (vgl. Bair 1998). Es wurde in einer Zeit geschrieben, in der die Frau in der westlichen Welt gerade erst als Rechtsperson anerkannt wurde. Gegen die Idee, dass die zunehmende juristischen Gleichheit von Männern und Frauen die Emanzipation der Frau zur Vollendung bringen könne, betont Beauvoir jedoch ausdrücklich, dass immer die gesamte Situation der Frau beurteilt werden müsse: Die juristische, die sozial-ökonomische, aber auch die persönliche, moralische, politische und kulturelle Ebene muss dabei betrachtet werden.

Die ethische Zielsetzung von *Das andere Geschlecht* ist weiterhin von Bedeutung. Männer und Frauen müssen aufhören, das andere Geschlecht zu instrumentalisieren, um die Ambiguität ihrer eigenen Existenz zu verleugnen, indem sie den Teil, den sie an sich selber abweisen, auf das jeweils andere Geschlecht projizieren. Sie müssen sich gegenseitig als Gleiche anerkennen. Es wird jedoch auch weiterhin zu Konflikten kommen, denn die menschliche Neigung, andere zu unterwerfen, wird fortbestehen.

Um den in der akademischen Philosophie üblichen ethischen Abstraktionen zu entkommen, wählt Beauvoir schließlich das Genre des *philosophisch-ethischen Romans*. Ihre ersten Romane (*Sie kam und blieb, Das Blut der Anderen, Alle Menschen sind sterblich*) sind, in ihren eigenen Worten, noch als »metaphysische Romane« angelegt, in denen die allgemeinen Bedingungen der menschlichen Existenz ihren Ausdruck finden sollen. Beauvoir selber beurteilt diese Werke im Rückblick als viel zu schematisch. Sie geht dazu über, ihre ethische Theorie dadurch zum Ausdruck zu bringen, dass sie diese auf subjektiver Ebene aufzeigt, indem sie zeigt, dass ethische Entscheidungen schwierige subjektive Entscheidungen beinhalten. In ihrem mit dem Prix Goncourt ausgezeichneten Roman *Die Mandarins von Paris* spielen konkrete ethische Entscheidungen eine zentrale Rolle. Die Hauptpersonen Henri Perron, Schriftsteller und Eigentümer einer Zeitung, und Robert Dubreuilh, ebenfalls Schriftsteller und Gründer einer linken Bewegung (die jeweils Übereinstimmungen mit Camus und Sartre aufweisen) setzen sich mit der Frage auseinander, wie sie ihr politisches Engagement gestalten sollen. Der Roman folgt den subjektiven Abwägungen der Hauptpersonen, ohne dass das Ergebnis voraussagbar wäre. Auch in ihrem weiteren philosophisch-literarischen Werk will Beauvoir keine explizite Botschaft vermitteln, sondern den Text für sich sprechen lassen. Nur auf diese Art und Weise kommt die Ambiguität der menschlichen Existenz vollkommen zu ihrem Recht.

In *Das Alter* analysiert Beauvoir die Situation älterer Menschen auf ähnliche Weise wie sie in *Das andere Geschlecht* die Situation der Frauen untersucht hat. Ihr primäres Interesse gilt jedoch auch weiterhin der Ethik, und sie versucht, die ethischen Einstellungen der Menschen zu verändern. Ab 1958 publiziert sie im Abstand von einigen Jahren vier autobiographische Schriften, die eine umfassende Dokumentation ihres Lebens darstellen. Mit ihnen möchte sie die Auseinandersetzungen aufzeigen, die ihr Leben als Frau *und* als Subjekt durchzogen haben, um so andere Frauen dazu zu inspirieren, das Gleiche zu tun. In *Die Zeremonie des Abschieds* berichtet sie offenherzig von den zehn letzten Lebensjahren des schnell alternden Sartre.

3.

Deirdre Bairs Biographie Beauvoirs beruht auf der Idee, dass deren ganzes Leben und Werk sich um Sartre gedreht habe. Die von Sylvie le Bon herausgegebenen Briefe Beauvoirs an Sartre stellen dies allerdings in ein anderes Licht, da aus den Briefen u. a. hervorgeht, dass Beauvoir weitere Liebesbeziehungen geführt hat. Auch die Jugendschriften Beauvoirs, in denen sie ihre philosophischen Ansichten aus der Zeit vor ihrer Begegnung mit Sartre aufgezeichnet hat, werfen die Frage auf, wie groß die Rolle Sartres tatsächlich gewesen ist. Tatsache ist jedenfalls, dass Beauvoir in ihrem Leben und Werk nach einer Existenz als Frau und als Individuum gestrebt hat. Dabei hat sie immer die Notwendigkeit der sozialen Freiheit für die Frau betont. Ihre Aufmerksamkeit für die sozialen und körperlich-emotionalen Dimensionen der menschlichen Existenz macht sie zu einer Denkerin, die über das westliche, cartesianische Subjekt-Denken hinausgeht und die eine politische Philosophie für einen globalen Feminismus geschaffen hat.

4.

Beauvoir, S. de, 1943, Sie kam und blieb, Reinbek: Rowohlt 1984.
Beauvoir, S. de, 1945, Das Blut der Anderen, Reinbek: Rowohlt 1963.
Beauvoir, S. de, 1946, Alle Menschen sind sterblich, Reinbek: Rowohlt 1997.
Beauvoir, S. de, 1947, Für eine Moral der Doppelsinnigkeit, in: dies., Muss man de Sade verbrennen?, Reinbek: Rowohlt 1983.
Beauvoir, S. de, 1948, Amerika Tag und Nacht. Reisetagebuch 1947, Reinbek: Rowohlt 1988.
Beauvoir, S. de, 1949, Das andere Geschlecht. Sitte und Sexus der Frau, Reinbek: Rowohlt 1992.
Beauvoir, S. de, 1954, Die Mandarins von Paris, Reinbek: Rowohlt 1993.
Beauvoir, S. de, 1970, Das Alter, Reinbek: Rowohlt 1977.
Beauvoir, S. de, 1981, Die Zeremonie des Abschieds, Reinbek: Rowohlt 1996.

Bair, D., 1990, Simone de Beauvoir, München: Goldmann 1998.
Bauer, N., 2000, Simone de Beauvoir, Philosophy and Feminism, New York: Columbia University Press.
Lundgren-Gothlin, E., 1996, Sex and Existence. Simone de Beauvoir's *The Second Sex*, London: Athlone.
Simons, M., 1998, Beauvoir and *The Second Sex*, Lanham: Rowman & Littlefield.
Vintges, K., 1992, Philosophy as Passion. The Thinking of Simone de Beauvoir, Bloomington: Indiana University Press 1996.
Vintges, K., 1999, Zur Aktualität von Beauvoirs Denken, in: Die Philosophin 20.

Karen Vintges
(Aus dem Niederländischen von Dorothee Horstkötter)

Beccaria, Cesare Bonesana Marchese di (1738–1794)

1.

Nach seiner Ausbildung in einem Jesuitenkolleg für Adlige in Parma (1746–1754) und seinem Jura-Studium in Pavia promovierte der in Mailand geborene Beccaria 1758. Unter Montesquieus Einfluss widmete er sich der Wirtschaftswissenschaft, der Wahrscheinlichkeitsrechnung und der Statistik. In diesem Zusammenhang veröffentlichte er 1762 das Buch *Del disordine e de' rimedi delle monete nello Stato di Milano* (*Über die Unordnung der Währung im Staat Mailand und über die Gegenmittel*; EN, Bd. 3), in dem er die Geldpolitik der österreichischen Behörden von Mailand kritisierte. Mit Pietro und Alessandro Verri gründete er 1761 die Mailänder »Akademie der Fäuste« (*Accademia dei Pugni*). Dieser aufklärerische

Diskussionskreis, der sich inhaltlich an Diderots und d'Alemberts *Encyclopédie* orientierte, gab ab 1764 die Zeitschrift *Il Caffè* (*Das Café*) heraus, die sich mit sozialen, politischen und literarischen Themen befasste und insgesamt sieben Aufsätze von Beccaria veröffentlichte (EN, Bd. 2). Mit dem amtlichen Verbot dieser Zeitschrift 1766 löste sich der Kreis auf. 1764 veröffentlichte Beccaria sein Hauptwerk *Dei Delitti e delle pene* (*Über Verbrechen und Strafen*; EN, Bd. 1), welches innerhalb von anderthalb Jahren sechs Auflagen erreichte und dessen französische Übersetzung 1766 mit einem anonymen Kommentar von Voltaire erschien. Das Werk erlangte europaweiten Erfolg. Im Jahre 1766 besuchte Beccaria in Paris die Mitarbeiter der *Encyclopédie* und wurde von den Aufklärern begeistert empfangen. 1768 nahm er die Gründungsprofessur für Volkswirtschaft in Mailand an. Seine Vorlesungen, *Elementi di economia pubblica* (*Grundelemente der Volkswirtschaft*; EN, Bd. 3), erschienen posthum 1804. 1770 veröffentlichte er zudem die *Ricerche intorno alla natura dello stile* (*Untersuchungen über das Wesen des Stils*; EN, Bd. 2). Ab 1770 bekleidete Beccaria mehrere höhere Ämter, u.a. war er Mitglied im Staatswirtschaftsrat sowie in der 1791 von Kaiser Leopold II. berufenen Justizreformkommission. Er starb 1794 in Mailand.

2.

Beccarias Werke, deren Verfassung in einen Zeitraum von nur acht Jahren fällt, zeigen keine Entwicklung, sondern eine beträchtliche Einheit in der Entfaltung seiner drei Themenbereiche »Wirtschaftspolitik«, »Stilkunde« und v.a. »Strafrecht«. Dasselbe Anliegen, das Beccaria mit seinen Werken verfolgte – die Beförderung des Gemeinwohls –, förderte er später als höherer Amtsträger.

3.

Der Hinweis »An den Leser« und die »Einleitung« von *Über Verbrechen und Strafen* liefern die allgemeine Basis für Beccarias Theorien in den verschiedenen Disziplinen. Anders als die meisten Aufklärer, welche sich entweder zum Deismus oder zum Atheismus bekannten, legte sich Beccaria in der Frage der Moralbegründung auf keinen bestimmten Standpunkt fest. Ihm zufolge lassen sich die Grundsätze der Moral und des Rechts aus drei Quellen gleichermaßen ableiten: aus der Offenbarung, dem Naturgesetz und menschlichen Übereinkünften. Alle diesen Quellen entstammenden moralischen und rechtlichen Prinzipien dienen demselben Ziel: dem menschlichen Glück. Geboten ist, »das größte Glück verteilt auf die größte Zahl von Menschen« zu verfolgen (Beccaria 1764, Einl.). Diese Formel ähnelt dem späteren Prinzip des Utilitarismus bei Bentham: das größte Glück der größten Anzahl von Menschen (vgl. Hart 1964). Anders als Bentham legt Beccaria aber den Akzent auf die gleiche Verteilung des Glücks und fordert Gesetze, die »jener Kraft entgegenwirken, die den Nutzen auf wenige zu beschränken sucht, indem sie die Summe der Macht und des Glücks der einen Seite zuteilt und der anderen alles Leiden und alles Elend« (Beccaria 1764, Einl.). Die Gesetze dürfen die individuelle Freiheit nur soweit beschränken, wie dies für den Schutz des gleichen Gemeinwohls vor partikulären Interessen nötig ist. Durch eine – für die Aufklärung typische – analytische Methode sollen zudem die auf partikuläre Interessen zurückgehenden Verfehlungen der Politik entlarvt werden.

Anders als die Frage der Begründung der Moral wird die Frage der moralischen Motivation von Beccaria eindeutig entschieden. Er ist Externalist, für ihn sind »Lust und Schmerz« die einzigen »Antriebe der empfindsamen Wesen« (Beccaria 1764, Kap. VI). Dementsprechend sind die Mittel zur Verfolgung des Gemeinwohls Belohnungen und Zwang bzw. Strafen.

Auch die anderen Schriften Beccarias sind an der Sicherung des Gemeinwohls orientiert: *Del disordine* zeigt, dass das Wertverhältnis von Gold- und Silberwährung in allen Staaten gleich sein und sich nach dem quantitativen Verhältnis der beiden Metalle im Geldumlauf richten muss, soll schädlicher Spekulation vorgebeugt werden. Zwei Aufsätze aus *Il Caffè* verfolgen ein ähnliches Ziel: *Il faraone* (über das Glückspiel »Pharao«) setzt die Mathematik – hier die Wahrscheinlichkeitsrechnung – gegen unfaire Gewinnmethoden ein. Der *Tentativo analitico su i contrabbandi* (*Analytischer Versuch über den Schmuggel*) gibt die mathematische Formel für den optimalen Satz der Zollgebühr, bei dem sich der Schmuggel angesichts des Risikos, ertappt zu werden, nicht lohnt. Die *Elementi* schließlich verteidigen den Freihandel als Mittel zum Wohlstand und in seinen *Ricerche* argumentiert er dafür, dass die Rhetorik nicht die Phantasie beleben, sondern die Entsprechung von Zeichen und Begriff anstreben soll.

Über Verbrechen und Strafen liefert eine generalpräventive Definition der Strafen als »fühlbare Motive« (Beccaria 1764, Kap. I), Verbrechen nicht zu begehen, was ebenfalls dem Gemeinwohl zugute kommen soll. »Damit eine Strafe ihre Wirkung habe, genügt es, daß sie ein Übel ist, welches den aus dem Verbrechen erwachsenden Vorteil überwiegt.« Das Kriterium lautet: Je schädlicher ein Verbrechen ist und je häufiger es begangen wird, desto härter muss es bestraft werden (ebd., Kap. VI). Unnötig harte Strafen sind nicht nur unnütz und daher ungerecht, sondern können sich sogar sowohl spezial- als auch generalpräventiv als kontraproduktiv erweisen: »Die Grausamkeit der Strafe selber [...] bewirkt, daß weitere Verbrechen begangen werden, um der Strafe für ein einziges zu entgehen.« Und: »Je grausamer der Strafvollzug wird, um so mehr verhärtet sich das menschliche Herz.« (ebd., Kap. XXVII) Nicht die Höhe der Strafe ist für Beccaria entscheidend, sondern die Gewissheit, für ein Verbrechen bestraft zu werden.

Diese Prinzipien führen ihn zur Forderung nach Abschaffung der Todesstrafe und in den meisten Fällen – z.B. beim Bankrott – milderen Strafen, als sie nach damaliger Praxis üblich waren. Die Bestrafung mancher (tatsächlicher oder bloß vermeintlicher) Verbrechen wie Ehebruch oder Selbstmord und religiöser Delikte soll sogar ganz entfallen. Gleichwohl spricht sich Beccaria gegen das Begnadigungsrecht, für die Eindämmung des Asyls durch Flucht ins Ausland und für den öffentlichen Vollzug der geringeren Strafen aus. Auch Ermittlungs- und Verfahrensreformen schlägt Beccaria vor: Abschaffung von geheimer Anklage und Folter, Vereidigung der Angeklagten sowie Eingrenzungen von übermäßig langen Verfahren und Ermessensspielräumen der Richter.

4.

Beccaria, C., 1764, Über Verbrechen und Strafen, Frankfurt/M.: Insel 1998.

Beccaria, C., 1984ff., Edizione Nazionale delle Opere di Cesare Beccaria, Mailand: Mediobanca (zitiert als EN).

Deimling, G. (Hg.), 1989, Cesare Beccaria, Heidelberg: Kriminalistik-Verlag.

Hart, H. L. A., 1964, Bentham and Beccaria, in: ders., Essays on Bentham, Oxford: Oxford University Press 1982.

Maestro, M., 1973, Cesare Beccaria and the Origin of Penal Reform, Philadelphia: Temple University Press.

Porret, M. (Hg.), 1997, Beccaria et la Culture Juridique des Lumières, Genf: Droz.

Weis, E., 1992, Cesare Beccaria, München: Beck.

Jean-Christophe Merle

Bedürfnis

1.

Auf die Frage, worauf aus Gründen der Gerechtigkeit Rücksicht genommen werden soll, werden in der praktischen Philosophie drei unterschiedliche Antworten gegeben. Die einen plädieren für eine Berücksichtigung der Bedürfnisse; die zweiten für eine Berücksichtigung von Wünschen, Absichten oder Präferenzen; und die dritten fordern, vermittelnd, die Berücksichtigung von Interessen, von rationalen Wünschen oder voll informierten Präferenzen.

1.1. Allerdings ist das deutsche Wort »Bedürfnis« auf eine Weise *mehrdeutig*, die mit ganz heterogenen Bedürfnistheorien vereinbar ist. Vermutlich war die Unklarheit über diese Mehrdeutigkeit ein entscheidender Grund dafür, dass im deutschen Sprachraum, anders als etwa in Großbritannien und den USA, lange Zeit kaum Bedürfnistheorien in der Moralphilosophie, Sozialphilosophie und politischen Philosophie vertreten und ausgearbeitet wurden. Bedürfnisse wurden als (bemerkte oder unbemerkte) Mangelzustände betrachtet, als Triebe, solche Mangelzustände zu beseitigen, als Kombination von beidem, als dringliche, starke Wünsche oder Präferenzen, aber auch als basale Erfordernisse (vgl. Lederer/Mackensen 1975, 18ff.; Brentano 1924, 103ff.). Auf die die verschiedenen alltagssprachlichen Verwendungen des Ausdrucks strukturierende *Zweideutigkeit* wurde nur gelegentlich durch die Unterscheidung von subjektiven und objektiven Bedürfnissen aufmerksam gemacht. *Subjektive Bedürfnisse* sind demnach bestimmte mentale Zustände wie z.B. starke Wünsche, Präferenzen usw.; *objektive Bedürfnisse* dagegen sind als basale Erfordernisse von mentalen Zuständen und Dispositionen unabhängig (was die Existenz mentaler Bedürfnisse nicht ausschließt). Diese Zweideutigkeit des Substantivs »Bedürfnis« wird sichtbar durch einen Blick auf die beiden ihm zugehörigen Gruppen von Verben: solche, die sich auf mentale Zustände oder Dispositionen beziehen wie »wünschen«, »wollen«, »präferieren« auf der einen Seite, und solche, die dies nicht tun, wie »brauchen«, »benötigen«, »bedürfen«, »haben müssen« auf der anderen Seite. Der Vorteil der englischen Sprache besteht darin, dass zu Verben wie »to want« (»wünschen«) und »to need« (»brauchen«) auch entsprechende Substantive existieren. Wegen dieser Möglichkeit, eindeutig zwischen »wants« (»Wünschen«) und »needs« (»Bedürfnissen« im Sinne von »Erfordernissen«) zu unterscheiden, ist es im englischen Sprachraum erst gar nicht zu den die Geschichte der deutschsprachigen praktischen Philosophie durchziehenden Verwechslungen gekommen (vgl. White 1971).

1.2. Auch die sich in der deutschsprachigen praktischen Philosophie langsam durchsetzende terminologische Beschränkung der Mehrdeutigkeit des alltagssprachlichen Ausdrucks »Bedürfnis« auf das, was mit dem entsprechenden Verb »brauchen« gemeint ist, lässt noch eine Vielfalt an Deutungen zu, die in den letzten Jahren v.a. in der angelsächsischen Literatur entfaltet wurde.

Eine Analyse der Bedeutung des Verbs »brauchen« führt auf die nicht exklusive Unterscheidung *instrumenteller* oder *relativer* von *kategorischen* oder *absoluten* Bedürfnissen. Normalerweise erlaubt die Zuschreibung von Bedürfnissen die Iteration von Wozu-Fragen – z.B. bei Fragen wie: »Wozu brauchen Menschen Schuhe?«. Als absolute Bedürfnisse gelten dabei solche instrumentellen Bedürfnisse, bei denen diese Wozu-Fragen an ein Ende kommen, hinter das nicht weiter sinnvoll zurückgefragt werden kann, das, unabhängig von Wünschen, normativ oder evaluativ ausgezeichnet wird als etwas, was sein sollte und erstrebenswert ist. In einem absoluten Sinne wird danach etwas gebraucht, wenn es instrumentell gebraucht wird, um das erstrebenswerte Endziel zu erreichen (vgl. Wiggins 1991). Solche objektiven, von Wünschen unabhängigen Endziele werden als Überleben, Gesundheit, Vermeidung von Schaden, gutes Leben, Wohlergehen, Gedeihen, Entfaltung der Persönlichkeit oder Selbstverwirklichung näher bestimmt (vgl. Anscombe 1958, 7; Braybooke 1987; Feinberg 1973, 111; Finnis 1980; Nussbaum 1993, 333; Wiggins 1991). Kontroversen gibt es dabei hinsichtlich der Antwort auf die Frage, ob und mit welcher Rechtfertigung solche kategorischen oder absoluten Bedürfnisse überhaupt unterstellt werden dürfen. Die Alternative dazu wäre die Reduktion von Bedürfnissen auf bloß instrumentelle Bedürfnisse, die von subjektiven Wünschen, Absichten oder Präferenzen abhängig sind (vgl. White 1971; Flew 1981, 120). Um objektive Bedürfniserfüllung geht es den absoluten Bedürfnistheorien; um subjektive Bedürfnisbefriedigung in Form der Wunschbefriedigung den instrumentellen Bedürfnistheorien. Im Folgenden werden im Einklang mit dem mittlerweile verbreiteten Sprachgebrauch nur solche Theorien als »Bedürfnistheorien« bezeichnet, die objektivistisch sind und sich an absoluten Bedürfnissen orientieren.

In der Regel wird das Wort »brauchen« auf eine Weise analysiert, die von der schwächeren alltagssprachlichen Verwendung abweicht: Etwas Gebrauchtes ist in der Weise notwendig, dass in einer Situation eines bestimmten Typs etwas von einer bestimmten Art der Fall ist, damit ein Zustand eines anderen Typs der Fall sein kann (vgl. Anscombe 1958, 7; Feinberg 1973, 111; Wiggins 1991). Mit dem Notwendigkeitsoperator wird dabei zum Ausdruck gebracht, dass das jeweils Gebrauchte *alternativlos*, also nicht durch andere Mittel ersetzbar ist. Eine Analyse der Bedeutung des Verbs »brauchen« macht weiter deutlich, dass Bedürfnisaussagen auf drei verschiedene Weisen verwendet werden können. Sie können *erstens* indifferent sein gegenüber der An- oder Abwesenheit des Gebrauchten – z.B.: »Menschen brauchen Nahrung zum Überleben«, ob sie sie haben oder nicht; sie können *zweitens* aber zudem noch den Mangel, das Fehlen des Gebrauchten zum Ausdruck bringen. Während diese beiden Verwendungsweisen empirisch deskriptiv sind, bringt die *dritte* Verwendungsweise außerdem noch eine normative oder evaluative Bedeutungskomponente ins Spiel. Dass Menschen etwas brauchen, impliziert dann auch, dass es gut wäre, wenn sie das Gebrauchte bekämen, dass sie es bekommen sollten, dass sie ein Recht oder einen Anspruch darauf haben (vgl. Merker 1998, 140f.). In diesem Sinne sind Bedürfnistheorien in der praktischen Philosophie interessant.

2.

Aufgrund der weithin unbemerkten Zweideutigkeit des Ausdrucks »Bedürfnis« gibt es zwar eine Wortgeschichte, aber keine trennscharfe Problem- und Begriffsgeschichte im deutschsprachigen Raum. Sogar bei Autoren, in deren Werk an prominenten Stellen von Bedürfnissen die Rede ist – wie z.B. in dem berühmten Abschnitt »System der Bedürfnisse« in Hegels *Rechtsphilosophie* oder in der berühmten Formulierung von Marx: »Jeder nach seinen Fähigkeiten, jedem nach seinen Bedürfnissen« (Marx 1875/91, 21) in seiner *Kritik des Gothaer Programms* –, sind die subjektive und die objektive Lesart auf diffuse Weise miteinander verwoben. Erst seit den 1970er Jahren sind, v.a. im englischen Sprachraum, präzise objektivistische Bedürfnistheorien entwickelt und von den subjektivistischen Theorien klar unterschieden worden.

3.

Charakteristisch für die in den letzten drei Jahrzehnten entwickelten Bedürfnistheorien sind: (i) eine auf die jeweilige Bedürfnistheorie zugeschnittene Präzisierung des Bedürfnisbegriffs; (ii) eine Formulierung des Endziels absoluter Bedürfnisse; (iii) Kriterien für eine Gliederung von Bedürfnissen; (iv) eine konkrete Liste von Bedürfnissen als Orientierung und Maßstab für die Planung und Gesetzgebung von Regierungen sowie die Arbeit transnationaler und globaler Institutionen; (v) Überlegungen zur Abwägung von Bedürfnissen untereinander, sofern nicht alle Bedürfnisse gleichermaßen vollständig erfüllt werden können, insbesondere auch zur Abwägung basaler und nicht-basaler, lokaler, globaler, gegenwärtiger und zukünftiger Bedürfnisse; (vi) ein Prioritätsprinzip, das der Schaffung von Bedingungen zur Möglichkeit der Bedürfnisbefriedigung Vorrang vor der zur Wunscherfüllung gibt; und (vii) der Versuch, Standardeinwände gegen Bedürfnistheorien zu entkräften.

3.1. Beispiele für die in Bedürfnistheorien angeführten *Endziele* sind: physische, psychische, soziale Gesundheit; die Fähigkeit, bestimmte soziale Rollen ausüben zu können (Elternschaft, Freundschaft, Partnerschaft, Beruf, Bürger; vgl. Braybrooke 1987); die Fähigkeit, die menschlichen Funktionen ausüben zu können, die zum Leben und guten Leben notwendig sind (vgl. Nussbaum 1990; dies. 1993). Zu den absoluten Bedürfnissen wird dabei alles das gezählt, was notwendig ist, um diese Endziele zu erreichen.

Beispiele für *Gliederungen* von Bedürfnissen sind die Unterscheidung von idealen und realen Bedürfnissen, von Basisbedürfnissen und Nicht-Basisbedürfnissen sowie von starken und dringlichen Bedürfnissen. Ideale Bedürfnislisten führen auf, was Menschen brauchen, um das erstrebenswerte letzte menschliche Telos zu erreichen. Sie sind der Maßstab für die feinkörnigeren realen Bedürfnislisten, die Rücksicht nehmen auf das, was in einer bestimmten (historischen, sozialen, politischen oder ökonomischen) Situation überhaupt realisierbar ist. Insofern stellen sie eine Relativierung der absoluten Bedürfnisse dar (vgl. Wiggins 1991). Als »Basisbedürfnisse« werden ganz heterogene Bedürfnisse charakterisiert: z. B. Überlebensbedürfnisse, biologische Bedürfnisse, natürliche Bedürfnisse, lebenslange Bedürfnisse, von Wünschen unabhängige oder unabgeleitete Bedürfnisse, von der Ausübung sozialer Rollen unabhängige Bedürfnisse, Bedürfnisse, ohne deren Erfüllung ein gutes Leben aufgrund von Naturgesetzen, unveränderlichen und invariablen Umweltbedingungen und menschlichen Konstitutionsbedingungen ausgeschlossen ist, oder die Erfordernisse eines bescheidenen Lebensstandards. Die Stärke von Bedürfnissen bezieht sich auf das Ausmaß des Schadens, das ihre Nichterfüllung zur Folge hätte, die Dringlichkeit auf die zeitliche Nähe des Schadens.

3.2. Gegen Bedürfnistheorien erheben Kritiker ontologische, epistemologische, methodologische und moralische *Einwände*, die argumentativ eng miteinander verbunden sind.

Nach Auffassung der *ontologischen* Kritik disqualifizieren falsche (und moralisch verwerfliche) essentialistische Voraussetzungen die zumeist in aristotelischer Tradition stehenden Bedürfnistheorien. Die Kritisierten weisen diese Kritik zurück, weil sie keinen metaphysischen Realismus bezogen auf Essenzen vertreten wollen, sondern unterstellen, dass wir auf die menschliche Praxis der Unterscheidung zwischen wesentlichen und akzidentellen Eigenschaften und damit auf ein bestimmtes Menschenbild nicht verzichten können (vgl. Nussbaum 1993; Wiggins 1991). Uneinigkeit besteht allerdings darüber, wie variabel dieses Menschenbild sein kann.

In der *epistemologischen* Kritik wird – relativistisch – unterstellt, man könne gar nicht oder nicht vollständig wissen, was Menschen brauchen, weil dies kulturell, historisch, geographisch variabel, alters- und geschlechtsspezifisch sowie individuell verschieden sei. Dagegen verweisen die Bedürfnistheoretikerinnen auf die gemeinsame Konstitution von Menschen, die konstitutionsbedingt auch viele Bedürfnisse gemeinsam hätten. Diese allgemein menschlichen Bedürfnisse seien prinzipiell ebenso erkennbar wie die aufgrund unterschiedlicher natürlicher und kultureller Umgebungen entstehenden Bedürfnisse. Zudem führen sie die prinzipielle Offenheit ihrer Bedürfnislisten an. Sie ließen sowohl Raum für neue wissenschaftliche Entdeckungen und Resultate des Lernens von anderen Kulturen als auch für lokale Konkretisierungen (vgl. Nussbaum 1993; Wiggins 1991).

Die *methodologische* Kritik bezweifelt, dass aus den zur Rechtfertigung von Bedürfnisaussagen in Anspruch genommenen vagen und vielfältig interpretierbaren Endzuständen die notwendigen Mittel ihrer Realisierung abgeleitet werden können. Dagegen weisen Bedürfnistheoretiker darauf hin, dass die politische Praxis sich aus Mangel an Alternativen schon immer an Bedürfnislisten orientiert habe. Die Bedeutung, die Bedürfnislisten in der politischen Praxis schon immer gehabt hätten, würde durch Bedürfnistheorien in der praktischen Philosophie nur theoretisch einsichtig gemacht. Weiter bemängeln die Kritiker, dass auf diesem Wege nicht zwischen legitimen und illegitimen notwendigen Mitteln unterschieden werden könne. Wer exotische, teure, unmoralische oder periphere Basisbedürfnisse hat, habe den Theorien zufolge auch einen Anspruch auf ihre Erfüllung. Dem begegnen die Bedürfnistheoretiker mit der Ausweitung normativer Kriterien von den Endzuständen zu den Mitteln, die notwendig zu ihrer Erreichung sind (vgl. Braybrooke 1987).

Da das, was Menschen brauchen, nicht immer identisch ist mit dem, was sie wünschen, weist die *moralische* Kritik an Bedürfnistheorien mit Stichworten wie »Diktatur der Bedürfnisse«, »Willkür«, »Paternalismus« oder »Kulturimperialismus« auf die Bedeutung der Autonomie hin, die bedroht sei, wenn andere Personen prätendieren, besser zu wissen, was jemand brauche, als diese Person selber. Gerade dies halten die Verteidiger von Bedürfnistheorien aber für nicht sinnvoll bezweifelbar. Außerdem erinnern sie daran, dass dieses Wissen über Gebrauchtes nur zu einem Angebot führt, die Entscheidung über die Annahme oder Ablehnung von Chancen und Ressourcen dagegen den Individuen überlassen bleibe (vgl. Nussbaum 1993). Zudem gehe es ihnen um Prinzipien sozialer Gerechtigkeit und Prinzipien einer globalen und intergenerationellen Ethik, nicht um Prinzipien individueller Moral. In politischen Kontexten sei, im Unterschied zu face-to-face Situationen, eine Eruierung der jeweiligen Wünsche ohnehin nicht oder allenfalls auf sehr vermittelte Weise praktikabel. Für falsch halten sie die Kritik auch, weil in den meisten Bedürfnislisten trotz des Prioritätsprinzips auch das Bedürfnis nach Autonomie oder Erfüllung hinreichend vieler Wünsche verankert ist. Und sie kritisieren umgekehrt die Autonomietheoretiker vor dem Hintergrund, dass der Wille in bestimmten materiellen und sozialen Kontexten gebildet wird. In Ermangelung der Kenntnis besserer Alternativen würden aber viele ihren Willen den veränderungswürdigen sozialen Verhältnissen anpassen. Das wirkliche Wohl von Individuen sei nicht unkritisch an positiven Gefühlen oder subjektiven Zufriedenheitsäußerungen zu erkennen. Schließlich wehren die Bedürfnistheoretiker auch die Befürchtung ab, der politische Rekurs auf Bedürfnisse sei mit konsumkritischen und ökonomisch egalitaristischen Attitüden ebenso zwangsläufig verbunden wie mit interventionistischen und dirigistischen Ambitionen des Staates. Sie sehen Bedürfnistheorien vielmehr als Schutz gegen staatliche Willkür und betonen ihre prinzipielle Vorurteilslosigkeit gegenüber Wünschen, die über das im absoluten Sinne Gebrauchte hinausgehen. Und gegen den weiteren Vorwurf, die essentialistische Orientierung von Bedürfnistheorien diskriminiere die Minderheiten, die diesem Wesen nicht entsprechen, machen sie geltend, dass die Bedürfnisse aller von Menschen erzeugten Kinder einen Anspruch auf Befriedigung haben und dass die intern essentialistische Orientierung nur den Maßstab für diese Bedürfnisbefriedigung abgebe, nicht aber ein Exklusionsinstrument sei.

4.

Anscombe, G. E. M., 1958, Modern Moral Philosophy, in: Philosophy 33.

Behrens, J., 1983, »Bedürfnisse« und »Zufriedenheiten« als Statussymbole und Anrechte, in: K. O. Hondrich/R. Vollmer (Hg.), Bedürfnisse im Wandel, Darmstadt: WBG.

Braybrooke, D., 1987, Meeting Needs, Princeton: Princeton University Press.

Brentano, L., 1924, Konkrete Grundbedingungen der Volkswirtschaft, Leipzig: Meiner.

Doyal, L./Gough, I., 1991, A Theory of Human Needs, London: Macmillan.

Feinberg, J., 1973, Social Philosophy, Englewood Cliffs: Prentice Hall.

Finnis, J., 1980, Natural Law and Natural Rights, Oxford: Oxford University Press.

Flew, A., 1981, The Politics of Procrustes, London: Temple Smith.

Gorden, A./Robertson, E./Tolley, K., 1992, Meeting Needs in an Affluent Society, Aldershot: Avebury.

Gough, I., 2001, Global Capital, Human Needs and Social Policies, Palgrave: Macmillan.

Heller, A. 1976, The Theory of Need in Marx, London: Allison and Busby.

Hondrich, K.O., 1983, Bedürfnisse, Ansprüche und Werte im sozialen Wandel, in: ders./R. Vollmer (Hg.), Bedürfnisse im Wandel, Darmstadt: WBG.

Lederer, K./Mackensen, R., 1975, Gesellschaftliche Bedürfnislagen, Göttingen: Schwartz.

Lederer, K. (Hg.), 1980, Human Needs, Cambridge/MA: Oelgeschlager, Gunn & Hain.

Marx, K., 1875/91, Kritik des Gothaer Programms, in: MEW, Bd. 19, Berlin: Dietz 1962.

Maslow, A., 1978, Motivation und Persönlichkeit, Freiburg: Walter.

Merker, B., 1995, Wünsche, Bedürfnisse, Glück, Münster: Habil.

Merker, B., 1998, Sind angemessene Wünsche solche, die unseren Bedürfnissen entsprechen?, in: dies./G. Mohr/L. Siep (Hg.), Angemessenheit, Würzburg: Königshausen & Neumann.
Meyer-Abich, K. M./Birnbacher, D., 1979, Was braucht der Mensch, um glücklich zu sein?, München: Beck.
Nussbaum, M., 1990, Der aristotelische Sozialdemokratismus, in: dies., Gerechtigkeit oder Das gute Leben, Frankfurt/M.: Suhrkamp 1999.
Nussbaum, M., 1993, Menschliches Tun und soziale Gerechtigkeit, in: M. Brumlik/H. Brunkhorst (Hg.), Gemeinschaft und Gerechtigkeit, Frankfurt/M.: Fischer.
Smith, G., 1980, Social Need, London: Routledge.
Soper, K., 1981, On Human Needs, Brighton: Harvester.
Thomson, G., 1987, Needs, London: Routledge.
White, A., 1975, Modal Thinking, Oxford: Oxford University Press.
Wiggins, D., 1991, Claims of Need, in: ders., Needs, Values, Truth, Oxford: Blackwell.

Barbara Merker

Benjamin, Walter (1892–1940)

1.

Benjamin wurde in Berlin geboren, war als Schüler und junger Student aktivistisches Mitglied der schulreformerischen und freistudentischen Jugendbewegung, studierte Philosophie, zeitweise Germanistik und Kunstgeschichte in Freiburg, Berlin, München und Bern, und promovierte 1919 in Bern mit einer Arbeit über den *Begriff der Kunstkritik in der deutschen Romantik*. Er war befreundet u.a. mit Adorno, Bloch, Brecht und Scholem; letzterem verdankte er entscheidende Anregungen zur Beschäftigung mit der jüdischen Mystik. Nachdem ein Habilitationsversuch (mit dem 1928 in Buchform erschienenen *Ursprung des deutschen Trauerspiels*) 1925 in Frankfurt/M. gescheitert war, arbeitete er oft unter prekären Verhältnissen als freier Schriftsteller, Rundfunkautor, Übersetzer (u.a. des Werks von Proust) und unermüdlicher Literaturkritiker. Er emigrierte 1933 nach Paris und kooperierte seitdem auch mit dem *Institut für Sozialforschung*, in dessen Zeitschrift er publizierte und von dem er in den Jahren der Emigration finanziell unterstützt wurde. Die Pariser Jahre waren von rastloser Arbeit am unvollendeten *Passagen-Werk* und vom Kampf ums tägliche Überleben geprägt. Einige Versuche zur Emigration blieben fruchtlos. Im September 1940 beging Benjamin in Port Bou auf der Flucht nach Spanien aus Furcht vor der Auslieferung an die Gestapo Selbstmord.

2.

In der frühesten Phase von Benjamins Werk (v.a. *Über Sprache überhaupt und über die Sprache des Menschen*, 1916) dominieren sprachtheoretische Überlegungen zur Frage der Mitteilbarkeit, des Ausdrucks, der Ähnlichkeit oder der Übersetzung. Die Dissertation und die frühen literaturgeschichtlichen und -theoretischen Aufsätze (wie *Goethes Wahlverwandtschaften*, 1924) liefern Beispiele einer höchst anspruchsvollen, gleichzeitig textnah-interpretatorischen wie allegorisch-metaphysischen Lektürepraxis, in der Literatur als Organon der Erkenntnis ausgezeichnet wird. Die zeitdiagnostischen und kulturkritischen Essays (wie *Zur Kritik der Gewalt*, 1920/21, und *Armut und Erfahrung*, 1933) offenbaren ein feines Gespür für das Zerbrechen der bürgerlichen Welt in der Zeit nach dem Ersten Weltkrieg und das Bedürfnis nach einer geschichtsphilosophischen Reflexion der historischen Ereignisse. Ab Mitte der 1930er Jahre treten zu den theologischen und ästhetischen Motiven direkte politische Überzeugungen, die sich in einer materialistisch-revolutionären Deutung der Aufgabe kultureller Produktion niederschlagen (*Der Autor als Produzent*, 1934; *Das Kunstwerk im Zeitalter seiner technischen Reproduzierbarkeit*, 1935/36). Zahlreiche Arbeiten dieser Zeit zu Baudelaire und zur Kulturgeschichte des 19. Jahrhunderts stehen im Zusammenhang mit dem unvollendeten *Passagen-Werk*, das eine exemplarische Archäologie der politischen und kulturellen Moderne werden soll.

3.

Benjamins Beiträge zur Theorie und Geschichte der Literatur sind ebenso bedeutend wie seine Praxis einer philosophischen Literaturkritik, die das kritisierte Objekt gleichermaßen durch Kontextualisierung und historische und soziologische Einordnung auflöst, wie sie seinen ästhetischen Kern in der aneignenden Lektüre herausstellt und bewahrt. Benjamin ist so Vorläufer und bleibende Inspirationsquelle für viele spätere Theorien des Verstehens und der Interpretation. Die für seine Zeit außergewöhnliche Sensibilität für Aspekte der Medialität und Technologie in der ästhetischen Moderne haben nicht nur die spätere Kulturkritik der Frankfurter Schule, sondern auch die affirmativeren Bezugnahmen der Kulturwissenschaften auf die Massenmedien vorweggenommen. In diesen Zusammenhang gehört auch Benjamins historisch hellsichtige Forderung im *Kunstwerk*-Aufsatz, der faschistischen »Ästhetisierung der Politik« mit einer »Politisierung der Kunst« (Benjamin 1991, I.2, 508) entgegenzutreten. Aber neben den politischen Dimensionen ist für sein gesamtes Werk die teils implizite, teils explizite Bezugnahme auf theologische und eschatologische Topoi konstitutiv. So wie Benjamins autobiographische Schriften (z.B. *Berliner Kindheit um Neunzehnhundert*, 1934) vom vergeblich bleibenden Versuch der Wiedergewinnung des verlorenen Glücks der Kindheit zeugen, stellt er auf der kollektiven Ebene einen geschichtsphilosophischen Zusammenhang zwischen Geschichte und Erlösung her. Nur bewahrendes Eingedenken kann die Opfer des Geschichtsprozesses vor dem Vergessen retten. Die in Benjamins letzten Jahren niedergeschriebenen und für die deutsche Geistesgeschichte der Nachkriegzeit bedeutsamen Thesen *Über den Begriff der Geschichte* sind der Höhepunkt seines geschichtsphilosophischen Denkens, das zugleich die politische, historisch-materialistische Frage nach der Revolution, die imstande sein soll, »das Kontinuum der Geschichte aufzusprengen« (Benjamin 1991, I.2, 701), stellt, wie sie den Hinweis auf die »schwache messianische Kraft [...], an welche die Vergangenheit Anspruch hat« (ebd., 694), am Leben erhält.

4.

Benjamin, W., 1991, Gesammelte Schriften, 7 Bde., Frankfurt/M.: Suhrkamp.

Arendt, H., 1961, Walter Benjamin 1892–1940, in: dies., Menschen in finsteren Zeiten, München: Piper 1981.

Buck-Morss, S., 1989, Dialektik des Sehens. Walter Benjamin und das Passagen-Werk, Frankfurt/M.: Suhrkamp 1993.

Fuld, W., 1990, Walter Benjamin. Eine Biographie, Reinbek: Rowohlt.

Garber, K./Rehm, L. (Hg.), 1999, Global Benjamin, 3 Bde., München: Fink.

Jacobs, C., 1999, In the Language of Walter Benjamin, Baltimore: Johns Hopkins University Press.

Löwy, M., 2001, Avertissement d'incendie. Une lecture des thèses »Sur le concept d'histoire«, Paris: PUF.

Scholem, G., 1992, Walter Benjamin und sein Engel, Frankfurt/M.: Suhrkamp.

Szondi, P., 1961, Hoffnung im Vergangenen. Über Walter Benjamin, in: ders., Schriften, Bd. 2, Frankfurt/M.: Suhrkamp 1978.

MARTIN SAAR

Bentham, Jeremy (1748–1832)

1.

Bentham wurde 1748 in London in eine wohlhabende Tory-Familie geboren, studierte in Oxford und konnte den Großteil seines Lebens dank eines umfangreichen Erbes in finanzieller Unabhängigkeit in London verbringen, wo er 1832 starb. Seiner Ausbildung nach Jurist, widmete Bentham sein Leben ganz der Vision eines humanen Rechts- und Staatssystems, das frei von Aberglauben und überkommenen Traditionen, rational und wissenschaftlich begründet sein sollte.

2.

Bentham schrieb bis zu zehn Stunden täglich zu den verschiedensten Themen. Um die Edition seiner Schriften hat er sich zeitlebens jedoch kaum gekümmert; dies überließ er anderen, v.a. dem Schweizer Etienne Dumont. Bentham hinterließ bei seinem Tod Zehntausende von Manuskriptseiten; sein rechtsphilosophisches Hauptwerk *Of Laws in General* (1782) lag 160 Jahre in seinem Nachlass, bis es 1945 als Fortführung von *An Introduction to the Principles of Morals and Legislation* identifiziert und veröffentlicht wurde.

3.

Die Schlüsselbegriffe in Benthams utilitaristischer praktischer Philosophie sind *Freude* (»pleasure«) und *Leid* (»pain«), sie spielen eine zentrale Rolle in allen vier Hauptbereichen seiner Arbeit: Moralphilosophie (3.1.), Psychologie (3.2.), Strafrecht und Verfassungstheorie (3.3.) sowie allgemeine Philosophie des Rechts (3.4.).

3.1. Für Bentham gibt es einen universellen Standard zur moralischen Beurteilung aller Handlungen: das *Prinzip des größten Glücks der größten Zahl* oder *Nutzenprinzip*. Er vertritt also eine monistische, konsequentialistische Werttheorie; ultimativer Zweck allen moralischen Handelns ist die Maximierung von Glück/Freude bzw. die Minimierung von Leid/Schmerz.

Bentham betrachtet das Nutzenprinzip als *erstes Prinzip*, das allen moralischen Begründungen zugrunde liegt und selbst keiner Begründung fähig ist. Dennoch versucht er zu zeigen, dass es ein erstes Prinzip geben muss und dass dafür allein das Nutzenprinzip in Frage kommt: Ohne ein erstes Prinzip als einem unabhängigen Standard, der es erlaubt, eventuelle Meinungsverschiedenheiten beizulegen, seien die vermeintlichen Urteile bloß Ausdruck persönlicher Vorlieben. Die vermeintlichen Alternativen zum Nutztenprinzip, also Theorien, die sich auf den *gesunden Menschenverstand*, einen *moralischen Sinn* oder *Naturrechte* berufen, liefern seiner Ansicht nach jedoch keinen externen Standard, anhand dessen sich Meinungsverschiedenheiten beilegen ließen, da es sich nur dem Wortlaut nach um Prinzipien handele.

3.2. Nach Bentham ist alles Handeln vollständig von zwei Motiven bestimmt: dem Streben nach Freude und nach Vermeidung von Leid (*psychologischer Hedonismus*). Während das Nutzenprinzip ein normatives Prinzip ist, das besagt, wie wir handeln *sollen*, ist der psychologische Hedonismus eine deskriptive These darüber, wie wir *tatsächlich* handeln. Zwischen den beiden Prinzipien besteht eine Spannung: Das Nutzcnprinzip sctzt dic Maximierung des *allgemeinen Glücks* als Ziel; tatsächlich haben wir aber dem psychologischen Hedonismus zufolge immer nur die Maximierung des *eigenen Glücks* im Sinn.

Man muss zwei Lesarten des psychologischen Hedonismus unterscheiden. In der *logischen* Lesart ist der psychologische Hedonismus trivial wahr: Die Freude, die ich empfinde, wenn ich meinen Freund glücklich mache, ist meine Freude. Bentham unterschreibt die These aber auch in der *substantiellen* Lesart: Das Elend der Menschheit bedeutet einem Mensch nichts im Vergleich zu seinem Zahnschmerz – allerdings nur mit Einschränkungen (vgl. Bentham 1834, I, 83f.). Es gibt Ausnahmen: Menschen die große Freude am Wohlergehen anderer finden.

Da sich aber auf Ausnahmen nicht bauen lässt, *unterstellt* Bentham, dass Menschen immer eigennützig (im substantiellen Sinn) handeln. Wie lassen sich dann die Forderungen des Nutzenprinzips mit der Wirklichkeit eigennützigen Handelns versöhnen? Durch die *Verknüpfung* von *Pflicht* und *Neigung*; der Gesetzgeber soll vermittels positiver und negativer Anreize eine Umgebung schaffen, in der die Menschen, die ihrer Neigung gemäß eigennützig handeln, gleichzeitig dem Allgemeinwohl dienen. Die Mittel dazu sind Belohnung und v.a. Bestrafung. Der Gesetzgeber schafft vermittels des Strafrechts eine »künstliche« Verbindung zwischen unerwünschten Handlungen und unangenehmen Folgen.

Der Ort, an dem das Nutzenprinzip und der psychologische Hedonismus zusammenkommen, ist also die Gesetzgebung: Das normative Prinzip gibt das *Ziel* vor; das Wissen um die menschliche Natur informiert über die *Mittel*, mit denen dieses Ziel erreicht werden kann. Der Gesetzgeber muss wissen, welches Gesetz welche Wirkung hat oder haben würde, und das heißt für Bentham v.a.: er muss wissen, welches Ausmaß an Strafandrohung geeignet ist, eine bestimmte Straftat zu verhindern. Für diesen Zweck reicht die Kenntnis *allgemeiner* psychologischer Prinzipien natürlich nicht hin, es braucht eine *detaillierte* Theorie menschlicher Motivation. In seiner *Einführung in die Prinzipien der Moral und der Gesetzgebung*, von Bentham (1780/1789) als Prolegomenon zu einer zukünftigen rationalen Gesetzgebung gedacht, versucht er einen »hedonistischen Kalkulus« auszuarbeiten, der unter Gewichtung der verschiedensten Faktoren die rationale Bestimmung des erforderlichen Strafmaßes erlaubt.

3.3. Strafe ist das Zufügen von Leid, also gemäß dem Nutzenprinzip *an sich* ein Übel und nur insoweit gerechtfertigt, wie sie größeres Übel verhindert. Der Nutzen geht dabei von der *Androhung der Strafe* aus, ihre tatsächliche Ausführung bewirkt ein Übel, nämlich Leid auf Seiten des Bestraften. Ideal wäre demnach eine Situation, in der es nur so *schiene*, als würde der Übeltäter für begangenes Unrecht bestraft. Da dies praktisch kaum umsetzbar ist, soll die Strafzumessung zumindest so milde wie möglich ausfallen. In scharfer Opposition zu retributiven Theorien der Gerechtigkeit ist für Bentham legitime Strafe nicht *Sühne* für eine begangene Untat, sondern ausschließlich eine Maßnahme zum Schutz der Gemeinschaft, v.a. als präventives Mittel der *Abschreckung*. Der Gesetzgeber soll eine Straftat mit der Zufügung des Ausmaßes an Leid bedrohen, das den erwarteten Vorteil der Tat gerade aufwiegt; dabei ist natürlich der Tatsache Rechnung zu tragen, dass die Bestrafung nur mit einer gewissen Wahrscheinlichkeit erfolgt. In Benthams ökonomistischer Terminologie schlägt eine Bestrafung auf Seite der *Kosten* als *Investition mit einem bestimmten Wert* zu Buche (Ausmaß des zugefügten Leids). Diese Ausgabe ist gerechtfertigt, sofern der *Profit der Allgemeinheit* (Ausmaß des präventiv verhinderten Leids) die Kosten überwiegt oder zumindest aufwiegt. Sie ist wirksam, sofern sie den *persönlichen Profit*, den sich ein potentieller Täter von seiner Tat verspricht, wenigstens aufwiegt (vgl. Bentham 1780/89a, Kap. 13–14).

Das Strafrecht soll, um die ihm zukommende abschreckende Funktion zu erfüllen, klar und allgemein bekannt sein; es soll schriftlich niedergelegt sein und nur zur Anwendung kommen, sofern es bereits vor der Straftat existiert hat. Benthams Forderungen decken sich also weitgehend mit dem, was heute als *Garantiefunktionen des Strafrechts* bezeichnet wird.

Die Motive des Täters sind in dieser Konzeption für die Beurteilung der Strafwürdigkeit einer Tat von untergeordneter Bedeutung. Fragen nach Absicht und Vorsatz sind für Bentham zwar nicht bedeutungslos – niemand sollte für eine Tat bestraft werden, sofern er nicht zurechnungsfähig ist oder die Folgen seiner Tat nicht absehen konnte –, allerdings sieht er hier kein elementares Gebot der Gerechtigkeit, sondern eine durch Nutzenerwägungen vermittelte Einsicht: In diesen Fällen ist eine Bestrafung als Mittel der Abschreckung wirkungslos und führt bloß zur Verunsicherung der Bevölkerung.

In seinen frühen Schriften appelliert Bentham bezüglich rechtlicher Reformen an den aufgeklärten Herrscher, dem er ein ungewöhnliches Ausmaß an Pflichtbewusstsein und Einsicht unterstellt. Zu dieser Zeit glaubt er, dass allein Unwissenheit oder Gedankenlosigkeit den nötigen Reformen entgegenstünden. Später ist er kritischer, zunehmend betrachtet er die Regierenden selbst als potentielle Kriminelle, vor denen es die Bevölkerung zu schützen gilt. Der Fokus seiner Arbeit verlagert sich vom Strafrecht hin zu Fragen der Verfassung und Regierungsform – das Problem bleibt dasselbe: die Verknüpfung von Pflicht und auf den Eigennutz gerichteter Neigung. Die Lösung sieht Bentham in der (repräsentativen) Demokratie. Das Allgemeinwohl ist am sichersten in den Händen der Allgemeinheit aufgehoben. Indem der Einzelne eigennützig seinen Interessen folgt, sorgt die Summe der Einzelnen für das Allgemeinwohl.

3.4. Gesetze sollen klar sein. Benthams Argwohn gilt hier abstrakten Ideen, allen voran denen von *Recht* und *Pflicht*. Die Tatsache, dass die korrespondierenden Ausdrücke (»Recht«, »Pflicht«) sich grammatisch wie gewöhnliche Substantive (»Haus«, »Baum«) verhalten, verführt zu der Annahme, dass in beiden Fällen die Relation zwischen Sprache und Wirklichkeit dieselbe ist. Von da ist es, so Bentham, nur noch ein kleiner Schritt zu dem Aberglauben, dass es sich bei Rechten und Pflichten um »äußere Entitäten« handelt, »die ihre Existenz nicht dem Recht verdanken, sondern diesem umgekehrt erst Existenz verleihen« (zit. nach Hart 1993, 11).

Eine Idee zu klären, heißt für den Empiristen Bentham, ihre Beziehungen zum Wahrnehmbaren nachzuzeichnen. Komplexe Ideen zerlegt man zu diesem Zweck in ihre Bestandteile, nämlich einfache Ideen; einfache Ideen wiederum erklärt man, indem man sie auf ihren Ursprung, d.h. auf Wahrnehmungen, zurückführt. Benthams Versuch, dieses auf Locke zurückgehende Verfahren auf die Ideen des *Rechts* und der *Pflicht* anzuwenden, muss scheitern, da Rechte und Pflichten (wie Bentham es später ausdrückt) *fiktive Entitäten* sind. Fiktive Entitäten sind aber für Bentham keine bloßen Chimären: Aussagen über Rechte und Pflichten stehen in bestimmten Beziehungen zur Wirklichkeit, kraft deren sie bedeutungsvoll und in vielen Fällen (zumindest in einem abgeleiteten Sinn) wahr sind. Die lockesche Methode ist aber kein geeignetes Mittel dazu, *diese* Beziehung aufzuzeigen.

Benthams zentrale Einsicht besteht darin, dass er die vollständige Aussage als den primären Träger der Bedeutung identifiziert. Überspitzt formuliert: Nur vollständige Aussagen (ganze Sätze) haben Bedeutung. Sofern sich einzelnen Wörtern überhaupt eine Bedeutung beilegen lässt, kann das nur als *Resultat* der Analyse vollständiger Sätze geschehen. Bentham kehrt die bis dahin als gültig betrachte Auffassung um, der zufolge *zuerst* einzelnen Wörtern eine Bedeutung zugeordnet wird, um *dann* aus diesen bedeutungsvolle Sätze zu bilden. Dieser Einsicht folgend wechselt er bei der Analyse von Rechten und Pflichten von der Ebene isolierter Ausdrücke (»Rechte«) auf die vollständiger Aussagen (»X hat ein Recht auf Y«); er sucht nach Übersetzungen, die keine fiktionalen Entitäten aufrufen. Diese Technik nennt er *Paraphrase*, ihre konsequente Anwendung führt Bentham zu seiner *positivistischen* Konzeption des Rechts.

In einem ersten Schritt analysiert Bentham *Rechte* in Begriffen von *Pflichten*: So wird beispielsweise »X hat das Recht auf körperliche Unversehrtheit« übersetzt als »Alle haben die Pflicht, Handlungen zu unterlassen, die X verletzen«. Nun sind auch Pflichten fiktionale Entitäten, also darf die Analyse hier nicht Halt machen. Pflichten resultieren aus Gesetzen. Gesetze wiederum betrachtet Bentham als Befehle des Herrschers, die, im paradigmatischen Fall, durch Strafe sanktioniert sind. Schließlich wird der Herrscher definiert als derjenige, zu dem die Bevölkerung in einer Beziehung gewohnheitsmäßigen Gehorsams steht, und Strafe als Leiden, das als Reaktion auf Zuwiderhandlungen gegen Befehle zugefügt wird. »X hat das Recht auf körperliche Unversehrtheit« bedeutet also nach Benthams Analyse in etwa, dass derjenige, zu dem die Bevölkerung in einer Beziehung gewohnheitsmäßigen Gehorsams steht, Handlungen, die X verletzen, verbietet, und dass, wer dieses Verbot missachtet, damit rechnen muss, dass ihm ein Leid zugefügt wird.

In seiner Analyse verzichtet Bentham vollständig auf normatives Vokabular; *Rechte* und *Pflichten* werden auf eine rein deskriptive Begriffsbasis zurückgeführt (Befehl, gewohnheitsmäßiger Gehorsam, Leiden). Nach dieser Konzeption existiert also keine begriffliche Beziehung zwischen positivem Recht und Moral: Auch unmoralische Gesetze sind Gesetze, und aus der bloßen Tatsache, dass ein Gesetz besteht, lässt sich keinerlei moralische Schlussfolgerung ziehen. Über den moralischen Status eines Gesetzes sowie die Frage, ob man ihm folgen sollte, entscheidet allein das Nutzenprinzip.

Sobald er auf die Idee unveräußerlicher natürlicher Rechte zu sprechen kommt, schlägt Bentham einen sehr scharfen Ton an: Diese Idee sei »Unsinn auf Stelzen«, die öffentliche Rede davon ein moralisches Verbrechen und als Anstiftung zu allgemeinem Unfrieden unter Strafe zu stellen (Bentham 1843, 269). Seine wütende Ablehnung hat praktische wie auch theoretische Gründe: In praktischer Hinsicht fürchtet er anarchistische Konsequenzen. Natürliche Rechte betrachtet er als mit jedweder Ausübung von Regierungsgewalt unvereinbar; mehr noch, die einzelnen »Rechte« konfligieren nach Bentham unauflöslich miteinander (seine Erfahrungen mit den Auswüchsen der Französischen Revolution haben bei dieser Einschätzung sicherlich eine Rolle gespielt). Seine theoretische Kritik changiert zwischen zwei Positionen. Manchmal sieht er den Hauptfehler dieser Idee darin, dass es keine Kriterien für die Bestimmung der behaupteten Rechte geben könne. Dieser Punkt entspricht im wesentlichen der bereits dargestellten Kritik: Ein jeder beruft sich auf ein vermeintliches Recht, wie es ihm gerade passt; was sich als ein Diskurs geriert, ist in Wahrheit eine Abfolge bloßer Behauptungen. An anderen Stellen sagt er dagegen, der Begriff eines natürlichen Rechts sei eine *contradictio in adjecto*. Dieser Punkt lässt sich mit Blick auf seine Analyse (legaler) Rechte erhellen. Bentham verknüpft darin (legale) Rechte mit realen Entitäten wie Leid oder Befehl. Erst diese Beziehungen zu realen Entitäten verleihen der Rede von Rechten einen Sinn. Die Beifügung des Attributs »natürlich« verneint aber gerade diese Beziehungen. Was dem Ausdruck »Recht« eine Bedeutung gibt, ist unvereinbar mit der Bedeutung des Attributs »natürlich« in diesem Kontext.

3.5. Bentham ist einer der Begründer des klassischen Utilitarismus. Persönlich war es ihm nie um philosophischen Ruhm zu tun, sondern um den Nutzen seiner Arbeit – auch sein eigenes Schaffen musste sich vor dem Nutzenprinzip rechtfertigen. Was er in den Werken seiner Vorgänger als gut und richtig befand, übernahm er ohne Scheu und bekannte sich freimütig dazu. Die Formulierung wie auch die Erkenntnis der Tragweite des Nutzenprinzips schuldete er nach eigenem Bekunden Hume, Priestly und Beccaria. Letzterer war es auch, der Benthams Theorie der Bestrafung in ihren Grundzügen vorwegnahm; hier sah Bentham seinen Beitrag v.a. in der detaillierten und wissenschaftlich fundierten Ausarbeitung der Theorie. Die Entwicklung der Psychologie hat Bentham damit jedoch nicht nennenswert beeinflusst, und das zu Recht: Benthams diesbezügliche Ausführungen muten heute sowohl hinsichtlich der Metrik als auch der Auswahl der betrachteten Faktoren beliebig an.

Seine Arbeit zur Analyse logischer Fiktionen kann hingegen kaum überschätzt werden. Er nahm wesentliche Einsichten Russells und auch Freges vorweg. Wie Quine (1969, 100f.) bemerkte, tat Bentham »den entscheidenden Schritt« hin zur Sprachphilosophie des 20. Jahrhunderts.

Bentham darf auch als Begründer des Rechtspositivismus gelten, der zur damaligen Zeit als zutiefst schockierend empfunden wurde. Zwar hatte schon vor ihm Hobbes Gesetze mit Befehlen des Herrschers identifiziert. Hobbes begreift jedoch den Herrscher als denjenigen, dem zu gehorchen die Bevölkerung aufgrund eines vorgehenden Sozialvertrags *verpflichtet* ist. Seine Analyse ist also noch nicht wie Benthams frei von normativem Vokabular. Benthams Befehlstheorie des Rechts ist nach Ansicht vieler noch heute die elaborierteste und beste ihrer Art, nicht zuletzt aufgrund von Benthams akribischem Aufweis, dass vermeintliche Ausnahmen, wie z.B. Eigentumsgesetze, letztlich doch imperativischen Charakter haben. Benthams Typologie der Rechte nahm in weiten Teilen diejenige Hohfelds (1919) vorweg.

4.

Bentham, J., 1776, A Fragment on Government, Cambridge: Cambridge University Press 1988.

Bentham, J., 1780/89a, An Introduction to the Principles of Morals and Legislation, Oxford: Clarendon Press 1996.
Bentham, J., 1780/89b, Einführung in die Prinzipien der Moral und der Gesetzgebung, in: O. Höffe (Hg.), Einführung in die utilitaristische Ethik, Tübingen: Francke 1992.
Bentham, J., 1782, Of Laws in General, London: Athlone 1970.
Bentham, J., 1802, Traités de législation civile et pénale, Paris: Bossange et Besson.
Bentham, J., 1834, Deontology, London: Longman.
Bentham, J., 1843, Anarchical Fallacies, in: B. Parekh (Hg.), Benthams Political Thought, London: Croom Helm 1973.
Bentham, J., 1968ff., The Collected Works of Jeremy Bentham, Oxford: Oxford University Press.

Dinwiddy, J., 1989, Bentham, Stanford: Stanford University Press 2004.
Harrison, R., 1983, Bentham, London: Routledge & Kegan Paul.
Hart, H.L.A., 1993, Essays on Bentham, Oxford: Oxford University Press.
Höffe, O., 1979, Zur Theorie des Glücks im klassischen Utilitarismus, in: ders., Ethik und Politik, Frankfurt/M.: Suhrkamp.
Hohfeld, W., 1919, Fundamental Legal Conceptions, New Haven: Yale University Press 1964.
Parekh, B. (Hg.), 1974, Jeremy Bentham, London: Cass.
Postema, G. (Hg.), 2000, Bentham, 2 Bde., Dartmouth: Aldershot.
Quine, W. V. O., 1969, Naturalisierte Erkenntnistheorie, in: ders., Ontologische Relativität und andere Schriften, Stuttgart: Reclam 1975.
Schofield, P., 2006, Utility and Democracy. The Political Thought of Jeremy Bentham, Oxford: Oxford University Press.

Gilbert Scharifi

Berlin, Isaiah (1909–1997)

1.

Isaiah Berlin wurde in Riga geboren, emigrierte nach der Oktoberrevolution und studierte in Oxford. Ab 1932 lehrte er dort als Dozent am New College und war Fellow von All Souls, ab 1957 Chichele Professor of Social and Political Theory. Die Ernennung zum Sir (1957) und die Übernahme der Präsidentschaft des neu gegründeten Wolfson College (1966) waren Ausdruck seiner großen intellektuellen Wirkkraft, die bis zu seinem Tod 1997 andauerte.

2.

Nach ersten sprachanalytisch orientierten Arbeiten, die im Umkreis von A. J. Ayer und J. L. Austin entstehen und durch die Kritik am Positivismus geprägt sind (vgl. Berlin 1978), wendet sich Berlin der Ideengeschichte mit den Schwerpunkten »Aufklärung«, »romantische Gegenaufklärung« und »russisches Denken im 19. Jahrhundert« zu (vgl. etwa Berlin 1997). Sein Werk besteht neben einer frühen Monographie über Marx und einem posthum edierten Manuskript über das politische Denken der Romantik (Berlin 1939; 2006) ausschließlich aus Aufsätzen und kann nur indirekt als Beitrag zur normativen politischen Theorie verstanden werden. Am einflussreichsten ist in dieser Hinsicht Berlins Oxforder Antrittsvorlesung von 1958, *Two Concepts of Liberty* (Berlin 1958).

3.

Die Spannbreite von Berlins ideengeschichtlichen Studien lässt sich nur begrenzt unter systematische Gesichtspunkte bringen. Aus ihnen ergeben sich jedoch Implikationen für mindestens drei zentrale Fragestellungen der politischen Philosophie, nämlich die Methodologie (3.1.), den Wertepluralismus (3.2.) und den Begriff der Freiheit (3.3.).

3.1. Die Relevanz der Ideengeschichte liegt Berlin zufolge in der Aufklärung über die Herkunft der für unser Selbstverständnis grundlegenden historischen Kategorien. Begriffliche, empirische, historische und normative Fragen sind in den auf das Verstehen aus der Teilnehmerperspektive gerichteten Geisteswissenschaften nicht voneinander trennbar (vgl. Berlin 1978, Kap. 7). Geschichte und Politik können nicht Gegenstand einer exakten Wissenschaft werden. Jede Vorstellung von Gesetzen in diesen Bereichen würde zudem unserem grundlegenden Selbstverständnis als freie und verantwortliche Akteure widersprechen (vgl. Berlin 1958, Kap. 2).

3.2. Berlin zufolge muss die Moderne als Erbin der gegenläufigen Traditionen des aufklärerischen Liberalismus und der romantischen Gegenaufklärung verstanden werden. Dass Werte von Menschen geschaffen, nicht entdeckt werden, und deshalb plural sind, ist nach Berlin die bleibende Einsicht der Romantik. Damit hat sie die zentrale Annahme des Rationalismus, dass es immer *eine* richtige Antwort auf Wertfragen gebe, die vom Menschen erkannt werden könne und mit allen anderen richtigen Antworten kompatibel sei, aus den Angeln gehoben (vgl. Berlin 1990, Kap. 1). Der politische Perfektionismus, der auf der Grundlage objektiver Werte die bestmögliche Gesellschaftsform errichten zu können glaubt, erweist sich demnach als tendenziell totalitäres Projekt. Die Vorstellung eines harmonischen Systems der Werte stellt sich als inkohärente Utopie heraus. Manche Werte sind notwendig und nicht nur kontingent inkompatibel – so lassen sich etwa Freiheit und Gleichheit niemals zugleich vollständig realisieren. Tragische Konflikte sind deshalb konstitutiv für die conditio humana und lassen sich nicht durch eine Reformulierung der involvierten Werte oder den Appell an übergeordnete Normen überwinden. Aus dieser Skepsis folgt, dass Konflikte im konkreten Fall durch Kompromisse und Abwägungen in ein relativ stabiles Gleichgewicht gebracht werden müssen. Darin, dass den verschiedenen Werten als Ausdruck authentischer menschlicher Selbstverwirklichung ein (objektiver) Eigenwert zukommt, liegt der Unterschied zwischen Pluralismus und Relativismus (vgl. Berlin 1990, Kap. 4). Umstritten ist, inwiefern die damit gegebene Möglichkeit interkulturellen und historischen Verstehens (und Beurteilens) nicht doch neben einer gemeinsamen Welt der Tatsachen eine geteilte Welt basaler Werte und eine Konzeption der menschlichen Natur impliziert (vgl. Galipeau 1994, Kap. 3).

3.3. Am einflussreichsten ist Berlins Verteidigung einer politischen Konzeption negativer Freiheit gegen Konzeptionen der positiven Freiheit (vgl. Berlin 1958, Kap. 3; 1978, Kap. 8; 2006, Kap. 2–3). Während positive Freiheit durch die Spannung zwischen Selbstbestimmung und Selbstverwirklichung gekennzeichnet ist und immer in der Gefahr steht, die Freiheit des einzelnen der Verwirklichung der ›menschlichen Natur‹, ›objektiver Werte‹ oder der ›wahren Freiheit‹ zu opfern, besticht die Idee negativer Freiheit durch ihre Schlichtheit: Freiheit bedeutet die Abwesenheit externer Hindernisse. In der Tradition von Hobbes, Mill und Constant bestimmt Berlin den Schutz der Handlungsfreiheit des Einzelnen vor Eingriffen (insbesondere des Staates in die Privatsphäre) als Kern des Freiheitsbegriffs. Der Grad der Freiheit bemisst sich an den für einen Akteur objektiv gegebenen Handlungsmöglichkeiten. Gegen diese minimalistische Bestimmung wurden zahlreiche Einwände geltend gemacht: (a) Individuelle Freiheit könne nicht ohne kollektive Freiheit im Sinne demokratischer Selbstbestimmung verwirklicht werden; (b) zahlreiche ›innere‹ Hindernisse wie ein falsches Bewusstsein und Selbsttäuschungen blieben ausgeblendet; (c) Freiheit sei kein reiner Möglichkeits-, sondern auch ein Verwirklichungsbegriff, der auf mehr oder weniger authentische Bedürfnisse und damit auch auf eine qualitative Bewertung der Hindernisse ziele (vgl. Taylor 1979). Berlin hat demgegenüber darauf hingewiesen, dass negative Freiheit zwar die grundlegende, nicht aber die alleinige Dimension des Freiheitsbegriffs bezeichne, dass eine Einschränkung der Freiheit im Namen anderer Werte wie »Gleichheit« oder »friedlicher Koexistenz« durchaus legitim sei, aber nicht unter dem Deckmantel der Realisierung der ›wirklichen‹ Freiheit erfolgen sollte, und dass der Wert der negativen Freiheit schon aus der Einsicht in die unhintergehbare Pluralität der Werte und die Unvermeidbarkeit eigenverantwortlicher Entscheidungen folge (vgl. Crowder 2002). Jede Konzeption der positiven Freiheit als Selbstverwirklichung zeichne hingegen eine bestimmte Konzeption des guten Lebens oder ein höchstes Gut aus.

Für Berlins pluralistischen Liberalismus ist charakteristisch, dass er sich nicht den kommunitaristischen Standardeinwänden der Ahistorizität und des Atomismus aussetzt. Umstritten ist aber, ob dies durch eine unaufgelöste Spannung zwischen dem Wertepluralismus, dem Ideal negativer Freiheit und dem von Berlin ebenfalls anerkannten Bedürfnis nach kultureller Anerkennung erkauft wird (vgl. Honneth 1999). Letztlich ist die Frage, ob darin nur die für Berlins gesamtes Werk bestimmende These von der Konflikthaftigkeit der modernen Werteordnung zum Ausdruck kommt oder ob es sich um einen aufzulösenden Widerspruch handelt.

4.

Berlin, I., 1939, Karl Marx, Oxford: Oxford University Press 1996.
Berlin, I., 1958, Freiheit, Frankfurt/M.: Fischer 2006.
Berlin, I., 1978, Concepts and Categories, Princeton: Princeton University Press 1999.
Berlin, I., 1979, Wider das Geläufige, Frankfurt/M.: Fischer 1994.
Berlin, I., 1990, Das krumme Holz der Humanität, Frankfurt/M.: Fischer 1995.
Berlin, I., 1997, The Proper Study of Mankind, New York: FSG 1998.
Berlin, I., 2006, Political Ideas in the Romantic Age, Princeton: Princeton University Press.

Crowder, G., 2002, Liberalism and Value Pluralism, New York: Continuum.
Crowder, G./Hardy, H. (Hg.), 2007, The One and the Many. Reading Isaiah Berlin, Amherst: Prometheus.
Dworkin, R./Lilla, M. (Hg.), 2001, The Legacy of Isaiah Berlin, New York: NYRB.
Galipeau, C. J., 1994, Isaiah Berlin's Liberalism, Oxford: Oxford University Press.
Gray, J., 1995, Berlin, London: Fontana.
Honneth, A., 1999, Zwischen negativer Freiheit und kultureller Zugehörigkeit, in: ders., Das Andere der Gerechtigkeit, Frankfurt/M.: Suhrkamp 2000.
Ignatieff, M., 1998, Isaiah Berlin, München: Bertelsmann 2000.
Margalit, E./Margalit, A. (Hg.), 1991, Isaiah Berlin, London: Hogarth.
Ryan, A. (Hg.), 1979, The Idea of Freedom, Oxford: Oxford University Press.
Taylor, C., 1979, Der Irrtum der negativen Freiheit, in: ders., Negative Freiheit?, Frankfurt/M.: Suhrkamp 1988.

Robin Celikates

Bewegung, soziale

1.

Als »soziale Bewegung« wird im heutigen Sprachgebrauch ein kollektiver nichtstaatlicher Akteur bezeichnet, der auf die gesellschaftliche Entwicklung Einfluss nimmt oder nehmen will. Eine soziale Bewegung zielt auf grundlegende Machtstrukturen und Wertvorstellungen. Sie unterscheidet sich darin von zeitlich und sachlich begrenzten politischen Kampagnen einerseits und diffusen geistigen Strömungen oder auch kurzlebigen Formen kollektiven Verhaltens (z. B. Massenpanik) andererseits. Eine soziale Bewegung kann lockere informelle Gruppen, aber auch straff geführte und hierarchische Organisationen einschließen. Als Ganze ist sie jedoch keine Organisation. Anders als im Fall von Parteien oder Verbänden fehlen eindeutige Kriterien der Mitgliedschaft, eine formelle Arbeitsteilung und geregelte Entscheidungsverfahren.

In der Philosophie und frühen Soziologie bezeichnete »soziale Bewegung« die Richtung bzw. Dynamik einer Gesellschaft. So wurde angenommen, die Gesellschaft durchlaufe eine zyklisch wiederkehrende oder gerichtete bzw. aufsteigende Folge von Entwicklungsstufen (Comte). In der zweiten Hälfte des 19. Jahrhunderts wurde der Begriff zunehmend für einen konkreten historischen Akteur, insbesondere die sozialistische Bewegung, gebraucht; später setzte er sich als eine Sammelbezeichnung für kollektive Bestrebungen mit unterschiedlichen Zielen und

Trägerschaften durch (z.B. bürgerlich-liberale Bewegungen, faschistische Bewegungen, Frauenbewegungen). Diese Bedeutung ist auch in den heutigen Sozial- und Geisteswissenschaften sowie in der Alltagssprache vorherrschend.

In analytischer Perspektive sind soziale Bewegungen netzwerkförmig verbundene Gruppen und Organisationen, die, gestützt auf eine kollektive Identität, sozialen Wandel insbesondere durch öffentlichen Protest herbeiführen, verhindern oder rückgängig machen wollen. Soziale Bewegungen bilden und stabilisieren sich nicht nur aufgrund gemeinsamer Interessen und Ziele, sondern auch aufgrund gemeinsamer Symbole, Werte und Aktivitäten. Hierbei spielt die Praxis des Protests eine besondere Rolle, weil sie einerseits die Positionen und Forderungen der Bewegung nach außen hin sichtbar macht, andererseits aber auch Gegnerschaften markiert und das Wir-Gefühl stärkt.

2.

Praktiken des kollektiven Protests lassen sich bis in die Antike (z.B. Sklavenaufstände) zurückverfolgen. Sie galten der Wiederherstellung einer als verletzt angesehenen traditionellen bzw. göttlichen Ordnung. Dagegen entstand erst im Zeitalter der bürgerlichen Aufklärung die Idee, die Gesellschaft könne nach eigenen Vorstellungen oder gar im Sinne von Utopien gestaltet werden. Der bewusste Eingriff in die Grundlagen sozialer Ordnung ist somit als ein Konstitutionsmerkmal sozialer Bewegungen anzusehen (vgl. Rucht 1994). Allerdings wird der Begriff manchmal auch für vormoderne Erscheinungsformen kollektiven Protests und Widerstands verwendet.

Der Terminus »soziale Bewegung« scheint erst im Verlauf des 19. Jahrhunderts in den allgemeinen Sprachgebrauch einzusickern (vgl. Pankoke 1970; Rammstedt 1978). Verwendet wird er einerseits als eine Selbstbezeichnung in der politischen Auseinandersetzung, um das Moment von Massenhaftigkeit, Dynamik und Gestaltungskraft hervorzuheben und sich von Kräften der Restauration oder Beharrung abzugrenzen. Andererseits wird er als eine analytische Kategorie verwendet. Marx gebraucht den Begriff in einer doppelten Bedeutung: zur Bezeichnung der Entwicklung von Gesellschaft, aber auch eines bestimmten sozialen Akteurs, der Gesellschaft verändert. Im Verlauf der zweiten Hälfte des 19. Jahrhunderts verlagerte sich der Wortsinn weitgehend auf die zweite Bedeutung, wobei viele Autoren dazu neigten, soziale Bewegung mit sozialistischer Bewegung bzw. Arbeiterbewegung gleichzusetzen (von Stein). Diese Assoziation verlor sich mit dem Aufkommen weiterer sozialer Bewegungen (wie der Frauen-, Jugend- und Lebensreformbewegung).

3.

3.1. Seit Beginn des 20. Jahrhunderts sind soziale Bewegungen verstärkt zum Gegenstand wissenschaftlicher Aufmerksamkeit geworden. In Europa blieb die Theoriebildung zu ihnen – mit Ausnahme massenpsychologischer Deutungen – auf die Frage des gesamtgesellschaftlichen Wandels bezogen. Hierbei spielte auch der Aspekt der Oligarchisierung eine Rolle. Vom Beispiel der Sozialdemokratie in Deutschland ausgehend, formulierte Michels (1911) die allgemeine These, dass die zunehmende Organisierung von sozialen Bewegungen eine Trennung in Führer und Gefolgschaft sowie eine Stärkung des hauptamtlichen, auf seinen Machterhalt bezogenen Apparats zur Folge habe, so dass die ursprünglichen Ziele der Bewegung in den Hintergrund träten. In späteren Studien wurden Arbeiterbewegung und Faschismus v.a. unter historischer Perspektive analysiert. Bis in die 1970er Jahre lieferten die Sozialwissenschaften in Europa jedoch kaum weitere nennenswerte Beiträge.

Dagegen war in den USA bereits seit den 1920er Jahren eine intensive Befassung mit sozialen Bewegungen zu verzeichnen. Jedoch blieb dort der Bezug zu sozialem Wandel unterbelichtet. Anfänglich stark beeinflusst von der europäischen Massenpsychologie, wurden soziale Bewegungen als eine Variante kollektiven Verhaltens – analog zu Mode, Panik und Kult – betrachtet (vgl. Park/Burgess 1924). Zunächst entfaltete sich eine symbolisch-interaktionistische Richtung (vgl. Blumer 1951), später ergänzt durch eine von Talcott Parsons geprägte strukturell-funktionale Theorie (vgl. Smelser 1962), welche strukturelle Spannungen als eine notwendige, aber nicht hinreichende Entstehungsbedingung für soziale Bewegungen ansah. Diese Theorien waren noch von älteren Vorurteilen beeinflusst, denen zufolge kollektives Verhalten als überwiegend irrational und unorganisiert galt. Teilweise wurden soziale Bewegungen auch als eine Form abweichenden Verhaltens stigmatisiert (vgl. Trotter 1926). Erst mit dem Konzept der Ressourcenmobilisierung wurden die strategischen und organisatorischen Momente sozialer Bewegungen, teilweise in Analogie zum ökonomischen Unternehmertum, ausdrücklich gewürdigt (vgl. McCarthy/Zald 1977).

In den späten 1970er Jahren begann eine stärkere Professionalisierung und Ausdifferenzierung der Bewegungsforschung. In Europa beflügelten die ›neuen sozialen Bewegungen‹ (darunter Ökologie-, Frauen-, Friedens- und Dritte-Welt-Bewegungen) die Debatten und Forschungen (vgl. Touraine 1978; Melucci 1989). Später wurden auch andere soziale Bewegungen einbezogen und folgerichtig allgemeine Theorien aufgegriffen bzw. weiterentwickelt (vgl. Raschke 1985; Neidhardt/Rucht 1993). Weitere Impulse kamen von der Sozialpsychologie (vgl. Klandermans 1994) und den Theorien rationalen Handelns (vgl. Opp 1994), die sich den Motiven und Hindernissen einer Beteiligung von Individuen an sozialen Bewegungen zuwandten. Umstritten bleibt, ob soziale Bewegungen als eine bloße Addition von individuellen Handlungen oder vielmehr als eine soziale Wirklichkeit eigener Art und Güte zu verstehen sind.

Die wichtigsten Anregungen für die sozialwissenschaftliche Erforschung und Theoretisierung von sozialen Bewegungen kamen jedoch aus den USA. Hier stimulierten die Bürgerrechtsbewegung und weitere ›progressive‹ soziale Bewegungen das Interesse. Die Praxis dieser Bewegungen, mit denen viele Intellektuelle sympathisierten, trug dazu bei, die ältere Sichtweise auf soziale Bewegungen als irrationale und weitgehend unorganisierte Gebilde aufzugeben. Die seit den 1970er Jahren vorherrschenden Konzepte der Ressourcenmobilisierung und Theorien rationalen Handelns wurden durch weitere Perspektiven ergänzt. Erstens ist hier die systematische Analyse politischer Gelegenheiten im Sinne bewegungsexterner Einflussfaktoren auf Mobilisierung, Strategie, Struktur und Wirkung von sozialen Bewegungen zu nennen (vgl. Tarrow 1983). Dazu gehören die »political process«-Konzepte, welche die Interaktionsdynamik zwischen Bewegungen und ihren Gegenspielern stärker berücksichtigen (vgl. McAdam 1982). Eine zweite wichtige Ergänzung bilden die »framing«-Konzepte, die im Anschluss an ältere Annahmen des Symbolischen Interaktionismus und die Arbeiten von Erving Goffman entwickelt wurden (vgl. Snow/Rochford/Worden u.a. 1986). Sie analysieren die Deutungsstrategien und -muster (frames), mit denen Protestgruppen und soziale Bewegungen versuchen, ihren Problemwahrnehmungen und Lösungsvorschlägen öffentliche Resonanz zu verschaffen.

Seit den 1980er Jahren haben sich die Diskussionen auf beiden Seiten des Atlantiks wechselseitig beeinflusst, so dass kaum mehr von getrennten Theorieentwicklungen auszugehen ist (vgl. Klandermans/Krisi/Tarrow 1988; McAdam/McCarthy/Zald 1996; della Porta/Diani 1999). In Reaktion auf die Betonung der organisatorischen und strategischen Aspekte von sozialen Bewegungen werden in den USA wie in Europa neuerdings wieder Fragen der kollektiven Identität, des symbolisch-expressiven Handelns und der Emotionen thematisiert. Eine zweite neuere Entwicklung besteht in dem Versuch, soziale Bewegungen innerhalb eines breiter gefassten Konzepts von »Contentious Politics« (McAdam/Tarrow/Tilly 2001) zu analysieren.

3.2. Auch wenn soziale Bewegungen im politischen Raum oft eine polarisierende Wirkung entfalten, so tritt die normative Aufladung des Bewegungsbegriffs sowohl in seiner negativen Besetzung etwa im Rückblick auf den Faschismus als auch in seiner emphatischen Koppelung an Emanzipation und Fortschritt im wissenschaftlichen Kontext in den Hintergrund. Inzwischen wird anerkannt, dass soziale Bewegungen – neben Parteien und Verbänden – ein fester Bestandteil des heutigen Systems politischer Interessenvermittlung (vgl. Rucht 1993) und kein Anachronismus sind. Anzeichen einer nachlassenden Bindekraft etablierter Organisationen und einer wachsenden Parteienverdrossenheit legen nahe, dass die Bewegungsform künftig sogar an Attraktivität gewinnen wird, weil sie ein flexibles Engagement und variable Aktionsformen ermöglicht, weniger hierarchisch geprägt ist und auf keiner festen Mitgliederrolle basiert. So neigen inzwischen auch manche Interessenverbände und Parteien dazu, die für Bewegungen charakteristischen Strukturen und Mobilisierungsformen aufzugreifen oder mit sozialen Bewegungen taktische Allianzen einzugehen.

3.3. Soziale Bewegungen sind relativ flexible Gebilde ohne scharfe Grenzziehungen; sie können kurzfristig anschwellen und schrumpfen; sie können Phasen der Sichtbarkeit und der Latenz durchlaufen. Gelegentliche Versuche, den Begriff für moralisch »gute« bzw. politisch »progressive« Bewegungen zu reservieren, haben sich nicht durchsetzen können. Es lassen sich verschiedene Kriterien angeben, um Typen von sozialen Bewegungen zu unterscheiden. Dies sind historische Kontexte (vorindustriell-modernisierend, industriell, nachindustriell), die Stellung zum sozialen Wandel (offensiv oder defensiv), der primäre Ansatzpunkt (personenbezogener oder politisch-struktureller Wandel), die grundlegende Strategie (reformorientiert oder revolutionär) und die Zentralität für den sozialen Wandel (primäre oder sekundäre soziale Bewegungen). Die in Europa und manchen anderen Regionen verbreitete Unterscheidung zwischen »alten« (prototypisch: die Arbeiterbewegung) und »neuen« sozialen Bewegungen hat in den USA wenig Resonanz gefunden.

3.4. Studentenbewegungen, Neue Linke und die nachfolgenden neuen sozialen Bewegungen haben in den westlichen Industrieländern eine partizipatorische Protestkultur begründet, die sich vom Organisations- und Politikverständnis der Arbeiterbewegung abhebt (vgl. Brand 1985; Raschke 1985). Inzwischen haben diese Bewegungen auch in weiten Teilen der »Dritten Welt« Fuß gefasst. In einzelnen Themenfeldern (v.a. Menschenrechte, Frauenrechte und Ökologie) kommt es zu grenzüberschreitenden Kooperationen und zur Ausbildung transnationaler Protestorganisationen und Bündnisse. Die mit den neuen sozialen Bewegungen verbundene Protestkultur, welche auch vermehrt Aktionen des zivilen Ungehorsams einschließt, hat sich inzwischen weitgehend konventionalisiert. Die Verfestigung der infrastrukturellen Basis der neuen sozialen Bewegungen wird als Institutionalisierungstendenz gedeutet (vgl. Roth 1994), wenngleich die Bewegungen damit (noch) nicht der etablierten Politik zuzurechnen sind. An die Stelle der vormals ausgeprägten Kluft zwischen neuen sozialen Bewegungen und etablierter Politik ist ein pragmatischer Umgang miteinander getreten, was wiederum Widerspruch im radikalen Spektrum der Bewegungen provoziert. Ausdruck der Konventionalisierungstendenz ist auch die Tatsache, dass Teile der neuen sozialen Bewegungen in nicht unerheblichem Ausmaß einerseits durch staatliche Gelder (Arbeitsbeschaffungsmaßnahmen, kommunale Förderprogramme usw.) unterstützt werden und andererseits einzelne Forderungen der Bewegungen zum Allgemeingut von Parteien geworden sind.

Teils aus den neuen sozialen Bewegungen, teils aus anderen Wurzeln hervorgehend, haben sich in den 1990er Jahren globalisierungskritische Bewegungen gebildet und staatenübergreifend vernetzt. Sie sind v.a. im Rahmen von internationalen Gipfeltreffen durch »Gegengipfel« und massive Proteste hervorgetreten, haben neuerdings aber auch eigenständige Formen des Erfahrungsaustausches entwickelt (z.B. das Weltsozialforum). Ihr kleinster gemeinsamer Nenner ist der Widerstand gegen eine neoliberale Globalisierungsstrategie, die nach Auffassung der Kritiker einer demokratisch-partizipatorischen, umweltgerechten und sozialverträglichen Entwicklung zuwider läuft.

3.5. Die Erfolgschancen und Wirkungen von sozialen Bewegungen hängen vom Zusammenwirken vieler Faktoren ab. Wichtig sind hierbei die innere Verfassung einer Bewegung (z.B. Zusammenhalt, Ressourcen, Motivation), externe Rahmenbedingungen (z.B. Bündnispartner, Medienresonanz, Haltung der Eliten) sowie Strategien und Interaktionsdynamiken (z.B. Repressionen, Zugeständnisse, Zielverschiebungen). Zu beachten ist die Mehrdimensionalität der möglichen Wirkungen. Neben substantiellen Ergebnissen etwa im Hinblick auf politische Entscheidungen zählen dazu auch Einflüsse auf Einstellungen und Verhaltensweisen der eigenen Anhängerschaft sowie der übrigen Bevölkerung, auf öffentliche Debatten, politisch-rechtliche Verfahrensregeln und bereichsspezifische oder auch allgemeine Machtkonstellationen. Der Misserfolg auf einer Ebene (z.B. der vergebliche Widerstand gegen ein technisch-industrielles Großprojekt) kann langfristige und indirekte Wirkungen auf anderer Ebene nach sich ziehen (z.B. veränderte Konsumgewohnheiten). Manche soziale Bewegungen haben beeindruckende Erfolge in allen Wirkungsdimensionen erzielt (z.B. Bewegungen für ein allgemeines und gleiches Wahlrecht); andere sind kläglich gescheitert (z.B. Bewegungen gegen ein striktes Alkoholverbot). Zumeist aber konnten sie Teilerfolge erzielen. Z.B. vermochte die sozialistische Arbeiterbewegung den Kapitalismus zwar nicht zu überwinden, konnte aber immerhin dazu beitragen, ihn zu zügeln. Zugleich zeigt auch dieses Beispiel, dass einmal erreichte Erfolge nicht garantiert sind, deutet derzeit doch vieles darauf hin, dass mühsam erkämpfte soziale Errungenschaften im Zuge einer neoliberalen Politik der Deregulierung bedroht werden.

4.

Blumer, H., 1951, Collective Behavior, in: A. M. Lee (Hg.), Principles of Sociology, New York, Barnes & Noble.

Brand, K.-W. (Hg.), 1985, Neue soziale Bewegungen in Westeuropa und den USA, Frankfurt/M.: Campus.

Della Porta, D./Diani, M., 1999, Social Movements, Oxford: Blackwell.

Klandermans, B./Kriesi, H./Tarrow, S. (Hg.), 1988, From Structure to Action, Greenwich: JAI Press.

McAdam, D., 1982, Political Process and the Development of Black Insurgency, 1930–1970, Chicago: University of Chicago Press.

McAdam, D./McCarthy, J./Zald, M. (Hg.), 1996, Comparative Perspectives on Social Movements, Cambridge: Cambridge University Press.

McAdam, D./Tarrow, S./Tilly, C., 2001, Dynamics of Contention, Cambridge: Cambridge University Press.

McCarthy, J. D./Zald, M., 1977, Resource Mobilization and Social Movements, in: American Journal of Sociology 82.

Melucci, A., 1989, Nomads of the Present, London: Century Hutchinson.

Michels, R., 1911, Zur Soziologie des Parteiwesens in den modernen Demokratien, Stuttgart: Kröner 1989.

Neidhardt, F./Rucht, D., 1993, Auf dem Weg in die »Bewegungsgesellschaft«?, in: Soziale Welt 44.

Opp, K.-D., 1994, Der ›Rational-Choice‹-Ansatz und die Soziologie sozialer Bewegungen, in: Forschungsjournal Neue Soziale Bewegungen 7.

Pankoke, E., 1970, Sociale Bewegung – Sociale Frage – Sociale Politik, Stuttgart: Klett.

Park, R. E./Burgess, E. W., 1925, Introduction to the Science of Sociology, Chicago: University of Chicago Press.

Rammstedt, O., 1978, Soziale Bewegung, Frankfurt/M.: Suhrkamp.

Raschke, J., 1985, Soziale Bewegungen, Frankfurt/M.: Campus.

Roth, R., 1994, Demokratie von unten, Köln: Bund.

Rucht, D., 1993, Parteien, Verbände und Bewegungen als Systeme politischer Interessenvermittlung, in: O. Niedermayer/R. Stöss (Hg.), Stand und Perspektiven der Parteienforschung, Opladen: Westdeutscher Verlag.

Rucht, D., 1994, Modernisierung und neue soziale Bewegungen, Frankfurt/M.: Campus.

Smelser, N. J., 1972. Theorie des kollektiven Verhaltens, Köln: Kiepenheuer & Witsch.

Snow, D. A./Rochford, E./Worden, S./Benford, R., 1986, Frame Alignment Processes, Micromobilization, and Movement Participation, in: American Sociological Review 51.
Tarrow, S., 1983, Struggling to Reform, Occasional Paper No. 15, Cornell University.
Touraine, A., 1978, La voix et le regard, Paris: Seuil.
Trotter, W., 1926, Instincts of the Herd in Peace and War, London: Macmillan.

Dieter Rucht

Bildung

1.

»Bildung« steht im Deutschen für einen komplexen und dualistisch zu denkenden kognitiv-normativen Formationsprozess, in dem Individuen einerseits von ihrem gesellschaftlichen Umfeld auf bestimmte Weise sozialisiert werden sowie andererseits selbst nach geistig-körperlicher Vervollkommnung streben. Eine Besonderheit des Bildungsbegriffs ist, dass er nicht nur auf diesen dualistischen Formationsprozess von Individuen bezogen werden kann, sondern auch auf sein Ergebnis, d.h. auf das Gebildet-Sein Einzelner, größerer gesellschaftlicher Gruppen oder gar auf die Bildung ganzer Gesellschaften bzw. Kulturen.

1.1. In den anderen europäischen Kultursprachen gibt es keine direkten Entsprechungen zum deutschen Bildungsbegriff, dessen Bedeutung im Umkreis der im englischen und französischen Sprachraum etablierten und sinnverwandten Begriffe »education« bzw. »éducation«, »formation«, »culture« und »civilisation« anzusiedeln ist (vgl. Geuss 1996). Bildung ist einerseits von Erziehung abzuheben, die mit Konnotationen der fremdbestimmten Prägung behaftet, d.h. zumeist als intentionale Beeinflussung von Individuen durch Dritte definiert ist. Während es semantisch nicht sinnvoll ist zu sagen, Menschen könnten sich selbst erziehen, ist die reflexive Verbform »sich bilden« im Deutschen weit verbreitet. Menschen können – und oftmals heißt es zudem: sollen – sich bilden. Bildung umfasst demnach mehr als die bloße Ausbildung zur fachkundlichen Anwendung bestimmter Fertigkeiten. Sie wird gemeinhin als lebenslange Aufgabe und Zielsetzung von Individuen begriffen, die auch nach dem Durchlaufen gesellschaftlich festgelegter Curricula nicht hinfällig wird.

1.2. Dem modernen Bildungsbegriff wohnt ein utopisches Element inne, insofern Bildung mit Autonomie, Selbstbestimmung, autonomer Lebensaneignung und -gestaltung, mit theoretischer und praktischer Urteilsfähigkeit, Mündigkeit und Selbstverantwortlichkeit von Individuen in Verbindung gebracht wird. Dass dieses Verständnis das ideengeschichtlich gewachsene Produkt eines nicht immer linearen Prozesses der Begriffsaneignung ist, zeigt ein Vergleich mit früheren und divergierenden Auffassungen von Bildung und ihrem Stellenwert in der Gesellschaft (vgl. 2.). Für die politische Philosophie und Sozialphilosophie kann Bildung unter einer Vielzahl von Gesichtspunkten relevant werden, wobei jeweils die Frage nach den Aufgaben und Zuständigkeiten staatlicher Institutionen hinsichtlich der Ermöglichung von Bildung und der Vermittlung von Bildungsinhalten grundlegend ist. Zeitgenössische Debatten behandeln zudem Fragen nach Möglichkeiten der Begründung, Konzipierung, Reichweite und Institutionalisierung eines Bürgerrechts auf Bildung sowie Fragen nach dem Stellenwert von Bildung im Rahmen des gerechtigkeitstheoretischen Erfordernisses der Chancengleichheit (vgl. 3.).

2.

Historische Darstellungen des Stellenwerts von Bildung in der politischen Philosophie müssen der Schwierigkeit Rechnung tragen, dass Bildung zwar ein der Sache nach nicht unwichtiges, aber zumeist nur implizites oder stiefmütterlich behandeltes Thema in den bedeutenden Werken des politischen

Denkens ist (Wilson 2003, 279ff.). Inhaltlich lassen sich dennoch grob vereinfacht zwei Entwicklungsstränge in der Geschichte des politisch-philosophischen Bildungsdenkens unterscheiden: Erstens die zunehmende Abwendung vom antiken Bildungselitarismus, dem zufolge die Bildungschancen und -aufgaben einzelner Gesellschaftsmitglieder in Abhängigkeit von ihrer sozialen Herkunft, ihrem Geschlecht und ihren Talenten inegalitär bestimmt werden (vgl. 2.1.), und die damit einhergehende allmähliche Entwicklung eines Egalitarismus in Bildungsfragen, dem zufolge staatliche Gemeinwesen nach dem Ideal eingerichtet werden sollen, allen Menschen tendenziell die gleichen Bildungschancen und die Möglichkeit zur Ausbildung ihrer individuellen Fertigkeiten und Interessen zu geben (vgl. 2.2.). Der zweite dazu komplementäre Entwicklungsstrang ist die zunehmende Abwendung von der Bestimmung staatlicher Bildungsaufgaben in Abhängigkeit von bestimmten religiös oder metaphysisch fundierten umfassenden Konzeptionen des guten Lebens mit dem Erstarken der liberalen Denktradition (vgl. 2.2.).

2.1. Bei Platon und Aristoteles sind trotz ihrer im Kontext der damaligen Zeit durchaus progressiven Gesellschaftsvorstellungen die Ziele der Erziehung (gr. *paideia*) der Bürger und die gesellschaftlichen Bildungsideale in Abhängigkeit von den jeweils befürworteten bzw. legitimierten sozialen Hierarchien bestimmt. In Platons Gesellschaftsutopie in der *Politeia* bemessen sich die Bildungsaufgaben der Individuen nach ihrer besonderen Rolle, die ihnen als Mitgliedern einer der drei Klassen, d.h. der Erwerbstätigen, der Wächter oder der Regierenden zufällt (vgl. Rep. II 369b–IV 445e). Musische und gymnastische Ausbildung kommt in dieser vom Prinzip der Arbeitsteilung inspirierten und von fehlender sozialer Mobilität geprägten Gesellschaft ausschließlich den für den Wächterstand begabten und ausgewählten Individuen zu, aus denen wiederum die fähigsten und am besten ausgebildeten in die höchste Gruppe der Staatsmänner und Philosophen gewählt werden (vgl. Rep. II 376b-c, V-VII). Die der *Politeia* inhärente umfassende Bildungstheorie ist von der Idee geleitet, dass Erziehung und Bildung für besondere Aufgaben auserkorener Individuen in erster Linie dem Gemeinwohl zu dienen haben, von dem aus auch das individuelle Wohl der Gesellschaftsmitglieder objektiv bestimmt werden könne (vgl. z.B. Rep. V 466a, VII 519e).

Aristoteles ist in seinem uns überlieferten Werk, von dem angenommen wird, dass es nur einen kleinen Teil seiner Schriften zur Bürgererziehung und -bildung enthält (vgl. Wilson 2003, 280), näher an den historischen politischen Gegebenheiten Athens orientiert. In der *Politik* gesteht auch er nicht allen Gesellschaftsmitgliedern die gleichen Bürgerrechte und Bildungschancen zu. Insbesondere billigt er den zur damaligen Zeit üblichen Ausschluss von Frauen an der politischen Teilhabe (Pol. I 12–13), diskutiert vornehmlich die Erziehung der Söhne (Pol. VIII 3, 1338a31) und legitimiert schließlich berüchtigterweise sogar die Sklavenhaltung mit seiner Äußerung, dass es Menschen gebe, die geborene Sklaven seien (Pol. I 4–7) (vgl. Okin 1979, 73–96).

2.2. Ab dem Zeitalter der Renaissance und des Humanismus wurden zunehmend progressivere Ansichten vertreten, was sich auch darin bemerkbar machte, dass zumindest adeligen Frauen fortan ein beschränkter Zugang zu den zumeist noch religiös gebundenen öffentlichen Bildungsinstitutionen gewährt wurde. Die Epoche der Aufklärung stellt einen besonders signifikanten Einschnitt dar und liefert den Grundstock für die individualistischen Bildungstheorien des deutschen Idealismus: Rousseaus Werk (bes. *Über Kunst und Wissenschaft* (1750) und *Emile* (1762)) weist eine große Sensibilität für Fragen der Bildung in Gestalt der Überzeugung auf, dass Erziehung und Bildung zu einer besseren Gesellschaft führen könnten, wenn sie von schädlichen Einflüssen der bestehenden Gesellschaft freigehalten würden und so die »natürliche Entwicklung« des Menschen ermöglichten.

Auch Wilhelm v. Humboldt vertritt in der kurzen *Theorie der Bildung des Menschen* (1793) und in der längeren Schrift *Ideen zu einem Versuch die Grenzen der Wirksamkeit des Staats zu bestimmen* (1792) einen Bildungsindividualismus gepaart mit der liberalen Auffassung, dass sich der Staat insbesondere hinsichtlich der Vermittlung sittlicher und religiöser Inhalte weitgehend zurückzuhalten habe, um damit den Individuen die Möglichkeit zu geben, das in ihnen angelegte Potential selbst zur Entfaltung zu bringen: »Der höchste und lezte Zwek jedes Menschen ist die höchste und proportionirlichste Ausbildung seiner Kräfte in ihrer individuellen Eigenthümlichkeit.« (Humboldt 1792, 246) Humboldts Reform des preußischen Bildungswesens kann, obgleich auf einer pragmatischen Ebene, als Ausdruck seiner Forderung der individuellen Zweckfreiheit von Bildung und als Versuch angesehen werden, ihr mit der Aufhebung der ständischen Gliederung des Schulwesens und der Gründung der Berliner Universität institutionell Geltung zu verschaffen. Obgleich fortan jedem Kind zumindest formal die gleichen Bildungschancen zugestanden wurden und die soziale Mobilität erleichtert wurde, war auch das preußische Bildungswesen von der Realisierung materialer Chancengleichheit zwischen Angehörigen verschiedener Stände und zwischen den Geschlechtern selbstverständlich weit entfernt (vgl. Borsche 1990, 57ff.).

Ein auch in den Augen des modernen Feminismus noch gewürdigter Vordenker des Postulats einer der Tendenz nach gleichen Verteilung von Bildungs- und Berufschancen zwischen den Geschlechtern ist John Stuart Mill (vgl. Pateman 1989, 26f.; Okin 1979, 197ff.; dies. 1989, 18ff.). In *Die Hörigkeit der Frau* (1869) liefert Mill eine beißende und mutige Kritik an der fehlenden Gleichstellung der Frau im Rechtssystem der damaligen Zeit und an der klassischen hegemonialen Aufgabenverteilung zwischen Mann und Frau und deren Verbannung in die Sphäre der Familie und des »Privaten«. In *Über die Freiheit* (1859) befürwortet er im Sinne Humboldts die Notwendigkeit einer weitgehenden inhaltlichen Unabhängigkeit der schulischen und universitären Lehrtätigkeit vom Einfluss des Staates. Dessen Aufgabe besteht nach Mill allein darin, auf neutrale Weise dafür zu sorgen, dass Grundlagen gelehrt werden und die Menschen auf diese Weise die Befähigung erhalten, ihre Vorstellungen des guten Lebens selbst zu entwickeln und diesen nachzugehen, nicht aber darin, ihnen bestimmte Vorstellungen des Guten aufzuoktroyieren (vgl. Gutmann 1987, 33ff.; Sher 1989, 69).

3.

In der zeitgenössischen politischen Philosophie werden normative Anforderungen an staatliche Bildungssysteme primär unter drei Hauptgesichtspunkten diskutiert, wobei es sich hier um einen noch jungen und erst seit kurzem an terminologischer Präzision gewinnenden Diskurs handelt (vgl. Gutmann 1987; Sher 1989; Nussbaum 1997; Anderson 2007; Satz 2007): Erstens stellt sich die Frage, welche konkreteren Anforderungen an Bildungssysteme aus dem in einer vagen Formulierung in den westlichen Demokratien mittlerweile zum Allgemeingut gewordenen liberalen Paradigma der Chancengleichheit für alle Bürger resultieren (vgl. 3.1.). Eine genauere Betrachtung der Bildungschancenproblematik zeigt, dass sie auf die auch unabhängig von diesem Diskurs Geltung beanspruchende Frage verweist, ob – und wenn ja, inwiefern – liberale und pluralistische Demokratien gegenüber verschiedenen Konzeptionen des Guten ihrer Gesellschaftsmitglieder neutral bleiben können und was dies hinsichtlich inhaltlicher Vorgaben für die Gestaltung von Bildungssystemen bedeuten kann (vgl. 3.2.). Schließlich verlangt die im zeitgenössischen Menschenrechtsdiskurs zu verortende Rede von einem Menschenrecht auf Bildung nach einer terminologischen Präzisierung (vgl. 3.3.).

3.1. Das Postulat der Chancengleichheit unter den Mitgliedern einer Kooperationsgemeinschaft genießt in der liberalen zeitgenössischen Diskussion große Anerkennung – zumindest solange diese Forderung nicht zugleich mit konkreteren und potentiell strittigeren Vorstellungen von der Realisierung von Chancengleichheit verknüpft ist. In John Rawls' *Theorie der Gerechtigkeit* fungiert ein allgemeines Prinzip der Chancengleichheit prominent als Bestandteil seines Differenzprinzips, das besagt, dass soziale und wirtschaftliche Ungleichheiten legitim sind, solange sie den am wenigsten begünstigten Gesellschaftsmitgliedern zu Gute kommen und »mit Positionen und Ämtern verbunden sind, die jedem offen stehen« (vgl. Rawls 1971, 81ff.). Nach Rawls müssen berufliche »Laufbahnen dem Fähigen offen stehen« (vgl. ebd., 87) und dürfen nicht von der sozialen Herkunft, dem Geschlecht oder anderen moralisch arbiträren Verschiedenheiten der Gesellschaftsmitglieder abhängen. Zu den institutionellen Voraussetzungen für Chancengleichheit in diesem Sinn zählt Rawls nun u.a. auch die »Aufrechterhaltung gleicher Bildungschancen« (ebd., 94), ohne allerdings systematisch zu untersuchen, wie diese wirksam institutionalisiert werden können. Auch wenn auf terminologischer Ebene größere Präzision und auf der Anwendungsebene komplexe Modelle für die Evaluierung von Bildungschancengleichheit erforderlich sind, ist bei Rawls der gerechtigkeitstheoretische Stellenwert der Forderung nach gleichen Bildungschancen unverkennbar.

Das intuitiv plausible liberale Paradigma der Bildungschancengleichheit erweist sich bei genauer Betrachtung jedoch als noch zu unbestimmt, um an sich schon konkrete Handlungsanweisungen für die Gestaltung von Bildungssystemen begründen zu können (vgl. Satz 2007, 626ff.). Als eine erste unkontroverse notwendige Bedingung für die Realisierung gleicher Bildungschancen in liberalen Gesellschaften gilt die rechtliche Gleichheit der Staatsbürger, die in demokratischen Rechtsstaaten verfassungsrechtlich (etwa in Art. 3 GG) sichergestellt ist. Angesichts dennoch in Demokratien fortbestehender Ungleichheiten im Zugang der Bürger zu Schul- und Hochschulabschlüssen zeigt sich aber, dass formale rechtliche Gleichheit im Bildungssystem bei weitem keine hinreichende Bedingung für die Gleichheit von Bildungschancen ist. Während sich die Zahl weiblicher Abiturientinnen und Hochschulabsolventinnen in den letzten 50 Jahren der Zahl der männlichen Absolventen insgesamt nahezu angenähert hat, erlangen insbesondere Kinder einkommensschwacher Familien trotz formalrechtlicher Gleichheit statistisch gesehen noch immer sehr viel seltener einen höherwertigen Schul- oder Hochschulabschluss als solche besser situierter Familien (vgl. Hradil 2001, 164).

Vor diesem Hintergrund sind unterschiedliche Möglichkeiten denkbar, einen umfassenderen Begriff von Bildungschancengleichheit zu verteidigen, der die notwendige formalrechtliche Gleichheit im Zugang der Bürger zu Bildungsinstitutionen durch weitergehende Forderungen ergänzt. So kann z.B. die Forderung nahe liegend erscheinen, der Staat habe dafür zu sorgen, dass mindestens die für Bildungsinstitutionen des Primär- und Sekundärbereichs bereitgestellten finanziellen Mittel möglichst allen Kindern unabhängig von ihrer sozialen Herkunft oder anderen moralisch arbiträren Eigenschaften zu einem gleichen Anteil zukommen (vgl. Satz 2007, 628). Abgesehen von möglichen Bedenken, wie sich solche Forderungen ohne übermäßigen staatlichen Zwang vollends realisieren ließen (vgl. Gutmann 1987, 132), scheint die bloße Orientierung an den finanziellen Ausgaben pro Schüler auch die Effekte staatlich finanzierter Institutionen des Lernens zu überschätzen und die Bedeutung von exogenen Einflüssen wie dem familiären Umfeld auf den Bildungsgrad der Schüler zu unterschätzen.

Mit ähnlichen Problemen sind auch meritokratische Ansätze konfrontiert, die ausgehend von der Idee fairer Startbedingungen dafür plädieren, Bildungssysteme so zu gestalten, dass alle Schüler (bzw. Studenten, falls auch Institutionen des Tertiärsektors in diese Ansätze integriert werden) die gleiche Möglichkeit haben, ihre Fähigkeiten, Talente bzw. Potentiale zur Entfaltung zu bringen (vgl. Satz 2007, 629ff.; Gutmann 1987, 134ff.). Die Erfolge der Schüler in den jeweiligen Bildungsinstitutionen sollten demnach ihrem jeweiligen individuellen Verdienst entsprechen, der zumeist im Sinne einer Kombination von Veranlagung und unternommenen Anstrengungen konzipiert wird. Eine Schwierigkeit besteht hier darin, dass Versuche der Implementierung von meritokratischer Gleichheit den individuellen Verdienst der Schüler schwerlich unabhängig von ihrer jeweiligen sozialen Einbettung ermitteln können. Wenn es somit nicht zu einem potentiell tief greifenden Konflikt mit dem liberalen Ideal der staatlichen Neutralität gegenüber verschiedenen Konzeptionen des guten Lebens im Allgemeinen und der weitgehenden Nichteinmischung in familiäre Erziehungspraktiken im Besonderen kommen soll, besteht die Gefahr, dass auch die Anwendung meritokratischer Modelle ebenfalls zur Bevorzugung von Schülern mit einem bildungsaffineren sozialen Umfeld führt und somit das selbst gesteckte Ziel der Realisierung gleicher Bildungschancen verfehlt (vgl. Satz 2007, 629–634).

Derartige Bedenken verdeutlichen die generellen Schwierigkeiten, mit denen Versuche der Realisierung von Bildungschancengleichheit bei ungleichen ökonomischen und kulturellen Startvoraussetzungen konfrontiert sind (vgl. Williams 1962). Sie sprechen dennoch an sich weder für die gänzliche Verabschiedung der Idee der Bildungschancengleichheit noch für die Diskreditierung von Reformmodellen, die vom Gedanken der notwendigen Neustrukturierung von Finanzmitteln im Bildungssektor und der besseren Unterstützung Benachteiligter (z.B. in Gestalt von positiver Diskriminierung) geleitet sind. Vielmehr wird deutlich, dass die Bildungschancenproblematik nicht unabhängig von der Frage nach legitimen bzw. illegitimen ökonomischen Ungleichheiten zu behandeln ist und dementsprechend von umfassenden Gerechtigkeitskonzeptionen in adäquater Weise integriert werden muss.

3.2. Die Frage, welche Vorgaben für die Gestaltung von Lehrplänen in liberalen Demokratien über die konkreten Ergebnisse demokratischer Aushandlungsprozesse hinaus eine unhintergehbare Geltung beanspruchen können, stellt sich zunächst unabhängig von der Debatte um Chancengleichheit in Bildungssystemen. Amy Gutmann (1987) hat die einflussreiche Position vertreten, dass der liberale Staat sicherzustellen habe, dass alle bildungsfähigen Gesellschaftsmitglieder beim Durchlaufen des Bildungssystems zumindest die Fähigkeit erwerben sollten, auf effektive Weise am demokratischen Prozess teilzuhaben. Die Realisierung dieses Ziels – das auch für Anwendungsfragen wie die Gestaltung von Unterricht und Lehrplänen, die Legitimität privater im Gegensatz zu öffentlichen Schulen und die föderale Aufteilung bildungspolitischer Kompetenzen von Bedeutung ist – sei notwendig, um eine wohlverstandene staatliche Neutralität gegenüber verschiedenen Konzeptionen des guten Lebens auf Seiten der Gesellschaftsmitglieder überhaupt erst zu ermöglichen. Dass auch hierbei die Bildungschancenproblematik indirekt wieder relevant wird, unterstreichen Verweise darauf, dass aufgrund konkurrierender wirtschafts- und bildungspolitischer Anliegen – wie der Ausbildung einer akademischen oder technischen Elite zur Förderung der wirtschaftlichen Effizienz – die Formulierung eines Schwellenwerts für die Bestimmung des Ziels der effektiven Befähigung aller Beteiligten zur politischen Partizipation vonnöten ist. Der Hinweis, dass ein solcher Schwellenwert immer auch komparative Elemente enthalten müsse, scheint bei genauer Betrachtung schwerlich von der Hand zu weisen (vgl. Satz 2007; Anderson 2007; Sher 1989).

Martha Nussbaums Konzeption einer kosmopolitischen Bildung (vgl. Nussbaum 1996; dies. 1997) ist schließlich als Vorschlag aufzufassen, die aus normativer Perspektive geforderten strukturellen Beschaffenheiten von Bildungssystemen in liberalen Demokratien nicht nur von den Idealen der Gerechtigkeit und Legitimität dieser nationalen Kooperationsgemeinschaft aus zu denken, sondern zudem das Bewusstsein der Bürger für kosmopolitische Verpflichtungen gegenüber allen Menschen zu schärfen. Eine kosmopolitische Erziehung im Sinne Nussbaums sollte die Vermehrung des Wissens von anderen Kulturen samt ihren geographischen, wirtschaftlichen und ökologischen Beschaffenheiten und Problemen zum Ziel haben und auf diese Weise vergleichend das Wissen über die eigene Stellung in der Welt und die Bedeutung der eigenen Lebensweise vertiefen. Ein solches Wissen erleichtert nach Nussbaum zudem den interkulturellen Dialog über nur durch internationale Kooperation lösbare Probleme wie die Weltarmut, Umweltverschmutzung, Klimawandel und internationaler Terrorismus. Überdies besitze ein derartiger Bildungskosmopolitismus einen intrinsischen Wert, da er dazu beitrage, dass sich Menschen in dem wertschätzen können, was sie als Menschen auszeichne, und da er die universale Reichweite der kantischen Moral der gleichen Achtung gegenüber allen Menschen ernst nehme (vgl. Nussbaum 1996, 14).

3.3. Dem Thema Bildung wird neuerdings auch in entwicklungspolitischen Debatten, im Diskurs über internationale Gerechtigkeit und insbesondere im philosophischen Menschenrechtsdiskurs eine erhöhte Aufmerksamkeit zuteil (vgl. Griffin 2008). Im Artikel 26 der aus heutiger Sicht einen historischen Glücksfall darstellenden *Allgemeinen Erklärung der Menschenrechte* wird das Recht auf Bildung ausdrücklich postuliert. Eine Aufgabe des philosophischen Menschenrechtsdiskurses ist es, die Stellung und Wichtigkeit dieses Rechts im Vergleich zu anderen Menschenrechten und die Frage seiner Universalisierbarkeit und kulturellen Interpretierbarkeit zu klären. Die Bedeutung von Bildung für die Erlangung und Ausübung von Autonomie, aber auch für die Fähigkeit zur Partizipation an Prozessen der politischen Willensbildung können als Hinweis darauf dienen, dass das Recht auf ein Mindestmaß an Bildung zu den sog. basalen Rechten gezählt werden kann, deren Erfüllung Bedingung für die Erfüllung eines umfassenderen Katalogs von Rechten ist und denen insofern bei der Implementierung von Rechten eine Vorrangstellung gebührt (vgl. Shue 1980).

4.

Anderson, E., 2007, Fair Opportunity in Education, in: Ethics 117.

Borsche, T., 1990, Wilhelm von Humboldt, München: Beck.

Callan, E., 2004, Creating Citizens. Political Education and Liberal Democracy, Oxford: Oxford University Press.

Geuss, R., 1996, Kultur, Bildung, Geist, in: History and Theory 35.

Griffin, J., 2008, On Human Rights, Oxford: Oxford University Press.

Gutmann, A., 1987, Democratic Education, Princeton: Princeton University Press.

Hradil, S., 2001, Soziale Ungleichheit in Deutschland, Opladen: Leske + Budrich.

Humboldt, W. v., 1792, Ideen zu einem Versuch die Grenzen der Wirksamkeit des Staats zu bestimmen, in: ders., Gesammelte Schriften, Bd. I, Berlin: Behr 1903.

Humboldt, W. v., 1793, Theorie der Bildung des Menschen, in: ders., Gesammelte Schriften, Bd. I, Berlin: Behr 1903.

Mill, J. S., 1859, Über die Freiheit, Stuttgart: Reclam 1974.

Mill, J. S., 1869, Die Hörigkeit der Frau, Frankfurt/M.: Helmer 1991.

Noddings, N., 2006, Philosophy of Education, Boulder: Westview.

Nussbaum, M., 1996, Patriotism and Cosmopolitanism, in: dies., For Love of Country?, Boston: Beacon Press 2002.

Nussbaum, M., 1997, Cultivating Humanity, Cambridge/MA: Harvard University Press.

Okin, S. M., 1979, Women in Western Political Thought, Princeton: Princeton University Press.

Okin, S. M., 1989, Justice, Gender and the Family, New York: Basic Books.

Pateman, C., 1989, The Disorder of Women, Cambridge: Polity.

Rawls, J., 1971, Eine Theorie der Gerechtigkeit, Frankfurt/M.: Suhrkamp 1975.

Rousseau, J.-J., 1750, Über Kunst und Wissenschaft, in: ders., Schriften zur Kulturkritik, Hamburg: Meiner 1995.

Rousseau, J.-J., 1762, Emil oder über die Erziehung, Paderborn: Schöningh 1998.

Satz, D., 2007, Equality, Adequacy, and Education for Citizenship, in: Ethics 117.

Sher, G., 1989, Educating Citizens, in: Philosophy and Public Affairs 18.

Shue, H., 1980, Basic Rights, Princeton: Princeton University Press.
Williams, B., 1962, Der Gleichheitsgedanke, in: ders., Probleme des Selbst, Stuttgart: Reclam 1978.
Wilson, J., 2003, Perspectives on the Philosophy of Education, in: Oxford Review of Education 29.

Valentin Beck

Bioethik

1.

Über Definition und Aufgabenstellung der Bioethik besteht keine vollständige Einigkeit. Grundsätzlich stehen sich zwei Auffassungen gegenüber. Nach der einen gehören zur Bioethik alle Formen einer ethischen Reflexion auf den menschlichen Umgang mit Lebendigem, sei es in menschlicher, tierischer oder pflanzlicher Form, soweit bei diesem Umgang die biologischen Eigenschaften des jeweiligen Lebenden im Vordergrund stehen (vgl. z.B. Birnbacher 2006). Diesem umfassenden Begriffsverständnis zufolge schließt die Bioethik neben der medizinischen Ethik und der Bevölkerungsethik die Gesamtheit der Tierethik sowie andere Teile der Naturethik (vgl. Krebs 1997) ein, z.B. die ökologische oder Umweltethik (vgl. Birnbacher 1991), allerdings nur soweit diese biologische Umweltmedien (und nicht etwa chemische Umweltschadstoffe oder Lärm) betrifft. Zwischen einer so verstandenen Bioethik und anderen »Bereichsethiken« (Nida-Rümelin 1996) existieren naturgemäß Überschneidungsbereiche, so mit der Forschungsethik (z.B. Tierversuche), mit der Technikethik (z.B. Gentechnologie) und mit der Sozialethik (Verteilungsprobleme bei knappen Ressourcen im Gesundheitswesen). Da zahlreiche bioethische Problemstellungen Fragen nach dem *Status* bestimmter nicht-menschlicher Wesen (Tiere, Pflanzen, biologische Arten, Ökosysteme) bzw. bestimmter Stadien und Formen menschlicher Existenz (Embryo, Leichnam, Hirntote, dauerhaft bewusstseinsunfähige Patienten) aufwerfen, stehen bioethische Fragestellungen u.a. in einem engen Zusammenhang mit herkömmlich in der Metaphysik und Anthropologie diskutierten Fragen, etwa der Frage nach der Bedeutung der Bewusstseins- und Selbstbewusstseinsfähigkeit für den ontologischen Status von Naturwesen, nach der Sonderstellung des Menschen innerhalb der Natur oder nach der angemessenen Definition und den angemessenen Kriterien für Leben und Tod.

Zumeist wird der Ausdruck »Bioethik« allerdings in einem engeren Sinne verstanden. Bioethische Überlegungen beziehen sich danach ausschließlich auf den *medizinischen* Bereich, wobei dieser Bereich seinerseits weit gefasst wird und neben der Erkennung, Behandlung und Vorbeugung von Krankheiten auch die in deren Vorfeld stattfindende biologisch-medizinische Forschung sowie die Anwendung medizinischer Mittel und Technologien zu anderen als diagnostischen, therapeutischen oder präventiven Zwecken (z.B. Abtreibung, Familienplanung, Reproduktionsmedizin, Sterbehilfe) umfasst. Gegenstand der Bioethik in diesem engeren Sinne ist das, was seit einigen Jahren »Biomedizin« genannt wird: der Gesamtkomplex der Praxis der Medizin mit ihren traditionellen ethischen Problemen (Arzt-Patient-Verhältnis, Patientenautonomie, Schweigepflicht, Umgang mit Früh- und Spätstadien menschlichen Lebens) und der biomedizinischen Forschung sowie der Entwicklung, Erprobung und Anwendung neuer biomedizinischer Technologien (Organtransplantation, Reproduktionsmedizin, Gentechnik, Nanomedizin) mit ihren zum Teil neuartigen Problemstellungen.

2.

2.1. Auch nach dem (im Folgenden zugrunde gelegten) engeren Verständnis befasst sich die Bioethik mit Themenstellungen, die weit über das Spektrum der herkömmlichen *ärztli-*

chen Ethik hinausgehen. Von der ärztlichen Ethik im Sinne einer Pflichtenlehre des Arztes unterscheidet sich die Bioethik v.a. in zwei Hinsichten. Erstens nimmt sie neben dem weiterhin im Mittelpunkt der Aufmerksamkeit stehenden Arzt weitere Akteure des Medizinsystems in den Blick, von deren Handeln, Denkweisen und Motiven Patienten direkt oder indirekt betroffen sind, etwa die Pflegenden, die medizinischen Forscher und die Gesundheitspolitiker. Zweitens spielt die Bioethik nicht mehr die Rolle einer Standesethik, also einer Ethik *von* Ärzten *für* Ärzte, sondern ist Ausdruck eines in der Gesamtgesellschaft angesiedelten Prozesses der Auseinandersetzung mit Entwicklungen, von denen so gut wie jeder Bürger existenziell betroffen ist. Dieser Prozess nimmt zwei idealtypisch unterscheidbare, in der Lebenswirklichkeit jedoch nicht immer klar gegeneinander abgegrenzte Erscheinungsformen an: die Bioethik als akademische Disziplin und die Bioethik als öffentlicher Diskurs (vgl. Ach 2002, 100). Als *akademische Disziplin* ist die Bioethik heute aus Forschung und Lehre der philosophischen, theologischen und zunehmend auch der medizinischen Fachbereiche der Universitäten nicht mehr wegzudenken. Bioethische Themen sind zum häufigen Gegenstand disziplinärer und interdisziplinärer Forschungsprojekte geworden, und seit der Novellierung der Approbationsordnung von 2002 ist der Unterricht in biomedizinischer Ethik sogar ein regulärer Bestandteil der Medizinerausbildung. Wie in anderen Wissenschaftsdisziplinen finden bioethische Debatten v.a. in Fachzeitschriften und auf Fachtagungen statt. Eine herausragende Rolle spielen dabei Forschungszentren wie in den USA das Hastings Center (New York) oder das Kennedy Institute of Ethics (Washington, D.C.), die beide eigene Fachzeitschriften herausgeben, oder in Deutschland das Institut für Wissenschaft und Ethik (Bonn) und das Interfakultäre Zentrum für Ethik in den Wissenschaften (Tübingen). Anders als in den meisten universitären Instituten ist in diesen Zentren die für die Bioethik unerlässliche Interdisziplinarität fest institutionalisiert. Während in der Bioethik als Disziplin *Theoriefragen* im Vordergrund stehen, die sich allenfalls indirekt auf Regelungs- und Entscheidungserfordernisse beziehen, geht es in der Bioethik als *öffentlichem Diskurs* primär um Fragen der rechtlichen und anderweitigen politischen *Steuerung* gesellschaftlicher Umgangsweisen mit der biomedizinischen Forschung und Entwicklung und mit deren Ergebnissen, etwa im Bereich der Organtransplantation oder der Gentechnik. Während die Bioethik als Disziplin primär Sache von Wissenschaftlern ist, ist die Bioethik als Diskurs Sache aller Bürger. Bei den Regelungsproblemen, die im Mittelpunkt bioethischer Diskurse stehen, spielen allerdings Theorieprobleme zumeist im Hintergrund mit. So ist klar, dass etwa die Einstellung, die jemand in Bezug auf das Regelungsproblem »Sollten Spätabtreibungen verboten werden?« einnimmt, u.a. (wenn auch nicht nur) davon abhängt, welche Haltung er gegenüber dem Theorieproblem »Welcher moralische Status kommt dem menschlichen Fötus zu?« einnimmt. Bezeichnend für den öffentlichen bioethischen Diskurs ist, dass bestimmte aktuelle Themen kurzfristig – »scheinwerferartig« – fokussiert werden (oft im Zusammenhang mit relevanten Regelungsvorhaben), dann aber bald wieder aus dem Gesichtskreis der öffentlichen Aufmerksamkeit verschwinden. In der akademischen Bioethik werden dieselben Themen dagegen nicht nur kontinuierlicher weiterverfolgt, sondern zumeist auch bereits lange vor ihrem Akutwerden vorgreifend diskutiert (was in der öffentlichen Diskussion oft übersehen wird). Viele Techniken, die erst in Zukunft (oder auch – u.a. infolge der bioethischen Diskussion – gar nicht) verfügbar sein werden, sind seit längerem Gegenstand intensiver Debatten. So hat die bioethische Diskussion des Klonens von Menschen oder die eines gentechnischen Eingriffs in die menschliche Keimbahn bereits in den 1970er Jahren eingesetzt. Die möglichen oder wahrscheinlichen moralischen und sozialen Probleme einiger der sich für die Zukunft abzeichnenden Techniken wie einer um ein Vielfaches erweiterten genetischen Diagnostik, der Neuroprothetik (der Ersetzung von Teilen des Zentralnervensystems durch technische Prothesen), des *tissue engineering* (die Züchtung von Zellen, Geweben und Organen) oder der Nanomedizin (der Einsatz mikroskopisch kleiner Sonden oder Instrumente) werden bereits heute diskutiert. Dennoch ist nicht zu verkennen, dass zwischen der »Fieberkurve« der öffentlichen Aufmerksamkeit und den Themenstellungen der akademischen Bioethik ein gewisses Maß an Abhängigkeit besteht und herausragende und in der Öffentlichkeit intensiv diskutierte Einzelereignisse eine Heckwelle akademischer Diskussionen nach sich ziehen. So ist es in Deutschland erst im Zusammenhang mit dem »Erlanger Fall« zu einer umfassenden und systematischen Diskussion des Themas »Hirntodschwangerschaft« und erst im Zusammenhang mit dem Klonen des Schafs Dolly zu einer umfassenden Aufarbeitung des Themas Klonen gekommen.

Berührungen und Überlappungen zwischen Bioethik als Disziplin und Bioethik als Diskurs ergeben sich bereits daraus, dass sich viele akademische Bioethiker auch an der öffentlichen Debatte beteiligen. Darüber hinaus ist eine derartige Beteiligung in den im Zusammenhang mit innovativen medizinischen Technologien sowie im Zusammenhang mit der ethischen Kontrolle der medizinischen Forschung eingerichteten *Kommissionen* institutionalisiert. In vielen dieser Kommissionen arbeiten akademische Bioethiker mit Politikern, Rechtswissenschaftlern sowie mit Praktikern des entsprechenden Bereichs zusammen und bringen damit Ergebnisse bioethischer Forschung in die Regelungsdebatte ein. Das Aufgabenspektrum dieser zwischen akademischer und öffentlicher Sphäre angesiedelten Kommissionen reicht von Politikberatung (z.B. Nationaler Ethikrat, Länderkommissionen für Bioethik) über Richtliniengebung und Erarbeitung von Stellungnahmen (z.B. Ständige Kommission Organtransplantation der Bundesärztekammer) bis zur ethisch-juristischen Begutachtung einzelner Forschungsvorhaben (Ethikkommissionen).

2.2. Ihrem Ursprung nach war die Bioethik zunächst eine Form des öffentlichen Diskurses, bevor sie akademische Disziplin wurde. Ihre Wurzeln liegen in der Bürgerrechtsbewegung der USA (deren Bioethik auch heute noch eine weltweit führende Rolle übernimmt), wo sie in den 1970er Jahren als Reaktion auf eine Reihe von Entwicklungen im US-amerikanischen Medizinsystem entstand, die sich zum Teil ähnlich auch im Medizinsystem anderer Industrieländer finden (vgl. Jonsen 1998). Dazu gehören (1) das Bekanntwerden schwerwiegender Verstöße gegen die zuerst im Nürnberger Kodex niedergelegten Grundsätze der Nichtdiskriminierung und der Achtung der Selbstbestimmung von Versuchspersonen bei Humanexperimenten mit der Folge einer schockartigen Sensibilisierung für den Schutz von Versuchspersonen bei medizinischen Experimenten und Arzneimittelprüfungen; (2) die Unvereinbarkeit der traditionellen hippokratischen Arzt-Patient-Beziehung, bei der der Arzt »paternalistisch« nicht nur über die Mittel, sondern auch über die Ziele der Therapie entscheidet, mit den Prinzipien einer demokratischen Bürgergesellschaft und eine entsprechende Betonung der Patientenautonomie und des *informed consent*, des Rechts, über die Ziele und Mittel der Behandlung mitzubestimmen und eine ärztlich für indiziert gehaltene Behandlung abzulehnen; (3) der zunehmende Verlust einer individuellen und persönlich geprägten Beziehung zwischen Arzt und Patient (z.B. in hochgradig arbeitsteiligen Großkrankenhäusern) und die daraus folgende Notwendigkeit der Etablierung von verlässlichen Verhaltensregeln (z.B. der Respektierung von Patientenverfügungen für den Fall der Nichtäußerungsfähigkeit); (4) der zunehmende Pluralismus in den für bioethische Probleme relevanten moralischen Auffassungen in einer komplexen, kulturell heterogenen und überwiegend individualistisch orientierten Gesellschaft. Viele moralische Entscheidungsgrundlagen verstehen sich nicht mehr von selbst, sondern bedürfen einer ausdrücklichen theoretischen Klärung und einer für die Vertreter unterschiedlicher moralischer

Überzeugungen (z. B. hinsichtlich des Wertes ungeborenen menschlichen Lebens) tolerablen politisch-rechtlichen Normierung.

3.

3.1. Entsprechend der Unterscheidung zwischen Ethik (auf der theoretischen Ebene) und Moral (auf der Ebene der Lebenswirklichkeit) hat es die Bioethik als Disziplin primär mit der theoretischen Klärung und Begründung von Normen und Leitvorstellungen zu tun, während bioethische Diskurse primär auf die Anwendung und Konkretisierung dieser Normen bzw. auf das Aushandeln von Lösungsvorschlägen für Regelungs- und Entscheidungsprobleme zielen.

Entsprechend verschieden sind die jeweiligen konkreten Aufgabenstellungen und die dafür maßgeblichen Kriterien. In den öffentlichen Diskursen spielen Gesichtspunkte der Realisierbarkeit, der Durchsetzbarkeit und der gesellschaftlichen Akzeptanz eine wichtigere Rolle als in den theoretischen Überlegungen der akademischen Bioethik. Je fundamentaler allerdings die Dissense sind, die sich der Findung und Durchsetzung einer einvernehmlichen bzw. für alle Seiten tolerierbaren Lösung in den Weg stellen (wie etwa in der Abtreibungsfrage), desto mehr sehen sich auch praktische bioethische Diskurse gezwungen, die Debatten der theoretischen Bioethik zu führen.

Zu den Aufgaben der Bioethik als Disziplin gehören mindestens die folgenden (vgl. Birnbacher 2006): (1) die *Analyse* vieldeutiger, missverständlicher oder kontroverser Schlüsselbegriffe und -argumente der bioethischen Diskussion; (2) die *Kritik* von Begründungsmustern und Positionen nach bereichsübergreifenden Standards wie Klarheit, Eindeutigkeit, Konsistenz und Plausibilität; (3) die *Konstruktion* von plausibel begründeten Normen und der Aufweis, was diese für konkrete bioethische Fragestellungen implizieren. Die *Analyse* moralischer und moralisch relevanter Begriffe und Argumentationen ist bei den oftmals emotionsträchtigen Problemen der Bioethik vordringlich, da das mit vielen Begriffsbildungen und Argumentationsformen einhergehende Pathos (»Menschenwürde«, »Unverfügbarkeit des Lebens«) vielfach deren Ungeklärtheit und Beliebigkeit verdeckt. Durch Begriffsklärung kann die Bioethik wesentlich wenn nicht zur Konsensfindung, so doch zur Rationalisierung und Differenzierung der Debatte beitragen. Zu bioethischer *Kritik* fordern v. a. die insbesondere in Deutschland bestehenden Widersprüche zwischen proklamierten Prinzipien und faktischen Kompromissbildungen heraus, etwa zwischen dem hohen Rang, der dem Schutz des ungeborenen Lebens auf der Prinzipienebene zugesprochen wird, und der eher großzügigen rechtlichen Regelung dieses Bereichs, sowie der Widerspruch zwischen der Ablehnung einer Bewertung der subjektiven Lebensqualität in der Frage der Nichtbehandlung schwerstbehinderter Neugeborener auf der Prinzipienebene und der an zentraler Stelle auf solche Bewertungen zurückgreifenden standesethischen Richtlinien. Die bioethische Kritik kann in diesen Fällen dazu beitragen, Konsistenz und Transparenz der gesellschaftlichen Normen auch in schwierigen und belastenden Grenzfragen herzustellen. Außerdem kann sie die Gesellschaft dazu ermutigen, sich mit den durch diese Fragen aufgeworfenen moralischen Dilemmata zu konfrontieren, anstatt sie durch den Rückgriff auf Leerformeln zu verdrängen oder an vermeintliche »Experten« (die es in der Moral nicht geben kann) zu delegieren. Bei der *Konstruktion* und *Begründung* von Normen schließlich befindet sich die Bioethik angesichts der Vielfalt der Methoden und Prinzipien in grundsätzlich derselben Lage wie die allgemeine Ethik: einer Methoden- und Prinzipienkonkurrenz mit divergierenden Ansätzen und Resultaten, die es aussichtslos erscheinen lassen, für einen bestimmten Standpunkt einen Anspruch auf überperspektivische Gültigkeit zu erheben.

3.2. Die in der Bioethik – wie in der Ethik allgemein – zur Anwendung kommenden Methoden unterscheiden sich erstens darin, ob sie sich primär *normative* oder primär *deskrip-*

tive Ziele setzen, und zweitens darin, ob sie im ersteren Fall primär von *Güterwerten* und *Normen* oder von *Tugendbegriffen* ausgehen. Die Mehrzahl aller bioethischen Konzeptionen folgen dem in der Ethik herkömmlich dominierenden Modell, primär nach dem moralisch *richtigen* Handeln zu fragen und dieses entweder durch sich selbst (deontologisch) oder mit Bezug auf die absehbaren Folgen (konsequentialistisch) zu begründen. Die Schwäche einer rein deskriptiven (rekonstruktiven oder hermeneutischen) Bioethik liegt darin, dass sie zwar zu einem Verständnis moralischer Problemlagen und der Motive der in sie verstrickten Akteure beitragen kann, aber naturgemäß keine normativen Problemlösungen erhoffen lässt. Die Schwäche der meisten tugendethischen Ansätze in der Bioethik (vgl. z.B. Pellegrino/Thomasma 1993) liegt u.a. darin, dass tugendhafte Gesinnungen in hohem Maße mit Fehlverhalten zusammengehen können.

Der wichtigste methodische Unterschied innerhalb der bioethischen Konzeptionen, die die Frage nach dem moralisch Richtigen in den Vordergrund stellen, betrifft die Stufe der Allgemeinheit, auf der sie die Werte und Normen ansiedeln, die sie als relativ verlässliche Ausgangspunkte ihrer Überlegungen annehmen. Das *deduktivistische* Modell geht davon aus, dass die Grundsätze auf höchster Allgemeinheitsstufe am sichersten sind und deshalb auch für die Beurteilung von Handlungsorientierungen auf der mittleren Ebene (Praxisnormen) und für Einzelfallentscheidungen als gültig vorausgesetzt werden können. Beispiele einer solchen *top-down*-Begründung sind konsequentialistische Theorien (wie die verschiedenen Formen des Utilitarismus, vgl. z.B. Hare 1993; Singer 1976) und deontologische Rechte-Konzeptionen, die bestimmte (abwägbare oder unabwägbare) Rechte (z.B. Patientenrechte) als letzte und unableitbare Grundsätze postulieren (vgl. z.B. Engelhardt 1986). Das methodische Hauptproblem dieses Ansatzes ist die Schwierigkeit, bei der »Anwendung« der jeweiligen abstrakten Grundsätze allen relevanten Gegebenheiten des Einzelfalls gerecht zu werden und (bei folgenorientierten Theorien) Folgen und Nebenfolgen unvoreingenommen abzuschätzen und zu bewerten. Das *inhaltliche* Hauptproblem dieses Ansatzes besteht darin, dass die Anwendung der für sicher erachteten Grundsätze in concreto zu unakzeptabel erscheinenden Ergebnissen führen kann. Demgegenüber hält das *Prinzipienmodell* bestimmte auf mittlerem Abstraktionsniveau angesiedelte Leitprinzipien für besser verbürgt als die Grundprinzipien des deduktivistischen Modells und lässt die Frage, wie diese »mittleren Prinzipien« ihrerseits begründet werden können, unentschieden. Das in der Bioethik am häufigsten angewendete Modell dieser Art ist das von den US-amerikanischen Ethikern Beauchamp und Childress (1979) entwickelte Vier-Prinzipien-Modell mit den (wechselseitig gegeneinander abwägbaren) Prinzipien der Nichtschädigung (*nonmaleficence*), der Fürsorge (*beneficence*), der Wahrung des Selbstbestimmungsrechts (*autonomy*) und der Gerechtigkeit (*justice*). Die Kritik an diesem Modell richtet sich v.a. auf dessen Problemlösungsfähigkeit. Auch wenn der *principles approach* den unbestreitbaren Vorzug hat, die allermeisten praktischen Problemfälle als Fälle zu rekonstruieren, in denen eines dieser Prinzipien mit einem oder mehreren anderen kollidiert, vermag es die vielfach strittigen Fragen nach dem genauen Inhalt und dem relativen moralischen Gewicht der miteinander konfligierenden Prinzipien nicht zu beantworten und lässt damit gerade die am heftigsten umstrittenen Entscheidungsprobleme unterbestimmt. Das *kasuistisch-kontextualistische Modell* schließlich geht davon aus, dass wir uns des moralisch Richtigen im konkreten Einzelfall sicherer sind als wie immer gearteter Regeln und Prinzipien und dass die Bioethik deshalb – in genauer Gegenrichtung zum deduktivistischen Modell: *bottom-up* – ihre Prinzipien allererst aus der moralischen Reflexion konkreter Fälle gewinnen sollte. Diesem Modell, das an die rechtswissenschaftliche und ethische Tradition der Kasuistik (vgl. Jonsen/Toulmin 1988) anschließt, ist v.a. vorgehalten worden, dass seine wichtigste Voraussetzung, nämlich das Bestehen eines weitgehenden Konsenses über die moralische Beurteilung von Einzelfällen, genau dann, wenn die Bioethik zu Hilfe gerufen wird, gewöhnlich nicht besteht. Darüber hinaus neigt dieses Modell dazu, allzu undistanziert von der Richtigkeit gesellschaftlich eingespielter Beurteilungen auszugehen.

Die Debatte um die angemessene Methodik der Bioethik ist noch lange nicht abgeschlossen. In der Praxis bioethischer Urteilsfindung wirkt sich die Methodenvielfalt allerdings nur selten dramatisch aus. Einerseits weisen die innerhalb der verschiedenen Modelle vertretenen Positionen große (historisch und kulturell bedingte) Überlappungsbereiche auf. Andererseits werden viele von einzelnen Methoden postulierte Verfahrensnormen (etwa die vom Kontextualismus betonte Berücksichtigung des sozialen Kontexts bioethischer Problemfälle oder die vom *principles approach* akzentuierte Notwendigkeit der Abwägung zwischen den im Einzelfall tangierten Werten und Gütern) von mehr oder weniger allen Methoden akzeptiert. Erfahrungsgemäß kommt es am häufigsten zu Dissensen, wenn innerhalb des deduktivistischen Modells vertretene strikt deontologische Positionen (wie die eines unbedingten Lebensschutzes oder eines unbedingten Verbots der Embryonenforschung) mit folgenorientierten, *principles*- oder kasuistischen Ansätzen konfligieren, die in der Regel Spielräume für Güterabwägungen lassen. Derartige Konflikte erweisen sich vielfach als dauerhaft unauflösbar, so dass in der politischen Entscheidungsfindung auf prozedurale Legitimationsverfahren (Abstimmung, Aushandlung) zurückgegriffen werden muss.

4.

Ach, J. S., 2002, Bioethik – eine Einführung, in: H.-J. Martin (Hg.), Am Ende – die Ethik, Münster: LIT.

Bayertz, K. (Hg.), 1996, Moralischer Konsens. Technische Eingriffe in die menschliche Fortpflanzung als Modellfall, Frankfurt/M.: Suhrkamp.

Beauchamp, T. L./Childress, J. F., 1979, Principles of Biomedical Ethics, Oxford: Oxford University Press 2000.

Birnbacher, D., 1991, Mensch und Natur. Grundzüge der ökologischen Ethik, in: K. Bayertz (Hg.), Praktische Philosophie, Reinbek: Rowohlt.

Birnbacher, D., 2006, Welche Ethik ist als Bioethik tauglich?, in: ders., Bioethik zwischen Natur und Interesse, Frankfurt/M.: Suhrkamp.

Düwell, M./Steigleder, K. (Hg.), 2003, Bioethik, Frankfurt/M.: Suhrkamp.

Engelhardt, H. T., 1986, The Foundations of Bioethics, Oxford: Oxford University Press 1996.

Hare, R. M., 1993, Essays on Bioethics, Oxford: Oxford University Press.

Harris, J., 1985, Der Wert des Lebens. Eine Einführung in die medizinische Ethik, Berlin: Akademie 1995.

Hottois, G./Missa, J.-N. (Hg.), 2001, Nouvelle encyclopédie de bioéthique, Brüssel: De Boeck.

Jonsen, A. R., 1998, The Birth of Bioethics, Oxford: Oxford University Press.

Jonsen, A. R./Toulmin, S., 1988, The Abuse of Casuistry. The History of Moral Reasoning, Berkeley: University of California Press.

Korff, W./Beck, L./Mikat, P. (Hg.), 1998, Lexikon der Bioethik, 3 Bde., Gütersloh: Gütersloher Verlagshaus.

Krebs, A. (Hg.), 1997, Naturethik, Frankfurt/M.: Suhrkamp.

Kuhse, H./Singer, P. (Hg.), 1999, Bioethics, Oxford: Blackwell.

Nida-Rümelin, J. (Hg.), 1996, Angewandte Ethik, Stuttgart: Kröner.

Pellegrino, E. D./Thomasma, D. C., 1993, The Virtues in Medical Practice, New York: Oxford University Press.

Reich, W. T. (Hg.), 1995, Encyclopedia of Bioethics, 5 Bde., New York: Macmillan.

Sass, H.-M. (Hg.), 1989, Medizin und Ethik, Stuttgart: Reclam.

Schöne-Seifert, B., 1996, Medizinethik, in: J. Nida-Rümelin (Hg.), Angewandte Ethik, Stuttgart: Kröner.

Singer, P., 1976, Praktische Ethik, Stuttgart: Reclam 1994.

Wiesing, U. (Hg.), 2000, Ethik in der Medizin, Stuttgart: Reclam.

DIETER BIRNBACHER

Biopolitik

1.

Der Begriff »Biopolitik« wurde als philosophisch-gesellschaftspolitisches Konzept erstmals von Foucault 1976 in *Der Wille zum Wissen* und gleichzeitig in einer Vorlesung vom 17. März 1976 eingeführt, jeweils in Verbindung mit dem Begriff »Bio-Macht« (vgl. Foucault 1976, 166, 168; ders. 1975/76, 276, 280). Er bezeichnet gemäß Foucault eine für die Moderne typische Form der Machtorganisation und -ausübung, in der die Politik auf das »Leben« und dessen »Steigerung« ausgerichtet wird. Diese prägt die europäische Geschichte seit dem 18. Jahrhundert, tritt v.a. im Nationalsozialismus in einer besonders schrecklichen Form auf und beeinflusst das vielschichtige Verhältnis von Macht, Wissen und Körpern bis in die Gegenwart.

Vor Foucault wurde der Terminus »Biopolitik« vereinzelt von den nationalsozialistischen Bevölkerungs-»Planern« verwendet. So sprach der bayrische Statistiker Burgdörfer 1932 davon, dass im Osten ein »biopolitischer Grenzkampf« bevorstehe (vgl. Aly/Roth 2000, 37); 1933 publizierte L. von Kohl den Aufsatz »Biopolitik und Geopolitik als Grundlagen einer Naturwissenschaft vom Staate« (Kohl 1933); und wahrscheinlich zum ersten Mal in einem Buchtitel erschien er 1940 in einer Broschüre des ungarischen Statistikers Antal (vgl. Antal 1940). Seit den 1970er Jahren entwickelt sich »Biopolitik« zu einem Konzept der Soziobiologie (vgl. Thorson 1970; Anderson 1987).

In der Foucault-Rezeption wird »Biopolitik« in Verbindung mit »Biomacht« heute als ein zentrales Denkkonzept zur kritischen Analyse moderner Gesellschaftsverhältnisse angesehen (vgl. Stingelin 2003). Ebenfalls an Foucault anknüpfend hat Agamben v.a. die »thanatopolitische« Dimension des Begriffs herausgearbeitet (vgl. Agamben 2002). Gleichzeitig ist die Rede von der »Biopolitik« nicht nur in die Sprache der Politik und der Medien eingedrungen, sondern findet auch in einem deskriptiv-affirmativen und vollständig ahistorischen Sinne zur Kennzeichnung des Politikbereichs v.a. der auf den Menschen bezogenen Gentechnik und Reproduktionsmedizin Verwendung.

2.

Foucaults Theorie der Biopolitik ist streng historisch-genealogisch konzipiert und fokussiert als Anfang jenen Moment in der abendländischen Geschichte, als im 18. Jahrhundert die Politik »das Leben« entdeckt, um »das Leben zu optimieren« (Foucault 1975/76, 284): »Es war nichts geringeres als der Eintritt des Lebens in die Geschichte – der Eintritt der Phänomene, die dem Leben der menschlichen Gattung eigen sind, in die Ordnung des Wissens und der Macht, in das Feld der politischen Techniken.« (Foucault 1976, 169) Dieser Ansatz ist an drei konzeptionelle Voraussetzungen gebunden (2.1.–2.3.), die ihn zugleich prägen.

2.1. Foucault fasst Macht grundsätzlich als ein Netzwerk von »Kräfteverhältnissen« und »komplexe strategische Situation in einer Gesellschaft« auf (ebd., 113f.). Macht hat eine polyzentrische Form und keinen singulären Ausgangspunkt; dementsprechend kommt sie »von unten« (ebd., 115) und wächst aus den Beziehungen und Konflikten der Gesellschaft heraus (womit auch Widerstand gegen die Macht als Teil dieser Konstellation verstanden wird). Das heißt nicht, dass sie sich nicht in Institutionen verfestigen und von solchen nicht selten staatlichen »Endformen« (ebd., 113) ausstrahlen kann, sondern v.a., dass in keinem Fall eine bestimmte Gruppe in der Gesellschaft die *gesamte* Macht innehat. Bei allen repressiven Möglichkeiten der Macht zeichnet sich diese v.a. durch ihre Produktivität aus: Foucault entwirft schon in *Überwachen und Strafen* eine Theorie einer Macht, die in erster Linie dazu dient, »die Gesellschaftskräfte zu steigern« (Foucault 1975, 267).

2.2. Die zweite Voraussetzung und der zweite Grundzug der foucaultschen Konzeption von Biopolitik liegt in seiner historischen Gliederung der Geschichte der Sexualität: Foucault unterscheidet die – im Wesentlichen christliche – Epoche des »Allianzdispositivs« von der modernen Epoche des »Sexualitätsdispositivs« (Foucault 1976, 128). Während unter dem Allianzdispositiv »das Blut«, d.h. die Verwandtschaft, der König, das Symbolische und das Gesetz die Parameter von Macht und gesellschaftlicher Organisation sind, ist es im Sexualitätsdispositiv »der Sex«, d.h. die Vererbung, die Norm, das Wissen, die Körper sowie das Leben (ebd., 176). Macht unter dem Zeichen der Sexualität interessiert sich weniger für das Gesetz als für die von medizinischen, psychiatrischen und juristischen Kontrollinstanzen festgelegte Norm und ihre pathologischen Abweichungen; sie basiert weniger auf der Macht über den Tod (s.u.) als auf einer Macht über das Leben mit dem Ziel, dessen Regulierung sicherzustellen (vgl. Foucault 1975/76, 285). Biopolitik ist in diesem Sinne die Machtform des Sexualitätsdispositivs, denn »der Sex eröffnet den Zugang sowohl zum Leben des Körpers wie zum Leben der Gattung« (ebd., 174). In biopolitischer Perspektive wird »der Sex am Kreuzungspunkt von ›Körper‹ und ›Bevölkerung‹ zur zentralen Zielscheibe für eine Macht, deren Organisation eher auf der Verwaltung des Lebens als auf der Drohung mit dem Tode beruht« (ebd., 175).

2.3. Folgendes ist die dritte Voraussetzung und zugleich der dritte Grundzug von Foucaults Theorie der Biopolitik: Während die Macht lange Zeit auf der souveränen Macht des Herrschers über Leben und Tod, konkret der Macht des Herrschers, »sterben zu machen oder leben zu lassen« beruht, wird diese in der Moderne von einer neuen, biopolitischen Machtform abgelöst: »leben zu machen oder in den Tod zu stoßen« (ebd., 165) bzw. »sterben zu lassen« (ebd., 285). Die Biomacht basiert insofern auf der Drohung mit dem Tod, als sie geltend macht, damit das Leben zu sichern; dies ist der Punkt, an dem »der Rassismus ins Spiel kommt« (ebd., 294) und eine Analyse des »Nazismus« einsetzen kann, die von Foucault freilich eher angedeutet als durchgeführt wird.

2.4. Die Theorie der Biopolitik und der Biomacht impliziert nicht, dass die entsprechenden Regulations- und Kontrollanstrengungen in jedem Fall erfolgreich seien, vielmehr entzieht sich das Leben den »beherrschenden und verwaltenden Techniken [...] ständig« (Foucault 1976, 170). Aber moderne Gesellschaften haben sich laut Foucault die technischen und politischen Möglichkeiten geschaffen, über das Leben der Gattung als solche zu verfügen; daher »liegt die ›biologische Modernitätsschwelle‹ einer Gesellschaft dort, wo es in ihren politischen Strategien um die Existenz der Gattung selber geht« (ebd., 170f.). Das gilt nicht nur für die Eugenik und ihre nationalsozialistischen Realisierungsanstrengungen oder für die heutige Reproduktionsmedizin, sondern auch für die Genetik im weiteren Sinne mit ihren Möglichkeiten von einem buchstäblich ultimativen »Übergriff der Bio-Macht«, zu dem es kommt, »wenn dem Menschen technisch und politisch die Möglichkeit gegeben ist, nicht allein das Leben zu meistern, sondern es zu vermehren, Lebendiges herzustellen und Monströses und – nicht zuletzt – unkontrollierbare und universell zerstörerische Viren zu fabrizieren« (Foucault 1975/76, 294).

2.5. In seinen Vorlesungen zur *Geschichte der Gouvernementalität* von 1978/1979 bezieht Foucault das Konzept der Biopolitik in wenigen kurzen Bemerkungen grundsätzlich auf die Regierungsform des Liberalismus und den liberalen Staat. Denn mit der Verallgemeinerung der politischen Souveränität müssen »die Rechtssubjekte [...] selbst wie eine Souveränität erscheinen, die eine Regierung leiten muss«. Der Liberalismus müsse deshalb »als allgemeine[r] Rahmen der Biopolitik« untersucht werden (Foucault 1978/79, 42f.).

Es gehört zu den Ironien von Foucaults Denken, dass er trotz des Titels seines Vorlesungszyklus »Geburt der Biopolitik« in diesem Rahmen auf die Biopolitik gar nicht zu sprechen kam und den Begriff auch später, in seinen Überlegungen zur Regierungskunst und zur Gouvernementalität, nicht mehr aufgegriffen hat. Das Konzept einer Biopolitik als Instrument einer kritischen Gegenwartsanalyse bleibt daher ein Torso, der damit aber umso offener ist für diverse Anschlüsse an Foucaults Skizzen.

3.
Die direkte Rezeption von Foucaults Theorie der Biopolitik fächert sich auf, indem sie verschiedene Ebenen seines Diskurses besonders herausstreicht. Zu unterscheiden sind u.a. sozialwissenschaftliche, politische und metaphysische Aspekte.

3.1. Eine ebenso materialreiche wie bahnbrechende Untersuchung, die auf Foucaults Konzeption der »Biopolitik« fußt, ist Ewalds Analyse des französischen »Vorsorgestaats« im 19. Jahrhundert. In ihr verbindet sich Sozialwissenschaft mit Rechtsgeschichte und Philosophie. Der »Vorsorgestaat« entsteht nach Ewald in Reaktion auf den Liberalismus, der den an ihm beteiligten Individuen schiere Tatkraft unterstellt (vgl. Ewald 1993, 84). Mit dieser Schlagseite trägt der Liberalismus selbst dazu bei, dass im Zuge der Industrialisierung zu ihm komplementäre, kompensatorische Instrumentarien eingeführt werden. Das private und staatliche Versicherungswesen, Sozialrecht und Sozialpolitik sind nach Ewald Ausdruck der »Bio-Politik«, die sich nicht an der Tätigkeit, sondern am »Leben« der Bevölkerung ausrichtet und es »verwalte[t]« (ebd., 488). Das Ergebnis dieser Entwicklung ist Ewald zufolge ambivalent. Einerseits wird »der Begriff der Menschenrechte nur mehr als Anspruch auf Lebensunterhalt verstanden« (ebd., 488). Andererseits wird mit der liberalen »Pathologie der Freiheit« gebrochen, die einer Politik der »Analytik der Endlichkeit«, wie sie Ewald gleichfalls im Anschluss an Foucault fordert, im Wege steht (vgl. ebd., 114, 580).

3.2. Foucaults biopolitische Analyse des Liberalismus, die im Hintergrund von Ewalds sozialwissenschaftlicher Untersuchung steht, wurde im Kontext der politischen Theorie unter dem Stichwort der »Gouvernementalität« aufgegriffen (vgl. Burchell/Gordon/Miller 1991; Barry/Osborne/Rose 1996; Lemke 1997; Bröckling/Krassmann/Lemke 2000). Diese Ansätze stehen für den Versuch, zwei Motive Foucaults weiter zu entwickeln. *Zum einen* erlaubt seine These, dass moderne Politik mit dem »Leben« der Bevölkerung zu tun habe, eine systematische Parallelisierung verschiedener für dieses »Leben« zuständiger Systeme, insbesondere der Ökonomie, der Sexualmoral und der Gesundheitspolitik (vgl. z.B. zu Hygiene und Gesundheit Sarasin 2001; zu Humankapital und Ökonomie Bröckling 2002). Damit lassen sich Verbindungen zwischen bislang meist getrennt behandelten Entwicklungen identifizieren. *Zum anderen* wird Foucaults Version der Individualisierungsthese aufgegriffen, wonach Individuen im Zuge moderner »Regulierung« auf ein bestimmtes Personenprofil hin »dressiert« werden (vgl. Foucault 1980, 115). So kann die Analyse sozialer Systeme mit der der persönlichen Lebensführung oder des »Selbstmanagements« kombiniert werden. In diesem Zusammenhang wird Foucaults Auseinandersetzung mit verschiedenen Versionen des Liberalismus (vgl. Foucault 1978/79) aufgegriffen. Die Kritik an der Annahme, die »Selbstregulierung« des Individuums sei ein Erfolg staatsferner Liberalisierung, bereitet einer Theorie der »Gouvernementalität« den Weg, die sich als kritisches Pendant zu herkömmlichen Konzepten von »public« und »corporate governance« empfiehlt.

Ein zentraler Punkt, an dem die Rezeption Foucaults mit ihm hadert, betrifft die genaue Bestimmung der Rolle des Individuums im Zeichen der Biopolitik, also die Frage, welche konkreten Spielräume sich ergeben, wenn einerseits Eigenverantwortung zugeschrieben, andererseits subtile Regulierung etabliert wird. Diese Ambivalenz wird von Foucault selbst beim Übergang vom Konzept der »Biopolitik« zu dem der »Technologien des Selbst« ausgetragen (vgl. Martin 1993). Diejenigen, die bei Foucault eine zu starke Betonung zentraler Regulierungsdiskurse zu erkennen meinen, erheben den Einwand, dass er die Dynamik der Produktion in der biopolitischen Gesellschaft verkenne, die Leben im vollsten Sinne und Politik im eigentlichen Sinne zum Ausdruck bringe (vgl. Hardt/Negri 2000, 29f.).

3.3. Während Hardt/Negri dem »nackten Leben« in seiner Vielheit, wie es sich an den aufsässigen Rändern der globalisierten Biopolitik zeigt, eine neue, enorme Macht zuschreiben (vgl. ebd., 366), führt Agamben den Begriff des »nackten Lebens« als einen Grenzbegriff der Biopolitik ein, an dem sich dessen katastrophische Züge zeigen (vgl. Agamben 1995). Agamben geht in Fortschreibung Foucaults von der anthropologischen Spaltung in metaphysische und physische Anteile des Menschen aus und vertritt die These, dass die Isolierung der metaphysischen, freiheits- und rechtsorientierten Sphäre eben deshalb als Biopolitik zu gelten habe, weil sie das »nackte Leben« als ihr radikales Gegenstück hervorbringe. Am Ende sieht er in der Moderne eine Biopolitik am Werk, die von der Züchtung und Vernichtung des Lebens in den »Totalitarismen des 20. Jahrhunderts« bis zur »globale[n] Ökonomie« reicht, in der das »biologische Leben« des Konsumenten »zur höchsten politischen (oder eher unpolitischen) Aufgabe« erhoben wird (Agamben 2002, 85f.). Dies legt den Einwand nahe, dass es ihm weniger um eine angemessene Beschreibung der Lage zu tun sei als um die Bekräftigung einer Ausweglosigkeit, mit der ein radikaler, erlösender Umschlag herbeigeredet werden soll (vgl. Thomä 2003, 239ff.; ders. 2004).

3.4. Das Konzept der »Biopolitik« hat sich in den letzten Jahren von Foucaults ursprünglicher Konzeption teilweise weit gelöst, was insbesondere im Aufkommen der Gentechnologie begründet ist.

Rabinow erfüllt im Hinblick auf diese Entwicklung eine Brückenfunktion. Er bewertet die modernen Diskurse der »Würde« und »Person« als »imaginäre Konstruktionen« und sieht in der aktuellen »Biologisierung von Identität« die Chance zu einer positiv gewandten Biopolitik im Dienste von »Gesundheit und Identität, Wohlstand und Souveränität« (1999, 13ff.). Eine ähnlich positive, freilich weniger gentechnologisch als sozialtheoretisch orientierte Wendung findet sich in Giddens' Empfehlung, von »emancipatory politics« zu »life politics« zu wechseln (1991, 210ff.).

Die Normalisierung der Biopolitik ist inzwischen so weit vorangeschritten, dass sie als reguläres Aufgabenfeld staatlicher Politik gilt, das eine Scharnierstelle zwischen Gentechnik und angewandter Ethik ausfüllt (vgl. zur kritischen Analyse Gehring 2006). Biopolitik erscheint pragmatisiert als ein »Feld politischen Handelns, das seine Dynamik aus den neuen Erkenntnissen der Lebenswissenschaften entwickeln und folglich alles umschließen soll, was produktiv mit dem Leben umzugehen versucht« (Gerhardt 2001, 859). In der Wendung »produktiv« verbirgt sich eine positive normative Bewertung, die den deskriptiven und kritischen Anspruch Foucaults preisgegeben hat. Entsprechend wird die »Skandalisierung der Biopolitik« durch »organisierte Bedenkenträger« angegriffen (vgl. Gerhardt 2003, 199, 203), womit Biopolitik mit staatlich geförderter Innovation zusammenzufallen scheint. Zu beobachten ist derzeit eine Spaltung der Sprachregelung zwischen Sozialtheorie einerseits und technisch-politischer Praxis andererseits (vgl. die *Zeitschrift für Biopolitik* sowie Feuerstein/Kollek 2001). Während z.B. Rabinow durch eine Kritik klassischer Autonomiekonzepte zu einem fröhlichen Positivismus im Umgang mit der Gentechnologie findet, wird in der praktisch-politischen Diskussion an politischer Autonomie strikt festgehalten: Ihr traut man zu, über Art und Umfang der Bearbeitung menschlichen Lebens verfügen zu können.

Biopolitische Autonomie wird nicht nur auf staatlicher Ebene in Anspruch genommen, sondern auch im privaten Bereich – dort nämlich, wo die Biopolitik als Bearbeitung des eigenen Körpers individualisiert wird, etwa in der Schönheitschirurgie (vgl. Gilman 1999, 18, 330ff., 334). Das hier zugrunde gelegte Konzept der Selbstbestimmung wirkt angesichts der sozial- und biophilosophischen Debatten um Autonomie und Körperlichkeit vergleichsweise simpel.

Dass der menschliche Körper in der Moderne nicht nur Objekt souveräner Bearbeitung ist, zeigt sich zum einen an den gegenwärtigen epidemiologischen und allgemein physischen Bedrohungslagen weiter Teile der Weltbevölkerung im Kontext einer wachsenden Diskrepanz von Armut und Reichtum und der sog. Rückkehr der Seuchen (TB, AIDS, SARS u.a.). So scheint sich Foucaults schlichte Feststellung zu bewahrheiten, dass die Biopolitik und alle entsprechenden Technologien nicht verhindern können, dass »außerhalb der abendländischen Gesellschaften der Hunger in einem größeren Ausmaß als je zuvor herrscht; und [dass] die biologischen Gefährdungen der Gattung vielleicht größer sind, auf jeden Fall ernster als vor der Geburt der Mikrobiologie« (Foucault 1976, 170). Zum andern aber zeigt sich an den einschlägigen biopolitischen Diskussionen und Schreckenszenarien, dass die Rede von biologischen Gefährdungen in einem geradezu klassischen Sinne staatliche Kontroll- und Disziplinaranstrengungen legitimieren soll, die die Selbstbestimmung und die Freiheit der Individuen in postmodernen Gesellschaften unter der Herrschaft einer neoliberalen Gouvernementalität einschränken (vgl. Bröckling/Krassmann/Lemke 2000). In diesen Zusammenhang gehört das moderne Phantasma des »Bioterrors«, hinter dem sich erkennbar die Angst vor Migration und vor der »Infektion« mit »Fremdheit« in einer globalisierten Welt verbirgt. Die Sicherung der Grenze gegen unerwünschte Migranten vermischt sich dann mit der Abwehr von Infektionskrankheit und dem »war on terror« zu einer verallgemeinerten Politik der »Seuchenkontrolle« (vgl. Sarasin 2004).

4.

Agamben, G., 1995, Homo sacer, Frankfurt/M.: Suhrkamp 2002.

Agamben, G., 2002, Das Offene, Frankfurt/M.: Suhrkamp 2003.

Aly, G./Roth, K. H., 2000, Die restlose Erfassung. Volkszählen, Identifizieren, Aussondern im Nationalsozialismus, Frankfurt/M.: Fischer.

Anderson, W. T., 1987, To Govern Evolution, Boston: Harcourt, Brace, Jovanovich.

Antal, L., 1940, Biologismus als eine neue Lebensanschauung, Budapest: Epol.

Barry, A./Osborne, T./Rose, N. (Hg.), 1996, Foucault and Political Reason, Chicago: University of Chicago Press.

Bröckling, U., 2002, Menschenökonomie, Humankapital, in: Mittelweg 36 12.

Bröckling, U./Krassmann, S./Lemke, T. (Hg.), 2000, Gouvernementalität der Gegenwart, Frankfurt/M.: Suhrkamp.

Burchell, G./Gordon, C./Miller, P. (Hg.), 1991, The Foucault Effect, Chicago: University of Chicago Press.

Ewald, F., 1986, Der Vorsorgestaat, Frankfurt/M.: Suhrkamp 1993.

Feuerstein, G./Kollek, R., 2001, Vom genetischen Wissen zum sozialen Risiko, in: Aus Politik und Zeitgeschichte 27.

Foucault, M., 1975, Überwachen und Strafen, Frankfurt/M.: Suhrkamp 1976.

Foucault, M., 1975/76, In Verteidigung der Gesellschaft, Frankfurt/M.: Suhrkamp 1999.

Foucault, M., 1976, Der Wille zum Wissen, Frankfurt/M.: Suhrkamp 1977.

Foucault, M., 1977/78, Geschichte der Gouvernementalität I, Frankfurt/M.: Suhrkamp 2004.

Foucault, M., 1978/79, Geschichte der Gouvernementalität II, Frankfurt/M.: Suhrkamp 2004.

Foucault, M., 1980, Der Mensch ist ein Erfahrungstier, Frankfurt/M.: Suhrkamp 1996.

Foucault, M./Martin, R./Martin, L. H. (Hg.), 1988, Technologien des Selbst, Frankfurt/M.: Fischer 1993.

Gehring, P., 2006, Was ist Bio-Macht? Vom zweifelhaften Mehrwert des Lebens, Frankfurt/M.: Campus.

Gerhardt, V., 2001, Biopolitik, in: Merkur 55.

Gerhardt, V., 2003, Und Frau Zypries hat doch Recht, in: Zeitschrift für Biopolitik 2.

Gettkant, A./Simonis, U. E./Suplie, J., 1997, Biopolitik für die Zukunft, Bonn: SEF.

Giddens, A., 1991, Modernity and Self-Identity, Stanford: Stanford University Press.

Gilman, S., 1999, Making the Body Beautiful, Princeton: Princeton University Press.

Hardt, M./Negri, A., 2000, Empire, Cambridge/MA: Harvard University Press.

Kohl, L. v., 1933, Biopolitik und Geopolitik als Grundlagen einer Naturwissenschaft vom Staate, in: Zeitschrift für Geopolitik 10.

Lemke, T., 1997, Eine Kritik der politischen Vernunft, Berlin: Argument.
Rabinow, P., 1999, French DNA, Chicago: University of Chicago Press.
Sarasin, P., 2001, Reizbare Maschinen. Eine Geschichte des Körpers 1765–1914, Frankfurt/M.: Suhrkamp.
Sarasin, P., 2004, »Anthrax«. Bioterror als Phantasma, Frankfurt/M.: Suhrkamp.
Stingelin, M. (Hg.), 2003, Biopolitik und Rassismus, Frankfurt/M.: Suhrkamp.
Thomä, D., 2003, Vom Glück in der Moderne, Frankfurt/M.: Suhrkamp.
Thomä, D., 2004, Der Herrenlose. Gegenfigur zu Agambens »homo sacer« – Leitfigur einer anderen Theorie der Moderne, in: Deutsche Zeitschrift für Philosophie 52.
Thorson, T. L., 1970, Biopolitics, New York: Holt, Rinehart and Winston.

PHILIPP SARASIN/DIETER THOMÄ

Bodin, Jean (1529/30–1596)

1.

Geboren 1529 oder 1530 in Angers, studierte Bodin zunächst von 1545 bis 1547 in Paris Philosophie und ab 1548 Jura in Toulouse, wo er eine immense juristische Bildung in den Bereichen *Corpus Juris*, Glossatoren, Gewohnheitsrecht, kanonisches Recht, Parlamentsentscheidungen sowie Übertragungsrechte der französischen Monarchie erwarb. Er wurde 1560 Anwalt in Paris. In jenen Zeiten der politischen und religiösen Unruhen befasste er sich mit den Rechten der souveränen Regierungsgewalt. 1566 vollendete er seine Schrift zur historischen Methode (*Methodus ad facilem historiarum cognitionem*), anschließend die *Sechs Bücher über den Staat* (*Six livres de la république*), welche 1576 erschienen. Als Abgeordneter für Vermandois war er 1576 Mitglied des Ständetags von Blois, wo er zu einer Politik religiöser Toleranz neigte. Bodin wurde 1577 zum Staatsanwalt am Präsidialgericht zu Laon ernannt; seine letzten Jahre widmete er der Verbreitung des Textes der *Six livres* (lateinische Ausgabe 1586) und der juristischen Untersuchung der Zauberei (*La démonomanie des sorciers*, 1580). Das Andauern der religiösen Spannungen regte ihn zu einem Dialog zwischen Vertretern der sieben großen bestehenden Konfessionen an (*Colloquium heptaplomeres*, verfasst um 1593), aus dem eine Kritik der orthodoxen Formen des Christentums und ein Plädoyer für eine »natürliche« Religion spricht. Bodin starb 1596 an der Pest.

2.

Bodin hat die europäische Geistesgeschichte v.a. als politischer Philosoph beeinflusst. Er ist zu zeigen bemüht, dass in einer Gesellschaft, die durch rasche wirtschaftliche Umwälzungen und widerstreitende religiöse Bewegungen gekennzeichnet ist, Herrschaft nur ausgeübt werden kann, wenn sie mit jener Einheit und Unteilbarkeit versehen ist, ohne die sie juristisch und praktisch unvollkommen wäre. Auch wenn er die mittelalterliche Praxis der Mischverfassung ablehnt, hängt Bodin gleichwohl nicht der Idee an, dass die Regierungsgewalt selbst, einzig durch ihren Willen, alleiniger Gesetzgeber und Richter sein sollte. Wenn, juristisch gesprochen, die Teilung der Regierungsgewalt ihre Abschaffung bedeutet, muss sie trotzdem durch eine natürliche Norm des Rechts (das Naturrecht) begrenzt bleiben, welche nicht nur rein nominell ist.

Zu dieser Auffassung, dass eine politische Gemeinschaft (eine Republik) eines einzigen und alleinigen Souveräns bedarf, gelangt Bodin nicht sogleich. Im *Methodus* von 1566 glaubt er noch, dass ein Souverän denkbar ist, der sich verpflichtet, die von ihm selbst geschaffenen Gesetze nicht grundlos und nicht ohne Mitwirken der Vertreter der Gemeinschaft außer Kraft zu setzen, und sich durch diese Verpflichtung tatsächlich selbst eingeschränkt bzw. sich rechtlich bindenden Beschränkungen unterworfen sieht. Dass das Recht der Gemeinschaft, Gesetzesänderungen zuzustimmen, aus einem königlichen Zugeständnis resultiert, macht es nicht weniger real, weil der Fürst durch seine eigenen Handlungen tatsächlich gebunden ist. Selbstverständlich könne der Souverän nicht gezwungen werden, eine solche Verpflichtung einzugehen. Doch nur die Monarchien, in denen der Fürst auf diese Art seinen Untertanen verpflichtet ist, seien wirklich rechtlich etabliert.

3.

In seinem bis heute einflussreichsten Werk, den *Six livres*, hingegen argumentiert Bodin, dass ein Souverän, der zur Änderung der bestehenden Gesetze auf die Zustimmung seiner Untertanen angewiesen ist, funktionell unvollkommen wäre, weil er der Gemeinschaft die benötigten Gesetze nicht immer geben könnte, wenn sie ihm notwendig erscheinen. Seines Erachtens ist der Begriff des Souveräns juristisch nur dann kohärent, wenn damit eine Regierungsgewalt beschrieben wird, die folgende vier Merkmale einer idealen Funktionalität besitzt: (1) Sie ist ungeteilt; (2) es gibt keinen Höheren oder Gleichberechtigten im Staat; (3) der Souverän ist niemals verpflichtet, irgendeiner rechtlichen Norm zu gehorchen, selbst wenn er sie selbst aufgestellt hat; (4) schließlich haben die Untertanen keinerlei Recht auf Widerstand. Mischformen können in der Regierungsausübung zwar durchaus vorkommen, doch muss das Wesen der Souveränität von ihnen unberührt bleiben. So verstanden kann es nur drei reine Verfassungsformen geben: Monarchie, Aristokratie oder Demokratie.

Die Unteilbarkeit der Herrschaft bedeutet allerdings nicht ihre Willkürlichkeit, weil der Souverän den Gesetzen der Natur unterworfen bleibt, deren Einhaltung und Umsetzung das Ziel seines Amtes ist. Diese Verpflichtung gegenüber den Gesetzen der Natur ist nicht nominell, denn selbst wenn die Untertanen keine Möglichkeit haben, ihre Einhaltung durchzusetzen, haben sie durch ihre Beamten die Möglichkeit, die Unrechtmäßigkeit bestimmter Herrschaftsakte festzustellen (z. B. wenn einem Bürger Leben oder Güter ohne Begründung genommen werden). Die Handlungen, die Beamte für ungerecht erklären, sind zum einen unrechtmäßig. Zum anderen weiß der Souverän, dass eine solche festgestellte Unrechtmäßigkeit die Grundlagen seiner Macht untergräbt und nicht von Dauer sein dürfte, da sie nicht über das Leben des Souveräns hinaus verpflichtend ist. Des Weiteren, so Bodin, bleibt der Souverän durch seine Selbstverpflichtungen gebunden, solange diese gerecht sind, selbst wenn diese Pflicht natürlich und nicht zivilrechtlich ist. Das Prinzip der Zustimmung zur Steuer illustriert die zivilrechtliche Grundlage der Monarchien: Weil die Herrschaft nur zur Sicherung des Privatbesitzes jedes Einzelnen geschaffen wird, wäre es nicht folgerichtig, wenn der sie Ausübende über die Güter seiner Unterworfenen frei verfügen könnte. Deswegen kann Bodin die Souveränität durch eine einfache Formel definieren: »Eine königliche Monokratie oder auch legitime Monarchie ist also eine Alleinherrschaft, wo die Untertanen den Gesetzen des Monarchen gehorchen, dieser das Naturrecht achtet und die natürliche Freiheit und das Eigentum der Untertanen unangetastet bleiben.« (Bodin 1576, II, 2, 337)

4.

Bodin, J., 1566, Methodus ad facilem historiarum cognitionem, Aalen: Scientia 1967.
Bodin, J., 1576, Sechs Bücher über den Staat, München: Beck 1981/86.
Bodin, J., 1580, Vom ausgelasnen wütigen Teuffelsheer, Graz: ADEVA 1973.
Bodin, J., 1683, Colloquium Heptaplomeres, Stuttgart: Frommann-Holzboog 1966.

Blair, A., 1997, The Theater of Nature. Jean Bodin and Renaissance Science, Princeton: Princeton University Press.
Denzer, H. (Hg.), 1973, Verhandlungen der Internationalen Bodin-Tagung in München, München: Beck.
Franklin, J. H., 1973, Jean Bodin and the Rise of Absolutist Theory, Cambridge: Cambridge University Press.
King, P., 1974, The Ideology of Order. A Comparative Analysis of Jean Bodin and Thomas Hobbes, London: Allen & Unwin.
Mayer-Tasch, P. C., 2000, Jean Bodin, Düsseldorf: Parerga.

Quaritsch, H., 1986, Souveränität. Entstehung und Entwicklung des Begriffs in Frankreich und Deutschland vom 13. Jh. bis 1806, Berlin: Duncker & Humblot.

Spitz, J.-F., 1998, Bodin et la souveraineté, Paris: PUF.

JEAN-FABIEN SPITZ
(AUS DEM FRANZÖSISCHEN VON NILS HODYAS)

Böse, das

1.

Vom »Bösen« ist die Rede, wenn Gesetze religiöser, moralischer oder juristischer Art übertreten werden, wenn Menschen dadurch körperlicher oder seelischer Schaden zugefügt wird, und wenn dies willentlich geschieht. Das Böse bezieht sich auf Handlungen und die sie bestimmenden Motive. Obgleich sich in der Alltagssprache die Grenzen zwischen den Begriffen des Bösen, des Schlechten und des Übels verwischen, lässt sich unterscheiden zwischen dem Schlechten als dem Schädlichen, dem Bösen als der Absicht, zu schaden, sowie dem Übel als objektivem Schaden, der nicht zwingend aus böser Absicht resultieren muss. Das französische ›mal‹ und das englische ›evil‹ umfassen alle drei Bedeutungen. Dies trifft bereits für das griechische ›kakon‹ und das lateinische ›malum‹ zu, Begriffe, die jede Art von Übel bezeichnen, das Unglück wie die Verletzung sittlicher Normen, das Schreckliche und Bedrohliche wie das Mangelhafte und Minderwertige. Eine engere Bedeutung kommt dem Begriff des Bösen in der christlichen Theologie zu; das Böse ist die Sünde, der Abfall von der göttlichen Ordnung, an dessen Ursprung das Böse steht, eine übermenschliche Kraft, die gegen Gott aufbegehrt. In einer säkularisierten Welt ist der Begriff des Bösen daher problematisch geworden und wird in vielen Fällen durch Begriffe des Unrechten, Falschen oder Schädlichen ersetzt. Allerdings wird er, oft auch ironisch, nach wie vor verwendet, um all jenes zu bezeichnen, was Menschen vermeiden, verurteilen, verwerfen, abwenden oder bekämpfen sollen. Generell gilt, dass es sich um einen negativ konnotierten Begriff handelt, dessen inhaltliche Konkretisierung nur aufgrund eines bestimmten Verständnisses seines Gegenbegriffs, nämlich des Guten möglich ist.

2.

In den griechischen Mythen resultiert das Schlechte aus der Störung einer Ordnung des Gleichgewichts, aus dem Verfehlen des rechten Maßes oder aus der Übertretung jener Grenze, die Menschen und Götter trennt; die Ursache solchen Tuns und damit das Grundübel ist Hybris, ein Wort, dessen Bedeutung Selbstüberhebung, Gewalttätigkeit und fehlenden Realitätssinn umfasst. Die klassische griechische Philosophie kennt mit Ausnahme der pythagoräischen Lehre ebenfalls keinen Urgegensatz von Gut und Böse, wie er insbesondere im Iran von den Anhängern der Religion Zarathustras behauptet wird. Die Zerrüttung der Gesetzesordnung gilt Sokrates und Platon als das Böse schlechthin. Wie seine sophistischen Gegner setzt Sokrates das Gute mit dem Nützlichen gleich, meint damit indes das für die Seele Nützliche. Dieses ist erkennbar; freiwillig und bewusst tut niemand das Falsche (vgl. Platon, Prot., 358a-e; Gorg., 463c-476a). Wissen ist notwendig Erkenntnis des Guten; schlecht ist, was verhindert, einen Zweck zu erreichen, der als der richtige erkannt worden ist. Beim späteren Platon wird das Wort ›stasis‹ (Aufstand, Zwietracht) zum Inbegriff des moralisch Schlechten; es bezeichnet die Zerstörung von Ordnung, Harmonie und Eintracht in der Seele und im Staat (vgl. Platon, Rep., 444a ff., 545c ff.). Aristoteles hält die Tugend für ein Maßhalten, ein Mittleres zwischen zwei schlechten Zuständen (vgl. EN, 1109 a21), schlecht ist mithin jedes Zuviel oder Zuwenig; die Annahme eines Schlechten an Sich ist unsinnig (vgl. Met., 1091 b30ff.). Das Übel resultiert aus seiner Sicht nicht aus freiwilliger Entscheidung, sondern aus Unwissenheit oder Zwang (vgl. EN III, 1–8).

Für das christliche Denken wird das Böse zur fundamentalen Herausforderung, gilt es doch die Frage zu beantworten, wie es entstehen kann in einer Welt, die als Gottes Schöpfung Inbegriff des Guten ist. Wenn alles Seiende insgesamt gut ist, muss das Böse dem Nichts angehören, ist also bloßer Mangel, Privation, so lautet von Augustinus über Thomas von Aquin bis zu Leibniz die Antwort.

Das Böse hat laut Augustinus kein eigenständiges Wesen, vielmehr wird das Fehlen des Guten böse genannt (vgl. CiV., XI, 9). Der böse Wille hat keine bewirkende, sondern eine versagende Ursache; böses Tun ist die freiwillige Abwendung vom höchsten zum geringeren Sein (vgl. ebd., XII, 7, 8). Grund der Abwendung ist bei den bösen Engeln der Hochmut, die Selbstüberhebung (vgl. ebd., XII, 1, 6); desgleichen erklärt sich die menschliche Sünde als die freiwillige Abkehr vom unwandelbaren Gut aus Selbstgefälligkeit (vgl. ebd., XIV, 13; Kohler 1993).

Leibniz' Theodizee stellt eine Entgegnung auf Bayle dar, der angesichts der logischen Schwierigkeit, das Böse in den Schöpfungsplan einzubauen, die manichäische Lehre von der Gleichursprünglichkeit und dem ewigen Streit zwischen Gut und Böse zur plausiblen Hypothese erklärt hatte. Auch Leibniz erklärt das Böse als Beraubung des Seins (vgl. Leibniz 1710, §§ 20, 29). Zwar geschieht nichts ohne Gottes Willen und Vorsehung, seine Weisheit aber hat ihn aus der Gesamtheit des Guten eine Auswahl treffen und das Beste wählen lassen, und seine Allmacht hat es ihm ermöglicht, den von ihm gefassten Plan auszuführen (vgl. ebd., § 116). Zum Zweck der Optimierung hat er den Menschen Vernunft gegeben, damit aber das aus dem Missbrauch der Vernunft stammende Übel zugelassen (vgl. ebd., § 119). Es ist moralisch geboten, das Böse zu erlauben, es ist Bedingung der Möglichkeit der besten aller möglichen Welten (vgl. ebd., §§ 128, 227).

Die neuzeitliche politische Philosophie stellt in zweifacher Hinsicht eine Umwertung der Werte dar. Normative Prinzipien werden nicht mehr theologisch, sondern politisch legitimiert. Dass jede Gesetzgebung die Bosheit der Menschen voraussetzen muss, ist für Machiavelli wie für Hobbes selbstverständlich. Hobbes macht freilich geltend, dass im rechtlosen Zustand ›gut‹ und ›böse‹ als Beurteilungskriterien sinnlos sind (vgl. Hobbes 1651, Kap. 13). Menschliche Begierden und daraus entspringende Handlungen sind nicht sündhaft; schlecht ist eine Handlung nur, wenn Gesetze bestehen, die sie verbieten. Damit ersetzt das Recht die Moral als vorrangiger normativer Maßstab.

Die moralisch verwerfliche Habgier wird umgedeutet in den ökonomisch segensreichen Erwerbstrieb. In christlichen wie auch republikanischen (vgl. Machiavelli 1532, I, 5) Lehren wird das Böse mit dem Begehren nach Reichtum gleichgesetzt. Die von Mandeville noch in der Form der Satire formulierte Ansicht, Macht und Wohlstand eines Landes verdankten sich nicht den bürgerlichen Tugenden, sondern den privaten Lastern, wird bei Smith in abgemilderter Version zur Grundlage einer neuen Vorsehungslehre.

Zu den einflussreichsten Versuchen, den Wertgegensatz von Gut und Böse auf eine neue Grundlage zu stellen, gehören jene von Rousseau und Kant. Rousseau widerspricht der Aufwertung des Egoismus und entwirft eine Version des Sündenfalls, die auf theologische Prämissen verzichtet. Wissenschaftlich-technischer Fortschritt, steigender Wohlstand, Konkurrenz und Arbeitsteilung sind Faktoren der moralischen Korruption. Rousseau will untersuchen, wie die Menschen im Zuge der Vergesellschaftung böse geworden sind (vgl. Rousseau 1755, 166f.). Das Grundübel der Zivilisation ist das Auseinandertreten von Sein und Schein und resultiert aus dem Verlust der Autarkie. Die natürlich-spontane Selbstliebe wird verdrängt durch die Selbstsucht, die sich als Reaktion auf das Verhalten anderer herausbildet (vgl. ebd., 368–373). Kant bestimmt das Böse als den notwendigen Gegenstand des Verabscheuungsvermögens; im Gegensatz zum Übel kann es nicht durch Empfindung, sondern nur durch reine Vernunft beurteilt werden. Es bezieht sich auf den »Willen, so fern dieser durchs Vernunftgesetz bestimmt wird, sich etwas zu seinem Objecte zu machen« (Kant 1788, 60). Das »Paradoxon der Methode« besteht darin, dass »der Begriff des Guten und Bösen nicht vor dem moralischen Gesetze [...], sondern nur [...] nach demselben und durch dasselbe bestimmt werden müsse« (ebd., 62 f.). Ein Mensch ist böse, nicht weil er böse Handlungen ausführt, »sondern weil diese so beschaffen sind, dass sie auf böse Maximen in ihm schließen lassen« (Kant 1793, 20). Das moralisch Böse muss dem Menschen zurechenbar sein, mithin auf eine Regel zurückgeführt werden können, »die die Willkür sich selbst für den Gebrauch ihrer Freiheit macht« (ebd., 21). Zwar spricht Kant von einem angeborenen Gattungscharakter, betont aber, dass nur der Mensch Urheber des Bösen sein kann; der Mensch ist von Natur böse, der Grund der Entscheidung darf jedoch nicht als Naturursache bestimmt werden, er ist unerforschlich. Der Mensch ist prädisponiert, Maximen zu wählen, die vom moralischen Gesetz abweichen; böse ist er insofern, als er sich des moralischen Gesetzes bewusst ist und dennoch die Abweichung davon in seine Maxime aufnimmt. Um die Differenz zwischen der dem Menschen eigenen Natur sowie der seine Taten determinierenden Natur zu erläutern, führt Kant den Begriff des radikal Bösen ein: Der sowohl natürliche wie auch selbstverschuldete Hang zum Bösen ist als subjektiv erster Grund aller Maximen im Menschen »gewurzelt« (ebd., 32). Die Radikalität des Bösen zeigt sich darin, dass es »den Grund aller Maximen verdirbt« (ebd., 37).

3.

Im Anschluss an Kant lässt sich das Böse als Übertretung eines moralischen Gesetzes verstehen, das kein göttliches Gebot, sondern Ausdruck menschlicher Vernunft ist. Dieses Gesetz bestimmt Pflichten, die Menschen gegen sich selbst und gegen andere Menschen haben, nicht gegenüber der göttlichen Ordnung. Ethischen Pflichten kommt in modernliberaler Sichtweise nicht die gleiche Verbindlichkeit zu wie Rechtspflichten. Das Recht bestimmt, was zwischen Menschen verboten ist – primär die Verletzung des Prinzips der gleichen Freiheit –, die Ethik begründet, was darüber hinaus geboten ist. Der liberale Grundsatz des Vorrangs des Rechten vor dem Guten impliziert, dass moralische Normen juristischen nicht widersprechen dürfen, und er impliziert ebenfalls, dass Handlungen nicht aufgrund der ihnen zugrunde liegenden Gesinnung sanktioniert werden, sondern aufgrund ihrer Auswirkungen auf die Handlungsfreiheit anderer Menschen. Der Definition des Bösen kann daher in liberalen Moral- und politischen Philosophien keine vorrangige Bedeutung zukommen. Rawls' Unterscheidung zwischen ungerechten, schlechten und bösen Menschen bezieht sich nicht auf Handlungen, sondern auf deren Motive; im Falle des bösen Menschen ist es die Liebe zur Ungerechtigkeit (vgl. Rawls 1971, 478 f.).

Im konservativen Denken hat sich die Überzeugung, das Übel sei die Folge der Verletzung einer übermenschlichen Ordnung, gehalten. Theoretiker der katholischen Konterrevolution (vgl. Donoso Cortés 1851) haben die demokratische Revolution als irdischen Ausdruck der Urrebellion des bösen Engels gedeutet und den Rationalismus demokratischer und sozialistischer Programme mit der Erbsünde verglichen. In dieser Tradition steht noch Schmitt, der Staatstheorien daran misst, ob sie vom guten oder bösen Menschen ausgehen, und das theologische Dogma von der Sündhaftigkeit der Welt und der Menschen verteidigt (vgl. Schmitt 1932, 59–64). Neoliberale Theoretiker sprechen in der Nachfolge Hayeks (vgl. Hayek 1969, 75–90) von der Anmaßung des Wissens und verstehen darunter eine Selbstüberhebung der menschlichen Vernunft. Diese moderne Form der Hybris liegt jedem Versuch, die ›übermenschliche‹ Ordnung des Marktes zu korrigieren, zugrunde und führt unvermeidlich ins Verhängnis. Hayek weist selbst auf die Nähe der von ihm vertretenen antirationalistischen Überlieferung zur »christlichen Überlieferung von der Fehlbarkeit und Sündhaftigkeit des Menschen« hin (Hayek 1971, 76).

Die Annahme, böses Handeln werde nicht vom handelnden Subjekt verschuldet, sondern habe biologische, soziale oder psychische Ursachen, erschüttert die theologische wie die kantsche Konzeption des Bösen. Psychoanalyse und evolutionäre Ethik zeigen auf je eigene Weise, wie wissenschaftliche Erkenntnisse Wertmaßstäbe relativieren können. Entsprechende Einsichten hat bereits Nietzsche formuliert. In seiner Sicht widerspiegelt jede moralische Wertung die Macht oder Ohnmacht derjenigen, die den Wert setzen. So entsteht die ›Herren-Moral‹ im Zuge der Selbstbejahung der Vornehmen, die ›Sklaven-Moral‹ dagegen aus dem Ressentiment, aus der Identifikation des Bedrohlich-Fremden mit dem Bösen. Ist im ersten Fall unter dem Guten im vormoralischen Sinn das Aristokratische zu verstehen und unter dem Schlechten das Niedrige und Gemeine, so bezeichnet im zweiten Fall das Wort ›böse‹ das Gefürchtete und Gehasste, während das Gute nur als dessen Negation definiert werden kann (vgl. Nietzsche 1886, § 260; ders. 1887, I, 10–13).

Burckhardts Diktum, die Macht sei böse (vgl. Burckhardt 1868/72, 302), zielt primär auf das staatliche Machtmonopol, wie es sich im Zuge von Absolutismus und Revolution verfestigt hatte. Foucault lenkt in seiner Analyse der politischen Modernisierung der europäischen Gesellschaften die Aufmerksamkeit auf die Intensivierung der Kontrolle menschlichen Verhaltens. Macht setzt er nicht mit staatlicher Herrschaft gleich, sondern beschreibt sie als ein die Gesellschaft durchdringendes Beziehungsnetz (vgl. Foucault 1975, 38f.). Foucaults Arbeiten legen den Schluss nahe, neuzeitliche Gesellschaften hätten das Böse, von dem sie sich abgrenzen, mittels Strategien von Ausschluss und Diskriminierung überhaupt erst geschaffen. Unter dem Begriff der Macht werden Techniken, Praktiken und Institutionen subsumiert, die ›unschuldige‹ Weisen menschlichen Lebens als krankhaft, entartet, schädlich – und letztlich als moralisch verwerflich diskreditieren. Wahnsinn sowie die Verletzung juristischer oder sexueller Normen gelten bis in die frühe Neuzeit als Manifestationen des Bösen; die aufgeklärte Zivilisation stellt dagegen abweichendes Verhalten fest. Die Pathologisierung des Bösen hat indes keineswegs zu mehr Toleranz geführt, so Foucaults These. Normwidriges Verhalten wird überwacht und bestraft wie einst sündiges Verhalten. Die Genealogie der Disziplinarmacht verweist auf die pastorale Macht der christlichen Kirche. In der Geschichte findet man laut Foucault keine andere Gesellschaft, die so gewalttätig gegen sich selbst und die anderen ist und so raffinierte Machtstrukturen entwickelt hat wie die christlich-okzidentale (vgl. Foucault 1981, 171, 181).

Die Auseinandersetzung mit den totalitären Systemen des 20. Jahrhunderts und insbesondere mit der nationalsozialistischen Vernichtungsstrategie hat zu einer neuen Reflexion über das Böse geführt. Mit der totalen Herrschaft ist ein radikal Böses Wirklichkeit geworden, das mit traditionellen Erklärungsmustern nicht zu fassen ist und unbegreifbar bleibt, so hält Arendt fest. Es zeigt sich in Systemen, worin Menschen überflüssig werden. Weil auch in demokratischen Gesellschaften die Tendenz bestehe, Menschen ausschließlich aufgrund utilitaristischer Kriterien zu bewerten, sei die Gefahr der Anwendung der »totalitären Erfindungen« nicht gebannt (vgl. Arendt 1951, 465f., 701f.). Anlässlich des Eichmann-Prozesses gewinnt Arendt den Eindruck, das Böse sei nicht radikal; im Wort von der ›Banalität des Bösen‹ artikuliert sich die Erfahrung, böses Handeln sei Ausdruck purer Gedankenlosigkeit, fehlender Vorstellungs- und Urteilskraft. Die Ausführungsgehilfen des Völkermords sind »erschreckend normal« (Arendt 1963, 300, 326). Das Problem von Gut und Böse, die Fähigkeit, Recht und Unrecht zu unterscheiden, hängt mit dem Denkvermögen zusammen (vgl. Arendt 1978, 15). Das ›Böse‹ der nationalsozialistischen Vernichtungspolitik, dasjenige, was bestraft werden muss und aus diesem Grund die Weiterentwicklung des Völkerrechts nötig macht, liegt in der Anmaßung, zu entscheiden, wer das Recht hat, die Erde zu bewohnen und wer nicht (vgl. Arendt 1963, 329).

Die scheinbare ›Unfassbarkeit‹ des Bösen gerade auch in seiner ›Banalität‹ ist unter säkularen Bedingungen das systematische, noch immer virulente Problem der heutigen Philosophie. Beunruhigend sind in diesem Zusammenhang Ergebnisse der psychologischen Forschung. Die von Milgram durchgeführten Experimente haben ergeben, dass »Durchnittsmenschen« im Bemühen, sich einer Autorität unterzuordnen und die von ihr erteilten Befehle zu vollführen, bereit sind, andere Menschen zu quälen. Milgram hat daraus den Schluss gezogen, Arendts Konzept von der Banalität des Bösen komme der Wahrheit erschreckend nahe (vgl. Milgram 1974, 17–29). Zimbardo spricht aufgrund von Experimenten mit Schülern, die in der Rolle von Gefängniswärtern in wenigen Tagen sadistische Verhaltensweisen entwickelten, sowie seiner Beschäftigung mit Fällen von Folter in Militärgefängnissen vom administrativen Bösen und führt die moralische Korruption von Menschen auf korrupte Machtsysteme zurück (vgl. Zimbardo 2007). Böse, so könnte eine zeitgemäße Definition lauten, sind Handlungen, die Menschen schweres Leid zufügen, ihre Freiheit und ihre Würde negieren, ihre körperliche und seelische Integrität verletzen.

4.

Arendt, H., 1951, Elemente und Ursprünge totaler Herrschaft, München: Piper 1986.

Arendt, H., 1963, Eichmann in Jerusalem, München: Piper 1986.

Arendt, H., 1978, Vom Leben des Geistes 1, München: Piper 1989.

Bernstein, R., 2004, Radical Evil, Oxford: Blackwell.

Burckhardt, J., 1868/72, Über das Studium der Geschichte, München: Beck 1982.

Donoso Cortés, J., 1851, Essay über den Katholizismus, den Liberalismus und den Sozialismus, Weinheim: VCH 1989.

Foucault, M., 1975, Überwachen und Strafen, Frankfurt/M.: Suhrkamp 1994.

Foucault, M., 1981, »Omnes et singulatim«. Zu einer Kritik der politischen Vernunft, in: ders., Schriften, Bd. IV, Frankfurt/M.: Suhrkamp 2003.

Hayek, F. A. v., 1969, Freiburger Studien, Tübingen: Mohr 1994.

Hayek, F. A. v. 1971, Die Verfassung der Freiheit, Tübingen: Mohr 1991.

Hobbes, T., 1651, Leviathan, Frankfurt/M.: Suhrkamp 1984.

Kant, I., 1788, Kritik der praktischen Vernunft, in: Akademie-Ausgabe, Bd. V, Berlin: de Gruyter 1968.

Kant, I, 1793, Die Religion innerhalb der Grenzen der bloßen Vernunft, in: Akademie-Ausgabe, Bd. VI, Berlin: de Gruyter 1968.

Kohler, G., 1993, Woher der böse Wille der bösen Engel, in: Studia Philosophica 52.

Lara, M. P. (Hg.), 2001, Rethinking Evil, Berkeley: University of California Press.

Leibniz, G. W., 1710, Die Theodizee, Hamburg: Meiner 1968.

Machiavelli, N., 1532, Discorsi, Stuttgart: Kröner 1966.

Milgram, S., 1974, Das Milgram-Experiment. Zur Gehorsamsbereitschaft gegenüber Autorität, Reinbek: Rowohlt 1997.

Neiman, S., 2004, Das Böse denken, Frankfurt/M.: Suhrkamp 2004.

Nietzsche, F., 1886, Jenseits von Gut und Böse, KSA, Bd. 5, München/Berlin: dtv/de Gruyter 1988.

Nietzsche, F., 1887, Zur Genealogie der Moral, KSA, Bd. 5, München/Berlin: dtv/de Gruyter 1988.

Rawls, J., 1971, Eine Theorie der Gerechtigkeit, Frankfurt/M.: Suhrkamp 1975.

Rousseau, J.-J., 1755, Diskurs über die Ungleichheit, Paderborn: Schöningh 1984.

Schmitt, C., 1932, Der Begriff des Politischen, Berlin: Duncker & Humblot 1963.

Schulte, C., 1988, Radikal böse. Die Karriere des Bösen von Kant bis Nietzsche, München: Fink 1991.

Zimbardo, P., 2007, The Lucifer Effect. Understanding How Good People Turn Evil, New York: Random House.

Urs Marti

Bourdieu, Pierre (1930–2002)

1.

Der französische Soziologe Pierre Bourdieu wurde in Denguin, einem kleinen Pyrenäenort, als Sohn eines Postbeamten geboren. Nach dem Studium an der Pariser Sorbonne und an der École Normale Supérieure, wo er seine Agrégation in Philosophie erlangte, arbeitete er zunächst als Philosophielehrer, bevor er nach Absolvierung seines Wehrdienstes in Algerien 1958 seine erste Forschungsprofessur an der Faculté des Lettres in Algier erhielt. 1960 kehrte Bourdieu, der in Algerien ethnologische Studien betrieb und diesen später den materialen Kern seiner Sozialtheorie entnahm (*Entwurf einer Theorie der Praxis*, 1972; *Sozialer Sinn*, 1980), nach Frankreich zurück und forschte in den kommenden Jahren als Assistent an der École Pratique des Hautes Études in Paris. 1964 wurde er am dortigen Centre de Sociologie Européenne zum Professor, 1968 zum Direktor ernannt. 1975 gründete Bourdieu die Zeitschrift *Actes de la recherche en sciences sociales*, die fortan das wichtigste Publikationsorgan seiner vielfältigen empirischen Untersuchungen zur französischen Gegenwartsgesellschaft werden sollte. Thematisch zunächst insbesondere auf die Reproduktion sozialer Ungleichheit im Bildungswesen orientiert (*Die Erben*, 1964), weiteten sich Bourdieus Arbeitsgebiete zunehmend auf kultursoziologische Ungleichheitsstudien (*Die feinen Unterschiede*, 1979) und eine Theorie symbolischer Macht aus, die Bourdieu in Kooperation mit seinen zahlreichen Forschungsgruppen anhand empirischer Analysen in den unterschiedlichsten sozialen Feldern entwickelt hat (*Homo academicus*, 1984; *Der Staatsadel*, 1989; *Die Regeln der Kunst*, 1992). Ab 1982 nahm Bourdieu den Lehrstuhl für Soziologie am renommierten Collège de France ein. Mittlerweile zu einem der bedeutendsten Sozialtheoretiker des späten 20. Jahrhunderts geworden, richteten sich seine wissenschaftlichen Interessen im letzten Jahrzehnt seines Lebens zum einen wieder verstärkt grundlagentheoretischen Problemen zu (*Reflexive Anthropologie*, 1992; *Meditationen*, 1997). Zum anderen unternahm Bourdieu groß angelegte Untersuchungen zu den alltäglichen Formen des Leidens in der modernen Gesellschaft (*Das Elend der Welt*, 1993). Gegen die Bedrohungen des europäischen Modells von Sozialstaat und kritischer Öffentlichkeit trat Bourdieu mit zahlreichen politischen Interventionen an (*Gegenfeuer*, 1998), mit denen er auch das intellektuelle Leitbild von Soziologie als »métier militant« prägen wollte. Pierre Bourdieu starb 2002 in Paris.

2.

Die zentralen Elemente des Werkes von Bourdieu bilden sich in seinen frühen ethnologischen Studien zur Kultur der algerischen Berbergesellschaft aus. Stark vom Strukturalismus inspiriert, untersucht Bourdieu die grundlegenden Klassifikationen der kabylischen Weltauffassung, wie sie auch die soziale Praxis der algerischen Berber bestimmten. Da diese Praxis aber nicht, wie der Strukturalismus nahe legt, als subjektiver Vollzug universeller Regeln rekonstruiert werden kann, sondern jeweils sozial verankerten Strategien folgte, muss das generative Prinzip gefunden werden, das Handeln und symbolische Kultur systematisch miteinander verbindet. Bourdieu identifiziert dieses generative Prinzip in den »Systemen dauerhafter Dispositionen«, die Akteure durch soziale Herkunft und Lebenslauf erwerben und inkorporieren. In Aufnahme der kunsttheoretischen Begrifflichkeit von Erwin Panofsky entwickelt Bourdieu daraus seine Theorie des Habitus, wonach die bis in den Körper eingeschriebenen Muster des Handelns, Denkens und Fühlens ebenso sehr die soziale Praxis bestimmen wie diese Muster umgekehrt durch die soziale Herkunft von Akteuren bereits vorgeprägt worden sind. Als »strukturierte und strukturierende Struktur« wirkt der Habitus demnach als Erzeugungsprinzip von Handlungen, die material jedoch nicht vollständig determinierbar sind, da der Habitus nicht zwingend den Inhalt von Praxis bestimmt, sondern vornehmlich die Art und Weise beeinflusst, in der sich Praxis jeweils vollzieht. Auch werden

Handlungen durch die jeweiligen ›Spielregeln‹ gesellschaftlicher Institutionen geprägt, die Bourdieu mit dem Begriff des »Feldes« analysiert. Die Logik sozialer Felder wie Bildung, Wissenschaft, Politik, Religion oder Kultur folgt hierbei nicht substanziellen werthaltigen Normen, sondern sozialen Prozessen der Macht, die sich aus den hierarchischen Stellungen der in einem Feld versammelten Akteure ergeben. Entsprechend den je besonderen Einsätzen, die erforderlich sind, um innerhalb eines Feldes Vorteile zu erlangen, bringen Akteure dabei Ressourcen zur Geltung, die Bourdieu als verschiedene Sorten von »Kapital« definiert. Neben dem ökonomischen unterscheidet Bourdieu das kulturelle, das soziale und das symbolische Kapital, um auch Wissen, soziale Beziehungen und Anerkennung als Quellen von Macht identifizieren zu können.

3.

Der theoretische Leitfaden, den Bourdieu stets im Vollzug empirischer Untersuchungen konkreter Sozialphänomene entwickelt hat, ist durch den Versuch charakterisiert, die Aporien von Objektivismus und Subjektivismus in der Sozialtheorie zu überwinden. Soziales kann weder als Mechanik objektiv wirkender Kräfte verstanden werden noch als subjektiver Entwurf. Vom Strukturalismus bleibt in Bourdieus »praxeologischer« Soziologie das Denken in Relationen, demzufolge Sinn und Funktion jedes sozialen Elements erst durch die Beziehungen bestimmt werden, die es zu anderen sozialen Elementen unterhält. Dem Konstruktivismus ist die Einsicht geschuldet, dass die soziale Realität eine in sich gedoppelte ist, da deren Objektivität auch die symbolischen Eigenschaften sozialer Tatsachen umschließt. Im Resultat hat Bourdieu daraus eine Theorie der symbolischen Kämpfe entwickelt, die eben jene objektiven Kräfte zu entschlüsseln versucht, die den Deutungsmächten sozialer Akteure durch ihre eigene Praxis zuwachsen. In seinem soziologischen Hauptwerk *Die feinen Unterschiede* stellt Bourdieu diese Konzeption an den kulturellen Distinktionskämpfen sozialer Klassen dar. Kulturelle Lebensstile entstehen demnach nicht entlang der substanziellen Überzeugungskraft ästhetischer Werte, sondern in den Relationen zwischen Klassen und Schichten, die im sozialen Raum um den symbolischen Vorteil ringen, die Normen des »legitimen Geschmacks« bestimmen zu können.

4.

Bourdieu, P., 1970, Zur Soziologie der symbolischen Formen, Frankfurt/M.: Suhrkamp.

Bourdieu, P., 1972, Entwurf einer Theorie der Praxis, Frankfurt/M.: Suhrkamp 1976.

Bourdieu, P., 1979, Die feinen Unterschiede, Frankfurt/M.: Suhrkamp 1982.

Bourdieu, P., 1980, Sozialer Sinn, Frankfurt/M.: Suhrkamp 1987.

Bourdieu, P., 1984, Homo academicus, Frankfurt/M.: Suhrkamp 1988.

Bourdieu, P., 1989, Der Staatsadel, Konstanz: UVK 2004.

Bourdieu, P., 1992, Die Regeln der Kunst, Frankfurt/M.: Suhrkamp 1998.

Bourdieu, P., 1994, Praktische Vernunft, Frankfurt/M.: Suhrkamp 1998.

Bourdieu, P., 1997, Meditationen, Frankfurt/M.: Suhrkamp 2001.

Bourdieu, P., 1998a, Gegenfeuer, Konstanz: UVK.

Bourdieu, P., 1998b, Die männliche Herrschaft, Frankfurt/M.: Suhrkamp 2005.

Bourdieu, P. u.a., 1993, Das Elend der Welt, Konstanz: UVK 1997.

Bourdieu, P./Passeron, J.-C., 1964, Die Erben, Konstanz: UVK 2007.

Bourdieu, P./Wacquant, L., 1992, Reflexive Anthropologie, Frankfurt/M.: Suhrkamp 1996.

Bittlingmayer, U./Eickelpasch, R./Kastner, J. u a. (Hg.), 2002, Theorie als Kampf? Zur politischen Soziologie Pierre Bourdieus, Opladen: Leske + Budrich.

Calhoun, C./LiPuma, E./Postone, M. (Hg.), 1993, Bourdieu, Chicago: University of Chicago Press.

Fuchs-Heinritz, W./König, A., 2005, Pierre Bourdieu, Konstanz: UVK.

Robbins, D. (Hg.), 2000, Pierre Bourdieu, 4 Bde., Thousand Oaks: Sage.

Shusterman, R. (Hg.), 1999, Bourdieu, Oxford: Blackwell.

Wacquant, L. (Hg.), 2005, Bourdieu and Democratic Politics, Cambridge: Polity.

Sighard Neckel

Buchanan, James M. (*1919)

1.

Buchanan wuchs in Tennessee auf und begann dort auch seine Studien, die er nach seinem Militärdienst im Pazifik mit einem Ph.D. in Ökonomik an der Universität Chicago abschloss. Als einer der führenden Finanzwissenschaftler unserer Zeit ist er nicht nur Träger des Nobelpreises für Wirtschaftswissenschaften des Jahres 1986 und einer der Gründungsväter der »Neuen Politischen Ökonomie« (Public Choice), sondern hat auch maßgeblich dazu beigetragen, dass sich die höchst aktive Forschungsrichtung »Philosophy and Economics« akademisch in ihrer heutigen Form etablieren konnte. Neben Rawls und Nozick ist Buchanan auch einer der ursprünglichen sog. neuen Gesellschaftsvertragstheoretiker (vgl. Gordon 1976; Buchanan 1975; Nozick 1974; Rawls 1971), die die normativen Diskussionen in »Philosophy and Economics« ebenso wie in der jüngeren Sozialphilosophie grundlegend beeinflusst haben. Von 1986 bis 1999 war Buchanan in Lehre und Forschung an der George Mason University v.a. im Bereich »Economic Philosophy« tätig. Auch nach seinem Rückzug auf eine Farm in Blacksburg, Virginia, geht Buchanan weiterhin seinen vielfältigen Forschungsinteressen nach.

2.

Wie Rawls, der in der Philosophie den größeren Einfluss hatte, hängt Buchanan Sichtweisen an, die man im weiteren Sinne als »kantianisch« bezeichnen kann. Seine erkenntnistheoretischen und methodologischen Positionen werden von der Grundauffassung geleitet, dass wir die Welt nicht einfach vorfinden, sondern zu einem großen Teil »machen«. Normativ zeigt sich ein ausgeprägt kantianisches Element darin, dass Buchanan alle gesellschaftlichen Institutionen dem Test interindividuellen Respekts unterwirft. Was Rawls treffend mit dem Begriff des Vorrangs der Freiheit erfasst, ist auch für Buchanan ausschlaggebendes persönliches Ideal. Dieses Ideal darf er aber nach seiner begründungstheoretischen Konzeption nicht anderen aufzwingen. Er nimmt das eigentliche vertragstheoretische Kriterium denkbarer einmütiger Zustimmung der Individuen so ernst, dass er auch eine einmütige Zustimmung zu einem vom Ideal des Vorrangs der Freiheit abweichenden Vertrag glaubt akzeptieren zu müssen. Die Bedingungen müssen dazu de facto so sein, dass ein Veto zu einem möglichen Vertrag des betreffenden Inhaltes nicht vorzustellen ist. Wenn etwa die Sklaverei unter gegebenen Umständen eine Paretoverbesserung gegenüber einem Alternativzustand ist und wenn daher kein Veto unter solchen extremen Bedingungen zu erwarten ist, dann steht es im Einklang mit dem Respekt für die individuelle Zustimmungsautonomie, den betreffenden Konsens zu akzeptieren. Begründungstheoretisch entscheidend ist, dass in der vorgestellten Vertragssituation jedem Individuum zur Sicherung der Paretoeigenschaften ein Veto zugestanden und insoweit die Autonomie von jedermann respektiert wird.

Die Vorstellung, Politikvorschlägen die Maximierung einer gesellschaftlichen Zielfunktion zugrunde zu legen (einer Sozialwahlfunktion), lehnt Buchanan ab. Der Kritik an Lionel Robbins (vgl. Robbins 1935) entspricht seine Zurückweisung einer Ökonomik, die andere Menschen als bloße Mittel zu gegebenen Zwecken betrachtet (vgl. dazu auch Vining 1956, dem Buchanan die Anregung verdankt, sich auf Regeln und nicht auf Ergebnisse unter Regeln zu konzentrieren, der aber auch ausdrücklich die kantische Formel als Grundlage der Ökonomik betrachtet).

Das von Buchanan selbst gern benutzte Beispiel von Robinson Crusoe auf seiner Insel, der zunächst mit einem Schimpansen interagiert, dann mit Freitag und, wie man ergänzen kann, auch noch mit »Samstag«, illustriert die zentralen Anliegen Buchanans in aufschlussreicher Weise. Robinson kann den Schimpansen beispielsweise durch in den Sand gezeichnete Schlangenlinien zu manipulieren versuchen. Er kann aber mit dem Schimpansen nicht in eine Gemeinschaft wechselseitigen Respekts treten. Sobald Freitag erscheint, kann Robinson ebenfalls versuchen, dessen Angst vor Schlangen manipulativ auszunutzen, schließlich gehört auch Freitag zu den höheren Primaten, die im Allgemeinen Angst vor Schlangen haben. Robinson kann jedoch neben dieser objektiven Haltung gegenüber Freitag auch eine Teilnehmerhaltung in einer Gemeinschaft von Personen einnehmen (vgl. Strawson 1974). Die Einnahme einer Teilnehmer-Perspektive ist die ausschlaggebende Hintergrundannahme in Buchanans Vision der Gesellschaft und der vertragstheoretischen Gründung und Rechtfertigung gesellschaftlicher Institutionen. Buchanan sieht sich in der Rolle eines Ratgebers ausschließlich für jene Bürger, die sich in einem normativen Sinne als Teilnehmer an einem Diskurs respektieren und sich nicht nur wechselseitig manipulieren wollen.

Worum es geht, lässt sich am Beispiel der drei Individuen auf der Insel illustrieren. Zunächst kommt es zu einem »natürlichen Gleichgewicht«, in dem Robinson, Freitag und Samstag gewisse Territorien de facto zu kontrollieren vermögen (vgl. Buchanan 1975). Alle nehmen zueinander eine objektive Haltung ein, und das Recht reicht nur so weit, um mit Kant zu sprechen, »wie die Kanonen reichen« (Kant 1798, 375, AB 87). In dem Augenblick, in dem die Drei sich wechselseitig als Personen wahrnehmen und anerkennen, können sie vom natürlichen Gleichgewicht aus wechselseitig vorteilhafte Verträge zu schließen suchen. Welche Verträge geschlossen werden, hängt davon ab, welche Veränderungen des natürlichen Gleichgewichtes von jedem der Beteiligten akzeptiert werden. Eine Koalition etwa von Zweien gegen den Dritten kann zwar zielführend sein, weil die größere Macht de facto bei der größeren Zahl liegen mag, aber es ist nicht Aufgabe der Konstitutionellen Politischen Ökonomik im Sinne Buchanans, hypothetische Imperative der manipulativen Interessendurchsetzung auch gegen widerstreitende andere Individuen und unter Verletzung der Normen inter-individuellen Respekts zu formulieren. Und das ist auch nicht Aufgabe des legitimen Staates.

Der Politische Ökonom Buchanan wendet sich nur an jene, die das Ideal unterschreiben, dass die ursprüngliche Gesellschaftslegitimation einmütig zu sein hat. Buchanan nimmt allerdings die Norm wechselseitigen Respekts auch für spätere Transformationen bestehender Verfassungen ernst. Letztlich sind nur Veränderungen legitim, die niemanden schlechter stellen, nur um andere besser zu stellen. Das wesentlich von Wicksell (1896) entlehnte Kriterium wenigstens vorstellbarer Einstimmigkeit soll sicherstellen, dass alle Politik eine Veranstaltung zum wechselseitigen Vorteil bleibt und das Pareto-Kriterium als Ausdruck von Normen interindividuellen Respekts beachtet wird.

3.

Buchanans Explikation der Ideale wechselseitigen Respekts durch die Forderung nach Einmütigkeit und nach Beschränkung auf Paretoverbesserungen hat ihm den Ruf eines Konservativen eingebracht. Ihm geht es aber um die klassischen liberalen Ideale einer »nicht-diskriminierenden« Politik (vgl. Buchanan/Congleton 1998), die das Allgemeininteresse in dem buchstäblichen Sinne der Förderung der Interessen jedes Einzelnen zu wahren sucht. Die *Collected Works of James Buchanan* legen Zeugnis von diesem Bestreben ab (vgl. Buchanan 1999 ff.).

Es bleibt zu hoffen, dass Buchanan unter Philosophen in Zukunft nicht mehr mit dem Pauschalverdacht des Konservativismus und einer bloß ökonomischen Perspektive belegt wird. Die sog. Neue Politische Ökonomie war schließlich von Beginn an schon durch Rawls, der u.a. am zweiten Treffen jener Gruppe, aus der einmal die Public Choice Society werden sollte, teilnahm, eng mit der politischen Philosophie verbunden. Der mit Gordon Tullock gemeinsam verfasste *Calculus of Consent* (vgl. Buchanan/Tullock 1962; kritisch Kliemt 1994) ist ein moderner Klassiker des politischen Denkens, und das ganz unabhängig von der Frage, ob vertragstheoretisches Denken sich auf Dauer wird behaupten können.

4.
Buchanan, J. M., 1975, Die Grenzen der Freiheit, Tübingen: Mohr 1985.
Buchanan, J. M., 1999ff., The Collected Works of James M. Buchanan, Indianapolis: Liberty Fund.
Buchanan, J. M./Congleton, R., 1998, Politics by Principle, Not Interest, New York: Cambridge University Press.
Buchanan, J. M./Tullock, G., 1962, The Calculus of Consent, Ann Arbor: University of Michigan Press.

Gordon, S., 1976, The New Contractarians, in: Journal of Political Economy 84.
Kant, I., 1798, Die Metaphysik der Sitten, Frankfurt/M.: Suhrkamp 1977.
Kliemt, H., 1994, The Calculus of Consent After Thirty Years, in: Public Choice 79.
Nozick, R., 1974, Anarchie, Staat, Utopia, München: Olzog 2006.
Rawls, J., 1971, Eine Theorie der Gerechtigkeit, Frankfurt/M.: Suhrkamp, 1975.
Robbins, L., 1935, An Essay on the Nature and Significance of Economic Science, London: Macmillan.
Strawson, P. F., 1974, Freiheit und Übelnehmen, in: U. Pothast (Hg.), Seminar: Freies Handeln und Determinismus, Frankfurt/M.: Suhrkamp 1978.
Vining, R., 1956, Economics in the United States of America, Paris: UNESCO.
Wicksell, K., 1896, Finanztheoretische Untersuchungen, Aalen: Scientia 1969.

Hartmut Kliemt

Bürgerschaft/Staatsbürgerschaft

1.
»Bürgerschaft« – ein geschichtlicher Grundbegriff – ist nach Ursprung und Entwicklung ein *westlicher* Begriff, der sich erst im Zuge der Universalisierung der Sprache und Praxis der Menschen- und Bürgerrechte und des liberaldemokratischen Konstitutionalismus weltweit verbreitet.

1.1. Bürgerschaft unterstellt einen spezifischen Verbandscharakter politischer Herrschaft, der sich zuerst in den *griechischen Stadtstaaten* entwickelt hat (vgl. Riedel 1972). Die polis wird als eine Vereinigung von Bürgern gedacht (Aristoteles) und *polites* ist nur, wer spezifisch teilnimmt am Regieren. Auch für den *römischen Stadtstaat* und die Republik war jene Teilnahme der Bürger (*civis Romanus*) begriffsbestimmend. Erst mit der Constitutio Antoniana (212 n. Chr.) traten die unterworfenen Völker und Länder nicht nur unter die römische Herrschaft, sondern in die *civitas*, womit zwar der Unterschied zwischen Bürgern und Nicht-Bürgern an Bedeutung verlor, zugleich aber auch der Teilhabecharakter der Bürgerschaft sich verwischte und Bürger mit ›Untertan‹ (*subditus, subjectus*) verschmolz.

Auch die *mittelalterlichen Städte* als genossenschaftliche Verbände von Stadtbewohnern (ahd. *burgari*, mhd. *burgære, burger*) sind durch jene Teilhabe an der politischen Herrschaft ausgezeichnet. Dieser germanische Ursprung ist für den deutschen Sprachgebrauch (›*Bürger*‹) ausschlaggebend, während sowohl die angelsächsische (*citizen/burgess*) wie die französische Begrifflichkeit (*citoyen* oder *citadin/bourgois*) bereits sehr früh zwei Traditionen vereinigt.

Mit der Entstehung des neuzeitlichen *Absolutismus* und der ihn vorbereitenden und begleitenden Staatstheorie wird der Bürger zum der absoluten Herrschersouveränität untergeordneten Untertan oder ›Subjekt‹ und der Stadtbürger zum ›Bourgeois‹ herabgesetzt. Moderne *Demokratien* und demokratische Philosophen (Rousseau, Kant) protestieren gegen die Reduktion des Bürgers zum Subjekt und verlangen die politische Beteiligung der Adressaten des Rechts als Autoren (*citoyen*) der politischen Gesetzgebung, folgen jedoch der absolutistischen Immediatisierung.

1.2. Zur Ambivalenz der Immediatisierung: Im europäischen Mittelalter war »Bürgerschaft« ein Mehrebenen-Begriff, zugleich aber war sie kein Recht, sondern ein Vorrecht (*privilegium, immunities*). In der neuzeitlich absolutistischen Ideologie und Praxis wird diese ständische Gliederung zerschlagen. Der Bürger wird zum Staatsbürger als Untertan.

Diese Staatsbürgerschaft als gleiche Untertanenschaft hatte eine Tendenz zur Gleichheit im Verhältnis der Untertanen untereinander wie zum Herrscher zur Folge, und dies war eine Voraussetzung dafür, dass der Begriff des Bürgers erweitert und potenziell auf alle Untertanen eines Staats ausgedehnt wurde. Die demokratischen Revolutionen und Theoretiker proklamieren diese gleichen Subjekte dann als gleiche Staatsbürger (*citoyen*), übernehmen aber mit der Immediatisierung zugleich die Entwertung nicht nur der privilegierten Formen, sondern aller Formen einer Mehrebenen-Bürgerschaft. Der moderne demokratische Bürger ist nicht Stadtbürger, sondern Staatsbürger.

1.3. Kennzeichnend für den Begriff der Bürgerschaft waren spezifische Aus- und Einschließungen: Der altgriechische *polites* war *eleutheros*: der vom Erwerb des Lebensnotwendigen freie, über einen *oikos* gebietende Mann. Er war Landbesitzer und Krieger. Handel, Gewerbe und Arbeit waren das Los von Nicht-Bürgern (Frauen, Sklaven, Metöken, Fremden), und diese Ausschließung von der Bürgerschaft war auch für den *civis Romanus* der Republik charakteristisch. Die mittelalterlichen Stadtbürger traten als Kaufleute und Handwerker der Welt der (adligen) Grundherrschaft gegenüber. Auch ›Inwohner‹ und ›Gäste‹ konnten zu Stadtbürgern werden. Liberale (von Locke bis J. S. Mill) und Demokraten (von Rousseau bis Kant) proklamierten die freie und gleiche Bürgerschaft gegen die absolutistische Untertanenschaft, prolongierten aber ebenso wie die liberaldemokratisch konstitutierten Staaten die tradierten ›internen‹ Ausschließungen von Frauen, Eigentumslosen, Ungebildeten und Andersgläubigen. Hinzu kam, dass sich die Abschließung nach außen mit der Entwicklung des demokratischen Nationalismus verfestigte und verschärfte. Begriffsgeschichtlich wie praktisch findet sich also eine doppelte Bewegung. Einerseits eine universalisierende Tendenz der zunehmenden Gleichsetzung von Staatsangehörigkeit (*statemembership, nationalité*) und Staatsbürgerschaft (*citizenship, citoyenneté*) nachdem im 20. Jahrhundert der traditionelle Ausschluss von Frauen, rassistisch Diskriminierten, Andersgläubigen, Armen, ökonomisch Abhängigen, Ungebildeten überwunden wurde. Andererseits aber, und im Gegensatz zu dieser mühsam erkämpften internen Universalisierung (universelle Inklusion), findet sich eine verschärfte Abschließung nach außen, die sich in der Verwendung ethno-nationaler und rassistischer Kriterien in Einwanderungs- und Einbürgerungspolitik zeigte. Der mit republikanischen und national-demokratischen Begriffen von Bürgerschaft verbundenen Tendenz der Exklusion opponierten schon die griechisch-römischen Stoiker. Ihr Begriff des ›Menschen‹ als ›Weltbürger‹ wurde in der liberalen Aufklärung weiterverwendet.

1.4. Mit der »Bürgerschaft« waren auch immer Pflichte und Rechte verbunden. Der Begriff der Bürgerschaft der griechischen *polis* und der römischen Republik war elitistisch und perfektionistisch. Bürger waren nichtarbeitende Eliten, und der ideale Mann war nicht Privatmensch, sondern zoon politikon. Im Vordergrund standen Pflichten und Tugenden, nicht Rechte. Diese Abwertung der Arbeit, des Sozialen und diese Betonung der Pflichten und Tugenden kennzeichnen auch den neuzeitlichen ›*civic republicanism*‹ (Skinner 1978) und den gegenwärtigen Neo-Republikanismus in ihrer Opposition gegen die ›Freiheiten der Moderne‹. Die politische Theorie des *Liberalismus* ist der Tendenz nach radikal oder gemäßigt anti-perfektionistisch, kritisiert die antike Abwertung des Privaten und neigt zu einer eher instrumentellen Perspektive auf das Politische, die Bürgerschaft und die Rechte der Bürger. Die politische Theorie des *Sozialismus* kritisiert die liberaldemokratische Beschränkung auf politische Emanzipation und verweist auf die drastischen Schranken auch politischer Freiheit und Gleichheit unter Bedingungen tiefsitzender sozial-ökonomischer Ungleichheit, v.a. der Klassenungleichheit (Bourgeoisie-Proletariat) in der modernen bürgerlichen oder kapitalistischen Gesellschaft (Marx, Engels). Die Tradition der Sozialdemokratie entwickelt Modelle ökonomischer und sozialer Demokratie und klagt soziale Rechte und Wirtschaftsbürgerschaft ein. Die Tradition des Kommunismus proklamiert die Ersetzung der politischen Demokratie (›der Reichen‹) durch eine Räte-Demokratie und die Ersetzung kapitalistischer Marktwirtschaft durch sozialistische Planwirtschaft.

2.
Angesichts der historischen Variabilität und umstrittenen Begriffsverschiebungen empfiehlt es sich, beim Versuch einer *Definition* von »Bürgerschaft« umsichtig zu verfahren.

2.1. Daher wird im Folgenden in drei Schritten vorgegangen. (i) Auch ein *epochenübergreifender sozialwissenschaftlicher Begriff* des Bürgers ist normativ geladen. Er setzt minimal voraus, dass Bürger nicht einfach Herrschaftsunterworfene sind, sondern Teilhabende in einem politischen Herrschaftsverband (einer *polity*) (demokratisches Minimum). (ii) Ein für *moderne* oder bürgerliche Gesellschaften brauchbarer *sozialwissenschaftlicher Begriff* des Bürgers verlangt minimal, dass Individuen (natürliche Personen) innerhalb eines territorial begrenzten Herrschaftsverbands als ›Staats‹angehörige und Rechtspersonen mit einem bestimmten Minimum an bürgerlichen Rechten anerkannt sind (liberales Minimum), und dass sie als ›Staats‹bürger ein bestimmtes Minimum an politischen Rechten haben und mitentscheiden können über die Gesetze, Institutionen und Personen, die sie regieren. Ein solcher Begriff sollte in zwei Hinsichten offener sein als gebräuchlich: Erstens sollte er den relevanten politischen Herrschaftsverband nicht auf den Staat beschränken und Mehrebenen-*polities* zulassen, und zweitens sollte er Bürgerschaft nicht auf in diesem engen Sinne ›politische‹ Bürgerschaft begrenzen, sondern auch soziale Bürgerschaft zulassen (Minimum sozialer Rechte und Mitentscheidung in privaten Organisationen und Verbänden, in denen Herrschaft ausgeübt wird). (iii) Im Unterschied zu derartig minimalistisch angelegten deskriptiven Begriffen sind Begriffe der Bürgerschaft in der *modernen politischen Philosophie* normativ anspruchsvoller. Sie verlangen eine vollständige Liste extensiv interpretierter und angewandter bürgerlicher, politischer und sozialer Rechte. Schon deshalb sind sie viel umstrittener.

2.2. Bürgerschaft ist in doppelter Hinsicht ein komplexer Begriff. Erstens ist es unabdingbar ein *vielschichtiger* Begriff, der verschiedene Status und darauf bezogene Rechte und Pflichten umfasst, die jeweils Brennpunkte der wichtigsten theoretischen Traditionen bilden (vgl. Bader 1995, 225 ff.). Der *status passivus* der Person und ihrer unabdingbaren Rechte steht im Zentrum der modernen, universalistischen Moralphilosophie und der internationalen Menschenrechte. Der negative Status (*status libertatis*) und die ihm entsprechenden konstitutionellen Menschenrechte, und der positive Status (*status civitatis*) der Staatsangehörigkeit und die entsprechenden gesetzlichen Pflichten stehen im Zentrum (klassischer wie neo-)liberaler politischer Theorie und des liberalen Konstitutionalismus (Rechtsstaat). Der aktive Status der Staatsbürgerschaft (*status activus civilis*) umfasst die konstitutionalisierten politischen Rechte und steht im Zentrum liberaler Demokratietheorie. Im Unterschied zu jenen vornehmlich moral(philosoph)ischen und rechtlichen Diskursen konzentrieren sich politische Theorien liberaler oder republikanischer, partizipatorischer Staatsbürgerschaft v.a. auf das Verhältnis politischer Rechte und – minimaler oder extensiver – moralischer wie politischer Pflichten. Kommunitaristische und liberal-nationale Theorien verlangen einen weitaus stärkeren Begriff ethnisch-nationaler Bürgerschaft und der entsprechenden partikularistischen ›ethischen‹ Pflichten.

Zweitens lässt sich dieser Begriff in vier Hinsichten differenzieren (vgl. Bader 1999, 156 f.), und zwar als: (i) *politische* oder *primäre* Bürgerschaft (die Rechte und Pflichten von Bürgern als Mitglieder verschiedener, mehr oder weniger souveräner territorialer Herrschaftsverbände); (ii) *soziale* oder *industrielle/wirtschaftliche, sekundäre* Bürgerschaft (Rechte und Pflichten von Arbeitern, Konsumenten, Klienten, Rentnern etc.); (iii) *tertiäre, nach* verschiedenen *Minderheiten differenzierte* Bürgerschaft (spezielle Rechte und Pflichten ethnisch-nationaler (territorial konzentrierter), religiöser und anderer askriptiver Minderheiten); (iv) politische, soziale und tertiäre Bürgerschaft als *Mehrebenen*-Bürgerschaft (z.B. lokal, regional, provinzial, zentralstaatlich, supra-staatlich).

3.
Folgende gegenwärtige *Probleme* werden von den rivalisierenden Traditionen in der politischen Philosophie kontrovers behandelt: das angemessene Verhältnis von Rechten, Pflichten und Tugenden (3.1.), die Legitimität gegenwärtiger Ausschließungen (Einwanderung, Einbürgerung) (3.2.), die Legitimität und die Grenzen tertiärer Differenzierung der Bürgerschaft (3.3.), die Legitimität und die Grenzen von Wirtschafts- und Sozialbürgerschaft (3.4.) und von Mehrebenen-Bürgerschaft (3.5.).

3.1. Im Zentrum der politischen Philosophie des *Libertarismus* und des *Neoliberalismus* stehen extensiv interpretierte bürgerliche und minimalistisch interpretierte *politische Rechte*. Soziale Rechte werden ebenso abgewiesen wie gesetzliche politische und soziale Pflichten. Moralische Pflichten der Staatsbürgerschaft werden auf minimalistisch interpretierte zivile Pflichten und Tugenden wie Eigenverantwortung, Gesetzestreue und Zivilität reduziert. Politische Pflichten der Deliberation und Partizipation werden abgelehnt. Alle weniger minimalistischen Konzeptionen von Staatsbürgerschaft und Demokratie bestreiten, dass diese Position vereinbar ist mit den minimalen moralischen Prinzipien der Demokratie (sowie mit den Verfassungsnormen demokratischer und sozialer Rechtsstaaten). Sie bezweifeln auch, dass eine auf Rechte, Verfahren und Institutionen reduzierte Konzeption liberaler Demokratie, die nicht von entsprechenden zivilen und politischen Kulturen und Tugenden der Bürger getragen und unterstützt wird, empirisch hinreichend stabil, dauerhaft und legitim sein kann.

Vertreter des zivilen und des Neo-*Republikanismus* versuchen entweder politische Partizipationsnormen gesetzlich zu verankern (Wahlpflicht) oder den Primat extensiv interpretierter politischer Rechte mit entsprechenden moralisch-politischen Deliberations- und Partizipations-*Pflichten und Tugenden* zu unterstützen. Im Gegensatz zum minimalistischen Verständnis von Bürgerschaft verteidigen sie eine maximalistische, perfektionistische Konzeption politischer Partizipation: Der verantwortliche Bürger gilt als höchste Form des guten Lebens (vgl. Oldfield 1990) oder doch als ›primus inter pares‹ (vgl. Barber 1984). Eine derartig anspruchsvolle, neo-aristotelische Konzeption ist schwerlich vereinbar mit moralisch verteidigbaren Konzeptionen politischer Bürgerschaft in kulturell diversen, staatlich verfassten modernen Gesellschaften. Dies gilt in noch viel stärkerem Maße für *ethno-religiös-nationale* Konzeptionen von Bürgerschaft, die die politischen Pflichten und Tugenden durch stärker partikularistische ethnische ergänzen oder gar ersetzen.

Auch die Vertreter einer *liberalen, deliberativen, zivilen und assoziativen Demokratiekonzeption* plädieren für mehr Partizipation, begründen dies aber bescheidener und instrumenteller (vgl. Kymlicka 2002, 299). Partizipation und Deliberation verlangen zivile und politische Tugenden und Fähigkeiten der Bürger wie Zivilität, Integrität, Großmut, Mäßigung, Toleranz, Bereitschaft zum Zuhören, zur Teilnahme und zur Akzeptanz von Mehrheitsentscheidungen (vgl. Bader 1997, 786ff.).

3.2. *Libertaristen, (politische) Liberale* und *assoziative Demokraten* gehen davon aus, dass zivile und politische Tugenden zu einem ausreichenden Maß an Vertrauen führen, das Mehrheitsentscheidungen und solidarische Umverteilungen akzeptabel und stabil macht. Sie verteidigen ›dünne‹, ausschließlich zivil-politische Konzeptionen von Bürgerschaft und kritisieren übersteigerte, mit modernen Gesellschaften unvereinbare Kohärenz- und Einheitsannahmen. Die Vertreter des Republikanismus und des liberalen wie sozialdemokratischen Kommunitarismus und Nationalismus kritisieren diese Sichtweise (vgl. Walzer 1983; Miller 1995; Kymlicka 1995; ders. 2002). Liberal-demokratische Prinzipien erklären weder die Existenz selbstständiger noch die minimale politische Einheit liberal-demokratischer Staaten. Nur sog. dickere, nicht ausschließlich politische Konzeptionen von Staatsbürgerschaft seien dazu in der Lage. Nur eine ethnisch-religiös oder national angereicherte Staatsbürgerschaft (im Sinne einer ›nationalen‹ Kultur und Identität) schaffe die motivationale Basis für Mehrheitsentscheidungen und v.a. für solidarische Umverteilung. Im Unterschied zu *ethnozentrischen Nationalisten* verteidigen sie die universelle, interne *Inklusion* aller (legalen) Einwohner als Staatsangehörige und aller Staatsangehörigen als Voll-Bürger. Zur Verteidigung der nationalstaatlichen sozialen Demokratie jedoch befürworten sie zahlreiche *Exklusionen*: eine restriktive Immigrationspolitik (externe Ausschließung), höhere Hürden für Einbürgerung (z.B. obligatorische Kurse) und Naturalisierung (z.B. die rigorose Ablehnung doppelter Staatsbürgerschaft) sowie Skepsis gegenüber supra-nationaler politischer Integration. Diese Verteidigung der privilegierten Staatsbürgerschaft der wohlhabenden Staaten (des modernen Äquivalents feudaler Privilegien (vgl. Carens 1987)) ist v.a. dann moralisch umstritten, wenn sie nicht mit der Forderung nach effektiver Bekämpfung globaler Armut und Unsicherheit und den dazu erforderlichen Institutionen und politischen Maßnahmen verzahnt ist. Vertreter des Kosmopolitismus wie Nussbaum kritisieren nicht nur illegitime Ausschließungen, sondern das Konzept und die Praxis der Staatsbürgerschaft selbst. Vertreter der assoziativen Demokratie verteidigen Konzeptionen einer Mehrebenen-Bürgerschaft, universalistische Minimalstandards und eine stärkere Betonung transnationaler Bürgerschaft und Verpflichtungen (vgl. Bauböck 1994). Sie versuchen restriktive Immigrations- und Einbürgerungsregelungen sowie ungerechte Ausschließungseffekte durch differenzierte Inklusion zumindest abzuschwächen (vgl. Engelen 2003).

3.3. Ob nun als Folge einer – moralisch oder prudenziell begründeten – »fairen Öffnung der Grenzen« (Bader 1997) oder als Folge der Tatsache, dass Grenzen auch bei restriktiver Politik nicht effektiv zu schließen sind, liberal-demokratische Staaten sehen sich mit dem Problem der Inkorporierung von ethno-religiös heterogenen Immigranten konfrontiert, welche die bestehende kulturelle Heterogenität der Bürger überlagert. In der idealen Theorie des *politischen Liberalismus* ist der Staat kulturell gänzlich neutral. Je weniger neutral Staaten jedoch faktisch sind (oder sein müssen oder – moralisch gesehen – auch sein dürfen), je dicker die ethnisch-religiös-nationalen Kulturen und Identitäten der Staatsbürger sind (oder sein sollen), desto exklusiver stellt sich auch das ideale Bild des ›Normalbürgers‹ und seiner Kultur und Identität dar. Der ausschließende Charakter derartiger Praktiken und Modelle ist vom Feminismus sowie von Vertretern sexueller, religiöser, sprachlicher, ethnischer und nationaler *Minderheiten* scharf kritisiert worden. Darauf hat die politische Philosophie mit heftig umstrittenen Theorien differenzierter, tertiärer und multikultureller Bürgerschaft (vgl. Kymlicka 1995) sowie mit einer *Politik der Differenz* (vgl. Young 1990) reagiert.

3.4. Sozialisten, Sozialdemokraten und assoziative Demokraten bestreiten, dass eine auf zivile und politische Rechte und politische Partizipation begrenzte Bürgerschaft demokratischen Rechtsstaaten hinreichende politische Legitimität verschafft. Im Unterschied zu liberalen Nationalisten und Kommunitaristen setzen sie nicht auf eine Verstärkung durch nationale Kultur und Identität, sondern durch soziale Rechte oder durch *Wirtschafts- und Sozialbürgerschaft*. Universelle soziale Rechte für alle Staatsbürger (vgl. Marshall 1949) sollen die soziale Kohärenz und Legitimität des Staatswesens garantieren, verschärfen jedoch die Ausschließung aller internen wie externen Nicht-Staatsbürger und ignorieren das Problem undemokratischer Herrschaft in Organisationen. Klassische Sozialdemokraten, demokratische Sozialisten und assoziative Demokraten begnügen sich daher nicht damit, unkontrollierte Staatssouveränität durch politische Demokratie zu bändigen und Staatsbürger mit passiven sozialen Rechten auszustatten. Sie zielen auf eine mehr oder weniger umfassende Demokratisierung aller privaten wie öffentlichen Produktions- und Dienstleistungsorganisationen, um die unkontrollierte Macht des Privateigentums zu bändigen. Assoziative Demokraten versuchen jene Modelle und Praktiken der Mitbestimmung oder -entscheidung durch Lohnarbeiter als Wirtschaftsbürger um die demokratische Partizipation anderer relevanter Betroffener zu erweitern. Darüber hinaus kritisieren sie die überzogenen republikanischen und sozialdemokratischen Erwartungen an die Leistungsfähigkeit des modernen Staats als Zentrum und Spitze der Gesellschaft – und die damit einhergehenden ohnmächtigen Forderungen nach demokratischer politischer Kontrolle dieses modernen Leviathan durch überforderte Staatsbürger und ihre parlamentarischen Repräsentanten. Wie die Verteidiger neo-korporatistischer Modelle und Praktiken der Interessenvertretung versuchen sie die repräsentative politische Parteiendemokratie durch eine funktionale, sektorale Demokratie zu ergänzen (nicht wie in ständischen, katholischen, faschistischen oder rätedemokratischen Traditionen: zu ersetzen), kritisieren jedoch die Beschränkung auf etablierte Organisationen von Kapital und Arbeit.

3.5. Die Verteidiger exklusiver ›Staats‹-Bürgerschaft und die opponierenden abstrakten Kosmopoliten vertreten beide einfache Konzepte unteilbarer Souveränität und Bürgerschaft. Sie ignorieren, dass auch nach der Immediatisierung die Gewalt im modern-demokratischen Staat faktisch und in föderalistischen Staaten auch rechtlich geteilt ist, und dass einer derartigen Kompetenzverteilung – auch ohne supranationale *polities* – ein *Mehrebenenkonzept von Bürgerschaft* entspricht. Der Bürger ist nicht nur Staatsangehöriger und Staatsbürger, sondern auch Bürger eines Stadtteils, einer Gemeinde, einer Provinz, eines Landes und eventuell eben auch der EU. Und trotz aller gegenteiligen Beschwörungen von Unitaristen ist damit nicht nur die politische Staatsbürgerschaft, sondern auch die Entscheidung über Zulassung und Mitgliedschaft faktisch bzw. juristisch geteilt (vgl. Bader 1999, 168ff.).

Auch die Struktur sekundärer und tertiärer Bürgerschaft ist mit der EU offensichtlich komplexer geworden. Dominante Konzepte von Demokratie und Bürgerschaft thematisieren nur die Nachteile und Gefahren dieser Komplexität: überlappende und konfligierende Kompetenzen, *joint decision traps*, undurchsichtige, undemokratische und unkontrollierbare Entscheidungen und wachsende Selektivität der Partizipation. Sie empfehlen daher die (unmögliche) Rückkehr zum unitarisch stilisierten ›Nationalstaat‹ und seiner einfachen Staatsbürgerschaft oder den (ebenso unmöglichen) Fortschritt zu einem unitarischen Europa. Offensive Vertreter von Mehrebenen-polities und von Mehrebenen-Bürgerschaft (vgl. Schmitter 2000) verweisen auf die Vorteile von *shifts in government* und *shifts from government to governance*. Sie erarbeiten zudem institutionelle Vorschläge, wie man derartig komplexe Entscheidungsstrukturen demokratischer und kontrollierbarer machen kann, ohne Effektivität und Problemlösungskapazität zu opfern (vgl. Bader 2006; ders. 2007), und wie man Bürgerschaft auf allen Ebenen und in allen Sphären so entwickeln kann, dass die Lücke zwischen zunehmend globalen Problemen auf der einen und überholten Institutionen und Formen der Repräsentation und Bürgerschaft auf der anderen Seite überwunden werden kann.

4.

Bader, V., 1995, Citizenship and Exclusion, in: Political Theory 23.

Bader, V., 1997, The Cultural Conditions of Trans-National Citizenship, in: Political Theory 25.
Bader, V., 1999, Citizenship of the European Union, in: Ratio Juris 12.
Bader, V., 2001, Problems and Prospects of Associative Democracy, in: ders./P. Hirst (Hg.), Associative Democracy, London: Frank Cass.
Bader, V., 2006, Building European Institutions. Beyond Strong Ties and Weak Commitments, in: S. Benhabib/I. Shapiro (Hg.), Identities, Affiliations, and Allegiances, Cambridge: Cambridge University Press.
Bader, V., 2007, Komplexe Bürgerschaft, in: S. Zurbuchen (Hg.), Bürgerschaft und Migration, Münster: LIT.
Barber, B., 1984, Starke Demokratie, Hamburg: Rotbuch 1994.
Bauböck, R., 1994, Transnational Citizenship, Aldershot: Avebury.
Carens, J., 1987, Aliens and Citizens, in: Review of Politics 49.
Engelen, E., 2003, How to Combine Openness and Protection?, in: Politics & Society 31.
Hirst, P., 1994, Associative Democracy, Cambridge: Polity.
Kymlicka, W., 1995, Multicultural Citizenship, Oxford: Oxford University Press.
Kymlicka, W., 2002, Contemporary Political Philosophy, Oxford: Oxford University Press.
Marshall, T. H., 1949, Staatsbürgerrechte und soziale Klassen, in ders., Bürgerrechte und soziale Klassen, Frankfurt/M.: Campus 1992.
Miller, D., 1995, On Nationality, Oxford: Oxford University Press.
Oldfield, A., 1990, Citizenship and Community, London: Routledge.
Riedel, M., 1972, Bürger, Staatsbürger, Bürgertum, in: O. Brunner/W. Conze/R. Koselleck (Hg.), Geschichtliche Grundbegriffe, Bd. 1, Stuttgart: Klett.
Schmitter, P., 2000, How to Democratize the European Union, Lanham: Rowman & Littlefield.
Skinner, Q., 1978, The Foundations of Modern Political Thought, Bd. 1, Cambridge: Cambridge University Press.
Skinner, Q./Strath, B. (Hg.), 2003, States and Citizens, Cambridge: Cambridge University Press.
Young, I., 1990, Justice and the Politics of Difference, Princeton, Princeton University Press.
Walzer, M., 1983, Sphären der Gerechtigkeit, Frankfurt/M.: Campus 1992.

VEIT BADER

Burke, Edmund (1729–1797)

1.

In Dublin geboren, studierte Burke dort und in London Rechtswissenschaft und arbeitete für den einflussreichen Whig-Politiker Rockingham. Burke selbst war 1765–1794 Mitglied des Unterhauses, wurde als Redner und Programmatiker der liberalen Whig-Partei bekannt, stieg wegen seiner irischen und bürgerlichen Herkunft jedoch nie zu den höchsten Ämtern auf. Aufgrund seiner Kritik der Französischen Revolution, mit der die Whigs sympathisierten, folgte auf den Tod Rockinghams 1782 Burkes politische Isolierung.

2.

Für Burke gab es keine Trennung von politischer Praxis und Theorie, und er legte keine systematische Lehre vor, sondern äußerte sich in Reden, Briefen und Pamphleten zu den politischen Themen seiner Zeit. Da Burke seine Argumente immer auch rhetorisch einsetzte und an ein bestimmtes Publikum adressierte, ist deren theoretische Relevanz schwierig zu bestimmen. Die Kontextbezogenheit seiner Arbeiten zeigt sich beispielhaft an der Kritik der Französischen Revolution: Auslöser für diese ist Richard Prices einflussreicher *Discourse on the Love of our Country*, auf den Burke 1790 mit den *Reflections on the Revolution in France, and on the Proceedings in Certain Societies in London relative to that Event* antwortet, um die radikaldemokratische Vereinnahmung der Glorious Revolution von 1688 durch eine Unterscheidung zwischen der Legitimität der Englischen und der Illegitimität der Französischen Revolution zu unterlaufen. Burke schreibt seine Kritik vor der Hinrichtung des französischen Königs, der Herrschaft des Terrors und den Revolutionskriegen. Die Faszination, welche Burke auf die Gegner der Revolution ausübte, beruhte auch darauf, dass er ihre schlimmsten Entwicklungen gleichsam vorhergesehen zu haben schien (vgl. Burkes *An Appeal from the New to the Old Whigs*, 1791; *Letters on a Regicide Peace*, 1795).

Bei aller Situationsbezogenheit bleibt die Kontinuität in Burkes politischem Denken gewahrt. In seiner ästhetischen Frühschrift *A Philosophical Enquiry into the Origin of our Ideas of the Sublime and Beautiful* (1757) bestimmt Burke das Erhabene als Erfahrung der Spannung zwischen Entgrenzung und Begrenztheit und entwickelt eine natürliche Ökonomie der Affekte sowie eine skeptische Anthropologie, deren gesellschaftstheoretische Implikationen oft vernachlässigt worden sind. Der Mensch als stärker instinkt- und affektgeleitetes denn von der Vernunft gesteuertes Wesen bedarf der Zivilisierung, der Ergänzung der ersten durch eine von Gewohnheit und Tradition geformte zweite Natur. Politisches Urteilen und Handeln muss beide Naturen berücksichtigen, da erst die sozialintegrative Wirkung geteilter Affekte, vermittelt über die Besonderheiten der jeweils geteilten Kultur, einem Gemeinwesen Stabilität verleiht. Hierin liegt die anthropologische Fundierung von Burkes skeptischer und konservativer Grundhaltung (vgl. White 1994).

3.

3.1. Burkes Konzeption des Politischen ist dem Skeptizismus verpflichtet, da er dem Vernunftglauben der kontinentaleuropäischen Aufklärung und deren optimistischer Anthropologie die Komplexität der sozialen und politischen Realität sowie ein pessimistisches Menschenbild entgegenstellt. Politik folgt als Kunst und Klugheit nicht einer Methode und abstrakten Prinzipien, sondern dem in konkreten Umständen jeweils Geforderten. Aus dieser Skepsis gegenüber sozialtechnologischen Konzeptionen des Regierens folgen Burkes Konservatismus und seine Kritik der Revolution im Allgemeinen: Politisches Handeln ist nur innerhalb historischer Kontexte möglich und kann nicht auf die Abschaffung oder Umwälzung dieser Kontexte zielen. Dass die soziale und politische Ordnung neu entworfen werden könne, war aber das Credo der »politischen Architekten« der Revolution in Frankreich. Diese stellt aus Burkes Sicht eine umfassende Dekontextualisierung und Entgrenzung dar (vgl. Pocock 1989), die der Hybris der Planbarkeit sozialer Ordnung erlegen ist und in den Versuch mündet, Geschichte unter die Kontrolle der Vernunft zu bringen. Der Terror erscheint ihm als die logische Konsequenz dieser Bewegung. Für Burke ist die Französische Revolution eine »monströse tragikomische Szene«: monströs in ihrem sich steigernden Zerstörungsdrang; tragikomisch in ihrem Umkippen in Despotismus, Ungleichheit und Hass (vgl. Menke 1999). Weil es der Revolution um die Realisierung abstrakter Ideale wie der Menschenrechte geht, ist sie seines Erachtens notwendig totalitär und expansionistisch.

3.2. Burkes konservatives Gegenprogramm hierzu besteht in der mit legimitationsstiftender Kraft versehenen Trias von Eigentum, natürlicher Ordnung und Tradition bzw. Religion (vgl. Pocock 1987). Die Akzeptanz, Stabilität und Leistungsfähigkeit politischer Institutionen hängt von ihrer historischen Kontinuität und Verwurzelung in gewachsenen Gemeinschaften ab. Die natürliche Harmonie der gesellschaftlichen Kräfte, in der jedem – wie in einem Drama – ein Platz und eine Rolle zukommen, stellt die natürliche Grenze jeder rationalistischen Steuerung dar. Obwohl er als einer der Begründer des Konservatismus gilt, ist Burke aber eine ambivalente Figur, die immer zugleich als Reformer und als Verteidiger der etablierten Ordnung, als Aufklärer und als Konservativer auftritt – so etwa in seiner Verteidigung der Rechte des Parlaments, der irischen Katholiken und der nordamerikanischen Siedler (vgl. Zimmer 1995).

3.3. Burkes Denken hat, selbst aus politischem Engagement entstanden, eine oft politisch motivierte Rezeption erfahren. Ebenso (vor)schnell wie er in Europa als Verteidiger des Ancien régime von der Gegenrevolution gefeiert worden ist, wurde seine Rückständigkeit angegriffen, etwa von T. Paine. Nach der neo-konservativen Instrumentalisierung und der marxistischen Kritik Burkes im Kalten Krieg sollte es nun möglich sein, ihn, wie M. Oakeshott und I. Berlin, als Vertreter einer skeptischen Theorie politischen Handelns und Urteilens zu verstehen.

4.

Burke, E., 1757, Philosophische Untersuchungen über den Ursprung unserer Ideen vom Erhabenen und Schönen, Hamburg: Meiner 1989.

Burke, E., 1790, Betrachtungen über die französische Revolution, Frankfurt/M.: Suhrkamp 1967.

Burke, E., 1887, Works, Hildesheim: Olms 1975.

Burke, E., 1958ff., Correspondence, Cambridge: Cambridge University Press.

Burke, E., 1981ff., Writings and Speeches, Oxford: Clarendon.

Hindson, P./Gray, T., 1988, Burke's Dramatic Theory of Politics, Aldershot: Avebury.

Lock, F., 1985, Burke's Reflections on the Revolution in France, London: Allen & Unwin.

Macpherson, C. B., 1980, E. Burke, Oxford: Oxford University Press.

Menke, C., 1999, Die Permanenz der Revolution, in: ders., Spiegelungen der Gleichheit, Frankfurt/M.: Suhrkamp 2004.

Pocock, J. G. A., 1987, Introduction, in: E. Burke, Reflections on the Revolution in France, Indianapolis: Hackett.

Pocock, J. G. A., 1989, E. Burke and the Redefinition of Enthusiasm, in: F. Furet/M. Ozouf (Hg.), The Transformation of Political Culture 1789–1848, Oxford: Pergamon.

Turner, F. (Hg.), E. Burke's Reflections on the Revolution in France, New Haven: Yale University Press.

Whale, J. (Hg.), 2000, E. Burke's Reflections on the Revolution in France, Manchester: Manchester University Press.

White, S., 1994, E. Burke, London: Sage.

Zimmer, R., 1995, Burke zur Einführung, Hamburg: Junius.

Robin Celikates

C

Campanella, Tommaso (1568–1639)

1.

1568 wurde Giovanni Domenico Campanella in Kalabrien geboren. Später nahm er den Namen Tommaso an. 1588 begann er mit dem Studium der Theologie in Cosenza, gleichzeitig trat er auch in das dortige Dominikanerkloster ein. Drei Jahre danach erschien sein erstes Werk (*Philosophia sensibus demonstrata*). Das Buch diente nicht nur der Verteidigung der Lehren Telesios'. Darüber hinaus stieß Campanella zu einer materialistischen Erklärung der Natur vor. Wegen dieser Schrift 1591 von der Inquisition der Häresie angeklagt, wurde er nach seiner Verhaftung nach Rom überführt, aber kurze Zeit später wieder freigelassen. Er begann nun ein unstetes Wanderleben, das ihn vorwiegend durch Italien führte. Dabei entstanden weitere Werke. 1594 erneut inhaftiert, kehrte er zwei Jahre später nach seiner Freilassung nach Kalabrien zurück. In seiner Heimat radikalisierte sich Campanellas Denken und Schreiben zunehmend (1591 *Philosophia sensibus demonstrata*, 1593 *Della Monarchia dei Christiani*, 1595 *Discorsi universali del governo ecclesiastico*, 1595 *Dialogo politico contro Luterani*, 1595 *Calvinisti ed altri eretici*). Diese Entwicklung erreichte ihren Höhepunkt während des Aufstandes in Kalabrien 1599, in dem er eine führende Rolle spielte. Angeklagt wegen Ketzerei und Verbindung mit den Türken wurde er inhaftiert, mehrfach gefoltert und schließlich zu lebenslanger Haft verurteilt. Während seiner Zeit im Kerker erschienen weitere Bücher, in denen er nun die Reformation verurteilte und die Oberherrschaft der römischen Kirche forderte (*Über die spanische Monarchie*, *Der siegreiche Atheismus*, *Die Astrologie*). Daraufhin 1626 von Papst Urban VII. befreit, lebte Campanella bis 1633 in Rom unter dessen Schutz. Da er im Prozess gegen Galilei für diesen Partei ergriff, wurde er erneut der Verschwörung bezichtigt. 1634 floh er mit Hilfe des französischen Gesandten nach Frankreich, wo er emphatisch begrüßt wurde. Der Freundschaft mit Gassendi folgte u.a. eine Beratertätigkeit für Richelieu. Unter dem Schutz der französischen Krone stehend, bereitete er die Herausgabe seiner Schriften in Frankreich vor und arbeitete an der Herstellung der Einheit von Kirche und Staat mit, die nach ihm durch Ludwig XIV. vollendet werden sollte. 1639 starb er in Paris in jenem Kloster St. Jacob, in dem 1789 die Jakobinerbewegung begann.

2.

Der zentrale Gedanke der Werke Campanellas ist der Versuch der Verbindung von weltlicher und geistlicher Herrschaft zu einer einzigen Macht, in der freilich die säkularisierten Elemente überwogen. Diese Idee führte ihn nicht nur zur Ablehnung der Reformation. Sie ist auch verantwortlich für seine begeisterte Aufnahme in Frankreich und ließ ihn zu einem der Theoretiker des französischen Absolutismus werden.

3.

Zentrale Schichten seines Denkens legt Campanella v.a. in seiner Utopie *Der Sonnenstaat* (1623) frei, in der er den Fehlentwicklungen seiner Zeit ein ideales Gemeinwesen alternativ konfrontiert, das vom Körperkult über die Hygiene bis hin zur Zeitökonomie erstaunliche Elemente der modernen Zivilisation aufweist. Der wichtigste Kritikpunkt an seiner Herkunftsgesellschaft ist für Campanella die Ausdifferenzierung in arm und reich. Diese soziale Polarisierung sei nicht nur für den Verfall der Sitten verantwortlich, sondern auch für die äußeren Konflikte der Staaten untereinander. Bereits Morus hatte in seiner *Utopia* in der Abschaffung des Privateigentums das normative Gegenbild zu dieser Entwicklung gesehen. Campanella geht insoweit über Morus hinaus, als bei ihm das Verdikt des Privateigentums noch stärker ausgeprägt ist. In Anlehnung an Platon sieht er zudem statt persönlicher Beziehungen eine Frauen- und Kindergemeinschaft vor.

In Campanellas *Sonnenstaat* finden sich keine Hinweise auf eine Transformationsstrategie, also Hinweise, wie von den faktisch vorhandenen staatlichen Strukturen zu denen des Sonnenstaates überzugehen sei. Deshalb kann sein utopischer Entwurf als eine kognitive Folie ausgelegt werden, auf der Campanella die Fehlentwicklungen seiner Zeit im Licht ihrer vermeintlich besseren Möglichkeiten analysierte. Zudem ist Campanella auch als politischer Stratege hervorgetreten, der die Einheit von Kirche und weltlicher Macht jenseits föderativer Strukturen auf eine gesamteuropäische Grundlage stellte, deren Signum *eine* Religion, *ein* Herrscher und *ein* Staat ist. Frieden und ein stabiles Gleichgewicht in Europa konnten ihm zufolge nur durch die weltliche Herrschaft der römischen Kirche oder durch eine spanische Universalherrschaft hergestellt und dauerhaft gesichert werden.

Campanella ist neben Morus einer der bedeutendsten Utopisten der frühen Neuzeit. Sein Werk ist immer wieder gelesen und weiterentwickelt worden. Gründe hierfür sind u.a. der hohe Stellenwert von Bildung und Wissenschaften, die in seiner Utopie verwirklicht sind, sowie der strikt hierarchische Aufbau des Staates. Der Preis dieser Konzeption ist die permanente Kontrolle des einzelnen im holistisch begründeten Gemeinwesen. Sogar das Beichtgeheimnis ist aufgehoben, da nur so die Einheit von weltlicher und kirchlicher Macht sowie das systemkonforme Verhalten der Menschen ermöglicht werden können. Ausdruck dieser staatlichen und gesellschaftlichen Stabilität ist eine Homogenität, die alle Gebiete erfasst: die sich an geometrischen Mustern orientierende Architektur ebenso wie die uniformierte Kleidung, die egalitären Bildungschancen in gleicher Weise wie der durchkalkulierte Vollzug der für alle verbindlichen Arbeitspflichten. Campanella stellt dem sozio-politischen Chaos seiner Zeit das Bild eines Staates gegenüber, in dem das Individuum als ›gläserner Mensch‹ zugunsten des ordnungsstiftenden holistischen Staates seine autonome Existenz verloren hat.

4.

Campanella, T., 1623, Der Sonnenstaat, in: K. J. Heinisch (Hg.), Der utopische Staat, Reinbek: Rowohlt 1960.

Campanella, T., 1854, Opere, 2 Bde., Turin: Pomba.

Ahrbeck, R., 1977, Frühe Utopisten, Köln: Pahl-Rugenstein.

Kvacala, J., 1909, Campanella, Aalen: Scientia 1973.

Prys, J., 1913, Der Staatsroman des 16. und 17. Jahrhunderts und sein Erziehungsideal, Universität Würzburg: Diss.

Saage, R., 2001, Utopische Profile, Bd. I: Renaissance und Reformation, Münster: LIT.

Andreas Heyer/Richard Saage

Camus, Albert (1913–1960)

1.

Camus, in Algerien geboren, studierte Philosophie an der Universität von Algier und beabsichtigte schon früh, Schriftsteller zu werden. Seine Beziehung zur Politik hat ihre existenziellen Wurzeln in der Erfahrung der Armut des französisch-algerischen Proletariats und der noch größeren Armut der arabischen Bevölkerung. Nach zwei Jahren Mitgliedschaft wurde er 1937 aus der algerischen KP ausgeschlossen. Ab Ende 1943 nahm er am Widerstand in Paris teil und arbeitete als Lektor bei Gallimard; der Roman *Der Fremde* (1942) und der Essay *Der Mythos von Sisyphos* (1942) machten ihn bekannt. Der Erfolg von *Die Pest* (1947) – einer indirekten Beschreibung der Widerstandszeit – machte ihn berühmt. Er schrieb fortan Theaterstücke, Novellen und Romane. Seine Freundschaft mit Sartre endete 1952 nach der Publikation des Essays *Der Mensch in der Revolte* (1951). 1957 bekam Camus den Nobelpreis für Literatur. Er starb 1960 bei einem Autounfall.

2.

Camus hat sich mit Fragen der Politik hauptsächlich in seinen journalistischen Arbeiten sowie in *Briefe an einen deutschen Freund* und in *Der Mensch in der Revolte* beschäftigt. Er war stets der Überzeugung, diese Aktivität sei ihm von der Epoche aufgezwungen. Camus hat nicht in erster Linie direkt auf dem Gebiet der politischen Philosophie theoretisch gearbeitet, doch hat er immer versucht, Politik und Moral zusammenzubringen: Die Politik hat ihre Grenzen in den Werten der Wahrheit, der menschlichen Solidarität, der Gerechtigkeit und der Freiheit

3.

Camus' journalistische Tätigkeit kann man in drei Perioden einteilen: die Zeit von *Alger Républicain* und *Soir Républicain* in Algiers (1938–1940), die Teilnahme an *Combat* (1943–1947, mit Unterbrechungen) und später die Artikel, die er für *L'Express* geschrieben hat (1955–1956). Die Artikel aus *Combat* galten dem Kampf gegen die Besatzung, der Wiederherstellung Frankreichs, der Rolle des Widerstands und der Presse, den Parteien (Camus distanziert sich von den Kommunisten), den Säuberungen und der Gewalt. In der zweiten und v.a. in der dritten Periode wird über die Zukunft Algeriens reflektiert. Nach Ausbruch des Algerien-Krieges und der Ausbreitung von Terrorismus und Folter beschloss Camus nach vergeblichen Bemühungen um einen Waffenstillstand, eine Art dritten Weg zu gehen und zu schweigen: Er weigerte sich, die Gewalt ideologisch zu rechtfertigen.

Briefe an einen deutschen Freund (1945; in Camus 1960) dokumentiert in Form eines fiktiven Dialogs Camus' Übergang vom Pazifismus zum reflektierten Engagement für den Kampf. Der Übergang vom Nihilismus – es gibt keine transzendenten Werte und der Mensch ist mit der Absurdität der Welt konfrontiert – zum Kampf für die Gerechtigkeit ist paradoxerweise mit einem Zitat von Nietzsche begründet: Man solle »der Erde treu bleiben«, das natürliche Unglück also nicht durch menschliche Taten vermehren. Gewalt soll nur da angewandt werden, wo Unvernunft und imperialistische Machtausübung keine andere Wahl lassen. Camus denkt schon damals an die Zukunft Europas und dessen kulturelle Einheit.

Mit der Auffassung der Revolte in *L'homme révolté* zieht Camus die Konsequenz aus seinen Erfahrungen im Widerstand. Eine Revolte entsteht durch eine zweifache Bewegung, deren Elemente, ein Nein und ein Ja, einander widersprechen. Das Nein ist gegen die erlebten Misshandlungen gerichtet und kann Gewalt nach sich ziehen; das Ja bezieht sich auf die Würde, die der Revoltierende in sich oder anderen Opfern entdeckt. Die Solidarität, die mit dieser Entdeckung einhergeht – ›Ich revoltiere, also sind wir‹ – schließt die Gewalt jedoch aus, da auch die Herrschenden zur menschlichen Gemeinschaft gehören. Das ganze Buch geht den Folgen dieses Widerspruchs nach, den der Revoltierende nicht vergessen darf. Camus unterscheidet zudem die metaphysische Revolte, die gegen

Gott (oder die Natur) gerichtet ist, von der historischen Revolte oder Revolution, die eine perfekte Gemeinschaft schaffen will, die das Ende der Geschichte bedeuten würde. Der Wille, die Utopie mit allen Mitteln durchzusetzen, findet seinen Ursprung im Hochmut Europas, im Verlangen, die Stelle Gottes einzunehmen. Die Geschichte zeigt, dass Revolte und Revolution immer wieder in Gewalt und ihre ideologische Rechtfertigung münden. Camus analysiert wichtige Momente dieser Geschichte: etwa die Französische Revolution, die Gestalten des Terrorismus, den Nationalsozialismus und den Kommunismus. Als Revolte-Revolution, die ihrem Ursprung treu bleibt, zitiert er, als einzige Ausnahme, die Kommune von 1870. Revolte und Revolution sind mit den Antinomien von Gewalt und Gewaltlosigkeit, von Gerechtigkeit und Freiheit konfrontiert. Der Revoltierende lebt immer zwischen sich widersprechenden Extremen, die ihn dazu verurteilen, jeden Augenblick das richtige Maß zwischen ihnen zu suchen. Es gibt keine definitive glückliche Synthese, keine heilbringende Dialektik: Die Pole bleiben einander entgegengesetzt.

Camus' Ausführungen stehen im Zeichen der Opposition zwischen Einheit und Totalität. Das der Rede innewohnende Bedürfnis nach Einheit stößt sich an der Vielheit der Welt und schafft, wenn es die Einheit aufzuerlegen versucht, nur eine fragmentierte Totalität. Allein in großen Kunstwerken wird diese Einheit auf fiktive Weise realisiert. Sein politisches Denken weist Camus als Vertreter einer libertären Linken aus, den die Nöte der Zeit jedoch zum Sozialdemokraten gemacht haben.

4.

Camus, A., 1942, Der Mythos von Sisyphos, Reinbek: Rowohlt 1959.
Camus, A., 1951, Der Mensch in der Revolte, Reinbek: Rowohlt 1953.
Camus, A., 1960, Fragen der Zeit, Reinbek: Rowohlt.
Camus, A., 1962, Théâtre, Récits, Nouvelles, Paris: Gallimard.
Camus, A., 1965, Essais, Paris: Gallimard.
Camus, A., 1968, Verteidigung der Freiheit, Reinbek: Rowohlt.
Camus, A., 2006ff., Œuvres complètes, Paris: Gallimard.

Guérin, J., 1993, Camus, Paris: Bourin.
Marin, L., 1998, Ursprung der Revolte, Heidelberg: Graswurzelrevolution.
Sändig, B., 2004, Autonomie und Solidarität, Würzburg: Königshausen & Neumann.
Schlette, H. R., 1980, Welt und Revolte, Freiburg: Alber.

Maurice Weyembergh

Castoriadis, Cornelius (1922–1997)

1.

Castoriadis wurde in Istanbul geboren, lebte und studierte nach der Übersiedlung der Familie in Athen und emigrierte während des griechischen Bürgerkriegs 1945/46 nach Paris, wo er zunächst als Ökonom für die OECD, später als Psychoanalytiker und schließlich als Hochschullehrer arbeitete. 1949 gründete er zusammen mit Claude Lefort eine dem Marxismus verpflichtete, aber gegen den Stalinismus gerichtete politische Gruppe und Zeitschrift mit dem Namen »Socialisme ou Barbarie«, die trotz ihrer Auflösung 1966 großen Einfluss auf die Protestbewegung von 1968 hatte (vgl. Wolf 1998). Castoriadis' Schriften sind Zeugnis einer eigensinnigen Auseinandersetzung mit der antiken Philosophie, der Psychoanalyse, dem Marxismus sowie der zeitgenössischen Philosophie und Sozialtheorie, die ihn auch in Opposition zu den dominanten Strömungen des Existenzialismus und Strukturalismus brachte.

2.

Die ersten theoretischen – zunächst unter wechselnden Pseudonymen veröffentlichten – Arbeiten von Castoriadis (1949ff.) gelten der Analyse und Kritik der Bürokratie und ihrer totalitären Tendenzen sowohl in den Staaten des Ostblocks als auch im kapitalistischen Westen. Seine strikte Opposition gegen jede Form der Parteiherrschaft und sein Engagement für die Selbstverwaltung der Arbeiter führt zum Bruch mit Kommunismus und Trotzkismus, schließlich zur Kritik des Marxismus als legitimierende Ideologie und als Gesellschaftstheorie. In Auseinandersetzung mit der Psychoanalyse (vgl. Castoriadis 1968 ff., 27 ff.) entwickelt Castoriadis die Annahme einer unauflösbaren Spannung zwischen der individuellen Psyche und den Anforderungen der Gesellschaft, die sich in politisch gefährlichen Allmachtphantasien entladen könne (vgl. Castoriadis 1975, Kap. 6.4, 6.9; Whitebook 1998). Das Hauptwerk *Gesellschaft als imaginäre Institution* (1975) führt diese verschiedenen Stränge schließlich in einer Gesellschaftstheorie und politischen Philosophie zusammen, die sich um die drei Achsen der Kritik des Marxismus (3.1.), der Konzeption des Imaginären (3.2.) und des Projekts der Autonomie (3.3.) dreht.

3.

3.1. Castoriadis' Kritik am Marxismus zielt v.a. auf drei Merkmale, nämlich (a) dessen Funktionalismus (also die Annahme, dass alle sozialen Praktiken und Institutionen funktional für die Reproduktion der sozioökonomischen Verhältnisse sind), (b) dessen Determinismus (also die Annahme eines linearen historischen Prozesses, der bestimmten ökonomischen Entwicklungsgesetzen folgt) und (c) dessen Szientismus (also die Annahme, dass die sozialen und historischen Prozesse in ihrer Gesetzmäßigkeit wissenschaftlich erkannt werden können). Demgegenüber argumentiert Castoriadis, (a) dass Institutionen eine symbolische Dimension zukommt, die jede Zuschreibung einer eindeutigen Funktion unmöglich macht und die auch noch ökonomischen Prozessen zugrunde liegt, (b) dass historische Entwicklungen und politische Entscheidungen nie aus den scheinbar objektiven Gegebenheiten ableitbar, sondern immer Ausfluss einer kreativen sozialen Praxis sind, und (c) dass aufgrund dieser Uneindeutigkeit und Unvorhersagbarkeit ein am Modell der Naturwissenschaften ausgerichtetes Wissen über Geschichte und Gesellschaft unmöglich ist. Aus diesen Gründen lasse sich das Projekt der Revolution als Projekt der Autonomie nur außerhalb des Marxismus weiter verfolgen (vgl. Castoriadis 1975, Kap. 1).

3.2. Castoriadis zufolge kommt jeder institutionellen Ordnung eine irreduzible symbolische Dimension zu, die er als Ausdruck des Imaginären bezeichnet (vgl. ebd., Kap. 3.2–3). Darunter lassen sich die in einer Gesellschaft geteilten Welt- und Selbstverständnisse, Deutungsmuster und kulturellen Regeln verstehen, die konkreten Institutionen und Praktiken erst ihre Bedeutung verleihen. Das Imaginäre entfaltet sich als Gesellschaft und als Geschichte in den und durch die beiden Formen des Instituierens und des Instituierten (vgl. Castoriadis 1982 ff., 135 ff.). Die instituierende Praxis speist sich dabei aus einem von Castoriadis als »Magma« bezeichneten unerschöpflichen Reservoir sozialer imaginärer Bedeutungen (vgl. Castoriadis 1975, Kap. 7.1). In der instituierten Ordnung hingegen ist der Rahmen des Denk- und Sagbaren festgelegt – zumindest solange, bis er durch die Einbildungskraft (die radikale Imagination) und instituierende Formen der Sinnschöpfung verändert wird (vgl. ebd., Kap. 7.6). Ob es sich dabei um eine soziale Praxis oder ein auf der ontologischen Ebene angesiedeltes Geschehen handelt, ist allerdings umstritten (vgl. Honneth 1985, 156 f.).

3.3. Das Projekt der Autonomie richtet sich gegen jede Form individueller und kollektiver Heteronomie. Damit soll nicht geleugnet werden, dass Politik immer in einem sozialen und historischen Kontext stattfindet, der individuelles oder kollektives Handeln mitbestimmt. Allerdings setzen diese Rahmenbedingungen keine eindeutigen Grenzen, so dass politische Entscheidungen nicht aus ihnen ableitbar, sondern immer zugleich Ausdruck der Autonomie sind. Auch wenn sich die instituierte Gesellschaft de facto nicht von der Praxis der Selbstinstitution ablösen kann, so ist der »historische Normalfall« doch eine Leugnung der kollektiven Kreativität, die den Ursprung der Institution an einen Ort außerhalb der gesellschaftlichen Praxis (Gott, Natur, Tradition) verlegt. In einem solchen Zustand der Heteronomie und der Entfremdung werden die bestehenden Institutionen als etwas Selbständiges und Fremdes, nicht als etwas Instituiertes und damit auch Veränderbares erfahren. Demokratie wäre dagegen die Form der permanenten und expliziten Selbstinstitution unter Bedingungen der Gleichheit, also der gleichen Partizipation aller an der Gesetzgebung (vgl. Castoriadis 1982ff., 49f., 76). Demokratische Politik zielt darauf, die Gesellschaft als solche zum Gegenstand einer reflexiven Praxis der Instituierung zu machen. Die so verstandene Autonomie ist ein *Projekt*, weil sie niemals vollständig erreicht ist, sondern – gerade unter Bedingungen des Kapitalismus – immer von neuem erkämpft werden muss. Projektcharakter hat auch die individuelle Autonomie. Sie kann Castoriadis zufolge nicht als Selbsttransparenz und Unterdrückung des »Irrationalen« gelingen, sondern nur als ein anderes (eben autonomes) Verhältnis des Subjekts zu sich selbst (vgl. Castoriadis 1975, Kap. 2.3).

3.4. Castoriadis zufolge kommt Philosophie und Politik dieselbe Aufgabe zu: die Infragestellung des scheinbar Natürlichen, Fraglosen oder Vorgegebenen. Diese Aufgabe wird wohl kaum jemals als abgeschlossen betrachtet werden können. Verabschiedet man sich derart von der Vorstellung eines Endes der Geschichte und einer Aufhebung der Spannung zwischen instituierter und instituierender Gesellschaft sowie zwischen individueller Psyche und sozialer Ordnung, wird allerdings fraglich, inwiefern mit dem Begriff der Revolution mehr gemeint sein kann als die auf Dauer gestellte Selbstbefragung der Gesellschaft mit Blick auf Formen individueller und kollektiver Heteronomie.

4.

Castoriadis, C., 1949ff., Sozialismus oder Barbarei, Berlin: Wagenbach 1980.

Castoriadis, C., 1968ff., Durchs Labyrinth, Frankfurt/M.: Suhrkamp 1983.

Castoriadis, C., 1975, Gesellschaft als imaginäre Institution, Frankfurt/M.: Suhrkamp 1984.

Castoriadis, C., 1982ff., Autonomie oder Barbarei, Edition Av 2006.

Castoriadis, C., 1986/87, Sujet et vérité dans le monde social-historique, Paris: Seuil 2002.

Honneth, A., 1985, Eine ontologische Rettung der Revolution, in: ders., Die zerrissene Welt des Sozialen, Frankfurt/M.: Suhrkamp 1999.

Joas, H., 1989, Institutionalisierung als kreativer Prozess, in: ders., Pragmatismus und Gesellschaftstheorie, Frankfurt/M.: Suhrkamp 1999.

Pechriggl, A./Reitter, K. (Hg.), 1991, Die Institution des Imaginären, Wien: Turia + Kant.

Rödel, U. (Hg.), 1990, Autonome Gesellschaft und libertäre Demokratie, Frankfurt/M.: Suhrkamp.

Whitebook, J., 1998, Requiem for a *Selbstdenker*, in: Constellations 5.

Wolf, H., 1998, Die Revolution neu beginnen, in: Archiv für die Geschichte des Widerstandes und der Arbeit 15.

Robin Celikates

China, politische Philosophie in

1.

Die Grundmuster chinesischen politischen Denkens sind bis zum Eindringen des Westens im Wesentlichen antiker Prägung. Sie gehen zurück auf die klassische Philosophie, die seit etwa 500 v. Chr. in einer Zeit des politischen Chaos nach dem Niedergang der Feudalherrschaft des Hauses Zhou entsteht. Seinen Höhepunkt erlebt der politische Diskurs in der Epoche der »Streitenden Reiche« (5.–3. Jahrhundert v. Chr.), in der der ehemalige hierarchische Lehnsverband endgültig in eine Vielzahl sich bekriegender Staaten zerfallen ist. Es entwickeln sich zahlreiche Denkrichtungen, die mit unterschiedlichen Diagnosen und Therapien aufwarten, um »die Welt wieder zur Ruhe zu bringen« (*ping tianxia*, Daxue 10). In ihnen finden die Erfahrungen von Ordnung und Chaos, Recht und Unrecht, Macht und Niedergang paradigmatische Verarbeitungen, die über das traditionelle China hinaus relevant geblieben sind. Allerdings ist das Erbe der Antike monistisch: Da der politische Polyzentrismus in den Krieg führt, geht das Denken in Richtung einer neuen Einheit, nicht einer pluralistischen Ordnung (vgl. Eglauer/Treter 2005).

Angesichts der Krise des tradierten Sinns können die neuen Theorien nicht mehr auf alte Vorbilder zurückgreifen. Gleichwohl bleiben sie ihnen in mancher Hinsicht verpflichtet. Zum Vermächtnis der Frühzeit gehört die Überlieferung von Kulturheroen, die die Macht nicht an ihre Familie, sondern an den jeweils Besten weitergaben. Die Erinnerung an die Praxis dieser idealisierten Gründerfiguren der chinesischen Kultur blieb ein beständiger Stachel gegen das später sich durchsetzende Prinzip der Erbfolge und die reale Politik.

Aus schon dynastischer Zeit stammt die gleichfalls wirkmächtig bleibende Lehre vom »Mandat des Himmels« (*tian ming*), mit der die Zhou im 11. Jahrhundert v. Chr. ihre gelungene Rebellion gegen das Haus Shang rechtfertigen. Die Legitimation der Macht geht hiernach vom »Himmel« aus, der an den Tugendhaftesten und dessen Nachkommen einen Auftrag zur Herrschaft vergibt. Eine tyrannische Dynastie verliert das Mandat und wird im Auftrag des Himmels von einem Rebellen gestürzt. Mit dieser Lehre wird ein Primat der Moral gegenüber der Politik aufgestellt, der später namentlich für den Konfuzianismus und den Mohismus (vgl. Roetz 1992, 372 ff.) gültig bleibt, aber vom Legismus als subversiv zurückgewiesen wird.

2.

Der sich seit dem 6. Jahrhundert v. Chr. entwickelnde und durch Han Fei (280–233 v. Chr.) systematisierte Legismus vertritt ein strikt technizistisches Modell der Politik, das an der institutionellen Regelung, dem berechnenden Selbstinteresse der Beteiligten und der Selbstbehauptung des Systems statt an der Person, der Moral und dem öffentlichen Wohl orientiert ist. Der in manchem bestechend modern wirkende Legismus betreibt gegen den politischen Feudalismus die Durchsetzung des zentralistischen Verwaltungsstaates. Hiermit steht er in Gegnerschaft zu allen persönlichen, insbesondere familiären Strukturen, die als Hort des zu überwindenden Alten gelten. An die Stelle personaler Bindungen tritt die reine Verpflichtung auf die Rolle, an die Stelle der Tradition das Kriterium des jeweils »Praktikablen« (*ke*). Auf Basis der Annahme, dass alle menschlichen Beziehungen, auch die zwischen Herrscher und Untertan, allein durch »Kalkül« (*ji*) bestimmt sind, wird ein technisch-strategisches Modell der Herrschaft entwickelt. Es ruht auf den drei Säulen Machtstellung (*shi*), Herrschaftstechnik (*shu*) und Gesetz (*fa*), wobei *shi* das nötige Drohpotential liefert, *shu* die Kontrolle des Apparats sicherstellt und *fa* Belohung und Strafe regelt, die zwei »Handgriffe«, mittels deren der Herrscher den Egoismus der Beherrschten zugleich in seine Schranken weist und fungibel macht. Über den Aufstieg in der Hierarchie entscheidet das Wohlverhalten im Sinne der jeweiligen Vorschrift, während jede Abweichung bei Kollektivhaftung mit strengsten Sanktionen geahndet wird. Der Angelpunkt dieses Systems ist das pure Selbstinteresse; jede Spur von Moral und menschlicher Bindung würde den natürlichen Mechanismus stören. Herrscher und Untertan müssen sich darauf verstehen, »nicht menschlich« bzw. »nicht loyal« zu sein (Hanfeizi 35); die »klügste Regierung« ist die, »sich auf Methoden zu stützen statt auf Menschen« (Hanfeizi 55).

Um in dem zentralistischen Staat die Despotie zu verhindern, fordert der Legismus vom Herrscher, das für alle gleiche Gesetz nicht seinerseits zu beeinträchtigen und sein »Selbst« auszuschalten (Shenzi 6). Er soll sich zurückziehen auf die Position des bloßen Überwachers eines sich selbst steuernden Mechanismus. Die legistische Konzeption von Herrschaft folgt hiermit dem Ideal der »Inaktivität« bzw. »Handlungsenthaltung« (*wuwei*). Übernommen wird es von den ursprünglichen Antipoden der legistischen Lehre – den Daoisten.

3.

3.1. Der Daoismus zählt den entwickelten Staat als blutiges Repressionsinstrument zusammen mit Moral und Technik unter die widernatürlichen Erscheinungsformen der menschlichen Zivilisation, die die Einheit der anarchischen Uridylle zerspalten und eine künstliche Manipulation über die Welt gebracht haben. Die Daoisten suchen ein naturnahes Leben unberührt von institutionellem Zwang, das die verlorene Einheit mystisch-mimetisch zurückgewinnt.

Eine radikale Spielart des Daoismus sieht den Staat als *Räuberbande*, deren Anführer sich »Fürst« nennt und die auch Moral und Intelligenz als Mittel zum Zweck »gestohlen« hat (Zhuangzi 10). Moderatere Positionen akzeptieren eine zurückhaltende, ambitionslose Form der Herrschaft nach dem Vorbild des zweckfreien Geschehenlassens anstelle des Handelns, des *wuwei* der Natur bzw. des Dao. Dieses Modell passt allerdings kaum zur hoch entwickelten Zivilisation der Zeit, weshalb der Daoismus die Desorganisation der Gesellschaft fordert; sie soll wieder in unterkomplexe, überschaubare autarke Gemeinschaften zurückentwickelt werden (Laozi 80).

Hiermit gerät der Daoismus in den Sog eben jener Logik des Herstellens, gegen die er angetreten war. So bereitet sich seine Okkupation durch den Legismus vor. Der legistische Staat, wie ihn Han Fei konzipiert, ist die konsequente Institutionalisierung einer zweiten Natur nach dem Modell des daoistischen Selbstlaufs.

3.2. Die Vorstellung einer Einheit von Politik und Ontologie bestimmt auch eine kosmologische Richtung des chinesischen Denkens, die mit dem Wirkzusammenhang von Yin und Yang und der »Fünf Phasen« (*wu xing* – Erde, Wasser, Feuer, Metall, Holz) operiert. Allerdings ist hier die Einheit nicht künstlich (wieder)herzustellen, sondern vorgegeben. Die Politik ist die Verlängerung der kosmischen Bewegung mit einem jahreszeitlich genau abgestimmten Programm (Lüshi chunqiu, Liji Kap. Yueling). Verstöße bringen den natürlichen Rhythmus durcheinander und resultieren in Naturkatastrophen. Zugleich ontologisiert der Kosmologismus die politischen wie die sozialen Beziehungen: Die Hierarchie von Herrscher und Untertan wird über ihre Identifikation mit der Relation des starken Yang und des schwachen Yin festgeschrieben (Roetz 1992, 368 f.). Folgenreich werden diese Theorien insbesondere durch ihre hanzeitliche synkretistische Aufnahme in den Konfuzianismus.

3.3. Auch die auf Konfuzius (551–479 v. Chr.) zurückgehende und von Mengzi (ca. 370–280 v. Chr.) und Xunzi (ca. 310–230 v. Chr.) weiter ausgearbeitete konfuzianische Lehre setzt bei der Erfahrung einer illegitimen, keine gerechte Ordnung sicherstellenden Herrschaft an. Was die Philosophie auf den Plan ruft, ist das Versagen der Politik, die ihrer »korrektiven« (*zheng*, Lunyu 12.17) Aufgabe nicht nachkommt und deren Sinn neu zu formulieren ist. Wahre Politik hat sich am »Guten« (*shan*) zu orientieren und nicht an der von den Legisten favorisierten »Macht« (*shi*) (Mengzi 7a:8).

Für den Konfuzianismus hat staatliche Herrschaft ihren Zweck nicht in sich selbst, sondern in der Erfüllung von Aufgaben für das Gemeinwesen: »Das Volk ist das Höchste, dann folgt das Land. Der Fürst ist das Unbedeutendste.« (Mengzi 7b:14) Trotz mancher patriarchalischer Verbrämung gilt der Staat nicht als etwas Natürliches wie die mit ihm konkurrierende Familie. Er ist etwas historisch Gemachtes, das sich an seiner raison d'être zu bewähren hat – der Beförderung und Sicherung einer am »rechten Weg« (*dao*) orientierten Ordnung. Eine solche Ordnung ist auf Moral und Sitte (*ren* und *li*) und das Funktionieren gemeinschaftlicher Beziehungen gegründet, die wiederum auf der »Selbstkultivierung« aller ruhen (Daxue). Denn, so Mengzi, die »Grundlage der Welt ist der

Staat, die Grundlage des Staates die Familie, und die Grundlage der Familie das Selbst [des einzelnen]« (Mengzi 4a:5).

Dieser Vorstellung zufolge bedarf die menschliche Gemeinschaft nur einer schwachen staatlichen Lenkung über das Vorbildverhalten der Mächtigen, nicht aber einer starken, auf Strafandrohung gestützten Administration (Lunyu 2.3). Auf die Ausstrahlung seiner »Selbstachtung« setzend, kann sich der vorbildliche Herrscher, wieder im Sinne des *wuwei*, ganz zurücknehmen (Lunyu 15.4).

Fernab von seinem in die Vergangenheit projizierten utopischen Ideal, in dem »die Welt die Welt aller ist« und nicht einem Herrscherhaus gehört (Liji Kap. Liyun), muss sich der frühe Konfuzianismus allerdings mit der schlechten politischen Wirklichkeit auseinandersetzen. In einer Welt, in der »das Dao nicht zum Zuge kommt«, ist Verantwortung zu übernehmen, auch wenn dies die moralischen Überzeugungen auf eine Probe stellt (Lunyu 18.5; vgl. Roetz 2006, 93 ff.). Konfuzius begründet ein Beamtenethos, das die Bereitschaft zur loyalen Mitarbeit, aber auch zur Kritik (*jian*) und zur Verweigerung beinhaltet. Ein Beamter hat insbesondere advokatorisch das Interesse des Volkes (*min*) zur Geltung zu bringen, das sich nicht selbst vertreten kann, aber das cui bono aller politischen Tätigkeit ist.

Wenngleich weitestgehend Objekt eines wohlwollenden Paternalismus, ist das Volk reaktiv und über seine in Rechnung zu stellenden Erwartungen in das politische Geschehen direkt einbezogen. Es ist Teil eines umfassenden Reziprozitätsverbundes, und das Verhalten der Beherrschten richtet sich nach ihrer Behandlung durch die Herrschenden. Die von Konfuzius ins Zentrum der Ethik gestellte Goldene Regel (vgl. Roetz 1992, 219 ff.) gilt auch für die Politik – ein Herrscher darf auch den unter ihm Stehenden nichts antun, was er selbst nicht angetan bekommen möchte. Hierbei ist allerdings mehr an die Selbstverpflichtung der Mächtigen gedacht als an die Einklagung eines entsprechenden Anspruchs von Seiten der Beherrschten. Der Konfuzianismus denkt eher in Begriffen der persönlichen Moralität und damit der Pflicht als in Begriffen der Institution und damit des Rechts.

Dem Überhang an moralischem Elitismus korrespondiert die Sicht des Staates als Produkt der »Sorge« früher Kulturgründer (*shengren*), die, so Mengzi, inmitten einer feindseligen Natur »eine Ordnung ausgebreitet haben«. Diese Kulturleistung gilt als Beleg für die Unumgänglichkeit einer auf Elitenherrschaft hinauslaufenden politischen Arbeitsteilung von Kopf und Hand (Mengzi 3a:4). Hieraus scheint eine starke ordnende und erzieherische Rolle des Staates zu sprechen. Doch hat Mengzi an anderer Stelle die Grundnormen des Zusammenlebens im einzelnen Menschen selbst lokalisiert, dessen moralische Möglichkeiten von den *shengren* des Altertums nur in besonderer Weise verkörpert werden. Mengzi zufolge sind jedem Menschen qua seiner ihm vom »Himmel« verliehenen Natur die »Ausgangspunkte« der moralischen Normen angeboren, die als die »himmlischen Ränge« über den »menschlichen Rängen« der politischen Hierarchie stehen (Mengzi 2a:6, 6a:16). Mit seiner spontan und präflexiv wirksamen moralischen Disposition (*xing*) trägt jeder Mensch eine »Würde« (*gui*) in sich, die ihm von keinem Machthaber verliehen oder genommen werden kann (Mengzi 6a:17). Wenn Mengzi die Fürsten seiner Zeit als Räuber und Mörder angreift, die die Menschen nicht wie Menschen, sondern wie Tiere und Dinge behandeln (Mengzi 1a:4, 4b:3), so offenbar deshalb, weil er die Würde der moralischen Natur auf den Menschen selbst überträgt. Dies hat seine Lehre zum wichtigsten Anknüpfungspunkt für eine chinesische Adaption der Idee individueller Menschenrechte gemacht (Roetz 1998; ders. 2004; Wegmann/Ommerborn/Roetz 2001).

Mit der Anthropologisierung des ethischen Gehalts der frühen Himmelsreligion liefert Mengzi eine Theorie, der schon bald vorgeworfen wird, Politik zu einem Epiphänomen zu machen (vgl. Roetz 1992, 356). Zumindest unterwirft Mengzi jede Herrschaft scharfen Auflagen: Ihre Aufgabe besteht nicht darin, die Menschen über ihre Inzuchtnahme durch die Institutionen zu sozialen Wesen zu formen, sondern darin, durch eine entgegenkommende, auf Drangsalierung verzichtende »humane Politik« (*ren zheng*) optimale Bedingungen zu schaffen, damit ein jeder seine moralischen Ansätze zur Entfaltung bringen kann. Die Politik hat sich somit ganz in den Dienst der moralischen Möglichkeiten des Menschen zu stellen. Ein Herrscher, der hierin versagt und sein Volk durch das Ruinieren seiner Lebensgrundlagen gar in die Kriminalität treibt, verliert sein Sanktionsrecht und den Anspruch auf Gefolgschaft (Mengzi 1a:7, 1b:12). Er darf durch einen Untergebenen mit lauterem Willen abgesetzt werden, bis er sich bessert (Mengzi 7a:31), denn die Autorität qua Tugend steht über der Autorität qua Amt (Mengzi 2b:2). Als letztes Mittel bleibt der Tyrannenmord, der als »Hinrichtung eines isolierten Kerls« gerechtfertigt wird (Mengzi 1b:8) – der Tyrann hat sich vom Volk abgewandt und sich damit selbst seiner Herrscherwürde begeben. Denn das Volk ist die direkte Repräsentanz des Himmels, der »über es sieht und hört« (Mengzi 5a:5). Im Unterschied zu einem auf äußere Machtmittel setzenden »Hegemonen« (*ba*) obsiegt ein wirklich moralischer wahrer König (*wang*) allein dadurch, dass er die Herzen gewinnt (Mengzi 2a:3). Mengzi wurde mit dieser Lehre zum Protagonisten der »Idee vom Volk als Basis« (*minben sixiang*), die bis in die republikanische Bewegung des modernen China nachgewirkt hat. Sie findet derzeit im Rahmen des Programms einer »harmonischen Gesellschaft« wieder in die politische Terminologie der VR China Eingang, allerdings mit sozialstaatlicher und keineswegs demokratischer Intention.

Auch Xunzi verfolgt das Modell einer moralischen Herrschaft, doch im Vergleich zu Mengzi mit mehr Zugeständnissen an die Institutionen. Er misstraut den spontanen Neigungen, die den Menschen für ihn eher auf die Seite der Tiere stellen, ohne dass er als Mängelwesen mit diesen zu konkurrieren in der Lage wäre. Von Natur aus unfertig, bedarf der Mensch der geduldigen Leitung durch die Vernunft, seiner eigenen wie der historisch bereits realisierten Vernunft der Institutionen. Der Staat in seiner monarchisch-hierarchischen Form ist die geniale Antwort auf das Problem der Verteilung knapper Ressourcen angesichts ungezügelter menschlicher Begierden und dem hieraus folgenden Streit aller gegen alle. Ein Herrscher ist ein »Experte in gesellschaftlicher Organisation« (*shan qun*) und der »Angelpunkt für die Verwaltung unterschiedlicher Rollen (*fen*)« (Xunzi 9 u. 10). Erst durch die Unterschiedlichkeit der Rollen kommt ein stabiles System der Verteilung zustande, das alle Beteiligten vom Streit um die Ressourcen erlöst (vgl. Roetz 1992, 110ff.). Gerade die hierarchisch differenzierte Gesellschaft ermöglicht »geteilten Nutzen« (*tong li*, Xunzi 11 u. 18). Xunzi teilt hiermit eine zur Ungleichheit hin pointierte, aber die Interessen aller nicht aus dem Auge verlierende Grundintuition des rawlsschen Differenzprinzips: Eine gerechte Ordnung besteht in Ungleichheiten, die jedermann Nutzen bringen (Roetz 2008a). Bei aller meritokratisch legitimierten Asymmetrie muss eine Balance gewahrt sein, da anders das »Boot« der Herrschaft vom »Wasser« der Beherrschten zum Kentern gebracht wird (Xunzi 9). Der Herrscher kann »in die Pflicht genommen werden« – er hat, wieder im Sinne der Reziprozität, eine Erwartung zu erfüllen und das entsprechende »Vertrauen« zu sichern (Xunzi 11). Hinter dieser Argumentation ist ein vertragstheoretischer Ansatz erkennbar (vgl. Roetz 1992, 116ff.; ders. 2008a). Zwar bleibt auch für Xunzi wie für alle traditionellen Konfuzianer die höchste Form der Regierung die reine Tugendherrschaft eines idealen Königs. Doch ist das auf Vereinbarung beruhende »Hegemonat« nicht wie bei Mengzi die schlechte Alternative hierzu, sondern die zweitbeste und offenbar als realistischer angesehene Lösung.

Mehr als die Idealmonarchie ist eine solche den Normalfall verkörpernde Herrschaft mittleren Typs auf die Zuarbeit eines effektiven Apparates angewiesen. Die Beamtenschaft wird so bei Xunzi im Vorgriff auf die Kaiserzeit zur eigentlich tragenden Säule des Staates. Ihre oberste Devise ist, »dem Dao zu folgen und nicht dem Fürsten« (Xunzi 13 u. 29). Dies ergibt einen Verhaltenskatalog, der »opportunistische Konformität« (*gou rong, gou tong*) ausschließt und von der Ausführung »nützlicher« Befehle über die nachhaltige Kritik und die Aufkündigung der Mitarbeit bis hin zur »Usurpation der Autorität des Fürsten« und zum »Widerstand gegen seine Unternehmungen« reicht (Xunzi 13, vgl. Roetz 1992, 134ff.). Auch wenn die Entscheidungsgewalt des Herrschers nicht formell und rechtssicher eingeschränkt ist, ist so mit der Beamtenschaft doch ein kontrollierendes Gegenorgan und damit eine gewisse Gewaltenteilung geschaffen, wenngleich bei hohem persönlichen Risiko. Der Macht übergeordnet sind dabei v.a. die Grundsätze der Moral (*dao*), was auch einen Gesetzespositivismus ausschließt (vgl. Roetz 1992, 416), aber ebenso das »allgemeine Interesse des Staates« (*guo zhi da li*). Als ultima ratio rechtfertigt auch Xunzi den Tyrannenmord.

3.4. Die politische Theorie der Kaiserzeit ist ab dem 2. Jahrhundert v. Chr. weitgehend konfuzianisch bestimmt, allerdings unter Aufnahme legistischer Motive und mit Anleihen bei der Idee des kosmologischen Königtums. Von ambivalentem Einfluss auf das politische Denken, wenngleich selbst wenig Theorie bildend, ist der Buddhismus. Er verstärkt die Vorbehalte gegenüber der Macht, da er keine weltliche Herrschaft über dem Mönch anerkennt, mildert sie aber zugleich, da er von dem Laien die Unterordnung unter die staatliche Autorität erwartet.

3.5. Im song- bis qingzeitlichen (11.–19. Jahrhundert) Konfuzianismus stehen der klassische moralische Imperativ (*daotong*), das pragmatische effektive Management des Staates (*jingshi*) und das dynastische Prinzip (*zhitong*) zueinander in unaufgelöster Spannung (vgl. Chang 1996). Das unerreichte Ideal bleibt »äußeres Königtum bei innerer Vollkommenheit« (*nei sheng wai wang*), das tatsächliche sich immer wieder stellende Problem bleibt die Verhinderung der Despotie. Versuche einer Eingrenzung der Macht des Herrschers gehen in Richtung der Stärkung der Rolle des Beamtenapparats oder einer Dezentralisierung nach dem Vorbild des vorimperialen politischen Feudalismus, nicht aber in Richtung einer grundsätzlichen Infragestellung der Monarchie, wenngleich dies mittels der moralischen Anthropologie Mengzis denkbar gewesen wäre. Weniger aus theorieinternen als aus soziologischen Gründen wurden die Möglichkeiten der konfuzianischen Ethik nicht ausgeschöpft – sie führte nicht in das Vertrauen auf öffentliche Meinungsfindung über die Beteiligung aller, sondern in die immer wieder enttäuschte Hoffnung auf gute Herrschaft auf Basis der Kultivierung der Person, und damit in die reduzierte Auffassung von Politik als Regieren. Erst im späten 19. Jahrhundert kommt unter westlichem Einfluss die Idee des demokratischen Rechtsstaats auf, und ihre Vereinbarkeit mit traditionellen chinesischen Theorien wird zu einem Grundthema der seitherigen politischen Diskussion. Bestimmend für das nachkaiserliche China wird allerdings ein bis heute einflussreiches dirigistisches, sich in Richtung »Governance« statt Demokratie bewegendes Verständnis von Politik im Namen nationaler Entwicklungsaufgaben (vgl. Roetz 2008b).

4.

Chang Hao, 1987, Chinese Intellectuals in Crisis. Search for Order and Meaning 1890–1911, Berkeley: University of California Press.
Chang Hao, 1996, The Intellectual Heritage of the Confucian Ideal of Ching-shih, in: Tu Weiming (Hg.), Confucian Traditions in East Asian Modernity, Cambridge/MA: Harvard University Press.
Chang Tsung-tung, 1982, Metaphysik, Erkenntnis und praktische Philosophie im Chuang-tzu, Frankfurt/M.: Klostermann.
Daxue, Das Große Lernen, Stuttgart: Reclam 2003.
de Bary, W. T., 1983, The Liberal Tradition in China, Hong Kong: Chinese University Press.
Edwards, R. R./Henkin, L./Nathan, A. J. (Hg.), 1986, Human Rights in Contemporary China, New York: Columbia University Press.
Eglauer, M./Treter, C. (Hg.), 2005, Pluralismus in China, Dortmund: Projekt.
Fu Zhengyuan, 1996, China's Legalists. The Ear-

liest Totalitarians and their Art of Ruling, Armonk: Sharpe.
Hanfeizi, Die Kunst der Staatsführung, Leipzig: Kiepenheuer 1994.
Hsiao Kung-chuan, 1979, A History of Chinese Political Thought, Bd. 1, Princeton: Princeton University Press.
Kroker, E., 1951, Der Gedanke der Macht im Shang-kün-shu, Wien-Mödling: St. Gabriel.
Laozi, Tao Te King, München: dtv 2005.
Liji, Li Gi, Jena: Diederichs 1930.
Lunyu, Kungfutse, Gespräche, Lun Yü, Jena: Diederichs 1923.
Lüshi chunqiu, Frühling und Herbst des Lü Bu We, Düsseldorf: Diederichs 1971.
Mengzi, Mong Dsi (Mong Ko), Jena: Diederichs 1921.
Metzger, T., 1977, Escape from Predicament. Neo-Confucianism and China's Evolving Political Culture, New York: Columbia University Press.
Ommerborn, W./Weber-Schäfer, P., 1988, Die politischen Ideen des traditionellen China, in: I. Fetscher/H. Münkler (Hg.), Pipers Handbuch der politischen Ideen, Bd. 1, München: Piper.
Paul, G. (Hg.), 1998, Die Menschenrechtsfrage. Diskussion über China – Diskussion mit China, Göttingen: Cuvillier.
Roetz, H., 1992, Die chinesische Ethik der Achsenzeit, Frankfurt/M.: Suhrkamp.
Roetz, H., 1998, Chancen und Probleme einer Reformulierung und Neubegründung der Menschenrechte auf Basis der konfuzianischen Ethik, in: W. Schweidler (Hg.), Menschenrechte und Gemeinsinn – westlicher und östlicher Weg?, St. Augustin: Akademia.
Roetz, H., 2003, Ethik. Konfuzianismus, in: B. Staiger/S. Friedrich/H.-W. Schütte (Hg.), Das große China-Lexikon, Darmstadt: WBG.
Roetz, H., 2004, Menschenrechte in China. Ein Problem der Kultur?, in: M. Rappenecker (Hg.), Das Recht, Rechte zu haben, Freiburg: Katholische Akademie.
Roetz, H., 2006, Konfuzius, München: Beck.
Roetz, H., 2008a, Xunzis Vision of Society. Harmony by Justice, in: J. Tao (Hg.), Governance for Harmony – Linking Visions, Hong Kong: Governance in Asia Research Centre.
Roetz, H., 2008b, Die Wiederkehr des Konfuzianismus und die Frage der Identität Chinas, in: Li Xuetao (Hg.), Einheit in der Vielfalt – die pluralistische Tradition Chinas, Peking (i. E.).
Rubin, V., 1976, Individual and State in Ancient China, New York: Columbia University Press.
Shenzi, The Shen Tzu Fragments, Oxford: Oxford University Press 1979.
Wegmann, K./Ommerborn, W./Roetz, H. (Hg.), 2001, Menschenrechte. Rechte und Pflichten in Ost und West, Münster: LIT.
Xunzi, Hsün-tzu, Kaldenkirchen: Steyler 1967.
Zhuangzi, Das klassische Buch daoistischer Weisheit, Frankfurt/M.: Krüger 1998.
Zürcher, E./Huang Chun-chieh (Hg.), 1993, Norms and the State in China, Leiden: Brill.

HEINER ROETZ

Chomsky, Avram Noam (*1928)

1.

Noam Chomsky, der seinen PhD in linguistics 1955 erwarb, lehrt seitdem am MIT in Boston Linguistik und Philosophie. Er erhielt diverse Auszeichnungen, u.a. den Kyoto-Preis und die Helmholtz-Medaille.

2.

Chomsky ist durch die Revolution der modernen Linguistik und Sprachphilosophie zu einem einflussreichen Wissenschaftler der Gegenwart geworden (vgl. Pinker 1994). Kern seines Werkes ist die Annahme eines angeborenen universalen menschlichen Sprachvermögens, das alle Menschen gleichermaßen besäßen. Eine Universalgrammatik determiniere zentrale Eigenschaften aller natürlichen menschlichen Sprachen (vgl. Chomsky 1957; 1965; 1975; 1986; 1995; 2000). Die implizierten Hypothesen zur Struktur des menschlichen Geistes sind zu Leitannahmen moderner Theorien menschlicher Kognition geworden (vgl. Jackendoff 1994; 2002). Chomskys politische Wirkung hat durch seine Kritik des Vietnam-Krieges eingesetzt (vgl. Chomsky 1967). Weitere Analysen widmen sich der Rolle der USA im Rahmen der Invasion Ost-Timors durch Indonesien, in Zentral- und Südamerika und im Nahen Osten (vgl. Chomsky/Herman 1979; Chomsky 1987; 1991; 1994; 1996; 1999). Selbst als Nachfahre jüdischer Einwanderer in der links-zionistischen

Bewegung der Nachkriegszeit engagiert, hat er skeptische Analysen auch der Regierungspolitik Israels vorgelegt (vgl. Chomsky 1983). Ein wesentliches Element seiner Kritik richtet sich nicht nur gegen die Substanz der Politik der USA, sondern auch gegen ihre Vermittlung in den Medien, die von ideologischen Verzerrungen geprägt sei (vgl. Chomsky/Herman 1988; Chomsky 1989). Als Grund macht Chomsky verschiedene Einflüsse aus, die von mangelndem Mut und geringer geistiger Unabhängigkeit von Intellektuellen bis zu strukturellen Verbindungen von Medienunternehmen mit der politischen Ordnung reichen, die sie deshalb nur in engen Grenzen kritisieren könnten.

3.

Chomskys politisches Werk zeichnet sich durch sein empirisch-historisches Profil aus, das auf reich dokumentierte Detailanalysen der jeweiligen Konflikte setzt. Diese Analysen sind in den ideengeschichtlichen Kontext eingebettet, schlagen z.T. auch große historische Bogen durch die politische und philosophische Geschichte der Neuzeit (vgl. Chomsky 1993), zeigen aber Abstinenz gegenüber einer Theoretisierung von Geschichte und Politik, weil Chomsky skeptisch ist, dass derartige Versuche tatsächlich eine tiefe wissenschaftliche Erklärungskraft besitzen.

Trotz scharfer Kritik der Menschenrechtsverletzungen z.B. der UdSSR konzentriert er seine Arbeit auf die US-amerikanische Politik und begründet dies mit der ethischen Maxime, dass man dort seine Kräfte primär einsetzen müsse, wo man selbst als Staatsbürger Verantwortung trage. Der geringe Preis, der in den USA als dem aus seiner Sicht vermutlich liberalsten Staat der Gegenwart für Kritik zu zahlen sei, erhöhe diese Verantwortung nur.

Chomsky ist der libertär-sozialistischen Tradition verpflichtet, die auf die Demokratisierung nicht nur des politischen Systems, sondern auch der Wirtschaft setzt. Einen wichtigen weiteren Referenzpunkt bildet auch der präkapitalistische, gemeinschaftsorientierte, humanistische Liberalismus etwa Wilhelm von Humboldts. Diese libertär-sozialistische Orientierung hält Chomsky für eine entfernte Vision gelungener Gesellschaft, die in der Gegenwart pragmatische Überlegungen und Handlungen nicht ersetzen könne. Obwohl Chomsky einer staatskritischen Tradition angehört, betont er deshalb etwa gegenüber der Entmachtung des modernen Staates zugunsten privater Machtzentren in der Wirtschaft die emanzipatorische Bedeutung eines handlungsfähigen Staates. Die marxistisch-leninistische Theorie hält er für eine Variante quasi-religiöser autoritärer Selbstlegitimation elitärer Herrschaft.

Chomsky vertritt eine universalistische Ethik. Er hat angedeutet, aber nicht ausgearbeitet, dass auch das moralische Urteilsvermögen zu den möglichen angeborenen Vermögen menschlicher Kognition gehört, es also nicht nur eine Universalgrammatik der Sprache, sondern auch der Moral geben könne (vgl. Mahlmann 1999; Mikhail 2000).

Chomskys Analysen haben ihm große Resonanz ebenso wie schneidende Kritik eingebracht. Anklagende Aufmerksamkeit hat z.B. erregt, dass er auch für die Redefreiheit eines Leugners des Holocaust eingetreten ist. Er hat dabei selbst formuliert, dass schon eine ernsthafte Auseinandersetzung mit nazistischen Argumenten aufgrund ihrer evidenten Unmenschlichkeit ein Schritt in einen »Sumpf wahnsinniger Rationalität« (Chomsky 1967, 9) bedeute. Aus Respekt vor der Meinungsfreiheit müsse man aber eine Auseinandersetzung auch mit solchen Äußerungen ermöglichen, die man selbst für absurd halte.

Chomsky betont, dass seine wissenschaftliche Arbeit als Linguist und Philosoph auf keine direkte Weise mit seinem politischen Werk verbunden sei. Allerdings zeichnet Chomskys Theorie des menschlichen Geistes das Bild einer differenzierten und eigenschaftsreichen geistigen Natur des Menschen, die jedem Individuum in gleicher Weise eigen sei. Das Phänomen des kreativen Sprachgebrauchs ist zudem für Chomsky wie für Descartes ein zentrales Merkmal der Gattung

Mensch und mit ihrer Freiheit verbunden. Das wissenschaftliche Bewusstsein der bemerkenswerten kognitiven Gattungseigenschaften der Menschen und ihrer Kreativität ist deshalb wohl Teil des Grundes für Chomskys Versuch, durch kritische Analysen dazu beizutragen, dieser Natur ihre aus seiner Sicht gemäße Entfaltungsmöglichkeiten zu verschaffen.

4.

Chomsky, N., 1957, Strukturen der Syntax, Den Haag: Mouton 1973.
Chomsky, N., 1965, Aspekte der Syntax-Theorie, Frankfurt/M.: Suhrkamp 1973.
Chomsky, N., 1967, Amerika und die neuen Mandarine, Frankfurt/M.: Suhrkamp 1974.
Chomsky, N., 1975, Reflexionen über die Sprache, Frankfurt/M.: Suhrkamp 1977.
Chomsky, N., 1983, Offene Wunde Nahost, Hamburg: Europa-Verlag 2002.
Chomsky, N., 1986, Knowledge of Language, Westport: Praeger.
Chomsky, N., 1987, The Chomsky Reader, New York: Pantheon.
Chomsky, N., 1989, Media Control, München: Piper 2006.
Chomsky, N., 1991, Deterring Democracy, London: Verso.
Chomsky, N., 1993, Wirtschaft und Gewalt, München: dtv 1995.
Chomsky, N., 1994, Neue Weltordnungen, Hamburg: Europa-Verlag 2004.
Chomsky, N., 1995, The Minimalist Program, Cambridge/MA: MIT Press.
Chomsky, N., 1996, Power and Prospects, London: Pluto.
Chomsky, N., 1999, Der Neue Militärische Humanismus, Zürich: Edition 8 2000.
Chomsky, N., 2000, New Horizons in the Study of Language and Mind, Cambridge: Cambridge University Press.
Chomsky, N./Herman, E., 1979, Die politische Ökonomie der Menschenrechte, Grafenau: Trotzdem 2000.
Chomsky, N./Herman, E., 1988, Wege zur intellektuellen Selbstverteidigung. Medien, Demokratie und die Fabrikation von Konsens, München: Marino 1996.

Barsky, R., 1998, Noam Chomsky, Cambridge/MA: MIT Press.
Grewendorf, G., 2006, Noam Chomsky, München: Beck.
Jackendoff, R., 1994, Patterns in the Mind, New York: Basic Books.
Jackendoff, R., 2002, Foundations of Language, Oxford: Oxford University Press.
Mahlmann, M., 1999, Rationalismus in der praktischen Theorie, Baden-Baden: Nomos.
McGilvray, J., 1999, Chomsky, Cambridge: Polity.
Mikhail, J., 2000, Rawls' Linguistic Analogy, Cornell University: Ph.D. Thesis.
Pinker, S., 1994, The Language Instinct, London: Penguin.

Matthias Mahlmann

Cicero, Marcus Tullius (106–43 v. Chr.)

1.

Cicero, geboren in Arpinum, stammte aus einer Familie des Ritterstandes. Er erhielt 91–82 v. Chr. in Rom eine juristische, rhetorische und philosophische Ausbildung, die er 79–77 mit Studien in Athen, Rhodos und Kleinasien vollendete. Danach begann er eine Ämterlaufbahn, die ihn 63 bis ins Konsulat führte. Als Konsul verhinderte er einen drohenden Staatsstreich Catilinas. Wegen der Hinrichtung von Verschwörern ohne ordentlichen Prozess wurde er jedoch 58 verbannt. Nach der Rückberufung 57 waren seine Wirkungsmöglichkeiten wegen des Machtkartells von Pompeius und Caesar eingeschränkt. 51–50 diente er als Statthalter in Kilikien. Im 49 v. Chr. ausbrechenden Bürgerkrieg nahm er die Partei des Pompeius, fand dann aber die Gnade des Siegers Caesar. Nach der Ermordung Caesars agitierte Cicero gegen Antonius und glaubte, Octavian (später: Augustus) für die Sache des Senats einbinden zu können. Ende des Jahres 43 kam es jedoch zum Bündnis zwischen Antonius und Octavian, deren Proskriptionen auch Cicero zum Opfer fiel.

2.

Cicero hat sich stets als zur Politik Berufener verstanden. Seine rhetorischen und philosophischen Schriften sind in den Zeiten entstanden, in denen ihm eigene praktische Wirksamkeit versagt war, d.h. 55–51 bzw. 46–44 v. Chr. Er wollte dem römischen Publikum einen möglichst vollständigen Überblick über die griechische Tradition verschaffen. Seine Leistung bestand in der Entwicklung einer philosophischen Themen angemessenen lateinischen Terminologie.

In der politischen Philosophie steht für Cicero die Verknüpfung griechischer Theorie mit römischer Staatsklugheit im Vordergrund, wie er zuerst 55 in *De oratore* darlegt. Die Idealkonkurrenz mit den staatsphilosophischen Werken Platons nimmt Cicero mit seinen (51 abgeschlossenen, als Dialoge gestalteten) Schriften *De re publica* und *De legibus* auf. Die historisch gewachsene Ordnung Roms wird als ein ideales System dargestellt; die politische Erfahrung der Römer zähle mehr als alle Theorien und Gedankenexperimente (vgl. rep. 2, 52). In *De officiis* entwickelt Cicero 44 seine auf stoische Vorlagen zurückgehende Lehre über die Vereinbarkeit von sittlich gerechtfertigtem und interessegeleitetem Handeln, die er mit Belegen aus Geschichte und Gegenwart der römischen Republik illustriert.

3.

Im Zentrum von Ciceros politischer Theorie steht die Frage, wie sich die politische Ordnung zum Postulat der Gerechtigkeit verhält. *Res publica* wird mit *res populi* gleichgesetzt. Ein Volk (*populus*) ist nicht jede beliebige Menge, sondern nur ein auf allgemeinem Einverständnis über das Recht (*iuris consensus*) und auf Gemeinsamkeit des Nutzens (*utilitatis communio*) beruhender Zusammenschluss von Menschen. Die primäre Motivation für die Vergesellschaftung liegt nicht in der Schwäche der Menschen, sondern in dem ihnen innewohnenden natürlichen Gemeinschaftstrieb (vgl. rep. 1, 39). Dieser Anschluss an die aristotelisch-stoische Lehre wird ergänzt um den Gedanken der Rechtsgemeinschaft, der eine Verständigung über Prinzipien des Rechts noch vor der Konstituierung der staatlichen Ordnung, die der Sicherung des Eigentums dient (vgl. off. 2, 73), impliziert.

Aus der Staatsdefinition folgt ein Kriterium zur Beurteilung der unterschiedlichen Typen staatlicher Ordnung. Für Cicero sind Monarchie, Aristokratie und Demokratie bedingt akzeptable Formen, die dem in der Definition von *res publica* implizierten Gerechtigkeitsprinzip nur partiell entsprechen (vgl. rep. 1, 42, 55). Bei allen fehlen ausreichende Vorkehrungen gegen Machtmissbrauch, deshalb eignet ihnen eine Instabilität, die zum Umschlag in eine depravierte Variante führen kann (vgl. rep. 1, 44). Gerecht und stabil kann nur eine Mischung aus den drei legitimen Typen sein, in der eine ausgewogene Verteilung der politischen Entscheidungen auf die Magistrate, den Senat und die Volksversammlung stattfindet (vgl. rep. 1, 45, 69); die symbolische Respektierung und institutionelle Absicherung der Freiheit des Volkes bewirkt, dass dieses der Führung durch eine Aristokratie folgt (vgl. leg. 3, 24 f.).

Die Geltung der Gesetze beruht nicht allein auf ihrer tatsächlichen Durchsetzbarkeit. Gesatzte Normen können nur dann wahres Recht darstellen, wenn sie mit Natur und Vernunft übereinstimmen (vgl. leg. 1, 35; rep. 3, 33). Allerdings bleibt die Frage nach der faktischen Geltung eines Gesetzes, das dieses Kriterium nicht erfüllt, und damit die Reichweite der Naturrechtskonzeption in der Schwebe (vgl. leg. 1, 44; 2, 13 f.).

Die Diskussion über die Gerechtigkeit tangiert auch die Legitimität der römischen Weltherrschaft, der vorgehalten werden konnte, das Ergebnis reiner Machtentfaltung darzustellen (vgl. rep. 3, 20 f., 36). Cicero hält dem entgegen, dass die römischen Regeln für einen Krieg aus rechtfertigenden Gründen (*bellum iustum*) mit den Prinzipien materialer Gerechtigkeit übereinstimmten, da die Legitimität der Kriegseröffnung an das Ziel der Wiederherstellung der Rechtsordnung geknüpft und auch ein Übermaßverbot im Hinblick auf die Behandlung des Gegners impliziert sei (vgl. rep. 3, 35; off. 1, 34–40).

Ciceros Theorie hat v.a. aufgrund ihrer Rezeption durch Augustinus weitergelebt. Die ciceronische Definition der *res publica* erfüllt nach Augustinus auch der römische Staat nicht, weil es ihm – wie jeder Gemeinschaft von Gottlosen – an wahrer Gerechtigkeit mangelt. Eine *res publica* ist er insofern, als ein Mindestmaß an Frieden und Ordnung garantiert wird. Damit wurde die christliche Lehre vom Staat als gottgewollter Notordnung begründet. Durch Augustinus wurde auch Ciceros Theorie vom gerechten Krieg in die Lehre der Kirche aufgenommen und wirkte somit im neuzeitlichen Völkerrecht weiter.

4.

Cicero, De legibus/Über die Gesetze, Zürich: Artemis & Winkler 1994.
Cicero, De officiis/Vom pflichtgemäßen Handeln, Stuttgart: Reclam 1992.
Cicero, De oratore/Über den Redner, Stuttgart: Reclam
Cicero, De re publica/Vom Gemeinwesen, Stuttgart: Reclam 1979.

Büchner, K., 1984, M. Tullius Cicero, De Re Publica. Kommentar, Heidelberg: Winter.
Dyck, A. R., 1998, A Commentary on Cicero, De Officiis, Ann Arbor: University of Michigan Press.
Dyck, A. R., 2004, A Commentary on Cicero, De Legibus, Ann Arbor: University of Michigan Press.
Powell, J. G. F. (Hg.), 1995, Cicero, the Philosopher, Oxford: Oxford University Press.

Wilfried Nippel

Comte, Isidore Auguste Marie François Xavier (1798–1857)

1.

Geboren in Montpellier, wuchs Comte in den Nachwirren der Französischen Revolution auf, die ihn für die sozialpolitischen Fragen seiner Zeit sensibilisierten und auch seinem wissenschaftlichen Engagement entscheidende Impulse geben sollten. Bereits während der Schulausbildung als renitent aufgefallen und von der École Polytechnique suspendiert, entwickelte er eine eigenständige politische Haltung in den Jahren zwischen 1817 und 1824, in denen er als Privatsekretär des Grafen Saint-Simon arbeitete. In dieser Zeit arbeitete er bereits an den Umrissen seines umfänglichen Systems der ›positiven Philosophie‹, welches er zwischen 1830 und 1842 in sechs Bänden als *Cours de philosophie positive* erscheinen ließ. Zeitlebens scheiterten alle Versuche, eine akademische Laufbahn anzugehen, zum Teil an seiner exzentrischen Persönlichkeit sowie an seiner unerwünschten republikanischen Einstellung. Seit 1844 lebte er vorwiegend von Subsidien seiner geistigen Anhänger. Sein zweites, vierbändiges, Hauptwerk *Système de politique positive* wurde zwischen 1851 und 1854 publiziert. Danach machte sich Comte daran, seine Version des Positivismus in ein quasi-theologisches Manifest zu übersetzen, was in der öffentlichen Meinung sowie bei vielen seiner Anhänger auf Entfremdung stieß. Comte starb 1857 in Paris.

2.

Inspiriert durch das Studium der einflussreichen Werke Montesquieus und Condorcets, entwickelte Comte unter Mitwirkung seines Förderers Saint-Simon die Umrisse seines Systems des Positivismus, die er erstmals 1822 in einem *Plan der wissenschaftlichen Arbeiten, die für eine Reorganisation der Gesellschaft notwendig sind* resümiert und dessen Ausführung er im Grunde sein gesamtes weiteres Leben widmet. Darin erscheint die Entwicklung einer ›positiven Philosophie‹, die sich in ihrer Zugangsweise strikt auf ›beobachtbare‹ Erfahrungen beschränken soll, als Lösungsweg zur Begründung eines objektiven Wissens über die sozialen und institutionellen Vorbedingungen einer stabilen Gesellschaftsordnung (was im Gegensatz zu einem »metaphysischen Wissen« stehen soll). Der *Cours de philosophie positive* stellt das Zwischenergebnis der Ausarbeitung des Plans aus dem Jahr 1822 dar, das Comte in den Jahren nach der Trennung von Saint-Simon in privaten Vorlesungen entwickelt. Eine an das breite Publikum adressierte Populärversion seines Systems lässt Comte 1844 mit seiner *Rede über den Geist des Positivismus* erscheinen. Der Ausarbeitung der moraltheoretischen und soziologischen Konstituentien einer ›positiven‹ Gesellschaftsformation widmet er sich ausführlich in Form seines *Système de politique positive*. Hierin beschreibt er ausführlich die Konturen einer ›Soziologie‹, deren Namensgeber und Begründer Comte damit ist. Diese stellt den Abschluss des Gesamtunternehmens dar, dessen Essenz er abermals in popularisierenden Schriften wie dem *Catéchisme positiviste* (1852) und der *Synthèse subjective* (1856) zugänglich macht.

3.

Comte kann als erster Philosoph gelten, dessen System von der Grundüberzeugung getragen ist, dass mittels einer rationalen Rekonstruktion der Wissensgeschichte ein operatives und gültiges Wissen über soziale, politische und anthropologische Zusammenhänge entwickelt werden kann. Sein System steht also von vornherein im Dienst einer Herbeiführung zeitgemäßer und nach wissenschaftlichen Maßgaben zu erschließender Vergesellschaftungsformen. Die seiner enzyklopädischen Ordnung der Wissensgebiete zugrunde liegenden Kriterien, die er bereits im *Plan der wissenschaftlichen Arbeiten, die für eine Reorganisation der Gesellschaft notwendig sind* skizziert, formuliert Comte in zwei allgemeinen Gesetzmäßigkeiten. Das ›Drei-Stadien-Gesetz‹ beschreibt die Entfaltung des Wissens in Relation zur jeweiligen gesellschaftlichen Formation. Es unterscheidet zwischen einem ›theologischen‹ Stadium, in dem Naturphänomene in Analogie zu anthropomorphen oder animistischen Vorstellungen gedeutet werden, einer ›metaphysischen Stufe‹, in welcher diese durch abstrakte Wesenheiten abgelöst werden, und einem letzten, ›positiven‹, Stadium, in dem das Wissen auf beobachteten Erkenntnissen basiert. Die Abfolge dieser Denkstufen appliziert Comte ebenso auf die Beschreibung der Denkentwicklung in verschiedenen Zivilisationen wie auf einzelne Wissensgebiete und auf Individuen. Das hiermit in engem Zusammenhang stehende ›Enzyklopädische Gesetz‹ legt die Kriterien der klassifikatorischen Ordnung der einzelnen Wissensgebiete fest. Sie werden nach dem Grad der begrifflichen Abstraktheit, ihrer gegenstandsbezogenen Komplexität und ihrer entwicklungslogischen Abhängigkeit voneinander geordnet. Dies hat folgenden, historisch ausgebildeten, Gliederungsaufbau der Wissensbestände zum Ergebnis: Mathematik, Astronomie, Physik, Chemie, Biologie, Soziologie. Alle Teildisziplinen unterscheiden sich nach Comtes Beschreibung zudem in methodologischer Hinsicht voneinander. Aus dem Zusammenwirken beider Gesetzmäßigkeiten leitet Comte eine irreversible Fortschrittsentwicklung zu immer angemesseneren Erkenntnisweisen ab. Folglich ist aus der Soziologie, dem Endpunkt der Wissensevolution in Comtes Zusammenstellung, ein rationales Wissen über die Natur der sozialen und menschlichen Entwicklung ableitbar. Er überträgt dieser Wissenschaft die Aufgabe, die Gesetzmäßigkeiten sozialen Wandels nach methodischen Kriterien zu erkennen und daraus Anweisungen zur Neugestaltung politisch-sozialer Institutionen zu deduzieren.

4.

Comte, A., 1822, Plan der wissenschaftlichen Arbeiten, die für eine Reorganisation der Gesellschaft notwendig sind, München: Hanser 1973.

Comte, A., 1830–1842, Cours de philosophie positive, 2 Bde., Paris: Hermann 1975 (dt. Auswahl: Die Soziologie. Die positive Philosophie im Auszug, Stuttgart: Kröner 1974).

Comte, A., 1844, Rede über den Geist des Positivismus, Hamburg: Meiner 1994.

Comte, A., 1851–1854a, Système de politique positive ou Traité du sociologie instituant la religion de l'Humanité, 4 Bde., Paris: Au Siège de la Société Positiviste 1929.

Comte, A., 1851–1854b, System der positiven Politik, Wien: Turia + Kant 2004ff.

Comte, A. 1852, Catéchisme positiviste, Paris: Garnier-Flammarion 1966.

Comte, A. 1856, Synthèse subjective, Bruxelles: Culture et Civilisation 1969.
Comte, A., Œuvres complètes, 12 Bde., Paris: Anthropos 1968–71.
Comte, A., Correspondance, Paris: Vrin 1973–90.

Fuchs-Heinritz, W., 1998, Auguste Comte, Opladen: Westdeutscher Verlag.
Gaine, M., 2006, Comte, London: Routledge.
Kremer-Marietti, A., 2006, Le positivisme d'Auguste Comte, Paris: L'Harmattan.
Mill, J. S., 1863, Auguste Comte and Positivism, Ann Arbor: University of Michigan Press 1961.
Pickering, M., 1993, Auguste Comte, Cambridge: Cambridge University Press.
Plé, B., 1996, Die ›Welt‹ aus den Wissenschaften. Der Positivismus in Frankreich, England und Italien von 1848 bis ins zweite Jahrzehnt des 20. Jahrhunderts, Stuttgart: Klett-Cotta.

Daniel Šuber

Conditio humana

1.

In der praktischen Philosophie verweist der Begriff der conditio humana auf die Endlichkeit und Verletzlichkeit menschlicher Existenz sowie auf die besondere wechselseitige Abhängigkeit der Menschen bzw. ihre gemeinsame Situiertheit in der Welt als eines Raumes relativer Geschlossenheit und Knappheit. Die Tatsache, dass der Ausdruck in seiner lateinischen Form in die deutschsprachige Literatur und Philosophie Eingang gefunden hat, unterstreicht, dass etwas allgemein Menschliches bezeichnet wird, das die Grenzen einzelner Gemeinschaften oder Staaten überschreitet und die politisch-soziale Einheit der Menschheit bzw. sogar einer Kosmopolis anzeigt. Es fehlen äquivalent umfassende Ausdrücke im Deutschen, dafür konnotieren die genannten Begriffe wie Endlichkeit oder Verletzlichkeit das allgemein Menschliche. In anderen Sprachen ist der Ausdruck als solcher (human condition, condition humaine) gängig, verweist dann aber z. T. auf die biologische Natur des Menschen oder auf den historisch-sozialen Entwicklungsstand der Bewohner eines Gebiets. Im engeren Sinne bedeutet ›conditio humana‹ diejenigen Bedingungen, die für alle Menschen gleichermaßen gelten und unter denen die Entfaltung menschlicher Fähigkeiten steht.

2.

Bereits seit der Philosophie der Antike stehen einander zwei Arten gegenüber, die menschliche Verwiesenheit oder Sterblichkeit zu verstehen: Einerseits werden sie als Ermöglichungsgrund für das Spezifikum des Menschen, soziale oder politische Gemeinschaften und Institutionen zu gründen, sowie überhaupt für die eigene Schöpfung der Welt begriffen, andererseits als Beschränktheit des menschlichen Lebens und Erkennens, die zur Orientierung an ontologisch umfassenderen Instanzen, wie Gott und dem Kosmos, oder selbst zur Unterordnung unter sie nötigt. In der Antike nimmt zwar auch die erste Linie insbesondere bei Aristoteles ihren Ausgang, es dominiert in dieser Epoche wie in der Spätantike (etwa in der Stoa oder im Neoplatonismus) aber die Vorstellung einer Ausrichtung der menschlichen Natur auf die kosmischen Gesetze. Der Mensch wird nur dann seiner Verfassung gerecht, wenn er kontemplativ die Perfektion des Kosmos (an)erkennt und sich in der Unterordnung darunter selbst vollendet. Im Mittelalter und in der Renaissance tritt dagegen die Bestimmung des Menschen als eines (mit-)schöpferischen Wesens in den Vordergrund (z.B. Nikolaus von Kues 1450; Pico della Mirandola 1486), wobei in der Folge zwei Deutungen des Grundes für die schöpferische Tätigkeit erscheinen: Eine geht davon aus, die Endlichkeit und Verletzlichkeit des Menschen zwinge ihn aufgrund möglichen (irreparablen) Schadens, in einen Sozialverband mit anderen einzutreten (vgl. Hobbes 1651); die andere Deutung nimmt an, eine Kooperation könne die (vernünftige) Perfektionierung der menschlichen Existenz bewirken (vgl. Kant 1784). Im 19., aber v.a. in der ersten Hälfte des 20. Jahrhunderts bildet sich im Rahmen der Lebensphilosophie (vgl. Bergson 1932), der philosophischen Anthropologie (vgl. Gehlen 1940; Plessner 1961) und der Existenzphilosophie (vgl. Heidegger 1927; Sartre 1943; Camus 1951) ein eigenständiger philosophischer Ansatz heraus, der die Endlichkeit des Menschen und sein spezifisches Verhältnis zur Natur zusammen mit seinen praktischen Vermögen erörtert und daraus weitreichende Konsequenzen für die Notwendigkeit von (rigiden und stabilen) sozialen und politischen Ordnungen und Institutionen zieht. Seitdem ist der Bezug auf die conditio humana ein weithin geteilter Ausgangspunkt in Sozialphilosophie und politischer Philosophie, wobei sie jüngst in der phänomenologischen Tradition zudem genauer aus der Perspektive der Selbstwahrnehmung des Menschen bzw. der Erfahrung der Angewiesenheit auf andere Menschen untersucht wurde (vgl. Arendt 1958; Levinas 1961).

3.
Die gegenwärtige Forschung vertieft die Analyse der besonderen Stellung des Menschen v.a. in den drei Hinsichten der Begründung einer philosophischen Anthropologie, der (z.T. wechselseitigen) Abhängigkeit als einer Prämisse für Sozialphilosophie und politische Philosophie sowie im Kontext der Überwindung der Geschichtsphilosophie.

3.1. Zwar gibt es in der Philosophie tief liegende Vorbehalte gegenüber der Anthropologie, da diese den Menschen gegenüber seiner Umwelt privilegiert oder ein ahistorisches »Wesen« desselben identifiziert, zugleich bleibt der Mensch in den meisten Fällen dennoch ausgezeichneter Bezugspunkt, insofern es etwa nur ihm (und nicht auch anderen Lebewesen) zugesprochen wird, Träger von Rechten oder Quelle normativer Ansprüche zu sein. In diesem Spannungsfeld werden anthropologische Untersuchungen unternommen, die den Menschen in seiner sozio-historischen Bedingtheit und die Bedeutung von Verletzlichkeit und Angewiesenheit auf andere bzw. Abgrenzung von anderen für diese Bedingtheit bestimmen und so allgemeine Betrachtungen mit relationalen und kulturellen Konzeptionen menschlicher Lebensformen verbinden. Hierbei werden oft sprachphilosophische Annahmen, wie sie von Wittgenstein entwickelt wurden, kulturtheoretisch interpretiert (vgl. Cavell 1979), und z.T. findet auch eine direkte Auseinandersetzung mit der Methodologie und den Gegenständen anderer Disziplinen, wie etwa der Kulturanthropologie, statt (vgl. Waldenfels 1997ff.). Resultat ist eine Vorstellung vom Menschen, nach der dieser in jeweilige sprachliche Zusammenhänge eingebunden ist und sein Selbstverständnis sowie seine Haltung zur Welt nur aufgrund einer solchen Eingebundenheit ausbilden kann, wobei die Eingebundenheit in sprachliche Interaktionen es auch immer ermöglicht, die aktuellen Gegebenheiten zu transzendieren.

3.2. Zum Teil auf der Basis dieser Anthropologie, z.T. parallel dazu wird in der Ethik und im Kommunitarismus ein universalistischer Individualismus kritisiert, wie er sich vermeintlich v.a. im Personenbegriff des politischen Liberalismus findet, und der nicht von der Betrachtung konkreter menschlicher Lebensformen ausgeht. Gegen ein solches abstraktes Verständnis der Menschen als in sich ruhender Träger je eigener Interessen konzipiert die Ethik der Fürsorge (Care Ethik) sie so, dass sie wesentlich der Aufmerksamkeit und Unterstützung anderer bedürfen (vgl. Gilligan 1982). In der Sozialphilosophie wird daraus geschlossen, Relationen zwischen Menschen sollten grundsätzlich als solche gelungener oder verweigerter Anerkennung gedeutet werden, und Spannungen oder Pathologien moderner Gesellschaften seien auf systematische Störungen von Anerkennungsverhältnissen zurückzuführen (vgl. Honneth 1992). Direkt in Auseinandersetzung mit dem politischen Liberalismus wurde in der politischen Philosophie der Kommunitarismus entwickelt, der als Grundeinheit nicht das Individuum, sondern die Gemeinschaft annimmt. Ihm zufolge ist der Mensch zur Konstitution eines sinnvollen Rahmens politischen Handelns notwendig auf die Gemeinschaft angewiesen, da erst in ihr das Individuum spezifische Bedürfnisse und Interessen ausbildet, und der Wert von Handlungen und Gütern sowie ihre Realisierung nur im Kontext besonderer Gemeinschaften denkbar sind (vgl. Walzer 1983). All diesen Ansätzen dient der Rekurs auf die besondere conditio humana dazu, universalistischen Argumentationen entgegenzutreten und vermittels des notwendigen Bezugs der Menschen auf ihre jeweilige soziale Umwelt die bevorzugte Bedeutung (etwa der Reproduktion) dieser Umwelt zu begründen.

3.3. Ein eigener Strang der Diskussion thematisiert die Folgen, die aus der Einsicht in die Endlichkeit der menschlichen Existenz für die politische Philosophie resultieren. Nach der Kritik an religiösen Erlösungsgedanken wird nun auch die geschichtsphilosophische Unterstellung einer Aufhebung historischer Leiden und Opfer im Prozess teleologischer Entwicklung zum idealen gesellschaftlichen Zustand zurückgewiesen und stattdessen auf der Absolutheit des Leidens und Sterbens in sozialen Konflikten insistiert (vgl. Lyotard 1983). Aufgabe politischer Ordnungen muss es daher sein, Opfer nicht zu instrumentalisieren, sondern alle von der Ausübung politischer und sozialer Macht Betroffenen als absolute Inhaber zumindest basaler Menschenrechte und Ansprüche zu betrachten. Wie diese unterschiedlichen systematischen Positionen zeigen, kann der Rekurs auf die conditio humana je nach Ausgestaltung sehr verschiedene philosophische Argumentationen tragen.

4.

Arendt, H., 1958, Vita activa oder Vom tätigen Leben, München: Piper 1981.
Bergson, H., 1932, Die beiden Quellen der Moral und der Religion, Olten: Walter 1980.
Camus, A., 1951, Der Mensch in der Revolte, Reinbek: Rowohlt 1953.
Cavell, S., 1979, Der Anspruch der Vernunft, Frankfurt/M.: Suhrkamp 2006.
Gehlen, A., 1940, Der Mensch, Frankfurt/M.: Klostermann 1993.
Gilligan, C., 1982, Die andere Stimme. Lebenskonflikte und Moral der Frau, München: Piper 1984.
Heidegger, M., 1927, Sein und Zeit, Tübingen: Niemeyer 1986.
Hobbes, T., 1651, Leviathan, Frankfurt/M.: Suhrkamp 1984.
Honneth, A., 1992, Kampf um Anerkennung, Frankfurt/M.: Suhrkamp.
Kant, I., 1784, Idee zu einer allgemeinen Geschichte in weltbürgerlicher Absicht, in: Werke, Bd. 11, Frankfurt/M.: Suhrkamp 1977.
Kues, N. v., 1450, Idiota de sapientia, in: Philosophisch-theologische Werke, Bd. 2, Hamburg: Meiner 2002.
Levinas, E., 1961, Totalität und Unendlichkeit. Versuch über die Exteriorität, Freiburg: Alber 1987.
Lyotard, J.-F., 1983, Der Widerstreit, München: Fink 1989.
Pico della Mirandola, G., 1486, Über die Würde des Menschen, Hamburg: Meiner 1990.
Plessner, H., 1961, Die Frage nach der conditio humana, Gesammelte Schriften, Bd. 8, Frankfurt/M.: Suhrkamp 1983.
Sartre, J.-P., 1943, Das Sein und das Nichts, Reinbek: Rowohlt 1991.
Waldenfels, B., 1997ff., Studien zur Phänomenologie des Fremden, Frankfurt/M.: Suhrkamp.
Walzer, M., 1983, Sphären der Gerechtigkeit, Frankfurt/M.: Campus 1992.

ANDREAS NIEDERBERGER

Condorcet, Marie-Jean-Antoine-Nicolas de Caritat, Marquis de (1743–1794)

1.

Condorcet war ein französischer Mathematiker, Philosoph und Politiker. Er wurde in Ribémont bei Saint Quentin geboren, erhielt eine Ausbildung am Jesuitenkolleg in Reims und studierte anschließend am Collège Mazarin in Paris, insbesondere Mathematik bei d'Alembert. 1769 wurde er Mitglied der Pariser Académie royale des sciences und 1776 deren ständiger Sekretär. Der Académie française trat er 1782 bei. Er war von 1774 bis 1791 Generalinspekteur der staatlichen Münze.

In der Französischen Revolution stand Condorcet auf der Seite der Liberalen und trat den gemäßigten Girondisten bei. 1791 wurde er als Abgeordneter in die französische Nationalversammlung gewählt, der er 1792 als Präsident vorstand. Er erarbeitete bis Februar 1793 den republikanischen Verfassungsentwurf, den die Girondisten unterstützten. Nach der Machtübernahme durch die Jakobiner wurde er wegen seiner Kritik an deren neuer Verfassung angeklagt und musste untertauchen. Condorcet starb unter ungeklärten Umständen nach der Flucht aus seinem Pariser Unterschlupf.

2.
Condorcet wurde zunächst durch mathematische Arbeiten (1765) bekannt. Sein vielleicht bedeutendstes Werk behandelt das (unten beschriebene) sog. Jury-Theorem (1785). Er schrieb eine Biografie über Voltaire und eine über den physiokratischen Ökonomen Turgot (1786), dessen Theorien er unterstützte. Unter dem Einfluss von Turgot publizierte Condorcet zur politischen Ökonomie (vgl. Condorcet 1775; 1776). Weitere politische Schriften folgten (vgl. Condorcet 1787; 1788; 1789; 1790). Sein letztes, posthum veröffentlichtes Werk ist eine Geschichte der menschlichen Entwicklungsfähigkeit (Condorcet 1794).

3.

3.1. Politisch trat Condorcet vehement für die Abschaffung der Sklaverei, die Gleichberechtigung der Schwarzen (vgl. Condorcet 1781) und für das Frauenwahlrecht ein. Kolonien und Sklaverei seien unwirtschaftlich, kalkuliere man die Verwaltungs- und Verteidigungskosten ein (vgl. Condorcet 1787). Zur Nivellierung der Klassenschranken forderte und entwarf er ein für alle zugängliches staatliches Bildungssystem, welches auch eine weiterführende Erwachsenenbildung umfassen sollte (vgl. Condorcet 1792). Die Ursache für Tyrannei wie auch für Standes- und Geschlechterdifferenz sieht Condorcet in einem Mangel an Bildung, der aber auf Grund der menschlichen Entwicklungsfähigkeit behebbar scheint (vgl. Condorcet 1794).

Condorcet kritisierte die Menschenrechtserklärung von 1789 als lückenhaft und unverständlich. Wichtige Rechte wie Berufs-, Arbeits- und Handelsrechte sowie die Freizügigkeit der Person, Versammlungsfreiheit, Petitionsrecht und Schutz der Ehre fehlen. Menschenrechte dürfen nicht einem unbestimmten »Nutzen der Allgemeinheit« oder dem »öffentlichen Interesse« geopfert werden. Condorcet sieht sie als unantastbar an, solange sie nicht mit anderen Menschenrechten konfligieren. Er folgt somit nicht dem Verständnis der Utilitaristen wie Bentham oder Helvétius. Kollektives Glück könne nur so verstanden werden, dass es allen Individuen nützt. Wohlfahrtssteigernde Mittel seien solche, die entweder die Ausübung der natürlichen Rechte fördern oder die der durch die Natur unglücklich ausgestatteten Menschen abschwächen (vgl. Lüchinger 2002, Kap. 7.6).

Ökonomisch verteidigt Condorcet das Freihandelsprinzip und (mit den Physiokraten) den Verzicht auf staatliche Einflussnahme auf die Wirtschaft, wie Monopole, Frondienste, Preis-, Produktions-, Anbau- und Lagervorschriften. Er nimmt dabei die These Amartya Sens vorweg, dass der Staat (und nicht eine generelle Lebensmittelknappheit) meist die Ursache von Hungersnöten sei: Wegen fehlender Rechtssicherheit finde keine genügende Vorratshaltung statt (vgl. Condorcet 1781). Wie gegen die Sklaverei spricht sich Condorcet auch gegen den Frondienst mit ökonomischen Argumenten aus. Staatliche Regelungen sind auf Kriegs- und Krisenzeiten zu beschränken.

Ein staatliches Bildungsprogramm soll nach Condorcet der ›Vervollkommnung der beruflichen Geschicklichkeit‹ und der Entfaltung natürlichen Talente dienen. Politische Institutionen sollen aber keinen inhaltlichen Einfluss auf das Erziehungswesen haben; allein die Versammlung der Repräsentanten des Volkes sei unparteiisch genug, die Bedingungen für einen fortschrittlichen Unterricht zu schaffen. Lehrer sollten gewählt werden. Es ist nicht erstaunlich, dass Condorcet der Mathematik und den Naturwissenschaften eine bevorzugte Stellung einräumt, da in ihnen anders als in den Geisteswissenschaften auch schon Grundkenntnisse den Verstand bilden (vgl. Condorcet 1792).

3.2. Condorcet hat das berühmte, nach ihm benannte Paradoxon als Verallgemeinerung von Szenarien, die von Borda ein Jahr früher untersucht worden sind, gefunden (vgl. Condorcet 1785). Bei paarweiser Abstimmung nach einfacher Mehrheit können zyklische Rangordnungen entstehen. Ebenso kann nach gängigen Wahlverfahren, wie der Mehrheitswahl, ein sog. Condorcet-Sieger, der im paarweisen Vergleich allen anderen Kandidaten vorgezogen wird, die Wahl verlieren und sogar auf den letzten Platz kommen. Als Beispiel sei der Ausgang der Wahlen von 1970 im Staate New York genannt: James Buckley (rechter Flügel der Republikaner) 39 %, Richard Ottinger (Demokraten) 37 %, Charles Goodell (linker Flügel der Republikaner), 24 %. Unterstellt man, dass ein Buckley-Wähler lieber Goodell als Ottinger als Sieger gesehen hätte, und dass ein Goodell-Wähler Ottinger gegenüber Buckley bevorzugt hätte, wäre Goodell Condorcet-Sieger geworden. Dennoch wäre er selbst bei zwei Wahlgängen wie nach dem französischen Wahlrecht schon nach der ersten Runde ausgeschieden.

Condorcet vertritt die Ansicht, dass die paarweisen Vergleiche den Wählerwillen ausdrücken: Aus dem Ergebnis der Mehrheitsentscheidungen für alle diese Vergleiche soll der allgemeine Wille abgeleitet werden. Borda hat die Tatsache, dass ein Condorcet-Gewinner Wahlverlierer sein kann, dazu verleitet, das Mehrheitsverfahren für drei und mehr Kandidaten zugunsten des nach ihm benannten Rangverfahrens aufzugeben. Im Gegensatz zu Bordas Methode garantiert ein von Condorcet vorgeschlagenes Verfahren den Sieg eines Condorcet-Gewinners.

3.3. Das wichtigste mathematische Resultat von Condorcets Studien ist das sog. Jury-Theorem. Es besagt, dass in einer *mehrheitlichen* Abstimmung über einen Sachverhalt in einer Jury von *probabilistisch unabhängig abstimmenden* Personen, von denen das Urteil jedes einzelnen mit mehr als *fünfzigprozentiger Wahrscheinlichkeit zuverlässig* ist, die Wahrscheinlichkeit eines korrekten Urteils mit der Zahl N der Jury-Mitglieder steigt und sogar für N gegen unendlich gegen eins konvergiert. Häufig wird das Condorcet-Jury-Theorem fälschlicherweise auf Entscheidungen von Geschworenen angewendet. Da die Geschworenen sich beraten und zudem auf ein einstimmiges Urteil einigen müssen, sind die Juroren weder unabhängig noch liegt überhaupt eine Mehrheitswahl vor. Zudem ist das Ziel bei Gerichtsprozessen nicht die Maximierung der Wahrscheinlichkeit eines korrekten Urteils, sondern die Minimierung der Wahrscheinlichkeit der Verurteilung eines Unschuldigen.

Das Condorcet-Jury-Theorem weist eine überraschende Eigenschaft auf: Die Wahrscheinlichkeit eines korrekten Urteils hängt nicht von dem Verhältnis von Mehrheit und Minderheit, sondern stattdessen von deren Differenz ab und ist daher in seinen bisherigen Formen kaum als theoretische Fundierung der Demokratie geeignet.

4.

Condorcet, M. de, 1765, Essai sur le calcul intégral, Paris: Didot.

Condorcet, M. de, 1775, Les Réflexions d'un Laboureur de Picardie à M. N. ... auteur prohibitif, Paris: Guillaumin 1847.

Condorcet, M. de, 1776, Les Réflexions sur le commerce des bleds, London.

Condorcet, M. de, 1781, Réflexions sur l'esclavage des nègres, Neuchâtel: Mille et une nuits 2001.

Condorcet, M. de, 1785, Essai sur l'application de l'analyse à la probabilité des décisions rendues à la pluralité des voix, Paris: Imprimerie royale.

Condorcet, M. de, 1786, La vie de Turgot, Genf: Slatkine 1972.

Condorcet, M. de, 1787, De l'influence de la Révolution d'Amérique sur l'Europe, Paris.

Condorcet, M. de, 1788, Essai sur la constitution et les fonctions des assemblées provinciales, Paris.

Condorcet, M. de, 1789, Banque Nationale, Paris.

Condorcet, M. de, 1790, Mémoires sur la fixation de l'impôt, Paris.

Condorcet, M. de, 1792, Bericht und Entwurf einer Verordnung über die allgemeine Organisation

des öffentlichen Unterrichtswesens, Weinheim: Beltz 1966.
Condorcet, M. de, 1794, Esquisse d'un tableau historique des progrès de l'esprit humain, Paris: Flammarion 1988.
Condorcet, M. de, 1994, Arithmétique politique. Textes rares ou inédits, 1767–1789, Paris: PUF.

Baker, K. M., 1975, Condorcet. From Natural Philosophy to Social Mathematics, Chicago: University of Chicago Press.
Bovens, L./Hartmann, S., 2003, Bayesian Epistemology, Oxford: Oxford University Press.
Cahen, L., 1904, Condorcet et la Révolution française, New York: Franklin 1971.
Fey, M., 2001, A Note on the Condorcet Jury Theorem with Supermajority Voting Rules, in: Social Choice and Welfare 18.
Gehrlein, W., 2006, Condorcet's Paradox, New York: Springer.
Kirstein, R., 2006, The Condorcet Jury-Theorem with Two Independent Error-Probabilities, in: German Working Papers in Law and Economics 20.
Karotkin, D., 1994, Effect of the Size of the Bench on the Correctness of Court Judgements. The Case of Israel, in: International Review of Law and Economics 14.
List, C., 2008, The Epistemology in Special Majority Voting, in: Social Choice and Welfare (i. E.).
List, C./Goodin, R., 2001, Epistemic Democracy, in: Journal of Political Philosophy 9.
Lüchinger, S., 2002, Das politische Denken von Condorcet, Bern: Haupt.
Saari, D., 1988, Symmetry, Voting, and Social Choice, in: The Mathematical Intelligencer 10.
Williams, D., 2004, Condorcet and Modernity, Cambridge: Cambridge University Press.

DANIEL SCHOCH

Constant, Benjamin (1767–1830)

1.

Constant wurde 1767 in Lausanne geboren. 1795 trat er in den Dienst Napoleons ein. Ein Jahr später erschien sein Werk *De la force du gouvernement actuel de la France et de la nécessité de s'y rallier*, in dem Constant für das Ende der Revolution und die Festigung der Republik plädierte. 1797 folgten *Des réactions politiques*, eine Kritik der reaktionären Rechten, und *Des effets de la Terreur*, in dem sich Constant gegen den jakobinischen Terror wandte. 1799 wurde er in das Tribunat gewählt und 1802 wieder daraus entlassen. 1814 erschien der die konstitutionelle Monarchie verteidigende Traktat *De l'esprit de conquête et de l'usurpation dans leurs rapports avec la civilisation européenne*. 1815 erhielt Constant den Auftrag Napoleons, eine Verfassung zu entwerfen, und wurde in den Staatsrat berufen. Nach Napoleons Niederlage blieb er bis 1816 im Exil in England. Von 1818 bis 1820 veröffentlichte er seine *Collection complète des ouvrages publiés sur le gouvernement représentatif et la constitution actuelle de la France, formant une espèce de Cours de politique constitutionnelle*, deren Thema die Freiheit des Individuums in der modernen Gesellschaft ist. Von 1824 bis 1831 erschienen die drei Bände von *De la religion, considérée dans sa source, ses formes et ses développements*, eine vergleichende religionswissenschaftliche Studie. Nach der Juli-Revolution des Jahres 1830 unterstützte Constant Louis-Philippe. Er starb am 8. Dezember in Paris.

2.

Constant teilt die Prinzipien der Französischen Revolution, verurteilt aber deren Auswüchse (vgl. *Effets de la Terreur*; W, Bd. 3). Durch die Revolution wurde, so Constant, die ›Frage des Jahrhunderts‹, nämlich der des Streits zwischen Erb- und Wahlsystem, entschieden (vgl. Constant 1991, 113): Im Sieg des Wahlsystems zeigt sich die Perfektibilität (*perfectibilité*) des Menschen: Eine anthropologische Konstante, die den Menschen nach Gleichheit streben lässt (vgl. *De la perfectibilité de l'éspèce humaine*; OC, Bd. III.1, 469f.) und Motor des gesellschaftlichen Fortschritts ist. Dieser Fortschritt verläuft in den vier Phasen: Theokratie, Sklaverei, Feudalherrschaft und Republikanismus (vgl. ebd., 468f.). Jedes neue System entsteht durch die Zerstörung des alten, wobei die Gleichheit unter den Menschen stetig zunimmt.

3.

Zentrales Thema der politischen Theorie Constants ist die Freiheit des Individuums. Es gibt »einen Teil der menschlichen Existenz, der [...] außerhalb jeder gesellschaftlichen Kompetenz liegt« und vor dem jede Rechtsprechung enden muss (*Principes de politique*; OC, Bd. IX.2, 681). Von legitimer Machtausübung kann nur die Rede sein, sofern sie sich innerhalb des Maßes bewegt, das nötig ist, um die Freiheit der Individuen zu sichern (vgl. ebd., 672). Unter Freiheit versteht er im Wesentlichen Autonomie, Religions- und Meinungsfreiheit, Handels- und Gewerbefreiheit sowie die Sicherung des Eigentums (vgl. *De la liberté des anciens comparée à celle des modernes*; Constant 1997, 593f.). Die »liberté des modernes« verortet Constant anders als die »liberté des anciens« nicht in der ständigen politischen Partizipation der Bürger (*la participation active au pouvoir collectif*), sondern in deren Unabhängigkeit vom Staat, die das Recht auf Privatheit (*l'indépendance privée*) beinhaltet (vgl. *De l'esprit de conquête et de l'usurpation*; in: Constant 1997, 206). Die direkte Demokratie der Antike funktionierte laut Constant, weil das Staatswesen eine überschaubare Größe hatte und es Sklaven gab, welche die Erwerbsarbeit erledigten und so den Bürgern ermöglichten, sich auf die Politik zu konzentrieren (vgl. *De la perfectibilité*; OC, Bd. III.1, 467). Die Freiheit der Modernen jedoch bedarf einer anderen Form politischer Organisation, zumal der Handel ein Charakteristikum der Moderne ist (vgl. *De la liberté*; Constant 1997, 608ff., 596f.). Der modernen Freiheit in einer arbeitsteilig organisierten Gesellschaft entspricht das Prinzip der Repräsentation. Die Repräsentanten müssen durch Wahl legitimiert werden und sollen alle Interessen der Bürger vertreten (vgl. *Principes de politique*; OC, Bd. IX.2, 716f.).

Bezüglich Souveränität und Gewaltenteilung vertritt Constant die Position, dass die Bürger den Souverän bilden. Dessen Verfügungsgewalt ist begrenzt, weil unbegrenzte Macht – auch die des Volkes – die Freiheit der Individuen bedroht (vgl. ebd., 680f.). Die von ihm favorisierte Staatsform ist die konstitutionelle Monarchie (*monarchie constitutionelle*). Als Vertreter des liberalen Konstitutionalismus präsentiert Constant den König als neutrale Gewalt (*pouvoir neutre*), die über den anderen Gewalten steht und deren Gleichgewicht gewährleistet (vgl. ebd., 690). Das Modell der Gewaltenteilung sieht eine königliche Gewalt (*le pouvoir royal*) als Exekutive vor, eine für Kontinuität sorgende erbliche Körperschaft (*le pouvoir représentatif de la durée*, vgl. ebd., 712, 727), ein die öffentliche Meinung vertretendes gewähltes Parlament (*le pouvoir représentatif de l'opinion*, vgl. ebd., 716) sowie eine Recht sprechende Gewalt (*le pouvoir judiciaire*). Passives und aktives Wahlrecht sind an Grundbesitz gebunden (vgl. ebd., 730f.). Der Staat soll föderalistisch gegliedert sein, Constant sieht eine Zentralgewalt sowie lokale Verwaltungseinheiten (*autorités locales*) vor (vgl. ebd., 785f.). Einen Zentralismus lehnt er ab, weil er zu Vereinheitlichung und damit zu Freiheitsverlust führt (vgl. ebd., 786).

4.

Constant, B., 1970–72, Werke in vier Bänden, Berlin: Propyläen (zitiert als W).

Constant, B., 1991, Fragments d'un ouvrage abandonné sur la possibilité d'une constitution républicaine dans un grand pays, Paris: Aubier.

Constant, B., 1993ff., Œuvres complètes, Tübingen: Niemeyer (zitiert als OC).

Constant, B., 1997, Écrits politiques, Paris: Gallimard.

Fontana, B., 1991, Benjamin Constant and the Post-Revolutionary Mind, New Haven: Yale University Press.

Goyard-Fabre, S., 1976, L'idée de souveraineté du peuple et le »libéralisme pur« de Benjamin Constant, in: Revue de Métaphysique et de Morale 81.

Gouhier, H., 1967, Benjamin Constant, Paris: Desclée de Brouwer.

Holmes, S., 1984, Benjamin Constant and the Making of Modern Liberalism, New Haven: Yale University Press.

Todorov, T., 1997, Benjamin Constant, New York: Algora 1999.

Weber, F., 2004, Benjamin Constant und der liberale Verfassungsstaat, Wiesbaden: VS.

Michaela Rehm

D

Dante Alighieri (1265 –1321)

1.

Adeliger Herkunft, geriet der in Florenz gebürtige Dante, der seine philosophische Bildung außerhalb der Universität wohl im Dominikanerkloster Santa Maria Novella erhalten hatte, kurz nach seiner Amtszeit als einer der Prioren der Florentiner Signoria 1300 in die Kämpfe zwischen den schwarzen und weißen Guelfen (Papsttreuen) und wurde als Mitglied der Fraktion der zunehmend papstkritischen Weißen unter fadenscheinigen Gründen 1302 aus seiner Vaterstadt verbannt. Bis zu seinem Tode (in Ravenna) lebte Dante im Exil. So sind Aufenthalte als poeta laureatus an diversen Fürstenhöfen, etwa in Verona und Treviso belegt, sowie eine Reise nach Paris. Dauerhafter scheint Dante an den Höfen der Fürsten Malaspina gelebt zu haben, in deren politischen Diensten er zeitweise stand. Im Exil verfasste Dante fast all seine Schriften. Spätestens 1305 begann er mit der Niederschrift des *Convivio* (*Das Gastmahl*) und *De vulgari eloquentia* (*Über die Beredsamkeit in der Volkssprache*), etwa ein Jahr später folgten die ersten Teile der *Divina Commedia* (*Die göttliche Komödie*), die Dante jedoch erst in seinem Todesjahr beendete. Frühestens Ende 1310 hatte Dante begonnen, sein philosophisches Hauptwerk, die *Monarchia*, zu konzipieren, dessen Niederschrift allerdings erst im Jahre 1317 in Verona erfolgt sein dürfte.

2.

Die lateinisch verfasste und Mitte des 14. Jahrhunderts ins Italienische übersetzte Schrift *Monarchia* verhandelt eine Thematik, die realhistorisch drückend wie theoretisch höchst kontrovers diskutiert wurde: das Herrschafts- und Machtverhältnis zwischen dem Kaiser (bzw. König) und dem Papst (imperium vel ecclesia). Ohne die in dieser Diskussion maßgebenden scholastischen Theologen, etwa Thomas von Aquin, Aegidius Romanus und Remigio dei Girolami namentlich zu erwähnen, entwickelt Dante eine Staatstheorie, die die Unterordnung der weltlichen Macht unter die geistliche Macht ablehnt. Damit werden auch die theologischen Legitimationsfiguren päpstlicher Suprematie zurückgewiesen, die nicht zuletzt bei der Abfassung der Bulle *Unam sanctam* von 1302 Pate gestanden haben.

3.

Dante gliedert die *Monarchia* in drei Teile. Der erste Teil begründet die Notwendigkeit einer universalen Monarchie, der zweite widmet sich dem Nachweis, dass das römische Volk die Weltherrschaft legitimerweise innehatte, und der dritte Teil argumentiert dafür, dass die weltliche Macht unmittelbar von Gott abhängt. Jeder Teil ruht auf einem eigenen Erklärungs- und Argumentationsprinzip, das Schritt für Schritt entfaltet wird.

Als Prinzip des ersten Teils fungiert eine wesentlich von Averroes entliehene erkenntnistheoretische Konzeption, die in den Bereich des Handelns übertragen wird. Da jedes Handeln um eines Zieles willen geschehe, sei das Ziel zugleich das Prinzip des Handelns. Ziel des menschlichen Handelns sei die Verwirklichung des von Averroes als notwendig eingeführten möglichen Intellekts (intellectus possibilis), der, und das ist die Ansicht Dantes, dem Menschen als sozialem Gattungswesen zukomme. Daher könne der mögliche Intellekt auch nicht von einem Einzelnen oder von einer Vielheit von Menschen verwirklicht werden, sondern nur von der Gesamtheit der Gattung. Die Verwirklichung des Gattungsintellekts sei deshalb das Werk der menschlichen Gattung (opus humani generis) und vollziehe sich in der Kooperation aller Menschen untereinander. Universales (und wenn man will: globales) Zusammenhandeln wird damit zum Ziel bzw. Prinzip jeglichen menschlichen Handelns.

Dieses Ziel könne aber nur erreicht und gesichert werden, wenn zwischen den Akteuren Frieden herrscht. Ein universeller Frieden (pax universalis) sei deshalb nicht nur der Weg zum Ziel, sondern zugleich zentrale Aufgabe der Politik. In diversen Argumentationsverfahren, die sich im Wesentlichen auf die reductio ad unum stützen, beweist Dante die Notwendigkeit der Herrschaft eines Einzelnen, der durch vernünftige und gerechte Gesetze über die gesamte Welt politisch herrscht und alleiniger Friedensfürst ist. Der (bereits im *Convivio* postulierte) Weltstaat in Form einer Weltmonarchie ist deshalb nach Dante zur Erreichung des Ziels menschlichen Handelns funktional unabweisbar notwendig. Der Universalmonarch kann somit als Herr (dominus) der Mittel und des Weges bezeichnet, und als Diener (minister) aller handelnden Menschen angesprochen werden. »Obschon der Konsul oder der König, was den Weg betrifft, Herren der anderen sind, sind sie bezüglich des Zieles Diener der anderen, ganz besonders aber der Monarch (Monarcha), den man [...] als Diener aller einzustufen hat.« (Dante 1559, 99) Diesen Weltstaat denkt Dante keineswegs als monolithische Einheit. Vielmehr gesteht er einzelnen Nationen, Königreichen und Städten (nationes, regna et civitates) Besonderheiten und eigene Gesetze zu und optiert so für einen Binnenföderalismus.

Dem zweiten Teil, dem Nachweis der Rechtmäßigkeit des römischen Imperiums, liegt ein historisch gewendetes hermeneutisches Prinzip zugrunde. Wie vermittels eines sichtbaren Siegelabdruckes eine Erkenntnis des unsichtbaren Siegels gelinge, so könne durch die historischen Zeichen (res gestae) der für uns wahrhaftige, unerkennbare Wille Gottes erschlossen werden. Denn nur was von Gott, dem gerechtesten Herren der Welt, gewollt werde, sei auch rechtmäßig. Bei diesem Verfahren, das im Unterschied zum Vorgehen im ersten Teil nicht den Anspruch einer Gewissheit durch Vernunftgründe erhebt, stützt sich Dante auf offenkundige Zeichen (z.B. Wunder) und Zitate von Autoritäten (Bibel, Kirchenväter, Geschichtsschreiber und Dichter). Dieses Spurenlesen gipfelt in dem Argument historischen Erfolges. Da wir sehen, dass das römische Volk im Kampf mit anderen Völkern (etwa den Persern, den Ägyptern oder den Galliern) gesiegt hat, sei hinreichend deutlich, dass das römische Volk das Imperium auf der Basis der göttlichen Gerechtigkeit und Vorherbestimmung (praedestinatio) erhalten hat. Es gebe daher für niemanden, auch nicht »die Söhne der Kirche« (filios Ecclesie), den geringsten Grund, »das römische Imperium zu beschimpfen« (ebd., 177).

Der dritte und in seinem Ergebnis folgenreichste Teil basiert auf dem Prinzip, dass Gott all das verwirft, was der Absicht der Natur widerspricht. Da, wie im ersten Teil gezeigt, die universale Kooperation der Menschen Ziel der Natur ist, und nach dem zweiten Teil die Rechtmäßigkeit des (bereits vor-christlichen) Imperiums angenommen werden muss, will Gott auch eine universale Monarchie, die von allen anderen Mächten hinsichtlich ihrer Legitimität und Herrschafts- wie Machtbefugnis unabhängig ist. Gott habe damit die weltliche Herrschaft als das politische Mittel direkt und unmittelbar (inmediante) eingesetzt und legitimiert. Die Identifizierung von geistlicher und weltlicher Macht stellt dann einen Verstoß gegen die göttliche Ordnung dar, weshalb Dante in der Konstantinischen Schenkung auch den politischen Sündenfall der Kirche sieht. Daraus folgt weiterhin, dass das zur Unterstützung des Herrschaftsanspruches der Kirche herangezogene alttestamentarische Bild vom Papst als der Sonne, die dem Kaiser als Mond das Licht verleiht, politisch falsch und theologisch unrechtmäßig interpretiert wird. Stattdessen sieht Dante in Kaiser und Papst »die beiden Lichter« (illa duo luminaria) – im XVI. Gesang des »Purgatorio« spricht er von »zwei Sonnen« (due sole) –, die unabhängig voneinander sind und gleichermaßen von Gott ihr Licht erhalten. Kirche und Papst, Imperium und Kaiser verwalteten legitimerweise zwei getrennte und nicht voneinander abhängige Bereiche menschlicher Existenz. Der weltliche Staat kümmert sich um »die Glückseligkeit dieses Lebens (huius vite)«, die im Frieden und der »Verwirklichung der eigenen Fähigkeiten« durch das Handeln in universaler Kooperation besteht (ebd., 243). Die geistliche Macht ordnet den Menschen spirituell auf die Glückseligkeit des ewigen Lebens hin, sei jedoch letztlich auf die Gnade Gottes angewiesen.

Somit hat in Gestalt universal-monarchisch verfasster Politik die weltliche Sphäre eine relative Eigenständigkeit und ein Eigenrecht erhalten. Die Autonomie des Staates innerhalb der Schöpfungsordnung spricht zwar nicht davon frei, mit dem Handeln der für das Heil zuständigen Kirche friedlich zu kooperieren, lässt aber die etwa von Thomas von Aquin demonstrierte Unterordnung der politischen Ordnung und Ziele unter die Institution der Kirche weit hinter sich: »Deshalb bedurfte der Mensch einer zweifachen Leitung gemäß des zweifachen Zieles, nämlich des Papstes (Pontifice), der die menschliche Gattung (humanum genus) nach dem Geoffenbarten und zum ewigen Leben führt, und des Kaisers (Imperatore), der nach den philosophischen Unterweisungen die menschliche Gattung zum zeitlichen Glück (ad temporalem felicitatem) leitet.« (ebd., 245)

4.

Dante Alighieri, 1559, Monarchia, Stuttgart: Reclam 1989.

Dante Alighieri, 1998ff., Philosophische Werke, 4 Bde., Hamburg: Meiner.

Bruni, F., 2003, La città divisa, Bologna: Il Mulino.

Jeremias, R., 2005, Vernunft und Charisma, Konstanz: Hartung-Gorre.

Jacoff, R. (Hg.), 1993, The Cambridge Companion to Dante, Cambridge: Cambridge University Press.

Lüddecke, D., 1999, Das politische Denken Dantes, Neuried: Ars Una.

Nardi, B., 1979, Monarchia, in: Dante Alighieri, Opere minori, Bd. 2, Mailand: Ricciardi.

Woodhouse, J. (Hg.), 1997, Dante and Governance, Oxford: Oxford University Press.

ALEXANDER THUMFART

Darwin, Charles (1809–1882)

1.

Charles (Robert) Darwin, geboren 1809 in Shrewsbury, gestorben 1882 in Down (Kent), war ein Naturforscher, der mit seiner Lehre einer biologischen Evolution durch natürliche Auslese einen ähnlich tief greifenden Wandel des menschlichen Selbstverständnisses herbeiführte wie vor ihm Kopernikus und nach ihm Freud. Zunächst war er von den Schriften des Naturtheologen William Paley beeindruckt und wollte selbst auch Theologe werden. Später verlor er seinen christlichen Glauben, was teilweise durch den schmerzlichen Verlust seiner geliebten Tochter Annie verursacht wurde, sich aber noch mehr seinen biologischen Forschungen verdankt.

2.

Schon David Hume hatte gezeigt, dass der teleologische Gottesbeweis, der von der Ordnung in der Natur (etwa was die Struktur der Lebewesen und ihrer Organe betrifft) auf einen vollkommenen Schöpfer schließen will, nicht logisch zwingend ist. Die darwinistische Theorie bietet darüber hinausgehend eine ausgearbeitete und ontologisch sparsamere Alternative, die erklärt, wie eine solche Ordnung ohne zielgerichtete Planung durch das Zusammenspiel von zufälliger Variation und natürlicher Selektion entstehen kann. Unter dem Begriff des »Darwinismus« verstand man im 19. Jahrhundert oft auch (oder sogar vor allem) die Lehre von der Abstammung des Menschen von anderen Lebewesen. Darwin äußerte sich hier selber nur sehr vorsichtig. So heißt es in seinem Hauptwerk *Die Entstehung der Arten durch natürliche Zuchtwahl* (1859) gegen Ende nur knapp: »Licht wird auch fallen auf den Menschen und seine Geschichte.« (Darwin 1859, 676) Deutlicher werden seine Ansichten über die allgemeinen Konsequenzen seiner Theorie in seinem späteren Buch *Die Abstammung des Menschen* (1871). In *Der Ausdruck der Gemütsbewegungen bei dem Menschen und den Tieren* (1872) wird die gemeinsame Abstammung von Mensch und Tier schon vorausgesetzt und dient als Grundlage eines neuartigen Forschungsansatzes, auf dem u.a. die spätere Soziobiologie aufbaut.

3.

Charles Darwins Evolutionstheorie unterscheidet sich in wesentlichen Punkten von denjenigen seiner Vorläufer, zu denen sein eigener Großvater, Erasmus Darwin, und v.a. Jean-Baptiste de Lamarck gehören. Darwin löste sich vom philosophischen Essenzialismus und erkannte nach seinen Reiseerfahrungen auf dem Schiff »Beagle« (1831–1836) und durch regelmäßigen Kontakt mit Tierzüchtern, dass es graduelle Übergänge zwischen den Arten gibt, wodurch sich alle Arten auf eine gemeinsame Abstammungslinie zurückführen lassen. Die naturgeschichtliche Evolution darf jedoch, wie Darwin selbst betonte, nicht mit einer Höherentwicklung gleichgesetzt werden. Die Bewertung im Sinne eines moralisch auszuzeichnenden Fortschritts bedarf anderer Kriterien, die ihrerseits nicht aus empirischen Erkenntnissen abgeleitet werden können.

Darwin wurde durch die Lektüre von Thomas Malthus auf die Bedeutung des Bevölkerungswachstums aufmerksam, aber er teilte dessen politische Ökonomie nicht. Er betont zwar den Konkurrenzdruck der Individuen einer Population um begrenzte Ressourcen, so dass sich nur die etwas besser Angepassten erfolgreich fortpflanzen können. Aber das hat bei ihm keineswegs die Befürwortung eines sozialdarwinistischen Programms zur Folge, denn er betrachtet den natürlichen Kampf ums Dasein nicht als akzeptables Mittel des kulturellen Fortschritts für die menschliche Gesellschaft. Ebenso wenig teilt er die Pläne seines Vetters Francis Galton, der über eugenische Zwangsmaßnahmen eine Menschenzüchtung anstrebte. Darwin selber steht moralphilosophisch eher in der Tradition der British Moralists, die die Bedeutung des moralischen Gefühls und der Sympathie betonen. Einerseits erklärt er in seiner biologischen Forschung die evolutionären Ursprünge dieser Gefühle, andererseits befürwortet er für den weiteren kulturellen Fortschritt eine Überwindung beschränkender Vorurteile.

In Darwins Evolutionstheorie sind noch einige lamarckistische Elemente zu finden. So glaubt er, dass eine Vererbung erworbener Eigenschaften möglich ist. Erst August Weismann verwarf auch dies und schuf dadurch den heute als Paradigma der akademischen Biologie akzeptierten Neo-Darwinismus. Durch die Verbindung dieser Theorie mit der auf Gregor Mendel zurückgehenden Genetik gelang schließlich im 20. Jahrhundert die »Große Synthese«, die sich als äußerst erfolgreiches Forschungsprogramm erwiesen hat.

4.

Darwin, C., 1859, Die Entstehung der Arten durch natürliche Zuchtwahl, Stuttgart: Reclam 1963.

Darwin, C., 1871, Die Abstammung des Menschen, Stuttgart: Kröner 2002.

Darwin, C., 1872, Der Ausdruck der Gemütsbewegungen bei dem Menschen und den Tieren, Frankfurt/M.: Eichborn 2000.

Darwin, C., 1887, Mein Leben, Frankfurt/M.: Insel 1993.

Dawkins, R., 1986, Der blinde Uhrmacher. Ein neues Plädoyer für den Darwinismus, München: dtv 1990.

Dennett, D. C., 1995, Darwins gefährliches Erbe. Die Evolution und der Sinn des Lebens, Hamburg: Hoffman und Campe 1997.

Desmond, A./Moore, J., 1991, Darwin, Reinbek: Rowohlt 1994.

Flew, A., 1984, Darwinian Evolution, London: Granada/Palladin.

Gould, S. J., 1989, Zufall Mensch. Das Wunder des Lebens als Spiel der Natur, München: Hanser 1991.

Hösle, V./Illies, C., 1999, Darwin, Freiburg: Herder.
Mayr, E., 1982, Die Entwicklung der biologischen Gedankenwelt. Vielfalt, Evolution und Vererbung, Berlin: Springer 1984.
Ruse, M., 1979, The Darwinian Revolution, Chicago: University of Chicago Press.

Bernd Gräfrath

Deleuze, Gilles (1925–1995)

1.

Nach dem Studium der Philosophie war Gilles Deleuze Philosophielehrer, Hochschulassistent und von 1969 bis 1987 Professor für Philosophie an der Universität Paris VIII. Neben der Begegnung mit Michel Foucault war für Deleuze die Freundschaft mit dem Psychiater Félix Guattari prägend, mit dem er einige seiner wichtigsten Schriften verfasste. Zu seinen Hauptwerken zählen differenzphilosophische Studien (1968a; 1968b; Deleuze/Guattari 1991) und Arbeiten zur politischen Philosophie (Deleuze/Guattari 1972; 1980), die durch Monographien (u.a. 1962; 1968b; 1986; 1988) und Schriften zu Ästhetik und Kunsttheorie (u.a. 1983; 1985; 1988) ergänzt werden.

2.

Ausgehend von einer empiristischen Revision universeller sozialer bzw. moralphilosophischer Prinzipien (1953) entwickelt Deleuze seit den 1960er Jahren eine Kritik repräsentations- und subjektphilosophischer Kategorien, die sich der Auseinandersetzung mit Spinoza und Nietzsche und der Rezeption differenztheoretischer Figuren aus dem Strukturalismus verdankt (1968a; 1969). Nach 1968 entwirft er zusammen mit Guattari das Programm einer sozialen wie politischen Psychoanalyse (Deleuze/Guattari 1972; 1980), die sich auf die funktionale Verschränkung von Wunschökonomie und Gesellschaft konzentriert. In seinen späten Schriften verbindet Deleuze eine Theorie des Mannigfaltigen mit dem Entwurf einer Kräftelehre, die eine Nähe zu Foucaults Machtanalytik aufweist (1986), aber auch zu einer Ästhetik nicht in den Kategorien der Identität und des Subjekts repräsentierbarer Ereignisse und Empfindungen führt (1981; 1983; 1985; 1988). Schließlich wird die Philosophie als Kunst der Begriffsschöpfung definiert (vgl. Deleuze/Guattari 1991), die sich weder auf Reflexion noch auf Kommunikation reduzieren lässt.

3.

Politische und sozialphilosophische Fragen besetzen keinen systematischen Ort im Werk von Deleuze und bestimmen doch dessen Parcours. Ausgehend von der These, dass das »Nicht-Philosophische [...] tiefer im Zentrum der Philosophie als die Philosophie selbst« steht (Deleuze/Guattari 1991, 49), wird das philosophische Denken durch Figuren des historischen und politischen Wissens motiviert. Mit der Kritik logischer, begrifflicher und normativer Universalien reicht das Außen politisch-sozialer Umstände in die philosophische Tätigkeit herein, die sich – mit Nietzsche – als Analyse kontingenter Bedingungen und Wertsetzungen, mithin als genealogisches Projekt begreifen muss (vgl. Deleuze/Guattari 1991, 58, 97–112).

So präsentiert sich Deleuzes Denken zunächst als Philosophie der *Kontingenz* und des *Ereignisses*. Ausgehend von Althussers Marx-Lektüren wird eine Struktur ökonomischer und sozialer Problemstellungen adressiert, die sich in konkreten – politischen, juridischen, ideologischen – ›Lösungen‹ aktualisieren (vgl. 1968a, 237f.). Das Ereignis verfügt über eine virtuell-aktuelle Gestalt, in der sich die manifesten historischen Sachverhalte um eine Schicht unerledigter Optionen und »Ideen« verdoppeln (vgl. 1969, 186ff.; 1988, 126ff.). Deleuze stellt der Geschichte damit ein »Werden« gegenüber, das die Philosophie auf ein Projekt der »Gegenverwirklichung« und dem Andenken revolutionärer Situationen verpflichtet (vgl. Deleuze/Guattari 1991, 184ff.).

Diese Perspektive wird in den Essays zu *Kapitalismus und Schizophrenie* (Deleuze/Guattari 1972; 1980) auf eine Analyse historisch-politischer Formationen zugespitzt, die sich gegenüber dialektischen bzw. freudomarxistischen Gesellschaftstheorien abgrenzt und sich auf die unbewusste libidinöse Besetzung gesellschaftlicher Produktionen bezieht. Im Mittelpunkt steht die Tendenz des modernen Kapitalismus, mit der Entfesselung von sozialen und ökonomischen Kräften zugleich eine organisatorische (autoritäre, staatliche, familiale) Bindung dieser Kräfte zu vollziehen und seine Funktionsweise gerade durch die paradoxen bzw. schizoiden Bewegungen von Entgrenzung und Begrenzung zu garantieren. Die *Schizo-Analyse* von Deleuze/Guattari versteht sich als kritische Anzeige jener theoretischen wie sozialtechnischen Agenturen, die den Wunsch dazu bestimmen, »seine eigene Repression [...] zu wünschen« (Deleuze/Guattari 1972, 135).

Dabei werden einige Unterscheidungen entwickelt – »molekulare« Vielheiten vs. »molare« Einheiten, »Deterritorialisierung« vs. »Reterritorialisierung«, »Staatsapparat« vs. »Kriegsmaschine« (vgl. Deleuze/Guattari 1980) –, die die notorischen Oppositionen von Individuum und Gesellschaft, Psychischem und Sozialem, Privatem und Politischem unterlaufen und sich auf jene *mikropolitischen* Prozesse beziehen, die das gesamte soziale Feld durchziehen und mit den Manifestationen politischer Macht zugleich Widerstände und Fluchtlinien produzieren. Das Gesellschaftliche wird als »Diagramm« vielfältiger Kräfteverhältnisse konzipiert, in dem sich Technologien, Institutionen, Praktiken und semiotische Prozesse zu einem heterogenen Gefüge verknüpfen und als Bedingung für unterschiedliche Machttypen und Subjektivierungsweisen fungieren (vgl. Deleuze 1986, 69 ff.). Am Leitfaden dieser Analysen hat Deleuze schließlich einen Übergang von modernen Disziplinargesellschaften zu flexiblen und modularen »Kontrollgesellschaften« konstatiert (1990, 243 ff.).

4.

Deleuze, G., 1953, David Hume, Frankfurt/M.: Campus 1997.

Deleuze, G., 1962, Nietzsche und die Philosophie, Frankfurt/M.: EVA 1985.

Deleuze, G., 1968a, Differenz und Wiederholung, München: Fink 1992.

Deleuze, G., 1968b, Spinoza und das Problem des Ausdrucks in der Philosophie, München: Fink 1993.

Deleuze, G., 1969, Logik des Sinns, Frankfurt/M.: Suhrkamp 1993.

Deleuze, G., 1981, Francis Bacon. Logik der Sensation, München: Fink 1995.

Deleuze, G., 1983, Das Bewegungs-Bild. Kino 1, Frankfurt/M.: Suhrkamp 1989.

Deleuze, G., 1985, Das Zeit-Bild. Kino 2, Frankfurt/M.: Suhrkamp 1991.

Deleuze, G., 1986, Foucault, Frankfurt/M.: Suhrkamp 1987.

Deleuze, G., 1988, Die Falte. Leibniz und der Barock, Frankfurt/M.: Suhrkamp 1995.

Deleuze, G., 1990, Unterhandlungen 1972–1990, Frankfurt/M.: Suhrkamp 1993.

Deleuze, G./Guattari, F., 1972, Anti-Ödipus. Kapitalismus und Schizophrenie 1, Frankfurt/M.: Suhrkamp 1974.

Deleuze, G./Guattari, F., 1980, Tausend Plateaus. Kapitalismus und Schizophrenie 2, Berlin: Merve 1992.

Deleuze, G./Guattari, F., 1991, Was ist Philosophie?, Frankfurt/M.: Suhrkamp 1996.

Badiou, A., 1997, Gilles Deleuze, Zürich: Diaphanes 2003.

Balke, F., 1998, Gilles Deleuze, Frankfurt/M.: Campus.

Balke, F./Vogl, J. (Hg.), 1996, Gilles Deleuze, München: Fink.

Hardt, M., 1993, Gilles Deleuze, Minneapolis: University of Minnesota Press.

Härle, C. C. (Hg.), 1993, Karten zu *Tausend Plateaus*, Berlin: Merve.

Langer, W., 2003, Gilles Deleuze, Berlin: Parerga.

Marrati, P./Zourabichvili, F./Sauvagnargues, A., 2004, La philosophie de Deleuze, Paris: PUF.

Massumi, B., 1992, A User's Guide to *Capitalism and Schizophrenia*, Cambridge/MA: MIT Press.

Rölli, M., 2003, Gilles Deleuze, Wien: Turia + Kant.

Thoburn, N., 2003, Deleuze, Marx, and Politics, London: Routledge.

Joseph Vogl

Demographie

1.

1.1. Die Demographie bzw. Bevölkerungswissenschaft bezieht sich auf die Beschreibung und Analyse von Größe, Verteilung, Struktur und Veränderung von Populationen. Unter »Populationsdynamik« ist die zeitliche Entwicklung von Bevölkerungsstrukturen unter der Einwirkung der demographischen Prozesse Mortalität, Fertilität und Migration zu verstehen.

1.2. In der amtlichen Statistik wird der Begriff der »Bevölkerung« als die Gesamtheit der Einwohner eines abgegrenzten Gebietes zu einem bestimmten Zeitpunkt definiert. Größe und Struktur einer Bevölkerung werden vom Verhältnis von Geburtenzahlen und Todesfällen sowie dem Saldo von Ein- und Auswanderungen bestimmt. Bevölkerungsgröße und -struktur sowie Bevölkerungsprozesse beeinflussen sich gegenseitig, weil die demographischen Ereignisse Umfang und Zusammensetzung einer Bevölkerung fortlaufend verändern. Der Begriff des »Bevölkerungsprozesses« bezeichnet die Entwicklungen, denen eine Bevölkerung aus innerer Dynamik und in Wechselbeziehung mit der Gesellschaft unterliegt.

2.

2.1. Bemühungen zur Feststellung des Bevölkerungsumfangs begleiten die Menschheit seit ihrer Frühgeschichte. Zu Beginn des 19. Jahrhunderts kam es in Europa zu systematischen Erhebungen des Bevölkerungsbestands und zur Gründung statistischer Ämter. In Deutschland erfolgte eine umfassende Volkszählung zum ersten Mal im Jahr 1871. Die natürlichen Bevölkerungsbewegungen wurden in den Kirchenbüchern festgehalten. Die Tauf-, Heirats- und Sterberegister reichen bis ins 16. Jahrhundert zurück. Ab 1875 wurden in Deutschland die neu eingerichteten Standesämter mit der Registrierung betraut. Durch den Ausbau der Sozialstatistik kam es zu einem Zurückdrängen traditionaler Politik durch Verwaltung und bürokratisches Handeln. Gleichzeitig wurde das »Soziale« einschließlich soziodemographischer Sachverhalte verwissenschaftlicht.

2.2. Bevölkerungspolitische Konzeptionen der Expansion und der Reglementierung haben die Menschheit seit jeher beschäftigt. Sie wiederholen sich als Ausdruck des jeweils aktuellen Verständnisses und der Zielsetzung entsprechenden politischen Handelns bis in die Gegenwart. Schon in Platons *Staat* trifft man auf institutionelle Vorkehrungen zur Sicherung einer eugenischen Fortpflanzung. In der Renaissance wurden die Vorstellungen einer optimalen Bevölkerungsgröße und »Menschenveredelung« durch staatliche Planung in den Schriften *Utopia* von Thomas Morus, *Neu Atlantis* von Francis Bacon und *Sonnenstaat* von Tommaso Campanella weiter ausformuliert. Praktische Bedeutung erlangten bevölkerungspolitische Vorstellungen im Zeitalter des Absolutismus. Zentral für die Ideen der Populationistik ist die Auffassung, wonach die Vermehrung der Bevölkerung eines Landes auch dessen Macht und Reichtum vergrößert.

2.3. Erste Ansätze einer Bevölkerungsforschung wurden in England von John Graunt (1620–1674), William Petty (1623–1687) und Edmund Halley (1656–1742) erarbeitet, wobei Berechnungen einer »harmonischen« Absterbeordnung im Vordergrund standen. Der Beginn einer umfassenden Betrachtung von Bevölkerungsvorgängen verbindet sich mit dem Werk von Johann Peter Süßmilch (1707–1767). Der Begriff der »Tragfähigkeit der Erde« ist zentral für sein Hauptwerk aus dem Jahr 1741, *Die göttliche Ordnung in den Veränderungen des menschlichen Geschlechts, aus der Geburt, Tod und Fortpflanzung desselben erwiesen*. Die populationistische Epoche bevölkerungswissenschaftlichen Denkens endete mit der zuerst 1798 erschienenen Schrift *Das Bevölkerungsgesetz* (Essay on the Principle of Population) von Thomas Robert Malthus (1766–1834). Seine Kernthese lautet, das Bevölkerungsproblem beruhe auf dem Missverhältnis von Bevölkerungszunahme und der vorhandenen Menge an Nahrungsmitteln.

Als Folge der Auseinandersetzung mit Malthus' Werk kommt es zu einer Reflexion historischer Variabilität des Bevölkerungsprozesses. Die Wohlstandstheoretiker Lujo Brentano (1844–1931) und Paul Mombert (1876–1938) zeigten, dass verbesserte Lebensbedingungen einen Rückgang der Fertilität bewirken. Damit werden die klassischen Theorien, denen eine eindimensionale naturgesetzliche oder ökonomische Betrachtung zugrunde lag, von Ansätzen abgelöst, die den komplexen Wechselbeziehungen zwischen demographischen und gesellschaftlichen Bedingungen Rechnung tragen.

Gleichzeitig wurde das demographische Denken von biologischen Erkenntnissen geprägt. Zu dem durch Malthus ins allgemeine Bewusstsein gebrachten Gedanken einer Beeinflussbarkeit der Quantität der Bevölkerung trat als revolutionäre Neuerung die Frage ihrer qualitativen Zusammensetzung. In der Weimarer Republik prägten rassenhygienische und erbbiologische Themen den wissenschaftlichen Diskurs, deren bevölkerungspraktische Konsequenzen im Dritten Reich zur Realität wurden (vgl. Weingart/Kroll/Bayertz 1988).

Als Folge des Nationalsozialismus war die Beschäftigung mit Bevölkerungsfragen nach 1945 ideologisch belastet und wurde weitgehend gemieden. Obwohl die »Deutsche Gesellschaft für Bevölkerungswissenschaft« bereits im Jahr 1952 gegründet wurde, blieb die demographische Forschung vorerst atomisiert. Erst im Verlauf der 1970er Jahre gelang es, die Bevölkerungsforschung zu (re-)institutionalisieren. Ausschlaggebend hierfür war zum einen der rasche Anstieg des globalen Bevölkerungswachstums seit dem Zweiten Weltkrieg, zum anderen das Interesse an Bevölkerungsfragen aufgrund von Geburtenabnahme und Zuwanderung.

3.

3.1. Bevölkerungsforschung ist im Idealfall das Ergebnis theoriegeleiteter Annahmen im Hinblick auf die Analyse der zeitlichen Entwicklung von Bevölkerungsstrukturen unter der Einwirkung demographischer Prozesse. Eine »Demographie im weiteren Sinne« lässt sich daher als die »Lehre vom Wesen, den Ursachen und den Wirkungen der Bevölkerungsvorgänge« bestimmen. Demgegenüber wird unter der »Demographie im engeren Sinne« die »Lehre von den formalen Verfahren zur Ermittlung von Bevölkerungsvorgängen« verstanden. Insofern lassen sich zur Analyse demographischer Strukturen und Prozesse zwei Ansätze unterscheiden: ein mathematisch-modellorientierter Ansatz (formal demography) und ein an gesellschaftlichen Fragen orientierter Ansatz (social demography) (vgl. Schimany 2003, 50f.).

Bevölkerungswissenschaft wird von verschiedenen Disziplinen betrieben, die sich zwar der grundlegenden demographischen Methoden und Kennziffern bedienen, diese aber auf ihre fachspezifischen Fragestellungen beziehen und Bevölkerungsvorgänge vor dem Hintergrund ihres Wissenschaftsverständnisses analysieren. Darüber hinaus ist die Demographie auch als ausdifferenzierter Ansatz zu verstehen, an dem unterschiedliche Disziplinen partizipieren, die sich wechselseitig beeinflussen und ergänzen. Die Demographie ist eine Disziplin mit einer breiten interdisziplinären Ausstrahlung, wobei Bevölkerungsstatistik und mathematische Modellbildung den disziplinären Kern bilden, der von einem Ring sozialwissenschaftlicher Wissensbestände umgeben ist. »Bevölkerung« ist damit eine Kategorie der Natur- und der Sozialwissenschaften, was die innerwissenschaftliche Kommunikation aufgrund konkurrierender Paradigmen erschwert.

3.2. Obwohl die Demographie eine Vielzahl an mathematischen Modellen und statistischen Messtechniken besitzt, verfügt sie über kein eigenes konzeptuelles Rahmenwerk. Die Konzentration auf makro-demographische Ansätze und die atheoretische Anwendung formaler Verfahren führen zu einer technischen Kausalitätsauffassung und einem mechanistischen Verständnis von Bevölkerungsvorgängen. Ursachen und Folgen soziodemographischer Prozesse und ihre Verknüpfung mit gesellschaftlichen Entwicklungen können jedoch erst anhand mehrdimensionaler sozialwissenschaftlicher Erklärungsansätze hinreichend analysiert werden (vgl. Mackensen 2002, 64). Aufgrund der interdisziplinären Konstruktion des Wissenschaftskontextes bedarf es einer problem- bzw. themenzentrierten Wissenschaftsorganisation.

3.3. In der Neuzeit vollzogen die westlichen Länder im Zuge ihrer sozioökonomischen Entwicklung einen Übergang von der »vorindustriellen Bevölkerungsweise« mit hohen Geburten- und Sterberaten zu einer »industriellen Bevölkerungsweise« mit niedrigen Raten. Nach Abschluss des demographischen Überganges fiel die Wachstumsrate der Bevölkerung wieder auf ein niedriges Niveau. Die These vom zweiten demographischen Übergang beschreibt die seit den 1970er Jahren festgestellte Beobachtung, wonach die natürliche Wachstumsrate in immer mehr Ländern negativ ist, weil die Geburtenrate unter das für die Bestandserhaltung der Bevölkerung erforderliche Mindestniveau von 2,1 Kindern pro Frau sinkt. Demographische Konsequenzen sind die Abnahme und Alterung der Bevölkerung. Anzunehmen ist, dass nahezu alle Populationen in den kommenden Jahrzehnten den demographischen Übergang zum Abschluss bringen. Das heißt, die Geburtenraten pendeln sich weltweit zumindest auf das Bestandserhaltungsniveau ein. Den Bevölkerungsvorausschätzungen zufolge wird die Weltbevölkerung aufgrund der gegebenen Altersstrukturen im Jahr 2050 trotzdem rund 9 Mrd. betragen. Alterung, Urbanisierung und Ungleichgewichte werden das Wachstum begleiten, das zu 98 % auf die Entwicklungsländer entfällt. Fragen der Entwicklung und strukturellen Zusammensetzung von Bevölkerungen gewinnen regional an Bedeutung. Vor diesem Hintergrund wird das »concept of population balance« neu diskutiert (vgl. Lutz/Sanderson/Scherbov 2004): Kontrolle des langfristigen Bevölkerungswachstums mit dem Ziel, ein Gleichgewicht von Bevölkerung, Umwelt und Wohlfahrt herzustellen. Niedrige Fertilität, veränderte Haushaltsmuster und Familienformen, steigende Lebenserwartung, Altern der Bevölkerung und internationale Migration sowie das Zusammenwirken von soziodemographischem Wandel und Umbau des Wohlfahrtsstaats unter veränderten wirtschaftlichen Bedingungen kennzeichnen die Situation in modernen Staaten und bilden gleichzeitig den Forschungsrahmen. Schon heute ist absehbar, dass das Zusammenwirken dieser Faktoren weit reichende Auswirkungen für Staat, Gesellschaft und Individuum haben wird. Erforderlich ist eine theoriegeleitete Bevölkerungsforschung, welche die einzelnen Handlungsfelder als vernetzt begreift und in gesellschaftspolitischen Dimensionen denkt. Das Problem ist nicht die Bevölkerungsentwicklung per se, sondern das Fehlen einer anwendungsorientierten Forschung und einer langfristig orientierten Politik. Gesucht sind Vergesellschaftungsmodelle, die dem soziodemographischen Wandel Rechnung tragen.

4.

Demeny, P./McNicoll, G. (Hg.), 2003, Encyclopedia of Population, 2 Bde., New York: Macmillian.

Lutz, W./Sanderson, W./Scherbov, S. (Hg.), 2004, The End of World Population Growth in the 21st Century, London: Earthscan.

Mackensen, R., 2002, Bevölkerungssoziologie, in: G. Endruweit/G. Trommsdorff (Hg.), Wörterbuch der Soziologie, Stuttgart: Lucius & Lucius.

Schimany, P., 2003, Die Alterung der Gesellschaft. Ursachen und Folgen des demographischen Umbruchs, Frankfurt/M.: Campus.

Weingart, P./Kroll, J./Bayertz, K., 1988, Rasse, Blut und Gene. Geschichte der Eugenik und Rassenhygiene in Deutschland, Frankfurt/M.: Suhrkamp.

Peter Schimany

Demokratie

1.

»Demokratie« kann als Regierungssystem bestimmt werden, das die Bürger als freie, gleiche und autonome Personen achtet, indem es ihnen die gleichen Einwirkungsmöglichkeiten auf den Gesetzgebungsprozess einräumt, durch den diese sich wechselseitig regieren. Das Ideal der Demokratie umfasst folgende Elemente: (i) ein stabiles Regierungssystem, das mäßigend auf Konflikte einwirkt, (ii) Freiheit, (iii) Gleichheit und (iv) Autonomie sowie (v) eine über Institutionen vermittelte Gesetzgebung, die den Bürgern gleiche Einwirkungsmöglichkeiten einräumt. Offensichtlich sind alle nationalstaatlichen Realisierungsformen dieses Ideals unvollkommen und lassen Raum für wichtige Verbesserungen.

2.

Die Ideengeschichte der Demokratie zeigt, dass sich dieses komplexe Ideal schrittweise über die nach und nach erfolgende Artikulation seiner Elemente entwickelt hat.

2.1. In der Antike galt die Demokratie als eine Form politischer Verfassung unter anderen, nämlich als die Herrschaft der Menge, des *demos*, im Gegensatz zu Aristokratie und Monarchie. In den antiken »Demokratien« kamen den Bürgern, zumindest idealiter, durch die Bestimmung der Amtsträger per Los und die Teilnahme aller Bürger an beratenden Versammlungen gleiche Einflussmöglichkeiten zu. Selbst in den Stadtstaaten des antiken Griechenland war letzteres jedoch nur durch die Begrenzung der Bürgerrechte auf einen relativ kleinen Teil der männlichen Einwohner möglich. Die Demokratietheorie hat lange gebraucht, um alternative Modelle der Selbstregierung des Volkes zu entwickeln. Im Gegensatz zur obigen Definition beinhaltet die Demokratiekonzeption des antiken Griechenland demnach noch nicht die Ideale der Freiheit und der Autonomie der politischen Subjekte.

2.2. Die Idee der Freiheit der Bürger entwickelte sich in der für das Ideal der Demokratie relevanten Form in zwei historisch unterscheidbaren Schritten:

Die republikanischen Institutionen des antiken Rom entstanden vor dem Hintergrund des Konflikts zwischen verschiedenen sozialen Klassen. Um diesen Konflikt abzuschwächen, entwickelten die Römer institutionelle Lösungen, die sich historisch durchgesetzt haben: die Aufteilung der gesetzgebenden Gewalt und die Kanalisierung der Auseinandersetzung um ihre Ausübung (vgl. Cicero, rep.). Vertreter des antiken und des modernen Republikanismus haben »Freiheit« übereinstimmend als »Nicht-Dominierung« verstanden (vgl. Pettit 1997). Dominiert zu werden bedeutet für sie, der willkürlichen Machtausübung anderer unterworfen zu sein. Die Institutionen der römischen Republik sollten dazu dienen, entsprechende Gefahren zu minimieren.

Die hierzu komplementäre Vorstellung, dass bestimmte Grundfreiheiten jedes legitime politische Verfahren beschränken, entwickelte sich während der Religionskriege im Europa des 17. und 18. Jahrhunderts. Diese Grundfreiheiten lassen sich in zwei Gruppen einteilen: die Glaubens- bzw. Gewissensfreiheiten – also die Freiheit der Meinungsäußerung, des religiösen Bekenntnisses und der Versammlung – und die mit der Institution des Privateigentums verbundenen Freiheiten (vgl. Locke 1689/90).

2.3. Eine Demokratie muss ihre Bürger als in fundamentaler Hinsicht frei *und* gleich respektieren. In einem System erblicher Privilegien ist dies unmöglich.

Es wurde schon früh – u. a. von Hobbes und Locke – erkannt, dass die gleiche Beteiligung der Individuen am Gesetzgebungsprozess den Rekurs auf das Mehrheitsprinzip unumgänglich macht. In diesen frühen Auseinandersetzungen wurde das Mehrheitsprinzip schlicht als der einzig gangbare Weg der Entscheidungsfindung in größeren Versammlungen angesehen; schon Condorcets Pionierarbeit über die Paradoxien der Wahl (1785) hat jedoch die Probleme dieser Regel aufgezeigt. In ihrer typischen Form bezogen sich die Argumente der Aufklärung, die auf wirkmächtige Weise das Ideal politischer Gleichheit etablierten, auf jene Rechte und Eigenschaften, die Menschen bzw. Personen als solchen zukommen. Die Befürworter der Demokratie haben zwar immer die Gleichheit der Bürger gefordert, die vollen Rechte der Staatsbürgerschaft wurden aber nur langsam und gegen verschiedene Widerstände auf alle erwachsenen und dauerhaft ansässigen Einwohner einer bestimmten Nation ausgedehnt (vgl. Manin 1997).

2.4. Die Idee der Autonomie bzw. der Selbstgesetzgebung geht auf zweifache Weise in das Ideal der Demokratie ein: zum einen auf der individuellen Ebene als zu respektierende Eigenschaft eines jeden Bürgers, und zum anderen auf der gemeinschaftlichen Ebene, da Demokratie eine Form kollektiver Selbstgesetzgebung ist.

Die kantische Vorstellung der autonomen Individuen geschuldeten Achtung hat zahlreiche politische Implikationen, etwa, dass Individuen als »selbstschaffende Quellen berechtigter Ansprüche« (Rawls 1980, 119) betrachtet werden müssen. Des Weiteren müssen die Bürger im Modus des Austauschs von Argumenten miteinander kommunizieren können (vgl. Richardson 2002, Kap. 5). Dass freie, gleiche und autonome Bürger untereinander Argumente austauschen sollen, hat sich auch in einem weiteren von Kants folgenreichen Idealen niedergeschlagen, nämlich dem der *Publizität*, welches Kant v.a. als kontrafaktische Einschränkung des Überlegungsspielraums des Gesetzgebers auffasst (vgl. Kant 1795). Diese Einschränkung verweist auf die Öffentlichkeit als noch fundamentaleres Element der Idee der Demokratie: In ihr sollen sich die Bürger in wechselseitiger Aufgeschlossenheit und unter dem Schutz gleicher Grundfreiheiten an einem freien Austausch politischer Argumente beteiligen (vgl. Dewey 1927; Habermas 1962).

Die Demokratie ist als Realisierung der kollektiven Autonomie eine Regierungsform, in der das Volk über sich selbst herrscht. Rousseaus problematische Behauptungen über den Gemeinwillen (*volonté générale*) (Rousseau 1762), die von Habermas (1992) und Nida-Rümelin (1999) zu Recht kritisiert worden sind, werden durch die Idee der Selbstregierung des Volkes jedoch nicht gedeckt. Diese Idee findet einen nüchterneren Ausdruck in Abraham Lincolns Formel von der »Regierung des Volkes, durch das Volk, für das Volk« (vgl. Wills 1992).

2.5. Rousseau glaubte kaum an die Möglichkeit, eine demokratische Republik zu realisieren, die größer als seine Heimatstadt Genf ist. Die Entstehung des *modernen* Ideals der Demokratie ist jedoch erst mit der Formulierung und Durchsetzung dreier miteinander verbundener Ideen vollendet, welche auch die Anpassung der Demokratie an größere Gesellschaften ermöglichen. (1) Die antike Lehre der Verfassungs- und Regierungsformen bezog sich darauf, *wer* regiert: die Vielen, die Wenigen oder bloß ein Einzelner. Die Revolution der Demokratietheorie im 18. Jahrhundert führte u.a. zur Zurückweisung dieser Sichtweise. Verfassungen kommt nun eine viel wichtigere Aufgabe zu, als nur zu bestimmen, wer herrscht: Sie müssen auch Institutionen etablieren, welche die Achtung vor der dauerhaften Herrschaft des Rechts garantieren. Die Frage »Wer herrscht?« wird zur Frage »Wer bzw. welche Institution macht die Gesetze?«. (2) Einst war die Befürchtung weit verbreitet, dass große Demokratien die Entstehung eigeninteressierter Splittergruppen fördern und damit die Stabilität des repräsentativ organisierten Gesetzgebungsprozesses unterminieren würden. James Madison drehte diese Instabilitätshypothese um: Die Größe eines Staates ist gerade ein Vorteil für demokratische Republiken, da die extremen Positionen der verschiedenen Splittergruppen sich wechselseitig ausgleichen (vgl. Hamilton/Madison/Jay 1788; Beer 1993). (3) Die Reformer des 18. Jahrhunderts machten sich auch die Idee der repräsentativen Demokratie zu Eigen. Das Vertrauen auf gewählte Repräsentanten ist lange als wesentlich für die republikanische, nicht aber für die demokratische Regierungsform betrachtet worden (vgl. Manin 1997). J. S. Mill (1861) war einer der ersten wichtigen Philosophen, der die repräsentative Regierungsform als demokratisch ansah.

2.6. Das moderne Ideal der Demokratie ist demnach erst dann vollständig entwickelt, wenn die Elemente der Freiheit, Gleichheit und Autonomie mit der Idee konstitutionell etablierter Verfahren kombiniert werden, die den Bürgern, vermittelt über repräsentative Versammlungen, gleiche Einflussmöglichkeiten auf den Gesetzgebungsprozess einräumen.

3.
In den letzten Jahrzehnten ist das Ideal der Demokratie Gegenstand ausführlicher philosophischer Diskussionen gewesen.

3.1. Dabei geht es immer auch um eine genauere Fassung des Ideals der Demokratie und des Verhältnisses seiner Elemente. So betont etwa Schumpeters einflussreiche Studie (1942), dass demokratische Institutionen, wie die republikanischen Einrichtungen des antiken Rom, eine wichtige Rolle bei der Bändigung sozialer Konflikte und Klassenkämpfe spielen können. Im Gegensatz dazu bezieht sich die Social Choice-Theorie eher auf eine abstrakte Beschreibung des Verfahrens der Mehrheitsentscheidung. Diese wird von Arrow (1963) zusammen mit anderen Funktionen behandelt, die eine soziale Präferenz auf der Basis individueller Präferenzen zu definieren versuchen. Arrow kann zeigen, dass keine allgemeine soziale Wohlfahrtsfunktion minimale Anforderungen der Rationalität zu erfüllen vermag. Sen (1984) und andere (etwa Risse 2001) untersuchen in der Folge verschiedene Möglichkeiten, einige der zu diesem Ergebnis führenden Anforderungen zu lockern. In diesem Zusammenhang findet auch eine Diskussion der unterschiedlichen Manipulierbarkeit von Wahlverfahren statt (vgl. Black 1958; Mackie 2003).

In der jüngeren Theoriebildung ist v.a. das egalitäre Element des demokratischen Ideals betont worden. So argumentiert etwa Christiano (1996), dass eine prozeduralistische Auffassung des Wertes der Gleichheit die normative Grundlage der Demokratie darstellt. Schließlich wird in einer Reihe von Arbeiten der *deliberative* Aspekt der Demokratie ins Zentrum gestellt. Die Verteidiger der deliberativen Demokratie bestehen charakteristischerweise darauf, dass Bürger in politischen Diskussionen wahre Antworten auf die Frage, was getan werden sollte, suchen (vgl. Cohen 1986; Estlund 1997) oder darüber zumindest Argumente austauschen (vgl. Gutmann/Thompson 1996; vgl. 2.4.).

3.2. Führt man sich die Komplexität des Ideals der Demokratie vor Augen, so kann es kaum erstaunen, dass dessen interne Konsistenz von verschiedenen Philosophen mit gewichtigen Gründen angezweifelt worden ist.

Eine wichtige Reihe von Fragen betrifft in diesem Kontext die Vereinbarkeit des Ideals der Demokratie mit dem Liberalismus, den es (wie in 2.2. behauptet) scheinbar umfasst. Zweifel hieran können sich etwa, wie bei Riker (1988), auf Arrows Unmöglichkeitstheorem stützen. Wenn es kein rationales Verfahren der Generierung einer sozialen Präferenz aus individuellen Präferenzen gibt, und wenn jedes faktische Wahlverfahren manipulierbar ist, wie kann man dann von einem Willen des Volkes sprechen? Eine mögliche Antwort ist, den Willen des Volkes nicht als logische Funktion individueller Präferenzen zu verstehen, da dieser sich in faktischen Institutionen allererst bilden muss (vgl. Coleman/Ferejohn 1986; Richardson 2002).

Wird die Idee des Willens des Volkes unter Verweis auf die Notwendigkeit eines konstitutionellen Arrangements verteidigt, in dem das Volk seinen Willen artikulieren kann, wird man allerdings mit einer potenziellen Spannung zwischen Konstitutionalismus und Volkssouveränität konfrontiert. Die Anhänger des *radical populism* sind der Ansicht, dass der Wille des Volkes selbst diese grundlegenden konstitutionellen Arrangements begründen muss (vgl. Goodwyn 1976). Diese Position wird allerdings etwa von Michelman (1997) als inkohärent zurückgewiesen.

Schließlich stellt sich die Frage, ob die Betonung des Austauschs von Argumenten im Modell der deliberativen Demokratie wirklich mit dem Liberalismus vereinbar ist. Vernünftige Argumente zielen auf Wahrheit ab; wenn es in der Politik aber auf das Befolgen wahrer Antworten auf die Frage, was getan werden sollte, ankommt, ist man dann nicht zur politischen Privilegierung einer intellektuellen Elite gezwungen? Diese Frage wird von Estlund (1997) aufgeworfen und nach kritischer Diskussion negativ beantwortet. In ähnlicher Weise verneint Misak (2000) die Frage, ob das Streben nach politischer Wahrheit, wie Schmitt (1923) glaubte, eine »substanzielle Homogenität« voraussetze (vgl. auch Kelsen 1920).

3.3. Nimmt man hingegen an, die Demokratie sei, in einer ihrer Interpretationen, ein kohärentes Ideal – wie lässt sie sich dann rechtfertigen?

Allgemeine Rechtfertigungen der Demokratie zielen darauf ab, dass diese die einzig legitime bzw. die am ehesten zu legitimierende Regierungsform ist, oder versuchen, andere Vorzüge herauszustellen. Nicht-instrumentelle Rechtfertigungen versuchen zu zeigen, dass sich die Demokratie aus bestimmten anderen moralischen Verpflichtungen ergibt. Ein deduktives Beispiel stellt Mays Theorem dar (vgl. May 1952; Sen 1984). Ein nicht-deduktiver Ansatz könnte (wie oben in 2.2.–2.5. skizziert) dahingehend argumentieren, dass sich die Idee der Demokratie aus unserer Bindung an die Werte der Freiheit, Gleichheit und Autonomie sowie an die Herrschaft des Rechts ergibt (vgl. Richardson 2002). Instrumentelle Rechtfertigungen der Demokratie sind in vielen Varianten vorgebracht worden. Die Demokratie wurde als wichtiger Faktor der ökonomischen Entwicklung (vgl. Bardhan 1999), des internationalen Friedens (vgl. Rawls 1999), des Grundrechtsschutzes (vgl. Arneson 1993) und der korrekten Beantwortung praktischer Fragen (vgl. Estlund 1997) angesehen.

Partikulare Rechtfertigungen der Demokratie richten sich an einzelne Bürger, insbesondere an jene Wähler, die einer politischen Minderheit angehören und gegen eine bestimmte Regierungsentscheidung gestimmt haben (vgl. Barry 1964). Man könnte dabei einfach auf die allgemeine Rechtfertigung der Demokratie verweisen. Es ließe sich aber auch argumentieren, dass ein legitimes demokratisches Verfahren für jede Entscheidung Begründungen bereitstellen muss, die von jedem Bürger akzeptiert werden können (vgl. Rawls 1996; Gutmann/Thompson 1997).

3.4. Ein adäquates Verständnis politischer Gleichheit, das Problem der demokratischen Repräsentation unter Bedingungen des Pluralismus und die Aussöhnung demokratischer Erwartungen mit der faktischen Notwendigkeit bürokratischer Verwaltungsapparate stellen besonders gewichtige neue Herausforderungen der Demokratietheorie dar.

Wohlhabende Einzelpersonen und Firmen können ihre finanzielle Macht nutzen, um die im Prinzip »eine Person, eine Stimme« zum Ausdruck kommende Gleichheitsverpflichtung zu unterminieren. Eine viel versprechende Reaktion hierauf besteht darin, den Bezug auf formale politische Gleichheit durch Strategien zur Vermeidung »politischer Armut« zu ergänzen, die eintritt, sobald die politischen Einflussmöglichkeiten eines Individuums unter einen bestimmten Schwellenwert fallen (vgl. Bohman 1996). Gleichwohl gibt es noch offene Fragen: Was genau ist unter »politischem Einfluss« zu verstehen? Und wie sollte man etwa die unterschiedlichen argumentativen Fähigkeiten der Bürger in Betracht ziehen (vgl. Gambetta 1998)?

Der Pluralismus kultureller Milieus und Glaubenssysteme, der in demokratischen Gesellschaften zunehmend zur Normalität wird, stellt die Theorie der repräsentativen Demokratie vor große Schwierigkeiten. So hat etwa Young (1990) dafür plädiert, marginalisierte Gruppen in der Repräsentation zu bevorzugen; auf den kritischen Einwand hin, dass soziale Gruppen nicht monolithisch seien, forderte sie später die Repräsentation so vieler *Perspektiven* wie möglich (vgl. Young 2000). Auch die Berücksichtigung der Forderungen der Identitätspolitik (vgl. Gutmann 2003) und des »Kampfes um Anerkennung« (Honneth 1992) bereitet im Rahmen der liberalen Demokratie Schwierigkeiten.

Die Ausarbeitung politischer Entscheidungen, denen – wie im Fall von Verordnungen – Rechtskraft zukommt, der *Verwaltung* zu überlassen, scheint nur schwer mit einem Demokratieverständnis vereinbar zu sein, das die Idee der Volkssouveränität ernst nimmt (vgl. Schoenbrod 1993). Habermas (1992, 626) hat auf die Notwendigkeit eines informellen und kommunikativen Einflusses der Bürger auf die Bürokratie hingewiesen. Die Versöhnung der Notwendigkeit von Bürokratie mit dem demokratischen Gebot der Herrschaft des Volkes kann jedoch nur durch eine Theorie der Ausbildung des Willens des Volkes in einer Reihe von institutionalisierten Schritten gelingen (vgl. Richardson 2002).

3.5. Auch wenn das demokratische Ideal im Kontext des griechischen Stadtstaats und des modernen Nationalstaats entstanden ist, kann dessen Grundprinzip doch potenziell auf jede Institution angewendet werden, die beansprucht, verpflichtende Regeln zu erlassen. Wirtschaftsunternehmen können hier als Beispiel dienen. So ist der in seiner klassischen Form von den Sozialisten des 19. Jahrhunderts geführte Kampf um die Demokratisierung des Arbeitsplatzes in jüngster Zeit wieder aufgenommen worden (vgl. Cohen/Rogers 1983; Arneson 1993; Bowles/Gintis 1993; Fung/Wright 2003). Mit zunehmender Gestaltungsmacht werden auch internationale Institutionen wie die Europäische Union und die verschiedenen Behörden der Vereinten Nationen zu Recht an den Standards des demokratischen Ideals gemessen. Auf globaler Ebene stellt sich das Problem, dass natürlich nicht alle Staaten demokratisch sind und es zudem alles andere als klar ist, ob es eine globale Öffentlichkeit ohne ein globales Regime zum Schutz freier politischer Meinungsäußerung geben kann. Diesen schwierigen Fragen kommt in der gegenwärtigen Demokratietheorie eine wichtige Stellung zu.

4.

Arneson, R., 1993, Democratic Rights at National and Workplace Levels, in: D. Copp/J. Hampton/J. Roemer (Hg.), The Idea of Democracy, Cambridge: Cambridge University Press.

Arrow, J., 1963, Social Choice and Individual Values, New Haven: Yale University Press.

Bardhan, P., 1999, Democracy and Development, in: I. Shapiro (Hg.), 1999, Democracy's Value, Cambridge: Cambridge University Press.

Barry, B., 1964, The Public Interest, in: Proceedings of the Aristotelian Society, Suppl. Vol. 38.

Beer, S., 1993, To Make a Nation, Cambridge/MA: Harvard University Press.

Black, D., 1958, The Theory of Committees and Elections, Cambridge: Cambridge University Press.

Bohman, J., 1996, Public Deliberation, Cambridge/MA: MIT Press.

Bowles, S./Gintis, H., 1993, A Political and Economic Case for the Democratic Enterprise, in: D. Copp/J. Hampton, J./Roemer (Hg.), The Idea of Democracy, Cambridge: Cambridge University Press.

Brennan, G./Lomasky, L., 1993, Democracy and Decision, Cambridge: Cambridge University Press.

Buchanan, J./Congleton, R., 1998, Politics by Principle, Not Interest, Cambridge: Cambridge University Press.

Christiano, T., 1996, The Rule of the Many, Boulder: Westview.

Cohen, J., 1986, An Epistemic Conception of Democracy, in: Ethics 97.

Cohen, J./Rogers, J., 1983, On Democracy, New York: Penguin.

Coleman, J./Ferejohn, J., 1986, Democracy and Social Choice, in: Ethics 97.

Condorcet, M., 1785, Essai sur l'application de l'analyse à la probabilité des décisions rendues à la pluralité, Paris: L'Imprimerie Royale.

Dahl, R., 1989, Democracy and Its Critics, New Haven: Yale University Press.

Dewey, J., 1927, Die Öffentlichkeit und ihre Probleme, Bodenheim: Philo 1996.

Estlund, D., 1997, Beyond Fairness and Deliberation, in: J. Bohman/W. Rehg (Hg.), Deliberative Democracy, Cambridge/MA: MIT Press.

Estlund, D. (Hg.), 2002, Democracy, Oxford: Blackwell.

Fishkin, J./Laslett, P., 2003, Debating Deliberative Democracy, Oxford: Blackwell.

Fung, A./Wright, E. (Hg.), 2003, Deepening Democracy, London: Verso.
Gambetta, D., 1998, »Claro«. An Essay on Discursive Machismo, in: J. Elster (Hg.), Deliberative Democracy, Cambridge: Cambridge University Press.
Goodwyn, L., 1976, Democratic Promise. The Populist Moment in America, New York: Oxford University Press.
Gutmann, A., 2003, Identity and Democracy, Princeton: Princeton University Press.
Gutmann, A./Thompson, D., 1996, Democracy and Disagreement, Cambridge/MA: Harvard University Press.
Habermas, J., 1962, Strukturwandel der Öffentlichkeit, Frankfurt/M.: Suhrkamp 1990.
Habermas, J., 1992, Faktizität und Geltung. Beiträge zur Diskurstheorie des Rechts und des demokratischen Rechtsstaats, Frankfurt/M.: Suhrkamp 1994.
Hamilton, A./Madison, J./Jay, J., 1788, Die Federalist-Artikel, Stuttgart: UTB 1994.
Honneth, A., 1992, Kampf um Anerkennung, Frankfurt/M.: Suhrkamp.
Kant, I., 1785, Grundlegung zur Metaphysik der Sitten, Hamburg: Meiner 1965.
Kant, I., 1795, Zum ewigen Frieden, Stuttgart: Reclam 1996.
Kelsen, H., 1920, Vom Wesen und Wert der Demokratie, Aalen: Scientia 1981.
Locke, J., 1689/90, Zwei Abhandlungen über die Regierung, Frankfurt/M.: Suhrkamp 2000.
Mackie, G., 2003, Democracy Defended, Cambridge: Cambridge University Press.
Manin, B., 1997, The Principles of Representative Government, Cambridge: Cambridge University Press.
Mansbridge, J., 1983, Beyond Adversary Democracy, Chicago: University of Chicago Press.
Maus, I., 1992, Zur Aufklärung der Demokratietheorie, Frankfurt/M.: Suhrkamp.
May, K. O., 1952, A Set of Independent, Necessary and Sufficient Conditions for Simple Majority Decision, in: Econometrica 20.
Michelman, F., 1997, How Can the People Ever Make the Laws?, in: J. Bohman/W. Rehg (Hg.), Deliberative Democracy, Cambridge/MA: MIT Press.
Misak, C., 2000, Truth, Politics, Morality, London: Routledge.
Mill, J., 1861, Betrachtungen über die repräsentative Demokratie, Paderborn: Schöningh 1971.
Nida-Rümelin, J., 1999, Demokratie als Kooperation, Frankfurt/M.: Suhrkamp.
Pettit, P., 1997, Republicanism. A Theory of Freedom and Government, Oxford: Oxford University Press.
Pitkin, H., 1971, The Concept of Representation, Berkeley: University of California Press.
Rawls, J., 1980, Kantischer Konstruktivismus in der Moraltheorie, in: ders., Die Idee des politischen Liberalismus, Frankfurt/M.: Suhrkamp 1992.
Rawls, J., 1996, Politischer Liberalismus, Frankfurt/M., Suhrkamp 2003.
Rawls, J., 1999, Das Recht der Völker, Berlin: de Gruyter 2002.
Richardson, H., 2002, Democratic Autonomy, New York: Oxford University Press.
Riker, W., 1988, Liberalism Against Populism, Prospect Hills: Waveland Press.
Risse, M., 2001, Arrow's Theorem, Indeterminacy, and Multiplicity Reconsidered, in: Ethics 111.
Rousseau, J.-J., 1762, Vom Gesellschaftsvertrag, Stuttgart: Reclam 1986.
Sartori, G., 1987, Demokratietheorie, Darmstadt: WBG 1997.
Schmidt, M. G., 2000, Demokratietheorien, Opladen: UTB.
Schmitt, C., 1923, Die geistesgeschichtliche Lage des heutigen Parlamentarismus, Berlin: Duncker & Humblot 1996.
Schoenbrod, D., 1993, Power Without Responsibility, New Haven: Yale University Press.
Schumpeter, J., 1942, Kapitalismus, Sozialismus und Demokratie, Stuttgart: UTB 2000.
Sen, A., 1984, Collective Choice and Social Welfare, Amsterdam: North-Holland.
Waldron, J., 1999, The Dignity of Legislation, Cambridge: Cambridge University Press.
Wills, G., 1992, Lincoln at Gettysburg, New York: Simon & Schuster.
Young, I., 1990, Justice and the Politics of Difference, Princeton: Princeton University Press.
Young, I., 2000, Inclusion and Democracy, Oxford: Oxford University Press.

Henry S. Richardson
(Aus dem Englischen von Robin Celikates)

Derrida, Jacques (1930–2004)

1.

Geboren 1930 in El Biar, Algerien, erhielt Derrida seine akademische Ausbildung an der École Normale Supérieure in Paris, wo er 1963 die Lehrtätigkeit aufnahm. Im Laufe der Jahre wurde Derrida Professor an mehreren US-amerikanischen Universitäten und ab 1984 Directeur d'Études an der École des Hautes Études en Sciences Sociales, Paris. Er war Gründungsdirektor des Collège International de Philosophie, Mitbegründer der Association Jan Hus (die im kommunistischen Prag Intellektuelle unterstützte und heimlich Seminare hielt) und bekam 2001 den Adorno-Preis. Derrida, der als Begründer der Dekonstruktion gilt, starb im Oktober 2004 in Paris.

2.

Drei Achsen sind in Derridas Befragung des »Politischen« (*le politique*) in seiner Beziehung auf tatsächliche Fragen der »Politik« (*la politique*) zu unterscheiden. Sie beschäftigen sich 1) mit dem »mystischen Grund der Autorität« und der Durchsetzung der Rechtsherrschaft in rechtlichen Entscheidungen, 2) mit dem Problem der Souveränität und individueller Rechte in der Folge der Globalisierung und 3) mit der Idee einer stets in der Zukunft liegenden und kommenden Demokratie (*démocratie-à-venir*).

2.1. Die erste Achse findet ihren vollen Ausdruck zuerst in *Gesetzeskraft*, Derridas Interpretation von Walter Benjamins *Zur Kritik der Gewalt* vor dem Hintergrund des von Pascal und Montaigne entlehnten Diktums, dass Gerechtigkeit und Gewalt einander voraussetzen. Indem er seine früheren, etwas elliptischen Bemerkungen zu den Voraussetzungen der US-amerikanischen (und jedweder anderen) Unabhängigkeitserklärung (vgl. Derrida 1984) verfeinert, nimmt Derrida ein zentrales Motiv auf, das das politische Denken von Rousseau bis Michel de Certeau durchzieht (vgl. de Vries 2002): die Idee, dass die Grundlage und Bedingung von Legitimität überhaupt nicht in den juristischen Termini und Weisen der Rechtfertigung bestehen kann, die sie selbst ins Leben rufen. Die Funktion, die einst der mythische, fremde Gesetzgeber innehatte, wird hier einem Postulat, einer unbedingten Bejahung, einem absoluten Performativ zugeschrieben, dessen Umrisse – und Erfolg – von keinerlei vorgängigen Bedingungen garantiert wird. Dieser historische und systematische Abgrund, so behauptet Derrida, öffnet sich unter jeder nachfolgenden Entscheidung, die das Gemeinwesen nochmals versichert und erneuert.

2.2. Die zweite Achse wird von Derrida in »Glaube und Wissen« eingeführt und weist auf seine Überzeugung hin, dass die gegenwärtigen Prozesse der Internationalisierung und Kapitalisierung, bewirkt von immer schnelleren Kommunikationsweisen und allgegenwärtigen Medien, nicht angemessen verstanden werden können, wenn nicht einer bestimmten, aus der Geschichte der Religionen folgenden, Vorherrschaft Rechnung getragen wird, einer Vorherrschaft, die er v.a. mit Rom verbindet (daher der Neologismus Mondia*latin*isation). Dieses Erbe zu dekonstruieren heißt nicht, es zu überwinden, sondern sowohl es in bestimmte Grenzen zu verweisen, als auch sein bleibendes Potential freizusetzen, und zwar mit Hilfe eines vorsichtigen und doch vorbehaltlosen Votums für die republikanische Demokratie (vgl. Derrida 1996).

2.3. Die dritte Achse ist Gegenstand von *Schurken*, worin Derrida versucht, die theologisch-politischen Voraussetzungen von Souveränität – und sogar den Begriff als solchen – »aus den Angeln zu heben« und eine neue Gestalt jenseits jeder Berufung auf quasi-biologische Ideen des Zusammenlebens zu finden, sei es die Bezugnahme auf den kirchlichen *corpus mysticum* oder auf moderne revolutionäre Brüderschaften, deren Dekonstruktion ausdrücklich Thema von *Politik der Freundschaft* ist. Der Ort und die Funktion des Gemeinwesens wird von einem neu interpretierten *demos* eingenommen, der nun nicht mehr nur als vollständigerer Ausdruck von Menschlichkeit angesehen wird, sondern *zugleich* als die unberechenbare Einzelheit eines jeden, jenseits aller Staatsangehörigkeit, jenseits jeden »Staats«, ja, jeden »Volks«, sogar jenseits der gegenwärtigen Definition als lebendes »menschliches« Wesen (vgl. Derrida 2004). Diese Idee wird wiederum mit einer Vorstellung von Legitimation verbunden, die weniger mit gesellschaftlichem Druck oder formaler Legalität identifiziert wird als mit einem Begriff von »Gerechtigkeit«, dessen Unendlichkeit und Dringlichkeit – mit Levinas – unterschieden wird von der Annäherung an die vom politischen und prozeduralen Liberalismus übernommenen regulativen und kontrafaktischen Ideen.

3.

Entlang dieser Achsen besteht Derrida nicht nur auf einem unauslöschlichen Erbe der metaphysischen und religiösen Tradition westlichen politischen Denkens, er achtet auch skrupulös auf die Arten und Weisen, in denen Begriffe und Diskurse von Recht und Gesetz, Pflichten und Werten weiterhin von einer bestimmten problematischen Fiktionalität durchsetzt sind, die die Tatsache zum Ausdruck bringen, dass jene weder natürliche Fakten noch einfach erfunden sind. Während Derrida seine ungeminderte Sympathie für die »gute alte Aufklärung« betont (vgl. de Vries 1999), fordert er ein unermüdliches Hinterfragen moderner Konzeptionen von Subjektivität und Gemeinschaft, Freiheit und Selbstbestimmung, Souveränität und Menschenrechten, Öffentlichem und Privatem, deren begriffliche Stabilität und geschichtliche Abgrenzungen voneinander er für einer Neubewertung bedürftig hält. Ihre Verbesserung im Hinblick auf eine Idee der Gerechtigkeit und unendlicher Verantwortlichkeit ist Ausdruck nicht ihrer Hinfälligkeit, sondern ihrer Vorläufigkeit und Fehlbarkeit. Diese »interne Historizität« charakterisiert nach Derrida auch die Idee einer Demokratie, deren »öffentliche Selbstkritik« vom Gesetz geschützt und deren »Perfektibilität« »ad infinitum offen« sein muss (vgl. Derrida 2004).

4.

Derrida, J., 1967a, Grammatologie, Frankfurt/M.: Suhrkamp 1974.
Derrida, J., 1967b, Die Schrift und die Differenz, Frankfurt/M.: Suhrkamp 1972.
Derrida, J., 1984, Unabhängigkeitserklärungen, in: ders./F. Kittler, Nietzsche – Politik des Eigennamens, Berlin: Merve 2000.
Derrida, J., 1991a, Gesetzeskraft, Frankfurt/M.: Suhrkamp 1991.
Derrida, J., 1991b, Das andere Kap. Die vertagte Demokratie, Frankfurt/M.: Suhrkamp 1992.
Derrida, J., 1993, Marx' Gespenster, Frankfurt/M.: Fischer 1995.
Derrida, J., 1994, Politik der Freundschaft, Frankfurt/M.: Suhrkamp 2000.
Derrida, J., 1996, Glaube und Wissen, in: ders./G. Vattimo, Die Religion, Frankfurt/M.: Suhrkamp 2001.
Derrida, J., 2003, Schurken, Frankfurt/M.: Suhrkamp.
Derrida, J., 2004, Si je peux faire plus qu'une phrase, Interview, in: Les Inrockuptibles 435.
Derrida, J./Habermas, J., 2004, Philosophie in Zeiten des Terrors, Berlin: Philo.
Derrida, J./Roudinesco, E., 2001, Woraus wird Morgen gemacht sein?, Stuttgart: Klett-Cotta 2006.

Beardsworth, R., 1996, Derrida and the Political, London: Routledge.
Bennington, G., 1994, Legislations. The Politics of Deconstruction, London: Verso.
Kern, A./Menke, C. (Hg.), 2002, Philosophie der Dekonstruktion, Frankfurt/M.: Suhrkamp.
Vries, H. de, 1999, Philosophy and the Turn to Religion, Baltimore: Johns Hopkins University Press.
Vries, H. de, 2002, Religion and Violence, Baltimore: Johns Hopkins University Press.

Hent de Vries

Dewey, John (1859–1952)

1.

Dewey wurde in Burlington, Vermont geboren. Während seines Studiums an der University of Vermont (1875–79) wurde er im Kontext eines liberalen Protestantismus mit Kants Philosophie als einem Gegengewicht zum Darwinismus bekannt. Nach Lehrtätigkeiten an High Schools studierte Dewey ab 1882 an der Johns Hopkins University bei dem Neohegelianer G. S. Morris, der ihn 1884 mit einer Dissertation über Kants Psychologie promovierte. Im gleichen Jahr folgte Dewey Morris an die University of Michigan. In Michigan befreundete sich Dewey mit seinen Kollegen James Hayden Tufts und George Herbert Mead, mit denen er 1894 gemeinsam an die University of Chicago ging, wo er die Leitung der Institute für Philosophie (einschließlich Psychologie) und für Pädagogik übertragen bekommen hatte. Im Industrialisierungs- und Einwanderungszentrum Chicago entwickelte Dewey nicht nur seine Form von pragmatistischer Philosophie und die von ihm getragene »Chicago School« (James 1904, 102) in der Philosophie und Sozialpsychologie. Er engagierte sich auch mit seiner Frau im Kreis der Sozialreformer um Jane Addams und in einer Reform der öffentlichen Bildung, für die er als Musterschule die Laboratory School (1896–1904) einrichtete. Dewey folgte 1905 einem Ruf an die Columbia University in New York, wo er bis 1930 lehrte. Er setzte sich für den Eintritt der USA in den Ersten Weltkrieg und danach für den Völkerbund sowie einen internationalen Gerichtshof ein und forderte später eine völkerrechtliche Ächtung des Krieges. Zudem befürwortete er andere als militärische Hilfen der USA für die Demokratien gegen den Nationalsozialismus, Faschismus und Stalinismus (vgl. kritisch Westbrook 1991, 202–212, 265–273, 469–480). Während der New Yorker Zeit hat Dewey seine Philosophie in einer ganzen Reihe von Hauptwerken ausgearbeitet: 1908 erschien die (gemeinsam mit Tufts verfasste) *Ethik*, 1916 *Demokratie und Erziehung*, 1920 seine programmatische Kritik am dualistischen Hauptstrom westlicher Philosophie in *Die Erneuerung der Philosophie*, 1922 seine philosophisch-sozialpsychologische Anthropologie *Die menschliche Natur*, 1925 die reife Gesamtkonzeption seiner Philosophie *Erfahrung und Natur*, 1927 seine Konzeption des Politischen in *Die Öffentlichkeit und ihre Probleme*, 1929 seine pragmatistische Kritik an der Trennung von Erkenntnis und Handeln in *Die Suche nach Gewißheit* zugunsten einer neuen kopernikanischen Wende hin zum Common sense, 1934 seine weit gefasste Ästhetik *Kunst als Erfahrung* und seine eine demokratische Zivilreligion ermöglichende Religionsphilosophie in *A Common Faith*, 1938 seine Konzeption eines wissenschaftsgestützten Prozesses öffentlicher Untersuchungen in der *Logik*, 1939 seine Positivismuskritik in der *Theorie der Wertschätzung* (Dewey 2004) und 1949 die (zusammen mit A. F. Bentley geschriebene) Kritik an der Trennung der Erkenntnis vom Können in *Knowing and the Known*. Dewey starb 1952 in New York.

2.

Dewey bekennt, dass Hegel einen bleibenden Eindruck in seinem Denken hinterlassen hat (vgl. Dewey 2004, 21). Er versteht den »Hegelianismus« im Sinne der Philosophie des Common sense-Glaubens »an die Existenz einer äußeren Welt«: Philosophie hat so nicht die Aufgabe, diese Existenz zu beweisen, sondern der Frage »nach der Bedeutung dieser Existenz« (ebd., 19) nachzugehen. Hegels Synthesis von Subjekt und Objekt sowie von Materie und Geist durch Kultur, Institutionen und Künste wirkt auf ihn wie eine »Befreiung« von Trennungen in Entweder-Oder. Dewey verbindet diesen »Hegelianismus« des neuen industriellen und kommerziellen Zeitalters mit Auguste Comtes »Auffassung vom desorganisierten Charakter der modernen westlichen Kultur, die auf einem desintegrativen ›Individualismus‹ beruht, sowie seiner Idee einer Synthesis der Wissenschaft, die eine regulative Methode für ein organisiertes soziales Leben sein soll« (ebd., 20). In dieser Spannung schließt sich Dewey im Kontext der Chicagoer Bildungsreform der von

Charles Sanders Peirce und William James inaugurierten Transformation westlicher Philosophie durch den Pragmatismus an. Deweys Beitrag zu dieser Bewegung beginnt mit der von ihm gegründeten Chicagoer Schule und reicht zunächst bis zu seiner Spezifikation der menschlichen Natur (vgl. Dewey 1922). Systematisch wird in der mittleren Schaffensperiode erstmals der folgende Zusammenhang zwischen vier Grundüberzeugungen entwickelt.

2.1. Philosophieren heißt nach Darwins Theorie der natürlichen Entstehung der Arten, dass die spezifisch geistige Entwicklung von Menschen nicht mehr im Gegensatz zur Welt der lebendigen Natur in einer dazu transzendenten Welt des Geistes verankert werden kann. Vielmehr muss sie als qualitativ eigenständige Phänomengruppe alles Lebendigen (James) durch semiotische Spezifikation im Rahmen des Kontinuums der Natur (Peirce) verstanden werden. Die Situierung geistiger Spezifik in der lebendigen Natur wird dadurch denkmöglich, dass Leben nicht organizistisch missverstanden wird, sondern als eine Interaktion zwischen Organismus und Umwelt begriffen wird, die strukturfunktional eine wechselseitige Anpassung beider (soziokulturelle Lebensform) und deren Transformation durch Zeichen (Sprache) erlaubt. Dewey bekennt sich zu einem uneingeschränkten Naturalismus, den er aber auf keinen Physikalismus oder Biologismus reduziert, sondern soziokulturell erweitert und durch Teilhabe an sprachlicher Kommunikation spezifiziert (vgl. Krüger 2001, Kap. 2.1., 2.2., 2.5.).

2.2. Geht man wie Dewey von physikalischen (unbelebten), psycho-physischen (belebten) und sprachlich-mentalen (geistigen) Interaktionsebenen im menschlichen Verhalten aus, wird die »Situation« in der Umwelt vom Lebewesen hier und jetzt verschieden »erfahren«, d.h. in verschiedenen Zusammenhängen von »Erleiden und Tun« (Dewey 2004, 151) beantwortet. Dabei laufen die habitualisierten Resultate früherer Reflexionsprozesse in den nicht-reflexiven Erfahrungsweisen mit. Pragmatisch betrachtet entsteht aber das Bedürfnis nach einer reflexiven, d.h. sprachlich-mental vermittelten Kontrolle der Situation erst, insofern sie auf problematische Weise unbestimmt, d.h. gefühlt »unstimmig« ist. Mit solchen Situationen kann man dementsprechend erst fertig werden, »nachdem sie mittels einer analytischen Auflösung und einer synthetischen Übersicht in der Phantasie in einen Plan organisierten Handelns gebracht worden sind« (Dewey 2004, 100). Die pragmatische Philosophie ordnet nicht nur die Entstehung, sondern mehr noch die Folgen reflexiver Erkenntnisprozesse in die zeitliche Organisation der menschlichen Verhaltensbildung, nämlich in deren situativ nötige Verbesserung ein (»Meliorismus«: Dewey 1920, 222). Dewey nennt seine Variante der Relativierung des alten Primates reflexiver Erkenntnis vom Standpunkt des Primates nicht-reflexiver Erfahrungsweisen in der Verbesserung menschlichen Verhaltens »Instrumentalismus« (Dewey 2004, 113). Damit reflexive Erkenntnis wirklich das Verhalten verbessernde Konsequenzen in der Zukunft zeitigen kann, dürfe sie nicht nur kontemplativ verstanden werden, sondern müsse, wie der Erfolg der Erfahrungswissenschaften zeige, in Form »experimenteller« Lernprozesse einer soziokulturell kooperativen »Intelligenz« organisiert werden (vgl. Dewey 2004, 132; Campbell 1995).

2.3. Mit der funktionalen Integration reflexiv vermittelter Erfahrungen in den Prozess der Verhaltensverbesserung fällt für Dewey auch der skandalöse »Dualismus von ›Wissenschaft‹ und ›Moral‹« zugunsten der Herstellung von »Verantwortlichkeit« weg (vgl. Dewey 2004, 23f., 143f.; ders. 1920, 207). Man müsse zwischen dem Vordergrund, in dem Bewusstsein auf Sichtbares und Anwesendes hin fokussiert wird, und dem Hintergrund an qualitativ unbestimmbarer Ganzheitlichkeit innerhalb der »sich ständig wandelnden Szene« von Situationen unterscheiden (vgl. Dewey 2004, 96f.). Es gibt weder am Anfang noch am Ende eine Trennung zwischen Fakten und Werten, sondern den sich situativ ändernden Zusammenhang zwischen beiden. Deweys Lernmodell der Teilhabe am Lebendigen enthält ein neoaristotelisches Ethos der situativen Angemessenheit von Mitteln und Werten, die sich nicht über, sondern im Lebensvollzug final erfüllen und ästhetisch vollenden mögen. »Moralische Güter und Ziele existieren nur, wenn irgendetwas getan werden muss. Die Tatsache, dass etwas getan werden muss, beweist, dass es Mängel, Übel in der bestehenden Situation gibt. Dieses Übel ist immer ein spezifisches Übel. Folglich muss das Gute der Situation auf der Grundlage genau des Defekts und Problems, das korrigiert werden soll, entdeckt, entworfen und erlangt werden.« (Dewey 1920, 213) Dementsprechend gelte es, in den reflexiven Zwischenphasen die Trennung zwischen über-situativen Zielen und angeblich von Werten unabhängigen Mitteln gerade zu überwinden. Umgekehrt komme es darauf an, just den Zusammenhang zwischen angemessenen Zielen (*ends-in-view*) und dafür relevanten Mitteln einzurichten. Um die Finalisierung, d.h. die Verbesserung im Lebensvollzug, leisten zu können, werden die soziokulturell verfügbaren Zweck-Mittel-Relationen, der »Logik individualisierter Situationen« gemäß (vgl. Dewey 1920, 214), instrumentiert, wodurch auch das Erwünschte im Lichte des Wünschenswerten beurteilt werden kann (vgl. Dewey/Tufts 1908, 263). Unter modernen Bedingungen komme es darauf an, unsere Ziele im Lichte ihrer Konsequenzen so zu ordnen, dass es zur Herausbildung eines – die konfligierenden Lebensziele – einschließenden Guten kommen kann (vgl. ebd., 210).

2.4. Deweys Grundüberzeugungen widersprechen dem dualistischen Hauptstrom moderner Philosophie grundsätzlich, da dieser seines Erachtens am Primat reflexiver Erkenntnis festhält und daher in das ebenso unausweichliche wie unlösbare Problem des lebensverneinenden Dualismus von materieller oder geistiger Welt verfalle. Dieser Mainstream unterstellt den nicht-reflexiven Voraussetzungen der Anfangsphase und den nicht-reflexiven Folgen der Endphase von Lernprozessen immer wieder reflexiv erzeugte Gegensätze (Objekte-Subjekte, Fakten-Werte, Materie-Geist). Diese Unterstellungen nennt Dewey die philosophischen Fehlschlüsse, denen reine Zuschauer der menschlichen Lebensführung unterliegen (vgl. Dewey 1920, 162–170). Die »Moderne« leide noch daran, dass einerseits nach der wissenschaftlichen, industriellen und politischen Revolution Materielles zur Produktion von Neuem freigegeben wurde, andererseits aber der vorwissenschaftliche, vorindustrielle und vordemokratische Geist konserviert bleibe. Dewey ersetzt daher die für ihn kompensatorische »Vernunft«, die das »Nest samt der Brut an Dualismen« moderner Philosophie symbolisiere, durch »Intelligenz« als die »Kurzbezeichnung« für Methoden der Beobachtung, des Experiments und des reflektierenden Schließens (vgl. ebd. 13f., 35).

2.5. Ab 1925, mit *Erfahrung und Natur*, wird Deweys Philosophie zu einem eigenständigen Projekt, dessen monographische Teile neue »Interpenetrationen« (Dewey 1925, 360, 392), d.h. wechselseitige Durchdringungen zwischen Wissenschaft, Kunst, Wirtschaft, Technik, Bildung und Philosophie, entwerfen. Gegen die bisherige institutionelle Selektion von Diskursen bestehe das Potential für die Integration autonomer Teilfunktionen zu gesellschaftlich innovativen Lernprozessen in der sprachlichen Kommunikation, die »auf einzigartige Weise sowohl Mittel wie Ziel« ist: »Sie ist Mittel, insofern sie uns von dem andernfalls überwältigenden Druck der Ereignisse befreit und uns in den Stand setzt, in einer Welt von Dingen zu leben, die Sinn haben. Sie ist Ziel als Teilhabe an den Objekten und Künsten, die für eine Gemeinschaft von Wert sind, eine Teilhabe, durch die Bedeutungen im Sinne der Kommunion erweitert, vertieft und gefestigt werden.« (Dewey 1925, 201) So entwirft Deweys Ästhetik die kommunikative Integration ästhetischer Alltagserfahrung mit dem autonomen Sinn an Möglichkeiten in der spezifisch künstlerischen Erfahrung, die experimentell auf kognitive Bedeutungen für eine imaginierte Finalisierung der Lebensführung zurückgreift. Ähnlich stellt Deweys Logik für öffentliche Untersuchungsprozesse eine innovative Interpenetration dar, indem sie funktional das Verfahren der Rechtsprechung (Urteilsfindung für problematische Situationen) mit der Spezifik wissenschaftlicher Forschung (kognitive Verwendung von Propositionen als Expertisen) und den technologischen Operationen materialer Urteilsvollstreckung (exemplarische Problemlösung der Ausgangssituation, vgl. Krüger 2001, Kap. 2.2.) integriert. Angesichts der Folgeprobleme der großindustriellen Marktgesellschaft (Great Society) und ihrer nationalstaatlich begrenzten Verfasstheit entwickelt Dewey seine Hypothese von der Neuentdeckung des Politischen aus dem Öffentlichen. Im Unterschied zum Privaten, d.h. allen direkten Interaktionsarten, deren Probleme sich unter den Interaktionspartnern selbst regulieren lassen, beziehe sich das Öffentliche nur auf solche indirekten Interaktionsarten, deren Folgen auf indirekte Weise für Betroffene problematische Wirkungen zeitigen (vgl. Dewey 1927, 27, 29f., 44). Die davon Betroffenen bilden dann faktischer- und legitimerweise eine Öffentlichkeit, wenn sie eine Hypothese über die Verursachung der problematischen Folgen entwickeln und ihr Interesse an der Problemlösung organisiert vertreten. Aus der wechselseitigen Verstärkung solcher Öffentlichkeiten und ihres Kampfes gegen die Verselbständigung ihrer staatlichen Vertreter könnte, gestützt auf die lokalen Gemeinschaften, eine »Great Community« als das stets zu erneuernde Gegengewicht zur »Great Society« hervorgehen (vgl. ebd., 123–126, 175f.). Demokratie sei »die Idee des Gemeinschaftslebens selbst« (ebd., 129; vgl. Joas 1997, 7.).

3.

Diese Positionen sind in den verschiedenen Formen des »Neopragmatismus« seit den 1980er Jahren umstritten. Da etwa Rorty einerseits von der sprachanalytischen Auffassung naturalistischer Erklärungen überzeugt ist, hält er Deweys Philosophie der Erfahrung für eine nicht mehr vertretbare Metaphysik des »Panpsychismus« (vgl. Rorty 2000, 21f.). Man brauche zwischen dem Physiologischen und Sprachlichen nichts spezifisch Psychisches. Insofern Rorty andererseits einen postmodernen Historismus vertritt, hält er Deweys Verabschiedung der Philosophie, insbesondere ihres Glaubens an die kulturelle Überlegenheit der Erfahrungswissenschaft (Szientismus), für nicht radikal genug. Bewahrenswert bleibe aber Deweys Konzeption des Zweck-Mittel-Kontinuums, in dem sich Zwecke in Mittel und umgekehrt transformieren lassen. Verstehe man die naturalistische Kontinuität Natur-Mensch historistisch als kontingent, könne man sich der heute größten philosophischen Herausforderung stellen, wie dies Dewey zu seiner Zeit getan hat, nämlich die verschiedenen Kulturen mit einer weltweiten Demokratie zu versöhnen (vgl. Rorty 1995, 203).

Nicht Deweys Orientierung an Demokratie ist unter den Neopragmatisten strittig, sondern deren philosophischer Stellenwert. Sind Menschen nur aufgrund faktischer Gewöhnung für oder gegen Demokratie oder gibt es für sie eine philosophische Argumentation? Putnam ist im Gegensatz zu Rorty der Ansicht, dass angesichts der Pluralität der Kulturen das pragmatische Problem unvermeidlich werde, zwischen besseren und schlechteren Lösungsvarianten zu entscheiden, wofür Wertmaßstäbe, die historisch in einem Prozess begründet geändert werden können, besser als absolute Fixierungen seien. Forschung sei dafür exemplarisch, »nicht weil sie unfehlbar ist, sondern weil wir nur durch den Prozess der Forschung selbst herausfinden, wo und wie unsere Verfahren der Revision bedürfen« (Putnam 1995, 83f.), was sich auf Ethik übertragen lasse. Das Bedeutende an Deweys Philosophie sei seine Konzeption der Interpenetration an Stelle der geläufigen Dichotomien, insbesondere die Interpenetration von Forschung und Demokratie (vgl. ebd., 73f.). Sie werde dadurch ermöglicht, »dass es keine endgültige Antwort geben kann auf die Frage, wie wir eigentlich leben sollten. Daher sollten wir sie stets offen lassen, um weiter darüber diskutieren und damit experimentieren zu können. Genau deshalb brauchen wir auch die Demokratie.« (Putnam 1997, 238)

Dewey hat den Naturbegriff in Abgrenzung von dualistischen Bewertungen (als entweder gut oder schlecht) neutral als »Verbindung des Zufälligen und Stabilen, des Unvollständigen und Wiederkehrenden« (Dewey 1925, 74) bestimmt. Gleichwohl bleibt seine »Behandlung menschlicher Probleme im Zusammenhang mit ihrer Stellung in der Natur, so wie Natur zu einer bestimmten Zeit verstanden wird« (ebd., 415), als Aufgabe erhalten. Wenn nämlich der Natur menschlicher Lebewesen der Strukturbruch zwischen den drei Interaktionsebenen wesentlich ist, bleibt sie in der Negativität problematischer Situationen fraglich und begründet die öffentliche Aufgabe, einen geschichtlich integrierenden Prozess einzurichten, der nicht abschließend definiert werden kann. In dieser systematischen Pointe, welche die Autonomie moderner Praktiken vom Standpunkt ihrer Interpenetrationen kritisiert, ist Dewey mit Plessners philosophischer Anthropologie vergleichbar (vgl. Krüger 2001, Kap. 2). Was bleibe, so auch Margolis (2004, 224), sei die Hauptfrage »nach der Analyse der Condition humaine, die in jedem Teilbereich unseres Forschens zu stellende Frage nach dem Verhältnis zwischen Natur und Kultur«. Ein pragmatischer Realismus (im Gegensatz zur reduktionistischen Naturalisierung) könne nur ein konstruktiver Realismus der soziokulturell relativen Praktiken sein, in deren Sprachspielen der Zusammenhang zwischen diskursivem Wissen (savoir) und dem (nicht primär diskursiven) Können (savoir-faire) geschichtlich verändert wird (ebd., 219).

4.

Dewey, J., 1915, Deutsche Philosophie und deutsche Politik, Berlin: Philo 2000.

Dewey, J., 1916, Demokratie und Erziehung, Weinheim: Beltz 1993.

Dewey, J., 1920, Die Erneuerung der Philosophie, Hamburg: Junius 1989.

Dewey, J., 1922, Die menschliche Natur, Stuttgart: DVA 1931.

Dewey, J., 1925, Erfahrung und Natur, Frankfurt/M.: Suhrkamp 1995.

Dewey, J., 1927, Die Öffentlichkeit und ihre Probleme, Bodenheim: Philo 1996.

Dewey, J., 1929, Die Suche nach Gewissheit, Frankfurt/M.: Suhrkamp 1998.

Dewey, J., 1931, Philosophie und Zivilisation, Frankfurt/M.: Suhrkamp 2003.

Dewey, J., 1934, Kunst als Erfahrung, Frankfurt/M.: Suhrkamp 1980.

Dewey, J., 1938, Logik. Die Theorie der Forschung, Frankfurt/M.: Suhrkamp 2002.

Dewey, J., 1969–91, The Collected Works, 38 Bde., Carbondale: Southern Illinois University Press.

Dewey, J., 2004, Erfahrung, Erkenntnis und Wert, Frankfurt/M.: Suhrkamp.

Dewey, J./Tufts, J. H., 1908, Ethics, in: The Collected Works. The Middle Works, Bd. 5, Carbondale: Southern Illinois University Press 1985.

Dewey, J./Tufts, J. H., 1932, Ethics, in: The Collected Works. The Later Works, Bd. 7, Carbondale: Southern Illinois University Press 1985.

Campbell, J., 1995, Understanding John Dewey, Chicago: Open Court.

Hampe, M., 2006, Erkenntnis und Praxis. Zur Philosophie des Pragmatismus, Frankfurt/M.: Suhrkamp.

James, W., 1904, The Chicago School, in: ders., Essays in Philosophy, Cambridge/MA: Harvard University Press 1978.

Joas, H., 1992, Die Kreativität des Handelns, Frankfurt/M.: Suhrkamp.

Joas, H., 1997, Die Entstehung der Werte, Frankfurt/M.: Suhrkamp.

Joas, H. (Hg.), 2000, Philosophie der Demokratie. Beiträge zum Werk von John Dewey, Frankfurt/M.: Suhrkamp.

Krüger, H.-P., 2001, Zwischen Lachen und Weinen, Bd. II, Berlin: Akademie.

Margolis, J., 2002, Die Neuerfindung des Pragmatismus, Weilerswist: Velbrück 2004.

Putnam, H., 1992, Für eine Erneuerung der Philosophie, Stuttgart: Reclam 1997.

Putnam, H., 1995, Pragmatism, Oxford: Backwell.

Rorty, R., 1995, Philosophy and the Future, in: H. J. Saatkamp (Hg.), Rorty and Pragmatism, Nashville: Vanderbilt University Press.

Rorty, R., 2000, Dewey zwischen Hegel und Darwin, in: H. Joas (Hg.), Philosophie der Demokratie, Frankfurt/M.: Suhrkamp.

Shusterman, R., 2001, Philosophie als Lebenspraxis. Wege in den Pragmatismus, Berlin: Akademie.
Stuhr, J. (Hg.), 2000, Pragmatism and Classical American Philosophy, New York: Oxford University Press.
Tiles, J. E., 1988, Dewey, London: Routledge.
Westbrook, R. B., 1991, John Dewey and American Democracy, Ithaca: Cornell University Press.

Hans-Peter Krüger

Dialektik

1.

Der Begriff der Dialektik wird in der abendländischen Philosophie uneinheitlich gebraucht, wobei sich die unterschiedlichen Traditionslinien auf vielfältige Weise berühren und beeinflussen. Zu unterscheiden sind vier Hauptformen, die sich vier philosophischen Strömungen zuordnen lassen. In der Antike dominiert zunächst das Verständnis von Dialektik als Kunst des Argumentierens und Beweisens, während Platon sie spezifischer als Methode der Wissenschaft der Ideen versteht. In der Transzendentalphilosophie, v.a. bei Fichte, übernimmt sie dann die Funktion der Synthese von Begriffen und Urteilen. Im objektiven Idealismus Hegels gewinnt Dialektik die Stellung einer ontologischen Grundstruktur, bevor sie von Marx zur Methode der Gesellschaftskritik und zum Entwicklungsprinzip der Geschichte sowie durch Engels auch der Natur erklärt wird. Die unterschiedlichen Aktualisierungsversuche der Gegenwart schließen an alle diese Traditionslinien an, so dass sich die Vieldeutigkeit des Begriffs der Dialektik bis in die Gegenwart fortsetzt.

2.

2.1. Vor Platon ist Dialektik eine Theorie der Wahrheitssuche, die sich in der Diskussion sich widersprechender Meinungen vollzieht. Als Methode hat sie in erster Linie die Aufgabe, die verwendeten Begriffe zu analysieren und den Widerstreit durch begriffliche Synthesen beizulegen (vgl. Euthd., 278e-282d). In Auseinandersetzung mit den Sophisten unterscheidet Platon zwischen der Eristik als der bloßen Kunst, durch Widersprüche in einer Diskussion die Oberhand zu behalten, und der Dialektik, der es um Wahrheit geht. Platon entwickelt mehrere Typen von dialektischer Methode bzw. Dialektikbegriffe: die durch Begriffseinteilung und Zusammenschau gekennzeichnete Methode, die auf Definitionen abzielt (vgl. Phdr., 266b), und die Methode, die den hypothetischen Charakter der getätigten Annahmen aufhebt, und so zu einer reinen Ideenwissenschaft werden kann, in der Ideen durch Ideen in ihrer Verknüpfung erkannt und auf die Idee des Guten bezogen werden (vgl. Rep., 511c). Gegenüber der Eristik als einer bloßen Wortkunst mit ausschließlich negativem Ziel gewinnt Dialektik bei Platon auch eine politisch-ethische Dimension, da sie zur Errichtung einer vernünftigen Polis einen notwendigen Beitrag leistet. Ausgehend von der sokratischen Auffassung der Dialektik als Kunst der Gesprächsführung unterscheidet Aristoteles zwischen wissenschaftlichen und dialektischen Gesprächen. Erstere deduzieren aus als wahr erwiesenen Prämissen mittels logischer Verfahren stringente Beweisketten, während letztere von anerkannten Meinungen ausgehend begründen. Die in der *Topik* erörterte dialektische Kunst soll die Gesprächsteilnehmer dazu befähigen, eine aus respektablen Ansichten abgeleitete und widerspruchsfreie Position zu gewinnen und argumentativ zu verteidigen, und findet besonders in Fällen epistemischer Unsicherheit Anwendung. Dazu bietet die *Topik* ein Arsenal logischer Instrumente sowie Argumentationsmuster (*topoi*). Da sie Sätze mit strittigem Wahrheitswert behandelt, wird Dialektik besonders zur philosophischen Diskussion lebensweltlicher Probleme gebraucht, die von der alltäglichen Meinung (*endoxa*) ausgeht, um Entscheidungen z.B. für die politische Praxis zu fällen. Gegenüber den formal schlüssigen Beweisen der Analytik erlauben dialektische Schlüsse der Topik, durch Rückgriff auf vorgefundene gut begründete Meinungen zu Begründungen zu kommen, die nicht formal zwingend, dafür aber der Lebenspraxis nahe sind. Die sich aus der Geschichte des antiken Dialektikbegriffs ergebende Mehrdeutigkeit hat die gesamte Rezeptionsgeschichte geprägt. Es lassen sich fünf Varianten unterscheiden: Die ersten drei verstehen Dialektik als von Gegenstandsbereichen unabhängige Methode, die (i) nur zu wahrscheinlich wahren Resultaten führt (Aristoteles), (ii) die einzige Methode der Wahrheitsfindung darstellt (Sokrates) oder (iii) der Widerlegung falscher Ansichten mittels *ad hominem*-Argumenten dient (Akademische Skepsis). Das Ideenwissen Platons und des Neuplatonismus (iv) versteht Dialektik dagegen als gegenstandsbestimmt und apodiktisch; schließlich wird Dialektik auch (v) als Bestandteil der formalen Methode der Philosophie in der Form von Logik und Sprachphilosophie aufgefasst (Stoa).

2.2. In der Philosophie Kants lebt die von Aristoteles stammende Bedeutung des Begriffs »Dialektik« fort, gewinnt aber zusätzlich eine vollkommen neue Bedeutung. So ist die Unterteilung der *Kritik der reinen Vernunft* (1781) in Analytik und Dialektik die Übernahme der tradierten Aufteilung. Kant rechnet die Topik der Analytik zu, während die Dialektik als eine Logik des Scheins aufgefasst wird und damit in die Nähe der Eristik rückt. Anders als die sophistische Eristik hat die transzendentale Dialektik Sätze zum Gegenstand, deren Schein aus dem Wesen der Vernunft selbst hervorgeht. Dieser »transzendentale Schein« entspringt dem Bestreben der Vernunft, ihre Begriffe über den Bereich der Erfahrungsgegenstände hinaus anzuwenden. Anders als die logische Dialektik, die nach Kant lediglich Schlüsse mit falscher logischer Form untersucht, führt die transzendentale Dialektik auf transzendente Urteile, zu denen die Vernunft gelangt, indem sie zu einem gegebenen Bedingten das Unbedingte aufzufinden versucht (so auch Platon, vgl. Rep., 511c, 533c). Da es die transzendentale Dialektik mit Scheinerkenntnissen zu tun hat, die aus der Natur der Vernunft selbst stammen, ist ihre Funktion nicht allein negativ. Ihr kommt die zentrale Rolle zu, die erkenntnistheoretische Selbstbeschränkung der Vernunft in dem Programm einer Kritik der Vernunft zu unterstützen.

Fichte verwendet den Begriff der Dialektik in der Tradition von Aristoteles und Kant als kritische Methode der Aufdeckung sophistischer Argumentationen und bloß scheinbarer transzendenter Erkenntnisse. Für seine eigene Methode in der Wissenschaftslehre benutzt er erst ab 1812 die Bezeichnung »Wahre Dialektik« und grenzt sie gegen die obige negative Dialektik ab. Das dialektische Verfahren der *Wissenschaftslehre* von 1794 zeichnet sich durch einen Dreischritt von Thesis, Antithesis und Synthesis aus. Dabei wird in einem analytischen Verfahren in einer gegebenen Thesis ein Gegensatz aufgezeigt, der zu einer Antithesis ausformuliert wird. Anschließend wird in einem synthetisierenden Verfahren mittels einer »limitierenden« Dialektik die Opposition von Thesis und Antithesis aufgehoben, indem deren jeweiliger Geltungsbereich eingeschränkt wird. Die dabei entstehende Synthesis enthält nach Fichte als neue Thesis wieder eine Antithesis, so dass die analytisch-dialektische Methode erneut Anwendung findet. Auf diese Weise werden die auftretenden Widersprüche in jeweils neuen Synthesisleistungen aufgelöst, ohne dass dieser Prozess abschließbar wäre. Grundlage dieses Verfahrens ist für Fichte die vorausgesetzte Einheit des transzendentalen Selbstbewusstseins mit seinen synthetischen Leistungen, dessen Vorgaben in einer philosophisch genetischen Erklärung für das empirische Selbstbewusstsein nachgezeichnet werden.

2.3. Auch in der hegelschen Philosophie in ihrer entwickelten Form ab 1812 ist »Dialektik« kein einheitlicher Begriff. Sie steht zum einen in ontologischer Sicht für die Aktivität der absoluten Subjektivität, die sich in der Bewegung der Negation der Negation selbst differenziert und bestimmt. In dieser Bewegung wird vorausgesetzt, dass die interne Verfasstheit dieses Absoluten nur spekulativ gefasst werden kann als Einheit von Widersprüchen, deren dialektische Aufhebung die Produktivität der Negationsbewegung voraussetzt. Dialektik als Prinzip der Sache selbst ist damit die ontologische Interpretation der Dialektik als einer Vermittlung sich widersprechender Bestimmungen. Die dialektische Darstellung dieses Prozesses in der *Wissenschaft der Logik* ist die philosophische Explikation der Selbstdifferenzierung des Absoluten, so dass die Einheit von Methode und Sache vorausgesetzt und zugleich durch die begriffliche Entwicklung in ihrer Wahrheit erwiesen wird (vgl. Hegel 1812/16).

Neben dieser Bedeutung findet sich bei Hegel ein spezieller Begriff von Dialektik, der nur ein Moment der spekulativen Methode bezeichnet: die dialektische Auflösung von Widersprüchen, die der Verstand durch die Isolierung von Bestimmungen erzeugt. In dieser Verwendung, die an die Tradition Platons und Aristoteles' anschließt, bedeutet »Dialektik« die negativ-vernünftige Seite der Spekulation als Verstandeskritik. Im Gegensatz zur »limitierenden« Dialektik der fichteschen Philosophie geht Hegel von der Möglichkeit der vollständigen Aufhebung des Widerspruchs durch spekulatives Erkennen aus (vgl. ebd.). Nach Hegel ist das philosophisch-spekulative Erkennen in der Lage, den Selbstbestimmungsprozess der absoluten Subjektivität als produktive Synthesisleistung vollständig zu erfassen.

2.4. Die Bedeutung der Dialektik bei Marx ergibt sich als Resultat seiner Adaption und Kritik der hegelschen Dialektik (vgl. Hartmann 1970), wobei zwischen verschiedenen Verwendungen dieses Begriffs unterschieden werden muss. So gibt es zum einen die Dialektik als Darstellungsmethode des *Kapitals* zum Zwecke der Kritik der politischen Ökonomie (vgl. Marx 1867, Nachwort). Dabei wird Hegels Methode aus der *Wissenschaft der Logik* verwendet, um den Kapitalismus als ein sich selbst organisierendes System darzustellen, in dem das Kapital die Rolle des absoluten Subjekts innehat und die Entfremdung der Menschen verursacht (vgl. Fulda 1978). Durch diese Verwendung gewinnt der Begriff der Dialektik eine neue Bedeutungsdimension als Methode der Gesellschaftskritik.

Neben dieser von Marx selbst herausgestellten Dialektik lässt sich – v.a. in seinen Schriften zwischen 1843 und 1846 – eine weitere Dialektik nachweisen, die sich v.a. an Hegels *Phänomenologie des Geistes* und dem Verfahren der Negation der Negation orientiert (vgl. Quante 2008). In dieser Verwendung bezeichnet »Dialektik« das Entwicklungsgesetz der menschlichen Geschichte als einer Abfolge von Entfremdungsstufen des Gattungswesens. Dieses Gattungswesen entwickelt sich darin zu Gesellschaftsformen weiter, bis es einen nicht-entfremdeten Zustand der Gesellschaft erreicht. Die unterschiedlichen Gesellschaftsformationen lösen sich durch Revolutionen ab. Dialektik wird damit zum Bewegungsgesetz der Geschichte und bildet die Grundlage des historischen Materialismus. Marx selbst hat für die Charakterisierung der Gesetzmäßigkeit dieser Gesellschaftsentwicklung den Begriff der Dialektik nicht benutzt.

Engels hat auch für die Naturwissenschaft eine Dialektik der Natur zu begründen versucht, der zufolge die Naturprozesse selbst dialektischer Art sind. Damit war auf materialistischer Grundlage der universale Anspruch der hegelschen idealistischen Dialektik in der Weltanschauung des dialektischen Materialismus reformuliert (vgl. Engels 1878; ders. 1873/82).

3.

Charakteristisch für die Einschätzung der Dialektik in der Philosophie der Gegenwart ist, dass sich nicht nur Transformations- und Rekonstruktionsversuche, sondern auch Angriffe wie Verteidigungen auf verschiedene Traditionslinien beziehen. Neben den Versuchen, die Methode der Dialektik in den Systemen von Fichte und Hegel zu rekonstruieren, gibt es Ansätze, Dialektik als eine Methode der Argumentation oder als eine Wissenschaftslogik präzise zu fassen, die an die Tradition von Platon und Aristoteles anknüpfen (vgl. Rescher 2007). Mit der inferentialistischen Semantik Brandoms wird außerdem gegenwärtig ein systematischer und interpretatorischer Ansatz entworfen, in dem die antiken und die transzendentalphilosophischen Traditionslinien der hegelschen Dialektik zu einer Einheit verbunden werden (vgl. Brandom 1994; ders. 2002).

Dagegen steht die Kritische Theorie der Frankfurter Schule (vgl. Horkheimer/Adorno 1944; Adorno 1966) in der Tradition von Hegel und Marx als Theoretikern der Gesellschaft. Sie schränkt dabei allerdings den Geltungsbereich der Dialektik auf den Bereich der Gesellschaftskritik ein und gibt die These einer notwendigen geschichtlichen Entwicklung auf. Neben der Frankfurter Schule gibt es Versuche, die gesellschaftstheoretischen Einsichten der hegelschen und marxschen Philosophie mit Hilfe handlungs- und spieltheoretischer Methoden zu rekonstruieren und für die Soziologie nutzbar zu machen. Die Versuche des analytischen Marxismus, die marxsche Theorie von dem hegelschen Erbe der Dialektik zu befreien, haben eine neue Schule der marxistischen Dialektik als Gegenreaktion hervorgerufen, in der das hegelsche Erbe des Marxismus in den Vordergrund rückt (vgl. Arthur 2002).

4.

Adorno, T. W., 1966, Negative Dialektik, Frankfurt/M.: Suhrkamp.

Arthur, C. J., 2002, The New Dialectic and Marx's *Capital*, Leiden: Brill.

Brandom, R. B., 1994, Expressive Vernunft, Frankfurt/M.: Suhrkamp 2002.

Brandom, R. B., 2002, Tales of the Mighty Dead, Cambridge/MA: Harvard University Press.

Engels, F. 1878, Herrn Eugen Dührings Umwälzung der Wissenschaft (Anti-Dühring), in: MEW, Bd. 20, Berlin: Dietz 1975.

Engels, F., 1873/82, Dialektik der Natur, in: MEW, Bd. 20, Berlin: Dietz 1975.

Fichte, J. G., 1794, Grundlage der gesammten Wissenschaftslehre, in: Fichtes Werke, Bd. 1, Berlin: de Gruyter 1971.

Fulda, H. F., 1978, Dialektik als Darstellungsmethode im *Kapital* von Marx, in: Ajatus 37.

Hartmann, K., 1970, Die Marxsche Theorie, Berlin: de Gruyter.

Hegel, G. W. F., 1812/16, Wissenschaft der Logik, Hamburg: Meiner 1986ff.

Horkheimer, M./Adorno, T. W., 1944, Dialektik der Aufklärung, Frankfurt/M.: Fischer 1969.

Kant, I., 1781, Kritik der reinen Vernunft, Hamburg: Meiner 1998.

Marx, K., 1867, Das Kapital, Erster Band, MEGA, 2. Abt., Bd. 6, Berlin: Dietz 1987.

Quante, M., 2008, Karl Marx (1818–1883), in: O. Höffe (Hg.), Klassiker der Philosophie, Bd. 2, München: Beck.

Rescher, N., 2007, Dialectics, Frankfurt/M.: Ontos.

Michael Quante

Diderot, Denis (1713–1784)

1.

Diderot wurde als Sohn eines Handwerkers in Langres (Champagne) geboren, wo er 1723–1728 ein Jesuiten-Kolleg besuchte. Nach weiteren Ausbildungen (u.a. 1732–1735 an der Sorbonne) – und ohne die ursprünglich für ihn bestimmte Ausbildung zum Theologen absolviert zu haben – arbeitete Diderot, inzwischen Magister der freien Künste, als Anwaltsgehilfe, Predigtenschreiber, Hauslehrer, Übersetzer und Schriftsteller. 1746 erschienen seine *Philosophischen Gedanken*, 1748 seine *Indiskreten Kleinode*. Zwei Jahre später unterzeichnete er zusammen mit D'Alembert den Herausgebervertrag für die *Enzyklopädie*, deren Erscheinen sich, nachdem es Schwierigkeiten mit der Zensurbehörde gegeben hatte, von 1751 bis 1766 (Textbände) bzw. 1772 (Bildbände) hinzog. Neben Erzählungen und Romanen (wie *Die Nonne*, *Rameaus Neffe* und *Jacques der Fatalist*) schrieb Diderot Theaterstücke und philosophische Abhandlungen wie die *Lettres sur les aveugles* (1749), *Lettres sur les sourds et muets* (1751), *D'Alemberts Traum* (1769), *Widerlegung von Helvetius' Werk Vom Menschen* (1773) sowie weitere naturphilosophische und ästhetische Texte. Auf Einladung der Zarin Katharina II. (für die ab 1780 alle seine Schriften kopiert wurden) reiste Diderot 1773–1774 nach St. Petersburg. Ab 1776 arbeitete er intensiv an der bereits 1766 begonnenen und mehrfach erweitert erschienen *Geschichte beider Indien* (publiziert zusammen mit Abbé Raynal). Er starb an Herzversagen.

2.
Diderot vertritt zunächst deistische, später atheistische und materialistische Positionen, die auch in seinen kirchenkritischen Werken wie z.B. *Die Nonne* zum Tragen kommen. Zu konstatieren ist ferner eine zunehmende Radikalisierung in der politischen Philosophie sowie in der Gesellschaftskritik; insbesondere die Verteidigung der Freiheit des Einzelnen erhält einen hohen Stellenwert. Generell versucht Diderot Vernunft und Leidenschaft in Einklang zu bringen (statt einer Verabsolutierung der Vernunft), ohne indes einer völligen Relativierung der Moral das Wort zu reden – trotz der Anerkennung der Subjektivität des Einzelnen.

3.
Diderot hat zu diversen Teilgebieten der politischen Philosophie Beiträge geleistet. Nennenswert sind v.a. seine Arbeit an der *Enzyklopädie* als Teil der Volksaufklärung (3.1.), seine politische Philosophie bzw. Staatsphilosophie, in der er auch nachdrücklich in kritischer Auseinandersetzung mit der Kirche für seinen säkularen Staat eintritt (3.2.), sowie seine Kritik am Kolonialismus (3.3.).

3.1. Ein markantes Dokument der diderotschen Philosophie der Aufklärung bzw. Volksaufklärung stellt das Projekt der *Enzyklopädie* dar, welches trotz vieler Widerstände aus konservativen und kirchlichen Kreisen letztlich ein großer Erfolg wurde (bis 1789 erreichten die Auflagen eine Höhe von etwa 25 000 Exemplaren). Die *Enzyklopädie*, an der neben den Herausgebern u.a. Voltaire, Rousseau und Condillac beteiligt waren, soll das Wissen der Menschheit sammeln und verbreiten, um damit das Zusammenleben der Menschen zu verbessern und die einzelnen Menschen vermittels Aufklärung (über grundlegende Zusammenhänge) tugendhafter zu machen. Implizit fordert sie dabei Gedankenfreiheit ein. Die Enzyklopädie richtet sich insbesondere gegen Unterdrückung, Fanatismus und Intoleranz. Den kritischen Maßstab allen Wissens stellt die Vernunft dar, mit deren Hilfe in einer Reihe von Artikeln auch Religion und Kirche kritisiert werden. Vernünftige Herrschaft, Reformen, Glück, Selbstbestimmung, Aufgeklärtheit, Denkfreiheit und tugendhaftes Handeln in der Gemeinschaft werden in einem Zusammenhang gesehen.

3.2. Im Rahmen seiner u.a. an Locke orientierten politischen Philosophie vertritt Diderot vertragstheoretische Positionen. Im Naturzustand, so Diderot, sind alle Menschen gleich, frei und vernünftig, also auch zu moralischen Urteilen befähigt. Somit können sie frei und verantwortlich Verträge eingehen. Da es aber im Naturzustand keine verbindlich befolgte Moral gebe und eine dementsprechende Unsicherheit herrsche, schlössen die Menschen einen *Gesellschaftsvertrag*, der einen gemeinsamen Willen (»volonté générale«) zum Ausdruck bringe, ihnen aber ihre unveräußerlichen Naturrechte bewahre. Diese hat ein jeder Souverän zu schützen, und damit auch Gleichheit (was auf die Abschaffung von Privilegien und der Stände hinausläuft), Freiheit sowie das Privateigentum (das zum Nutzen der Gemeinschaft verwendet werden soll). All dies ist Teil des *Herrschaftsvertrags*, der kein Unterwerfungsvertrag ist und von den Beherrschten aufgekündigt werden kann. Die einzurichtende Verfassung ist dementsprechend für alle einschließlich des Souveräns verbindlich; der Vertrag stellt also keinen Begünstigungsvertrag wie bei Hobbes dar. Im Gegensatz zu diesem bevorzugt Diderot entsprechend auch demokratische Staatsformen. Vorgesehen ist zudem ein Widerstandsrecht insbesondere des dritten Standes gegen vertragsbrüchige Herrscher; selbst ein Recht auf Revolution wird (in späteren Schriften) explizit eingeräumt. Ergänzt wird dies durch eine Kritik am Absolutismus (auch am »aufgeklärten Absolutismus«) und eine Billigung der Amerikanischen Revolution.

Der Staat freier Menschen soll atheistisch sein, da der Atheismus weniger zu fürchten sei als die Inquisition, die religiöse Intoleranz und die Unterdrückung (auch der natürlichen Gefühle, die zum Menschsein dazugehörten). Daher setzt Diderot im Rahmen seines Aufklärungsoptimismus auf eine fortschrittliche atheistische Bürgermoral, die auf Tugenden und ihre Weitergabe konzentriert ist, also ohne metaphysische oder religiöse Instanzen »gut« und »böse« bestimmt und zu entsprechenden Gesetzen führt.

3.3. Einen weiteren Aspekt der politischen Philosophie Diderots macht seine Kritik des Kolonialismus aus (vgl. Diderot/Raynal 1770), dessen Grausamkeit er brandmarkt. Die Entdeckung der »neuen Welt« erscheint ihm als ein Unglück, hervorgerufen durch europäische Aggressoren, gegen die sich zu verteidigen die außereuropäischen Völker ein Recht haben.

4.

Diderot, D., 1875–77, Œuvres complètes, 20 Bde., Paris: Garnier 1966.
Diderot, D., 1975 ff., Œuvres complètes, Paris: Hermann.
Diderot, D., 1984, Philosophische Schriften, 2 Bde., Berlin: Aufbau.
Diderot, D., 1989, Briefe 1742–1781, Frankfurt/M.: Insel.
Diderot, D., 1995, Das erzählerische Werk, 4 Bde., Berlin: Rütten & Loening.
Diderot, D./D'Alembert, J. (Hg.), 1751 ff., Enzyklopädie, Frankfurt/M.: Fischer 1989.
Diderot, D./Raynal, G., 1770, Geschichte beider Indien, Nördlingen: Greno 1988.

Borek, J., 2000, Denis Diderot, Reinbek: Rowohlt.
Crocker, L. G., 1984, Diderot as a Political Philosopher, in: Revue Internationale de Philosophie 38.
Dieckmann, H., 1974, Studien zur europäischen Aufklärung, München: Fink.
Dieckmann, H. (Hg.), 1980, Diderot und die Aufklärung, München: Kruas.
Diderot Studies, 1949 ff., Genf: Droz.
Fellows, O., 1977, Diderot, Boston: Twayne 1989.
Heyer, A., 2004, Materialien zum politischen Denken Diderots, Hamburg: Kovac.
Lepape, P., 1991, Denis Diderot. Eine Biographie, Frankfurt/M.: Campus 1994.
Lüsebrink, H.-J., 1988, Die *Geschichte beider Indien* – ein verdrängter Bestseller, in: D. Diderot/G. Raynal, Geschichte beider Indien, Nördlingen: Greno.
Schlohbach, J. (Hg.), 1992, Denis Diderot, Darmstadt: WBG.
Stackelberg, J. v., 1983, Diderot, München: Artemis.
Strugnell, A., 1973, Diderot's Politics, Den Haag: Nijhoff.
Wilson, A. M., 1972, Diderot, New York: Oxford University Press.
Winter, U., 1972, Der Materialismus bei Diderot, Genf/Paris: Droz/Minard.
Wuthenow, R.-R., 1994, Diderot zur Einführung, Hamburg: Junius.

Wulf Kellerwessel

Differenzierung, gesellschaftliche

1.

Der Terminus »gesellschaftliche Differenzierung« bezeichnet sowohl einen Prozess als auch eine Struktur. In struktureller Hinsicht heißt Differenzierung, dass eine Gesellschaft aus einer Mehrzahl distinkter Teile besteht. Diese Teile können gleichartig sein, so wie Familien als Grundkomponenten von Stammesgesellschaften, oder ungleichartig – so wie die Teilsysteme der modernen Gesellschaft: Wirtschaft, Politik, Massenmedien, Bildung etc. In prozessualer Hinsicht bezeichnet Differenzierung die Dynamik, die eine bestimmte gesellschaftliche Differenzierungsstruktur hervorbringt und verändert. Das Differenzierungskonzept ist auf alle Arten menschlicher Gesellschaften anwendbar, aber die moderne Gesellschaft steht im Vordergrund des Interesses.

2.

Das Konzept der gesellschaftlichen Differenzierung verbreitete sich innerhalb der Soziologie seit Herbert Spencers evolutionärer Deutung gesellschaftlicher Entwicklung von inkohärenter Homogenität zu kohärenter Heterogenität. In der Folgezeit waren Emile Durkheim, Georg Simmel, Talcott Parsons und Niklas Luhmann bedeutende Vertreter einer differenzierungstheoretischen Perspektive. Andere Gesellschaftstheoretiker wie Karl Marx und Max Weber benutzten zwar den Begriff »Differenzierung« nicht an prominenter Stelle, leisteten aber dennoch wichtige Beiträge zur Sache. In der heutigen Soziologie wird die differenzierungstheoretische Perspektive insbesondere von den US-amerikanischen »Neofunktionalisten« um Jeffrey Alexander, die kritisch an Parsons anknüpfen, sowie von einigen deutschen Soziologen, die sich mit dem Werk von Luhmann auseinandersetzen, weiter getragen (vgl. zu den verschiedenen Strängen expliziten und impliziten differenzierungstheoretischen Denkens in der Soziologie Schimank 1996; Schimank/Volkmann 1999; Tyrell 1998).

3.

In der Soziologie finden sich zwei fundamental verschiedene, einander allerdings nicht widersprechende, sondern komplementäre Sichtweisen gesellschaftlicher Differenzierung. Beide werden einander im Folgenden hinsichtlich der von ihnen jeweils identifizierten Merkmale, Ursachen und Auswirkungen des Phänomens gegenübergestellt.

3.1. Durkheim und Parsons sehen gesellschaftliche Differenzierung als Prozess der *Dekomposition* einer funktional diffusen Einheit – einer Rolle oder Institution – in mehrere, mindestens zwei, funktional spezifischere Einheiten. Durkheims zentrales Beispiel ist die um sich greifende Spezialisierung von Berufen in der Industriegesellschaft. In Parsons' abstrakterem systemtheoretischen Bezugsrahmen setzt sich die Gesellschaft aus vier analytisch unterscheidbaren Subsystemen (Wirtschaft, Politik, gesellschaftliche Gemeinschaft und Treuhandsystem) zusammen, von denen jedes eines von vier fundamentalen funktionalen Erfordernissen gesellschaftlicher Reproduktion erfüllt. Als Prozess sozialen Wandels tendiert gesellschaftliche Differenzierung Parsons zufolge zu einer immer weitergehenden Zerlegung jedes dieser Subsysteme in wiederum vier Subsysteme zweiter, dritter usw. Ordnung. Parsons nennt dies »*funktionale Differenzierung*«, was die geläufige Bezeichnung für die Differenzierungsform der modernen Gesellschaft geblieben ist.

Diese Dekompositions-Perspektive auf gesellschaftliche Differenzierung hebt die Vorteile funktionaler Spezialisierung für die Gesellschaft als Ganze hervor. Spezialisierung sorgt für Leistungsverbesserungen. Wenn sich beispielsweise die schulische Erziehung von der Erziehung in den Familien differenziert, führt dies auf beiden Seiten zu Leistungsverbesserungen.

Im Gegensatz zu dieser Sicht gesellschaftlicher Differenzierung als einer effektiven und effizienten Arbeitsteilung porträtiert Weber die Geburt und den Aufbau der modernen Gesellschaft als *Emergenz* autonomer »Wertsphären«. Nacheinander befreiten sich Wissenschaft, Recht, Kunst, Politik, Wirtschaft, Sexualität und weitere Lebensbereiche von ihrer Unterordnung unter religiöse Doktrinen und brachten den modernen »Polytheismus« der »Wertsphären« hervor.

Luhmann spitzt diese Sichtweise noch weiter zu. Für ihn besteht die moderne Gesellschaft aus etwa einem Dutzend Teilsystemen (Wirtschaft, Politik, Recht, Religion, Wissenschaft, Kunst, Massenmedien, Erziehung, Gesundheit, Sport und Intimbeziehungen), von denen jedes einen autonomen, selbstreferenziellen Kommunikationszusammenhang darstellt, der einem je spezifischen binären Code unterliegt. »Wahr/unwahr« ist beispielsweise der Code der Wissenschaft, »rechtmäßig/unrechtmäßig« der des Rechtssystems. Ein ausdifferenziertes Teilsystem der modernen Gesellschaft besteht demnach aus Ketten von Kommunikationen, von denen jede auf andere Kommunikationen verweist, die sich am selben binären Code orientieren. So wird etwa jede wissenschaftliche Veröffentlichung, die überhaupt irgendeine Reaktion hervorruft, von späteren Veröffentlichungen entweder bestätigt oder kritisiert. Welche dieser beiden Reaktionen geschieht, ist im Hinblick auf die Reproduktion von Wissenschaft als gesellschaftlichem Teilsystem gleichgültig. Denn als ausdifferenzierter Kommunikationszusammenhang setzt sich Wissenschaft auf beide Weisen in Gestalt einer unaufhörlichen Folge von Publikationen fort.

Innerhalb dieses Kerns wissenschaftlicher Kommunikationszusammenhänge zählen allein wissenschaftliche Gesichtspunkte; und dasselbe gilt entsprechend für alle anderen gesellschaftlichen Teilsysteme. Das Gesamtergebnis ist eine Vervielfältigung der modernen Gesellschaft im Hinblick auf die sinnhafte Deutung von Ereignissen. Ein Zugunglück beispielsweise stellt sich aus der Perspektive der Wirtschaft völlig anders dar als aus der Perspektive der Wissenschaft oder des Gesundheitswesens usw. Dies nennt Luhmann die »Polykontexturalität« der modernen Gesellschaft.

Mit dieser codegeprägten operativen Geschlossenheit der Teilsysteme gehen allseitige Ressourcen- und Leistungsabhängigkeiten zwischen ihnen einher. Spezialisierte Autonomie verhindert Autarkie. So benötigt z.B. das Wissenschaftssystem finanzielle Ressourcen, die es u.a. vom politischen System erhält, und das Wissenschaftssystem versorgt die Wirtschaft mit dort als nützlich erachteten Erkenntnissen.

3.2. Vier Arten von Triebkräften gesellschaftlicher Differenzierungsvorgänge im Allgemeinen und der Ausdifferenzierung und weiteren Binnendifferenzierung der Teilsysteme der modernen Gesellschaft im Besonderen lassen sich unterscheiden: Leistungssteigerungen, Evolution, kulturelle Ideen und Akteurinteressen.

Leistungssteigerungen durch Spezialisierung werden besonders von Parsons hervorgehoben. Die Ausdifferenzierung des Erziehungssystems wurde beispielsweise durch Leistungsdefizite der Sozialisation in der Familie initiiert, wie sie angesichts der Qualifikationserfordernisse der industriellen Produktion zutage traten.

Solche Leistungssteigerungen durch funktionale Differenzierung gehen allerdings selten auf eine geplante Arbeitsteilung, wie sie in Organisationen stattfindet, zurück. Deshalb sprach schon Parsons von *Evolution* als Mechanismus einer auf Leistungssteigerungen hinauslaufenden fortschreitenden funktionalen Differenzierung. Luhmann, für den Evolution den zentralen Differenzierungsmechanismus darstellt, vermeidet demgegenüber alle Forschrittskonnotationen. In Anknüpfung an die neo-darwinistische Biologie begreift er Evolution als Zusammenspiel dreier Mechanismen: Variation, Selektion und Retention. Dabei hat jedes gesellschaftliche Teilsystem seine eigenen evolutionären Mechanismen. Luhmann zufolge kann Evolution leistungssteigernde, aber auch dysfunktionale Differenzierungen hervorbringen. Doch selbst wenn eine evolutionär voranschreitende Differenzierung auf der Ebene jedes einzelnen Teilsystems Leistungssteigerungen hervorbrächte, addiert sich das für die Gesellschaft im Ganzen nicht zu Fortschritt auf, sondern lediglich zu einer Komplexitätssteigerung, die sich in einer zunehmenden Instabilität der gesellschaftlichen Ordnung manifestiert.

Insbesondere Weber stellt die eigendynamische Rationalisierung kultureller Werte als Triebkraft gesellschaftlicher Differenzierung heraus. Vorangetrieben durch Intellektuelle, wurden die Implikationen jedes Wertes in allen Richtungen und immer radikaler durchdacht. Sobald dieses Durchdenken den Punkt erreicht hat, an dem ein Wert rigoros für sich genommen reflektiert wird, findet schnell eine selbstreferenzielle Schließung der betreffenden »Wertsphäre« statt, was dann eine entsprechende Ausdifferenzierung von Rollen, Organisationen und Teilsystemen nach sich zieht.

Gesellschaftliche Differenzierung wird schließlich auch durch Interessen von Individuen, Gruppen oder Organisationen vorangetrieben. So erklärt Durkheim die voranschreitende Arbeitsteilung u.a. als Resultat einer strategischen Konkurrenzvermeidung angesichts wachsender »sozialer Dichte«. Andere Interessen von Akteuren, die oftmals Differenzierungsdynamiken auslösen, sind die Erhaltung oder die Erweiterung der eigenen Autonomie, der Kontrolle anderer Akteure und der eigenen Ressourcenbasis. Insbesondere die Politiken einiger Professionen wurden und werden von solchen Interessen beherrscht und haben die Ausdifferenzierung bestimmter Teilsysteme wie Wissenschaft, Recht, Bildung und Gesundheitswesen sehr nachhaltig geprägt. Dabei ist nur selten eine Eins-zu-eins-Umsetzung individueller oder kollektiver Interessen in Differenzierungsstrukturen der Fall. Denn die jeweiligen Akteurkonstellationen sind in der Regel heterogen zusammengesetzt. Befürworter und Gegner bestimmter Differenzierungsschritte stehen in historisch kontingenten Kräfteverhältnissen miteinander, wie insbesondere die »Neofunktionalisten« in empirischen Fallstudien zeigen.

3.3. Funktionale Differenzierung bedingt eine Reihe weiterer prägender Merkmale der modernen Gesellschaft: etwa die Individualisierung der Personen, die immer stärkere Durchdringung fast aller Teilsysteme mit formalen Organisationen, die kulturelle Säkularisierung und das Aufkommen eines Fortschrittsglaubens, für den die Zukunft eine Projektionsfläche für Ansprüche an immer weitere Leistungssteigerungen aller Teilsysteme wird. Das so umrissene, um funktionale Differenzierung zentrierte Konglomerat von Strukturdynamiken der Moderne stellt sowohl für die Gesellschaft als Ganze als auch für jedes einzelne Gesellschaftsmitglied einen gemischten Segen dar.

Das moderne Individuum profitiert von der immensen Optionssteigerung in allen gesellschaftlichen Teilsystemen – ob es um Konsumchancen oder Sportmöglichkeiten, »lebenslanges Lernen« oder medizinische Leistungen geht. Die Kehrseite ist der Verlust traditionaler sinnstiftender Bindungen der Person an stabile Gemeinschaften und Werte.

Für die Gesellschaft als Ganze ist funktionale Differenzierung evolutionär höchst erfolgreich gewesen. Alle Arten von traditionalen Gesellschaften sind durch diejenigen Nationen Europas und Nordamerikas, in denen sich funktionale Differenzierung historisch als erstes durchgesetzt hat, wirtschaftlich, militärisch und kulturell überrannt worden. Diese offensichtliche evolutionäre Alternativlosigkeit funktionaler Differenzierung lässt allerdings keineswegs die gravierenden Risiken dieser Differenzierungsform für die gesellschaftliche Reproduktion übersehen. Sie lassen sich zum einen hinsichtlich der gesellschaftlichen Sozialintegration ausmachen. Der mit funktionaler Differenzierung korrespondierende Anspruchsindividualismus tendiert zur Überforderung der teilsystemischen Leistungsproduktionen; zugleich intensiviert er Verteilungskonflikte zwischen gesellschaftlichen Gruppen – und dies mittlerweile im weltgesellschaftlichen Maßstab. Ebenfalls weltgesellschaftlich stellen sich zum anderen die wachsenden Probleme ökologischer Integration dar. Eine Reihe gesellschaftlicher Teilsysteme trägt zur Umweltzerstörung bei, und keines übernimmt bisher mehr als marginale Verantwortung für Nachhaltigkeit im Rahmen seiner je eigenen teilsystemischen Logik.

4.

Alexander, J./Colomy, P. (Hg.), 1990, Differentiation Theory and Social Change, New York: Columbia University Press.

Durkheim, E., 1893, Über soziale Arbeitsteilung, Frankfurt/M.: Suhrkamp 1977.

Luhmann, N., 1997, Die Gesellschaft der Gesellschaft, Frankfurt/M.: Suhrkamp.

Mayntz, R./Rosewitz, B./Schimank, U./Stichweh, R., 1988, Differenzierung und Verselbständigung, Frankfurt/M.: Campus.

Parsons, T., 1971, Das System moderner Gesellschaften, München: Juventa 1972.

Schimank, U., 1996, Theorien gesellschaftlicher Differenzierung, Opladen: Leske + Budrich.

Schimank, U./Volkmann, U., 1999, Gesellschaftliche Differenzierung, Bielefeld: Transcript.

Tyrell, H., 1998, Zur Diversität der Differenzierungstheorie, in: Soziale Systeme 4.

Uwe Schimank

Dilemma

1.

Alltagssprachlich steckt jemand im engeren Sinne in einem Dilemma oder in einer »Zwickmühle«, wenn er genötigt ist, eine von zwei unerfreulichen Optionen zu wählen. Im weiteren Sinne wird »Dilemma« für ein unlösbar scheinendes Problem verwandt (etwa auch, wenn man von zwei erfreulichen Optionen nur eine auswählen kann). In der Philosophie sind *logische* von *praktischen* Dilemmata zu unterscheiden.

1.1. *Logische Dilemmata* setzen die Gültigkeit des *tertium non datur* (p oder non-p) voraus. Ein klassisches logisches Dilemma besteht darin, dass sowohl eine Aussage p als auch eine mit p nicht zu vereinbarende Aussage non-p oder q eine Aussage r impliziert: (i) 1. p oder non-p ($p \vee \neg p$); 2. Wenn p, dann q ($p \rightarrow q$); 3. Wenn non-p, dann q ($\neg p \rightarrow q$); 4. ergo: q. (ii) 1. p oder q ($p \vee q$); 2. Wenn p, dann r ($p \rightarrow r$); 3. Wenn q, dann r ($q \rightarrow r$); 4. ergo: r.

In der deontischen Logik stellt sich ein Dilemma folgendermaßen dar: (i) a ist gesollt (Oa); (ii) b ist gesollt (Ob); (iii) Es ist nicht möglich, dass a und b zugleich getan werden ($\neg M (a \wedge b)$). Außerdem wird angenommen, dass sowohl das sog. Agglomerationsprinzip gilt (vgl. Williams 1965): (iv) Wenn a gesollt ist und b gesollt ist, dann ist a-und-b gesollt ($(Oa \wedge Ob) \rightarrow O (a \wedge b)$), als auch das kantische Gesetz, d.h. der Grundsatz (v) »Sollen impliziert Können« ($Oa \wedge Ob \rightarrow Ma \wedge Mb$). Da aus diesen beiden Grundsätzen jedoch folgt, dass (vi) a und b zugleich getan werden können ($M (a \wedge b)$) und dies (iii) widerspricht, ergibt sich, dass solche präskriptiven Dilemmata nicht möglich sind (vgl. Brink 1996; Sinnott-Armstrong 1988, 111–135).

1.2. In einem *praktischen Dilemma* befindet man sich, wenn man genötigt ist, zwischen zwei Handlungsoptionen zu wählen, obwohl die Wahl der einen Option bzw. das Nicht-Ergreifen der anderen Option negative Folgen hat. Zur Wahl zwischen den beiden Optionen ist man in dem Sinne genötigt, dass nicht beide Optionen realisiert werden können und die Unterlassung der Wahl noch negativere Folgen hätte. Das Dilemma kann entweder darin bestehen, dass damit, dass nur eine von zwei als wertvoll beurteilten Optionen gewählt werden kann, ein Wertverlust einhergeht, oder es kann darin bestehen, dass beide Optionen schlecht sind, so dass auf jeden Fall negative Folgen in Kauf genommen werden müssen.

Als dilemmatisch werden sowohl Konfliktsituationen beurteilt, in denen (i) offensichtlich ist, welche Option zu wählen ist, als auch solche, in denen (ii) nicht ausgemacht werden kann, welcher Option der Vorzug zu geben ist. In beiden Fällen sind die Optionen entweder beide so wertvoll, dass es einen erheblichen Verlust bedeutet, eine der Optionen nicht zu ergreifen, oder beide so schlecht, dass, gleich welche Option gewählt wird, erhebliche negative Folgen in Kauf genommen werden müssen.

Im ersteren Falle (i) jedoch sind die Werte, seien sie nun positiv oder negativ, unterschiedlich hoch, so dass eindeutig entschieden werden kann, wie gehandelt werden sollte (vgl. Brink 1996). So mag sich jemand z.B. entscheiden müssen, ob er ein für ihn wichtiges Bewerbungsgespräch wahrnimmt oder einem Verunglückten das Leben rettet. Es ist offensichtlich, dass es wertvoller ist, Hilfe zu leisten. Der Verzicht auf das Bewerbungsgespräch mag für den Handelnden aber einen großen Verlust darstellen.

Ob Konfliktsituationen, in denen klar entschieden werden kann, wie gehandelt werden sollte, zu den Dilemmata zu rechnen sind, ist umstritten. Zählt man sie zu den Dilemmata, so mag man sie als »schwache« Dilemmata bezeichnen. Freilich scheinen solche schwachen Dilemmata mit bloßen Konflikten zusammenzufallen.

Im letzteren Falle (ii) hingegen sind die auf dem Spiel stehenden Werte entweder gleich gewichtig oder inkommensurabel. Somit gibt es keine Gründe, die eine und nicht die andere Option zu wählen (vgl. Blackburn 1996, 127f.). Eine Person mag z.B. zwei starke gleich gewichtige Interessen haben, die sie nicht beide erfüllen kann. Ganz gleich, welches der beiden Interessen sie befriedigt, in jedem der beiden Fälle wird der Wertverlust gleich hoch sein. Auch ein Arzt, der sowohl die Fürsorgepflicht gegenüber seinem Patienten hat als auch die Pflicht, dessen Autonomie zu respektieren, befindet sich unter Umständen in einer Situation, in der er nur einer der beiden Verpflichtungen gerecht werden kann. Welcher Verpflichtung er dann nachkommen sollte, ist aber nicht eindeutig, denn die auf dem Spiel stehenden Werte sind inkommensurabel. Dass solche Konfliktsituationen, in denen nicht rational entschieden werden kann, welche der beiden Optionen gewählt werden sollte, zu den Dilemmata zu rechnen sind, ist unumstritten. Sie mögen als »starke« Dilemmata bezeichnet werden.

Man unterscheidet ferner *monologische* von *strategischen* Dilemmata. Ein monologisches Dilemma ist dadurch charakterisiert, dass nur eine Person beteiligt ist, die sich zwischen zwei Optionen zu entscheiden hat. Ein strategisches Dilemma hingegen ist daran gebunden, dass mindestens zwei Personen zwischen zwei Handlungsmöglichkeiten wählen müssen (vgl. Gauthier 1987). Dabei sind die Personen in Unkenntnis darüber, wie die anderen entscheiden, und die Folgen ihrer Entscheidung ist von der Entscheidung der anderen abhangig.

Im Falle praktischer Dilemmata können unterschiedliche Werte miteinander kollidieren, u.a. persönliche Ziele, Projekte und Aktivitäten und moralische Werte (vgl. Nagel 1979). Mit einem Sonderfall praktischer Dilemmata, nämlich mit moralischen Dilemmata, haben wir es zu tun, wenn zwei moralische Werte miteinander im Konflikt stehen. *Moralische* Dilemmata stehen in der gegenwärtigen Diskussion im Mittelpunkt der Aufmerksamkeit. Sie sind dadurch charakterisiert, dass zwei moralische Verpflichtungen einander gegenüber stehen, die nicht beide erfüllt werden können, und dass, ganz gleich, wie gehandelt wird, ein erheblicher moralischer Schaden entsteht. Der Handelnde kann nicht beiden Verpflichtungen nachkommen, weil sie entweder einander widersprechen (das eine zu tun heißt gerade das andere zu unterlassen) oder weil aus kontingenten Gründen nicht beide Verpflichtungen erfüllt werden können (vgl. Sinnott-Armstrong 1988, 5; McConnell 1996, 36).

2.

Wie oben (1.1.) ausgeführt, kann die deontische Logik ein praktisches Dilemma nicht widerspruchsfrei beschreiben. Die Tatsache, dass wir uns manchmal in praktischen Dilemmata befinden, scheint mithin zur Aufgabe mindestens eines deontischen Prinzips zu zwingen. Doch nicht nur für die deontische Logik, sondern auch für die normative Moraltheorie stellen dilemmatische Situationen eine ernsthafte Schwierigkeit dar, gibt es mit ihnen doch schwerwiegende moralische Konfliktfälle, für die keine eindeutige Handlungsanweisung gegeben werden kann.

Deontische Logiker und Moraltheoretiker haben auf diese Schwierigkeiten reagiert, indem sie die Möglichkeit praktischer Dilemmata in Frage gestellt haben. Sie haben argumentiert, es gebe zwar Situationen, die uns als dilemmatisch *erscheinen*, in Wirklichkeit handle es sich bei ihnen aber nicht um Dilemmata. Es gebe zwar scheinbare, »epistemische«, aber nicht wirkliche bzw. »genuine« Dilemmata.

Moraltheoretiker haben dafür argumentiert, starke moralische Dilemmata offenbarten sich stets als bloß schwache Dilemmata, und diese stellten keine Schwierigkeit für die Moraltheorie dar, weil in diesen Fälle eine klare Handlungsanweisung gegeben werden kann. Moralische Dilemmata seien mithin stets rational, mit Hilfe praktischer Überlegung auflösbar. Stets zeige sich nach gründlicher Überlegung, dass für die eine der beiden Handlungsoptionen gewichtigere Gründe als für die andere sprechen, die es rational sein lassen, die eine und nicht die andere Option zu wählen. In Situationen, die uns als dilemmatisch erscheinen, sei lediglich auf den ersten Blick unklar, was wir zu tun haben. Stehen zwei moralische Verpflichtungen im Konflikt miteinander, so könne stets mit

Hilfe praktischer Überlegung entschieden werden, wie in der konkreten Situation gehandelt werden sollte. Zwar scheint auf der intuitiven bzw. allgemeinen Ebene keine der beiden Verpflichtungen stärker zu sein, auf der kritischen (vgl. Hare 1981) bzw. spezifischen (vgl. Donagan 1984; ders. 1993) Ebene aber, auf der wir alle relevanten Gründe gegeneinander abwägen, gelangten wir zu einer klaren Handlungsanweisung. Damit sei das jeweilige Dilemma dann moraltheoretisch befriedigend aufgelöst.

Deontische Logiker argumentieren, genuine Dilemmata (seien sie nun schwach oder stark) gebe es nicht, weil es keine Situation gebe, in der man die tatsächliche Verpflichtung habe, auf zwei miteinander nicht zu vereinbarende Weisen zu handeln. Unter »Sollen« bzw. »Verpflichtung« sei Unterschiedliches zu verstehen. Lege man die eine Auffassung zugrunde, so gelte das kantische Gesetz in der Tat nicht. Tatsächlich gebe es ein Sollen, aus dem kein Können folgt. Der anderen Auffassung gemäß aber gelte das kantische Gesetz durchaus, und wenn »Verpflichtung« auf diese Weise verstanden werde, dann werde deutlich, dass in einem Konfliktfall die eine die andere Verpflichtung außer Kraft setzt. So sei der Handelnde letztlich nicht verpflichtet, sowohl das eine als auch das andere zu tun, sondern er sei lediglich dazu verpflichtet, das zu tun, was den größeren moralischen Wert habe. Konfligieren zwei Verpflichtungen, so könne stets entschieden werden, welche dieser beiden Verpflichtungen in der konkreten Situation bindend ist (vgl. Sinnott-Armstrong 1988, 108 ff.; Brink 1996; Foot 1983; Marcus 1980; dies. 1996). Die miteinander in Konflikt stehenden Verpflichtungen seien als *prima facie*-Verpflichtungen aufzufassen; die eigentliche Verpflichtung hingegen sei diejenige, die sich als handlungsrelevant herausstellt, wenn alle in der konkreten Situation relevanten Gründe gegeneinander abgewogen worden sind. Das kantische Gesetz gelte also, wenn unter »Sollen« das eigentliche und nicht das *prima facie*-Sollen verstanden wird. Während *prima facie*-Verpflichtungen miteinander im Konflikt stehen können, sei dies bei eigentlichen Verpflichtungen nicht der Fall.

Ihre Grenze scheint die Argumentation der deontischen Logiker und Moraltheoretiker allerdings zu finden, wenn zwei *prima facie*-Verpflichtungen einander gegenüber stehen, die gleich stark oder inkommensurabel sind. In einem solchen Falle gibt es nur eine unspezifische Handlungsanweisung: Es sollte irgendeiner der beiden Verpflichtungen gemäß gehandelt werden. Aber es kann nicht rational entschieden werden, welcher der beiden konfligierenden Verpflichtungen entsprochen werden sollte. Man kann in einem solchen Falle also keine eindeutige und konkrete übergeordnete eigentliche Verpflichtung angeben.

3.

Die Reaktion der deontischen Logiker und Moraltheoretiker veranlasst einige Autoren dazu, ausschließlich solche Situationen als dilemmatisch zu beurteilen, in denen nicht rational entschieden werden kann, wie gehandelt werden sollte (vgl. Railton 1992; Blackburn 1996).

Andere Autoren halten daran fest, dass auch Situationen, in denen klar entschieden werden kann, was zu tun ist, dilemmatischen Charakter haben können (vgl. Brink 1996). Sie argumentieren, ein Dilemma sei nicht dadurch gelöst, dass eine eindeutige Handlungsanweisung gegeben werden kann. Zwar könne dann rational gerechtfertigt werden, auf die eine und nicht auf die andere Weise zu handeln, die moralischen Gründe für beide Handlungsoptionen blieben aber bestehen, und was ein Dilemma ausmache, sei nicht die Tatsache, dass man nicht zu einer eindeutigen Entscheidung gelangen könne, sondern die Tatsache, dass, gleich wie man handelt, ein erheblicher moralischer Schaden entstehe.

Die Unlösbarkeit moralischer Dilemmata zeige sich dadurch, dass sich beim Handelnden auch dann, wenn er sicher ist, das getan zu haben, was die stärksten Gründe auf seiner Seite hatte, bestimmte reaktive emotionale Haltungen, wie das moralische Gefühl des Bedauerns (vgl. Williams 1965, 115–137; ders. 1980; ders. 1985) oder gar der Schuld (vgl. Marcus 1980) einstellt.

Diese Position löste eine intensive Diskussion darüber aus, ob entsprechende moralische Gefühle, die durch die Entscheidung für die eine und gegen die andere der konfligierenden Handlungsoptionen entstehen, für die Unlösbarkeit moralischer Dilemmata sprechen und welche Rolle moralische Gefühle in Konfliktsituationen spielen (vgl. Van Fraassen 1987; Sinnott-Armstrong 1988, 44–53; Hare 1981, 73 ff.; McConnell 1996).

Foot (1983) hat darauf hingewiesen, dass es weder zulässig ist, von bestimmten moralischen Gefühlen auf ein moralisches Fehlverhalten zu schließen, noch zulässig, von ihnen auf die Unlösbarkeit eines moralischen Dilemmas zu schließen. Selbst die Angemessenheit moralischer Gefühle hängt nicht davon ab, dass moralisch falsch gehandelt worden ist. Bedauern z.B. scheint lediglich daran gebunden zu sein, dass etwas Unerfreuliches geschieht. Derjenige, der aus rationalen Gründen die eine und nicht die andere Handlungsoption wählt, mag bedauern, dass die Welt so beschaffen ist, dass er nur eine der beiden Optionen ergreifen kann und also nur so handeln kann, dass moralischer Schaden entsteht. Er urteilt aber nicht, dass er moralisch falsch handelt, indem er die eine und nicht die andere Handlung vollzieht. Dass das Handeln in einer dilemmatischen Situationen bestimmte moralische Gefühle auslöst, scheint also weder für noch gegen die Unlösbarkeit von Dilemmata zu sprechen.

Andere Autoren sind der Ansicht, die in einer dilemmatischen Situation entstehenden moralischen Gefühle gingen auf einen in solchen Situationen bestehenden Konflikt zwischen inkommensurablen Werten zurück (vgl. Stocker 1990, 241–277; Nagel 1979; Lemmon 1962; Van Fraassen 1973, 138 f.; Railton 1996, 146). Der Konflikt sei unlösbar, weil die konfligierenden inkommensurablen Werte nicht in ein klares hierarchisches Verhältnis zueinander gebracht werden können (vgl. Chang 1997, 4). Das Gefühl des Bedauerns, das infolge der Entscheidung für die eine und gegen die andere Handlung entsteht, gehe darauf zurück, dass einer der beiden konfligierenden Werte vernachlässigt wird (vgl. Hurka 1996, 58; Hampshire 1983, 66).

In der Tat entsteht Bedauern, weil man mit seiner Handlung dem moralischen Wert, den die andere Handlung hat, nicht gerecht werden kann. Die Genese des Bedauerns ist jedoch keineswegs daran gebunden, dass die beiden Werte, die miteinander in Konflikt stehen, inkommensurabel sind. Ein unlösbarer Konflikt kann vielmehr auch zwischen gleich starken Verpflichtungen entstehen, die einem einzigen Prinzip entspringen. So können wir in eine dilemmatische Situation geraten, in der zwei gleich wichtige Versprechen miteinander konfligieren (vgl. Marcus 1980, 192 f.).

4.

Blackburn, S., 1996, Dithering, Plumping, and Grief, in: H. E. Mason (Hg.), Moral Dilemmas and Moral Theory, New York: Oxford University Press.

Brink, D. O., 1996, Moral Conflicts and Its Structure, in: H. E. Mason (Hg.), Moral Dilemmas and Moral Theory, New York: Oxford University Press.

Chang, R., 1997, Introduction, in: dies. (Hg.), Incommensurability, Incomparability, and Practical Reason, Cambridge/MA: Harvard University Press.

Donagan, A., 1984, Consistency in Rationalist Moral Systems, in: Journal of Philosophy 81.

Donagan, A., 1993, Moral Dilemmas, Genuine and Spurious, in: Ethics 104.

Foot, P., 1983, Moral Realism and Moral Dilemma, in: C. W. Gowans (Hg.), Moral Dilemmas, Oxford: Oxford University Press 1987.

Foot, P., 1995, Moralische Dilemmata in neuer Betrachtung, in: dies., Die Wirklichkeit des Guten, Frankfurt/M.: Fischer 1997.

Gauthier, D., 1987, Morals by Agreement, Oxford: Oxford University Press.

Gowans, C. W., 1996, Moral Theory, Moral Dilemmas, and Moral Responsibility, in: H. E. Mason (Hg.), Moral Dilemmas and Moral Theory, New York: Oxford University Press.

Hampshire, S., 1983, Morality and Conflict, in: ders., Morality and Conflict, Cambridge/MA: Harvard University Press.

Hare, R. M., 1981, Moralisches Denken, Frankfurt/M.: Suhrkamp 1992.
Hollis, M./Vossenkuhl, W. (Hg.), 1992, Moralische Entscheidung und rationale Wahl, München: Oldenbourg.
Hurka, T., 1996, Monism, Pluralism, and Rational Regret, in: Ethics 106.
Larmore, C., 1987, Strukturen moralischer Komplexität, Stuttgart: Metzler 1995.
Lemmon, E. J., 1962, Moral Dilemmas, in: C. W. Gowans (Hg.), Moral Dilemmas, Oxford: Oxford University Press 1987.
Levi, I., 1992, Conflict and Inquiry, in: Ethics 102.
Marcus, R. B., 1980, Moral Dilemmas and Consistency, in: C. W. Gowans (Hg.), Moral Dilemmas, Oxford: Oxford University Press 1987.
Marcus, R. B., 1996, More about Moral Dilemmas, in: H. E. Mason (Hg.), Moral Dilemmas and Moral Theory, New York: Oxford University Press.
McConnell, T. C., 1996, Moral Residue and Dilemmas, in: H. E. Mason (Hg.), Moral Dilemmas and Moral Theory, New York: Oxford University Press.
Nagel, T., 1979, Die Fragmentierung des Guten, in: ders., Letzte Fragen, Bodenheim: Philo 1996.
Ohlsson, R., 1993, Who Can Accept Moral Dilemmas?, in: Journal of Philosophy 90.
Railton, P., 1992, Pluralism, Determinacy, and Dilemma, in: Ethics 102.
Railton, P., 1996, The Diversity of Moral Dilemmas, in: H. E. Mason (Hg.), Moral Dilemmas and Moral Theory, New York: Oxford University Press.
Rorty, A. O., 1980, Agent-Regret, in: dies. (Hg.), Explaining Emotions, Berkeley: University of California Press.
Sinnott-Armstrong, W., 1988, Moral Dilemmas, Oxford: Oxford University Press.
Stocker, M., 1990, Plural and Conflicting Values, Oxford: Oxford University Press.
Van Fraassen, B. C., 1973, Values and the Heart's Command, in: C. W. Gowans (Hg.), Moral Dilemmas, Oxford: Oxford University Press 1987.
Williams, B., 1965, Widerspruchsfreiheit in der Ethik, in: ders., Probleme des Selbst, Stuttgart: Reclam 1978.
Williams, B., 1980, Moralischer Zufall, in: ders., Moralischer Zufall, Königstein: Hain 1984.
Williams, B., 1985, Ethik und die Grenzen der Philosophie, Hamburg: Rotbuch 1999.

BARBARA GUCKES

Diskriminierung

1.

1.1. Dem lateinischen Wortstamm zufolge (discriminare: unterscheiden, absondern, auslesen) bedeutet ›Diskriminierung‹ soviel wie ›Unterscheidung‹ und bezeichnet sowohl die Wahrnehmung von Differenzen als auch die Differenzierung von Gegenständen oder die unterschiedliche Behandlung von Fällen. In diesem neutralen und eher formalen Sinne, der sich in manchen Verwendungsweisen des Wortes und in einigen Sprachen (vgl. etwa die Verwendung des englischen ›to discriminate‹ bei Singer 1978; Lucas 1965) erhalten hat, kann die Fähigkeit zur Diskriminierung als eine notwendige Voraussetzung des Wahrnehmens und Denkens gelten.

1.2. In philosophischen, rechtlichen, sozialwissenschaftlichen, politischen und alltagssprachlichen Zusammenhängen ist der Begriff der Diskriminierung im Deutschen dagegen negativ konnotiert. Er dient hier zur Bezeichnung von Unterscheidungen, die als *ungerechtfertigt* betrachtet werden, weil sie moralisch bedeutungslose bzw. im jeweiligen Kontext irrelevante Unterschiede zwischen Menschen zum Anlass für die ungleiche Verteilung von Lasten und Vorteilen oder für die herablassende Behandlung von Personen nehmen. Klassische Beispiele von Diskriminierung sind die Benachteiligung oder Missachtung von Personen aufgrund ihrer Hautfarbe, ihrer Muttersprache und ethnischen Zugehörigkeit, ihrer Herkunft, ihres Geschlechts oder ihrer Religionszugehörigkeit. Insofern Merkmale wie die genannten hier als Grund für die (vergleichsweise) *schlechte* Behandlung von Personen fungieren, sind diskriminierende Handlungen mehr oder weniger direkt mit einer bewussten oder unbewussten *Abwertung* der jeweiligen Eigenschaften verbunden. Die entsprechenden (Un-)Werturteile kommen in Form von stereotypen Vorurteilen über die Gruppe der Merkmalsträger zum Ausdruck (vgl. Markefka 1995), die sowohl zur Motivation der Benachteiligung als auch zu ihrer nachträglichen Rechtfertigung dienen können. Da sie häufig den Verweis auf das diskriminierende Differenzierungskriterium ersetzen, ist Diskriminierung oft nur schwer nachweisbar.

1.3. Der Begriff der Diskriminierung bezeichnet die ungerechtfertigte Ungleichbehandlung sowie die Missachtung von Personen aufgrund (von stereotypen Vorurteilen bezüglich) bestimmter ihrer Eigenschaften, die die Benachteiligung, Herabsetzung oder soziale Exklusion der (Gruppe der) jeweiligen Merkmalsträger zum Ziel oder zur Folge hat.

2.
Diskriminierung als Ungleichbehandlung von wesentlich Gleichem ist in der Philosophie spätestens seit Aristoteles' Ausführungen zur Gerechtigkeit als Proportionalität (vgl. Aristoteles, EN V, 1131 ff.) Gegenstand der Betrachtung. Gleichwohl war die unterschiedliche Behandlung von Personen aufgrund ihrer Zugehörigkeit zu bestimmten Gruppen noch bis weit in die Neuzeit hinein ein weitgehend unhinterfragtes Element des politischen Lebens und philosophischen Denkens. Erst im Zuge der liberalen Behauptung der grundlegenden Gleichheit aller Menschen, die in Lockes Erklärung »Die Menschen sind von Natur aus alle frei, gleich und unabhängig« (Locke 1690, § 95) einen berühmten Ausdruck findet, wurde gegen Ende des 17. Jahrhunderts das normative Fundament freigelegt, in dem die für den modernen Diskriminierungsbegriff kennzeichnende *Verurteilung* solcher Praktiken wurzelt. Vor dem Hintergrund des Gleichheitsideals werden in der Folge bestimmte Formen von Ungleichbehandlung rechtfertigungsbedürftig und bestimmte Formen ihrer Rechtfertigung moralisch diskreditiert. Eben diese angesichts der normativen Gleichheit aller Menschen als ungerechtfertigt geltenden Unterscheidungen werden in entsprechenden Diskriminierungsverboten als fragwürdig gekennzeichnet. In der zweiten Hälfte des 20. Jahrhunderts werden diese Verbote schließlich auch rechtlich kodifiziert.

2.1. Dabei hat sich der Katalog der im Rahmen der Begründung von Ungleichbehandlungen unter Diskriminierungsverdacht stehenden Merkmale im Laufe der Zeit zunehmend ausgedehnt. Während sich die ersten Diskriminierungsverbote vornehmlich auf die Hautfarbe, die Herkunft, das Geschlecht, die ethnische Zugehörigkeit, die ›Rasse‹ sowie das religiöse Bekenntnis von Personen konzentrierten, wird der Diskriminierungsbegriff heute auch im Zusammenhang von Ungleichbehandlungen verwendet, die an das Alter von Personen (Altersdiskriminierung, ageism), ihren Gesundheits- bzw. Krankheitszustand (Diskriminierung von HIV-Infizierten und AIDS-Kranken), ihre sexuelle Orientierung (Diskriminierung von Homosexuellen), ihre genetische Ausstattung (genetische Diskriminierung), ihre soziale Position (Diskriminierung von Obdachlosen, Armen) sowie an sog. Behinderungen anknüpfen. Im Zusammenhang der Forderung nach Rechten für Tiere dient er darüber hinaus zur Kritik an der ungleichen Behandlung von Lebewesen aufgrund ihrer Gattungszugehörigkeit (speziezistische Diskriminierung, vgl. Singer 1989).

2.2. Während die Forschung zur Diskriminierung sich lange Zeit vornehmlich auf das diskriminierende Individuum konzentrierte und von einer direkten Verbindung von vorurteilsbehafteter individueller Einstellung und subjektivem Diskriminierungsverhalten ausging (*direkte/intentionale Diskriminierung*), konzentrierte man sich ab Mitte der 1960er Jahre weit stärker auf sozio-strukturelle und historische Bedingungsfaktoren von Diskriminierung. Entsprechende Erklärungsansätze (Interessentheorie, Theorie des internen Kolonialismus, vgl. Terkessidis 1998) betrachten Diskriminierung nicht als ein auf individuellen Vorurteilen basierendes Fehl- und Abwehrverhalten. Sie verstehen sie als objektives, institutionelles Phänomen, das in sozialen Hierarchien manifestiert ist und weitgehend unabhängig von den Absichten und Einstellungen individueller Akteure indirekt und im Verborgenen über die Verteilungsinstitutionen der Gesellschaft wirkt (*indirekte/strukturelle/mittelbare Diskriminierung*). So begreift das Konzept der sog. *institutionellen Diskriminierung* (vgl. Gomolla/Radtke 2002) diese als ein zweckrationales Instrument im Konkurrenzkampf verschiedener sozialer Gruppen um knappe Ressourcen, wobei die entsprechenden Vorurteile nicht als Ursache oder Auslöser, sondern vielmehr im Sinne einer nachträglichen Rationalisierung exkludierender Verhaltensweisen zum Schutz der Interessen dominanter Gruppen zu interpretieren sind. Diskriminierung ist demnach nicht notwendigerweise mit individuellen Schädigungsabsichten, intendierten Missachtungen von Personen oder entsprechenden kollektiven Unwerturteilen verbunden. Sie wirkt vielmehr absichtslos durch die Institutionen der Gesellschaft. Weil diese von vergangenen Diskriminierungen geprägt (›past-in-present-discrimination‹) und daher den Bedürfnissen und Interessen der unterschiedlichen gesellschaftlichen Gruppen nicht gleichermaßen gut angepasst sind, wirken sie zum Nachteil der Angehörigen sozialer Minderheiten. Insofern die sozialen Strukturen in vielfältiger Weise miteinander verknüpft sind, erfasst das Konzept der institutionellen Diskriminierung auch sog. side-effect-discrimination, also Auswirkungen direkter Diskriminierungen in einem Bereich der Gesellschaft, z.B. im Bildungssystem, in einem anderen Bereich, z.B. im Arbeitsleben.

2.3. Die Konzentration der Forschung auf die strukturellen Bedingungen und Konsequenzen von Diskriminierung führt auch mit Blick auf entsprechende Anti-Diskriminierungskonzepte zu weit stärker institutionell und ergebnisorientiert ausgerichteten Konzeptionen (vgl. Gomolla/Radtke 2002). So werden die als individualrechtliche Maßnahmen zum Schutz einzelner Personen zu interpretierenden klassischen Diskriminierungsverbote seit Mitte des 20. Jahrhunderts zunehmend um kollektivrechtliche Instrumente ergänzt. Diese sollen der Beseitigung der gruppenspezifischen Folgen vergangener Diskriminierung und dem besonderen Schutz von Minderheiten dienen, unterscheiden sich dabei jedoch in maßgeblicher Hinsicht von den ursprünglichen Diskriminierungsverboten (vgl. Boshammer 2003). Diese fokussieren auf den *Prozess* der Verteilung von Gütern sowie die *Auswahl der Verteilungskriterien* und formulieren ausschließlich negative Vorschriften: Sie sagen nicht, wie verteilt werden soll, sondern nach welchen Kriterien *nicht* verteilt werden darf. Sie schreiben weder Gleichheit im Ergebnis noch Gleichbehandlung im Verfahren vor, sondern untersagen lediglich bestimmte Begründungen für Ungleichbehandlungen. Im Gegensatz dazu steht bei den genannten kollektivrechtlichen Maßnahmen (z.B. Quoten) die *Gleichstellung von Gruppen* und die Beseitigung bzw. Verhinderung institutioneller Formen von Diskriminierung im Vordergrund (vgl. Rössler 1993). Dabei schreiben sie zum Zweck der Kompensation vergangener und/oder der Verhinderung zukünftiger Diskriminierung die ausdrückliche Berücksichtigung etwa des Geschlechts von Personen vor und formulieren positive Unterstützungspflichten des Staates oder öffentlicher Institutionen gegenüber den Angehörigen der entsprechenden Gruppen. Insofern im Rahmen dieser Maßnahmen nicht die faktische Benachteiligung des einzelnen Individuums, sondern allein seine Zugehörigkeit zu einer als benachteiligt geltenden Gruppe den Grund für die ungleiche, d.h. hier bevorzugende Behandlung liefert, sind derartige Anti-Diskriminierungsprogramme ihrerseits dem Vorwurf sog. umgekehrter Diskriminierung (inverse/reverse/positive discrimination) ausgesetzt (vgl. Cahn 1995).

3.

In den aktuellen philosophischen Kontroversen zur Diskriminierung herrscht Einigkeit darüber, dass Diskriminierung kein Problem vergangener Jahrhunderte, sondern ein auch in modernen Gesellschaften zu beobachtendes Phänomen ist. Zugleich ist unstrittig, dass es sich bei ihr um ein schwerwiegendes Übel handelt. Dieser Konsens hat jedoch insofern wenig Gehalt, als man sich weder auf eine einheitliche Begründung der moralischen Verurteilung von Diskriminierung noch auf eine einheitliche Verwendungsweise des Diskriminierungsbegriffs verständigen kann. Damit sind die beiden zentralen Problembereiche der Debatte benannt.

3.1. Mit Blick auf das Phänomen der Diskriminierung lassen sich Bezeichnung und Bewertung kaum voneinander trennen. Diskriminierung gilt per se als moralisch verwerflich, als ungerecht und unfair, auch wenn sich zweifellos schwerwiegendere Fälle von weniger gravierenden unterscheiden lassen. Doch was genau ist an Diskriminierung falsch und worin unterscheidet sie sich von anderen Ungerechtigkeiten? Betrachtet man die philosophischen Antworten auf diese Frage, lassen sich zwei grundlegende, häufig miteinander verbundene Argumentationsweisen der moralischen Kritik an Diskriminierung unterscheiden, von denen die eine sich vornehmlich auf die Folgen (s. u.), die andere stärker auf den Vorgang der Diskriminierung als solchen (s. u.) bezieht. Dieser ist dabei seinerseits vom konkreten Inhalt diskriminierender Behandlung – der von verbalen Beleidigungen über die Verweigerung von Beförderungen bis hin zu Sklaverei und Völkermord reichen kann – zu unterscheiden. Die moralische Bewertung von Diskriminierung betrifft nicht die Art, wie Menschen behandelt werden, sondern die Gründe dafür, warum gerade sie auf diese Weise behandelt werden: »Zwei Dinge müssen hier getrennt werden: die Art der Auswahl der Opfer und das, was ihnen angetan wurde.« (Cavanagh 2002, 167) Wer zeigen will, dass Diskriminierung moralisch verwerflich ist, muss daher plausibel machen, dass mit der Auswahl der Opfer etwas nicht stimmt.

Diskriminierung ist ein soziales Phänomen, das einzelne *Individuen* schädigt, dabei bestimmte *Gruppen* in besonderer Weise betrifft und das Zusammenleben der Menschen innerhalb einer *Gesellschaft* nachhaltig beeinträchtigen kann. Der Blick auf die Folgen von Diskriminierung muss daher alle drei Ebenen umschließen. Auf der individuellen Ebene gilt Diskriminierung als verwerflich, insofern sie Menschen bestimmter Güter beraubt, die sie benötigen, um ein gutes Leben zu leben. Opfern von Diskriminierung mangelt es nicht nur an sozialer Anerkennung und Respekt; ihnen werden ggf. Rechte vorenthalten, Arbeitsplätze verweigert oder Bildungschancen verwehrt. Dabei führt die Vorurteilsbedingtheit der diskriminierenden Behandlung von Individuen zu einer Reduktion des Selbstwertgefühls seitens der Opfer und produziert ein Gefühl der Minderwertigkeit und Ohnmacht. Das gilt nicht nur mit Blick auf die individuellen Opfer, sondern betrifft auch die Lebensperspektiven anderer Mitglieder der diskriminierten Gruppen. »Sogar jene [Frauen], die selbst nicht wegen [...] ihres Geschlechts benachteiligt worden sind, hatten unter den Folgen der Benachteiligung anderer Frauen zu leiden. Ich meine v.a. den Mangel an Selbstvertrauen und Selbstachtung, der doch unweigerlich in einem Gemeinwesen eintritt, in dem einem [...] wegen des Geschlechts die vollwertige Mitgliedschaft in der Gesellschaft verweigert wurde.« (Thomson 1993, 45) Diskriminierung erzeugt auf diese Weise einen Assimilationsdruck, der auf den Mitgliedern der entsprechenden Gruppen lastet, und bedroht so die Vielfalt der Lebensweisen innerhalb einer Gesellschaft. Sie hat zur Folge, dass sich bestimmte Merkmalsdifferenzen zwischen den Menschen als soziale Ungleichheiten auswirken und erzeugt bzw. stabilisiert das soziale Gefälle. Wo dieser Umstand nicht als solcher beklagt wird, gilt er mindestens insofern als problematisch, als das ungleiche Kräfteverhältnis zwischen sozialen Gruppen seinerseits den Nährboden für Diskriminierung bildet (vgl. Terkessidis 1998).

Nun hängt die Überzeugungskraft konsequentialistischer Argumentationen von zweierlei ab. Es muss erstens gezeigt werden, dass die befürchteten Folgen tatsächlich ›von Übel sind‹, was mit Blick auf manche der genannten Effekte der Diskriminierung mindestens strittig ist. Zweitens gilt es den Nachweis zu erbringen, dass diese Folgen auch tatsächlich zu erwarten und zudem Folgen der Diskriminierung sind – und das dürfte im Einzelfall schwierig werden. So wird in der Debatte um die moralische Beurteilung von Diskriminierung gegenüber den folgenorientierten Ansätzen der Einwand laut, diese seien zu wenig diskriminierungsspezifisch. Eine angemessene Beurteilung des Phänomens müsse sich stärker auf die Tatsache konzentrieren, dass der Vorgang der Diskriminierung bereits als solcher grundlegende moralische Prinzipien verletzt (vgl. Cavanagh 2002; siehe auch Woodruff 1995). Hier ist zunächst die Auffassung zu nennen, dass jede Diskriminierung eine Missachtung der Person bedeutet, insofern sie deren Behandlung von Faktoren – nämlich den Vorurteilen anderer – abhängig macht, die mit der Person selber nichts zu tun haben. Der einzelne wird nicht als Individuum wahrgenommen, sondern auf ein bestimmtes Merkmal reduziert, das noch dazu die Grundlage eines entsprechenden Unwert-Urteils bildet. Ein solcher Vorgang ist zutiefst beleidigend und mit dem Respekt vor der Würde des einzelnen und der gleichen Würde aller nicht zu vereinbaren. Insofern Diskriminierung eine Ungleichbehandlung von Personen aufgrund moralisch irrelevanter Kriterien beinhaltet, verletzt sie zudem die Rechte des einzelnen auf die gleiche Berücksichtigung seiner Interessen und seine ›Behandlung als Gleicher‹ (vgl. Dworkin 1977). Was Diskriminierung von anderen Formen der Ungerechtigkeit unterscheidet, wird erkennbar, wenn man diese Aspekte nicht getrennt betrachtet, sondern gleichsam akkumuliert. Das spezifische Übel der Diskriminierung ist dann die Tatsache, dass sie eine Verletzung von Rechten darstellt, die zwar nicht schon als solche, aber im Fall von Diskriminierung immer auch eine Missachtung der Person und ihrer Würde beinhaltet (vgl. Alexander 1992; dagegen Lippert-Rasmussen 2006).

3.2. Wo Diskriminierung beklagt wird, geht es üblicherweise um eine Ungleichbehandlung von Personen, die als ungerechtfertigt gilt, weil sie im jeweiligen Kontext irrelevante Merkmale behandelt als seien sie ausschlaggebend (vgl. Nickel 1995).

Jedes Diskriminierungsurteil bezieht sich so mindestens implizit auf *Relevanzkriterien*, an denen sich die Rechtfertigung der jeweiligen (Ungleich-)Behandlung bemisst. In der philosophischen Diskriminierungsdebatte sind diese Relevanzkriterien umstritten. Zunächst liegt es nahe, sie als ›sachlogische‹ Standards zu verstehen, d.h. als normative Kriterien, deren Auswahl sich aus der Natur der Sache ergibt, um die es jeweils geht. Demnach muss eine Ungleichbehandlung dann als ungerechtfertigt und damit potentiell diskriminierend gelten, wenn sie aufgrund eines Merkmals erfolgt, das im jeweiligen Kontext ›nichts zur Sache tut‹. Diesem Verständnis der Relevanzkriterien zufolge handelt es sich bei den in den Diskriminierungsverboten genannten Merkmalen um Eigenschaften »die mit Blick auf jeden legitimen Zweck bedeutungslos sind« (Goldman 1979, 127). Dem steht entgegen, dass sich durchaus legitime Zwecke denken lassen, mit Blick auf die die Berücksichtigung der genannten Kriterien keineswegs bedeutungslos sein muss. Ob Alter oder Geschlecht einer Person sachlogisch relevant sind und etwa im Zusammenhang der Besetzung bestimmter Arbeitsstellen berücksichtigt werden dürfen oder nicht, hängt vielmehr davon ab, wie man die Sache, um die es hier geht, versteht. Dem sachlogischen Ansatz zufolge muss die Berücksichtigung der in den Diskriminierungsverboten genannten Kriterien also nicht per se als diskriminierend gelten (wohingegen die Zurückweisung von Bewerbern »auf der Basis der Zahl von Vokalen in ihrem Nachnamen« (Cavanagh 2002, 156) ein Kandidat für diskriminierendes Verhalten wäre). Das sachlogische Verständnis der Relevanzkriterien birgt die Gefahr der diskriminierenden Interpretation der Sache, um die es jeweils geht. Diese Schwierigkeit besteht nicht, wenn man die Relevanzkriterien stattdessen als Eigenschaften versteht, die vor dem Hintergrund der Gleichheitsbehauptung nicht relevant sein *sollen* bzw. *dürfen*. Demnach wäre die Hautfarbe einer Person nicht deswegen irrelevant, weil sie nichts zur Sache tut; vielmehr dürfte sie nichts zur Sache tun, weil sie im normativen Sinne als irrelevant zu gelten hat, denn »würde man auf diese Eigenschaften abstellen, wäre dies eine Einteilung der Menschen in verschiedene und auch verschieden ›wertvolle‹ Klassen und Gruppen« (Huster 1993, 193). Die Kennzeichnung der ›verdächtigen Merkmale‹ ist dann eine Frage der Moral, die wesentlich von der jeweiligen Interpretation des Gleichheitsideals abhängig ist.

Um welche Merkmale es sich dabei handelt, ist ein weiterer Streitpunkt innerhalb der Diskriminierungsdebatte, die sich im Bemühen um deren systematische Kennzeichnung vorwiegend an den klassischen Diskriminierungsverboten orientiert. Den dort zur Begründung von Ungleichbehandlungen ausgeschlossenen Eigenschaften ist gemeinsam, dass ihnen eine gewisse Unfreiwilligkeit anhaftet, insofern das Individuum sie nicht wählt und/oder kaum ablegen kann. Diskriminierung gilt daher vielfach als (sachlich) ungerechtfertigte Ungleichbehandlung von Personen aufgrund von Eigenschaften, für die die einzelne Person nichts kann und an denen sie nicht oder nur bedingt etwas ändern kann. Diskriminierung hat einen schicksalhaften Zug, weil sie das soziale Los von Individuen von Merkmalen abhängig macht, für die diese nicht verantwortlich sind. Diese Kennzeichnung lässt eine Erweiterung der bestehenden Diskriminierungsverbote, etwa um Behinderungen, genetische Ausstattung oder sexuelle Orientierung zu. Sie erklärt jedoch nicht, warum eine Ungleichbehandlung von Personen aufgrund ihrer unterschiedlichen Attraktivität, Begabung oder Intelligenz unter keinem vergleichbaren Diskriminierungsverdacht steht. Diese Lücke schließen alternative Systematisierungen der Diskriminierungsmerkmale, die stärker auf den gruppenspezifischen Charakter des Phänomens fokussieren. Demzufolge richtet sich Diskriminierung zwar gegen Individuen, jedoch nur weil und insofern sie als Mitglieder sozial stigmatisierter und benachteiligter Gruppen erkennbar und ›diskriminierbar‹ sind. Dieser Konzeption zufolge sind die potentiellen Diskriminierungsmerkmale nicht schon durch die Tatsache charakterisiert, dass es sich bei ihnen um ›unfreiwillige‹ Eigenschaften handelt. Entscheidend ist vielmehr, dass sie sog. askriptive Merkmale darstellen, d.h. Merkmale, die mit (negativ) bewerteten sozialen (Rollen-)Zuschreibungen verbunden sind und die Zuordnung des Einzelnen zu einer Gruppe ermöglichen (vgl. Schiek 2000, 31 ff.). Dieses Konzept erfasst auch die Benachteiligung von Obdachlosen, Asyl-Bewerbern oder AIDS-Kranken als Ausdruck von Diskriminierung, die hier als »Allokation qua Askription« (Gomolla/Radtke 2002, 43) verstanden wird. Sie beinhaltet die (Ungleich-)Behandlung von Individuen aufgrund von (Vor-)Urteilen über eine Gruppe, die als ungerechtfertigt zu gelten hat, weil die entsprechenden Gruppenzuschreibungen einen bloß ›statistischen‹ Charakter haben (statistische Diskriminierung) und keine Aussage über das Individuen erlauben, als solche falsch oder falsch generalisierend, d.h. im Einzelfall unzutreffend sein können. Wo sich das gruppenspezifische Verständnis von Diskriminierung mit der Auffassung verbindet, dass sowohl die Askription, d.h. der Vorgang der sozialen Rollenzuschreibung als auch die Allokation von Gütern institutionalisierte Vorgänge darstellen, die sich nicht als intentionales Handeln von Individuen beschreiben lassen, erfährt der Begriff der Diskriminierung eine spürbare Bedeutungsverschiebung. Insofern dieser von der individuellen Ebene weitgehend gelöst, von subjektiven Schädigungsabsichten und persönlichen Vorurteilen entkoppelt und zudem für eine zunehmende Zahl von Merkmalen sensibilisiert wird, konzentriert sich die Diskriminierungsdiagnose nicht mehr vorrangig auf den *Verlauf*, sondern hauptsächlich auf die *Ergebnisse* sozialer Verteilungsverfahren. So umfasst sie tendenziell alle Struktureffekte, die sich als Ungleichheit zwischen sozialen Gruppen beschreiben lassen. Ob sich die negative Konnotation des Diskriminierungsbegriffs angesichts dieser Erweiterung des Phänomenbereichs beibehalten lässt, wird innerhalb der aktuellen Kontroversen um den Diskriminierungsbegriff in Frage gestellt (vgl. Cavanagh 2002).

4.

Alexander, L., 1992, What Makes Wrongful Discrimination Wrong?, in: University of Pennsylvania Law Review 141.

Boshammer, S., 2003, Gruppen, Rechte, Gerechtigkeit, Berlin: de Gruyter.

Cahn, S. M. (Hg.), 1995, The Affirmative Action Debate, London: Routledge.

Cavanagh, M., 2002, Against Equality of Opportunity, Oxford: Clarendon Press.

Dworkin, R., 1977, Bürgerrechte ernstgenommen, Frankfurt/M.: Suhrkamp 1998.

Goldman, A. H., 1979, Justice and Reverse Discrimination, Princeton: Princeton University Press.

Gomolla, M./Radtke, F.-O., 2002, Institutionelle Diskriminierung, Opladen: Leske + Budrich.

Hastrup, K./Ulrich, G. (Hg.), 2002, Discrimination and Toleration, Dordrecht: Kluwer.

Huster, S., 1993, Rechte und Ziele, Berlin: Duncker & Humblot.

Lippert-Rasmussen, K., 2006, The Badness of Discrimination, in: Ethical Theory and Moral Practice 9.

Locke, J., 1690, Zwei Abhandlungen über die Regierung, Frankfurt/M.: Suhrkamp 1998.

Lucas, J. R., 1965, Against Equality, in: H. A. Bedau (Hg.), Justice and Equality, Englewood Cliffs: Prentice Hall.

Markefka, M., 1995, Vorurteile – Minderheiten – Diskriminierung, Neuwied: Luchterhand.

Nickel, J. W., 1995, Discrimination and Morally Relevant Characteristics, in: S. M. Cahn (Hg.), The Affirmative Action Debate, London: Routledge.

Rössler, B. (Hg.), 1993, Quotierung und Gerechtigkeit, Frankfurt/M.: Campus.

Schiek, D., 2000, Differenzierte Gerechtigkeit. Diskriminierungsschutz und Vertragsrecht, Baden-Baden: Nomos.

Singer, M. G., 1978, Some Thoughts on Race and Racism, in: Philosophia 8.

Singer, P., 1989, All Animals Are Equal, in: T. Regan/P. Singer (Hg.), Animal Rights and Human Obligations, Englewood Cliffs: Prentice Hall.

Terkessidis, M., 1998, Psychologie des Rassismus, Opladen: Westdeutscher Verlag.

Thomson, J. J., 1993, Bevorzugung auf dem Arbeitsmarkt, in: B. Rössler (Hg.), Quotierung und Gerechtigkeit, Frankfurt/M.: Campus.

Woodruff, P., 1995, What's Wrong With Discrimination?, in: S. M. Cahn (Hg.), The Affirmative Action Debate, London: Routledge.

Susanne Boshammer

Diskurstheorie

1.

Der Begriff »Diskurs« wurde bis in die 1960er Jahre in der Philosophie vorrangig in der Bedeutung »Abhandlung über ein bestimmtes Thema« oder »Gedankenaustausch« verwendet. Seitdem wird der Begriff von den sog. *Diskurstheorien* in Anspruch genommen und erhält je nach Theorie eine spezifischere Bedeutung.

2.

Seit etwa fünfzig Jahren nimmt der Diskursbegriff in den Sozial- und Geisteswissenschaften einen prominenten Platz ein. Allerdings wird er auf unterschiedliche Weise und zu unterschiedlichen Zwecken verwendet. Auch die zugrunde liegenden theoretischen Impulse, die in den 1960er Jahren ein wissenschaftliches Interesse an Diskurstheorien anregten, sind heterogen. Wichtige Einflüsse waren u.a. die auf L. Wittgenstein und J. L. Austin zurückgehenden, pragmatisch ausgerichteten Sprachphilosophien, die in Abgrenzung von satzorientierten Ansätzen den Handlungsaspekt von sprachlichen Äußerungen hervorheben, die strukturalistische Ethnographie von Lévi-Strauss, die Mythen auf wiederkehrende Strukturen hin untersucht, um spezifische Elemente eines mythischen Zusammenhangs (»Diskurses«) beschreiben zu können, sowie die philosophische Hermeneutik von Gadamer, die Sprachlichkeit als grundlegend für das menschliche Leben postuliert und die Strukturmomente des Verstehens anhand eines Modells des Gesprächs expliziert. Diesen Ansätzen gemeinsam ist eine

Intuition, die für Diskurstheorien von prägender Bedeutung ist: dass das Sinnverstehen ein Verständnis der sprachlichen bzw. symbolischen Zusammenhänge voraussetzt, in denen sich das zu verstehende Objekt vorfindet. Von diesem gemeinsamen Gedanken aus zweigen sich in den 1960er Jahren zwei Hauptrichtungen der Diskurstheorie ab: Die Richtung des Poststrukturalismus, die v.a. durch das Denken der französischen Philosophen Jacques Derrida und Michel Foucault beeinflusst wird (3.1.), und die Richtung der Sprachpragmatik, für die das Denken der deutschen Philosophen Karl-Otto Apel und Jürgen Habermas wegweisend ist (3.2.).

3.

3.1. Im Allgemeinen sind poststrukturalistische Diskurstheorien durch das Ziel verbunden, die Ausgrenzungen moderner Rationalitätsvorstellungen durch eine immanente Kritik des Selbstverständnisses der westlichen Moderne sichtbar zu machen, z.B. den Ausschluss des Wahnsinns aus der vorherrschenden Kultur oder die Abwertung von Subjektivierungsformen, die sich den bestehenden Kategorien (wie ›Mann‹ oder ›Frau‹) nicht fügen. Ihre kritischen Analysen stützen sich auf ein Verständnis von Diskurs, das sich auf Derrida und Foucault zurückführen lässt, deren Diskursbegriffe allerdings unterschiedlich akzentuiert sind.

Von Derrida (1968) übernehmen sie v.a. den Gedanken einer dezentrierten Struktur. In Derridas Werk bezeichnet das Wort »Diskurs« einen gesellschaftlichen bzw. geistigen Zusammenhang, der als unendliches Spiel der jeweiligen Elemente interpretiert wird; mit dieser Ansicht soll eine für die Geschichte des Westens bestimmende Vorstellung preisgegeben werden, die jedem Zusammenhang ein unbewegliches, Gewissheit garantierendes Zentrum zuschreibt, das ihn organisiert und stabilisiert. Epistemologisch hat diese Dezentrierung des Strukturbegriffs die Konsequenz, dass jeglicher Anspruch auf eine transzendente, Autorität verbürgende Wahrheitsinstanz aufgegeben werden muss. Diese These hat auch ontologische Implikationen, denn für die Elemente eines als Diskurs begriffenen Zusammenhangs wird die Möglichkeit von Sinn außerhalb des Diskurses geleugnet; darüber hinaus werden diese Elemente als grundsätzlich austauschbar betrachtet. Folglich unterläuft der poststrukturalistische Diskursbegriff fundamentalistische Epistemologien und essentialistische Ontologien jeglicher Art.

Von Foucault (1969) übernehmen poststrukturalistische Diskurstheorien eine kritische Perspektive auf die konstitutive Macht gesellschaftlicher Zusammenhänge. In Foucaults Schriften bezeichnet das Wort »Diskurs« einen Zusammenhang gesellschaftlicher Beziehungen, der sinnstiftende und handlungsbestimmende Zwecke erfüllt. Die sinnkonstituierende Funktion hat einen doppelten Aspekt: Wertschätzungen und Handlungsregeln, die innerhalb eines jeweiligen Diskurses etwa Gegenstände, Subjekte und Handlungen als sinnvolle Erscheinungen konstituieren, werden selbst durch den Diskurs konstituiert. Wie bei Derrida schließt dieser Diskursbegriff fundamentalistische Epistemologien und essentialistische Ontologien aus; darüber hinaus macht Foucault die Implikationen für den Begriff der gesellschaftlichen Macht deutlich. Macht wird nicht als Zwang verstanden, der von einer übergeordneten Autorität ausgeübt wird, sondern als gleichzeitig bestimmender und ermöglichender Effekt von Diskursen. Während sich Derrida eher für epistemologische Aspekte des Diskursbegriffs interessiert, unternimmt Foucault mikroskopische Analysen der Machtbeziehungen, die in historisch spezifischen Diskursen entstehen, begleitet durch makroskopische Thesen über die geschichtliche Abfolge diskursiver Formationen, die durch Brüche, Zufälle und Diskontinuitäten gekennzeichnet ist. Beiden gemeinsam ist jedoch die Ansicht, dass die Abfolge der Diskurse – wie auch der Austausch der Elemente innerhalb des Diskurses – grundsätzlich kontingent und unabschließbar ist.

Gegenwärtig lassen sich die von Derrida und Foucault ausgehenden Diskurstheorien in zwei weitere Strömungen unterteilen. Die eine wird als Diskursanalyse (›Discourse Analysis‹) bezeichnet und befasst sich mit der Untersuchung bestimmter sozialer Praktiken hinsichtlich ihrer repressiven und unterdrückenden Machtbeziehungen; sie verfährt sowohl genealogisch, indem sie die Entstehungsbedingungen konkreter diskursiver Regelungen analysiert, wie auch soziologisch, indem sie die Mechanismen des Zugangs und des Ausschlusses freilegt, die die Teilnahme am jeweiligen Diskurs regeln. Diskursanalyse wird heutzutage in vielen verschiedenen akademischen Disziplinen betrieben, beispielsweise in der Psychologie, in der Anthropologie und in den Geschichts-, Literatur- und Rechtswissenschaften (vgl. etwa Angermüller/Bunzmann/Nonhoff 2001).

Die zweite von E. Laclau und C. Mouffe vertretene Strömung, die sich als ›radikal-demokratisch‹ beschreibt, richtet das kritische Augenmerk v.a. auf den politischen Aspekt kapitalistischer Gesellschaften (vgl. Laclau/Mouffe 1986). In Auseinandersetzung mit K. Marx und in Anlehnung an A. Gramsci betrachten Diskurstheorien dieser Art die moderne Demokratie als eine Abfolge gesellschaftlicher Zusammenhänge (»Diskurse«), deren machtproduzierende, handlungsbestimmende und sinnstiftende Beziehungen durch politische Kämpfe um Hegemonie geformt und umgeformt werden.

Poststrukturalistische Diskurstheorien stehen vor einigen theoretischen und methodischen Schwierigkeiten. Theoretisch ist v.a. unklar, warum sie dem Wort »Diskurs« einen so zentralen Platz einräumen. Angesichts ihres Selbstverständnisses als Diskurstheorien läge die Vermutung nahe, dass der sprachliche Aspekt der untersuchten Zusammenhänge im Mittelpunkt stehen müsste; doch bei keiner der erwähnten Richtungen ist dies eindeutig der Fall. So sind etwa in der gegenwärtigen Diskursanalyse oft nichtsprachliche, körperliche Handlungszusammenhänge (beispielsweise Bestattungsriten oder sexuelles Verhalten) Gegenstand der Beschreibung. In der radikal-demokratischen Strömung rückt zwar die symbolische Dimension in den Vordergrund. So wird etwa das Ethische, das die politischen Kämpfe um Hegemonie orientiert, als Leerstelle konzipiert, die von bestimmten Vorstellungen der Gerechtigkeit immer wie der neu besetzt wird (vgl. Butler/Laclau/Žižek 2000, 57f.); den sprachlichen Aspekten dieser Vorstellungen wird jedoch keine besondere Aufmerksamkeit gewidmet.

Eine weitere Herausforderung liegt in der Frage, wie im Rahmen des poststrukturalistischen Diskursbegriffs eine kritische Perspektive auf gesellschaftliche Machtverhältnisse plausibel gemacht werden kann. Eine erste Schwierigkeit besteht darin, dass jeder Standpunkt der Kritik durch das jeweilige diskursive Feld allererst konstituiert wird; doch das eigentliche Problem rührt daher, dass eine qualitative Unterscheidung zwischen verschiedenen Diskursen unmöglich zu sein scheint. Wenn jedoch die Gesellschaftskritik nur ein Diskurs unter vielen ist, denen die gleiche Geltung zukommt, so enthüllt sich ihr Wahrheitsanspruch als bloße Machtstrategie, die ebenso unbegründet ist wie alle anderen.

3.2. Für die sprachpragmatischen Diskurstheorien steht die Frage der Fundierung des kritischen Standpunkts im Mittelpunkt. Denn auch diese, von K.-O. Apel und J. Habermas ausgehende Richtung ist von einer gesellschaftskritischen Intention geleitet, die sich u.a. als immanente Kritik an der westlichen Moderne verstehen lässt. Im Unterschied zu den poststrukturalistischen Ansätzen wollen die sprachpragmatischen Diskurstheorien jedoch am Versprechen der Moderne festhalten und einen Modus der Gesellschaftskritik herausarbeiten, der einer postmetaphysischen Rechtfertigung fähig ist. Hierfür wird eine Beurteilungsinstanz gesucht, die den Einfluss des historischen und sozialen Kontextes anerkennt und gleichzeitig eine kritische Perspektive zulässt, die auf keinen lokalen Kontext beschränkt ist. Der Diskursbegriff soll diese gesuchte nichtfundamentalistische Instanz bereitstellen. Er bezeichnet eine idealisierte Argumentationsform, die in den Verständigungspraktiken des alltäglichen Sprachgebrauchs vorgezeichnet sein soll. Ein wesentliches Merkmal dieser Art von Kommunikation ist, dass Sprecher und Hörer Verpflichtungen eingehen, indem der Hörer auf einen vom Sprecher erhobenen Geltungsanspruch mit ›ja‹ oder ›nein‹ reagiert: Der Sprecher verpflichtet sich, seinen Geltungsanspruch durch Gründe zu verteidigen, falls der Hörer dies verlangt, und der Hörer muss diese Gründe akzeptieren, wenn er sie durch bessere Gründe nicht zurückweisen kann. In modernen Gesellschaften, die durch eine zunehmende Einbeziehung fremder Perspektiven, Offenheit für unterschiedliche Wertvorstellungen und Respekt für die Gleichheit aller Personen gekennzeichnet sind, werden die einschlägigen Verpflichtungen anspruchsvoller. Die Idealisierungen des Diskursbegriffs betreffen den Zugang zur Argumentation, das argumentative Verfahren selbst und, wenigstens im Falle theoretischer und moralischer Diskurse, die Ergebnisse der Argumentation (vgl. Habermas 1983). Diese idealisierenden Unterstellungen sollen einen kritischen Standpunkt ermöglichen, und zwar sowohl mit Blick auf den kognitiven Aspekt der Gültigkeit des Besprochenen wie auch auf den prozeduralen Aspekt der gerechten Durchführung der Argumentation.

Die durch den Diskursbegriff gewonnene kritische Perspektive ist in dem Sinn kontexttranszendierend, dass sie den Anspruch erhebt, für alle sprach- und handlungsfähigen Menschen zu gelten. Ihre Fundierung ist jedoch der menschlichen Praxis immanent, da sie im alltäglichen sprachlichen Verhalten verankert sein soll. Mit dem Bemühen, den Diskursbegriff als eine der menschlichen Geschichte immanente Beurteilungsinstanz zu begründen, verfolgen Apel und Habermas eine sprachpragmatische Ausrichtung: Sie berufen sich nicht auf die Eigenschaften einzelner Sätze, sondern auf die Verwendung der Sprache in argumentativen Zusammenhängen.

Diese Strategie ist zunächst als transzendentalpragmatisches Argument von Apel verfolgt worden, um die kantsche Begründung moralischer Normen nach der sprachphilosophischen Wende der modernen Philosophie zu erneuern (vgl. Apel 1973; ders. 1988). Sein Modell der diskursiven Begründung wird in direkter Analogie zu Kants transzendentaler Begründung entwickelt: Die im Diskursbegriff artikulierten Idealisierungen entspringen unhintergehbaren sprachlichen Regeln. Daher ist die Begründung des Diskursbegriffs, der seinerseits als normative Beurteilungsinstanz fungieren soll, nur als Letztbegründung möglich: als reflexiver Nachvollzug einer vorgängig intuitiv vollzogenen Leistung.

Habermas stimmt mit der grundlegenden Intention von Apels sprachpragmatischer Strategie überein, weist jedoch den Letztbegründungsanspruch zurück: Dieses Argument reproduziere die Probleme Kants, weil die Selbtsvergewisserung des einzelnen Subjekts, die für die Nichthintergehbarkeit der Präsuppositionen bürgen soll, hier als absolut und ahistorisch gedacht wird (vgl. Habermas 1983; ders. 1991). Anstelle des transzendentalpragmatischen Begründungsmodus schlägt Habermas einen universalpragmatischen Ansatz vor, den er inzwischen als formalpragmatisch beschreibt. Habermas zufolge sind die nicht verwerfbaren Annahmen, auf die der Diskurs sich stützt, nicht apriori, sondern nur in der hypothetischen Nachkonstruktionen allgemeiner sprachlicher Regeln zugänglich, die an empirischen Fällen überprüft werden müssen. Der Diskursbegriff soll eine ›diesseitige‹, da in alltägliche sprachliche Praktiken eingebaute Beurteilungsinstanz bezeichnen, der zudem kein absoluter, ahistorischer Status zukommt, sondern die empirisch widerlegbar ist.

Im Wesentlichen laufen die Unterschiede zwischen Apel und Habermas auf diese Frage nach dem Status des Diskursbegriffs hinaus. Allerdings kommt dem Diskurs im jeweiligen Gesamtwerk auch ein etwas anderer Stellenwert zu: Im Unterschied zu Apel, der sich in erster Linie mit philosophischen Fragen der normativen Geltung beschäftigt, erhebt Habermas den Anspruch, eine kritische Gesellschaftstheorie zu entwickeln, innerhalb derer Geltungsfragen eine zentrale Rolle spielen, aber nicht Hauptgegenstand der Untersuchung sind.

Auch die sprachpragmatischen Diskurstheorien stehen vor einigen Schwierigkeiten. Zunächst können die Begründungsstrategien von Apel und Habermas eines verdeckten Fundamentalismus bezichtigt werden: Ihre Diskursbegriffe werden vermeintlich unhintergehbaren Präsuppositionen der argumentativen Praxis abgewonnen, deren Unhintergehbarkeit jedoch umstritten ist. Folglich sind sie dem Einwand ausgesetzt, dass sie ihrem nichtfundamentalistischen Anliegen zum Trotz eine ahistorische, absolute Fundierung beanspruchen.

Einwände anderer Art lassen sich gegen das kritische Potential des Diskursbegriffs insbesondere auf dem Gebiet der Moral richten. Diese Einwände zielen auf die vom Diskursbegriff projezierte idealisierte Kommunikationssituation, in der ein diskursiv erzieltes Einverständnis über die Universalisierbarkeit von Normen und Prinzipien deren moralische Richtigkeit konstituiert. Hier kann bezweifelt werden, ob ein solches Einverständnis als Maßstab für die Beurteilung der Richtigkeit von Normen und Prinzipien in wirklichen Argumentationen fungieren kann. Denn entweder wird die für die kritische Perspektive erforderliche Kluft zwischen idealisiertem und wirklichem Diskurs mit dem Ergebnis geleugnet, dass moralische Richtigkeit mit kontextueller Rechtfertigung zusammenfällt und dabei ihr kontexttranszendierendes Moment verliert; oder idealisierte und wirkliche Diskurse werden als so weit voneinander entfernt gedacht, dass sich ein im idealisierten Diskurs erzieltes Einverständnis als Maßstab für die moralische Gültigkeit von Normen und Prinzipien in wirklichen Rechtfertigungsprozessen nicht anwenden lässt (vgl. Wellmer 1986).

Ein dritter Einwand richtet sich gegen die Vorstellung eines diskursiv erzielten Einverständnisses. V.a. poststrukturalistische Kritiker werfen Apel und Habermas vor, diese Vorstellung sei Zeichen einer harmonistischen Gesellschaftstheorie, die insofern repressiv sei, als sie die antagonistische Dimension von Diskursen leugne, für den ausschließenden Charakter jeder Verwendung der Sprache unempfindlich sei und die Offenheit und Kontingenz des geschichtlichen Prozesses verneine (vgl. Lyotard 1983).

3.3. Ein verstärkter Austausch zwischen den beiden geschilderten Ansätzen ist wegen der genannten Schwierigkeiten wünschenswert. Die sprachpragmatischen Diskurstheorien könnten so ein verfeinertes Sensorium für die ausschließenden und unterdrückenden Wirkungen gesellschaftlicher Zusammenhänge entwickeln und der Poststrukturalismus zur Einsicht gelangen, dass die Frage, wie der kritische Standpunkt begründet werden kann, unvermeidlich ist und daher angegangen werden muss.

4.

Angermüller, J./Bunzmann, K./Nonhoff, M. (Hg.), 2001, Diskursanalyse, Hamburg: Argument.

Apel, K.-O., 1973, Transformation der Philosophie, 2 Bde., Frankfurt/M.: Suhrkamp.

Apel, K.-O., 1988, Diskurs und Verantwortung, Frankfurt/M.: Suhrkamp

Butler, J./Laclau, E./Žižek, S., 2000, Contingency, Hegemony, Universality, London: Verso.

Derrida, J., 1968, Struktur, Zeichen und Spiel, in: ders., Die Schrift und die Differenz, Frankfurt/M.: Suhrkamp 1976.

Foucault, M., 1969, Die Archäologie des Wissens, Frankfurt/M.: Suhrkamp 2002.

Gottschalk-Mazouz, N., 2000, Diskursethik, Berlin: Akademie.

Habermas, J., 1983, Moralbewußtsein und kommunikatives Handeln, Frankfurt/M.: Suhrkamp.

Habermas, J., 1991, Erläuterungen zur Diskursethik, Frankfurt/M.: Suhrkamp.

Howarth, D., 2000, Discourse, Buckingham: Open University Press.

Laclau, E./Mouffe, C., 1986, Hegemonie und radikale Demokratie, Wien: Passagen 2000.

Lyotard, J.-F., 1983, Der Widerstreit, München: Fink 1989.

Howarth, D./Norval, A./Stavrakakis, Y. (Hg.), 2000, Discourse Theory and Political Analysis, Manchester: Manchester University Press.

Kuhlmann, W., 1985, Reflexive Letztbegründung, Freiburg: Alber.

Van Dijk, T. (Hg.), 1997, Discourse Studies, 2 Bde., London: Sage.
Wellmer, A., 1986, Ethik und Dialog, Frankfurt/M.: Suhrkamp.
Werner, M. H., 2003, Diskursethik als Maximenethik, Würzburg: Königshausen & Neumann.

MAEVE COOKE

Disziplin

1.

Sowohl auf individueller wie kollektiver Ebene bezeichnet der Begriff »Disziplin« jene Strategien der Kohärenz, die Handlungsfähigkeit bzw. die Aufrechterhaltung einer stabilen Ordnung ermöglichen. An ihm entfalten sich normative Auseinandersetzungen zunächst v.a. im Rahmen sozialistischer und anarchistischer Gesellschaftskritik, dann auch in spät- und postmoderner Vernunftkritik. Der lateinische Begriff »disciplina« bezeichnet ursprünglich sowohl Lehre und Unterricht (zumal im Sinne der Teil- oder Einzeldisziplin) als auch Erziehung, Zucht und Ordnung. Er hat im Altgriechischen mehrere Entsprechungen. So steht »paideía« für die formende Macht der Erziehung, während »eutaxía« und »peitharchía« eher Gehorsam, Zucht und Ordnung benennen.

2.

Der Begriff der Disziplin (als Selbstdisziplinierung im Unterschied zu bloßem Zwang) ist eng mit der bürgerlichen Gesellschaft und dem Konzept der Subjektivität verknüpft. Der Begriff gewinnt daher zunächst mit Kant und der Philosophie der Aufklärung sein Profil (2.1.). Bei Marx und im Marxismus (2.2.) werden anhand des Begriffs strategische Konsequenzen aus der proletarischen Klassensituation gezogen. In der klassischen Soziologie (2.3.) beschreibt der Begriff die subjektiven Voraussetzungen bürgerlicher Zivilisation. Mit Rekurs auf den Konnex von (Selbst-)Disziplinierung und Subjektivierung wird diese Dimension des Begriffs der Disziplin in der spät- und postmodernen Vernunftkritik (2.4.) zum Thema.

2.1. In der Aufklärungsphilosophie ist Kant derjenige Autor, der den inneren Zwang einer Disziplinierung durch Vernunft von schlechthin äußerem Zwang paradigmatisch unterscheidet. Disziplin wird als ›Achtung für das Vernunftgesetz‹ zum normativen Gebot: »Wir stehen unter einer Disciplin der Vernunft«, der wir »nichts zu entziehen« haben (Kant 1788, 147). In der *Kritik der reinen Vernunft* unterscheidet Kant den Begriff der Disziplin von dem der Kultur, die keine Hierarchisierung erworbener Fertigkeiten zu leisten in der Lage sei (vgl. Kant 1781, A 710). »Disziplin« im Sinne Kants hat einen strukturell negativen Charakter, sie ist ein Mechanismus des Ausschlusses. Insofern korrespondiert der Begriff der Disziplin bei Kant eng mit dem der Kritik. Er begreift etwa das Verfahren der ›reinen Vernunft‹ als ein negatives Verfahren, das »als Disziplin, zur Grenzbestimmung dient, und, anstatt Wahrheit zu entdecken, nur das stille Verdienst hat, Irrtümer zu verhüten« (ebd., A 795).

2.2. Marx und Engels verwenden den Begriff der Disziplin v.a. zur Kennzeichnung moderner Arbeitsorganisation. Rhetorisch entscheidend ist dabei die Parallelisierung von Fabrik- und Kasernendisziplin: »Arbeitermassen, in der Fabrik zusammengedrängt [...] werden als gemeine Industriesoldaten unter die Aufsicht einer vollständigen Hierarchie von Unteroffizieren und Offizieren gestellt.« (Marx/Engels 1848, 469) Damit nehmen Marx und Engels moderne industriesoziologische Analysen vorweg und konturieren negativ-kritisch die normative Idee der Produzentensubjektivität.

2.3. Das Konzept der Disziplin wird in der klassischen Soziologie v.a. von Emile Durkheim (1902/03), Max Weber (1904/05) und schließlich Norbert Elias (1939) verwendet. Alle drei beschreiben Strukturmerkmale der bürgerlichen Gesellschaft im Zusammenhang mit Prozessen der Selbstunterwerfung, Askese und Distanzierung. Fokus der Analyse Durkheims ist der schulische Erziehungsprozess in seiner sozialen und moralischen Ausbildungsfunktion. Disziplin wird als »das erste Moment der Moralität« (Durkheim 1902/03, 85) beschrieben. Gegenüber der familiären Erziehung erhält die schulische den methodischen Vorzug, da sie im Gegensatz zu jener ›den Respekt vor der Regel‹ anstelle des Respekts vor der konkreten Person auszubilden in der Lage sei. Durkheim unterscheidet an für ihn zentraler Stelle zwischen der freiwilligen Unterwerfung der Disziplin und der bloßen »Dressur« (ebd., 178). Dabei geht es ihm wesentlich um die Legitimität der ›unpersönlichen und abstrakten Regel‹. Max Weber untersucht Disziplin als subjektive Seite der neuzeitlich-okzidentalen Rationalisierung. Sie ist die habituelle Entsprechung rationaler Herrschaft im Sinne bürokratischer Organisation, ihr Urbild das Militär. Der Disziplin im Sinne Webers ist eine entpersonalisierte Einstellung und (analog zu Durkheim) die Unterwerfung unter abstrakte Regeln wesentlich. Historisch begreift Weber insbesondere den Protestantismus als Motor dieser Entwicklung, insofern er einen Geist der ›systematischen Selbstkontrolle‹ verbreitet habe. Norbert Elias analysiert die Disziplin als zentrales Element des Zivilisationsprozesses. Sie wird als ›gesellschaftlicher Zwang zum Selbstzwang‹ beschrieben. Disziplin stellt eine Kontrollapparatur »im Seelenhaushalt des Individuums« dar (Elias 1939, Bd. 2, 329 f.) und korrespondiert mit staatlich sanktionierter Habitualisierung und Triebgestaltung. Zunehmende Affektkontrolle und eine distanzierende Rationalität werden als ihre zentralen Merkmale hervorgehoben.

2.4. Mit der spät- und postmodernen Vernunftkritik wird »Disziplin« zugleich als Grenze und Möglichkeitsbedingung von Subjektivität diskutiert. Sowohl Theodor Adorno und Max Horkheimer als auch Foucault konturieren die bürgerliche Moderne als einen Machtapparat, in dem Freiheit und Subjektivität durch Unfreiheit und Disziplinierung erkauft sind. Die Theorie der Disziplin ist hier ausdrücklich Bestandteil einer Kritik der Moderne. Begriffsgeschichtlich innovativ ist v. a. Foucaults Verständnis von Macht und Disziplin. Anders als für Kant ist Disziplin für Foucault nicht prohibitiv, sondern produktiv. Sie eröffnet praktische (insbesondere wissenspraktische) Möglichkeitsräume.

3.

Die Konzeption der Disziplin lässt sich von ihrer systematischen Kritik nicht trennen. Vorstrukturiert sind diese Ambivalenzen in den marxistischen Debatten um die Parteidisziplin, in denen es explizit um demokratietheoretische Fragen geht (3.1.). Die soziologische Akzentuierung des Zusammenhangs von Moderne und Disziplinierung, die eine Dialektik der Disziplin als Dialektik der Freiheit konturiert (3.2.), erfährt ihre kritische Rekonstruktion in der spätmodernen (3.3.) bzw. postmodernen (3.4.) Vernunftkritik durch Adorno/Horkheimer und Foucault, die eine entscheidende Herausforderung für die moderne Subjekttheorie darstellt.

3.1. Schlüsselmoment einer politik- und demokratietheoretischen Auseinandersetzung über »Disziplin« ist die Debatte, die Lenin und Luxemburg in den Jahren 1903/1904 über Parteidisziplin führen. Lenin setzt darin auf die politischen Lerneffekte der Fabrik- und Kasernendisziplin und stellt das Bewusstsein des Proletariats dem ›kleinbürgerlichen Opportunismus‹ gegenüber. Die proletarische Bewegung wird taktisch auf die zentralistische Partei und die Tugend der Disziplin orientiert. Rosa Luxemburg widerspricht der Vorstellung von einer ›ultrazentralistischen‹ Partei leninschen Typs entschieden. In ihrer Replik auf Lenin entwickelt sie dagegen die Perspektive der Emanzipation gerade aus der Kritik der Fabrik- und Kasernendisziplin. Dabei stellt Luxemburg der »vielarmigen und vielbeinigen Fleischmasse« der Fabrik und dem Kadavergehorsam missverstandener Parteidisziplin strategisch und normativ das Selbstorganisationsvermögen der Produzenten und die »organisierte Rebellion der um Befreiung ringenden Klasse« gegenüber (Luxemburg 1904, 430). Diese Einwände führen ins Zentrum von Luxemburgs institutions- und repräsentationskritischem Demokratieverständnis, das auf die spontane Artikulation proletarischen Widerstands setzt. Ihr zufolge seien die Schlüsselmomente politischen Fortschritts »jedes Mal das spontane Produkt der entfesselten Bewegung selbst« (ebd., 431).

3.2. Die soziologische Analyse von Disziplinierungsprozessen hat seit der klassischen Soziologie eine dialektische Struktur. Emile Durkheim beschreibt Disziplin als eine Grundbedingung bürgerlicher Freiheit, als Voraussetzung einer versachlichten Herrschaft. Ihr gegenüber wird die »Unterwerfung des Menschen unter den Menschen« als »unmoralisch« verworfen (Durkheim 1902/03, 188). Vor dem Hintergrund dieser Unterscheidung wird Freiheit dialektisch als »Frucht der Reglementierung« (ebd., 106) konzipiert – ein subjekttheoretischer Gedanke, die den zentralen Zusammenhang von bürgerlicher Gesellschaft und Disziplinierung auch in der Folge kennzeichnet. Max Weber führt diese Akzentuierung kulturkritisch weiter, wenn er die versachlichte Struktur ›bürokratischer Herrschaft‹ analysiert. Disziplin und Versachlichung erscheinen dabei jedoch nicht so sehr als Möglichkeitsbedingung der Freiheit, sondern eher als ihre Verunmöglichung. Das ›stählerne‹ oder ›stahlharte Gehäuse‹ moderner Arbeitsorganisation und protestantischer Askese bezeichnet insofern bereits bei Weber eine Dialektik der Freiheit, die eng mit dem Begriff der Disziplin verknüpft ist. Diese Ambivalenz findet sich auch bei Elias, insofern der Prozess der Zivilisation eine kontinuierliche Distanzierung von den eigenen Affekten bedeutet.

3.3. Ausdrücklich kehrt diese Ambivalenz in der Kritischen Theorie Adornos und Horkheimers wieder. Sie konzipieren die ›Dialektik der Aufklärung‹ auch als eine Dialektik der Disziplin. Die Entfremdung von der eigenen ›Natur‹, verstanden als vorrationale Impulsstruktur, wird als Preis der versachlichten Moderne kritisiert. Grunddilemma ist die Doppelgestalt der Disziplin als bloße Anpassung sowie als Möglichkeitsbedingung von Subjektivität. Faschistischer Gehorsam und enthemmte Brutalität werden vor diesem Hintergrund als Spielarten einer doppelt fehlgeleiteten Moderne analysiert. Disziplin erscheint im moderne- und gesellschaftskritischen Zusammenhang der Kritischen Theorie zugleich als »Verweigerung des Mittuns am schlechten Bestehenden« sowie, sofern »von Cliquen auferlegt«, als bloße »Anpassung ans Unrecht« (Adorno/Horkheimer 1944/47, 245). Die Dialektik der Disziplin wird insbesondere in der ästhetischen Subjekttheorie Adornos als eine dialektische Struktur reflektiert-rationaler Identität produktiv gemacht, die spontane, impulsive Entäußerung möglich hält.

3.4. Eine zentrale Bedeutung kommt dem Begriff der Disziplin im theoretischen Werk Foucaults zu, wenn er das neuzeitliche Dispositiv der Subjektivität, in Zusammenhang mit der Entstehung der ›Disziplinargesellschaft‹ bringt. Dabei rekonstruiert er das Subjekt etymologisch als Unterworfenes (subiectum) und somit als schlechthin Diszipliniertes. Er setzt die mikrologisch-induktive Analyse der Disziplinierung an die Stelle ihrer theoretischen Deduktion. Der lokale Analysestandpunkt verspricht damit auch methodisch eine ›entdisziplinierende‹ Spontaneität. Foucault unterscheidet Disziplin aufgrund ihrer produktiven Dimension von Souveränität. Disziplin »macht handeln und sprechen« (Foucault 1976, 110f.) und wirkt nicht so sehr über, sondern vielmehr durch die sozialen Atome hindurch. Insgesamt wird »Disziplin« strukturalistisch eher als Verschiebung von Gewaltverhältnissen anstatt als Überwindung ›barbarischen‹ Subjektverhaltens analysiert. Darin ist zugleich eine Kritik an emphatischen Theorien der Moderne und der Idee des Fortschritts enthalten. Trotz der empirischen Plausibilität derartiger Kritik beherbergt sie zugleich eine Aporie, insofern sie eine Metakritik und neutrale Analyse von Unterwerfungsapparaten verunmöglicht. Die Neubestimmung von »Disziplin« findet im Spätwerk Foucaults dann im Zusammenhang lustbesetzter ›Askesis‹ ihren Ausdruck.

4.

Adorno, T. W., 1969, Ästhetische Theorie, Gesammelte Schriften, Bd. 7, Frankfurt/M.: Suhrkamp 1981.
Adorno, T. W./Horkheimer, M., 1944/47, Dialektik der Aufklärung, in: T. W. Adorno, Gesammelte Schriften, Bd. 3, Frankfurt/M.: Suhrkamp 1981.
Bröckling, U., 1997, Disziplin, München: Fink.
Durkheim, E., 1902/03, Erziehung, Moral und Gesellschaft, Frankfurt/M.: Suhrkamp 1984.
Elias, N., 1939, Über den Prozess der Zivilisation, 2 Bde., Frankfurt/M.: Suhrkamp 1969.
Engels, F./Marx, K., 1848, Manifest der kommunistischen Partei, in: MEW, Bd. 4, Berlin: Dietz 1959.
Foucault, M., 1975, Überwachen und Strafen, Frankfurt/M.: Suhrkamp 1976.
Foucault, M., 1976, Der Wille zum Wissen, Frankfurt/M.: Suhrkamp 1983.
Foucault, M., 1984, Der Gebrauch der Lüste, Frankfurt/M.: Suhrkamp 1986.
Kant, I., 1781, Kritik der reinen Vernunft, Hamburg: Meiner 1990.
Kant, I., 1788, Kritik der praktischen Vernunft, Akademie-Textausgabe, Bd. 5, Berlin: de Gruyter 1968.
Lenin, W. I., 1904, Ein Schritt vorwärts, zwei Schritte zurück, in: Ausgewählte Werke, Bd. 1, Berlin: Dietz 1986.
Luxemburg, R., 1904, Organisationsfragen der russischen Sozialdemokratie, in: Gesammelte Werke, Bd. 1.2, Berlin: Dietz 1988.
Luxemburg, R., 1914, Parteidisziplin, in: Gesammelte Werke, Bd. 4, Berlin: Dietz 1988.
Marx, K., 1867, Das Kapital, Bd. 1, MEW, Bd. 23, Berlin: Dietz 1962.
Weber, M., 1904/05, Die protestantische Ethik und der Geist des Kapitalismus, München: Beck 2004.
Weber, M., 1922, Wirtschaft und Gesellschaft, Tübingen: Mohr 1956.

JOHAN FREDERIK HARTLE

Durkheim, Emile (1858–1917)

1.

Durkheim gilt als der Begründer der akademischen Soziologie in Frankreich. Geboren in Epinal, studierte er zunächst in Paris. Nach Studienabschluss und einigen Jahren als Lehrer in der Provinz ging er 1885/86 nach Deutschland, wo er in Berlin und Leipzig bei Gustav Schmoller und Wilhelm Wundt studierte. Zwei Artikel über Deutschland (vgl. Durkheim 1887a, 1887b) verhalfen ihm 1887 zur ersten Professur für Soziologie in Bordeaux. Dort verfasste Durkheim drei seiner Hauptwerke: *Über soziale Arbeitsteilung* (1893), *Die Regeln der soziologischen Methode* (1895) und *Der Selbstmord* (1897); er baute seine »équipe durkheimienne«, eine Art Forscherteam auf und gründete die Zeitschrift *Année sociologique*. 1902 an die Sorbonne berufen, entwickelte er in Paris einen immensen Einfluss und schrieb sein viertes Hauptwerk, *Die elementaren Formen des religiösen Lebens* (1912). 1917 starb Durkheim in Paris.

2.

Durkheim verfolgt mit seinem Werk drei Ziele: (1) Die Etablierung der Soziologie als Disziplin an Frankreichs Universitäten, (2) eine Diagnose der modernen Gesellschaft und (3) die Entwicklung einer modernen Moral, welche die Solidarität der französischen Nation stärken und ihre seit 1789 bestehende Spaltung überwinden sollte. Konsequenterweise ist Durkheims Soziologie als Erfahrungs-, Krisen- und Moralwissenschaft angelegt.

3.

Durkheims *Regeln*, das methodische Manifest der Durkheim-Schule, entfalten, was Soziologie als rationale, positive, historisch-empirisch vergleichende Wissenschaft sein soll. Durkheim (1895, 100) definiert Soziologie als »Wissenschaft von den Institutionen, deren Entstehung und Wirkungsart«. Wer das soziale Leben verstehen will, muss sich um eine Beschreibung, Erklärung und Beurteilung sozialer Phänomene bemühen. Diese Trias macht die Programmatik von Durkheims Soziologie aus. Das zeigt sein Werk über die *Arbeitsteilung*, deren Argumentation drei Schritten folgt: Zunächst analysiert er die Funktionsweise, sodann die Entstehung und schließlich die anormalen Formen der Arbeitsteilung. Arbeitsteilung ist das Strukturprinzip moderner Gesellschaften, das sich nicht nur in der Wirtschaft, sondern in allen Lebensbereichen durchgesetzt hat. Ohne die Formen der Arbeitsteilung näher zu untersuchen, fragt Durkheim nach dem Verhältnis von Differenzierung und Integration einerseits, der Beziehung zwischen Differenzierung und Individualisierung andererseits. Durkheim ist optimistisch, dass die Arbeitsteilung zur Quelle der organischen Solidarität, zur Basis der moralischen Ordnung und zum Katalysator des modernen Individualismus wird.

Die empirische Studie über den *Selbstmord* klingt demgegenüber schon pessimistischer. Durkheim untersucht Selbstmordraten als abhängige Variable von gesellschaftlichen Situationen und Kontexten. Er entwickelt eine ätiologische Typologie, die Egoismus, Altruismus, Anomie und Fatalismus unterscheidet. Diese vier Typen gliedern sich in zwei Gegensatzpaare. Egoismus und Altruismus beziehen sich auf den *Inhalt* von Regeln. Anomie und Fatalismus repräsentieren demgegenüber verschiedene Regel*zustände*: Der gänzlichen Abwesenheit von Regeln im Falle der Anomie entspricht spiegelbildlich die Überreglementierung im Falle des Fatalismus. Wie seine Daten zeigen, befindet sich Frankreich in einer moralischen Krise der Anomie.

Statt genauer die institutionelle Infrastruktur moderner Gesellschaften zu analysieren, wendet sich Durkheim der Struktur und Entwicklung von Wertsystemen zu. Sein Spätwerk befasst sich mit einem großen Projekt – dem Studium des *homo religiosus* wie des *homo intelligibilis*. In einem Zuge versucht Durkheim die Wurzeln unserer religiösen Natur wie unserer Natur als erkennende Wesen freizulegen. *Die elementaren Formen* sind folglich als Religions- und Erkenntnissoziologie konzipiert. Die Infrastruktur der Religion findet er in zwei Elementen: (1) dem Dualismus von heilig und profan sowie (2) Glaubensüberzeugungen und Riten. Sowie wir Denken und Tun unterscheiden, so beziehen sich Glaubensüberzeugungen auf Vorstellungs-, Riten auf Handlungsweisen. Die zentrale These der Studie lautet, dass Religion nichts anderes als die transfigurierte Gesellschaft ist – nicht die profane Gesellschaft unseres alltäglichen Lebens, sondern ihr ideales Gegenstück, ihre Kultur oder Zivilisation. Mit diesem Ansatz glaubt Durkheim, im Totemismus der australischen Ureinwohner die »primitivste« Religion entdeckt zu haben. In der religiösen Erfahrung drückt sich die Tiefendimension des sozialen Lebens aus: das Bedürfnis nach Gemeinschaft, Sinn, Idealisierung und Transzendenz. Schon die »primitivste« Religion enthält folglich eine Kosmologie und Begriffe als kollektive Repräsentationen.

Durkheims Werk hat nicht nur die Soziologie befruchtet, sondern auch die Linguistik (de Saussure), die Geschichtswissenschaft, v.a. die Annales-Schule, die Psychologie von Piaget und Kohlberg wie auch die Anthropologie von Radcliffe-Brown und Malinowski bis zu Mary Douglas.

4.

Durkheim, E., 1887a, La philosophie dans les universités allemandes, in: Revue internationale de l'enseignement 13.

Durkheim, E., 1887b, La science positive de la morale en Allemagne, in: Revue philosophique 24.

Durkheim, E., 1893, Über soziale Arbeitsteilung, Frankfurt/M.: Suhrkamp 1988.

Durkheim, E., 1895, Die Regeln der soziologischen Methode, Neuwied: Luchterhand 1976.

Durkheim, E., 1897, Der Selbstmord, Neuwied: Luchterhand 1973.

Durkheim, E., 1912, Die elementaren Formen des religiösen Lebens, Frankfurt/M.: Suhrkamp 1981.

Durkheim, E., 1950, Physik der Sitten und des Rechts, Frankfurt/M.: Suhrkamp 1991.

Durkheim, E., 1987, Schriften zur Soziologie der Erkenntnis, Frankfurt/M.: Suhrkamp.

Durkheim, E., 1995, Über Deutschland, Konstanz: UVK.

Alexander, J. C. (Hg.), 1988, Durkheimian Sociology, Cambridge: Cambridge University Press.
Aron, R., 1967, Hauptströmungen des soziologischen Denkens, Bd. 2, Köln: Kiepenheuer & Witsch 1971.
Lukes S., 1973, Emile Durkheim, Stanford: Stanford University Press.
Müller, H.-P., 1983, Wertkrise und Gesellschaftsreform. Emile Durkheims Schriften zur Politik, Stuttgart: Enke.
Müller, H.-P., 1999, Emile Durkheim (1858–1917), in: D. Kaesler (Hg.), Klassiker der Soziologie, Bd. 1, München: Beck.
Turner, S. (Hg.), 1993, Emile Durkheim, London: Routledge.

Hans-Peter Müller

Dworkin, Ronald Myles (*1931)

1.

Ronald Dworkin ist unter den zeitgenössischen Rechtstheoretikern zweifellos einer der produktivsten und bekanntesten Autoren. Sein Werk, zum Teil in verschiedene europäische Sprachen sowie ins Japanische und Chinesische übersetzt, umfasst mehrere Monographien, u.a. *Bürgerrechte ernstgenommen* (1977), *A Matter of Principle* (1985), *Law's Empire* (1986), *Die Grenzen des Lebens* (1993), *Freedom's Law* (1996) und *Sovereign Virtue* (2000). Dazu kommt eine große Zahl von wissenschaftlichen Aufsätzen und von Artikeln zu aktuellen Themen der Politik, der Philosophie und des Rechts, von denen die meisten in der *New York Review of Books* erschienen sind.

1931 in Worcester, Massachusetts, geboren, erwarb Dworkin 1953 in Harvard den Grad eines Bachelor of Arts und 1957 den eines Bachelor of Law. 1962–69 war er außerordentlicher Professor an der Yale Law School, 1969 wurde er Professor für Rechtswissenschaften und Fellow des University College in Oxford. Seit 1975 lehrt er an der New York University Rechtswissenschaft und Philosophie.

2.

Dworkin vertritt eine liberale Position in der politischen Philosophie und eine liberale Theorie des Rechts. Diese nimmt moralische Urteile in den Bereich des Rechts auf. Grundlegende Rechtsfragen sind für Dworkin im Kern moralische Prinzipienfragen. Damit wird der Rechtsauffassung des Positivismus widersprochen, wie sie v.a. H. L. A. Hart (1961) vertritt. Das Recht lasse sich nämlich nicht vollständig auf eine Menge von Regeln reduzieren, sondern bestehe in einer Synthese aus Regeln und verbindlichen, aber ver gleichsweise diffusen Grundsätzen (»principles«) oder Zielsetzungen, die sich aus Vorstellungen von Gerechtigkeit und Fairness sowie anderen moralischen Gesichtspunkten zwingend ergeben. Der Unterschied zwischen Regeln des Rechts und Grundsätzen des Rechts ist logischer Natur: Regeln geben, wenn sie anwendbar sind, rechtliche Konsequenzen vor, die automatisch eintreten, wenn bestimmte Bedingungen erfüllt sind, während die eher vagen und interpretationsbedürftigen Grundsätze dies nicht tun. Die Aspekte der Interpretationsbedürftigkeit und der Legitimation der richterlichen Autorität sind insofern für Dworkin integrale Bestandteile der sozialen Rechtspraxis.

3.

3.1. Dworkin vertritt eine dynamische Auffassung vom Prozess der richterlichen Urteilsbildung. Sie stehe im Schnittpunkt zwischen Vergangenheit – der Analyse rechtlicher Präzedenzfälle – und Zukunft. Richter sind sowohl Autoren als auch Kritiker des Rechts (vgl. Dworkin 1986). Dworkin geht so weit, die hermeneutische Tätigkeit des Richters mit der Arbeit an einem gemeinschaftlich verfassten Roman zu vergleichen: So wie der Schriftsteller bei der Niederschrift seines Werks auf die Textgattung und den Zusammenhang seiner Einfälle mit dem Vorhergegangenen achten muss, so ist der Richter an die rechtlichen Präzedenzfälle und an den Gesetzeskodex gebunden. In beiden Fällen verlangt das Vorgegebene eine Interpretation, die entscheidet, welche unter den möglichen Auslegungen die beste ist (vgl. Dworkin 1986, 228ff.).

3.2. Der Nachdruck, mit dem Dworkin auf der hermeneutischen Dimension des Rechts und auf dem regulativen Charakter der Grundsätze besteht, könnte zu der Ansicht verführen, eine gewisse Willkür, ja sogar ein gewisser Relativismus schleiche sich unvermeidlich in die richterlichen Entscheidungen ein, spiegeln doch die Grundsätze moralische Standards wieder, die für eine bestimmte Gesellschaft zu einem bestimmten Zeitpunkt gelten. Dworkin behauptet aber, eine realistische und damit nicht-relativistische Rechtsposition zu vertreten (vgl. Dworkin 1996, 127f.). »Recht« setzt ihm zufolge die Existenz »richtiger« Antworten voraus, die idealerweise von einem »Herkules« herrühren, einem Juristen mit übermenschlicher Fertigkeit, Ausbildung, Geduld und Scharfsinn (Dworkin 1977, Kap. 4). Jener Herkules muss bei jeder konkreten Rechtsfrage zugleich eine kohärente Rechtfertigung und Interpretation für alle Präzedenzfälle des Gewohnheitsrechts sowie für Verfassungsbestimmungen und solche des geschriebenen Rechts liefern. Darin besteht das Ideal einer unterstellten »Integrität des Rechts«. Diese Integrität des Rechts verlangt vom Repräsentanten der Gerechtigkeit, dass er Rechte und Pflichten im Lichte einer kohärenten Konzeption von Gerechtigkeit und Billigkeit interpretiert, im Lichte von moralischen Grundsätzen also, die als Leitideen dienen. Diese Interpretation wird zuweilen vom rigiden Standard früherer Entscheidungen abweichen, strebt sie doch nach Treue zu Prinzipien, die als grundlegender für den Urteilsspruch angesehen werden. So kann z.B. die Bevorzugung einer sozial benachteiligten Gruppe ungeachtet der Verletzung des Gleichbehandlungsgebots moralisch legitim sein, sofern sie einem allgemeinen Interesse dient.

3.3. In diese allgemeine Rechtskonzeption fügen sich die Begriffe »starke Rechte« und »Gerechtigkeit« ein. *Individualrechte* sind für Dworkin wirkungsvolle Instrumente gegen bestimmte Entscheidungen von Regierungen oder Gemeinschaften. Sie gelten als »Trümpfe« gegen utilitaristisch und anderweitig motivierte Abwägungen, die das Allgemeinwohl favorisieren und damit eine Beschneidung der Individualrechte nach sich ziehen (vgl. Dworkin 1977). Das Recht auf gleiche Rücksicht und Achtung bildet das Fundament, von dem Dworkin die besonderen Rechte ableiten möchte, auf die ein jeder in konkreten Zusammenhängen Anspruch hat. Dworkin gilt als einer der Hauptvertreter des politischen Liberalismus, der die Ideale der Freiheit und der Gleichheit in einer umfassenden Gerechtigkeitskonzeption zu vereinigen sucht (vgl. Dworkin 1985, Kap 3; 2000, Teil I).

3.4. Das Gleichheitsideal ist ein Eckstein von Dworkins Denken. In seiner kantischen Fassung – jeder soll mit gleicher Rücksicht und gleichem Respekt behandelt werden – dient es als Maßstab für rechtliche und politische Beschlüsse. Der formale Schutz vor politischen Mehrheitsentscheidungen oder vor Diskriminierungen aufgrund moralisch arbiträrer Kriterien ist jedoch unter Umständen nicht hinreichend für Gleichbehandlung. Die Legitimität einer Regierung wird an der gesetzlichen Ordnung gemessen, die für die Verteilung der gesellschaftlich produzierten Güter verantwortlich ist. Dworkins Egalitarismus ruht auf zwei Pfeilern, die – anders als die gemäß Rawls' institutionalistischem Ansatz universell gewählten sozialen Grundgüter – in individuellen Präferenzen verankert sind. Der erste Grundsatz liefert den Sockel eines deontischen Egalitarismus, der auf dem gleichen Wert menschlichen Lebens und folglich auf dem gleichen Recht eines jeden fußt, ein erfolgreiches Leben zu führen. Der zweite Grundsatz, der aus dem ersten folgt, sucht das Gleichheitsgebot mit dem der individuellen Freiheit zu versöhnen. Dabei liegt der Akzent auf der Autonomie der Individuen und der Verantwortung, die sie angesichts einer Lebensführung übernehmen, zu der sie sich unter nicht von ihnen gewählten, sondern oktroyierten Bedingungen entschieden haben: Obwohl wir alle die gleiche objektive Bedeutung des Erfolgs eines Menschenlebens anerkennen müssen, hat *eine* Person eine besondere und definitive Verantwortung für diesen Erfolg: diejenige Person, um deren Leben es geht (vgl. Dworkin 2000, 5).

4.

Dworkin, R., 1977, Bürgerrechte ernstgenommen, Frankfurt/M.: Suhrkamp 1987.

Dworkin, R., 1985, A Matter of Principle, Oxford: Clarendon Press.

Dworkin, R., 1986, Law's Empire, Cambridge/MA: Harvard University Press.

Dworkin, R., 1993, Die Grenzen des Lebens, Reinbek: Rowohlt 1994.

Dworkin, R., 1996a, Objectivity and Truth, in: Philosophy and Public Affairs, 25.

Dworkin, R., 1996b, Freedom's Law, Cambridge/MA: Harvard University Press.

Dworkin, R., 2000, Sovereign Virtue, Cambridge/MA: Harvard University Press.

Dworkin, R., 2006, Is Democracy Possible Here?, Princeton: Princeton University Press.

Dworkin, R., 2006, Justice in Robes, Cambridge/MA: Harvard University Press.

Bittner, C., 1988, Recht als interpretative Praxis, Berlin: Duncker & Humblot.

Burley, J. (Hg.), 2004, Dworkin and His Critics, Oxford: Blackwell.

Cohen, M. (Hg.), 1984, Ronald Dworkin and Contemporary Jurisprudence, Totowa: Duckworth.

Guest, S., 1991, Ronald Dworkin, Edinburgh: Edinburgh University Press 1997.

Hart, H. L. A., 1961, The Concept of Law, Oxford: Oxford University Press 1994.

Hershovitz, S. (Hg.), 2006, Exploring Law's Empire, Oxford: Oxford University Press.

Ripstein, A. (Hg.), 2007, Ronald Dworkin, Cambridge: Cambridge University Press.

Wesche, D./Zanetti, V. (Hg.), 1999, Dworkin, Brüssel/Paderborn: Ousia/Mentis.

VÉRONIQUE ZANETTI

E

Ehre

1.

Der Begriff »Ehre« weist ein weites Spektrum an Bedeutungen auf, die sich – in unterschiedlichen Epochen der Geschichte geprägt – teils amalgamiert haben, teils kontradiktorische Alternativen bilden. In formaler Hinsicht lässt sich die Struktur des Begriffs als Funktionszusammenhang zwischen personaler Identität, sozialem Status und Gruppenmoral beschreiben.

Das soziale Phänomen »Ehre« umfasst drei Dimensionen: Es geht um Eigenschaften von Menschen, um ihre Position im Verhältnis zueinander und die Bewertung ihrer Lebensform bzw. ihres Verhaltens. Dass »Ehre« sowohl die Selbstachtung einer Person als auch die ihr entgegengebrachte soziale Wertschätzung meint, verweist auf ihre Vergemeinschaftungsfunktion. Als Medium, das die Identität einer Person mit den Normen einer sozialen Gruppe verbindet, kommt ihr in ständisch-vormodernen Gesellschaften eine zentrale Bedeutung zu. Charakteristisch für die Konzeption von Ehre in solchen Gesellschaften, wie sie z.B. für das 20. Jahrhundert im europäischen Raum noch in einigen randständigen Regionen im Mittelmeerraum dokumentiert ist, sind die folgenden Merkmale (vgl. Vogt/Zingerle 1994, 17f.): (i) Ehre wird sowohl aufgrund von statischen, mehr oder weniger vorausgesetzten Eigenschaften zuerkannt als auch durch als »ehrenhaft« gewertete Handlungen des Subjekts erworben. Beispiele für den ersten Fall sind v.a. die familiäre Abstammung und die Zugehörigkeit zu einer bestimmten Statusgruppe. Hierunter fällt auch die geschlechtsspezifisch markierte Ehre von Frauen, die – v.a. in der Wahrung vorehelicher Virginität bestehend – in Gesellschaften, in denen archaische Muster einer um die Verwandtschaftsgruppe zentrierten sozialen Ordnung dominant sind, von herausragender Bedeutung für die Familienehre ist und der Zementierung männlicher Dominanz dient. Die sog. Ehrenmorde an jungen Frauen in türkisch-kurdischen oder arabischen Herkunftsmilieus sind ein Beleg dafür, dass man die Aufrechterhaltung solcher Muster in bestimmten sozialen Gruppen gegen die Normen der zeitgenössischen Mehrheitsgesellschaft gewaltsam durchzusetzen versucht. (ii) Ehre wird durch äußere Attribute konstituiert wie bestimmte Würden, Ansehen oder Insignien. Dem entspricht (iii) ein Selbstwertkonzept, das von der kollektiven Wertung des sozialen Status abhängt.

2.

Diese Konzeption der Ehre hat in Europa mit der Auflösung der ständischen Gesellschaft seit dem 18. Jahrhundert ihre soziale Wirkmächtigkeit verloren. Auf begriffsgeschichtlicher Ebene wird dieser Prozess an neuen Bedeutungen ablesbar, die das Konzept tief greifend verändern. Danach besteht Ehre, die durch innere Qualitäten konstituiert wird, im Wesentlichen in einer Selbstwertauffassung, die in einer universal orientierten Moralität der Person fundiert ist. Ein großer Anteil an dieser Transformation des Ehrbegriffs, die dessen traditionales Verständnis quasi von innen auflöste, kam der europäischen Philosophie zu, in der schon früh eine Kritik an dessen Kernelementen formuliert wurde. War es zuerst das Äußerliche der Ehre, das philosophischer Kritik verfiel, kam später die Ablehnung des dem traditionellen Konzept inhärenten sozialmoralischen Partikularismus hinzu. Die weitgehende Marginalisierung des Ehrbegriffs in den heutigen Gesellschaften des Westens steht am vorläufigen Ende dieses europäischen »Sonderwegs«, dessen Stationen von der Philosophiegeschichte her deutlich sichtbar werden.

2.1. Aristoteles, von dem die erste theoretische Bestimmung des Begriffskomplexes stammt, präzisiert den Begriff (*time*) dahingehend, dass dieser nicht einfach den guten Ruf (*eudoxia*) eines Bürgers meint, sondern die sichtbare Wertschätzung durch die Stadtgemeinschaft. Gegen die zeitgenössische Auffassung von Ehre als höchstem Gut macht Aristoteles geltend, dass sie nur ein zweitrangiges Gut darstelle, weil sie richtig verstanden nicht auf der Zuschreibung von außen, dem Faktum des äußeren Geehrtwerdens, beruhe, sondern auf einer persönlichen Qualität, für die man soziale Wertschätzung verdient (vgl. EN I 3, 1095b 23–30). Diese normative Perspektive, die von einer Übereinstimmung zwischen gesellschaftlicher Anerkennung und ethischer Vortrefflichkeit (*arete*) ausgeht, wird zu Beginn der Neuzeit bei Hobbes ersetzt durch eine rein empirisch-soziologische Analyse, nach der Ehre nur die Manifestation der sozialen Wertschätzung ist, die ein Mensch in der Gesellschaft genießt. Da der »Wert« eines Menschen Hobbes' Auffassung zufolge identisch mit dem Preis sei, »den man für die Benützung seiner Macht bezahlen würde«, musste er den Ehrbegriff von moralischen Konnotationen völlig abtrennen (vgl. Hobbes 1651, 67f., 71). Diesen Weg schlug auch Kant ein. Da das Streben nach sozialer Wertschätzung dem Bereich des Begehrens und der Affekte angehört, verfehlt es von vornherein Kants Kriterium für Moralität. Im besten Fall, wenn die »Neigung nach Ehre« zufälligerweise auf das ziele, »was in der Tat gemeinnützig und pflichtgemäß, mithin ehrenwert ist«, verdiene sie »Lob und Aufmunterung«, aber nicht moralische Hochschätzung (vgl. Kant 1785, 398). Mit seinem Begriff der *Würde* hat Kant den zentralen Gegenentwurf zur *Ehre* formuliert und damit zugleich die Transformation des Ehrkonzepts maßgeblich befördert (vgl. ebd., 432). In diametralem Gegensatz zu der von gesellschaftlichen Konventionen abhängigen *Ehre* gründet *Würde* in der moralischen Autonomie des Subjekts (vgl. Fellsches 1990, 629).

2.2. Eine moralische Rehabilitation des Ehrkonzepts nimmt der Anerkennungstheoretiker Fichte vor; seine Auffassung von Ehre beruht zwar auf dem kantischen Verständnis von Moralität, hebt aber auf deren soziale Konstituierung und Funktion ab. Es ist unsere gegenseitige Anerkennung als moralische Wesen, die personale Ehre konstituiert, sie soll im sozialen Miteinander für jeden von jedem vorausgesetzt werden, bis im Einzelfall »das Gegentheil erwiesen ist« (Fichte 1798, 312).

Fichtes Ansatz wird von Schopenhauer übernommen, der zugleich Hobbes' soziale Funktionsanalyse des Begriffs fortführt und vertieft, indem er das Streben nach sozialer Wertschätzung anthropologisch begründet. Da der Mensch essentiell auf Gemeinschaft angewiesen ist – »für sich allein vermag [er] gar wenig und ist ein verlassener Robinson« –, muss es ihm darum gehen, »für ein taugliches Mitglied der menschlichen Gesellschaft zu gelten«. Es ist daher der soziale Nutzen, der Ehre wertvoll macht und gerade nicht ein ihr innewohnendes intrinsisches Gut (vgl. Schopenhauer 1850, 395f., 389, 399).

Wie für Fichte besteht auch für Schopenhauer *bürgerliche Ehre* »in der Voraussetzung, daß wir die Rechte eines Jeden unbedingt achten und daher uns nie ungerechter, oder gesetzlich unerlaubter Mittel zu unserm Vortheile bedienen werden« (ebd., 397). Sie ist also bezogen auf die Einhaltung bestimmter moralischer Normen, welche die Gesellschaft von allen Mitgliedern ohne Unterschied des Standes erwartet. Dagegen ist die von Schopenhauer als primitiv und unmoralisch kritisierte *ritterliche Ehre* mit ihrem Duellzwang beschränkt auf die borniert-partikularen Wertvorstellungen »einer äußerst kleinen Fraktion der Bevölkerung«. Den sozialhistorischen Kontext dieser Kritik bildet die Reetablierung eines Ehrbegriffs im 19. Jahrhundert, der die soziale Exklusivität von Adel und Offizierscorps in einer nicht mehr ständisch gegliederten Gesellschaft konservierte. Schopenhauers Ausführungen zur Ehre reflektieren die lebensweltliche Verankerung des Phänomens in einer Epoche, in der Ehre als Verhaltenscode, obschon seit dem Ende des Ancien Régime bereits erheblich depotenziert, durchaus noch prägende Kraft hatte (vgl. Frevert 1991, 22f.).

3.

Die Marginalisierung des Ehrkonzepts im 20. Jahrhundert lässt sich systematisch am besten verfolgen im Ausgang von der 1908 publizierten Analyse Georg Simmels. Der Mitbegründer der modernen Soziologie verortet die »Normierungsart« Ehre zwischen der Innerlichkeit der Moralität und der körperlichen Gewalt des Rechts. Auf dieser Grundlage erklärt sich der nahezu vollständige Bedeutungsverlust von Ehre in den westlichen Gesellschaften als Resultat eines Differenzierungsprozesses: Aus Ehre als einem »kompakten Amalgam« von sozialmoralischen Einstellungen und institutionellen Regelungen hat sich »auf der einen Seite das Rechtssystem und auf der anderen Seite subjektive Moralität (›Sittlichkeit‹) differenziert« (Vogt/Zingerle 1994, 23). Zugleich wurden die an gesellschaftliche Positionen geknüpften Aspekte der Standes-Ehre als Sozialprestige normativ neutralisiert.

»Restbestände« der Ehre-Semantik jenseits der juridisch definierten Beleidigungstatbestände finden sich v.a. in Ehrentiteln und öffentlichen Ehrungen, im Ehrenamt sowie in Kollektivverwendungen wie nationaler Ehre (vgl. Forschner/Bohnert 1986). Allerdings gibt es in den zunehmend multiethnischen westlichen Gesellschaften Bevölkerungsgruppen, die sich an archaischen Ehrkonzepten ihrer Herkunftsländer orientieren. Für die Mehrheitsgesellschaft dagegen ist unzweifelhaft, dass Ehre weder für die Identität der Individuen noch für die soziale Kohärenz als notwendig betrachtet wird.

Die Frage, ob in der postmodernen Gesellschaft die Orientierung an Ehre eine neue Bedeutung gewinnen kann, stellt sich philosophisch im Ausgang von der Herausforderung des Kommunitarismus, der die Verankerung der Moral in einer vorgängigen gemeinschaftlichen Wertebindung betont (vgl. MacIntyre 1981; ders. 1984). Von sozialwissenschaftlicher Seite wird diese Frage im Zusammenhang mit den Debatten über Zivilgesellschaft und republikanische Ethik, Gemeinwohl und Gemeinsinn thematisch (vgl. Münkler 2002). Auch wenn dabei weitgehend ein Konsens darüber herrscht, dass es »in pluralistischen Demokratien keine substantialistische Gemeinwohldefinition mehr geben kann«, zeigen Attraktivität und Verwendung von Gemeinwohlrhetoriken in der Öffentlichkeit, dass diese jenseits ihrer strategischen Instrumentalisierung Relevanz haben für die sozialmoralische Orientierung der Akteure (vgl. Münkler/Fischer 2002, 9, 13). Es gibt in der Gesellschaft ein Bewusstsein für verallgemeinerungsfähige Normen und Interessen, das sich in ganz unterschiedlicher Art und Weise manifestiert, negativ in der Empörung über deren Missachtung, affirmativ z.B. in der ehrenamtlichen Praxis bürgerschaftlichen Engagements. Da der Gemeinsinn als individuelle Bereitschaft zum gemeinwohlorientierten Handeln eine zentrale sozio-moralische Ressource darstellt, ergibt sich daraus die Forderung, die gesellschaftlichen und politischen Rahmenbedingungen auf ihre Unterstützungswirkung für die Bildung von Gemeinsinn zu überprüfen (vgl. ebd., 10). Die Überlegungen über mögliche neue Formen einer Orientierung an Ehre – der sozialen Anerkennung von Bürgertugenden – könnten dazu führen, dass unsere Vorstellung von einem moralisch guten Menschen wieder stärker auch die eines guten Bürgers bzw. einer guten Bürgerin umfasst, ohne dass allerdings die Konzeption des moralisch Guten mit der des Gemeinwohls zusammenfallen kann, da dieses bezogen auf eine konkret-partikulare Gemeinschaft nicht universalisierbar ist.

4.

Fellsches, J., 1990, Ehre, in: H. J. Sandkühler (Hg.), Europäische Enzyklopädie zu Philosophie und Wissenschaften, Bd. 1, Hamburg: Meiner.

Fichte, J. G., 1798, Das System der Sittenlehre, Sämtliche Werke, Bd. 4, Berlin: de Gruyter 1971.

Forschner, M./Bohnert, J., 1986, Ehre, Ehrenschutz, in: Staatslexikon, Freiburg: Herder.

Frevert, U., 1991, Ehrenmänner, München: Beck.

Hobbes, T., 1651, Leviathan, Frankfurt/M.: Suhrkamp 1984.

Kant, I., 1785, Grundlegung zur Metaphysik der Sitten, in: Akademie-Ausgabe, Bd. 4, Berlin: de Gruyter 1968.

MacIntyre, A., 1981, Der Verlust der Tugend, Frankfurt/M.: Suhrkamp 1997.

MacIntyre, A., 1984, Ist Patriotismus eine Tugend?, in: A. Honneth (Hg.), Kommunitarismus, Frankfurt/M.: Campus 1993.

Münkler, H., 2002, Die Bürgergesellschaft – Kampfbegriff oder Friedensformel?, in: Vorgänge 41.

Münkler, H./Fischer, K., 2002, Rhetoriken des Gemeinwohls und Probleme des Gemeinsinns, in: H. Münkler/H. Bluhm (Hg.), Gemeinwohl und Gemeinsinn, Berlin: Akademie.

Reiner, H., 1972, Ehre, in: J. Ritter/K. Gründer/ G. Gabriel (Hg.), Historisches Wörterbuch der Philosophie, Bd. 2, Darmstadt: WBG.

Schopenhauer, A., 1850, Parerga und Paralipomena, Bd. I/2, Zürich: Diogenes 1977.

Simmel, G., 1908, Soziologie, Frankfurt/M.: Suhrkamp 1992.

Vogt, L./Zingerle, A., 1994, Einleitung, in: dies. (Hg.), Ehre, Frankfurt/M.: Suhrkamp.

Ursula Baumann

Eigentum

1.

Eigentum gilt heute als das umfassendste Besitz-, Verfügungs- und Nutzungsrecht über materielle und auch immaterielle »Sachen«. Es gab in der Geschichte auch Epochen, die ein Eigentumsrecht an Personen (Sklaverei, Knechtschaft, Frondienste) kannten; dieses gibt es jedoch in demokratischen Rechtsstaaten nicht. Der Eigentümer kann über sein Eigentum beliebig verfügen, allerdings nur innerhalb der Spielräume der Rechtsordnung. Entsprechend lautet Art. 14 (1) des deutschen Grundgesetzes (GG): »Das Eigentum und das Erbrecht werden gewährleistet. Inhalt und Schranken werden durch die Gesetze bestimmt.«

Einschränkungen der Verfügungsmacht über das Eigentum, werden in demokratischen Rechtsstaaten jedoch nicht willkürlich vorgenommen. Eigentumsrechte sollen so eingeschränkt werden, dass der Gebrauch des Eigentums möglichst nicht nur das Wohl des Eigentümers mehrt, sondern auch das Dritter. Entsprechend schränkt Art. 14 (2) GG den Gebrauch des Eigentums wie folgt ein: »Eigentum verpflichtet. Sein Gebrauch soll zugleich dem Wohle der Allgemeinheit dienen.« Dies ist die Sozialpflichtigkeit des Eigentums. Damit der Staat tatsächlich die Eigentumsrechte nur in diesem Sinn einschränkt und privates Eigentum nicht beliebig umverteilt, legt Art. 14 (3) GG fest: »Eine Enteignung ist nur zum Wohle der Allgemeinheit zulässig. Sie darf nur durch Gesetz oder auf Grund eines Gesetzes erfolgen, das Art und Ausmaß der Entschädigung regelt.« Eine solche Festlegung in dem Grundrechtskatalog des Grundgesetzes ist v.a. deshalb ein wirksamer Schutz für das private Eigentum, weil Art. 14 GG ein Abwehrrecht gegen beliebige Formen der Enteignung darstellt; auf dieser Basis können Private gegen staatliche Einschränkungen der Eigentumsrechte klagen.

Damit lässt sich festhalten, dass privates Eigentum heute in demokratischen Rechtsstaaten gewährt und der Gebrauch des Eigentums gleichzeitig eingeschränkt wird. Ziel ist es hierbei, die rechtliche Nutzung des Eigentums so zu gestalten, dass möglichst viele Menschen davon profitieren. Die Eigentumsrechte sollen derart gestaltet sein, dass das Gemeinwohl gefördert wird.

2.

Bereits Hegel erkannte die Verbindung von Recht, Freiheit und Eigentum. Individuen können sich nur dann verwirklichen, wenn sie das Recht haben, sich Sachen anzueignen. Es muss grundsätzlich ein absolutes Zueignungsrecht des Menschen auf alle Sachen bestehen. Eigentum ist für Hegel eine Sphäre der Freiheit, eine zentrale Voraussetzung, damit die Menschen ihre Lebensplanungen erfolgreich gestalten können. Marx hingegen stellt v.a. unerwünschte Zwänge für die Lohnarbeiter heraus, die aus einer ungezügelten Gewährung des Privateigentums resultieren: In einer freiheitlichen, auf Privateigentum basierenden Gesellschaftsordnung können Lohnarbeiter nicht leben, ohne ihre Arbeitskraft an das Kapital zu verkaufen. In ihrer Arbeitszeit müssen sie tun, was ihnen ihre Kapitalherren »diktieren«. Aber auch die Kapitaleigner sind nicht freier, sondern unfreier durch das Privateigentum geworden; denn sie sind der »Gewalt« des Profits unterworfen. Marx sieht also in der zügellos gewährten Eigentumsfreiheit eine Gefahr für die Menschen (vgl. Marx/Engels 1845/56, 76). Recht, Freiheit und Eigentum müssen also immer zusammen betrachtet werden.

Das Recht gewährt und schützt nicht nur das Eigentum, sondern schränkt auch die Verwendungsmöglichkeiten des Eigentums ein (so etwa das Nachbarschaftsrecht oder feuerpolizeiliche Vorschriften). Ohne rechtliche Vorschriften (Regulierung) ist das Eigentum vergleichsweise wenig wert. In einem rechtlosen Zustand (Anarchie) muss der Eigentümer ständig damit rechnen, dass ihm sein Eigentum entwendet wird. In einem solchen Zustand sind die faktischen Nutzungsmöglichkeiten des Eigentums stark eingeschränkt, was v.a. Investitionen in Produktionsmittel beeinträchtigt. Nur wenige produktive Tauschakte erscheinen lohnend. Das bedeutet aber nichts anderes, als dass die Gewährung maximaler schrankenloser Freiheit dazu führt, dass das Eigentum an Wert verliert. Die Kosten, die man aufwenden muss, um sein Hab und Gut zu schützen, sind extrem hoch und die Verwendungsmöglichkeiten des Eigentums extrem gering. Maximale Freiheit schränkt mithin den Wert des Eigentums ein. Dies hat bereits Thomas Hobbes in seinem *Leviathan* (1651) deutlich gemacht.

Erst die Einschränkung der Freiheit durch das Recht macht Eigentum wertvoll (vgl. Hayek 1991, Kap. 1; Buchanan 1975). Solche produktiven Beschränkungen der individuellen Freiheit und damit auch des Gebrauchs des Eigentums sind heute v.a. aus dem Privat- und Strafrecht geläufig. Erst eine glaubwürdige Rechtsgrundlage garantiert gesicherte Freiräume und damit Spielräume, das Eigentum frei nach eigener Planung zu verwenden. Diese rechtlich abgegrenzten Spielräume legen fest, welche Art von Gebrauch des Eigentums erlaubt ist und welche nicht. Damit werden Art und Umfang der Nutzung (usus), der Veränderung (abusus) einschließlich der Veräußerung und des Erwerbs sowie des Rechts auf Aneignung der Erträge und Verluste (usus fructus) aus der Nutzung des Eigentums festgelegt. In vielen Rechtsstaaten (z.B. in allen entwickelten Industrieländern) ist Eigentum zudem stets zertifiziertes Eigentum, was bedeutet, dass es beliehen und verpfändet werden kann. Es dient als Sicherheit für Kredite. Auf diese Weise lässt sich durch Eigentum Liquidität (be)schaffen, ohne dass die unmittelbaren Nutzungsrechte des Eigentums eingeschränkt werden (vgl. Heinsohn/Steiger 2006). Diese Verfügungsrechte bestimmen den Wert des Eigentums, auch Eigentumsprämie genannt.

Um den Schutz Dritter zu gewährleisten, muss der Grundsatz gelten: ›Wer sich aus dem Gebrauch des Eigentums Erträge aneignen darf, muss auch bei Missbrauch haften.‹ Das Haftungsrecht soll für einen rücksichtsvollen Umgang mit Eigentum sorgen. Wer den Pflichten, die mit dem Eigentum verbunden sind, nicht nachkommt und Dritte schädigt, soll sanktioniert werden – z.B. durch einen rechtlich festgelegten Schadensersatz.

Viele Beispiele belegen, wie schwierig die richtige Spezifizierung von Eigentumsrechten ist. Gibt man dem Eigentümer zu viele Freiheitsrechte, kann es zu Schädigungen für andere Individuen kommen. So können weitgehende Freiheiten für Wohneigentümer dafür sorgen, dass Mieter wenig Planungssicherheit haben, weil sie den Willkürhandlungen der Vermieter ausgesetzt sind. Auf der anderen Seite können aber auch andere Individuen geschädigt werden, wenn die Eigentumsrechte zu stark beschnitten sind. Eine starke Beschneidung der Rechte der Wohneigentümer beispielsweise wird Investitionen in Wohneigentum relativ unattraktiv machen. Als Folge steigen die Immobilienpreise und Mieten, so dass wiederum die Mieter Leidtragende sind. Es ist also oftmals ein schwieriges Unterfangen, das richtige Maß an Freiheit zur Nutzung des Eigentums rechtlich festzulegen. Regeln in Form von Eigentums- oder Verfügungsrechten (property rights) schränken also auf der einen Seite individuelles Handeln ein, aber sie geben den Individuen auf der anderen Seite dadurch erst die Möglichkeit, zu planen, zu kalkulieren, zu investieren und in arbeitsteilige Tauschprozesse einzutreten.

3.

3.1. Unzureichende Verfügungsrechte sind oftmals die Quelle externer Effekte. Externe Effekte in Form von Schädigungen Dritter entstehen, weil bestimmte Kostenkategorien von den Verursachern nicht berücksichtigt werden. Dies ergibt sich, weil diese Kosten nicht von der Rechts- und Marktordnung erfasst werden. So können bestimmte Produktionsverfahren durch Abgase, Abwasser oder allein durch Lautstärke Gesundheitsschäden bei Dritten hervorrufen. Die Eigentümer bzw. Unternehmen nehmen diese Schädigungen in Kauf, weil sie andere Ziele, wie die Mehrung des Unternehmensgewinns, verfolgen und für derartige Schädigungen nicht haftbar gemacht werden können, sofern die Rechtsstruktur entsprechende Lücken aufweist. Man könnte daher folgern, dass es eine Staatsaufgabe ist, die Eigentumsrechte so festzulegen, dass der physische Verursacher einer Externalität derartige Missbräuche unterlässt. In diesem Zusammenhang hat der Ökonom Ronald Coase (1960) jedoch darauf hingewiesen, dass ein solcher Schluss voreilig ist. Man muss das Problem differenzierter betrachten.

Zu einem Externalitätenproblem gehören stets mindestens zwei Akteure: der physische Verursacher der negativen Externalität und der Geschädigte. Ohne den Verursacher würde es die Externalität nicht geben, aber auch ohne die Existenz des Geschädigten gäbe es sie nicht. So möchte ein Geschädigter, der in der Nähe einer Fabrik wohnt, saubere Luft zum Atmen haben, während die Fabrik die Luft zum Ablagern der Emissionen nutzen will. Es geht also bei Externalitätenproblemen um Anspruchsrivalitäten bezüglich knapper Ressourcen oder Güter. Macht man sich diese Einsicht volkswirtschaftlich zunutze, so muss man sich bei Externalitätenproblemen immer fragen: Was ist volkswirtschaftlich kostengünstiger, die physischen Verursacher zur Eindämmung der Externalitäten zu bewegen oder die Geschädigten dazu zu bewegen, der Externalität auszuweichen (z.B. durch Umsiedlung)?

Nach Coase sind alle an einem Externalitätenproblem beteiligten Akteure ökonomisch gesehen Verursacher der Externalität. Aber diese Erkenntnis allein löst noch nicht das Folgeproblem, welche rechtliche Regelung (welche Spezifizierung der Verfügungsrechte) das Gemeinwohl langfristig am stärksten fördert. Um eine tragfähige Antwort bzw. Lösung zu finden, müssen alle Kosten und Nutzen alternativer Rechtsstrukturen miteinander verglichen werden, um dann diejenige zu wählen, die für das Gemeinwohl mittel- bis langfristig am günstigsten erscheint. Dies ist in unserer dynamischen Welt eine schwierige, niemals endende staatliche Daueraufgabe.

Beispiele hierfür finden sich v.a. im Bereich der Umweltpolitik, insbesondere im Bereich der Vermeidung des Treibgases CO_2 (Kohlendioxid), das an erster Stelle für eine unerwünschte Temperaturerwärmung und Klimaveränderung verantwortlich gemacht wird. Hier wird auf deutscher, europäischer und internationaler Ebene an der Errichtung eines Systems handelbarer Verschmutzungsrechte zur kostengünstigen Einschränkung von CO_2-Emissionen gearbeitet.

3.2. Geistiges Eigentum (engl. intellectual property rights) ist kein Eigentum an einer materiellen Sache, sondern an einem immateriellen Gut (vgl. Wadle 2003). So ist Gegenstand des Patentrechts eine Erfindung, Gegenstand des Markenrechts ein Kennzeichen und Gegenstand des Urheberrechts ein Werk. Diese Güter werden auch dann nicht zu materiellen Gegenständen, wenn sie in einer Sache verkörpert sind (z.B. auf einem Datenträger gespeichert). Aufgrund dieses Unterschieds zu dem Eigentum an körperlichen Gegenständen wird innerhalb der Jurisprudenz gestritten, ob der Begriff »Geistiges Eigentum« überhaupt zweckmäßig sei. So spricht das Bürgerliche Gesetzbuch in Deutschland auch nur von einem Eigentumsrecht an Sachen in Form körperlicher Gegenstände (vgl. § 90 BGB). Zudem sind Rechte an immateriellen Gütern oft auch anders ausgestaltet als Eigentumsrechte an körperlichen Gegenständen, etwa durch die zeitliche Befristung von Patent- und Urheberrechten.

Trotz dieser Unterschiede scheint es dennoch gerechtfertigt, den Eigentumsbegriff auf geistiges Eigentum auszudehnen. Die Gemeinsamkeiten zwischen dem Recht an materiellen Dingen und dem Recht an Immaterialgütern fallen stärker ins Gewicht als die Unterschiede. So geht es in beiden Fällen um Entitäten, die Personen mit einem Ausschließlichkeitscharakter zugewiesen sind. Und aus einer solchen Zuweisung folgen immer Abwehrrechte, Dispositions- und Benutzungsbefugnisse. Diese werden beim Material- wie Immaterialgüterrecht durch die Schranken des Gesetzes und damit letztlich der Verfassung begrenzt, um das Allgemeininteresse der Nutzung des geistigen Eigentums wie Sacheigentums zu wahren.

Damit geistige Eigentumsrechte ihre erwünschte produktive Wirkung entfalten, nämlich Individuen dazu bewegen, in neue Ideen zu investieren, reicht es oft nicht, wenn diese Immaterialgüter in einem einzelnen Land anerkannt werden. Zumeist ist die weltweite Anerkennung notwendig. Erste Vereinheitlichungen durch internationale Abkommen reichen bis ins 19. Jahrhundert zurück. Im Jahr 1883 wurde die Pariser Verbandsübereinkunft zum Schutz des gewerblichen Eigentums (PVÜ) geschlossen, 1886 folgte die (nachfolgend oft revidierte) Berner Übereinkunft zum Schutz von Werken der Literatur und Kunst ((R)BÜ). Als Dachorganisation für geistiges Eigentum wurde im Jahr 1967 die World Intellectual Property Organization (WIPO) gegründet, und das TRIPS-Abkommen (engl. Agreement on Trade-Related Aspects of Intellectual Property Rights) wurde zum Allgemeinen Zoll- und Handelsabkommen (GATT) am Ende der Uruguay-Runde 1994 hinzugefügt.

Trotz dieser Abkommen gestaltet sich die internationale Anerkennung und v.a. Durchsetzung geistigen Eigentums nicht selten schwierig. Vielfältige Beispiele lassen sich hierfür anführen: So laden viele Konsumenten selbst in den entwickelten Staaten verbotenerweise (Verstoß gegen das Urheberrecht) Musikdateien über sog. Tauschbörsen aus dem Internet herunter. In vielen Schwellenländern werden Markenrechte nicht beachtet und die Märkte mit Imitaten nahezu überschwemmt. Darüber hinaus gibt es bei der Spezifizierung des geistigen Eigentums viele offene Fragen, die intensiv aus ethischer, ökonomischer und rechtlicher Sicht diskutiert werden. Zu nennen sind in diesem Zusammenhang die Patentierung lebenswichtiger Medikamente (AIDS-Medikamente) oder auch die Frage der Patentierung von Software. An Lösungen für diese Probleme wird – das liegt in der Natur der Sache – staatsübergreifend gearbeitet.

3.3. Eigentumsrechtliche Konzepte sind immer auch in gesellschaftstheoretische Entwürfe eingebettet. Nach traditioneller, liberaler Sicht ist jeder Mensch von Natur aus Eigentümer seiner selbst. Er tritt als Selbstbesitzer seines eigenen Körpers in die Welt, und unter Gebrauch seines Körpers kann er sich andere physische Dinge aneignen. So hat er insbesondere das Recht, herrenlose Dinge in seinen Besitz zu bringen, indem er als erster »seine Arbeit mit ihnen mischt« (Locke). Weiterhin soll jeder Mensch das Recht haben, das

Eigentum anderer Menschen zu erwerben, indem er es gegen Teile seines Eigentums tauscht. Ferner soll ihm das Recht zustehen, sein Eigentum zu verändern, um es in einen für ihn wertvolleren Zustand zu bringen. Rechtmäßiges Handeln ist nach liberaler Auffassung dadurch definiert, dass es das Eigentum anderer Menschen respektiert. Die Verletzung des Eigentums anderer wird stets als Unrecht angesehen und ist zu ahnden. Nach John Locke (1690, Buch II, Kap. 2) sind die Rechte auf Leben und Freiheit unmittelbar mit dem Menschen verbunden, damit dieser sich gemäß seiner Vernunft entwickeln kann. Das Recht auf Eigentum an einer Sache erwirbt der Mensch dadurch, dass er seine Arbeit mit den Ressourcen und Gütern der Natur verbindet und dadurch einen Anspruch auf das fertig gestellte Gut erwirbt. Aus Sicht dieser naturrechtlichen Position ist somit jeder Mensch ein Eigentümer an seinem Geist und Körper und kann sich unter Gebrauch seines Geistes und Körpers andere Dinge rechtmäßig aneignen. Die Naturrechtslehre postuliert die Existenz und Geltung von Rechten – auch des Eigentumsrechts –, die dem geschriebenen, also dem positiven Recht, vorgehen und im Konfliktfall diesem übergeordnet sind. Den Naturrechten wird eine überzeitliche, von besonderen historischen Umständen unabhängige Geltung zugeschrieben. Vorraussetzung hierfür ist, dass es vernünftige, moralische Prinzipien gibt, die entweder durch ein höheres Wesen (Gott) vorgegeben werden oder im Wesen der Natur selbst liegen. Die ideengeschichtlichen Ursprünge des Naturrechts lassen sich bis in die griechische Antike zurückverfolgen. Der Naturrechtsgedanke tauchte schon beim griechischen Philosophen Aristoteles auf und wurde später von der philosophischen Schule der Stoa aufgenommen. Weitere bekannte Vertreter der Naturrechtslehre, die sich v.a. auch mit dem Eigentum als Naturrecht beschäftigten, sind der bereits erwähnte John Locke sowie v.a. Libertäre (Radikal-Liberale) wie Robert Nozick, Murray Rothbard oder Hans-Hermann Hoppe.

Der Rechtspositivismus stellt die Gegenposition zum Naturrecht dar: Als wissenschaftliche Methode erschien er im 19. Jahrhundert in Form der Begriffsjurisprudenz, Ende des 19. Jahrhunderts entwickelt er sich zu einem Gesetzespositivismus: Dieser erkennt nur das geschriebene Recht (die positive Setzung des Rechts) als gültige Rechtsquelle an. Eigentumsrechte sind demnach nur als schriftlich fixierte, von Staats wegen anerkannte Rechte gültig und legitim. Bekannte Vertreter des Rechtspositivismus sind John Austin (1790–1859) als Vorreiter sowie Hans Kelsen, Georg Jellinek, Felix Somlo u.a.

Einer der schärfsten Kritiker des Rechtspositivismus ist der Liberale Friedrich August von Hayek. Nach Hayek (1991) hängt, was rechtens bzw. nicht rechtens ist, nicht von willkürlicher Setzung des Rechts durch den Staat ab. Vielmehr hätten sich die allgemeinen Regeln gerechten Verhaltens, zu denen auch die Gewährung des Eigentums zählt, in einem evolutorischen Prozess – oft als nichtintendierte Resultate menschlichen Handelns – entwickelt. Solche Regeln sollen als allgemeine Schranken auch von Seiten des Staates geachtet werden, weil sich über Jahrhunderte gezeigt hat, dass sie unterschiedlichen Menschen (nicht nur ökonomische) Vorteile bringen.

Eine weitere liberale Denkrichtung, die die Eigentumsrechte zu den Grundpfeilern einer freiheitlichen und menschenwürdigen Ordnung zählt, ist der Konsequentialismus. Hier werden Eigentums- bzw. allgemein Verfügungsrechte streng nach den (zu erwartenden) Folgen beurteilt. Die konsequentialistische, funktionale Begründung der Eigentumsrechte geht v.a. auf Adam Smith zurück. Smith (1776, insb. 1. Buch, 10. Kap.) legt in seinem Werk *Der Wohlstand der Nationen* dar, wie in einer auf privaten Eigentumsrechten basierenden Wirtschaftsordnung das einzelwirtschaftliche Agieren der Individuen zu einer Wohlstandsmehrung für alle führt, und zwar als unintendiertes Resultat menschlichen Handelns. Die Etablierung privater Eigentumsrechte sorgt in Verbindung mit Wettbewerb, d.h. eines marktwirtschaftlichen Systems freier Preise, dafür, dass die

Menschen ihr Wohlstandsstreben in den Dienst der Allgemeinheit stellen. Erfolgreiche Produzenten verdienen ihr Geld nur, indem sie in einem hohen Maße die Wünsche der Konsumenten erfüllen. Der auf diese Weise geschaffene Wohlstand ist nicht von der Gutmütigkeit einzelner Menschen abhängig, sondern beruht auf dem Anreizsystem, dass durch Privateigentum, Markt und Wettbewerb etabliert wird.

Das Privateigentum ist in der Sozialen Marktwirtschaft die zentrale Voraussetzung des Wohlstands. Es ist nicht nur eine Einkommensquelle und schafft materielle Sicherheit für die Eigentümer. Es generiert in Verbindung mit Wettbewerb auch Anreize, stets nach neuen Möglichkeiten einer besseren Verwendung zu suchen. Auf diese Weise werden vergleichsweise wenige Ressourcen verschwendet und Investitionen getätigt, die den Wohlstand mehren. Hayek erweitert diesen Gedanken von Smith, indem er herausstellt, dass ein eigentumsbasiertes, marktwirtschaftliches System über den Wettbewerbsprozess mehr Wissen produziert, als ein einzelner Geist (Mensch) jemals hervorbringen könnte.

3.4. Kritiker einer eigentumsbasierten Ordnung und damit des Privateigentums können danach unterschieden werden, ob sie eine solche Ordnung radikal ablehnen oder ob sie Auswüchsen einer eigentumsbasierten Wirtschaft deutliche Grenzen setzen wollen. Erstere sind der kommunistisch-sozialistischen Tradition von Karl Marx zuzuordnen.

Marxisten lehnen eine eigentumsbasierte Ordnung ab, weil ihrer Meinung nach die Menschen zu Sklaven der Effizienz werden. Die Selbstverwirklichung bleibe ebenso auf der Strecke wie die Gerechtigkeit, denn die mächtigen Kapitalisten beherrschen das Wirtschaftsgeschehen und beuten die Lohnarbeiter aus. Glück und Selbstverwirklichung finden allerdings auch die vom Wettbewerb getriebenen Kapitalisten nicht. Als Alternative zur eigentumsbasierten Marktwirtschaft wird eine geplante Zuteilung von Waren und Dienstleistungen vorgeschlagen, die letztlich zu mehr Gerechtigkeit und materieller Gleichheit führen soll.

Weniger radikale Kritiker möchten zur Erlangung eines stärkeren sozialen Ausgleichs die Eigentums- bzw. Verfügungsrechte beschneiden. So soll z. B. der freie internationale Kapitalverkehr stärker besteuert werden, um spekulative Krisen abzumildern. Auch kritisieren sie weitgehende Privatisierungen bei sog. öffentlichen Gütern (Post, Telekommunikation, Strom, Gesundheitssektor, Wasser, Autobahnen etc.). Denn dies führe letztlich zu mächtigen privaten Unternehmen, die die Bürger ausbeuten und einen großen Einfluss (Lobbying) auf den Staat (die Politik) ausüben.

Die Frage der Gewährung von Eigentum ist heute keine Frage (mehr) des »ja« oder »nein«. Es geht bei der Gestaltung der gesellschaftlichen Verhältnisse vielmehr darum, wie Verfügungsrechte und auch Haftungsfragen in verschiedenen Bereichen sinnvoll zu konzipieren sind. Die (sachliche) Diskussion orientiert sich hierbei an den Wirkungen alternativer Ausgestaltungen der Verfügungsrechte und natürlich an den Zielen, die durch das Eigentumsrechtssystem erreicht werden sollen. Die Eigentumsfrage, die Frage der Ausgestaltung der Verfügungsrechte lässt sich daher nur im Zusammenhang mit gesellschaftlichen Konzepten adäquat diskutieren. Auch wissenschaftlich ist die Eigentumsfrage stets in gesamtgesellschaftliche Ideen (Entwürfe) eingebettet, die grundsätzliche Fragen des gesellschaftlichen Zusammenlebens, der Politik und der ökonomischen Interaktionen beinhalten. Insofern sind Fragen des Eigentums untrennbar mit Fragen der Freiheit, der Effizienz, der Selbstverwirklichung und der Gerechtigkeit verbunden.

4.

Buchanan, J. M., 1975, Die Grenzen der Freiheit, Tübingen: Mohr 1984.

Christman, J., 1994, The Myth of Property. Toward an Egalitarian Theory of Ownership, Oxford: Oxford University Press.

Coase, R., 1960, The Problem of Social Cost, in: Journal of Law and Economics 3.

Demsetz, H., 1967, Toward a Theory of Property Right, in: American Economic Review 57.
Furubotn, E. G./Pejovich, S. (Hg.), 1974, The Economics of Property Rights, Cambridge/MA: Ballinger.
Hayek, F. A. v., 1960, Die Verfassung der Freiheit, Tübingen: Mohr 1991.
Heinsohn, G./Steiger, O., 2006, Eigentumsökonomik, Marburg: Metropolis.
Hobbes, T., 1651, Leviathan, Frankfurt/M.: Suhrkamp 2002.
Locke, J., 1690, Zwei Abhandlungen über die Regierung, Frankfurt/M.: Suhrkamp 2000.
Marx, K./Engels, F., 1845/56, Die Deutsche Ideologie. I. Feuerbach, in: MEW, Bd. 3, Berlin: Dietz 1958.
Munzer, S. (Hg.), 1999, New Essays in the Legal and Political Theory of Property, Cambridge: Cambridge University Press.
Pies, I./Leschke, M. (Hg.), 2005, Karl Marx' kommunistischer Individualismus, Tübingen: Mohr Siebeck.
Schüller, A. (Hg.), 1983, Property Rights und ökonomische Theorie, München: Vahlen.
Smith, A., 1776, Der Wohlstand der Nationen. Eine Untersuchung seiner Natur und seiner Ursachen, München: dtv 1999.
Wadle, E., 2003, Geistiges Eigentum. Bausteine zur Rechtsgeschichte, Bd. II, München: Beck.
Waldron, J., 1990, The Right to Private Property, Oxford: Clarendon Press.

MARTIN LESCHKE

Elias, Norbert (1897–1990)

1.

Norbert Elias wurde in Breslau als Sohn eines jüdischen Textilunternehmers und Rentiers geboren. Nach dem Abitur 1915 Kriegsfreiwilliger, studierte er ab 1918 (bis zum Physikum) Medizin sowie Philosophie in Breslau, Heidelberg und Freiburg und promovierte 1924 bei dem Neukantianer Richard Hönigswald in Breslau über *Idee und Individuum. Eine kritische Untersuchung zum Begriff der Geschichte* (GS, Bd. 1), wobei die Annahme der Dissertation an die Streichung der Kritik an Kants Apriori-Lehre gebunden wurde. Nachdem er zuerst bei Alfred Weber in Heidelberg über ein Renaissance-Thema habilitieren wollte, wurde Elias 1930 Assistent bei Karl Mannheim in Frankfurt. Die Habilitationsschrift *Der höfische Mensch* (GS, Bd. 2, 1969 unter dem Titel *Die höfische Gesellschaft* publiziert) wurde dort 1933 zwar angenommen, das Verfahren im NS-Staat jedoch nicht abgeschlossen. Elias musste ins Exil gehen, zuerst nach Paris, 1935 nach London. Dort begann er im British Museum seine Studien über die sich wandelnden Verhaltensvorschriften, aus denen sein in einem Basler Exilverlag 1939 publiziertes und damals ohne Resonanz gebliebenes Hauptwerk *Über den Prozess der Zivilisation* (GS, Bd. 3) entstand. Nach Kriegsbeginn wurde er für acht Monate auf der Isle of Man interniert, war danach in der Erwachsenenbildung tätig und arbeitete mit S. H. Foulkes als Gruppenanalytiker. Seit 1954 Lecturer in Leicester wurde er 1961 Gastprofessor an der Universität von Ghana in Accra. Ende der 1960er Jahre folgten verschiedene Gastprofessuren in den Niederlanden und in Deutschland. 1976 begann sein weltweiter Erfolg mit der Wiederauflage des Prozess-Buches. Nun folgten viele Auszeichnungen, etwa 1977 der Frankfurter Adorno-Preis, 1987 der Premio Amalfi sowie Ehrendoktorate und hohe Orden. Elias starb am 1. 8. 1990 in Amsterdam.

2.

Schon in der, unter dem Titel *Die höfische Gesellschaft* erst 35 Jahre später erschienenen Habilitationsschrift entwickelt Elias im Ansatz die Geschichte der Herrschaftsmonopolisierung in der französischen Monarchie. Diese wird in den sozio- und psychogenetischen Untersuchungen des Prozess-Buches erweitert, in dem der Wandel der Umgangsformen weltlicher Oberschichten seit dem Mittelalter an Tischgebräuchen und der Verschiebung von Peinlichkeitsschwellen dargestellt wird, ebenso das Verhalten in Schlafräumen und die Beziehungen zwischen Mann und Frau, schließlich die »Wandlungen der Angriffslust«. Parallelisiert wird dies mit der Machtgeschichte der Gesellschaft, mit der langen Entwicklung von der Dezentralisierung (»Feudalisierung«) des karolingischen Reiches bis zur absoluten Monarchie des 18. Jahrhunderts. Ähnlich den von Marx beschriebenen Monopolisierungstendenzen des Kapitals wird der Wandel von relativ offenen Konkurrenzsituationen zwischen landbesitzenden Kriegereliten bis zur königlichen Herrschaftszentrierung auf der Basis von stehendem Heer und Steuermonopol herausgearbeitet.

3.

Im Zivilisationsprozess sieht Elias die lange Geschichte einer Pazifizierung, die durch eine Ritualisierung des Verhaltens an den Ritter-, später an Fürsten- und Königshöfen als »Verhöflichung der Krieger« begann, dann aber von nichtadeligen Schichten übernommen und durch eine verinnerlichte Selbstkontrolle schließlich auf ganze Gesellschaften übertragen wurde. Methodisch sollte die Geschichtswissenschaft wie die Soziologie nicht als Zustandsbetrachtung, sondern vielmehr als Prozesstheorie durchgeführt werden. Dabei sind die Menschen nur im Rahmen gegenseitiger Interdependenzketten, eben als »Figuration«, zu denken. Kollektiver Stolz wie Gruppenscham, ständische wie nationale Habitusformen, Gemeinschaftsbindung wie Individualismus existieren nur in gesellschaftlichen Zusammenhängen. Selbst die scheinbar einzigartige Steigerungsform des »Genies« ist nicht abzulösen von sozial vorgeprägten Handlungsmöglichkeiten, wie Elias an Mozart gezeigt hat, welcher zwischen »höfischem« und »freiem« Künstlertum in zwei sozialen Welten lebte (vgl. GS, Bd. 12).

Fundamental kritisierte der Ethnologe Hans Peter Duerr (1988–2002) den *Mythos vom Zivilisationsprozess*, indem er in materialreichen Studien Elias' These von einer »ursprünglichen Natürlichkeit« der Menschen widerspricht. Geradezu umgekehrt sieht er feinste Verhaltensabstimmungen in den durch eine Schamökonomie regulierten frühen Gesellschaften, während ihm die gegenwärtigen als »schamlos« erscheinen (Elias nannte das »Informalisierung«). Widerlegen kann Duerr die These von historischen Wandlungen der Schamhaftigkeit jedoch nicht – allerdings gibt es in jeder Kultur spezifische »Prozesse der Zivilisation«.

4.

Elias, N., 1997ff., Gesammelte Schriften, Frankfurt/M.: Suhrkamp (zitiert als GS).

Baumgart, R./Eichener, V., 1991, Norbert Elias zur Einführung, Hamburg: Junius.
Blomert, R., 1989, Psyche und Zivilisation, Münster: LIT.
Duerr, H. P., 1988–2002, Der Mythos vom Zivilisationsprozess, 5 Bde., Frankfurt/M.: Suhrkamp.
Gleichmann, P./Goudsblom, J./Korte, H. (Hg.), 1977, Human Figurations, Amsterdam: Amsterdams Sociologisch Tijdschrift.
Gleichmann, P./Goudsblom, J./Korte, H. (Hg.), 1979, Materialien zu Norbert Elias' Zivilisationstheorie, Frankfurt/M.: Suhrkamp.
Gleichmann, P./Goudsblom, J./Korte, H. (Hg.), 1984, Macht und Zivilisation, Frankfurt/M.: Suhrkamp.
Korte, H., 1997, Über Norbert Elias, Opladen: Leske + Budrich.
Korte, H. (Hg.), 1990, Gesellschaftliche Prozesse und individuelle Praxis, Frankfurt/M.: Suhrkamp.
Kuzmics, H./Mörth, I. (Hg.), 1991, Der unendliche Prozess der Zivilisation, Frankfurt/M.: Campus.
Rehberg, K.-S. (Hg.), 1996, Norbert Elias und die Menschenwissenschaften, Frankfurt/M.: Suhrkamp.

Karl-Siegbert Rehberg

Elite

1.

Bei einer Elite handelt es sich um eine durch besondere Merkmale von der übrigen Bevölkerung unterschiedene Personengruppe. Unter Elite wird dabei alltagssprachlich eine Gruppe von Menschen verstanden, die sich auf einem Gebiet durch besondere Merkmale auszeichnet, z.B. durch die Einnahme von

Spitzenpositionen in Wirtschaft, Politik oder Wissenschaft, aber auch durch sportliche Höchstleistungen oder ein hohes Maß an Popularität (Schauspieler, Musiker etc.). Gemeinhin wird mit Elite eine besondere Leistung assoziiert. Wissenschaftlich wird »Elite« definiert als Wertelite, als Funktionselite oder als Teil bzw. Gesamtheit der herrschenden Klasse.

2.

Der Begriff »Elite« stammt vom französischen Wort *élire* (auswählen) und ist seit dem 17. Jahrhundert in Frankreich geläufig, im 18. Jahrhundert dann auch in die deutsche Sprache übernommen worden. Er wurde im 18. Jahrhundert vom aufstrebenden französischen Bürgertum als demokratischer Kampfbegriff gegen Adel und Klerus entwickelt. Die individuelle Leistung sollte an Stelle der familiären Abstammung die entscheidende Voraussetzung für die Bekleidung gesellschaftlicher Spitzenpositionen bilden. Im 19. Jahrhundert veränderte sich die Verwendung des Elitebegriffs. Er wurde nun als Gegenbegriff zu dem der Masse benutzt. Das Bürgertum und mit ihm die bürgerlich akademische Intelligenz waren damals zutiefst beunruhigt über das Phänomen der städtischen Massen, die mit der Bevölkerungsexplosion in Europa entstanden waren und einhergingen mit der Entstehung der industriellen Arbeiterklasse. Sie sahen die herrschende Ordnung durch politische Unruhen und revolutionäre Bestrebungen der Massen gefährdet.

Die auf diesem Hintergrund formulierten klassischen Elitetheorien von Mosca (1896), Michels (1911) und Pareto (1916) bildeten mit ihrer Gegenüberstellung von Elite und Masse später eine wichtige ideologische Grundlage für den Faschismus in Italien und den Nationalsozialismus in Deutschland. Die von ihnen vertretene Überzeugung, dass die Herrschaft einer kleinen Elite über die große Mehrheit unumgänglich sei, wurde von den faschistischen Parteien u.a. als Begründung für das Führerprinzip benutzt.

Die Diskreditierung des Elitebegriffs durch den Faschismus bzw. Nationalsozialismus und der Konflikt mit dem sozialistischen Lager führten dazu, dass der Begriff »Elite« nach dem Zweiten Weltkrieg weitgehend funktionalistisch definiert wurde und bis heute wird. Es gibt aus dieser Sicht keine einzelne Elite mehr, die als auserwählte Minderheit der Masse gegenübersteht, und auch keine herrschende Klasse, sondern nur noch Teileliten, die durch ihre Leistung an die Spitze der verschiedenen gesellschaftlichen Sektoren gelangt sind.

3.

3.1. Den theoretischen Ansätzen der drei Klassiker der Elitesoziologie sind zwei Grundgedanken gemein: die grundlegende Unterteilung der Gesellschaft in *Elite und Masse* und die Zirkulation der Eliten. Im Gegensatz von Elite und Masse sehen sie ein allgemein gültiges Prinzip der Menschheitsgeschichte. Ihrer Ansicht nach herrscht zu allen Zeiten, d.h. unabhängig von der jeweiligen Entwicklungsepoche und Regierungsform, eine kleine Elite mit verschiedenen Mitteln (ganz wesentlich aber mit Gewalt) über die große Masse. Erstere verfüge dabei über die materiellen, intellektuellen und psychologischen Fähigkeiten, die zur Ausübung von Macht und damit zur Herrschaft erforderlich seien, Letztere nicht. Sie sei nicht nur geistig deutlich unterlegen und vollkommen von ihren Gefühlen beherrscht, sondern auch gleich im doppelten Sinne führungsbedürftig, subjektiv wie objektiv.

Die *Zirkulation der Eliten* stellt für die genannten Klassiker ebenfalls ein unabänderliches Grundgesetz der Geschichte dar. Dieser Prozess vollziehe sich ohne große Erschütterungen der Gesellschaft, wenn die herrschende Klasse beständig durch Personen aus den Unterschichten mit den notwendigen Merkmalen »aufgefrischt« würde und gleichzeitig ihre »entartetsten Mitglieder« durch Abstieg verliere. Würde dieser normalerweise kontinuierlich erfolgende Kreislauf spürbar gebremst oder gar gestoppt, so dass sich überlegene und gewaltbereite Elemente in den

Unterschichten und unterlegene in den Oberschichten ansammelten, dann komme es unweigerlich zum Sturz der herrschenden Klasse durch Revolutionen.

3.2. Der Ansatz von den Funktionseliten hat zwei Grundannahmen: (1) Es gibt in modernen Gesellschaften keine einheitliche Elite oder gar herrschende Klasse mehr, sondern nur noch einzelne, miteinander konkurrierende funktionale Teileliten an der Spitze der wichtigen gesellschaftlichen Bereiche. Auch von einer eindeutigen Dominanz einer Teilelite kann keine Rede sein. (2) Der Zugang zu diesen Eliten steht prinzipiell jeder Person offen, weil die Besetzung von Elitepositionen im Wesentlichen nach (jeweils sektorspezifischen) Leistungskriterien erfolgt. Die Leistung hat die Vererbung als entscheidendes Prinzip der Elitenrekrutierung abgelöst. Die Eliten sind sozial daher nicht mehr homogen, sondern heterogen. Das immer noch zu beobachtende Übergewicht der oberen Schichten in den Eliten ist v.a. auf den besseren Zugang dieser Schichten zu den höheren Bildungsinstitutionen zurückzuführen.

Das entscheidende Problem ist aus dieser Sicht, wie Kooperation und Konsens der unterschiedlichen Teileliten sichergestellt werden können. Für die meisten Autoren gelingt das nur, wenn sich die Eliten dem Einfluss der breiten Bevölkerung mehr oder weniger entziehen. So betrachten Lasswell/Kaplan (1950) oder Field/Higley (1980) die Eliten als die wesentlichen oder gar einzigen Garanten für die Stabilität der westlichen Demokratien. Einen großen Einfluss der Massen auf wichtige politische Entscheidungen sehen sie als eine erhebliche Gefahr für die Demokratie an. Obwohl die meisten Vertreter der Funktionseliten diese prononcierte Haltung nicht teilen, stimmen sie (bewusst oder unbewusst) in zentralen Punkten doch mit ihr überein. So erblickt z.B. Dahrendorf (1965) ebenfalls im Konsens der etablierten Eliten (nach dem Vorbild des britischen Establishments) die sicherste Garantie für demokratische Verhältnisse. Auch Keller (1963) sieht eine der größten Gefahren für die Demokratie in einer zu nachdrücklichen Forderung nach Demokratie, Gleichheit und öffentlicher Verantwortlichkeit der Führungspersonen. Von den strategischen Eliten verlangt sie daher, ihren Elitestatus offensiv zu akzeptieren.

3.3. Die funktionalistischen Elitetheorien unterlagen von Beginn an einer heftigen Kritik. Mills (1956) und Bourdieu (1979; 1989) stellen dafür die bekanntesten Beispiele dar. Sie gehen übereinstimmend davon aus, dass es keine Vielzahl voneinander unabhängiger und prinzipiell gleichrangiger Teileliten gibt, sondern eine einzige Macht-Elite bzw. herrschende Klasse, die trotz ihrer (durchaus zugestandenen) internen Differenzierung einen starken inneren Zusammenhalt aufweist und von der besitzenden Klasse bzw. der herrschenden, v.a. mit ökonomischem Kapital ausgestatteten Fraktion der herrschenden Klasse dominiert wird. Die Grundlage dieser Kohärenz sehen sie in erster Linie in einer gleichen oder zumindest ähnlichen familiären und schulischen Sozialisation sowie gemeinsamen Interessen (Mills) bzw. einem gemeinsamen Habitus (Bourdieu). Sie widersprechen damit der funktionalistischen Annahme von der qua Leistungsprinzip hergestellten sozialen Offenheit des Elitenzugangs.

In einer umfassenden Studie über die Karriereverläufe von vier Promotionskohorten (vgl. Hartmann 2002) ist diese zentrale Annahme der funktionalistischen Elitetheorien auch empirisch widerlegt worden. Die soziale disproportionale Rekrutierung der Eliten kann ihren Ergebnissen zufolge nicht allein auf die herkunftsbedingten Schranken des Bildungssystems zurückgeführt werden. Die soziale Herkunft (v.a. in Form des klassenspezifischen Habitus) wirke auch ganz direkt auf den Zugang zu den Eliten ein. So blieben auch bei gleichen Bildungsabschlüssen die Chancen auf einen Aufstieg beispielsweise in die Wirtschaftselite für den Nachwuchs des Bürgertums wesentlich höher als für die Kinder aus den Mittelschichten und der Arbeiterklasse. Aufgrund der sozialen Rekrutierung der Eliten und der internen Mobilität könne durchaus von der Existenz einer herrschenden Klasse gesprochen werden. Eine Analyse der Eliten in den verschiedenen Ländern Europas zeigt, dass die sozialen Unterschiede in einem Land umso schärfer sind, die Verteilung von Einkommen und Vermögen umso ungleicher ausfällt, je homogener und sozial exklusiver sich die jeweiligen Eliten rekrutieren (vgl. Hartmann 2007).

4.

Bachrach, P., 1967, Die Theorie demokratischer Elitenherrschaft, Frankfurt/M.: EVA.

Bottomore, T. B., 1966, Elite und Gesellschaft, München: Beck.

Bourdieu, P., 1979, Die feinen Unterschiede, Frankfurt/M.: Suhrkamp 1982.

Bourdieu, P., 1989, Der Staatsadel, Konstanz: UVK 2004.

Dahrendorf, R., 1965, Gesellschaft und Demokratie in Deutschland, München: Piper.

Dreitzel, H. P., 1962, Elitebegriff und Sozialstruktur, Stuttgart: Enke.

Field, G. L./Higley, J., 1980, Eliten und Liberalismus, Opladen: Westdeutscher Verlag 1983.

Giddens, A., 1972, Elites in the British Class Structure, in: Sociological Review 3.

Hartmann, M., 2002, Der Mythos von den Leistungseliten, Frankfurt/M.: Campus.

Hartmann, M., 2004, Elitesoziologie, Frankfurt/M.: Campus.

Hartmann, M., 2007, Eliten und Macht in Europa, Frankfurt/M.: Campus

Keller, S., 1963, Beyond the Ruling Class, New York: Random House.

Lasswell, H. D./Kaplan, A., 1950, Power and Society, New Haven: Yale University Press.

Michels, R., 1911, Zur Soziologie des Parteiwesens in der modernen Demokratie, Leipzig: Klinkhardt.

Mills, C. W., 1956, Die amerikanische Elite, Hamburg: Holsten 1962.

Mosca, G., 1896, Die herrschende Klasse, München: Lehnen 1950.

Pareto, V., 1916, System der Allgemeinen Soziologie, Stuttgart: Enke 1962.

Michael Hartmann

Emanzipation

1.

Im Kontext der neuen sozialen Bewegungen der 1960er Jahre wurde »Emanzipation« zu einem zentralen, aber auch umstrittenen politischen Schlagwort (vgl. Greiffenhagen 1973, 7). Die Befreiung der Menschen aus den Zwängen kapitalistischer Vergesellschaftung, aus kontrollierender staatlicher Verwaltung und von patriarchaler Unterdrückung, also Freiheit von jeglicher Form von Fremdbestimmung und Herrschaft, bilden den Bedeutungskern des Begriffs bis heute. Im Zuge der Institutionalisierung der sozialen Bewegungen verlor der Begriff seit den 1980er Jahren an politischer Integrationskraft, im Kontext postmoderner Theoriebildung büßte er seinen utopischen Gehalt ein. »Emanzipation« wurde durch andere Schlagworte ersetzt wie »Gerechtigkeit« und »Ermächtigung« (empowerment). In neoliberalen Diskurskontexten erscheint der Begriff am Beginn des 21. Jahrhunderts erneut – als Freiheit von der Bevormundung durch den Staat. »Emanzipation« blieb im Laufe seiner Begriffsgeschichte eher ein aktionsleitender Begriff (vgl. Grass/Koselleck 1975, 197) und wurde nicht zu einer analytisch-erklärenden Kategorie ausgearbeitet (vgl. Neusüss 1984, 98).

»Emanzipation« ist von der ursprünglichen Wortbedeutung her ein terminus technicus des römischen Rechts (emancipare). Mit diesem Begriff wurde die Entlassung von Söhnen aus der väterlichen Gewalt in den Status zivilrechtlicher Selbstständigkeit bezeichnet (vgl. ebd., 99) – ein für den Betroffenen *passiv* erfahrenes Geschehen. Erst im Übergang zur Neuzeit erhält der Begriff eine *aktive* Bedeutung und entwickelt sich zu einem explizit politischen Begriff mit deutlich anti-ständischem Impetus. Dies wird durch den reflexiven Gebrauch des Verbs »sich emanzipieren« angezeigt. Dieser reflexive Gebrauch macht den Prozess der selbsttätigen Herauslösung aus traditionellen Bindungen zu einem aktiven Akt der Selbstbefreiung des Menschen aus rechtlicher, ökonomischer und politischer Abhängigkeit – ein Akt des Mündigwerdens und v.a. der »Selbstermächtigung« (Grass/Koselleck 1975, 157).

2.

Emanzipation wurde als Akt der Befreiung von der äußeren Natur durch Wissen und Erkenntnis verstanden (vgl. Bacon 1605, 130). Im 18. Jahrhundert fand der Begriff dann zunächst Anwendung auf die Befreiung der Sklaven in den Kolonien. Kant goss die Idee der selbsttätigen Emanzipation als Inhalt des menschlichen Strebens nach Freiheit in die bekannten Worte: »Aufklärung ist der Ausgang des Menschen aus seiner selbstverschuldeten Unmündigkeit.« (Kant 1783, 9) Freilich wollte Kant diese Art der Emanzipation auf das männliche Geschlecht beschränkt wissen. Georg Forster schließlich spitzte die seit dem 17. Jahrhundert im englischen Sprachgebrauch bereits angelegte Bedeutung der Freiheit von Herrschaft zu und bezeichnete den Sinn des menschlichen Daseins als die Emanzipation »vom blinden Gehorsam, die alle Zwangmittel und alle Befehle überflüssig macht« (Forster 1790, 369). Diese Begriffsverwendung steht im Kontext naturrechtlicher Vorstellungen: Emanzipation wird als ein Prozess des Erwerbs von Rechten begriffen, die dem Menschen von Natur aus eigen sind bzw. die der Natur des Menschen gemäß sind. Mündigkeit bzw. die Fähigkeit, sich seines eigenen Verstandes zu bedienen, ist somit einerseits Ergebnis des Emanzipationsprozesses der (Selbst-)Aufklärung, sie ist aber andererseits auch Voraussetzung für den weiteren Prozess der Befreiung der Menschheit.

Im 19. Jahrhundert blieb der Begriff ein »propagandistisch wirksamer Leitbegriff geschichtsphilosophischer Herkunft« (Grass/Koselleck 1975, 195), behielt jedoch seine rechtstraditionelle Bedeutungswurzel, so dass er offen für alle politischen Richtungen war. Im Zuge der Revolution von 1848 wurde »Emanzipation« zu einem »Bewegungs- und Zielbegriff« (ebd., 164), der auf die Herauslösung des dritten Standes aus der Vorherrschaft der Geistlichkeit und des Adels sowie seine rechtliche Gleichstellung abzielt. Der Bedeutungswandel hin zu einem politischen Kampfbegriff transformierte auch die zeitliche Dimension: Der einmalige Akt der Gewährung von Freiheit wurde zu einem länger währenden Prozess. Dimensionen bürgerlich-liberaler Emanzipation sind die Befreiung von der »inneren Natur«, den niederen Begierden, wie auch der äußeren Natur, die Herauslösung aus ständischen Bindungen und religiöser Weltsicht sowie die ökonomische und politische Befreiung (vgl. Fetscher 1976, 12ff.).

Olympe de Gouges (1791) kritisierte die begrenzte Reichweite der Erklärung der Menschen- und Bürgerrechte in der Französischen Revolution und reklamierte diese Rechte auch für Frauen. Kurz darauf verwendete Mary Wollstonecraft (1792) erstmals den Begriff der Emanzipation im Kontext der Frauenfrage. Die Frauenbewegung als eine der zentralen Emanzipationsbewegungen des 19. und 20. Jahrhunderts forderte den gleichberechtigten Zugang von (zunächst bürgerlichen) Frauen zu Bildungseinrichtungen und zu Berufschancen. Das Ziel der Frauenbewegung war zunächst die Emanzipation von Frauen aus einschränkender männlicher Geschlechtsvormundschaft, mithin die rechtliche Subjektwerdung von Frauen mit dem Ziel ihrer vollen und gleichberechtigten Teilnahme am sozialen, wirtschaftlichen und kulturellen Leben. Emanzipation ist dabei eng verknüpft mit dem Ziel rechtlicher Gleichstellung (vgl. Gerhard 1978). Der »radikale« Flügel der bürgerlichen Frauenbewegung propagierte über die Bereiche Bildung, Beruf und Recht hinaus auch eine Emanzipation der Sexualität (»freie Liebe«). Erst am Ende des 19. Jahrhunderts wurde in der Frauenstimmrechtsbewegung die Forderung nach politischen Teilnahmerechten zentral. Im Differenzansatz der ersten Frauenbewegung wurde die Emanzipation der Frau als Individuum stets verknüpft mit der Idee, dass sie einen spezifisch weiblichen Beitrag zur Gesellschaft leisten solle (vgl. Holland-Cunz 2003). Eine anti-feministische Gegenbewegung skandalisierte freilich die v.a. politische Emanzipation der Frauen als ›unweiblich‹ und betonte deren angebliche politische und ökonomische Unselbständigkeit.

Die neue Frauenbewegung in der zweiten Hälfte des 20. Jahrhunderts sah rechtliche Gleichstellung und Chancengleichheit nur als Etappe auf dem Weg weiblicher Emanzipation. Diese wird im Kontext der neuen Frauenbewegung verstanden als Autonomie und Selbstbestimmung. Ziel weiblicher Emanzipation sind Selbstbestimmung über den Körper (Abtreibung, Gewaltfreiheit) sowie ökonomische Unabhängigkeit von einem versorgenden Ehemann oder Lebenspartner durch Berufsarbeit, aber auch durch sozialstaatliche Anerkennung und Absicherung von Frauenarbeit.

»Emanze« wurde im deutschen Sprachraum seit den 1970er Jahren zu einem abwertenden Begriff für Aktivistinnen der Frauenbewegung. Freilich ist dies eine Tradition seit dem 19. Jahrhundert. So übersetzt Reclams Fremdwörterlexikon aus dem Jahr 1960 »emanzipiert« mit »vermännlicht; mannweibhaft« (von Küpper 1960, 57).

3.

3.1. Marx (1844; Marx/Engels 1845) entwickelt »Emanzipation« zu einem klassenbezogenen Kampfbegriff, ohne dass er ihn zu einem zentralen Begriff seines Werks macht. Die Überwindung sozialer, ökonomischer und religiöser Abhängigkeit, nicht nur die rechtliche Gleichstellung steht im Zentrum des marxistischen Denkens. Marx differenziert in seinen frühen Schriften bereits zwischen der politisch-rechtlichen Emanzipation des Bürgertums (durch die Menschen- und Bürgerrechte, die Marx zufolge primär Rechte des egoistischen Individuums sind) und der Emanzipation der gesamten Menschheit. Der rechtlichen Gleichstellung der Menschen, die Marx durchaus als Fortschritt würdigt, müsse die Emanzipation aus der Logik des kapitalistischen Verwertungsprozesses und kapitalistischer Entfremdung in der sozialistischen Revolution folgen. Darin sieht Marx die Emanzipation des Proletariats, seine ökonomische Befreiung, aber auch die Emanzipation der gesamten Menschheit begründet. Marx formuliert mithin die Notwendigkeit eines Subjekts des Emanzipationsprozesses. Diese historische Aufgabe überträgt er dem Proletariat. Auch neomarxistische Theorien sehen in der Transformation ökonomischer und politischer Verhältnisse (Aufhebung des Privateigentums und des Staates) die Bedingung für eine umfassende Emanzipation. Bei Marx selbst sichert diese mit der selbstbestimmten Organisation der gemeinsamen Lebensbedingungen zugleich die Bedingungen der Selbstverwirklichung des Menschen durch Arbeit.

3.2. Die Überwindung bzw. Kritik der Trennung von öffentlich und privat (»Politisierung der Privatheit«) (vgl. Rössler 2001) sowie die Neudefinition von gesellschaftlicher Arbeit (care-Debatte) sind emanzipatorische Strategien der neuen Frauenbewegung und zentrale Diskussionsstränge feministischer Wissenschaft. Emanzipation bedeutet nicht nur individuelle Befreiung durch Selbsterfahrung (»Politik der Subjektivität«), sondern die Überwindung patriarchaler Gesellschaftsstrukturen. Bezieht sich der liberale Gleichheitsfeminismus auf einen rechtlichen Emanzipationsbegriff, so betont der Differenzfeminismus den Geschlechterunterschied als Voraussetzung für »weibliche Freiheit« (vgl. Abbà 1989). Der marxistische Feminismus pluralisiert den Herrschaftsbegriff und konzipiert eine Doppelstruktur von kapitalistischer und männlicher Herrschaft als Verhinderungsstruktur weiblicher Emanzipation (vgl. Beer 1991). Im poststrukturalistischen Feminismus bezeichnet Emanzipation die Auflösung von polarisierter und naturalisierter Zweigeschlechtlichkeit auch wenn der Begriff selbst in diesem Diskurs kaum verwendet wird (vgl. Butler 1991).

Beck und Beck-Gernsheim (1990, 199) sprechen in ihrem Buch über die Modernisierung von Geschlechterbeziehungen von der »erlittenen Emanzipation der Männer«. Sie bringen damit einerseits die Schmerzhaftigkeit des weiblichen Emanzipationsprozesses für Männer, die dadurch aus tradierten Beziehungen, aber auch Bequemlichkeiten entlassen werden, zum Ausdruck. Andererseits bezeichnet der Begriff aber auch die Unwilligkeit oder Passivität von Männern, ungleiche Geschlechterbeziehungen aktiv in Richtung Gleichheit zu verändern.

3.3. Das Emanzipationsprogramm der Psychoanalyse in der Tradition Freuds setzt einen Kontrapunkt zur Vorstellung der Befreiung von bloß äußeren Zwängen. »Emanzipation« bedeutet hier die Befreiung von verinnerlichten gesellschaftlichen Zwängen, v.a. aber von unterdrückten bzw. verdrängten traumatischen Erfahrungen. Daran knüpft schließlich auch die Studentenbewegung an, die in der Tradition Reichs die gesellschaftliche Befreiung mit der individuellen, sexuellen Emanzipation verbinden wollte.

Die Kritische Theorie hebt mit der Verknüpfung marxistischer und psychoanalytischer Theorietraditionen insbesondere die Rolle der Wissenschaft im Prozess gesellschaftlicher Emanzipation hervor. Die Herausbildung kritischer Urteilsfähigkeit wird zu einem Zentralprojekt der Frankfurter Schule. Ihr geht es vornehmlich um das Problem der entfremdeten Existenz der Subjekte unter kapitalistischen, bürokratischen und technokratischen Bedingungen (vgl. Marcuse 1964). »Emanzipation« bedeutet hier die Befreiung der Subjekte aus solch unterdrückenden und entfremdenden Strukturen. Unfreiheit und Unterdrückung sind freilich nicht nur äußere Zwänge (durch Arbeitsbedingungen oder repressive Familienformen), vielmehr verinnerlichen die Menschen diese äußeren Repressionsstrukturen (autoritärer Charakter) und tragen mithin zu ihrer steten Reproduktion selbst bei (vgl. Horkheimer/Fromm/Marcuse 1936). »Emanzipation« heißt mithin nicht allein die Beseitigung oppressiver sozialer Verhältnisse, sondern die Ermächtigung der Subjekte durch Wissen, Bildung und Aufklärung, also durch die Herstellung herrschaftsfreier gesellschaftlicher Kommunikation (vgl. Habermas 1981).

3.4. Foucaults Machtbegriff führt eine andere Vorstellung von Emanzipation und Freiheit in die wissenschaftliche Debatte ein: Macht ist amorph und in allen sozialen Verhältnissen verwurzelt, nicht nur in Klassenstrukturen eingelagert. Moderne Macht basiert in einer Gouvernementalität, die nicht nur mit staatlichen Institutionen, sondern mit (ökonomischen) Wissenskomplexen verbunden ist (vgl. Foucault 1977–79). Ein Subjekt der Emanzipation wie in der marxistischen Theorie ist damit nicht mehr eindeutig auszumachen. Dies macht einerseits Befreiung von Herrschaft zu einem nahezu aussichtslosen Unterfangen, andererseits wird sie aber zum alltäglichen Kampf in den Myzelen, also im Basisgeflecht des Alltags. Begriff und Idee der Emanzipation haben in Theorien im Anschluss an Foucault nur noch untergeordnete Bedeutung, büßte doch auch der Begriff der Herrschaft (durch soziale Strukturen bzw. Gruppen) seinen einst zentralen Stellenwert ein.

3.5. Im Zeitalter ökonomischer Globalisierung, politischer Internationalisierung und neuer Technologien bekommt »Emanzipation« neue Bedeutungsnuancen. Aktuelle soziale Bewegungen reklamieren die Selbstbestimmung des Individuums gegenüber einer umfassenden Ökonomisierung und Technisierung von Gesellschaft und Alltag (Biotechnologie, neue Kommunikationstechnologien). Die Anti-Globalisierungsbewegungen des 21. Jahrhunderts fordern neben der Abwehr von bürokratisch-technischen Herrschaftsansprüchen auch die Befreiung der Menschen aus den vermeintlichen Sachzwängen globaler kapitalistischer Verwertungszusammenhänge. Als beispielhaft für die Theoriebildung in diesem Kontext kann der Entwurf von Hardt und Negri (2000) gelten, der die Idee der Emanzipation im »Empire« durch das Konzept des Widerstands (vgl. ebd., 418) und der Wiederaneignung (vgl. ebd., 410ff.) der Multitude (d.h. die Kraft großer, vorstaatlicher bzw. zivilgesellschaftlicher Akteursgruppen) ersetzt.

4.

Abbà, L., 1989, Wie weibliche Freiheit entsteht. Eine neue politische Praxis, Berlin: Orlanda
Bacon, F., 1605, The Advancement of Learning, Oxford: Clarendon Press 1963.
Beck, U./Beck-Gernsheim, E., 1990, Das ganz normale Chaos der Liebe, Frankfurt/M.: Suhrkamp.
Butler, J., 1990, Das Unbehagen der Geschlechter, Frankfurt/M.: Suhrkamp 1991.
Fetscher, I., 1976, Herrschaft und Emanzipation, München: Piper.
Forster, G., 1790, Über den gelehrten Zunftzwang, in: Werke, Bd. 3, Frankfurt/M.: Insel 1970.
Foucault, M., 1977–79, Geschichte der Gouvernementalität, 2 Bde., Frankfurt/M.: Suhrkamp 2004.
Gerhard, U., 1978, Verhältnisse und Verhinderungen, Frankfurt/M.: Suhrkamp 1989.
Gouges, O. de, 1791, Erklärung der Rechte der Frau und der Bürgerin, in: Schriften, Frankfurt/M.: Stroemfeld 1989.
Grass, K. M./Koselleck, R., 1975, Emanzipation, in: O. Brunner/W. Conze/R. Koselleck, Geschichtliche Grundbegriffe, Bd. 2, Stuttgart: Klett-Cotta.
Greiffenhagen, M., 1973, Einleitung, in: ders. (Hg.), Emanzipation, Hamburg: Hoffmann und Campe.
Habermas, J., 1981, Theorie des kommunikativen Handelns, 2 Bde., Frankfurt/M.: Suhrkamp.
Hardt, M./Negri, A., 2000, Empire, Frankfurt/M.: Campus 2002.
Holland-Cunz, B., 2003, Die alte neue Frauenfrage, Frankfurt/M.: Suhrkamp.
Horkheimer, M./Fromm, E./Marcuse, H., 1936, Studien über Autorität und Familie, Lüneburg: zu Klampen 1987.
Kant, I., 1783, Beantwortung der Frage: Was ist Aufklärung?, in: E. Bahr (Hg.), Was ist Aufklärung?, Stuttgart: Reclam 1996.
Küpper, H. v. (Hg.), 1960, Reclams Fremdwörterbuch, Stuttgart: Reclam.
Marcuse, H., 1964, Der eindimensionale Mensch, München: dtv 1994.
Marx, K., 1844, Zur Judenfrage, in: MEW, Bd. 1, Berlin: Dietz 1976.
Marx, K./Engels, F., 1845, Die heilige Familie, in: MEW, Bd. 2, Berlin: Dietz 1957.
Neusüss, A., 1984, Emanzipation, in: H. Kerber (Hg.), Handbuch Soziologie, Reinbek: Rowohlt.
Wollstonecraft, M., 1792, Ein Plädoyer für die Rechte der Frau, Weimar: Böhlau 1999.

BIRGIT SAUER

Engels, Friedrich (1820–1895)

1.

Engels wurde in Barmen geboren, wo er im elterlichen Betrieb 1837 mit einer kaufmännischen Lehre begann, die er 1841 in Bremen beendete. Schon in dieser Zeit publizierte er auf der Grundlage autodidaktischer Studien literarische, literatur- und sozialkritische Artikel. Während seines Militärdienstes, den er 1841/42 in Berlin ableistete, kam er mit linkshegelianischen Kreisen in Kontakt und entwickelte philosophische Interessen. Diese schlugen sich in der ersten philosophischen Schrift *Schelling und die Offenbarung* (1842) nieder. 1845 erschien *Die Lage der arbeitenden Klasse in England*, die weniger den Philosophen Engels als den späteren Mitbegründer des wissenschaftlichen Sozialismus antizipiert.

Ab 1844 entwickelte sich die Freundschaft mit Marx, aus der eine Reihe gemeinsamer Schriften hervorgeht. Die erste Arbeit, die die beiden als Koautoren ausweist, erschien 1845 unter dem Titel *Die heilige Familie* und stellt eine polemische Abrechnung mit den führenden Köpfen der Linkshegelianer der Berliner Szene dar. Aus dem Briefwechsel zwischen Marx und Engels geht jedoch hervor, dass Engels nur wenig zum Text beigetragen hat und Marx das Buch auf der Grundlage der gemeinsamen Diskussion größtenteils alleine verfasst hat. Ähnliches gilt für die *Deutsche Ideologie*, an der Engels und Marx von 1845 bis 1846 gearbeitet haben. Dieser Text, der die Keimzellen der materialistischen Geschichtsauffassung, für die Engels später den Namen Historischer Materialismus prägte, und damit des wissenschaftlichen Kommunismus enthält, findet zu Lebzeiten der beiden Autoren keinen Verlag. Das 1848 unter gemeinsamem Namen erschienene *Manifest der kommunistischen Partei*, das vielfach übersetzt und neu aufgelegt wurde, stammt ebenfalls aus der Feder von Marx, beruht indes u.a. auf Engels' Schrift *Grundsätze des Kommunismus*.

Ab 1850 lebte Engels in England im politischen Exil, wo er Weggefährte und lange Zeit auch Finanzier von Marx und seiner Familie war. In England gewann Engels im Laufe der Jahre großen Einfluss auf die Zweite Internationale und auf die Entwicklung der deutschen Sozialdemokratie. Hier entstanden auch einflussreiche Spätschriften, die teilweise zwar noch die Zustimmung von Marx fanden, sich aber durchaus in wichtigen Hinsichten von der Lehre des verehrten Freundes emanzipierten. Zu nennen sind *Herrn Eugen Dührings Umwälzung der Wissenschaft* (1878), *Der Ursprung der Familie, des Privateigenthums und des Staats* (1884), *Ludwig Feuerbach und der Ausgang der klassischen deutschen Philosophie* (1888) und die *Dialektik der Natur* (1925). Nach dem Tod von Marx stellte Engels aus den hinterlassenen Manuskripten den zweiten und dritten Band des *Kapital* zusammen, die 1885 und 1894 erschienen sind. Engels starb 1895 in London.

2.

Engels' Schriften lassen sich in drei Phasen einteilen. Am Anfang stehen die Frühschriften aus der Zeit vor der Bekanntschaft mit Marx, die nicht zuletzt von dem Bemühen des Autors zeugen, sich im Alleingang umfassende Bildung und ein gewisses Maß an akademischer Gelehrtheit anzueignen. Abgesehen von einigen Vorlesungen, die Engels während seiner Berliner Militärzeit besuchte, hat er weder eine höhere Schulbildung noch eine universitäre Ausbildung genossen. In diese Zeit fallen auch die *Umrisse zu einer Kritik der Nationalökonomie* (1844), die kurze Zeit später Marxens Interesse auf die Ökonomie lenken werden (vgl. MEW, Bd. 1).

Die zweite Phase bilden die Schriften, die während der gemeinsamen Jahre und im Kontext der Diskussion mit Marx entstanden. Wie auch im Fall von Marxens Werk umfassen diese Schriften neben den theoretisch-philosophischen und den politisch-programmatischen Arbeiten eine Vielzahl journalistischer Texte. In dieser Phase finden sich selten inhaltliche Abweichungen von den Sichtweisen des Freundes. Engels vermag es jedoch öfter als Marx, die gemeinsam entwickelten Gedanken auf einen nachvollziehbaren Punkt zu bringen. Und anders als Marx, der nur wenige Schriften abschloss und stattdessen immer wieder zu einem neuen Anlauf ausholte, hat Engels ungleich mehr Schriften auch zu einem Abschluss gebracht und publiziert. In vielen Kreisen hat dies zu der zweifelhaften Ansicht geführt, Engels habe diese Vorzüge nur auf Kosten einer Verwässerung und Verkürzung zentraler Einsichten des Marxismus für sich verbuchen können. Dass Engels hingegen durchaus in der Lage war, eigene Positionen zu entwickeln, bezeugen die späteren Schriften aus der dritten Phase. Der sog. Dialektische Materialismus, der im 20. Jahrhundert neben dem Historischen Materialismus zum Grundstein des Marxismus-Leninismus wurde, hat in diesen Schriften und nicht etwa bei Marx seinen Ursprung.

3.

Eigene philosophische Standpunkte, die nicht auch von Marx oder anderen Sozialisten ihrer Zeit vertreten wurden, finden sich vornehmlich in Engels' Schriften aus den späten 1870er und 1880er Jahren. Der *Anti-Dühring*, der vor seiner Buchfassung als Beitragsreihe 1877–78 im *Vorwärts* erschienen ist, wird zuweilen als Engels' philosophisches Hauptwerk bezeichnet (vgl. MEW, Bd. 20). Doch die Lehre von der Dialektik der Natur, die sich gegen den wissenschaftlichen Positivismus des späten 19. Jahrhunderts wendend einen philosophisch ehrgeizigen Versuch darstellt, Marxens Lehre, Hegels Dialektik und die modernste Naturwissenschaft seiner Zeit in eine Universaltheorie zu vereinigen, findet sich ausgeprägter in Engels' nachgelassenen und unvollendeten Manuskripten, die erstmals 1925 unter dem Titel *Dialektik der Natur* im Original und in russischer Übersetzung veröffentlicht wurden (vgl. MEW, Bd. 20). Auch die Arbeit *Der Ursprung der Familie, des Privateigentums und des Staats*, die schon 1862 veröffentlicht worden war (vgl. MEW, Bd. 21), übte beträchtlichen Einfluss auf die deutsche Sozialdemokratie sowie auf Lenin und damit auf einen Großteil der marxistischen Theoretiker in den sozialistischen Ländern aus (siehe auch Steger/Carver 1999).

4.

Marx, K./Engels, F., 1956ff., Werke (MEW), Berlin: Dietz.

Marx, K./Engels, F., 1975ff., Gesamtausgabe (MEGA), Berlin: Dietz/Akademie.

Carver, T., 1983, Marx and Engels, Brighton: Wheatskeaf.

Hirsch, H., 1979, Friedrich Engels, Reinbek: Rowohlt.

Hunley, J., 1991, The Life and Thought of Friedrich Engels, New Haven: Yale University Press.

Labica, G. (Hg.), 1997, Friedrich Engels, Paris: PUF.

Steger, M./Carver, T. (Hg.), 1999, Engels After Marx, University Park: Pennsylvania State University Press.

Marco Iorio

Entfremdung

1.

Der Begriff »Entfremdung« bezieht sich auf ein ganzes Bündel miteinander verbundener Motive. »Entfremdung« bedeutet Indifferenz und Entzweiung, Machtlosigkeit und Beziehungslosigkeit sich selbst und einer als gleichgültig und fremd erfahrenen Welt gegenüber. Entfremdung ist das Unvermögen, sich zu anderen Menschen, zu Dingen, zu gesellschaftlichen Institutionen und damit auch zu sich selbst in Beziehung zu setzen. Eine entfremdete Welt präsentiert sich dem Individuum als sinn- und bedeutungslos, erstarrt oder verarmt, als eine Welt, die nicht »die seine« ist, in der es nicht »zuhause« ist oder auf die es keinen Einfluss nehmen kann. Das entfremdete Subjekt wird sich selbst zum Fremden, es erfährt sich nicht mehr als »aktiv wirksames Subjekt«, sondern als »passives Objekt«, das fremden Mächten ausgeliefert ist (vgl. Israel 1985).

Schon in der alltäglichen Verwendung des Begriffs deutet sich an: »Entfremdung« bezeichnet den Bezugsverlust zu etwas, mit dem man (ursprünglich oder logisch vorgängig) verbunden ist oder sein sollte. »Entfremdung« bezeichnet so nicht die einfache Abwesenheit, sondern den defizitären Charakter eines Verhältnisses. Fremd wird hier, was nicht fremd sein sollte, weil es das *eigene Wesen* oder die ursprünglich *eigene* Tätigkeit ist. Aufhebung von Entfremdung bedeutet dementsprechend (Wieder-)Aneignung des so Fremdgewordenen.

Entscheidend für den Begriff ist weiterhin, dass er in zweierlei Hinsicht sowohl »subjektiv« als auch »objektiv« verstanden werden kann: Einerseits bleibt es zunächst offen, ob der Diagnose der Entfremdung jeweils subjektive Empfindungen der Individuen entsprechen müssen oder ob sich als »entfremdet« ihre »objektive« Lage beschreiben lassen muss. Zweitens ist es charakteristisch für den Entfremdungsbegriff, dass er die »objektive« Struktur von Verhältnissen (Institutionen u.a.) und nicht nur die Auswirkung dieser auf die Subjekte zu erfassen versucht.

2.

2.1. Als sozialphilosophisches Motiv hat Entfremdung – nicht dem Begriff, wohl aber der Sache nach – seine Wurzel im Werk Rousseaus. So schildert der *Diskurs über die Ungleichheit* (1755) den durch die Gesellschaft deformierten Menschen als von seiner Natur entzweit und von den eigenen Bedürfnissen entfremdet. Dem konformistischen Diktat der Gesellschaft unterworfen, ist der gesellschaftliche Mensch in seinem Geltungsdrang und seiner Eitelkeit abhängig von der Meinung der anderen, eine missgestaltet-künstliche Person. Die wechselseitige Abhängigkeit des zivilisierten Menschen und die durch den sozialen Kontakt erzeugte Entgrenzung seiner Bedürfnisse führen dabei, Rousseau zufolge, gleichzeitig zu Unfreiheit und Authentizitätsverlust. Sofern diesem Zustand als normatives Ideal die Autonomie und Authentizität eines als Autarkie gedachten Naturzustands entgegengesetzt wird, sind es auf den ersten Blick zwei entgegengesetzte Ideen, die Rousseaus Werk für die Entfremdungstheorie folgenreich gemacht haben: das moderne Ideal von Authentizität als ungestörter Übereinstimmung mit »sich« und der eigenen Natur sowie die Idee der sozialen Freiheit in einem sittlich verfassten Gemeinwesen. Werden nämlich im *Diskurs* die Effekte der Vergesellschaftung durchweg negativ bewertet, so setzt Rousseau im *Gesellschaftsvertrag* (1762) das normative Ideal einer nicht entfremdenden Vergesellschaftungsform in die Welt. Damit ist Entfremdung schon bei Rousseau doppelt bestimmt: Als Entfremdung *im* Sozialen und als Entfremdung *vom* Sozialen.

Als Ausdruck einer »Krise im Zeitbewusstsein« wird Entfremdung im 18. Jahrhundert zur »Zivilisationskrankheit par excellence« (vgl. Nicolaus 1995, 27), zur Chiffre, mit der man sich über die mit der fortschreitenden Industrialisierung einhergehende »Unsicherheit, Zerrissenheit und Entzweiung« im Verhältnis des Menschen zu sich selbst und zur Welt verständigt. So steht das Deutschland der Goethezeit – exemplarisch in Schillers *Briefen über die ästhetische Erziehung des Menschen* (1795) – ganz im Bann einer Diskussion, die sich auf Entfremdung als auf den Verlust des »ganzen Menschen« und des Reichtums der entwickelten Persönlichkeit und gegen die Vereinseitigung und Fragmentierung des modernen Menschen richtet.

Das Werk Hegels ist für die Entwicklung der Entfremdungstheorie in mehrerer Hinsicht zentral. Der Sache nach schließt Hegel mit seiner Diagnose der modernen Entzweiung an das Problem an, das Rousseau gestellt hatte. Ergab sich aus der Rousseauschen Konstellation die Frage, wie sich Freiheit und Sozialität vereinbaren lassen und die Individuen sich die gesellschaftlichen Institutionen zu Eigen machen können, so ist es Hegel vorbehalten, die damit aufscheinende Idee einer »Selbstverwirklichung im Allgemeinen« (vgl. Theunissen 1981) philosophisch zu konzeptualisieren und die von Rousseau skizzierte Problematik in ein Konzept von Freiheit als Sittlichkeit und Sittlichkeit als Freiheit zu überführen: Frei sind wir in und vermittelt durch die überindividuellen Institutionen, in denen wir uns als Individuen erst verwirklichen können. Was die begriffliche Gestalt des Entfremdungskonzepts angeht, so gewinnt dieses mit Hegel das philosophische Bewegungsmuster, das in seiner Nachfolge entscheidend werden wird. Die hegelsche *Phänomenologie des Geistes* (1807) verfolgt die Entäußerungsbewegung des Geistes »in sein Anderssein«, die Entzweiung zwischen Subjekt und Objekt als eine Bewegung von Entfremdung und Aufhebung der Entfremdung, als Stadien eines Erfahrungsprozesses, der erst im absoluten Geist (durch das Identischwerden von Welt und Geist) aufgelöst wird.

Ludwig Feuerbachs (1841) Analyse der religiösen Selbstentfremdung des Menschen vollzieht die für die Generation der Junghegelianer typische anthropologische Wendung dieser hegelschen Figur und gibt ihm die in der Folge prägende kritische Ausrichtung. Gott ist, diesem Verständnis nach, eine anthropomorphe Projektion. Als entfremdete Erscheinung des menschlichen Wesens bedeutet Religion Verlust und Blockade eines angemessenen menschlichen Bezugs auf sich und die »Gattung«. Die Bewegung von Entäußerung, Vergegenständlichung und Verselbstständigung dieser Entäußerung erfährt jetzt eine pejorative Wertung: Stets ist es der Skandal der Entfremdung, dass sich hier etwas Eigenes als fremd darstellt, den Individuen ihre eigene Tätigkeit als fremde Macht gegenübertritt, die sie beherrscht.

Die marxsche Entfremdungskritik treibt diesen Gedanken weiter. Auch wenn Marx, kritisch gegen Feuerbach, die Kritik der Religion durch die Kritik des Rechts und der Politik ersetzen will, die von Marx als Instanzen der »menschlichen Selbstentfremdung« in ihren »unheiligen Gestalten« aufgefasst werden (vgl. Marx 1844b), übernimmt er das Kritikmuster der Entfremdung als Entäußerung der eigenen Wesenskräfte, der die Möglichkeit einer Wiedergewinnung und »emanzipatorischen« Wiederaneignung dieser Kräfte gegenübersteht. Im entfremdungstheoretisch wirkmächtigsten Dokument der marxschen Theorie, den *Ökonomisch-Philosophischen Manuskripten* (1844a), unterscheidet Marx vier Resultate des »nationalökonomischen Faktums« entfremdeter Arbeit: Entfremdete Arbeit entfremdet den Arbeiter *erstens* vom Produkt seiner Arbeit, *zweitens* von seiner eigenen Tätigkeit, *drittens* von dem, was Marx in Anschluss an Feuerbach »Gattungswesen« nennt, und *viertens* von den anderen Menschen. Entfremdung liest sich dann, kapitalismuskritisch gewendet, als die Störung des Verhältnisses, das man zu sich und der sozialen wie natürlichen Welt hat oder haben sollte; umgekehrt wäre, der marxschen Anthropologie zufolge, nicht entfremdete Arbeit als produktive Weltaneignung die Voraussetzung dafür, ein angemessenes Verhältnis zu sich, zur gegenständlichen Welt und zu den anderen Menschen entwickeln zu können. Dabei lassen sich in dem von Marx als »Entfremdung« angesprochenen Defizit durchgängig zwei Dimensionen erkennen: Einerseits die Unfähigkeit, sich mit dem, was man tut, und mit denjenigen, mit denen man es tut, sinnhaft zu identifizieren, andererseits das Problem des Machtverlusts, die Unfähigkeit, über das, was man tut, Kontrolle auszuüben, d.h. individuell oder kollektiv »Subjekt seiner Handlungen« zu sein. So spitzt sich die Entfremdungskritik auf eine Diagnose umfassender Sinnlosigkeit zu, die gleichzeitig eine Herrschaftskritik ist.

Selbst wenn der Entfremdungsbegriff in der ausgeführten marxschen Kritik der politischen Ökonomie zurücktritt, zieht sich das entfremdungskritische Muster als »de-naturalisierende« Kritik, die den gesellschaftlichen Charakter dessen enthüllt, was sich als Naturverhältnis ausgibt, bis ins Spätwerk. So bleibt mit der Analyse des »Warenfetischs« im *Kapital* (1867) der (entfremdete) »Götzencharakter« der gesellschaftlichen Verhältnisse, die sich als von uns selbst produzierte verselbständigen und gegen uns kehren, eines der Grundmotive der marxschen »Kritik der politischen Ökonomie«.

2.2. Ein zweiter Strang der Entfremdungskritik lässt sich in der Traditionslinie des Existenzialismus, die u.a. von Kierkegaard zu Heidegger, Tillich und Sartre reicht, verorten.

Denkt Kierkegaard Selbstwerdung als Aneignung der eigenen Handlungen und der eigenen Geschichte, als den Vorgang also, sich praktisch zu »ergreifen«, und damit als tätige Inbesitznahme des fremd Gesetzten, so besteht seine sittlich-ethische Zielbestimmung darin, gegenüber der konformisierenden Öffentlichkeit der sich durchsetzenden modernen bürgerlichen Gesellschaft ein »einzelner« Mensch, ein »vereinzelter Einzelner« zu werden. Hier wird, wie später bei Heidegger (1927), das Faktum des Eingelassenseins in eine öffentliche Welt zur Quelle des Authentizitätsverlusts der Subjekte angesichts der als »Nivellierung« (Kierkegaard) oder »Herrschaft des Man« (Heidegger) beschriebenen öffentlichen Welt. Auch die heideggersche Kritik an der »Pseudoontologie der gegebenen Welt« (vgl. Goldmann 1973, 118), an der Vorherrschaft verdinglichender Objektivationen im Welt- und Selbstverhältnis, und damit an einer Situation, in der die Welt als »gegeben« verkannt wird, statt als Resultat praktischer Weltvollzüge aufgefasst zu werden, lässt sich entfremdungskritisch verstehen.

Sartre diskutiert unter dem Titel der Unwahrhaftigkeit (»mauvaise foi«; vgl. Sartre 1943) das Phänomen der Selbstverdinglichung und des Verkennens dessen, was den Freiheitscharakters der eigenen Existenz – in Sartres Terminologie: die Möglichkeit der Selbsttranszendierung – ausmacht. Ist Sozialität auch hier immer schon entfremdend, so ist diese Entfremdung gleichzeitig konstitutiv für das Selbstverhältnis der Person und damit unvermeidlich. Während dieser Doppelcharakter in *Das Sein und das Nichts* aporetisch bleibt, deutet sich in Sartres *Kritik der dialektischen Vernunft* (1960) eine Unterscheidung an, mit der sich neben der entfremdenden auch eine gelingende, nicht entfremdende Sozialität denken ließe. So steht einerseits Sartres phänomenologische Beschreibung der »Serialität« für die passiv-reaktiv bleibende Vergemeinschaftung der Individuen in der jeder der andere, aber keiner er selbst ist, während er andererseits das »Fusionieren« einer Menge zur Gruppe (am Beispiel des Sturms auf die Bastille) als Form kollektiven Handelns beschreibt, in dem sich diese Entfremdungsmomente partiell auflösen.

2.3. Wenn im 20. Jahrhundert der sog. westliche Marxismus in seinen verschiedenen Strömungen an die Entfremdungsdiskussion anknüpfte, so v.a. deshalb, weil sich im Anschluss an diese eine qualitative Dimension von Gesellschaftskritik erschließen ließ, die insbesondere für die Entwicklung einer kritischen Theorie des fortgeschrittenen Kapitalismus von fundamentaler Bedeutung war. Mit der These von der Universalität der Warenform als Charakteristikum der modernen Gesellschaft wird, in deutlicher Parallele zur marxschen Entfremdungsdiskussion, Verdinglichung bei Lukács (1923) zum Zentralbegriff einer Theorie der modernen kapitalistischen Gesellschaft. Prägend werden für Lukács die Phänomene von Indifferenz, Versachlichung, Quantifizierung und Abstraktion, die sich mit Ausbreitung der kapitalistischen Tauschwirtschaft in sämtlichen Lebensverhältnissen und Ausdrucksformen der Gesellschaft niederschlagen. Max Webers Bild vom »stählernen Gehäuse«, in dem der Mensch der bürokratisierten kapitalistischen Gesellschaft gefangen ist, sowie Simmels Beschreibung der »Tragödie der Kultur«, in der die Produkte menschlicher Freiheit sich den Menschen gegenüber als etwas Objektives verselbstständigt haben (vgl. Simmel 1900; ders. 1911), werden von Lukács zurückgeführt auf die mit dem kapitalistischen Warentausch einhergehenden Transformationen der individuellen Selbstverhältnisse wie der sozialen Verhältnisse. Marcuse, der zunächst (1932) mithilfe des Entfremdungsbegriffs die Frontstellung gegen den Ökonomismus des Historischen Materialismus eröffnet hatte, knüpft später (1964) mit seiner Rede vom »eindimensionalen Menschen« nicht nur an die schillersche Problembeschreibung, sondern mit dem Gegenmodell der spielerisch nichtinstrumentellen Tätigkeit auch an dessen Lösungsansatz an.

3.

3.1. Dass es um den Entfremdungsbegriff in der letzten Zeit ruhig geworden ist, mag einerseits eine Frage politischer und theoretischer Konjunkturen sein, liegt andererseits aber auch daran, dass Entfremdungskritik systematisch entweder auf Begründungsfiguren des Essentialismus bzw. der Geschichtsphilosophie angewiesen zu sein scheint, die philosophisch zunehmend problematisiert worden sind. Wenn Entfremdung (beginnend mit Rousseau) als Missverhältnis zwischen der Natur des Menschen und seinem gesellschaftlichen Leben aufgefasst wird, bedeutet die Rückführung aus einem entfremdeten Zustand in den nicht entfremdeten offenbar immer eine Rückkehr zu diesem Wesen, zur Bestimmung oder Natur des Menschen. Entfremdungskritik setzte dann immer eine (objektiv begründete) Gestalt oder Zielbestimmung wahren Menschseins voraus. Und sofern Entfremdung als »Widerspruch« bestimmt ist, der sich als historische Zwischenstufe manifestiert, drängt die Geschichte (als Schauplatz eines Entfremdungsgeschehens) auf die »Versöhnung« und Aufhebung des entfremdeten Zustands. Es sind verschiedene Kritikpunkte, denen sich der Rückgriff auf das Entfremdungstheorem damit aussetzt. Nicht nur ist seit Althussers Kritik am marxschen »Humanismus« (der die Entfremdungskritik innermarxistisch desavouierte) die Idee der Selbsttransparenz und Selbstmächtigkeit des Subjekts als unhaltbar verstanden und die Essentialismuskritik fast zu einer Art von Common Sense der philosophischen Diskussion geworden. Auch den geschichtsphilosophischen Begründungsmodellen mit ihrer normativ-teleologischen Aufladung geschichtlicher Entwicklungsprozesse möchte sich heute kaum jemand mehr anschließen. Und auch die Rede von Entfremdung als Element einer Theorie des »guten Lebens« sieht sich von liberaler Seite dem Paternalismusvorwurf ausgesetzt.

3.2. Auch wenn das Entfremdungsproblem heute nicht mehr im Fokus eines einheitlichen Diskussionszusammenhangs steht, lassen sich in letzter Zeit wieder verstärkt systematische Anknüpfungs- und Aktualisierungsversuche ausmachen. Angesichts neuerer ökonomischer und gesellschaftlicher Entwicklungen artikuliert sich in wachsendem Maße eine Beunruhigung, die sich, wenn nicht dem Namen, so doch der Sache nach, mit dem Phänomen der Entfremdung in Verbindung bringen lässt. Richard Sennetts (1998) These, der flexible Kapitalismus bedrohe die Identität des Einzelnen und den sozialen Zusammenhang der Gesellschaft, sowie seine Überlegungen zum Charakter handwerklicher Erfahrung und der Entsinnlichung von Arbeitsprozessen, tritt ebenso die Erbschaft der Entfremdungskritik an wie die zunehmenden Bedenken gegenüber Tendenzen einer Vermarktlichung oder Kommodifizierung immer größerer Lebensbereiche. Auch die Protestbewegungen gegen Kontrollverlust und Machtlosigkeit angesichts einer sich globalisierenden Ökonomie kann man als entfremdungskritische Bewegungen verstehen.

Systematisch allerdings lässt sich an den Entfremdungsbegriff heute wohl nur noch im Rahmen einer nichtessentialistischen Rekonstruktion anknüpfen, die keine objektivistisch-paternalistische Position der Deutungshoheit in Anspruch nimmt, die gegen den modernen Anspruch auf Selbstbestimmung steht, sondern im Gegenteil auf eine Vergegenwärtigung und Einforderung der Voraussetzungen für die Verwirklichung von Selbstbestimmung zielt (vgl. Jaeggi 2005). Als Thematisierung des Problems, wie man sich – gesellschaftlich wie individuell – das, was man tut, und die Bedingungen, unter denen man es tut, zu Eigen machen kann, ist die Überwindung von Entfremdung nämlich Voraussetzung für die Verwirklichung von Selbstbestimmung. Der Begriff gewinnt dann seine Deutungskraft auch aus dem Umstand, dass er Phänomene des Sinnverlusts wie des Machtverlusts gleichermaßen zu thematisieren und gesellschaftliche Fehlentwicklungen aufzugreifen vermag, die in der Thematisierung von Unrecht im engeren Sinne nicht aufgehen.

4.

Feuerbach, L., 1841, Das Wesen des Christentums, Stuttgart: Reclam 1986.

Goldmann, L., 1973, Lukács und Heidegger, Darmstadt: Luchterhand 1975.

Hegel, G. W. F., 1807, Phänomenologie des Geistes, Frankfurt/M.: Suhrkamp 1970.

Heidegger, M., 1927, Sein und Zeit, Halle: Niemeyer.

Israel, J., 1972, Der Begriff Entfremdung, Reinbek: Rowohlt.

Jaeggi, R., 2005, Entfremdung, Frankfurt/M.: Campus.

Lukács, G., 1923, Geschichte und Klassenbewußtsein, Darmstadt: Luchterhand 1988.

Marcuse, H., 1932, Neue Quellen zur Grundlegung des Historischen Materialismus, in: Schriften, Bd. I, Frankfurt/M.: Suhrkamp 1978.

Marcuse, H., 1964, Der eindimensionale Mensch, Darmstadt: Luchterhand 1967.

Marx, K., 1844a, Ökonomisch-Philosophische Manuskripte, in: MEW, Erg.bd., Berlin: Dietz 1973.

Marx, K., 1844b, Zur Kritik der Hegelschen Rechtsphilosophie. Einleitung, in: MEW, Bd. 1, Berlin: Dietz 1979.

Marx, K., 1867, Das Kapital, Bd. 1, Berlin: Dietz 1962.

Nicolaus, H., 1995, Hegels Theorie der Entfremdung, Heidelberg: Manutius.

Ollman, B., 1971, Alienation, Cambridge: Cambridge University Press.

Popitz, H., 1967, Der entfremdete Mensch, Darmstadt: EVA.

Rousseau, J.-J., 1755, Diskurs über die Ungleichheit, Stuttgart: UTB 2008.

Sartre, J.-P., 1943, Das Sein und das Nichts, Reinbek: Rowohlt 1991.

Sartre, J.-P., 1960, Kritik der dialektischen Vernunft, Reinbek: Rowohlt 1967.

Schacht, R., 1970, Alienation, New York: Allen & Unwin.

Schacht, R., 1994, The Future of Alienation, Urbana: University of Illinois Press.

Schaff, A., 1980, Alienation as a Social Phenomenon, Oxford: Pergamon.

Schiller, F., 1795, Über die ästhetische Erziehung des Menschen in einer Reihe von Briefen, Stuttgart: Reclam 2000.

Sennett, R., 1998, Der flexible Mensch, Berlin: Berlin Verlag.

Simmel, G., 1900, Philosophie des Geldes, Frankfurt/M.: Suhrkamp 1989.
Simmel, G., 1911, Der Begriff und die Tragödie der Kultur, in: ders., Gesamtausgabe, Bd. 14, Frankfurt/M.: Suhrkamp 1996.

RAHEL JAEGGI

Entscheidungsfindung, Verfahren der kollektiven

1.

Der Begriff »Verfahren der kollektiven Entscheidungsfindung« umfasst neben einfachen Abstimmungsregeln wie der Einstimmigkeits- und der Mehrheitsregel komplexere Wahlmechanismen ebenso wie Institutionen und Prozesse der Herbeiführung von Mehrpersonenentscheidungen, wie z.B. das Wahlrecht demokratischer Systeme oder die Beratung und Entscheidung in vertretenden/beauftragten Entscheidungsorganisationen und -gremien (Parlamente, Ausschüsse, Kabinette). Unter den Begriff fallen sowohl die entsprechend vorgesehenen Regeln in Verfassungen wie auch in operativen Geschäftsordnungen von (politischen) Kollektiven. Kommunikation und Verhandlungen lassen sich ebenso darunter subsumieren. Eine zentrale Unterscheidung trennt explizite und implizite informelle Verfahren der kollektiven Entscheidung. Erstere beruhen i.d.R. auf schriftlich gesatzten Dokumenten, letztere sind konventionell begründet und finden ihren Ausdruck nur in beobachtbaren Verhaltensweisen. Die Differenzierung zwischen einstufigen und mehrstufigen Verfahren erlaubt die Berücksichtigung der Veränderungen relevanter Parameter im Zeitverlauf (vgl. Hurwicz 1996; Miller 1995). Dies eröffnet die Möglichkeit von Prozessanalysen von Verfahren, bei denen sich die Menge der zu entscheidenden Themen wie auch die Menge der beteiligten Akteure, die jeweils angewandten Prozeduren und die Geltungsreichweite von Sequenz zu Sequenz ändern können. Angesichts der Tatsache, dass kein Verfahren konsistente kollektive Entscheidungen sicher zu stellen vermag und auch keines sicher vor Manipulationen ist, konzentriert sich die wissenschaftliche Diskussion auf zwei Fragestellungen: Welche Auswirkungen haben Entscheidungsverfahren? Wie kommt es zur Wahl der jeweiligen Verfahren und wie stabil sind sie?

Allgemeinen Definitionen der Theorie der Sozialwahl folgend legen Verfahren der kollektiven Entscheidungsfindung die Übersetzung individueller Präferenzen und Entscheidungen in kollektive Entscheidungen fest (vgl. Brams/Fishburn 2002, 176). Bei den Individuen kann es sich um Wähler demokratischer Massenelektorate, um Mitglieder gesetzgebender Körperschaften oder um Ausschussmitglieder handeln. Die Entscheidungen können dabei ausschließlich für die an der Entscheidung unmittelbar Beteiligten verbindlich sein – etwa im Kontext direkter Demokratie – oder aber für einen weiteren Kreis oder gar einen gänzlich anderen (Entscheidungen innerhalb repräsentativer und exekutiver Organe). Die Alternativen können einzelne Kandidaten sein, die sich für ein Amt bewerben, oder aber Parteilisten, Gesetzesvorlagen, über die abgestimmt wird, oder auch Gerichtsentscheidungen. Als Verfahren bezeichnet man dabei sowohl die Form der tatsächlichen Entscheidung wie auch die die Entscheidungen vorbereitenden Prozesse. Vereinfacht zeichnen sich Verfahren der kollektiven Entscheidungsfindung durch zwei Merkmale aus (vgl. Brams/Fishburn 2002): Durch die Form der Stimmabgabe und durch die Form der Stimmentransformation zur Ermittlung eines Gewinners oder mehrerer Gewinner. Bei der Stimmabgabe lassen sich z.B. Verfahren wie das offene Handheben in einer Versammlung, die anonyme Abgabe der Stimme für einen meistpräferierten Kandidaten oder eine (un)vollständige Rangordnung der Kandidaten unterscheiden. Bei Listen von Kandidaten sind die Mehrstimmgebung, Elimination von Kandidaten, Panaschieren, Kumulieren etc. möglich (vgl. den Überblick bei

Nohlen 1986). Die Form der Stimmentransformation kann definiert sein durch das Auslosen eines Gewinners (vgl. zum antiken Gebrauch des Loses Stavely 1972), durch das Erzielen einer Mehrheit (zu den unterschiedlichen ›Zählverfahren‹ vgl. Miller 1995, 6–9), durch die Anwendung komplexer Verfahren der repräsentativen Mandatszuteilung (vgl. Balinski/Young 2001) oder durch die Erfordernis verbundener Entscheidungsorgane wie etwa in Mehrkammersystemen (vgl. den systematischen Vergleich bei Tsebelis/Money 1997). Die Gesamtheit und das Ineinandergreifen der Verfahren der kollektiven Entscheidungsfindung einer Gesellschaft machen deren politische Organisation aus. Politik bedeutet dabei das Treffen gemeinsamer, kollektiv verbindlicher Entscheidungen. Ergebnisse der Ethnologie, der Historiographie und aktuelle Entwicklungen der internationalen Beziehungen machen deutlich, dass sich die lange Zeit vorherrschende Manifestation politischer Organisation in Form von Staaten – d.h. der zentralisierten, territorial definierten und begrenzten Herrschaft – als eine kulturell und historisch spezifische Erscheinung politischer Organisation darstellt. In sog. primitiven Gesellschaften ist die politische Organisation diffus und latent; Handlungen, Rollen und Institutionen sind multifunktional (vgl. Stagl 1998), so dass nur eine prozessuale und vergleichende Sichtweise die spezifisch politischen Strukturen und Verfahren zu identifizieren erlaubt. Transnationale Beziehungen und supranationale Organisationsformen stellen derzeit Herausforderungen für den Bestand staatlicher Organisationsformen dar.

In der neueren Forschung werden Verfahren der kollektiven Entscheidungsfindung in der Social Choice- und Public Choice-Literatur u.a. durch sog. Social Choice Functions stilisiert und formalisiert, mittels derer eine direkte, mechanistische Aggregation der Präferenzen abgebildet wird. Im Rahmen der Spieltheorie erfolgt hingegen eine indirekte Aggregation der im Kontext strategischer Koorientierung erfolgten Entscheidungen der Akteure. Die resultierenden Gleichgewichtsresultate der strategischen Interaktion werden im Rahmen einer sog. Game Form formalisiert, welche die von einem Verfahren zulässigen Strategien und die Bewertung (Präferenzen und Überzeugungen) der resultierenden Ergebnisse beinhaltet.

2.

Zentraler Bezugspunkt der modernen wissenschaftlichen und politischen Debatte um die (beste) politische Organisationsform ist das Verfahren der Mehrheitsentscheidung (vgl. den extensiven Überblick bei Mueller 2003). Dies ist auf die häufig inadäquate Gleichsetzung von demokratischem Prinzip und Mehrheitsentscheidung zurückzuführen. Das Prinzip der Mehrheitsentscheidung ist jedoch nur ein formales Prinzip kollektiver Entscheidungsfindung; es ist nicht an eine bestimmte Staatsform gebunden und wird auch in ständischen Gebilden verwendet (vgl. den historischen Überblick in Scheuner 1973). Das Mehrheitsprinzip wurde bereits in der griechischen und römischen Antike angewandt – im Kontext der Abkehr von der Vorherrschaft adeliger Sippen und des Königtums. Bei den Griechen trug die Mehrheitsentscheidung insofern direktdemokratische Züge, als die Volksversammlung der freien Bürger durch Zuruf oder durch Aufheben der Hand verbindliche Entscheidungen traf. Bereits stärker repräsentative Züge trugen die Verfahren der kollektiven Entscheidungsfindung im antiken Rom: Neben der direkten Gesetzgebung diente die Anwendung der Mehrheitsregel in den Volksversammlungen der Wahl der Beamten und der Wahl der Konsuln.

Im kanonischen Recht des Mittelalters wurde das zunächst vorherrschende Einstimmigkeitsprinzip (unanimitas) zunehmend durch das Mehrheitsprinzip abgelöst, welches bei Beschlüssen der Konzile, bei Bischofswahlen und der Wahl von Äbten zur Anwendung kam. Da hierbei die Zustimmung ranghöherer Positionen erforderlich war, entwickelte sich das Konstrukt der ›maior et sanior pars‹: Obgleich weniger Stimmen erhaltend, konnte ein Kandidat dann den Vorzug bekommen, wenn die ›höhere Qualität‹ der für ihn abgegebenen Stimmen eine größere Würdigkeit und eine innere Überlegenheit vermuten ließ. Der Übergang von Konventionen zu explizit formulierten Verfahren lässt sich z.B. bei den deutschen Königswahlen im Mittelalter nachvollziehen: Während ein zunächst nicht explizit bestimmter Kreis den König einstimmig wählte und dabei dem Mainzer Kurbischof der ›erste Kürruf‹ zukam, institutionalisierte sich ab dem 13. Jahrhundert das Kurfürstenkollegium als Wahlkörper. Die erstmalige Anwendung des Mehrheitsprinzips erfolgte bei der Wahl Rudolf von Habsburgs. Eine explizite Bestimmung der wahlberechtigten Kurfürsten und des Mehrheitsentscheids erfolgte 1356 in der Goldenen Bulle. Im Vergleich zum kanonischen Recht erfolgte die Durchsetzung des Mehrheitsprinzips in der weltlichen Rechtsentwicklung langsamer. Hier verband sie sich zunehmend mit dem Postulat der Repräsentation, dem Postulat der Gleichheit der Stimmen und einer möglichst getreuen Abbildung der Wählerschaft. Leitende Organe wurden zunächst nur in den italienischen und nördlichen Stadtrepubliken gewählt. Erst die institutionellen Innovationen in England und den heutigen USA führten zu einer Ausdifferenzierung von überlokalen Rollen und Institutionen. In England kam es frühzeitig zur Ausdifferenzierung parlamentarischer Kammern und einer Regierung, und letztlich zur Abhängigkeit der Regierung vom Parlament, dem zentralen Prinzip des sog. einen Grundtyps der ›parlamentarischen Regierungssysteme‹. Der andere Grundtyp, das sog. präsidentielle Regierungssystem, bei dem ein (quasi-)direkt legitimierter Präsident einem direkt gewählten Kongress relativ unabhängig gegenübersteht, bildete sich in den USA heraus. Beide Systeme enthielten neben diesen beiden Formen der horizontalen Gewaltenteilung zum Schutze von Minoritäten auch zweite Kammern im Rahmen einer vertikalen Gewaltenteilung. Während das britische House of Lords die Funktion ständischer Vertretung hat, hat der US-amerikanische Senat – wie die meisten zweiten Kammern heutzutage – die Funktion der Vertretung subnationaler Einheiten in föderalen Systemen.

Eine systematische, mathematische Auseinandersetzung mit der logischen Konsistenz der Mehrheitsregel beginnt erst mit Condorcet und Borda. Die Amerikanische und die Französische Revolution vollzogen einen Transfer der Souveränität auf das Volk, d.h. kollektive Entscheidungen durch das Volk und deren Repräsentanten ersetzen die Entscheidungen von nicht demokratisch legitimierten Staatsoberhäuptern. Condorcet und Borda gingen folglich der Frage nach, mittels welcher Entscheidungsregel am besten der allgemeine Willen des Volkes wiedergegeben bzw. entdeckt werden könnte. Als fundamentales Problem stellte sich dabei das Condorcet-Paradoxon heraus, dem zufolge konsistente individuelle Präferenzen bei Anwendung der Mehrheitsregel inkonsistente kollektive Ergebnisse zeitigen können. Allerdings wurde diese zentrale Erkenntnis im Weiteren zunächst durch die Auseinandersetzung mit dem Repräsentationsprinzip, d.h. der Frage nach der fairen Repräsentation der Interessenverteilung in der Wählerschaft verdrängt. Die Ausdehnung des Massenwahlrechts im 19. Jahrhundert führte zu theoretischen Begründungen der Abbildung der Interessen und der Erfindung von technischen Verfahren der Umsetzung von Stimmen in Sitzanteile in repräsentativen Organen – so unter anderen die Verfahren von d'Hondt und Hagenbach-Bischoff.

Das Condorcet-Paradoxon wurde erst wieder von Black (1948) und Arrow (1951) aufgegriffen. Diese Arbeiten stellen den Beginn einer seither extensiven axiomatischen, deduktiven Auseinandersetzung mit Verfahren der kollektiven Entscheidungsfindung dar (vgl. zusammenfassend Arrow/Sen/Suzumura 2002), die auf den ernüchternden Ergebnissen von Arrow (1951), Gibbard (1973) und Satterthwaite (1975) aufbauen. Arrow zeigte, dass es keine Entscheidungsregel gibt, bei der die konsistenten individuellen Präferenzen immer in konsistenten sozialen Entscheidungen resultieren (Impossibility Theorem). Gibbard und Satterthwaite bewiesen, dass kein Auswahlmechanismus manipulationssicher ist.

Die internationalen Beziehungen sind derzeit ein Experimentierfeld für die Untersuchung der Implementation neuer (Kombinationen von) Verfahren und deren möglicher Auswirkungen. Offiziell herrscht hier das Konsensprinzip als formales Entscheidungsprinzip vor. Insofern bilden die internationalen Beziehungen eine ideale Sphäre nicht nur für die Untersuchung der Voraussetzungen des Mehrheitsprinzips, sondern für die Herausbildung von Verfahren in ›anarchischen Kontexten‹.

3.

Die traditionelle, eher induktiv und strukturfunktionalistisch orientierte Politikwissenschaft der Nachkriegszeit kümmerte sich erstaunlicherweise recht wenig um die Implikationen der Ergebnisse von Arrow, Gibbard und Sattertwhaite. Im Vordergrund stand hier vielmehr, deskriptiv die institutionellen Grundformen von Regierungssystemen im Rahmen von einfachen und komplexen (mehrkriteriellen) Typologien zu separieren. Erst in neueren Studien werden diese Typologien auch in explanatorischen Studien verwendet, um die Auswirkungen von Verfahren der kollektiven Entscheidungsfindung auf diverse Indikatoren zu überprüfen.

Als ein zentrales Kriterium gilt bis heute die unterschiedliche Legitimation der Exekutiven und die entsprechende Unterscheidung von ›parlamentarischen Regierungssystemen‹ (Wahl/Abhängigkeit der Exekutive durch das Parlament) vs. ›präsidentielle Regierungssysteme‹ ((quasi-)direkte Wahl des Präsidenten durch das Volk) (vgl. Steffani 1977). Begründet wurde die Hervorhebung dieses Aspekts mit den daraus resultierenden unterschiedlichen funktionalen Anforderungen an die Parteien und Fraktionen (Kohäsivität, Zurechenbarkeit der Entscheidungsresultate). Neuere polit-ökonomische Studien greifen diese Unterscheidung auf und belegen eine höhere Staatstätigkeit von parlamentarischen Regierungssystemen (vgl. Persson/Tabellini 2000). Begründet wird dies mit der größeren Abhängigkeit der Exekutive von den dem Elektorat verpflichteten Parteien und Fraktionen.

Im Bereich der Wahlsysteme wurden als Grundtypen ›Mehrheitswahlsysteme‹ und ›Proportionalwahlsysteme‹ unterschieden. Duverger (1951) stellte die These auf, Mehrheitswahlsysteme führten auf Grund strategischen Verhaltens der Wähler zu Zweiparteiensystemen, Proportionalwahlsysteme hingegen zu fragmentierten Parteiensystemen. Cox (1997) versuchte diese These für eine beliebig große Anzahl von zu wählenden Kandidaten in einem Wahlkreis zu verallgemeinern. Auf der Grundlage eines spieltheoretischen Modells mit rationaler Erwartungsbildung seitens der Wähler und der über den Eintritt in den Wahlwettbewerb entscheidenden Parteien postuliert er, dass bei einer Wahlkreisgröße von M Kandidaten M+1 Kandidaten tatsächlich gewählt werden. Empirisch stellte sich jedoch bei Cox (1997) heraus, dass diese Regel nur bis zu einer Größe von fünf Kandidaten zutrifft. Im Übrigen findet strategisches Wählen auch in Proportionalwahlsystemen statt – Anreize dazu stellen Repräsentationshürden für marginale Parteien und Koalitionsoptionen dar. Im Hinblick auf die normative Bewertung und die empirischen Untersuchung von Wahlsystemen hat Nohlen (1986) schon frühzeitig darauf hingewiesen, dass Entscheidungsregel und Repräsentationsverfahren auf unterschiedlichen Ebenen der Transformation der Einzelstimmen in Kollektiventscheidungen zu unterscheiden sind. Das derzeitige Bemühen, einen dritten Typus ›Mischwahlsysteme‹ für die in neuen Demokratien neuartigen Kombinationen von Wahlsystemen zu postulieren, dürfte sich folglich für explanatorische und generalisierende Aussagen als noch weniger geeignet herausstellen als die traditionelle Unterscheidung – Wahlsysteme sind immer schon kontingent konstruierte komplexe Kombinationen von einzelnen Verfahren.

Ein weiterer einflussreicher Typologisierungsvorschlag von Lijphart (1999) unterscheidet majoritäre Demokratien angelsächsischer Provenienz von konsensorientierten Verhandlungsdemokratien. Normativer Hintergrund ist die Kontrastierung einer idealtypisch zugespitzten mechanisch vollzogenen Majorisierung von Minderheiten, die bei responsiven Elektoraten zu alternierenden Regierungen führt, einerseits, mit einem deliberativen Demokratieverständnis, welches auf verhandlungsbasiertem Ausgleich beruht, andererseits. Auf der Grundlage eines Katalogs von quantitativen Merkmalen entlang der Dimension »Zentralisierung vs. Dezentralisierung von Entscheidungskompetenzen« in 36 Demokratien kommt Lijphart zu dem Schluss, dass Konsensusdemokratien in einer Reihe von Performanzindikatoren (Wahlbeteiligung, Demokratiezufriedenheit etc.) Vorzüge aufweisen. Abgesehen von dem zu begrüßenden Versuch einer empirisch-quantitativen Demokratieforschung ist die normative Ausgangsannahme aber unterkomplex: Wie die Arbeit von Buchanan/Tullock (1962) gezeigt hat, sind Entscheidungsregeln immer schon bezüglich des Trade-Offs von Entscheidungskosten (Verhandlungs-, Opportunitätskosten, Zeit) und externen Kosten für die unterliegende Minorität zu evaluieren. Eine situationsunabhängige, statische Gegenüberstellung von majoritärer und verhandelnder Demokratie stellt damit eine von vornherein normative Verabsolutierung dar, die einer allgemeinen Theoriebildung von demokratischen Verfahren der kollektiven Entscheidungsfindung nicht zuträglich ist. Aus der Perspektive eines Vetospieleransatzes hebt denn auch Tsebelis (1997) auf institutionelle Merkmale ab, die zu einer Status Quo-Trägheit und Inflexibilität in Demokratien führen. Zusammengefasst kommt er zu folgenden plausiblen Schlussfolgerungen: Je größer die Anzahl an Vetospielern und je heterogener deren Präferenzen, und ggf. je kohäsiver die Präferenzen beteiligter kollektiver Akteure, und je geringer der Gewinn durch eine Status Quo-Überwindung im Vergleich zu den anfallenden Transaktionskosten der Implementierung sind, desto geringer ist die Neigung, den Status Quo im Rahmen einer Mehrheitsentscheidung zu überwinden. Beiden Ansätzen ist entgegen zu halten, dass sie informelle Verfahren der Deliberation und Blockade nicht thematisieren.

Eine analytische Zugangsweise zur wissenschaftlichen Auseinandersetzung mit Verfahren der kollektiven Entscheidungsfindung erfolgte zunehmend im Rahmen einer positiven politischen Theorie, insbesondere in der Social Choice-Literatur und der Spieltheorie. In einer enzyklopädischen Zusammenfassung der positiven und normativen Voraussetzungen des Mehrheitsprinzips hebt Mueller (2003) v.a. darauf ab, die Mehrheitsregel als formales Entscheidungsprinzip tunlichst nur bei allokativen, die Paretogrenze anzielenden, nicht aber bei redistributiven Entscheidungen anzuwenden.

Im Rahmen empirischer Organisationsanalysen werden mittlerweile zunehmend die Wahl von Entscheidungsregeln und die Auswirkung von bestehenden Organisationsmerkmalen im Rahmen transaktionskostentheoretischer Überlegung auf der Grundlage von Massendaten (in der Regel räumlich konzipierte Politikentscheidungen) statistisch getestet (vgl. Epstein/O'Halloran 1997; Cameron 2002; Thurner 2006). Politische Organisationen werden hierbei als Nexus von Prinzipal-Agenten-Beziehungen konzipiert, in denen Beteiligungs-, Entscheidungs- und Kontrollbefugnisse in einer je spezifischen Weise verteilt sind (vgl. Strom/Müller/Bergman 2004), innerhalb derer Informationen und Präferenzen im Rahmen komplexer dynamischer Prozesse in Kollektiventscheidungen transformiert werden. Ein viel versprechender Ansatz, weil von vornherein interdisziplinär inspiriert und angelegt, findet sich in Colemans (1990) Sozialtheorie. Die Problematik der Verfahren der kollektiven Entscheidungsfindung wird von Anfang soziologisch breiter als Übergang von Mikrohandlungen zu Makroergebnissen konzipiert. Die Akteure sind dabei mit mehr oder weniger Handlungsrechten – anstatt dem einengenden Konzept einer Wahlstimme – und Ressourcen ausgestattet. Die zentrale Frage im Rahmen einer empirischen Comparative Governance ist, wie Akteure das Problem negativer Externalitäten durch die Partitionierung und den Transfer von Kontrollrechten lösen. Dieser Zugang ist offen für die Berücksichtigung oft implizit ablaufender Verfahren. Dabei werden in Zukunft angewandte Netzwerkanalysen und Simulationen eine zunehmende Bedeutung in politikfeldspezifischen Analysen von (politischen) Organisationen erlangen.

4.

Arrow, K. J., 1951, Social Choice and Individual Values, New Haven: Yale University Press 1963.
Arrow, K. J./Sen, A. K./Suzumura, K. (Hg.), 2002, Handbook of Social Choice and Welfare, Bd. 1, Amsterdam: Elsevier.
Balinski, M. L./Peyton Young, H., 2001, Fair Representation, Washington, D.C.: Brookings Institution Press.
Black, D., 1987, The Theory of Committees and Elections, Boston: Kluwer.
Brams, S. J./Fishburn, P. C., 2002, Voting Procedures, in: K. J. Arrow/A. K. Sen/K. Suzumura (Hg.), Handbook of Social Choice and Welfare, Bd. 1, Amsterdam: Elsevier.
Buchanan, J. M./Tullock, G., 1962, The Calculus of Consent, Ann Arbor: University of Michigan Press.
Cameron, C. M., 2000, Veto Bargaining, Cambridge: Cambridge University Press.
Coleman, J. S., 1990, Foundations of Social Theory, Cambridge/MA: Belknap Press.
Downs, A., 1957, Ökonomische Theorie der Demokratie, Tübingen: Mohr 1986.
Duverger, M., 1951, Les partis politiques, Paris: Colin.
Epstein, D./O'Halloran, S., 1999, Delegating Powers, Cambridge: Cambridge University Press.
Gibbard, A., 1973, Manipulation of Voting Schemes, Econometrica 41.
Hurwicz, L., 1996, Institutions as Families of Game Forms, in: Japanese Economic Review 47.
Laver, M./Shepsle, K. A., 1996, Making and Breaking Governments, Cambridge: Cambridge University Press.
Lijphart, A., 1999, Patterns of Democracy, New Haven: Yale University Press.
McLean, I. (Hg.), 1995, Classics of Social Choice, Ann Arbor: University of Michigan Press.
Miller, N. R., 1995, Committees, Agendas and Voting, Chur: Harwood Academic.
Mueller, D. C., 2003, Public Choice III, Cambridge: Cambridge University Press.
Nohlen, D., 1986, Wahlrecht und Parteiensystem, Opladen: Leske + Budrich 2004.
Perrson, T./Roland, G./Tabellini, G., 2000, Comparative Politics and Public Finance, in: Journal of Political Economy 108.
Riker, W. H., 1982, Liberalism Against Populism, San Francisco: Freeman.
Satterthwaite, M. A., 1975, Strategy-Proofness and Arrow's Conditions, in: Journal of Economic Theory 10.
Scheuner, U., 1973, Das Mehrheitsprinzip in der Demokratie, Opladen: Westdeutscher Verlag.
Schofield, N., 2002, Representative Democracy as Social Choice, in K. J. Arrow/A. K. Sen/K. Suzumura (Hg.), Handbook of Social Choice and Welfare, Bd. 1, Amsterdam: Elsevier.
Stagl, J., 1998, Politikethnologie, in: H. Fischer (Hg.), Ethnologie, Berlin: Reimer.
Staveley, E. S., 1972, Greek and Roman Voting and Elections, London: Thames and Hudson.
Steffani, W., 1979, Parlamentarische und präsidentielle Demokratie, Opladen: Westdeutscher Verlag.
Shepse, K. A., 1979, Institutional Arrangements and Equilibrium in Multidimensional Voting Model, in: American Journal of Political Science 23.
Thurner, P. W., 2006, Die graduelle Konstitutionalisierung der Europäischen Union, Tübingen: Mohr Siebeck.
Tsebelis, G., 2002, Veto Players, New York: Sage.
Tsebelis, G./Money, J., 1997, Bicameralism, Cambridge: Cambridge University Press.

PAUL W. THURNER

Erasmus von Rotterdam (1469–1536)

1.

Erasmus von Rotterdam wurde (wahrscheinlich) am 27./28. Oktober 1469 (wahrscheinlich) in Rotterdam geboren und starb am 11./12. Juli 1536 in Basel. Der Makel, als uneehelicher Sohn eines Priesters und einer Arzttochter geboren zu sein, der ihm die politische und geistliche Laufbahn von Beginn an versperrt hatte, konnte nur durch eine Klostererziehung ›korrigiert‹ werden, die Erasmus in Gouda und dann in Deventer genossen hat. Mit unter dem Einfluss der ›devotio moderna‹, einer geistlichen Strömung der Nachfolge Christi, und des Humanisten Rudolf Agricola entdeckte Erasmus die ›litterae‹ oder ›studia humanitatis‹, die reflektierte Verbindung von Wort, Sache, Denken, Bildung, Zivilität und Geschichte. Nach einem vierjährigen Studium der Theologie in Paris und einem ersten Aufenthalt in England, bei dem er Thomas Morus und John Colet kennen lernte, trat Erasmus im Jahre 1500 mit der Publikation der *Adagia* (AW, Bd. 7), einer Sammlung von 800 Aussprüchen antiker Autoren samt eigener Kommentierung, ins Licht der Öffentlichkeit und verschaffte sich sowohl unter den kritiklosen Nachahmern der Antike als auch den scholastisch argumentierenden Theologen rasch zahlreiche Feinde. In den *Adagia* wird eine Bindung an die klassische Latinität sichtbar, die zum einen durch philologische Kritik die ursprünglichen Wortbedeutungen und Denkweisen rekonstruieren will, zum anderen im vollen Bewusstsein der historischen Differenz einer belehrten Urteilskraft das Wort redet, deren Kriterium der Aneignung der Antike nur in der Relevanz für das heutige gelungene und zu gestaltende Leben liegen kann. Zum Teil längere Aufenthalte folgten in den Niederlanden (v.a. in Löwen), in England und in Italien, wo er in Turin zum Doktor der Theologie promoviert wurde und in Venedig im Druckhaus Aldus Manutius arbeitete. Am Ende seines fünfjährigen weiteren London-Aufenthaltes, dessen Frucht u.a. das im Stil lukianischer Satire gehaltene *Lob der Torheit* (*Laus stultitiae*; AW, Bd. 2) war, fasste Erasmus 1514 den Entschluss, das Neue Testament neu zu übersetzen und zu edieren. Die Mitte 1516 erschienene Neuausgabe des *Novum Testamentum* (bzw. *Instrumentum*) im griechischen Original, neuer lateinischer Übersetzung und einer schier unglaublichen Menge an »Annotationes« und Kommentaren kann nicht nur als eine der Lebensleistungen des Erasmus angesehen werden. Vielmehr enthält diese Übersetzung mehrfachen ›Sprengstoff‹. Die nächsten Jahre verbringt Erasmus, angegriffen und hochgeachtet, am Oberrhein, wechselnd zwischen Freiburg und Basel, in dem der ›homo per se‹, der keiner Schule angehören wollte, auch begraben liegt.

2.

In seiner Neuausgabe des Neuen Testaments unterwirft Erasmus das Buch der Bücher einer philologischen Kritik und macht damit, ähnlich wie bereits zuvor Lorenzo Valla in Italien, den Weg frei für eine biblische Hermeneutik, die das textuale Überlieferungsgeschehen methodisch-wissenschaftlich (d.h. nach menschlichem Maß) untersucht. Die Bereitstellung eines philologisch überprüften und von Entstellungen und Fehlern gereinigten Original-Textes soll aber auch dazu dienen, dem gebildeten wie dem ungebildeten Publikum, den Klerikern wie den Laien gleichermaßen einen Zugang zum Heiligen Text zu ermöglichen. »Ich würde wünschen, dass alle Weiblein das Evangelium lesen, auch dass sie die Paulinischen Briefe lesen«, heißt es im *Aufruf* (*Paraclesis*), einem von vier Vorworten zur Ausgabe (AW, Bd. 3, 15). Fällt damit das Auslegungsmonopol des Klerus, wird über den personalen Zugang zum Text, so ist Erasmus überzeugt, die persönliche Frömmigkeit gestärkt, und werden auch die manchmal mehr als lächerlichen Fehden zwischen Auslegungsschulen einerseits und die oftmals schrecklichen Kriege zwischen rivalisierenden, meist theologisch legitimierten weltlichen Herrschaftsansprüchen andererseits beendigt. Durch die Rückkehr zum reinen Urtext des Evangeliums, heißt es im selben

Aufruf, »wäre die christliche Sache (res Christiana) nicht allenthalben im Aufruhr durch nahezu ständige Kriege, nicht mehr würde alles mit jenem ungesunden Eifer (insano studio), ob recht ob unrecht, danach gieren, Reichtümer anzuhäufen, nicht mehr würden sich allenthalben Kirche und Staat (sacra ac profana) in lärmenden Fehden erbittert bekämpfen« (AW, Bd. 3, 19f.).

3.

Diese dezidiert politische Dimension humanistischer Bildung und Frömmigkeit thematisiert Erasmus im selben Jahr explizit in seiner an den Prinzen Karl, den späteren Kaiser Karl V., gerichteten Schrift *Institutio Principis Christiani* (*Die Erziehung eines christlichen Fürsten*). Dieser Fürstenspiegel präsentiert ein Erziehungsprogramm, durch das nicht nur ein guter Mensch, sondern ein guter Fürst gebildet werden soll. Neben der Möglichkeit institutioneller Mechanismen der Machtbegrenzung, etwa durch eine Mischverfassung, stellt Erasmus v.a. darauf ab, dass ein Fürst in der Nachfolge Christi über freie und gleiche Menschen und ›göttliche Lebewesen‹ (divinum animal) nicht Herrschaft, sondern ausschließlich Verwaltung und Wache ausübt. »Erinnere Dich immer, dass Herrschaft (dominium), Reich (imperium), Königtum (regnum), Mäjestät (maejestatem) und Macht (potentiam) heidnische Bezeichnungen sind, nicht christliche! Christliche Herrschaft (imperium) ist nichts anderes als Verwalten (administrationem), Wohltun (beneficantiam) und Behüten (custodiam).« (AW, Bd. 5, 188ff.) Wird jeder Form von herrschaftlichem Eigennutz und Selbstüberhöhung eine radikale Absage erteilt, geht Erasmus noch einen Schritt weiter, wenn er die Legitimation von christlicher Herrschaft an die Zustimmung der ›Mitbrüder‹ und ›Mitschwestern‹ bindet. Denn, so in direkter Ansprache an Karl, »erst ihre [der Bürger] Zustimmung (consensus) macht Dich zum Fürsten« (AW, Bd. 5, 306f.). Die Verankerung in einem christlich grundierten Konsens zwischen Regierenden und Regierten bedeutet innen- und v.a. außenpolitisch das normativ einklagbare Bemühen der Fürsten »einen dauernden Frieden (aeterna quaedam pax) zustande« zu bringen, der nicht nur jegliche Vorbereitung zur Kriegsführung verbietet, sondern auch den Rechtfertigungen eines gerechten Krieges letztlich ablehnend gegenübersteht (AW, Bd. 5, 324).

Gipfelt die erasmische, letztlich reformatorische Kritik von Amtskirche, dogmatischer Lehre und weltlicher Herrschaft in einem Plädoyer für eine universale Friedenspolitik, die auch die 1517 verfasste *Klage des Friedens* (*Querela pacis*; AW, Bd. 5) durchzieht, gerät diese Position im Kontext des Wittenberger Thesenanschlages durch Martin Luther in doppelte Bedrängnis. Bezichtigt man Erasmus seitens der kirchlichen Institutionen einer Komplizenschaft mit Luther, klagt man ihn von Seiten des Augustinermönchs und seiner zügig wachsenden reformatorischen Anhängerschaft der Lauheit und Zögerlichkeit an. In der 1524 verfassten Schrift *De libero arbitrio* (*Vom freien Willen*; AW, Bd. 4) bündelt sich wie in einem Brennglas die letztlich unüberbrückbare Differenz zwischen dem Humanisten Erasmus, der von der Erziehbarkeit und vernünftigen Zivilisierung des ›göttlichen‹ Menschen überzeugt ist, und dem theologischen Reformator Luther, der in seiner Antwortschrift *De servo arbitrio* von 1526 die Sündhaftigkeit des Menschen in den Mittelpunkt stellt und in politicis den Zwingherrn fordert.

4.

Erasmus v. Rotterdam, 2006, Ausgewählte Werke, 8 Bde., Darmstadt: WBG 2006 (zitiert als AW).

Augustijn, C., 1996, Erasmus, Leiden: Brill.

Becht, M., 2000, Pium consensum tueri. Studien zum Begriff ›consensus‹ bei Erasmus von Rotterdam, Philipp Melanchthon und Johannes Calvin, Münster: LIT.

Furey, C., 2006, Erasmus, Contarini and the Religious Republic of Letters, Cambridge: Cambridge University Press.

Halkin, L. E., 1992, Erasmus von Rotterdam, Zürich: Benzinger.

Huizinga, J., 1928, Erasmus, Basel: Schwabe 1988.

Alexander Thumfart

Erfahrung

1.

Der Begriff der Erfahrung dient im Allgemeinen zur Bezeichnung der Bekanntschaft mit einer Sache sowie der direkten Vertrautheit mit verschiedenen Tätigkeiten und Bereichen des Lebens. In der Alltagssprache und in der Philosophie bzw. Wissenschaft stößt man auf z.T. voneinander abweichende Verwendungen. So kennzeichnet der Begriff der Erfahrung in den Naturwissenschaften häufig die Erweiterung der Naturerkenntnis mit den Mitteln des Experiments und in den Sozialwissenschaften die Anwendung empirisch-statistischer Methoden. Beide Verfahren gelten als besonders qualifizierte Weisen des Wissenserwerbs.

1.1. Neben dem in den Wissenschaften üblichen Sprachgebrauch fungiert der Begriff der Erfahrung in der Philosophie z.B. im Empirismus als Begriff zur Kennzeichnung von Erkenntnissen, die nicht lediglich durch Vernunft bzw. Verstand, d.h. nicht lediglich aus Begriffen gewonnen werden. In den Strömungen des logischen Positivismus und logischen Empirismus dient er als Grundbegriff im Rahmen einer Begründung wissenschaftlichen Wissens. In der Phänomenologie bezeichnet Erfahrung verschiedene Formen des Gegebenseins von Phänomenen. Innerhalb der Hermeneutik wird mithilfe des Begriffs der Umstand akzentuiert, dass alle Arten des Gegebenseins von Etwas immer schon von Interpretationen durchsetzt sind. Gegenüber der Vielzahl bildungssprachlicher Verwendungen, die der Erfahrung einen besonderen Stellenwert für die Bildung theoretischen Wissens zubilligen, weist der alltägliche Sprachgebrauch die Tendenz auf, als Erfahrenen gerade denjenigen zu bezeichnen, der sich aufgrund des praktischen Umgangs mit Welt und Leben, und nicht allein auf der Basis theoretischer Kenntnisse zu orientieren vermag.

1.2. Bei allen Unterschieden im Einzelnen bleibt der Begriff der Erfahrung zumeist auf eine besondere Berücksichtigung dessen, was sich in der Welt findet, bezogen.

2.

Im Laufe seiner Geschichte hat der Begriff verschiedene Wandlungen durchlaufen. Als besonders markante Momente innerhalb der Begriffs- und Problemgeschichte können v.a. die Verschiebungen vom antiken zum neuzeitlichen Erfahrungsbegriff sowie die in Neuzeit und Moderne einsetzenden Differenzierungen gelten.

2.1. Eine Nähe zu dem auch heute noch im Alltag leitenden Erfahrungsbegriff weist eine seiner ersten systematischen Prägungen bei Aristoteles auf. Er benutzt den Begriff der *empeiria*, um die aus einer lebensweltlichen Vertrautheit mit den Dingen resultierende Kenntnis des Besonderen und die mit dieser Kenntnis einhergehenden Unterscheidungsleistungen zu bezeichnen. Maßgeblich ist der Umstand, dass erfahrene Personen sich aufgrund der Kenntnis einer Vielzahl exemplarischer Fälle zu orientieren vermögen, nicht etwa aufgrund von mit den Mitteln des induktiven Schließens gewonnenen Verallgemeinerungen, welche bereits theoretische Erklärungen eines Gegenstandsbereichs enthalten (vgl. Kambartel 1968, 50ff.; Elm 1996, 78ff.).

2.2. Zu einer Neubestimmung kommt es mit der Entstehung der neuzeitlichen Wissenschaften. Schrittmacher dieser Entwicklung ist v.a. F. Bacon. Er prägt einen induktiven Begriff von Erfahrung, der die in der Physik seiner Zeit vorherrschenden Verfahren auf Begriffe bringt. Bacons Begriff der *experientia* zielt auf die Gewinnung von Prozessen und Methoden, die zu einer kontrollierten Erkenntnis der Natur führen sollen. Es kommt zu einer engen Verbindung der Begriffe Erfahrung und Experiment, die für die Wissenschaften bestimmend bleiben sollte (vgl. Hacking 1983, 249ff.).

2.3. Im klassischen Empirismus gilt Erfahrung als Ursprung allen unseren Wissens und als sicheres Fundament aller Erkenntnis. Bei J. Locke z.B. bezieht sich Erfahrung primär auf das in Form von Sinneseindrücken Gegebene. Alle Begriffe und Erkenntnisse stammen Locke zufolge aus der Erfahrung im Sinne der äußeren oder inneren Wahrnehmung. Obwohl die Annahme eines unmittelbar Gegebenen, welches durch die Sinne lediglich passiv aufgenommen wird, in der neuzeitlichen Philosophie häufig kritisiert worden ist, finden sich Elemente dieses Begriffs von Erfahrung noch in Strömungen der Philosophie des 20. Jahrhunderts wie im logischen Empirismus und teilweise in der Phänomenologie (vgl. Kambartel 1968, 149ff.; Buck 1967, 60ff.). Von besonderem Interesse im Zusammenhang mit einer Kritik an Vorstellungen von Erfahrung als einem passiven Aufnehmen von etwas Gegebenem ist der Begriff der Erfahrung innerhalb der Philosophie Kants. Dessen Antwort auf die Frage nach den Bedingungen der Möglichkeit von Erfahrung versucht deutlich zu machen, dass strukturierte Erfahrung erst durch Anschauungsformen und Begriffe, welche ihrerseits nicht aus der Erfahrung stammen, ermöglicht wird. Überlegungen zu einer problematizistischen Transzendentalphilosophie knüpfen an diesen Gedanken an (vgl. Röd 1991). Kants Grundidee steht ebenfalls hinter innerhalb der analytischen Philosophie unternommenen Versuchen, das Verhältnis zwischen dem Geistigen bzw. Normativen und dem Natürlichen zu klären, indem etwa darauf aufmerksam gemacht wird, dass bereits Wahrnehmungen von Begriffen durchdrungen sind (vgl. McDowell 1994, z.B. 9ff.).

2.4. Zu einer weiteren wirkungsmächtigen Differenzierung im Rahmen einer Kritik des Begriffs von Erfahrung führen die Überlegungen Hegels. Entscheidend ist die Einsicht, dass man durch Erfahrung nicht nur zu einem Wissen über Gegenstände gelangt, sondern dass sich in ihr auch das philosophische Bewusstsein verändert und sich neue und kritische Einstellungen ausbilden. Motive dieses dialektischen Begriffs von Erfahrung setzen sich in der philosophischen Hermeneutik (vgl. Heidegger 1942/43; Gadamer 1960, 335ff.; Teichert 1991, 119ff.), aber auch im Rahmen der Kritischen Theorie fort. Der in der Hermeneutik tradierte Begriff von Erfahrung soll der Besonderheit der von den sog. Geisteswissenschaften untersuchten ›Gegenstände‹ Rechnung tragen, die in der Regel durch Zeichen vermittelt sind (vgl. Böhme/Potyka 1995, 33–54). In der Kritischen Theorie, z.B. bei Adorno, bezieht sich der Begriff der Erfahrung auf Umgangsweisen mit der Wirklichkeit, an denen die jeweils betroffenen Subjekte auf besondere Weise beteiligt sind. Philosophische Erfahrung erfordert nicht weniger, sondern mehr Subjektivität (vgl. z.B. Adorno 1967, 50).

3.

Von systematischer Relevanz ist die Verständigung über Erfahrung und ihr Verhältnis zur Theorie im Rahmen einer Reflexion auf die Methoden der Naturwissenschaften. Klärungsbedürftig ist auch die Frage, wie sich Erfahrung im Sinne der Wissenschaften zu anderen Begriffen bzw. Bereichen von Erfahrung – z.B. der religiösen oder ästhetischen – verhält.

3.1. In der Wissenschaftsphilosophie des logischen Empirismus, so z.B. bei R. Carnap, wird mithilfe des Begriffs der Erfahrung ein Kriterium zur Unterscheidung zwischen sinnvollen und sinnlosen Sätzen formuliert. Außer den Sätzen formaler Wissenschaften wie der Mathematik und der Logik gelten nur diejenigen Sätze als sinnvoll, die sich empirisch verifizieren lassen (vgl. Carnap 1928, 47). In der empiristischen Debatte um die Methodologie der Wissenschaften und den Aufbau einer wissenschaftlichen Sprache ist von vornherein die Frage umstritten gewesen, was als Erfahrungsbasis angesehen werden kann und wie das Verhältnis von Erfahrung und Theorie zu bestimmen ist. Die Erfahrungsbasis wurde in der Regel als etwas Gegebenes – sei es in Form von Sinnesdaten, sei es in Form von physischen Gegenständen – aufgefasst, welches mithilfe sog. Protokoll- oder Basissätze festgehalten werden sollte. Poppers Kritik an der empiristischen Konzeption der Basissätze hat deutlich gemacht, dass ein Rückgang auf unmittelbare Erfahrungen nicht möglich ist. Popper zufolge gibt es keine reine Beobachtung, die als Basis der Erfahrung fungieren könnte. Alle vom Wissenschaftler gesammelten Daten sind bereits von Theorien durchsetzt (vgl. Popper 1934, z.B. 60ff.). In engem Zusammenhang mit der Frage nach dem Verhältnis von Theorie und Erfahrung ist das sog. Problem der Induktion zu sehen. Wissenschaftliche Theorien könnten nur dann im Rückgriff auf einzelne Beobachtungen bestätigt werden, wenn sich dies durch induktive Schlüsse bzw. ein Induktionsprinzip rechtfertigen ließe. Eine empirische Rechtfertigung für ein solches Prinzip kann jedoch nicht erbracht werden, ohne in einen unendlichen Regress zu geraten. Die philosophische Kritik am Empirismus hat verschiedene Diskussionen zur Folge gehabt, in welchen jeweils unterschiedliche Konsequenzen aus den Schwierigkeiten gezogen wurden, den Begriff der Erfahrung in seinem Verhältnis zu den Verfahren wissenschaftlicher Theoriebildung zu klären. So wurde z.T. der Gedanke aufgegeben, Theorien seien in der Erfahrung zu verankern, und nach anderen Merkmalen wie z.B. historischen und sozialen Bedingungen von Wissenschaft gesucht, um die Geltung einer Theorie plausibel zu machen (vgl. Kuhn 1962). Mitunter wurden die konventionellen Momente bei der Festsetzung des Begriffs der Erfahrung akzentuiert (vgl. Schäfer 1974). Außerdem kam es zu einer Analyse der normativen und pragmatischen Vorraussetzungen von Wissenschaft, die zu dem Programm einer Begründung der Wissenschaften im Rückgriff auf lebensweltliche und vorwissenschaftliche Praktiken führte (vgl. Janich/Kambartel/Mittelstraß 1974; Mittelstraß 1974). Mithilfe einer Analyse der Funktion von Beobachtungssätzen wurde auch der Versuch unternommen, den Begriff der Erfahrung bezogen auf die wissenschaftliche Theoriebildung durch Modifikationen der empiristischen Grundhaltung zu retten (vgl. Quine 1992, v.a. 3ff., 8ff.; ders. 1995, v.a. 15ff.). Ob sich ein Begriff der Erfahrung formulieren lässt, welcher angesichts der Vielzahl der von verschiedenen Seiten erhobenen Einwände zu bestehen vermag, ist allerdings nach wie vor umstritten.

3.2. Ungeklärt ist auch das Verhältnis des naturwissenschaftlichen Begriffs von Erfahrung zu seiner Verwendung in anderen Kontexten. Während der wissenschaftliche Erfahrungsbegriff v.a. auf die Objektivierbarkeit des Erfahrenen zielt, gilt dies nicht für andere Typen von Erfahrung wie z.B. die ästhetische oder religiöse. Im Gegenteil wird hier häufig eine besondere Art der Beteiligung von Subjektivität angenommen, ohne dass diese Arten von Erfahrung darum weniger maßgeblich wären. Häufig gelten sie als herausragende Weisen der Vergegenwärtigung von etwas, was gegenüber den Gegenständen der Erfahrung des Alltags und auch der wissenschaftlichen Erfahrung von besonderer Bedeutung ist.

Die Besonderheit der ästhetischen Erfahrung – ein Begriff, der in der deutschsprachigen Philosophie des 20. Jahrhunderts vorrangig im Anschluss an Gadamer und Adorno diskutiert wurde (vgl. Jauß 1984, z.B. 44ff.; Bubner 1989), zuvor jedoch schon im US-amerikanischen Pragmatismus eine Rolle spielte (vgl. Dewey 1934) – kann darin bestehen, in der sinnlichen Wahrnehmung eines Gegenstandes etwas zu erfahren, was über die Sinne hinausgeht. Die Rede von der religiösen Erfahrung bezieht sich darauf, dass über alle Erfahrungen hinaus, die in der Welt gemacht werden können, ein seins- bzw. lebenstragender Grund erfahren wird, der z.B. als geheimnisvoll gekennzeichnet wird und eigentlich als unaussprechlich gilt (vgl. z.B. Welte 1997, 137f.). Momente unmittelbarer Evidenz und eine auf das je eigene Leben bezogene Betroffenheit greifen ineinander. So verstanden erlaubt der Begriff religiöser Erfahrung keine deutliche Abgrenzung von Phänomenen subjektiver Täuschung, da der Gehalt einer religiösen Erfahrung der Dimension intersubjektiver Überprüfbarkeit entzogen bleibt. Ein weiteres Problem dieser Art der Erfahrung ist darin zu sehen, dass sie sich an beliebige Inhalte heften kann und daher keine besondere Gruppe von Erfahrungen auszumachen scheint (vgl. Schaeffler 1995, 414f.). Dies gilt jedoch im Großen und Ganzen auch für die ästhetische Erfahrung.

3.3. In der aufgeklärten Welt der Moderne hat der wissenschaftliche Begriff von Erfahrung mehr und mehr eine Führungsrolle übernommen. Seine Geltung ist jedoch nicht unumstritten. Unterschiedliche Weisen der Erfahrung werden mitunter als ausdifferenzierte und als solche gleichberechtigte Bereiche des Umgangs mit der Wirklichkeit aufgefasst (vgl. Schaeffler 1995, 355ff.). Außerdem wird auch in den Wissenschaften nach einem Begriff von Erfahrung gesucht, der sich nicht ausschließlich der Dominanz der Naturwissenschaften verdankt (für die Soziologie im Anschluss an die Hermeneutik vgl. z.B. Hahn 1994). Neuere wissenschaftstheoretische Reflexionen beschäftigen sich zudem mit der Frage, ob nicht ebenfalls die von den Naturwissenschaften im Experiment gemachten Erfahrungen den Charakter von Darstellungen und deutungsbedürftigen Zeichen haben (vgl. Rheinberger 2000).

4.

Adorno, T. W., 1967, Negative Dialektik, Frankfurt/M.: Suhrkamp.
Böhme, G./Potyka, K., 1995, Erfahrung in Wissenschaft und Alltag, Idstein: Schulz-Kirchner.
Brodocz, A. (Hg.), 2006, Erfahrung als Argument, Baden-Baden: Nomos.
Bubner, R., 1989, Ästhetische Erfahrung, Frankfurt/M.: Suhrkamp.
Buck, G., 1967, Lernen und Erfahrung – Epagogik, Darmstadt: WBG 1989.
Carnap, R., 1928, Scheinprobleme in der Philosophie, Frankfurt/M.: Suhrkamp 1966.
Dewey, J., 1934, Kunst als Erfahrung, Frankfurt/M.: Suhrkamp 1980.
Freudiger, J./Graeser, A./Petrus, K. (Hg.), 1996, Der Begriff der Erfahrung in der Philosophie des 20. Jahrhunderts, München: Beck.
Gadamer, H.-G., 1960, Wahrheit und Methode, Tübingen: Mohr.
Elm, R., 1996, Klugheit und Erfahrung bei Aristoteles, Paderborn: Schöningh.
Hacking, I., 1983, Einführung in die Philosophie der Naturwissenschaften, Stuttgart: Reclam 1996.
Hahn, A., 1994, Erfahrung und Begriff, Frankfurt/M.: Suhrkamp.
Heidegger, M., 1942/43, Hegels Begriff der Erfahrung, in: ders., Holzwege, Frankfurt/M.: Klostermann 1994.
Janich, P./Kambartel, F./Mittelstraß J., 1974, Wissenschaftstheorie als Wissenschaftskritik, Frankfurt/M.: Suhrkamp.
Jauß, H. R., 1984, Ästhetische Erfahrung und literarische Hermeneutik, Frankfurt/M.: Suhrkamp.
Jay, M., 2005, Songs of Experience, Berkeley: University of California Press.
Kambartel, F., 1968, Erfahrung und Struktur, Frankfurt/M.: Suhrkamp.
Körner, S., 1970, Erfahrung und Theorie, Frankfurt/M.: Suhrkamp.
Kuhn, T. S., 1962, Die Struktur wissenschaftlicher Revolutionen, Frankfurt/M.: Suhrkamp 1973.
McDowell, J., 1994, Mind and World, Cambridge/MA: Harvard University Press.
Mittelstraß, J., 1974, Erfahrung und Begründung, in: ders., Die Möglichkeit von Wissenschaft, Frankfurt/M.: Suhrkamp.
Popper, K. R., 1934, Logik der Forschung, Tübingen: Mohr 1973.
Quine, W. V. O., 1992, Unterwegs zur Wahrheit, Paderborn: Schöningh 1995.
Quine, W. V. O., 1995, From Stimulus to Science, Cambridge/MA: Harvard University Press.
Rheinberger, H.-J., 2000, Dimensionen der Darstellung in der Praxis des wissenschaftlichen Experimentierens, in: M. Hampe/M.-S. Lotter (Hg.), »Die Erfahrungen, die wir machen, sprechen gegen die Erfahrungen, die wir haben«, Berlin: Duncker & Humblot.
Röd, W., 1991, Erfahrung und Reflexion, München: Beck.
Schäfer, L., 1974, Erfahrung und Konvention, Stuttgart: Frommann-Holzboog.
Schaeffler, R., 1995, Erfahrung als Dialog mit der Wirklichkeit, Freiburg: Alber.
Schneider, H. J./Inhetveen, R. (Hg.), 1993, Enteignen uns die Wissenschaften?, München: Fink.
Stegmüller, W., 1970, Problem und Resultate der Wissenschaftstheorie und Analytischen Philosophie, Bd. 2: Theorie und Erfahrung, Berlin: Springer.
Teichert, D., 1991, Erfahrung, Erinnerung, Erkenntnis, Stuttgart: Metzler.
Welte, B., 1997, Religionsphilosophie, Frankfurt/M.: Knecht.

CHRISTOPH DEMMERLING

Erkenntnistheorie, soziale

1.

Die soziale Erkenntnistheorie untersucht mit Hilfe philosophischer Methoden die sozialen Bedingungen von Wissen, epistemischer Rechtfertigung und anderen epistemischen Desiderata (Wahrheit, Irrtumsvermeidung, Problemlösung etc.). Im Unterschied zu einer empirischen Wissenssoziologie und Wissenschaftssoziologie konzentriert sich die soziale Erkenntnistheorie auf die begrifflichen und normativen Aspekte der sozialen Erkenntnisbedingungen. Insofern als die traditionelle Erkenntnistheorie vorwiegend individualistisch, d.h. am einzelnen, isoliert betrachteten Subjekt orientiert war, plädieren die Vertreter einer sozialen Erkenntnistheorie für eine Neuorientierung der Erkenntnistheorie. Dabei müssen unterschiedlich radikale Projekte auseinander gehalten werden.

(a) Gemäßigte Ansätze ergänzen die Untersuchung der individuellen Bedingungen von Wissen und epistemischer Rechtfertigung um die Untersuchung ihrer sozialen Bedingungen, um zu einer adäquateren Erkenntnistheorie zu gelangen. Insofern als hierbei an der Konzeption objektivierbarer epistemischer Desiderate (Wahrheit, Wissen, Rechtfertigung) festgehalten wird, setzen diese Bemühungen die traditionelle Erkenntnistheorie unter einer erweiterten Perspektive fort.

(b) Revisionäre Ansätze stellen dagegen zentrale Begriffe und Projekte der traditionellen Erkenntnistheorie in Frage. Typischerweise werden dabei epistemische Desiderate als interessenabhängige soziale Konstrukte betrachtet. Insoweit als in diesem Projekt die soziale Bedingtheit von Meinungsbildungspraktiken erforscht wird, sollte man hier besser von *sozialer Doxologie* (vgl. Goldman 1999, 7) bzw., soweit soziologische Methoden angewandt werden, von *Meinungssoziologie* reden. Im Folgenden geht es um soziale Erkenntnistheorie im Sinne von (a). Die revisionären Projekte im Sinne von (b) sind Teil der Wissens- bzw. Wissenschaftssoziologie.

Zu den Fragen, die im Rahmen einer sozialen Erkenntnistheorie zu untersuchen sind, gehören: Welchen sozialen Bedingungen unterliegt individuelles Wissen? Gibt es neben individuellen auch soziale Erkenntnisquellen? Kann man neben Individuen auch Gruppen sinnvoll Überzeugungen, Rechtfertigungen und Wissen zuschreiben? Antworten auf solche Fragen besitzen eine beträchtliche *theoretische* Bedeutung, da sie zur Erweiterung oder sogar zur Revision der traditionellen Erkenntnistheorie führen können. Die soziale Erkenntnistheorie gewinnt dadurch eine *praktische* Bedeutung, dass sie Verbesserungen epistemisch relevanter sozialer Institutionen nahe legt (vgl. Goldman 1999).

2.

Der Terminus »social epistemology« wurde in den 1950er Jahren von Bibliothekswissenschaftlern eingeführt; sie forderten eine Untersuchung derjenigen Prozesse »durch die eine Gesellschaft als Ganze von Erkenntnis und Verständnis geprägte Beziehungen zu ihrer physischen, psychischen oder intellektuellen Umwelt auszubilden versucht [...]. Die soziale Erkenntnistheorie weitet die Disziplin nur vom intellektuellen Leben des Individuums auf das der Gesellschaft, Nation oder Kultur aus.« (Egan/Shera 1952, 132; vgl. Shera 1970). In der philosophischen Erkenntnistheorie findet der Begriff seit den 1970er Jahren bei Vertretern der Analytischen Erkenntnistheorie Verwendung (vgl. Goldman 1978, 509; ders. 1986, 5–8; ders. 1992; Schmitt 1987); er bezeichnet dort die Ergänzung der individualistischen Erkenntnistheorie um eine soziale Komponente.

Der Sache nach setzen Untersuchungen zu den sozialen Dimensionen und Bedingungen von Erkenntnis viel früher ein; zumeist bleibt es freilich bei kurzen Betrachtungen. So wird in Platons *Charmides* die Frage aufgeworfen: Woran erkennt ein Laie, ob ein Fachmann auf einem bestimmten Gebiet ein guter Fachmann ist (vgl. Charm. 171)? Augustinus formuliert das Problem folgendermaßen: Wie können wir Narren den Weisen finden (vgl. Augustinus 391, 13, 28)? Auch die soziale Erkenntnisquelle des Zeugnisses anderer wurde seit der Antike thematisiert (vgl. Scholz 2004).

Als Pionier der sozialen Erkenntnistheorie darf der schottische Philosoph Thomas Reid (1895) gelten (vgl. Coady 1992, Kap. 7; Wolterstorff 2001). In neuerer Zeit haben C. A. J. Coady, Frederick Schmitt, Michael Welbourne und Alvin I. Goldman wegweisende Untersuchungen zur sozialen Erkenntnistheorie vorgelegt. Goldman, der schon 1978 eine Sozial-Epistemik (»social epistemics«) forderte, deren Gegenstand die interpersonalen und institutionellen Prozesse seien, »welche die Produktion, Weitergabe und Rezeption von Informationen, Fehlinformationen und Teilinformationen beeinflussen« (Goldman 1978, 509), hat mit seinem 1999 erschienenen Buch *Knowledge in a Social World* den bislang ausführlichsten Entwurf zu einer sozialen Erkenntnistheorie vorgelegt. Inzwischen gibt es auch zwei einschlägige Fachzeitschriften: *Social Epistemology* (seit 1987) und *EPISTEME. A Journal for Social Epistemology* (seit 2004).

3.

3.1. Jede soziale Erkenntnistheorie muss klären, was genau unter »*sozialen* Bedingungen (Faktoren, Determinanten etc.)« verstanden werden soll. In der marxistischen Tradition, in der frühen Wissenssoziologie und in der Kritischen Theorie wurden als »soziale Faktoren« zumeist nur Interessen, insbesondere politische Interessen bzw. Machtinteressen, berücksichtigt. Für die soziale Erkenntnistheorie empfiehlt es sich dagegen, einen umfassenderen und neutraleren Begriff von sozialen Bedingungen zugrunde zu legen. Eine Bedingung ist sozial in einem minimalen Sinn, wenn sie impliziert, dass mehr als eine Person, d.h. eine Gruppe, an ihr beteiligt ist. Eine Bedingung ist sozial in einem stärkeren Sinn, wenn sie impliziert, dass intentionale Relationen (wie z.B. wechselseitige Erwartungen, geteilte Überzeugungen) zwischen mehreren Personen eine Rolle spielen.

3.2. Unbestreitbar ist, dass es den sozialen Vorgang der Weitergabe von Überzeugungen und Wissen gibt. Gleichwohl hat sich die traditionelle westliche Erkenntnistheorie mit der Würdigung der sozialen Erkenntnisquelle des Zeugnisses anderer schwer getan. Auf der einen Seite war unübersehbar, dass endliche Wesen in zahllosen Angelegenheiten darauf angewiesen sind, von anderen zu lernen, indem sie glauben, was andere berichten. Auf der anderen Seite wurden zumeist Bedingungen für Wissen postuliert (Beweisbarkeit; Gewissheit; Erkenntnis von etwas Allgemeinem, Notwendigem, Unveränderlichem), die es nicht erlaubten, das durch andere Erfahrene zum Wissen zu rechnen.

Hauptströmungen der neuzeitlichen Erkenntnistheorie, für die ein ausgeprägter Individualismus und eine weitgehende Ablehnung des Autoritätsarguments kennzeichnend sind, standen der Anerkennung des Zeugnisses anderer eher entgegen. Dies gilt für Rationalisten wie für Empiristen. Insgesamt lassen sich die folgenden Haltungen zum epistemischen Status des Zeugnisses anderer unterscheiden: (a) Eine erste Gruppe spricht dem, was wir durch das Zeugnis anderer erfahren, den Status des Wissens rundweg ab. Es handle sich nur um Meinung. Diese Haltung führt zu einem weitreichenden Skeptizismus, demzufolge wir sehr viel weniger wüssten, als wir normalerweise beanspruchen. (b) Die Reduktionisten oder Inferenzialisten sind nur unter der Bedingung bereit, das Zeugnis anderer als sekundäre Erkenntnisquelle anzuerkennen, dass es sich auf vermeintlich basalere individuelle Quellen (Wahrnehmung, Erinnerung, induktives Schließen) zurückführen lässt. Hume beteuert zwar die Unverzichtbarkeit des Zeugnisses anderer für das menschliche Leben; doch drängen ihn seine erkenntnistheoretischen Grundannahmen zu einer reduktionistischen Auffassung, »daß unsere Sicherheit irgend einer derartigen Begründung gegenüber aus keinem anderen Prinzip stammt, als aus unserer Beobachtung der Wahrhaftigkeit menschlichen Zeugnisses und der gewöhnlichen Übereinstimmung der Tatsachen mit den Berichten der Zeugen« (Hume 1748, 130). So betont er: »Der Grund, aus dem wir Zeugen oder Geschichtsschreibern überhaupt Vertrauen schenken, stammt nicht aus irgend einer Verknüpfung, die wir a priori zwischen Zeugnis und Wirklichkeit auffassen, sondern aus der Gewohnheit, eine Einstimmigkeit zwischen ihnen anzutreffen.« (ebd., 132) (c) Die Vertreter der dritten Gruppe, die Anti-Reduktionisten, erkennen das Zeugnis anderer als eigenständige Erkenntnisquelle an, die grundsätzlich denselben epistemischen Status besitzt wie etwa die Wahrnehmung oder die Erinnerung (vgl. Coady 1992, 21–24). Seit dem 18. Jahrhundert mehren sich die Stimmen, die den hohen epistemischen und sozialen Wert des Zeugnisses anderer betonen (vgl. Scholz 2001b; 2005). Der erste entschiedene Anti-Reduktionist bezüglich des Zeugnisses anderer war Reid. Er rechnet das Zeugnis anderer unter die »sozialen Operationen des Geistes« (Reid 1895, 194). Der weise und wohltätige Schöpfer, der wollte, »dass wir soziale Wesen seien und dass wir den größten und wichtigsten Teil unseres Wissens durch die Informationen anderer erhalten« (ebd., 196), hat uns zu diesem Zwecke zwei aufeinander abgestimmte Prinzipien eingepflanzt: das »Prinzip der Wahrhaftigkeit« und das »Prinzip der Leichtgläubigkeit«. Letzteres ist eine Disposition »der Wahrhaftigkeit anderer zu vertrauen und das zu glauben, was sie uns erzählen« (ebd., 196). Bei Kindern ist diese fast unbegrenzt, aber auch im späteren Leben behält sie eine beträchtliche Stärke. Ohne eine solche Disposition wäre kein Lehren und Lernen, ja nicht einmal eine gemeinsame Sprache möglich (vgl. ebd., 196f.).

Nach Vorarbeiten von J. L. Austin, L. Wittgenstein und H. H. Price bahnt sich seit den 1970er Jahren eine umfassende Neubewertung des Zeugnisses anderer an. Die Streitpunkte zwischen reduktionistischen und anti-reduktionistischen Auffassungen des Zeugnisses anderer sind präziser herausgearbeitet worden. An Überlegungen von Reid, Austin und D. Davidson anknüpfend hat Coady die Ansicht begründet, dass das Zeugnis anderer eine genuine Erkenntnisquelle ist, die einer Rückführung auf vermeintlich basalere Quellen weder fähig noch bedürftig ist. Die wichtigsten Argumente dafür lauten: Das ins Auge gefasste Projekt einer Reduktion auf eine zeugnisfreie Grundlage ist undurchführbar, näher besehen sogar inkohärent. Die im Zuge des frühen Faktenlernens und des Spracherwerbs gebildeten Meinungen werden erworben, bevor es eine zeugnisfreie Basis für einen induktiven Schluss auf die Verlässlichkeit der Eltern bzw. Lehrer geben könnte. Ohne ein erhebliches Maß an Vertrauen auf das Zeugnis anderer wären zahlreiche epistemische und sprachliche Praktiken nicht möglich (vgl. Coady 1992; Scholz 2001a).

3.3. Im Kontext sozialer Erkenntnistheorie sind weitere Themen und Probleme bis heute von Bedeutung. (a) *Das Experte-Novize-Problem*: Woran kann ein Laie erkennen, dass jemand ein Experte für ein bestimmtes Gebiet ist? Wie kann ein Laie erkennen, wie groß die Expertise eines Fachmannes ist? Wie kann ein Laie rational entscheiden, was er in Bezug auf eine bestimmte Frage glauben soll, wenn zwei (oder mehr) Experten sich bezüglich dieser Frage widersprechen (vgl. Goldman 1999, 267–271; ders. 2002, Kap. 7)? (b) *Epistemische Arbeitsteilung*: Aufgrund ihrer Ausrichtung auf das einzelne Subjekt hat es die traditionelle Erkenntnistheorie versäumt, die Frage zu stellen, wie mehrere Personen ihre Forschungen organisieren und koordinieren können, um die Aussichten auf Wissenserwerb zu verbessern. Die soziale Erkenntnistheorie untersucht deshalb Fragen wie: Wie ist die Forschungsarbeit sozial so zu organisieren, dass die Erfüllung bestimmter epistemischer Desiderate optimiert wird (vgl. Kitcher 1990; ders, 1993; Thagard 1997)? Wie können erkenntnisbezogene soziale Institutionen (z.B. Wissenschaftseinrichtungen) verändert werden, um bestimmte epistemische Ziele besser zu erreichen (vgl. Goldman 1999, Kap. 8)? Welche Verpflichtungen bestehen für den Forscher im Hinblick auf die Verbreitung oder das Zurückhalten von Informationen (vgl. Goldman 1992, Kap. 11)? Die Untersuchung dieser Fragen steckt zwar noch in den Anfängen, aber sie verspricht schon jetzt eine wesentliche Bereicherung der Erkenntnistheorie und ihrer praktischen Anwendungen.

4.

Augustinus, 391, Über den Nutzen des Glaubens, Freiburg: Herder 1992.
Coady, C. A. J., 1973, Testimony and Observation, in: American Philosophical Quarterly 10.
Coady, C. A. J., 1992, Testimony, Oxford: Clarendon Press.
Egan, M. E./Shera, J., 1952, Foundations of a Theory of Bibliography, in: The Library Quarterly 22.
Fricker, E., 1995, Telling and Trusting, in: Mind 104.
Goldman, A. I., 1978, Epistemics. The Regulative Theory of Cognition, in: Journal of Philosophy 75.
Goldman, A. I., 1986, Epistemology and Cognition, Cambridge/MA: Harvard University Press.
Goldman, A. I., 1987, Foundations of Social Epistemics, in: Synthese 73.
Goldman, A. I., 1992, Liaisons. Philosophy Meets the Cognitive and Social Sciences, Cambridge/MA: MIT Press.
Goldman, A. I., 1999, Knowledge in a Social World, Oxford: Oxford University Press.
Goldman, A. I., 2002, Pathways of Knowledge, Oxford: Oxford University Press.
Haack, S., 1998, Confessions of a Passionate Moderate, Chicago: University of Chicago Press.
Hume, D., 1748, Eine Untersuchung über den menschlichen Verstand, Hamburg: Meiner 1984.
Kitcher, P., 1990, The Division of Cognitive Labor, in: Journal of Philosophy 87.
Kitcher, P., 1993, The Advancement of Science, New York: Oxford University Press.
Kusch, M./Lipton, P., 2002, Testimony, in: Studies in History and Philosophy of Science 33.
Longino, H. E., 2002, The Fate of Knowledge, Princeton: Princeton University Press.
Nelson, L. H., 1993, Epistemological Communities, in: L. Alcoff/E. Potter (Hg.), Feminist Epistemologies, London: Routledge.
Reid, T., 1895, An Inquiry into the Human Mind on the Principles of Common Sense, in: ders., Philosophical Works, Edinburgh: Maclachlan & Stewart.
Schmitt, F. F. (Hg.), 1987, Special Issue: Social Epistemology, Synthese 73.
Schmitt, F. F. (Hg.), 1994, Socializing Epistemology, Lanham: Rowman & Littlefield.
Scholz, O. R., 2001a, Das Zeugnis anderer – Prolegomena zu einer sozialen Erkenntnistheorie, in: T. Grundmann (Hg.), Erkenntnistheorie, Paderborn: Mentis.
Scholz, O. R., 2001b, Autonomie angesichts epistemischer Abhängigkeit – Kant über das Zeugnis anderer, in: V. Gerhardt/R.-P. Horstmann/R. Schumacher (Hg.), Kant und die Berliner Aufklärung, Bd. 2, Berlin: de Gruyter.
Scholz, O. R., 2004, Zeuge, Zeugnis I., in: J. Ritter/K. Gründer/G. Gabriel (Hg.), Historisches Wörterbuch der Philosophie, Bd. 12, Basel: Schwabe.
Schütz, A., 1946, Der gut informierte Bürger, in: ders., Gesammelte Aufsätze II: Studien zur soziologischen Theorie, Den Haag: Nijhoff 1972.
Shera, J., 1970, Sociological Foundations of Librarianship, New York: Asia Publishing House.
Thagard, P., 1997, Collaborative Knowledge, in: Nous 31.
Welbourne, M., 1986, The Community of Knowledge, Aberdeen: Aberdeen University Press.
Wolterstorff, N., 2001, Thomas Reid and the Story of Epistemology, Cambridge: Cambridge University Press.

Oliver R. Scholz

Erziehung/Pädagogik

1.

Das deutsche Wort »Erziehung« wird in einer engen Fassung verstanden als Beeinflussung moralischer Dispositionen durch wohlmeinende Dritte, die dazu als Eltern, Lehrkräfte oder andere Erziehungspersonen berechtigt sind. Eine weitere Fassung dehnt den Begriff auf alle Potentiale von Lernenden aus, also auch auf körperliche Fertigkeiten und mentale Einstellungen. In einer ganz weiten Fassung ist »Erziehung« identisch mit allen Einflüssen, die den Erfahrungshorizont einer Person verändern. Die meisten Theorien über Erziehung folgen der ersten Fassung, wobei in aller Regel von einer intentionalen oder zielgerichteten Beeinflussung die Rede ist. Dieser Begriff steht auch hinter den juristischen Definitionen der Erziehungsverantwortung. Unter »Pädagogik« werden Reflexionen *über* Erziehung verstanden, die in der einen oder anderen Weise Theoriestatus beanspruchen, wobei eine lange und in sich hoch differenzierte Geschichte in Rechnung zu stellen ist (vgl. Benner/Oelkers 2004).

2.

Philosophische oder moralische Reflexionen über Erziehung gibt es seit der Antike. Platons *Politeia* ist das bekannteste Beispiel einer entwickelten Philosophie der Erziehung, die gesellschaftliche Zielsetzungen verfolgt und für ethische Begründungen sorgt, Kinder und Jugendliche bis in das Erwachsenenalter hinein in einer bestimmten Weise zu beeinflussen. Andere Beispiele wie die Pädagogik der römischen Stoa konzentrieren die Reflexion über Erziehung auf moralische Aspekte, während die Praxis der Erziehung stark vom Ritus der verschiedenen Religionen der Antike bestimmt war (vgl. Oelkers 2004). Der Ausdruck »Pädagogik« im Sinn einer eigenen literarischen Gattung und später einer Disziplin wurde erst nach der Reformation geprägt. Aber schon in der christlichen Antike von Clemens von Alexandrien bis Augustinus von Hippo sind Theorien über den Zusammenhang von Erziehung und Religion vorgelegt worden, die nicht auf den Ritus reduziert waren. Zentrale Themen der christlichen Erziehung sind in den ersten Jahrhunderten nach Christi Geburt entstanden. Das gilt für die Nachfolge Christi oder die »Imitatio Dei« ebenso wie für den Status der Menschen als »Kinder« Gottes oder die Lehre der Erbsünde, die bis ins 18. Jahrhundert eine zentrale Grundlage der pädagogischen Anthropologie in den christlichen Ländern war. Die Trennung von Pädagogik und christlicher Religion begann im 18. Jahrhundert und konzentrierte sich zunächst auf die Aufklärungsliteratur. Zuvor sind allerdings viele Traktate der häuslichen Erziehung im Anschluss an Leon Battista Albertis *Della Famiglia* (1432–41) nachweisbar, die »Erziehung« zwar nicht von der christlichen Religion trennen, aber die Erziehungssphäre der Kirche und die Ökonomie des Hauses dennoch deutlich unterscheiden. Der »Pater familias« als Vorstand des Hauses war die alleinige Macht für die Erziehung der Söhne und Töchter, die in praktischer Hinsicht von einem breiten Netzwerk getragen wurde. Unter »Erziehung« wurden neben bestimmten Fertigkeiten v.a. Formen des Benimms verstanden.

In der Tugendliteratur des 17. Jahrhunderts wurde oft die »natürliche Erziehung« propagiert, die klar und vielfach polemisch abgesetzt wird von der katechetischen Unterweisung, die seit Jean de Gerson die Methode der kirchlichen Erziehung außerhalb des Ritus bestimmt hat. Jean-Jacques Rousseaus *Emile* (1762) ist ein spätes, wenngleich maßgebendes Produkt dieser Literatur, in der – unterstützt durch zahlreiche Traktate der Kindermedizin – die körperliche Entwicklung der Kinder und ihre Gesundheit höher bewertet wurde als die formale Schulbildung. Rousseau verknüpfte die Erziehung gemäß der Natur des Kindes mit der Frage, für welche Gesellschaft die Erziehung erfolgen sollte. Utopien der besten aller Welten und so auch der besten Erziehung finden sich in der französischen und englischen Reiseliteratur des 18. Jahrhunderts an vielen Stellen, ebenso in der politischen Publizistik oder auch in zeitgenössischen Theaterstücken. Daneben entstand im Blick auf die praktischen Fragen der Erziehung eine ausgedehnte Ratgeberliteratur, die für Söhne und Töchter des Adels sowie des sich entwickelnden Bürgertums gedacht war. In dieser Literatur entstanden auch die Prospekte der gleichen Bildung beider Geschlechter. Das bekannteste Beispiel ist François Poullain de la Barres *De l'égalité des deux sexes* (1673), geschrieben auf der Basis der cartesischen Philosophie. Die Trennung der res cogitans und der res extensa erlaubte keine Geschlechtertrennung mehr.

Eine eigene Disziplin »Pädagogik« außerhalb der Kirchen- und Moralliteratur entstand erst im 19. Jahrhundert, ausgehend von dem allmählichen Aufbau staatlicher Volksschulen und der Entwicklung eigener Professionen der Lehrerinnen und Lehrer. Eine Wissenschaft der Erziehung konzipierte bereits die Aufklärungsliteratur auf der Basis der

Philosophie des Sensualismus, wobei zwischen Joseph Priestleys empirischer Pädagogik und Claude-Adrien Helvetius' materialistischer Theorie des Fortschritts verschiedene Fassungen vorgelegt wurden, die zunächst wenig Auswirkung auf die öffentliche Reflexion hatten. Sie orientierte sich in Fragen der Erziehung weiterhin am christlichen Wertrahmen. In der deutschen Philosophie sind zu Beginn des 19. Jahrhunderts verschiedene Entwürfe einer systematischen Theorie der Erziehung entwickelt worden, etwa Johann Friedrich Herbarts *Allgemeine Pädagogik* aus dem Jahre 1806; auch entstanden kategorial einflussreiche Lehrbücher wie August Hermann Niemeyers *Grundsätze der Erziehung und des Unterrichts* (1796 mit vielen Auflagen im 19. Jahrhundert), aber die Literatur und die öffentlichen Themen der Erziehung wurden davon kaum berührt. Bis zur ersten Hälfte des 19. Jahrhunderts ist in den zahlreichen deutschsprachigen Zeitschriften, die sich mit pädagogischen Themen befassten, eine zunehmende Verengung auf Probleme der Schul- und Professionsentwicklung hin nachweisbar (vgl. Brachmann 2007). Die sich entwickelnde Lehrerprofession war die Basis des »Vereins für wissenschaftliche Pädagogik« (1868–1927), der in Leipzig gegründet wurde und sich an der Universitätspädagogik orientierte. Aus der Philosophie Herbarts sollte eine Wissenschaft der Erziehung und des Unterrichts entwickelt werden, die gedacht war als sichere Grundlage für die Schulpraxis. Die Publizistik des Vereins und v.a. seine Konzepte zur Lehrerbildung hatten eine internationale Ausstrahlung. Allerdings hielt das damit verbundene Wissenschaftskonzept der empirischen Kritik nicht stand. Eine wissenschaftliche Pädagogik auf empirischer Basis entstand erst am Ende des 19. Jahrhunderts, beeinflusst v.a. durch die experimentelle Psychologie.

3.

3.1. Eine Verstärkung und zugleich Veränderung der öffentlichen Reflexion über Erziehung stellte die internationale Reformpädagogik dar, die sich etwa seit Mitte des 19. Jahrhunderts entwickelte (vgl. Oelkers 1989). Verstärkt wurde die moralische im Unterschied zur konfessionellen Ausrichtung der Erziehungserwartungen, verändert wurde die Ausrichtung der Erziehung auf Ziele der Gesellschaft statt des Hauses oder der Kirche. Die persönliche Entwicklung des Kindes sollte dabei im Mittelpunkt stehen, die Erziehung selbst sollte »ganzheitlich« erfolgen, also nicht nur kognitiv ausgerichtet sein. Neuere Studien etwa zur Pädagogik des Völkerbundes oder der Kooperation von pädagogischen Bewegungen zeigen die wachsende Internationalität der Erziehungsreflexion im 20. Jahrhundert (vgl. Fuchs 2005).

Erklärbar ist das auch mit einer rasch wachsenden Publizität. »Erziehung« und v.a. die »Reform« der Erziehung wurden zu einem herausragenden Thema nicht nur der US-amerikanischen Medien (vgl. Wallace 1991). Unterstützt wurde diese Entwicklung in der ersten Hälfte des 20. Jahrhunderts durch das Engagement und entschiedene Stellungnahmen von Schriftstellern, Philosophen und Wissenschaftlern, die der progressiven Bewegung nahe standen und für die »neue Erziehung« liberale Ziele propagierten. In England etwa waren dies so prominente Autoren wie G. B. Shaw, D. H. Lawrence oder auch H. G. Wells. In Deutschland votierten Nobelpreisträger wie Wilhelm Ostwald gegen die konservative Praxis v.a. der Gymnasien. In Frankreich entstanden »écoles nouvelles«, die Alternativen zu den Staatsschulen darstellten. Die verschiedenen pädagogischen Bewegungen folgten keiner einheitlichen Theorie, sondern adaptierten von der Theosophie bis zur Psychoanalyse sehr verschiedene, oft wenig homogene Modelle, die zu den praktischen Zielsetzungen passen mussten und sehr selektiv gebraucht wurden. Trotz der Herkunft aus linken politischen Bewegungen des 19. Jahrhunderts entwickelte sich keine gemeinsame politische Zielsetzung. In der Weimarer Republik standen »völkische« Zielsetzungen neben sozialistischen, und Bewegungen der allgemeinen »Lebensreform« waren ebenso Teil der »neuen

Erziehung« wie die Arbeitsschulbewegung der deutschen Volksschullehrer. Ein in sich kohärenter Theorieansatz, der im engen Kontakt mit den progressiven Bewegungen entwickelt wurde, entstand nur in den Vereinigten Staaten. Der Einfluss des deutschen Idealismus auf die US-amerikanische Philosophie nahm mit der Rezeption der Evolutionstheorie rapide ab. Der *Metaphysical Club* der Harvard University wurde zum Fokus der Philosophie des Pragmatismus (vgl. Menand 2001), aus der eine Theorie der demokratischen Erziehung entstand, die Autoren wie Charles Horton Cooley, John Dewey oder George Herbert Mead entwickelt haben. Im Zentrum dieses Ansatzes steht die Frage, wie eine Erziehungstheorie beschaffen sein muss, die zur demokratischen Gesellschaft passt. Wesentliche Elemente der pragmatistischen Theorie sind Cooleys Konzept der »Primärgruppe«, die das soziale Aufwachsen erklärt, die »soziale Intelligenz«, die die Anpassung an die gegebenen Faktoren der Situation steuert (vgl. Cooley 1909, Kap. 3), sowie die beständige »Rekonstruktion der Erfahrung«, die die Erziehung von den Lebensaltern abkoppelt und den heutigen Begriff des lebenslangen Lernens begründet, den als erster Dewey in *Demokratie und Erziehung* (1916) entfaltet hat. Schließlich legte Meads Begriff des »sozialen Selbst« dar, warum die Theorie der Erziehung von Prozessen des sozialen Austausches und der Rückkopplung ausgehen muss, also nicht als lineare »Einwirkung« verstanden werden kann, wie dies der Sensualismus des 18. Jahrhunderts nahe gelegt hatte (vgl. Mead 1934, Kap. 34; Tröhler/Oelkers 2005). Dieser Theorierahmen bestimmt die heutige Theorie der Erziehung sehr weitgehend. Ältere Ansätze, die von der Natur des Kindes ausgingen und dabei eine weitgehende Determination des Charakters oder genereller: der Potentiale des Kindes annahmen, haben sich in den heutigen Life Sciences nicht bestätigt. Auch in der Entwicklungspsychologie wird nicht mehr von starren Modellen natürlicher Phasen ausgegangen, sondern kommen die Austauschprozesse zwischen den Lernenden und ihren sozialen Umwelten in den Blick.

Einen Sonderweg stellte die deutsche »geisteswissenschaftliche Pädagogik« dar, die sich an Friedrich Schleiermachers Hermeneutik orientierte und von Wilhelm Diltheys historischer Theorie des Geistes ausging. Eduard Sprangers *Lebensformen* (1914), Theodor Litts *Individuum und Gemeinschaft* (1919) und v.a. Herman Nohls *Theorie der Bildung* (1933) waren Versuche, auf dieser Basis zu einer Pädagogik zu gelangen, die weder experimentell noch pragmatisch ausgerichtet war. International durchgesetzt haben sich diese Ansätze nicht.

3.2. Die heutige deutsche Erziehungstheorie ist immer noch sehr stark an der idealistischen Philosophie des Subjekts orientiert. Das gilt bis hinein in die Polemik, also für Ansätze, die unter dem Einfluss der Systemtheorie Luhmanns oder der Diskurstheorie Foucaults eine Erziehung des Subjekts zur »Mündigkeit« vehement bestreiten (vgl. Rieger-Ladich 2002; Luhmann 2002). Internationale, vergleichbare Positionen gibt es nicht. In aller Regel ist hier die starre und wenig entwicklungsfähige Philosophie des Subjekts ersetzt worden durch elastischere Konzepte des Lernens und des Kompetenzaufbaus, die sich mit empirischer Forschung verknüpfen lassen.

Im engeren Bereich der Pädagogik sind zu Beginn des 21. Jahrhunderts drei große Themenfelder zu unterscheiden. Das erste Feld bezieht sich auf den Zusammenhang von Erziehung und Demokratie. Die bildungspolitischen Fragen dieses Feldes sind v.a. durch die OECD und deren große Vergleichsstudien wie TIMSS oder PISA vorangebracht worden. Hinter diesen Studien steht ein Theoriekonstrukt, das gleichermaßen »excellence« wie »equity« berücksichtigt und damit die in Deutschland fast vergessene Frage der Chancengleichheit neu ins Spiel gebracht hat. Eine demokratische Erziehung verlangt Beteiligung und somit Prozesse des intersubjektiven Aushandelns, mit denen schwerwiegende Probleme der Erziehungstheorie verbunden sind. Ein heute breit diskutiertes Modell von Aushandlungsprozessen im Bildungsbereich auf der Basis der Theorie distributiver Gerechtigkeit von John Rawls hat Amy Gutmann (1999) vorgelegt. Es geht hier um die Begründung von Kriterien des Nichtausschließens, die gleichermaßen auf Probleme, Themen oder Personengruppen angewendet werden können. Die religiösen Auseinandersetzungen um den Gehalt des staatlichen Curriculums stellen einen der Testfälle dieser Theorie dar, wie am Beispiel der Vertreter des »Kreationismus« gezeigt werden kann, die die Evolutionstheorie bestreiten und einen christlichen Biologieunterricht fordern. Ein zweites Feld der internationalen Pädagogik bezieht sich auf Probleme der kulturellen Heterogenität, die nicht zuletzt die überkommene Begrifflichkeit der verschiedenen Theorien in Frage stellt. Meistens werden pädagogische Konzepte im Singular verwendet und setzen stillschweigend voraus, dass alle Kulturen oder beide Geschlechter davon gleich berührt sind, was nie der Fall war und auch nicht sein kann. Neuere Studien zur Geschichte der Sprache der Erziehung (vgl. Tröhler 2005) bestätigen diesen Befund und werfen die Frage auf, wie die Philosophie der Erziehung begrifflich und praktisch mit Heterogenität umgehen soll. Ein drittes Feld bezieht sich auf Fragen der Systementwicklung. Das natürliche Feld der Erziehungstheorie war bislang die Legitimation oder die Kritik der allgemeinen Erziehungsziele. Auch hier fragen neuere Ansätze anders, nämlich entweder nach dem empirischen Gehalt der Ziele oder nach deren Umsetzung, womit die frühere Erziehungsphilosophie kaum befasst war. Aber v.a. nach Dewey ist die Verantwortung einer Theorie für das, was in ihrem Namen unternommen wird, ein unabweisbares Problem, und dies umso mehr, als Erziehungstheorien ja immer von einem Praxisbezug ausgehen. Davon unmittelbar berührt ist auch die Frage, wie lernfähig allgemeine Erziehungstheorien selbst sind oder sein müssen. Wenn sich ihre Gegenstände verändern und dies mit zunehmender Geschwindigkeit, dann wird zu einem Schlüsselproblem für die Erziehungsphilosophie, wie sehr sie sich auf die eigene Vergangenheit verlassen kann. Dafür steht die neuere Diskussion der »Klassiker« etwa im Anschluss an Tenorth (2003), in der die normative Sicht der »Geschichte der Pädagogik« fraglich wurde. Wie relevant oder irrelevant die Geschichte tatsächlich ist, hängt sehr davon ab, wie die Lernfähigkeit allgemeiner Theorien bestimmt wird.

3.3. Seit Beginn der 1980er Jahre hat sich die deutsche Pädagogik zum Teil weitgehend verändert. Der Anteil der empirischen Forschungsprojekte ist angewachsen, der historisch-normative Teil ist rückläufig (vgl. Horn 2004). Was sich dabei abzeichnet, ist eine Disziplin, die öffentliche Probleme bearbeitet und versucht, ihre Ergebnisse an die Felder der pädagogischen Praxis zurückzuvermitteln. Zu beobachten ist auch eine gewisse Öffnung für internationale Fragen, die sich nicht nur auf die pädagogische Psychologie beschränkt, sondern die Theoriebildung betrifft (vgl. Fuchs 2006). Ferner bleiben normative Fragen bestehen und gewinnen sogar an Bedeutung, wie auch weiterhin nationale Erziehungssysteme themen- und problembestimmend sein werden. »Deutsche« Fragen nach den »Werten« der Erziehung verschwinden nicht einfach dadurch, dass sich die Forschung internationalisiert. Alle drei großen Themenfelder der Zukunft, das Verhältnis von Erziehung und Demokratie, die wachsende Heterogenität der Praxis der Erziehung sowie die kontrollierte Entwicklung der Institutionen, müssen vor dem Hintergrund des nach dem Gesundheitswesen zweitgrößten Gesellschaftssystems bearbeitet werden.

4.

Alberti, L. B., 1432–41, Über das Hauswesen, Zürich: Artemis 1962.

Benner, D./Oelkers, J. (Hg.), 2004, Historisches Wörterbuch der Pädagogik, Weinheim: Beltz.

Brachmann, J., 2007, Der pädagogische Fachdiskurs der Sattelzeit, Weinheim: Beltz.

Cooley, C. H., 1909, Social Organization, Glencoe: Free Press 1956.

Dewey, J., 1916, Demokratie und Erziehung, Braunschweig: Westermann 1949.
Fuchs, E., 2005, Die internationale Organisation der edukativen Bewegung, Universität Mannheim: Habil.
Fuchs, E. (Hg.), 2006, Bildung international, Würzburg: Ergon.
Gutmann, A., 1987, Democratic Education, Princeton: Princeton University Press 1999.
Herbart, J. F., 1806, Allgemeine Pädagogik aus dem Zweck der Erziehung abgeleitet, Bochum: Kamp 1983.
Horn, K.-P., 2003, Erziehungswissenschaft im 20. Jahrhundert, Bad Heilbrunn: Klinkhardt.
Litt, T., 1919, Individuum und Gemeinschaft, Leipzig: Teubner.
Luhmann, N., 2002, Das Erziehungssystem der Gesellschaft, Frankfurt/M.: Suhrkamp.
Mead, G. H., 1934, Geist, Identität und Gesellschaft, Frankfurt/M.: Suhrkamp 1980.
Menand, L., 2001, The Metaphysical Club, New York: FSG.
Niemeyer, A. H., 1796, Grundsätze der Erziehung und des Unterrichts, Paderborn: Schöningh 1970.
Nohl, H., 1933, Die Theorie der Bildung, in: ders. (Hg.), Handbuch der Pädagogik, Langensalza: Beltz.
Oelkers, J., 1989, Reformpädagogik. Eine kritische Dogmengeschichte, Weinheim: Juventa.
Oelkers, J., 2004, Erziehung, in: D. Benner/J. Oelkers (Hg.), Historisches Wörterbuch der Pädagogik, Weinheim: Beltz.
Poullain de La Barre, F., 1673, De l'égalité des deux sexes, Paris: Fayard 1984.
Rieger-Ladich, M., 2002, Mündigkeit als Pathosformel, Konstanz: UVK.
Rousseau, J.-J., 1762, Emile oder Über die Erziehung, Paderborn: UTB 1998.
Spranger, E., 1914, Lebensformen, Halle: Niemeyer 1930.
Tenorth, H.-E. (Hg.), 2003, Klassiker der Pädagogik, München: Beck.
Tröhler, D., 2005, Geschichte und Sprache der Pädagogik, in: Zeitschrift für Pädagogik 41.
Tröhler, D./Oelkers, J. (Hg.), 2005, Education and Pragmatism, Rotterdam: Sense.
Wallace, J., 1991, Liberal Journalism and American Education, 1914–1941, New Brunswick: Rutgers University Press.

Jürgen Oelkers

Existenzialismus

1.

»Existenzialismus« oder »Existenzphilosophie« bezeichnet eine der wichtigsten europäischen Denkrichtungen des 19. und v.a. des 20. Jahrhundert. In der Regel wird »Existenzialismus« als Sammelbezeichnung für philosophische Theorien des romanischen Sprachraums verwendet, während der Begriff »Existenzphilosophie« üblicherweise den Theorien deutschsprachiger Autoren vorbehalten wird (Karl Jaspers, der ›frühe‹ Martin Heidegger u. a). Im französischen Existenzialismus unterscheidet man zwischen dem atheistischen (Jean-Paul Sartre, Albert Camus, Simone de Beauvoir u.a.) und einem christlich geprägten Existenzialismus (Gabriel Marcel).

Den gemeinsamen Ausgangspunkt bildet die in-der-Welt-seiende Subjektivität, d.h. das konkrete, existierende menschliche Individuum. Damit ist gemeint, dass es kein vorherbestimmtes oder a priori gegebenes menschliches Wesen gibt, nach dem sich der Mensch entwickelte, sondern dass der Mensch in seine Existenz, in sein Dass-Sein ›geworfen‹ wird und sich während seines Lebens frei wählend sein Wesen, sein So-Sein schaffen muss.

2.

Der Existenzialismus hat seine Wurzeln im kulturkritischen Denken Max Stirners und Friedrich Nietzsches, insbesondere in deren Kampf gegen die Vorherrschaft des apriorischen, rationalen, abstrakten Denkens in der Philosophie, und kommt bereits in der Philosophie Søren Kierkegaards zu einer ersten Entfaltung. V.a. die mit diesem Kampf einhergehende Moralkritik sollte der Befreiung des Einzelnen aus falschen Zwängen und aus der in der Moderne zunehmenden (Selbst-)Entfremdung des Menschen dienen, womit allerdings keine Befreiung aus seiner existenziellen Einsamkeit verbunden wurde, sondern ihre vorbehaltlose Akzeptanz. Aus dem Plädoyer für ein theoriebestimmendes Primat des konkreten, existierenden, *faktischen* Individuums folgt die Umkehrung des traditionellen Vorranges der Essenz vor der Existenz. Der vom Existenzialismus geforderte Vorrang der Existenz führt methodisch notwendig zu einer Ablehnung ›metaphysischer‹ Denk- und Seinsvoraussetzungen zugunsten einer Philosophie der konkreten Existenz, deren Wesen als Resultat und nicht als Ursprung gedacht wird.

Nach dem Ersten Weltkrieg werden diese Ideen von Edmund Husserl und Heidegger aufgenommen und erhalten so Einzug in die deutschen Universitäten. Nach Frankreich werden sie in den 1930er Jahren insbesondere durch Sartres modifizierende Rezeption der husserlschen Phänomenologie und der heideggerschen Philosophie importiert. V.a. durch die Aufladung mit marxistischen und psychoanalytischen Motiven wird der Existenzialismus in den 1960er Jahren zum Modebegriff, der weiten Teilen der Intellektuellen zur Beschreibung eines Lebensgefühls und seines Ausdruckes in Kunst, Kultur und Politik dient.

Die Unterscheidung, die durch die Begriffe »Existenzialismus« und »Existenzphilosophie« vorgenommen wird, geht auf Jaspers zurück, der 1935 in »Vernunft und Existenz« zum ersten Mal den Begriff »Existenzialismus« in pejorativer Absicht gegen die französische Ausprägung verwendet und sich so davon abzusetzen sucht. Sartre nimmt den Begriff 1948 dann aber in dem Vortrag »Der Existenzialismus ist ein Humanismus« in positiver Weise auf und erhält dafür von Heidegger eine scharfe Replik in Form eines Briefes an Jean Beaufret: Der Hauptsatz des Existenzialismus habe mit dem Hauptsatz seiner Philosophie, wie sie in *Sein und Zeit* dargestellt sei, nichts gemein (vgl. Heidegger 1946, 21). Zudem sieht Heidegger, nochmals bestätigt durch Jacques Derrida (vgl. Derrida 1972, 139), auch in einem existenzialistischen ›Humanismus‹ immer noch ›metaphysisches Denken‹ am Werke, da letztlich doch von einem einheitlichen, auf alle Menschen zutreffenden Menschenbild ausgegangen werde.

Laut Maurice Merleau-Ponty besteht ein systematischer Unterschied zwischen dem romanischen und dem deutschsprachigen Existenzialismus darin, dass Letzterer weniger an der Beschreibung und Analyse als vielmehr an der Erklärung des Konkreten interessiert ist.

Zu den dem Existenzialismus bzw. der Existenzphilosophie nahe stehenden Denkerinnen und Denkern gehören Hannah Arendt, Martin Buber, Emmanuel Lévinas, Franz Rosenzweig und Miguel de Unamuno sowie Ortega y Gasset. Zur existenzialistischen Literatur werden neben Camus, de Beauvoir und Sartre auch Franz Kafka, Rainer M. Rilke, James Joyce, Fjodor Dostojewskij u.a. gezählt.

3.
Obwohl die philosophisch-akademischen Theorien des Existenzialismus sehr verschiedene Antworten v.a. in Bezug auf den Sinn des Lebens geben, finden sich Gemeinsamkeiten in den Fragestellungen und dem methodischen Zugang über alltägliche Phänomene und Erlebnisse.

3.1. Neben dem erwähnten Ziel der Befreiung aus einem falschen, gesellschaftssteuernden Regelwerk und der methodischen bzw. epistemologischen Forderung, als Ausgangspunkt allen Philosophierens die konkrete Existenz zu wählen – mit Kierkegaard gegen Hegel formuliert: Den Denker des Gedachten nicht zu vergessen –, stehen existenzielle Grenzerfahrungen wie Tod, Leiden, Schuld oder Ekel und der Umgang mit ihnen im Mittelpunkt der Analysen. Die aus diesen Analysen gewonnene Beschreibung der menschlichen Existenz bildet die ›Ontologie‹, die das *gewordene, phänomenal erfassbare Seiende* darstellt und nicht etwa metaphysische Notwendigkeiten: »Die Philosophie ist universale phänomenologische Ontologie, [...] die als Analytik der *Existenz* das Ende des Leitfadens alles philosophischen Fragens dort losgemacht hat, woraus es *entspringt* und wohin es *zurückschlägt*.« (Heidegger 1927, 38) Aus der angenommenen grundsätzlichen Unbestimmtheit, d.h. aus der Notwendigkeit heraus, ›dass der Einzelne sich im Entwurf wählend realisieren muss‹, resultiert ein starker Verantwortungs- und Schuldbegriff, der in den inhaltlich verschiedenen ethischen Appellen, die eine Selbstbefreiung aus der Entfremdung fordern, seinen Ausdruck findet. Damit eint die verschiedenen Ansätze nicht nur der methodische und erkenntnistheoretische Ausgangspunkt, sondern auch die Annahme einer grundsätzlichen *Realisierungsmöglichkeit* ethischer Appelle.

3.2. Wenn es hingegen um die Frage nach den theoretischen Konsequenzen, d.h. um die Frage nach der *Lösung* oder der Aufhebung des unglücklichen, selbstverlorenen Zustandes der einzelnen Existenz geht, gehen die Antworten weit auseinander. Die christlichen Existenzphilosophen sehen die Lösung in einer Hinwendung zu Gott, ziehen also wie Jaspers aus leidvollen Grenzerfahrungen die Konsequenz, dass der Entfremdung nur durch ein ›Selbstsein mit Gott‹ zu entkommen sei (vgl. Jaspers 1953, 64f.), oder erklären wie Marcel in seiner ›Hoffnungsphilosophie‹, dass es einen ›Trieb zum erlösenden Sein‹ gebe, der zwar aus der verklärten Welt führe, aber zugleich immer ein Geheimnis (mystère) bleibe (vgl. Marcel 1951). Heidegger und Sartre dagegen sehen die Befreiung aus der entfremdeten Existenz in der ›Eigentlichkeit‹ (vgl. Heidegger 1986, 129ff.) bzw. ›authenticité‹ (Authentizität). Authentizität bestehe darin, einerseits die eigene Seinsweise, die unentrinnbare Freiheit nicht fliehen zu wollen, sondern sie *in dem Wissen* zu übernehmen, *dass es keinen authentischen Menschen geben könne, sondern immer nur authentische Handlungen* (vgl. Sartre 1983, 494). Andererseits müsse aber im gleichen Maße das Gegebene als Bedingung eben dieser Freiheit akzeptiert werden, die sich immer nur in der vorgefundenen Situation realisieren könne (vgl. Sartre 1994, 833–950).

Die philosophischen Theorien des Existenzialismus sind Ausdruck eines der vielleicht letzten philosophischen Versuche, Kants universelle Forderung der Befreiung aus der selbstverschuldeten Unmündigkeit einzulösen. Sie müssen auch als Darstellung eines theoretischen wie praktischen Unbehagens an den Grundsätzen der Moderne interpretiert werden, das angesichts der historischen Erfahrungen in der ersten Hälfte des 20. Jahrhunderts zur Frage drängt, wie diese möglich geworden sind. Als eine wesentliche Ursache wird dabei die moderne Konzeption einer abstrakten, vom Konkreten absehenden Vernunft gesehen. Darin zeigt sich eine enge Verwandtschaft mit der ›Kritischen Theorie‹ der Frankfurter Schule, die den Existenzialismus aber v.a. wegen Heideggers politischem Engagement für den Nationalsozialismus zur Gänze ablehnte.

3.3. Zweifelsfrei ist der Existenzialismus eine der wenigen philosophischen Strömungen der Neuzeit, die auch außerhalb der akademischen Welt Gehör und (zum Teil zweifelhafte) Anerkennung gefunden haben und dadurch auch politischen Einfluss erlangten. Möglicherweise liegt es am lebensnahen Ausgangspunkt, dass er politisch missbraucht werden konnte und wurde. Während Heidegger zunächst offen mit den Nationalsozialisten sympathisierte und von diesen – wie auch Nietzsche – für ihre Zwecke funktionalisiert wurde, werden Sartre – und auch Herbert Marcuse, der Ende der 1920er Jahre bei Heidegger Assistent in Freiburg war (vgl. Seibert 2000, 59) – häufig als Vordenker der Studentenproteste vom Mai 1968 gesehen (vgl. Seibert 1997, 153); Sartre erweist sich aber auch zeitweise als Apologet des Sowjet-Kommunismus (vgl. Cohen-Solal 1988, 510) und des Terrorismus der 1970er Jahre (vgl. Seibert 2000, 71f.).

Die ungewöhnliche Verbreitung philosophischer Ideen auch außerhalb der Universitäten wird neben Camus' – der 1960 im Alter von 46 Jahren durch einen Autounfall ums Leben gekommen ist – und Simone de Beauvoirs literarischem Schaffen v.a. dem ›Universalgenie‹ oder dem ›Tausendsassa‹ – je nach Sympathie – Sartre zugeschrieben. Zum einen basieren die philosophischen Analysen auf Situationen, die in den Romanen und

Dramen dargestellt werden; zum anderen sind v.a. Sartres philosophische Texte durch prosahafte Situationsbeschreibungen auch nicht philosophisch Geschulten zugänglich und es ist nicht zuletzt sein weltweites politisches Engagement, durch das er immer auch als Vertreter (s)einer Philosophie präsent war.

Eine ganz andere Art von Wirkung hatte der Existenzialismus durch de Beauvoirs Übertragung und Weiterführung in Bezug auf die Geschlechterhierarchie und deren Interpretation als existierende, d.h. gemachte und veränderbare und nicht etwa als essenzielle Differenz: »Wenn ich die Worte ›Frau‹ oder ›weiblich‹ anwende, beziehe ich mich begrifflicher Weise nicht auf irgendeinen Archetypus, auf ein unveränderliches Wesen. Die meisten meiner Bemerkungen sind ›im gegenwärtigen Zustand der Erziehung und Gewohnheiten‹ *cum grano salis* zu verstehen.« (de Beauvoir 1949, 265) Mit ihrem Diktum »Man kommt nicht als Frau zur Welt, man wird es« (ebd.) und der daraus resultierenden Unterscheidung zwischen einem faktischen, gegebenen Körper einerseits und einer erworbenen Geschlechtsrolle andererseits, gilt sie als Begründerin der sog. zweiten Welle des Feminismus, die in den 1970er Jahren einsetzt. Heute hat die ›Sex/Gender-Debatte‹ in sämtlichen akademischen Disziplinen sowohl hierzulande als auch weltweit Einzug erhalten.

3.4. Wegen der konstatierten Priorität des einzelnen, denkenden Subjekts wird der Existenzialismus aus marxistischer Perspektive auch als ›spätbürgerliche Ideologie‹ kritisiert (vgl. z.B. Tomberg 1988, 324ff.). Diese Kritik findet sich verschärft in der ›postmodernen‹ Ablehnung des Existenzialismus, die in ihm den modernen Glauben an die subjektive Freiheit nochmals bestätigt sieht und daher insbesondere Sartre vorwirft, »die Philosophie bloß existentiell umgeschrieben zu haben« (Seibert 2000, 76). Den eigenen zeitgenössischen philosophischen Diskurs sehen die Denkerinnen und Denker der Postmoderne – in Anlehnung an Nietzsche und Heidegger – als ›De-Konstruktion‹ der modernen Vernunftgeschichte.

Unter dem Titel ›Politischer Existenzialismus‹ erscheinen die Theorien des Existenzialismus selbst als Phänomen der Selbstentfremdung, die in ihren Appellen die Selbstaufgabe forderten. Diese sollen als philosophischer Irrtum gekennzeichnet werden mit dem Ziel, die Attraktivität des politischen Existenzialismus aufzuheben.

Ein häufig anzutreffendes Resümee lautet, dass die existenzialistischen Antworten – d.h. die theoretischen Modelle – falsch, überholt oder tot seien, dass aber die gestellten Fragen immer noch drängend seien. Dem könnte entgegnet werden, dass die Antworten des Existenzialismus noch lange nicht ausreichend verstanden und interpretiert worden sind, um sie bereits als obsolet zu verwerfen.

4.

Arendt, H., 1948, Was ist Existenz-Philosophie?, Frankfurt/M.: Hain 1990.

Bollnow, O. F., 1942, Existenzphilosophie, Stuttgart: Kohlhammer 1982.

Beauvoir, S. de, 1949, Das andere Geschlecht, Reinbek: Rowohlt 1968.

Camus, A., 1942, Der Mythos von Sisyphos, Reinbek: Rowohlt 1959.

Camus, A., 1951, Der Mensch in der Revolte, Reinbek: Rowohlt 1969.

Cohen-Solal, A., 1985, Sartre 1905–1980, Reinbek: Rowohlt 1988.

Derrida, J., 1972, Randgänge der Philosophie, Wien: Passagen 1999.

Fahrenbach, H., 1970, Existenzphilosophie, Frankfurt/M.: Klostermann.

Großheim, M., 2002, Politischer Existentialismus, Tübingen: Mohr Siebeck.

Haecker, H. J., 1995, Existentialismus der Distanz, Frankfurt/M.: Fischer.

Heidegger, M., 1927, Sein und Zeit, Tübingen: Niemeyer 1986.

Heidegger, M., 1946, Über den Humanismus, Frankfurt/M.: Klostermann 2000.

Jaspers, K., 1931, Die geistige Situation der Zeit, Berlin: de Gruyter 1999.

Jaspers, K., 1935, Vernunft und Existenz, München: Piper 1987.

Jaspers, K., 1953, Einführung in die Philosophie, München: Piper 1971

Kierkegaard, S., 1843, Entweder-Oder, München: dtv 2000.
Knopp, P./Wroblewsky, V. v., 1999, Existentialismus heute, Berlin: Philo.
Marcel, G., 1951, Le mystère de l'être, Bd. 2, Paris: Aubier.
Marcel, G., 1992, Werkauswahl, 3 Bde., Paderborn: Schöningh.
Sartre, J.-P., 1943, Das Sein und das Nichts, Reinbek: Rowohlt 1994.
Sartre, J.-P., 1948, Der Existentialismus ist ein Humanismus und andere philosophische Essays 1943–1948, Reinbek: Rowohlt 2000.
Sartre, J.-P. 1983, Entwürfe für eine Moralphilosophie, Reinbek: Rowohlt 2005
Seibert, T., 1997, Existenzphilosophie, Stuttgart: Metzler
Seibert, T., 2000, Existenzialismus, Hamburg: EVA/Rotbuch.
Tomberg, F., 1988, Geschichtsphilosophie, in: M. Buhr (Hg.), Enzyklopädie zur bürgerlichen Philosophie im 19. und 20. Jahrhundert, Leipzig: Bibliographisches Institut.
Waldenfels, B., 1998, Phänomenologie in Frankreich, Frankfurt/M.: Suhrkamp.

TATJANA SCHÖNWÄLDER-KUNTZE

F

Familie

1.

Eine Definition von »Familie«, die auch in der Philosophie relativ unumstritten ist, wäre Mitte des 20. Jahrhunderts noch problemlos mit Verweis auf die klassische traditionelle Kleinfamilie bestehend aus Vater, Mutter und (biologischen) Kindern möglich gewesen. Mittlerweile hat sich mit der gesellschaftlichen Situation jedoch auch die Theoriebildung dramatisch verändert (vgl. Young 1997).

In den westlichen Industriegesellschaften der 1950er und 1960er Jahre wurde das Hohelied der Familie gesungen. In der Bundesrepublik Deutschland wurde sie im Grundgesetz (Art. 6) verankert und unter den besonderen Schutz des Staates gestellt; im Selbstverständnis und Handeln der Individuen war sie das anerkannte und allgemein angestrebte Lebensmodell; der vorherrschenden sozialwissenschaftlichen Theorie (»Strukturfunktionalismus«) galt sie als notwendig für das Funktionieren von Staat und Gesellschaft. Dann aber kamen in der Folge von 1968 Studenten- und Frauenbewegung und mit ihnen der Aufstand gegen die traditionellen Strukturen. Die Familie wurde kritisiert als Ideologie und Gefängnis, als Ort alltäglicher Gewalt und Unterdrückung. Das wiederum rief diejenigen auf den Plan, die zur »Verteidigung der bürgerlichen Familie« (Berger/Berger 1983) antraten, sie als »Hafen in einer herzlosen Welt« (Lash 1977) wiederentdeckten. Der »Krieg um die Familie« war entbrannt. Nun wurde zunehmend unklar, wer oder was Familie ausmacht: Welche Beziehungsformen sind als »Familie« zu bezeichnen, welche nicht? Welche sind normal, welche abweichend, welche sind der staatlichen Förderung würdig (vgl. Davidoff/Doolittle/Fink u.a. 1998)?

Zu Beginn des 21. Jahrhunderts ist die Situation noch unübersichtlicher geworden. Denn viele der gewohnten Begriffe können die Lebenswirklichkeit nicht mehr abbilden, wie z.B. der zentrale Begriff der »Ehe«: In Beruf, Alltag, Freizeit, selbst auf offiziellen Formularen finden sich zunehmend Verlegenheitsbegriffe wie »Paar«, »Partnerschaft«, »Beziehung«. Aber auch die Kriterien dafür, wer oder was ein Paar ist, geraten zunehmend vager, weil die Lebensformen fließender werden und die einst klaren Unterscheidungen sich verwischen.

2.

Dass der Familienforschung die Frage nach den elementaren Begriffen und Definitionen schwer beantwortbar wird, verweist auf einen Zustand, den der britische Soziologe Anthony Giddens (2000) als »entfesselte Welt« bezeichnet. Damit ist ein Grundlagenwandel gemeint, der viele Bereiche der gegenwärtigen Gesellschaft kennzeichnet, auch und nicht zuletzt den Bereich der Familie. Ähnlich wie in einer globalisierten und technisierten Welt die Grenzen zwischen Innen und Außen, Wir und Anderen, Natur und Gesellschaft sich auflösen und neu fixiert werden müssen (vgl. Beck/Bonß/Lau 2001), geraten nun auch im familialen Zusammenleben die Beziehungsformen in Fluss.

Einen Wandel im Bereich der Familie gibt es jedoch schon seit langem, im 18. und erst recht im 19. Jahrhundert. Jenseits aller allgemeinen historischen Wandlungstendenzen kommt es aber zudem zu einem Wandel des Wandels, den man als Meta-Wandel bezeichnen kann: Die Koordinaten und Leitbilder des Wandels wandeln sich. Genau darauf zielt die Unterscheidung zwischen Erster und Zweiter Moderne (vgl. Beck/Lau 2004). Dabei meint die Rede von der Zweiten bzw. reflexiven Moderne eine Radikalisierung des sozialen Wandels, in der die Grundlagen und Kategorien des Wandels selbst zum Problem und Thema von Modernisierung sowie ihrer Erforschung werden. Auf den Bereich der Familie bezogen folgt daraus die These: Die mit der Ersten Moderne entstandenen kulturellen, gesellschaftlichen, politischen, staatlichen, rechtlichen Grundlagen und Leitideen der Familie lösen sich aufgrund institutioneller Veränderungen teilweise auf, werden in Optionen verwandelt, setzen konkurrierende Ansprüche und Konflikte frei und müssen von verschiedenen Instanzen, Institutionen und Individuen neu ausgehandelt und festgelegt werden.

3.

3.1. Seit dem 19. Jahrhundert bis in die 1960er Jahre gab es in den westlichen Gesellschaften ein allgemein anerkanntes Modell der Familie, das von den meisten Menschen auch tatsächlich praktiziert wurde (mehr oder minder je nach Lebensumständen, Schicht, Religion, Region usw.; vgl. zur Geschichte der Familie Burguière/Klapisch-Zuber/Segalen u.a. 1986). Dieses Leitbild der Normalfamilie bestand aus einem erwachsenen Paar mit leiblichen Kindern; die Erwachsenen waren selbstverständlich Mann und Frau; sie waren verheiratet, und sie blieben es auch bis zum Tod; und zwischen den beiden bestand eine Arbeitsteilung derart, dass der Mann erwerbstätig war, während die Frau für Heim und Familie die Verantwortung trug. Natürlich gab es auch damals andere Lebensformen, die meistens aber unfreiwillig zustande kamen. Entscheidend ist jedoch, dass diese anderen als *abweichende* Lebensformen galten und nur vergleichsweise selten, meist nur versteckt und verschwiegen gelebt werden konnten.

Schon in der Ersten Moderne finden sich vielfältige Wandlungsprozesse im Bereich des Privaten (vgl. Ariès/Duby 1985, Bd. 5). Aber wie man an den demographischen Daten ablesen kann, blieben diese Wandlungsprozesse doch in relativ überschaubaren Bahnen, genauer: Sie blieben im Rahmen des Leitbildes. »Während des Großteils des 20. Jahrhunderts folgten die Trends der Zusammensetzung von Familien und Haushalten einem relativ voraussehbaren Muster, und dies sowohl in Großbritannien wie in vielen anderen europäischen Ländern. Veränderungen fanden statt, aber sie blieben in Formen, die – abgesehen von Kriegszeiten – relativ konsistent waren.« (Allan/Hawker/Crow 2001, 819)

Insgesamt kann man festhalten, dass während der Ersten Moderne zwar durchaus Wandlungsprozesse im Bereich des Privaten stattfanden, aber, und das ist das Entscheidende, in einem bestimmten Sinne begrenzt blieben: Die institutionalisierten Strukturen, Erwartungen und Leitbilder wurden damit nicht durchbrochen, sondern blieben weiter erhalten. Dies gilt, grob verallgemeinert, für die drei Ebenen des Rechts, des Alltags und der Sozialwissenschaften. Indem die Familienbilder der verschiedenen Ebenen übereinstimmten, konnten sie sich wechselseitig bestätigen und verstärken.

3.2. Genau das ist anders geworden in der Zweiten Moderne. Zwar ist die Normalfamilie der beschriebenen Art nicht verschwunden, aber es gibt daneben vielfältige andere Formen, und v.a.: Die Norm selbst hat an Geltungskraft verloren. Denn inzwischen haben Veränderungen sowohl des Familienverhaltens als auch des Familienverständnisses stattgefunden, und es zeigt sich jetzt ein »Nebeneinander unterschiedlicher Formen, für die je geltend gemacht wird, daß sie gleichberechtigt sind oder sein sollen« (Lüscher 1994, 19). In der Folge kommt es zu einer Relativierung der Vorstellungen von Normalität. Dieser Leitbild-Wechsel, der Abweichungen zur Normalität macht, ist ein zentrales Merkmal der Zweiten Moderne. Was sich jetzt durchsetzt, ist nicht nur Diversität, sondern weit mehr noch: die Normalisierung von Diversität, und zwar im Familienrecht wie im alltäglichen Verhalten und in der Beobachterperspektive der Sozialwissenschaften.

Es kann kaum bezweifelt werden, dass der Staat früher eine klare *rechtliche* Ordnung vorgab, die orientiert an der Normalfamilie der oben beschriebenen Art war. Ebenso unzweifelhaft ist, dass zur Gegenwart hin solche Vorgaben zunehmend umstritten und im weiteren Verlauf vielfach außer Kraft gesetzt werden. An ihrer Stelle werden Regelungen eingeführt, die bewusst darauf abzielen, eine breitere Vielfalt von Familien- und Lebensformen anzuerkennen. Dies gilt insbesondere, was die Ordnung der Geschlechterverhältnisse in der Ehe angeht: In vielen Staaten ist hier eine grundlegende Reform der einschlägigen Paragraphen erfolgt.

Hinzu kommen, in Deutschland wie in anderen westlichen Ländern, viele weitere Reformen, die allesamt in eine ähnliche Grundrichtung wirken – so z.B. die Erleichterung der Scheidung, die verbesserte Rechtsstellung nichtehelicher Kinder und nichtehelicher Lebensgemeinschaften sowie die zunehmende Anerkennung homosexueller Lebensgemeinschaften (vgl. Mason/Fine/Carnochan 2001; Röthel 1999). Der Gesetzgeber sieht seine Funktion immer weniger darin, eine bestimmte Lebensform verbindlich vorzuschreiben. Vielmehr wird in wachsendem Maße einer Vielfalt von Lebensformen ein eigener institutioneller Ort eingeräumt und damit auch Anerkennung gegeben.

Eben diese Entwicklung setzt – als paradoxe und doch erwartbare Folge – eine Spirale von Regelungszwängen in Gang: Je mehr die alten, qua Gesetz, Tradition oder Religion vorgegebenen Schranken sich lockern, je mehr Wahlmöglichkeiten auf der Ebene der privaten Lebensformen sich öffnen, desto mehr entsteht im gesellschaftlichen und im rechtlichen Raum neuer Regelungsbedarf. Denn Gesellschaft setzt stets Verbindlichkeiten, Erwartbarkeiten des wechselseitigen Umgangs voraus. Wenn schwule oder lesbische Paare heiraten oder eine offizielle Lebensgemeinschaft eingehen können, soll das dann heißen, dass ihnen auch ein Recht auf Elternschaft zusteht, über Adoption oder die Errungenschaften der Fortpflanzungsmedizin? Wenn bei der Heirat die Frau nicht mehr selbstverständlich den Namen des Mannes übernimmt, welchen Namen sollen dann die Kinder erhalten? Wenn immer mehr Menschen Zweit- oder Drittehen eingehen, wie kann dann eine gerechte Verteilung der Finanzen aussehen zwischen Partnern, Ex-Partnern und Ex-Ex-Partnern sowie ihren jeweiligen Kindern? Wenn via Fortpflanzungsmedizin neue Formen von Elternschaft aufkommen, für die es in der bisherigen Menschheitsgeschichte keine Vorläufer gibt, wie kann man damit dann umgehen?

Nicht nur im Recht, sondern v.a. auch im *alltäglichen* Verhalten der Individuen setzt sich Beziehungsvielfalt durch. Heute haben wir es mit einer bisher nicht bekannten Diversität von familialen und häuslichen Arrangements zu tun (vgl. Allan/Hawker/Crow 2001, 824; Beck-Gernsheim 2000; Teachman/Tedrow/Crowder 2000). Ein einschlägiges Beispiel bietet die Abfolge jener Ereignisse, aus denen einst der sog. Familienzyklus bestand. Zum Leitbild der richtigen Familie gehörte auch eine zeitliche Ordnung, die richtige Aufeinanderfolge der Familienereignisse betreffend: »Love – marriage – baby carriage« hieß das Gebot.

Jenes Bild einer »richtigen Reihenfolge« ist auch heute noch in den Köpfen vieler Menschen präsent, und es wird auch noch in breiten Gruppen gelebt. Aber immer häufiger, immer offener zeigen sich andere Muster. Z.B. muss die Liebe nicht unbedingt zum Standesamt führen: Immer mehr Paare leben ohne Trauschein zusammen. Auch das Kinderkriegen wird zunehmend entkoppelt vom Trauschein: In Deutschland werden heute fast ein Drittel der Kinder »nichtehelich« geboren, in Skandinavien sind es noch mehr. Und von den Paaren, die sich früher oder später – meist eher später – doch noch zur Heirat entschließen, halten sich viele nicht mehr an das Gebot lebenslänglicher Dauer, das einst damit verknüpft war. In den USA wird inzwischen etwa jede zweite Ehe geschieden, in Nord- und Westeuropa jede dritte; in den katholischen Ländern Europas sind die Scheidungsziffern niedriger, aber steigen auch deutlich an (vgl. Allan/Hawker/Crow 2001, 819). Manche heiraten nie, manche mehrfach, und im letzteren Fall entstehen komplexe neue Familien-Netzwerke: Hier findet man Heirats- und Scheidungsketten, Ex-Partner und Lebensabschnittsgefährten, Fortsetzungsehen, Patchwork-Familien, Kinder mit wechselnden Eltern und Quasi-Eltern, mit Lebensabschnitts-Vätern und -Müttern. Aus der klar vorgegebenen Ordnung ist eine Vielzahl unterschiedlicher Entwicklungslinien und Verlaufsmuster geworden. Im Alltag und ebenso in der damit befassten Sozialwissenschaft wird die wechselseitige Zurechnung der beteiligten Personen mehrdeutig und mühsam. Zugehörigkeiten wie Grenzlinien werden unsicher, im Zeitablauf schwankend, den Hoffnungen und Enttäuschungen, Interessen und Ansprüchen der beteiligten Personen ausgesetzt. Wer sieht sich selbst in welchem Stadium seines Lebens und seiner Gefühle als Teil eines Paares, eines Haushalts, einer Familie, welcher Familie? Wie sehen dies die betroffenen anderen Personen, Partner, Eltern, Kinder, Geschwister? Die eine und einfache Antwort gibt es nicht mehr, statt dessen verschiedene Personen mit je eigenen Antworten, mit denen der anderen manchmal übereinstimmend, manchmal auch nicht (vgl. Furstenberg/Cherlin 1991; Manning/Smock 2005; Seltzer 2000). Das aber heißt: Eine kollektive Verbindlichkeit der individuellen Beziehungs-Definitionen gibt es nicht mehr.

Eine solche Individualisierung der Deutungen muss aber auf der Ebene der Forschung erhebliche methodische wie konzeptionelle Probleme aufwerfen. Denn jetzt wird unklar, was »objektiv« die Bezugseinheit der Familienforschung ausmacht und wie sich diese eingrenzen lässt, wie, was überhaupt aus wessen Perspektive erfragt und erforscht werden soll. Wenn ein Mann und eine Frau sich in der Hochphase ihrer Gefühle als Lebensgemeinschaft betrachten, aber nach dem Ende der Liebe ihre Beziehung als kurzfristige sexuelle Affäre bezeichnen; wenn auf die einfache Frage, wie viele Geschwister sie haben, Befragte im Zeitablauf wechselnde Antworten geben, weil je nach aktueller Familienkonstellation, Haushalts- und Wohnform mal diese, mal jene Personen als »Bruder« bzw. »Schwester« hinzukommt oder aus dem Gesichtsfeld verschwindet (vgl. White 1998) – wie ordnet, zählt, klassifiziert dann der Forscher?

Während sich die Vielfalt der Lebensformen im Recht wie im Alltag in schnellem Tempo ausbreitet, wird gleichzeitig auch in den *Sozialwissenschaften* mehr Vielfalt erkennbar. Waren es bis in die 1970er Jahre fast ausschließlich weiße Männer, die sozialwissenschaftliche Familienforschung betrieben und prägten, so finden wir auch heute in diesem Bereich noch immer in der Mehrheit weiße Männer. Aber daneben finden zunehmend auch andere Gruppen Zugang zum akademischen Feld. Und das hat Folgen: Viele der »Neuen« stellen den etablierten Annahmen andere Blickwinkel, Maßstäbe oder Erfahrungshorizonte entgegen. Damit wird der Familiensoziologie eine Diversität der Perspektiven aufgezwungen, die die Diversität der Lebensformen sozialwissenschaftlich nachvollzieht.

Beispielhaft dafür ist die feministische Theorie: »Indem sie Gender zur grundlegenden Analysekategorie machten, haben Feministinnen einen wichtigen Beitrag zur Familientheorie geleistet.« (Thorne 1982, 2) Diesem Satz dürften viele, wenn auch durchaus nicht alle Familienforscher heute zustimmen. Aber was sich heute so einfach liest, kam damals einer Revolution gleich. Als die Frauenforschung in den 1960er Jahren begann, setzte sie dem vorherrschenden Bild von Familie bewusst ein anderes entgegen. Die Familie als Ort der Erholung, der Gefühle und der Intimität? Nein, hieß es jetzt kämpferisch, die Familie sei auch der Ort der Arbeit (nämlich der Arbeit der Frauen), ja auch ein Ort alltäglicher Gewalt und Unterdrückung. Neben »history« wurde nun »herstory« gestellt. Hinter dem, was vorher »die« Ehe hieß, wurden »zwei Ehen« entdeckt – auf der einen Seite die Ehe des Mannes, auf der anderen Seite die Ehe der Frau, mit zum Teil überlappenden, zum Teil divergierenden Horizonten (vgl. Bernard 1976, 19ff.). Und immer wieder wurden die »Ungleichheitserfahrungen im familialen Alltag« (Rerrich 1990) zum Thema gemacht.

Die nächste Phase theoretischer Selbstreflexion und Selbstkritik begann mit dem allmählichen Aufstieg des Multikulturalismus, v.a. in den USA und Großbritannien. Nun meldeten sich, mit wachsendem Selbstbewusstsein, auch Vertreterinnen und Vertreter von Minderheitsgruppen zu Wort. Und eben der Vorwurf, den die Frauen zuvor gegen die männerdominierte Familienforschung erhoben hatten – sie sei partikular, einseitig, verzerrt –, eben dieser Vorwurf kehrte jetzt wieder, ja er wurde nicht zuletzt auch gegen die Frauenforschung gewandt. In der Konsequenz wurden Forderungen wie »White women listen!« (Carby 2000) erhoben, und Vertreterinnen einer »Schwarzen Frauenbewegung« erklärten, warum für sie Familie einen ganz anderen Stellenwert habe als für weiße Frauen.

Nicht nur der Feminismus, sondern auch der Multikulturalismus hat als zweite Linie der Auseinandersetzungen das Selbstverständnis der Familienforschung nachdrücklich erschüttert. In dem Maße, wie sog. Minderheitsgruppen (etwa die zahlreicher und heterogener werdenden Einwandererfamilien) allmählich ins Blickfeld der Forschung geraten, in dem Maße, wie einige derer, die heute Forschung betreiben, selbst Einwandererfamilien entstammen oder Minderheiten anderer Art angehören – in dem Maße werden einst selbstverständliche Grundannahmen der Familienforschung in Frage gestellt.

3.3. Vor diesem Hintergrund stellt sich von neuem die Frage, warum die Familie unter den Schutz des Staates (und in Deutschland des Grundgesetzes) gestellt werden sollte. Auf die Frage nach dem normativen Status der Familie hat es in der Philosophiegeschichte ganz unterschiedliche Antworten gegeben, von denen sich zwei als besonders wirksam erwiesen haben (vgl. Elshtain 1982). Nach Kants Auffassung ist die Ehe (mit oder ohne Kind) ein aus freien Stücken geschlossener Vertrag zwischen autonomen Subjekten, aus dem sich wechselseitige Rechte und Pflichten ergeben und der als solcher Schutz genießen sollte (vgl. Kant 1797, 389ff.; Herman 1992). Diesem kontraktualistischen Verständnis von Ehe und Familie hat Hegel eine Konzeption der Familie als sittliches Verhältnis der Anerkennung gegenüber gestellt, das weder auf natürliche Bindungen noch auf vertragliche Konstruktionen reduziert werden kann, sondern Beziehungen der Liebe und der Fürsorge stiftet, in denen die einzelnen erst zu Individuen werden (vgl. Hegel 1821, §§ 158ff.; Honneth 1995).

Dennoch ist die interne Ordnung der Familie aus den normativen Überlegungen der politischen Philosophie und Sozialphilosophie lange Zeit völlig ausgeschlossen und dem Bereich des Privaten zugeordnet worden. Erst mit der feministischen Theorie wurde explizit die oft implizite Annahme bestritten, dass die Familie als Ort der Liebe, an dem es auch gerecht zugeht, vorausgesetzt und damit aus politischen Auseinandersetzungen ausgeklammert werden kann. Da die Familie einigen Autorinnen zufolge auch in ihren modernen Formen die Ungerechtigkeit im Geschlechterverhältnis nicht nur widerspiegle, sondern auch reproduziere, müsse sie weiterhin im Namen individueller Rechte und sozialer Gerechtigkeit problematisiert werden (Okin 1989; Young 1997; Anderson/Kleingeld 2008). Mit dem Wandel auf den Ebenen des Rechts, des Alltags und der Sozialwissenschaften haben sich daher auch die normativen Probleme im Bereich der Familie gewandelt und stehen weiterhin, wie jene, zur Debatte.

4.

Allan, G./Hawker, S./Crow, G., 2001, Family Diversity and Change in Britain and Western Europe, in: Journal of Family Issues 22.

Anderson, J./Kleingeld, P., 2008, Gerechtigkeit als Wert in der Familie, in: A. Honneth/B. Roessler

(Hg.), Von Person zu Person, Frankfurt/M.: Suhrkamp (i. E.).
Ariès, P./Duby, G. (Hg.), 1985, Geschichte des privaten Lebens, 5 Bde., Frankfurt/M.: Fischer 1995.
Beck, U./Bonß, W./Lau, C., 2001, Die Theorie reflexiver Modernisierung, in: U. Beck/W. Bonß (Hg.), Die Modernisierung der Moderne, Frankfurt/M.: Suhrkamp.
Beck, U./Lau, C. (Hg.), 2004, Entgrenzung und Entscheidung, Frankfurt/M.: Suhrkamp.
Beck-Gernsheim, E., 2000, Was kommt nach der Familie?, München: Beck.
Beck-Gernsheim, E., 2004, Wir und die Anderen, Frankfurt/M.: Suhrkamp.
Berger, B./Berger, P., 1983, In Verteidigung der bürgerlichen Familie, Reinbek: Rowohlt 1984.
Bernard, J., 1976, The Future of Marriage, Harmondsworth: Penguin.
Burguière, A./Klapisch-Zuber, C./Segalen, M./Zonabend, F. (Hg.), 1986, Geschichte der Familie, 4 Bde., Frankfurt/M.: Campus 1997.
Carby, H., 2000, White Women Listen! Black Feminism and the Boundaries of Sisterhood, in: K. Owusu (Hg.), Black British Culture and Society, London: Routledge.
Davidoff, L./Doolittle, M./Fink, J./Holden, K., 1998, The Family Story, London: Longman.
Furstenberg, F./Cherlin, A., 1991, Divided Families, Cambridge/MA: Harvard University Press.
Giddens, A., 2000, Entfesselte Welt, Frankfurt/M.: Suhrkamp 2001.
Lash, C., 1977, Haven in a Heartless World, New York: Basic Books.
Lüscher, K., 1994, Was heißt heute Familie?, in: C. Brauns-Hermann/B. Busch/H. Dinse (Hg.), Verlorene Liebe – gemeinsame Kinder, Reinbek: Rowohlt.
Mason, M./Fine, M./Carnochan, S., 2001, Family Law in the New Millenium, in: Journal of Family Issues 22.
Manning, W./Smock, P., 2005, Measuring and Modeling Cohabitation, in: Journal of Marriage and Family 67.
Okin, S. M., 1989, Justice, Gender, and the Family, New York: Basic Books.
Rerrich, M., 1990, Ein gleich gutes Leben für alle? Über Ungleichheitserfahrungen im familialen Alltag, in: P. Berger/S. Hradil (Hg.), Lebenslagen – Lebensläufe – Lebensstile, Göttingen: Schwartz.
Röthel, A., 1999, Nichteheliche Lebensgemeinschaften, in: Zeitschrift für Rechtspolitik 12.
Seltzer, J., 2000, Families Formed Outside of Marriage, in: Journal of Marriage and Family 62.
Teachman, J./Tedrow, L./Crowder, K., 2000, The Changing Demography of America's Families, in: Journal of Marriage and the Family 62.
Thorne, B., 1982, Feminist Rethinking of the Family, in: B. Thorne/M. Yalom (Hg.), Rethinking the Family, New York: Longman.
White, L., 1998, Who's Counting? Quasi-Facts and Stepfamilies in Reports of Number of Siblings, in: Journal of Marriage and the Family 60.
Young, I. M., 1997, Intersecting Voices, Princeton: Princeton University Press.

Elisabeth Beck-Gernsheim/Ulrich Beck

Fanon, Frantz (1925–1961)

1.

Fanon wurde auf Martinique geboren. Nach seiner Schulzeit in Fort-de-France und freiwilligem Militärdienst in der französischen Armee gegen das nationalsozialistische Deutschland begann er 1946 in Lyon ein Studium der Medizin und Psychiatrie, das er 1951 abschloss. In dieser Zeit hörte er außerdem Vorlesungen bei Merleau-Ponty, rezipierte die von Sartre und Beauvoir herausgegebene Zeitschrift *Les Temps modernes*, versuchte sich als Autor an Theaterstücken und war Mitarbeiter eines an Studierende aus den Kolonien gerichteten Magazins. 1951 erschien die ursprünglich als Dissertation vorgesehene Arbeit *Schwarze Haut, weiße Masken*, die verschiedene Facetten von Rassismuserfahrungen thematisiert. 1953 wurde Fanon Leiter der Psychiatrischen Abteilung des Krankenhauses Blida im Norden Algeriens, wo er grundlegende Reformen anstieß und die Behandlungsmethode der Sozialtherapie einführte. In dieser Zeit trat er außerdem der Nationalen Befreiungsfront FLN bei, der er sich ab 1956, als er seinen Krankenhausposten aufgab, vollständig widmete. 1958 siedelte er nach Tunis über, 1959 erschien *Das Jahr V der Algerischen Revolution*, eine soziologische Studie über den algerischen Befreiungskampf. 1960 wurde Fanon Botschafter der provisorischen algerischen Regierung in Ghana, erkrankte jedoch noch im selben Jahr an Leukämie, woran er 1961 in einem Krankenhaus im US-amerikanischen Bundesstaat Maryland verstarb. Wenige Tage vorher war sein als Hauptwerk geltendes Buch *Die Verdammten dieser Erde* erschienen. 1964 wurde unter dem Titel *Für eine afrikanische Revolution* eine Reihe von Aufsätzen posthum veröffentlicht.

2.

Fanons theoretische Arbeiten kreisen um den Kolonialismus, dessen z.T. zu Pathologien führenden psychischen, subjektivierenden Effekte auf die Kolonisierten, sowie um Erfolg versprechende Befreiungsstrategien. Schon während seiner Gymnasialzeit hatte er die Ideen des *Négritude*-Begründers Aimé Césaire kennen gelernt, der Philosophielehrer an seiner Schule war. Zeit seines Lebens hat sich Fanon immer wieder kritisch mit dieser politisch-literarischen Bewegung auseinander gesetzt, die das afrikanische kulturelle Erbe affirmiert und um die Konstruktion eines schwarzen Bewusstseins bemüht ist. Mit *Schwarze Haut, weiße Masken* – von ihm selbst ursprünglich »Essay über die Entfremdung des Schwarzen« betitelt – legte Fanon eine stark an eigenen Erfahrungen orientierte und von Existenzialismus und Psychoanalyse beeinflusste Psychographie der Antillaner in Frankreich vor. Eindringlich schilderte er die Effekte, die es hat, »von außen überdeterminiert« zu sein (Fanon 1952, 76), Sklave der eigenen Erscheinung, eingesperrt »in seine Schwarzheit« (ebd., 9). Die vielleicht nahe liegende Reaktion, den affirmativen Bezug auf eine afrikanische Vergangenheit, sieht Fanon gleichwohl kritisch – »Man darf den Menschen nicht festnageln wollen, denn es ist seine Bestimmung, losgelassen zu werden« (ebd., 147), schreibt er aus seiner deutlich zukunftsgerichteten Haltung heraus.

Das ein gutes Jahrzehnt später verfasste Werk *Die Verdammten dieser Erde* nimmt diese Themen auf, radikalisiert sie und ergänzt sie um eine Analyse von Dekolonisierungsprozessen. Eine glückende Dekolonisation impliziert Fanon zufolge die vollständige Zerstörung des kolonialen Manichäismus, sie ist »ein totaler und vollständiger Austausch« (Fanon 1961, 29), »eine Schöpfung neuer Menschen« (ebd., 30). Den diplomatischen Weg zur Erreichung nationaler Unabhängigkeit lehnt Fanon ab, da »zwischen Unterdrückern und Unterdrückten keine Frage gelöst wird, es sei denn durch Gewalt« (ebd., 60). Doch auch in gewaltsamen Befreiungsprozessen besteht Fanon zufolge die Gefahr, dass die manichäische Grundstruktur des Kolonialismus nicht wirklich überwunden wird. Deutlich kritisiert er daher kolonisierte Intellektuelle, die sich im Dekolonisierungsprozess mit den Kolonialherren zu arrangieren versuchen – und außerdem jede Tendenz der nationalen Bourgeoisien, nach der Unabhängigkeit lediglich die Positionen der ehemaligen europäischen Bevölkerung zu besetzen. Wirklich revolutionär sei in Kolonialländern lediglich die Bauernschaft, die »nichts zu verlieren und alles zu gewinnen« hat (ebd., 51).

3.

Besonders *Die Verdammten dieser Erde*, dessen umstrittenes Vorwort Sartre verfasst hatte, erlangte zur Zeit der Veröffentlichung großes Aufsehen und wurde zu einem Manifest antikolonialer Bewegungen. Seit den 1980er Jahren findet im akademischen Rahmen der englischsprachigen *Cultural Studies* und der *Postcolonial Studies* insbesondere *Schwarze Haut, weiße Masken* neue Aufmerksamkeit (vgl. Gates 1991, Alessandrini 1999). Seit Mitte der 1990er Jahre spielt Fanons Werk außerdem eine prominente Rolle im Kontext der *African-American Studies* und der afrikanischen Philosophie, wo Fanon v.a. als existenzialistischer Denker rezipiert wird (vgl. Gordon 1995; Gordon/Sharpley-Whiting/White 1996).

4.

Fanon, F., 1952, Schwarze Haut, weiße Masken, Frankfurt/M.: Syndikat 1980.

Fanon, F., 1959, Aspekte der algerischen Revolution, Frankfurt/M.: Suhrkamp 1969.

Fanon, F., 1961, Die Verdammten dieser Erde, Frankfurt/M.: Suhrkamp 1966.

Fanon, F., 1964, Für eine afrikanische Revolution, Frankfurt/M.: März 1972.

Alessandrini, A. C. (Hg.), 1999, Frantz Fanon, London: Routledge.

Bhabha, H., 1994, Die Verortung der Kultur, Tübingen: Stauffenburg 2000.

Cherki, A., 2000, Frantz Fanon, Hamburg: Nautilus 2002.

Gates, H. L., 1991, Critical Fanonism, in: Critical Inquiry 17.

Gordon, L. R., 1995, Fanon and the Crisis of European Man, London: Routledge.

Gordon, L. R./Sharpley-Whiting, T. D./White, R. T. (Hg.), 1996, Fanon. A Critical Reader, Oxford: Blackwell.

Ina Kerner

Faschismus

1.

Im engeren und ursprünglichen Sinn bezeichnet »Faschismus« die von Benito Mussolini in Italien nach dem Ersten Weltkrieg begründete militante, autoritäre antidemokratische Protestbewegung und das 1922 in Italien errichtete Herrschaftssystem. Wegen des Modellcharakters (Einparteienherrschaft, Führerprinzip, Kontrolle des gesamten öffentlichen Lebens, Informationsmonopol) wurde der Begriff wenig differenziert für Bewegungen und Systeme in anderen Staaten übernommen. Als radikalste Ausprägung faschistischer Ideologie, gekennzeichnet durch eine korporatistische Gesellschaftsordnung (»Volksgemeinschaft«), außernormative Gewalt, Unterdrückung der Arbeiterbewegung, rassistische Ausgrenzung von Minderheiten bis zum Genozid und Expansionsstreben (»Lebensraum«) erhielt der Nationalsozialismus 1933 in Deutschland die Macht; der kommunistische Faschismusbegriff wird deshalb synonym und vorrangig für den von Adolf Hitler geführten Staat und seine Gesellschaft angewendet.

Als Oberbegriff für die faschistischen Bewegungen und Regimes im 20. Jahrhundert, als Symptom der Krise der Demokratie, ist die Bezeichnung bei entsprechender regionaler Differenzierung gültig zur Charakterisierung von Bewegungen, die in Ideologie, Staats- und Gesellschaftsaufbau die Hauptelemente extremer Nationalismus, Rassismus, antidemokratischer, antiliberaler und antimarxistischer Konsens als Diktatur (Einparteienherrschaft, Führerprinzip) erstrebten bzw. verwirklichten. Im politischen Jargon dient der Begriff »Faschismus« unreflektiert zur Bezeichnung rechtsextremer, diktatorischer und rassistischer Handlungen bzw. Ziele. Der Sammelbegriff »Neofaschismus« bezeichnet alle politischen Bestrebungen zur Wiederbelebung der Ideologie seit 1945, in Italien als Movimento Sociale Italiano (Regierungsbeteiligung 1994) organisiert, in Deutschland (Neonazismus) wegen Apologie des NS-Staats und verfassungsfeindlicher Ziele kriminalisiert.

Die Geschichtswissenschaft unterscheidet in der Verwendung des Begriffs die historisch-politische Evidenz des korporativ verfassten nationalistischen italienischen Staats (1922–1943) und dessen Fortsetzung nach dem Sturz Mussolinis in der faschistischen Republik von Salò (Repubblica Sociale Italiana) von den vergleichbaren Regimes und Bewegungen in Spanien (Primo de Rivera, Franco), Portugal (Salazar), Ungarn (Szálasi), Polen (Pilsudski) sowie Österreich (Dollfuß, Schuschnigg) und betrachtet Deutschland als eigenständige radikalisierte Form faschistischer Ideologie und Herrschaft, die sich nicht zuletzt durch aggressiven Machtanspruch und die zum Völkermord exzedierte Rassenpolitik (Holocaust) vom italienischen Vorbild, den faschistischen Bewegungen anderer Länder und den Satellitenstaaten (Ungarn, Slowakei, Kroatien) und Verbündeten (Bulgarien, Rumänien) bzw. Kollaborations-Regimes und autochthonen faschistischen Bewegungen (Norwegen, Niederlande, Belgien, Frankreich) unterschied. Die Ablehnung des Terminus für das NS-Regime dient der methodischen Klarheit durch Differenzierung ebenso wie der Absage an eine Verharmlosung des Nationalsozialismus. Der Generalisierung des Faschismusbegriffs stehen die Unterschiede in Struktur, Erscheinung und Wirkung einzelner faschistischer Bewegungen gegenüber.

2.

Der Terminus »fascio« (Bund), abgeleitet von lateinisch »fasces« und symbolisiert durch das altrömische Rutenbündel, das den Liktoren als Zeichen der Herrschaft vorangetragen wurde, war seit der Französischen Revolution in unterschiedliche politische Zusammenhänge in Italien gebracht worden, von Jakobinern, Anarchisten und Sozialrevolutionären. Im Ersten Weltkrieg schlossen sich Sozialisten und Syndikalisten in den Fasci d'azione rivoluzionaria, geführt von Benito Mussolini und Filippo Corridoni, gegen die Sozialistische Partei als Anhänger des Kriegseintritts auf der Seite der Entente zusammen. Am 23. März 1919 gründete Mussolini die Bewegung »Fasci di combattimento«, die sich unter dem Druck der Anhänger radikalisierte und von der Sozialistischen Partei, als deren nationaler Flügel sie sich zunächst verstand, löste. Populismus und Appelle an Emotionen gingen der programmatischen Festlegung voraus, Symbole und Inszenierungen (»Marsch auf Rom« 1922) sind wichtige Elemente der Bewegung, die sich bald als »konservativ und subversiv« definiert, vom »regime totalitario« spricht und allmählich den Anspruch auf universale Geltung formuliert, sowie insbesondere nach Hitlers Machterhalt 1933 Vorbildfunktion reklamiert. Der Begriff »Austrofaschismus« hat als Epochenbezeichnung und zur Betonung der nationalen Besonderheit Berechtigung. Ab 1934 von den in die Illegalität gedrängten Sozialisten als Kampfbegriff verwendet, fand er Eingang in die wissenschaftliche Terminologie, um die Eigenständigkeit des diktatorischen Regimes in Österreich gegen das italienische Vorbild und gegen den deutschen Nationalsozialismus abzugrenzen.

3.

3.1. In Frankreich war die *Action Française* schon 1898 als unmittelbarer Reflex auf die Dreyfus-Affäre als antiegalitäre und antiliberale und v.a. antisemitische Bewegung entstanden, die, zwar monarchistisch und reaktionär, doch Elemente eines frühen Faschismus aufwies, als elitäre Gruppierung aber ohne Einfluss und Wirkung blieb. Den Gesellschaften Deutschlands, Ungarns und Finnlands war die Erfahrung des Bürgerkriegs am Ende des Ersten Weltkriegs gemeinsam, die Bürger waren traumatisiert durch die Konfrontation mit den Versuchen, kommunistische Gesellschaftsmodelle durchzusetzen. Sie befanden sich in nationalen Identitätskrisen aus Enttäuschung über die Friedensverträge, deren Revision mit Territorialforderungen und Statusansprüchen zur Überwindung nationaler Demütigung propagiert wurde. (Deutsch-)Österreich geriet nach dem Zerfall der Habsburger Monarchie in eine ähnliche nationale Identitätskrise, die nach Lösungen verlangte. Als revolutionäre Alternative zu den Vertretern reaktionärer nationalistischer Positionen, die als alte Eliten den Zustand vor 1914 restaurieren wollten, präsentierten sich in vielen Staaten Europas in der Zwischenkriegszeit Bewegungen, die unter dem Begriff »Faschismus« zu verorten sind. Die theoretischen Defizite wurden durch Parolen, Aktionismus und Gewaltbereitschaft beim Streben zur Macht »ausgeglichen«; als gemeinsame programmatische Komponenten wurden die Idee des korporativen Staats vom italienischen Faschismus und die Rassenideologie vom deutschen Nationalsozialismus übernommen.

Der Austrofaschismus wurde von den paramilitärischen Verbänden der Heimwehren getragen, die nach 1918 antidemokratisch, autoritär, antimarxistisch mit starken Bindungen an den politischen Katholizismus ausgerichtet waren und einen Ständestaat propagierten. An Mussolini orientiert und von ihm unterstützt, erstrebte die Bewegung unter Starhemberg 1930 im Korneuburger

Programm die berufständische Gliederung von Gesellschaft und Wirtschaft, das Führerprinzip als Regierungsform und die Absage an »westlichen Parlamentarismus und den Parteienstaat«. Wegen des Widerstands von Sozialdemokratie und Gewerkschaften konnte aber kein entsprechendes Regime etabliert werden. Der autoritäre Kurs des Bundeskanzlers Dollfuß ab 1932 fand seinen Höhepunkt mit der Ausrufung des »Ständestaats« 1934; das Ende der österreichischen Version autoritär-faschistoider Herrschaft unter Anlehnung an den italienischen Faschismus und Abgrenzung gegen den Nationalsozialismus kam mit dem »Anschluss« an das Deutsche Reich im März 1938.

Die Slowakei als Klientelstaat des Deutschen Reiches (1939–1945) war als totalitäres Regime organisiert mit der Hlinka-Garde als staatstragender faschistischer Bewegung und dem katholischen Priester Josef Tiso, Vorsitzender der Volkspartei mit dem Titel »Führer«. Die Slowakei galt als Musterstaat für ein nationalsozialistisch dominiertes Europa. Ein anderes Regime, für das Faschismus als Ordnungsbegriff anzuwenden ist, war der »Unabhängige Staat Kroatien«, der 1941–1945 im Innern korporativ organisiert und von der Ustascha-Bewegung (1929 von Ante Pavelic gegründet) getragen in enger Anlehnung an Deutschland rassenpolitische Maximen gegen Serben, Juden, Roma anwendete. Wie in der Slowakei spielte der Katholizismus eine wichtige Rolle.

Die »moralische Diktatur«, die 1926 von Marschall Pilsudski in Polen nach einem antiparlamentarischen Staatsstreich proklamiert wurde, der 1930 eine absolute Diktatur folgte, die nach Pilsudskis Tod 1935 der nationalistischen und antikommunistischen Komponente stark antisemitische Tendenzen gegen die große jüdische Minderheit im Lande hinzufügte und im Verein mit der Kirche sowie den konservativen Eliten den Juden die Schuld für strukturelle ökonomische Probleme – Massenarbeitslosigkeit, Übervölkerung des ländlichen Raumes – und daraus resultierende soziale Unruhe zuwies. Ein Boykott gegen Juden 1936 wurde von der katholischen Kirche unterstützt. Die faschistischen Elemente der polnischen Diktatur sind unverkennbar, ebenso aber auch die Unterschiede zu anderen autoritären und totalitären Systemen der Zwischenkriegszeit.

In Rumänien hatte der Student Corneliu Zelea Codreanu 1927 die nationalistische, antikommunistische und antisemitische Legion »Erzengel Michael« (ab 1931: »Eiserne Garde«) gegründet, die als faschistische Bewegung seit 1940 an der Diktatur des Generals Jon Antonescu entscheidend beteiligt war. In Ungarn konkurrierte die von Ferenc Szálasi gegründete faschistische Pfeilkreuzler-Partei seit 1937 mit dem autoritären Regiment von Miklos Horthy, das durch Konzessionen, insbesondere durch antisemitische Gesetze, den eigenen Kurs gegenüber den kriegerischen Faschisten stabilisierte. Die deutsche Besetzung Ungarns brachte im Frühjahr 1944 die faschistische Bewegung zur Macht, die sich insbesondere in der Judenpolitik willfährig zeigte. Wie die anderen faschistischen Bewegungen in Europa, die mit nationalsozialistischer Unterstützung zur Macht gekommen waren, konnte sie sich als Kollaborationsregime nur mit deutscher Hilfe halten.

Charakteristisch für die zur Regierung gelangten faschistischen Bewegungen war das Bündnis mit konservativen Kräften in Staat und Gesellschaft, reaktionären (monarchistischen) Parteien, der Kirche, agrarischen oder wirtschaftlichen Interessengruppen. In Spanien war 1933 von José Primo de Rivera die faschistische Bewegung »Falange Española« (»Stoßtrupp«) gegründet worden, die nach dem für die Rechte siegreichen Ende des Bürgerkriegs unter dem Diktator Francisco Franco 1936–1975 als nationale Sammlungsbewegung fungierte und als Repräsentationsorgan eines Regimes diente, das typologisch zum Faschismus gerechnet werden muss, obwohl es erfolgreich Eigenständigkeit gegenüber dem deutschen Nationalsozialismus wie dem italienischen Muster bewahrte und ideologisch v.a. die Züge einer konservativ-autoritären Diktatur aufrief, die mit reaktionären und faschistischen Elementen amalgamiert war. In ähnlicher Weise war Portugal unter der Salazar-Diktatur des »Estado Novo« ohne Parteien und ohne Parlament ein Staat mit faschistischen Kennzeichen wie striktem Antikommunismus, Ablehnung von Demokratie und deren Trägern (Liberalismus, Arbeiterbewegung) bei stark ausgeprägtem nationalistischem Selbstverständnis. Antisemitismus und Rassenideologie gehörten aber ebenso wie im Regime in Spanien nicht zu den Merkmalen des Salazarismus. Eine eigene Variante bildete der Peronismus in Argentinien.

Einige per se bedeutungslose faschistische Bewegungen in West- und Nordeuropa wie der Vlaamsch Nationaal Verbond in Belgien unter Staf de Clercq oder Vidkun Quislings Partei Nasjonal Samling in Norwegen erhielten während der nationalsozialistischen Okkupation Belgiens, der Niederlande und Norwegens Bedeutung oder gar Funktion in Kollaborationsregimes. Die Verwandtschaft der *Parti Populaire francais* von Jacques Doriot mit faschistischen Bewegungen trat am ausgeprägtesten in ihrem Antikommunismus in Erscheinung. Aus dem katholischen Milieu entwickelte sich in Belgien Leon Degrelles Anfang 1936 gegründete Rexisten-Partei als faschistische Bewegung der Wallonen. In den Niederlanden sammelte Anton Adriaan Mussert in der Nationaal-Socialistische Beweging die Anhänger faschistischer Ideologie. Seine Gruppierung unterschied sich von anderen Spielarten durch das weitgehende Fehlen von Antisemitismus, was die flämischen Faschisten in Belgien vom Verbond van Dietsche Nationaalsolidaristen (Verdinaso) unter der Führung von Joris van Severen in Gegensatz zu ihren holländischen Gesinnungsgenossen brachte. Auch in Großbritannien entstanden in den 1920er Jahren nach italienischem Vorbild mehrere faschistische Gruppierungen, an deren Spitze 1932/33 Sir Oswald Mosley trat. Da die sozialen, ökonomischen und politischen Voraussetzungen für eine faschistische Massenbewegung fehlten und wie in Frankreich ein mehrheitlicher antifaschistischer Konsens herrschte, blieb die »Union of Fascists« (ab 1936 mit dem Zusatz »and National Socialists«) eine bedeutungslose Splittergruppe, die nach Ausbruch des Zweiten Weltkriegs zusammenbrach.

3.2. Zur *Erklärung* und *Einordnung* des politischen Phänomens »Faschismus«, dem über die Realität in Italien hinaus spätestens mit dem Machterhalt Adolf Hitlers in Deutschland universale Bedeutung (und dabei auch eine geschlossene Ideologie, übereinstimmende Interessen sowie ein zielgerichtetes Programm) unterstellt wurde, entstanden aus unterschiedlichem Ansatz *Faschismustheorien.* Als Instrument der Abwehr im politischen Kampf entwickelte der doktrinäre Kommunismus eine Theorie, die den Faschismus in einseitiger ökonomischer Dogmatisierung als Höhepunkt und Krisensymptom des Kapitalismus definierte und, beginnend mit dem V. Weltkongress der Komintern 1924, das Vokabular der Abwehr entwickelte. Unterschiede und historische Entwicklungen negierend, wurde der NS-Staat als eigentliche Inkarnation des Faschismus fokussiert und auf dem VII. Weltkongress der Komintern (Juni/August 1935) von Dimitroff in der Formel »Der Faschismus ist die offen terroristische Diktatur der am meisten reaktionären, chauvinistischen und imperialistischen Elemente des Finanzkapitals« kanonisiert. Damit war der Kampfbegriff installiert, der mit dem Konstrukt des »Sozial-Faschismus« weit über definitorisch fassbare Erscheinungen und Bewegungen hinaus auf alle Gegner von der äußersten Rechten bis zur Sozialdemokratie angewendet wurde.

Andere theoretische Anstrengungen waren fruchtbarer. Aus sozialpsychologischen Ansätzen entstanden zuerst bei Wilhelm Reich (1933) Interpretationen, die der Psychoanalyse Freuds verpflichtet sind. Erich Fromm, Max Horkheimer und Theodor W. Adorno (1950) analysierten v.a. die Mechanismen des Führerprinzips und erkannten in den Studien zum »autoritären Charakter« in der Disposition zur Aggressivität bei gleichzeitiger Unterwerfungsbereitschaft Triebkräfte einer auf Beherrschung, Unterwerfung (und Vernichtung) angelegten gesellschaftlichen

Realität, wie sie faschistische Ideologeme anstreben.

Theoretische Modelle zur Erklärung des Faschismus, die ihn in den 1920er Jahren als Krisensymptom des Kapitalismus und des liberaldemokratischen politischen Systems wahrnahmen, wurden zunächst von Hermann Heller (1931) mit der Perspektive auf Italien, nach der Machtdurchsetzung in Deutschland von Rudolf Hilferding, Richard Loewenthal und Franz Borkenau vorgelegt (vgl. Nolte 1967; Wippermann 1976). Theoriegeschichte machten zwei Analysen nationalsozialistischer Herrschaft. Ernst Fraenkel (1941) beschrieb die NS-Herrschaft als Dualismus von Normenstaat (mit der Aufgabe der Bewahrung des kapitalistischen Systems) und Maßnahmenstaat zur Praktizierung eines terroristischen Regimes. Franz Neumann (1944) erklärte aus dem Ansatz der Unterscheidung von Monopol- und Befehlswirtschaft die Grundlage faschistischer Herrschaft kapitalismustheoretisch und entwickelte das Modell ideologiekritisch weiter. Er definierte das totalitäre Herrschaftssystem mit seiner Zerstörungsdynamik als Regime, das als »Nicht-Staat« Eliten und gesellschaftliche Kräfte auf innere (Unterwerfung, Gleichschaltung) und äußere (rassistischer Imperialismus) Aggressionen verpflichte und institutionell als Staat (durch die Konkurrenz von Apparat und Führerwillen) in Auflösung begriffen sei sowie als Herrschaftsprinzip der Selbstzerstörung zustrebe.

Ernst Nolte (1963) beschreibt die Phänomenologie des Faschismus als Ideengeschichte, seine Methode zielt auf die Erkenntnis der Politikauffassung des Faschismus in ihren nationalen Ausprägungen, nicht auf die Analyse faschistischer Herrschaft und ihrer Resultate. Der »Historikerstreit«, den er mit der These auslöste, der Nationalsozialismus und die Verbrechen Hitlers seien als Reflex auf den Bolschewismus und auf Stalins Verbrechen zu interpretieren (was als Relativierung von Auschwitz und des Genozids an den Juden verstanden wurde), klärte noch einmal die Positionen, die im Zeichen der seit den 1950er Jahren von Konservativen propagierten Totalitarismustheorie entstanden waren (vgl. Augstein u.a. 1987). Deren Betonung phänomenologischer Gemeinsamkeiten von faschistischer und kommunistischer Herrschaft hatte im Kalten Krieg Konjunktur als Erklärungsmodell, der mit der Studentenrevolution 1968 eine Renaissance theoretischer Auseinandersetzung mit der Ideologie und Herrschaft des Faschismus folgte.

4.

Adorno, T., 1950, Studien zum autoritären Charakter, Frankfurt/M.: Suhrkamp 1995.

Augstein, R. u.a., 1987, Historikerstreit, München: Piper.

Bauer, O./Marcuse, H./Rosenberg, A. u.a., 1967, Faschismus und Kapitalismus, Frankfurt/M.: EVA.

Bracher, K. D., 1976, Zeitgeschichtliche Kontroversen. Um Faschismus, Totalitarismus, Demokratie, München: Piper 1984.

Carsten, F., 1968, Der Aufstieg des Faschismus in Europa, Frankfurt/M.: EVA.

de Felice, R., 1980, Die Deutungen des Faschismus, Göttingen: Muster-Schmidt.

Fraenkel, E., 1941, Der Doppelstaat, Frankfurt/M.: EVA 2001.

Graml, H./Königseder, A./Wetzel, J., 2001, Vorurteil und Rassenhaß. Antisemitismus in den faschistischen Bewegungen Europas, Berlin: Metropol.

Griffin, R., 1991, The Nature of Fascism, London: Taylor & Francis.

Heller, H., 1931, Europa und der Faschismus, Saarbrücken: VDM.

Neumann, F., 1944, Behemoth. Struktur und Praxis des Nationalsozialismus, Frankfurt/M.: Fischer 1984.

Nolte, E., 1963, Der Faschismus in seiner Epoche, München: Piper.

Nolte, E. (Hg.), 1967, Theorien über den Faschismus, Königstein: Athenäum 1979.

Reich, W., 1933, Die Massenpsychologie des Faschismus, Köln: Kiepenheuer & Witsch 1986.

Schulz, G., 1974, Faschismus – Nationalsozialismus, Berlin: Propyläen.

Talos, E./Neugebauer, W. (Hg.), 1988, »Austrofaschismus«. Beiträge über Politik, Ökonomie und Kultur 1934–1938, Wien: Verlag für Gesellschaftskritik.

Wippermann, W., 1976, Faschismustheorien, Darmstadt: WBG 1989.

Wippermann, W., 1977, Faschistische und neofaschistische Bewegungen, Darmstadt: WBG.

Wolfgang Benz

Federalist Papers

1.

Die *Federalist Papers* – eine Artikelserie, die 1787 bis 1788 in verschiedenen New Yorker Zeitungen erschien – gelten als *der* klassische Text der US-amerikanischen politischen Philosophie. Anlass für ihre Veröffentlichung war die Debatte über die neue Verfassung der USA. Nach dem Sieg im Unabhängigkeitskrieg hatten sich die *Articles of Confederation* (die erste amerikanische Verfassung von 1781) bald als unzulänglich erwiesen: Die Union hatte weder das Recht, Steuern zu erheben, um die im Krieg aufgenommenen Auslandsschulden zu begleichen, noch konnte sie Handelskonflikte zwischen den einzelnen Staaten schlichten oder eine gemeinsame außenpolitische Haltung durchsetzen. 1786 einigten sich die Einzelstaaten, die *Articles of Confederation* zu überarbeiten. Während des 1787 einberufenen Verfassungskonvents in Philadelphia setzten sich jedoch diejenigen Abgeordneten (unter ihnen Madison und Hamilton) durch, die eine gänzlich neue Unionsverfassung erarbeiten wollten. Nach dreimonatigen Verhandlungen verabschiedete der Konvent am 17. September 1787 die (heute noch gültige) US-amerikanische Verfassung.

Die Autoren der *Federalist Papers*, die sich unter dem Pseudonym *Publius* zu Wort meldeten, um die neue Verfassung zu verteidigen, waren drei Männer, die in ihrem jeweiligen Staat als Politiker und Gesetzgeber hervorgetreten waren: Alexander Hamilton (1755/57–1804), im Unabhängigkeitskrieg George Washingtons Adjutant, beschäftigte sich hauptsächlich mit finanz- und wirtschaftspolitischen Fragen und hatte den Staat New York beim Verfassungskonvent in Philadelphia vertreten; später wurde er der erste Finanzminister (1789–95) der USA. James Madison (1751–1836) war der theoretisch versierteste Kopf der Amerikanischen Revolution; er hatte sich seit langem mit Staats- und Verfassungsrecht beschäftigt, vertrat Virginia beim Konvent und gilt als der maßgebliche Autor der Verfassung; später wurde er Präsident (1809–17). John Jay (1745–1829) hatte während der Revolution und des Unabhängigkeitskrieges für den Kongress die Außenpolitik der Union erarbeitet; er war Außenminister der Konföderation (1784–90) und der profilierteste Diplomat der USA.

2.

Die *Federalist Papers* führen praktische Politik und Staatslehre zusammen, verbunden durch eine praktische Absicht: die Erläuterung und Verteidigung der neuen Verfassung. Diese Zielsetzung bestimmt zum Teil den Aufbau der Artikelserie und ihre Argumentationsweise. Auf diesen Umstand ist auch die fehlende systematische Ordnung der 85 Beiträge zurückzuführen, die auch je nach Autor in der Schwerpunktsetzung differieren: Das theoretische Gerüst, das den *Federalist Papers* Kohärenz verleiht, ist im Wesentlichen Madisons Werk (Art. 10, 14, 18–20, 37–58, 62). Die Argumentation des Außenpolitikers Jay rückt bei der als verfassungspolitisch betrachteten Ratifizierungsdebatte – obwohl der Großteil seiner Beiträge (Art. 2–5, 64) ganz am Anfang steht – in den Hintergrund. Hamilton schließlich, Autor aller übrigen Artikel, zeigt mit seinen Erläuterungen zu Steuerwesen, Handelspolitik sowie Heer- und Gerichtswesen insbesondere, wie die neue Verfassung die grundsätzlichen theoretischen Überlegungen in eine Staatsorganisation übersetzt.

3.

Im ersten Artikel stellt Hamilton Absicht und Stoßrichtung der Beiträge vor: Die Artikel sollen nicht nur Argumente gegen die Gegner der Verfassung auflisten, vielmehr planen die Autoren eine grundlegende Untersuchung der Bedingungen der Politik, die das Problem, eine stabile Staatsordnung zu schaffen, universell gültig löst. Hamilton betont die Chance, aber auch die Verantwortung, der sich das amerikanische Volk – stellvertretend für die Menschheit – stellen muss. Es geht um die Frage, »ob menschliche Gemeinschaften tatsächlich fähig sind, durch Nachdenken und freie Entscheidung ein gutes Regierungssystem einzurichten« (Hamilton/Madison/Jay 1788, 1).

Jays außenpolitische Argumente (Art. 2–5) proklamieren die kulturelle Einheit und somit die tatsächliche Existenz eines amerikanischen Staatsvolkes. Die zu schaffende politische Einheit Amerikas in einer gestärkten Union werde Sicherheit und Wohlstand des Volkes gewährleisten, so Jay, denn: Ein starker Bundesstaat diene der Abschreckung auswärtiger Mächte im Falle eines Handels- oder Eroberungskrieges, werde aber auch dazu beitragen, innere Unruhen zu verhindern. Diese Überlegungen aufgreifend, konzentriert sich Hamilton (Art. 6–9) auf die Gefährdung der Staaten durch Unruhen und Krisen. Um Stabilität nach innen und außen zu gewährleisten, bedürfe es der Schaffung einer einheitlichen Republik, die durch ein Geflecht sich gegenseitig kontrollierender Institutionen Bürgerkriege und gewalttätige Auseinandersetzungen verhindern kann. Die Stabilität gewährleistenden Vorzüge einer starken Union solchermaßen vorangestellt, müssen sich die Autoren der *Federalist Papers* mit zwei Einwänden der Verfassungsgegner gegen die Errichtung eines solchen starken Bundesstaates befassen: (1) Bereits Montesquieu war in *Vom Geist der Gesetze* (1748) zu dem Schluss gelangt, dass eine stabile Republik (mit direkter Demokratie) nur auf einem kleinen Staatsgebiet mit einer relativ kleinen, weitgehend homogenen Bevölkerung errichtet werden könne. Dieses Argument lehnt Hamilton mit Verweis auf die Möglichkeit, föderative Strukturen zu schaffen, ab: Montesquieus Argument gelte nur für Einzelstaaten, nicht für Bundesstaaten. (2) Der zweite Einwand geht in erster Linie auf ein Argument Rousseaus zurück: Nur eine kleine Republik könne die notwendige Homogenität des Volkes garantieren, die die Voraussetzung für die Realisierung des Gemeinwillens sei. Im zentralen 10. Artikel setzt sich Madison mit diesen Einwänden auseinander und formuliert das zentrale theoretische Konzept der *Federalist Papers*: Nicht Regierungssystem oder Größe des Territoriums destabilisieren Staaten, sondern die (v.a. ökonomischen und religiösen) Interessendivergenzen, die zwischen einzelnen Gruppen (engl.: *factions*) bestehen: »Unter einer Faktion verstehe ich eine Gruppe von Bürgern – das kann eine Mehrheit oder eine Minderheit von der Gesamtheit sein –, die durch den gemeinsamen Impuls einer Leidenschaft oder eines Interesses vereint und zum Handeln motiviert ist, welcher im Widerspruch zu den Rechten anderer Bürger oder dem permanenten und gemeinsamen Interesse der Gemeinschaft steht.« (Hamilton/Madison/Jay 1788, 51) Es gelte, so Madison, entweder die divergierenden Interessen miteinander in Einklang zu bringen – was (gegen Rousseau) unmöglich ist – oder sie in ein ordnendes und zusammenhängendes System einzubinden. Ist die »Faktion zahlenmäßig kleiner als die Mehrheit«, so regelt bereits das demokratische Mehrheitsprinzip mögliche Konflikte; handelt es sich jedoch um eine Mehrheitsfaktion, könnte »das öffentliche Wohl und Interesse« gefährdet sein. Madisons Lösung ist die »republikanische« Regierungsform (ein föderatives System und das Prinzip der Repräsentation). Gerade in einem großen, bevölkerungsreichen Staat findet, da es viele Faktionen gibt, eine permanente Auseinandersetzung in der Politik statt, die die Herrschaft *einer* Faktion (oder einer stabilen Koalition) verhindert. Die politische Auseinandersetzung stabilisiert das System, und die größere Bevölkerungszahl erhöht das Potential an Führungskräften. Madisons Ausführungen werden von Hamilton in den Artikeln 11–13 an der Handelspolitik der Union, dem Steuerverteilungssystem und der generell größeren Effizienz einer Zentralregierung illustriert. Im 14. Artikel entkräftet Madison abschließend anhand der begrifflichen Trennung von (direkter) *Demokratie* und (repräsentativer) *Republik* den Vorwurf, Amerika sei zu groß, um einen gleichermaßen freiheitlichen wie stabilen Bundesstaat zu bilden.

Die Artikel 15–17 sind eine Fehleranalyse der *Articles of Confederation*: Eines der größten Probleme sieht Hamilton in mangelnden Befugnissen der Bundesregierung. Sodann folgt eine Analyse von Bündnissen und Bündnisformen durch Madison (Art. 18–20): Die zentrale Frage nach dem Verhältnis der Regierungsorgane und Interessengruppen zueinander sei in der politischen Theorie bisher nicht klar erkannt worden. Alle Bündnisse scheiterten letztlich an der Schwäche des Zentrums. Madisons Bestandsaufnahme wird von Hamilton (Art. 21–23) fortgeführt, der detailliert die Mängel der zentralen Regierung der Union – das Fehlen von direkter Legitimation, von Finanzhoheit, ausreichenden außenpolitischen Kompetenzen und einer Judikative – ausführt und somit Madisons theoretische Überlegungen wieder auf die Situation der Konföderation bezieht: Hamilton teilt der in der Unionsverfassung skizzierten neuen Bundesregierung vier Hauptaufgaben zu: (1) Landesverteidigung, (2) Bewahrung des inneren Friedens, (3) Regulierung des Handels zwischen den Mitgliedstaaten und mit Drittländern und (4) Außenpolitik. Die weiteren Artikel beschäftigen sich mit der Umsetzung dieser Aufgabenstellung: In den Artikeln 24–29 erläutert Hamilton Notwendigkeit und Unbedenklichkeit eines stehenden Bundesheeres. Artikel 30–36 erörtern Finanz- und Handelsprobleme, Steuerwesen und -distribution sowie die Verteilung der Legislativ- und Rechtsprechungskompetenzen in diesen Bereichen.

In einer langen Artikelreihe (Art. 37–51) umreißt Madison schließlich den gesamten Entstehungsprozess und die *ratio* der Republik: die Herstellung eines Gleichgewichts zwischen Effizienz und Freiheit. Das neue System wird sodann als Mischung nationaler und föderativer Elemente gekennzeichnet: Die Bundesregierung wird zur Instanz, die die Bürger vor den Einzelstaatsregierungen schützen wird; die Loyalität wiederum, die der räumlichen und sozialen Nähe wegen den Einzelregierungen entgegengebracht wird, stärkt diese und ermöglicht ihnen die Kontrolle des Zentrums (Art. 40–51).

Die letzten Artikel (Art. 52–84) sind eine Darstellung des institutionellen Aufbaus des Regierungssystems, dessen Vorbild die englische Staatsordnung ist. Die von Hamilton verfassten Artikel 52–66 behandeln die beiden Legislativkammern und das Wahlverfahren; die Artikel 67–84 charakterisieren die Exekutiv- und Judikativorgane. Im Mittelpunkt steht die Struktur der politischen Ordnung (von *checks and balances*). Die einzelnen staatlichen Institutionen sind weitgehend autonom; die Legitimierung der Institutionen muss auf getrenntem Wege erfolgen. Nicht allein die institutionelle Ordnung gewährleistet »Machteinschränkung durch Macht«, auch das föderative Prinzip sowie die territoriale und gesellschaftliche Expansion der Republik tragen hierzu bei. Die Argumentation der früheren Artikel wird zusammengeführt zu einem komplexen System gegenseitiger Kontrolle, das weit mehr als bloße Gewaltenteilung oder eine Mischverfassung ist.

4.

[Hamilton, A.,] 1788, The Federalist. A Collection of Essays Written in Favour of the New Constitution, As Agreed Upon by the Federal Convention, Sept. 17, 1787, 2 Bde., New York: McLean.
Hamilton, A./Madison, J./Jay, J., 1788, Die Federalist-Artikel, Paderborn: Schöningh 1994.
Ackerman, B., 1991/1998, We the People, 2 Bde., Cambridge/MA: Belknap Press.
Herz, D., 1999, Die wohlerwogene Republik. Das konstitutionelle Denken des politisch-philosophischen Liberalismus, Paderborn: Schöningh.
Howard, D., 2001, Die Grundlegung der amerikanischen Demokratie, Frankfurt/M.: Suhrkamp.
Storing, H. (Hg.), 1985, The Anti-Federalist, Chicago: University of Chicago Press.

Dietmar Herz

Feminismus

1.

Der Begriff »Feminismus« bezeichnet das Bestreben, die Diskriminierung von Frauen aufgrund ihres Geschlechts zu überwinden und Geschlechtergerechtigkeit zu etablieren. Er bezieht sich sowohl auf politische Aktivitäten als auch auf die Theoriebildung: Während Feminismus mitunter mit der Frauenbewegung gleichgesetzt wird, schließt er in der Regel den Diskurs zur theoretischen Klärung emanzipatorischer Zielsetzungen ein.

2.

Das Wort »*féminisme*« wurde erstmals 1882 – von Hubertine Auclert in der Zeitschrift *La Citoyenne* – für Bemühungen um eine Gleichstellung der Frau verwendet. Das Anliegen als solches reicht jedoch viel weiter zurück. Formen der Kritik an der Privilegierung von Männern können bereits für das frühe Mittelalter nachgewiesen werden (vgl. Lerner 1993).

2.1. In der Philosophiegeschichte wurden in der Frühaufklärung zahlreiche egalitäre Konzeptionen formuliert, etwa in den Schriften von Marie le Jars de Gournay (1622) und François Poulain de la Barre (1673). Darin formierte sich eine Denktradition, die später in Olympe de Gouges' Manifest *Erklärung der Rechte der Frau und Bürgerin* (1791) ihren nachdrücklichsten Ausdruck fand (vgl. Schröder 1990). Auch die zwischen 1790 und 1870 publizierten Studien von Mary Wollstonecraft, Theodor von Hippel, John S. Mill und Harriet Taylor-Mill sind Beispiele für einen Feminismus avant la lettre. Die Prägung des Begriffs ›féminisme‹ erfolgte dann im Kontext der Frauenrechtsbewegung, die im ausgehenden 19. Jahrhundert und im ersten Viertel des 20. Jahrhunderts v.a. durch die Suffragetten in England große Aufmerksamkeit erlangte.

2.2. Diese Bewegung erzielte – zeitversetzt in den einzelnen Ländern – eine Reihe von Erfolgen, insbesondere hinsichtlich des Wahlrechts, des Zugangs zu Institutionen der Bildung und Ausbildung und zu öffentlichen Ämtern, sowie in den Bereichen des Arbeitsrechts und der staatlichen Gesundheitsfürsorge (vgl. Offen 2000). In den sozialistischen Ländern hat v.a. auf Grund der vollen Berufstätigkeit eines Großteils der Frauen eine spezifische Entwicklung stattgefunden (vgl. Funk/Mueller 1993). Nach dem Zweiten Weltkrieg wurde zunehmend deutlich, dass die formalrechtliche Gleichstellung nicht ausreicht, um alle Geschlechterasymmetrien zu eliminieren. Dass die Frau als ›anders‹ aufgefasst wird, rückte nun ins Zentrum der Debatte, die durch das 1949 von Simone de Beauvoir publizierte Buch *Das andere Geschlecht* vorangetrieben wurde. Eine entfaltete Theoriediskussion wurde aber erst durch die *Neue Frauenbewegung* initiiert, die im Umfeld der Studentenbewegung der 1960er Jahre entstand und forderte, dass die Geschlechterhierarchie nicht länger – wie in der älteren marxistischen Tradition – als ›Nebenwiderspruch‹ behandelt werden dürfe. Neu war in diesem Zusammenhang, dass feministisch motivierte Fragestellungen im akademischen Kontext erörtert wurden. Ungeachtet der bis heute anhaltenden Widerstände seitens des wissenschaftlichen ›main-/malestreams‹ entstand eine international vernetzte feministische Forschung. Diese hat in interdisziplinären Studiengängen ihren Niederschlag gefunden – anfangs unter der Bezeichnung *Women's Studies*, heute vorwiegend unter dem Titel *Gender Studies*, der eine veränderte Akzentsetzung signalisiert (vgl. Kroll 2002). Dem liegt die Einsicht zugrunde, dass ungerechte Geschlechterverhältnisse nicht allein unter Bezugnahme auf die Situation der Frauen erörtert werden können, und dass der Begriff »Geschlecht« als solcher einer Analyse bedarf. Damit rückten auch Themen wie Transsexualität und sexuelle Orientierung in den Vordergrund, die heute in Forschungszweigen wie *Gay and Lesbian Studies* und *Queer Studies* erörtert werden. Der Erkundung maskuliner Identität widmen sich die *Men's Studies*.

2.3. Seit den frühen 1970er Jahren entwickelte sich die *Feministische Philosophie*, die alle Teilbereiche des Faches mit der Thematik der Diskriminierung von Frauen aufgrund ihres Geschlechts konfrontiert (vgl. Nagl-Docekal 2001). Die Formulierung ›doing philosophy as a feminist‹ charakterisiert diese Zugangsweise. Dabei ist die Intention leitend, Kategorien für die Analyse bestehender Geschlechterasymmetrien und ihrer Grundlagen in der Tiefenstruktur von Kultur und Gesellschaft bereit zu stellen sowie Perspektiven für eine volle Anerkennung von Frauen zu eröffnen (vgl. Klinger 1998). Hierfür werden Elemente aus vielen Richtungen der Gegenwartsphilosophie neu interpretiert und genutzt – aus Marxismus und Kritischer Theorie ebenso wie aus Phänomenologie, Dekonstruktion und Psychoanalyse, aber auch aus (Neo-)Pragmatismus und analytischer Philosophie. Zudem konnten Rückgriffe auf frühere philosophische Positionen, etwa auf das Denken der Antike und der Aufklärung, für die Konzeption geschlechtergerechter Verhältnisse fruchtbar gemacht werden.

3.
Begriffe wie »*feministische politische Philosophie*« und »*feministische Rechts- und Sozialphilosophie*« bezeichnen die emanzipatorisch motivierte Forschung in den genannten Disziplinen. Zentral ist die Frage: Welche normativen Grundlagen lassen sich philosophisch entfalten, die eine geschlechtergerechte Ausübung politischer Herrschaft und eine entsprechende Gestaltung der institutionellen und ökonomischen Ordnung in Sicht bringen? Für eine angemessene Theoriebildung ist dabei auch ein Eingehen auf konkrete Lebensbedingungen und ihre laufenden Veränderungen erforderlich.

3.1. Im Rahmen der Klärung der Schlüsselkategorien wird insbesondere der Begriff »*Geschlecht*« kontrovers erörtert. Kann man von einer vorgegebenen Differenz der Geschlechter ausgehen? Pointierte *differenztheoretische* Positionen formulierten Hélène Cixous, Luce Irigaray, Julia Kristeva und andere Autorinnen, die unter dem Begriff *French Feminism* zusammengefasst werden (vgl. Fraser/Bartky 1992). Den Ausgangspunkt bildet hier die an Lacan orientierte Diagnose, dass die europäische Kultur seit der Antike von einem Logozentrismus geprägt ist, der – da der Logos dem ›Gesetz des Vaters‹ entspringt – zugleich als ›Phallozentrismus‹ verstanden werden muss. Demgegenüber müsse mittels einer Archäologie der verschütteten weiblichen Libido die Sprache der Mutter neu zur Geltung gebracht werden. Doch geht es nicht darum, eine klar umrissene feminine Identität an die Seite der maskulinen zu stellen; vielmehr soll die Orientierung am Logos insgesamt überwunden werden. Gegen diese Theorie wurde eingewendet, dass sich Konzeptionen feministischer Politik von ihren Prämissen her nicht entwickeln lassen: Öffentliche Argumentation – und damit die gesamte staatlich-juridische Sphäre – soll ja gerade als maskulin enttarnt werden. Dieser Einschätzung entsprechend haben sich die Vertreterinnen dieser Form des Differenzdenkens dagegen verwehrt, als Feministinnen bezeichnet zu werden.

Auch die Frage, ob die Dyade ›Mann/Frau‹ die Grundlage gesellschaftlicher Ordnungsmuster bilde, spielt in dieser Debatte eine zentrale Rolle. Die Vorstellung, es gebe differente *Geschlechtscharaktere,* normiert geschlechtsspezifische Sozialisationsprozesse und die Arbeitsteilung in den diversen Lebensbereichen. Die Gesellschaften der sog. westlichen Welt sind durch den bürgerlichen Geschlechterentwurf geprägt, der sich ab der Mitte des 18. Jahrhunderts ausgebildet hat und in Rousseaus Emile exemplarisch artikuliert wurde. Als Instrument der Kritik an diesem Entwurf wurde das Begriffspaar *sex/gender* entwickelt, das zwischen dem ›biologischen Geschlecht‹ und dem ›sozialen Geschlecht‹ unterscheidet. Letzteres wird durch Männern und Frauen aufoktroyierte, historisch kontingente Verhaltensweisen generiert. Damit wird das Problem einer *Naturalisierung von Normen* sichtbar: Die Geschlechterrollen werden so dargestellt und erfahren, als seien sie in der biologischen Differenz verankert und deshalb unveränderbar. Dagegen kann eingewendet werden, dass sich Normen nicht unter Verweis auf natürliche Gegebenheiten begründen lassen (vgl. Scheich 1996). Gängige Ansichten wie die, dass kurative Pflichten der ›Natur der Frau‹ entsprechen, beruhen mithin auf einem naturalistischen Fehlschluss.

Mit dem Begriff »*Geschlechteressentialismus*« werden Theorien angesprochen, die das soziale Geschlecht nach dem Modell eines ontologischen Wesensbegriffs deuten. Der Anti-

Essentialismus wird indes kontrovers, wenn behauptet wird, auch das feministische ›Wir‹ beruhe auf ontologischen Voraussetzungen (vgl. Butler 1991). Als ausschlaggebend für den Feminismus kann man aber statt eines gemeinsamen ›Wesens‹ die geteilte Konfrontation mit Benachteiligung ansehen. Aus dieser Perspektive kann feministische Politik auch nicht als *Identitätspolitik* konzipiert werden (vgl. Benhabib 1992). Anders als bei unterdrückten ethnischen oder religiösen Gruppen gilt im Falle der Frauen, dass ein Ende der Diskriminierung gerade die Auflösung ihres (aufoktroyierten) Gruppenstatus bedeutet. Die letzte Zielsetzung – die *feministische Utopie* – liegt demnach darin, ›Geschlecht‹ als eine Kategorie der sozialen Ordnung gänzlich zu verabschieden.

Der *Konstruktivismus* weist die Unterscheidung ›sex/gender‹ – und generell die von Natur und Kultur – zurück. Unter Bezugnahme auf Foucault wird argumentiert, dass das biologische Geschlecht ein Effekt kultureller Konstruktion ist, da es eine ›Materialisierung‹ gesellschaftlicher Normen darstellt (vgl. Butler 1991). Durch die buchstäbliche Einverleibung von Geschlechterklischees ab frühester Jugend komme es erst zum Körpergebaren von Männern und Frauen, das deshalb nicht als ›natürlich‹ zu bezeichnen sei. Doch folgt hieraus nicht die umfassende These, dass die Geschlechtsorgane gesellschaftlich generiert sind; die Verhaltensnormen setzen ja immer schon eine geschlechtlich differenzierte Leiblichkeit voraus. Auch können Geschlechtsunterschiede bei Tieren und Pflanzen auf diese Weise nicht erklärt werden.

Ein Impuls für die Zurückweisung des Begriffs »sex« geht von der Konfrontation mit Diskriminierung aufgrund der sexuellen Orientierung aus. Die Annahme von ›natürlichen‹ Geschlechtsunterschieden ziehe unvermeidlich eine durch *Zwangsheterosexualität* geprägte (Erziehungs-)Praxis nach sich. Doch indem hier leibliche Differenzen als notwendig mit Verhaltensnormen verbunden erachtet werden, verfängt sich diese Argumentation in einem naturalistischen Fehlschluss. Der Diskriminierung gleich-geschlechtlicher Orientierung (als ›contra naturam‹) kann man deshalb mit dem Einwand entgegentreten, dass Normen nicht aus biologischen Gegebenheiten ableitbar sind.

3.2. Für die Kritik bestehender Geschlechterhierarchien ist eine Untersuchung des ›*weiblichen Lebenszusammenhangs*‹ unverzichtbar. Dass der bürgerliche Entwurf die Frauen der *häuslichen Sphäre* zuordnet, während der Bereich der Öffentlichkeit den (ökonomisch selbständigen) Männern vorbehalten bleibt, bedingt eine multiple Subordinationsstruktur. Die klassischen Vertragstheorien verweigern der Frau das Recht auf Selbst- und Mitbestimmung nicht nur hinsichtlich des Staatsbürgerstatus; sie sehen auch eine Entscheidungsbefugnis des Ehemannes – als *Familienoberhaupt* – über seine Frau vor. Die feministische Kritik spricht von einem doppelten Vertrag, wonach die männlichen Vollbürger zugleich mit dem Staatsvertrag einen Sexualvertrag abschließen, mit dem sie einander die Verfügungsrechte über die Frauen gewährleisten (vgl. Pateman 1988). Nachwirkungen dieses patriarchalen Denkens werden bis in die heutige Rechtstheorie verfolgt (vgl. Okin 1989). Moniert wird ferner, dass die Familie als *Privatsphäre* definiert und damit der staatlichen Einflussnahme weitgehend entzogen ist, was den mangelnden Schutz von Frauen vor Gewalttaten und sexuellen Übergriffen zur Folge hat. Mit dem Slogan »Das Private ist politisch« rief die Frauenbewegung zur Auseinandersetzung mit dieser Form der Unterdrückung auf. Studien zur traditionellen Sozialisation des männlichen Kindes zeigen die Genese jener reifizierenden Sicht der Frau (vgl. Nussbaum 1999), die alltägliche Umgangsformen und Bilder – etwa in der *Werbung* oder in *pornographischen* Darstellungen (vgl. Carse 1995) – prägt. Die dabei analysierte Sexualisierung von Gewalt kommt auch in der Debatte zu *war rape*, d.h. zur gezielt als Kriegsmittel eingesetzten Vergewaltigung, zur Sprache (vgl. Schott 2003).

Frauen verfügen darüber hinaus auch und gerade im häuslichen Bereich oft über keine

Privatsphäre. Dem wird mit einer revidierten Bestimmung des Privaten entgegnet, die für alle Einzelnen einen Schutz ihrer persönlichen Entfaltung vorsieht (vgl. Rössler 2001). Dabei erfährt der ursprünglich maskulin konnotierte Begriff der *Autonomie* eine Re-Formulierung in emanzipatorischer Absicht (vgl. Friedman 2003). In diesem Zusammenhang werden auch alternative Formen des Zusammenlebens diskutiert, die einen Ausweg aus der traditionellen Ehe/Familie eröffnen, wobei das Thema *Freundschaft* neue Aktualität gewinnt.

Auch die Konstellation von männlichem Alleinverdiener und nicht erwerbstätiger ›Hausfrau und Mutter‹ wird von der feministischen Kritik erörtert. Hier setzt die Forschung zum Thema *Arbeit* an. Die in der häuslichen Sphäre erbrachten Leistungen werden häufig nicht als Arbeit wahrgenommen, da sie nicht wie Erwerbstätigkeit entlohnt werden. Oft dient der Begriff »*Liebe*« zur Verschleierung der Arbeitsdimension der häuslichen Sphäre (vgl. Krebs 2002). Das führt u.a. dazu, dass in der Altersgruppe der über 65-Jährigen diejenigen, die unter der Armutsgrenze leben, zu einem hohen Prozentsatz Frauen sind. Aktuelle Entwürfe für eine finanzielle Abgeltung von Betreuungstätigkeit sollen zur Lösung dieses Problems beitragen. Eine weitere Folge besteht darin, dass im Falle der Berufstätigkeit beider Ehepartner Frauen häufig mit der Dreifachbelastung durch Beruf, Kinder und Haushalt zu kämpfen haben. Moniert werden daher Gerechtigkeitsdefizite bei der innerfamiliären Verteilung sowohl von Arbeit als auch von *Freizeit* (vgl. Fraser/Honneth 2003). Diese Probleme setzen sich auf dem Arbeitsmarkt fort. Mädchen werden vielfach in Berufe mit einem kurativem Schwerpunkt gedrängt, in denen die Entlohnung notorisch niedrig ist. Selbst von nicht verheirateten und kinderlosen Frauen wird häufig angenommen, sie seien für besser bezahlte Positionen nicht ausreichend mobil. Aus feministischer Perspektive wird auch die mangelnde Konsequenz der marxschen Kritik am Bürgertum problematisiert, die mit der Unterscheidung von produktiven und reproduktiven Tätigkeiten traditionelle Vorstellungen weiter geführt habe (vgl. Jaggar 1983).

3.3. Auch im Blick auf *Staat und Politik* ist ein Fortwirken der Klischees zu verzeichnen (vgl. Sauer 2001). Im öffentlichen Bereich steht eine volle Inklusion von Frauen noch aus. ›*Gleichheit*‹ ist in diesem Kontext eine Schlüsselkategorie, – ein Begriff mit zwei Bedeutungen, die im Englischen durch ›equality‹ und ›sameness‹ unterschieden werden. Die Kontroverse dreht sich etwa darum, ob die formalrechtliche Gleichstellung (durch gleiche Rechte) nivellierende Implikationen hat. Von den de jure gegebenen Möglichkeiten können, so wird argumentiert, nur diejenigen Frauen de facto Gebrauch machen, deren Lebensumstände denen der Männer weitgehend angeglichen sind (vgl. MacKinnon 1984). Gefordert wird hingegen ein Eingehen der Gesetzgebung auf die spezifische gesellschaftliche Situierung von Frauen. In den letzten Jahrzehnten gab es mehrere ›Runden‹ der Diskussion um Gleichheit vs. Differenz (Rössler 1995), wobei eine Auflösung des Widerspruchs in Sicht kam: Nur weil der formale Aspekt eine Behandlung der Einzelnen ›als Gleiche‹ einfordert, schließt er eine Berücksichtigung der jeweils besonderen Ausgangslagen keineswegs aus. Eine befristete Ungleichbehandlung ist mit dem formalen Gleichheitsgrundsatz vielmehr vereinbar, wenn sie dem Beheben von Benachteiligungen dient (vgl. Dworkin 1977). Im Kontext der ›Why Equality?‹-Debatte wird die Forderung erhoben, den Gleichheitsdiskurs durch einen *humanistischen Feminismus* zu ersetzen. Die Dyade Privilegierung/Benachteiligung erwachse erst aus der relationalen Perspektive des Vergleichs, weshalb diese durch eine Orientierung am absoluten Standard der Würde der Einzelnen (vgl. Krebs 2002) abgelöst werden müsse. Doch ist zu bedenken, dass eine diesem Grundsatz folgende Politik ihrerseits auf dem Prinzip der Gleichheit beruht, soll doch die Würde aller Einzelnen in gleicher Weise (im Sinne von equality) respektiert werden.

Von der *Gesetzgebung* wird nicht nur das Vorantreiben der formalrechtlichen Gleichstellung gefordert, sondern auch die Entwicklung von *Fördermaßnahmen*. Dafür bieten sich beispielsweise soziale Rechte und arbeitsrechtliche Richtlinien an (etwa in Form einer ›umgekehrten Diskriminierung‹). Bei Regelungen, die auf die spezifische Lage von Frauen eingehen, besteht jedoch die Gefahr einer Befestigung tradierter Hierarchien, wie sie u.a. am Nachtarbeitsverbot für Frauen deutlich geworden ist. Deshalb sind Maßnahmen erforderlich, die den Frauen ein Verlassen ihrer benachteiligten Situierung ermöglichen und *Chancengleichheit* herstellen. Dabei sind auch die Unterschiede zwischen Frauen zu beachten. Die frühe feministische Theorie wird als einseitig auf Frauen der weißen Oberschicht zugeschnitten kritisiert; die Forschung untersucht daher die Verstärkungseffekte, die aus der Überlagerung der Benachteiligungen auf Grund von *race, culture, class and gender* resultieren (vgl. Alcoff 1998). Eine Auswirkung des Gleichheitsdiskurses stellt die Strategie des *gender mainstreaming* dar: In der gesamten Berufswelt soll das Prinzip der Geschlechtersymmetrie als selbstverständliche Richtlinie fungieren. Gendersensible benchmarkings in Firmen sind ein Beispiel dafür. Hiergegen wurde allerdings eingewandt, dass so unverzichtbare Elemente der gezielten Frauenförderung verdrängt zu werden drohen.

Ein weiterer Schwerpunkt der Debatte ist die aktive *Staatsbürgerschaft* von Frauen. Kritisiert werden feministische Konzeptionen, die sich allein am distributiven Paradigma orientieren, wodurch Frauen primär als Empfängerinnen staatlicher Leistungen in Betracht kommen (vgl. Young 2000). Eingeklagt wird hingegen *partizipatorische Parität* (Pauer-Studer 2002), wobei nicht nur an ein Vorrücken von Frauen in Männerdomänen gedacht ist, sondern auch an eine Revision gegebener Strukturen. Dabei werden auch die der Entscheidungsfindung in gewählten Gremien vorgelagerten Beratungsprozesse berücksichtigt. Hier kommt ein Begriff von *Öffentlichkeit* ins Spiel, der es erlaubt, Probleme, mit denen typischerweise Frauen konfrontiert sind, so zu artikulieren, dass sie als politische Themen mit Regelungsbedarf ernst genommen werden. Dadurch ließen sich Verbindungen zur Konzeption der deliberativen Demokratie herstellen (vgl. Benhabib 1992). Ein Problem bilden auch Ausschlussmechanismen mit informellem Charakter, die sich etwa in Männerbünden manifestieren, die öffentliche Beratungs- und Entscheidungsprozesse unterlaufen.

3.4. Da die Benachteiligung von Frauen auch eine *internationale Dimension* aufweist, werden sich jedoch alle auf den Binnenraum der Einzelstaaten beschränkten Maßnahmen als unzureichend erweisen. In der Debatte haben sich dabei verschiedene Themenschwerpunkte herausgebildet. Zum einen werden Geschlechterhierarchien in nicht-westlichen Kulturen untersucht, wobei die Gefahr eurozentristischer Interventionen zu einer Kontroverse um kulturrelativistische und universalistische Positionen geführt hat (vgl. Benhabib 2002). Zweitens werden die Folgen der *neoliberalen Globalisierung* erörtert: Wirtschaftliche und politische Entscheidungen in den Industrieländern führen weltweit zu einer Verschärfung bestehender Asymmetrien und zur Genese spezifischer Formen von Diskriminierung. Die Jahresentwicklungsberichte der UN dokumentieren eine Feminisierung von Armut, die auch zu einem Anwachsen des internationalen Frauenhandels geführt hat. Als Gegenstrategie wird eine Präzisierung und verbesserte Umsetzung der Menschenrechte sowie die Konzeption des *empowerment* erörtert. Ein drittes Thema bilden die Folgen, die der Bedeutungsverlust des Nationalstaates unter dem Genderaspekt hat. Untersucht werden u.a. Phänomene der Re-Regulierung in Form transnationaler Regelungen, wie sie von demokratisch nicht legitimierten Akteuren für multinationale Konzerne als ›soft law‹ festgelegt werden. Dabei wird deutlich, dass die in Einzelstaaten implementierten Gleichstellungsgesetze häufig umgangen werden. Eine analoge Re-Maskulinisierung zeigen die neuen Formen der politischen Willensbildung, die unter dem Begriff ›Governance‹ zusammengefasst werden. Doch können diese informellen Strukturen auch als eine Chance gesehen werden: Die internationale Frauenbewegung bedient sich ihrer bereits, um ihre gegenhegemoniale Zielsetzung zur Geltung zu bringen – als Ansatzpunkt für eine weltumspannende Rechtsordnung (vgl. Nagl-Docekal 2003).

4.

Alcoff, L. M., 1998, Racism, in: A. M. Jaggar/I. M. Young (Hg.), A Companion to Feminist Philosophy, Oxford: Blackwell.

Beauvoir, S. de, 1949, Das andere Geschlecht, Reinbek: Rowohlt 2005.

Benhabib, S., 1992, Selbst im Kontext, Frankfurt/M.: Suhrkamp 1995.

Benhabib, S., 2002, The Claims of Culture, Princeton: Princeton University Press.

Butler, J., 1991, Kontingente Grundlagen. Der Feminismus und die Frage der Postmoderne, in: S. Benhabib/J. Butler/D. Cornell/N. Fraser, Der Streit um Differenz, Frankfurt/M.: Fischer 1993.

Carse, A. L., 1995, Pornography. An Uncivil Liberty?, in: Hypatia 10.

Dworkin, R., 1977, Umgekehrte Diskriminierung, in: B. Rössler (Hg.), Quotierung und Gerechtigkeit, Frankfurt/M.: Campus 1993.

Fraser, N./Bartky, S. L. (Hg.), 1992, Revaluing French Feminism, Bloomington: Indiana University Press.

Fraser, N./Honneth, A., 2003, Umverteilung oder Anerkennung?, Frankfurt/M.: Suhrkamp.

Friedman, M., 2003, Autonomy, Gender, Politics, Oxford: Oxford University Press.

Funk, N./Mueller, M. (Hg.), 1993, Gender Politics and Post-Communism, London: Routledge.

Jaggar, A. M., 1983, Feminist Politics and Human Nature, Totowa: Rowman & Allanheld.

Klinger, C., 1998, Feministische Philosophie, in: A. Pieper (Hg.), Philosophische Disziplinen, Leipzig: Reclam.

Krebs, A., 2002, Arbeit und Liebe. Die philosophischen Grundlagen sozialer Gerechtigkeit, Frankfurt/M.: Suhrkamp.

Kroll, R. (Hg.), 2002, Gender Studies – Geschlechterforschung, Stuttgart: Metzler.

Lerner, G., 1993, Die Entstehung des feministischen Bewusstseins, Frankfurt/M.: Campus.

MacKinnon, C. A., 1984, Geschlechtergleichheit: Über Differenz und Herrschaft, in: H. Nagl-Docekal/H. Pauer-Studer (Hg.), Politische Theorie. Differenz und Lebensqualität, Frankfurt/M.: Suhrkamp 1996.

Nagl-Docekal, H., 2001, Feministische Philosophie, Frankfurt/M.: Fischer.

Nagl-Docekal, H. (Hg.), 2003, Schwerpunkt: Neoliberale Globalisierung aus feministischer Perspektive, in: Deutsche Zeitschrift für Philosophie 51.

Nussbaum, M. C., 1999, Konstruktion der Liebe, des Begehrens und der Fürsorge, Stuttgart: Reclam 2002.

Offen, K., 2000, European Feminisms 1700–1950, Stanford: Stanford University Press.

Okin, S. M., 1989, Justice, Gender and the Family, New York: Basic Books.

Pateman, C., 1988, The Sexual Contract, Cambridge: Polity.

Pauer-Studer, H., 2002, Freedom and Equality. Beyond Egalitarianism and Anti-Egalitarianism, in: B. Christensen (Hg.), Wissen/Macht/Geschlecht, Zürich: Chronos.

Rössler, B., 1995, Feministische Theorien der Politik, in: K. v. Beyme/C. Offe (Hg.), Politische Theorien in der Ära der Transformation, Opladen: Westdeutscher Verlag.

Rössler, B., 2001, Der Wert des Privaten, Frankfurt/M.: Suhrkamp.

Sauer, B., 2001, Die Asche des Souveräns. Staat und Demokratie in der Geschlechterdebatte, Frankfurt/M.: Campus.

Scheich, E. (Hg.), 1996, Vermittelte Weiblichkeit. Feministische Wissenschafts- und Gesellschaftstheorie, Hamburg: Hamburger Edition.

Schott, R. M., 2003, Discovering Feminist Philosophy, Lanham: Rowman & Littlefield.

Schröder, H., 1990, Olympe de Gouges' *Erklärung der Rechte der Frau und Bürgerin* (1791), in: H. Nagl-Docekal (Hg.), Feministische Philosophie, München: Oldenbourg 1994.

Young, I. M., 2000, Inclusion and Democracy, Oxford: Oxford University Press.

HERTA NAGL-DOCEKAL

Feuerbach, Ludwig Andreas (1804–1872)

1.

Feuerbach wurde als vierter Sohn des Rechtswissenschaftlers und Strafrechtsreformers Paul Anselm von Feuerbach (1775–1833) am 28. Juli 1804 in Landshut geboren. Seine Kindheit und Schulzeit verbrachte er in Landshut, Bamberg, München und Ansbach. Die intensive Lektüre von M. Luther, J. G. Hamann, F. H. Jacobi, J. W. von Goethe und v. a. J. G. Herder führte ihn zum Studium der Theologie, das er 1823 in Heidelberg aufnahm. Hier begegnete ihm der grundlegende Gegensatz zwischen traditionellem aufklärerischem Vernunftglauben und der neueren spekulativen Theologie, weshalb er danach strebte, in Berlin sein Studium bei namhafteren Theologen, insbesondere F. D. E. Schleiermacher und bei dem Philosophen G. W. F. Hegel fortzusetzen. Feuerbach löste sich alsbald vom Glauben und der Theologie und schloss sich ganz der hegelschen Philosophie an. Er beendete sein Studium in Erlangen, wo 1828/1829 Promotion und Habilitation erfolgten. Ab 1839 wirkte er als Privatdozent für Philosophie. 1830 erschien anonym seine Erstlingsschrift *Gedanken über Tod und Unsterblichkeit ... nebst einem Anhang theologisch-satirischer Xenien* (GW, Bd. 1), eine Aufarbeitung seiner Auseinandersetzung mit theologischen Positionen in seiner Berliner Zeit. Er verkündete hier das Heraufkommen einer neuen Geschichtsepoche, die keiner fürstlichen Obrigkeit und keiner Geistlichkeit bedarf, und sah eine kommende Menschenwelt voraus, der der Dünkel individueller Unsterblichkeit fremd ist. Das Erscheinen der Schrift in den Tagen der Pariser Julirevolution führte zu ihrem Verbot, das alsbald wieder aufgehoben wurde. In Feuerbachs Erlanger Vorlesungen ebenso in seiner *Geschichte der neuern Philosophie von Bacon bis Spinoza* (1833; GW, Bd. 2), traten die Fragen des Verhältnisses von Geist und Natur und von Glaube und Wissen in einer gegenüber Hegel radikalisierten Form in den Vordergrund. Nachdem sich Feuerbach mehrfach vergeblich um eine Professur bemüht hatte, löste er sich spontan von der Universität und betätigte sich künftighin als privater philosophischer Schriftsteller. Er zog nach Bruckberg bei Ansbach, das ihm bis 1860 Zuflucht und »Musensitz« war.

2.

In Bruckberg entstanden bedeutende philosophiegeschichtliche Werke über G. W. Leibniz (1837; GW, Bd. 3) und P. Bayle (1838; GW, Bd. 4) sowie zahlreiche kleinere Aufsätze, Rezensionen und Kritiken. Dabei traten Fragen der Beziehungen von Staat und Kirche und von Wissenschaft und Religion stärker in den Vordergrund. Feuerbach forderte »kritisch-genetische Untersuchungen« der Religion, um das Wesen der Religion und den Ursprung ihrer Lehren zu entschleiern. Die Abhandlungen »Über das Wunder« (1839; GW, Bd. 8) und »Zur Kritik der hegelschen Philosophie« (1839; GW, Bd. 9) führten folgerichtig zur Lossage von Hegels spekulativem philosophischen Idealismus.

Das *Wesen des Christentums* (1841; GW, Bd. 5), das großes Aufsehen erregte und eine schnelle Verbreitung erfuhr, gründete auf einem gegenüber Hegel konträren philosophischen Standpunkt. Die genetisch-kritische, erkenntnistheoretische und psychologische Analyse reduzierte die Glaubensinhalte auf ihre natürlichen Ursprünge, woraus die Forderung resultierte, sich über das Wesen der Religion zu erheben und sich statt ihren Verheißungen dem Diesseits als der einzigen, wirklichen Welt und den Beziehungen der Menschen untereinander zuzuwenden.

Feuerbach war mit seinem *Wesen des Christentums* auf einem anthropologisch-materialistischen Standpunkt angelangt. Die Auflage von 1843 hat insbesondere auf linke, aus der Hegelschule kommende oppositionelle Kräfte eine starke Wirkung ausgeübt. Feuerbach proklamierte eine materialistische anthropologische Philosophie und wurde zunehmend zu einer geistigen Führungsgestalt der oppositionellen Bewegung im deutschen Vormärz. Er übte Einfluss auf Vertreter oppositioneller Bewegungen, auf Marx und Engels sowie auf namhafte Zeitgenossen wie Richard Wagner aus. In Verbindung mit den programmatischen Schriften *Vorläufige Thesen zur Reformation der Philosophie* (1842), *Grundsätze der Philosophie der Zukunft* (1843) und *Das Wesen des Glaubens im Sinne Luthers* (1844; alle in GW, Bd. 9) wirkte das Werk weit über die Grenzen Deutschlands hinaus.

Ungeachtet der bedeutenden Wirkungen seines Werkes nahm Feuerbach im *Wesen der Religion* (1846; GW, Bd. 6) eine wichtige Ergänzung seiner Religionsphilosophie vor: »Wenn ich daher meine Lehre zuvor im Satz zusammenfasste: Die Theologie ist Anthropologie, so muß ich zur Ergänzung jetzt hinzusetzen: *und Physiologie*. Meine Lehre oder Anschauung fasst sich daher in zwei Worte *Natur und Mensch* zusammen.« (GW 6, 29)

Der Ausbruch der bürgerlich-demokratischen Revolution 1848 aktivierte Feuerbach. Er kandidierte in seinem Heimatkreis für die Frankfurter Nationalversammlung. Nach seiner Wahlniederlage begab er sich nach Frankfurt/Main, wo er eine Zeit als linker Journalist den Verhandlungen der Nationalversammlung beiwohnte. Dann begab er sich auf Ersuchen von Studenten nach Heidelberg und hielt dort öffentliche *Vorlesungen über das Wesen der Religion* (1851; GW, Bd. 6).

Die Niederlage der Revolution zwang Feuerbach zur Rückkehr nach Bruckberg. Hier widmete er sich dem väterlichen biographischen Nachlass und veröffentlichte 1857 als Abrundung seiner Religionsphilosophie – der »Wunsch« als universelle Quelle der Religion – die *Theogonie nach den Quellen des klassischen, hebräischen und christlichen Altertums* (GW, Bd. 7).

Nach dem Zusammenbruch seiner Existenz in Bruckberg zog er nach Rechenberg bei Nürnberg. Hier veröffentliche Feuerbach u. a. die Studie *Über Spiritualismus und Materialismus, besonders in Beziehung auf die Willensfreiheit* (1866; GW, Bd. 11). Eine größere Arbeit über den Willen und die Glückseligkeit blieb unvollendet und kam erst nach seinem Tode unter dem Titel *Zur Moralphilosophie* (GW, Bd. 16) an die Öffentlichkeit. Feuerbach verfolgte in den letzten Lebensjahren die Aktivitäten der jungen sozialdemokratischen Arbeiterschaft und Bestrebungen der Frauenemanzipation. Er verstarb am 13. September 1872.

3.

Wie Kierkegaard und Nietzsche hat Feuerbach als akademischer Außenseiter auch für die gegenwärtigen philosophischen Debatten zentrale Positionen wie den Materialismus, die Religionskritik und einen in der Anthropologie fundierten neuen Humanismus geprägt.

4.

Feuerbach, L., 1846–1866, Sämmtliche Werke, 10 Bde., Leipzig: Wigand.

Feuerbach, L., 1874, Ludwig Feuerbach in seinem Briefwechsel und Nachlaß sowie in seiner philosophischen Charakterentwicklung dargestellt von K. Grün, 2 Bde., Leipzig: Winter.

Feuerbach, L., 1904, Ausgewählte Briefe von und an Ludwig Feuerbach, 2 Bde., Leipzig: Wigand.

Feuerbach, L., 1903–11, Sämtliche Werke, 10 Bde. und 3 Ergänzungsbde., Stuttgart: Frommann-Holzboog 1964.

Feuerbach, L., 1976 ff., Gesammelte Werke, 22 Bde., Berlin: Akademie (zitiert als GW).

Sass, H.-M., 1978, Ludwig Feuerbach in Selbstzeugnissen und Bilddokumenten, Reinbek: Rowohlt.

Schuffenhauer, W., 1990, Neue Daten zum Corpus der Schriften Ludwig Feuerbachs, in: H-J. Braun (Hg.), Ludwig Feuerbach und die Philosophie der Zukunft, Berlin: Akademie.

Wartofsky, M., 1977, Feuerbach, Cambridge: Cambridge University Press.

Weckwertz, C., 2002, Feuerbach zur Einführung, Hamburg: Junius.

Winiger, J., 2004, Ludwig Feuerbach, Berlin: Aufbau.

Werner Schuffenhauer

Fichte, Johann Gottlieb (1762–1814)

1.

Als Kind aus einer armen Bauerfamilie erhielt Fichte von einem Adeligen die finanziellen Mittel zum Studium. Um Pfarrer zu werden, studierte er zunächst Theologie, wandte sich dann aber der Philosophie zu. Nach seinem Studienabschluss wurde er Hauslehrer. Zunächst verfasste er Kommentare zu Kants *Kritiken*. 1792 wurde er dank seiner anonym veröffentlichten Schrift *Versuch einer Kritik aller Offenbarung* (GA I, 1) bekannt, weil man Kant selber als Autor vermutete. Dies bewegte Kant dazu, 1793 seine eigene Religionsschrift zu veröffentlichen. Politisch wandte sich Fichte 1793 in seinem *Beitrag zur Berichtigung der Urteile des Publikums über die französische Revolution* (GA I, 1) gegen Edmund Burkes Kritik an dieser und plädierte für das Recht des Volkes auf Revolution. Durch beide Werke berühmt geworden erhielt Fichte 1794 einen Lehrstuhl in Jena. Dort verfasste er die erste – und bekannteste – Fassung seiner *Wissenschaftslehre* (1794) (GA I, 2). Auf deren Basis entwickelte er die *Grundlage des Naturrechts* (1796/97) (GA I, 3 und 4) und *Das System der Sittenlehre* (1798) (GA I, 5). Man bezichtigte daraufhin Fichte öffentlich des Atheismus, wogegen er sich vergeblich wehrte. Er wurde daher der Universität Jena verwiesen und ließ sich in Berlin nieder. Dort versuchte er, mit privaten Vorträgen allgemeinen Anklang zu finden und auch Regierungskreise für seine politischen Thesen zu gewinnen. Erst 1808 gelang ihm dies zumindest teilweise mit seinen *Reden an die deutsche Nation* (GA I, 10). Darin rief er sowohl zum Kampf gegen Napoleons Armee als auch zu einer moralischeren Denkweise und Lebenshaltung auf. Allein diese könnten zu gerechten politischen Institutionen führen. An der neu gegründeten Universität Berlin wurde Fichte 1810 Dekan, 1811 für kurze Zeit Rektor, dann wieder Dekan bis zu seinem Tod 1814.

2.

In *Zufällige Gedanken in einer schlaflosen Nacht* (1788–1790) bemerkt Fichte: »Wäre also nicht noch immer ein Buch zu schreiben, welches das *ganze* Verderben unsrer Regierungen, u. unsrer Sitten [...] darstellte, und die Grundsätze einer beßern Regierung, und beßerer Sitten, nebst den Mittel dazu zu gelangen, schilderte?« (GA, II,1, 104) Fichte selbst erfüllt die erste Aufgabe ausschließlich in seinen populären Schriften, die er nach dem Vorbild der Predigt verfasst; der zweiten Aufgabe widmen sich zum einen ebenfalls populäre Schriften, zum andern Fichtes *Wissenschaftslehre* sowie sein System von Recht und Moral. Seine Revolutionsschrift und seine Religionsschrift sowie die *Vorlesungen über den Gelehrten* (1794) (GA I, 3) sind von der idealistischen Aufklärung geprägt: Religion besteht allein in einer moralischen Perspektive, nämlich in der Prüfung der Handlungsbestimmungen durch die kritische Vernunft; im Mittelpunkt der Rechts- und Staatstheorie steht die freie Zustimmung der Bürger; die Pflicht jedes Menschen ist es, den Beruf zu wählen, der innerhalb der geeigneten Arbeitsverteilung zum Fortschritt der gesamten Gesellschaft beiträgt. Der »Gelehrte« wiederum hat in diesem Rahmen die Aufgabe, die Befreiung des Menschen von der Naturnotwendigkeit durch Technik und Moral zu fördern.

Ab 1794 baut Fichte sein eigenes System auf, das er mit der *Wissenschaftslehre* als der Grundlegung beginnt. Diese behandelt nicht nur die theoretische Philosophie, sondern will die Entstehung der Unterscheidung zwischen Theorie und Praxis darstellen. Auch in seinen populären Schriften nennt Fichte als Kriterium für die wahre Philosophie, dass diese von einem Sein ausgeht anstatt bloß von der Tätigkeit.

Fichtes Werk wird ab 1794 oft in zwei Perioden eingeteilt, über deren Kompatibilität heftiger Streit besteht. Die *Grundlage des Naturrechts* (1796/97) und das *System der Sittenlehre* (1798) »deduzieren« das Recht bzw. die Moral aus dem Bewusstsein: Das Selbstbewusstsein ist die Bedingung des Bewusstseins von Objekten; das Bestehen einer gemeinsamen Welt der Subjekte (die Intersubjektivität) ist wiederum die Bedingung des Selbstbewusstseins; und die Intersubjektivität ist ihrerseits durch die Existenz einer Rechtsordnung bzw. einer moralischen Ordnung bedingt. Fichtes Begriff dieser Rechtsordnung ist definiert als der Zusammenhang der Bedingungen der gegenseitigen Begrenzung der Freiheit eines jeden Mensches (seiner »Freiheitssphäre«) durch die Freiheit der anderen Menschen nach einem allgemeinen Gesetz. Auf dieser Grundlage entwickelt Fichte zunächst die »Anwendbarkeit« des Rechts überhaupt (die Existenz des Leibes, der Anspruch jedermanns auf eine Handlungssphäre, die Zwangsbefugnis), dann seine »Anwendung« (Eigentumsvertrag, Strafrecht, Verfassung, Völkerrecht). Alle genannten Institutionen sollen der gleichen Freiheit aller dienen. Einige Fichte-Interpreten diagnostizieren nach 1800 eine Neuorientierung: Fichtes politisches Denken werde schon mit dem planwirtschaftlichen *Geschloßnen Handelstaat* (1800) (GA I, 7) autoritär; die *Rede an die Deutsche Nation* (1808) und der *Staatslehre* (1813) seien messianistisch und nationalistisch; die Machiavelli-Schrift (1807) (GA I, 9) sei einseitig auf die politische Klugheit ausgerichtet. Andere Interpreten folgen Fichtes eigenen Erklärungen und sehen in diesen Schriften pragmatische Überlegungen zur Erreichung der vorher beschriebenen »vernünftigen« Rechtsordnung. Diese Rechtsordnung versteht Fichte im Übrigen nur als eine Etappe auf dem Weg zur Einheit der Menschheit. Sie steht über der Naturordnung, aber unter der Moral, der Religion und der Wissenschaftslehre selbst.

3.

Fichtes politisch-philosophischer Leitgedanke ist in der *Revolutionsschrift* ein qualifizierter Kontraktualismus. Nur durch einen Bürgergesellschaftsvertrag kann ein legitimer Staat entstehen. Allerdings ist auch in diesem Vertrag manches unveräußerlich: So behält z.B. jedes Mitglied das Recht, sich jederzeit vom Vertrag zurückzuziehen. Erst in der *Grundlage des Naturrechts* wird unter Berufung auf Kants *Zum ewigen Frieden* (1795) der Zwang als unentbehrliches und eigentümliches Element des Rechts erklärt – im Gegensatz etwa zur Moral. Fichtes Rechtsbegriff im ersten Teil dieser Schrift (1796) ist demjenigen in Kants *Rechtslehre* (1797) sehr ähnlich: Er besteht in den Bedingungen der gegenseitigen Koexistenz äußerer Freiheiten unter einem allgemeinen Gesetz der Freiheit. Die einzelnen von Fichte aus diesem Rechtsbegriff abgeleiteten Rechtsbestimmungen widersprechen allerdings oft den kantischen: Fichte entwickelt eine egalitaristische Eigentumstheorie, eine spezialpräventive Straftheorie, ein (bedingtes) Recht auf Widerstand und ein interventionistisches Völkerrecht. Jegliche Form der Gewaltenteilung lehnt er ab. Nach der Morallehre im *System der Sittenlehre* (1798) motiviert der kategorische Imperativ nicht selbst, sondern ergibt sich erst aus einem »Trieb zur Freiheit«, d.h. aus der Selbsttätigkeit des Subjekts. Fichtes politische Schriften sind vom Voluntarismus geprägt und greifen sowohl alle materialistischen Theorien als auch diejenigen Theorien an, die den Lauf der Geschichte dem Zufall überlassen (z.B. Smiths Theorie der unsichtbaren Hand). Die Romantik und Hegel haben Fichtes Rechts- und Staatsphilosophie als mechanistische Auffassung der Politik abgelehnt. Fichtes Wirkungsgeschichte ist sehr vielfältig: Republikanismus, Sozialismus, Nationalismus, Anthroposophie u.a.m. sind von ihm inspiriert.

4.

Fichte, J. G., 1962ff., Gesamtausgabe, Stuttgart: Frommann-Holzboog (zitiert als GA).

Maesschalck, M., 1996, Droit et Création Sociale chez Fichte, Paris: Vrin.
Merle, J.-C., 1997, Justice et Progrès, Paris: PUF.
Merle, J.-C. (Hg.), 2001, Fichte: Grundlage des Naturrechts, Berlin: Akademie.
Neuhouser, F., 1993, Fichte's Theory of Subjectivity, Cambridge: Cambridge University Press.
Renaut, A., 1986, Le Système du Droit, Paris: PUF.
Siep, L., 1992, Praktische Philosophie im Deutschen Idealismus, Frankfurt/M.: Suhrkamp.
Verweyen, H., 1975, Recht und Sittlichkeit in J. G. Fichtes Gesellschaftslehre, Freiburg: Alber.
Zöller, G., 2008, The Cambridge Companion to Fichte, Cambridge: Cambridge University Press (i. E.).

Jean-Christophe Merle

Finnis, John (*1940)

1.

John Finnis erwarb 1961 einen Bachelor of Laws von der Adelaide University (Australien) und wurde 1965 in Oxford von H. L. A. Hart promoviert. Er ist Professor für Rechtswissenschaft und Philosophie am University College Oxford und an der University of Notre Dame. In *Natural Law and Natural Rights* (1980) argumentiert er für eine auf Aristoteles und Thomas von Aquin zurückgehende Naturrechtstheorie. Auf dieser Grundlage bezieht Finnis auch Stellung in Fragen der Bioethik und der politischen Ethik, etwa in *Nuclear Deterrence, Morality, and Realism* (1987). Er ist Mitglied verschiedener katholischer Ethik-Kommissionen, u.a. der Pontificia Academia Pro Vita.

2.

Finnis gilt zusammen mit Joseph Boyle und German Grisez als Wegbereiter der ›new natural law theory‹. Er hat die Naturrechtstradition wieder in zeitgenössische philosophische Debatten eingebracht und beeinflusst die katholische Soziallehre und Ethik.

3.

3.1. Finnis Ziel ist es zu zeigen, dass das klassische Naturrecht als Theorie rationaler moralischer Urteile verteidigt werden kann (vgl. Finnis 1980). Gegen den rechtsphilosophischen Positivismus wendet er ein, dass jede Theorie sozialer Tatsachen einen wertenden Standpunkt voraussetzen müsse, da nur so die zentralen Phänomene ausgewählt werden können (vgl. ebd., 6–19). Finnis bezieht daher den Standpunkt der ›praktischen Klugheit‹ (practical reasonableness). Er erläutert ihn, indem er eine Liste von sieben Gütern aufstellt – Wissen, Leben, Spiel, ästhetische Erfahrung, Freundschaft, praktische Klugheit und Religion. Der Wert der praktischen Klugheit ist grundlegend, da diese angibt, wie einzelne Handlungen und Entscheidungen auf die Grundwerte zu beziehen sind (vgl. ebd., 100–127). Die auf diesen Gütern basierenden moralischen Grundprinzipien, wie z.B. ›Wissen ist ein Wert, der zu verfolgen ist‹, bezeichnet Finnis als »evident« (per se nota). Er meint damit jedoch nur, dass sie nicht aus grundlegenderen Wahrheiten abgeleitet sind und durch Reflektion auf Erfahrung eingesehen werden können (vgl. ebd., 64–69). Gegen den Utilitarismus argumentiert Finnis, dass die Werte nicht gegeneinander aufgerechnet werden können, sondern inkommensurabel sind. Die praktische Klugheit erfordert insbesondere, dass sich die Absicht einer Handlung nie direkt gegen eines der Güter richtet darf. Ziel der praktischen Klugheit ist die ›Wohlfahrt des Einzelnen‹ (individual flourishing). Sie erfordert ein Leben in unterschiedlichen Gemeinschaften, angefangen von der Familie bis hin zu jener vollständigen Gemeinschaft (in der Regel der Staat), in der das gemeinsame Gute verwirklicht werden kann (vgl. ebd., 134ff.). Die Institution des Rechts ist aus Sicht der praktischen Klugheit als unvermeidliches Mittel zur Koordination gerechtfertigt, verliert aber seine moralische Verpflichtung, wenn es durchgehend zum Schaden des gemeinsamen Guten unter Missachtung der Prinzipien der praktischen Klugheit eingesetzt wird (vgl. ebd., 260ff.). Da die praktische Klugheit und die Grundwerte fundamental sind, kann Finnis einen weiten Begriff von Gerechtigkeit ansetzen, der sowohl Verteilungsgerechtigkeit (privates Eigentum muss immer auch zum Wohl des gemeinsamen Guten beitragen) als auch ausgleichende Gerechtigkeit (Strafgerechtigkeit) umfasst (vgl. ebd., 161ff.). Menschenrechte sind ebenfalls nur eine Spezifizierung der Prinzipien der praktischen Klugheit. Sie sind absolut insofern sie alle Handlungen untersagen, die sich direkt gegen einen Grundwert richten. Sie können allerdings durch andere Menschenrechte und übergeordnete Erfordernisse des gemeinsamen Guten beschränkt werden (vgl. ebd., 223–226).

3.2. Die Forderung der unbedingten Achtung des Grundwertes Leben in allen Handlungen führt Finnis zu einer strikten Verurteilung der atomaren Abschreckung (vgl. Finnis/Boyle/Grisez 1987). Aus demselben

Grund hält er Abtreibung nur für legitim, wenn sie die einzige Möglichkeit ist, das Leben der Mutter zu retten. In Fragen der Sexualethik verteidigt er die Vorstellung, dass der Geschlechtsverkehr nur zwischen Eheleuten ohne Empfängnisverhütung legitim sei. Andere Formen des Geschlechtsverkehrs (Homosexualität oder Verkehr zwischen Unverheirateten) würden den Partner verdinglichen, die eigene körperliche Integrität verletzen und sich gegen das Gut der Ehe richten (vgl. Finnis 1995).

3.3. Aus philosophischer Sicht werden die Evidenz der Grundgüter und die Ausgestaltung der praktischen Klugheit angezweifelt, was zur Folge hat, dass das Motivationsproblem ungelöst bleibt. Traditionelle Naturrechtstheoretiker werfen Finnis vor, den Gehalt des klassischen Naturrechts zu verfehlen, da Finnis seine Theorie nicht auf eine Anthropologie stützt, sondern nur auf einen Verfahrensbegriff der praktischen Klugheit. In bioethischen Debatten wird Finnis eine essentialistische Auffassung von Werten wie Ehe oder Leben vorgehalten, die nicht weiter begründet wird, aber die Hauptlast der Argumentation trägt.

4.

Finnis, J., 1980, Natural Law and Natural Rights, Oxford: Clarendon Press.

Finnis, J., 1984, Fundamentals of Ethics, Washington, D.C.: Georgetown University Press.

Finnis, J., 1991, Moral Absolutes, Washington, D.C.: Catholic University of America Press.

Finnis, J., 1992, Natural Law and Legal Reasoning, in: R. George (Hg.), Natural Law Theory, Oxford: Clarendon Press.

Finnis, J., 1995, Law, Morality, and ›Sexual Orientation‹, in: Notre Dame Journal of Law, Ethics, and Public Policy 9.

Finnis, J., 1998, Aquinas. Moral, Political, and Legal Theory, Oxford: Oxford University Press

Finnis, J., 1998, Natural Law and the Ethics of Discourse, in: American Journal of Jurisprudence 43.

Finnis, J., 2007, Natural Law Theories, in: E. N. Zalta (Hg.), Stanford Encyclopedia of Philosophy, http://plato.stanford.edu/entries/natural-law-theories (Stand 1. Juli 2008).

Finnis, J./Boyle, J./Grisez, G., 1987, Nuclear Deterrence, Morality and Realism, Oxford: Clarendon Press.

Biggar, N./Black, R. (Hg.), 2001, The Revival of Natural Law, Burlington: Ashgate.

Hittinger, R., 1987, A Critique of the New Natural Law Theory, Notre Dame: University of Notre Dame Press.

Detlef von Daniels

Föderalismus

1.

Unter dem Begriff »Föderalismus« lässt sich sowohl eine politik-philosophische Theorie als auch eine politische Bewegung verstehen. Föderalistische Theorien behandeln politische Ordnungen, in denen staatliche Macht auf mehrere Ebenen verteilt ist bzw. die aus dem Zusammenschluss politischer Einheiten zu einem politischen Bund entstanden sind. Föderalistische politische Bewegungen setzen sich für eine Veränderung der Machtverhältnisse in solchen politischen Ordnungen ein.

In der modernen Geschichte bezeichnen sich sowohl Befürworter einer stärkeren Zentralisierung bzw. Kompetenzverteilung zugunsten der oberen Ebene als Föderale (z.B. die Autoren der *Federalist Papers*) als auch die Befürworter einer stärkeren Souveränität der unteren Hierarchieebenen (z.B. die Vertreter der deutschen Bundesländer im Bundesrat). Zusätzlich kommt es in verschiedenen Sprachen zu nahezu konträren Assoziationen: Während der Begriff in Kontinentaleuropa häufig positiv konnotiert ist und die Aussicht auf bürgernahe Entscheidungen weckt, erzeugt er im angelsächsischen Sprachraum oft negative Emotionen, da mit ihm eine unwillkommene Zentralisierung der obersten Föderalgewalt verbunden wird. In der *juristischen* Struktur einer politischen Ordnung finden sich föderale politikphilosophische Ideen regelmäßig in einer Verfassung oder einem verfassungsähnlichen

Dokument wieder, in dem die föderale Struktur dauerhaft festgelegt wird. Eine Verfassung ist gemäß der lateinischen Ursprungsbedeutung des Wortes ›foedus‹ als Vertrag die Begründung eines Bundes. Der Föderalismus ist in föderalen politischen Ordnungen mithin ein zentrales Thema der Verfassungsrechtsprechung.

In der *Ökonomie* bzw. *Finanzwissenschaft* spielen föderale Ideen insbesondere vor dem Hintergrund optimaler Größen für politische Entscheidungs- und Besteuerungssysteme (fiskalischer Föderalismus) eine Rolle. In föderalen Ordnungen sind Steuererhebungskompetenzen und Aufgabenverteilungen selten kongruent, so dass Ausgleichszahlungen nötig sind oder ineffiziente Anreizstrukturen auftauchen (vgl. Oates 1972; Buchanan 2001). In den politisch-*philosophischen* Theorien der Gegenwart werden föderale Konstruktionen zunehmend sowohl für zwischenstaatliche Ordnungen im Rahmen einer neuen Weltordnung als auch für innerstaatliche Konfliktbeilegungen diskutiert.

Eine philosophische Theorie des Föderalismus enthält in der Regel eine normative Analyse und Bewertung einer politischen Zentralgewalt und ihrer (teil-)autonomen Untereinheiten, deren Zusammenschluss die Zentralgewalt konstituiert hat. Kriterien einer solchen Bewertung sind die Auswirkungen einer föderalen Ordnung auf die Freiheits- und Selbstbestimmungsrechte der Individuen und auf eine gerechte und effiziente Güterverteilung. Je mehr die Ideen einer Weltgesellschaft Einfluss auf die Theorie des Föderalismus gewinnen, umso schwächer wird die Bedeutung der Zentralgewalt: Multilaterale, netzwerkartige Strukturen ersetzen die Zentrum-Peripherie-Struktur in der Definition des Föderalismus.

2.

2.1. Für die föderale *Binnenstruktur* eines Staates sind die von James Madison, Alexander Hamilton und John Jay zwischen 1787 und 1788 veröffentlichten 85 Zeitungsartikel von herausragender Bedeutung, in denen sie für die Annahme der US-amerikanischen Verfassung werben. Diese unter dem Titel *The Federalist* später in einem Sammelband veröffentlichten Texte sind ein wesentliches Element der Geschichte des Föderalismus-Begriffs, da sie zeigen, wie der Föderalismus als Argument zugunsten eines umfassenden staatlichen Gebildes anstelle einer Vielzahl kleinerer Staaten genutzt werden kann: Madison erläutert im 51. Artikel zunächst, dass eine Regierung dazu dient, das Böse der Menschen unter Kontrolle zu bringen (vgl. Hamilton/Madison/Jay 1787/88, 320). Eine Regierung muss aber auch selbst kontrolliert werden, um nicht den privaten Interessen der Regierungsmitglieder zum Opfer zu fallen. Eine solche Kontrolle der privaten Interessen kann nach Madison nicht nur durch öffentliche Kontrolle garantiert werden, sondern sie muss auch institutionell abgesichert werden – nämlich durch ein System von »checks and balances«, in dem die geteilte Macht die Partikularinteressen im Zaum hält. Er schlägt daher eine Aufteilung der Gesetzgebung in unverbundene Zweige und die Aufteilung staatlicher Macht in den entstehenden Vereinigten Staaten von Amerika auf zwei Regierungen vor, nämlich auf eine Bundes- und eine Staatsregierung. Für Madison kann nur eine vielfältige Gewaltenteilung sicherstellen, dass keine einzelne Interessengruppe die Macht durch Mehrheit usurpiert und somit die Freiheit der Minderheit gefährdet. Daher werben die *Federalist Papers* für den Föderalismus: Nur eine föderale politische Ordnung kann in Amerika die nötige Größe erreichen, um genügend viele Regierungsteile aufzubauen, die sich gegenseitig kontrollieren. Wer die Freiheit der Bürger im Inneren schützen will, muss nach Madison für den Föderalismus plädieren (vgl. ebd., 323).

2.2. Kant hat in *Zum Ewigen Frieden* (1795) den Föderalismus zu einem zentralen Merkmal der *Außenpolitik* bzw. einer friedlichen Weltordnung erklärt. In seinem zweiten sog. Definitivartikel, d.h. einem Artikel, der den angestrebten Endzustand der Weltordnung beschreibt, fordert er: »Das Völkerrecht soll auf einen Föderalism freier Staaten gegründet sein.« (BA 30) Für diesen Föderalismus freier Staaten fordert Kant »eine, der bürgerlichen ähnliche, Verfassung« (ebd.), die einen Völkerbund, aber keinen Völkerstaat begründet. Für Kant liegt der entscheidende Unterschied zwischen einem Völkerstaat und einem Völkerbund in der Struktur seiner jeweiligen Mitglieder. In einem Völkerstaat müsste der Gesetzgeber hierarchisch über dem Volk stehen, während ein Völkerbund prinzipiell aus Gleichen aufgebaut ist. Kant hält also eine Hierarchie nicht für ein konstitutives Element des Föderalismus. Die Bedeutung dieses Völkerrechts-Föderalismus steigert Kant noch weiter: Die Vernunft macht einen dauerhaften Frieden zur »unmittelbaren Pflicht«, und dieser Pflicht kann nur durch einen »Friedensbund (foedus pacificum)« (BA 35, 36) entsprochen werden. Der Föderalismus ist es, der das Friedensgebot dauerhaft erfüllen muss und kann. Denn für Kant ist dies nur dann möglich, wenn Staaten, die im Inneren republikanisch sind und daher eine Neigung zum Frieden haben, diese republikanische Struktur auch nach außen erweitern. Der völkerrechtliche Föderalismus ist also eine Fortsetzung des staatsrechtlichen Republikanismus. Seine Verlässlichkeit speist sich aber nicht – wie im Innern – aus der Zwangsgewalt, sondern aus den Zwängen der Vernunft zum »freie[n] Föderalism« (BA 36).

3.

3.1. Die philosophische Diskussion des Föderalismus im Innern ist jüngst u.a. von Multikulturalismus-Theorien geprägt worden. Will Kymlicka beispielsweise argumentiert, dass föderale Staatsordnungen ein unter Legitimitätsaspekten angemessenes Mittel sind, um Minderheitenrechte zu schützen (vgl. Kymlicka 2000). Er versteht dabei unter »Föderalismus« die Übertragung von begrenzter Autonomie auf Gruppen, die sich in bestimmten Territorien weitgehend selbst regieren können. Für ihn ist Föderalismus ein Verfahren, um Gruppenrechte zuzuweisen. Charles Beitz hingegen argumentiert egalitär und betont denjenigen Aspekt des Föderalismus, demzufolge die Ausbreitung des Föderalismus und Konstitutionalismus den Glauben an die Notwendigkeit einer Institution mit letzter juristischer Autorität schwer beschädigt hat (vgl. Beitz 1994, 128). Damit ist für ihn die hobbessche Vorstellung ungeteilten Souveränität obsolet. Da nun die politische Praxis den Eindruck erweckt, dass föderale Systeme auch ohne unitäre Letztinstanzen funktionieren, ist es sinnvoll, über den Föderalismus nicht nur als Staatsordnungs-, sondern auch als Weltordnungsprinzip nachzudenken.

3.2. Im Kontext internationaler Beziehungen betrachtet Otfried Höffe den Föderalismus als Fortsetzung einer »demokratieinterne[n] Selbstbeschränkung der Demokratie« (Höffe 1999, 143). Die Ursprünge einer föderalen Ordnung sieht er im freien Zusammenschluss unter Gleichen, so dass ein Herrschaftsverhältnis zwischen Zentrum und Bundesstaaten geradezu antiföderal ist. Der Föderalismus ist für ihn das explizite Gegenmodell zum Imperialismus, so dass er als künftige Weltordnung eine föderale, subsidiäre Weltrepublik fordert, deren Mitglieder sowohl Staaten als auch Weltbürger sind (vgl. ebd., 423). Mit dieser ausdrücklichen Bezugnahme auf den Föderalismus als Grundmodell einer Weltordnung steht Höffe zum einen in der kantischen Tradition des foedus pacificum. Zum anderen nimmt er die moderne Entwicklung des Föderalismus im 20. Jahrhundert auf und entwickelt mit ihr den Föderalismus zu einer Leitidee seiner politischen Philosophie weiter. Auch Christoph Horn ist der Ansicht, dass der Föderalismus ein zentrales Element einer künftigen globalen Weltordnung sein sollte (vgl. 1996, 230). Dabei hält er es in kantischer Tradition für »rechtsmoralisch geboten« (ebd., 233), einen souveränen Weltstaat einzurichten. Horn plädiert *en passant* sowohl für die weltweite Einheit des Rechts als auch gegen eine stärkere Unabhängigkeit der Mitglieder einer Föderation. Zu den künftigen Herausforderungen für die Theorie des Föderalismus gehört nun, eine in der Praxis stabile Balance zwischen einer gerechten Zentralisierung der politischen Funktionen einerseits und der freien Selbstbestimmung der Teile andererseits zu finden.

4.

Beitz, C., 1994, Cosmopolitan Liberalism and the States System, in: C. Brown (Hg.), Political Restructuring in Europe, London: Routledge.
Benz, A./Lehmbruch, G. (Hg.), 2002, Föderalismus, Wiesbaden: VS.
Bogdandy, A. v., 1999, Supranationaler Föderalismus als Wirklichkeit und Idee einer neuen Herrschaftsform, Baden-Baden: Nomos.
Buchanan, J., 2001, Federalism, Liberty, and the Law, Collected Works, Bd. 18, Indianapolis: Liberty Fund.
Dann, P., 2004, Parlamente im Exekutivföderalismus, Berlin: Springer.
Follesdal, A., 1998, Subsidiarity, in: Journal of Political Philosophy 6.
Hamilton, A./Madison, J./Jay, J., 1787/88, Die Federalist Papers, München: Beck 2007.
Herz, D., 1999, Die wohlerwogene Republik, Paderborn: Schöningh.
Höffe, O., 1999, Demokratie im Zeitalter der Globalisierung, München: Beck.
Horn, C., 1996, Philosophische Argumente für einen Weltstaat, in: Allgemeine Zeitschrift für Philosophie 21.
Kant, I., 1795, Zum ewigen Frieden, in: Werkausgabe, Bd. 11, Frankfurt/M.: Suhrkamp 1996.
Kymlicka, W., 2000, Federalism and Secession, in: Canadian Journal of Law and Jurisprudence 13.
Merle, J.-C. (Hg.), 2005, Globale Gerechtigkeit – Global Justice, Stuttgart: Frommann-Holzboog.
Oates, W. E., 1972, Fiscal Federalism, New York: Harcourt Brace Jovanovich.
Scharpf, F., 1994, Optionen des Föderalismus in Deutschland und Europa, Frankfurt/M.: Campus.
Sturm, R., 2001, Föderalismus in der Bundesrepublik Deutschland, Opladen: Leske + Budrich.

Markus Pins

Foucault, Michel (1926–1984)

1.

Michel Foucault wurde 1926 in Poitiers, Frankreich, geboren. Das Studium der Philosophie und Psychopathologie an der renommierten Pariser École normale supérieure schloss er 1951 und 1952 mit Staatsexamen und Diplom ab. Nach diversen Auslandsaufenthalten während der 50er Jahre als Lektor und Direktor an französischen Instituten in Uppsala, Warschau und Hamburg wurde Foucault 1961 mit seiner bald darauf berühmten Schrift über die Geschichte des Wahnsinns (Foucault 1961) in Paris promoviert. Im folgenden Jahr trat er eine Professur für Philosophie an der Universität Clermont-Ferrand an, von 1965 bis 1968 eine Gastprofessur an der Universität Tunis. In diesen Jahren erschienen u.a. *Die Geburt der Klinik*, *Die Ordnung der Dinge* und *Archäologie des Wissens*. Foucaults wissenschaftliche Karriere erreichte bereits 1970 ihren institutionellen Höhepunkt und Abschluss mit seinem Lehrstuhl für die »Geschichte der Denksysteme« am Pariser Collège de France, den er bis zu seinem Tod im Jahre 1984 innehatte. Dort entstanden neben zahlreichen kleineren Texten (Foucault 1994) die Bücher *Überwachen und Strafen* und *Sexualität und Wahrheit*. In dieser Zeit findet Foucault allmählich eine zunehmende internationale Anerkennung, insbesondere durch die in den 1980er Jahren einsetzende breite Auseinandersetzung mit seinem Werk im angelsächsischen und deutschsprachigen Raum. Im Vordergrund steht dabei sein kulturkritisch-nietzscheanischer Standpunkt, der sich jenseits der Alternative von Liberalismus und Kommunitarismus einerseits und in Konfrontation mit dem philosophischen Universalismus und Normativismus andererseits befindet.

2.

Foucaults frühe Schriften der 1950er und -60er Jahre sind vom Interesse an Fragen aus dem Bereich der Humanwissenschaften geleitet, insbesondere der Medizin und der Psychiatrie. In methodischer Hinsicht verstehen sich seine von Beginn an historisch ausgerichteten Studien als »diskursanalytische« und »archäologische« Forschungen.Diesem Projekt fügt Foucault in der mittleren Phase seines Schaffens während der 70er Jahre mit seiner These über den konstitutiven Zusammenhang von (humanwissenschaftlichen) Diskursen und sozialer Macht eine machttheoretische Perspektive hinzu. Dies führt zu einer politischen Philosophie und Sozialphilosophie im engeren Sinne, in deren Zentrum die Analyse historisch und kulturell geprägter Formen von Subjektivität steht.In Foucaults »Spätwerk« ab Ende der 1970er Jahre tritt nun die Analyse von »Technologien des Selbst« in den Vordergrund. Die Problematik der sozialen und kulturellen Unterwerfung der Menschen innerhalb von Machtbeziehungen verschiebt sich damit zugunsten der Frage: Mittels welcher Techniken der Selbststeuerung, der Organisation der eigenen Lebensführung, sind historisch-konkrete Individuen oder Gruppen an der Herstellung eines spezifischen ethischen Selbstverständnisses, an der Konstitution von Subjektivität beteiligt? Wobei offen bleibt, ob und in welchem Sinne die Subjekte in diesem Kontext jeweils als frei und autonom anzusehen sind.

3.

Gegen große Teile der Tradition versteht Foucault das Soziale bzw. Politische nicht als einen – etwa mittels Vernunft – integrierten sozialen Körper, sondern als eine Art »Machtnetz«, als eine Vielfalt von »Kräfteverhältnissen« im Sinne einer strategischen bzw. kriegerischen Situation (vgl. Foucault 1976, I, 113 ff.). Das Politische ist in dieser Perspektive insofern »allgegenwärtig«, als Machtbeziehungen potenziell in allen sozialen Interaktionen angesiedelt erscheinen. In seinen, zum großen Teil mikrosoziologisch orientierten Arbeiten analysiert Foucault deshalb vielfältige soziale Beziehungen, etwa zwischen Lehrer und Schüler, Arzt und Patient, Psychologe und Klient, Offizier und Soldat.Das Studium der diversen Machtkonstellationen, in denen die eine Seite auf das Leben, Handeln und Denken der je anderen machtausübend-disziplinierend einwirkt, führen Foucault zu der sozialphilosophischen Diagnose der modernen Gesellschaft als einer »Disziplinargesellschaft«. Deren spezifischer Typus von »Disziplinarmacht« (auch »Bio-Macht«, »Pastoralmacht« und »Gouvernementalität«), bezieht sich sowohl auf den Einzelnen, seine individuelle »Unterwerfung« mittels Disziplin und Kontrolle, als auch auf Bevölkerungen, ihre »Führung« mittels Organisation und Steuerung.Insofern in diesen Prozessen sowohl die einzelnen »Subjekte« als auch der »Gesellschaftskörper« erst geschaffen werden, betont Foucault an den modernen Formen der Machtausübung neben ihren zwangsintegrativen und ausschließenden Funktionen auch deren »produktive« Rolle bei der Konstitution moderner Subjektivität und Gesellschaft. Da Politik und Macht von Foucault nicht unter normativen Gesichtspunkten (Legitimität, Gerechtigkeit, Fortschritt) betrachtet werden, sondern unter dem Aspekt der politischen »Strategien« und »Technologien«, ist sein Werk durch einen dezidierten »Antinormativismus« gekennzeichnet (vgl. Schäfer 1995). Dementsprechend ist »Kritik« hier nicht im traditionellen Sinne zu verstehen als argumentative Infragestellung bestimmter Phänomene anhand normativer Maßstäbe. Vielmehr folgt Foucault der genealogischen Strategie Nietzsches, der zufolge ein Phänomen in dem Maße in der Kritik steht, wie es durch seine historische Herkunft in ein diskreditierendes Licht gerät (vgl. Foucault 1978; ders. 1994, Nr. 84). Das prominenteste Beispiel dafür ist die Feststellung der Herkunft der Psychoanalyse aus der christlichen Beichtpraxis und deren Unterwerfung der Individuen unter das Geständnis-Prinzip (vgl. Foucault 1976, I, 67 ff.).Indem Foucault die moderne Gesellschaft in einigen ihrer zentralen Lebenssituationen – Gesundheit, Erziehung, Militär, Sexualität etc. – auf die beschriebene Weise darstellt, wählt er eine rhetorische Strategie, die ihrerseits als ein Element innerhalb entsprechender Machtbeziehungen angesehen werden muss. Denn statt das Publikum von seinen Thesen mit logisch-argumentativen Mitteln überzeugen zu wollen, sollen Foucaults historisch-genealogische Schriften dazu beitragen, die Perspektive auf soziale Situationen unter dem Eindruck ihrer »Neubeschreibungen« (Rorty) zu verändern, und damit ein Politikum im Bereich des Denkens darstellen.

4.

Foucault, M., 1961, Wahnsinn und Gesellschaft, Frankfurt/M.: Suhrkamp 1969.
Foucault, M., 1963, Die Geburt der Klinik, Frankfurt/M.: Ullstein 1973.
Foucault, M., 1966, Die Ordnung der Dinge, Frankfurt/M.: Suhrkamp 1969.
Foucault, M., 1969, Archäologie des Wissens, Frankfurt/M.: Suhrkamp 1973.
Foucault, M., 1975, Überwachen und Strafen, Frankfurt/M.: Suhrkamp 1976.
Foucault, M., 1976ff., Sexualität und Wahrheit, 3 Bde., Frankfurt/M.: Suhrkamp 1977ff.
Foucault, M., 1978, Was ist Kritik?, Berlin: Merve 1992.
Foucault, M., 1994, Schriften, 4 Bde., Frankfurt/M.: Suhrkamp 2001ff.

Fink-Eitel, H., 1989, Michel Foucault, Hamburg: Junius 2002.
Honneth, A./Saar, M. (Hg.), 2003, Michel Foucault, Frankfurt/M.: Suhrkamp.
Lemke, T., 1997, Eine Kritik der politischen Vernunft. Foucaults Analyse der modernen Gouvernementalität, Hamburg: Argument.
Schäfer, T., 1995, Reflektierte Vernunft. Foucaults philosophisches Projekt einer antitotalitären Macht- und Wahrheitskritik, Frankfurt/M.: Suhrkamp.

Thomas Schäfer

Fraenkel, Ernst (1898–1975)

1.

Fraenkel wurde 1898 als Sohn jüdischer Eltern in Köln geboren und studierte 1919–1921 in Frankfurt Rechtswissenschaft und Geschichte. Nach seinem Eintritt in die SPD arbeitete er 1923–27 in der gewerkschaftlichen Weiterbildung und anschließend zusammen mit F. L. Neumann als Anwalt für Arbeitsrecht in Berlin, wo er in der Krise der Republik u.a. auch als Syndikus für die Gewerkschaften und die SPD tätig war. Nach 1933 konnte Fraenkel zunächst als Anwalt für Verfolgte des Regimes in Deutschland bleiben und war im Widerstand aktiv. 1938 flüchtete er zusammen mit seiner Frau Hanna in die USA. Dort nahm er in Chicago ein neues Rechtsstudium auf. Seit Beginn der 1940er Jahre arbeitete Fraenkel im US-amerikanischen Regierungsdienst in Washington und ab 1946 in Korea. 1951 kehrte er als US-amerikanischer Staatsbürger nach Deutschland zurück und erhielt eine Professur für Politikwissenschaft an der Freien Universität Berlin. Fraenkel wurde zu einem der wichtigsten Gründungsväter dieses neuen Faches in Bundesrepublik Deutschland. Seine politik- und demokratietheoretischen Arbeiten der 1950er und 1960er Jahre trugen entscheidend zur normativen Verwestlichung der Bundesrepublik bei. Fraenkel starb 1975 in Berlin.

2.

Fraenkel begann seine rege Publikationstätigkeit in den 1920er Jahren mit einer Reihe arbeitsrechtlicher Beiträge, deren systematischer Horizont darin bestand, zusammen mit Hugo Sinzheimer und anderen seiner Schüler (u.a. F. Neumann) die im zweiten Teil der Weimarer Verfassung proklamierten tarifrechtlichen und sozialstaatlichen Grundgedanken auszugestalten. Fraenkel entwickelte daraus die Konzeption der »Kollektiven Demokratie« als Gegenmodell zur individualisierenden bürgerlichen Demokratie. Schnell erweiterte er seinen thematischen Radius um Analysen zur politischen Kultur der Weimarer Republik, Überlegungen zur sozialistischen Bildungsarbeit, methodische Aspekte der Rechtstheorie, soziologische Analysen der damaligen anti-demokratischen Richterschaft sowie mit einer Reihe prononcierter Aufsätze zur politisch-ökonomischen Verfasstheit der krisengeschüttelten Republik. Während sich Fraenkel zunächst kritisch mit den politischen und sozialen Strukturen befasste, die einer Verwirklichung der Ziele der sozialistischen Arbeiterbewegung entgegenstanden, trat mehr und mehr die Sorge um den Bestand dieser Demokratie selbst in den Vordergrund, weil sie für die Arbeiterbewegung Errungenschaften absicherte, die mit dem Niedergang der Weimarer Republik wieder in Gefahr gerieten. Mit Nachdruck verteidigte er in seinen Schriften Anfang der 1930er Jahre die Weimarer Verfassung als Kompromiss zwischen bürgerlichen und sozialdemokratischen Positionen, bei dem nur mehr um die Ausgestaltung der »dialektischen Demokratie«, nicht aber um ihren Bestand selbst gerungen werden dürfe. Traumatisch war für ihn die Erfahrung des »Preußenschlags« von 1932, als die Organisation eines Generalstreiks fehlschlug. Fraenkel machte Ende 1932 noch einige – aus der Sicht der Arbeiterbewegung geradezu verzweifelte – Vorschläge zur Verfassungsreform, um die parlamentarische Demokratie der Weimarer Republik zu stabilisieren (u.a. erstmals das »konstruktive Misstrauensvotum« für Kanzler oder Minister, wie es später das Grundgesetz für das Amt des Bundeskanzlers verwirklicht hat).

In der NS-Zeit blieb Fraenkel, solange es ihm als Jude möglich war, in Deutschland. Er praktizierte als Anwalt in Berlin und leistete Rechtsbeistand für Verfolgte des Regimes. In diesen Jahren schrieb er die erste Fassung seines Buches *Der Doppelstaat*, eine Analyse der Herrschaftsstruktur des Nationalsozialismus. Die Grundthese erwuchs aus den persönlichen Erfahrungen seiner Anwaltstätigkeit: Der NS-Staat ist einerseits ein »Normenstaat« mit weiter geltenden Rechtsvorschriften, andererseits ein »Maßnahmenstaat« nach Kriterien politischer Opportunität der NS-Führung; im Zweifel entscheidet der Maßnahmenstaat. Das Manuskript wurde bei seiner Emigration 1938 in die USA geschmuggelt und erschien dort 1941 auf Englisch; auf Deutsch wurde es erst nach einigem Zögern von Fraenkel 1974 als Rückübersetzung veröffentlicht.

In den letzten Kriegsjahren arbeitete Fraenkel an wissenschaftlichen Projekten, die sich mit der Neugestaltung des künftigen demokratischen Deutschlands befassten. Der US-amerikanische Kapitalismus in Gestalt des New Deal überzeugte ihn von der Möglichkeit eines produktiven Weiterbestehens des Konkurrenzkapitalismus, und dezidiert wandte er sich gegen sozialistisch-kommunistische Bestrebungen beim Neuaufbau der Demokratie in Deutschland.

Die Schriften Fraenkels aus seinen letzten beiden Lebensjahrzehnten haben drei große Themen: Demokratietheorie, Politik als Wissenschaft und Amerikastudien. In seiner Aufsatzsammlung *Deutschland und die westlichen Demokratien* (erstmals 1964) gab er dem Staatswesen »Bundesrepublik Deutschland« das normative Fundament einer westlichen Demokratie. Sein Aufsatz »Die Wissenschaft von der Politik und die Gesellschaft« (1963) erwies sich als grundlegend für das neue Verständnis einer »Politikwissenschaft als Integrationswissenschaft«, die zugleich empirische wie normative Ambitionen hat. Schließlich hat er mit seinem Buch *Das amerikanische Regierungssystem* (1960) nicht nur sein Lehrgebiet »Vergleichende Lehre der Herrschaftssysteme« in der Forschung etabliert, sondern diesen integrationswissenschaftlichen Ansatz zugleich auch praktisch vorführen wollen.

3.

Im Zuge der politischen und wissenschaftlichen Konflikte in den 1970er Jahren wurde das Werk Fraenkels zunehmend von konservativer Seite vereinnahmt, während die Linke aufgrund ihrer Verwechslung von normativen mit deskriptiven Aussagen in seiner Pluralismustheorie eine unkritische Verteidigung des Status quo sahen. Erst seit einigen Jahren wird die Offenheit der Fraenkelschen Konzeption für eine Demokratisierung der Demokratie in Richtung Zivilgesellschaft, eine Politik der Anerkennung und für den Multikulturalismus erkannt. Konservativ ist Fraenkel heute allenfalls mit seiner starken Betonung des sozialstaatlichen Gehalts von Demokratien, den er aber aus gerechtigkeitstheoretischen wie funktionalen Gründen für unverzichtbar hielt.

4.

Fraenkel, E., Gesammelte Schriften in sechs Bänden, Baden-Baden: Nomos 1999ff.

Buchstein, H., 2003, Ernst Fraenkel's Studies of American Democracy, in: German Politics and Society 3.

Kremendahl, H., 1977, Pluralismustheorie in Deutschland, Leverkusen: Heggen 1977.

Detjen, J., 1988, Neopluralismus und Naturrecht, Paderborn: Schöningh 1988.

Göhler, G./Buchstein, H. (Hg.), 2000, Vom Sozialismus zum Pluralismus, Baden-Baden: Nomos.

Ladwig-Winters, S., 2008, Ernst Fraenkel, Frankfurt/M.: Campus.

Söllner, A., 2002, Ernst Fraenkel und die Verwestlichung der Politischen Kultur in Deutschland, in: Leviathan 30.

Hubertus Buchstein

Freiheit

1.

»Freiheit« ist ein komplexer Begriff mit mehrfachen Bedeutungen. So bezieht sich »Freiheit« auf die Willensfreiheit, auf die gewöhnliche Handlungsfreiheit, die Idee der (moralischen) Selbstgesetzgebung und die politische Freiheit.

Für die Bestimmung des Begriffs der politischen Freiheit, der hier im Mittelpunkt steht, gilt die von Isaiah Berlin eingeführte Unterscheidung zwischen negativer und positiver Freiheit nach wie vor als maßgeblich (vgl. Berlin 1969). Der negative Begriff von Freiheit, der sich bei Philosophen wie Hobbes, Mill und auch Hayek findet, bezieht Freiheit auf die Abwesenheit von Beschränkungen und Einmischungen (vgl. Hobbes 1651, 99; Mill 1869, Kap. 1). Freiheit ist jener »Zustand der Menschen, in dem Zwang auf einige von Seiten anderer Menschen so weit herabgemindert ist, als dies im Gesellschaftsleben möglich ist« (Hayek 1960, 13). Positive Freiheit umfasst hingegen die Möglichkeiten von Individuen, die selbstgesetzten Ziele zu verfolgen. Relevant ist dabei die Fähigkeit von Individuen, etwas zu tun. Taylor drückt diese Differenz so aus, dass dem negativen Freiheitsbegriff ein Möglichkeitskonzept von Freiheit (*opportunity-concept*) korrespondiert und dem positiven Freiheitsbegriff ein Verwirklichungskonzept (*exercise-concept*) (vgl. Taylor 1992, 120–122).

Die Trennlinie zwischen negativer und positiver Freiheit ist jedoch nicht leicht zu ziehen. Nach MacCallum gibt es zudem ein einziges Freiheitskonzept, das die Dimensionen von negativer Freiheit (*frei von*) und positiver Freiheit (*frei zu*) umfasst: »Freiheit« bedeutet »X ist frei von Beschränkungen, um Handlungen Z zu tun« (MacCallum 1991, 101). Die mit negativer und positiver Freiheitsauffassung assoziierten Differenzen markieren dann zwei unterschiedliche Aspekte eines Freiheitsbegriffs und nicht zwei unterschiedliche Konzepte von »Freiheit«. Zunehmend verstehen Autoren ihre Bestimmungen des Freiheitsbegriffs als jenseits der Dichotomie von negativer vs. positiver Freiheit. So geht van Parijs von einem Begriff der realen Freiheit aus, der negativen und positiven Aspekten Rechnung trägt (vgl. Van Parijs 1995). Andere Autoren sehen Freiheit als Abwesenheit von Unterdrückung und Abhängigkeit (vgl. Pettit 1997). Der Wegfall einer spezifischen Beschränkung (Dominierung) wird mit der positiven Dimension der Freiheit – nämlich sich selbst und nicht anderen unterworfen sein – verknüpft.

2.

Als Vorzug eines negativen Freiheitsverständnisses gilt die prima facie klare Bestimmung als »Abwesenheit von Beschränkungen«. Doch ist es schwierig zu begründen, was genau als Behinderung der individuellen Freiheit gilt. Hillel Steiner etwa legt als Kriterium die Behinderung durch andere Personen fest: Eine Person ist unfrei, wenn ihr Handeln durch das Handeln einer anderen Person verhindert wird (vgl. Steiner 1991). Trotz Drohungen anderer ist demnach eine Person noch frei, falls es ihr dennoch möglich ist zu handeln. Diese Verengung auf den Handlungsraum und die physische Behinderung durch andere scheint allerdings zu reduktionistisch (vgl. Kukathas 1993, 539). Ausgeklammert bleibt der wichtige Aspekt, ob andere Personen ein *Recht* haben, den Handlungsraum anderer einzuengen oder nicht. Manche Einschränkungen der Freiheit sind schließlich durchaus legitim. Gerade für den Begriff der politischen Freiheit ist die Verbindung mit dem Rechtsaspekt maßgeblich. Mit dem klassischen Begriff negativer Freiheit allein ist die Frage der politischen Freiheit nicht zu beantworten.

Auch positive Freiheitskonzeptionen sind nicht unumstritten. Berlins Vorbehalte bestimmen nach wie vor die skeptische Haltung vieler Philosophen gegenüber einem positiven Freiheitsverständnis. Berlin differenziert zwischen dem negativen und dem positiven Freiheitskonzept mithilfe zweier unterschiedlicher Fragestellungen: zum einen der Frage nach der Sphäre der Einmischung und zum anderen der Frage nach dem für die Einmischung und Kontrolle verantwortlichen Subjekt (vgl. Berlin 1969, 201). Positive Freiheit hängt Berlin zufolge mit dem Bedürfnis nach individueller Selbstbestimmung zusammen. Die Idee der Selbstbestimmung basiere auf der Vorstellung einer Zweiteilung des Selbst in einen Teil, der herrscht, und einen anderen, der beherrscht wird. Dieser dominierende Teil werde dann häufig als unser »ideales«, »vernünftiges« oder »wahres« Selbst identifiziert (vgl. ebd., 211 f.). Letztlich ist die daraus abgeleitete *gesellschaftlich* ausgelegte Subjektvorstellung, wonach ein rationales Selbst dem Ich seine wahre Bestimmung diktiert, Berlin zufolge zentral für die autoritären und totalitären Bewegungen des 20. Jahrhunderts (vgl. ebd., 225).

Im Fall der von Berlin angesprochenen Pervertierungen des positiven Freiheitsbegriffs geht es aber nicht mehr um Selbstbestimmung, sondern um Fremdbestimmung. Positive Freiheit muss aber nicht mit der Idee einer »wahren« und gleichermaßen für alle gültigen Bestimmung des für Menschen Guten verknüpft sein, sondern ist mit einem Toleranzpostulat in Bezug auf variierende individuelle Konzeptionen des guten Lebens verträglich.

Trotz seiner scharfen Kritik am Konzept positiver Freiheit räumt Berlin ein, dass der Begriff der Selbstbestimmung und möglicherweise der Selbstperfektion das Herzstück moralisch berechtigter sozialer und gesellschaftlicher Anliegen und Emanzipationsbewegungen bildet (vgl. ebd., 251 f.). Das Verlangen unterdrückter Individuen nach Status und Anerkennung ist eng mit dem Bestreben verbunden, eine von anderen unabhängige Person zu sein, die den eigenen Bestimmungen folgt. Der bestmögliche Schutz gegen das Problem der Vereinnahmung im Rahmen positiver Freiheit sind liberale politische Rahmenbedingungen. Dies bedeutet aber auch, dass der Begriff der politischen Freiheit einer Einbettung in eine bestimmte politische Konzeption bedarf.

Die Geschichte der politischen Philosophie der Neuzeit belegt, dass die Konzeptionen von Staat und Gesellschaft stark von den Freiheitsvorstellungen der jeweiligen Theoretiker geprägt sind. Hobbes' negative Definition von Freiheit als »Abwesenheit äußerer Hindernisse« (Hobbes 1651, 10) bedingt, dass dem Souverän von den Gesellschaftsmitgliedern weitgehende Befugnisse übertragen werden, um den Schutz negativer Rechte zu sichern. Bei Locke bildet die Freiheit der Person eines der natürlichen Rechte im Naturzustand; verbunden mit Lockes Interpretation der Freiheit als dem Recht an der eigenen Person (*self-ownership*) bedingt sein Freiheitsbegriff eine spezifische Eigentumstheorie. Eine Person hat z.B. ein Anrecht auf ein Stück Land, das sie erwirbt, besitzt und durch eigene Arbeit produktiv nutzt, und die Erträge, die sie erwirtschaftet. Ein Zugriff anderer auf die Erträge des Besitzes und der Arbeit einer Person kommt einer Verletzung eines Freiheitsrechts gleich (vgl. Locke 1690; für eine gänzlich andere Interpretation des Prinzips der *self-ownership* vgl. Cohen 1995). Lockes Eigentumskonzeption finden sich in ähnlicher Form bei Nozick (vgl. Nozick 1974).

Bei Rousseau und Kant bildet die Idee der Selbstgesetzgebung den Kern der politischen Freiheit. Im Gesellschaftsvertrag, dem freiwilligen Zusammenschluss der Gesellschaftsmitglieder unter der »Richtschnur des Gemeinwillens«, erblickt Rousseau den Ausweg aus Unfreiheit und Sklaverei (vgl. Rousseau 1762). Gleichfalls sieht Kant die Einschränkungen der Willkürfreiheit der Einzelnen durch ein allgemeines Rechtsprinzip als die Lösung, um allen die Freiheit in einem rechtlich geregelten Gemeinwesen zu ermöglichen (vgl. Kant 1793; ders. 1797).

3.

3.1. Freiheit als die Abwesenheit von Beschränkungen eröffnet Individuen einen Raum von Wahlmöglichkeiten. Doch, so ein bekannter Einwand, entbehre es nicht des Zynismus, Personen für frei zu erklären, wenn diesen die Möglichkeiten zur Realisierung von Freiheit fehlen. Um diesem Problem Rechnung zu tragen, differenzieren manche Theoretiker zwischen der Freiheit und dem *Wert* der Freiheit (vgl. Rawls 1971). Der Wert der Freiheit bestimmt sich relativ dazu, wie weit Menschen die ihnen formal zustehenden Freiheiten auch positiv nutzen können. So hängt der Wert der Freiheit z.B. davon ab, wie weit externe Faktoren wie Armut, Deprivation, Unwissenheit und Marginalisierung Menschen daran hindern, ihren Raum der Entscheidungsfreiheit in gleichem Maße zu nutzen (vgl. ebd., 232). Auch wenn die Grundfreiheiten für alle gleichermaßen gelten, können sich Unterschiede im Wert der Freiheit ergeben.

Die Trennung zwischen »Freiheit« und dem »Wert der Freiheit« ist nach Meinung einiger irreführend, denn sie unterstelle, dass eine Person frei und zugleich der Wert der Freiheit für diese Person eingeschränkt sein könne. Wenn aber der Wert der Freiheit für jemanden stark eingeschränkt ist, dann ist die betroffene Person unfrei. Es spricht einiges dafür, eine Person, die unter Armut, fehlender Schulbildung, ökonomischer Abhängigkeit oder patriarchaler Unterdrückung leidet und deswegen manipulierbar ist, nicht als frei zu bezeichnen. Die negativen Auswirkungen des Fehlens der Freiheitsvoraussetzungen auf den freien Status der Person sind zu berücksichtigen. Dies verlangt aber nicht, die Bedingungen der Freiheit als solche in den Freiheitsbegriff zu integrieren.

Unfreiheit besteht für viele Philosophen darin, dass die Person dominiert bzw. beherrscht wird oder sich nicht selbst artikulieren kann. Maßgeblich für den Freiheitsbegriff ist so gesehen die Abwesenheit von Unterdrückung. Pettit vertritt einen entsprechenden Freiheitsbegriff: Unfreiheit ist nicht mit Einschränkungen gleichzusetzen, da etwa die Einschränkungen eines fairen – nicht willkürlichen – Rechtssystems nicht Unfreiheit bedeuten. Unfrei ist man, wenn man von der Willkür einer anderen Person abhängig ist. Entsprechend gehört zur Freiheit die Emanzipation von solcher Unterordnung, die Befreiung von solchen Abhängigkeiten (vgl. Pettit 1997, 5). Freiheit als Nicht-Dominierung ist auch sensibel gegenüber allen Faktoren, die Abhängigkeit erzeugen und Menschen verletzbar machen für die willkürlichen Einmischungen anderer. Die Unfreiheit für sich genommen besteht aber in der fehlenden Möglichkeit der Person, sich gegen diese Einmischung zu wehren.

Einen Versuch, die Voraussetzungen realer Freiheit zu berücksichtigen, stellt Sens Definition von »Freiheit« als »Entwicklungsmöglichkeit« dar (vgl. Sen 1982; ders. 1985; ders. 1990). Sen sieht eine enge Verbindung zwischen Fähigkeiten oder Vermögen (*capabilities*) und dem Begriff der Freiheit. Vermögen definieren den uns zugestandenen Freiraum, jene Ziele zu verfolgen, die zu schätzen und zu wollen wir gute Gründe haben. Menschliche Vermögen konstituieren individuelle Freiheit, denn die Vermögen einer Person eröffnen Optionen, verschiedene Formen von Leben führen zu können. Doch für sich genommen stellt die Freiheit der Wahl nach Sen keinen Wert dar. Dies sei nur dann der Fall, wenn sich ein Mehr an Alternativen in einer besseren Lebensqualität ausdrückt.

3.2. Freiheit gilt als Bedingung von Autonomie (vgl. Raz 1986; Rössler 2001). Freiheit kann nicht auf das Erfüllen unserer unmittelbaren Wünsche reduziert werden. Die Autonomie einer Person setzt eine reflektierte Haltung zu ihren Zielen voraus. Die Verfügbarkeit über eine Reihe von Möglichkeiten, wie man sein Leben führen möchte, ist, wie etwa Raz betont, eine notwendige Voraussetzung von Autonomie (vgl. Raz 1986, 37f.).

Politische Freiheit wird häufig über das Zusprechen von Rechten (Freiheits- und Abwehrrechte sowie politische Teilnahmerechte) bestimmt. Doch zunehmend verläuft die Begründung politischer Freiheit (im Sinne politischer Freiheitsrechte) über das Prinzip der Autonomie: Rechte sind wesentlich, um Autonomie zu ermöglichen. Rechte und Autonomie stehen dabei in einem konsitutiven Zusammenhang. So definiert z.B. Forst politische Freiheit als die Formen von Autonomie, »die sich Bürger(innen) einer rechtlich verfassten politischen Gemeinschaft wechselseitig und allgemein gewähren und gewährleisten müssen« (Forst 1996, 216). Dabei folgt er der Theorie von Habermas, die Freiheit in der Form subjektiver Freiheits- und politischer Teilnahmerechte zur Grundlage von privater und öffentlicher Autonomie erklärt (vgl. Habermas 1992).

Als Basis politischer Freiheit gilt in einer liberalen Gesellschaft die Autonomie der Person, ihre Art des Lebens zu führen. Autonomie im Sinne der Möglichkeit politischer Partizipation setzt implizit die Freiheit voraus, die eigene Konzeption des Guten selbst bestimmen zu können. Denn die Vorstellung, dass man sich als Person in ein politisches Deliberationsverfahren einbringt, ist nur vor dem Hintergrund sinnvoll, dass man seine persönlichen Projekte, Ziele und Werte frei zu wählen in der Lage ist. Wollen Personen im Rahmen der erwähnten Einschränkungen autonom ihre Konzeption des Guten wählen und nach ihr leben, so müssen Religions-, Gewissens-, Meinungs- und Redefreiheit gegeben sein. Denn freie Wahl des Lebensplanes bedeutet, dass Personen sich für beliebige Konzeptionen des Guten entscheiden, die unter Umständen erheblich von den gesellschaftlich vorherrschenden Doktrinen abweichen. Zum Schutz solcher minoritärer Haltungen sind Meinungs- und Redefreiheit unabdingbar (vgl. Rawls 1993, 427–429).

Der Begriff politischer Freiheit ist also verbunden mit der Anerkennung von Grundfreiheiten wie Freiheit der Person (Bewegungsfreiheit und Schutz vor willkürlicher Festnahme), Religions- und Gewissensfreiheit, Meinungs- und Redefreiheit, Vereins- und Versammlungsfreiheit, die Freiheit der politischen Betätigung und der Eigentums- und Vertragsfreiheit (vgl. Koller 1998, 502; Rawls 1993, 406). Diese Grundfreiheiten festigen wiederum die grundlegende Autonomie der Wahl einer bestimmten Konzeption des Lebens.

3.3. Die Durchsetzung von Beschränkungen äußerer Freiheit sollte nicht nur auf rechtlicher, sondern auch auf moralischer Basis erfolgen, da die Moral Gründe für die Forderung nach einer Einschränkung der Freiheit in Situationen zu liefern vermag, in denen entsprechende rechtliche Regelungen (z.B. undemokratische politische Verhältnisse) fehlen. Restriktionen individueller Freiheit sind nur erlaubt in Übereinstimmung mit *Prinzipien*, die bei vernünftiger Überlegung für alle Gesellschaftsmitglieder akzeptabel sind, weil sie ihre grundlegenden Interessen schützen.

Grundsätzlich stehen zwei Prinzipien zur Verfügung, um Freiheitseinschränkungen zu begründen. Das erste Prinzip ist das gleicher Freiheit (Kant 1797; Rawls 1971). Demnach sind Restriktionen der Freiheit einer Person dann legitim, wenn sie notwendig sind, damit die grundlegenden Freiheitsrechte anderer Personen nicht verletzt werden. Ein zweites Prinzip ist der Grundsatz negativer Konsequenzen: Freiheitseinschränkungen sind dann gerechtfertigt, wenn die Nicht-Einmischung für jemanden größere negative Konsequenzen hat oder eine größere Bürde bedeutet als es die Einmischung für jemand anderen oder für die Person selbst mit sich bringt. Das Prinzip der negativen Konsequenzen ist eindeutig ein Prinzip der Abwägung von Folgen. Eine Version dieses Prinzips ist der Grundsatz der Schadensverhinderung (*harm principle*) (vgl. Mill 1869; Raz 1986). Nach dem Prinzip der Schadensverhinderung ist eine Freiheitseinschränkung dann legitim, wenn sie verhindert, dass Personen in der Ausübung ihrer grundlegenden Freiheitsrechte geschädigt werden.

3.4. Die diversen Lesarten des Begriffs der Freiheit finden Ausdruck in unterschiedlichen politischen Theorien wie dem libertären Liberalismus, dem egalitären Liberalismus, dem perfektionistischen Liberalismus, dem Republikanismus und der diskurstheoretischen Demokratietheorie. Das Konzept der politischen Freiheit gewinnt erst im Kontext dieser Theorien volle Kontur.

Der *libertäre Liberalismus* betont die negative Freiheit, den Schutz vor unbefugten Einmischungen. Primäre Aufgabe der Gesellschaft und des Staates ist die Sicherung der negativen Freiheiten der Individuen (vgl. Nozick 1974; Hayek 1960). Vorrangig ist die staatlich unbeeinflusste Koordinierung der einzelnen Interessen der Subjekte. Positive Konzeptionen der Freiheit werden mit Skepsis gesehen, da sie leicht zu unzulässigen Einmischungen in distributive Strukturen führen.

Der *egalitäre Liberalismus* geht von positiver oder realer Freiheit aus. Der egalitäre Liberalismus sorgt mit einem Prinzip gleicher Freiheit für eine Struktur der Gesellschaft, in der alle die gleichen Rechte haben. Zugleich werden aber auch weitere Bedingungen vorgesehen und realisiert, so dass diese Freiheit mehr als nur eine formale Garantie ist. So betont Rawls die Verbindung zwischen dem Begriff der Freiheit und einem Prinzip der Verteilung, das den Zugang aller zu den für die Freiheit notwendigen Mittel garantieren soll (vgl. Rawls 1993, 446). Allerdings werden in der Theorie von Rawls diese Voraussetzungen der Freiheit oft einem Begriff der distributiven Gleichheit zugeordnet, wobei diese Gleichheit gleichrangig mit der Freiheit ist (ähnlich Dworkin 1987; ders. 1990). In den genuin kantischen Ansätzen gilt Freiheit jedoch als der maßgeblich Wert, und die distributive Gleichheit ist nur ein Aspekt der gleichen Freiheit (vgl. Höffe 1984).

Eine Sonderform des Liberalismus ist der autonomiebezogene *Perfektionismus*, wie ihn Raz vertritt (vgl. Raz 1986). Raz verteidigt eine auf Autonomie bezogene Konzeption politischer Freiheit. Er bindet Autonomie allerdings an die Wahl moralisch wertvoller Lebensmöglichkeiten (vgl. ebd., 420). Raz versteht seine Konzeption als perfektionistisch, da er festlegt, dass ein liberaler Staat die moralische Qualität des Lebens seiner Bürgerinnen und Bürger verbessern sollte. Zugleich ist die Konzeption liberal, da sie nur mit dem positiven Autonomiekonzept verträgliche Freiheitseinschränkungen zulässt.

Das *republikanische* Demokratieverständnis grenzt sich von der individualistischen Freiheitskonzeption der liberalen Tradition ab (vgl. Skinner 1998; Pettit 1997). Die Bürgerinnen und Bürger werden als Teil einer *res publica* gesehen, die positiven Freiheiten im Sinne politischer Teilnahme- und Kommunikationsrechte eine vorrangige Bedeutung zuspricht. Die Vorstellung einer gemeinschaftlichen politischen Selbstgesetzgebung freier und gleicher Bürger ermöglicht nach Meinung der Vertreter des Republikanismus, die individualistischen Aspekte des liberalen Freiheitskonzepts zu überwinden. »Freiheit« wird als Abwesenheit von Unterdrückung definiert. Aufgabe der Gesellschaft ist es dann, sich eine Struktur zu geben, die es Personen weitgehend ermöglicht, frei von Abhängigkeit und willkürlicher Dominanz zu sein. Die politische Selbstgesetzgebung gewährleistet diese Form der Freiheit auch dadurch, dass die republikanische Konzeption bestimmte Bürgertugenden einfordert. Freiheit als Freisein von Unterdrückung bringt Formen der Unfreiheit ins Blickfeld, die eine auf negative Freiheit konzentrierte Konzeption ausklammert. So kann in einer Situation ein Maximum der Nicht-Einmischung gegeben sein und die Person durch ihren niedrigen sozialen Status dennoch den anderen ausgeliefert bleiben (vgl. Pettit 1997, 87).

Das Modell der *Diskurstheorie* versucht, dem Stellenwert der Freiheiten und der politischen Selbstgesetzgebung der Bürgerinnen und Bürger durch die Gewährleistung der Autonomie aller gerecht zu werden (vgl. Habermas 1992; ders. 1996). Die Autonomie der Gesellschaftsmitglieder konstituiert sich in der privaten und der öffentlichen Dimension, wobei sich nach Habermas öffentliche und private Autonomie (politische Teilnahme-, Kommunikations- und Freiheitsrechte) wechselseitig voraussetzen. Die »Gleichursprünglichkeit privater und öffentlicher Autonomie« ergibt sich, da beiden Formen von Autonomie das Diskursprinzip zugrunde liegt, welches besagt, dass nur jenen Normen Geltung zukommt, die den Konsens aller »potentiell Betroffenen« zu gewinnen vermögen (vgl. Habermas 1992, 161). Negative Freiheitsrechte sind ebenso wichtig wie politische Teilnahmerechte. Die Funktion der Grundrechte liegt in der Sicherung der Freiheit in der privaten und der öffentlichen Dimension. Habermas betont die Gleichrangigkeit von privater und öffentlicher Autonomie, um der Konfrontation zwischen Liberalismus und Republikanismus zu entgehen.

Die Bestimmung des Freiheitsbegriffs, also die Beantwortung der Frage, ob und in welcher Form Freiheit über die enge Sicht der Nicht-Einmischung und der Abwesenheit von Einschränkungen hinaus gedacht und begründet werden kann, ist maßgeblich für die Art und Angemessenheit philosophisch-politischer Gesellschaftsentwürfe. Wie Freiheit gesehen und verstanden wird, bestimmt die Überzeugungskraft politischer Theorien.

4.

Berlin, I., 1969, Freiheit, Frankfurt/M.: Fischer 1995.

Bienfait, A., 1999, Freiheit, Verantwortung, Solidarität, Frankfurt/M.: Suhrkamp.

Cohen, G. A., 1979, Capitalism, Freedom, and the Proletariat, in: A. Ryan (Hg.), The Idea of Freedom, Oxford: Oxford University Press.

Cohen, G. A., 1988, History, Labour, and Freedom, Oxford: Clarendon Press.

Cohen, G. A., 1995, Self-Ownership, Freedom, and Equality, Cambridge: Cambridge University Press.

Darwall, S. (Hg.), 1995, Equal Freedom, Ann Arbor: Michigan University Press.

Dworkin, R., 1985, A Matter of Principle, Cambridge/MA: Harvard University Press.

Dworkin, R., 1987, What is Equality? Part 3: The Place of Liberty, in: ders., Sovereign Virtue, Cambridge/MA: Harvard University Press 2000.

Dworkin, R., 1990, Foundations of Liberal Equality, in: ders., Sovereign Virtue, Cambridge/MA: Harvard University Press 2000.

Forst, R., 1996, Politische Freiheit, in: Deutsche Zeitschrift für Philosophie 44.

Gosepath, S., 2004, Gleiche Gerechtigkeit, Frankfurt/M.: Suhrkamp.

Gray, J., 1984, Hayek on Liberty, Oxford: Blackwell.

Habermas, J., 1992, Faktizität und Geltung. Beiträge zur Diskurstheorie des Rechts und des demokratischen Rechtsstaats, Frankfurt/M.: Suhrkamp.

Habermas, J., 1996, Die Einbeziehung des Anderen, Frankfurt/M.: Suhrkamp.

Hayek, F. A. v., 1960, Die Verfassung der Freiheit, Tübingen: Mohr 1971.

Hinsch, W. (Hg.), 1997, Zur Idee des politischen Liberalismus, Frankfurt/M.: Suhrkamp.

Hobbes, T., 1651, Leviathan, Frankfurt/M.: Suhrkamp 1996.

Höffe, O., 1984, Is Rawls's Theory of Justice Really Kantian?, in: Ratio 26.

Kant, I., 1793, Über den Gemeinspruch: Das mag für die Theorie richtig sein, taugt aber nicht für die Praxis, in: Werkausgabe, Bd. XI, Frankfurt/M.: Suhrkamp 1977.

Kant, I., 1797, Die Metaphysik der Sitten, Werkausgabe, Bd. VIII, Frankfurt/M.: Suhrkamp 1977.

Kersting, W., 1993, Wohlgeordnete Freiheit, Frankfurt/M.: Suhrkamp.

Koller, P., 1997, Grundlinien einer Theorie politischer Freiheit, in: J. Nida-Rümelin/W. Vossenkuhl (Hg.), Ethische und politische Freiheit, Berlin: de Gruyter.

Kramer, M. H., 2003, The Quality of Freedom, Oxford: Oxford University Press.

Kukathas, C., 1993, Liberty, in: R. E. Goodin/P. Pettit (Hg.), A Companion to Contemporary Political Philosophy, Oxford: Blackwell.

Locke, J., 1690, Zwei Abhandlungen über die Regierung, Frankfurt/M.: Suhrkamp 1977.

MacCallum, G. C., 1967, Negative and Positive Freedom, in: D. Miller (Hg.), Liberty, Oxford: Oxford University Press 1991.

Mill, J. S., 1869, Über Freiheit, Stuttgart: Reclam 1988.

Miller, D. (Hg.), 1991, Liberty, Oxford: Oxford University Press.

Nida-Rümelin, J./Vossenkuhl, W. (Hg.), 1998, Ethische und politische Freiheit, Berlin: de Gruyter.
Nozick, R., 1974, Anarchie, Staat, Utopia, München: Olzog 2006.
Pauer-Studer, H., 2000, Autonom leben, Frankfurt/M.: Suhrkamp.
Pettit, P., 1997, Republicanism, Oxford: Oxford University Press.
Rawls, J., 1971, Eine Theorie der Gerechtigkeit, Frankfurt/M.: Suhrkamp 1979.
Rawls, J., 1992, Die Idee des politischen Liberalismus, Frankfurt/M.: Suhrkamp.
Rawls, J., 1993, Politischer Liberalismus, Frankfurt/M.: Suhrkamp 1998.
Raz, J., 1986, The Morality of Freedom, Oxford: Clarendon Press.
Rössler, B., 1992, Der ungleiche Wert der Freiheit, in: Analyse & Kritik 14.
Rössler, B., 2001, Der Wert des Privaten, Frankfurt/M.: Suhrkamp.
Sen, A., 1982, Choice, Welfare and Measurement, Oxford: Blackwell.
Sen, A., 1985, Well-Being, Agency and Freedom, in: Journal of Philosophy 82.
Sen, A., 1990, Justice. Means versus Freedoms, in: Philosophy and Public Affairs 19.
Sen, A., 2002, Rationality and Freedom, Cambridge/MA: Harvard University Press.
Skinner, Q., 1984, The Idea of Negative Liberty, in: R. Rorty/J. B. Schneewind/Q. Skinner (Hg.), Philosophy in History, Cambridge: Cambridge University Press.
Skinner, Q., 1998, Liberty before Liberalism, Cambridge: Cambridge University Press.
Steiner, H., 1991, Individual Liberty, in: D. Miller (Hg.), Liberty, Oxford: Oxford University Press.
Steiner, H., 1994, An Essay on Rights, Oxford: Blackwell.
Steinvorth, U., 1999, Gleiche Freiheit, Berlin: Akademie.
Taylor, C., 1992, Negative Freiheit?, Frankfurt/M.: Suhrkamp.
Van Parijs, P., 1995, Real Freedom for All, Oxford: Oxford University Press.

Herlinde Pauer-Studer

Freud, Sigmund (1856–1939)

1.

Freud wurde in Mähren (heute Tschechien) geboren. In seiner 1925 erschienenen Selbstdarstellung legt Freud Wert auf die Nennung seiner jüdischen Herkunft, weil er sich in einer antisemitischen Umgebung nicht verleugnen wollte (vgl. GW, XIV, 34). Freud wuchs in Wien auf, wo er auch lebte, bis die Nationalsozialisten ihn kurz vor seinem Tod nach England vertrieben. Der Arzt Josef Breuer weihte ihn in ein therapeutisches Verfahren ein, das die physiologisch nicht erklärbaren Symptome zum Verschwinden brachte, wenn es den Patienten gelang, sich an die Psychogenese der Symptome zu erinnern. In der Folge entwickelte Freud psychische Modellvorstellungen – Zensur, Verdrängung, Abwehr –, die alle um die Idee kreisen, dass Personen unbewusste Wünsche und Teile ihrer Lebensgeschichte, für die sie sich schämen, unterdrücken. Diese Unterdrückung hinterlasse Spuren in psychischem Leid, den Träumen und Assoziationen von Personen, deren »Geständnisse« den Gegenstand der Analyse bilden.

1909 gelang Freud mit einer Reihe von Vorlesungen der internationale Durchbruch in der akademischen Welt. 1911 wurde die internationale psychoanalytische Vereinigung gegründet. 1912 erschien *Totem und Tabu*, aber erst in den späten 1920er Jahren wurde die Kulturtheorie zum zentralen Interesse Freuds. Freud starb 1939 an einer Krebserkrankung.

2.

Da Freud geglückte und missglückte Sozialisationsschicksale sowie – vermittelt über eine Systematik von Abwehrmechanismen – Störungen der Artikulationsfähigkeit analysiert, kann sein Werk auch gesellschaftstheoretisch interpretiert werden. Sieht man jedoch von der originellen Analogisierung von privaten zwanghaften Ritualen und öffentlichen religiösen Zeremonien ab (vgl. GW, VII, 129ff.), wendet er sich erst 1908 in dem Aufsatz »Die kulturelle Sexualmoral und die moderne Nervosität« explizit der Gesellschaftsanalyse zu, indem er die Verinnerlichung rigider Sexualethik kritisiert, die zu unbewusster Unaufrichtigkeit und leidvollen Symptomen führe.

Freuds Beiträge zur Gesellschaftstheorie sind thematisch heterogen. Das theoretische Bindeglied zwischen ihnen ist die Überzeugung, dass es eine Parallele zwischen ontogenetischer und historischer Entwicklung von Persönlichkeitsstrukturen gibt. Die kühne These, dass in jeder Ontogenese die Gattungsgeschichte wiederholt wird, macht die in Einzelanalysen gewonnenen Daten und ihre Theoretisierung gesellschaftstheoretisch relevant. Eine weitere These Freuds besagt, dass die Kulturentwicklung prekär ist, weil sie an sexuelle Unterdrückung gebunden ist, die auch die Ursache neurotischen Leids sei.

3.

3.1. Es ist eindrucksvoll und zugleich verdächtig, dass Freud nur *ein* geschickt eingesetztes Werkzeug benötigt, um höchst divergierende Probleme zu lösen. Gemeint ist die ödipale Konfliktstruktur – die eifersüchtige Aggression des Kindes gegen einen übermächtigen, zugleich geliebten und gebrauchten Vater – und ihre Bewältigungsversuche. Die Aggression ist die negative Seite eines Ambivalenzkonflikts und löst Schuldgefühle aus, die durch eine Identifikation mit den Normen des Vaters bewältigt werden. Dieser wird als Objekt der Aggression durch Idealisierung verleugnet und zugleich in seiner Herrschaft gefestigt.

3.2. Gesellschaft als Kooperationszusammenhang wird ermöglicht durch verinnerlichte gesellschaftliche Verbote und Gebote. Einerseits existieren rational begründete Normen, die im Interesse aller liegen (wie »Du sollst nicht töten«) und deshalb normalerweise befolgt werden. Andererseits gibt es unverrückbare Verbote, deren motivationale Kraft nicht von ihrer rationalen Überzeugungskraft abzuhängen scheint. So wird etwa das Inzestverbot in Urgesellschaften als heilige Verpflichtung anerkannt, ohne dass es rational begründet wird. In *Totem und Tabu* beobachtet Freud bei Urgesellschaften dreierlei: (1) Es gelten strenge und umfassende Inzesttabus. (2) Die Mitgliedschaft in Clans wird definiert durch die Zuschreibung der Abstammung vom gleichen Ahnherrn, der meist als heiliges Tier, »Totem« genannt, verehrt wird. (3) Merkwürdigerweise wird das verehrte Tier einmal jährlich rituell geschlachtet und gegessen. Im darauf folgenden Fest wird die Ordnung auf den Kopf gestellt: Verbote werden für eine kurze Zeit zu Geboten. Durch Interpolation einer ödipalen Vorgeschichte stellt Freud einen Zusammenhang zwischen diesen Beobachtungen her. Ein gewaltsamer Urvater habe das sexuelle Monopol in einer Großfamilie beansprucht und den Söhnen sexuelle Enthaltsamkeit aufgezwungen. Die »Urhorde« der Söhne habe sich gegen ihn verbündet und ihn erschlagen. Dieser Mord löste bei den Söhnen Schuldgefühle und Verleugnungen aus. Das Inzestverbot ist die auf der Identifikation mit Normen des Ermordeten beruhende selbstauferlegte Strafe. An den Mord des Vaters erinnert die jährliche rituelle Schlachtung des Tiers, die das Kollektiv der Söhne zusammenschweißt. Ihm folgt ein Fest, für dessen Dauer sich die Verbote in Gebote verkehren.

3.3. Hier schließt Freuds Religionskritik an, die er in dem Aufsatz »Die Zukunft einer Illusion« zum Thema macht: Die Sehnsucht nach einem allmächtigen, uns liebenden, gütigen und beschützenden Wesen ist nur zu verständlich, aber der Glaube an die Wahrheit von Wunschvorstellungen ist irrational. Der zwanghafte Glaube an einen gütigen Gott sei eine abwehrende Reaktion auf die Schuldgefühle, die wegen der aggressiven Tendenzen gegen den realen Vater entstanden sind. Um zu vermeiden, dass die negative Seite der Ambivalenz zum Vorschein kommt, erhöht man den realen Vater zu Gott. Diesen Vorgang bezeichnet Freud als »Reaktionsbildung«, zu der als weitere Abwehr eine »Verschiebung« hinzukommt. Objekt der Verehrung ist ja nicht der Vater, sondern Gott.

3.4. »Massenpsychologie und Ich-Analyse« ist das säkulare Pendant zur »Zukunft einer

Illusion«. In der Vorstellung und den Erfahrungen des kleinen Kindes ist der Vater eine allmächtige, schützende Gestalt. In dieser Entwicklungsphase erscheinen dem Kind die Erwachsenen als allmächtig, und das Kind bedarf ihres Schutzes und ihrer Anerkennung. Der Ambivalenzkonflikt steht dem Kind noch bevor. In der autoritären Unterwerfung unter einen Führer löst das Individuum seinen Ambivalenzkonflikt durch Rückkehr (»Regression«) auf jene infantile Entwicklungsstufe. Die Beeinflussbarkeit von Massen beruht nach Freud auf einer entlastenden Externalisierung des Über-Ichs, an dessen Stelle »der Führer« tritt. Unter »Über-Ich« versteht Freud einen erweiterten Begriff des »Gewissens«. Seine Annahme ist, dass Personen neben ihrem Streben nach Lusterfüllung (das Es) und der realistischen Beurteilung von Situationen, v.a. der Gefahren, die manche Versuche der Wunschbefriedigung hervorbringen (»das Ich«), ein kritisches Verhältnis zu sich entwickeln, dessen Maßstab aus Idealen besteht. Das »Über-Ich« steht für das, wie »ich sein soll« und es reagiert mit Schuldgefühlen auf die Diskrepanz zwischen Sollen und Sein. Um zu verhindern, dass diese bewusst werden, verdrängt es Wünsche, die nicht mit den Ichidealen in Einklang stehen. In unserem Fall entlasten sich Personen von ihrer Selbstverurteilung durch Unterwerfung. Der Führer ersetzt das Ich- Ideal.

3.5. Nach dem Vorangegangenen überrascht es kaum, dass Freud das Schuldgefühl für die kulturfeindlichen Tendenzen verantwortlich macht. In »Das Unbehagen in der Kultur« ist es seine Absicht, »das Schuldgefühl als das wichtigste Problem der Kulturentwicklung hinzustellen und darzutun, dass der Preis für den Kulturfortschritt in der Glückseinbuße durch die Erhöhung des Schuldgefühls bezahlt wird« (GW, XIV, 493 f.). Dieses entsteht, weil Personen die Aggression, die sie sich gegenüber anderen verbieten, gegen sich wenden. Sie fühlen sich schuldig für ihre aggressiven Tendenzen. Nicht nur Kinder, sondern auch Erwachsene sehen sich mit überzogenen ethischen Forderungen konfrontiert. Das Schuldgefühl verstärkt sich noch dadurch, dass Personen, die ein kritisches Verhältnis zu sich entwickeln, aggressive Gedanken mit aggressiven Taten gleichsetzen. Während Kinder, die noch kein Über-Ich ausgebildet haben, sich bloß sozialem Druck beugen, fühlen sich Personen mit einem Über-Ich nicht nur vor anderen, sondern auch vor sich selbst schuldig, und zwar für ihre Taten und häufig sogar »schlechte« Gedanken.

3.6. Die freudsche Gesellschaftstheorie versucht sowohl das Inzestverbot, das religiöse Denkverbot und die Unterwerfung der Massen unter Führer als auch Phänomene der Kulturfeindschaft zu erklären. Inwiefern dies gelingt, kann nur der Vergleich mit alternativen Theorieansätzen erweisen.

4.

Freud, S., 1972, Gesammelte Werke, Frankfurt/M.: Fischer (zitiert als GW).

Gay, P., 1987, Freud, Frankfurt/M.: Fischer 1989.
Lear, J., 2005, Freud, London: Routledge.
Thomä, H./Kächele, H., 1985, Lehrbuch der psychoanalytischen Therapie, Bd. 1, Berlin: Springer.

Martin Löw-Beer

Freundschaft

1.

Freundschaft wird in der aktuellen Diskussion vorwiegend als eine freiwillige und nicht hierarchische Beziehung verstanden. Als wesentlich gilt weiter, dass Freunde sich gegenseitig mögen und Zeit miteinander verbringen bzw. in gewissen Hinsichten ihr Leben teilen (Letzteres geht zurück auf Aristoteles, vgl. EN VIII.6, 1157b19 f.).

Abweichend kann der Begriff der Freundschaft in unterschiedlicher Weise *weiter* verstanden werden: als ein Begriff, der (i) im

Sinne der *philia* (gr.) alle speziellen Relationen der Nähe – Freundschaften im engeren Sinn sowie Verwandtschaftsbeziehungen – umfasst, (ii) Liebe und Freundschaft unter einem weiten Begriff der Freundschaft zusammenfasst, oder (iii) eine schwache Form der Freundschaft zwischen all denen annimmt, die durch eine Gemeinschaft (z.B. als Bürger eines Staats) verbunden sind (vgl. ebd. VIII.11–14). Diese weiteren Begriffe der Freundschaft weichen von dem genannten engeren Begriff ab, indem sie Beziehungen umfassen, die in geringerem Grade freiwillig sowie teilweise hierarchisch strukturiert sind.

2.

Vor dem Hintergrund der sophistischen Diskussion um Natur und Gesetz entsteht die Frage, ob gewählte Freundschaften oder Verwandtschaftsbeziehungen (als natürliche Beziehungen) die ›besseren‹ Freundschaften sind (vgl. Bordt 1998, 55–57). Die frühe antike Auseinandersetzung mit Freundschaft reflektiert – ausgehend von der traditionellen Auffassung, Freunden sei zu helfen, Feinden zu schaden (vgl. Platon, Rep. I, 331e-336a) – zugleich den Begriff der Feindschaft. Weiter sind zwei Überlegungen relevant (vgl. Platons Diskussion im *Lysis*), die sich auf den ersten Blick widersprechen: (i) Freunde scheinen beim anderen etwas zu suchen, was sie nicht haben, so dass die Freundschaft auf Unterschiedlichkeit zu beruhen scheint. (ii) Die These, die vollkommene oder einzige Freundschaft bestehe zwischen Tugendhaften (vgl. Aristoteles, EN VIII.4, zur stoischen These Diogenes Laertius, *Leben und Meinungen berühmter Philosophen*, VII.124), geht auf die Überlegung zurück, Freundschaft beruhe auf Gleichheit. Wesentlicher Ausgangspunkt der antiken Theorien sind zudem Fragen, die Freundschaft als ein Gut und wesentlichen Bestandteil des gelungenen Lebens untersuchen: (i) Braucht der Glückliche Freunde, wenn er zugleich als autark vorgestellt werden soll (vgl. EN IX.9)? (ii) Ist Freundschaft ein externes Gut wie Reichtum, dessen Besitz oder Verlust nicht in der Macht des Akteurs liegt (vgl. ebd. I.9, 1099a31f.)? Oder ist Freundschaft eine innere Haltung und damit ein seelisches Gut? (iii) Dieser letzte Aspekt führt auf den Zusammenhang zwischen Freundschaft und Tugend: Aristoteles bestimmt die Freundschaft als Tugend »oder mit Tugend« (vgl. ebd. VIII, 1155a3f.); wenn Freundschaft der Tugend vergleichbar ist, so ist sie in diesem Sinn als eine Disposition zu bestimmten Handlungen zu verstehen. Augustinus diskutiert den Unterschied zwischen Freundschaft und Liebe zu Menschen und zu Gott (vgl. Confessiones IV.7–10); er reformuliert das Problem, dass Freundschaft verloren gehen kann, im Rahmen christlicher Überlegungen (Civ. XIX. 8). Utilitaristische, kantianische und kontraktualistische Ansätze weisen der Freundschaft keinen wesentlichen theoretischen Ort zu. Kant schätzt Freundschaft als Ort des mit Achtung verbundenen Vertrauens; insofern die ›besondere Freundschaft‹ (verstanden als Freundschaft zwischen zwei Personen) jedoch genau deshalb relevant wird, weil Vertrauen den meisten gegenüber unmöglich ist, würde sie dann, wenn die gesamte Menschlichkeit bezogen auf ihre Sittlichkeit sehr weit fortgeschritten wäre, aufhören zu existieren (vgl. Kant 1773, 292ff.; ders., 1797, TL §§ 46–47).

3.

Ein entscheidender Ausgangspunkt der aktuellen Freundschaftsdiskussion ist die von vielen als verändert empfundene soziale Wirklichkeit, in der Freundschaft – verglichen mit Ehe oder Familie – eine zunehmend bedeutende Form der Beziehung zu sein scheint (vgl. Honneth 1997). Freundschaft wird aus moralphilosophischer und -psychologischer Sicht als wesentlich für die moralische Entwicklung untersucht (vgl. Friedman 1993; Keller 1997).

Die moralphilosophische Debatte wirft die Frage auf, ob Freundschaft einen Raum mit eigenen Regeln schafft (vgl. Baron 1991; Cocking/Kennett 2000): (i) Setzt Freundschaft moralische Regeln (z.B. zum Umgang mit fremdem Eigentum) außer Kraft? (ii) Dürfen Freunde auch unmoralisches Handeln von uns fordern? (iii) Handelt derjenige, der durch Zuneigung motiviert ist, unter Absehung von moralischen Überlegungen? Die seit Bentham, Mill und Kant vorwiegend universalistisch konzipierten Ansätze in Ethik und politischer Philosophie werden aus der Sicht zahlreicher Kritiker der Bedeutung von Freundschaft nicht gerecht (vgl. Williams 1976; Blum 1980; Railton 1984). Blum argumentiert für die These, freundschaftsgeleitetes Handeln sei ohne Einschränkung als gut zu verstehen; aus strikt universalistischer Sicht erscheine es zu Unrecht als ein defizitärer Altruismus. Ob und inwiefern Handlungen, die von parteilichen Beziehungen geleitet sind, aus einer unparteilichen Perspektive rechtfertigbar sind, wird kontrovers diskutiert (vgl. Friedman 1991a; ders. 1993; Cottingham 1991; Jackson 1991; Vogt 2001); insbesondere konsequentialistische bzw. akteursneutrale (*agent-neutral*) Ansätze scheinen den Wert von Freundschaft nicht erfassen zu können (vgl. Jollimore 2001).

Die Diskussion um berechtigte Formen der Parteilichkeit für Freunde steht im Zusammenhang mit Problemen der politischen Philosophie: (i) Sind wir primär Nahestehenden verpflichtet, oder denen, die weltweit am schlechtesten gestellt sind (vgl. Friedman 1991b; Scheffler 2001)? (ii) Kommunitaristische Kritiker liberalistischer Ansätze werfen die Frage auf, ob partikuläre Gemeinschaften wie die der Freundschaft eine *politisch* wesentliche Größe darstellen, die der Liberalismus nicht hinreichend reflektiert. Falls Freundschaft als eine Relation der Nähe mit speziellen Verpflichtungen einhergeht, steht zur Diskussion, ob diese Verpflichtungen in einer voluntaristischen Weise zu erklären sind (vgl. Friedman 1993, 207–230; Scheffler 2001). (iii) Eine politische Dimension hat zudem die Fragestellung, ob wir mit Freunden eine solch enge gemeinsame Geschichte teilen, dass die für liberale Theorien teilweise grundlegende Vorstellung von Personen als »unabhängige Selbste« (*independent selves*) (vgl. Sandel 1982, 178–183) problematisch wird. Die Idee, nur der andere selbst könne wissen, was für ihn gut ist, konkurriert mit der Überlegung, Freunden könnte manches an uns deutlicher sichtbar sein als uns selbst; Selbsterkenntnis und Selbstverständnis wären demnach komplexe Prozesse, in denen Freunde eine wichtige Rolle spielen können (vgl. ebd.). Ein weiterer Ausgangspunkt der jüngeren Debatte ist die feministische Ethik, die (i) als Rawls-Kritik auf die Bedeutung von nicht-staatlichen Institutionen wie der Familie, und damit auf die politische Relevanz von persönlichen Relationen aufmerksam macht, und (ii) im Anschluss an Gilligans Arbeiten zwischen einer Prinzipienethik (*ethics of justice*) und einer Sorgeethik (*ethics of care*) unterscheidet (Gilligan 1982). Die *ethics of care* betont die Bedeutung persönlicher Bindungen für das moralische Leben. Sowohl die partikularistisch wie die feministisch motivierte Kritik an universalistischen Ansätzen setzt voraus, dass Freundschaft ein *Wert* ist. Die Frage, wie Theorien der Ethik und politischen Philosophie der Bedeutung von Freundschaft gerecht werden können, lässt sich damit auch als Frage danach verstehen, in welcher Weise der Wert der Freundschaft einen *Grund* abgibt, Handlungsprinzipien abzulehnen oder zu akzeptieren (vgl. Scanlon 1998, 204–223). Dabei steht weiter zur Debatte, ob wir Freunde *mit Gründen* lieben bzw. was als ein Grund für Liebe oder Freundschaft gelten kann (vgl. Kolodny 2003), sowie was genau wir schätzen, wenn wir Freundschaft oder Liebe als Wert betrachten – die andere Person oder die Relation zu dieser Person.

4.

Baron, M., 1991, Impartiality and Friendship, in: Ethics 101.

Blum, L. A., 1980, Friendship, Altruism and Morality, London: Routledge & Kegan Paul.

Bordt, M., 1998, Platon, Lysis. Übersetzung und Kommentar, Göttingen: Vanderhoeck & Ruprecht.

Cocking, D./Kennett, J., 2000, Friendship and Moral Danger, in: Journal of Philosophy 97.

Cottingham, J., 1983, Ethics and Impartiality, in: Philosophical Studies 43.

Friedman, M., 1991a, Impartiality and Friendship, in: Ethics 101.

Friedman, M., 1991b, The Practice of Partiality, in: Ethics 101.

Friedman, M., 1993, What are Friends For? Feminist Perspectives on Personal Relationships and Moral Theory, Ithaca: Cornell University Press.
Honneth, A. (Hg.), 1997, Schwerpunkt: Die Moralität von Freundschaften, in: Deutsche Zeitschrift für Philosophie 45.
Gilligan, C., 1982, Die andere Stimme, München: Piper 1984.
Jackson, F., 1991, Decision-theoretic Consequentialism and the Nearest and Dearest Objection, in: Ethics 101.
Jollimore, T. A., 2001, Friendship and Agent-relative Morality, New York: Garland.
Kant, I., 1773, Vorlesung zur Moralphilosophie, Berlin: de Gruyter 2004.
Kant, I., 1797, Metaphysik der Sitten, Berlin: de Gruyter 1968.
Keller, M., 1997, Moral und Beziehung. Eine entwicklungspsychologische Perspektive, in: Deutsche Zeitschrift für Philosophie 45.
Kolodny, N., 2003, Love as Valuing a Relationship, in: Philosophical Review 112.
Railton, P., 1984, Alienation, Consequentialism, and the Demands of Morality, in: Philosophy and Public Affairs 13.
Sandel, M., 1982, Liberalism and the Limits of Justice, Cambridge: Cambridge University Press 1998.
Scanlon, T. M., 1998, What We Owe to Each Other, Cambridge/MA: Harvard University Press.
Scheffler, S., 2001, Boundaries and Allegiances, New York: Oxford University Press.
Vogt, K., 2001, Freundschaft, Unparteilichkeit und Feindschaft, in: Deutsche Zeitschrift für Philosophie 49.
Williams, B., 1976, Personen, Charakter und Moralität, in: ders., Moralischer Zufall, Königstein: Hain 1984.

KATJA VOGT

Frieden

1.

»Frieden« ist ein hoch umstrittener Begriff, der im alltäglichen, im politischen und im wissenschaftlichen Diskurs beständig verwendet wird. Innerhalb der Wissenschaften sind diverse Fakultäten mit ihm befasst, u.a. die Juristen, Philosophen, Theologen und Politikwissenschaftler. Eine einvernehmliche Definition gibt es nicht, und der jeweilige Verwendungszweck bestimmt häufig das inhaltliche Verständnis.

2.

Der Begriff wird in beschreibender, normativer und praxeologischer Absicht verwendet. Einem gegebenen sozialen Zustand, einem Prozess oder einer Struktur soll das Etikett »Frieden« zu- oder abgesprochen werden können. Die Merkmale, mit denen diese Zuschreibung erfolgt, sind Gegenstand heftigster Auseinandersetzungen. Dazu trägt die normative Konnotation bei, die dem Begriff des Friedens anhaftet. Frieden ist nahezu universell als etwas Wünschenswertes anerkannt. Soziale und politische Akteure lassen sich daher gerne den Frieden zuschreiben. Umgekehrt diskriminiert die Zuschreibung jene, deren Handlungen der Frieden abgesprochen wird. Der normative Gehalt des Friedensbegriffs macht ihn also unter der Hand zu einem Diskriminierungs- und Kampfinstrument, das seinerseits herhalten kann, um Sanktionsgründe zu liefern.

Daran zeigt sich, dass über seine normative Konnotation der Begriff zum Handeln drängt. Frieden, soweit er nicht realiter besteht, verlangt danach, dass man ihn herstellt. Insoweit dient er als eine Richtschnur für politisches Handeln, ohne gleichwohl aus sich heraus bereits Entscheidungen über die notwendigen oder zulässigen Instrumente seiner Realisierung zu präjudizieren.

3.

3.1. Frieden versteht sich stets als Abwesenheit von Gewalt. Der Gewaltbegriff ist im Verlauf der Friedensdiskussion verschwommen: Der beklagenswerte Zustand immer neuer sozialer Aktionsfelder wurde als »Gewalt« definiert; ein Zustand des Friedens könne daher nur attestiert werden, wenn diese Gewalt beseitigt sei. Seinen Ursprung hat dieser inflationäre Gebrauch des Gewalt- und folgerichtig auch des Friedensbegriffs in dem Begriff der »strukturellen Gewalt«, der die Differenz zwischen dem Entfaltungspotential und der realen Entfaltung menschlicher Fähigkeiten und somit ein Maß an Ungerechtigkeit bezeichnet. Im Laufe der Zeit wurde die »ökologische Gewalt« oder »Gewalt gegen die Natur«, die »Geschlechtergewalt« und die »kulturelle Gewalt« hinzugefügt. Frieden würde dann den Zustand eines Gemeinwesens bezeichnen, in dem Gerechtigkeit, Geschlechtergleichheit, ökologisches Wirtschaften und eine gewalt- und dominanzfreie Kultur herrschten (vgl. Wagner 1994; Galtung 1998; Vogt 1999; Boulding 2000).

Von Anfang an stieß diese begriffliche Ausweitung auf erhebliche Bedenken (vgl. Brock 1990). Die beiden wesentlichen Einwände bezogen sich auf den Verlust der begrifflichen Trennschärfe und die Risiken des politischen Missbrauchs. Wenn alles als »Gewalt« bezeichnet werden muss, wird nichts als »Frieden« bezeichnet werden können. Friede wird zur Utopie eines Zustandes vollkommenen Glücks, der nach menschlichem Ermessen durch politische Praxis nicht erreichbar sein dürfte. Der Begriff taucht in säkularisierter Form in seine eschatologischen Versionen zurück. Zugleich eignet sich diese Begriffsverwendung als denunziatorisches Element: Da es schwer vorstellbar ist, dass politische Praxis diesen enzyklopädischen Ansprüchen je wird genügen können, lässt sich jeder Zustand eines real existierenden politischen Kollektivs und jeder Praxisversuch als unfriedlich klassifizieren. Statt wissenschaftlich-analytisch gebraucht zu werden, wird der Friedensbegriff zum Kampfbegriff.

Deshalb ist neuerdings wieder dafür plädiert worden, den Begriff des Friedens an die Abwesenheit physischer Gewalt als der für die Menschen dramatischsten, weil folgenreichsten Gewaltform zurückzubinden (vgl. Brock 2002; Müller 2003). Dass in den westlichen Wohlfahrtsstaaten diese Gewaltform auszusterben schien, mag der Anlass zu den Überlegungen gewesen sein, den Gewaltbegriff zu auszuweiten. Dass die physische Gewalt im letzten Jahrzehnt im Innern wie auch im äußeren Verkehr des Westens eindrucksvoll zugenommen hat, mag dazu motivieren, zu einem restriktiveren Gewalt- und damit auch Friedensbegriff zurückzukehren.

3.2. Hinsichtlich der räumlichen Dimension des Friedensbegriffs wird diskutiert, ob der Frieden ein teilbares Gut sei, das für die Einwohner in bestimmten Regionen bestehen kann, während die Menschen in den übrigen Regionen der Welt durch Formen von Gewalt drangsaliert werden. Zwei Klassen von Argumenten werden ins Feld geführt, um einen radikal universalistischen Begriff des Friedens zu verteidigen (vgl. Schwerdtfeger 2001, 204).

Zum einen wird an den etablierten Begriffen der Interdependenz und der Globalisierung angeknüpft. Durch wirtschaftliche Beziehungen, Kommunikation, Verkehr und Ökologie werden die verschiedenen Regionen der Welt zusammengeführt. Keine von ihnen kann mehr in völliger Isolation von den anderen existieren. Infolgedessen schlagen sich die Geschehnisse hier zwangsläufig in Folgewirkungen dort nieder. Krieg kommt nicht nur durch das Fernsehen in die Wohnzimmer der Bürgerinnen und Bürger der scheinbar vom Frieden begünstigten Staaten; sie erfahren dessen Folgen auch durch Migrationswellen, die gar zur Fortsetzung des gewaltsamen Konflikts auf dem Boden des Gastgeberlandes führen könnten, etwa infolge der streitenden Diaspora oder der Aktivitäten terroristischer Gruppen. Ein weiterer Einwirkungspfad läuft über die wirtschaftlichen Folgen von Kriegen, die die einheimische Volkswirtschaft heimsuchen können. So wie die Weltökologie und die Weltwirtschaft jeweils ein Ganzes darstellen, aus dem sich auszuklinken jeder Region und jedem Land unmöglich geworden ist, so ist auch das politische System der Welt eine Einheit, in der Gewaltsamkeit an irgend einem Punkt Gewaltfolgen in jedem anderen zeitigen kann.

Der andere Argumentationsstrang hebt auf die ideationale Ebene des Friedens ab. Frieden sei eine Mentalität, die sich dadurch auszeichnet, dass das Denken der Menschen unbeeinträchtigt durch die Idee gewaltsamer sozialer Interaktion bleibt (vgl. Boulding 1978; Müller 2003). Frieden herrscht also zwischen Personen, für die gewaltsames Handeln als Option eigener Praxis aus dem Horizont des Möglichen verschwunden ist. Dieses ›Verschwinden‹ ist aber nicht vorstellbar, so das Argument, wenn Gewalt anderswo Teil der alltäglichen Praxis ist. Es wird durch die Kommunikation dieser Praxis in die Vorstellungswelten der vermeintlich friedlichen Regionen re-importiert und bleibt damit auch dort als Möglichkeit weiter erhalten, auch wenn die Bedingungen, sich gewaltsam zu verhalten, (vorübergehend) suspendiert scheinen. Die Kommunikationsströme, die aus einer gewaltsamen Welt in deren am wenigsten gewaltsame Teile einfließen, verhindern damit die Konsolidierung von Frieden als einer dauerhaften und unhinterfragten Bedingung sozialen Lebens.

Diesem Konzept vom Frieden als einer unteilbaren, universalen Bedingung steht die Vorstellung der Teilbarkeit und Regionalisierbarkeit des Friedens entgegen. Der blutige Nahostkonflikt geht zwar den Nachbarn Europa an, die innereuropäischen Beziehungen sind gleichwohl friedlich. Frieden wäre demnach teilbar, weil die Beziehungen zwischen Kollektiven (wo überhaupt Beziehungen bestehen) je besondere sind. Interdependenz transportiert Folgewirkungen von einem Teil der Welt in die anderen, diese Folgewirkungen beeinträchtigen jedoch nicht zwangsläufig den Grad der Friedlichkeit zwischen den dortigen Kollektiven. Ob Frieden herrscht, ist dieser Auffassung zufolge eine Frage der konkreten Beziehungen zwischen je gegebenen Kollektiven und kann nicht in allgemeiner Form aus dem Zustand der Welt als Ganzer deduziert werden (vgl. Brock 2002, 106).

3.3. Für empirische Zwecke ist fraglos ein Begriff des Friedens am praktischsten, dessen empirisches Korrelat sich für einen Zeitpunkt t ausmachen oder bestreiten lässt. Im völkerrechtlichen Sinne lässt sich etwa feststellen, dass zwischen Israel und Jordanien gegenwärtig kein Krieg, sondern ein vertraglich gesicherter Frieden besteht. Ein solch zeitpunktueller Begriff ist jedoch auf Bedenken gestoßen, weil mit dem Begriff des Friedens die Konnotation der Nachhaltigkeit oder Stabilität verbunden sein müsse. Ein »Frieden«, dessen Bestand bereits im nächsten Augenblick ungesichert sei, verstoße gegen dieses intuitive Verständnis (vgl. Boulding 1978; Kacowicz/Bar-Siman-Tov/Elgström u.a. 2000). Wenn die wechselseitige Gewaltanwendung nicht wenigstens aus dem absehbaren Zeithorizont ausgeblendet sei, wenn sie in den Handlungsoptionen der Akteure stets als reale strategische Möglichkeit eingeschlossen bliebe, könne der Friedensbegriff keine Anwendung finden.

Eine andere Annäherung an die Problematik »Zeitpunkt vs. Zeitraum« ist die Vorstellung von Friede als *Prozess* (vgl. Czempiel 1997). Hier werden keine Indikatoren an einen sozialen Zustand eines bestimmten Zeitpunktes oder Zeitraumes angelegt, sondern es wird die Richtung eines Interaktionsprozesses oder »Zivilisationsprozesses« (Senghaas 1995; ders. 1997) über einen bestimmten Zeitraum hin gemessen. Entscheidend ist dann nicht der Zustand, sondern die Dynamik: »Bewegt sich die Interaktion von der Gewalt weg und auf die Gerechtigkeit zu?«, so lautete die Kernfrage dieses Ansatzes.

»Frieden« als reiner Prozessbegriff gibt den Plan eines Endzustandes, der sich als zu verwirklichende Idee in der menschlichen Vorstellung präsentiert, zugunsten einer Praxisorientierung auf die nächsten Schritte auf. »Friede« als Prozessbegriff, der an der Vorstellung eines Zielzustandes festhält, ist hingegen Gegenstand utopischer Theorien. Dabei ist zu unterscheiden zwischen einer teleologischen Auffassung von Geschichte, die den Frieden, wenn auch in ferner Zukunft, in Reichweite einer angemessen geläuterten Praxis als realisierbar ansieht, und einer eschatologischen Idee vom Frieden jenseits der Zeitlichkeit, deren Realisierung nur unter göttlicher Regie, aber nicht im Rahmen menschlicher Handlungen erreichbar ist.

Augustinus' Idee vom nur im Gottesstaat

verwirklichbaren Frieden jenseits der Zeitlichkeit wohnt allen Religionen inne, die von der Idee der Theodizee geprägt sind, v.a. denjenigen mit messianischen Endzeitvorstellungen. Die Idee ist stringent: Da der Frieden als Zustand der Vollkommenheit gedacht wird, entzieht er sich dem Handeln des unvollkommenen Menschen und bleibt in der Kompetenz Gottes als des Vollkommenen. Menschlicher Praxis kann gleichwohl vorgeschrieben sein, das nicht Erreichbare, so gut es eben geht, anzustreben.

Das Konzept einer asymptotischen Annäherung an ein normativ gebotenes und vernunftmäßig beschreibbares Ziel entspricht dem Geist der Aufklärung und ist in Kants republikanischer Friedensidee greifbar. Kant analysiert den Frieden als unbedingt geboten; er prognostiziert ihn als Produkt einer »List der Vernunft«, die ihn aus dem Eigeninteresse egoistischer Akteure in einem langwierigen Prozess produziert. Und er versteht ihn als ein Ideal, das aufgrund der Unzulänglichkeiten menschlicher Natur nur in ständig weiterer Annäherung, aber nie in vollständiger Verwirklichung erreichbar ist (vgl. Kant 1795).

3.4. Wenn Frieden als sozialer Zustand zwischen Kollektiven gedacht wird, so ist damit die Grenze zwischen diesen Kollektiven vorausgesetzt. Selten ist ein Friedensbegriff radikal universalistisch entwickelt worden, d.h. mit Durchgriff auf die Individuen als Träger eines Rechtes auf und einer Fähigkeit zum Frieden ohne Ansehung der Kollektive, zu denen diese Individuen gehören. In der Stoa, in der ursprünglichen franziskanischen Theologie und in einzelnen Strängen der Aufklärung ist ein derartiger Universalismus zu finden; aber selbst Kant weist die Idee des Weltstaats als Friedensgemeinschaft zurück und rekurriert auf die Stiftung eines Rechtszustandes zwischen den Staaten.

Die Grenze zwischen humanen Kollektiven ist eine unvermeidliche, aber für den Friedensbegriff problematische Konstruktion. Mit der Abgrenzung gehen oft Zuschreibungen positiver Eigenschaften (für das eigene Kollektiv) und negativer Eigenschaften (für das ›andere‹ Kollektiv) einher. In einem andauernden Interaktionsprozess können sich so beiderseits Feindbilder aufbauen, die die Erwartung an die Friedlichkeit der Kollektiv-Beziehungen untergraben. In dieser Sichtweise ist der Frieden als Rechtszustand den Angehörigen einer Gemeinschaft zu Eigen, die bestimmte Eigenschaften teilen, welche sie rechts- und friedensfähig machen; dieselben Eigenschaften fehlen jenen außerhalb der Gemeinschaft, so dass ihnen Frieden untereinander wie auch mit der Rechtsgemeinschaft nicht zu Teil werden kann. Im Gegenteil, ihre Existenz stellt eine beständige Bedrohung für den Frieden dar, die nur durch Wehrbereitschaft, ggf. auch durch die Eroberung oder Vernichtung des friedensbedrohenden Kollektivs beseitigt werden kann (vgl. Brücher 2002).

Diese dichotomischen Denkfiguren finden sich in der Antike im Gegensatz Hellenen/Barbaren oder den Subjekten der Pax Romana und denjenigen jenseits ihrer Reichweite. Auch das Christentum vergaß in seiner politischen Theologie rasch das Gebot friedlicher Mission und rechtfertigte Gewalt entlang der ›Frontlinie‹ Christen/Heiden. Spiegelbildlich unterscheidet die politische Theologie im Islam zwischen dem friedlichen »Reich des Islam« und dem »Reich des Krieges«, das jenseits der Friedensgemeinschaft der Gläubigen herrscht. Im neuzeitlichen Denken finden sich säkularisierte Versionen dieses Friedens-Manichäismus in der sozialistischen Utopie, die den Frieden durch die Beseitigung der Klassenwidersprüche in der Gesellschaft verheißt, wohingegen der Kapitalismus in seiner imperialistischen Phase besonders kriegerisch auftrete. Die neueste Version dieses *exklusiven* Friedensverständnisses ist der »demokratische Frieden« (vgl. Schwerdtfeger 2001, 49–77), d.h. die Abwesenheit gewaltsamer Auseinandersetzungen zwischen demokratisch organisierten Gemeinwesen. Dieser »Sonderfrieden« wird auf die besonderen Eigenschaften von Demokratien zurückgeführt: die normativen Orientierungen ihrer Bürgerinnen und Bürger an Menschenrechten und gewaltfreier Konfliktlösung; ihrer materiell begründeten Präferenz für ein Leben im Frieden statt der Risiken des Krieges; und der Umsetzung dieser Präferenzen durch die Institutionen der Meinungsfreiheit, des öffentlichen Diskurses und der Wahl der Entscheidungsträger (vgl. Risse-Kappen 1995; Hasenclever 2003; Geis 2001).

All diesen Ansätzen ist gemeinsam, dass die Behauptung, der Rechtszustand »Frieden« sei nur unter bestimmten, von der eigenen Gemeinschaft verwirklichten Bedingungen zu verwirklichen, Anlass zur Rechtfertigung des »gerechten Krieges« bietet, mit dessen Hilfe der Friedenszustand nötigenfalls den Widerwilligen oktroyiert werden soll. Mit jenen ›anderen‹ ist nur ein taktischer Gewaltverzicht, eine Art ›Waffenstillstand‹ denkbar, solange die eigenen Gemeinschafts- und Rechtsprinzipien nicht universalisiert worden sind (vgl. Geis/Brock/Müller 2006).

4.

Alger, C., 1999, The Quest For Peace: What Are We Learning?, in: International Journal of Peace Studies 4.

Batscheider, T., 1993, Friedensforschung und Geschlechterverhältnis, Marburg: Schriftenreihe Wissenschaft und Frieden 18.

Boulding, E., 2000, Cultures of Peace, Syracuse: Syracuse University Press.

Boulding, K. E., 1978, Stable Peace, Austin: University of Texas Press.

Brock, L., 1990, Frieden, in: V. Rittberger (Hg.), Theorien der Internationalen Beziehungen, Opladen: Westdeutscher Verlag.

Brock, L., 2002, Was ist das »mehr« in der Rede, Friede sei mehr als die Abwesenheit von Krieg?, in: A. Sahm/M. Sapper/V. Weichsel (Hg.), Die Zukunft des Friedens, Opladen: Westdeutscher Verlag.

Brücher, G., 2002, Frieden als Form, Opladen: Westdeutscher Verlag.

Czempiel, E.-O., 1997, Friedensstrategien, Paderborn: Schöningh.

Delbrück, J., 1996, Die Konstitution des Friedens als Rechtsordnung, Berlin: Duncker & Humblot.

Galtung, J., 1998, Frieden mit friedlichen Mitteln, Opladen: Leske + Budrich.

Geis, A., 2001, Diagnose: Doppelbefund – Ursache: ungeklärt? Die Kontroversen um den »demokratischen Frieden«, in: Politische Vierteljahresschrift 42.

Geis, A./Brock, L./Müller, H. (Hg.), 2006, Democratic Wars. Looking at the Dark Side of Democratic Peace, Houndmills: Palgrave Macmillan.

Hasenclever, A., 2003, Liberale Ansätze zum demokratischen Frieden, in: S. Schieder/M. Spindler (Hg.), Theorien der Internationalen Beziehungen, Opladen: Leske + Budrich.

Henkel, M., 1999, Frieden und Politik, Berlin: Duncker & Humblot.

Kant, I., 1795, Zum Ewigen Frieden, in: ders., Werke, Bd. 11, Frankfurt/M.: Suhrkamp 1977.

Kacowicz, A. M./Bar-Siman-Tov, Y./Elgström, O./Jerneck, M., 2000, Stable Peace Among Nations, Lanham: Rowman & Littlefield.

Krysmanski, H. J., 1993, Soziologie und Frieden, Opladen: Westdeutscher Verlag.

Levy, J. S., 2002, War and Peace, in: W. Carlsnaes/T. Risse/B. A. Simmons (Hg.), Handbook of International Relations, London: Sage.

Menzel, U. (Hg.), 2000, Vom Ewigen Frieden und vom Wohlstand der Nationen, Frankfurt/M.: Suhrkamp.

Meyers, R., 1994, Begriff und Probleme des Friedens, Opladen: Leske + Budrich.

Müller, H., 2002, Antinomien des demokratischen Friedens, in: Politische Vierteljahresschrift 43.

Müller, H., 2003, Begriff, Theorien und Praxis des Friedens, in: G. Hellmann/K. D. Wolf/M. Zürn (Hg.), Die neuen Internationalen Beziehungen, Baden-Baden: Nomos.

Oneal, J. R./Russett, B., 2001, Triangulating Peace. Democracy, Interdependence and International Organizations, New York: Norton.

Risse-Kappen, T., 1995, Democratic Peace – Warlike Democracies?, in: European Journal of International Relations 4.

Rittberger, V., 1995, Über die Friedensleistung internationaler Regime, in: D. Senghaas (Hg.), Den Frieden denken, Frankfurt/M.: Suhrkamp.

Sahm, A./Sapper, M./Weichsel, V. (Hg.), 2002, Die Zukunft des Friedens. Eine Bilanz der Friedens- und Konfliktforschung, Opladen: Westdeutscher Verlag.

Schwerdtfeger, J., 2001, Begriffsbildung und Theoriestatus in der Friedensforschung, Opladen: Leske + Budrich.

Senghaas, D. (Hg.), 1972, Kritische Friedensforschung, Frankfurt/M.: Suhrkamp.

Senghaas, D. (Hg.), 1995, Den Frieden denken, Frankfurt/M.: Suhrkamp.

Senghaas, D. (Hg.), 1997, Frieden machen, Frankfurt/M.: Suhrkamp.

Vogt, W. R. (Hg.), 1999, Friedenskultur statt Kulturkampf, Baden-Baden: Nomos.
Wagner, G., 1994, Die ganzheitliche Dimension des Friedens, Frankfurt/M.: Lang.
Zielinski, M., 1995, Friedensursachen, Baden-Baden: Nomos.
Zürn, M., 2000, Vom Nationalstaat lernen, in: U. Menzel (Hg.), Vom Ewigen Frieden und vom Wohlstand der Nationen, Frankfurt/M.: Suhrkamp.

Harald Müller

Friedman, Milton (1912–2006)

1.

Milton ist ein US-amerikanischer Nationalökonom, der 1912 in New York geboren wurde. Seine akademische Ausbildung führte ihn an die Rutgers University (B.A., 1932), die University of Chicago (M.A., 1933) und die Columbia University (Ph.D., 1946). Vor seiner langjährigen Lehr- und Forschungstätigkeit an der University of Chicago (1946–1982) ging er verschiedenen kürzeren wissenschaftlichen Tätigkeiten nach, u.a. beim National Resources Committee und beim U.S. Department of the Treasury. 1976 erhielt er den Nobelpreis für Wirtschaftswissenschaften für seine Beiträge zur Konsumanalyse, zur Geschichte und Theorie des Geldes sowie für die Darstellung der Komplexität der Stabilitätspolitik. Ein Jahr später zog er sich aus der Lehre zurück und arbeitete fortan als Senior Research Fellow an der Hoover Institution. Zu seinen wichtigsten Arbeiten zählen: *Studies in the Quantity Theory of Money* (1956), *A Theory of the Consumption Function* (1957) sowie *A Monetary History of the United States* (1963, zusammen mit A. Schwartz). Friedman starb 2006 in San Francisco.

2.

2.1. In seinem Werk entwickelt sich Friedman seit den 1950er Jahren zum wichtigsten Gegenspieler des britischen Nationalökonomen John Maynard Keynes, der mit seinen Forderungen nach einer aktiven Rolle des Staates in der Konjunkturpolitik die bedeutendste wirtschaftstheoretische Argumentationshilfe für die Ausweitung des modernen Wohlfahrts- und Interventionsstaates lieferte. Als Hauptvertreter der Chicago-Schule knüpft Friedman an die neoklassische Vorstellung eines grundsätzlich stabilen Wirtschaftsablaufs an und ruft zum Rückzug der Politik aus der Wirtschaft auf. Bei der Geldpolitik, dem Hauptgegenstand seiner wissenschaftlichen Arbeit, setzt er sich für eine feste Regelbindung ein. In seinen frühen Arbeiten beschäftigt er sich mit statistischen und methodologischen Problemen.

2.2. Nach dem Erhalt des Nobelpreises weitet Friedman seine Aktivitäten außerhalb des Wissenschaftsbetriebs aus. In Fernsehauftritten, Zeitungskolumnen und populärwissenschaftlich verfassten Büchern tritt er für die freie Marktwirtschaft ein, die er nicht nur aufgrund ihrer Effizienz schätzt, sondern auch wegen der Werte, die sie repräsentiert, insbesondere der individuellen Freiheit (vgl. Friedman 1962; ders. 1980). Seine Tätigkeit als Politikberater beginnt 1964 mit der Unterstützung des konservativen Präsidentschaftskandidaten der Republikanischen Partei, Barry Goldwater. Sie findet ihren Höhepunkt in der Mitwirkung an den wirtschaftspolitischen Konzepten der britischen Premierministerin Margaret Thatcher (1979–1990) und des US-amerikanischen Präsidenten Ronald Reagan (1981–1989). Nachdem Friedman seine wissenschaftliche Laufbahn in den fünfziger Jahren als Außenseiter begonnen hat, steht er nun im Mittelpunkt einer weltweiten wirtschaftspolitischen Umorientierung vom keynesianistischen Nachfragemanagement zur »Angebotspolitik«.

2.3. Trotz der großen Anerkennung, die Friedman für seine wissenschaftlichen Arbeiten erhält, bleibt er als öffentliche Person umstritten. Die Gründe dafür liegen nicht nur in seinen öffentlichen Äußerungen, in denen er mit stark ideologisch geprägten Botschaften bewusst polarisiert, sondern auch in seiner Bereitschaft, den Diktator Chiles, Augusto Pinochet, mit wirtschaftspolitischem Ratschlag zu unterstützen. Die Kritik an seiner Mitwirkung an den wirtschaftspolitischen Programmen der Regierungen Reagan und Thatcher lässt demgegenüber im Verlauf der Zeit nach. Der von diesen Regierungen eingeleitete Kurswechsel wird in späteren Jahren auch von Mitte-Links-Regierungen wie der Clinton-Administration und New Labour fortgesetzt.

3.

3.1. Unter den drei Gebieten, auf denen Friedman Kernaussagen des Keynesianismus angreift, weisen seine Arbeiten zur Konsumanalyse die größte Geschlossenheit auf. In *A Theory of the Consumption Function* (1957) widerspricht er der herrschenden Vorstellung, dass private Haushalte bei steigendem Einkommen einen sinkenden Anteil ihrer Bezüge für Konsumausgaben ausgeben, mit der Keynes in seiner *General Theory* die Notwendigkeit für staatliches *deficit spending* begründet. Mit der *»Lebenszeiteinkommen-Hypothese«* vertritt Friedman, dass die Haushalte ihre Ausgaben nicht an ihrem gegenwärtigen, sondern an ihrem Lebenseinkommen orientieren. Diese empirisch gestützte Untersuchung verdeutlicht zugleich beispielhaft Friedmans Auffassung von der Volkswirtschaftslehre als einer empirischen Wissenschaft.

3.2. Auch anlässlich der *Presidential Address,* die er auf der Jahrestagung der American Economic Association 1967 hält, beschäftigt sich Friedman mit Kernfragen der keynesianischen Konjunkturpolitik (vgl. Friedman 1968). In seinem Vortrag widerspricht er der Vorstellung, sinkende Arbeitslosigkeit sei mit steigendem Preisniveau verbunden, so dass ein Zielkonflikt zwischen Preisniveaustabilität und Vollbeschäftigung bestehe. Nachdem es in den sechziger Jahren bereits erste Anzeichen dafür gegeben hatte, dass dieser als »Phillips-Kurve« bezeichnete Zusammenhang nicht stabil und in Auflösung begriffen ist, zeigt sich die Richtigkeit der Einwände von Friedman in den 1970er Jahren in aller Deutlichkeit.

3.3. Die bei weitem größte Aufmerksamkeit erhalten Friedmans Arbeiten zur Theorie, Politik und Geschichte des Geldes. Die langjährige Auseinandersetzung mit diesen Themen beginnt mit Erfahrungen der Kriegsinflation beim US-amerikanischen Schatzamt während des Zweiten Weltkrieges. Sie führt über die Gründung eines geldwirtschaftlichen *workshops* an der Universität von Chicago 1951 zu zahlreichen viel beachteten Büchern (vgl. Friedman 1956, 1963, 1974, 1982). In *Studies in the Quantity Theory of Money* (1956) reklamiert Friedman die Gültigkeit der in den fünfziger Jahren für tot gehaltenen Quantitätstheorie des Geldes – der Idee, dass das Preisniveau unmittelbar abhängig ist von der Geldmenge. Mit einer zweiten großen Arbeit, *A Monetary History of the United States* (1963), gelingt es, Themen der Geldwirtschaft auch über die Wissenschaft hinaus Beachtung zu verschaffen. In ihr stellt Friedman zusammen mit Anna Schwartz die Behauptung auf, die große Weltwirtschaftskrise sei maßgeblich durch das Fehlverhalten der US-amerikanischen Zentralbank verursacht worden. In weiteren Arbeiten, beispielsweise *Dollars and Deficits* (1968), stehen internationale Zusammenhänge der Geldwirtschaft im Mittelpunkt.

3.4. In der Anwendung seiner geldtheoretischen Erkenntnisse rät Friedman zu einer am Produktionspotential ausgerichteten Verstetigung des Geldmengenwachstums. Zur Umsetzung dieser Kernforderung des »Monetarismus« kommt es u.a. in Japan, Deutschland und den USA. Allerdings wird das »monetaristische Experiment«, das in den USA vom Zentralbankpräsidenten Paul Volcker in den frühen 1980er Jahren unternommen wird, gemeinhin als Misserfolg gewertet.

4.

Friedman, M. (Hg.), 1956, Studies in the Quantity Theory of Money, Chicago: University of Chicago Press.

Friedman, M., 1957, A Theory of the Consumption Function, Princeton: Princeton University Press.
Friedman, M., 1962, Kapitalismus und Freiheit, München: Piper 2004.
Friedman, M./Schwartz, A., 1963, A Monetary History of the United States 1867–1960, Princeton: Princeton University Press.
Friedman, M., 1968, The Role of Monetary Policy, in: American Economic Review 58.
Friedman, M., 1968, Dollars and Deficits. Inflation, Monetary Policy and the Balance of Payments, Englewood Cliffs: Prentice Hall.
Friedman, M., 1980, Chancen, die ich meine, Frankfurt/M.: Ullstein.
Friedman, M./Schwartz, A., 1982, Monetary Trends in the United States and the United Kingdom, Chicago: University of Chicago Press.
Friedman, M./Friedman, R. D., 1998, Two Lucky People: Memoirs, Chicago: University of Chicago Press.

Gordon, R. (Hg.), 1974, Milton Friedman's Monetary Framework, Chicago: University of Chicago Press.

WELF WERNER

Fromm, Erich (1900–1980)

1.

Fromm wurde in Frankfurt/M. als Sohn einer jüdisch orthodoxen Familie geboren. Er studierte ab 1920 Philosophie, Soziologie und Psychologie in Heidelberg, zuerst bei Max Weber, dann bei dessen Bruder Alfred. 1929 bot sich ihm die Chance, als Teil des Frankfurter Instituts für Sozialforschung ein psychoanalytisches Institut zu gründen. Noch im selben Jahr erstellte Fromm eine methodisch originelle Studie über das Bewusstsein von Arbeitern und Angestellten, die auf Grund von deren autoritären Charakterzügen voraussagte, dass von ihnen bei einer Machtergreifung des Nationalsozialismus kein nennenswerter Widerstand zu erwarten sei (vgl. GA, III, 1–224). In der Emigration verabschiedete Fromm Freuds Trieblehre mit der These, dass die Triebbefriedung weniger entscheidend ist als die Spannung zwischen dem Streben nach Autonomie und Bindung. Er arbeitete als Psychoanalytiker, lehrte in New York und Chicago und hatte eine Professur für Psychoanalyse in Mexico-City. Fromm verbrachte die letzten Jahre in der Schweiz, wo er 1980 starb.

2.

Die lange Reihe seiner Buchveröffentlichungen beginnt 1941 mit *Furcht vor der Freiheit*. Hier beschäftigt ihn v.a. das Problem, dass Menschen Angst vor Freiheit entwickeln, wenn die negative Freiheit zu Verlassenheit und nicht zu produktiven Möglichkeiten führt. Daraus erklärt er auch die Anziehungskraft totalitärer Bewegungen. 1947 beschreibt er in *Psychoanalyse und Ethik* Probleme, die er als »existentielle Dichotomien« bezeichnet, denen zwar alle Menschen unterworfen sind, zu denen sie sich aber unterschiedlich verhalten. 1955 entwirft Fromm in einer großen gesellschaftstheoretischen Studie, *Wege aus einer kranken Gesellschaft*, eine psychischen Krankheitsbegriff, der nicht nur auf Individuen, sondern auch auf Gesellschaften anwendbar ist. 1956 erscheint dann das millionenfach verbreitete Büchlein *Die Kunst des Liebens*, in dem Fromm Liebe als Aktivität beschreibt, bei der der Wille eine wichtigere Rolle spielt. Liebe ist kein Schicksal, sondern eine Haltung und eine Praxis, die man wählen kann. Darüber hinaus würde man in der individuellen Liebe die Liebe zur Menschheit entdecken, was zur universellen Nächstenliebe motiviere (vgl. kritisch Tugendhat 1993, 272). In der umfassenden Studie *Anatomie der menschliche Destruktivität* (1973) verneint er die freudsche Annahme eines Todestriebs, glaubt aber, dass sich bei Menschen auf der Basis von gekränktem Narzissmus eine Tendenz zur Zerstörung um der Zerstörung willen entwickeln könne. Schließlich versucht Fromm 1976 in *Haben und Sein* seine normativen Auffassungen von menschlicher Entwicklung auf die Kategorien des negativ bewerteten Strebens nach »Haben« und der positiv bewerteten produktiven Tendenz zu »sein« zu bringen.

3.

3.1. Die Spannung zwischen Angewiesenheit auf Andere und dem Streben nach Selbstbestimmung erzeugt gesellschaftliche Wunschvorstellungen. Fromm unterscheidet zwischen einer progressiven und einer regressiven Utopie. Letztere ist die Vorstellung vom Paradies vor dem Sündenfall, in der Adam und Eva miteinander und mit der Natur vereinigt sind. Der Sündenfall beschreibt die Geburtsstunde des Individuums, die v.a. in einem Angst erzeugenden Bewusstsein der Trennung von der Natur und den Anderen besteht (vgl. GA, I, 189–207). Während die rückwärtsgewandte Utopie die Trennung von der Natur und Anderen, also Freiheit verleugnet, wird sie in der vorwärts gewandten Utopie zum Movens von selbst gewählten Bindungen, in denen Achtung und Verantwortlichkeit füreinander eine wichtige Rolle spielen (vgl. GA, IX, 455).

Mit der Entwicklung des Kapitalismus lösen sich traditionelle Zugehörigkeiten auf oder verwandeln sich in aufkündbare Mitgliedschaften. Die negative Freiheit von durch Geburt, Verwandtschaft, soziale Lage determinierten gesellschaftlichen Ortsbestimmungen wächst schneller als die positive Freiheit, die neue Berufsrollen, selbst gewählte Gruppen und freie persönliche Beziehungen und Chancen zu gesellschaftlichem Aufstieg zu bieten versprach (vgl. GA, I, 252–254). Angst und Ohnmacht sind die Folge. Sie zu überwinden, bieten sich verschiedene, nachfolgend angeführte Möglichkeiten an.

3.2. Zunächst besteht die Möglichkeit der Unterwerfung unter eine überlegene Macht, die als allmächtig erscheint. Das Individuum unterwirft sich einer göttlichen oder weltlichen Macht, an der es durch Verzicht auf Freiheit teilhaben kann (vgl. GA, I, 263). Fromms Beispiel ist Luther und der Calvinismus. Die Unterwerfung unter die Gebote Gottes sei ein Indiz, dass man zu den Erwählten gehört. Ähnliche Motivationen findet Fromm in totalitären Bewegungen.

3.3. Eine weitere Option besteht in dem Streben nach Verleugnung oder Vernichtung der Freiheit von Anderen (vgl. GA, VII, Kap. 11 und 13) Die Angewiesenheit auf Andere bedroht und verunsichert. Man kann darauf mit dem Versuch reagieren, Andere zu beherrschen, im Extremfall sie zu vernichten (vgl. GA, VII, Kap. 11).

3.4. Eine verwandte Möglichkeit beschreibt Fromm als »hortenden Charakter«. Im Horten löst sich das Bedürfnis, Gegenstände zu haben, vom Bedürfnis, sie zu gebrauchen, ab (vgl. GA, II, Kap. 4). Entsprechende Persönlichkeiten können keine in sich befriedigenden oder gar intimen Beziehungen entwickeln, da zu diesen gehört, was der Hortende am Meisten fürchtet: Spontaneität.

3.5. Während der Hortende wünscht, dass man andere Personen besitzen und manipulieren kann wie Dinge, verdinglicht man in der »Marketing Orientierung« (vgl. Fromm 1947, 61–70) auch sich selbst: Besonders im rasch expandierenden Dienstleistungssektor genügen sachliche Qualifikationen nicht mehr, um beruflichen Erfolg zu haben. Hinzu kommt, dass der Verkäufer ›sich selbst verkaufen‹ muss. Jüngst untersuchte Beispiele zeugen von dem gesellschaftlichen Druck, sich in Berufsrollen als Personen darzustellen, die sich in ihren Jobs selbst verwirklichen (vgl. Honneth 2005, 104f.). Aber Fromms »Marktcharakter« (vgl. Fromm 1976, 144–150) heuchelt nicht. Hinter der inszenierten Erscheinung seiner Persönlichkeit verbirgt sich kein Selbst, das sich an anderen Werten orientiert. Der Erfolg im Verkaufen ist für ihn höchster Wert. Das hat eine extreme Abhängigkeit vom Geschmack der Zeit zu Folge. Der Flexibilität im Äußeren entspricht eine innere Leere, denn der Marktcharakter identifiziert sich nicht mit bestimmten Zielen und Persönlichkeitsmodellen, die ihm wertvoll erscheinen, sondern die Nachfrage bestimmt, wie er sein will.

Im Marktcharakter wird der Zusammenhang von gesellschaftlichen Strukturen und Charakterbildung, der Fromm interessierte, offensichtlich. Er ist Resultat gesellschaftlicher Zwänge, deren Abschaffung auf eine Einschränkung des Marktsystems hinausläuft, die sich Fromm wünschte (vgl. Fromm 1976, 174).

3.6. Eine Lösung, um die Spannung zwischen unserer Abhängigkeit von Anderen und unserer Selbstbestimmung aufzulösen, findet Fromm in einer Auffassung von Liebe. Er entwirft einen Begriff »intersubjektiver Liebe«, in der die Angewiesenheit aufeinander als wechselseitige Hilfe zur Selbstverwirklichung verstanden wird. Diese elegante Lösung hat allerdings den Nachteil, dass Liebesbeziehungen als Selbstzweck verschwinden und sich in Mittel zur Selbstverwirklichung verwandeln. Fromms Liebesvorstellung ist unsinnlich. Für das Begehren ist kein Platz in seinem Koordinatensystem.

4.

Fromm, E., 1947, Psychoanalyse und Ethik, München: dtv 1986.
Fromm, E., 1976, Haben oder Sein, Stuttgart: DVA.
Fromm, E., 1980, Gesamtausgabe in 10 Bänden, Stuttgart, DVA (zitiert als GA).

Claßen, J. (Hg.), 1987, Erich Fromm und die Pädagogik, Weinheim: Beltz.
Funk, R./Jolach, H./Meyer G. (Hg.), 2000, Erich Fromm heute, München: dtv.
Honneth, A., 2005, Verdinglichung, Frankfurt/M.: Suhrkamp.
Marcuse, H., 1955, Triebstruktur und Gesellschaft, Frankfurt/M.: Suhrkamp 1970.
Reif, A. (Hg.), 1978, Erich Fromm, Wien: Europaverlag.
Schaar, J., 1961, Escape from Authority, New York: Basic Books.
Tugendhat, E., 1993,Vorlesungen über Ethik, Frankfurt/M.: Suhrkamp.
Wiegand, R., 1973, Gesellschaft und Charakter, München: Kindler.

Martin Löw-Beer

Fundamentalismus

1.

Fundamentalismus ist eine politische Ideologie, die im letzten Drittel des 20. Jahrhunderts mit ihrer spezifischen Verbindung von ethisch-religiösem Begründungs- und politischem Machtanspruch Bedeutung erlangt. Er kombiniert auf widerspruchsvoll-pragmatische Weise technische, kommunikative, militärische und organisatorische Elemente der Moderne mit Rückgriffen auf dogmatisierte kulturelle Bestände vormoderner Traditionen, um die ihm missliebigen Grundlagen und Folgen der Kultur der Moderne auf moderne Weise und mit modernen Mitteln umso wirkungsvoller bekämpfen zu können. Er tritt als eine politische Ideologie auf, die in den Krisen von Modernisierungsprozessen eine zumeist religiöse, seltener weltanschaulich-profane Ethik politisch absolut setzt und entweder im Ganzen oder in symbolisch aufgewerteten Grundfragen gegen alternative Ethiken und gegen die politischen Institutionen moderner Gesellschaften für das ganze Gemeinwesen verbindlich machen will. Er erhebt damit den Anspruch, die Ursachen der Krisen der Moderne zu erklären und Auswege aus ihnen zu weisen, deren Erfolge so sicher seien wie die absoluten Gewissheitsansprüche, mit denen er sie begründet. Fundamentalismus ist im Kern eine Form totalitärer Identitätspolitik. Sein widerspruchsvoller Charakter lässt sich auf einen paradoxen Begriff bringen: Fundamentalismus kämpft in der Moderne und mit modernen Mitteln gegen die Grundlagen der Moderne.

Fundamentalismus setzt einen von mehreren konkurrierenden ethischen Ordnungs- und Lebensentwürfen innerhalb seiner jeweiligen kulturellen Tradition an die Stelle der Gemeinschaftsmoral, auf die sich alle Mitglieder eines politischen Gemeinwesens verständigen können, die einen je eigenen Freiraum für ihre unterschiedlichen ethischen Glaubenssysteme, Orientierungen und Lebensentwürfe beanspruchen. In diesem Sinne ist der fundamentalistische Zivilisationsstil im Kern die Verweigerung eines friedlichen, gewährenden und fairen Umgangs mit kulturellen, ethischen und religiösen Differenzen. Er ist eine ausschließlich vormachtorientierte Instrumentalisierung kulturell-religiöser Identitätskonstruktionen. Jenseits tief greifender inhaltlicher und formeller Unterschiede fundamentalistischer Ideologien, die es offenbar in allen Kulturen der Welt gibt, seit sie unter den Einfluss der kulturellen Moderne geraten sind, ist dies die gemeinsame Tiefenstruktur des »fundamentalistischen Impulses« (Marty/Appleby 1991 ff., I, 817). Es ist diese idealtypische Struktur und nicht ihr jeweils kulturspezifischer Inhalt, die den Fundamentalismus von anderen Zivilisationsstilen unterscheidet, und durch die sich die unterschiedlichen Fundamentalismen der Gegenwart einander im Stil ihres Umgangs mit kulturellen Differenzen ähnlicher sind als den jeweils konkurrierenden Zivilisationsstilen innerhalb ihrer eigenen Kultur (Meyer 2001; ders. 2002).

2.

2.1. Der Sache nach hat es Fundamentalismus seit Beginn der kulturellen Modernisierung als ihren immanenten Gegenimpuls immer gegeben. Der Begriff trat zuerst im Zusammenhang mit einer religiösen Schriftenreihe in Erscheinung, die in den Jahren 1910 bis 1915 in den USA unter dem Titel *The Fundamentals* erschien. Sie trug den kennzeichnenden Untertitel *A Testimony to Truth – Ein Zeugnis der Wahrheit*. 1919 gründeten die protestantischen Herausgeber eine weltweit tätige Organisation, die »World's Christian Fundamentals Association«. Damit war die Bezeichnung »Fundamentalismus« für diese Art christlicher Gläubigkeit geprägt (vgl. Six/Riesebrodt/Haas 2004, 71). Allmählich wurde sie neben dem Protestantismus auch auf andere Ideologien und Bewegungen zunächst im Katholizismus und dann in anderen Kulturbereichen bezogen, wenn diese die charakteristischen Merkmale teilten. Es waren v.a. vier Glaubenssätze (»fundamentals«), die diese ursprüngliche fundamentalistische Bewegung, die der Sache ihren Namen gab, charakterisierten: (1) die Annahme der buchstäblichen Unfehlbarkeit der Heiligen Schrift in allen ihren Teilen, verbunden mit der unbeirrbaren Gewissheit, dass sie keinen Irrtum enthalten könne; (2) die Erklärung, dass Theologie, Religion und Wissenschaft nichtig seien, soweit sie den Bibeltexten widersprechen; (3) die Überzeugung, dass niemand, der von den Bibeltexten abweicht, wie die Fundamentalisten sie auslegen, ein wahrer Christ sein könne, auch wenn er selbst diesen Anspruch überzeugt erhebt; und (4) die entschiedene Bereitschaft, die moderne Trennung von Kirche und Staat, Religion und Politik immer dann zugunsten einer Bestimmung der Politik durch die eigene Auslegung der Religion aufzuheben, wenn politisch-rechtliche Regelungen in entscheidenden Kernfragen mit der eigenen Ethik kollidieren.

2.2. Fundamentalismus erweist sich heute in Theorie und Praxis als eine spezifische Form kultureller Gegenmodernisierung, denn er ist im Kern in all seinen Formen gegen das Prinzip der Offenheit gerichtet, das das Zentrum der modernen Kultur ausmacht. Seine Hauptangriffe richten sich stets gegen die politischen Bedingungen gesellschaftlicher und kultureller Offenheit, nämlich die Institutionen und Normen der liberalen Demokratie, besonders deren Grundprinzip der Trennung von Staat und Religion. In seinen je besonderen Ausprägungen zeigt er sich so mannigfaltig wie die Dynamik der Modernisierung in den unterschiedlichen Kulturen, in denen er in Erscheinung tritt. Der US-amerikanische Fundamentalismusforscher Martin E. Marty hat deshalb als Resümee des von ihm geleiteten groß angelegten interkulturellen Forschungsprojekts (vgl. Marty/Appleby 1991) den Vorschlag gemacht, das Gemeinsame der verschiedenen Fundamentalismen im Sinne Wittgensteins als Familienähnlichkeit zu verstehen. Alle Fundamentalismen teilen zwar nicht genau dieselben, aber doch eine Reihe charakteristischer Merkmale ihres Denkens und Handelns. Auch wenn darum bei der Beschreibung und Beurteilung jedes einzelnen Fundamentalismus Differenziertheit geboten ist, sowohl im Hinblick auf die soziale und kulturelle Situation, in der er auftritt, wie auch im Hinblick auf seine Form, seine Handlungsweise und seine Ziele, so verkörpern sie alle doch in ausschlaggebendem Maße auf je eigene Weise denselben idealtypischen fundamentalistischen Impuls.

Der Fundamentalismus ist im Kern immer eine *politische* Ideologie und Bewegung mit dem Ziel, den modernen Prozess der Öffnung und die bleibenden Ungewissheiten im Erkenntnisprozess sei es gänzlich, sei es in zentralen Bereichen, umzukehren und die von seinen Verfechtern zur absoluten Gewissheit erklärte Variante der Weltdeutung, der Lebensführung, der Ethik, der sozialen Organisation zu Lasten aller anderen für alle verbindlich zu machen. Fundamentalismus als Produkt der Moderne will Ungewissheit und Offenheit überwinden, indem er eine der Alternativen im Rückgriff auf geheiligte Traditionen oder immunisierte Gewissheiten absolut setzt. Das darauf gestützte geschlossene System des Denkens und Handelns, das Unterschiede, Zweifel und Alternativen künstlich ausschließt, soll nach dem Willen der Fundamentalisten Halt und Sicherheit, Orientierungsgewissheit, feste Identität und Wahrheit garantieren und möglichem Wandel entziehen.

In seinen kämpferischen Formen dient dem modernen Fundamentalismus sein auf diese Weise immunisiertes Fundament als Legitimation für geistige, religiöse und politische Vormachts- oder Herrschaftsansprüche gegen die Abweichenden. In dem Maße, wie die geschlossenen Glaubenssysteme und Ordnungsentwürfe fundamentalistischer Prägung eine öffentliche Rolle übernehmen und Kritik, Alternativen, Zweifel und offene Dialoge über ihre Erkenntnisansprüche ausschließen, stellen sie eine Rückkehr des Absoluten in die Politik dar. Fundamentalismus dient als Rechtfertigung autoritärer Formen politischer Herrschaft bis hin zu deren Extremform des Totalitarismus. Das hat in der Regel die gänzliche, in entfalteten demokratischen Kulturen mitunter aber auch nur die selektive Missachtung von Menschenrechten, Pluralismus, Toleranz, Recht und der demokratischen Mehrheitsregel im Namen der ganz gewissen Wahrheit zur Folge, der sich die Fundamentalisten jeweils kompromisslos verpflichtet wähnen.

3.

3.1. Fundamentalismus erweist sich nach alle dem als eine politisch-kulturelle Verarbeitungsform grundlegender Modernisierungskrisen. Je nach der zentralen Dimension der jeweiligen Krisenerfahrung und je nach den politisch-kulturellen Rahmenbedingungen ihrer Verarbeitungsmöglichkeiten lassen sich vier Grundtypen fundamentalistischer Bewegungen unterscheiden (vgl. Meyer 2002):

Unter Bedingungen *sozial-ökonomischer* Existenzkrisen ohne soziale Grundsicherung und ohne vertrauenswürdige politische Eliten, die absehbare Abhilfe versprechen, ist ein Typ des *revolutionären, gewaltbereiten Fundamentalismus* zu erwarten, der nach der politischen Macht greift (Beispiele: Iran in den 1970er Jahren, Algerien zu Beginn des 21. Jahrhunderts).

In sozial und ökonomisch relativ gesicherter Lage, aber der existenziellen Erfahrung gefährdeter *sozio-kultureller* Identitätssicherung ist ein *parallelgesellschaftlicher Fundamentalismus* erwartbar, bei dem die partikuläre Gemeinschaftsbildung, sei es in eigenen Milieus, Teilgesellschaften oder Sekten im Vordergrund steht, mit nur gelegentlichen und auf einzelne Problembereiche bezogenen Interventionen in die reguläre Gesellschaft und das politische System (protestantischer Fundamentalismus in den USA, Scientology).

Fundamentalismen, die sich innerhalb von Gesellschaften mit einer langen Tradition *liberal-demokratischer Kultur* ausbilden, neigen eher zur Mäßigung im dreifachen Sinne. Sie respektieren im Großen und Ganzen den demokratischen Rahmen, sie verfechten nur einzelne politische Ziele im Kernbereich ihrer kulturellen Identitätspolitik, dies aber in militanter Form, und sie konzentrieren sich eher auf eine indirekte Einflusspolitik als auf konfrontative Strategien. Da sie in ihren Gesellschaften weder die reale Chance der politischen Machtergreifung haben noch eine entsprechende Strategie offensiv verfolgen, bleiben sie *periphere Fundamentalismen* (protestantischer Fundamentalismus in der USA, rechter Ethno-Fundamentalismus in den europäischen Demokratien, Hindu-Fundamentalismus in Indien, Türkei).

Gesellschaften mit kurzer oder *fehlender liberal-demokratischer Tradition* sind in der Regel, aber keineswegs stets, solche, in denen fundamentalistische Strömungen zudem durch massive sozio-ökonomische Existenzkrisen forciert werden. In ihnen gelingt es fundamentalistischen Bewegungen daher häufig, durch eine breite Massenmobilisierung und angesichts der Schwäche bzw. der Glaubwürdigkeitsprobleme der politischen Institutionen mit Aussicht auf Erfolg nach der politischen Macht im Staate zu greifen (z.B. Iran, Ägypten, Sudan, Algerien, Indonesien, Pakistan). In ihnen bildet sich darum häufig eine Form des *zentralen Fundamentalismus* aus.

Beide Kriteriengruppen überlappen einander zum Teil und sind überkreuz kombinierbar. Daraus ergeben sich zahlreiche Misch- und Übergangsformen der jeweils betroffenen Fundamentalismen selbst. Die vier Kategorien stellen daher nur idealtypische Pole der tatsächlichen Variationsmöglichkeiten des Fundamentalismus dar.

3.2. Die kurze Geschichte der systematischen Fundamentalismusforschung hat eine breite Palette von Theorien, Erklärungen und Deutungsmustern hervorgebracht. Sie präsentieren sich nach Erkenntnisabsicht und Ergebnis im groben Überblick in drei Varianten, von denen die ersten beiden den Fundamentalismus durch ihre Erklärung als Phänomen leugnen.

Zur ersten Gruppe gehören Theorien, die im Fundamentalismus nichts anderes sehen als die unvermeidliche Selbstimmunisierung jeder kulturellen oder metaphysischen Grundposition. In diesem Sinne wären das Offenheitspostulat, der Pluralismus und das Menschenrechtsverständnis der modernen Kultur auch nur eine Variante des Fundamentalismus, und zudem noch eine, die sich nicht selbst durchschaut, weil sie den Fundamentalismus immer nur bei den Anderen sucht. Dieser Theorie liegt offenkundig eine Verwechslung der Argumentationsebenen zugrunde. Fundamentalistisch ist es ja gerade nicht, wenn Einzelne oder Gruppen in offenen Gesprächssituationen, die sie als solche anerkennen, ihre eigene Vorstellung von Wahrheit mit Argumenten gegen andere zu verteidigen suchen, sei es nun innerhalb einer Kultur oder zwischen unterschiedlichen Kulturen. Fundamentalistisch ist erst die Weigerung, entweder solche offenen Gesprächsstrukturen überhaupt zuzulassen oder sich in ihrem Rahmen an Gesprächen zur Klärung strittiger Wahrheitsansprüche zu beteiligen.

Der zweiten Gruppe von Theorien gehören jene an, die im Fundamentalismuskonzept selbst nichts anderes als eine neue Ideologie zur Sicherung der westlichen Vormachtsansprüche über den Rest der Welt erblicken. Das kommt nach dieser Sicht v.a. in der Abstempelung des Islam als unüberwindlich fundamentalistischer Kultur zum Ausdruck, gegen die der Westen nur mit Rüstung, Eindämmung und Überlegenheitsstreben agieren könne. Fundamentalismus erfülle insofern die Rolle, das abhanden gekommene Feindbild der kommunistischen Gefahr zu ersetzen. Diese Theorien treffen einen zentralen Punkt im politischen Kulturverständnis zahlreicher Autoren, Politikberater und Politiker. Sie verwechseln jedoch eine besondere Verwendungsabsicht des Konzepts fundamentalistischer Kultur mit dem Konzept selbst.

Die dritte Gruppe von Fundamentalismustheorien umfasst deren weit aufgefächerten Hauptteil. Sie beschreiben die Wirklichkeit des Fundamentalismus in verschiedenen Kulturen und wollen sie erklären. Sie alle stimmen überein, dass der Fundamentalismus eine zentrale politisch-ideologische Macht in den politischen Arenen zu Beginn des 21. Jahrhunderts verkörpert und dass er in allen Kulturen nur eine der konkurrierenden Lesarten der Überlieferung darstellt.

Auch wenn sie die Akzente bei der Untersuchung der Entstehungsbedingungen und Erfolgsvoraussetzungen des Fundamentalismus unterschiedlich setzen, tragen sie alle zu deren schlüssiger Erklärung bei.

V.a. traditionalistisch geprägte Milieus reagieren auf die Gefahr der eigenen Auflösung infolge von Modernisierung mit fundamentalistischer Abschottung. Die Bedrohung der erworbenen sozio-kulturellen Identität wird als Kränkung erfahren, die nur durch die Zuflucht zum Fundamentalismus geheilt werden kann (vgl. Riesebrodt 1990). Kulturell-ökonomische Doppelkrisen sind der fruchtbarste Nährboden für ein rasches Wachstum fundamentalistischer Bewegungen, zumal dann, wenn sich die politischen Führungseliten als korrupt und reformunfähig erweisen und damit eine Situation der Perspektivlosigkeit entsteht.

Ein breitenwirksamer Fundamentalismus wird aktiviert durch schlagkräftige Organisationen, charismatische Führer, wirksame Kommunikationstechniken und populistische Parolen, die eine an der Oberfläche durchaus treffende Beschreibung der Lage mit politischer Heilsverheißung verbinden. In vielen Fällen wird die Glaubwürdigkeit des Angebots dadurch erheblich gesteigert, dass fundamentalistische Organisationen in den Lebenswelten der umworbenen Gruppen praktische Hilfen anbieten. Diese Erklärung für das Erstarken des Fundamentalismus zeigt nicht zuletzt auch, dass rein kulturell-diskursive Gegenstrategien kaum erfolgreich sein können, solange die sozial-ökonomischen und politischen Ursachen nicht behoben werden, die seinen Massenerfolg begründen.

4.

Alkier, S./Deuser, H./Linde, G. (Hg.), 2005, Religiöser Fundamentalismus, Tübingen: Francke.
Marty, M. E./Appleby, S. R., 1992, Herausforderung Fundamentalismus, Frankfurt/M.: Campus 1996.
Marty, M. E./Appleby, S. R. (Hg.), 1991 ff., The Fundamentalism Project, 5 Bde., Chicago: University of Chicago Press.
Meyer, T., 2001, Identity Mania. Fundamentalism and the Politicization of Cultural Differences, London: Zed.
Meyer, T., 2002, Identitätspolitik. Vom Missbrauch kultureller Differenz, Frankfurt/M.: Suhrkamp.
Riesebrodt, M., 1990, Fundamentalismus als patriarchalische Protestbewegung, Tübingen: Mohr.
Riesebrodt, M., 2000, Die Rückkehr der Religionen, München: Beck.
Ruthven, M., 2007, Fundamentalism, Oxford: Oxford University Press.
Six, C./Riesebrodt, M./Haas, S., 2004, Religiöser Fundamentalismus, Innsbruck: Studien Verlag.

Thomas Meyer

Fürsorge/Fürsorgeethik

1.

Die Begriffe »Fürsorge« und »Fürsorgeethik« werden in der praktischen Philosophie in einer gegenüber der allgemeinen Bedeutung des Wortes »Fürsorge« spezialisierten Bedeutung gebraucht (vgl. 1.2). Von »Fürsorge« wird gesprochen, wenn Personen auf Bedürfnisse anderer mit Aufmerksamkeit und Zuwendung sowie mit spontaner Unterstützung bei deren Befriedigung reagieren. »Fürsorgliche« Personen verfügen über den solchen Handlungen entsprechenden Komplex von Haltungen und Handlungsdispositionen. Unter »Fürsorgeethik« wird eine Ethik verstanden, in der Fürsorge Priorität hat.

1.1. Fürsorge ist mit dem Altruismus eng verwandt. Beide haben zum Ziel, das individuelle Wohl anderer zu mehren. Die fürsorgliche Person zeigt eine von charakteristischen Gefühlen begleitete unmittelbare Hilfsbereitschaft bei wahrgenommener Bedürftigkeit. Manche Autorinnen und Autoren halten Fürsorge für ein Verhalten, das nur in Nahbeziehungen anzutreffen ist, andere halten sie für darüber hinaus erweiterbar. Bei der Zuschreibung von Altruismus als Persönlichkeitsmerkmal wird, anders als bei Fürsorge, eher das Hintanstellen eigener Interessen, der Verzicht betont. Altruismus ist zudem eine Haltung, in der nicht zwischen Freunden und Fremden unterschieden wird. Es gibt aber auch Autorinnen und Autoren, für die Fürsorge eine spezielle Form von Altruismus ist.

Man kann die Fürsorgeethik als eine spezielle Art auffassen, moralisches Handeln in normativer Perspektive zu rekonstruieren. Genauso wie in einer Tugendethik, einer Vertragsethik, einer deontologischen Ethik oder einer utilitaristischen Ethik wird in einer Fürsorgeethik moralisches Urteilen und Handeln von einigen wenigen zentralen Annahmen aus geordnet, und zwar nicht nur mit dem Anspruch auf Beschreibung, sondern auch mit Anspruch auf Geltung und auf Reform bestehender sozialer Praxis. Es ist umstritten, ob die Fürsorgeethik als eigener Typ der Ethik aufgefasst werden kann, oder ob sie in anderen Typen von Ethik aufgeht. Ebenso ist umstritten, ob der Geltungsanspruch einer Fürsorgeethik sich auf moralisches, soziales und politisches Handeln insgesamt beziehen kann, oder ob es sich allenfalls um eine Bereichsethik handelt.

1.2. »Fürsorgeethik« ist eine Übersetzung des englischen »ethics of care«. Der englische Terminus hat sich international in der philosophischen Diskussion eingebürgert. »Care« ist im Englischen vieldeutig. Das Wort bezeichnet eine Zustand der Trauer (veraltet), ängstlicher oder zweifelnder Besorgtheit, Vorsicht, ernsthafter Aufmerksamkeit auf jemanden oder etwas, Rücksicht auf jemanden oder etwas; es kann aber auch für Zuständigkeit stehen, die darin besteht, sich um etwas oder jemanden kümmern zu müssen; bei Kindern wird es auch im Zusammenhang mit der Überantwortung an soziale Institutionen verwendet.

In die deutschsprachige philosophische Diskussion kommt der Begriff »Fürsorge« nur durch angelsächsischen Einfluss. »Fürsorge« eignet sich in »Fürsorgeethik« einerseits gut als Übersetzung für »care«, weil zum einen »Fürsorge« von »vürsorge« kommt, mittelhochdeutsch für Besorgnis vor Zukünftigem, heute Vorsorge, auch eine der Bedeutungen von »care«, und zum anderen Fürsorge für die Sorge um das Wohl anderer steht, wenn auch nicht Sachen gegenüber. Diese Bedeutung von »Fürsorge« ist, wie die parallele Bedeutung von »care«, weiter als die philosophische. Ferner hat »Fürsorge« wegen einer weiteren Bedeutung (vgl. 1.3.) eine Konnotation von als Bevormundung verstandenem Paternalismus. Das Wort »Fürsorge« transportiert dadurch die affektiv positive Konnotation von »care« nur gebrochen, weist dafür aber schon auf ein systematisches Praxisproblem einer Fürsorgeethik hin.

1.3. Neben der Sorge für andere wird mit »Fürsorge« im 19. und 20. Jahrhundert staatlich oder privat karitativ organisierte Hilfe für Personen in Notlagen oder Lebenssituationen mit besonderer Bedürftigkeit bezeichnet.

2.

Ausgelöst wurde die philosophische Diskussion um die Möglichkeit einer Fürsorgeethik und ihren Stellenwert durch eine empirische Arbeit in der Entwicklungspsychologie. In ihrem Buch *Die andere Stimme* griff Gilligan (1982) das geltende Paradigma für moralische Entwicklung von Kohlberg an. Ihre Untersuchung war davon motiviert zu zeigen, dass der moralische Entwicklungsstand von Frauen statistisch nicht, wie es in manchen Studien den Anschein hatte, hinter dem von Männern zurückbleibt. Sie behauptete, die moralische Entwicklung von Frauen folge einem anderen moralischen Idealbild als die von Männern, und sei bezogen auf dieses Idealbild genauso erfolgreich. Auf den verschiedenen Stufen der moralischen Entwicklung glaubte sie drei charakteristische Unterschiede im moralischen Denken von Männern und Frauen feststellen zu können: (1) Frauen haben eine andere Metaethik als Männer. Sie denken kontextbezogen und partikularistisch, Männer dagegen regelbezogen und universalistisch. (2) Frauen entwickeln andere Wertorientierungen als Männer. Sie orientieren sich an den Bedürfnissen anderer Menschen, deren Befriedigung sie für wichtig halten. Männer dagegen orientieren sich an den Rechten anderer, die sie nach ihrer Auffassung verpflichtet sind, in ihren Entscheidungen zu berücksichtigen. Die Moral der Frauen nannte Gilligan eine Fürsorgemoral (»ethics of care«), die der Männer eine Gerechtigkeitsmoral (»ethics of justice«). (3) Frauen haben ein anderes Selbstkonzept als Männer. Sie sehen sich als abhängig und getragen von einem Netz von Beziehungen, die zu pflegen für sie die eigentliche Pointe von Moral ist. Männer dagegen glauben, dass sie autonome Individuen sind, die weitgehend unabhängig von anderen ihre je eigenen Interessen verfolgen. Für sie ist die Pointe der Moral, Konflikte zu lösen.

3.
In der Philosophie gaben Gilligans Thesen zunächst besonders der feministischen Ethik Entwicklungsimpulse (3.1.), in einer Phase der Kritik und Qualifikation verbreiterte sich das Interesse und hält derzeit besonders in der Ethik medizinischer und sozialer Berufe sowie der politischen Philosophie an (3.2., 3.3.).

3.1. Bekanntlich gibt es keinen unproblematischen Übergang vom Sein zum Sollen. Selbst wenn Gilligans Befunde unbestritten wären, was sie nicht sind, bliebe die Frage, welchen Anspruch auf Geltung die beiden »Moralen«, Fürsorglichkeitsmoral wie Gerechtigkeitsmoral, haben, und wie die metaethischen Überzeugungen und Selbstkonzepte, mit denen sie verknüpft sind, zu beurteilen sind. Gilligan selber glaubt, dass die Fürsorgeethik mit anderen Ethiktypen kombiniert werden sollte. Die feministische Rezeption aber favorisierte zunächst entschieden eine reine Fürsorgeethik als moralisches Paradigma. In zwei einflussreichen Monographien (vgl. Noddings 1984; Ruddick 1989) wurde versucht, die ganze Breite moralischer Praxis so darzustellen, dass ihre Motivation bevorzugt Fürsorge sein sollte. Gilligans nur rudimentäre Darstellung der Fürsorgeethik und ihrer Funktionsweise wurde ausdifferenziert, auch um plausibel zu machen, dass normalerweise eher emotionslose oder distanzierte Beziehungen richtiger durch Zuwendung und spontane Hilfe bei Bedürftigkeit zu gestalten seien. Die hohe Kontextsensitivität der Alltagsmoral, die mindestens prima facie gegen die Anwendbarkeit allgemeiner Regeln spricht, und die in die Fürsorgeethik eingebundene anthropologische These von der prinzipiellen Abhängigkeit der Menschen voneinander wurden ebenfalls weiter bearbeitet.

Diese beiden Elemente der Fürsorgeethik, ihre partikularistische Metaethik und ihr relationales Selbstkonzept, sind parallel und in Wechselwirkung mit der Diskussion in der feministischen Ethik auch in anderen normativen Strömungen ausgebaut worden. Der Partikularismus ist ein bestimmendes Element diverser Tugendethiken, und Menschen als primär abhängig zu begreifen, ist mit konstitutiv für kommunitaristische Theorien.

3.2. Innerhalb und außerhalb feministischer Theoriebildung gab es viel Kritik am ausgearbeiteten normativen Teil des Paradigmas und viele Vorschläge für Qualifikationen: (1) Besonders die Exklusivität der Alternative »Fürsorge« oder »Gerechtigkeit« überzeugte nicht. Da Menschen nicht in der Lage seien, zu allen anderen Menschen eine affektiv positive Beziehung aufzubauen und auf die Bedürfnisse der ganzen Welt zu reagieren, sei die Fürsorgeethik über den Nahbereich hinaus durch eine Gerechtigkeitsmoral zu ergänzen (vgl. Card 1990). Moralisch dubiose Bedürfnisse sollten niemanden dazu motivieren, sie spontan zu erfüllen. Es bedarf einer Prüfinstanz mindestens für das Eingehen von Fürsorgebeziehungen, die in der Fürsorgeethik nicht vorgesehen ist (vgl. Davion 1993). (2) Die empirischen Annahmen von Gilligan wurden relativiert und korrigiert (vgl. Nunner-Winkler 1998). Beide moralischen Orientierungen stehen beiden Geschlechtern zur Verfügung. Es gibt auf diesem Gebiet keine Wesensunterschiede zwischen Frauen und Männern, auch wenn das alltagsweltlich anders erscheinen mag. (3) Eine andere Richtung der Kritik sieht in der Favorisierung einer Fürsorgeethik die Gefahr einer Zementierung der Geschlechterrollen, weil sie traditionell weibliche Zuwendung zwar für alle anstrebt, sich im begrifflichen Rahmen einer Fürsorgeethik aber keine Kritik der Geschlechterhierarchie formulieren lässt, die es auf dem Weg in eine fürsorgliche Welt zu überwinden gelte (vgl. Jaggar 1989). Eine universalistische Ethik sei deshalb unverzichtbar (vgl. Benhabib 1987). Hier spiegelt sich noch einmal die Debatte um Gleichheit oder Differenz der Geschlechter, und es geht nochmals um den Vorwurf zunächst der Biologisierung, später der Essentialisierung der Geschlechter. (4) Untersucht wurde außerdem das Verhältnis der Fürsorgeethik zur philosophischen Tradition. Für eine Integration der Fürsorgeethik in die kantische Lehre von den positiven Pflichten argumentieren Nunner-Winkler (1998) und Pauer-Studer (1996). A. Baier (1994) sieht Hume als Fürsorgeethiker, und Halwani (2003) macht einen erneuten Versuch, »Fürsorge« als ein zentrales Element in einer recht verstandenen Tugendethik zu platzieren.

3.3. Ein positiver Effekt der Diskussion um die Fürsorgeethik auf die philosophische Beschäftigung mit normativen Fragen besteht in einem Gewinn an Differenzierung in der Rekonstruktion derjenigen Phänomene, denen eine Ethik gerecht werden muss, und eine Belebung der Diskussion um Mitleidsethiken allgemein. Des Weiteren lassen sich auch speziellere Auswirkungen in der Sozialphilosophie, der Ethik medizinischer und sozialer Berufe sowie der politischen Philosophie nennen: (1) Die Diskussion hat den Blick für subtile Formen der Unterdrückung geschärft, die sich erst nach einem Durchgang durch das Fürsorgeparadigma auftun. Bubeck (1995) macht in marxistischer Tradition auf die Gefahr der Ausbeutung von Fürsorgerinnen und Fürsorgern aufmerksam. Herrmann (1999) sieht Fürsorgeethik und Gerechtigkeitsethik eher als Elemente von Geschlechterstereotypen. Dem Stereotyp folgende soziale Erwartungen an moralisches Verhalten sind asymmetrisch angelegt. In Konfliktsituationen erscheinen fürsorgliche Orientierungen als nachteilig. Krebs (2002) zeigt die sehr engen Grenzen von durch Liebe motiviertem fürsorglichem Handeln selbst in Nahbeziehungen und die Ungerechtigkeit in der Erwartung einer Ausdehnung dieser Motivation auf Hausarbeit und andere persönliche Dienstleistungen auf. (2) Die Fürsorgeethik ist zu einem festen Bestandteil medizinischer Ethik und der Ethik sozialer Berufe geworden. In der Pflege, im Umgang mit Patienten, in der Erziehung, im Umgang mit geistig Behinderten und für Menschen in sozialen Berufen allgemein ist die Fürsorgeethik attraktiv, weil dem hier tätigen Personenkreis die Abhängigkeit aller Menschen voneinander selbstverständlich scheint. Fürsorgeethik ist außerdem attraktiv, weil sie eine von Angehörigen helfender Berufe besonders stark wahrgenommene Beschränktheit kantischer Tradition aufhebt: dass nämlich ein moralischer Status an Autonomie und Vernunft gebunden sein soll. Weiter scheint die Fürsorgeethik direkt das »mütterliche« Ethos sozialer Berufe aufzugreifen, wie es sich in der zweiten Hälfte des 19. Jahrhunderts unter dem Einfluss der gemäßigten bürgerlichen Frauenbewegung ausgebildet hat, und in eine zeitgemäße, professionell annehmbare anti-paternalistische Haltung zu transformieren (vgl. Bischoff-Wanner 1992; Dallmann 2003; Kittay 2003). (3) Hinter der versuchten Aufwertung der normativen Kategorie »Fürsorge« in der politischen Philosophie kann man eine ähnliche Motivation vermuten. Die mindestens phasenweise Abhängigkeit und Bedürftigkeit aller Menschen lässt eine generelle Auffassung von Menschen als unabhängige Staatsbürger, die kontinuierlich teilhaben können an der Gestaltung des politischen Geschehens, als Fiktion erscheinen. Möglicherweise ist es gar das Privileg einer Minderheit: Nicht nur kann, wer auf Fürsorgebeziehungen angewiesen ist, in der Regel nicht partizipieren, sondern auch die fürsorgenden Personen, in der Regel Frauen in Familien, sind zeitlich in Betreuung und Pflege eingebunden, werden zu wenig entlastet oder können sich keine Entlastung leisten, so dass sie ihre staatsbürgerlichen Möglichkeiten nicht wahrnehmen können. Wenn man Menschen als bedürftig verstünde und dabei zugleich als berechtigt, ihre vorhandenen Fähigkeiten so zu entfalten, dass sie am politischen Prozess teilnehmen können, würde bisher private Fürsorge zur öffentlichen Aufgabe, zu deren Bewältigung Institutionen entwickelt werden müssten (vgl. Engster 2004; Held 2006; Kittay 1999, 2002; Pauer-Studer 2000; Tronto 2000).

4.

Baier, A. C., 1994, Moral Predjudices, Cambridge/MA: Harvard University Press.

Benhabib, S., 1987, Der verallgemeinerte und der konkrete Andere, in: E. List/H. Studer (Hg.), Denkverhältnisse, Frankfurt/M.: Suhrkamp 1989.

Bubeck, D., 1995, Care, Gender, and Justice, Oxford: Clarendon Press.

Card, C., 1990, Caring and Evil, in: Hypatia 5.

Dallmann, H.-U., 2003, Fürsorge als Prinzip?, in: Zeitschrift für evangelische Ethik 47.

Davion, V., 1993, Autonomy, Integrity and Care, in: Social Theory and Practice 19.

Engster, D., 2004, Care Ethics and Natural Law Theory, in: Journal of Politics 66.

Gilligan, C., 1982, Die andere Stimme. Lebenskonflikte und Moral der Frau, München: Piper 1984.

Halwani, R., 2003, Care Ethics and Virtue Ethics, in: Hypatia 18.

Held, V., 2006, The Ethics of Care, Oxford: Oxford University Press.

Herrmann, M., 1999, Geschlechterethik und Selbstkonzept, in: B. Dausien/M. Herrmann/M. Oechsle/C. Schmerl/M. Stein-Hilbers (Hg.), Erkenntnisprojekt Geschlecht, Opladen: Leske + Budrich.

Horster, D. (Hg.), 1998, Weibliche Moral – ein Mythos?, Frankfurt/M.: Suhrkamp.

Jaggar, A., 1989, Feministische Ethik, in: H. Nagl-Docekal/H. Pauer-Studer (Hg.), Jenseits der Geschlechtermoral, Frankfurt/M.: Fischer 1993.

Kittay, E. F., 1999, Love's Labour, London: Routledge.

Kittay, E. F., 2002, A Feminist Public Ethic of Care Meets the New Communitarian Family Policy, in: Ethics 111.

Kittay, E. F., 2003, Behinderung, gleiche Würde und Fürsorge, in: Concilium 39.

Nunner-Winkler, G., 1998, Der Mythos von den zwei Moralen, in: D. Horster (Hg.), Weibliche Moral – ein Mythos?, Frankfurt/M.: Suhrkamp.

Noddings, N., 1984, Caring, Berkeley: University of California Press.

Pauer-Studer, H., 1996, Das Andere der Gerechtigkeit, Berlin: Akademie.

Pauer-Studer, H., 2000, Autonom leben, Frankfurt/M.: Suhrkamp.

Pauer-Studer, H., 2003, Einführung in die Ethik, Wien: WUV.

Ruddick, S., 1989, Maternal Thinking, Boston: Beacon Press.

Tronto, J., 2000, Demokratie als fürsorgliche Praxis, in: Feministische Studien extra 18.

Martina Herrmann

G

Gedächtnis, kollektives

1.

Der Begriff »kollektives Gedächtnis« geht auf den französischen Soziologen M. Halbwachs (1925) zurück. Vor ihm hatte der Kunsthistoriker Warburg mit Blick auf überzeitliche Gehalte, die in Kunstwerken bewahrt werden, den Begriff des ›sozialen Gedächtnisses‹ bzw. des ›europäischen Kollektivgedächtnisses‹ benutzt (vgl. Gombrich 1992, 359). Von einem ›Gedächtnis der Menschheit‹ hatte bereits J. G. Herder gesprochen. Neu bei Halbwachs ist, dass er den Begriff des kollektiven Gedächtnisses zur Grundlage empirischer Untersuchungen gemacht und damit eine neue Forschungsorientierung eingeleitet hat. Halbwachs' Übergang vom individuellen zum kollektiven Gedächtnis bedeutete für die Gedächtnisforschung eine beträchtliche Erweiterung ihres Gegenstandsbereichs. Nachdem das praktische und wissenschaftliche Interesse am Gedächtnis lange auf das semantische Gedächtnis und den Aspekt der individuellen Merkfähigkeit (von der antiken römischen Mnemotechnik eines Cicero oder Quintilian bis zu H. Ebbinghaus) gerichtet war, trat mit dem neuen Begriff des kollektiven Gedächtnisses erstmals das (episodische) Alltagsgedächtnis mit seinen sozialen Bedingungen in den Blick.

2.

Insbesondere drei Denkanstöße von Halbwachs entfalteten für die aktuelle Gedächtnisforschung eine nachhaltige Wirkung. (1) Die *Soziogenese des Gedächtnis*: das Gedächtnis entsteht wie die Sprache durch Interaktion. Es baut sich in der Kommunikation mit anderen Menschen auf und wird in der Gruppe und durch die Gruppe aufrechterhalten, mit deren Mitgliedern man Referenzpunkte in der Vergangenheit teilt. Ein einzelner Mensch könnte nach Halbwachs ohne andere Menschen kein Gedächtnis ausbilden. (2) Die *Konstruktivität des Gedächtnis*: das Gedächtnis wird in der Gegenwart produziert und ist von den jeweiligen Interessen dieser Gegenwart abhängig. Das Gedächtnis ist somit nicht vordringlich ein Medium des akkuraten Speicherns, sondern eines der flexiblen Anpassung an immer neue Verhältnisse und veränderte Relevanz- und Wertstrukturen. (3) *Zusammenhang von Erinnerung und Identität*: Die Funktionsweise des Gedächtnisses unterscheidet sich vom Ziel der Geschichtswissenschaft dadurch, dass es Vergessen und Ausblenden (nicht als akzidentielle, sondern) als konstitutive Elemente einschließt und deshalb selektiv und perspektivisch organisiert ist. Damit ist immer ein Identitätsbezug verbunden, durch den eine klare Grenze zwischen dem Relevanten und dem Irrelevanten gezogen wird.

Der Identitätsbezug des Erinnerns und die mit ihm verbundene Bedeutung des Vergessens sind nicht erst von Halbwachs entdeckt worden; bereits Nietzsche (1873) hat diesen Zusammenhang herausgearbeitet, und Ernest Renan (1882) hat Vergleichbares angenommen, als er die Nation als eine Gedächtnis-Gemeinschaft definierte, deren mentaler und emotionaler Zusammenhalt dadurch erreicht werde, dass die Bürger einer Nation vieles gemeinsam erinnern und vieles gemeinsam vergessen. Ferner ist festzustellen, dass der Begriff der ›kollektiven Identität‹, der seit den 1980er Jahren zunehmend an Bedeutung gewinnt (vgl. Niethammer 2000), unmittelbar auf den des kollektiven Gedächtnisses bezogen ist.

Nietzsche hat eine Polarisierung von »Geschichte« (im Sinne von »Geschichtswissenschaft«) und »Gedächtnis« (im Sinne eines lebensdienlichen Wissens von der Vergangenheit) vorgenommen, wobei er drei Formen unterschied, in denen eine Gesellschaft einen lebensdienlichen Gebrauch von Geschichte als kollektivem Gedächtnis macht: die »monumentalistische«, die Vorbilder historischer Größe zur Motivation und Nachahmung für die Gegenwart aufstellt, die »antiquarische«, die sich auf ihre eigene Herkunft konzentriert und im Gestus der Pietät ihre Wurzeln pflegt, sowie die »kritische«, die das Vergessen praktiziert und sich revolutionär von Vorbildern, Traditionen und Normen der Vergangenheit lossagt. Auf eine andere Form des kollektiven Gedächtnisses hat W. Benjamin (1940) hingewiesen, wobei er allerdings die Kategorie der Lebensdienlichkeit grundsätzlich in Frage stellte. Er beschreibt die »ethische« Form des kollektiven Gedächtnisses als eine Rückwendung zu den Opfern der Geschichte, denen nachträglich zwar keine Restitution, aber doch eine Anerkennung durch Erinnerung widerfahren kann.

Die Polarisierung von ›Geschichte‹ (im Sinne von Geschichtswissenschaft) und ›Gedächtnis‹ hat Halbwachs wieder aufgenommen, sie stellt ein wichtiges und v.a. in der französischen Gedächtnisforschung (Yerushalmi 1988, Le Goff 1977, Nora 1984) vielfach erörtertes Thema dar. In dieser Gegenüberstellung steht das kollektive Gedächtnis oft für ein affektiv verkörpertes Wissen von der Vergangenheit, das einer Gruppe ›heilig‹ ist und Sinn und Handlungsorientierung vermittelt, während »Geschichte« für einen identitätsabstrakten, neutralen und objektiven Diskurs steht. Diese einfache Polarisierung unterstützt die Standpunktbezogenheit, Werthaltungen und Identitätsbezüge in der Geschichtswissenschaft. Inzwischen gehen Geschichtswissenschaft und kollektives Gedächtnis viele Verbindungen ein; die historische Forschung erweist sich nicht nur als ein notwendiges Korrektiv, wenn sie kritische Fragen an den Authentizitätsgehalt von persönlichen und kollektiven Erinnerungen stellt; sie hat auch die historischen Wandlungen des kollektiven Gedächtnisses als einen wichtigen neuen Gegenstand ihrer Untersuchungen entdeckt.

3.

Die Einführung des Begriffs »kollektives Gedächtnis« hat von Anfang an skeptische Reaktionen ausgelöst. Den Anfang machte Halbwachs' Kollege Marc Bloch, der den Begriff »kollektives Gedächtnis« als »bequem, aber ein wenig fiktiv« charakterisierte (Bloch 1925). Damit war der Tenor der Kritik bis in die Gegenwart hinein festgelegt. Koselleck (2003, 7) spricht dem Begriff des kollektiven Gedächtnisses bis heute jegliche heuristische Bedeutung ab. Sontag verweist den Begriff ins Reich der »Fiktion« und betont, dass es genau genommen so etwas wie ein kollektives Gedächtnis nicht gebe (2003, 85). Man bezweifelt nach wie vor die Legitimität eines Begriffs, der kein empirisches Korrelat habe. »Gedächtnis« sei ein Begriff, der nur auf lebendige Wesen mit entsprechenden neuronalen Strukturen anzuwenden sei. Der Begriff »kollektives Gedächtnis«, der ohne organisches Substrat auskomme, sei eine unzulässige Metapher und enthalte obendrein eine problematische kollektivistische Mystifikation nach Art der romantischen Begriffe der ›Volksseele‹ oder des ›Volkskörpers‹. Dabei muss freilich im Blick behalten werden, dass der Weg vom individuellen zum kollektiven Gedächtnis keineswegs der eines einfachen Analogieschlusses ist. Institutionen und Körperschaften wie Nationen, Staaten, die Kirche oder eine Firma ›haben‹ kein Gedächtnis, sondern ›machen‹ sich eines. Dafür bedienen sie sich memorialer Zeichen und Symbole wie Texte und Bilder, Riten und Praktiken, Orte und Monumente. Mit einem solchen Gedächtnis ›machen‹ sich Institutionen und Körperschaften zugleich eine Identität.

Der genannten Skepsis steht die emphatische Aufnahme des Begriffs durch konstruktivistisch orientierte Wissenschaftler gegenüber, die in dem Begriff des kollektiven Gedächtnisses ein Arbeitsinstrument sehen, weil er eine Alternative zum Begriff »Ideologie« anbietet. Die Ersetzung des Ideologie-Begriffs durch den Begriff des kollektiven Gedächtnisses schließt allerdings eine kritische Befragung von spezifischen Konzeptionen des kollektiven Gedächtnisses auf mögliche destruktive Funktionen hin keineswegs aus.

Im Begriff des kollektiven Gedächtnisses fließen nicht nur unterschiedliche (wie die von Nietzsche analysierten) Gedächtnisfunktionen zusammen; der Begriff schließt auch sehr heterogene Formationen in sich ein, die zum Teil wenig miteinander zu tun haben. Das ist der Punkt, an dem eine konstruktive Kritik des Begriffs des kollektiven Gedächtnisses anzusetzen hat. Der Begriff ist zu vage und verhindert notwendige Differenzierungen, ohne die eine Erforschung des kollektiven Gedächtnisses nicht voranschreiten kann. Gegenstand dieser Erforschung sind deshalb zunächst die unterschiedlichen Formen dessen, was hier jeweils als ›kollektiv‹ bezeichnet wird. ›Kollektiv‹ ist alles, was das Individuum überschreitet wie etwa die Familie und das soziale Umfeld, in die das Individuum hineinwächst. ›Kollektiv‹ bezieht sich weiterhin auf Wahlgemeinschaften, die durch Mitgliedschaften entstehen (wie der Kunstverein oder die katholische Kirche) sowie auf das politische Gemeinwesen, dem das Individuum angehört und dem es sich als Bürger zugehörig fühlt. Um diesen unterschiedlichen Bedeutungen des Wortes ›kollektiv‹ gerecht zu werden, ist eine genauere Differenzierung des Sammelbegriffs »kollektives Gedächtnis« erforderlich. Hier bietet sich eine Unterteilung des Adjektivs ›kollektiv‹ in mindestens drei Dimensionen an: als soziales, politisches und kulturelles Gedächtnis.

Zwischen den Begriffen des sozialen Gedächtnisses einerseits und des politischen und kulturellen Gedächtnisses andererseits verläuft die wichtige Scheidelinie, die das kollektive Kurzzeit-Gedächtnis von einem kollektiven Langzeit-Gedächtnis trennt. Der Zeithorizont des sozialen Gedächtnisses wird innerhalb der Familie durch die Interaktion zwischen den Generationen aufgebaut. Wie sich das Erlernen des autobiographischen Erinnerns im Gespräch zwischen Mutter und Kind anhand eines Fotoalbums vollzieht, haben Middleton/Edwards (1990) gezeigt. Das autobiographische Gedächtnis ist zunächst eingegliedert in das Familiengedächtnis, in dem Mitglieder miteinander eine Erfahrungs-, Erinnerungs- und Erzählgemeinschaft bilden. Das Drei-Generationen-Gedächtnis, das ein existentieller Horizont für persönliche Erinnerungen ist und in dem sich Selbst-Erlebtes und Gehörtes überkreuzen, löst sich nach 80–100 Jahren naturgemäß immer wieder auf, weshalb man es auch als soziales »Kurzzeit-Gedächtnis« bezeichnen kann. Besonders in totalitären Staaten, in denen ein politisches Gedächtnis von oben verordnet wird, bleibt oft das soziale oder »kommunikative« Gedächtnis als ein inoffizielles Gegen-Gedächtnis virulent (vgl. Burke 1993; Assmann 1992).

Demgegenüber streben das politische und das kulturelle Gedächtnis einen unbeschränkten Zeithorizont an, so dass man hier (nicht unbedingt faktisch, aber doch der Intention nach) von einem sozialen Langzeit-Gedächtnis sprechen kann. Damit ist der Übergang von einem inter-generationellen Gedächtnis, das ganz auf gegenseitiger Kommunikation beruht, und einem trans-generationellen Gedächtnis verbunden, das über Zeichen, Symbole und Medien gesichert ist. Die symbolischen Medien, die die Aufrechterhaltung eines sozialen Langzeit-Gedächtnisses gewährleisten, sind grundsätzlich von zweierlei Art, die man als »Sicherungsformen der Dauer« und »Sicherungsformen der Wiederholung« unterscheiden kann. Zur Sicherungsform der Dauer gehören materielle Aufzeichnungen wie Texte und Bilder sowie feste Orte, Monumente, Bauwerke. Zur Sicherungsform der Wiederholung gehören Jahrestage und Kommemorationsriten sowie Aufführungen und Veranstaltungen, die die Inhalte, um die es geht, immer wieder ins Gedächtnis rufen und durch teilnehmende Verkörperung bestätigen (vgl. Connerton 1989).

Das politische Gedächtnis umfasst sinn- und identitätsstiftende Mythen, Ideologien und nationale Geschichtsbilder, die sich höchst selektiv auf bestimmte Ereignisse als zentrale Bezugspunkte in der Vergangenheit konzentrieren. Diese kollektiven Geschichtsbilder haben die Funktion von ›Autohypnosen‹ (Sloterdijk). Sie sind meist positiv konnotiert, um das Selbstbild der Gruppe zu stärken, können aber auch negativ sein. Nicht weniger als der Triumph ist die Niederlage eine affektive Erfahrung von hohem mobilisierenden Wert, sofern diese in einem heroischen bzw. martyriologischen Narrativ verarbeitet werden kann. Eine Form politischer Identitätsstiftung beruht sogar auf einem ›erwählten Trauma‹ (vgl. Volkan 1999) und dient zur Fundierung eines Opferkollektivs. Eine radikale historische Ausnahme stellt demgegenüber die Gründung einer kollektiven Identität auf der Basis eines ›negativen Gedächtnisses‹ (vgl. Koselleck 2002) dar, das die eigene Schuld kommemoriert und sich selbst in die Verantwortung für die Täter stellt. Obwohl seit den 1990er Jahren die Aufnahme von Schuldanteilen ins nationale Gedächtnis in Form öffentlicher Schuldbekenntnisse zu einer neuen Form von Symbolpolitik geworden ist (vgl. Lübbe 2001), tendiert das politische Gedächtnis grundsätzlich jedoch eher zur Vereinheitlichung und zur Instrumentalisierung, weshalb die Frage nach dessen Gebrauch und Missbrauch nach wie vor im Vordergrund des Forschungsinteresses steht (vgl. Todorov 1995; Assmann 2006).

An diesem Punkt zeigen sich auch die Unterschiede zwischen einem politischen und einem kulturellen kollektiven Gedächtnis. Aufgrund seiner thematischen Reichweite und ausgedehnten Speicher-Institutionen überschreitet das kulturelle Gedächtnis stets die radikal verengten Horizonte des politischen Gedächtnisses. Es entsteht aufgrund unterschiedlicher (oraler, literaler) Speicherungstechniken und langfristiger Formen der Tradierung kulturellen Könnens und Wissens. Die Verbreitung und Erhaltung eines gemeinsam geteilten kulturellen Wissens (Bildung) spielt neben der politischen Identität eine wichtige Rolle für den sozialen und nationalen Zusammenhalt. Die Grenze zwischen einer politischen Nation und einer Kulturnation ist nicht immer einfach zu ziehen, da Kultur und Politik im kollektiven Gedächtnis in ein enges Verhältnis treten. Das wird u.a. deutlich bei den von Nora (1984) und seinen Mitverfassern identifizierten und beschriebenen ›Gedächtnis-Orten‹ (›lieux de mémoire‹), zu denen Bauten, Riten und Artefakte mit ihren spezifischen Traditionen gehören. Während die Themen und Motive des politischen Gedächtnisses wie die Flagge und die Nationalhymne auf symbolische Einheitlichkeit und kollektive Partizipation angelegt sind, gilt für die Gegenstände des kulturellen Gedächtnisses, dass sie von Grund auf vielgestaltig sind und sich eher einer individuellen Deutung, Würdigung und Aneignung erschließen. Das politische Gedächtnis ist auf eine bestimmte Vergangenheitsdeutung festgelegt und macht diese zur verpflichtenden Orientierung für die Zukunft; das kulturelle Gedächtnis dagegen ist sehr viel inklusiver und eröffnet aufgrund der Heterogenität seiner Elemente kritische und immer wieder neue Zugänge für die individuelle und kollektive Selbstdeutung in der Gegenwart.

4.

Assmann, A., 2006, Der lange Schatten der Vergangenheit. Erinnerungskultur und Geschichtspolitik, München: Beck.

Assmann, J., 1992, Das kulturelle Gedächtnis. Schrift, Erinnerung und politische Identität in den frühen Hochkulturen, München: Beck.

Benjamin, W., 1940, Über den Begriff der Geschichte, in: ders., Gesammelte Werke, Bd. I/2, Frankfurt/M.: Suhrkamp 1980.

Bloch, M., 1925, Mémoire collective, tradition et coutume, Révue de Synthèse Historique 40.

Burke, P., 1993, Geschichte als soziales Gedächtnis, in: A. Assmann/D. Hardt (Hg.), Mnemonsyne, Frankfurt/M.: Fischer.

Connerton, P., 1989, How Societies Remember, Cambridge: Cambridge University Press.

Gombrich, E., 1992, Aby Warburg, Hamburg: EVA.

Halbwachs, M., 1925, Das Gedächtnis und seine sozialen Bedingungen, Frankfurt/M.: Suhrkamp 1985.

Halbwachs, M., 1950, Das kollektive Gedächtnis, Frankfurt/M.: Fischer 1991.

Koselleck, R., 2002, Formen und Traditionen des negativen Gedächtnisses, in: V. Knigge/N. Frei (Hg.), Verbrechen erinnern. Die Auseinandersetzung mit Holocaust und Völkermord, München: Beck.

Koselleck, R., 2003, Die bildliche Transformation der Gedächtnisstätten in der Neuzeit, in: J.-C. Margotton/M.-H. Perennec (Hg.), La Mémoire, Lyon: Presses Universitaires.
Le Goff, J., 1977, Geschichte und Gedächtnis, Frankfurt/M.: Campus 1992.
Lewis, B., 1975, History. Remembered, Recorded, Invented, Princeton: Princeton University Press.
Lübbe, H., 2001, Ich entschuldige mich. Das politische Bußritual, Berlin: Siedler.
Middleton, D./Edwards, D., 1990, Collective Remembering, London: Sage.
Niethammer, L., 2000, Kollektive Identität, Reinbek: Rowohlt.
Nietzsche, F., 1873, Vom Nutzen und Nachteil der Historie für das Leben, in: KSA, Bd. 1, München/Berlin: dtv/de Gruyter 1988.
Nora, P. (Hg.), 1984, Erinnerungsorte Frankreichs, München: Beck 2005.
Renan, E., 1882, Was ist eine Nation?, in: ders., Was ist eine Nation? und andere politische Schriften, Wien: Folio 1995.
Ricoeur, P., 2000, Gedächtnis, Geschichte, Vergessen, München: Fink 2004.
Sontag, S., 2003, Das Leiden anderer betrachten, Frankfurt/M.: Fischer 2005.
Todorov, T., 1995, Les Abus de la mémoire, Paris: Arléa.
Volkan, V. D., 1999, Das Versagen der Diplomatie. Zur Psychoanalyse nationaler und internationaler Konflikte, Gießen: Psychosozial.
Welzer, H. (Hg.), 2001, Das soziale Gedächtnis, Hamburg: Hamburger Edition.
Welzer, H., 2002, Das kommunikative Gedächtnis, München: Beck.
Yerushalmi, Y. H., 1988, Zachor. Erinnere Dich!, Berlin: Wagenbach.

Aleida Assmann

Gefühl/Affekt/Emotion

1.

»Gefühl«, ein Abstraktum zum Verb »fühlen«, entstand im 17. Jahrhundert und entspricht eher dem frz. »sentiment« als dem engl. »feeling« (»Empfindung«). Unter »Gefühlen« sind der philosophischen wie der alltagssprachlichen Verwendung nach alle subjektiven Wahrnehmungen innerer und äußerer Zustände zu verstehen. »Gefühle« kann als Überbegriff für sämtliche affektiven Phänomene verwendet werden, wozu Emotionen, Stimmungen, Launen, affektive Einstellungen wie Sympathie, Antipathie, Vertrauen und Misstrauen, körperlich lokalisierbare sowie diffuse Empfindungen und sogar Intuitionen zählen. Diesen heterogenen Gefühlsphänomenen ist gemeinsam, dass sie eine spürbare, positive oder negative Wertigkeit haben und sich in vielfältigen Verhaltensweisen der Ablehnung oder Anziehung ausdrücken. Der Begriff der »Empfindung« lässt sich für die Bezeichnung von Wahrnehmungen körperlicher Veränderungen im engeren Sinne reservieren, wie Berührung, Temperaturwechsel, Druck, aber auch Hunger, Müdigkeit oder Herzrasen. In der philosophischen Literatur werden Lust- und Unlustgefühle zum Teil mit Empfindungen gleichgesetzt (vgl. Kenny 1963; Lyons 1980) oder als eine eigenständige Subklasse von Gefühlen abgesondert (vgl. Goldie 2000). Diese hedonischen Gefühle sind organisch nicht-lokalisierbar und bewirken, dass man sich in körperlicher und/oder in geistiger Hinsicht behaglich oder unwohl fühlt. Der Begriff des »Affekts« geht auf lat. »affectus« zurück, was so viel bedeutet wie »körperlicher oder geistiger Zustand«, »Leidenschaft«, »Stimmung«. Als Verbalabstraktum von »afficere« (»einwirken«, »anregen«) verweist der Affektbegriff etymologisch darauf, dass man von etwas berührt wird. »Emotion« ist dem frz. »émotion« bzw. »émouvoir« (»bewegen«, »erregen«) entlehnt, das die lateinische Wurzel »e-movere« (»heraus-bewegen«) enthält, so dass ebenfalls ein »Bewegt-werden-durch-etwas« konnotiert ist. Während heute die Begriffe »Affekt« und »Leidenschaft« primär für die überwältigenden Formen emotionaler Erregung reserviert sind (vgl. Peters 1997, 7), deckt der modernere Emotionsbegriff das ganze Spektrum von den leisen Regungen, wie Dankbarkeit, bis hin zu den stärkeren Regungen, wie manifesten Wutausbrüchen, ab. In der einschlägigen philosophischen Literatur zum Thema wird im Blick auf dieses umfangreichere Phänomenspektrum aufgrund der weiteren Extension des Emotionsbegriffs bevorzugt von »Theorien der Emotionen« anstatt von »Theorien der Affekte« gesprochen.

Innerhalb der Philosophie der Emotionen ist die Abgrenzung der Emotionen von den verwandten Stimmungen zentral (vgl. Tugendhat 1979; Pocai 1996, 73 ff.; Siemer 1996, 11 ff.; Kenny 1963, 60). Stimmungen wie Angst, Depression, Heiterkeit werden als nicht-intentional bzw. als intentional diffus charakterisiert, weil sie typischerweise auf nichts Besonderes oder auf die Welt im Ganzen zielen. Alles erscheint einem im Zustand der Depression gleichermaßen bedrückend, während man in einem emotionalen Zustand der Traurigkeit z. B. auf einen konkreten Verlust bezogen ist. Da es zwischen Stimmungen und Emotionen empirisch fließende Übergänge gibt, behilft man sich in der alltagspsychologischen Praxis damit, eine zeitliche Grenze als Wendepunkt zu nehmen. Dauert eine Trauer länger als einige Monate an, wird man sie bereits als Depression einstufen können. Während Phänomene wie Begierde, Interesse oder Schreck nur von einigen Autoren zu den Emotionen gerechnet werden, zählen zu den repräsentativen Emotionen u.a.: Freude, Glück, Dankbarkeit, Wut, Schuldgefühl, Scham, Stolz, Mitleid, Eifersucht, Neid, Liebe, Hass, Hoffnung sowie Furcht, Trauer, Verliebtheit und Sehnsucht. Die Emotionstheorien beschäftigen sich mit der Frage nach der Bestimmung der Natur dieser eingeschränkten Klasse emotionaler Phänomene und nicht sämtlicher Gefühlsphänomene.

2.

Die Wiederentdeckung der Emotionen als Thema der modernen Philosophie geht auf einen Aufsatz von William James (1884) zurück. James stellt darin die These auf, Emotionen bestünden in der Wahrnehmung physiologischer Veränderungen. Seither ist ein bis heute anhaltender Streit über die Bestimmung der Natur der Emotionen entfacht. Die sog. Nicht-Kognitivisten folgen James darin, Emotionen mit Empfindungen physischer Veränderungen und/oder introspektiv zugänglicher Gefühle zu identifizieren. Daher nennt man diese Ansätze auch »Rückmelde- oder Gefühlstheorien der Emotionen«. Die Phänomenologen unter ihnen wenden sich in ihren Emotionsanalysen typologisierend verfahrenden Beschreibungen zu, in denen sie subjektiv bewusste Empfindungen von leiblichen Veränderungen abzubilden versuchen. Erfasst werden sollen diejenigen Quale, die durchschnittlich aus der Perspektive der ersten Person Singular innerhalb einer emotionalen Situation mehr oder weniger bewusst empfunden werden. Ein Gefühl des Stechens, des Verschwinden-Wollens oder des Errötens sollen dabei von sich aus hinreichend Aufschluss über die distinkte Natur des jeweiligen Emotionstypus geben (vgl. Schmitz 1967; Landweer 1995). Andere Ansätze innerhalb des emotionstheoretischen Nicht-Kognitivismus orientieren sich in der Folge von James an Analysen neuronaler und physiologischer Aktivitäten sowie an funktional-biologistischen Analysen affektiver Reaktionen und Verhaltensweisen (vgl. Griffith 1997; LeDoux 1998; Ekman 1994), mit denen sie Emotionen identifizieren. Beide Formen nicht-kognitivistischer Konzeptionen der Emotionen, die phänomenologische wie die neurophysiologische Variante, gelangen dort an ihre Grenzen, wo sie gefordert sind, Emotionen in ihrer Spezifität von verwandten affektiven (z. B. von bloßen Körpergefühlen) abzugrenzen. Ein weiteres Problem dieser Ansätze ergibt sich daraus, dass sie kaum erklären können, wie und dass wir Emotionen kritisieren und sogar argumentierend beeinflussen können. Maßnahmen wie Kritik und Begründungen sind nur sinnvoll auf »semantikfähige« Zustände zu beziehen, nicht in Bezug auf physische oder auch leibliche Wahrnehmungen von Körperregungen. Als »Verhaltenstheorie der Emotionen« ist weiterhin jene dritte Variante innerhalb des Nicht-Kognitivismus abzugrenzen, die Emotionen als erlernte und/oder angeborene Verhaltensdispositionen auffasst (vgl. Dewey 1894; Ryle 1949). Den verhaltenstheoretischen Ansätzen zufolge ist für die Analyse von

Emotionen die expressive und anpassungsfunktionale Dimension bestimmter Verhaltensweisen von Belang, und diese sollen weitere erklärende Rekurse auf eine eventuelle Beteiligung intentionaler Zustände für die hinreichende Identifikation vorliegender Emotionen überflüssig machen. »Furcht« ist demzufolge vollständig analysierbar als ein Impuls, vor Gefahr zu fliehen, »Verliebtheit« als die Anziehung zu einem erotischen Objekt, usw. für jeden Emotionstyp. Folgende Probleme ergeben sich für verhaltenstheoretische Ansätze: Erstens spricht die Variabilität emotionaler Ausdrucksweisen gegen die Gleichsetzung von Emotionen mit Verhaltensstereotypen. Zweitens macht die Möglichkeit emotionales Verhalten auch unterdrücken oder fälschlich vorspiegeln zu können, zumindest ein weiteres Kriterium zur Identifikation von Emotionen über Verhalten hinaus notwendig. Und drittens ist es problematisch, dass sowohl die Bedeutungsdimension als auch die phänomenale Dimension der Emotionen in einem reduktionistischen verhaltenstheoretischen Theorierahmen zu bloßen Epiphänomenen gerinnen. Das aber spricht gegen die Selbstverständlichkeit, mit der wir unsere emotionalen Reaktionen als unmittelbar gefühlsartige Expressionen persönlicher Einstellungen behandeln (vgl. Lyons 1980; Nussbaum 2001).

Verhaltens- und gefühlstheoretische Ansätze geraten gleichermaßen mit Blick auf die vielseitige Kommunizierbarkeit der Emotionen sowie hinsichtlich ihrer epistemischen und normativen Dimensionen in Erklärungsnot. So fühlen wir nicht nur irgendetwas in uns, wenn wir emotional sind oder reagieren mechanisch auf bestimmte Stimuli. Vielmehr begreifen wir durch unsere Emotionen, was uns und anderen persönlich wichtig ist und können dafür oder dagegen Gründe geben. Seit den 1960er Jahren geht die dominierende Tendenz innerhalb der primär angelsächsischen Debatte zur Emotionstheorie dahin, den Emotionen selbst eine kognitive Struktur zuzuschreiben (Kenny 1963; De Sousa 1991; Nussbaum 2001). Kognitivisten betonen die intentionale Urteilsförmigkeit und Sprachabhängigkeit der Emotionen (Kenny 1963; Solomon 1993; De Sousa 1991). Ihre Grundannahme lautet, dass Emotionen über ihre Gegenstandsbezüge definierbar sind. Emotionen sind vollständig identifiziert, wenn die ihnen zugrunde liegenden Kognitionen es sind, denen sich die Spezifikation ihrer Gegenstände entnehmen lassen. Zu Kognitionen zählen Einstellungen, Wünsche, Meinungen und/oder Wahrnehmungen. Die Mehrheit der zeitgenössischen Kognitivisten favorisiert methodisch einen hermeneutischsprachanalytischen Ansatz. Daher rücken Analysen (alltags-)sprachlicher Verwendungen von Emotionstermen sowie die der Praxis ihrer Zuschreibungen und Rationalität ins Zentrum ihrer Theorien.

3.

Die Frontstellung zwischen kognitivistischen und nicht-kognitivistischen Positionen versuchen sog. Komponententheorien zu überbrücken. Sie betrachten Emotionen weder als maximal introspektiv wahrnehmbare, vorsprachliche Zustandsveränderungen von Subjekten (vgl. James 1884), noch als Verhaltensmuster (vgl. Ryle 1949), und auch nicht als Modifikationen kognitiver Urteile (vgl. Solomon 1993). Vielmehr halten Komponententheorien Emotionen für irreduzibel komplexe Phänomene, zu deren durchschnittlich gegebenen Konstituenten sie die Verschränkung von (1) kognitiv-evaluativen Komponenten, (2) Gefühlen und/oder Sensationen sowie (3) Handlungsimpulsen zählen (vgl. Lyons 1980; De Sousa 1991). Die Differenzen zwischen den Komponententheorien betreffen Fragen danach, welche konkreten kognitiven und/oder physischen Komponenten als notwendige Konstituenten der Emotionen erachtet werden und welche als verzichtbar für eine begriffliche Analyse der Emotionen gelten können sollen.

Für ergänzungsbedürftig gehalten werden diese komponententheoretische Ansätze aus der Sicht der neueren Forschung in zwei Hinsichten (vgl. Goldie 2000; Voss 2004): Zum einen neigen auch diese Ansätze zu einer zu engen Auffassung davon, was als kognitiv-evaluative Komponente der Emotionen zu zählen hat. Denn diese bleibt in nahezu allen Ansätzen maximal auf eine urteilsbildende Kombination von Wünschen und Überzeugungen beschränkt. Phantasien, Wunschvorstellungen und vage Ahnungen sind jedoch Varianten intentionaler Zustände, die ebenfalls unseren Emotionen zugrunde liegen und von diesen hervorgerufen werden. Anders als propositional ausdrückbare Meinungen und Wünsche bemessen sich Phantasien und bloße Wunschvorstellungen nicht daran, ob ihre Gehalte einer Wirklichkeit entsprechen oder ob sie irgendwann verwirklicht werden. Sie haben also keine Erfüllungsbedingungen. Wenn aber Phantasien und bloße Wunschvorstellungen zum identifizierenden Gehalt von Emotionen zählen und diese nicht ihrer Rationalität, Genese oder Verständlichkeit nach an der Übereinstimmung mit Weltzuständen außerhalb ihrer bemessen werden, dann müsste dieses Faktum auch Konsequenzen für den Umgang mit den entsprechend fundierten Emotionen haben. Sie lassen sich weder so kritisieren, noch so begründen oder argumentativ beeinflussen wie Emotionen, die primär auf Tatsachenannahmen basieren. Emotional implizierte Wunschvorstellungen sind zudem von bildlicher und zum Teil selbst akustischer Natur und zeichnen sich durch semantische Dichte aus. Ihre sprachliche Repräsentation verläuft daher über narrative Verkettungen von Sätzen zu ganzen Texten, anstatt über die satzartige Bildung einzelner Propositionen. Diese Ergänzung führt in der Literatur zu »Narrativen Konzeptionen der Emotionen« (vgl. Nussbaum 1990; Goldie 2000; Voss 2004). Dem zufolge lernen wir das Verständnis der Emotionen und unseres Emotionsvokabulars aus Alltagserzählungen, Literatur und Filmen kennen. Wir lernen dabei in paradigmatischen Situationen, uns Emotionen als sinnhafte Ganzheiten zuzuschreiben, deren identifizierende Korrelate nicht singuläre Gegenstände oder Propositionen sind, sondern komplexe Szenarien, die in narrativen Geschichten zum Ausdruck kommen. Geschichten und nicht bloße Urteile sind demnach die kleinsten Bedeutungseinheiten der Emotionsbegriffe (vgl. Voss 2004).

Der zweite Kritikpunkt an den Komponententheorien bezieht sich auf die Frage des Zusammenspiels der Emotionskonstituenten. Denn innerhalb einer bloß additiv gedachten Strukturbeschreibung der multikomponentalen Emotionen bleibt offen, wie ihre spezifische Einheit zu denken ist. Die von den narrativen Emotionstheorien angebotenen Lösungen heben zwei Aspekte emotionaler Einheit hervor. Zunächst haben Emotionen als Ganze eine qualitative Dimension, d. h. sie enthalten nicht nur Empfindungen auf der Ebene ihrer Bestandteile, sondern sie werden selbst auch empfunden. Insofern ist es erforderlich eine Einheit-stiftende, hedonische Gefühlsdimension einzuführen, die auf alle anderen Komponenten der Emotionen superveniert. Dies soll erklären, warum die unterschiedlichen Komponenten emotionaler Regungen vor dem subjektiven Bewusstsein gleichwohl als zusammenfließend empfunden werden (vgl. Goldie 2000; Steinfath 2001). Der andere Aspekt der Einheit komponentaler Emotionen betrifft ihre repräsentationale Ebene. Eine intentionale Instanz zweiter Ordnung wird eingeführt und sie besteht in einer narrativen Synthese sämtlicher heterogener Komponenten im Verhältnis zu einer gegebenen und mustergültigen Situation. Dabei werden alle Komponenten einer emotionalen Gesamtreaktion, die über einen Zeitraum verteilt dazu zu rechnen sind, auf ein gemeinsames Grundthema deutend zurückbezogen und in die Ordnung eines Narrativs gebracht. Das Leitthema eines emotionalen Narrativs ist über die kognitiv-evaluative Komponente explizierbar (vgl. Voss 2004). Alle Aspekte der Emotionen – ihre Multikomponentalität sowie ihre qualitativ wahrnehmbare und narrative Struktur – machen sie zu komplexen Phänomenen, die sich außerdem noch über einen gewissen Zeitraum erstrecken. Dabei weist jeder einzelne Emotionstyp eine eigene, themengeleitete Ablaufdramaturgie auf, sofern sich Anfangs-, Höhepunkt- und Abschlussphasen unterscheiden lassen, in deren thematischem Mittelpunkt jeweils eine persönliche Wertung eines Sachverhaltes steht. Die Subjektivität der Emotionen erschöpft sich aus narrativitätstheoretischer Sicht nicht darin, dass sie eine hedonische Empfindungsqualität aufweisen. Vielmehr hängt aus dieser Perspektive emotionale Subjektivität an den emotionsspezifischen Evaluationen, welche eine Steigerung oder eine Minderung unseres Wohlergehens als normative Bezugspunkte aufweisen. Die evaluativen Themen unserer emotionalen Reaktionen betreffen, je nachdem, eine Bestätigung oder Durchkreuzung unserer Wertvorstellungen, Selbst- und Weltbilder, unsere Wünsche oder unserer Bedürfnisse.

Aus der Sicht all jener Ansätze, welche die wesentlichen Komponenten der Emotionen ohnehin für erlebnistranszendent halten (vgl. Griffith 1997), verwechseln narrative ebenso wie kognitivistische Ansätze das Explanans mit dem Explanandum: Diese würden demnach fälschlicherweise die nachträglich einsetzende Deutung einer emotionalen Zustandsveränderung als kognitives und narratives Strukturelement dieser Veränderung selbst auffassen (vgl. Dewey 1894; LeDoux 1998). Angesichts der großen terminologischen, methodischen und inhaltlichen Differenzen innerhalb der Philosophie der Emotionen und zwischen den Disziplinen, ist der Ausgang der Diskussion um die Natur der Emotionen ebenso wenig einzuschätzen, wie ein möglicher Gewinn einer ggf. interdisziplinären Orientierung der Emotionsforschung.

4.

Damasio, A., 1999, Ich fühle, also bin ich. Die Entschlüsselung des Bewusstseins, München: List 2000.

Dewey, J., 1894, The Theory of Emotion, in: ders., The Early Works, Bd. 4, Carbondale: Southern University Press 1971.

Ekman, P., 1994, Affective Science, in: P. Ekman/ R. Davidson (Hg.), The Nature of Emotion, Oxford: Oxford University Press.

Goldie, P., 2000, The Emotions, Oxford: Oxford University Press.

Green, O., 1992, Emotions, Boston: Kluwer.

Griffith, P., 1997, What Emotions Really Are, Chicago: University of Chicago Press.

Hartmann, M., 2005, Gefühle, Frankfurt/M.: Campus.

James, W., 1884, What is an Emotion?, in: C. Calhoun/R. Solomon (Hg.), What is an Emotion?, Oxford: Oxford University Press.

Kenny, A., 1963, Action, Emotion and Will, London: Routledge.

Landweer, H., 1995, Verständigung über Gefühle, in: M. Großheim (Hg.), Leib und Gefühl, Berlin: Akademie.

LeDoux, J., 1998, Das Netz der Gefühle, München: Hanser.

Lyons, W., 1980, Emotion, Cambridge: Cambridge University Press.

Nussbaum, M., 1990, Love's Knowledge, Oxford: Oxford University Press

Nussbaum, M., 2001, Upheavels of Thought. The Intelligence of Emotions, Cambridge: Cambridge University Press.

Peters, U., 1997, Wörterbuch der Psychiatrie und medizinischen Psychologie, Augsburg: Bechtermünz.

Pocai, R., 1996, Heideggers Theorie der Befindlichkeit, Freiburg: Alber.

Roth, G.,2001, Fühlen, Denken, Handeln, Frankfurt/M.: Suhrkamp.

Ryle, G., 1949, Der Begriff des Geistes, Stuttgart: Reclam 1969.

Schmitz, H., 1967, System der Philosophie, Bd. III.I.: Der leibliche Raum, Bonn: Bouvier 1988.

Siemer, M., 1996, Stimmungen, Emotionen und soziale Urteile, Frankfurt/M.: Lang.

Sousa, R. de, 1991, The Rationality of Emotion, Cambridge/MA: MIT Press.

Solomon, R., 1993, The Passions, Indianapolis: Hackett.

Steinfath, H., 2001, Orientierung am Guten, Frankfurt/M.: Suhrkamp.

Tugendhat, E., 1979, Selbstbewußtsein und Selbstbestimmung, Frankfurt/M.: Suhrkamp.

Voss, C., 2004, Narrative Emotionen, Berlin: de Gruyter.

Wollheim, R., 1999, On the Emotions, New Haven: Yale University Press.

CHRISTIANE VOSS

Gehlen, Arnold (1904–1976)

1.

Arnold Gehlen wurde als Sohn eines Verlegers in Leipzig geboren und studierte nach dem Besuch des Thomas-Gymnasiums dort Philosophie, Germanistik und Kunstgeschichte (zeitweise auch Physik und Zoologie). 1927 promovierte er bei Hans Driesch und wurde 1930 für das Fach Philosophie habilitiert. Dreißigjährig wurde er als Nachfolger seines Lehrers Driesch auf das Ordinariat für Philosophie berufen – und zwar gegen erheblichen Widerstand des Dresdner NS-Ministeriums, obwohl er am 1. 5. 1933 der NSDAP beigetreten war. 1938 erhielt er den Kant-Lehrstuhl in Königsberg und wechselte 1940 nach Wien. Wie alle »reichsdeutschen« Professoren in Österreich wurde er 1945 amtsenthoben, aber bereits 1947 an der von der französischen Militärregierung neu gegründeten Hochschule für Verwaltungswissenschaften in Speyer wiederum Ordinarius – jetzt für Soziologie. Von 1962 bis zu seiner Emeritierung vertrat er dieses Fach an der Rheinisch-Westfälischen Technischen Hochschule Aachen. Gehlen starb am 30. 1. 1976 in Hamburg.

2.

Schon in seiner Habilitationsschrift *Wirklicher und unwirklicher Geist* (1931) (GA, Bd. 1), von deren »existenzialistischem Pathos« er sich später distanziert, geht Gehlen vom »problematischen Leben des Menschen« aus, dessen selbstzerstörerische »Unwirklichkeit« nur durch die Verankerung der Person in realen Situationen und »höheren Ordnungen« überwindbar sei. Bis Gehlen mit *Der Mensch* (1940) (GA, Bd. 3) zu einem Hauptautor der Philosophischen Anthropologie wird, wechselt er mehrfach seinen philosophischen Standort. Formelhaft kann man die von ihm eingenommenen Positionen »existenzial-phänomenologisch«, »objektiv-idealistisch« und »erfahrungswissenschaftlich-anthropologisch« nennen. Ab 1936 entwickelte er sein Konzept einer »empirischen Philosophie« des Menschen und sah sein anthropologisches Hauptwerk – das er in der 4. Auflage 1950 grundlegend umarbeitete – in weiteren Monographien fortgesetzt: In *Urmensch und Spätkultur* (1956) leitet er die Institutionen aus dem versachlichenden Werkzeughandeln, v.a. aber (wie E. Durkheim) aus totemistischen Riten ab, während er – gegen jeden ethischen Universalismus – in *Moral und Hypermoral* (1969) konfligierende Quellen des ethischen Verhaltens bloßlegen wollte. Durchlaufend blieb die, zuerst existenzialistisch formulierte, Ausgangsfrage nach der Stabilisierbarkeit des menschlichen Lebens. Institutionen schaffen für Gehlen eine sichernde »Hintergrundserfüllung« und dienen der Stabilisierung von Spannungen. Beides löse sich in der »Spätkultur« unter der Herrschaft des Subjektivismus zunehmend auf.

3.

In seiner »elementaren Anthropologie« zeigt Gehlen, wie das »entartungsbereite« und antriebsüberlastete »Mängelwesen« Mensch überleben kann. Abstammungsgeschichtlich orientierte er sich an der Neotenie-These von Louis Bolk, nach welcher der Mensch aus einer »Verjugendlichung« bestimmter Primatengruppen hervorgegangen sei. Entscheidend für die Sonderstellung des Menschen gegenüber den Tieren ist die ›Sprachmäßigkeit‹ (Herder) des menschlichen Leistungsaufbaues, also die Verarbeitung aller Erfahrungsdaten im Gehirn nach dem Prinzip der Speicherung und Variabilität sprachlicher Zeichen.

Schlüsselbegriff ist die »*Handlung*«, durch die jeder Leib-Seele-Dualismus vermieden werden kann. Von dort aus lassen sich alle weiteren anthropologischen Kategorien ableiten, besonders die der *Entlastung*, die bereits beim Kleinkind mit der Höherlegung des Ertasteten in die optische Wahrnehmung beginnt. Entscheidend ist die *Plastizität* und kulturelle Variabilität des Menschen, der auf Lernfähigkeit angewiesen ist. Diese Anthropologie ist nicht »biologistisch«, denn der Mensch muss sein Leben und seine Welt *kulturell* herstellen. Das setzt für Gehlen auch die Stabilisierung dieses ›nicht festgestellten Tieres‹ (Nietzsche) durch institutionelle Normierungen und Verpflichtungen voraus.

Gehlens konservative Zeitkritik geht von seiner bis heute aktuellen Kulturanalyse der Moderne aus. In *Die Seele im technischen Zeitalter* (1957) wird die moderne Technik zur Basis einer »Entsinnlichung« und Intellektualisierung des Lebens mit enormen Abstraktionsleistungen und einer durchdringenden »experimentellen Denkart« (auch in den Künsten). Der neue Subjektivismus und die mit ihm verbundene »Psychisierung« machten die Menschen zwar sensibel, die Medien vermittelten ihnen jedoch nur eine »Erfahrung zweiter Hand«. Zugleich nähmen überall die »Sachzwänge« (v.a. die »Superstruktur« der Verbindung von Wirtschaft, Technik und Wissenschaft) zu, weshalb Ideologien wie Relikte aus der Vergangenheit wirkten. Deshalb sei (wie Gehlen schon in den 1960er Jahren formulierte) vom »Ende der Geschichte« auszugehen, nicht von Ereignislosigkeit, wohl aber von der Unmöglichkeit prinzipiell neuer Weltentwürfe und -deutungen.

4.

Gehlen, A., 1956, Urmensch und Spätkultur, Frankfurt/M.: Klostermann 2004.

Gehlen, A., 1957, Die Seele im technischen Zeitalter, Frankfurt/M.: Klostermann 2007.

Gehlen, A., 1969, Moral und Hypermoral, Frankfurt/M.: Klostermann 2004.

Gehlen, A., 1978–1993, Gesamtausgabe, 10 Bde., Frankfurt/M.: Klostermann (zitiert als GA).

Jonas, F., 1966, Die Institutionenlehre Arnold Gehlens, Tübingen: Mohr.

Karneth, R., 1991, Anthropo-Biologie und Biologie, Würzburg: Ergon.

Rehberg, K.-S., 1990, Eine Grundlagentheorie der Institutionen: Arnold Gehlen, in: G. Göhler/K. Lenk/R. Schmalz-Bruns (Hg.), Die Rationalität politischer Institutionen, Baden-Baden: Nomos.

Rehberg, K.-S., 1994, Existentielle Motive im Werk Arnold Gehlens, in: H. Klages/H. Quaritsch (Hg.), Zur geisteswissenschaftlichen Bedeutung Arnold Gehlens, Berlin: Duncker & Humblot.

Rehberg, K.-S., 1994, Arnold-Gehlen-Bibliographie, in: H. Klages/H. Quaritsch (Hg.), Zur geisteswissenschaftlichen Bedeutung Arnold Gehlens, Berlin: Duncker & Humblot.

Thies, C., 2000, Gehlen zur Einführung, Hamburg: Junius.

Weiß, J., 1971, Weltverlust und Subjektivität, Freiburg: Rombach.

Karl-Siegbert Rehberg

Geld

1.

Geld ist ein wirtschaftliches Gut, das in Verkehrswirtschaften die Aufgabe des Tausch- und Zahlungsverkehrs erfüllt und als Wertaufbewahrungsmittel (Wertspeicher) sowie Recheneinheit dient (vgl. Gischer/Herz/Menkhoff 2005, 3ff.; Samuelson 1955, 50ff.). Das philosophische Verständnis von Geld geht indes über die gängige ökonomische Auffassung als Instrument güterwirtschaftlicher Tauschoptionen hinaus. Es wird hier als ein Medium gesellschaftlicher Differenzierung und Individualisierung und zugleich als Faktor sozialer und wirtschaftlicher Dynamik verstanden. Geld ist »absolutes Mittel« (Simmel 1900), das auf sozial, sachlich, zeitlich und räumlich unbestimmte Eigentumsrechte verweist und entsprechend seines Umfangs mit unterschiedlich großen Handlungs-, Zugriffs- und Gestaltungsmöglichkeiten ausgestattet ist. Dieses Verständnis von Geld, das auf das ihm innewohnende Machtpotential abhebt, spielt insbesondere in der Armuts- und Reichtumsforschung und der Soziologie sozialer Ungleichheit eine Rolle. Auch im alltagssprachlichen Verständnis von Geld kommen Aspekte der Fähigkeit und Einflussnahme zum Tragen, wenn größere Geldmittel als ›Vermögen‹ bezeichnet werden.

2.

Das Wort »Geld« stammt aus dem Mittelhochdeutschen, bedeutet »Entgelt, Belohnung, Vergeltung« und wurde im 9. Jahrhundert erstmals nachgewiesen. Seit dem 14. Jahrhundert ist seine Bedeutung als »geprägtes Zahlungsmittel« (Kluge 1995, 309) belegt. Erste Hinweise zur Entstehung von Geld finden sich bereits bei Platon und Aristoteles. In seiner *Politik* und *Nikomachischen Ethik* erklärt Aristoteles die Entstehung des Geldes aus dem Tausch und als Ergebnis menschlicher Übereinkunft. So ist »als eine Art austauschbarer Stellvertreter des Bedarfs [...] das Geld geschaffen worden, auf Grund gegenseitiger Übereinkunft. Und es trägt den Namen ›Geld‹ (nomisma), weil es sein Dasein nicht der Natur verdankt, sondern weil man es als ›geltend‹ gesetzt (nomos) hat und es bei uns steht, ob wir es ändern oder außer Kurs setzen wollen.« (EN, 1133a12–29; 1133a29-b14) Auch Adam Smith führt die Geldentstehung auf praktische Gründe zurück, wenn er davon ausgeht, dass die Schwierigkeiten des direkten Tausches mit der Arbeitsteilung wachsen, mit Einführung des Geldes aber erheblich abgeschwächt werden könnten (vgl. Smith 1776, 22ff.). Die auch heute noch gängige Erklärung der Geldentstehung aus dem Tausch wird allerdings nicht von allen Autoren geteilt. So haben Laum (1924) und Gerloff (1947) die Genese des Geldes aus dem kultischen und zeremoniellen Gebrauch behauptet. Laum (1924, 39) zufolge ist Geld durch Götteropferung entstanden. Als Opfergut (z.B. das Rind im antiken Griechenland) wurde es den Göttern dargebracht, um sich dadurch deren Gunst zu sichern. Gerloff (1947, 54) hingegen führt die Genese des Geldes auf den Gabentausch zurück. Prestigeträchtige Kulturgüter wurden als Geschenk bzw. Gabe zur Begründung oder Lösung sozialer Verbindlichkeiten eingesetzt. Die im modernen Geld verkörperte abstrakt quantifizierende Wertung der Dinge ersetzt im Lauf der Zeit die ursprünglich durch die Gabe vermittelten persönlichen Beziehungen. Aus archaischer Gabe wurde das moderne Geld.

3.

3.1. Mit Ausbreitung der Geldwirtschaft wird das Geld auch wissenschaftlich interessant. In den geldtheoretischen Untersuchungen des 19. und zu Beginn des 20. Jahrhunderts überwiegt allerdings eine kulturpessimistische Sicht, die dem Geld zerstörerische Wirkung zuschreibt. Geld fördere die ›kühle‹, emotionslose Berechnung, zersetze persönliche Bindungen durch instrumentelles und rationales Kalkül und korrumpiere kulturelle Werte durch materielle Interessen.

Karl Marx zufolge ist Geld die Grundlage von Entfremdung, Verdinglichung und Ausbeutung. Die zunächst noch nützliche, durch Geld vermittelte Warenzirkulation (W-G-W) verwandelt sich mit Ausbreitung der Geldwirtschaft in eine Zirkulation des Kapitals (G-W-G' – mit G' für: »Geld plus Mehrwert«), die nicht mit der Ware, sondern mit dem Geld beginnt und endet. Nicht verkaufen, um zu kaufen, sondern kaufen, um zu verkaufen, ist das vorrangige Ziel, wobei das in die Zirkulation eingebrachte Geld nicht nur zurückfließen, sondern vermehrt zurückfließen soll; Geld soll zu Kapital werden. Der durch das Interesse am Mehrwert (Profit) in Gang gesetzte Prozess hat nun weit reichende Folgen für die Konstitution der Gesellschaft. Die Kapitaleigenschaft des Geldes wird zur Grundlage der Herrschaft des Kapitalisten über den Arbeiter, denn seine Arbeitskraft ist die Quelle von Mehrwert (vgl. Marx 1867, 161ff.). Max Weber sieht im Geld weniger ein Instrument der Herrschaft und Entfremdung als vielmehr die Triebkraft von Rationalisierung und Bürokratisierung. Als »das ›vollkommenste‹ wirtschaftliche Rechnungsmittel« (Weber 1922a, 45) verkörpert es die instrumentelle Rationalität am reinsten und strahlt von der ökonomischen Sphäre auf alle anderen gesellschaftlichen Bereiche ab, indem es auch diese durch ein rein zweckrationales und berechnendes Handeln prägt. Geld ist das abstrakteste und unpersönlichste Element im menschlichen Leben überhaupt, das als rationalstes Mittel der wirtschaftlichen Kalkulation in strengem Gegensatz zu den durch Wertrationalität geprägten zwischenmenschlichen Beziehungen steht (vgl. Weber 1922b, 365f.).

Als einer der wenigen Autoren sieht Georg Simmel in der Geldwirtschaft auch befreiende Aspekte. Durch das Geld wird die für moderne Gesellschaften typische Arbeitsteilung erst möglich und das Individuum in die

Lage versetzt, seine Bedürfnisse mit Produkten zu befriedigen, die andere hergestellt haben (vgl. Simmel 1900, 393 ff.). Die geldbedingten und arbeitsteilig organisierten Verhältnisse ermöglichen es dem Individuum, sich aus der lokalen Gemeinschaft, der Verwandtschaft und Familie zu lösen, sich zu individualisieren und schließlich zu sich selbst zu finden. Allerdings kommt Geld auch bei Simmel nicht nur emanzipatorische Bedeutung zu: Der durch das Geld in Gang gesetzte Modernisierungsprozess bedeutet auch einen Verlust an sozialer Sicherheit, Vertrautheit und Stabilität und ist dadurch eng mit Phänomenen von Unsicherheit, Vereinzelung und Anomie verbunden (ebd., 456 f.). Zudem ist Geld Machtmittel par excellence. Denn Geldbeträge, die keinem bestimmten Zweck (etwa der Existenzsicherung) mehr dienen, sind reinste Mittel, die den Reichen mit einer Potentialität an Handlungsmöglichkeiten, einem »Wertplus« bzw. »Superadditum« ausstatten, das die Grundlage von sozialer Ungleichheit und Ungerechtigkeit ist (vgl. ebd., 266 ff.).

3.2. Simmels Philosophie des Geldes markiert ein vorläufiges Ende der wissenschaftlichen Beschäftigung mit dem Thema Geld. Erst in den 1950er Jahren rückt Geld wieder ins Blickfeld der Wissenschaft. So fasst Talcott Parsons Geld als ein symbolisch generalisiertes Kommunikationsmedium auf, das die Funktionsfähigkeit des gesellschaftlichen Subsystems der Wirtschaft und dessen Anpassung (adaption) an die Umwelt regelt (vgl. Parsons 1951, 124). In der systemtheoretischen Variante Luhmanns ist Geld hingegen nicht nur ein Steuerungs-, sondern auch ein Konstitutionsmedium. Wirtschaft als Teilsystem der Gesellschaft entsteht überall dort, wo Kommunikationsvorgänge durch Zahlungen auf der Basis von Geld geregelt werden (vgl. Luhmann 1988, 52). Habermas' Bestimmung des Geldes geht indes über die systemtheoretische Perspektive Parsons' und Luhmanns hinaus. Geld als ein an sich wertloses Gebilde symbolisiert zwar nur ökonomischen Nutzen, steht in seiner Wirkung aber kommunikativem Handeln in gemeinschaftlichen Zusammenhängen entgegen, greift auf die »Lebenswelt« der Individuen über und zerstört dadurch die Sozialintegration (vgl. Habermas 1981, Bd. 2, 276, 397). Die seit Mitte der 1990er Jahre wieder verstärkt einsetzende Geldforschung wendet sich von der medientheoretischen Gleichsetzung von Geld und Sprache ab und knüpft an die geldtheoretische Tradition von Marx, Weber und Simmel an. So bestimmt Ganßmann Geld als eine alles andere als »harmlose Einrichtung«, hinter der sich das Problem der Herrschaft verbirgt (vgl. Ganßmann 1996, 131). Geld ist »ein Symbol in dem Sinne, dass es signalisiert: Hier wird ein bestimmtes ›Spiel‹ gespielt. Mitspielen darf, wer über Geld verfügt.« (ebd., 232).

In der Perspektive Deutschmanns nimmt Geld in der modernen Gesellschaft den Platz der Religion ein und dient als »Medium sinnhafter Bewältigung des Unbestimmbaren« (Deutschmann 1999, 7). Das solchermaßen religiös bestimmte Geld hat ermächtigenden Charakter im Sinne eines »verallgemeinerten sozialen Machtpotentials« (ebd., 10), das auch Vorstellungen, Wünsche und Träume erfasst und über den tatsächlichen Reichtum hinaus auch Zugriff auf möglichen, den »absoluten Reichtum« schlechthin verspricht.

4.

Deutschmann, C., 1999, Die Verheißung des absoluten Reichtums. Zur religiösen Natur des Kapitalismus, Frankfurt/M.: Campus.

Deutschmann, C. (Hg.), 2002, Die gesellschaftliche Macht des Geldes, Leviathan, Sonderheft 21.

Ganßmann, H., 1996, Geld und Arbeit, Frankfurt/M.: Campus.

Gerloff, W., 1947, Die Entstehung des Geldes und die Anfänge des Geldwesens, Frankfurt/M.: Klostermann.

Gischer, H./Herz, B./Menkhoff, L., 2005, Geld, Kredit und Banken, Berlin: Springer.

Habermas, J., 1981, Theorie des kommunikativen Handelns, 2 Bde., Frankfurt/M.: Suhrkamp.

Kluge, F., 1995, Etymologisches Wörterbuch der deutschen Sprache, Berlin: de Gruyter.

Laum, B., 1924, Heiliges Geld. Eine historische Untersuchung über den sakralen Ursprung des Geldes, Tübingen: Mohr.

Luhmann, N., 1988, Die Wirtschaft der Gesellschaft, Frankfurt/M.: Suhrkamp.
Marx, K., 1867, Das Kapital, Bd. 1, MEW, Bd. 23, Berlin: Dietz 1986.
Parsons, T., 1951, The Social System, Glencoe: Free Press.
Paul, A. T., 2004, Die Gesellschaft des Geldes. Entwurf einer monetären Theorie der Moderne, Wiesbaden: VS.
Samuelson, P., 1955, Volkswirtschaftslehre, Köln: Bund 1960.
Simmel, G., 1900, Philosophie des Geldes, Frankfurt/M.: Suhrkamp 1989.
Smith, A., 1776, Der Wohlstand der Nationen, München: dtv 2003.
Weber, M., 1922a, Wirtschaft und Gesellschaft, Tübingen: Mohr 1972.
Weber, M., 1922b, Grundriss der Sozialökonomik. III. Abteilung. Wirtschaft und Gesellschaft, Tübingen: Mohr.

ANKE WAHL

Gemeinschaft

1.

»Gemeinschaft« ist ein umgangssprachlicher Ausdruck und zugleich – v.a. in der deutschen – Soziologie, politischen Philosophie und Sozialphilosophie ein brisanter Begriff, der zwischen einer romantischen Aufladung, einem Kampfbegriff, der Bezeichnung einer sozialhistorischen Entwicklungsstufe und einer ahistorischen Grundstruktur des Sozialen oszilliert. In der ideologischen Übernahme wurde er in der ersten Hälfte des 20. Jahrhunderts zum zentralen Oppositionsbegriff der Kritik an der modernen bürgerlichen Gesellschaft.

Bis ins 18. Jahrhundert bleibt der Begriff unscharf. »Gemeinschaft« heißt z.B. eine soziale Beziehung auf Basis gemeinsamer Verfügungsrechte über Sachen oder die zweckfreie communitas des Ordens. Das zum Begriff der Gesellschaft oppositionelle Bedeutungsfeld bildet sich im Wandel zur Moderne heraus. Mit dem Gegensatz zwischen ökonomisch begründeter bürgerlicher Gesellschaft und authentischer, innerlicher sozialer Verbindung erhält der Begriff Ende des 19. Jahrhunderts seine bleibende Prägung. Vorher bereits romantisiert in der Betonung der gemeinsamen Sprache, Kultur und Tradition, wird »Gemeinschaft« nun v.a. in den antibürgerlichen Bewegungen zum utopischen Solidaritäts- und zum konservativ-revolutionären Kampfbegriff. Nach 1945 vermeiden die deutschen Sozialwissenschaften den Begriff, während das englische *community* und das französische *communauté* von der deutschen Begriffsgeschichte eher unberührt bleiben.

2.

Alle älteren Bestimmungen von »Gemeinschaft« knüpfen an Platon an, an die metaphysisch und politisch bestimmte Teilhabe-Beziehung (*koinonia*, vgl. Riedel 1975). Lange ist »Gemeinschaft« zudem mit »Gesellschaft« synonym. Erst in der Staatsauffassung der Romantik nimmt der Begriff der Gemeinschaft jene emotionale Bedeutung des ›natürlich‹ Gewachsenen an, die ihn in die Dichotomie zur vertraglich und individuell gegründeten Gesellschaft stellt. Gleichwohl wird beides weiterhin synonym verwendet, meint etwa eine organische soziale Verbindung genauso wie den Staat. Noch von Stein definiert »Gemeinschaft« als das Füreinandersein der Individuen in Staat und Gesellschaft. Mit Schleiermachers Unterscheidung des mechanischen Gemeinwesens und der Gemeinschaft des unmittelbaren Verstehens erhält der Begriff vor dem Hintergrund der als krisenhaft empfundenen Individualisierung und der Relativierung sozialer Normen seine theoretische Brisanz, die in der soziologischen Typenbildung von Tönnies fortgeführt wird und in dessen Rezeption in emotionale, lebensphilosophische Lesarten mündet: in die antigesellschaftliche, antimoderne Verklärung einer unentfremdeten Sozialordnung.

2.1. Tönnies' *Gemeinschaft und Gesellschaft* (1887) hat mit einer ›unterirdischen Wirkung‹ (Freyer) das Selbstverständnis der deutschen Soziologie und Philosophie bestimmt. Tönnies akzentuiert zunächst idealtypisch zwei Grundarten sozialer Beziehungen: Gemeinschaft als innig verbundener »lebendiger Organismus«, Gesellschaft als das auf Tausch und Kontrakt beruhende »mechanische Aggregat«. Zugleich bezeichnet Tönnies mit dem Übergang von Gemeinschaft zu Gesellschaft den historischen Prozess der Moderne, in der gesellschaftliche Beziehungen gegenüber ›gemeinschaftlichen‹ dominieren. Diese begriffliche Unterscheidung wird vielfältig aufgenommen und dabei entweder formalisiert (d.h. der emphatischen Bedeutung entkleidet) oder phänomenologisch umgedeutet. Einerseits, in Richtung der Formalisierung, verfolgt Simmel subtil das Umschlagen des Sozialcharakters in Abhängigkeit von der nur noch formal gefassten, quantitativen Bestimmtheit einer sozialen Gruppe: Gemeinschaft und Gesellschaft unterscheiden sich hinsichtlich der Zahl. Weber spricht idealtypisch von Vergemeinschaftung, in welcher das Handeln auf subjektiv gefühlter Zusammengehörigkeit basiert, gegenüber der rational begründeten Vergesellschaftung. Zudem treten vermittelnde Zwischenformen auf: Schmalenbach setzt mit Bund, Traditions- und Tatgemeinschaft drei Sozialverhältnisse an; Spann fasst die emotionale Gemeinschaft als eine Form der Gesellschaft, nicht ohne aber zugleich die ›Ganzheit‹ als die ›Hauptrealität‹ gegenüber den Einzelnen zu verstehen, die auf die Gemeinschaft hingeordnet seien. Damit bahnt sich der antiindividualistische, normativ-politische Holismus an, der wesentlich auf dem Begriff der Gemeinschaft beruht und in der Volksgemeinschaft kulminieren wird. Tönnies' suggestive Begriffsprägung bleibt in dieser Bestimmung des Verhältnisses von Individuum und Kollektiv – trotz erfolgter Differenzierung und Formalisierung – prägend. In der phänomenologischen Sozialtheorie wird andererseits das Verhältnis des Einzelnen in sozialen Beziehungen als Ausdruck eines Wir-Bewusstseins expliziert. Litt sieht im Erleben des geschlossenen Kreises eine auf Perspektivenreziprozität basierende Bewusstseinsform, die erst bei Hinzutreten eines Dritten ein Gemeinschaftsbewusstsein ermöglicht. In dieser phänomenologischen Linie unterscheidet Vierkandt gemeinschaftsferne und -nahe Formen der Verbundenheit (letztere mit Liebe und Wärme assoziiert). Geiger fasst Gemeinschaft als bewusstseinsmäßige Bindung gegenüber einer äußeren, ordnungsgestifteten Verbundenheit auf, und zwar als Aspekt *jeder* sozialen Beziehung. Eng berühren sich mit dieser phänomenologischen Auszeichnung der Gemeinschaft die Sozialtheorien der Dialogphilosophie (Buber), der Philosophischen Anthropologie (Scheler, Löwith) sowie der Existenzphilosophie bzw. Existenzialontologie (Jaspers bzw. Heidegger). Gemeinschaft gilt in dieser sozialphänomenologischen Denkrichtung im Gegensatz zum normativen Holismus als die Sphäre des Zu-sich-selbst-Kommens im Anderen.

2.2. In Deutschland wird »Gemeinschaft« (ausgehend vom romantischen Denken und geprägt durch die skizzierte Dichotomie) spätestens seit dem Ersten Weltkrieg aber auch zum Leitbegriff antibürgerlicher (anti-gesellschaftlicher) Bewegungen, die ihn – jenseits politischer und weltanschaulicher Grenzen – zum Ausgangs- und Fluchtpunkt ihrer Kritik an der Moderne machen. Auch der Begriff der Volksgemeinschaft ist zunächst nicht an einen politischen Standort gebunden. Ab etwa 1900, v.a. aber in der Weimarer Republik ist Gemeinschaft nicht nur ein politisch aufgeladener Begriff, sondern auch ein Lebensphänomen: quer durch die politischen Lager entstehen diverse Gemeinschaftsprojekte (Jugendbewegung, Lebensreform, Bünde). Die philosophische Debatte um den Begriff (hinsichtlich des Verhältnisses von Individuum und Gemeinschaft und hinsichtlich der Möglichkeit, die Gemeinschaft zu ›machen‹, vgl. Krueger 1929) bleibt von beiden Entwicklungen nicht unberührt; sie politisiert sich vielmehr zunehmend in Richtung des Tatdenkens. »Gemeinschaft« wird schließlich zum motivierenden Begriff im Sinne der Kampfgemeinschaft gegenüber der bürgerlichen politischen Ordnungsidee: der interessengeleiteten Assoziation Einzelner. Eine Verteidigung der »Gesellschaft«, wie sie Plessner in seiner philosophisch-anthropologischen Kritik an allen Gemeinschaftsutopien durchführt, bleibt singulär. In der krisenhaften Situation nach der militärischen Niederlage, der beginnenden Massengesellschaft und der zwischen den radikalisierten politischen Fronten in die Zange genommenen, instabilen bürgerlichen Demokratie kann der zunächst in analytischer Absicht konzipierte begriffliche Gegensatz von diversen Gemeinschaftsideologien wirkmächtig vereinnahmt werden.

Solidarität ist im *sozialistischen* Denken die Substanz von Gemeinschaft. Der utopische Sozialismus verfügt über keinen dezidierten Gemeinschaftsbegriff, meint aber implizit mit der »wahren« Gesellschaft das Ideal einer Solidargemeinschaft. Alle sozialistischen Utopien (auch die des nationalen Sozialismus) zielen auf die Überwindung der bürgerlich-kapitalistischen Gesellschaft in der versöhnten, unentfremdeten Sozialbeziehung. Marx hat in diesem Sinn die Zerstörung der traditionalen Gemeinschaften durch die kapitalistische Gesellschaft als notwendige Vorgeschichte der wirklich »menschlichen Gesellschaft« (i. S. von Gemeinschaft) verstanden. In der marxistischen Tradition wird diese Gemeinschaftsidee von Lukács mit einem Unterton der Kampfgemeinschaft versehen, von Kracauer mit der Warnung vor der Ideologie der »glühenden Gemeinschaft«. Der chiliastische Sozialismus von Bloch spricht von der eschatologischen Rettung des Individuums durch die Gemeinschaft (›Heimat‹). Die christliche Konnotation von »Gemeinschaft« ist im Vergleich dazu im Akzent verschoben: Buber unterscheidet wie Tönnies zwei idealtypische und zugleich sozialhistorisch gemeinte Beziehungen (›Ich-Du‹ und ›Ich-Es‹), meint aber mit der ersten auch den Dialog als ›göttliches Prinzip‹. In katholischer Tradition zielt Guardini auf die Gemeinschaft mit Gott, Ernst Michel auf die harmonisch-organische Traditionsgemeinschaft. Andere Katholiken verstehen dann ihre Konfession auch im Sinne einer Blut- und Schicksalsgemeinschaft.

Kampf ist die *konservativ-revolutionäre* Quelle, *Blut* und *Boden* sind die *völkischen* Quellen von Gemeinschaft. Zunehmend dominiert der in gemeinsamer biologischer Abstammung zentrierte Begriff der »Volksgemeinschaft«. Auf romantische und lebensphilosophische Motive zurückgehend, zielt diese Begriffsprägung nun auf die Wiederherstellung der durch »Überfremdung«, die Niederlage von 1918 und die Weimarer Republik angeblich destruierten Volksidentität. Dunkmann erhebt in dieser Linie ›Gemeinschaft‹ zum Absoluten. Freyer versteht die auf der gemeinsamen ›Erde‹ und Geschichte basierende Volksgemeinschaft als das aus dem Klassenkampf des 19. Jahrhunderts aufsteigende, neue geschichtliche Subjekt. Mit ihm löse sich auch die Soziologie als bürgerliche Wissenschaft auf. Die zeitgenössische Pädagogik verfolgt mit dem Mythos der ›Volksgemeinschaft‹ sozialtechnische Interessen. Auch Staats- und Rechtswissenschaft folgen der konservativ-revolutionären und völkischen Begriffsprägung (mit wenigen Ausnahmen, wie sie exemplarisch in der antibiologistischen Trennung von Staat und Volksgemeinschaft durch Jerusalem vorliegen). In der Linie der »Ideen von 1914«, der Auffassung der Mobilmachung als das Verwandlungsereignis der Gesellschaft in die Tat- und Kampfgemeinschaft fasst Schmitt die Gemeinschaft als das Entscheidende gegenüber dem bloß Gesellschaftlich-Assoziativen. Die zahlreichen Nuancen des Begriffs im Spektrum konservativen und rechten Denkens werden im Nationalsozialismus in der mythischen, auf ›Blut und Boden‹ gegründeten Kampfgemeinschaft synthetisiert. Auf der holistischen Identität von Führer und Gefolgschaft liegt dabei der besondere normative Akzent, nicht auf der Solidarität. Hitlers »neue Staatsgründung« sieht in der geschlossenen Volksgemeinschaft entsprechend das Primäre.

2.3. Im französischen Kontext steht *communauté* zunächst im Zeichen humanistischer, fortschrittsoptimistischer Aufklärung, als Einheitsbegriff der ganzen Menschheit. Durkheim fasst in Auseinandersetzung mit Tönnies die moderne Gesellschaft als arbeitsteilige, individualisierte, strukturell anomische Sozialform, für die neue Integrationsmechanismen, also neue Gemeinschaften gefunden werden müssten (organische Solidarität); Halbwachs entwirft das Konzept der durch Artefakte gestifteten Erinnerungsgemeinschaft; Gurvitch unterscheidet phänomenologisch Grade des Wir-Bewusstseins (Masse, *communauté*, *communion*). Bergson trennt in seiner Philosophie des organischen Lebens geschlossene und offene Gesellschaft, wobei der »soziale Instinkt« stets auf die erste im Sinn einer Traditionsgemeinschaft ziele, die Menschheit sich aber – um den kreativen *élan vital* fortzuführen – auf das Niveau der offenen Gesellschaft, der Weltgesellschaft aufschwingen müsse: ein soziales Niveau, das dem Tier verschlossen bleibt. Sorel deutet diese lebensphilosophische Gesellschaftstheorie um: in die Forderung nach dem (Gewalt legitimierenden) Mythos zugunsten der Stiftung einer Kampfgemeinschaft. Auch das *Collége de Sociologie* (Bataille, Caillois, Leiris) arbeitet in den späten 1930ern aktiv auf eine mythisch gestützte, affektive Vergemeinschaftung hin.

2.4. In den angelsächsischen Kontext geht die deutsche Begriffsprägung ebenfalls ein. Dabei wird die Wesensdichotomie von »Gemeinschaft und Gesellschaft« in graduelle Differenzen umgedeutet. Parsons löst Tönnies' Begriffe derart in Merkmalsreihen auf, die funktional *äquivalente* Wertorientierungen markieren.

3.

Nach 1945 ist der Begriff der Gemeinschaft in der deutschen Soziologie und Philosophie desavouiert. Das »deutsche Volk« erscheint allenfalls als »Haftungsgemeinschaft«. Freyer transformiert Tönnies' Begriffe in die des »primären« und »sekundären Systems«. Ähnlich spricht Habermas (1981) unter Vermeidung des Begriffs der Gemeinschaft von der Entkoppelung von Lebenswelt und System und der »Kolonialisierung« der Lebenswelt durch die Verdinglichung (im Kapitalismus) und die Vorspiegelung kommunikativer Beziehungen (im Staatssozialismus). Seit den 1970er Jahren spricht die Soziologie sachlich von der Gruppe, während soziale Bewegungen in der Kommune als romantischer Solidargemeinschaft das emanzipative Ziel sehen. Der angloamerikanische Kommunitarismus fordert, kritisch gegen die beschleunigt individualisierte Gesellschaft, die Revitalisierung alter und die Schaffung neuer Gemeinschaften. Demgegenüber dekonstruiert die französische Sozialphilosophie etwaige erneut sozialromantische Bewegungen. Nancy spricht (ähnlich wie Esposito, Ranciere, Badiou und Agamben) von der »undarstellbaren Gemeinschaft«, die angesichts der existenziellen Fremdheit des Anderen permanent zu konstituieren ist. In der aktuelleren deutschen Debatte deutet sich in Reaktion auf den Kommunitarismus und auf die politische Vereinigung eine neue Aufmerksamkeit gegenüber der Gesellschaft und den entsprechenden Diskursen der Weimarer Republik an (Essbach/Fischer/Lethen 2002). Gegenüber dem bisher dominanten Verlustdiskurs wird zudem auf faktische posttraditionale Formen der Vergemeinschaftung aufmerksam gemacht (vgl. Brumlik/Brunkhorst 1993).

4.

Agamben, G., 1990, Die kommende Gemeinschaft, Berlin: Merve 2003.

Bergson, H., 1932, Die beiden Quellen der Moral und der Religion, Olten: Walter 1980.

Bloch, E., 1959, Das Prinzip Hoffnung, Frankfurt/M.: Suhrkamp.

Brumlik, M./Brunkhorst, H. (Hg.), 1993, Gemeinschaft und Gerechtigkeit, Frankfurt/M.: Fischer.

Buber, M., 1923, Ich und Du, Leipzig: Insel.

Dunckmann, K., 1924, Die Kritik der sozialen Vernunft, Berlin: Trowitzsch.

Durkheim, E., 1893, Über soziale Arbeitsteilung, Frankfurt/M.: Suhrkamp 1992.

Esposito, R., 1998, Communitas, Berlin: diaphanes 2004.

Eßbach, W./Fischer, J./Lethen, H. (Hg.), 2002, Plessners *Grenzen der Gemeinschaft*, Frankfurt/M.: Suhrkamp.

Freyer, H., 1930, Soziologie als Wirklichkeitswissenschaft, Leipzig: Teubner.

Freyer, H., 1955, Theorie des gegenwärtigen Zeitalters, Stuttgart: DVA.
Geiger, T., 1931, Gemeinschaft, in: A. Vierkandt (Hg.), Handwörterbuch der Soziologie, Stuttgart: Enke.
Guardini, R., 1922, Vom Sinn der Kirche, Mainz: Grünewald.
Habermas, J., 1981, Theorie des kommunikativen Handelns, Frankfurt/M.: Suhrkamp.
Halbwachs, M., 1939, Das kollektive Gedächtnis, Stuttgart: Enke 1967.
Honneth, A. (Hg.), 1992, Kommunitarismus, Frankfurt/M.: Campus.
Jerusalem, F. W., 1950, Der Begriff Gemeinschaft und seine Stellung im Ganzen der Soziologie, Studium Generale 3.
Kracauer, S., 1924, Philosophie der Gemeinschaft, in: Schriften V.I, Frankfurt/M.: Suhrkamp 1990.
Krueger, F., 1929, Philosophie der Gemeinschaft, Berlin: Junker und Dünnhaupt.
Litt, T., 1926, Individuum und Gemeinschaft, Leipzig: Teubner.
Kymlicka, W., 1989, Liberalism, Community, and Culture, Oxford: Oxford University Press 1989.
Marx, K., 1845, Thesen über Feuerbach, in: MEW, Bd. 3, Berlin: Dietz 1978.
MacIntyre, A., 1981, Der Verlust der Tugend, Frankfurt/M.: Campus 1987.
Nancy, J.-L., 1983, Die undarstellbare Gemeinschaft, Stuttgart: Schwarz 1988.
Parsons, T., 1937, The Structure of Social Action, New York: Free Press.
Plessner, H., 1924, Die Grenzen der Gemeinschaft, Frankfurt/M.: Suhrkamp 2002.
Ranciere, J., 1995, Das Unvernehmen, Frankfurt/M.: Suhrkamp 2002.
Riedel, M., 1975, Gesellschaft, Gemeinschaft, in: O. Brunner/W. Conze/R. Koselleck (Hg.), Geschichtliche Grundbegriffe, Bd. 2, Stuttgart: Klett.
Scheler, M., 1913/16, Der Materialismus in der Ethik und die materiale Wertethik, in: ders., Gesammelte Werke, Bd. 2, Bern: Francke 1980.
Scheler, M., 1923, Wesen und Formen der Sympathie, Bonn: Cohen.
Schmalenbach, H., 1922, Die soziologische Kategorie des Bundes, in: Die Dioskuren 1.
Schmitt, C., 1932, Der Begriff des Politischen, Berlin: Duncker & Humblot 1963.
Simmel, G., 1908, Soziologie, Berlin: Duncker & Humblot 1968.
Spann, O., 1923, Gesellschaftslehre, Leipzig: Quelle Meyer.
Taylor, C., 2002, Wieviel Gemeinschaft braucht die Demokratie?, Frankfurt/M.: Suhrkamp.
Tönnies, F., 1887, Gemeinschaft und Gesellschaft, Darmstadt: WBG 1991.
Tönnies, F., 1931, Gemeinschaft und Gesellschaft, in: A. Vierkandt (Hg.), Handwörterbuch der Soziologie, Stuttgart: Enke.
Vierkandt, A., 1923, Gesellschaftslehre, Stuttgart: Enke.
Vogl, J. (Hg.), 1994, Gemeinschaften, Frankfurt/M.: Suhrkamp.
Walzer, M., 1983, Sphären der Gerechtigkeit, Frankfurt/M.: Campus 1992.
Weber, M., 1922, Wirtschaft und Gesellschaft, Tübingen: Mohr 1972.

HEIKE DELITZ

Gemeinwille

1.

1.1. Von Anfang an ist der »Gemeinwille« bzw. der »allgemeine Wille« ein philosophischer Fachbegriff. Rousseau erfand ihn zwar nicht (Pascal und Malebranche verwendeten ihn schon vor ihm); er formulierte den Begriff der *volonté générale* aber derart scharf und detailliert und stellte ihn derart in den Mittelpunkt seiner politischen Theorie, dass sich seitdem fast jede Verwendung dieses Terminus auf Rousseaus Begriffbestimmung bezieht. Seinen Weg in die breite Öffentlichkeit fand der Begriff während der Französischen Revolution. Dies ist auf Sieyès (1789) zurückzuführen, der die Generalstände aufforderte, durch die Aufhebung ihrer Gliederung in Stände Ausdruck des Gemeinwillens zu werden. In der Alltagsprache wird der Begriff aber heute kaum verwendet, und wenn, dann meistens verzerrt, im Sinn eines breiten Konsenses in der Bevölkerung.

1.2. In der philosophischen Diskussion wird der Gemeinwille auf das Gemeinwohl bezogen, das er prozedural und inhaltlich präzisiert. Der komplexe Begriff des Gemeinwillens umfasst die folgenden Elemente: (1) die

Behauptung von Interessen, die alle gemeinsam haben, (2) worauf sich ein Wille gründet, der (3) aus dem Zusammenschluss der Willen der einzelnen Individuen besteht und (4) notwendigerweise die Garantie dieser gemeinsamen Interessen für alle leistet. Der Gemeinwille kann dies garantieren, weil er (5) eine Gesetzgebung – und genauer (6) eine *Selbstgesetzgebung* – vollzieht: Alle sollen an dieser beteiligt und ihr unterworfen werden. Damit kann der Gemeinwille nur Bestandteil normativer und universalistischer Rechts- und Staatsphilosophien sein. Der Gemeinwille liegt dem Gesellschaftsvertrag – d.h. der Rechts- und Staatsordnung selbst – zugrunde.

2.

2.1. Der Gemeinwille wird im 17. Jahrhundert zunächst in drei Kontexten zum Thema. *Erstens* wird er im theologischen Kontext des Gnadenstreits von katholischen Denkern gleichzeitig gegen die Calvinistische Prädestinationslehre und gegen den Molinismus eingesetzt (vgl. Riley 1986, ix). Nach Pascal ergibt sich das Heil bzw. das Unheil aus zwei Faktoren: dem Gemeinwillen Gottes und der Lebensführung der Einzelmenschen: »Gott hatte einen gleichen, allgemeinen und bedingten Willen, alle Menschen zu retten, vorausgesetzt dass sie es wollen.« (Pascal 1679, 955) Zur Stützung dieser These argumentiert Malebranche, »daß Gott sie [die Gnade] nicht durch besondere Willensakte über die Menschen ausbreitet, da sie sie oft schuldiger und sündhafter macht, und Gott nicht eine so finstere Absicht haben kann« (Malebranche 1680, 183). Gott verfährt vielmehr nach »allgemeinen Willensakten«, d.h. nach »allgemeinen Gesetzen« (ebd., 179), welche – so der *zweite* Kontext – die allgemeinen Naturgesetze sind. Im Gegenteil zu den »besonderen Willensakten« können »allgemeine Willensakte« nutzlose Wirkungen haben, welche ihrer Absicht zuwiderlaufen (ebd., 183f.). *Drittens* sieht Pascals politische Auffassung den »Eigenwillen« als etwas Unersättliches (vgl. Pascal 1679, 176f.), das dem Gemeinwillen als einem höheren Willen untergeordnet werden soll.

2.2. Von diesen drei Bedeutungen bewahrt Rousseau nur die zweite, die er aber abwandelt. Er geht davon aus, dass alle Menschen von Natur aus gemeinsame Interessen haben, die bei allen gleichzeitig erfüllt werden können: »Das Gemeinsame nämlich in diesen unterschiedlichen Interessen bildet das gesellschaftliche Band, und wenn es nicht irgendeinen Punkt gäbe, in dem alle Interessen übereinstimmen, könnte es keine Gesellschaft geben.« (Rousseau 1762, II, 1) Der Gemeinwille fordert also nicht die Aufhebung des Egoismus (vgl. ebd., II, 4). Die gemeinsamen Interessen sind Selbstliebe und Eigenliebe, die Unversehrtheit von Leib und Leben, die Sicherheit des Eigentums, die Entwicklung der Talente und des freien Willens, und die Freiheit, die eigenen Ziele und Vorlieben verfolgen zu können (vgl. Rawls 2007, 230, 223f.). Weil diese Interessen allen gemeinsam sind und sich nur durch einen Zusammenschluss der Individuen verteidigen und fördern lassen, können sie jeden Mensch zum Gemeinwillen motivieren; dieser hat also keine Existenz außerhalb der Individuen, sondern nur in jedem einzelnen Mensch (in diesem Sinne behauptet Diderot (1755, 249): »Der allgemeine Wille ist in jedem Individuum ein Verstandesakt.«).

Der Gemeinwille stellt den Rahmen für eine gerechte Entwicklung der besonderen Interessen dar, weil er das Recht eines jeden auf Freiheit enthält; der Gemeinwille besteht jedoch nicht in einem Aggregat bzw. in einem Kompromiss der besonderen Interessen. Dementsprechend setzt Rousseau den Gemeinwillen dem »Gesamtwillen« bzw. »Willen aller« (*volonté de tous*) als »Summe von Sonderwillen« (Rousseau 1762, II, 3) entgegen, in der die besonderen Interessen kollidieren, so dass die Übereinstimmung aller Interessen durch die Gegnerschaft gegen das Interesse eines jeden zustande kommt. Dies hat vier Konsequenzen. (1) Im Gesellschaftsvertrag muss jeder seine natürliche Freiheit vollständig aufgeben (ebd., I, 6). (2) Rousseau betrachtet die Segmentierung der Gesellschaft bzw. »Vereinigungen« unter besonderen Interessen als eine Gefahr für den Gemeinwillen und umgekehrt das Fehlen solcher Vereinigungen und eine Information der Bürger, die nicht nur einige Privatinteressen bedient, als Garantie dafür, dass der Gemeinwille zustande kommt (vgl. ebd., II, 3). (3) Es soll eine relative Gleichheit unter den Bürgern herrschen. (4) Der Gemeinwille muss in einem doppelten Sinne allgemein sein: Der Gemeinwille muss von allen ausgehen und sich auf alle beziehen (vgl. ebd., II, 4). Daher können nur Gesetze »Akte des Gemeinwillens« sein, »da das Gesetz [und nur dieses] die Gesamtheit des Willens mit der des Gegenstandes wieder vereint« (ebd., II, 6).

Bis auf eine Ausnahme ist der Gemeinwille nicht mit der Einstimmigkeit aller gleichzusetzen: Damit ein Wille allgemein sei, ist es nicht immer nötig, dass er einstimmig sei, aber es ist nötig, dass alle Stimmen gezählt werden; jeder förmliche Ausschluss zerstört die Allgemeinheit (vgl. ebd., II, 2). Eine Ausnahme von dieser Regel macht Rousseau für den Gesellschaftsvertrag selbst, der einstimmig verabschiedet werden soll (vgl. ebd., IV, 2). In diesem ist dann wiederum die Mehrheitsregel begründet: »Das Gesetz der Stimmenmehrheit beruht selbst auf Übereinkunft und setzt zumindest einmal Einstimmigkeit voraus.« (ebd., I, 5) Dabei ist die einstimmige Annahme des Gesellschaftsvertrags nach Rousseau das schwierigste Moment seiner Theorie. Zwar hat »der Widerstreit der Einzelinteressen die Gründung von Gesellschaften nötig gemacht«, weil ohne Gesellschaft der Naturzustand herrschte und das Überleben unmöglich ist, doch »hat der Einklang derselben Interessen sie möglich gemacht« (ebd., II, 1; vgl. I, 6); *wirklich* wird die Gesellschaft aber erst dank eines »Gesetzgebers«, der ein »Genie« ist, das nicht zum Volk gehören darf und das imstande sein soll, die menschliche Natur zu ändern und jedes Individuum in einen Teil der Gesellschaft zu verwandeln (vgl. ebd., II, 7). Demnach stiftet der Gesetzgeber den Gemeinwillen.

Aus dem Begriff des Gemeinwillens leitet Rousseau drei Eigenschaften ab. Eine Eigenschaft des Gemeinwillens selbst: die Infallibilität (vgl. ebd., II, 3; Diderot 1755, 247); und zwei Eigenschaften der Souveränität, die den Gemeinwillen »ausübt«: die Unmöglichkeit, veräußert oder durch Fremdes vertreten zu werden.

2.3. Kant übernimmt weitgehend Rousseaus Begriff des Gemeinwillens. Anders als Montesquieu, der die »Gemeinwillen« (*volontés générales*) ausschließlich in der legislativen Gewalt ansiedelte (vgl. Montesquieu 1748, XI, 6), ist bei Kant die Idee des Gemeinwillens allen drei Gewalten übergeordnet. Außerdem betont Kant, dass nur der »synthetisch-allgemeine Wille« (Kant 1797, 269) den physischen Besitz zum Eigentum macht: »Nun kann der einseitige Wille in Ansehung eines äußeren, mithin zufälligen, Besitzes nicht zum Zwangsgesetz für jedermann dienen, weil das der Freiheit nach allgemeinen Gesetzen Abbruch tun würde. Also ist nur ein jeden anderen verbindender, mithin kollektiv-allgemeiner (gemeinsamer) und machthabender Wille derjenige, welcher jedermann jene Sicherheit leisten kann.« (ebd., 256) Kant unterscheidet den empirischen »Akt der vereinigten Willkür zweier Personen« (ebd., 271) vom »a priori vereinigten Willen« (ebd., 267). Damit erhält der Gemeinwille – anders als bei Rousseau – den Status einer bloßen Idee (vgl. ebd., 257f.).

2.4. Der Neohegelianer Bosanquet stellt die Unteilbarkeit und die Geschlossenheit des Gemeinwillens in Frage: »Wir müssen die Theorie verändern, um unsere Zugehörigkeit zu mehr als in einer Gemeinschaft anzuerkennen [...]. Die Gemeinschaften, denen wir angehören, sind wie ineinander verschachtelte Gehäuse [...]. Es ist zumindest zweifelhaft, ob die Menschheit einen Gemeinwillen [*general will*] hat.« (Bosanquet 1894, 318) Bosanquet vertieft seine Kritik an Rousseaus Konzeption des Gemeinwillens allerdings nicht, da er selbst eine andere Konzeption vertritt: Er setzt den Gemeinwillen einer Gemeinschaft mit dem gesamten funktionierenden System vorherrschender Ideen gleich, das die Stellung und die Rollen seiner Mitglieder sowie diejenigen der Gemeinschaft im Verhältnis zu allen anderen Gemeinschaften bestimmt. Daher betrachtet Bosanquet einen »Mob, der wie ein Mensch unter der Herrschaft eines gemeinsamen Gefühls von Wut und Habgier handelt« als eine »irrationale Form des Gemeinwillens« (ebd., 313). Aus dieser Auffassung des Gemeinwillens ergeben sich als dessen Eigenschaften: seine Veränderlichkeit, partielle Unbewusstheit und Fallibilität. Diese Konzeption des Gemeinwillens steht der Alltagssprache viel näher als diejenige Rousseaus.

3.

3.1. Eine auch heute noch lebendige liberale Tradition kritisiert den Begriff des Gemeinwillens als autoritär, diktatorisch oder gar totalitär. Dieser Kritik, die mit Constant beginnt, liegt die Ablehnung von Rousseaus Ansicht zugrunde, dass das Gesetz nicht tyrannisch sein kann (vgl. Berlin 1958, VII). Diese Tradition unterscheidet die Idee des Gemeinwillens nicht von beliebigen Akten der Gesetzgebung, die einen Teil der Gesellschaft eventuell durchaus auf unfaire Weise benachteiligen und unterdrücken. In den letzten Jahrzehnten hat diese Kritik allerdings an Zustimmung verloren. Die Idee des Gemeinwillens prägt die heutige politische Philosophie weit über die rousseauistischen Theorien hinaus.

3.2. Die *Public Choice*-Theoretiker Brennan und Buchanan sehen eine Voraussetzung der Legitimität einer Verfassung darin, dass die Bedingungen des Vertrags von allen Personen akzeptiert werden, die Mitglieder des betreffenden Kollektivs sind (vgl. Brennan/Buchanan 1993, 35). Sie entwickeln die Idee des Gemeinwillens in zwei Richtungen weiter: *Erstens* befassen sie sich mit dem Widerspruch zwischen der ökonomischen Rationalität und dem Gemeinwillen: »Wenn wir das einfache ökonomische Tauschparadigma verallgemeinern, so scheint jede Basis dafür zu fehlen, eine einstimmige Übereinkunft über welche Sache auch immer zu erwarten [...]. Der Anreiz, sich im Verhandlungsprozeß strategisch zu verhalten, scheint überaus groß zu sein.« (ebd., 37) Gerade die Allgemeinheit des Gemeinwillens stellt aber einen anderen Kontext dar als der Tausch zwischen einer begrenzten Anzahl von Teilnehmern, weil »in einer Situation, in der über die Wahl allgemeiner Regeln entschieden wird, das spezifische Interesse einer einzelnen Person oder Gruppe nicht so leicht auszumachen ist« (ebd., 38f.). Regeln sind zudem auf verschiedene Situationen anwendbar und auf längere Zeit angelegt. Dabei lässt die Unsicherheit, die mit jeder Entscheidung über Regeln einhergeht, die Wahrscheinlichkeit potentieller Übereinkünfte steigen. *Zweitens* entwickeln die beiden Autoren die schon bei Rousseau vorhandene Unterscheidung zwischen einem Bereich, in dem Einstimmigkeit erforderlich ist, und einem, in dem das nicht der Fall ist, weiter, wobei zum ersten die Festsetzung der Grundregeln für den zweiten gehört (vgl. ebd., 36; Runciman/Sen 1965).

3.3. Rawls' eigene Konzeption weist eine deutliche Nähe zu Rousseaus Konzeption des Gemeinwillens auf, bis auf den Unterschied, dass er den Gemeinwillen als Verfahren versteht. Ohne Anhaltspunkte bei Rousseau zu nennen, meint Rawls die Erklärung für die Konvergenz der Einzelwillen zum Gemeinwillen trotz der vielen kleinen Unterschiede der Privatinteressen in Condorcets Theorem zu finden (vgl. Rawls 2007, 227). Gegen Rousseau lehnt Rawls Vereinigungen innerhalb einer Gesellschaft nicht ab, sondern rät vielmehr zur Bildung kleinerer Vereinigungen (vgl. ebd., 226). Anders als Rousseau billigt Rawls die heute gängige Konzeption von Wahlen und Abstimmungen, der zufolge jeder gemäß der eigenen Privatinteressen wählen bzw. abstimmen darf (vgl. ebd., 227).

Ansonsten hebt Rawls die Gemeinsamkeiten seiner Theorie mit Rousseaus Konzeption des Gemeinwillens in drei Hinsichten hervor. (1) Ihr Objekt ist identisch: Rousseaus Bemerkung, dass der Gemeinwille immer zur Gleichheit neigt, ist ein Vorläufer der ersten Begründung dafür, dass die Grundstruktur als primäres Objekt der Gerechtigkeit gilt (vgl. ebd., 234). Rawls bezeichnet den Gemeinwillen als »eine Form der deliberativen Vernunft« bzw. der »öffentlichen Vernunft« (ebd., 231). (2) Genauso wie die rawlssche Grundstruktur der Gesellschaft den Gerechtigkeitssinn der Bürger auf Dauer hervorruft, entsteht auch aus einer auf den Gemeinwillen gegründeten Gesellschaft ein dauerhafter Gemeinwille (vgl. ebd., 239). (3) Beide Theorien teilen die gleichen Prämissen: dass eine distributiv vorteilhafte Kooperation sowohl nötig als auch möglich ist (vgl. ebd., 225), dass es gemeinsame Interessen gibt, die alle rationalen (*rational*) und vernünftigen (*reasonable*) Menschen auf dieselbe Weise entwickeln (vgl. ebd., 226), und dass die Beteiligten ausreichend und öffentlich informiert sind (vgl. ebd., 226).

4.

Berlin, I., 1958, Zwei Freiheitsbegriffe, in: ders., Freiheit, Frankfurt/M.: Fischer 1995.

Bosanquet, B., 1894, The Reality of the General Will, in: International Journal of Ethics 4.

Brennan, G./Buchanan, J. N., 1985, Die Begründung von Regeln, Tübingen: Mohr 1993.

Diderot, D., 1755, Naturrecht – Droit Naturel (Moral), in: ders., Artikel aus der von Diderot und D'Alembert herausgegebenen Enzyklopädie, Frankfurt/M.: Rödeberg 1985.

Kant, I., 1797, Die Metaphysik der Sitten, Akademie-Ausgabe, Bd. 6, Berlin: de Gruyter 1968.

Malebranche, N., 1680, Abhandlung von der Natur und der Gnade, Hamburg: Meiner 1993.

Montesquieu, C. de, 1748, Vom Geist der Gesetze, Stuttgart: Reclam 1965.

Pascal, B., 1679, Ecrits sur la Grâce, in: Oeuvres, Paris: Gallimard 1954.

Pascal, B., 1670, Gedanken, Stuttgart: Reclam 1956.

Rawls, J., 2007, Lectures on the History of Political Philosophy, Cambridge/MA: Harvard University Press.

Riley, P., 1986, The General Will Before Rousseau, Princeton: Princeton University Press.

Rousseau, J.-J., 1762, Gesellschaftsvertrag, Stuttgart: Reclam 1986.

Runciman, W. G./Sen, A. K., 1965, Games, Justice and the General Will, in: Mind 74.

Sieyès, E. J., 1789, Was ist der dritte Stand?, Essen: Hobbing 1988.

Jean-Christophe Merle

Gemeinwohl

1.

»Gemeinwohl« gehört zu jenen Begriffen der politischen Theorie und Sozialphilosophie, denen auf den ersten Blick ein intuitives, in der Alltagssprache verwurzeltes Verständnis zugrunde zu liegen scheint, das freilich nur so lange trägt, wie es nicht hinterfragt wird. Soll der Begriff systematisch expliziert und allgemeingültig definiert werden, stellen sich enorme Schwierigkeiten ein. Diese resultieren zunächst daraus, dass das Gemeinwohl in allen Hochkulturen seit jeher als Referenznorm sozialen und politischen Handelns fungiert. Hinderlich für einen systematischen, definitorischen Zugriff auf den Gemeinwohlbegriff ist aber v.a. die praktisch-politische Bedeutung des Topos. Als Propagandainstrument im machtpolitischen Ringen um semantische Vorherrschaft gereicht ihm nämlich gerade zum Vorteil, was seine philosophische Präzision beeinträchtigt: »Gemeinwohl« ist ein dehnbarer, unscharfer, funktionaler Formelbegriff, dessen Gehalt stets aufs Neue durch den sozialen Kontext und die semantische Kompetenz seiner Benutzer mitbestimmt wird.

2.

Die okzidentale Gemeinwohlidee geht auf das antike Griechenland zurück. So verankert Platon den Gegensatz zwischen Eigennutz und Gemeinnutz im politischen Denken, indem er die Idee eines individuell gelingenden Lebens vom richtigen Aufbau und guten Zustand der Polis als Ermöglichung des allgemeinen Nutzens abhängig machte. Daraus leitet er ein autoritäres Verständnis staatlicher Einflussnahme auf die Bürger ab (Rep., 421 a–c). Der »glückliche Staat« und das »Glück der Gesamtheit« fallen zusammen (Rep., 420 b–c).

Bereits bei Aristoteles findet sich dann ein für freiheitlich-demokratisches Denken anschlussfähigeres Gemeinwohlkonzept. Wie Platon (Rep., 420 b–c) verschränkt auch er den Gemeinwohlbegriff mit der Gerechtigkeitsnorm (Pol., 1282b17–18); im Unterschied zur autoritären platonischen Erziehungsutopie versteht Aristoteles das Gemeinwohlideal jedoch nicht als Begründung, sondern als Begrenzung politischer Herrschaft. Neben der natürlichen Soziabilität des Menschen sei das Streben nach dem gemeinsamen Nutzen ein weiteres zentrales Motiv der menschlichen Vergemeinschaftung (Pol., 1278b18 ff.), weswegen er vorschlägt, gute von schlechten Staatsformen dadurch zu unterscheiden, dass erstere am Allgemeinwohl, letztere dagegen am Eigeninteresse der Herrschenden orientiert seien. Gute Staatsformen sind demnach, je nach Menge der an der politischen Herrschaft Beteiligten, Monarchie, Aristokratie und Politie, verfehlte Staatsformen sind Tyrannis, Oligarchie und Ochlokratie (bei Aristoteles auch Demokratie) (Pol., 1279a17 ff.).

Nachdem es im römischen Republikanismus zu einer weiteren Fortbildung der Gemeinwohlidee insbesondere auch als juridische Kategorie gekommen war, stellte das christliche Weltbild zunächst einen Bruch mit dem antiken Gemeinwohldenken dar. Entgegen dem eminent politischen altgriechischen »Könnens-Bewußtsein« (Meier 1983, 45, 469 ff., 493 f.) bedeutet die transzendente, heilsgeschichtliche Orientierung der christlichen Patristik nämlich eine entpolitisierende Relativierung innerweltlichen Geschehens, bevor es in der an die antike Philosophie wieder anknüpfende Scholastik zu einer sukzessiven Repolitisierung des Gemeinwohlgedankens kam. So wird bei Thomas von Aquin das individuelle *bonum* als mit dem *bonum commune* verschränkt gedacht, insofern beide ihre Bestimmung im transzendenten *summum bonum* als *causa finalis* allen Geschehens haben. Das irdische *bonum commune* bildet dabei die Vorstufe der Teilhabe am *ordo divinus*. Die von der Patristik proklamierte Nachrangigkeit der irdischen sozialen und staatlichen Existenz des Menschen gegenüber der göttlichen Ordnung gilt also unverändert, aber das Dogma erhält in der Scholastik einen Herrschaft begrenzenden und somit eminent politischen Akzent: Der öffentliche Nutzen (*utilitas publica*), als dessen wichtigste Erscheinungsformen unverändert Gerechtigkeit und Friede gelten, firmiert nun wieder, wie bei Aristoteles, als ausdrücklicher Staatszweck und dient nicht nur als Rechtfertigungsgrund, sondern v.a. als Rechtsschranke der Herrschertätigkeit. Ein Regime, so stellt Thomas in seiner *Summa Theologiae* (II–II, q. 42, a.2) unter Berufung auf Aristoteles fest, ist ungerechte Tyrannei, wenn der Herrscher nicht das Gemeinwohl erstrebt, sondern sein Privatwohl verfolgt.

Auf diese Weise avancierte der Gemeinwohltopos zur oppositionellen Leitvorstellung im Spätmittelalter (vgl. Eberhard 1985). Die semantische Kontrolle über das Gemeinwohlverständnis wurde zur entscheidenden Ressource im politischen Machtkampf um die Machtkonzentration und Souveränitätsbildung (vgl. Eberhard 1993).

Hatten Eigeninteresse und Gemeinwohl solchermaßen bis in die frühe Neuzeit asymmetrische Gegenbegriffe gebildet, so relativierte sich dieser Kontrast seit der Reformation. Verbunden mit einem Individualisierungsschub in der ständischen Gesellschaft nach dem Augsburger Religionsfrieden (1555) kam es zu einem Normenwandel, der auch das Gemeinwohlideal erfasste. An die Stelle des alteuropäischen Ideals politischer Tugend im Sinne der freiwilligen Orientierung republikanischer Bürger am Gemeinwohl trat nun sukzessive das rationale Eigeninteresse als politiktheoretischer Leitbegriff der sich ausdifferenzierenden Marktgesellschaft, in welcher der Staat nur mehr die Rahmenbedingungen für die ökonomische Wohlstandsmaximierung innerhalb der *bürgerlichen Gesellschaft* sicherstellen sollte, sich ansonsten aber jedweder, seit den Konfessionskriegen unter dem Verdacht der Bürgerkriegsträchtigkeit stehenden, ideologischen Orientierungsfunktion enthalten sollte.

Eine Schlüsselstellung in diesem Wandlungsprozess nimmt Bernard Mandevilles

1705 erschienene *Bienenfabel* ein. Darin wird die überkommene Gegenbegrifflichkeit von Eigennutz und Gemeinwohl geradewegs auf den Kopf gestellt. *Private vices, public benefits* lautet Mandevilles Credo: Indem jeder Einzelne egoistisch sein privates Wohl verfolge, werde im Endeffekt der größtmögliche Nutzen für das Gemeinwesen herbeigeführt, so dass »der Allerschlechteste sogar fürs Allgemeinwohl tätig war« (Mandeville 1705, 84). Diese Konstruktion basiert freilich darauf, dass die Bürger zu einer *rationalen Wahl* und Verfolgung ihrer Eigeninteressen in der Lage sind. Gegenüber dieser impliziten Voraussetzung seiner Theorie bleibt Mandeville selber skeptisch, weshalb er staatliche Interventionen gegen einen Verlust an Gemeinsinn verlangt, an dem er insbesondere Kurzsichtigkeit und Ignoranz gegenüber den Bedürfnissen nachfolgender Generationen fürchtet.

Wesentlich optimistischer hinsichtlich der *List der Vernunft*, wonach ein um so größeres Wohl der Allgemeinheit entsteht, je stärker sein Gegenteil erstrebt wird, ist Adam Smith, der »nicht vom Wohlwollen des Metzgers, Brauers und Bäckers« erwartet, »was wir zum Essen brauchen, sondern davon, daß sie ihre eigenen Interessen wahrnehmen« (Smith 1776, 17). Denn tatsächlich förderten sie in der Regel nicht bewusst das Allgemeinwohl, sondern strebten lediglich nach eigenem Gewinn. Hierbei aber würden sie »in diesem wie auch in vielen anderen Fällen von einer unsichtbaren Hand geleitet«, um *contre cœur* den größten Nutzen für die Allgemeinheit hervorzubringen (vgl. ebd., 371). Mit diesem Argument ist Smith gewissermaßen der *semantische Coup des Liberalismus* hinsichtlich der Gemeinwohlidee gelungen, Handeln aus Eigeninteresse als gemeinwohlwirksam darzustellen. Der Erfolg dieser semantischen Verschiebung reicht weit über das liberale Lager hinaus bis zu sozialistischen Denkern, wie sich an der Bemerkung August Bebels zeigt, die Befriedigung des persönlichen Egoismus und die Förderung des Gemeinwohls stünden miteinander in Harmonie (vgl. Bebel 1922, 382).

Bemerkenswert ist, dass damit an die Stelle der moralischen *Intentionalität* sozialer Akteure das Vertrauen auf deren *Rationalität* und eine *Institutionalität* tritt, mittels derer sozialmoralische Defizite bei Regierenden wie Regierten neutralisiert werden sollen. So vertritt Immanuel Kant, analog zu Smiths marktwirtschaftlichem Optimismus, die These, »das Problem der Staatserrichtung« sei sogar für ein »Volk von Teufeln«, sprich egoistischen Nutzenmaximierern, die in ihrer individuellen Präferenzbildung keinerlei Gemeinwohlorientierung kennen, möglich – wenn sie nur Verstand hätten (vgl. Kant 1795, 366). Hiermit wird das Gemeinwohlideal von der Intentionalität der Bürger entkoppelt und einem vermeintlichen Automatismus überantwortet, den man als Kern des politischen Denkens der Moderne bezeichnen kann: dass nämlich die vordem in der Intentionalität von Akteuren gesuchten Normen und Ziele in einer Verbindung von institutionellen Mechanismen und geschichtstheoretischen Entwicklungsprognosen sistiert werden, die ihre Verfolgung und Erreichung sichern sollen.

Wiewohl Hegel der kantischen Dissolution des Gemeinwohlideals zugunsten des Gerechtigkeitsmotivs und der Orientierung auf Legalität nicht folgt, sondern eine vermittelnde Position einnimmt (vgl. Fischer 2002), hat sich in der politischen Philosophie des 20. Jahrhunderts das Vertrauen auf eine institutionelle Lösung des sozial-moralischen Problems gegenüber dem republikanischen Anspruch auf eine intentionale Orientierung der Bürger an politischen Tugenden durchgesetzt. Hierzu hat entscheidend beigetragen, dass der Gemeinwohlbegriff in den totalitären Ideologien des 20. Jahrhunderts einen nachhaltigen Missbrauch erfahren hat, wie etwa in der nationalsozialistischen Floskel »Gemeinnutz geht vor Eigennutz«.

Trotz solcher Diskreditierungen des Gemeinwohlgedankens haben sich in der zweiten Hälfte des 20. Jahrhunderts aber auch Weiterentwicklungen und Wiederaufnahmen des Gemeinwohltopos ergeben, die sowohl vom demokratischen Sozialismus als auch von der katholischen Soziallehre gespeist worden sind, so dass der Gemeinwohlbegriff politisch nicht auf eine eher konservative oder aber fortschrittsorientierte Politikperspektive festgelegt werden kann (vgl. Münkler 2002).

Nachdem die Gemeinwohlsemantik in der deutschen Sozialdemokratie bis dahin primär als Gegenbegriff zu den Wirtschaftsegoismen der Kapitaleigner gedient und die normative Leitlinie staatlicher Interventionen bezeichnet hatte, suchte Gerhard Weisser unmittelbar nach dem Zweiten Weltkrieg die Verwirklichung des Gemeinwohls stärker mit gesellschaftlichen Aushandlungsprozessen zu verbinden. Der freiheitliche Sozialismus wolle »die Volkswirtschaft in den Dienst des Gemeinwohls stellen«, aber er wolle nicht, dass dies »durch einen lebenertötenden Zentralismus geschieht, sondern durch einen neuartigen Planungs- und Lenkungsstil, der lockere Formen bevorzugt, dabei aber im Endeffekt dieselbe Hinlenkung auf das Gemeinwohl erreicht, wie sie die Zentralisten wollten und anderswo noch heute zu erreichen versuchen« (Weisser 1947, 7). Weisser dachte dabei an eine dezentralisierte Planung, in der die groben Mittel des Gebots und Verbots durch ein System indirekter Anreize für die Marktteilnehmer ersetzt werden sollten. Solchermaßen entdogmatisiert konnte die Gemeinwohlsemantik schließlich in das von Karl Schiller entworfene wirtschaftspolitische Leitbild einer Kombination »von Marktwirtschaft, monetärer und fiskalischer Globalsteuerung und Wohlfahrtspolitik« eingehen. »Die mündige Gesellschaft«, so Schiller auf dem Dortmunder SPD-Parteitag von 1966 in Anspielung auf Adam Smith und in polemischer Absetzung gegen wirtschaftsliberale Vorstellungen wie gegen das von Ludwig Erhard propagierte Leitbild der formierten Gesellschaft, »setzt schließlich nicht voraus, daß das Gemeinwohl durch die unsichtbare Hand der Egoismen automatisch oder durch die Formierung der Interessen autoritär erreicht wird. Sie anerkennt vielmehr, daß der Staat die Aufgabe hat, die gesellschaftlichen Gruppen durch seine planende und ausgleichende Politik und durch Orientierungshilfen auf das Gemeinwohl hinzuführen.« (Schiller 1966, 291)

Eine noch größere Bedeutung ist dem Gemeinwohlbegriff in der katholischen Soziallehre zugekommen. Den Referenztext hierfür bildet die 1931 veröffentlichte Sozialenzyklika *Quadragesimo anno*, bei deren Formulierung Oswald von Nell-Breuning eine gewichtige Rolle gespielt hat. Die Enzyklika kritisiert einen Kapitalismus, der »ohne Rücksicht auf Gemeinwohl und Gemeinwohlgerechtigkeit« funktioniere und den Staat, der doch »einzig auf das gemeine Wohl und die Gerechtigkeit bedacht« sein sollte, zum »willenlos gefesselten Sklaven selbstsüchtiger Interessen erniedrigt« habe (Bundesverband der Katholischen Arbeitnehmer-Bewegung Deutschlands 1985, 109ff.). An diese Gemeinwohlsemantik schlossen das Ahlener Wirtschaftsprogramm der CDU vom Februar 1947 sowie das Grundsatzprogramm der CSU von 1946 an, das ausdrücklich »das Recht des Staates« betont, »die Wirtschaft nach Gesichtspunkten des Gemeinwohls zu lenken« (Flechtheim 1962, 51).

Alle diese Modernisierungen unterschiedlicher politischer Provenienz eint, dass sie das Gemeinwohl unter Bedingungen pluralistischer Demokratie weniger als Vorgabe denn als Aufgabe verstehen (vgl. Häberle 1970, 709). Beispielhaft für dieses Denken richtet sich Ernst Fraenkel gegen die in den totalitären Erfahrungen des 20. Jahrhunderts zum Tragen gekommene »brutal-romantische Vorstellung [...], daß das Gemeinwohl durch Unterdrückung aller Interessenvertretungen gesichert werden könne«, und betont statt dessen, Gemeinwohl sei unter freiheitlich-pluralistischen Bedingungen nicht *a priori* definierbar, sondern müsse im Sinne einer *regulativen Idee* als ausschließlich *a posteriori* bestimmbares Ergebnis des demokratischen Prozesses verstanden werden (vgl. Fraenkel 1964, 40ff.). Demnach bildet das Gemeinwohl jene Resultante, »die sich jeweils aus dem Parallelogramm der ökonomischen, sozialen, politischen und ideologischen Kräfte einer Nation dann ergibt, wenn ein Ausgleich angestrebt und erreicht wird, der objektiv den Mindestanforderungen einer gerechten Sozialordnung entspricht und subjektiv von keiner maßgeblichen Gruppe als Vergewaltigung empfunden wird« (ebd., 21).

Dieses aposteriorische Gemeinwohlverständnis kann als Identitätsmerkmal freiheitlicher Demokratien gelten. Es ist jedoch bemerkenswert, dass die Katholische Soziallehre neuerdings wieder stärker naturrechtliche Argumente beansprucht, um, beispielsweise mit Blick auf die ökologische Globalkrise, das Bewusstsein für ein umfassendes *Weltgemeinwohl* zu propagieren. Auch in dem Begriff der Nachhaltigkeit sind Elemente der klassischen Gemeinwohlbestimmung eingegangen, die nicht allein als aposteriorsches Ergebnis von Politik- und Wirtschaftsprozessen gesichert werden können.

Das aposteriorische Gemeinwohlverständnis trägt indessen nicht nur den Bedingungen pluralistischer Demokratie Rechnung, sondern auch dem eingangs genannten Problem, dass Gemeinwohl von jeher ein funktionaler Formelbegriff ist, dessen Verwendungskontext über seinen Gehalt mitbestimmt. Dementsprechend betont Joseph Schumpeter, es gebe ohnehin »kein solches Ding wie ein eindeutig bestimmtes Gemeinwohl, über das sich das ganze Volk kraft rationaler Argumente einig wäre oder zur Einigkeit gebracht werden könnte«, und das liege daran, »daß verschiedenen Individuen und Gruppen das Gemeinwohl mit Notwendigkeit etwas Verschiedenes bedeuten muß« und »Spaltungen über prinzipielle Fragen [...] nicht durch rationale Argumente geschlossen werden können« (Schumpeter 1942, 399). Mindestens aber bestehe stets ein so fundamentaler Dissens über die Mittel und Wege zur Verwirklichung des Gemeinwohls, dass auf seine Idee zu verzichten sei.

3.

3.1. Mit der Einsicht in die *notwendige* Unterbestimmtheit des Gemeinwohls als eines funktionalen Formelbegriffs relativiert sich auch die Attraktivität gleichwohl regelmäßig bemühter, residualer Bestimmungsversuche, wie der utilitaristischen Vorstellung vom größten Glück der größten Zahl und dem Kriterium der Pareto-Optimalität, demzufolge das Gemeinwohl verwirklicht wäre, wenn niemand mehr besser gestellt werden könnte, ohne mindestens eine Person schlechter zu stellen. An die Stelle philosophischer Definitionsversuche tritt vielmehr die Reflexion auf die sozialen Determinanten der Gemeinwohlsemantik, wie sie sich von jeher in den unterschiedlichen Varianten und Ausdifferenzierungen des Gemeinwohltopos spiegeln. Hinsichtlich der *differentia specifica* zwischen *allgemeinem Wohl* und *öffentlichem Interesse* bietet sich die Unterscheidung zwischen einer sozialen und einer normativen Ebene an: Danach bildet das allgemeine Wohl den normativ anspruchsvolleren Begriff mit der zugleich größeren sozialen Reichweite, während das öffentliche Interesse bei begrenzterer sozialer Reichweite den normativ geringeren Anspruch erhebt. Der sozialphilosophisch abstrakte Gemeinwohltopos ist nämlich auf der normativen Ebene apriorisch-substantialistisch und objektivistisch, insofern er seinen Gültigkeitsanspruch unabhängig von empirisch kontingenten Akteursintentionen erhebt und hohe Falsifikations- bzw. Korrekturschwellen errichtet. Entsprechend appellatorisch ist er in der politischen Rhetorik einsetzbar.

Demgegenüber eignet dem Begriff des öffentlichen Interesses eine andere Semantik, insofern ihm ein konkretes, pluralistischen Bedingungen genügendes, aposteriorisch-prozeduralistisches Verständnis zugrunde liegt, das eher deskriptiv als appellatorisch auf Intentionen und Motivationen sozialer Akteure rekurriert, die *öffentlich* ausgehandelt werden müssen und nicht von vornherein Anspruch auf Allgemeinheit erheben können. Das Problem einer jeden Gemeinwohlsemantik besteht somit darin, dass zunächst offen ist, von dem Wohl *welcher* Gemeinschaft gesprochen wird, dem einer Großfamilie, eines Nachbarschaftsverbandes, einer Stadt oder Region, eines Staates bzw. einer Nation, der Bevölkerung eines ganzen Kontinents oder gar der gesamten Menschheit. Der Begriff gibt die jeweilige Größendimension und Reichweite erst innerhalb eines bestimmten Verwendungskontexts zu erkennen, und seine Attraktivität für die Sprache der Politik dürfte nicht zuletzt darin bestehen, dass man diesen Kontext nicht zu scharf konturiert. Aber die Unschärfen beziehen sich nicht bloß auf Größe und Umfang der Gemeinschaft, sondern auch auf die Art des jeweils intendierten Wohls: Handelt es sich um ein Wohl, das im Umfang der verfügbaren materiellen Güter gemessen werden kann? Spielt dabei die Art seiner Verteilung eine Rolle? Gehören außer materiellen Gütern auch geistig-kulturelle Werte dazu? Wie viel Sozialkapital im Sinne der Bereitschaft von Gesellschaftsangehörigen zum Engagement für andere oder für die Bereitstellung öffentlicher Güter muss in das Gemeinwohl eingehen?

Eine Kontinuität des Gemeinwohltopos vom Mittelalter bis in unsere Zeit besteht darin, dass das Streben nach dem Definitionsmonopol über das Gemeinwohl ein zentrales Element der politischen Auseinandersetzung bildet, wobei der Topos sowohl zur Begründung politischer Forderungen und Reformvorschläge herangezogen werden kann als auch zur Abwehr von Einzelansprüchen gesellschaftlicher Interessengruppen, indem es als Aufgabe der Regierung dargestellt wird, das Gemeinwohl vor schädigenden Partialinteressen zu schützen.

Entsprechend anschlussfähig ist »das Gemeinwohl« als Legitimations- und Orientierungsbegriff für unterschiedliche, mitunter einander gar entgegengesetzte politische Strömungen geblieben. Die einzige Ausnahme bildet hier die Theorie des Klassenkampfes, die den Gemeinwohlbegriff als »sozialversöhnlerisch« zurückgewiesen hat, was bis heute nachwirkt, wenn die Gewerkschaften die Berufung auf das Gemeinwohl als Abwehr ihrer Ansprüche verstehen und sich hiergegen auf den Gerechtigkeitsbegriff zurückziehen (vgl. Kempen 1990), der insoweit eine eher oppositionell-offensive Funktion zu haben scheint als der stärker gouvernemental-defensive Gemeinwohlbegriff.

Unbenommen dieser rhetorischen Funktionen bewirkt unter demokratischen Bedingungen gleichwohl jede Berufung auf das Gemeinwohl eine Selbstbindung, die notwendigerweise jeder eingeht, der für sich reklamiert, sein politisches Handeln am allgemeinen Nutzen zu orientieren, da die Einlösung dieses Anspruchs öffentlicher Beobachtung unterliegt. Folglich kann auch eine rein strategische Gemeinwohl-Rhetorik ihre tatsächliche Befolgung bewirken.

3.2. Das Bekenntnis zur westlichen Demokratie im Sinne eines freiheitlichen Pluralismus mit der Anerkennung des *individual pursuit of happiness* erfordert »gleicherweise die Anerkennung der Befugnisse der Bürger, ihre Interessen frei und ungehindert vertreten zu können, wie die Anerkennung der Befugnis der Gesamtheit, den Primat des Gemeinwohls gegenüber allen Interessengruppen durchzusetzen« (Fraenkel 1964, 40). Diesem unaufhebbaren Spannungsverhältnis zwischen der legitimen Vertretung partikularer Interessen und der gegen sie erfolgenden Durchsetzung des Gemeinwohls trägt die Idee einer prozeduralistischen Bestimmung pluraler Gemeinwohlbelange Rechnung (vgl. Schuppert 2002). Denn mit diesem, der habermasschen Diskursethik verschwisterten Ansatz werden nicht nur jene Restriktionen berücksichtigt, die ein freiheitlicher Pluralismus jedwedem substanzialistischen Gemeinwohlverständnis auferlegt, sondern v.a. auch das Problem, unter der Bedingung sozialer Differenzierung überhaupt noch eine Bezugsgröße von Gemeinwohlorientierung angeben zu können. Diese erscheint nun in Gestalt einer Öffentlichkeit, in der sich Individuen und ihre teils organisierten, teils unorganisierten Interessen artikulieren können und in der sie anstelle der abstrakten Ermittlung *a priori* gültiger Werte in einen herrschaftsfreien Diskurs über die für sie zustimmungsfähigen Normen eintreten können. Hiermit wird die semantische Differenz zwischen *Gemeinwohl* und *öffentlichem Interesse* zunehmend relativiert.

Auf diese Weise kann zwar das Problem der Gemeinwohlbestimmung in *geltungstheoretischer* Hinsicht durch Prozeduralisierung gelöst werden; in *motivationaler* Hinsicht bleibt indessen das Problem bestehen, dass es einer je individuellen, aber subjektiv für allgemeingültig gehaltenen Vorstellung davon bedarf, was das Allgemeinwohl von Privatinteressen unterscheidet, damit die Bereitschaft zur prozeduralistischen Bestimmung pluraler Gemeinwohlbelange überhaupt hinreichend stark entwickelt wird und stabil bleibt.

3.3. Dies führt zum Gemeinsinn als einer unverzichtbaren Determinante des normativen Gemeinwohlideals. Denn unter freiheitlich-pluralistischen Bedingungen darf die Gemeinwohlorientierung naturgemäß nicht zwangsbewehrt sein und unterliegt als rein normatives Postulat mithin der hegelschen Kritik der »Ohnmacht des Sollens«. Folglich steht das Gemeinwohl in einem zirkulären Verhältnis zum Gemeinsinn im Sinne der freiwilligen Bereitschaft der Bürgerschaft, sich überhaupt am Gemeinwohl zu orientieren: Das Gemeinwohlideal impliziert eine Gemeinsinnforderung, während gleichzeitig ein Minimum an Gemeinsinn die vorgängige Voraussetzung für jedwedes Interesse am Gemeinwohl bildet. Als vorgängige, motivationale Bedingung jedweder Orientierung am Gemeinwohl ist Gemeinsinn eine vorpolitische Grundlage des Politischen, die, im Sinne des Böckenförde-Theorems, von demokratischer Politik nur unzureichend garantiert werden kann, weil diese nicht versuchen darf, die Motivationen der Bürger zu kontrollieren oder gar zu steuern (vgl. Böckenförde 1976, 60). Als sozialmoralische Ressource, die durch Gebrauch verzehrt, aber auch regeneriert werden kann, darf Gemeinsinn weder unterfordert noch überfordert werden. Eine Unterforderung liegt beispielsweise vor, wenn der erforderliche Solidaritätstransfer innerhalb einer Gesellschaft in immer stärkerem Maße bürokratisiert wird, so dass beim einzelnen Bürger der Eindruck entstehen kann, der Staat nehme ihm alle erforderlichen Solidaritätsleistungen ab. Eine Überforderung wiederum könnte zustande kommen, wenn die politisch-soziale Einheit, welche die Zielgruppe der Gemeinwohlnorm bilden soll, eine bestimmte Größe überschreitet – erst recht, wenn diese Erweiterung ein sukzessiver Prozess unter Einsatz moralischer Appelle und exzessiver, in ihrem semantischen Wandel sichtbarer instrumenteller Gemeinwohlrhetorik ist.

4.

Aquin, T. v., 1265ff., Deutsche Thomas-Ausgabe, Bd. 17 B, Heidelberg/Graz: Kerle/Styria 1966.

Baruzzi, A., 1990, Freiheit, Recht und Gemeinwohl, Darmstadt: WBG.

Bebel, A., 1922, Die Frau und der Sozialismus, Stuttgart: Dietz.

Böckenförde, E.-W., 1976, Staat, Gesellschaft, Freiheit, Frankfurt/M.: Suhrkamp.

Bundesverband der Katholischen Arbeitnehmer-Bewegung Deutschlands (Hg.), 1985, Texte der Katholischen Soziallehre, Bd. 1, Kevelaer: Butzon und Bercker.

Eberhard, W., 1985, »Gemeiner Nutzen« als oppositionelle Leitvorstellung im Spätmittelalter, in: M. Gerwing/G. Ruppert (Hg.), Renovatio et reformatio, Münster: Aschendorff.

Eberhard, W., 1993, Herrscher und Stände, in: I. Fetscher/H. Münkler (Hg.), Pipers Handbuch der politischen Ideen, Bd. 2: Mittelalter, München: Piper.

Fischer, K., 2002, Die Tugend, das Interesse und der Weltlauf, in: Jahrbuch Politisches Denken.

Flechtheim, O. K. (Hg.), 1962, Dokumente zur parteipolitischen Entwicklung in Deutschland seit 1945, Bd. 2, Berlin: Wendler.

Fraenkel, E., 1964, Deutschland und die westlichen Demokratien, Stuttgart: Kohlhammer 1968.

Häberle, P., 1970, Öffentliches Interesse als juristisches Problem, Bad Homburg: Athenäum.

Hirschman, A. O., 1982, Engagement und Enttäuschung, Frankfurt/M.: Suhrkamp 1984.

Kant, I., 1795, Zum ewigen Frieden, Akademie-Ausgabe, Bd. 8, Berlin: de Gruyter 1968.

Kempen, O. E., 1990, Warum das edle »Gemeinwohl« das Streikrecht untergräbt, in: Leviathan 18.

Mandeville, B., 1705, Die Bienenfabel oder Private Laster, öffentliche Vorteile, Frankfurt/M.: Suhrkamp 1990.

Meier, C., 1983, Die Entstehung des Politischen bei den Griechen, Frankfurt/M.: Suhrkamp 1995.

Münkler, H., 2002, Gemeinwohlsemantiken und Selbstbindungen in der Politik, in: Berichte und Abhandlungen der Berlin-Brandenburgischen Akademie der Wissenschaften, Bd. 9, Berlin: Akademie.

Münkler, H./Bluhm, H. (Hg.), 2001, Gemeinwohl und Gemeinsinn. Historische Semantiken politischer Leitbegriffe, Berlin: Akademie.

Münkler, H./Bluhm, H. (Hg.), 2002, Gemeinwohl und Gemeinsinn. Zwischen Normativität und Faktizität, Berlin: Akademie.
Münkler, H./Fischer, K. (Hg.), 2002a, Gemeinwohl und Gemeinsinn. Rhetoriken und Perspektiven sozial-moralischer Orientierung, Berlin: Akademie.
Münkler, H./Fischer, K. (Hg.), 2002b, Gemeinwohl und Gemeinsinn im Recht, Berlin: Akademie.
Schiller, K., 1966, Einführung in Schwerpunkte der Gesellschaftspolitik in Deutschland, in: Konferenz der SPD, Bonn: SPD.
Schumpeter, J. A., 1942, Kapitalismus, Sozialismus und Demokratie, Tübingen: Francke 1987.
Schuppert, G. F., 2002, Gemeinwohl, in: ders./F. Neidhardt (Hg.), Gemeinwohl. WZB-Jahrbuch 2002, Berlin: sigma.
Smith, A., 1776, Der Wohlstand der Nationen, München: dtv 1990.
Weisser, G., 1947, Sozialisierung bei freisozialistischer Wirtschaftsverfassung, Hamburg: Auerdruck.

Herfried Münkler/Karsten Fischer

Gender/Geschlecht

1.

Laut Brockhaus (vgl. 21. Aufl., Bd. 10, 417) ist »Gender« die Bezeichnung für Geschlecht als gesellschaftlich bedingtem Sachverhalt. »Geschlecht« ist diesem Verständnis nach im Verhältnis zu »Gender« ein übergeordneter Begriff: Neben sozialen Aspekten umfasst »Geschlecht« zusätzlich biologische Aspekte. Im Kontext der Geschlechterforschung ist allerdings umstritten, wo die Grenzlinie zwischen den sozialen und den biologischen Aspekten von Geschlecht, oder anders gesagt: wo die Grenzlinie zwischen dem sozialen Geschlecht – Gender – und dem biologischen Geschlecht – Sex – zu ziehen ist. Uneinigkeit herrscht zudem hinsichtlich des zu unterstellenden Verhältnisses zwischen Sex und Gender. Dabei geht es um die Frage, ob »Gender« vornehmlich als kulturelle Interpretation des natürlich gegebenen biologischen Geschlechts verstanden werden sollte, ihm also gewissermaßen nachgeordnet ist, oder ob »Gender« nicht vielmehr die Naturalisierung von Sex umfasst, und damit gegenüber dem »biologischen« Geschlecht vorgängig ist.

Weitgehend durchgesetzt hat sich hingegen in der Geschlechtertheorie die Überzeugung, dass Geschlecht nicht auf Identitätsmerkmale reduziert werden sollte. Im Anschluss an Joan Scott kann Gender/Geschlecht demgemäß in einem weiten Sinne als konstitutives Element gesellschaftlicher (Macht-)Beziehungen verstanden werden, das sich in Symbolen, (normativem) Wissen, Institutionen und Organisationen sowie in subjektiven Identitäten niederschlägt (vgl. Scott 1986).

2.

Geschlechterunterscheidungen und daraus abgeleitete Rollenzuweisungen und Statusdifferenzierungen finden sich im philosophischen und politischen Denken seit der Antike. In der Regel wurde Weiblichkeit mit Mütterlichkeit, Körper und Natur assoziiert, und Männlichkeit mit Geist und Kultur; Frauen standen eher für Privatheit, Männer eher für Öffentlichkeit (vgl. Rauschenbach 1998; Hausen 1976). Schon im Kontext der ersten Frauenbewegung, die im 19. Jahrhundert entstand und bis ins frühe 20. Jahrhundert hinein wirkte, wurden derartige Geschlechterdifferenzierungen – die meist mit einer Hierarchisierung einhergingen – zurückgewiesen. Bereits damals wurde insbesondere die Naturalisierung von Geschlechternormen kritisiert; stattdessen wurde vorgeschlagen, bestehende Geschlechtermodelle als sozial erzeugt zu begreifen (vgl. Mill/Taylor Mill/Taylor 1869). Die wohl prominenteste Ausarbeitung dieses Gedankens findet sich in Simone de Beauvoirs 1949 veröffentlichtem Monumentalwerk *Das andere Geschlecht*: »Man kommt nicht als Frau zur Welt, man wird es.« (Beauvoir 1949, 334) Die von existenzialistischem Gedankengut getragene Studie wendet sich vehement gegen jeden biologischen, psychologischen und ökonomischen Determinismus hinsichtlich geschlechteranthropologischer Aussagen – stattdessen werden Form und Wirkung von Weiblichkeit als gesellschaftlicher Norm bzw. – in Beauvoirs eigener Diktion – als gesellschaftlichem Mythos untersucht. Die feministischen Theoriepositionen, die seit dem Anheben der zweiten Frauenbewegung, also seit den 1960er Jahren entwickelt worden sind, haben diese Determinismuskritik auf verschiedene Weisen aufgenommen und weiterentwickelt. Terminologisch grundlegend war dabei die bis heute verbreitete Sex/Gender-Unterscheidung, die Ann Oakley bereits in den frühen 1970er Jahren vorschlug. Dabei bezog sie sich auf psychologische und endokrinologische Forschungsarbeiten zur Geschlechtsidentität v.a. intersexuell geborener Kinder aus den 1950er Jahren, in denen erstmals der eigentlich aus der Grammatik stammende Begriff »Gender« zur Bezeichnung des sozialen, erlernten Geschlechts verwendet worden war, sowie auf ethnologische Befunde nicht nur zur Varianz weltweit vorfindlicher Vorstellungen von Maskulinität und Femininität, sondern auch hinsichtlich gesellschaftlicher Geschlechtsmodelle, die dritte Geschlechter vorsehen oder Geschlechtswechsel erlauben (vgl. hierzu auch Schröter 2002). Gender – hier verstanden als psychologischer und kultureller Begriff – konnte damit als vom biologisch-körperlichen Geschlecht – Sex – ursächlich entkoppelt und als Effekt von Sozialisationsprozessen beschrieben werden (vgl. Oakley 1972).

3.

Seit den 1980er Jahren werden in der Geschlechtertheorie die Grenzen der Sex/Gender-Unterscheidung verhandelt. Eingewandt wurde zunächst, dass trotz der Entkopplung von biologischem und sozialem Geschlecht in der Regel ein duales Gendermodell mit lediglich zwei Genderpositionen veranschlagt wurde – und dass diese meist an der Lebenssituation von weißen bzw. inländischen, heterosexuellen Mittelschichtsangehörigen orientiert seien. Alternativ schlug man eine Pluralisierung von Gender vor: Eine Sicht, die nicht von einheitlichen Genderpositionen für alle Männer einer Gesellschaft auf der einen und alle Frauen einer Gesellschaft auf der anderen Seite ausgeht, sondern männliche und weibliche Genderpositionen und -normen nach Kriterien von »Rasse«/Ethnizität/Nationalität/Religion (vgl. u.a. Hooks 1984; Rommelspacher 1995), Sexualität (vgl. u.a. Rich 1980; Wittig 1992; Hark 2004) sowie sozialstruktureller Lokalisierung (vgl. u.a. Connell 1995) intern ausdifferenziert. Im Hintergrund steht dabei meist der Befund, dass sich verschiedene gesellschaftsstrukturierende Differenzmerkmale auf komplexe Weisen verknüpfen und verschränken – eine Einsicht, deren Implikationen zunehmend unter dem Label »Intersektionalität« verhandelt werden. Auch derart pluralisierte Gender-Modelle sind jedoch zumeist biologisch fundiert (vgl. Nicholson 1994); sie nehmen das Modell der biologischen Zweigeschlechtlichkeit zumindest implizit zum Ausgangspunkt, um auf dieser Grundlage verschiedene Modelle von Weiblichkeit und von Männlichkeit zu unterscheiden.

Eine kritische Auseinandersetzung mit der biologischen Fundierung vieler gendertheoretischer Grundannahmen findet seit den 1990er Jahren statt. Ausgangspunkt dafür ist der weitgehende Konsens darüber, dass Prozesse der Geschlechtsnormierung u.a. den Körper betreffen. Dieser Umstand stellt jedoch eine allzu einfache Grenzziehung zwischen Sex und Gender, zwischen biologischem und kulturellem Geschlecht, in Frage. Ist etwa ein haarloser, graziler weiblicher Körper durch Sex oder durch Gender bedingt? Und entspringt z.B. heterosexuelles Begehren der Biologie oder der Kultur? Derartige Ungewissheiten haben zu erneuten Überlegungen darüber geführt, welche der vielfältigen Aspekte von Geschlecht tatsächlich als natürlich angesehen werden müssen, und welche Aspekte in gesellschaftlichen Konventionen gründen könnten, obwohl sie als biologisch gegeben gelten. In Frage steht mithin, inwiefern das, was wir unter »Sex« fassen, als biologisch und unveränderlich erst konstruiert wurde. Während also die Unterscheidung von Sex und Gender dazu diente, entnaturalisierte Konzeptionen von Gender zu etablieren, werden im Zuge der Kritik an dieser Unterscheidung auch Vorstellungen von Sex hinsichtlich ihrer Entnaturalisierungspotentiale überprüft. Maßgeblich für diese Ausweitung von Gender auf Aspekte von Sex sind insbesondere die Arbeiten von Judith Butler, die sich in diesem Zusammenhang v.a. mit Heteronormativität und Zweigeschlechtlichkeit auseinandergesetzt hat; Arrangements, die nicht zuletzt durch feministische Geschlechtertheorien selbst reproduziert würden. Butler (vgl. 1990, 22) kritisiert eine »Zwangsordnung von Sex, Gender und Begehren«, eine auf die menschlichen Reproduktion gerichtete Verkettung verschiedener Aspekte normalisierter Geschlechtlichkeit: als natürlich und damit als normal gelte die Verbindung zwischen einem »eindeutig« weiblichen bzw. männlichen Körper, damit harmonierenden Charaktermerkmalen und Verhaltensmustern sowie heterosexuellem Begehren. Personen, die mit derartigen Klassifikationen nicht konform gehen können oder wollen, drohe der Verlust kultureller Intelligibilität. Vor diesem Hintergrund plädiert Butler dafür, die Normalisierung der Heterosexualität sowie die duale Geschlechterklassifikation als sozial zu begreifen, und somit den Bezugsrahmen von Gender, der vordem auf Normen von Weiblichkeit und Männlichkeit konzentriert war, entsprechend auszuweiten (vgl. Butler 1990; dies. 1993; dies. 2004). Dieser Vorschlag hat eine umfangreiche Debatte ausgelöst, in der u.a. die Destabilisierung der für feministische Politik notwendigen Kategorie »Frauen« sowie die Konzentration feministischer Theorie- und Politikanstrengungen auf »kulturelle« Fragen der Körpernormierung beanstandet wurde (vgl. Hark 2005, 269ff.; Benhabib/Butler/Cornell u.a. 1993). Obwohl in dieser Auseinandersetzung keinesfalls Einigkeit erzielt werden konnte, ist insbesondere der feministische Aktivismus der sog. Dritten Welle von Versuchen geprägt, Möglichkeiten eines Feminismus in Überschreitung klassischer Frauenpolitik auszuloten (vgl. u.a. Heywood/Drake 1997; Labaton/Martin 2004); außerdem liegen theoretische Positionen vor, die »kulturelle« Fragen der Anerkennung, materielle Fragen der Umverteilung und politische Fragen der Repräsentation integrieren (vgl. Fraser 1997; dies. 2005). Differenzfeministische Affirmationen einer biologischen Geschlechterdichotomie und traditioneller Weiblichkeitsmuster (vgl. z.B. Daly 1978; Agacinski 1998) fordert die sog. Dekonstruktion von »Geschlecht« jedoch weiterhin heraus.

Die Ausweitung von Gender auf Sex und das damit einhergehende Interesse an den »biologischen« Komponenten von Geschlecht korreliert mit einer zunehmenden Hinwendung der Geschlechtertheorie und -forschung zu naturwissenschaftlichen Fragestellungen. Dabei geht es u.a. um Interaktionen von Mensch und Maschine (vgl. Haraway 1995) sowie um neue Biotechnologien (vgl. Scott 2001); hinsichtlich beider Gebiete werden dabei insbesondere die Implikationen für das Verständnis vom (vergeschlechtlichten) Menschen thematisiert.

4.

Agacinski, S., 1998, Politique des Sexes, Paris: Seuil.

Beauvoir, S. de, 1949, Das andere Geschlecht, Hamburg: Rowohlt 1992.

Benhabib, S./Butler, J./Cornell, D./Fraser, N., 1993, Der Streit um Differenz, Frankfurt/M.: Fischer.

Butler, J., 1990, Das Unbehagen der Geschlechter, Frankfurt/M.: Suhrkamp 1991.

Butler, J., 1993, Körper von Gewicht, Frankfurt/M.: Suhrkamp 1997.

Butler, J., 2004, Undoing Gender, London: Routledge.

Connell, R. 1995, Der gemachte Mann. Konstruktion und Krise von Männlichkeiten, Opladen: Leske + Budrich 1999.

Daly, M., 1978, Gyn/Ökologie. Eine Metaethik des Radikalen Feminismus, München: Frauenoffensive 1991.

Fraser, N., 1997, Die halbierte Gerechtigkeit, Frankfurt/M.: Suhrkamp 2001.

Fraser, N., 2005, Mapping the Feminist Imagination, in: Constellations 12.

Frey, R., 2003, Gender im Mainstreaming, Königstein: Helmer.

Haraway, D., 1995, Die Neuerfindung der Natur. Primaten, Cyborgs und Frauen, Frankfurt/M.: Campus.

Hark, S., 2004, Lesbenforschung und Queer Theorie, in: R. Becker/B. Kortendiek (Hg.), Handbuch

Frauen- und Geschlechterforschung, Wiesbaden: VS.
Hark, S., 2005, Dissidente Partizipation. Eine Diskursgeschichte des Feminismus, Frankfurt/M.: Suhrkamp.
Hausen, K., 1976, Die Polarisierung der ›Geschlechtscharaktere‹ – eine Spiegelung der Dissoziation von Erwerbs- und Familienleben, in: W. Conze (Hg.), Sozialgeschichte der Familie in der Neuzeit, Stuttgart: Klett-Cotta.
Heywood, L./Drake, J. (Hg.), 1997, Third Wave Agenda, Minneapolis: University of Minnesota Press.
hooks, b., 1984, Feminist Theory, Boston: South End Press.
Labaton, V./Martin, D. L. (Hg.), 2004, The Fire this Time. Young Activists and the New Feminism, New York: Anchor Books.
Mill, J. S./Taylor Mill, H./Taylor, H., 1869, Die Hörigkeit der Frau. Texte zur Frauenemanzipation, Frankfurt/M.: Syndikat 1976.
Nicholson, L., 1994, Was heißt Gender?, in: Institut für Sozialforschung (Hg.), Geschlechterverhältnisse und Politik, Frankfurt/M.: Suhrkamp.
Oakley, A., 1972, Sex, Gender and Society, London: Temple Smith.
Okin, S. M., 1989, Justice, Gender, and the Family, New York: Basic Books.
Rauschenbach, B., 1998, Politische Philosophie und Geschlechterordnung, Frankfurt/M.: Campus.
Rich, A., 1980, Zwangsheterosexualität und lesbische Existenz, in: E. List/H. Studer (Hg.), Denkverhältnisse. Feminismus und Kritik, Frankfurt/M.: Suhrkamp 1989.
Rommelspacher, B., 1995, Dominanzkultur. Texte zu Fremdheit und Macht, Berlin: Orlanda.
Schröter, S., 2002, FeMale. Über Grenzverläufe zwischen den Geschlechtern, Frankfurt/M.: Fischer.
Scott, J., 1986, Gender. Eine nützliche Kategorie der historischen Analyse, in: N. Kaiser (Hg.), Selbst Bewusst. Frauen in den USA, Leipzig: Reclam 1994.
Scott, J., 2001, Die Zukunft von Gender, in: C. Honegger/C. Arni (Hg.), Gender – Tücken einer Kategorie, Zürich: Chronos.
Wittig, M., 1992, The Straight Mind and Other Essays, Boston: Beacon.

Ina Kerner

Gerechtigkeit

1.

Gerechtigkeit ist seit der Antike eines der wünschenswerten Grundprinzipien der sozialen Organisation und ein, wenn nicht der zentrale normative Begriff der Politik. Auch wenn dem Begriff der Gerechtigkeit eine allgemeine, einheitliche und ahistorische Bedeutung zukommt, wird doch seit jeher über die spezifischen Konzeptionen der Gerechtigkeit gestritten.

Die allgemeine Bedeutung kann man im Rückgriff auf Simonides' Erklärung des Begriffs der Gerechtigkeit, die von Platon (vgl. Rep., 433a) diskutiert und durch Ulpian auf die Formel »suum cuique« gebracht wurde, am besten so definieren: Gerecht ist eine Handlung, wenn sie jedem das gibt, was ihm zukommt. Alle Gerechtigkeit scheint auf das Zukommende oder Angemessene bezogen zu sein. Das kann man erstens so verstehen, dass das Maß des Zustehenden schon vorausgesetzt ist, die Standards der Gerechtigkeit also schon konventionell vorgegeben sind und konkrete Fälle danach beurteilt werden sollen. Ob die Standards aber selbst wirklich gerecht sind, kann jedoch zweifelhaft und strittig sein. Deshalb kann man zweitens reflexiv nach der Gerechtigkeit dieser Standards fragen.

Dieser umfassende Begriff stellt Gerechtigkeit also zunächst in einen engen Zusammenhang mit Recht und Konvention (der Befolgung der Standards der Gerechtigkeit), sodann auf der nächsten reflexiven Ebene mit der Moral (der unparteiischen Beurteilung der Standards der Gerechtigkeit) (vgl. Tugendhat 1997). Gerechtigkeit bezieht sich dann auf die Gesamtheit der wechselseitigen Ansprüche und Verbindlichkeiten bzw. der moralischen Rechte und Pflichten, die die Menschen gegeneinander vom Standpunkt der Unparteilichkeit aus haben. Diese Definition ist ganz formal, denn sie lässt noch die entscheidende Frage offen, wem was zukommt. Die Formel bzw. der allgemeine Begriff der Gerechtigkeit enthält mehrere Variablen, die gefüllt werden müssen, um zu spezifischen Konzeptionen der Gerechtigkeit zu gelangen.

2.
Die Ideengeschichte der Gerechtigkeit (vgl. del Vecchio 1922; Horn/Scarano 2002) reicht bis zu den Ursprüngen der schriftlichen Überlieferung zurück. Erstmals prominent zum Thema wird Gerechtigkeit in der Antike bei den Sophisten, bei Platon und bei Aristoteles, die ihre Vorstellungen von Gerechtigkeit in ihre eudaimonistische Ethik und kosmologisch-metaphysischen Weltanschauungen integrieren. Im Mittelalter werden die antiken Auffassungen von Gerechtigkeit unter dem Einfluss des Neuplatonismus kombiniert mit der christlichen Perspektive und v.a. von Augustinus (*De civitate Dei*) und Thomas von Aquin (*Summa Theologica*) weiterentwickelt. In der Neuzeit beginnt mit Hobbes (1651), Locke (1690), Pufendorf (1672), Hume (1739), Rousseau (1762) und Kant (1797) eine Diskussion um eine vertragstheoretische und naturrechtliche Neufundierung der Gerechtigkeit v.a. mit Bezug auf den Staat. Die moralphilosophischen Debatten des 19. und der ersten Hälfte des 20. Jahrhunderts sind gekennzeichnet durch Problematisierungen der Idee der Gerechtigkeit v.a. bei Hegel (1820), Mill (1861) und Marx (1875) sowie den unterschiedlichen Spielarten des Rechtspositivismus, etwa bei Radbruch (1934) und Kelsen (1934). Spätestens mit dem Erscheinen von John Rawls' *Theorie der Gerechtigkeit* (1971) wird Gerechtigkeit wieder der normative Grundbegriff der politischen Philosophie.

3.
Eine Gerechtigkeitskonzeption muss eine begründete Antwort auf die Frage geben: Wer schuldet in welchen Umständen wem was, auf welche Weise, warum, aus welcher Perspektive, aufgrund welchen Prinzips und mit welcher Anwendung? Fragen der Gerechtigkeit betreffen demnach mindestens folgende neun Dimensionen: (1) die Umstände, (2) die Objekte, (3) die Subjekte, (4) den Umfang, (5) die Perspektive, (6) die Gründe, (7) die Arten, (8) den Inhalt, die Prinzipien und Kriterien sowie (9) die Anwendung.

3.1. Die *Umstände* der Gerechtigkeit legen fest, unter welchen sozialen Bedingungen Gerechtigkeit erforderlich ist – warum in einer spezifischen Situation überhaupt Gerechtigkeit verlangt wird, statt etwas anderem, wie etwa Liebe, Fürsorge, Konkurrenz oder Konflikt. Hume charakterisiert die Umstände der Gerechtigkeit wegweisend durch die zwei Bedingungen der gemäßigten Knappheit und der konkurrierenden Ansprüche (vgl. Hume 1739, III.2.2.; vgl. ferner Rawls 1971, § 22). Nur wenn es konfligierende Ansprüche auf knappe Güter gibt, wird eine gerechte Lösung bei ihrer Verteilung verlangt, bei Überfluss können alle Wünsche erfüllt werden, bei extremer Knappheit ist zweifelhaft, ob überhaupt eine gerechte Lösung zu finden ist, da Gerechtigkeit nichts Unerträgliches verlangen darf oder kann (vgl. Rawls 1971, 202). Interessensgegensätze sind mithin die subjektiv notwendige Bedingung dafür, dass Gerechtigkeit überhaupt Anwendung findet (vgl. Hart 1961, 266–275). Diese Umstände der Gerechtigkeit prägen das menschliche Leben, sind also (wenn auch nicht in allen Situationen) empirisch unvermeidbar und machen damit Gerechtigkeit notwendig. Dies ist bestritten worden. So haben Vertreter von Sozialutopien und des Marxismus mit der Idee der Entwicklung einer ideal(er)en Welt argumentiert, die schließlich Recht, Gerechtigkeit und Moral überflüssig mache, weil die Menschen in Frieden, Eintracht und Solidarität leben würden (vgl. Marx 1875).

3.2. Die Prädikate ›gerecht‹ und ›ungerecht‹ beziehen sich zunächst einmal auf verschiedene *Objekte* der Gerechtigkeit, die jedoch auf systematische Weise miteinander verbunden sind. Als gerecht oder ungerecht bezeichnen wir (a) Personen, (b) deren Handlungen, Verhaltensweisen, Einstellungen und Charaktere sowie (c) ihre Urteile, Einschätzungen und Wertungen. Als nächstes sind die institutionellen Verwendungsformen zu nennen:

So können (d) Verfahren, Normen, Regeln, Gesetze und juridische Rechte sowie (e) soziale Institutionen, politische Zustände, Staaten, Wirtschaftssysteme, Gesellschaftsordnungen und internationale Beziehungen gerecht oder ungerecht genannt werden. Eine weitere, theoretische Verwendungsform bezieht sich (f) auf Aussagen, Theorien, Konzeptionen und Modelle. Prozedural gerecht werden (g) Vorgänge und Verfahren genannt. Schließlich wird der Ausdruck ›gerecht‹ auch resultativ gebraucht, nämlich mit Bezug (h) auf die Relation von Gabe und Gegengabe bei Tauschbeziehungen, auf Leistung und Gegenleistung bzw. Entlohnung und auf das Verhältnis von Verbrechen und Strafe. Ferner kann sich der Begriff (i) auf die Resultate von Sportwettkämpfen, Bewerbungsverfahren etc. beziehen oder längerfristiger auf die Ergebnisse des Verlaufs eines ganzen menschlichen Lebens oder einer natürlichen oder historischen Entwicklung wie der Verteilung von Erdölvorkommen auf der Welt oder bestehende politische Grenzen.

3.3. Die *Subjekte* der Gerechtigkeit sind die systematischen Träger der Gerechtigkeit. Gerechtigkeit bezieht sich deshalb primär auf individuelle, freie und damit verantwortbare Handlungen. Demgemäß sind Handlungen die *handlungstheoretisch* primären Objekte der Gerechtigkeit, *verantwortungsethisch* betrachtet sind jedoch Personen primär, sofern sie für die Gerechtigkeit der Zustände in der Welt moralisch verantwortlich sind und moralisch verpflichtet sind, durch ihre Handlungen auf gerechte Zustände so gut sie können hinzuarbeiten. Dies ist jedenfalls die Position des ethischen oder normativen Individualismus. Die relevanten Personen müssen für die betreffenden Handlungen oder Unterlassungen grundsätzlich zuständig sein, wenn ihnen Handlungen oder Unterlassungen und deren Folgen zugerechnet, wenn sie für diese verantwortlich gemacht bzw. zur Verantwortung gezogen werden sollen. Der gesellschaftlichen Praxis der Zurechnung von Handlungen muss demnach eine gut begründete, also nicht willkürliche Festlegung der Zuständigkeit der jeweils verantwortlich gemachten Subjekte vorausgehen.

3.4. Mit dem *Umfang* der Gerechtigkeit wird festgelegt, wie weit die Ausdehnung von Gerechtigkeit(sprinzipien) reicht, und damit, wem gegenüber prinzipiell Gerechtigkeit geschuldet wird. Dabei geht es um die Frage, ob Gerechtigkeit universal, somit global und grenzenlos ist oder ob aus begrifflichen, normativen oder pragmatischen Gründen Gerechtigkeit eher nur lokal, in einer Gemeinschaft oder einer staatlich verfassten Gesellschaft zu verorten ist. Der Partikularismus vertritt die Auffassung, dass Gerechtigkeitspflichten an einen konkreten Kontext gebunden sind: (a) an eine kulturelle Gemeinschaft, weil es eine besondere, enge, moralisch grundlegende Bindung innerhalb von Gemeinschaften gebe (Kommunitarismus oder liberaler Nationalismus; vgl. Miller 2007); (b) an einen Staat, weil Gerechtigkeit an eine legitime Ordnung verbunden mit Recht als Zwangsmittel gekoppelt sei (Etatismus/Nationalismus/Patriotismus; vgl. Nagel 2005); (c) an eine politische Grundordnung, weil Gerechtigkeit nur innerhalb eines Kooperationszusammenhangs Anwendung finde, in dem die Vorteile und Nachteile der Kooperation fair zu verteilen sind (politischer Liberalismus; vgl. Rawls 1971, 1999); oder (d) an faktisch bestehende Rechts- oder Machtverhältnisse (Neo-Realismus; vgl. Morgenthau 1948).

Dagegen behaupten Vertreter des Kosmopolitismus (z.B. Pogge 2002; Höffe 1999) eine globale Ausdehnung von Gerechtigkeitsforderungen. Die universale Moral der gleichen Achtung scheint zu verlangen, jede Person so anzusehen, als sei sie mit prima facie gleichem Anspruch auf Güter versehen, es sei denn, es können im Einzelfall Gegengründe für eine Ungleichverteilung angeführt werden. Aber prima facie gibt es keinen Grund, Angehörige z.B. anderer Staaten oder zukünftiger Generationen von vornherein vom Verteilungs- und Begründungsprozess auszuschließen. Aus dem moralischen Kosmopolitismus folgt zwar eine globale und intergenerationelle Ausdehnung der Gerechtigkeit, aber nicht notwendig ein politischer Kosmopolitismus, weil die Fragen der politischen Umsetzung noch offen sind.

3.5. Ein Gerechtigkeitsurteil gehört analytisch in einen Begründungszusammenhang. Bestimmte Rechte oder Pflichten erscheinen uns nur dann als gerecht, wenn sie für uns überzeugend beanspruchen können, dass sie auf höherer Ebene unparteilich begründet werden können. Die für Gerechtigkeit wesentliche *Perspektive* der Unparteilichkeit verlangt zweierlei. Zum einen erfordert Unparteilichkeit die unparteiische Anwendung einer vorgegebenen Norm. Um diese Unparteilichkeit zu symbolisieren, tragen Statuen der Justitia, wie sie v.a. vor Gerichtsgebäuden stehen, oft eine Binde über den Augen und eine Waage in der Hand (vgl. Kissel 1997). Die Binde symbolisiert die willentliche Einnahme eines distanzierten, eben unparteiischen Standpunktes, um richtig urteilen zu können. Die Waage in der Hand der Justitia zeigt den unabhängigen Standard des Abwägens. Zum anderen wird zusätzlich für die Regeln Unparteilichkeit gefordert, im Sinne eines Verbots auf das rein Partikulare oder Egoistische bezogener Maximen. Solche Regeln sind nicht unparteilich und deshalb ungerecht. Verlangt wird stattdessen eine unparteiische Rechtfertigung bzw. Rechtfertigbarkeit der in Frage stehenden Normen. Dies ist eine Unparteilichkeit zweiter Stufe: Wir sind nur dann bereit zu akzeptieren, dass wir spezifische Pflichten haben, wenn diese Regelungen für uns im Prinzip überzeugend beanspruchen können, auf höherer Ebene unparteilich verhandelt und begründet worden zu sein. In der gegenwärtigen Philosophie werden im groben vier Tests für Unparteilichkeit vertreten: die Einnahme der Perspektive eines beliebigen unbeteiligten Beobachters (vgl. Smith 1759), der Rollentausch der betroffenen Parteien (vgl. Baier 1958), die Frage, ob jeder in denselben Umständen in der gleichen Weise handeln sollte (Universalisierbarkeit; vgl. Hare 1981) sowie die Frage, wie man handeln würde, wenn man keine Kenntnisse über sich oder die eigene Situation hätte, die einen von jedem anderen rationalen Wesen unterscheiden würden (Schleier der Nichtwissens; vgl. Rawls 1971, § 24).

3.6. Dafür, dass Gerechtigkeit in den relevanten Umständen angewendet werden soll, werden unterschiedliche *Gründe* der Gerechtigkeit als Teilgebiet der Moral parallel zu den bekannten unterschiedlichen Typen der Begründung von Moral allgemein ins Feld geführt (vgl. Barry 1989). Die Rechtfertigungsstrategien rekurrieren dabei entweder auf den wechselseitigen Vorteil aller Beteiligten (Vertragstheorien; vgl. etwa die Argumentation des Thrasymachos in Platon, *Rep.*, Buch I sowie Hobbes 1651), den Utilitarismus (vgl. Mill 1861, Kap. V), Gefühle der Solidarität (vgl. Smith 1759), natürliche Rechte und Pflichten (Naturrechtstheorien; vgl. v.a. Locke 1690, vgl. ferner Finnis 1980), die Achtung von Personen mit Würde (Vernunftrechtstheorie; vgl. Kant 1797), einen Konsens im idealen Diskurs (vgl. Habermas 1992) oder ein Recht auf Rechtfertigung (vgl. Forst 2007).

3.7. Seit Aristoteles' wegweisender Differenzierung in Buch V der *Nikomachischen Ethik* werden mehrere *Arten* der Gerechtigkeit unterschieden. (1) Gerechtigkeit im weiteren Sinn kann (a) von Personen verlangt werden, dann stellt Gerechtigkeit ein Charakter- oder Persönlichkeitsmerkmal, eine moralische Tugend dar. (b) Gerechtigkeit im weiteren Sinn kann auch von Institutionen, und zwar in nicht-politischen (wie Ehe, Familie, Wirtschaft und Bildung) und politischen Zusammenhängen (Recht und Staat), verlangt werden. Die nur das politische Ordnungsgefüge betreffende Gerechtigkeit bezeichnet man dabei genauer als »politische Gerechtigkeit«, die sich traditionell eher auf die innerstaatliche Ebene bezog, heute aber um den Aspekt der internationalen, transnationalen oder globalen Gerechtigkeit ergänzt wird. Die alle gesellschaftlichen, nicht nur politischen Institutionen umfassende Gerechtigkeit wird erst in jüngerer Zeit »soziale Gerechtigkeit« genannt. (2) Gerechtigkeit im engeren Sinn bezieht sich auf die Regelung zwischenmenschlicher Konflikte bei der Verteilung von Vorteilen und Lasten des sozialen Zusammenlebens. Dieser engere Begriff der Gerechtigkeit wird seit Aristoteles nochmals zweigeteilt: (a) Gerechtigkeit verlangt eine gerechte Verteilung von Rechten, Pflichten, Gütern und Lasten (*distributive*, verteilende oder austeilende Gerechtigkeit); (b) Gerechtigkeit wird durch das Prinzip des Ausgleichs in Tausch- oder Vertragsbeziehungen oder allgemeiner in sozialen Beziehungen überhaupt verwirklicht oder nach geschehenem Unrecht wiederhergestellt (*ausgleichende* Gerechtigkeit).

3.8. Der *Inhalt* der Gerechtigkeit benennt die materialen *Prinzipien* und *Kriterien* der Gerechtigkeit. Alle modernen Konzeptionen der Gerechtigkeit akzeptieren eine gemeinsame Grundnorm: Alle Menschen sind als prinzipiell gleichwertig zu achten, d. h. mit gleicher Würde versehen. Deshalb soll jeder Mensch mit gleicher Achtung und gleicher Rücksicht behandelt werden. Je nachdem, wie die verschiedenen Konzeptionen der Gerechtigkeit die Grundnorm gleicher Würde näher verstehen, ergeben sich unterschiedliche Auffassungen über das jeweils Angemessene bzw. Gerechte unter Gleichen.

Bei einer Verteilung von Gütern und Lasten gilt ein distributiver Zustand als gerecht, wenn es eine rechtfertigbare Lösung des Problems der Verteilung (Allokation) gibt und die Güter und Lasten sich theoretisch in einem ursprünglichen (eigentumsfreien) Zustand befinden und den Individuen zugeteilt werden müssen. Um Gegenstände der Verteilung zu sein, müssen die Dinge auf eine von mindestens zwei Weisen Gemeineigentum, also niemandes persönliches Eigentum sein. In der Situation der ursprünglichen Verteilung sind Güter und Lasten dann im für Gerechtigkeit relevanten Sinn Gemeineigentum, wenn sie weder ein Teil eines Individuums sind, noch von jemandem geschaffen wurden. Außerdem müssen sie von jedem als Gut begehrt oder als Last gemieden werden.

Die die heutige Diskussion prägende Theorie der Gerechtigkeit von John Rawls (1971) vertritt einen politischen (Sozial-)Liberalismus und argumentiert für einen sozialen und demokratischen Rechtsstaat. In ihm haben gemäß dem ersten Grundsatz der Gerechtigkeit die Freiheitsrechte Vorrang. Gemäß dem zweiten Grundsatz der Gerechtigkeit, dem sog. Differenzprinzip, sind Einkommen und Vermögen gleich zu verteilen, es sei denn, eine ungleiche Verteilung gereicht allen, v. a. auch den Schlechtestgestellten zum Vorteil. Alle heutigen Gerechtigkeitstheorien beziehen sich positiv oder negativ auf Rawls.

Statt des zweiten rawlsschen Grundsatzes der Gerechtigkeit wird von anderen Vertretern eines Sozialliberalismus ein Prinzip der Chancengleichheit gefordert: Gerecht ist eine Ordnung, wenn sie alle unverschuldeten Nachteile von Personen so weit wie möglich und normativ vertretbar ausgleicht, und den Personen zugleich zumutet, die Folgen ihrer Entscheidungen und absichtlichen Handlungen selbst zu tragen (vgl. Dworkin 2000). Unter den Verfechtern sozialliberaler Positionen gibt es unterschiedliche Ansichten darüber, in welcher Hinsicht die Personen gleichzustellen sind, ob in der Hinsicht der Grundgüter (vgl. Rawls 1971), der Ressourcen (vgl. Dworkin 2000), des Wohlergehens (vgl. Cohen 1989) oder der effektiven Möglichkeiten (Capability-Ansatz; vgl. Sen 1999; Nussbaum 1992).

Andere Theoretiker sehen die Verteilung nach mehreren Kriterien des Verdienstes geregelt, die im Konflikt miteinander stehen können (vgl. Pojman/McLeod 1998; Miller 1976). Eine Distribution gilt je nach Ansicht als gerecht, wenn entweder nach Leistung oder freiem Markt oder nach Bedürfnis oder auch nach Gleichheitsvorstellungen verteilt wird.

Das Kriterium der *Leistung* ist bei der Einkommensfestlegung am populärsten, allerdings ergeben sich Probleme, weil die Leistungsfähigkeit selbst von der natürlichen Ausstattung und dem sozialen Umfeld abhängt, diese jedoch nicht als moralisch relevante Gründe für eine Ungleichverteilung zählen dürfen (vgl. Rawls 1971) und der Wert des individuellen Verdienstes nicht unparteilich bestimmt werden kann (vgl. Hinsch 2002, Kap. 8). Das Kriterium der Leistung steht zudem in Spannung zum Prinzip von Angebot und Nachfrage in der freien Marktwirtschaft, weil die Einkommen nach marktwirtschaftlichen Kriterien nicht immer mit Leistung korrelieren müssen. Auch wenn es gerechtigkeitstheoretische und pragmatische Gründe für die freie Marktwirtschaft gibt, so funktioniert der freie Markt allein, d.h. wenn er nicht durch Gerechtigkeitsprinzipien eingerahmt wird, nicht entsprechend irgendeinem Gerechtigkeitskriterium.

»Jedem nach seinen *Bedürfnissen*« ist ein weiteres verbreitetes Verteilungskriterium (vgl. Braybrooke 1987), das insbesondere in Notlagen große Plausibilität beanspruchen kann. Entscheidend dabei ist die unparteiliche Bestimmung der relevanten Bedürfnisse und des gerechtfertigten Maßes ihrer Befriedigung (vgl. Hinsch 2002, Kap. 6; Gosepath 2004, Kap. V.1.5.). Der einflussreichste Ansatz, der auf diesem allerdings weit gefassten Kriterium beruht, ist der Capability-Ansatz (vgl. Sen 1999; Nussbaum 1992).

Oft wird auch Gleichheit als Verteilungskriterium angesehen. Strikte Gleichheit, die allen ein gleiches Niveau an Gütern und Leistungen gewähren will, wird allgemein als unplausibel verworfen, u.a. weil sie die moralisch relevanten Unterschiede zwischen den Individuen und ihren Situationen nicht hinreichend berücksichtigt. Statt einfacher Gleichheit bedarf es deshalb komplexerer Gleichheit, bei der es verschiedene Güterklassen, Sphären und Kriterien gibt (vgl. Walzer 1983). Eine solche Konzeption der Gleichheit arbeitet prozedural mittels einer Vorrang-Regel der Gleichheit, einer sog. Präsumtion der Gleichheit, für alle politisch zur Verteilung anstehenden Güter: Alle Betroffenen sind ungeachtet ihrer deskriptiven Unterschiede gleich zu behandeln, es sei denn, bestimmte (Typen von) Unterschiede(n) sind in der anstehenden Hinsicht relevant und rechtfertigen durch allgemein annehmbare Gründe eine ungleiche Behandlung oder ungleiche Verteilung. Damit sind Ungleichheiten nicht ausgeschlossen, aber rechtfertigungspflichtig (vgl. Hinsch 2003; Gosepath 2004, Kap. II.8).

Der Marktliberalismus bzw. Libertarismus formuliert eine grundsätzliche Ablehnung jeder Konzeption von Verteilungsgerechtigkeit, v.a., wenn sie nur durch Umverteilung herzustellen ist, und verteidigt stattdessen eine Konzeption des Minimalstaats, der nur einige Grundrechte (Grund- und Menschenrechte) und das ursprüngliche Recht auf Eigentum sichert. Jenseits der Begründung gerechter Regeln der ursprünglichen Aneignung, insbesondere natürlicher Güter sowie des gerechten Austauschs von Gütern, ist jede weitere Verteilung von Gütern als moralisch unzulässig anzusehen, weil diese schon jemandem rechtmäßig gehören (vgl. Nozick 1974).

Der Marxismus bzw. Kommunismus hat – je nach Interpretation – keine eigentliche Theorie der Gerechtigkeit, weil er eine von Recht beherrschte Gesellschaft ablehnt und stattdessen einen kommunistischen Gesellschaftszustand jenseits der Gerechtigkeit anstrebt, in dem durch Beseitigung materieller Knappheit und Herstellung von Interessenharmonie keine Gerechtigkeit mehr nötig sei (vgl. Kymlicka 1990, Kap. 5).

Der Kommunitarismus wiederum kritisiert den Individualismus und die Neutralität des Staates in sozialliberalen wie marktliberalen Theorien der Gerechtigkeit. Stattdessen wird betont, dass Auffassungen der Gerechtigkeit sich nur aus der gelebten Tradition und den in ihr enthaltenen Wertvorstellungen heraus ergeben und dass sich sowohl die Individuen als auch der Staat bemühen müssen, die jeweilige Tradition und Kultur sowie die in ihnen als werthaft angesehene Konzeption des Gemeinwohls zu fördern (vgl. Walzer 1983).

Der Feminismus (vgl. Rössler 1996; Okin 1989), der Anti-Rassismus sowie soziale Bewegungen wie jene der Homosexuellen beklagen systematische blinde Flecken in den jeweiligen Theorien, die zu ungerechten Exklusionen oder Diskriminierungen bestimmter Gruppen führen. Deshalb wird eine Politik der Anerkennung dieser Gruppen in ihrem Eigenwert bzw. eine entsprechende Erweiterung der zugrunde gelegten Gerechtigkeitskonzeption gefordert (vgl. Fraser/Honneth 2003).

Neben diesen allgemeinen politischen Theorien stehen einzelne besondere Probleme oder Teilaspekte der Gerechtigkeit im Mittelpunkt des politischen Interesses. So werden als Prinzipien der Gerechtigkeit v.a. gefordert: die schon erwähnte Belohnung von besonderem Verdienst bzw. Leistung (*Leistungsgerechtigkeit*), der Anspruch unverschuldet in Not Geratener auf eine Grundausstattung mit bestimmten Gütern zur Befriedigung von Grundbedürfnissen (*Bedürfnis- oder Bedarfsgerechtigkeit*), die Sicherung erworbener Positionen in der Gesellschaft (*Besitzstandsgerechtigkeit*), die Überwindung von Diskriminierungen und der Ausgleich von Benachteiligungen (etwa *Geschlechtergerechtigkeit*), die Schaffung von für alle gleich geltenden Regeln mit der Chance, im Wettbewerb eine den Fähigkeiten und Anstrengungen entsprechende Position zu erlangen (*Chancengerechtigkeit*), die Berücksichtigung der möglichen Ansprüche der Mitglieder zukünftiger Generationen (*Zukunfts- oder Generationengerechtigkeit*) sowie die Ermöglichung von Zugang zum Arbeitsmarkt, zu Konsum, Bildung, Kultur, Wissen etc. entweder passiv durch Beseitigung von Zugangsbarrieren (z.B. für Behinderte) oder aktiv durch (z.B. politische) Partizipation, um so am Fortschritt der Gesellschaft und deren Wohlstand teilzunehmen (*Teilhabegerechtigkeit*).

3.9. Allgemeine Theorien der Gerechtigkeit sollten auf konkretere Fragen der politisch-sozialen Gerechtigkeit *Anwendung* finden können. Wie das geschehen kann, ist eine nicht leicht zu beantwortende Frage, weil Theorien der Gerechtigkeit in aller Regel idealisieren und abstrahieren. Abstrahiert wird v.a. von konkreten Variationen zwischen Menschen und Situationen, die für die in Frage stehenden Gerechtigkeitsprinzipien irrelevant zu sein scheinen. Zugleich wird, um minimale und abstrakte Ausgangspunkte für die Konstruktion zu gewinnen, auch idealisiert. »Ideal« heißt eine Theorie, die von der tatsächlichen Bereitschaft der Menschen zu gerechtem Handeln methodisch absieht und unterstellt, dass die Menschen gerecht zu handeln bereit sind. Wegen der Idealisierung und Abstraktion einerseits und der notwendigen Berücksichtigung der empirischen Fakten sowie der Einschätzungen der zur Verfügung stehenden Möglichkeiten andererseits können Theorien der Gerechtigkeit nicht einfach auf eine konkrete und nicht-ideale Situation angewendet und konkrete Gerechtigkeitslösungen aus ihnen abgeleitet werden (vgl. O'Neill 1996; Murphy 2000). Schließlich ist zu klären, welche institutionellen Rahmenordnungen für die Implementierung von Gerechtigkeit nötig sind. Dafür bedarf es komplexerer theoretischer und praktischer Modelle.

4.

Baier, K., 1958, Der Standpunkt der Moral, Düsseldorf: Patmos 1974.

Barry, B., 1989, Theories of Justice, Berkeley: University of California Press.

Braybrooke, D., 1987, Meeting Needs, Princeton: Princeton University Press.

Cohen, G. A., 1989, On the Currency of Egalitarian Justice, in: Ethics 99.

Del Vecchio, G., 1922, Die Gerechtigkeit, Basel: Verlag für Recht und Gesellschaft 1950.

Dworkin, R., 2000, Sovereign Virtue. The Theory and Practice of Equality, Cambridge/MA: Harvard University Press.

Finnis, J., 1980, Natural Law and Natural Rights, Oxford: Clarendon Press.

Forst, R., 1994, Kontexte der Gerechtigkeit, Frankfurt/M.: Suhrkamp.

Forst, R., 2007, Das Recht auf Rechtfertigung, Frankfurt/M.: Suhrkamp.

Fraser, N./Honneth, A., 2003, Umverteilung oder Anerkennung?, Frankfurt/M.: Suhrkamp.

Gosepath, S., 2003, Verteidigung egalitärer Gerechtigkeit, in: Deutsche Zeitschrift für Philosophie 51.

Gosepath, S., 2004, Gleiche Gerechtigkeit. Grundlagen eines liberalen Egalitarismus, Frankfurt/M.: Suhrkamp.

Habermas, J., 1992, Faktizität und Geltung. Beiträge zur Diskurstheorie des Rechts und des demokratischen Rechtsstaats, Frankfurt/M.: Suhrkamp.

Hare, R. M., 1981, Moralisches Denken, Frankfurt/M.: Suhrkamp 1992.

Hart, H. L. A., 1961, Der Begriff des Rechts, Frankfurt/M.: Suhrkamp 1973.
Hegel, G. W. F., 1820, Grundlinien der Philosophie des Rechts, Frankfurt/M.: Suhrkamp 2000.
Hinsch, W., 2002, Gerechtfertigte Ungleichheiten, Berlin: de Gruyter.
Hinsch, W., 2003, Angemessene Gleichheit, in: R. Geiger/J.-C. Merle/N. Scarano (Hg.), Modelle politischer Philosophie, Paderborn: Mentis.
Hobbes, T., 1651, Leviathan, Frankfurt/M.: Suhrkamp 1991.
Höffe, O., 1999, Demokratie im Zeitalter der Globalisierung, München: Beck.
Höffe, O., 2001, Gerechtigkeit, München: Beck.
Horn, C./Scarano, N. (Hg.), 2002, Philosophie der Gerechtigkeit, Frankfurt/M.: Suhrkamp.
Hume, D., 1739, Ein Traktat über die menschliche Natur, 2 Bde., Hamburg: Meiner 1989.
Kant, I., 1797, Die Metaphysik der Sitten, in: Akademie Textausgabe, Bd. 6, Berlin: de Gruyter 1968.
Kelsen, H., 1934, Reine Rechtslehre, Wien: Deuticke 1960.
Kissel, O., 1997, Die Justitia. Reflexionen über ein Symbol und seine Darstellung in der bildenden Kunst, München: Beck.
Krebs, A. (Hg.), 2000, Gleichheit oder Gerechtigkeit, Frankfurt/M.: Suhrkamp.
Kymlicka, W., 1990, Contemporary Political Philosophy, Oxford: Oxford University Press 2001.
Locke, J., 1690, Zwei Abhandlungen über die Regierung, Frankfurt/M.: Suhrkamp 1998.
Marx, K., 1875, Kritik des Gothaer Programms, in: MEW, Bd. 19, Berlin: Dietz 1962.
Mill, J. S., 1861, Utilitarismus, Stuttgart: Reclam 1976.
Miller, D., 1976, Social Justice, Oxford: Oxford University Press 1986.
Miller, D., 2007, National Responsibility and Global Justice, Oxford: Oxford University Press.
Murphy, L. B., 2000, Moral Demands in Nonideal Theory, Oxford: Oxford University Press.
Nozick, R., 1974, Anarchie, Staat, Utopia, München: Olzog 2006.
Nussbaum, M., 1992, Menschliches Tun und soziale Gerechtigkeit, in: M. Brumlik/H. Brunkhorst (Hg.), Gemeinschaft und Gerechtigkeit, Frankfurt/M.: Fischer 1993.
Okin, S. M., 1989, Justice, Gender, and the Family, New York: Basic Books.
O'Neill, O., 1996, Tugend und Gerechtigkeit, Berlin: Akademie 2001.
Pogge, T. W., 2002, World Poverty and Human Rights, Cambridge: Polity.
Pojman, L. P./McLeod, O. (Hg.), 1998, What Do We Deserve?, Oxford: Oxford University Press.
Pufendorf, S., 1672, De Jure naturae et gentium, in: ders., Gesammelte Werke, Bd. 4, Berlin: Akademie 1998.
Radbruch, G., 1934, Der Relativismus in der Rechtsphilosophie, in ders., Gesamtausgabe, Bd. 3, Heidelberg: Müller 1990.
Rawls, J., 1971, Eine Theorie der Gerechtigkeit, Frankfurt/M.: Suhrkamp 1975.
Rawls, J., 1992, Die Idee des politischen Liberalismus, Frankfurt/M.: Suhrkamp.
Rawls, J., 1995, Politischer Liberalismus, Frankfurt/M.: Suhrkamp 1998.
Rawls, J., 1999, Das Recht der Völker, Berlin: de Gruyter 2002.
Rawls, J., 2001, Gerechtigkeit als Fairneß, Frankfurt/M.: Suhrkamp 2003.
Rössler, B., 1996, Feministische Theorien der Politik, in: K. v. Beyme/C. Offe (Hg.), Politische Theorien in der Ära der Transformation, Opladen: Westdeutscher Verlag.
Rousseau, J.-J., 1762, Vom Gesellschaftsvertrag, Stuttgart: Reclam 1986.
Sen, A., 1999, Ökonomie für den Menschen, München: dtv 2002.
Smith, A., 1759, Theorie der ethischen Gefühle, Hamburg: Meiner 2004.
Tugendhat, E., 1997, Dialog in Leticia, Frankfurt/M.: Suhrkamp.
Walzer, M., 1983, Sphären der Gerechtigkeit, Frankfurt/M.: Campus 1992.

Stefan Gosepath

Gerechtigkeit, intergenerationelle

1.

Unter »Generationengerechtigkeit«, »Gerechtigkeit zwischen den Generationen« oder »intergenerationeller Gerechtigkeit« versteht man die Achtung moralischer Rechte und die Erfüllung von Pflichten über Generationengrenzen hinweg. Zu einer Generation gehört die Gesamtheit aller in einem bestimmten Zeitraum Geborenen. »Gerechtigkeit zwischen Generationen« bezieht sich zumeist auf die Beziehungen zwischen Nicht-Zeitgenossen. Davon zu unterscheiden ist die Altersgruppengerechtigkeit, die sich auf die Beziehungen zwischen Zeitgenossen unterschiedlicher Altersgruppen bezieht (vgl. Daniels 1988).

Das philosophische Forschungsgebiet lässt sich in drei Felder unterteilen: Erstens Überlegungen, die die Möglichkeit intergenerationeller Gerechtigkeit betreffen, insbesondere ob (weit entfernt) zukünftig lebende Menschen Träger von Rechten gegenüber gegenwärtig lebenden Menschen sein können, zweitens Interpretationen der normativen Signifikanz historischen Unrechts, sowie drittens Untersuchungen zu substantiellen intergenerationellen Pflichten und insbesondere zu solchen distributiver Gerechtigkeit. Hierzu gehören auch die Frage der Bestimmung dessen, was zukünftig lebenden Menschen geschuldet ist, und das Verhältnis von Gerechtigkeit unter Zeitgenossen und zwischen Generationen.

2.
Wir verdanken Rawls (1971) die erste systematische Diskussion von distributiven Gerechtigkeitspflichten gegenüber zukünftigen Generationen. Rawls bezieht sich dabei auf die von Ramsey (1928) untersuchte Frage der gerechten Sparquote. Neben Rawls haben insbesondere Parfit (1984) und Heyd (1992) zum Verständnis intergenerationeller Gerechtigkeit beigetragen.

3.

3.1. Ein erstes zentrales Problem im Kontext der Frage nach einer intergenerationellen Gerechtigkeit ist das *Nicht-Identitätsproblem*. Wird eine Person ungerecht behandelt, so erleidet sie einen Schaden, insofern sie in der Verfolgung grundlegender Interessen gehindert und in ihren Rechten verletzt wird. Der geschädigten Person kann Kompensation geschuldet sein. Unterstellt wird hier ein hypothetisch-historisches Verständnis von Schädigung, gemäß welchem eine Handlung eine Person nur dann schädigt, wenn sie aufgrund dieser Handlung zu einem späteren Zeitpunkt schlechter gestellt ist, als sie es wäre, wäre die Handlung unterblieben. Auch wenn Schädigung in diesem Sinne keine notwendige Bedingung für die Verletzung der Rechte einer Person ist (vgl. Kumar 2003), beruht das *Nicht-Identitätsproblem* auf der Behauptung, dass gegenwärtig lebende Menschen zukünftig lebende Menschen in diesem Sinne nicht schädigen können. Viele, wenn nicht die meisten Handlungen gegenwärtig lebender Menschen wirken sich nicht nur auf die Lebensbedingungen, sondern auch auf die Komposition zukünftiger Generationen aus, d.h. auf die Zahl, Existenz und Identität zukünftig lebender Personen. Das gilt auch für Handlungen, die gemeinhin als schädigend gelten. Wenn aber das Ausbleiben einer vermeintlich schädigenden Handlung bedeutete, dass die vermeintlich geschädigte Person nicht existierte, dann kann diese Person durch diese Handlung nicht geschädigt werden. Und genau hierin liegt das sog. Nicht-Identitätsproblem (vgl. Parfit 1984, 351f.). Für die von den vermeintlich schädigenden Handlungen in ihrer Existenz abhängigen Personen gilt, dass sie aufgrund dieser Handlungen nicht schlechter gestellt sind als sie es wären, wäre die Handlung unterblieben. Denn dann existierten sie nicht.

Nach Auffassung einiger Theoretiker können zukünftig lebende Menschen, deren Existenz abhängig ist von den Handlungen gegenwärtig lebender Personen, letzteren gegenüber mit Blick auf diese Handlungen deshalb keine Rechte haben. Andere argumentieren, dass gegenwärtig lebende Menschen die Rechte zukünftig lebender Menschen verletzen können, auch wenn sie diese nicht schädigen können (vgl. Kumar 2003). Wieder andere Philosophen bemühen sich um eine Begrenzung der praktischen Signifikanz des Nicht-Identitätsproblems. Sie beschränken erstens die Handlungen auf solche, die nicht nur wahrscheinliche, sondern notwendige Bedingung der Existenz der betroffenen Person sind (vgl. Roberts 1998).

Schließlich wird ein Begriff der Schädigung ausgewiesen, den das Nicht-Identitätsproblem nicht betrifft, die sog. Schwellenwertskonzeption der Schädigung. Demnach schädigt eine Handlung eine Person dann, wenn die Person aufgrund der Handlung unter einen normativ definierten Schwellenwert fällt – wobei dies lediglich als hinreichende Bedingung für Schädigung aufzufassen ist (vgl. Meyer 2003a). Dieses Verständnis von Schädigung ist vom Nicht-Identitätsproblem deshalb unberührt, weil zur Feststellung des Vorliegens der Schädigung kein hypothetischer Vergleich mit der Situation nötig ist, die vorläge, wäre die schädigende Handlung ausgeblieben. Ein solcher Begriff der Schädigung schränkt die praktische Relevanz des Nicht-Identitätsproblems in unterschiedlichem Maße ein, und zwar abhängig davon, wie der Schwellenwert substantiell definiert wird.

Das Nicht-Identitätsproblem kann auch die Ansprüche gegenwärtig lebender Menschen betreffen, wenn diese Kompensation beanspruchen aufgrund der sie schädigenden Konsequenzen von historischem Unrecht, das an anderen, heute womöglich toten Menschen verübt wurde. Denn diese Unrechtshandlungen können zu den (notwendigen) Bedingungen der Existenz und Identität derer zählen, die heute den Anspruch erheben. Dann aber können sie gemäß dem hypothetisch-historischen Verständnis durch diese Handlungen nicht geschädigt sein. Wenn diese Bedingungen vorliegen, können sich Kompensationsansprüche auf die Schwellenwertskonzeption der Schädigung berufen.

3.2. Ein weiterer relevanter Themenkomplex betrifft die *Aufhebung historischer Ansprüche und Pflichten mit Blick auf Verstorbene.* Vertritt man die Auffassung, dass die Geltung von Eigentums- und generell Rechtsansprüchen davon abhängt, dass diese Ansprüche ihren Trägern erlauben, bestimmte Werte (z.B. Autonomie der Lebensführung) zu realisieren, dann kann die Geltung solcher Ansprüche von den Umständen abhängig sein. Gemäß dieser Auffassung kann die andauernde Wirkung historischen Unrechts aufgrund veränderter Umstände gerechtfertigt sein. So könnten womöglich z.B. die sich historischem Unrecht verdankenden, heute bestehenden Besitzverhältnisse legitim sein (vgl. Lyons 1977). Die historische Ungerechtigkeit wäre dann aufgehoben (vgl. Waldron 1992). Selbst bei weit zurück liegendem Unrecht scheint der Nachweis der Aufhebung auch bei stark veränderten Umständen zumindest schwierig (vgl. Patton 2004; Meyer 2006).

Zwei Ansätze bemühen sich um den Nachweis, dass gegenwärtig lebende Menschen Pflichten mit Blick auf Verstorbene haben können, wenn wir annehmen, dass tote Menschen heute keine Träger von Rechten sein können. Gemäß der Position posthumer Schädigung können die Interessen von Menschen zu Lebzeiten mit Blick auf posthume Zustände verletzt werden (vgl. Feinberg 1984, 79–83). Gemäß dieser Position muss die Schädigung allerdings vor dem Tod der Person eingetreten sein, was eine deterministische Sicht des Eintretens der schädigenden Handlung, z.B. der posthumen Rufschädigung, voraussetzt. Gemäß der zweiten Position können gegenwärtig lebende Menschen unter (imperfekten) Pflichten mit Blick auf Tote stehen, denen keine Rechte der verstorbenen Personen korrelieren (vgl. Meyer 2005, Kap. 3).

3.3. Zudem bestehen weitere *substantielle Fragen intergenerationeller Gerechtigkeit.* Was distributiv künftigen Generationen geschuldet ist, erörtert John Rawls als die Frage nach der gerechten Sparquote, wobei unter Ersparnissen jedwede Ressource zu verstehen ist, die zukünftigen Generationen zur Verfügung steht, gleich ob die gegenwärtig Lebenden sie bewusst beiseite gelegt haben oder nicht. Rawls begründet die gerechte Sparquote als das Ergebnis einer Entscheidung in der hypothetischen Entscheidungssituation des Urzustands, von dem er zunächst annimmt, dass jede Generation in ihm vertreten ist. Die Beziehungen zwischen den Generationen entsprechen jedoch nicht den von Rawls angenommenen Bedingungen der Gerechtigkeit (vgl. Rawls 1971, 148–152): Gegenwärtig lebende Generationen können nicht mit früheren Generationen kooperieren, und diese können zwar jenen Gutes tun und sie schädigen, aber nicht umgekehrt (vgl. ebd., 322).

Deshalb korrigiert Rawls seine Annahme dahingehend, dass die Vertreter des intergenerationellen Urzustands einer Generation angehören, ohne zu wissen welcher. Weil zwar die Bedingungen der Gerechtigkeit für Zeitgenossen erfüllt sind, ihre Vertreter im intergenerationellen Urzustand aber nicht wissen können, ob frühere Generationen für sie gespart haben, stipuliert Rawls zunächst eine Motivationsannahme (vgl. ebd., 151), nach welcher die Vertreter um ihre Nachfahren besorgt sind, so dass sie für sie zu sparen bereit sind, unabhängig davon, ob Vorfahren für sie gespart haben. Rawls (1993) gibt diese Annahme auf und versteht das Problem, dass frühere Generationen nicht gemäß der Sparquote gehandelt haben, als eines der nichtidealen Theorie. Für die ideale Theorie hingegen gilt die Annahme der strikten Befolgung der im Urzustand beschlossenen Grundsätze. Die im Urzustand begründete Sparquote hat demnach (ideale) Geltung für alle Generationen (vgl. ebd., 385 f.).

Rawls unterscheidet zwei Stufen gesellschaftlicher Entwicklung für die Anwendung seines distributiven Prinzips gerechten Sparens. Gegenwärtige Generationen haben nur dann Grund, für zukünftig lebende Menschen positiv zu sparen, so dass sie mehr Ressourcen zur Verfügung haben werden als sie selbst, wenn solches Sparen die Bedingungen ermöglicht, »die nötig sind, um eine gerechte Grundstruktur zu etablieren und langfristig zu bewahren« (Rawls 2001, 246) – in der sog. Akkumulationsphase. Sobald gerechte Institutionen eingerichtet sind, ist positives Sparen nicht mehr erforderlich. Sparen dient dann dem Erhalt gerechter Institutionen. Die gegenwärtige Generation soll nachhaltig sparen, d.h., an die Nachfahren wenigstens das Äquivalent dessen weitergeben, was sie von der vorangehenden Generation erhalten hat.

Wie viele Menschen zukünftig leben werden, muss aber bei der Festlegung der Sparquote berücksichtigt werden (vgl. Heyd 1992, 47). Eine wachsende Bevölkerungszahl kann bedeuten, dass trotz nachhaltigen Sparens zukünftige Generationen gerechte Institutionen nicht bewahren können. Es könnte dann jedenfalls an hinreichenden Ressourcen für den Erhalt gerechter Institutionen fehlen, wenn – bei erwartet höherer Bevölkerungszahl und deshalb höherem zukünftigen Ressourcenverbrauch – unter Nachhaltigkeit verstanden wird, dass die gegenwärtige Generation Ressourcen genau in dem Maße aufbraucht, wie sie diese (durch Äquivalente) ersetzt, oder dass die gegenwärtige Generation nachkommenden Generationen erlaubt, dieselbe Menge vergleichbarer Konsum- und anderer Güter zum Nutzen ihrer Mitglieder herzustellen (vgl. Barry 1989, 263).

Diese und ähnliche Interpretationen nachhaltigen Sparens (vgl. auch Birnbacher 1988) verweisen auch auf zwei spezifische Probleme der Bestimmung dessen, was zukünftigen Generationen geschuldet ist: Erstens sind einige Ressourcen erschöpfbar und können bestenfalls durch Äquivalente ersetzt werden. Zweitens mag die Ersetzbarkeit von Gütern begrenzt sein, weil bestimmte Objekte als unersetzbar gelten oder, was der Ersetzbarkeit ebenfalls Grenzen setzt, der Erhalt einer Vielfalt von (Typen von) Objekten als wünschenswert gilt (vgl. Norton 1999).

3.4. Die Forderung nach distributiv gerechter Verteilung sowie die Probleme der Bestimmung dessen, was als nachhaltiges Sparen gelten kann, könnten für ein minimalistisches Verständnis von nachhaltigem Sparen sprechen, dem es um die Möglichkeit der Befriedigung von Grundbedürfnissen (vgl. The World Commission on Environment and Development 1987, 47) oder den Schutz von elementaren Grundrechten geht. Nachhaltigkeit im Sinne der Gewährleistung von Bedingungen, unter denen bestimmte Grundbedürfnisse befriedigt werden können, kann als Mindestanforderung der Gerechtigkeit zwischen den Generationen gelten. Prinzipiell scheint nichts dafür zu sprechen, den Ansprüchen gegenwärtig oder zukünftig lebender Menschen auf Schutz entsprechender Rechte Priorität einzuräumen (vgl. Cowen/Parfit 1992). Pragmatische Überlegungen, z.B. die sichere Kenntnis der Verletzung solcher Ansprüche gegenwärtig lebender Menschen, die Dringlichkeit, hier Abhilfe zu schaffen, sowie die vergleichsweise sichere Abschätzbarkeit der Wirkung von Bemühungen um Hilfe, sprechen aber dafür, sich im Konfliktfall zunächst um die Sicherstellung der Ansprüche gegenwärtig lebender Menschen zu kümmern. Dafür spricht auch, dass die gegenwärtige Generation, um das Ausmaß der Verletzungen solcher Rechte in Zukunft zu reduzieren, entweder entsprechend Vorsorge treffen oder die Reproduktionsrate senken kann, so dass weniger Notleidende zur Existenz kommen. Ein kausaler Zusammenhang dieser Ziele ist empirisch belegt: Die Reproduktionsrate sinkt, wenn die Grundbedürfnisse der Menschen und insbesondere die Grundrechte der Frauen gesichert sind (vgl. Sen 1996, 1051–1061).

4.

Barry, B., 1989, The Ethics of Resource Depletion, in: ders., Democracy, Power, and Justice, Oxford: Clarendon Press.

Birnbacher, D., 1988, Verantwortung für zukünftige Generationen, Stuttgart: Reclam.

Cowen, T./Parfit, D., 1992, Against the Social Discount Rate, in: P. Laslett/J. Fishkin (Hg.), Justice Between Age Groups and Generations, New Haven: Yale University Press.

Daniels, N., 1988, Am I My Parents' Keeper? An Essay on Justice Between the Young and the Old, New York: Oxford University Press.

Feinberg, J., 1984, The Moral Limits of the Criminal Law, Bd. 1: Harm to Others, Oxford: Oxford University Press.

Heyd, D., 1992, Genethics. Moral Issues in the Creation of People, Berkeley: University of California Press.

Kumar, R., 2003, Who Can Be Wronged?, in: Philosophy & Public Affairs 31.

Lyons, D., 1977, The New Indian Claims and Original Rights to Land, in: Social Theory and Practice 4.

Meyer, L. H., 2003a, Past and Future. The Case for an Identity-Independent Notion of Harm, in: ders./S. L. Paulson/T. W. Pogge (Hg.), Rights, Culture, and the Law, Oxford: Oxford University Press.

Meyer, L. H., 2005, Historische Gerechtigkeit, Berlin: de Gruyter.

Meyer, L. H., 2006, Nach dem Recht auf Rückkehr, in: Deutsche Zeitschrift für Philosophie 54.

Meyer, L. H., 2008, Intergenerational Justice, in: E. N. Zalta (Hg.), Stanford Encyclopedia of Philosophy, http://plato.stanford.edu/entries/justice-intergenerational (Stand 1. Juli 2008).

Norton, B., 1999, Ecology and Opportunity, in: A. Dobson (Hg.), Fairness and Futurity, Oxford: Oxford University Press.

Parfit, D., 1984, Reasons and Persons, Oxford: Clarendon Press.

Patton, P., 2004, Colonization and Historical Injustice – The Australian Experience, in: L. H. Meyer (Hg.), Justice in Time, Baden-Baden: Nomos.

Ramsey, F., 1928, A Mathematical Theory of Savings, in: D. H. Mellor (Hg.), Foundations, London: Routledge & Kegan Paul.

Rawls, J., 1971, Eine Theorie der Gerechtigkeit, Frankfurt/M.: Suhrkamp 1975.

Rawls, J., 1993, Politischer Liberalismus, Frankfurt/M.: Suhrkamp 2002.

Rawls, J., 2001, Gerechtigkeit als Fairneß, Frankfurt/M.: Suhrkamp 2003.

Roberts, M. A., 1998, Child versus Childmaker, Lanham: Rowman & Littlefield.

Sen, A., 1996, Fertility and Coercion, in: University of Chicago Law Review 63.

The World Commission on Environment and Development, 1987, Our Common Future, New York: Oxford University Press.

Waldron, J., 1992, Superseding Historic Injustice, in: Ethics 103.

Lukas H. Meyer

Gerechtigkeit, internationale

1.

Der zusammengesetzte Begriff »internationale Gerechtigkeit« hebt denjenigen Aspekt der Gerechtigkeit hervor, der die zwischenstaatlichen Beziehungen regelt (oder regeln sollte). Entsprechend fallen unter den Begriff moralische Ansprüche und Verbindlichkeiten, welche die Zuweisung von Rechten und Pflichten und die Zuteilung von Gütern und Lasten zwischen Staaten betreffen. Dazu gehören sowohl der Schutz staatlicher Souveränität, das Interventionsrecht, der Schutz gemeinsamer öffentlicher Güter (wie der Umwelt) als auch die Verteilung von Ressourcen und die Umverteilung der durch die internationale Zusammenarbeit entstehenden Güter. Unter den Anforderungen an eine internationale Gerechtigkeit spielt die Verteilungsgerechtigkeit eine besonders wichtige, aber auch kontrovers beurteilte Rolle. Eine wichtige Rolle spielt sie deshalb, weil dies Erfordernis, indem es die Verteilung der Rechte und Pflichten festlegt, die Austausch- und Herrschaftsbeziehungen zwischen den Staaten in gewissem Ausmaß bedingt; eine kontroverse deshalb, weil manche Autoren bestreiten, dass das globale Verteilungsproblem ein moralisches Problem (vgl. Bittner 2001) oder ein Gegenstand der Gerechtigkeit(stheorie) überhaupt sei. Aus diesen Gründen kommt unter den begrifflichen Implikationen von »internationale Gerechtigkeit« im Folgenden nur der Aspekt der Verteilungsgerechtigkeit zur Sprache.

2.
Unter dem Einfluss der angloamerikanischen Philosophie und v.a. von Rawls' *Theorie der Gerechtigkeit* (1971) sind Probleme der globalen Gerechtigkeit seit Anfang der 1970er Jahre auf systematische Weise zum Gegenstand der Philosophie geworden. Vor dem Hintergrund der Entkolonialisierung, des Vietnam-Krieges und der Zunahme an wirtschaftlicher Interdependenz und Ungleichheit zwischen Staaten wächst das Bewusstsein, dass die politische Philosophie sich nicht mehr am engen Paradigma des Nationalstaats orientieren sollte.

Umstritten ist bis heute, ob bzw. inwieweit die Ungleichverteilung der Güter in der Welt als *Ungerechtigkeit* zu charakterisieren ist. Zu klären ist, ob die Bürger wohlhabender Staaten eine besondere Verpflichtung haben, eine »gerechtere« Verteilung des globalen Kooperationsprodukts anzustreben, weil sie von vergangenen oder aktuell verübten Unrechtmäßigkeiten profitieren und aktiv oder passiv eine Rolle bei der Produktion gravierender ungleicher Verteilungsergebnisse spielen. Strittig ist ferner, ob das Elend, in dem sich die Bevölkerungsmehrheit der Erde befindet, sowie die weltweite Chancenungleichheit zwischen den Individuen *moralische* oder *politische* Probleme darstellen. Darüber hinaus ist zu erwägen, ob aufgrund der Allgemeingültigkeit der Menschenrechte eine *moralische Verantwortung* dafür besteht, internationale Institutionen zu schaffen, die es den Menschen ermöglichen, friedlich und unter Wahrung ihrer jeweiligen Rechte zu leben.

3.
In einigen Theorien wird die Meinung vertreten, dass Fragen der globalen Gerechtigkeit nicht nur durch praktische Klugheitserwägungen der Politik entschieden werden sollten, sondern genuin moralische Pflichten involvieren. Hinsichtlich der Frage, worauf unsere Pflicht beruht, unterscheiden sich Utilitarismus (vgl. 3.1.) und Kontraktualismus (vgl. 3.2.).

3.1. 1972 veröffentlichte Peter Singer seinen viel beachteten Artikel »Hunger, Wohlstand und Moral«. Singers Argument beruht auf zwei Grundannahmen: 1) Leiden und Sterben in Folge eines Mangels an Lebensmitteln oder an medizinischer Versorgung ist schlecht. 2) Wenn wir etwas Schlechtes verhindern können, ohne dafür etwas von vergleichbarer moralischer Bedeutung zu opfern, sollen wir dies tun (vgl. Singer 1972). Diese Annahmen gelten im strengen Sinne: Nicht nur täten wir besser daran, zu helfen, wenn wir es können; wir würden sogar moralisch falsch handeln, wenn wir unsere Hilfe in diesem Fall verweigerten. Singer geht von einem einfachen Beispiel aus, das eine eindeutige Intuition zum Ausdruck bringt: Sieht jemand, der an einem Teich vorbeigeht, ein Kind ertrinken, müsste er ein umbarmherziger Nihilist sein, um keine Verpflichtung zu spüren, das Kind zu retten, zumal er dafür bloß seinen Anzug ruinieren müsste. Singers Analogieargument wird allerdings da problematisch, wo er die Pflicht zur Hilfeleistung auf die Dimension des Welthungers ausdehnt: Ist man in der Lage, eine hungernde Person durch finanzielle Unterstützung vor dem Sterben zu erretten, steht man in einer gleich starken Verpflichtung dieser Person gegenüber wie gegenüber dem ertrinkenden Kind. Die Nähe zum Ort des Leidens macht keinen moralischen Unterschied. Für den Utilitarismus ist die Ausübung der Gerechtigkeit eine moralische Verpflichtung, die das Gewissen jedes Einzelnen anspricht und die größtmögliche Wohlfahrt für alle anstrebt. Gemäß dieser Sicht ist das Schockierende an der Not der einen der Umstand, dass sie korrigiert werden könnte, und zwar durch einen *individuellen* Transfer der Reichtümer von jenen, die mehr besitzen, als sie für ein gutes Leben benötigen, hin zu den Bedürftigen. Demzufolge sind die privilegierten Individuen moralisch verpflichtet, alles ihnen materiell mögliche zu tun, um Bedürftigen, wer und wo sie auch seien, zu Hilfe zu kommen, solange die Kosten für sie nicht zu hoch sind (vgl. Unger 1996, 31).

Diese Theorie verwechselt allerdings Gerechtigkeit mit Verpflichtung zur Hilfeleistung. Aus ihrer Sicht muss, wenn und weil andere eine extreme Not erleiden oder sie ein unwürdiges Leben führen bzw. ihre basalen Interessen nicht zur Geltung kommen, eine neue Verteilung der Güter stattfinden, die die Not lindert und die Subsistenz der Betroffenen sicherstellt. Die Theorie begründet aber nicht, warum diese Pflichten zum Katalog der vollkommenen Pflichten gehören sollen, die kategorisch zu erfüllen sind. Ein weiteres Problem dieser Position ist, dass sie allein auf die Analyse individueller Handlungen abstellt – auf die Alternative zwischen der Verwendung von Geld für eigene Projekte oder zum Retten des Lebens Anderer –, ohne den Blick auf die sozialen Institutionen zu richten. Dabei ist für den Liberalismus die Frage der sozialen Gerechtigkeit von der Frage der Moralität zu unterscheiden: »Wir müssen scharf unterscheiden [...] zwischen der Aufgabe, die Grundregeln eines sozialen Systems zu prüfen/auszugestalten, und der (sekundären) Aufgabe, zu beurteilen, wie Akteure (Individuen, Vereinigungen, die Regierung) im Rahmen eines bestehenden Schemas mit für fix gehaltenen Bedingungen handeln können und müssen. Die erste Aufgabe geht die Gerechtigkeit an; sie hat zu tun mit moralischer Prüfung und Rechtfertigung sozialer Institutionen; die zweite, Moralität, mit der Einschätzung von individuellem Verhalten und Charakter.« (Pogge 1989, 17)

Für die liberale Theorie der Gerechtigkeit stehen die sozialen Institutionen – und nicht primär die individuellen Handlungen – im Zentrum der Untersuchung. Diese Institutionen müssen hinsichtlich ihrer Gerechtigkeit legitimiert werden, denn es sind gemäß dieser Position Institutionen, die als gerecht oder ungerecht betrachtet werden, insofern diese die grundlegenden Rechte und Pflichten verteilen sowie die Verteilung des Gewinns der gesellschaftlichen Kooperation festlegen. Ungerechtigkeiten werden dabei nicht durch die Summe individueller, Symptome behandelnder Eingriffe korrigiert, sondern durch eine Anpassung der allgemeinen Grundstruktur.

Was die Reichweite der Institutionen betrifft, sind zwei Positionen zu unterscheiden. Die erste, die Position des klassischen Kontraktualismus, tendiert in der Regel dazu, die Forderungen der Legitimität auf begrenzte gesellschaftliche Institutionen anzuwenden. Die zweite, die Position des kosmopolitischen (oder moralischen) Kontraktualismus (vgl. Beitz 2005, 17), fordert, es müsse bei der Bestimmung der grundlegenden Rechte globaler Institutionen das grundsätzliche Interesse *aller* Individuen, ohne Rücksicht auf gesellschaftliche Herkunft, berücksichtigt werden. Die Zugehörigkeit zu einer Gesellschaft dürfe moralisch keine Konsequenzen für das haben, was jeder als menschliches Wesen beanspruchen darf (vgl. Beitz 1979; Barry 1998; O'Neill 1996; Pogge 1989; Gosepath 2001).

3.2. Hinsichtlich der Reichweite der Gerechtigkeit (»scope of justice«) tendiert der Kontraktualismus in der Regel zu einer Begrenzung auf die jeweiligen Mitbürger einer Gesellschaft. Im Ausgleich für die öffentlichen Güter, die der Staat den Bürgern bereitstellt, und die Rechte, die er ihnen verleiht, fordert der Staat allerdings einen finanziellen Beitrag sowie die Verpflichtung ein, den Gesetzen des Staates zu folgen und am System der Zusammenarbeit teilzunehmen. Daher entsteht ein Bereich von gegenseitigen Pflichten zwischen den Bürgern und ihren Institutionen, die nicht im gleichen Maße gegenüber ausländischen Institutionen bestehen. Deshalb, aber auch wegen der mutmaßlich größeren Effizienz bei der Verwirklichung der Gerechtigkeit innerhalb einer homogenen bzw. nicht zu großen Gemeinschaft (vgl. Walzer 1983) neigen kontraktualistische Theorien dazu, den Anwendungsbereich der Gerechtigkeit auf das Innere der Staaten zu beschränken und im zwischenstaatlichen Bereich lediglich eine Anzahl mehr oder weniger loser Vereinbarungen vorzusehen. Analog entwickelt Rawls schon in *Eine Theorie der Gerechtigkeit*, später in *Das Recht der Völker* (2002) das Völkerrecht in zwei Schritten: Im ersten behandelt er die Gerechtigkeitsprinzipien, die sich eine liberale Gesellschaft selbst gibt, im zweiten stellt er die Repräsentanten von Gesellschaften, welche bereits die Entscheidung über ihre Grundstruktur getroffen haben, einander gegenüber. Dabei nimmt Rawls im Weiteren an, dass die Vertreter liberaler Gesellschaften beim Entwurf internationaler Regeln v.a. danach streben, ihre politische und kulturelle Unabhängigkeit zu schützen sowie die Sicherheit ihres Territoriums und das Wohlergehen ihrer Bürger zu gewährleisten (vgl. Rawls 2002, 38). Die internationalen Institutionen sind nach Rawls jedoch nicht gehalten, distributive Gerechtigkeit zwischen den Völkern herzustellen. Die normativen Grundsätze des internationalen Rechts schließen in ihre Ziele nicht ein, dass die Wohlstandsgefälle der wohlhabenden und der armen Staaten eingeebnet werden. Sie versuchen auch nicht, die natürlichen Ungerechtigkeiten zu korrigieren, aufgrund derer einige Staaten mit gewaltigen natürlichen Ressourcen ausgestattet sind, während andere fast keine besitzen. Rawls' Theorie der zwischenstaatlichen Beziehungen geht offenbar von zwei Prämissen aus: Die erste Prämisse ist die Vorstellung der Abgeschlossenheit von Gesellschaften: Die Urzustands-Unterstellung geht von Gesellschaften aus, die in sich geschlossen sind; ihre Mitglieder werden mit ihrer Geburt zu solchen und bleiben es bis zu ihrem Tod (vgl. Rawls 2002, 28f.). Die zweite Prämisse besagt, dass der Grundsatz wirtschaftlicher Gleichheit im Blick auf die Beziehung zwischen Gesellschaften von minderem Belang ist als im Blick auf die Beziehung zwischen Individuen: Die sich selbst überlassenen Individuen sind in einer prekären Situation, der Völker oder Staaten nicht ausgesetzt sind. Diese zweite Prämisse setzt eine dritte voraus: dass es bei der internationalen Gerechtigkeit darauf ankommt, den Interessen von Völkern, nicht denen von Individuen, gerecht zu werden.

In *Das Recht der Völker* fügt Rawls den Regeln des Völkerrechts eine weitere Regel hinzu: Es handelt sich um die Pflicht wohlhabender liberaler Völker, wohlgeordneten benachteiligten Völkern beizustehen (dieser Grundsatz verpflichtet sie hingegen nicht gegenüber den Notleidenden, die unter einem korrupten oder diktatorischen Regime leben). Während die Idee der globalen Verteilungsgerechtigkeit (und die globale Anwendung des rawlsschen Differenzprinzips) auf die Struktur von Institutionen angewiesen bleibt, die mit der Grundgüter-Verteilung befasst sind, kennt die Beistandspflicht eine Obergrenze: Der Beistand wird beendet, sobald die gravierenden Mängel beseitigt sind, ungeachtet einer weiter bestehenden Ungleichheit zwischen den Beteiligten. Was die benachteiligten Gesellschaften brauchen, ist – Rawls zufolge – punktuelle Hilfe, die es ihnen erlaubt, taugliche politische Institutionen zu schaffen und sich so in die Staatengemeinschaft einzufügen. Die Beistandspflicht sucht also nicht, das Reichtumsniveau einer benachteiligten Gesellschaft anzupassen und so den Abstand zwischen ihrem Bruttosozialprodukt und dem der reichen Staaten zu verringern. Dabei soll sie den Bürgern der ärmsten unter den Not leidenden Gesellschaften auch nicht ein Mindesteinkommen zur Fristung eines menschenwürdigen Lebens sichern. Rawls' Position gründet in der Überzeugung, dass Wohlstand einem Land nicht notwendig ist, um in seinem Inneren gerechte Institutionen auszubilden (vgl. Rawls 2002, 134). Die Einführung demokratischer Strukturen muss dem Ergreifen von Maßnahmen zugunsten sozialer Gerechtigkeit vorausgehen. Ist die Demokratie einmal etabliert, sagt Rawls, werden die entsprechenden Schritte zur Etablierung von Gerechtigkeit von selbst folgen.

3.3. Das Argument ist empirisch anfechtbar, weil man weiß, dass Korruption, Unterdrückungsregime oder blutige innere Konflikte Erscheinungen sind, die sich nicht allein aus dem Versagen politischer Strukturen erklären lassen. Wer das behauptet, ignoriert die Bedeutung der wechselseitigen Abhängigkeit der Staaten. Gewisse korrupte Führungsinstanzen halten sich nur dadurch an der Macht, dass sie von anderen Staaten unterstützt werden. Und ein Staat ist dem Druck von multinationalen Konzernen oder anderen Regierungen umso stärker ausgesetzt (und umso anfälliger zum Nachgeben), je ärmer er ist (vgl. Pogge 1989; ders. 2001; ders. 2002).

Aber selbst wenn es empirisch zuträfe, würde das Argument nicht ausreichen, um die zusätzliche Verabschiedung von Gerechtigkeitsregeln auf globalem Niveau zu verwerfen. Im Zentrum der Theorie der Verteilungsgerechtigkeit steht weniger das *Resultat* der Verteilung als vielmehr eine *Regel*, nach der die Verteilung zu erfolgen hat. Was zählt, ist die Auswirkung der Reglementierungen auf die Produktion der zu verteilenden Güter und auf ihre Verteilung. Anders gesagt, das System der Regeln selbst muss danach bewertet werden, welche Chancen es denen bietet, die diesen Regeln unterworfen sind, und zwar unter besonderer Berücksichtigung der am meisten Benachteiligten. Das Regelsystem soll aufgrund von Daten über die Verteilung bewertet werden, die es tendenziell bewirkt (vgl. Pogge 2002, 221).

Der Fokus verschiebt sich damit vom Produkt der Verteilung auf die Verantwortlichkeit der Akteure für die Verteilungs*regeln*. Auf diesem Niveau erhält das Gleichheitsprinzip eine wesentliche und unumgängliche Funktion. Die Gleichheit, um die es hier geht, ist eben nicht so sehr eine solche der Effekte der Verteilung als eine Gleichheit der Stiftung institutioneller Verfahrensgrundsätze. Wir haben es hier mit einer wesentlich prozedural aufgefassten Gerechtigkeit zu tun (vgl. Tugendhat 1997; Gosepath 1998; ders. 2001; Forst 1999). Gleichheit ist intrinsisch mit Verteilungsgerechtigkeit verbunden, denn gerade auf den Gleichheitsanspruch gründet sich die Forderung nach Gerechtigkeit bei der Verteilung politischer und sozialer Güter. Die Rechtfertigungsstandards für Gerechtigkeit sind darin identisch mit den Rechtfertigungsstandards für moralische Normen im Allgemeinen: Die einen wie die andern appellieren an unparteiische Regelbildung und universelle Anwendung. Rechte oder Pflichten können nur dann als gerecht bezeichnet werden, wenn die individuellen Ermächtigungen, die sie verfügen, oder die Einschränkungen, die sie der individuellen Freiheit auferlegen, durch unparteiische und universalisierbare Normen gerechtfertigt sind. Weil man sich auf das Prinzip der Autonomie des Individuums und auf die gleiche Achtung stützt, die man ihm schuldet, ist es moralisch verwerflich, einem anderen Freiheitsbeschränkungen aufzuerlegen, die er nicht mit guten Gründen billigen kann. Nun sind die politischen Institutionen, indem sie Rechte verleihen, Pflichten auferlegen und Übertretungen mit Sanktionen bestrafen, immer mit solchen Freiheitseinschränkungen verbunden. Darum können nur solche Verteilungsnormen, die für alle Betroffenen gleichermaßen annehmbar sind, als gerecht gelten. Da es aber – und das ist eine zusätzliche Grundthese des kosmopolitischen Kontraktualismus – in der gegenwärtigen Welt keine Gruppen von Individuen gibt, die in Autarkie leben und die nicht auf die eine oder andere Weise von den wirtschaftlichen und politischen Entscheidungen anderer betroffen sind (vgl. Beitz 1979; 2000; Buchanan 2000; Hinsch 2001), sind die Interessen *aller* Individuen bei der Verteilung von Gütern und Lasten in Betracht zu ziehen. Wenn die globalen Institutionen ungerecht sind, so nicht v.a. darum, weil es eine bedeutende Menge von Personen gibt, die unterhalb der Armutsgrenze leben und praktisch keinerlei Hoffnung haben, eines Tages in besseren Verhältnissen zu leben. Sie sind ungerecht, weil die Normen, mit denen sie operieren (Rechte und Ermächtigungen, die sie gewähren, und Lasten, die sie aufbürden), global eine Ordnung stützen, die die Armut eines großen Teils der ihr ausgelieferten Weltbevölkerung perpetuiert, die keine Mittel hat, Widerstand zu leisten. Die wohlhabenden Staaten der Erde kümmern sich wenig darum, ob die Zollschranken für Waren aus armen Ländern, ob bestehende Patentrechts-Regelungen, ob das internationale Recht auf Eigentum an Bodenschätzen usw. die Interessen *aller* Personen berücksichtigt, die von diesen Reglementierungen betroffen sind, oder ob sie nicht vielmehr an erster Stelle den Interessen von Bürgern einzelner Staaten dienen. Der größere Teil der Weltbevölkerung verfügt nicht über die Mittel, diese Ordnung zu ändern (vgl. Pogge 2002, 23 ff.). Durch seine weitgehende Missachtung des Ausmaßes der Ungerechtigkeiten und ihrer Ursachen sowie der Dimension der internationalen Gerechtigkeit blendet Rawls aus seiner Konstruktion der internationalen Ordnung zwei moralische Prinzipien aus, die für eine gerechte Ordnung grundlegend sind: die Pflicht, den Schaden zu begrenzen, den wir unseren Kooperationspartnern durch die Aufrechterhaltung einer internationalen Ordnung zufügen, die sich als ungerecht herausstellt, und die Pflicht, aus der Ungerechtigkeit keinen Profit zu ziehen. Der Status Quo ist nicht nur im Blick auf die Armen dieser Welt sehr zu bedauern, sondern auch aus Sicht der rawlsschen Theorie selbst zu verurteilen.

3.4. Der moralische Kosmopolitismus der Theoretiker internationaler Gerechtigkeit wird in verschiedenen Hinsichten kritisiert. Partikularistische Ansätze vertreten die Auffassung, dass Gerechtigkeitspflichten an eine kulturelle Gemeinschaft (Kommunitarismus), an den Staat (Etatismus/Nationalismus/Patriotismus), an eine politische Grundordnung (politischer Liberalismus), an gesellschaftliche Kooperation oder Produktion oder an bestehende Rechtsverhältnisse (Positivismus) oder Machtverhältnisse (Realismus) gebunden sind. So wird vornehmlich von Seiten des Kommunitarismus die Annahme abgelehnt, bei der Anwendung der Regeln der Verteilungsgerechtigkeit herrschten Universalismus und Unparteilichkeit. Nationale Gruppen fordern eine Loyalität, die mit den Forderungen der unparteiischen globalen Gerechtigkeit inkompatibel ist (vgl. Waldron 1993; Scheffler 2001). Nach ihrer Auffassung haben v.a. *Gemeinschaften* ein Recht auf Bewahrung ihrer kulturellen Identität, die das Selbstbestimmungsrecht schützt. Loyalität und Partialität hinsichtlich nationaler Institutionen seien eine Folge der Bedeutung kultureller Identität. Zudem bietet nach Auffassung des Kommunitarismus eine nur lokal wirksame Gerechtigkeit eine bessere Aussicht auf Realisierung gerechter Zustände: Der Gerechtigkeit sei mehr gedient, wenn sie Angelegenheit von Gemeinschaften oder Staaten ist, im globalen Maßstab würde sie verwässert (vgl. Walzer 1983; Kymlicka 1995). Eine weitere Kritik betrifft die politische Gefahr, die von internationalen Organisationen ausgeht, die mit einer weitreichenden Macht ausgestattet sind. So besteht die Vermutung, globale Verteilungsgerechtigkeit sei auf eine zentrale Verteilungsbürokratie, mithin eine weltstaatliche Despotie angewiesen (vgl. Kersting 1997; ders. 2000). So setzt sich etwa Höffe zwar für eine Weltrepublik ein, doch weist er ihr nur minimalstaatliche Befugnisse zu. Sie sollen sich weitgehend auf Sicherheits- und Selbstbestimmungsgarantien für die Nationalstaaten beschränken (vgl. Höffe 1999). Etatistische Überlegungen, denen zufolge Gerechtigkeit an eine legitime Ordnung in Verbindung mit Recht als Zwangsmittel gekoppelt sei, die auf transnationaler Ebene eben fehle, sprechen nach Ansicht bestimmter Kritiker dafür, dass allein staatliche Institutionen in der Lage sind, die politische Willensbildung zu organisieren und eine verbindliche Rechtsdurchsetzung zu gewährleisten (vgl. Nagel 2005). Eine (moderate) Position des politischen Nationalismus (vgl. Miller 2007) betont, dass die nationale Identität einen Verpflichtungsgrund *sui generis* bildet und dass dieser Verpflichtungsgrund eine notwendige Voraussetzung für die Befolgung anspruchsvoller Gerechtigkeitspflichten darstellt; zudem seien nationale Kollektive eigenverantwortlich für ihre Wirtschaft. Diese Fragen werden die Debatten über internationale Gerechtigkeit auch zukünftig prägen.

4.

Barry, B., 1998, International Society from a Cosmopolitan Perspective, in: D. Mapel/T. Nardin (Hg.), International Society, Princeton: Princeton University Press.

Beitz, C., 1979, Political Theory and International Relations, Princeton: Princeton University Press.

Beitz, C., 2000, Rawls's Law of Peoples, in: Ethics 110.

Bittner, R., 2001, Morality and World Hunger, in: Metaphilosophy 32.

Buchanan, A., 2000, Rawls's Law of Peoples, in: Ethics 110.

Chwaszcza, C./Kersting, W. (Hg.), 1998, Politische Philosophie der internationalen Beziehungen, Frankfurt/M.: Suhrkamp.

Forst, R., 1999, Das grundlegende Recht auf Rechtfertigung, in: H. Brunkhorst/W. Köhler/M. Lutz-Bachmann (Hg.), Recht auf Menschenrechte, Frankfurt/M.: Suhrkamp.

Gosepath, S., 1998, Zu Begründungen sozialer Menschenrechte, in: ders./G. Lohmann (Hg.), Philosophie der Menschenrechte, Frankfurt/M.: Suhrkamp.

Gosepath, S., 2001, The Global Scope of Justice, in: T. Pogge (Hg.), Global Justice, Oxford: Blackwell.

Hinsch, W., 2001, Global Distributive Justice, in: Metaphilosophy 32.

Höffe, O., 1999, Demokratie im Zeitalter der Globalisierung, München: Beck.

Kersting, W., 1997, Recht, Gerechtigkeit und demokratische Tugend, Frankfurt/M.: Suhrkamp.

Kersting, W., 2000, Theorien der sozialen Gerechtigkeit, Stuttgart: Metzler.

Kymlicka, W., 1995, Multicultural Citizenship, Oxford: Oxford University Press.

Miller, D., 2007, National Responsibility and Global Justice, Oxford: Oxford University Press.

Nagel, T., 2005, The Problem of Global Justice, in: Philosophy and Public Affairs 33.

O'Neill, O., 1986, Faces of Hunger, London: Allen & Unwin.

O'Neill, O., 1991, Transnational Justice, in: D. Held (Hg.), Political Theory Today, Cambridge: Polity.

O'Neill, O., 1996, Tugend und Gerechtigkeit, Berlin: Akademie.

Pogge, T., 1989, Realizing Rawls, Ithaca: Cornell University Press.

Pogge, T., 1994, An Egalitarian Law of Peoples, in: Philosophy and Public Affairs 23.

Pogge, T., 2001, Priorities of Global Justice, in: Metaphilosophy 32.

Pogge, T., 2002, World Poverty and Human Rights, Cambridge: Polity.

Rawls, J., 1971, Eine Theorie der Gerechtigkeit, Frankfurt/M.: Suhrkamp 1975.

Rawls, J., 1999, Das Recht der Völker, Berlin: de Gruyter 2002.

Scheffler, S., 2001, Boundaries and Allegiances, Oxford: Oxford University Press.

Singer, P., 1972, Hunger, Wohlstand und Moral, in: B. Bleisch/P. Schaber (Hg.), Weltarmut und Ethik, Paderborn: Mentis 2007.

Tugendhat, E., 1997, Gleichheit und Universalität in der Moral, in: M. Willaschek (Hg.), Ernst Tugendhat. Moralbegründung und Gerechtigkeit, Münster: LIT.

Unger, P., 1996, Living High & Letting Die, New York: Oxford University Press.

Waldron, J., 1993, Special Ties and Natural Duties, in: Philosophy and Public Affairs 22.

Walzer, M., 1983, Sphären der Gerechtigkeit, Frankfurt/M.: Campus 1992.

Véronique Zanetti

Gerechtigkeitsforschung, empirische

1.

Vieles wird bezüglich normativer Standards der Gerechtigkeit bewertet: (1) *Verteilungen*, z.B. von Gewinnen und Verlusten, von Wohlstand, Chancen, Status, Rechten, Pflichten, Lasten, Risiken, (2) der *Austausch* von materiellen Gütern, Informationen, Leistungen, Liebe, Loyalität oder Vorwürfen, Kritik, Aggressionen, Behinderungen, sowie *Verträge* über den Austausch, (3) die *Bewertungen und Vergeltungen* von Leistungen und Taten (Heldentaten, Straftaten u.a.), (4) die *Ordnungen in sozialen Systemen*, z.B. in Staaten (von Verfassungen bis zu einzelnen Gesetzen), (5) alle *Entscheidungsverfahren* von Wahlen, Parlaments-, Justiz- und Verwaltungsentscheiden bis zu Entscheidungen in Betrieben, Familien und anderen sozialen Systemen, (6) aber auch die Frage, *wer welche Entscheidungen treffen darf oder sollte.* (7) Und selbst *Schicksale*, für die nicht nur die Götter verantwortlich gemacht werden, werden als gerecht oder ungerecht bewertet.

Zu all diesen Themenfeldern gibt es umfangreiche empirische Forschungen. Empirisch kann erfasst werden, was Menschen für gerecht und ungerecht halten, wie sie diesbezüglich urteilen, erleben und handeln, welche kulturellen, kontextuellen und individuellen Unterschiede dabei zum Tragen kommen, und welche Konflikte daraus entstehen (vgl. zur Übersicht etwa Liebig/Lengfeld 2002; Montada 2003; Schmidt 2000; Tyler 1997). Das normative Wesen von Gerechtigkeit ist dabei unbestritten. Welche Relevanz aber haben welche empirischen Informationen für die Bewertung normativer Standards und ihre Anwendung?

2.

Der vielleicht wichtigste Beitrag empirischer Forschung liegt im Nachweis, dass das Gerechtigkeitsmotiv ein primordiales, ein nicht ableitbares Motiv ist. Die einflussreiche ökonomische Verhaltenstheorie will glauben machen, dass die Maximierung eigenen Nutzens das kardinale Motiv des Menschen sei, dass sich Menschen um Gerechtigkeit und andere Werte nur scherten, wenn dies ihrem eigenen Nutzen diene (vgl. Ramb/Tietzel 1993; Tyler 1994). Begründet wird dies mit Hypothesen darüber, welches Eigeninteresse hinter einem phänotypisch an Gerechtigkeit und andere Werten orientiertem Handeln und Reden stehen könnte. Ein valider Test alternativer Motivhypothesen wie Gerechtigkeit, Moral, Anstand, Gemeinsinn wird meist gar nicht erst versucht. Die plausibel klingende Interpretation eines Handelns im Sinne des Menschenbildes der ökonomischen Theorie ersetzt die Überprüfung (vgl. Bunge 1989; Green 1994).

Gewiss verfolgen Akteure unter dem Banner der Gerechtigkeit häufig nur eigene Interessen, etwa Politiker, die »mehr Gerechtigkeit« fordern, um Wählerstimmen zu gewinnen. Aber die strategische Nutzung von »Gerechtigkeit« belegt, dass die Akteure überzeugt sind, dass andere Gerechtigkeit wollen. Elster (1989) argumentiert, dass eine Instrumentalisierung von Normativem logisch voraussetzt, dass das Normative einen nicht instrumentellen Eigenwert hat, der »parasitär« ausgenutzt werden kann. Auch einem Arbeitgeber, der sich um Gerechtigkeit bemüht, mag es letztlich nur um die Produktivität der Belegschaft gehen, die erwiesenermaßen sinkt, wenn diese sich ungerecht behandelt fühlt. Ob es jemandem *kategorisch* oder *strategisch* um Gerechtigkeit geht, ist nur durch eine empirische Motiverfassung zu klären. Die Psychologie hat das methodische Instrumentarium hierfür entwickelt.

Wer einen Gerechtigkeitsstandard für gültig hält, sieht sich selbst und alle anderen als berechtigt oder verpflichtet, diesen Standard anzulegen. Indikatoren hierfür sind *Empörung* über Normverletzungen durch andere (vgl. Strawson 1974) und *Schuldgefühle* im eigenen Fall. Intuitiv überzeugend für die Annahme eines Gerechtigkeitsmotivs sind Fälle, in denen keine Konfundierung mit Eigeninteresse vorliegt, *wenn es also nicht um Gerechtigkeit für einen selbst, sondern für andere geht.* Wie reagieren z.B. Menschen in relativem Wohlstand auf Nöte und Elend anderer, z.B. von Armen in der Dritten Welt? »Existenzielle« Schuldgefühle wegen eigenen relativen Wohlstands und Empörung wegen der als ungerecht bewerteten sozialen Ungleichheiten sind vielfach als normal verteilte Variablen nachgewiesen worden. Beide Emotionen disponieren zu prosozialen Aktivitäten zugunsten der Benachteiligten. Die theoretisch zentrale Frage ist empirisch geklärt: Schuldgefühle und Empörung sind nicht auf Eigeninteressen reduzierbar, z.B. auf Furcht vor dem Verlust eigener Vorteile, die zu einer präventiven Verringerung der bestehenden Ungleichheiten motivieren könnte (vgl. Montada 1999). Auch in der experimentellen Ökonomie mehren sich die Hinweise auf ein wirkungsmächtiges Gerechtigkeitsmotiv, das mit »rationalen« eigennützigen Entscheidungen interferiert (vgl. z.B. Fehr/Gächter 2000). Die Überschätzung der Wirksamkeit von Eigeninteresse ist in der Psychologie gut belegt, allerdings gibt es auch Hinweise, dass eine Rechtfertigung von Handeln mit Eigeninteressen normativ erwartet wird (vgl. Miller 1999). Dennoch: Wir können das Gerechtigkeitsmotiv in unser Menschenbild aufnehmen, nicht nur wenn es eigenen Nutzen verspricht.

3.

3.1. Das Gerechtigkeitsmotiv ist wohl universell. Keineswegs universell sind jedoch die Überzeugungen, was gerecht und was ungerecht sei. Es gibt divergierende Sichtweisen darüber, welche Standards der Gerechtigkeit anzulegen sind (z.B. bei Verteilungen das Leistungs- oder das Bedürftigkeitsprinzip), auch über die relevanten Realitäten (z.B. wer mehr geleistet hat oder wer bedürftiger ist) (vgl. Montada 2003). Das gilt für die Bewertung von Verteilungen, Austauschbeziehungen, Leistungen, Taten und Ordnungssystemen. Bei Entscheidungsverfahren divergieren die Bewertungen unterschiedlicher Verfahren mit je besonderen Regeln, Pflichten und Rechten der Beteiligten und der Betroffenen, z.B. der Mehrheitsentscheidung, der Entscheidung durch Instanzen (wie Gerichte) oder Autoritäten, der Aushandlung, Schlichtung oder Mediation.

Diese Divergenzen lassen sich an einigen Fragen zur Verteilungsgerechtigkeit illustrieren: (1) Die Verteilung von Gütern und Lasten, Rechten und Pflichten setzt Grenzziehungen voraus: Wer sollte z.B. bei Erbschaften aus welchen Gründen wie bedacht werden? Wer erhält eine Arbeitserlaubnis, einen Gewerbeschein, einen Studienplatz oder Sozialfürsorge? Wie sind die Risiken und Lasten durch Umwelt belastende Emissionen zu verteilen: auf die Verursacher, die Allgemeinheit, Grenzen überschreitend auf andere Staaten oder auf künftige Generationen? (2) Wer hat das Recht, welche Verteilungen vorzunehmen? Die Brisanz dieser Frage in der Wirtschaft ist z.B. erkennbar aus den Debatten über Mitbestimmungsrechte, Tarif- oder Gewerbeordnungen. (3) Nach welchen Prinzipien ist die Verteilung vorzunehmen oder zu bewerten? Gleichheit ist gewiss die Grundidee der Gerechtigkeit. Aber die meisten sind mit Aristoteles einig, dass nur Gleiche gleich zu behandeln, zu bedenken oder zu belasten sind. Kontroversen gibt es darüber, welche Ungleichheiten zwischen Menschen ungleiche Verteilungen rechtfertigen, z.B. die bisher erbrachten Leistungen, erworbene Verdienste, die aktuelle Leistungsfähigkeit, Bedürftigkeit und Notlagen, Mitgliedschaften (z.B. Verwandtschaft bei Erbschaften, Staatsbürgerschaft bei Wahlrecht, Fürsorge oder Wehrpflicht), das Einkommen (z.B. bei den Bemessungsgrenzen in Krankenversicherungen), das Geschlecht (das z.B. in Debatten über die Gleichstellung von Frauen im Arbeitsleben und von Vätern in Sorgerechtsprozessen relevant ist), das Lebensalter (das vielerlei Ansprüche auf Schutz und Förderung, aber auch die Zuordnung von Rechten, Pflichten und Belastungen rechtfertigt), das Prinzip der Besitzstandswahrung (das Neu- und Umverteilungen begrenzt, aber als Vertrauensschutz durchaus auch begründbar ist), die Verantwortung (die im Verursacher- und im Verschuldungsprinzip gewichtet wird). Alle diese Prinzipien sind in vielen Fällen mit guten Gründen anzulegen, sie führen aber zu ganz unterschiedlichen Ergebnissen und konfligieren miteinander. Wendet man nur eines an, verletzt man alle anderen. Was soll z.B. bei betrieblich bedingten Entlassungen berücksichtigt werden? Die Seniorität, die bisherigen Leistungen, die Bedürftigkeit (wegen geringer Chancen auf dem Arbeitsmarkt oder wegen der Verantwortung für Kinder), die für die Produktivität des Betriebes so wichtige Leistungsfähigkeit, die Lohnkosten (meist sind die Älteren teuerer)? Oder sollte niemand entlassen und die Löhne aller gesenkt werden? Oder wandern dann die Besten zur Konkurrenz ab?

Die Divergenzen über Prinzipien belegen, dass keine Konzeption der Gerechtigkeit universell als gültig anerkannt ist. Die daraus (und aus divergierenden Sichten über relevante Sachverhalte) resultierenden Konflikte sind fallspezifisch in den Sozialsystemen zu lösen, in denen sie auftreten – in Gemeinschaften, Organisationen, auf nationaler und internationaler Ebene. Falls es zuständige Gerichte gibt, können sie diesen zur Entscheidung vorgelegt werden.

3.2. Friedensstiftung, nicht normative Wahrheitssuche ist die Aufgabe, die sich aus empirischer Forschung begründen lässt. Soziale Konflikte resultieren häufig aus der Verletzung oder Bedrohung subjektiver Gerechtigkeitsüberzeugungen (vgl. Montada/Kals 2007). Meinungsverschiedenheiten und Wettbewerb sind keine Konflikte, sofern sie als legitim angesehen werden. Perzipierte Illegitimität ist die Voraussetzung für Konflikte, was z. B. der Fall ist, wenn eine andere Meinung als respektlos betrachtet, wenn Wettbewerb als Verletzung der Solidarität oder mit illegitimen Mitteln geführt (wie Doping im Sport) angesehen oder wenn Bestechung in der Wirtschaft oder Politik bemerkt wird.

Die Diskursethik ist als Verfahren der Suche nach normativer Richtigkeit konzipiert. Aus Sicht empirischer Disziplinen ist ein anderes Ziel für normative Diskurse zu begründen: sozialer Frieden, d. h. eine Einigung unter den von Konflikten und ihren Lösungen Betroffenen. In verschiedenen sozialen Systemen und Kulturen können unterschiedliche Einigungen für die gleichen Problemfelder entwickelt werden. Sozialer Frieden ist erfahrungsgemäß weder ewig noch universell, sondern ist von Konfliktparteien gegenstandsspezifisch anzustreben. Frieden ist nicht statisch (in einer sich wandelnden komplexen Welt und sich wandelnden Einsichten und Motiven aller Akteure), sondern eine permanente Entwicklungsaufgabe, die eine Konfliktkultur erfordert. Konflikte, private wie politische, resultieren aus einseitigen Präferenzen und Sichtweisen. Sie können destruktiv ausgetragen werden, sie können aber auch Anlass sein, das Denken und Reden über Gerechtigkeit zu kultivieren, was durch Diskurse mit den bekannten Anforderungen an die Kommunikationsfähigkeiten und -bereitschaften der Teilnehmer erreichbar ist.

3.3. Konfliktmediation ist ein durch Erfahrung optimierbares Verfahren der Einigung in Konflikten, die immer auch normative Konflikte sind. *Mediation* strebt Verträge an, nicht eine normative Wahrheit. Freilich hat auch Mediation (wie die ideale Kommunikation in der Diskursethik) *normative Voraussetzungen*: die gleiche Freiheit der Parteien, einen Vertrag zu schließen, also gleiche Macht, Vertragsbedingungen zu verhandeln, und gleiche Möglichkeiten der Selbstbestimmung. Verträge gelten ex ante als gerecht bei gleicher Freiheit und Informiertheit der Vertragsparteien, und sie dürfen nicht zu Lasten Dritter geschlossen werden, weil dies neue Konflikte erzeugen würde. Diese normativen Voraussetzungen den Parteien zu vermitteln, ist eine erste Aufgabe der Mediatoren: Ihre Akzeptanz durch die Parteien ist vertraglich festzuhalten, bevor über die Streitanlässe und -gegenstände verhandelt wird.

Als Beispiel können Konflikte über die anzulegenden Gerechtigkeitsprinzipien dienen: Sollen z. B. die Kinder bei einer Erbschaft gleich bedacht werden oder nach Verdiensten um die Erblasser oder nach Bedürftigkeiten, nach der Zahl der Enkel oder anderem? Die konfligierenden Prinzipien sollten im Diskurs nicht als richtig oder falsch bewertet, sondern als *normative Dilemmata* behandelt werden. Die Geltung jedes einzelnen Prinzips ist zu relativieren: Wenn für mehrere Prinzipien Geltung begründet werden kann, kann diese nicht für ein einzelnes Prinzip allein behauptet werden. Alle Parteien müssen sich überzeugen (lassen), dass es für die von der Gegenseite vertretenen Positionen Rechtfertigungsgründe gibt. Lösungsoptionen mit einer Integration oder Mixtur verschiedener Verteilungsprinzipien haben eine größere Chance auf Akzeptanz, wie das in der Forschung über institutionelle Verteilungsentscheidungen aufgezeigt ist (vgl. Elster 1992).

Nach Möglichkeit ist eine Mehrzahl von Entscheidungsoptionen zu generieren, was ein Spektrum von Gestaltungsmöglichkeiten aufzeigt, die dann auch mit Bezug auf wichtige Anliegen der Parteien zu bewerten sind. Oft sind einvernehmliche Lösungen leichter zu erreichen, wenn man den Ausgangskonflikt transzendiert und weitere Konfliktfelder und Austauschmöglichkeiten in eine Gesamtlösung einbezieht, in der alle Parteien Konzessionen machen, aber wichtige eigene Überzeugungen berücksichtigt sehen.

Für die Erhaltung des Friedens sind einvernehmliche Revisionen von Verträgen bei neuer Sachlage, neuen Einsichten, auch bei veränderten Sichten der Gerechtigkeit dienlich. Das gilt für private Verträge wie für die Sozialverträge auf staatlicher Ebene.

Konflikte können an Gerichte zur Entscheidung delegiert werden, sofern sie justiziabel sind. Die Delegation an Gerichte setzt die Erwartung der Durchsetzbarkeit der eigenen Ansprüche sowie Vertrauen in die Gerechtigkeit der Gerichte voraus. Vor Gericht gibt es Gewinner und Verlierer. Oft sehen sich die Verlierer ungerecht behandelt, wenn sie nicht von der Richtigkeit des Urteils überzeugt werden, wenigstens aber von der Fairness des Verfahrens und der Vertrauenswürdigkeit der Richter, die v.a. aus einer respektvollen Behandlung vor Gericht erschlossen werden (vgl. Lind/Tyler 1988). In Verhandlungen und Mediationen delegieren die Parteien ihren Konflikt hingegen nicht an Autoritäten, sondern sind in einer den Gesetzgebern analogen autonomen Position, weil sie ihr Binnenverhältnis vertraglich selbst regeln, d.h. ihre divergierenden Rechtsüberzeugungen austauschen und zu einem Ausgleich zu bringen versuchen. Die normative Bindung an den Vertrag resultiert aus der freien Zustimmung der Vertragspartner.

Staatliche Gesetze haben Geltung auch ohne konsensuelle Zustimmung der Bevölkerung. Die Rechtsordnung in einer Demokratie braucht allerdings die breite Akzeptanz der Bevölkerung. Sie muss mit dem allgemeinen Rechtsgefühl in Übereinstimmung stehen, die staatlichen Institutionen müssen als vertrauenswürdig gelten, die Entscheidungsverfahren als fair, sonst wird sie als heteronom und oktroyiert erlebt oder als überholt, auf alle Fälle als illegitim (vgl. Würtenberger 1984; Zippelius 1994). Revisionen müssen möglich sein, wenn sich unerwartete Nebeneffekte von Gesetzen ergeben, wenn die Gesetze nicht mehr dem allgemeinen Rechtsgefühl entsprechen oder wenn dieses neuen Regelungsbedarf erzeugt, wie in den letzten Dekaden z.B. für den Umwelt- und Gesundheitsschutz.

Auch knappe Mehrheitsbeschlüsse können von den Minderheiten als Oktroy erlebt werden. Wenn das Rechtsgefühl einer großen Minderheit der Bevölkerung durch ein Gesetz verletzt wird, sind seine Einhaltung und sein Bestand fraglich, eine Revision bei veränderten Mehrheitsverhältnissen wahrscheinlich. Mediation ist deshalb nicht nur für die Bearbeitung privater Konflikte empfehlenswert, sondern auch für politische Konflikte (vgl. Montada 2003).

3.4. Das Gerechtigkeitsmotiv kann als solches nicht zu den Tugenden gezählt werden. Man muss sich vergegenwärtigen, welch unterschiedliche Handlungen aus beobachteter, erlebter oder drohender subjektiver Ungerechtigkeit resultieren können: (1) die friedliche Beilegung von Konflikten durch Verträge, aber auch die Vergeltung bis hin zum Mord, (2) die legale Klage vor Gericht, um eigene Ansprüche durchzusetzen, aber auch die Wiedergutmachung und die Bitte um Verzeihung, wenn man selbst Unrecht begangen hat, (3) soziales und politisches Engagement für eine gerechtere Welt, für Menschen in Not, für die Opfer von Katastrophen, Kriegen, Verbrechen, Terror, aber auch Terrorismus, Revolutionen, Kriege mit unvermeidbaren Kollateralschäden. Akteure auf allen sozialen Ebenen rechtfertigen ihre Gewalttaten, d.h. sie versuchen sie als gerecht zu begründen. Unter der Fahne der Gerechtigkeit ist schlimmes Unrecht geschehen (vgl. Bandura 1973). (4) Das Gerechtigkeitsmotiv kann auch zur Leugnung von Ungerechtigkeiten motivieren, indem z.B. den Opfern Selbstverschuldung vorgeworfen wird, was für diese eine sekundäre Viktimisierung bedeutet (vgl. Lerner 1977). Das Gerechtigkeitsmotiv bedarf einer Kultivierung, bevor es eine Tugend ist. Normative Diskurse in konkreten Konflikten, etwa im Rahmen von Mediationen, sind der Königsweg zu einer solchen Kultivierung.

4.
Bandura, A., 1973, Aggression, Englewood Cliffs: Prentice Hall.
Bunge, M.,1989, Game Theory is Not a Useful Tool for the Political Scientist, in: Epistemologia 12.
Elster, J.,1992, Local Justice, New York: Sage.
Elster, J.,1989, The Cement of Society, Cambridge: Cambridge University Press.
Fehr, E./Gächter, G., 2000, Cooperation and Punishment in Public Goods Experiments, in: American Economic Review 90.
Green, D., 1994, Pathologies of Rational Choice Theory, New Haven: Yale University Press.
Lerner, M. J., 1977, The Justice Motive, in: Journal of Personality 45.
Liebig, S./Lengfeld, H. (Hg.), 2002, Interdisziplinäre Gerechtigkeitsforschung, Frankfurt/M.: Campus.
Lind, A. E./Tyler, T. R., 1988, The Social Psychology of Procedural Justice, New York: Plenum.
Miller, D. T., 1999, The Norm of Self-Interest, in: American Psychologist 54.
Montada, L., 1999, Gerechtigkeitsmotiv und Eigeninteresse, in: Zeitschrift für Erziehungswissenschaften 1.
Montada, L., 2003, Justice, Equity, and Fairness in Human Relations, in: J. Weiner (Hg.), Handbook of Psychology, Bd. 5, Hoboken: Wiley.
Montada, L./Kals, E., 2007, Mediation, Weinheim: PVU.
Ramb, B.-Th./Tietzel, M., 1993, Ökonomische Verhaltenstheorie, München: Vahlen.
Schmidt, V., 2000, Bedingte Gerechtigkeit. Soziologische Analysen und philosophische Theorien, Frankfurt/M.: Campus.
Strawson, P. F., 1974, Freiheit und Übelnehmen, in: U. Pothast (Hg.), Seminar: Freies Handeln und Determinismus, Frankfurt/M.: Suhrkamp 1978.
Tyler, T. R., 1994, Psychological Models of the Justice Motive, in: Journal of Personality and Social Psychology 67.
Würtenberger, T., 1984, Legitimität und Gesetz, in: B. Rüthers/K. Stern (Hg.), Freiheit und Verantwortung im Verfassungsstaat, München: Beck.
Zippelius, R., 1994, Rechtsphilosophie, München: Beck.

LEO MONTADA

Gesellschaftstheorie

1.

Die Theorie der Gesellschaft steht zwischen Sozialwissenschaften und Philosophie und vermittelt diese miteinander. Seit ihren Anfängen Mitte des 19. Jahrhunderts beansprucht sie eine Doppelstellung für sich. Ihre Aufgabe ist einerseits die kausale oder funktionale *Erklärung* der sozialen Welt sowie deren Interpretation und normativ begründete Kritik. Andererseits hatte schon Marx (1857/58, 22) – gegen Hegels objektiven Idealismus – die Gesellschaft als (unhintergehbare) *Voraussetzung der Vorstellung* und damit einen wesentlichen Unterschied etwa zu naturwissenschaftlichen Theorien bezeichnet: Alle Gesellschaftstheorien von Spencer bis T. Parsons, von Marx bis Habermas, von Durkheim bis Luhmann sind *reflexive* Theorien, die ihren eigenen Status mitthematisieren. Sie erklären innerweltliche Ereignisse und Konstellationen, aber sie erklären gleichzeitig ihre eigene Möglichkeit und analysieren die Bedingungen der Möglichkeit wissenschaftlicher, ethischer, juristischer oder politischer Diskurse mit empirischen Mitteln.

2.

2.1. Die Gesellschaftstheorie ist seit ihren Anfängen eine wichtige Quelle der – für den gesamten *philosophischen Diskurs der Moderne* (vgl. Habermas 1985) charakteristischen – *Transformation der Philosophie* (Apel 1971/73). Sie beerbt die kantische Frage nach den Bedingungen möglicher Erkenntnis und ›missversteht‹ sie höchst produktiv als Frage nach den gesellschaftlich-geschichtlichen Bedingungen der Möglichkeit kommunikativer Ereignisse und Operationen. Der Zirkel, in den sie dabei zwangsläufig gerät, hat sich als ein produktiv-hermeneutischer Zirkel erwiesen, da die in ihm operierenden Theorien den Horizont unserer sozialen Welt erheblich erweitert und unser Selbstverständnis und unsere Praxis verändert haben. Die quasitranszendentale Fragestellung unterstellt aber, über bloße Hermeneutik hinaus, dass nach dem Ende der Bewusstseinsphilosophie *radikale Erkenntniskritik nur als Gesellschaftstheorie möglich* sei (vgl. Habermas 1968). Sie folgt nicht nur einem *praktischen*, sondern auch einem *emanzipatorischen* Erkenntnisinteresse und ist, insofern sie auf Emanzipation zielt, eine kritische Theorie.

Theorien der Gesellschaft sind nicht nur erstens in dem Wortsinn *kritisch*, in dem jede begriffliche Unterscheidung (*kritein*, gr. = end-/unterscheiden) zur kritischen Distanzierung des unmittelbaren Wirklichkeitsvollzugs nötigt. Sie sind auch nicht nur in dem weiteren, zweiten fallibilistischen Sinn kritisch, dass sie sich wie jede Theorie durch widerstreitende Erfahrung belehren lassen müssten. Sie müssen sich darüber hinaus, wie das kantische Subjekt, drittens *kritisch zu sich selbst* verhalten, indem sie die *gesellschaftlichen Grenzen* der (wissenschaftlichen oder alltäglichen) Selbsterkenntnis der Gesellschaft (und damit die Bedingungen der Möglichkeit von Gesellschaftstheorie) selbst bestimmen. Diese selbst bestimmte Einsicht ist in dem Sinne emanzipatorisch, dass sie uns von der fremdbestimmten Herrschaft unbegriffener und unbewusster Mächte befreit. Scheitert die Kritik an der blinden oder reflexionslosen und insofern unkritischen Missachtung jener Grenzen, dann kann man mit Wittgenstein (1953, § 119) von einer pathologisch verformten Theorie sprechen, die sich Beulen beim Anrennen gegen die Grenzen der (sprachlich-kommunikativ vermittelten) Gesellschaft holt – oder mit Horkheimer (1937) von traditioneller Theorie. Kritisch ist jede Gesellschaftstheorie, die versucht, aus den gemachten Erfahrungen der Grenzen eigener Möglichkeiten zu lernen. Das gilt für Durkheim und Parsons ebenso wie für Marx oder Adorno, also für alle Klassiker der Soziologie. Die reflexive und damit selbstkritische Methode ist aber viertens besonders von marxistischen Autoren zwischen den beiden Weltkriegen ausgearbeitet worden. So hat sie der Austromarxist Max Adler (1936), der die Idee des *sozialen Apriori* geprägt hat, aus neukantianischer und Georg Lukács (1923) aus hegelmarxistischer Perspektive explizit gemacht. Später hat die kritische Theorie der Frankfurter Schule daran angeschlossen. Sie aber keineswegs auf den Neomarxismus beschränkt. Die Methode reflexiver Kritik erschließt Lernmöglichkeiten jenseits der Konfrontation mit der *Natur* in direkter Konfrontation mit dem *Gegner* (vgl. Luhmann 1978, 18, 23). Sie eignet sich vorzüglich, um an jeweils konkurrierenden Theorien zu zeigen, dass sie nur deshalb opponieren, weil sie die gesellschaftlichen Bedingungen ihrer Möglichkeit – ihre Klassenlage (Lukács), ihr technisches Weltbild (Habermas) oder ihren methodischen Nationalismus (vgl. Beck/Lau 2005) – nicht mitbedenken. In dem Augenblick, indem man sie auf ihren blinden Fleck stößt, verwandelt dieser sich in ein hartnäckiges Problem, das ein Forschungsprogramm unter ungünstigen Umständen sogar in eine wissenschaftliche Krise stürzen kann (vgl. Kuhn 1967).

2.2. Da die Theorie der Gesellschaft sich jedoch keinem stummen und reflexionsfernen Gegenstand gegenüber sieht, sondern die alltägliche Kommunikation der Gesellschaft immer schon Vorstellungen über die eigene Gesellschaft und ihre Geschichte kommuniziert, konkurriert die Gesellschaftstheorie nicht nur mit anderen Theorien eines globalen Expertendiskurses, sondern mit den Alltagstheorien und alltäglichen Verständigungsleistungen der Gesellschaft. Der Soziologe Alvin Gouldner (1970) hat diese unvermeidliche Voraussetzung sozialwissenschaftlicher Theoriebildung auf die treffende Formel gebracht, alle Menschen seinen *Laien-Soziologen*. In der komplexen, modernen Gesellschaft sind theoretische Diskurse durch Sozialisationsprozesse, das Bildungssystem und die öffentliche Rolle von Intellektuellen mit der Alltagskommunikation vermittelt. Die wissenschaftlichen Theorien der Gesellschaft müssen sich nicht nur mit anderen wissenschaftlichen Theorien in ein Verhältnis wechselseitig *immanenter Kritik* setzen, sondern auch mit den alltäglich umlaufenden Reflexionstheorien der Gesellschaft, die mit jenen ein dichtes Netzwerk gesellschaftlicher Selbstverständigung bilden. In der immanenten Kritik der (durch philosophische und wissenschaftliche Diskurse überformten) Alltagstheorien wird die (ihrerseits von latenten Alltagstheorien immer schon durchsetzte) Gesellschaftstheorie zur *Ideologiekritik*. Dabei ist sie *wegen* ihrer konstitutiven Abhängigkeit von jenen Alltagstheorien nicht dagegen immunisierbar, selbst zur Ideologie zu werden.

Als Ideologiekritik ist die Gesellschaftstheorie auf das – dem Aufklärungszeitalter entlehnte – Modell eines *Publikums* verwiesen, das seine *öffentlichen Angelegenheiten* in verschiedenen *Arenen* debattiert. Die Arena öffentlicher Angelegenheiten versammelt das Publikum um die *Bühne*, auf der die Gesellschaftstheorie *praktisch* wird. Sie kann, so lautet die nicht unstrittige These (s.u.), nur dann praktisch werden, wenn sie an der Willensbildung eines bürgerschaftlichen Publikums partizipiert. Die Gesellschaftstheorie kann insofern, wie Nassehi (2006) gezeigt hat, kaum vom bürgerschaftlich-republikanischen *Arena-Paradigma* abgetrennt werden. Ob es sich dabei jedoch (mit Gouldner) um eine unvermeidliche Bedingung der Möglichkeit von Gesellschaftstheorie handelt oder (mit Nassehi) um die (durch ›unterentwickelte‹ Verbreitungstechnologien determinierte) Hochform bürgerlicher Ideologie, ist eine offene Frage, an der sich die Geister schon seit längerem scheiden.

Die Opposition zum Arena-Paradigma ist auf der einen Seite die Idee des technischen Staats (vgl. Forsthoff 1971) bzw. der Technokratie (vgl. Schelsky 1965), der zufolge Theorien nach dem Muster des Brückenbaus, der nicht auf die ›Verständigung‹ mit Schrauben und Stahlträgern angewiesen ist, in Praxis umgesetzt werden. Eine andere Alternative hat sich mit der durch Existenzialismus (Heidegger, Sartre), Pragmatismus (Dewey, Mead) und Phänomenologie (Husserl, Merleau-Ponty) beeinflussten sozialphänomenologischen Beschreibung des theorielosen Vollzugs von Praxis herausgebildet (vgl. Schütz 1932). Auch die Theorie selbst ist nichts als Vollzug von Praxis und muss deshalb bei ihrem Versuch, eine mehr als nur relative Distanz zum Gegenstand zu gewinnen, letztlich scheitern. Während Technokratietheorien kaum noch vertreten werden, ist der Impuls der phänomenologischen Soziologie in der Praxistheorie Bourdieus (1997) sowie in den postmodernen Theorien der Performanz aufgenommen und im Anschluss an den Poststrukturalismus (Lacan, Foucault, Althusser) u.a. von feministischen (Butler) und postmarxistischen Autoren (Laclau, Mouffe) mit beachtlicher Produktivität weiterentwickelt worden (vgl. Stäheli 2000).

3.

Nicht nur die quasi-transzendentale Stellung der Gesellschaft zu ihrem Gegenstand und das Arena-Modell verbinden die Gesellschaftstheorie mit der philosophischen Tradition des 18. Jahrhunderts. Sie tritt auch das nun freilich wissenschaftlich entzauberte und unter eine breite Erbengemeinschaft der verschiedenen Humanwissenschaften aufgeteilte (und mit dem Arena-Modell eng verschwisterte) Erbe (3.1.) des philosophischen Vernunftbegriffs des 18. *und* (3.2.) der Geschichtsphilosophie des 19. Jahrhunderts an. An die Stelle des Begriffs der *Vernunft* treten (seit Weber) die neuen Begriffe der *Rationalität* und der *Rationalisierung*, und die Geschichtsphilosophie wird (seit Marx und Spencer (1886)) von einer *Theorie der sozialen Evolution*, die anfangs selbst noch einen quasi-geschichtsphilosophischen Zuschnitt hatte, abgelöst.

3.1. Schon der junge Marx (1842, 104) hatte die Parole ausgegeben: Von der *Vernunft des Individuums* zur *Vernunft der Gesellschaft*! Bereits an dessen Frühwerk lässt sich gut beobachten, wie der Begriff der Vernunft, den er von Hegel übernimmt, gesellschaftlich dezentriert, also als ein gesellschaftsbezogener Begriff uminterpretiert wird. Während Hegels Begriffe der *bürgerlichen Gesellschaft* und des *objektiven Geistes* zwar bereits die Wende der Philosophie zur Gesellschaftstheorie vorwegnehmen, bleibt die Vernunft bei Hegel doch einem umfassenden *Begriff des Geistes* zugeordnet, innerhalb dessen die Gesellschaft nur *eine* Stufe darstellt, so wie sie auch innerhalb der Sphäre des *objektiven Geistes* nur *eine* Stufe neben Staat und Familie besetzt – oberhalb der Familie, aber unterhalb des Staats. Erst Marx vergesellschaftet die Vernunft, indem er den Begriff des *Geistes* in eine bloße Stufe oder ein Subsystem bzw. eine Wertsphäre der *Gesellschaft* verwandelt. Erst durch diese Operation wird nicht nur die *Familie* zu einer genuin gesellschaftlichen Einrichtung, auch der *Staat*, der bei Hegel den gesamten objektiven Geist (als Souverän) übergreift, wird zum *Staat der Gesellschaft*, zu einem ihrer Subsysteme.

Der Schritt vom Geist zur Gesellschaft ist ausgesprochen folgenreich: Der Mensch wird aus einem teleologisch-normativ ausgezeichneten, politischen Lebewesen zum *Ensemble der gesellschaftlichen Verhältnisse* (vgl. Marx 1845). Noch der individuellste Akt einer Person, der Selbstmord, lässt sich, wie schon der junge Marx an Hand von Fallanalysen und Statistiken zu zeigen versucht hat, als ein durch und durch gesellschaftlich bestimmtes Ereignis entschlüsseln. Es ist kein Zufall, dass die Untersuchung des Selbstmords am Anfang der soziologischen Theoriebildung steht. Auch der neben Marx wichtigste Begründer der modernen Gesellschaftstheorie, Emile Durkheim, setzt hier an (vgl. Durkheim 1897), um von vornherein die Doppelstellung der Soziologie zu markieren und empirisch zu zeigen, dass auch die buchstäblich letzte Handlung des Selbstmörders, mit der er sich ohne Zutun anderer aus der Gesellschaft verabschiedet, sozial vermittelt ist, und es keine Handlung gibt, ja keine noch so private Regung, die nicht zugleich auch ein gesellschaftliches Phänomen wäre.

Im Zuge der gesellschaftlichen Transformation der Philosophie verwandelt sich die Vernunft des Subjekts bei Marx zunächst ohne Änderung der Begrifflichkeit in die Vernunft der Gesellschaft, dann tritt bei Weber (1920) am Beginn des 20. Jahrhunderts der Begriff der *gesellschaftliche Rationalisierung* an dessen Stelle. Bei klassischen Autoren wie Marx, Spencer, Weber, Durkheim oder Parsons (1971) bleiben die Begriffe der gesellschaftlichen Vernunft oder Rationalität jedoch eng an Begriffen der zweckrationalen Handlung, der Vorstellung und des Bewusstseins haften, oder die kommunikative Grundrelation von Alter und Ego wird wie bei Mead (1934) und Schütz (1932) in letztlich immer noch bewusstseinsphilosophischen Begriffen der wechselseitigen Wahrnehmung von Handlungen (Inter-Aktion) beschrieben. Gesellschaftliche Rationalität muss dann aber entweder (wie im klassischen Funktionalismus) auf das instrumentell oder strategisch handelnde Individuum und die dazu passenden Handlungssphären (Ökonomie) reduziert oder (wie in der Durkheimschule) zum Kollektivbewusstsein der Gesellschaft im Ganzen vergrößert werden (an diese Alternative schließt die methodologische Unterscheidung zwischen Individualismus und Holismus an; vgl. Lukes 1973). Erst nach dem von Habermas und Luhmann in den 1970er Jahren fast gleichzeitig vollzogenen Paradigmenwechsel von *Handlung* und *Bewusstsein* zu *Kommunikation* war es möglich, einen konsequent gesellschaftlichen Begriff der Rationalität zu entwickeln. Damit vollendet sich die gesellschaftliche Transformation der Philosophie auch in der Sozial- und Geschichtsphilosophie, nachdem er zuvor schon als *pragmatic-linguistic-hermeneutic turn* in der theoretischen Philosophie und in der reinen praktischen Philosophie vollzogen worden war (vgl. Apel 1971/73).

Während Habermas (1981) jedoch die in sich differenzierte Rationalität auf dem Konto der Kommunikation, die von verantwortlichen Akteuren vollzogen werden muss, belässt, entlastet Luhmann (1984; 1997) die Akteure von der Rationalität ihrer Kommunikation, um sie ganz auf die sozialen Systeme umzubuchen. Aus der Aufhebung des idealistischen Vernunftbegriffs durch gesellschaftliche Kommunikation wird jeweils konsequent bei Habermas *kommunikative Rationalität*, bei Luhmann *Systemrationalität*. Während jedoch der Begriff der kommunikativen Rationalität noch an den normativen Gehalt des philosophischen Vernunftbegriffs in dezidiert praktischer Absicht anschließt, verliert sich die Spur dieser Traditionslinie im Begriff einer Systemrationalität, die nicht mehr auf handelnde Akteure zurechenbar ist und ganz den kontingenten Leistungen sozialer Systeme zur Reduktion und Verarbeitung von Umweltkomplexität zugeschrieben wird.

3.2. Die Gesellschaftstheorie kommt nicht nur in ihrem Gegenstandsbereich selbst vor, sie ist auch wie ihr Gegenstand, die Gesellschaft, das Produkt einer plan- und ziellosen *Evolution*. Das schließt jedoch die Möglichkeit planmäßiger praktischer Intervention ins Evolutionsgeschehen nicht aus, denn die Evolution selbst hat Reflexion, Diskurs, kommunikative Verständigung, planmäßiges Handeln, normative Erwartungen und emanzipatorische Interessen hervorgebracht. Auch unser Freiheitsbewusstsein, das wir uns notwendig zuschreiben müssen und das uns zur Konstruktion von Theorien oder zur Befreiung von Herrschaft inspiriert, ist ein (sehr spätes) Produkt der Evolution. Dabei stellt die *soziale* Evolution eine eigene, emergente Stufe innerhalb des gesamten Evolutionsgeschehens dar.

Die Evolution der Gesellschaft unterscheidet sich von der Evolution organischer Lebewesen aber grundsätzlich dadurch, dass sie sprachlich und nicht genetisch fundiert ist (vgl. Wimmer 1996). Das hat wichtige Folgen etwa für den Status der Soziobiologie oder der Hirnforschung, denn deren Gegenstand ist *nicht* die soziale Kommunikation (auch nicht: Bewusstsein, Wahrnehmen, Denken), sondern deren organische Umwelt. Die Rolle, die Gene in der organischen Evolution spielen, übernehmen in der sozialen (und in der psychischen) Evolution sprachliche Operationen. Im Unterschied zur sprachlich fundierten Evolution des kognitiven und moralischen Bewusstseins aber kommt es zur sozialen Evolution nur infolge des *kommunikativen Gebrauchs der Sprache*.

Nicht durch genetische Variation, sondern durch die *tagtägliche, vielfache und vielfältige Produktion abweichender* Kommunikation (Luhmann) kommt die soziale Evolution voran. Sie wird durch Kritik angetrieben (Habermas). Ohne Rekurs auf das unermessliche Variationspotential der Kommunikation wäre weder unser Freiheitsbewusstsein noch die Entstehung von positivem Recht, Geldwirtschaft, Machtpolitik oder philosophischen Diskursen erklärbar. Nur die Theorie der sozialen Evolution kann die ungeheure Formenvielfalt der sozialen Welt erklären.

4.

Adler, M., 1936, Das Rätsel der Gesellschaft, Wien: Saturn.

Apel, K.-O., 1971/73, Transformation der Philosophie, 2 Bde., Frankfurt/M.: Suhrkamp.

Beck, U./Lau, C., 2005, Theorie und Empirie reflexiver Modernisierung, in: Soziale Welt 56.

Bourdieu, P., 1997, Meditationen. Zur Kritik der scholastischen Vernunft, Frankfurt/M.: Suhrkamp 2001.

Durkheim, E., 1897, Der Selbstmord, Neuwied: Luchterhand 1973.

Forsthoff, E., 1971, Der Staat der Industriegesellschaft, München: Beck.

Gouldner, A., 1970, Die westliche Soziologie in der Krise, Reinbek: Rowohlt 1974.

Habermas, J., 1968, Erkenntnis und Interesse, Frankfurt/M.: Suhrkamp.

Habermas, J., 1981, Theorie des kommunikativen Handelns, 2 Bde., Frankfurt/M.: Suhrkamp.

Habermas, J., 1985, Der philosophische Diskurs der Moderne, Frankfurt/M.: Suhrkamp.

Horkheimer, M., 1937, Traditionelle und kritische Theorie, in: Gesammelte Schriften, Bd. 4, Frankfurt/M.: Fischer 1988.

Joas, H./Knöbl, W., 2004, Sozialtheorie, Frankfurt/M.: Suhrkamp.

Kuhn, T. S., 1962, Die Struktur wissenschaftlicher Revolutionen, Frankfurt: Suhrkamp 1967.

Luhmann, N., 1978, Soziologie der Moral, in: ders./S. H. Pfürtner (Hg.), Theorietechnik und Moral, Frankfurt/M.: Suhrkamp.

Luhmann, N., 1984, Soziale Systeme, Frankfurt/M.: Suhrkamp.

Luhmann, N., 1997, Die Gesellschaft der Gesellschaft, Frankfurt/M.: Suhrkamp.

Lukács, G., 1923, Geschichte und Klassenbewusstsein, Neuwied: Luchterhand 1970.

Lukes, S., 1973, Individualism, Oxford: Blackwell 1990.

Marx, K., 1842, Der leitende Artikel in Nr. 179 der »Kölnischen Zeitung«, in: MEW, Bd., 1, Berlin: Dietz 1958.

Marx, K., 1845, Thesen über Feuerbach, in: MEW, Bd. 3, Berlin: Dietz 1958.

Marx, K., 1857/58, Grundrisse der Kritik der politischen Ökonomie, Berlin: Dietz 1974.

Mead, G. H., 1934, Geist, Identität und Gesellschaft, Frankfurt/M.: Suhrkamp 1973.

Nassehi, A., 2006, Der soziologische Diskurs der Moderne, Frankfurt/M.: Suhrkamp.
Parsons, T., 1971, Das System moderner Gesellschaften, München: Juventa 2003.
Schelsky, H., 1965, Auf der Suche nach Wirklichkeit, Düsseldorf: Diederichs.
Schütz, A., 1932, Der sinnhafte Aufbau der sozialen Welt, Frankfurt/M.: Suhrkamp 1993.
Spencer, H., 1886ff., Die Prinzipien der Soziologie, Stuttgart: Schweizerbart.
Stäheli, U., 2000, Poststrukturalistische Soziologien, Bielefeld: Transcript.
Weber, M., 1920, Gesammelte Aufsätze zur Religionssoziologie, Bd. 1, Tübingen: Mohr 1988.
Wimmer, H., 1996, Evolution der Politik, Wien: WUV.
Wittgenstein, L., 1953, Philosophische Untersuchungen, Frankfurt/M.: Suhrkamp 2003.

HAUKE BRUNKHORST

Gewalt

1.

Durch den Begriff der Gewalt werden sehr unterschiedliche Phänomene charakterisiert: die Atombombe von Hiroshima, die Massaker im ehemaligen Jugoslawien, der Terror, die Misshandlung von Kindern, der Polizeieinsatz gegen Demonstranten, Vergewaltigung und Mord. Das Bedeutungsfeld umfasst individuelle, kollektive und institutionelle, staatliche Handlungszusammenhänge. Gewalt kann auf die Zerstörung von Ordnung und die Gefährdung oder Vernichtung von Leben wie auf die Herstellung von Ordnung und die Sicherung von Leben gerichtet sein, etwa durch Beseitigung einer Diktatur. Darin liegt die grundlegende *Ambivalenz* von Gewalt. Sie gilt als zerstörerisch und geächtet, wenn sie als illegitim gekennzeichnet wird; sie gilt als ordnungsschaffend und wird als notwendig erachtet, wenn die Anwendung als legitim gilt. Doch auch der Kampf um Legitimität löst die Ambivalenz nicht auf. Die begriffliche Fassung und Erklärung von Gewalt gilt als eines der schwierigeren wissenschaftlichen Unterfangen. Die schillernde Phänomenologie und ihre Uneindeutigkeit, die Ambiguität zwischen der Zerstörung und Herstellung von Ordnung, die Ubiquität des Auftretens und die jederzeitige Verfügbarkeit als Ressource, die historisch langfristig abnehmenden wie aktuell wieder zunehmenden Gewaltquoten und die kognitive Diffusität über das Gewaltverständnis bei den Menschen markieren einige der grundlegenden Schwierigkeiten (vgl. den Überblick in Heitmeyer/Hagan 2003). Der Versuch einer eindeutigen begrifflichen Klärung wird in der Regel mit der Aussparung der sozialen Wirklichkeit erkauft. Deshalb ist Gewalt als Ausdruck sozialer Definitionskämpfe und Handlungsprozesse und niemals nur als bloßes Mittel zu verstehen (vgl. Neidhardt 1986, 127ff.). Erschwert wird die präzise Fassung des Gewaltbegriffs auch durch Überschneidungen mit anderen Begriffen und ihren Relationen. Auf der Ebene individueller Handlungen ist der Begriff der *Aggression* zu nennen. Nicht alle Aggression ist Gewalt, aber alle Gewalt ist Aggression. Ein zweiter Bereich kreist um *Macht* und *Herrschaft*, also das Verhältnis zur Gewalt als politischer Dimension. Die Relation besteht darin, dass nicht jede Gewalt politisch im Sinne öffentlicher Macht- und Herrschaftsdemonstration ist. Das gilt etwa für Formen der Gewalt in intimen Beziehungen, auch wenn dort eine Machtdemonstration stattfindet. Der dritte Bereich ist auf den Zusammenhang von *Konflikt* und Gewalt gerichtet. Zumeist wird eine enge Beziehung angenommen, die aber auf Fehlwahrnehmungen beruht, da Konflikte neben destruktiven auch konstruktive Verläufe haben können. Gewalt ist insofern nur eine prekäre Form der Konfliktaustragung.

Neben diesen deskriptiv-empirischen Unterscheidungen ist auch eine *normative* Bezugskategorie zu berücksichtigen. Narr (1983, 46) spricht in diesem Zusammenhang von *Unversehrtheit*. So beginnt die moderne Geschichte der Menschenrechte 1215 (Magna Charta) mit Bestimmungen, welche die körperliche und räumlich-häusliche Integrität schützen sollten. Die normative Komponente von Gewalt umfasst auch die Rechtfertigung im Kontext des staatlichen Gewaltmonopols als Ausdruck legitimer physischer Gewaltsamkeit, die Frage der Gefährdung politischer Freiheiten etwa durch das Strafrecht, das Widerstandsrecht bis hin zu individuellen Konstruktionen von Rechtfertigungsstrategien zur Anwendung von Gewalt (vgl. diverse Überblicksartikel in Heitmeyer/Hagan 2003,Teil 6.2).

Immer wieder stellt sich dabei das Problem der Spannweite des Gewaltbegriffes. Ist die Unversehrtheit auf das Körperliche begrenzt oder schließt sie die seelische und geistige Unversehrtheit mit ein? Die wissenschaftlichen wie politischen Auseinandersetzungen stehen vor einem Dilemma. Zwar gibt es ein breites Einverständnis darüber, dass Gewalt verletzt und ggf. tötet, sie also vielfältige Varianten der Zerstörung hervorbringt, so dass immer Opfer entstehen. Aber hier endet sowohl die Überstimmung als auch die Eindeutigkeit. Denn in Zeiten subtiler Machtinstrumente erweiterte sich die Opportunität für psychische Verwüstungen, die aber mangels objektiver Kriterien der Registrierbarkeit die Opfer selbst unter Verdacht der Instrumentalisierung geraten lassen. Schließlich gibt es keine Übereinkunft, in wieweit strukturelle Formen der Gewalt (vgl. Galtung 1975), die per definitionem ohne direkte Täter auskommen, aber sehr wohl Opfer produzieren, als Gewalt gelten können. Diese Debatten verweisen auf das Spannungsfeld des Gewaltverständnisses in seinen zeithistorischen Abhängigkeiten und machtpolitischen Durchsetzungserfolgen bzw. -misserfolgen. Am Gewaltverständnis zeigt sich, wie mittels durchgesetzter Begriffe soziale Realität erzeugt bzw. ausgeblendet werden kann.

Als Gegenbegriffe zur Gewalt können der Begriff der »herrschaftsfreien Kommunikation« (vgl. Habermas 1981) und der Begriff des Friedens genannt werden. Dabei wird Frieden als Zivilisationsprojekt (vgl. Senghaas 1995) betrachtet, d.h. zur kontrollierten bzw. regelgeleiteten Form der Konfliktaustragung.

2.

2.1. Die lateinischen Wurzeln des Begriffs »Gewalt« liegen in den Begriffspaaren »vis/violentia« und »potentia/potestas«. Sie bilden die Grundlagen der international gebräuchlichen Terminologie, die zwischen direkter persönlicher Gewalt (*violentia*) und legitimer institutioneller staatlicher Gewalt (*potestas*) unterscheidet (vgl. Imbusch 2003). Die Verwendung des deutschen Wortes »Gewalt« hat ihre Ursprünge im Indogermanischen mit der Bedeutung von »Verfügungsfähigkeit«. Erst im Ausgang des Mittelalters kam es im deutschen Sprachgebrauch zu einer stärkeren Differenzierung (vgl. Faber/Ilting/Maier 1982, 866f.) zwischen öffentlicher Herrschaft, Staatsgewalt und physischer Gewaltanwendung. Der deutsche Sprachgebrauch bleibt gleichwohl unpräzise, weil »Gewalt« für beide Varianten (violentia/potestas) herangezogen wird. Im Englischen ist die Verwendung dadurch präziser, dass zwischen »violence« und »power« (in Sinne des Erzielens einer Wirkung) unterschieden und mit weiteren Differenzierungen wie »force« (Stärke, Druck) und »coercion« (Zwang, Unterdrückung) gearbeitet wird.

2.2. In der philosophischen Tradition hat wohl Aristoteles (vgl. EN, 1109b30–1110a4) als erster eine Explikation von Gewalt im Sinne von violentia geliefert. Gewalt ist demnach eine Einwirkung, die sich gegen den Willen und das Wollen anderer richtet und mit Zwang verbunden ist. Dabei gilt, dass Gewalt eine Art von Zwang, aber nicht jede Art von Zwang Gewalt ist. Daran knüpft die zentrale Diskussionslinie des Verhältnisses von Macht und Gewalt an (vgl. auch Röttgers 1974). Bei Hobbes (1651) ist die Einrichtung der Staatsgewalt (potestas) ein Resultat der Furcht der Bürger vor privater Gewalt (vis). Die Frieden stiftende Wirkung der Staatsmacht beruht deshalb bei Hobbes auf dem freiwilligen Gewaltverzicht der Bürger. Von Kant (1790, 260) wird Macht in ein grundsätzliches Verhältnis zur Gewalt gebracht: »Macht ist ein Vermögen, welches großen

Hindernissen überlegen ist. Eben dieselbe heißt eine Gewalt, wenn sie auch dem Widerstande dessen, was selbst Macht besitzt überlegen ist.« Gewalt ist gesteigerte Macht. Das hat Konsequenzen für das Verhältnis von Gewalt und Recht und so konstruiert Kant aus den Elementen Freiheit, Gesetz und Gewalt grundsätzliche Verfassungstypen, insbesondere den republikanischen Typus, in dem Freiheit und Gesetz insoweit mit Gewalt verbunden sind, als diesen Prinzipien zum Erfolg verholfen wird.

Eine weitere Bestimmung der Relation von Gewalt und Macht findet sich bei Hegel. Danach ist Gewalt die Erscheinung der Macht. Diese Vorstellung wird entwickelt anhand der Erweiterung durch die Begriffe des Besitzes und des Eigentums. Auch kreist die Verwendung um den Staat, wobei Hegel die Vorstellung zurückweist, der Staat werde durch bloße Gewalt zusammengehalten: »Das Haltende ist allein das Grundgefühl der Ordnung, das alle haben.« (Hegel 1821, § 268) Ökonomisch orientierte Verwendungen des Gewaltbegriffs finden sich bei Marx (1847, 337), für den Eigentum eine Art Gewalt darstellt. So steht Eigentum zentral platziert im Verhältnis zur politischen Gewalt bzw. Staatsmacht. Die Fokussierung auf das Politische in der Interpretation von Gewalt bei Max Weber (1921, 494) hebt das beim Staat angesiedelte »Monopol legitimer physischer Gewaltsamkeit« hervor. Das Mittel der Gewalt wird stets verfügbar gehalten und als legitim angesehen, um Ordnung und Freiheit zu sichern. Dagegen geht es Arendt (1970) um den Unterschied von Macht und Gewalt. Macht endet für sie dort, wo Gewalt beginnt. Popitz (1992) überträgt Arendts Konzeption in die Soziologie und untersucht den Zusammenhang von Macht und Gewalt nicht nur in staatlichen, sondern v.a. in sozialen Kontexten. Dabei wird Macht die Schlüsselrolle für das Verstehen von Gewalt zugewiesen. Jede Gewalt wird als Machtaktion von Akteuren verstanden, die zur absichtsvollen Verletzung anderer führt.

3.

Die auf direkte Gewalt ausgerichtete sozialwissenschaftliche Fragestellung erfordert eine Unterscheidung von *individueller, kollektiver* und *institutioneller, staatlicher* Gewalt.

3.1. Zentrale Fragestellungen zur *individuellen* Gewalt, deren dramatischste Form der Homizid ist, gruppieren sich um das Problem der Erklärung (vgl. Gottfredson/Hirschi 1990; Überblick bei Albrecht 2003) und um die Zu- oder Abnahme von Gewalt. Eisner (2003) zeigt anhand einer langen Entwicklungslinie, dass die Homizidrate vom 15. Jahrhundert bis zur Mitte des 20. Jahrhunderts fällt. Offen ist die Frage, ob der Anstieg seit den 1960er Jahren eine vorübergehende Abweichung vom längerfristigen Trend oder eine Umkehr darstellt. Thome (2004) geht von einem langfristig gegenläufigen Trend aus und fundiert dies im Lichte eines zivilisations- und anomietheoretischen Ansatzes. Zu wichtigen Erklärungsansätzen individueller Gewalt gehören sozialisationstheoretische Ansätze, die u.a. auf Lerntheorien zurückgreifen (vgl. Bandura 1977), Strain-Ansätze im Anschluss an die Anomietheorie (vgl. Agnew 1999), deprivationstheoretische Vorgehensweisen, die absolute und relative Benachteiligungen akzentuieren (vgl. Gurr 1972), Ungleichheitstheorien (vgl. Sampson/Wilson 1995) und an Modernisierungsprozesse anknüpfende Desintegrationstheorien (Heitmeyer/Collmann/Conrads u.a. 1995).

3.2. Aufstände, Pogrome und unfriedliche Massenproteste sind typische Beispiele für *kollektive* Gewalt, der ein gewisses Maß an Lenkung und Führung innewohnt. Sie hat insofern einen politischen Charakter, weil Macht ausgeübt und Herrschaft gesichert oder angegriffen werden soll. Besondere Aufmerksamkeit verdienen Gewaltdynamiken und Eskalationsprozesse. Dazu hat Smelser (1963) einen einflussreichen bewegungstheoretischen Rahmen für »hostile outbursts« entwickelt. Es benennt sechs aufeinander aufbauende Determinanten: strukturelle Anfälligkeit, strukturelle Spannung, Anwachsen und Ausbreitung einer generalisierten Vorstellung, Beschleunigungsfaktoren, Mobilisierung der Teilnehmer, Einsatz sozialer Kontrolle. Diese Determinanten sind in einer »Wirkungsreihenfolge« zu denken, so dass jede folgende Determinante die vorhergehende voraussetzt und zugleich jedes Ereignis nur in dem von den anderen Determinanten gegebenen Rahmen wirken kann. G. T. Marx (1972, 47–59) hat daran angeschlossen, um eine Typologie von »Riots« zu entwickeln, damit die Prozesse unterschiedlicher kollektiver Gewalt erklärt werden können. Dies spezifiziert Olzak (1992) in Richtung auf die ethnisch ausgerichtete Gewalt.

3.3. Die Formen der *institutionellen, staatlichen* Gewalt reichen vom legitimen Gewaltmonopol des Staates bis hin zu staatsterroristischer Gewalt und schließlich zum Krieg (vgl. Ternon 1996). Das Ausmaß staatlicher Gewalt im 20. Jahrhundert übersteigt die Anzahl individueller und kollektiver Gewalt um ein Vielfaches. Zahlreiche Autoren haben die Epoche der Moderne als Zivilisationssprung aufgefasst und verstehen Gewalt als ein wesentlich vormodernes Phänomen. Die im 20. Jahrhundert in individuellen, kollektiven und staatlichen Varianten manifestierte Gewalt erscheint aus dieser Perspektive als temporäres Phänomen. Dem widerspricht die nicht unplausible Beschreibung des 20. Jahrhunderts als eines Jahrhunderts der Gewalt (vgl. Hobsbawm 1994). Umstritten ist, in welchem Verhältnis Modernität und Barbarei zueinander stehen (vgl. Miller/Soeffner 1996). Analysen zeigen, dass die nach außen gerichtete militärische Gewalt der Nationalstaaten ein Strukturmerkmal der Moderne und ein Element sozialen Wandels ist (vgl. Knöbl/Schmidt 2000).

3.4. Für die Erklärung der verschiedenen Gewaltvarianten haben die Theorien unterschiedliches *Gewicht*. Z.B. erklären Sozialisationstheorien insbesondere frühzeitig erworbene Dispositionen, Subkulturtheorien können die Habitualisierung spezifischen Verhaltens in Gruppen aufklären, bewegungstheoretische Ansätze setzen ihre Schwerpunkte bei den Mobilisierungen, und Modernisierungsansätze betonen eher die strukturellen Verwerfungen. Weil die Theorien unterschiedliche Schwerpunkte setzen, haben sie auch verschiedene *Reichweiten*. So bleibt etwa bei strukturell an gesellschaftlichen Spannungsverhältnissen und Krisen ansetzenden Theorien (vgl. Joas 1999) das Problem der unzureichenden Erklärung situativer Handlungsdynamiken. Konflikttheoretische Ansätze weisen wiederum enge Grenzen in der Erklärung langfristiger Trends auf. Von daher besteht die Notwendigkeit zur Entwicklung von Theoriekombinationen oder integrativen Theorieentwürfen (vgl. Thome/Birkel 2007), die mehrere Ebenen umfassen und sich auf unterschiedliche Settings, also kurzzeitige Ereignisse und langfristige Trends beziehen.

4.

Agnew, R., 1999, A General Strain Theory of Community Differences in Crime Rates, in: Journal of Research in Crime and Delinquency 36.

Albrecht, G., 2003, Sociological Approaches to Individual Violence and their Empirical Evaluation, in: W. Heitmeyer/J. Hagan (Hg.), International Handbook of Violence Research, Dordrecht: Kluwer.

Arendt, H., 1970, Macht und Gewalt, München: Piper.

Bandura, A., 1977, Social Learning Theory, Englewood Cliffs: Prentice Hall.

Eisner, M., 2003, The Long-Term Development of Violence, in: W. Heitmeyer/J. Hagan (Hg.), International Handbook of Violence Research, Dordrecht: Kluwer.

Faber, K.-G./Ilting, K.-H./Maier, C., 1982, Macht, Gewalt, in: O. Brunner/W. Conze/R. Koselleck (Hg.), Geschichtliche Grundbegriffe, Bd. 3, Stuttgart: Klett-Cotta.

Galtung, J., 1975, Strukturelle Gewalt, Reinbek: Rowohlt.

Gottfredson, M. R./Hirschi, T., 1990, A General Theory of Crime, Stanford: Stanford University Press.

Gurr, T. R., 1972, Rebellion, München: Econ 1986.

Habermas, J., 1981, Theorie des kommunikativen Handelns, 2 Bde., Frankfurt/M.: Suhrkamp.

Hegel, G. W. F., 1821, Grundlinien der Philosophie des Rechts, Frankfurt/M.: Suhrkamp 1972.

Heitmeyer, W./Collmann, B./Conrads, J. u. a., 1995, Gewalt. Schattenseiten der Individualisierung bei Jugendlichen aus unterschiedlichen Milieus, Weinheim: Juventa.
Heitmeyer, W./Hagan, J., 2003, Violence, in: dies. (Hg.), International Handbook of Violence Research, Dordrecht: Kluwer.
Heitmeyer, W./Hagan, J., (Hg.), 2003, International Handbook of Violence Research, Dordrecht: Kluwer
Hobbes, T., 1651, Leviathan, Frankfurt/M.: Suhrkamp 1978.
Hobsbawm, E., 1994, Das Zeitalter der Extreme, München: dtv 1998.
Imbusch, P., 2003, The Concept of Violence, in: W. Heitmeyer/J. Hagan (Hg.), International Handbook of Violence Research, Dordrecht: Kluwer.
Joas, H., 1999, Social Theorizing about War and Peace, in: L. Kurtz (Hg.): Violence, Peace, Conflict, Bd. 3, San Diego: Academic Publishers.
Kant, I., 1790, Kritik der Urteilskraft, Akademie-Ausgabe, Bd. 5, Berlin: Reimer 1908.
Knöbl, W./Schmidt, G. (Hg.), 2000, Die Gegenwart des Krieges, Frankfurt/M.: Fischer.
Marx, K., 1847, Die moralisierende Kritik und die kritisierende Moral, in: MEW, Bd. 4, Berlin: Dietz 1959.
Marx, G. T., 1972, Issueless Riots, in: J. F. Short, Jr./M. E. Wolfgang (Hg.): Collective Violence, Chicago: Aldine-Atherton.
Narr, W.-D., 1983, Über die Notwendigkeit und Möglichkeiten, Gewalt zu bewerten, in: J. Calließ (Hg.), Gewalt in der Geschichte, Düsseldorf: Schwann.
Neidhardt, F., 1986, Gewalt. Soziale Bedeutungen und sozialwissenschaftliche Bestimmungen des Begriffes, Wiesbaden: Bundeskriminalamt.
Miller, M./Soeffner, H.-G. (Hg.), 1996, Modernität und Barbarei, Frankfurt/M.: Suhrkamp.
Olzak, S., 1992, The Dynamics of Ethnic Competition and Conflict, Stanford: Stanford University Press.
Popitz, H., 1992, Phänomene der Macht, Tübingen: Mohr.
Röttgers, K., 1974, Gewalt, in: J. Ritter/K. Gründer/G. Gabriel (Hg.), Historisches Wörterbuch der Philosophie, Bd. 3, Basel: Schwabe.
Sampson, R. J./Wilson, W. J., 1995, Toward a Theory of Race, Crime and Urban Inequality, in: J. Hagan/R. D. Peterson (Hg.), Crime and Inequality, Stanford: Stanford University Press.
Senghaas, D. (Hg.), 1995, Den Frieden denken, Frankfurt/M.: Suhrkamp.
Smelser, N. J., 1963, Theorie des kollektiven Verhaltens, Köln: Kiepenheuer & Witsch 1972.
Ternon, Y., 1996, Der verbrecherische Staat, Hamburg: Hamburger Edition.
Thome, H., 2004, Theoretische Ansätze zur Erklärung langfristiger Gewaltkriminalität seit Beginn der Neuzeit, in: W. Heitmeyer/H.-G. Soeffner (Hg.), Gewalt, Frankfurt/M.: Suhrkamp.
Thome, H./Birkel, C., 2007, Sozialer Wandel und Gewaltkriminalität, Wiesbaden: VS.
Weber, M., 1921, Gesammelte politische Schriften, Tübingen: Mohr 1958.
Wieviorka, M., 2005, Die Gewalt, Hamburg: Hamburger Edition 2006.

WILHELM HEITMEYER

Gewaltenteilung

1.

»Gewaltenteilung« ist der staatswissenschaftliche und -philosophische Begriff für die funktionale Unterscheidung von Gesetzgebung (Legislative), Regierung (Exekutive) und Rechtsprechung (Judikative) und das normative Gebot, diese Funktionen der Staatstätigkeit mindestens in Kernbereichen staatsorganisatorisch unabhängig voneinander zu verwirklichen. Sie meint keine vollständige Gewaltentrennung, sondern ist auf ein System der Wechselwirkungen angelegt, dessen Eigenart ihren zentralen Funktionen insgesamt dienen soll: der Kontrolle, Mäßigung und Rationalisierung der Staatsgewalt, dem Schutz der Menschen- und Bürgerrechte und damit insgesamt der Bewahrung der Freiheit der Individuen in der Staatsordnung bei effizienter Bewältigung der Staatsaufgaben.

2.

»Gewaltenteilung« ist ein Kernbegriff der neuzeitlichen Staatstheorie. Die Wurzeln des Begriffs reichen allerdings bis in die Antike zurück (vgl. Aristoteles, Pol., 1297bff.). Klassischer Anknüpfungspunkt in der Ideengeschichte ist das neuzeitliche Vernunftrecht und die aufgeklärte Philosophie des Staates, wobei die Unterscheidung der Gewalten und ihre Funktion variieren – häufig in deutlichem Bezug zu konkreten Organisationsproblemen der Zeit und den politischen Orientierungen des Autors, der sie reflektiert.

Locke unterscheidet eine legislative Gewalt (legislative power) von einer exekutiven (executive power) und föderativen (federative power) (vgl. Locke 1689, §§ 127, 143–147). Die Letztere richte sich auf die Durchsetzung der Interessen des Gemeinwesens nach außen (vgl. ebd., § 146). Die exekutive und föderative Gewalt sollten in einer Hand liegen (vgl. ebd., § 148). Die gesetzgebende Gewalt sei die oberste Gewalt (vgl. ebd., § 149). Die Judikative wird bei Locke erwähnt (vgl. ebd., § 88). Die Idee der Gewaltenbalance durch Trennung wird gleichfalls formuliert (vgl. ebd., § 91, 107).

Als ›Vater‹ der Gewaltenteilungslehre wird häufig Montesquieu angesehen. Er unterscheidet die gesetzgebende (puissance législative), vollziehende (puissance exécutrice) und richterliche Gewalt (puissance de juger). Ihre Vereinigung in einer Person bedeute das Ende der Freiheit. Konkret strebt Montesquieu eine repräsentative Demokratie mit erblich besetzter, einflussreicher Adelskammer, eine Regierung, die nicht aus dem Parlament heraus gebildet wird und ein Vetorecht gegenüber der Gesetzgebung besitzt, sowie gewählte Richter an. Dieses System führe zu einer gegenseitigen Kontrolle der Gewalten (vgl. Montesquieu 1748, Buch XI, Kap. VI).

1787 wird das Prinzip der Gewaltenteilung in der Verfassung der USA rechtlich konkret positiviert (Art. I, II, III). Das System der gegenseitigen Kontrollen und sich ausgleichenden Machtpositionen der Gewalten wird in den *Federalist Papers* reflektiert: »Die Ballung aller Gewalten, der gesetzgebenden, vollziehenden und rechtsprechenden in einer Hand, sei es einer einzigen Person, mehrerer oder vieler Menschen, sei es durch Erbe, Selbsternennung oder Wahl, kann man zu Recht als die eigentliche Definition von Tyrannei bezeichnen.« (Madison/Hamilton/Jay 1787/88, Nr. 47–51) In der Französischen Menschenrechtserklärung von 1789 wird apodiktisch in Art. 16 formuliert, dass eine Gesellschaft ohne Gewaltenteilung keine Verfassung habe: »Jede Gesellschaft, in der die Verbürgung der Rechte nicht gesichert und die Trennung der Gewalten nicht festgelegt ist, hat keine Verfassung.«

Kant unterscheidet ebenfalls drei Gewalten: Gesetzgebung, Regierung und Rechtsprechung (vgl. Kant 1797, § 45). Die gesetzgebende Gewalt könne dabei nur dem vereinigten Willen des Volkes zukommen (vgl. ebd., § 46). Die Gewalten seien einander einerseits »beigeordnet«, »d. i. die eine ist das Ergänzungsstück der anderen zur Vollständigkeit [...] der Staatsverfassung«, anderseits aber auch einander untergeordnet, so dass eine nicht die Funktion der anderen usurpieren könne, und dienten in ihrer Vereinigung dazu, den Untertanen ihr Recht zu erteilen (vgl. ebd., § 48). Eine Regierung, die zugleich gesetzgebend sei, müsse »despotisch« genannt werden. Der Gesetzgeber könne die Regierung ablösen, sie aber nicht bestrafen (vgl. ebd., § 49). Das Volk habe über sich selbst durch Jurys zu richten (vgl. ebd., § 49). Wie bei Montesquieu oder Locke wird die Gewaltenteilung als Mittel zur organisierten Verwirklichung menschlicher Freiheit im Staat begriffen: »Also sind es drei verschiedene Gewalten (potestas legislatoria, executoria, iudiciaria), wodurch der Staat (civitas) seine Autonomie hat, d. i. sich selbst nach Freiheitsgesetzen bildet und erhält.« (ebd.)

Hegel kritisiert ein Verständnis der Gewaltenteilung, das die Gewalten als absolut selbstständig und »ihr Verhältnis zueinander als ein Negatives, als gegenseitige *Beschränkung*« auffasse. Mit dieser Vorstellung sei die »Zertrümmerung des Staats unmittelbar gesetzt« (Hegel 1821, § 272). Er betont dagegen die organische Einheit des Staates, die sich durch die Gewalten verwirkliche (vgl. ebd., § 269). Richtig verstanden, sei die Gewaltenteilung eine »Garantie der öffentlichen Freiheit« (ebd., § 272). Hegel unterscheidet die gesetzgebende Gewalt von der Regierungsgewalt und der fürstlichen Gewalt der konstitutionellen Monarchie, die die beiden Ersteren in sich zusammenfasse (vgl. ebd., §§ 273,

275). Volkssouveränität lehnt Hegel ab (vgl. ebd., § 279). Die Regierungsgewalt umfasse die richterliche und die polizeiliche Gewalt (vgl. ebd., § 287). Die Regierung könne Teil des Parlaments sein (vgl. ebd., § 300, Zusatz). Die gesetzgebende Gewalt werde durch Ständeversammlungen verwirklicht, die sich aus dem grundbesitzenden Adel und der bürgerlichen Gesellschaft zu rekrutieren hätten (vgl. ebd., §§ 298, 300, 305, 308).

3.

Der ideengeschichtliche Rückblick illustriert die Vielfalt der Vorstellungen, die mit dem Begriff der Gewaltenteilung verbunden wurden, was in der historischen Praxis der Staatsorganisation seine realgeschichtliche Parallele gefunden hat. Allgemein sind aber einige bleibende Merkmale auszumachen, die insbesondere in der analytischen Trennung von Staatsgewalten und der grundsätzlichen Idee liegen, durch organisatorische und z.B. durch Ämterinkompatibilitäten gesicherte personelle Verselbstständigung im Kernbereich bei gleichzeitiger Verzahnung und Verschränkung der Gewalten dem Missbrauch von Macht vorzubeugen, ihre rationale Ausübung zu befördern und menschliche Freiheit zu sichern. Eine vollständige Trennung der Gewalten, wie von Hegel bekämpft, wurde von keinem großen Theoretiker der Gewaltenteilung gefordert und ist auch heute kein Diskussionsgegenstand. Gewaltenverzahnungen gibt es in modernen Verfassungsstaaten z.B. bei Rechtssetzungsbefugnissen der Exekutive (Verordnungen) oder ihrem Gnadenrecht, Exekutivkompetenzen der Legislative, der tatbestandlichen Bindung von Richtern an administrative Genehmigungen, bei Gesetzeslücken schließender Rechtsfortbildung durch Gerichte oder – ein zentrales Element des modernen Verfassungsstaates – den Prüfungs- und Verwerfungskompetenzen von Verfassungsgerichten gegenüber der Legislative.

Gegenwärtig stehen im Wesentlichen die folgenden drei Fragen zur Debatte (vgl. Hesse 1995; Di Fabio 2004; Tribe 2000, 118ff.; Seiler 1994): Erstens wird diskutiert, ob die klassischen Gewalten alle differenzierten Staatsfunktionen erfassen, oder ob die Liste nicht etwa durch andere Staatsfunktionen ergänzt werden müsse. Die klassischen Gewalten sind aber begrifflich weit genug gefasst, um auch untypische Fälle bezeichnen zu können. Wichtiger ist die Frage, ob in je konkreten Staatsordnungen die etablierten Mechanismen tatsächlich ihr Ziel erreichen können oder ob eine Erosion der intendierten Gewaltenteilung eingetreten ist. Um ein klassisches Beispiel zu nennen: In parlamentarischen Regierungssystemen ist in der Gegenwart die institutionell intendierte Kontrolle der Regierung durch das Parlament zugunsten der politischen Kontrolle von Regierung und Regierungsmehrheit durch die Opposition verdrängt worden. Dieser Sachverhalt weist auf den dritten Problemkreis hin. Dieser betrifft die Frage, inwieweit andere Gewalten, z.T. sozial-informaler Art, in die Analyse des Gewaltenverhältnisses einer Staatsordnung einzubeziehen sind. Zunächst ist in diesem Zusammenhang die »vertikale« Gewaltenteilung in föderativen Systemen zwischen dem Bund und seinen Gliedern zu nennen, die neben die horizontale auf der Bundesebene tritt, die sich aber gut in die klassische Gewaltenteilungslehre einfügt. Weiter sind hier als neutral konzipierte Entscheidungsträger wie z.B. eine unabhängige Notenbank zu nennen. Auch Selbstverwaltungskörperschaften wirken gegen einen Gewaltenmonismus einer Staatsordnung. In modernen parlamentarischen Systemen haben Parteien entscheidendes Gewicht. Mit Letzteren wird eine Grauzone rechtlicher Institutionalisierung erreicht, wenn die Parteien auf der Grundlage der Verfassung in das politische System integriert sind (vgl. z.B. Art. 21 GG), oder auch schon der Schritt aus der rechtlich verfassten Staatsorganisation in den Bereich informaler sozialer Gewalten getan. Zu Letzteren gehören auch Interessenverbände und die Medien, die zentrale Akteure des politischen Systems moderner Demokratien sind. Die Theorie und Praxis einer Zivilgesellschaft setzt gerade neben institutionalisierten Formen der Kontrolle und Rationalisierung der Staatsgewalt auf diese informalen sozialen Gewalten, um die materielle Vernünftigkeit staatlichen Handelns und ihre Freiheitsorientierung zu gewährleisten. Der Bezug auf derartige informale Gewalten überschreitet die konkret staatsorganisatorisch konzipierte klassische Gewaltenteilungsdoktrin und relativiert, beseitigt aber keineswegs ihre freiheitsverbürgende Bedeutung, die sie zu einem tragenden Organisationsprinzip moderner Staatlichkeit macht (vgl. BVerfGE 3, 225 (247); 95, 1 (15)).

Im politischen System der Europäischen Union ist die Gewaltenteilung nicht in klassischer Form verwirklicht. Der EuGH bezeichnet das System des Zusammenwirkens der Organe als »institutionelles Gleichgewicht« (vgl. EuGH, Rs. 9/56, Slg. 1958, S. 9, 36ff., 44 – *Meroni I*; Rs. 21/94, Slg. 1995, I-1827, Rn 17 – *Parlament/Rat*). Weiter eröffnet sich die Perspektive einer vertikalen Gewaltenteilung zwischen EU und Mitgliedsstaaten.

4.

Di Fabio, U., 2004, Gewaltenteilung in: J. Isensee/P. Kirchhof (Hg.), Handbuch des Staatsrecht der Bundesrepublik Deutschland, Bd. 2, Heidelberg: Müller.

Hesse, K., 1995, Grundzüge des Verfassungsrechts der Bundesrepublik Deutschland, Heidelberg: Müller.

Locke, J., 1689, Zwei Abhandlungen über die Regierung, Frankfurt/M.: Suhrkamp 1977.

Montesquieu, C. de, 1748, Vom Geist der Gesetze, Tübingen: Mohr 1992.

Kant, I., 1797, Die Metaphysik der Sitten, Frankfurt/M.: Suhrkamp 1997.

Hegel, G. W. F., 1821, Grundlinien der Philosophie des Rechts, Frankfurt/M.: Suhrkamp 1970.

Madison J./Hamilton A./Jay J., 1787/88, Die Federalist-Artikel, Stuttgart: UTB 1994.

Rausch, H. (Hg.), 1969, Zur heutigen Problematik der Gewaltentrennung, Darmstadt: WBG.

Seiler, H., 1994, Gewaltenteilung, Bern: Stämpfli.

Steffani, W., 1997, Gewaltenteilung und Parteien im Wandel, Opladen: Westdeutscher Verlag.

Tribe, L. H., 2000, American Constitutional Law, New York: Foundation Press.

Matthias Mahlmann

Gewissen

1.

Jeder Versuch, sich einen Überblick über die historische und die aktuelle Diskussion um den Gewissensbegriff zu verschaffen, muss heute mit der Feststellung einer Verunsicherung beginnen. Diese Verunsicherung ist sowohl praktischer als auch theoretischer Art. Praktisch macht sie sich dadurch bemerkbar, dass die Berufung auf das Gewissen, zieht man unmittelbar wahrnehmbare Veränderungen des Sprachgebrauchs und die Stellung des Ausdrucks in der Literatur als Indizien eines historischen Wandels heran, stark zurückgegangen ist. Luhmann hat mit Bezug auf die (durch Art. 4 (3) GG ermöglichte) Praxis der sog. Wehrdienstverweigerung der klassischen Formel von der »Gewissensfreiheit« eine ironische, gleichwohl realistische Wendung gegeben: Sie ist zur Freiheit geworden, sich nicht auf das Gewissen berufen zu müssen (vgl. Luhmann 1965, 341). In theoretischer Hinsicht nährt die Beobachtung von »Vieldeutigkeit« und »Sprachverwirrung« (Blühdorn 1984, 192) schon seit längerem den Verdacht, dass man es hier gar nicht mit einem einheitlichen Gegenstand zu tun haben könnte. Dieser Eindruck geht nicht nur auf die Vielzahl von Theorien, sondern auf eine Vervielfältigung möglicher theoretischer Bezugsrahmen zurück. Den traditionellen philosophischen Versuchen, das »Wesen« des Gewissens zu erfassen, stehen seit einiger Zeit die modernen wissenschaftlichen Theorien über »Entstehung und Entwicklung« des Gewissens gegenüber (ebd., 193). Bei näherem Hinsehen zeigt sich allerdings, dass der von diesen Theorien erhobene Vorwurf, die philosophischen Modelle definierten das Gewissen im Interesse des eigenen Systems, statt es objektiv zu betrachten, das Problem nicht benennt, sondern erst erzeugt hat. Die wissenschaftliche Unterstellung eines objektiv gegebenen und neutral zu untersuchenden Sachverhalts verkennt, dass es sich beim Gewissen um eine sozial vermittelte Fähigkeit handelt, deren Bedeutung von einer an ihrer Ausbildung beteiligten Beschreibung abhängt. Um das zu verstehen, muss man auf den Ursprung der Rede vom Gewissen zurückgehen.

1.1. Die frühesten Belege in der griechischen Tragödie (vgl. Steblein 1971) zeigen, dass mit dem Zeitwort *syn-oida* (und seinen Derivaten *synesis* und *syneidos*) jemand auf die eigene (oder fremde) Zeugenschaft für sein Handeln angesprochen wird. Demnach bedeutet die Rede vom Gewissen ursprünglich nichts anderes als eine Sozialisierung des sittlichen Urteils. Dass das zunächst nur vereinzelt belegbare, dann uneinheitlich gebrauchte Hauptwort *syneidesis* nicht zu einem Fachausdruck der griechischen Philosophie wird (vgl. Blühdorn 1984, 198f.), dokumentiert die gedankliche Beschränkung auf die soziale Funktion; die *syneidesis* gilt noch nicht als ein dem Einzelnen als solchem zuzuschreibendes Vermögen, im Horizont eines geteilten Wissens zu urteilen. Ähnlich verhält es sich mit den Ursprüngen des lateinischen Ausdrucks *conscientia*, das den Zeugen, aber auch das Bewusstsein eines Angeklagten von seiner Tat bezeichnet (vgl. ebd., 197, 200).

1.2. Dass sich *syneidesis* und *conscientia* (sowie das französische und englische *conscience*) je nach Kontext mit »Gewissen« oder »Bewusstsein« übersetzen lassen, beruht nicht nur auf einer Besonderheit der deutschen Sprache, sondern auch auf der neuzeitlichen Vorstellung, dass Bewusstsein (frz. *sentiment de soi-même*, engl. *inward knowledge*) eine den Menschen auszeichnende, durchgängige Selbstbezüglichkeit geistiger Akte oder Zustände und als solche vom Gewissen als einer Instanz der sittlichen Beurteilung klar zu unterscheiden sei. Die Verwendung von *syneidesis* und *conscientia* lässt demgegenüber den engen Zusammenhang erkennen: Bewusstsein ist kein natürlicher Besitz, sondern eine sozial vermittelte Disziplin der Aufmerksamkeit, die, wird sie zum Thema der sittlichen Beurteilung, Gewissen genannt wird.

2.

Die Geschichte des Gewissensbegriffs ist durch eine schwer zu entwirrende Zweideutigkeit geprägt. Die traditionellen philosophischen und theologischen Gewissenstheorien können (nur scheinbar naiv) von der Existenz und Wirksamkeit des Gewissens ausgehen, weil sie es nicht als einen Sachverhalt, sondern als eine Fähigkeit begreifen, an deren Ausbildung sie sich beteiligen (vgl. Hübsch 1995). Zugleich entwickeln sie Formen der Erklärung des Gewissens, die seine sprachliche und soziale Herkunft nach und nach verdunkeln und zu einer allmählichen Verdinglichung führen.

2.1. Die ersten Beispiele einer terminologisch noch nicht gebundenen Thematisierung des Gewissens verweisen auf eine spezielle, mit der philosophischen Lebensform einhergehende Praxis. So erzählt Sokrates von einem »unangenehmen Kerl«, der »zu Hause« auf ihn wartet, um ihn mit lästigen Fragen zu quälen. Für ihn entwickelt sich die Fähigkeit zur dialektischen Gegenrede zu einem zweiten Ich, mit dem er sich arrangieren muss (vgl. Arendt 1977, 179–192), und wird so zu einer geistigen Übung, in die er andere durch den Dialog einzubeziehen versucht (vgl. Hadot 1991, 25f.). Seneca zufolge hat sich dieses schon von Sokrates vollzogene *examen conscientiae* spätestens bei dem neupythagoreischen Philosophen Sextius zu einem genuin philosophischen Exerzitium entwickelt (vgl. Hadot 1999, 231f.). Einen folgenreichen Schritt in der Geschichte des Gewissensbegriffs tut Cicero, wenn er die *conscientia*, an diese Tradition anschließend, als das größte »theatrum virtuti« (»Bühne der Tugend«) (Tusc., II, 64) auszeichnet. Die Fähigkeit, mit sich selbst zurate zu gehen, wird zu einem Gesichtspunkt dafür, wie man von anderen beurteilt wird.

2.2. Für Paulus geben die »gegenseitig einander anklagenden oder auch verteidigenden Gedanken« (Röm. 2, 15; vgl. Wilckens 1978, 131, 138ff.) Zeugnis von einem auch bei den Heiden anzutreffenden Bedürfnis, sich vor einem richtenden Gott zu verantworten.

Damit tritt die Zeugenschaft Gottes an die Stelle des sozial vermittelten Mitwissens. Wie das Beispiel des Augustinus zeigt, lässt sich das Gewissen nun als ein innerer Ort beschreiben, an dem sich der Mensch vor Gott und dem von ihm erlassenen Gesetz verantworten muss. Die von Augustinus besonders hervorgehobene Differenz zwischen der natürlichen (durch den Sündenfall korrumpierten) Befähigung zum sittlichen Urteil und dem durch die Gnade befreiten Menschen bestimmt dann die weitere Debatte. Der am weitesten ausgearbeitete Versuch, die damit entstandenen Verständnisprobleme zu lösen, findet sich bei Thomas von Aquin. Er unterscheidet zwischen einem habituellen (*synteresis*) und einem aktualen Gewissen (conscientia), das die »applicatio scientiae ad actum« (»Anwendung des Wissens auf den Akt«) (vgl. Reiner 1974, 582) vollzieht. So relativiert Thomas die Spannung zwischen dem ›natürlichen‹ Gewissen und dem christlichen Bewusstsein zu einem in der Seele selbst liegenden Abstand zwischen dem sittlichen Wissen und seiner praktischen Anwendung. Damit hat die theologische Anthropologie eine von der Kirche bestimmte Praxis des Gewissens in eine von ihr (scheinbar) unabhängige, innere Anlage des Menschen umgedeutet.

2.3. Die politische und verfassungsrechtliche Bedeutung, die das Gewissen in der Neuzeit gewinnt, ergibt sich aus der Ablösung des anthropologisch verankerten und ins einsame Innere verlegten Gewissens von theologischen Begründungsmodellen. Die Erfahrung der Konfessionskriege motiviert eine gedankliche Umkehrung, die paradigmatisch von Bayle (vgl. Blühdorn 1984, 203) artikuliert wird. Der Glaube ist eine Sache des Gewissens und damit ein vornehmer Gegenstand der Toleranz; so entsteht die politische Idee der Gewissensfreiheit als Religionsfreiheit. Kants Mahnung: Das Gewissen »will keinen Leiter; es ist genug, eines zu haben« (Kant 1793, 859), dokumentiert eine weitergehende Auffassung. In seinem Gewissensbegriff verbindet sich Ciceros Idee einer selbstverantworteten Sittlichkeit mit dem sokratischen Bild eines zweigeteilten Ichs und Thomas' Modell einer Verschränkung von Prinzipienorientierung und -anwendung. Das Gewissen ist ein »Bewusstsein, das für sich selbst Pflicht ist«; es fordert die Gewissheit, dass die Handlung, »die ich unternehmen will [...] nicht unrecht sei« (ebd., 859f.), wobei das dabei angewendete, mit dem kategorischen Imperativ formulierte Prinzip die im Urteilen zur Geltung kommende Unparteilichkeit selbst ist. Dass die Vernunft in Gestalt des Gewissens dabei wie eine zweite, »idealische Person« (Kant 1797, 574) auftritt, veranlasst Kant, das traditionelle Verhältnis von Theologie und Ethik umzukehren: Gott ist eine Idee des Menschen, »zu welcher ihn sein Gewissen unvermeidlich leitet« (ebd., 575). Für Hegel manifestiert sich in der kantischen Gewissenstheorie eine mit dem Christentum in die Welt gekommene, im Protestantismus ins Bewusstsein getretene »Moralität«, die den Menschen nur das »sich zurechnen lässt, was er [...] in sich selbst gewusst und gewollt hat« (Hegel 1817, 489). Dadurch wird es Hegel möglich, den verdeckten sozialen Ursprung des Gewissens zu erfassen: Es entwickelt sich in der Verständigung zwischen einem Handelnden und einem Urteilenden, aus der das »Dasein des zur Zweiheit ausgedehnten Ichs« hervorgeht (Hegel 1807, 494).

2.4. Der Übergang zum 20. Jahrhundert und damit zu einer von der Philosophie sich emanzipierenden wissenschaftlichen Gewissenstheorie wird v.a. durch Nietzsche und Freud bestimmt. Beide motiviert die Einsicht in die Missachtung des sozialen Ursprungs des Gewissens durch die scholastischen und neuzeitlichen Theorien zu einer genetischen Darstellung, welche die gängigen Behauptungen über das Gewissen ideologiekritisch umzudeuten sucht. Nietzsche erkennt, dass das Gewissen nicht einer natürlichen Selbstbeziehung entspringt, sondern selbst eine Ursache für die »Verinnerlichung« des Menschen (vgl. Nietzsche 1887, 338) ist, glaubt jedoch, dass sich in ihm eine Moral der Lebenssteigerung ausdrückt, die von theologischen Modellen des Gewissens in ein allgemeines

Schuldbewusstsein verkehrt wird. Konsequent fordert er ein »Gewissen hinter deinem ›Gewissen‹« (Nietzsche 1882, 241), das diese Selbsttäuschung entlarven soll. Nietzsches Theorie steht noch in der philosophischen Tradition, die sich als einen Beitrag zur Gewissenspraxis versteht. Für Freud trifft das nicht mehr zu. Er betrachtet das Gewissen als ein Schuldbewusstsein, das zu einer pathologischen Störung des seelischen Gleichgewichts führen kann, solange seine Herkunft aus einer Verinnerlichung der väterlichen Autorität unerkannt bleibt (vgl. Freud 1930, 482–498).

3.

3.1. Wie sich die Verdinglichung des Gewissens umgekehrt auf die philosophische Ethik auswirkt, lässt sich am Beispiel eines prominenten Entwurfs zeitgenössischer Ethik ablesen. Im Vergleich zum Vorbild Kants scheint die von Apel und Habermas entwickelte Diskursethik darauf angelegt, die ursprüngliche Bedeutung des Gewissens neu hervortreten zu lassen, denn sie stützt sich auf ein Verfahren, das mit einem von Sokrates überlieferten, von Philo in die Gewissenstheorie eingeführten Ausdruck als Elenktik bezeichnet werden kann (vgl. Berlich 1982): Ein Bestreitender wird der Anerkennung eines in den Regeln der Argumentation wirksamen moralischen Grundprinzips überführt. Dass die Idee, den »innerlichen, monologischen Ansatz Kants« zu überwinden (Habermas 1986, 24), nicht zur Rehabilitierung der sozialen Bedeutung des Gewissens führt, liegt daran, dass Habermas das Gewissen mit Freud (vgl. ebd., 28f.) als ein Element der Persönlichkeitsstruktur begreift, während es Apel als Organ einer »willentliche[n] Bekräftigung« (vgl. Apel 1988, 314–456) des moralischen Wissens versteht. So übersehen beide, dass ihr Begründungsanspruch in eine auf einen fairen Diskurs ausgerichtete Form der Gewissensbildung eingebettet ist.

3.2. Es sind im Wesentlichen drei theoretische Perspektiven, in denen man heute eine konzeptionelle Weiterentwicklung der Gewissenstheorie erwarten darf. Die erste Perspektive ist eine sozialtheoretische, welche die soziale Funktion des Gewissens untersucht. Eine solche Perspektive ist von Luhmann eröffnet worden. Er beschreibt das Gewissen im Rahmen seiner Systemtheorie als die »höchste [Kontrollinstanz] in einer komplizierten Struktur der Selbsterhaltung« (Luhmann 1965, 334), bemerkt aber auch, dass diese Auffassung die letzte Ausformung einer, von einem anderen Ausgangspunkt ausgehenden historischen Entwicklung ist: »Gewissen ist nicht mehr syn-eidesis, con-scientia, Ge-wissen, gemeinsames Wissen [...], sondern eine Art Eruption der Eigentlichkeit des Selbst.« (ebd., 330) Die zweite aufschlussreiche Perspektive ist eine kulturgeschichtliche, welche die Abhängigkeit der unterschiedlichen Gewissensbegriffe von einer bestimmten Praxis und Rhetorik aufdeckt. Auf dieser Linie liegen die Untersuchungen Kittsteiners. Er sieht in der Geschichte der Gewissensbegriffe in Anlehnung an Foucault eine »Geschichte der Kultivierung des Gewissens« (Kittsteiner 1991, 22), die wesentlich durch »Diskurse des Gewissens« (ebd., 16) bestimmt ist, und entdeckt auf diese Weise den Zusammenhang zwischen den historischen Begriffen des Gewissens und den mit ihm in Verbindung gebrachten moralischen Normen. Die dritte Perspektive ist eine sprachphilosophische, die das Gewissen als eine bestimmte Form sprachlicher Praxis analysiert. Ein erstes Beispiel dafür liefert die Untersuchung von Broad (1940). Im Rahmen eines solchen Ansatzes ist v.a. darauf zu achten, dass die Analyse der Sprache des Gewissens nicht Thesen über die Funktion von Sprache voraussetzen darf, die in dieser Analyse erst erarbeitet werden müssen. Das Gewissen stellt eine Form sprachlicher Praxis dar, die unsere Vorstellungen über die möglichen Funktionen von Sprache ihrerseits mitbestimmt hat.

4.

Apel, K.-O., 1988, Diskurs und Verantwortung, Frankfurt/M.: Suhrkamp.

Arendt, H., 1977, Das Leben des Geistes, Bd. 1: Das Denken, München: Piper 1979.

Berlich, A., 1982, Elenktik des Diskurses, in: W. Kuhlmann/D. Bühler (Hg.), Kommunikation und Reflexion, Frankfurt/M.: Suhrkamp.
Blühdorn, J. (Hg.), 1976, Das Gewissen in der Diskussion, Darmstadt: WBG.
Blühdorn, J., 1984, Gewissen I: Philosophisch, in: G. Müller (Hg.), Theologische Real-Enzyklopädie, Bd. 13, Berlin: de Gruyter.
Broad, C. D., 1940, Conscience and Conscientious Action, in: D. R. Cheney (Hg.), Broad's Critical Essays in Moral Philosophy, New York: Humanities 1971.
Freud, S., 1930, Das Unbehagen in der Kultur, in: Gesammelte Werke, Bd. 14, London: Imago 1948.
Habermas, J., 1986, Moralität und Sittlichkeit. Treffen Hegels Einwände gegen Kant auch auf die Diskursethik zu?, in: W. Kuhlmann (Hg.), Moralität und Sittlichkeit, Frankfurt/M.: Suhrkamp.
Hadot, P., 1991, Philosophie als Lebensform, Berlin: Gatza.
Hadot, P., 1999, Wege zur Weisheit, Frankfurt/M.: Eichborn.
Hegel, G. W. F., 1807, Phänomenologie des Geistes, Frankfurt/M.: Suhrkamp 1973.
Hegel, G. W. F., 1817, Enzyklopädie der philosophischen Wissenschaften im Grundrisse, in: Gesammelte Werke, Bd. 20, Hamburg: Meiner 1992.
Hübsch, S., 1995, Philosophie und Gewissen, Göttingen: Vandenhoeck & Ruprecht.
Kant, I., 1793, Die Religion innerhalb der Grenzen der bloßen Vernunft, in: Werkausgabe, Bd. 8, Franfurt/M.: Suhrkamp 1982.
Kant, I., 1797, Die Metaphysik der Sitten, in: Werkausgabe, Bd. 8, Frankfurt/M.: Suhrkamp 1982.
Kittsteiner, H.-D., 1991, Die Entstehung des modernen Gewissens, Frankfurt/M.: Insel.
Luhmann, N., 1965, Die Gewissensfreiheit und das Gewissen, in: ders., Ausdifferenzierung des Rechts, Frankfurt/M.: Suhrkamp 1981.
Luhmann, N., 1973, Das Phänomen des Gewissens und die normative Selbstbestimmung der Persönlichkeit, in: F. Böckle/E.-W. Böckenförde (Hg.), Naturrecht in der Kritik, Mainz: Grünewald.
Nietzsche, F., 1882, Die Fröhliche Wissenschaft, in: Werke, Abt. V, Bd. 2, Berlin: de Gruyter 1973.
Nietzsche, F., 1887, Zur Genealogie der Moral, in: Werke, Abt. VI, Bd. 2, Berlin: de Gruyter 1968.
Reiner, H., 1974, Gewissen, in: J. Ritter/K. Gründer/G. Gabriel (Hg.), Historisches Wörterbuch der Philosophie, Bd. 3, Basel: Schwabe.
Stebler, U., 1971, Entstehung und Entwicklung des Gewissens im Spiegel der griechischen Tragödie, Bern: Lang.
Wilckens, U., 1978, Der Brief an die Römer (1. Teilband), Zürich/Neukirchen: Benzinger/Neukirchener.

Stefan Hübsch

Gierke, Otto von (1841–1921)

1.

Otto von Gierke wurde in Stettin geboren, studierte in Berlin und Heidelberg Jura und lehrte als Professor für Rechtswissenschaft in Breslau, Heidelberg und Berlin (ab 1887). Im Alter von 40 Jahren hatte er bereits die ersten drei Bände seines Hauptwerkes *Das deutsche Genossenschaftsrecht* sowie die Studie über *Johannes Althusius und die Entwicklung der naturrechtlichen Staatestheorien* veröffentlicht, als preußischer Offizier an den Kriegen von 1866 und 1870 teilgenommen und war Vater von sechs Kindern geworden. Die Niederlage Deutschlands im 1. Weltkrieg und die Abschaffung der Monarchie empfand er als Verlust aller Ideale, für die er persönlich und wissenschaftlich einstand (vgl. Gierke 1919).

2.

Gierke gilt als der letzte Vertreter der sog. Germanisten, einer Gruppe von Sprachwissenschaftlern, Historikern und Juristen, die aus der nationalen und konstitutionellen Bewegung des Vormärz stammend, eine Erneuerung der politischen Verhältnisse aus dem Geist der Nation und ihrer Geschichte anstrebten (vgl. Gierke 1903). In Gierkes frühen Schriften ist ein politisch liberaler Grundton vorherrschend, verbunden mit einer kritischen Sicht auf die Gefahren eines übertriebenen Individualismus und revolutionären Kollektivismus. In späteren Jahren identifizierte er sich mit dem deutschen Kaiserreich und konzentrierte sich zunehmend auf rein rechtshistorische und -dogmatische Untersuchungen (vgl. Böckenförde 1961, 147ff.).

3.

3.1. Gierkes Hauptinteresse galt der Geschichte der Genossenschaft. Gierke versteht dabei unter »Genossenschaft« das Prinzip der Vereinigung von Menschen zu einem höheren Zweck, wodurch ein sittlicher Verband entsteht, der wie eine reale leiblich-geistige Einheit aufzufassen sei (vgl. Gierke 1902). Die geschichtliche Ausbildung des zeitgenössischen Genossenschaftsrechts analysiert Gierke als Mit- und Gegeneinander der Prinzipien »Herrschaft« und »Genossenschaft«. Anhand dieser Begriffe ordnet er ein umfangreiches geschichtliches Material in vier Perioden (vgl. Gierke 1873). Die erste Periode (bis 800 n. Chr.) sei geprägt durch die freie Genossenschaft des alten Rechts, in der zweiten Periode (800–1250) setze sich dann das herrschaftliche Prinzip in Form eines umfassenden Feudalsystems durch. Das Prinzip der freien Einigung dominiere die 3. Periode (1250 bis zum Ende der Bauernkriege). Die mittelalterliche Stadt dieser Zeit sei eine selbstregierte Genossenschaft und der erste Versuch eines genossenschaftlichen Staatsaufbaus. Da jedoch die Bauern aus dem Korporationswesen ausgeschlossen waren, konnte sich der herrschaftliche Obrigkeitsstaat in der 4. Periode (1520–1806) durchsetzten, die Gierke als Verfall der Genossenschaftsidee deutet. In seiner Gegenwart sieht er auf der Grundlage der individuellen Freiheit eine Wiederbelebung der Genossenschaftsidee in Form von Vereinen für wirtschaftliche und soziale Zwecke (Sparvereine, Produktionsgenossenschaft, Gewerkschaften etc.), die zugleich die vereinzelnde Macht der kapitalistischen Betriebe (Herrschaftsverbände) bändigen könnten.

3.2. Gierkes politische Philosophie basiert auf seinen geschichtlichen Studien. In Form eines organischen Denkens versucht er, verschiedene geschichtlich wirksame Ideen miteinander zu verbinden. Der repräsentative Verfassungsstaat sei »ein die genossenschaftliche Grundlage (die Staatsbürgergenossenschaft) und die obrigkeitliche Spitze (die Monarchie) organisch, d.h. nicht als Summe, sondern als eine neue lebendige Einheit verbindendes Gemeinwesen« (Gierke 1873, 833).

3.3. In seinen Schriften zur Rechtspolitik kritisiert Gierke das Prinzip der unkontrollierten Vertragsfreiheit im ersten Entwurf des Bürgerlichen Gesetzbuches und setzt sich für ein volkstümliches, deutsches und soziales Privatrecht ein, u.a. durch Sozialbindung des Eigentums an Grund und Boden, soziale Komponenten im Miet- und Arbeitsrecht und Mitbestimmung in Betrieben (vgl. Gierke 1889).

3.4. Gierkes historischen Rekonstruktionen und zeitgeschichtlichen Diagnosen erinnern an Hegel und Marx. Seine bildliche, oft deutschtümelnde Sprache, die fehlende Trennung von rekonstruierenden und bewertenden Aspekten sowie der Umfang des Werkes haben eine breite Rezeption erschwert. In England hat eine Übersetzung einiger Teile des *deutschen Genossenschaftsrechts* über den »political pluralism« der Zwischenkriegszeit (vgl. Runciman 1997) Eingang in die Theorie des Verbandspluralismus und Kommunitarismus gefunden. In Deutschland wurde Hugo Preuss von Gierkes organischem Staatsdenken beeinflusst. Teile der NS-Rechtswissenschaft versuchten Gierke als Vorläufer einer nationalsozialistischen Rechtswissenschaft zu vereinnahmen. Heute werden Gierkes Forschungen von historisch arbeitenden Geistes- und Sozialwissenschaften als Quellen und Anregung genutzt (vgl. Blickle 1995).

4.

Gierke, O. v., 1868, Das deutsche Genossenschaftsrecht, Bd. 1: Rechtsgeschichte der deutschen Genossenschaft, Berlin: Weidmann.

Gierke, O. v., 1873, Das deutsche Genossenschaftsrecht, Bd. 2: Geschichte des deutschen Körperschaftsbegriffs, Berlin: Weidmann.

Gierke, O. v., 1880, Johannes Althusius und die Entwicklung der naturrechtlichen Staatstheorien. Zugleich ein Beitrag zur Geschichte der Rechtssystematik, Breslau: Koebner.

Gierke, O. v., 1881, Das deutsche Genossenschaftsrecht, Bd. 3: Die Staats- und Korporationslehre des Altertums und des Mittelalters und ihre Aufnahme in Deutschland, Berlin: Weidmann.

Gierke, O. v., 1889, Die soziale Aufgabe des Privatrechts, Hildesheim: Olms 2001.
Gierke, O. v., 1902, Das Wesen der menschlichen Verbände, Hildesheim: Olms 2001.
Gierke, O. v., 1903, Die historische Rechtsschule und die Germanisten, Hildesheim: Olms 2001.
Gierke, O. v., 1913, Das deutsche Genossenschaftsrecht, Bd. 4: Staats- und Korporationslehre der Neuzeit. Durchgeführt bis zur Mitte des siebzehnten, für das Naturrecht bis zum Beginn des neunzehnten Jahrhunderts, Berlin: Weidmann.
Gierke, O. v., 1919, Der germanische Staatsgedanke, Hildesheim: Olms 2001.
Gierke, O. v., 2001, Aufsätze und kleinere Monographien, Hildesheim: Olms 2001.
Blickle, P., 1995, Otto Gierke als Referenz?, in: Zeitschrift für neuere Rechtsgeschichte 17.
Böckenförde, E.-W., 1961, Die deutsche verfassungsgeschichtliche Forschung im 19. Jahrhundert, Berlin: Duncker & Humblot.
Dilcher, G., 1974/75, Genossenschaftstheorie und Sozialrecht. Ein »Juristensozialismus« Otto von Gierkes?, in: Quaderni Fiorentini per la storia del pensiero giuridico moderne 3/4.
Runciman, D., 1997, Pluralism and the Personality of the State, Cambridge: Cambridge University Press.
Wolf, E., 1963, Große Rechtsdenker der deutschen Geistesgeschichte, Tübingen: Mohr.

DETLEF VON DANIELS

Gleichberechtigung

1.

Der Begriff der Gleichberechtigung wird alltagssprachlich im Sinne des Anspruchs aller Gesellschaftsmitglieder auf gleiche Rechte verwendet. Er ist normativ gehaltvoll, insofern Gleichberechtigung als ein Gebot der Gerechtigkeit verstanden wird.

1.1. Als terminus technicus der juristischen Theoriesprache bezeichnet »Gleichberechtigung« die in der allgemeinen Menschenrechtserklärung sowie den Verfassungen demokratischer Staaten grundrechtlich zugesicherte Garantie des gleichen Rechtsstatus und Rechtsschutzes sowie der rechtlichen Gleichberücksichtigung aller Menschen. Dabei steht der Gleichberechtigungsbegriff in enger Verbindung sowohl zum Begriff der ›Gleichheit‹ als auch zu dem der ›Gleichbehandlung‹ (vgl. Sacksofsky 1990).

1.2. In politischen Kontexten fungiert »Gleichberechtigung« heute meist als eine Sammelbezeichnung für den Gegenstand unterschiedlicher, in der Regel über die garantierte Rechtsgleichheit hinausgehender sozialpolitischer Forderungen und Maßnahmen. Insofern diese die Angleichung der sozialen Freiheiten und Lebenslagen der Mitglieder verschiedener Gruppen (insbesondere der Geschlechtergruppen) zum Ziel haben, steht der Begriff hier in engem Zusammenhang mit dem der ›Gleichstellung‹ (vgl. Lautmann 1990).

2.

Auch wenn der Begriff selbst erst seit Mitte des 19. Jahrhunderts belegbar ist, so ist die Forderung nach Gleichberechtigung bereits im Gedankengut von Humanismus und Aufklärung angelegt (vgl. Dann 1980). Ausgehend von der Idee einer (wenn auch in unterschiedlicher Hinsicht behaupteten) wesentlichen Gleichheit aller Menschen werden von der Mitte des 18. Jahrhunderts bis heute im Zuge politischer Emanzipationsbewegungen bestehende Ungleichheitsverhältnisse kritisiert und konkrete Gleichberechtigungsforderungen formuliert. Deren Fokus und mit ihm die Bedeutung des Gleichberechtigungsbegriffs hat sich im Lauf der neuzeitlichen Geschichte bis in die Gegenwart hinein jedoch erheblich gewandelt.

2.1. Die naturrechtliche Tradition des 17. und 18. Jahrhunderts kennt zwei Gleichheitsbegriffe: den der natürlichen Gleichheit aller Menschen sowie den der Rechtsgleichheit aller Bürger als Vertragspartner. In der Lehre vom Gesellschaftsvertrag sind beide miteinander verbunden, insofern hier alle gesellschaftlichen Institutionen als Ergebnis eines (fiktiven) Vertrags verstanden werden, den die von

Natur aus »in der Gleichheit geborenen« (Montesquieu 1748, 159) Individuen im sog. Naturzustand miteinander abschließen. Das Zustandekommen und damit die Gültigkeit des Vertrages hängt dabei von der (rationalen) Einwilligung der Individuen ab. Deren natürliche Gleichheit bleibt im Rahmen der kontraktualistischen Konzeption politischer Legitimation qua Vertrag in der Anerkennung der Individuen als gleichwertigen Vertragspartnern gewahrt. Dabei wird die These von der natürlichen Gleichheit der Menschen normativ gewendet, d.h. im Sinne einer naturrechtlichen Gleichwertigkeit der Individuen interpretiert, die »für die Gültigkeit des Gesellschaftsvertrages konstitutiv« (Dann 1980, 96f.) ist. Weil und insofern die Menschen ›von Natur aus‹ gleichwertig sind, ist nur diejenige Verfassung vor dem Hintergrund der Zustimmungsbedingung gültig, die diese ›natürliche Gleichheit‹ anerkennt und garantiert, d.h. konkret: die (ständischen) Privilegien beseitigt und Gleichberechtigung im Sinne bürgerlicher Rechtsgleichheit – ›Gleichheit vor dem Recht‹ – sicherstellt.

2.2. Das von der natürlichen Gleichwertigkeitsthese ausgehende Gleichberechtigungspostulat fand bereits Ende des 18. Jahrhunderts seinen Niederschlag in entsprechenden Rechtsprinzipien, u.a. in den amerikanischen und französischen Menschenrechtserklärungen von 1776 und 1789. Diese waren nichtsdestotrotz exklusiv gegenüber weiten Teilen der Gesellschaft, z.B. den Frauen, den Angehörigen bestimmter Konfessionen oder der schwarzen Bevölkerung in Amerika. Insofern natürliche Gleichwertigkeit den Grund für die rechtliche Gleichstellung lieferte, blieb diese auf diejenigen Bevölkerungsgruppen begrenzt, die als von Natur aus gleichwertig angesehen wurden (vgl. Gerhard/Jansen/Maihofer 1990). Im Widerstand der benachteiligten Gruppen gegen diese elitistische Einschränkung des Gleichberechtigungsanspruchs kommt im Verlauf des 19. und 20. Jahrhunderts ein gewandeltes Verständnis von Gleichberechtigung zum Ausdruck. Es orientiert sich am Ideal eines universalen Staatsbürgerstatus und formuliert das Gleichberechtigungspostulat als Forderung nach rechtlicher Gleichbehandlung (vgl. Young 1989). Damit ist einerseits eine Kritik an den als willkürlich gebrandmarkten ›Außengrenzen‹ der bürgerlichen Rechtsgemeinschaft verbunden: Verlangt wird die Ausdehnung der formalrechtlichen Anerkennung auf bislang ausgeschlossene Gruppen. Zugleich zielt die Kritik auf die Binnensphäre des Rechts: Rechtliche Gleichbehandlung meint nicht mehr nur den gleichen Rechtsstatus, sondern die gleichen Rechte für alle, d.h. v.a. die gleichen Partizipationsmöglichkeiten im politischen System und seinen Institutionen. Gleichberechtigung als Gleichheit vor dem Recht und Gleichbehandlung durch das Recht wird damit zum Motor eines Prozesses der politischen Demokratisierung, dessen Fortschreiten am deutlichsten »an der Entwicklung des politischen Mitbestimmungsrechtes und dessen Ausdehnung im Sinne des ›one man one vote‹ auf immer größere Teile der Bevölkerung« (Dann 1980, 12) ablesbar ist.

2.3. Der bis heute andauernde Kampf um Gleichberechtigung im Sinne der rechtlichen und sozialen Gleichbehandlung aller Menschen erwies sich bis in die 1970er Jahre hinein im Wesentlichen als das Bemühen um die Beseitigung von Diskriminierung, also von ungerechtfertigten Ungleichbehandlungen. Durch die Gleichberechtigungsgarantie explizit ausgeschlossen (wenn auch faktisch keineswegs beseitigt) ist jede Bevorzugung oder Benachteiligung aufgrund des Geschlechts, der ›Rasse‹, der Herkunft, der Religionszugehörigkeit und der Weltanschauung. In dieser Qualifizierung der Diskriminierungsverbote schwingt die Geschichte des politischen Kampfes um Gleichberechtigung und seine Verwurzelung in einer normativ verstandenen Idee der natürlichen Gleichheit aller Menschen mit, die es verbietet, Personen aufgrund von ›natürlichen Unterschieden‹ ungleich zu behandeln (vgl. Huster 1993). Die Problematisierung dieser Gleichheitsidee führt in den letzten drei Jahrzehnten zu einer Neuinterpretation der Gleichberechtigungsforderung im Sinne sozialpolitischer Maßnahmen, die die effektive politische, soziale und kulturelle Gleichstellung der verschiedenen gesellschaftlichen Gruppen sicherstellen sollen.

Anstoß für diese Entwicklung gibt die Beobachtung, dass formal gleiche Rechte nicht substantiell gleiche Freiheiten bedeuten, da zwischen den Individuen nicht nur hinsichtlich ihrer kulturellen Identität, ihrer Interessen, Fähigkeiten und Bedürfnisse, sondern auch mit Blick auf ihre soziale Lage wesentliche, z.T. gruppenspezifische Unterschiede bestehen. Insofern das Gleichberechtigungspostulat »die Inklusion und Partizipation eines jeden und einer jeden an sozialen und politischen Institutionen verlangt« (Young 1993, 269), dürfe es angesichts der gegebenen Situation von Differenz und Ungleichheit gerade nicht im Sinne einer schematischen Gleichbehandlung der Individuen durch das Recht interpretiert werden. Denn »das strikte Festhalten an einem Prinzip der Gleichbehandlung tendiert zu einer Verstetigung von Unterdrückung oder Benachteiligung dort, wo zwischen den Gruppen Unterschiede in den Fähigkeiten, der Kultur, den Werten und Verhaltensstilen vorhanden sind, einige dieser Gruppen aber privilegiert sind« (ebd., 269). In der sog. Differenzdebatte verbindet sich diese Auffassung mit einer grundlegenden Kritik am Universalismus. Da das Ideal des universalen Staatsbürgers »Partikularität und Differenz transzendiert [...] [und] Gleichheit als Gleichsein auffasst« (ebd., 267), ignoriere es sowohl die vorhandenen sozialen Ungleichheiten als auch die bestehenden kulturellen Differenzen. Gleichberechtigung verlangt diesem Verständnis zufolge aber gerade deren Anerkennung, d.h. nicht die formale Gleichbehandlung der Individuen, sondern ihre gruppenspezifisch differenzierende ›Berechtigung‹ und Berücksichtigung zum Zweck substantieller Gleichstellung (vgl. Boshammer 2003).

3.

Das Spannungsfeld zwischen den beiden modernen Verständnissen von Gleichberechtigung – als formaler Gleichbehandlung einerseits und substantieller Gleichstellung andererseits – bildet den Hintergrund der aktuellen philosophischen Kontroversen. Sie problematisieren, wie das Verhältnis von behaupteter Gleichheit und erfahrener Differenz, von geforderter Gleichberechtigung und bestehender Ungleichheit zu konzipieren und auf welche Weise es im Kontext von Recht und Politik zu berücksichtigen ist. Dabei ist die Frage zentral, welche Funktion und Bedeutung der Gleichheitsthese in diesem Zusammenhang zukommt.

3.1. Zwischen der Gleichberechtigungsforderung und der Gleichheitsbehauptung besteht ein enger Zusammenhang, der auf der Ebene des geltenden Rechts dadurch anschaulich wird, dass der Gleichberechtigungsgarantie ein Bekenntnis zur Gleichheit der Menschen vorangestellt ist. Wie das Verhältnis zwischen Gleichheitsthese und Gleichberechtigungsforderung systematisch zu konzipieren ist, ist jedoch weitgehend umstritten (vgl. Phillips 1999). Eine Möglichkeit der Bestimmung dieses Verhältnisses besteht darin, der Gleichheitsthese eine die Gleichberechtigungsforderung normativ begründende Funktion zuzuweisen. Dieser Konstruktion zufolge ist die Forderung nach Gleichberechtigung die Konklusion eines Argumentes mit drei Prämissen: (1) einer normativen These, der zufolge Gerechtigkeit verlangt, wesentlich Gleiches gleich zu behandeln; (2) einer ›konzeptionellen‹ These, die Gleichberechtigung als notwendigen Bestandteil von Gleichbehandlung interpretiert; und (3) der empirischen Behauptung, dass die Menschen wesentlich gleich sind (vgl. Williams 1962). Spätestens im Rahmen der Differenzdebatte ist diese Argumentationsweise jedoch fragwürdig geworden, wobei sich die Skepsis vorrangig auf die Gleichheitsthese richtet. Deren Überzeugungskraft hängt entscheidend davon ab, welche Eigenschaften als ›wesentlich‹, d.h. vergleichsrelevant qualifiziert werden. Die diesbezüglichen Vorschläge reichen von der gleichen Vernunftfähigkeit oder Würde über die Interessengleichheit bis hin zur

Gleichheit der Schutzbedürftigkeit. Nun lässt sich jedoch *erstens* bezweifeln, dass Menschen diese Eigenschaften tatsächlich und noch dazu in gleichem Maße besitzen. Es stellt sich *zweitens* die Frage, ob es sich bei denjenigen Eigenschaften, die die Menschen nachweislich gleichermaßen besitzen, um ›wesentliche Hinsichten der menschlichen Gleichheit‹ handelt, ob also das Vorliegen dieser Eigenschaften mit Blick auf die Gleichbehandlungs- und damit Gleichberechtigungsmaxime relevant ist. Und tatsächlich ist *drittens* unklar, auf welcher Grundlage die Qualifikation bestimmter Merkmale als ›wesentlich‹ überhaupt erfolgen kann, ohne dass das Argument entweder unbrauchbar oder zirkulär wird. Um die entsprechenden Relevanzurteile treffen zu können, muss nämlich bereits ein bestimmtes Verständnis von gebotener Gleichberechtigung vorausgesetzt sein, das seinerseits nicht mehr mit der Behauptung der relevanten Gleichheit begründet werden kann. Dabei besteht die – historisch vielfach belegte – Gefahr, Eigenschaften als wesentliche zu kennzeichnen, die nicht alle Menschen, sondern nur jene Gruppen von Personen gemeinsam auszeichnen, die als gleichberechtigt gelten sollen. Ob etwa die Geschlechtszugehörigkeit als irrelevantes Merkmal betrachtet werden muss oder nicht, hängt wesentlich davon ab, was man unter Gleichberechtigung versteht bzw. ob man die Gleichberechtigung der Geschlechter für geboten hält oder eben nicht.

3.2. Eine alternative Systematisierung der Verbindung von Gleichheit und Gleichberechtigung konstruiert den Zusammenhang sozusagen umgekehrt und versteht die Gleichheitsthese dabei nicht als empirische, sondern als normative Behauptung: Gleichberechtigung ist demnach nicht aus Gründen der gegebenen Gleichheit geboten, sondern zum Zweck der geforderten Gleichheit verlangt. Die Menschen sind wesentlich ungleich, aber sie sollen insofern gleich sein, als jeder und jede Einzelne über die gleiche Freiheit verfügen können soll. Um das zu gewährleisten, muss dafür gesorgt sein, dass sich die zwischen den Menschen bestehenden (kulturellen) Unterschiede nicht als soziale Ungleichheiten auswirken. Eben dies leistet dieser Konstruktion zufolge das Gleichberechtigungspostulat. Es beinhaltet nicht die auf die Annahme gleicher Interessen gestützte Forderung nach gleichen Rechten, sondern ein gleiches Recht auf die Berücksichtigung der differenten Interessen zum Zweck der Gewährleistung gleicher Freiheit. Die Vorteile dieser Konzeption liegen in der ausdrücklichen Anerkennung der zwischenmenschlichen Unterschiede im Rahmen des Gleichberechtigungspostulats, das jedoch auch hier mit einer Gleichheitsbehauptung verbunden bzw. in diese überführbar ist: Gleichberechtigung verlangt gleiche Freiheit für die Verschiedenen. Die Begründung dieser These nimmt meist eine kontraktualistische Form an, derzufolge nur dasjenige Gemeinwesen als legitim gelten kann, das die qualifizierte Zustimmung seiner Mitglieder findet. Dieser Bedingung genüge jedoch nur derjenige Staat, der Gleichberechtigung im Sinne der gleichen Freiheit seiner Bürgerinnen und Bürger garantiere (vgl. Rawls 1971). Dabei ist zunächst fraglich, wie die Forderung nach gleicher Freiheit überhaupt zu verstehen ist. Sie kann einerseits den *gleichen* Anspruch der Individuen auf Freiheit meinen und andererseits den Anspruch der Individuen auf *gleiche* Freiheit behaupten. Im Fall der ersten, ›schwachen‹ Gleichheitsthese stellt sich *erstens* die Frage, ob deren kontraktualistische Herleitung nicht auf Grundannahmen beruht, die ihrerseits erhebliche Begründungsprobleme aufwerfen (vgl. Leist 2003). Darüber hinaus ist *zweitens* zu fragen, welche anderen Begründungsmöglichkeiten sich finden lassen, die mit der vorausgesetzten These einer wesentlichen Differenz zwischen den Individuen vereinbar wären. Versteht man das Gleichberechtigungspostulat hingegen im Sinne der zweiten, ›starken‹ Gleichheitsthese, ist *erstens* fraglich, wie ein sinnvoller Vergleichsmaßstab hier aussehen könnte, und *zweitens* weitgehend unklar, wie sich eine solche stark egalitäre Position begründen ließe, ohne inkonsistent zu werden (vgl. Krebs 2000). Wo gleiche Freiheit nicht nur die gleiche (formale) Chance der Individuen auf die Verwirklichung ihrer eigenen Lebenspläne meint, sondern deren gleichen (substantiellen) Erfolg fordert, werden unter der Bedingung bestehender Differenz praktische Maßnahmen erforderlich, die ihrerseits in hohen Maße antiegalitär gestaltet sein müssten.

4.

Boshammer, S., 2003, Gruppen, Recht, Gerechtigkeit, Berlin: de Gruyter.

Dann, O., 1980, Gleichheit und Gleichberechtigung, Berlin: Duncker & Humblot.

Gerhard, U./Jansen, M./Maihofer, A. (Hg.), 1990, Differenz und Gleichheit, Frankfurt/M.: Helmer.

Huster, S., 1993, Rechte und Ziele, Berlin: Duncker & Humblot.

Krebs, A. (Hg.), 2000, Gleichheit oder Gerechtigkeit, Frankfurt/M.: Suhrkamp.

Leist, A. (Hg.), 2003, Moral als Vertrag, Berlin: de Gruyter.

Lautmann, R., 1990, Die Gleichheit der Geschlechter und die Wirklichkeit des Rechts, Opladen: Westdeutscher Verlag.

Montesquieu, C. de, 1748, Vom Geist der Gesetze, Bd. 1, Tübingen: Mohr 1992.

Phillips, A., 1999, Which Equalities Matter?, Cambridge: Polity.

Rawls, J., 1971, Eine Theorie der Gerechtigkeit, Frankfurt/M.: Suhrkamp 1975.

Sacksofsky, U., 1990, Das Grundrecht auf Gleichberechtigung, Baden-Baden: Nomos.

Williams, B., 1962, Der Gleichheitsgedanke, in: ders., Probleme des Selbst, Stuttgart: Reclam 1978.

Young, I. M., 1989, Das politische Gemeinwesen und die Gruppendifferenz, in: H. Nagl-Docekal/ H. Pauer-Studer (Hg.), Jenseits der Geschlechtermoral, Frankfurt/M.: Fischer 1993.

Susanne Boshammer

Gleichheit

1.

Soziale Gleichheit ist eine der Leitideen der Selbstorganisation moderner Gesellschaften und ein grundlegender Maßstab der Legitimität ihrer Ordnung. Die Gleichheitsidee bekräftigt die jeder universellen Moral inhärente Annahme des gleichen Werts und der gleichen Würde aller Menschen.

Der Begriff der Gleichheit wird auf zwei verschiedene Weisen verwendet: zum einen als *empirisches* Konzept, das zur Darstellung realer sozialer Verhältnisse dient, zum anderen als normatives, *politisches* Konzept, das als Richtschnur der Gestaltung und Bewertung sozialer Ordnungen fungiert. Im Folgenden soll zunächst die logische Struktur beider Konzepte skizziert und dann das empirische Gleichheitskonzept betrachtet werden. Der Rest des Artikels wird sich mit dem politischen Gleichheitskonzept befassen.

1.1. In logischer Hinsicht stellen die Terme »Gleichheit« und »gleich« ebenso wie »Ungleichheit« und »ungleich« Relationsbegriffe dar, die dazu dienen, Menschen hinsichtlich bestimmter Eigenschaften oder Umstände zu vergleichen. So kann man sagen, dass Menschen hinsichtlich gewisser Eigenschaften oder Umstände entweder gleich oder ungleich sind, z.B.: »X hat die gleiche (eine andere) Hautfarbe wie (als) Y«, »X leistet gleich viel (mehr/weniger) wie (als) Y«, »X hat gleiche (mehr/weniger) Rechte wie (als) Y«, »X bekommt gleich viel (mehr/weniger) Lohn wie (als) Y«. Dies sind einfache Aussagesätze, die über bestimmte reale Tatsachen berichten und für sich allein keinerlei normative Konsequenzen implizieren. Von Sätzen dieser Art macht das empirische Gleichheitskonzept Gebrauch.

Demgegenüber haben die Sätze, mit denen das politische Konzept sozialer Gleichheit operiert, eine komplexere Struktur: Sie enthalten neben wenigstens einem Aussagesatz der genannten Art einen zweiten Relationssatz *normativen* Charakters, der eine bestimmte Behandlung der betreffenden Personen verlangt, wie z.B. »X soll gleiche (mehr/weniger) Rechte haben wie (als) Y« oder »X soll gleich viel (mehr/weniger) Lohn bekommen wie (als)

Y«. Die beiden Relationen werden dabei zu einem konditionalen Normsatz des Inhalts verknüpft, dass die betreffenden Personen, je nachdem, ob sie sich hinsichtlich jener Eigenschaften gleichen oder unterscheiden, entweder gleich oder verschieden behandelt werden *sollen*. So können die folgenden Normsätze gebildet werden: »Wenn X die gleiche (eine andere) Hautfarbe hat wie (als) Y, dann soll X gleiche (mehr/weniger) Rechte haben wie (als) Y«, »Wenn X gleich viel (mehr/weniger) leistet wie (als) Y, dann soll X gleich viel (mehr/weniger) Lohn bekommen wie (als) Y«. Natürlich können solche Sätze auch generelle Forderungen zum Ausdruck bringen, wie etwa »Jede Person soll unabhängig von ihrer Hautfarbe gleiche Rechte besitzen« oder »Wer mehr leistet, soll auch mehr Lohn bekommen«.

1.2. Zur Beschreibung realer sozialer Verhältnisse und der sie kennzeichnenden Ungleichheiten bedarf es eines *empirischen* Konzepts von sozialer Gleichheit bzw. Ungleichheit (vgl. Hradil 2001, 27ff.). Obwohl dieses Konzept soziale Unterschiede als objektive Tatsachen zu erfassen sucht und deshalb *deskriptiven* Charakter hat, liegen ihm gewisse normative Annahmen zugrunde, welche die Wahl der Gesichtspunkte leiten, hinsichtlich welcher Menschen verglichen werden. Dabei geht es um die sich aus der Verteilung bestimmter sozialer Vorteile oder Güter ergebenden *Lebenslagen* von Menschen. Die üblichen Definitionen sozialer Ungleichheit nehmen deshalb stets auf derartige Güter Bezug. Demgemäß kann man sagen, soziale Ungleichheit liege vor, »wenn Menschen aufgrund ihrer Stellung in sozialen Beziehungsgefügen von den ›wertvollen Gütern‹ einer Gesellschaft regelmäßig mehr als andere erhalten« (ebd., 30). Solche Güter, die zugleich die wesentlichen Parameter sozialer Ungleichheit darstellen, sind v.a. die folgenden: rechtlicher Status (allgemeine Rechte, Zugang zum Recht), politische Macht und sozialer Einfluss (formelle Machtbefugnisse, politische Teilhabe, Prestige), soziale Chancen (Familienverhältnisse, Bildungswege, Berufsaussichten) und wirtschaftliche Lage (Vermögen, Einkommen, Arbeitsverhältnisse, soziale Sicherheit).

Auf der Grundlage dieses Konzepts haben die Sozialwissenschaften ein reiches Arsenal von Kategorien und Methoden entwickelt, die es ermöglichen, diverse Erscheinungsformen sozialer Ungleichheit – wie Stände, Klassen, Schichten – zu klassifizieren, zu erforschen und zu erklären. Was gegenwärtige Gesellschaften angeht, so interessiert sich die Forschung v.a. für die *Strukturen sozialer Schichtung*, die sich in generationsübergreifenden Unterschieden der Bildungs- und Berufswege, der Arbeits- und Lebensbedingungen, des sozialen Einflusses und Ansehens sowie der Einkommens- und Vermögensverhältnisse der Menschen manifestieren (vgl. ebd., 147ff.). Für die Messung ökonomischer Ungleichheiten stehen mehrere quantitative Maße zur Verfügung, darunter der *Gini-Koeffizient*, der das Ausmaß dieser Ungleichheiten im Verhältnis zu einem Zustand der Gleichverteilung durch einen Wert von 0 bis 1 (keine bis extreme Ungleichheit) angibt (vgl. Sen 1973, 36ff.).

2.

Die folgenden Erörterungen fokussieren auf das *politische Konzept* sozialer Gleichheit, das *normativen* Charakter hat. In ihm kommt die *Idee sozialer Gleichheit* als grundlegende Forderung an die politische Verfassung sozialer Ordnungen zum Ausdruck, die zusammen mit den Ideen der Freiheit und der Solidarität den Kern der modernen Vorstellung sozialer Gerechtigkeit bildet (vgl. Koller 2003). Allerdings bestehen darüber, was die Gleichheitsidee im Einzelnen verlangt, erhebliche Meinungsdifferenzen. Und es fehlt auch nicht an kritischen Stimmen, die diese Idee ganz in Zweifel ziehen.

2.1. Die Ursprünge der Gleichheitsidee reichen bis in die Antike zurück, in der die Auffassung von der Gleichwertigkeit aller Menschen u.a. von den Sophisten vertreten wurde. Eine ihrer Wurzeln ist auch die christliche Vorstellung der Gleichheit aller Menschen vor Gott. Soziale Wirkungsmacht gewinnt die Gleichheitsidee jedoch erst in der Neuzeit (vgl. Dann 1975; ders. 1980).

Den ersten Schritt in diesem Prozess bildet die Forderung nach *Gleichheit vor dem Gesetz*, die sich gegen die aus der mittelalterlichen Feudalgesellschaft tradierten Unterschiede der Rechtsstellung der Menschen nach ihrer Standeszugehörigkeit richtet. In dem Maße, in dem das Bürgertum mit der Entwicklung von Gewerbe und Handel wirtschaftlich reüssiert, fordert es immer vehementer rechtliche Gleichheit und gleiche Freiheit (vgl. Schlumbohm 1973; Dann 1980, 85 ff.). Das geistige Fundament dafür liefern die Theorien des *rationalen Naturrechts* und des *klassischen Liberalismus*, v.a. jene von Hobbes, Locke, Rousseau, Smith, Hume und Kant (vgl. Fetscher/Münkler 1985 ff., Bd. 3, 275 ff.; Reinhard 1987, 294 ff.). Die rationale Naturrechtslehre leitet aus der natürlichen Freiheit und Gleichheit aller Menschen unveräußerliche Rechte ab, die jedem Menschen von Natur aus zukommen (vgl. Dann 1980, 93 ff.). Der klassische Liberalismus verspricht darüber hinaus, die Freiheit aller werde von selber zu einem Zustand allgemeinen Wohlergehens führen (vgl. Fenske 1981, 380 ff.). Davon beflügelt, formiert sich eine *bürgerliche Emanzipationsbewegung*, der es im Laufe der Zeit gelingt, konstitutionelle Ordnungen durchzusetzen, welche Rechtsgleichheit und gewisse Grundfreiheiten garantieren, die staatliche Macht durch Gewaltenteilung und Gesetzesbindung zügeln und die Vermögenden an der Gesetzgebung beteiligen (vgl. Dann 1975, 1024 ff.; Grimm 1991, 31 ff.).

Diese Errungenschaften stellen zwar das Besitzbürgertum zufrieden, können aber dem Kleinbürgertum und der ständig wachsenden Arbeiterschaft nicht genügen, die von der politischen Mitsprache weiterhin ausgeschlossen und auch in der Ausübung der Freiheitsrechte eingeschränkt bleiben. So bildet sich während des 19. Jahrhunderts eine machtvolle *demokratische Bewegung*, die *Gleichheit der politischen Teilhabe* fordert (vgl. Dann 1980, 192 ff.; Fenske 1981, 405 ff.). Nach und nach erreicht sie zunächst die Ausdehnung des Wahlrechts auf breitere Schichten und schließlich das allgemeine und gleiche Stimmrecht. Zugleich verstärkt die industrielle Revolution die soziale Polarisierung. Die sich vertiefende Kluft zwischen dem wachsenden Reichtum der Besitzenden und dem krassen Elend der arbeitenden Massen provoziert die *soziale Frage*, die das politische Leben der modernen Gesellschaften lange beherrscht (vgl. Abendroth 1965). Mit der wachsenden Masse der Lohnarbeiter entsteht trotz massiver staatlicher Repression eine *Arbeiterbewegung*, zu deren zentralen Forderungen die *Beseitigung der Klassenunterschiede* und eine *gleichmäßigere Verteilung des Reichtums* gehören. Auch die Arbeiterbewegung kann sich auf eine Vielfalt von Doktrinen stützen, unter denen zwei Richtungen besonderen Einfluss gewinnen (vgl. Hofmann 1962; Dann 1980, 219 ff.): einerseits die Konzeptionen eines *radikalen Sozialismus* (oder *Kommunismus*), die – wie jene von Marx und Engels – einen totalen Umbau des kapitalistischen Systems mit dem Ziel einer relativ weitgehenden Angleichung der sozialen Lebensverhältnisse propagieren (vgl. Fetscher/Münkler 1985 ff., Bd. 4, 369 ff.; Fenske 1981, 423 ff.), andererseits die Theorien eines *liberalen Sozialismus* (der *Sozialdemokratie*), wie jene von Lassalle und Bernstein, die dafür plädieren, das kapitalistische System durch staatliche Regulierung zu zähmen und die sich aus ihm ergebenden Ungleichheiten durch die Umverteilung des Reichtums und die Bereitstellung öffentlicher Güter zu begrenzen (vgl. Fenske 1981, 447 ff.). Die Positionen des Liberalismus, des Kommunismus und der Sozialdemokratie, zwischen denen es vielfältige Mischformen gibt, prägen bis weit in die zweite Hälfte des 20. Jahrhunderts hinein die politische Debatte um soziale Gleichheit. Über diese Positionen hinweg formiert sich ferner die *Frauenbewegung*, die gegen die soziale Diskriminierung der Frauen Klage führt und mit wachsendem Nachdruck der Forderung der *Geschlechtergleichheit* Gehör verschafft (vgl. Bock 2005).

2.2. Der gegenwärtige politische Diskurs über Gleichheit bietet ein sonderbares Bild: Während in der öffentlichen Debatte von

Gleichheit kaum die Rede ist, findet darüber in der akademischen Philosophie eine polarisierte Kontroverse statt. Hier treten v.a. zwei Extrempositionen hervor.

Auf der einen Seite stehen Theorien des radikalen Egalitarismus, die alle sozialen Ungleichheiten für ungerecht halten, die auf zufälligen, nämlich genetisch oder sozial bedingten Eigenschaften der Menschen beruhen, sich also nicht auf die selbstbestimmten Entscheidungen der Einzelnen zurückführen lassen (vgl. Arneson 1989; Dworkin 2000, 65ff.). Diese Auffassung, »luck egalitarianism« genannt, setzt voraus, dass die ererbten Eigenschaften von Menschen samt den mit ihnen verbundenen Vor- und Nachteilen nicht den Individuen gehören, sondern Gemeingut aller sind; und sie setzt überdies voraus, dass es möglich ist, das Ausmaß, in dem Individuen für ihre soziale Lage selber verantwortlich sind, vom Beitrag ihrer zufälligen Eigenschaften zu separieren. Beide Voraussetzungen sind umstritten.

Auf der anderen Seite stehen Theorien, welche die Gleichheitsidee überhaupt in Frage stellen (vgl. Krebs 2000; Kersting 2002, 23ff.; Kekes 2003). Im Wesentlichen werden zwei Einwände gegen den Egalitarismus erhoben. Der erste lautet, soziale Gleichheit sei mit der individuellen Freiheit unverträglich, weil sie nur um den Preis inakzeptabler Freiheitseinschränkungen realisierbar sei (vgl. Hayek 1960, 105ff.; Nozick 1974, 152ff.). Dieser Einwand hat jedoch kaum Gewicht, wenn nicht zugleich gezeigt wird, dass die Einschränkungen der individuellen Freiheit, welche die soziale Gleichheit erfordern mag, unannehmbar sind. Hier kommt der zweite Einwand zum Tragen, dem zufolge Gleichheit kein Wert an sich ist, sondern nur ein Mittel zur Erreichung anderer in sich wertvoller Zwecke, die ihren Wert aber nur aus der individuellen Autonomie bezögen, wie der Schutz der Menschenrechte (vgl. Frankfurt 1987; Krebs 2003). Dieser Einwand übersieht jedoch, dass es Kontexte sozialen Handelns gibt, in denen die Gleichbehandlung der Beteiligten für sich und nicht bloß als Mittel zu einem anderen Zweck geboten scheint.

Dagegen ist in der öffentlichen Diskussion der wohlhabenden Staaten soziale Gleichheit – mit Ausnahme der Geschlechtergleichheit (vgl. etwa Young 2001; MacKinnon 2007) – derzeit kein zentrales Thema. Vor dem Hintergrund der sich gegenwärtig vollziehenden realen Entwicklungen ist dies nicht leicht zu verstehen. Denn nachdem es den demokratischen Gesellschaften mit der Etablierung des Sozialstaats gelungen war, die sozialen Unterschiede merklich zu verringern, nehmen die ökonomischen Ungleichheiten seit einigen Jahrzehnten allerorten wieder zu. Die Idee sozialer Gleichheit wird deshalb wohl keineswegs obsolet werden, sondern weiterhin aktuell bleiben (vgl. Koller 2002, 96f.; ders. 2004, 54ff.).

3.

In der philosophischen Diskussion um die Gleichheitsidee stand in den letzten Jahren eine Frage im Vordergrund: »Equality of what?« (vgl. Dworkin 2000, Kap. 1–4; Cohen 1989; ders. 1993; Sen 1992) Die Debatte zu dieser Frage hat zwar manche interessanten Argumente zutage gebracht, ist aber insgesamt fruchtlos verlaufen. Schon die Fragestellung erscheint irreführend, weil ihr zwei falsche Annahmen zugrunde liegen: (1) dass es eine ›Einheitswährung‹ der Gleichheit gibt, wie z.B. Wohlergehen, Ressourcen oder Chancen, auf die sich letztlich alle Gleichheitsforderungen beziehen; und (2) dass die Forderung sozialer Gleichheit kontextunabhängig gilt, also ohne Rücksicht darauf, in welcher sozialen Beziehung Menschen zueinander stehen. Diese Annahmen reflektieren eine allzu simple Vorstellung sozialer Gleichheit, die der Korrektur bedarf. Hingegen soll die folgende Analyse der Gleichheitsidee ihrer Vielschichtigkeit, Kontextabhängigkeit und Flexibilität Rechnung tragen.

3.1. Die Idee sozialer Gleichheit ist ein komplexes Konzept, das eine ganze Reihe von teils allgemeinen, teils spezielleren Forderungen in sich birgt (vgl. Koller 2002). Ihren Kern bilden zwei grundlegende und abstrakte Prinzipien, die heute weithin Anerkennung finden

(A) gleiche Achtung	normativer Kern: allgemeine Grundsätze	öffentliche Moral
(B) distributive Gleichheit		
(1) rechtliche Gleichheit	1. Schicht: weithin akzeptierte politische Postulate	rechtlich-politische Verfassung
(2) gleiche Freiheit		
(3) gleiche politische Teilhabe		
(4) soziale Chancengleichheit	2. Schicht: umstrittene Postulate	sozio-ökonomisches System
(5) ökonomische Ausgewogenheit		

und Teil der öffentlichen Moral geworden sind (A und B in obiger Übersicht). Um diesen Kern schließt sich zunächst eine erste Schicht von spezielleren Postulaten, die sich auf die rechtlich-politische Verfassung moderner Gesellschaften beziehen und im Großen und Ganzen ebenfalls unstrittig sind (1 bis 3). Dazu kommt eine zweite Schicht von spezielleren Postulaten, die das sozio-ökonomische System solcher Gesellschaften betreffen und im Grundsätzlichen ebenfalls breite weithin Zustimmung finden, aber im Detail umstritten sind (4 und 5). Die erwähnten Postulate sind die folgenden (siehe oben).

Das moralische Grundprinzip sozialer Gleichheit ist das *Gebot der gleichen Achtung* (A). Ausgehend von der Annahme, dass alle Menschen gleichen Wert besitzen, gebietet es, andere *als Gleiche* zu behandeln. Das verlangt, andere Menschen nicht bloß als Mittel für eigene Zwecke zu benutzen, sondern sie nach allgemeinen Regeln zu behandeln, von denen angenommen wird, dass ihnen jede Person bei rechter Erwägung zustimmen kann. Das Gebot gleicher Achtung erfordert somit die *Universalisierbarkeit* der Normen zwischenmenschlichen Handelns. Dieses Erfordernis führt zwar für sich alleine nicht sehr weit, gewinnt aber schnell an Gehalt, wenn es auf bestimmte konkrete Konstellationen sozialen Handelns angewendet wird. Eben das ist beim Vorliegen einer Konstellation der Fall, in der bestimmte Güter oder Lasten mehreren Personen gemeinsam zukommen bzw. zuzurechnen sind, z.B. weil diese Personen die Güter gemeinsam erzeugt oder die Lasten gemeinsam verursacht haben. In einer solchen Konstellation, die als *Gemeinschaftsverhältnis* bezeichnet werden kann, folgt aus dem Gebot der gleichen Achtung die Forderung, dass alle beteiligten Personen grundsätzlich gleich behandelt werden bzw. im gleichen Maße an den gemeinschaftlichen Gütern und Lasten teilhaben müssen, sofern es nicht triftige Gründe für eine Ungleichbehandlung jener Personen bzw. für eine Ungleichverteilung der betreffenden Güter und Lasten gibt (vgl. Feinberg 1973, 99ff.; Rees 1971, 107ff.). Dies ist das Prinzip der *distributiven Gleichheit* (B), das Grundprinzip der Verteilungsgerechtigkeit, welches – anders als das Gebot gleicher Achtung – nicht für jedes soziale Handeln, sondern nur für das wechselseitige Verhalten von Menschen gilt, die eine Art von Gemeinschaft bilden, wie z.B. eine Familien- oder eine Erwerbsgemeinschaft.

Das Prinzip distributiver Gleichheit ist zwar gehaltvoller als das Gebot der gleichen Achtung, aber gleichwohl eine recht abstrakte und schwache Forderung, der zufolge Ungleichheiten zwischen den Mitgliedern einer Gemeinschaft einer allgemein akzeptablen Begründung bedürfen. Dies lässt offen, ob und inwieweit große, insbesondere moderne Gesellschaften als Gemeinschaften zu verstehen sind, auf die das Prinzip distributiver Gleichheit Anwendung findet. Das ist eine Frage der *Gesellschaftsauffassung*, über die es jedoch keine Einigkeit gibt.

Das Spektrum möglicher Auffassungen reicht hier von strikt individualistischen bis zu äußerst kollektivistischen Konzeptionen. Aus Sicht des Individualismus ist eine Gesellschaft nichts weiter als eine Ansammlung selbständiger Individuen, die sich nur aus Interesse an einer für sie vorteilhaften Kooperation vereinigen, weshalb sie einander nicht mehr schulden als die Unterlassung von Gewalt, die Achtung fremden Eigentums und die Einhaltung von Verträgen. Demgegenüber versteht der Kollektivismus eine Gesellschaft als eine Gemeinschaft, welche die Individuen von Geburt an formt und erst zu dem macht, was sie sind, weshalb sie einerseits für ihr Wohlergehen Sorge tragen muss, andererseits aber auch sehr viel von ihnen fordern darf. Die richtige Auffassung liegt wohl zwischen diesen Extremen, denn eine Gesellschaft ist weder ein Marktplatz noch eine Kommune.

Im Allgemeinen dürfte es weitgehende Übereinstimmung darüber geben, dass die grundlegenden sozialen Güter und Lasten, die in modernen Gesellschaften der gerechten Verteilung bedürfen, jedenfalls die folgenden einschließen: die *allgemeinen bürgerlichen Rechte*, die *individuellen Freiheiten*, die *politischen Teilhabemöglichkeiten*, die *sozialen Chancen* und die *ökonomischen Aussichten* der Mitglieder samt den damit verbundenen Pflichten (vgl. Koller 2003). Dies führt zu den spezielleren, politischen Postulaten sozialer Gleichheit.

3.2. Das Postulat der *rechtlichen Gleichheit* (1) verlangt, dass allen Mitgliedern gleiche allgemeine Rechte und Pflichten zukommen und dass diese Rechte und Pflichten auf *allgemeinen Gesetzen* beruhen müssen, die für alle gleichermaßen gelten. Das schließt rechtliche Differenzierungen nicht aus, erfordert aber, dass sie ihrerseits durch allgemeine Gesetze erfolgen (vgl. Alexy 1985, 357ff.). Dieses Postulat folgt unmittelbar aus den Grundprinzipien sozialer Gleichheit, die ja die willkürliche Ungleichbehandlung von Menschen verbieten.

Das *Postulat der gleichen Freiheit* (2) schreibt vor, dass jede mündige Person die gleiche Freiheit haben muss, ihr Leben nach eigenem Gutdünken zu gestalten, und zwar im weitestgehenden Umfang, in dem dies in einer wohlgeordneten Gesellschaft möglich ist (Rawls 1971, 223ff.). Dass diese Forderung aus den Grundprinzipien folgt, ist leicht einzusehen, wenn man überlegt, wie sich eine Ungleichverteilung individueller Freiheiten gegenüber den Personen mit weniger Freiheiten mit guten Gründen rechtfertigen ließe. Denn es ist offensichtlich, dass solche Gründe nicht zu finden sind, von einigen wenigen Ausnahmen abgesehen, die entscheidungsunfähige oder gefährliche Menschen betreffen. Auf der Basis des Postulats gleicher Freiheit lassen sich die Grundfreiheiten begründen, die den Kernbereich gleicher Freiheit verkörpern (vgl. Koller 1998).

Das *Postulat der gleichen politischen Teilhabe* (3) bekräftigt den Anspruch aller mündigen Bürger auf gleiche Teilhabe an der öffentlichen Meinungs- und Willensbildung über gemeinsame Belange. Da es, von wenigen Ausnahmen abgesehen, offenbar keine triftigen Gründe für Ungleichheiten der politischen Mitsprache und Teilhabe gibt, muss jeder Bürger das gleiche Recht zur politischen Betätigung und Mitwirkung bei der Entscheidung über öffentliche Angelegenheiten besitzen. Diese Forderung fundiert das allgemeine und gleiche Wahlrecht aller Bürger (vgl. Beitz 1989).

Während die bisher genannten Forderungen heute zumindest in entwickelten Gesellschaften weithin Anerkennung finden, sind die Erfordernisse der sozio-ökonomischen Gleichheit höchst umstritten. Dennoch wird man sagen können, dass zwei Postulate breite Zustimmung genießen: soziale Chancengleichheit und ökonomische Ausgewogenheit. Diese Postulate heben sich von den Forderungen der rechtlich-politischen Gleichheit in einer wichtigen Hinsicht ab: Sie lassen Ungleichheiten in gewissen Grenzen zu, da es offenbar verschiedene Gründe gibt, die sozio-ökonomische Ungleichheiten rechtfertigen können (vgl. Hinsch 2002, 169ff.; Gosepath 2004, 348ff.). So scheinen solche Ungleichheiten zulässig oder sogar geboten, wenn sie (1) den ungleichen Beiträgen von Individuen zu Formen der sozialen Kooperation entsprechen, deren Ergebnisse allen zugute kommen, (2) sich von selber aus dem freien Handeln der Individuen im Rahmen einer sozialen Ordnung ergeben, die insgesamt im Interesse aller Beteiligten liegt, oder (3) notwendig sind, um dringlichen Bedürfnissen von Menschen Rechnung zu tragen. Allen diesen Gründen liegt der Gedanke zugrunde, dass Ungleichheiten akzeptabel sind, wenn sie auf lange Sicht dem Vorteil aller Beteiligten dienen, einschließlich derer, die schlechter abschneiden.

Das *Postulat der sozialen Chancengleichheit* (4) verlangt, dass die Mitglieder einer Gesellschaft gleiche Möglichkeiten haben, nach Maßgabe ihrer Fähigkeiten und Ambitionen in begehrte soziale Positionen (wie berufliche Stellungen und öffentliche Funktionen) zu gelangen. Das setzt voraus, dass Unterschiede der sozialen Positionen bis zu einem gewissen Grade zulässig sind. Unter dieser Voraussetzung ergibt sich das Postulat der Chancengleichheit ohne weiteres aus der distributiven Gleichheit zusammen mit der Tatsache, dass die individuellen Chancen wesentlich von der gesellschaftlichen Ordnung abhängen und nicht bloß das Ergebnis individueller Bemühungen sind. Was Chancengleichheit im Einzelnen bedeutet, ist eine kontroverse Frage. Einigkeit besteht nur darüber, dass soziale Positionen von Rechts wegen allen offen stehen und dass öffentliche Ämter mit den jeweils bestgeeigneten Bewerbern besetzt werden müssen. Ob und inwieweit darüber hinaus auch eine gewisse Angleichung der anfänglichen Ausgangsbedingungen der nachkommenden Mitglieder durch eine Grundausstattung mit materiellen Mitteln und Bildungsgütern geboten ist, bleibt umstritten (vgl. Westen 1985; Roemer 1998).

Das *Postulat der ökonomischen Ausgewogenheit* (5) ist am schwersten zu fassen, weil darüber die Meinungen am weitesten auseinander gehen. Es lässt sich jedoch auf die folgende Formel bringen: Ungleichheiten der ökonomischen Lage (des Vermögens, Einkommens und Zugangs zum Wirtschaftsleben) sind zulässig, wenn sie eine notwendige Voraussetzung oder unvermeidliche Nebenfolge einer effizienten Wirtschaftsordnung sind, die bei rechter Erwägung im längerfristigen Interesse aller Beteiligten liegt, sei es, weil jene Ungleichheiten als Leistungsanreize im Dienste einer zweckmäßigen wirtschaftlichen Kooperation erforderlich sind, deren Ergebnisse letztlich allen zugute kommen, oder weil sie unvermeidlich aus einem allgemein vorteilhaften ökonomischen Wettbewerb resultieren. Diese Formulierung lässt zwar offen, in welchem Maße wirtschaftliche Ungleichheiten gerechtfertigt sind, macht aber deutlich, dass solche Ungleichheiten auch gegenüber den schlechter gestellten Mitgliedern vertretbar sein müssen. Und das ist wohl nur dann der Fall, wenn plausibel gemacht werden kann, dass die sozialen Regelungen, mit denen jene Ungleichheiten verbunden sind, auf längere Sicht auch diesen Menschen zum Vorteil gereichen (vgl. Rawls 1971, 81 ff.).

4.

Abendroth, W., 1965, Sozialgeschichte der europäischen Arbeiterbewegung, Frankfurt/M.: Suhrkamp 1975.

Alexy, R., 1985, Theorie der Grundrechte, Baden-Baden: Nomos.

Arneson, R. J., 1989, Equality and Equal Opportunity for Welfare, in: L. P. Pojman/R. Westmoreland (Hg.), 1997, Equality, Oxford: Oxford University Press.

Beitz, C. R., 1989, Political Equality, Princeton: Princeton University Press.

Bock, G., 2005, Frauen in der europäischen Geschichte, München: Beck.

Cohen, G. A., 1989, On the Currency of Egalitarian Justice, in: Ethics 99.

Cohen, G. A., 1993, Equality of What? On Welfare, Goods, and Capabilities, in: M. Nussbaum/A. Sen (Hg.), The Quality of Life, Oxford: Clarendon Press.

Dann, O., 1975, Gleichheit, in: O. Brunner/W. Conze/R. Koselleck (Hg.), Geschichtliche Grundbegriffe, Bd. 2, Stuttgart: Klett-Cotta.

Dann, O., 1980, Gleichheit und Gleichberechtigung, Berlin: Duncker & Humblot.

Dworkin, R., 2000, Sovereign Virtue, Cambridge/MA: Harvard University Press.

Feinberg, J., 1973, Social Philosophy, Englewood Cliffs: Prentice Hall.

Fenske, H., 1981, Politisches Denken von der Französischen Revolution bis zur Gegenwart, in: ders./D. Mertens/W. Reinhard/K. Rosen, Geschichte der politischen Ideen, Frankfurt/M.: Fischer 1987.

Fetscher, I./Münkler, H. (Hg.), 1985 ff., Pipers Handbuch der politischen Ideen, München: Piper.

Frankfurt, H., 1987, Equality as a Moral Ideal, in: L. P. Pojman/R. Westmoreland (Hg.), Equality, Oxford: Oxford University Press 1997.
Gosepath, S., 2004, Gleiche Gerechtigkeit, Frankfurt/M.: Suhrkamp.
Grimm, D., 1991, Die Zukunft der Verfassung, Frankfurt/M.: Suhrkamp.
Hayek, F. A. v., 1960, Die Verfassung der Freiheit, Tübingen: Mohr 1971.
Heidelmeyer, W. (Hg.), 1972, Die Menschenrechte, Paderborn: Schöningh 1982.
Hinsch, W., 2002, Gerechtfertigte Ungleichheiten, Berlin: de Gruyter.
Hofmann, W., 1962, Ideengeschichte der sozialen Bewegung, Berlin: de Gruyter 1974.
Hradil, S., 2001, Soziale Ungleichheit in Deutschland, Opladen: Leske + Budrich.
Kekes, J., 2003, The Illusions of Egalitarianism, Ithaca: Cornell University Press.
Kersting, W., 2002, Kritik der Gleichheit, Weilerswist: Velbrück.
Koller, P., 1998, Grundlinien einer Theorie gesellschaftlicher Freiheit, in: J. Nida-Rümelin/W. Vossenkuhl (Hg.), Ethische und politische Freiheit, Berlin: de Gruyter.
Koller, P., 2002, Was ist und was soll soziale Gleichheit?, in: R. Schmücker/U. Steinvorth (Hg.), Gerechtigkeit und Politik, Berlin: Akademie.
Koller, P., 2003, Soziale Gerechtigkeit, in: Erwägen Wissen Ethik 14.
Koller, P., 2004, Gleichheit und Pluralismus in politikphilosophischer Perspektive, in: P. A. Berger/V. H. Schmidt (Hg.), Welche Gleichheit, welche Ungleichheit?, Wiesbaden: VS.
Krebs, A. (Hg.), 2000, Gleichheit oder Gerechtigkeit, Frankfurt/M.: Suhrkamp.
Krebs, A., 2003, Gleichheit oder Gerechtigkeit, in: H. Pauer-Studer/H. Nagl-Docekal (Hg.), Freiheit, Gleichheit und Autonomie, Wien: Oldenbourg.
MacKinnon, C., 2007, Sex Equality, New York: Foundation Press.
Nozick, R., 1974, Anarchie, Staat, Utopia, München: Olzog 2006.
Rawls, J., 1971, Eine Theorie der Gerechtigkeit, Frankfurt/M.: Suhrkamp 1975.
Rees, J., 1971, Soziale Gleichheit, Frankfurt/M.: Herder & Herder 1974.
Reinhard, W., 1987, Vom italienischen Humanismus bis zum Vorabend der Französischen Revolution, in: H. Fenske/D. Mertens/W. Reinhard/K. Rosen, Geschichte der politischen Ideen, Frankfurt/M.: Fischer.
Roemer, J. E., 1998, Equality of Opportunity, Cambridge/MA: Harvard University Press.
Schlumbohm, J., 1973, Freiheitsbegriff und Emanzipationsprozeß, Göttingen: Vandenhoeck & Ruprecht.
Sen, A., 1973, Ökonomische Ungleichheit, Frankfurt/M.: Campus 1975.
Sen, A., 1992, Inequality Reexamined, Oxford: Clarendon Press.
Westen, P., 1985, The Concept of Equal Opportunity, in: L. P. Pojman/R. Westmoreland (Hg.), Equality, Oxford: Oxford University Press 1997.
Young, I. M., 2001, Equality of Whom?, in: Journal of Political Philosophy 1.

PETER KOLLER

Globalisierung

1.

»Globalisierung« ist ein relativ neuer Begriff. Er tauchte erstmals 1983 im Titel eines englischsprachigen Buches auf, 1988 erst in einem deutschsprachigen. Inzwischen ist »Globalisierung« ein Begriff mit geradezu inflationärer Verwendung. Seit 1998 erscheinen jährlich mindestens 100 allein deutschsprachige Bücher mit dem Begriff »Globalisierung« im Titel. Gleichzeitig kann der Begriff »Globalisierung« selbst als Ausdruck der Globalisierung gesehen werden.

Globalisierung geht über das ältere und verwandte Konzept der Interdependenz hinaus. Interdependenz beschreibt eine Situation gegenseitiger Abhängigkeit zwischen sozialen Kollektiven, wie beispielsweise das Verhältnis der deutschen und französischen Volkswirtschaft in den 1960er Jahren. Im Gegensatz dazu beschreibt ökonomische Globalisierung einen Prozess in Richtung eines integrierten Weltmarkts, in dem Austauschprozesse derart unbehindert sind, dass sich die Preise weltweit angleichen (vgl. Cooper 1986, 71). Die Unterscheidung zwischen einer internationalisierten Wirtschaft und der globalen Integration von Märkten kann für alle Formen sozialer Beziehungen nutzbar gemacht werden. Globalisierung beschreibt dann einen Prozess, in dem sich die Welt in Richtung einer durch verdichtete Transaktionen konstituierten (statt einer durch Kommunikationsmöglichkeiten definierten (vgl. Luhmann 1975; Stichweh 2000)) Weltgesellschaft bewegt und mithin die Bedeutung nationaler Grenzen abnimmt (vgl. Holm/Sørensen 1995, 4f.; Held 1999, Kap. 1; Scholte 2003).

Diese Vorstellung von Globalisierung bezieht sich auf einen messbaren Prozess *gesellschaftlichen* Wandels, der kausale Wirkungen auf *politische* Entwicklungen haben kann, aber nicht zwingend die Herausbildung eines Weltstaates, einer normativ oder symbolisch konstituierten Weltgesellschaft (vgl. Meyer 2005) oder transnationaler Identitäten beinhaltet. Dieses transaktionsbasierte Verständnis von Globalisierung ermöglicht eine Unterscheidung zwischen verschiedenen Sachbereichen und wendet sich sowohl gegen ökonomisch (vgl. Altvater/Mahnkopf 1996) oder kulturell (vgl. Robertson 1992) verengende Auffassungen als auch gegen sehr weite, die alle Bereiche inklusive der politischen Sphäre einschließen (vgl. z.B. Held/McGrew 1993).

2.

In der klassischen Nationalismusforschung bezeichnet Nation eine durch verdichtete Handlungszusammenhänge getragene politische Gemeinschaft, deren Grenzen durch eine signifikante Reduktion der Häufigkeit und Intensität von gesellschaftlichen Transaktionen erkennbar sind. Verdichtete transnationale soziale Handlungszusammenhänge können gemessen werden an der Zunahme grenzüberschreitender Transaktionen (vgl. Rosecrance/Stein 1973; Katzenstein 1975; Beisheim 1999; Kearney 2003). Während grenzüberschreitende Transaktionen zwischen nach wie vor abgrenzbaren nationalgesellschaftlichen Entitäten als internationale Interdependenz verstanden werden können, bezieht sich die Vorstellung von Globalisierung auf ein Niveau von verdichteten sozialen Handlungszusammenhängen, bei dem nationale Grenzen ihre Bedeutung verlieren und das Verschmelzen von Einheiten angezeigt wird: »Nationale Grenzen lösen sich auf, wenn eine relevante Reduzierung der Frequenz sozialer Interaktionen nicht mehr vorkommt.« (Deutsch 1969, 99)

In einigen Bereichen transzendiert das Ausmaß der grenzüberschreitenden Transaktionen tatsächlich die Vorstellung nationaler Grenzen, ohne aber global zu sein oder auch nur in Richtung auf Globalität zu verweisen. Vielmehr werden neue soziale Grenzen an der Peripherie der sog. OECD-Welt sichtbar. Grenzüberschreitender Handel findet in erster Linie innerhalb bzw. zwischen den drei großen Handelsblöcken (EU/EFTA, NAFTA, ASEAN) statt. Über 91 Prozent aller ausländischen Direktinvestitionen der achtziger Jahre gingen in die OECD-Länder und die zehn führenden Schwellenländer (vgl. Hirst/Thompson 1996, 67). Kommunikationsflüsse zeigen eine ähnliche Konzentration auf die OECD-Länder an (vgl. Beisheim 1999, 65). Daher scheint es angemessener, unter Rückgriff auf das erwähnte Nationalismuskonzept von Denationalisierung statt von Globalisierung zu sprechen (vgl. Zürn 1998, 65–94).

Die empirischen Studien zur Globalisierung zeigen, dass sich die Zunahme der grenzüberschreitenden Austauschprozesse u.a. in den Bereichen Handel und ausländische Direktinvestitionen, aber auch bei Migration, dem Austausch von Informationen und Kommunikation sowie dem Im- und Export von kulturellen Gütern insbesondere in den 1970er und 1980er Jahren beschleunigt hat. Der Umfang grenzüberschreitender Transaktionen variiert allerdings erheblich zwischen den Bereichen und auch im Hinblick auf verschiedene Staaten und Regionen.

Eine völlig neue Entwicklung ist die grenzüberschreitende Produktion (im Gegensatz zum Tausch) von *goods and bads*, die seit Beginn der 1990er Jahre vermehrt auftritt. Diese Phänomene – Internet, organisierte Kriminalität, globale Klimaänderungen, Finanzmärkte – stellen qualitativ etwas Neues dar. Hier ist die Anwendung der Termini Deterritorialisierung, Entgrenzung (vgl. Albrow 1996; Brock/Albert 1995) und Globalisierung gerechtfertigt.

3.

3.1. Es gibt relativ wenig gesicherte Erkenntnisse über die *Ursachen der Globalisierung* (vgl. aber Garrett 2000). Im Wesentlichen lassen sich vier Hypothesen unterscheiden: (a) Die kapitalistische Weltwirtschaft belohnt Arbeitsteilung und Spezialisierung und strebt so von Beginn an der Globalisierung zu (vgl. z.B. Altvater/Mahnkopf 1996). (b) Mit der Einführung neuer Technologien wurde die Globalisierung ermöglicht (vgl. Keohane/Milner 1996). (c) Unter Führung der USA wurde nach dem Zweiten Weltkrieg ein Set von weltwirtschaftlichen Institutionen etabliert und so die ideellen und politischen Grundlagen der Liberalisierung gelegt (vgl. Kahler 1995). (d) Die Interessen einer transnationalen Funktionselite wurden durch die Regierungen Reagan (USA) und Thatcher (Großbritannien) bedient, was eine weltweite Deregulierung der Wirtschaft, insbesondere im Finanzsektor, ermöglichte (vgl. Van der Pijl 2000).

Es erscheint sinnvoll, diese Faktoren nicht als alternative Ursachen, sondern jeweils als »notwendige Bedingung« der Denationalisierung zu sehen. Von besonderem Interesse ist daher die Klärung der Frage, in welcher Weise diese und andere Faktoren bei der Ingangsetzung des Denationalisierungsschubes zusammengewirkt haben. Und: Welche Aspekte der Denationalisierung sind von welchen sozialen Akteuren gewollt herbeigeführt worden, welche sind Resultat nichtintendierter Auswirkungen des Zusammenspiels vieler intentionaler Handlungen? Auch wenn die multinationalen Unternehmen und das Finanzkapital als große Gewinner der Denationalisierung angesehen werden, so folgt daraus nicht notwendigerweise, dass diese Gruppen auch ursächlich dafür verantwortlich sind. Es ist zweifelhaft, ob sich überhaupt ein einheitliches Ursachenbündel für die vielfältigen Denationalisierungsprozesse ausmachen lässt. Während die Intensivierung transnationaler Kommunikation ohne die neuen Informations- und Kommunikationstechnologien kaum vorstellbar ist, kann die Ausbildung globaler Umweltrisiken ganz andere Ursachen haben.

3.2. Im Sinne einer *Globalisierungsfolgenforschung* lassen sich drei große Diskussionszusammenhänge identifizieren.

(a) *Ende des Wohlfahrtsstaates*: Ein Teil der Literatur über die Auswirkungen der Globalisierung auf den Wohlfahrtsstaat warnte vor der »Globalisierungsfalle«, prophezeite den »Rückzug des Staates« oder gar dessen Ende. Gemäß diesen Thesen lässt sich erwarten, dass sich eine Konvergenz der unterschiedlichen nationalen Politiken in Richtung Deregulierung beobachten lässt.

Es lassen sich aber eine Reihe von theoretischen Einwänden gegen diese Erwartung formulieren. So steigere ein höheres Maß an Offenheit einer Volkswirtschaft auch die Nachfrage nach Politiken, die die weniger wünschenswerten Auswirkungen der Weltmarktintegration dämpfen (vgl. Rieger/Leibfried 1997; Rodrik 1997). Die »New Growth Theory« weist darauf hin, dass viele staatliche Interventionen wirtschaftlich effizient und daher gerade in Zeiten globaler Konkurrenz effektiv seien (vgl. Krugman 1994; Barro 1996). Unter bestimmten Umständen können integrierte Märkte sogar ein *race to the top* (vgl. Vogel 1995) auslösen. Daher könne ökonomische Interdependenz und Globalisierung durchaus zu mehr statt weniger staatlichen Interventionen führen.

Verschiedene empirische Studien demonstrieren, dass weder Konvergenz- noch Deregulierungstrends eindeutig dominieren. Weder sank das Niveau staatlicher Ausgaben parallel zu wachsender ökonomischer Interdependenz und Globalisierung noch können eindeutige Konvergenzprozesse beobachtet werden (für einen Überblick vgl. Bernauer 2000).

Empirisch begründet ist es, davon auszugehen, dass Globalisierung zwar eine Herausforderung für nationale Politik konstituiert, Politikergebnisse aber nicht direkt determiniert, sondern von politischen Institutionen, Akteuren und Auseinandersetzungen vermittelt wird (vgl. Zürn/Walter 2005).

(b) *Zukunft des Krieges:* Schon ältere Interdependenztheoretiker gingen bereits vor dem Ersten Weltkrieg davon aus, dass eine gestiegene Interdependenz Krieg zwischen industrialisierten Nationen unwahrscheinlich macht (vgl. v.a. Angell 1969). In ähnlicher Weise verweisen heute Autoren – meist implizit – auf die drei von Czempiel (1986) identifizierten Friedensstrategien, die sich als Folge der Globalisierung Bahn brechen: Die Zunahme von Interessensgemeinsamkeiten durch kulturelle Diffusion (Frieden durch Handel), gesellschaftliche Liberalisierung und Demokratisierung durch Effizienzdruck (Frieden durch Demokratie) und die Stärkung internationaler Institutionen als politische Antwort auf Globalisierungsprobleme (Frieden durch internationale Organisationen) (v.a. Russett 1998). Tatsächlich weisen die besonders stark globalisierten Gesellschaften der OECD-Welt heute kaum eine Neigung auf, gegeneinander Krieg zu führen.

In unmittelbarem Zusammenhang mit der Globalisierung sind aber auch neue Sicherheitsherausforderungen erwachsen. Der Prozess der Transnationalisierung der Gewalt spiegelt sich v.a. in den »neuen Bürgerkriegen« und dem transnationalen Terrorismus. So finanzieren sich Kriegsparteien in »neuen Kriegen« (Kaldor 2000) weltweit durch ihre enge Verbindung zur organisierten internationalen Kriminalität. Weiterhin sind Gewalthandlungen gegen die (manchmal »eigene«) Bevölkerung nicht selten reflexiv auf das Internationale gerichtet, um mittels global ausgestrahlter Fernsehbilder in anderen Staaten moralische Betroffenheit und ein internationales Eingreifen zu provozieren.

Das idealtypische Sicherheitsproblem der postnationalen Konstellation ist aber der transnationale Terrorismus (vgl. Schneckener 2006). Terrororganisationen nutzen die zunehmend grenzüberschreitenden Transaktionen (Kommunikation, Finanzflüsse, Migration) zur Vorbereitung von Anschlägen sowie global berichtende Medien und Wirtschaftsverflechtungen zur Verstärkung der Auswirkungen. Grenzüberschreitend bereit gestelltes Wissen (Internet) wird zur operativen und technischen Modernisierung genutzt. Die gemeinsame Zugehörigkeit der Täter und der Opfer zu einer nationalen politischen Gemeinschaft, die den traditionellen Terrorismus auszeichnete, wird durch international agierende Terrororganisationen aufgehoben. Anliegen ist es oftmals, einen transnationalen Machtkampf anzuzetteln.

Die Transnationalisierung der Sicherheitsprobleme bringt gleichzeitig den klassischen Krieg in neuer Form zurück. Denn dort, wo sich das neue Bedrohungssyndrom in eine sich selbst verstärkende Gewaltspirale übersetzt, fühlt sich die internationale Staatengemeinschaft zunehmend zum Eingreifen verpflichtet. Die Staatengemeinschaft scheint nicht bereit, neuen Bürgerkriegen oder Terroranschlägen tatenlos zuzusehen. So entsteht ein neuer quasi-zwischenstaatlicher Krieg, in dem nicht zuletzt das Ordnungsprinzip der internationalen Staatenwelt gegen Herausforderer durchgesetzt werden soll: Zumeist besteht lediglich eine Kriegspartei aus Staaten, die, von der internationalen Staatengemeinschaft gestützt, in einem anderen Staat intervenieren. Gegner ist zumeist eine Bürgerkriegspartei bzw. eine Terrororganisation. Der neue Krieg ähnelt einem transnationalen Bürgerkrieg, da es gerade für Bürgerkriege kennzeichnend ist, dass sich private und staatliche Kampfverbände in Herrschaftskonflikten gegenüber stehen. Globalisierung hat also nicht zum Ende, sondern zu einem grundlegenden Gestaltwandel des Krieges geführt (vgl. als Überblick Zangl/Zürn 2003).

(c) *Global Governance:* Der Prozess der Globalisierung stellt eine Herausforderung für die Wirksamkeit nationaler Politiken dar, weil im Zuge der Globalisierung die weitgehende Kongruenz von nationalem Regieren und nationalen Problemlagen verloren geht (vgl. Goldmann 2001; Zürn 1998). Aus der wachsenden Inkongruenz ergibt sich nicht notwendigerweise der Niedergang des Nationalstaates, denn die Auswirkungen der Globalisierungsherausforderungen hängen letztlich von politischen Entscheidungen ab. Regierungen und andere politische Organisationen können auf sehr verschiedene Weise reagieren, u.a. durch die Entwicklung koordinierter politischer Lösungen. In diesem Fall wird die Errichtung internationaler Institutionen als angemessene Strategie zur Bearbeitung der Folgen der gesellschaftlichen Denationalisierung gewählt (zum aktuellen Forschungsstand vgl. Jachtenfuchs 2003; Messner/Nuscheler 2003).

So ist die Bedeutung internationaler Institutionen in den letzten drei Jahrzehnten gewachsen. Während die Anzahl internationaler Organisationen mehr oder weniger konstant geblieben ist (vgl. Shanks 1996), stieg die Anzahl der bei den Vereinten Nationen hinterlegten multilateralen Verträge um ein Vielfaches an. Diese Entwicklung wird von einer wachsenden Intensität transgouvernementaler Beziehungen begleitet. Unterschiedliche staatliche Behörden und Institutionen vernetzen sich mit ihren Pendants im Ausland (vgl. Slaughter 2004).

Neben dem quantitativen Wachstum zeigt sich auch eine qualitative Veränderung (vgl. Zürn 2003). Traditionelle internationale Vereinbarungen wie das internationale Handelsregime oder Rüstungskontrollregime weisen drei Merkmale auf: Regelungsadressaten waren *Staaten* (Staaten mussten Zölle reduzieren oder abrüsten). Sie betrieben gleichsam *Schnittstellenmanagement,* d.h. die Regelungen griffen an den Staatengrenzen (typischer Fall: Zollregelungen). Und lange Zeit wurden im Allgemeinen nur solche Politikfelder verregelt, in denen die Effekte relativ *klar und einfach abzumessen* waren.

Die idealtypische internationale Institution im Zeitalter der Globalisierung wie beispielsweise das avisierte internationale Klimaregime zielt hingegen letztlich nicht mehr auf die Staaten sondern auf *gesellschaftliche Akteure*, die ihr Verhalten ändern sollen (Autofahrer, Unternehmen). Die Regelungen reichen *weit über staatliche Grenzen* hinaus und greifen tief in die nationalen Gesellschaften hinein. Und schließlich bewegen sich viele dieser neuen Regelungen in Bereichen, wo ein *hohes Maß an Ungewissheit* über die Regelungseffekte herrscht. Die Problemfelder sind durch eine hohe wissenschaftliche Komplexität gekennzeichnet.

Dieser neue Regelungsgehalt in Verbindung mit der wachsenden Anzahl internationaler Institutionen führt dazu, dass internationale Institutionen zumindest teilweise Kompetenzen erhalten, die man als supranational bezeichnen kann. Diese Entwicklung kann drei Kausalmechanismen zugeschrieben werden:

(i) Die bloße Anzahl internationaler Regelungen sorgt dafür, dass Regelungskollisionen zwischen unterschiedlichen internationalen Institutionen sowie zwischen nationalen und internationalen Regelungen zunehmen (z.B. Freihandel vs. Umwelt). So entsteht ein wachsender Bedarf an Schiedsgerichtsbarkeiten, die unabhängig von den Interessen der Nationalstaaten entscheiden können.

(ii) In dem Maße, in dem nicht mehr nur Schnittstellenmanagement betrieben wird, besteht ein erhebliches Verifikationsproblem. Die Einhaltung von Vereinbarungen über Zolltarife ist leichter zu kontrollieren als die von solchen über CO_2-Emissionen. Es besteht ein Bedarf an Verifikationsagenturen, die unabhängig von den Nationalstaaten agieren können.

(iii) Durch die gewachsene Komplexität der Regelungsgegenstände entsteht ein wachsender Bedarf an trans- oder supranationalen Agenturen, die systematisch Wissen produzieren.

Dieser gewachsene Bedarf übersetzt sich teilweise in einen Supranationalisierungstrend. Damit beginnen die nur unzureichend legitimierten neuen internationalen Institutionen in Teilbereichen Vorrang vor dem demokratischen Nationalstaat zu genießen und viel tiefer in nationale Gesellschaften hinein zu wirken. Als nicht intendierter Nebeneffekt löst sich mithin die alte Grenze zwischen legitimitätsbedürftiger nationaler und moralfreier internationaler Politik auf. Mit Global Governance entsteht eine eigenständige politische Sphäre, deren Legitimations-, Gerechtigkeits- und Steuerungsdefizite zunehmend politisiert werden und sich auch in mangelnde soziale Akzeptanz übersetzen können (vgl. Zürn/Binder/Ecker-Erhardt u.a. 2006).

4.

Albrow, M., 1996, The Global Age. State and Society Beyond Modernity, Cambridge: Polity.

Altvater, E./Mahnkopf, B., 1996, Grenzen der Globalisierung, Münster: Westfälisches Dampfboot.

Angell, R. C., 1969, Peace on the March. Transnational Participation, New York: van Nostrand Reinhold.

Barro, R. J., 1996, Getting it Right. Markets and Choices in a Free Society, Cambridge/MA: MIT Press.

Beck, U., 1997, Was ist Globalisierung?, Frankfurt/M.: Suhrkamp.

Beisheim, M./Dreher, S./Walter, G./Zangl, B./Zürn, M., 1999, Im Zeitalter der Globalisierung? Thesen und Daten zur gesellschaftlichen und politischen Denationalisierung, Baden-Baden: Nomos.

Bernauer, T., 2000, Staaten im Weltmarkt, Opladen: Leske + Budrich.

Brock, L./Albert, M., 1995, Entgrenzung der Staatenwelt, in: Zeitschrift für Internationale Beziehungen 2.

Cooper, R., 1986, Economic Policy in an Interdependent World, Cambridge/MA: MIT Press.

Czempiel, E.-O., 1986, Friedensstrategien. Systemwandel durch Internationale Organisationen, Demokratisierung und Wirtschaft, Paderborn: Schöningh.

Deutsch, K. W., 1969, Nationalism and its Alternatives, New York: Knopf.

Garrett, G., 2000, The Causes of Globalization, in: Comparative Political Studies 33.

Goldmann, K., 2001, Transforming the European Nation-State, London: Sage.

Habermas, J., 1998, Die postnationale Konstellation, Frankfurt/M.: Suhrkamp.

Held, D./McGrew, A. G., 1993, Globalization and the Liberal Democratic State, in: Government & Opposition 28.

Held, D./McGrew, A./Goldblatt, D./Perraton, J., 1999, Global Transformations, Cambridge: Polity.

Hellmann, G./Wolf, K. D./Zürn, M. (Hg.), 2003, Die neuen internationalen Beziehungen, Baden-Baden: Nomos.

Hirst, P./Thompson, G., 1996, Globalization in Question, Cambridge: Cambridge University Press.

Holm, H.-H./Sørensen, G., 1995, Introduction: What Has Changed?, in: dies. (Hg.), Whose World Order?, Boulder: Westview.

Jachtenfuchs, M., 2003, Regieren jenseits der Sicherheit, in: G. Hellmann/K. D. Wolf/M. Zürn (Hg.), Die neuen internationalen Beziehungen, Baden-Baden: Nomos.

Kahler, M., 1995, International Institutions and the Political Economy of Integration, Washington, D.C.: Brookings Institution Press.

Kaldor, M., Neue und alte Kriege, Frankfurt/M.: Suhrkamp.

Katzenstein, P. J., 1975, International Interdependence. Some Long-term Trends and Recent Changes, in: International Organization 29.

Kearney, A. T./Foreign Policy Magazine Globalization Index, 2003, Measuring Globalization, in: Foreign Policy 134.

Keohane, R. O./Milner, H. V., (Hg.), 1996, Internationalization and Domestic Politics, Cambridge: Cambridge University Press.

Krugman, P., 1994, Peddling Prosperity, New York: Norton.

Luhmann, N., 1975, Die Weltgesellschaft, in: ders., Soziologische Aufklärung 2, Opladen: VS.

Messner, D./Nuscheler, F., 2003, Das Konzept Global Governance, Duisburg: INEF-Report 67.

Meyer, J. W., 2005, Weltkultur, Frankfurt/M.: Suhrkamp.

Rieger, E./Leibfried, S., 1997, Sozialpolitische Grenzen der Globalisierung, in: Politische Vierteljahresschrift 38.

Robertson, R., 1992, Globalization, London: Sage.

Rodrik, D., 1997, Has Globalization Gone too Far?, Washington, D.C.: Brookings Institution Press.

Rosecrance, R./Stein, A., 1973, Interdependence. Myth or Reality?, in: World Politics 26.

Rosenau, J. N., 1990, Turbulence in World Politics, Princeton: Princeton University Press.

Rosenau, J. N., 1997, Along the Domestic-Foreign Frontier. Exploring Governance in a Turbulent World, Cambridge: Cambridge University Press.

Russett, B./Oneal, J./Davis, D. R., 1998, The Third Leg of the Kantian Tripod for Peace. International Organizations and Militarized Disputes, 1950–1985, in: International Organization 52.

Russett, B./Oneal, J. R., 2001, Triangulating Peace. Democracy, Interdependence, and International Organization, New York: Norton.

Scholte, J. A., 2003, What is Globalization?, Hamilton: Institute on Globalization and the Human Condition.

Schneckener, U., 2006, Transnationaler Terrorismus, Frankfurt/M.: Suhrkamp.

Shanks, C./Jacobson, H. K./Kaplan, J. H., 1996, Inertia and Change in the Constellation of International Governmental Organzations, 1981–1992, in: International Organization 50.

Slaughter, A.-M., 2004, A New World Order, Princeton: Princeton University Press.

Stichweh, R., 2000, Die Weltgesellschaft, Frankfurt/M.: Suhrkamp.
Van der Pijl, K., 1998, Transnational Classes and International Relations, London: Routledge.
Vogel, D., 1995, Trading Up. Consumer and Environmental Regulation in a Global Economy, Cambridge/MA: MIT Press.
Zangl, B./Zürn, M., 2003, Frieden und Krieg. Sicherheit in der nationalen und postnationalen Konstellation, Frankfurt/M.: Suhrkamp.
Zürn, M., 1998, Regieren jenseits des Nationalstaates, Frankfurt/M.: Suhrkamp 2004.
Zürn, M., 2003, Global Governance in der Legitimationskrise?, in: C. Offe (Hg.), Demokratisierung der Demokratie, Frankfurt/M.: Campus.
Zürn, M./Walter, G. (Hg.), 2004, Globalizing Interests. The Politics of Denationalization, New York: State University of New York Press.
Zürn, M./Binder, M./Ecker-Ehrhardt, M./Radtke, K., 2006, Politische Ordnungsbildung wider Willen, Berlin: WZB Discussion Paper.

MICHAEL ZÜRN

Glück

1.

»Glück« bezeichnet zum einen den günstigen Zufall (*eutychia, fortuna, luck*), zum anderen die Glückseligkeit (*eudaimonia, beatitudo, felicitas, happiness*). Von »Glück« im Sinne des vorteilhaften Zufalls spricht man dort, wo etwas geschieht, das sich der Handlungskontrolle des Betroffenen weitgehend entzieht. In der praktischen Philosophie wird der Glücksfall insbesondere im Zusammenhang mit moralischer Verantwortlichkeit und individuellem Verdienst thematisiert. »Glückseligkeit« bedeutet in der antiken Tradition die von Menschen um ihrer selbst willen angestrebte, bestmögliche Weise, ihr Leben einzurichten und zu führen. Diese Formulierung lässt objektive Interpretationen zu. Dem modernen Verständnis nach wird »Glück« aber durch subjektive Kriterien bestimmt, beispielsweise durch Wunscherfüllung. »Glück« wird außerdem als uneingeschränkt befriedigendes Lebensgefühl gedeutet. Diese Auffassung geht auf den Hedonismus zurück.

Philosophische Untersuchungen des Glücks finden in der Moderne kaum Anknüpfungspunkte, da keine allgemeinen Aussagen über das höchste Gute für den Menschen möglich erscheinen, sondern jeder ein niemals irrender Fachmann für sein eigenes Glück zu sein scheint (vgl. Wright 1963, 99). Hinzu kommt, dass in der Nachfolge Kants die einstmals enge Verbindung zwischen Moralität und Glückseligkeit als gekappt gilt (Kant 1788, A 59ff.) sowie die Funktion staatlicher Institutionen nicht mehr in der Garantie oder gar Bestimmung menschlichen Glücks gesehen wird (vgl. Geuss 2004). Der Begriff verliert entsprechend in der Neuzeit seine lange Zeit zentrale philosophische Bedeutung. Im Utilitarismus geht er im Begriff des Wohlergehens auf (vgl. Griffin 1986), nachdem dort lange eine hedonistische Deutung des Glücks vorgeherrscht hat (Bentham, Mill). Erst in der jüngst wiederbelebten Tugendethik stößt die Kategorie wieder auf systematisches Interesse (vgl. Foot 2001).

2.

2.1. Nach einer weit verbreiteten Auffassung entziehen sich Glück und Pech der moralischen Bewertung: Wo ausschließlich determinierte, nicht-intentionale Ereignisse stattfinden, kann man keine individuelle Verantwortung zuschreiben. Dennoch kennen wir Situationen, in denen unbeabsichtigte Ereignisse die moralische Bewertung einer Handlung verändern, beispielsweise wenn ein geplanter Mord zufällig vereitelt wird. Es scheint also moralischen Zufall zu geben (vgl. Williams 1976; Nagel 1976; Statman 1993; Nussbaum 2001).

2.2. In der Diskussion über Verteilungsgerechtigkeit wird der genannten Kontrollbedingung so Ausdruck verliehen, dass Güter oder Vorteile, die jemandem nur durch glückliche Umstände zufallen, als unverdient gelten, genauso wie umgekehrt niemand für das von ihm selbst unverschuldete Erleiden eines Unglücks verantwortlich gemacht werden solle. Die Grundlage der meisten erworbenen Vorteile wiederum bestehe in Talenten, die Menschen aufgrund der »Lotterie der Natur« (Rawls 1971, 94) und in gesellschaftlichen Umständen zufallen, die ebenfalls nicht durch den Handelnden selbst kontrolliert werden. Die resultierenden Erträge können somit nicht als verdient gelten und dürfen umverteilt werden.

Eine gerechte Güterverteilung kann dem gemäß nur entstehen, wenn Einflüsse der Ausstattung und Anlage (*endowment*) abgewehrt, solche durch selbst gewähltes Bestreben (*ambition*) hingegen berücksichtigt werden. Die Ergebnisse des günstigen oder ungünstigen Zufalls sind nur dort gerecht, wo sie bewusst einkalkuliert werden, wo statt bloßem Zufall (*brute luck*) wählbares Geschick (*option luck*) waltet (vgl. Dworkin 2000, 73). Kurz: Nur selbst verantwortete Vorteile sind verdient, unverantwortete Nachteile können einen Ausgleich legitimieren (vgl. Cohen 1989, 916).

Der hier grob skizzierte »Glücks-« bzw. »Schicksalsegalitarismus« (*luck egalitarianism*) ist in verschiedener Weise in die Kritik geraten. So ist es sicherlich richtig, dass wir den Umfang der natürlich verteilten Talente nicht verdient haben; daraus folgt aber nicht zwingend, dass wir auch die Früchte unserer Talente nicht verdienen (vgl. Sher 1987). Ganz allgemein besteht ein grundlegendes Problem dieser Konzeption darin, dass sich in letzter Konsequenz die Zuschreibung von Verantwortlichkeit und Verdienst insgesamt erübrigen könnte, weil das Ausmaß unserer Wahl- und Kontrollmöglichkeiten wiederum als zufällig gelten kann. Denn nicht nur Talente, sondern auch Charaktereigenschaften und Vorlieben sind nicht selbst gewählt, und somit könnten Entscheidungen, die auf deren Grundlage getroffen werden, ihre normative Relevanz verlieren (vgl. Hurley 2003). Wo genau soll also die Grenze zwischen gewählten und zufälligen Handlungsumständen bzw. -konsequenzen, zwischen Verantwortlichkeit und Glück gezogen werden?

Viele halten es für ungerecht und nicht nur für mangelnde Mildtätigkeit, wenn durch Unglück entstandenes Leid ignoriert wird, das beseitigt werden könnte (vgl. Shklar 1990, 134). Die Behauptung einiger Glücksegalitaristen, selbst verschuldete Not führte keinen Anspruch auf Linderung mit sich, kann jedoch als übertriebene Betonung der Kontrollbedingung betrachtet werden (vgl. Anderson 1999).

3.

3.1. Die beiden Grundbedeutungen des Glücksbegriffs treten dort in Verbindung, wo der Einfluss des Unverfügbaren auf das individuelle Glück deutlich wird. Ob sich ein glückliches Leben erreichen lässt, hängt von äußeren Umständen und schicksalhaften Ereignissen ab, die nicht erzwungen werden können. Es liegt daher nahe, sich beim Streben nach langfristigem Glück vom Geschick so weit wie möglich unabhängig zu machen, und so findet sich in der Antike die heutzutage paradox anmutenden Empfehlung, die eigenen Begierden zu beschneiden, um somit das Glück zu sichern (Epikur, Stoa). Dem modernen Verständnis widerspricht diese Auffassung, da gerade die weitgehende Erfüllung von Wünschen bzw. Lebenszielen zum Inbegriff des Glücks wurde. Allerdings verbinden sich auch mit dieser Deutung Probleme, zum einen weil offenbar nicht jeder erfüllte Wunsch zum individuellen Guten beiträgt, zum anderen weil die Unkontrollierbarkeit des Glücks dabei zu sehr aus dem Blick gerät. Ob sich ein Glücksgefühl einstellt, wenn sich Wünsche erfüllen, ist keine ausgemachte Sache. Zudem entstehen viele episodische Momente des Glücks völlig unerhofft und entziehen sich damit dem Willen (vgl. Seel 1995, 2004).

3.2. Glückseligkeit wird häufig nicht als kurzfristiger Gemütszustand betrachtet, sondern auf die übergreifende Verfassung des individuellen Lebens bezogen. Hier finden sich die Gleichsetzungen des Glücksbegriffs mit dem des guten Lebens (*eudaimonia*) und damit Anleihen an die antike Tradition. Die philosophische Debatte kreist um die zentrale Frage, ob das Lebensglück objektiv bestimmt werden kann oder nicht. Vereinfachend gesagt beantwortet die antike Philosophie – trotz aller internen Differenzen – die Frage in der Regel affirmativ, hingegen ist dem modernen Verständnis nach das menschliche Glück subjekt-relativ. Die Unterschiede zwischen modernen und antiken Glücksvorstellungen werden mitunter als derart gravierend angesehen, dass sogar die Übersetzung des griechischen Ausdrucks *eudaimonia* mit »Glück« als umstritten zu betrachten ist (vgl. Kraut 1979; Annas 1998, 41 ff.; Sumner 2002).

Die Unterscheidung zwischen dem objektiv und dem subjektiv gedeuteten Glücksbegriff muss allerdings näher spezifiziert werden. Glück kann zunächst insofern als subjektiv verstanden werden, als es einem subjektiv erlebten Bewusstseinszustand entspricht. Dies besagt der Hedonismus, nach dem Glück ausschließlich durch Empfindungen wie Lust bzw. Freude und das Ausbleiben von Schmerz konstituiert ist. Doch scheinen Lustzustände nicht hinreichend für das Lebensglück zu sein, da diese auf Täuschungen basieren können und wir üblicherweise für »wirkliches« Glück eine reale Grundlage einfordern würden (vgl. Nozick 1989, 127 ff.). Zudem können wir uns wertend gegenüber lustvoll Erlebtem verhalten, wobei keineswegs alles Angenehme als beglückend gelten muss. Der Mensch spielt eine aktive Rolle bei der Bestimmung glückskonstituierender Bestandteile und ihrer Verwirklichung in sinnhaften und selbstverwirklichenden Tätigkeiten. Er ist nicht nur ›passiver Behälter‹ für Bewusstseinszustände. Dennoch scheint das Erleben des Glücks notwendig zu seinem individuellen Vorliegen dazuzugehören, denn es wirkt wenig überzeugend, jemandem ein glückliches Leben zu bescheinigen, der mit diesem gar nicht zufrieden ist.

Der wesentliche Streitpunkt zwischen objektiver und subjektiver Glückstheorie bezieht sich auf die Kriterien des Glücks. Sind diese abhängig von subjektiven Vorlieben, Wünschen etc. oder kann das Lebensglück anhand von objektiven Maßstäben bestimmt werden? Platon und Aristoteles gehen beispielsweise davon aus, dass die bestmögliche Verfassung des menschlichen Lebens nicht von selbst gewählten Faktoren abhängt, sondern in einer natürlichen Ordnung gründet. Selbst wenn damit das Glück in der Verwirklichung des Wesens des Menschen liegt, muss jedoch keine Allgemeingültigkeit einer spezifischen Art zu leben impliziert sein, denn ungeklärt bleibt, welche Lebensweise das individuelle Glück in unterschiedlichen Situationen jeweils verwirklicht (vgl. Wolf 2002, 56). Aus heutiger Sicht schwieriger zu akzeptieren ist hingegen die verbreitete objektivistische These, tugendhaftes Handeln gehöre notwendig zum menschlichen Glück.

4.

Anderson, E., 1999, Warum eigentlich Gleichheit?, in: A. Krebs (Hg.), Gleichheit oder Gerechtigkeit, Frankfurt/M.: Suhrkamp 2000.

Angehrn, E., 1985, Der Begriff des Glücks und die Frage der Ethik, in: Philosophisches Jahrbuch 92.

Angehrn, E., 1997, Glück und Gelingen, in: Studia Philosophica 56.

Annas, J., 1993, The Morality of Happiness, Oxford: Oxford University Press.

Bien, G. (Hg.), 1978, Die Frage nach dem Glück, Stuttgart: Frommann-Holzboog.

Cohen, G. A., 1989, On the Currency of Egalitarian Justice, in: Ethics 99.

Dworkin, R., 2000, Sovereign Virtue, Cambridge/MA: Harvard University Press.

Fenner, D., 2003, Glück, Freiburg: Alber.

Foot, P., 2001, Die Natur des Guten, Frankfurt/M.: Suhrkamp 2004.

Forschner, M., 1994, Über das Glück des Menschen, Darmstadt: WBG.

Geuss, R., 2004, Glück und Politik, Berlin: BWV.

Griffin, J., 1986, Well-Being, Oxford: Clarendon Press.

Horn, C., 1998, Antike Lebenskunst, München: Beck.

Hurley, S., 2003, Justice, Luck, and Knowledge, Cambridge/MA: Harvard University Press.

Kant, I., 1788, Kritik der praktischen Vernunft, in: Akademie-Ausgabe, Bd. 5, Berlin: de Gruyter 1968.

Kenny, A., 1966, Happiness, in: Proceedings of the Aristotelian Society 66.

Krämer, H., 1992, Integrative Ethik, Frankfurt/M.: Suhrkamp.

Kraut, R., 1979, Two Conceptions of Happiness, in: Philosophical Review 88.
Nagel, T., 1976, Glück gehabt! Zufall als moralisches Problem, in: ders., Über das Leben, die Seele und den Tod, Königstein: Hain 1984.
Nozick, R., 1989, Vom richtigen, guten und glücklichen Leben, München: dtv 1993.
Nussbaum, M. C., 2001, The Fragility of Goodness, Cambridge: Cambridge University Press.
Rawls, J., 1971, Eine Theorie der Gerechtigkeit, Frankfurt/M.: Suhrkamp 1975.
Rescher, N., 1995, Glück, Berlin: Berlin Verlag 1996.
Ricken, F., 2004, Gemeinschaft, Tugend, Glück, Stuttgart: Kohlhammer.
Schummer, J. (Hg.), 1998, Glück und Ethik, Würzburg: Königshausen & Neumann.
Seel, M., 1995, Versuch über die Form des Glücks, Frankfurt/M.: Suhrkamp.
Seel, M., 2004, Paradoxien der Erfüllung, in: S. Neiman (Hg.), Zum Glück, Berlin: Akademie.
Sher, G., 1987, Desert, Princeton: Princeton University Press.
Shklar, J., 1990, Über Ungerechtigkeit, Berlin: Rotbuch 1992.
Spaemann, R., 1989, Glück und Wohlwollen, Stuttgart: Klett-Cotta.
Statman, D. (Hg.), 1993, Moral Luck, Albany: State University of New York Press.
Sumner, L. W., 2002, Happiness Now and Then, in L. J. Jost (Hg.), Eudaimonia and Well-Being, Kelowna: Academic Printing.
Tatarkiewicz, W., 1973, Über das Glück, Stuttgart: Klett-Cotta 1984.
Telfer, E., 1980, Happiness, London: Macmillan.
Thomä, D., 2003, Vom Glück in der Moderne, Frankfurt/M.: Suhrkamp.
Williams, B., 1976, Moralischer Zufall, in: ders., Moralischer Zufall, Königstein: Hain 1984.
Wolf, U., 1996, Die Suche nach dem guten Leben, Reinbek: Rowohlt.
Wolf, U., 2002, Aristoteles' *Nikomachische Ethik*, Darmstadt: WBG.
Wright, G. H. v., 1963, Varieties of Goodness, London: Routledge.

Thomas Schramme

Gramsci, Antonio (1891–1937)

1.

Antonio Gramsci wurde in Ales auf Sardinien geboren. Er studierte Literatur- und Rechtswissenschaften, Geschichte und Philosophie in Turin und trat 1913 der Sozialistischen Partei Italiens (PSI) bei. In der Zeitung *L'Ordine Nuovo* forcierte er 1919/20 im Rahmen der Turiner Arbeiterkämpfe die Fabrikbesetzungen und die Bildung von Arbeiterräten und war 1921 Mitbegründer der Kommunistischen Partei Italiens (PCI). Nach der Machtergreifung Mussolinis arbeitete Gramsci für die Komintern, später aus dem Wiener Exil für den antifaschistischen Widerstand. Gramsci kehrte 1924 unter dem Schutz der Abgeordnetenimmunität nach Italien zurück und wurde im August zum Generalsekretär der PCI ernannt. Im selben Jahr gründete er die Zeitung *L'Unità*.

Im November 1926 verhaftet, entstand im Gefängnis der Großteil seiner kulturtheoretischen und politisch-philosophischen Studien. Gramsci starb in faschistischer Haft in Rom.

2.

Für die theoretische Arbeit Gramscis zentral sind v.a. die politisch-publizistischen Schriften in den Zeitungen *Avanti*, *L'Ordine Nuovo* und *L'Unità* der Jahre 1917–1926 sowie die *Gefängnishefte*, ein Konvolut von 29 Notizheften. Sie enthalten zahlreiche Analysen der italienischen Kulturgeschichte. Ferner entwickelt Gramsci in ihnen seine Theorie der Hegemonie, der Zivilgesellschaft sowie des Intellektuellen und führt strategisch-politische Überlegungen zur Perspektive einer sozialistischen Umgestaltung der Gesellschaft an. Von philosophiegeschichtlicher Bedeutung sind die *Gefängnishefte* v.a. aufgrund der Auseinandersetzung mit Machiavelli und Croce, die auf eine Aktualisierung des *Fürsten* für die kommunistische Strategie und eine praxisphilosophische Umkehrung des kulturphilosophischen Idealismus hindeutet.

3.

3.1. In erster Linie erfährt die als ›Philosophie der Praxis‹ diskutierte Tradition des Marxismus in seinen Schriften eine politiktheoretische Erweiterung, die ihn zu einem der wichtigsten politischen Philosophen der marxistischen Tradition werden lässt. An die Stelle eines ökonomistischen Geschichtsverständnisses tritt die Analyse von Hegemonie und Zivilgesellschaft. »Hegemonie« wird dabei als Vorherrschaft bestimmter Klassen und Klassenbündnisse verstanden, die auf spezifische Kräfteverhältnisse zurückgeht. Sie erstreckt sich über die Sphären der Politik (im engeren Sinne) wie die der Kunst, der Philosophie, der Erziehung und der Alltagskultur.

Mit dieser symbolisch-politischen Wende des Marxismus verbindet sich sowohl eine Neukonzeption des Verhältnisses von Basis und Überbau als auch eine strategische Neugewichtung der Hauptlinien sozialistischer Politik. Basis und Überbau werden als Ausdruck historischer Klassenformationen im ›historischen Block‹ zusammen gezogen. Der klassische Ansatz des ›Bewegungskrieges‹, die Zentren der Macht (wie das Petrograder Winterpalais) im Sturm zu ergreifen, wird abgelöst durch das Konzept des ›Stellungskrieges‹, einer sukzessiven Besetzung strategischer Positionen in der Zivilgesellschaft. Das politische Kampffeld der Zivilgesellschaft erscheint somit als ›erweiterter Staat‹.

Angesichts dieser politiktheoretischen Aufwertung des Symbolischen rückt Gramsci auch die Frage des Intellektuellen ins Zentrum. Entscheidend ist ein funktionalistischer Ansatz, der die Frage nach der institutionellen Autorität stellt, die den Intellektuellen definiert. Mit dem Begriff des ›organischen Intellektuellen‹ wird ein Akteur benannt, der eine eindeutige Klassenposition repräsentiert und aus der jeweiligen Klasse selbst hervorgeht.

Im Zusammenhang dieses Interesses an Klassenkämpfen im ›erweiterten Staat‹ der Zivilgesellschaft steht Gramscis Fokussierung des Alltagsverstandes und einer empathischen Analyse der Volkskultur, die in der marxistischen Kulturtheorie allenfalls mit Brecht und Bloch vergleichbar ist.

Die zivilgesellschaftliche Wende der marxistischen Politiktheorie hat eine materialistische Grundlegung. Sie steht im Kontext der Analyse historischer Produktionsweisen, vor deren Hintergrund die konkreten Klassenbündnisse analysiert werden. Methodisch weiterführend ist hier v.a. Gramscis Analyse von ›Amerikanismus‹ und ›Fordismus‹ als einem neuen Produktionstypus, der in einer ›passiven Revolution‹ verwirklicht worden sei und die Klassenstruktur grundlegend verändert habe.

Die strategischen Überlegungen zur Umgewichtung der bürgerlichen Hegemonie gipfeln in der Auseinandersetzung mit Machiavelli und dem Gedanken, die kommunistische Partei müsse als moderner ›Fürst‹ erscheinen, der die ›Höherentwicklung eines kollektiven Willens‹ vorantreibt.

3.2. Die sozialtheoretische Debatte konnte v.a. an Gramscis Hegemoniekonzept anknüpfen, das v.a. in den *Cultural Studies* von Stuart Hall und der Birmingham School zur Analyse populärer Kultur fruchtbar gemacht wurde. Staatstheoretisch wurde Gramscis Ansatz in der Tradition des strukturalen Marxismus aufgegriffen. Althussers Analytik der ›ideologischen Staatsapparate‹ (Althusser 1970) führte die Idee des erweiterten Staates fort, während Nicos Poulantzas (1978) den Hegemoniebegriff im Konzept des Staates als ›Verdichtung von Kräfteverhältnissen‹ aktualisierte. Die Terminologie von Kräfteverhältnis und Hegemonie bestimmte die sozialphilosophische Debatte seit Foucault und Bourdieu entscheidend mit. Sie findet sich explizit in aktuellen Positionen der Hegemoniekritik (vg. Laclau/Mouffe 1985).

Eine Renaissance erfuhr die Gramsci-Rezeption mit der Zivilgesellschaftsdebatte der frühen 1990er Jahre, in der seine Theorie ein funktional-analytisches, nicht-normatives Gegengewicht darstellte. Nicht zuletzt erhalten die Debatten über den (Post-)Fordismus-Begriff Gramscis methodischen Ansatz und Begriffsprägung am Leben, wie sie u.a. durch die Pariser Regulationsschule fortentwickelt wurden.

4.

Gramsci, A., 1929ff., Gefängnishefte, Kritische Gesamtausgabe, 10 Bde., Hamburg: Argument 1991.

Gramsci, A., (1956), Briefe aus dem Kerker, Berlin: Dietz.

Althusser, L., 1970, Ideologie und ideologische Staatsapparate, Hamburg: VSA 1977.

Buci-Glucksmann, C., 1975, Gramsci und der Staat, Köln: Pahl-Rugenstein 1981.

Hall, S., 1977ff., Ausgewählte Schriften, 4 Bde., Hamburg: Argument 2000ff.

Haug, W. F., 1996, Philosophieren mit Brecht und Gramsci, Hamburg: Argument.

Kebir, S., 1991, Gramscis Zivilsgesellschaft, Hamburg: VSA.

Laclau, E./Mouffe, C., 1985, Hegemonie und radikale Demokratie, Wien: Passagen 1991.

Poulantzas, N., 1978, Staatstheorie, Hamburg: VSA.

Votsos, T., 2001, Der Begriff der Zivilgesellschaft bei Antonio Gramsci, Hamburg: Argument.

Johan Frederik Hartle

Grotius, Hugo (1583–1645)

1.

Grotius wurde in Delft geboren. Er galt schon früh als »Wunderkind«. Mit acht Jahren schrieb er Elegien in lateinischer Sprache und mit elf war er an der Leidener Universität inskribiert. In seiner Entwicklung wurde Grotius u.a. beeinflusst durch den Theologen Johannes Uyttenbogaert und den Philologen Joseph Scaliger. Mit 15 Jahren begleitete er den holländischen Staatsmann Johann van Oldenbarnevelt auf eine Mission an den Hof Heinrichs IV. von Frankreich. Noch im selben Jahr erschien Grotius' Schrift *Pontifex Romanus*, in der er die politische Situation der Niederlande analysiert. 1599 schloss er sein Studium der Rechtswissenschaften in Orléans ab und kehrte in seine Heimat zurück, um als Jurist tätig zu sein. 1601 wurde er damit beauftragt, eine offizielle Geschichte der Niederlande zu verfassen. Die *Annales et Historiae de Rebus Belgicis*, die aus dieser Tätigkeit hervorgingen, beschreiben v.a. den Aufstand der niederländischen Provinzen gegen die habsburgische Herrschaft. Neben der Geschichtsschreibung widmete sich Grotius auch der Poesie, Philologie und Theologie.

2.

Berühmt wurde er jedoch durch die Schriften, die als Ergebnis seiner juristischen und politischen Tätigkeiten entstanden. 1604 beauftragte die Niederländische Ostindien-Kompanie Grotius mit einem Gutachten über die Rechtmäßigkeit der Kaperung des portugiesischen Schiffes »Santa Catarina« durch niederländische Ostindienfahrer. Grotius verfasste aus diesem Anlass den Traktat *De Jure Praedae* (*Vom Beuterecht*), in dem er Fragen der Doktrin des gerechten Krieges, des zeitgenössischen Völkerrechts und der politischen Geschichte seiner Zeit diskutiert. Insbesondere verteidigt er die Kaperung mit dem Verweis auf die Freiheit der Meere, die durch Spanien und Portugal sträflich verletzt worden sei. Das Kapitel, in dem dieses Argument entwickelt wurde, erschien gesondert als Schrift *Mare liberum* und löste eine juristische Debatte aus (zwei der wichtigsten Beiträge dazu waren *De iusto imperio Lusitanorum asiatico* von Serafim de Freitas (1625) und John Seldens *Mare clausum* von 1636).

Als Freund und Protegé Johann van Oldenbarnevelts geriet Grotius 1613 in den theologischen Streit zwischen Arminianern und orthodoxen Kalvinisten. Ursprünglich als Streit um die Prädestinationslehre zwischen den Gelehrten Arminius und Gomarus entstanden, entwickelte sich die Kontroverse zum politischen Konflikt zwischen den Eliten der Provinz Holland und der Partei der orthodoxen Kalvinisten um Moritz von Oranien. Grotius veröffentlichte in diesem Streit die Schrift *Ordinum Hollandiae et Westfrisiae Pietas*, in der er die Haltung der holländischen Landstände verteidigt. 1619 verurteilte die Synode von Dordrecht den Arminianismus als Irrlehre. Moritz von Oranien nutzte diesen Moment, um seine Gegner zu entmachten. Oldenbarnevelt wurde hingerichtet und Grotius in der Festung Loevestein festgesetzt. Hier wurde ihm zugestanden, weiter an seinen Schriften zu arbeiten. In der Gefangenschaft entstanden so die Traktate *Inleydinghe tot de Hollandsche Rechts-geleerdheyt* und *De Veritate Religionis Christianae*. 1621 gelang Grotius unter abenteuerlichen Umständen die Flucht. Nach mehreren Stationen ließ er sich in Paris nieder. Allerdings konnte er als Kalvinist keine Anstellung als Universitätsdozent finden und musste mit den Einkünften aus seinen Schriften und einer spärlichen, unregelmäßig ausgezahlten königlichen Pension auskommen. 1625 veröffentlichte Grotius das Werk, das seinen bleibenden Ruhm begründen sollte: *De Iure Belli ac Pacis* (*Vom Recht des Krieges und des Friedens*). In diesem Traktat fasst Grotius die zeitgenössischen Lehrmeinungen zum Völkerrecht zusammen und systematisiert sie. In der Folge wurde *De Iure Belli ac Pacis* als begründendes Werk der europäischen Völkerrechtsordnung angesehen.

1631 versuchte Grotius, in seine Heimat zurückzukehren, wurde aber erneut vertrieben. Daraufhin trat er in den Dienst der schwedischen Krone ein. Er wurde zum Diplomat bestellt und kehrte als schwedischer Botschafter nach Paris zurück. U.a. arbeitete er in dieser Zeit an der *Historia Gothorum, Vandalorum et Langobardom*, die als Geschichte der Ursprünge der schwedischen Nation konzipiert war. 1644 lud Königin Christina von Schweden ihn nach Stockholm ein. Hier wurde der Niederländer mit höchsten Ehren empfangen. Auf der Rückreise über die Ostsee erlitt Grotius Schiffbruch vor der pommerschen Küste. Ohne sich Ruhe zu gönnen, reiste er weiter nach Rostock, wo er an einer durch das Schiffsunglück zugezogenen Lungenentzündung verstarb.

3.

Grotius' wichtigster Beitrag zur Entwicklung der politischen Philosophie und des Völkerrechts findet sich in seinem Hauptwerk *De Iure Belli ac Pacis*, das ihm den Beinamen »Vater des Völkerrechts« eintrug. Grundlage allen Rechts ist für Grotius das Streben der Menschen nach Gemeinschaft. Zum Erhalt von Gemeinschaften ist es notwendig, dass alle Mitglieder sich an grundsätzliche Regeln halten. Diese moralischen Regeln sind allein mit der menschlichen Vernunft zu erkennen. Grotius erklärt, dass dieses Naturrecht selbst dann Geltung hätte, wenn es keinen Gott gäbe. Diese Aussage wird gemeinhin als Wendung zur Säkularisierung des Völkerrechts angesehen.

Das Völkerrecht, verstanden als Recht der Gemeinschaft der Völker, beruht laut Grotius auf drei Quellen: göttliche Gebote, Naturrecht und positives Recht bzw. Gewohnheit. Da es natürlich sei, die eigene Gemeinschaft vor Schaden zu schützen, sei in allen drei Rechtsquellen kein genereller Widerspruch zum Krieg zu finden. Auf diese Hypothese begründet Grotius seine Ausführungen zur Lehre vom gerechten Krieg. Grotius unterscheidet drei Formen des Krieges: öffentliche, private und gemischte Kriege. Die privaten und gemischten Kriege seien durch die Schaffung staatlicher Strukturen und Gerichte obsolet geworden, denn durch sie sei Gerechtigkeit ohne Krieg zu erlangen. Unter den souveränen Staaten aber gebe es kein Gericht. Ihnen bleibe nur der Krieg als Durchsetzung ihrer Rechte gegenüber anderen Staaten.

Grotius macht in seiner Theorie des gerechten Krieges eine Unterscheidung zwischen dem Recht zum Krieg und dem Rechte im Krieg. Bezüglich des Rechts zum Krieg hält er die Regierungen der souveränen Gemeinwesen für grundsätzlich zur Kriegserklärung berechtigt. In seinen Ausführungen wird somit die Hinwendung zur europäischen Staatenordnung und die damit verbundene Ächtung jeder Form des Privatkrieges deutlich. Allerdings müssen die Staaten einen gerechten Grund für ihre Kriege aufweisen. Gerechte Gründe sind die Abwehr von ungerechtfertigten Angriffen und die Verteidigung zu Unrecht verletzter Rechte. Die rechte Intention, die bei mittelalterlichen Autoren noch eine erhebliche Rolle gespielt hat, verbannt Grotius in den Bereich des Gewissens der Herrschenden. Aus rechtlicher Sicht wird ihr kaum Bedeutung beigemessen.

Grotius' Ideen zum gerechten Krieg und zum Völkerrecht insgesamt zeichnen sich nicht so sehr durch besondere Originalität aus (vieles findet sich schon bei Vitoria, Suárez, Ayala, Belli, Gentili u.a.) als vielmehr durch die Systematik und Vollständigkeit, mit der er sein Thema behandelte. Diese Klärung der Rechtsbereiche und -vorschriften machte *De iure belli ac pacis* lange zum maßgeblichen Werk im Studium des Völkerrechts.

4.

Grotius, H., 1604, De Iure Praedae Commentarius. Commentary on the Law of Prize and Booty, Oxford: Clarendon 1950.

Grotius, H., 1608, Commentarius in Theses XI. An Early Treatise on Sovereignty, the Just War, and the Legitimacy of the Dutch Revolt, Bern: Lang 1994.

Grotius, H., 1625, De Jure Belli Ac Pacis Libri Tres. Drei Bücher vom Recht des Krieges und des Friedens, Tübingen: Mohr 1950.

Bull, H./Roberts, A./Kingsbury, B. (Hg.), 1990, Hugo Grotius and International Relations, Oxford: Clarendon Press.

Dumbauld, E., 1969, The Life and Legal Writings of Hugo Grotius, Norman: University of Oklahoma Press.

Dunn, J./Harris, I. (Hg.), 1997, Grotius, Cheltenham: Elgar.

Haakonssen, K., 1996, Natural Law and Moral Philosophy. From Grotius to the Scottish Enlightenment, Cambridge: Cambridge University Press.

Haggenmacher, P., 1983, Grotius et la Doctrine de la Guerre Juste, Paris: PUF.

Knight, W. S. M., 1925, The Life and Works of Hugo Grotius, London: Sweet & Maxwell.

DIETER JANSSEN

Güterabwägung

1.

Individuen sehen sich in unterschiedlichen Handlungssituationen vor die Aufgabe gestellt, eine Entscheidung zwischen konkurrierenden Gütern treffen zu müssen. Die dazu erforderliche Bewertung und rangmäßige Ordnung der Alternativen wird als »Güterabwägung« bezeichnet. Der zugrunde liegende Güterbegriff ist weit gefasst; neben materiellen Gütern, wie Geldmitteln oder Konsumartikeln, schließt er u.a. Rechte, zwischenmenschliche Beziehungen und moralische Werte ein.

Güterabwägungen werden sowohl bei prudenziellen Entscheidungen, z.B. der Wahl des Berufsweges, als auch im Zuge der ethischen Urteilsbildung, z.B. der Bewertung des Schwangerschaftsabbruchs, vorgenommen. Sie können zum einen Grundlage für Entscheidungen sein, die primär den Einzelnen betreffen, etwa das Abwägen der Vor- und Nachteile eines medizinischen Eingriffs. Zum anderen können sie für Entscheidungen von gesellschaftlicher Tragweite maßgebend sein. Beispielsweise wird politisch zwischen konfligierenden Zielsetzungen, wie Umweltschutz und Erhalt von Arbeitsplätzen, oder juristisch zwischen kollidierenden Rechtsgütern, wie Pressefreiheit und Schutz der Privatsphäre, abgewogen.

Der Begriff der Güterabwägung ist in der Philosophie kaum etabliert; philosophische Theorien der Güterabwägung oder eine unter dieser Bezeichnung geführte Fachdiskussion gibt es allenfalls in Ansätzen (vgl. Sass/Viefhues 1991). Die Probleme, die sich im Zusammenhang mit der Güterabwägung stellen, sind aber Gegenstand philosophischer Überlegungen. Einschlägige Debatten finden sich insbesondere zur Kommensurabilität von Gütern (vgl. 3.1.) sowie zu Maßeinheiten (vgl. 3.2.) und Entscheidungsregeln (vgl. 3.3.), die im Abwägungsprozess zur Anwendung gelangen können.

2.

Fragen der Güterabwägung werden in der Geschichte der Moralphilosophie – wenn auch u.a. Namen – von zahlreichen Theorien behandelt. Zwei wesentliche Traditionslinien bilden die aristotelische Ethik und der Utilitarismus.

In der Ethik des Aristoteles wird die Bedeutung verschiedener Güter in Hinblick auf das Ziel, Glückseligkeit zu erlangen, bestimmt. Dabei werden drei Arten von Gütern unterschieden und ein Vorrang der seelischen vor den äußeren und körperlichen Gütern begründet (vgl. EN I.8, 1098 b12). Innerhalb der genannten Güterklassen werden weitere Rangaussagen getroffen, z.B. wird die Freundschaft als das wertvollste äußere Gut charakterisiert (vgl. ebd., IX.9, 1169 b10). Das praktische Handeln erschließt sich jedoch nicht vollständig aus den theoretischen Festlegungen; der Akteur ist gefordert, die spezifischen Merkmale der jeweiligen Situation in seine Abwägungen einzubeziehen (vgl. ebd., II.6, 1106 b21).

Im Utilitarismus werden unterschiedliche (außermoralische) Güter hinsichtlich des Nutzens verglichen, der durch sie hervorgebracht wird. Im klassischen Kalkül Jeremy Benthams wird der als Erleben von Lust bzw. Vermeiden von Schmerz verstandene Nutzen nach sechs Kriterien (Intensität, Dauer, Gewissheit, Nähe, Folgenträchtigkeit und Reinheit) bemessen. Ein Gut ist dann moralisch gegenüber einem anderen vorzuziehen, wenn es unter den gegebenen Alternativen den höchsten aggregierten Nutzen für alle betroffenen Personen erbringt (vgl. Bentham 1780, 29ff.). Qualitative Gesichtspunkte – etwa ob der Lustgewinn auf Kegeln oder der Lektüre von Gedichten beruht – werden von Bentham im Unterschied zu Mill bei der Bewertung des Nutzens nicht berücksichtigt.

3.

3.1. Ein grundsätzliches Problem, mit dem sich die Güterabwägung konfrontiert sieht, besteht in der möglichen Existenz inkommensurabler Güter (vgl. Chang 1997). Von Inkommensurabilität wird in verschiedener Bedeutung gesprochen; vereinfachend lässt sich ein starkes und ein schwaches Verständnis unterscheiden (vgl. Griffin 1986, 75ff.). Eine starke Form von Inkommensurabilität liegt dann vor, wenn ein Gut A in Relation zu einem Gut B weder besser, schlechter noch gleich gut ist. Beispielsweise könne ein Kriminalroman nicht sinnvoll mit einer Oper oder eine Freundschaft nicht sinnvoll mit dem Besitz finanzieller Mittel verglichen werden. Die Güter seien zu unterschiedlich, um Rangaussagen zu erlauben; Entscheidungen zwischen ihnen könnten nur willkürlich getroffen werden.

Gegen die Behauptung des Vorhandenseins einer starken Inkommensurabilität wird auf den praktischen Umgang mit Konfliktsituationen verwiesen. Die Individuen entschieden häufig zwischen vermeintlich unvergleichbaren Gütern, sie gingen z.B. in die Oper, anstatt einen Kriminalroman zu lesen, oder nähmen eine gut bezahlte Arbeit im Ausland an, anstatt eine Freundschaft aufrechtzuerhalten. Dabei ließen sie nicht den Zufall walten, sondern stützten sich – wenn auch vielleicht unbewusst – auf eine vergleichende Bewertung der Güter.

Eine schwache Form von Inkommensurabilität besteht dann, wenn ein Gut A einem Gut B lexikographisch vorgeordnet ist. Ein lexikographischer Vorrang ist absolut, d.h. eine beliebig große Menge von B vermag eine beliebig kleine Menge von A nicht zu übertrumpfen. Schwach inkommensurable Güter können folglich nicht gegeneinander aufgerechnet werden; sie stehen aber in einer Rangordnung, die eine begründete Entscheidung zwischen ihnen ermöglicht. Das bekannteste Beispiel für einen lexikographischen Vorrang entstammt der Gerechtigkeitstheorie von John Rawls. Nach Rawls' Auffassung werden ab dem Erreichen eines bestimmten gesellschaftlichen Wohlstandsniveaus die Grundfreiheiten den ökonomischen Gütern lexikographisch vorgezogen (vgl. Rawls 1971, 587ff.).

In den Bewertungen der Individuen können zweifellos schwache Inkommensurabilitäten auftreten; strittig ist jedoch, ob bestimmte Güter generell in einem lexikographischen Verhältnis zueinander stehen. Beispielsweise sei Rawls' These eines lexikographischen Vorrangs der Grundfreiheiten auch unter der Annahme günstiger materieller Bedingungen wenig plausibel. Zumindest einige Individuen wären voraussichtlich bereit, eine geringfügige Einschränkung ihrer Freiheitsrechte hinzunehmen, wenn sich dadurch ihre Prosperität signifikant erhöhen ließe (vgl. Hart 1973, 156ff.).

Zusätzliche Probleme ergeben sich, wenn intertemporäre oder interpersonelle Vergleiche angestellt werden müssen (vgl. Broome 1991, 202ff.; ders. 2004, 104ff.). Von einem intertemporären Vergleich spricht man, wenn die konkurrierenden Güter nur zu unterschiedlichen Zeitpunkten realisierbar sind. Intertemporäre Vergleiche sind problematisch, weil die Bewertungen der Individuen im Laufe der Zeit grundlegenden Veränderungen unterliegen können. Als interpersonell bezeichnet man Vergleiche, die zwischen verschiedenen Personen vorgenommen werden. Ihnen können sowohl beträchtliche praktische (Informationsgewinnung) wie auch technische (Bildung einer erweiterten Präferenzordnung) Schwierigkeiten entgegenstehen (vgl. Harsanyi 1977, 48ff.; Elster/Roemer 1991).

3.2. Güterabwägungen bedürfen einer Maßeinheit, auf deren Basis die gegebenen Optionen bewertet und verglichen werden können. Welcher Vergleichsmaßstab verwandt werden soll, ist umstritten; in grundsätzlicher Opposition stehen »Resource«- und »Welfare«-Theorien zueinander. »Resource«-Theorien stellen auf den individuellen Besitz von körperlichen, materiellen oder institutionellen Gütern ab. Als Maßeinheiten dienen ihnen z.B. der Gesundheitszustand, die Verfügung über Geldmittel oder die Ausstattung mit Rechten. »Welfare«-Theorien hingegen betrachten nicht die Güter selbst, sondern die Wirkungen, die sie bei ihren Empfängern erzielen. Grundlage ihrer Bewertung sind Maße des individuellen Wohlergehens, z.B. das Erleben von Lust oder die Befriedigung von Präferenzen (vgl. Dworkin 2000, Kap. 1–2; Dietrich 2001, 64ff.).

»Resource«-Theorien bieten den Vorteil, über relativ leicht anwendbare Maße zu verfügen. Beispielsweise erscheint es einfacher, eine Aussage über den Besitz finanzieller Mittel als über den Grad der Präferenzbefriedigung zu treffen. Sie sehen sich aber dem grundsätzlichen Einwand ausgesetzt, den instrumentellen Charakter von Ressourcen zu verkennen. Die als Bewertungsmaßstab herangezogenen Güter seien lediglich Mittel, die der Realisierung wertvoller Ziele dienten. Nicht der Besitz der Güter sei für die Individuen von entscheidender Bedeutung, sondern das Resultat ihrer Nutzung. Folglich müsse der Vergleich gegebener Alternativen in Hinblick auf das Wohlergehen erfolgen, das mit Hilfe der Güter erreicht werde (vgl. Sen 1987, 14ff.).

Für »Welfare«-Theorien besteht das zentrale Problem in der Bestimmung des Wohlergehens; gegen alle angewandten Maßeinheiten werden ernste Bedenken erhoben. An dem Kriterium des Erlebens von Lust wird u.a. kritisiert, dass es nicht alle Aspekte umfasse, die dem menschlichen Leben Wert verleihen. Beispielsweise werde der Authentizität des Erlebten ein Wert zugeschrieben, der unabhängig von der Qualität der begleitenden Bewusstseinszustände sei. Gegen das Kriterium der Präferenzbefriedigung wird u.a. eingewandt, dass die Individuen dazu tendierten, ihre Erwartungen den Lebensumständen anzupassen. Wenn sich z.B. eine Person, die in großer Armut lebe, nur bescheidene Ziele setze, könne aus deren Verwirklichung nicht auf ein hohes Wohlergehen geschlossen werden.

3.3. Als letzter Schritt in einer Güterabwägung ist eine Entscheidung zwischen den vorhandenen Alternativen zu fällen. Wenn sich die Güterabwägung nur auf eine Person bezieht, lassen sich vergleichsweise triviale Regeln aufstellen. Sie können z.B. lauten: Das wertvollere Gut ist dem weniger wertvollen vorzuziehen, oder die stärkere Präferenz ist vor der schwächeren zu befriedigen. Höhere Anforderungen an die Entscheidungsregel stellen Güterabwägungen, von denen mehrere Personen betroffen sind. Es muss ein Modus gefunden werden, die möglicherweise konfligierenden Interessen der Individuen auf gerechte Weise zu berücksichtigen. Als wichtigste Lösungsvorschläge dürfen das Pareto-, das Maximin- und das Nutzensummen-Kriterium gelten.

Nach dem (starken) Pareto-Kriterium soll eine Alternative A immer dann einer Alternative B vorgezogen werden, wenn sie mindestens ein Individuum besser und alle anderen Individuen mindestens genauso gut stellt. Am Pareto-Kriterium wird zum einen bemängelt, dass es in vielen Fällen zu keiner eindeutigen Entscheidung führt und die Anwendung eines zusätzlichen Kriteriums erfordert. Zum anderen wird eingewandt, dass auch ungerecht erscheinende Verteilungen – z.B. eine Person verfügt über alle Güter – dem Pareto-Kriterium genügen können (vgl. Rawls 1971, 88ff.).

Das Maximin-Kriterium fordert, die Alternative zu wählen, die für die am schlechtesten gestellte Person oder Personengruppe den höchsten Wert aufweist. Das Maximin-Kriterium sieht sich insbesondere dem Vorwurf ausgesetzt, zu einseitig die Interessen der am stärksten benachteiligten Person(en) zu berücksichtigen. Es sei z.B. nicht einsichtig, warum jeder noch so geringfügige Gewinn für eine schlecht gestellte Person bedeutende Vorteile für besser gestellte Personen ausstechen solle.

Das Nutzensummen-Kriterium schreibt vor, die Alternative zu wählen, die den höchsten Gesamtnutzen für alle betroffenen Personen erbringt. Aus Sicht der Kritiker liegt ein wesentliches Defizit dieser Entscheidungsregel darin, die Verteilung des Nutzens außer Betracht zu lassen. Beispielsweise könne die Option, die den höchsten aggregierten Nutzenwert besitzt, einer Minderheit große Belastungen zugunsten der Mehrheit aufbürden.

4.

Bentham, J., 1780, An Introduction to the Principles of Morals and Legislation, New York: Prometheus 1988.

Broome, J., 1991, Weighing Goods, Oxford: Blackwell.

Broome, J., 2004, Weighing Lives, Oxford: Oxford University Press.

Chang, R. (Hg.), 1997, Incommensurability, Incomparability, and Practical Reason, Cambridge/MA: Harvard University Press.

Dietrich, F., 2001, Dimensionen der Verteilungsgerechtigkeit, Stuttgart: Lucius & Lucius.

Dworkin, R., 2000, Sovereign Virtue, Cambridge/MA: Harvard University Press.

Elster, J./Roemer, J. E. (Hg.), 1991, Interpersonal Comparisons of Well-Being, Cambridge: Cambridge University Press.

Griffin, J., 1986, Well-Being, Oxford: Clarendon Press.

Harsanyi, J. C., 1977, Rational Behavior and Bargaining Equilibrium in Games and Social Situations, Cambridge: Cambridge University Press.

Hart, H. L. A., 1973, Freiheit und ihre Priorität bei Rawls, in: O. Höffe (Hg.), Über John Rawls' Theorie der Gerechtigkeit, Frankfurt/M.: Suhrkamp 1977.

Rawls, J., 1971, Eine Theorie der Gerechtigkeit, Frankfurt/M.: Suhrkamp 1975.

Richardson, H. S., 1995, Practical Reasoning about Final Ends, Cambridge: Cambridge University Press.

Sass, H. M./Viefhues, H. (Hg.), 1991, Güterabwägung in der Medizin, Berlin: Springer.

Sen, A. K., 1987, The Standard of Living, Cambridge: Cambridge University Press.

Frank Dietrich

H

Habermas, Jürgen (*1929)

1.

Habermas studierte nach 1949 verschiedene geisteswissenschaftliche Fächer an den Universitäten Göttingen, Zürich und Bonn. 1954 wurde er in Bonn mit einer Dissertation über Schelling promoviert. Schon als Doktorand erregte er mit einer Kritik an Heideggers Engagement für den Nationalsozialismus öffentliches Aufsehen. 1956 wurde er von T. W. Adorno als Mitarbeiter an das wiedereröffnete Frankfurter Institut für Sozialforschung geholt. Für Habermas' Denken erwies sich diese Begegnung mit der Kritischen Theorie als ausschlaggebend; dennoch kam es 1958 zu Meinungsunterschieden mit Horkheimer über Marx, die dazu führten, dass Habermas das Institut verließ. 1961 wurde er an der Universität Marburg habilitiert, woraufhin er eine außerordentliche Professur für Philosophie an der Universität Heidelberg antrat. Drei Jahre später wurde er als Nachfolger Horkheimers an die Frankfurter Universität berufen. Während der deutschen Studentenproteste rückte Habermas immer mehr ins öffentliche Bewußtsein, da er sich von radikalen Studentengruppen distanzierte und den demokratischen Flügel der Kritischen Theorie unterstützte. 1971 wechselte er nach Starnberg, um zusammen mit C. F. von Weizsäcker die Leitung des Max-Planck-Instituts zur Erforschung der Lebensbedingungen der wissenschaftlich-technischen Welt zu übernehmen. Erst 1983 kehrte er nach Frankfurt/M. zurück, wo er bis zur Emeritierung im Jahr 1994 lehrte. Er ist seitdem weiterhin als Gastprofessor und öffentlicher Intellektueller aktiv.

2.

Habermas ist nicht zuletzt deshalb international so berühmt geworden, weil er eine philosophisch fundierte, radikale Gesellschaftskritik mit dem politischen Engagement für den demokratischen Rechtsstaat überzeugend zu vereinen weiß. Trotz des Umfangs und der Vielfältigkeit seines Werks haben sich die Grundzüge der Theorie schon früh in dem Versuch herausgebildet, eine normativ angelegte Gesellschaftstheorie zu entwickeln, die auch praktisch wirksam ist. Der erste Meilenstein auf diesem Weg wird 1961 mit *Strukturwandel der Öffentlichkeit* gelegt. Indem er den Idealtypus bürgerlicher Öffentlichkeit anhand historischer Untersuchungen entfaltet, macht er auf die Kommunikationsbedingungen aufmerksam, unter denen eine diskursive Meinungs- und Willensbildung zustande kommen kann. Einen weiteren Schritt auf diesem Weg stellt das 1968 erschienene Buch *Erkenntnis und Interesse* dar, in dem Habermas Erkenntniskritik als Gesellschaftskritik begreift und ein anthropologisch fundiertes Interesse an Emanzipation als Selbstreflexion postuliert. Dieses Interesse wird in der Folge als ein Interesse an uneingeschränkter und unverzerrter Kommunikation erläutert, wobei es nicht mehr anthropologisch, sondern formalpragmatisch fundiert wird. Habermas schlägt damit einen Begründungsmodus vor, der sich auf eine Rekonstruktion allgemeiner kommunikativer Kompetenzen stützt. Dieser von J. Austin und J. R. Searle beeinflusste Ansatz wird durch eine Auseinandersetzung mit der Systemtheorie N. Luhmanns begleitet und kulminiert in der zweibändigen *Theorie des kommunikativen Handelns* (1981). Die These von der Kolonialisierung der kommunikativen Rationalität der Lebenswelt durch die Systemimperative dient dabei als Rahmen für die Kritik der spätkapitalistischen Moderne. Die diskurstheoretischen Arbeiten der 1980er und 1990er Jahre versuchen, die Implikationen der Theorie des kommunikativen Handelns für die Moraltheorie (vgl. Habermas 1983) sowie für die Rechtsphilosophie und Demokratietheorie (vgl. Habermas 1992) geltend zu machen. Habermas' Grundintuition, dass die kommunikative Rationalität den normativen Gehalt der Moderne ausmacht, wird in Auseinandersetzung mit der radikalen Vernunftkritik in *Der philosophische Diskurs der Moderne* (1985) weiter erläutert. Seit Beginn des neuen Jahrtausends macht er jedoch zunehmend deutlich, dass er die Gefahr einer entgleisenden Moderne ernst nimmt. Als öffentlicher Intellektueller hat Habermas zahlreiche Debatten – etwa über den Umgang mit der deutschen Vergangenheit, den Verfassungspatriotismus, den Umbruch in Osteuropa, die Entwicklung der EU, die Biotechnologie und die jeweilige weltpolitische Lage (vgl. Habermas 1981 ff.) – geprägt, die seinen Glauben an die Macht der demokratischen Öffentlichkeit und an Emanzipation durch Verständigung bezeugen.

3.

Habermas' Gesellschaftstheorie findet ihren Orientierungspunkt in der Idee einer Gesellschaftsform, in der Prozesse der zwischenmenschlichen Verständigung für die Vermittlung kultureller Traditionen, die moralische bzw. politische Meinungs- und Willensbildung und für die Vergesellschaftung von Personen fundierend sind. Damit rückt der Begriff des kommunikativen Handelns ins Zentrum, der ein verständigungsorientiertes Handeln bezeichnet, dessen einfachste Form ein zwangloser sprachlicher Austausch ist, in dem der Hörer auf einen vom Sprecher erhobenen Geltungsanspruch mit ›ja‹ oder ›nein‹ reagiert. Auf dieser Grundlage arbeitet Habermas einen universalistischen Begriff der kommunikativen Rationalität aus, die in jeder Sprache implizit sein soll. Kommunikative Rationalität bezeichnet das Vermögen und die Bereitschaft, sich in Geltungsfragen auf Verständigungsprozesse und die damit einhergehenden idealisierenden Unterstellungen einzulassen, etwa darauf, dass alle Teilnehmer sich um einen Konsens bemühen, keinen Zwang anwenden und niemanden ausschließen.

Der Begriff der kommunikativen Rationalität ist dabei eng mit dem des Diskurses verknüpft, der Argumentationsformen bezeichnet, die sich auf bestimmte Fragestellungen spezialisieren, wie etwa die Wahrheit von Theorien (›theoretische Diskurse‹), die Richtigkeit von Normen (›moralische Diskurse‹) oder die Legitimität von Gesetzen (›juristische Diskurse‹). Als posttraditionaler Begründungsmodus stellt der Diskursbegriff Habermas' Versuch dar, eine Antwort auf die Frage zu finden, wie sich eine nachmetaphysische, kritische Perspektive konzipieren lässt.

Auch in seinen Schriften zur Rechts- und Demokratietheorie betont Habermas (1992; 1996) die Notwendigkeit einer kritischen Perspektive. Hier richtet er allerdings das Augenmerk weniger auf die Begründungsthematik als auf die Bedeutung der Rekonstruktion der dem modernen demokratischen Rechtsstaat internen normativen Erwartungen für die Rechtstheorie sowie für die empirisch fundierten Gesellschaftswissenschaften und auf ihre Umsetzung in den konkreten politischen Zusammenhängen gegenwärtiger Demokratien. Seit Ende der 1990er Jahre wird das nachmetaphyische Denken in seinen Aufsätzen zur Gentechnik, zum Naturalismus und zur Religion erneut problematisiert (2001; 2005). Nun räumt Habermas ein, dass ein solches Denken möglicherweise nicht über die welterschließenden Ressourcen verfügt, die nötig sind, um orientierende Bilder nichtverfehlter Lebensformen zu bieten und um Fragen zu beantworten, die das ethische Selbstverständnis der menschlichen Gattung betreffen. Die Philosophie soll sich deswegen bemühen, die semantischen Gehalte der Religion in eine säkulare Sprache zu übersetzen und für ihre eigenen Zwecke geltend zu machen. Auf ihrem nachmetaphysischen Charakter beharrt er jedoch weiterhin. Gegen einen szientistischen Naturalismus, für den sich die Gültigkeit allen Wissens an den Maßstäben der gesellschaftlich institutionalisierten Erfahrungswissenschaften bemisst, einerseits, und eine schwärmerische Philosophie, die sich eines religiösen Wortschatzes bedient, um sich von der Strenge diskursiven Denkens zu dispensieren, andererseits, besteht Habermas auf einer agnostischen Philosophie, die zwischen Glauben und Wissen strikt unterscheidet.

4.

Habermas, J., 1962, Strukturwandel der Öffentlichkeit, Frankfurt/M.: Suhrkamp 1990.
Habermas, J., 1968, Erkenntnis und Interesse, Frankfurt/M.: Suhrkamp.
Habermas, J., 1971a, Theorie und Praxis, Frankfurt/M.: Suhrkamp.
Habermas, J., 1971b, Philosophisch-Politische Profile, Frankfurt/M.: Suhrkamp.
Habermas, J., 1976, Zur Rekonstruktion des historischen Materialismus, Frankfurt/M.: Suhrkamp.
Habermas, J., 1981, Theorie des kommunikativen Handelns, 2 Bde., Frankfurt/M.: Suhrkamp.
Habermas, J., 1981–2008, Kleine politische Schriften I-XI, Frankfurt/M.: Suhrkamp.
Habermas, J., 1983, Moralbewusstsein und kommunikatives Handeln, Frankfurt/M.: Suhrkamp.
Habermas, J., 1985, Der philosophische Diskurs der Moderne, Frankfurt/M.: Suhrkamp.
Habermas, J., 1988, Nachmetaphysisches Denken, Frankfurt/M.: Suhrkamp.
Habermas, J., 1992, Faktizität und Geltung. Beiträge zur Diskurstheorie des Rechts und des demokratischen Rechtsstaats, Frankfurt/M.: Suhrkamp.
Habermas, J., 1996, Die Einbeziehung des Anderen, Frankfurt/M.: Suhrkamp.
Habermas, J., 1999, Wahrheit und Rechtfertigung, Frankfurt/M.: Suhrkamp.
Habermas, J., 2001, Die Zukunft der menschlichen Natur, Frankfurt/M.: Suhrkamp.
Habermas, J., 2005, Zwischen Naturalismus und Religion, Frankfurt/M.: Suhrkamp.

Brunkhorst, H./Kreide, R./Lafont, C., 2008, Habermas-Handbuch, Stuttgart: Metzler (i. E.).
Honneth, A./McCarthy, T./Offe, C./Wellmer, A. (Hg.), 1989, Zwischenbetrachtungen. Im Prozeß der Aufklärung, Frankfurt/M.: Suhrkamp.
Honneth, A./Joas, H. (Hg.), 1986, Kommunikatives Handeln, Frankfurt/M.: Suhrkamp 2002.
Müller-Doohm, S. (Hg.), 2000, Das Interesse der Vernunft, Frankfurt/M.: Suhrkamp.
Wingert, L./Günther, K. (Hg.), 2001, Die Öffentlichkeit der Vernunft und die Vernunft der Öffentlichkeit, Frankfurt/M.: Suhrkamp.

Maeve Cooke

Handeln, kollektives

1.

Während *Handeln* nach Max Weber jedes menschliche Verhalten ist, bei dem der oder die Handelnde einen subjektiven Sinn mit dem Verhalten verbindet, und *soziales Handeln* ein Handeln, bei dem der subjektiv gemeinte Sinn auf das Verhalten anderer bezogen und daran in seinem Ablauf orientiert ist, bedeutet *kollektives Handeln* (*collective action*) gemeinsames Handeln einer (mehr oder weniger organisierten) Gruppe zur Verfolgung geteilter Interessen und Ziele (kollektive Intentionalität). Grundsätzlich gilt es zwischen *kollektivem Verhalten* (*collective behaviour*) und *kollektivem Handeln* zu unterscheiden. Im ersten Fall geht es um spontanes, nicht dauerhaftes und unkoordiniertes Handeln von Gruppen, das aufgrund von externen Faktoren oder interaktiven Prozessen innerhalb der Gruppe ausgelöst werden kann. Beispiele sind Massenpaniken oder ein Börsenkrach. Verhalten kann ohne spezifische Erwartungen und ohne einen vorgegebenen Sinn erfolgen. Handeln dagegen ist, wie Weber betont, ein Verhalten, bei dem subjektiv gemeinter Sinn als Auslöser dient. Kollektives Handeln ist in der Politikwissenschaft und in der Politischen Ökonomie v.a. im Zusammenhang mit politischem Protest und politischer Veränderung sowie der Organisation von politischen und wirtschaftlichen Interessen behandelt worden.

2.

Die wissenschaftliche Diskussion des sozialen Phänomens kollektiver Handlungen begann bereits mit den Arbeiten von *Marx* und *Engels* im 19. Jahrhundert, in denen verschiedene Aspekte der späteren Diskussion darüber vorweg genommen werden, wie geteilte individuelle Interessen zu kollektivem Handeln führen können. Der Begriff des Klassenbewusstseins war dabei die zentrale vermittelnde Kategorie.

Im Zentrum der *pluralistischen Theorie* stand seit den 1930er Jahren und v.a. nach dem Zweiten Weltkrieg das Handeln von organisierten Interessengruppen (vgl. Bentley 1935; Truman 1951). Kollektives Handeln als solches wurde jedoch nicht problematisiert.

Clark/Wilson (1961) diskutierten aus organisationssoziologischer Perspektive die Schwierigkeiten, Mitglieder in Organisationen zu mobilisieren. Smelser (1963) erörterte in seinem »Mehrwertmodell« verschiedene materielle, psychologische, soziale und politische Determinanten, die in den Phasen der Mobilisierung von Protest ausschlaggebend seien. Zur gleichen Zeit versuchte Olson (1965) mit Hilfe der ökonomischen Theorie der öffentlichen Güter die Schwierigkeiten zu analysieren, die angesichts individueller Rationalität bei der Verwirklichung kollektiver Ziele auftraten, sowohl für Interessengruppen wie auch für die Gesellschaft insgesamt. Die Diskussion Olsons war durch das Aufleben ökonomischer Konflikte und die starke Stellung der Gewerkschaften in den modernen, industrialisierten Ländern der 1960er Jahre beeinflusst.

Als einflussreich für die weitere Entwicklung des Verständnisses kollektiven Handelns erwies sich in den 1970er Jahren das Aufkommen der »neuen sozialen Bewegungen«. In diesem Zusammenhang entstand zunächst der *Ressourcenmobilisierungsansatz*, der genauer thematisierte, welcher organisatorischen und politischen Voraussetzungen es bedarf, damit Interessengruppen und allgemeiner soziale Bewegungen erfolgreich ihre Ziele verwirklichen können (vgl. Gamson 1975; Mayer Zald/McCarthy 1977). Anderen erschien die bisherige dominierende ökonomische, instrumental-rationale Interpretation des kollektiven Handelns als ungeeignet, um die neuen Bewegungen zu verstehen, da sie offensichtlich von ganz anderen, nämlich mehr auf die individuelle Verwirklichung und die Umwelt gerichteten Zielen getragen wurden als die bisher diskutierten organisierten Interessengruppen. Stattdessen wurde nun kollektives Handeln mehr und mehr als ein Kampf um die »kulturelle« Dominanz verstanden. Damit einher gingen eine Abwendung vom Interessenbegriff und eine Hinführung des Begriffes des kollektiven Handelns zur kollektiven Identität (vgl. Cohen 1985; Melucci 1995).

3.
Es lassen sich vier große Felder der intellektuellen Auseinandersetzung über ein angemessenes Verständnis kollektiven Handelns unterscheiden: (1) Die Theorie der Interessengruppen, (2) die Unterscheidung zwischen latenten und manifesten Interessen, (3) die Problematik der Bereitstellung öffentlicher Güter und (4) das Phänomen der Identitätsbildung durch kollektives Handeln.

3.1. Pluralismustheoretiker wie Bentley (1935) und Truman (1951) gingen davon aus, dass sich Individuen in gleicher sozialer Lage oder mit ähnlichen Überzeugungen zu Interessengruppen zusammenschließen, um ihre gemeinsamen Ziele besser zu erreichen. Sie erklärten jedoch nicht, was die Individuen dazu bewegt sich zusammenzuschließen, und sie untersuchten auch nicht, welche sozio-ökonomischen Faktoren die Bildung von Interessengruppen begünstigen oder behindern. Im Rahmen des pluralistischen Ansatzes hat Dahrendorf (1957) bereits früh darauf aufmerksam gemacht, dass viele Individuen mit aus der Beobachterperspektive gleichen Interessen sich gerade nicht wie erwartet zusammenschließen, um ihre Interessen gemeinsam zu vertreten. Er unterschied daraufhin zwischen »latenten« und »organisierten Gruppen«. Latente Gruppen besitzen aufgrund ihrer gesellschaftlichen Position im Prinzip die gleichen Interessen, sind sich dieser Interessen aber noch nicht bewusst. Organisierte Gruppen und damit auch kollektives Handeln dagegen beruhen auf manifesten Interessen, d.h. auf der bewussten Verfolgung von Interessen mit expliziten Zielsetzungen.

3.2. Es stellt sich dann die Frage, wie aus latenten Interessen manifeste Interessen werden können. An dieser Frage rieben sich Autoren unterschiedlichster intellektueller Herkunft. Die meisten Autoren konzentrierten sich dabei auf die materiell schlechter gestellten sozialen Gruppen bzw. Klassen. Eine einfache, auf Marx und Engels zurückgehende Erklärung für die Verwandlung von latenten in manifeste Interessen lautete, dass die Entstehung von »Klassenbewusstsein« bei Arbeitern eine »Verelendung des Proletariats« voraussetze, die den Arbeitern ihre gemeinsame schlechte Lage vor Augen führe und die ihnen schließlich praktisch keine andere Wahl mehr lasse als aufzubegehren und ihre materielle Situation zu verbessern. Auf einer ähnlichen Grundlage stand auch der Ansatz der »relativen Deprivation« (vgl. Runciman 1966; Davies 1969). Diese Autoren gingen auf der Basis psychologischer Erkenntnisse davon aus, dass nicht so sehr die objektive materielle Schlechterstellung einer sozialen Gruppe für die Verwandlung von latenten in manifeste gemeinsame Interessen entscheidend sei, sondern die subjektive Wahrnehmung einer solchen Schlechterstellung verbunden mit der Frustration als legitim empfundener Erwartungen. Frustrationen aufgrund enttäuschter Erwartungen schlagen ab einem bestimmten Punkt in Wut und Aggression um, die dann zum Auslöser für Rebellionen und Revolutionen werden können.

In anderen Ansätzen wurde stärker auf soziale und politische Makrophänomene wie Staatsstrukturen, Klassenauseinandersetzungen, die Rolle politischer Eliten, militärische Konflikte und ökonomische Konkurrenz als Auslöser für kollektives Handeln geachtet (vgl. Moore 1965; Skocpol 1979). Schon Marx war davon überzeugt, dass zum kollektiven Handeln nicht nur ökonomische Faktoren, sondern auch *soziale Interaktionserfahrungen* wichtig sein können. In seinen mehr historisch ausgerichteten Schriften erwähnte er, wie wichtig die räumliche Nähe der Klassenmitglieder in den Fabriken, die tägliche Interaktion und die Herausbildung von gemeinsamen Wertesystemen seien. Touraine (1966) hat dies in den 1960er Jahren aufgegriffen und auf der Schaffung einer gemeinsamen Identität von Arbeitern insistiert, um kollektives Handeln zu ermöglichen.

Oberschall (1973) sah in seiner »soziologischen Mobilisierungstheorie« den internen Gruppenzusammenhalt als zentrale Voraussetzung für eine Mobilisierung. Akteure lebten in sozialen Netzwerken und seien durch Normen und soziale Beziehungen in Gemeinschaften eingebunden. Solidarität sei eines der ›Bindungsmittel‹ solcher Gemeinschaften, und könne bei der Organisation kollektiven Protesthandelns genutzt werden. Wichtig sei aber als zusätzliche Bedingung, dass ein Gefühl des Ausgeschlossenseins von politischer Teilhabe bestehe. Organisation wird häufig als ein anderer wichtiger Faktor bei der Bewusstwerdung von Interessen genannt. Die Rolle der »revolutionären Partei« war schon bei Marx und Lenin hervorgehoben worden. Organisationen seien entscheidend für das kollektive Handeln der Klassenmitglieder, weil sie in der Lage seien, ihre Mitglieder zu mobilisieren und Klassenziele zu verfolgen.

Der Ressourcenmobilisierungsansatz fragte genauer nach den Erfolgsbedingungen von Organisationen bei der Umsetzung von Zielen. Die Antwort wurde in der Generierung von materiellen Ressourcen (wie Geld) und immateriellen Ressourcen (wie Führung, Kommunikation und Vertrauen) gesehen, aber auch in begünstigenden oder behindernden »politischen Opportunitätsstrukturen« (vgl. Tarrow 1998).

3.3. Olsons ökonomischer Analyse kollektiven Handelns liegt ein methodologischer Individualismus zugrunde. Olson war nicht mit der Frage beschäftigt, wie latente zu manifesten Interessen werden könnten. Selbst bei manifest gleichen Interessen innerhalb einer Gruppe, könne es für deren Mitglieder »rational« sein, sich nicht an kollektiven Anstrengungen zur Erreichung gemeinsamer Ziele zu beteiligen. Kollektives Handeln komme häufig nicht zustande, weil v.a. in großen, nicht organisierten Gruppen ein Problem bei der Bereitstellung öffentlicher Güter bestehe: Zwar haben z.B. alle Arbeiter ein Interesse an höheren Löhnen und müssten deshalb im Grunde auch bereit sein, ggf. hierfür zu streiken, tatsächlich aber bestehe hier ein Anreiz für einzelne Arbeiter, sich nicht den Mühen kollektiven Handelns auszusetzen, solange sie nicht vom öffentlichen Gut (den höheren Löhnen) ausgeschlossen werden können. Es ist der Charakter eines öffentlichen Gutes, der nach Olson ein solches »Trittbrettfahrer-Verhalten« (free-riding) hervorruft.

Olsons Überlegungen waren der Ausgangspunkt für zahlreiche weitere Studien, in denen die methodischen Grundlagen seines Ansatzes hinterfragt oder modifiziert wurden (vgl. Frohlich/Oppenheimer 1970; Hardin 1982). Insbesondere ging es darum, wie sich das Problem des Trittbrettfahrerverhaltens lösen lasse. Olsons Vorschlag, entweder staatlichen Zwang oder neben dem eigentlichen (gemeinsamen) Organisationsziel zusätzliche individuelle Anreize (z.B. materielle Gratifikationen) einzusetzen, wurden von vielen als nicht hinreichend angesehen. Am dringlichsten erschien die Beantwortung der Frage, wie überhaupt solche Interessenorganisationen entstehen können, wenn Trittbrettfahrerverhalten unterstellt wird.

Schon im Modell von Clark/Wilson (1961) wurde das Verhaltensmodell Olsons in Frage gestellt und dafür plädiert, nicht nur materielle Anreize, sondern auch soziale und ideelle Anreize als handlungsbeeinflussend zu unterstellen. Ausgehend von einem Phasenmodell der Organisationsbildung ermittelten die Autoren, dass v.a. die nicht-materiellen Anreize bei der Gründung und frühen Entwicklung von Organisationen kollektiven Handelns ausschlaggebend waren, materielle Anreize dagegen erst in der Reifephase. Marwell/Oliver (1993) kamen in ihrer »Critical Mass Theory« zu einem ähnlichen Ergebnis. Sie hinterfragten dabei die Annahmen der isolierten, individuellen Entscheidung von Individuen in Olsons Modell und gingen von interdependenten Entscheidungen aus. Auch in diesem Fall war Trittbrettfahrerverhalten erst ein relativ spät auftretendes Phänomen bei der Organisation kollektiven Handelns.

3.4. Im Zusammenhang mit den »neuen sozialen Bewegungen« und dem Aufkommen postmaterialistischer Werte entwickelte sich eine neue, radikale Denkschule, die sich gegen die ökonomisch-instrumentelle Sichtweise wandte. Dieses neue »identitätsorientierte Paradigma« beruhte in der Regel auf einer konstruktivistischen Epistemologie. Im Rahmen der Diskussion über die Entstehungsbedingungen neuer sozialer Bewegungen wurde selbst die Annahme eines kausalen Nexus zwischen Interesse und Handeln hinterfragt. Die Diskussion verschob sich von der instrumentalistischen Perspektive der Interessenverfolgung hin zu einer Reflexion über die Einbettung kollektiven Handelns in einen Kampf um Sinngebung und die Konstruktion von Realität. Teilnehmer in den neuen sozialen Bewegungen seien nicht von materiellen Eigeninteressen getragen, sondern legten viel eher Wert auf Solidarität, auf soziale Anerkennung und auf Persönlichkeitsentwicklung. Diese Elemente wurden als grundlegend für die Herausbildung von individueller Identität gesehen. Die Herausbildung von Identität sei als ein ständiger Prozess zu verstehen, der innerhalb von sozialen Interaktionen stattfinde. Der Nutzen der Teilnahme an sozialen Bewegungen sei häufig die Teilnahme selbst, die Möglichkeit, in Interaktion mit anderen Individuen zu treten, die ähnliche Ansichten teilen und sich hierüber der eigenen Identität zu vergewissern. In der Interaktion mit anderen entstehe außerdem eine neue »kollektive Identität«, die wiederum als ein Mittel solidarischer sozialer Bindungen wirke. Verschiedene Autoren betonen dabei, dass sich eine solche kollektive Identität nicht nur spontan herausbilden, sondern auch aktiv von »politischen Unternehmern« herbeigeführt werden kann (vgl. Snow/Rochford/Worden u.a. 1986).

3.5. Aufgrund der verschiedenartigen epistemologischen Zugänge hat die Diskussion zwischen dem konstruktivistischen, identitätsorientierten Ansatz einerseits und dem ökonomisch-instrumentellen Ansatz andererseits bis heute nichts an Brisanz eingebüsst. Manche Autoren weisen aber darauf hin, dass ein solcher Bruch möglicherweise übertrieben ist und man auch in diesem Fall kollektives Handeln besser von einer Phasentheorie her verstehen kann: Identitätsfragen seien ein wichtiger Auslöser bei der Entstehung von neuen sozialen Bewegungen, egal ob in der »Moderne« oder in der »Postmoderne«. Wenn Identitätsfragen vorherrschen, treten Nutzen- und Kostenerwägungen in den Hintergrund. Dies kann sich mit der Alterung von sozialen Bewegungen wieder ändern, so dass die ökonomische Theorie ihren Erklärungsanspruch behaupten kann.

Auf der anderen Seite gibt es durchaus auch Ansätze in der Tradition der Theorien rationaler Wahl, die soziale Orientierung und kollektive Identitäten in das Modell einarbeiten und möglicherweise gewinnbringend in der zukünftigen Forschung über das kollektive Handeln verwendet werden können (Esser 2001).

4.

Bader, V., 1991, Kollektives Handeln, Oplade: Leske + Budrich.

Bentley, A. F., 1935, The Process of Government, Evanston: Principi.

Clark, P. B./Wilson, J. Q.,1961, Incentive Systems. A Theory of Organizations, in: Administrative Science Quarterly 6.

Cohen, J. L., 1985, Strategy or Identity. New Theoretical Paradigms and Contemporary Social Movements, in: Social Research 52.

Dahrendorf, R., 1957, Soziale Klassen und Klassenkonflikt in der industriellen Gesellschaft, Stuttgart: Enke.

Davies, J., 1969, The J-Curve of Rising and Declining Satisfactions as a Cause of Some Great Revolutions and a Contained Rebellion, in: H. Graham/T. R. Gurr (Hg.), Violence in America, New York: Signet.

Esser, H., 2001, Soziologie. Spezielle Grundlagen, Bd. 6: Sinn und Kultur, Frankfurt/M.: Campus.

Frohlich, N./Oppenheimer, J. A., 1970, I Get By With a Little Help From My Friends, in: World Politics 23.

Gamson, W., 1975, The Strategy of Social Protest, Belmont: Wadsworth 1990.

Hardin, R., 1982, Collective Action, Baltimore: Johns Hopkins University Press.

Marwell, G./Oliver, P., 1993, The Critical Mass in Collective Action, New York: Cambridge University Press.

Mayer-Zald, M. N./McCarthy, J. D., 1977, Resource Mobilization and Social Movements, in: American Journal of Sociology 81.

Melucci, A., 1995, The Process of Collective Identity, in: H. Johnston/B. Klandermans (Hg.), Social Movements and Culture, Minneapolis: University of Minnesota Press.

Moore, B., 1965, Soziale Ursprünge von Diktatur und Demokratie, Frankfurt/M.: Suhrkamp 1969.

Oberschall, A., 1973, Social Conflict and Social Movement, Englewood Cliffs: Prentice Hall.

Olson, M., 1965, Die Logik des kollektiven Handelns, Tübingen: Mohr Siebeck 2004.

Runciman, W., 1966, Relative Deprivation and Social Justice, London: Routledge and Kegan Paul.

Skocpol, T., 1979, States and Social Revolutions, Cambridge: Cambridge University Press.

Smelser, N. J., 1963, The Theory of Collective Behaviour, New York: Free Press.

Snow, D./Rochford, E. J./Worden, S./Benford, R., 1986, Frame Alignment Processses, Micromobilization, and Movement Participation, in: American Sociological Review 51.

Tarrow, S., 1998, Power in Movement. Social Movements, Collective Action, and Politics, New York: Cambridge University Press.

Touraine, A., 1966, La conscience ouvrière, Paris: Seuil.

Touraine, A., 1981, The Voice and the Eye. An Analysis of Social Movements, Cambridge: Cambridge University Press.

Truman, D., 1951, The Governmental Process, New York: Knopf.

Wilson, J. Q., 1973, Political Organizations, Princeton: Princeton University Press.

DIETMAR BRAUN

Handlung/Handlungstheorie

1.

Handlungstheorie ist die Lehre von den (insbesondere menschlichen) Handlungen. Der Teilbereich sozialer Handlungen ist Thema der *soziologischen Handlungstheorie* (Überblick in Schimank 2000), die Psychologie menschlicher Handlungen Thema der *psychologischen Handlungstheorie* (Überblick in Brandstädter 2001). Innerhalb der Philosophie sind Handlungen Gegenstand der *philosophischen Handlungstheorie*, daneben auch der *Philosophie des Geistes*, der *Moral- und Rechtsphilosophie*, *Sozialphilosophie* und *Metaphysik*.

Das Wort »Handlung« spielt im alltäglichen Sprachgebrauch keine große Rolle und wird zudem in ganz unterschiedlichen Bedeutungen verwendet (z.B. die *Handlung* eines Romans, Schreibwaren-*Handlung*). Zur Bezeichnung dessen, womit sich die Handlungstheorie beschäftigt, ist stattdessen häufig davon die Rede, was jemand *tut* oder *bewirkt*, was er *macht* oder wie er sich *verhält*.

2.

Historisch sind Handlungen spätestens seit Sokrates' Auseinandersetzung mit dem Sophisten Protagoras Gegenstand philosophischer Überlegungen. Anknüpfungspunkt heutiger Autoren ist in der Regel Aristoteles' Diskussion im 3. Buch der *Nikomachischen Ethik*. Das Interesse an Handlungen war aber stets moralphilosophisch motiviert. Handlungstheorie als eigenständige philosophische Disziplin existiert erst seit Mitte des 20. Jahrhunderts (vgl. Brand 1984; Beckermann 1977; Meggle 1977; Lenk 1978/79).

3.

Im Zentrum der philosophischen Handlungstheorie steht die generelle Frage, was Handlungen sind (vgl. Runggaldier 1996). Dabei wird vorausgesetzt, dass das Charakteristische der Handlungen in ihrer Beziehung zu einem Akteur besteht: Es *liegt an dem Handelnden*, dass die Handlung stattfindet. Strittig ist aber, (i) was dasjenige *ist*, das in dieser Beziehung zum Handelnden steht, und (ii) worin die für Handlungen charakteristische Beziehung besteht.

3.1. Die am weitesten verbreitete Antwort auf die erste Frage lautet: Handlungen sind *Ereignisse*. Für diese Antwort spricht, dass gewöhnlich etwas geschieht, wenn jemand handelt, und dass die Folgen dieses Geschehens als Handlungsfolgen erachtet werden. Was es heißt, dass Handlungen Ereignisse sind, hängt allerdings wiederum davon ab, was Ereignisse sind (vgl. Stoecker 1992).

Ein charakteristisches Merkmal der Rede von Handlungen ist die Verknüpfung von Handlungsbeschreibungen durch »indem« oder »dadurch dass«. Diese Redeweise führt zu Baumstrukturen (*Handlungsbäumen*) (vgl. Goldman 1970), die in sog. *Basis-Handlungen* wurzeln, deren Kennzeichen es ist, nicht mehr dadurch vollzogen zu werden, dass der Akteur etwas anderes tut (vgl. Danto 1965). Da »indem« auch Handlungsbeschreibungen verbindet, die auf unterschiedlich weit entfernte Handlungsfolgen Bezug nehmen, entsteht der Eindruck, Handlungen könnten sich wie eine Ziehharmonika ausdehnen oder schrumpfen (*Akkordeoneffekt*). Deshalb ist es auch schwierig, Handlungen raumzeitlich zu lokalisieren (*time-of-a-killing Problem*; vgl. Anscombe 1957; Davidson 1985). Eine Möglichkeit, diesem Problem zu entkommen, besteht darin, die Handlung nicht mit einem Ereignis, sondern mit der ganzen Ereignisfolge oder auch mit der Beziehung zwischen Akteur und Handlungsresultat zu identifizieren (vgl. Wright 1963; Dretske 1988). Eine zweite Lösung liegt darin, die Handlungen auf ihr absolutes Minimum, ihren Startpunkt im Kopf des Akteurs (einem *Versuch*; vgl. Hornsby 1980; oder einem *Willensakt*; vgl. Prichard 1949), zu beschränken und alle vermeintlichen äußeren Handlungen als bloße Handlungseffekte anzusehen. Zieht man allerdings in Betracht, dass es neben aktiven auch passive Handlungen gibt, d.h. Handlungen des *Unterlassens* und *Geschehenlassens*, dann gewinnt die ontologisch radikale Position an Attraktivität, der zufolge Handlungen überhaupt keine individuierbaren Entitäten sind (vgl. Bach 1980; Stoecker 2001).

3.2. Abgesehen davon, zu welcher ontologischen Kategorie Handlungen zählen, stellt sich die Frage, worin ihre spezifische Differenz gegenüber anderen Entitäten derselben Kategorie liegt. Die klassische, spätestens auf Aristoteles zurückgehende Auskunft lautet: Handlungen sind *willentliche* Ereignisse (vgl. Dihle 1982). Das legt die Vermutung nahe, Handlungen seien durch ihre Genese aus dem *Willen* des Akteurs charakterisiert, und wirft unmittelbar die Frage auf, was der Wille ist. Wenig erhellend ist die Beschreibung des Willens als *Handlungsvermögen*. Aufschlussreicher ist die historisch ebenfalls prominente Alternative, dass Handlungen willentlich sind, weil sie von Willensakten ausgelöst werden (*Volitionalismus*; Überblick in Seebaß 1993, 45 ff.). Darin spiegelt sich die Erfahrung, dass man sich häufig zu Handlungen entschließen muss. Allerdings ist einem bei vielen anderen Handlungen ein solcher handlungsinitiierender Akt zumindest nicht bewusst. Außerdem sind die paradigmatischen Willensakte selbst wieder Handlungen, so dass die Annahme, alle Handlungen beruhten auf einem Willensakt, eine unendliche Iteration aufeinander bezogener Willensakte impliziert (vgl. Ryle 1949, Kap. 3). Moderne Volitionalisten versuchen, diese Schwierigkeiten entweder dadurch zu umgehen, dass sie Willensakte als nicht weiter explizierbare Phänomene sui generis ansehen (vgl. Prichard 1949; Ginet 1990), oder indem sie Willensakte mit Akten des Versuchens identifizieren (vgl. Hornsby 1980). Eine dritte, in einem weiten Sinn volitionalistische Strategie besteht darin, Volitionen als bestimmte Form mentaler Einstellungen zu beschreiben, als Absichten oder eine besondere Art des Wollens (vgl. Goldman 1970; Sellars 1976; Brand 1984).

Die Schwierigkeiten, denen der Volitionalismus ausgesetzt ist, provozieren aber auch die Frage, ob nicht die schwächere Alternative ausreicht, dass Handlungen etwas sind, woran dem Handelnden in irgendeiner Weise gelegen ist, dem gegenüber er eine positive Einstellung (*pro-attitude*) hat (vgl. Davidson 1963), oder kurz: wovon er glaubt, dass es seinen Wünschen entspricht (*Wunsch-Meinungs-Modell*). Das allein ist zwar unzureichend, die Beziehung zwischen Handelnden und ihren Handlungen zu spezifizieren, weil viel geschehen kann, das den Wünschen einer Person entspricht, ohne deren Handlung zu sein, aber es liegt nahe, es um eine weitere Bedingung zu ergänzen: Handlungen geschehen, *weil* die Person die entsprechenden Wünsche und Meinungen hat. Die Wünsche und Meinungen müssen die Handlung *erklären*.

3.3. Damit setzt das Verständnis von Handlungen ein Verständnis von Handlungserklärungen voraus. Zur deren Erläuterung kann man auf dreierlei explanatorische Muster zurückgreifen: *teleologische* Erklärungen (vgl. Wilson 1989), bei denen das Explanandum durch ein Ziel oder einen Zweck erklärt wird, *kausale* Erklärungen, die auf Ursachen verweisen, und *hermeneutisches* Verstehen, das das Explanandum als sinnvoll oder vernünftig beschreibt (vgl. Anscombe 1957; Kenny 1975; Wright 1981). Auf den ersten Blick scheint es Beispiele für Handlungserklärungen aller drei Muster zu geben, die sich aber leicht in solche der jeweils anderen Typen übersetzen lassen. Es stellt sich deshalb die Frage, ob sie sich nicht letztlich auf einen explanatorischen Typ zurückführen lassen.

Die Frühphase der modernen Handlungstheorie war durch die Überzeugung geprägt, dass Handlungserklärungen jedenfalls nicht kausal sein könnten. Dafür waren v.a. zwei Überlegungen verantwortlich (Überblick in Beckermann 1977): (i) Das *logical connection argument* führt die (häufig auf Hume gestützte) Annahme an, dass man aus einem Ereignis nicht logisch auf seine Ursachen schließen könne, sowie die Feststellung, dass die charakteristische Erwünschtheit von Handlungen eine logische Beziehung zwischen einer Handlung und den Wünschen und Meinungen, aus denen sie geschieht, stifte. Daraus wird geschlossen, dass die Erklärung von Handlungen durch Wünsche und Meinungen nicht kausal sein könne (vgl. Taylor 1966; Wright 1971). Dieses Argument gilt heute weitgehend als widerlegt, erstens weil logische Beziehungen immer zwischen

Beschreibungen bestehen, während Kausalbeziehungen das Beschriebene selbst verbinden (vgl. Davidson 1963), und zweitens weil allein das Wissen, dass die Handlung erwünscht war, normalerweise keinen Schluss auf die Wünsche zulässt, aus denen sie vollzogen wurde. (ii) Das *Argument aufgrund der Anomalie von Handlungserklärungen* basiert auf der Annahme, dass Kausalerklärungen auf Gesetzmäßigkeiten beruhen, während es keinen gesetzmäßigen Zusammenhang zwischen Überzeugungen/Wünschen und Handlungen gebe (vgl. Hempel 1965; Überblick in Keil 2000). Auch bei diesem Argument droht allerdings eine Vermischung zwischen der Ebene der Beschreibung (auf der Ereignisse unter Gesetze fallen können) und der des Beschriebenen (auf der etwas Ursache und Wirkung sein kann); außerdem kann man bezweifeln, dass Kausalbeziehungen wirklich Gesetze voraussetzen und dass es sich dabei um strikte Naturgesetze und nicht bloß um psychologische Generalisierungen handeln muss; oder man kann doch noch versuchen, ein striktes Handlungsgesetz zu formulieren (vgl. Churchland 1970).

Neben die beiden traditionellen Bedenken gegen ein kausales Verständnis der Handlungserklärung ist in den letzten Jahren ein neuer Einwand getreten, der *Epiphänomenalismus-Verdacht* (Überblick in Heil/Mele 1993), dem zufolge intentionale Einstellungen Handlungen zwar verursachen, aber nicht als *psychische Phänomene*. Diesen Argumenten zum Trotz ist in der Handlungstheorie heute die kausalistische Auffassung vorherrschend. Das liegt auch daran, dass sich weder die teleologische noch die hermeneutische Alternative als unabhängiges explanatorisches Modell etablieren konnte.

Akzeptiert man dieses kausalistische Grundverständnis, dann stellt sich die weitergehende Frage, ob es auch eine *hinreichende* Bedingung für Handlungen ist, dass sie durch passende Wünsche und Meinungen verursacht werden. Zweifel daran werden durch phantasievoll konstruierte Gegenbeispiele geweckt, in denen zwar geschieht, was eine Person möchte, und dieser Wunsch das Geschehen auch verursacht, aber auf einem so seltsamen Weg (*wayward/deviant causal chain*), dass man das Resultat nicht als Handlung bezeichnen würde (Überblick in Keil 2000, Kap. 1). Die Diskussion dieser Beispiele hat gezeigt, dass Wünsche und Meinungen jedenfalls nicht so den Anstoß zur Handlung geben wie im Bild der kollidierenden Billardbälle ein Ball dem anderen einen Anstoß gibt. Plausibler ist die Annahme, dass die psychischen Einstellungen eine Person in ihren Handlungen *leiten*, dass Handlungen also unter der Leitung oder Steuerung des Akteurs und seiner intentionalen Einstellungen geschehen (vgl. Frankfurt 1978; Fischer/Ravizza 1998). Die handlungsleitenden Wünsche und Meinungen bilden dann die *kausalen Randbedingungen* der Handlung, nicht ihre auslösende Ursache.

3.4. Im Zusammenhang mit diesem Modell stellt sich die generelle Frage nach den *Explanantia der Handlungserklärungen*. Aus Sicht des Wunsch-Meinungsmodells sind es intentionale Einstellungen, die teilweise als Ereignisse (*mental events*), teilweise als Zustände oder Dispositionen verstanden werden. Häufig werden diese Einstellungen auch als »*Handlungsgründe*« bezeichnet. Dies entspricht einer alltäglichen Verwendung des Wortes »Grund«, es gibt aber auch eine andere, der zufolge Handlungsgründe *Sachverhalte* sind. Gründe im ersten Sinn kann man als »*interne*«, die im zweiten Sinn als »*externe Gründe*« bezeichnen (vgl. Wright 1981). Für Vertreter des Wunsch-Meinungsmodells können externe Gründe nur dann Handlungen erklären, wenn es passende interne Gründe gibt. Man kann die explanatorische Kraft der externen Gründe aber auch darin sehen, dass sie den Handelnden *einladen* oder auffordern, entsprechend zu handeln (vgl. Wright 1981; Iorio 1998; Bittner 2001; Stoutland 2002).

Sowohl für interne wie auch für externe Gründe gilt, dass sie eine Handlung nur erklären, wenn die Handlung im Lichte dieser Gründe nachvollziehbar, verständlich, vernünftig erscheint, d.h. wenn der Handelnde auf ihrer Basis zu dem Entschluss hätte kommen können, so zu handeln. Dieser Zusammenhang wird üblicherweise im Rückgriff auf Aristoteles mit Hilfe eines sog. *praktischen Syllogismus* beschrieben, wobei die Konklusion für die Handlung und die Prämissen für die Gründe stehen. Es gibt verschiedene Fassungen des praktischen Syllogismus, die sich insbesondere darin unterscheiden, ob sie ihm eine spezielle Handlungslogik unterstellen oder nicht, und ob sie (wie Aristoteles) die Handlung selbst oder nur so etwas wie eine Absicht, einen Entschluss als Konklusion ansehen. Dass die Handlungsgründe in Form eines praktischen Syllogismus auf die Handlung schließen lassen müssen, ist eine minimale *Rationalitätsbedingung* für Handlungen.

Weitergehende Rationalitätsanforderungen betreffen das Verhältnis der Handlungsgründe zu anderen intentionalen Einstellungen des Handelnden, und zwar zum einen die *logischen Beziehungen* zwischen den Inhalten dieser Einstellungen, insbesondere ihre Kompatibilität, zum anderen das Verhältnis zwischen der jeweiligen *Stärke* der Wünsche und *Gewissheit* der Meinungen. Die Frage, welche Handlung im Lichte aller intentionalen Einstellungen eines Akteurs rational ist, ist Gegenstand der *rationalen Entscheidungstheorie* (Überblick in Resnick 1987). Sie setzt gewichtete Präferenzen und subjektive Wahrscheinlichkeiten des Akteurs als theoretische Pendants zu den intentionalen Einstellungen voraus, um dann die Möglichkeiten rationaler Handlungen zu erkunden, angefangen von individuellen Entscheidungen, bei denen die jeweiligen Handlungsfolgen bekannt sind, über Entscheidungen unter Unsicherheit oder Unwissen und Entscheidungen in Wechselwirkung mit anderen Akteuren (*Spieltheorie*) bis hin zu sozialen und kollektiven Entscheidungen (*social choice theory*).

Man kann die Ergebnisse der Entscheidungstheorie als Ratschläge deuten, wie sich Akteure verhalten sollten, oder als Beschreibungen dessen, wie sie sich tatsächlich verhalten. Für die deskriptive Lesart ergibt sich das Problem der *Irrationalität*. Akteure ignorieren die Folgen ihrer Handlungsmöglichkeiten, ziehen Fehlschlüsse und tun v. a. nicht immer das, was sie für das beste halten. Letzteres wird gewöhnlich als *Willensschwäche* (akrasia) bezeichnet (vgl. Spitzley 1992; 2004). Auf der einen Seite scheinen Handlungen wider besseres Wissen nur durch vernunftferne Kräfte vorstellbar, willensschwache Handlungen also streng genommen unmöglich zu sein, auf der anderen Seite passt das Bild des überwältigten Akteurs kaum zu den vertrauten Alltagsbeispielen für Willensschwäche.

Vielleicht ist das Bild der starken oder schwachen Vernunft aber auch aus dem viel tieferen Grund verfehlt, dass die Vernunft für sich gesehen ohnehin keine Kraft hat, zum Handeln zu motivieren, sondern nur (wie Hume es ausgedrückt hat) die »Sklavin« von Impulsen, Affekten und Leidenschaften ist (Überblick in Gosepath 1999). Auch diese Vermutung ist mit Hilfe der Ausdrücke »*interne*« und »*externe* Gründe« beschrieben worden (vgl. Williams 1979). Handlungen lassen sich aus dieser Sicht nur dann durch Gründe erklären, wenn diese Gründe an den *Motiven* der Handelnden ansetzen (intern), es reicht nicht, dass die Gründe auf einem Urteil darüber basieren, dass es richtig für den Akteur war, so zu handeln (extern), und zwar auch dann nicht, wenn er dieses Urteil teilt. Aus handlungstheoretischer Sicht droht diese Position, nichtssagend zu sein, aus ethischer Sicht legt sie aber den Schluss nahe, dass auch ethische Handlungsgründe nicht ohne Rückgriff auf die individuellen Motive der Akteure möglich sind, und es ist ein Gegenstand lebhafter Debatte (*Internalismus* vs. *Externalismus*), ob diese Position beispielsweise mit einer *Vernunftethik* wie der kantischen vereinbar wäre (vgl. etwa Korsgaard 1986).

3.5. Abgesehen davon, ob der Wunsch-Komponente eine andere (motivierende) Kraft für die Handlungsgenese zukommt als der Meinungs-Komponente, kann man auch die viel grundsätzlichere Frage stellen, ob es überhaupt eine notwendige Bedingung für Handlungen ist, aus Gründen zu geschehen. Dagegen sprechen die alltäglichen Fälle von Handlungen aus *Gewohnheit*, aus *Leidenschaft* oder bloßem *Mutwillen* (vgl. Hursthouse 1991;

Iorio 1998). Hier ist es zumindest nicht immer selbstverständlich, dass sie zudem auch noch aufgrund von Meinungen und Wünschen des Akteurs geschehen, nicht selten hat es eher den Anschein, dass sie seinem Wollen zuwider laufen. Eine andere Gruppe von Handlungen, bei denen es jedenfalls nicht offensichtlich ist, dass sie aus Gründen geschehen, sind die Handlungen *aus Versehen*. Sie erfordern ein *umfassenderes Handlungsverständnis*, dem zufolge Handlungen dasjenige sind, was man entweder selbst absichtlich (willentlich, mit Gründen) tut oder was man dadurch tut, dass man etwas anderes absichtlich tut. Unter diesen weiten Handlungsbegriff werden üblicherweise auch solche Handlungen gefasst, mit denen man etwas bewirkt, was man zwar nicht anstrebt, aber als *Nebenfolge* der Handlung in Kauf nimmt.

3.6. Ein wichtiger Grund für den umfassenden Handlungsbegriff liegt darin, dass man den Akteur für alle Handlungen, die darunter fallen, *verantwortlich* macht. Handlungen sind ein wichtiger, wenn nicht sogar der einzige Gegenstand moralischer Verantwortungszuschreibung (vgl. Mackie 1977, Kap. 9), was zu der Annahme geführt hat, Handlungen seien nichts anderes als dasjenige, wofür jemand verantwortlich ist (Askriptivismus; vgl. Hart 1948/49).

Nach verbreiteter Überzeugung ist ein Akteur allerdings nicht in demselben Maße für versehentliche Handlungen und das Bewirken von Nebenfolgen verantwortlich wie für absichtliche Handlungen. Dies ist für Handlungen aus Versehen weitgehend unstrittig, für das Bewirken von Nebenfolgen aber Gegenstand einer moralphilosophischen Debatte, in deren Zentrum das aus der scholastischen Tradition stammende *Prinzip der Doppelwirkung* steht, dem zufolge es unter bestimmten Umständen zulässig sein kann, etwas als Nebenfolge in Kauf zu nehmen, was man keinesfalls absichtlich hervorrufen darf. In der angewandten Ethik hat dieses Prinzip v.a. in den Diskussionen um Abtreibung und gerechten Krieg eine Rolle gespielt.

Damit eng verwandt ist die Frage, ob eine andere handlungstheoretische Unterscheidung Konsequenzen für die Verantwortlichkeit des Akteurs hat, die Unterscheidung zwischen aktiven und passiven Handlungen (*Unterlassen* bzw. *Geschehenlassen*) (vgl. Birnbacher 1995). Dies ist insbesondere in der Sterbehilfedebatte umstritten. Einerseits spricht die moralische und rechtliche Urteilspraxis für eine deutliche Differenz in der ethischen Bewertung und damit für die sog. *Signifikanzthese*, andererseits berufen sich Verfechter der konkurrierenden *Äquivalenzthese* auf moraltheoretische (z.B. utilitaristische) Gründe und versuchen zugleich, dem Eindruck der Kontraintuitivität durch ausgeklügelte Gegenbeispiele entgegenzuwirken.

3.7. Daneben gibt es ein viel grundsätzlicheres, generelles Problem für die Annahme, Handlungen seien der Gegenstand von Verantwortung, nämlich die Frage, ob Verantwortung überhaupt *möglich* ist. Moralisch verantwortlich für eine Handlung zu sein bedeutet, dass man sich für sie zur *Rechenschaft* ziehen lassen muss (Überblick in Bayertz 1995). Im schwächsten Sinn heißt das nur, dass man für die Handlung belohnt oder bestraft werden kann. In einem stärkeren Sinn bedeutet Rechenschaft abzulegen aber, sich durch Gründe (und unter Umständen durch Entschuldigungen) zu rechtfertigen, was offenkundig an Handlungen geknüpft ist, denn nur wer aus Gründen handelt, kann aufgefordert werden, seine Handlungsgründe zu nennen. Um wirklich verantwortlich zu sein, wird aber auch erwartet, dass er *aus diesen Gründen* so gehandelt hat, was vorauszusetzen scheint, dass es ihm *frei* stand, so zu handeln.

Nach verbreiteter Überzeugung setzt Verantwortung also ein gewisses Maß an *Freiheit* voraus. Zugleich ist aber fraglich, ob Menschen diese Freiheit haben. Das ist der Einstieg in das traditionelle metaphysische Freiheitsproblem (Überblick in Guckes 2003; Pothast 1978). Es gibt mindestens drei verschiedene Gründe, Zweifel an der für die Verantwortlichkeit erforderlichen Freiheit zu haben: der Glaube an eine vollständige Kontrolle des Weltgeschehens durch göttliche Mächte, die Annahme von lückenlos gültigen Naturgesetzen und die Annahme einer umfassenden Zufälligkeit allen Geschehens. Während die ersten beiden (*deterministischen*) Auffassungen darauf hinauszulaufen scheinen, dass es dem Handelnde niemals frei steht, wie er handelt, scheint es nach der dritten (*indeterministischen*) Position reine Glücksache zu sein, was er tut. Am wichtigsten für die moderne Diskussion ist die zweite Annahme, weil sie (jenseits der subatomaren Welt) Teil des allgemeinen, naturwissenschaftlichen Weltverständnisses ist.

Auf das durch diese Annahme erzeugte Problem gibt es prinzipiell drei Reaktionen: den Verzicht auf Verantwortlichkeit, die Zurückweisung des Determinismus oder die Zuversicht, dass sich dem ersten Anschein zum Trotz Freiheit und Determinismus doch noch vereinbaren lassen. Vertreter der ersten beiden Positionen werden gewöhnlich als *Inkompatibilisten*, die der letzten Position als *Kompatibilisten* bezeichnet. Das Hauptproblem der ersten inkompatibilistischen These, dass aus dem Determinismus die Unmöglichkeit von Freiheit und Verantwortung folge (*harter Determinismus*), liegt in der existenziellen Spannung zwischen dem Anspruch, sich als rationales Subjekt mit Gründen am philosophischen Diskurs zu beteiligen, und dem skizzierten Bild des radikal unfreien Menschen. Es ist nicht nur eine Bedingung von Verantwortlichkeit, sondern auch von menschlichem Glück und menschlicher Würde, frei zu sein (vgl. Dennett 1984). Wer die Freiheit verneint, muss folglich bereit sein, auch in dieser Hinsicht radikal umzudenken (vgl. Skinner 1971).

Auf der anderen Seite läuft man mit einer philosophischen Ablehnung des naturgesetzlichen Determinismus Gefahr, sich angesichts des naturwissenschaftlichen Fortschritts lächerlich zu machen (vgl. dagegen Van Inwagen 1983). In der Tradition Reids und Kants ist deshalb versucht worden, die Beziehung zwischen Akteur und Handlung ganz aus dem kausalen Ablauf des Naturgeschehens herauszulösen und als eigene Art des kausalen Bewirkens aufzufassen (*agent causality*; vgl. Taylor 1966; Chisholm 1976). Verantwortung ist aus dieser Sicht möglich, weil Handlungen neben ihren natürlichen Ursachen auch noch durch den Handelnden selbst verursacht werden. Das Problem dieser Position liegt allerdings darin, dass es schwer ist zu verstehen, was es heißen soll, dass ein Akteur die Handlung verursacht, ohne dass sich dies dadurch erklären ließe, dass etwas bei ihm geschieht oder er etwas tut, was die Handlung verursacht – wodurch die Akteurskausalität wieder auf gewöhnliche Ereigniskausalität zurückgeführt wäre.

Angesichts der Schwierigkeiten, mit denen beide Formen des Inkompatibilismus zu kämpfen haben, vertreten die meisten modernen Handlungstheoretiker die kompatibilistische Auffassung, dass der Determinismus zwar wahr sei, aber nicht im Widerspruch zu der für moralische Verantwortung und menschliche Würde erforderlichen Freiheit stehe (*weicher Determinismus*). Dabei wird vorausgesetzt, dass der Determinismus eine These über den möglichen Gang des Weltgeschehens ist, der zufolge es zu jedem Zeitpunkt nur eine mögliche Fortsetzung des Geschehens gibt, nämlich die den Naturgesetzen entsprechende. Da auch die Freiheit gewöhnlich modal charakterisiert wird, als die Möglichkeit, in einer Entscheidungssituation *anders handeln zu können*, versucht der Kompatibilismus nun, den vermeintlichen Widerspruch zwischen Determinismus und Freiheit dadurch aufzulösen, dass diese beiden Modalaussagen so spezifiziert werden, dass sie miteinander vereinbar sind.

Eine nahe liegende Lesart lautet: Frei ist ein Akteur, der anders gehandelt hätte, *wenn er es gewollt hätte*. Diese *Handlungsfreiheit* ist mit dem Determinismus verträglich, hat allerdings zur Konsequenz, dass der Akteur, gegeben die Weltgeschichte vor seiner Geburt, *nichts anderes hätte wollen können*. Für ein verantwortliches Handeln wird hingegen auch noch gefordert, dass der Akteur frei ist zu wollen, was er will (*Willensfreiheit* oder *Autonomie*). Eine Möglichkeit, der Willensfreiheit gerecht zu werden, besteht darin, sie wiederum an höherstufige Intentionen des Akteurs zu koppeln bzw. daran, mit welchen Handlungswünschen er sich identifiziert (vgl. Frankfurt 1971). Allerdings umgeht man damit nicht die deterministische Feststellung, dass es letztlich unmöglich ist, andere Einstellungen zu haben als die durch die Welt, in die man hineingeboren wird, vorgegebenen. Ein anderer Vorschlag besteht darin, Freiheit und moralische Verantwortung davon zu lösen, dass man anders hätte handeln können, und sie stattdessen an die Fähigkeit des Akteurs zu binden, sein Handeln zu leiten und zu kontrollieren (vgl. Frankfurt 1969, Fischer/Ravizza 1998). Ob man auf diesem Weg tatsächlich aus der Aporie des Freiheitsproblems gelangt, ist noch offen, aber es zeigt sich jedenfalls, dass die traditionellen Fragen nach der Freiheit und Verantwortlichkeit des Menschen eine detaillierte handlungstheoretische Grundlage erforderlich machen.

4.

Anscombe, G. E. M., 1957, Absicht, Freiburg: Alber 1986.
Bach, K., 1980, Handlungen sind keine Ereignisse, in: R. Stoecker (Hg.), Handlungen und Handlungsgründe, Paderborn: Mentis 2002.
Bayertz, K. (Hg.), 1995, Verantwortung, Darmstadt: WBG.
Beckermann, A., 1977, Gründe und Ursachen, Kronberg: Scriptor.
Beckermann, A. (Hg.), 1977, Analytische Handlungstheorie, Bd. 2, Frankfurt/M.: Suhrkamp.
Birnbacher, D., 1995, Tun und Unterlassen, Stuttgart: Reclam.
Bittner, R., 2001, Aus Gründen handeln, Berlin: de Gruyter 2005.
Brand, M., 1984, Intending and Acting, Cambridge/MA: MIT Press.
Brandstädter, J., 2001, Entwicklung, Intentionalität, Handeln, Stuttgart: Kohlhammer.
Chisholm, R., 1976, Person and Object, London: Allen & Unwin.
Churchland, P. M., 1970, Der logische Status von Handlungserklärungen, in: A. Beckermann (Hg.), Analytische Handlungstheorie, Bd. 2, Frankfurt/M.: Suhrkamp 1977.
Danto, A., 1965, Basis-Handlungen, in: G. Meggle (Hg.), Analytische Handlungstheorie, Bd. 1, Frankfurt/M.: Suhrkamp 1977.
Davidson, D., 1963, Handlungen, Gründe und Ursachen, in: ders., Handlung und Ereignis, Frankfurt/M.: Suhrkamp 1985.
Davidson, D., 1985, Adverbs of Action, in: B. Vermazen/J. Hintikka (Hg.), Essays on Davidson, Oxford: Clarendon Press.
Dennett, D., 1984, Ellenbogenfreiheit, Frankfurt/M.: Hain 1986.
Dihle, A., 1982, Die Vorstellung vom Willen in der Antike, Göttingen: Vandenhoeck & Ruprecht 1985.
Dretske, F., 1988, Explaining Behavior, Cambridge/MA: MIT Press.
Elster, J., 2007, Explaining Social Behavior, Cambridge: Cambridge University Press.
Fischer, J./Ravizza, M., 1998, Responsibility and Control, Cambridge: Cambridge University Press.
Frankfurt, H., 1969, Alternative Handlungsmöglichkeiten und moralische Verantwortung, in: ders., Freiheit und Selbstbestimmung, Berlin: Akademie 2001.
Frankfurt, H., 1971, Willensfreiheit und der Begriff der Person, in: ders., Freiheit und Selbstbestimmung, Berlin: Akademie 2001.
Frankfurt, H., 1978, Das Problem des Handelns, in: R. Stoecker (Hg.), Handlungen und Handlungsgründe, Paderborn: Mentis 2002.
Ginet, C., 1990, On Action, Cambridge: Cambridge University Press.
Goldman, A., 1970, A Theory of Human Action, Englewood Cliffs: Prentice-Hall.
Gosepath, S. (Hg.), 1999, Motive, Gründe, Zwecke, Frankfurt/M.: Fischer.
Guckes, B., 2003, Ist Freiheit eine Illusion?, Paderborn: Mentis.
Hart, H. L. A., 1948/49, The Ascription of Responsibility and Rights, in: Proceedings of the Aristotelian Society 49.
Heil, J./Mele, A. (Hg.), 1993, Mental Causation, Oxford: Clarendon Press.
Hempel, C. G., 1965, Aspekte wissenschaftlicher Erklärung, Berlin: de Gruyter 1977.
Hollis, M., 1994, Soziales Handeln, Berlin: Akademie 1995.
Hornsby, J., 1980, Actions, London: Routledge & Kegan Paul.
Hursthouse, J., 1991, Arationale Handlungen, in: R. Stoecker (Hg.), Handlungen und Handlungsgründe, Paderborn: Mentis 2002.
Iorio, M., 1998, Echte Gründe, echte Vernunft, Dresden: Dresden University Press.
Keil, G., 2000, Handeln und Verursachen, Frankfurt/M.: Klostermann.
Kenny, A., 1975, Will, Freedom and Power, Oxford: Blackwell.

Korsgaard, C., 1986, Skeptizismus bezüglich praktischer Vernunft, in: S. Gosepath (Hg.), Motive, Gründe, Zwecke, Frankfurt/M.: Fischer 1999.
Lenk, H. (Hg.), 1978/79, Handlungstheorien interdisziplinär, Bd. 2, München: Fink.
Mackie, J. L., 1977, Ethik, Stuttgart: Reclam 1981.
Meggle, G. (Hg.), 1977, Analytische Handlungstheorie, Bd. 1, Frankfurt/M.: Suhrkamp.
Pothast, U. (Hg.), 1978, Freies Handeln und Determinismus, Frankfurt/M.: Suhrkamp.
Prichard, H. A., 1949, Acting, Willing, Desiring, in: ders., Moral Obligation, Oxford: Oxford University Press.
Resnick, M., 1987, Choices, Minneapolis: University of Minnesota Press.
Runggaldier, E., 1996, Was sind Handlungen?, Stuttgart: Kohlhammer.
Ryle, G., 1949, Der Begriff des Geistes, Stuttgart: Reclam 1969.
Schimank, U., 2000, Handeln und Strukturen, Weinheim: Juventa.
Seebaß, G., 1993, Wollen, Frankfurt/M.: Klostermann.
Sellars, W., 1976, Volitions Re-affirmed, in: M. Brand/D. Walton (Hg.), Action Theory, Dordrecht: Reidel.
Skinner, B. F., 1971, Jenseits von Freiheit und Würde, Reinbek: Rowohlt 1973.
Spitzley, T., 1992, Handeln wider besseres Wissen, Berlin: de Gruyter.
Spitzley, T. (Hg.), 2004, Willensschwäche, Paderborn: Mentis.
Stoecker, R., 1992, Was sind Ereignisse?, Berlin: de Gruyter.
Stoecker, R., 2001, Agents in Action, in: Grazer Philosophische Studien 61.
Taylor, R., 1966, Action and Purpose, Englewood Cliffs: Prentice Hall.
Van Inwagen, P., 1983, An Essay on Free Will, Oxford: Clarendon Press.
Williams, B., 1979, Interne und externe Gründe, in: S. Gosepath (Hg.), Motive, Gründe, Zwecke, Frankfurt/M.: Fischer 1999.
Wilson, G., 1989, The Intentionality of Human Action, Stanford: Stanford University Press.
Wright, G. H. v., 1963, Norm und Handlung, Königstein: Scriptor 1979.
Wright, G. H. v., 1971, Erklären und Verstehen, Frankfurt/M.: Athenäum 1974.
Wright, G. H. v., 1981, Erklären und Verstehen von Handlungen, in: R. Stoecker (Hg.), Handlungen und Handlungsgründe, Paderborn: Mentis 2002.

Ralf Stoecker

Hart, Herbert Lionel Adolphus (1907–1992)

1.

Hart wurde in Harrowgate (England) geboren. Er studierte am Cheltenham College, der Bradford Grammar School und am New College in Oxford. Nach seinem Studium war er zunächst als Rechtsanwalt in London tätig. Von 1939 bis 1945 arbeitete Hart zusammen mit den Oxford-Philosophen Stuart Hampshire und Gilbert Ryle für den britischen Geheimdienst. Die regelmäßigen philosophischen Diskussionen mit Hampshire und Ryle weckten sein philosophisches Interesse und so wurde er nach Kriegsende Fellow und Tutor am New College in Oxford. 1952 wurde Hart in Oxford zum Professor für allgemeine Rechtslehre (»Jurisprudence«) ernannt. Eine Gastprofessur an der Harvard Universität von 1956–1957 nahm Hart zum Anlass, die von ihm entwickelte Version des Rechtspositivismus gegen die Naturrechtslehre von Lon Fuller zu verteidigen. 1959 veröffentlichte Hart (zusammen mit Tony Honoré) *Causation in the Law*, eine Studie über Kausalität im Strafrecht, kurz darauf sein Hauptwerk *Der Begriff des Rechts* (1961). In *Law, Liberty, and Morality* (1963) und *The Morality of the Criminal Law* (1965) wandte Hart sich gegen den moralischen Paternalismus im Recht. 1968 entwickelte Hart in *Punishment and Responsibility* eine Theorie der Strafe, die Vergeltung mit Nützlichkeitserwägungen verbindet. Im Jahr 1968 wurde er auf eigenen Wunsch emeritiert und arbeitete danach als Research Fellow am University College Oxford, wo er sich v.a. der Herausgabe der Schriften von Jeremy Bentham widmete. Von 1972 bis 1978 war Hart Prinzipal des Brasenose College, Oxford. Zu Harts Studenten gehörten u.a. John Finnis, Joseph Raz und Ronald Dworkin, der auf

Harts Professur nachfolgte. Auch auf John Rawls, der Anfang der 1950er Jahre nach Oxford kam, übte Hart tiefen Einfluss aus.

2.

Wie Hart in *Der Begriff des Rechts* (1961) erklärt, sind Rechtsordnungen Gefüge aus sozialen Regeln, die aus sozialen Praktiken hervorgehen und das Verhalten von Menschen in Gemeinschaft regeln. Rechtsordnungen bestehen aus »primären« (*primary*) und »sekundären« (*secondary*) Regeln. Primäre Regeln sind Verhaltensregeln. Sie legen fest, was als Verbrechen, Delikt und Ordnungswidrigkeiten gilt und bestimmen die Verteilung grundlegender Rechte und Pflichten. Sekundäre Regeln beziehen sich nicht in gleicher Weise auf das Verhalten von Individuen, sondern auf primäre Regeln. »Urteilsregeln« (*rules of adjudication*) und »Veränderungsregeln« (*rules of change*) kontrollieren die Bedingungen, unter denen die primären Regeln erzeugt, verändert und aufgehoben werden können. Sie erzeugen keine Pflichten, sondern normative Fähigkeiten (Kompetenzen, Rechtsmächte). Urteilsregeln geben z.B. Polizisten die normative Fähigkeit, Straftäter zu verhaften und Richtern die Kompetenz, sie zu verurteilen. Veränderungsregeln steuern die Erzeugung, Veränderung oder Aufhebung primärer Regeln. Zu den Veränderungsregeln zählt Hart auch Normen, die normale Bürger z.B. mit der normativen Fähigkeit ausstatten, Verträge zu schließen und Eigentum zu erwerben. Für jede Rechtsordnung ist überdies eine sekundäre Regel eines dritten Typs konstitutiv. Die »Anerkennungsregel« (*rule of recognition*) formuliert die Kriterien, die festlegen, welche Regeln in einer Rechtsordnung als geltendes Recht anerkannt werden. Zugleich spezifiziert sie den Inhalt der Pflicht von Beamten der Judikative und Exekutive, in ihrer Praxis die und nur die Regeln anzuwenden, die den Kriterien der Anerkennungsregel genügen.

Nach Hart gehört es zu den Existenzbedingungen einer Rechtsordnung, dass die Mehrzahl ihrer Mitglieder die ihnen durch primäre Regeln auferlegten Pflichten in der überwiegenden Anzahl der Fälle erfüllen. Die Individuen gehorchen entweder, weil sie die Regeln akzeptieren und als bindend betrachten, oder weil sie trotz ihrer Ablehnung der Regeln die Sanktionen fürchten, die mit ihrem Bruch verknüpft sind. Für die Beamten der Judikative und Exekutive, so Hart, genügt es jedoch nicht, dass sie aus Furcht vor Sanktionen nur pflichtgemäß handeln. Denn die Existenz der Anerkennungsregel, die ihre Pflichten spezifiziert, steht und fällt nach Hart mit ihrer mehrheitlichen »inneren« Akzeptanz durch diese Beamten. Sie müssen die Anerkennungsregel nicht nur äußerlich befolgen, sondern von einem »internen Standpunkt« (*internal point of view*) aus die in ihr genannten Gültigkeitskriterien als für ihre Praxis verbindlich betrachten.

Nach Hart haben alle Rechtsordnungen primär die soziale Funktion, das individuelle und kollektive Überleben von Menschen zu sichern. Sie entstehen aus der rationalen Notwendigkeit sozialer Kooperation für die Zwecke des Überlebens. Soziale Zusammenarbeit wirft jedoch Koordinierungsprobleme auf, deren Beseitigung nach Lösungen verlangt, die von allen Mitgliedern der Gemeinschaft als autoritativ und verbindlich akzeptiert werden. Um die Durchsetzung dieser Lösungen auch gegen Widerstand zu gewährleisten, bedarf es einer mit Zwangsgewalt ausgestatteten Rechtsordnung. Hierin sieht Hart den wahren Kern des Naturrechts. Um diese überlebenssichernde Funktion zu erfüllen, müssen alle Rechtsordnungen inhaltlichen Minimalanforderungen genügen, die sich aus den Überlebensbedingungen von Wesen mit einer menschlichen Natur in einer Welt wie der unseren ergeben. Diese inhaltlichen Anforderungen bezeichnet Hart als »Mindestgehalt des Naturrechts« (*minimum content of natural law*).

Obwohl es nach Hart aus diesen Gründen notwendige Überschneidungen zwischen moralischen und juridischen Regeln gibt, hängt die Gültigkeit juridischer Regeln nicht von ihrer inhaltlichen Übereinstimmung mit moralischen Regeln ab. Hart ist Positivist: Die juridische Gültigkeit juridischer Regeln ist einzig und allein eine Frage der in der Anerkennungsregel spezifizierten sozialen Tatsachen ihrer Setzung. Harts Hauptargument für eine positivistische Auffassung des Rechts ist jedoch moralischer Natur: In seinen Augen garantiert nur eine positivistische Einstellung, dass moralisch motivierte Skepsis gegenüber rechtlichen Regelungen immer am Platze ist: »Gewiss bedarf es für den klarsichtigen Umgang mit amtlichem Machtmissbrauch eines bleibenden Bewusstseins, dass die Beurkundung von etwas als rechtlich gültig nicht ausschlaggebend ist für die Gehorsamsfrage, und dass, wie groß die Aura des Majestätischen oder der Autorität des amtlichen Systems auch sein mag, seine Forderungen letztlich einer genauen moralischen Prüfung unterzogen werden müssen.« (Hart 1961, 201)

3.

Harts *Der Begriff des Rechts* (1961) spielt für die Renaissance der Rechtsphilosophie eine ähnlich bedeutende Rolle wie John Rawls' *Theorie der Gerechtigkeit* (1971) für die politische Philosophie. Harts Ideen bilden den Ausgangspunkt für fast alle rechtsphilosophischen Kontroversen der zweiten Hälfte des 20. Jahrhunderts. Hinzu kommt, dass viele der führenden zeitgenössischen Rechtsphilosophen wie Ronald Dworkin, John Finnis, Neil MacCormick und Joseph Raz direkte und indirekte Schüler von Hart sind. Die Breite der von ihnen repräsentierten rechtsphilosophischen Positionen ist ein weiterer Gradmesser für die Fruchtbarkeit und Tiefe von Harts Theorie.

4.

Hart, H. L. A., 1961, Der Begriff des Rechts, Frankfurt/M.: Suhrkamp 1973.
Hart, H. L. A., 1963, Law, Liberty, and Morality, Oxford: Oxford University Press.
Hart, H. L. A., 1964, The Morality of the Criminal Law, Oxford: Oxford University Press.
Hart, H. L. A., 1968, Punishment and Responsibility, Oxford: Clarendon Press.
Hart, H. L. A., 1971, Recht und Moral, Göttingen: Vandenhoeck & Ruprecht.
Hart, H. L. A., 1982, Essays on Bentham, Oxford: Clarendon Press.
Hart, H. L. A., 1983, Essays in Jurisprudence and Philosophy, Oxford: Clarendon Press.
Hart, H. L. A., 2007, Juridische Rechte, in: M. S. Stepanians (Hg.), Individuelle Rechte, Paderborn: Mentis.
Hart, H. L. A./Honore, T., 1959, Causation in the Law, Oxford: Clarendon Press.

Coleman, J. (Hg.), 2001, Hart's Postscript, Oxford: Oxford University Press.
Gavison, R., 1987, Issues in Contemporary Legal Philosophy. The Influence of H. L. A. Hart, Oxford: Clarendon Press.
Hacker, P./Raz, J. (Hg.), 1979, Law, Morality and Society, Oxford: Oxford University Press.
Kramer, M./Grant, C./Colburn, B./Hatzistavrou, B. (Hg.), 2008, The Legacy of H. L. A. Hart, Oxford: Oxford University Press.
Lacey, N., 2004, A Life of H. L. A. Hart, Oxford: Oxford University Press.
MacCormick, N., 1981, H. L. A Hart, Stanford: Stanford University Press.

MARKUS S. STEPANIANS

Hayek, Friedrich August von (1899–1992)

1.

Hayek wurde am 8. Mai 1899 in Wien geboren, wo er Jurisprudenz und Nationalökonomie studierte. Er promovierte in beiden Fächern (1921, 1923). Sein Lehrer Ludwig von Mises (1881–1973) verschaffte ihm eine Position als Leiter des Österreichischen Instituts für Konjunkturforschung (1927). 1929 habilitierte sich Hayek in Politischer Ökonomie. Inzwischen zu einem herausragenden Vertreter der Österreichischen Schule der Nationalökonomie herangereift, veröffentlichte er *Preise und Produktion* (1931), eine Arbeit die großes Aufsehen erregte und Lord Robbins dazu veranlasste, Hayek als seinen Nachfolger an die London School of Economics zu holen, wo dieser zum wichtigsten Gegenspieler von John Maynard Keynes wurde. Seit 1938 britischer Staatsbürger, folgte Hayek 1950 einem

Ruf an die University of Chicago und übernahm zwölf Jahre später eine Professur in Freiburg. Nach seiner Emeritierung (1967) lehrte er für kurze Zeit als Honorarprofessor in Salzburg, bevor er nach Freiburg zurückkehrte. 1974 erhielt er zusammen mit Gunnar Myrdal den Nobelpreis für Ökonomie. Am 24. März 1992 starb Hayek in Freiburg.

2.

Hayeks Werk weist weit über die Fachgrenzen der Ökonomie hinaus. Schon früh erkennt er die enge Verknüpfung zwischen wirtschafts- und erkenntnistheoretischen Fragestellungen. In seinem Aufsatz »The Use of Knowledge in Society« (1945) betont er, das marktrelevante Wissen sei größtenteils lokal und über die Marktakteure zerstreut, weshalb es für planwirtschaftliche Überlegungen nicht allozierbar sei. Diese These vertieft er später in einer Abhandlung über theoretische Psychologie (*The Sensory Order*, 1952b), die er für sein Schlüsselwerk hält. Gleichwohl bleibt sie von seinen Kollegen nahezu unbeachtet. In *Sensory Order* charakterisiert er den Geist als ein Klassifizierungssystem, das im Verlauf der Phylogenese und Ontogenese aufgrund des Wechselspiels zwischen menschlichem Organismus und Außenwelt heranreift und die Ereignisse der Außenwelt in Gestalt einer phänomenalen Ordnung klassifizierend interpretiert. Obwohl Hayek eine strukturale Entsprechung zwischen physikalischer und phänomenaler Ordnung vermutet, konzediert er, dass diese nie vom Menschen festgestellt werden könne. Die These, das Gehirn könne sich nicht selbst erklären (klassifizieren), weil kein System ein gleich komplexes oder gar komplexeres System klassifizieren könne, gibt er später auf.

Seinen bedeutendsten Beitrag zur Sozialphilosophie liefert Hayek mit den »Zwillingsideen« der kulturellen Evolution und spontanen Ordnung (*Law, Legislation and Liberty*, 1973–1979). Laut Hayek entwickeln die Menschen im Verlaufe der Zeit, ohne dies zu intendieren, durch ständige Interaktionen Verhaltensregeln, die in ihrer Gesamtheit eine Ordnung erkennen lassen. Diese Gebilde versteht er – in Anlehnung an Mandeville, Hume, Smith und Ferguson – als Nebenprodukte rationaler Handlungen mit anderen Zielen, als unbeabsichtigt entstehende, eben spontane Ordnungen. Der bereits in der Vorgeschichte des Menschen einsetzende Prozess der kulturellen Evolution habe zwei Moralsysteme hervorgebracht, wovon das eine durch das Hunderttausende Jahre währende Leben in der Kleingruppe und das andere durch das Leben in der Großgruppe der abstrakten Gesellschaft geprägt sei. Die Menschheit sei aufgrund ihres Umfanges darauf angewiesen, die der Marktwirtschaft angepassten Regeln der abstrakten Gesellschaft anzunehmen und die Moral der Kleingruppe auf das Privatleben zu beschränken.

Hayek verficht eine politische Philosophie im Sinne des *Klassischen Liberalismus*. Er tritt für eine den Staat stark begrenzende *Verfassung der Freiheit* (1960) ein und warnt vor den großen Gefahren für die individuelle Freiheit: Sozialismus (*The Road to Serfdom*, 1944) und totalitäre Demokratie (*Law, Legislation and Liberty*, 1973–1979). Die erste beraube den Menschen seiner ökonomischen Freiheit und verkenne in Überschätzung der menschlichen Vernunft, dass ihr zur näherungsweisen Simulierung marktwirtschaftlicher Effizienz das Informationssystem des Preises sowie die impliziten und über die Marktakteure verstreuten relevanten Kenntnisse fehlen (*Individualism and Economic Order*, 1948); die zweite eröffne einzelnen Interessengruppen im politischen Prozess die Möglichkeit, ihre Sonderinteressen auf Kosten der Allgemeinheit in Form höherer Steuern und ausufernder Regulierungen durchzusetzen. Hayek glaubt, dieser Gefahr durch eine striktere Trennung der regierungsbildenden und gesetzgebenden Parlamentsfunktionen (Zwei-Kammer-Modell) entgehen zu können.

3.

Dem Subjektivismus der Österreichischen Schule der Nationalökonomie folgend, leitet Hayek aus dem subjektivistisch-individualistischen Charakter des Wissens die Forderung ab, die Methodologie der Handlungswissenschaften von jener der empirischen Naturwissenschaften strikt zu trennen. In *The Counter-Revolution of Science* (1952) beschreibt er seine für die Handlungswissenschaften geltende kompositive Methode.

Zentral ist auch seine Idee der Prinziperklärungen und Mustervorhersagen (*Die Theorie komplexer Phänomene*, 1972). Da der Mensch immer klassifizierend wahrnehme, erkenne er stets nur Muster der Wirklichkeit, was dazu führe, dass auch jede Erklärung nur das Muster oder Prinzip des beschriebenen Phänomens betreffe. Insofern seien dem Erkenntnisvermögen der empirischen Wissenschaften Grenzen gesetzt. Seine anfängliche Auffassung, die Überprüfung empirischer Theorien vollziehe sich induktiv, gibt er später unter dem Einfluss seines langjährigen Freundes Karl Popper auf.

4.

Hayek, F. A. v., 1931, Preise und Produktion, Wien: Springer.

Hayek, F. A. v., 1944, Der Weg zur Knechtschaft, München: dtv 1976.

Hayek, F. A. v., 1945, The Use of Knowledge in Society, in: American Economic Review 35.

Hayek, F. A. v., 1948, Individualismus und wirtschaftliche Ordnung, Salzburg: Philosophia 1977.

Hayek, F. A. v., 1952a, Missbrauch und Verfall der Vernunft, Salzburg: Philosophia 1979.

Hayek, F. A. v., 1952b, Die sensorische Ordnung, Tübingen: Mohr 2006.

Hayek, F. A. v., 1960, Die Verfassung der Freiheit, Tübingen: Mohr 1972.

Hayek, F. A. v., 1972, Die Theorie komplexer Phänomene, Tübingen: Mohr.

Hayek, F. A. v., 1973–79, Recht, Gesetz und Freiheit, Tübingen: Mohr.

Barry, N. P., 1979, Hayek's Social and Economic Philosophy, London: Macmillan.

Bouillon, H., 1991, Ordnung, Evolution und Erkenntnis, Tübingen: Mohr.

Butler, E., 1983, Hayek, London: Universe.

Gray, J., 1984, Hayek on Liberty, Oxford: Blackwell.

Hennecke, H. J., 2000, Friedrich August von Hayek, Düsseldorf: Wirtschaft und Finanzen.

Zeitler, C., 1995, Spontane Ordnung, Freiheit und Recht, Frankfurt/M.: Lang.

Hardy Bouillon

Hegel, Georg Wilhelm Friedrich (1770–1831)

1.

Georg Wilhelm Friedrich Hegel wurde am 28. August 1770 in Stuttgart als Sohn eines herzoglich-württembergischen Beamten geboren. Im Geiste der deutschen Spätaufklärung erzogen, studierte Hegel zwischen 1788 und 1793 in Tübingen Theologie und rezipierte hier gemeinsam mit F. W. J. Schelling und F. Hölderlin die Schriften Rousseaus und Kants. Nach Beendigung seines Studiums arbeitete Hegel zunächst in Bern und später in Frankfurt am Main als Hofmeister und Hauslehrer. Sah er zunächst in Kants praktischer Philosophie eine theoretische Grundlage für eine Neugestaltung der politischen Verhältnisse in Deutschland, so wendete er sich in seiner Frankfurter Zeit unter dem Einfluss Hölderlins verstärkt dem Spinozismus und dem Neuplatonismus zu.

Eine Erbschaft, die er 1799 antrat, erlaubte es Hegel, sich ganz der Philosophie zu widmen. 1801 erhielt er mit Unterstützung Schellings, der hier als Nachfolger Fichtes lehrte, eine Privatdozentur an der Universität Jena, 1805 daselbst eine Außerordentliche Professur. Zu Beginn seiner Jenaer Zeit arbeitete Hegel eng mit Schelling zusammen; gemeinsam betrieben sie das *Kritische Journal der Philosophie*. 1801 veröffentlichte Hegel seine erste philosophische Abhandlung (*Differenz des fichteschen und Schellingschen Systems der Philosophie*), 1807 erschien sein frühes Hauptwerk, die *Phänomenologie des Geistes*.

Finanziell in Not geraten, verließ Hegel Jena und arbeitete als Herausgeber und Redakteur einer Bamberger Tageszeitung (1807–1808) sowie als Rektor eines protestantischen Gymnasiums in Nürnberg (1808–1816). In dieser

Zeit verfasste Hegel die *Wissenschaft der Logik*, in der er die metaphysischen Grundlagen seines philosophischen Systems ausarbeitet. 1816 erhielt er einen Lehrstuhl an der Universität Heidelberg, die er 1818 verließ, als er als Nachfolger Fichtes an die Universität Berlin berufen wurde. Noch in Heidelberg veröffentlichte Hegel die *Enzyklopädie der philosophischen Wissenschaften im Grundrisse* (1817), eine als Kompendium zu seinen Vorlesungen konzipierte Darstellung seines gesamten philosophischen Systems. Bis zu seinem Tode am 14. November 1831 lehrte Hegel an der Universität Berlin. In dieser Zeit gelangte er europaweit zu philosophischem Ansehen. 1821 veröffentlichte er die *Grundlinien der Philosophie des Rechts*, 1827 erschien – in erheblich modifizierter Form – die zweite und 1830 die dritte Auflage der *Enzyklopädie*. Seine Überarbeitung der *Wissenschaft der Logik* konnte Hegel nicht mehr vollenden; kurz nach seinem Tod erschien der erste Band dieses Werkes in zweiter Auflage.

2.

Die systematische Beziehung zwischen der Jenaer *Phänomenologie des Geistes* und der *Enzyklopädie der philosophischen Wissenschaften* wird in der Hegelforschung bis heute kontrovers diskutiert. Laut der »Vorrede« der *Phänomenologie* sollte dieses Werk den ersten Teil eines aus Phänomenologie und Logik bestehenden »Systems der Wissenschaft« bilden. Statt dieses Systems entwickelt Hegel in seiner Nürnberger und Heidelberger Zeit jedoch eine aus drei Teilen (»Die Wissenschaft der Logik«, »Die Philosophie der Natur«, »Die Philosophie des Geistes«) bestehende philosophische Theorie, die *Enzyklopädie der philosophischen Wissenschaften*, an der er zeit seines Lebens grundsätzlich festhält.

Auf Grund des unklaren Verhältnisses von Epistemologie und Geschichtsphilosophie in diesem Werk bietet die *Phänomenologie des Geistes* auch intern ein thematisch uneinheitliches Bild. Kündigt die »Einleitung« der *Phänomenologie* eine metaepistemologische Untersuchung an, mit der durch eine systematische Widerlegung sämtlicher alternativer epistemologischer Positionen die Richtigkeit des hegelschen Standpunkts begründet werden soll, so rekonstruieren die Kapitel »Der Geist« und »Die Religion« die real- und ideengeschichtliche Entwicklung des Weltgeistes von der griechischen Polis bis zum Deutschen Idealismus sowie von den orientalischen Religionen bis zum Christentum. Entsprechend uneinheitlich ist die Rezeption, die dieses Werk in den zurückliegenden zwei Jahrhunderten erfahren hat (vgl. Siep 2000, 259–268).

Zwar bietet die *Phänomenologie* (ebenso wie einige von Hegels posthum veröffentlichten Jenaer Entwürfen und Vorlesungsmanuskripten) eine Vielzahl zum Teil herausragender Analysen zu Fragen der politischen und der Sozialphilosophie. Eine systematische Erörterung derselben legt Hegel aber erst in der *Enzyklopädie der philosophischen Wissenschaften* und in den *Grundlinien der Philosophie des Rechts* vor. Ebenfalls als Kompendium zu Hegels Vorlesungen konzipiert, bieten Letztere eine eingehendere Analyse des »Objektiven Geistes« als die *Enzyklopädie*. Inzwischen sind zudem einige von Hegels Zuhörern erstellte Vorlesungsmitschriften zu diesem Systemteil zugänglich, welche die paragraphenartige Darstellung der *Grundlinien* und der *Enzyklopädie* erläutern und ergänzen. Im Folgenden sollen die Grundzüge von Hegels politischer und Sozialphilosophie dementsprechend anhand der *Grundlinien* dargestellt werden (3.2. und 3.3.); zu diesem Zweck sind zunächst einige Elemente der *Wissenschaft der Logik* und der *Enzyklopädie* zu nennen (3.1.).

3.

3.1. Die *Wissenschaft der Logik* ist ihrem Anspruch nach eine systematische ›Onto-Logik‹. Sie bezweckt zum einen den Nachweis, dass Subjektivität eine Totalität von Kategorien ist, die mit spekulativer Notwendigkeit auseinander hervorgehen; in diesem Sinne versteht sich die *Wissenschaft der Logik* als Einlösung des kantischen und fichteschen Anspruchs, die Bestimmungen des Denkens aus dem reinen Selbstbewusstsein in methodisch kontrollierter Weise zu entwickeln. Zum anderen beansprucht die *Wissenschaft der Logik* nachzuweisen, dass die fraglichen Kategorien nicht nur Bestimmungen des (menschlichen) Denkens sind, sondern zugleich die Grundstruktur der Wirklichkeit ausmachen; mit der damit behaupteten strukturellen Identität von erkennendem Subjekt und zu erkennendem Objekt bezieht sie einen anderen metaphysischen Standpunkt als der subjektive Idealismus Kants und Fichtes. Den Ausgangspunkt der in der *Wissenschaft der Logik* geführten Untersuchung bildet mithin die in der »Vorrede« der *Phänomenologie des Geistes* geäußerte These, dass alles darauf ankomme, die (spinozistische) »Substanz [...] ebenso sehr als Subjekt aufzufassen und auszudrücken« (1807, 22f.). In der Tat lässt sich Hegels *enzyklopädisches* System als der Versuch einer vollständigen Explikation eben dieser These verstehen. Im Verständnis dieser Theorie gibt es nur eine Substanz, die sich in einem immanenten Entwicklungsprozess selbst differenziert und bestimmt. Sie ist – in der Terminologie der *Wissenschaft der Logik* – ›die Idee‹ bzw. ›das Absolute‹, nämlich eine Entität, zu der es kein Außerhalb gibt. Der Gegensatz von Geist und Welt, von erkennendem Subjekt und erkanntem Objekt ist mithin selbst ein Moment der Selbstdifferenzierung dieser Substanz. Das Ziel ihres Entwicklungsprozesses ist ihre Selbstentfaltung und -erkenntnis.

In ontologischer Hinsicht vertritt Hegel eine monistische, essenzialistische und holistische Position: Es gibt nur die eine sich selbst entwickelnde Substanz; natürliche, psychische und soziale Entitäten sind genau dann ›wahr‹ bzw. – in Hegels emphatischen Sinne – ›wirklich‹, wenn sie ihrem Begriff entsprechen bzw. eine Manifestation desselben sind; schließlich wird die Bedeutung einzelner Kategorien durch ihre Position im Prozess der Selbstdifferenzierung der Substanz festgelegt, so dass ihre Explikation nur unter Rückgriff auf diese anderen Kategorien möglich ist. Hegels Wahrheitsbegriff ist sowohl ontologisch als auch propositional: Jener besteht, wie gesehen, in der Übereinstimmung raumzeitlich individuierter Entitäten mit ihrem Begriff, dieser in der Übereinstimmung zwischen von endlichen Subjekten getroffenen Urteilen und ihnen äußerlichen Sachverhalten. Allerdings sind endliche Entitäten als solche für Hegel zugleich unwahr; gemäß seiner holistischen Ontologie vertritt Hegel nämlich die These, dass allein ›die Idee‹ bzw. ›das Absolute‹ wahr ist.

3.2. Grundlegend für Hegels politische und Sozialphilosophie ist die These, dass das Absolute hier die Gestalt des »Wille[ns], welcher frei ist« (1821, § 4), annimmt. Demnach sind die den Gegenstandsbereich des Sozialen ausmachenden Institutionen Willensverhältnisse, die sich durch eine (in den *Grundlinien* durchgeführte) systematische Explikation des Prinzips des freien Willens vollständig begreifen lassen.

Der freie Wille ist für Hegel eine teleologische Struktur, der das essenzialistisch fundierte Bestreben eignet, sich selbst zu verwirklichen. Obwohl dies nach Hegel nur innerhalb der Sphäre menschlicher Interaktionen möglich ist, darf der freie Wille nicht als individuelles Vermögen und nicht nur als individuelle psychische Tätigkeit verstanden werden. Im einzelnen Willensakt sieht Hegel vielmehr nur eine erste, unvollkommene Manifestation des freien Willens, der sich adäquat in einem Gemeinwesen realisiert, in dem die für ihn charakteristische Begriffsstruktur und deren Momente institutionalisiert sind.

Dass Hegel den freien Willen als »Einheit des theoretischen und praktischen Geistes« (1830, § 481) und damit als eine Form des Denkens bestimmt, besagt, dass er die soziale Wirklichkeit grundsätzlich als vernünftig erachtet. Bezogen auf den Gegenstandsbereich des Sozialen, besagt Hegels metaphysische Annahme einer strukturellen Identität von Bestimmungen des Denkens und der Wirklichkeit, dass gesellschaftliche Institutionen prinzipiell begründbar und kritisierbar sind. Wie ein vernünftiges Gemeinwesen im Einzelnen beschaffen ist/zu sein hat, lässt sich nach Hegel der Explikation des Prinzips des freien Willens entnehmen. Hegels essenzialistische Ontologie ist mithin zugleich eine normative Theorie, die eine Beurteilung und Bewertung konkreter, geschichtlich ausgebildeter sozialer Entitäten ermöglicht.

3.3. Gemeinwesen, die dem Begriff des Staates entsprechen, sind im Verständnis der *Grundlinien* eine adäquatere Realisierung der Struktur des freien Willens als denkende und handelnde menschliche Individuen; ihnen kommt aus diesem Grunde eine höhere ontologische Dignität zu. Vertragstheorien, die die moralische Legitimation gesellschaftlicher und staatlicher Institutionen auf rationale Entscheidungen individueller Akteure zurückführen, gelten Hegel dementsprechend als in ontologischer und methodologischer Hinsicht verfehlte Positionen. Zwar folgt aus der in Rede stehenden ontologischen Relation für Hegel die Befugnis des Staates, im Kriegsfall die Bürger zu seiner Verteidigung zu verpflichten, nicht aber das Recht, dieselben ›aufzuopfern‹. Denn ontologisch höherwertig als sie ist der Staat ja nur, wenn er eine komplexere Realisierung der Willensstruktur als die individuellen menschlichen Akteure ist. Dies ist aber nur dann der Fall, wenn die weniger komplexen Realisationsformen des freien Willens in ihm ›aufgehoben‹, d.h. als Momente des gesellschaftlich-staatlichen Ganzen institutionalisiert sind. Da sie diese Bedingung gerade nicht erfüllt, ist eine Tyrannei keine adäquate Realisierung der Willensstruktur; sie verfehlt den Begriff des Staates, ist mithin ontologisch unwahr, und kann deshalb keine moralische Legitimität beanspruchen.

Die Freiheit ist nach Hegel die »Substanz und Bestimmung« des Willens, und »das Rechtssystem das Reich der verwirklichten Freiheit, die Welt des Geistes aus ihm selbst hervorgebracht« (1821, § 4). Unter »Rechtssystem« ist in der Terminologie der *Grundlinien* die Gesamtheit der in der Sphäre des Sozialen anzutreffenden Institutionen zu verstehen. Freiheit ist die Essenz (»Substanz«) und das Telos (»Bestimmung«) des Willens. Adäquat verwirklicht ist sie in einem Gemeinwesen, in dem sich das Allgemeine (der Staat) gemäß der Struktur des hegelschen Begriffs entwickelt, d.h. soziale Räume ausbildet und erhält, in denen das individuelle Wohl der Zweck des Handelns ist (Familie, bürgerliche Gesellschaft), und sich zugleich in ihnen, als von ihm hervorgebrachten und getragenen Besonderungen, auf sich bezieht und bejaht (vgl. 1821, § 266). Die Ermöglichung einer autonomen individuellen Lebensführung durch (privat-)rechtliche Strukturen und soziale Sicherungssysteme ist demnach ein integraler Bestandteil eines vernünftigen Gemeinwesens. Andererseits ist der Staat im Verständnis der *Grundlinien* nicht (nur) ein Mittel der Erzeugung und Mehrung von privatem Wohl. Eine solche Auffassung widerspräche erstens der in den *Grundlinien* vertretenen ontologischen Position: Eine Entität a, die ontologisch höherwertig ist als eine Entität b, und diese im hegelschen Sinne aufhebt, kann kein bloßes Mittel der Erhaltung und Entfaltung von b sein. Zweitens versteht Hegel, wie gesehen, auch den Einzelnen als Manifestation der Willensstruktur, mithin seine Freiheit als Ausbildung einer begriffsgemäßen Lebensführung (vgl. 1821, § 264). Eine autonome Lebensführung besteht demnach nicht nur in der Realisierung besonderer selbstgesetzter Zwecke, sondern ebenso sehr in der Partizipation am allgemeinen, öffentlichen Leben, in dessen Existenz Hegel daher eine notwendige Bedingung für die Entfaltung individueller Autonomie sieht (vgl. in diesem Zusammenhang auch Hegels Kritik an der Wahl- und Willkürfreiheit: 1821, §§ 5f.) Dieses allgemeine Leben hat in Hegels Verständnis einen gesellschaftlichen und einen politischen Aspekt: Es besteht zum einen in der Ausbildung einer berufsständischen, korporativen Lebensweise, in der das Interesse am eigenen Wohl mit der Sorge um den Erhalt des Berufsverbandes ›vermittelt‹ ist, zum anderen in der (mittelbaren) Mitwirkung an der Gesetzgebung und in der Bereitschaft, den Staat im Kriegsfall zu verteidigen. In diesem Versuch, individuelle Autonomie und Identifikation mit sozialen und politischen Institutionen zu versöhnen, ist die ungebrochene Aktualität und Modernität von Hegels Politischer und Sozialphilosophie zu sehen.

4.

Hegel, G. W. F., 1807, Phänomenologie des Geistes, Hamburg: Meiner 1988.

Hegel, G. W. F., 1812ff., Wissenschaft der Logik, Bd. 1: Das Sein (1812); Bd. 2: Die Lehre vom Wesen (1813); Bd. 3: Die Lehre vom Begriff (1816), Hamburg: Meiner 1986/1994/1999.

Hegel, G. W. F., 1830, Enzyklopädie der philosophischen Wissenschaften, Hamburg: Meiner 1949.

Hegel, G. W. F., 1821, Grundlinien der Philosophie des Rechts, Frankfurt/M.: Suhrkamp 1986.

Emundts, D./Horstmann, R.-P., 2002, G. W. F. Hegel, Stuttgart: Reclam.

Fulda, H. F., 2003, Georg Wilhelm Friedrich Hegel, München: Beck.

Honneth, A., 2001, Leiden an Unbestimmtheit. Eine Reaktualisierung der Hegelschen Rechtsphilosophie, Stuttgart: Reclam.

Jaeschke, W., 2003, Hegel-Handbuch, Stuttgart: Metzler.

Neuhouser, F., 2000, Foundations of Hegel's Social Theory. Actualising Freedom, Cambridge/MA: Harvard University Press.

Peperzak, A. T., 2001, Modern Freedom. Hegel's Legal, Moral, and Political Philosophy, Dordrecht: Kluwer.

Pinkard, T., 2001, Hegel. A Biography, Cambridge: Cambridge University Press.

Rosenkranz, K., 1844, Georg Wilhelm Friedrich Hegels Leben, Darmstadt: WBG 1977.

Schnädelbach, H., 2000, Hegels praktische Philosophie, Frankfurt/M.: Suhrkamp.

Siep, L., 1992, Praktische Philosophie im Deutschen Idealismus, Frankfurt/M.: Suhrkamp.

Siep, L. (Hg.), 1997, G. W. F. Hegel. Grundlinien der Philosophie des Rechts, Berlin: Akademie.

Siep, L., 2000, Der Weg der Phänomenologie des Geistes, Frankfurt/M.: Suhrkamp.

Michael Quante/
Hans-Christoph Schmidt am Busch

Hegemonie

1.

Der Begriff der Hegemonie bezeichnet traditionell die Führungsposition in einem Ensemble politischer Einheiten, gewöhnlich von (Stadt-)Staaten; ausschlaggebend kann dabei militärische, aber etwa auch bündnispolitische oder wirtschaftliche Stärke sein. In der marxistischen Theorie des Politischen erfasst der Begriff vorrangig die strategischen Kompromisse, kulturellen Deutungsmuster und Formen des Zusammenschlusses, die innerhalb eines Gemeinwesens die Vorherrschaft bestimmter Klassen oder Gruppen ermöglichen. Sein funktionaler Bezugspunkt ist hier, komplementär zum staatlichen Zwang und zum ökonomischen Sachzwang, die Organisation von Zustimmung.

1.1. Bereits im Altgriechischen steht *hegemonía*, abgeleitet vom Verb *hegéomai* (führen, leiten) und verwandt mit dem Substantiv *hegemón* (Feldherr, Regierender), für die Vormacht einzelner Gemeinwesen über andere, namentlich diejenige Athens im attischen Seebund (vgl. Xenophon, *Poroi*, 5.5; Aristoteles, Pol., 1304a23; Thukydides, *Peloponnesischer Krieg*, 4.91). In der stoischen Seelenlehre entspricht dem Hegemon das *hegemonikón*, der rationale Teil der Seele, der die begehrenden führen soll. Der moderne Usus, Dominanz in internationalen Kontexten (wieder) als Hegemonie zu fassen, bildet sich im 19. Jahrhundert heraus. Seit Lenin und v.a. Gramsci wird die Übertragung des Begriffs auf die kämpfenden Klassen und Parteien innerhalb einer Nation üblich.

1.2. Allgemein lässt sich Hegemonie als Ausrichtung eines politischen Gefüges auf eine führende Gruppe oder Einheit bestimmen. Was dies im internationalen Raum bedeuten kann, wird als größtenteils politologisch besetztes Thema im Folgenden nur knapp aufgefächert. Zusätzlich einbezogen wird die Möglichkeit, auch abstrakte Einheiten wie z.B. sprachliche Muster als hegemonial zu analysieren.

2.

2.1. In der Theorie der internationalen Beziehungen gehört Hegemonie zusammen mit den Komplementärbegriffen »Gegenmacht« und »Gleichgewicht« zum Vokabular von Theorieschulen, deren Akzent auf »nationaler Machtpolitik« liegt (vgl. Tudyka 2003, 11; Link 1998, 127). Sie wird allgemein von unmittelbarer Herrschaft bzw. Befehlsverhältnissen unterschieden. Auch unter Hegemonie stehende Staaten behalten ihre formale, teilweise sogar ihre faktische Souveränität. Alle weiteren Bestimmungen haben historisch variiert – und das nicht allein, weil Vor- und Führungsmacht in wechselnden Konstellationen auftritt bzw. thematisiert wird. Zur Debatte steht vielmehr auch, was Führung überhaupt bedeutet.

So ist im 19. Jahrhundert v.a. von ›Hegemonialmächten‹ im europäischen Staatensystem die Rede, wie es sich seit dem Frieden von 1648 ausgebildet hat. Heinrich Triepel betont in einem zur NS-Zeit erschienenen Grundlagenwerk die Gemeinsamkeit zwischen der »echten Hegemonie« von Staaten und dem alles Soziale durchziehenden »echten Führertum«, bestimmt sie aber zugleich als »Selbstbändigung der Macht« (1938, 149). Aus der Entwicklung der US-Vormacht in der westlichen Welt und ihrer Krise in den 1970er Jahren geht die ökonomisch orientierte »theory of hegemonic stability« hervor (vgl. Hasenclever/Mayer/Rittberger 1997, 88f.); in den 1980er Jahren kann man dazu kritisch anmerken, dass Kooperation auch ohne hegemoniale Führungsmacht möglich ist (vgl. Keohane 1984, 32); seit den 1990er Jahren konzentriert sich die Literatur dann wieder auf die USA als »übermächtigen Militärstaat« (vgl. Tudyka 2003, 11).

2.2. Der Kontext, in dem der Hegemoniebegriff erstmals eine ›innenpolitische‹ Prägung erhält, sind Strategiedebatten der russischen Sozialdemokratie. Lenin verbindet den nach 1905 bereits umstrittenen Terminus mit der Maßgabe, nicht allein breite Bündnisse zu schließen, sondern sich zugleich an deren Spitze zu setzen (vgl. Anderson 1976, 16f.). Geschehen soll das durch größtmögliche Radikalität. »Die Hegemonie (*gegemonija*) der Arbeiterklasse, das ist ihre (und ihrer Vertreter) politische Einwirkung auf die anderen Elemente der Bevölkerung im Sinne der Reinigung ihres Demokratismus [...], im Sinne der Kritik an der Beschränktheit und Kurzsichtigkeit jedes bürgerlichen Demokratismus.« (Lenin 1911, 63) Was hier als offensive Strategie auftritt, wird bei Gramsci, dem Führer der italienischen Kommunisten, zum Anhaltspunkt, die historische Niederlage zu verarbeiten. Die Theorie- und Forschungshefte, die er ab 1926 in faschistischer Gefangenschaft anlegt, reflektieren wiederholt die nur schwache blockübergreifende Anziehungskraft und Deutungsmacht der sozialistischen Parteien in Westeuropa. Die Stellungen, die demgegenüber die alten Machtgruppen in der kulturellen Praxis aufgebaut haben, sorgen dafür, dass revolutionäre Gewalt nicht einmal nach 1918 in Deutschland ihre Ziele erreicht. Daher gilt für das eigene wie für das bürgerliche Lager die Maßregel: »Es kann und es muss eine ›politische Hegemonie‹ auch vor dem Regierungsantritt geben, und man darf nicht nur auf die durch ihn verliehene Macht und die materielle Stärke zählen, um die politische Führung oder Hegemonie auszuüben.« (Gramsci 1926ff., 1, § 44)

Die Theorie politischer Kultur und sozialer Kompromisse, die Gramsci hiervon ausgehend entwickelt, nehmen ab den 1970er Jahren zusehends westliche Marxisten auf, von Louis Althusser (1970, 120ff.) bis zu Stuart Hall (1980). Mit der Postmoderne folgt der nächste, ›postmarxistische‹ Deutungsansatz, der Hegemonie als diskursives Geschehen darstellt und die Suche nach einer sozialen Realität ›dahinter‹ verwirft. Politisch verweist das auf Kämpfe um Geschlechtsidentität, ethnische Zugehörigkeit u.ä., die nicht länger als bloße Nebenaspekte der ökonomischen erscheinen sollen. Seit den 1990er Jahren zeichnet sich schließlich eine Rückkehr zu klassischen Perspektiven ab: Nun wird im Anschluss an Gramsci die globale Hegemonie des ›Neoliberalismus‹ samt ihrer zwischenstaatlichen Aspekte zum Thema gemacht.

3.

3.1. Gramscis Theorie führt das traditionelle Motiv fort, dass Macht sowohl Zwang als auch

Zustimmung erfordert – *forza* und *opinione* (Machiavelli), *force and consent* (Hume), *forza* und *consenso* (Gramsci 1926ff., 1, § 48), *coercizione* und *egemonia* (vgl. ebd., 6, § 88). Als Wirkungsbereich der letzteren bestimmt Gramsci die *società civile* im Gegensatz zur *società politica* im engen, staatlichen Sinn (vgl. z.B. ebd., 6, § 88). Damit sind nicht zuletzt die ›privaten‹ Lebensvollzüge und Deutungsmuster ins politische Geschehen einbezogen (vgl. ebd., 1, § 47). Gramscis Begriffe bilden freilich »keine positiv-empirische Sphäre« ab, sondern benennen funktionale Bezugspunkte: Während Zivilgesellschaft »diejenige Dimension aller sozialen Bereiche [ist], worin um Hegemonie gerungen wird« (Haug 2005, 20), meint Hegemonie selbst die virtuell gesamtgesellschaftliche Dynamik ethisch-politischer Führung.

Entsprechend vielfältig ist das Untersuchungsfeld. Seine Umrisse ergeben sich aus den Annahmen, dass Hegemonie Klassenverhältnisse gestaltet, staatliche Herrschaft stützt und durch kulturelle Organisation wirkt: Die ›führenden‹ Gruppen einer Gesellschaft müssen ihre Interessen in einer Weise ausrichten und präsentieren (lassen), die virtuell alle anderen berücksichtigt (vgl. Gramsci 1926ff., 13, § 18); die ihnen verbundenen ›organischen Intellektuellen‹ widmen sich dieser Aufgabe im Gefüge tradierter Wissensbestände und neuer Erkenntnisse, aber auch der Routinen von Produktion und Alltag (vgl. Gramsci 1926ff., 1, § 43); die ›subalternen‹, untergeordneten Klassen sind auf die derart geschaffenen Sinnangebote und Lebensmodelle angewiesen, um ihre Bedürfnisse zu äußern und ihre Lage zu deuten (vgl. ebd., 11, § 12); die Infrastruktur dieser Prozesse bilden Institutionen kollektiver Weltauslegung – Presse, Parteien, Schule, Kirche und Jurisprudenz. Wo derart stabile Klassenkompromisse und Führungsstrukturen erreicht werden, spricht Gramsci auch von einem ›geschichtlichen Block‹; die zähen Kämpfe um Hegemonie bildet er bevorzugt als ›Stellungskrieg‹ im Gegensatz zum revolutionären ›Bewegungskrieg‹ ab (vgl. ebd., 8, § 52).

Dieses Bild zielt unmittelbar darauf, politisch längerfristige Strategien zu verfolgen. Zugleich macht Gramscis Metaphorik aber auch ein komplementäres Grundproblem politisch-sozialer Theorie deutlich: Sie kann gar nichts anderes erfassen als (ggf. still gestellte) Auseinandersetzungen – und das nur, indem sie selbst eine Position im Gefüge der Deutungskämpfe bezieht.

3.2. An diesem Punkt setzt die diskurstheoretische Wende an, die v.a. Chantal Mouffe und Ernesto Laclau vertreten. Sie loben Gramsci dafür, dass er in seiner Rekonstruktion des hegemonialen ›Gemeinwillens‹ über Marx' ökonomisch basierte Gesellschaftsanalyse hinausgeht, stellen aber besorgt fest, dass er gleichzeitig weiter mit deren Kategorien arbeitet. Da er etwa die theoretische und politische Bedeutung sozialer Klassen nicht ihrerseits als »das kontingente Resultat eines hegemonialen Kampfes« begreife, sondern sie als »letzte ontologische Grundlage« voraussetze, habe seine Theorie einen »verborgene[n] essentialistische[n] Kern« (Laclau/Mouffe 1985, 113f.). Demgegenüber nehmen Mouffe und Laclau an, dass soziale Identitäten nur in einer »hegemonialen Formation« bzw. einer »artikulierten Totalität von Differenzen« (ebd., 203) fixiert werden können – durch Reduktion grundsätzlicher Mehrdeutigkeit und Marginalisierung akuter Antagonismen. Erheblich konkretere Aussagen über die Herstellung und Struktur von Hegemonie lässt der radikale Antiessentialismus dann allerdings auch nicht zu.

Weniger systematisch wird der Hegemoniebegriff von anderen Poststrukturalisten in Anspruch genommen; eine Alternative zu Laclau/Mouffe deutet sich bei Lyotard an, der die historisch jeweils vorherrschenden Formen politischen, den Widerstreit verschiedener Redeweisen austragenden Sprechens als »Hegemonien von Diskursarten« bezeichnet (Lyotard 1983, 200) – vom Reden vor der Volksversammlung bis zu den Expertisen der Techniker und Sozialtechniker.

Die Engführung auf ›Diskurse‹ insgesamt wird von Analysen konterkariert, die Gramscis Zeitdiagnosen weiterführen. Seine Aufzeichnungen zu »Amerikanismus« und »Fordismus«, die einen hegemonialen Nexus von Fließbandproduktion, Massenwohlstand und sozialer Disziplinierung umreißen, haben die Frage angeregt, welche Art gesamtgesellschaftlicher Kompromiss diesem nachfolgen könnte. Über Benennung und Struktur des neuen ›historischen Blocks‹ herrscht allerdings, obwohl man die Krise des Fordismus zumeist bereits auf die 1970er Jahre datiert, weiter keine Einigkeit. Die Diagnosen gehen vom schlichten »Postfordismus« über eine vermutete »neoliberale Hegemonie« bis zu der Annahme, eine »dyshegemoniale Phase« zu durchleben (vgl. Candeias 2005, 8–15). Dass Neogramscianer, um globalisierte Wirtschaft und globale Machtpolitik zusammen denken zu können, oft auch wieder von Hegemonie im alten Sinn sprechen (vgl. Gill 1993), macht die Sache nicht einfacher. Zwar kann diese Verbindung helfen, nicht ausgerechnet dort »Hegemonie« anzunehmen, wo die Durchsetzungspolitik einer Supermacht deren Zustimmungsbasis angreift. Grundsätzlich bleibt jedoch das Problem, dass der Hegemoniebegriff nicht nur auf offene Auseinandersetzungen verweist, sondern zugleich dazu verführt, homogene Gesamtsituationen zu konstruieren.

4.

Althusser, L., 1970, Ideologie und ideologische Staatsapparate, Hamburg: VSA 1977.
Anderson, P., 1976, The Antinomies of Antonio Gramsci, in: New Left Review 100.
Candeias, M., 2004, Neoliberalismus – Hochtechnologie – Hegemonie, Hamburg: Argument.
Gill, S. (Hg.), 1993, Gramsci, Historical Materialism and International Relations, Cambridge: Cambridge University Press.
Gramsci, A., 1926 ff., Gefängnishefte, 6 Bde., Hamburg: Argument 1991 ff.
Hall, S., 1980, Cultural Studies, in: Media, Culture, Society 2.
Hasenclever, A./Mayer, P./Rittberger, V., 1997, Theories of International Regimes, Cambridge: Cambridge University Press.
Haug, W. F., 2005, Hegemonie, in: ders. (Hg.), Historisch-kritisches Wörterbuch des Marxismus, Bd. 6/I, Hamburg: Argument.
Keohane, R. O., 1984, After Hegemony, Princeton: Princeton University Press.
Laclau, E./Mouffe, C., 1985, Hegemonie und radikale Demokratie, Wien: Passagen 1991.
Lenin, W. I., 1911, Unsere Liquidatoren, in: Werke, Bd. 17, Berlin: Dietz 1962.
Link, W., 1998, Die Neuordnung der Weltpolitik, München: Beck.
Lyotard, J.-F., 1983, Der Widerstreit, Frankfurt/M.: Suhrkamp 1988.
Triepel, H., 1938, Die Hegemonie, Stuttgart: Kohlhammer 1943.
Tudyka, K. P., 2003, Hegemonie und Globokratie, Baden-Baden: Nomos.

Tilman Reitz

Heidegger, Martin (1889–1976)

1.

Martin Heidegger bemerkte am 12. 4. 1950 in einem Brief an Hannah Arendt, er sei »im Politischen [...] weder bewandert noch begabt« (Arendt/Heidegger 1998, 95). Folgte man dieser Auskunft, so wäre Heideggers Werk für die politische Philosophie eher unerheblich. Der Anstoß, den man an dessen NS-Engagement als Rektor der Freiburger Universität 1933/34 nimmt, hätte demzufolge keine genuin philosophische Pointe; es wäre eher als Missgeschick aufgrund mangelnder Einsicht anzusehen. Quer zu dieser Lesart liegen diverse Selbstdeutungen Heideggers aus der Zeit um 1933. So schreibt er am 11.8.1933: »Meine philosophische Arbeit muß jetzt ruhen und sich im ›Praktischen‹ bewähren.« (Häberlin/Binswanger 1997, 381) Hier schreibt Heidegger seiner Philosophie ein politisches Potenzial zu, das dann auch in seinem Agieren als Rektor, in der Antrittsrede »Die Selbstbehauptung der deutschen Universität« vom Mai 1933 sowie in zahlreichen Reden, Aufrufen und Aufsätzen zur Entfaltung kommt (vgl. GA, Bd. 16, 81–334, 759–775). Wenn Heideggers Philosophie nicht so apolitisch ist, wie er dies selbst gelegentlich nahe legt, dann hat sie aber auch Anspruch darauf, unabhängig von der NS-Politik gewürdigt zu werden.

Daraus ergibt sich eine dreigeteilte Aufgabe (vgl. Thomä 2003): (1.) eine Diskussion der sozialphilosophischen und politischen Gehalte von Heideggers frühem Hauptwerk *Sein und Zeit* sowie der Entwicklung, die von dort zum NS-Engagement führt; (2.) eine Analyse des Verhältnisses zwischen Heideggers Positionen 1933/34 und der NS-Ideologie; (3.) eine Betrachtung von Heideggers eigenem philosophierenden Rückblick nach 1934 sowie seiner späten Einordnung der Politik in das technische Zeitalter der sog. Seinsvergessenheit.

2.

2.1. Das Zentrum der frühen Sozialphilosophie Heideggers liegt in der Auslegung der »Welt« als »Mitwelt« und des »In-der-Welt-seins« als »Mitsein« (1927, 114; GA, Bd. 58, 34 ff.). *Sein und Zeit* enthält Ansätze zu einem Konzept menschlicher Gemeinsamkeit, die sich diesseits der Intersubjektivität differenzierter Individuen bildet. Es ist unschwer zu erkennen, dass die »Bedeutungszusammenhänge«, die diese gemeinsame Welt nach Heidegger konstituieren (1927, § 18), eine Verwandtschaft mit Wittgensteins »Lebensformen« und »Sprachspielen« aufweisen. Freilich nehmen sie nach Heidegger im Alltag eine Form an, die geradezu nach Überwindung schreit. Unter der »Diktatur« des »Man« hat sich das Dasein an Üblichkeiten, Routinen, Gemeinplätze verloren und ist von der Sprache als »Gerede« beherrscht (vgl. ebd., 126, 167 ff.). Die Befreiung aus dieser »Verfallenheit« gelingt nach Heidegger nur mittels radikaler »Vereinzelung« (vgl. ebd., 175 ff., 188, 191, 346 ff.), was zunächst in eine strikt antisoziale Richtung führt. Immerhin ist im Blick auf die zu gewinnende »*Selbstständigkeit*« (ebd., 322) des Daseins auch eine »befreiende« Fürsorge für den anderen denkbar (ebd., 122). Letztere wird von Heidegger jedoch nicht als Ausgangspunkt für die »eigentliche« Fassung von Sozialität gewählt. Vielmehr übt sich das von den Üblichkeiten des »Man« gelöste »entschlossene« Dasein in der »Übernahme« des »Geschicks« des »Volkes« (ebd., 382 ff.). Hier beginnt der Weg, der von *Sein und Zeit* zum NS-Engagement führt. Indem das Dasein von diesem »Geschick« »im vorhin schon geleitet« wird (ebd., 384), legt es sich auf das »Wollen« eines »Gesollten« fest, ohne sich eigene Urteilskraft vorzubehalten (vgl. GA, Bd. 31, 296). Das »Volk« ist als soziale Einheit in sich undifferenziert und stellt damit eine Vorform der »Gemeinschaft« dar, der nach Heidegger 1933/34 »jeder Einzelne« in »vorgängiger Bindung« und »Opferbereitschaft« angehört und die vom »Führer [...] zum einzigen Entschluß zusammengeschweißt« wird (GA, Bd. 16, 189, 239; GA, Bd. 39, 73).

2.2. Mit der totalen Einheit des »Volkes«, die im »Führer« verkörpert ist, bringt Heidegger seine Position an einigen zentralen Punkten zur Deckung mit der nationalsozialistischen Ideologie; andere Anteile dieser Ideologie, wie etwa die biologistische Rassenlehre, bleiben davon unberührt. Bei Heidegger finden sich zwar gelegentliche antisemitische Ausfälle, doch haben sie eher die Form persönlicher Angriffe als allgemeiner Behauptungen. Vehement verteidigt er die Deutung des Staates als eines geschlossenen »Arbeitsstaats« (vgl. GA, Bd. 16, 125, 190, 206, 233 ff., 302 ff.). Die »Arbeit« lässt er als legitime Nachfolgerin der »Sorge« gelten, die in *Sein und Zeit* die Seinsart des Daseins bestimmt hat (vgl. ebd., 205). Heidegger erklärt nun, dass der Mensch erst in der »Arbeit« zu sich finde oder – wie er dies nennt – »daseinsfähig« werde (ebd., 232). Gedeutet wird diese Arbeit nicht teleologisch oder intentionalistisch, nicht über die Fähigkeit des Menschen, Zwecke zu setzen oder Interessen zu verfolgen und auch nicht anhand des Stoffwechsels mit der Natur. In ihr soll der Mensch vielmehr seine »Ausgesetztheit« an das »Gefüge« des Seins bewältigen (vgl. GA, Bd. 38, 128, 156). Sofern dieses »Gefüge« sich zum Geschick des deutschen Volkes konkretisiert, impliziert es eine strikte Struktur von Befehl und Gehorsam, wie sie auch in Heideggers Politik-Modell der Jahre 1933/34 zu Tage tritt. Später wird dann freilich das »Gefüge« als ungreifbarer, verborgener »Ursprung« gedeutet und der Aktionismus zurückgenommen. In den Texten nach dem Rückzug vom Rektorat wird die Federführung für den Umgang mit dem ursprünglichen »Gefüge« an die Kunst übergeben (vgl. GA, Bd. 39). Dies gibt rückwirkend Anlass zu der Annahme, dass Heideggers Politikmodell schon 1933 die Form eines »Nationalästhetizismus« hatte (vgl. Lacoue-Labarthe 1987, 97ff.).

2.3. Besonders deutlich wird Heideggers theoretische Weiterentwicklung in den 1930er und –40er Jahren an seinen Überlegungen zur *technè*, die als Nachfolgerin der »Arbeit« etabliert wird. An der *technè* treten zwei Bedeutungen auseinander, die zu scharf gegeneinander gesetzten Polen avancieren: Auf der einen Seite wird die Kunst – wie geschildert – zur Statthalterin ursprünglicher *technè*. Auf der anderen Seite erscheint die moderne »Technik« als Verfallsform der *technè* und als Schlussfigur einer Metaphysik, die die Welt totaler Beherrschung unterwirft. Ihr mangelt der schicksalhafte Auftrag, an dem sich etwa die »Arbeit« des Volkes ausgerichtet hat; die technischen »Machenschaften« entspringen nach Heidegger der Willkür des Subjekts. Retrospektiv deutet er auch den Nationalsozialismus selbst als Ausgeburt dieser »Technik«. Insgesamt erscheint die moderne Politik als eine abhängige Variable dieser Technik; so spricht Heidegger geradewegs von der »*metaphysische[n]* [...] Selbigkeit« von Nationalsozialismus, Bolschewismus und Liberalismus (GA, Bd. 69, 189f.). Auf dieses politisch-technische Junktim zielt auch einer seiner umstrittensten Sätze: die Bemerkung, dass die Vergasung der Juden in den Vernichtungslagern »im Wesen das Selbe« sei wie der »Ackerbau« als »motorisierte Ernährungsindustrie« (GA, Bd. 79, 27). Der Politik als Organisation des Verhältnisses zwischen Menschen wird gegenüber der Technik als Regelung des Verhältnisses zwischen Mensch und Natur keinerlei Eigenständigkeit zugebilligt (vgl. GA, Bd. 52, 91; GA, Bd. 69, 154).

3.

In drei Bereichen der Sozialphilosophie und der politischen Philosophie wird Heideggers Denken besonders stark rezipiert und debattiert: (a) Die Analyse des sozialen Lebens ist in der Phänomenologie, der Ethnomethodologie, dem Kommunitarismus, dem Pragmatismus und anderen Sozialtheorien aufgegriffen worden (z.B. Schütz, Arendt, Okrent). (b) Die Totalitarismus-Kritik sieht in Heidegger einen Stein des Anstoßes und ein Fallbeispiel für die Irrwege des Intellektuellen, sie setzt sich aber auch mit dessen eigener Deutung eines metaphysisch-politischen »Verhängnisses« auseinander (z.B. Bourdieu, Lyotard, Janicaud). (c) Die moderne Theorie der Politik sieht sich von Heideggers Angriff auf den »Humanismus« und das Subjekt, welches in ihr eine Schlüsselstellung spielt, provoziert und will dieses Subjekt gegen ihn verteidigen oder aber mit ihm revidieren bzw. dekonstruieren (z.B. Ferry/Renaut, Schürmann, Lacoue-Labarthe).

4.

Heidegger, M., 1927, Sein und Zeit, Tübingen: Niemeyer 1993.
Heidegger, M., 1975ff., Gesamtausgabe, Frankfurt/M.: Klostermann (zitiert als GA).

Arendt, H., 1958, Vita activa oder Vom tätigen Leben, München: Piper 1996.
Arendt, H./Heidegger, M., 1998, Briefe 1925–1975 und andere Zeugnisse, Frankfurt/M.: Klostermann.
Bourdieu, P., 1976, Die politische Ontologie Martin Heideggers, Frankfurt/M.: Syndikat 1988.
Ferry, L./Renaut, A., 1988, Heidegger et les Modernes, Paris: Grasset.
Gethmann-Siefert, A./Pöggeler, O. (Hg.), 1988, Heidegger und die praktische Philosophie, Frankfurt/M.: Suhrkamp.
Häberlin, P./Binswanger, L., 1997, Briefwechsel 1908–1960, Basel: Schwabe.
Jamme, C./Harries, K. (Hg.), 1992, Martin Heidegger. Kunst – Politik – Technik, München: Fink.
Janicaud, D., 1991, Reconstructing the Political, in: Graduate Faculty Philosophy Journal 14.

Lacoue-Labarthe, P., 1987, Die Fiktion des Politischen, Stuttgart: Schwarz 1990.
Losurdo, D., 1991, Die Gemeinschaft, der Tod, das Abendland. Heidegger und die Kriegsideologie, Stuttgart: Metzler 1995.
Lyotard, J.-F., 1988, Heidegger und »die Juden«, Wien: Passagen 1990.
Okrent, M., 1988, Heidegger's Pragmatism, Ithaca: Cornell University Press.
Ott, H., 1988, Martin Heidegger, Frankfurt/M.: Campus.
Schmid, H. B., 2005, Wir-Intentionalität. Kritik des ontologischen Individualismus und Rekonstruktion der Gemeinschaft, Freiburg: Alber.
Schürmann, R., 1982, Le principe d'anarchie. Heidegger et la question de l'agir, Paris: Seuil.
Schütz, A., 1974, Der sinnhafte Aufbau der sozialen Welt, Frankfurt/M.: Suhrkamp.
Schwan, A., 1965, Politische Philosophie im Denken Heideggers, Opladen: Westdeutscher Verlag 1989.
Thomä, D., 1990, Die Zeit des Selbst und die Zeit danach. Zur Kritik der Textgeschichte Martin Heideggers 1910–1976, Frankfurt/M.: Suhrkamp.
Thomä, D., 2003, Heidegger und der Nationalsozialismus, in: ders. (Hg.), Heidegger-Handbuch, Stuttgart: Metzler.

Dieter Thomä

Heller, Hermann (1891–1933)

1.

Heller wurde 1891 in einem großbürgerlichen jüdischen Elternhaus in Teschen an der Olsa (Österreichisch-Schlesien) geboren. Nach dem Abitur im Jahre 1909 studierte er in Wien, Graz, Innsbruck und zuletzt Kiel Rechts- und Staatswissenschaften. In der österreichischen Armee nahm Heller als Kriegsfreiwilliger am Ersten Weltkrieg teil und legte zwischenzeitlich 1915 in Graz seine juristische Promotion ab. 1920 habilitierte er sich in Kiel mit der Arbeit *Hegel und der nationale Machtstaatsgedanke* (veröffentlicht 1921) und trat der SPD bei. Heller zog nach Leipzig, um dort zunächst einige Jahre in der Erwachsenenbildung und in der sozialistischen Volksbildung zu arbeiten. 1928 wurde er zum außerordentlichen Professor für Öffentliches Recht an der Berliner Universität berufen und lehrte zusätzlich an der Deutschen Hochschule für Politik in Berlin. 1931 folgte die Ernennung zum ordentlichen Professor für Öffentliches Recht an der Universität Frankfurt/M. Nach dem ›Preußenschlag‹ Papens vertrat er 1932 die preußische SPD-Landtagsfraktion vor dem Leipziger Staatsgerichtshof gegen das Reich und dessen juristischen Vertreter C. Schmitt. Nach der Machtübergabe an die Koalitionsregierung Hitlers wurde die persönliche Gefährdung für Heller so groß, dass er nach einem Besuch der London School of Economics nicht mehr nach Deutschland zurückkehrte, sondern in das republikanische Spanien flüchtete. Heller starb am 5. November 1933 in Madrid an einem Herzleiden. Sein Hauptwerk, die *Staatslehre*, wurde aus dem Nachlass von Gerhart Niemeyer posthum ediert und 1934 in Leiden publiziert.

2.

Heller ist der bedeutendste und zugleich originellste sozialdemokratische Bildungs-, Rechts-, und Staatstheoretiker der Weimarer Republik. Er begann seine rege Publikationstätigkeit in den 1920er Jahren mit einer Reihe programmatischer Vorträge und Broschüren zur sozialistischen Bildungsarbeit und zur Vermittlung »wissenschaftlicher Politik« an die Arbeiterschaft. In parteipolitischen Foren und in politischen Kampfschriften griff er zudem in Debatten über Grundfragen der damaligen sozialistischen Linken ein: so in der kritischen Auseinandersetzung mit Max Adler und dessen Thesen vom zukünftigen Absterben des Staates im Sozialismus oder in der Verteidigung des Kulturnationsgedankens gegen den marxistischen Internationalismus in seinem Buch *Sozialismus und Nation* (1925). Heller unterstrich die funktionelle Notwendigkeit von Staatlichkeit in jeder modernen Gesellschaft und entwickelte von diesem Gedanken aus ein linksetatistisches Gegenprogramm zur Schmittschen Souveränitätslehre.

Ab 1926 verlagerte sich das Interesse von Heller stärker auf theoretische Fragen der Staats- und Rechtstheorie. In seinem Buch *Die politischen Ideenkreise der Gegenwart* (1926) sortierte er die zeitgenössischen politischen Ideologien in wissenssoziologischer Perspektive. Mit dem im gleichen Jahr erschienenen Aufsatz »Die Krisis der Staatslehre« vollzog Heller eine programmatische Wende sowohl gegen metaphysische wie gegen positivistische Ansätze in der Staatsrechtlehre und plädierte stattdessen für eine sozialwissenschaftlich ausgerichtete »Staatsrechtslehre als Wirklichkeitswissenschaft«. Heller lieferte mit diesem Programm einen der wichtigsten Beiträge zur Methodendiskussion in der Weimarer Staatsrechtslehre, der zugleich den Ausgangspunkt für sein Bemühen um eine umfassende ›Staatslehre‹ als Gegenentwurf zur ›Allgemeinen Staatsrechtlehre‹ Jellineks und zur ›Verfassungslehre‹ Schmitts bildete.

Im Sommer 1928 verbrachte Heller einen längeren Studienaufenthalt in Italien, um vor Ort einen genaueren Eindruck des neuartigen Phänomens des Faschismus zu gewinnen. Seitdem warnte er in verschiedenen Beiträgen – u.a. in *Europa und der Faschismus* (1929) und *Rechtsstaat oder Diktatur* (1929) – vor einer diktatorischen Scheindemokratie nach faschistischem Vorbild in Deutschland und insistierte demgegenüber auf der Wertgebundenheit der demokratischen Verfassung des Reiches, die auch eine militante Verteidigung ihrer Ordnung erfordere. In der Schlussphase der Weimarer Republik appellierte Heller in geradezu verzweifelt anmutender Weise an das deutsche Bürgertum, zusammen mit den demokratischen Kräften auf der Linken die Republik notfalls mit den Mitteln einer autoritären Verfassungsreform zu verteidigen. Im Zuge dieser Auseinandersetzung nahm Hellers Gegenmodell für eine zukunftsträchtige parlamentarische Demokratie in der Konzeption des ›sozialen Rechtsstaates‹ klar umrissene Konturen an.

In methodologischer wie in substantieller Hinsicht ist die unvollendet gebliebene *Staatslehre* Hellers wichtigstes Werk. Ihr Kern ist ein dynamischer Staatsbegriff. Der Staat ist demnach eine bewusst bewirkte, aus politischem Handeln immer wieder neu hervorgehende souveräne Entscheidungs- und Wirkungseinheit. Die Einheit des Staates ist »vielheitlich bewirkt«, was bedeutet, dass der Staat eine in sich gegliederte pluralistische Gesellschaft voraussetzt. Gegenstand der Politik ist konkrete Integration des gesellschaftlichen Pluralismus. Doch nur in einer Gesellschaft, die auf einem Mindestmaß an sozialer Homogenität basiert, kann Politik diese integrierende Funktion haben, weshalb die (mit politischen Mitteln zu erreichende) Herstellung einer von allen Gesellschaftsangehörigen als sozial gerecht angesehene Ordnung als funktionale Grundbedingung demokratischer Politik unerlässlich ist.

3.

Im Zuge der Restauration an den bundesdeutschen Juristischen Fakultäten fand Hellers Werk in den 1950er und frühen 1960er Jahren zunächst nur sporadisch Beachtung und wurde – mit Ausnahme des langjährigen Richters am Bundesverfassungsgericht M. Drath – in erster Linie von Politikwissenschaftlern (E. Fraenkel, W. Abendroth), Soziologen (O. Stammer) und linken Sozialphilosophen (J. Habermas) als normative Theorie des ›sozialen Rechtsstaats‹ rezipiert. Erst in den späten 1960er Jahren wurde das Werk von Heller umfassender rezipiert. Und erst in den 1980er Jahren wurde sein Werk in methodologischer wie inhaltlicher Hinsicht als bedeutendster sozialdemokratischer Gegenentwurf sowohl zu den konservativen und faschistischen wie auch zu den liberalen Strömungen der Weimarer Staatsrechtslehre anerkannt. In neueren Arbeiten werden v.a. seine programmatische Horizonterweiterung der klassischen Staatslehre in Richtung des Faches ›Politikwissenschaft‹ sowie sein Beitrag für eine republikanische Reformulierung der Demokratietheorie betont. Die gegenwärtige Rezeption Hellers in den USA konzentriert sich auf eine Aktualisierung seiner Überlegungen zum ›sozialen Rechtsstaat‹ als Alternative zum dominanten Neoliberalismus.

4.

Heller, H., Gesammelte Schriften in drei Bänden, Tübingen: Mohr 1992.

Heller, H., Politikwissenschaft, in: Jahrbuch Politisches Denken, 2003.

Albrecht, S., 1983, Hermann Hellers Staats- und Demokratieauffassung, Frankfurt/M.: Campus.

Henkel, M./Lembcke, O., 2003, Politikwissenschaft als Theorie der Politik, in: Jahrbuch Politisches Denken 13.

Llanque, M., 2001, Politik und republikanisches Denken, in: H.-J. Lietzmann (Hg.), Moderne Politik, Opladen: Leske + Budrich.

Müller, C./Staff, I. (Hg.), 1984, Der soziale Rechtsstaat, Baden-Baden: Nomos.

Schluchter, W., 1968, Entscheidung für den sozialen Rechtsstaat, Köln: Kiepenheuer & Witsch.

Hubertus Buchstein

Herder, Johann Gottfried (1744–1803)

1.

Herder wurde in Mohrungen (Ostpreußen) geboren. Er studierte Theologie in Königsberg, besuchte die Vorlesungen Kants und schloss Freundschaft mit Hamann. 1764 erfolgte seine Anstellung als Prediger und Lehrer in Riga. Kurze Zeit später veröffentlichte er erste literaturkritische Schriften: *Über die neuere deutsche Literatur. Fragmente* (1767) und *Kritische Wälder* (1769). Eine Seereise nach Frankreich verarbeitete er in seinem *Journal meiner Reise im Jahre 1769*. In Straßburg machte er Bekanntschaft mit Goethe. Seit 1771 war er dann Konsistorialrat beim Grafen von Schaumburg-Lippe in Bückeburg. Bedeutende theologische, sprach- und geschichtsphilosophische Schriften dieser Zeit sind u. a. *Über den Ursprung der Sprache* (1771) und *Älteste Urkunde des Menschengeschlechts* (1774/1776). Auf Betreiben Goethes erfolgte 1776 die Berufung zum Generalsuperintendenten in Weimar. In späteren Jahren erschien sein geschichtsphilosophisches Hauptwerk, die *Ideen zur Philosophie der Geschichte der Menschheit* (1784–1791). 1799 wurde seine *Metakritik* publiziert, 1800 *Kalligone*, beides Auseinandersetzungen mit Kants Philosophie. Von 1801 bis 1803 gab er Zeitschrift *Adrastea* heraus. Seine letzten Lebensjahre waren von Krankheit und Isolierung in Weimar überschattet, wo er auch verstarb.

2.

Herders Werk zeichnet sich durch seine Vielseitigkeit aus. Er wirkte als Literaturkritiker, Philosoph, Prediger, Theologe, Pädagoge, Dichter und Übersetzer. Viele seiner Ideen sind ins allgemeine Gedankengut eingegangen, ohne dass man sich ihrer Ursprünge bewusst wäre. Bekannt ist er auch als früher Mentor Goethes und Herausgeber der programmatischen Sturm und Drang-Schrift *Von deutscher Art und Kunst* (1773). In den darin enthaltenen Aufsätzen *Auszug aus einem Briefwechsel über Oßian und die Lieder alter Völker* und *Shakespeare* formulierte er neue Qualitätskriterien für Poesie und Drama, die in Originalität, schöpferischer Kraft und Sinnlichkeit bestanden. Bekannt ist Herder ferner als Sammler und Übersetzer von *Volksliedern* (1778/79). In seiner geschichtsphilosophischen Frühschrift *Auch eine Philosophie der Geschichte zur Bildung der Menschheit* (1774) (von Stadelmann (1928, 28) als »Grundbuch des Historismus« bezeichnet) entwickelt er eine Auffassung der Pluralität und Historizität der Kulturen. Herder wendet sich gegen eine fortschrittsorientierte, teleologische Geschichtsauffassung, die in der Aufklärung ihren zeitweiligen Höhepunkt sieht. Aufgrund der unterschiedlichen zeitlichen und örtlichen Bedingungen seien die Völker unvergleichbar, es könne keinen absolut gültigen Maßstab der Glückseligkeit geben. Trotzdem verharrt Herder nicht in einem kulturellen Relativismus. In den *Ideen* entwickelte er den Zentralbegriff der Humanität für die Bestimmung des Menschengeschlechts. Humanität ist allen Völkern als anthropologische Grundlage gemein, sie ist das unerschöpfliche Potenzial des Menschen, das er stets aufs Neue ausformt. Herders Philosophie hat eine sehr praktische, erzieherische Seite (z.B. *Briefe zu Beförderung der Humanität*, 1793–97); er kritisiert Kolonialismus und Sklaverei scharf. Mit der Französischen Revolution verbindet er große Hoffnungen, von ihrem Verlauf zeigt er sich jedoch entsetzt. Seine republikanischen Ansichten tragen zur zunehmenden Entfremdung von Goethe und dem Weimarer Hof bei. 1787 erscheint *Gott. Einige Gespräche*, worin Herder unter Auseinandersetzung mit Spinoza seinen *panentheistischen* Gottesbegriff entwickelt.

3.

Das Aushalten der Spannung zwischen Partikularismus und Universalismus charakterisiert Herders Werk. Er betont die geschichtliche Bedeutung von Individualität und Entwicklung, sieht die kulturelle Mannigfaltigkeit jedoch in der Einheit des menschheitsgeschichtlichen Zusammenhanges aufgehoben. In seiner Anthropologie bestimmt er den Menschen als kulturelles Wesen, das seine Individualität erst in Wechselwirkung mit seiner Umwelt ausformt (und wird somit zum Vorläufer der Kulturanthropologie, z.B. Gehlens und Plessners). Herder versteht den Menschen als nur sozial denkbar und als Mängelwesen, das sich durch lebenslanges Lernen selbst ausbilden muss. Daraus ergibt sich die immense Bedeutung von Kultur und Sprache für die Weltsicht des Menschen. Herder lehnt die Teilung des Menschen in körperliche und geistige Vermögen ab, er sieht (gegen Kant) auch die Vernunft als eine sinnlich vermittelte an.

Die Herder-Rezeption ist von deutlichen Widersprüchen geprägt. Besonders umstritten ist eine angelsächsische Rezeptionslinie, die Herder zum Begründer eines spezifisch deutschen Nationalismus erklärt (vgl. etwa Berlin 1960). Die nationalsozialistische Germanistik suchte Herder für ein völkisch-rassisches Denken zu vereinnahmen und konnte sich dabei etwa auf den unterbestimmten Begriff einer die jeweilige Nationalgeschichte und -kultur prägenden Volksseele beziehen, auch wenn sich Herders Werk auf vielfältige Weise gegen diese Instrumentalisierung sperrt (vgl. Schneider 1994).

4.

Herder, J. G., 1977ff., Briefe, Weimar: Böhlaus Nachfolger.

Herder, J. G., 1985ff., Werke, Frankfurt/M.: Deutscher Klassiker Verlag.

Adler, H., 1990, Die Prägnanz des Dunklen. Gnoseologie – Ästhetik – Geschichtsphilosophie bei Johann Gottfried Herder, Hamburg: Meiner.

Adler, H./Knoll, S./Koepke, W. (Hg.), 1998, Herder Jahrbuch/Herder Yearbook 1998, Stuttgart: Metzler.

Barnard, F. M., 1964, Zwischen Aufklärung und Politischer Romantik. Eine Studie über Herders soziologisch-politisches Denken, Berlin: Schmidt.

Berlin, I., 1960, Three Critics of the Enlightenment. Vico, Hamann, Herder, Princeton: Princeton University Press 2000.

Bollacher, M. (Hg.), 1994, Johann Gottfried Herder, Würzburg: Königshausen & Neumann.

Gaier, U., 1988, Herders Sprachphilosophie und Erkenntniskritik, Stuttgart: Frommann-Holzboog.

Haym, R., 1877/1885, Herder, 2 Bde. Berlin: Aufbau 1958.

Koepke, W./Knoll, S. (Hg.), 1982, Johann Gottfried Herder, Bonn: Bouvier.

Maltusch, J. G. (Hg.), 1973, Bückeburger Gespräche über Johann Gottfried Herder 1971, Bückeburg: Grimme.

Mueller-Vollmer, K. (Hg.), 1990, Herder Today, Berlin: de Gruyter.

Otto, R. (Hg.), 1996, Nationen und Kulturen. Zum 250. Geburtstag Johann Gottfried Herders, Würzburg: Königshausen & Neumann.

Otto, R./Zammito, J. H. (Hg.), 2001, Vom Selbstdenken. Aufklärung und Aufklärungskritik in Herders *Ideen zur Philosophie der Geschichte der Menschheit*, Heidelberg: Synchron.

Poschmann, B. (Hg.), 1980, Bückeburger Gespräche über Johann Gottfried Herder 1979, Rinteln: Bösendahl.

Sauder, G. (Hg.), 1987, Johann Gottfried Herder, Hamburg: Meiner.

Schneider, J. (Hg.), 1994, Herder im »Dritten Reich«, Bielefeld: Aisthesis.

Stadelmann, R., 1928, Der historische Sinn bei Herder, Halle: Niemeyer.

Anne Löchte

Herrschaft

1.

»Herrschaft« bildet ein semantisches Feld mit »Macht«, »Gewalt« und »Zwang«. Seine wichtigste Rolle spielt der Herrschaftsbegriff heute in der politischen Theorie und Sozialtheorie. Typische mit dem Konzept der Herrschaft verbundene Fragen lauten: Was sind die Entstehungsbedingungen von Herrschaft? Wie unterscheidet sich Herrschaft von Macht? Welche Typen von Herrschaft gibt es? Unter welchen Bedingungen ist Herrschaft legitim?

Philosophische Verwendungen des Terminus »Herrschaft« divergieren erheblich je nach Auffassung und historischem Kontext. Ideengeschichtlich ist bemerkenswert, dass in neueren Debatten der Ausdruck »Herrschaft«, sofern er überhaupt vorkommt, eher mit einem negativen Akzent versehen ist. Auch wird das Verhältnis zwischen Herrschaft und Macht unterschiedlich beurteilt.

2.

In Antike und Mittelalter wurde Herrschaft weitgehend als ein notwendiger und natürlicher Bestandteil des Zusammenlebens betrachtet. Dabei verband man Herrschaft grundsätzlich mit objektiver Rechtmäßigkeit, d.h. mit der Voraussetzung, dass sie zum Zweck des Gemeinwohls ausgeübt wird. Wesentliche Unterschiede zwischen dem antikem und dem mittelalterlichem Herrschaftsverständnis hängen eng mit dem jeweiligen Politikverständnis zusammen. Der Antike gilt der Bereich des Politischen als ein Raum der öffentlichen Auseinandersetzung zwischen Freien und Gleichen. Herrschaft im Sinne von Unterordnung sollte gerade hier nicht vorkommen. Als selbstverständlich legitim galt Herrschaft (dominium, regnum) im privaten Bereich des Hauses. Der Versuch der Übertragung solcher Herrschaftsstrukturen auf die Dimension des Politischen wurde jedoch als schändlich angesehen. Hieraus musste nach antiker Auffassung ein Regime der Tyrannis entstehen, in dem buchstäblich einer über alle anderen durch Zwang und Gewalt herrschte. Ein solches Regime galt als illegitim. Jedoch sprengte eben die Tyrannis die antiken Auffassungen über politische Herrschaft, galt sie doch geradezu als Gegenteil des Politischen. Die echte Polis war konzipiert als ein Raum der Kooperation und des Konfliktes zwischen Freien und Gleichen, und eben solche Strukturen mussten durch eine Tyrannis zwangsläufig untergraben werden.

Besonders deutlich zeigt sich der Gedanke der Unvereinbarkeit tyrannischer und eigentlich politischer Herrschaftsformen in Platons *Politeia*. In Platons Sinn kann die Tyrannis als eine »Herrschaft der Knechtschaft« klassifiziert werden, insofern hier buchstäblich die *douleia* (Sklaverei) selbst herrscht. Niemand ist hier frei, am allerwenigsten der Tyrann selbst, der als Sklave seiner niedrigsten Begierden ein trauriges Dasein fristet (vgl. Rep., 578a). Aristoteles schwankt in der *Politik* zwischen den Optionen, die Tyrannis gar nicht als Verfassung (politeia) zu klassifizieren oder (zusammen mit der Demokratie) als eine der schlechtesten Verfassungsformen (vgl. Pol., 1266a). De facto konfligiert Aristoteles' Darstellung der Tyrannis bzw. ihrer verschiedenen Ausprägungen mit all seinen Vorstellungen über politische Tugend. Zur politischen *arete* des Polis-Bürgers gehört etwa in zentraler Weise die Fähigkeit, sowohl zu herrschen als auch sich beherrschen zu lassen (vgl. Pol., 1277b), eine Kompetenz, die innerhalb einer Tyrannis offenkundig nicht wirksam werden kann.

Im Mittelalter verschwimmen die Grenzen zwischen Privatheit und Politik. In den Vordergrund tritt die *potestas* (Synonyme: »regnum«, »dominium«), worunter die rechtmäßige Verfügung von Menschen über Menschen und Sachen zu verstehen ist (vgl. Faber/Ilting/Meier 1982, 837; Günther/Hilger/Ilting u.a. 1982, 9). Für die Römer war *potestas* ganz allgemein die Ausübung eines politischen Amtes. Im Mittelalter rückt dagegen die Verfügung über Menschen und Güter in den Mittelpunkt, ein Sachverhalt also, der nach antiken Vorstellungen in den Bereich des Hauses und gerade nicht der Politik gehörte. *Potestas* im mittelalterlichen Sinn übte der Feudalherr aus, insofern er Land und

Leute unter sich hatte. Der Begriff der *potestas* ist also besitzrechtlich fundiert, wobei die *potestas* im politischen Sinn in mittelalterlichen Quellen regelrecht aus der hausherrlichen Gewalt abgeleitet wird.

Eine radikale Veränderung im Denken über Herrschaft findet in den rationalen Naturrechtstheorien des 17. Jahrhunderts statt, am deutlichsten bei Hobbes. Dieser wählt nicht den Begriff der *potestas* als Oberbegriff, sondern den der *potentia*, der besser mit »Macht« als mit »Herrschaft« übersetzt wird. In den Kategorien von *potestas* und *potentia* ausgedrückt ist Hobbes' Grundgedanke folgender: *Potestas* ist rechtsförmige Herrschaft. Letztere ist identisch mit der Verbindlichkeit positiver Rechtsnormen, welchen Inhalts auch immer. *Potestas* in diesem Sinn kann es nur im Staat geben (vgl. Hobbes 1651, 122, 205, 224). Außerhalb des Staates existiert der Naturzustand, in dem jede Rechtsnorm wirkungslos ist, weil es keine Instanz gibt, die für deren Durchsetzung sorgt (vgl. ebd., 131). Da dieser Zustand für alle Menschen unerträglich ist, sorgen sie kraft ihrer *potentia* für die vertragliche Gründung des Staates. Jene menschliche *potentia* wird von Hobbes mit dem Vermögen der Selbsterhaltung bzw. dem menschlichen Machtstreben identifiziert (vgl. ebd., 131). Zwei Punkte sind hier bemerkenswert: (a) Auch Hobbes bindet *potestas* an Legitimität, aber er befreit den Begriff von objektiv vorgegebenen Inhalten, insofern er darin ausschließlich die Herrschaft von Gesetzen überhaupt denkt; (b) *potestas* erscheint letztlich als eine Funktion von *potentia*, verstanden als menschliche Fähigkeit zur Selbsterhaltung bzw. Machterweiterung. Macht und Herrschaft werden so erstmals sowohl rein innerweltlich, strikt nicht transzendent als auch weitgehend formal gedacht.

Im Laufe des 18. Jahrhunderts setzt sich zunehmend eine negative Konnotation des Herrschaftsbegriffs durch (vgl. Günther/Hilger/Ilting u.a. 1982, 51ff.). Herrschaft wird jetzt als willkürliche Unterwerfung von Menschen unter Menschen aufgefasst und tritt in einen Gegensatz zur gesetzmäßigen und zweckbestimmten Regierung. Einen paradoxen Höhepunkt erreicht diese Entwicklung in Rousseaus politischer Philosophie. Im *Gesellschaftsvertrag* (1762) entwirft Rousseau eine politischen Verfassung, in der Herrschende und Beherrschte identisch sind, in der also niemand im Sinne eines interpersonalen Verhältnisses herrscht (vgl. Rousseau 1762, 35). Stattdessen gibt es den unbedingten Gehorsam eines jeden gegenüber sich selbst bzw. gegenüber dem (selbst gegebenen) Gesetz bzw. dem Gemeinwillen (volonté générale, vgl. Rousseau 1762, 34). Herrschaft wird so von einer *inter*personalen Beziehung zu einer *intra*personalen (vgl. Günther/Hilger/Ilting u.a. 1982, 67). Zwar kann staatlicher Zwang gegenüber Bürgern erforderlich sein, doch ist dieser letztlich nichts anderes als ein Zwang zum Gehorsam sich selbst gegenüber bzw. zur wahren individuellen Freiheit. Jeder Einzelwille, der sich dem Gemeinwillen entgegenstellt, muss dann auf einer Selbsttäuschung beruhen. Hier schlägt die Herrschaftskritik ungewollt in ihr Gegenteil um, und zwar in die Befürwortung einer unbeschränkten staatlichen Herrschaft über den Bürger im Namen der »Freiheit« (vgl. ebd., 68).

Im 19. Jahrhundert kommt es zu einer deutlichen Ausweitung des Herrschaftsbegriffs (vgl. ebd., 64, 76ff.). »Herrschaft« wird, ähnlich wie »Macht«, auf Gruppen der Gesellschaft und sogar auf die Gesellschaft als Ganze angewendet (vgl. Faber/Ilting/Meier 1982, 898ff.). Bei Marx und Engels verbindet sich diese Ausweitung in paradigmatischer Weise mit einer Tendenz zur Ökonomisierung des Herrschaftsbegriffs.

3.

3.1. Die gegenwärtige Diskussion über den Begriff und das Phänomen der Herrschaft ist maßgeblich durch Webers Herrschaftssoziologie geprägt. »Herrschaft« bedeutet bei Weber »jede Chance, für einen Befehl bestimmten Inhalts bei angebbaren Personen Gehorsam zu finden« (Weber 1922, 28). Und »Macht« wird bei Weber definiert als die »Chance, innerhalb einer sozialen Beziehung den eigenen Willen auch gegen Widerstreben durchsetzen zu können, gleichviel worauf diese Chance beruht« (Weber 1922, 28). Für das Verständnis der weberschen Herrschaftsdefinition ist festzuhalten: (a) Im definitorisch verwendeten Begriff der Chance verschmelzen zwei wichtige Aspekte: Zum einen »statistische Erwartbarkeit« – womit die Begriffe von Macht und Herrschaft bei Weber eine empirische Komponente erhalten; zum anderen wird Macht, ebenso wie Herrschaft, die ein Spezialfall von Macht ist, bei Weber primär als etwas Potentielles verstanden, als ein Vermögen, bestimmte Handlungen zu vollziehen sowie bestimmte Wirkungen zu erreichen, und nicht als Vollzug dieser Handlungen selbst. Herrschaft und ausgeübte Herrschaft sind zweierlei. (b) Herrschaft ist grundsätzlich ein personenbezogener Begriff: Personen geben Befehle oder befolgen sie. Herrschaft ist somit kein abstraktes »Prinzip«, sondern manifestiert sich stets in den Willensbestrebungen und Handlungen von Personen. Diese personengebundene Sichtweise von Macht und Herrschaft war und ist durchaus nicht selbstverständlich. Weber unterscheidet sich hier erheblich von Nietzsche, Marx, Foucault u.a. (c) Herrschaft ist für Weber ein wesentlich interpersonales Phänomen. Dies folgt daraus, dass sie eine Sonderform von Macht ist, letztere aber *per definitionem* nur innerhalb von sozialen Beziehungen vorkommen kann. Eine Herrschaft über sich selbst kann es deshalb bei Weber, anders als bei Platon, Rousseau und Kant, nicht geben. (d) Herrschaft ist bei Weber nicht nur kraft ihrer Personenbezogenheit ein relativ konkretes Phänomen, sondern auch dadurch, dass sie sich ausschließlich auf Befehl/Gehorsams-Verhältnisse bezieht. Genau hierdurch unterscheidet sich der Begriff der Herrschaft von demjenigen der Macht, der nach Webers eigenen Worten »soziologisch amorph«, also durch die verschiedensten Tatbestände erfüllbar ist. (v) Webers Herrschaftsbegriff ist ein soziologischer, insofern sich Herrschaft als Spezialtypus von Macht in vielen sozialen Beziehungen manifestieren kann. Herrschaft ist also nicht nur wie in großen Teilen der neuzeitlichen Tradition in staatlichen oder rechtlichen Zusammenhängen von Bedeutung. (e) »Herrschaft« ist rein deskriptiv und wertneutral, weil in dem Begriff selbst nicht auf die Legitimität von Herrschaft reflektiert wird. Es geht bei Weber nicht um die Rechtmäßigkeit von Herrschaft; aus diesem Grund steht die webersche Terminologie nicht länger in der Tradition des Ausdrucks »potestas«, zu dessen Bedeutung immer auch der Aspekt der Legitimität gehörte.

3.2. Drei Aspekte der weberschen Definition sind besonders strittig: (a) Arendt wendet sich gegen die webersche Auffassung, Herrschaft sei ein Spezialfall von Macht (vgl. Arendt 1970). Sie teilt mit Weber die Auffassung, dass Herrschaft sich wesentlich auf Strukturen von Befehl und Gehorsam bezieht, bestreitet jedoch, dass deshalb Macht und Herrschaft auch begrifflich miteinander verbunden sein müssten. Arendt zufolge ist Macht die »Fähigkeit, [...] sich mit anderen zusammenzuschließen und im Einvernehmen mit ihnen zu handeln« (ebd., 45). Macht erscheint hier als eine Fähigkeit des auf Konsens gegründeten menschlichen Handelns. Der wesentliche Unterschied zu Weber liegt darin, dass dieser den Akzent auf den Konflikt zwischen verschiedenen Willensbestrebungen legt. Zwar muss die Ausübung von Macht nicht im Rahmen eines Konflikts stattfinden, aber am deutlichsten manifestiert sich Macht dort, wo es einem oder mehreren gelingt, sich gegen divergierende Willensstandpunkte durchzusetzen. Für jemanden, der Macht auf diese Weise bestimmt, ist es nahe liegend, Herrschaft, verstanden als Chance, für einen Befehl Fügsamkeit zu finden, als eine gesteigerte Form von Macht aufzufassen. Dieselbe Auffassung ist auf der Basis von Arendts Machtkonzeption absurd. Arendt beklagt denn auch die nach ihrer Meinung verbreitete Reduktion des Politischen auf die Frage, wer über wen herrscht (vgl. ebd.).

(b) Während Arendt sich für eine Trennung zwischen Macht und Herrschaft einsetzt, aber nichts gegen Webers Definition von Herrschaft selbst einzuwenden hat, arbeitet Foucault mit einem völlig anderen Begriff von

Herrschaft (vgl. Foucault 1976). Zwar redet Foucault z.B. in *Sexualität und Wahrheit* vorwiegend von Macht (*puissance*), aber er differenziert nicht genau zwischen Macht und Herrschaft. Bei näherer Hinsicht stellt sich heraus, dass Foucaults Kritik an gängigen Machtkonzeptionen sogar noch eher auf Webers Begriff der Herrschaft zutrifft als auf dessen Begriff der Macht. Foucaults (nur indirekt auf Weber zielende) Kritik richtet sich gegen alle Vorstellungen von Macht bzw. Herrschaft, die davon ausgehen, dass diese auf personale Subjekte angewiesen sind, die gebieten und verbieten. Dagegen setzt er eine Konzeption von Macht als »Vielfältigkeit von Kräfteverhältnissen, die ein Gebiet bevölkern und organisieren« (Foucault 1976, 113). Auch heißt es, »die Macht ist nicht eine Institution, ist nicht eine Struktur, ist nicht eine Mächtigkeit einiger Mächtiger. Die Macht ist der Name, den man einer komplexen strategischen Situation in einer Gesellschaft gibt.« (ebd., 114). Macht bewegt sich nach dieser Auffassung in einem Schnittfeld zwischen mechanischem Prozess und strategischem Handeln. Charakteristisch für dieses Modell ist, dass hier nicht primär menschliche Individuen strategisch handeln, sondern die Macht selbst, die sich der Menschen »bemächtigt, in irgendeinem soziologisch relevanten Sinn« (Weber 1922, 6: »Handeln im Sinne sinnhaft verständlicher Orientierung des eignen Verhaltens gibt es für uns stets nur als Verhalten von einer oder mehreren einzelnen Personen«). Aus Sicht Foucaults bleibt Webers Herrschaftsbegriff befangen im Modell der rechtsförmigen Monarchie, in der ein Souverän seinen Untertanen Befehle gibt (vgl. Foucault 1976, 110).

(c) Auch Webers bewusst wertneutrale Konstruktion des Herrschaftsbegriffs ist zum Gegenstand der Kritik geworden, z.B. bei Adorno, der die Auffassung vertritt, dass Herrschaft grundsätzlich »das Moment des Furchtbaren« in sich habe und dass man (erst recht) nach den Erfahrungen der totalitären Herrschaft zu einer radikalen Kritik von Herrschaft überhaupt schreiten müsse (vgl. Adorno 1969, 105; vgl. auch Adorno/Horkheimer 1969, 177, 179; Adorno 1951, 172, 330f.).

Legitimität, obwohl kein Merkmal des Herrschaftsbegriffs, ist nach Weber dennoch die Voraussetzung für eine einigermaßen stabile Herrschaft. »Legitimität« heißt dabei stets nur soviel wie »wird als legitim bzw. als vorbildlich, verbindlich, gerechtfertigt anerkannt« (Weber 1922, 16). Der Begriff der Legitimität ist bei Weber also eine rein subjektive und nicht-normative Kategorie, wodurch »Herrschaft« und »legitime Herrschaft« zu wertfreien Konzepten werden. Nach Weber ist eine Herrschaftsordnung demnach genau dann legitim, wenn die Chance (Erwartbarkeit) besteht, dass die ihr unterworfenen Menschen ihr Handeln tatsächlich an ihr orientieren (vgl. Weber 1922, 17). In der Terminologie von Befehl und Gehorsam ausgedrückt heißt dies, »dass das Handeln des Gehorchenden im wesentlichen so abläuft, als ob er den Inhalt des Befehls um dessen selbst willen zur Maxime seines Verhaltens gemacht habe, und zwar lediglich um des formalen Gehorsamsverhältnisses halber, ohne Rücksicht auf die eigene Ansicht über den Wert oder Unwert des Befehls als solchen« (Weber 1922, 123). Legitim ist eine Herrschaft dann, wenn sie auf diese spezielle Art von Gehorsam rechnen kann, der nicht in bloßer Fügsamkeit besteht, sondern auf der Vorstellung beruht, dass einem Befehl Folge zu leisten ist, weil er ein Teil eines als rechtmäßig anerkannten Gesamtsystems von Herrschaft ist, das stets über der jeweiligen persönlichen Meinung des Gehorchenden rangiert. Von zentraler Bedeutung ist Webers Einfügung der Klausel »als ob«. Es geht nicht darum, ob die Befehlsempfänger »wirklich« über Rechtmäßigkeitsüberzeugungen verfügen, sondern von Belang ist nur, dass sie die spezifischen Legitimitätsansprüche des Regimes in soziales Handeln umsetzen. Weber, so lässt sich zusammenfassen, entsubstantialisiert den Legitimitätsbegriff in doppelter Hinsicht: Zum einen entleert er ihn von seinem klassischen Inhalt objektiver Rechtmäßigkeit, indem er ihn im Sinne subjektiver Anerkennung interpretiert; zum anderen sind auch diese subjektiven Legitimitätsüberzeugungen nicht als nunmehr innerpsychische Substanzen aufzufassen, aus denen heraus die Realität sozialen Handelns zu begreifen wäre. Vielmehr handelt es sich um soziale Sinngehalte, die unabhängig davon bestehen, ob ihnen eine innere Haltung der Individuen entspricht.

3.3. Grundsätzlich lassen sich drei Typen legitimer Herrschaft unterscheiden: (a) *Legale* Herrschaft beruht auf dem Glauben an die Legalität gesatzter Ordnungen und des Anweisungsrechts der durch sie zur Herrschaft berufenen Personen (vgl. Weber 1922, 124ff.). Wesentlich sind die Vorstellung, dass beliebiges Recht mit Anspruch auf Folgeleistung durch die Verbandsmitglieder festgesetzt werden kann, und der Gedanke, dass sowohl Herrscher als auch Beherrschte dem Recht und nur diesem gehorchen. Die legale Herrschaft trägt deshalb abstrakten, unpersönlichen und formalen Charakter. Der typische »Herr« ist hier der Vorgesetzte, der wie auch sein Untergebener seinen sachlichen Amtspflichten folgt. Rational ist diese Art der Herrschaft aufgrund der Unterstellung, dass Recht auf rationale Weise festgelegt und angewendet wird. Prototyp der legalen Herrschaft ist die Bürokratie, wie sie für moderne Massendemokratien üblich ist. (b) *Traditionale* Herrschaft beruht auf dem Glauben an die Heiligkeit der Tradition und das Befehlsrecht der durch sie zur Herrschaft berufenen Personen (vgl. Weber 1922, 124, 130ff.). Diese Form der Herrschaft ist in sehr viel ausgeprägterem Maße personal als die legale. Nicht gesatztem Recht wird gehorcht, sondern Herrscherpersönlichkeiten. Fremd ist der Gedanke, dass Recht neu geschaffen werden kann und nicht von jeher gilt. Einzige Mittel der Rechtsfindung sind Präzedenzfälle. Der rationale Charakter fehlt der traditionalen Herrschaft insofern, als die Entscheidungen des Herrschers nicht durch ein allgemeines formales Regelwerk eingeschränkt sind, sondern entweder willkürlich sind oder sich auf materiale Prinzipien wie Gerechtigkeit oder ethische Billigkeit gründen. Ein Paradigma für die traditionale Herrschaft ist die feudale Lehnsherrschaft. (c) *Charismatische* Herrschaft zieht ihre Legitimität aus dem Glauben und die Hingabe an die *außeralltäglichen* Eigenschaften einer Person und die durch sie geoffenbarten oder geschaffenen Ordnungen (vgl. Weber 1922, 124, 140ff.). Heiligkeit, Heldentum etc. können charismatische Eigenschaften sein. Während sowohl legale als auch traditionale Herrschaft typische Alltagsformen von Herrschaft sind, ist die charismatische Herrschaft in ihrer reinen Form das genaue Gegenteil davon. Sie ist irrational in ihrer Regelfremdheit, die sich gegen abstrakte Rechtsprinzipien wie auch gegen traditionale Werte sperrt, und hängt besonders von Affekten und Emotionen ab. Auch ist sie dermaßen personal orientiert, dass in ihr Herrschaft und Führertum zusammenfallen. Der außeralltägliche Charakter der charismatischen Herrschaft bringt notorische Probleme hinsichtlich ihrer Stabilität mit sich, da jede dauerhafte Herrschaft eines bestimmten Quantums an Veralltäglichung bedarf. Als Beispiele für charismatische Herrschaft nennt Weber Napoleons »Herrschaft des Genies« sowie Herrschaften von Propheten oder Kriegshelden.

Alle drei Herrschaftsformen sind Idealtypen im weberschen Sinn, d.h. Konstruktionen, denen sich die Wirklichkeit zwar annähern kann, die aber so gut wie nie rein vorkommen.

Problematisierungen von Webers Theorie legitimer Herrschaft sind u.a. aus folgenden Perspektiven möglich: (a) Auf Widerstand stößt nach wie vor Webers wertfreie Fassung des Begriffs von Legitimität im Sinne einer rein subjektiven Überzeugung. Sowohl von linksliberalen wie von konservativen Autoren wird das Fehlen einer objektiven Dimension von Herrschaftslegitimität bemängelt (vgl. Sternberger 1966; Maier 1969). Letztlich hält man Weber den mangelnden Willen zur normativen Unterscheidung zwischen »guten« und »schlechten« Herrschaftsformen vor, womit man sich gegen die webersche Grundsatzentscheidung für eine werturteilsfreie Sozialtheorie wendet. (b) Einen speziellen Status nimmt die Kritik ein, nach der die webersche Herrschaftstypologie keinen Raum für spezifisch demokratische Legitimität lasse (vgl. Sternberger 1966). Demokratien handelt Weber im Rahmen der legal-rationalen Herrschaft ab, und diese beruht ausschließlich auf formalen, nicht auf materialen Rationalitätsprinzipien. Man kann hier einwenden, dass das Selbstverständnis heutiger Demokratien wegen angenommener *inhaltlicher* Wertgrundsätze, wie den Menschenrechten, ein anderes ist. (c) Webers Herrschaftstypologie bringt auch immanente Interpretationsprobleme mit sich. So stehen zwar zunächst alle drei Formen gleichberechtigt nebeneinander, aber es gibt in der Weber-Forschung eine Debatte darüber, ob nicht doch einem der drei Modelle eine Priorität zukommt.

4.

Adorno, T. W., 1951, Minima Moralia, Frankfurt/M.: Suhrkamp 2001.
Adorno, T. W., 1969, Diskussionsbeitrag, in: ders. (Hg.), Spätkapitalismus oder Industriegesellschaft?, Stuttgart: Enke.
Adorno, T. W./Horkheimer, M., 1969, Dialektik der Aufklärung, Frankfurt/M.: Fischer.
Anter, A., 1995, Max Webers Theorie des modernen Staates, Berlin: Duncker & Humblot.
Arendt, H., 1970, Macht und Gewalt, München: Piper.
Breuer, S., 1991, Max Webers Herrschaftssoziologie, Frankfurt/M.: Campus.
Breuer, S., 1994, Bürokratie und Charisma. Zur politischen Soziologie Max Webers, Darmstadt: WBG.
Faber, K. G./Ilting, K.-H./Meier, C., 1982, Macht, Gewalt, in: O. Brunner/W. Conze/R. Koselleck (Hg.), Geschichtliche Grundbegriffe, Bd. 3, Stuttgart: Klett-Cotta.
Foucault, M., 1976, Der Wille zum Wissen. Sexualität und Wahrheit, Bd. 1, Frankfurt/M.: Suhrkamp 1977.
Günther, H./Hilger, D./Ilting, K.-H. u.a., 1982, Herrschaft, in: O. Brunner/W. Conze/R. Koselleck (Hg.), Geschichtliche Grundbegriffe, Bd. 3, Stuttgart: Klett-Cotta.
Haferkamp, H., 1983, Soziologie der Herrschaft, Opladen: Westdeutscher Verlag.
Hanke, E./Mommsen, W. (Hg.), 2001, Max Webers Herrschaftssoziologie, Tübingen: Mohr Siebeck.
Hobbes, T., 1651, Leviathan, Frankfurt/M.: Suhrkamp 1984.
Hondrich, K. O., 1973, Theorie der Herrschaft, Frankfurt/M.: Suhrkamp.
Löwenstein, K., 1965, Max Webers staatspolitische Auffassungen in der Sicht unserer Zeit, Frankfurt/M.: Athenäum.
Maier, H., 1969, Max Weber und die deutsche politische Wissenschaft, in: ders., Politische Wissenschaft in Deutschland, München: Piper.
Roth, G., 1987, Politische Herrschaft und persönliche Freiheit, Frankfurt/M.: Suhrkamp.
Rousseau, J.-J.,1762, Vom Gesellschaftsvertrag, Stuttgart: Reclam 1977.
Stallberg, F. W., 1975, Herrschaft und Legitimität, Meisenheim: Hain.
Sternberger, D., 1966, Herrschaft und Vereinbarung, in: D. Stolte (Hg.), Integritas. Geistige Wandlung und menschliche Wirklichkeit, Tübingen: Wunderlich.
Weber, M., 1919, Politik als Beruf, in: ders., Schriften zur Sozialgeschichte und Politik, Stuttgart: Reclam 1997.
Weber, M., 1922, Wirtschaft und Gesellschaft, Tübingen: Mohr 1972.
Winckelmann, J., 1952, Legitimität und Legalität in Max Webers Herrschaftssoziologie, Tübingen: Mohr.

ULRIKE KLEEMEIER

Hobbes, Thomas (1588–1679)

1.

Unmittelbar nach dem Studium in Oxford begann Hobbes seine lang währende Laufbahn als Hauslehrer. Er unternahm dabei zwischen 1610 und 1640 mehrere Bildungsreisen auf den Kontinent und knüpfte dort Verbindungen zu den wichtigsten Gelehrten, wie etwa Marin Mersenne (dem Organisator der kontinentalen Gelehrtenrepublik), Pierre Gassendi und Galileo Galilei. So erschloss sich Hobbes die »neue Wissenschaft«, und er entfernte sich zunehmend von dem aristotelisch-humanistischen Bildungshintergrund seiner Oxforder Ausbildung. Mit den *Sechsten Einwänden gegen Descartes' Meditationen* (die er auf Einladung von Mersenne verfasst hatte) verschaffte er sich die erste kontinentale Anerkennung und zog zugleich die Missgunst Descartes' auf sich, der ihn zeitlebens als Konkurrenten betrachtete.

Kurz nach Auflösung des Englischen Parlaments durch Karl I. (im Mai 1640) geriet in England eine Manuskriptfassung der heute sog. *Elements of Law* in Umlauf, in denen sich Hobbes mit seiner Lehre von der absoluten Souveränität politisch auf die Seite des Königs gestellt hatte. Er floh aus Angst vor der Parlamentsfraktion nach Paris ins Exil, wurde dort sogleich in das intellektuelle Leben integriert und unterrichtete ab 1646 zudem am englischen Exilhof den potentiellen Thronfolger in Mathematik.

2.
Neben einigen nur privat zirkulierenden Papieren (u.a. das umfangreiche titellose Manuskript, welches als *Anti-White* erstmals 1973 publiziert wurde) schrieb er eine lateinische Neufassung der zweiten, rechtsphilosophischen Abteilung der *Elements*, die Schrift *De Cive* (*Vom Bürger*, 1642; 2. Auflage 1647). Sie bildete den letzten Teil der geplanten Trilogie *Elemente der Philosophie*. Deren erster Teil, *De Corpore* (*Vom Körper*) erschien trotz intensiver Arbeit in den 1640er Jahren erstmals 1655 und der zweite, *De Homine* (*Vom Menschen*), welcher der ersten Abteilung der *Elements* entspricht, erst 1658.

Ohne Hobbes' Wissen wurden in England 1650/51 sowohl ein Raubdruck der *Elements* (in zwei Teilen: I. *Humane Nature*, II. *De Corpore Politico, or the Elements of Law, Moral and Politic*) als auch eine Raubübersetzung von *De Cive* (*Philosophical Rudiments Concerning Government and Society*) als royalistische Kampfschriften publiziert. Hobbes selbst verfasste derweil eine neue englische Version seiner »Civil-philosophy«, den *Leviathan*. Dieser ergänzt die zwei stark überarbeiteten Teile der *Elements* (über den Menschen und den politischen Körper) durch zwei ebenso umfangreiche über Religion und Kirchenpolitik.

In royalistischen Kreisen wurde der *Leviathan*, der, wie zuvor die *Elements*, die unbedingte Herrschaft des jeweiligen Souveräns verteidigte, bei seinem Erscheinen 1651 als eine Apologie Cromwells, also als ein antiroyalistischer Traktat, gelesen. Zudem stand der Hof unter katholischem Einfluss, und Hobbes hatte die katholische Kirche im vierten Teil des *Leviathan* unverhohlen als Verwalterin des »Reichs der Finsternis« gegeißelt. Ohne königliche Protektion und ohne einflussreiche Freunde (Mersenne etwa war 1648 verstorben) floh er angesichts drohender Verhaftung durch den französischen Klerus im Dezember 1651 nach London zurück.

Seine Angriffe im *Leviathan* auf die vom Aristotelismus geprägten Universitäten und auf die Autonomie des Klerus hatten ihm einerseits die Gegnerschaft der führenden Oxforder Wissenschaftler eingebracht, die auf Hobbes' mitunter durchaus fragwürdige Auslassungen zu Mathematik und Physik heftig reagierten (was u.a. eine Aufnahme in die 1660 gegründete Royal Society vereitelt haben dürfte). Andererseits drohte schließlich wegen seines vermeintlichen Atheismus 1666 ein Häresie-Verfahren. Gleichwohl war Hobbes auch nach der Restauration der Monarchie (1660) weiter produktiv (und genoss auch wieder die finanzielle Unterstützung des Königs): Er setzte eine 1645 mit Bischof Bramhall begonnene, 1656 mit *The Questions Concerning Liberty, Necessity and Chance* vertiefte Diskussion über den freien Willen fort, publizierte Naturwissenschaftliches und verfasste noch weitere politische Schriften, die er aber zum Teil erst postum veröffentlichen ließ. Darunter sind eine Kritik des Common Law (*A Dialogue between a Philosopher and a Student of the Common Laws of England*) und eine Geschichte des englischen Bürgerkrieges (*Behemoth or The Long Parliament*). Für die nachhaltige Wirkung auf dem Kontinent sorgte die in Holland erschienene Gesamtausgabe seiner lateinischen Schriften von 1668, für die Hobbes selbst noch eine lateinische Übersetzung des *Leviathan* diktierte.

3.

3.1. Hobbes' lateinische Trilogie *Elementa Philosophiae* umfasst dem Anspruch nach sämtliche Teilgebiete der »science« (»sapientia«), also der theoriefähigen menschlichen Erkenntnisse (unter Aussparung also der Künste, wie etwa der Medizin), und auch die politischen Lehren des *Leviathan* sind unabtrennbar in den Gesamtzusammenhang seiner materialistischen Philosophie gestellt. Gegenüber den Zeitgenossen zeichnet sich Hobbes in dem Anspruch aus, die Rechts- bzw. Staatsphilosophie erstmals als integralen Teil der Philosophie, ja geradezu als ihren krönenden Abschluss zu entwickeln: Vor *De Cive*, so das Widmungsschreiben zu *De Corpore*, habe es keine Wissenschaft vom Staate gegeben.

Philosophie ist für Hobbes – ganz aristotelisch – allgemeine Kenntnis von den möglichen Ursachen gegebener Wirkungen. Da Allgemeinheit eine Eigenschaft ausschließlich von Namen ist (Hobbes' Nominalismus), besteht Wissenschaft (im Unterschied zu der auch Tieren zukommenden Erfahrungserkenntnis) in einem System von untereinander ableitbaren Sätzen, das von solchen Definitionen ausgeht, die allgemeine Zustimmung finden. Korrektes Denken ist ein Rechnen mit Begriffen (vgl. Hobbes 1655, Kap. I–VI).

Für Hobbes ist alles, was besteht, »matter in motion«; Substanzialität und dreidimensionale Ausdehnung sind daher identische Begriffe, und die (scholastische) Rede etwa von immateriellen Substanzen ist folglich ebenso widersinnig wie etwa Descartes' Rede von einer *res cogitans* im Unterschied zur *res extensa* (vgl. ebd., Kap. VII-IX). Abgesehen von Ausdehnung und Bewegung sind sämtliche Akzidenzien der Körper nur deren Wirkungen auf die Sinnesorgane (vgl. Hobbes 1651, Kap. I). Es gibt keine eigenen Wesenheiten (»essence«) der Dinge (vgl. ebd., Kap. XLVI).

Das Verhalten von Menschen und Tieren wird durch Zu- und Abneigungen bestimmt, welche in ihnen von jenen Dingen verursacht werden, auf die sich diese Neigungen richten. Die Begriffe »gut« und »böse« bezeichnen keine eigenständigen Qualitäten äußerer Dinge (und keine den Menschen vorgegebene normative Struktur), sondern bringen zunächst nur zum Ausdruck, was eine bestimmte Person zu einer bestimmten Zeit erstrebt oder meidet (vgl. ebd., Kap. VI). Der menschliche Wille (und damit menschliches Handeln) ist die notwendige Resultante aus aktuellen Zu- und Abneigungen sowie – das zeichnet die Menschen vor den Tieren aus – seinen Überzeugungen hinsichtlich der Zukunft und den möglichen Wirkungen seines eigenen Tuns (vgl. ebd.). Es gibt dabei für ihn kein letztes Ziel, kein *summum bonum* (nur ein erstes Gut, *primum bonum*, nämlich die Selbsterhaltung). Glück besteht vielmehr im beständigen Fortschreiten von einem Ziel zum nächsten. Das vorausschauende menschliche Leben ist folglich ein rastloses Verlangen nach Sicherstellung dieses Fortschreitens, also nach Macht, das nur mit dem Tode endet (vgl. ebd., Kap. XI). Konkurrenz um Machtmittel macht so den natürlichen Zustand der Menschen zu dem eines Krieges, der seinerseits die Glücksrealisierung verunmöglicht (vgl. ebd., Kap. XIII). Daher ist der künstlich zu schaffende Friede ein Gut für jeden Menschen. Die Lehre von den Konstitutionsbedingungen des Friedens, den »articles of peace«, ist die Moralphilosophie (vgl. ebd., Kap. XIII, XV).

Im Naturzustand hat jeder ein Recht auf alles (»ius in omnia«). Erst durch die Autorisierung eines Gesetzgebers werden die »articles of peace« oder »moral virtues« zu Gesetzen, wodurch die friedensstiftende Unterscheidung von Recht und Unrecht etabliert wird (vgl. ebd., Kap. XV). Die Gehorsamspflicht des Einzelnen resultiert dabei aus der vertraglichen Unterwerfung unter einen souveränen, mit Strafgewalt ausgestatteten Gesetzgeber, sei es ein einzelner oder eine Versammlung (vgl. ebd., Kap XVII). Dabei unterscheidet Hobbes den (fiktiv-methodischen) Fall eines wechselseitigen Vertrages aller Bürger eines Gemeinwesens über die kollektive Autorisierung des Souveräns (»Commonwealth by Institution«) und den (für die bestehenden Staatswesen einschlägigen) Fall bedingungsloser individueller Unterwerfung (»Commonwealth by Acquisition«, z.B. nach einer Eroberung; vgl. ebd., Kap. XVIII sowie das Schlusskapitel). Beiden Konstruktionen ist gemeinsam, dass dem Souverän keine Verpflichtungen gegenüber dem Bürger entstehen (er hat absolute rechtmäßige Gewalt). Die

Freiheit der Bürger besteht darin, das zu tun, was das Gesetz erlaubt. Ausschließlich dann, wenn der Souverän das Leben des Bürgers nicht mehr schützen kann, oder er selbst dieses Leben bedroht, erlischt die Gehorsamsverpflichtung des Bürgers (vgl. ebd., Kap. XXI). Die Aufgabe (»office«) des Souveräns besteht darin, sein weiterhin bestehendes Recht auf alles nach allgemeinen Gesetzen und zum Wohle des Ganzen zu gebrauchen (z.B. Gewaltausübung nur gemäß dem Strafrecht; vgl. ebd., Kap. XXVII und XXX). Dies setzt u.a. voraus, dass die letztinstanzliche Entscheidung über Gesetze, über Krieg und Frieden, über die im Staate (und damit an den Universitäten) erlaubten Lehren sowie über die Religion in den Händen des Souveräns bleibt. Dieser selbst ist Ursprung und daher nicht Gegenstand der Unterscheidung von Recht und Unrecht. Einziger Garant für einen freiheitskonformen und friedensfördernden Gebrauch der Macht des Souveräns ist dessen Eigeninteresse an einer Wohlstand produzierenden Bürgerschaft oder – sofern vorhanden – seine Gottesfurcht.

Erst durch Autorisierung des weltlichen Gesetzgebers gibt es eine für jedermann verbindliche Auszeichnung heiliger Schriften sowie deren verbindliche Interpretation (jedes Bekenntnis stützt sich mangels einer universellen Offenbarung letztlich auf die Autorität von Menschen; vgl. ebd., Kap. VII, Kap. XII und XXIII). Eine Berufung auf Gott und auf das göttliche Gesetz ist damit erst innerhalb einer politischen Gemeinschaft und nur in Übereinstimmung mit den vom Souverän festgeschriebenen Lehren (also mit der Religion, im Unterschied zum bloß subjektiven Aberglauben; vgl. ebd., Kap. VI) möglich. Daher gibt es im Naturzustand auch keine Unterscheidung von Recht und Unrecht. Hauptursache von (Bürger-)Kriegen ist die Auffassung, dass eine von der souveränen Gewalt unabhängige Kirche (insbesondere die römisch-katholische) Gottes Reich vorstelle. Dies bringt den Bürger in ein Autoritäten-Dilemma (vgl. ebd., Teil IV). Dabei ist gemäß Hobbes gerade das Christentum mit seiner zentralen Botschaft, dass Christus, der Erlöser, bereits da war (»Jesus is the Christ«) und sein Reich als nicht von dieser Welt deklariert hat, eine Religion, die den politischen Raum von spirituellen Kräften freizuhalten vermag (vgl. ebd., Kap. XLIII). Nicht zuletzt die Zuspitzung der kirchenpolitischen Position im *Leviathan*, mit der die Eigenständigkeit des Klerus endgültig geleugnet wird, hat die hartnäckige und zum Teil entstellende Kritik von kirchlicher Seite provoziert und auf diesem Wege Hobbes den Titel des »Devil from Malmesbury« eingebracht.

3.2. Hobbes' Schriften stellen einen entscheidenden Einschnitt in der Geschichte der politischen Philosophie dar. Die Ablösung der normativen Kraft von Recht und Moral von jeglicher natürlichen Ordnung (Anti-Teleologismus) und die Verlagerung der Legitimation des Staates in den Einzelwillen des sich verpflichtenden Subjekts (Kontraktualismus) stellen zum einen wichtige Schritte in der Ablösung der neuzeitlichen Rechtsphilosophie vom christlichen Naturrecht dar. Zum anderen stellt Hobbes' rechtsstaatlicher Absolutismus (also die Einsicht in die Notwendigkeit letztinstanzlicher Entscheidungen für das Recht) den nachfolgenden Generationen von Theoretikern die Aufgabe, eine Limitation der Herrschaftsrechte des Souveräns ohne Rekurs auf die durch den Streit der Konfessionen epistemisch fragwürdig und damit politisch gefährlich gewordenen Berufungen auf göttliches Recht zu reetablieren. Die liberale Hobbes-Rezeption beruft sich paradoxerweise auf den Kontraktualismus, den Hobbes im Dienste des Absolutismus den Monarchomachen aus den Händen gewunden hatte, während die etatistische Hobbes-Rezeption die Letztinstanzlichkeit rechtlicher Entscheidungen zugunsten des Autorisierungstheorems in den Vordergrund treten lässt.

4.

Hobbes, T., The English Works of Thomas Hobbes of Malmesbury, 11 Bde., Aalen: Scientia 1966.

Hobbes, T., Thomae Hobbes malmesburiensis opera philosophica quae latine scripsit omnia, 5 Bde., Aalen: Scientia 1966.

Hobbes, T., The Clarendon Edition of the Works of Thomas Hobbes, Oxford: Oxford University Press 1983 ff.

Hobbes, T., 1640, Naturrecht und allgemeines Staatsrecht in den Anfangsgründen, Darmstadt: WBG 1983.

Hobbes, T., 1651, Leviathan oder Stoff, Form und Gewalt eines bürgerlichen und kirchlichen Staates, Frankfurt/M.: Suhrkamp 1984.

Hobbes, T., 1655, Der Körper, Hamburg: Meiner 1997.

Hobbes, T., 1658, Vom Menschen. Vom Bürger, Hamburg: Meiner.

Hobbes, T., 1668, Behemoth oder Das Lange Parlament, Frankfurt/M.: Fischer 1991.

Hobbes, T., 1681, Dialog zwischen einem Philosophen und einem Juristen über das englische Recht, Weinheim: VCH 1992.

Baumgold, D., 1988, Hobbes' Political Theory, Cambridge: Cambridge University Press.

Bermbach, U./Kodalle, K. (Hg.), 1982, Furcht und Freiheit. Leviathan-Diskussion 300 Jahre nach Thomas Hobbes, Opladen: Westdeutscher Verlag.

Gauthier, D., 1969, The Logic of Leviathan, Oxford: Clarendon Press.

Goldsmith, M. M., 1966, Hobbes's Science of Politics, New York: Columbia University Press.

Hood, F. C., 1964, The Divine Politics of Hobbes, Oxford: Clarendon Press.

Kavka, G. S., 1986, Hobbesian Moral and Political Theory, Princeton: Princeton University Press.

Kersting, W. (Hg.), 1996, Thomas Hobbes: Leviathan, Berlin: Akademie.

King, P. (Hg.), 1993, Thomas Hobbes, 4 Bde., London: Routledge.

Ludwig, B., 1998, Die Wiederentdeckung des epikureischen Naturrechts – Zu Thomas Hobbes' philosophischer Entwicklung von De Cive zum Leviathan im Pariser Exil 1640–1651, Frankfurt/M.: Klostermann.

Martinich, A. P., 1982, The Two Gods of Leviathan, Cambridge: Cambridge University Press.

Martinich, A. P., 1995, A Hobbes Dictionary, Oxford: Blackwell.

Metzger, H. B., 1991, Thomas Hobbes und die Englische Revolution 1640–1660, Stuttgart: Frommann-Holzboog.

Rogers, G. A. J. (Hg.), 1995, Leviathan. Contemporary Responses to the Political Theory of Thomas Hobbes, Bristol: Thoemmes.

Rogers, G. A. J./Ryan, A. (Hg.), 1988, Perspectives on Thomas Hobbes, Oxford: Clarendon Press.

Skinner, Q., 2002, Visions of Politics, Bd. 3: Hobbes and Civil Science, Cambridge: Cambridge University Press.

Tuck, R., 1989, Hobbes, Oxford: Oxford University Press.

Weiß, U., 1980, Das philosophische System von Thomas Hobbes, Stuttgart: Frommann-Holzboog.

Zarka, Y. C. (Hg.), 1992, Hobbes et son vocabulaire, Paris: Vrin.

BERND LUDWIG

Hohfeld, Wesley Newcomb (1879–1918)

1.

Hohfeld wurde in Oakland (Kalifornien) geboren. 1901 schloss er zunächst ein Studium an der University of California ab und schrieb sich dann an der Harvard Law School für Jura ein. 1904 erhielt Hohfeld die Zulassung als Rechtsanwalt, entschied sich jedoch für eine Akademikerkarriere und wurde 1905 erst »instructor«, dann Professor an der Stanford University Law School. Von 1905–1914 hielt er Vorlesungen an den Universitäten von Kalifornien, Michigan und Chicago sowie an der Columbia University. In dieser Zeit arbeitete Hohfeld an einer analytischen Klärung juridischer Grundbegriffe, die er in Form des zweiteiligen Aufsatzes »Einige Grundbegriffe des Rechts, wie sie in rechtlichen Überlegungen Anwendung finden« dem Yale Law Journal zur Veröffentlichung anbot. Die Zusage zur Veröffentlichung verband die Yale University mit einem Ruf, den Hohfeld 1914 annahm und bis zu seinem Tod beibehielt. Hohfeld erlag im Alter von 38 Jahren einer Infektionskrankheit (vgl. zur Biographie Moritz 1960).

2.

Im Mittelpunkt des erwähnten »Grundbegriffe«-Aufsatzes von 1913 bzw. 1917 steht ein reduktionistisches Projekt: Alle komplexen juridischen Begriffe – als Beispiele nennt Hohfeld *Eigentum*, *Ehe* und *Vertrag* – lassen sich auf acht nicht weiter analysierbare Grundbegriffe (»fundamental legal conceptions«) zurückführen. Diese acht Grundbegriffe betrachtet Hohfeld als unterschiedliche Konzeptualisierungen von vier atomaren Rechtsverhältnissen zwischen zwei Individuen A und B, wobei jeweils zwei Hohfeldsche Grundbegriffe verschiedene Aspekte derselben Rechtsbeziehung erfassen. Einem Hinweis Hohfelds folgend (1913, 61) kann man seine vier atomaren Rechtsverhältnisse durch zwei rechtslogische Quadrate darstellen, die den internen Zusammenhang zwischen Hohfelds acht Grundbegriffen – sie sind kursiv hervorgehoben – erkennbar werden lassen. Betrachten wir zunächst die internen Beziehungen zwischen Hohfelds »Recht/Pflicht-« und seiner »Nicht-Recht/Privileg-Beziehung«. (Das Negationszeichen »¬« signalisiert, dass die Sätze, zwischen denen es steht, kontradiktorisch sind, und »⇔« steht für »notwendigerweise genau dann, wenn«.)

A hat gegenüber B ein *Recht* auf B's Φen	⇔	B hat gegenüber A die *Pflicht* zu Φen
¬		¬
A hat gegenüber B ein *Nicht-Recht* auf B's Φen	⇔	B hat gegenüber A das *Privileg* nicht zu Φen

Die erste Zeile formuliert eine Recht/Pflicht-Korrelativität. Sie besagt, dass A's Recht gegenüber B auf B's Φen (links oben) mit einer Pflicht gleichen Inhalts seitens B äquivalent ist (rechts oben). Verneinen wir die rechte Seite dieser Recht/Pflicht-Äquivalenz, so gelangen wir zur rechten Seite der Nicht-Recht/Privileg-Äquivalenz rechts unten: Hat B gegenüber A nicht die Pflicht zu Φen, dann steht es B frei, das Φen zu unterlassen. Mit Hohfelds Worten: B hat gegenüber A das »Privileg«, nicht zu Φen. Wenn es B gegenüber A jedoch freisteht, nicht zu Φen, dann hat A gegenüber B kein Recht – ein »Nicht-Recht« in Hohfelds Jargon – auf B's Φen (links unten). Das zweite Quadrat expliziert die Hohfeldsche »Kompetenz/Subjektions«- und die »Unfähigkeit/Immunitäts«-Beziehung. Bei diesen Rechtsverhältnissen geht es um Veränderungen rechtlicher Beziehungen wie sie typischerweise durch Rechtsgeschäfte (Verkäufe, Kündigungen, Vertragsabschlüsse etc.) bewirkt werden. Entsprechend steht »Ψ« für eine Handlung mit performativer, bestehende Rechtsverhältnisse modifizierender Kraft:

A hat gegenüber B die *Kompetenz* zu Ψen	⇔	B unterliegt gegenüber A einer *Subjektion* bzgl. A's Ψen
¬		¬
A ist gegenüber B *rechtlich unfähig* zu Ψen	⇔	B hat eine *Immunität* gegenüber A's Ψen

Ein Beispiel verdeutlicht das Zusammenspiel der hier relevanten Hohfeldschen Grundbegriffe *Kompetenz, Subjektion, rechtliche Unfähigkeit* und *Immunität* besser als eine abstrakte Erklärung. Angenommen, B möchte seine Eigentumsverhältnisse verändern, indem er A seine Uhr zum Kauf anbietet. Mit diesem Angebot schafft B für sich selbst eine Subjektion gegenüber A (oben rechts), der seitens A die Kompetenz entspricht, durch Annahme von B's Angebot dessen Uhr zu erwerben (oben links). Solange B jedoch kein Verkaufsangebot macht, ist er gegenüber etwaigen Versuchen A's, die Uhr rechtmäßig zu erwerben, rechtlich immun (unten rechts). B's Immunität gegenüber A entspricht in diesem Fall seitens A eine rechtlichen Inkompetenz oder Unfähigkeit, die Uhr rechtmäßig zu erwerben (unten links). Diese vier Beziehungen sind nach Hohfeld atomare Rechtsverhältnisse, die zwischen genau zwei Personen A und B bestehen, und deren Inhalt immer genau eine Handlung ist, ein Tun oder ein Unterlassen entweder A's oder B's. Von besonderer Bedeutung ist nach Hohfeld, dass jeweils eine der beiden Parteien sich in jedem dieser vier Rechtsverhältnisse in einer grundsätzlich für sie vorteilhaften Position befindet. In der Recht/Pflicht-Beziehung ist der Rechtsinhaber A der Rezipient eines Tuns oder Lassens des Pflichtenträgers B. In der Nicht-Recht/Privileg-Beziehung genießt der »privilegierte« B eine Freiheit gegenüber dem »rechtlosen« A. In der Kompetenz/Subjektions-Beziehung verfügt der Kompetenzinhaber A über eine Rechtsmacht, der B passiv ausgesetzt ist. In der Unfähigkeit/Immunitäts-Beziehung ist der Immunitätsträger B vor (für ihn nachteiligen) Veränderungen seiner Rechtsverhältnisse durch A geschützt. Die grundsätzliche Vorteilhaftigkeit nicht nur der Position des Rechtsinhabers, sondern auch des Trägers des Privilegs, der Kompetenz und der Immunität habe dazu geführt, so Hohfeld, dass neben Rechten im strengen Sinne – solchen, denen eine Pflicht korreliert – auch diese drei Positionen in einem erweiterten Sinne von Juristen oft als »Rechte« bezeichnet werden. Daher sei zwischen Rechten in einem engen und in einem weiten Verständnis zu unterscheiden. Im engen Verständnis seien nur solche Positionen individuelle Rechte, bei denen es sich um Ansprüche auf Erfüllung einer Pflicht handelt. Statt von Rechten im engen Sinne spricht Hohfeld daher manchmal schlicht von »Ansprüchen« (»claims«) einer Person gegenüber einer anderen. Obwohl er selbst es nie tut, ist es im Anschluss an Hohfeld üblich geworden, diese Rechte als »claim rights« bzw. »Anspruchsrechte« zu bezeichnen. In einem erweiterten Sinne, so Hohfeld, gelten jedoch auch Privilegien, Kompetenzen und Immunitäten unter Juristen vielfach als Rechte.

3.

Der Titel des Aufsatzes – »Einige Grundbegriffe des Rechts, wie sie in rechtlichen Überlegungen Anwendung finden« – und die kontextuelle Erläuterung seiner acht Grundbegriffe durch logische Quadrate sprechen dafür, dass Hohfelds reduktionistische Analyse die Grundlage einer allgemeinen Theorie juridischen Argumentieren bilden sollte. Hohfelds Nachruhm beruht jedoch nicht auf diesem Projekt, sondern auf seiner Klärung des Begriffs eines subjektiven Rechts durch die Unterscheidung zwischen Anspruchsrechten, Privilegien, Kompetenzen und Immunitäten.

Die Vertreter des »American Legal Realism«, der wohl einflussreichsten US-amerikanischen rechtsphilosophischen Schule des 20. Jahrhunderts, allen voran Arthur L. Corbin, William W. Cook und Karl Llewellyn, waren tief beeindruckt von Hohfelds Analysen und sorgten dafür, dass sie in den 1930er Jahren in den Reformulierungen weiter Teile des US-amerikanischen Rechts durch das American Law Institute zur Anwendung kam. Seine Analyse des Begriffs eines subjektiven Rechts prägte die Auffassungen US-amerikanischer Rechtsphilosophen wie Joel Feinberg, Carl Wellman und Judith Jarvis Thomson. Wohl v.a. durch H. L. A. Harts kritische Reaktion – in seinen Augen hatte Jeremy Bentham Hohfelds Analyse im wesentlichen vorweggenommen – wurden Hohfelds Ideen in Großbritannien skeptischer aufgenommen und von Harts Schülern Neil MacCormick (1977) und Joseph Raz (1980) scharf kritisiert. Dennoch hat Hohfelds Auffassung subjektiver Rechte in Kramer/Simmonds/Steiner (1998) auch in Großbritannien bedeutende Verteidiger gefunden. In der deutschsprachigen Rechtsphilosophie wurden Hohfelds Ideen zunächst weitgehend ignoriert (vgl. jedoch Moritz 1960). Inzwischen haben sie jedoch indirekt v.a. durch Alexy (1985, Kap. 4) und Koller (2007) breiten Einfluss gewonnen.

4.

Hohfeld, W. N., 1913, Einige Grundbegriffe des Rechts, wie sie in rechtlichen Überlegungen Anwendung finden, 1. Teil, in: M. S. Stepanians (Hg.), Individuelle Rechte, Paderborn: Mentis 2007.

Hohfeld, W. N., 1913/1917, Fundamental Legal Conceptions as Applied in Judicial Reasoning, Dartmouth: Dartmouth 2001.

Hohfeld, W. N., 1923, Fundamental Legal Conceptions as Applied in Judicial Reasoning and Other Legal Essays, New Haven: Yale University Press.

Alexy, R., 1985, Theorie der Grundrechte, Frankfurt/M.: Suhrkamp.

Kramer, M./Simmonds, N./Steiner, H. (Hg.), 1998, A Debate Over Rights, Oxford: Oxford University Press.

Koller, P., 2007, Die Struktur von Rechten, in: M. S. Stepanians (Hg.), Individuelle Rechte, Paderborn: Mentis 2007.

MacCormick, N., 1977, Rechte in der Gesetzgebung, in: M. S. Stepanians (Hg.), Individuelle Rechte, Paderborn: Mentis 2007.
Lindahl, L., 1977, Position and Change. A Study in Law and Logic. Dordrecht: Reidel.
Moritz, M., 1960, Über Hohfelds System der juridischen Grundbegriffe, Lund: CWK Gleerup.
Raz, J., 1980, The Concept of a Legal System, Oxford: Oxford University Press.

Markus S. Stepanians

Horkheimer, Max (1895–1973)

1.

Horkheimer schloss seine Schulausbildung zunächst mit mittlerer Reife ab und wurde als Prokurist in der Textilfabrik seines Vaters in Stuttgart tätig. Nach Ende des Ersten Weltkriegs holte er in München das Abitur nach und nahm anschließend zunächst in Freiburg, wo er u.a. bei Martin Heidegger hörte (GS, XV, 77), dann in Frankfurt/M. das Studium der Philosophie, Psychologie und Nationalökonomie auf. Er promovierte 1922 und habilitierte sich 1925 jeweils mit Arbeiten über den kantischen Begriff der Urteilskraft bei dem Frankfurter Neukantianer Hans Cornelius. Nach der Ernennung zum Privatdozenten heiratete Horkheimer 1926 seine langjährige Freundin Rose Riekher. Die erste Buchveröffentlichung Horkheimers erschien unter dem Titel *Anfänge der bürgerlichen Geschichtsphilosophie* 1930. In diesem Jahr wurde Horkheimer auch auf den neu geschaffenen Lehrstuhl für Sozialphilosophie an der Frankfurter Universität berufen. Zeitgleich übernahm er das Direktorat am Frankfurter Institut für Sozialforschung, das der Universität formal angeschlossen war, seit seiner Gründung im Juni 1924 aber als Stiftung von dem Industriellen Hermann Weil finanziert wurde. Horkheimer gehörte zu den ersten Professoren, die unter dem nationalsozialistischen Regime gemäß dem am 7. 4. 1933 erlassenen »Gesetz zur Wiederherstellung des Berufsbeamtentums« aus ihrem universitären Amt vertrieben wurden, nachdem das Institut für Sozialforschung bereits am 13.3. wegen »staatsfeindlicher Bestrebungen« zwangsweise geschlossen worden war.

Die Jahre der Emigration, zunächst kurz in der Schweiz, ab 1934 in den USA, und zwar bis 1941 in New York, anschließend in Kalifornien (Pacific Palisades), waren zugleich die wissenschaftlich produktivsten Jahre Horkheimers. In dieser Zeit entstanden die für sein Werk charakteristischen Aufsätze zur Gesellschaftstheorie, die in der hauseigenen *Zeitschrift für Sozialforschung* (1932–1941, 1939–1941 unter dem englische Titel *Studies in Philosophy and Social Science*) erschienen, 1968 unter dem Titel *Kritische Theorie* erneut publiziert wurden und später in die Bände III und IV der Gesammelten Schriften (GS) Aufnahme fanden. Dazu gehören insbesondere »Materialismus und Metaphysik« (1933), »Materialismus und Moral« (1933), »Zum Rationalismusstreit in der gegenwärtigen Metaphysik« (1934), »Zum Problem der Wahrheit« (1935), »Autorität und Familie« (1936), »Egoismus und Freiheitsbewegung« (1936), »Der neueste Angriff auf die Metaphysik« (1937), »Traditionelle und kritische Theorie« (1937) und »Die gesellschaftliche Funktion der Philosophie« (1940). Das Vorhaben eines großen systematischen Werks hat Horkheimer dagegen nie verwirklicht. Die Vorarbeiten dazu flossen vielmehr in sein Werk *Eclipse of Reason* (1947; dt. *Zur Kritik der instrumentellen Vernunft*, GS, VI) und die gemeinsam mit Theodor W. Adorno verfasste *Dialektik der Aufklärung* (1944; GS, V) ein.

1949 folgte Horkheimer dem erneuerten Ruf auf den Lehrstuhl für Sozialphilosophie an der Universität Frankfurt. Das Institut für Sozialforschung wurde 1951 wieder eröffnet und leistete einen wesentlichen Beitrag zur Etablierung moderner sozialwissenschaftlicher Methoden in der westdeutschen Forschungslandschaft. Horkheimer wirkte erfolgreich als Wissenschaftsmanager und Repräsentant der bald sog. Frankfurter Schule, die in den Sozialwissenschaften für einige Jahrzehnte erheblichen

Einfluss gewann. Wirklich bedeutende neue Arbeiten zur Philosophie bzw. Gesellschaftstheorie hat Horkheimer bis zu seinem Lebensende aber nicht mehr verfasst. Nicht nur als Rektor der Frankfurter Universität (1951–1953) und über das Jahr seiner Emeritierung (1959) hinaus leistete er nun v.a. einen entscheidenden Beitrag zur intellektuellen Gründung der Bundesrepublik (vgl. Albrecht/Behrmann/Bock u.a. 1999).

2.

Horkheimer wendete sich der Philosophie aus dem moralischen Interesse an sozialer Gerechtigkeit zu. Die Auffassung, die moderne Gesellschaft könne ohne Rückgriff auf die Arbeiten von Marx nicht angemessen verstanden werden, hat er bis zu seinem Lebensende vertreten (vgl. GS, VIII, 306ff.). Es sind aber Hegel und v.a. Kant, durch deren Studium Horkheimer sein eigenes Denken schulte und deren Grundbegriffe er sich zu eigen machte, um eine selbstständige philosophische Position auszubilden. Das wird bereits in seiner Antrittsvorlesung als Direktor des Frankfurter Instituts für Sozialforschung (»Die gegenwärtige Lage der Sozialphilosophie und die Aufgaben eines Instituts für Sozialforschung«) deutlich, in der er das Programm einer interdisziplinär angelegten und gleichwohl »philosophisch orientierten Sozialforschung« entwirft, die sich den gesamten »Zusammenhang zwischen dem wirtschaftlichen Leben der Gesellschaft, der psychischen Entwicklung der Individuen und den Veränderungen auf den Kulturgebieten im engeren Sinn« (GS, III, 32) zum Gegenstand macht.

Horkheimers philosophische Theoriearbeit kreist indessen v.a. um den Begriff der Vernunft. Schon in den Aufsätzen zum Thema »Materialismus« geht es in erster Linie um die Beantwortung der Frage, wie umfassende praktische Vernünftigkeit in Gestalt der gerechten Vermittlung differenter Individualitäten in einen allgemeinen gesellschaftlichen Lebenszusammenhang der Freien und Gleichberechtigten zu verwirklichen ist. Freilich bedarf es in Horkheimers Blickwinkel der »materialistischen« Theorie der Gesellschaft, um der klassischen Idee der Vernunft ihren bloß utopischen Charakter zu nehmen (vgl. GS, III, 126). Auf der Grundlage der marxschen Kritik der politischen Ökonomie, so Horkheimer in dem schulbildenden Aufsatz »Traditionelle und kritische Theorie«, lasse sich nämlich der Nachweis führen, dass die Idee einer »Assoziation freier Menschen, bei der jeder die gleiche Möglichkeit hat, sich zu entfalten« beim »heutigen Stand der Produktivkräfte« keine Illusion darstelle, sondern eine reale Möglichkeit für die bewusste Organisation des Sozialen (GS, IV, 193). Man kann indessen nicht behaupten, dass Horkheimer oder seine Mitarbeiter am Institut für Sozialforschung diesen Nachweis auch wirklich erbracht hätten. Horkheimer stützt seine gesellschaftskritische Programmatik vielmehr in einem zwar undogmatischen, aber gleichwohl orthodoxen Sinne auf marxsche Theoreme, die er weder der ausdrücklichen begrifflichen Revision unterzieht noch einer ernstlichen empirischen Prüfung zuführt. Betont wird lediglich, Geschichte bleibe allemal ein offener Prozess und ihre »Dialektik« müsse daher als prinzipiell unabgeschlossen genommen werden. 1937 gibt Horkheimer seinem sozialphilosophischen Programm den bleibenden Namen »kritische Theorie«. Im Unterschied zu Theorien »traditionellen« Typs, die sich in die Reproduktion der bestehenden gesellschaftlichen Verhältnisse einfügen würden, gehe die »kritische« Theorie nicht nur durch ihre grundsätzliche normative Orientierung über die neutrale wissenschaftliche Beschreibung und Erklärung dessen hinaus, was der Fall sei. Als ein »kritisches« Verhalten sei sie vielmehr auf die real mögliche Verwirklichung vernünftigerer Verhältnisse aus.

Dieses Projekt der Verwirklichung der historisch-ökonomisch belehrten Vernunft ist Horkheimer allerdings in den folgenden Jahren immer fragwürdiger geworden. In den Arbeiten der vierziger Jahre widmet er sich daher einer grundsätzlichen Vernunftkritik, die u.a. Leitgedanken der Philosophie Adornos aufnimmt, nicht zuletzt aber auch als aufschlussreiche Selbstkritik Horkheimers zu lesen ist.

Kritisch sieht Horkheimer nun v.a. das vormals von ihm selber vertretene Projekt, Freiheit und Glück aller in einer vernünftig organisierten Gesellschaft auf der Basis fortschreitender wissenschaftlicher Naturbeherrschung sicherzustellen. Denn die neuzeitliche Vernunft sei gar nicht fähig, die dafür nötigen intersubjektiv verbindlichen Handlungszwecke zu bestimmen. Dieses strukturelle Defizit der praktischen Vernunft diagnostiziert Horkheimer sowohl in dem primär von ihm verfassten Kapitel über die Moralkritik de Sades und Nietzsches in der *Dialektik der Aufklärung* (vgl. GS, V, 104ff.), wie auch in dem von ihm allein verantworteten Text *Zur Kritik der instrumentellen Vernunft* (vgl. GS, VI). Während sich in dem Gemeinschaftswerk die trotz gegenteiligen Versicherungen durchaus unterschiedlichen Überlegungen Horkheimers und Adornos immer wieder von Satz zu Satz vermischen und überlagern, wird in der *Kritik der instrumentellen Vernunft* Horkheimers spezifischer Ansatz deutlich. Horkheimer geht es nicht wie Adorno darum, die ganze Menschheitsgeschichte als Verblendungszusammenhang durchschaubar zu machen. Es ist vielmehr die spezifische Ambivalenz neuzeitlicher Rationalisierung (des »Projekts der Moderne«), die er unter den Stichwörtern der Subjektivierung, Formalisierung und Instrumentalisierung der Vernunft herauszuarbeiten versucht.

Horkheimers kritische Reflexion des gesellschaftlichen Emanzipationsprogamms der europäischen Aufklärung will deren Anliegen nicht verwerfen, sondern ihm gerade die Treue halten und, wie es in der Vorrede zur *Dialektik der Aufklärung* heißt, »einen positiven Begriff« der Aufklärung »vorbereiten« (GS, V, 21). Die Aufsätze, die Horkheimers Spätwerk bilden, halten an dieser Intention zwar fest, erkennen aber keine gesellschaftlichen Tendenzen mehr, die für die reale Möglichkeit einer gerechteren Gesellschaft sprechen. In der »Massenkultur« der »verwalteten Welt« sieht Horkheimer vielmehr den unaufhaltsamen schleichenden Untergang aller authentischen und autonomen Individualität, dem nur noch von der religiös gefärbten »Sehnsucht nach dem ganz Anderen« widersprochen wird.

3.

Die beiden systematischen Schwerpunkte des Horkheimerschen Werks sind, wie angedeutet, durch eine interne vernunftkritische Dynamik miteinander verknüpft. Das frühe Konzept einer philosophisch orientierten interdisziplinären Sozialforschung setzt auf die emanzipatorische Vernunft im Sinne der durch Hegel und Marx belehrten kantischen Philosophie der europäischen Aufklärung. Es ist dann genau dieses Verständnis von Rationalität, dessen strukturelle Ambivalenz Horkheimers vernunftkritische Schriften reflektieren. Besonders aufschlussreich ist Horkheimers Rationalitätskritik in sozialphilosophischer Perspektive, weil sie in der Sache interessante Berührungspunkte mit sozialgeschichtlichen Arbeiten M. Webers und T. Parsons aufweist und sich auch durch spätere Varianten normativer Gesellschaftstheorie (vgl. Habermas 1985, 130ff.) nicht erledigt hat.

4.

Horkheimer, M. (Hg.), 1932ff., Zeitschrift für Sozialforschung, München: dtv 1980.
Horkheimer, M., 1985–1996, Gesammelte Schriften, Frankfurt/M.: Fischer (zitiert als GS).

Albrecht, C./Behrmann, G. C./Bock, M. u.a., 1999, Die intellektuelle Gründung der Bundesrepublik, Frankfurt/M.: Campus.
Benhabib, S. (Hg.), 1993, On Max Horkheimer, Cambridge/MA: MIT Press.
Dubiel, H., 1978, Wissenschaftsorganisation und politische Erfahrung, Frankfurt/M.: Suhrkamp.
Habermas, J., 1985, Der philosophische Diskurs der Moderne, Frankfurt/M.: Suhrkamp.
Hesse, H., 1984, Vernunft und Selbstbehauptung, Frankfurt/M.: Fischer.
Rosen, Z., 1995, Max Horkheimer, München: Beck.
Schmidt, A./Altwicker, N. (Hg.), 1986, Max Horkheimer heute, Frankfurt/M.: Fischer.
Wiggershaus, R., 1986, Die Frankfurter Schule, München: dtv 1993.

Heidrun Hesse

Humanismus

1.

»Humanismus« bezeichnet eine kritische, unhintergehbar historisch verfasste, oft an (antiken) Leitbildern orientierte Auseinandersetzung mit und Bestimmung von human angemessenen Lebens- und v.a. Handlungsformen. Durch diese weite Charakterisierung, die oftmals mit der Bezeichnung einer Bemühung um das Menschsein belegt wird, lassen sich große Teile der europäischen Geistes- und Kulturgeschichte mit dem Humanismus in Verbindung bringen, so dass etwa von einem römisch-antiken Humanismus, einem Renaissance-Humanismus, aber auch von einem bürgerlichen, ästhetischen, ethischen, religiösen, sozialistisch-marxistischen oder existenzialistischen Humanismus die Rede ist. Daraus erklärt sich auch die Unschärfe in der (alltäglichen) Begriffsverwendung. So kann »Humanismus« eine generelle Menschenliebe (mit pazifistischen Einsprengseln) bedeuten (Humanität), eine Haltung des (utopischen) Eskapismus charakterisieren oder eine Position bezeichnen, die sich auf eine der genannten philosophischen Ausformungen des Humanismus bezieht.

2.

Den Terminus »Humanismus« hat erstmalig F. I. Niethammer 1808 im Kontext seiner Bestimmung der Pädagogik eingeführt. »Humanismus« ist für Niethammer eine »Sektenbezeichnung«, deren Bildungsprogramm eines sich selbstzweckhaft ausbildenden menschlichen Geistes gegen die philanthropistischen Realschulen der Aufklärung gerichtet ist (vgl. Niethammer 1808, 39). Die historisch fragwürdige systematische Bestimmung hat G. Voigt (1859) geschichtsphilosophisch gewendet und darunter jene (epochale) Haltung rubriziert, die das Streben nach entfalteter Humanität mit Blick auf die griechische und römische Antike kennzeichnet. Dachte Voigt hierbei v.a. generell an die Ausrichtung der Philosophie der Neuzeit, hat sich im Kontext des von Paulsen 1896 eingeführten Begriffs des Neu-Humanismus und der wohl 1932 aufgekommenen, für den Kreis um W. Jaeger und dessen Bildungsprogramm gedachten Benennung eines »Dritten Humanismus« eine historische Dreiteilung eingebürgert. Unter dem Rubrum des »Renaissance-Humanismus« wird jene historische Konstellation zwischen dem 14. und 16. Jahrhundert in Europa gefasst, der dann ein Neu-Humanismus folgt, der speziell für Deutschland die Zeit der Klassik um 1800 konnotiert, während die um 1900 einsetzenden Bestrebungen zur Wiedererweckung des Idealismus und der Antike unter dem Titel des »Dritten Humanismus« begriffen werden. Im Folgenden wird auf den Renaissance-Humanismus eingegangen, der die Grundlage aller weiteren Humanismen bildet (vgl. Buck 1987) und die Folie abgibt, vor der sich Gegenbewegungen profilieren.

3.

In einer idealtypischen Rekonstruktion bildet der Begriff des Renaissance-Humanismus einen Teil jener Begriffstrias, mit der die europäische Renaissance analytisch erfasst werden soll. Während der Renaissance-Aristotelismus das Fortwirken aristotelischer Philosopheme und die Genese moderner (Natur-)Wissenschaftsverständnisse bezeichnet und unter der Rubrik des Renaissance-Platonismus neben der Fortgeltung (neo-)platonischer Philosophie eine innovative Erkenntnistheorie des Perspektivismus im Mittelpunkt steht, werden unter der Benennung des Renaissance-Humanismus die Fragen der praktischen und ethischen Tüchtigkeit des Menschen thematisiert (vgl. Otto 1984, 29–46).

3.1. Der Humanismus der Renaissance entsteht vor dem doppelten Hintergrund der zunehmenden Autonomisierung der Stadt auf der italienischen Halbinsel und der tief greifenden Erkenntnisungewissheit. Im Unterschied zu weiten Teilen des ehemaligen Imperium Romanum lebten in Italien neben Handwerkern, Händlern, dem Klerus und der breiten Schicht von Armen auch die Adeligen innerhalb der Stadtmauern. Deren Präsenz war Grund für ständige Spannungen, die eine Dynamik der Machtbeziehungen in Gang setzten und politische Steuerungsmechanismen so notwendig wie zum Dauerproblem machten. Ergebnis dieser Machtkämpfe waren um die Wende vom 13. zum 14. Jahrhundert städtische Regierungen, die sich überwiegend aus den wohlhabenden Zunftmitgliedern rekrutierten und gegenüber den Magnaten und den Armen politische Dominanz ausübten, ohne allerdings wirklich befriedend wirken zu können. In diesen politischen Institutionenordnungen kam zugleich das Bewusstsein der Selbstregierung zum Tragen (civitas sibi princeps), das den Anspruch des Kaisers zumindest ins Leere laufen ließ. Wenn auch viele der Städte im Laufe des 14. Jahrhunderts einzelnen Machthabern (dem Prinzipat) verfielen, blieb etwa in Florenz und Venedig eine politische Ordnungsform in Kraft, die auf bürgerliche Beteiligung (vita civilis vel activa) setzte und das Bewusstsein der selbst verantworteten Regelung der eigenen Angelegenheiten (res publica) wach hielt.

Im Kontext spätscholastischer Spekulationen um die Allmacht Gottes war nahezu zeitgleich die Möglichkeit evidenter Erkenntnis zunehmend in Zweifel gezogen worden. Konnte menschliches Wissen keinen Wahrheitsanspruch mehr einlösen, blieben Erklärungen immer vorläufig und lediglich plausibel. Angesichts dieser Situation hat Nikolaus von Autrecourt angedeutet, die Frage der Wahrheit des Wissens zugunsten der Frage nach dem rechten Handeln zu suspendieren.

3.2. Auch wenn es immer problematisch ist, klare Anfänge zu setzen, so spricht doch viel dafür, dass Francesco Petrarca (1304–1374) sich als erster dieser Konstellation gestellt hat. Programmatisch erklärt er, dass es »besser [...] ist, Gutes zu wollen als das Wahre zu erkennen [...]. Deshalb verfehlen diejenigen den rechten Weg, die sich damit beschäftigen, das Wesen der Tugend zu erkennen, anstatt selbst tugendhaft zu werden.« (Petrarca 1371, 109) Kann die Aufgabe des Menschen so nicht in der Erkenntnis eines überzeitlich Wahren, sondern in der geschichtlichen Verwirklichung eines praktisch Guten bestehen, bleibt damit die genaue Bestimmung der Tugend selber unweigerlich historisch und letztlich so situativ wie kontingent. Personale Urteilskraft ist also gefordert, und diese Urteilskraft bildet sich durch das Studium beispielhafter Lebensläufe und kontextualisierter Handlungsvollzüge. In der kritischen, hermeneutisch durchreflektierten und dialogischen Aneignung literarisch gespeicherten Handlungswissens (hauptsächlich der römischen Antike) bildet der Mensch ein vielschichtiges Instrumentarium aus, das es ihm ermöglicht, im Hier und Jetzt klug und überlegt, menschlich zu handeln und sein Leben tugendhaft zu führen (vgl. Batkin 1981). Die »Kenntnis der Literatur (literarum) (ist erst dann) nützlich, wenn sie in die Tat umgesetzt wird (in actum transit) und [...] auf die Lebensführung bezogen wird (ad vitam referantur)« (Petrarca 1360, 112f.). Dieses Programm der praktischen Selbstbildung durch die Literatur im weitesten Sinne durchzieht den Humanismus wie einen roten Faden. In unvergleichlicher Kürze hält Erasmus von Rotterdam fest: »aber Menschen, das glaube mir, werden nicht geboren, sondern gebildet« (Erasmus 1896, 53). Das Normativitätsdefizit dieser auf enger Verbindung von Geist, Wort und Sache (mens et verba et res) ruhenden Tugendethik ist nicht zu leugnen und setzt sich in der Politik fort. Denn Petrarca spricht sich speziell in seinen Briefen aus dem Jahr 1347 an Cola di Rienzo in Rom (vgl. Petrarca 2001) und an Francesco il Vecchio da Carrara, Alleinherrscher von Padua, von 1373 (vgl. Petrarca 1922) für eine monarchische Regierungsform aus, in der der Fürst durch Erziehung die Maßstäbe gerechten Regierungshandelns einübt.

Es ist der langjährige Kanzler der Republik Florenz, Coluccio Salutati (1331–1406), der dem Mangel an Gerechtigkeitsprinzipien abhilft, und damit auch biographisch die Verbindung von städtischer Selbstregierung und Renaissance-Humanismus herstellt. In Auseinandersetzung mit einer onto-theologisch argumentierenden Medizin entwickelt Salutati das transzendentale Prinzip der Gleichheit. Im Akt der zivilen Gesetzgebung wird dieses Prinzip nicht nur ausgefaltet, sondern zugleich als Bedingung gerechter Gesetze erkannt. Angesichts der erwähnten Erkenntnisunsicherheit ist es für Salutati einzig das von Menschen gemachte Gesetz, das in seiner Prinzipienstruktur völlig gewiss erkannt werden kann. Von »höchster Gewissheit (certissime) sind aber [ ] die Gesetze im Gleichheitsprinzip des menschlichen Geistes, und nicht nur von höchster Sicherheit sind sie, sie werden auch gewusst« (Salutati 1399, 260f.). Humanismus bedeutet dann bürgerlicher Republikanismus.

Damit ist auf dem Feld der Sozialprinzipien eine normative Ebene erreicht, die alle weiteren Diskussionen innerhalb des Renaissance-Humanismus strukturiert oder begleitet. Strittig bleiben aber die politischen Herrschaftsformen, die mit der Selbstgesetzgebung kompatibel sind. So schwankt etwa Leonardo Bruni (1370–1444), Amtsnachfolger Salutatis, zwischen einer eher aristokratischen oder deutlich demokratischen Staatsform. Die Demokratie hat allerdings den Vorteil, dass sie als für alle Rechtsunterworfenen gleiche politische Partizipationstruktur dem Prinzip des Rechts (und der Freiheit) korrespondiert, wenn nicht gar korreliert. »Das ist wahre Freiheit, darin besteht Gleichheit in der Stadt: keines Menschen Macht, keines Menschen Gewalttat zu fürchten, und sich der Gleichheit des Gesetzes für alle und des gleichen Zugangs zur res publica zu erfreuen.« (Bruni 1996, 716) Damit ist – mit grundloser und bornierter Nichterwähnung der Frauen – endgültig der politisch tätige Bürger (die vita activa et urbana) zum Normbild des humanistisch-tugendhaften Menschen geworden. Diesem Bürger eignet zudem eine besondere Würde. Denn es ist der humanistische Mensch, der, wie Giannozzo Manetti (1396–1459) ausführt, im Erbauen der menschlichen Lebenswelt durch Politik, Technik, Architektur, Wirtschaft und Bildung das einzige Lebewesen ist, das die Schöpferkraft Gottes imitiert (vgl. Manetti 1452).

Problematisch bleibt weiterhin, dass die ausgebildete Tugend als Voraussetzung für die Ausübung politischer Ämter gesehen wird. Das gewinnt in dem Moment Sprengkraft, in dem die Tugend in konsequenter Verlängerung von Petrarcas Position selber als Begriff zu verschwimmen droht. Die Florentiner Humanisten Poggio Bracciolini (1380–1459) und Leon Battista Alberti (1404–1472) sowie der Römer Lorenzo Valla (1407–1457) haben auf je eigene Weise in Dialogen gezeigt, dass der Begriff von Tugend entlang inkompatibler Traditionen (christlichen vs. heidnischen) variiert oder »Tugenden und Laster so sehr benachbart (sind), dass es schwerfällt, zwischen ihnen zu unterscheiden« (Valla 1431, 281). Damit verliert der Diskurs über die Tugend als Handlungsform seine historisch-orientierende Tiefendimension und Verankerung, und in der Folge propagiert der Dominikanermönch Girolamo Savonarola (1452–1498) den Verzicht auf die weltliche Tugend insgesamt. Eine wahrhaft demokratische res publica wird nur mit jenen gelingen können, die in der Nachfolge Christi himmlische Tugenden angenommen haben und damit aus dem republikanischen Florenz ein überweltliches Jerusalem entstehen lassen: »Zweifelt nicht daran, sag' ich euch, dass wir eine Stadt Gottes und nicht nur eine Stadt Florenz machen wollen.« (Savonarola 2002, 133)

3.3. Führt das von Petrarca initiierte Paradigma des Renaissance-Humanismus gerade auf dem Feld der Politik in eine Sackgasse, erwächst ihm daraus aber auch ein neuer Anfang. Niccolò Machiavelli (1476–1527), Francesco Giucciardini (1483–1540) und Donato Giannotti (1492–1573) stellen das Begründungsprogramm um. Nicht mehr stützt die Tugend die politisch gerechte Staatsform, sondern umgekehrt erzeugt speziell für Giannotti die gewaltenteilig strukturierte, auf kommunikativer Verflechtung ruhende Staatsform die dazu passende zivile Tugend der Akteure. »Durch die beschriebene Repubiksform werden somit alle Missstände beseitigt [...]. Dies bewirkt, dass die Menschen dieser Verfassung die Treue halten. Da sie keine Möglichkeit sehen, sie zu zerstören, versprechen sie sich davon Stabilität; hieraus entspringt die Treue, und aus dieser die

Wachsamkeit und der Eifer, die Verfassung zu verteidigen und zu bewahren.« (Giannotti 1534, 332f.) Mit der Hinwendung zur Institutionenordnung als einer prägenden Kraft, was Giannotti treffend im Begriff »virtù della forma« zusammenfasst, hat der Renaissance-Humanismus jene sozialwissenschaftliche Wendung vollzogen, die soziale Prozesse als permanentes Wechselspiel von Akteuren und Institutionen ansieht. Damit ist die Kontingenz nicht gebannt, aber in der regulierten Dynamik der Interdependenzen reduziert und in habituelle kollektive Erwartungsverlässlichkeit transformiert.

3.4. Der Renaissance-Humanismus zeigt sich so als eine Bewegung, die vor dem Hintergrund der Kontingenzakzeptanz mit der philosophischen Ausarbeitung der Bezüge beginnt, in denen tugendhaftes personales Handlungswissen ausgebildet wird. Mit der immer stärkeren Aufblendung der politischen Dimension menschlichen Handelns beginnt ein Prozess der Selbstreflexion, der über Stufen schließlich dazu führt, in politisch-sozialen Institutionen jene Instanz zu sehen, die Menschen zu zivilen Personen formt, die ihrerseits soziale Wirklichkeit bewusst umbilden. Insofern könnte man den Renaissance-Humanismus als Versuchsanordnung zu Typen von subjektiven wie kollektiven human-historischen Selbstzivilisierungsprozessen lesen. Fortwirkungen sind in gewisser Weise für die eher personal-zentrierte Form des Humanismus Michel de Montaigne (1571ff.), für die eher institutionalistische Giambattista Vico (1744).

3.5. Sehr zu Recht hat E. Grassi (1973) gerade angesichts der Historizität des Denkens auf die Parallelen zwischen Humanismus und Marxismus hingewiesen. Gegen die Philosophie des Deutschen Idealismus proklamiert der junge Karl Marx eine an konkreten und geschichtlichen Lebensformen orientierte (selbst historische) Philosophie, die in der Zurückweisung des geschichtsphilosophischen Apriorismus zu einer tätigen Kritik der Wirklichkeit aufruft und zur Wiedergewinnung des Menschen beitragen soll (vgl. Marx 1844). Speziell der italienische Marxismus greift diesen Gedanken auf und verfolgt ihn weiter (vgl. Gramsci 1926ff.). Allerdings bleiben deutliche Unvereinbarkeiten mit Blick etwa auf die Dialektik der Geschichte und die Notwendigkeit von Revolutionen bestehen. Gerade diese Unvereinbarkeiten waren Anlass für L. Althusser, eine Lektüre marxscher Theorie und Kapitalismusanalyse vorzunehmen, die um den Begriff des theoretischen Antihumanismus kreist. Für den Marxisten Althusser konnte Marx seine Theorie nur entwickeln, weil er sich vom Humanismus (der Frühschriften) verabschiedet hat und nun jenseits der Subjekt-Objekt-Dichotomie einen Geschichtsprozess analytisch figuriert, der ausschließlich von Produktionsverhältnissen bestimmt wird, in denen Menschen, Personen und Subjekten keinerlei prägende Rolle und Relevanz mehr zugesprochen werden kann (vgl. Althusser/Balibar 1968). Gegen jegliche Form von Humanismus wendet sich aus gänzlich anderen Motiven auch M. Heidegger in seinem Brief an Jean Beaufret. Für Heidegger gründet der Humanismus in einer Metaphysik, die ihrerseits vom Humanismus fundiert wird, und steht damit in einer Geschichte der Seinsvergessenheit (Heidegger 1947, 63–64). Die von Heidegger angestrebte Verwindung der Philosophie fordert dann auch die Verabschiedung des Humanismus. M. Foucaults Archäologien rekonstruieren den Humanismus als Phänomen physiologisch-medizinisch grundierter Sozialtechniken, in denen der Mensch erfunden, diskursiv zusammengebaut, diszipliniert und zugleich zum Verschwinden gebracht wird (vgl. Foucault 1966): »In Wirklichkeit gibt es den Humanismus in anderen Kulturen gar nicht, und selbst in unserer Kultur ist er wahrscheinlich nur ein Trugbild.« (Foucault 2001, 697) In Foucaults letzten Vorlesungen tauchen unter der Rubrik der Selbstsorge aber Denkfiguren auf, die ihre Verbindung zum Humanismus nicht verleugnen können (vgl. Foucault 1981/82). Innerhalb der sozialwissenschaftlichen Theoriebildungen gibt es deutliche Anschlüsse beim Pragmatismus (vgl. Joas 1997) und Kommunitarismus (vgl. Walzer 1987; Taylor 1979), bei Soziologen wie E. Shils (1997), im Umfeld der (links-liberalen) Debatten um die Zivilgesellschaft (vgl. Cohen 2001; Honohan 2002) und die Globalisierung (vgl. Hardt/Negri 2000) sowie unter dem Stichwort einer historischen Vernunft bei Teilen der Kulturtheorie (vgl. Matthiesen/Staub 2004; Gumbrecht 2001; Reckwitz 2000). Hannah Arendts politische Philosophie der Freiheit schließlich evoziert genuin humanistische Grundüberzeugungen, wenn sie etwa hervorhebt, dass »unsere Entscheidungen über Recht und Unrecht [...] durch [auswählendes] Denken in Beispielen« gefällt werden, »in Beispielen von toten oder lebenden wirklichen oder fiktiven Personen und in Beispielen von vergangenen oder gegenwärtigen Ereignissen« (Arendt 1965, 149).

4.

Althusser, L./Balibar, E., 1968, Das Kapital lesen, Reinbek: Rowohlt 1972.
Arendt, H., 1965, Über das Böse, München: Piper 2006.
Baron, H., 1955, Crisis of the Early Italian Renaissance, Princeton: Princeton University Press 1993.
Batkin, L., 1981, Die italienische Renaissance, Basel: Stroemfeld.
Bruni, L., 1996, Opere Letterarie e Politiche, Torino: Editione Torinese.
Buck, A., 1987, Humanismus, Freiburg: Alber.
Cohen, G. A., 2001, Gleichheit ohne Gleichgültigkeit, Berlin: Rotbuch.
Erasmus von Rotterdam, 1896, Ausgewählte pädagogische Schriften, Freiburg: Herder.
Foucault, M., 1966, Die Ordnung der Dinge, Frankfurt/M.: Suhrkamp 1974.
Foucault, M., 1981/82, Hermeneutik des Subjekts, Frankfurt/M.: Suhrkamp 2004.
Foucault, M., 2001, Dits et Ecrits. Schriften, Bd. 1, Frankfurt/M.: Suhrkamp.
Garin, E., 1947, Der italienische Humanismus, Bern: Francke.
Giannotti, D., 1534, Die Republik von Florenz, München: Fink 1997.
Gramsci, A., 1926 ff., Gefängnishefte, Hamburg: Argument 1991 ff.
Grassi, E., 1973, Humanismus und Marxismus, Reinbek: Rowohlt.
Gumbrecht, H. U., 2001, 1926. Ein Jahr am Rand der Zeit, Frankfurt/M.: Suhrkamp.
Hankins, J., 2000, Renaissance Humanism, Cambridge: Cambridge University Press.
Hardt, M./Negri, A., 2000, Empire, Frankfurt/M.: Campus 2002.
Heidegger, M., 1947, Platons Lehre von der Wahrheit. Mit einem Brief über den Humanismus, Bern: Francke.
Honohan, I., 2002, Civic Republicanism, London: Routledge.
Joas, H., 1997, Die Entstehung der Werte, Frankfurt/M.: Suhrkamp.
Kessler, E., 1978, Petrarca und die Geschichte, München: Fink 2004.
Kristeller, P. O., 1980, Renaissance und Humanismus, 2 Bde., München: UTB.
Manetti, G., 1452, Über die Würde und Erhabenheit des Menschen, Hamburg: Meiner 1990.
Marx, K., 1844, Ökonomisch-philosophische Manuskripte, in: MEW, Ergänzungsbd., Berlin: Dietz 1968.
Matthiesen, M./Staub, M. (Hg.), 2004, Gegenwarten der Renaissance, Göttingen: Wallstein.
Montaigne, M. de, 1571 ff., Essais, Frankfurt/M.: Eichborn 1998.
Niethammer, F. I., 1808, Der Streit des Philanthropismus und Humanismus in der Theorie des Erziehungsunterrichts unserer Zeit, Jena: Fromman.
Otto, S., 1984, Renaissance und frühe Neuzeit, Stuttgart: Reclam.
Petrarca, F., 1360, De remediis utriusque fortunae, München: Fink 1975.
Petrarca, F., 1371, De sui ipsius et multorum ignorantia. Über seine und vieler anderer Unwissenheit, Hamburg: Meiner 1993.
Petrarca, F., 1922, Rerum senilium liber XIII. Ad magnificum Franciscum de Carraria Padve Dominum. Epistola 1. Qualis esse debeat qui rem publicam regit, Padua: Collegium typographorum patavinum.
Petrarca, F., 2001, Aufrufe zur Errettung Italiens und des Erdkreises, Basel: Schwabe.
Pocock, J. G. A., 1975, The Machiavellian Moment, Princeton: Princeton University Press.
Reckwitz, A., 2000, Die Transformation der Kulturtheorien, Weilerswist: Velbrück.
Salutati, C., 1399, Vom Vorrang der Jurisprudenz oder der Medizin, München: Fink 1990.
Savonarola, G., 2002, O Florenz! O Rom! O Italien! Predigten, Schriften, Briefe, Zürich: Manesse.
Shils, E., 1997, The Virtue of Civility, Indianapolis: Liberty Fund.
Skinner, Q., 2002, Visions of Politics, Bd. 2: Renaissance Virtues, Cambridge: Cambridge University Press.

Taylor, C., 1979, Atomismus, in: B. van den Brink/W. van Reijen (Hg.), Bürgergesellschaft, Recht und Demokratie, Frankfurt/M.: Suhrkamp 1995.
Thumfart, A./Waschkuhn, A., 2005, Staatstheorien des italienischen Bürgerhumanismus, Baden-Baden: Nomos.
Valla, L., 1431, Von der Lust oder Vom wahren Guten, München: Fink 2004.
Vico, G., 1744, Prinzipien einer neuen Wissenschaft über die gemeinsame Natur der Völker, Hamburg: Meiner 1990.
Voigt, G., 1859, Die Wiederbelebung des klassischen Altertums oder das erste Jahrhundert des Humanismus, Berlin: Reimer.
Walzer, M., 1987, Kritik und Gemeinsinn, Berlin: Rotbuch 1990.
Witt, R., 2000, ›In the Footsteps of the Ancients‹. The Origins of Humanism from Lovato to Bruni, Leiden: Brill.

Alexander Thumfart

Humboldt, Wilhelm von (1767–1835)

1.

Wilhelm von Humboldt wurde als Sohn des Kammerherrn Alexander Georg von Humboldt und seiner Frau Marie Elisabeth, geb. Colomb, in Potsdam geboren. Er wuchs mit seinem 1769 geborenen jüngeren Bruder Alexander in Schloss Tegel auf, wo die Geschwister von verschiedenen berühmten Lehrern unterrichtet wurden, z.B. von Campe, Kunth, Dohm und Engel. Die Ehe mit Caroline von Dachroeden ermöglichte es Humboldt, den Staatsdienst zu verlassen und an verschiedenen Wohnorten und auf Reisen seinen individuellen Interessen nachzugehen: In freundschaftlicher Verbindung v.a. mit Schiller, aber auch mit Goethe, widmete Humboldt sich der Dichtung, der Philosophie, der politischen Theorie, der Anthropologie, der Ästhetik, bis er schließlich den Kern seiner Suche fand: die Sprache. 1802 bis 1808 war Humboldt Botschafter Preußens in Rom, das ihm die lebendige Anschauung der Antike brachte. Im Rahmen der durch die Napoleonischen Kriege ausgelösten Reformbemühungen ordnete Humboldt in wenigen Monaten 1809/10 das preußische Erziehungswesen neu. Die Gründung der Berliner Universität ging auf seinen Antrag zurück. Humboldt vertrat Preußen in verschiedenen internationalen Missionen (Wien, Paris, Frankfurt, London), geriet aber zunehmend mit den immer reaktionärer werdenden politischen Kräften in Konflikt, so dass er sich Ende 1819 aus der Politik nach Tegel zurückzog. Dort widmete er sich bis zum Ende seines Lebens dem vergleichenden Sprachstudium, ließ sein Haus von Schinkel klassizistisch umbauen und wirkte nur noch in der Akademie und bei der Einrichtung der Berliner Museen öffentlich.

2.

Humboldts gedrucktes Werk ist zu seinen Lebzeiten eher schmal: Neben ein paar frühen politischen und philosophischen Aufsätzen hat er drei Bücher veröffentlicht: die ästhetisch-literarische Untersuchung *Über Göthes Hermann und Dorothea* (1798), die Übersetzung des *Agamemnon* von Aischylos (1816, mit einem bedeutsamen Vorwort über das Übersetzen) und die historisch-linguistische Abhandlung *Prüfung der Untersuchungen über die Urbewohner Hispaniens vermittelst der Vaskischen Sprache* (1821). Die ersten beiden Bände seiner Untersuchung der Kawi-Sprache auf der Insel Java und der anderen polynesischen Sprachen waren abgeschlossen bzw. im Druck, als er starb. Die Einführung zu diesem Werk, *Über die Verschiedenheit des menschlichen Sprachbaues und ihren Einfluß auf die geistige Entwicklung des Menschengeschlechts*, 1836 postum erschienen, ist Humboldts Hauptwerk. Seine bedeutendste politische Schrift, *Ideen zu einem Versuch, die Gränzen der Wirksamkeit des Staates zu bestimmen*, wird erst 1851 gedruckt.

3.

3.1. Die Französische Revolution ist das große politische Ereignis, das eine ganze Generation mit Macht ergreift. Eine der ersten Publikationen Humboldts ist der französischen Verfassung von 1791 gewidmet. Wie alle aufgeklärten Intellektuellen der Zeit begrüßt Humboldt den Versuch, eine neue politische Ordnung nach philosophischen Prinzipien, v.a. auf der Basis von Freiheit und Gleichheit aller Menschen, zu errichten. Humboldt wird von seiner grundlegenden synthetisch-erotischen Denkstruktur her immer »reformistisch« und nicht revolutionär denken, d.h. er wird bei seinen politischen Vorstellungen, aber auch auf den anderen Gebieten, denen sein Denken sich zuwendet, immer dafür plädieren, dass das Neue aus der Verbindung mit dem Gegebenen entsteht. So kritisiert er z.B. an der neuen französischen Verfassung, dass sie ohne Rücksicht auf historisch gegebene Größen das Land einfach »geometrisch« in gleich große Departements aufteilt und damit jegliche Tradition negiert.

Die ausschließlich vernunftmäßige Neuordnung der politischen Verhältnisse wird als einseitig »männlich« kritisiert. Stattdessen geht es nach Humboldt beim Schaffen des Neuen immer darum, Weibliches und Männliches miteinander zu »vermählen« (vgl. GS, I, 80). Denn, leibnizisch gesagt, die Gegenwart ist schon mit der Zukunft »schwanger«. Kant hatte die Einbildungskraft als jene kreative Mitte zwischen Rationalität und Sinnlichkeit gesehen, deren Verbindung sich die Bildung des Gedankens verdankt. Humboldt interpretiert die Synthesis der Einbildungskraft anthropologisch als die liebende Verbindung des Männlichen und des Weiblichen, die gleichsam die Ur-Synthesis ist, aus deren Verbindung das Neue hervorgeht.

Auch viele Jahre später noch basiert sein Vorschlag für eine neue Verfassung Deutschlands auf der Vorstellung von liebender Synthese. Humboldt war am Ende seiner politischen Karriere preußischer Minister für Ständische Angelegenheiten, also für Verfassungsfragen, und hat in dieser Funktion auch den Plan einer neuen Konstitution für die zukünftige politische Ordnung Deutschlands entworfen. Deutschland sollte kein Einheitsstaat nach französischem Modell werden, sondern eine Föderation, die die alten politischen Einheiten – das Gegebene – bewahrt, aber zu einem größeren Allgemeinen synthetisch verbindet, das als solches nicht die Individualität der Teile zerstört. Auch in der vertikalen Ordnung schlägt Humboldt eine Synthese der traditionellen – gegebenen – Rechte des Königs mit den Interessen der ökonomisch aktiven Schichten der Nation vor, eine konstitutionelle Monarchie, die die Forderungen der »revolutionären« Klassen nach politischer Beteiligung und Mitsprache mit den Rechten der traditionellen Machteliten zu verbinden trachtet. Doch selbst diese reformistischen »synthetischen« Vorstellungen zur Neugestaltung des deutschen politischen Raums waren nach dem Wegfall des Reformdrucks durch die preußische Niederlage nicht mehr durchzusetzen, und Humboldt hatte das politische Feld zu räumen, eine für die deutsche Geschichte insgesamt fatale Entscheidung.

Humboldt hat seinen theoretisch-politischen Haupttext, *Ideen zu einem Versuch, die Gränzen der Wirksamkeit des Staates zu bestimmen*, nie veröffentlicht. Es ist ein im unmittelbaren Zusammenhang mit der Erfahrung der Französischen Revolution 1792 entstandener Entwurf, der den Staat auf die Funktion der Sicherung der äußeren und inneren Sicherheit reduziert. Zweck des Menschen ist »die höchste und proportionirlichste Ausbildung seiner Kräfte in ihrer individuellen Eigenthümlichkeit« (GS, I, 246) bzw. »die höchste und proportionirlichste Bildung seiner Kräfte zu einem Ganzen« (ebd., 107). Diese gelingt ihm aber nur »politisch«, d.h. nur in der »Verbindung mit andren« oder indem er »die Kräfte, womit er wirkt, durch Verbindung zu vervielfältigen strebt« (ebd.). Hierzu hat der Staat den Freiheitsraum zu gewährleisten, sich aber eben nicht in die Eigentümlichkeiten des Individuums einzumischen. V.a. die Bereiche Erziehung, Religion und Sittenverbesserung, also gerade diejenigen, die in das geistige Leben des Menschen eingreifen, liegen außerhalb der Grenzen der Wirksamkeit des Staates. Das Buch fand keinen Verleger, zirkulierte wohl unter Humboldts Freunden, nur Teile davon sind in der Berlinischen Monatschrift erschienen. Vielleicht fand Humboldt es später auch nicht mehr opportun, ein Werk zu veröffentlichen, das die Abstinenz des Staates vom Bildungswesen empfiehlt, nachdem er gerade maßgeblich an der Neuregelung eines staatlichen Erziehungswesens beteiligt war. Jedenfalls ist das Buch erst nach Humboldts Tod und nach der zweiten Niederlage der fortschrittlichen Kräfte in Deutschland, nach 1848, veröffentlicht worden. Es ist ein Grundtext des politischen Liberalismus, der die größtmögliche Einschränkung von Staatlichkeit verlangt. Das Werk rückt offensichtlich immer wieder in das Interesse politischer Akteure, wenn der Staat seine Grenzen sichtbar überschritten hat.

3.2. Obwohl Humboldt von Staats wegen die entscheidenden Weichen für die Neuordnung des preußischen Erziehungswesens gestellt hat, so ist er doch ein Advokat einer weitgehenden Staatsferne auf dem Gebiet, das man geradezu sprichwörtlich als das Humboldtsche Gebiet betrachtet: bei seinen Vorstellungen zur Universität. So soll die neuzugründende »allgemeine und höhere Lehranstalt« (GS, X, 150) durchaus keine Staatsanstalt sein, sondern eine Einrichtung der »Nation« (das ist etwas anderes als der Staat, vgl. ebd., 152), die ökonomisch unabhängig und jenseits der praktischen Ausbildungsnotwendigkeiten des Staates operiert. Diese ökonomischen und institutionellen Grundvoraussetzungen sind bei der Einrichtung der Berliner Universität nicht realisiert worden, die insofern auch niemals eine »Humboldtsche« Universität gewesen ist. Sie ist von Anfang an eine preußische Staats-Universität gewesen, die Funktions-Eliten für den Staat ausbildet, weniger wissenschaftliche Köpfe für die Nation. Vielleicht ist ihr grundlegendes Prinzip, die Einheit von Forschung und Lehre, ansatzweise realisiert worden und hat zu dem großen Erfolg der Neugründung im 19. Jahrhundert beigetragen. Gemeint war damit bei Humboldt, erstens, dass der an der Universität Lehrende ein Forscher zu sein hat, also selber zur Wissenschaft beiträgt, hierfür ist ihm »Einsamkeit und Freiheit« (ebd., 251) zu gewähren; und zweitens, dass das Gespräch des forschenden Lehrers mit den Studenten konstitutiv ist für Wissenschaft. Die Universität ist in ihrem Kern eine wissenschaftliche Gesprächsveranstaltung bzw. besser noch: eine Veranstaltung von Wissenschaft als Gespräch. Sicher macht dieses Moment der Humboldtschen Universitätsidee, die starke Forschungsbetontheit, im 19. und 20. Jahrhundert den Glanz und die Stärke der Neuen Universität aus.

3.3. Im 19. Jahrhundert hat eine andere Vorstellung Humboldts die Wertvorstellungen der deutschen Bourgeoisie entscheidend geprägt: das Konzept von »Bildung«, das uns schon als Grundlage der politischen Theorie Humboldts begegnet ist: die »höchste und proportionirlichste Bildung der Kräfte zu einem Ganzen«. Die Vorstellung von Wissenschaft als Gespräch, als – wie es in einem späten sprachtheoretischen Text Humboldts heißt – gemeinsames »Anringen« an die Wahrheit (vgl. GS, VII, 56), zeigt, dass Wissenschaft nicht als Gewinnung und Vermittlung von »fertigen und abgemachten Kenntnissen« konzipiert ist, sondern als eine kontinuierliche Beschäftigung mit den höchsten Dingen des Geistes, die den Menschen als Menschen und als Individuum »bildet«. Konkreter bedeutete die Idealvorstellung der »Bildung« inhaltlich eine Ausrichtung an der Antike, insbesondere an Griechenland (nicht an Rom), an der Dichtung und dem Neugriechentum der Weimarer Klassiker und am philosophischen Idealismus Kants. Die idealistische Bildungsidee, die auch das deutsche Gymnasium ideologisch überwölbte, war wohl auch deswegen so erfolgreich in Deutschland, weil sie dem Bürgertum eine Möglichkeit bot, seine politische Machtlosigkeit zu kompensieren. Sicher hat ihre ideologische Präsenz zu der wissenschaftlichen und kulturellen Blüte Deutschlands im 19. Jahrhundert beigetragen, die erst im neuen Dreißigjährigen Krieg 1914–45 – wie der US-amerikanische Historiker Fritz Stern sagt – »verspielt« wird.

3.4. Humboldts hauptsächliche geistige Leistung ist seine sprachphilosophische und sprachwissenschaftliche Arbeit. Humboldt ist der Begründer eines alternativen linguistischen Projekts, das man am besten eine »anthropologisch-vergleichende« Sprachwissenschaft nennt. Es geht dabei nämlich nicht um die Rekonstruktion der historischen Einheit der Sprachen, sondern im Gegenteil darum, auf der Basis eines allen Menschen angeborenen Sprachvermögens, des als universell vorausgesetzten »Sprachsinns«, die Entfaltung der Verschiedenheit der Sprachen der Menschheit zu studieren. Es geht um die individuellen Eigentümlichkeiten, die uns auch in den politischen und edukativen Projekten Humboldts begegnet sind.

Humboldt war in seiner Zeit, wie sein Bruder Alexander bemerkt, wohl der Mensch, der die umfassendsten Kenntnisse von den Sprachen der Welt hatte. Mit dem Projekt seines »vergleichenden Sprachstudiums«, dessen Kern die synchronisch-strukturelle Beschreibung aller Sprachen der Welt ausmacht, ist Humboldt im Zentrum eines zunächst umfassender angelegten »anthropologischen« Projekts angelangt. Er entwirft den Plan einer vergleichenden Anthropologie, wir würden heute sagen: einer vergleichenden Kulturwissenschaft. Ähnliches hatte Herder schon in Angriff genommen, als er forderte, dass die Philosophie Anthropologie werden müsse.

In Fortführung der kantischen Philosophie des Geistes, die das Denken als eine synthetische Einheit von Sinnlichkeit und Verstand fasst, entdeckt Humboldt, dass diese Synthesis der Einbildungskraft wesentlich und unhintergehbar *sprachliche* Synthese ist. Der menschliche Gedanke entsteht als Sprache. Sprache ist – und hier fasst Humboldt eine seit dem 16. Jahrhundert immer deutlicher werdende philosophische Einsicht Europas in der Redeweise der kantischen Philosophie zusammen – also nicht nur »Zeichen« zur Mitteilung eines ohne Sprache gefassten Gedankens, sondern sie ist die Fassung des Gedankens selbst, sie ist also – modern gesagt – zuallererst und wesentlich kognitiv (und nicht bloß kommunikativ).

Diese »Bildung« des Gedanken ist nun aber – und das ist der zweite fundamentale und wesentlich »anthropologisch-empirische« Gedanke von Humboldts Sprachdenken – immer Tätigkeit eines konkreten Menschen, Rede. In der Rede bildet der Sprechende-Denkende den Gedanken in der Sprache seiner »Nation« oder Sprachgemeinschaft. Das Denken ist damit nicht nur Sprache überhaupt, sondern auch bis zu einem gewissen Grad abhängig von einer ganz bestimmten Sprache. Menschliches Denken erzeugt sich in den verschiedenen »Weltansichten« der vielen verschiedenen Sprachen, die aber – und das vergisst der sich zu unrecht auf Humboldt beziehende sprachliche Relativismus – fundamentale Prinzipien des Denkens gemeinsam haben.

In dem – im Übrigen durchaus konfliktuellen – Eingebettetsein des Sprechenden in die Sprache der »Nation« (sie ist auch als »eigene« dem Menschen zugleich »fremd«) zeigt sich drittens, dass der Mensch sein (sprachliches) Denken immer in Bezug auf den und mit dem anderen schafft. Sprachliche Synthesis ist erst vollendet, wenn auch der andere mein Wort gehört hat und wenn er es wieder an mich richtet, »wenn das selbstgebildete Wort aus fremdem Munde wiedertönt« (GS, VII, 56). Das dialogisch-kommunikative Moment – der »unabänderliche Dualismus« (GS, V, 26) – ist also der sprachlichen Bildung des Gedanken inhärent. Der andere, das Du, ist eine konstitutive Dimension der Aneignung der Welt durch das Ich (vgl. ebd.).

Auf dieser theoretischen Basis entwirft Humboldt nun den Plan eines »vergleichenden Sprachstudiums«, das – basierend auf der Leibnizschen Freude an der »Verschiedenheit« der menschlichen Sprache und damit des menschlichen Geistes (Leibniz spricht in Bezug auf die Sprachen von der »merveilleuse variété des opérations de notre esprit«) – die menschlichen Sprachen als historisch-partikulare Schöpfungen behandelt. Dieses anthropologische, auf Verschiedenheit ausgerichtete sprachwissenschaftliche Projekt wird erst im 20. Jahrhundert das dominante Projekt der Linguistik, die sich im 19. Jahrhundert auf die genealogische Einheit der Sprachen konzentriert hat. Aber auch der Mainstream des 20. Jahrhunderts wird Humboldt insofern verfehlen, als er zwar die Strukturen der Sprachen ins wissenschaftliche Zentrum stellt, darüber aber den konkreten sprechenden Menschen und die Rede vergisst, die man sich »in allen Untersuchungen, welche in die lebendige Wesenheit der Sprache eindringen sollen, immer als das Wahre und Erste denken« muss (GS, VII, 46).

4.

Humboldt, W. v., 1836–39, Über die Kawi-Sprache auf der Insel Java, 3 Bde., Berlin: Druckerei der Königlichen Akademie.

Humboldt, W. v., 1836, Über die Verschiedenheit des menschlichen Sprachbaues und ihren Einfluß auf die geistige Entwicklung des Menschengeschlechts, Paderborn: Schöningh 1998.

Humboldt, W. v., 1903–36, Gesammelte Schriften, 17 Bde., Berlin: Behr (zitiert als GS).

Humboldt, W. v., 1960–81, Werke, 5 Bde., Darmstadt: WBG.

Humboldt, W. v., 1994, Über die Sprache, Tübingen: Francke.

Borsche, T., 1990, Wilhelm von Humboldt, München: Beck.

Kaehler, S., 1963, Wilhelm von Humboldt und der Staat, Göttingen: Vandenhoeck & Ruprecht.

Menze, C., 1965: Wilhelm von Humboldts Lehre und Bild vom Menschen, Ratingen: Henn.

Trabant, J., 1986, Apeliotes oder Der Sinn der Sprache, München: Fink.

Trabant, J., 1990, Traditionen Humboldts, Frankfurt/M.: Suhrkamp.

Jürgen Trabant

Hume, David (1711–1776)

1.

Hume wurde am 26. 4. 1711 in Edinburgh geboren. Dort erhielt er auch die damals übliche allgemeine Schul- und Universitätsbildung; eigentliche literarische und philosophische Bildung erwarb er sich dagegen im Selbststudium. Während eines mehrjährigen Aufenthalts in Frankreich verfasste er sein philosophisches Hauptwerk, den dreibändigen *Traktat von der menschlichen Natur*, erschienen 1739–1740. Es folgten Tätigkeiten als Hauslehrer und Privatsekretär. Während dieser Zeit arbeitete Hume an der *Untersuchung über den menschlichen Verstand*, erschienen 1748, sowie an der *Untersuchung über die Prinzipien der Moral*, erschienen 1751. Außerdem verfasste er eine Sammlung moralischer, politischer und literarischer Essays, die zuerst 1741 erschien. Eine Anstellung als Bibliothekar in Edinburgh erlaubte Hume die Abfassung seiner sechsbändigen Geschichte Englands. Von großer Bedeutung sind ferner die religionsphilosophischen Schriften: die *Naturgeschichte der Religion* von 1757 und die posthum erschienenen *Dialoge über natürliche Religion*. Eine Reihe weiterer bedeutender Abhandlungen z.B. *Über den Maßstab des Geschmacks*, *Über den Selbstmord* und *Über die Unsterblichkeit der Seele* runden sein Werk ab. Von 1763 bis 1765 war Hume als Botschaftssekretär in Paris, von 1767 bis 1769 als Unterstaatssekretär im Außenministerium in London tätig.

2.

Humes philosophisches Werk umfasst ein breites Themenspektrum: Erkenntnistheorie und Metaphysik, Theorie der Affekte, Moraltheorie, Rechts-, Staats- und Sozialphilosophie, Religionsphilosophie und Ästhetik. In seiner theoretischen Philosophie vertritt Hume einen radikalen Empirismus, demzufolge alles Wissen letztlich auf Sinneseindrücke oder Eindrücke der Selbstwahrnehmung zurückgeführt werden kann. Dieser Annahme entspricht die bedeutungstheoretische Auffassung, dass Wörter und Begriffe leer sind, denen kein Fundament in unserer Erfahrung zugewiesen werden kann. Die Kombination beider Annahmen liefert Hume ein Kritikinstrument, dessen Anwendung drastische Revisionen geläufiger Vorstellungen erzwingt, z.B. dass wir streng genommen keine kausalen Notwendigkeiten erkennen können, sondern uns im Denken und Handeln nur gewohnheitsmäßig an erfahrenen Regelmäßigkeiten orientieren, die wir fälschlicherweise für notwendig halten. Geht man von dem in Humes Sinn revidierten Begriff kausaler Determination aus, dann folgt aus den regelhaften Verknüpfungen bestimmter Motive mit bestimmten Handlungen, dass es keine Willensfreiheit gibt, sondern dass unser Handeln in genau demselben Sinne kausal determiniert ist wie regelmäßige Naturvorgänge. Dasselbe kritische Prinzip entzieht auch einer Reihe weiterer Lehrstücke der traditionellen Metaphysik den Boden: Da wir keine durch Wahrnehmung gestützte Vorstellung von einer einfachen und immateriellen Substanz besitzen, fallen der entsprechende Begriff der Seele und einschlägige Beweise für die Unsterblichkeit weg. Konsequenterweise vertritt Hume auch die These, dass die Identität der Person nicht mit Rekurs auf ein über die Zeit hinweg identisches, immaterielles Selbst erklärt werden kann und dass Geist oder Bewusstsein nichts anderes sind als eine unablässig sich wandelnde Kollektion von Bewusstseinsepisoden.

In der Moralphilosophie vertritt Hume eine Version der moral-sense-Theorie, der zufolge das moralische Urteil kein Akt rein rationaler Überlegung, sondern eines selbstlosen moralischen Sinnes ist, d.h. eine emotionale Stellungnahme, in der sich die Billigung oder Missbilligung einer Handlung oder einer Person ausdrücken. Moralisches Handeln liegt nur dann vor, wenn es allein aus solchen moralischen Gefühlen und damit nicht aus (möglicherweise versteckten) egoistischen Motiven hervorgeht. Die dahinter stehende Handlungstheorie hat Hume mit der These auf den Punkt gebracht, dass Vernunft nichts anderes sei und auch nichts anderes sein könne als die Sklavin der Leidenschaften; das besagt: Handlungen erklären sich aus den Gefühlen und den darin wirksamen befürwortenden und ablehnenden Haltungen, nie allein aus emotionsloser Erkenntnis. Vor dem Hintergrund dieser Handlungstheorie versteht sich auch das sog. humesche Gesetz, das die Unableitbarkeit von Sollen aus Sein postuliert: Im Kontext von Humes Moraltheorie besagt dieses Gesetz, dass eine Handlungssituation nie an sich, sondern nur dann ein Sollen oder Nichtsollen impliziert, wenn sie von einem menschlichen Standpunkt aus und im Modus bestimmter menschlicher Emotionen wahrgenommen wird.

3.

Die folgenden Ausführungen konzentrieren sich auf zwei zentrale Lehrstücke der politischen Philosophie Humes: Humes Kritik der Staatsvertragstheorie als Theorie der Legitimität politischer Herrschaft (3.2.) und seine positive Theorie der Legitimität (3.3.). Beide Lehrstücke setzen Humes Theorie gesellschaftlicher Institutionen voraus (3.1.). Speziellere Fragen etwa der Wirtschafts- und Steuerpolitik, eher zeitgebundene Aspekte des britischen politischen Systems und die Frage von Humes Stellung in der politischen Theorie seiner Zeit bleiben hier außer Acht (vgl. dazu Jäger 1971; Miller 1981; Stewart 1992).

3.1. Humes Theorie der Institutionen beruht auf der Einsicht in die Notwendigkeit gesellschaftlicher Zusammenarbeit. Unter den Bedingungen ihrer natürlichen Ausstattung und einer strukturellen Knappheit an lebenswichtigen Gütern sind die Menschen auf Kooperation angewiesen. Denn durch eine Vereinigung der Kräfte vergrößert sich ihr Handlungsspielraum, und sie gewinnen Schutz und Sicherheit. Da der Mensch (als rationales Wesen) das zu tun bereit ist, was ihm im eigenen Interesse nützlich zu sein scheint, kann auch ein starkes Motiv unterstellt werden, entsprechende Formen gesellschaftlicher Kooperation zu entwickeln und aufrechtzuerhalten. Dem steht aber die Selbstsüchtigkeit des Menschen entgegen, die aus dem »Missverhältnis zwischen den Gütern, über die er verfügt, und seinen Bedürfnissen« erwächst (Hume 1740, 238). Dem Dilemma zwischen der Neigung zur Kooperation einerseits und der jede Kooperation unterminierenden Selbstsüchtigkeit andererseits können die Menschen offenbar dann entkommen, wenn sie die Erfahrung machen, dass es für alle Beteiligten vorteilhaft ist, sich an konkrete Übereinkünfte (etwa zur gegenseitigen Hilfeleistung) zu halten. Hume bezeichnet solche Übereinkünfte als Konventionen; darunter versteht er keinen zwei- oder mehrseitigen Rechtsakt, keinen Vertrag und auch kein Versprechen, sondern ein von allen Mitgliedern einer Gruppe geteiltes Bewusstsein eines gemeinsamen Interesses. Dieses gemeinsame Interessenbewusstsein führt, wenn es deutlich zum Ausdruck gebracht wird und allseits bekannt ist, dazu, dass die Handlungen des Einen einen Bezug auf die Handlungen der beteiligten Anderen haben, weil sie auf der Grundlage der berechtigten Unterstellung vollzogen werden, dass die Anderen sich in ganz bestimmter Weise verhalten werden (vgl. ebd., 233, 242).

Einer Konvention in Humes Sinn liegt also die ausdrücklich gemachte Einsicht zugrunde, dass in einer gegebenen Situation die jeweiligen Interessen der Beteiligten so zueinander passen, dass ein bestimmtes Verhalten der Beteiligten für alle Seiten von Vorteil ist. Aus der wiederholten Erfahrung des Vorteils eines solchen abgestimmten Handelns entstehen dann Muster kooperativen Verhaltens, generelle Konventionen, die sich naturwüchsig einspielen, ohne dass sie ausdrücklich verabredet werden müssten. Haben sich generelle Konventionen (modern gesprochen: Institutionen) erst einmal etabliert und wird deren Nutzen konkret erfahren, dann entsteht auch ein allgemeines Interesse am Erhalt der Institutionen als solcher, da sie einen Rahmen darstellen, innerhalb dessen die Individuen in vorgegebener Form interagieren können. Allerdings ist in größeren und weniger überschaubaren Gesellschaften damit zu rechnen, dass die Stabilität natürlicher Konventionen abnimmt, weil ihr genereller Nutzen dem Einzelnen im Einzelfall nicht so deutlich vor Augen steht wie seine nächstliegenden Interessen. Diese Gefahr verringert sich, wenn allgemeine Verkehrsformen und Muster kooperativen Verhaltens in der Form expliziter Regeln normiert und stabilisiert werden; solche Regeln besitzen eine natürliche Verbindlichkeit und werden von Hume als »laws of nature« bezeichnet. Er nennt drei Elemente einer solchen naturwüchsigen und insofern natürlichen Rechtsordnung: die Unterscheidung von Mein und Dein, die Verbindlichkeit von Eigentumsübertragungen durch freiwillige Übereinkunft und die Verbindlichkeit von förmlich gegebenen Versprechen (vgl. ebd., 274; Glathe 1950).

Diese Theorie gesellschaftlicher Institutionen liefert die Grundlage für Humes politische Philosophie, da in ihren beiden Teilen das Rückgrat der Argumentation im Rückgang auf die natürliche Verbindlichkeit von Handlungsweisen und Institutionen besteht, die den natürlichen Interessen der Menschen dienen.

3.2. Den Grundgedanken der Staatsvertragstheorie formuliert Hume in deutlicher Anlehnung an Locke: »Alle Menschen sind frei und gleich geboren; Regierung und Obrigkeit können nur durch Zustimmung etabliert werden; diese Zustimmung erlegt den Menschen, wenn sie eine Regierung etablieren, eine neue Verpflichtung auf, die unter den natürlichen Gesetzen nicht vorkommt. Nur weil sie es versprochen haben, sind Menschen daher daran gebunden, ihren Obrigkeiten zu gehorchen; und wenn sie nicht ausdrücklich oder stillschweigend ihr Wort gegeben hätten, bürgerliche Treue zu halten, so wäre dies nie Teil ihrer moralischen Pflicht geworden.« (Hume 1740, 292) Die Pointe dieser Theorie ist, dass Herrschaft legitim ist, wenn sie sich von der ursprünglichen Zustimmung derer ableitet, die ihr unterworfen sind; die Pflicht zum bürgerlichen Gehorsam beruht also auf der Verbindlichkeit eines Versprechens.

Richtig an der Staatsvertragstheorie ist, dass Staat oder politische Herrschaft von Menschen geschaffene Einrichtungen sind, die bestimmten Zwecken dienen sollen, von denen Einsicht, Erfahrung und Geschichte zeigen, dass sie anders nicht zu erreichen sind. Demzufolge teilt Hume die Auffassung vieler neuzeitlicher Autoren, dass politische Herrschaft aus der Interessenlage der Menschen heraus sowohl erklärt werden muss als auch kritisiert werden kann. Gleichwohl hält er die Auffassung für falsch, dass allein eine ursprüngliche vertragsartige Übereinkunft die Quelle der Legitimität politischer Herrschaft sein könne.

Gegen die Staatsvertragstheorie (vgl. Vaughan 1972; Vlachos 1955) führt Hume verschiedene Argumente ins Feld wie etwa die Tatsache, dass die Bürger heutiger Staaten sich nicht deshalb zum bürgerlichen Gehorsam verpflichtet fühlen, weil sie sich dazu in irgendeiner Form ausdrücklich selbst verpflichtet hätten (vgl. Hume 1740, 298f.; ders. 1777, 304f.). Außerdem hat es, soweit unsere historischen Zeugnisse reichen, jenen vorstaatlichen Naturzustand tatsächlich nie gegeben, von dem die Staatsvertragstheoretiker ausgehen. Ferner sind die faktisch existierenden Staaten nicht auf der Basis eines Urvertrages zustande gekommen. Man kann sich auch nicht dadurch helfen, dass man (wie Locke) die Tatsache, dass sich die meisten Leute für verpflichtet halten, den Anordnungen einer Obrigkeit zu folgen, als stillschweigende Zustimmung, also als einen jederzeit stillschweigend neu geschlossenen Vertrag interpretiert. Denn sowohl eine ausdrückliche wie eine stillschweigende Zustimmung setzen, wenn sie verbindlich sein sollen, die Möglichkeit voraus, sich anders zu entscheiden; die meisten Menschen hatten und haben aber gar keine solche Wahlmöglichkeit (vgl. Hume 1740, 299f.; ders. 1777, 311f.).

Die Schwierigkeit, dass man weder den Urvertrag noch den vorstaatlichen Naturzustand problemlos als historische Fakten auffassen kann, ist den Vertragstheoretikern selbst nicht entgangen; sie haben ihr Argument daher kontrafaktisch gewendet: Würden die Menschen sich im Naturzustand befinden, so würden sie diesen durch einen Urvertrag beenden, eine Regierung einsetzen und sich aus freien Stücken einer politischen Autorität unterwerfen. Doch gerade in der kontrafaktischen Version scheitert die Staatsvertragstheorie an den Hinweisen auf die historischen Tatsachen, weil Verbindlichkeit offenkundig nur Verträgen zukommt, die man abgeschlossen hat, nicht solchen, die man unter gewissen Umständen abgeschlossen hätte oder abschließen würde. Letzteres mag sogar richtig sein, erklärt aber nicht die bestehende Pflicht zum bürgerlichen Gehorsam.

Doch selbst wenn man annimmt, dass es solche urvertraglichen Staatsgründungen in grauer Vorzeit gegeben haben mag, ist dies für uns Heutige bedeutungslos. Denn da von einem solchen ursprünglichen Vertrag niemand mehr etwas weiß, kann man sich nicht auf ihn berufen und kann sich auch niemand durch ihn gebunden fühlen. Tatsache ist, dass stets neue Individuen in die Bürgerrolle hineinwachsen, ohne dass sie dabei vor der Wahl einer Zustimmung oder Ablehnung stünden. Folglich muss die bestehende Pflicht zum bürgerlichen Gehorsam eine andere als eine urvertragliche oder stets erneuerte vertragsartige Grundlage haben.

3.3. Über die skizzierten Einwände hinaus hat Hume noch eine »etwas förmlichere und jedenfalls philosophischere Widerlegung« (Hume 1777, 315f.) der Staatsvertragstheorie versucht: Einerseits besteht zwischen den verschiedenen Instituten des Naturrechts und der Etablierung einer staatlichen Obrigkeit insofern kein Vorrang, als alle diese Einrichtungen nichts weiter sind als menschliche Erfindungen, um den Nachteilen entgegen zu wirken, die die Menschen erleiden müssten, wenn sie sich nicht an gewisse Übereinkünfte und Regeln hielten. So betrachtet ist der Versuch »fruchtlos, eine Pflicht auf andere zurückführen zu wollen und im Naturrecht eine festere Grundlage für unsere Bürgerpflichten zu suchen als Interesse und menschliche Konvention, da das Naturrecht auf eben derselben Grundlage beruht« (ebd., 293). Andererseits lässt sich aber auch zeigen, dass es sich bei der Bürgerpflicht und der Pflicht, sein Versprechen zu halten, um ganz verschiedene Pflichten handelt und dass es aus diesem Grunde falsch ist, die eine auf die andere zurückführen zu wollen. Die o. g. Normen des Naturrechts sind in dem Sinne früher als die staatlich verfasste Gesellschaft, als sie dauerhafte Kooperation in einigermaßen großen Gesellschaften allererst möglich machen. Wären die Menschen anders, als sie sind, würden die

Konventionen des Naturrechts ausreichen, den Bestand der Gesellschaft ohne Staat zu garantieren. Da die Menschen aber nicht dazu fähig sind, sich von sich aus auf Dauer an die naturrechtlichen Regeln zu halten, errichten sie eine Regierung als eine neue Erfindung, um ihre Ziele zu erreichen und ihre älteren Einrichtungen zu bewahren, oder um neuer Vorteile willen, die aus einer strengeren Beachtung rechtlicher Bestimmungen erwachsen. Unsere bürgerlichen Pflichten sind also insofern mit unseren natürlichen verknüpft, als sie hauptsächlich um der Letzteren willen erfunden wurden und als es der Hauptzweck des Staates ist, die Menschen zur Beachtung der Normen des Naturrechts anzuhalten. In dieser Hinsicht ist aber die naturrechtliche Norm, die die Einhaltung von Versprechen verlangt, nur eine unter anderen. Und die genaue Befolgung dieser Norm wird als Effekt der Institution der Regierung und nicht der Gehorsam gegenüber der Regierung als Effekt der Verbindlichkeit des Versprechens angesehen. »Und da das Interesse am Gehorsam gegenüber der Regierung ein anderes ist als das Interesse an der Einhaltung von Versprechen, muss in beiden Fällen auch von verschiedenen Verbindlichkeiten gesprochen werden: Einer staatlichen Obrigkeit zu gehorchen, ist notwendig, um Ordnung und Eintracht der Gesellschaft zu erhalten. Sein Wort zu halten, ist notwendig, um wechselseitig Vertrauen und guten Glauben im Verkehr des täglichen Lebens zu erzeugen. Ziele und Mittel sind in beiden Fällen vollkommen verschieden und keines dem andern subordiniert.« (Hume 1740, 294f.)

Humes positive Legitimitätstheorie ist überraschend einfach: Wenn die Quelle der Pflicht zum bürgerlichen Gehorsam die Sicherung der gesellschaftlichen Bedingungen ist, unter denen Menschen ihre Interessen auf Dauer am besten realisieren können, so kann keine Regierung legitim sein, die den Zweck, zu dem sie da ist, nicht erfüllt. Genauer gesagt, bezieht politische Herrschaft ihre Legitimität aus der Meinung der Bürger, dass sie den allgemeinen Interessen der Bürger (»public interest«) und insbesondere dem Schutz des Rechts auf Eigentum (»right to property«) dient (vgl. Hume 1777, 27). Aus diesen Überzeugungen der Bürger und nicht aus den Artikeln eines angeblichen Urvertrages ergeben sich sowohl die Obliegenheiten als auch die Grenzen legitimer Herrschaft.

Damit ist eine notwendige, aber keine hinreichende Bedingung für legitime Herrschaft angegeben. Für die weitere Bedingung ist Humes Beispiel aufschlussreich, dass es nach einer längeren Zeit der Usurpation, während der der Usurpator durchaus imstande war, den Staatszweck zu erfüllen, dem gestürzten Prinzen gelingt, die Herrschaft wieder an sich zu reißen: Das Volk begrüßt seine Rückkehr und lebt künftig unter seiner Herrschaft, denn in den Augen des Volkes ist er und nicht der Usurpator der legitime Herrscher. Das Beispiel zeigt, dass Herrschaft sich nicht allein aus dem Nutzen, den sie stiftet, legitimiert, sondern ein Moment der Anerkennung einschließt: Die Bürger müssen auch der Überzeugung sein, dass der Inhaber der Staatsgewalt der durch ein allgemein anerkanntes Auswahlverfahren bestimmte Regent ist und daher ein »right to power« besitzt. Auf diesen Überzeugungen der Bürger beruht nach Hume jede Form von legitimer Herrschaft und alle Autorität der Wenigen gegenüber den Vielen (vgl. Hume 1777, 27).

4.

Hume, D., 1739, Ein Traktat über die menschliche Natur. Buch I, Hamburg: Meiner 1989.

Hume, D., 1740, Ein Traktat über die menschliche Natur. Buch II-III, Hamburg: Meiner 1978.

Hume, D., 1748, Eine Untersuchung über den menschlichen Verstand, Hamburg: Meiner 1993.

Hume, D., 1751, Eine Untersuchung über die Prinzipien der Moral, Hamburg: Meiner 2003.

Hume, D., 1757, Die Naturgeschichte der Religion, Hamburg: Meiner 1984.

Hume, D., 1777, Politische und ökonomische Essays, Hamburg: Meiner 1988.

Hume, D., 1779, Dialoge über natürliche Religion, Hamburg: Meiner 1980.

Glathe, A. B., 1950, Hume's Theory of the Passions and of Morals, Berkeley: University of California Press.

Jäger, W., 1971, Politische Partei und parlamentarische Opposition, Berlin: Duncker & Humblot.
Miller, D., 1981, Philosophy and Ideology in Hume's Political Thought, Oxford: Clarendon Press.
Stewart, J. B., 1992, Opinion and Reform in Hume's Political Philosophy, Princeton: Princeton University Press.
Vaughan, C. E., 1972, Studies in the History of Political Philosophy Before and After Rousseau, New York: Franklin.
Vlachos, G., 1955, Essai sur la politique de Hume, Athen: Institut Français d'Athènes.

JENS KULENKAMPFF

Hutcheson, Francis (1694–1746)

1.

Hutcheson wurde in Irland geboren. Seine Familie stammte aus Schottland. Von 1711–1717 studierte er in Glasgow Theologie. Im Rahmen dieses Studiums lernte er Griechisch und Lateinisch und las die Schriften antiker Autoren. 1717 kehrte er nach Irland zurück. Dort begann er seine Tätigkeit als Schriftsteller und Pädagoge. In diese Zeit, in der er die meisten seiner Werke verfasste, fällt auch seine Lektüre der Schriften von Anthony Ashley Cooper, Earl of Shaftesbury III. 1729 wurde er auf den Lehrstuhl für Moralphilosophie an der Universität Glasgow berufen. Zu seinen Studenten gehörte u.a. Adam Smith. Abgesehen von mehreren Reisen nach Irland blieb Hutcheson bis zum Ende seines Lebens in Glasgow. Von seiner letzten Irlandreise kehrte er nicht zurück, er starb in Dublin.

In seinen Schriften beschäftigt sich Hutcheson mit Ästhetik, Moralphilosophie, politischer Philosophie und Ökonomie. Sein erstes Buch, *An Inquiry Into the Original of our Ideas of Beauty and Virtue, in Two Treatises* erschien 1725. Es folgten 1728 der *Essay on the Nature and Conduct of the Passions and Affections: with Illustrations on the Moral Sense,* 1738 *A System of Moral Philosophy* (erst posthum 1755 publiziert), 1742 *Philosophiae moralis institutio compendiaria* sowie eine Übersetzung von Marcus Aurelius' *Meditations* und 1747 *A Short Introduction to Moral Philosophy* (die Übersetzung der ursprünglich lateinischen Schrift von 1742).

2.

In seinem *Inquiry* entwickelt Hutcheson unter dem Einfluss von Lockes Analyse der sinnlichen Wahrnehmung eine naturalistische Theorie unserer Sinne für die Schönheit von Gegenständen und die moralische Qualität von Handlungen sowie eine Theorie moralisch begründeter Rechte. Die Sinne für Schönheit und Moralität unterscheidet er als »innere Sinne« (»internal senses«, Hutcheson 1725, I.7) von den äußeren Sinnen, den Wahrnehmungssinnen, wie Locke sie verstanden hatte. Innere Sinne sind Hutcheson zufolge Sinne zweiter Stufe, sie vermitteln uns Empfindungen, die von den Ideen der Wahrnehmungssinne ausgelöst werden. Aufgrund des Schönheitssinns erleben wir die (visuellen oder auditiven) Ideen von Gegenständen (der Natur, der Kunst und der Mathematik) mit Wohlgefallen, sofern diese »Einheit in der Mannigfaltigkeit« (»Uniformity amidst variety«; ebd., I.15) aufweisen. Den Terminus »moralischer Sinn« (»moral sense«; ebd., I.vi) übernimmt Hutcheson von Shaftesbury, versteht den moralischen Sinn aber anders als dieser. Kraft unseres moralischen Sinnes empfinden wir für tugendhafte oder tadelnswerte Handlungen (für die Handlungen anderer ebenso wie für unsere eigenen), von denen wir eine Idee haben, »Liebe« (»love«) oder »Abscheu« (»aversion«, »dislike«; ebd., I.101). In Abgrenzung von dem Menschenbild, das Hobbes und Mandeville vertreten haben und in dem der Mensch als Egoist erscheint, besteht Hutcheson darauf, dass es bei den Empfindungen des moralischen Sinns nicht um den eigenen Vorteil für die empfindende Person geht. Tugendhafte Handlungen werden aus Wohlwollen und Liebe zu anderen Personen (ergänzt durch »die starken Bande des Blutes, der Freundschaft, der Dankbarkeit und die zusätzlichen Motive der Ehre und sogar des äußerlichen Interesses« – weshalb die Selbstliebe letztlich ebenso wichtig ist für die Beförderung des Gemeinwohls wie das Wohlwollen; vgl. ebd., I.263) unternommen, nicht allein aus egoistischen Motiven der Selbstliebe. Mit seiner These, dass die moralisch beste Handlung diejenige ist, die »das größte Glück der größten Zahl« (»the *greatest Happiness* for the *Greatest Numbers*«; ebd., I.164) bewirkt, ist Hutcheson der Vorläufer des Utilitarismus. Die Rechte einer Person begründet er entsprechend im Rekurs auf Regeln, deren Befolgung dem Gemeinwohl zuträglich ist: Menschen haben ein Recht, etwas zu tun, zu fordern oder zu besitzen, wenn die entsprechenden Handlungsprinzipien, allgemein befolgt, eine Vergrößerung des Gemeinwohls bewirken (vgl. ebd., I.256ff.). Auch die staatliche Gewalt ist nur in dem Maß legitim, in dem sie dem Gemeinwohl dient.

Im *Essay* setzt Hutcheson die im *Inquiry* begonnene Untersuchung der menschlichen Empfindungsvermögen fort und modifiziert seine Auffassung des moralischen Sinns und seiner Funktion insbesondere im Hinblick auf die Begründung moralischer Verpflichtung (vgl. Darwall 1995, 218ff.). Er schlägt vor, dem Menschen nicht nur die üblichen fünf, sondern wesentlich mehr (äußere und innere) Sinne zuzuschreiben (vgl. Hutcheson 1728, II.X f.).

In der *Short Introduction*, die als eine Art Lehrbuch konzipiert ist, behandelt Hutcheson neben der Theorie der menschlichen Natur und der in ihr liegenden moralischen Vermögen des Menschen auch die Politik und die Ökonomie als Themen der Moralphilosophie.

Mit moral- und rechtsphilosophischen Fragen beschäftigt Hutcheson sich auch in seinem *System of Moral Philosophy* und dem *Philosophiae moralis institutio compendiaria*.

3.

Hutcheson hatte großen Einfluss auf die Moral- und Rechtsphilosophie der Aufklärung in Schottland und auf dem europäischen Kontinent. Zu nennen sind u.a. Hume, Smith Kant und Diderot. Seine Werke und deren Rezeption sind noch vergleichsweise wenig erforscht. Zurzeit liegt keine historisch kritische Ausgabe seiner Werke vor.

4.

Hutcheson, F., Collected Works, Hildesheim: Olms 1971.

Hutcheson, F., 1725, Eine Untersuchung über den Ursprung unserer Ideen von Schönheit und Tugend – Über moralisch Gutes und Schlechtes, Hamburg: Meiner 1986.

Hutcheson, F., 1728, Erläuterungen zum moralischen Sinn, Stuttgart: Reclam 1984.

Darwall, S., 1995, The British Moralists and the Internal Ought 1640–1740, Cambridge: Cambridge University Press.

Jensen, H., 1971, Motivation and the Moral Sense in Francis Hutcheson's Ethical Theory, Den Haag: Nijhoff.

Leidhold, W., 1985, Ethik und Politik bei Francis Hutcheson, Freiburg: Alber.

MacIntyre, A., Hutcheson on Justice and Practical Rationality, in: ders., Whose Justice, Which Rationality?, Notre Dame: University of Notre Dame Press 1988.

Raphael, D. D., 1947, The Moral Sense, London: Oxford University Press.

Scott, W. R., 1900, Francis Hutcheson. His Life, Teaching and Position in the History of Philosophy, New York: Kelley 1966.

Christel Fricke

I

Identität

1.

»Identität« bezeichnet in der Logik und Mathematik zunächst eine Beziehung vollkommener Gleichheit, die ein Objekt nur mit sich selbst bzw. mit einem von ihm nicht unterscheidbaren anderen Objekt hat. Zwei Dinge (bzw. zwei Glieder einer Identitätsrelation) sind demnach genau dann identisch, wenn sie alle Eigenschaften gemeinsam haben ($a \equiv a$), so dass der Satz der Identität zum Satz der Nichtunterscheidbarkeit wird. In einem weiteren Sinne garantiert die Identität sodann die (Wieder-) Erkennbarkeit und Benennbarkeit einer Sache bzw. ihre Wesengleichheit durch alle zeitlichen Veränderungen ihrer Erscheinung hindurch. Dies setzt freilich bereits die Unterscheidung zwischen essentiellen und akzidentiellen Eigenschaften voraus: Wir identifizieren ein Ding als identisch, obwohl es sich verändert hat.

In der Sozialphilosophie und -psychologie muss unterschieden werden zwischen der numerischen Identität einer Person oder Gruppe und ihrer qualitativen (individuellen bzw. kollektiven) Identität. Im Hinblick auf erstere werden Fragen der Einheit der Person, aber auch der moralischen und rechtlichen *Zurechenbarkeit* und *Verantwortlichkeit* diskutiert – etwa ob eine Person nach einer Gehirnwäsche oder einer hypothetischen Gehirntransplantation noch verantwortlich für vergangene Taten oder Versprechen ist und ob es sich noch um die *gleiche* Person handelt. Für die aktuellen identitätstheoretischen Debatten in der Sozialphilosophie ist v.a. die qualitative Identität von Belang. Sie bezeichnet das je spezifische Selbst- und Weltverhältnis sozialer Subjekte.

2.

J. Locke thematisiert im zweiten Buch seines *Versuchs über den menschlichen Verstand* (Locke 1690, 419ff.) das Problem der Einheit des Selbst und bestimmt personale Identität als Kontinuität des reflexiven Bewusstseins: »[D]a das Bewußtsein das Denken stets begleitet und jeden zu dem macht, was er sein Selbst nennt und wodurch er sich von allen anderen denkenden Wesen unterscheidet, so besteht hierin allein die Identität der Person, das heißt das Sich-Selbst-Gleich-Bleiben eines vernünftigen Wesens. Soweit nun dieses Bewußtsein rückwärts auf vergangene Taten oder Gedanken ausgedehnt werden kann, so weit reicht die Identität dieser Person.« (Locke 1690, 420) Auch neuere Beiträge zur ontologischen Debatte um das Selbst und die moralische Diskussion darüber, was die Zuschreibung von Verantwortlichkeit rechtfertigt, folgen im wesentlichen diesem Vorbild, so etwa die Konzeption D. Parfits (1984), nach der Identität zu einer Frage des *Grades der psychologischen Verbundenheit* (und damit des *Mehr oder Weniger*) wird.

Personalität wird dabei zumeist an Kriterien wie Intentionalität und den Fähigkeiten zur Deliberation, zur Bildung eines Lebensplanes und zum autonomen und rationalen Handeln festgemacht (vgl. Rorty 1976). Abgesehen davon, dass solche Kriterien in ihrer kulturellen Neutralität und definitorischen Eindeutigkeit philosophisch umstritten bleiben, beziehen sie sich zumeist auf Fragen der *numerischen* bzw. *generischen* Identität. Demgegenüber steht im Mittelpunkt der sozialphilosophischen Identitäts-Debatten des 20. Jahrhunderts der Begriff der *qualitativen* personalen Identität, wie er sich im Wesentlichen erst nach dem Zweiten Weltkrieg v.a. im nordamerikanischen Kontext herausgebildet hat. Dabei hat der Identitätsbegriff seine Schlüsselstellung in der normativ orientierten politischen Theorie, in der Sozialphilosophie und der -psychologie der Gegenwart dem Zusammentreffen dreier Theoriestränge zu verdanken (vgl. Straub 1998, 73ff.). Eine erste Quelle liegt in der Tradition des Pragmatismus, insbesondere in den Schriften von W. James und von G. H. Mead, die freilich nicht den Begriff der Identität, sondern den des Selbst verwenden. Höchst relevant wurde deren Unterscheidung zwischen dem *I* und dem *Me* als den beiden psychosozialen Referenzpolen des Selbst, welche den Blick auf die dialogische und intersubjektive Konstitution personaler Identität lenkte und entscheidend dazu beitrug, dass diese nicht mehr primär als in autonomer Handlungsfähigkeit und rationaler Selbstbestimmung gründend gesehen, sondern als reflexive, prozesshafte und sich in sozialen Beziehungen entfaltende Eigenschaft begriffen wird (vgl. Mead 1934). Ein stabiles Selbstbild entwickelt sich nach Mead erst im Austausch mit konkreten und generalisierten ›Anderen‹ und durch die probeweise Einnahme ihrer Perspektive auf die eigene Person. Gelingende Identität wird dann zu einer fortdauernden Aufgabe der Balancierung (vgl. Krappmann 1988, 59f.) zwischen den teilweise triebhaft andrängenden Impulsen des *I* und den im Selbstbild des *Me* gebündelten, generalisierten Rollen- und Verhaltenserwartungen der Gesellschaft.

Entscheidend für den Durchbruch und die Prägung des Identitätsbegriffs in den Sozialwissenschaften waren indessen die in der psychoanalytischen Tradition stehenden Arbeiten Eriksons. Danach beruht »das bewusste Gefühl, eine persönliche Identität zu besitzen, auf zwei gleichzeitigen Beobachtungen: der unmittelbaren Wahrnehmung der eigenen Gleichheit und Kontinuität in der Zeit, und der damit verbundenen Wahrnehmung, dass auch andere diese Gleichheit und Kontinuität erkennen« (Erikson 1973, 18). Dabei durchläuft das Individuum einen mehrstufigen Entwicklungsprozess, indem es durch die erfolgreiche, wenngleich stets krisenhafte Bewältigung (psychosozialer) Identitätsaufgaben zu einer stabilen Identität finden kann. Eriksons Stabilitätsannahme wurde mit dem Argument kritisiert, dass Identität in der Moderne zu einer prozessoffenen Daueraufgabe geworden sei, die nach steter *Identitätsarbeit* verlange (vgl. Keupp/Höfer 1997). Dennoch steht die von ihm vorgegebene Frage nach dem Verhältnis von (synchroner) Kohärenz und Flexibilität einer Person über differierende Lebenskontexte hinweg und nach Kontinuität und Wandel im (diachronen) Lebensverlauf nach wie vor im Zentrum der Debatte.

Als dritter Strang der heutigen Identitätstheorien sind die dem symbolischen Interaktionismus zuzurechnenden Arbeiten v.a. E. Goffmans und sodann auch A. Strauss' zu nennen. Goffman (1963) unterscheidet zwischen einer »sozialen Identität«, welche die von einem Subjekt ausgefüllten Rollen (z.B. Student, Katholik, Vater) umfasst, einer »persönlichen Identität«, die in der unverwechselbaren Lebensgeschichte des Individuums wurzelt, deren Konstruktion aber sozial erwartet wird, und einer diese beiden Pole verbindenden subjektiven »Ich-Identität«.

3.

3.1. In Psychologie wie Soziologie gilt Identität heute als wesentliches Prinzip der Selbst-Organisation. Qualitative personale Identität kann dabei als Antwort auf die Frage »*Wer bin ich?*« verstanden werden. Dies macht deutlich, dass Identität im doppelten Sinne zeitlich konstituiert ist. Zunächst sind die möglichen Antworten historisch und kulturell variabel (s. 3.2.). Sodann lässt sich eine Antwort stets nur so geben, dass sie zugleich die Fragen danach, *wer man war* (und *hätte sein können*) und *wer man sein wird* oder *sein möchte* beantwortet. Neuere Ansätze betonen daher den narrativen Charakter der Identitätsbildung und -erhaltung: Indem wir Geschichten über uns erzählen, in denen die zeitlichen Dimensionen der Vergangenheit, der Gegenwart und der Zukunft miteinander verbunden werden, gewinnen wir ein orientierungsstiftendes Identitätsgefühl (vgl. Taylor 1989; Ricœur 1985). Umstritten ist dabei, wie stark der Sinn für die Kontinuität des Selbst sein muss und welcher Grad von Kohärenz über die verschiedenen Lebenskontexte hinweg erforderlich ist. Daher kann Identität nicht einfach als Sinn für Kontinuität und Kohärenz verstanden werden kann, sondern bringt eine (stets prekäre) Balance zwischen Kontinuität und Wandel einerseits und Kohärenz und Flexibilität andererseits zum Ausdruck. Wird die jeweils erste Seite zu stark betont, kommt es zu Rigidität und Starrheit, werden dagegen die letzteren zu mächtig, drohen Identitätsdiffusion und Orientierungslosigkeit. Als gesichert kann gelten, dass das Gelingen dieser Balance zu einem erheblichen Maße von der Qualität der sozialen Interaktionen eines Subjekts und seiner sozialen Integration abhängt: Selbstvertrauen, Selbstachtung und Selbstwertschätzung, welche die Aufrechterhaltung der Identität bei gleichzeitiger Offenheit gegenüber dem »Anderen« oder »Differenten« in sich selbst und bei anderen ermöglichen, hängen wesentlich von den Anerkennungsverhältnissen ab, in denen sich ein Subjekt wiederfindet (vgl. Honneth 1992; Taylor 1992). Identität und Differenz sind in diesem Sinne nicht als Gegensätze, sondern als komplementär zu verstehen: Die Bestimmung von Differenzen und ein angstfrei-kreativer Umgang mit ihnen wird erst vor dem Hintergrund gesicherter Identitäten möglich.

Die neuere Forschungsliteratur stellt die Reflexivität der modernen Identität heraus, indem sie etwa mit Giddens (1991, 74ff.) das Selbst als »reflexives Projekt« bestimmt. Es darf jedoch nicht übersehen werden, dass das Identitätsgefühl zu einem wesentlichen Teil aus impliziten, vor-reflexiven Elementen gebildet wird: Einerseits mag ein gewisses »Kern-Selbst« sogar angeboren sein (vgl. Glass 1993), andererseits wird das Gefühl dafür, *wer man ist und sein möchte*, im Sozialisationsprozess als ›tacit knowlegde‹ in Körperpraktiken und habituellen Gewohnheiten (Geschmacksvorlieben, Wahrnehmungsmuster etc.) buchstäblich ›einverleibt‹. Identität kann in diesem Sinne als ein steter Prozess des Divergierens und Angleichens von expliziten und impliziten Selbstbildern verstanden werden, die immer auch expressiv, durch die Teilnahme an kulturellen Praktiken entwickelt werden (vgl. Rosa 1998).

3.2. So verstanden stellt Identität eine anthropologische Notwendigkeit und keine Erscheinung der Moderne dar (Straub 1998, 82f.). Subjekte gewinnen ihre Handlungsfähigkeit zu allen Zeiten und in allen Kulturen durch ihren Sinn dafür, wer sie sind. Allerdings wird dieser in der Neuzeit in besonderem Maße *fraglich* und daher zu einem psychosozialen, reflexiven und politischen Problem. Denn in traditionalen Gesellschaften sind Identitäten nahezu »a priori« vorgegeben: Wer jemand ist, steht im Wesentlichen schon mit der Geburt fest und hängt nicht von der Selbst-Reflexion oder dem Willen des Subjekts ab. In der Moderne dagegen beruht die Stabilität personaler Identitäten (in idealtypischer Vereinfachung) auf den Entscheidungen des Individuums, zumindest was die soziale Zurechnung betrifft: Die kategorialen Identitätsbausteine (Beruf, Religion, politische Orientierung, Wohnort, Familienstand etc.) gelten als weitgehend frei gewählt, wenngleich sich diese Wahl in der Regel als eine einmalige Aufgabe der Adoleszenz erweist. Moderne Identitäten konnten deshalb als gleichsam »a posteriori stabil« gelten, weil der Bestand der Identitätsparameter (man *ist* Bäcker, Katholik, Konservativer und Ehemann von *x*) als weitgehend gesichert angesehen wurde. Demgegenüber zeichnet sich die Spätmoderne durch eine Zunahme der Re-Kombinierbarkeit und Revidierbarkeit der Identitätsbausteine aus. Infolge der Beschleunigung des sozialen Wandels und der Ausdifferenzierung individueller Lebenslagen verlieren Festlegungen sowohl synchron als auch diachron zunehmend ihre Bindungswirkung für andere Lebensbereiche oder -zeitpunkte. Identitätsprädikate müssen daher mit einer zeitlichen Markierung versehen werden: Man ist nicht mehr Bäcker schlechthin, sondern arbeitet *im Moment* als Bäcker, wohnt *zur Zeit* in München und hat *das letzte Mal* konservativ gewählt. Zugleich scheint es v.a. im Kontext der Gewichtsverschiebung zwischen der produktiven (*Beruf*) und der konsumtiven Identität (*Lifestyle*) fraglich zu werden, welche Identitätsparameter (Beruf, Familienstand, Religion, Ethnie, Musikgeschmack, Kleidungsstil) zur Beantwortung der Identitätsfrage überhaupt relevant sind und wie sie zu gewichten sein könnten – auch hier lässt sich eine Temporalisierung und Individualisierung beobachten. Vor diesem Hintergrund sind Autoren, welche einer »postmodernen« Position zuneigen, zu dem Schluss gelangt, dass die Forderung nach Kohärenz und Kontinuität heute obsolet und die Überwindung des Einheitszwangs und »Identitätsterrors« als Akt der Befreiung zu begrüßen sei (vgl. Rorty 1989; Gergen 2000). Der Vermutung, dass an die Stelle der modernen personalen Identität daher nicht nur neuartige »Patchworkidentitäten«, sondern sogar »multiple Selbste« treten könnten, ist indessen aus empirischen wie aus theoretischen Gründen mit Skepsis zu begegnen (vgl. Keupp/Höfer 1997; Glass 1993). Unbezweifelbar scheint jedoch, dass sich die in 3.1. bezeichnete Balance weiter zugunsten des Wandels und der Flexibilität verschiebt.

3.3. Beantwortet *individuelle* Identität die Frage »*Wer bin ich?*«, besteht *kollektive* Identität in der Antwort auf das korrespondierende »*Wer sind Wir?*«, die sich im gemeinsamen Praxisvollzug herstellt und ausdrückt. Der Prozess, in dem die erstere aus der zweiten hervorgeht, um danach in beschränktem Maße wieder auf sie zurückzuwirken, stellt einen zentralen Streitgegenstand in der ›Schlacht um das Selbst‹ zwischen Liberalen und Kommunitaristen dar (vgl. Honneth 1993). Das *Wir* des kollektiven Selbstbestimmungsprozesses ist dabei mit den jeweiligen Identitätskategorien variabel: Wir *Katholiken*, *Männer*, *Studenten*, *Naturschützer*, *Europäer* etc. Dies macht deutlich, dass die kategorialen Bausteine individueller Identität sich stets auf Kollektive beziehen, die tatsächlich oder vermeintlich durch gemeinsame Erfahrungen, Praktiken, Sprachen, Vorstellungen des Guten etc. miteinander verbunden sind. Zugleich zeigt sich jedoch, dass die so bezeichneten Gruppen nicht als »Super-Subjekte« aufgefasst werden dürfen und dass jede Einheitsunterstellung einen potentiell ideologischen und normierenden Charakter trägt, der Differenzen unterdrückt und abweichende Selbstverständnisse ausschließt. Aus diesem Grund ist der Begriff der kollektiven Identität in den Sozialwissenschaften umstritten (vgl. Niethammer 2000; Straub 1998, 96ff.). Zu bedenken ist jedoch, dass sich individuelle Identitätsbildung nicht nur durch eigene Identifikationen, sondern stets auch im Kontext sozialer Identitätszuschreibungen vollzieht (*Du bist eine Frau, ein Jude, ein Homosexueller*). Individuen sind daher stets zu einer dialogischen und oft konflikthaften Klärung kollektiver Identität gezwungen: *Was bedeutet es, eine Frau, ein Jude, homosexuell zu sein?* Daraus resultiert der identitätspolitische Kampf um Anerkennung von diskriminierten Gruppen, der seit den 1990er Jahren in den politischen Auseinandersetzungen demokratischer Staaten stark an Gewicht gewonnen hat. Autoren, die einer von Kommunitarismus und Republikanismus inspirierten Position zuneigen, argumentieren darüber hinaus, dass eine diskursiv-offene Selbstverständigung darüber, *wer wir sind und sein wollen*, eine Voraussetzung für eine politische Gestaltung demokratischer Gemeinwesen bilde (vgl. Taylor 1992; Honneth 1993; Rosa 1998).

4.

Erikson, E. H., 1973, Identität und Lebenszyklus, Frankfurt/M.: Suhrkamp.

Gergen, K., 2000, The Saturated Self. Dilemmas of Identity in Contemporary Life, New York: Basic Books.

Giddens, A., 1991, Modernity and Self-Identity, Cambridge: Polity.

Glass, J. M., 1993, Shattered Selves. Multiple Personality in a Postmodern World, Ithaca: Cornell University Press.

Goffman, E., 1963, Stigma. Über Techniken der Bewältigung beschädigter Identität, Frankfurt/M.: Suhrkamp 1975.

Honneth, A., 1992, Kampf um Anerkennung, Frankfurt/M.: Suhrkamp.
Honneth, A. (Hg.), 1993, Kommunitarismus, Frankfurt/M.: Campus.
Keupp H./Höfer, R. (Hg.), 1997, Identitätsarbeit heute, Frankfurt/M.: Suhrkamp.
Krappmann, L., 1988, Soziologische Dimensionen der Identität, Stuttgart: Klett-Cotta.
Locke, J., 1690, Versuch über den menschlichen Verstand, Bd. 1, Hamburg: Meiner 1981.
Mead, G. H., 1934, Geist, Identität und Gesellschaft, Frankfurt/M.: Suhrkamp 1973.
Niethammer, L., 2000, Kollektive Identität, Reinbek: Rowohlt.
Parfit, D., 1984, Reasons and Persons, Oxford: Clarendon Press.
Ricœur, P., 1985, Zeit und Erzählung, 3 Bde., München: Fink 1991.
Rorty, A. O., 1976, Introduction, in: dies. (Hg.), The Identities of Persons, Berkeley: University of California Press.
Rorty, R., 1989, Kontingenz, Ironie und Solidarität, Frankfurt/M.: Suhrkamp.
Rosa, H., 1998, Identität und kulturelle Praxis, Frankfurt/M.: Campus.
Straub, J., 1998, Personale und Kollektive Identität, in: A. Assmann/H. Friese (Hg.), Identitäten, Frankfurt/M.: Suhrkamp.
Taylor, C., 1989, Quellen des Selbst. Die Entstehung der neuzeitlichen Identität, Frankfurt/M.: Suhrkamp 1994.
Taylor, C., 1992, Multikulturalismus und die Politik der Anerkennung, Frankfurt/M.: Fischer 1993.

Hartmut Rosa

Ideologie

1.

Der Begriff »Ideologie« (von franz.: Lehre von den Ideen) ist Gegenstand kontroverser, teils unvereinbarer Interpretationen vornehmlich in den modernen Sozialwissenschaften. Belastet ist er von Beginn an durch eine unklare Bedeutung und zweifache Nutzung als politisch-alltagssprachlicher Kampfbegriff und als wissenschaftlicher Analysebegriff.

1.1. Die marxistische Tradition bestimmt »Ideologie« als das ›notwendig falsche Bewusstsein‹, das alle vor-sozialistischen Gesellschaften von sich entwickeln, denn hier werden die partikularen Interessen der jeweils ›herrschenden Klasse‹ zu Allgemeininteressen erhoben. Erst das sich als Klasse konstituierende Proletariat erkenne die historischen ›Bewegungsgesetze‹ und gesellschaftlichen Bedingungen seiner Existenz, wodurch begründete Ideologiekritik möglich werde. Während dieser herrschafts- und ideologiekritische Ansatz in veränderter Form weiter verwendet wird, haben sich auch wissenschaftlich-empirische Verwendungsweisen etabliert. Im Anschluss an die Totalitarismustheorien (vgl. Arendt 1951; Friedrich/Brzezinski 1956) werden Ideologien als abstrakt-geschlossene Ideensysteme verstanden, die doktrinärer oder ›totalitärer‹ Natur seien und loser gekoppelten ›belief-systems‹ gegenübergestellt werden. In einer anderen, bewusst ›wertfreien‹ Perspektive werden sie als überprüfbare Meinungen über politische Gegenstände behandelt und durch Sozialforschung empirisch erhoben. Ideologien werden zudem als unvermeidbare und ubiquitär verbreitete direktive und ordnende Maßgaben kultureller Symbole und politischer Begriffe dargestellt, die man kennen muss, um ihre Macht für die Bildung kollektiver Überzeugungen zu verstehen.

1.2. Was Ideologien konstituiert, ist abhängig von den Konzeptualisierungen, die zu ihrer Analyse verwandt werden. Die Entstehungsbedingungen des modernen Ideologiebegriffs im 19. Jahrhunderts klären zwar über die Gründe seiner Prägung sowie die Interpretationsprobleme auf, helfen aber zu einer Entscheidung und Begründung der heute plausiblen Verwendung wenig weiter. Immerhin ist es aufschlussreich, dass der Begriff ein Kunstwort darstellt, das der französische Spätaufklärer Destutt de Tracy bildete, um damit eine ›neue Wissenschaft‹ der Ideen zu bezeichnen, die als ›erste Wissenschaft‹ schlechthin alle bisherige Philosophie ablösen und auf eine empirisch-wissenschaftliche Basis stellen sollte (vgl. Kennedy 1978). Obwohl hier mit »idea« und »logos« zwei philosophische Grundbegriffe eingehen, unterscheidet sich der Neologismus grundlegend von der Tradition der Ideen von Platon bis Descartes, denn bei de Tracy gehen sie aus Empfindungen (sensations) hervor, und die Aufgabe dieser neuen Wissenschaft besteht darin, jeder Empfindung ein festes ›Ideezeichen‹ zuzuordnen. Als quasi-physiologische Erkenntniselemente gewähren allein sie einen sicheren Ausgangspunkt für die Erkenntnis und dienen in Gestalt der systematisierten Wissenschaft zugleich als Regulationsbasis der Erziehung, Moral und Politik. Die entstehende ›Schule der Ideologen‹ beeinflusste die neugeschaffenen revolutionären Bildungsinstitutionen in Frankreich und bereitete den Positivismus vor. Auch Napoleon wurde ihr Anhänger, doch mit dem Ausbau seiner Machtposition wandte er sich gegen die Ideologie als Wissenschaft und gab dem Begriff eine neue, pejorative Bedeutung, indem er die Ideologen zu metaphysischen Fanatikern erklärt, die Ideen und poltisch-soziale Realität miteinander verwechseln (vgl. Dierse 1982).

Der Begriff wandelte sich also von der Bezeichnung einer Wissenschaft der Ideen zu einer Bezeichnung von Ideen und Ideensystemen selbst. »Ideologie« kann nun eine pejorative Bedeutung annehmen und als falsch ›entlarvt‹ werden, oder aber von den Anhängern als positive Selbstbeschreibung genutzt werden. Die Entstehungsgeschichte des Begriffs reflektiert die aus der Aufklärung hervorgegangene Idee einer neuen empirischen Wissenschaft der Sozialtechnologie, die über das moderne Bildungssystem weitere Teile der entstehenden politischen Öffentlichkeit erreichte. In diesem Kontext konnten Ideensysteme bzw. Ideologien jetzt als wichtige Elemente zur Mobilisierung zunehmend aktiver politischer Bürger dienen und den Überzeugungskern sozialer Bewegungen bilden (vgl. Dierse 1982).

2.

2.1. Der heutige Gebrauch des Begriffs »Ideologie« schließt an die Überlegungen bei Marx und Engels an, die ihn auf verschiedene Weise verwenden, dabei aber immer das Problem des Verhältnisses von Interessen und Ideen, Basis und Überbau behandeln. Ihnen war Destutts Konzeption und Napoleons Umdeutung bekannt. In *Die deutsche Ideologie* (von 1846) verwenden sie ihn zwar vornehmlich im pejorativen Sinne, fragen aber weiter, »warum die Ideologen alles auf den Kopf stellen« (MEW, Bd. 3, 539) und die »aktiven konzeptiven Ideologen [...] die Ausbildung der Illusion dieser Klasse über sich selbst zu ihrer Hauptnahrungsweise machen« (MEW, Bd. 3, 46). Über die noch erkennbare subjekttheoretische Vorstellung führt die Überlegung hinaus, ob nicht die sozialen Bedingungen selbst notwendig ideologisches Denken produzieren. So heißt es im *18. Brumaire* (1852): »Auf den verschiedenen Formen des Eigentums, auf den sozialen Existenzbedingungen erhebt sich ein ganzer Überbau verschiedener und eigentümlich gestalteter Empfindungen, Illusionen, Denkweisen und Lebensanschauungen. Die ganze Klasse schafft und gestaltet sie aus ihren materiellen Grundlagen heraus und aus den entsprechenden gesellschaftlichen Verhältnissen. Das einzelne Individuum, dem sie durch Tradition und Erziehung zufließen, kann sich einbilden, daß sie die eigentlichen Bestimmungsgründe und den Ausgangspunkt seiner Handlungen bilden.« (MEW, Bd. 8, 139) Weitergehend bestimmt Marx den Widerspruch zwischen Produktivkräften und Produktionsverhältnissen als Ursache der ideologischen Vorstellungen, da die »juristischen, politischen, religiösen, künstlerischen oder philosophischen kurz, ideologischen Formen« das Medium sind, »worin sich die Menschen dieses Konflikt bewußt werden und ihn ausfechten« (*Zur Kritik der Politischen Ökonomie*, 1859, MEW, Bd. 13, 9). Die weitere Entfaltung dieser widersprüchlichen und dialektischen Beziehung führt Marx zu einer differenzierten Struktur- und Handlungsanalyse, in der nicht jede Erscheinung des Überbaues als ideologisch erscheint, sondern die es ermöglicht, die ideologischen Bestandteile von der ›freien geistigen Production‹ einer Gesellschaftsformation zu unterscheiden.

2.2. Insgesamt haben Marx und Engels die Theorie der Ideologie von einer Kritik des Bewusstseins zu einer Kritik der (materiellen, sozialen) Bedingungen und Wirkungen des Bewusstseins entwickelt. Sie hinterließen damit Konzeptualisierungen, die sowohl weitere marxistische Debatten wie auch theoretische und empirische soziologische, politologische und sozialphilosophische Ansätze befruchteten (vgl. Larrain 1979). Allerdings verbleiben damit auch fortwirkende theoretische Probleme. Marx und Engels liefern eine externe Begründung der Entstehung von Ideologie, ohne aber, wie ihnen bewusst war, die interne Entwicklungsgeschichte der ideologischen Formen und Inhalte zu behandeln. Daraus ergibt sich das ›Widerspiegelungsproblem‹, die Frage nach der Diskontinuität ideologischer Entwicklungen und das Problem, ob alle Überbauphänomene notwendig ideologischer Natur seien, oder nur die Ideen, die bewusst oder unbewusst der Verschleierung der Interessen der Herrschenden dienen.

2.3. Innerhalb der orthodox-marxistischen Diskussion des 19. Jahrhunderts hat der Begriff nur eine geringe Rolle gespielt. Das ändert sich mit Lenins Behauptung und Forderung, dass der wissenschaftliche Sozialismus der proletarischen Avantgarde-Partei sich als Ideologie zu verstehen habe und so auch agitatorisch den Massen zu vermitteln sei. Damit aber wird in der marxistischen Tradition erstmals ein positiver Ideologiebegriff geprägt, mit Folgen v.a. für das Selbstverständnis der späteren sozialistischen Gesellschaften. Intensiv wird in den von Hegel beeinflussten ›neomarxistischen‹ Kreisen um Lukács und der Frankfurter Schule das Problem der Ideologie als Frage nach dem revolutionären Subjekt der Geschichte diskutiert. Hier vollzieht sich eine Abkehr von aktivistischen und optimistischen ideologiekritischen Prognosen, und Zweifel am Entstehen eines revolutionären Bewusstseins überwiegen, bestätigt durch das Versagen der kommunistischen Parteien angesichts des Faschismus und das Ausbleiben proletarischen Widerstandes. Weder die Dialektik von Produktionsverhältnissen und Produktivkräften noch die revolutionäre Avantgardepartei führen zu einem Aufbrechen der Ideologie und zu einer befreiten Gesellschaft. Damit aber fehlt, so etwa Marcuse, die Basis der Ideologiekritik. Die kritische Theorie finde deshalb keine empirische Grundlage, auf der sie den Status quo überwinden kann.

2.4. Ebenfalls in Auseinandersetzung mit Marx konzipiert die Wissenssoziologie Schelers und Mannheims ihren Ideologiebegriff, der die weitere wissenschaftliche Diskussion dominiert. Für Scheler dienen Ideologien dazu, Systeme von ›Vorurteilen‹ in bewusster Reflexion zu rechtfertigen. Diese Vorurteilsstruktur entsteht aus der sozialen Lage der Einzelnen und Gruppen, ein Gedanke, den Mannheim in *Ideologie und Utopie* (1929) aufnimmt und verschärft. In diesem Schlüsseltext der Ideologiediskussion behauptet Mannheim, dass alle Denkprozesse strukturell sozial bedingt seien. Die ›Seinsgebundenheit des Denkens‹ relativiert alle Aussagen über Mensch, Gesellschaft und Geschichte, die allesamt keine objektive Wahrheit beanspruchen können. Doch Ideologien als Weltanschauungswissen treten mit absoluten Wahrheitsansprüchen auf. Die Wissenssoziologie soll demgegenüber die Instanz der Selbstkontrolle darstellen, die in Gestalt der ›freischwebenden Intelligenz‹, nicht rückgekoppelt an die Interessen einer sozialen Klasse, eine relative Synthese und objektive Erkenntnis des zeitgenössischen Denkens und Wissens ermöglicht.

2.5. Die Wechselbeziehungen zwischen Realitätsvorstellungen und sozialer Realität stehen auch im Zentrum der US-amerikanischen Entwicklungen der Wissenssoziologie und daran anschließend der Wissenschaftssoziologie. Parsons' Studium bei Alfred Weber in Heidelberg und Shils' Übersetzung von *Ideologie und Utopie* (1936) tragen zur Verbreitung des Ideologiebegriffes bei, der neutral sein soll und für empirische Forschung handhabbar gemacht wird. So orientiert sich die empirische Werteforschung bis heute an Parsons' Definition: »Eine Ideologie ist ein von den Mitgliedern eines Kollektivs, also einer Gesellschaft, oder eines Subkollektivs geteiltes System von Überzeugungen, [...] ein System von Überzeugungen, das auf die evaluative Interpretation des Kollektivs ausgerichtet ist.« (Parsons 1951, 349) Einige Vertreter dieser Richtung sehen Ideologie auch als Gegensatz zur modernen Wissenschaft und prognostizieren in den 1960er Jahren das ›Ende der Ideologie‹, während etwa Geertz »Ideologie« ohne jede Referenz auf Wissenschaft oder objektives Wissen gebraucht. Er versteht den ideologischen Diskurs als ›symbolic act‹, der zur Mobilisierung der Handelnden führen soll; seine kognitive Funktion wird von der praktisch-sozialen überlagert (vgl. Geertz 1964). In dieser funktionalistischen Interpretation reagiert die Produktion von Ideologie auf das Problem der (Wert-)Integration der Gesellschaft und der Verhaltenssicherheit für die Individuen. Ideologien sind insofern ambivalente Phänomene, als sie sowohl desintegrierend als auch integrierend wirken können.

3.

In der gegenwärtigen sozialwissenschaftlichen und sozialphilosophischen Diskussion wird der Ideologiebegriff in allen vorgestellten Varianten weiterhin als kritischer oder analytischer Begriff benutzt. In ihm reflektiert sich in moderner Weise das unaufhebbare Thema des Verhältnisses von Ideen und Interessen.

4.

Arendt, H., 1951, Elemente und Ursprünge totaler Herrschaft, München: Piper 2003.
Boudon, R., 1986, Ideologie, Reinbek: Rowohlt 1988.
Dierse, U., 1982, Ideologie, in: O. Brunner/W. Conze/R. Koselleck (Hg.), Geschichtliche Grundbegriffe, Bd. 3, Stuttgart: Klett-Cotta.
Eagleton, T., 1991, Ideologie, Stuttgart: Metzler 2000.
Freeden, M., 2003, Ideology, Oxford: Oxford University Press.
Friedrich, C. J./Brzezinski, Z. K., 1956, Totalitarian Dictatorship and Autocracy, Cambridge/MA: Harvard University Press.
Geertz, C., 1964, Ideology As a Cultural System, in: ders., The Interpretation of Cultures, New York: Basic Books 2000.
Kennedy, E., 1978, A Philosophe in the Age of Revolution. Destutt de Tracy and the Origins of ›Ideology‹, Philadelphia: American Philosophical Society.
Larrain, J., 1979, The Concept of Ideology, London: Hutchinson.
Mannheim, K., 1929, Ideologie und Utopie, Frankfurt/M.: Klostermann 1995.
Marx, K./Engels, F., 1957–1966, Werke, Berlin: Dietz (zitiert als MEW).
Parsons, T., 1951, The Social System, Glencoe: Free Press.
Ricœur, P., 1986, Lectures on Ideology and Utopia, New York: Columbia University Press.
Thompson, J., 1990, Ideology and Modern Culture, Cambridge: Polity.
Žižek, S. (Hg.), 1995, Mapping Ideology, London: Verso.

Harald Homann

Imperialismus

1.

Der Begriff »Imperialismus« ist wortgeschichtlich wie systematisch ein Derivat des Begriffs des »Imperiums« (Reich, empire) und in seiner Entwicklung von dessen wechselnden Bedeutungen abhängig (vgl. Koebner 1961). Analytisch bezeichnet er die Gesamtheit von Maßnahmen, welche die Herstellung und Bewahrung von Imperien bezwecken und erreichen (vgl. Doyle 1986, 19). Er ist außerdem seit seiner Entstehung in der Mitte des 19. Jahrhunderts immer wieder als polemischer Kampfbegriff und Leitkategorie umfassender Zeitanalysen verwendet worden.

Die sozialistische, die marxistische und große Teile der liberalen Tradition haben den Imperialismus als pathologische Fehlentwicklung betrachtet. Seit spätestens 1945 sind die Begriffe »Imperium« und »Imperialismus« weltweit negativ besetzt und werden den als fundamental angesehenen Prinzipien der nationalen Souveränität und des Selbstbestimmungsrechts der Völker schroff entgegengesetzt. Nur wenige Autoren haben den Imperialismus seither in Geschichte und Gegenwart verteidigt.

1.1. »Imperialismus« kann heute nicht mehr als Begriff der politischen Philosophie gelten. Dies erklärt sich daraus, dass er in den letzten Jahrzehnten des 20. Jahrhunderts selten auf Gegenwartsphänomene angewendet wurde. Philosophienah tritt er heute in der normativen Theorie der internationalen Beziehungen und im Völkerrecht auf. Hier werden, v.a. seit 2002, Diskussionen darüber geführt, ob und unter welchen Umständen vor dem Hintergrund von Bellum-iustum- und Menschenrechtstraditionen »humanitäre Interventionen« und militärische »Befreiungsaktionen« gerechtfertigt und vom Imperialismus alten Stils unterschieden werden können. Selbst die entschiedensten Befürworter solcher Eingriffe in fremde Souveränität machen sich allerdings den Imperialismus-Begriff nicht zu Eigen. Verwendet wird er heute v.a. in der Geschichtswissenschaft, daneben (selten) in der empirisch-deskriptiven Lehre von den internationalen Beziehungen sowie seit den 1980er Jahren in den stark literaturwissenschaftlich geprägten *Cultural Studies* (vgl. etwa Said 1993).

1.2. Es gibt noch nicht einmal ein minimales Einvernehmen über eine Definition von »Imperialismus«. Eine heute vermutlich von zahlreichen Historikern (aber nur von ihnen) gebilligte Definition könnte lauten: Unter »Imperialismus« versteht man Programm und Praxis militärischer, ökonomischer und auch kultureller Expansion eines mit objektiven Ressourcenvorteilen versehenen und sich selbst für überlegen erachtenden Zentrums in die Lebensräume bis dahin im Wesentlichen selbstständiger Völker hinein. Das Ziel des Imperialismus ist die Errichtung eines *Imperiums*, d.h. einer als langfristig oder permanent gedachten Institutionalisierung von Abhängigkeitsverhältnissen, sei es in Form administrativ abgesicherter kolonialer Herrschaft (Kolonialismus, »formal empire«), sei es als planvolle Ausnutzung wirtschaftlicher Asymmetrien bei Fortbestand rudimentärer Souveränität (»informal empire«). Vertreter der *Cultural Studies* bzw. ihrer Subspezies, der *Postcolonial Studies*, würden hinzufügen: Imperialismus ist *auch* die diskursive, durch Medienmacht gestützte Hegemonie der westlichen Zivilisation über den Rest der Welt.

2.

2.1. Der Begriff des »Imperiums« ist antiken Ursprungs. Die gesamte europäische Reichssemantik des Mittelalters und der Neuzeit geht auf das Imperium Romanum zurück. Spätere Reiche schlossen in bewusster symbolischer Politik an Rom bzw. das weströmische Reich oder (im Falle des Zarenreiches) an Byzanz an. Äquivalente Semantiken gab es in anderen Zivilisationen, insbesondere in China und im Islam. Das 16. und 17. Jahrhundert sahen nahezu weltweit den Aufbau und die Konsolidierung überseeischer und kontinentaler Imperien. Diese erste Welle neuzeitlicher Reichsbildungen war von einer verzweigten Reflexion über die innere Gestaltung der neuen Großverbünde begleitet (für Europa vgl. Pagden 1995). Allerdings wurde nur im Okzident die Legitimität imperialer Expansion grundsätzlich zur Diskussion gestellt. Dies geschah in den juristischen und theologischen Debatten der spanischen Spätscholastik, die unmittelbar durch die spanische Eroberung einiger Karibikinseln, Mexikos und Perus angestoßen wurden. In diesen Debatten wurden bereits zahlreiche Grundmotive und Argumente der späteren Imperialismuskritik und -apologie formuliert.

2.2. Der Begriff des Imperialismus war in der frühen Neuzeit noch unbekannt. Auch auf die militärische Reichsbildung Napoleons I. und auf das frühviktorianische Empire wurde er noch nicht angewandt. Er entstand erst in den frühen 1850er Jahren in der britischen und deutschen Publizistik zur polemischen Bezeichnung jener von ihren Gegnern als usurpatorisch betrachteten Herrschaftsform, die andere »Cäsarismus« oder »Bonapartismus« nannten. Napoleon III. wurde als Inbegriff eines solchen Imperialismus angeprangert. Erst während der 1870er Jahre verbreitete sich in der Öffentlichkeit Großbritanniens, der damals einzigen Weltmacht, die Vorstellung von einem »Empire« als zentral beherrschter Einheit weltweit verstreuter Besitzungen unterschiedlichen Typs. »Imperialismus« wurde nun als Politik der Gestaltung und weiteren Expansion dieses Empires zu einem positiv besetzten Begriff umgewertet (vgl. Koebner/Schmidt 1964, Kap. 4–7).

2.3. Mit der gesamten europäischen Expansion des 19. Jahrhunderts ging ihre kritische Kommentierung einher, zumeist durch Vertreter des Humanitarismus und freihändlerisch gesinnte Liberale (vgl. Semmel 1993). Karl Marx hingegen neigte dazu, die koloniale Expansion als ein Vehikel bürgerlichen Fortschritts zu betrachten, und die sozialistische Arbeiterbewegung teilte die allgemein verbreitete Überzeugung von der Notwendigkeit einer westlichen Zivilisierungsmission gegenüber »Wilden« und »Barbaren« in Übersee. Erst nach der Jahrhundertwende wandelte sich die Imperialismuskritik von der Anprangerung konkreter »Exzesse« zu dem Versuch, Imperialismus als ein zentrales Merkmal der Gegenwart zu diagnostizieren und einer umfassenden Analyse zu unterziehen. So entstanden jene Entwürfe, die von Historikern später als »klassische Imperialismustheorien« bezeichnet wurden (vgl. Mommsen 1977; Etherington 1984, 165–175). Die erste – und bis heute für die Forschung anregende – Schrift war *Imperialism. A Study* (1902) des englischen Linksliberalen John A. Hobson. Es folgten Studien der Marxisten Rudolf Hilferding (1910), Rosa Luxemburg (1913), Nikolaj Bucharin (1915), Vladimir I. Lenin (1917) sowie des österreichischen Ökonomen Joseph A. Schumpeter (1919). Einige dieser Texte fanden rasch Resonanz in der nicht-westlichen Welt. Gemeinsam ist diesen Autoren ein negativer Begriff des Imperialismus sowie die Überzeugung, es handele sich bei ihm um eine für die Gegenwart kennzeichnende Degenerationsform des liberalen Kapitalismus; nur Schumpeter sah den Imperialismus als Relikt aus vorkapitalistischer Zeit. Imperialismus-Theorien von solch umfassendem Erklärungsanspruch sind seither nicht mehr formuliert worden.

3.

3.1. In der *Geschichtswissenschaft* wurde der Imperialismus lange auf ein »Zeitalter des Imperialismus« eingegrenzt (ca. 1875 bis 1914/18). Dies hat sich als zu eng erwiesen. Zum einen findet die Kontinuität der europäischen Expansion seit der beginnenden frühen Neuzeit viel Beachtung (vgl. etwa Abernethy 2000), zum anderen muss die Tatsache, dass die westeuropäischen Kolonialreiche bis nach dem Ende des Zweiten Weltkriegs fortbestanden, die Zäsur 1914/18 relativieren. Neben die alten Kolonialreiche traten in den 1930er Jahren *neue* Imperialismen (die plurale Verwendung des Wortes ist üblich geworden) von unerhörter Aggressivität: der japanische, der italienische und der deutsche. Vieles spricht dafür, das nationalsozialistische Kriegsimperium in den Zusammenhang der europäischen Expansionsgeschichte zu stellen. Ein Musterfall eines *modernen* Imperialismus ist der mittlerweile gründlich erforschte japanische (datierbar auf 1895–1945). Der Begriff des Imperialismus wird heute mit guten Gründen und ohne unsachgemäße Polemik auf die kontinentale Westwärtsbewegung der USA und auf verschiedene Formen der überseeischen Präsenz der Vereinigten Staaten angewandt. Auch wird inzwischen allgemein anerkannt, dass 1991 mit der Sowjetunion ein Imperium unterging.

3.2. Die neuerlich zu beobachtende Ausweitung der Begriffe von »Imperium« und »Imperialismus« führt zwangsläufig zu einem Verlust an terminologischer Schärfe, ermöglicht aber, bisher verdeckte Analogien und Zusammenhänge zu sehen. Eine gegenläufige Entwicklung hat zu einer Konzentration in der Forschung auf *lokale* Wirkungen des Imperialismus geführt, besonders in seiner kolonialen Ausprägung. Vielfach wird heute die Forderung erhoben und z.T. bereits eingelöst, Kolonie und Metropole als einen einheitlichen Wirkungszusammenhang zu behandeln. Dies führt über die früher übliche Aktion/Reaktion- oder Täter/Opfer-Dichotomie hinaus.

3.3. Ein *philosophischer* Gehalt des Imperialismus-Begriffs lässt sich kaum aus den auf die kausale Erklärung von Expansionsvorgängen zielenden »klassischen« Imperialismustheorien des frühen 20. Jahrhunderts gewinnen. Hinter die Geschichte des Begriffs zurückgehend, wird man bereits *vor* etwa 1820 fast alle Argumente finden, die für und gegen imperiale Fremdbestimmung aufgeboten werden können. Die spanischen Spätscholastiker, Edmund Burke (vgl. Whelan 1996), Denis Diderot, Alexander von Humboldt (vgl. zu beiden Pagden 1993, Kap. 3, 5), John Stuart Mill (vgl. Zastoupil 1994) u.a. haben sie bereits formuliert. In einer gewissen Asymmetrie der Begründungsqualität überwiegt das argumentative Gewicht der Imperialismuskritik. Apologeten des Imperialismus (die oft dessen Praktiker waren) beriefen sich zur Legitimation von Landnahme, Unterwerfung, Enteignung und Ausbeutung auf den fehlenden Subjektcharakter von »Wilden«, auf das Recht des Stärkeren, die Lehre vom gerechten Krieg, die Doktrin vom herrenlosen Land (*terra nullius*), welches dem zufalle, der es ökonomisch nutze, auf einen göttlichen Missionierungsauftrag oder die innerweltliche Pflicht zurreformierenden Verbreitung »zivilisierter« Gesellschaftszustände (also eine *mission civilisatrice*), die man sich allein als die jeweils eigenen denken konnte. Die Kritiker des Imperialismus hingegen bestritten die anthropologische Annahme, bestimmte Völker seien unfähig, über ihr eigenes Schicksal zu entscheiden. Sie wandten sich mit naturrechtlichen Gründen dagegen, Andere ihres Lebens und Eigentums zu berauben, bezweifelten von einer sozialkonservativen Position aus das Recht fremder Interventen, legitime Herrscher und Eliten zu entmachten, oder unterzogen den Nutzen imperialer Expansion einer utilitaristisch-ökonomischen Kritik. Die grundlegenden Argumentationsmuster ähneln denen der gleichzeitigen Kritik an Sklaverei und Sklavenhandel (vgl. Davis 1966). Besonderes Gewicht kommt der Kritik John Stuart Mills an militärischen Interventionen zu. Mill hielt das destabilisierende Eingreifen einer fremden Macht in die inneren Angelegenheiten eines Landes nur unter der sehr restriktiv zu interpretierenden Bedingung für zulässig, dass dort ein politisch aufgeklärter Prozess befreiender Selbsthilfe gegen innere Tyrannei oder gegen Unterdrückung durch einen Dritten weit vorangeschritten sei und bloß vorübergehender Unterstützung bedürfe. Die Schlussfolgerung eines generellen Verbots von Kolonisierung – d.h. des Übergangs von kurzzeitiger Intervention zu dauerhafter Fremdherrschaft – zog Mill selbst nicht explizit; sie wäre aber auf der Grundlage seines Prinzips möglich.

4.

Abernethy, D. B., 2000, The Dynamics of Global Dominance. European Overseas Empires 1415–1980, New Haven: Yale University Press.

Darwin, J., 2007, After Tamerlane: The Global History of Empire Since 1405, London: Allen Lane.

Davis, D. B., 1966, The Problem of Slavery in Western Culture, Oxford: Oxford University Press.

Doyle, M. W., 1986, Empires, Ithaca: Cornell University Press.

Etherington, N., 1984, Theories of Imperialism, London: Croom Helm.

Gollwitzer, H., 1972/82, Geschichte des weltpolitischen Denkens, 2 Bde., Göttingen: Vandenhoeck & Ruprecht.

Koebner, R./Schmidt, H. D., 1964, Imperialism. The Story and Significance of a Political Word 1840–1960, Cambridge: Cambridge University Press.

Koebner, R., 1961, Empire, Cambridge: Cambridge University Press.

Maier, C. S., 2006, Among Empires. American Ascendancy and Its Predecessors, Cambridge/MA: Harvard University Press.
Mommsen, W. J., 1977, Imperialismustheorien, Göttingen: Vandenhoeck & Ruprecht 1987.
Pagden, A., 1993, Das erfundene Amerika. Der Aufbruch des europäischen Denkens in die Neue Welt, München: Diederichs 1996.
Pagden, A., 1995, Lords of all the World. Ideologies of Empire in Spain, Britain and France c. 1500 – c. 1800, New Haven: Yale University Press.
Said, E. W., 1993, Kultur und Imperialismus, Frankfurt/M.: Fischer 1994.
Semmel, B., 1993, The Liberal Ideal and the Demons of Empire. Theories of Imperialism from Adam Smith to Lenin, Baltimore: Johns Hopkins University Press.
Whelan, F. G., 1996, Edmund Burke and India. Political Morality and Empire, Pittsburgh: University of Pittsburgh Press.
Zastoupil, L., 1994, John Stuart Mill and India, Stanford: Stanford University Press.

Jürgen Osterhammel

Individualisierung

1.

Individualisierung wird zumeist als *Prozess der zunehmenden Selbstbestimmung des Individuums und seiner gleichzeitig abnehmenden Fremdbestimmung durch äußere gesellschaftliche Faktoren* verstanden.

1.1. Die durch die Arbeiten von Ulrich Beck (1983, 1986) angestoßene Debatte über die Individualisierung als Kennzeichen hochmoderner Gesellschaften wird v.a. in Deutschland geführt, weniger im angelsächsischen Raum. Sie hat inzwischen auch Eingang ins Feuilleton gefunden und ist zu einem Signum der Bestimmung des Zeitgeistes geworden. In der öffentlichen Diskussion bezeichnet Individualisierung die zunehmende Tendenz zur Privatisierung, Ich-Orientierung und hedonistischen Selbstverwirklichung sowie zur Abwendung von kollektiven Zielen und von Formen der Gemeinschaft. In der wissenschaftlichen Debatte wird dagegen in der Regel die Unbestimmtheit und Vieldeutigkeit des Begriffes beklagt. Wahrscheinlich ist es sinnvoll, *verschiedene Dimensionen* des Bedeutungsgehalts des Individualisierungsbegriffs zu unterscheiden. Beck selbst benennt drei Dimensionen: die *Freisetzungsdimension*: »Herauslösung aus historisch vorgegebenen Sozialformen und -bindungen«; die *Entzauberungsdimension*: »Verlust von traditionalen Sicherheiten im Hinblick auf Handlungswissen, Glauben und leitenden Normen«; und – womit die Bedeutung des Begriffs gleichsam in ihr Gegenteil verkehrt wird – die *Kontroll- bzw. Reintegrationsdimension*: »eine neue Art der sozialen Einbindung« in moderne Institutionen wie Arbeitsmarkt, Massenkonsum oder Bildungseinrichtungen (Beck 1986, 206).

1.2. Der Kern dieser durchaus erweiterbaren Definitionsvorschläge scheint darin zu liegen, dass Individualisierung ein *Verhältnisbegriff* ist, mit dem weder eine Eigenschaft von Personen noch von Situationen und Umständen, sondern die *Veränderung der Beziehung zwischen Individuum und Gesellschaft* bezeichnet wird. Im Prozess der Individualisierung nehmen »die Anteile der prinzipiell entscheidungsverschlossenen Lebensmöglichkeiten ab und die Anteile der entscheidungsoffenen, selbst herzustellenden Biographie zu« (Beck 1983, 58). Im Verlaufe dieses Prozesses geht demnach der Einfluss von sozialstrukturellen und kulturellen Merkmalen auf das Individuum, seine Einstellungen und Verhaltensweisen, zurück. Technisch ausgedrückt: Die Heterogenität zwischen sozialstrukturell und kulturell unterschiedlich geprägten Gruppen (Intergruppenheterogenität) nimmt ab, während die Heterogenität innerhalb solcher Gruppen (Intragruppenheterogenität) zunimmt (vgl. Schnell/Kohler 1995, 635; Jagodzinski/Quandt 1997, 763; Jagodzinski/Klein 1998, 23).

Nicht Devianz, sondern Unabhängigkeit von Gruppennormen und Außenbedingungen ist das entscheidende Definitionsmerkmal von Individualität. Ob und in welchem Maße Unabhängigkeit vorliegt, lässt sich aber nicht unabhängig von *individuellen Motiven und kognitiven Orientierungen* entscheiden (vgl. Jagodzinski/Klein 1998, 18). Wenn Handeln als selbstbestimmt verstanden werden soll, muss es demnach als Folge von individuellen Entscheidungen konzeptualisiert werden können.

Mit der hier vorgeschlagenen Bestimmung ist der Individualisierungsbegriff weiterhin abgegrenzt von einem Verständnis, das Individualisierung als eine Veränderung der Form der Zurechnung der Folgen individuellen Handelns behandelt. Wenn sich ein kulturell vorgegebener Code herausbildet, der dem Einzelnen zumutet, die Verantwortung für sein Handeln sich selbst zuzuschreiben, dann ist die Selbstzurechnung der Handlungsfolgen lediglich das Ergebnis der Verinnerlichung gesellschaftlich vorgegebener Wahrnehmungsmuster, muss aber nicht eine Folge zunehmender Selbstbestimmung sein. Wenn der Selbstzurechnung der Handlung kein selbstbestimmtes Handeln entspricht, wenn also z.B. der Einzelne objektiv gegebene Handlungsbegrenzungen als subjektives Versagen interpretiert oder objektive Begünstigungen als subjektive Leistung, dann handelt es sich bei diesen Formen der Selbstzurechnung einfach um eine Selbsttäuschung. Solche Formen der Selbsttäuschung bezeichnete schon Adorno (1950) als *Pseudoindividualisierung*. Sie geben sich den Anschein des Individuellen, übersehen aber die bestehenden Abhängigkeiten von der Gesellschaft (vgl. Jagodzinski/Klein 1998, 15). Insofern kann der Grad der Individualisierung wiederum auch nicht unabhängig von der Abschätzung *objektiver Abhängigkeitsverhältnisse* bestimmt werden.

Abgegrenzt ist mit der vorgeschlagenen Bestimmung der Individualisierungsbegriff schließlich aber auch von allen Versuchen, Individualisierung im Gegensatz zu Gemeinschaftlichkeit, Kollektivorientierung oder Solidarität zu fassen. *Individualisierung meint nicht zunehmende Ich-Orientierung oder Egoismus, sondern zunehmende Bestimmung des Individuums über sich selbst.* Ob diese sich in zunehmender Ich-Orientierung ausdrückt, ist eine zweite Frage.

Die entscheidenden wissenschaftlichen Fragen, die sich aus dieser Bestimmung des Individualisierungsbegriffes ergeben, lauten, mit Hilfe welcher Indikatoren der Individualisierungsprozess sich messen lässt (3.1.), welchen raum-zeitlichen Geltungsbereich er beansprucht (3.2.), wie stark das Ausmaß des Individualisierungsprozesses ist (3.3.), worin seine Ursachen und seine Konsequenzen bestehen (3.4.).

2.

Der Sache nach ist die Idee der Individualisierung schon in den Subjektivitätstheorien Kants, Fichtes und Hegels anzutreffen. Ihre begriffliche Ausbildung erhielt die Idee aber erst mit den soziologischen Klassikern, wobei dialektische Argumentationsfiguren dominieren. Durkheim (1893) begriff die zunehmende Verselbstständigung des Einzelnen als Konsequenz der sozialen Arbeitsteilung, sah in der sozialen Arbeitsteilung aber auch den Grund für eine besonders starke Abhängigkeit der Individuen voneinander. Simmel (1908, 456ff.) erklärte aus der Kreuzung sozialer Kreise im Individuum die Besonderheit des Einzelnen, aber auch seine Einbindung in die Gesellschaft. Weber (1920) verstand den Prozess der Rationalisierung als einen Prozess der Liberalisierung des Individuums, stellte aber zugleich auch die bürokratischen Zwänge, denen das moderne Individuum unterworfen ist, heraus. In der Geschichte der Soziologie steht eine mehr tragische Denktradition, die das Individuum in zunehmender Abhängigkeit von der Gesellschaft sieht (Weber, Adorno, Foucault), einer mehr kulturkritischen Denkrichtung gegenüber, die die integrationsgefährdenden Konsequenzen der Individualisierung herausarbeitet (Durkheim, Riesman, Bellah, Sennett). In der Nachfolge Simmels wird neuerdings allerdings stärker betont, dass zwischen Individuum und Kollektiv nicht ein wechselseitiges Ausschließungsverhältnis, sondern ein Konditionierungs- und Steigerungsverhältnis besteht (vgl. Luhmann 1989, 150).

3.

3.1. Sinnvoll ist es, zwischen einer *sozialstrukturellen* und einer *kulturellen Dimension der Individualisierung* zu unterscheiden. *Sozialstrukturell* stellen abnehmende Zugehörigkeiten zu sozialen Gruppen und damit zurückgehende Prägungen durch diese Gruppen (reale Gruppen wie Familie, Partei oder Kirche und statistische wie Alter, Geschlecht oder Klasse) Indikatoren für ablaufende Individualisierungsprozesse dar. Im Bereich der Politik können sich Individualisierungsprozesse z.B. im rückläufigen Organisationsgrad von Parteien und Gewerkschaften, in sinkender Wahlbeteiligung oder auch in zunehmendem Engagement in außerparlamentarischen Politikformen manifestieren, im Bereich von Familie und Partnerschaft z.B. in steigenden Scheidungszahlen, abnehmender Fertilität oder der zunehmenden Wahl von nicht familialen und nichtehelichen Lebensformen, im religiösen Bereich z.B. in der steigenden Zahl von Kirchenaustritten, dem zurückgehenden Engagement in religiösen Gemeinschaften oder der wachsenden Zuwendung zu Kulten, außerkirchlichen Religionsformen und ihrer je individuellen Mischung. In allen diesen Fällen kann nicht von einer Auflösung des Politischen, des Familialen oder Religiösen, sondern nur von ihrem Gestaltwandel gesprochen werden. Herkömmliche und traditionale Bindungen treten zurück, dafür entstehen neue Bindungen, wobei von Individualisierung jeweils nur dann die Rede sein kann, wenn die Preisgabe alter und das Eingehen neuer Bindungen selbstgewählt erfolgt und nicht äußerlich erzwungen ist. Dieselbe Dialektik ist auch charakteristisch für die *kulturelle Dimension der Individualisierung*: Traditionale Norm- und Wertorientierungen lösen sich mehr und mehr auf. Das aber bedeutet nicht, dass ein Zustand der Norm- und Bindungslosigkeit entsteht: Vielmehr nimmt nunmehr die Bedeutung von selbstgewählten Normen und Werten zu. Um überkommene Werte und Bindungen aufgeben und neue wählen zu können, müssen Alternativen zu ihnen verfügbar sein. Die Pluralisierung von kulturellen Werten und Normen und sozialstrukturellen Lebensformen stellt insofern eine wichtige Vorbedingung für das Zustandekommen von Individualisierungsprozessen dar. Individualisierung lässt sich also v.a. an der Entstandardisierung von sozialen Strukturen und Kulturformen ablesen, wobei sich diese Entstandardisierung auch in zeitlicher Form vollziehen kann (Entstandardisierung des Lebenslaufs, vgl. Kohli 1985).

3.2. Individualisierungsschübe ziehen sich durch die gesamte Geschichte des Abendlandes. Massive Individualisierungsfortschritte haben zweifellos die politischen und industriellen Revolutionen des 17. und 18. Jahrhunderts, also die Einführung von Demokratie und Marktwirtschaft gebracht, die dem Einzelnen eine politische Stimme gewährten und ihn als Marktsubjekt konstituierten. Im strengen und eigentlichen Sinne wird der Begriff der Individualisierung aber v.a. auf die Zeit nach dem Zweiten Weltkrieg angewandt und beschreibt hier einen gesellschaftlichen Wandel, der auch mit Begriffen wie »Zweite Moderne« (Beck), reflexive Modernisierung (Beck, Giddens), postindustrielle Gesellschaft (Bell, Touraine) oder Wertewandel (Inglehart) bezeichnet werden kann. Wenn Individualisierung v.a. die Veränderungsprozesse nach dem Zweiten Weltkrieg meint, dann entsteht die Frage, wie scharf der gesellschaftliche Bruch in dieser Zeit war.

3.3. Begriffe wie »Zweite Moderne«, »Industriefolgengesellschaft« oder auch »reflexive Modernisierung« erwecken den Anschein, es vollziehe sich gegenwärtig ein Umbruch aller Lebensverhältnisse, der nur noch mit der industriellen Revolution des 18. und 19. Jahrhunderts vergleichbar sei. Einer solchen Dramatisierung des Wandels widerspricht allerdings die Tatsache, dass die Grundinstitutionen der Moderne vor und nach ihrem

»Reflexivwerden« dieselben sind: Geldwirtschaft, positives Recht, Konkurrenzdemokratie, Öffentlichkeit, Massenmedien, Schulen, auf Wissenserweiterung orientierte Wissenschaft, Sozialversicherung (vgl. Luhmann 1991, 90).

Bei der Beurteilung des Ausmaßes des mit dem Individualisierungsbegriff bezeichneten gesellschaftlichen Wandels wird man eine starke Kluft zwischen den strukturell gegebenen und den individuell wahrgenommenen Handlungsmöglichkeiten hochmoderner Gesellschaften beachten müssen. Diese Kluft wird deutlich, wenn man etwa auf den Einfluss der sozialen Herkunft auf die Erlangung höherer Bildungsabschlüsse blickt. Obwohl höhere Bildung z.B. in der Bundesrepublik Deutschland prinzipiell jedem offen steht, sind Kinder aus Arbeiterfamilien bei den Studierenden noch immer deutlich unterrepräsentiert.

Die Differenz zwischen gesellschaftlich zur Verfügung gestellten Möglichkeitsräumen und individuell ergriffenen Entscheidungsmöglichkeiten zeigt sich auch auf dem Feld des familiären und partnerschaftlichen Zusammenlebens. Obwohl sich eine Fülle von Formen des Zusammenlebens herausgebildet hat – Einelternfamilien, kinderlose Ehepaare, Commuter-Ehen, nicht verheiratet Zusammenlebende usw. –, heiratet in Deutschland noch immer die Mehrheit der Erwachsenen, wächst noch immer die Mehrheit der Kinder im minderjährigen Alter bei ihren leiblichen Eltern auf und überschreitet der Prozentsatz der Einelternfamilien in Westdeutschland nicht die 15-Prozentmarke und der der nichtehelichen Lebensgemeinschaften nicht 6 Prozent (vgl. Nave-Herz 1997; Peuckert 1996). Prozesse der Entstandardisierung laufen auf dem Feld des Zusammenlebens zweifellos ab, aber ihnen sind auch deutliche Grenzen gesetzt.

Diese Feststellung lässt sich auch für den Bereich von Religion und Kirche treffen. Zwar hat sich das Angebot an religiösen Weltdeutungen seit den 1970er Jahren enorm verbreitert. Neben das Sinnangebot der beiden christlichen Kirchen ist eine Vielzahl von Sekten, charismatischen Gruppierungen am Rande der Kirche, synkretistischen Religionsgemeinschaften, okkulten Praktiken und Esoterikzentren mit fließenden Übergängen hin zur dienstleistungsförmig strukturierten Therapie- und Psychoszene getreten. Fragt man aber danach, wer Mitglied in solchen Gruppierungen ist, so bleibt die Zahl derer, die sich dazu bekennen, gering (0,5 Prozent). Zu den traditionellen Kirchen zählen sich im Westen Deutschlands hingegen noch immer über 80 Prozent der Bevölkerung, und am Gottesdienst nehmen unter den Protestanten immerhin etwa 5 Prozent und unter den Katholiken etwa 15 Prozent regelmäßig teil. Das Verhältnis der Mehrheit der Deutschen zu Religion und Kirche scheint nach wie vor stark durch Konventionalität und Traditionalität geprägt zu sein. Ein hoch individualisiertes (selbstbestimmtes) Engagement auf dem religiösen Feld ist dagegen nur die Sache einer Minderheit.

Pluralisierung und Differenzierung führen also nicht automatisch zu Individualisierung. Noch immer hindern den Einzelnen Herkunftsprägungen, Familienbindungen, Schichtzugehörigkeit, Bildung, Alter, Geschlecht und damit genau jene Faktoren, deren Einfluss auf die individuelle Biographie von den Vertretern der Individualisierungsthese als im Abnehmen begriffen hingestellt werden, an seiner Selbstbestimmung. Individualisierung ist demnach v.a. ein Phänomen in bestimmten Gruppen, insbesondere bei den Jüngeren, den Höhergebildeten, den Städtern.

3.4. Im Allgemeinen werden die Ursachen der Individualisierung in der enormen Wohlstandsanhebung in der zweiten Hälfte des 20. Jahrhunderts, in der Verschärfung von Prozessen der funktionalen Differenzierung, im Bildungsanstieg, in der Erhöhung des Mobilisierungsgrades sowie in der zunehmenden Abhängigkeit der Individuen vom Arbeitsmarkt, aber auch in den Leistungen des Sozialstaats gesehen. Wohlstandsanhebung führt dazu, dass der Einzelne mehr Selbstverwirklichungsmöglichkeiten hat, bedeutet aber nicht, dass bestehende soziale Ungleichheiten überwunden werden. Als symptomatisch für Prozesse der Individualisierung gilt seit den Arbeiten von Beck vielmehr, dass sich das allgemeine Wohlstandsniveau erhöht, obwohl gravierende Unterschiede zwischen Klassen und Schichten erhalten bleiben. Beck (1983, 36) spricht in diesem Zusammenhang vom »Fahrstuhleffekt«. Nicht die Wohlstandsanhebung, sondern die weiterhin bestehende Ungleichheit gefährdet den Zusammenhalt moderner Gesellschaften. Die Erhöhung des Wohlstands, die Beck zufolge ein entscheidender Auslöser von Individualisierungsprozessen ist, muss vielmehr zugleich als der wichtigste Faktor für den Zusammenhalt der modernen Gesellschaften und die Legitimation ihres politischen und wirtschaftlichen Systems begriffen werden (vgl. Zapf 1991). Ebenso können die Leistungen des Sozialstaates, die an den Einzelnen adressiert sind und insofern die Unabhängigkeit des Einzelnen von familiären Zusammenhängen ermöglichen, gleichzeitig auch soziale Differenzen verringern helfen und insofern integrativ wirken. Und der Arbeitsmarkt, der die Konkurrenz zwischen Leistungsanbietern verschärft, kann ihnen auch beträchtliche Aufstiegs- und Gewinnchancen gewähren. Auch das moderne Prinzip der regionalen und beruflichen Mobilität, das den Einzelnen einerseits zu individuellen Höchstleistungen herausfordert, kann für diejenigen, die nicht die beste Stelle erreichen, noch immer gute Positionen, wenn auch an anderem Ort, bereithalten und insofern sowohl differenzierend als auch ausgleichend wirken. Prinzipien, die Individualisierung befördern, haben mit anderen Worten nicht selten zugleich auch einen kohärenzstärkenden Effekt. Die Bedingung der Kohäsion der Gesellschaft besteht offenbar nicht in ihrer Homogenität, sondern in ihrer Heterogenität (Spencer).

4.

Adorno, T. W., 1950, Die verwaltete Welt oder: Die Krise des Individuums. Ein Gespräch zwischen Theodor W. Adorno, Eugen Kogon und Max Horkheimer, in: M. Horkheimer: Gesammelte Schriften, Bd. 13, Frankfurt/M.: Fischer 1989.

Beck, U., 1983, Jenseits von Stand und Klasse?, in: Soziale Welt, Sonderbd. 2.

Beck, U., 1986, Risikogesellschaft, Frankfurt/M.: Suhrkamp.

Beck, U./Sopp, P. (Hg.), 1997, Individualisierung und Integration, Opladen: Leske + Budrich.

Durkheim, E., 1893, Über soziale Arbeitsteilung, Frankfurt/M.: Suhrkamp 1988.

Jagodzinski, W./Klein, M., 1998, Individualisierungskonzepte aus individualistischer Perspektive, in: J. Friedrichs (Hg.), Die Individualisierungs-These, Opladen: Leske + Budrich.

Jagodzinski, W./Quandt, M., 1997, Wahlverhalten und Religion im Lichte der Individualisierungsthese, in: Kölner Zeitschrift für Soziologie und Sozialpsychologie 49.

Junge, M., 2002, Individualisierung, Frankfurt/M.: Campus.

Kohli, M., 1985, Die Institutionalisierung des Lebenslaufs, in: Kölner Zeitschrift für Soziologie und Sozialpsychologie 37.

Luhmann, N., 1989, Individuum, Individualität, Individualismus, in: ders., Gesellschaftsstruktur und Semantik, Bd. 3, Frankfurt/M.: Suhrkamp.

Luhmann, N., 1991, Das Moderne der modernen Gesellschaft, in: W. Zapf (Hg.), Die Modernisierung moderner Gesellschaften, Frankfurt/M.: Campus.

Nave-Herz, R., 1997, Die Hochzeit. Ihre heutige Sinnzuschreibung seitens der Eheschließenden, Würzburg: Ergon.

Peuckert, R., 1996, Familienformen im sozialen Wandel, Opladen: Leske + Budrich.

Simmel, G., 1908, Die Kreuzung sozialer Kreise, in: ders., Soziologie, Frankfurt/M.: Suhrkamp 1992.

Schnell, R./Kohler, U., 1995, Empirische Untersuchung einer Individualisierungshypothese am Beispiel der Parteipräferenz von 1953–1992, in: Kölner Zeitschrift für Soziologie und Sozialpsychologie 47.

Weber, M., 1920, Gesammelte Aufsätze zur Religionssoziologie, Bd. 1, Tübingen: Mohr 1988.

Wohlrab-Sahr, M., 1997, Individualisierung, in: U. Beck/P. Sopp (Hg.), Individualisierung und Integration, Opladen: Leske + Budrich.

Zapf, W., 1991, Modernisierung und Modernisierungstheorien, in: ders. (Hg.), Die Modernisierung moderner Gesellschaften, Frankfurt/M.: Campus.

Detlef Pollack

Information

1.

Information (von lat. informare: bilden, gestalten, unterrichten) ist in der praktischen Philosophie v.a. im Zusammenhang mit dem sozialen, politischen und konzeptuellen Wandel relevant, der durch die Informations- und Kommunikationstechnologie (ICT) herbeigeführt wird. Dabei stehen Informationen im Sinne von Mitteilungen oder ganz generell von ›Wissen‹ im Vordergrund. Einen direkten Erkenntnisbezug hat Information im technischen Verständnis (im Sinne einer Signalfolge) zwar nicht, wie Technikkritiker betonen (vgl. Graham 1999, 89f.). Nichtsdestotrotz wird der Begriff in der Alltagssprache in epistemisch normativer Hinsicht verwendet: Demnach haben Informationen einen Wahrheitsbezug. Darauf deuten auch philosophische Explikationen des Begriffs hin (vgl. Adams 2004). Alltagssprachlich spielen neben dem Wahrheitsbezug auch andere Beurteilungsmuster eine Rolle, etwa die Neuigkeit, die Überzeugungskraft oder das aufmerksamkeitserregende Potenzial von Informationen.

Diese Beurteilungsmuster sowie die Frage nach den Bedingungen, unter denen Mitteilungen und ›Wissen‹ optimal produziert und kommuniziert werden können, sind die Kernthemen der politischen Auseinandersetzungen um ICT: die Auseinandersetzung um die Gestaltung des (digitalen) Urheberrechts, um Daten- oder Informationsschutz, Kommunikationsrechte, um Fragen der Verantwortlichkeit für Informationen und der Versorgung mit Information.

1.1. Die Relevanz des Informationsbegriffes kommt in einem breiten Verwendungsspektrum zum Ausdruck. »Information« steht ebenso für Nachrichten und Meinungen, die im täglichen Leben kursieren, wie für den genetischen Code und den Software-Code. Der Unschärfe des Begriffes entspricht der weit gefächerte Ansatz der »Informationswissenschaft«. Aus Informationstheorie und Kybernetik hervorgegangen, nutzt diese Elemente der Linguistik, Psychologie, Bibliotheks- und Computerwissenschaften, um Techniken zur Erhebung, Strukturierung, Speicherung, Verfügbarmachung und Interpretation von Informationen zu entwickeln.

1.2. Präzise definiert wird der Begriff in der Informationstheorie. Hier wird der Informationsgehalt eines Ereignisses als die Wahrscheinlichkeit gefasst, mit welcher das Ereignis eintritt. Seltene Ereignisse haben demnach einen hohen, häufige einen geringen Informationsgehalt. Die philosophische Semantik hat diese technische Definition aufgegriffen und, wie auch der Konstruktivismus, um das Element eines Interpreten erweitert, dessen Kenntnisstand ebenfalls für den Gehalt einer Information ausschlaggebend ist (vgl. Cohen 2004). In der Soziologie ist die Formel »a difference which makes a difference« ein gängiger Ausgangspunkt der Begriffsbestimmung (Übersicht: Floridi 2004). Daneben kursieren, je nach den Erfordernissen des jeweiligen Kontextes, verschiedene andere Definitionsansätze.

2.

2.1. Viele der politischen Debatten, die heute um die Auswirkungen der ICT geführt werden (vgl. http://www.worldsummit2003.de), haben historische Wurzeln. Diskussionen um die Kontrolle des Zugangs zu digitalen Werken stehen in der Tradition von Theorien des (geistigen) Eigentums; die Forderung nach »Kommunikationsrechten« (http://www.crisinfo.org) greift zurück auf Maximen der Meinungsfreiheit und auf Theorien der Kommunikation. Gleichermaßen tangiert werden Wissens- oder Informations-Ökonomie und die politische Theorie der Öffentlichkeit und der Medien.

2.2. Seine zentrale Bedeutung als Begriff hat »Information« in der praktischen und der politischen Philosophie im Zusammenhang mit der Verbreitung des Computers gewonnen. Bereits in den 1950er Jahren wies Norbert Wiener auf schädliche Einflüsse der Informationstechnologie hin. Donn Parker zeigte Gefahren des unethischen Gebrauchs der neuen Technik durch Experten auf. Joseph Weizenbaum zweifelte daran, dass der Computer vieles besser und effizienter machen würde und warnte vor einem verengten Verständnis des Menschen als ›informationsverarbeitendes System‹. Seit den 1980er Jahren begreifen Philosophen die Probleme der Informationstechnologie v.a. als Aufgaben der angewandten Ethik und der Berufs-Ethik (Übersicht: Bynum 1998; vgl. auch Capurro 1978).

Parallel zur »Computerethik« hat sich, unter dem Oberbegriff der »Cyber-« oder der »Internet-Ethik«, auch eine Diskussion speziell um die Auswirkungen von Informationsnetzen auf das persönliche Erleben und die soziale Gemeinschaft entwickelt vgl. (Graham 1999; Dreyfus 2001).

Mittlerweile zeichnen sich mit den Technik-Szenarien des »Pervasive Computing« die Auflösung von Computer und Internet und die Integrierung von deren Komponenten in die Alltagstechnik ab (vgl. Bohn/Coroam/Langheinrich u.a. 2003). In Reaktion hierauf ist als Drittes eine abstrakter gefasste »ICT-Ethik« oder »Informationsethik« entstanden. Darunter fallen auch Versuche, unter dem Dach des Begriffes der Information eine zusammenfassende Theorie der Wissensökologie (vgl. Kuhlen 2004) oder der Informationspolitik zu entwerfen (vgl. Maxwell 2003; Van den Hoven/Lokhorst 2002). Die Informationsethik ihrerseits ist Teil einer übergreifenden, nicht auf Probleme der Ethik oder der politischen Philosophie beschränkten »Philosophy of Computing and Information« bzw. »Computing and Philosophy« (http://www.ia-cap.org).

3.

Wozu eine Ethik der Information? ICT, behauptet James Moor in einem viel beachteten Aufsatz (1985), führe zu Begriffsverwirrung und zu einem »konzeptuellen Vakuum« – zu moralischen Problemen, die im Rekurs auf etablierte Prinzipien nicht mehr gelöst werden könnten. Diese Ansicht wird von vielen Philosophen geteilt (vgl. Floridi/Sanders 2003). Ein Beispiel für solcherart »Verwirrung« und »Vakuum« liefert die Frage, worin ein ›Computerprogramm‹ besteht. Ob ein solches als ein mathematischer Algorithmus in die Kategorie geistigen Eigentums fällt, oder was als ein Muster ein- und desselben Programms zählt, ist ebenso wenig eindeutig wie die richtige Einordnung von Programmen in Kategorien des Patent- oder des Urheberrechts. Insgesamt jedoch geht es in den meisten Problemstellungen der Informationsethik weniger um die Klärung neuer Fälle, als darum, die ethische Legitimität gängiger Praxis und Gesetzgebung neu zu überdenken. Dies geschieht mit Rückgriff auf das ganze Spektrum von Methoden und Ansätzen der praktischen Philosophie wie etwa die kantische Moraltheorie, den Konsequentialismus, die Alltagsmoral, Rawls' Methode des Überlegungsgleichgewichts oder Gewirths Konzept der Menschenrechte.

3.1. Beide Motive, das der Begriffsklärung und das der ethischen Reflexion, sind relevant für den Problemfall des geistigen Eigentums an digitalen Werken. Hier tritt außerdem eine historische Perspektive hinzu. Da das Urheberrecht heute eher eine Beschränkung der Öffentlichkeit zugunsten der Verlage darstellt als einen Schutz des Autors gewährleistet, könnte man sagen, dass die im Zuge der Einführung der Druckerpresse etablierten Urheberrechte vielleicht ihren Sinn verloren haben. Die digitale Technik führt zurück in eine Situation, in der die technischen Möglichkeiten der Nutzung und des Kopierens von Informationen nicht rechtlich eingeschränkt zu werden brauchten. Aber auch anders herum lässt sich argumentieren: Gerade die uneingeschränkte Vervielfältigbarkeit und Kommunizierbarkeit digitaler Informationen erfordert eine Ausweitung des Schutzes von Urhebern und Verwertungsgesellschaften (vgl. Stallman 2002, 119ff., 133ff.; Spinello 2003; Landes/Posner 2003; Johnson 1985).

Insgesamt greifen der Regelungsbedarf und das Regelungspotenzial, das mit ICT einhergeht, über Ansprüche auf Wahrung geistigen Eigentums hinaus. Techniken wie das »Digital Rights Managment« (DRM) ermöglichen es nämlich, den Zugang auch zu solchen Informationen zu schützen und ihre Vervielfältigung zu verhindern, die gar keinen Urheberrechtsschutz genießen. Insofern das Umgehen von DRM wiederum gesetzlich sanktioniert wird, entsteht hier eine ganz neue Form der Einschränkung bzw. der kommerziellen Verfügbarmachung von Informationen.

Die Regelung der Vergütung von Informationsnutzung ist aber nur eines der Kriterien für die freie Zugänglichkeit von Informationen. Gleichberechtigter oder fairer Zugang ist ein weiteres. »Freie Software« (Stallman 2002) zeichnet sich darüber hinaus dadurch aus, dass sie von ihren Nutzern »frei« verändert werden kann.

3.2. Beides zusammen, die Freiheit des Zugangs und die Freiheit im Gebrauch von Informationen, ist verankert in der Idee der »Commons« (Lessig 2001) oder der »public domain« – eines Pools von Wissen und Informationen im gemeinschaftlichen Besitz aller. Ökonomisch betrachtet wird dieses Ideal durch den Gedanken gestützt, dass die »Freiheit« von Informationen unabdingbar ist für Innovation und wissenschaftliche, technische und künstlerische Kreativität. Effizienz ist jedoch nicht die einzige Rechtfertigung der »Commons«. Dass Informationen im Besitz der Allgemeinheit sind, ist auch von eigenständigem Wert für eine demokratische Gesellschaft (vgl. Lange 1981; Boyle 1996).

Demokratietheoretisch sind digitale Informationen nicht nur unter dem Aspekt ihrer Verfügbarkeit von Bedeutung, sondern auch im Blick auf die so ermöglichte politische Partizipation. Gerade das Internet stellt dabei durch seinen zunehmend kommerziellen Charakter und strukturell ungleiche Zugangsvoraussetzungen auch eine Gefahr für die Gleichberechtigung im politischen Diskurs dar (vgl. Gutstein 1999; Couldry 2003). Wie andere für die Öffentlichkeit konstitutive Medien, unterliegt das Internet zudem gewissen Formen staatlicher Zensur. Dabei beurteilen Informationsethiker die ethische Legitimität von Internet-Regulierungen zumindest in demokratischen Staaten nicht nur ablehnend (vgl. Spinello 2002; Weckert 2000). Auch von privater Seite erfährt das Internet Regulierung durch die Schaffung von Systemen des »Trusted Computing«, welche auf die ›Sicherheit‹ von Kommunikation und geschäftlichen Transaktionen und die Wahrung von Daten-Integrität fokussiert sind. Da so aber auch die Zugriffsmöglichkeiten von Nutzern auf Informationen und Software auf dem eigenen Computer beschränkt werden können, wirft Trusted Computing, im Verbund mit Digital Rights Managment und Internet-Regulierung, weit greifende Fragen von Macht und Herrschaft auf (vgl. Walker 2003).

Einen Gegenpol zu den Einschränkungen freier Kommunikation bilden die Informationsrechte. Sie sind dem Wunsch nach Transparenz des Handelns von Organisationen geschuldet. Als Auskunftsansprüche von Bürgern gegen den Staat werden die Informationsrechte im Staatsrecht als »Informationsfreiheit« gefasst (vgl. Hart/Welzel 2003).

3.3. Sowohl im Zusammenhang mit Techniken des »Trusted Computing« wie auch des DRM wird der Schutz von personenbezogenen Informationen seitens privater Dienstleister diskutiert. Unterschiedlichen Traditionen in der Rechtsprechung folgend, wird dieser Schutz, der sich auch auf den Schutz des Bürgers vor staatlicher Einsichtnahme erstreckt, als Datenschutz oder »Privacy« diskutiert. Zentral für beide Ansätze ist ein normatives Konzept von ›Privatheit‹, welches autonomietheoretisch als Idee der Zugangskontrolle expliziert werden kann. Selbst im Bereich des Datenschutzes geht es jedoch bei einer solchen Kontrolle des ›Zugangs zur Person‹ meist nicht um Daten im engeren Sinne, sondern um Informationen, deren Gehalt maßgeblich von der sozialen Situation abhängig ist, in welcher sie interpretiert werden. Insofern empfiehlt sich eine Integration von Datenschutz und ›Privacy‹ in einen übergreifenden Informationsschutz (vgl. Albers/

Grötker 2003) – auch deshalb, weil in der (rechtlichen oder ethischen) Praxis der Schutz personenbezogener Informationen oft aus ganz anderen Gründen als jenen der personalen Autonomie geboten ist. So können etwa das Recht auf Resozialisierung und auf Schutz in der Öffentlichkeit als eigenständige Schutzziele betrachtet werden, die sich durch die Besonderheiten von Situation und Kontext definieren.

Informationsschutz geht auch über die Fokussierung auf Personen als Schutzobjekte hinaus. Eine demokratische *Gesellschaft* muss ein eigenes, nicht an die Einzelnen delegierbares Interesse daran haben, die Erhebung und Sammlung personenbezogener Informationen zu beschränken. Als extreme Szenarien drohen etwa eine informationstechnisch motivierte moralische ›Betriebsblindheit‹ oder die Ermöglichung des Abgleitens in den Totalitarismus (vgl. Solove 2002). Näher liegt, dass Bürger bei der Ausbildung jener Aspekte personaler Autonomie beeinträchtigt werden, die konstitutiv sind für ihre politische Identität.

Gleichermaßen nicht durch das Persönlichkeitsrecht und dessen ethische Korrelate abgedeckt sind den Einzelnen betreffende Probleme, die sich aus dem Umgang mit *statistischen* Daten ergeben. Informationen, die mit den Techniken der »Knowledge Discovery in Databases« (KDD, »Data-Mining«) erlangt werden, stützen sich größtenteils auf öffentlich verfügbare Daten. Dabei besteht die Gefahr, dass Einzelne auf der Basis von Stereotypen, die mittels KDD in zum Teil ungerichteten Suchverfahren erstellt werden, ungerechtfertigt benachteiligt werden (vgl. Tavani 1999; Vedder 1999).

3.4. Neben der Kontrolle des Zugangs zu Informationen ist auch deren Verfügbarmachung regelungsbedürftig. In diesem Zusammenhang gibt es einige ethisch oder juristisch noch ungeklärte Fragen. Können Internet-Service-Provider z.B. für Inhalte privater Dritter verantwortlich gemacht werden, die mittels ihrer Server an die Öffentlichkeit gelangen (vgl. Vedder 2001)? Ein weiteres Problem betrifft die moralische Zurechnungsfähigkeit von Computersystemen selbst. Einige Informationsethiker gehen so weit, Computersystemen eine (entsprechend modifizierte) Form moralischer Verantwortung oder rechtlicher Haftbarkeit zuzuschreiben (vgl. Bechtel 1985; Snapper 1985), während andere eine Trennung zwischen Zurechenbarkeit und moralischer Verantwortung vollziehen.

3.5. Ein innovativer Versuch, die Probleme der Informationsethik in einer adäquaten Rahmenkonzeption zu verorten, ist die Ausweitung des tradierten Moralverständnisses hin zu einer »Ethik der Infosphäre« (Floridi 2002), die sich am Vorbild der Umweltethik orientiert (vgl. Boyle 1997; Kuhlen 2004). Diese verallgemeinert Schutzziele der Art, wie sie etwa in den Ethik-Prinzipien der Gesellschaft für Amerikanische Archäologie oder dem Verhaltenskodex der Italienischen Bibliothekarsgesellschaft enthalten sind. Als »ontozentrische« Ethik schreibt diese Konzeption nicht nur Menschen und Lebewesen die Fähigkeit zu, moralischen Schaden zu erleiden, sondern auch Informationsobjekten. Unabhängig davon wird Computersystemen, die unter gewissen Voraussetzungen als relativ autonom gelten können, der Status eines (artifiziellen) moralischen Akteurs zuerkannt, der als möglicher Verursacher von Übel zwar zurechnungsfähig, aber nicht verantwortlich ist. Unter dem Begriff einer »Artifiziellen Moral« sucht diese Konzeption Anschluss an ein vormodernes, nicht in reduktionistischer Weise personenzentriertes Moralverständnis (vgl. Floridi/Sanders 2004).

4.

Adams, F., 2004, Knowledge, in: L. Floridi (Hg.), The Blackwell Guide to the Philosophy of Computing and Information, Oxford: Blackwell.

Albers, M./Grötker, R., 2003, Bestimmen dürfen, wer was wann weiß, in: Telepolis, 15. 12. 2003, http://www.heise.de/tp/deutsch/inhalt/co/16326/1.html (Stand 1. Juli 2008).

Bechtel, W., 1985, Attributing Responsibility to Computer Systems, in: Metaphilosophy 16.

Bohn, J./Coroama, V./Langheinrich, M. u.a., 2003, Allgegenwart und Verschwinden des Computers,

in: R. Grötker (Hg.), Privat! Kontrollierte Freiheit in einer vernetzten Welt, Hannover: Heise.
Boyle, J., 1997, A Politics of Intellectual Property, in: Duke Law Journal 47.
Bynum, T. W., 1998, Global Information Ethics and the Information Revolution, in: T. W. Bynum/ J. H. Moor (Hg.), The Digital Phoenix, Oxford, Blackwell.
Capurro, R., 1978, Information, München: Saur.
Cohen, J., 2004, Information and Content, in: L. Floridi (Hg.), The Blackwell Guide to the Philosophy of Computing and Information, Oxford: Blackwell.
Couldry, N., 2003, Digital Divide or Discursive Design?, in: Ethics and Information Technology 5.
Dreyfus, H., 2001, On the Internet, London: Routledge.
Floridi, L., 2002, On the Intrinsic Value of Information Objects and the Infosphere, in: Ethics and Information Technology 4.
Floridi, L., 2004, Information, in: ders. (Hg.), The Blackwell Guide to the Philosophy of Computing and Information, Oxford: Blackwell.
Floridi, L./Sanders, J. W., 2003, Mapping the Foundationalist Debate in Computer Ethics, in: Ethics and Information Technology 5.
Floridi, L./Sanders, J. W., 2004, On the Morality of Artificial Agents, in: Minds and Machines 14.
Graham, G., 1990, The Internet, London: Routledge.
Gutstein, D., 1999, E.con. How the Internet Undermines Democracy, Toronto: Stoddart.
Hart, T./Welzel, C., 2003, Informationsfreiheit und der transparente Staat, Gütersloh: Bertelsmann.
Johnson, D. G., 1985, Should Computer Programs be Owned?, in: Metaphilosophy 16.
Kuhlen, R., 2004, Wissensökologie, in: ders./Seeger, T./Strauch, D. (Hg.), Grundlagen von Information und Dokumentation, München: Saur.
Landes, W./Posner, R., 2003, The Economic Structure of Intellectual Property Law, Cambridge/ MA: Harvard University Press.
Lange, D., 1981, Recognizing the Public Domain, in: Law and Contemporary Problems 44.
Lessig, L., 2001, The Future of Ideas, New York: Random House.
Maxwell, T. A., 2003, Toward a Model of Information Policy Analysis, in: First Monday 8, http://firstmonday.org/issues/issue8—6/maxwell/index.html (Stand 1. Juli 2008).
Moor, J. H., 1985, What is Computer Ethics?, in: Metaphilosophy 16.
Snapper, J. W., 1985, Responsibility for Computer Based Errors, in: Metaphilosophy 16.
Solove, D., 2002, Digital Dossiers and the Dissipation of Fourth Amendment Privacy, in: Southern California Law Review 75.
Spinello, R. A., 2003, The Future of Intellectual Property, in: Ethics and Information Technology 5.
Stallman, R. M., 2002, Free Software, Free Society, Boston: GNU.
Tavani, H. T., 1999, KDD, Data Mining, and the Challenge for Normative Privacy, in: Ethics and Information Technology 1.
Tavani, H. T., 2001, The State of Computer Ethics as a Philosophical Field of Inquiry, in: Ethics and Information Technology 3.
Van den Hoven, J./Lokhorst, G.-J., 2002, Deontic Logic and Computer-supported Computer Ethics, in: Metaphilosophy 33.
Vedder, A., 2001, Accountability of Internet Acces and Service Providers, in: Ethics and Information Technology 3.
Vedder, A., 1999, KDD. The Challenge to Individualism, in: Ethics and Information Technology 1.
Walker, J., 2003, The Digital Imprimatur, http://www.fourmilab.ch/documents/digital-imprimatur (Stand 1. Juli 2008).
Weckert, J., 2000, What is so Bad About Internet Content Regulations?, in: Ethics and Information Technoly 2.

RALF GRÖTKER

Institution

1.

Institutionen sind durch Menschen geschaffen, entweder absichtsvoll oder als beiläufiges Ergebnis menschlichen Zusammenkommens. Institutionen umfassen die Regeln und Praktiken, welche das menschliche Handeln in einer Gesellschaft organisieren. Als fundamentale Ordnungsstrukturen regeln sie religiöse, kulturelle, soziale, politische oder ökonomische Belange. Institutionen tragen sowohl die mögliche Gefahr einer umfassenden sozialen Kontrolle und Disziplinierung in sich, als auch das Versprechen der Befreiung des Menschen aus sozialen Fesseln und Zwängen der Natur.

1.1. Der Begriff der »Institution« bezeichnet zum einen in einer zumeist umgangssprachlichen, konkreten, ›verdinglichten‹ Verwendung gesellschaftliche Assoziationen, Organisationen, Körperschaften, Organe und Ämter z.B. innerhalb des Staates, der Kirchen oder anderer gesellschaftlicher Gebilde (in diesem Sinne spricht man von Behörden, Stiftungen oder dem Parlament, aber auch dem Amt des Bundespräsidenten als Institutionen); zum anderen ist es verbreitet, unter Institutionen immaterielle abstrakte soziale Regelsysteme und Normgebilde zu fassen, die individuelles und kollektives Verhalten und Handeln strukturieren, d.h. gleichzeitig ermöglichen und beschränken (z.B. das Grundgesetz oder das Wahlrecht, aber auch das Eigentum oder die Ehe).

Institutionen dienen der Befriedigung grundlegender menschlicher Bedürfnisse; sie regeln u.a. die generative Reproduktion (Familie), sozialisieren, erziehen und unterweisen Individuen (Erziehungs- und Bildungsinstitutionen: Schule, Universität), koordinieren den wirtschaftlichen Güteraustausch (Markt), verteilen sozialen Status und politische Macht (Verfassungen) und exekutieren kollektiv verbindliche Entscheidungen (Staat).

Häufig aus Interessengegensätzen und Machtkämpfen hervorgegangen, verstetigen und reproduzieren Institutionen einerseits gesellschaftliche Machtverteilungsmuster, stellen andererseits die verantwortliche und kontinuierliche Erzeugung und Verteilung gesellschaftlich relevanter Werte und Güter wie etwa Sicherheit, Wohlstand, Gesundheit, Macht, Wissen und »Erlösung« sicher und ermöglichen auch den friedlichen prozeduralen Wertetransfer (beispielsweise durch die Institution der Wahl im Falle politischer Macht; zur Theorie politischer Institutionen vgl. Göhler 1987).

Die Stabilität von Institutionen kann sowohl auf der Unterwerfung und Repression konfligierender Interessen als auch auf einem Interessenkompromiss und -ausgleich basieren.

Institutionen können die Unterdrückung, Ausbeutung, Diskriminierung und Entfremdung von Gruppen und Individuen bewirken oder aber ihre Autonomie, Emanzipation und Integration (vgl. Offe 2003) befördern. Sie weisen Lebenschancen, Rechte, Identitäten und Anerkennung zu oder verweigern diese. »Totale Institutionen« (Goffman 1961) wie etwa Gefängnisse, psychiatrische Anstalten, Sekten und teilweise auch das Militär umgreifen die von ihnen erfassten Individuen vollständig und enthalten diesen alternative soziale Erfahrungsmöglichkeiten vor, nicht selten in der Absicht die Betroffenen »umzuerziehen« und ihre Persönlichkeit zu brechen.

1.2. Institutionen als im weitesten Sinne verhaltens- und handlungsleitende soziale Muster und Regeln lassen sich (entlang eines gedachten Kontinuums) nach dem Grad ihrer Formalisierung und Persistenz (»Institutionalisierung«) unterscheiden. Ein stärkerer Formalisierungsgrad geht dabei zumeist auch mit einem stärkeren Verpflichtungscharakter und Sanktionspotential einher. So können in einem extensiven Begriffsverständnis bereits »Gewohnheiten« als Institutionen gelten, welche informell, freiwillig und nicht sanktioniert sind; am anderen Ende des Kontinuums wären dann »Gesetze« als hochgradig formalisierte, verpflichtende und zwangsbewehrte Institutionen auszumachen. Unter einer »Gewohnheit« versteht man dabei eine erlernte routinisierte Verhaltensweise oder Handlung, die quasi-automatisch (zumeist nach einem Reiz-Reaktions-Schema) abläuft und nicht immer wieder von neuem der bewussten Entscheidung bedarf, sondern sich im wiederkehrenden Vollzug ›eingespielt‹ hat.

Gewohnheiten innerhalb einer sozialen Gruppe oder Gemeinschaft werden als »Bräuche« bezeichnet, insbesondere wenn sie sich als kulturelle Praktiken darstellen. Weisen diese Gemeinschaftsgewohnheiten wiederum in ihrer Gesamtheit eine Generationen übergreifende Persistenz auf, d.h. werden sie als kulturelles Erbe an nachfolgende Generationen ›überliefert‹, so spricht man von »Traditionen«.

Mit »Sitten« werden soziale Verhaltensformen bezeichnet, die als üblich und angemessen angesehen werden, teilweise jedoch auch Verhaltensweisen, die für moralisch geboten gehalten werden, auf der Orientierung am Verhalten anderer beruhen und mithin einen stärkeren sozialen Verpflichtungscharakter aufweisen. Ihre Einhaltung wird von der jeweiligen sozialen Gruppe oder Gemeinschaft selbst sichergestellt, indem ein Sittenverstoß durch die anderen Gruppenmitglieder geahndet wird – dies kann von einer Ermahnung bis hin zur (moralischen) Ächtung reichen.

»Konventionen« (Lewis 1969, Douglas 1986) sind auf expliziter oder impliziter Übereinkunft basierende Verhaltensregeln oder Verfahren, die gesellschaftlichen Erwartungen genügen und weithin akzeptiert sind. Die Sprache selbst ist eine Konvention, da gelingende Kommunikation gleichermaßen soziales Einvernehmen hinsichtlich des Sinngehaltes von Wörtern als auch bezüglich syntaktischer Strukturen voraussetzt.

»Normen« schließlich bezeichnen soziale Verhaltensstandards und -regeln mit einem hohen Verbindlichkeitsgrad. Gesellschaftliche Normen verweisen auf dominante Wertorientierungen innerhalb von Großgruppen, denen sich der Einzelne nur schwerlich entziehen kann und deren Nichtbefolgung sanktioniert wird. Formalisiert als »Rechtsnormen« (»Gesetze«) stellen sie kollektiv bindende Entscheidungen des Souveräns dar (Souveränität). Montesquieu definiert Gesetze als »besondere und genau bestimmte Anordnungen eines Gesetzgebers«, Sitten und Gebräuche aber als »gemeinsames Gut des ganzen Volkes« (Montesquieu 1748, 420). Die Interpretation von Gesetzen kommt ausschließlich dem Urteil spezialisierter juristischer Körperschaften (Gerichte) zu, und ihre Verletzung zieht Strafmaßnahmen nach sich, exekutiert wiederum durch öffentliche Institutionen (Staat), die über das Monopol legitimer physischer Gewalt verfügen (Weber 1921).

2.
In der Philosophie erstreckt sich das Verständnis von Institutionen von den Kategorien des Denkens (Kant) bis hin zu formalen Verfassungsstrukturen (Hobbes, Locke, Rousseau). Die Problematik der Entstehung und Begründung von Institutionen bildet einen zentralen Streitpunkt zwischen ›historischen‹ oder ›empirischen‹ Sichtweisen einerseits und ›rationalen‹ andererseits. Die historische Perspektive (Aristoteles, Hegel, Hume) sieht Bräuche, Traditionen, Normen, Gesetze und andere Institutionen als ein geschichtliches Erbe, das durch sein Überdauern Legitimität erlangt hat. Die ›rationale‹ oder ›liberale‹ Sichtweise hingegen leitet die Legitimität von Institutionen aus einem realen oder hypothetischen Verfahren ab, dem alle vernünftigen Individuen explizit oder implizit zugestimmt haben oder haben könnten. Diese Vorstellung einer prozeduralen Legitimität ist in der politischen Philosophie und Sozialphilosophie bereits für die klassischen Vertragstheorien kennzeichnend und wurde in der Gegenwart u.a. von Rawls und Habermas (aber auch von Nozick und Buchanan) weiterentwickelt; infragegestellt wird sie durch den Kommunitarismus.

2.1. In der Soziologie und Sozialanthropologie umgreift das Institutionenverständnis alle menschlichen Gewohnheiten und Einrichtungen von Riten, Mythen, Symbolsystemen und sozialen Codes (vgl. Durkheim 1912; Lévi-Strauss 1958) bis hin zu Status und Sozialstrukturen. Institutionen werden dabei verstanden als kollektive Repräsentationen und als Systeme positiver und negativer Sanktionierung, die abweichendes Verhalten unterbinden und Konformität erzeugen. Der Funktionalismus geht davon aus, dass Institutionen vorrangig der Bedürfnisbefriedigung dienen und sich in ihnen allgemeine funktionale Erfordernisse ganzer Gesellschaften bzw. sozialer Systeme (Parsons) widerspiegeln. Gehlen (1956) zufolge kompensieren Institutionen die Instinktarmut des Menschen und »entlasten« durch ihre »Hintergrundserfüllung« die menschliche Existenz von einer Fixierung auf alltägliche elementare Bedürfnisse. Sie kanalisieren die vielfältigen Antriebe des Menschen und ermöglichen so erst kulturelle Steigerung. Eine stärker interpretative Sichtweise begreift Institutionen demgegenüber als kontingente Hinterlassenschaften der Geschichte und menschlicher Interpretationen (Elias, Mannheim, Mead). Demzufolge müssen Institutionen nicht unbedingt funktional sein; zentral ist vielmehr, dass sie aus einer komplexen Realität Sinn konstruieren.

2.2. Mit Institutionen im Sinne mentaler Repräsentationen befasst sich auch die Psychologie; sie stellt heraus, dass diese zwischen dem individuellen Subjekt und der äußeren Welt vermitteln, durch diese Interaktionen jedoch auch geformt oder kanalisiert werden (Freud, Piaget). Die Erkenntnis, dass diese Prägungen des menschlichen Subjekts (›Selbst‹) willkürlich sind, lässt die Befreiung des Individuums aus diesen sozial erzeugten mentalen ›Verfestigungen‹ als denk- und realisierbar erscheinen. Durch die Sozialpsychologie und den Marxismus beeinflusst, problematisiert auch die Kritische Theorie (Adorno, Fromm, Horkheimer, Marcuse) die Möglichkeit einer Emanzipation des Individuums und wendet sich der Frage zu, inwieweit gesellschaftliche gegenüber eher psychologischen Faktoren als ursächlich für bestimmte Persönlichkeitsstrukturen und -deformationen zu akzentuieren sind.

2.3. Im Gegensatz zu Smith, der von »einer natürlichen Neigung des Menschen, zu handeln und Dinge gegeneinander auszutauschen« (Smith 1776, 16) ausgeht, hebt der »alte Institutionalismus« in der Wirtschaftswissenschaft, angeregt u.a. durch die Historische Schule in der Nationalökonomie (Schmoller), die historischen, kulturellen, sozialen, rechtlichen und normativen Grundlagen des ökonomischen Austausches hervor und betont auch die Art und Weise, in der soziale und kulturelle Beweggründe und Praktiken, wie etwa das Streben nach sozialer Auszeichnung, wirtschaftliches Verhalten formen und verformen.

Als Beispiele können hier genannt werden: die »Prestigekäufe« der »feinen Leute« bei Veblen, Webers klassische Untersuchung *Die Protestantische Ethik und der Geist des Kapitalismus* (1904/05) und Sombarts (1906) Verortung des Sozialismus in einer feudalen Vergangenheit. Selbst Schumpeter (1942), der den Ausdruck »methodologischer Individualismus« prägte und das »ökonomische Modell der Demokratie« entwarf, betonte gleichwohl, dass historische Hinterlassenschaften aus der vorkapitalistischen Zeit ökonomische Arrangements im Kapitalismus stützen, und unterstellte, dass mit einer Beseitigung dieses historischen Unterbaus auch die Stabilität des Kapitalismus selbst prekär werde.

2.4. In der Rechts-, Staats- und Politikwissenschaft wurden unter politischen Institutionen lange Zeit die in Verfassungen festgeschriebenen Normen und Organe verstanden. Darüber hinaus wurden jedoch auch der soziale Kontext politischer Institutionen und des Aufstiegs des modernen Staates sowie die Wirkung institutioneller Arrangements auf das Verhalten von Politikern und Wählern durchaus von klassischen Theoretikern politischer Institutionen, wie Tocqueville (1856), Weber (1921), Bryce (1921) und Friedrich (1937) berücksichtigt.

3.

In den 1950er Jahren breitete sich eine behavioristische Revolution in den Sozialwissenschaften aus und drängte Institutionen und institutionalistische Analysen in den Hintergrund. Insbesondere in den Vereinigten Staaten beheimatet, konzentrierte sich der Behaviorismus auf unterstellte universelle Regelmäßigkeiten im menschlichen Verhalten. In der Psychologie äußerte sich dies darin, dass zunehmend mit szientistischen Stimulus-Response-Modellen (Skinner) operiert wurde. In der Soziologie rückten strukturell-funktionale Erfordernisse in den Blickpunkt, und es wurde im Rahmen eines modernisierungstheoretischen Paradigmas eine universell gültige Entwicklung von traditionalen hin zu modernen Gesellschaften postuliert (Parsons). In den Wirtschaftswissenschaften ist in diesem Zusammenhang die Entwicklung des neo-klassischen Modells mit dem unterstellten universell gültigen und uniformen rationalen Marktverhalten aller Marktteilnehmer zu nennen. In der Politikwissenschaft schließlich kann das Pluralismusmodell, das seine Analyse des politischen Prozesses auf das beobachtbare Verhalten von Wählern und Interessengruppen stützt, als Ausdruck dieser behavioristischen, anti-institutionalistischen Wende interpretiert werden (vgl. Truman 1951; Dahl 1961; Fraenkel 1968). Seit den 1970er Jahren wurden diese behavioristischen Modelle jedoch zunehmend kritisiert. Das führte zu einer Wiederentdeckung von Institutionen als eigenständiger, erklärungsrelevanter Größe. Institutionelle Erklärungsansätze sind somit seit den 1980er Jahren in verschiedenen sozialwissenschaftlichen Disziplinen unter der Überschrift des »Neo-Institutionalismus« bzw. »Neuen Institutionalismus« wieder en vogue (vgl. March/Olsen 1984; Evans/Rueschemeyer/Skocpol 1985; Mayntz/Scharpf 1995; Hall/Taylor 1996; Scharpf 2000).

3.1. Einen Zweig des Neo-Institutionalismus bilden die Theorie rationaler Wahlhandlungen (»rational choice«; Sozialwahltheorie) und die neue Institutionenökonomie. Sie verstehen Institutionen als eine Antwort auf Dilemmata kollektiver Entscheidungsfindung und strategischen Handelns. Institutionelle Verfahrensregeln, wie z.B. das Privileg des Agenda-Setting (Festlegen der Tagesordnung) auf Seiten der politischen Exekutiven oder die Vetomacht parlamentarischer Kammern und Ausschüsse (vgl. Riker 1980; Shepsle 1986; Weingast 1996; Tsebelis 2002), verteilen Entscheidungsmacht und ermöglichen Entscheidungen trotz der Problematik der Transformation individueller Präferenzen in Kollektiventscheidungen (Condorcet-Paradox, Arrow-Theorem). Einflussreiche Erklärungsansätze für das Verständnis der Entwicklung von Institutionen sind hier: a) der Transaktionskostenansatz, der postuliert, dass sich Institutionen entwickeln, um all die Kosten zu minimieren, die mit ökonomischen Transaktionen einhergehen, einschließlich der Informationskosten (vgl. Coase 1960; North 1990; Williamson 2000); b) die Prinzipal-Agent-Theorie, der zufolge Verträge und Organisationsstrukturen Ausdruck des Kontrollbedürfnisses von Auftraggebern gegenüber ihren Auftragnehmern unter den Bedingungen von Informationsasymmetrie und Unsicherheit sind (Bsp.: Firmeneigentümer vs. Manager, Regierungen vs. Bürokratien, Wähler vs. Politiker) (vgl. Moe 1984); c) der Ansatz der Pfadabhängigkeit, der erklärt, warum anfänglich kontingente Ereignisse zu ineffizienten, aber gleichwohl stabilen Pfaden ökonomischer oder politischer Entwicklung führen (vgl. Pierson 2000; David 2001).

3.2. Insofern sich die Soziologie mit sozialer Ordnung befasst, kann ihr ganzer Gegenstandsbereich als »institutionell« bezeichnet werden. Im Speziellen firmiert unter dem Begriff des »soziologischen Institutionalismus« jedoch ein weiterer Strang des Neo-Institutionalismus aus dem Bereich der Organisationssoziologie (vgl. Simon 1957; March/Simon 1958; Powell/DiMaggio 1991). Auf die Verhaltenspsychologie aufbauend konzentriert sich dieser Ansatz auf individuelle Wahrnehmung und Informationsverarbeitung sowie kollektive Entscheidungsfindung innerhalb von Organisationen. Dieser Perspektive zufolge begegnen menschliche Organisationsmitglieder ihren nur sehr begrenzten Informationsaufnahme- und -verarbeitungskapazitäten (»bounded rationality«) mittels diverser Mechanismen und Verfahren zur Komplexitätsreduktion. Beispiele für solche Vereinfachungs- und Bewältigungsstrategien sind etwa die Akzeptanz der ersten mehr oder weniger annehmbaren Alternative (»satisficing«) an Stelle einer Maximierung des Nutzens (»optimizing«) oder auch das Zurückgreifen auf standardisierte Verfahrensmuster und -abläufe, welche Wahlmöglichkeiten begrenzen und durch Strukturierung und Koordination des Handelns dieses letztlich erst ermöglichen. Allerdings haben diese Verfahrensmechanismen und Entscheidungsstrategien ein quasi-chaotisches Organisationsverhalten zur Folge wie z.B. im »Mülleimermodell« (Cohen/March/Olsen 1972), welches postuliert, dass Entscheidungen innerhalb organisierter Anarchien weitestgehend nach einem zufälligen Muster erfolgen. Damit weist diese Perspektive eine Nähe zu »sozialkonstruktivistischen« Ansätzen auf, die insbesondere die gesellschaftlich kontingente Konstitution von Normen, Ideen und Institutionen betonen.

3.3. Schließlich orientiert sich der Historische Institutionalismus als dritter Zweig des Neo-Institutionalismus an dem Geschichtsverständnis Max Webers, wonach Wirtschaft, Politik und Gesellschaft im Sinne historisch kontingenter spezifischer Entwicklungspfade zu verstehen sind, deren Sinngehalte von den subjektiven Interpretationsleistungen handelnder Menschen abhängen. Ein wichtiger Forschungszweig innerhalb dieses Ansatzes widmet sich den verschiedenen Spielarten des Kapitalismus, wie etwa organisierter »rheinischer Kapitalismus« vs. liberaler »angelsächsischer Kapitalismus«, und versucht dabei, die historischen, sozialen und organisatorischen Bedingungen der verschiedenen Modi kapitalistischer Wirtschaftsformation herauszuarbeiten (vgl. Smelser/Swedberg 1994; Crouch/Streeck 1997; Hollingsworth/Boyer 1999; Hall/Soskice 2001; Beckert 2004). Den Ursachen institutioneller Stabilität und institutionellen Wandels widmet der Historische Institutionalismus besondere Aufmerksamkeit (vgl. Pierson/Skocpol 2002; Thelen 2004; Immergut 2005; Streeck/Thelen 2005).

3.4. Angesichts des fundamentalen Stellenwertes von Institutionen für die Sozialwissenschaften kann es nicht überraschen, dass sich hier eine enorme Variationsbreite wissenschaftlicher Konzepte, Methoden und Themen aufspannt. Ungeachtet der multidisziplinären Perspektiven und theoretischen Kontroversen befasst sich die Erforschung von Institutionen vorrangig mit der Bildung und den Auswirkungen stabiler sozialer Arrangements, die von Ideen und normativen Konzepten bis hin zu konkreten lokalen, nationalen und internationalen Organisationen, Assoziationen und Staaten reichen können. Die zentralen Differenzen innerhalb der institutionalistischen Analyse betreffen die Fragen, ob sich Institutionen als nicht intendierte Nebenfolgen menschlichen Handelns quasi ›beiläufig‹ und ›eigensinnig‹ entwickelt haben oder aber die Ergebnisse bewusster menschlicher Entwürfe und absichtsvoller Gestaltung sind, ob Institutionen historisch weitgehend invariante kollektive Problemstellungen (effektiv) bearbeiten und sich insofern in ihnen funktionale Erfordernisse ausdrücken oder ob sie nicht vielmehr historisch kontingent sind; und schließlich stellt sich die verschieden beantwortete Frage, welche normativen Konsequenzen aus der arbiträren und artifiziellen Faktizität von Institutionen einerseits und ihrem erheblichen Einfluss auf das Individuum und die Gesellschaft andererseits gezogen werden sollten.

4.

Baltzer, U./Schönrich, G. (Hg.), 2002, Institutionen und Regelfolgen, Paderborn: Mentis.

Beckert, J., 2004, Unverdientes Vermögen. Soziologie des Erbrechts, Frankfurt/M.: Campus.

Berger, P./Luckmann, T., 1966, Die gesellschaftliche Konstruktion der Wirklichkeit, Frankfurt/M.: Fischer 2003.

Bryce, J. B., 1921, Modern Democracies, New York: Macmillan.

Coase, R. H., 1960, The Problem of Social Cost, in: Journal of Law and Economics 3.

Cohen, M. D./March, J. G./Olsen, J. P., 1972, A Garbage Can Model of Organizational Choice, in: Administrative Science Quarterly 17.

Crouch, C./Streeck, W. (Hg.), 1997, Political Economy of Modern Capitalism, London: Sage.

Dahl, R. A., 1961, Who Governs? Democracy and Power in an American City, New Haven: Yale University Press.

David, P. A., 2001, Path Dependence, Its Crisis and the Quest for ›Historical Economics‹, in: P. Garrouste/S. Ionnides (Hg.), Evolution and Path Dependence in Economic Ideas, Cheltenham: Elgar.

Douglas, M., 1986, How Institutions Think, Syracuse: Syracuse University Press.

Durkheim, E., 1912, Die elementaren Formen des religiösen Lebens, Frankfurt/M.: Suhrkamp 1981.

Evans, P. B./Rueschemeyer, D./Skocpol, T. (Hg.), 1985, Bringing the State Back In, Cambridge: Cambridge University Press.

Fraenkel, E., 1968, Deutschland und die westlichen Demokratien, Stuttgart: Kohlhammer.
Friedrich, C. J., 1937, Constitutional Government and Politics, New York: Harper.
Gehlen, A., 1956, Urmensch und Spätkultur, Bonn: Athenäum.
Goffman, E., 1961, Asyle, Frankfurt/M.: Suhrkamp 1973.
Göhler, G. (Hg.), 1987, Grundfragen der Theorie politischer Institutionen, Opladen: Westdeutscher Verlag.
Göhler, G. (Hg.), 1997, Institution, Macht, Repräsentation, Baden-Baden: Nomos.
Hall, P. A./Soskice, D. (Hg.), 2001, Varieties of Capitalism, New York: Oxford University Press.
Hall, P. A./Taylor, R. C. R., 1996, Political Science and the Three New Institutionalisms, in: Political Studies 44.
Hollingsworth, R. J./Boyer, R. (Hg.), 1999, Contemporary Capitalism, Cambridge: Cambridge University Press.
Immergut, E. M., 2005, Paradigms of Change in Political Science: Historical-Institutionalism and the Problem of Change, in: A. Wimmer/R. Kößler (Hg.), Understanding Change, New York/Basingstoke: Palgrave/Macmillan.
Lévi-Strauss, C., 1958, Strukturale Anthropologie, Frankfurt/M.: Suhrkamp 1967.
Lewis, D. K., 1969, Konventionen, Berlin: de Gruyter 1984.
March, J. G./Olsen, J. P., 1984, The New Institutionalism, in: American Political Science Review 78.
March, J. G./Simon, H. A., 1958, Organizations, New York: Wiley & Sons.
Mayntz, R./Scharpf, F. W., 1995, Der Ansatz des akteurzentrierten Institutionalismus, in: dies. (Hg.), Gesellschaftliche Selbstregulierung und politische Steuerung, Frankfurt/M.: Campus.
Moe, T. M., 1984, The New Economics of Organization, in: American Journal of Political Science 28.
Montesquieu, C. de, 1748, Vom Geist der Gesetze, Tübingen: Mohr 1992.
North, D. C., 1990, A Transaction Cost Theory of Politics, in: Journal of Theoretical Politics 2.
Offe, C., 2003, Herausforderungen der Demokratie, Frankfurt/M.: Campus.
Pierson, P., 2000, Increasing Returns, Path Dependence, and the Study of Politics, in: American Political Science Review 94.
Pierson, P./Skocpol, T., 2002, Historical Institutionalism in Contemporary Political Science, in: I. Katznelson/H. V. Milner (Hg.), Political Science, New York: Norton.
Powell, W. W./DiMaggio, P. J. (Hg.), 1991, The New Institutionalism in Organizational Analysis, Chicago: University of Chicago Press.
Riker, W. H., 1980, Implications from the Disequilibrium of Majority Rule for the Study of Institutions, in: American Political Science Review 74.
Scharpf, F. W., 2000, Interaktionsformen. Akteurzentrierter Institutionalismus in der Politikforschung, Opladen: Leske + Budrich.
Schumpeter, J. A., 1942, Kapitalismus, Sozialismus und Demokratie, Bern: Francke 1946.
Shepsle, K. A., 1986, Institutional Equilibrium and Equilibrium Institutions, in: H. F. Weisberg (Hg.), The Science of Politics, New York: Agathon.
Simon, H. A., 1957, Administrative Behavior, New York: Macmillan.
Smelser, N. J./Swedberg, R., 1994, The Handbook of Economic Sociology, Princeton: Princeton University Press.
Smith, A., 1776, Der Wohlstand der Nationen, München: dtv 1993.
Sombart, W., 1906, Warum gibt es in den Vereinigten Staaten keinen Sozialismus?, Tübingen: Mohr.
Streeck, W./Thelen, K., 2005, Beyond Continuity. Institutional Change in Advanced Political Economies, Oxford: Oxford University Press.
Thelen, K., 2004, How Institutions Evolve, Cambridge: Cambridge University Press.
Tocqueville, A. de, 1856, Der Alte Staat und die Revolution, Hamburg: Rowohlt 1969.
Truman, D. B., 1951, The Governmental Process, New York: Knopf.
Tsebelis, G., 2002, Veto Players. How Political Institutions Work, Princeton: Princeton University Press.
Weber, M., 1904/05, Die protestantische Ethik und der Geist des Kapitalismus, München: Beck 2004.
Weber, M., 1921, Wirtschaft und Gesellschaft, Köln: Kiepenheuer & Witsch 1964.
Weingast, B. R., 1996, Political Institutions. Rational Choice Perspectives, in: R. E. Goodin/H.-D. Klingemann (Hg.), A New Handbook of Political Science, Oxford: Oxford University Press.
Williamson, O. E., 2000, The New Institutional Economics, in: Journal of Economic Literature 38.

Ellen M. Immergut/Alexander Jäger

Integration, gesellschaftliche

1.

Schon immer konnten sich Menschen die Fragen stellen: »Was treibt die Gesellschaft auseinander?« und »Was hält die Gesellschaft zusammen?« (Heitmeyer 1997a; ders. 1997b). Sie kommen insbesondere dann auf, wenn Gesellschaften zu zerfallen drohen oder zumindest einer ernsthaften Zerreißprobe ausgesetzt sind: im griechischen Stadtstaat ebenso wie im spätrömischen Reich, in den Vereinigten Staaten zur Zeit der Weltwirtschaftskrise oder in den 1990er Jahren im früheren Jugoslawien. Wenn der Zusammenhalt des gesellschaftlichen Ganzen nicht länger selbstverständlich und unbemerkt gewahrt ist, gerät Integration in den Blick: als Problem, das es zu bewältigen gilt.

Integration bedeutet, dass eine Einheit als solche fortbesteht und nicht zerfällt. Kräfte des Zerfalls können dabei von innen oder von außen kommen: aus den Teilen, aus denen die Einheit besteht, oder aus anderen Einheiten in ihrer Umwelt, mit denen sie in Beziehung steht. Was diese abstrakte Begriffsbestimmung für gesellschaftliche Integration heißt, wird im Weiteren geklärt. Außer Acht bleibt, dass Integration auch auf anderen Sozialebenen betrachtet werden könnte – etwa als Integration einer Organisation oder einer Kleingruppe.

2.

Die Frage nach der gesellschaftlichen Integration ist seit Karl Marx, Ferdinand Tönnies und Emile Durkheim eine Schlüsselfrage soziologischer Gesellschaftstheorie. Doch obwohl sich die Gesellschaftstheorie intensiv um das Integrationsproblem gekümmert hat, fehlt es nach wie vor an einem klaren analytischen Verständnis. Typische Konnotationen des Integrationsbegriffs, die sich in vielen Definitionsvorschlägen wiederfinden, sind: Einheit, Widerspruchsfreiheit, Gleichgewicht, Stabilität, Ordnung, fügsame Einordnung, Konfliktfreiheit, Konsens, Gerechtigkeit.

Man spricht mit diesen Verständnishintergründen z. B. von der Integration von Ausländern oder der Reintegration von Strafgefangenen, von der Integration einer Kleingruppe oder von Integration als funktionalem Erfordernis der Gesellschaft; und man verzeichnet desintegrative Wirkungen von Massenarbeitslosigkeit oder einer ihrer Sozialisationsfunktion nicht mehr gerecht werdenden Familie. Erkennbar weist der Begriff häufig starke normative Konnotationen auf. Integration gilt als etwas Wünschenswertes – je mehr, desto besser. Gegen Talcott Parsons' in diesem Sinne als »Integrationsmodell« apostrophierte Sozialtheorie betont Ralf Dahrendorf (1960) die positiven Funktionen sozialer Konflikte, die auf längere Sicht in der Weise integrativ wirken können, dass sie gesellschaftliche Flexibilität zur Anpassung an neue Gegebenheiten ermöglichen.

3.

Im Weiteren müssen angesichts der erkennbaren begrifflichen Unschärfen zunächst aus disparaten Begriffstraditionen die einzelnen Komponenten eines analytisch brauchbaren Integrationskonzepts entwickelt werden (vgl. Friedrichs/Jagodzinski 1999). Anschließend werden drei grundlegende Dimensionen gesellschaftlicher Integration genauer angesprochen, und es wird auf zwei ganz verschiedene Arten integrativer Mechanismen hingewiesen.

3.1. Die Integrationsperspektive fragt für eine bestehende Einheit nach den Bedingungen der Möglichkeit dieses Einheit-Seins und -Bleibens. Wenn Gesellschaft die betrachtete Einheit ist, wird gesellschaftliche Integration aus dieser Perspektive als möglich, aber nicht notwendig angesehen. Möglich wird sie durch eine wechselseitige »Reduktion der Freiheitsgrade« (Luhmann 1997, 603) im Verhältnis der Gesellschaft zu ihren inneren Elementen wie zu anderen Einheiten in ihrer Umwelt. In diesen beiden Arten von Verhältnissen ist im Zustand der Integration nicht mehr alles möglich, was möglich wäre, existierten die Einheiten und Elemente unintegriert nebeneinander – im Extremfall isoliert voneinander. Entscheidend dafür, von Integration zu sprechen, sollte allerdings sein, dass es sich um solche wechselseitigen Möglichkeitsbeschränkungen handelt, die als funktional für die gesellschaftliche Selbstreproduktion einzustufen sind, also deren Chancen einer dauerhaften und produktiven Fortexistenz auf gegebenem Differenzierungs- und Leistungsniveau erhalten oder erhöhen.

Gesellschaftliche Integration in diesem Sinne ist ein Sachverhalt, der nur dann überhaupt auffällt, wenn er in der Realität unvollkommen oder gar nicht gegeben ist. Der Idealfall problemloser Integration, z.B. ein Zustand der weit gehenden Normkonformität als Moment gesellschaftlicher Sozialintegration, ist völlig unscheinbar. Erst am Defizitären – wenn etwa ein gewisser Schwellenwert normabweichenden Verhaltens überschritten ist – wird man als Verlusterlebnis auf das Positive aufmerksam und vermag abzulesen, was dieses Positive ausmacht. Mehr noch: Erst der defizitäre Zustand lässt erkennen, welche – nun versagenden – Mechanismen Integration erzeugen: als Rückschluss von der Störung auf die Bedingungen der Störungsfreiheit.

Die meisten Begriffsbestimmungen setzen hier einen Gegensatz von Integration und *Desintegration*, wobei sich Letzteres auf eine zu geringe Reduktion von Freiheitsgraden für eine dauerhafte gesellschaftliche Reproduktion bezieht. Konkrete Erscheinungsformen könnten etwa hohe Kriminalitätsraten, nicht endende politische Unruhen oder die weltweite Verselbstständigung des Finanzkapitals und der Börsendynamiken gegenüber sozialen und ökologischen Belangen sein. Doch es kann auch umgekehrt eine zu starke Reduktion geben: *Überintegration*. Das anschaulichste Beispiel hierfür bieten gesellschaftliche Zustände, wie sie Michel Crozier (1970) am französischen Fall als »blockierte Gesellschaft« analysiert hat, wobei auch an die staatssozialistischen Gesellschaften in Osteuropa – einschließlich der ehemaligen DDR – gedacht werden konnte. Am Ende waren dies Gesellschaften, in denen »nichts mehr ging«, weil jede Gruppe jede andere daran hinderte, irgend etwas anders zu machen, obwohl allen klar war, dass grundlegende Änderungen erforderlich waren; infolgedessen besaßen diese Gesellschaften auch nach außen keinen Handlungsspielraum mehr. In schwächerer Form wird eine derartige Diagnose etwa auch für den »Reformstau« in Deutschland seit Anfang des 21. Jahrhunderts vertreten.

Gesellschaftliche Integration stellt so eine Balance zwischen Des- und Überintegration dar, einen mittleren Ordnungszustand, der durch ein Zuviel oder Zuwenig an Ordnung gestört werden kann. Gesellschaftliche Integration ist damit auch ein zeitpunkt-relativer Maßstab. Aussagen darüber sind nur sinnvoll, wenn der Gesellschaftszustand zum Zeitpunkt t_1 integrierter bzw. weniger integriert als zum Zeitpunkt t_0 ist. Man verfügt über keinen absoluten, außerhistorischen Maßstab für das angemessene Niveau gesellschaftlicher Integration.

3.2. Jede Gesellschaft muss in drei Richtungen funktionale wechselseitige Möglichkeitsbeschränkungen etablieren und erhalten, woraus sich eine dreidimensionale Auffächerung des Verständnisses gesellschaftlicher Integration in Sozialintegration, Systemintegration und ökologische Integration ergibt (vgl. Schimank 2000).

Bis vor nicht allzu langer Zeit bediente sich die soziologische Gesellschaftstheorie der von David Lockwood (1964) eingeführten Unterscheidung von Sozial- und Systemintegration (vgl. Mouzelis 1997). Diese beiden Integrationsdimensionen stellen gänzlich andersartige Störungsquellen gesellschaftlicher Integration heraus. Unter dem Gesichtspunkt der *Sozialintegration* geht es um die Integration der einzelnen Gesellschaftsmitglieder als Personen in die Gesellschaft. Dies ist das klassische soziologische Thema des Verhältnisses von Individuum und Gesellschaft. Weder dürfen ungebändigte Persönlichkeiten die gesellschaftliche Ordnung gefährden, noch darf eine zu restriktive Ordnung auf gesellschaftlich ebenso dysfunktionale Weise die individuelle Kreativität der Personen unterdrücken. Desintegration läuft hier auf Identitäts- und Orientierungskrisen, soziale Konflikte v.a. über Ungleichheiten und Kulturdifferenzen sowie letztlich auf Anomie hinaus, Überintegration auf zwanghafte Einbindungen der Personen in repressive »totale Institutionen« (Goffman 1961).

Der Gesichtspunkt der *Systemintegration* stellt demgegenüber auf die Integration der verschiedenen Teilsysteme in die Gesellschaft ab, womit die Gesamtheit der Interdependenzen zwischen den verschiedenen Teilsystemen angesprochen ist. Das bedeutet, auf ein bestimmtes Teilsystem bezogen, dessen Integration mit den jeweils anderen Teilsystemen. Die Teilsysteme – z.B. im Verhältnis von Wirtschaft und Politik – dürfen einander wechselseitig keine unlösbaren Probleme bereiten. Weder darf ein Teilsystem durch andere Teilsysteme beispielsweise hinsichtlich benötigter Ressourcen im Stich gelassen werden, noch dürfen diese ihm, etwa durch Zwangsmaßnahmen oder Sachzwänge, seine Autonomie nehmen – um nur zwei mögliche Störungen der gesellschaftlichen Systemintegration anzuführen. Desintegration heißt in dieser Dimension, dass die Teilsysteme zentrifugalen Tendenzen unterliegen, die nötigen Leistungen füreinander nicht mehr hinreichend erbringen oder sogar gegeneinander arbeiten. Überintegration bestünde demgegenüber dann, wenn Teilsysteme zu eng miteinander verkoppelt sind, so dass sich Autonomiegefährdungen ergeben – siehe wiederum als drastisches Beispiel die ehemaligen sozialistischen Gesellschaften, etwa hinsichtlich einer politisch am kurzen Zügel gehaltenen und sogar zensierten Wissenschaft.

Seit den 1970er Jahren ist in den gesellschaftlichen Debatten und in soziologischen Analysen ein vorher allenfalls randständiges Thema prominent geworden: die *ökologische Integration* der modernen Gesellschaft, also deren Verhältnis zu ihrer physikalischen, chemischen und biologischen Umwelt (vgl. Berger 1994). Mit Parsons könnte man sagen, dass der Gesellschaft als sozialem System die Belange ökologischer Integration über den Verhaltensorganismus der Gesellschaftsmitglieder vermittelt werden: Hunger, Frieren, Einschränkungen der Bewegungsfreiheit, Schmerzen, Krankheiten u.ä. – schließlich Tod (vgl. Parsons/Platt 1973, 436). Der erste Bericht des Club of Rome über die »Grenzen des Wachstums« war die wichtigste Initialzündung dieses Themas, das in den 1980er und 1990er Jahren eine gleichrangige Bedeutung wie die Sozial- und die Systemintegration gewonnen hat. Ökologische Integration heißt: Die Reproduktionsfähigkeit der modernen Gesellschaft hängt entscheidend auch davon ab, dass sie sich innerhalb der von der Natur gesetzten Grenzen – beispielsweise des Energieverbrauchs – auf einem langfristig bestandssicheren Pfad bewegt. Diese Grenzen sind nicht starr, sondern können v.a. durch wissenschaftlich-technische Innovationen hinausgeschoben werden – wie weit, weiß allerdings niemand. In dieser Dimension bedeutet Desintegration, dass die Gesellschaft ihre natürlichen Reproduktionsbedingungen zu wenig berücksichtigt und dadurch gefährdet, also etwa Raubbau an nicht-erneuerbaren Ressourcen betreibt. Umgekehrt liegt Überintegration dann vor, wenn die Gesellschaft zu viel Rücksicht auf die »Integrität« der Natur, so wie sie vorfindbar ist, nimmt, also etwa aufgrund auch nur vage vorstellbarer ökologischer Risiken bereits einen rigorosen Eingriffsverzicht praktiziert und sich so der Evolution der Naturgegebenheiten ausliefert.

Unter Hinzunahme dieser drei Dimensionen gesellschaftlicher Integration lassen sich Aussagen folgender Form treffen: Zum Zeitpunkt t_1 ist die Gesellschaft integrierter bzw. weniger integriert – in einer der beiden Richtungen und einer der drei Dimensionen – als zum Zeitpunkt t_0. Während erstere Variante eine Entwarnung bezüglich des Integrationsproblems bedeutet, stellt letztere Variante eine Warnung dar.

3.3. Solche Warnungen und Entwarnungen richten sich v.a. an diejenigen Akteure, die gesellschaftliche Integration *intentional* befördern wollen. Jener Akteur, der diesbezüglich am meisten Aufmerksamkeit, Ansprüche und Erwartungen auf sich zieht, ist der moderne Staat. Besonders zugespitzt im kontinentaleuropäischen Staatsverständnis, bildet politische Steuerung durch staatliche Akteure gewissermaßen den übergeordneten Rahmen für die Bearbeitung von gesellschaftlichen Integrationsproblemen aller Art – egal wo das Problem zu verorten ist, wer als Verursacher ausgemacht wird und ob überhaupt eine solche Verantwortung zu erkennen ist.

Gerade intentionale Integrationsbemühungen müssen freilich von vornherein in Rechnung stellen, dass das Gros an Integrationsleistungen *transintentional* erbracht wird, also als sich »hinter dem Rücken« der jeweiligen Akteure ergebender gesellschaftlich funktionaler Nebeneffekt ihres ganz anders motivierten handelnden Zusammenwirkens. Nicht nur der Markt ist – wie seit Adam Smith geläufig – ein wichtiger gesellschaftlicher Integrationsfaktor, wenn es z.B. eine Wirtschaftsbranche gibt, die mit der Bewältigung ökologischer Probleme Profite macht. Ähnliche »invisible hand«-Effekte (vgl. Ullman-Margalit 1978) transintentionaler Integration ergeben sich auch, wenn z.B. Professoren Auftragsforschung für Unternehmen betreiben: Die Themenpalette wissenschaftlicher Forschung wird an den wirtschaftlichen Bedarf an technologischen Innovationen angepasst, weil die Professoren die Gelder aus der Wirtschaft – sei es als persönliche Einkommensquelle, sei es als Finanzierung grundlagentheoretischer Forschungen – einstreichen. Derartige spezifische Interessenkonsense zwischen Akteuren verschiedener gesellschaftlicher Teilsysteme befördern die gesellschaftliche Systemintegration (vgl. Schimank 1992) – und vergleichbare Mechanismen ließen sich auch für die Sozialintegration ausmachen. Integration ist somit etwas, was auch in der modernen Gesellschaft – trotz aller Ambitionen einer gezielten Gestaltung gesellschaftlicher Strukturen – primär nebenbei anfällt.

4.

Berger, J., 1994, The Economy and the Environment, in: N. J. Smelser/R. Swedberg (Hg.), The Handbook of Economic Sociology, Princeton: Princeton University Press.

Crozier, M., 1970, La Société Bloquée, Paris: Seuil 1984.

Dahrendorf, R., 1960, Die Funktionen sozialer Konflikte, in: ders., Pfade aus Utopia, München: Piper 1968.

Friedrichs, J./Jagodzinski, W. (Hg.), 1999, Soziale Integration, Wiesbaden: Westdeutscher Verlag.

Goffman, E., 1961, Asyle, Frankfurt/M.: Suhrkamp 1972.

Heitmeyer, W. (Hg.), 1997a, Was treibt die Gesellschaft auseinander?, Frankfurt/M.: Suhrkamp.

Heitmeyer, W. (Hg.), 1997b, Was hält die Gesellschaft zusammen?, Frankfurt/M.: Suhrkamp.

Lockwood, D., 1964, Soziale Integration und Systemintegration, in: W. Zapf (Hg.), Theorien des sozialen Wandels, Köln: Kiepenheuer & Witsch 1969.

Luhmann, N., 1997: Die Gesellschaft der Gesellschaft, Frankfurt/M.: Suhrkamp.

Mouzelis, N. P., 1997, Social and Systems Integration, in: Sociology 31.

Parsons, T./Platt, G. M., 1973, The American University, Cambridge/MA: Harvard University Press.

Schimank, U., 1992, Spezifische Interessenkonsense trotz generellem Orientierungsdissens: Ein Integrationsmechanismus polyzentrischer Gesellschaften, in: H.-J. Glegel (Hg.), Kommunikation und Konsens in modernen Gesellschaften, Frankfurt/M.: Suhrkamp.

Schimank, U., 2000, Gesellschaftliche Integrationsprobleme im Spiegel soziologischer Gegenwartsdiagnosen, in: Berliner Journal für Soziologie 10.

Ullmann-Margalit, E., 1978, Invisible-Hand Explanations, in: Synthese 39.

Uwe Schimank

Intellektuelle

1.

Als Intellektuelle gelten gemeinhin Professionelle des geschriebenen Worts, die Stellung zu den moralisch-politischen Fragen ihrer Gegenwart nehmen. Im engeren Sinn sind Intellektuelle Persönlichkeiten des öffentlichen Lebens, die auf Grund ihrer spezifischen kulturellen Kompetenz als politisches Sprachrohr für bestimmte soziale Gruppen auftreten. Im weiteren Sinne werden unter

Intellektuellen alle Individuen gefasst, die geistigen und kreativen Tätigkeiten nachgehen.

2.

Der Begriff »Intellektuelle« geht auf die Dreyfus-Affäre zurück, die die dritte französische Republik um 1900 erschüttert. Als der Schriftsteller Emile Zola mit seiner Anklageschrift *J'accuse!* Partei für den zu Unrecht angeklagten jüdischen Hauptmann Dreyfus ergreift, entzündet sich ein Streit über die politisch erwachte Bildungsklasse (vgl. Bering 1982; Charle 1990). Nach dem Zweiten Weltkrieg betreten auch Philosophen, Geistes- und Sozialwissenschaftler die intellektuelle Bühne in Frankreich (vgl. Angermüller 2007). Zur Inkarnation des engagierten Intellektuellen wird Jean-Paul Sartre, der mit seinen philosophischen, literarischen und politischen Stellungnahmen vielfältige Öffentlichkeiten überkreuzt und damit hohe Resonanz erzielt (vgl. Winock 1999). Von diesem Modell des »totalen Intellektuellen«, der das gesamte Spektrum politischer Fragen bedient, hebt sich in den 1970er und 1980er Jahren Michel Foucault ab, der als »spezifischer Intellektueller« seine kulturelle Kompetenz mit Blick auf abgegrenzte politische Problembereiche geltend macht. Den Aufstieg des forschungsorientierten Akademikers unterstreicht in den 1990er Jahren die öffentliche Präsenz des Soziologen Pierre Bourdieu. Dieser macht sich für ein reflexives Modell des Intellektuellen stark, der den sozialen Bedingungen symbolischer Dominanz Rechnung trägt (vgl. Bourdieu 1997).

Der Begriff des Intellektuellen ist unauflösbar mit der Situation der gebildeten Schichten in Frankreich verbunden. Außerhalb Frankreichs steht er oft in Konkurrenz zu anderen Bezeichnungen, die an die unterschiedlichen soziohistorischen Bedingungen und politischen Konfigurationen der jeweiligen Länder erinnern (vgl. Charle 1995). So wird in Deutschland oft vom »Bildungsbürgertum« gesprochen, dessen institutionelle Reproduktionsbasis die staatlichen Universitäten sind (vgl. Ringer 1969). Mit Blick auf Osteuropa ist seit dem 19. Jahrhundert der Begriff der *intelligentsia* gebräuchlich, der im zaristischen Russland die gebildete, aber politisch einflusslose Mittel- und Oberschicht bezeichnet. In der Sowjetunion wird *intelligentsia* mit der Schicht von Geistesarbeitern assoziiert, die aus der beschleunigten Modernisierung der Nachkriegszeit hervorgeht (vgl. Konrád/Szelényi 1981). In Großbritannien wird der öffentlich auftretende Gelehrte bisweilen als *man of letters*, die qualifizierte Bildungsschicht dagegen zu den *(liberal) professions* gezählt (vgl. Eagleton 1994; Collini 2006). Dass der Intellektuelle gerade im nordamerikanischen Raum oft mehr als negative Abgrenzungsfigur existiert (vgl. Johnson 1988; Posner 2001), erinnert einmal mehr an den polemischen Charakter dieses Begriffs. Vor dem Hintergrund einer traditionell geringen Überschneidung massenmedialer und akademischer Öffentlichkeiten ist in den USA seit den 1970er Jahren ein Wandel der akademischen Öffentlichkeit zu beobachten, der von dem Streit über *political correctness*, *affirmative action* und *identity politics* überschattet wird (vgl. Bloom 1987; Etzioni/Bowditch 2006). Im Zuge dieses Wandels werden »universalistische« Intellektuelle sozialwissenschaftlicher Prägung (wie C. Wright Mills) oder außeruniversitäre Gruppen mit Migrationshintergrund wie die *New York intellectuals* (vgl. Jacoby 1987) von »partikularistischen« Intellektuellen kulturwissenschaftlicher Prägung eingeholt (vgl. Said 1983; ders. 1996; Spivak 1988; Guillory 1993).

3.

Ganz gleich, ob es zwischen dem guten und dem schlechten Leben zu unterscheiden oder den Menschen aus seiner Unmündigkeit zu befreien gilt, Kritik ist ein ureigenes Geschäft der Philosophie. Aus welchen philosophischen Traditionen gehen Intellektuelle bevorzugt hervor (vgl. Walzer 1988)? Sicher wären neben den kritischen, genealogischen und (neo-)republikanischen Richtungen, die im Folgenden angeführt werden, auch liberale (vgl. Ferry/Renaut 1988; Rorty 1989), (post-)marxistische (vgl. Althusser 1965; Negri

1992) und (post-)ontologische (vgl. Badiou 1998; Marchart 2005) Philosophien anzuführen, die die intellektuelle Dimension des Philosophen betonen.

3.1. Die Kritische Theorie zielt auf eine Reflexion der soziohistorischen Bedingungen, unter denen Kritik möglich ist. Indem sie sich im Objekt verortet, das sie kritisieren will, reflektiert die Kritische Theorie die soziohistorischen Bedingungen, unter denen sie entstehen kann (vgl. Horkheimer 1937). Auch nach Habermas' kommunikationstheoretischer Weiterentwicklung begreift sich die Kritische Theorie als kritische Reflexionsinstanz der Gesellschaft. So müssen, wie er dies schon in *Strukturwandel der Öffentlichkeit* (1962) anregt, die soziohistorischen Bedingungen mit den universalen normativen Potenzialen diskursiver Praxis konfrontiert werden.

3.2. Ein Alternativprojekt geht auf Foucault zurück. In seinen historischen Studien öffnet er die Archive der Vergangenheit, um eine genealogische Kritik der Gegenwart zu betreiben. So legt Foucault in seinen Arbeiten zur Gouvernementalität (1977/78) anhand von historischem Material die intellektuellen Vorläufer des Neoliberalismus offen, der Mitte der 1970er Jahre eine Renaissance erlebt. Foucaults Kritik geht, wie dies auch Bourdieu betont, aus einem fein verästelten Machtsystem hervor, das Kritik sowohl hervorbringt als auch kanalisiert. Die Funktion des Philosophen ist demnach, in die Auseinandersetzungen einzugreifen, die die Gegenwart definieren.

3.3. Schließlich kann an die Diskussion erinnert werden, die im Anschluss an Hannah Arendt, Claude Lefort (1986) oder Jacques Rancière (1995) über das Politische geführt wird. Für diese Philosophen zielt das Politische auf eine Ordnung, die immer wieder neu gestiftet und instituiert werden muss. Angesichts der Krise des Nationalstaats werden die Ausgeschlossenen dabei häufig zu privilegierten politischen Subjekten erhoben (vgl. Balibar 1992). Der (neo-)republikanische Philosoph des Politischen steht in der *polis*, deren Verfassung, Ordnung und Grenzen er im Anschluss an die sozialen Konfliktlagen problematisiert.

4.

Althusser, L., 1965, Für Marx, Frankfurt/M.: Suhrkamp 1968.

Angermüller, J., 2007, Nach dem Strukturalismus. Theoriediskurs und intellektuelles Feld in Frankreich, Bielefeld: Transcript.

Badiou, A., 1998, Paulus. Die Begründung des Universalismus, München: Sequenzia 2002.

Balibar, E., 1992, Die Grenzen der Demokratie, Hamburg: Argument 1993.

Bering, D., 1982, Die Intellektuellen. Geschichte eines Schimpfwortes, Stuttgart: Klett-Cotta.

Bloom, A., 1987, The Closing of the American Mind, New York: Simon & Shuster.

Bourdieu, P., 1997, Meditationen. Zur Kritik der scholastischen Vernunft, Frankfurt/M.: Suhrkamp 2001.

Charle, C., 1995, Intellectuels, Bildungsbürgertum et professions au XIXe siècle, in: Actes de la recherche en sciences sociales 106/107.

Charle, C., 1990, Naissance des ›intellectuels‹, Paris: Minuit.

Collini, S., 2006, Absent Minds. Intellectuals in Britain, Oxford: Oxford University Press.

Eagleton, T., 1994, The Function of Criticism, London: Verso.

Etzioni, A./Bowditch, A. (Hg.), 2006, Public Intellectuals. An Endangered Species?, Lanham: Rowman & Littlefield.

Ferry, L./Renaut, A., 1985, Antihumanistisches Denken, München: Hanser 1987.

Foucault, M., 1977/78, Geschichte der Gouvernementalität, Bd. 1: Sicherheit, Territorium, Bevölkerung, Frankfurt/M.: Suhrkamp 2006.

Guillory, J., 1993, Cultural Capital, Chicago: The University of Chicago Press.

Habermas, J., 1962, Strukturwandel der Öffentlichkeit, Frankfurt/M.: Suhrkamp 1990.

Horkheimer, M., 1937, Traditionelle und kritische Theorie, in: Gesammelte Werke, Bd. 4, Frankfurt/M.: Fischer 1988.

Jacoby, R., 1987, The Last Intellectuals, New York: Basic Books.

Johnson, P., 1988, Intellectuals, New York: Harper and Row.

Konrád, G./Szelényi, I., 1981, Die Intelligenz auf dem Wege zur Klassenmacht, Frankfurt/M.: Suhrkamp.

Lefort, C., 1986, Essais sur le politique, Paris: Seuil.

Lepsius, M. R., 1964, Kritik als Beruf, in: Kölner Zeitschrift für Soziologie und Sozialpsychologie 16.
Marchart, O., 2005, Neu beginnen. Hannah Arendt, die Revolution und die Globalisierung, Wien: Turia + Kant.
Negri, A., 1992, Il potere costituente, Carnago: Sugar Co.
Posner, R. A., 2001, Public Intellectuals. A Study of Decline, Cambridge/MA: Harvard University Press.
Rancière, J., 1995, Das Unvernehmen. Politik und Philosophie, Frankfurt/M.: Suhrkamp 2002.
Ringer, F., 1969, The Decline of the German Mandarins, Cambridge/MA: Harvard University Press.
Rorty, R., 1989, Kontingenz, Ironie und Solidarität, Frankfurt/M.: Suhrkamp 1992.
Said, E., 1983, The World, the Text, and the Critic. London: Faber and Faber.
Said, E., 1996, Representations of the Intellectual, New York: Vintage.
Spivak, G. C., 1988, In Other Worlds, New York: Routledge.
Walzer, M., 1988, Zweifel und Einmischung, Frankfurt/M.: Fischer 1991.
Winock, M., 1997, Das Jahrhundert der Intellektuellen, Konstanz: UVK 2003.

JOHANNES ANGERMÜLLER

Intentionalität, kollektive

1.

Die Rede von *gemeinsamen Absichten*, *geteilten Überzeugungen* oder *kollektiven Gefühlen* ist in der Sozialphilosophie und der politischen Philosophie nicht weniger geläufig als im Alltag. *Kollektive Intentionalität* ist der Oberbegriff für sämtliche Formen *geteilter* bzw. *gemeinsamer*, auf ein Objekt bzw. einen Sachverhalt gerichteter *mentaler Zustände* (Haltungen, Einstellungen). Weitere Spielarten (bzw. Mischformen) der kollektiven Intentionalität – auch »gemeinsame«, »geteilte«, »vereinte« Intentionalität oder »Wir-Intentionalität« genannt – sind gemeinsames Erleben, gemeinsame Aufmerksamkeit (joint attention) und gemeinsame Akzeptanz (joint acceptance).

Kollektive Intentionalität ist ein *Elementarphänomen* des Sozialen, auf welchem sozialtheoretische Grundbegriffe wie »Koordination« und »Kooperation«, »Konvention«, »Kommunikation«, »Konsens«, »Institution«, »kollektives Handeln«, aber auch klassische sozialphilosophische Konzepte wie jene der »Gemeinschaft«, der »sozialen Identität« und der »Intersubjektivität« der »Lebenswelt« beruhen.

2.

Substantielle philosophische Analysen zur Struktur der kollektiven Intentionalität finden sich schon in der früheren Phänomenologie und Existentialphilosophie, insbesondere bei Gerda Walther (1923), Max Scheler (1912) und Martin Heidegger (1928/29). Im Kontext der frühen sozialwissenschaftlichen Kategorienbildung hat sich insbesondere Max Weber (1913) um dieses Phänomen bemüht. Unabhängig von diesen Vorläufern ist kollektive Intentionalität seit dem Ende der achtziger Jahre des vergangenen Jahrhunderts zu einem wichtigen Fokus der internationalen analytisch-philosophischen Forschung geworden. Während die Analyse im phänomenologischen Kontext jeweils am Paradigma gemeinsamen *Erlebens* und *Fühlens* orientiert war, geht die gegenwärtige Diskussion vom gemeinsamen *Handeln* bzw. *Beabsichtigen* aus. Die folgenden Angaben beschränken sich auf die Gegenwartsdebatte (zu den Vorläufern und ihrem systematischen Beitrag zur Analyse der kollektiven Intentionalität vgl. Schmid 2005). Es lassen sich hier zwei Phasen unterscheiden: Im Anschluss an einige verstreute Bemerkungen im Werk von Wilfrid Sellars (1980 z.B.) hat Raimo Tuomela, der Pionier auf diesem Forschungsfeld, das Phänomen der »Wir-Absichten« (Tuomela 1988) einer systematischen Analyse zugeführt. Weitere Autoren, die eigenständige frühe Analysen vorgelegt haben, sind Margaret Gilbert (1989) und Michael Bratman (1992). John R. Searle kommt nicht nur das Verdienst zu, den Begriff »kollektive Intentionalität« geprägt zu haben (1990). Sein Buch *Die Konstruktion der gesellschaftlichen Wirklichkeit* (1995) hat eine weite Öffentlichkeit mit dem Thema bekannt gemacht. Searle stellt hier die kollektive Intentionalität als einen Grundstein der sozialen Wirklichkeit dar. Für die *zweite Diskussionsphase* sind mindestens vier Entwicklungen charakteristisch. Die bestehenden Analysen werden erstens verfeinert und in der wechselseitigen Rezeption und Kritik der genannten Autoren erläutert (die fundamentalen Unterschiede in der Analyse, die auch mit divergierenden Erkenntnisinteressen zu tun haben, bleiben indes bestehen). Zweitens werden externe Fundamentalkritiken der Analyse der kollektiven Intentionalität artikuliert (wobei sowohl ein Zuviel, vgl. Baier 1997, als auch ein Zuwenig an Individualismus, vgl. Miller 2001, moniert wird). Drittens werden weitere Arten der kollektiven Intentionalität einbezogen (insbesondere *geteilte Überzeugungen* und *gemeinsame Akzeptanz*, vgl. etwa Tuomela 2002; Wray 2001, sowie *kollektive Gefühle*, vgl. Gilbert 2002). Und viertens wird die Diskussion auf Anwendungsgebiete ausgeweitet – darunter die Entscheidungstheorie (v.a. die Theorie rationaler Koordination und Kooperation; vgl. Sugden 2000), die Ethik und Rechtsphilosophie (hier insbesondere die Frage nach der Struktur kollektiver Verantwortung, vgl. May/Tuomela 2007), die soziale Erkenntnistheorie sowie benachbarte Disziplinen der Philosophie wie die Kognitionswissenschaften, die Linguistik, die Künstliche-Intelligenz-Forschung oder die Entwicklungspsychologie.

3.
Die wichtigsten Kontroversen in der Analyse der kollektiven Intentionalität entzünden sich an den folgenden drei Fragestellungen: (3.1.) *Was genau* an der fraglichen Intentionalität ist überhaupt *kollektiv*? (3.2.) Ist kollektive Intentionalität als Kombination individueller intentionaler Zustände zu verstehen, oder ist sie eine eigenständige Art von Intentionalität? (3.3.) Welche *Beziehungen* bestehen zwischen den Individuen, die an der kollektiven Intentionalität beteiligt sind: gehören dazu wechselseitige Verpflichtungen? Impliziert kollektive Intentionalität gar eine Art ›intentionale Fusion‹ zwischen Individuen?

3.1. Intentionale Zustände bzw. Haltungen werden gemeinhin durch drei Elemente charakterisiert: *Gehalt, Modus* und *Subjekt*. Dementsprechend verorten verschiedene Theorien der kollektiven Intentionalität das Moment der *Kollektivität* in verschiedenen dieser Elemente. Bratman vermutet die Kollektivität primär im intentionalen *Gehalt*. Wenn wir gemeinsam vorhaben, ein Duett zu spielen, dann muss – Bratman zufolge – jeder von uns individuell beabsichtigen, *dass wir ein Duett spielen* (zusätzlich wird eine abgestimmte Planung verlangt – es dürfen nicht beide Individuen ein- und dieselbe Stimme zu spielen beabsichtigen –, sowie eine Struktur wechselseitiger Überzeugungen und geeigneter kausaler Bedingtheit; vgl. Bratman 1999, 105). Angesichts seiner bisherigen Rezeption darf Bratmans Ansatz als besonders erfolgreich gelten. Die Kritik an ihm setzt indes an drei Punkten an. Erstens wird Bratmans Analyse ein Zirkularitätsproblem diagnostiziert: Soll die Gemeinsamkeit einer Handlung aus der Gemeinsamkeit einer Absicht hergeleitet werden, dürfe die gemeinsame Handlung nicht ihrerseits schon im intentionalen Gehalt dieser Absicht vorausgesetzt sein. Zweitens ist ›beabsichtigen, dass‹ ein technischer Terminus, dessen Rolle noch zu klären bleibt. Normalsprachlich reden wir von ›beabsichtigen, *zu*‹, was grammatikalisch keine Differenz zwischen dem Subjekt der Absicht und dem Subjekt der beabsichtigten Handlung zulässt. Das führt direkt zum dritten Punkt: Absichten wie jene, ›dass wir ein Duett spielen‹, erstrecken sich nicht nur auf das *eigene Verhalten*, sondern auch auf dasjenige der *übrigen Beteiligten*; da man aber nicht beabsichtigen kann, was man prinzipiell nicht *tun* zu können annimmt, müssen sich Individuen, die solche Absichten haben, einen entsprechenden *Einfluss* auf das Verhalten der relevanten anderen zuschreiben. Absichten der Form ›ich beabsichtige, dass wir x‹ sind mithin *sozial voraussetzungsreich*. Das wäre insbesondere dann problematisch, wenn sich zeigen lassen sollte, dass elementare Formen der kollektiven Intentionalität zu diesen Voraussetzungen gehören (vgl. Schmid 2005, § 6).

Tuomelas jüngere Analysen sind dadurch gekennzeichnet, dass der Autor den Akzent nebst dem Gehalt besonders auch auf den besonderen *Modus* der kollektiven Intentionalität legt (zur Kollektivität des Gehalts der Wir-Absichten bei Tuomela vgl. 3.2.). Für vollwertige kollektive Intentionalität ist Tuomela zufolge der »Wir-Modus« *(we-mode)* charakteristisch, in welchem Individuen nicht *als Einzelpersonen* denken und handeln, sondern *als Gruppenmitglieder*. Sie sind dabei an der Realisierung der Gruppenziele orientiert, wobei ihr Engagement nicht auf privaten Erwägungen, sondern auf gruppengenerierten Gründen (z.B. einer gemeinsam getroffenen Entscheidung) beruht. Die normative Infrastruktur der Kooperation im Wir-Modus wird durch ein *Gruppenethos* bereitgestellt. Allerdings kennt Tuomela diesem vollwertigen bzw. kompletten Begriff der kollektiven Intentionalität gegenüber auch eine schlankere »Ich-Modus«-Variante der kollektiven Intentionalität, welche indes kooperativ weniger stabil ist (vgl. Tuomela 2007).

Gilbert rückt hingegen im Rahmen ihrer *Pluralsubjekt-Theorie* das intentionale *Subjekt* ins Zentrum der Analyse. Pluralsubjekte entstehen aus einer *gemeinsamen Festlegung (joint commitment)* auf ein gemeinsames Vorhaben, eine geteilte Überzeugung oder auch eine kollektive Emotion. Eine gemeinsame Festlegung liegt vor, wenn sich die beteiligten Individuen öffentlich wechselseitig die Bereitschaft signalisiert haben, sich selbst auf das Leisten ihres Beitrags festzulegen, sofern die anderen dies auch tun (zur Kritik vgl. auch 3.3.).

3.2. Reduktionisten in der Theorie der kollektiven Intentionalität vertreten die Ansicht, dass kollektive Intentionalität als Aggregat individueller Intentionalität beschrieben werden kann. Non-Reduktionisten betonen demgegenüber, dass die relevante Intentionalität der an der kollektiven Intentionalität beteiligten Individuen ihrerseits von der *kollektiven Intentionalität abgeleitet,* also in Sellars' Sinn »wir-derivativ« sei.

Tuomela und Millers bahnbrechender Vorschlag von 1988 schien einer *reduktionistischen* Strategie zu folgen. Dieser Analyse zufolge ist eine Handlung nur dann von zwei Personen A und B gemeinsam beabsichtigt, wenn sowohl A als auch B einen geeigneten individuellen Beitrag zur fraglichen Handlung zu leisten beabsichtigen und zudem wechselseitig davon überzeugt sind, dass dies auch vom je anderen Individuum gilt (*mutual belief*). Ein erster, von Searle (1990) formulierter Einwand gegen diesen Typ von Analyse richtet sich gegen die Annahme wechselseitiger Überzeugung. Im Unterschied zu Tuomela (1984, Kap. 7) meint Searle, dass diese Annahme notwendigerweise eine infinite Iteration von Überzeugungen impliziere, was mit der Beschränktheit unseres Geistes unverträglich sei. Eine zweite kritische Diskussion fokussiert auf die individuellen Beitragsabsichten: Wenn diese *de re* (also mit Bezug auf das Objekt) verstanden werden, scheint die Analyse *zu weit* zu sein, denn dass zwei Individuen je eine Absicht haben, die faktisch zu derjenige des anderen passt, bedeutet nicht, dass das resultierende Verhalten dann auch tatsächlich als eine *gemeinsame Handlung* anzusprechen ist – selbst wenn das faktische Zueinanderpassen der Absichten gemeinsames Wissen ist. Die beteiligten Individuen müssen – wie Tuomela übrigens selbst sagt – ihren Beitrag *als ihren Beitrag* zur gemeinsamen Handlung beabsichtigen. Dies aber scheint wieder in eine Variante des schon angetroffenen Zirkels zu führen. Damit ich vorhaben kann, meine Stimme *als Beitrag zu unserem Duett* zu spielen, muss ich schon davon ausgehen können, dass wir vorhaben, ein Duett zu spielen. In dieser Zirkularität muss indes kein Makel gesehen werden, zeigt sie doch nur, dass mein individuelles Teilnahmevorhaben sich zu unserem gemeinsamen Vorhaben eben nicht so verhält wie ein einzelner Stein zur Mauer, sondern eher wie ein Buchstabe zum Alphabet (den Stein gibt es auch ohne Mauer, Buchstaben hingegen nur im Alphabet). Im Hintergrund dieser Kontroverse steht mithin die Frage, was von einer Analyse der kollektiven Intentionalität erwartet werden soll: »Zirkularität« kann nur dann als Einwand gelten, wenn »Analyse« ontologisch als selbständig betrachtete Elemente auszeichnen muss (im Sinn des Verhältnisses von Mauer und Stein). Die Alternative besteht darin, Analyse als *Auslegung* einer holistischen Struktur zu verstehen (im Sinn des Verhältnisses von Alphabet und Buchstabe; zu Tuomelas Antwort auf seine Kritiker vgl. Tuomela 2005).

3.3. Aus dem Scheitern des Versuchs, kollektive Intentionalität aus selbständiger individueller Intentionalität aufzubauen, schließt Searle, dass sie eine *eigenständige Art von Intentionalität* sein muss. Die nahe liegende Vermutung, dass sich die individuelle Intentionalität zum individuellen Geist verhalte wie die kollektive Intentionalität zum *Kollektivgeist*, wehrt Searle mit einem Bekenntnis zum methodologischen Individualismus und zum methodologischen Solipsismus ab: Es seien die beteiligten Individuen, welche die irreduzible Wir-Intentionalität je »in ihrem individuellen Geist« (Searle 1990, 406f.) haben. Die Kritik hat demgegenüber hervorgehoben, dass Individuen in einer Form von *Beziehung zueinander* stehen müssen, damit die Intentionalität, die sie haben, geteilt sein kann (vgl. Meijers 2003). Ob Intentionalität geteilt ist oder nicht, sieht man nicht, wenn man nur den *Inhalt* der beteiligten individuellen »Geister« betrachtet. Es bedarf auch einer Analyse der bestehenden interindividuellen Beziehungen. In diesem Sinn ist kollektive Intentionalität ein *relationales* Phänomen. In diesem Bereich hat sich die Debatte bislang v.a. auf die Frage der Normativität konzentriert. Gilbert hat betont, dass gemeinsame Festlegungen (die sie für kollektive Intentionalität verantwortlich macht) die Beteiligten in ein *wechselseitiges Verpflichtungsverhältnis* setzen: Eine gemeinsame Festlegung ist auch nur gemeinsam – nicht unilateral – auflösbar. Diese Überlegungen hat Gilbert auf verschiedene praktisch-philosophische Problemstellungen angewandt, darunter auf die Frage der Verpflichtung der Bürger zur Aufrechterhaltung ihrer politischen Institutionen (vgl. Gilbert 2006).

Die Kritik hat gegen Gilbert geltend gemacht, dass das Faktum des Geteiltseins eines intentionalen Zustands *per se* noch keine Verpflichtung schafft (vgl. etwa Sugden 2000). Grund dafür ist, dass kollektive Intentionalität nicht nur aus einer gemeinsamen Festlegung, sondern auch etwa aus bloßer *Gewohnheit* erwachsen kann; in letzterem Fall hat sie keinen moralisch-verbindlichen Charakter. So richtig dieser Einwand auch ist, so dürfte das Gegenbild einer völligen Normativitätsfreiheit der kollektiven Intentionalität ebenfalls unzutreffend sein. Der Prozess der *Normativierung* des Habituellen ist eine weithin akzeptierte Tatsache, welche durch die Analyse der kollektiven Intentionalität zukünftig weitere begriffliche Aufklärung erhalten dürfte.

Einverständnisbasierte Theorien (zu denen trotz gegenteiliger Versicherungen der Autorin oft auch diejenige Gilberts gezählt wird) können auch deshalb keinen Anspruch darauf erheben, den Gegenstandsbereich einer Theorie der kollektiven Intentionalität zu erschöpfen, weil das Anstreben eines Einverständnisses selbst eine komplexe kollektiv intentionale Praxis ist. Elementare Formen der kollektiven Intentionalität finden sich unter den *Voraussetzungen* kommunikativer Verständigung, können also nicht aus dieser hergeleitet werden. Dass die Anwendbarkeit auf basale Formen geteilter intentionaler Haltungen eine *Adäquatheitsbedingung* einer *Theorie der kollektiven Intentionalität* ist, hat sich insbesondere in der entwicklungspsychologischen Debatte gezeigt. Das frühe Bedürfnis nach dem Teilen des Aufmerksamkeitsfokus' *(joint attention)*, wie es sich in der kleinkindlichen Lust am Hindeuten manifestiert, scheint der Punkt zu sein, an dem sich die Entwicklung menschlicher Kleinkinder zuerst von derjenigen anderer Primaten scheidet (vgl. Tomasello/Carpenter/Call u.a. 2005). Kollektive Intentionalität erscheint hier mithin als das basale *humanum* schlechthin. Im Lichte der Analyse der kollektiven Intentionalität erhält mithin das alte Diktum vom Menschen als dem *gemeinschaftsbildenden Lebewesen* einen neuen, elementaren Sinn.

4.

Baier, A. C., 1997, Doing Things With Others, in: L. Alanen/S. Heinämaa/T. Wallgren (Hg.), Commonality and Particularity in Ethics, London: Palgrave.
Bratman, M., 1992, Shared Cooperative Activity, in: Philosophical Review 101.
Bratman, M., 1999, Faces of Intention, Cambridge: Cambridge University Press.
Gilbert, M., 1989, On Social Facts, Princeton: Princeton University Press.
Gilbert, M., 2002, Collective Guilt and Collective Guilt Feelings, in: Journal of Ethics 6.
Gilbert, M., 2006, A Theory of Political Obligation, Oxford: Oxford University Press.
Heidegger, M., 1928/29, Einleitung in die Philosophie, Gesamtausgabe, Bd. 27, Frankfurt/M.: Klostermann 1996.
May, L./Tuomela, R. (Hg.), 2007, Collective Responsibility, in: Journal of Social Philosophy 38.
Meijers, A. W. M., 2003, Can Collective Intentionality be Individualized?, in: American Journal of Economics and Sociology 62.
Miller, S., 2001, Social Action, Cambridge: Cambridge University Press.
Scheler, M., 1912, Wesen und Formen der Sympathie, Gesammelte Werke, Bd. 7, Bern: Franke 1974.
Schmid, H. B., 2005, Wir-Intentionalität. Kritik des ontologischen Individualismus und Rekonstruktion der Gemeinschaft, Freiburg: Alber.
Schmid, H. B./Schweikard, D. P. (Hg.), 2008, Kollektive Intentionalität, Frankfurt/M.: Suhrkamp (i. E.).
Searle, J. R., 1990, Collective Intentions and Actions, in: P. R. Cohen/J. Morgan/M. E. Pollack (Hg.), Intentions in Communication, Cambridge/MA: MIT Press.
Searle, J. R., 1995, Die Konstruktion der gesellschaftlichen Wirklichkeit, Reinbek: Rowohlt 1997.
Sellars, W., 1980, On Reasoning About Values, in: American Philosophical Quarterly 17.
Sugden, R., 2000, Team Preferences, in: Economics & Philosophy 16.
Tomasello, M./Carpenter, M./Call, J. u.a., 2005, Understanding and Sharing Intentions, in: Behavioral and Brain Sciences 28.
Tuomela, R./Miller, K., 1988, We-Intentions, in: Philosophical Studies 53.
Tuomela, R., 1984, A Theory of Social Action, Dordrecht: Reidel.
Tuomela, R., 1995, The Importance of Us, Stanford: Stanford University Press.
Tuomela, R., 2002, The Philosophy of Social Practices, Cambridge: Cambridge University Press.
Tuomela, R., 2005, We-Intentions Revisited, in: Philosophical Studies 125.
Tuomela, R., 2007, The Philosophy of Sociality, New York: Oxford University Press.
Walther, G., 1923, Zur Ontologie der sozialen Gemeinschaften, in E. Husserl (Hg.), Jahrbuch für Philosophie und phänomenologische Forschung, Bd. 6, Halle: Niemeyer.
Weber, M., 1913, Über einige Kategorien der verstehenden Soziologie, in: Gesammelte Aufsätze zur Wissenschaftslehre, Tübingen: Mohr 1922.
Wray, K. B., 2001, Collective Belief and Acceptance, in: Synthese 129.

Hans Bernhard Schmid

Interesse

1.

Als »Interesse« bezeichnet man die positive Anteilnahme eines Subjekts an einem Gegenstand, welche sich eher passiv als rezeptive Aufmerksamkeit und Neigung oder eher aktiv als Wichtignehmen oder Strebung äußern kann. Mögliche Gegenstände von Interessen sind Lebewesen, Dinge, Verhältnisse und Bewusstseinszustände. Die Frage, welche Subjekte mögliche Träger von Interessen sind, benennt bereits ein Problem philosophischer Theorien des Interesses. Dass jedenfalls Menschen als Gattungswesen Interessen haben und Interessefähigkeit eine anthropologische Konstante darstellt, ist weitgehend unbestritten. So würde man ein Fehlen oder die signifikante Abnahme der Fähigkeit und der Bereitschaft zum Interesse haben als besorgniserregend, im Extremfall sogar als Defekt oder Pathologie begreifen, wie es in der Psychiatrie unter dem Stichwort »give-up-itis« auch geschieht. Welchen Entitäten man außer Menschen Interessen zuschreiben kann, hängt von der Präzisierung des Interessebegriffes ab. Grundsätzlich kann sich Interesse als positive Anteilnahme sowohl in rationalen als auch in nicht oder nicht primär von rationaler Einsicht bestimmten Verhaltensweisen des Auswählens, Vorziehens, Bedeutungverleihens und Wertens zeigen. Im ersten Fall sind Interessen als rationale Präferenzen zu verstehen, im zweiten Fall des eher gefühlsmäßigen Angezogenseins sind Interessen vergleichbar mit Wünschen und Neigungen. In beiden Fällen wird Interesse als handlungsrelevant betrachtet: Was in dem unmittelbar empfundenen oder rational erkannten Interesse eines Subjektes liegt, wird als nützlich, förderlich oder erstrebenswert bewertet und stellt prima facie einen Grund dar, diejenige Handlung auszuführen, die das Interesse befördert.

2.

Das lateinische *inter esse* für »dabei sein«, »Anteilnehmen« bringt in seiner impersonalen Verwendung *interest* zum Ausdruck, dass etwas »einen Unterschied macht« oder »von Wichtigkeit ist«. Das historische Spektrum der Bedeutungen fächert sich auf in (i) Schaden, Schadensersatz, Zinsen über (ii) Nutzen, Vorteil, Profit, Gewinn zu (iii) Aufmerksamkeit, Anteilnahme, Gefallen und Belang. Ab Mitte des 17. Jahrhunderts wird »Interesse« zu einem zentralen Begriff der Moral- und Staatsphilosophie (vgl. Fuchs/Gerhardt 1976), wobei bereits Diderot (1765) in der *Enzyklopädie* dessen Bedeutungsvielfalt und -unübersichtlichkeit anführt. Ausschlaggebend für die Etablierung des Interessebegriffs in der Ethik und der politischen Philosophie ist zum einen das Verständnis von Interessen als Motivationen zu Handlungen im Sinne von »Triebkräften« (etwa in Helvétius' (1758) Vorstellung vom »wohlverstandenen Interesse« als der allgemeinen Triebfeder menschlichen Handelns), zum anderen die Interpretation des natürlichen Strebens des Menschen als Streben nach Selbsterhalt und Beförderung des eigenen Wohls im Sinne von »Eigeninteressen«. Diese Verbindung von Interessen mit der Motivation und der Rationalität von Personen sowie der Zusammenhang mit ihrem Wohlbefinden sichern Interessen einen zentralen Platz auch in der Anthropologie und Psychologie, der Rechtswissenschaft, Ökonomie und Soziologie.

3.

Der Begriff »Interesse« – bzw. die oftmals synonym verwendeten Begriffe »Wünsche« und »Präferenzen« – steht für das, was Personen wichtig ist, was sie für erstrebenswert erachten, was potentiell ihre Handlungen leitet. Konflikte von Interessen innerhalb einer Person oder zwischen verschiedenen Personen machen Verfahren zum Umgang mit oder zur Lösung von Interessenkonflikten notwendig, d.h. moralische Regeln und Grundsätze der Gerechtigkeit für Konflikte zwischen den berechtigten Interessen verschiedener Personen (3.1.) sowie Kriterien der Auswahl und der Kritik von Interessen für intrapersonelle Wunschkonflikte (3.2.). Hieran schließt die Frage an, welche Interessen bzw. welche Interessenträger moralisch zählen und Interessenkonflikte auslösen können (3.3.).

3.1. Ein Paradigma der politischen und ethischen Theoriebildung beruht auf der Kennzeichnung des natürlichen, amoralischen, nicht-vergesellschafteten Menschen durch Interessen als anthropologischen Konstanten (etwa in Hobbes' Vorstellung der bloß von egoistischen Interessen motivierten rationalen Individuen im Naturzustand; vgl. Hobbes 1651). Welcher Stellenwert diesen natürlichen egoistischen Interessen in der Rechtfertigung der Moral oder der Etablierung von Gerechtigkeit zukommt, hängt wesentlich davon ab, wie das Verhältnis von Rationalität und Interesse vorgestellt wird. Wird die egoistische Interessenverfolgung als einzige Handlungsmotivation rationaler Individuen verstanden, tut sich ein Graben auf a) zwischen rationalen Eigeninteressen und den Forderungen der Moral, die durch die Rücksichtnahme auf die Interessen Dritter konstituiert sind, sowie b) zwischen individuellen Interessen (die sich auf das eigene Wohlergehen richten) und kollektiven Interessen (die sich auf das Gemeinwohl richten, das durch staatliche Institutionen gefördert und gesichert werden soll).

Im ersten Fall (a) stehen sich rationaler Egoismus und moralischer Altruismus scheinbar unversöhnlich gegenüber. Moralisches Handeln beginnt demnach genau da, wo die Person die schiere Selbstliebe und den Eigennutz überwindet und einen desinteressierten Standpunkt einnimmt. Dieser Gegensatz von Interessen und Moral liegt sowohl dem Amoralismus-Problem zugrunde (»Können rationale amoralische Personen mit guten Gründen von der Gültigkeit moralischer Normen überzeugt werden?«), als auch dem Typus von Dilemmata, die einen Konflikt zwischen Rationalität und Moralität beschreiben (also eine Situation, in der instrumentelle oder zweckrationale Gründe für eine bestimmte Handlung sprechen, wohingegen moralische Gründe von eben dieser Handlung abraten, ohne dass ein übergeordnetes Kriterium der Entscheidung benannt werden könnte). Die Aufhebung des Gegensatzes zwischen Interessen und Moral kann dann gelingen, wenn ein spezifisch moralisches Interesse formuliert wird, das die Überwindung der Eigeninteressen voraussetzt (so etwa Kants unmittelbares reines Interesse der Vernunft, wodurch sie praktisch, d.h. die Vernunft eine den Willen nach Maßgabe des Sittengesetzes bestimmende Ursache wird; vgl. Kant 1785, 460).

Der zweite Fall (b) formuliert das Grundproblem der politischen Theoriebildung: Wie kann der Graben zwischen Eigennutz als Grundlage des Naturrechts und Gemeinnutz als Grundlage des Staatsrechts überwunden werden? Zwei paradigmatische Lösungsansätze sind: (i) Der *Kontraktualismus*: Die Frage nach der Rechtfertigung der Moral und im Besonderen der Rechtfertigung normativer politischer Institutionen wird durch Rekurs auf Rationalität beantwortet, indem die individuelle Interessenverfolgung und Nutzenoptimierung unter hypothetische Imperative gestellt werden, die das gemeinsame Interesse und das Gemeinwohl betreffen. Der Grund hierfür wird besonders klar in der politischen Theorie von Hobbes (1651) formuliert: Eine allgemeine egoistische Praxis erodiert die Grundlage des rationalen Egoismus, insofern der unter den Bedingungen der unbeschränkten individuellen Interessenverfolgung unvermeidliche »Krieg eines jeden gegen jeden« das individuelle Wohl gefährdet. Das spricht für die Etablierung eines Rechtszustandes, der die Freiheit des Einzelnen einschränkt, indem allgemein verpflichtende Kooperationsregeln, Normen und Gesetze geschaffen und durch eine zwangsbefugte Gesellschaftsordnung gesichert werden. (ii) Der *Utilitarismus*: Die moralische Rechtfertigung von einzelnen und politischen Handlungen ist an ein Utilitätsprinzip gebunden, das diejenige Handlung auszeichnet, die das intrinsisch Gute – die Interessen und somit das Wohlergehen aller von der Handlung Betroffenen – maximal befördert. Alle Interessen erhalten unbesehen von ihren Trägern und ungeachtet ihrer Qualität, d.h. unabhängig von dem Wert der Gegenstände, auf die die Interessen sich jeweils richten, Eingang in das unparteiliche Nutzenkalkül. Nicht die Verfolgung von Eigeninteressen und Eigennutz, sondern die Maximierung des Gesamtnutzens und die Befriedigung der Interessen in einem möglichst großen Maße macht die Moralität und Gerechtigkeit von Handlungen aus (vgl. Bentham 1798). Schon an diesen beiden Ansätzen wird deutlich, dass die Reduzierung von Interessen auf Eigeninteressen der Komplexität des Verhältnisses zwischen Interessen und Rationalität nicht Genüge leisten kann, so dass weitere Differenzierungen des Interessebegriffs notwendig erscheinen.

3.2. Wenn Interessen relativ zu den subjektiven Einstellungen, Erwartungen, Zielen und partikularen Interessenlagen des Interessenträgers charakterisiert werden, dann entsprechen sie seinen subjektiven positiven Einstellungen gegenüber einem Gegenstand. Nun können sich bei genauerer Betrachtung manche dieser subjektiven Interessen als nicht wünschens- oder erstrebenswert, unangemessen oder schädlich für den Interessenträger – angesichts seiner Ziele oder unter Maßgabe seines Wohlergehens – herausstellen. Wenn es also nicht immer im wahren bzw. objektiven Interesse einer Person liegt, ihre jeweils faktischen subjektiven Interessen zu befriedigen, dann würde ein vernünftiger Interessenträger seine bisherigen positiven Einstellungen und somit auch seine Präferenzen und Wünsche nicht länger aufrecht erhalten wollen. Eine kritische Revision oder »Therapie« von Wünschen und Präferenzen erscheint in solchen Fällen, in denen diese in offenkundigem Widerspruch zu dem objektiven Interesse des Interessenträgers stehen, rational geboten. Konzeptionen einer solchen Kritik von Wünschen bzw. einer Objektivierung/Rationalisierung von Interessen liegen etwa vor in Leonard Nelsons »Interessenreduktion« oder Richard Brandts »kognitiver Psychotherapie« (vgl. Nelson 1913; Brandt 1979). Objektive Interessen können nicht nur unter dem Aspekt der optimalen Beförderung des individuellen Wohlergehens bestimmt werden, sondern darüber hinaus unter Maßgabe eines notwendigen rationalen Gehalts von Interessen. So sollten vernünftige Personen auf mangelhaften Informationen und Abwägungen, auf widersprüchlichen Überzeugungen, auf unreflektierten Konventionen oder bloßen Erwartungen Dritter beruhende Wünsche revidieren. Des weiteren könnte es als objektives Interesse von Personen betrachtet werden, nicht im Widerspruch zu moralischen Regeln oder Grundsätzen der Gerechtigkeit zu handeln, eine dem Menschen spezifische Exzellenz zu aktualisieren oder ein Leben zu führen, das allgemein als gelungen bewertet werden kann (vgl. Nussbaum 1994).

Eine Problematik der Unterscheidung von subjektiven und objektiven Interessen zeigt sich in den Fällen, in denen die Zustimmung des Betroffenen nicht eingeholt werden kann, z.B. weil er zur Zustimmung nicht gewillt oder uneinsichtig oder prinzipiell zum Zustimmen nicht in der Lage ist (vgl. Patzig 1978; Nida-Rümelin 1996). In solchen Fällen wird die intendierte Realisierung des objektiven Interesses in den Präferenzen und Wünschen nicht geleistet. Der Respekt vor der Autonomie von Personen und die daraus folgende Vermeidung des Paternalismus scheint die Geltungskraft des Imperativs – dass nämlich vernünftige Personen ihre subjektiven Präferenzen rationalisieren bzw. objektivieren sollten, wenn sie im Widerspruch zu ihrem objektiven Interesse stehen – zu schwächen. Hierdurch wird auch die zunächst normativ kraftvoll erscheinende Unterscheidung von subjektiven und objektiven Interessen weniger scharf.

Einen Ausweg aus dieser Problematik sucht die Handlungs- und Entscheidungstheorie, indem sie den Begriff des Interesses umgeht und unter individuellen Präferenzen diejenigen begreift, die durch das (beobachtbare) Entscheidungsverhalten von Personen kenntlich werden (*revealed prefences*-Ansatz, vgl. Sen 1970). Die Objektivierung von Präferenzen wird als eine Kohärenzleistung bezüglich subjektiver Präferenzordnungen verstanden: Etwa sollten solche subjektiven Präferenzordnungen revidiert werden, die fundamentalen Rationalitätsbedingungen widerstreiten (z.B. den Bedingungen der Vollständigkeit, Transitivität oder Reflexivität).

3.3. Ein Gutteil der Debatten in der angewandten Ethik ist durch den Verweis auf »Interessen« geprägt, z.B. der Interessen mental oder psychisch schwer beeinträchtigter Kranker, Schwerstbehinderter, Neu-, manchmal sogar Ungeborener, der durch Umweltverschmutzung bedrohten Natur, der Tiere usw. (vgl. Birnbacher 2006). Es handelt sich hier um nicht-interpretierte, nicht-bewusste, weder anderen noch dem Träger selbst zugängliche Interessen, die, da sie nicht artikuliert werden können, von Dritten zugeschrieben werden müssen. Der Unterschied zwischen »Interesse haben« und »Interesse nehmen« ist für die Stellvertreter-Perspektive, aus der eine solche Zuschreibung erfolgt, von großer Wichtigkeit. Diejenigen Entitäten, denen Interessen zugeschrieben werden können, gelten für das Gros der angewandten Ethik als moralisch relevant. Die Frage, wem ein moralischer Status zukommt, ist somit eng verbunden mit der Frage, wer Träger von Interessen ist, wobei die Voraussetzungen für die Zuschreibung von Interessefähigkeit mit bestimmten mentalen Fähigkeiten (wie Empfindungsfähigkeit, Bewusstsein oder Subjektivität) identifiziert werden. So betrachtet etwa Peter Singer (1980), einer der prominentesten und umstrittensten Vertreter einer auf Interessen gegründeten Ethik, Empfindungsfähigkeit als Bedingung dafür, um Interessen zuschreiben zu können. Die durch Interessefähigkeit gekennzeichnete moralische Sphäre umfasst dann sehr verschiedene Arten von Individuen: Neben den meisten Menschen wären auch viele Tiere nach einem Gleichheitsprinzip in der Interessenabwägung zu berücksichtigen.

Eine Gegenposition wird von R. G. Frey (1980) formuliert, der Interessen als konstitutiv für moralische Rechte begreift, aber Empfindungsfähigkeit und Wunschfähigkeit als unzureichend für die Zuschreibung von Interessefähigkeit bewertet. Frey betrachtet Sprache und Intentionalität als Ausdruck der mentalen Fähigkeiten, über die die Entitäten verfügen müssen, denen sinnvollerweise Interessen – und somit moralische Rechte – zugesprochen werden können.

Einen Mittelweg stellt eine Konzeption der »Stufenfolge des Mentalen« dar, die neben erwachsenen, »normal« entwickelten Menschen »bloß« empfindungsfähigen und bewussten Lebewesen moralische Berücksichtigung sichert und zugleich einen engeren Bereich der Moral bestimmt, dessen unbedingte Regeln, Pflichten und Rechte sich nur an Personen richten, die über Selbstbewusstsein verfügen (vgl. Özmen/Nida-Rümelin 1999).

4.

Bentham, J., 1789, Eine Einführung in die Prinzipien der Moral und der Gesetzgebung, in: O. Höffe (Hg.), Einführung in die utilitaristische Ethik, Tübingen: Francke 1992.

Birnbacher, D., 2006, Bioethik zwischen Natur und Interesse, Frankfurt/M.: Suhrkamp.

Bloomfield, P., 2007, Morality and Self-Interest, Oxford: Oxford University Press.

Brandt, R. B., 1979, A Theory of the Good and the Right, Oxford: Oxford University Press.

Diderot, D., 1765, Interét, in: Encyclopédie ou dictionnaire raisonné des sciences, des arts et des métiers, Stuttgart: Frommann-Holzboog 1967.

Erp, H. v., 2000, Political Reason and Interest, Hamphire: Ashgate.

Fehige, C./Wessels, U. (Hg.), 1998, Preferences, Berlin: de Gruyter.

Frey, R. G., 1980, Interests and Rights, Oxford: Oxford University Press.

Fuchs, H.-J./Gerhardt, V., 1976, Interesse, in: J. Ritter/K. Gründer/G. Gabriel (Hg.), Historisches Wörterbuch der Philosophie, Bd. 4, Darmstadt: WBG.

Gauthier, D. P. (Hg.), 1970, Morality and Self-Interest, Englewood Cliffs: Prentice Hall.

Gosepath, S., 1992, Aufgeklärtes Eigeninteresse, Frankfurt/M.: Suhrkamp.

Griffin, J., 1986, Well-Being, Oxford: Clarendon Press.

Grundherr, M. v., 2007, Moral aus Interesse. Metaethik der Vertragstheorie, Berlin: de Gruyter.

Hegselmann, R./Kliemt, H. (Hg.), 2001, Moral und Interesse, München: Oldenbourg.

Held, V., 1970, The Public Interest and Individual Interests, New York: Basic Books.

Helvétius, C. A. de, 1758, Vom Menschen, seinen geistigen Fähigkeiten und seiner Erziehung, Frankfurt/M.: Suhrkamp 1972.

Hobbes, T., 1651, Leviathan, Frankfurt/M.: Suhrkamp 1999.

Hoerster, N., 2003, Ethik und Interesse, Stuttgart: Reclam.

Kant, I., 1785, Grundlegung zur Metaphysik der Sitten, in: Akademie-Ausgabe, Bd. 4, Berlin: de Gruyter 1968.

Mittelstraß, J., 1982, Über Interessen, in: ders. (Hg.), Methodologische Probleme einer normativ-kritischen Gesellschaftstheorie, Frankfurt/M.: Suhrkamp.

Nelson, L., 1913, Die Theorie des wahren Interesses und ihre rechtliche und politische Bedeutung, in: Gesammelte Schriften, Bd. 8., Hamburg: Meiner 1964.

Neuendorff, H., 1982, Der Begriff des Interesses, Frankfurt/M.: Suhrkamp.

Nida-Rümelin, J., 1996, Subjektive Wünsche und objektives Wohlergehen, in: C. Hubig (Hg.), Cognitio humana, Berlin: Akademie.

Nussbaum, M., 1994, The Therapy of Desire, New Jersey: Princeton University Press.

Özmen, E., 1999, Der Begriff des Interesses als Grundbegriff der zeitgenössischen Ethik, in: J. Mittelstraß (Hg.), Die Zukunft des Wissens, Konstanz: UVK.

Özmen, E./Nida-Rümelin, J., 1999, Die moralische Abwägung menschlicher und tierlicher Interessen, in: J. Joerden/B. Busch (Hg.), Tiere ohne Rechte?, Berlin: Springer.

Patzig, G., 1978, Der Unterschied zwischen subjektiven und objektiven Interessen und seine Bedeu-

tung für die Ethik, Göttingen: Vandenhoeck & Ruprecht.
Paul, E. F./Miller, F. D./Paul, J. (Hg.), 1997, Self-Interest, Cambridge: Cambridge University Press.
Rogers, K. (Hg.), 1997, Self-Interest, London: Routledge.
Sen, A., 1970, Collective Choice and Social Welfare, San Francisco: Holden Day.
Singer, P., 1980, Praktische Ethik, Stuttgart: Reclam 1994.
Schmitz, W./Weiler, R. (Hg.), 1994, Interesse und Moral, Berlin: Duncker & Humblot.
Swedberg, R., 2005, Interest, Berkshire: Open University Press.
Willems, U., 2003, Interessen und Moral als Orientierungen politischen Handelns, Baden-Baden: Nomos.
Williams, M., 1980, Rights, Interests, and Moral Equality, in: Enviromental Ethics 2.

ELIF ÖZMEN

Internationale Beziehungen

1.

Internationale Beziehungen werden zumeist mit internationaler oder gar zwischenstaatlicher Politik gleichgesetzt und als solche von der innerstaatlichen bzw. nationalen Politik abgegrenzt. Damit einher geht traditionell ein Verständnis, wonach die internationale im Unterschied zur nationalen Politik nicht in einem hierarchisch durch das Gewaltmonopol des Staates wohlgeordneten System stattfindet, sondern in einem anarchischen System, in dem die Gewaltoption der Staaten nicht ausgeschlossen ist. Diese Differenz des Gegenstandes begründet traditionell, warum die Internationalen Beziehungen als eine eigenständige Disziplin betrachtet werden. Dabei hat sich eingebürgert, den Gegenstand (internationale Beziehungen) von der Disziplin (Internationale Beziehungen) durch die Groß- bzw. Kleinschreibung zu unterscheiden.

Hinsichtlich des Gegenstandes und folglich auch der Disziplin stehen sich eine weite und eine enge Begriffsverwendung gegenüber. Gemäß einer weiten Begriffsverwendung umfassen die internationalen Beziehungen alle Staatsgrenzen überschreitenden politischen, wirtschaftlichen, gesellschaftlichen und rechtlichen Beziehungen. Da der Gegenstand also sowohl die Politik als auch die Wirtschaft, das Recht und die Gesellschaft einschließt, wird dieser Begriffsverwendung folgend auch die Disziplin der Internationalen Beziehungen weit gefasst. Danach nehmen die Internationalen Beziehungen verschiedene sozial- und geisteswissenschaftlichen Disziplinen in sich auf: insbesondere die Internationale Politik als Teildisziplin der Politikwissenschaft, die Internationale Politische Ökonomie als Teil der Wirtschaftswissenschaft, das Völkerrecht als Teil der Rechtswissenschaft und beispielsweise die Theorie der Weltgesellschaft als Teil der allgemeinen Gesellschaftswissenschaft.

Gemäß einer engen Begriffsverwendung hingegen beschränkt sich der Gegenstand der internationalen Beziehungen vornehmlich auf die politischen Beziehungen, die Staatsgrenzen überschreiten. Dies schließt zwar nicht aus, dass ökonomische, rechtliche und gesellschaftliche Beziehungen in den Blick kommen; doch diese werden in diesem Begriffsverständnis erst im Hinblick auf ihre politische Bedeutung zu einem Gegenstand der internationalen Beziehungen. Dementsprechend wird auch die Disziplin der Internationalen Beziehungen eher eng als eine (Teil-)Disziplin der Politikwissenschaft aufgefasst, die allerdings als solche eng mit den entsprechenden (Teil-)Disziplinen der Wirtschafts-, der Rechtswissenschaft und der allgemeinen Gesellschaftswissenschaft zusammenarbeitet.

2.

Sicherlich etwas vereinfachend betrachtet, hat sich auch dieser von der Politikwissenschaft geprägte Begriff mit den Themen verändert, welche die Disziplin vorrangig zu ihrem Gegenstand machte. Traditionell konzentrierten sich die Internationalen Beziehungen auf ein einziges Thema, nämlich das von Krieg und Frieden. Schließlich war die Disziplin nach dem Ersten Weltkrieg entstanden und nach dem Zweiten Weltkrieg weiter ausgebaut worden, um die Bedingungen einer stabilen Friedensordnung zu erforschen. Dabei ging mit dem Thema der Sicherheitspolitik zumeist eine deutliche Konzentration auf die intergouvernementalen Beziehungen – also die zwischen staatlichen Akteuren – einher; die zwischen gesellschaftlichen Akteuren wurden ebenso selten beachtet wie die mit überstaatlichen Akteuren. Und weil in der Disziplin aufgrund der angespannten Ost-West-Beziehungen das Thema »Sicherheit« auch in den 1950er Jahren dominant blieb, war sie weiterhin – etwa im Rahmen der sog. Abschreckungstheorie (vgl. Schelling 1960) – auf die Beziehungen zwischen staatlichen Akteuren orientiert.

Dies schwächte sich jedoch spätestens in den 1960er Jahren ab, als aufgrund der Dekolonialisierung neben den Ost-West- auch die Nord-Süd-Beziehungen zum Thema wurden. Damit ging es in der Disziplin nicht mehr nur um die internationale Sicherheits-, sondern insbesondere auch um Entwicklungs-, später auch Menschenrechtspolitik. Beispielsweise im Rahmen der sog. Dependenztheorie (vgl. Senghaas 1972) wurden die Bedingungen für eine nachholende Entwicklung in der sog. Dritten Welt thematisiert. Und da diese offensichtlich nicht nur von den Beziehungen zwischen staatlichen Akteuren, sondern eben auch von gesellschaftlichen Akteuren – beispielsweise transnationalen Unternehmen – abhingen, befasste man sich nun nicht mehr nur mit intergouvernementalen, sondern vermehrt auch mit transnationalen Beziehungsmustern.

Darüber hinaus wurden seit den 1970er Jahren auch jenseits der Europäischen Gemeinschaft die West-West-Beziehungen vermehrt thematisiert. Auch dabei ging es – wie etwa bei der sog. Interdependenztheorie (vgl. Keohane/Nye 1977) – nicht mehr nur um Sicherheits-, sondern vielmehr zunächst v.a. um Wirtschafts-, später auch Umweltbeziehungen. Und auch hier lag es nahe, den Blick über die rein intergouvernementalen Beziehungen hinaus auf transnationale Beziehungsgeflechte zu lenken, um etwa die Bedingungen für Freihandel zu untersuchen. Denn für die Wirtschaftspolitik waren offenbar nicht nur staatliche, sondern gerade auch gesellschaftliche Akteure – etwa Gewerkschaften oder Unternehmerverbände – bedeutend. Dazu kam, dass sich die West-West-Beziehungen in immer robusteren internationalen Institutionen vollzogen, so dass neben den intergouvernementalen und den transnationalen nun auch supranationale Beziehungen, wie die in der EU, thematisiert wurden.

Diese Ausweitung des Blicks über intergouvernementale Beziehungen hinaus auch auf transnationale und supranationale Beziehungen beschränkte sich jedoch bis in die 1990er Jahre auf die Wirtschafts- und Umwelt- sowie die Entwicklungs- und Menschenrechtspolitik, erfasste aber die Sicherheitspolitik kaum. Dort wurden diese Beziehungsmuster erst in den Blick genommen, als sich nach dem Ost-West-Konflikt die Internationalen Beziehungen einem weiteren Thema zuwandten – der Global Governance (vgl. Zürn 1998). Global Governance meint ein Regieren jenseits des Staates, durch das Gesellschaften versuchen, die mit der Globalisierung verknüpften Steuerungsprobleme zu lindern, ohne auf eine globale Regierungsinstanz, ein Global Government zurückzugreifen. Durch dieses Thema befördert wurden nun in allen Sachbereichen neben den klassischen zwischenstaatlichen auch transnationale sowie ansatzweise supranationale Beziehungen behandelt (vgl. Zangl/Zürn 2003).

3.

Die Ausweitung der Agenda der Internationalen Beziehungen, die mit dem Thema »Global Governance« vorläufig zum Abschluss gekommen ist, ging insgesamt mit einer Ausdifferenzierung der Theorien internationaler Beziehungen einher. Die Theoriebildung wurde – an antike Denker wie insbesondere Thukydides anknüpfend – schon früh etwa von Machiavelli, Hobbes und Kant vorangebracht. Dabei deutete sich schon damals der Theorienstreit zwischen dem sog. Idealismus und dem sog. Realismus an, der nach dem Ersten und Zweiten Weltkrieg die junge Disziplin der Internationalen Beziehungen beherrschte.

Realismus und Idealismus verbindet zwar die Überzeugung, dass zwischenstaatliche Politik grundsätzlich von innerstaatlicher Politik unterschieden werden muss. Denn während in nationalen politischen Systemen die Sicherheit jedes einzelnen Akteurs durch die zentrale Autorität des Staates zumindest prinzipiell garantiert werden kann, hat im internationalen System jeder Akteur selbst für seine Sicherheit zu sorgen. Doch während der Realismus argumentiert, dass Staaten deshalb zwangsläufig eine Machtpolitik betreiben, die sich ggf. über grundlegende Normen und Werte hinwegsetzt, unterstreicht der Idealismus, dass die Machtpolitik der Staaten trotzdem durch Normen und Werte begrenzt werden kann. Während dementsprechend für Idealisten die Möglichkeit gegeben ist, aus der vielfach in Kriege mündenden Machtpolitik auszusteigen, betonen Realisten, dass eine solche Möglichkeit nicht besteht und Kriege mithin nicht grundsätzlich vermeidbar sind. Während für den Realismus allein eine Politik des Mächtegleichgewichts Kriege zumindest vorübergehend verhindern kann, betont der Idealismus, dass insbesondere eine Demokratisierung der Staaten den Frieden dauerhaft zu sichern vermag (vgl. Menzel 2001).

Aus dem Idealismus und dem Realismus haben sich die in den Internationalen Beziehungen heute dominanten vier Theorien bzw. Theorieschulen entwickelt.

Der Neorealismus (vgl. Waltz 1979) unterstreicht, dass die Machtorientierung der Staaten für die internationalen Beziehungen kennzeichnend ist. Die internationalen Beziehungen werden hier als ausschließlich durch Machterwägungen bestimmt angesehen (politics as a struggle for power). Während der klassische Realismus das Machtstreben der Staaten allerdings aus der menschlichen Natur abgeleitet hat, argumentieren Neorealisten, dass der Machthunger von Staaten den anarchischen Strukturen des internationalen Systems geschuldet ist. Denn in diesen Strukturen wird jeder Staat gezwungen, nach Macht zu streben, um seine Sicherheit zu garantieren. Das Machtstreben übersetzt sich danach in eine permanente Kriegsgefahr, welche allenfalls vorübergehend durch ein Machtgleichgewicht der bedeutendsten Staaten gelindert werden kann. Darüber hinaus verhindert das Machtstreben internationale Kooperation nicht nur im Sicherheits-, sondern auch etwa im Wirtschafts- oder Umweltbereich. Denn um keinen Machtverlust zu riskieren, müssen Staaten bei Kooperationsentscheidungen nicht nur darauf achten, dass sie selbst (absolut) profitieren, sondern auch, dass andere Staaten nicht (relativ) mehr profitieren als sie selbst. Dementsprechend wird dauerhafte internationale Kooperation auch im Rahmen internationaler Institutionen als kaum realisierbar angesehen.

Der Neoliberalismus (vgl. Moravcsik 1997) bestreitet, dass Staaten in den internationalen Beziehungen ausschließlich durch Machterwägungen getrieben werden; vielmehr wird hier das Wohlfahrtsstreben von Staaten unterstrichen. Dieses wird freilich nicht aus den anarchischen Strukturen des internationalen Systems abgeleitet, sondern vielmehr aus den gesellschaftlichen Strukturen in den nationalen politischen Systemen. Denn dort drängen gesellschaftliche Gruppierungen den Staat dazu, insbesondere ihre Wohlfahrtsinteressen zu vertreten. Welchen Gruppen es gelingt, sich durchzusetzen, hängt dabei nicht nur von deren Konfliktfähigkeit, sondern insbesondere auch von den institutionellen Strukturen des nationalen politischen Systems ab (domestic politics matters). In demokratisch strukturierten Staaten werden sich die Wohlfahrtsinteressen breiter gesellschaftlicher Gruppierungen eher durchsetzen können, während in autoritär strukturierten Staaten spezifische Gruppen mit ihren speziellen Wohlfahrtsinteressen zumeist bestimmend sind. Deshalb wird beispielsweise die Kriegsneigung demokratischer Staaten als geringer eingeschätzt. Denn Kriege mögen zwar die Wohlfahrtsinteressen spezifischer Gruppen in einer Gesellschaft befördern, doch die der gesamten Gesellschaft werden eher durch den Frieden gestützt. Dies erklärt, warum demokratisch strukturierte Staaten zumindest gegeneinander keine Kriege führen.

Der Neoinstitutionalismus (vgl. Keohane 1984) geht davon aus, dass Staaten in den internationalen Beziehungen nicht nur durch ein Interesse an Machterweiterung oder Wohlfahrt getrieben werden, sondern unterschiedlichste Interessen vertreten. Für den Institutionalismus ist dabei entscheidend, dass sich aufgrund der zunehmend komplexen Interdependenzen über Staatsgrenzen hinweg vermehrt auch Interessenlagen einstellen, in denen Staaten einerseits ein gemeinsames Interesse an internationaler Kooperation entwickeln, andererseits aber ihre Interessen noch besser verwirklichen können, indem sie einseitig aus bereits vereinbarten Kooperationsbeziehungen ausscheren. Ob Kooperation gelingt, hängt v.a. davon ab, ob es internationale Institutionen gibt, die diese zu stützen vermögen (institutions matter). Mithin werden dem Institutionalismus zufolge internationale Institutionen gegründet, um den Staaten zu helfen, ihr gemeinsames Interesse an internationaler Kooperation zu realisieren. Dementsprechend wird internationale Institutionenbildung auch als wichtige Friedensstrategie angesehen; dort, wo sich wie in der EU ein dichtes Institutionengeflecht gebildet hat, wird der Frieden als stabil eingeschätzt; dort, wo es kaum internationale Institutionen gibt, gilt er hingegen als gefährdet.

Der Sozialkonstruktivismus (vgl. Wendt 1999) unterstreicht, dass das Handeln von Staaten nicht – wie vom Neorealismus, Neoliberalismus und Neoinstitutionalismus übereinstimmend behauptet – ausschließlich durch Interessen geleitet wird, sondern auch durch Normen und Regeln. Auch Staatenvertreter fragen beim Handeln demgemäß nicht nur, wie sie das, was sie aufgrund ihrer Interessen wollen, am besten verwirklichen können, sondern eben auch, was sie aufgrund bestehender Normen und Ideen wollen sollen bzw. müssen. Dementsprechend sind die internationalen Beziehungen gerade im Rahmen internationaler Institutionen auch durch Diskurse geprägt, in denen beurteilt wird, welche Handlungen mit den bestehenden Normen und Regeln vereinbar sind (discourse matters). Und vermittelt über solche Diskurse, an denen nicht nur die Vertreter von Staaten, sondern auch die Vertreter der Gesellschaft beteiligt sind, werden die Interessenlagen von Staaten und ihren Gesellschaften durch die Normen und Regeln internationaler Institutionen mit geprägt (vgl. Risse 2000). Dementsprechend ist aus dieser Sicht zu erwarten, dass Staaten und Gesellschaften, die in ein dichtes Institutionengeflecht eingebunden sind, eher auf die Interessen der jeweils anderen Rücksicht nehmen, als Staaten, die bestenfalls durch lockere Institutionen miteinander verbunden sind. Damit können die in internationalen Institutionen verankerten Normen und Regeln zu einer grundlegenden Transformation der internationalen Beziehungen beitragen, die auch den Frieden zu stabilisieren vermag.

Insgesamt repräsentieren die vier dargestellten Theorien den state of the art; allerdings scheint durch die von der Globalisierung getriebene Transformation von der nationalen zur postnationalen Konstellation die Bedeutung dieser Theorien und des Theorienwettstreits nachzulassen (vgl. Zangl/Zürn 2003). Dementsprechend deutet sich in den Internationalen Beziehungen ein eher eklektizistischer Umgang mit diesen Theorien an.

4.

Chwaszcza, C./Kersting, W. (Hg.), 1998, Politische Philosophie der internationalen Beziehungen, Frankfurt/M.: Suhrkamp.

Keohane, R. O., 1984, After Hegemony, Princeton: Princeton University Press.

Keohane, R. O./Nye, J. S., 1977, Power and Interdependence, Boston: Little Brown.

Menzel, U., 2001, Zwischen Idealismus und Realismus, Frankfurt/M.: Suhrkamp.

Moravcsik, A., 1997, Taking Preferences Seriously, in: International Organization 51.

Risse, T., 2000, »Let's Argue!«. Communicative Action in World Politics, in: International Organization 54.

Schelling, T., 1960, The Strategy of Conflict, Cambridge/MA: Harvard University Press.

Senghaas, D. (Hg.), 1972, Imperialismus und strukturelle Gewalt, Frankfurt/M.: Suhrkamp.
Waltz, K. N., 1979, Theory of International Politics, New York: Random House.
Wendt, A., 1999, Social Theory of International Politics, Cambridge: Cambridge University Press.
Zangl, B./Zürn, M., 2003, Frieden und Krieg, Frankfurt/M.: Suhrkamp.
Zürn, M., 1998, Regieren jenseits des Nationalstaates, Frankfurt/M.: Suhrkamp.

Bernhard Zangl

Irigaray, Luce (*1930)

1.

Luce Irigaray studierte zunächst Philosophie und Literaturwissenschaften in Louvain (Abschluss 1955) und setzte anschließend ihr Studium an der École Freudienne von Jacques Lacan in Paris fort (Abschluss in Psychologie und Psychopathologie). Von 1969–1974 war sie an der Abteilung für Psychoanalyse der Universität Vincennes angestellt. In dieser Zeit betrieb sie psycholinguistische Forschungen (vgl. Irigaray 1973) und führte auch selber eine psychoanalytische Praxis. Nach der Publikation ihrer Promotion (vgl. Irigaray 1974) wurde sie an der École Freudienne entlassen. In der Folgezeit hielt Irigaray an unterschiedlichen Instituten, u.a. am Collège International de Philosophie, Seminare ab. Seit 1985 ist sie Forschungsleiterin am CNRS in Paris und leitet internationale Forschungen über den Sprachgebrauch bei Männern und Frauen (vgl. Irigaray 1990).

2.

Irigaray ist eine der wichtigsten Repräsentantinnen der in den 1970er Jahren aufgekommenen feministischen Kritik der Philosophie. Sie stellt die Verleugnung der sexuellen Differenz in der westlichen philosophischen und religiösen Tradition zur Diskussion und versucht ein Denken zu etablieren, in dem dieser unreduzierbare Unterschied zwischen den Geschlechtern anerkannt wird.

In einer ersten Periode (1974–1983) richtet Irigaray sich v.a. auf eine Kritik der phallozentrischen Kultur und strebt danach, die sexuelle Differenz in der philosophischen und religiösen Tradition herauszustellen. Irigaray zeigt, wie ein einziges Subjekt, das männliche, die Welt aus nur einer einzigen Perspektive heraus konstruierte und interpretierte. Die wichtigsten Werke aus dieser Zeit sind: *Speculum. Spiegel des anderen Geschlechtes* (1974), *Amante marine* (1980) und *L'oubli de l'air* (1983).

Von ungefähr 1984 (*Ethik der sexuellen Differenz*) bis 1987 (*Genealogie der Geschlechter*) erarbeitet Irigaray die Bedingungen für das Hervorbringen eines weiblichen Subjektes, neben dem bereits bestehenden männlichen. Indem sie sich mit der Sprache und dem Bürgerrecht auseinandersetzt und konkrete Vorschläge zur Veränderung macht, versucht sie außerdem, die sexuelle Differenz auf praktischem Niveau zu realisieren.

Seit dem Ende der 1980er Jahre untersucht Irigaray das Verhältnis von Männern und Frauen und fragt nach der Möglichkeit einer Beziehung zwischen den beiden Subjekten. Sie entwickelt einen Begriff geschlechtlicher Identität und erarbeitet ein Modell für ein ethisches Verhältnis zwischen Mann und Frau (vgl. Irigaray 1992). In dieser letzten Periode ist sie außerdem politisch orientiert: So macht sie z.B. Vorschläge für eine Revision des Bürgerrechtes (vgl. Irigaray 1989) und für eine Fundierung der Demokratie auf der Beziehung der zwei Subjekte (vgl. Irigaray 2000).

3.

Irigarays Philosophie wurzelt im Paris der Zeit nach dem Mai 1968. In dieser Zeit entstanden verschiedene feministische Bewegungen: das Gleichheitsdenken, mit Simone de Beauvoir als wichtigster Vertreterin, und das Denken der sexuellen Differenz. Diese zweite Bewegung wurde v.a. von der Psychoanalyse inspiriert. Die Psychoanalyse ist auch eine der wichtigsten Quellen für Irigarays Kultur- und Philosophiekritik: Ihre Diagnose der Situation der Frau ist abgeleitet vom und verhält sich zugleich kritisch zum lacanschen Entwurf der weiblichen Position in einer phallozentrischen Ordnung.

Irigaray nennt den Phallozentrismus ein »Denken des Selben«, in dem das einzige Subjekt, das sich ausdrücken kann, männlich ist: Er versteht die Welt und den Anderen nach seinem Ebenbild. Das Weibliche kann sich darum nur so ausdrücken, wie die maskuline Tradition es in Worte fasst, verbildlicht und symbolisiert – man denke z. B. an die traditionellen Frauenbilder der Jungfrau, der Mutter und der Hure –, aber nicht als das Weibliche an sich.

Der Begriff »sexuelle Differenz« weist auf einen sowohl körperlichen wie sprachlichen Geschlechtsunterschied hin. Es ist ein körperlicher Unterschied, der zugleich eine andere Einfügung in die symbolische Ordnung der Sprache impliziert.

Aufgrund ihrer radikalen Kulturkritik unterscheidet Irigarays Denken sich von dem Gleichheitsdenken de Beauvoirs. Irigaray will das Weibliche, als das, was partiell außerhalb des phallozentrischen Horizontes fällt, als solches zum Ausdruck bringen. Ihr Ziel ist deshalb eine radikale Umwälzung der phallozentrischen Kultur. In einer Kultur der sexuellen Differenz können Mann und Frau, ihre Unterschiedlichkeit respektierend, nebeneinander leben.

V. a. in der angelsächsischen Welt betrifft die am häufigsten gehörte Kritik an Irigarays Philosophie ihren Essenzialismus (vgl. Fuss 1989; Braidotti 1994).

Ein weiteres Problem betrifft die Wiederholung der geschlechtlichen Zweigliedrigkeit und die Bevorzugung der Heterosexualität. Irigarays Philosophie scheint die in unserer Gesellschaft doch schon normierende Heterosexualität zu wiederholen und damit wiederum Homosexualität auszuschließen (vgl. Butler 1990). Die Herausstellung der sexuellen Differenz soll außerdem erneut einen Ausschluss derjenigen bewirken, die nicht die Erfahrung haben, entweder Frau oder Mann zu sein. Und schließlich stellt das Verhältnis der sexuellen Differenz zu anderen Unterschieden, insbesondere der Ethnizität, ein Problem dar (vgl. Braidotti 1994).

4.

Irigaray, L., 1973, Le langage des déments, Den Haag: Mouton.

Irigaray, L., 1974, Speculum. Spiegel des anderen Geschlechts, Frankfurt/M.: Suhrkamp 1980.

Irigaray, L., 1977, Das Geschlecht, das nicht eins ist, Berlin: Merve 1979.

Irigaray, L., 1980, Amante marine. De Friedrich Nietzsche, Paris: Minuit.

Irigaray, L., 1983, L'oubli de l'air. Chez Martin Heidegger, Paris: Minuit.

Irigaray, L., 1984, Ethik der sexuellen Differenz, Frankfurt/M.: Suhrkamp 1991.

Irigaray, L., 1987a, Genealogie der Geschlechter, Freiburg: Kore 1989.

Irigaray, L., 1987b, Zur Geschlechterdifferenz, Wien: Wiener Frauenverlag.

Irigaray, L., 1989, Die Zeit der Differenz: für eine friedliche Revolution, Frankfurt/M.: Campus 1991.

Irigaray, L., 1990, Sexes et genres à travers les langues, Paris: Grasset.

Irigaray, L., 1992, J'aime à toi. Esquisse d'une félicité dans l'histoire, Paris: Grasset & Fasquelle.

Irigaray, L., 1996, Der Atem von Frauen. Weibliche Credos, Rüsselsheim: Göttert 1997.

Irigaray, L., 1997, Être deux, Paris: Grasset & Fasquelle.

Irigaray, L., 1999, Entre Orient et Occident, Paris: Grasset.

Irigaray, L., 2000, Democracy Begins Between Two, New York: Routledge.

Irigaray, L., 2002, The Way of Love, London: Continuum.

Irigaray, L., 2004, Key Writings, London: Continuum.

Braidotti, R., 1994, Nomadic Subjects, New York: Columbia University Press.

Butler, J., 1990, Das Unbehagen der Geschlechter, Frankfurt/M.: Suhrkamp 1991.

Fuss, D., 1989, »Essentially Speaking«. Irigaray's Language of Essence, in: Hypatia 4.

Annemie Halsema
(Aus dem Niederländischen von Dorothee Horstkötter)

Islam, politische Philosophie im

1.
Die politische Philosophie des Islams ist ein Randgebiet seiner religiös fundierten politischen und gesellschaftlichen Ordnungsvorstellungen. Eine der europäischen Tradition äquivalente hat sich daher nicht entwickelt.

2.
Mit dem Bekanntwerden bedeutender Werke der islamischen Rezeption der antiken philosophischen Überlieferung hat man zwar in der westlichen Forschung von einer politischen Philosophie im islamischen Kulturkreis gesprochen, doch wurde diese von den Muslimen selber stets mit Bezugnahme auf die entsprechenden religiös fundierten Grundsätze definiert. Die politische Philosophie im Islam bewegt sich daher im Kontext der koranischen Heilsbotschaft sowie der Überlieferung über das Leben Mohammeds, das als die idealtypische Verwirklichung dieser Heilsbotschaft betrachtet wird. In diesen Rahmen von Leitideen werden Anleihen bei der antiken politischen Philosophie eingepasst; diese selber gewann in der islamischen Kultur niemals eine prägende Kraft.

3.
Eine Darstellung der politischen Philosophie des Islams muss daher zunächst die im Kern auf Mohammed zurückgehenden muslimischen religiös-politischen Ideen skizzieren und danach aufzeigen, wo sich in diesen Kontext Anleihen bei der antiken philosophischen Überlieferung einfügen ließen.

3.1. Das politische Denken Mohammeds wird von den ererbten gesellschaftlichen und religiösen Vorstellungen seiner mekkanischen Sippe, der Banū Hāšim aus dem Stamm der Quraiš, beherrscht. In der für den Propheten maßgeblichen Geschichtserinnerung reorganisierte Qusaij, sein Vorfahr in der fünften Generation, den Kaabakult, der von Abraham gestiftet worden, damals aber entartet sei. Den Banū Hāšim fielen wichtige Funktionen bei den von zahlreichen arabischen Stämmen besuchten alljährlichen Pilgerzeremonien zu. Deren reibungsloser Ablauf setzte die Errichtung eines Stämme übergreifenden politischen Ordnungsgefüges voraus, das religiös legitimiert war. Als Mohammed verkündete, dass es nur den einen Schöpfergott gebe, der als Dank für sein unermüdliches Wirken eine ebenso uneingeschränkte Verehrung des Menschen verdiene, blieben die überkommenen religiös-politischen Vorstellungen unangetastet. Sie gewannen sogar, indem ihnen ein monotheistisches Gottesbild zugeordnet wurde, einen universalen Geltungsanspruch. Der Mensch, seiner ihm von Gott beigelegten Natur nach auf seinen Schöpfer hin ausgerichtet (vgl. Sure 30,30), ist gehalten, das ganze Sinnen und Trachten in dieser ursprünglichen existentiellen Befindlichkeit, im »Islam« im wörtlichen Sinn, zu fixieren. Ihm dies zu ermöglichen, ist der Hauptzweck des islamischen Gemeinwesens; dieses tritt v.a. im Vollzug der Pflichtriten – Gebet, Läuterungsgabe, Ramadanfasten, Pilgerfahrt nach Mekka – in Erscheinung. Diese Riten stellen den Menschen in je spezifischen Situationen des Daseins unmittelbar vor seinen Schöpfer und gewährleisten dadurch sein Muslimsein. Schon seit dem ausgehenden 7. Jahrhundert beginnt man, auch den Regelungen des profanen Lebens den Zweck zu unterlegen, dieses ganz auf den Schöpfer auszurichten. Aus koranischen Ansätzen und aus Überlieferungen über Mohammeds Handeln und Reden, das nun als Normen setzend verstanden wird, bildet sich die Scharia, ein in der Theorie allumfassendes System von auf den Schöpfer selber zurückgeführten Regelungen für ein islamisches, dem Einen zugewandtes Dasein.

3.2. Alle Machtausübung, jegliche Form von Gemeinschaft, hat ein Leben gemäß diesen Regelungen zu gewährleisten. Islamische Politik kann sich daher nie auf ein spezifisch religiöses Gemeinwesen beziehen, das in einem wie auch immer definierten Verhältnis zu einem andersgearteten steht; sie begreift in einer nicht zergliederbaren Weise Religiöses und Nichtreligiöses in sich. Mit anderen Worten: Auch alles das, was unter einem nichtmuslimischen Blickwinkel jenseits des Religiösen liegt, wird unter einem muslimischen religiös fundiert. Dies meint der häufig zitierte Vers Sure 3, 110: »Ihr [Muslime] seid die beste Gemeinschaft, die für die Menschen gestiftet wurde. Ihr befehlt, was zu billigen ist, verbietet, was zu tadeln ist, und glaubt an Gott«. Politik geht infolgedessen in der praktischen Anwendung des göttlichen Gesetzes im islamischen Gemeinwesen und in der Ausdehnung des Geltungsbereichs dieses Gesetzes zu Lasten der Andersgläubigen auf. Mohammed hat nach muslimischer Überzeugung beides in unübertrefflicher Weise geleistet, genoss er als Prophet doch unmittelbare göttliche Anleitung. Nach seinem Tode konnte, da er der letzte aller Gottesgesandten war, niemand ihm darin nachfolgen. Dennoch muss alle islamische Herrschaft darauf bedacht sein, in jeder Hinsicht möglichst wenig hinter seinem Vorbild zurückzubleiben; in einem solchen überzeugend unter Beweis gestellten Bestreben liegt letzten Endes ihre Legitimation. Für den politischen Alltag bedeutete dies, dass die Herrscher, solange der Islam noch nicht als ein religiös-politisches Lehrgebäude mit tief greifenden rechtlichen (schariatischen) Implikationen ausgearbeitet war, in und mit ihrer Person die Legitimation zu verkörpern hatten: Sie fungierten als Nachfolger Mohammeds, als Imame, d.h. als charismatische Führer der »besten Gemeinschaft«, und waren, wenn auch in deutlich geringerem Maße als Mohammed, göttlicher Anleitung teilhaftig. Im Schiitentum entwickelte sich die Vorstellung, dass die Abstammung aus der engsten Verwandtschaft des Propheten eine unerlässliche Vorbedingung für die Ausübung des Imamats sei. Da für die Sunniten erschöpfende Auskünfte über das vorbildliche Lenken des Gemeinwesens aus der Überlieferung über Mohammeds Handeln und Reden abzuleiten sind, treten hier die mit diesem Gegenstand beschäftigten Fachgelehrten an die Stelle des charismatischen Imams. Dieser wurde zwar nicht funktionslos, seine Machtausübung galt aber nur unter der Voraussetzung als legitim, dass sie im Einklang mit den Ansichten einer hinreichend großen Anzahl von Überlieferungs- und Schariagelehrten erfolgte. Dieser Stand der Dinge wird mit der Wende zum 10. Jahrhundert erreicht; das abbasidische Kalifat orientiert sich auf das Sunnitentum, zu dem sich jetzt die erdrückende Mehrheit der Muslime bekennt.

3.3. Dies ist die Epoche, in der die antike politische Philosophie Zugang zum gelehrten Diskurs über das religiös-politische Lehrgebäude der Muslime findet. Das Endziel aller muslimischen Machtausübung ist die Vorbereitung des Menschen auf das Endgericht, in dem der Eine ihn den künftigen Paradiesbewohnern zuweisen möge. Da der Eine in seinen Entscheidungen jedoch völlig unabhängig ist und keine durch den Menschen ausforschbaren Kriterien verwendet, ist hier und jetzt nicht in Erfahrung zu bringen, wie das Urteil lauten wird. Die Rezeption der antiken Seelenlehre, v.a. der Vorstellung, dass sich die dem Individuum innewohnende Partikularseele nach dem Tod wieder mit der Allseele vereine und dadurch in einen Zustand leidloser Glückseligkeit gelange, war geeignet, jene das Dasein der Muslime überschattende Ungewissheit in den Hintergrund zu drängen. Indem man das Ziel islamischer Herrschaft, die Problematik des Gerichts überspringend, als Glückseligkeit definierte, erschloss man sich den Zugriff sowohl auf das von Platon als auch auf das von Aristoteles ausstrahlende Ideengut. Al-Fārābī (gest. 950), dem die vielleicht fruchtbarste Synthese gelang, stellt allerdings grundsätzlich fest, dass die Glückseligkeit nur in Kenntnis von Lohn und Strafe erstrebt werde könne, und diese Kenntnis sei allein in der Scharia zu finden, die sich der Offenbarung verdanke. Die Philosophie, die rationale Durchdringung der von Allah geschaffenen Welt, liefere demgegenüber nur die Vernunftargumente, denen der Mensch als *zoon politikon* (arab.: *hajawān insī/madanī*) folgen müsse, um sein Gemeinwesen so zu gestalten, dass am Ende des Lebens die Glückseligkeit, ein materiefreier Zustand der Seele, erreicht werde. Die

Politik dient dem durch die – islamische – Offenbarung vorgegebenen Ziel des irdischen Daseins. Allah übermittelt, um ein solches Dasein zu ermöglichen, dem aus dem Höchsten, also aus ihm selber, hervorgegangenen Intellekt die Offenbarung. Dies heißt, dass sich der Intellekt im Diesseits in der Gestalt des Philosophen manifestiert und zugleich als dessen Imaginationskraft, die ihn als den Konkretisierer der Offenbarung tätig werden lässt – in koranischen Worten: als Warner und Gottesgesandten. Solch ein Mann, ein Imam, ist ein vollkommener Herrscher; die Regierten leben unter ihm im besten aller denkbaren Staaten. Die philosophische Überlieferung der Antike wird hier der islamischen Begrifflichkeit eingepasst. Der Imam ist der Erste Gesetzgeber, er ist die Quelle der Scharia, die ihrem Wesen nach den für die praktische Regelung der Staatsführung dienenden der Vernunft abgewonnenen Gesetzen uneinholbar überlegen ist. Hier lässt sich Platons Lehre von den weniger vollkommenen bzw. entarteten Staatsformen eingliedern. Al-Fārābī erörtert Timokratie, Oligarchie, Demokratie und Tyrannis und subsumiert sie unter dem Begriff der »heidnischen« Staaten, solchen also, in denen – wie im altarabischen Heidentum – keine Offenbarung wirkt. Ihre Bewohner verfolgen nur materielle Ziele und haben demgemäß keine Aussicht auf die Glückseligkeit (vgl. Rosenthal 1955).

3.4. In der Imamatslehre einiger schiitischer Richtungen entfaltete das antike Gedankengut, das al-Fārābī im Islam heimisch zu machen versucht hatte, insofern eine direkte politische Wirkung, als es dafür genutzt wurde, den Anführer der Gemeinde zu einer Person übermenschlicher Seinsart zu stilisieren: Wie der Materie das bloße Vorhandensein, den Pflanzen das Wachstum, den Tieren das Leben und dem Menschen die Ratio eigne, so dem Imam als eine weitere, letzte Stufe in der Hierarchie alles Seienden die Heiligkeit; aus solch einer wesensmäßigen Überlegenheit resultiert gleichsam natürlich die Disposition des alidischen Imams zur Herrschaft (vgl. Nagel 1980/81). Der Rückgriff schiitischer Richtungen auf die antike philosophische Überlieferung brachte diese bei der sunnitischen Mehrheit in Misskredit. Ihr Einfluss auf das Sunnitentum blieb aber v.a. deswegen gering, weil das Streben nach Glückseligkeit letzten Endes eine Sache des Individuums bleibt, wie Ibn Bāddscha (gest. 1139) darlegte. Je mehr Individuen sich diesem Ideal verschreiben, desto mehr wird der Musterstaat Wirklichkeit. Aber das muslimische Gemeinwesen bildet sich gerade nicht aus Individuen, sondern manifestiert sich als ein dem Vollzug der Riten hingegebenes Kollektiv. Ibn Rušd (Averroes, gest. 1198), dem großen Aristoteleskommentator, gelang es, diesen Grundsatz beizubehalten und trotzdem die antike politische Philosophie für den Islam fruchtbar zu machen. Averroes ordnete das platonische Konzept des herrschenden Philosophen nicht der islamischen Institution des Imamats zu, um deren spezifischen, letztlich in der Menschheitsgeschichte einmaligen Charakter darzulegen. Vielmehr kam es ihm darauf an, aus Platons Beschreibung der entarteten Formen der Herrschaft den Schluss abzuleiten, dass der Übergang der Herrschaft von den Almoraviden zu den Almohaden, denen Averroes diente, notwendig war und praktische Auswirkungen zeitigen musste. Gemäß al-Fārābī setzt Averroes den Imam mit dem Philosophen gleich, aber er räumt ein, dass die tatsächlich existierenden »Imamstaaten« tyrannischen Charakter haben. Dies sei deshalb so, weil deren Führer die Scharia und die Philosophie nicht in einen schöpferischen Zusammenhang zu bringen vermögen (vgl. Rosenthal 1953). Die Auslegung der Scharia bleibt bei ihnen eine Textgelehrsamkeit, wohingegen sie – laut Ibn Tūmart, dem Gründer der Almohadenbewegung – in Wirklichkeit einem durch ununterbrochene Praxis überlieferten Wissen verpflichtet sein muss (vgl. Nagel 2002). Hier wird die eigentliche Aufgabe des Imams als eines Philosophen greifbar; er führt die Untertanen durch ein Diesseits, das der Vernunft zugänglich ist; es durch autoritative Texte zu normieren und die Herrschaft allein auf deren Interpretation auszurichten, bedeutet Tyrannei.

3.5. Die Almohaden und Averroes vermochten die starke Neigung des islamischen Denkens, auch des politischen, zur Unterwerfung unter die autoritativen Texte des Korans und der Prophetenüberlieferung jedoch nicht zu korrigieren. Zwar erkannte man schon seit dem 11. Jahrhundert, dass keineswegs alle Gebiete der Machtausübung und der Formung der Gesellschaft vollkommen mit den Aussagen dieser beiden Textgattungen in Übereinstimmung zu bringen waren. Stets verblieb ein als *siyāsa*, »(herrscherliche) Führung«, benannter Bereich ohne jede schariatische Legitimierung, ein Bereich, in dem eine auf die Vernunft rekurrierende politische Philosophie sich hätte entfalten können. Dies trat aber nicht ein, da man ebenfalls seit dem 11. Jahrhundert auf die Generalklausel verfallen war, dass alles unschariatische politische Handeln unter der Voraussetzung legitim war, dass es dem Wohl des islamischen Gemeinwesens diene. Im 14. und im frühen 20. Jahrhundert sind im Gegenteil Versuche zu beobachten, auch die *siyāsa* eng an die Scharia zu binden.

3.6. Die Unterwerfung aller politischen Theorie unter die Maximen der Scharia wurde im Osmanischen Reich des 16. Jahrhunderts vorübergehend in Frage gestellt, im Ergebnis allerdings nicht nachhaltig beeinträchtigt. In der v.a. durch den Theosophen Ibn Arabī (gest. 1240) angeregten Form des Sufismus vermag der Mensch, insofern er sich ganz des eigenen Wollens entschlägt, für Augenblicke die bruchlos mit den Schöpfungsintentionen des Einen übereinstimmende diesseitige Manifestation ebendieses Einen zu sein. Gleich dem Propheten Mohammed – bei dem dieses Erleben seit der Berufung freilich viele Male eingetreten sei – vermöge er dann, die Texte als tote Überlieferung hinter sich lassend, unmittelbar wahre, nicht ableitbare gottgewollte Vorschriften (arab.: *al-qānūn*) zu äußern. Mittelbar gehen solche Vorstellungen ebenfalls auf das antike Erbe zurück, das den Menschen als ein Wesen mit einer individuellen Seele auffasst, die sich nach dem Tod vom Körper abscheidet und mit der Allseele vereint. In der islamischen Welt wurden diese Lehren insbesondere von Ibn Sīnā (gest. 1038, Avicenna) propagiert. Indem sie weithin rezipiert wurden, gaben sie Anregung zur Konzipierung eines mit den fünf Sinnen nicht erfassbaren Seinsbereichs zwischen dem Schöpfer und der Schöpfung; hier sollten die von Gott ausgehenden Bestimmungen in lauterer, durch nichts Diesseitiges verunreinigter Form geistig geschaut und durch die zu solchem Schauen Berufenen unmittelbar für die Belange des Diesseits fruchtbar gemacht werden können. Insbesondere unter Süleyman (reg. 1520–1566) wurden diese Gedanken verfolgt, die eine Rückbindung der *siyāsa* an die Scharia und damit eine Kontrolle der herrscherlichen Maßnahmen durch die Schariagelehrten unterlaufen hätten. Dieses Gedankengut konnte sich allerdings nicht durchsetzen. Seine Träger waren in den Sufiorden aktiv, zugleich aber in die im Osmanischen Reich perfektionierte Ämterhierarchie der Schariagelehrsamkeit eingeordnet, so dass ein stabiles Verhältnis zwischen dieser und ihrer theosophischen Übersteigung eintrat, die letzten Endes nur als die Erfüllung persönlicher spiritueller Bedürfnisse gesucht wurde.

3.7. Der islamische Modernismus machte sich anheischig, Politik und Gesellschaft von neuem aus den Grundlagen des Korans und der Prophetenüberlieferung zu konstruieren. Die Früchte der mehr als ein Jahrtausend lang geübten Tätigkeit der Schariaauslegung galten als verderblich und als Hindernisse auf dem Weg der Modernisierung; noch heftiger lehnte man den Sufismus ab, in dem man nun einen Hort des Obskurantismus zu erkennen meinte. Die Beschäftigung mit der politischen Philosophie antiker Herkunft wurde unter diesen Voraussetzungen zu einem akademischen Tätigkeitsfeld, dessen Einfluss auf die zeitgenössischen politischen Theorien der islamischen Welt als marginal zu werten ist. Das politische und gesellschaftliche Denken, das in den islamischen Ländern wirksam wird, hat eine ideologische Färbung angenommen, deren Grundzug die Ablehnung aller nicht auf den Koran und die Überlieferung fußenden Ordnungsvorstellungen ist.

4.

Arnaldez, R., 1965, Falsafa, in: Encyclopaedia of Islam, Bd. II, Leiden: Brill.

Lewis, B., 1988, Die politische Sprache des Islam, Frankfurt/M.: EVA 2002.

Nagel, T., 1980/81, Staat und Glaubensgemeinschaft im Islam, 2 Bde., Zürich: Artemis & Winkler.

Nagel, T., 2002, Im Offenkundigen das Verborgene. Die Heilszusage des sunnitischen Islams, Göttingen: Vandenhoeck & Ruprecht.

Najjar, F.M., 1984, Siyāsa in Islamic Political Philosophy, in: M. E. Marmura (Hg.), Islamic Theology and Philosophy, Albany: State University of New York Press.

Netton, I. R., 1997, Siyāsa in the Context of Political Philosophy, in: Encyclopaedia of Islam, Bd. IX, Leiden: Brill.

Rosenthal, E. I. J., 1953, The Place of Politics in the Philosophy of Ibn Rushd, in: Bulletin of the School of Oriental and African Studies 15.

Rosenthal, E. I. J., 1955, The Place of Politics in the Philosophy of al-Farabi, in: Islamic Culture 29.

Rosenthal, E. I. J., 1962, Political Thought in Medieval Islam, Cambridge: Cambridge University Press.

Tilman Nagel

J

Jefferson, Thomas (1743–1826)

1.

Jefferson wurde am 1743 in Virginia geboren. Er studierte am William and Mary College. Nach einer praktischen Ausbildung bei dem Juristen Wythe wurde er als Rechtsanwalt tätig (1767), bald Abgeordneter des Parlaments von Virginia (1769–76) und dann auch des 2. Kontinentalkongresses in Philadelphia (1775/76). In der Zeit des Unabhängigkeitskrieges war er Gouverneur des Staates Virginia (1776–81), um anschließend nach kurzer Tätigkeit als Abgeordneter im Kongress (1783–84) bis zum Beginn der Französischen Revolution als Botschafter in Frankreich zu fungieren (1784–89). G. Washington ernannte ihn 1789 zum Außenminister. Dieses Amt legte Jefferson aufgrund der Spannungen mit A. Hamilton, dem Finanzminister, 1793 nieder. 1797–1800 war er Vizepräsident unter J. Adams, dem er nach den Wahlen von 1800 als 3. Präsident der USA nachfolgte (1801–09). Durch den Louisiana Purchase von 1803 verdoppelte Jefferson das Territorium der USA. Nach Ende seiner zweiten Amtszeit gründete er die Universität von Virginia. Am 4. 7. 1826, dem 50. Jahrestag der Verabschiedung der Unabhängigkeitserklärung, starb Jefferson.

2.

Jefferson hat nie ein großes Werk verfasst, das seine politische Philosophie systematisch entfalten würde. Als selbständige Schriften sind lediglich seine *Notes on the State of Virginia* (1787), die Flugschrift *A Summary View of the Rights of British America* (1774) und seine kurze, bis 1790 reichende Autobiographie (1821) erschienen, die auch seinen Entwurf der »Declaration of Independence« von 1776 enthält, in der Jeffersons Leben und Werk ihren augenfälligsten Höhepunkt findet. Seine Vorstellungen sind daher vornehmlich aus den zahlreichen öffentlichen Stellungnahmen, Gesetzesentwürfen und seiner etwa 18000 Briefe umfassenden Korrespondenz zu erschließen.

3.

Schon in Jeffersons Entwurf der Unabhängigkeitserklärung (vgl. Maier 1997, 97ff.) kommen die für seine politische Philosophie prägenden Traditionslinien und seine besonderen Gaben konzis zum Ausdruck. Nicht so sehr besondere Originalität als Formulierungskraft und Fähigkeit zur Synthese zeichnen diese Erklärung aus. Sie ist zunächst Aufkündigung des Untertanengehorsams sowie juristische Rechtfertigung des Widerstands und trägt damit einen eminent juristischen Stempel. Die Präambel mit ihrer naturrechtlichen Untermauerung des Absageakts enthält aber zugleich ein zukunftsweisendes programmatisches Element, in dem sich v. a. auch der Einfluss der Philosophie J. Lockes niederschlägt. Wie überhaupt in der Amerikanischen Revolution und in der Vorstellungswelt Jeffersons sind jedoch ebenfalls Züge des klassischen Republikanismus der radikalen englischen Whig-Opposition des 17. und 18. Jahrhunderts und – sekundär – Einflüsse der schottischen Aufklärung (vgl. die etwas überzogene Darstellung in Wills 1978 und die scharfe Kritik daran in Hamowy 1979) zu spüren. Dies gilt auch für die dem Ingenium Jeffersons zu verdankende Formulierung von den »angeborenen und unveräußerlichen Rechten auf Leben, Freiheit und das Streben nach Glückseligkeit«.

In Jeffersons Denken verbindet sich ein optimistisches Menschenbild mit republikanischem Pessimismus. Er betont früh den demokratischen Gedanken und den Vorrang der Volksherrschaft mit dem Mehrheitsentscheid. Er zählt zu den Mitbegründern eines sozialen und politischen Egalitarismus, obgleich dieser bei ihm noch seine deutliche Grenze in der Sklavenfrage findet, zumal die republikanische Revolution von 1800 und damit die Wahl Jeffersons zum Präsidenten der Verfassungsklausel zu verdanken ist, die den Südstaaten durch die partielle Anrechnung der nicht wahlberechtigten Sklaven auf deren Stimmen ein problematisches Übergewicht gibt (vgl. Wills 2003). In den Warnungen vor politischer »corruption« (Korrumpiertheit), in der allerdings auch schon moderne Züge tragenden Betonung der Agrarwirtschaft, in der Ablehnung der Staatsverschuldung und überhaupt jeder generationenübergreifenden Verfassungs- und Gesetzesbindung knüpft Jefferson an klassisch republikanische Vorstellungen an. Sein Verfassungs- und Freiheitsverständnis ist jedoch schon ebenso modern wie seine Befürwortung der Expansion nach Westen (»empire of liberty«). Schon in Virginia setzte er sich für eine strikte Trennung von Staat und Kirche ein (»wall of separation«). An der Debatte über die Verfassung zwischen Federalists und Antifederalists nahm er nicht unmittelbar teil, im Ganzen begrüßte er die Verfassung jedoch. Seinen beiden Haupteinwänden, dem Fehlen einer Bill of Rights und der unbegrenzten Wiederwahlmöglichkeit des Präsidenten, ist teils unmittelbar, teils erst im 20. Jahrhundert Rechnung getragen worden. Im Konflikt mit der Bundesgewalt betont er die Rechte der Einzelstaaten, ohne der radikalen Theorie der »nullification« (Ungültigkeitserklärung) der Bundesgesetze durch die Einzelstaaten zu folgen. Skeptisch ist er gegenüber dem »judicial review« (also der Überprüfung von Gesetzen durch die Gerichte) und der Judikative im Allgemeinen, freilich ernsthaft auch erst infolge der Konflikte mit dem Supreme Court als Präsident.

Insgesamt ist Jefferson kein besonders origineller Denker, sondern unter den Gründungsvätern der Vereinigten Staaten vielleicht derjenige, in dem die verschiedenen Traditionsstränge wie die Revolutionsideale mit ihren zukunftsweisenden Elementen den präzisesten Ausdruck gefunden haben.

4.

Jefferson, T., 1950ff., The Papers of Thomas Jefferson, Princeton: Princeton University Press.

Jefferson, T., 1904, The Works of Thomas Jefferson, 12 Bde., New York: Putnam's Sons.

Jefferson, T., 1903f., The Writings of Thomas Jefferson, 20 Bde., Washington, D.C.: Jefferson Memorial Association.

Jefferson, T., 1984, Writings, New York: Library of America.

Cunningham, N. E., 1987, In Pursuit of Reason. The Life of Thomas Jefferson, Baton Rouge: Lousiana State University Press.

Ellis, J. J., 1997, American Sphinx. The Character of Thomas Jefferson, New York: Knopf.

Hamowy, R., 1979, Jefferson and the Scottish Enlightenment, in: William and Mary Quarterly 36.

Heun, W., 1994, Die politische Vorstellungswelt Thomas Jeffersons, in: Historische Zeitschrift 258.

Maier, P., 1997, American Scripture. Making the Declaration of Independence, New York: Knopf.

Malone, D., 1948–1981, Jefferson and His Time, 6 Bde., Boston: Little, Brown & Co.

Mayer, D. N., 1994, The Constitutional Thought of Thomas Jefferson, Charlottesville: The University Press of Virginia.

Nicolaisen, P., 1995, Thomas Jefferson, Reinbek: Rowohlt.

Onuf, P., 2007, The Mind of Thomas Jefferson, Charlottesville: University of Virginia Press.

Onuf, P. (Hg.), 1993, Jeffersonian Legacies, Charlottesville: University of Virginia Press.

Sheldon, G. W., 1991, The Political Philosophy of Thomas Jefferson, Baltimore: Johns Hopkins University Press.

Vossler, O., 1929, Die amerikanischen Revolutionsideale im Verhältnis zu den europäischen, Historische Zeitschrift, Beiheft 17.

Wills, G., 1978, Inventing America. Jefferson's Declaration of Independence, New York: Doubleday.

Wills, G., 2003, ›Negro President‹. Jefferson and the Slave Power, Boston: Houghton Mifflin.

Werner Heun

Judentum, politische Philosophie im

1.

Als »politische Philosophie des Judentums« lassen sich alle Formen einer politischen Philosophie verstehen, die von Juden und Jüdinnen aus den religiösen, traditionellen und kulturellen Quellen des Judentums unter Bezug auf dessen je aktuelle Situation verfasst wurde. Überzeugend ist der von Walzer und anderen vorgelegte Vorschlag, eine politische Philosophie des Judentums, das ja über Jahrtausende staatlicher Organisation entbehren musste, als »eine Tradition des der Form nach eher theologischen und rechtlichen als politischen Denkens, das der Substanz nach dennoch politisch ist« (Walzer/Lorberbaum/Zohar 2000, xxii) anzusehen. Die *Encyclopedia Judaica* bestimmt »Jüdische Philosophie« als Explikation jüdischer Überzeugungen und Praktiken mit den Mitteln allgemeiner philosophischer Begriffe und Normen (vgl. Encyclopedia Judaica, XIII, 421). Als »politische Philosophie des Judentums« kann demgemäß die systematische Entfaltung der in traditionalen und modernen jüdischen Quellen enthaltenen Perspektiven auf das politische Zusammenleben von Juden im Besonderen und menschlichen Gemeinschaften im Allgemeinen gelten.

2.

2.1. Die biblischen Schriften thematisieren in narrativer Form nicht nur die Beziehungen zwischen den zentralen Rollen politischer Existenz in hochkulturellen Gesellschaften, von Priestern, Propheten, Königen sowie Schriftgelehrten und Weisen (vgl. Walzer/Lorberbaum/Zohar 2000, 3–243), sondern – in Form der prophetischen Anklage und der rechtlichen Satzung – auch das Problem sozialer Gerechtigkeit, sozialer Inklusion (vgl. Crüsemann 1992) und den jeweiligen Ethnos übersteigender moralischer und rechtlicher Pflichten (vgl. Brumlik 1999). Eine universalistische Intuition umfassender sozialer Gerechtigkeit verbindet sich bei vielen Propheten mit dem Gedanken einer endzeitlichen, innerweltlichen Erlösung für alle Menschen. Die stärker der altorientalischen, kosmotheologischen Tradition verpflichteten weisheitlichen Schriften entfalten demgegenüber stärker die Fragen menschlicher Endlichkeit sowie die Frage nach der Gerechtigkeit Gottes im Buch Hiob. Noch vor der Zerstörung des Tempels in Jerusalem setzte sich auch das im hellenistischen Ägypten entstandene, platonische Judentum mit Fragen staatlicher Gerechtigkeit in konkreter Weise auseinander (vgl. Philo 1962).

2.2. Dem Untergang jüdischer Staatlichkeit unter dem römischen Kaiser Vespasian und die endgültige Zerschlagung allen militärischen Widerstandes durch Hadrian folgte die Neugründung des rabbinischen Judentums als auf dem Pharisäismus beruhender Glaube einer normativen Heiligung des alltäglichen Lebens im Geiste von Liebe und Gerechtigkeit auf der Basis von Gott gegebener Satzungen und Weisungen (vgl. Urbach 1975). Der Verlust jeder jüdischen Staatlichkeit forderte den über mindestens vier Jahrhunderte wirkenden rabbinischen Schulen eine Lösung der Probleme konfligierender staatlicher Normen im nichtjüdischen Staat und religiöser jüdischer Normen (vgl. Walzer/Lorberbaum/Zohar 2000, 431–450) sowie der Beziehung von beglaubigter Offenbarung und menschlich verantwortlicher Auslegung des göttlichen Willens angesichts des nun als solchen erkannten Phänomens politischer Macht ab (vgl. Neusner 1991).

2.3. Das Mittelalter zeichnet sich einerseits – zumal im islamischen Raum – durch die Auseinandersetzung mit der onto- und kosmologischen Tradition der griechischen Philosophie, v.a. Platons und Aristoteles (vgl. Frank/Leaman 1997, 83–576), andererseits durch eine ausgedehnte gemeindliche Responsenliteratur aus, der es um die Anpassung der religiösen Satzung an jeweils vorfindliche Umstände geht. Als zentrale politische Themen lassen sich hier Fragen gemeindlicher Selbstverwaltung und -verantwortung im Wechselspiel von Mehrheit und Minderheit (vgl. Walzer/Lorberbaum/Zohar 2000, 344–357), des Bekenntnismuts und der Gewissensstärke angesichts von Glaubensbedrängnis sowie einer stets auch politisch-weltlich gedachten messianischen Erlösung (vgl. Maimonides 1172) identifizieren. Als bekannteste, alles überragende Gestalt gilt hier neben Saadyah ha Gaon, Salomo ibn Gabirol und Jehuda Halevi der Universalgelehrte Maimonides (1138–1204), dessen Schriften einen bisher weit unterschätzten Einfluss auf die Entwicklung sowohl der Scholastik als auch der neuzeitlichen abendländischen Philosophie genommen haben, und dessen Reflexionen zum Charakter der göttlichen Offenbarung das politische Denken der europäischen und der jüdischen Aufklärung, namentlich Spinozas, vorbereitet haben (vgl. Hasselhoff/Fraisse 2004; Strauss 1935).

2.4. Die Vertreibung der Juden aus Spanien im Jahre 1492 bewirkte eine mystische Theologie der Verbannung Gottes und der Heilung der Welt durch menschliche Frömmigkeit (vgl. Scholem 1957a), zugleich jedoch auch einen verschärften endzeitlichen Verwirklichungsdruck, der in einer Reihe messianischer Bewegungen – am bekanntesten ist die Sabbatai Zvis (vgl. Scholem 1957b) – gipfelte und die neuzeitliche, ja die moderne Geschichtsphilosophie bis hin zu revolutionärem Aktivismus wesentlich inspirierte.

Mit Spinoza, der dem in seinem jüdischen Selbstverständnis gebrochenen Marranentum entstammte (vgl. Yovel 1989) und dessen für die politische Philosophie bis heute folgenreichem *Theologisch-politischem Traktat* wird auf der Basis einer radikalen Historisierung der jüdischen Tradition und ihrer Schriften sowie einer Naturalisierung des Judentums eine Theorie des toleranten und demokratischen Staates und damit das neuzeitliche Programm des Liberalismus (vgl. Smith 1997) begründet: »Der Zweck des Staates ist in Wahrheit die Freiheit.« (Spinoza 1670, 301) Dieses Programm motivierte im Gegenzug die Entfaltung einer autoritären (vgl. Strauss 1930), antisemitischen und reaktionären Lehre von der Politik noch im 20. Jahrhundert (vgl. Schmitt 1938).

2.5. In sachlicher Kontinuität zu Spinozas Problemstellung beginnt mit Mendelssohn die Bewegung der jüdischen Aufklärung der Haskala. Angesichts der Herausbildung eines modernen Staatsbürgerrechts war nun zu erweisen, dass die Weisungen des Glaubens nicht mit den üblichen staatsbürgerlichen Pflichten in Konflikt geraten, und darzutun, dass die Kontinuität verbürgenden Lebensregeln nicht im Widerstreit mit der Vernunft liegen. Diese Schwierigkeit löste Mendelssohn in seinem 1783 erschienenen *Jerusalem* mit der Annahme, dass die offenbarte Tora weniger eine Offenbarung des Glaubens denn der Erlass gleichsam weltlicher Gesetze gewesen sei. Der Kompromiss von geschichtlichem Ursprung und überzeitlicher Geltung der Weisung, eine Konstellation, die Gott als partikularen, historischen Gesetzgeber einsetzen musste, ließ sich freilich nur im Rahmen einer rationalen, theistischen Metaphysik halten. Den auf Mendelssohn folgenden jüdischen Aufklärern ging es in ihren theologischen, philosophischen und politischen Schriften um die staatsbürgerliche Gleichberechtigung der Juden ebenso wie um die Kritik eines unreflektiert religiösen Traditionalismus (vgl. Schulte 2002).

2.6. Das auf Mendelssohn und seine Schüler folgende deutsche Reformjudentum reduzierte den über Jahrhunderte als fraglos überlieferten Glauben auf wenige moralische Prinzipien und verstand die jüdische Religion nicht mehr als von Gott gewollt, sondern als von der jeweiligen historischen Situation bedingt. Indem der Gott des Judentums und der ganzen Menschheit seines begrenzten Kontextes in der jüdischen Geschichte und im Lande Israel entkleidet wurde, wandelte er sich gleichsam von einem personalen Gott zu einem unpersönlichen moralischen Prinzip – zum Grunde dessen, was gemeinhin als »ethischer Monotheismus« bezeichnet wurde. Der Moralisierung des Glaubens entsprach erst die Entdeckung der Geschichte als bestimmender Kraft und schließlich die Historisierung der Tradition selbst. Die Einsicht in die Geschichtlichkeit auch des jüdischen Glaubens gewann das moderne jüdische Denken über die Geschichtsphilosophie Hegels und die entstehenden Geisteswissenschaften. Die im 19. Jahrhundert im Stil Hegels Geschichtsphilosophie betreibenden Philosophen Samuel Formstecher, Samuel Hirsch und Nachman Krochmal zielen auf eine staatsbürgerliche Synthese von Juden und Nichtjuden im Rahmen eines modernisierten, sittlich-theokratischen Staates im Geiste der Freiheit (vgl. Wiener 1933, 114–173), während Marx' Zeitgenosse Moses Hess in geschichtsphilosophischer Spekulation wesentliche Elemente des staatsbildenden Zionismus vorwegnahm (vgl. Na'aman 1982). Im Allgemeinen war die jüdische Philosophie im deutschen Sprachraum jedoch an Kant ausgerichtet. Von systematischer Bedeutung sind die religionsphilosophischen Bemühungen des liberalen jüdischen Philosophen Samuel Ludwig Steinheim (1789–1866), der den Versuch unternahm, auf der Basis von Kants *Kritik der reinen Vernunft* und der in ihr enthaltenen Freiheitslehre die Wahrheit des biblischen Glaubens zumal in seiner Schöpfungstheologie zu erweisen (vgl. Steinheim 1835; Brumlik 2001, 29–42) und auf dieser Basis Prinzipien einer liberalen Gesellschaftsordnung zu begründen. Die schließlich von Samson Rafael Hirsch (1808–1888) angestrebte Vermittlung von orthodoxem Glauben und moderner Kultur (vgl. Breuer 1986) mündete in einer »Neoorthodoxie«, die den Gedanken einer ewig gültigen Offenbarung mit einem zumindest kulturell modernisierten Lebensstil in Übereinstimmung zu bringen suchte. Das Programm einer Synthese von Kantianismus und Judentum wurde von Cohen in seinem 1918 posthum erschienenen Hauptwerk *Die Religion der Vernunft aus den Quellen des Judentums* vollendet. Indem Cohen auf einer Kants praktische Philosophie weiterentwickelnden Ethik der Mitmenschlichkeit (vgl. Brumlik 2001, 11–28) eine neue Interpretation der prophetischen Schriften vornimmt, entfaltet er sowohl eine Theorie sozialer Gerechtigkeit als auch internationaler Rechtlichkeit. In den Schriften der Hebräischen Bibel findet Cohen beispielhafte Formen der Volksgenossenschaft, der Gastfreundschaft, der Fremdengesetzgebung sowie des Bundes Gottes mit allen Menschen und entwickelt auf dieser Basis schon früh eine Philosophie der Intersubjektivität (vgl. Brumlik 2002).

3.

3.1. Die jüdischen Philosophen der Krisenzeit des 20. Jahrhunderts suchten die Erschütterungen des Ersten Weltkrieges, die Erfahrung der Massenvernichtung der europäischen Juden und des Totalitarismus systematisch zu erfassen. In Auseinandersetzung mit dem kantianischen Judentum Cohens folgte zunächst eine geisteswissenschaftliche Kultur- oder Geschichtsphilosophie des jüdischen Volkes. So geht es Leo Baeck darum, den Sinn der jüdischen Existenz in der sittlichen Vervollkommnung im Geiste des prophetischen Universalismus zu erweisen (vgl. Brumlik 2001, 43–56). Demgegenüber inspirierte der Kulturphilosoph Simmel die Philosophin Margarete Susman (1872–1966), die aus jüdischem Geist den gewaltfreien Anarchismus Landauers verfocht und an den Debatten über die Münchner Räterepublik sowie über das Thema »Frau und Revolution« beteiligt war (vgl. Susman 1918; Susman 1964). Rosenzweig und Buber gehören mit anderen protestantischen und katholischen Denkern jener Epoche zu der um die Zeit des Ersten Weltkriegs entstehenden Existenz- und Dialogphilosophie. Die Philosophie dialogischer Existenz war für Buber Grundlage einer kommunitären Kultur ethnischer Gruppen im Rahmen einer anarchistischen Wirtschaftsordnung (vgl. Buber 1950). Im Falle der Juden stand er für ein zionistisches Programm in friedlicher, nicht-staatlicher Nachbarschaft zu den Arabern Palästinas (vgl. Buber 1983). Rosenzweig, von dem eine frühe, profunde Analyse der hegelschen Staatslehre vorliegt (vgl. Rosenzweig 1920), entwickelt auf der Basis der Existenz- sowie der Geschichtsphilosophie des Deutschen Idealismus eine Theorie des Judentums als eines jenseits von Land, Geschichte und Sprache stehenden, alleine dem ewigen Jetzt seines liturgischen Jahres und seiner Fortzeugung verpflichteten Volks, und des Christentums als weltgeschichtlicher und damit politisch wirksamer Religion (vgl. Rosenzweig 1921). Symptomatisch für die Krise jüdischer Existenz in der ersten Hälfte des 20. Jahrhunderts ist das Werk von Leo Strauss, der im Spannungsverhältnis von Kritik religiöser Offenbarung, politischem Druck auf jüdische Existenz und philosophischer Erkenntnis im Geiste Platons zu einem Vordenker zeitgenössischen reaktionären Denkens wurde. Anders nahm Arendt die Aufgabe in Angriff, die fragile Existenz des Judentums im Zeitalter des Totalitarismus zu bestimmen (vgl. Bernstein 1996). Ihre Verpflichtung gegenüber einer »verborgenen Tradition« (Arendt 1976) sowie ihre Überzeugung, dass der Verlust der nationalen Rechte im 20. Jahrhundert in allen Fällen den Verlust der Menschenrechte nach sich gezogen habe, der nur durch die Etablierung nationaler Rechte rückgängig gemacht werden könne, beglaubigte zunächst die Stimmigkeit zionistischer Politik, ohne darum später den staatsbildenden Zionismus von Kritik auszunehmen. Kritisches, von Marxismus und Psychoanalyse geprägtes, die jüdische Tradition in ihren messianischen und theologischen Aspekten aufnehmendes, im mancher Hinsicht sozialrevolutionäres Denken prägt die politische Philosophie der Kritischen Theorie. So entwarf Walter Benjamin eine Geschichtsphilosophie, die sich von jedem blinden und technikgläubigen Fortschrittsoptimismus verabschiedet und einem revolutionär gemeinten messianischen Moratorium des historischen Verlaufs das Wort redet. Die von Adorno und Horkheimer nicht nur in der *Dialektik der Aufklärung* vorgelegte dialektische Vermittlung von Geschichtsphilosophie und Ästhetik lebt aus dem Spannungsverhältnis eines restaurativ-utopischen Messianismus und einer negativistischen Kritik alles Bestehenden im Geiste des biblischen Bilderverbots (vgl. Brumlik 2001, 87–114). Mit dem spät zur Kenntnis genommenen Werk von Jonas findet die jüdische Philosophie der deutschsprachigen Moderne ihren Abschluss. In Wiederaufnahme kabbalistischer Überlegungen zur Theodizee und zum Wesen des Lebendigen postuliert Jonas sowohl einen von der Komponente der Macht entlasteten »Gottesbegriff nach Auschwitz«, der eine Anthropologie menschlicher Verantwortung für Natur und Geschichte entspricht – eine Anthropologie, die der demokratischen Staatsform ihrer diesbezüglichen Fehlentscheidungen wegen eher ablehnend gegenübersteht (vgl. Wiese/Jacobson 2003).

3.2. Im Hinweis auf den appellatorischen Charakter von Schöpfung und menschlicher Existenz trifft sich Jonas mit Levinas, der sein Denken nicht vom Ausgangspunkt der Mystik, sondern von den beiden Polen orthodoxjüdischer Existenz her entfaltet: Dem Studium der Schrift und dem Familienleben. Aus der Beobachtung, dass es im rabbinisch-halachischen Judentum eher darauf ankommt, die Tora, also Gottes Wort, als ihn selbst zu lieben, und der vor dem Hintergrund von Auschwitz neu gewonnenen Erfahrung des Ausdrucks menschlichen Leidens im menschlichen Antlitz, artikuliert Levinas eine philosophisch untermauerte letzte Theologie der Spur in radikaler Verantwortung vor dem Nächsten. In eindringlichen Auslegungen talmudischer Schriften legt Levinas die Dilemmata allen politischen Handelns und einer jüdisch verstandenen sittlichen Verantwortung dar, die zum Nachweis der notwendigen Gewaltförmigkeit politischen Handelns führt (vgl. Levinas 1968; ders. 1977). Nach dem Zweiten Weltkrieg und Auschwitz sowie nach der Gründung des Staates Israel versuchen v.a. existenzphilosophisch argumentierende Denker wie Soloveitchik (1983) und Wyschogrod (1983) oder Fackenheim (1990) im Gegenzug zu einer von ihnen behaupteten Spiritualisierung jüdischen Denkens unter dem Einfluss des Christentums die Bedeutung von Leiblichkeit und Endlichkeit zu betonen, um so für eine letztlich staatsbezogene, politische Philosophie des jüdischen Volkes im Geist des Zionismus zu plädieren.

Der von Buber geprägte A. B. Heschel hingegen wurde auf Basis der gleichen existenzphilosophischen Voraussetzungen zu einem der Vordenker der US-amerikanischen Bürgerrechtsbewegung (vgl. Heschel 1985). Eine Politik der Gleichberechtigung in Öffentlichkeit und Heim aus der Tradition und einer Neubewertung von Leiblichkeit und Sexualität heraus begründet der jüdische Feminismus (vgl. Heschel 1983). In der Tradition analytischer Philosophie entfalten Walzer systematisch die politischen Gehalte der jüdischen Tradition sowie Margalit eine Herrschaftskritik und eine Politik der Würde und Erinnerung (vgl. Margalit 1996). Bei Derrida (1991), dessen Programm der Dekonstruktion sich auf ein in der jüdischen Tradition (vgl. Cixous 2004) stehendes Denken der Schrift und ihrer Auslegung stützt, findet sich heute die radikalste Kritik allen auf dem Gedanken der politischer Souveränität und jedweder staatlicher Machtentfaltung beruhenden politischen Denkens.

4.

Arendt, H., 1976, Die verborgene Tradition, Frankfurt/M.: Suhrkamp.
Bernstein, R. J., 1996, Hannah Arendt and the Jewish Question, Cambridge: Polity.
Breuer, M., 1986, Jüdische Orthodoxie im Deutschen Reich, Frankfurt/M.: Campus.
Brumlik, M., 1999, Zur Begründung der Menschenrechte im Buch Amos, in: H. Brunkhorst/W. Köhler/M. Lutz-Bachmann (Hg.), Recht auf Menschenrechte, Frankfurt/M.: Suhrkamp.
Brumlik, M., 2001, Vernunft und Offenbarung, Berlin: Philo.
Buber, M., 1950, Pfade in Utopia, Heidelberg: Schneider.
Buber, M., 1983, Ein Land und zwei Völker, Frankfurt/M.: Jüdischer Verlag 1998.
Cixous, H., 2004, Portrait of Jacques Derrida as a Young Jewish Artist, New York: Columbia University Press.
Cohen, H., 1918, Religion der Vernunft aus den Quellen des Judentums, Wiesbaden: Fourier 1966.
Crüsemann, F., 1992, Die Tora, München: Kaiser.
Derrida, J., 1991, Gesetzeskraft, Frankfurt/M.: Suhrkamp.
Encyclopedia Judaica, o.J., Bd. 13, Jerusalem: Keter.
Fackenheim, E., 1990, The Jewish Bible after the Holocaust, Bloomington: Indiana University Press.
Frank, D./Leaman, O. (Hg.), 1997, History of Jewish Philosophy, New York: Routledge.
Guttmann, J., 2000, Die Philosophie des Judentums, Berlin: Jüdische Verlagsanstalt.
Hasselhoff, G. K./Fraisse, O. (Hg.), 2004, Moses Maimonides, Würzburg: Ergon.
Heschel, A. B., 1985, Die ungesicherte Freiheit, Berlin, Jüdische Verlagsanstalt.
Heschel, S. (Hg.), 1983, On Being a Jewish Feminist, New York: Schocken.
Levinas, E., 1968, Gelobtes Land oder geraubtes Land, in: ders., Vier Talmud-Lesungen, Frankfurt/M.: Verlag Neue Kritik 1993.
Levinas, E., 1977, Judentum und Revolution, in: ders., Vom Sakralen zum Heiligen, Frankfurt/M.: Verlag Neue Kritik 1998.
Maimonides, M., 1172, Der Brief in den Jemen, Berlin: Parerga 2002.
Maimonides, M., 1176ff., Führer der Unschlüssigen, Hamburg: Meiner 1995.
Margalit, A., 1996, Politik der Würde, Berlin: Fest 1997.
Mendelssohn, M., 1783, Jerusalem oder über die religiöse Macht des Judentums, Bielefeld: Aisthesis 2001.
Na'aman, S., 1982, Emanzipation und Messianismus, Frankfurt/M.: Campus.
Neusner, J., 1991, Rabbinic Political Theory, Chicago: The University of Chicago Press.
Philo, 1962, On the Embassy to Gaius, Cambridge/MA, Harvard University Press.
Rosenzweig, F., 1920, Hegel und der Staat, Aalen: Scientia 1982.
Rosenzweig, F., 1921, Der Stern der Erlösung, Frankfurt/M.: Suhrkamp 1993.
Schmitt, C., 1938, Der Leviathan, Stuttgart: Klett-Cotta 1995.
Smith, S., 1997, Spinoza, Liberalism, and the Question of Jewish Identity, New Haven: Yale University Press.
Scholem, G., 1957a, Die jüdische Mystik in ihren Hauptströmungen, Frankfurt/M.: Suhrkamp.
Scholem, G., 1957b, Sabbatai Zvi, Frankfurt/M.: Suhrkamp 1992.
Schulte, C., 2002, Die jüdische Aufklärung, München: Beck.
Soloveitchik, J. B., 1983, Halakhic Man, Philadelphia: Jewish Publication Society.
Spinoza, B. de, 1670, Theologisch-politischer Traktat, Hamburg: Meiner 1984.

Steinheim, S. L., 1835, Die Offenbarung nach dem Lehrbegriffe der Synagoge, Hildesheim: Olms 1986.

Strauss, L., 1930, Die Religionskritik Spinozas und zugehörige Schriften, Stuttgart: Metzler 2001.

Strauss, L., 1935, Philosophie und Gesetz, Stuttgart: Metzler 1997.

Susman, M., 1918, Die Frau und die Revolution, Frankfurt/M.: Winkler.

Susman, M., 1964, Ich habe viele Leben gelebt, Stuttgart: DVA.

Urbach, E. E., 1979, The Sages, Cambridge/MA: Harvard University Press.

Walzer, M., 1985, Exodus und Revolution, Berlin: Rotbuch 1988.

Walzer, M./Lorberbaum, M./Zohar, N (Hg.), 2000, The Jewish Political Tradition, Bd. 1: Authority, New Haven: Yale University Press.

Walzer, M. (Hg.), 2006, Law, Politics, and Morality in Judaism, Princeton: Princeton University Press.

Wiener, M., 1933, Jüdische Religion im Zeitalter der Emanzipation, Berlin: Jüdische Verlagsanstalt 2002.

Wiese, C./Jacobson, E., 2003, Weiterwohnlichkeit der Welt, Berlin: Philo.

Wyschogrod, M., 1983, The Body of Faith, Minneapolis: Seabury Press.

Yovel, Y., 1989, Spinoza, Göttingen: Steidl 1994.

MICHA BRUMLIK

K

Kant, Immanuel (1724–1804)

1.

Auf dem Höhe- und zugleich Wendepunkt der europäischen Aufklärung werden durch *einen* Denker fast alle Felder der Philosophie revolutionär neu bestellt, und die Landschaft der abendländischen Philosophie erhält ihr modernes Gesicht. Obwohl dieser Denker, Immanuel Kant, nur ein Universitätsprofessor ist, wird er zum Muster eines umfassenden Weltbürgers.

Blickt man auf den Lebensweg, so erscheint er als Gegenteil eines Weltbürgers: Kant wurde 1724 als viertes von neun Kindern eines Handwerkers in Königsberg geboren, damals die dank ihres internationalen Hafens aufblühende Hauptstadt von Ostpreußen. Er besuchte dort zunächst die Schule (1730–1740), dann die Universität (1740–1746), nach einem »Zwischenspiel« als Hauslehrer in der näheren Umgebung kehrte er später in seine Heimatstadt zurück. Hier begann er, 1755 zum Magister der Philosophie promoviert, eine arbeitsreiche Vorlesungstätigkeit, erhielt 1766 die bescheidene Stelle eines Unterbibliothekars der königlichen Schlossbibliothek und erst im Jahr 1770 die ersehnte Professur, für Logik und Metaphysik. In den ersten Jahren verfasste er beachtliche Schriften zur Naturphilosophie, namentlich die *Allgemeine Naturgeschichte des Himmels*, »nach Newtonischen Grundsätzen abgehandelt«. In den sechziger Jahren wandte er sich Fragen der Fundamentalphilosophie (Metaphysik), insbesondere den Gottesbeweisen und den Grundlagen der Moral, zu. Zum Antritt seiner Professur veröffentlichte er die schon erkenntniskritische Dissertation *De mundi sensibilis atque intelligibilis forma et principiis* (*Von der Form der Sinnen- und Verstandeswelt und ihren Gründen*, 1770). Aber erst nach einer elfjährigen Publikationspause erschien endlich, im Mai 1781, das von Freunden und Kollegen dringend erwartete erste Hauptwerk, die *Kritik der reinen Vernunft*, nach Arthur Schopenhauer »das wichtigste Buch, das jemals in Europa geschrieben worden«. Jetzt, im Alter von 57 Jahren, erwies sich Kant als philosophisches Genie.

Dank einer stupenden Produktivität verfasste er in den nächsten Jahren eine Fülle weiterer, bald weltberühmter Schriften: zum besseren Verständnis der *Kritik der reinen Vernunft* die *Prolegomena* [Vorbemerkungen] *zu einer jeden künftigen Metaphysik, die als Wissenschaft wird auftreten können* (1783), zur Geschichtsphilosophie die *Idee zu einer allgemeinen Geschichte in weltbürgerlicher Absicht* (1784), zur Moralphilosophie erst die *Grundlegung zur Metaphysik der Sitten* (1785), später die *Kritik der praktischen Vernunft* (1788). Genau hundert Jahre nach Newtons epochemachendem Werk veröffentlichte Kant *Metaphysische Anfangsgründe der Naturwissenschaft* (1786). Nach der gründlich veränderten zweiten Auflage der *Kritik der reinen Vernunft* (1787) erschienen die *Kritik der Urteilskraft* (1790) und eine Schrift, *Die Religion innerhalb der Grenzen der bloßen Vernunft* (1793), die den Autor in Konflikt mit der preußischen Zensur brachte. In der *Metaphysik der Sitten* (1797) legte Kant eine systematische Rechtsphilosophie (Erster Teil. *Metaphysische Anfangsgründe der Rechtslehre*) und eine ebenso systematische Moralphilosophie vor (Zweiter Teil. *Metaphysische Anfangsgründe der Tugendlehre*). Nachdem er im Alter von 73 Jahren seine letzte Vorlesung hielt, veröffentlichte er noch zwei Jahre später, im Jahr 1798 eine *Anthropologie in pragmatischer Hinsicht* und den mit der Theologie, Jurisprudenz und Medizin ausgefochtenen *Streit der Fakultäten*. Obwohl der Philosoph von Geburt an eine schwache Gesundheit hatte, wurde er dank einer wohlüberlegten Lebensführung erst im Oktober 1803 zum ersten Mal schwer krank und starb vier Monate später, am 12. Februar 1804. Am 28. Februar wurde er »unter dem Geläute aller Glocken der ganzen Stadt« in einem Trauerzug, »von Tausenden begleitet«, in die Dom- und Universitätskirche seiner Heimatstadt überführt und dort in der Professorengruft beigesetzt.

2.
Biographisch gesehen sieht Kant nicht nach einem Weltbürger aus: Er lebt in der Provinz, fühlt sich dort wohl, lehnt Rufe nach auswärts ab und unternimmt keine einzige Reise in die politischen und intellektuellen Zentren seiner Zeit. Trotzdem gibt er das Muster für einen Weltbürger ab. Als erstes ist Kant Weltbürger im Sinne eines Bürgers, den man schon zu Lebzeiten in vielen Teilen der damaligen Welt kennt: Über seine Studenten wird er zunächst in Osteuropa bekannt. In Paris stellt ihn niemand geringerer als Wilhelm von Humboldt vor. In Großbritannien, den Niederlanden und Italien erscheinen erste Monographien, und die wissenschaftlichen Akademien von Petersburg und Siena wählen Kant zum Mitglied. Bald nach seinem Tod ist er weltberühmt, und heute gilt er zusammen mit Platon und Aristoteles als der weltweit meiststudierte Philosoph.

Um seinen Ruhm zu verdienen, ist Kant Weltbürger in dem zweiten Sinn, dass er sich über so gut wie alles, was in der Welt geschieht, in der Welt der Politik ebenso wie in der der Wissenschaft, eine ungewöhnlich breite Weltkenntnis erwirbt, so dass er sogar naturwissenschaftliche Vorlesungen halten kann. In noch höherem Maß ist er Weltbürger in einem dritten, wahrhaft philosophischen Verständnis. Kant versteht seine Philosophie nie als fertige Lehre, sondern als einen ständigen Prozess neuer Fragen und Einsichten. In dieser Entwicklung gibt es aber einen so tiefen Einschnitt, dass man das vorangehende Denken trotz mancher Vorgriffe auf später als »vorkritisch« bezeichnen kann, während mit der ersten *Kritik* (1781) die kritische Transzendentalphilosophie beginnt. Diese entwickelt für so gut wie alle Bausteine einer jeden Kultur, namentlich für das Wissen, die Moral und das Recht, für die Geschichte der Erziehung, nicht zuletzt für das Schöne und das Erhabene sowie die Welt der Organismen eine Philosophie, die zwar geschichtlich betrachtet europäische Wurzeln hat, aus ihnen aber ein globalisierungsfähiges Denken wachsen lässt.

3.
Heben wir vier Bereiche hervor: Wir verdanken Kant die Philosophie eines Weltbürgers erstens im Wissen, zweitens in der Moral, auf deren Grundlage drittens hinsichtlich einer globalen Rechts- und Friedensordnung sowie schließlich auch für das Natur- und Kunstschöne. Diese Philosophie ist in dem Sinn kritisch, dass sie zu ihren Gegenständen jeweils vorab die Möglichkeiten, aber auch die Grenzen einer methodischen, wissenschaftlichen Philosophie erkundet. Und sie heißt für den ersten Gegenstand in dem Sinn Transzendentalphilosophie, dass sie die (vorempirischen) Bedingungen der Möglichkeit objektiver Empirie und zugleich objektiver Gegenstände erkundet. Kant entdeckt diese Bedingungen im (gewissermaßen objektiven) Subjekt, was er die kopernikanische Wende nennt.

3.1. Die *Kritik der reinen Vernunft* entfaltet über weite Strecken die skizzierte fundamentalphilosophische (metaphysische) Erkenntnis- und Gegenstandstheorie. *Kosmopolitisch* ist sie, weil sie von einer politischen Lage, der Philosophie als einem Kampfplatz endloser Streitigkeiten, ausgeht und den Streit, den zwischen Rationalismus und Empirismus, nach dem Verfahren einer liberalen Demokratie nicht durch Macht, sondern durch das Recht und dessen öffentliche Verantwortung, ein Gericht, entscheidet.

Seit der Antike hält ein radikaler Relativismus alles Wissen für kulturabhängig. Dem tritt Kant mit Bedingungen entgegen, die epochen- und kulturunabhängig für alles Wissen gelten, mit dem synthetischen Apriori. Ein fast triviales Beispiel: Nach Kant macht eine reine Form der sinnlichen Anschauung, die Räumlichkeit, die mathematische Geometrie möglich, während es der Mathematik und der Physik obliegt, Theorien von Raum und Räumen aufzustellen. Ein anderes Beispiel: Ohne die Kausalität, nach Kant ein reines Element des zweiten Erkenntnisvermögens, des Verstandes (eine sog. Kategorie), lässt sich keine Abfolge von Ereignissen als objektiv gültig erkennen.

3.2. Kant geht von seinem ersten, epistemischen Kosmopolitismus zum zweiten, moralischen Kosmopolitismus über. Sein Begriff und Kriterium für Moral, der seit John Rawls auch in der anglophonen Welt weithin anerkannte kategorische Imperativ, macht im Gegensatz zu einem radikalen ethischen Relativismus den Kosmopolitismus sogar zum Prinzip. Er verlangt nämlich, nur nach jenen Grundsätzen (Maximen) zu leben, die sich als ein streng allgemeines Gesetz denken und wollen lassen. »Allgemein« bedeutet hier erstens, nicht für eine einzelne Situation, sondern für ein ganzes Leben gültig zu sein, zweitens nicht nur für eine einzelne Person, sondern für alle Menschen jeder Kultur und drittens sogar für handlungsfähige Lebewesen auch außerhalb der Menschheit. Zwei Beispiele bestätigen ihn gewissermaßen empirisch. Sowohl das Verbot der rechtserheblichen Lüge, des Betrugs, als auch das nicht mehr rechts-, sondern tugendmoralische Gebot, Notleidenden zu helfen, wird von so gut wie allen Kulturen und Epochen anerkannt.

3.3. Kosmopolitisch ist schließlich das Rechts- und Staatsdenken. Bevor Kant seine Theorie eines angeborenen Menschenrechts, ferner die des Eigentums und der öffentlichen Rechtsordnung entwickelt, stellt er ein basales Rechtsprinzip, das der allgemeinverträglichen Freiheit, auf: »Das Recht ist also der Inbegriff der Bedingungen, unter denen die Willkür des einen mit der Willkür des andern nach einem allgemeinen Gesetze der Freiheit zusammen vereinigt werden kann.« (Kant 1797, *Rechtslehre*, § B) Und schon in der Schrift *Zum ewigen Frieden* (1795) entfaltet Kant, was in der europäischen Rechts- und Staatstheorie von Platon und Aristoteles über Hobbes, Locke und Rousseau bis zu Hegel fehlt, eine Theorie der internationalen Rechts- und Friedensgemeinschaft. Sie fällt so umfassend und zugleich wohldurchdacht aus, dass sie bis heute das maßgebliche Muster aller entsprechenden Versuche darstellt.

Kant stellt die Philosophie in den Dienst eines moralisch-politischen Zwecks, des vorbehaltlosen Friedens unter allen Menschen und Staaten. Obwohl er den Krieg mit Ausnahme des Verteidigungskrieges kompromisslos ächtet, unterzieht er sich als erstes, in den »Präliminarartikeln«, der Mühe, das Geächtete, solange es noch wirklich ist, zu reformieren. Von dieser friedensfunktionalen Kriegsreform sind mindestens zwei Forderungen bis heute aktuell geblieben: dass man stehende Heere nach und nach abschaffen soll (Prinzip »Abrüsten statt Wettrüsten«) und dass man sich in andere Staaten nicht gewalttätig einmischen darf, denn sie haben das Recht, sich selbst zu reformieren (Interventionsverbot; angesichts der ihm damals unbekannten systematischen Völkermorde würde Kant aber vielleicht eine humanitäre Intervention, freilich nur unter sehr strengen Kautelen, gutheißen).

Im Rahmen der drei »Definitivartikel« nennt Kant zunächst zwei Antriebskräfte für eine globale Friedensordnung, die ebenfalls bis heute aktuell geblieben sind: die Erfahrung mit den Schrecken des Krieges und dem Republikanismus (»Erster Definitivartikel«, Zum Staatsrecht), der sich in etwa auf eine liberale Demokratie beläuft.

Im zweiten Definitivartikel, zum Völkerrecht, entwickelt er die Idee eines Friedensbundes aller Staaten. Gegen jenen Sekundärstaat, der sich aus den weiter fortbestehenden Primärstaaten zusammensetzt, gegen eine föderale Weltrepublik, bleibt er zwar skeptisch, verantwortlich sind aber lediglich die (geringen) Realisierungschancen. Am rechtsmoralischen Grundgebot hält er dagegen fest: dass alle Konflikte nicht durch private Meinung und Gewalt, sondern nur durch das Recht und seine öffentliche, staatsförmige Sicherung zu entscheiden seien.

Im dritten Definitivartikel, dem Weltbürgerrecht, vertritt Kant das bescheidene Kooperationsrecht eines Besuchs-, nicht Gastrechts. In diesem Recht, einen Gast auch einmal abweisen zu dürfen, steckt ein Anspruch auf persönliche und kollektive Eigenarten; Kant verbindet ein Recht auf universale Kooperation mit einem Recht auf Differenz; ohnehin verbietet er die damalige Kolonialisierung, denn »die Einwohner rechneten sie [die Eroberer] für nichts«.

4.

Kant, I., Gesammelte Schriften [Akademie-Ausgabe], 1. Abtlg. (Bd. I-IX): Werke; 2. Abtlg. (Bd. X-XIII): Briefwechsel; 3. Abtlg. (Bd. XIV-XXIII): Nachlaß, Berlin: Reimer 1900–1955; 4. Abtlg. (Bd. XXIV-XXIX): Vorlesungen, Berlin: de Gruyter 1966ff.; 5. Abtlg. (Bd. XXX ff.): Kant-Index, noch nicht erschienen.

Kant, I., Werke in sechs Bänden, Frankfurt/M.: Suhrkamp 1968.

Allison, H., 1990, Kant's Theory of Freedom, Cambridge: Cambrige University Press.

Beck, L. W., 1974, Kants *Kritik der praktischen Vernunft*, München: Fink.

Bohman, J./Lutz-Bachmann, M. (Hg.), 1996, Frieden durch Recht, Frankfurt/M.: Suhrkamp.

Byrd, B. S./Hruschka, J./Joerden, J. C. (Hg.), 2006, Jahrbuch für Recht und Ethik, Themenschwerpunkt: Recht und Sittlichkeit bei Kant, Berlin: Duncker & Humblot.

Ebbinghaus, J., 1968, Gesammelte Aufsätze, Vorträge und Reden, Hildesheim: Olms.

Eisler, R., 1930, Kant-Lexikon, Hildesheim: Olms 2004.

Flickschuh, K., 2000, Kant and Modern Political Philosophy, Cambridge: Cambridge University Press.

Förster, E., 1993, Immanuel Kant, Cambridge: Cambridge University Press.

Groß, F. (Hg.), 1912, Immanuel Kant. Sein Leben in Darstellungen von Zeitgenossen, Darmstadt: WBG 1993.

Höffe, O., 1983, Immanuel Kant, München: Beck 2007.

Höffe, O., 1999, Einführung in Kants Metaphysische Anfangsgründe der Rechtslehre, in: ders. (Hg.), Immanuel Kant. Metaphysische Anfangsgründe der Rechtslehre, Berlin: Akademie.

Höffe, O., 2001, »Königliche Völker«. Zu Kants kosmopolitischer Rechts- und Friedenstheorie, Frankfurt/M.: Suhrkamp.

Höffe, O., 2003, Kants *Kritik der reinen Vernunft*, München: Beck.

Höffe, O. (Hg.), 1995, Immanuel Kant. Zum ewigen Frieden, Berlin: Akademie.

Höffe, O. (Hg.), 1999, Immanuel Kant. Metaphysische Anfangsgründe der Rechtslehre, Berlin: Akademie.

Höffe, O. (Hg.), 2000, Grundlegung zur Metaphysik der Sitten, Frankfurt/M.: Klostermann.

Höffe, O. (Hg.), 2002, Immanuel Kant. Kritik der praktischen Vernunft, Berlin: Akademie.

Kersting, W, 1984, Wohlgeordnete Freiheit. Immanuel Kants Rechts- und Staatsphilosophie, Berlin: de Gruyter.

Korsgaard, C., 1996, Creating the Kingdom of Ends, Cambridge: Cambridge University Press.

Kühn, M., 2001, Kant, München: Beck 2003.

Longuenesse, B., 1998, Kant and the Capacity to Judge, Princeton: Princeton University Press.

Maus, I., 1992, Zur Aufklärung der Demokratietheorie, Frankfurt/M.: Suhrkamp.

Mohr, G./Willascheck, M. (Hg.), 1998, Immanuel Kant. Kritik der reinen Vernunft, Berlin: Akademie.

Paton, H. J., 1962, Der kategorische Imperativ, Berlin: de Gruyter.

Ricken, F./Marty, F. (Hg.), 1992, Kant über Religion, Stuttgart: Kohlhammer.

Wood, A., 1999, Kant's Ethical Thought, Cambridge: Cambridge University Press.

Otfried Höffe

Kapitalismus

1.

Der Begriff »Kapitalismus« erscheint erstmals im 18. Jahrhundert. Adam Smith und David Ricardo verwenden den Begriff nicht, und auch im *Kapital* von Marx findet man den Begriff nur ein einziges Mal. Louis Blanc benutzt den Begriff 1850 als erster in polemischer Absicht: Kapitalismus sei »die Aneignung des Kapitals durch die einen unter Ausschluss der anderen« (vgl. Braudel 1979, 254). Erst Werner Sombart (1902) führt den Kapitalismus-Begriff in seine epochale Analyse der historischen Entwicklung vom »Vorkapitalismus« über den »Frühkapitalismus« zum »Hochkapitalismus« ein. Im »Hochkapitalismus« hat sich der Kapitalismus als System gegenüber anderen »Wirtschaftsstilen« und »Wirtschaftsgesinnungen« durchgesetzt. Nach dem Ersten Weltkrieg und der Russischen Revolution bekommt »Kapitalismus« als Gegenbegriff zum »Sozialismus« eine neue Bedeutung. Der Kapitalismus sei eine dem Untergang geweihte Gesellschaftsformation, deren Zeit abgelaufen sei (vgl. z. B. Varga 1969). Dagegen argumentieren liberale und neoliberale Autoren wie von Mises (1922), von Hayek (1944) und später Walter Eucken (1952), die den Begriff des »Kapitalismus« als eine Hypostasierung ablehnen und stattdessen die Begriffe der »Marktwirtschaft« oder der »freien Verkehrswirtschaft« als Alternative zur »Zentralverwaltungswirtschaft« vorziehen. Im angelsächsischen und romanischen Sprachraum wird der Begriff von Befürwortern (vgl. Friedman 1962) wie Kritikern (vgl. Shonfield 1965) verwendet.

Marx benutzt »kapitalistisch« als ein Attribut der Produktionsweise oder Gesellschaftsformation. Damit ist angedeutet, dass es auch andere Gesellschaftsformationen als die kapitalistische gibt. Der Kapitalismus ist historisch, er ist aus anderen Produktionsweisen (im westlichen Europa aus dem Feudalismus) hervorgegangen, und ihm werden andere folgen. Dies ist die Auffassung vieler Historiker wie Fernand Braudel oder Karl Polanyi (1944); sie wird geteilt von den in der marxistischen Tradition stehenden Weltsystemtheoretikern wie Immanuel Wallerstein (2000). Auch wenn Werner Sombart, Max Weber (1920) und Joseph A. Schumpeter (1942) dem zustimmen würden, würde keiner von ihnen daraus die Schlussfolgerung ziehen, dass der Kapitalismus »zusammenbrechen« könnte (von Schumpeter vielleicht abgesehen, der die Kultur des modernen Kapitalismus unterminiert sieht). Der »Kapitalismus als Struktur« sei von langer Dauer und der »Kapitalismus als System« habe alle Aussichten, auch die schwerste Krise zu überstehen (vgl. Braudel 1979, 695, 702).

2.

Wann der moderne Kapitalismus entstanden ist, ist umstritten. Zumeist wird das »lange 16. Jahrhundert« von der »Entdeckung« Amerikas 1492 bis zum Westfälischen Frieden von 1648 genannt, in dem das kapitalistische Weltsystem entsteht, sich die modernen Nationalstaaten bilden und mit Aufklärung und Reformation auch der »Geist des Kapitalismus« (Weber 1920) entsteht (vgl. Braudel 1979). Die sog. ursprüngliche Akkumulation setzt ebenfalls im 15. und 16. Jahrhundert in England ein. In anderen Ländern folgt sie später. Die Produzenten (die Arbeiter) werden dabei gewaltsam von ihren Produktionsbedingungen getrennt, die sich als Kapital auf der anderen Seite der Gesellschaft konzentrieren. Auch Gemeinschaftseigentum wird enteignet und privatisiert, z. B. durch die Einhegungen von Gemeindeland (»enclosures«) im England des 16. bis 19. Jahrhunderts. Die Arbeiter müssen für den nun sich ausbreitenden kapitalistischen Produktionsprozess diszipliniert werden. Die Arbeiterklasse wird also »gemacht« (Thompson 1963). Dieser Prozess kann auch als Inwertsetzung bezeichnet werden, der – und darin drückt sich die kapitalistische Kontinuität aus – niemals zum Abschluss kommt.

Die Qualität der Inwertsetzung ändert sich allerdings mit der industriellen Revolution seit dem letzten Viertel des 18. Jahrhunderts. Die in der kapitalistischen Gesellschaftsformation eingeschriebene Dynamik kann sich erst richtig entfalten, als mit Hilfe der neuen industriellen Techniken die fossilen Energien die begrenzten biotischen Energien von Mensch und Tier ersetzten. Die »europäische Rationalität der Weltbeherrschung« (Weber 1920) konnte nun mit Macht in die Wirklichkeit umgesetzt werden. Erst jetzt kann »fixes Kapital« gebildet werden, weil die Produktionsmittel nicht mehr aus sehr schnell vergänglichem Holz, sondern aus dauerhaftem

Eisen hergestellt wurden. In den metallenen und steinernen Produktionsmitteln bekam das Kapital eine machtvolle und sichtbare Gestalt (vgl. Braudel 1979).

3.

3.1. Der Kapitalismus erzeugt also die ihm entsprechenden Produktionsbedingungen. Von Marx wird dieser Prozess als die »reelle Subsumtion der Arbeit (und wie wir hinzufügen müssen: der Natur) unter das Kapital« (Marx 1867ff., Bd. 1, 533) bezeichnet. Der Überschuss, der aus allen Gesellschaftsformationen bekannt ist, bekommt die Gestalt des Mehrwerts. Nun geht es nicht mehr um »Inwertsetzung«, sondern um die Reproduktion der von Marx so bezeichneten »auf dem Wert beruhenden Produktionsweise« (vgl. dazu Heinrich 1991). Arbeiter produzieren den Mehrwert, der von Kapitalisten angeeignet wird. Der Klassengegensatz reproduziert sich auf immer höherer Stufe (vgl. Marx 1867ff., Kap. 22). Daraus ergeben sich mehrere Konsequenzen.

Erstens wird mit Hilfe von industrieller Technik und des Einsatzes fossiler Energien in der sozialen Organisation des Kapitalismus eine Steigerung des »Wohlstands der Nationen« in einem Ausmaß möglich, wie niemals zuvor in der Menschheitsgeschichte. Nach Adam Smith (1776) ist dies eine Folge der Arbeitszerlegung in der Fabrik und der Arbeitsteilung in der Gesellschaft, gelenkt durch die »unsichtbare Hand« des Marktes, heute erzwungen durch den globalen Wettbewerb. Denn der Kapitalismus ist von Anbeginn an ein Weltsystem mit einer Dynamik, die wir heute als »Globalisierung« bezeichnen. Der jahresdurchschnittliche Anstieg der Pro-Kopf-Einkommen wird von 0,22% in den Jahrhunderten von 1000 bis 1820 auf jahresdurchschnittlich 2,21% von 1820–1998 verzehnfacht (vgl. Maddison 2001). Der Lebensstandard der Menschen in den Industrieländern hat sich seitdem außerordentlich verbessert, und Unterernährung und Hunger verschwanden – zumindest in Europa in friedlichen Zeiten (vgl. Ponting 1992, 106ff.).

Jedoch wird *zweitens* seit der Industrialisierung gegen Ende des 18. Jahrhunderts der wachsende Wohlstand extrem ungleich verteilt. Das globale Durchschnittseinkommen steigt in den 178 Jahren von 1820 bis 1998 von 667 auf 5709 US$ pro Kopf. Doch in Westeuropa beträgt das durchschnittliche Pro-Kopf-Einkommen im Jahre 1998 17921 US$, in den USA und Kanada liegt es bei 26146 US$. In Asien (ohne Japan) beträgt der Durchschnitt der Pro-Kopf-Einkommen aber nur 2936 US$, und in Afrika 1368 US$. Wachstum ist also keineswegs mit mehr Gleichheit in der Welt verbunden (Zahlen in konstanten US$ nach Maddison 2001).

Drittens wird das hohe Wachstum im industriellen Kapitalismus durch Krisen unterbrochen. Schon David Ricardo (1817) und Simonde de Sismondi (1819) beobachteten zu Beginn des 19. Jahrhunderts Krisensymptome und versuchten, sie zu erklären, da sie so gar nicht zu den Wohlstandsversprechen passen wollten. Sismondi entwickelte eine frühe Form der »Unterkonsumtionstheorie«. Die Kaufkraft der Arbeiter reiche nicht aus, um das produzierte Produkt zu kaufen und so dessen Wert zu realisieren. Ricardo hatte darauf hingewiesen, dass die Profitrate tendenziell fällt, allerdings diesen Fall mit steigenden Lebensmittelpreisen begründet, weil immer ertragsärmere Böden unter den Pflug genommen werden müssten. Marx hat den tendenziellen Fall der Durchschnittsprofitrate systematisch im Kontext des Gesamtreproduktionsprozesses des Kapitals untersucht und auf diese Weise die zyklisch wiederkehrenden Krisen erklären können. Der Mehrwert ist im Kapitalismus die historische Form des Überschusses, den es in anderen Gesellschaftsformationen auch gibt – in Form von Rente, Tribut, Akkumulationsfonds etc. Der monetäre Mehrwert wird auf den monetären Kapitalvorschuss bezogen. Diese Relation wird in einer Vielfalt von betriebswirtschaftlichen Kennziffern ausgedrückt. In der Politischen Ökonomie wird sie als Profitrate bezeichnet. Sie ist die Steuerungsgröße des Kapitalismus als System. Niedrige und fallende Profitraten verlangsamen den Akkumulationsprozess, Investitionen bleiben aus und Arbeitskräfte werden entlassen. Doch keine Krise dauert ewig, und sie führt erst recht nicht zu einem Zusammenbruch des Systems. Im Verlauf der Krisen werden technische Innovationen mit dem Effekt einer Steigerung der Produktivkräfte realisiert (vgl. Schumpeters (1942) Theorie eines »langen Zyklus« der kapitalistischen Entwicklung). Krisen bieten auch die Gelegenheit für »Bereinigungen« in den Proportionen des kapitalistischen Akkumulationsprozesses: zu Lasten von Löhnen und Arbeitsbedingungen und zugunsten der Profite. Der entscheidende Effekt der »Bereinigungskrise« ist die Steigerung der Profitrate. Die Akkumulation in der Zeit (Wachstum) und im Raum (»imperialistische« Expansion) wird erneut angeregt.

Krisen sind unterschiedlich tief und sie dauern unterschiedlich lange. Daher hat es sich eingebürgert, »große« Krisen der gesellschaftlichen Formen und »kleine« Krisen in der Gesellschaftsformation zu unterscheiden. Nicht in jeder ökonomischen Krise werden die gesellschaftlichen Strukturen und politischen Verhältnisse in Frage gestellt. In der marxistischen Tradition wird davon ausgegangen, dass die in »großen« Krisen erzwungenen Transformationen den Charakter des Kapitalismus modifizieren. Er wandelt sich vom »Konkurrenz-« zum »Monopolkapitalismus« und »staatsmonopolistischen Kapitalismus« (vgl. Varga 1969), d.h. die Art und Weise der Regulation, das Verhältnis von Markt, Staat und sozialen Netzwerken passen sich historischen Veränderungen an. Diese Anpassungsfähigkeit macht den Kapitalismus zu einem stabileren System, als viele Kritiker angenommen haben.

3.2. Der Kapitalismus durchläuft demnach historische »Phasen«. Daher kommt die methodische Frage auf, in welchem Verhältnis die historischen Stufen kapitalistischer Entwicklung zu den »allgemeinen« Formbestimmungen und Bewegungsgesetzen der kapitalistischen Produktionsweise stehen. Marx selbst unterscheidet zwischen der prä-industriellen Manufakturperiode des Kapitalismus und der »Großen Industrie«. Das Unterscheidungskriterium ist die Art der »reellen Subsumtion« der Arbeit unter das Kapital: Folgt die Arbeitsteilung den subjektiven Qualifikationen der Arbeiter (wie in der Manufaktur) oder wird sie in die »objektive« Struktur der industriellen Produktionsmittel eingeschrieben? Die Große Industrie übt mit ihren »Sachzwängen« also Herrschaft über die subjektiven Produktionsbedingungen aus: die Lohnarbeiter werden mehr und mehr der Disziplin der Fabrik (der herrschaftlichen Hierarchie, dem Zeitregime, einer scheinbar neutralen Technostruktur) unterworfen. Freilich bleibt die Herstellung der Fabrikdisziplin äußerlich und ist daher unzureichend für eine dynamische kapitalistische Entwicklung. Folglich werden auch Arbeit, Arbeitsprozess und Systeme der Lohnfindung nach der gleichen Logik rationalisiert, die auch die Gestaltung der objektiven Produktionsbedingungen bestimmt. Die wissenschaftliche Betriebsführung (»Taylorismus«) wird nun die Grundlage einer durchgreifenden Rationalisierung von Produktion und Reproduktion, für die seit Mitte der 1920er Jahre der Name »Ford« (daher »Fordismus«) als Symbol der neuen Phase des modernen Kapitalismus steht. Die durchgängige Rationalisierung ist systematisch (also wissenschaftlich fundiert) und systemisch, d.h. sie erfasst die gesamte Ökonomie, greift weit über das Subsystem der Ökonomie hinaus und zieht auch Gesellschaft, Politik und Kultur in ihren Bann. Dies hat Antonio Gramsci (1929ff.) zum Gegenstand seiner Analyse der Bedingungen für die Stabilität von bürgerlicher Hegemonie in modernen kapitalistischen Klassengesellschaften gemacht. Später hat die »Regulationstheorie« (z.B. Aglietta 1979; Lipietz 1986; Boyer 1986) diesen Gedanken weiterentwickelt und den Kapitalismus als ein historisches System charakterisiert, das seine jeweils spezifischen »regulierenden« Institutionen hervorbringt (»Regulationsweise«), um die Akkumulationsdynamik (»Akkumulationsregime«) aufrecht zu erhalten.

So wird auf den Schock der großen Krise

von 1929 mit einem ökonomisch begründeten politischen Projekt reagiert. Der Staat interveniert in die Ökonomie, um die Massennachfrage zu erhöhen (»welfare-capitalism«), die benötigt wird, um die Massenproduktion der fordistischen Fließbandsysteme abnehmen zu können (»Keynesianismus«). Freilich kann die Nachfragelücke auch durch staatliche Nachfrage nach Rüstungsgütern (»warfare-capitalism«) geschlossen werden. Das nationalsozialistische Deutschland ist diesen Weg gegangen, der in den Zweiten Weltkrieg führte.

Das Projekt des keynesianischen Staatsinterventionismus wird nach dem Zweiten Weltkrieg in den Industrieländern zur Grundlage des Ausbaus eines wohlfahrtsstaatlichen Kapitalismus, der sich nun auch auf eine breite Akzeptanz in der Bevölkerung verlassen kann. Der Kapitalismus beweist in dieser Phase seine Kraft zur Modernisierung. Reformen werden dem Kapitalismus durch soziale Bewegungen (v.a. durch die Arbeiterbewegung) und durch die »Systemkonkurrenz« aufgezwungen. Die von Gramsci hervorgehobene Fähigkeit zur Anpassung kapitalistischer Gesellschaften an historische Herausforderungen, zum sog. Transformismus, ist in den Jahrzehnten nach dem Zweiten Weltkrieg enorm. Diese Flexibilität hatte das real-sozialistische System nicht – und ist daran gescheitert. Am Ende des »kurzen 20. Jahrhunderts« (Hobsbawm 1995) hat der Kapitalismus schließlich obsiegt und ist seit 1989 ohne überzeugende Alternative. Dies könnte manchen Befürchtungen zufolge allerdings dazu führen, dass sich der Kapitalismus als System nicht mehr um die wohlfahrtsstaatliche Integration der Massen kümmert und so nicht nur ökonomisch, sondern auch politisch an Bindungskraft verliert.

3.3. In der langen Geschichte des kapitalistischen Weltsystems hat es keine Phase mit vergleichbar hohen Wachstumsraten wie in den drei Jahrzehnten zwischen 1945 und etwa 1973 gegeben. Konkurrenzgrenzen sind geschwunden. Der Kapitalismus ist Weltsystem geworden, wie noch niemals in seiner 500-jährigen Geschichte. Der kolonialen und imperialistischen Expansion folgte später die manchmal gewaltsame »Öffnung« zum Weltmarkt. Die Entkolonialisierung in der Zeit nach dem Zweiten Weltkrieg, die technische Modernisierung (von Transport- und Kommunikationssystemen) und die umfassende Deregulierung (durch Abbau von Zöllen und anderen Handelshemmnissen) haben zu dem geführt, was seit den 1990er Jahren als »Globalisierung« bezeichnet wird. Doch weil die Distanzen zwischen den Weltregionen fast bedeutungslos geworden sind und weil durch globale Institutionen wie den Internationalen Währungsfonds oder die Weltbank der Vergleich professionalisiert worden ist, kommt erst recht zu Bewusstsein, dass es im einheitlichen kapitalistischen Weltsystem entwickelte Metropolen und die weniger entwickelte Peripherie des abhängigen Kapitalismus gibt, dass also der globale Kapitalismus fragmentiert ist.

Besonders wichtig für das Schwinden der Konkurrenzgrenzen ist die Liberalisierung der globalen Finanzmärkte seit Mitte der 1970er Jahre. Mobiles Geldkapital wird weltweit auf der Suche nach höchster Rendite angelegt. Durch die Konkurrenz der »Finanzplätze« auf liberalisierten Finanzmärkten ist eine Tendenz der generellen Zinserhöhung ausgelöst worden. Tiefgreifende Veränderungen der Struktur des globalen Kapitalismus sind die Folge: *Erstens* zählt die monetäre Rendite mehr als die Rendite auf reale Investitionen (Profitrate). Das wäre kein Problem, wenn die Zentralbanken noch über die souveräne Macht verfügten, die Zinsen (den Diskontsatz) unter die Wachstumsrate und die Rendite (Profitrate) von realen Investitionen zu drücken. *Zweitens* werden alternative Kapitalanlagen weltweit verglichen. Dies hat zur Folge, dass weniger die Durchschnittsprofitrate zum Vergleich von alternativen Kapitalanlagen herangezogen wird als der monetär bemessene Unternehmenswert (»shareholder value«). *Drittens* entstehen Institutionen, die Kapital sammeln und dieses weltweit für ihre Klientel investieren (Pensions-, Investitions- oder Hedgefonds). Durch diese Veränderungen ist der globalisierte Kapitalismus als »Kultur« in breite Schichten der Bevölkerung in den Industrieländern eingedrungen, hat aber insgesamt an Stabilität verloren. Die großen Finanzkrisen seit den 1980er Jahren haben den Menschen in den betroffenen Ländern extrem hohe Verluste zugefügt (etwa in Indonesien, Argentinien und Mexiko). Anders als in der »fordistischen« Phase sind in den Krisen von vornherein die Finanzmärkte und nicht nur die Produktionssphäre betroffen. Sie sind nicht mehr auf einen nationalen Markt begrenzt, sondern haben immer globale Reichweite.

Gleichzeitig konkurrieren »Standorte« (Städte, Regionen, Nationen) gegeneinander um das hoch mobile Kapital. Die Wettbewerbsfähigkeit ist wie die Rationalisierung in fordistischen Zeiten »systemisch«. ›Wirtschaftsstile‹ (Sombart), die bislang eher im Blick zurück Interesse erregten, werden nun zum Thema in der Debatte um verschiedene Modelle kapitalistischer Entwicklung. Die Systemkonkurrenz verlagert sich nach dem Kollaps des realen Sozialismus in die globale Arena, in der der wohlfahrtsstaatlich orientierte »rheinische«, der marktliberale »atlantische« und möglicherweise der »asiatische« Kapitalismus ihre Überlegenheit zu beweisen haben (vgl. Albert 1998). Die Wertschätzung der »varictics of capitalism« (Hall/Soskice 2001) kommt in der relativen Stärke der jeweiligen Währung in der Währungskonkurrenz zum Ausdruck. Der Wechselkurs aber ist ein monetärer Maßstab, der die realen Bedingungen einer Ökonomie und Gesellschaft nicht unbedingt zutreffend wiedergeben muss. Die große Bedeutung der monetären Sphäre in Zeiten der Globalisierung verweist auf eine Veränderung der kapitalistischen Reproduktion, die alles in den Schatten stellt, was Kapitalismus-Theoretiker von Marx über Sombart und Varga bis Mandel prognostiziert haben.

4.

Aglietta, M., 1979, A Theory of Capitalist Regulation, London: New Left Books.
Albert, M., 1998, Capitalisme contre Capitalisme, Paris: Seuil.
Boltanski, L./Chiapello, E., 1999, Der neue Geist des Kapitalismus, Konstanz: UVK 2003.
Boyer, R. (Hg.), 1986, Capitalismes fin de siècle, Paris: La Découverte.
Braudel, F., 1979, Sozialgeschichte des 15.–18. Jahrhunderts, Bd. 3: Aufbruch zur Weltwirtschaft, München: Kindler 1986.
Eucken, W., 1952, Grundsätze der Wirtschaftspolitik, Tübingen: Mohr 1990.
Friedman, M., 1962, Kapitalismus und Freiheit, Stuttgart: Seewald 1971.
Fulcher, J., 2004, Kapitalismus, Stuttgart: Reclam 2007.
Gramsci, A., 1929ff., Gefängnishefte, Hamburg: Argument 1991ff.
Hall, P. A./Soskice, D. (Hg.), 2001, Varieties of Capitalism, Oxford: Oxford University Press.
Heinrich, M., 1991, Die Wissenschaft vom Wert, Münster: Westfälisches Dampfboot 2003.
Hobsbawm, E., 1995, Das Zeitalter der Extreme, München: Hanser.
Hayek, F. A. v., 1944, Der Weg zur Knechtschaft, München: Olzog 2003.
Lipietz, A., 1986, Mirages and Miracles, London: Verso.
Maddison, A., 2001, The World Economy, Paris: OECD.
Mandel, E., 1972, Der Spätkapitalismus, Frankfurt/M.: Suhrkamp.
Marx, K., 1867ff., Das Kapital, MEW, Bde. 23–25, Berlin: Dietz 1970.
Mises, L. v., 1922, Die Gemeinwirtschaft. Untersuchungen über den Sozialismus, Jena: Fischer.
Polanyi, K., 1944, The Great Transformation, Frankfurt/M.: Suhrkamp 1978.
Ponting, C., 1992, A Green History of the World, Harmondsworth: Penguin.
Ricardo, D. 1817, Über die Grundsätze der Politischen Ökonomie und der Besteuerung, Berlin: Akademie 1959.
Schumpeter, J. A., 1942, Kapitalismus, Sozialismus und Demokratie, Bern: Francke 1950.
Shonfield, A., 1965, Geplanter Kapitalismus, Köln: Kiepenheuer&Witsch 1968.
Simonde de Sismondi, J. C. L., 1819, Neue Grundsätze der politischen Ökonomie, Berlin: Akademie 1971/75.
Smith, A., 1776, Der Wohlstand der Nationen, München: dtv 1999.
Sombart, W., 1902, Der moderne Kapitalismus, 3 Bde., Berlin: Duncker & Humblot 1969.
Thompson, E. P., 1963, Die Entstehung der englischen Arbeiterklasse, Frankfurt/M.: Suhrkamp 1982.

Varga, E., 1969, Die Krise des Kapitalismus und ihre politischen Folgen, Frankfurt/M.: EVA.
Wallerstein, I., 2000, The Essential Wallerstein, New York: New Press.
Weber, M., 1920, Gesammelte Aufsätze zur Religionssoziologie, Bd. 1, Tübingen: Mohr 1988.

Elmar Altvater

Katholizismus, politische Philosophie im

1.

»Katholizismus« ist ein neuzeitlicher Begriff, der nach dem Ende des konfessionellen Zeitalters Eingang in die politisch-soziale Sprache Europas fand. Er fungiert heute als Chiffre für die Gesamtheit der Lebens- und Frömmigkeitsformen sowie der politisch-weltanschaulichen Wahrnehmungsmuster und Mentalitätslagen der katholischen Bevölkerungssegmente moderner Gesellschaften. Im engeren Sinne werden als »Katholizismus« die im 19. Jahrhundert entstandenen politisch-sozialen Bewegungen (west-)europäischer Katholiken bezeichnet, die sich in Reaktion auf die Umbrüche der politischen Moderne (Aufklärungsphilosophie, politische und industrielle Doppelrevolution) entwickelten und häufig geschlossene ›katholische Milieus‹ ausbildeten. Erst seit den 1960er Jahren löste sich dieser ›Milieu-Katholizismus‹ durch die Individualisierungsschübe der ›Zweiten Moderne‹ und die von defensiver Abschottung auf *aggiornamento* (Johannes XXIII.) umgestellte Grundoption des II. Vatikanischen Konzils (1962–1965) allmählich auf.

2.

Der Milieu-Katholizismus integrierte sich u.a. durch die sog. Neuscholastik, die seit den 1830er Jahren an kirchlichen Hochschulen Italiens gelehrt und durch Leo XIII. (vgl. *Aeterni patris* 1879) in den Stand einer quasi-offiziellen Schulphilosophie der katholischen Kirche erhoben wurde. Die neuscholastische Naturrechtslehre kennzeichnet sich durch eine essentialistisch eng geführte Interpretation des philosophisch-theologischen Schrifttums Thomas von Aquins und speist sich aus Beständen des politischen Aristotelismus, stoischer ›Weltvernunft‹-Motive und feudalgesellschaftlich-organologischer Ordo-Vorstellungen. Sie baut schroffe Frontstellungen zur individualistisch-vernunftrechtlichen Aufklärungsphilosophie auf und traut ihrem ›kirchengebundenen Naturrechtsdenken‹ (Franz-Xaver Kaufmann) eine irrtumsfreie Einsicht in die unveränderliche – vom Schöpfergott der Welt eingestiftete – ›Wesensnatur‹ der Dinge zu, die als ›für alle Menschen guten Willens‹ nachvollziehbar behauptet wird. Auf dieser Grundlage zeigte sich die katholische Kirche, auch wenn die Neuscholastik im Katholizismus keineswegs unumstritten war (vgl. Stegmann/Langhorst 2000, 713 ff.), bis zum II. Vatikanum davon überzeugt, über einen umfassenden, zeitlos gültigen Entwurf wohlgeordneten gesellschaftlichen Lebens zu verfügen, der den jeweils regierenden politischen Autoritäten als letztverbindliche Richtschnur ihren Handelns vorgelegt werden könne und müsse.

Heute hat sich die sozialphilosophische Landschaft des Katholizismus erheblich pluralisiert. An die ehemalige ›Einheits-Linie‹ der Neuscholastik wird nur noch selten angeknüpft. Stattdessen dominieren vielschichtige und oft heterogene Versuche, Anschluss an das Komplexitätsniveau und Normativitätsprofil der politischen Moderne zu finden und aktuelle sozialphilosophische Grundansätze (v.a., aber nicht nur im Rahmen diskurstheoretisch-universalistischer und hermeneutisch-interpretativer Ethikkonzeptionen) produktiv zu rezipieren (vgl. u.a. Hengsbach/Emunds/Möhring-Hesse 1993; Gabriel 2002). Damit verbindet sich die Tendenz, verstärkt biblisch-theologisch zu arbeiten, um nach dem methodischen Dreischritt ›Sehen – Urteilen – Handeln‹ (Joseph Cardijn) die gesellschaftlichen Realitäten ›im Lichte des Evangeliums‹ und ›vorrangig für die Armen‹ zu interpretieren und auf dieser Grundlage nicht mehr allgemeingültige Ordnungsmodelle aufzustellen, sondern v.a. das politische Engagement von Christen in konkreten gesellschaftlichen Konfliktlagen zu inspirieren. Insofern kann heute von ›der‹ politischen Philosophie des Katholizismus nicht mehr gesprochen werden.

Dennoch lassen sich – nicht zuletzt anhand der Theorieentwicklung der päpstlichen Sozialenzykliken – typische Grundmotive katholischer Sozialphilosophie ausweisen, die der politischen Ethik des Katholizismus bis heute ein spezifisches Profil verleihen.

3.

3.1. Zu dem bekanntesten Inhalten der katholischen Sozialphilosophie gehören die drei schon vor dem Konzil allgemein anerkannten Ordnungs- bzw. Sozialprinzipien der *Personalität, Solidarität* und *Subsidiarität* (seit 1997 kann auch die *Nachhaltigkeit* als ein weiteres ›Sozialprinzip‹ der kirchlichen Soziallehre gelten, vgl. *Für eine Zukunft in Solidarität und Gerechtigkeit,* Nr. 122ff.), die einen spezifischen ›dritten Weg‹ jenseits von ›Individualismus‹ und ›Kollektivismus‹ zu beschreiben versuchen.

Das *Personalitätsprinzip* artikuliert die anthropologische Grundüberzeugung, dass der Mensch als Abbild Gottes ein mit Vernunft begabtes und zur moralischen Selbstbestimmung aufgefordertes geist-leibliches Wesen ist, das sich gleichermaßen durch Sozialität und Individualität kennzeichnet. Als ›auf Gemeinschaft hin angelegtes Wesen‹ und ›autonom-individuelles Subjekt moralischer Entscheidung‹ lässt sich der Mensch als Person dementsprechend weder in den Kategorien eines atomistischen Individualismus noch in denen eines gemeinschaftszentrierten Kommunitarismus erfassen. In einer klassischen Formulierung postuliert das Personalitätsprinzip die unbedingte Würde der menschlichen Person als »Träger, Schöpfer und das Ziel aller gesellschaftlichen Einrichtungen« (Johannes XXIII., *Mater et magistra* (1961), Nr. 218).

Das *Solidaritätsprinzip*, das v.a. von der ›solidaristischen‹ Schule der Jesuiten Heinrich Pesch, Gustav Gundlach und Oswald von Nell-Breuning ausgearbeitet wurde, thematisiert die in der sozialen Wesensnatur des Menschen ebenso wie in den Funktionszusammenhängen der Gesellschaft angelegte wechselseitige Abhängigkeit und Verbundenheit der Menschen. Es bezeichnet die ›Tatsache unentrinnbarer Gemeinverstrickung‹, die in der katholischen Sozialtradition zugleich anthropologisch-naturrechtlich als ›Seinsprinzip‹ und empirisch-soziologisch als ›soziales Faktum‹ arbeitsteilig ausdifferenzierter Industriegesellschaften angesprochen wird. Mit der Einsicht in diesen *de facto*-Solidarzusammenhang verbindet sich normativ das Moralprinzip der ›Gemeinhaftung‹, d.h. der wechselseitigen Verantwortung der Individuen für die Gemeinbelange und der Gemeinschaft für die Bedürfnisse des Einzelnen (vgl. Nell-Breuning 1980, 46ff.). Inwiefern hier ein bei naturrechtlichen Argumentationen vielfach konstatierter ›naturalistischer Fehlschluss‹ von ›Sein‹ auf ›Sollen‹ vorliegt, ist umstritten.

Das *Subsidiaritätsprinzip* schließlich, das 1931 als »höchst gewichtiger sozialphilosophischer Grundsatz« (Pius XI, *Quadragesimo anno*, Nr. 79) festgeschrieben wurde, will die Wechselbeziehungen zwischen dem Einzelnen, den Familien und Nachbarschaften, den intermediären Assoziationen und den übergeordneten Institutionen kommunaler und föderaler Art bis hin zu den nationalstaatlichen (und seit dem Vatikanum II zunehmend auch weltgesellschaftlichen) Ordnungsinstanzen normieren. So soll sich – der damaligen und im Katholizismus bis heute nachwirkenden statisch-konzentrisch angelegten Gesellschaftswahrnehmung zufolge – die »weitere und übergeordnete Gemeinschaft« gegenüber den Einzelnen und den je »kleineren und untergeordneten Gemeinwesen« am Prinzip der ›Hilfe zur Selbsthilfe‹ orientieren und sich gleichermaßen von einem ›Hilfsgebot‹ wie von einem ›Kompetenzanmaßungsverbot‹ leiten lassen. Das katholische Hilfsprinzip der Subsidiarität unterscheidet sich dabei deutlich von der individualistisch-liberalen Lesart der Subsidiarität, die auf Fremdhilfe-Maximen zunächst skeptisch reagiert und Hilfsansprüche nicht per se, sondern nur in besonderen Notfällen für legitim erachtet.

3.2. Der Topos des Gemeinwohls wurde in der katholischen Sozialphilosophie lange Zeit substantialistisch als eine vorab feststehende, naturrechtlich deduzierbare Ziel- und Zweckbestimmung sozialer Gemeinschaften (von der Familie bis zum Staat) verstanden, die als den Individuen zugleich ›vor- und aufgegeben‹, menschlicher Wahl- und Dispositionsfreiheit mithin entzogen galt. In Reaktion auf den Missbrauch der Gemeinwohlformel in den totalitären Staaten des 20. Jahrhunderts hat sich jedoch ein funktionaler Gemeinwohlbegriff durchgesetzt, der personale Autonomie und demokratische Selbstregierung mit der klassischen Gemeinwohlformel zu verbinden versucht. Dementsprechend wird das Gemeinwohl nun definiert als »die Gesamtheit jener Bedingungen des gesellschaftlichen Lebens, die sowohl den Gruppen als auch deren einzelnen Gliedern ein volleres und leichteres Erreichen der eigenen Vollendung ermöglichen« (II. Vatikanum, *Gaudium et spes* (1965), Nr. 26).

Im heutigen Katholizismus hat das Konzept des Gemeinwohls seine einstige Relevanz jedoch weithin eingebüßt. Stattdessen dominieren die jüngeren Begriffe der ›sozialen Gerechtigkeit‹. Das im 19. Jahrhundert entstandene Konzept der *iustitia socialis* erhielt durch die Enzyklika *Quadragesimo anno* (1931) in dem Maße einen prominenten Ort in der katholischen Sozialphilosophie, wie dieses Konzept auch die mit der Wirtschaftsdynamik des Industriezeitalters aufgeworfenen Fragen der Lohngerechtigkeit und der Reichtumsverteilung einer kapitalistischen Klassengesellschaft zu bearbeiten erlaubte. So zielt die soziale Gerechtigkeit – anders als die statisch angelegte, geschlossene Trias der drei klassischen Gerechtigkeiten der aristotelisch-thomistischen Tradition (*iustitia commutativa, iustitia distributiva, iustitia legalis*) – nicht mehr nur auf das Handeln staatlicher Autoritäten bzw. die wechselseitigen Rechtspflichten zwischen Individuen und staatlicher Obrigkeit, sondern auch auf die sozialen Strukturen der Gesellschaft als Ganze und verpflichtet sie auf ein umfassendes »Reformprogramm« gesellschaftlicher Erneuerung im Namen von »sozialer Gerechtigkeit und sozialer Liebe« (*Quadragesimo anno*, Nr. 126).

Der von sozialen Klassengegensätzen zerrissenen Industriegesellschaft wurden dabei lange Zeit Konzeptionen einer ›klassenfreien Gesellschaft‹ entgegengesetzt, die in ihren Leitbildern oft in einer problematischen, weil für autoritär-organizistische Gesellschaftsmodelle allzu anschlussfähigen Weise an vormodernen Traditionen einer berufständisch-korporativ gegliederten Ordnungsstruktur anknüpften (vgl. Stegmann/Langhorst 2000, 713 ff.). Heute spielen fundamentale Alternativmodelle zu einer marktwirtschaftlichen Grundordnung im Katholizismus nur noch eine geringe Rolle; der Akzent liegt zumeist auf einer nachdrücklichen Einforderung bzw. Verteidigung universaler sozialer Grundrechte und des Prinzips der Sozialpflichtigkeit des Eigentums, der Einrichtung solidarischer Sozialversicherungen, einer effektiven Armutsbekämpfung und einer gerechteren Vermögensverteilung im Rahmen gegebener kapitalistischer Wirtschaftssysteme. Der Staat als ›Hüter des Gemeinwohls‹ habe hier nicht nur macht- und rechtsstaatliche, sondern auch kultur- und wohlfahrtsstaatliche Zwecke zu erfüllen. Das wohlfahrtsstaatliche Prinzip gehört insofern von Anfang an zum Kern der katholischen Staatslehre. Lediglich ein ›Versorgungsstaat‹, der die Selbsthilfepotenziale der »kleineren Gemeinschaften« entwerten und die soziale Sicherung der Bevölkerung zu einer ausschließlichen Staatsaufgabe machen will, wird deutlich zurückgewiesen.

In diesem Sinne fordert auch das Konzept der ›Beteiligungsgerechtigkeit‹, das v.a. durch den Hirtenbrief der US-amerikanischen Bischöfe »Wirtschaftliche Gerechtigkeit für alle« (1986) prominent geworden ist, über die Fragen reiner Verteilungsgerechtigkeit hinaus eine aktive Partizipation aller am wirtschaftlichen, politischen und kulturellen Leben der Gesellschaft: In dem Maße, wie der Mensch als soziales Wesen das Recht und die

Pflicht »zu aktiver und produktiver Teilnahme am Gesellschaftsleben« hat, hat die Gesellschaft ihm »diese Teilnahme zu ermöglichen« und deshalb »die Pflicht, wirtschaftliche und soziale Institutionen einzurichten, damit die Menschen einen Beitrag zur Gesellschaft leisten können, auf eine Art, die die Freiheit und die Würde ihrer Arbeit respektiert« (Nr. 71; 72).

3.3. Der katholischen Sozialphilosophie gilt der Mensch nicht nur als soziales, sondern auch als tätiges Wesen, das sich durch die Arbeit »als Mensch verwirklicht, ja gewissermaßen ›mehr Mensch wird‹« und dadurch »am Werk des Schöpfers teilnimmt und es im gewissen Sinne im Rahmen seiner menschlichen Möglichkeiten weiterführt und vollendet« (Johannes Paul II, *Laborem exercens* (1981), Nr. 9,3; 25,2). Sie formuliert das Prinzip des ›Vorrangs der Arbeit vor dem Kapital‹, fordert ein ›Recht auf Arbeit‹ für alle und weist die privatrechtlich-liberale Konzeption eines individuell auszuhandelnden ›freien Lohnvertrags‹ als ungenügend zurück.

Die katholische Eigentumslehre greift auf Thomas von Aquin zurück, der das in der altkirchlichen Tradition zumeist bestrittene Recht auf Privateigentum im Grundsatz deutlich bejaht hatte, und zwar v.a. aus alltagspragmatischen Klugheitserwägungen. So postuliert Thomas zwar das naturrechtliche Prinzip des Gemeingebrauchs (*usus communis*) der Dinge, räumt aber ein legitimes Privateigentumsrecht bei deren ›Anschaffung und Verwaltung‹ (*potestas procurandi et dispensandi*) ein. Die erste Sozialenzyklika (Leo XIII., *Rerum novarum*, 1891), die u.a. die sozialistische Eigentumskritik zurückweisen will, versucht dagegen – weniger im Rekurs auf Thomas als in Anlehnung an das von Locke stammende Argument des legitimen Eigentumserwerbs durch Arbeit – ein grundlegendes Naturrecht auf Privateigentum auszuweisen (ebd., 7f.), wodurch die katholische Sozialphilosophie für lange Zeit in den Ruf geriet, in den sozialen Klassenkämpfen der Zeit das Privateigentum ›heilig gesprochen‹ zu haben. Seit *Quadragesimo anno* betont die kirchliche Soziallehre dagegen die gleichrangige »Doppelseitigkeit« (*Quadragesimo anno*, Nr. 49) von Individual- und Sozialfunktion des Eigentums: jene gewährleiste, dass »jeder für sich und die Seinen sorgen könne«, während diese darauf abziele, dass mittels des Eigentumsrechts »die vom Schöpfer der ganzen Menschheitsfamilie gewidmeten Erdengüter diesen ihren Widmungszweck wirklich erfüllen« (ebd., Nr. 45). Die Individualfunktion des Privateigentums als Voraussetzung personaler Selbstbestimmung, auf die alle Menschen einen gleichen Rechtsanspruch haben, wird dabei zusehends ›universalisiert‹ und ›demokratisiert‹. So werden angesichts der »um sich greifenden Erscheinungsformen der Armut [...] die Vorenthaltung des Privateigentums in vielen Teilen der Welt, auch unter jenen Systemen, die das Recht auf Privateigentum zu einem ihrer Schwerpunkte machen« (Johannes Paul II, *Centesimus annus* (1991), Nr. 6,2), kritisiert und als Abhilfe u.a. auch Sozialisierungsmaßnahmen erwogen. Die katholische Eigentumslehre fokussiert also auf die Teilhabe aller am gesellschaftlichen Produktivvermögen und will den Staat, etwa mit der klassischen sozialkatholischen Forderung nach ›Entproletarisierung des Proletaritats‹ durch ›Vermögensbildung in Arbeitnehmerhand‹, entsprechend in die Pflicht nehmen (vgl. Schäfers 1998, 409ff.).

3.4. Zu den oft monierten Schwachstellen der katholischen Sozialphilosophie gehört v.a. ihre Staatslehre, die sich bis weit in das 20. Jahrhundert hinein nicht vom Leitbild eines katholischen Glaubensstaates mit geordneter Zusammenarbeit von weltlichen und kirchlichen Autoritäten zu lösen vermochte. Sie verfügt bis heute nicht über eine ausgearbeitete Demokratietheorie, die in der Lage wäre, auf die neuzeitliche Säkularisierung der Legitimationsgrundlagen politischer Herrschaft angemessen zu reagieren.

Im neuscholastischen Denken gründen die Autorität und Souveränität der Staatsgewalt im naturrechtlich vorgegebenen Wesenszweck der politischen Gemeinschaft, nicht in einer Beauftragung durch die Herrschaftsunterworfenen. So konnte Leo XIII. zwar eine staatstheoretische Indifferenzerklärung gegenüber verschiedenen Staatsformen abgeben, sofern diese sich dem Gemeinwohl verpflichten (*Libertas praestantissimum,* 1888); eine normative Anerkennung des säkularen Selbstverständnisses moderner Demokratien, die aus der ›politisch-religiösen Einheitskultur‹ (Ernst Troeltsch) des Mittelalters herausgefallen sind und nicht mehr religiös oder naturrechtlich vorgegebenen Zweckbestimmungen, sondern nur noch den bewussten politischen Willenserklärungen der Staatsbürger verpflichtet sind, ließ sich auf dieser politikphilosophischen Grundlage aber nicht gewinnen.

Erst die staatstotalitären Erfahrungen von Faschismus und Stalinismus führten dazu, dass auch im Katholizismus die lange Zeit verworfene bürgerlich-liberale Tradition der individuellen Abwehrrechte gegenüber den Herrschaftsansprüchen staatlicher und kirchlicher Autorität immer mehr Anerkennung fand. Das II. Vatikanische Konzil, das sich deutlich um Distanz zum neuscholastischen Paradigma bemühte, zielte dann auch offiziell auf eine vorbehaltlose Adaption der politisch-moralischen Grundüberzeugungen der Moderne. Daran knüpfen auch einige Neuakzentuierungen in den Sozialenzykliken Johannes Pauls II. an. Hier ist insbesondere die Formel von der ›Subjektivität der Gesellschaft‹ (*Laborem exercens*, Nr. 14,7; *Centesimus annus*, Nr. 13,2 u.ö.) zu nennen, die v.a. den politischen Subjektstatus der jenseits von Markt und Staat angesiedelten »verschiedenen Gruppen und Vereinigungen, in denen sich die Gesellschaft artikuliert« (*Centesimus annus*, Nr. 48,2), in den Blick nimmt und sich als anschlussfähig für aktuelle zivilgesellschaftliche Demokratiekonzeptionen erweisen könnte (vgl. Große Kracht 1997, 259ff.).

4.

Die Texte der päpstlichen Sozialenzykliken und die Pastoralkonstitution *Gaudium et spes* des II. Vatikanischen Konzils werden zitiert nach: Bundesverband der Katholischen Arbeitnehmer-Bewegung (Hg.), 1992, Texte zur katholischen Soziallehre, Kevelaer: Butzon & Bercker.

Für eine Zukunft in Solidarität und Gerechtigkeit. Wort des Rates der Evangelischen Kirche in Deutschland und der Deutschen Bischofskonferenz zur wirtschaftlichen und sozialen Lage in Deutschland, Hannover/Bonn 1997.

Gegen Unmenschlichkeit in der Wirtschaft. Der Hirtenbrief der katholischen Bischöfe der USA *Wirtschaftliche Gerechtigkeit für alle*, Freiburg: Herder 1987.

Gabriel, K. (Hg.), 2002, Gesellschaft begreifen – Gesellschaft gestalten. Konzeptionen Christlicher Sozialethik im Dialog, Münster: Regensberg.

Große Kracht, H.-J., 1997, Kirche in ziviler Gesellschaft, Paderborn: Schöningh.

Hengsbach, F./Emunds, B./Möhring-Hesse, M. (Hg.), 1993, Jenseits Katholischer Soziallehre. Neue Entwürfe christlicher Gesellschaftsethik, Düsseldorf: Patmos.

Nell-Breuning, O. v., 1980, Gerechtigkeit und Freiheit, Wien: Europaverlag.

Schäfers, M., 1998, Prophetische Kraft der kirchlichen Soziallehre?, Münster: LIT.

Stegmann, F.-J./Langhorst, P., 2000, Geschichte der sozialen Ideen im deutschen Katholizismus, in: H. Grebing (Hg.), Geschichte der sozialen Ideen in Deutschland, Essen: Klartext.

Hermann-Josef Große Kracht

Kelsen, Hans (1881–1973)

1.

Hans Kelsen wurde in Prag geboren. Als Kind jüdischer, bürgerlicher Eltern wuchs er in Wien auf, wo er sich nach seiner Promotion 1906 über die *Hauptprobleme der Staatsrechtslehre* (1911) habilitierte und bis 1930 lehrte, ab 1919 als ordentlicher Professor. Nach Ende des Ersten Weltkrieges wirkte er maßgeblich an der 1920 in Kraft getretenen Verfassung der Republik Österreich mit und war bis 1930 als Verfassungsrichter tätig. Als wichtiges staatsrechtliches Werk erschien 1925 die *Allgemeine Staatslehre*. 1930 erhielt er einen Ruf an die Universität Köln, die er im nationalsozialistischen Deutschland 1933 zwangsweise verlassen musste. Nach Stationen in Genf und

Prag (1933–1940) emigrierte Kelsen 1940 schließlich in die Vereinigten Staaten. In die Genfer Zeit fiel die erste Auflage seines rechtswissenschaftlichen Hauptwerkes *Reine Rechtslehre* (1934), das 1960 in vollständig neu bearbeiteter und erweiterter Auflage erschien. In den Vereinigten Staaten blieb Kelsen für zwei Jahre in Harvard, bis er 1942 an die Universität Berkeley in Kalifornien wechselte, wo er von 1945 bis 1952 als Professor forschte und lehrte. Hier entstanden wichtige Arbeiten zum Völkerrecht: *The Law of the United Nations* (1950) und *Principles of International Law* (1952). Kelsen starb 1973 in Berkeley. Erst posthum erschien die *Allgemeine Theorie der Normen* (1979).

2.

Das kelsensche Werk erschließt sich aus dem in seiner *Reinen Rechtslehre* (1934/1960) ausgearbeiteten Ideal einer rein wissenschaftlichen Rechtstheorie. Wie die Naturwissenschaft soll die Rechtswissenschaft, Kelsen zufolge, Objektivität, Exaktheit und Wertfreiheit anstreben. Sie unterscheidet sich von jener aber hinsichtlich ihres Gegenstandes, der nicht ein Sein, die Natur, sondern ein Sollen, das Recht, ist. Mit seiner spezifischen Version des Rechtspositivismus wendet er sich gegen rechtsphilosophische Positionen, die in natur- bzw. vernunftrechtlicher Tradition den normativen Geltungsanspruch des positiven, d.h. des faktisch gesetzten, Rechts mit einer das positive Recht übersteigenden und bestimmbaren Gerechtigkeit legitimieren. Aber auch bestimmte Versionen des Positivismus sieht Kelsen fehlgehen, sofern diese ein wissenschaftlich zu erweisendes Sollen für das faktische Recht überhaupt bestreiten oder aber die Normativität fälschlich auf die Faktizität des Rechts (Sein-Sollen-Fehlschluss) zurückführen: auf das Gesetztsein bzw. die Macht des Rechtsetzenden und auf die Wirksamkeit, d.h. auf die Befolgung durch die Adressaten des Rechts.

Kelsens Kritik des Natur- und Vernunftrechts gehört in den größeren Zusammenhang seiner rechtswissenschaftlichen, staatsrechtlichen und soziologischen Reflexionen, die unter dem Titel ›Ideologiekritik‹ zusammengefasst werden können. Die in *Der soziologische und der juristische Staatsbegriff* (1922) entwickelte These der Identität von Staat und Recht arbeitet Kelsen in der *Allgemeinen Staatslehre* (1925) weiter aus. Dabei bestreitet er nicht nur die Möglichkeit einer kausalwissenschaftlich begründeten normativen Staatsrechtslehre, sondern auch die einer politischen und ethischen Rechtfertigung des Staates als positivrechtliche Normenordnung. Mit der Trennung des Rechts (Legalität) von der Ethik (Moralität) und der normativ an eine Staatsform gebundenen Politik kann Kelsen keinen notwendigen Zusammenhang zwischen Rechtsstaatlichkeit und Demokratie (oder anderen Staatsformen) aufzeigen. In *Vom Wesen und Wert der Demokratie* (überarbeitete 2. Aufl. 1929) tritt er gleichwohl für die demokratische Staatsform ein, da diese der Relativität der ethischen und politischen Überzeugungen der jeweiligen Staatsbevölkerung gerecht werde. Eben wegen dieser Relativität muss aber die Geltung des positiven Rechts von außerrechtlichen Geltungsansprüchen unberührt bleiben: Da die natur- bzw. vernunftrechtliche Idee der Gerechtigkeit keiner objektiven Rechtfertigung fähig sei, betrachtet Kelsen sie als Ideologie (vgl. Kelsen 1941; 1953; 1964; 1985).

3.

Kelsens Antwort auf die Frage, wie die Normativität des positiven Rechts, »die sich weder auf Faktizität reduzieren läßt noch auf Moralität stützen muß« (Alexy 2005, 334), möglich sei, besteht in der Annahme einer »Grundnorm« (Kelsen 1960, 196ff.). Seine Lehre vom Stufenbau des Rechts besagt, dass eine Norm ihre Geltung aus einer höherstufigen Norm bezieht, wobei sich die Stufenfolge bis hin zur Verfassung rekonstruieren lässt, welche schließlich ihren Geltungsgrund in der Grundnorm findet. Die Grundnorm bestimmt Kelsen ebenso wenig als positivrechtliche wie als ethische Norm, sondern in Orientierung an Kants Begriff des Transzendentalen als eine »transzendental-logische Voraussetzung« (Kelsen 1960, 204), als notwendige Bedingung der

Möglichkeit, das positive Recht als eine normative Ordnung zu deuten. Kelsens Rechtslehre wird daher in der Literatur als neukantianischer Ansatz bezeichnet (vgl. Paulson 1992). Welche Rolle genau der Neukantianismus für die reine Rechtslehre spielt und wie insgesamt die eigentümliche positivistische Normativität zu verstehen ist, bleiben kontrovers diskutierte Fragen der neueren Kelsen-Forschung (vgl. Paulson/Stolleis 2005; Dreier 2001). Kelsens positivistische Trennung von Recht und Ethik und sein ethischer Relativismus werden auch ganz grundsätzlich in Frage gestellt (vgl. Alexy 2002). In Bezug auf seine politische Theorie lässt sich diskutieren, ob Politik mit ihm als – in der Demokratie über Verfahren geregelter – Kampf um Macht und Interessendurchsetzung verstanden werden soll (vgl. Van Ooyen 2003, 45–89), oder ob normativ ein interner Zusammenhang zwischen Recht, Ethik und Politik in der Weise gewahrt bleibt, dass demokratische Politik der ethischen Forderung einer öffentlichen, vernünftigen Rechtfertigung genügen muss und den ethisch legitimen, verfassungsmäßig festgeschriebenen Grundrechten verpflichtet ist.

4.

Kelsen, H., 1911, Hauptprobleme der Staatsrechtslehre entwickelt aus der Lehre vom Rechtssatze, Aalen: Scientia 1984.

Kelsen, H., 1922, Der soziologische und der juristische Staatsbegriff, Aalen: Scientia 1962.

Kelsen, H., 1925, Allgemeine Staatslehre, Wien: Österreichische Staatsdruckerei 1993.

Kelsen, H., 1929, Vom Wesen und Wert der Demokratie, Aalen: Scientia 1963.

Kelsen, H., 1934, Reine Rechtslehre, Aalen: Scientia 1994.

Kelsen, H., 1941, Vergeltung und Kausalität, Wien: Böhlau 1982.

Kelsen, H., 1950, The Law of the United Nations, London: Stevens and Sons 1951.

Kelsen, H., 1952, Principles of International Law, New York: Holt, Rinehart and Winston 1966.

Kelsen, H., 1953, Was ist Gerechtigkeit?, Stuttgart: Reclam 2000.

Kelsen, H., 1960, Reine Rechtslehre. Mit einem Anhang: Das Problem der Gerechtigkeit, Wien: Deuticke 1967.

Kelsen, H., 1964, Aufsätze zur Ideologiekritik, Neuwied: Luchterhand.

Kelsen, H., 1979, Allgemeine Theorie der Normen, Wien: Manz.

Kelsen, H., 1985, Die Illusion der Gerechtigkeit, Wien: Manz.

Alexy, R., 2002, Begriff und Geltung des Rechts, Freiburg: Alber.

Alexy, R., 2005, Hans Kelsens Begriff der Verfassung, in: S. L. Paulson/M. Stolleis (Hg.), Hans Kelsen, Tübingen: Mohr Siebeck 2005.

Dreier, H., 1986, Rechtslehre, Staatssoziologie und Demokratietheorie bei Hans Kelsen, Baden-Baden: Nomos.

Dreier, H., 2001, Rechtsdeutung zwischen Normativierung der Natur und Naturalisierung des Normativen am Beispiel von Kelsens Rechtsbegriff, in: C. Jabloner/F. Stadler (Hg.), Logischer Empirismus und Reine Rechtslehre, Wien: Springer 2001.

Métall, R. A., 1969, Hans Kelsen, Wien: Deuticke.

Paulson, S. L., 1992, The Neo-Kantian Dimension of Kelsen's Pure Theory of Law, in: Oxford Journal of Legal Studies 12.

Paulson, S. L./Stolleis, M. (Hg.), 2005, Hans Kelsen, Tübingen: Mohr Siebeck.

Van Ooyen, R. C., 2003, Der Staat der Moderne. Hans Kelsens Pluralismustheorie, Berlin: Duncker & Humblot.

EVA-MARIA PARTHE

Keynes, John Maynard (1883–1946)

1.

Keynes, geboren in Cambridge, war ein britischer Ökonom, der als Verfasser wichtiger Werke, u.a. von *A Treatise on Probability* (1908 abgeschlossen, 1921 publiziert, CW, VIII) und *Allgemeine Theorie der Beschäftigung, des Zinses und des Geldes* (*The General Theory of Employment, Interest and Money*, 1936, CW, VII) einen Paradigmenwechsel im ökonomischen Denken initiierte. Die *Collected Writings* (CW) umfassen 30 Bände. Keynes studierte Mathematik und

Ökonomie, war Fellow und lehrte 1908–1915 am King's College in Cambridge; zudem gab er 1911–1946 das *Economic Journal* heraus und arbeitete erneut als Lecturer von 1932 bis 1935. Seine Wahrscheinlichkeitstheorie schuf mit ihrer apriorischen Argumentation eine Distanz zur erkenntnistheoretischen Position des britischen Empirismus und zu Hume. In seinen philosophischen Essays (1904–1911) kritisierte Keynes den Utilitarismus und die postulierte Dominanz universeller Regeln für das Individuum, wie sie etwa von Moore in *Principia Ethica* (1903) vertreten wurde: »Wir mögen stark genug sein, das für uns Gute zu opfern. Wir sollten es tun, aber wir können es nicht. [...] Das universelle Gute ist allem übergeordnet – im Himmel. Das private Gute ist allem übergeordnet – auf Erden.« (Keynes 1906, 12; vgl. Muchlinski 2007) Als Zeitgenosse von Wittgenstein, Russell, Ramsey, Sraffa u.a., aber auch als ›Apostel‹ des Bloomsbury Kreises, gab Keynes den theoretischen Umwälzungen dieser Epoche eine deutliche Prägung.

2.
Als Finanzbeauftragter der Britischen Regierung nahm Keynes an der Konferenz von Versailles (1919) teil. Sein sarkastisch-pointierter Bericht über deren Hauptakteure markierte den Beginn theoretischer Neuorientierungen in der internationalen Makroökonomie. In den 1940er Jahren konnte Keynes seine innovativen Überlegungen zur Umgestaltung der Währungsordnung in den von Asymmetrie gekennzeichneten Verhandlungen in der Vereinbarung von Bretton Woods (1944) nicht gegen die US-amerikanischen Gegenspieler durchsetzen: Die Ablösung der internationalen Finanz- und Währungsbeziehungen von nationaler Geldpolitik, den USA und dem US-Dollar sowie die Einbeziehung der Gläubiger in der Bewältigung der Zahlungsbilanzprobleme war nicht konsensfähig. Keynes räumte ein: »Wir sind sehr behutsam mit den Gläubigern umgegangen, weil wir ein bißchen Angst vor ihnen haben.« (CW, XXV, 35)

3.
In Keynes' Wahrscheinlichkeitstheorie (1921, CW, VIII) manifestiert sich seine Sprachauffassung – mit weitreichenden Konsequenzen für seine ökonomische Theorie. Russells Projekt der »vollkommen exakten Sprache« sei »scholastisch« (ebd., 128): »Verwirrte Gedanken lassen sich nicht immer durch technische und ungewöhnliche Ausdrücke am besten vermeiden, die der Geist nicht auf Anhieb verstehen kann.« (ebd., 20) Keynes kritisiert die Gleichsetzung von Wahrheit bzw. Wissen mit solch einem formalen Ästhetizismus. In diesem Zusammenhang erörtert er Vagheit (*vagueness*) als einen unbestimmbaren Begriff (vgl. ebd., 288). Trotz oder vielleicht sogar wegen dieser *Vagheit* befasst er sich weiter mit diesem Begriff. Die Methode der Reduktion der Alltagssprache auf einen formalen Symbolismus verhindert nach Keynes ein adäquates Verstehen (vgl. CW, XXIX, 27f.). Diese kritische Distanz leitet ihn in seiner Kritik an den seines Erachtens scholastischen Methoden der philosophischen und ökonomischen Orthodoxie seiner Zeit an. Sie ignoriert »die Tatsache, dass unser Wissen von der Zukunft im Fluss, vage und ungewiss ist« (CW, XIV, 416).

3.1. Diese in den 1920er Jahren entwickelte Position bleibt nicht ohne Folgen für Keynes' Untersuchung der ökonomischen Zusammenhänge. »Wenn man Ökonomie betreibt, schreibt man weder einen mathematischen Beweis noch einen Rechtstext.« (CW, XXIX, 151) Keynes interessiert, wie das Handeln und Entscheiden individueller Akteure unter Unsicherheit erfolgreich sein kann. Dieser erkenntnistheoretische Ausgangspunkt rückt das individuelle Urteil in den Mittelpunkt und gibt dem Begriff der *Vagheit* eine immense Bedeutung in seiner Theorie. Die Unsicherheit und der Zustand des Vertrauens (»state of confidence«) konfigurieren die Landschaft für das ökonomische Handeln und Entscheiden. Mit Hilfe neuer, für die damalige vorherrschende ökonomische Theorie unbekannter, theoretischer Konzepte wie Vagheit, Ungewissheit, Erwartungen, individuelles und konventionelles Urteilen und

Vertrauen, dokumentiert Keynes seine differenzierte Untersuchungsmethode und Sprache in der ökonomischen Theorie. Keynes arbeitet in dieser handlungstheoretischen Sichtweise die Interdependenz zwischen Handeln, Vertrauen, Erwartungen und den gesamtwirtschaftlichen Folgen heraus. In dieser interdependenten und konfliktären Struktur von individueller Rationalität und gesamtwirtschaftlicher Rationalität sind auch die ökonomischen Krisen zu verorten. Er kritisiert, dass die herrschende ökonomische Theorie, die mit ihrem Postulat »jedes Angebot schafft sich seine Nachfrage« eine Tendenz zum Marktgleichgewicht von Angebot und Nachfrage herleitet, übersieht, dass die Bestimmungsfaktoren des Angebots von denen der Nachfrage grundverschieden sind. Nur in einer Tauschwirtschaft könne behauptet werden, der Schuster produziere so viele Schuhe wie er benötige, um mit diesem »Angebot« auf dem Markt diejenigen Waren tauschen oder »bezahlen« zu können, die er selbst nicht herstellen kann. Diese tauschtheoretische Sichtweise, die auch Adam Smith sinnvollerweise vertreten hat, übersieht aber die Rolle, die das Geld in der modernen Kreditökonomie hat. Für Keynes ist es der Normalzustand, dass die gesamtwirtschaftliche Nachfrage nicht mit dem gesamtwirtschaftlichen Angebot übereinstimmt. Die Ökonomie ist somit entweder durch einen Mangel oder durch einen Überschuss an Nachfrage zu beschreiben. Da beide Marktzustände oder Marktungleichgewichte erhebliche Auswirkungen auch auf die Preisbewegungen und damit Inflationserwartungen haben, sollte neben den Unternehmern und Konsumenten ein dritter Akteur hinzutreten, der Staat. Die Idee der Fiskalpolitik war damit geboren. Die Fiskalpolitik soll nicht nur die durch das Auf und Ab der wirtschaftlichen Entwicklung (»Konjunkturzyklus«) entstehenden Bewegungen »antizyklisch« versuchen auszugleichen, sondern auch »pro-zyklisch« eingesetzt werden. Der Staat als Marktteilnehmer kann aufgrund der vergleichsweise stärkeren Wirkung seiner Investitionen die Erwartungen im Markt beeinflussen. Er spielt für die Stabilisierung von Markterwartungen eine wichtige Rolle. Er kann durch die Schaffung von Infrastrukturen die privaten Investoren ermuntern, in bestimmte Marktsegmente zu investieren. Um seine Analysen zu veranschaulichen, entwickelte Keynes interessante Beispiele, wie der Staat aktiv intervenieren kann, um somit die Umgebung des ökonomischen Handelns und Entscheidens zu stabilisieren, z.B. in Bildung. Daher ist die Fiskalpolitik ein wichtiger Bereich der Wirtschaftspolitik. Allerdings sind Keynes' Untersuchungen und Überlegungen nicht auf die Fiskalpolitik reduzierbar. Auch ist die Fiskalpolitik nicht als eine Aufforderung zur Staatsverschuldung zu verstehen. Die Verschuldung des Staates ist in wirtschaftlich guten Zeiten zurückzufahren.

3.2. Keynes beschäftigte sich vorrangig mit der Funktion des Geldes in der Ökonomie. Geld ist nicht neutral, wie dies die Klassik/Neoklassik behauptet. Geld ist kein »Schleier über der Warenwelt«. Geld hat neben den Funktionen des Zahlungsmittels und der Recheneinheit auch und insbesondere die Funktion der Wertaufbewahrung. In einer modernen Kreditgeldökonomie ist das Halten von Geld rational – vorausgesetzt, es herrscht keine Inflation. Mit dieser Überlegung kommt die Zentralbank und damit die Geldpolitik und Währungspolitik sowie die Rolle des Zinses ins Spiel. Das Motiv, Geld zu halten und über das Geld jederzeit zu verfügen, kann – so urteilte Keynes – vom Individuum höher bewertet werden, als Geld aufzugeben, das heißt, für Waren auszugeben oder bei der Bank für Zinsen anzulegen. Dieses Motiv der Geldhaltung oder die Liquiditätspräferenz ist umso ausgeprägter, je unsicherer die ökonomische Situation beurteilt wird, je fragiler die Erwartungen und das Vertrauen in die Stabilität der Ökonomie sind. Der Zins ist die Belohnung für den Verzicht auf die Liquidität. Keynes begründet seine Zinstheorie handlungstheoretisch. Der Analyse der Geldpolitik der Zentralbanken und der Bedeutung der Zinsen widmet Keynes aus diesen Gründen eine hohe Aufmerksamkeit. Die Aufgabe der

Zentralbank ist es, ein preisstabiles Geld bereitzustellen. Dazu muss sie die Erwartungen der Akteure in der Ökonomie steuern. Im Folgenden soll skizziert werden, welchen Handlungsspielraum die Zentralbank dabei hat. Geld entsteht aus der Verschuldung der Geschäftsbanken gegenüber der Zentralbank. Die Geschäftsbanken sind Finanzintermediäre – also Finanzvermittler. Sie verschulden sich bei der Zentralbank, wenn ihre Erwartungen positiv sind, dass sie Kredite an Unternehmen und Haushalte vergeben können bzw. diese von den Unternehmen und Haushalten nachgefragt werden. Der argumentative Kreis schließt sich, wenn man beachtet, dass Unternehmen und Haushalte dann bereit sind, sich zu verschulden, wenn sie ihrerseits erwarten, dass sie das geliehene Geld inklusive des Zinses zurückzahlen können. Das Funktionieren dieser Kredit»kette« ist nicht denkbar, wenn eine Inflation, das heißt eine hohe Geldentwertung in der Ökonomie existiert. Eine hohe Geldentwertung bedeutet, dass dieses Geld, das die Zentralbank in dem oben skizzierten Zusammenhang geschaffen hat, niemand halten will. Die Liquiditätspräferenz ist null bzw. niedrig. Keynes hat in seinen Schriften diese wichtige Rolle der Geldpolitik und Zentralbank, die Preisentwicklung und Zinssteuerung für die Einkommensentstehung herausgearbeitet.

3.3. Die internationale Dimension, die wirtschaftlichen und finanziellen Wechselwirkungen waren Gegenstand seiner Analysen in den 1920 und –30er Jahren. Die These der Nichtneutralität des Geldes erlaubt mit Blick auf die internationalen Kapitalbewegungen, Finanzmärkte und Währungsbeziehungen, gänzlich andere Resultate herzuleiten, als die These der Neutralität des Geldes. Keynes arbeitet die Ambivalenz, die den Motiven der internationalen Kapitalbewegungen zugrunde liegt, deutlich heraus: Einerseits können internationale Kapital- oder Finanzanlagen dazu verwendet werden, Einkommen über die Finanzierung von Investition und damit Konsum zu schaffen. Andererseits enthalten gerade kurzfristige Kapitalbewegungen ein spekulatives Element, da sie auf das Aufspüren von internationalen Renditedifferenzen zielen und eben nicht für Investitionsprojekte verwendet werden. Die Kontrolle von internationalen Kapitalbewegungen, die Regulierung von internationalen Finanztransfers inklusive der Gestaltung der Wechselkurse zwischen den Volkswirtschaften, waren zentrale Anliegen von Keynes. In seinen Analysen zur Rolle des Pfund Sterling und Großbritanniens Anfang des 20. Jahrhunderst pointiert er den Zusammenhang zwischen Leitwährung (Pfund Sterling) und den britischen Handelsbeziehung. In vielen Schriften arbeitet er die ökonomische Funktion des Geldes und der Währung im Kontext der internationalen Finanzbeziehungen zwischen den Staaten heraus. Staaten, die hohe Währungsreserven und Handelsüberschüsse erzielen, und Staaten, die entsprechende Defizite einfahren, können nur durch eine diese ökonomische Interdependenz beachtende Politik ihre Situation verändern. Dem Überschuss des einen Staates entspricht das Defizit des anderen Staates. Seine theoretischen Überlegungen brachte Keynes als Vorschläge für die Neuordnung der Weltfinanzen und Währungsordnung auf der Konferenz von Bretton Woods, die 1944 in USA stattfand, in die Verhandlungen ein. Die Aktualität seiner Vorschläge sind angesichts heutiger Ungleichgewichte in den Zahlungsbilanzen der Volkswirtschaften unbestritten. Die wahrnehmbare »selbstzerstörerische Logik« (Stiglitz 2006) des gegenwärtigen Systems der Weltwährung, verdeutlicht dies. Es war erstens das zentrale Anliegen von Keynes, nach 1944 den multilateralen Lösungen eines Ausgleichs der Zahlungsbilanzen zwischen Gläubigerländern und Schuldnerländern den Vorrang vor bilateralen Lösungen zu geben, da er hierin eine Möglichkeit sah, weitere Kriege und Blockaden im internationalen Handels- und Finanzsystem zu vermeiden. Zweitens schlug er vor, dass die Gläubigerländer und Schuldnerländer anteilig zum Abbau ihrer Überschüsse bzw. Defizite in der Zahlungsbilanz und damit zur Vermeidung brachliegender Liquidität beitragen sollen. Drittens urteilte Keynes, dass die internationalen Finanztransaktionen von der Verwendung einer nationalen Währung und damit einer nationalen Geldpolitik unabhängig zu gestalten seien (vgl. Muchlinski 2005). Sowohl in den Fragen der Wirtschaftspolitik, als auch in der internationalen Währungspolitik betonte Keynes die Notwendigkeit der Gestaltung. Die orthodoxe Auffassung, dass flexible Preise ›langfristig‹ zu Gleichgewicht auf allen Märkten, Gütermarkt, Geldmarkt, Devisen- oder Finanzmarkt, führten, kritisiert er als eine lähmende Illusion, denn ›langfristig werden wir alle tot sein‹. Die Zukunft ist für ihn keine abdiskontierte Gegenwart. Wie bereits ausgeführt wurde, liefert Unsicherheit die Landschaft für die Entscheidungen und Handlungen in der Gegenwart und betrifft somit auch die zukünftigen Entwicklungen. Kennte man die Zukunft, z.B. wüsste man wie hoch das Lebenseinkommen in der Zukunft ist, dann wäre es denkbar, jeden Monat, eine bestimmte Summe des Lebenseinkommens, abdiskontiert, zu verwenden. Aber da Unsicherheit die Gegenwart und Zukunft bestimmt, ist diese Abdiskontierung nicht möglich.

Ökonomisches Denken beschreibt Keynes als Untersuchungsmethode der Wechselwirkungen voneinander abhängiger Faktoren. Das Individuum setzt die eigene Bewertung (Interpretation) der Kontextdaten in eine Beziehung zur Bewertung anderer Individuen, wobei die Wahrnehmung der eigenen und fremden Marktbewertung als eine Methode des Urteilens diskutiert wird. Entscheiden und Handeln unter Unsicherheit beschreibt Keynes als ›tierische Verhaltensweisen‹ (*animal spirits*), als »spontaner Drang zum Handeln statt zum Nicht-Handeln« (CW, VII, 161). Ein Akteur, der über kein Wissen verfügt, könne sich nicht auf numerisch spezifizierte Wahrscheinlichkeiten oder mathematische Erwartungswerte und Risiken zurückziehen. Denn für die Bestimmung der numerischen Wahrscheinlichkeit ist die Prämisse der Gleichwahrscheinlichkeit zwingend, welche nur auf Glücksspiele, nicht aber auf das alltägliche Handeln zutrifft. Mit dem Bernoulli-Prinzip (dem zufolge eine Risikonutzenfunktion auf der Grundlage der Risikoeinstellung des Entscheiders möglich ist) weist Keynes auch die Anwendung von »rigiden Regeln« in den Erfahrungswissenschaften zurück. Wahrscheinlichkeit ist »der einzige Wegweiser, den wir im Leben haben« (CW, VIII, 356).

4.

Keynes, J. M., 1906, Egoism, unveröff. Ms., Keynes Papers, Cambridge: King's College.

Keynes, J. M., 1936, Allgemeine Theorie der Beschäftigung, des Zinses und des Geldes, Berlin: Duncker & Humblot 2006.

Keynes, J. M., 1973 ff., The Collected Writings, London: Macmillan (zitiert als CW).

Moggridge, D.E., 1992, Maynard Keynes, London: Routledge.

Muchlinski, E., 1996, Keynes als Philosoph, Berlin: Duncker & Humblot.

Muchlinski, E., 2003, Épistémologie et probabilité chez Keynes, in: L'actualité économique 79.

Muchlinski, E., 2005, Kontroversen in der internationalen Währungspolitik. Retrospektive zu Keynes-White-Boughton und IMF, in: Intervention. Zeitschrift für Ökonomie 2.

Muchlinski, E., 2007, Keynes Against Rigid Rules, in: J. Backhaus (Hg.), Founders of Modern Economics, Cheltenham: Elgar.

Skidelsky, R., 1983/1992/2001, John Maynard Keynes, 3 Bde., London: Macmillan.

Stiglitz, J., 2006, Die Chancen der Globalisierung. München: Siedler.

Willke, G., 2002, John M. Keynes, Frankfurt/M.: Campus.

Elke Muchlinski

Kind/Kinderrechte

1.

Der Begriff »Kind« benennt unterschiedliche Phänomene: Meistens bezeichnet er entweder einen generationalen Zusammenhang mit ganz bestimmten Eltern, von denen das Kind abstammt und die es über Jahre hinweg begleitet haben (1.), oder aber den Lebens- und Entwicklungsprozess, der mit der Geburt beginnt und im Erwachsensein endet (maßgebliche Grenzlinie für die Rechtsstellung zwischen Minder- und Volljährigkeit ist in den meisten heutigen Rechtsordnungen die Vollendung des 18. Lebensjahres) (2.). »Kind« steht aber (3.) auch für eine soziale Gruppe, nämlich für die Gesamtheit der Mitglieder des nachwachsenden Teils jeder Gesellschaft im Gegensatz zur Großgruppe der Erwachsenen. Schließlich kann das Kind in seinen charakteristischen Zügen (4.) auch als Idealtypus bzw. Inbegriff des kulturell unverbogenen Menschen (vgl. Rousseau 1762; Baader 1996) figurieren. Unter allen vier Hinsichten ist »Kindsein« nicht nur ein sich mit jedem Erscheinen eines neuen Menschen wiederholender und für die biografische Entwicklung jedes Menschen maßgeblicher Vorgang, sondern auch ein Gegenstand lebensweltlichen Wissens, kollektiver Tradierung, rechtlicher Regelung und systematischer philosophischer Reflexion. Die zentralen Themen der letzteren sind die rollenspezifischen Pflichten von Eltern und Kindern (Fürsorge und Erziehung bzw. Lernen, Unterordnung, Unterstützung), die Ziele des interaktiven Prozesses (Selbstständigkeit, Mündigkeit, Tüchtigkeit, Identität bzw. Sozialfähigkeit) sowie die Sorge um die rechtlichen und gesellschaftlichen Bedingungen, unter denen Kinder jeweils aufwachsen (Familienrecht, die Gewährleistung elterlicher Sorge nach Scheidung, Vorsorge für Notsituationen wie Verwaisung, Institutionen des Lernens und der beruflichen Ausbildung); dazu kommt die kontrafaktische und insofern die Dominanz der Erwachsenen und die Persistenz der Tradition relativierende und provozierende Hochschätzung vom Kind verkörperter Eigenschaften (Kindlichkeit im Sinne von Vertrauen, Offenheit, Idealismus, Spontaneität, Kompromisslosigkeit, »Naivität« im Sinne von Neugier, aber auch von sexueller »Unschuld«). Die exakten Positionen in diesen Punkten schwanken im Nebeneinander der Kulturen und im Ablauf der geschichtlichen Epochen allerdings erheblich, je nachdem, ob Kindheit primär als peripherer Übergang oder als eigene Existenzform begriffen wird (vgl. Bühler-Niederberger/Tremp 2001). In modernen Gesellschaften hat sich Kindheit über den Charakter einer anthropologischen Grundbefindlichkeit hinaus auch zu einer Eigenzeit ausdifferenziert, während der die Freistellung vom Arbeitszwang und vom Druck umfassender Verantwortung für andere Raum schafft für die Teilnahme am organisierten (und kontrollierten) Lernen und die Findung der Identität. Einige Sozialwissenschaftler haben in jüngerer Zeit im Blick auf neue, v.a. mediale Möglichkeiten des ungehinderten Zugangs von Kindern zur Welt und zum Wissen der Erwachsenen die These vom Verschwinden der geschützten Kindheit vertreten (vgl. Postman 1982), während andere die typische Veränderung der Kindheit eher in verstärkten Möglichkeiten der Abgrenzung von den Erwachsenen und der Erringung einer Privatsphäre sowie in der veränderten Wahrnehmung von sich selbst sehen wollen (vgl. Steinberg/Kincheloe 2001).

2.

Für die weitergehende systematische philosophische Explikation ist von Weichen stellender Bedeutung, wie der Unterschied zwischen Kind und Erwachsenem interpretiert wird. Dafür gibt es zwei typische Richtungen. Nach der einen ist diese Differenz als ein Noch-Nicht zu verstehen, also als Fehlen von Eigenschaften (insbesondere des vollen Vernunftgebrauchs), die möglichst schnell erworben werden müssen (vgl. Bühler-Niederberger/Tremp 2001). Der anderen zufolge ist die Differenz als Andersartigkeit aufzufassen; im pädagogischen Handeln gelte es dementsprechend, bei der Stärkung und Fortentwicklung der Besonderheiten und Stärken der kindlichen Persönlichkeit anzusetzen. Lebensweise und -welt des Kindes hätten gegenüber der Lebensweise und -welt der Erwachsenen ein Eigenrecht (Fénélon, Rousseau u.a.), programmatisch formuliert im Titel eines Buchs von Maria Montessori *Kinder sind anders* (1952). Nicht die Erwachsenen und ihre Erwartungen seien die Norm, an denen Kinder zu messen sind, vielmehr komme es darauf an, die Kinder als wahrnehmungs- und urteilsfähige Subjekte mit eigenen Erwartungen, Suchbewegungen, Willen, Bedürfnissen und Präferenzen zu achten. Ethisch hat die erste Richtung eine genuine Nähe zu einem Ethos der Fürsorge, während die zweite Richtung stärker auf die grundsätzliche Gleichheit abhebt und darauf abzielt, Kinder als Subjekte, die an Entscheidungen über ihre Lebensverhältnisse aktiv zu beteiligen sind, zu betrachten.

Im Kontext des beschleunigten gesellschaftlichen Wandels nehmen die Verschiedenheiten zwischen der wahrgenommenen und gedeuteten Lebenswelt der Kinder und Jugendlichen und den erinnerten Kindheitserfahrungen der Erwachsenengeneration ständig zu. Die dadurch bedingte Inkongruenz zwischen den Wahrnehmungen derselben Wirklichkeit durch die Angehörigen verschiedener Generationen kann sowohl in den Nahbeziehungen zwischen einzelnen Betroffenen als auch im gesellschaftlichen Miteinander zu einseitigen Einschätzungen dessen führen, was für Kinder zuträglich, gut oder verderblich ist, die sich in Idealisierungen des Früheren, in Abwendung von tradierten Werten oder sogar in ausdrücklicher Verweigerung und Bestreitung entladen. Auch aus diesem Grund ist es wichtig, dass die Erwachsenen ebenso wie die von ihnen verwalteten und gestalteten Institutionen die Kinder und Jugendlichen als Subjekte ernst nehmen.

3.

3.1. Eines der vorzüglichsten Instrumente, die Bedürfnisse von Kindern öffentlich sichtbar zu machen und ihnen sowohl im erzieherischen Feld als auch gegenüber staatlicher Politik Durchsetzungskraft zu verleihen, ist die katalogähnliche Zusammenstellung, öffentliche Erklärung und rechtliche Verbindlichmachung spezieller »Kinderrechte«. Sie treten nicht an die Stelle der anerkannten allgemeinen Menschenrechte, die ja »für alle Mitglieder der menschlichen Familie« (Allgemeine Erklärung der Menschenrechte von 1948, Präambel), unabhängig von »Rasse, Farbe, Geschlecht, Sprache, Religion, politischer oder sonstiger Überzeugung, nationaler oder sozialer Herkunft, Eigentum, Geburt oder sonstigen Umständen« (ebd., Art. 2, Abs. 1) und – wie man unter Hinweis auf die Genfer Erklärung von 1924 und die Erklärung der Rechte des Kindes von 1959 als weitere Form von faktischer Ungleichheit unbedingt ergänzen müsste – unabhängig vom Alter gelten, sondern bestätigen diese in ihrem Geltungsanspruch auch zugunsten der Kinder und komplettieren sie, und zwar nach der einen Seite hin im Blick auf die spezifischen Interessen von Kindern, nach der anderen im Blick auf deren besondere Verletzbarkeit. Sie markieren gleichsam die Stellen, wo nach schmerzlichen Erfahrungen der Geschichte das Kindeswohl infolge der strukturellen Unterlegenheit von Kindern oder unter dem Deckmantel familiärer Privatheitsansprüche oder im Konflikt mit einem staatlich definierten Interessenvorrang vernachlässigt oder gar missachtet zu werden droht und deshalb besondere Aufmerksamkeit angebracht ist. Kinder gehören ja nicht nur per se zu den schwächsten Mitgliedern der Gesellschaften, weshalb sie leichter Opfer von Instrumentalisierungen werden als Erwachsene (Fanatismus, Krieg, Marginalisierung, Ausbeutung durch Arbeit, gesundheitsschädigende Traditionen, Missbrauch, Prostitution, Pornografie usw.), sie sind auch diejenigen, die unter Armut, Unterentwicklung, Krieg und Bürgerkrieg, Hunger und medizinischer Unterversorgung, mangelnder Hygiene, Vertreibung und ökologischen Katastrophen am meisten und am nachhaltigsten leiden. Jenseits dieser rechtlich und politisch zu gewährleistenden Grenzmarkierungen bilden Zuwendung, Pflege, Unterhalt, Erziehung, Vorsorge und Kenntnis der biologischen Abstammung elementare Bestandteile der Rechte von Kindern gegenüber ihren Eltern. Im Ausgang der von Axel Honneth im Anschluss an Hegel und Mead entwickelten Typologie intersubjektiver Anerkennungsverhältnisse (vgl. Honneth 1994) lassen sich die fundamentalen Bedingungen der Selbstentfaltung und des Subjektstatus im Hinblick auf Kinder (1.) als Ansprüche auf Achtung des Lebens und der leiblichen Unversehrtheit, (2.) auf Achtung als Interaktionspartner einschließlich des Status als Rechtsperson sowie (3.) auf Achtung vor der Entwicklung und Selbstwerdung in Gestalt sozialer und kultureller Wertschätzung explizieren.

Die UN-Konvention über die Rechte des Kindes aus dem Jahr 1989 (vgl. Deutsches Kinderhilfswerk 1991) ist das erste Dokument, das die Sichtweise, Kinder seien »eigenständige und vollwertige Personen und Subjekte von Menschenrechten« zugrunde legt und eine Liste spezifischer Rechte zum Bestandteil des verbindlichen Völkerrechts gemacht hat. Sie enthält sowohl allgemeine Menschenrechte, die übernommen und bestätigt werden (vgl. ebd., Art. 6 und 12–16), als auch Bestimmungen, die Menschenrechte hinsichtlich der besonderen Ausgangslage der Kinder präzisieren (vgl. z.B. bezüglich der Anhörung in Trennungsverfahren: Art. 9, bezüglich Kinderarbeit Art. 32), und endlich solche, die ausschließlich für Kinder gelten (vgl. z.B. bezüglich der Nichttrennung von den Eltern, Art. 9–11, oder der Adoption, Art. 21); zur letzten Gruppe gehören auch die Schutzbestimmungen für spezielle Gruppen von Kindern wie Flüchtlinge (Art. 22) und Behinderte (Art. 23). Gängiger ist die Gliederung der Kinderrechte um die drei Stichworte »provision« (Versorgung), »protection« (Schutz) und »participation« (Beteiligung), womit traditionelle und innovative Leitbilder des gesellschaftlichen und politischen Engagements zugunsten der Kinder abgerufen und zusammengeführt werden (Verhellen 1994, 66f.; Sünker 2001, 70–73). Denn einerseits wird durch die um diese Prinzipien gruppierten Einzelbestimmungen das traditionelle Ethos von Schutz und Versorgung und familiärer Ordnung bekräftigt, andererseits wird es aber auch überboten und weitergeführt: Etwa dadurch, dass der Schutz vor Gewalttätigkeit auch auf den Binnenraum der familiären Sphäre ausgedehnt wird, oder dadurch, dass Armut auch als Versagen der Sozialpolitik angeklagt wird; schließlich auch dadurch, dass der Rahmen einer Politik *für* Kinder durchbrochen und stattdessen für eine Politik *mit* den Kindern plädiert wird.

3.2. Einer an den Menschenrechten der Kinder orientierten Politik bedarf es heute umso mehr, als sich die gesellschaftlichen Kontexte stark verändern, in denen sich das Leben, Aufwachsen und Entwickeln der Kinder abspielen. Die Familie ist zwar noch immer der zentrale Lebensraum für Kinder, bekommt aber durch das veränderte Beziehungsverhalten der Eltern, der Suche nach neuen Geschlechterrollen, durch die ökonomischen Erfordernisse sowie durch die Konkurrenz zwischen beruflichen und Kind bezogenen Bedürfnissen Züge eines komplexen und anhaltenden Experimentierens samt dem damit einhergehenden größeren Maß an Mobilität und Instabilität. Schon die demografische Entwicklung in den Industrieländern nimmt dem Kind ein Stück Selbstverständlichkeit, Element des Lebens der Erwachsenen zu sein, und verändert die Bedingungen des Aufwachsens. Notwendigkeiten des Verkehrs und ästhetische sowie kommerzielle Bedürfnisse verdrängen angestammte kindliche Aktionsräume mit der Folge, dass sich Freizeitaktivitäten an teilweise entfernteren Orten konzentrieren. Ferner sind die Kinder eine eigene Zielgruppe der Konsumindustrie geworden. Nicht zuletzt aufgrund der sprunghaft erweiterten Zugriffsmöglichkeiten im Bereich der Empfängnissteuerung, der vorgeburtlichen Diagnostik und der Reproduktionsmedizin dürften Kinder heute vermehrt Gegenstände und Ziele massiver Wünsche und Erwartungen sein.

Unabhängig von der Bewertung dieser und ähnlicher Veränderungen verlangen sie dem Gros der Kinder im Vergleich zu früher mehr Selbstständigkeit sowie größere Mobilitätsbereitschaft und ein höheres Maß an Planung, Zeiteinteilung und Abstimmung mit Dritten ab. Aufgabe einer Kinderpolitik, die sich dem Anspruch sozialer Gerechtigkeit verpflichtet weiß, ist es, die rechtlichen, kulturellen und ökonomischen Rahmenbedingungen so zu gestalten, dass die Kinder im Sog dieser Transformationsprozesse nicht strukturell unterliegen und als Gruppe der Bevölkerung faktisch in den Status einer Minderheit abgedrängt werden. Da sich die Kindheitserfahrungen der heutigen Erwachsenen von denen der heutigen Kinder offensichtlich erheblich unterscheiden, müssen die Kinder selbst als Erfahrungs- und Bedürfnissubjekte in die sie betreffenden öffentlichen Willensbildungs- und Entscheidungsprozesse einbezogen werden. Das erscheint auch unter dem Aspekt wichtig, dass die für das Kindsein typische Spannung zwischen (unvermeidlicher) Abhängigkeit und dem Bedürfnis (bzw. der Notwendigkeit) selbstständig zu werden nicht nur eine von mehreren Gelegenheiten, sondern möglicherweise das biografische Schlüsselfeld dafür ist, wie ein Mensch mit Unterstützung lernen kann, am demokratischen Prozess teilzunehmen. Über die Anerkennung von Kindern als gleichwertigen Subjekten von allgemeinen und bezüglich ihrer Entwicklung speziellen Rechten sowie deren Durchsetzung gegenüber Angriffen einzelner Erwachsener (Strafverfolgung von körperlichen und seelischen Misshandlungen, sexuellem Missbrauch, Verkauf, Aussetzung, Vernachlässigung, medizinischen Experimenten ohne Einwilligung, Zwangsverheiratung etc.) und gegenüber strukturellen Zwängen, gegen die sie sich selbst nicht wehren können (mittels einer auf das Kinderwohl zentrierten Familien- und Frauenpolitik), greift diese Aufgabe aus auf Themenfelder wie Schulwesen, Ausbildungswege und -plätze, Ordnung des Arbeitslebens, Gesundheitsvorsorge, Medienpolitik sowie öffentliche Planung von Verkehr, Spielplätzen und Freizeitzonen.

3.3. Von zentraler Bedeutung für die persönliche Entwicklung jedes kindlichen Individuums ist die Fähigkeit zum »reflexiven Umgang mit sich und seiner Welt« (Zirfas 2004, 163). »Bildung« in diesem Sinne umfasst aber nicht nur den Erwerb elementarer Kulturtechniken und des Wissens der Tradition, die Entwicklung von Kompetenzen und Qualifikationen sowie Kenntnis maßgeblicher Lebensfelder, sondern auch die aktive Wahrnehmung von Selbst-, Fremd- und Weltbildern, in Auseinandersetzung mit denen die eigene Identität erworben und durchgehalten werden kann. Dazu braucht es konkrete Bildungsräume wie konstante und zugewandte Bezugspersonen, unangefochtene Heimat, Zeiten der Zurückgezogenheit, Gelegenheiten zum Experimentieren, geregeltes Leben in Gemeinschaft, aber auch Chancen, sich in kritischer Distanzierung zu Tradition, Konvention und Autoritätsansprüchen entwickeln zu dürfen. Da Bildung auch über Zugehörigkeiten, über Platzierung auf Märkten und Chancen politischer und wirtschaftlicher Partizipation entscheidet, darf sie nicht mehr nur als Anliegen individueller Persönlichkeitsentfaltung gesehen, sondern muss sie auch als soziale Ressource begriffen und gefördert werden.

4.

Ariès, P., 1978, Geschichte der Kindheit, München: dtv.

Baader, M. S., 1996, Die romantische Idee des Kindes und der Kindheit, Neuwied: Luchterhand.

Bericht über die Lebenssituation von Kindern und die Leistungen der Kinderhilfen in Deutschland – Zehnter Kinder- und Jugendbericht 1998, Bundestags-Drucksache 13/11368 vom 25. 8. 98, Bonn.

Blanke, S., 1991, Beziehungen zwischen Erziehern und Kindern, Stuttgart: Kohlhammer.

Bronfenbrenner, U., 1981, Die Ökologie der menschlichen Entwicklung, Stuttgart: Klett-Cotta.

Bühler-Niederberger, D./Tremp, P., 2001, Kinder und gesellschaftliche Ordnung. Die generationale Grundlage moderner Demokratien, in: F. Güthoff/H. Sünker (Hg.), Handbuch Kinderrechte, Münster: Votum.

Bundesministerium für Familie, Senioren, Frauen und Jugend, 1997, Kinder- und Jugendhilfegesetz, Deutschland (achtes Buch Sozialgesetzbuch), Berlin: BMFSFJ.

Deutsches Kinderhilfswerk (Hg.), 1991, UN-Konvention über die Rechte des Kindes. Dokumentation der Fachtagung »Die UN-Konvention der Rechte des Kindes«, München: Deutsches Kinderhilfswerk.

Eichholz, R. (Hg.), 1991, Die Rechte des Kindes, Recklinghausen: Bitter.

Elkind, D., 1981, Das gehetzte Kind. Werden unsere Kleinen zu schnell groß?, Hamburg: Kabel 1991.

Fend, H., 1990, Vom Kind zum Jugendlichen. Der Übergang und seine Risiken, Bern: Huber.
Frädrich, J./Jerger-Bachmann, I., 1995, Kinder bestimmen mit. Kinderrechte und Kinderpolitik, München: Beck.
Gerber Jenni, R./Hausammann, C. (Hg.), 2002, Kinderrechte – Kinderschutz. Rechtsstellung und Gewaltbetroffenheit von Kindern und Jugendlichen, Basel: Helbing & Lichtenhahn.
Hengst, H. (Hg.), 1985, Kindheit in Europa. Zwischen Spielplatz und Computer, Frankfurt/M.: Suhrkamp.
Hilpert, K., 2001, Menschenrechte – auch für Kinder?, in: ders., Menschenrechte und Theologie, Freiburg i. Ue.: Universitäts-Verlag.
Honneth, A., 1994, Kampf um Anerkennung, Frankfurt/M.: Suhrkamp.
Korczak, J., 1970, Das Recht des Kindes auf Achtung, Göttingen: Vandenhoeck & Ruprecht.
Lüscher, K., 1996, Politik für Kinder – Politik mit Kindern, in: Recht der Jugend und des Bildungswesens 44.
Mason, M. A., 1994, From Father's Property to Children's Rights, New York: Columbia University Press.
Mause, L. de (Hg.), 1974, The History of Childhood, Frankfurt/M.: Suhrkamp 1980.
Montessori, M., 1952, Kinder sind anders, München: dtv 1993.
Oerter, R./Montada, L., 2002, Entwicklungspsychologie, Weinheim: Beltz.
Postman, N., 1984, Das Verschwinden der Kindheit, Frankfurt/M.: Fischer.
Rousseau, J.-J., 1762, Emile oder über die Erziehung, Paderborn: Schöningh 1991.
Steinberg, S. R./Kincheloe, J. L., 2001, Keine Geheimnisse mehr – Kinderkultur, Informationssättigung und die postmoderne Kindheit, in: F. Güthoff/H. Sünker (Hg.), Handbuch Kinderrechte, Münster: Votum.
Steindorff, C. (Hg.), 1994, Vom Kindeswohl zu den Kindesrechten, Neuwied: Luchterhand.
Sünker, H., 2001, Kindheit heute – die Zukunft von Kinderpolitik, in: F. Güthoff/H. Sünker (Hg.), Handbuch Kinderrechte, Münster: Votum.
Synode der Evangelischen Kirche in Deutschland (Hg.), 1995, Aufwachsen in schwieriger Zeit – Kinder in Gemeinde und Gesellschaft, Gütersloh: Gütersloher Verlags-Haus.
Übereinkommen über die Rechte des Kindes. UN-Kinderkonvention im Wortlaut mit Materialien, Bonn: BMFSFJ 1993.
UN-Generalversammlung, 1948, Allgemeine Erklärung der Menschenrechte, Frankfurt/M.: Insel 1990.
Verhellen, E., 1994, Das UN-Übereinkommen über die Rechte des Kindes, in: E. Filler u.a. (Hg.), Kinder, Kinderrechte und Kinderpolitik, Wien: European Centre for Social Welfare Policy and Research.
Zentrum für Kindheits- und Jugendforschung (Hg.), 1993, Wandel der Kindheit, Opladen: Leske + Budrich.
Zinnecker, J./Silbereisen, R. K., 1996, Kindheit in Deutschland. Aktueller Survey über Kinder und ihre Eltern, Weinheim: Juventa.
Zirfas, J., 2004, Pädagogik und Anthropologie, Stuttgart: Kohlhammer.

Konrad Hilpert

Kirche

1.

Die Kirche ist die Gemeinschaft der Christen. Der Kirchenbegriff ist stark bestimmt von den verschiedenen theologischen Auslegungen des christlichen Glaubens. Er hat sich in der Folge der Kirchenspaltungen pluralisiert und ist dann auch in die Zuständigkeit philosophischer, religionswissenschaftlicher bzw. -soziologischer und staatskirchenrechtlicher Thematisierungen übernommen worden. In ihnen geht es v.a. um die Frage, was die Kirche als Institution des Christentums zur Bildung moralischen und weltanschaulichen Orientierungswissens in der Gesellschaft leistet.

1.1. Mit »Kirche« wird sowohl umgangssprachlich als auch im wissenschaftlichen Gebrauch der christliche Gottesdienst, das seiner Durchführung gewidmete Gebäude, sowie die verfasste Sozialgestalt des Christentums im Sinne einer Institution und ihrer repräsentativen Organe verstanden.

1.2. Das Wort »Kirche« ist wahrscheinlich vom griechischen »to kyriakon«, das Haus des Herrn, abgeleitet (angelsäch. »Cyrice«, später engl. »Church«, franz. »Eglise«, skand.

»Kirke«) und ist in seiner griechischen Form seit dem 4. Jahrhundert nachgewiesen. Von der Bezeichnung des Lokals für den Gottesdienst ist es zum Namen für die gottesdienstliche Gemeinde der Glaubenden und schließlich zur Bezeichnung der Institution des Christentums geworden.

2.

2.1. Für das theologische Verständnis von »Kirche« ist ausschlaggebend, dass sie Inhalt des Glaubensbekenntnisses ist. Nach dem Bekenntnis des Glaubens geht die Kirche aus dem Wirken des Heiligen Geistes hervor, der den Glauben im Hören auf Gottes Wort schafft und die Glaubenden als Gemeinde versammelt. Die Paulusbriefe haben als Äquivalente zum Wort »ekklesia« auch die Vorstellungen vom Leib Christi oder Volk Gottes aufgebaut und damit die Auffassung von der Kirche als einer durch die Verbundenheit mit Christus konstituierten und erhaltenden Gemeinschaft begründet. Die Auffassung von der Kirche als der geistgewirkten, in der Verkündigung des Wortes Gottes und der Feier der Sakramente von Taufe und Abendmahl ihre entscheidenden Merkmale habenden Gemeinschaft der Glaubenden ist von der Reformation erneuert und mit der Lehre vom »Priestertum aller Gläubigen« gegen die amtskirchliche Hierarchie Roms zur Geltung gebracht worden.

2.2. In der Neuzeit hat der Kirchenbegriff in der Folge der Kirchenspaltung, der Konfessionalisierung des Christentums und der Religionskriege eine enorme Pluralisierung und Relativierung erfahren. Neben seine unterschiedlichen theologischen Bestimmungen, die sich als Selbstthematisierungen christlichen Glaubens verstehen, treten seit dem 18. Jahrhundert solche, die in der Perspektive eines übergeordneten Begriffs der Religion oder des Christentums gebildet wurden. Es entwickelt sich eine individuelle Religiosität und ein persönliches Christentum, das zu den verfassten Kirchen auf Distanz geht. Kant entwickelt einen moralischen Begriff der Kirche als eines – mit der verfassten Kirche nicht zu verwechselnden – nach Tugendgesetzen geordneten Gemeinwesens zur Beförderung der Sittlichkeit, und für Hegel wird die Gemeinde zum Medium der Realisierung der Freiheitsgeschichte des Geistes.

2.3. In der religionswissenschaftlichen bzw. -soziologischen Verwendung des Begriffs dominiert die Außenperspektive, in der die Kirche als gesellschaftliche Größe verstanden wird, mit der sich die christliche Religion eine reale Sozialgestalt als Institution mit Ämtern und in der Verfassung einer Organisation, die Leitungsstrukturen und Mitgliedschaftsverhältnisse ausbildet, gibt. Die Übertragbarkeit des Kirchenbegriffs auf die Institutionen anderer Religionen ist in der Religionswissenschaft umstritten.

2.4. Das Grundgesetz trifft lediglich eine negative Aussage über die Kirche, nämlich dass eine Staatskirche nicht existiert (Art. 140 GG i.V.m. Art. 137 Abs. 1 WRV). Im Übrigen wird nicht der Begriff der Kirche, sondern der aus dem Zeitalter der Aufklärung stammende Begriff der »Religionsgesellschaft« bzw. »Religionsgemeinschaft« gebraucht. Das deutsche Staatskirchenrecht abstrahiert von den theologischen Gehalten des Kirchenbegriffs und behandelt die Kirche nicht nur wie jede andere Religionsgemeinschaft, sondern im Grundsatz wie jede Vereinigung von Bürgern.

3.

3.1. Geht man nach der Zahl der Mitglieder, repräsentieren die Kirchen auf dem Gebiet der ehemaligen DDR nur noch ein gesellschaftliches Minderheitenphänomen (vgl. Daiber 1995, 108–123). Die Kirchen bestehen als gesellschaftliche Organisationen jedoch fort und haben im wiedervereinigten Deutschland den gleichen rechtlichen Status mit den entsprechenden gesellschaftlichen Einflussmöglichkeiten, wie sich dies im Westen nach 1945 entwickelt hatte. Die Landesverfassungen der neuen Bundesländer (1992/93) haben die ins Grundgesetz (1949) übernommenen

Artikel der Weimarer Reichsverfassung (1919), die den Religionsgesellschaften den Status von Körperschaften des öffentlichen Rechts zuerkennen, bestätigt und zum Teil durch eigene Bestimmungen ergänzt, die tendenziell die öffentliche Stellung der Kirchen bzw. Religionsgemeinschaften eher stärken. Die Kirchen stehen als die großen religiösen Institutionen im wiedervereinigten Deutschland immer noch für die gesellschaftliche Präsenz des Christentums. Der gesellschaftliche Einfluss der Kirchen nach der Wiedervereinigung ist allerdings nicht ebenso selbstverständlich auch allgemein akzeptiert, wie dies im Westen der Fall war und teilweise immer noch ist. Das haben die Auseinandersetzungen in den neuen Bundesländern nach 1989 um den Kirchensteuereinzug durch die Finanzämter, die Einführung des Religionsunterrichts an staatlichen Schulen und die Übernahme des Militärseelsorgevertrages mit besonderer Deutlichkeit belegt.

3.2. Der Begriff der Säkularisierung kann zur Bezeichnung der veränderten gesellschaftlichen Lage der Kirchen dienen. Er bietet eine derjenigen Selbstbeschreibungen moderner westlicher Gesellschaften, mit der diese den für sie kennzeichnenden, auf Differenzierung gehenden Wandel im Verhältnis von Religion und Kultur, Kirche und Staat zu erfassen versuchen.

Säkularisierung ist die Entlassung der großen gesellschaftlichen Funktionsbereiche wie Politik, Wissenschaft, Recht oder Erziehung aus dem unmittelbaren, direkten Einfluss- und Bestimmungsbereich der Kirchen, damit dann auch explizit christlicher Grundauffassungen von Welt und Leben.

Säkularisierung darf nicht mit einem Bedeutungsverlust der Religion verwechselt werden. Säkularisierung geht mit einem Bedeutungsverlust der Kirchen einher. Traditionelle Bedeutungskomponenten im Kirchenbegriff verlagern sich auf den Begriff der Religion und des Christentums.

3.3. Der formale Begriff der Religion, der die Religion als das Verhältnis des Menschen zu einem Unbedingten versteht und zur conditio humana gehörig erklärt, ist im Prozess der neuzeitlichen Aufklärung, der wiederum u.a. eine Folge der Konfessionalisierung des Christentums und der Religionskriege ist, entstanden. Religion ist nun, wie etwa Herder formuliert, etwas, das mit seinen kirchlichen Lehren und Gebräuchen die Menschen voneinander trennt, als Verhältnis zum Unbedingten in aller Menschen Herz aber doch nur eine (vgl. Herder 1798, 135). Kant arbeitet mit der Unterscheidung zwischen dem traditionsgeleiteten »Kirchenglauben« und dem aus freier, moralischer Einsicht hervorgehenden »reinen Religionsglauben«. Auf Letzterem baut er seinen ethischen Begriff der Kirche auf. Kirche ist notwendig zur Gründung eines Reiches Gottes auf Erden, als Veranstaltung, durch die die unzulänglichen Kräfte der Einzelnen zu einer gemeinsamen Wirkung vereinigt werden (vgl. Kant 1793, 98). Schleiermacher hat die Religion stärker von der Moral unterschieden, indem er ihr eine eigene, konstitutive Funktion in der Organisation des menschlichen Selbst- und Weltverhältnisses, dann auch im Aufbau von Kultur und Gesellschaft zuwies. Die Bedeutung der Religion liegt für ihn in der Bildung und Pflege einer humanen Kultur des Verhaltens zum Unbedingten. Schleiermacher unterschied die Religion, die zur conditio humana gehört, von der Kirche, ohne sie von ihr zu trennen. Die Kirche ist notwendig als gesellschaftliche Einrichtung zur Mitteilung und Darstellung des christlich-religiösen Bewusstseins (vgl. Schleiermacher 1830, § 6, 121). Schleiermacher hat bei aller Betonung der humanen Selbstständigkeit der Religion zugleich Einsichten Geltung verschafft, die im 19. Jahrhundert zu einer steigenden Thematisierung der Kirche geführt und die institutionelle Selbstständigkeit der Kirche gegenüber dem Staat vorbereitet haben.

Die kulturelle Verselbstständigung der Religion bedeutet die Entlastung anderer Lebensbereiche, insbesondere der Moral und der Politik, davon, sich explizit religiös zu artikulieren, sich zu Gott verhalten zu müssen. Die spezielle Funktion der Religion, eine Kultur des Verhaltens zum Unbedingten auszubilden und zu pflegen, bleibt aber auch unter den Bedingungen der Moderne für das Ganze der Gesellschaft relevant (vgl. Lübbe 1986).

In der Unübersichtlichkeit der funktional differenzierten Gesellschaft nimmt der Bedarf an Religion nicht ab, sondern zu, weil das gesellschaftliche Bezugsproblem, das zu lösen bzw. zu bearbeiten die Funktion der Religion ist, sich immer häufiger und dringlicher stellt. Es wachsen – insbesondere angesichts fundamentalistischer Tendenzen – die Anforderungen an die Kirchen, für die »Vernunft der Religion« (Rössler 1976), die Kultivierung des religiösen Bewusstseins, zu sorgen. Es kommt heute freilich auch zu zahlreichen Neuformatierungen auf dem »religiösen Feld« (Bourdieu 2000).

Seit den 1920er Jahren wird das Phänomen der »verkappten Religionen« (Bry 1926) beobachtet. Das sind vagabundierende Formen des Religiösen, mannigfache Synkretismen, die teils von den Kirchen integriert werden können, teils sich außerhalb der Kirchen in größerer oder geringerer Nähe zum Christentum entwickeln. Die Kirche stellt in der Neuzeit jedenfalls nur noch eine der Sozialgestalten von Religion und Christentum dar (vgl. Rössler 1986).

3.4. Mit dem Begriff der »Zivilreligion« (Bellah 1967) hat man – v.a. in der US-amerikanischen Diskussion – zum Ausdruck gebracht, dass die politische Bedeutung der Religion erhalten bleibt, selbst wenn die Kirchen in ihrem gesellschaftlichen Einfluss schwächer werden. Die Zivilreligion steht für die Begrenzung der Politik. Sie macht den Unterschied zwischen liberaler, aufgeklärter Politik und theokratischen bzw. totalitären Systemen aus (vgl. Lübbe 1986). Die Religionsfreiheit ist der Garant bürgerlicher Freiheit überhaupt. Zivilreligion setzt voraus, dass es immer noch die religiösen Gemeinschaften und die Kirchen gibt, aber sie ist doch mit keiner identisch. Deshalb verträgt sie sich mit einer Vielzahl von religiösen Gemeinschaften, mit religiösem Pluralismus und Individualismus. Sie steht für die Grundwerte des Zusammenlebens in der Gesellschaft. Sie speist sich aus den verfassten Kirchen und ihren Traditionen, geht aber nicht in ihnen auf. Man kann daher auch von einer zivilreligiösen Funktion der Kirchen sprechen und die Beobachtung machen, dass die Kirchen gerade in der Wahrnehmung ihrer spezifisch religiösen Funktion, mit ihren Gottesdiensten, gefragt sind, wenn es zu Einbrüchen des Ungeheuren und Absurden in der Gesellschaft kommt (vgl. Schieder 2001). Auch kirchliche Stellungnahmen und Denkschriften sind besonders dann gefragt, wenn die Grundwerte in schwierigen ethischen Entscheidungslagen zur Debatte stehen, wie etwa in Fragen der Bioethik und Biopolitik.

Die Zivilreligion ist im Grunde die Religion der Kirchen, die sie in ihrer politischen und gesellschaftlichen Öffentlichkeitswirkung zur Geltung bringt. In der abgeleiteten Form der Zivilreligion haben die Kirchen teil an dem, was die Gesellschaft integriert, sie stehen für die Grundwerte, die Moral, dann auch die Symbolisierung des Unbegreiflichen (vgl. Luhmann 1978). Die Zivilreligion verlangt deshalb immer auch das Fortbestehen der selbstständig existierenden Kirchen. Sie verhilft der Gesellschaft zu einer Kultur der Differenzen, da sie öffentlich in die Gesellschaft wirkt, aber zugleich – mit den Kirchen – institutionell selbstständig bleibt.

3.5. Religiöse Funktionen, die einst von den Kirchen erfüllt wurden, werden in der fortgeschrittenen Moderne von anderen kulturellen Institutionen und frei flottierenden gesellschaftlichen Akteuren erfüllt, die im allgemeinen Bewusstsein kaum als religiös gelten: Markenkult als Ikonenverehrung, Fußballstadien mit ihren säkularen Liturgien, Unterhaltungsfilme mit ihren schönen Geschichten vom Glücklichwerden, das Kino mit seinen elementaren ›Anweisungen zum seligen Leben‹ (Bolz/Bosshart 1995). Die ästhetische Kultur v.a. ist zu einem Ort der unabgeschlossenen Selbsterkundung und Selbsterprobung geworden. Immer noch gehören zur symbolischen Realität der Kultur des Lebens aber auch die kirchlichen Räume.

In ihnen wird nach wie vor die christliche Symbolwelt ausgeführt. Die Kirchen repräsentieren und sakralisieren heute jedoch nicht mehr die politische und gesellschaftliche Ordnung. Es werden durch Verkündigung und Lehre der Kirche nur noch Beiträge zur öffentlichen Diskussion um die Grundwerte geliefert.

3.6. In allen Kulturwissenschaften hat seit den 1980er Jahren die Frage nach den Zusammenhängen von Religion und Leben neue Aufmerksamkeit gefunden. Im Streit um Recht und Grenzen eines allgemeinen Religionsbegriffs setzte sich die Einsicht durch, dass Religion sowohl als ein zentrales Medium der Integration von Gesellschaften wie auch als ein prägendes Element in Sozialisationsprozessen fungiert. Religiöse Symbolsprachen dienen immer auch dazu, das Leben des Einzelnen in einen letzten Deutungshorizont zu stellen. Sie verhelfen zu individueller Identitätsbildung, zur Sinndeutung und kohärenten Präsentation der Lebensgeschichte. V.a. riskante Erfahrungen der Kontingenz individuellen Lebens lassen sich mit religiösen Symbolen sinnhaft deuten und in Notwendigkeit überführen (vgl. Graf 2004). Religion fördert Gemeinschaftsbildung. Sie kann aber auch im Leben des Einzelnen eine integrative Funktion gewinnen, indem sie fragmentarischen Erfahrungen eine Perspektive auf den Gesamtzusammenhang des Lebens gibt. So drängen sich in den Kontexten der Lebenswelt religiöse Fragen v.a. als existenzielle Sinnfragen auf, angesichts der Zumutungen und Härten der technisch-industriellen, von einer entfesselten Ökonomie dominierten Gesellschaft: Was ist die Berechtigung menschlicher Existenz jenseits der Möglichkeit bzw. des Zwangs, durch Leistung oder Geld einen Platz in der Gesellschaft zu behaupten? Was bin ich wert, wenn ich nicht arbeiten kann oder darf? Was ist der Sinn menschlichen Daseins, wenn der einzelne Mensch austauschbar geworden ist, wenn jeder andere an seine Stelle treten kann und wenn dies nicht nur für die Berufsrolle gilt, sondern auch für private, intime Beziehungen? Wie kann ich es ertragen, dass der Lebenssinn, den ich mir selbst gebe, ebenso vergänglich ist wie sein Stifter? Was fehlt dem Menschen, der alles hat und dennoch über das Ganze seiner Lebenszeit nicht verfügen kann? Ist das Leben in einer Welt zustimmungsfähig, in der es vieles gibt, das radikal zu verneinen bleibt?

In der Richtung solcher Sinnfragen werden die religiösen Erwartungshaltungen der Menschen, sofern sie diese explizit ausbilden bzw. bei sich zulassen, heute formatiert (vgl. Gräb 2002). Religion wird zur Individualreligion. So notwendig sie aufgrund ihrer Integrationskraft für die Gesellschaft ist, so sehr ist sie am Ort der Individuen auf deren religiöse Selbstbildung angewiesen (vgl. Luhmann 1989). Damit die Vorgänge der Vermittlung und Aneignung individuell sich bildenden Lebenssinns weiterlaufen können, müssen allerdings auch die religiösen Bildungsinstitutionen, also die Kirchen, mit ihrer gesellschaftsöffentlichen Präsenz erhalten bleiben.

3.7. Der Augsburger Religionsfrieden von 1555 läutete mit dem Prinzip des »cuius regio eius religio« einen Primat des Politischen vor dem Religiösen ein, der dann mit dem Ende des Dreißigjährigen Krieges (1648) für das gesamte Reichsgebiet festgeschrieben wurde. In den Folgen der konfessionellen Spaltungen der Kirche, dann der Konfessions- und Religionskriege, endete die Rolle der Kirche als entscheidender Faktor in der Integration der Gesellschaft auf der Basis gemeinsamer Werte und einer christlichen Weltanschauung. Durch das Gedankengut der Aufklärung, die Französische Revolution und die US-amerikanische Verfassung kam es zur modernen, auf größere Unabhängigkeit oder gänzliche Trennung zielenden Neuordnung des Verhältnisses von Kirche und Staat. Die Säkularisation, die staatliche Enteignung kirchlicher Besitztümer (Reichsdeputationshauptschluss von 1803), deutete endgültig auf grundlegende, schließlich auch die Welt der Ideen, der Kultur und des Geistes betreffende Verschiebungen, ja Umkehrungen im Machtverhältnis von Politik und Religion, Staat und Kirche.

Das Grundgesetz für die Bundesrepublik Deutschland (1949) bildet den heute gültigen Rahmen für das Verhältnis von Kirche und Staat. Es garantiert 1. die Religionsfreiheit als Glaubens- und Bekenntnisfreiheit und als Recht auf ungestörte Religionsausübung (Art. 4, Abs. 1, Abs. 2). Die bürgerlichen Rechte und Pflichten werden durch die Ausübung der Religionsfreiheit weder bedingt noch beschränkt (Art. 140 GG i.V.m., Art 136, Abs. 1 WRV). Das Grundgesetz regelt 2. die organisatorische Trennung von Staat und Kirche und garantiert das kirchliche Selbstbestimmungsrecht (Art. 140 GG i.V.m., Art. 137, Abs. 3 WRV). Die Trennung von Staat und Kirche bedeutet nicht Beziehungslosigkeit, sondern ist Voraussetzung für ein Arrangement in wechselseitiger Freiheit. Dieses ist beispielhaft an einigen Stellen in der Verfassung geregelt, z.B. in Art. 7, Abs. 2, 3 im Blick auf den Religionsunterricht, der unbeschadet des staatlichen Aufsichtsrechts in Übereinstimmung mit den Grundsätzen der Religionsgemeinschaften erteilt wird. Das kirchliche Selbstbestimmungsrecht ist in Deutschland dadurch festgestellt, dass die Kirchen und andere Religionsgemeinschaften mit dem Körperschaftsstatus in das öffentliche Recht integriert sind.

Die Säkularisierung, die verstärkte Einwanderung von Muslimen sowie der zunehmende religiöse und weltanschauliche Pluralismus haben die gesellschaftliche Lage der Kirchen in Deutschland verändert. Aus staatskirchenrechtlicher Sicht (vgl. v. Campenhausen 1996) wird jedoch keine Notwendigkeit gesehen, die Rechtslage zu verändern, v.a. deshalb nicht, weil das deutsche Staatskirchenrecht keine Ordnung für Mehrheits- oder Staatskirchen ist, sondern für alle Religionsgemeinschaften gilt. Nach grundrechtlicher Regelung genießen die Kirchen keine Vorrechte oder Privilegien. Alle Chancen (z.B. Religionsunterricht, Erwerb des Körperschaftsstatus und damit des Kirchensteuerrechts) stehen vielmehr auch anderen und neuen in Deutschland lebenden Religionsgemeinschaften offen. Es kann geradezu als ein grundrechtlich geregeltes Gebot angesehen werden, die institutionelle und organisatorische Profilierung des religiös-weltanschaulichen Pluralismus in der Öffentlichkeit der Gesellschaft auszubilden.

4.

Barth, U., 1998, Säkularisierung I., in: Theologische Realenzyklopädie, Bd. 29, Berlin: de Gruyter.
Barth, U., 2003, Religion in der Moderne, Tübingen: Mohr Siebeck.
Bellah, R. N., 1967, Zivilreligion in Amerika, in: H. Kleger/A. Müller (Hg.), Religion des Bürgers. Zivilreligion in Amerika und Europa, München: Kaiser 1986.
Bolz, N./Bosshart, D., 1995, Kult-Marketing. Die neuen Götter des Marktes, Düsseldorf: Econ.
Bourdieu, P., 2000, Das religiöse Feld. Texte zur Ökonomie des Heilsgeschehens, Konstanz: UVK.
Bry, C. C., 1924, Verkappte Religionen, München: Ehrenwirth 1979.
Campenhausen, A. Frhr. v., 1996, Staatskirchenrecht, München: Beck.
Daiber, K.-F., 1995, Religion unter den Bedingungen der Moderne, Marburg: Diagonal.
Drehsen, V., 1994, Wie religionsfähig ist die Volkskirche?, Gütersloh: Gütersloher Verlagshaus.
Graf, F. W., 2004, »Die Wiederkehr der Götter«. Religion in der modernen Kultur, München: Beck.
Gräb, W., 2002, Sinn fürs Unendliche. Religion in der Mediengesellschaft, Gütersloh: Gütersloher Verlagshaus.
Hahn, A., 1997, Religion, Säkularisierung und Kultur, in: H. Lehmann (Hg.), Säkularisierung, Dechristianisierung, Rechristianisierung im neuzeitlichen Europa, Göttingen: Vandenhoeck & Ruprecht.
Herder, J. G., 1798, Christliche Schriften, 5. Sammlung: Von Religion, Lehrmeinungen und Gebräuchen, in: Sämtliche Werke, Bd. 20, Hildesheim: Olms 1968.
Herms, E., 1990, Erfahrbare Kirche, Tübingen: Mohr.
Huber, W., 1999, Kirche in der Zeitenwende, Gütersloh: Gütersloher Verlagshaus.
Kant, I., 1793, Die Religion innerhalb der Grenzen der bloßen Vernunft, in: Akademieausgabe, Bd. 6, Berlin: Reimer 1914.
Lübbe, H., 1986, Religion nach der Aufklärung, Graz: Styria.
Luhmann, N., 1978, Grundwerte als Zivilreligion, in: H. Kleger/A. Müller (Hg.), Religion des Bürgers. Zivilreligion in Amerika und Europa, München: Kaiser 1986.
Luhmann, N., 1989, Die Ausdifferenzierung der

Religion, in: ders., Gesellschaftsstruktur und Semantik, Bd. 3, Frankfurt/M.: Suhrkamp.
Pollack, D./Pickel, G., 2000, Religiöser und kirchlicher Wandel in Ostdeutschland 1898–1999, Opladen: Leske + Budrich.
Preul, R., 1997, Kirchentheorie. Wesen, Gestalt und Funktionen der Evangelischen Kirche, Berlin: de Gruyter.
Rendtorff, T., 1970, Theologie und Kirche, Gütersloh: Gütersloher Verlagshaus.
Riesebrodt, M., 2000, Die Rückkehr der Religionen. Fundamentalismus und der »Kampf der Kulturen«, München: Beck.
Rössler, D., 1976, Die Vernunft der Religion, München: Piper.
Rössler, D., 1986, Grundriß der Praktischen Theologie, Berlin: de Gruyter.
Schieder, R., 2001, Wieviel Religion verträgt Deutschland?, Frankfurt/M.: Suhrkamp.
Schleiermacher, F., 1830, Der christliche Glaube, Berlin: de Gruyter 1960.
Taylor, C., 2002, Die Formen des Religiösen in der Gegenwart, Frankfurt/M.: Suhrkamp.

Wilhelm Gräb

Kommunikation

1.

Kommunikation ist ein Prozess, in dem Mitteilungen ausgetauscht werden, und der erfolgreich ist, wenn diese Mitteilungen verstanden werden bzw. die intendierten oder funktionalen Effekte bewirken. Der Ausdruck »Kommunikation« verfügt in der Alltagsprache über ein sehr weites Spektrum von Bedeutungen, denen am ehesten noch die Vorstellung gemein ist, dass Dinge, die miteinander kommunizieren, auf genauer zu bestimmende Weise miteinander interagieren. Da der Prozess der Kommunikation Erfolgsbedingungen hat, man also zwischen gelingender und nicht gelingender Kommunikation unterscheiden kann, lassen sich unterschiedliche Kommunikationsbegriffe entlang unterschiedlich gefasster Erfolgsbedingungen auszeichnen. Grundlegend ist die Vorstellung, dass Personen erfolgreich mit einander kommunizieren, wenn sie die Bedeutung ihrer Äußerungen *verstehen* (vgl. 3.2.). Abgeleitet von dieser *alltagspsychologischen Perspektive* lassen sich Prozesse als Kommunikationsprozesse beschreiben, wenn sie der technischen Realisierung von Kommunikationsprozessen im grundlegenden Sinn dienen, indem sie für die *Übermittlung von Signalen* – etwa über räumliche Distanzen hinweg – sorgen (Nachrichtensysteme, vgl. 3.1.). Unterhalb der Ebene interpersonaler Kommunikation können in *funktionaler Perspektive* biologische Prozesse als kommunikative Prozesse aufgefasst werden, wenn sie die natürliche Funktion haben, Ereignisse innerhalb von Organismen (Nervensysteme) oder zwischen Organismen (Signalsysteme) zu koordinieren. Erfolg tritt hier ein, wenn die biologischen *Effekte bewirkt werden*, um deren Herbeiführung Willen die Signale ausgesandt wurden (vgl. 3.2.). Analog zu letzterem Verständnis von Kommunikation können schließlich in einer *Design-Perspektive* Steuerungsprozesse innerhalb oder zwischen technischen Systemen als Kommunikationsprozesse verstanden werden, auch wenn diese Systeme nicht der interpersonalen Kommunikation dienen, wie etwa Thermostate. Kommunikativer Erfolg tritt hier ein, wenn ein Ereignis (z. B. die Umgebungstemperatur) mittels technischer Apparate die gewünschten Effekte in einem technischen Apparat herbeiführt. Obwohl also alle Kommunikationsprozesse physikalische Interaktionen involvieren, wird das Spezifikum kommunikativer Prozesse erst fassbar, wenn funktionale oder alltagspsychologische Erfolgskriterien ausgezeichnet werden.

2.

Ohne dass seine Herkunft genau geklärt wäre, geht das deutsche Wort »Kommunikation« wohl auf das im 14. Jahrhundert nachweisbare französische ›communication‹ oder das seit der Antike gebräuchliche lateinische ›communicatio‹ zurück (vgl. Saner 1971), das im Sinne von Mitteilung, Gewährung, Verbindung, Verkehr, Umgang und Gemeinschaft verwendet wurde. Abgesehen von speziellen Verwendungen in der Grammatik und Rhetorik sowie in der Theologie (vgl. ebd.) gewinnt der Begriff erst seit den 1930er Jahren an Kontur, und zwar einerseits, weil die Entwicklung der technischer Kommunikationsmittel eine formale, d.h. inhaltsunabhängige Beschreibung kommunikativer Prozesse erforderlich macht, und andererseits weil Kommunikation zunehmend als etwas verstanden wird, das eine fundamentale Rolle für die Erläuterung spezifisch menschlicher Kompetenzen spielt. So spricht Jaspers (1932, 81) der Kommunikation eine konstitutive Rolle für die Entwicklung personaler Identität zu und betrachtet ihre Funktion für die Reproduktion existenzsichernder Gemeinschaften sowie den Prozess der Tradierung als eine »universale Bedingung des Menschseins« (Jaspers 1935, 52). Mit der im 20. Jahrhundert vollzogenen Wende von der Bewusstseinsphilosophie zur Philosophie der Sprache und der Fokussierung auf ihre praktische Verwendung, gewinnen kommunikative Relationen den Status einer öffentlich zugänglichen Erklärungsgrundlage für die Bearbeitung vielfältiger philosophischer Probleme. Daneben sind kommunikative Prozesse auch Gegenstand empirischer Forschung geworden, die mit Mitteln der empirischen Psychologie intendierte und nicht intendierte Kommunikationseffekte (Wirkungsforschung) untersucht und in soziologischer Perspektive Folgen der sozialen Implementierung (massen-)medialer Praktiken erforscht.

3.

3.1. Der informationstheoretische Kommunikationsbegriff wird nicht selten als eine Vereinfachung der Komplexität von Kommunikation in einem alltagssprachlichen Verständnis kritisiert. Es muss jedoch festgehalten werden, dass es der Informationstheorie, die zusammen mit Spieltheorie und Kybernetik (vgl. Wiener 1948/61) den theoretischen Kern der Kommunikationswissenschaft bildet, um die Lösung eines ingenieurswissenschaftlichen Problems ging, zu dessen Bewältigung ein mathematisches Vokabular entwickelt werden musste, mit dessen Hilfe die Bedingungen und der Erfolg von Signalübermittlungen theoretisch erfasst bzw. quantifiziert werden können. Zu diesem Zweck hat Shannon ein Kommunikationsmodell entworfen, das folgende Komponenten integriert: Eine *Informationsquelle* generiert eine Nachricht, die von einem *Sender* in ein *Signal* transformiert wird, das über einen *Kanal*, der *Störungen* (Rauschen) ausgesetzt sein kann, übertragen wird, dann von einem *Empfänger* in eine Nachricht retransformiert wird und so das *Informationsziel* erreicht. Das Modell sieht bewusst von allen semantischen Aspekten ab, entscheidend ist allein, dass eine Nachricht aus einer Menge möglicher Botschaften ausgewählt wurde (vgl. Shannon/Weaver 1949, 31f.), deren Übertragung mit Hilfe von Signalen bei begrenzter Kanalkapazität und unter Bedingungen von Störeinflüssen optimiert werden soll. Insofern semantische Kriterien keine Rolle spielen, kann der Informationsgehalt nur mit der Wahrscheinlichkeit korreliert werden, mit der eine Nachricht von der Quelle gewählt wird. Vor dem Hintergrund dieser begrenzten Aufgabenstellung ist es insbesondere Weavers (in Shannon/Weaver 1949) popularisierende, aber auch verallgemeinernde Interpretation des Shannonschen Modells, die den Eindruck erweckt, der informationstheoretische Kommunikationsbegriff ziele auf eine umfassende Rekonstruktion kommunikativer Phänomene ab. Eine nicht bloß programmatische Erweiterung des Sender-Kanal-Empfängermodells, die es erlaubt, »jedes Kulturphänomen als Kommunikationsphänomen zu erfassen«, strebt Eco (1968, 47) an, indem er das Modell mit semiotischen Mitteln in semantische Kontexte einbettet. Dazu wird zunächst die Gleichwahrscheinlichkeit der Selektionen an der Informationsquelle unter das probabilistische Ordnungssystem eines durch syntaktische und semantische Regeln konstituierten Codes gestellt, dann werden Quelle und Ziel durch menschliche Wesen ersetzt, die Signale im Wissen um die Codierungsregeln mit Bedeutungen versehen. Diese Erweiterungen machen jedoch deutlich, dass der informationstheoretische Kommunikationsbegriff von begrifflichen und epistemischen Voraussetzungen absieht, die nur im Rahmen semantischer Fragestellungen adressiert werden können.

3.2. Im Gegensatz zum informationstheoretischen Kommunikationsbegriff entwickeln sich die philosophisch fruchtbareren Kommunikationsbegriffe auf der Grundlage unterschiedlicher Bedeutungstheorien und erläutern Kommunikation im Rückgriff auf Konzeptionen des Geistes und des *Verstehens*.

So entwickelt Grice (1957/1969) als Kern einer intentionalistischen Semantik ein Modell von Kommunikation, das Kommunizieren als spezielle Form des Handelns versteht, so dass dic Kommunikationstheorie einen speziellen Teil der allgemeinen Handlungstheorie bildet und somit mittels der alltagspsychologischen Begriffe des Tuns, des Glaubens und Wollens rekonstruiert werden kann. Kommunikative Handlungen sind dabei Handlungen, die darauf gerichtet sind, dass deren Adressaten verstehen, welche Äußerungsabsichten ihnen zugrunde liegen. Genauer verfolgt eine Person kommunikative Absichten dann, wenn sie eine Äußerungshandlung vollzieht, mit der sie beabsichtigt, (a) dass ein Rezipient dieser Äußerungen bestimmte Handlungen vollziehen bzw. bestimmte Überzeugungen bilden wird und (b) erkennt, dass die Äußerung ein Mittel ist, um die Äußerungsabsicht zu verfolgen, und die Person (c) glaubt, dass die Erkenntnis der Äußerungsabsicht den Rezipienten zur Ausführung der Handlungen bzw. zur Ausbildung der Überzeugungen motivieren wird (vgl. Meggle 1981, 22). Im Rückgriff auf spieltheoretisch rekonstruierte Konventionen (vgl. Lewis 1969) soll sich über singuläre Einzelfälle hinaus erklären lassen, wie Äußerungen entlang von geteilten Verhaltenserwartungen stabilisierte nichtnatürliche Bedeutungen in Kommunikationsgemeinschaften gewinnen. Das Gricesche Modell hat insbesondere zwei Arten von Kritik erfahren: Als Bedeutungstheorie muss es sich dem Einwand stellen, den Begriff der Bedeutung von dem der Bedeutungsabsicht abhängig zu machen und insofern zirkulär zu sein (vgl. Davidson 1967), als Kommunikationstheorie ist insbesondere die instrumentalistische Perspektive, die Sprecher auf ihre Rezipienten einnehmen, auf Kritik gestoßen (vgl. Tugendhat 1976, 232ff., Habermas 1981, Bd. 1, 371).

Während Vertreter der intentionalistischen Semantik wie Grice und Meggle, aber auch Searle (1969) gehaltvolle mentale Zustände voraussetzen, um kommunikative Fähigkeiten zu erklären, machen *interaktionistische* Theorien ein Primat der Kommunikation vor der Intentionalität geltend. Diesen Theorien ist die Vorstellung gemein, dass fundamentale kognitive Kompetenzen, etwa die Fähigkeit, sich auf eigene Gedanken zu beziehen, auf die *Internalisierung* kommunikativer Relationen angewiesen sind. Infolge dieser Annahme wird die Rekonstruktion kommunikativer Praktiken zum Ausgangspunkt für die Beantwortung weitreichender Fragen. So rekonstruiert Mead (1934) das Phänomen des Selbstbewusstseins im Rahmen seiner anthropologischen Kommunikationstheorie als Produkt symbolisch vermittelter Interaktion, in der wechselseitige Verhaltenserwartungen entstehen, die die Grundlage sozialer Bindungsmuster bilden. In kommunikativen Interaktionen, an denen sich die Individuen zunächst nur auf der Grundlage ihrer spontanen Antriebe (*I*) beteiligen, entwickeln sich entlang der Verhaltenserwartungen anderer Selbstrepräsentationen (*Me*), die angesichts unterschiedlicher Erwartungen in einem Selbst (*Self*) integriert werden müssen, das seinerseits dem generalisierten Anderen (*generalized other*) gegenübersteht. Die Entwicklung kognitiver Kompetenzen wird also eng an die Entwicklung kommunikativer Kompetenzen gebunden, so dass z.B. die soziale Fähigkeit zur Rollenübernahme als Grundlage der Entwicklung einer reflexiven Einstellung verstanden wird. Wenn auch nicht in direkter Auseinandersetzung, so doch der Sache nach eng mit Meads Fragenstellungen verbunden, haben in jüngerer Zeit insbesondere solche Interaktionsprozesse wieder verstärkt Interesse gefunden, mit deren Hilfe sich der Übergang von biologisch erklärbaren kognitiven Kompetenzen zu voll entwickelten geistigen Fähigkeiten erklären lassen könnte. Dazu sind v.a. Prozesse *vorsprachlicher* Kommunikation, wie sie sich in der frühen Kindheit beobachten lassen, detaillierten Analysen unterzogen worden: So haben z.B. Gergely/Watson (1996) plausibel gemacht, dass die affektuelle Kommunikation zwischen Säuglingen und Erwachsenen eine fundamentale Rolle bei der Entwicklung vorsprachlicher Selbstverhältnisse spielt, insofern die Disposition Erwachsener, die affektuellen Zustände von Säuglingen auf markierte Weise zu »spiegeln«, dazu führt, dass die Erwachsenen zuverlässige externe Indikatoren für die emotionalen Zustände des Kindes liefern, das diese propriozeptiv mit affektspezifischen Körperzuständen korrelieren kann. Neben der Analyse dieser sehr basalen Kommunikationsweisen zeigen Untersuchungen v.a. jener Entwicklungsprozesse, die Menschen bis zum vierten Lebensjahr durchlaufen, dass die Entwicklung einer Vielzahl spezifisch menschlicher Fähigkeiten (aber auch Pathologien) im Rückgriff auf die Entwicklung kommunikativer Kompetenzen erklärt werden können. Wie in der Perspektive entwicklungspsychologischer Forschungen (vgl. Perner 1991; Rochat 2001) zeichnet sich auch in anthropologischen Arbeiten, die etwa die spezifisch menschlichen Formen kommunikativen Lernens betonen (vgl. Tomasello 1999), eine soziale Entwicklungsgeschichte des Geistes ab.

Neben dem Ertrag für die Rekonstruktion von Sozialisationsprozessen hat die interaktionistische Perspektive aber auch zu einem vertieften Verständnis entwickelter Formen der Kommunikation geführt: etwa durch eine pragmatistische Rekonstruktion sprachlicher wie nichtsprachlicher Zeichen durch Peirce's Semiotik (1865), die neben der Relation zwischen Zeichen und Bezeichnetem die Relation des Zeichens zu einem Interpreten betont, aber auch durch eine Theorie ästhetischer Kommunikation, in deren Zentrum Dewey (1934) expressiv verwendete Medien als performative Mittel der Mitteilung von Erfahrung stellt (zu einer allgemeinen Theorie der Medien vgl. Vogel 2001).

Das interaktionistische Verständnis der voll entwickelten Sprache hat nach einem ersten, nach Kommunikationsfunktionen differenzierten Modell bei Bühler (1934), insbesondere durch Wittgensteins (1953) Versuch, die Bedeutung sprachlicher Ausdrücke im Rückgriff auf ihren kommunikativen Gebrauch zu erläutern, an Anziehungskraft gewonnen. Auch wenn sich Wittgenstein der Metapher der Sprache als Werkzeugkasten bedient, bricht auch er mit ihrem instrumentalistischen Verständnis. Denn der Sprachgebrauch als eine regelbefolgende Praxis ist notwendig in eine komplexe soziale Praxis – eine Lebensform – eingebettet, die jeder individuellen instrumentellen Sprachverwendung vorausgeht. Im Kontext dieser Praxis stellen sprachliche Äußerungen Handlungen dar, mit denen Sprecher Züge in einem von Regeln strukturierten Sprachspiel vollziehen, deren pragmatische Aspekte sich mit Mitteln der Sprechakttheorie (vgl. Austin 1962) differenzieren lassen. Während Davidsons wahrheitskonditionale Semantik diesem normativ aufgeladenen Verständnis der Sprache misstraut und ein Bild der Kommunikation als wechselseitige rationalisierende Interpretation sprachlichen *Verhaltens* entwirft, nimmt Brandoms (1998, 667ff.) inferentielle Semantik Wittgensteins Sprachspiel-Intuitionen auf, indem sie erfolgreiche sprachliche Kommunikation an die Bedingung intersubjektiv geteilter Praktiken der ›Kontoführung‹ knüpft.

Während interaktionistische Theorien die Rolle vorsprachlicher Interaktionen für die Entwicklung sprachlicher Kommunikation betonen, sehen *naturalistische* Theorien (vgl. auch Quine 1960) menschliche Formen der Kommunikation in Kontinuität zu kommunikativen Mechanismen, die sich bereits biologisch beschreiben lassen. Im Gegensatz zu frühen Formen naturalisierter Semantiken, die die probabilistischen Elemente der Informationstheorie mit einem naturgesetzlichen Verständnis des Verhältnisses zwischen Zeichen und bezeichneten Sachverhalten verknüpfen (vgl. Dretske 1981), nutzt die Teleosemantik (vgl. Millikan 1984) Konzepte der Evolutionstheorie, um plausibel zu machen, dass sich der Bedeutungsbegriff unabhängig von interpersonaler Kommunikation mit Hilfe einer Theorie der Eigenfunktionen (*proper functions*) einführen lässt und so eine Kommunikationstheorie auf subpersonaler Ebene entwickelt werden kann. Die grundlegende Idee Millikans besteht darin, Mechanismen eine von willkürlichen Projektionen freie Eigenfunktion zuzuschreiben, wenn das Auftreten dieser Mechanismen bei Mitgliedern einer Population zu Erklärungen beiträgt, warum sich diese Population historisch erfolgreich reproduzieren konnte. Wenn solche Mechanismen nun (a) zuverlässig Zeichen (*intentional icons*) produzieren, deren Strukturen regelmäßig mit gewissen Umweltbedingungen so kovariieren, dass sie diese Bedingungen (im mathematischen Sinne) abbilden, und es (b) koevolutionierte Zeichenkonsumenten gibt, deren Interpretationseinrichtungen durch die Zeichen an die Bedingungen adaptiert werden, dann lässt sich, wie etwa im Falle von Bienentänzen, ein evolutionsbiologisches Modell des repräsentationalen Gehalts und der Kommunikation entwickeln. Strittig ist dabei insbesondere, ob die begrifflichen Ressourcen dieses Models ausreichen, um auch entwickelte Formen menschlicher Kommunikation rekonstruieren zu können.

3.3. Einflussreiche *Gesellschaftstheorien* des 20. Jahrhunderts rücken kommunikative Relationen als fundamentale soziale Relationen in den Fokus der Aufmerksamkeit, wo sie eine zentrale Stellung gewinnen – sowohl etwa in Habermas' kritischer Gesellschaftstheorie wie auch in Luhmanns Theorie sozialer Systeme.

Die Tatsache, dass soziale Individuen vor dem Problem stehen, ihre Handlungen zu koordinieren, indem sie sich über Tatsachen, Ziele, Werte usw. verständigen, hat Habermas zum Ausgangspunkt für eine kommunikationstheoretische Grundlegung der Sozialwissenschaften genommen. Im Anschluss an Bühler (1934), Austin (1962) und Apel (1973) entwickelt er dazu in Erweiterung der Wahrheitssemantik (Davidson 1967) eine (universal-)pragmatische Bedeutungstheorie, die es erlaubt, nicht nur deskriptive, sondern auch normative und expressive Äußerungen als Sprechhandlungen zu verstehen, mit denen Sprecher Geltungsansprüche auf Wahrheit, Richtigkeit und Wahrhaftigkeit erheben, so dass Hörer diese Ansprüche als berechtigt oder unberechtigt beurteilen können. Kommunikativer Erfolg im Sinne des Verstehens stellt sich ein, wenn Hörer wissen, was einen in kommunikativer Absicht geäußerten Sprechakt *akzeptabel* macht (Habermas 1981, Bd. 1, 400), Erfolg im Sinne der Handlungskoordination, wenn die zu gegenseitiger Kritik fähigen Beteiligten einen *Konsens* über die Anerkennung von Geltungsansprüchen herbeiführen können. Insofern im Rahmen der diskursiven Prüfung von Geltungsansprüchen unreflektierte Hintergrundannahmen und Selbstverständlichkeiten der Lebenswelt von Sprechern in das Licht der argumentativen Prüfung treten, stellt der Diskurs zugleich eine kommunikative Praxis dar, die in ihrem Vollzug das Rationalitätspotential entfaltet, das »in der Geltungsbasis der Rede angelegt ist« (ebd., 455), und so Modernisierungsprozesse im Sinne der Ausweitung kommunikativ herbeigeführter Handlungskoordination und der Ausdifferenzierung von Geltungssphären vorantreibt.

Luhmann hat Parsons' Frage, wie soziale Ordnung möglich sei, zu der Frage radikalisiert, wie das System, innerhalb dessen sich diese Frage stellt, angesichts der Unwahrscheinlichkeit seiner Existenz überhaupt möglich ist. Im Rahmen dieser Fragestellung gewinnen Kommunikationsprozesse den Status von Prozessen, die soziale Systeme allererst konstituieren (vgl. Luhmann 1984, 241). Dabei charakterisiert Luhmann Kommunikation allgemein als das »Prozessieren von Selektionen« oder als »koordinierte Selektivität« (1984, 194, 212). Hinter dieser abstrakten Redeweise steht die Vorstellung, dass die an Kommunikationsprozessen Beteiligten unterschiedliche Perspektiven aufeinander und ihre jeweiligen Umwelten haben, so dass Ereignisse in ihrer Umgebung je spezifische interne Systemzustände auslösen. Sollen derart entstandene Informationen verstanden werden können, muss *erstens* eine Selektion aus einem Vorrat geteilter Artikulationsmöglichkeiten getroffen werden, für die *zweitens* eine Form der Mitteilung gewählt werden sollte, die es wahrscheinlich macht, dass der Adressat physisch erreicht wird; schließlich muss *drittens* der Adressat motiviert werden, auf die Mitteilung so zu reagieren, dass er sie der Wahl eigener Anschlusshandlungen zugrunde legt. Dass es angesichts dieser drei möglichen Bruchstellen im Kommunikationsprozess dennoch hinreichend oft zu einer gelingenden Koordination der Selektionen der Beteiligten kommt und sich somit soziale Systeme erfolgreich reproduzieren, erklärt Luhmann mit dem Auftreten evolutionärer Errungenschaften, die er *Medien* nennt. Ihre Funktion besteht darin, die Selektionsvorräte der Kommunizierenden hinsichtlich der Artikulation (Sprache) und Akzeptanz (Wertdisjunktionen) zu begrenzen und die Mitteilungsmittel (z.B. Schrift, Funk) zu erweitern. Wie der systemtheoretischen Begrifflichkeit insgesamt ist insbesondere diesem Kommunikationsbegriff vorgehalten worden, dass er sich letztlich einer überabstrakten, verfremdenden Übersetzung alltagssprachlicher Begriffe verdanke und daher auf diese Begriffe als »lebensweltliche« Deckungsressource angewiesen bleibe (vgl. Habermas 1985, 426ff.).

4.

Apel, K.-O., 1973, Transformation der Philosophie, Bd. 2: Das Apriori der Kommunikationsgemeinschaft, Frankfurt/M.: Suhrkamp.

Austin, J. L., 1969, Zur Theorie der Sprechakte, Stuttgart: Reclam 1972.

Brandom, R. B., 1994, Expressive Vernunft, Frankfurt/M.: Suhrkamp 2000.

Bühler, K., 1934, Sprachtheorie, Frankfurt/M.: Ullstein 1978.

Davidson, D., 1967, Wahrheit und Bedeutung, in: ders., Wahrheit und Interpretation, Frankfurt/M.: Suhrkamp 1998.

Dewey, J., 1934, Kunst als Erfahrung, Frankfurt/M.: Suhrkamp 1988.

Dretske, F., 1981, Knowledge and the Flow of Information, Cambridge/MA: MIT Press.

Eco, U., 1968, Einführung in die Semiotik, München: Fink 1972.

Gergely, G./Watson, J. S., 1996, The Social Biofeedback Theory of Parental Affect Mirroring, in: International Journal of Psycho-Analysis, 77.

Grice, H. P., 1957, Intendieren, Meinen, Bedeuten, in: G. Meggle (Hg.), Handlung, Kommunikation, Bedeutung, Frankfurt/M.: Suhrkamp 1993.

Grice, H. P., 1969, Sprecher-Bedeutung und Intentionen, in: G. Meggle (Hg.), Handlung, Kommunikation, Bedeutung, Frankfurt/M.: Suhrkamp 1993.

Habermas, J., 1981, Theorie des kommunikativen Handelns, 2 Bde., Frankfurt/M.: Suhrkamp.

Habermas, J., 1985, Der philosophische Diskurs der Moderne, Frankfurt/M.: Suhrkamp.

Jaspers, K., 1932, Philosophie, Bd. 2: Existenzerhellung, Berlin: Springer 1956.

Jaspers, K., 1935, Vernunft und Existenz, Groningen: Wolters.

Lewis, D., 1969, Konventionen, Berlin: de Gruyter 1975.

Luhmann, N., 1984, Soziale Systeme, Frankfurt/M.: Suhrkamp.

Mead, G. H., 1934, Geist, Identität und Gesellschaft, Frankfurt/M.: Suhrkamp 2002.

Meggle, G., 1981, Grundbegriffe der Kommunikation, Berlin: de Gruyter.

Millikan, R. G., 1984, Language, Thought, and Other Biological Categories, Cambridge/MA: MIT Press.

Perner, J., 1991, Understanding the Representational Mind, Cambridge/MA: MIT Press.

Peirce, C. S., 1856, On the Logic of Science, in: ders., Writings, Bd. 1, Bloomington: Indiana University Press 1982.

Quine, W.V., 1960, Wort und Gegenstand, Stuttgart: Reclam 1980.

Rochat, P., 2001, The Infant's World, Cambridge/MA: Harvard University Press.

Saner, H., 1971, Kommunikation, in: J. Ritter/K. Gründer/G. Gabriel (Hg.), Historisches Wörterbuch der Philosophie, Bd. 4, Basel: Schwabe.

Searle, J. R., 1969, Sprechakte, Frankfurt/M.: Suhrkamp 1977.

Shannon, C. E./Weaver, W., 1949, The Mathematical Theory Of Communication, Urbana: University of Illinois Press 1963.

Tomasello, M., 1999, Die kulturelle Entwicklung des menschlichen Denkens, Frankfurt/M.: Suhrkamp 2002.

Tugendhat, E., 1976, Vorlesungen zur Einführung in die sprachanalytische Philosophie, Frankfurt/M.: Suhrkamp.

Vogel, M., 2001, Medien der Vernunft, Frankfurt/M.: Suhrkamp.
Wiener, N., 1948/61, Kybernetik, Reinbek: Rowohlt 1968.
Wittgenstein, L., 1953, Philosophische Untersuchungen, Frankfurt/M.: Suhrkamp 1977.

MATTHIAS VOGEL

Kommunismus

1.

Der Begriff des Kommunismus steht in einem historisch ungewöhnlich konfliktreichen Spannungsfeld von Theorie und Praxis. Einerseits werden mit ihm Modelle einer Gesellschaftsordnung verbunden, andererseits Techniken der Macht. Beide Ebenen sind geprägt durch den Mythos der Revolution und eine Radikalität, die geschichtliche Maßstäbe bewusst negiert. Von Anhängern wie von Gegnern wurde der Kommunismus über weite Strecken als Kampfbegriff verstanden, dessen polemische Schärfe keine Entsprechung in der inhaltlichen Präzision besaß. Mit benachbarten Begriffen – allen voran dem des Sozialismus – finden sich zeitabhängige Überlappungen, synonyme Verwendungen ebenso wie Abgrenzungen, denen trotz aller Bemühungen um wissenschaftliche Definition und politische Distanz auch Momente der Beliebigkeit innewohnten.

2.

Kommunistische Utopien wurden in der europäischen wie außereuropäischen Ideen- und Geistesgeschichte immer wieder formuliert. In dem Maße, in dem für gesellschaftliche Konflikte die ungleiche Verteilung materieller Ressourcen verantwortlich gemacht wird, avanciert der Ruf nach Gleichheit zur Grundbedingung gesellschaftlicher Harmonie. Als Ursprung aller Ungleichheit wird die Schaffung privaten Eigentums angesehen, die Abschaffung daher als Chance zur Befriedung der menschlichen Geschichte. In seinem ursprünglichen Zustande – seinem »Naturzustande« also – habe der Mensch kein Privateigentum gekannt. Im Umkehrschluss wird als Ziel postuliert, gesellschaftlichen Frieden über die Aufhebung von Eigentum wiederherzustellen – eine Restitution der Natur als Sinn der Geschichte, wenngleich auf einer höheren Stufe der Entwicklung. Kommunistische Elemente finden sich auch im Entwurf utopischer Staatskonstruktionen von Platon über Thomas Morus und Thomas Campanella bis in das zwanzigste Jahrhundert hinein. Doch dienen hier die egalitären Postulate in der Limitierung privaten Eigentums nicht der Wiedergewinnung eines Urzustandes, sondern der Durchsetzung funktionaler Machtstrukturen. In Platons Philosophen-Staat ist das Verbot von Privateigentum auf die Gruppe der »Wächter« – das heißt der Herrschenden und der Krieger – beschränkt, um unter ihnen eine von aller Rivalität freie Hingabe für die Lenkung des Staatswesens sicherzustellen.

Anklänge an Kommunismusvarianten sind auch im Christentum zu notieren. Frühchristliche Gemeinden pflegten gemeinschaftliche Lebensformen. Gemeinschafts- und Armutsideale fanden sich in klösterlichen Regeln ebenso wie in Laienbewegungen, während die großen Kirchenväter und mittelalterliche Denkschulen Eigentum nicht per se verdammten, sondern den demütigen Umgang mit ihm anmahnten. So lassen sich christliche Lebensstile im Sinne der Askese und kommunistische Zukunftsmodelle im Zeichen des Überflusses kaum vermengen, auch wenn sie in der Negierung privaten Eigentums immer wieder in Nachbarschaft zueinander gerückt werden.

Mit der Industrialisierung und der Durchsetzung kapitalistischer Produktionsverhältnisse veränderten sich die Paradigmata politischen Denkens von Grund auf. Schon in der Französischen Revolution wurde von Gracchus Babeuf (1797) und seinen Anhängern die Idee der »Gütergemeinschaft« propagiert. In den folgenden Jahrzehnten fehlte es weder an beißenden Kritiken der herrschenden Sozialverhältnisse noch an visionären Entwürfen alternativer Ordnungen, die unter dem Begriff des »Frühsozialismus« zusammengefasst werden. 1840 bekannte sich Etienne Cabet, Verfasser eines utopischen Romans, in dem die Prinzipien der »Gütergemeinschaft« entworfen werden, als »Kommunist« (vgl. Cabet 1842). Kurz darauf versuchte Lorenz von Stein (1842) eine erste Abgrenzung von Sozialismus und Kommunismus, indem er ersteren als wissenschaftlich, letzteren eher als destruktiv einstufte (vgl. den begriffsgeschichtlichen Überblick in Schieder 1982).

3.

3.1. Karl Marx vermutete im Kommunismus zunächst »nur eine aparte, von seinem Gegensatz, dem Privatwesen, infizierte Erscheinung des humanistischen Prinzips« (MEW, Bd. 1, 344), um von Mitte der 1840er Jahre an den Begriff in pointierter Polemik zu seinem eigenen zu machen. Marx und Engels verfassten zum Jahreswechsel 1847/48 *Das Manifest der Kommunistischen Partei*, das als *Kommunistisches Manifest* Weltgeschichte schreiben sollte und mit den seither berühmten Worten beginnt: »Ein Gespenst geht um in Europa – das Gespenst des Kommunismus.« (MEW, Bd. 4, 461) In der handlichen Formel, die Theorie der Kommunisten lasse sich »in dem einen Ausdruck: Aufhebung des Privateigentums, zusammenfassen« (ebd., 475), verbirgt sich eine gesamte Philosophie: Einerseits repräsentiere das Privateigentum als private Aneignung fremder Arbeit die »Entfremdung« des Menschen schlechthin, andererseits aber folge die »Entfremdung« den Erfordernissen der Arbeitsteilung, ohne die die Menschheit nicht in der Lage sei, ihre produktiven Kräfte freizusetzen. Der Kommunismus gewinnt hier Profil weder als moralisches Postulat noch als Rückkehr zum Paradies, sondern als »das aufgelöste Rätsel der Geschichte«, als die »wirkliche *Aneignung* des *menschlichen Wesens* durch und für den Menschen« (MEW, Erg.bd., 536). In ihrem weiteren Œuvre charakterisieren Marx und Engels den Kommunismus eher beiläufig etwa als »Assoziation« oder einen »Verein freier Menschen«, die »mit gemeinschaftlichen Produktionsmitteln« und in gesellschaftlicher Planung arbeiten, um dem »Reich der Freiheit« eine maximale Expansion zu erlauben (vgl. MEW, Bd. 18, 62; Bd. 23, 92; Bd. 25, 828). Ein durchgearbeitetes Gesamtsystem ist nicht zu erkennen (vgl. Elster 1985, Kap. 7.3).

Der Enthusiasmus über die Pariser Commune von 1871 (vgl. MEW, Bd. 17, 319ff.) war schon Geschichte, als Marx 1875 in seiner *Kritik des Gothaer Programms* der deutschen Sozialdemokratie zwischen zwei Phasen »der kommunistischen Gesellschaft« unterschied (vgl. MEW, Bd. 19, 21). In der ersten bleibe sie notwendigerweise mit den »Muttermalen« der alten behaftet. Entlohnt werde nach geleisteter Arbeit auf der Basis gleichen Rechts, was de facto Ungleichheiten fortschreibe. Erst »in der höheren Phase«, wenn die Arbeitsteilung aufgehoben und der Gegensatz von geistiger und körperlicher Arbeit überwunden seien, könne das Prinzip gelten: »Jeder nach seinen Fähigkeiten, jedem nach seinen Bedürfnissen« (ebd.), seither die klassische Maxime, die den Kommunismus als Gesellschaft des Überflusses auswies. In jedem Fall jedoch wird eine, wenngleich unscharfe, Historisierung der nachbürgerlichen Geschichte erkennbar. Mit Übernahme der Macht verwandelt das Proletariat Engels zufolge die »*Produktionsmittel zunächst in Staatseigentum*«, hebe aber gleichzeitig alle Klassenherrschaft auf und entziehe dem Staat seine eigentliche Funktionsgrundlage (MEW, Bd. 20, 261): »An die Stelle der Regierung über Personen tritt die Verwaltung von Sachen. [...] Der Staat wird nicht abgeschafft, *er stirbt ab*.« (ebd.) Dass sich in diesen Formulierungen mehr Fragen als Antworten verbargen, sollte die politische Geschichte des 20. Jahrhunderts überdeutlich zeigen.

3.2. Michail Bakunin – einer der großen Vertreter des Anarchismus – warf dem »Kommunismus« vor, »alle Kräfte der Gesellschaft im Staat« konzentrieren zu wollen und damit auf eine »Negation der Freiheit« hinauszulaufen, während es doch um die Abschaffung aller politischen Macht gehen müsse (vgl.

Nettlau 1925, Bd. 2, 103). Mitte der 1870er Jahre fand der von Bakunin unter Verdacht gestellte Begriff des Kommunismus dennoch Eingang in anarchistische Programme als »anarchistischer Kommunismus«. Anarchie und Kommunismus seien die Synonyme für »Freiheit und Gleichheit«, als »die beiden notwendigen und untrennbaren Ausdrucksformen der Revolution« (ebd., 307). Die neuartige Wortliaison wiederum beförderte innerhalb der sozialistischen Parteien den Trend, dem Begriff eher auszuweichen. Und dies um so mehr, als die Sozialisten drauf und dran waren, sich in ihre nationalen Gesellschaften zu integrieren mit dem Vorsatz, sie über parlamentarisch-demokratische Mehrheitsverfahren verändern zu wollen. Dessen ungeachtet blieb der »Kommunismus« im bürgerlich-konservativen oder national orientierten Milieu der europäischen Staaten vor 1914 ein Kampfbegriff, der selbst jenen Schrecken einjagte, gegen die er verwendet wurde.

3.3. Genau darin lag das Motiv für Lenin, ihn 1917 und 1918 wieder aufzugreifen. Seine Wiederaneignung sollte den unwiderruflichen Bruch mit all jenen sozialistischen Parteien markieren, die im Sog des Weltkrieges ihre Ziele verraten und sich des »Sozialchauvinismus« schuldig gemacht hatten. Die eigene Partei wurde 1918 in »Kommunistische Partei« umbenannt. Gegen die Zweite, die »Sozialistische Internationale«, trat im März 1918 auf Initiative Lenins die Dritte, die »Kommunistische« an. Mit der Russischen Revolution und der Machtübernahme durch die von Lenin geführte Fraktion der Bolschewiki im Oktober 1917 hörte der Kommunismus auf, nur Idee oder Theorie zu sein (vgl. Fetscher 1961). Zur Debatte stand nicht länger ein Lehrgebäude, sondern eine Politik, die Wirklichkeiten schuf. Der Kommunismus mutierte aus einer Waffe der Kritik zu einer Herrschaftsstrategie, aus einer Utopie zu einer Machtstruktur, die im Namen der Partei von 1918 bis 1991 festgeschrieben war. In der Konsequenz unterlagen ideologische Aussagen nicht mehr bloß einem Streit der Meinungen, sondern dem Spiel politischer Kräfteverhältnisse. Die Theorie wurde zu einer abhängigen Variable der Macht.

Allerdings geriet die Theorie in der Sowjetunion in ein Dilemma. Hatte Marx den Kommunismus in der Nachfolge des Kapitalismus verortet, wurde sein Aufbau nun in der leninschen Option zu einer nachholenden Entwicklungsstrategie, um das Land überhaupt erst auf die Höhe des Kapitalismus zu führen. Kommunismus oder Sozialismus wurden nicht mehr als Krönung der bisherigen Geschichte gesehen, sondern als funktionaler Ersatz, um Russland in die Moderne zu katapultieren. Indem aber die Voraussetzungen des Kommunismus historisch nicht gegeben waren, sondern erst geschaffen werden mussten, trat an die Stelle vermeintlicher Gesetze der Geschichte das Handeln konkreter Akteure. Das, was vielfach als »objektiv« notwendig beschworen wurde, rückte in die Gefahr, zur Dispositionsmasse politischer Führungen zu werden.

Noch vor der Oktoberrevolution hatte Lenin in seiner berühmten Schrift zu *Staat und Revolution* unterstrichen, dass sich die marxistische These vom »absterbenden Staat« nur auf den schon proletarischen Staat in der »höheren Phase des Kommunismus« beziehe. Im unmittelbaren Anschluss an die Revolution brauche man hingegen den Staat als »Diktatur des Proletariats« zur Unterdrückung der Unterdrücker. Das spätere »Absterben« werde ein »Prozess von langer Dauer« sein (vgl. Lenin 1955ff., Bd. 25, 398). Die »Avantgarde des Proletariats« werde dazu in der Lage sein, »das *ganze* Volk zum Sozialismus zu führen« (ebd., 338). Während Lenin den Kommunismus 1920 griffig als »Rätemacht plus Elektrifizierung« entschlüsselte (ebd., Bd. 31, 512), galt bald die »Amerikanisierung« des Bolschewismus als neuer Kompass der Revolution. Der humanistische Kern des Begriffs wich einer technizistischen Deutung, Befreiung manifestierte sich fortan in Produktionszahlen, der gefeierte Arbeiter wurde zur Arbeitskraft, der Kommunismus zur Sozialtechnologie, die sich an den Stückzahlen von Fords Fließbänder begeisterte.

3.4. Zweimal in der Geschichte der Sowjetunion schien der »Kommunismus« aus dem Bereich des Fernziels heraus in ein konkretes Stadium seiner Realisierung zu treten: gleich zu Beginn von 1918 bis 1920 im Zeichen des »Kriegskommunismus« und schließlich in der Spätphase, als das Parteiprogramm von 1961 die Einlösung der Utopie noch in der damals lebenden Generation prognostizierte. Unter der Bezeichnung des »Kriegskommunismus« wird die Epoche des Bürgerkriegs und der stürmischen Radikalisierung der Revolution verstanden, die über Enteignungsdekrete und Nationalisierungen, über Beschlagnahmungen und Umverteilungen das Land in grundsätzlich neue Eigentumsverhältnisse katapultierte. Während Wirtschaft und Gesellschaft auf ein Chaos zu trieben, militarisierte sich die proletarische Diktatur, hatten Elend und Not egalisierende Effekte und inszenierte der »Proletkult« ein neues Zeitalter. Revolutionspathos, eine Romantisierung der Gewalt und Entbehrungen schienen kommunistische Lebensformen vorwegzunehmen, auch wenn Millionen von Existenzen zerbrachen. Im Ergebnis behaupteten die Bolschewiki ihre Macht, entfernten sich aber immer weiter von jener Moderne, die sie ständig beschworen. Das Experiment scheiterte 1921.

In den folgenden Jahrzehnten der sowjetischen Geschichte stand der Begriff des Sozialismus deutlich im Vordergrund zur Fixierung der nächsten Aufgaben. In der Folge von Stalins Losung vom »Sozialismus in einem Land« blieb auch der Kommunismus als sakrale Referenzgröße im offiziellen Vokabular. Die »erste Phase des Kommunismus, den Sozialismus« habe man zwar eingelöst, so Stalin 1936, noch nicht aber die »höhere Phase« (Stalin 1947, 622). Noch gebe es Arbeiter und Bauern im Lande, erst in der zukünftigen kommunistischen Gesellschaft würden Klassen überhaupt aufhören zu existieren. 1952 notierte Stalin das Wegfallen des »Wertgesetzes« als weiteres Definitionsmerkmal des Kommunismus, das in der gegenwärtigen Sowjetunion jedoch immer noch in eingeschränkter Weise wirke (vgl. Stalin 1955, 23).

Der historische Hintergrund, auf dessen Folie solche Theoriefragmente formuliert wurden, war die Epoche des Stalinismus – ein Mobilisierungsregime, das um seiner gewaltsamen Zentralisierungs- und Produktionspolitik dem Land ungeheuere Opfer abverlangte (vgl. Eichwede 1993). Auf das Verfassungsjahr von 1936 folgte das Jahr des »großen Terrors« 1937, das über die Schauprozesse gegen fiktive Verschwörungen hinaus Hunderttausenden von Menschen den Tod brachte (vgl. Baberowski 2003). Je näher man der Verwirklichung des Sozialismus komme, so die erklärte »Logik«, um so gefährlicher agiere der »innere Feind« oder »Klassenfeind«, um so gnadenloser müsse daher der Kampf gegen ihn sein. Tatsächlich konstruierte die stalinsche Führung immer neue Feinde in den eigenen Reihen.

Die Entstalinisierung avisierte eine neue Architektur der Macht. Zu ihren Bausteinen zählte eine abermalige Renaissance des Kommunismusbegriffs. Die Abrechnung mit dem toten Diktator auf dem 20. Parteitag der KPdSU 1956 sollte auch dem Ziel dienen, das Regime von der Belastung des Terrors zu befreien, gleichzeitig aber das Herrschaftsmonopol der Partei unangetastet zu lassen. Beide Ebenen bedurften einer Erneuerung der Ideologie. Schließlich mussten ungeheuere Verbrechen eingeräumt, die Fundamente der eigenen Ordnung aber (die die Verbrechen ermöglicht oder zumindest hatte geschehen lassen) sanktioniert werden. In der Verwissenschaftlichung und Wiederbelebung kommunistischer Theorie bot sich eine solche Chance. Sie hatte noch dazu den Vorteil, bruchlos in die Tradition der Partei gestellt werden zu können. 1961 mündeten die Arbeiten in dem neuen Programm der KPdSU, das mit den Worten schließt: »Die Partei verkündet feierlich: Die heutige Generation der Sowjetmenschen wird im Kommunismus leben.« (vgl. Meissner 1962)

Die programmatische Neumodellierung des Kommunismus war nicht frei von ideologischer Scholastik. So offenkundig sie Legitimationszwecken diente, so unübersehbar spiegelten sich in ihr die spektakulären Weltraumerfolge wider, die die UdSSR 1957 mit dem Sputnik und 1961 mit Jurij Gagarin zu verzeichnen hatte. Der Westen, so schien es, ließ sich »einholen und überholen«. Statt die Vereinigten Staaten zu überrunden, hatte das sowjetische Russland Anfang der 1980er Jahre die Systemrivalität allerdings längst verloren. Ihre einzige Chance lag, wie Michail Gorbatschow dann erkannte, im Abschied von allen kommunistischen Prämissen und einer Öffnung zum Westen, die jedoch den Zusammenbruch der 1917 initiierten Ordnung nicht aufhalten konnte.

3.5. Die ideologischen Manöver der KPdSU hatten ein weiteres Motiv im Konflikt mit der Volksrepublik China. Indem die Kommunistische Partei des Nachbarstaates 1958 das Land in »Volkskommunen« organisierte, um somit die »Grundeinheit der zukünftigen kommunistischen Gesellschaft« zu schaffen, warf sie der sowjetischen Bruderpartei den ideologischen Fehdehandschuh hin. Nicht einmal ein Jahrzehnt nach ihrer Machtübernahme setzten Mao Tse-tungs Kommunisten zum »Großen Sprung nach vorn« an, um aus dem Stand heraus leisten zu wollen, was die Moskauer in zwei Generationen nicht geschafft hatten. Auf dem »Vormarsch« in den Kommunismus werde es »keinen Halt auf halbem Wege« geben (Zagoria 1964, 98). Drei Jahre nach seiner Proklamation endete der »Große Sprung« in einem ökonomischen Debakel. Maos Anspruch jedoch, die kommunistische Ordnung über einen Wandel des menschlichen Bewusstseins herbeizuführen, sollte in den blutigen, kaum mehr kontrollierbaren Ereignissen der »Kulturrevolution« 1966 und 1967 seinen Höhepunkt wie seine Niederlage finden.

Aus den Machtkämpfen, die die Volksrepublik China über Jahre erschütterten, ging 1978 ein radikal neuer Politikansatz hervor. Im Zeichen der »Vier Modernisierungen« öffnete sich das Land schrittweise für Marktmechanismen und ausländische Investitionen, um eine beispiellose Wachstumsdynamik freizusetzen. Die Kommunistische Partei legte alle Kommunismusrezepte beiseite, an ihrer Diktatur aber hielt sie eisern fest. Heute ist sie Garant eines Kapitalisierungsprozesses, der das »Reich der Mitte« zu einem Motor der Weltwirtschaft macht. Hatte Lenin einst dafür plädiert, den Kapitalismus in Russland zu entwickeln, um den Kommunismus zu ermöglichen, scheint im heutigen China der Kommunismus als Gesellschaftsperspektive, nicht als Machtstruktur von der kapitalistischen Realität aufgesogen zu werden. Zuvor hatten beide Länder Baupläne für den Kommunismus im Blick, die unterschiedlichen Philosophien folgten: Die Sowjetunion setzte auf die Dynamisierung der materiell-technischen Basis, mit dem Westen als Vorbild und Konkurrent. China propagierte den »subjektiven Faktor« und das Vertrauen »auf die eigene Kraft«. Beide Strategien misslangen gründlich, um in Russland dem Markt nach dem Einsturz des sowjetischen Systems Platz zu machen, in China hingegen einen kommunistisch geschützten Markt zu etablieren.

3.6. Der Kommunismus im 20. Jahrhundert aber beschränkte sich nicht auf die Entwicklungen in der Sowjetunion und China. Er war auch eine Gegenströmung innerhalb der bürgerlichen Welt. Nach dem Ersten Weltkrieg aus Spaltungen der sozialistischen Parteien hervorgegangen, definierten sich die kommunistischen Neugründungen schnell als »Sektionen« der »Kommunistischen Internationale«, getragen von einer Euphorie des Internationalismus, der alle nationalen Grenzen negierte, aber eingebaut war in eine zentralistische Führungsstruktur, die ihren Sitz in Moskau hatte. Mit dem Ausbleiben der Revolution in Europa wuchs das Gewicht der siegreichen Bolschewiki ins Unkontrollierbare. Die Sowjetunion wurde für die kommunistische Bewegung Rückhalt und Fluchtpunkt, aber auch Brandmal und Menetekel. Wiederholt beriefen sich antikoloniale Gruppierungen auf ihr terminologisches Reservoir.

Wo immer freilich die kommunistischen Parteien größere Sympathien zu gewinnen verstanden, warben sie, wie Furet (1995) herausgearbeitet hat, für andere Ziele als die der Revolution. Gleich nach 1918 lebten sie von der Friedenssehnsucht der Völker. In den 1930er Jahren schwenkten sie ein in den Kampf gegen Faschismus und Nationalsozialismus, um bürgerliche Ordnungen zu verteidigen, die sie zuvor vehement bekämpft hatten. Im Zweiten Weltkrieg bildeten sie einen unverzichtbaren Teil der »Résistance« gegen die deutsche Okkupation. Der »Antifaschismus« vermittelte dem Kommunismus gerade in Ländern des südlichen und westlichen Europas für Jahrzehnte Züge von demokratischer Legitimation. Im Sinne solcher Allianzen schien die Kommunistische Internationale obsolet. Es war eine strategische Defensive, die Erfolge brachte. In der Ära des »Kalten Kriegs« waren es wiederum Friedenssehnsüchte, aber auch ein Unbehagen an der Dominanz der USA und die allzu vereinfachende Schwarzweiß-Malerei eines unreflektierten »Antikommunismus«, die die kommunistischen Strömungen nicht ohne Effekt zu nutzen versuchten.

Von Mitte der 1950er Jahre an verschoben sich die historischen Parameter. Chruschtschows Entstalinisierung ermöglichte polyzentristische Tendenzen im »Weltkommunismus«, während die Militäraktionen gegen Ungarns Revolution 1956 und Prags »Sozialismus mit menschlichem Antlitz« 1968 die sowjetische Autorität weiter demontierten. Die Menschenrechtsbewegung im östlichen Europa förderte die Zweifel. Schließlich stand der Perspektivlosigkeit des sozialistisch-kommunistischen Modells, das in wachsendem Maße auf westliches Know-how und westliche Kredite angewiesen war, die verblüffende Regenerationsfähigkeit der bürgerlichen Gesellschaften gegenüber. Die kommunistischen Parteien Italiens, Frankreichs und Spaniens initiierten den Begriff des »Eurokommunismus«, um auf die veränderten Handlungsbedingungen zu reagieren und demokratische Verfahrensregeln zum Kernbestand eines »dritten Weges« zu machen. In bizarrer Umkehrung dieses Trends bildeten sich aus der studentischen Protestbewegung der späten 1960er Jahre heraus kommunistische Kleinstparteien unterschiedlichster Couleur, die im akademischen Milieu dem Dogmenstreit um die richtige Auslegung der »Klassiker« eine kurze Konjunktur bescherten. Dennoch waren die Plakate von Che Guevara, Ho Chi-minh und Mao Tse-tung eher Chiffren des Entsetzens über den Krieg der USA in Vietnam als eine Restauration marxistischer Ideen, die Bestand gehabt hätte. Als kritisches Potential in der eigenen Gesellschaft hatten sie einen spürbaren Modernisierungseffekt – den Untergang der kommunistischen Welt und ihrer Lehrgebäude vermochten sie nicht aufzuhalten (vgl. als Aktualisierungsversuche jedoch Nancy 1986; Hardt/Negri 2000; Demopunk/Kritik und Praxis 2005).

4.

Baberowski, J., 2003, Der rote Terror. Die Geschichte des Stalinismus, München: Beck.

Babeuf, G., 1797, Die Verschwörung für die Gleichheit, Hamburg: Junius 1988.

Bakunin, M., 1921 ff., Gesammelte Werke, Berlin: Der Syndikalist.

Cabet, E., 1842, Reise nach Ikarien, Berlin: Kramer 1979.

Courtois, S. (Hg.), 1997, Das Schwarzbuch des Kommunismus, München: Piper 1998.

Demopunk/Kritik und Praxis (Hg.), 2005, Indeterminate! Kommunismus, Münster: Unrast.

Eichwede, W., 1993, Stalinismus und Modernisierung, in: B. Faulenbach/M. Stadelmaier (Hg.), Diktatur und Emanzipation. Zur russischen und deutschen Entwicklung 1917–1991, Essen: Klartext.

Elster, J., 1985, Making Sense of Marx, Cambridge: Cambridge University Press.

Fetscher, I., 1961, Von Marx zur Sowjetideologie, Frankfurt/M.: Diesterweg 1987.

Furet, F., 1995, Das Ende der Illusion. Der Kommunismus im 20. Jahrhundert, München: Piper 1996.

Hardt, M./Negri, A., 2000, Empire, Frankfurt/M.: Campus 2003.

Jahn, E., 1974, Kommunismus – und was dann? Zur Bürokratisierung und Militarisierung des Systems der Nationalstaaten, Reinbek: Rowohlt.

Kolakowski, L., 1976/78, Die Hauptströmungen des Marxismus, München: Piper 1981.

Lenin, W. I., 1955 ff., Werke, 42 Bde., Berlin: Dietz.

Meissner, B., 1962, Das Parteiprogramm der KPdSU. 1903 bis 1961, Köln: VWP.

Nancy, J.-L., 1986, Die undarstellbare Gemeinschaft, Stuttgart: Schwarz 1988.
Nettlau, M., 1925, Geschichte der Anarchie, Berlin: Der Syndikalist.
Pipes, R., 2001, Kommunismus, Berlin: btv 2003.
Schieder, W., 1982, Kommunismus, in: O. Brunner/W. Conze/R. Koselleck (Hg.), Geschichtliche Grundbegriffe, Bd. 3, Stuttgart: Klett-Cotta.
Service, R., 2007, Comrades! A History of World Communism, Cambridge/MA: Harvard University Press.
Sinowjew, A., 1980, Kommunismus als Realität, Zürich: Diogenes 1981.
Stalin, J. W., 1947, Fragen des Leninismus, Moskau: Verlag für fremdsprachige Literatur.
Stalin, J. W., 1955, Ökonomische Probleme des Sozialismus in der UdSSR, Berlin: Dietz.
Stein, L. v., 1842, Der Socialismus und Communismus des heutigen Frankreichs, in: ders., Schriften zum Sozialismus, Darmstadt: WBG 1974.
Trotzki, L., 1971 ff., Gesammelte Werke, Frankfurt/M.: EVA
Zagoria, D. S., 1964, Der chinesisch-sowjetische Konflikt 1956–1961, München: Rütten und Loening.

WOLFGANG EICHWEDE

Kommunitarismus

1.

Der Begriff »Kommunitarismus« (lat. »communitas«: »Gemeinschaft« oder »Gemeinsinn«) spielt in der politischen Philosophie zwar erst seit den 1970er Jahren eine Rolle, die zentralen mit ihm bezeichneten Ideen haben jedoch eine Vorgeschichte, die von der Antike bis zur Gegenwart all jene Konzeptionen des Verhältnisses von Individuum, Gesellschaft und Staat umfasst, die die Einbettung der Einzelnen in partikulare Wertegemeinschaften betonen. Allgemein steht »Kommunitarismus« somit (a) für philosophische Theorien, die die soziale Natur des Menschen hervorheben und auf dieser Basis den normativen Vorrang gemeinschaftlicher Werte und Institutionen in Politik und Moral behaupten und entsprechende Kritiken des Liberalismus formulieren. Die wichtigsten Vertreter solcher Positionen sind C. Taylor, M. Walzer, A. MacIntyre und M. Sandel (vgl. Honneth 1993). In einem engeren politischen Sinne bezeichnet »Kommunitarismus« (b) eine Programmatik, die den Verlust gemeinschaftlicher Bindungen in modernen Gesellschaften konstatiert und eine gemeinwohlorientierte Erneuerung politischer und sozialer Institutionen propagiert (vgl. Etzioni 1993; ders. 1998). Dies ist allerdings primär als Korrektiv und nicht als Alternative zu liberal-demokratischen Systemen zu verstehen, und auch in der aktuellen philosophischen Diskussion wird der Kommunitarismus zumeist als Kritik am, nicht aber als umfassender Gegenentwurf zum Liberalismus verstanden.

2.

Blickt man auf die komplexe Vorgeschichte des Kommunitarismus, so liegt es nahe, von kommunitaristischen Ansätzen nur im Plural zu sprechen, um den Eindruck einer einheitlichen Position zu vermeiden. Einige Fixpunkte sind allerdings auszumachen. Ein erster ist Aristoteles, der den Staat als ethische Gemeinschaft auffasst, welche das Ziel der Realisierung des guten Lebens der Bürger hat. Für den Menschen als »zoon politikon« verwirklicht sich das Gute nur im gesellschaftlichen und politischen Leben, und so wie die Bürger die Pflicht haben, in diesem Gesamtzusammenhang ein tugendhaftes Leben zu führen, so hat der Staat die Aufgabe, sie zu einem »edlen Leben« hinzuführen. Über den klassischen Republikanismus bis zu N. Machiavelli (1522) und J. Harrington (1656) führt der Gedanke, dass die Regierung eine öffentliche Sache – »res publica« – der freien und tugendhaften Bürger ist und dass eine Republik sich nur über ein solches Ethos der Identifikation der Einzelnen mit dem Gemeinwesen erhalten kann. Auch in der politischen Philosophie der Aufklärung blieb dieses Pathos des politischen Bürgers, des »citoyen« im Unterschied zum Besitz- oder Privatbürger, dem »bourgeois«, erhalten. Besonders J.-J. Rousseaus (1762) Lehre von der politischen Freiheit als der Selbstbestimmung aller durch einen wahrhaft allgemeinen Willen, aus dem alle subjektiven Partikularismen ausgesondert sind, trägt diesen Charakter. Eine Tradition »kommunitaristischen« Denkens, die von Aristoteles ausgeht und bis zu H. Arendt (1963) reicht, ist somit die republikanisch-partizipatorische, in deren Zentrum die Idee des tugendhaften Aktivbürgers steht, der sein gutes Leben mit dem Wohl seiner politischen Gemeinschaft und seiner Rolle darin immanent verknüpft sieht.

Eine andere Tradition führt ebenfalls von Aristoteles über Theorien des »organischen«, gewachsenen politischen Zusammenlebens (in der Neuzeit v.a. in der Romantik von Bedeutung) bis zu Hegels Rechtsphilosophie, in welcher das Fehlen einer »sittlichen Substanz« in kontraktualistischen bzw. liberalen Staatstheorien bemängelt wird. Solche Theorien bleiben Hegel (1821) zufolge dem historisch und ethisch situierten Charakter einer politischen Gemeinschaft äußerlich und gelangen nicht zu einer Konzeption »substantieller Freiheit«, in der individuelle, gemeinschaftliche und institutionelle »Sittlichkeit« vereint sind. Besonders in den Frühschriften von Marx (vgl. z.B. 1844) wird dieser hegelsche Gedanke aufgenommen und zu einer umfassenden Kritik des »atomistischen« Freiheitsverständnisses verschärft, das in kapitalistischen Gesellschaften vorherrscht. Unter dem Einfluss von Marx und Nietzsche diagnostizieren schließlich die Klassiker der Soziologie M. Weber, G. Simmel, F. Tönnies und E. Durkheim in unterschiedlicher Weise einen gravierenden Gemeinschafts- und Werteverlust im Prozess der Herausbildung moderner Gesellschaften (vgl. etwa Giddens 1971).

3.

3.1. Den Ausgangspunkt der Kontroverse zwischen Kommunitarismus und Liberalismus in der neueren politischen Philosophie stellt J. Rawls' Werk *Eine Theorie der Gerechtigkeit* (Rawls 1971) dar, das die liberale Tradition der Vertragstheorien von Locke bis Kant wiederbelebt hat. Rawls entwickelt seine Konzeption von »Gerechtigkeit als Fairness« mit Hilfe des Gedankenexperiments einer »original position«. In dieser Ursprungssituation stellen Personen Grundprinzipien der Gerechtigkeit für eine künftige Gesellschaft auf, wobei sie über keinerlei Informationen darüber verfügen, welche Eigenschaften und Positionen sie in dieser Gesellschaft haben werden: ihr Geschlecht, ihr Alter, ihre Talente und ihre soziale Herkunft bleiben hinter einem »Schleier der Unwissenheit« verborgen. Sind diese Unterschiede zwischen Personen einmal ausgeschlossen, so werden klug überlegende Akteure Rawls zufolge möglichst faire Prinzipien wählen, da sie sich in die Lage eines jeden Anderen versetzen müssen. Zur Verteilung der wichtigsten gesellschaftlichen Grundgüter werden daher folgende zwei (lexikalisch geordnete) Prinzipien gewählt: Erstens das gleiche Recht eines jeden Bürgers auf ein adäquates System von Grundfreiheiten; zweitens der Grundsatz, dass soziale und ökonomische Ungleichheiten nur dann gerechtfertigt werden können, wenn sie die faire Chancengleichheit zur Erlangung von Ämtern und Positionen nicht in Frage stellen und wenn sie den größtmöglichen Vorteil für die am wenigsten begünstigten Mitglieder der Gesellschaft bringen. Rawls' Ansatz steht – neben anderen liberalen Theorien (etwa Dworkin 1977) – im Zentrum einer Vielfalt kommunitaristischer Einwände, die ob ihrer methodischen und inhaltlichen Verschiedenheit in folgende fünf Punkte unterteilt werden (vgl. ausführlich dazu Forst 1994). Innerhalb dieser Debatten lassen sich die Grundzüge dessen erkennen, was unter dem Begriff »Kommunitarismus« firmiert.

3.2. In den Augen einiger Kritiker (bes. Sandel 1982) geht Rawls – typisch für eine liberale Theorie – in seinem Gedankenexperiment von atomistischen, »ungebundenen« Personen ohne eine eigene ethische Identität aus. Nur durch die Ausblendung der *Konstitution des Selbst* durch Werte, Gemeinschaften und Traditionen kann er zu seiner liberalen Gerechtigkeitskonzeption und dem Vorrang subjektiver Rechte vor gemeinschaftlichen Auffassungen des Guten gelangen. Diesem Einwand wird entgegengehalten, dass die ethisch-gemeinschaftliche Konstitution einer qualitativen Identität es einer autonomen Person gleichwohl erlauben sollte, sich kritisch von Werten und Bindungen zu distanzieren. Und ferner scheint es ein kommunitaristischer Fehlschluss zu sein, von der These einer intersubjektiven Bildung des Selbst auf die Unmöglichkeit einer liberalen Gerechtigkeitsauffassung zu schließen, welche davon ausgeht, dass allgemein bindende Prinzipien in einer politischen Gemeinschaft akzeptabel sein müssen, in der es eine Pluralität von ethischen Gemeinschaften und Konzeptionen des Guten gibt. So ist der politische Liberalismus – insbesondere in Rawls' (1993) neuerer Version – mit unterschiedlichen Auffassungen der Identität von Personen vereinbar, da er sich nicht auf die ethische, sondern auf die rechtlich-politische Ebene ihres Zusammenlebens bezieht. Subjektive Freiheitsrechte auf der einen Ebene bedeuten nicht, dass man auf der anderen Ebene von atomistischen Individuen ausgeht.

3.3. Diese liberale Entgegnung ruft einen anderen kommunitaristischen Einwand hervor (vgl. MacIntyre 1981). Denn die behauptete ethische *Neutralität* allgemeiner Rechtsprinzipien setzt voraus, dass zwischen dem (allgemein verbindlichen) »Richtigen« und dem (partikular geltenden) »Guten« eine klare Grenze gezogen werden kann. In Wirklichkeit aber beruhen die liberalen Grenzziehungen den Kritikern zufolge selbst auf gewissen ethischen Auffassungen des guten Lebens, insbesondere einer bestimmten Konzeption von personaler Autonomie, so dass hier nicht von »Neutralität« gesprochen werden kann. Diese Kritik hat innerhalb des Liberalismus zu einer Trennung zwischen solchen Theorien geführt, die liberale Prinzipien in der Tat mit dem Verweis auf bestimmte Auffassungen des Guten verteidigen (vgl. Raz 1986), und solchen, die den Neutralitätsanspruch mit Hilfe eines Prinzips »öffentlicher Rechtfertigung« aufrechtzuerhalten versuchen (vgl. Rawls 1993). Während die »ethischen Liberalen« dabei zeigen können müssen, inwiefern ihre Theorie des Guten mit einer Pluralität von Konzeptionen des Guten innerhalb einer modernen Gesellschaft vereinbar ist, stehen »prozedurale« liberale Theorien vor dem Problem, die moralischen und epistemischen Grundlagen ihrer Konzeption vernünftiger Legitimation und wechselseitigen Respekts auf eine Weise zu erläutern, die jenseits des Streits zwischen ethischen Lehren liegt.

In diesem Zusammenhang wird darüber hinaus diskutiert, welche Theorie die geeignetere Grundlage für eine multikulturelle Gesellschaft ist, in der kulturelle Gruppen gleiche Chancen haben sollen, am sozialen und politischen Leben teilzunehmen bzw. gleiche Anerkennung zu genießen (vgl. Kymlicka 1995; Taylor 1993).

3.4. Die Debatte zwischen Kommunitarismus und Liberalismus betrifft auch die Frage der *Integration* »posttraditionaler« und pluralistischer politischer Gemeinschaften. Genügt eine Einigung auf grundlegende Rechte und Verfahren, oder bedarf es dazu eines stärkeren ethischen Konsenses unter Bürgern? Kommunitaristische Kritiker betonen entweder die Notwendigkeit, den Liberalismus in die republikanische Richtung einer »starken Demokratie« (vgl. Barber 1984) in Anlehnung an Rousseau zu überwinden, oder sie folgen Hegel und seiner Forderung nach der Situierung politischer Grundsätze und Institutionen in der gelebten Sittlichkeit, dem »Ethos« einer historischen Gemeinschaft (Taylor 1979; ders. 1988; MacIntyre 1993). Diese Vorstellungen stoßen allerdings auf die Skepsis, dass moderne, differenzierte Gesellschaften nicht mehr als ethisch integrierte politische Gemeinschaften verstanden werden können. Der tiefgreifende Pluralismus von Vorstellungen des Guten dürfe zwar nicht so weit gehen, dass demokratische Verständigung und soziale Verantwortlichkeit ausgeschlossen seien, doch sei »Staatsbürgerschaft« nicht nur rechtlich, sondern auch in Bezug auf die Tugenden des »guten Bürgers« nicht mehr als Mitgliedschaft in einer historischen Wertegemeinschaft zu verstehen (vgl. Walzer 1992). Dies allerdings beschwört das »Dilemma der substanzlosen Substanz« moderner Gesellschaften herauf, die einen sozialen Zusammenhalt schaffen müssen, welcher hauptsächlich von der Einigung auf grundlegende Gerechtigkeitsprinzipien getragen wird.

3.5. Auf der Ebene der Rechtfertigung von Prinzipien *distributiver Gerechtigkeit* ist zwischen liberalen und kommunitaristischen Theoretikern umstritten, ob die wichtigsten Güter nach einem abstrakten Grundsatz (wie bei Rawls) oder nach jeweils sozial-relativen Auffassungen ihres Wertes und ihrer Bedeutung verteilt werden sollten, wie Walzer (1983) behauptet. Nur gemäß diesem zweiten Verfahren könne man, so Walzer, der Pluralität und der Partikularität distributiver »Sphären« in einer Gesellschaft gerecht werden. Nach den »geteilten Verständnissen« einer Gesellschaft sind somit Güter wie politische Macht, Mitgliedschaft, Wohlfahrt und Gesundheit, Ämter, Geld und Waren etc. zuzuweisen bzw. Fehlverteilungen zu kritisieren. Dagegen wird eingewandt, dass es in einer pluralistischen Gesellschaft solche »geteilten Überzeugungen« in vielen Fällen nicht geben könne, so dass man gezwungen sei, zu allgemeineren normativen Überlegungen zu greifen; und dort, wo sie dem Anschein nach vorhanden seien, komme man ebenfalls nicht umhin, sie an Prinzipien orientiert moralisch zu bewerten. Konkrete Fragen der gerechten Verteilung, die umstritten sind, nötigen zur Abstraktion.

3.6. Die Kontroverse um die Begründung allgemeiner Grundsätze führt zur moraltheoretischen Ebene der Debatte zwischen *Universalismus und Kontextualismus*. Ist es möglich, universalistische Gerechtigkeitsprinzipien – etwa in der Form von Menschenrechten – zu formulieren, die dem Vorwurf der kulturellen Relativität entgehen? Oder ist allein eine hermeneutische Selbstvergewisserung des eigenen, traditionsgebundenen Standpunktes möglich, der in einen Dialog mit anderen eintreten muss, diesen aber nicht als überlegen vorgeordnet werden kann (vgl. Walzer 1987; MacIntyre 1988)? In diesem Streit gibt es neben strikten Universalisten und Kontextualisten auch vermittelnde Positionen, die einen universalen »minimalen« moralischen Kern verteidigen, der in verschiedensten kulturellen Kontexten identisch bleibt und eine Art moralischer Rückzugsmöglichkeit bietet (vgl. Walzer 1994). Die Mitgliedschaft in der moralischen Gemeinschaft aller Menschen verleiht damit Personen einen Status, der jenseits aller kontextgebundenen Werte und Traditionen Respekt einfordert (vgl. Forst 1999). Dies allerdings führt in letzter Konsequenz zu einer universalistischen Position zurück, will man diesen Status nicht selbst wieder als empirisch-historisches Faktum einführen, das nur begrenzte normative Autorität hat.

4.

Arendt, H., 1963, Über die Revolution, München: Piper 1986.

Barber, B., 1984, Starke Demokratie, Berlin: Rotbuch 1994.

Dworkin, R., 1977, Bürgerrechte ernstgenommen, Frankfurt/M.: Suhrkamp 1984.

Etzioni, A., 1993, The Spirit of Community, New York: Crown.

Etzioni, A. (Hg.), 1998, The Essential Communitarian Reader, Lanham: Rowman & Littlefield.

Forst, R., 1994, Kontexte der Gerechtigkeit. Politische Philosophie jenseits von Liberalismus und Kommunitarismus, Frankfurt/M.: Suhrkamp 2004.

Forst, R., 1999, Das grundlegende Recht auf Rechtfertigung, in: ders., Das Recht auf Rechtfertigung, Frankfurt/M.: Suhrkamp 2007.

Giddens, A., 1971, Capitalism and Modern Social Theory, Cambridge: Cambridge University Press 2003.

Harrington, J., 1656, The Commonwealth of Oceana, in: The Political Works of James Harrington, Cambridge: Cambridge University Press 1977.

Hegel, G. W. F., 1821, Grundlinien der Philosophie des Rechts, Frankfurt/M.: Suhrkamp 1986.

Honneth, A. (Hg.), 1993, Kommunitarismus, Frankfurt/M.: Campus.

Kymlicka, W., 1995, Multicultural Citizenship, Oxford: Oxford University Press.

Machiavelli, N., 1522, Discorsi, Stuttgart: Kröner 1977.

MacIntyre, A., 1981, Der Verlust der Tugend, Frankfurt/M.: Campus 2006.
MacIntyre, A., 1988, Whose Justice? Which Rationality?, London: Duckworth.
MacIntyre, A., 1993, Ist der Patriotismus eine Tugend?, in: A. Honneth (Hg.), Kommunitarismus, Frankfurt/M.: Campus 1993.
Marx, K., 1844, Ökonomisch-philosophische Manuskripte, in: MEW, Erg.bd. 1, Berlin: Dietz 1981.
Rawls, J., 1971, Eine Theorie der Gerechtigkeit, Frankfurt/M.: Suhrkamp 1975.
Rawls, J., 1993, Politischer Liberalismus, Frankfurt/M.: Suhrkamp 1998.
Raz, J., 1986, The Morality of Freedom, Oxford: Clarendon Press.
Rousseau, J.-J., 1762, Vom Gesellschaftsvertrag, Stuttgart: Reclam 1977.
Sandel, M., 1982, Liberalism and the Limits of Justice, Cambridge: Cambridge University Press.
Taylor, C., 1979, Hegel and Modern Society, Cambridge: Cambridge University Press.
Taylor, C., 1988, Negative Freiheit?, Frankfurt/M.: Suhrkamp.
Taylor, C., 1993, Multikulturalismus und die Politik der Anerkennung, Frankfurt/M.: Fischer.
Walzer, M., 1983, Sphären der Gerechtigkeit, Frankfurt/M.: Campus 1992.
Walzer, M., 1987, Kritik und Gemeinsinn, Berlin: Rotbuch 1990.
Walzer, M., 1992, Zivile Gesellschaft und amerikanische Demokratie, Berlin: Rotbuch.
Walzer, M., 1994, Lokale Kritik – Globale Standards, Hamburg: Rotbuch 1996.

RAINER FORST

Kompromiss

1.

»Kompromiss« bedeutet eine freiwillige Schlichtung bisher strittiger Fragen oder den Ausgleich von kontroversen Interessen. Anstelle von Machtentscheidungen durch Hierarchie, Markt oder Mehrheit erzielen Kontrahenten im Wege eines Teilverzichts eine gemeinsam gefundene Vereinbarung. Diese friedliche Konfliktlösung kann auch durch eine gemeinsame Einigung auf einen Schiedsrichter geschehen, dessen Entscheidung dann für alle gilt.

2.

Das lateinische »*kompromissum*« (von »kompromittere«: versprechen) bedeutete ursprünglich im römischen Zivilprozess die Einigung mehrerer Parteien auf einen Schiedsrichter und die gemeinsame Unterwerfung unter seinen Spruch. Später bezeichnete es den Spruch selbst. In dieser Bedeutung taucht das Wort in der deutschen Sprache seit dem 15. Jahrhundert auf. Später gelangte es aus der juristischen Fachsprache in den allgemeinen Sprachgebrauch und meint seither die friedliche Konfliktlösung durch allseitige Preisgabe der vollen Zielverwirklichung.

3.

Vorstufen des Kompromisses gibt es bereits im Tierreich, besonders bei Primaten. Im Interesse der Streitschlichtung und überhaupt eines friedlichen Zusammenlebens haben sich unterschiedliche Formen gewaltfreier Konfliktlösung entwickelt. Auch die Form des Schlichters ist im Interesse einer friedlichen Gemeinschaft vorgebildet. Als Grund für diese Entwicklung vermuten Verhaltensforscher die Brutpflege (vgl. Greiffenhagen 1999, 48–73).

Der Kompromiss lebt von der Erfahrung sozialer *Reziprozität* und einer *Zeitdisposition*, die bei unterschiedlicher Länge die Kontrahenten in unterschiedlicher Intensität zu einem gemeinsamen Leben in Frieden verbindet (vgl. Greiffenhagen 1999).

3.1. Jedes Kompromisshandeln vollzieht sich auf der Basis eines Grundverhältnisses von Gegenseitigkeit. *Reziprozität* ist eine Grundtatsache sozialer Interaktion und von einer Robustheit, die tief in menschlicher Sozialität verankert ist. Hatte man lange Zeit gedacht, es komme für den Bestand einer Gesellschaft v.a. auf ihre Homogenität an, so schreibt man jetzt dem Prinzip der Reziprozität gleich große Bedeutung zu. In dem Maße, in dem Gesellschaften heut zu Tage individualistischer und pluralistischer werden, zeigt sich die Universalität des Reziprozitätsprinzips. An die Stelle von Homogenität durch Verwandtschaft, Freundschaft, Religiosität oder Schicht tritt heute Komplementarität als Devise für neu sich bildende Verfahren und Inhalte von Kooperation, Fairness, Solidarität und Gerechtigkeit.

Eine sehr robuste Form von Gegenseitigkeit ist das Prinzip ›Tit for tat‹. Es fehlt in keiner der großen Weltreligionen und ist als Bestandteil der ›Goldenen Regel‹ auch im Christentum bekannt. Ein Vorteil von Tit for tat liegt in der unausgesprochenen Maxime, nie mit einer Regelverletzung zu beginnen. Der Versuchung, einen Vorteil dadurch zu gewinnen, dass man als erster unfair ist, begegnet die sozial verbreitete Erfahrung ihrer ›Beantwortung‹, die entweder auf dem Fuße oder zeitlich versetzt folgen wird. Die Ausweitung des robusten Reziprozitätsprinzips geschieht in verschiedenen Richtungen, auf verschiedenen Feldern und in Gestalt von verschiedenen Praktiken. Statt Tit for tat im Sinne einer präzisen Entsprechung gegenseitiger Wohltat oder Heimzahlung kommt bei einer sozial entwickelteren Form die Eigenart des Partners stärker ins Spiel, mit seinen individuellen Bedürfnissen, Hoffnungen oder Ängsten. Äquivalenz erfüllt sich dann nicht in materialer Entsprechung der ausgetauschten Dinge oder Leistungen, sondern in dem Interesse, den Partner zufrieden zu stellen, zu erfreuen oder zu ärgern: im Blick auf dessen eigene Individualität. Empathie kommt ins Spiel.

Eine Form der Ausweitung des robusten Verständnisses von Reziprozität zu einem empathischen zeigt sich bei Prozessen des Teilens. Teilen realisiert Reziprozität in einem Akt der Gleichzeitigkeit. Bei Fehlen einer unparteiischen Instanz, die das Teilen vornimmt, wird von allen Partnern gleichzeitig die Berücksichtigung unterschiedlicher Ansprüche verlangt. Auf diese Weise entsteht ein Ethos des Teilens, das gegen verschiedene Versuchungen egoistischer Übervorteilung Barrieren enthält. Im Wege des Teilens kann auch ein Ausgleich für eine Verletzung auf ganz anderem Felde geschaffen werden. In Kompromissprozessen spielt besonders diese Form generösen Teilens und Abgebens eine bedeutende Rolle.

Reziprozität, verstanden als fairer Ausgleich unterschiedlicher Interessen, liefert die wichtigste Quelle eines Sinnes für Gerechtigkeit. Voraussetzung aller Gerechtigkeitskulturen (vgl. Greiffenhagen 1997) sind zwei Erfahrungen, die schon in vormenschlichen Gesellschaften dem Sinn für das Teilen zugrunde liegt: die Erfahrung einer *Gemeinschaft*, die ihre Glieder durch gemeinsamen *Handlungsdruck* verbindet. In frühmenschlichen Sozietäten basierte die solchermaßen gestiftete vertrauensvolle Kooperation auf persönlicher Kenntnis der Gruppenglieder. In pluralistisch-offenen Gesellschaften dominiert statt solcher Herkunftsgemeinschaft eher eine Zielgemeinschaft, die ihre Glieder durch gegenseitiges Vertrauen in den ernsthaften Kooperationswillen der jeweiligen Partner verbindet.

Nach einem Verständnis schließen sich *Wahrheit* und Kompromiss aus. Nach entgegengesetztem Verständnis ist Wahrheit nicht ein für alle Mal gegeben, kann also auch nicht in einer absolut endgültigen Form ›gefunden‹ werden, sondern sie ›vollzieht‹ sich als Prozess eines unabgeschlossenen Fortschreitens zu immer neuen Einsichten. Man fragt dann nicht, was Wahrheit ›ist‹, sondern konzentriert seine Aufmerksamkeit auf die Frage, wann, wo und in welchen Formen Wahrheiten relevant werden (vgl. Wilhelm 1973). Wahrheit erscheint somit in diesem Verständnis als Plural von Wahrheiten: nicht im Sinne einer Relativierung jedes Wahrheitsanspruchs, sondern im Blick auf zwei Einsichten, die jedes Wahrheitsverständnis begründen: des Praxisbezuges und der in jeder Wahrheit mitgegebenen Aufforderung zu weiterer Überprüfung, Verbesserung und Veränderung.

3.2. Kompromisshandeln geschieht stets im Bewusstsein seiner *Zeitdimension*, und das in doppelter Hinsicht: Die Kontrahenten müssen bei der Planung zukünftiger Verhältnisse vergangene Erfahrungen ›berücksichtigen‹.

Gleichzeitig stehen sie in der Spannung zwischen ›vorläufig‹ und ›auf lange Sicht‹. Die meisten Menschen räumen Folgen, die zeitlich entfernt liegen, weniger Einfluss ein als solchen, die in naher Zukunft zu erwarten sind. Diese Disposition scheint auf den ersten Blick dem Kompromiss günstig. Das Prinzip der Vorläufigkeit birgt aber eine Gefahr. Die Neigung, kurzfristig mit sich und seinen Partnern ins Reine zu kommen, könnte positive Vorläufigkeit in negative Kurzfristigkeit verwandeln: auf Kosten einer längerfristigen Perspektive, die allein überschaubare Dauer und Sicherheit garantiert. Was man jedenfalls unbedingt unterscheiden muss, ist das Verhältnis von Kurzfristigkeit und Langfristigkeit auf der einen und das Verhältnis von Vorläufigkeit und Endgültigkeit auf der anderen Seite. Jedoch ermutigt ein langer Zeitschatten aus dem genannten Grund Formen der Gegenseitigkeit. Für den Kompromiss bedeutet diese Einsicht die paradoxe Maxime, dass Verhandlungen auch ohne greifbare Ergebnisse bereits eine Form sozialen Handelns darstellen, indem sie die Möglichkeit eines zukünftigen Kompromisses offen halten und aggressive Konfliktlösungen vorläufig ausschließen.

3.3. Kompromisshandeln setzt *Vertrauen* in zwei Richtungen voraus: in eine politische Kultur, welche die Umfeldbedingungen des Kompromisses garantiert, und auf individueller Seite eine diesen Umfeldbedingungen entsprechende *psychologische Konstitution* von Ich-Stärke. Während ich-schwache Personen nicht konfliktfähig sind, verfügen Menschen mit starker interner Konsistenz über die Kraft, in ungeklärten Situationen Widersprüchlichkeiten stehen zu lassen (Ambiguitätstoleranz) oder durch einen innovativen Kompromiss zu vermitteln. Im Horizont eines neuen Verständnisses von Toleranz als Multiperspektivität (im Gegensatz zum bloßen ›Dulden‹ fremder Denk- und Lebensweisen) gewinnt Ambiguitätstoleranz heute hohe Bedeutung.

Das Thema »Kompromiss« ist in hohem Maße kulturabhängig und hat historisch verschiedene Gesichter (Greiffenhagen 1999). Früher dominante Theorien treten in der wissenschaftlichen Diskussion heute zurück. Das gilt z.B. für die Spieltheorie und andere utilitaristische Kompromisstheorien, die soziale Umfeldbedingungen außer Betracht lassen und von einem Modell ausgehen, das sich an einem kalten Feindbild und einem radikalen Siegeswillen orientiert.

Zusammen mit dem Paradigmenwechsel des Konfliktes (vgl. Nollmann 1997) und der Neuformulierung der Friedensmaxime für die internationale Politik (vgl. Greiffenhagen 1999, 151–172) zeigt auch das Kompromissthema paradigmatische Veränderungen. Eine saubere Trennung von Umfeldbedingungen und Inhalten wird immer schwerer. Was man bisher ›Kontexte‹ nannte, kann heute unter Umständen zum einzigen Inhalt des Kompromiss werden. Neue Verhandlungssysteme, z.B. innerhalb moderner Verwaltungen oder zwischen Verwaltung und Bürgern, welche die Bedingungen von Hierarchie, Markt und demokratischem Mehrheitsprinzip zugunsten allseitiger Einigung ablösen (vgl. Hoffmann-Riem 1989), führen zu Phasen des Kompromisshandelns, in denen ›Entgegenkommen‹ das einzige Ziel ist. Partizipation erweitert somit ihren zweckbezogenen Charakter zugunsten eines Selbstzweckes der Erfahrung von Gemeinsamkeit.

Die beiden wichtigsten Voraussetzungen eines gelingenden Kompromisses bleiben aber weiterhin unverzichtbar: eine genaue Kenntnis der sozialen Kontexte der Partner und eine zukunftsorientierte Einstellung, welche mit einer längerfristigen sozialen Kooperation rechnet. Beide Voraussetzungen waren schon im vormenschlichen Kompromisshandeln gegeben und bleiben auch für eine friedliche Weltgesellschaft die wichtigsten Bedingungen.

4.

Axelrod, R., 1984, Die Evolution der Kooperation, München: Oldenbourg 1987.

Greiffenhagen, M., 1997, Politische Legitimität in Deutschland, Gütersloh: Verlag Bertelsmann Stiftung.

Greiffenhagen, M., 1999, Kulturen des Kompromisses, Opladen: Leske + Budrich.
Hoffmann-Riem, W./Schmidt-Aßmann, E. (Hg.), 1990, Konfliktbewältigung durch Verhandlungen, Baden-Baden: Nomos.
Krockow, C. Graf von, 1958, Die Entscheidung. Eine Untersuchung über Ernst Jünger, Carl Schmitt, Martin Heidegger, Stuttgart: Enke.
Nollmann, G., 1997, Konflikte in Interaktion, Gruppe und Organisation, Opladen: Westdeutscher Verlag.
Wilhelm, T., 1973, Traktat über den Kompromiss, Stuttgart: Metzler.

Martin Greiffenhagen

Konflikt

1.

Soziale Konflikte sind konstitutiv für alle Typen und Arten von Gesellschaften; als allgemeine Tatbestände menschlicher Vergesellschaftungen haben sie die Geschichte immer begleitet, geformt und vorangetrieben. Gleichwohl wird der Begriff »Konflikt« häufig missverständlich gebraucht, und seine Bezugspunkte in der sozialwissenschaftlichen Forschung sind in besonderer Weise umstritten, um nicht zu sagen umkämpft. Häufig wird er mit negativen Assoziationen belastet und in die Nähe von Gewalt, Zwang, Streit, Aggression oder Widerspruch gerückt. Im Alltagsverständnis beeinträchtigen Konflikte das harmonische Zusammenleben, deshalb gelten sie vielen als zu vermeiden. Eine neutrale Fassung des Konfliktbegriffs begreift ihn dagegen zunächst einmal als eine natürliche soziale Gegebenheit.

Das Wort »Konflikt« stammt vom lat. »confligere« und hat je nach Verwendung als transitives oder intransitives Verb eine doppelte Bedeutung: Zum einen kann es »zusammenstoßen« und »zusammenschlagen« heißen und damit auf eine Handlung abheben, zum anderen weist es aber auch den Sinn »aneinander geraten« und »im Streit liegen« auf, was eher auf einen Zustand bzw. eine Struktur hindeutet. Konflikte können entsprechend definiert werden als soziale Tatbestände, an denen mindestens zwei Parteien (Einzelpersonen, Gruppen, Staaten etc.) beteiligt sind, die auf Unterschieden in der sozialen Lage und/oder Unterschieden in der Interessenkonstellation der Konfliktparteien beruhen. Eine solche allgemeine Definition hat gegenüber einer Vielzahl konkurrierender Definitionsversuche den Vorzug, (a) dass sie den Konfliktbegriff nicht verdinglicht und über mögliche Merkmalsausprägungen definiert; (b) die Beschreibung und Bewertung von Konflikten nicht miteinander vermischt, denn Konflikte sind an sich zunächst weder gut noch schlecht, lediglich die Austragungsformen von Konflikten können positiv oder negativ sein; und (c) dass sie ihn nicht durch einen Rekurs auf Ursachen, Kontexte und Austragungsmodi zu fassen versucht und keinerlei intentionale Zuschreibungen an die beteiligten Akteure vornimmt – und damit die Auseinandersetzung mit Konflikten in spezifischer Weise präformiert.

2.

Da soziale Konflikte allgegenwärtige Phänomene menschlicher Gesellschaften sind, ist es wenig überraschend, dass das Denken über Konflikte bis in die Anfänge der politischen Philosophie zurückreicht. Dabei lassen sich normative, deskriptive und analytische Theorieansätze unterscheiden. Als wichtige Vorläufer des modernen Denkens über den Konflikt gelten N. Machiavelli, T. Hobbes und C. Darwin (vgl. Giesen 1993). In der klassischen Grundlegung der Konflikttheorie durch K. Marx, M. Weber und G. Simmel wird der Rekurs auf den Naturzustand überwunden und gesellschaftstheoretisch argumentiert. Für Marx (1848) ist die Geschichte eine Aneinanderreihung von Klassenkämpfen. Ihm zufolge resultieren Konflikte aus dem vertikalen Aufbau der Gesellschaft und einer hierarchischen Sozialstruktur, die zu einer ungleichen Verteilung des gesellschaftlichen Reichtums führt. Konflikte sind in dieser Perspektive immer Interessenkonflikte, aber zugleich Vehikel zur Veränderung ungerechter Herrschaftsverhältnisse. Da Konflikte auf strukturellen Widersprüchen beruhen, sind sie zugleich Motoren des gesellschaftlichen Fortschritts. Bei Weber (1920; 1921) steht dagegen die horizontale Differenzierung von Gesellschaften im Mittelpunkt, das Konfliktgeschehen wird damit offener. Die Auflösung verbindlicher Handlungsorientierungen im Zuge der Rationalisierung von Weltbildern führt bei ihm zu einem Polytheismus und Pluralismus der Werte sowie zu einem Sinnverlust in der Moderne, wodurch zwangsläufig Konflikte zwischen unterschiedlichen Werten und Wertsphären heraufbeschwört werden. Konflikte sind bei Weber unvermeidbarer Ausdruck gesellschaftlicher Modernisierung und kultureller Rationalisierung. Indem er den Konflikt als eine Art sozialer Beziehung fasst und machtsoziologisch unterlegt, eröffnet er neue Felder konflikttheoretischen Denkens. Simmels (1908) Verdienst ist es demgegenüber, die formalen Merkmale einer Konfliktbeziehung zum Gegenstand seiner Untersuchungen gemacht zu haben. Konflikte sind bei Simmel nicht nur das unausweichliche Resultat gesellschaftlicher Strukturen, sondern zentrale Bestandteile sozialer Prozesse, die einer eigenständigen Untersuchung bedürfen. Bei ihm entstehen in einer individualistischen Perspektive Konflikte durch die Differenzierung sozialer Zugehörigkeiten. Der Clou seiner Konfliktsoziologie ist allerdings der Nachweis, dass der Konflikt selbst eine Form der Vergesellschaftung ist und die Integration sozialer Gruppen fördert.

Von einer Konflikttheorie als einem eigenständigen Paradigma kann allerdings erst nach dem Zweiten Weltkrieg gesprochen werden. Insbesondere R. Dahrendorf (1957; 1972) versteht seine Konfliktsoziologie als einen Widerpart zu dem Konsens, Ordnung, Stabilität und Integration betonenden Strukturfunktionalismus von T. Parsons. Gegen dessen Betrachtung von Konflikten als pathologischen Erscheinungen setzt er die Bedeutung sozialer Konflikte für offene Gesellschaften und deren progressiven Wandel. In einer frühen Vielfeldermatrix zur Erklärung von Konflikten unterscheidet er fünf soziale Einheiten (Rollen, Gruppen, Sektoren, Gesellschaften und übergesellschaftliche Verbindungen) und setzt sie in Beziehung zu unterschiedlichen Rängen (Gleicher contra Gleicher, Übergeordneter contra Untergeordneter, Ganzes contra Teil), um mögliche Konflikttypen zu unterscheiden. Auch später weist Dahrendorf (1994) auf die Bedeutung von Macht- und Herrschaftsstrukturen hin, als er den modernen sozialen Konflikt als Antagonismus von Anrechten und Angebot, Politik und Ökonomie, Bürgerrechten und Wirtschaftswachstum fasst und mit den daraus resultierenden Konfliktpotenzialen menschliche Lebenschancen verbindet. L. A. Coser (1956) versucht dagegen im Rahmen einer funktionalistischen Betrachtung sozialen Konflikten in Anlehnung an Simmel positive Seiten abzugewinnen. Stabilität und Konflikt sind nach Coser keine Gegensätze mehr. Von Coser stammt auch die Unterscheidung von funktionalen und dysfunktionalen sowie echten und unechten Konflikten.

Ob gleichwohl noch von einer genuinen Konfliktsoziologie gesprochen werden kann, ist gegenwärtig umstritten (vgl. Joas/Knöbl 2004, 8. Vorl.; Collins 1985). Vielmehr scheint konflikttheoretisches Denken heute in eine Vielzahl politischer, soziologischer und philosophischer Theorien eingewandert zu sein (vgl. Bonacker 2005; Imbusch 2006), in denen soziale Konflikte zwar an zentraler Stelle, aber vollkommen verschieden im Hinblick auf ihre Ursachen und ihre Nützlichkeit bzw. Funktionen erörtert werden.

3.

In sozialen Konflikten geht es letztlich immer um die Auseinandersetzung mit bestimmten Ausprägungen von Gesellschaftlichkeit bzw. um unterschiedliche Vergesellschaftungsmuster. Lange Zeit war deshalb die Frage nach den Ursachen sozialer Konflikte ein zentraler Gegenstand sozialwissenschaftlicher Konfliktforschung. Häufig wurde dabei im Anschluss an Marx und Weber auf horizontale und vertikale Differenzierungsmuster abgehoben. So können Konflikte im Kontext vertikaler Differenzierungen z.B. aus der geschlechtsspezifischen Ungleichverteilung von Macht resultieren. Aber auch die Ungleichheit von Lebenschancen (vgl. Dahrendorf 1994) oder von sozialem, ökonomischem oder kulturellem Kapital (vgl. Bourdieu 1983) sind mögliche Ursachen sozialer Konflikte. Allerdings können Konflikte auch im Zuge der horizontalen Ausdifferenzierung von Gesellschaften zwischen einzelnen Teilbereichen der Gesellschaft auftreten. Hier ist etwa an die Differenzierung gleichrangiger Funktionssysteme (vgl. Luhmann 1984) oder autonomer Handlungsfelder sowie unterschiedlicher Lebensstile (vgl. Bourdieu 1979) zu denken, aber auch an die Pluralisierung von Werten (vgl. Etzioni 1968). Auch gesellschaftliche Desintegrationsprozesse können Ursache oder Folge von Konflikten sein (vgl. Heitmeyer 1997). In akteurstheoretischer Perspektive führen etwa Missachtungserfahrungen und Anomie, aber auch Ressourcenknappheit oder einzelne Situationslogiken zum Konflikt. Daneben dürften innerpsychische oder biologische Faktoren zu den möglichen Konfliktursachen zählen. Ob Konflikte latent bleiben oder manifest werden, hängt wiederum von einer breiten Palette von Faktoren ab.

Soziale Konflikte haben dementsprechend ganz unterschiedliche Gegenstände zum Inhalt. So geht es beispielsweise in Verteilungskonflikten um Güter und deren Besitz, in Machtkonflikten um mit Entscheidungsbefugnissen oder Autorität ausgestattete Positionen, in Anerkennungskonflikten um symbolisches Kapital oder Identitäten und in Rechtskonflikten um die Durchsetzung und Geltung von Normen. Die Dynamik sozialer Konflikte hängt nicht zuletzt davon ab, ob die Konfliktgegenstände teilbar oder unteilbar sind, und ob es sich um sog. *cross-cutting-conflicts* handelt, in denen sich verschiedene Konfliktlinien kreuzen. Für seriöse Konfliktanalysen sind neben den Konfliktursachen und dem Konfliktgegenstand immer auch die Konfliktgeschichte, die Art und Zahl der Konfliktparteien sowie der konkrete Konfliktaustrag bzw. die Konfliktregelungsformen zu berücksichtigen.

Auch die Nützlichkeit bzw. die Funktionalität sozialer Konflikte wird unterschiedlich eingeschätzt. Im Anschluss an die obigen konflikttheoretischen Ausführungen stehen die positiven Funktionen von Konflikten für moderne Gesellschaften im Vordergrund. Zwei Funktionen lassen sich dabei differenzieren: Zum einen tragen Konflikte zum sozialen Wandel, stärker noch zum gesellschaftlichen Fortschritt bei. Durch Konflikte – so Dahrendorf – bleiben Herrschaftspositionen offen und Normen veränderbar. Ohne soziale Konflikte gibt es folglich keinen sozialen Wandel und letztlich auch keine Evolution. Allerdings muss hier die Stabilität dessen, was sich wandelt, mit bedacht werden: So verweist etwa Luhmann (1984) auf die Stabilisierungsfunktion von Konflikten für soziale Systeme, weil Systeme, die ausschließlich auf Konsens beruhen, bei jedem kommunizierten Widerspruch zusammenbrechen würden. Zum anderen erfüllen Konflikte die Funktion sozialer Strukturbildung, mehr noch der sozialen Integration. Der Zusammenhang von Konflikt und Integration ist ein dreiteiliger: Erstens sind Konflikte konstitutiv für die Demokratie. Eine lebendige, demokratische Zivilgesellschaft gibt es nicht trotz, sondern wegen unvermeidbarer Konflikte im Raum des Politischen (vgl. Rödel/Frankenberg/Dubiel 1989; Laclau/Mouffe 1985). Solange Konflikte also nicht mit Gewalt und geregelt ausgetragen werden, ist fehlender Konsens kein Problem für den Zusammenhalt eines Gemeinwesens (vgl. Hirschman 1994; Dubiel 1999). Dies verweist auf einen zweiten Zusammenhang: Konflikte, die Regelungen zum Gegenstand haben und daher selbst ungeregelt sind, fehlt die integrierende Eigenschaft wechselseitiger Anerkennung der Konfliktparteien. In normativer Hinsicht wirken Konflikte deshalb nur solange integrativ, wie eine solche fundamentale Anerkennungsstruktur besteht (vgl. Honneth 1994). Drittens integrieren Konflikte auch insofern, als sich in ihnen und über sie kollektive Akteure konstituieren (vgl. Etzioni 1968), denen dann erneut das ganze Repertoire an konflikteinhegenden oder konflikteskalierenden Handlungsmöglichkeiten offen steht (vgl. Thiel 2003).

4.

Bonacker, T. (Hg.), 2005, Sozialwissenschaftliche Konflikttheorien, Wiesbaden: VS.
Bourdieu, P., 1979, Die feinen Unterschiede, Frankfurt/M.: Suhrkamp 1982.
Bourdieu, P., 1983, Ökonomisches Kapital, kulturelles Kapital, soziales Kapital, in: R. Kreckel (Hg.), Soziale Ungleichheiten, Göttingen: Schwartz.
Collins, R., 1985, Three Sociological Traditions, New York: Oxford University Press.
Coser, L., 1956, Theorie sozialer Konflikte, Neuwied: Luchterhand 1965.
Dahrendorf, R., 1957, Soziale Klassen und Klassenkonflikt in der industriellen Gesellschaft, Stuttgart: Enke.
Dahrendorf, R., 1972, Konflikt und Freiheit, München: dtv.
Dahrendorf, R., 1994, Der moderne soziale Konflikt, München: dtv.
Dubiel, H., 1999, Integration durch Konflikt?, in: J. Friedrichs/W. Jagodzinski (Hg.), Soziale Integration, Opladen: Westdeutscher Verlag.
Etzioni, A., 1968, Die aktive Gesellschaft, Opladen: Westdeutscher Verlag 1975.
Giegel, H.-J. (Hg.), 1998, Konflikt in modernen Gesellschaften, Frankfurt/M.: Suhrkamp.
Giesen, B., 1993, Die Konflikttheorie, in: G. Endruweit (Hg.), Moderne Theorien der Soziologie, Stuttgart: Enke.
Heitmeyer, W. (Hg.), 1997, Was treibt die Gesellschaft auseinander? Was hält die Gesellschaft zusammen?, 2 Bde., Frankfurt/M.: Suhrkamp.
Hirschman, A. O., 1994, Wie viel Gemeinsinn braucht die liberale Gesellschaft?, in: Leviathan, 16.
Honneth, A., 1994, Kampf um Anerkennung, Frankfurt/M.: Suhrkamp.
Imbusch, P., 2006, Sozialwissenschaftliche Konflikttheorien, in: P. Imbusch/R. Zoll (Hg.), Friedens- und Konfliktforschung, Wiesbaden: VS.
Joas, H./Knöbl, W., 2004, Sozialtheorie, Frankfurt/M.: Suhrkamp.
Laclau, E./Mouffe, C., 1985, Hegemonie und radikale Demokratie, Wien: Passagen 2000.
Luhmann, N., 1984, Soziale Systeme, Frankfurt/M.: Suhrkamp.
Marx, K., 1848, Manifest der kommunistischen Partei, in: MEW, Bd. 4, Berlin: Dietz 1974.
Rödel, U./Frankenberg, G./Dubiel, H., 1989, Die demokratische Frage, Frankfurt/M.: Suhrkamp.
Simmel, G., 1908, Soziologie, Frankfurt/M.: Suhrkamp 1992.
Thiel, A., 2003, Soziale Konflikte, Bielefeld: Transcript.
Weber, M., 1920, Gesammelte Aufsätze zur Religionssoziologie, Tübingen: Mohr 1988.
Weber, M., 1921, Wirtschaft und Gesellschaft, Tübingen: Mohr 1976.

PETER IMBUSCH

Konsens

1.

Der Begriff »Konsens« wurde in der neueren deutschen philosophischen Fachsprache in Übernahme des lateinischen *consensus* geprägt und hat die semantische Bandbreite von »Übereinstimmung«, »Zustimmung«, »Einwilligung«, »Genehmigung« und »Vereinbarung«. Der wörtliche Gegensatz ist »Dissens«. In der großen semantischen Bandbreite von »Konsens« liegen begriffliche Ausarbeitungsmöglichkeiten, die Konsens zu einem Konzept machen, das in allen Bereichen moderner Philosophie, der praktischen wie der theoretischen, eine wichtige Rolle spielen kann. Dabei werden semantische, epistemologische ebenso wie politik- und sozialphilosophische Schlüsselbegriffe wie »Wahrheit«, »Akzeptanz«, »Rechtfertigung«, »Anerkennung«, »Geltung« und »Verbindlichkeit« unter Zuhilfenahme von Konsensbegriffen neu konzeptualisiert. Dabei ist die konstante unspezifische Grundbedeutung von Konsens: miteinander geteilte Zustimmung zu etwas. Die häufigsten operativen Unterscheidungen sind die (1) zwischen »faktischem« und »hypothetischem« Konsens, also tatsächlich miteinander geteilter Zustimmung im Unterschied zu Zustimmung, die unter bestimmten Bedingungen eine miteinander geteilte sein würde, und (2) zwischen Einstimmigkeit und Mehrheit, also Konsens ohne Dissens im Unterschied zu mehr Konsens als

Dissens in einer bestimmten Bezugsgruppe der Meinungs- oder der Willensbildung.

2.

Dass die semantische Bandbreite von »Konsens« im gegenwärtigen Sprachgebrauch einheitlich und ausschließlich auf die Ordnung der menschlichen Verständigungsverhältnisse verweist, ist die Folge einer allmählichen Ausscheidung aller objektivistischen, auf eine noch kommunikationsunabhängig gedachte Ordnung der Dinge gehenden Bedeutungsmomente in der Begriffsgeschichte von Konsens. Solche ontologischen Bedeutungsmomente von Konsens finden sich in manchen Verwendungsweisen der altgriechischen Vorläuferbegriffe *homologia* und *harmonia* im Sinne einer wesensmäßigen Gleichartigkeit und einer wohlgeordneten Zusammenstimmung der Sachen selbst. Trotz – vielleicht auch wegen – des Wegfalls aller ontologischen Bedeutungsmomente im modernen Konsensbegriff ist die Geschichte des philosophischen Operierens mit Konsensbegriffen zur Bearbeitung von Problemen innerhalb der Philosophie eine Problemgeschichte geblieben. Anlass für Komplikationen bietet der Konsensbegriff schon deshalb, weil die unspezifische Grundbedeutung (»miteinander geteilte Zustimmung zu etwas«) theorietechnisch vielfältige und verschiedenartige Möglichkeiten der Spezifizierung bietet. Entsprechend stellen sich Fragen wie: Wer soll aufgrund wovon in den Bereich der zustimmenden Instanz fallen, wer nicht? Welche Art und Weise des Miteinanderteilens zählt im Hinblick auf Konsens, welche nicht? Welche Bedingungen werden dem Zustandekommen einer Zustimmung auferlegt, damit sie als eine Zustimmung gilt, die im Sinne des betreffenden Begriffs von Konsens liegt? Was wird im Licht des betreffenden Konsensbegriffs als ein mögliches Objekt der Zustimmung angesetzt, was ausgeklammert?

Verschiedene Ausfüllungen dieser Variablen können dann ebenso viele verschiedene Bedeutungen bzw. Verwendungsweisen des Konsensbegriffs erzeugen, z.B. Konsens im Sinne von Zustimmung zu Aussagen über die thematisierte Welt oder über die Sinnbedingungen des konsensermöglichenden Dialogs, aber auch im Sinne von Übereinkommen über zu Tuendes oder zu Unterlassendes bzw. Handlungsergebnisse, an denen die Zustimmenden ein Interesse haben. Dementsprechend kann eine plausible Rekonstruktion der Problemgeschichte des Konsensbegriffs »kommunikative Gültigkeitskonsense unter Dialogpartnern« als die eine Hauptlesart unterscheiden vom »Klugheitskonsens bzw. Kompromiss von Interessensubjekten« als der zweiten Hauptlesart (vgl. Böhler/Grohnke 1998). In Konsensbegriffen der ersten Hauptlesart bezieht sich die miteinander geteilte Zustimmung auf *Gültigkeitsträger* (wie Gründe, Aussagen, Überzeugungen oder Normen), in solchen der zweiten Hauptlesart hingegen auf *Willensformen* (wie Interessen, Absichten, Handlungen oder Pläne). »Konsensbildung« ist daher doppeldeutig und meint zum einen die Bildung einer intersubjektiv gültigen Einsicht (dass etwas richtig, wahr, schlüssig usw. ist), zum andern die Bildung eines gemeinsamen Willens (in Beschlüssen, Vereinbarungen usw.).

3.

3.1. Der philosophische Vorschlag, die Übereinstimmung unter vernünftig eingestellten Personen, die eine bestimmte Meinung für wahr halten, unter bestimmten Bedingungen als einen zuverlässigen Hinweis auf die Gültigkeit des Geglaubten zu behandeln, ist alt. So sagt etwa Sokrates in Platons Dialog *Gorgias*: »Wenn du mit mir über etwas in unserem Reden übereinkommst, das wird alsdann hinlänglich erprobt sein durch dich und mich. [...] Also wird, was ich und du eingestehen, das höchste Ziel der Richtigkeit haben.« (487 e) In Aristoteles' praktischer Philosophie spielt der Konsensbegriff eine wichtige Rolle (etwa EN, 1173a1: »wir halten daran fest: einer Überzeugung, die alle Menschen teilen, entspricht wirkliches Sein«), während er den Wahrheitsbegriff für Tatsachenüberzeugungen unabhängig vom Konsens über »Korrespondenz« als Übereinstimmung des Ausgesagten mit dem betreffenden, von sich her vorliegenden Sachverhalt bestimmt.

In eine starke Position auch innerhalb der theoretischen Philosophie (Erkenntnistheorie und Wahrheitstheorie) gelangt der Konsensbegriff erst im 20. Jahrhundert durch konstruktivistische und linguistische Transformationen der ontologischen und bewusstseinsphilosophischen Tradition. Habermas (1972) versucht, in Radikalisierung der »dialogischen Wahrheitstheorie« des Erlanger Konstruktivismus (vgl. Lorenz 1972), einen als kommunikativ rational und ideal qualifizierten, nämlich genau nur in einer »idealen Sprechsituation« möglichen Konsens unter x-beliebigen Beurteilern einer bestimmten Behauptung, dass p, mit der der Wahrheitsanspruch verbunden wird, als die hinreichende Bedingung dafür, dass p wahr ist, zu begreifen. Eine Tatsache wäre demnach diejenige Wirklichkeit, die als Resultat von erschöpfenden Begründungen unter idealisierten Argumentierenden als solche anerkannt wird. Nicht etwa kann jeder Argumentierende der Behauptung, p sei wahr, zustimmen, weil p wahr ist – sondern weil jeder Argumentierende der Behauptung, p sei wahr, zustimmen kann, ist p wahr. Anders als Habermas, der von dieser »Konsenstheorie der Wahrheit«, der zufolge Wahrheit durch Argumentation *konstituiert* wird und als solche an eine offene Gemeinschaft von Argumentierenden gebunden ist, später wieder abrückt (vgl. Habermas 1999), hält Apel (1999) an einer subtileren, von C. S. Peirce inspirierten Konsenstheorie der Wahrheit fest. Apel begreift diskursive, d.h. durch unbestreitbar anerkennungswürdige Normen des gemeinschaftlichen Argumentierens regulierte Konsensbildung, als das unüberbietbare und unersetzbare Ermöglichungsmedium zur Vermittlung sowohl der berechtigten realistischen Intuitionen von Korrespondenztheorien der Wahrheit wie auch der kriteriologisch relevanten Aspekte von Kohärenz- und von Evidenztheorien der Wahrheit.

3.2. In der Moral- und Rechtsphilosophie wie in der politischen Philosophie konnte »Konsens« wegen drei in der Neuzeit weithin immer robuster werdenden Intuitionen zu einem Grundbegriff aufsteigen. Die erste dieser Intuitionen besagt, dass die Zustimmung, die eine Person frei aus sich heraus zu etwas gibt, als Ausdruck von Einsichtsfähigkeit oder Selbstbestimmungsfähigkeit als solche bereits einen gewissen Respekt verdient. Hierauf aufbauend besagt die zweite Intuition, dass die Zustimmung, zu der mehrere Personen zusammen gelangen, eine rechtfertigende oder in Geltung setzende (»legitimierende«) oder Verbindlichkeiten erzeugende (»autorisierende«) Kraft haben kann. Zustimmung erzeugt Verbindlichkeit. Exemplarisch zeigt sich das dort, wo gleichgestellte Personen durch gemeinsame Zustimmung zu Regeln wechselseitig vereinbaren, wie einer den anderen behandeln dürfen soll und wie nicht. Innerhalb des Rechtsdenkens drückt die Maxime »volenti non fit injuria« (»soweit eine Person einwilligt, geschieht ihr kein Unrecht«) diese Kernintuition aus.

Innerhalb der politischen Philosophie des Liberalismus gilt es als ausgemacht, dass letztlich nur die – irgendwie (z.B. durch ein Mehrheitsprinzip) qualifizierte – Zustimmung der Regierten (»consent of the governed«) die politische Macht im liberalen demokratischen Rechtsstaat autorisieren und deren Äußerungen legitimieren kann. Im England des 17. Jahrhunderts – prononciert etwa bei John Locke – erwächst die für die Sozialphilosophie der Antike unmögliche Überzeugung, dass eine staatliche Ordnung nur deshalb legitim ist, *weil* sich die Staatsbürger hinreichend einig in der Zustimmung zu ihr (oder zu den Verfahren ihrer Erzeugung) sind. Schwierig bleibt in Konsenstheorien der politischen Herrschaft die Klärung von Bedingungen, unter denen ihre Legitimität verschwindet.

Innerhalb der philosophischen Ethik antworten Konsenstheorien auf die moderne Erfahrung, dass moralischen Überzeugungen zwar als solchen ein Anspruch auf allgemeine Verbindlichkeit eingeschrieben bleibt, dieser sich aber, von keiner transzendenten Autorität mehr garantiert und in keiner homogenisierenden konventionellen Gruppenmoral aufgehoben, allenfalls noch durch Verfahren der wechselseitigen Verpflichtung reproduzieren kann, die auf der moralischen Autonomie menschlicher Subjekte beruhen. Theoretische Schwierigkeiten bereitet Konsenstheorien die Konzeptualisierung von Dissens, der möglicherweise hartnäckig stehen bleibt, nachdem alle verfügbaren Argumente ausgetauscht sind. Lehrer und Wagner (1981) schlagen ein mathematisches Modell zur vernünftigen Aggregierung von verbliebenem Dissens in einer Argumentationsgemeinschaft vor, deren Mitglieder ihre Meinungen über eine Frage bereits so weit wie möglich argumentativ miteinander abgeglichen haben. Dabei wird die in der Gruppe verteilte Information über die Zuverlässigkeit und Expertise anderer Mitglieder iterativ genutzt. Schwierigkeiten bereitet ethischen Konsenstheorien v.a. die Klärung der Bedingungen, unter denen abstrakte Konsense (über Moralprinzipien) zu konkreteren Konsensen (über moralisch richtiges Verhalten in konkreten Problemsituationen) ausdifferenziert werden können, ohne ihre Allgemeinverbindlichkeit kontextrelativistisch einzubüßen. Die angewandte Ethik hat auf dieses Problem im Feld der Bio- und Medizinethik mit der institutionellen Erfindung von Ethik-Kommissionen, konsensorientiert moralisch deliberierenden Kleingruppen, reagiert (vgl. Moreno 1995; Kettner 2005).

Theoretisch aussichtsreich erscheinen nur dynamische und normative Konsens-Begriffe, wonach individuelles Konsentieren soviel heißt wie *rechtgebendes* Zustimmen zu einer Norm auf der Basis dessen, dass man sich über revidierbare gute Gründe einig wird. In diesem Sinne meint die Apelsche Diskursethik mit »Konsens« ein miteinander erzieltes (oder bei »antizipiertem Konsens«: ein für miteinander erzielbar gehaltenes) Zustimmen zu demjenigen Anspruch, den Personen, wenn sie moralisch urteilen, erheben, und der besagt, dass ihr Moralurteil für die einen so wie für die anderen gelte, und zwar für alle, für die es seinem Inhalt nach überhaupt gelten soll. Soweit solches Konsentieren auf dem möglichst allgemeinverbindlichen Unterscheiden besserer und schlechterer Gründe beruht (weil es aus diskursiver Argumentation hervorgeht), und das Unterscheiden besserer und schlechterer Gründe idealiter ein Prozess von rekursiver, unabschließbarer und sich selbst immerzu aktualisierender Form ist, ist jedes faktisch einmal erzielte und inhaltlich einmal bestimmte Konsensprodukt ein revidierbares Reflexionsgleichgewicht von schon entkräfteten Dissensgründen und (vorerst) noch nicht entkräfteten Konsensgründen (vgl. Kettner 2008).

Die dritte, für die sozialphilosophische Karriere des Konsensbegriffs besonders in der soziologischen Gesellschaftstheorie wesentliche Intuition besagt, dass gesellschaftliche Ordnung auf Dauer nur dann aufrecht erhalten werden kann, wenn ein hinreichendes Maß an kulturellen Deutungsmustern (vgl. Parsons 1966), die sich in puncto politische Gerechtigkeit trotz des Wertepluralismus »überlappen« (vgl. Rawls 1992), als Orientierungskonsens vorhanden ist. Diese Vorstellung von Konsens als Grundkraft sozialer Kohäsion wird in Luhmanns Theorie sozialer Systeme verabschiedet, die für moderne Gesellschaften andere Integrationsmechanismen annimmt, während die habermassche Gesellschaftstheorie an der Vorstellung festhält, die Reproduktion von kulturellen Traditionen und die Sozialisation von Personen sei ohne »kommunikatives«, d.h. an Einverständnis orientiertem Handeln, unmöglich.

4.

Apel, K.-O., 1999, Fallibilismus, Konsenstheorie der Wahrheit und Letztbegründung, in: ders., Auseinandersetzungen in Erprobung des transzendentalpragmatischen Ansatzes, Frankfurt/M.: Suhrkamp.

Becker, W., 1990, Der prozedurale Rationalitätsbegriff und die Konsensustheorie der Wahrheit, in: Ethik und Sozialwissenschaften 1.

Beran, H., 1987, The Consent Theory of Political Obligation, London: Croom Helm.

Böhler, D./Grohnke, H., 1998, Konsens, in: G. Ueding (Hg.), Historisches Wörterbuch der Rhetorik, Bd. 4, Tübingen: Niemeyer.

Engelhardt, H., 1996, The Foundations of Bioethics, New York: Oxford University Press.

Giegel, H.-J. (Hg.), 1992, Konflikt und Konsens in modernen Gesellschaften, Frankfurt/M.: Suhrkamp.
Habermas, J., 1972, Wahrheitstheorien, in: ders., Vorstudien und Ergänzungen zur Theorie des kommunikativen Handelns, Frankfurt/M.: Suhrkamp 1984.
Habermas, J., 1999, Wahrheit und Rechtfertigung, Frankfurt/M.: Suhrkamp.
Kettner, M., 2004, Diskursethik. Moralische Verantwortung für diskursive Macht, in: N. Gottschalk-Mazouz (Hg.), Perspektiven der Diskursethik, Würzburg: Königshausen & Neumann.
Kettner, M., 2005, Ethik-Komitees, in: Erwägen – Wissen – Ethik 15.
Kettner, M., 2008, Noch einmal: Wozu sind gute Gründe gut?, in: M. Borrelli/M. Kettner (Hg.), Filosofia trascendentalpragmatica – Transzendentalpragmatische Philosophie, Cosenza: Pellegrini.
Lehrer, K./Wagner, C., 1981, Rational Consensus in Science and Society, Dordrecht: Reidel.
Lorenz, K., 1972, Der dialogische Wahrheitsbegriff, in: Neue Hefte für Philosophie 2/3.
Moreno, J., 1995, Deciding Together. Bioethics and Moral Consensus, Oxford: Oxford University Press.
Parsons, T., 1967, Gesellschaften. Evolutionäre und komparative Perspektiven, Frankfurt/M.: Suhrkamp.
Pitkin, H., 1972, Obligation and Consent, in: P. Laslett/W. G. Runciman/Q. Skinner (Hg.), Philosophy, Politics and Society, Oxford: Blackwell.
Rawls, J., 1987, Der Gedanke eines übergreifenden Konsenses, in: W. Hinsch (Hg.), John Rawls. Die Idee des politischen Liberalismus, Frankfurt/M.: Suhrkamp 1992.

MATTHIAS KETTNER

Konservatismus

1.

Der Konservatismus (älter: Konservativismus) gilt als ideologische Strömung, die sich in Reaktion auf die Ideen der Aufklärung bzw. auf deren revolutionäre Umsetzung formierte. Den Forderungen nach Gleichheit und Freiheit setzten konservative Denker die Vorstellung von einer naturgegebenen hierarchischen Gesellschaftsordnung, politischer Autorität und das Festhalten an konventionellen religiös geprägten Moralkodices entgegen. Edmund Burke (1790) betonte (als Gründungsfigur des Konservatismus avant la lettre) die Legitimität geschichtlicher Gewachsenheit und die Kontinuität politischer Institutionen. Im Unterschied zum Liberalismus, Sozialismus oder Nationalismus hat es dem Konservatismus von jeher an materialer oder normativer inhaltlicher Bestimmung gefehlt. Seinem reaktiven Charakter entsprechend setzte er sich zumeist erst dann für die Konservierung von Werten und Institutionen ein, wenn diese stark gefährdet waren und bereits an gesellschaftlicher Gültigkeit eingebüßt hatten.

1.1. Die Schwierigkeit einer inhaltlichen Festlegung des Begriffs lässt sich an der Resistenz gegenüber einer kohärenten Begründung erkennen. Allgemein umfasst der Konservatismus die Gesamtheit von Denkansätzen, Weltanschauungen, Ideologien, Gruppen und Sozialmilieus, welche die Bewahrung des Gewordenen und Bestehenden für wichtiger halten als die Veränderung. Das »Dilemma des Konservatismus« (Greiffenhagen 1986) liegt darin, dass er trotz seines traditionsgebundenen, vormodern geprägten Selbstverständnisses eine Schöpfung der Moderne ist. Im Sinne Karl Mannheims (1925) entsteht er als reflexiv gewordener Traditionalismus, dessen geistige Ursprünge sicherlich vor 1789 zu finden sind, der aber erst mit der Französischen Revolution politisch relevant wird. Da er den ideologischen Gegner auf dem Boden der Aufklärung und mit den Mitteln der Moderne bekämpfen muss, bleibt die Verbindung zu vormodernen Werthaltungen von vornherein brüchig. Deswegen hat es zu keiner Zeit eine repräsentative oder konsistente konservative Theoriebildung gegeben. Eine eher sozialhistorisch geprägte Deutung identifiziert den Konservatismus als Standesideologie des Adels, deren Untergang mit dem politischen Bedeutungsverlust seiner sozialen Trägerschicht besiegelt worden sei (vgl. Kondylis 1986). Entgegen der häufigen Verkündung seines Endes hat der Konservatismus als politischer Richtungsbegriff seine Bedeutung bewahren können, indem er die »Fortschrittsideologien« des Liberalismus und Sozialismus kontrastiert. Auffassungen darüber, was zu verschiedenen Zeiten als »progressiv« oder »konservativ« zu gelten habe, ordneten das politische Feld zwischen links und rechts. Insofern bleibt Konservatismus ein im Alltagsverständnis notwendiger, aber beweglicher Begriff zur Codierung politischer Optionen (vgl. Luhmann 1974).

1.2. Angesichts inhaltlicher Wandlungen ist der relational-polemische Charakter des Konservatismus, der sich stets positiv auf etwas zu Bewahrendes bezieht und eine bestimmte Art von Wandel ausschließt, seine Konstante. Seine Topoi ergeben sich oft aus einer Moderne- und Kulturkritik, die die notwendigen sozialen und geistigen Bindungen des Individuums problematisiert. Als Gegenbild zu einer liberalen Moderne, zur Atomisierung des Einzelnen in der »Massengesellschaft«, aber auch in Opposition zu einem vermeintlich wirksamen »Kollektivismus« hat der Konservatismus bis ins 20. Jahrhundert die Persistenz traditioneller Wertordnungen betont: Gemeinschaft, Heimat, Familie, Religion und Kultur blieben lange Zeit Leitbegriffe, auf die Konservative bewahrend rekurrierten – von Burke bis MacIntyre. Neben dem immer wieder erneuerten Versuch, sog. konservative Werte zu definieren und zu aktualisieren, sind philosophisch zwei Wege zur konservativen Theoriebildung unterscheidbar; beide nehmen für sich einen anthropologischen Realismus in Anspruch. Eine Linie von Burke bis Gehlen (1956) stellt die Stabilisierungsfunktion von Institutionen in den Mittelpunkt. In ihnen werden die zivilisatorischen Errungenschaften manifest, die das Mängelwesen Mensch davor bewahren, immer wieder neue Anfänge setzen zu müssen. Institutionen konservieren den geronnenen Erfahrungsschatz der Einrichtungen des sozialen Lebens ebenso wie technischen und geistigen Fortschritt. Schon die englischen Juristen des 17. Jahrhunderts (Coke, Hale), aber auch der oft als preußischer Staatstheoretiker betrachtete Hegel haben diese Idee institutionell vermittelten Fortschritts auf das Recht übertragen. Eine andere Linie konservativer Vordenker von Hobbes bis Carl Schmitt akzentuiert die Notwendigkeit der Ordnungsstiftung, um aus der Selbstgefährdung des Menschen durch den Menschen die Forderung nach einem starken Souverän abzuleiten. In dieser skeptischen Sichtweise, die vom Bürgerkrieg und latenten Ausnahmezustand ausgeht, bleibt kein Platz für moralischen Fortschritt und menschliche Selbstverbesserung. Die Schaffung von Ordnung erfordert dabei eine Analyse der gesellschaftlichen Machtverhältnisse, um ein eigenes »rationales Modell« zu implementieren. Eng verwandt mit einer anthropologisch-skeptischen Machtanalytik dieser Tradition ist schließlich auch die Schule des Realismus in der Außenpolitik (vgl. Morgenthau 1948).

2.

2.1. Eine politische Bedeutung erlangte der Begriff erst, als Chateaubriand seine Zeitschrift *Le Conservateur* (1818) gründete und Konservatismus von nun an als positive Selbstbezeichnung fungierte, um die überwiegend negativ konnotierten Fremdzuschreibungen »Reaktion« und »Restauration« abzulösen. Epstein (1973) unterscheidet idealtypisch zwischen einer rückwärtsgewandten konservativen Reaktion, die die Vergangenheit eines goldenen Zeitalters wieder zu beleben sucht, einem gegenwartszufriedenen Status-quo-Konservatismus und dem Reformkonservatismus, der in Burkescher Tradition für institutionell vermittelten *graduellen* Wandel eintritt. Von Anfang an existierten mehrere Varianten des Konservatismus nebeneinander, die sich auch in verschiedenen nationalen Traditionen niederschlugen. Der *katholisch-monarchische Konservatismus* kam v.a. in Frankreich und Spanien zur Geltung (J. de Maistre, L.G.A. de Bonald, D. Cortés) und richtete sich vehement gegen Säkularisierung und Modernisierung. Der *romantische Konservatismus* teilte diese Vorliebe für die altständische Feudalordnung, war aber gemessen an der Vorstellung von Individualität und Subjektivität der Lebensführung auch liberal beeinflusst (Novalis, Adam Müller, Friedrich von Gentz). In seiner ambivalenten Haltung zur Moderne war er ein gesamteuropäisches Phänomen und blieb bis zur Mitte des 19. Jahrhunderts wirksam. Daneben existierten im politischen Raum v.a. die *gemäßigt pragmatischen* Ausformungen des Konservatismus; sie nahmen die Ansprüche des Konstitutionalismus auf und reagierten auf die Forderungen nach sozialer und rechtlicher Emanzipation, welche die sozialistische Arbeiterbewegung im Zuge der Industrialisierung artikulierte. Schon in der Sozialphilosophie Lorenz von Steins, aber auch in der Sozialpolitik Benjamin Disraelis oder Bismarcks wird die präventive Strategie des Sozialkonservatismus deutlich. Der Konservatismus ist deshalb von einer schleichenden Absorption sozialistischen, nationalen und liberalen Ideenguts gekennzeichnet, das er dem Arsenal des politischen Gegners entnimmt. Während der sich verschärfenden Modernisierungskrise im ausgehenden 19. Jahrhundert kam es zur Radikalisierung der politischen Rechten; der pragmatische mehrheitskulturell ausgerichtete Konservatismus wurde zusehends überlagert von antisemitischen, völkischen, sozialdarwinistischen und rassistischen Vorstellungen, die sich mit den »Ideen von 1914« amalgamierten (vgl. Stern 1961; Breuer 2001).

2.2. In der Zwischenkriegszeit kulminierte diese Transformation schließlich in radikalnationalen Strömungen wie dem italienischen Faschismus und der Action française bzw. in der sog. Konservativen Revolution. In Deutschland besetzte die politische Rechte nun eine neue Rolle: Sie war nicht mehr staatstragend loyal, sondern stand in Fundamentalopposition zur Weimarer Republik. Die parlamentarische Demokratie begriff sie als eine »Herrschaft der Minderwertigen« (E. J. Jung) und stellte ihr die politisch wenig konkreten Projektionsflächen eines »Dritten Reiches« (A. Moeller van den Bruck) oder einer »Revolution von rechts« (H. Freyer) gegenüber. Einig waren sich diese Jungkonservativen lediglich in der entschlossenen Gegnerschaft zum »System«, unklarer war die Kompatibilität ihrer eigenen gesellschaftspolitischen Vorstellungen, die vom monarchischen Ständestaat über Varianten faschistischer Diktatur bis hin zu nationalbolschewistischen Revolutionsregimes reichten. Programmatische Unbestimmtheit gepaart mit einer rhetorischen Radikalisierung erschwerte eine Unterscheidung dieser antiliberalen intellektuellen Strömung vom Nationalsozialismus, zumal die geforderte Herstellung eines Zustands, dessen Erhaltung sich lohne, einen herkömmlichen Begriff des Konservatismus ad absurdum führen musste. Mit der Entfesselung revolutionärer und v.a. destruktiver Energien im Nationalsozialismus schienen alle konservativen Kräfte, die mit ihm vorübergehend eine Liaison eingegangen waren, in Deutschland delegitimiert, auch wenn sich im Widerstand gegen die Diktatur ursprünglich konservativ-antidemokratisch gesinnte Offiziere und Staatsbeamte sammelten. Insofern war in Deutschland die Geschichte eines romantisch-rückwärtsgewandten Konservatismus 1945 ebenso an ein Ende gelangt wie seine aktivistisch-revolutionäre Variante (vgl. Schildt 1998).

2.3. International teilten die verschiedenen konservativen Denkströmungen die Gegnerschaft zur modernen Massen- und Konsumgesellschaft, wie sie in der Kulturkritik von Spengler (1918/22) bis Ortega y Gasset (1929) zum Ausdruck kam. Spätestens mit dem Ende des Zweiten Weltkriegs, als Nationalsozialismus und Faschismus besiegt waren, gewann eine neue konservative politische Grundrichtung an Bedeutung, die sich v.a. durch ihren Antikommunismus definierte. Von den USA, denen es an einer konservativen Tradition fehlte, und von Großbritannien ausgehend bemühten sich liberale, aber auch christlich-abendländisch inspirierte Denker um die Erneuerung der kulturellen Grundlagen des Westens. Dem vermeintlich unausweichlichen Trend zu Sozialismus und Staatsbürokratie setzten die »Cold War Liberals« (Hayek, Aron, Berlin, Popper u.a.) einen antiideologisch imprägnierten Freiheitsbegriff entgegen, der Markt, Bürgerrechte und die Institutionen der westlichen Demokratie zu bewahren strebte. Vor dem Hintergrund des Kalten Krieges war derart liberales Gedankengut nun selbst zur Sache von Konservativen geworden, die das Ende des ideologischen Zeitalters verkündeten. M. Oakeshott (1962) kritisierte den modernen »Rationalismus in der Politik« und forderte eine Trennung von Philosophie und politischer Praxis. Andere eher religiös geprägte Denker griffen den atheistischen Sozialismus im festen Bewusstsein an, dass der Mensch nicht allein aus säkularisierten Heilsvorstellungen normative Leitwerte beziehen könne. In den USA waren es v.a. Russell Kirk, Robert Nisbet und Irving Kristol, die eine wertgeleitete Begründung und ethische Fundierung des Konservatismus im Sinne der Traditionspflege politisierten (vgl. Nash 1996). Dahinter stand die Absicht, individuelle Freiheit, Bürgerrechte und demokratische Institutionen nicht allein dem Liberalismus zu überlassen, der diesen Konservativen in Zeiten des Kalten Krieges und der beschleunigten industriegesellschaftlichen Modernisierung zu keiner positiven Durchsetzung politischer Ziele gegen den ideologischen Gegner fähig schien. Dieser neue US-amerikanische Konservatismus erlebte seine intellektuelle Blüte mit dem sog. Neokonservatismus der 1970er Jahre, der maßgeblich von Libertarians, marxistischen Renegaten und Evangelicals beeinflusst wurde. Ihre publizistische Aktivität und ihre guten Verbindungen zur Politik prägten seit der Ära Reagan die Republikanische Partei. Konservatismus bedeutet im angloamerikanischen Verständnis eine entschlossene Verteidigung spezifischer Wertvorstellungen, aber auch liberaler und demokratischer Institutionen.

2.4. In Deutschland dauerte die Versöhnung des Konservatismus mit Parlamentarismus und Demokratie länger. Eine bemerkenswerte Zwischenstufe auf diesem Weg bezeichnet der »technokratische Konservatismus« in der frühen Bundesrepublik. Desillusionierte ehemalige Parteigänger der »Konservativen Revolution« und des Nationalsozialismus (Freyer, Gehlen, Forsthoff, Schelsky) verkündeten nun die Herrschaft der Technik und des Sachzwangs. Sie erwarteten vom »Staat der Industriegesellschaft« (Forsthoff 1971) eine Stabilität garantierende Ordnungsfunktion und sahen ein Ende der Politik voraus: Nicht ideologisch begründete Herrschaft, sondern die effiziente Verwaltung von Sachen sollte den modernen Staat dominieren, dessen Institutionen den Menschen Daseinsvorsorge und Sicherheit boten. Auf der »Suche nach Wirklichkeit« (Schelsky 1965) mieden sie allerdings jede eigene normative Positionierung und präsentierten ihren Funktionalismus als objektive Soziologie der Moderne. Im Zuge der Reideologisierung durch die Neue Linke wurde diese abgeklärte Diagnose zunächst falsifiziert, um dann in der Systemtheorie Luhmanns eine neue Gestalt anzunehmen. Zeitgleich löste die Studentenbewegung bei einigen liberalen Intellektuellen einen konservativen Impuls aus, der zur entschiedenen Verteidigung der demokratischen Ordnung des Grundgesetzes und mithin zur Begründung eines deutschen Liberalkonservatismus führte (vgl. Hacke 2006). Durch die allgemeine Linksverschiebung des politischen Lagers wurde eine antidemokratische Rechte zunehmend marginalisiert. Wert- und Strukturkonservatismus bestimmten nun die Debatte, wobei ökologische Motive für Allianzen zwischen den alternativen Grünen und Konservativen sorgten, um vor den Grenzen des Wachstums und der Umweltzerstörung zu warnen. Spätestens seit dieser Phase ist es schwierig geworden, den Konservatismus noch ausschließlich bestimmten Parteien und Milieus zuzuordnen, zumal die CDU/CSU als Volkspartei und Hüterin der »sozialen Marktwirtschaft« in Wertedebatten über Familie oder Religion allenfalls rhetorisch konservative Positionen variierte, ohne sich jedoch auf diese festlegen zu lassen.

3.

Der Begriff des »Konservatismus« hat sich im modernen politischen Sprachgebrauch langsam zu einem Ausdruck für bürgerlich-traditionelle Orientierungen innerhalb der demokratischen Ordnung gewandelt. Als Relationsbegriff ist er von den spezifischen Bedingungen einer jeweiligen politischen Kultur abhängig. Konservative erörtern stets aufs Neue, welche Wertbestände und Institutionen Bewahrung und Verteidigung im Sinne eines »Modernitätstraditionalismus« (O. Marquard) verdienen. In den USA belegte die Debatte um die Bindungskräfte von Gemeinschaften, die vom Kommunitarismus angestoßen worden ist, die anhaltende Relevanz konservativer Kritik am Liberalismus. Die Existenzberechtigung eines philosophischen Konservatismus ist mittlerweile weitgehend anerkannt, sei es um im beschleunigten Fortschritt der Gegenwart notwendige »Bremsfunktionen« zu erfüllen, sei es um eine Reflexion über die moralischen Grundlagen der Gesellschaft in Gang zu halten.

4.

Bell, D., 1976, Die kulturellen Widersprüche des Kapitalismus, Frankfurt/M.: Campus 1991.

Breuer, S., 2001, Ordnungen der Ungleichheit, Darmstadt: WBG.

Burke, E., 1790, Betrachtungen über die Französische Revolution, Zürich: Manesse 1986.

Epstein, K., 1973, Die Ursprünge des Konservativismus in Deutschland, Frankfurt/M./Berlin/Wien: Propyläen.

Forsthoff, E., 1971, Der Staat der Industriegesellschaft, München: Beck.

Gehlen, A., 1956, Urmensch und Spätkultur, Bonn: Athenäum.

Greiffenhagen, M., 1986, Das Dilemma des Konservatismus in Deutschland, Frankfurt/M.: Suhrkamp.

Hacke, J., 2006, Philosophie der Bürgerlichkeit, Göttingen: Vandenhoeck & Ruprecht.

Hirschman, A. O., 1991, Denken gegen die Zukunft, München: Hanser 1992.

Huntington, S., 1957, Conservatism as an Ideology, in: American Political Science Review 51.

Kaltenbrunner, G.-K. (Hg.), 1972, Rekonstruktionen des Konservatismus, Freiburg: Rombach.

Kekes, J., 1998, A Case for Conservatism, Ithaca: Cornell University Press.

Kondylis, P., 1986, Konservativismus, Stuttgart: Klett-Cotta.

Luhmann, N., 1974, Der politische Code: »konservativ« und »progressiv« in systemtheoretischer Sicht, in: Zeitschrift für Politik 21.

Mannheim, K., 1925, Konservativismus, Frankfurt/M.: Suhrkamp 1984.

Mohler, A., 1994, Die Anatomie der Konservativen Revolution, Darmstadt: WBG.

Morgenthau, H., 1948, Macht und Frieden, Gütersloh: Bertelsmann 1963.

Muller, J. (Hg.), 1997, Conservatism, Princeton: Princeton University Press.

Nash, G., 1996, The Conservative Intellectual Movement in America, Wilmington: ISI.

Nisbet, R., 1986, Conservatism, Minneapolis: University of Minnesota Press.

Oakeshott, M., 1962, Rationalismus in der Politik, Neuwied: Luchterhand 1966.

Ortega y Gasset, J., 1929, Der Aufstand der Massen, Stuttgart: DVA 1993.

Ottmann, H., 1987, Konservativismus, in: Görres-Gesellschaft (Hg.), Staatslexikon, Bd. 3, Freiburg: Herder.

Schelsky, H., 1965, Auf der Suche nach Wirklichkeit, Düsseldorf: Diederichs.

Schildt, A., 1998, Konservatismus in Deutschland, München: Beck.

Schumann, H. G. (Hg.), 1974, Konservativismus, Köln: Kiepenheuer.

Spengler, O., 1918/22, Der Untergang des Abendlandes, München: dtv 1997.

Stern, F., 1961, Kulturpessimismus als politische Gefahr, Stuttgart: Klett-Cotta 2005.

Vierhaus, R., 1982, Konservativ, Konservatismus, in: O. Brunner/W. Conze/R. Koselleck (Hg.), Geschichtliche Grundbegriffe, Bd. 3, Stuttgart: Klett-Cotta.

Jens Hacke

Konstruktivismus

1.

Unter einer *Konstruktion* versteht man gewöhnlich das Herstellen eines Ganzen aus Teilen. Und »*Konstruktivismus*« bezeichnet die Position, nach der ein Gegenstand oder Gegenstandsbereich durch menschliche Aktivität aus gegebenen Elementen hergestellt ist (vgl. Hacking 2003).

1.1. Der *mathematische Konstruktivismus* behauptet, dass *mathematische Objekte* konstruiert sind und daher nur insofern existieren, als eine Methode ihrer effektiven Konstruktion angegeben werden kann (vgl. Bishop 1972). Der *epistemologische Konstruktivismus* betont, dass *unser Denken und Wissen über die Welt* konstruiert wird – durch Algorithmen, die aus einlaufenden Stimuli Information gewinnen, durch kontextuell verwendete Rechtfertigungsmethoden oder auch durch begriffliche und experimentelle Manöver, die zum Aufbau geprüfter Theorien führen (vgl. Lewis 1966). Der *radikale (epistemologische) Konstruktivismus* hat diesen Standpunkt zu der These verschärft, dass wir auch *die Gegenstände unseres Denkens und Wissens* konstruieren und dass unser Wissen ein bloßes Instrument ist, das von unserem Gehirn intern erzeugt wird und lediglich adaptiven Zwecken dient: Als Denker und Wissende sind wir nicht repräsentationale Wesen (vgl. Glasersfeld 1995). Mathematischer und epistemologischer Konstruktivismus sind gegenwärtig anerkannte und intensiv diskutierte Positionen. Das gilt für den radikalen Konstruktivismus nicht in gleichem Ausmaß, denn es bleibt unklar, wie die These über die interne Abgeschlossenheit des epistemischen Systems mit der Rede von adaptiven Funktionen dieses Systems und mit der Möglichkeit wechselseitiger erfolgreicher Interpretation, die er selbst in Anspruch nimmt (dem »mind-reading«), versöhnt werden kann.

1.2. Im Rahmen der politischen Philosophie sind neben dem epistemologischen Konstruktivismus zwei weitere Varianten des Konstruktivismus von besonderer Bedeutung: der *Sozialkonstruktivismus* und der *Konstruktivismus des Sozialen*. Epistemologischer Konstruktivismus und Sozialkonstruktivismus versuchen die Herstellung von Wissen und Wissenschaft u.a. durch Rückgriff auf soziale Mechanismen zu erklären, während der Konstruktivismus des Sozialen eine Theorie ist, die erklärt, wie soziale Entitäten, etwa soziale Gruppen, sozialer Status oder Institutionen, zustande kommen und aufrechterhalten werden.

2.

Epistemologischer Konstruktivismus und Sozialkonstruktivismus beruhen auf der Idee, dass Wissen und Wissenschaft sozial bestimmt sind. Der Konstruktivismus des Sozialen dagegen beruht auf der Idee, dass konkrete Menschen durch ihre Aktivität soziale und politische Strukturen herstellen.

2.1. Die Idee, dass Wissen und Wissenschaft sozial bestimmt sind, geht auf den historischen Materialismus zurück, der von Karl Marx entwickelt wurde. Der historische Materialismus lässt sich am besten als Forschungsprogramm (im Sinne von Lakatos 1970) verstehen, das als festen Kern die These enthält, dass die ökonomische Basis einer Gesellschaft ihren rechtlichen und kulturellen Überbau bestimmt. Die schärfste – wenn auch nicht einzig mögliche – Hypothese ist, dass der Überbau *kausal* durch die Basis bestimmt ist. Diese Auffassung wurde von der Wissenschaftssoziologie des frühen 20. Jahrhunderts aufgenommen. Mannheim (1929) versuchte beispielsweise zu zeigen, in welcher Weise Humanwissenschaften und Soziologie kausal durch die ökonomische Basis ihrer Gesellschaften bestimmt sind. Und Merton (1973) behauptete, dass v.a. Aufstieg und Erfolg der Wissenschaften durch soziale Kräfte determiniert sind. Eine weitere historische Quelle der Idee, dass Wissen und Wissenschaft sozial bestimmt sind, ist die wissenschaftshistorische Wende der Wissenschaftstheorie (vgl. Kuhn 1962; Bachelard 1932; Canguilhem 1943; Foucault 1969). Diese Wende führte zu einer Attacke auf die Kernthese der traditionellen Wissenschaftstheorie, dass es universelle rationale wissenschaftliche Methoden gibt, anhand derer die Geschichte der Wissenschaften intern als ein intellektuelles Unternehmen rekonstruiert werden kann, das zu immer besseren Theorien führt. Stattdessen versuchten die Vertreter der wissenschaftshistorischen Wende zu zeigen, dass die Wissenschaftsgeschichte oft tiefe kontingente Brüche aufweist, und dass diese Brüche und die entsprechenden wissenschaftshistorischen Episoden von normativen Einstellungen, verborgenen vorwissenschaftlichen Annahmen und sozialen Bedingungen abhängen. Eine wichtige historische Quelle speziell für den Sozialkonstruktivismus ist schließlich das Programm der naturalisierten Erkenntnistheorie, das ursprünglich von Quine vorgeschlagen wurde (vgl. Quine 1969). Die zentrale Idee dieses Programms ist, dass die traditionelle philosophische Theorie des Wissens und der Wissenschaften ersetzt werden sollte durch eine naturwissenschaftliche Untersuchung der verschiedenen kausalen Prozesse, die zur Formierung von Meinungen und Wissensansprüchen beitragen.

2.2. Der Konstruktivismus des Sozialen geht historisch auf die Vertragstheorie der frühen Neuzeit zurück. Während die aristotelische politische Philosophie, die in Antike und Mittelalter leitend war, von einer natürlichen Entstehung des Staates aus verwandtschaftlichen Beziehungen ausging, haben die Vertragstheoretiker der Neuzeit (Hobbes, Locke, Rousseau, Kant) in unterschiedlichen Varianten die Auffassung vertreten, dass der Staat oder »politische Körper« aus dem Naturzustand durch Abschluss eines Vertrages der Bürger untereinander oder mit dem Souverän hervorgeht. Dieser Vertrag soll zugleich die Bedingungen definieren, unter denen staatliche Herrschaft legitim ist. Eine schwächere Version der Vertragstheorie behauptet lediglich, dass ein legitimer Staat so betrachtet werden können muss, als sei er durch einen intentionalen Vertragsabschluss hergestellt worden.

3.

Epistemologischer Konstruktivismus und Sozialkonstruktivismus verankern Wissen und Wissenschaft in unterschiedlich starker Form in sozialen Bedingungen. Der moderne Konstruktivismus des Sozialen ist dagegen eine umfassende Sozialontologie.

3.1. Der *epistemologische Konstruktivismus* geht davon aus, dass wir bereits als Denker und repräsentationale Wesen stets unvermeidlich unterschiedliche Perspektiven auf die Welt einnehmen. Unser Bild von der einen objektiven Welt und unsere Ansprüche auf ein Wissen von dieser Welt werden durch Abgleichung dieser Perspektiven hergestellt. Dieses Bild lässt sich durch einen *kantischen Physikalismus* unterfüttern: Die intrinsische Natur der Dinge liegt außerhalb der Reichweite unseres Wissens. Selbst die Wissenschaft kann nur etwas darüber sagen, wie die Welt kausal auf uns wirkt – also über die relational-kausalen Eigenschaften der Welt. Und alles, was wir überhaupt von der Welt sagen können, superveniert über den kausal-relationalen Eigenschaften der Welt (vgl. Jackson 2000). Aus dieser Perspektive nährt der epistemologische Konstruktivismus v.a. Zweifel daran, dass wir eine und nur eine wahre Geschichte über die Welt erzählen und die Welt mit unseren Theorien korrekt abbilden können. Zugleich knüpft dieser Konstruktivismus an die klassische Idee vom Wissen als wahrer gerechtfertigter Meinung an, um darauf hinzuweisen, dass die Methoden der Rechtfertigung sich historisch wandeln und unterschiedliche epistemische Kontexte definieren, die ihrerseits an soziale Strukturen angekoppelt sind (diese Form des Konstruktivismus wird daher oft auch *epistemologischer Kontextualismus* genannt; vgl. Williams 1991; Lewis 1996). Zuweilen wird an dieser Stelle auch auf einen elementaren Kulturbegriff zurückgegriffen: Wenn Kulturen Praktiken sind, die durch Hintergrundüberzeugungen angeleitet sind und tradiert werden können, und zwar u.a. vermittelt durch Machtmechanismen, dann kann man von unterschiedlichen historischen *Wissenskulturen* sprechen, in denen Wissen und Macht intrinsisch verbunden sind (vgl. Detel 2003b). Allerdings wird diese Position häufig als *strikter Relativismus* präsentiert: Nicht nur epistemische Überzeugungen, sondern auch Standards der Rationalität wandeln sich historisch auf derart kontingente Weise, dass es keinen archimedischen Punkt, von dem her wir die Geschichte der Wissensansprüche als eine erfolgreiche und progressive Geschichte ansehen könnten, gibt: Auch die Wahrheit ist historisch kontingent. Dieser strikte Relativismus ist einer Reihe von Einwänden ausgesetzt: Ob sich die Standards der wissenschaftlichen Rationalität historisch dramatisch wandeln, muss erst noch genauer historisch untersucht werden. In jedem Fall setzt ein erfolgreiches Verständnis anderer Wissenskulturen nach avancierten Bedeutungstheorien voraus, dass die Mitglieder dieser Kulturen grundlegende Rationalitätsstandards sowie eine Menge von Überzeugungen teilen (vgl. Davidson 1983; Nagel 2003). Auf dieser Grundlage lassen sich oft bessere und schlechtere epistemische Kontexte unterscheiden. Dann kann man Begriffe von idealer Wahrheit und idealem Wissen formulieren, die auf epistemische Kontexte zugeschnitten bleiben: Ideale Wahrheit ist übersetzungsresistent, d.h. ein Satz ist wahr, wenn er in einem bestimmten Kontext wahr ist und wenn jede seiner Übersetzungen in besseren Kontexten ebenfalls wahr ist. Und ideale Meinungen sind »superbegründbar«, d.h. in einem bestimmten Kontext und in jedem besseren Kontext begründbar. Dann ist ideales Wissen übersetzungsresistent wahr und superbegründbar. Damit ist ein *moderater epistemologischer Konstruktivismus* skizziert (vgl. Detel 2003a). Eine seiner Pointen ist, dass er einen Maßstab für transkulturelles Wissen bietet, ohne leugnen zu müssen, dass sich Wissenskulturen historisch wandeln und dass wir niemals endgültig wissen können, ob wir im idealen Sinne etwas wissen.

3.2. Der *Sozialkonstruktivismus* glaubt durch wissenschaftshistorische Studien zeigen zu können, dass es keine definite Menge universeller rationaler Methoden gibt, die für alle historischen Formen der Theorieproduktion leitend sind. Eine angemessene Beschreibung wissenschaftlicher Aktivitäten darf daher nicht auf eine Unterscheidung zwischen wahren und falschen wissenschaftlichen Theorien zurückgreifen, sondern muss sich auf die soziologische Darstellung jener Faktoren und Prozesse konzentrieren, in denen die anfangs instabilen wissenschaftlichen Meinungen stabilisiert, akzeptiert und durchgesetzt werden. Die meisten Varianten des Sozialkonstruktivismus interpretieren die Stabilisierung wissenschaftlicher Meinungen zugleich als eine Konstruktion der Fakten, auf die sich die stabilisierten Meinungen beziehen. Eine der einflussreichsten und ersten Varianten des Sozialkonstruktivismus ist die *Edinburgher Schule der Wissenssoziologie*, die den Ansatz der klassischen Wissenssoziologie für zu restriktiv hält: Auch Mathematik und Naturwissenschaften sind sozial determiniert, und zwar v.a. in Hinsicht auf ihren Gehalt. Es ist genau diese Erweiterung, die zu der These geführt hat, dass auch die wissenschaftlichen Fakten, und nicht nur die wissenschaftlichen Theorien, sozial konstruiert werden: Harte Fakten sind in der Welt, wenn und insofern etwas als Faktum anerkannt wird. Darum kann der Prozess, der zu einer Stabilisierung wissenschaftlicher Meinungen führt, auch als ein Prozess beschrieben werden, der darin resultiert, dass Fakten »hart werden« (vgl. Bloor 1992; Knorr-Cetina 1981; Latour/Woolgar 1986). Diese Form des Antirealismus hat die ontologische Konsequenz, dass zwischen der Stabilisierung von Überzeugungen und dem Hartwerden von Fakten nicht sinnvoll unterschieden werden kann (vgl. Pickering 1986, 1992). Die gegenwärtig am heftigsten debattierte Version des Sozialkonstruktivismus ist die *Aktor-Netzwerk-Theorie* (vgl. Latour 1987). Die zentrale Idee ist, dass Wissenschaften und wissenschaftliche Fakten ein Resultat komplexer Beziehungen zwischen allen Entitäten sind, die in wissenschaftlichen Aktivitäten eine Rolle spielen, beispielsweise externe Objekte, Tiere, Messinstrumente, Methodologien, experimentelle Routinen, wissenschaftliche Texte, Kongresse, Zitationsverhalten, funktionale Rollen und Wissenschaftler. Alle diese Dinge heißen »Aktoren«. Ein Aktor in diesem Sinne ist also nicht ein intentional handelndes Wesen, sondern jede Entität, die einen Einfluss auf die Stabilisierung von Meinungen und das Hartwerden von Fakten hat. Daher kann es viele verschiedenartige Relationen zwischen Aktoren geben. Eine Menge von Aktoren heißt »Netzwerk«, wenn es stabile Relationen zwischen den Aktoren gibt, die den Ort und die Rolle der Aktoren im Netzwerk erst festlegen. Sobald ein Netzwerk etabliert ist, entwickelt es eine Abgeschlossenheit gegenüber fremden Aktoren. Zugleich fördert es interne Übertragungen, die in der Stabilisierung von Meinungen und der Anhäufung stabilisierter Meinungen resultieren. Eine wissenschaftliche Theorie oder Hypothese neu zu etablieren, besteht vornehmlich darin, diesen Aktor in einem Netzwerk sicher zu platzieren. Insbesondere gibt es einige etablierte Netzwerke, in denen die Unterscheidung zwischen der Natur und dem Sozialen sicher platziert ist. Daher muss die These von einer *generellen* sozialen Determination von Wissen, Wissenschaft und externen Fakten aufgeben werden. Das entscheidende Problem aller Varianten des Sozialkonstruktivismus ist, dass sie sich nicht klar vom Idealismus abgrenzen können und den universellen Rationalitätsstandards keine Gerechtigkeit widerfahren lassen können, die mit erfolgreichen Interpretationen gegeben sind.

3.3. Der Konstruktivismus des Sozialen geht insofern über die Vertragstheorie hinaus, als er nicht nur die Entstehung des Staates, sondern die Etablierung und Aufrechterhaltung aller wichtigen sozialen Strukturen erklären will. Es handelt sich um das *intentionalistische Programm der Sozialontologie*, das in den letzten zwei Jahrzehnten immer mehr an Kontur und Einfluss gewonnen hat. Die generelle theoretische Strategie ist, auf die Formierung *kollektiver mentaler Akte* zurückzugreifen, um zu erklären, wie *kollektives soziales Handeln* zustande kommt, das seinerseits verständlich machen soll, wie *soziale Entitäten* (soziale Gruppen, Rollen und Institutionen) entstehen und aufrechterhalten werden. Soziale Gruppen formieren sich über *kollektive* Überzeugungen, Institutionen als Regelsysteme beruhen u. a. darauf, dass eine Reihe von Personen einander als Träger gesellschaftlicher Funktionen *kollektiv* behandeln, und die Existenz sozialer Entitäten, und damit die Gesellschaft in wesentlichen Teilen, wird konstituiert durch kollektive Handlungen, die unter kollektiven intentionalen Einstellungen beschreibbar sind. Eine Person kann dieser Idee zufolge z. B. kein Außenminister, ein Gegenstand kann keine Fahrkarte, ein Ereignis kann kein Banküberfall sein, ohne dass Personen, die an Interaktionen mit diesen Dingen beteiligt sind, der Überzeugung sind, dass es sich um Fälle von Außenministern, Fahrkarten oder Banküberfällen handelt, und ohne dass diese Personen die entsprechenden Entitäten als Außenminister, Fahrkarten oder Banküberfälle *kollektiv* behandeln. Wenn mehrere Personen eine gemeinsame (»kollektive«) Einstellung – etwa eine Absicht – haben sollen, muss natürlich jede dieser Personen diese Absicht haben. Aber darüber hinaus muss jede beteiligte Person auch glauben, dass jede andere beteiligte Person diese Absicht hat und dasselbe ihrerseits von jeder anderen beteiligten Person glaubt. Nur ein Verhalten, das unter derartigen kollektiven Absichten beschrieben werden kann, ist ein Handeln, von dem die Aktoren sagen können, dass es ein gemeinsames Handeln ist. Soziale Gruppen sind dann wesentlich durch kollektive Überzeugungen und kollektives Handeln gekennzeichnet. Und wenn viele Personen andere Personen oder Dinge kollektiv als etwas Bestimmtes behandeln, indem sie einer konsistenten Menge von Regeln folgen (etwa eine Person als Richter, indem sie Rechtsnormen folgen), dann verleihen sie diesen Personen oder Dingen einen sozialen Status, und die Regelmenge ist eine Institution im elementaren Sinne (vgl. Searle 1995; Tuomela 1995). Eine Theorie der Formierung kollektiver Einstellungen (über Macht- oder Konsensmechanismen) muss das Programm ergänzen. Zwei allgemeine, weit reichende Folgerungen aus diesem sozialontologischen Programm sind, dass der Geist konstitutiv ist für die Gesellschaft in einer Weise, in der er nicht konstitutiv ist für die Natur, und dass menschliche Subjekte nicht nur im Besitz von Produktionsmitteln sind, sondern prinzipiell auch im Besitz der Mittel zur Transformation der sozialen Realität. Die erste dieser Folgerungen impliziert die Diagnose, dass der entscheidende theoretische Sündenfall von Transzendentalismus, Idealismus und Sozialkonstruktivismus darin besteht, die Differenz zwischen der Konstruktion der Natur und der Konstruktion des Sozialen zu übersehen. Die zweite Folgerung eröffnet eine emanzipatorische Perspektive für die Entwicklung der Gesellschaft, die an zentrale Ideen der Kritischen Theorie anknüpfen kann.

4.

Bachelard, G., 1934, Le nouvel esprit scientifique, Paris: Alcan.

Bishop, E., 1972, Constructive Mathematics, New York: Wiley.

Bloor, D., 1992, Knowledge and Social Imagery, Chicago: University of Chicago Press.

Bloor, D., 1996, Idealism and the Sociology of Knowledge, in: Social Studies of Science 26.

Canguilhem, G., 1943, Le normal et le pathologique, Paris: PUF 1999.

Davidson, D., 1983, A Coherence Theory of Truth, in: D. Henrich (Hg.), Kant oder Hegel?, Stuttgart: Klett-Cotta.

Detel, W., 2003a, Wissen und Kontext, in: M. Vogel/L. Wingert (Hg.), Wissen zwischen Entdeckung und Konstruktion, Frankfurt/M.: Suhrkamp.

Detel, W., 2003b, Wissenkulturen und epistemische Praktiken, in: J. Fried/T. Kailer (Hg.), Wissenkulturen, Berlin: Akademie.

Foucault, M., 1969, Archäologie des Wissens, Frankfurt/M.: Suhrkamp 1981.

Glasersfeld, E. v., 1995, Radical Constructivism, London: Falmer.

Hacking, I., 1999, Was heißt ›soziale Konstruktion‹?, Frankfurt/M.: Fischer 2002.

Hacking, I., 2003, Soziale Konstruktion beim Wort genommen, in: M. Vogel/L. Wingert (Hg.), Wissen zwischen Entdeckungen und Konstruktion, Frankfurt/M.: Suhrkamp.

Jackson, F., 2000, From Metaphysics to Ethics, Oxford: Clarendon Press.

Knorr-Cetina, K., 1981, Die Fabrikation von Erkenntnis, Frankfurt/M.: Suhrkamp 2002.

Knorr-Cetina, K. (Hg.), 1982, Science in Context, London: Sage.

Kuhn, T., 1962, Die Struktur wissenschaftlicher Revolutionen, Frankfurt/M.: Suhrkamp 1988.

Lakatos, I., 1970, Falsification and the Methodology of Scientific Research Programmes, in: I. Lakatos/A. Musgrave (Hg.), Criticism and the Growth of Knowledge, Cambridge: Cambridge University Press.

Latour, B., 1987, Science in Action, Cambridge/MA: Harvard University Press.

Latour, B./Woolgar, S., 1986, Laboratory Life: The Construction of Scientific Facts, Princeton: Princeton University Press.

Lewis, D., 1996, Elusive Knowledge, in: Australasian Journal of Philosophy 76.

Mannheim, K., 1929, Ideologie und Utopie, Frankfurt/M.: Klostermann 1985.

Merton, R., 1973, Sociology of Science, Chicago: University of Chicago Press.

Nagel, T., 2003, Relativismus und Vernunft, in: M. Vogel/L. Wingert (Hg.), Wissen zwischen Entdeckungen und Konstruktion, Frankfurt/M.: Suhrkamp.

Pickering, A., 1986, Constructing Quarks, Edinburgh: Edinburgh University Press.

Pickering, A., 1992, Science as Cultural Practice, Chicago: University of Chicago Press.

Quine, W. V. O., 1969, Ontologische Relativität und andere Schriften, Stuttgart: Reclam 1975.

Searle, J., 1995, Die Konstruktion der gesellschaftlichen Wirklichkeit, Reinbek: Rowohlt 1997.

Tuomela, R., 1995, The Importance of Us. A Philosophical Study of Basic Social Notions, Stanford: Stanford University Press.

Williams, M., 1991, Unnatural Doubts, Oxford: Oxford University Press.

Zittel, C. (Hg.), 2002, Wissen und soziale Konstruktion, Berlin: Akademie.

Wolfgang Detel

Korporatismus

1.

»Korporatismus« bezeichnet ein bestimmtes Verhältnis zwischen einer politisch verfassten Gemeinschaft und in ihr bestehenden, zumeist nach ihrer wirtschaftlichen Tätigkeit definierten organisierten (›Interessen‹)-Gruppen, das diesen eine privilegierte Rolle im staatlichen und gesellschaftlichen Leben zuweist (vgl. Streeck/Kenworthy 2004).

1.1. Der Begriff gehört zu den schillerndsten in der politischen Theorie. Er wird zur Bezeichnung einer institutionellen *Struktur*, einer anti-liberalen und anti-parlamentarischen *Ideologie* und einer sozialpartnerschaftlichen politischen *Pragmatik* verwendet. Er kann affirmative oder pejorative Konnotationen haben.

1.2. Der Begriff des Korporatismus ist lateinischen Ursprungs. ›Corpus‹ kann Körper, Person, Gesamtheit und Körperschaft bedeuten. Die heute gebräuchliche Wortform ist in den 1970er Jahren auf dem Umweg über die US-amerikanische Politikwissenschaft in die deutsche Sprache eingewandert; sie dient als wertneutrale Bezeichnung für eine politisch-wirtschaftliche Verfassung, in der organisierte Interessen quasi-öffentliche Ordnungsfunktionen ausüben. Die ältere deutsche Form ist »Korporativismus«; sie bedeutet eine mehr oder weniger obligatorische, disziplinierende Bindung von Gruppeninteressen an ein wie immer definiertes ›Gemeinwohl‹. Entsprechende Bildungen werden nach wie vor im Französischen und im Italienischen verwendet, wo sie allerdings für eine gegen das Gemeinwohl gerichtete rücksichtslose Durchsetzung von Partikularinteressen stehen.

2.

Der moderne Nationalstaat und die kapitalistische Marktwirtschaft verdrängten eine vormoderne politisch-ökonomische Ordnung, die aus einer unübersehbaren Vielzahl und Vielfalt mit traditionellen Rechten und Pflichten ausgestatteter körperschaftlicher Gemeinschaften bestand. Trotz oft heftigen Widerstands vermochten die Stände, Städte und Zünfte der Vormoderne den Aufstieg bürokratischer Territorialherrschaft und die Ausbreitung von freien Märkten nicht zu verhindern. Der moderne politische und wirtschaftliche Liberalismus zielte in seiner radikalen Version auf die Eliminierung sämtlicher intermediärer, zwischen das Individuum und den Staat bzw. den Markt tretender Organisationen. Die Ausschaltung des Kollektivismus aus dem politischen und wirtschaftlichen Leben blieb jedoch eine Utopie. Moderne politische und wirtschaftliche Ordnungen haben sich in der Praxis mit der Existenz politischer Interessengruppen und dem Fortbestand kollektiver Organisierung im marktwirtschaftlichen Wettbewerb (Kammern, Gewerkschaften) arrangiert.

3.

Der Begriff des Korporatismus ist reich an historischen, systematischen, normativen und pragmatischen Bedeutungen.

3.1. Korporatismus als *institutionelle Struktur* bezieht sich auf eine Form der Einordnung organisierter Interessen in die Verfassung moderner Nationalstaaten. Ein *politisches System* trägt in dem Maße korporatistische Züge, wie in ihm die *funktionale Repräsentation* sozialer Gruppen neben die *territoriale Repräsentation* der Bürger durch allgemeine Wahlen und ein frei gewähltes Parlament tritt. Ein *Wirtschaftssystem* enthält korporatistische Elemente, insofern Transaktionen in ihm nicht nur durch *freie Preisbildung* in kompetitiven Märkten gesteuert werden, sondern auch durch *kollektive Vereinbarungen* zwischen organisierten Gruppen bzw. durch kollektive Selbstregulierung statt durch staatliche Regulierung. Wo, wie in zahlreichen europäischen Demokratien der Nachkriegszeit, territoriale und funktionale Repräsentation sowie Wettbewerb und Selbstregulierung nebeneinander bestehen und sich ergänzen statt sich gegenseitig in Frage zu stellen, spricht man auch von ›Neokorporatismus‹ bzw. ›liberalem‹ Korporatismus (vgl. Lehmbruch 1977; Schmitter 1974).

Korporatismus allgemein und auch der liberale Korporatismus stehen in Opposition zum radikalen rousseauistischen bzw. jakobinischen Liberalismus der Französischen Revolution. 1791 erklärte das *Loi le Chapelier* jegliche Organisation für illegal, die Gruppen von Bürgern vertrat, und damit, indem sie die direkte Beziehung zwischen Bürger und Staat unterbrach, die ›volonté générale‹ durch Artikulation von Partikularinteressen verzerrte. Korporatismus unterscheidet sich ferner von jenem wirtschaftlichen Liberalismus, der etwa zur gleichen Zeit in England im Namen der Gewerbefreiheit mit Hilfe der *Combinations Acts* die Gewerkschaften verbot. In beiden Fällen blieb die Spannung zwischen der sich jeweils herausbildenden modernen Staatstradition und der Organisation sozialer Gruppen bis heute erhalten – in Frankreich in Gestalt der vorherrschenden Rolle des Staates in Politik und Gesellschaft (›Etatismus‹) und in den angelsächsischen Ländern in einer ›pluralistischen‹ politischen Verfassung, die Interessengruppen lediglich als ›pressure groups‹ bzw. ›lobbies‹ anerkennt und Gewerkschaften und Wirtschaftsverbände weit weniger institutionell absichert als die Demokratien des europäischen Kontinents.

Ebenfalls zu unterscheiden ist der Korporatismus heutiger Prägung von Gesellschaftsformationen, in denen die staatliche Willensbildung überwiegend nicht durch Bürokratie oder Parlament bestimmt wird, sondern durch nach Berufen gegliederte Korporationen. In der deutschen Tradition sind hier in erster Linie ständestaatliche Organisationsformen zu nennen, wie der von Adam Müller für Metternich entworfene sog. Klassenstaat (Müller 1809). Während die ständestaatlichen Ordnungskonzepte des 19. Jahrhunderts wegen der Dynamik des wirtschaftlichen Wandels nie mehr waren als konservative Utopien, bedienten sich die faschistischen Regime des 20. Jahrhunderts (Italien, Spanien, Portugal, Deutschland) korporativer Organisationsformen als Alternative zum Parlamentarismus. Allerdings waren die jeweiligen Korporationen nur auf dem Papier autonom und unterlagen der strikten Kontrolle durch den totalitären Staatsapparat bzw. die Staatspartei (›Staatskorporatismus‹). Sowohl in den traditionalen ständestaatlichen als auch in den modernen faschistischen Ordnungsmodellen berührten sich korporatistische und organizistische Vorstellungen insofern, als Aufbau und Gliederung der Korporationen einer harmonischen Abstimmung der Funktionen entsprechen sollten, die die jeweiligen Gruppen im ›Organismus‹ der Gesamtgesellschaft erfüllen sollten.

Korporatistische Strukturelemente finden sich auch in sozialistischen und kommunistischen Gegenentwürfen zum liberalen Kapitalismus. Anarchosyndikalistische und gildensozialistische Ordnungskonzepte setzten dem bürokratischen Territorialstaat eine »Selbstverwaltung der Produzenten« entgegen, die auch das Privateigentum an Produktionsmitteln überwinden sollte. Ähnliches gilt für die Rätebewegung, die in den Revolutionsjahren gegen Ende des Ersten Weltkriegs Gewerkschaften und sozialdemokratische Parteien als Anhängsel von Kapitalismus und Parlamentarismus bekämpfte und ein organisch gegliedertes, von unten nach oben aufgebautes System von Wirtschaftsräten anstrebte, dem auch die Produktionsplanung obliegen sollte. In der Sowjetunion wurden die Räte (»Sowjets«) jedoch sehr bald von der bolschewistischen Partei übernommen und in Instrumente des Politbüros verwandelt. In Deutschland gelang es der Sozialdemokratischen Partei und den Gewerkschaften, die Rätebewegung mit Hilfe des Betriebsräte- und Tarifvertragsgesetzes in die parlamentarische Demokratie und die Tarifautonomie einzugliedern, wenn auch die Spannungen zwischen ›Wirtschaftsdemokratie‹ und liberaler Demokratie bis zum Ende der Weimarer Republik andauerten.

3.2. Korporatismus als *Ideologie* verstand sich v.a. als rechte, aber mitunter auch als linke Kritik des politischen und wirtschaftlichen Liberalismus, v.a. im 19. Jahrhundert und der Zwischenkriegszeit.

Konservative korporatistische Ideologien kritisierten die abstrakte Mechanik des allgemeinen Wahlrechts, das jedem Bürger ohne Gewichtung nach gesellschaftlicher Stellung und wirtschaftlichem Beitrag eine Stimme gab. Dies verhindere authentische politische Repräsentation und schaffe die Möglichkeit eines Umsturzes der gesellschaftlichen Ordnung mit gesetzlichen Mitteln. Stattdessen sollte der Staatsaufbau die organische und notwendigerweise hierarchische Gliederung des sozialen Lebens abbilden und damit schützen. Die liberalen Kritiker ständestaatlicher Ideen, unter ihnen Max Weber, betonten dagegen die Dynamik von Sozialstrukturen und wirtschaftlichen Funktionszuweisungen in modernen Gesellschaften, der gegenüber eine stabile politische Ordnung nur durch Ausdifferenzierung mit Hilfe abstrakter Bürgerrechte gewonnen werden konnte.

Auch der *linkskorporatistische* Antiliberalismus etwa des Gildensozialismus und des Anarchosyndikalismus opponierte gegen eine Trennung von Staat und Gesellschaft. Der bürokratische Territorialstaat erschien ihm als parasitäres Instrument der Ausbeutung, auch weil er in seiner liberalen Form an die Respektierung des Privateigentums gebunden und deshalb unfähig war, in den kapitalistischen Markt zugunsten der Mehrheit der Gesellschaftsmitglieder einzugreifen. In Übereinstimmung mit einigen konservativen Ständestaatstheorien betonte der ›linke‹ Korporatismus die Krisenhaftigkeit freier Märkte, deren Überwindung er sich von einer politischen Steuerung der Wirtschaft durch Absprachen zwischen basisdemokratisch organisierten Produzenten versprach.

3.3. Korporatismus als *sozialpartnerschaftliche Pragmatik* gehört zum *postwar settlement* zahlreicher europäischer Demokratien nach 1945 (vgl. Crouch 1993). Als ideelle Grundlagen können die katholische Soziallehre mit ihrem Subsidiaritätsprinzip, sozialdemokratische Theorien der ›Gruppendemokratie‹ sowie Durkheims Versuch einer Rehabilitierung zunftähnlicher Berufsverbände im Rahmen einer vorsichtigen Revision des Rousseauschen Erbes der Französischen Revolution gelten. In seinem Werk über die Arbeitsteilung betont Durkheim den Nutzen intermediärer Organisationen für die soziale Integration moderner, hochdifferenzierter und deshalb vom Staat allein nicht mehr regulierbarer Gesellschaften (vgl. Durkheim 1883). Soziale Integration und Staatsentlastung waren auch die bestimmenden Motive bei der Zuerkennung eines privilegierten Status an organisierte Gruppen, insbesondere an die Gewerkschaften, im demokratischen Nachkriegskapitalismus v.a. derjenigen Staaten des europäischen Kontinents, in denen radikalliberale Traditionen weniger ausgeprägt waren (vgl. Siaroff 1999). Zwar blieb die Spannung zwischen der parlamentarischen Demokratie und der Institutionalisierung von Interessenverbänden als quasi-offiziellen Trägern der sozialen Ordnung (vgl. Streeck/Schmitter 1985), und insbesondere der Tarifautonomie, grundsätzlich unaufgelöst. Sie wurde jedoch wegen ihrer befriedenden Wirkung und der besonders in den 1970er Jahren beobachteten wirtschaftlichen Überlegenheit sozialpartnerschaftlicher Arrangements (vgl. Wilensky 2002), v.a. bei der Eindämmung der Inflation durch ›politischen Tausch‹ zwischen Regierung und Gewerkschaften, als unvermeidlich hingenommen (vgl. Lehmbruch/Schmitter 1982; Schmitter/Lehmbruch 1979). Insgesamt zeichnete sich der liberale Korporatismus bzw. Neo-Korporatismus der europäischen Nachkriegsdemokratien dadurch aus, dass er sich zwar wechselweise sowohl sozialdemokratischer als auch christdemokratischer Rechtfertigungen bediente, im Kern jedoch eine *pragmatische*, an politischen und wirtschaftlichen Nutzenüberlegungen orientierte Akkommodierung starker Gewerkschaften und Interessenverbände war. Spätestens in den 1990er Jahren verlor der Neo-Korporatismus in einer veränderten, ›globalisierten‹ wirtschaftlichen Umwelt bei zurückgehender Gewerkschaftsmacht seine pragmatische Attraktivität und wurde unter der Einwirkung eines erneuten Liberalisierungsschubes weitgehend durch staatliche Deregulierungspolitik abgelöst. Heute überwiegen deshalb die pejorativen Konnotationen des Begriffs.

4.

Crouch, C., 1993, Industrial Relations and European State Traditions, Oxford: Oxford University Press.
Durkheim, E., 1883, Über soziale Arbeitsteilung, Frankfurt/M.: Suhrkamp 2004.
Lehmbruch, G., 1977, Liberal Corporatism and Party Government, in: Comparative Political Studies 10.
Lehmbruch, G./Schmitter, P. C. (Hg.), 1982, Patterns of Corporatist Policy-Making, London: Sage.
Müller, A., 1809, Die Elemente der Staatskunst, Jena: Fischer 1922.
Schmitter, P. C., 1974, Still the Century of Corporatism?, in: Review of Politics 36.
Schmitter, P. C./Lehmbruch, G. (Hg.), 1979, Trends Toward Corporatist Intermediation, London: Sage.
Siaroff, A., 1999, Corporatism in 24 Industrial Democracies, in: European Journal of Political Research 36.
Streeck, W./Schmitter, P. C. (Hg.), 1985, Private Interest Government, London: Sage.
Streeck, W./Kenworthy, L., 2004, Theories and Practices of Neo-Corporatism, in: T. Janoski/R. Alford/A. Hicks/M. Schwartz (Hg.), Handbook of Political Sociology, New York: Cambridge University Press.
Wilensky, H., 2002, Rich Democracies, Berkeley: University of California Press.

Wolfgang Streeck

Korruption

1.

Der Begriff »Korruption« stammt vom lateinischen Wort »corrumpere« ab, mit dem Verderbnis, Unterhöhlung, aber auch Bestechlichkeit direkt bezeichnet werden kann. In einem weiteren Sinne wird darunter auch ein moralischer Zerfall im Sinne der sittlichen Verdorbenheit gesellschaftlicher Institutionen oder individueller Personen verstanden. In einem engeren Sinne ist mit Korruption der Akt der Bestechung oder Bestechlichkeit als Tauschvorgang gemeint. In der zeitgenössischen Diskussion wird unter Korruption der Missbrauch öffentlicher Macht für den privaten Vorteil verstanden (vgl. Jain 1998; ders. 2001; Bradhan 1997).

2.

Umgangssprachlich ist dem Begriff »Korruption« demnach eine gewisse Komplexität und Unschärfe der gemeinten Problemdisposition eigen, die sich auch in seiner philosophischen und wissenschaftlichen Erörterung wieder findet. Analytisch können die Diskussion und Verarbeitung der Korruption auf die informellen (Werthaltungen, Kultur, Religion) oder formellen Institutionen (Gesetze, Verordnungen, Standards) einer Gesellschaft bezogen sein.

Platon erörtert in der *Politeia* (424b, 490e, 495a, 575c, 595b) von ihm beobachtete Phänomene des Zerfalls im Bereich der Bildung, Erziehung oder charakterlichen Eignung des Führungspersonals der Poleis. Er begreift diese Anzeichen eines allgemeinen Sittenverfalls als Auflösung einer bewährten Tradition und Verderbnis einer natürlichen Ordnung. Gegen diese Korruption der informellen Institutionen der Poleis, so Platon, helfen keine Gesetze (424d), sondern nur die soziale Sicherstellung individueller Tüchtigkeit.

Aristoteles hingegen platziert Korruption im Kontext der Zuverlässigkeit der formalen Institutionen der Rechtsprechung. Ausgehend von der in der *Nikomachischen Ethik* (X.9, 1181b 19) entwickelten Fragestellung nach den Umständen, die Staaten und verschiedene Verfassungen bewahren oder zerstören, gibt er im *Staat der Athener* (27, 41, 59) darauf die empirisch gewonnenen Antworten. Am Beispiel der Bestechung von Richtern demonstriert er, dass Korruption in der Zerstörung der Vertrauenswürdigkeit politischer Institutionen endet. Die Stabilität des Rechts, seiner Organe und mit ihnen die gesamte gesellschaftliche Ordnung werden dem Verfall preisgegeben, wenn ein von privaten Interessen getragener Zugriff auf öffentliche Institutionen gebilligt wird.

Diese beiden Diskussionsstränge finden sich ebenfalls in der aktuellen Diskussion. Im Hinblick auf die informellen Institutionen erscheint Korruption als »sittenwidrige Käuflichkeit« oder »unmoralischer Tausch« (Neckel 1995), weil Güter gegen Zahlung erworben werden, die nicht für Geld zu haben sein sollten. Nicht alle Güter, die einen Wert haben, sollen auch einen Preis haben. Mit Walzer (1983, Kap. 4) ist dann allerdings nicht mehr die Natur oder das Herkommen der Referenzpunkt solcher Wertungen, sondern ein erreichter sozialer Konsens mit den entsprechenden Bedeutungszuweisungen. Dass demnach also politische Macht, Gerichtsurteile oder öffentliche Aufträge nicht gegen Geld zu haben sein sollten, sondern über legitimierte Verfahren, liegt nicht daran, dass sie nicht käuflich wären, sondern dass sie nicht käuflich sein sollen. Walzer nennt dies als moralisch gesteuerten »blocked exchange«. Eine moderne Interpretation der aristotelischen Beobachtungen findet sich in der vertragstheoretischen Orientierung der ökonomischen Agenturtheorie (vgl. Klitgaard 1988; Homann 1997). Unter Rückgriff auf Hobbes wird die Stabilität menschlicher Gemeinschaft nicht an einem geteilten Bestand von kulturellen Gemeinsamkeiten festgemacht, sondern an der Existenz und Erzwingbarkeit vertraglicher Bindungen durch den Staat. Gerechtigkeit und gesellschaftliche Moral drücken sich dann darin aus, dass Verträge zu halten sind und durch eine dritte Partei erzwungen werden können. Würden Verträge systematisch nicht gehalten oder könnte man sich dessen nie ganz sicher sein, dann würden vertragsbasierte Gesellschaften kollabieren. Korruption ist in dieser Perspektive die Zerstörung von Rechts- und Verfahrenssicherheit und damit die Bedrohung und Verhinderung gesellschaftlicher Kooperation durch Vertrag und daraus folgender Wohlfahrt (vgl. Abed/Gupta 2002).

Beide Analysestränge führen zu einer negativen Bewertung der Korruption. Indirekt erklärt sich aus der vertragstheoretischen Variante auch die Relevanz von Korruption in Gesellschaften, in denen die funktionale Ausdifferenzierung von Politik und Staat nicht vollzogen ist. Soziale Institutionen und Organisationen werden dort als Mittel zur Bereicherung der gerade herrschenden Familien, Clans oder Volksgruppen angesehen. Der Konsens über sittenwidrige Formen von Korruption in solchen Gesellschaften ist an diese vorgängige Machtverteilung gebunden.

3.

3.1. In der aktuellen sozialwissenschaftlichen Diskussion des Korruptionsphänomens finden sich beide Entwicklungslinien der philosophischen Debatte wieder. Auf dem Hintergrund von Sittlichkeit und Tugend operiert die Annahme, dass das Auftreten von Korruption als misslingende Selbstbindungsstrategie verstanden werden muss. Dafür werden dann die »grabbing hand« (vgl. Shleifer/Vishny 1998, 91 ff.) und verbreitete Habgier angeführt. Neben die Habgier tritt aber auch die Armut als Auslöser von »grabbing hand«-Phänomenen auf, nämlich in Ländern, in denen die Einkommen der Staatsbediensteten so niedrig sind, dass Einnahmen aus dem Verkauf staatlicher Leistungen unausweichlich und wohl auch von allen Beteiligten gewollt sind (vgl. Van Rijkghemen/Weder 1997).

In den Bereich der Analyse informeller Institutionen gehören ebenfalls soziologische und kulturwissenschaftliche Studien, die Korruption, v.a. in Ländern der Dritten Welt, auf eine noch lebendige archaische Geschenke- und Gabenökonomie zurückführen (vgl. Williams 2000). Die Vergabe eines staatlichen Auftrages ist dann kein objektiver Verwaltungsvorgang, sondern eine Geste individueller Zuneigung, die der Erwiderung des so Bevorzugten mit einem »Geschenk« (Korruption) bedarf.

Ökonomen konzentrieren ihre Analyse auf die formalen Institutionen einer Gesellschaft (vgl. Abed/Gupta 2002). Während einige Autoren (vgl. Becker 1994) davon ausgehen, dass

Korruption einem Zuviel an staatlichen Gesetzen und Strukturen geschuldet ist, beklagen andere (vgl. Tanzi 1998; Rose-Ackermann 1999) eine mangelnde Gesetzgebung, Kontrolle und Durchsetzung ordnungspolitischer Regeln. In beiden Fällen handelt es sich um strukturelle Fehlanreize, die korruptes Verhalten belohnen.

Aus der Sicht der Neuen Organisationsökonomik (vgl. Williamson 1993) und der daraus entwickelten Governanceethik (Wieland 1999; ders. 2002) spielen die Anreizstrukturen in Unternehmen und anderen Organisationen eine entscheidende ursächliche Rolle für Korruption. Damit ist Korruption nicht mehr allein ein Versagen individueller, sondern auch kollektiver Akteure.

3.2. Die Konsequenzen der hier skizzierten Theorielage sind für die Bekämpfung und Eindämmung von Korruption natürlich unterschiedlich. Aus der Charakterisierung als sittenwidriger Käuflichkeit folgt, dass Korruption den moralischen Konsens der modernen Gesellschaft über die Trennung von »öffentlich« und »privat« und über Fairness und Gerechtigkeit in Wettbewerbsgesellschaften verletzt. Insoweit die sich darauf beziehenden formalen Institutionen (Anti-Korruptionsgesetze, Wettbewerbsgesetze) verletzt werden, muss dies sanktioniert werden. Der Schwerpunkt aber muss aus dieser Sicht auf der Prävention liegen. Grundanliegen ist dabei das Erinnern und Erneuern des moralischen Konsenses als Akt der Sensibilisierung und Selbstbindung der individuellen und kollektiven Akteure einer Gesellschaft. Gesellschaftliche Diskurse, angetrieben von Nichtregierungsorganisationen (vgl. Eigen 2001), erfüllen diese Aufgabe ebenso wie die Einführung von Wertemanagement-Systemen in öffentlichen und privaten Organisationen (vgl. Wieland 2002).

Aus der vertragstheoretischen Perspektive der Instabilität sozialer Tauschbeziehungen und daraus folgender Wohlfahrtsverluste kommt v.a. der Sanktionierung eine zentrale Rolle zu, also dem Monitoring, der Schärfe der Anti-Korruptionsgesetze und der organisatorischen Möglichkeit ihrer Erzwingung. Der damit einhergehende Aufbau von Staatsmacht und Abschreckung wird als die wirksamste Form der Prävention angesehen (vgl. Becker 1968).

Die hier durchgeführten Unterscheidungen sind allerdings analytischer Natur. In der Praxis wird es immer um eine Kombination von Prävention und Sanktion gehen.

4.

Abed, G. T./Gupta, S. (Hg.), 2002, Governance, Corruption and Economic Performance, Washington, D.C.: IWF.

Becker, G. S., 1968, Crime and Punishment. An Economic Approach, in: Journal of Political Economy 76.

Becker, G. S., 1994, To Root Out Corruption, Boot Out Big Government, in: Business Week 31.

Bradhan, P., 1997, Corruption and Development, in: Journal of Economic Literature 35.

Eigen, P. (Hg.), 2001, Das Netz der Korruption, Frankfurt/M.: Campus.

Homann, K., 1997, Unternehmensethik und Korruption, in: Schmalenbachs Zeitschrift für betriebswirtschaftliche Forschung 49.

Jain, A. K., 1998, Models of Corruption, in: ders. (Hg.), Economics of Corruption, Dordrecht: Kluwer.

Jain, A. K., 2001, Corruption, in: Journal of Economic Surveys 15.

Klitgaard, R. E., 1988, Controlling Corruption, Berkeley: University of California Press 1991.

Neckel, S., 1995, Der unmoralische Tausch. Eine Soziologie der Käuflichkeit, in: K. M. Michel/T. Spengler (Hg.), Kursbuch Korruption, Berlin: Rowohlt.

Rose-Ackerman, S., 1999, Corruption and Government, Cambridge: Cambridge University Press.

Shleifer, A./Vishny, R. W., 1998, The Grabbing Hand. Government Pathologies and Their Cures, Cambridge/MA: Harvard University Press.

Tanzi, V., 1998, Corruption Around the World, in: IMF Staff Papers 45.

Van Rijkghemen, C./Weder, B., 1997, Corruption and Rate of Temptation. Do Low Wages in the Civil Service Cause Corruption?, Washington, D.C.: IWF.

Walzer, M., 1983, Sphären der Gerechtigkeit, Frankfurt/M.: Campus 1992.

Wieland, J., 1999, Die Ethik der Governance, Marburg: Metropolis.

Wieland, J., 2002, Korruptionsprävention durch

Selbstbindung? in: V. Arnold (Hg.), Wirtschaftsethische Perspektiven VI, Berlin: Duncker & Humblot.
Williams, R. (Hg.), 2000, The Politics of Corruption, Cheltenham: Elgar.
Williamson, O. E., 1993, The Evolving Science of Organization, in: Journal of Institutional and Theoretical Economics 149.

Josef Wieland

Krieg

1.

Die Etymologie des Wortes »Krieg« verweist auf den ursprünglichen Wortsinn ›Zwist‹ bzw. ›Streit‹. Eine moderne Begriffsbestimmung wird dadurch erschwert, dass in der Alltagssprache »Krieg« oft in metaphorischen Bedeutungen verwandt wird (Bandenkrieg, Handelskrieg etc.). Zudem wählen unterschiedliche Wissenschaften verschiedene Zugänge zum Phänomen des Krieges. Im Allgemeinen wird Krieg entweder als sozio-politisches oder als juristisch-legalistisches Phänomen verstanden. Dabei können Krieg und Frieden als Extreme eines bipolaren Kontinuums oder aber als strikt getrennte Gegensätze (»inter bellum et pacem nihil medium«, Cicero) angesehen werden. In der Rechtswissenschaft wird unter dem Begriff »Krieg« zumeist ein besonderer Zustand in den zwischenstaatlichen Beziehungen verstanden, in dem spezielle Normen des Völkerrechts (Kriegsrecht) gelten (vgl. Wright 1942). Die Verhaltensforschung wiederum versteht Krieg als das Ergebnis einer speziellen menschlichen Verhaltensweise, die zur Aggression zwischen Gruppen führt. In jüngster Zeit wurde versucht, die evolutionsbiologischen Grundlagen dieser Verhaltensweise zu ergründen (vgl. z. B. Van der Dennen 1995).

In der Politikwissenschaft herrscht kein einheitlicher Begriff des Krieges vor, da je nach Untersuchungsabsicht der Begriff unterschiedlich operationalisiert wird. Quantitative Definitionen des Krieges (vgl. Richardson 1960) stützen sich oftmals auf folgende Kriterien (vgl. Small/Singer 1972): (a) ein Konflikt muss mindestens 1000 Tote verursachen, (b) die Führung des Konfliktes muss vorbereitet worden sein, (c) der Konflikt ist öffentlich legitimiert worden, so dass Tötungen als legitim angesehen werden. Die *Kriegsursachenforschung* hingegen gibt gewöhnlich nachstehende Kriterien zur Begriffsbestimmung an: (a) Beteiligung von mindestens zwei Parteien, wobei eine als reguläre Streitmacht anerkannt ist, (b) ein gewisser Organisationsgrad auf beiden Seiten, (c) Kampfhandlungen müssen eine Kontinuität aufweisen (vgl. Gantzel/Siegelberg 1990, 226).

Unter den historischen Definitionsversuchen des Krieges sticht die Begriffsbestimmung durch Clausewitz (1780–1831) hervor. Er versteht Krieg als einen politischen Akt zur Durchsetzung des eigenen Willens, bei dem Gewalt gegen die Widersacher eingesetzt wird. Krieg sei somit die Fortsetzung der Politik mit anderen Mitteln.

Aus der Analyse der divergierenden Konzeptualisierungen des Krieges ergeben sich verschiedene bestimmende Elemente: Unter Krieg lässt sich somit die andauernde und wechselseitige kollektive Anwendung von Gewalt zwischen zwei organisierten Gruppierungen, mit dem Zweck der Gegenseite den eigenen Willen aufzuzwingen, verstehen.

2.

Die philosophische Beschäftigung mit dem Krieg beginnt im Abendland bereits in der Antike. Schon Platon und Aristoteles stellen erste, nicht systematische Überlegungen zum Krieg an. Der Historiker Thukydides begründet die Idee einer »realistischen« Sichtweise auf die internationalen Beziehungen, in denen Krieg als ein Instrument der hegemonialen Interessensdurchsetzung angesehen wird. Einflussreich waren die Überlegungen von Cicero, der die römische Konzeption des bellum iustum (gerechter Krieg) erläutert. Das lateinische Wort ›iustum‹ umfasst dabei sowohl die moralische Richtigkeit einer Handlung als auch ihre formale, den Regeln entsprechende Ausführung.

Mit der Verbreitung des Urchristentums geht die Idee eines religiös begründeten strikten Pazifismus einher. Frühe Kirchenväter wie Origen, Laktanz und Tertullian lehnen jeglichen Kriegsdienst für Christen unter Hinweis auf die Gefährdung des Seelenheils strikt ab. Als im 4. Jahrhundert die christliche Kirche durch Barbareneinfälle und Sektierer in Gefahr geriet, greifen die Kirchenväter Ambrosius und Augustinus die Lehre vom gerechten Krieg auf und erklären, dass unter gewissen Umständen Christen die Kriegführung gestattet sei. Obwohl die Kirche im Mittelalter dem Krieg in der Regel skeptisch gegenübersteht, – so mussten Kämpfende auch Buße für die Tötung von Gegnern in legitimen Kriegen tun – setzt sich doch die Lehre vom gerechten Krieg als maßgebliche Doktrin durch. In der großen Dekretesammlung des Gratian (um 1140) werden die ethischen Fragen zum Problem des Krieges schließlich systematisch behandelt. Im Gefolge greifen die Kanoniker diese Ideen auf (z. B. Huguccio, Rufinus, de Penafort etc.; vgl. Russell 1975). Aus theologischer Sicht behandelt Thomas von Aquin die Frage der Gerechtigkeit des Krieges. In der *Summa Theologica* erklärt er, dass ein gerechter Krieg drei Kriterien erfüllen muss: gerechter Grund, rechte Intention und rechte Autorität. Zeitgleich beharren jedoch verschiedene Sekten darauf, dass der strikte Pazifismus den Lehren Jesu angemessener sei (z. B. Waldenser und Katharer). Zudem entsteht der Kreuzzugsgedanke, der zum Konzept eines Heiligen Krieges führt. Die Idee der gottgefälligen Glaubenskriege erlangte in den Konfessionsstreitigkeiten im Gefolge der Reformation besondere Bedeutung.

In der frühen Neuzeit werden die politischen Philosophen mit der Entstehung einer modernen Staatenwelt konfrontiert (vgl. auch Janssen 1982). Die Idee des gerechten Krieges wird nun zusehends genutzt, um alle Formen des nicht-zwischenstaatlichen Krieges zu ächten. In diese Zeit fällt zudem das Problem der Rechtfertigung (de Sepulveda) bzw. Verurteilung (de Vitoria) der kolonialen Landnahme durch europäische Staaten. In der frühen Neuzeit emanzipiert sich ferner das Völkerrecht von seiner Bindung an Kirchenrecht und Theologie. Denker wie Belli, de Ayala, Gentili und Suárez bereiten den Grund für das sog. klassische Völkerrecht, das durch Grotius' epochales Werk *De Iure Belli ac Pacis* seine deutlichste Ausformulierung findet.

Die Brutalität des Krieges veranlasst viele Denker, einen strikten Pazifismus zu vertreten. Erasmus von Rotterdam verfasst mit *Die Klage des Friedens* und *Dulce bellum inexpertis* zwei beredte Plädoyers für den Pazifismus. Nach dem Westfälischen Frieden konsolidierte sich endgültig eine durch souveräne Staaten geprägte Ordnung in Europa. Die in den Jahrhunderten zuvor entwickelte Idee der Staatsräson erhält nun eine zunehmende Verbreitung. Machiavellis Schrift *Der Fürst* und Hobbes' *Leviathan* sind Ausdruck der Idee der Staatsräson, der zufolge Staaten berechtigt sind, alles zu unternehmen, was ihren vitalen Interessen dient.

Parallel zur Staatsräson kommt es zur Weiterentwicklung des Völkerrechts als Mittel, um den Frieden zwischen den Staaten zu erhalten (vgl. de Vattel, Zouch, Pufendorf, Bynkershoek, Kant). Im 19. Jahrhundert wird das Denken über den Krieg durch Industrialisierung, Liberalismus und Imperialismus beeinflusst. Mit Aufkommen des Sozialdarwinismus prägen sich erstmals dezidiert bellizistische Theorien in Europa aus. Für Treitschke, von Bernhardi und Nietzsche ist Krieg nicht lediglich durch die Natur des Menschen unvermeidbar, er hat in ihren Augen auch wichtige zivilisatorische Funktionen. Krieg wurde in diesen Theorien positiv umgewertet. Gleichzeitig entstehen die ersten säkular geprägten Friedensbewegungen. Ihren größten Erfolg haben die pazifistischen Friedensbewegungen im Gefolge der Katastrophe des Ersten Weltkriegs. Unter dem Eindruck von Millionen Kriegsopfern wird 1928 der Kellogg-Briand-Pakt abgeschlossen, in dem die unterzeichnenden Staaten auf Krieg als Mittel der Interessensdurchsetzung verzichteten. Die Idee eines Kriegsverzichts wird 1945 in der UN-Charta erneut aufgegriffen. Gemäß der Charta ist den Staaten lediglich die unmittelbare Selbstverteidigung gestattet.

Im Gefolge der Debatten über die US-amerikanische Vietnamintervention (1956–1975) erlebt die Lehre vom gerechten Krieg in den Vereinigten Staaten eine Renaissance (Walzer, Ramsey, Turner etc.). Gleichzeitig wenden sich viele Denker, beeindruckt durch die Drohung eines Nuklearkrieges, einem strikten Pazifismus zu.

Aktuelle Probleme in der Diskussion der politischen Philosophie sind die Fragen um die Rechtmäßigkeit sog. humanitärer Interventionen (Militäreinsatz zur Verhinderung schwerwiegender und anhaltender Menschenrechtsverletzungen in fremden Ländern) und die mit dem ›Krieg gegen den Terrorismus‹ einhergehenden ethischen und politischen Probleme.

3.

Die politische Philosophie beschäftigt die Frage nach der möglichen politischen und ethischen Rechtfertigung für die Anwendung kriegerischer Gewalt und, wenn eine solche Möglichkeit bejaht wird, danach, welche Handlungen den Krieg führenden Parteien gestattet sind. Sechs Denkrichtungen können hier unterschieden werden.

3.1. Die Idee, dass Krieg unter bestimmten, ethisch zu definierenden Bedingungen gerechtfertigt werden kann, besitzt im abendländischen Kulturraum eine lange Tradition. Diese wird oftmals als bellum-iustum-Lehre, Doktrin vom gerechten Krieg oder *Theorie des gerechten Krieges* (›just war theory‹) bezeichnet. Tatsächlich handelt es sich bei dieser »Lehre« aber eher um eine Sammlung verschiedener Theorien, denen gemeinsam ist, dass sie gerechte Kriege für möglich halten, sofern schwerwiegendes Unrecht sich nur durch kriegerische Gewalt verhindern oder korrigieren lässt. Theorien des gerechten Krieges untersuchen daher die Frage nach der Berechtigung, einen Krieg anzufangen (ius ad bellum), und die Frage nach den im Krieg erlaubten Handlungen (ius in bello). Einige Theoretiker sehen zudem eine wichtige Komponente in den Bedingungen für eine gerechte Nachkriegsordnung (ius post bellum).

Kriege gelten zumeist als gerecht, wenn folgende Kriterien erfüllt sind: (1) Ein Krieg muss aufgrund eines gerechten Grundes geführt werden (causa iusta), etwa Selbstverteidigung, Beistand für unrechtmäßig Angegriffene, Korrektur eines schwerwiegenden Übels oder Wiedererlangung eines zu Unrecht entwendeten Gutes, dessen friedliche Restitution verweigert wird. Umstritten ist, ob die präventive Abwehr eines Angriffs einen gerechten Kriegsgrund darstellen kann. (2) Der Krieg darf nur durch eine als berechtigt angesehene Autorität erklärt und geführt werden (auctoritas principis). (3) Der Krieg muss das einzige noch zur Verfügung stehende Erfolg versprechende Mittel sein, um Unrecht abzuwehren und Übeltäter zu strafen (ultima ratio). (4) Der gerechte Grund für den Krieg muss so schwerwiegend sein, dass er die mit einem Krieg verbundenen Übel überwiegt, d.h. den Krieg nicht zu führen, hätte voraussichtlich schlimmere Konsequenzen als die Kriegführung (Proportionalität). (5) Es muss eine erkennbare Aussicht auf Erfolg bestehen.

Bisweilen werden vier weitere Kriterien angeführt: (6) Bei der Gewichtung des eigenen gerechten Grundes müssen eventuelle gute Gründe der Gegenseite mit abgewogen werden (vergleichende Gerechtigkeit). (7) Der Krieg muss den geltenden Gebräuchen und Rechtsvorschriften folgend ordentlich erklärt werden, um dem Gegner eine letzte Chance zum friedlichen Einlenken zu gewähren. (8) Der gerechte Grund muss der tatsächliche Grund für den Krieg sein. Es darf keine hintergründigen illegitimen Motivationen geben. (9) Ein gerechter Krieg darf nur dann erklärt werden, wenn die Möglichkeit besteht, den Krieg nach den Regeln des ius in bello zu führen.

Das letzte Kriterium des ius ad bellum leitet über zu der Frage, welche Kriegshandlungen in einem gerechten Krieg erlaubt sind. Folgende vier Kriterien gelten meist als maßgeblich: (1) Notwendigkeit: Eine militärische Maßnahme ist nur dann gerechtfertigt, wenn sie tatsächlich zum Gewinnen des Krieges erforderlich ist. Racheakte oder unnötige Grausamkeit sind folglich verboten. (2) Proportionalität: Eine militärische Maßnahme ist nur dann zulässig, wenn die zu erwartenden Verluste an Menschenleben und Schäden an der Infrastruktur in einem angemessenen Verhältnis zum legitimen militärischen Nutzen der Maßnahme stehen. (3) Alle Akte, die an sich bösartig sind, sind verboten (›mala in se‹), also Folter, Vertreibung, Genozid, Vergewaltigung oder der Einsatz von Massenvernichtungswaffen. (4) Die völker- und gewohnheitsrechtlichen Regeln bezüglich des Schutzes von Non-Kombattanten sind unbedingt einzuhalten (Diskriminierung, d. h. in diesem Kontext: die Unterscheidung von legitimen und illegitimen Angriffszielen).

Als Antwort auf die Kritik, dass im Krieg immer auch Unschuldige verletzt und getötet werden, dient das Prinzip der Doppelwirkung (Thomas von Aquin gilt als Urheber). Diesem Prinzip zufolge ist es gerechtfertigt, Unschuldige in Mitleidenschaft zu ziehen, wenn folgende Voraussetzungen erfüllt sind: (a) Die Tötung und Verletzung Unschuldiger darf nicht intendiert sein; (b) die üblen Nebenwirkungen dürfen das angestrebte Gute nicht überwiegen; (c) die üblen Nebenwirkungen sind unvermeidbar, soll das angestrebte Gute erreicht werden.

Bei Einhaltung dieser Bedingungen halten einige Theoretiker sog. Kollateralschäden für rechtfertigbar.

Für eine gerechte Nachkriegsordnung müssen zwei Kriterien erfüllt sein: (1) Der Krieg muss mit aufrichtiger Intention erklärt und geführt worden, der Kriegsgrund also nicht lediglich für andere, ungerechte Motivationen vorgeschoben sein (intentio recta). Dementsprechend muss in der Nachkriegsordnung danach gestrebt werden, nur tatsächlich Schuldige einer gerechten Strafe zuzuführen. Kollektive Bestrafungen, Racheakte und ungerechtfertigte Aneignungen sind strikt untersagt, Reparationen nur in einem Maße gerechtfertigt, als sie tatsächlich als Ausgleich verursachter Schäden angesehen werden können und durch sie den Besiegten nicht die Lebensgrundlage entzogen wird. (2) Ziel des gerechten Krieges muss der gerechte Friede sein. Eine selbst Unrecht hervorrufende Friedensordnung kann nicht gerechtfertigt sein, da sie die Grundlagen für zukünftige Konflikte legt. Ebenso ist schon während des Krieges auf alle Maßnahmen zu verzichten, die ein späteres friedliches Zusammenleben gefährden könnten.

3.2. Im Gegensatz zu der Lehre vom bellum iustum verneint der *Pazifismus* die Möglichkeit eines gerechten Krieges: Er lehnt Krieg grundsätzlich ab und betont die Bedeutung der Kriegsprävention (Friedenspädagogik, Mediation, Bekämpfung der Ursachen des Krieges), darüber hinaus verweist er auf gewaltlose Widerstandsformen. Drei pazifistische Grundpositionen lassen sich dabei unterscheiden: (a) Gemäß dem religiösen Pazifismus werden als heilig erachtete Texte und Zeugnisse göttlichen Willens dahingehend interpretiert, dass ein striktes Tötungsverbot bestehe. (b) Der konsequentialistische Pazifismus behauptet, dass die Erlaubnis, Kriege zu führen, schlimmere Konsequenzen nach sich ziehe als die friedliche Abwehr von Unrecht – auch wenn diese kurzfristig weniger effizient erscheinen mag. Eine spezielle Variante ist der epistemologische Pazifismus, der schon deshalb die Teilnahme an einem modernen Staatenkrieg ablehnt, weil es dem Individuum nicht möglich sei, sicher zu erkennen, ob tatsächlich ein gerechter Krieg vorliege (vgl. Burke 1990). (c) Der deontologische Pazifismus erklärt, dass Krieg selbst ein ›mala in se‹ sei. Im Krieg kommen Unschuldige ums Leben. Deshalb könne Krieg nicht in Einklang mit den moralischen Pflichten des Menschen gebracht werden.

Pazifistische Positionen werden zumeist dahingehend kritisiert, dass sie den realen Verhältnissen dieser Welt nicht gerecht würden (vgl. Walzer 1977). Dagegen wird eingewandt, dass der gewaltlose Widerstand Gandhis und Martin Luther Kings einen Beleg für den Erfolg pazifistischen politischen Handelns darstelle. Dies wird wiederum von Kritikern zurückgewiesen mit der Begründung, dass Gandhi und King nur deshalb erfolgreich gewesen seien, weil ihre Gegner nicht zur äußersten Gewaltanwendung bereit waren. Ein weiteres Problem des Pazifismus besteht, wenn eine ethische Verpflichtung zur Nothilfe vorliegt.

Ähnlich wie die Lehre vom gerechten Krieg haben pazifistische Positionen eine lange Tradition (vgl. Brock 1972; Brock/Young 1999), auch wenn der Begriff erst um das Jahr 1900 aufkommt.

3.3. *Bellizistische Theorien* des Krieges gehen davon aus, dass Kriege für die Entwicklung der Zivilisation vorteilhaft seien, da sie zur Erneuerung der Gesellschaft beitragen und als Motor des Fortschritts fungieren. Bellizistische Positionen treten zunächst am Ende des 19. und zu Beginn des 20. Jahrhunderts im Gefolge des Aufkommens des Sozialdarwinismus auf. Von Bernhardi (*Deutschland und der nächste Krieg*) erklärte beispielsweise im Jahr 1912, dass der Darwinismus bewiesen habe, dass es nur zwei Alternativen gebe: Expansion oder Verfall. Krieg sei ein biologischer Imperativ und somit eine Pflicht bzw. ein Recht (vgl. ähnliche Ansätze bei Nietzsche und Treitschke).

3.4. Anhänger einer *permissiven Haltung* gegenüber dem Phänomen des Krieges erklären, dass ethische Überlegungen nur dort einen Platz haben, wo es tatsächlich Wahlmöglichkeiten für verschiedene Handlungsweisen gebe. Krieg sei jedoch eine durch den menschlichen Charakter und die Konstituierung der Staatenwelt vorgegebene Notwendigkeit. Aus diesem Grund stehe der Krieg außerhalb moralischer Überlegungen (»inter arma silent leges«). Die permissive Haltung kann sich dabei sowohl auf das ius ad bellum als auch auf das ius in bello beziehen: (i) ius ad bellum: Vertreter der Idee der Staatsräson plädieren dafür, dass Staaten nicht aus ethischen Gründen Kriege führen sollten, sondern um ihre nationalen Interessen durchzusetzen (Machtpolitik). Die Entscheidung über Krieg und Frieden sollte als politische Entscheidung frei von moralischen Erwägungen sein. Bezüglich des ius in bello wird jedoch durchaus anerkannt, dass die Regeln des Krieges moralischen Prinzipien folgend gestaltet werden sollten. In der Moderne steht die Idee des politischen *Realismus* dieser Konzeption nahe. Der politische Realismus vertritt die Ansicht, dass (a) Staaten souverän sind und somit keinen Richter über sich haben, (b) Staaten immer nur Eigeninteressen verfolgen, und (c) durch die besondere Konstituierung des Staatensystems ein Dauerkonflikt unter den Staaten herrsche (Anarchieproblem). Der Realismus hält deshalb die Theorie des gerechten Krieges für schlichtweg unzutreffend und versucht, das Anarchieproblem in der Staatenwelt durch eine geschickte Handhabung der internationalen Beziehungen zu entschärfen.

Überlegungen dieser Art finden sich bei Thukydides, Tacitus (»neque quies gentium sine armis«, kein Volk lebt im Frieden ohne Waffen) oder Vegetius (»si vis pacem para bellum«, wenn du den Frieden willst, bereite den Krieg vor). Denker wie Marsilius von Padua und Pufendorf vertraten die Idee, dass Staaten säkulare persona ficta seien und als solche handelten. Als einflussreich erwies sich Hobbes' Darstellung des Naturzustandes, der zwischen den Staaten herrsche (*Leviathan*). In jüngerer Zeit haben Carr (1939) und Morgenthau (1948) die realistische Denkweise geprägt.

(ii) ius in bello: Clausewitz (1832) argumentiert, dass moralische Prinzipien in der Bestimmung der im Krieg erlaubten und verbotenen Handlungen unangebracht seien. Anhänger einer militärisch permissiven Haltung halten zwar eine moralisch orientierte Entscheidung zum Krieg für angebracht. In der Handhabung des ius in bello plädieren sie jedoch für eine Kriegsräson, die moralische Überlegungen aus den militärischen Planungen verbannt, um so die schnellere Beendigung von Kriegen zu erreichen (MacArthur; v. Moltke). Selbst der Abwurf der Atombomben über Hiroshima und Nagasaki wird nicht selten mit einer derartigen Argumentation gerechtfertigt.

3.5. *Utopische Positionen* in der Philosophie lösen die Probleme um das Phänomen des Krieges, indem sie auf eine unter gegebenen Umständen wenig realistisch anmutende oder doch sehr langfristige Lösung verweisen. Der Kommunismus beispielsweise stellte in Aussicht, dass mit Erreichen der weltweiten Herrschaft des Proletariats sämtliche Kriege enden würden.

3.6. *Konzeptionen des »bellum legale«* zeichnen sich dadurch aus, dass der Krieg durch eine rechtliche Regelung begrenzt bzw. abgeschafft werden soll. Die UN-Charta selbst stellt einen solchen Versuch dar. Gemäß der Charta sind nur noch Verteidigungskriege oder vom Sicherheitsrat autorisierte Kriege legal. Josef Kunz (1951) hat das resultierende Konzept als ›bellum legale‹ bezeichnet. Statt den Regierungen der Staaten die Entscheidung über die Gerechtigkeit der eigenen Sache zu überlassen, liegt die Entscheidung nun bei einem überstaatlichen Gremium. Dabei halten Kritiker dieser Lösung vor, dass der Sicherheitsrat ein undemokratisches Gremium sei, dass in seinen Entscheidungen nicht an moralische oder positiv-rechtliche, sondern lediglich politische Erwägungen gebunden sei, und dass sich in der Vergangenheit gezeigt habe, dass viele Staaten die Kompetenz des Sicherheitsrates schlichtweg umgangen haben.

3.7. In jüngster Zeit haben empirische Ansätze zur Erforschung des Krieges zugenommen. Über die Auswertung von Statistiken erhofft man sich stärker an den faktischen Gegebenheiten orientierte Ergebnisse zur Stützung bzw. Widerlegung wichtiger theoretischer Hypothesen (wie z.B. der Idee des demokratischen Friedens oder der Frage der Kriegsursachen). Grundlegende Konzepte der empirischen Konflikttheorie sind z.B. Devianz (Untersuchung des Gebrauchs von Macht durch Institutionen und des dagegen gerichteten Aufbegehrens), relative Deprivation (Aufbegehren gegen wirtschaftliche oder politische Marginalisierung als Kriegsgrund), soziale Kontrolle und ›Rational Choice‹ (vgl. Dahrendorf 1957; Galtung 1979; Rubenstein 1999). Ein weiterer Diskurs, der im letzten Jahrzehnt des 20. Jahrhunderts entstanden ist, behandelt die sog. neuen Kriege. Die grundlegende Frage hierbei ist, ob nach dem Ende des Kalten Krieges eine neue Form des Krieges aufgekommen ist. Gekennzeichnet seien die neuen Kriege u.a. durch eine neue Ökonomie des Krieges (vgl. etwa Münkler 2002). In jüngster Zeit erlangte die Debatte um den ›Krieg gegen den Terrorismus‹ und die Frage, ob ein Kampf der Kulturen stattfinde oder bevorstehe, zunehmende Bedeutung.

4.

Bernhardi, F. v., 1912, Deutschland und der nächste Krieg, Stuttgart: Cotta.

Brock, P./Young, N., 1999, Pacifism in the Twentieth Century, Syracuse: Syracuse University Press.

Brock, P., 1972, Pacifism in Europe to 1914, Princeton: Princeton University Press.

Burke, R., 1990, Epistemological Pacifism, in: J. Kunkel/K. Klein (Hg.), In the Interest of Peace, Wolfeboro: Aperture.

Carr, E. H., 1939, The Twenty Years' Crisis, 1919–1939. An Introduction to the Study of International Relations, Basingstoke: Palgrave 2001.

Clausewitz, C. v., 1832, Vom Kriege, Bonn: Dümmler 1980.

Dahrendorf, R., 1957, Zu einer Theorie sozialen Konflikts, in: T. Bonacker (Hg.), Konflikttheorien, Opladen: Leske + Budrich 1996.

Galtung, J., 1979, Gewalt, Frieden und Friedensforschung, in: D. Senghaas (Hg.), Kritische Friedensforschung, Frankfurt/M.: Suhrkamp.

Gantzel, K. J./Siegelberg, J., 1990, Krieg und Entwicklung, in: V. Rittberger (Hg.), Theorien der Internationalen Beziehungen, Opladen: Westdeutscher Verlag.

Janssen, W., 1982, Krieg, in: O. Brunner/W. Conze/R. Koselleck (Hg.), Geschichtliche Grundbegriffe, Bd. 3, Stuttgart: Klett-Cotta.

Johnson, J. T., 1984, Can Modern War be Just?, New Haven: Yale University Press.

Kondylis, P., 1988, Theorie des Krieges, Stuttgart: Klett-Cotta.

Kunz, J. L., 1951, Bellum justum and bellum legale, in: American Journal of International Law 45.

Morgenthau, H. J., 1948, Politics Among Nations, New York: Knopf 1985.

Münkler, H., 2002, Über den Krieg, Weilerwist: Velbrück.
Ramsey, P., 1968, The Just War, New York: Scribner.
Richardson, L. F., 1960, Statistics of Deadly Quarrels, Pittsburgh: Boxwood.
Rubenstein, R., 1999, Conflict Resolution and the Structural Sources of Conflict, in: J. Ho Won (Hg.), Conflict Resolution, Aldershot: Ashgate.
Russell, F. H., 1975, The Just War in the Middle Ages, Cambridge: Cambridge University Press.
Singer, J. D./Small, M.,1972, The Wages of War, 1816–1945. A Statistical Handbook, New York: Wiley.
Van der Dennen, J. M. G., 1995, The Origin of War, 2 Bde., Groningen: Origin Press.
Walzer, M., 1977, Just and Unjust Wars, New York: Basic Books 2000.
Waltz, K. N., 1959, Man, the State and War, New York: Columbia University Press 2001.
Wright, Q., 1942, A Study of War, Chicago: University of Chicago Press.

Dieter Janssen

Kristeva, Julia (*1941)

1.

Julia Kristeva studierte in Sofia Romanistik. 1965 kam sic im Rahmcn eines französisch-bulgarischen Austauschprogramms nach Paris, wo sie ihre Studien u.a. bei Roland Barthes, Jacques Lacan und Lucien Goldmann fortsetzte. 1968 promovierte sie mit einer Arbeit zur Theorie des Romans. 1973 erwarb sie das Doctorat d'Etat; seitdem ist sie Professorin für Linguistik in Paris. Sie gehörte der Tel Quel-Gruppe um Phillipe Sollers an. 1978 beendete sie ihre psychoanalytische Ausbildung und begann als Psychotherapeutin zu praktizieren.

2.

Kristevas frühe Arbeiten bewegen sich im Bereich der Sprach- und Literaturwissenschaft. Im Zusammenhang mit der Chinareise der Tel Quel-Gruppe entsteht zudem das Buch *Die Chinesin* (1974a), in dem sie das gesellschaftspolitische Interesse mit Überlegungen zur Rolle der Frau verbindet. Die Auseinandersetzung mit der Psychoanalyse erweitert den Bezugsrahmen von Kristevas sprachtheoretischem Ansatz und prägt ihre Arbeiten bis in die Gegenwart. Sie analysiert die Sprachgenese und stellt eine Beziehung zur individuell-emotionalen wie gesellschaftlichen Wirklichkeit her. In dieser Phase entsteht ihr sprachtheoretisches Hauptwerk *Die Revolution der poetischen Sprache* (1974b). In der Folge arbeitet Kristeva die Sprachtheorie weiter aus. Die Werke nehmen ihren Ausgang von aktuellen gesellschaftlichen Fragen, die häufig durch Erfahrungen aus der psychoanalytischen Praxis illustriert werden; hinzu treten historische und kunsttheoretische Exkurse.

3.

Bereits in den frühen Schriften sind Kristeva einige wichtige begriffliche Prägungen gelungen. Der Begriff »Intertextualität« wurde von der strukturalistischen Literaturwissenschaft aufgegriffen; er findet bis heute Verwendung. Mit dem Interesse an einer Theorie der Sprache und des Subjekts, die dessen unbewusste Anteile berücksichtigt, kündigt sich bereits eine poststrukturalistische Wendung an. Jenseits des gesprochenen oder geschriebenen Texts, dem Phänotext, postuliert sie eine unausgesprochene Textebene, den Genotext.

Der theoretische Ansatz in der zweiten Phase rechtfertigt es, Kristeva als eigenständige Sprachphilosophin zu betrachten. Er ist methodisch angesiedelt zwischen Linguistik, Philosophie und Psychoanalyse. Während in bisherigen Sprachtheorien die Möglichkeit von Bedeutung/Sinn immer schon vorausgesetzt, die Sprachschöpfung selbst jedoch nicht problematisiert wurde, wendet Kristeva sich dem Spracherwerb zu. Sie untersucht die Verbindung zwischen Bedeutungskonstitution und der Bildung von Subjektivität. Das Ich des Bedeutungsprozesses ist ein ständig in Bewegung befindliches Subjekt-im-Prozess. Der Begriff der Transposition (anstelle von Intertextualität) betont nun die Dimension des Unbewussten. Wichtigste sprachphilosophische These ist die Annahme der semiotischen Modalität: Das Symbolische, die manifeste sprachliche Artikulation, wird ergänzt durch das Semiotische, die ›unausgesprochenen Vorarbeiten‹. Das Semiotische entsteht in der Nähe zur primären Bezugsperson als »Auflage auf dem Körper der Mutter« und aus Prägungen durch die Rhythmen des Tagesablaufs (vgl. Kristeva 1974, 37). Semiotische Anteile ermöglichen später auch die Veränderlichkeit der Sprache. Das Konzept des Abjekts benennt die zerstörerischen Anteile kreativer Prozesse. Im zweiten und dritten Teil von *Die Revolution der poetischen Sprache* (die beide nicht ins Deutsche übersetzt wurden) bezieht Kristeva ihre Erkenntnisse auf deren gesellschaftlich-symbolischen Rahmen. Im Gegensatz zu anderen poststrukturalistischen Ansätzen verabschiedet sich Kristeva nicht vom Begriff des Subjekts. Sie verbindet die freudschen Erkenntnisse über Melancholie mit der Frage der Trennung von der Mutter: Diese kann als Befreiung ins Symbolische erlebt werden. Insbesondere in den 1970er und 1980er Jahren wurde Kristeva von feministischen Theoretikerinnen rezipiert (Butler, Postl).

Die späteren Arbeiten Kristevas schlagen immer wieder einen Bogen vom persönlichen Erleben zu dessen gesellschaftlicher und politischer Relevanz und regen eine Auseinandersetzung mit Fragen der Geschlechterdifferenz an. Dass Kristevas sprachphilosophische Thesen sie in die vorsprachliche Zeit des Individuums und zur Bedeutung des körperlichen Austauschs mit der Mutter geführt haben, ist für eine Theorie der Geschlechterdifferenz von besonderer Bedeutung. Gesellschaftliche Probleme, Psychoanalyse und die Frage weiblicher Kreativität bestimmen die Werke dieser Phase. Insbesondere in der nordamerikanischen Filmtheorie (Chanter) wurde der Begriff des Abjekts aufgenommen, dessen besonderer Verdienst im Bezug zum semiotischen Bereich liegt. Ein Zugang zum Präödipalen wird eröffnet, also zu einer Phase, die vor der endgültigen Einsetzung des ›Gesetzes des Vaters‹ liegt. Kristevas interpretatives Instrumentarium ermöglicht eine kritische Betrachtung, die zeigt, wie ethnische, klassenbedingte und geschlechtsspezifische Motive in der Kultur miteinander verknüpft sind.

4.

Kristeva, J., 1974a, Die Chinesin, Frankfurt/M.: Ullstein 1982.

Kristeva, J., 1974b, Die Revolution der poetischen Sprache, Frankfurt/M.: Suhrkamp.

Kristeva, J., 1980, Pouvoirs de l'horreur, Paris: Seuil.

Kristeva, J., 1988, Fremde sind wir uns selbst, Frankfurt/M.: Suhrkamp 1990.

Kristeva, J., 1996f., Pouvoirs et limites de la psychanalyse, 2 Bde., Paris: Fayard.

Kristeva, J., 1999, Das weibliche Genie, Bd. 1: Hannah Arendt, Berlin: Philo 2000.

Kristeva, J., 2000, Le génie féminin, Bd. 2: Melanie Klein, Paris: Fayard.

Kristeva, J., 2002, Le génie féminin, Bd. 3: Colette, Paris: Fayard.

Butler, J., 1990, Die Körperpolitik von Julia Kristeva, in: dies., Das Unbehagen der Geschlechter, Frankfurt/M.: Suhrkamp 1992.

Chanter, T., 2001, Abject Images, in: Philosophy Today 45.

Oliver, K., 1993, Reading Kristeva, Bloomington: Indiana University Press.

Postl, G., 1991, Weibliches Sprechen, Wien: Passagen.

Reineke, M., 1997, Sacrificed Lives. Kristeva on Women and Violence, Bloomington: Indiana University Press.

Schmitz, B., 1998, Arbeit an den Grenzen der Sprache. Julia Kristeva, Königstein: Helmer.

Schmitz, B., 2000, Die Unterwelt bewegen. Politik, Psychoanalyse und Kunst in der Philosophie Julia Kristevas, Aachen: Ein-Fach.

Smith, A.-M., 1998, Julia Kristeva, London: Pluto.

BETTINA SCHMITZ

Kritik

1.

»Kritik« leitet sich vom griechischen »kritike« ab, das die Fähigkeit der Beurteilung, Unterscheidung und Entscheidung bezeichnet. Im klassischen Latein wurden dafür meist die Begriffe »iudicium« bzw. »ars iudicandi« gebraucht. Im Griechischen bezog sich »Kritik« sowohl ganz allgemein auf Akte des unterscheidenden Urteilens im Denken und Wahrnehmen als auch auf das bereichspezifische Entscheiden in den praktischen Fragen der Ethik, der Politik sowie des Rechts. Seit der hellenistischen Zeit ist die Bezeichnung »Kritiker« für Philologen belegt. Erst ab dem 17. Jahrhundert versteht man unter einem Kritiker einen möglichst allseitig Gebildeten. Er steht in der Opposition zum Sachverständigen oder Einzelwissenschaftler und kommt dem nahe, was man gegenwärtig unter einem Intellektuellen versteht. In der Alltagssprache überwiegt heute der negative Gebrauch von »Kritik« im Sinne des Aburteilens bzw. negativen Beurteilens. Die neutrale Bedeutung eines Untersuchens oder Erforschens unabhängig von der positiven oder negativen Evaluierung spielt im Anschluss an Kant v.a. in der Philosophie eine Rolle.

2.

Kants *Kritik der reinen Vernunft* (1781/1787) gilt deshalb als ein besonders signifikanter Moment in der Geschichte des Kritikbegriffs, weil sie der bereichspezifischen Kritik sowie den beiden in der philosophischen Tradition als kritisch anerkannten Tätigkeiten – dem unterscheidenden Denken und dem Wahrnehmen – eine vollkommen neue Dimension hinzufügt: die Selbstkritik der unter- bzw. entscheidenden Tätigkeiten, die bis dahin als kritisch funktionierend einfach vorausgesetzt worden waren. Notwendig ist diese Kritik Kant zufolge deshalb, weil Geschichte und Gegenwart bestätigen, dass zu ein und derselben Frage nicht nur widersprüchliche, sondern antinomische Auffassungen vertreten worden sind, d.h. solche, die gleichermaßen notwendig scheinen und sich doch ausschließen. Aufgrund dieses Problems sieht sich Kant genötigt, die menschliche Vernunft selbst, die zu solchen widerstreitenden Auffassungen führt, einer kritischen Untersuchung zu unterwerfen.

Kants Vernunftkritik zielt im Wesentlichen auf eine Begrenzung der Vernunft ab. Er unterscheidet jene (nur vermeintlichen) Objektbereiche, in Bezug auf welche die Vernunft zu keiner Übereinstimmung mit sich selbst gelangen kann – es sind die Bereiche jenseits der sinnlichen Erfahrung, die Kant die transzendenten nennt –, von den tatsächlich vernünftigen. Das Ziel seiner Kritik besteht also darin, die Grenzen zu bestimmen, innerhalb derer die Vernunft sich nicht notwendigerweise in Widersprüche verwickelt. Weil es sich bei dem genannten Unternehmen um eine Selbstkritik der Vernunft handelt, ist, wie schon der Titel *Kritik der reinen Vernunft* schlüssig zum Ausdruck bringt, die Vernunft gleichzeitig Subjekt und Objekt des Verfahrens. Was wie eine Metakritik aussieht – wie eine Kritik der kritischen Vermögen – und als solche in die bekannten Regressprobleme zu führen scheint, ist bei Kant keine Metakritik, sondern eine immanente, genauer gesagt eine transzendental rekonstruktive Kritik. Kant geht es nicht um die Beurteilung der kritischen Fähigkeiten des Denkens und Handelns von einer noch kritischeren Warte aus. Er rekonstruiert vielmehr mithilfe der untersuchten Vernunft, was diese als ihre eigenen Bedingungen voraussetzen muss und was diesen Bedingungen widerstreitet. Dabei geht Kant davon aus, dass diese Bedingungen und die damit einhergehende Begrenzung der Vernunft »einmal für allemal« (Kant 1781/87, B XXXIV) bestimmt werden und antinomische Urteile für alle Zukunft ausgeschlossen werden können.

Kant gebraucht allerdings noch einen zweiten Kritikbegriff. Wie exemplarisch in seinem Text *Beantwortung der Frage: Was ist Aufklärung?* (Kant 1784) zum Ausdruck kommt, spielen bei diesem Kritikbegriff spezifische und verschiedene Objekte durchaus eine Rolle, während es bei Kants Vernunftkritik nur um ein einziges Objekt geht, das zugleich auch das

Subjekt der Untersuchung ist: die Vernunft. Des Weiteren lässt Kants Traktat über die Aufklärung nun historische Dimensionen der kritischen Vernunft zu. Kant definiert die aufgeklärte Vernunft als diejenige, die es wagt, selber zu denken. Die Religion und die mehr oder minder aufgeklärten Herrscher sind in diesem Zusammenhang die wichtigsten Instanzen, gegen welche die selber denkende Vernunft sich kritisch zur Wehr setzten muss, um die Grundlage für eine Kultur der diskursiven Kritik zu schaffen, vor der nichts heilig ist und die nie an ein definitives Ende kommt. Im Zentrum steht dabei die Frage, wer bestimmte Institutionen wie und wann kritisieren darf. Kant zufolge soll der öffentliche Vernunftgebrauch, den man als Teil der lesenden und schreibenden Öffentlichkeit macht, uneingeschränktes Kritikrecht haben. Der von ihm sog. Privatgebrauch jedoch, den man in der Funktion eines bürgerlichen Berufs oder Beamten innerhalb religiöser oder staatlicher Institutionen macht, hat diese Institutionen voll und ganz zu akzeptieren – auch und gerade dort, wo man als öffentliche Person Einwände hat.

Das offensichtlichste Problem, das Kant damit der späteren Debatte um den Kritikbegriff hinterlässt, ist dasjenige vom Verhältnis zwischen der scheinbar radikalsten Selbstkritik der Vernunft, die Kant für alle Zeiten geleistet zu haben meint, und der kritischen öffentlichen Vernunft, die eine historisch situierte ist und sich zu Kants Zeiten seiner eigenen Einschätzung zufolge allererst zu entwickeln beginnt. Dabei geht es nicht nur um die Frage, wie sich die unveränderlichen Grundlagen der Vernunft, deren Rekonstruktion kein Beitrag zur Erkenntnis irgend eines spezifischen Objekts ist, zu den historisch situierten Formen des kritischen Vernunftgebrauchs verhalten, bei dem es sehr wohl um die Erkenntnis spezifischer Objekte geht. Eng damit verbunden sind die Fragen nach der Radikalität der zwei kantischen Kritikformen und nach ihrer Beziehung zur Philosophie. Für Kant besteht kein Zweifel daran, dass die Aufgabe der Philosophie sich auf die Selbstkritik der Vernunft beschränkt und dass die philosophische Kritik deswegen die radikalste ist, weil sie die Grundlagen des menschlichen Denkens, Handelns und Wahrnehmens betrifft. Letztlich aber lässt sie alles wie es ist: Sie interessiert sich nur für das, was als unveränderlich immer schon vorausgesetzt werden musste, und ist – vom Standpunkt praktischer Veränderungen gesehen – gar nicht radikal.

Hamann, von dem der Terminus »Metakritik« stammt, hat gegen Kant die Abhängigkeit der Vernunft von der Sprache herausgestellt und deshalb eine (Sprach-)Kritik auch noch der kritischen Vernunft gefordert (vgl. Hamann 1784). Herder stellt ebenso wie Hamann die Rolle der Sprache für die Kritik heraus und akzentuiert im Verweis auf die historischen und kulturellen Differenzen zwischen Sprachen gegen Kant die Unabschließbarkeit der notwendig sprachlich vermittelten Kritik (vgl. Herder 1799). Nur der Terminologie nach, nicht aber in der Systematik steht auch Schlegels Theorie der Kritik in der Tradition Kants. Der von der Kunstkritik her entwickelte Schlegelsche Kritikbegriff zielt weder auf ein negatives Beurteilen noch auf ein kantisches Bestimmen der notwendigen Implikationen und Grenzen des Vernünftigen (vgl. Schlegel 1798). Schlegel versteht unter »Kritik« vielmehr das Entwickeln von positiven normativen Ideen des jeweiligen Objektbereichs, und zwar von den kritisierten Phänomenen her, wobei der Akt der Kritik selbst schon eine normative Auszeichnung der Kritikobjekte darstellt. Allerdings hat Schlegel eine solche Kritik ernsthaft nur in Bezug auf die Kunst durchgeführt (vgl. Benjamin 1920). Während Schlegels normative Ideen es möglich machen sollen, zwischen »richtig« und »falsch« zu unterscheiden, wäre es in Bezug auf die von Kant rekonstruierten Grundlagen unsinnig zu fragen, ob sie richtig oder falsch sind. Sie sind die Grundlage allen Streitens um Maßstäbe und des Urteilens im Licht dieser Maßstäbe. Genau diese Unterscheidung wird von Hegel und Marx allerdings in Frage gestellt.

Hegel, bei dem der Kritikbegriff – wohl um

sich von Kant abzusetzen – wörtlich kaum vorkommt, geht im Unterschied zu Kant davon aus, dass die Vernunft nicht zu einem bestimmten krisenhaften Zeitpunkt kritisiert bzw. zur selbstkritischen Reflexion angehalten werden muss. Die Vernunft besteht vielmehr von Anfang an darin, sich fortlaufend selbst zu kritisieren, indem sie aus den Widersprüchen lernt, in die sie sich in der Konfrontation mit der Wirklichkeit verwickelt. Das heißt, dass die kritische Vernunft bei Hegel von Anfang an sowohl als selbstkritischer Prozess gedacht ist als auch demjenigen Platz einräumt, was sie noch nicht fassen kann. Dabei entpuppt sich letztlich die der Vernunft gegenüber gestellte Materialität der Wirklichkeit nur als nähere Bestimmung der Vernunft, der Hegels Hauptaugenmerk gilt. In diesem Punkt ist er so idealistisch wie Kant.

Damit ist das Terrain eröffnet für die Kritik an einer Philosophie, die sich auf die Untersuchung der Vernunft als höchster Kritikinstanz beschränkt. So fordert Feuerbach die Beschäftigung mit den nicht-rationalen Dimensionen des Menschen, und hält der philosophischen Überschätzung der Vernunft die Empirie als Grundlage und Maßstab aller Kritik entgegen. Die Kritiktheoretiker Bruno Bauer und Arnold Ruge stellen das Verhältnis von Theorie und historisch situierter Praxis ins Zentrum, wobei beide einen Vorrang der Theorie behaupten, die gleichwohl im Dienst gesellschaftlicher Veränderungen stehen soll. Marx schließlich führt diese hegelianisch bleibenden Hegelkritiken zusammen und transformiert sie dadurch. Indem Marx die »Selbstverständigung (kritische Philosophie) der Zeit über ihre Kämpfe und Wünsche« (Marx 1844a, 346) fordert, macht er gegen Bauer und Ruge einerseits deutlich, dass die bestehende Praxis der Ausgangspunkt der Kritik sein muss und nicht die Theorie der Praxis immer schon voraus ist; er lässt gegen Feuerbach andererseits auch keine Zweifel daran, dass Wünsche und Träume mindestens so ernst zu nehmen sind wie die Empirie, und sei es nur um herauszufinden, welche uneingelösten Ideale ihnen zugrunde liegen. So negiert Marx z.B. die Religion nicht einfach, sondern findet es anstößig, dass sie die Bedürfnisse, die sie zu befriedigen vorgibt, nicht wirklich stillt: »Die Kritik der Religion ist also im Keim Kritik des Jammertales, dessen Heiligenschein die Religion ist.« (Marx 1844b, 379) Darüber hinaus soll die Kritik auch noch praktisch werden, d.h. übergehen in die »Kritik der Waffen« und sich nicht auf das theoretische Bereitstellen der »Waffen der Kritik« beschränken (ebd., 385). Kritik legt vorhandene Wünsche aus und versucht, ihrer Realisierung zuzuarbeiten. Damit richtet sie sich gegen die naturalisierende Verklärung des Bestehenden ebenso wie gegen die Gefangenschaft der Wünsche in einer realisierungsfeindlichen Religion oder sonstigen Ideologie.

3.

Im 20. Jahrhundert stehen sich im Wesentlichen immer noch die zwei Kritikbegriffe gegenüber, die man mit Kant und Marx in Zusammenhang bringen kann (vgl. Geuss 2002). Kontrovers ist die Frage, ob und ggf. wie sie miteinander zu vermitteln sind. (1) Auf der einen Seite befindet sich ein insbesondere in der Philosophie gebräuchlicher und dort auch normativ verteidigter Kritikbegriff, der im Anschluss an Kant nichts anderes meint als die Selbstuntersuchung der Vernunft. (2) Auf der anderen Seite steht jene der Umgangssprache nahe stehende Verwendung des Begriffs »Kritik«, die auf Negation, Subversion oder Destruktion in Bezug auf einen begrenzten Bereich von Objekten bzw. Praktiken abzielt, was jeweils impliziert, dass die Möglichkeit der kritischen Parteinahme bereits vorausgesetzt wird. In diesem Sinn ist beispielsweise von Sprachkritik, Wissenschaftskritik, Medienkritik, Institutionskritik, feministischer Kritik, Kulturkritik etc. die Rede. (3) Nur selten bewegen sich Kritiker bzw. Kritikerinnen auf beiden Feldern. Noch seltener sind die Versuche, das Verhältnis dieser zwei Kritikverständnisse zu klären oder gar als ein notwendiges auszuweisen. Erst damit allerdings beginnt die Theorie der Kritik, die der alltagssprachlichen Konnotation der Negativität in Bezug auf konkrete Objekt(bereich)e ebenso Rechnung trägt wie der kantischen Forderung, dass die Kritikvermögen nicht einfach vorausgesetzt werden können.

3.1. Dass der Ausgangspunkt der Kritiktheorie, welche die Grundlagendiskussionen mit konkreter Kritik ins Verhältnis zu setzen versucht, beim Konkreten liegen muss, ist seit den 1930er Jahren die immer wieder neu verteidigte Auffassung der Kritischen Theorie. In ihrem Zentrum standen zunächst die Wissenschaftskritik und die kritische Gesellschaftstheorie (vgl. Horkheimer 1937), ab der *Dialektik der Aufklärung* (Adorno/Horkheimer 1947) allerdings widmen sich die zwei wichtigsten Vertreter dieses Ansatzes der Vernunftkritik, d.h. den Fragen nach dem Kritikvermögen und nach der Möglichkeit von Kritik. Damit bekommt die kantische Metaperspektive die Oberhand, wenngleich einzelne Phänomene – v.a. Kunstwerke, aber auch bestimmte mikrologische, »metaphysische« Erfahrungen (vgl. Adorno 1966, 354–400) – und ihre kritische Analyse gerade bei Adorno weiterhin eine entscheidende Rolle spielen. Diese ausgezeichneten Phänomene nimmt Adorno weniger als das zu Kritisierende in den Blick, sondern – im Anschluss an Schlegel – vielmehr als Maßstab von Kritik oder genauer: als Hinweis darauf, dass es in der seiner Meinung nach universell verwalteten Welt noch Unterschiede gibt, und damit Anhaltspunkte für die Differenz zwischen wahr und falsch, die von jeder Praxis der Kritik vorausgesetzt werden. Habermas hat die Vernunftkritik der *Dialektik der Aufklärung* im Namen der Kritischen Theorie einer weiteren Kritik unterworfen: einer rekonstruktiven Selbst-Kritik der kommunikativen Vernunft, die die positive normative Grundlage für jenes konkrete gesellschaftstheoretische Projekt schaffen sollte, mit welchem die Kritische Theorie angetreten ist. Auf diese Weise hat sich die zur transzendentalen Rationalitätstheorie mutierte Kritische Theorie noch weiter von der Konkretion der kritischen Zeitdiagnose entfernt, die ihr Ausgangspunkt war.

Phänomenspezifik und Interventionismus als Gegenpole zum Verharren bei den rationalitätstheoretischen Grundlagen der Kritik stehen auch im Zentrum der *Cultural Studies*, zumal ihrer Britischen und am Marxismus orientierten Variante. Ihr Hauptinteresse gilt Phänomenen der Alltagskultur, und von deren Analyse her beschäftigen sie sich auch mit methodologischen Fragen der Kritik: etwa mit der Frage, wie viel Instruktives es über den minimalen Kern der Rationalität, den z.B. Habermas zufolge alle kritikfähigen Wesen miteinander teilen, zu sagen gibt, und ob es demgegenüber nicht viel wichtiger ist, sich mit den nicht nur im geographischen, sondern auch im klassenspezifischen Sinn lokalen Verschiedenheiten von Kritiktraditionen zu beschäftigen (vgl. Hall 2004; Said 1983); ebenso mit der in der Postkolonialismus-Debatte virulent gewordenen Frage, wer für wen als Kritiker überhaupt sprechen darf bzw. wie stark Kritik von denjenigen formuliert und v.a. von denjenigen verstanden werden muss, um deren Anliegen es der jeweiligen Kritik geht (vgl. Spivak 1988; Scott 1990). So sehr diese Kritiktradition an die marxistischen Anliegen der Kritischen Theorie anschließt, so sehr unterscheidet sie sich davon durch eine gewisse Positivität der Kritik. Die Objekte der Populärkultur werden hier keineswegs ausschließlich als Signum einer gleichschaltenden Massenkultur gesehen. Und den Betrachtern bzw. Benutzerinnen solcher Objekte wird zumindest die Möglichkeit zugetraut, sich diese Objekte auf eine unerwartete und darin potentiell kritische Weise anzueignen.

Eine wichtige Voraussetzung für diese Perspektive von verändernden Möglichkeiten der Kritik sind die strukturalismuskritischen Überlegungen Foucaults, die er zwischen den Zeilen seiner äußerst phänomenspezifischen Studien ausgearbeitet hat. Wie negativ oder positiv kritisch die konkreten Genealogien von Foucault selbst sind bzw. inwiefern sie im bloß deskriptiven Rekonstruieren gefangen bleiben, ist allerdings ebenso umstritten wie die Frage, ob sein maßgeblichster Vorgänger, nämlich Nietzsche, zur Tradition der Kritik zu rechnen ist. Immerhin hat Foucault sich in mehreren Texten mit dem kantischen Projekt der Kritik auseinander gesetzt (vgl. Foucault 1990) und scheint bei aller kritischen Vorsicht für sich die Position eines Kritikers zumindest eher in Anspruch nehmen zu wollen als die des Philosophen, der sich auf die Frage der allgemeinen Voraussetzungen von Kritik beschränkt (vgl. Geuss 2002; Butler 2002).

Zwischen den *Cultural Studies* und Foucault sind die soziologischen und ethnologischen Analysen Bourdieus anzusiedeln. Mit Foucault teilen sie die strikte Distanz zu allem einfachen Aburteilen des Kritisierten, mit den *Cultural Studies* die Konzentration auf die Gegenwart und den zunehmenden interventionistischen Impuls, Theorien und Analysen für jene Betroffenen zur Verfügung zu stellen, die sich dieses Instrumentarium nicht selbst beschaffen können.

3.2. Gegenüber Versuchen, die Debatte über das Verhältnis zwischen allgemeinen Kritikvermögen und konkreten Akten der Kritik von der Seite der Konkretion her zu führen, haben neuerdings insbesondere Vertreter der Dekonstruktion dafür argumentiert, dass diese Debatte nur vom Allgemeinen her aufgerollt werden kann bzw. jeder konkrete Kritikversuch immer wieder dorthin zurückführt. So transzendentalisiert Derrida gewissermaßen die Fundamentalkritik der Vernunft, die etwa der Kritischen Theorie zufolge noch einer ganz spezifischen gesellschaftlichen Situation geschuldet war. Die Frage nach der Bedingung der Möglichkeit von Kritik bzw. von Urteilen und Sprechen überhaupt verwandelt sich ihm zufolge in die Rekonstruktion einer Bedingung der Unmöglichkeit. Anstatt in Bezug auf einen bestimmten Gegenstand oder eine bestimmte Praxis ja oder nein zu sagen, verweist Derrida mit Bezug auf immer wieder neue Gegenstände darauf, dass derartige Entscheidungen nie befriedigend gefällt werden können (vgl. Derrida 1990). Das bedeutet, dass sehr verschiedene konkrete Probleme oder auch umstrittene Begriffe im Lauf ihrer Dekonstruktion auf immer wieder dieselbe Aporie des (Be-)Urteilens zurückgeführt werden. Das bringt zweifelsohne die Gefahr eines Sichausruhens auf dem Vernunft-Skeptizismus zulasten konkreter Kritik mit sich.

Dagegen hat z.B. Judith Butler (vgl. Butler 2002), inspiriert von Foucault, eher aktivistische Konsequenzen aus Derridas Theorie der Unentscheidbarkeit von Urteilen und der Unkontrollierbarkeit aller ihnen zugrunde liegenden Gründen und Prinzipien gezogen. So wenig man sich ihrer Meinung nach auf die jeweils bestehenden Begründungs- und damit verbundenen Kritikpraktiken verlassen kann, so wenig kann man ihnen – darin folgt sie Derrida – besser begründete entgegen setzen. Durchaus möglich jedoch ist die negative Bestandsaufnahme dessen, was zu einer bestimmten Zeit als die Totalität aller kritischen Normen und ihnen entsprechenden Praktiken gilt. Der positive Teil der Kritik, und darin unterscheidet sie sich von Derrida, besteht Butler zufolge im Erfinden möglichst vieler neuer Praktiken. Dabei kommt es ebenso wenig auf das *Begründen* neuer Möglichkeiten an wie auf das Verteidigen *bestimmter* alternativer Möglichkeiten, sondern allein auf das Erfindenden von unqualifiziert bleibend Neuem, um das Butlers Meinung nach subversive Erweitern des Möglichkeitsspielraums. Dem allgemeinen Pol des Zusammenhangs zwischen konkreten Akten der Kritik und Überlegungen zu den Möglichkeitsvoraussetzungen von Kritik bleiben Butlers Überlegungen trotzdem verhaftet. Denn sie scheint die pauschale Infragestellung aller eingespielten Kritikpraktiken sowie das abstrakt bleibende Erfinden von Neuem wichtiger zu finden als die Auseinandersetzung mit der Frage, welche konkreten Praktiken auf so eine pauschale Infragestellung und abstrakte Erweiterung des Möglichkeitsspielraums folgen sollen. Sowohl Derrida als auch Butler können sich diesbezüglich auf Benjamins Aufsatz *Zur Kritik der Gewalt* (Benjamin 1921; vgl. kritisch dazu: Habermas 1972) berufen, in dem er den Generalstreik im Sinn des Außerkraftsetzens aller geltenden Regeln als die radikalste Form der Kritik verteidigt.

Vertreterinnen der *Cultural Studies*, aber auch Bourdieu (vgl. Bourdieu 2001) haben

Zweifel daran geäußert, ob diese Art der philosophischen Totalkritik, die es in einer versichernden kantianischen und in einer dekonstruktiv verunsichernden Variante gibt, die radikalste Form der Kritik darstellt. Sie gehen davon aus, dass die Radikalität der Kritik mehr mit dem Mut zu tun hat, in spezifische und d.h. begrenzte Verhältnisse so begründet wie möglich einzugreifen. Der Transzendentalphilosophie, die darauf beharrt, dass das Befragen der Kritikvermögen jeder inhaltlichen Kritik vorausgehen muss, werfen sie vor, für die inhaltlich kritische Praxis meist keinen Raum und keine Zeit mehr zu haben bzw. haben zu wollen. Sie sehen in der philosophischen Totalkritik eine Verklärung des Ausnahmezustands, die in Kauf nimmt, dass nach dem Generalstreik bzw. nach der Absegnung der Fundamente alles weitergeht wie zuvor. Nicht ohne Grund ist Kritik seit Marx deshalb immer auch Philosophiekritik gewesen.

4.

Adorno, T. W./Horkheimer, M., 1947, Dialektik der Aufklärung, Frankfurt/M.: Fischer 1986.

Adorno, T. W., 1966, Negative Dialektik, Frankfurt/M.: Suhrkamp 1975.

Benhabib, S., 1986, Kritik, Norm, Utopie, Frankfurt/M.: Fischer 1992.

Benjamin, W., 1920, Der Begriff der Kunstkritik in der deutschen Romantik, in: Gesammelte Schriften, Bd. I.1, Frankfurt/M.: Suhrkamp 1980.

Benjamin, W., 1921, Zur Kritik der Gewalt, in: Gesammelte Schriften, Bd. II.1, Frankfurt/M.: Suhrkamp 1980.

Boltanski, L./Chiapello, E., 2003, Die Arbeit der Kritik und der normative Wandel, in: M. v. Osten (Hg.), Norm der Abweichung, Zürich/Wien: Voldemeer/Springer.

Bonß, W., 2003, Warum ist die Kritische Theorie kritisch?, in: A. Demirovic (Hg.), Modelle kritischer Gesellschaftstheorie, Stuttgart: Metzler.

Bormann, C. v., 1974, Der praktische Ursprung der Kritik, Stuttgart: Metzler.

Bourdieu, P., 1997, Meditationen. Zur Kritik der scholastischen Vernunft, Frankfurt/M.: Suhrkamp 2001.

Butler, J., 2002, Was ist Kritik?, in: Deutsche Zeitschrift für Philosophie 50.

Derrida, J., 1990, Gesetzeskraft, Frankfurt/M.: Suhrkamp 1991.

Foucault, M., 1990, Was ist Kritik?, Berlin: Merve 1992.

Geuss, R., 2002, Kritik, Aufklärung, Genealogie, in: Deutsche Zeitschrift für Philosophie 50.

Habermas, J., 1972, Bewußtmachende oder rettende Kritik, in: ders., Kultur und Kritik, Frankfurt/M.: Suhrkamp 1973.

Habermas, J., 1981, Theorie des kommunikativen Handelns, Frankfurt/M.: Suhrkamp.

Hall, S., 2004, Ideologie, Identität, Repräsentation, Berlin: Argument.

Hamann, J. G., 1784, Metakritik über den Purismus der Vernunft, in: Vom Magus im Norden und der Verwegenheit des Geistes. Ein Hamann-Brevier, München: dtv 1988.

Herder, J. G., 1799, Eine Metakritik zur Kritik der reinen Vernunft, in: ders., Sprachphilosophie, Hamburg: Felix Meiner 1960.

Horkheimer, M., 1937, Traditionelle und kritische Theorie, in: ders., Traditionelle und kritische Theorie, Frankfurt/M.: Fischer 1970.

Kant, I., 1781/87, Kritik der reinen Vernunft, Frankfurt/M.: Suhrkamp 1974.

Kant, I., 1784, Beantwortung der Frage: Was ist Aufklärung?, in: Werkausgabe, Band 11, Frankfurt/M.: Suhrkamp 1977.

Koselleck, R., 1959, Kritik und Krise, Frankfurt/M.: Suhrkamp 1973.

Marx, K., 1844a, Briefe aus den Deutsch-Französischen Jahrbüchern, in: MEW, Bd. 1, Berlin: Dietz 1981.

Marx, K., 1844b, Zur Kritik der Hegelschen Rechtsphilosophie. Einleitung, in: MEW, Bd. 1, Berlin: Dietz 1981.

Röttgers, K., 1975, Kritik und Praxis, Berlin: de Gruyter.

Said, E., 1983, The World, the Text, and the Critic, Cambridge/MA: Harvard University Press.

Schlegel, F., 1798, Athenäums-Fragmente, in: ders., Kritische Schriften und Fragmente (1798–1801), Paderborn: Ferdinand Schöningh 1988.

Scott, J. C., 1990, Domination and the Arts of Resistance. Hidden Transcripts, New Haven: Yale University Press.

Spivak, G., 1988, Can the Subaltern Speak?, in: C. Nelson/L. Grossberg (Hg.), Marxism and the Interpretation of Culture, Houndmills: Macmillan.

Ruth Sonderegger

Kritische Theorie

1.

Die Bezeichnung »Kritische Theorie« bezieht sich gewöhnlich auf das Projekt einer kritischen Gesellschaftstheorie in der Tradition der sog. Frankfurter Schule. Als solche geht sie auf den Versuch zurück, den Marxismus im Deutschland der Zwischenkriegsjahre auf nicht-orthodoxe Weise, nämlich durch eine Verbindung philosophischer Reflexion mit empirischer Sozialforschung zu erneuern (vgl. Jay 1973; Wiggershaus 1986). Die Hauptmerkmale Kritischer Theorie als Versuch einer selbstreflexiven, interdisziplinären und materialistischen Theorie der Gesellschaft, die ein emanzipatorisches Erkenntnisinteresse verfolgt, gehen auf diese Konstellation zurück. Was Kritische Theorie ist, lässt sich dabei eher über gemeinsame Fragestellungen und Herangehensweisen als über konkrete Antworten und substantielle Theoreme charakterisieren.

2.

Es hat sich eingebürgert, von drei Generationen der Kritischen Theorie zu sprechen: Die erste hat sich (von den 1930er bis 1960er Jahren) um Max Horkheimer und Theodor W. Adorno herausgebildet und umfasst so unterschiedliche Figuren wie etwa Walter Benjamin, Herbert Marcuse und Erich Fromm (2.1.–2.4.); die zweite wird insbesondere mit den Arbeiten von Jürgen Habermas aus den 1960er bis 1990er Jahren identifiziert (2.5.); zur dritten werden etwa Axel Honneth, Nancy Fraser und Seyla Benhabib gezählt (2.6.).

2.1. Das ursprüngliche Forschungsprogramm der Kritischen Theorie wurde in Aufsätzen in der *Zeitschrift für Sozialforschung* von Horkheimer (1931; 1937) und Marcuse (1937) entwickelt, nachdem ersterer 1930 die Leitung des Frankfurter Instituts für Sozialforschung übernommen hatte. Kritische Theorie wird zunächst in Abgrenzung zu »traditioneller Theorie« bestimmt, die nach dem Vorbild der Naturwissenschaften auf ein Wissen über gesellschaftliche Phänomene in gesetzesförmigen, erklärenden und verallgemeinerbaren Voraussagen ziele. Damit bringe sie die für die Moderne charakteristische Reduktion von Vernunft auf einen subjektiven Standpunkt und auf eine technische, alleine auf Zweck-Mittel-Beziehungen gerichtete Rationalität zum Ausdruck. Kritische Theorie orientiert sich hingegen an einer substantiellen Rationalitätskonzeption, die auch die Bestimmung der Zwecke der gesellschaftlichen Entwicklung sowie die Möglichkeit einer vernünftigeren Gesellschaftsordnung umfasst. Indem sie ihre eigenen Grundlagen und generell die sozialen und historischen Voraussetzungen von Erkenntnis reflektiert, untersucht sie kritisch, wie Begriffe und Ideen aus den herrschenden gesellschaftlichen Umständen heraus entstehen und diese stützen. Insbesondere ist die Kritische Theorie durch das Ziel einer Transformation der Gesellschaft geleitet, deren Widerstände und Möglichkeiten sie mit Hilfe der Sozialwissenschaften zu diagnostizieren sucht. Vom Marxismus erbt die Kritische Theorie damit das Ziel der Überwindung der Spaltung von Theorie und Praxis und die Ausrichtung auf Prozesse gesellschaftlicher Emanzipation.

2.2. Wie andere Formen des westlichen Marxismus musste auch die Kritische Theorie in den 1930er Jahren auf das Scheitern der Überwindung des Kapitalismus durch die Arbeiterbewegung und den Aufstieg des nationalsozialistischen und stalinistischen Totalitarismus reagieren. In einer interdisziplinären Anstrengung versuchte die Frankfurter Schule die ökonomischen, politischen, kulturellen und psychologischen Aspekte dieser Entwicklungen zu verstehen. Eine Kombination der Einsichten von Marx, M. Weber und Freud sollte den Zusammenhang zwischen der Ausbeutung im Kapitalismus, der Reduktion von Vernunft auf instrumentelle Rationalität und den Effekten psychischer Repression aufweisen. Die Diagnose paralleler Entwicklungen in der Sowjetunion, im nationalsozialistischen Deutschland und dem liberal-kapitalistischen Westen führte etwa Friedrich Pollock,

Franz Neumann und Otto Kirchheimer zu der Auffassung, Staat und Wirtschaft seien zu einem einzigen System verschmolzen (vgl. Dubiel/Söllner 1981). Diesem zentral geplanten »Staatskapitalismus« sei es gelungen, die von Marx diagnostizierten Krisentendenzen durch immer effizientere und subtilere Mechanismen der sozialen Integration zu überwinden. Adorno, Horkheimer und Benjamin (1936) zufolge stellt auch die Kultur keinen Ort des Widerstands gegen soziale Kontrolle und für die Entwicklung autonomer Formen der Individualität und Sozialität mehr dar. Im Zeitalter der Massengesellschaft transformiere sich diese vielmehr in eine manipulative und affirmative »Kulturindustrie« (vgl. Horkheimer/Adorno 1947). Zudem versuchten Fromm (1941) sowie Marcuse (1964) zu zeigen, dass der Niedergang der paternalistisch geprägten bürgerlichen Familie zu einer Schwächung der Persönlichkeit geführt habe, die nurmehr konformistische, für die autoritäre Versuchung zunehmend empfängliche Individuen hinterlasse (vgl. auch Adorno u. a. 1950).

2.3. Mit der politischen Situation der 1930er und 1940er Jahre verdunkelte sich auch die Zeitdiagnose Horkheimers und Adornos. In der während des Exils verfassten *Dialektik der Aufklärung* (1947) zeichnen sie in einer von der griechischen Antike über die Aufklärung bis in die Gegenwart reichenden geschichtsphilosophischen Diagnose nach, wie das emanzipatorische Potential der Vernunft verspielt und für die Beherrschung der Natur, der anderen und des eigenen Selbst missbraucht worden ist. Die Reduktion von Vernunft auf instrumentelle Rationalität lasse Aufklärung in ihr Gegenteil, in Mythos und Heteronomie umschlagen. Diese Diagnose wirkte auch nach der Rückkehr nach Frankfurt noch fort. Der späte Adorno (1966) sieht dementsprechend alleine in der modernen Kunst und in einem dialektischen, nichtidentifizierenden Denken gegen die repressiven Totalitätsansprüche der Vernunft eine Möglichkeit, sich der »verwalteten Welt« zu entziehen.

2.4. Das Frankfurter Institut hat durch die Förderung interdisziplinärer Forschung zur Entwicklung der westdeutschen Sozialwissenschaften Entscheidendes beigetragen. Im »Positivismusstreit« verteidigten Adorno und Habermas eine reflexive und selbstkritische Konzeption der Soziologie, die auch auf eine theoretische Analyse des sozialen Ganzen nicht verzichten könne (Adorno u. a. 1969). Adorno und Horkheimer spielten zudem eine wichtige Rolle als kritische Intellektuelle, indem sie sich etwa gegen die Verdrängung der Vergangenheit im konservativen Nachkriegsdeutschland wehrten (vgl. Demirovic 1999). Marcuse, der seit den 1940er Jahren mit dem Institut gebrochen hatte, hielt eine soziale Umwälzung durch eine »libidinöse Revolution« auch weiterhin für möglich und antizipierte damit die Protestbewegungen der 1960er Jahre, zu denen er dann auch in einem weniger distanzierten Verhältnis stand als die Mitglieder des Frankfurter Instituts.

2.5. Neben Albrecht Wellmer, der im Anschluss an Adorno insbesondere Fragen der Ästhetik und des Verhältnisses von Moderne und Postmoderne thematisiert, und Claus Offe, dessen sozialwissenschaftliche Analysen Wechselwirkungen zwischen Kapitalismus, Modernisierung und Demokratie beleuchten (vgl. die in Wellmer 1993 und Offe 2004 gesammelten Aufsätze), hat sich Jürgen Habermas seit den frühern 1960er Jahren als wichtigster Theoretiker der zweiten Generation der Kritischen Theorie profiliert. Schon seine Studie zum *Strukturwandel der Öffentlichkeit* (1962), die die Entstehung des Ideals der freien und rationalen Diskussion in die Anfänge der bürgerlichen Zivilgesellschaft zurückverfolgt, markiert einen klaren Bruch nicht nur mit dem »Pessimismus«, sondern auch mit den grundlegenden methodologischen und substantiellen Prämissen der ersten Generation. Habermas verfolgt seither das Ziel der Ausarbeitung einer umfassenderen und universalistischen Konzeption der Vernunft, die sich sowohl gegen den Positivismus als auch gegen Horkheimers und Adornos Diagnose der instrumentalistischen Zurichtung verteidigen lässt. In *Erkenntnis und Interesse* (1968) argumentiert er, dass alle wissenschaftliche Forschung mit einem technischen, praktischen oder emanzipatorischen erkenntnisleitenden Interesse verknüpft sei. Da Kritische Theorie in letzterem verankert sei, finde sie ihre normative Grundlage im Vernunftpotential intersubjektiver Kommunikation. Die Implikationen dieser »kommunikativen Wende« werden in Habermas' Hauptwerk, der *Theorie des kommunikativen Handelns* (1981), ausgearbeitet. In der Verbindung einer theoriegeschichtlichen Rekonstruktion der Ansätze Durkheims, Webers und Parsons' mit durch die Sprechakttheorie inspirierten systematischen Überlegungen kommt Habermas zur Unterscheidung zweier grundlegender Modi des Handelns und der Rationalität: der instrumentellen bzw. strategischen Rationalität auf der einen, und der durch die Verständigungsorientierung der Sprecher gekennzeichneten kommunikativen Rationalität auf der anderen Seite. Habermas zufolge setzt jede Kommunikation das kontrafaktische Ideal einer herrschaftsfreien idealen Sprechsituation voraus, das dann als normativer Maßstab einer Kritik der gegenwärtigen Verständigungsverhältnisse herangezogen werden kann. Im Rahmen seiner zweistufigen Gesellschaftstheorie gesteht Habermas der Systemtheorie zu, dass moderne Gesellschaften sich über die relativ autonomen Systeme der Wirtschaft und der Verwaltung reproduzieren, besteht aber zugleich darauf, dass die Legitimität der sozialen Ordnung nur durch die kommunikativen Interaktionen in einer geteilten Lebenswelt begründet werden könne. Im Spätkapitalismus werde die Lebenswelt jedoch zunehmend durch die Systeme kolonialisiert, was zu Störungen im Bereich der sozialen Integration und der persönlichen Identität führe. In seinen jüngeren Arbeiten hat Habermas die praktischen Implikationen dieser Theorie ausgeführt und sich dabei stärker an neokantianischen Gerechtigkeitstheorien (wie jener von John Rawls) orientiert. Seine Diskursethik räumt dem durch ein Verfahren der Universalisierung bestimmten (moralisch) Richtigen Priorität vor konkurrierenden Definitionen des (ethisch) Guten ein.

In *Faktizität und Geltung* (1992) wird schließlich der interne Zusammenhang zwischen Rechtsstaat und Demokratie herausgestellt: Die Bürger müssen sich als Autoren jener Gesetze verstehen können, denen sie zugleich als Adressaten unterworfen sind. Der Zivilgesellschaft kommt dabei die unverzichtbare Vermittlerrolle zwischen Lebenswelt und politischem System zu. Und die Idee eines rationalen Strebens nach Konsens wird weiter entwickelt zu einem Modell der deliberativen Demokratie, das den Bedingungen des modernen Pluralismus angemessen sein soll.

2.6. Habermas' Verzicht auf die Perspektive einer Überwindung des Kapitalismus und des liberalen Staates sowie seine zunehmende Abkehr von einer Diagnose sozialer und psychischer Pathologien haben den Boden für eine dritte Generation der Kritischen Theorie bereitet (vgl. Anderson 2000). Dabei handelt es sich noch weniger als in den beiden vorangehenden Generationen um eine einheitliche Richtung. Dennoch lassen sich einige Ansätze nennen, die sich in die Tradition der Frankfurter Schule stellen und zentrale Fragen des Projekts einer Kritischen Theorie wieder aufgreifen. So schlägt Axel Honneth (1992) eine Reformulierung der Kritischen Theorie als Theorie der Anerkennung vor und unterscheidet verschiedene Formen der Anerkennung – Liebe, Achtung und Wertschätzung –, die Bedingungen individuellen Wohlergehens und unverzerrter sozialer Beziehungen darstellen, zugleich aber durch sozioökonomische Entwicklungen beschädigt werden können. In den Vereinigten Staaten ist das Projekt der Kritischen Theorie insbesondere von feministischen Theoretikerinnen wie Benhabib (1986; 1992) und Fraser (1989) aufgegriffen worden. Sie plädieren für eine kritische Gesellschaftstheorie, die Fragen der Identität, der kulturellen Differenz, der Geschlechterpolitik und der Macht größere Aufmerksamkeit widmet, als dies nach Habermas' kommunikationstheoretischer Wende der Fall gewesen ist.

3.
Die Kritische Theorie ist heute mit einer Reihe methodologischer und substantieller Fragen konfrontiert, an deren Beantwortung sich zeigen muss, inwiefern es sich bei ihr um ein von anderen Theorien unterscheidbares Theoriemodell handelt, das einen eigenständigen Beitrag zur Analyse und Kritik der Gegenwart leisten kann. Dies muss sich mit Bezug auf jene Aspekte erweisen, die die Kritische Theorie insbesondere gegenüber den zeitgenössischen liberalen Theorien der Gerechtigkeit zu einer spezifischen Form von Sozialkritik machen.

3.1. Im Mittelpunkt der Diskussionen steht dabei zunächst die doppelte Frage, welches Verständnis von *Kritik* der Kritischen Theorie zugrunde liegt und auf welche *normativen Maßstäbe* sie sich in ihrer Kritik beziehen kann. Jenseits der üblichen Gegenüberstellung von Formen interner Kritik, die ihren Maßstab dem kritisierten Phänomen selbst entnehmen, und solchen externer Kritik, die den Maßstab von außen an das kritisierte Phänomen herantragen, entwickelt die Kritische Theorie ein drittes Modell der Kritik, das im Anschluss an Hegel und Marx häufig als *immanente* bzw. *rekonstruktive* Kritik verstanden wird. Immanent bzw. rekonstruktiv verfährt die Kritik dann, wenn sie ihre Maßstäbe aus den normativen Strukturen der für einen bestimmten sozialen Zusammenhang konstitutiven Praktiken entwickelt, ohne sich dabei an das faktische Selbstverständnis der Akteure zu binden (vgl. Cooke 2006). Hier stellt sich u.a. die Frage, inwiefern die Kritische Theorie an das klassische Projekt der Ideologiekritik anknüpfen kann und auf welche Weise sie alternative Ansätze wie Genealogie und Dekonstruktion zu integrieren vermag (vgl. zum Kritikmodell der Kritischen Theorie Honneth 2007; zur Ideologiekritik Geuss 1981 sowie Celikates 2006 und Jaeggi 2008; zu Genealogie und Dekonstruktion Menke 2000 und Saar 2007).

3.2. Die Konzeption einer immanenten bzw. rekonstruktiven Kritik ist aufs Engste verbunden mit der für die Kritische Theorie charakteristischen Idee einer »Einheit von Analyse und Kritik«. Entsprechend verfährt sie im Gegensatz zu eher an Kant orientierten Ansätzen nicht rein normativ, sondern ist auf eine spezifische Verbindung von *philosophischer Reflexion und empirischer Sozialforschung*, auf die soziologische Analyse gesellschaftlicher Entwicklungen und die Verankerung in den realen Erfahrungen der Akteure und ihren sozialen Kämpfen angewiesen. Diese Verbindung von Philosophie und Sozialwissenschaften prägt auch das gegenwärtige Arbeitsprogramm des Frankfurter Instituts für Sozialforschung (vgl. Honneth 2002), wobei die soziologische Analyse über die engere Frankfurter Tradition hinaus auf die historisch und sozialwissenschaftlich informierten Theorieentwürfe von Foucault und Bourdieu zurückgreift. Damit stellt sich auch die für die Kritische Theorie charakteristische methodologische Frage nach dem Verhältnis von philosophischem Begründungsdiskurs, soziologischer Erklärung und dem Selbstverständnis gesellschaftlicher Gruppen wieder neu.

3.3. Zur Debatte steht zudem das Verhältnis zwischen Theorien des guten Lebens und Theorien der Gerechtigkeit innerhalb der Kritischen Theorie, die Frage also, ob die Theorie in einer gerechtigkeitstheoretischen Reformulierung oder einer Theorie der Rechtfertigungsverhältnisse aufgehen kann (vgl. Forst 1996; ders. 2007). Zumindest diejenigen Richtungen der Kritischen Theorie, die sich der Analyse sozialer Pathologien verpflichtet fühlen, scheinen ohne die Einbeziehung substantieller ethischer und anthropologischer Überlegungen, aber auch ohne einen entsprechenden Rationalitätsbegriff nicht auszukommen. Die Schwierigkeit besteht freilich darin, wie solche theoretischen Annahmen angesichts des ›Faktums des Pluralismus‹ sowie der philosophischen Kritik des Essentialismus noch gerechtfertigt werden können.

3.4. Der Anspruch, zur Diagnose und Kritik sozialer Pathologien beizutragen, äußert sich heute in verschiedenen Versuchen, die charakteristischen Entwicklungen unserer Gegenwartsgesellschaften auf den Begriff zu bringen. Dabei reicht das Spektrum der als problematisch verstandenen Phänomene von der Vermarktlichung aller Lebensbereiche, den Pathologien moderner Arbeitsverhältnisse und dem Verfall der Öffentlichkeit über Verdinglichung (vgl. Honneth 2005) und Entfremdung (vgl. Jaeggi 2005) bis zu den Effekten einer voranschreitenden Beschleunigung sozialer Prozesse (vgl. Rosa 2005) und anderen »Paradoxien des Kapitalismus« (vgl. Honneth 2002). Hier ist zum einen umstritten, ob sich diese Phänomene auf einen einheitlichen theoretischen Nenner bringen lassen, ob es sich also etwa primär um Fragen der Anerkennung oder solche der Umverteilung handelt (vgl. Fraser/Honneth 2003), und zum anderen, wie sich die Verhältnisse zwischen den Benachteiligungen auf Grund von *class, race and gender* verschieben (vgl. etwa Allen 2007). Will die Kritische Theorie ihren praktisch-emanzipatorischen Anspruch auch weiterhin aufrechterhalten, muss sie sich jenseits der (meta-)theoretischen Debatten v.a. in der Auseinandersetzung mit diesen substantiellen Problemen bewähren.

4.

Adorno, T. W., 1966, Negative Dialektik, Frankfurt/M.: Suhrkamp.

Adorno, T. W., u.a., 1950, Studien zum autoritären Charakter, Frankfurt/M.: Suhrkamp 1973.

Adorno, T. W., u.a., 1969, Der Positivismusstreit in der deutschen Soziologie, Neuwied: Luchterhand.

Allen, A., 2007, The Politics of Our Selves. Power, Autonomy, and Gender in Contemporary Critical Theory, New York: Columbia University Press.

Anderson, J., 2000, The ›Third Generation‹ of the Frankfurt School, in: Intellectual History Newsletter 22.

Benhabib, S., 1986, Kritik, Norm, Utopie, Frankfurt/M.: Fischer 1992.

Benhabib, S., 1992, Selbst im Kontext, Frankfurt/M.: Suhrkamp 1995.

Benjamin, W., 1936, Das Kunstwerk im Zeitalter seiner technischen Reproduzierbarkeit, Frankfurt/M.: Suhrkamp 1976.

Celikates, R., 2006, From Critical Social Theory to a Social Theory of Critique, in: Constellations 13.

Cooke, M., 2006, Re-Presenting the Good Society, Cambridge/MA: MIT Press.

Demirovic, A., 1999, Der nonkonformistische Intellektuelle, Frankfurt/M.: Suhrkamp.

Demirovic, A. (Hg.), 2003, Modelle kritischer Gesellschaftstheorie, Stuttgart: Metzler.

Dubiel, H./Söllner, A. (Hg.), 1981, Wirtschaft, Recht und Staat im Nationalsozialismus, Frankfurt/M.: EVA.

Forst, R., 1996, Justice, Reason, and Critique, in: D. Rasmussen (Hg.), The Handbook of Critical Theory, Oxford: Blackwell.

Forst, R., 2007, Das Recht auf Rechtfertigung, Frankfurt/M.: Suhrkamp.

Fraser, N., 1989, Widerspenstige Praktiken. Macht, Diskurs, Geschlecht, Frankfurt/M.: Suhrkamp 1994.

Fraser, N./Honneth, A., 2003, Umverteilung oder Anerkennung?, Frankfurt/M.: Suhrkamp.

Fromm, E., 1941, Die Furcht vor der Freiheit, München: dtv 1990.

Geuss, R., 1981, Die Idee einer kritischen Theorie, Bodenheim: Athenäum 1988.

Habermas, J., 1962, Strukturwandel der Öffentlichkeit, Frankfurt/M.: Suhrkamp 1990.

Habermas, J., 1968, Erkenntnis und Interesse, Frankfurt/M.: Suhrkamp 1973.

Habermas, J., 1981, Theorie des kommunikativen Handelns, Frankfurt/M.: Suhrkamp.

Habermas, J., 1992, Faktizität und Geltung. Beiträge zur Diskurstheorie des Rechts und des demokratischen Rechtsstaats, Frankfurt/M.: Suhrkamp.

Honneth, A., 1992, Kampf um Anerkennung, Frankfurt/M.: Suhrkamp 2003.

Honneth, A., 2005, Verdinglichung, Frankfurt/M.: Suhrkamp.

Honneth, A., 2007, Pathologien der Vernunft, Frankfurt/M.: Suhrkamp.

Honneth, A. (Hg.), 2002, Befreiung aus der Mündigkeit. Paradoxien des gegenwärtigen Kapitalismus, Frankfurt/M.: Campus.

Honneth, A. (Hg.), 2006, Schlüsseltexte der Kritischen Theorie, Wiesbaden: VS.

Horkheimer, M., 1931, Die gegenwärtige Lage der Sozialphilosophie und die Aufgaben eines Instituts für Sozialforschung, in: ders., Gesammelte Schriften, Bd. 3, Frankfurt/M.: Fischer 1988.

Horkheimer, M., 1937, Traditionelle und kritische

Theorie, in: ders., Gesammelte Schriften, Bd. 4, Frankfurt/M.: Fischer 1988.
Horkheimer, M./Adorno, T. W., 1947, Dialektik der Aufklärung, Frankfurt/M.: Fischer 1969.
Hoy, David C./McCarthy, T., 1994, Critical Theory, Oxford: Blackwell.
Jaeggi, R., 2005, Entfremdung, Frankfurt/M.: Campus.
Jaeggi, R., 2008, Was ist Ideologiekritik?, in: dies./T. Wesche (Hg.), Was ist Kritik?, Frankfurt/M.: Suhrkamp (i. E.).
Jay, M., 1973, Dialektische Phantasie, Frankfurt/M.: Fischer 1981.
Marcuse, H., 1937, Philosophie und kritische Theorie, in: ders., Schriften, Bd. 3, Springe: zu Klampen 2004.
Marcuse, H., 1964, Der eindimensionale Mensch, München: dtv 1994.
Menke, C., 2000, Spiegelungen der Gleichheit, Frankfurt/M.: Suhrkamp 2004.
Offe, C., 2004, Herausforderungen der Demokratie, Frankfurt/M.: Campus.
Rosa, H., 2005, Beschleunigung, Frankfurt/M.: Suhrkamp.
Rush, F. (Hg.), 2004, The Cambridge Companion to Critical Theory, Cambridge: Cambridge University Press.
Saar, M., 2007, Genealogie als Kritik, Frankfurt/M.: Campus.
Wellmer, A., 1993, Endspiele. Die unversöhnliche Moderne, Frankfurt/M.: Suhrkamp.
Wiggershaus, R., 1986, Die Frankfurter Schule, München: dtv.

Robin Celikates/Rahel Jaeggi

Kritischer Rationalismus

1.

Der Kritische Rationalismus ist eine auf Karl Popper zurückgehende philosophische Grundposition. Wie der klassische Rationalismus hält er am Ideal der Suche nach wahrer Erkenntnis fest, lehnt aber die für den klassischen Rationalismus typische Forderung nach sicherer Erkenntnisgewinnung aufgrund der prinzipiellen Fallibilität jeglicher Erkenntnis ab und betont den Vermutungscharakter aller Wissensformen. Im Bereich wissenschaftlicher Erkenntnis erhebt er die Falsifizierbarkeit zum Kriterium wissenschaftlicher Theorien.

2.

Die Hervorhebung des hypothetischen Charakters der Erkenntnis findet sich bereits bei den Vorsokratikern (z.B. Anaxagoras, Philopponos, Xenophanes). In Antike und Mittelalter war der Einfluss der vorsokratischen Skeptiker auf die Philosophie gering. Stattdessen dominierte der auf Aristoteles zurückgehende klassische Rationalismus, der glaubte, zwischen echtem Wissen und bloßem Meinen unterscheiden zu können. Auch in der Neuzeit dominierte der klassische Rationalismus, nun in Gestalt des Intellektualismus (Descartes, Pascal, Spinoza) und Empirismus (Bacon, Locke, Berkeley).

In Auseinandersetzung mit der Tradition der auf Kant rückführbaren Begründungsphilosophie und dem logischen Positivismus des Wiener Kreises erneuerte Popper die traditionelle skeptische Position. Gleichwohl behauptet der von ihm konzipierte Kritische Rationalismus nicht, dass es keine wahre Erkenntnis geben könne. Insofern hält er die Suche nach Wahrheit aufrecht und rechnet sich dem Realismus zu. Aber der Kritische Rationalismus betont, dass der Mensch keine Methoden habe, festzustellen, ob eine Erkenntnis wahr oder falsch ist, und warnt vor einer Konfundierung von sicherer *Erkenntnis* und psychologischer *Gewissheit*.

3.

3.1. In der 1934 erschienenen *Logik der Forschung* entwickelt Popper erstmals die in späteren Werken elaborierte Vorstellung, dass unser vermeintliches Wissen stets nur hypothetisch sei. Hier bezieht er sich vornehmlich auf wissenschaftliche Erkenntnis. Theorien verdienen laut Popper das Etikett »wissenschaftlich« nur, wenn sie in falsifizierbarer Weise formuliert sind. Die Bedeutung der Falsifizierbarkeit ist, v.a. im Zusammenhang mit der Idee der Falsifikation, vielfach missverstanden worden. Laut Popper ist ein Satz (oder eine Theorie) »falsifizierbar dann und nur dann, wenn es wenigstens einen Basissatz gibt, der mit ihr in logischem Widerspruch steht. [...] die Klasse der Basissätze ist dadurch gekennzeichnet, daß ein Basissatz ein logisch mögliches Ereignis (einen möglichen Sachverhalt) beschreibt, von dem es seinerseits logisch möglich ist, daß es beobachtet werden könnte« (Popper 1989, 83). Die Falsifizierbarkeit besteht also nur in der Forderung, dass Theorie und Basissatz eine bestimmte logische Relation exemplifizieren; sie betrifft nicht die Fragen, ob eine vorgeschlagene experimentelle Falsifikation als solche anerkannt werde oder nicht oder ob eine solche Prüfung zur Zeit technisch möglich sei.

Diese Fragen betreffen die Methodologie und die »Pragmatik«. Um eine Verwechslung der beiden Ebenen (logische und methodologische) zu vermeiden, spricht Popper im Falle der logischen Relationen von Sätzen (Satzklassen) von Falsifizierbarkeit und im Falle der methodologischen Beziehung von Falsifikation.

Poppers Methodologie ist in den Naturwissenschaften sehr erfolgreich gewesen. Handlungswissenschaftler hingegen haben auf die ungleich schwereren Testbedingungen in ihren Disziplinen hingewiesen und Poppers methodologische Empfehlungen seltener angenommen. Im deutschen Sprachraum kam dies insbesondere durch den sog. Positivismusstreit zwischen den Kritischen Rationalisten um Popper und Albert und der Frankfurter Schule um Adorno und Habermas zum Ausdruck.

3.2. Die Kernaussagen des Kritischen Rationalismus stammen im wesentlichen von Popper, dessen Beiträge teils als Verteidigungsschriften gegen seine Kritiker (vgl. insbesondere Popper 1974) und teils als Ausarbeitungen der bereits in der *Logik der Forschung* zum Ausdruck gekommenen logischen und methodologischen Überzeugungen (vgl. Popper 1963; ders. 1979) verstanden werden können. Große Resonanz erzielten auch seine gesellschaftspolitischen Schriften, insbesondere *Die offene Gesellschaft und ihre Feinde*. Poppers Kritik am auf Platon, Hegel und Marx zurückgeführten Totalitarismus ist teilweise harsch zurückgewiesen worden; seine eigenen Vorschläge zur Entwicklung einer »offenen Gesellschaft« wurden hingegen weithin begrüßt (insbesondere die »Politik der kleinen Schritte« oder die Idee der schrittweisen Sozialtechnik, »piecemeal social engineering«) Eine Fortsetzung der Sozialphilosophie findet sich in *Das Elend des Historizismus*. Darin kritisiert Popper die Vorstellung, die Geschichte laufe nach historischen Gesetzmäßigkeiten ab, die erkennbar seien und sichere Prophezeiungen über die Zukunft erlaubten. Popper leistete noch andere wichtige Beiträge zum Kritischen Rationalismus: Zum einen steuerte er eine Evolutionäre Erkenntnistheorie bei (vgl. Popper 1973), und zum anderen weitete er die Idee von Versuch und Irrtum zum Lebensprinzip aus, das sich in der Überzeugung niederschlägt, alles Leben sei Problemlösen (Popper 1994).

Eine systematische Morallehre hat Popper nicht vorgelegt. Allerdings sah er sich als Repräsentant der von der schottischen Moralphilosophie (Hume, Smith) ausgehenden individualistischen Ethik. In *Die offene Gesellschaft und ihre Feinde, Das Elend des Historizismus, Auf der Suche nach einer besseren Welt* und anderen Schriften finden sich Elemente seiner humanitären Ethik, die sich im Rahmen einer liberal-demokratischen Ordnung verwirklichen könne (vgl. Salamun 1991). Bekannt ist das Poppersche Diktum, wonach die Demokratie deshalb anderen Regierungsformen vorzuziehen sei, weil deren Bürger die Regierung ohne Blutvergießen absetzen könnten. Popper betonte stets die Bedeutung der individuellen Freiheit für ein gelungenes Leben.

Im deutschen Sprachraum hat sich v.a. Albert um den kritischen Rationalismus verdient gemacht. Berühmt ist sein sog. Münchhausen-Trilemma (vgl. Albert 1968, 11ff.). Mit ihm illustriert Albert das seines Erachtens vergebliche Bemühen der Begründungsphilosophie, sich wie einst Baron

Münchhausen aus eigener Kraft aus dem Sumpf zu ziehen. Das Trilemma besteht aus drei Alternativen begründungsphilosophischen Denkens. Vertreter der ersten Variante behaupten *dogmatisch*, bereits im Besitz der Wahrheit zu sein, weshalb sich ihrer Meinung nach jede weitere Hinterfragung ihrer Position erübrige. Der Dogmatismus ist v.a. in vielen religionsphilosophischen Schulen anzutreffen. Wer das Hinterfragen von Thesen weitertreibe, ende, so Albert, entweder im Versuch, die Wahrheit durch logische *Zirkelschlüsse* zu gewinnen, oder in einem *infiniten Regress*. Alle drei Komponenten des Trilemmas (dogmatischer Abbruch, Zirkelschluss, infiniter Regress) führen in unlösbare begründungstechnische Probleme.

Albert trat aber auch als wortgewaltiger Apologet des Kritischen Rationalismus in theologischen Auseinandersetzungen und als Kritiker des sog. Modell-Platonismus hervor. Mit letzterem charakterisiert er das v.a. in der Soziologie und Ökonomie beliebte Verfahren, eine im Rahmen der Falsifikation widerlegte Theorie mit dem Hinweis aufrechtzuerhalten, der Widerlegungsversuch habe notwendige Voraussetzungen der Theorie außer acht gelassen. Mit anderen Worten: Statt eine Falsifikation anzuerkennen, wird die widerlegte Theorie durch Ad-hoc-Hypothesen gegen Kritik in Schutz genommen (Immunisierungsstrategie) (vgl. Albert 1998, Kap. IV).

Für die Philosophie gilt ähnliches wie für die Handlungswissenschaften: Der Kritische Rationalismus konnte v.a. in der deutschsprachig geprägten Philosophie- und Universitätslandschaft nicht die Bedeutung gewinnen, die ihm in den Naturwissenschaften vergönnt war. Gleichwohl nimmt der Kritische Rationalismus unter den hiesigen wissenschaftstheoretischen Schulen eine bedeutende Stellung ein.

So trägt z.B. das *Handlexikon zur Wissenschaftstheorie* (Seifert/Radnitzky 1989), das zu den Standardlexika der Wissenschaftstheorie gehört, in weiten Teilen deutlich die Handschrift des Kritischen Rationalismus. Dem Mitherausgeber Radnitzky ist es zudem gelungen, die internationale Verbreitung des Kritischen Rationalismus durch eine Vielzahl interdisziplinärer Dialoge zu steigern (vgl. Radnitzky/Andersson 1980; dies. 1981; Radnitzky/Bernholz 1987; Radnitzky 1988) und die von der Ökonomie ausgehende Methodendiskussion mit der falsifikationistischen Methodologie des Kritischen Rationalismus zu verknüpfen (vgl. Radnitzky/Bernholz 1987; dies. 1991).

3.3. Zu den wichtigsten hiesigen Gegenpositionen des Kritischen Rationalismus zählen die Kritische Theorie der Frankfurter Schule (vgl. Adorno u.a. 1969), Apels Sprachpragmatik (vgl. hierzu kritisch Albert 1975) sowie die von Stegmüller geprägte analytische Philosophie und die Erlanger Schule. Auf internationalem Parkett kann man in Kuhn (1976) und seiner Idee der wissenschaftlichen Revolutionen eine Gegenströmung zum Kritischen Rationalismus erblicken. Auch Lakatos (1974), der versucht, mithilfe der Idee der »Forschungsprogramme« auf Kuhns Kritik zu reagieren und den Kritischen Rationalismus der Begründungsphilosophie anzunähern, und Feyerabend (1976) mit seiner anarchistischen Erkenntnistheorie und der Inkommensurabilitätsthese, welche die Unvergleichbarkeit konkurrierender Theorien annimmt, haben Kritik am Kritischen Rationalismus geübt.

In Reaktion auf diese Kritik ist insbesondere die Wissenschaftstheorie des Kritischen Rationalismus weiterentwickelt worden (vgl. v.a. Bartley III. 1962; Andersson 1988, 1994). Als Erwiderung auf den Vorwurf, der Kritische Rationalismus erhebe Forderungen, denen er selbst nicht genüge, führt Bartley den sog. Pankritischen Rationalismus ein. Ihm geht es um den Nachweis, dass selbst die Ausgangsposition des Kritischen Rationalismus, der prinzipielle Fallibilismus, nicht dogmatisiert werden und dass die dabei implizierte Selbstreflexivität nicht zu semantischen Paradoxien führen müsse (vgl. Bartley 1962). Genährt wurde der Vorwurf der mangelnden Selbstanwendbarkeit durch die unter manchen Kritikern verbreitete Annahme, die Falsifizierbarkeit müsse auch auf die Grundposition des kritischen Rationalismus beziehbar sein, was sie aber nicht sei. Dabei wird übersehen, dass die Falsifizierbarkeit als Abgrenzungskriterium selbst Element einer Metawissenschaft, nämlich der Wissenschaftstheorie, und nicht der empirischen Wissenschaften ist, und insofern nicht selbst falsifizierbar sein muss.

Anderson geht es um den Nachweis, dass die von Kuhn angeführten Beispiele vermeintlicher Paradigmenwechsel in der Wissenschaftsgeschichte durchaus als Beispiele erfolgreicher Falsifikationen im Sinne Poppers zu verstehen seien. Außerdem intendiert er die Widerlegung des Feyerabendschen Argumentes, dem zufolge die Problematik der Inkommensurabilität in vielen Fällen eine Falsifikation letztlich ausschließe. Andersson kann zeigen, wie aus Prüfsätzen mit Hilfe von Hilfshypothesen »unproblematische« Prüfsätze ableitbar sind, was schließlich die Kommensurabilität von inkommensurabel geglaubten Prüfsätzen herstellt (vgl. Anderson 1988). In der Folge lieferte Andersson auch metalogische Argumente für sämtliche Arten von Falsifikationsargumenten (vgl. Anderson 1994).

4.

Adorno, T. W. u. a., 1969, Der Positivismusstreit in der deutschen Soziologie, Berlin: Luchterhand.

Albert, H., 1968, Traktat über kritische Vernunft, Tübingen: Mohr.

Albert, H., 1975, Transzendentale Träumereien. Karl-Otto Apels Sprachspiele und sein hermeneutischer Gott, Hamburg: Hoffmann und Campe.

Albert, H., 1978, Traktat über rationale Praxis, Tübingen: Mohr.

Albert, H., 1987, Kritik der reinen Erkenntnislehre, Tübingen: Mohr.

Albert, H., 1998, Marktsoziologie und Entscheidungslogik, Tübingen: Mohr Siebeck.

Andersson, G. (Hg.), 1984, Rationality in Science and Politics, Dordrecht: Reidel.

Andersson, G., 1988, Kritik und Wissenschaftsgeschichte, Tübingen: Mohr.

Andersson, G., 1994, Criticism and the History of Science, Leiden: Brill.

Bartley, W. W. III., 1962, Die Flucht ins Engagement, Tübingen: Mohr 1987.

Böhm, J. M./Holweg, H./Hoock, C. (Hg.), 2002, Karl Poppers kritischer Rationalismus heute, Tübingen: Mohr Siebeck.

Bouillon, H./Andersson, G. (Hg.), 1991, Wissenschaftstheorie und Wissenschaften, Berlin: Duncker & Humblot.

Bunge, M. A. (Hg.), 1964, The Critical Approach to Science and Philosophy, London: Free Press.

Feyerabend, P., 1975, Wider den Methodenzwang, Frankfurt/M.: Suhrkamp 1976.

Keuth, H., 1977, Realität und Wahrheit. Zur Kritik des kritischen Rationalismus, Tübingen: Mohr.

Kim, B.-H., 1991, Kritik des Strukturalismus, Amsterdam: Rodopi.

Kuhn, T. S., 1962, Die Struktur wissenschaftlicher Revolutionen, Frankfurt/M.: Suhrkamp 1976.

Lakatos, I., 1974, Falsifikation und die Methodologie wissenschaftlicher Forschungsprogramme, in: ders./A. Musgrave (Hg.), Kritik und Erkenntnisfortschritt, Braunschweig: Vieweg.

Pähler, K., 1986, Qualitätsmerkmale wissenschaftlicher Theorien, Tübingen: Mohr.

Pies, I./Leschke, M. (Hg.), 1999, Karl Poppers Kritischer Rationalismus, Tübingen: Mohr Siebeck.

Popper, K. R., 1934, Logik der Forschung, Wien: Springer.

Popper, K. R., 1944/45, Das Elend des Historizismus, Tübingen: Mohr 1965.

Popper, K. R., 1945, Die offene Gesellschaft und ihre Feinde, Bern: Francke 1957/58.

Popper, K. R., 1963, Vermutungen und Widerlegungen, Tübingen: Mohr Siebeck 2000.

Popper, K. R., 1973, Objektive Erkenntnis, Hamburg: Hoffmann und Campe.

Popper, K. R., 1974, Replies to My Critics, in: P. A. Schilpp (Hg.), The Philosophy of Karl Popper, La Salle: Open Court.

Popper, K. R., 1979, Die beiden Grundprobleme der Erkenntnistheorie, Tübingen: Mohr.

Popper, K. R., 1984, Auf der Suche nach einer besseren Welt, München: Piper.

Popper, K. R., 1989, Falsifizierbarkeit, zwei Bedeutungen von, in: H. Seiffert/G. Radnitzky (Hg.), Handlexikon zur Wissenschaftstheorie, München: Ehrenwirth.

Popper, K. R., 1994, Alles Leben ist Problemlösen, München: Piper.

Radnitzky, G., 1988, Centripetal Forces in the Sciences, New York: Open Court.

Radnitzky, G./Andersson, G. (Hg.), 1980, Fortschritt und Rationalität der Wissenschaft. Tübingen: Mohr.

Radnitzky, G./Andersson, G. (Hg.), 1981, Voraussetzungen und Grenzen der Wissenschaft. Tübingen: Mohr.

Radnitzky, G./Bartley, W. W. III. (Hg.), 1987: Evolutionary Epistemology, Rationality, and the Sociology of Knowledge, La Salle: Open Court.
Radnitzky, G./Bernholz, P., 1987, Economic Imperialism, New York: Paragon House.
Radnitzky, G./Bernholz, P., 1991, Universal Economics, New York: Paragon House.
Salamun, K. (Hg.), 1991, Moral und Politik aus der Sicht des Kritischen Rationalismus, Amsterdam: Rodopi.
Watkins, J., 1984, Science and Scepticism, London: Hutchinson.

HARDY BOUILLON

Kropotkin, Pjotr Alexejewitsch (1842–1921)

1.

Als Nachfahre der Fürsten von Smolensk wurde Kropotkin mit 15 Jahren in die Pagen-Corps-Schule in Petersburg aufgenommen, schloss sich jedoch mit 20 als Offizier einem Kosakenregiment in Sibirien an, wo er in den nächsten fünf Jahren die geographischen Bedingungen, aber auch die Lebensformen der dortigen Völker studierte. Im Studium an der mathematischen Fakultät in Petersburg widmete er sich ab 1867 überwiegend geographischen Studien. 1872 reiste er in die Schweiz, wo er in Genf einige Zeit als Arbeiter lebte, bevor er sich zum Anarchisten wandelte. Noch im selben Jahr kehrte er nach Russland zurück. Dort schloss er sich einem revolutionären Geheimbund an und agitierte in den Petersburger Wollfabriken, bis er 1874 verhaftet wurde. Zwei Jahre später konnte er aus dem Gefängnis fliehen und reiste wieder in die Schweiz, wo er ab 1879 die Zeitschrift *La Révolte* herausgab. 1881 wurde er nach der Ermordung Alexanders II. von dort ausgewiesen. 1883 wurde er an seinem nächsten Exilort in Savoyen verhaftet, saß bis 1886 im Gefängnis in Clairvaux und übersiedelte kurze Zeit nach seiner Begnadigung nach England. Dort führte Kropotkin die nächsten dreißig Jahre ein Gelehrtendasein, widmete sich geographischen Studien und nahm seine literarische Produktion für die anarchistische Sache auf: Neben einer Vielzahl von Artikeln erschienen 1892 *Eroberung des Brotes*, dann 1896 *Der Anarchismus* und 1902 *Gegenseitige Hilfe in der Tier- und Menschenwelt*. 1917 übersiedelte er nach Russland, war jedoch alsbald vom autoritären Vorgehen der neuen Machthaber abgestoßen. Sein Begräbnis im Jahr 1921 wurde zur letzten großen Manifestation der Anarchisten in Russland, die kurz danach blutiger Verfolgung ausgesetzt waren.

2.

Kropotkins Vorstellung von Anarchismus wird während seiner gesamten Schaffenszeit durch die Elemente der Gemeinschaftsmoral, der freiheitlich kommunistischen Wirtschaftsform und der (natur-)wissenschaftlichen Zugangsweise zu sozialen Fragen bestimmt. Veränderungen ergeben sich allerdings insofern, als Kropotkin in der 1890 erschienenen kleinen Schrift *La morale anarchiste* die solidarische wechselseitige Hilfe und die Gerechtigkeit im Sinne der Gleichheit der Lebensbedingungen betont (Kropotkin 1890, 31, 35), später im 1922 posthum erschienenen Spätwerk *Ethik* als eigentliche Sittlichkeit jedoch das Wohlwollen und die Selbstentäußerung feiert (vgl. Hug 1989, 40ff.), Verhaltensweisen, die auch zuvor schon von ihm beschrieben und lobend erwähnt, nicht aber als eigenständige Elemente der Moral charakterisiert werden. Ferner entwickelt er erst in dem 1899 in Boston publizierten Werk *Landwirtschaft, Industrie und Handwerk – Fields, Factories and Workshops* eine über die Forderung nach Abschaffung der Lohnarbeit hinausgehende ökonomische Theorie. Kropotkin fordert eine möglichst weitgehende Dezentralisierung der wirtschaftlichen Produktion und eine Förderung der Kleinindustrie, die in enger Verbindung mit einer nach wissenschaftlichen Methoden betriebenen Landwirtschaft arbeiten soll. Anders als viele zeitgenössische Ökonomen glaubt Kropotkin eine Befriedigung der Grundbedürfnisse für alle Menschen erreichen zu können.

3.

Laut Kropotkin ging der Anarchismus nicht aus der Wissenschaft hervor, sondern wurde »aus dem Volke geboren« (Kropotkin 1896, 27). Er nimmt zudem an, dass die Entwicklung der Gesellschaftswissenschaften auf das Niveau der Naturwissenschaften notwendigerweise den Anarchismus fördern werde (vgl. ebd., 25f., 58ff.). Die Wissenschaft (insbesondere der Darwinismus bei richtiger Interpretation) lehrt Kropotkin zufolge auch, dass bereits in der Tierwelt wechselseitige Solidarität vorhanden ist und dort ebenso wie unter den Menschen die Überlebenschancen erhöht. Die zu klärende Frage lautet für den Anarchisten: »Welche sozietären Formen gewährleisten für eine gegebene Gesellschaft und darüber hinaus für die Menschheit im allgemeinen die größte Summe an Glück und folglich auch die größte Lebenskraft?« (ebd., 61)

Die Verbindung zwischen dem utilitaristischen und dem darwinistischen Element schafft bereits in der Schrift über die anarchistische Moral der Rückgriff auf die *moral sentiment-Lehre*, insbesondere auf Adam Smith. Weil im Menschen ähnlich wie bei Tieren das moralische Gefühl beobachtbar ist, kann man annehmen, dass sich die meisten Menschen ohne staatliche Repression keineswegs gemeinschaftsschädigend verhalten wurden, im Gegenteil macht der staatliche Repressionsapparat nicht nur die darin Tätigen wie Richter und Henker, sondern auch die von ihm Betroffenen zu Verbrechern. Es gilt somit, den Staat als Mittel der Unterdrückung zu beseitigen. Eine freie Gesellschaft werde »die antisozialen Handlungen zu verhindern wissen« (Kropotkin 1896, 66). Es bleibt bei Kropotkin freilich unklar, wie man sich dies im Einzelnen vorzustellen hat. Kropotkin zufolge lehrt das Schicksal der Pariser Kommune, dass zur politischen auch die ökonomische Veränderung kommen müsse, damit der sozialistische Gedanke attraktiv werde. Kropotkin will nicht nur die Produktionsmittel, sondern auch die Konsumverteilung sozialisieren, so dass Lohnarbeit nicht mehr nötig sei (vgl. Hug 1989, 54). Dieser »libertäre Kommunismus« (Kropotkin 1896, 107) trennt Kropotkin ebenso vom nach seiner Einschätzung elitären individualistischen Anarchismus der Stirner-Anhänger (vgl. ebd., 71) wie vom Staatskapitalismus. Über letzteren sagt Kropotkin, er »würde ein neues, riesiges Instrument der Tyrannei darstellen« (ebd., 96).

In seinem späten Werk über die Französische Revolution (erschienen 1909) versucht Kropotkin zu zeigen, dass nicht die Nationalversammlung oder das Bürgertum die Anerkennung der Menschenrechte bewirkt habe, sondern »die Volksrevolution« (Kropotkin 1909, 146).

4.

Kropotkin, P., 1890, La Morale Anarchica, Roma: Stampa alternativa 1999.

Kropotkin, P., 1892, Eroberung des Brotes, Grafenau: Trotzdem 1989.

Kropotkin, P., 1896, Der Anarchismus, Grafenau: Trotzdem 2002.

Kropotkin, P., 1899, Landwirtschaft, Industrie und Handwerk, Berlin: Der Syndikalist 1921.

Kropotkin, P., 1902, Gegenseitige Hilfe in der Tier- und Menschenwelt, Leipzig: Thomas 1920.

Kropotkin, P., 1909, Die Große Französische Revolution, Leipzig: Kiepenheuer 1982.

Kropotkin, P., 1922, Ethik, Berlin: Kramer 1976.

Hug, H., 1989, Kropotkin, Hamburg: Junius.

Crowder, G., 1991, Classical Anarchism, Oxford: Clarendon Press.

Miller, M., 1976, Kropotkin, Chicago: University of Chicago Press.

Ratsch, U., 1996, Vom guten und vom bösen Menschen. Der ›wissenschaftliche Anarchismus‹ von Peter Kropotkin, in: H. Diefenbacher (Hg.), Anarchismus, Darmstadt: WBG.

Matthias Kaufmann

Kultur

1.

Seit den 1970er Jahren hat »Kultur« sich zu einem Schlüsselbegriff der humanwissenschaftlichen Theoriebildung im englisch-, französisch- und deutschsprachigen Raum entwickelt. Die »Kulturtheorien«, die sich in diesem Zusammenhang gebildet haben, umfassen Beiträge aus der Sozialphilosophie ebenso wie der Soziologie, Ethnologie, Geschichtswissenschaft, Literatur- und Medienwissenschaft, welche sich allesamt zunehmend als »Kulturwissenschaften« verstehen. Der Begriff der Kultur bezog sich im philosophischen und humanwissenschaftlichen Kontext seit dem späten 18. Jahrhundert zunächst entweder auf eine normativ ausgezeichnete Lebensweise, auf die ›ganze‹ Lebensform einer Gemeinschaft, oder auf die institutionalisierte Sphäre der Symbolproduktion. Seit dem ›Lingustic Turn‹, dem ›Interpretative Turn‹ bzw. dem ›Cultural Turn‹ in den Geistes- und Sozialwissenschaften der 1960er und 1970er Jahre wird Kultur hingegen in erster Linie mit der allgemeinen Dimension der symbolischen Ordnungen und der kollektiven Sinnstrukturen identifiziert, welche sich in ihrer historischen Kontingenz als Bedingungen von Sozialität und Subjektivität darstellen (vgl. Reckwitz 2000).

Neben dem Neukantianismus zu Beginn des 20. Jahrhunderts liefern insbesondere der Strukturalismus und die Semiotik, die Phänomenologie und die Hermeneutik sowie der Pragmatismus und die wittgensteinianische Sprachphilosophie einen heterogenen Hintergrund für kulturtheoretische Argumentationen. »Kultur« avanciert hier zu einer Totalperspektive auf die Humanwelt, welche diese als Produkt symbolischer Ordnungen betrachtet. Aus den Grundannahmen kultureller Konstituiertheit und historisch-sinnhafter Situiertheit menschlicher Existenz ergibt sich für die Theorien der Kultur die Notwendigkeit einer Neuthematisierung der Bedingungen der Möglichkeit von Sozialität und Subjektivität, der spezifischen Gestalt der Moderne sowie der ethischen Maßstäbe von Gerechtigkeit und Identität. Generell tendieren kulturtheoretische Argumentationen dazu, den philosophischen und humanwissenschaftlichen Universalismus durch einen kulturalistischen Kontextualismus bzw. Historizismus herauszufordern (vgl. Rorty 1989).

2.

In der philosophischen und humanwissenschaftlichen Debatte seit der ›Sattelzeit‹ des späten 18. Jahrhunderts lassen sich im Wesentlichen vier Kulturbegriffe unterscheiden: ein normatives, ein holistisches, ein differenzierungstheoretisches und ein bedeutungsorientiertes Konzept.

2.1. Der *normative* Kulturbegriff greift auf die antike Semantik zurück: »Cultura« bezeichnet hier zunächst die »Pflege« eines Gegenstandes – im Besonderen des Ackerlandes –, und wird von Cicero in der Formel der »cultura animi« auf die Pflege des menschlichen Geistes bezogen und in der Renaissance von Erasmus als »cultura imgenii« wieder aufgenommen. Die Aufklärungsphilosophie von Pufendorf bis Kant bezieht diesen normativen Gehalt des Begriffs der Kultur auf eine herausgehobene kollektive Lebensweise. Kant definiert Kultur über Moralität, während die englische Tradition des bürgerlichen 19. Jahrhunderts – etwa bei Matthew Arnold – Kultur an Bildung koppelt. Zentral ist in beiden Fällen die Opposition von Kultur und Zivilisation: zunächst in der Konfrontation von bürgerlicher Moralität mit aristokratischer Zivilisiertheit, dann in der Gegenüberstellung von bürgerlicher Bildung und zweckrationalisierter Industriegesellschaft (vgl. auch Williams 1958).

2.2. Mit der Romantik, v.a. bei Herder, wird ein ›wertneutraler‹ *holistischer* Kulturbegriff formuliert. Er bezieht sich auf »Kulturen« im Plural und bezeichnet die ›ganze Lebensweise‹, die Gebräuche, Sitten, Techniken und Glaubensvorstellungen eines Kollektivs, so wie sie sich in einer bestimmten historischen Phase und an einem geographischen Ort in Differenz zu anderen Kollektiven ausbilden. In der Herderschen Tradition wird

Kultur an die Lebensform einer ›Gemeinschaft‹, bevorzugt eines Volkes oder einer Nation gekoppelt. Die angelsächsische Kulturanthropologie am Ende des 19. Jahrhunderts knüpft an diesen holistischen Kulturbegriff an: »Kultur in einem weiten ethnographischen Sinn ist ein komplexes Ganzes aus Wissen, Glaubensüberzeugungen, Kunst, Moral, Recht, Gebräuchen und anderen Fähigkeiten und Gewohnheiten, die Menschen als Gesellschaftsmitglieder erwerben.« (Tylor 1871, 1) »Kultur« bezeichnet die Totalität des Verhaltens eines Kollektivs, insofern dieses nicht Ergebnis von ›Natur‹ zu sein scheint. Die Gegenüberstellung von »Kultur« als sozial erworbenes Verhalten und »Natur« dient sowohl Freuds Diagnose eines ›Unbehagens an der Kultur‹ als auch der Philosophischen Anthropologie als Hintergrundunterscheidung.

2.3. Mit der Entstehung der Sozialwissenschaften zu Beginn des 20. Jahrhunderts positioniert sich gegen den holistischen ein engerer, *differenzierungstheoretischer* Kulturbegriff. Im Anschluss an Simmels Konzept der ›objektiven Kultur‹ und Max Webers Verständnis gesellschaftlicher »Wertsphären« wird Kultur hier als ein ausdifferenziertes, institutionalisiertes Teilsystem der modernen Gesellschaft eingeführt, welches sich auf die Produktion und Tradierung von Symbolsystemen und Weltdeutungen spezialisiert. In diesem Sinne – innerhalb der Soziologie in Parsons' Strukturfunktionalismus systematisiert – umfasst Kultur v.a. die institutionellen Komplexe der Kunst, der (höheren) Bildung, des intellektuellen Lebens und der Religion. Adornos und Horkheimers Begriff der »Kulturindustrie« bezieht sich in ähnlicher, nun kritischer Weise, auf eine institutionalisierte Kultur, die v.a. in den Massenmedien ausgemacht wird.

2.4. Ein Verständnis von Kultur als die grundlegende Dimension von symbolischen Ordnungen, Sinnstrukturen, Wissensformen und Zeichensystemen, die der geschichtlich-sozialen Welt und damit auch ihrer Subjekte ihre spezifische Form geben, bahnt sich mit neohegelianischen und neokantianischen Philosophien zu Beginn des 20. Jahrhunderts an: mit Diltheys systematischer Begründung der »Geisteswissenschaften«, Mannheims Entwurf einer »Wissenssoziologie« und Cassirers *Philosophie der symbolischen Formen* (1925 ff.). Cassirer formuliert eine Philosophie des Menschen als ›animal symbolicum‹ und rekonstruiert Kultur als die basale Dimension von Bedeutungen, in der sämtliche ›sinnlichen‹ Phänomene der Humanwelt erst als ›sinnhafte‹ erfahrbar werden. Der eigentliche Durchbruch eines bedeutungs-, symbol- und wissensorientierten Kulturverständnisses ergibt sich mit der strukturalistischen Semiotik, der Phänomenologie und der neuen Hermeneutik, dem Pragmatismus und Wittgensteins Sprachphilosophie, die gemeinsam den Hintergrund für die Kulturtheorien der zweiten Jahrhunderthälfte bieten und auch in den Einzeldisziplinen breit verarbeitet worden sind.

Vor dem Hintergrund der seit den 1950er Jahren einflussreichen *strukturalistischen Semiologie*, von de Saussure im *Cours de linguistique générale* (1916) paradigmatisch formuliert, stellt sich Kultur als eine Summe von Zeichensystemen nach dem Vorbild der Sprache dar. So wie die sprachliche ›langue‹ im Verhältnis zu den individuell-situativen Akten der ›parole‹ sollen diese kulturellen Zeichensysteme eine übersubjektive, zeitlich verhältnismäßig konstante und unbewusst wirkende Struktur von Codes bilden, die dem Einzelnen vorgeben, was ›denkbar‹ und was ›sagbar‹ ist. Die einzelnen Zeichen dieser kulturellen Systeme setzen sich aus den beiden arbiträr und sozial konventionalisiert aneinander gekoppelten Elementen des Signifikanten und des Signifikats zusammen und gewinnen ihre Systemhaftigkeit aus den rein immanenten Differenzen zwischen den Zeichen: Differenzen gehen der zeichenhaften Identität voraus. Diese strukturalistischen Grundpositionen sind von einer Reihe neo- und poststrukturalistischer Kulturtheoretiker variiert, modifiziert und auf spezifische Problemstellungen angewandt worden. In einem klassisch strukturalistischen Theorierahmen betreibt Lévi-Strauss (1958) das Unternehmen einer ›strukturalen Anthropologie‹, welche Kultur auf der Ebene der Codierungen eines universalen ›unbewussten Geistes‹ rekonstruiert, während Althusser (1970) im Rahmen eines modifizierten marxistischen Basis-Überbau-Modells Kultur als struktural analysierbare gesellschaftliche Ideologien festmacht und der frühe Barthes (1957) die ›semiologischen Systeme zweiter Ordnung‹ jenseits der Sprache einer systematischen Analyse unterzieht.

Poststrukturalistische Kulturtheoretiker kritisieren die strikte Kopplung von Signifikanten und Signifikaten und die scheinbar bruchlose Ahistorizität der Strukturen im klassischen Strukturalismus. Sie versuchen demgegenüber die Bedingungen der Möglichkeit der Asystematizität von Kultur aufzuzeigen und legen zudem einen Schwerpunkt auf die Frage nach der kulturellen Konstitution des auf diese Weise ›dezentrierten‹ Subjekts: Foucault (1969) rechnet die Formationsregeln der Kultur auf Diskurse, d.h. Aussagesysteme, sowie Dispositive, d.h. Komplexe von Diskursen und Institutionen zu, interpretiert diese als Strukturen einer produktiven ›Macht‹ auf die Subjekte und will sie einer radikal historisierenden Analyse gesellschaftlicher Definitions-›Kämpfe‹ unterziehen. Lacan (1966) kombiniert den Strukturalismus mit der Psychoanalyse und rekonstruiert das Subjekt als eine Figur, die sich erst in Konfrontation mit der ihr vorgegebenen symbolischen Ordnung der Sprache bilden kann, ein Subjekt, dessen ›reales‹ Begehren in diesem Rahmen jedoch niemals vollständig zu befriedigen ist. Derrida (1967) kritisiert die strukturalistische Annahme scheinbar fixer Differenzensysteme und versucht im Konzept der ›différance‹ das Potenzial beständiger Sinnverschiebungen zu umschreiben, das in die wechselnde Kontextualität von Zeichensequenzen eingebaut ist. Laclau unternimmt den Versuch einer Kopplung des Poststrukturalismus an eine von Gramsci beeinflusste Theorie kultureller Hegemonie und beschreibt Kultur als hegemoniale Diskurse, deren scheinbare Geschlossenheit immer wieder aufgrund von Antagonismen in der Sinnstruktur kollabiert (vgl. Laclau/Mouffe 1985). Judith Butler (1990) schließlich bietet die avancierteste Anwendung einer poststrukturalistischen Kulturtheorie aus der Sicht einer feministischen Theorie des Subjekts und rekonstruiert das ›gendered subject‹ als eine performative Wiederholung von kulturellen Geschlechter- und Begehrenscodes, welche die Möglichkeit parodistischer Umformungen bereithält.

Neben dem (Post-)Strukturalismus bilden ›interpretative‹ Theorien, die in der Phänomenologie und der daran anschließenden neueren *Hermeneutik* wurzeln, einen zweiten Strang kulturtheoretischer Argumentationen. Ihr Ausgangspunkt ist nicht die Übersubjektivität kultureller Differenzensysteme, sondern die konstitutive Leistung subjektiven Verstehens. Den Hintergrund liefern hier Husserls gegen den szientistischen Objektivismus gerichtete Theorie des Bewusstseins als eine Theorie der sinnhaften Konstitution von Welt durch intentionale Akte, welche v.a. im Konzept der Lebenswelt auch die intersubjektive Mobilisierung eines alltäglichen, impliziten Sinnhorizontes thematisiert (vgl. Husserl 1956), und Heideggers existenziale Hermeneutik, die menschliches Dasein als ein In-der-Welt-Sein begreift, das sich in der sinnhaften Erschlossenheit des Verstehens vollzieht (vgl. Heidegger 1927). Einflussreiche Weiterentwicklungen finden sich in Gadamers *Wahrheit und Methode* (1960), welches die Abhängigkeit jedes Verstehens in der Alltagswelt wie in den Geisteswissenschaften von historisch spezifischen, letztlich unhintergehbaren Traditionszusammenhängen problematisiert, sowie bei Merleau-Ponty (1945), der die Phänomenologie in Richtung einer Theorie des subjektiven Erlebens von Leiblichkeit vorwärts treibt. Aktuelle interpretative Kulturtheorien thematisieren insbesondere den prekären Charakter, den »Verstehen« unter den Bedingungen kultureller Differenzen erhält: Sie wenden sich den Strukturen zu, in denen sich das tentative Verstehen des kulturell ›Fremden‹ oder ›Anderen‹ vollzieht (vgl. Waldenfels 1999), thematisieren das sozial- und politikphilosophische Problem des Verstehens im Rahmen multikultureller Konstellationen und die Diversität der konstitutiven Sinntraditionen der Moderne (vgl. Taylor 1995) und rekonstruieren – in einer Wende zur Ethik des Selbst – die Bedingungen, unter denen ein gelungenes Selbstverstehen von Subjekten möglich erscheint (vgl. Ricoeur 1990).

Ein dritter Komplex kulturtheoretischer Reflexionen findet sich im Rahmen von im weitesten Sinne *pragmatischen* Theorien. Aus dieser Perspektive sind symbolische Ordnungen primär weder als objektive Unterscheidungssysteme noch als subjektive Verstehensakte, sondern als integraler Bestandteil sozialer Praxis und ihres praktischen Handlungsvollzugs zu begreifen. Zunächst sind es die Autoren des US-amerikanischen Pragmatismus wie Dewey, James und Peirce, die Ansätze einer Theorie des Symbole verwendenden Handelns im Kontext sozialer Interaktionen geboten haben. Eine pragmatische Theorie der Kultur wird v.a. aber im Spätwerk Wittgensteins (1953) skizziert, in dessen Zentrum das Konzept der Sprachspiele steht, welche als Lebensformen praktischer Routinen und impliziter Sinnwelten gedacht werden, in denen Handelnde sich auf etwas verstehen. An Wittgenstein, teilweise auch an den Pragmatismus anknüpfend, systematisieren in der aktuellen Debatte Rorty, Lyotard und Schatzki eine am Leitkonzept der sozialen Praxis orientierte Kulturtheorie: Rorty (1989) behandelt Kultur als ein Konglomerat historisch kontingenter Vokabulare, in denen sich soziale Kollektive und das Selbst bilden, und versucht so, die Unmöglichkeit einer kulturindifferenten Universalität von Kriterien der Wahrheit und Gerechtigkeit zu begründen; Lyotard (1983) nimmt explizit Wittgensteins Modell der Sprachspiele auf und thematisiert die Bedingungen und Konsequenzen einer unabwendbar erscheinenden unendlichen Agonalität von Sprachspielen in der (Post-)Moderne; Schatzki (1996) schließlich entwickelt eine systematische neo-wittgensteinianische Theorie des Sozialen, welche Kultur auf der Ebene vorreflexiver Routinen know how-abhängiger, körperlich verankerter Praktiken festmacht.

Im Kontext des (post-)strukturalistischen, des interpretativ-hermeneutischen und des pragmatistischen Denkens haben auch die *Einzelwissenschaften* einflussreiche Beiträge zu einer Theoretisierung von Kultur geliefert, insbesondere die Soziologie, die Ethnologie und die Medienwissenschaft. Sehr unterschiedliche Impulse aus dem Kontext der neueren Soziologie stammen von Bourdieu und Luhmann. Für beide setzt sich die moderne Gesellschaft aus sozial differenzierten Sinnstrukturen zusammen. Bourdieu (1979) rechnet diese Sinnstrukturen in einer praxeologischen Uminterpretation des Strukturalismus dem inkorporierten Habitus und den Lebensstilen sozial-kultureller Klassen zu, welche gegenseitig eine symbolische Distinktion betreiben und in der Distribution von Handlungs->Kapital< eine materiale Verankerung finden; im Rahmen einer von der Phänomenologie beeinflussten konstruktivistischen Sozialtheorie bezieht Luhmann (1984) die Sinnstrukturen, welche die Gesellschaft ausmachen, hingegen auf die selbstreferenzielle Kommunikation sozialer Systeme, v.a. der Funktionssysteme der Gesellschaft. Die Ethnologie hat prominent bei Geertz und Clifford versucht zu demonstrieren, wie nicht nur Alltagshandeln, sondern auch wissenschaftliche Theoriebildung von hochspezifischen – hier v.a. westlichen – begrifflichen Präsuppositionen abhängt, welche den Anspruch kultureller Neutralität unterminieren (vgl. Clifford/Marcus 1986). Die aus der Literaturwissenschaft entstandene Medienwissenschaft schließlich hat – beispielhaft bei Kittler (1985) – der Kulturtheorie nahe gelegt, die materiale Verankerung von Sinnstrukturen in medialen Artefakten – von der Schrift bis zu digitalen Medien – zu berücksichtigen.

3.2. Die gegenwärtige kulturtheoretische Debatte in den Kulturwissenschaften und der Sozialphilosophie betrifft v.a. drei Fragekomplexe: das Problem, wie sich grundbegrifflich die Sinnstrukturen der Kultur als ein mentales, ein sprachlich-textuelles oder ein praktisch-materiales Phänomen verstehen lassen; die Frage nach den Auswirkungen der Kulturtheorien auf ein Verständnis der Moderne; schließlich die normativen Konsequenzen kulturtheoretischer Argumentationen für die Fragen politischer Philosophie und Ethik.

Die Kulturtheorien reformulieren das Soziale der Humanwelt als das Kulturelle. Wie sich die *Sinnstrukturen* der Kultur grundbegrifflich beschreiben lassen, bleibt dabei eine kontroverse Frage. Die Kulturtheorien unterscheiden sich v.a. dahingehend voneinander, inwiefern sie Sinnstrukturen in erster Linie als sprachlich-textuelles, als praktisch-materiales oder als kognitives Phänomen begreifen. Im frühen Strukturalismus wie auch in der Phänomenologie werden die symbolischen Ordnungen der Kultur einer ›geistigen Welt‹ (Husserl) und damit der Ebene des Mentalen zugerechnet. Diese mentalistisch orientierten Konzeptionen wurden von sprach- und praxisphilosophischen Ansätzen vehement kritisiert. Jedoch finden sich im Zusammenhang der ›radikal-konstruktivistisch‹ orientierten neueren Kognitionswissenschaften Neuansätze einer Theorie der Kultur, die an den kognitiven Leistungen des menschlichen Geistes/Gehirns ansetzen (vgl. Schmidt 1987) und damit auch die Frage nach dem Verhältnis zwischen ›Kulturalismus‹ und ›Naturalismus‹ in neuer Weise aufwerfen. Den mentalistischen Ansätzen stehen diverse sprach- und textorientierte Kulturtheorien vom Poststrukturalismus über die Hermeneutik bis zur angelsächsisch orientierten Sprachphilosophie gegenüber. Neben dem strittigen Verhältnis der Leitkonzepte »Kommunikation«, »Diskurs«, »Zeichen«, »Symbol«, »Text« und »Sprechhandeln« hat sich hier als ein Kernproblem die Frage nach den Bedingungen der Möglichkeit konventionalisierter ›Stabilität‹ und dem Potenzial einer Konventionen durchbrechenden ›Instabilität‹ von sprachlichen Zeichen- und Regelsystemen herausgebildet. Über die sprachorientierten Kulturtheorien hinaus gehen seit den 1980er Jahren praxistheoretische Ansätze, welche beanspruchen, die materiale Verankerung von symbolischen Ordnungen herauszuarbeiten: Diese Materialität der Kultur wird einerseits in der körperlich-leiblichen Verankerung (vgl. Bourdieu 1979; Butler 1990), andererseits in einer Verankerung in technischen, insbesondere medialen Artefakten (vgl. Kittler 1985) festgemacht.

Die Identifikation von Gesellschaften mit Kulturen wirkt sich auf das Verständnis dessen aus, was als Kernmerkmal der *Moderne* gelten kann. Kulturtheoretische Ansätze haben einer Gleichsetzung der Moderne mit der Basis vorkultureller Strukturen – Rationalisierung, Technisierung, Kapitalisierung, soziale Differenzierung – die Grundlage entzogen. Nicht nur vormoderne, auch moderne Formen der Vergesellschaftung erscheinen nun als abhängig von historisch und geographisch spezifischen kulturellen Codes, die Moderne selbst als ein Konglomerat kontingenter Traditionen. Die Form einer solchen Kulturtheorie der Moderne bleibt jedoch kontrovers: Die insbesondere in der Kulturgeschichte einflussreiche Perspektive Foucaults (1976) beruht auf der Prämisse, dass die Kultur der Moderne in Form institutionalisierter Diskurse eine disziplinierte Form moderner Subjekthaftigkeit hervorbringt. Demgegenüber arbeitet die hermeneutische Kulturtheorie der Moderne von Charles Taylor (1989) die Zentralität kultureller Konflikte zwischen rationalistischen und romantisch-expressiven Sinntraditionen zur Definition moderner Identität heraus. Im Unterschied zu den auf den Westen konzentrierten Perspektiven rekonstruiert Eisenstadt (2000) beispielhaft die kulturelle Partikularität dieser Kulturtradition und kontrastiert unterschiedliche, westliche wie östliche Pfade von ›multiple modernities‹.

Die Transformation von der Gesellschafts- zur Kulturtheorie hat Konsequenzen für die *normativen Fragen* der Ethik und politischen Philosophie, die zwischen Vertreterinnen und Vertretern des Liberalismus, des Kommunitarismus, des Feminismus, der Hermeneutik, des Postmodernismus und des Postmarxismus seit den 1980er Jahren intensiv debattiert worden sind. Als Kernproblem der politischen Philosophie – paradigmatisch in der Liberalismus/Kommunitarismus-Kontroverse (vgl. Honneth 1993) – hat sich die Frage ergeben, inwiefern die aus der liberalen Perspektive kulturelle Neutralität beanspruchenden Prinzipien der Moralität, der Identität, der Rationalität und der Gerechtigkeit tatsächlich in ihrer Entstehung und ihrer Geltung von entgegenkommenden Sinnhorizonten partikularer Art abhängen. Damit wird das Problem virulent, ob sich allgemeine Kriterien zum Umgang mit kulturellen Differenzen plausibilisieren lassen (vgl. Lyotard 1984). In der Ethik hat sich als Reaktion auf die Kulturalisierungstendenzen der Strang einer ›Ethik des Guten‹ und einer ›Ethik des Selbst‹ entwickelt, in dem in dichten Beschreibungen mögliche hermeneutische Horizonte gelungener Identität von modernen Individuen rekonstruiert werden. Darüber hinaus hat sich die Frage nach den Bedingungen, unter denen sich eine solche subjektive Identität im Rahmen von dominanten kulturellen Codes und gleichzeitig im Widerstand gegen diese Codes herausbilden kann, insbesondere für poststrukturalistische, auch feministische Positionen als Kernproblem einer kritisch-normativ orientierten Theorie personaler Identität herausgebildet (vgl. Laclau/Mouffe 1985; Butler 1990).

4.

Althusser, L., 1970, Ideologie und ideologische Staatsapparate, Hamburg: VSA 1977.

Barthes, R., 1957, Mythen des Alltags, Frankfurt/M.: Suhrkamp 1964.

Bourdieu, P., 1979, Die feinen Unterschiede. Kritik der gesellschaftlichen Urteilskraft, Frankfurt/M.: Suhrkamp 1989.

Butler, J., 1990, Das Unbehagen der Geschlechter, Frankfurt/M.: Suhrkamp 1991.

Cassirer, E., 1925 ff., Philosophie der symbolischen Formen, Darmstadt: WBG 2002.

Clifford, J./Marcus, G. E. (Hg.), 1986, Writing Culture, Berkeley: University of California Press.

Derrida, J., 1967, Die Schrift und die Differenz, Frankfurt/M.: Suhrkamp 1992.

Eisenstadt, S. N., 2000, Die Vielfalt der Moderne, Weilerswist: Velbrück.

Foucault, M., 1969, Archäologie des Wissens, Frankfurt/M.: Suhrkamp 1990.

Foucault, M., 1976, Der Wille zum Wissen. Sexualität und Wahrheit I, Frankfurt/M.: Suhrkamp 1991.

Gadamer, H.-G., 1960, Wahrheit und Methode, Tübingen: Mohr 1990.

Heidegger, M., 1927, Sein und Zeit, Tübingen: Niemeyer 1986.

Honneth, A. (Hg.), 1993, Kommunitarismus, Frankfurt/M.: Campus.

Husserl, E., 1956, Die Krisis der europäischen Wissenschaften und die transzendentale Phänomenologie, in ders., Gesammelte Schriften, Bd. 8, Hamburg: Meiner 1992.

Kittler, F., 1985, Aufschreibesysteme 1800/1900, München: Fink 1995.

Lacan, J., 1966, Schriften I, Weinheim/Berlin: Quadriga 1986.

Laclau, E./Mouffe, C., 1985, Hegemonie und radikale Demokratie, Wien: Passagen 2000.

Lévi-Strauss, C., 1958, Strukturale Anthropologie I, Frankfurt/M.: Suhrkamp 1991.

Luhmann, N., 1984, Soziale Systeme, Frankfurt/M.: Suhrkamp.

Lyotard, J.-F., 1983, Der Widerstreit, München: Fink 1989.

Merleau-Ponty, M., 1945, Phänomenologie der Wahrnehmung, Berlin: de Gruyter 1966.

Reckwitz, A., 2000, Die Transformation der Kulturtheorien, Weilerswist: Velbrück.

Ricœur, P., 1990, Das Selbst als ein Anderer, München: Fink 1996.

Rorty, R., 1989, Kontingenz, Ironie und Solidarität, Frankfurt/M.: Suhrkamp 1993.

Saussure, F. de, 1916, Grundfragen der allgemeinen Sprachwissenschaft, Berlin: de Gruyter 1967.

Schatzki, T. R., 1996, Social Practices, Cambridge: Cambridge University Press.

Schmidt, S. J. (Hg.), 1987, Der Diskurs des Radikalen Konstruktivismus, Frankfurt/M.: Suhrkamp.

Taylor, C., 1989, Quellen des Selbst, Frankfurt/M.: Suhrkamp 1994.

Taylor, C., 1995, Philosophical Arguments, Cambridge/MA: Harvard University Press.

Tylor, E. B., 1871, Primitive Culture, London: Murray 1903.

Waldenfels, B., 1999, Topographie des Fremden, Frankfurt/M.: Suhrkamp.

Williams, R., 1958, Gesellschaftstheorie als Begriffsgeschichte, München: Rogner & Bernhard 1972.

Wittgenstein, L., 1953, Philosophische Untersuchungen, Frankfurt/M.: Suhrkamp 1984.

Andreas Reckwitz

Kunst und Politik

1.

Im Fokus dieses Artikels steht die Vermittlerrolle der Philosophie im Verhältnis zwischen Kunst und Politik. Dabei wird – als Hintergrund – anerkannt, dass die Philosophie zur nützlichen begrifflichen Klärung der vielfältigen Weisen beitragen kann, in denen sich die Künste mit der Sphäre der Politik auseinandersetzen und sich in sie einmischen: etwa durch die Produktion propagandistischer Kunst und den Gebrauch von Bildern in den Massenmedien, durch Identitätspolitik und politische Demonstrationen, durch Marketing und Konsum verschiedenster Produkte sowie im Rahmen von Fragen der Zensur und des Völkerrechts, in denen es etwa um die Rückgabe gestohlener Kunst geht. Im Vordergrund steht allerdings eine abstraktere Behandlung dieser Frage im Hinblick auf die drei grundlegenden Relationen der Entmündigung, der Distanzierung und der Indirektheit.

Seit Platon wurde die Kunst durch ein antagonistisches Verhältnis zur Politik bestimmt. Das Gleiche gilt interessanterweise auch für die Philosophie. Beide wurden auf vergleichbare Weise aus der Politik ausgegrenzt. Diese »Entmündigung« (*disenfranchisement*) bezeichnet, folgt man Arthur Danto (1986), eine Handlung oder eine Einstellung der Neutralisierung, durch die die Kunst und/oder die Philosophie »ohnmächtig« werden und ihre Einflussmöglichkeiten auf die Welt verlieren. Dadurch werden sie aus der »Ordnung der Wirksamkeit« herausgenommen, in der »wirkliches Handeln«, also Politik, stattfindet. Und dennoch hat diese gemeinsame Entmündigung nicht zu einem gegen die Politik gerichteten Bündnis zwischen Kunst und Philosophie geführt. Vielmehr sind beide von der Politik abgeschnitten worden, indem die Philosophie zuerst die Entmündigung der Kunst betrieben hat – und damit die Wirksamkeit der Kunst in der Welt »neutralisierte« – und sich dann selbst entmündigte.

Während die *Entmündigung* das Resultat der wechselseitigen Antagonismen zwischen Kunst, Philosophie und Politik darstellt, können die *Distanzierung* und die *Indirektheit* als deren Mittel verstanden werden. In der Literatur wird weitgehend die Einschätzung geteilt, dass sich die Kunst durch Mimesis, Repräsentation, Rückzug, Täuschung, Verfremdung und Entfremdung von Politik und Philosophie befreit hat – ebenso wie sich die Politik von Philosophie und Kunst sowie die Philosophie von Politik und Kunst befreit hat. Und doch haben wir es hier mit einem Konflikt zu tun. Wenn man davon spricht, dass etwas entmündigt worden ist, dann scheint man eine Trennung, die es eigentlich nicht geben sollte, zu kritisieren. Wenn man aber davon spricht, dass etwas zu etwas anderem einen gesunden Abstand einnimmt, dann scheint man etwas Erstrebenswertes zu loben. Während »Entmündigung« eine Geschichte sich bekämpfender Disziplinen, Praktiken und menschlicher Erfahrungen impliziert, beziehen sich »Distanzierung« und »Indirektheit« auf eine Geschichte der Bewahrung dieser verschiedenen Elemente voreinander. Um diesen Konflikt geht es in zahlreichen gegenwärtigen Debatten.

2.

Ein mögliches Verständnis dieses Konflikts bezieht sich auf zwei allgemeine Aussagen: »Der Kunst geht es um Schönheit, der Politik um gerechtes Regieren« und »In der Kunst geht es um Freiheit, in der Politik um Macht«. Erstere entnehme ich einer jüngeren, dem ästhetischen und harmonisierenden Konservatismus zuzurechnenden Abhandlung darüber, wie uns die Betrachtung eines schönen Gegenstandes dabei hilft, uns der Gerechtigkeit und der Liebe zur Tugend zuzuwenden (vgl. Scarry 1999). Die zweite Aussage stammt aus einem Buch eines ehemaligen rumänischen Dissidenten über Zensur (vgl. Manea 1992).

Die erste Aussage suggeriert Harmonie. Die Schönheit der Kunst kann von gerechten und moralischen Menschen erfahren werden. Der Sinn ästhetischer Erfahrung liegt darin, Menschen in einen ästhetischen Zustand zu versetzen, aus dem sich die Moral wie von selbst ergibt (vgl. Geuss 1999). Es existiert eine Wechselbeziehung zwischen der Betrachtung des Schönen und unserer Sensibilität für das Wahre und Gute (vgl. Scruton 1997). Wenn es in der Kunst um das Schöne und in der Politik um gerechtes Regieren geht, dann dient die gesellschaftliche Produktion von Kunst demselben Zweck wie die Politik: dem guten Leben. Dieses Argument erinnert an die Annahme der »schönen Seele«, dass die Entwicklung der menschlichen Empfindungsvermögen zu einer Ausrichtung unserer Antriebe auf das Wahre, Gute und Schöne beiträgt.

Diese Argumentation hängt von einer These über die Distanzierung, *nicht aber* über die Entmündigung ab. In der Nachfolge Kants und Schillers geht sie davon aus, dass die Weise, in der wir uns dem Schönen zuwenden, in der wir in einer interesselosen Haltung unser Selbst dezentrieren oder unsere Einstellungen entpersonalisieren, das Ästhetische nicht gegen das Moralische ausspielt, sondern beide vereinigt und versöhnt. Diese Einheit wird durch eine Analogie bzw. Symmetrie der Erfahrungen erreicht. Die Erfahrung, im Anblick des Schönen dezentriert zu werden, umfasst jenes Moment der Distanzierung, in dem wir uns dessen bewusst werden, dass sich unser Verhältnis zur Welt verändert hat (vgl. Scarry 1999, 90–95). Wir verlieren nicht das Interesse an der Welt. Vielmehr wird durch diese reflexive Erfahrung unser geistiges Erleben so erweitert, dass wir die Symmetrie zwischen dem Ästhetischen und dem Ethischen bzw. genauer: zwischen der Erkenntnis des Schönen und jener der gerechten Verhältnisse zwischen Menschen bemerken.

Der Tenor der zweiten Aussage – »In der Kunst geht es um Freiheit, in der Politik um Macht« – ist eher antagonistisch. Wenn es in der Politik um Macht geht, dann wahrscheinlich auch um Unterdrückung – die illegitime Macht von etwas über etwas anderes. Wenn das von der Politik Unterdrückte die Kunst ist, dann ist die Freiheit, um die es der Kunst geht, die Befreiung der Kunst von der Unterdrückung durch Politik. Anders formuliert: Wenn es in der Politik um Macht geht und Macht die Unterdrückung eines Volkes umfassen kann, dann geht es in der Kunst um die Befreiung des Volkes von dieser Unterdrückung. Noch stärker formuliert: »Wenn es in der Politik um Macht und in der Kunst um Freiheit geht, dann stellt Kunst in einem totalitären Staat nicht nur eine Herausforderung dar – das ist sie für jede Autorität; die Kunst steht dann für nichts Geringeres als für den *Feind*.« (Manea 1992, 31) Die Kunst erlangt ihren *politischen* Status als Feindin unterdrückender Herrschaft nicht durch einen explizit politischen Gehalt, indem sie tendenziöse Botschaften verbreitet, sondern durch den indirekten, verdeckten Gebrauch ästhetischer Techniken und Formen (vgl. Adorno 1970). Hier besteht die ästhetische Technik in einer Distanzierung, die darauf abzielt, die Illusion der Entmündigung herzustellen. Ironie, Metapher, Humor und Symbolismus sind *ästhetische* Mittel – ästhetische Prozesse des Codierens und Chiffrierens –, durch die zwei großen Illusionen aufrechterhalten werden: die ästhetische Illusion, die die Aufmerksamkeit auf Kunst als Kunst richtet, und die politische Illusion, dass diese Kunst, obwohl sie apolitisch zu sein scheint, in Wahrheit doch politisch ist. Kunst kann sich durch Verneinung, Verbergung und Täuschung vor dem Stift des Zensors schützen oder der Aneignung durch die Herrschenden widerstehen, die sie für ihre eigenen Zwecke instrumentalisieren und kontrollieren wollen. Indem sie sich der Aneignung widersetzt, hält sich die Kunst als Feindin des Systems. An diesem Argument ist bemerkenswert, dass sich alle der Täuschung und der Indirektheit – des von der Kunst produzierten Anscheins, dass sie nichts und doch alles mit der Politik zu tun habe – bewusst sind: Es handelt sich um ein offenes Geheimnis.

Dieser Argumentation wohnt jedoch eine wirkliche Spannung inne: Wenn ein subversiver Text durch den überlegten Einsatz der Form der Zensur entkommt, weil sein Gehalt nicht offen zutage liegt, und doch jeder die verborgene Botschaft empfängt (das eben bedeutet »offenes Geheimnis«), dann ist die

Subversion entweder illusionär oder unabhängig von der Täuschung. Subversion, Geheimhaltung und Täuschung werden häufig durcheinander gebracht, sollten aber unterschieden werden. Diese Verwirrung kann man sich so verdeutlichen: Wenn die Botschaft dadurch, dass sie versteckt ist, subversiver wird, wird sie eben deshalb vielleicht auch weniger effektiv, da die Konfrontation ja nur indirekt, »underground«, stattfindet. Vielleicht ist das Funktionieren der Zensur gerade davon abhängig, dass die Indirektheit die Wirkung der Nachricht minimiert (vgl. Edelman 1995). Vielleicht kontrolliert eine repressive Gesellschaft ihre subversiven Elemente gerade dadurch, dass die Kunst »underground« bleibt. Daraus folgt, dass die durch Distanzierung ermöglichte politische Entmündigung der Kunst ein zweischneidiges Schwert ist: Während die Entmündigung der Kunst den Freiraum eröffnet, indirekt politisch oder subversiv zu sein, könnte so gerade auch die Kunst von jeder tatsächlichen politischen Wirkung abgeschnitten und entmächtigt werden.

3.

3.1. Die beiden oben unterschiedenen allgemeinen Aussagen entsprechen historisch und begrifflich den beiden vorherrschenden Weisen, in denen das Verhältnis der Politik zur Kunst gedacht wird. Die erste wird meist mit einer *optimistischen und naturalisierenden* Einstellung in Verbindung gebracht; die zweite mit einer *pessimistischen und besorgten* Haltung. Die erste umfasst eine Geschichte des Glaubens an und des Hoffens auf eine *Versöhnung* von Kunst und Politik; die zweite eine Geschichte des *Widerstands* von oder durch Kunst gegen Politik.

Dass die Spannungen des Kalten Krieges in beide Aussagen eingegangen sind, ist unübersehbar. Es ist bemerkenswert, wie häufig die von Angst geprägte und oft paranoide Situation der Ostblock-Ästhetik in jüngeren, v.a. US-amerikanischen Veröffentlichungen, als Negativ- oder Positivfolie für eine Bewertung des Zustandes im Westen herangezogen wird (vgl. Berman 1989). Wie oft laufen Bewertungen und Diskussionen der staatlichen Kunstförderung (z.B. des National Endowment of the Arts), des Jessie Helms-Phänomens und der »fesselnden Bilder« (»arresting images«) von Mapplethorpe, Serrano und Finley vor dem Hintergrund von aus dem Kalten Krieg stammenden Ängsten vor einer totalitären Gesellschaft ab (vgl. Buchwalter 1992)? Die Analogie zwischen Ost und West wird aber auch deshalb oft gezogen, um die Illusion zu unterminieren, dass eine romantisch isolierte Kunst eben auch nichts in der Welt bewegen kann.

3.2. Des Weiteren entsprechen die beiden Aussagen mehr oder weniger den politischen Loyalitäten der Rechten und der Linken. So gibt es etwa auf der Linken die Tendenz, der Politik gegenüber mehr Misstrauen und der Kunst gegenüber mehr Vertrauen zu zeigen, während es sich auf der Rechten genau umgekehrt verhält. Aber es gibt auch eine extreme Linke, die großes Vertrauen in die Politik sowie in eine Kunst hat, die im Dienste dieser Politik steht. Dies wurde – mehr oder weniger mit Bezug auf Walter Benjamin – als »Politisierung der Kunst« bezeichnet (vgl. Benjamin 1955; Rancière 2000). Darüber hinaus existiert aber auch eine Rechte, die der Politik gegenüber misstrauisch geworden ist und sich der Kunst oder dem ästhetischen Staat als Modell für den politischen Staat zuwendet: der Staat als Kunstwerk (vgl. Jameson 1980; Ankersmit 1996). Manchmal treffen sich die Rechte und die Linke an ihren Extremen. Zwischen den Extremen spielt sich allerdings eine komplexe konzeptionelle Interaktion zwischen engeren und weiteren Begriffen ab, die zur politischen Agenda sowohl der Linken als auch der Rechten passen (vgl. Eagleton 1990).

3.3. Eine andere Position, welche die Links-Rechts-Einteilung durcheinander bringt, behauptet, dass der Zweck des Schönen darin bestehe, der Freiheit zu dienen, wobei Schönheit und Freiheit mit bestehenden oder utopischen sozialen und politischen Verhältnissen in Beziehung gesetzt werden. Was man über Kunst und Schönheit (oder Hässlichkeit) denkt, und ob man der Kunst theoretisch eine politische Rolle mit Bezug auf die Freiheit zuschreibt, hängt ganz von der allgemeinen optimistischen oder pessimistischen Einschätzung der politischen Weltlage ab. Manche Theoretiker scheinen der Ansicht zu sein, dass die Kunst von ihrer Funktionalität für die Freiheit dann entbunden werden kann, wenn der Staat die Freiheit offensichtlich schützt, dass die Betrachtung von Kunst als Kunst (»l'art pour l'art«) also eine Errungenschaft eines politisch zufriedenen Volks darstellt. Andere denken, dass eine solche Zufriedenheit zu einer Trivialisierung der Kunst zu bloßer Unterhaltung führt. Manchmal wird behauptet, unter glücklichen Umständen, in einer »Atmosphäre der Zwanglosigkeit« (Manea 1992, 31) werde keine ernsthafte Kunst produziert. Wieder andere vertreten die eher skeptische These, dass es in keinem Staat jemals genug Freiheit und Zufriedenheit geben werde, so dass die Kunst unter diesen unausweichlichen Bedingungen überleben und sogar florieren werde. Der unvollkommene Zustand der Welt kann dann sogar als nicht weiter beklagenswert erscheinen, da er die Kunst am Leben erhält. Dass der Zustand der Kunst wichtiger sei als jener der Politik oder das Wohlergehen der Gemeinschaft, stellt eine relevante ästhetizistische Position mit eigenem Recht dar.

3.4. Wenden wir uns einer neueren Sammlung von Aufsätzen verschiedener Autoren mit dem Titel *Democracy and the Arts* (vgl. Melzer/Weinberger/Zinman 1999) zu. Der Band stellt die Frage nach der Rolle, die der Kunst in einer Demokratie wie den Vereinigten Staaten zukommt oder zukommen sollte. Damit wird weniger auf die Rolle von Kunst per se in einer Demokratie abgezielt, sondern eher darauf, ob es eine »demokratische Kunst« gibt oder geben kann. Die Antwort ist alles andere als klar. So wird etwa behauptet, während die Demokratie einen umfassenden *Egalitarismus* erfordere, seien die Künste auf einen *Elitismus* angewiesen, der das spezielle und *außergewöhnliche* Talent zu schätzen wisse, das mit künstlerischem Schaffen verbunden sei. Zudem brauche es eine Ästhetik, die das *Außergewöhnliche* und *Exemplarische* auf der Ebene sowohl der Form als auch des Inhalts der Kunst anerkenne. Ist die Demokratie unter diesen Umständen gut für die Kunst, und wenn ja, für welche Künste im Besonderen? Vielleicht für den Jazz und sein demokratisches Ideal der Improvisation und der gemeinsamen Teilnahme, oder für die funktionalistische Architektur oder für das »demokratischste Genre«, den Roman. Diesen Antworten liegt eine deutliche Verlagerung der Unterscheidung zwischen »dem Hohen« und »dem Niedrigen«, »dem Ernsten« und »dem Populären« zugrunde. Auf den ersten Blick scheinen demokratische Ideale eher mit jenen Künsten vereinbar zu sein, die sich stärker den Anliegen der Mehrheit zuwenden. Darüber hinaus sollte man jedoch auch die Konflikte zwischen einer positiven demokratischen Politik, die von Gleichheit und Fairness ausgeht, und einer scheinbar negativen demokratischen Kunst beachten, die von einer übermäßigen Nachfrage nach Standardisierung, nach der Nivellierung von Differenz, ausgeht (vgl. Adorno 1970; Wellmer 1985). So wird etwa die Ansicht vertreten, dass sich die Demokratie nicht in den produzierten Kunstwerken selbst beweise (oder ihren Wert zeige), sondern in den entsprechenden Institutionen der Produktion und der Rezeption, also in der öffentlichen Unterstützung und Finanzierung, die den freien und offenen Austausch künstlerischer Ideen (ein weiteres demokratisches Ideal) oder die Produktion von Werken ermöglicht, die durch ihren exemplarischen oder außergewöhnlichen Status zur Ausweitung der demokratischen Diskussion beitragen.

Diese Diskussion tendiert dazu, die Demokratie als politische Regierungsform anzusehen, die schon in hinreichendem Maße, wenn nicht gar vollkommen realisiert worden ist. Dann besteht die verbleibende Aufgabe nur noch darin, die Rolle(n) der Kunst zu bestimmen, die mit dieser Regierungsform vereinbar ist. Die Diskussion nimmt jedoch eine für

Politik und Kunst ganz andere Richtung, wenn man danach fragt, ob »Politik« tatsächlich mit »Demokratie« zusammenfalle. Nicht alle Theoretiker stellen diese Frage oder denken, dass man sie stellen sollte, auch weil man, indem man die Demokratie einfach voraussetzt, schnell über den Anfangspunkt hinausgelangen kann. Diese Theoretiker fühlen sich nicht dazu verpflichtet, zuerst den idealen politischen Zustand zu bestimmen und dann nach der Rolle der Kunst innerhalb dieses Zustands zu fragen. Vielmehr richten sie ihre Aufmerksamkeit gleich auf die Kunst. Das erscheint v.a. jenen Theoretikern als attraktiv, die ihre Untersuchung genau andersherum vornehmen wollen, indem sie zuerst das Wesen der Kunst bestimmen und dieses dann mit der Politik in Verbindung bringen. In diesem Fall werden Behauptungen über die Kunst und sogar über ihren politischen Charakter angestellt, die von einer expliziten Politikkonzeption völlig isoliert sind. Für sie erscheint es ausreichend zu zeigen, dass die Kunst grundsätzlich mit der Welt außerhalb der Kunst in Verbindung steht, um behaupten zu können, dass Kunst *grundsätzlich* politische oder moralische Bedeutung zukommen könne. Anders gesagt, sie behaupten ein formales Verhältnis von Kunst und Politik, ohne eine substanzielle Konzeption des Politischen zu haben. Hier bleibt man »auf der Seite« und zugleich am Rand der Kunst, ohne die Politik jemals wirklich in Frage zu stellen. Die Kunst kann zur Politik dann in einem eher konservativen oder liberalen Verhältnis stehen; dabei handelt es sich anderen Theoretikern zufolge dann aber eher um eine empirische oder ideologische als um eine philosophische Bestimmung.

Schließlich gibt es noch jene Theoretiker, die eine Verbindung zwischen Kunst und Politik nur anerkennen, wenn das nicht einschließt, dass die Kunst funktional als im Dienste der Politik (oder von etwas anderem) stehend verstanden wird. Diese Theoretiker wollen die Einzigartigkeit der Kunst sowie die Möglichkeit rein künstlerischer Entwicklung bewahren, so dass man, wenn dies denn angemessen ist, zugestehen kann, dass ein schönes Bild tatsächlich einfach ein schönes Bild ist. Hier besteht allerdings die Tendenz, die spezifischen Eigenschaften der Kunst zu essenzialisieren und den Rest – die sozialen und moralischen Funktionen der Kunst – dem Bereich des Außen und des Kontingenten zuzuschlagen. Die am weitesten verbreitete Konsequenz dieser Tendenz besteht darin, innerhalb der philosophischen Theorie ein *nicht-reduktives* Verhältnis zwischen Kunst und Politik anzustreben bzw. den beiden obigen allgemeinen Aussagen folgend, entweder den einzigartigen Beitrag zur Bildung, den die Kunst *neben* dem Guten und dem Wahren zu leisten vermag, zu betonen, oder den Widerstand der Kunst gegenüber der Politik einzufordern, wenn Letztere unterdrückerische Macht ausübt.

4.

Adamson, J./Freadman, R./Parker, D. (Hg.), 1998, Renegotiating Ethics in Literature, Philosophy, and Theory, Cambridge: Cambridge University Press.

Adorno, T. W., 1970, Ästhetische Theorie, Frankfurt/M.: Suhrkamp.

Ankersmit, F., 1996, Aesthetic Politics, Stanford: Stanford University Press.

Benjamin, W., 1955, Illuminationen, Frankfurt/M.: Suhrkamp.

Berman, R., 1989, Modern Culture and Critical Theory, Madison: University of Wisconsin Press.

Buchwalter, A. (Hg.), 1992, Culture and Democracy, Boulder: Westview.

Danto, A., 1986, Die philosophische Entmündigung der Kunst, München: Fink 1993.

Dubin, S., 1992, Arresting Images. Impolitic Art and Critical Actions, London: Tavistock.

Eagleton, T., 1990, Ästhetik, Stuttgart: Metzler 1994.

Edelman, M., 1995, From Art and Politics, Chicago: University of Chicago Press.

Freeden, M., 1996, Ideologies and Political Theory, Oxford: Clarendon Press.

Geuss, R., 1999, Morality, Culture, and History, Cambridge: Cambridge University Press.

Goehr, L., 1994, Political Music and the Politics of Music, in: Journal of Aesthetics and Art Criticism 52.

Jameson, F. (Hg.), 1980, Aesthetics and Politics, London: Verso.

Kemal, S./Gaskell, I. (Hg.), 2000, Politics and Aes-

thetics in the Arts, Cambridge: Cambridge University Press.
Manea, N., 1992, On Clowns. The Dictator and the Artist, New York: Grove Press.
Melzer, A. M./Weinberger J./Zinman, R. (Hg.), 1999, Democracy and the Arts, Ithaca: Cornell University Press.
Nussbaum, M., 1996, Poetic Justice, Boston: Beacon Press.
Rancière, J., 2000, Die Aufteilung des Sinnlichen. Die Politik der Kunst und ihre Paradoxien, Berlin: B-books 2006.
Scarry, E., 1999, On Beauty and Being Just, Princeton: Princeton University Press.
Scruton, R., 1997, The Aesthetics of Music, Oxford: Clarendon Press.
Wellmer, A., 1985, Zur Dialektik von Moderne und Postmoderne, Frankfurt/M.: Suhrkamp.

Lydia Goehr
(Aus dem Englischen von Robin Celikates)

L

Lacan, Jacques Marie Emile (1901–1981)

1.

Nach einer Ausbildung zum Neurologen und Psychiater promovierte Lacan 1932 mit einer vielbeachteten Arbeit über den »Fall Aimée« (eine »paranoische Psychose«). 1964 gründete er eine eigene psychoanalytische Schule, die Ecole freudienne de Paris (EFP), die er kurz vor seinem Tod wieder auflöste.

2.

Lacans erklärtes Ziel war es, die Psychoanalyse mit Freud über Freud hinaus weiterzuentwickeln. Inspiriert durch die Strukturale Anthropologie von Lévi-Strauss und das linguistische Modell von de Saussure (das er allerdings sehr eigenwillig umbaute) konzentrierte er sich auf Sprache und Sprechen – nicht nur als das Medium der psychoanalytischen Kur, sondern als dasjenige, was eine radikale Dezentriertheit des Subjekts und sein Gespaltensein zwischen dem »Subjekt der Aussage« und dem »Subjekt des Aussagens« erzeugt, die nie miteinander in Deckung gelangen. Lacans Theorieentwicklung wurde begleitet und beeinflusst von der intensiven Auseinandersetzung mit Hegel (in der Interpretation von Kojève), mit Heidegger, später mit Kant und immer wieder mit Descartes; zudem sind seine Texte reich an literarischen Bezügen.

Lacans Werk liegt nicht in einer systematischen Darstellung vor, sein bevorzugtes Medium war der sich in der Rede entwickelnde Diskurs. Von 1951–1979 hat Lacan ein »Seminar« abgehalten, das wegen seines brillanten rhetorischen Stils und seiner anspruchsvollen Verbindung von Philosophie, Literatur und Psychoanalyse zeitweilig Kultstatus unter den Pariser Intellektuellen besaß und von zahlreichen Wissenschaftlern angrenzender Disziplinen besucht wurde. Von den Seminaren existieren Mitschriften bzw. Aufzeichnungen, die teilweise nachträglich von Lacan autorisiert wurden. Dieser Textkorpus liegt nach wie vor nur zum Teil in überarbeiteter Form vor. Daneben existiert nur eine Sammlung von Artikeln und Vorträgen, die *Ecrits*. Diese unübersichtliche Textlage trägt sicherlich zu vielen Fehlinterpretationen in der Lacan-Rezeption bei.

Lacan war seit den 1960er Jahren in Paris einflussreich und ist ein bis heute kontrovers diskutierter Autor. Dabei spielen sowohl persönliche Aspekte eine Rolle (seine Eitelkeit und Tendenz, sich als Meister zu inszenieren) als auch theoretische Aspekte: Seine Kritik an der Verflachung der Psychoanalyse durch die annafreudianische Richtung; die Aufhebung der Zeitstruktur für Analysesitzungen und die Einführung einer neuen Topik, Systematik und Begrifflichkeit in den psychoanalytischen Diskurs.

3.

Die wohl wichtigste systematische Begriffsbildung Lacans ist die Etablierung der drei »Register« (das Imaginäre, das Symbolische, das Reale), die es ihm ermöglicht, das Unbewusste nicht mehr nur als privates Reservoir je individueller verdrängter Erfahrungen aufzufassen, sondern als strukturierte symbolische Formation. Die Ordnung des *Imaginären*, der Bilder, Vorstellungen und (Selbst-)Täuschungen, wird zuerst am Beispiel des sog. Spiegelstadiums entwickelt (vgl. Lacan 1966,

I, 61 ff.), als Herausbildung des Ich im Wege der Identifizierung. Die Vorwegnahme des Körpers als einheitlicher Gestalt, die dem Kind im Spiegel (also: verkehrt) erscheint, lässt das Ich als Effekt einer Verkennung und das Ich-Ideal als eine Körpermetapher entstehen und stellt zugleich eine fundierende Beziehung zum anderen her: dem Erwachsenen, der es vor den Spiegel hält und von dem das Kind ein Wort der Bestätigung erhofft. Die Beziehung zum Anderen (im überpersönlichen Sinne) ist deshalb immer von einer Mischung aus Bewunderung und Aggression geprägt.

Das Register des *Symbolischen*, die Ebene der Sprache, befreit das Subjekt aus den imaginären Spiegelungen. Es ist der Bereich des Unbewussten und der konstituierenden Kraft der Sprache, die die Menschen in einen gemeinsamen Bedeutungszusammenhang einbindet: Sie positioniert das Subjekt im Diskurs des Anderen. Dieser (»großgeschriebene«) Andere repräsentiert die radikale Alterität des anderen, die fundierende Funktion der Intersubjektivität wie auch das unaufhebbare Eingebundensein in eine sprachliche Verfasstheit der Welt. Sprache wird dabei nicht von ihrer Sinnebene her begriffen, sondern als Signifikantenkette: Die Signifikanten (das Bezeichnende) bilden ein Verweisungsgefüge, in dem Bedeutung durch den gegenseitigen Abstand generiert wird. Als oberster Signifikant fungiert der Phallus, Signifikant ohne Signifikat (also reine Differenz), der die phallische Potenz ebenso anzeigt wie deren Unbeständigkeit (vgl. Lacan 1966, II, 128).

Das *Reale* ist das, wovon sich nicht sprechen lässt, was nicht im Spiegel erscheint und doch Auswirkungen hat. In diesem Zusammenhang steht auch die Entwicklung des »objet a« (Objekt klein a), einem Begriff, der die Unbeständigkeit und Undarstellbarkeit des Objekts (als Ursache des Begehrens) ausdrückt.

Das Subjekt ist bei Lacan geschlechtlich gedacht, Mann und Frau sind jedoch rein symbolische Positionen. Sie sind nicht »aus der Geschlechtlichkeit selbst hergeleitet« (Lacan 1973 ff., XI, 215) und bezeichnen »zwei Arten«, das Geschlechtsverhältnis »zu verfehlen« (ebd., II, 62).

Zentral ist dabei auch die Ausdifferenzierung der Vaterfunktion in eine reale/soziale, eine imaginäre und die symbolische Funktion »Nom-du-père«, Träger des Gesetzes, des Inzestverbots und das Subjekt positionierender Signifikant. Nicht zuletzt deshalb wird Lacans Geschlechtertheorie kontrovers diskutiert. Einerseits befreit die Betonung der psychischen Strukturiertheit das Geschlecht aus einer biologischen Fundierung, andererseits wirkt die Theorie stark vaterbetonend, zumal der Vater eher vom Symbolischen, die Mutter eher vom Realen ihres Körpers her gedacht wird.

4.

Lacan, J., 1966, Schriften, Olten: Walter 1973 ff.
Lacan, J., 1973 ff., Das Seminar, Olten/Weinheim/Wien: Walter/Quadriga/Turia + Kant 1978 ff.

Gondek, H.-D./Hofmann, R./Lohmann, H.-M., 2001, Jacques Lacan, Stuttgart: Klett-Cotta.
Lang, H., 1986, Die Sprache und das Unbewusste, Frankfurt/M.: Suhrkamp.
Roudinesco, E., 1993, Jacques Lacan, Köln: Kiepenheuer & Witsch 1996.
Widmer, P., 1990, Subversion des Begehrens, Frankfurt/M.: Fischer.
Žižek, S., 1991/94, Psychoanalyse und die Philosophie des Idealismus, 2 Bde., Wien: Turia + Kant.

Barbara Rendtorff

Laizismus

1.

»Laizismus« bezeichnet die programmatische Forderung bzw. die politische Praxis der strikten Trennung zwischen der Ordnung des gesellschaftlichen Zusammenlebens durch den Staat einschließlich der öffentlichen Kultur einerseits und der Religion in ihrer realen institutionellen Präsenz, ihrem Wahrheits- und Geltungsanspruch, ihren Erwartungen an die Lebensführung der Gläubigen und an die Gesellschaft andererseits. Als Umschreibung und Kennzeichnung einer besonders konsequenten Art des Übergangs vom religiös legitimierten und durch die gemeinsame Konfession zusammengehaltenen Staat zum religiös neutralen Staat, der sein Einheitsprinzip statt von der Religion von Faktoren wie Nation, Volk, Sprache oder politischer Geschichte her definiert, war Laizismus ursprünglich weniger eine sachliche Selbstbezeichnung denn eine polemische Formel, mit der amtliche Verlautbarungen (namentlich der katholischen Kirche, so etwa die Enzyklika *Quas primas* Papst Pius' XI. von 1925) und die kirchennahe Publizistik den als abrupte Enteignung erfahrenen Ausschluss der Kirche von jeder öffentlichen Einflussnahme im Gefolge der Revolution von 1789 in Frankreich und dessen Festschreibung in der Gesetzgebung der Republik vereinfachend chiffrierten (vgl. Köhler 1987). Tatsächlich resultierte der Abbruch der Jahrhunderte langen Verbindungen zwischen Staat und Kirche jedoch nicht ausschließlich aus dem (bereits seit der französischen Aufklärung vorhandenen) Antiklerikalismus, der in der Religion grundsätzlich eine Täuschung, ein Instrument zur Stabilisierung sozialer Ungleichheiten oder ein überholtes Stadium des gesellschaftlichen Bewusstseins sehen wollte, das mit dem Fortschritt in Wissenschaft und Technik unvereinbar sei (vgl. Rémond 2000, 192f.; Müller 2001, 147–150). Vielmehr lag diese Trennung auch in der Logik der Grundüberzeugung des Liberalismus, dass nur das Fernhalten von kirchlichen Machtansprüchen und Intoleranz durch die konsequente Neutralität des Staates die Gewissensfreiheit der einzelnen Individuen garantieren könne (vgl. Rémond 2000, 191f.; Müller 2001, 147–150). Demnach mussten alle religiösen Formen und alle Mitwirkungs- und Kontrollmöglichkeiten der Kirche im staatlichen Handeln unterbunden bzw. Religion auf den Privatbereich beschränkt werden. In der Frontstellung gegen die kompromisslose Ablehnung des »Geistes der Neuerung« (inklusive der bürgerlichen Freiheitsrechte und der Forderung nach Toleranz) seitens hoher Repräsentanten der katholischen Kirche vermengten sich beide »Weltanschauungen« und führten in einer Reihe von europäischen und lateinamerikanischen Ländern zu einem doktrinären Laizismus, der die Zurückdrängung oder gar Auslöschung der Religion zum Ziel erhob (vgl. Rémond 2000, 194f.; Müller 2001, 150–153). Einen hiervon unabhängigen Sonderfall stellt der Laizismus in der Türkei dar, die unter der Regierung Atatürks den Islam zum entscheidenden Kriterium der Nationalität machte, zugleich jedoch einschneidende Maßnahmen durchführte, um die Politik vom Einfluss der Religion unabhängig zu machen (vgl. Rumpf 1987).

Gesellschaftspolitische Felder, auf denen der Kampf gegen den Einfluss der Kirche bzw. gegen die Ablösung des Staats von der Religion vornehmlich ausgetragen wurden, waren die Führung des Personenstandsregisters, die Zuständigkeit für Trauung und Ehe, die Bestattung der Verstorbenen, am meisten aber und mit besonderer Hartnäckigkeit die Zuständigkeit für das Schulwesen als Schlüssel für die Erziehung und Bildung der nächsten Generation. Auf all diesen Feldern boten sich dem Staat, der sich dem Einfluss und der Kontrolle der Religion entziehen wollte, zwei typische Wege an, nämlich entweder zusätzlich zu den etablierten institutionellen Regelungen in der Regie der Konfessionen eigene zivile Verfahren zu schaffen oder aber den bisherigen Regelungen die öffentliche Anerkennung zu entziehen und für alle Bürger unterschiedslos ein ausschließlich staatlich geregeltes Vorgehen verpflichtend zu machen und einen nachfolgenden religiösen Akt ins individuelle Belieben zu stellen (vgl. Rémond 2000, 200–205; Einzelheiten bei v. Campenhausen 1962). Während die meisten mittel- und südeuropäischen Staaten ihr Religionsrecht im Sinne des ersten Wegs ausgestalteten, wurde im republikanischen Frankreich seit 1879 unter dem Stichwort »laïcité« der Weg in die strikte Trennung beschritten, der 1905 mit der Einstellung aller finanziellen Zuwendungen, der einseitigen Aufkündigung des Konkordats und der verfassungsrechtlichen Verankerung des Prinzips der Trennung von Staat und Kirche, das auch heute noch Bestand hat, seinen Höhepunkt erreichte.

2.

Gerade der Blick auf die Religionspolitik in Frankreich zeigt, dass sich die Rechtswirklichkeit im Laufe der Zeit trotz Festhaltens am Grundsatz der Trennung über die kirchenfeindliche Konstellation zu Anfang des 20. Jahrhunderts hinaus weiterentwickelt und sich auf manchen Feldern de facto der Religionspolitik jener Staaten angenähert hat, die diese vom Grundsatz her anders, nämlich als ein System staatskirchlicher Einheit oder aber nach dem Prinzip der Parität, ausgestalten. Diese faktische Transformation war einerseits ein Ergebnis der Einsicht, dass die strikte Beschränkung der Religionsausübung auf die Sphäre des Privaten die Entfaltung der Religionsfreiheit um deren Ausdrucksformen im gesellschaftlichen Raum beschneidet, andererseits eine Folgerung aus der Beobachtung, dass die systematische Beschränkung der Religion in der Öffentlichkeit eine massive Benachteiligung und Diskriminierung religiöser Gemeinschaften und religiöser Aktivitäten im Vergleich zu anderen privaten Vereinigungen und Aktivitäten darstellt. Dementsprechend hat das Prinzip der »laïcité« heute tendenziell die Bedeutung von aktiver Neutralität (Unparteilichkeit), Gleichbehandlung und Toleranz bekommen und muss insofern deutlich vom kämpferischen, antireligiösen Laizismus der Wende vom 19. zum 20. Jahrhundert unterschieden werden (vgl. Rémond 2000, 249–260; Müller 2001, 154–160). Während Laizität in diesem weiteren Sinne also durchaus bereit ist, in bestimmten Bereichen der Gesellschaft mit Kirchen und Religionsgemeinschaften zu kooperieren oder Arrangements zu treffen (Denkmalpflege, Anerkennung privater Schulen, Seelsorge innerhalb staatlicher Einrichtungen sowie Präsenz religiöser Materien in den Medien), hält sie an der Entsakralisierung des Staates und sämtlicher Institutionen der politischen Ordnung ebenso fest wie am Prinzip, Fragen religiöser Wahrheit und existenzieller Lebensführung aus der politischen und rechtlichen Gestaltung des gesellschaftlichen Zusammenlebens der Bürger herauszuhalten. Weltanschauliche Neutralität des Staats beinhaltet also die Säkularität der Staatsgewalt, Autonomie des Individuums als Staatsbürger und Zumutung von Toleranz gegenüber Gläubigen jeder Observanz und Ungläubigen, aber sie bedeutet – darin unterscheidet sie sich von dogmatischem Laizismus – gleichzeitig Verzicht auf jeglichen Druck zur Destruktion religiöser Weltsichten und zur Beseitigung der auf ihnen aufbauenden Lebensorientierungen und -formen. Sie gibt einen institutionalisierten Rahmen vor (Religionsfreiheit als staatlich garantiertes Bürgerrecht), in dem die Religionsgemeinschaften ihr Selbstverständnis erneuern (reflexive Traditionsvermittlung, Entdeckung der Menschenrechte als genuin christliche Postulate, Entwicklung einer Soziallehre, Anerkennung von Austrittsmöglichkeiten, Option für die Demokratie) und sich gegenüber den Denk- und Interaktionsformen ihrer nichtreligiösen Umwelten überlebensfähig machen sowie über die Teilnahme an den öffentlichen Auseinandersetzungen über moralische Fragen Einfluss auf das Selbstverständnis der Gesellschaft als Ganzer ausüben zu können. In jüngerer Zeit mehren sich Stimmen, die darauf aufmerksam machen, dass der völlige Ausschluss der Religion aus der Öffentlichkeit im säkularen Staat auf Dauer mit der Abkoppelung von wichtigen Ressourcen der Sinnstiftung bezahlt wird, wenn die säkulare Seite den Sinn für das, was in der religiösen Sprache aufgehoben ist, gänzlich verliert oder einfach nicht mehr zur Kenntnis nimmt (vgl. Habermas 2001; Joas 2004).

3.

Obschon sich die großen christlichen Kirchen während der letzten Jahrzehnte durch die vorbehaltlose Anerkennung des Rechts auf Religionsfreiheit ausdrücklich vom Ideal der Staatsreligion und der Staatskirche, die einst die Basis ihrer scharfen Verurteilungen des Laizismus gebildet hatten, verabschiedet haben (seitens der katholischen Kirche 1965 durch die Deklaration *Dignitatis humanae* des II. Vatikanischen Konzils), ist die Frage nach dem Umfang des Rechts auf Religions- und Gewissensfreiheit und das Problem der Laizität des Staates seit einigen Jahren von neuem virulent geworden. Dabei geht es freilich um mehr als um den Streit über verbliebene religiöse Symbole in der Öffentlichkeit (Schulgebet, Kruzifixe in Schulen und Gerichten, Eidesleistung), etwa um die Frage, ob neue religiöse Formationen (sog. Sekten) wie z.B. die Scientology Church überhaupt unter den Begriff von Religion und damit unter den Schutzbereich des Menschenrechts auf Religionsfreiheit fallen (vgl. Classen 2003, 65ff.). Des Weiteren und möglicherweise dringlicher geht es um die Ansprüche der Angehörigen nichtchristlicher Religionen, insbesondere des Islam, die an ihren religiösen Sitten, Lebens- und Ausdrucksformen sowie Symbolen als Elementen und Inbegriff ihrer Identität festhalten möchten. Die Vorschrift, nur von geschächteten Tieren Fleisch zu essen, kann dann ebenso zu Konflikten mit Gesetzen und in der Öffentlichkeit verankerten Überzeugungen (Tierschutz) führen wie die öffentliche Einladung des Muezzin zum Gebet, das Bestehen auf der ärztlichen Behandlung nur durch Angehörige des eigenen Geschlechts, die Verschleierung der Frauen, der Schutz der Familienehre oder das Ritual der Bestattung Verstorbener (vgl. Classen 2003, 54–64, 74–81). Während die Gewährung der gleichen religiösen Rechte und Freiheiten, die die demokratischen Staaten den Anhängern der christlichen Konfessionen garantieren, rechtlich selbstverständlich sein sollte, sind Einschränkungen dort unvermeidlich, wo das Eingehen auf entsprechende Forderungen universell anerkannte Menschenrechte relativieren bzw. zentrale Errungenschaften der Rechtsentwicklung im betreffenden Gaststaat zur Disposition stellen würde, wie es z.B. bei Anerkennung der Abhängigkeit der Gültigkeit einer Eheschließung von der Zustimmung von Vater oder Bruder, der Polygamie, der grundsätzlichen rechtlichen Vormundschaft des Mannes über die Frau, der Möglichkeit, bei Verstoßung der Ehefrau Unterhalt zu verweigern, der Genitalverstümmelung, der Vorenthaltung bestimmter medizinischer Behandlungen, dem Aufruf zur Tötung von Gotteslästerern als Verpflichtung der Gläubigen, der Anwendung manipulativer Methoden zur Erzeugung psychischer Abhängigkeit von Führerpersönlichkeiten u.Ä. der Fall wäre (vgl. Hilpert 2006). Eine noch folgenreichere Aporie besteht dann, wenn sich Repräsentanten religiöser Gemeinschaften oder fundamentalistische Gruppierungen weigern, den grundsätzlichen Unterschied zwischen den Vorschriften ihrer Religion und den auf die unverlierbare Menschenwürde und die universellen Menschenrechte begründeten Prinzipien der Verfassung als dem übergeordneten Rahmen des Zusammenlebens aller sowie den Unterschied zwischen der Religionsgemeinschaft und der bürgerlich-politischen Gesellschaft anzuerkennen, und damit gerade die in der eigenen Geschichte moderner Rechtsstaaten mühsam errungene Weltlichkeit von Staat und Politik wieder rückgängig machen wollen. (Zur Interpretation derartiger Phänomene als Suche nach einer autonomen Position oder Religion in säkularisierten Gesellschaften vgl. Roy 2006.) Auch wenn gerade diese Aporie im Grundsätzlichen vordergründig die Forderung nach Revitalisierung eines kämpferischen Laizismus plausibel erscheinen lassen könnte (mit der Folge, Symbole religiösen Glaubens als ostentative Zeichen der Ausgrenzung Andersdenkender aus dem öffentlichen Raum strikt zu verbannen, vgl. z.B. den Kopftuchstreit oder auch die Debatte um den Religionsbezug im Europäischen Verfassungsvertrag), dürfte es angemessener und auf Dauer erfolgreicher sein, durch Bemühungen um eine bessere Integration der Immigrierten Gelegenheiten zu schaffen, die Vorteile der säkularen Verfassungsordnung auch für die Realisierung der religiösen Freiheit kennen und schätzen zu lernen.

4.

Dignitatis humanae, Deklaration des II. Vatikanischen Konzils über die Religionsfreiheit, in: Lexikon für Theologie und Kirche, Erg.bd. 2, Freiburg: Herder 1967.

Baubérot, J./Lequin, G., 1994, Histoire de la laïcité, Besançon: CRDP.

Campenhausen, A. v., 1962, Staat und Kirche in Frankreich, Göttingen: Schwartz.

Classen, C. D., 2003, Religionsfreiheit und Staatskirchenrecht in der Grundrechtsordnung, Tübingen: Mohr Siebeck.

d'Onosio, J.-B./Forges, J.-M. de, 1990, Confédération des juristes catholiques en France. La Laïcité au défi de la modernité, Paris: Tequi.

Dierkens, A. (Hg.), 1994, Pluralisme religieux et laïcités dans l'union européenne, Brüssel: Éditions de l'Université de Bruxelles.

Duperray, E. (Hg.), 2007, 1905–2005 ou les Lumières voilées – La laïcité en question, Paris: Beauchesne.

Göle, N., 1995, Republik und Schleier. Die muslimische Frau in der Moderne, Berlin: Babel.

Göle, N./Amann, L. (Hg.), 2004, Islam in Sicht. Der Auftritt von Muslimen im öffentlichen Raum, Bielefeld: Transcript.

Habermas, J., 2001, Glauben und Wissen, Frankfurt/M.: Suhrkamp.

Hilpert, K., 2006, »Im Namen Gottes«. Anspruch und Grenzen der Religionsfreiheit, München: Münchener Kompetenzzentrum Ethik.

Joas, H., 2004, Braucht der Mensch Religion?, Freiburg: Herder.

Köhler, O., 1987, Laizismus, in: Görres-Gesellschaft (Hg.), Staatslexikon, Bd. 3, Freiburg: Herder.

Mehl, R., 1990, Laizismus, in: G. Krause/G. Müller (Hg.), Theologische Realenzyklopädie, Bd. 20, Berlin: de Gruyter.

Müller, A., 2001, Laizität und Zivilreligion in Frankreich, in: R. Schieder (Hg.), Religionspolitik und Zivilreligion, Baden-Baden: Nomos.

Rémond, R., 2000, Religion und Gesellschaft in Europa, München: Beck.

Roy, O., 2006, Der islamische Weg nach Westen. Globalisierung, Entwurzelung und Radikalisierung, München: Pantheon.

Ruh, U./Schulte, C., 1999, Säkularisierung/Säkularisation/Säkularismus, in: J. Höfer/K. Rahner (Hg.), Lexikon für Theologie und Kirche, Bd. 8, Freiburg: Herder.

Rumpf, C., 1987, Laizismus und Religionsfreiheit in der Türkei, Ebenhausen: SWP.

Konrad Hilpert

Legitimität

1.

Im allgemeinen Sprachgebrauch werden »legitim«, »Legitimität« und »Legitimation« in unterschiedlichen Bedeutungen verwendet. Diese Verwendungsweisen stimmen jedoch darin überein, dass es stets um die Feststellung einer Übereinstimmung mit bestimmten, kontextspezifischen Standards geht und dass sich aus dieser Übereinstimmung handlungsrelevante Konsequenzen ergeben. ›Legitime Interessen‹ sind berechtigte Interessen, deren Verfolgung zulässig ist und die von anderen in der einen oder anderen Form zu berücksichtigen sind. ›Legitime Erwartungen‹ sind begründete Erwartungen und sollen ebenso wie ›legitime Forderungen‹ nach Möglichkeit erfüllt werden. Dabei wird unterstellt, dass es zumindest implizite anerkannte Standards für die Legitimität von Interessen, Erwartungen und Forderungen gibt, auch wenn wir von diesen womöglich nur vage und uneinheitliche Vorstellungen haben. Aus der Übereinstimmung mit diesen Standards ergeben sich jedenfalls Konsequenzen dafür, wie mit den betreffenden Interessen, Erwartungen und Forderungen umzugehen ist. Dasselbe gilt für ›legitime Kinder‹, ›legitime Herrscher‹, ›legitime Regierungen‹ sowie für die ›legitime Autorität‹ oder den ›legitimen Widerstand‹. Was legitim ist, ist berechtigt, begründet, vertretbar, rechtmäßig oder allgemein anerkannt und verdient eben darum eine besondere und typischerweise bevorzugte Beachtung und Behandlung.

2.

Als wissenschaftlicher Terminus tritt »Legitimität« sowohl in den empirischen Sozialwissenschaften als auch in der normativen politischen Philosophie auf. In beiden Bereichen wird Legitimität primär institutionalisierten Herrschaftsverhältnissen in Form normgeleiteter sozialer Ordnungen zu- oder abgesprochen. Legitime Herrschaft wird als ›rechtmäßige‹ Herrschaft betrachtet und legitime Normen und Entscheidungen werden als ›verbindliche‹ Normen und Entscheidungen angesehen, die unabhängig von persönlichen Neigungen und Interessen Akzeptanz beanspruchen. Entscheidend ist, dass die Legitimität von Herrschaft und die Verbindlichkeit von Normen und Entscheidungen in den Sozialwissenschaften empirisch-deskriptiv verstanden werden, in der politischen Philosophie dagegen normativ-ethisch. In Soziologie und Politologie wird Legitimität entweder im Sinne des faktischen Vorliegens einer zustimmenden subjektiven Einstellung gegenüber Normen und kollektiv verbindlichen Entscheidungen auf Seiten der an einer sozialen und politischen Ordnung Beteiligten verstanden, oder aber als Fähigkeit eines Ordnungssystems, eben diese Zustimmung hervorzubringen. So definiert Robert Dahl »Legitimität« im zuerst genannten Sinne als »Glauben an die Richtigkeit einer Entscheidung oder eines Entscheidungsprozesses« (Dahl 1956, 47), während Seymour Lipset sie im zweiten genannten Sinne als die Fähigkeit eines politischen Systems versteht, »den Glauben hervorzubringen und zu erhalten, dass die bestehenden politischen Institutionen die für eine Gesellschaft angemessensten sind« (Lipset 1959, 86). Der feine begriffliche Unterschied zwischen den beiden sachlich eng verbundenen Verständnisweisen von Legitimität ist für die sozialwissenschaftliche Theoriebildung allerdings nicht von großer Bedeutung. Niklas Luhmann fasst das in der Soziologie vorherrschende Legitimitätsverständnis (freilich in kritischer Absicht) treffend zusammen, wenn er schreibt: »Man versteht heute darunter die rein faktisch verbreitete Überzeugung von der Gültigkeit des Rechts, von der Verbindlichkeit bestimmter Normen oder Entscheidungen oder von dem Wert der Prinzipien, an denen sie sich rechtfertigen.« (Luhmann 1969, 27)

Während Legitimität in den Sozialwissenschaften in der Hauptsache mit Blick auf die faktischen Voraussetzungen politischer Stabilität und effizienter sozialer Kooperation zum Gegenstand empirischer Untersuchungen wird, geht es in der politischen Philosophie primär um die moralische Rechtfertigung staatlicher Zwangsgewalt und um die Formen ihrer rechtmäßigen Ausübung. »Legitimität« wird hier verstanden als das Recht zu herrschen, wobei »Recht« in einem überpositiven, moralischen Sinne zu verstehen ist. Der Begriff der Legitimität steht damit in enger Verbindung mit den Begriffen der Gerechtigkeit und der Legalität, mit denen er zahlreiche Gemeinsamkeiten aufweist, ohne dass er sich vollständig mit diesen deckt. Angesichts der verschiedenen Aufgaben, die Legitimitätskonzeptionen in den Sozialwissenschaften bei der *Erklärung* gesellschaftlicher Ordnungsstrukturen einerseits und in der politischen Philosophie bei der *Rechtfertigung* dieser Strukturen andererseits übernehmen, ist es sinnvoll, einen empirischen und einen normativen Legitimitätsbegriff zu unterscheiden.

Das *empirische* Verständnis von Legitimität geht auf Max Weber zurück. Für die Sozialwissenschaften ist es nach wie vor bestimmend, auch wenn die webersche Legitimitätskonzeption keineswegs unumstritten ist (vgl. Luhmann 1969; Beetham 1991). Weber zufolge ist eine Norm legitim dann und nur dann, wenn sie *de facto* von denjenigen anerkannt wird, die sie befolgen sollen, oder zumindest von einer ansehnlichen Mehrheit dieser Gruppe. Dass eine Norm oder eine Entscheidung »anerkannt« wird, soll in diesem Zusammenhang bedeuten, dass die Beteiligten sie als verbindlich betrachten. Sie glauben, dass sie die Norm auch unabhängig von den ggf. angedrohten Sanktionen befolgen sollten. Durch ihre Anerkennung wird eine Norm zu einem akzeptierten Standard oder Maßstab des eigenen Handelns, und die

Normbefolgung zu einer Pflicht, deren Nicht-Erfüllung als ein Grund für Kritik betrachtet wird. Anerkennung lässt eine soziale Ordnung zu einer *geltenden* Ordnung im Sinne Webers werden: Die Beteiligten folgen ihr nicht lediglich aus Gewohnheit oder Erwägungen der Zweckmäßigkeit, sondern weil sie dies für geboten halten.

Eine Norm im empirischen Sinne als legitim zu bezeichnen impliziert also, dass es Personen gibt, die diese Norm akzeptieren und glauben, dass sie, ungeachtet externer Sanktionen, ihr Verhalten leiten sollte. Legitime soziale Ordnungen sind deshalb Ordnungen, die weithin freiwillige Unterstützung bei den Beteiligten finden. Da kein politisches Regime und keine Gesellschaft ohne ein hohes Maß an unerzwungenem Regelgehorsam bestehen kann, nimmt das empirische Verständnis von Legitimität natürlicherweise eine zentrale Stellung innerhalb von empirischen Theorien politischer und sozialer Ordnungen ein. Man beachte, dass die empirische Verwendungsweise des Ausdrucks »legitim« keine normative Festlegung auf Seiten derjenigen impliziert, die ihn benutzen. Ein Anthropologe mag Normen in einer von ihm untersuchten Gesellschaft zu Recht als legitim betrachten, weil sie in der Tat die Zustimmung der Mitglieder dieser Gesellschaft finden, aber er selbst kann diese Normen zugleich für völlig inakzeptabel halten. Wer als externer Beobachter über eine Norm im empirischen Sinne sagt, sie sei legitim, sagt etwas über die normativen Überzeugungen derjenigen, auf die sich diese Norm primär bezieht. Er sagt aber nicht notwendigerweise etwas über seine eigenen normativen Überzeugungen. Wenn man ein empirisches Verständnis des Legitimitätsbegriffs voraussetzt, dann stützen sich Aussagen über die Legitimität von Normen auf Tatsachenbehauptungen über die mehrheitlichen subjektiven Überzeugungen von Mitgliedern einer bestimmten Gesellschaft. In eben diesem Sinne benutzt Weber den Ausdruck »Legitimitätsglaube«, um sich auf die subjektive psychologische Grundlage zu beziehen, die nach seiner Konzeption den entscheidenden Unterschied ausmacht zwischen einer bloßen Regularität und Zweckdienlichkeit sozialer Verhaltensmuster einerseits und einer Gesellschaftsordnung, die auf anerkannten Regeln beruht, andererseits (vgl. Weber 1922b, Kap. I, §§ 5f.). Inhaltlich unterscheidet Weber drei Grundtypen legitimer Herrschaft: die legale Herrschaft durch rechtsförmige Normsetzung, die traditionelle Herrschaft und die charismatische Herrschaft (vgl. Weber 1922a, 474ff.), deren besondere Merkmale für die Klärung des Legitimitätsbegriffs allerdings nur von untergeordneter Bedeutung sind.

Auch Luhmanns Konzeption der ›Legitimation durch Verfahren‹ folgt dem empirischen Legitimitätsbegriff selbst wenn sie sich kritisch von der weberschen Konzeption absetzt (vgl. Luhmann 1969). Luhmann zufolge gelingt es Weber nicht zu erklären, durch welche sozialen Mechanismen es dazu kommt, dass die Normunterworfenen die für den legalen Herrschaftstypus charakteristische Normsetzungsmacht akzeptieren; oder kurz: Wie der Glaube an die Legalität gesetzter Ordnungen Legitimität erzeugt. Luhmann selbst definiert Legitimität als »die generalisierte Bereitschaft, inhaltlich noch unbestimmte Entscheidungen innerhalb gewisser Toleranzgrenzen hinzunehmen« (ebd., 28). Er untersucht in seiner Studie »Legitimation durch Verfahren«, in welcher Weise die Prozeduren der politischen Wahl, der parlamentarischen Gesetzgebung und des gerichtlichen Prozesses diese ›generalisierte Bereitschaft‹ bei den Beteiligten erzeugen, wobei er unter ›generalisierter Bereitschaft‹ das »motivfreie und von den Eigenarten individueller Persönlichkeiten unabhängige« Akzeptieren dieser Prozeduren versteht (vgl. ebd., 32).

3.

3.1. Eine in mancher Hinsicht neuartige Legitimitätskonzeption, die, ebenfalls in kritischer Abgrenzung von Max Weber, dem empirischen Legitimitätsbegriff folgt, wurde von David Beetham entwickelt (Beetham 1991). Beetham zufolge leidet die webersche

Konzeption v.a. unter zwei grundlegenden Fehlern: *Erstens* beschreibe Weber die Beziehungen, die zwischen der Legitimität einer politischen Ordnung und den subjektiven Überzeugungen der Beteiligten bestehen, falsch, und *zweitens* ignoriere er diejenigen Legitimitätsbedingungen, die von subjektiven Überzeugungen praktisch unabhängig sind (vgl. ebd., 11). Weber habe die Legitimität einer politischen Ordnung ausschließlich vom faktischen Vorliegen eines allgemeinen ›Legitimitätsglaubens‹ abhängig gemacht, und sich (und seinen Nachfolgern) dadurch den Blick dafür verstellt, aus welchen sachlichen Gründen die an einer Ordnung Beteiligten diese als für sich selbst verbindlich anerkennen. Beethams Kritik zielt nicht darauf ab, dass Weber durch seine Konzentration auf (bloß) subjektive Überzeugungen den Ansprüchen einer auf normative Rechtfertigung zielenden politischen Philosophie nicht gerecht wird. Letzteres ist zweifellos richtig, aber dies ist eben kein überzeugender Einwand gegen eine auf *Erklärung* und nicht auf *Rechtfertigung* abzielende, empirische Legitimitätskonzeption. Die Schwäche der weberschen Konzeption (und all ihrer Nachfolger) als einer empirischen Konzeption sieht Beetham vielmehr darin, dass sie nicht erklären könne, warum die an einer Ordnung Beteiligten diese unter bestimmten Umständen für legitim, unter anderen Umständen aber für illegitim halten (vgl. ebd., 10). Beetham selbst führt drei Bedingungen für die Legitimität von politischen Ordnungen und Herrschaftsverhältnissen an: (1) die Legalität der Herrschaft, das heißt die Ausübung politischer Macht in Übereinstimmung mit den Normen einer etablierten Rechtsordnung; (2) die Rechtfertigbarkeit dieser Rechtsordnung im Rückgriff auf allgemein geteilte Überzeugungen; und (3) Handlungen der an einer Ordnung Beteiligten, die als Akte der Zustimmung zu eben dieser Ordnung verstanden werden (z.B. Treueide oder Vereinbarungen und Verträge zwischen denjenigen, die Normen setzen, und denjenigen, die diesen Normen unterworfen sind).

In dieser Trias von Legitimitätsbedingungen treten faktische subjektive Überzeugungen nur an einer Stelle als wesentliche Voraussetzungen auf, und zwar, wenn es darum geht, eine bestehende Rechtsordnung in Teilen oder in Gänze zu rechtfertigen. Dies geschieht nach Beetham im Rückgriff auf allgemeine Überzeugungen der Beteiligten (z.B. die Überzeugung, dass die Idee der Volkssouveränität, und nicht das dynastische Legitimitätsprinzip, die Rechtfertigungsgrundlage aller legitimen politischen Herrschaft sei), von denen der Sozialwissenschaftler *als* Sozialwissenschaftler lediglich sagen kann, dass sie in einer Gesellschaft *de facto* weithin geteilt werden, ohne über die Rationalität oder Begründbarkeit dieser Überzeugungen selbst zu urteilen. Ob eine bestehende Rechtsordnung freilich im Lichte einer bestimmten Überzeugung (etwa der Idee der Volkssouveränität) gerechtfertigt erscheint oder nicht, ist eine Frage, deren Beantwortung sich dem Belieben bloß subjektiver Überzeugung entzieht. Denn es hängt ausschließlich vom sachlichen Gehalt der betreffenden Überzeugung und von den objektiven Eigenschaften der jeweiligen Rechtsordnung ab, ob eine entsprechende Rechtfertigungsbeziehung besteht oder nicht. Dasselbe gilt für die Legitimitätsbedingung der Rechtskonformität von Akten der Herrschaftsausübung, denn sobald es in einer Gesellschaft hinreichend klar formulierte Rechtsnormen gibt, ist es keine Frage des subjektiven Beliebens mehr, sondern durch den sachlichen Gehalt der jeweiligen Normen bestimmt, welche Formen der Herrschaftsausübung rechtskonform sind und welche nicht. Beetham gibt seiner empirischen Legitimitätskonzeption selbst den treffenden Titel »legitimacy in context« (Beetham 1991, 14), denn anders als die normativen Konzeptionen der politischen Philosophie beurteilt sie die Legitimität politischer Ordnungen nicht anhand eines Maßstabs idealer moralischer Prinzipien und idealisierter Vorstellungen praktischer Rationalität, sondern in einem historisch vorgegebenen und kulturell geprägten Kontext, der sich zu einer gegebenen Zeit und an einem gegebenen Ort *de facto* aus bestimmten geteilten

Überzeugungen, Lebensvorstellungen und Konventionen zusammensetzt (vgl. ebd., 14). Sobald dieser Kontext freilich bekannt ist, ist die Frage nach der Legitimität oder Illegitimität einer politischen Ordnung Beetham zufolge keine Frage bloßer Überzeugungen oder konventioneller Vorgaben mehr. Die Antwort auf diese Frage ergibt sich dann vielmehr aus den sachlich-inhaltlichen Vorgaben des Kontextes und den konkreten Eigenschaften der zu beurteilenden Ordnung. Der Beurteilungsmaßstab wird dem Sozialwissenschaftler demnach durch den jeweiligen historischen und kulturellen Kontext vorgegeben und ist insofern kontingent; die aus ihm abgeleiteten Legitimitätsurteile sind dies jedoch nicht, sondern diese sind sachlich gerechtfertigt oder ungerechtfertigt.

Im Hinblick auf eine umfassende Theorie politischer Legitimität vereint Beethams empirische Legitimitätskonzeption zwei bedeutende Vorzüge: *Erstens* stellt sie heraus, inwiefern die bloße Rechtskonformität der Ausübung staatlicher Zwangsgewalt (Legalität) keine hinreichende Bedingung für die Legitimität von Herrschaft ist. Legalität garantiert Legitimität nur in dem Maße, in dem die der Legalität zugrunde liegende Rechtsordnung im Rückgriff auf allgemeine Überzeugungen gerechtfertigt werden kann und diese auch von den durch diese Rechtsordnung Unterworfenen geteilt werden. *Zweitens* macht Beethams Konzeption deutlich, inwiefern auch empirische Legitimitätskonzeptionen, denen es um die *Erklärung* sozialer Phänomene und nicht um die *Rechtfertigung* der Legitimität von Rechtsordnungen geht, einen auf Rechtfertigung zielenden normativen Legitimitätsbegriff voraussetzen. Denn auch der nach Erklärungen suchende empirische Sozialwissenschaftler muss verstehen, was es aus der Perspektive der an einer sozialen Ordnung beteiligten Personen bedeutet, diese Ordnung im Lichte allgemeiner Überzeugungen (Prinzipien) als gerechtfertigt zu betrachten. Erst dann kann er über die Legitimität dieser Ordnung urteilen und Veränderungen in den Legitimitätsüberzeugungen der Beteiligten durch objektive Veränderungen in dieser Ordnung selbst erklären. (Für andere Verwendungsweisen des Legitimitätsbegriffs in der neueren sozialwissenschaftlichen Forschung vgl. Gilley 2006; Tyler 1990; ders. 2003; für die Relevanz des Legitimitätsbegriffs im Kontext des internationalen Rechts vgl. Franck 1990.)

Der *normative* Legitimitätsbegriff zeichnet sich gegenüber dem empirischen Legitimitätsbegriff *erstens* durch die Annahme ›objektiver‹ Legitimitätskriterien aus und *zweitens* durch die mit ihm unvermeidlich verbundenen normativen Festlegungen. Durch die normative Verwendung des Prädikats »legitim« gibt ein Sprecher zu erkennen, dass er selbst bestimmte Normen für gut und richtig hält, weil sie aus seiner Sicht objektiv gültigen Legitimitätskriterien, typischerweise Erfordernissen der Gerechtigkeit und praktischen Rationalität, genügen. Die Rede von Objektivität ist hier in einem schwachen Sinne zu verstehen: Wenn wir eine soziale Regelung im normativen Sinne als legitim bezeichnen, beziehen wir uns damit nicht bloß auf die subjektiven Überzeugungen von Personen. Wir unterstellen vielmehr bestimmte Sachkriterien der Legitimität, deren Erfüllung unabhängig davon ist, ob wir oder andere sie für erfüllt halten. Eine Regel kann dann im normativen Sinne legitim sein, obwohl sie mehrheitlich für illegitim gehalten wird und umgekehrt. »Objektivität« bedeutet hier aber nicht, dass bestimmte Legitimitätskriterien alternativlos richtig oder wahr wären. Im Gegenteil unterscheiden sich verschiedene normative Legitimitätskonzeptionen gerade dadurch voneinander, welche *objektiven* Kriterien der Legitimität sie in Anschlag bringen. Es kommt in den normativen Konzeptionen vielmehr darauf an, zu beachten, dass die Beantwortung der Frage, ob eine Norm legitim ist oder nicht, nicht aufgrund vorherrschender, subjektiver Überzeugungen beantwortet werden kann, sondern die Antwort auf diese Frage sich daraus ergibt, inwieweit eine Norm z.B. bestimmten Gerechtigkeits- und Rationalitätsanforderungen genügt.

Darüber hinaus impliziert der normative Legitimitätsbegriff moralische Zustimmung von Seiten derer, die einer Norm oder Entscheidung Legitimität zusprechen. Zu sagen, dass eine institutionelle Regelung im normativen Sinne legitim sei, bedeutet, öffentlich anzuerkennen, dass diese Regelung normative Autorität hat und den beteiligten Personen Verpflichtungen auferlegt. Dies ist etwas anderes als lediglich festzustellen, dass es Menschen gibt, die glauben, die betreffende Regelung habe normative Autorität. Der Unterschied zwischen normativer und empirischer Legitimität ist demnach der Unterschied zwischen (a) dem *zum Ausdruckbringen* einer normativen Überzeugung und der damit verbundenen *Festlegung* auf die normativen und logischen Konsequenzen dieser Überzeugung einerseits und (b) dem *Konstatieren*, dass es Leute gibt, die diese Überzeugung haben, ohne sich selbst zu der Wahrheit (oder Gültigkeit) dieser Überzeugung und ihren logischen Konsequenzen zu bekennen, andererseits.

3.2. Jürgen Habermas hat in kritischer Auseinandersetzung mit Luhmanns empirischer Konzeption der Legitimation durch Verfahren eine im Kern normative Legitimitätskonzeption entwickelt (vgl. Habermas 1973; ders. 1992). Die für moderne Gesellschaften charakteristischen Verfahren der rechtsförmigen Normsetzung und Entscheidungsfindung erzeugen, so Habermas, nur dann eine legitime Ordnung, wenn diese Verfahren selbst ›legitimiert‹ werden können, indem gezeigt wird, dass sie unter den jeweiligen gesellschaftlichen Randbedingungen ihrer Durchführung materiale Gerechtigkeitsansprüche erfüllen (vgl. Habermas 1973, 135). Wie bei Beetham ist die legitimierende Funktion rechtsförmiger Verfahren damit von der Rechtfertigung dieser Verfahren im Rückgriff auf Überzeugungen allgemeinerer Art – materialen Gerechtigkeitsvorstellungen – abhängig, von denen angenommen wird, dass sie allgemeine Anerkennung finden oder zumindest finden könnten (vgl. Habermas 1973, 139). Anders als in Beethams empirischer Legitimitätskonzeption werden bei Habermas die zur Rechtfertigung rechtsförmiger Verfahren der Entscheidungsfindung in Betracht gezogenen allgemeinen Gerechtigkeitsvorstellungen jedoch nicht als ein durch faktischen Konsens Vorgegebenes betrachtet, sondern als das einverständliche Ergebnis eines rationalen, praktischen Diskurses, in dem nur solche Norm- und Wertvorstellungen konsensfähig sind, die sich auf Interessen stützen können, die von allen Beteiligten geteilt werden (vgl. Habermas 1973, 148f.).

3.3. Eine ganz ähnliche normative Gerechtigkeitskonzeption hat John Rawls (1993) im Rahmen seiner Konzeption des Politischen Liberalismus entwickelt. Für die rawlssche Konzeption ist die Idee der öffentlichen Rechtfertigung von Normen zentral. Die Normen einer wohlgeordneten Gesellschaft sind keine bloßen Zwangsnormen, die ausschließlich wegen der mit ihnen verbundenen Sanktionen befolgt werden. Sie werden im Idealfall anerkannt und geachtet, weil diejenigen, für die sie Geltung beanspruchen, dies aufgrund vernünftiger Überlegungen für gut und richtig halten. Eine von allgemein anerkannten Normen geordnete Gesellschaft vereint zwei bedeutende Vorzüge: *Erstens* ist sie eine stabile Gesellschaft. Alle Beteiligten haben gute Gründe, sich an die Regeln ihres Gemeinwesens zu halten, und alle wissen dies auch voneinander, so dass niemand die mangelnde Kooperation anderer fürchten muss. *Zweitens* versöhnen öffentlich gerechtfertigte Normen die Erfordernisse einer stabilen sozialen Ordnung – zu denen eben auch staatlicher Zwang gehört – mit der Vorstellung individueller Autonomie. Wenn die Normen einer Gesellschaft öffentlich gerechtfertigt sind, ist ihre zwangsweise Durchsetzung durch Gründe gedeckt, die alle Betroffenen im Prinzip als gute Gründe anerkennen können, auch wenn sie nicht immer in Übereinstimmung mit ihnen handeln. Nun ist es die Aufgabe der politischen Verfassung einer Gesellschaft, festzulegen, durch welche Verfahren legitime politische Entscheidungen und Normen zustande kommen. Das Ideal einer legitimen politischen Ordnung wäre dann verwirklicht, wenn alle normativ verbindlichen Entscheidungen in Übereinstimmung mit einer Verfassung getroffen werden, deren wesentliche Inhalte öffentlich gerechtfertigt werden können (vgl. Rawls 1993, 223). (Zum Verhältnis von Rechtfertigung und Legitimität und die aus legitimen normativen Ordnungen resultierenden moralischen Verpflichtungen vgl. auch Simmons 2001.)

Ebenso wie bei Habermas wird auch bei Rawls die Legitimität der normativen Ordnung einer Gesellschaft davon abhängig gemacht, dass die für diese Ordnung wesentlichen rechtsförmigen Verfahren der Normsetzung und Entscheidungsfindung im Rückgriff auf allgemeinere normative Vorstellungen – in der Hauptsache Gerechtigkeitsvorstellungen – gerechtfertigt werden können, die allgemein anerkennungswürdig und anerkennungsfähig erscheinen. Dies wirft die Frage nach dem genaueren Verhältnis von Gerechtigkeit und Legitimität auf (vgl. zum Folgenden Hinsch 2008). ›Gerechtigkeit‹ und ›Legitimität‹ werden, wenn es um politische Institutionen geht, oft als austauschbare Begriffe betrachtet. Das liegt nahe, weil weithin Übereinstimmung darin besteht, dass legitime Normen und Entscheidungen elementaren Gerechtigkeitsforderungen genügen müssen. Gleichwohl sind Legitimität und Gerechtigkeit nicht dasselbe, und zwar auch nicht in dem Sinne, dass Legitimität gewissermaßen eine Art minimaler Gerechtigkeit wäre. Der wesentliche Unterschied besteht in Folgendem: Gerechtigkeitsforderungen werden durch rationale Argumentation – und *nur* durch rationale Argumentation – gerechtfertigt; innerhalb des rawlsschen Ansatzes etwa durch ihre öffentliche Rechtfertigung mit dem Ziel eines allgemeinen Konsenses und bei Habermas durch einen praktischen Diskurs. Sollte sich nach Berücksichtigung aller relevanten Tatsachen, Werte und Normen zeigen, dass begründete Meinungsverschiedenheiten auch in grundlegenden Fragen der Gerechtigkeit bestehen bleiben, bliebe der normative Gehalt des politisch Gerechten aus eben diesem Grund unbestimmt. Hierin unterscheidet sich der Begriff des politisch Legitimen von dem des Gerechten: Auch dann nämlich, wenn sich öffentlich gerechtfertigte Gerechtigkeitsgrundsätze finden lassen, wäre es illusorisch anzunehmen, der auf sie bezogene Konsens ließe sich auf jede konkrete notwendige politische Regelung übertragen. Auch unter idealen Bedingungen einer vollständig rationalen und unparteiischen Urteilsbildung bei allen Parteien müssen wir mit begründeten Meinungsverschiedenheiten darüber rechnen, wie die konkreten politischen Probleme einer Gesellschaft am gerechtesten und zweckmäßigsten zu lösen sind. In einer Situation rational unauflösbarer Meinungsverschiedenheiten lässt sich die Forderung der öffentlichen Rechtfertigung von Normen durch den Austausch von Argumenten allein nicht mehr erfüllen, und wenn dies so ist, dann gibt es keine andere Möglichkeit, als auf *nicht-argumentative* Formen der kollektiven Entscheidungsfindung zurückzugreifen. Die Beteiligten können sich z.B. im Sinne einer demokratischen Legitimierung darauf einigen, durch Abstimmen nach dem Mehrheitsprinzip zu entscheiden, welche der vorgeschlagenen Regelungen in Kraft treten soll. Solange die zur Entscheidungsfindung herangezogenen Verfahren zweckmäßig und hinreichend effizient sind und alle Vorschläge in fairer Weise berücksichtigen, ist dagegen nichts einzuwenden. Regelungen, die auf allgemein anerkannten, nicht-argumentativen Formen der Entscheidungsfindung beruhen, können ebenso öffentlich gerechtfertigt sein wie solche, über die ein rationaler Konsens allein durch Argumentation herbeigeführt wird. Angesichts dessen, dass begründete Meinungsverschiedenheiten über soziale Regelungen und Normen bestehen, haben alle Beteiligten einen guten Grund, faire Verfahren als Mittel der kollektiven Entscheidungsfindung anzuerkennen und deren Resultate als normativ verbindlich zu akzeptieren.

3.4. Daraus folgt, dass der Inhalt des politisch Legitimen nur zum Teil durch rationale Argumentation festgelegt wird. Zum größeren Teil wird er in der politischen Praxis moderner Gesellschaften durch faktische Abstimmungsergebnisse bestimmt, mit der Konsequenz, dass es legitime Regelungen mit normativer Autorität geben kann, gegen die auf Seiten einiger Beteiligter begründete Einwände bestehen. Sie erfüllen gleichwohl die Forderung der öffentlichen Rechtfertigung, wenn das in Anspruch genommene nicht-argumentative Verfahren allen Beteiligten gegenüber fair war oder, allgemeiner gesprochen, wenn es die Forderungen der politischen Gerechtigkeit erfüllt.

Normative Legitimität hat demnach, anders als Gerechtigkeit, etwas mit faktischer Herkunft oder, wenn man so will, mit ›Stammbäumen‹ zu tun. Eben darin gleichen sich selbst das dynastische Legitimitätsprinzip eines Talleyrand (vgl. Brockhaus 1868) und demokratische Legitimitätskonzeptionen wie etwa die habermassche: Denn anders als das politisch Gerechte bezieht das politisch Legitime seine spezifische normative Autorität nicht allein aus inhaltlichen Gründen, sondern aus seiner faktischen Genese in institutionalisierten Verfahren einer kollektiven und zum Teil nicht-argumentativen Entscheidungsfindung.

3.5. Faire Entscheidungsverfahren und rationale Argumentation stehen freilich nicht gleichrangig nebeneinander. Mit Blick auf die Notwendigkeit der öffentlichen Rechtfertigung von Normen besteht ein Primat der rationalen Argumentation. Ob ein bestimmtes Entscheidungsverfahren (etwa das Abstimmen nach der Mehrheitsregel) ein faires Verfahren ist oder nicht, und wann seine Anwendung angemessen ist, kann nicht selbst durch Abstimmen oder Loseziehen entschieden werden. Es muss durch öffentliche Beratungen und den Austausch von Argumenten herausgefunden werden. Die öffentliche Rechtfertigung konkreter Regelungen mit Hilfe nicht-argumentativer Verfahren kann deshalb nur dann gelingen, wenn bereits ein argumentativ begründeter Konsens über die Grundsätze politischer Gerechtigkeit besteht. Denn eben diese legen fest, welche Partizipationschancen solche Verfahren bieten und welche Kriterien der politischen Gleichheit sie erfüllen müssen, um gerechte Verfahren zu sein. Und sie regeln auch, innerhalb welcher durch individuelle Freiheitsrechte gezogenen Grenzen kollektive Entscheidungen in das Leben der Bürger eingreifen dürfen. (Vgl. dagegen Waldron 1999, wo angesichts allgegenwärtiger Meinungsverschiedenheiten auch in Grundfragen der politischen und sozialen Gerechtigkeit ein Primat der nicht-argumentativen Form kollektiver Entscheidungsfindung, namentlich des demokratischen Mehrheitsprinzips, behauptet wird.)

4.

Beetham, D., 1991, The Legitimation of Power, Basingstoke: Macmillan.

Brockhaus, F., 1868, Das Legitimitätsprincip, Leipzig: Brockhaus.

Dahl, R. A., 1956, A Preface to Democratic Theory, Chicago: University of Chicago Press.

Franck, T. M., 1990, The Power of Legitimacy Among Nations, Oxford: Oxford University Press.

Gilley, B., 2006, The Determinants of State Legitimacy. Results for 72 Countries, in: International Political Science Review 27.

Habermas, J., 1973, Legitimationsprobleme im Spätkapitalismus, Frankfurt/M.: Suhrkamp.

Habermas, J., 1992, Faktizität und Geltung. Beiträge zur Diskurstheorie des Rechts und des demokratischen Rechtsstaats, Frankfurt/M.: Suhrkamp.

Hinsch, W., 2008, Legitimacy and Justice. A Conceptual and Functional Clarification, in: J. Kühnelt (Hg.), Political Legitimization without Morality?, Dordrecht: Springer.

Lipset, S. M., 1959, Some Social Requisites of Democracy, in: American Political Science Review 53.

Luhmann, N., 1969, Legitimation durch Verfahren, Neuwied: Luchterhand.

Rawls, J., 1993, Politischer Liberalismus, Frankfurt/M.: Suhrkamp 1998.

Simmons, A. J., 2001, Justification and Legitimacy, Cambridge: Cambridge University Press.

Tyler, T. R., 1990, Why People Obey the Law, New Haven: Yale University Press.

Tyler, T. R., 2003, Procedural Justice, Legitimacy, and the Effective Rule of Law, in: Crime and Justice 30.

Waldron, J., 1999, Law and Disagreement, Oxford: Oxford University Press.

Weber, M., 1922a, Drei Typen der legitimen Herrschaft, in: ders., Gesammelte Aufsätze zur Wissenschaftslehre, Tübingen: Mohr 1968.

Weber, M., 1922b, Wirtschaft und Gesellschaft, Tübingen: Mohr 1976.

WILFRIED HINSCH

Lenin (1870–1924)

1.

Wladimir Iljitsch Uljanow, geboren in Simbirsk (heute Uljanow), gestorben in Gorki, nannte sich ab etwa 1900 nach seinem in der ersten Emigration gewählten Pseudonym Lenin. Sein Vater, ein liberaler Schulinspektor, gehörte später als Staatsrat zum niederen Adel, sein Bruder Alexander wurde 1887 wegen eines geplanten Attentats auf den Zaren Alexander III. hingerichtet. Lenin selbst, 1887 zunächst wegen konspirativer Umtriebe an der Universität Kasan relegiert, konnte später sein Jura-Studium abschließen. Bei einer ersten Europa-Reise 1895 nahm er Kontakt mit marxistischen Emigrantenzirkeln (u.a. Plechanow) auf; nach der Rückkehr wurde seine marxistische Gruppe in Petersburg verhaftet, Lenin nach Sibirien verbannt (1897–1900). Bis 1905 blieb Lenin in der Emigration (München, London, Genf) und arbeitete als Publizist (u.a. *Was tun?*, 1902). Nach der Spaltung der russischen Sozialdemokratie wurde Lenin Anführer der Bolschewiki, der Mehrheitspartei (1903). Während der revolutionären Unruhen 1905/06 war er in St. Petersburg, anschließend in der Emigration bis 1917, und baute dann die revolutionäre Partei von Krakau aus auf. 1914 wurde Lenin in Österreich verhaftet und in die Schweiz ausgewiesen; dort schrieb er u.a. *Der Imperialismus als höchstes Stadium des Kapitalismus* (1916). 1917, nach der Abdankung des Zaren, machte Lenin die berühmte Reise im verplombten Waggon durch Deutschland, Schweden und Finnland nach Petersburg. Dort floh er zunächst vor der Kerenski-Regierung nach Finnland, von wo er jedoch heftig agitierte, um dann am 6. November (Oktober im alten russischen Kalender) zurückzukehren und sich nach dem Sturm auf das Winterpalais zum »Vorsitzenden des Rats der Volkskommissare« wählen zu lassen. Nach mancherlei bürgerkriegsähnlichen Wirren und Widerständen (u.a. ein Attentat 1918, der Matrosenaufstand von Kronstadt 1921) gelang es Lenin, die Macht der Bolschewiki zu festigen, teils mit Polizei-Terror, teils durch Zugeständnisse an Bauern, Handel und Privateigentum. Auf dem XI. Parteitag 1922, dem letzten, an dem Lenin teilnahm, warnte er vor der Macht der neuen bürokratischen Apparate (testamentarischer *Brief an den Parteitag*). Von drei Schlaganfällen (1922/23) erholte er sich nicht mehr und starb im Januar 1924. Eine Woche später wurde seine einbalsamierte Leiche feierlich in das eigens erbaute Mausoleum am Kreml überführt.

2.

Die umfangreichste (deutsche) Edition seiner Schriften umfasst 40 Bände; sie beziehen sich zum weitaus größten Teil auf aktuelle Fragen von Organisation, Strategie und Taktik. Das theoretisch wichtigste Thema bildet die Frage, wie die marxistische Lehre auf die rückständigen Verhältnisse Russlands zu übertragen sei. Während Marx für eine Revolution den Klassenantagonismus der bürgerlichen Gesellschaft und kapitalistische Produktionskrisen voraussetzte, trafen diese Bedingungen für das damalige Russland kaum zu. Lenin reagiert darauf mit seiner Imperialismustheorie, der These von der »Partei neuen Typs« und der Verweltanschaulichung des Marxismus. Gestützt auf reiches statistisches Material folgert er, dass in der damaligen Phase des Imperialismus die Krisen des kapitalistischen Systems sich an die schwächere Peripherie verlagerten; und da Russland imperiale Politik betrieb und zugleich vom internationalen Finanzkapital beherrscht wurde, bot es sich für eine revolutionäre Explosion geradezu an. Entsprechend galt für die Partei ein neuer »demokratischer Zentralismus« mit straffer Disziplin, einem Zentralkomitee und Berufsrevolutionären. Sie bilden Kader, die das Industrieproletariat und mittelbar die werktätige Bevölkerung steuern und indoktrinieren sollen. Geradezu militärische Disziplin verordnet Lenin besonders der als sprunghaft geltenden Intelligenz, die zugleich als intellektuelle Avantgarde benötigt wird, um das Klassenbewusstsein ins Proletariat hineinzutragen. Diesem technokratischen Modell hat sehr früh bereits Rosa Luxemburg mit der Idee demokratisch-revolutionärer Spontaneität widersprochen.

3.

Philosophisch verteidigt Lenin (*Materialismus und Empiriokritizismus*, 1908) den marxistischen Materialismus gegen zeitgenössisch-moderne positivistische Autoren (Mach, Avenarius) und deren bolschewistische Sympathisanten (Bogdanow, Lunatscharski u.a.). Er hält ihnen »subjektiven Idealismus« vor, weil sie die objektive Welt auf einen konstitutiven Komplex von Empfindung und Sinneswahrnehmung reduzierten, statt zu begreifen, dass diese Wahrnehmungen selbst materielle Formen und damit Eigenschaften der vorgängigen materiellen Welt seien. Erkenntnis spiegelt so abbildrealistisch die Außenwelt wider. Philosophisch differenzierter urteilt Lenin in den Exzerpten seiner Hegel-Lektüre (*Philosophische Hefte*, 1914–16). Ein kluger philosophischer Idealist stünde den klugen Materialisten näher als ein dummer Materialist; ohne Kenntnis der hegelschen Wesenslogik sei auch Marx' *Kapital* kaum angemessen zu verstehen.

Lenin hat maßgeblich zur Dogmatisierung des dialektischen Materialismus beigetragen. Die schon bei Engels zu beobachtende Mutation des historisch-kritischen Materialismus Marxens zur universalen Weltanschauung eines »wissenschaftlichen Sozialismus« setzt sich bei Lenin als eine Form naturalistischer Ontologie fort. Dazu hat auch seine Faszination durch Technik, den »Ingenieur«, beigetragen (›Kommunismus ist Sowjets plus Elektrifizierung‹). Mit der politischen Bürokratisierung ging die Verwandlung des Marxismus-Leninismus zur dogmatischen Legitimationswissenschaft einher. Ihre brutalsten, prästalinistischen Züge nahm sie mit der »Tscheka« (dem Geheimdienst unter Djerjinski) an. Ist in diesem Punkt noch eine Entmystifizierung Lenins ausgeblieben, so kann gleichwohl als sein singuläres Verdienst gelten, in einem konsequenten Versuch der Einheit von Theorie und Praxis die Russische Revolution erreicht und damit Weltgeschichte gemacht zu haben.

4.

Lenin, 1932ff., Ausgewählte Werke, 12 Bde., Wien: Verlag für Literatur und Politik.

Lenin, 1955ff., Werke, 42 Bde., Berlin: Dietz.

Lenin, 1970, Studienausgabe, 2 Bde., Frankfurt/M.: Fischer.

Althusser, L., 1972, Lenin und die Philosophie, Reinbek: Rowohlt 1974.

Deborin, A., 1924, Lenin, der kämpfende Materialist, Wien: Verlag für Literatur und Politik.

Fischer, L., 1964, Das Leben Lenins, 2 Bde., Köln: Kiepenheuer & Witsch.

Harper, J. L., 1938, Lenin als Philosoph, Amsterdam: GIKH.

Kettenbach, H. W., 1965, Lenins Theorie des Imperialismus, Teil I, Köln: Verlag Wissenschaft und Politik.

Lefèbvre, H., 1957, La Pensée de Lénine, Paris: Bordas.

Lukács, G., 1924, Lenin, Werke, Bd. 2, Neuwied: Luchterhand 1968.

Luppol, I., 1929, Lenin und die Philosophie, Wien: Verlag für Literatur und Politik.

Radek, K., 1924, Lenin, Berlin: Neuer Deutscher Verlag.

Serge, V., 1937, From Lenin to Stalin, New York: Pioneer.

Stalin, J. W., 1946, Über Lenin, Moskau: Verlag für fremdsprachige Literatur.

Zetkin, C., 1929, Erinnerungen an Lenin, Berlin: Dietz 1985.

Žižek, S., 2002, Die Revolution steht bevor. Dreizehn Versuche über Lenin, Frankfurt/M.: Suhrkamp.

Werner Post

Levinas, Emmanuel (1906–1995)

1.

Levinas wurde in Litauen geboren und studierte in Straßburg sowie 1928/29 in Freiburg bei Husserl und Heidegger. Mit seiner Dissertation über Husserls Theorie der Intuition (1930) und der Übersetzung von dessen *Cartesianischen Meditationen* (mit G. Pfeiffer) regte er als einer der ersten die Rezeption der Phänomenologie in Frankreich an. Im Zweiten Weltkrieg geriet Levinas als französischer Soldat in deutsche Kriegsgefangenschaft. Eltern und die meisten Verwandten in Litauen fielen der nazistischen Judenverfolgung zum Opfer. Nach dem Krieg war Levinas über dreißig Jahre lang an der Pariser École Normale Israélite Orientale der Alliance Israélite Universelle in der Ausbildung von jüdischen Lehrerinnen und Lehrern tätig. Nach Berufungen nach Poitiers (1964) und Paris-Nanterre (1967) lehrte er an der Sorbonne (regulär bis 1976, danach noch viele Jahre als Honorarprofessor). In den Jahren bis zu seinem Tod (1995) erschienen u.a. für die politische Philosophie wichtige Vorlesungszusammenfassungen (*Gott, der Tod und die Zeit*, 1993) und Textsammlungen wie *Les imprévus de l'histoire* (1994).

2.

Nach intensiver Auseinandersetzung mit Husserl und Heidegger wendet sich Levinas v.a. unter dem Eindruck des Zweiten Weltkrieges einer radikalen Infragestellung menschlicher Freiheit zu, der er die Apologie einer unaufhebbaren Exteriorität des Anderen entgegensetzt, mit der ein unverfügbarer, zur Verantwortung für den Anderen bestimmender ethischer Anspruch verbunden wird. Levinas sucht nach einer, ungeachtet der nazistischen »Vernichtungspolitik«, unüberschreitbaren Grenze des Politischen im ethischen Verhältnis zum Anderen, das als eine (asymmetrische) »Trennung« beschrieben wird. Diese Arbeitsphase kulminiert im ersten Hauptwerk *Totalität und Unendlichkeit* (1961), das zu einer ethischen Revision ontologischer Kategorien im Zeichen der Exteriorität des Anderen ansetzt. Im zweiten Hauptwerk *Jenseits des Seins* (1978) wird der ethische Bezug zum Anderen ganz und gar als dem ontologischen Denken entrückt gedacht. Levinas geht es um eine Sensibilität, die die »Nähe« des Anderen bezeugt, ohne sich dem Zugriff der Sprache, des Denkens und des Handelns auszuliefern. Die zur Verantwortung und Gerechtigkeit bestimmende Nähe des Anderen soll selbst extremer Gewalt entzogen sein und zugleich den ethischen Sinn menschlicher Freiheit stiften. In diesem Sinne will Levinas auch den Talmud, mit dem er sich in jahrzehntelanger Exegese auseinandersetzt, für ein »säkulares Europa« fruchtbar machen.

3.

Gegenüber dem unverfügbaren Anspruch des Anderen, der das Subjekt ethisch zu einem verantwortlichen und gerechten Leben bestimmt, ist jede Selbstbestimmung sekundär. Das affizierte Subjekt ist diesem Anspruch »immer schon« unterstellt; es kann ihn nur nachträglich zurückweisen. Levinas bestimmt den Anspruch des Anderen jedoch inkonsistent: einmal als Bestimmung zur Verantwortung, dann aber auch als Verlangen nach Gerechtigkeit, die sich von vornherein auf Dritte bezieht, so dass die Radikalität des ethischen Anspruchs des Anderen in sozialen und politischen Verhältnissen gebrochen wird. In *Jenseits des Seins* schreibt Levinas die Beziehung zum Dritten von vornherein dem Verhältnis zum Anderen ein und schiebt damit jedem Versuch einen Riegel vor, dem Politischen einen nur nachgeordneten Platz einzuräumen. Die Ethik öffnet sich dem Politischen, insofern der Dritte, d.h. potenziell jeder beliebige andere, im Spiel ist und nach einer Gerechtigkeit verlangt, die Unvergleichliches zu vergleichen zwingt und Ungleiches politischer Gleichheit unterwerfen muss (vgl. Levinas 1978, 53). Levinas insistiert darauf, dass auch eine Gerechtigkeit, die wir dem singulären Anderen schulden, des Vergleichs, der Gleichheit im Rahmen einer politischen Ordnung bedarf (vgl. ebd., 343), ist aber überzeugt, dass deren Offenheit für den singulären Anspruch des Anderen nicht zum Verschwinden gebracht werden kann bzw. darf. Ethische Indifferenz des Staates, aber auch des Völkerrechts, soll vermieden werden, indem der Eintritt in das Politische im Horizont Dritter von Anfang an nicht als Austritt aus dem ethischen Verhältnis zum Anderen aufgefasst wird (vgl. Levinas 1961, 185). In seinen späten Schriften skizziert Levinas die Idee einer politischen Ordnung, die die Singularität jedes Anderen zu würdigen und doch auf allgemein geregelte Weise Beziehungen zwischen Gleichen zu ermöglichen verspricht (vgl. Levinas 1991, 52f.).

Zwar versteht Levinas vor dem Hintergrund der historischen Erfahrung (s.o.) den Anspruch auf Gerechtigkeit als jeglicher freien und gewaltsamen Verfügung entzogen und deshalb auch als jeder politischen Ordnung entrückt. Gleichwohl will er den jeder Ordnung äußerlichen Gerechtigkeitsanspruch den verschiedensten sozialen und politischen Lebensformen und Institutionen einschreiben. Ob ein solcher Anspruch über die Erinnerung an die Mangelhaftigkeit jeder konkreten Verwirklichung von Gerechtigkeit im Vergleich zu einer »unendlichen« Gerechtigkeitsforderung hinausgehen kann, steht dahin.

Levinas geht es nicht um die Festlegung von Normen und Kriterien, die den Anspruch in ein Anrecht transformieren könnten. Diese Frage der politischen Philosophie im engeren Sinne versucht er aber vor einer Verkürzung um die Ethik des radikalen Gerechtigkeitsanspruchs zu bewahren, der von jedem Anderen ausgeht. Eine solche Ethik bleibt eine Herausforderung für das politische Gerechtigkeitsdenken, denn dieses sieht sich dem Anspruch ausgesetzt, jedem Anderen als konkretem und singulärem Anderem gerecht zu werden. Die Wahrheit dieses Anspruchs gibt Levinas nicht als beweisbar aus, sondern beschreibt sie als menschlicher Bezeugung anvertraut.

4.

Levinas, E., 1961, Totalität und Unendlichkeit, Freiburg: Alber 1987.

Levinas, E., 1972, Humanismus des anderen Menschen, Hamburg: Meiner 1989.

Levinas, E., 1976, Schwierige Freiheit, Frankfurt/M.: Jüdischer Verlag 1992.

Levinas, E., 1978, Jenseits des Seins oder anders als Sein geschieht, Freiburg: Alber 1992.

Levinas, E., 1982, Ethik und Unendliches, Wien: Passagen 1986.

Levinas, E., 1987a, Außer Sich, München: Hanser 1991.

Levinas, E., 1987b, Die Spur des Anderen, Freiburg: Alber.

Levinas, E., 1991, Zwischen uns, München: Hanser 1995.

Levinas, E., 1993, Gott, der Tod und die Zeit, Wien: Passagen 1996.

Levinas, E., 1994, Les imprévus de l'histoire, Montpellier: Fata Morgana.

Critchley, S./Bernasconi, R. (Hg.), 2002, The Cambridge Companion to Levinas, Cambridge: Cambridge University Press.

Delhom, P., 2000, Der Dritte. Levinas' Philosophie zwischen Verantwortung und Gerechtigkeit, München: Fink.

Gelhard, A., 2005, Levinas, Leipzig: Reclam.

Greisch, J./Rolland, J. (Hg.), 1993, Emmanuel Levinas, Paris: Cerf.

Liebsch, B., 2004, Sinn für Ungerechtigkeit als Form menschlicher Sensibilität. Zwischen Ethik und Politik, in: P. Delhom/A. Hirsch (Hg.), Im Angesicht der Anderen, Berlin: Diaphanes.

Ricœur, P., 1997, Autrement, Paris: PUF.

Waldenfels, B./Därmann, I. (Hg.), 1998, Der Anspruch des Anderen, München: Fink.

BURKHARD LIEBSCH

Liberalismus

1.

1.1. Im Zentrum des neuzeitlichen und modernen *liberalen* Denkens steht das Individuum mit seinen – meist naturrechtlich bzw. vernunftrechtlich oder auch diskurstheoretisch begründeten – gleichen Rechten, unter denen die Freiheitsrechte (Abwehrrechte) und Rechte der politischen Teilnahme am Staat (Bürgerrechte) als die wesentlichen aufgefasst werden. Primäre Aufgabe des Staates als Rechtsstaat ist nach liberaler Sichtweise der Schutz dieser Rechte und damit der Freiheit des (wirtschaftlichen) Handelns, was das weitgehende Eintreten des Liberalismus für Grundrechte gewährende Verfassungen und gegen umfassende staatliche Reglementierungen der Wirtschaft bedingt. Gemeinsam ist liberalen Vorstellungen ferner, dass die freien Bürger die Politik ihres Staates bestimmen sollen, was das Befürworten der Demokratie nach sich zieht, und die Auffassung, dass die Aufgaben des Staates begrenzt werden müssen, da andernfalls zu umfassende Eingriffe in Freiheiten erfolgen. Gleichwohl divergieren die verschiedenen liberalen Positionen hinsichtlich der Frage, *wie* eng staatliche Tätigkeiten limitiert werden sollen.

Entsprechend opponiert der Liberalismus dem Anarchismus insofern, als dieser die völlige Abschaffung des Staates propagiert. Nähert sich der Liberalismus politisch dem Anarchismus an, spricht man vom »Anarcholiberalismus«. Plädiert der Liberalismus in erster Linie hingegen dafür, dass der Staat der Wirtschaft allgemeine und für alle gleiche Regeln vorgibt und deren Einhaltung überwacht, spricht man vom »klassischen Liberalismus« oder »Ordoliberalismus«. Im Sozialliberalismus, auch »Linksliberalismus« genannt, werden dem Staat dagegen weitergehende soziale Aufgaben zugewiesen (so auch bei vielen heutigen Demokraten in den USA, die als »liberals« bezeichnet werden). Beim Nationalliberalismus (und Rechtsliberalismus) kommt zu den genannten Aspekten v.a. eine nationale Orientierung hinzu (wie etwa bei den liberalen Einheitsbestrebungen des 19. Jahrhunderts im deutschsprachigen Raum). Konzentriert sich liberales Denken hingegen auf freiheitliche wirtschaftliche Aspekte, spricht man mit Bezug auf das 19. Jahrhundert von einem »Manchesterliberalismus«, in der Gegenwart vom »Neoliberalismus« bzw. »Marktliberalismus«. Dabei betont der »Laissez-faire-Liberalismus«, dass der Staat nicht in das Wirtschaftsleben eingreifen soll; eine in dieser Hinsicht radikalere liberale Position verficht gegenwärtig auch der Libertarismus.

1.2. Die Wurzel des Wortes »Liberalismus« stammt aus dem Lateinischen; »liber« bedeutet »frei«, »liberalis« etwa »die Freiheit betreffend«. Im Deutschen bedeutete »liberal« zunächst allgemein in etwa soviel wie »wohlmeinend«; erst später, im Gefolge der Französischen Revolution wurde das Wort im deutschen Sprachraum in politischen Kontexten geläufig und zu einem politischen Schlagwort (vgl. zur Sprachgeschichte Vierhaus 2004, v.a. 744ff.).

2.

2.1. Philosophiehistorische Vorläufer des Liberalismus hinsichtlich der naturrechtlichen Begründung des Privateigentums sind Grotius und Pufendorf; für den mit dem Liberalismus verbundenen Kontraktualismus ist Hobbes ein wichtiger Wegbereiter. Prägenden Einfluss auf den Liberalismus hat v.a. die Philosophie der Aufklärung. Der Liberalismus steht dementsprechend schon seit seinem Anbeginn in Gegnerschaft zum Feudalismus und Absolutismus, dessen Unfreiheit und Ungleichheit er kritisiert, und seit dem 19. Jahrhundert in Opposition zum Marxismus, Sozialismus und zum Konservatismus; im 20. Jahrhundert tritt die Opposition zum Totalitarismus dazu. In der gegenwärtigen philosophischen Diskussion ist v.a. die kritische Auseinandersetzung mit dem Kommunitarismus prägend.

Als »liberal« verstehen sich nicht nur Philosophen und andere Wissenschaftler wie z.B. der Soziologe Max Weber und diverse Ökonomen wie Adam Smith oder Ludwig von Mises, sondern v.a. auch Parteien und politische Bewegungen sowie weltanschauliche Vereine.

2.2. Zu den bedeutendsten liberalen klassischen Philosophen gehören Locke (der in der Bewahrung negativer Freiheitsrechte den Hauptzweck des Staates sah, und die Bürger die Legislative bestimmen ließ), mit Einschränkung Montesquieu (der u.a. die Unfreiheit despotischer Staatsformen geißelte und für – allerdings ungleich verteilte – politische Rechte der Bürger eintrat), Hume (der einen Wirtschaftsliberalismus vertrat, sich für den Freihandel aussprach und zudem die Sklaverei strikt ablehnte), Voltaire (der v.a. auch die Kirche als Gegner liberaler Freiheiten kritisierte), Condorcet (der sich früh für Minderheitenrechte und gleiche Bürgerrechte einsetzte), Kant (der u.a. für die Sicherstellung angeborener Freiheitsrechte des moralisch autonomen Vernunftwesens Mensch in der positiven Gesetzgebung eintrat und u.a. auch aus Gründen der verbesserten Friedenssicherung für eine republikanische Staatsform war, ohne indes ein besonders breit gefasstes Wahlrecht zu intendieren), Wilhelm von Humboldt (der die Grenzen des Staates sehr eng zog und sich zugunsten eines »Nachtwächterstaats« aussprach, der für äußere und innere Sicherheit aufzukommen habe, aber zugleich feudale Sonderrecht eliminiert), de Tocqueville (der bereits überlegte, wie man Minderheiten und ihre Rechte vor einer Diktatur der Mehrheit schützen könne), Bentham (der demokratische Reformen anstrebte) und John S. Mill (der auch für die Gleichberechtigung der Frauen eintrat, und damit für allgemeinere Bürgerrechte und negative Freiheiten).

Zu den wichtigsten liberalen Philosophen des 20. Jahrhunderts zählen von Hayek, Popper, J. Buchanan, Berlin, Rawls und Dworkin, zum Libertarismus werden meist Nozick, Radnitzky sowie de Jasay gezählt. Als bedeutender Vertreter einer liberalen Rechtsphilosophie ist Feinberg zu nennen.

3.
Gemeinsame Positionen liberaler Philosophie betreffen die Bedeutung der Freiheit und Rechte des Individuums, das im Mittelpunkt der Betrachtung steht (und nicht etwa die Gemeinschaft wie im Kommunitarismus). Bezüglich der Handlungsfreiheit herrscht ein sog. negativer Freiheitsbegriff vor: Ihm geht es um die Abwesenheit von äußeren Beschränkungen und Einmischungen; diskutiert wird jedoch auch ein positiver Freiheitsbegriff, in dessen Mittelpunkt die tatsächlich umsetzbare Möglichkeit steht, selbstgesetzte Ziele zu verwirklichen. Um bestimmte Formen von Unfreiheit auszuschließen, tritt der Liberalismus u.a. für Religionsfreiheit und die Zulässigkeit des Atheismus ein, was allgemein mit den säkularen Vorstellungen von Staatlichkeit harmoniert und gleichfalls säkulare Begründungen liberaler Positionen nach sich zieht. Aufgrund der zentralen Rolle der individuellen Freiheit ergibt sich zudem ein Anti-Totalitarismus.

3.1. Ein verbreitetes Merkmal moderner liberaler Positionen ist in der oft massiven Kritik an freiheitsbeschneidenden, anti-liberalen, Gleichheit anstrebenden, totalitären Konzeptionen zu sehen. V.a. Hayek (1945) und Popper (1945) haben anti-freiheitliche Wirtschafts- und Staatsordnungen scharf kritisiert. Ihnen zufolge droht zum einen wegen der permanent zu erhaltenden Gleichheit eine immense Reglementierung mit all ihren ökonomischen Nachteilen (die nicht nur, aber v.a. auch bei Fehlplanungen auf Kosten individuellen Wohlergehens gehen), die sich aus der notwendig werdenden umfassenden Planung der Produktion und Verteilung der gleich zu verteilenden Güter ergibt (die wegen nicht zu beseitigenden Informationsdefiziten im Grunde gar nicht zu leisten sei). Zum anderen resultiert nach Hayek ein Mangel an Anreizen zum innovativen Forschen, Entwickeln und Produzieren mit entsprechenden weiteren Nachteilen für das wirtschaftliche Handeln insgesamt. V.a. aber droht im Extremfall dauernder Umverteilung der Güter ein Verlust an Freiheit, also letztlich auch ein Überwachungsstaat bzw. eine Diktatur.

3.2. Da Hayek im Rahmen seines klassischen Liberalismus v.a. an der Bewahrung von Freiheit und damit verbunden ihren positiven (wirtschaftlichen) Folgen interessiert ist, plädiert er für ein möglichst freies wirtschaftliches Agieren, dem allerdings für alle Beteiligte gleiche Regeln in Form allgemeiner Gesetze vorgegeben sind. Damit soll von vorneherein vermieden werden, dass partikulare Sonderinteressen auf Kosten anderer durchgesetzt werden können. Umfassende staatliche Planungen oder weitreichende egalitäre Vorstellungen von gleichen und somit gerechten Einkommen oder Vermögensverteilungen lehnt Hayek mit dem Verweis auf seines Erachtens illegitime Freiheitsbeschneidungen, die zu ihrer Finanzierung unabdingbar seien, ab. Zudem würden sie das Wirtschaftsgeschehen beeinträchtigen, u.a. weil sie letztlich die Preisbildungen nachteilig beeinflussen. Wirtschaftliche Ungleichheit erscheint Hayek nicht als ein zu beseitigendes Übel, sondern als motivierend bzw. als Garant wirtschaftlichen Prosperierens (vgl. Hayek 1991, 113). Zulässig ist nach Hayek jedoch eine soziale Absicherung für Bedürftige, die auf eine gleiche Minimalabsicherung hinausläuft (vgl. z.B. Hayek 1991, 123, 360ff.).

Hayek wird vorgehalten, er zeichne ein einseitig positives Bild der liberalen Wirtschaft, wenn er beispielsweise von Vorteilen für alle Klassen einer Gesellschaft spricht, die sich aus seinem auf den Wert der (negativen) Freiheit konzentrierten Ansatz ergeben. Insbesondere Verarmungstendenzen könnten aus einem nicht sozialstaatlich begrenzten Liberalismus folgen. Zwar spricht Hayek von einer gewissen Sozialfürsorge, doch bleiben seine Darlegungen hierzu in den Augen seiner Kritiker zu vage. Kontrovers debattiert wird zudem Hayeks negativer Begriff von Freiheit, der zwar die Freiheit einschließt, sich z.B. an die Fremdenlegion zu verkaufen, aber nicht die Möglichkeit, dauerhaft ein selbstbestimmtes Leben zu führen. Problematisch erscheinen auch die beliebigen denkbaren Einkommens- und Vermögensverteilungen, die als Hindernis für die faktische Wahrnehmung von Freiheit durch schlechter gestellte Personen in Erscheinung treten könnte. Da Ressourcenverteilungen Ergebnisse von Marktgeschehen und Institutionen darstellen, wären sie – contra Hayek – trotz ihrer Ungeplantheit als Produkt menschlichen Handelns innerhalb der Sphäre des moralisch zu verantwortenden, also nicht vor der Nachfrage gefeit, ob Verteilungen, die Gleichheit stärker berücksichtigen, gerechtigkeitstheoretisch nicht vorzuziehen seien. Diesem Gedanken käme um so mehr Gewicht zu, wenn eine Gesellschaft (wie bei Rawls) als Kooperationsgemeinschaft verstanden wird, die gemeinschaftlich Güter produziert – was Fragen nach einer gerechten Verteilung nach sich zieht. Ungeklärt bleiben nach Ansicht seiner Kritiker auch Hayeks Vorstellungen dazu, ob es nicht doch eine gerechte Ausgangsverteilung von Gütern gibt bzw. ob nicht eine gleiche Ausgangsverteilung aus Gerechtigkeitsgründen anzustreben sei.

3.3. Wie bei Hayek wird aber auch von Buchanan in seinem Hauptwerk *Die Grenzen der Freiheit* die *Freiheit* des Individuums (wiederum verstanden als negative Freiheit) als entscheidender Wert angenommen, die lediglich zwecks Vermeidung der Anarchie durch Einführung einer rechtsdurchsetzenden Instanz mittels eines Kontrakts eingeschränkt wird. Da die den Vertrag Aushandelnden sich aber empirisch feststellbar u.a. hinsichtlich Stärke, Intelligenz, Präferenzen und Fähigkeiten unterscheiden, lassen sich Buchanan zufolge vertragstheoretisch unterschiedliche, also unter Umständen stark ungleiche Rechtsverteilungen aushandeln – je nach Vermögen und Durchsetzbarkeit je eigener Präferenzen. Die ursprünglich formal gleichberechtigte Ausgangslage der Kontraktpartner als solcher schließt bei Buchanan also keine garantierte Rechtsgleichheit im Sinne des Zukommens gleicher Rechte für alle als Ergebnis eines Vertrages ein; selbst Versklavung kann vertraglich festgeschrieben werden (vgl. Buchanan 1984, 85f.). Welche Folgen resultieren, hängt nach dieser Variante des Liberalismus also von kontingenten Bedingungen ab. Gleiches gilt auch für Änderungen des Zustands, die sich etwa nach durchgesetzten Neuverhandlungen ergeben können.

Da in Buchanans Überlegungen Eigeninteressen und Machtverhältnisse offenbar letztinstanzlich wirksam werden, gibt es letztlich keine Garantie gleicher (Menschen-)Rechte (vgl. Kersting 1994, 329f., 334; Kley 1989, 182f.) oder egalitärer Resultate. Die ursprüngliche Freiheit und Gleichheit als Mensch erweist sich als in der Folge irrelevant – mit den Konsequenzen, dass weder begründet wird, dass ein *stabiler* Staat entstehen kann, noch dass sich ein gerechter Zustand ergibt, in dem der Mensch (als Sklave) nicht zur Ware degradiert wird (vgl. Kersting 1994, 343; Koller 1987, 225). Mangels relevanter, d.h. normativ zu achtender Gleichheit wird »Recht« zur Absegnung gewaltbasierter, normativ beliebiger Verteilung.

3.4. Einen besonders starken Akzent auf (negative) Freiheit setzt auch der gegenwärtige Libertarismus. Dieser kann innerhalb des liberalen Theoriespektrums als eine extreme Form des Liberalismus verstanden werden, der Gleichheit nur als Rechtsgleichheit zulässt, die wiederum auf formal gleiche Freiheits- und Besitzrechte fokussiert ist. Freiheit und Gleichheit werden hiernach als in weiten Bereichen gegensätzlich und somit als miteinander konkurrierende Werte betrachtet; einzig die Rechtsgleichheit erscheint mit Freiheit kompatibel und vertretbar; andere Formen der Gleichheit werden zugunsten der Freiheit ausgeschlossen. Insbesondere Nozick hat im Rahmen seiner Konzeption in *Anarchie, Staat, Utopie* (Nozick 1974) ein libertarianisches Minimalstaatsmodell entwickelt, welches immense ökonomische Ungleichheiten zulässt, da nur wenige für alle gleiche Gesetze bzw. Regeln des wirtschaftlichen Handelns gelten, die den gerechten (aber nicht gleichen) historisch ersten Gütererwerb und die gerechten Übertragungen von Gütern betreffen. Dem Staat kommen hiernach nur entsprechende Aufgaben der Rechtsdurchsetzung zu; sozialstaatliche Komponenten fehlen gänzlich.

Problematisch an der Konzeption von Nozick sind schon die historisch weit zurückliegenden, unbekannten Erstaneignungen und die frühen Eigentumsübertragungen, denn es ist faktisch nicht möglich festzustellen, welche davon rechtlich zu akzeptieren sein sollen. Fraglich ist überdies, weshalb der erste Gütererwerb rechtmäßig sein soll (zuvor nicht von Einzelnen angeeignete Güter könnten schließlich auch Allgemeingut sein). V.a. kritisch diskutiert werden die Fragen nach einer Begründung der absolut gesetzten Eigentumsrechte und nach der Fairness der Güterverteilung, die aufgrund der von Individuen unverschuldeten und damit unverantworteten natürlichen Ausstattungsdifferenzen (Intelligenz, Kraft, Ausdauer u.a.m.) zustande kommen. Fragwürdig bleibt zudem, ob in einem solchen Minimalstaat alle tatsächlich die Möglichkeit haben, frei zu leben, und ob nicht bestimmte materielle und soziale Bedingungen erfüllt zu sein haben, damit die formal gegebene Freiheit aller auch faktisch den Individuen zugute kommen kann. Nozick hat – wohl auch auf Grund der massiven Kritik – in späteren Schriften seinen Ansatz nicht weiter verfolgt.

Allgemein wird gegen libertarianische Auffassungen kritisch eingewandt, dass es an einer Chancengleichheit gänzlich fehle, dass soziale Lebensumstände nicht berücksichtigt werden, und somit Menschen ohne eigenes Zutun unter Umständen von Anfang an und ohne eigenes moralisch zu verantwortendes Verschulden ausgesprochen schlecht gestellt sind, was nicht als gerecht betrachtet werden könne. Darin wird insbesondere von den egalitaristischen Philosophen ein inakzeptabler Mangel an Gleichheit gesehen.

3.5. Die sozialen Folgeprobleme des klassischen Liberalismus und des Libertarismus suchen Varianten des egalitären Liberalismus zu vermeiden, indem sie dem Begriff der *Gleichheit* ein höheres Gewicht und somit breitere Anwendungsfelder zubilligen. Eine Version des egalitaristischen Liberalismus, die nicht nur für allgemeine und gleiche Rechte sowie für die Gewährung von Menschen- und Bürgerrechten eintritt, sondern insbesondere auch Freiheit und Gleichheit durch gleiche materielle Anfangsbedingungen zu gewährleisten versucht, geht auf R. Dworkin (2000, Kap. 2) zurück: Er vertritt eine Position, die Gleichheit und Freiheit gleichermaßen berücksichtigen soll, indem die Individuen eine *anfänglich* gleiche und damit gerechte *Ressourcen*ausstattung erhalten, über die sie dann frei und selbstverantwortlich verfügen können, was in der Folge auch zu legitimer ökonomischer Ungleichheit führen kann. Dworkin illustriert sein Konzept mit Hilfe einer hypothetischen Auktion auf einer gerade erst durch Schiffbrüchige besiedelte, zuvor unbewohnte Insel, auf der alle zunächst mit gleichen Zahlungsmitteln (Muschelgeld) und Kaufmöglichkeiten ausgestattet werden, mit denen dann jeder Güter(bündel) erwerben kann (Ressourcen, die die Insel bietet), wobei die Auktion endet, wenn alle Güter verkauft sind und jede Person neidfrei über ihr Bündel verfügt. Auf dem freien Markt sind es dann die jeweils eigenen Talente und Fähigkeiten, die auf die weitere Güter(ungleich)verteilung durch Handel und Arbeit Einfluss nehmen, was in der Eigenverantwortung der Akteure bleibt. Doch auch natürliche Eingriffe wie Zerstörungen durch Unwetter oder gesundheitliche Beeinträchtigungen (»brute luck«) können Auswirkungen zeitigen. Hier sieht der Egalitarismus von Dworkin einen Ausgleich für Benachteiligungen durch unverschuldete Ungleichheiten in der natürlichen Ausstattung von Individuen, z.B. bei Behinderungen, vor, aber auch für solche der Natur geschuldeten Benachteiligungen. Dazu führt Dworkin ein Versicherungssystem in sein Szenario ein, welches entsprechende Versicherungen vorsieht (und weitere wie Renten-, Kranken- und Arbeitslosenversicherungen ließen sich integrieren). Ungleichheiten aufgrund unterschiedlicher Produktivität (z.B. unterschiedlichem Fleiß) seien hingegen gerecht; Arbeitskraft sei keine Ressource, die auf die Auktion gehöre, da anderenfalls eine Ausbeutung der Fleißigen durch die weniger Fleißigen drohe. Und eine gewisse Minderbefähigung oder mangelnder Fleiß wären nicht zu versichern.

Dworkins Ansatz der Ressourcengleichverteilung macht also eine klare Trennung, was in die Eigenverantwortung einer Person fällt und somit nicht qua Versicherungssystem abgesichert (egalisiert) werden kann, und was nicht. Gerade hinsichtlich dieses Punktes bestehen Bedenken, die sich gegen die Berechtigung dieser Trennung richten (vgl. Kersting 2003, 149f.). Problematisch scheint, dass, *wenn* Fleiß, Begabung, Durchsetzungsvermögen etc. genetisch oder durch die soziale Herkunft bestimmt sind und somit nicht in der Eigenverantwortung der Handelnden liegen, umfassendere Kompensation bei Ungleichheiten als geboten erschienen – zumal die aus Dworkins Konzeption resultierenden Ungleichheiten immens werden können. Dann folgte letztlich doch, dass Begabtere oder Fähigere ausgebeutet würden. Abgesehen davon stellt sich hinsichtlich der Idee der *ursprünglichen Gleichverteilung* der Ressourcen die Frage nach der Anwendbarkeit in der Welt, in der die Ressourcen eben nicht wie auf einer unbewohnten Insel unbesessen bereit liegen. Und schließlich ist zu konstatieren, dass die im Modell vorausgesetzten gleichen Rechte noch eigens zu begründen wären.

3.6. Die nach wie vor am intensivsten diskutierte moderne Position des Liberalismus als politischer Philosophie ist diejenige, die Rawls in *Eine Theorie der Gerechtigkeit* (Rawls 1971) entwickelt (und in *Politischer Liberalismus* (1993) fortschreibt, u.a. um dem vernünftigen Pluralismus in demokratischen Gesellschafen gerecht zu werden). In ihrem Zentrum steht der Gedanke, Gerechtigkeit als »Fairness« zu explizieren. Rawls zufolge bedarf es für eine gerechte Gesellschaftsordnung der Gleichverteilung politischer Rechte; ungleiche Mittelverteilungen innerhalb einer wohlgeordneten Gesellschaft erscheinen als legitime Abweichung von der Gleichverteilung dann zulässig, wenn durch die Ungleichheiten jeweils auch die am schlechtesten Gestellten der Gesellschaft davon insoweit profitieren, als sie besser versorgt sind als im Falle einer Gleichverteilung. Rawls' gemäßigt egalitäre Konzeption vereinigt somit als liberale Theorie (politische) Freiheiten mit sozialen Komponenten. Begründet wird dieser Theorieansatz mit der kontraktualistischen Darlegung, dass neidfreie, zweckrationale, aber mit einem Sinn für Gerechtigkeit ausgestattete Individuen hinter einem Kontingenzen ausblendenden »Schleier des Nichtwissens« (hinter dem die Individuen ihre Rolle in der Gesellschaft nicht wissen, ihre Vermögen nicht kennen, ihre Psyche, Lebenspläne, ihr Alter usw. ihnen unbekannt wären), der sie in eine für alle gleiche und damit unparteiische Situation versetzt, eine derartige Konzeption als vernünftig und fair wählen würden. In einem solchen sog. hypothetischen Urzustand würden sie daher für alle geltende gleiche politische Freiheiten wählen, die lexikalisch einer wählbaren ungleichen Vermögenskonstellation vorgeordnet sind, die wiederum aufgrund der ursprünglich erwartbaren bzw. möglichen Gleichverteilung als begründungspflichtig erscheint. Ungleichheiten bedürfen demnach einer Rechtfertigung, sollen sie als »gerecht« angesehen werden können, und diese sind nach dem rawlsschen Differenzprinzip gerechtfertigt, wenn sie den am schlechtesten Gestellten (und wie aufgrund von Verkettungen angenommen wird, damit auch mäßig gut Gestellten) zugute kommen, was für natürliche Ungleichheiten an Begabung bzw. Fähigkeit oder gesellschaftliche erzeugte soziale Ungleichheiten einen Ausgleich schaffen soll. Nach Rawls würde in dieser Situation einer Entscheidung unter *Unsicherheit* – niemand weiß, welche Position er in der Gesellschaft inne hat, und niemand kann eine begründete Einschätzung des Risikos, zu den am schlechtesten Gestellten zu gehören, abgeben – nach der *Maximinregel* verfahren, der zufolge das Minimum (die kleinste zugeteilte Gütermenge) im Vergleich zu alternativen Verteilungsszenarien maximiert wird. Dies entspricht auch gerechtigkeitstheoretischen Erwägungen, da ja bekannt ist, dass in jedem Verteilungsszenario irgendwelche Individuen in diese Gruppe fallen werden. Wirkliche Chancengleichheit habe überdies zu berücksichtigen, dass einige Bürger ein »Mehr« bekommen müssen, um gesellschaftlich erzeugte oder natürliche und damit vom Einzelnen unverschuldete Nachteile zu kompensieren.

Kontrovers diskutiert werden neben dem individualistischen Menschenbild (welches der Kommunitarismus als »atomistisch« ablehnt) v.a. die – letztlich massive ökonomische Ungleichheiten zulassende – Maximinregel (vgl. Koller 1987, v.a. 133ff.) und das Differenzprinzip (welches nach Dworkin unter Umständen Schlechtestgestellte, die ihre Situation mangels individueller Bereitschaft selbst verschuldet haben, begünstigt, aber gegenüber Behinderten nicht sensitiv genug ist), der Urzustand als Begründungsinstanz (bzw. der Kontraktualismus im Allgemeinen), die Angemessenheit des Schleiers (also ob er eine entsprechende Wahl gestatte, wenn man z.B. die eigenen Lebenspläne etc. nicht kennt, oder ob das Wahlergebnis angesichts dessen verbindlich sei), und ob tatsächlich eine Wahl erfolgte, nach der gleiche politische Rechte den ungleichen wirtschaftlichen Verteilungen vorgezogen würden. Insbesondere wird darauf aufmerksam gemacht, dass die Freiheit einer ausreichenden sozio-ökonomischen Grundlage bedarf, ohne die sie nicht als primär gewählt würde (was Rawls später ausdrücklich anerkannt hat, vgl. Rawls 1993, 46).

3.7. Auch im liberalen Perfektionismus (vgl. Raz 1986) stehen das Individuum und seine Handlungsmöglichkeiten im Mittelpunkt. Gemäß dieser Konzeption ist es Aufgabe des liberalen Staates, die Autonomie seiner Bürger zwecks Wahl wertvoller moralischer Optionen zu unterstützen, indem dazu geeignete soziale und kulturelle Kontexte geschaffen werden. Innerhalb dieser soll jedes Individuum die Freiheit erhalten, Werte zu realisieren, während der Staat bestimmte Unwerte beseitigt.

3.8. Als liberal zu verstehen sind ferner diverse deontologische Moralkonzeptionen, die sich an Kants Ethik anschließen, wie auch die Diskursethiken, die auf eine gleiche Beachtung rationaler Interessen der Diskursteilnehmer abzielen bzw. eine symmetrische Anerkennung der Diskursteilnehmer aufgrund kommunikativer Strukturen beinhalten, bei der allgemein die wechselseitige Beachtung gleicher moralischer und politischer Rechte zentral ist (z.B. Habermas oder Apel). Zudem kann man versuchen, mit Hilfe diskursethischer Verfahren darüber hinaus für alle gleiche grundlegende Normen bzw. Menschenrechte aus dem Diskurs zu gewinnen (vgl. Kellerwessel 2003, Kap. 3; ders. 2007).

3.9. »Liberalismus« ist im Laufe der Geschichte ein vieldeutiger Terminus geworden, der inzwischen eine Vielzahl zwar verwandter, aber auch deutlich differierender Konzeptionen bezeichnet. Insbesondere die unterschiedlichen Auffassungen über ökonomische und soziale Gleichheit (Wohlfahrtsgleichheit, Chancengleichheit) bzw. Ungleichheit und soziale Grundsicherungen, wie sie auch in der gegenwärtigen Debatte um den (Begriff des) Egalitarismus ausgetragen werden, verdeutlichen die Bedeutungsvielfalt des Begriffs »Liberalismus«. Zudem differieren die Argumentationen zugunsten der Varianten des Liberalismus beträchtlich. Entsprechend bedarf daher eine Einschätzung des Liberalismus einer differenzierten Bewertung.

4.

Apel, K.-O., 1976, Das Apriori der Kommunikationsgemeinschaft und die Grundlagen der Ethik, in: ders., Transformation der Philosophie, Bd. 2, Frankfurt/M.: Suhrkamp.

Buchanan, J. M., 1975, Die Grenzen der Freiheit, Tübingen: Mohr 1984.

Dworkin, R., 1977, Bürgerrechte ernstgenommen, Frankfurt/M.: Suhrkamp 1987.

Dworkin, R., 1985, A Matter of Principle, Cambridge/MA: Harvard University Press.

Dworkin, R., 1986, Law's Empire, Cambridge/MA: Belknap Press.

Dworkin, R., 2000, Sovereign Virtue, Cambridge/MA: Harvard University Press.

Gosepath, S., 2004, Gleiche Gerechtigkeit, Frankfurt/M.: Suhrkamp.

Habermas, J., 1983, Diskursethik – Notizen zu einem Begründungsprogramm, in: ders., Moralbewußtsein und kommunikatives Handeln, Frankfurt/M.: Suhrkamp.

Habermas, J., 1992, Faktizität und Geltung. Beiträge zur Diskurstheorie des Rechts und des demokratischen Rechtsstaats, Frankfurt/M.: Suhrkamp.

Hayek, F. A. v., 1945, Der Weg zur Knechtschaft, Tübingen: Mohr Siebeck 2004.

Hayek, F. A. v., 1960, Die Verfassung der Freiheit, Tübingen: Mohr 1971.

Hayek, F. A. v., 1973/76/79, Recht, Gesetz und Freiheit, Tübingen: Mohr Siebeck 2003.

Hinsch, W., 2002, Gerechtfertigte Ungleichheiten, Berlin: de Gruyter.

Humboldt, W. v., 1851, Ideen zu einem Versuch, die Grenzen der Wirksamkeit des Staates zu bestimmen, Stuttgart: Reclam 1967.

Jasay, A. de, 1991, Liberalismus neugefaßt – für eine entpolitisierte Gesellschaft, Berlin: Propyläen 1995.

Kant, I., 1793, Metaphysik der Sitten, in: Akademie Textausgabe, Bd. VI, Berlin: de Gruyter 1968.

Kant, I., 1795, Zum ewigen Frieden, in: Akademie Textausgabe, Bd. VIII, Berlin: de Gruyter 1968.

Kellerwessel, W., 2003, Normenbegründung in der Analytischen Ethik, Würzburg: Königshausen & Neumann.

Kellerwessel, W., 2007, Die Wahrung grundlegender Normen und elementarer Menschenrechte als unabdingbare Bedingung des Friedens, in: P. Delhom/A. Hirsch (Hg.), Denkwege des Friedens, Freiburg: Alber.

Kersting, W., 1994, Die Politische Philosophie des Gesellschaftsvertrags, Darmstadt: WBG.

Kersting, W., 2000, Theorien sozialer Gerechtigkeit, Stuttgart: Metzler.

Kersting, W., 2003, Kritik des Egalitarismus, in: H. Nagl-Docekal/H. Pauer-Studer (Hg.), Freiheit, Gleichheit und Autonomie, München: Oldenbourg.

Kersting, W., 2006, Der liberale Liberalismus, Tübingen: Mohr Siebeck.

Kley, R., 1989, Vertragstheorien der Gerechtigkeit, Bern: Haupt.

Koller, P., 1987, Neue Theorien des Sozialkontrakts, Berlin: Duncker & Humblot.

Liberalism. Old and New, 2007, Social Philosophy and Policy, 24.

Locke, J., 1689, Zwei Abhandlungen über Regierung, Stuttgart: Reclam 1983.

Mill, J. S., 1860, Über die Freiheit, Stuttgart: Reclam 1988.

Mises, L. v., 1927, Liberalismus, Sankt Augustin: Academia 2006.

Montesquieu, C. de., 1748, Vom Geist der Gesetze, Stuttgart: Reclam 1965.

Nozick, R., 1974, Anarchie, Staat, Utopie, München: Olzog 2006.

Pauer-Studer, H., Autonom leben, Frankfurt/M.: Suhrkamp 2000.

Popper, K., 1945, Die offene Gesellschaft und ihre Feinde, Tübingen: Mohr 1992.

Rawls, J., 1971, Eine Theorie der Gerechtigkeit, Frankfurt/M.: Suhrkamp 1975.

Rawls, J., 1993, Politischer Liberalismus, Frankfurt/M.: Suhrkamp 1998.

Raz, J., 1986, The Morality of Freedom, Oxford: Oxford University Press.

Tocqueville, A. de, 1835/1840, Über die Demokratie in Amerika, Stuttgart: Reclam 1997.
Viehrhaus, R., 1982, Liberalismus, in: O. Brunner/W. Conze/R. Koselleck (Hg.), Geschichtliche Grundbegriffe, Bd. 3, Stuttgart: Klett-Cotta 2004.

WULF KELLERWESSEL

Locke, John (1632–1704)

1.

Locke stammte aus einer wohlhabenden bürgerlichen Familie. Sein Vater bekannte sich zur puritanischen Revolution, doch Locke, der inzwischen ein Studium in Oxford durchlaufen hatte, sympathisierte mit der Restauration der Stuarts. Neben seiner philosophischen Ausbildung, die früh eine erkenntnistheoretische, gegen die aristotelische Scholastik gerichtete Wende nahm, verfolgte er naturwissenschaftliche und medizinische Interessen; einige Zeit praktizierte er als erfolgreicher Prominentenarzt.

Entscheidend für Lockes Karriere war die Begegnung mit dem führenden liberalen Whig-Politiker und Anwalt der englischen Handelsinteressen Anthony Ashley, dem späteren Grafen Shaftesbury. Er übernahm dessen liberale Auffassungen in politischen und wirtschaftlichen Fragen und schrieb in seinem Auftrag einen Essay über die Notwendigkeit der Toleranz in Glaubenssachen. 1672 und 1675 unternahm Locke längere Frankreichreisen, auf denen er die dortigen politischen und wirtschaftlichen Verhältnisse studierte und Kontakte zu Philosophen, Naturwissenschaftlern und Medizinern knüpfte. Politische Spannungen zwischen den Stuarts, die mit dem französischen Absolutismus sympathisierten, und Shaftesbury, dem Anführer der parlamentarischen Whig-Opposition, trieben diesen und 1683 auch Locke in die Emigration nach Holland. Kurz zuvor hatte er mit der Ausarbeitung seines anti-absolutistischen Hauptwerkes, den *Zwei Abhandlungen über die Regierung*, begonnen. In Holland fand er die Muße, seinen *Toleranzbrief* zu Papier zu bringen; ferner arbeitete er an seinem erkenntnistheoretischen Hauptwerk *Essay über den menschlichen Verstand* und an der auch heute noch beachteten pädagogischen Schrift *Gedanken über Erziehung*. In der Emigration war an eine Veröffentlichung dieser Werke nicht zu denken, denn er stand unter Beobachtung durch die englische Krone. Dafür konnte er nach der »Glorious Revolution« (1689), die Wilhelm III. von Oranien auf den englischen Thron brachte, reiche Ernte einfuhren: Im Jahre 1689 erschienen gleich drei seiner wichtigsten Werke: Die lateinische Fassung des Toleranzbriefs anonym im holländischen Gouda und zugleich in englischer Übersetzung in London, ferner, gleichfalls anonym, die *Zwei Abhandlungen über die Regierung* und schließlich der *Essay über den menschlichen Verstand*. Die *Gedanken über Erziehung* kamen 1693 heraus.

Aufgrund seines Sachverstandes in Wirtschafts- und Währungsfragen wurden Locke Staatsämter angetragen. Er akzeptierte den Posten eines »Commissioner of Appeals in Exercise«, der für Steuerfragen zuständig war; 1696 wurde er Mitglied des einflussreichen »Board of Trade«. Diese Tätigkeiten schlugen sich 1692 in der Schrift *Einige Betrachtungen über die Folgen der Herabsetzung des Zinses und der Erhöhung des Münzwertes* nieder, die eine Kontroverse mit dem Währungsfachmann William Lowndes auslöste; Locke reagierte darauf mit der Schrift *Weitere Betrachtungen hinsichtlich der Erhöhung des Münzwertes* (1695). Seine letzten Jahre widmete er hauptsächlich theologischen Problemen. Eine Frucht dieser Beschäftigung ist *Vernünftigkeit des biblischen Christentums* (1695); sie führte gleichfalls zu heftigen Kontroversen. Es ging Locke um eine rationale Theologie, die den Erkenntnissen der Philosophie nicht widersprach und sein politisches und ökonomisches Denken fundieren konnte.

2.

Lockes erste wissenschaftliche, zu seinen Lebzeiten nicht publizierte Beiträge aus dem Jahr 1660 befassen sich mit den Rechten der Obrigkeit in religiösen Fragen. Anders als in seinen späteren Schriften zum Toleranzproblem kommt er zu dem Ergebnis, dass ein Monarch um der Bewahrung des inneren Friedens willen das Recht haben müsse, Einzelfragen des Gottesdienstes zu regeln. Diese These begründet er mit naturrechtlichen Argumenten, die er durch Elemente der modernen Sozialvertragslehre ergänzt. Locke hat, trotz seiner konventionellen, das »göttliche Recht der Könige« stützenden Position, moderne, antiaristotelische und antischolastische Denkweisen übernommen. Dies wird in seinen umfassenden, zu seinen Lebzeiten ungedruckt gebliebenen *Essays on the Law of Nature* noch deutlicher. Locke hat dieses Thema aufgegriffen, weil er die Naturrechtslehre für ein unverzichtbares Instrument zur Analyse von politisch-rechtlichen Zusammenhängen erachtet. Deshalb hält er es für nötig, ihre erkenntnistheoretischen Voraussetzungen aufzuhellen. Locke misstraut der überkommenen Lehre, dass die wichtigsten Sätze des Naturrechts der Vernunft angeboren seien. Was v.a. dagegen spreche, sei, dass es auf der Welt genügend Menschen, ja ganze Völkerschaften gebe, die diese Grundsätze nicht beherzigten. Daraus folge, dass der menschliche Geist bei der Geburt als »tabula rasa« (leere Tafel) anzusehen sei. Grundlage aller Erkenntnis seien allein die Sinneseindrücke. Allerdings habe Gott die Menschen mit Vernunft und Argumentationsfähigkeit ausgestattet, die es ihnen erlauben, diese Eindrücke gedanklich zu verarbeiten und so das natürliche Gesetz zu erkennen, das Gott allen Menschen vorgeschrieben habe. Diese Erwägungen bilden den Kern der im *Essay über den menschlichen Verstand* breit entfalteten Erkenntnistheorie.

Die erwähnten politischen Wirren hindern Locke daran, an seinem erkenntnistheoretischen Projekt kontinuierlich weiterzuarbeiten. Er wendet sich wieder der politischen Theorie zu, d.h. der Frage, wie, im Gegensatz zu den Befürwortern einer absoluten Herrschaft der Monarchen, der Umfang der »Political Power« richtig gedacht werden müsse (vgl. 1689a, 2. Abh., § 4). Lockes *Zwei Abhandlungen* sind, anders als der *Essay*, ein schlecht komponiertes Werk. Man spürt die Hast, in der dieses Auftragswerk geschrieben worden ist. Umständliche Exegesen von Bibelstellen, mit denen die politischen Gegner, die gleichfalls theologisch argumentierten, widerlegt werden sollten, wechseln ab mit den klar durchdachten Passagen, in denen Locke die Grundlagen eines bürgerlichen, auf vorstaatlichen Grundrechten beruhenden Staatsverständnisses legt. Die im *Essay* enthaltenen Ausführungen über die Motivation des menschlichen Handelns, die er im Streben nach Lustgewinn und Unlustvermeidung, d.h. auch der Unlust, die durch die Abwesenheit eines Gutes entsteht (vgl. 1689c, II, Kap. 21, §§ 31, 35), sieht, entsprechen dem in den *Abhandlungen* gezeichneten Bild eines Menschen, der, seinem Selbsterhaltungstrieb folgend, Privateigentum und Reichtum anstrebt (vgl. 1689a, 1. Abh., § 86). Insofern besteht zwischen den beiden Hauptwerken Lockes entgegen dem äußeren Anschein doch ein innerer Zusammenhang.

3.

In der ersten Abhandlung setzt sich Locke mit dem führenden Anwalt der absoluten Gewalt der Monarchen, Sir Robert Filmer, auseinander. Filmer vertritt die heute absurd anmutende Auffassung, diese lasse sich von der väterlichen Gewalt ableiten, die Gott Adam verliehen habe. Locke entgegnet, dass politische Herrschaftsverhältnisse und die in einer Familie nichts miteinander zu tun hätten. Jene hätten den Zweck, die Kinder zu mündigen und selbstständigen Menschen zu erziehen, und daran seien Vater wie Mutter beteiligt (vgl. 1689a, 1. Abh., §§ 41, 97f.; 2. Abh., §§ 52, 59, 69, 73f.).

In der zweiten Abhandlung möchte Locke zeigen, wie die in seiner Sicht allein mögliche Begründung einer legitimen politischen Herrschaft zu denken sei. Zu diesem Zweck müsse man die Menschen in einen herrschaftsfreien Zustand, den Naturzustand, versetzen. Die Sozialvertragstheoretiker, so auch Locke, lassen häufig in der Schwebe, ob dieser historisch bestanden habe oder eine bloße Fiktion sei (vgl. 1689a, 1. Abh., §§ 14f.). Entscheidend ist, dass die Menschen im Naturzustand als Freie und Gleiche gedacht werden müssen, die nach eigenem Gutdünken ihr Recht auf Selbsterhaltung wahrnehmen können – nach Locke freilich nicht willkürlich, denn im Naturzustand gelte das von Gott stammende natürliche Gesetz, das für alle Menschen verbindlich sei. Da es im Naturzustand keine öffentliche Gerichtsbarkeit gebe, seien die durch Naturrechtsverletzung Geschädigten auf Selbstjustiz angewiesen; deshalb komme es immer wieder zu gewaltsamen Konflikten (vgl. §§ 4, 6, 11–15, 87).

Locke möchte – im Gegensatz zu den anderen Naturrechtslehren – im berühmten 5. Kapitel der zweiten Abhandlung nachweisen, dass das Privateigentum bereits im Naturzustand entstanden sei. Die Menschen seien aufgrund des Selbsterhaltungstriebs gezwungen, die Natur zu bearbeiten; sie folgten dabei dem göttlichen Gebot, sich die Erde untertan zu machen (1. Mose 1, 28). Der Eigentumsanspruch entstehe dadurch, dass sich im Arbeitsprozess die körperlichen und geistigen Kräfte des Arbeitenden mit dem Rohstoff mischten (vgl. §§ 27f.). Unterschiedliche Produktionsbedingungen begünstigten die Erzeugung bestimmter Produkte an dafür günstigen Standorten; dadurch entstehe das Bedürfnis des Tausches überschüssiger Produkte, der durch die Erfindung des Geldes erleichtert werde (vgl. §§ 46ff.). Locke nimmt an, der Wert der Arbeitsprodukte hänge von der darauf verwandten Arbeit ab (vgl. § 36f.) und der dem Geld beigemessene Wert entspreche dem der ausgetauschten Erzeugnisse. Deshalb könne Geld »aufgehäuft« (d.h. akkumuliert) werden. Fleißiges und geschicktes Wirtschaften könne sich nunmehr auszahlen. Damit sind, zusammen mit der Verbesserung der Produktionsmethoden und der Ausweitung des Tauschhandels, die Voraussetzungen für das Entstehen großer Vermögen entstanden (vgl. §§ 42, 46, 48). Lockes Skizzen dieser Zusammenhänge nehmen Elemente der späteren politischen Ökonomie vorweg. Weitere Ausführungen, die sich mit der Möglichkeit einer Beeinflussung des Geldwerts befassen, finden sich in Lockes geldtheoretischen Schriften.

Locke geht davon aus, dass diese ökonomische Entwicklung soziale Ungleichheiten bewirke. Er hält sie aber für legitim, da sie den gesamtgesellschaftlichen Reichtum steigerten (§§ 48, 50). Andererseits verstärkten sie die Konflikte im Naturzustand, weshalb die Herstellung gesicherter Herrschaftsverhältnisse unabdingbar werde. Aufgrund der lockeschen Prämissen kann dies nur durch einen Vertrag unter Freien und Gleichen geschehen.

Die Sozialvertragslehren des 17. und 18. Jahrhunderts besitzen unterschiedliche politische Stoßrichtungen. Hobbes z.B. konstruiert ein repressives absolutistisches Staatswesen, während Locke den wichtigsten Staatszweck im Schutz individueller Freiheitsrechte sieht. Dies wird dadurch ermöglicht, dass die Vertragsschließenden das Recht zur Selbstjustiz aufgeben und der zu errichtenden Legislative das Recht übertragen, die naturgesetzlichen Regeln durch stehende Gesetze zu präzisieren und eine ordentliche Gerichtsbarkeit einzurichten (vgl. §§ 128f.). Die Legislative ist die oberste Gewalt. Sie werde gewählten Repräsentanten der Bürger anvertraut (vgl. § 134); auch der Monarch könne einen Anteil daran haben (vgl. § 151). Missbrauche sie das in sie gesetzte Vertrauen (trust), so könne das Volk eine andere Legislative einrichten. Neben der Legislative müsse als zweites oberstes Staatsorgan eine Exekutive bestehen. Es bedeute nämlich eine Versuchung zum Machtmissbrauch, wenn »dieselben Personen, die die Macht haben, Gesetze zu geben, auch noch die Macht in die Hände bekämen, diese zu vollstrecken« (§ 143). Locke war neben Montesquieu der bedeutendste Anwalt des Prinzips der Gewaltenteilung, das bis heute ein konstitutives Moment aller freiheitlichen Verfassungen darstellt.

Lockes *Zweite Abhandlung* ist ein engagiertes Pamphlet gegen jede Form des Absolutismus.

Bürgerliche Freiheiten hätten in ihm keinen Bestand. Allerdings komme Machtmissbrauch auch in Verfassungsstaaten vor. Das Volk besitze deshalb nicht nur gegen eine absolutistische Herrschaft, sondern auch gegen eine habituell korrupte Legislative und Exekutive ein Widerstandsrecht (right of resisting) und ein Recht auf Revolution (vgl. §§ 90, 135ff., 149, 168, 221f.). Dies, so entgegnete er potenziellen Kritikern, sei kein Aufruf zum Bürgerkrieg, denn es sei die korrupte Obrigkeit, die gegen das Volk Krieg führe, wenn sie dessen Freiheitsrechte unterdrücke. In einer Revolution schlage das Volk zurück, es »rebelliere« (§ 226).

Locke argumentiert in zentralen Teilen seiner Schrift über Toleranz in Glaubenssachen mit der Methode des Sozialvertrags: Die staatlichen Gewalten seien errichtet worden, um die bürgerlichen Rechte wie Freiheit, Eigentum usw. zu schützen. Ihre Kompetenz erstrecke sich nur auf die Regelung dieser bürgerlichen Angelegenheiten, dagegen nicht auf die Sorge für das Seelenheil. Welcher Weg dazu führe, wisse die Obrigkeit auch nicht besser als jeder Einzelne. Deshalb hätten diese das Recht, ihren Glauben und ihre Kirche frei zu wählen. Niemand dürfe in eine bestimmte Kirche gezwungen werden. Locke geißelt die verbreitete Staatspraxis, Dissidenten im Widerspruch zum göttlichen Gesetz ihres Eigentums zu berauben, einzukerkern oder auf die Galeeren zu schicken. Zudem sei diese Praxis töricht, denn sie ruiniere den bei Sektierern besonders ausgeprägten Gewerbefleiß. Der Obrigkeit sei es nur erlaubt, religiöse Bräuche, die die öffentliche Wohlfahrt schädigten, zu reprimieren. Allerdings will Locke das Toleranzprinzip für Atheisten und Katholiken nicht gelten lassen, da man nicht erwarten könne, dass diese ihr Wort hielten und Vertragstreue wahrten. Damit untergrüben sie die Grundlagen aller Moral.

Lockes politisches Denken ist bis heute wirksam geblieben. In der französischen Aufklärung fand es eine breite Anhängerschaft. Das Verfassungsverständnis der Amerikanischen und Französischen Revolution wurde von ihm beeinflusst (Jefferson; Abbé Sieyès). Seine Eigentumstheorie findet noch heute Beachtung, z.B. im modernen Kontraktualismus, der »property rights« einfordert und den »Minimalstaat« propagiert (vgl. Nozick 1974).

4.

Locke, J., 1689a, Zwei Abhandlungen über die Regierung, Frankfurt/M.: Suhrkamp 1977.

Locke, J., 1689b, Ein Brief über Toleranz, Hamburg: Meiner 1975.

Locke, J., 1689c, Essay über den menschlichen Verstand, Berlin: Akademie 1997.

Locke, J., 1975ff., Works, Oxford: Clarendon Press.

Ashcraft, R. (Hg.), 1991, John Locke. Critical Assessments, 4 Bde., London: Routledge.

Cranston, M., 1985, John Locke. A Biography, Oxford: Clarendon Press.

Dunn, J./Harris, J., 1997, Locke, 2 Bde., Cheltenham: Elgar.

Dunn, J., 1969, The Political Thought of John Locke, Cambridge: Cambridge University Press.

Euchner, W., 1979, Naturrecht und Politik bei John Locke, Frankfurt/M.: Suhrkamp.

Euchner, W., 1996, John Locke zur Einführung, Hamburg: Junius.

Hall, R. (Hg.), 1970ff., The Locke Newsletter (seit 2001: Locke Studies. An Annual Journal of Locke Research), Lancester University: Centre for Philosophy.

Horton, J./Mendus, S., 1991, John Locke. *A Letter Concerning Toleration* in Focus, London: Routledge.

Kramer, M. M., 1997, John Locke and the Origins of Private Property, Cambridge: Cambridge University Press.

Macpherson, C. B., 1962, Die politische Theorie des Besitzindividualismus, Frankfurt/M.: Suhrkamp 1967.

Nozick, R., 1974, Anarchie, Staat, Utopia, München: Olzog 2006.

Priddat, B. P., 1998, Theologie, Ökonomie, Macht. Eine Rekonstruktion der Ökonomie John Lockes, Marburg: Metropolis.

Thompson, M. P. (Hg.), 1991, John Locke und Immanuel Kant, Berlin: Duncker & Humblot.

Walter Euchner

Logik, deontische

1.

Gegenstand der deontischen Logik (gr. δεόντως: wie es sein soll) ist die Analyse der logischen Beziehungen zwischen normativen Ausdrücken. Sie wird auch als Normenlogik, Logik der Verpflichtungen, Logik normativer Systeme oder Deontik bezeichnet.

1.1. Differenzierter wird Deontik als allgemeine Theorie der normativen Sprache und Normenlogik als Oberbegriff für die deontische Logik im Sinne der Logik normativer Propositionen sowie die Logik der Imperative als Logik präskriptiver Sätze verstanden. Normative (deontische) Ausdrücke sind Gebote, Verbote, Erlaubnisse sowie mit diesen gebildete komplexere Begriffe wie Indifferenz, Freiheit, Verpflichtung, Pflicht, Recht, Anspruch.

1.2. »Deontische Logik« wird definiert als Logik normativer Sätze. Im engeren Sinne ist sie die Logik von normativen Propositionen, d.h. von Aussagen über die Existenz einer Norm gemäß den Kriterien eines Normensystems.

2.

Systematische Analysen zu deontischen Modalitäten finden sich bei G.W. Leibniz (1671) zur Interdefinierbarkeit deontischer Modalitäten in Analogie zu alethischen Modalitäten sowie bei J. Bentham (1789) zu einer Logik des Wollens. Das erste – jedoch mangelhafte – Axiomensystem für den Begriff des Sollens stammt von Mally (1926). Den Ausgangspunkt der modernen deontischen Logik bildet von Wrights »Deontische Logik« (1951). Normative Sätze werden als Aussagesätze (normative Propositionen) interpretiert; Gebot, Verbot und Erlaubnis als deontische Prädikate in Analogie zu den alethischen Modalitäten (notwendig, unmöglich, möglich) definiert. Im ersten System bezieht von Wright sie auf generische Handlungen, im »neuen System« auf Sachverhalte, mit dyadischen statt monadischen Modalitäten (vgl. Wright 1964). Für die deontische Logik wurde eine Semantik möglicher Welten entwickelt (vgl. Hintikka 1957; Kripke 1963). Es sind eine Vielzahl von Systemen deontischer Logik konstruiert worden, mit Quantoren- oder Prädikatenlogik (vgl. Hintikka 1957), ferner in Kombination mit Handlungstheorie (vgl. Wright 1963; Horty 2001), dynamischer Logik (vgl. Meyer/Wieringa 1993), Relevanzlogik (vgl. Schurz 1997), Zeitlogik (vgl. Van Eck 1982), nicht-monotoner Logik (vgl. Nute 1997), Präferenzlogik (vgl. Hansson 2001), Netztheorie (vgl. Linz 1992) sowie Sprechakttheorie (vgl. Rohrbaugh 1997), zumeist, um Defiziten der deontischen Logik zu begegnen. Als Ergänzung (vgl. Alchourrón 1993; Hoche 1992) oder Gegenmodell (vgl. Weinberger 1996) zur deontischen Logik im engeren Sinn werden Normenlogiken vertreten, die Normen im Sinne von Imperativen oder Wollensakten zum Gegenstand haben. Eine weitere Richtung konstruiert eine Logik normativer Sprache auf der Ebene der Sprachpragmatik (vgl. Kamp 2001).

3.

3.1. Den Kern der deontischen Logik bildet das sog. Standardsystem der deontischen Logik (SDL), das mit geringen Modifikationen dem Axiomatisierungsvorschlag von Wrights entspricht. SDL wird definiert als das schwächste normale Modalsystem des Typs KD, wobei KD sich aus einer alethischen Modallogik durch Ersetzung des Prinzips »wenn Notwendig A, dann A« (NA → A) durch das Prinzip »wenn A geboten ist, ist A erlaubt« (OA → PA) ergibt (vgl. McNamara/Prakken 1999). Es enthält neben den Tautologien der Aussagenlogik und der Schlussregel des Modus ponens die Axiome

(K) $O(A \rightarrow B) \rightarrow (OA \rightarrow OB)$

(D) $(OA \rightarrow PA)$

sowie die Schlussregel: $KA \Rightarrow OA$ (wenn »A« logisch ableitbar ist, dann ist »A« geboten).

Die deontischen Modalitäten sind interdefinierbar: Das Gebot von A ist äquivalent dem Verbot von Nicht-A sowie der Nicht-Erlaubtheit von Nicht-A ($OA =_{df} F \neg A =_{df} \neg P \neg A$).

Ein deontisches System kann auf der Grundlage jeder der drei Modalitäten entwickelt werden.

Die Semantik von SDL ist ein Modell möglicher Welten, in dem eine Teilmenge der Menge möglicher Welten (die deontischen Alternativen, deontisch ideale oder perfekte Welten) gebildet wird, so dass für jeden Satz A das Gebot OA gilt genau dann, wenn A in allen zu dieser Teilmenge gehörenden Welten wahr ist. Eine Erlaubnis PA gilt genau dann, wenn A in einer dieser Welten wahr ist. Als Verstärkung oder Modifikation von SDL sind eine Reihe weiterer Systeme entwickelt worden (vgl. Åquist 1987, 2002).

3.2. Die Adäquatheit von SDL als Formalisierung normativer Sprache ist umstritten. Ein Grundproblem der Normenlogik ist die problematische Wahrheitsfähigkeit normativer Sätze. Nach verbreiteter Ansicht sind Normen nicht wahrheitsfähig, aber ohne Wahrheitsfähigkeit ist eine Logik für Normsätze nicht möglich (Jörgensensches Dilemma, vgl. dazu Holländer 1993). Die deontische Logik nimmt daher normative Propositionen im Sinne deskriptiver, systemrelativer Aussagen über die Existenz von Normen als Gegenstand an. Jedoch entspricht diese Interpretation nicht der präskriptiven und argumentativen Verwendung von Normsätzen.

Das Problem der Adäquatheit von SDL zeigt sich an einer Reihe von Paradoxien der deontischen Logik, d.h. im logischen Kalkül ableitbarer oder gültiger Folgerungen, die in der natürlichen Sprache als falsch oder inakzeptabel angesehen werden (vgl. Nortmann 1989, 10). Die bekanntesten sind: (1) Ross' Paradoxon (1941): Bei Anwendung logischer Schlussregeln im Anwendungsbereich deontischer Operatoren ist ableitbar $OA \rightarrow O(A \vee B)$. Damit folgt z.B., wenn es geboten ist, einen Brief in den Briefkasten zu werfen, ist es geboten, ihn in den Briefkasten zu werfen oder ihn zu verbrennen. (2) Paradoxien bedingter Verpflichtung, z.B. für »contrary-to-duty imperatives« (vgl. Chisholm 1963): (i) A sollte seinem Nachbarn helfen. (ii) A sollte, wenn er seinem Nachbarn helfen geht, dem Nachbarn sagen, dass er kommt. (iii) Wenn A nicht geht, dann sollte er nicht sagen, dass er kommt. (iv) A geht nicht. Diese Sätze erscheinen konsistent und voneinander unabhängig. Bei einer Formalisierung in SDL bleiben diese Eigenschaften jedoch nicht erhalten. (3) Paradoxon des Guten Samariters: Wenn es verboten ist, jemanden zu überfallen, dann ist es auch verboten, dass einem Überfallenen geholfen wird. – Es werden verschiedene Vorschläge zur Vermeidung solcher Paradoxien vertreten (dyadische Logik, dynamische Logik, Zeitlogik, nicht-monotone Logik, Relevanzlogik, Präferenzlogik). Ungeachtet der technischen Lösungen bleibt das Problem, dass die Interpretation von Normsätzen als Aussagen über das, was in deontisch perfekten Welten der Fall ist, nicht zu deren präskriptiver Verwendung passt.

Die Analogie der deontischen zur alethischen Modallogik besteht nur eingeschränkt. Neben verschiedenen Interpretationen der Operatoren (z.B. Erlaubnis als »free-choice permission«, vgl. Wright 1968, 22) ist ein Problem v.a. die Verwendung einer Mögliche-Welten-Semantik. Eine Konsequenz dieser Semantik ist die Gebotenheit von Tautologien: Aus der logischen Ableitbarkeit eines Satzes folgt dessen Gebotensein (necessitation). Dies ist kontraintuitiv und führt zu Paradoxien. Allerdings werden Alternativen zu einer Mögliche-Welten-Semantik auf der Grundlage einer Präferenzlogik angeboten (vgl. Hansson 2001, 143 ff.).

Die deontische Logik ist systematisch mehrdeutig, insofern deskriptive und präskriptive Deutungen normativer Sätze möglich sind. Sie wird für die deskriptive Interpretation in Form systemrelativer normativer Propositionen mit der Annahme entwickelt, dass sie zugleich für die präskriptive Interpretation als Normen gelte. Diese Annahme ist zweifelhaft. Zudem ist die Möglichkeit einer Logik normativer Propositionen ohne eine Normenlogik fraglich. Deshalb wird versucht, eine Normenlogik aufgrund von Definitionen von Konsistenz und Folgerungsbeziehungen für Normen zu entwickeln, ohne deren Wahrheitsfähigkeit vorauszusetzen (vgl. Alchourrón 1993; Makinson 1999). Sie wird im Sinne von Prinzipien rationaler Gesetzgebung interpretiert (vgl. Wright 1999, 21).

Gegenstand deontischer Operatoren sind Variablen für Sätze, wobei umstritten ist, ob neben dem Vollzug von Handlungen andere Sachverhalte als Norminhalt zulässig sind. Der Bezug auf Sätze hat sich aufgrund größerer Ausdrucksmöglichkeiten (Iteration von Operatoren, gemischte Formel aus deskriptiven und normativen Sätzen), leichterer Formalisierbarkeit und größerer Allgemeinheit gegen den direkten Bezug von Operatoren auf Terme für Handlungen durchgesetzt. Die Konstruktion von Handlungsnormen (Tun-Sollen) als Gebote von Sachverhalten (Sein-Sollen) wird allerdings bestritten (vgl. Horty 2001). Probleme bereitet ferner die Analyse der Relationen zwischen Operatoren, Handlungstypen und Handlungsindividuen, insbesondere die Quantifizierung über Handlungen (vgl. Hintikka 1957).

Obgleich es intuitiv ohne weiteres möglich ist, Folgerungen aus Normsätzen abzuleiten, sind die Formalisierung und die logischen Eigenschaften konditionaler Normsätze umstritten. Neben der logischen Konsequenz ($A \rightarrow OB$) werden eine normative Konsequenz ($O(A \rightarrow B)$) (vgl. Hintikka 1957) sowie dyadische Modalitäten (vgl. Wright 1964; Åquist 1987, 137 ff.; Nortmann 1989, 55) als Formalisierungen vorgeschlagen. Allerdings bereitet schon das Konditional selbst Probleme. Ob spezifische deontische Folgerungsbeziehungen tatsächlich überlegen sind, ist offen (vgl. Wright 1999, 19).

In SDL sind Normkonflikte ausgeschlossen, da $\neg(OA \;\&\; O\neg B)$ gültig ist. Dies führt zu Problemen hinsichtlich der Analyse moralischer Dilemmata, von prima facie-Normen und der Analyse von Argumentationen mit konfligierenden Normen. Alternativen sind eine Abschwächung der Axiome von SDL (vgl. Åquist 1987, 18), parakonsistente Logiken oder Relevanzlogiken (Routledge/Plumwood 1989, 653 ff.) sowie nicht-monotone Logiken, die zulassen, dass mit der Hinzufügung weiterer Prämissen zuvor gültige Folgerungen ungültig werden (vgl. Nute 1997; Prakken 1997).

Die beschränkten Ausdrucksmöglichkeiten in SDL erfordern Erweiterungen, um praktische Probleme adäquat analysieren zu können, insbesondere die Theorie normativer Systeme (vgl. Alchourrón/Bulygin 1971), die Theorie normativer Relationen (vgl. Hohfeld 1913), die Theorie der Argumentation mit ausnahmefähigen oder konfligierenden Normen (»defeasible reasoning«) im Rahmen von nicht-monotoner Logik (vgl. Prakken/Sartor 1996; Hage 1997; 2005) oder Theorierevision (vgl. Alchourrón 1993, 43 ff.; Wang 2003) sowie die Analyse der Beziehungen zwischen Normen, Werten und Präferenzen aufgrund der Verbindung von deontischer Logik und Präferenzlogik (vgl. Hansson 2001).

3.3. Deontische Logik ist ein nützliches Instrument zur Präzisierung ethischer und juristischer Grundbegriffe sowie zur Analyse der Struktur normativer Systeme und Probleme. Allerdings ist die Adäquatheit einer logischen Formalisierung in einer normativen Theorie selbst begründungsbedürftig. Ihre Funktion in praktischen Anwendungen ist die formale Darstellung unabhängig von ihr begründbarer Aussagen.

Ein Anwendungsbereich der deontischen Logik ist die Formalisierung von Rechtssystemen (vgl. Ratschow 1998) und die Forschung zur künstlichen Intelligenz, teils als Anwendung z.B. für juristische Expertensysteme, teils als Konzeption von normgesteuerten Programmen (vgl. McNamara/Prakken 1999, 7). Allerdings wird nicht selten wegen der Probleme der deontischen Logik nur die Prädikatenlogik verwendet. Einen weiteren Anwendungsbereich eröffnet eine pragmatische Sprachphilosophie, die Sprachregeln im Gegensatz zum semantischen Realismus als Normen versteht (vgl. Brandom 1994).

4.

Alchourrón, C. E., 1993, Philosophical Foundations of Deontic Logic and the Logic of Defeasible Conditionals, in: J.-J. Meyer/R. J. Wieringa (Hg.), Deontic Logic in Computer Science, Chichester: Wiley.

Alchourrón, C. E./Bulygin, E., 1971, Normative Systeme, Freiburg: Alber 1994.

Åquist, L., 1987, Introduction to Deontic Logic and the Theory of Normative Systems, Neapel: Bibliopolis.
Åquist, L., 2002, Deontic Logic, in: D. M. Gabbay/F. Guenther (Hg.), Handbook of Philosophical Logic, Bd. 8, Dordrecht: Kluwer.
Bentham, J., 1789, An Introduction to the Principles of Morals and Legislation, London: Athlone 1970.
Brandom, R. B., 1994, Expressive Vernunft, Frankfurt/M.: Suhrkamp 2000.
Chisholm, R. M., 1963, Contrary-to-duty Imperatives and Deontic Logic, in: Analysis 24.
Hage, J., 1997, Reasoning with Rules, Dordrecht: Kluwer.
Hage, J., 2005, Studies in Legal Logic, Springer: Dordrecht.
Hansson, S. O., 2001, The Structure of Values and Norms, Cambridge: Cambridge University Press.
Hilpinen, R. (Hg.), 1981, New Studies in Deontic Logic, Dordrecht: Reidel.
Hintikka, J., 1957, Quantifiers in Deontic Logic, Helsinki: Societas Scientiarum Fennica.
Hoche, H.-U., 1992, Elemente einer Anatomie der Verpflichtung, Freiburg: Alber.
Hohfeld, W. N., 1913, Fundamental Legal Conceptions, New Haven: Yale University Press 1964.
Holländer, P., 1993, Rechtsnorm, Logik und Wahrheitswerte, Baden-Baden: Nomos.
Horty, J. F., 2001, Deontic Logic and Agency, Oxford: Oxford University Press.
Kalinowski, G., 1973, Einführung in die Normenlogik, Frankfurt/M.: Athenäum.
Kamp, G., 2001, Logik und Deontik, Paderborn: Mentis.
Kripke, S., 1963, Semantical Considerations on Modal Logic, in: Acta Philosophica Fennica 16.
Kutschera, F., 1973, Einführung in die Logik der Normen, Werte und Entscheidungen, Freiburg: Alber.
Leibniz, G. W., 1671, Elementa juris naturalis, in: Sämtliche Schriften und Briefe, Akademie-Ausgabe, Bd. VI/1, Berlin: Akademie 1930.
Lenk, H. (Hg.), 1974, Normenlogik, Pullach: Saur.
Linz, R., 1992, Grundbegriffe für eine Logik über Ereignisse und Normen, Wien: Oldenbourg.
Makinson, D., 1999, On a Fundamental Problem of Deontic Logic, in: P. McNamara/H. Prakken (Hg.), Norms, Logics and Information Systems, Amsterdam: IOS.
Mally, E., 1926, Grundgesetze des Sollens, Graz: Leuschner & Lubensky.
McNamara, P./Prakken, H., 1999, Introduction, in: dies. (Hg.), Norms, Logics and Information Systems, Amsterdam: IOS.
Meyer, J.-J./Wieringa, R. J., 1993, Deontic Logic. A Concise Overview, in: dies. (Hg.), Deontic Logic in Computer Science, Chichester: Wiley.
Nortmann, U., 1989, Deontische Logik ohne Paradoxien, München: Philosophia.
Nute, D. (Hg.), 1997, Defeasible Deontic Logic, Dordrecht: Kluwer.
Prakken, H., 1997, Logical Tools for Modelling Legal Argument, Dordrecht: Kluwer.
Prakken, H./Sartor, G., 1996, A Dialectical Model of Assessing Conflicting Arguments in Legal Reasoning, in: Artificial Intelligence and Law 4.
Ratschow, E., 1998, Rechtswissenschaft und formale Logik, Baden-Baden: Nomos.
Rohrbaugh, E., 1997, Scalar Interpretation in Deontic Speech Acts, New York: Garland.
Ross, A., 1941, Imperatives and Logic, in: Theoria 7.
Routley, R./Plumwood, V., 1989, Moral Dilemmas and the Logic of Deontic Notions, in: G. Priest/R. Routley/J. Norman (Hg.), Paraconsistent Logic, München: Philosophia.
Schurz, G., 1997, The Is-Ought-Problem, Dordrecht: Kluwer.
Stuhlmann-Laeisz, R., 1983, Das Sein-Sollen-Problem, Stuttgart: Frommann-Holzboog.
Van Eck, J. A., 1982, A System of Temporally Relative Modal and Deontic Predicate Logic and Its Philosophical Applications, in: Logique et Analyse 25.
Wang, P.-H., 2003, Defeasibility in der juristischen Begründung, Baden-Baden: Nomos.
Weinberger, O., 1996, Alternative Handlungstheorie, Wien: Böhlau.
Wright, G. H. v., 1951, Deontische Logik, in: ders., Handlung, Norm und Intention, Berlin: de Gruyter 1977.
Wright, G. H. v., 1963, Norm and Action, London: Routledge & Kegan Paul.
Wright, G. H. v., 1964, A New System of Deontic Logic, in: R. Hilpinen, New Studies in Deontic Logic, Dordrecht: Reidel 1981.
Wright, G. H. v., 1968, An Essay in Deontic Logic and the General Theory of Action, in: Acta Philosophica Fennica 21.
Wright, G. H. v., 1999, Deontic Logic. As I See It, in: P. McNamara/H. Prakken (Hg.), Norms, Logics and Information Systems, Amsterdam: IOS.
Zoglauer, T., 1998, Normenkonflikte, Stuttgart: Frommann-holzboog.

JAN SIEKMANN

Loyalität

1.

Loyal ist eine Person A gegenüber B (sei es eine Person, Gruppe, Institution oder gar Idee), wenn sie auch in schwierigen Situationen »treu« zu B steht. Das Ausmaß der von A geforderten Loyalität hängt von den Erwartungen ab, die für die jeweilige Beziehung konstitutiv sind. Diese Beziehungen können informeller (z.B. Freundschaften) oder formeller Natur sein (z.B. Ehe), und A kann in sie hineingeboren worden sein (z.B. Verwandtschaft) oder sie gewählt haben (z.B. Einwanderung). Die Loyalitätserwartungen erstrecken sich stets auf äußere Handlungen, aber auch – wie im Falle von Freundschaften – auf innere Einstellungen. Im letzteren Fall stellen diese Loyalitäten einen Teil der praktischen Identität von A dar. Strittig ist nicht nur, ob man eine Pflicht zu solch inneren Einstellungen haben kann, sondern auch, ob Loyalitäten überhaupt genuine Pflichten konstituieren. Weil Loyalität an eine konkrete Beziehung zwischen A und B gebunden und somit partikular (und parteilich) ist, kann sie mit anderen Loyalitäten in Konflikt geraten, aber auch mit Forderungen der Unparteilichkeit.

2.

Obgleich Loyalitätskonflikte seit jeher implizit thematisiert wurden – z.B. in Sophokles' *Antigone* –, wird Loyalität zum zentralen philosophischen Thema erst in der *Philosophy of Loyalty* von Josaiah Royce, der sie idealistisch als die Hingabe einer Person an eine Sache begreift. Das zentrale Problem, wie Loyalität oberste Tugend sein soll, wenn man auch schlechten Projekten verpflichtet sein kann, versucht er mit dem Konzept einer »Loyalität gegenüber der Loyalität« (Royce 1908, 118, 201) zu lösen: Jeder soll auch die Loyalitätsbeziehungen aller anderen achten.

Erneut intensiv diskutiert wird Loyalität seit den 1980er Jahren im Zuge des Kommunitarismus, der feministischen Fürsorgeethik und der Aufwertung von Gefühlen in der Moralphilosophie. Hier fungiert sie, wenn auch selten explizit thematisiert (vgl. jedoch Fletcher 1993), als Sammelbegriff für alle Verpflichtungen, die sich aus partikularen und identitätsstiftenden Beziehungen ergeben. Implizit spielt Loyalität daher auch eine Rolle, wenn es um Freundschaft und Liebe, Patriotismus und (partikulare) Solidarität oder um persönliche Integrität und moralische (Un-)Parteilichkeit geht.

3.

Sowohl in den neueren moralphilosophischen Debatten (3.1.) als auch in der politischen Theorie und Sozialphilosophie (3.2.) wird Loyalität v.a. als Gegenbegriff zu einer Moral der Unparteilichkeit diskutiert.

3.1. Die moralphilosophischen Debatten kreisen insbesondere um die Fragen, ob Loyalitätspflichten genuin moralische Pflichten sind und wie sie sich zu einer Moral der Unparteilichkeit ins Verhältnis setzen lassen.

Die Bevorzugung des Loyalitätsobjekts B durch A scheint weder verallgemeinerungsfähig zu sein noch ausschließlich durch B's Eigenschaften begründet, weil andere Personen dieselben Eigenschaften aufweisen können, ohne dass A ihnen verbunden sein müsste. Es ist v.a. die Beziehung selbst, aufgrund derer A die Verpflichtung gegenüber B als »ihrem« Freund, Vater etc. verspürt (vgl. Oldenquist 1982; Pettit 1988). Ein von Kant inspirierter Einwand bestreitet, dass dies eine genuine Pflicht darstellen könne, weil sich die Begründung nur auf die kontingenten positiven Gefühle von A stützt. Grob lassen sich vier Antworten auf diese Kritik unterscheiden, die sich wechselseitig ergänzen. Erstens wird als motivationale Quelle aller moralischen Einstellungen auf emotional besetzte Primärbeziehungen verwiesen, weil Kinder nur in diesen lernen, ein anderes Subjekt als Zweck an sich selbst zu achten (vgl. Tugendhat 1993, 276ff.). Zweitens sollen diese Beziehungen bereits moralischen Gehalt haben, weil das Kind sein Eigeninteresse mit Bezug auf (wenngleich vorerst partikulare) Verpflichtungen und damit regelgebunden transzendieren muss (vgl. Blum 1984). Drittens bedürfen Subjekte prinzipiell mehr als bloß der Anerkennung als Gleiche (vgl. Honneth 2000, Teil II). Daher soll es allgemein zustimmungsfähig sein, dass Personen eine besondere Fürsorge durch Nahestehende erfahren. Begründet dies die Legitimität von Parteilichkeit unter Bezug auf die Bedürfnisse des Loyalitätsobjekts B, so unterscheidet sich hiervon die vierte Antwort: Ihr zufolge läuft die Unparteilichkeitsmoral Gefahr, mit ihrer Relativierung persönlicher Beziehungen die Integrität der loyalen Person A zu zerstören und hiermit die Grundlage jeder moralischen Identität zu untergraben (vgl. Williams 1981). Erläutert man die Relevanz der Loyalität freilich primär unter Bezug auf die eigene Integrität, so wird mit dem Primat des Pflichtbegriffs auch die klare Differenz von Pflichten gegenüber anderen und gegenüber sich selbst in Frage gestellt (vgl. Rosa 1994, 1108).

Auch wenn Parteilichkeit innerhalb bestimmter Grenzen als allgemein akzeptabel gelten mag, bleibt kontrovers, wie sich Kollisionen zwischen Gerechtigkeit und Loyalität beschreiben und eventuell auflösen lassen. Mit dem Ziel, die Dichotomie von unparteilicher Vernunft und parteilichem Gefühl zu überwinden, ist vorgeschlagen worden, erst vertrauensbasierte Loyalitäten legten überhaupt fest, wer als Mitglied der moralischen Gemeinschaft zählt. Gerechtigkeit sei lediglich eine auf die gesamte Menschheit ausgedehnte Loyalität (vgl. Rorty 1997). Das Geltungsprimat der Gerechtigkeit verteidigen demgegenüber Ansätze, die auf einer Grenze zwischen allgemein akzeptabler Parteilichkeit (dass man zuerst seinen Ehepartner rettet) und inakzeptabler Ungerechtigkeit (dass man hierzu ein fremdes Kind tötet) insistieren (vgl. Herman 1993, 42).

3.2. Innerhalb der politischen Theorie und Sozialphilosophie wird v.a. diskutiert, welche Art von Loyalität der Bürger dem Staat auf welcher Grundlage schuldet. Zudem wird die Ambivalenz der Loyalität betont: Sie kann zu kritischem Engagement führen, aber auch zur unreflektierten Affirmation des *Status quo*.

Stets war der Gehorsam gegenüber der staatlichen Ordnung durch widerstreitende Loyalitäten gefährdet (private, religiöse und kulturelle Loyalitäten, Mehrstaatigkeit). So wurde diskutiert, ob es für die Loyalität gegenüber dem Staat ausreiche, die Gesetze nicht zu übertreten, oder ob es zudem einer patriotischen Gesinnung bedürfe, die zumindest durch öffentliche Rituale zu fördern sei (vgl. Wolff 1968, 87ff.). Warum aber sollte man sich »seinem« Staat besonders verbunden fühlen? Vier Antworten lassen sich unterscheiden: Erstens müsse man – so schon Sokrates im *Kriton* – dankbar sein für die vom Staat erbrachten Leistungen, könne sich zweitens auf geteilte (kulturelle) Werte oder drittens auf eine gemeinsame Geschichte beziehen, wobei sich in den letzten beiden Fällen die Verbundenheit als vorpolitisch gegebene oder politisch erst zu erzeugende verstehen lässt. Viertens ist als Objekt der Loyalität die spezifische Institutionalisierung und Interpretation universalistischer Prinzipien vorgeschlagen worden. Auf den Einwand, hierbei handle es sich nur noch um Kosmopolitismus, reagieren Ansätze des »liberalen Nationalismus« oder »Verfassungspatriotismus« zumeist mit der Beimischung eines oder mehrerer der anderen drei Elemente.

Loyalität wird aber nicht nur als partikularistische Gefahr, sondern auch als Tugend verstanden: Nur sie motiviere Bürgerinnen und Bürger, sich statt für die Option des Ausstiegs (*exit*) für jene der kritischen Einmischung (*voice*) zu entscheiden, auf die jede vitale demokratische Gesellschaft angewiesen sei (vgl. Hirschman 1970). Dieser Gedanke wurde innerhalb der neueren Diskussion um die angemessene Form von Gesellschaftskritik aufgenommen: Nur eine »loyale« Kritik, die sich auf die Werte der Angesprochenen beruft und sich diesen weiterhin verbunden fühlt, falle erstens hinreichend dicht aus, um informativ zu sein, und motiviere zweitens die Adressaten zu verändernder Praxis, sei also effektiv (vgl. Walzer 1987). Strittig ist jedoch, ob der loyale Kritiker gegenüber seiner Gemeinschaft noch genügend Distanz zu wahren vermag oder Gefahr läuft, lediglich den *Status quo* zu affirmieren (vgl. Allen 1998).

Loyalität erweist sich letztlich als zutiefst ambivalent. Gründet sie sich auf die bloße Existenz einer Beziehung, scheint keine kritische Distanzierung möglich zu sein. Wird sie hingegen auch unter Bezug auf wertvolle Eigenschaften des Loyalitätsobjekts gerechtfertigt, so können diese Eigenschaften in ihrem Wert kritisch hinterfragt werden, oder es lässt sich der Verlust der wertvollen Eigenschaften konstatieren. Weil aber Loyalität in ihrem Bezug auf Eigenschaften nicht aufgeht (vgl. 3.1.), muss sie nicht allein deshalb aufgekündigt werden, darf es unter Umständen auch nicht. Dieses Schwanken zwischen purer Kontingenz und normativer Reflexivität macht den Loyalitätsbegriff so prekär.

4.

Allen, J., 1998, The Situated Critic or the Loyal Critic?, in: Philosophy & Social Criticism 24.

Blum, L., 1980, Friendship, Altruism, and Morality, London: Routledge.

Fletcher, G. P., 1993, Loyalität, Frankfurt/M.: Fischer 1994.

Herman, B., 1993, The Practice of Moral Judgment, Cambridge/MA: Harvard University Press.

Hirschman, A. O., 1970, Abwanderung und Widerspruch, Tübingen: Mohr 1974.

Honneth, A., 2000, Das Andere der Gerechtigkeit, Frankfurt/M.: Suhrkamp.

Keller, S., 2007, The Limits of Loyalty, Cambridge: Cambridge University Press.

Oldenquist, A., 1982, Loyalties, in: Journal of Philosophy 79.

Pettit, P., 1988, The Paradox of Loyalty, in: American Philosophical Quarterly 25.

Rorty, R., 1997, Gerechtigkeit als erweiterte Loyalität, in: ders., Philosophie & die Zukunft, Frankfurt/M.: Fischer 2000.

Rosa, H., 1994, Neigung verpflichtet – das schwierige Verhältnis von Treue, Verrat und Gerechtigkeit, in: Deutsche Zeitschrift für Philosophie 42.

Royce, J., 1908, The Philosophy of Loyalty, New York: Macmillan.

Shklar, J., 1993, Obligation, Loyalty, Exile, in: Political Theory 21.

Tugendhat, E., 1993, Vorlesungen über Ethik, Frankfurt/M.: Suhrkamp.

Walzer, M., 1987, Kritik und Gemeinsinn, Berlin: Rotbuch 1990.

Williams, B., 1981, Moralischer Zufall, Königstein: Hain 1984.

Wolff, R. P., 1968, Das Elend des Liberalismus, Frankfurt/M.: Suhrkamp 1969.

Mattias Iser

Luhmann, Niklas (1927–1998)

1.

Luhmann wurde in Lüneburg geboren. Nach dem Studium der Rechtswissenschaft in Freiburg 1946–49 war er zehn Jahre in der öffentlichen Verwaltung tätig. 1960/61 ging er zum Studium der Soziologie bei Talcott Parsons nach Harvard und begann danach eine steile Karriere als Soziologe. Über Jahrzehnte hinweg war er der wichtigste Vertreter der soziologischen Systemtheorie in Deutschland. 1968 wurde er an die Universität Bielefeld berufen, wo er bis zu seiner Emeritierung im Jahr 1993 lehrte. Seine frühen Publikationen sind v. a. organisationstheoretisch und rechtssoziologisch ausgerichtet. 1984 erschien sein grundlagentheoretisches Hauptwerk *Soziale Systeme*. Seit den 1980er Jahren arbeitete Luhmann systematisch mit gesellschaftstheoretischem Fokus und schrieb eine Reihe von Büchern zu einzelnen Funktionssystemen der Gesellschaft (Wirtschaft, Wissenschaft, Recht, Kunst, Massenmedien, Politik, Religion, Erziehungssystem). Kurz vor seinem Tod 1998 erschien sein gesellschaftstheoretisches Hauptwerk *Die Gesellschaft der Gesellschaft*.

2.

Luhmanns Interesse galt zeitlebens der Erforschung von Systemen, insbesondere sozialen Systemen, wobei er einerseits an die funktionalistische Tradition der Sozialanthropologie und der Soziologie (etwa Parsons) und andererseits an das Forschungsfeld der Allgemeinen Systemtheorie und Kybernetik (etwa von Bertalanffy) anknüpft. Die Grundunterscheidung der Systemtheorie ist die Unterscheidung von *System* und *Umwelt*. Als Grundproblem von Systemen betrachtet Luhmann in seiner Frühphase das Problem der Komplexität. Alle Systemstrukturen haben – neben jeweils verschiedenen spezifischen Funktionen – in letzter Instanz die Funktion, Komplexität zu reduzieren (sowohl die stets übermäßige Komplexität der Umwelt als auch die Eigenkomplexität des Systems).

In einer späteren Phase (ab 1984) wendet sich Luhmann zunehmend vom Problem der Komplexität und der System/Umwelt-Beziehungen ab und dem Problem der Selbstreferenz von Systemen zu. Damit knüpft er einerseits an eine lange philosophische Tradition der Beschäftigung mit Selbstbezüglichkeit an, andererseits nimmt er auch Anregungen von Außenseiterfiguren wie dem Biologen Maturana (›Autopoiesis‹) und dem Logiker Spencer Brown (Unterscheidungstheorie, ›re-entry‹) auf. Als Letztproblem von Systemen fungiert jetzt nicht mehr Komplexität, sondern die selbstreferenzielle und damit potenziell zirkuläre bzw. tautologische Konstituiertheit des Systems; entsprechend ist die Letztfunktion von Systemstrukturen nicht mehr Komplexitätsreduktion, sondern Entzirkularisierung bzw. Enttautologisierung. Mit der Umstellung auf das Paradigma der Selbstreferenz fällt die Umwelt nicht aus der Betrachtung heraus, erscheint jedoch zunehmend als vom System selbst konstituierte Umwelt. In diesem Zusammenhang interessiert sich der späte Luhmann verstärkt auch für den Konstruktivismus und die Beobachtertheorie (von Foerster, von Glasersfeld).

3.

Aus dem systemtheoretischen Ansatz ergibt sich zunächst die scharfe Unterscheidung zwischen verschiedenen Arten von Systemen: zwischen Maschinen sowie organischen, psychischen und sozialen Systemen. Luhmann beschäftigt sich als Soziologe hauptsächlich mit sozialen Systemen. Die auffälligste und in der Soziologie umstrittenste Konsequenz dieses Ansatzes ist, dass der Mensch (als Konglomerat eines psychischen und eines organischen Systems) außerhalb der Gesellschaft (als eines sozialen Systems) steht. Systeme verschiedenen Typs sind unaufhebbar gegeneinander abgeschlossen, da sie aus sehr verschiedenartigen, inkommensurablen Elementen bestehen: psychische Systeme etwa aus Gedanken, soziale Systeme aus Kommunikationen. Der Mensch kann durch Mitwirkung an Kommunikation an der Gesellschaft teilnehmen, er ist aber Luhmann zufolge nicht Teil bzw. Element der Gesellschaft.

Die Entscheidung für *Kommunikation* als Letztelement sozialer Systeme (vgl. Luhmann 1984) ist im Kontext der soziologischen Theorieentwicklung auch insofern bedeutsam, als die bisherige soziologische Systemtheorie (etwa Parsons) statt dessen für *Handlung* als Letztelement optiert und damit den Anschluss an die handlungstheoretische Tradition hergestellt hatte. Mit der Wahl von Kommunikation ergeben sich ganz andere Anschlussfragen, etwa die Frage nach der Alternative »Annahme/Ablehnung einer Kommunikation« bzw. »Ja/Nein« anstelle der Frage nach der Intention des Handelnden.

Eine weitere Konsequenz der Elementbestimmung »Kommunikation« ist die strikte *Verzeitlichung* sozialer Systeme. Kommunikationen haben keine physische Realität und keinen ›Bestand‹; sie sind *Ereignisse* bzw. *Operationen*, die im Prozess ihres Auftretens sofort wieder verschwinden. Daraus ergibt sich für soziale Systeme die Notwendigkeit, sich laufend selbst zu reproduzieren und passende Anschlusselemente für erfolgte Kommunikationen zu finden.

Innerhalb der Theorie sozialer Systeme unterscheidet Luhmann wiederum drei Arten von Systemen: (face-to-face-)Interaktion, Organisation und Gesellschaft. Am folgenreichsten waren seine Beiträge zur Gesellschaftstheorie, insbesondere das Theorem der funktionalen Differenzierung, mit dem er eine lange soziologische Tradition der Beschäftigung mit gesellschaftlicher Differenzierung fortsetzt und weiterentwickelt. Es besagt, dass die moderne Gesellschaft primär in Funktionssysteme wie Wirtschaft, Politik, Recht, Wissenschaft usw. differenziert ist, die je für sich geschlossen und autonom sind, ihre eigene Operationsweise und ihren eigenen Code haben (Zahlen/Nichtzahlen, machtüberlegen/machtunterlegen, Recht/Unrecht, wahr/falsch usw.). Das Theorem der funktionalen Differenzierung ist in der deutschen Soziologie weitgehend akzeptiert, wenn auch nicht alle seine Konsequenzen (etwa die darin implizierte sekundäre Bedeutung von Schichtungsstrukturen) von allen Soziologen mitgetragen werden. Neben differenzierungstheoretischen Aussagen enthält Luhmanns Gesellschaftstheorie auch kommunikationstheoretische Aussagen, die von der Grundunterscheidung »Ego/Alter« und dem Grundproblem doppelter Kontingenz ausgehen und auf eine Theorie symbolisch generalisierter Kommunikationsmedien hinführen (Geld, Macht, Wahrheit, Liebe). Darüber hinaus macht sie evolutionstheoretische Aussagen, die von der Unterscheidung Variation/Selektion/Restabilisierung ausgehen und Prozesse gesellschaftlichen Wandels beschreiben. Alle drei Perspektiven: Differenzierungs-, Kommunikations- und Evolutionstheorie werden erörtert in Luhmann 1997.

4.

Luhmann, N., 1964, Funktionen und Folgen formaler Organisation, Berlin: Duncker & Humblot.
Luhmann, N., 1965, Grundrechte als Institution, Berlin: Duncker & Humblot.
Luhmann, N., 1969, Legitimation durch Verfahren, Neuwied: Luchterhand.
Luhmann, N., 1970–95, Soziologische Aufklärung, 6 Bde., Opladen: Westdeutscher Verlag.
Luhmann, N., 1972, Rechtssoziologie, Reinbek: Rowohlt.
Luhmann, N., 1980–95, Gesellschaftsstruktur und Semantik, 4 Bde., Frankfurt/M.: Suhrkamp.
Luhmann, N., 1982, Liebe als Passion, Frankfurt/M.: Suhrkamp.
Luhmann, N., 1984, Soziale Systeme, Frankfurt/M.: Suhrkamp.
Luhmann, N., 1988, Die Wirtschaft der Gesellschaft, Frankfurt/M.: Suhrkamp.
Luhmann, N., 1990, Die Wissenschaft der Gesellschaft, Frankfurt/M.: Suhrkamp.
Luhmann, N., 1992, Beobachtungen der Moderne, Opladen: Westdeutscher Verlag.
Luhmann, N., 1993, Das Recht der Gesellschaft, Frankfurt/M.: Suhrkamp.
Luhmann, N., 1995, Die Kunst der Gesellschaft, Frankfurt/M.: Suhrkamp.
Luhmann, N., 1996, Die Realität der Massenmedien, Opladen: Westdeutscher Verlag.
Luhmann, N., 1997, Die Gesellschaft der Gesellschaft, Frankfurt/M.: Suhrkamp.
Luhmann, N., 2000, Die Politik der Gesellschaft, Frankfurt/M.: Suhrkamp.
Luhmann, N., 2000, Die Religion der Gesellschaft, Frankfurt/M.: Suhrkamp.
Luhmann, N., 2002, Das Erziehungssystem der Gesellschaft, Frankfurt/M.: Suhrkamp.

Baecker, D./Markowitz, J./Stichweh, R. (Hg.), 1987, Theorie als Passion, Frankfurt/M.: Suhrkamp.
Fuchs, P., 1992, Niklas Luhmann – beobachtet, Opladen: Westdeutscher Verlag.
Baraldi, C./Corsi, G./Esposito, E., 1997, Glossar zu Niklas Luhmanns Theorie sozialer Systeme, Frankfurt/M.: Suhrkamp.

BARBARA KUCHLER

Lukács, Georg (1885–1971)

1.

Lukács wurde in Budapest geboren und studierte dort, in Berlin (bei Georg Simmel) und in Heidelberg (bei Heinrich Rickert und Max Weber) u. a. Staats- und Literaturwissenschaften sowie Philosophie. Erst von Neukantianismus und Lebensphilosophie beeinflusst, engagierte sich Lukács zunehmend politisch, trat 1918 in die ungarische KP ein und wurde Volkskommissar in der Räterepublik. Nach dem Scheitern der Revolution von 1919 war er in der internationalen kommunistischen Bewegung aktiv. Ab 1933 lebte er in Moskau und arrangierte sich zunehmend mit dem real existierenden Sozialismus unter Stalin. Dies verteidigte Lukács trotz späterer Kritik am Stalinismus durch die Notwendigkeit des antifaschistischen Kampfes und der Parteidisziplin. 1944 wurde er Professor für Ästhetik und Kulturphilosophie in Budapest. Nach einem Zwischenspiel 1956 als Minister in der Regierung Nagy zog Lukács sich bald wieder zurück, setzte sich aber bis zu seinem Tod 1971 für eine demokratische Erneuerung des Sozialismus ein.

2.
Lukács' Werk wird gewöhnlich in drei Phasen eingeteilt.

2.1. Zur prämarxistischen Phase gehören *Die Seele und die Formen* (1911) und die *Theorie des Romans* (1916). Darin zielt Lukács auf eine von Weber und Simmel beeinflusste Kritik des entfremdeten und uneigentlichen modernen Alltagslebens. Kunst und Literatur stellen für ihn dabei zugleich Diagnose und Therapie der Zerrissenheit bereit. Lukács selbst spricht später von »romantischem Anti-Kapitalismus«. Auch seine Hinwendung zum Marxismus ist aber mit der Hoffnung auf eine revolutionäre Überwindung der Widersprüche der bürgerlichen Gesellschaft verbunden.

2.2. Das Hauptwerk der westlich-marxistischen Phase ist *Geschichte und Klassenbewusstsein* (1923), in dem Marx aus hegelianischer Perspektive nicht als Theoretiker objektiver Gesetzmäßigkeiten, sondern des revolutionären Bewusstseins und der Pathologien des Kapitalismus verstanden wird. Trotz Lukács' späterer Selbstkritik handelt es sich – neben den Arbeiten von Korsch und Gramsci – um einen Gründungstext des westlichen Marxismus, der sich gegen die ökonomistische und deterministische Orthodoxie formierte (vgl. Merleau-Ponty 1955, Kap. 2). Nach der feindlichen Aufnahme des Buches in der Partei bemüht sich Lukács, seine Stellung abzusichern – durch die 1924 veröffentlichte Studie über Lenin, eine zu seinen Lebzeiten nur parteiintern bekannte Verteidigungsschrift (vgl. Lukács 1925), und die Annäherung an Stalin.

2.3. Die Wirkung der Schriften des jungen Lukács kann durch die Alterswerke der orthodox-marxistischen Phase nicht wieder erreicht werden. In der posthumen *Ontologie des gesellschaftlichen Seins* werden die anorganische, organische und gesellschaftliche Seinsschicht unterschieden, wobei letztere durch teleologisch strukturierte Arbeit konstituiert wird – aus Lukács' Perspektive eine Revision der fälschlichen Identifikation von Verdinglichung und ›natürlicher‹ Vergegenständlichung durch Arbeit.

3.
Drei Themenkreisen aus *Geschichte und Klassenbewusstsein* kommt für die Entwicklung marxistischen Denkens und – eingeschränkt – für eine kritische Gesellschaftstheorie zentrale Bedeutung zu.

3.1. Eine methodologische Kernthese des jungen Lukács besagt, dass Positivismus und Empirismus mit ihrer Rede von ›Tatsachen‹ die Geschichtlichkeit und Veränderbarkeit der sozialen Wirklichkeit und der Auffassungen von ›Natur‹ verdecken. Die Alternative bildet eine Betrachtung, die einzelne Phänomene und Objekte als Momente der gesellschaftlichen Totalität versteht. Damit ist die Erwartung verbunden, die Dichotomien bürgerlichen Denkens – Subjekt/Objekt, Praxis/Theorie – überwinden zu können (vgl. Jay 1984, Kap. 2). Da das Proletariat das erste wirkliche Subjekt der Geschichte darstellt, ist soziale Erkenntnis alleine von seinem Klassenstandpunkt aus möglich – als Selbstbewusstwerdung. Der Marxismus wird deshalb als Philosophie der bewussten revolutionären Praxis gedeutet.

3.2. Der Kapitalismus verhindert diese Praxis, indem er seinen eigenen Totalitätscharakter verdeckt, ermöglicht sie aber zugleich, indem er das Proletariat hervorbringt. Im Anschluss an Marx' Analyse des Warenfetischismus im *Kapital* (die Entfremdungstheorie aus den *Ökonomisch-Philosophischen Manuskripten* war noch unbekannt) bestimmt Lukács Verdinglichung als die Angleichung sozialer Beziehungen zwischen Menschen an Beziehungen zwischen Dingen, die nicht durch individuelles oder kollektives Handeln beeinflusst werden können. Durch die Menschen selbst produzierte Verhältnisse treten diesen als fremde Macht gegenüber. Abstrakte Allgemeinheit und Kalkulierbarkeit durchziehen mit der Verselbständigung des Tauschwertes die gesamte Struktur der kapitalistischen Gesellschaft – und überformen damit auch die alltäglichen Lebensverhältnisse (vgl. Habermas 1981, 474ff.). Atomisierung und Standardisierung des Arbeitsprozesses verunmöglichen den Subjekten jegliche Individualität und führen zu einem entfremdeten, weil objektivierenden Selbst- und Weltverhältnis. Hier stellt sich die Frage, inwiefern eine Konzeption der menschlichen Natur und des guten Lebens als Maßstab der Kritik der Verdinglichung vorausgesetzt wird (vgl. Lohmann 1983; Dannemann 1987). Die Diagnose sozialer Pathologien, der Zerrissenheit in den Dimensionen des Selbstbezugs, des gesellschaftlichen Zusammenlebens und des Naturverhältnisses, scheint des normativen Vorgriffs auf Muster unverzerrter Vergesellschaftung zu bedürfen (vgl. Honneth 1986). Die Analyse der Verdinglichung stellt ein Musterbeispiel jener Grundoperation der Gesellschaftskritik dar, die scheinbar naturwüchsige soziale Verhältnisse als historisch und damit veränderbar aufweist.

3.3. Lukács unterscheidet ein objektives Klassenbewusstsein, das auf Grund der sozialen und ökonomischen Lage als objektive Möglichkeit zugeschrieben werden kann, von faktischen Meinungen und Interessen. Der Marxismus und die Partei sind als theoretische bzw. praktische Artikulationen des Selbstverständnisses des Proletariats zu verstehen, die dessen verdinglichtes Bewusstsein zum revolutionären Klassenbewusstsein befreien. Die leninistische Konzeption der Partei tritt an die Stelle spontaner Klassenaktionen, wobei für Lukács der ideologische Kampf um das Bewusstsein der Arbeiter eine zentrale Aufgabe der Partei bleibt. Dieser Bestandteil der Theorie ist auf Grund seiner legitimatorischen Funktion für die Partei und der Entkoppelung von der Zustimmung der Betroffenen heute freilich kaum mehr anschlussfähig.

4.

Lukács, G., 1925, A Defence of *History and Class Consciousness*, London: Verso 2002.

Lukács, G., 1962ff., Werke, Neuwied: Luchterhand.

Arato, A./Breines, P., 1979, The Young Lukács and the Origins of Western Marxism, New York: Seabury.

Dannemann, R., 1987, Das Prinzip Verdinglichung, Frankfurt/M.: Sendler.

Habermas, J., 1981, Theorie des kommunikativen Handelns, Frankfurt/M.: Suhrkamp 1995.

Honneth, A., 1986, Eine Welt der Zerrissenheit, in: ders., Die zerrissene Welt des Sozialen, Frankfurt/M.: Suhrkamp 1999.

Internationale Georg-Lukács-Gesellschaft (Hg.), 1996ff., Jahrbuch, Bielefeld: Aisthesis.

Jay, M., 1984, Marxism and Totality, Berkeley: University of California Press.

Jung, W., 1989, G. Lukács, Stuttgart: Metzler.

Lohmann, G., 1983, Authentisches und verdinglichtes Leben, in: Philosophische Rundschau 30.

Merleau-Ponty, M., 1955, Die Abenteuer der Dialektik, Frankfurt/M.: Suhrkamp 1968.

ROBIN CELIKATES

Luther, Martin (1483–1546)

1.

Martin Luthers Werk ist mit seinem Lebensweg und den kirchlichen und politischen Ereignissen, die er auslöste und die ihn betrafen, aufs engste verwoben. Luther entstammte einer aus dem Kleinbürgertum aufstrebenden Schicht und trat – nicht ohne Einfluss spätmittelalterlicher Frömmigkeitshaltung und in Form eines biographischen Bruchs – nach Abschluss seines Grundstudiums als Baccalaureus der artes liberales ins Erfurter Kloster der Augustiner-Eremiten, eines für Disziplin und Wissenschaftlichkeit renommierten Bettelordens, ein. Dort wurde er nicht nur zum Priester geweiht, sondern auch zum Studium der Theologie bestimmt, das er mit dem Doktorexamen, damals der universitären Lehrbefugnis, abschloss. An der Wittenberger Universität versah er ab 1512 – bis zu seinem Lebensende – die Professur für biblische Exegese. In der Auslegung der Bibel erarbeitete er sich ein neues, vertieftes Gottesverständnis, das Gott nicht als einen beurteilenden Richter, sondern als den sich den Menschen gnädig gebenden Gott verstand; das ist der Sinn des Evangeliums (daher später: evangelische Kirche). Dieses Verständnis des Evangeliums als unmittelbare, das heißt absolut gewissmachende Nähe Gottes, trug Luther nicht nur in seinen Vorlesungen vor. Er zog daraus auch praktische Konsequenzen für die gelebte Frömmigkeit, die ihn in Gegensatz zur altgläubigen Kirche brachten. Denn die Kirche sah sich in der vermittelnden Funktion, Gottes Gnade wie einen Schatz zu verwalten, in den Sakramenten zuzuteilen und damit den Menschen auf seinem weiteren religiös-moralischen Lebensweg zu stärken; sofern aber damit keine Gewissheit über das letzte Urteil Gottes verbunden war, blieb der gesamte Gnadenweg unter einem prinzipiellen Vorbehalt, gegen den man sich wiederum nur durch ein Vertrauen in die Zuverlässigkeit der kirchlichen Gnadenzuwendung wappnen konnte – ein offensichtlich selbstreferenzielles System. Zur ersten folgenreichen Auseinandersetzung kam es 1517 über den Ablass, das heißt über die Befugnis der Kirche, von ihr auferlegte Bußstrafen zu verwandeln oder nachzulassen, die von vielen Zeitgenossen als Vergebung der Sündenstrafen selbst aufgefasst wurde, was das selbstbezügliche Kirchenverständnis förderte. Sein Zug um Zug sich präzisierendes Verständnis des Evangeliums brachte Luther nicht nur in den wissenschaftlich argumentierenden Thesen gegen den Ablass zur Geltung, sondern auch in zahlreichen religiösen Erbauungsschriften zu den Sakramenten, zum Bibelverständnis sowie zu existenziellen Lebensfragen (so 1521 zum Widerspruch gegen die bindende Kraft der Mönchsgelübde). Das neue Verständnis des Evangeliums gestaltete sich zum religiösen Reformprogramm, das Auswirkungen nicht nur auf die Kirche, sondern auch auf das Gemeinwesen besaß. Das bringen Luthers bedeutende Schriften von 1520 zur Geltung: *Von der Freiheit eines Christenmenschen*; *Von der babylonischen Gefangenschaft der Kirche*; *An den christlichen Adel deutscher Nation von des christlichen Standes Besserung* (WA 6 und 7). Der Reichstag zu Worms 1521 bildete eine entscheidende Zäsur in Luthers Wirken; er machte ihn zu einer Person von historischer Bedeutung, weil hier die Frage des Bekenntnisses eines Einzelnen zu einer reichsöffentlich-rechtlichen Angelegenheit wurde; er beschränkte seinen Aufenthalt aber auch auf Kursachsen. Luther konnte daher im Folgenden nur durch seine Schriften und Briefe überregional wirken. Die Übersetzung der Bibel ins Deutsche ab 1521 legte den Grund für selbsttätig angeeignete Religion. Die Folgezeit brachte die Konsolidierung evangelischer Kirchen in einzelnen Territorien und Städten. Der Reichstag von Augsburg 1530 machte – nach dem Zusammenschluss evangelischer Fürsten und Städte 1529 zur Protestation gegen den Kaiser (daher: Protestanten) – den gescheiterten Versuch einer Vereinbarung zwischen den auseinanderstrebenden Kirchenwesen. Im Jahr von Luthers Tod 1546 kam es dann zum ersten einer Serie von Religionskriegen, die erst 1555 bzw. 1648 in Mitteleuropa zu Ende gingen.

2.

Die maßgebliche kritische Edition der Schriften Luthers ist die Weimarer Ausgabe, die von 1883–1982 erschien. Sie umfasst 61 Bände Werke (zit. als WA), 6 Bände Tischreden (zit. als WA.TR), 11 Bände *Die Deutsche Bibel* (zit. als WA.DB) und 18 Bände Briefe (zit. als WA.B); hinzu kommen noch im Erscheinen begriffene Registerbände. Einflussreich geworden sind von Luthers Schriften insbesondere die Bibelübersetzung als evangelischer Basistext, die Katechismen als evangelische Lehrbücher, die religiösen Traktate zu Lebensfragen als evangelische Lebensmuster, die Predigtsammlungen der Postillen als Exempel evangelischer Verkündigung. Hinzu kommt die Wirksamkeit Luthers als Professor der Wittenberger Universität, die zeitweise die bestbesuchte im Reich war, und als Ratgeber, der in Briefen Empfehlungen zu persönlichen, kirchlichen und politischen Fragen äußert.

3.

3.1. Luthers Theologie hat zahlreiche sozialtheoretische Implikationen. Seine theologische Grundeinsicht besteht darin, dass Gott sich in der Person Jesu Christi dem Menschen ganz und gar gibt, so dass sich der Mensch daraufhin ganz und gar Gott überlässt. Das heißt Glaube nach evangelischem Verständnis, also eine in Herz und Gewissen als Personmitte des Menschen wurzelnde Einigkeit mit Gott. Sofern der Mensch in dieses unmittelbare Gottesverhältnis aber erst gebracht werden muss und dahin auf keinen Fall von sich aus gelangen kann, kann der Vorgang auch als Rechtfertigung bezeichnet werden, durch die der Mensch Gott schlechterdings recht ist. Das setzt freilich eine Selbstunterscheidung im Menschen selbst voraus, nämlich zwischen sich als handelnder Person, die sich selbst aus ihren Handlungen erfährt und versteht, und dem eigentlichen Subjekt des Handelns, das allem Tun vorausliegt. Auf seine unvermeidliche Struktur als Handelnder wird der Mensch im Gesetz angesprochen (das bei Luther in einer unthematisierten Einheit von Naturrecht und Dekalog verstanden wird), das ihm freilich die Unmöglichkeit klar macht, hinter sich selbst als Handelnden zurückzukommen. Dagegen wird das Evangelium als eine solche Anrede Gottes verstanden, die den Menschen in seinem reinen Subjektsein so bestimmt, dass er in eine positive Beziehung zu Gott zu stehen kommt. Diese Doppelbestimmung menschlicher Existenz durch Gesetz und Evangelium vollzieht sich in religiösen Sprachhandlungen, die die Form von Forderung und Zusage mit letzter Überzeugungstiefe verbinden, indem beide Anredeweisen als Gottes Wort verstanden werden. Diese Selbstunterscheidung am Ort des humanen Subjekts bedingt eine Umstellung des ethischen Problems. Radikal anti-aristotelisch baut sich der Wert des Handelnden nicht über die Rückwirkung seiner Handlungen auf; vielmehr drückt sich die Bestimmtheit der Person in ihren Handlungen aus. Erfordert jene Variante des Ethischen die strenge Selbstzentrierung alles Handelns, so bringt diese ein geradezu unerhörtes Absehen von sich selbst zum Vorschein. Dass sich Gott dem Menschen gibt und dass der Mensch Gott im Glauben annimmt, hat zur Folge, dass sich nun auch Menschen (in ihrem Handeln) anderen Menschen geben und dass diese das Sich-Geben der einen durch eigenes Geben erwidern. Dergestalt baut sich im Glauben ein kommunitäres Netz reziproken Sich-Gebens auf, das die allseitigen (Überlebens-)Nöte der Menschen im Blick hat und durch gemeinsamen Austausch zu beheben sucht. Dabei wirkt der Glaube freilich insofern auch motivierend, als er die zunächst immer schon bestehende Ungleichheit der Ausgangspunkte als Anlass zum ausgleichenden Handeln nimmt. Dieser Vorgang der Selbstlosigkeit des Glaubens, die sich der Gewissheit des göttlichen Anerkanntseins des Selbst im Glauben verdankt, prägt das christliche Handeln im Einzelnen ebenso wie in gesellschaftlicher Solidarität. Der hier dargestellte Zusammenhang von Glauben und Handeln lässt sich am dichtesten in der Schrift *Von der Freiheit eines Christenmenschen* von 1520 studieren (WA 7; 20ff.); die Umsetzung in Handlungsformen anhand von Luthers Behandlung der Zehn Gebote im »Kleinen Katechismus« (WA 30 I; 423ff.). Der im Glauben implizierte Reziprozitäts- und Personalitätsgedanke fand in der Aufklärung seinen Widerhall in den Menschenrechten, ging aber im 19. Jahrhundert als religiöser Gedanke verloren bzw. wurde religionskritisch bestritten und umgeformt (Feuerbach, Marx); allerdings zehrte die Unbedingtheit dieser Umformungen noch immer vom religiösen Gestus.

Luther blieb es nicht verborgen, dass dieses egalitär-unmittelbare Modell sozialen Handelns bestimmter Bedingungen bedarf, die es bilden und aufrechterhalten. An dieser Stelle kommt Luthers Lehre von den »heiligen orden und rechte[n] stiffte[n]« (WA 26; 504, 30) in Betracht, also seine Institutionentheorie. Luther unterscheidet die Institution des Predigtamtes, der Ehe (Familie) und der weltlichen Obrigkeit (des Staates). Sie sind funktional, nicht ontologisch, zu verstehen. Dem Predigtamt obliegt es, den göttlichen Grund humanen Lebens zur Vorstellung zu bringen, also den Glauben zu verkündigen, der allein der Grund selbstlosen Handelns sein kann. Die Ehe als Geschlechterordnung und die Familie als Generationenfolge sind dazu bestimmt, in elementarer, generativ begründeter intersubjektiver Kommunikation Erfahrungen im Umgang mit Ungleichheit auszubilden, die auf Gegenseitigkeit hin ausgelegt wird; hier geschieht insofern moralische Bildung. Der Obrigkeit (nach heutigem Sprachgebrauch: dem Staat) kommt die Aufgabe zu, die zwangsbewehrten Grenzen für das kommunikativ-egalitäre Handeln zu sichern, also rechtlose Gewalt zu verhindern bzw. Frieden zu stiften und zu bewahren. Dabei unterliegt diesen Institutionen selbst ein Zug zur funktionalen Egalität, sofern das Predigtamt auf nichts anderes zielt als auf die gemeinsame unmittelbare Stellung aller Christen zu Gott (also das »Priestertum aller Gläubigen«), sofern die Rollen von Eltern und Kindern im Generationenübergang sich fortschreiben, schließlich sofern Obrigkeit sich durch gesetztes Recht auszeichnet, dem sie selbst auch unterworfen ist.

3.2. Luthers Theologie hat zudem zahlreiche politische Implikationen. Sein Reformprogramm versteht sich als eine spezifisch religiöse Intervention in die bestehende Welt auf theologisch reflektierter Grundlage. Da ihr Inhalt nichts anderes zu sein beansprucht als Gott selbst in seinem Wort (als Gesetz und Evangelium), ist das Auftreten der reformatorischen Bewegung einerseits als Aktion Gottes selbst aufzufassen, mittels derer er die Menschen und ihre Welt zu sich (nämlich ins reine Gottesverhältnis) zurückbringen will. Andererseits aber ist der Unterschied zwischen der reinen göttlichen Selbstvergegenwärtigung und dem menschlichen Handeln aufs deutlichste zu betonen, damit nicht humaner Aktivismus Gottes eigenes Handeln verstellt und damit um seinen Sinn bringt. Aus diesen beiden Hinsichten lässt sich das Grundkonzept von Luthers politischer Theorie entwickeln, die als unbedingt nötiges Implikat seiner Theologie, nicht jedoch als konstitutives Aufbaumoment derselben angesehen werden muss.

Sofern Gott in der menschlichen Verkündigung des Evangeliums selbst handelt, tut sich darin sein Kampf um die Herzen und Gewissen der Menschen gegen die vom Teufel bestimmte sündhafte Welt kund. Hier kommt aus augustinischer Tradition ein Moment der aktiven Auseinandersetzung zwischen regnum Dei und regnum diaboli zum Ausdruck; das ist ein dynamisches Verhältnis der zunehmenden Zurückdrängung des Teufels. Es gehört in der Tat zum hierin durchaus apokalyptisch getönten Vorstellungsinventar Luthers, dass er die Macht des Bösen als Teufel personalisiert und den Streit der zwei Reiche als endzeitliche Auseinandersetzung interpretiert.

Von diesem Kampfverhältnis der zwei Reiche ist die innere Verfasstheit des regnum Dei zu unterscheiden. Gott führt seinen Kampf um die Herzen und Gewissen der Menschen auf zweierlei Weise. Einmal und begründend durch sein Wort, also seine Selbstpräsentation in Jesus Christus, der Bibel und der Verkündigung. Sie zielt auf nichts als den Glauben als das reine Sich-Überlassen des Menschen an den ihm zuvorkommenden Gott. Dieses Verhältnis von Wort und Glaube ist rein sprachlich verfasst und vollendet sich gewissermaßen in einem Inbegriff herrschaftsfreier Kommunikation. Die Kirche als Institution der Verkündigung muss deshalb alles tun, um sich vor der Anwendung von äußerem Zwang, aber auch Gewissenszwang zu hüten. Diese unerbittliche Restriktion aber kann nur eingehalten werden, wenn andererseits dafür gesorgt ist, dass die Rahmenbedingungen der Verkündigung, nämlich Friede und Recht, gewährt sind. Diese Funktion nimmt die weltliche Obrigkeit wahr, die insofern als eine zweite Regierweise Gottes in seinem Reich gilt. Das funktionale Verständnis des Staates wiederum beschränkt diesen auf die Gewähr von äußerem Recht und Frieden – und spricht dem Staat das Recht ab, auf die Gewissen zuzugreifen. Insofern liegt in dieser Lehre von den zwei Regierweisen oder Regimenten Gottes der Ansatz zu einem weltanschauungsneutralen Staat, der sich den freien Gewissensentscheidungen der Bürger verdankt. Dem konfrontativ-dynamischen Verhältnis der zwei Reiche ist also ein komplementär-strukturelles Verhältnis der zwei Regimente eingeschrieben. V.a. die funktionale Unterscheidung und Zuordnung von geistlichem und weltlichem Regiment hat Luther in vielen Schriften und insbesondere Briefen theoretisch und praktisch eingeschärft – und damit das Selbstverständnis der Kirche, selbst und allein Gestalt des Reiches Gottes zu sein, negiert.

3.3. Luthers zum Teil anstößige Stellungnahmen zum Bauernkrieg, zum zeitgenössischen Judentum und zur Türkengefahr lassen sich als zeitbezogene Urteile entlang der Unterscheidungslinien seiner politischen Grundauffassung verstehen (Bräuer 1983; Mau 1983; Oberman 1983). Der Einspruch gegen die Bauern ging auf die Tatsache zurück, dass hier mittels äußerer Gewalt eine religiös-apokalyptische Position durchgesetzt, also die Unterscheidung der beiden Regimente unterlaufen werden sollte. Der Eroberungszug der Türken wurde einerseits als Unrecht gebrandmarkt, andererseits als Bußruf für die Christenheit gedeutet, ohne dass den Auseinandersetzungen eine religiös-ideologische Dimension beigemessen wurde. Die Wahrnehmung der Juden war zunächst von der Vermutung und Hoffnung bestimmt, das neu aufleuchtende Licht des Evangeliums müsse auch ihnen einleuchten; als sich diese Erwartung nicht erfüllte, gewann Luther den apokalyptisch gefärbten Eindruck, das Reich des Teufels stehe unmittelbar bevor. Das motivierte ihn dazu, spätmittelalterliche Stereotype der Judenfeindschaft in politische Forderungen der Verfolgung umzumünzen (v.d. Osten-Sacken 2002). Hier ist Luther der Gefahr einer historischen Positivierung des Zwei-Reiche-Schemas deutlich erlegen. Im Zusammenhang der Luther-Rezeption nach 1870 hat der zeitgenössische Antisemitismus sich der zwei einschlägigen Schriften Luthers bedient. Eine Herkunft des neuzeitlichen Antisemitismus von Luther ist zwar behauptet worden (Shirer; Jaspers), lässt sich aber angesichts eines verbreiteten Antijudaismus im Christentum nicht spezifisch nachweisen.

Der zentrale Einwand gegen Luthers Ethikbegründung lautet, dass der reine Glaube als solcher gestaltungsunfähig sei. Er ist nur dann zutreffend, wenn man unterstellt, der Glaube selbst müsse neue Institutionen schaffen. Er ist aber dann nicht zutreffend, wenn es dem Glauben darum geht, bestehende Verhältnisse der Ungleichheit in differenztolerante Gegenseitigkeitsverhältnisse zu transformieren. Daher setzt Luthers politische Theorie durchaus gegebene Institutionen voraus – und insofern ist sie in der Tat konservativ. Das schließt aber die Transformation gerade nicht aus; bloß lässt sich diese nicht durch Programme der Sozialreform bewerkstelligen, sondern ist Produkt der freien Gewissensbildung der Bürger.

3.4. In ihren historischen Konsequenzen haben die ethischen und politischen Theorien Luthers über lange Zeit hin als Bestätigung des Bestehenden gewirkt; das konservative Luthertum ist sprichwörtlich geworden. Sein Grundmangel ist darin zu sehen, dass mit einer übergreifenden christlichen Identität von Staatsbürger und Gläubigen gerechnet wird. Wenn diese Annahme wegfällt, dann tritt an die Stelle des religiös geprägten Gewissens die Verpflichtung auf die Menschenrechte. Ob und inwiefern diese Verpflichtung ohne religiöse Grundlage Bestand hat, muss die Zukunft zeigen.

4.

Luther, M., 2000ff., Werke, Sonderedition der Weimarer Ausgabe (1883–2000), Weimar: Böhlau (WA 1–61 Schriften; WA.B 1–17 Briefe; WA.DB 1–1 Deutsche Bibel; WA.TR 1–6 Tischreden).

Beutel, A. (Hg.), 2005, Luther Handbuch, Tübingen: Mohr Siebeck.

Bräuer, S., 1983, Luthers Beziehungen zu den Bauern, in: H. Junghans (Hg.), Martin Luther 1526–1546, Berlin: Evangelische Verlagsanstalt.

Duchrow, U., 1970, Christenheit und Weltverantwortung, Stuttgart: Klett.
Geyer, H.-G., 2003, Luthers Auslegung der Bergpredigt, in: ders., Andenken, Tübingen: Mohr Siebeck.
Herms, E., 1991, Theologie und Politik, in: ders., Gesellschaft gestalten, Tübingen: Mohr.
Korsch, D., 1997, Luther zur Einführung, Hamburg: Junius.
Mau, R., 1983, Luthers Stellung zu den Türken, in: H. Junghans (Hg.), Martin Luther 1526–1546, Berlin: Evangelische Verlagsanstalt.
Oberman, H. A., 1983, Luthers Beziehungen zu den Juden, in: H. Junghans (Hg.), Martin Luther 1526–1546, Berlin: Evangelische Verlagsanstalt.
Osten-Sacken, P. v. d., 2002, Martin Luther und die Juden, Stuttgart: Kohlhammer.
Sauter, G. (Hg.), 1973, Zur Zwei-Reiche-Lehre Luthers, München: Kaiser.
Schwarz, R., 1998, Luther, Göttingen: Vandenhoeck & Ruprecht.

Dietrich Korsch

Luxemburg, Rosa (1871–1919)

1.

Rosa Luxemburg wurde 1871 in Zamość (Russisch-Polen) geboren. Bereits als Schülerin schloss sich Luxemburg einem illegalen revolutionären Zirkel an. Um einer drohenden Verhaftung zu entgehen, emigrierte sie 1889 in die Schweiz. In Zürich studierte sie Nationalökonomie und promovierte 1897. Im selben Jahr siedelte sie nach Berlin über und engagierte sich umgehend in der deutschen Sozialdemokratie. Aufgrund ihres außergewöhnlichen rhetorischen und publizistischen Talents galt sie bald als eine geschätzte, aber auch gefürchtete Wahlkampfagitatorin und Publizistin in den Presseorganen der SPD. Luxemburg erhielt ein Parteitagsmandat und wurde Mitglied der II. Internationale. Bereits mit ihren frühen Schriften konnte sie sich als Exponentin des linken und revolutionären Flügels der SPD positionieren. Luxemburg suchte stets die theoretische und politische Konfrontation – v.a. innerhalb ihrer Partei. Neben Kritik an Eduard Bernsteins Revisionismus polemisierte sie gegen ihren engen Mitstreiter Karl Kautsky und kritisierte W. I. Lenin. 1905 nahm Luxemburg von Polen aus an der Russischen Revolution teil, wurde festgenommen und inhaftiert, kehrte aber 1906 wieder nach Deutschland zurück. Ab 1907 lehrte sie an der sozialdemokratischen Parteischule in Berlin Wirtschaftsgeschichte und Nationalökonomie. In dieser Zeit entstand ihr wissenschaftliches Hauptwerk zur marxschen ökonomischen Theorie. Der Beginn des Ersten Weltkrieges und die damit zusammenhängende Bewilligung von Kriegskrediten durch die sozialdemokratische Reichstagsfraktion wurden in Luxemburgs Broschüren und Artikeln emphatisch kritisiert. Den Großteil dieser Schriften verfasste sie in Gefängnis- und Schutzhaft. Luxemburgs massenwirksame Antikriegsagitation wurde als Gefährdung der Wehrbereitschaft der deutschen Arbeiterschicht angesehen. Nach ihrer Haftentlassung zählte Rosa Luxemburg zusammen mit Karl Liebknecht zu den führenden Persönlichkeiten des bereits während ihrer Haft gegründeten »Spartakusbundes«, aus dem wenig später die KPD hervorging. Nach der Niederschlagung des Januar-Aufstandes ermordeten Freikorps-Mitglieder Luxemburg zusammen mit Liebknecht am 15. Januar 1919.

2.

Rosa Luxemburgs Werk umfasst ein breites Spektrum an Themen. Ihre annähernd 400 Artikel, Reden und Monographien beschäftigen sich mit Fragen der politischen Taktik und Organisation der deutschen und der internationalen Arbeiterbewegung, mit der Frage des Nationalismus und mit Problemen der politischen Ökonomie. Besonders ihre zahlreichen Zeitungsartikel sind untrennbar mit dem historischen Kontext und den politischen und gesellschaftlichen Ereignissen ihrer Entstehungszeit verbunden. Aufgrund ihrer eindeutigen Kritik an der hierarchischen Parteikonzeption Lenins wurde Rosa Luxemburgs Werk lange Zeit unter dem Verdikt des »Luxemburgismus« als Irrlehre der offiziellen kommunistischen Parteidoktrin gegenübergestellt. Heute erfährt aber besonders Luxemburgs Imperialismustheorie im Rahmen des globalisierungskritischen Diskurses eine nachhaltige Renaissance.

3.

3.1. Luxemburgs Schrift *Sozialreform oder Revolution?* (1899) kritisiert Eduard Bernsteins Sozialismuskonzeption. Bernsteins Hauptthese von der Möglichkeit einer nicht-revolutionären Transformation der bürgerlich-kapitalistischen in eine sozialistische Gesellschaft aufgrund der Milderung der Klassengegensätze ausschließlich durch schrittweise parlamentarische und gewerkschaftliche Reformen lehnt Rosa Luxemburg entschieden ab. Kapitalistische »Anpassungsmittel« (Kreditwesen, Kartelle, verbesserte Verkehrswege) tragen, so Luxemburg, nicht dazu bei, die kapitalistischen Widersprüche zu entschärfen. Vielmehr würden sich die ökonomischen Krisen verstärken, und ein Zusammenbruch des Kapitalismus sei unausweichlich. Bernsteins taktischen Schlussfolgerungen stellt Luxemburg ihre These der dialektischen Bedingtheit von Reformen und revolutionärer Umgestaltung der Gesellschaft entgegen: Demokratischer Fortschritt und soziale Reformen hätten zwar einen Platz im Rahmen der »revolutionären Realpolitik«, dienten letztlich aber ausschließlich dazu, das Proletariat zum Bewusstsein seiner selbst und seiner Klasseninteressen zu bringen. Erst dann sei eine revolutionäre Erhebung der Arbeitermassen möglich. Als probates Mittel des revolutionären Kampfes propagiert Luxemburg den Massenstreik. In ihrer Schrift *Massenstreik, Partei und Gewerkschaften* (1906) verarbeitet sie ihre Erfahrungen der Russischen Revolution und verwirft Ansätze, die eine revolutionäre Aktion als eine durch Parteiorganisationen »machbare« und steuerbare Machtergreifung betrachten. Im Gegensatz dazu betont Luxemburg die Spontaneität der Massen, die zum historisch richtigen Zeitpunkt den revolutionären Umsturz einleiten würden. Ihre Theorie des Massenstreiks stellt auch ein leitendes Motiv ihrer Kritik an der Parteikonzeption Lenins dar, die sie in den Schriften *Organisationsfragen der russischen Sozialdemokratie* (1904) und *Die russische Revolution* (geschrieben 1918, publiziert 1922) formuliert. Prophetisch weist sie darauf hin, dass Lenins »Ultrazentrismus« und seine Konzeption der »revolutionären Avantgarde« zwangsläufig zu innerparteilicher Unterdrückung Andersdenkender und zu einer Entdemokratisierung der Arbeiterbewegung führen müsse.

3.2. Rosa Luxemburgs bedeutendster Beitrag zur marxschen ökonomischen Theorie ist ihre Monographie *Die Akkumulation des Kapitals. Ein Beitrag zur ökonomischen Erklärung des Imperialismus* (1913). Ausgehend von einer Kritik der Schemata der erweiterten Reproduktion im zweiten Band des *Kapitals* von Karl Marx erläutert Luxemburg, dass sich die kapitalistische Produktionsweise nur ausdehnen könne, wenn sie auch Abnehmer für denjenigen Warenanteil findet, in dem der durch Ausbeutung der Arbeitskraft erzeugte Mehrwert enthalten ist. In einer hoch entwickelten kapitalistischen Gesellschaft, die ausschließlich aus Kapitalisten und Arbeitern besteht, sei eine solche »Realisierung« des Mehrwerts und in der Folge eine erfolgreiche Akkumulation und Re-Investition des Mehrwerts zum Zweck der erweiterten Reproduktion allerdings unmöglich: Sowohl die Kapitalistenklasse als auch die Lohnarbeiter können die erforderliche Nachfrage nach den zusätzlichen abzusetzenden Waren nicht gewährleisten. Die den Mehrwert enthaltenden Waren müssen folglich außerhalb des kapitalistischen Wirtschaftssystems abgesetzt werden. Luxemburg zufolge ist dieser für die Realisierung des Mehrwerts notwendige Absatzmarkt in Gestalt der nicht-industrialisierten und nicht-kapitalistischen Weltregionen vorhanden. Der Imperialismus sei das Resultat der gewalttätigen Konkurrenz zwischen den europäischen Großmächten um diese Märkte in Afrika und Asien.

4.
Luxemburg, R., 2000, Gesammelte Werke, Berlin: Dietz.
Luxemburg, R., 2000, Briefe aus dem Gefängnis, Berlin: Dietz.
Luxemburg, R., 2001, Gesammelte Briefe, Berlin: Dietz.
Kinner, K. (Hg.), 2002, Rosa Luxemburg. Historische und aktuelle Dimensionen ihres theoretischen Werkes, Berlin: Dietz.
Laschitza, A., 2000, Im Lebensrausch, trotz alledem. Rosa Luxemburg, Berlin: Aufbau.
Flechtheim, O., 1986, Rosa Luxemburg zur Einführung, Hamburg: Junius.

CHRISTOPH HANISCH

Lyotard, Jean-François (1924–1998)

1.
Nach der Agrégation (1950) war der in Versailles geborene französische Philosoph Lyotard zunächst neun Jahre als Gymnasiallehrer u.a. in Constantine (Algerien) tätig. Vor und während seiner Assistentenzeit an der Sorbonne (1959–1966) gehörte Lyotard der marxistischen Gruppe »Socialisme ou Barbarie« um Castoriadis und Lefort an (vgl. Lyotard 1989). Ab 1966 unterrichtete er an den durch den Mai 1968 hochpolitisierten Pariser Hochschulen Nanterre und Vincennes, seit 1972 bis zu seiner Emeritierung 1987 als Professor an der Universität Paris VIII (Vincennes à St. Denis). Mit Derrida begründete Lyotard das interdisziplinäre Pariser Collège international de philosophie, er bekleidete zahlreiche Gastprofessuren und lehrte bis zu seinem Tod 1998 an verschiedenen US-amerikanischen Universitäten (u.a. Irvine, Yale, Emory).

2.
Lyotards Gesamtwerk steht im Zeichen des zunehmenden Zweifels an allen ideologischen Gewissheiten, der sich v.a. an politischen und ästhetischen Fragestellungen manifestiert. Ästhetik wird dabei sowohl in Bezug auf die Wahrnehmung im allgemeinen verstanden – wie schon das frühe Buch *Die Phänomenologie* (1954) zeigt – als auch auf die Kunst im engeren Sinne bezogen, etwa in der Habilitationsschrift *Discours figure* (1971). Das darin zum Ausdruck kommende Interesse an einer »figuralen« Ästhetik der Nicht-Repräsentation leitet – häufig unter dem Signum des »Erhabenen« (vgl. 3.3.) – auch Lyotards zahlreiche Gemeinschaftsarbeiten mit Künstlern sowie die Technologie-Ausstellung »Les Immatériaux«, die Lyotard 1985 im Centre Georges Pompidou organisierte.

Politisch kulminiert die Verabschiedung vom dogmatischen Marxismus 1974 in der *Ökonomie des Wunsches,* nach eigenem Bekunden ein Buch der »Verzweiflung«, das von den »Intensitäten« handelt, die beim Versuch von Kapitalismus wie Marxismus entstehen, das große »Zero« zu kaschieren, um das das neuzeitliche Denken kreist. Nach dem »Ende der großen Erzählungen« von Christentum, Emanzipation, Kapitalismus und Sozialismus, das 1979 *Das postmoderne Wissen* endgültig verkündet, steht die Frage der Gerechtigkeit im Zentrum von Lyotards Aufmerksamkeit. Ihr widmet sich 1983 *Der Widerstreit,* und sie prägt auch alle weiteren Arbeiten.

Obwohl sich Lyotards frühe, mittlere und späte Schriften in Sujet und Duktus extrem unterscheiden, wäre es unangemessen, von gänzlich voneinander abgetrennten Werkperioden zu sprechen: Unter verschiedenen Namen (Zero, Widerstreit, Undarstellbares, Erhabenes, »die Juden«, Nachträglichkeit, Präsenz) geht es Lyotard stets um ein Unvordenkliches, das sich den herkömmlichen Kategorisierungen entzieht.

3.

3.1. Mit dem *Postmodernen Wissen* wird Lyotard international bekannt. Entgegen den Missverständnissen, die dieses Buch hervorrief, intendiert Lyotard mit dem Terminus

»postmodern« nicht, eine Epoche »nach« der Moderne auszurufen, er hat lediglich ein »Redigieren« oder »Durcharbeiten« der Moderne anregen wollen, das der »Grundlagenkrise« der Gegenwart Rechnung trägt (vgl. Lyotard 1986).

3.2. Lyotards eigentliches philosophisches Interesse gilt weniger dem »Ende der großen Erzählungen« als dem Problem der Gerechtigkeit, das er in seinem sprachphilosophischen Hauptwerk *Der Widerstreit* in Anknüpfung an Kant und Wittgenstein systematisch ausarbeitet. Ein »Widerstreit« ist ein Konflikt »zwischen (wenigstens) zwei Parteien, der nicht angemessen entschieden werden kann, weil eine auf beide Argumentationen anwendbare Urteilsregel fehlt« (1983, 12). Wenn ein solcher Widerstreit wie ein gewöhnlicher Rechtsstreit behandelt wird, für den eine solche Urteilsregel vorhanden ist, widerfährt dabei (wenigstens) einer der beteiligten Parteien Unrecht. Da nach dem Ende der großen Erzählungen »eine universale Urteilsregel in bezug auf ungleichartige Diskursarten im allgemeinen fehlt« (ebd.), kann sich der Widerstreit an jedem Satz, der als »Ereignis« verstanden wird, entzünden. Mit dem Aufweis der Inkommensuralibität der Diskursarten will Lyotard für ein Unrecht sensibilisieren, das nicht nur in den einer scheinbar allgemeinen Urteilsregel folgenden »großen Erzählungen«, sondern auch in einer am Konsens orientierten Philosophie strukturell angelegt ist. Aufgabe der Philosophie ist es, ein Idiom zu finden, das den Widerstreit an den Grenzen der Diskursarten bezeugt, um bis dato unausgesprochenes Unrecht explizit zu machen.

3.3. Diese Aufgabe teilt der Philosoph mit dem modernen Avantgardekünstler, der mit Anspielungen auf Undarstellbares den Reflexionshorizont des Betrachters erweitert und dessen Arbeit Lyotard über Barnett Newman, Edmund Burke und v.a. Kant einer dem »Ereignis« verpflichteten Ästhetik des Erhabenen zuordnet (vgl. Lyotard 1988b).

3.4. Die auf Dissens zielende Philosophie der Gerechtigkeit gegenüber dem Heterogenen versteht Lyotard als politische Aufgabe »abseits derer der ›Intellektuellen‹ [im Stile Sartres] und Politiker« (Lyotard 1983, 12). Trotz scheinbarer Übereinstimmungen setzt sich Lyotard mit seinem Verständnis des »Ereignisses« von Heidegger ab, der in seinem »griechischen« Versuch, an die Seinsvergessenheit zu erinnern, das Unvordenkliche verfehlt, für das bei Lyotard u.a. »die Juden« stehen (vgl. Lyotard 1988a).

4.

Lyotard, J.-F., 1954, Die Phänomenologie, Hamburg: Junius 1993.
Lyotard, J.-F., 1971, Discours, figure, Paris: Klincksieck.
Lyotard, J.-F., 1974, Die Ökonomie des Wunsches, Bremen: Impuls 1984.
Lyotard, J.-F., 1979, Das postmoderne Wissen, Wien: Passagen 1986.
Lyotard, J.-F., 1983, Der Widerstreit, München: Fink 1987.
Lyotard, J.-F., 1986, Grundlagenkrise, in: Neue Hefte für Philosophie 26.
Lyotard, J.-F., 1988a, Heidegger und »die Juden«, Wien: Passagen.
Lyotard, J.-F., 1988b, Das Inhumane, Wien: Passagen 1989.
Lyotard, J.-F., 1989, La guerre des Algériens, Paris: Galilée.

Reese-Schäfer, W., 1988, Lyotard zur Einführung, Hamburg: Junius.
Sfez, G., 2000, Jean-François Lyotard, Paris: Galilée.
Williams, J., 2000, Lyotard and the Political, London: Routledge.

Christine Pries

M

Machiavelli, Niccolò (1469–1527)

1.

Niccolò Machiavelli wurde in Florenz geboren. Nach einer Ausbildung in den *studia humanitatis* folgte er der Familientradition und suchte eine Beschäftigung in der *Signoria,* der politischen Verwaltung der Stadt. 1498 wurde er von der Florentiner Bürgervertretung zum *Segretario della Repubblica* gewählt und zum Vorsteher der Zweiten Kanzlei ernannt, die sich mit militärischen Angelegenheiten und außenpolitischen Beziehungen befasste. In dieser Zeit bemühte sich Florenz seit langen Jahren erfolglos um eine Rückeroberung Pisas und seines ökonomisch überaus wichtigen Seehafens. Dass dies 1509 gelang, war nicht zuletzt Machiavelli zu verdanken, der die Regierung zuerst für die Idee einer Volksmiliz gewann und sodann ein florentinisches Volksheer aufbaute und seinen Unterhalt organisierte. Diese Tätigkeit in der Militärverwaltung wurde durch zahlreiche militärdiplomatische Missionen unterbrochen, die Machiavelli u.a. an den Hof des französischen Königs, ins Tiroler Kriegslager Maximilians I. und immer wieder in das Feldlager Cesare Borgias führten. Nach dem Sieg der Heiligen Liga des Papstes über Frankreich kamen die Medici nach Florenz zurück. Die republikanische Regierung Soderinis wurde gestürzt und Machiavelli verlor alle Ämter. Im Frühjahr 1513 wurde er gar wegen des Verdachts der Beteiligung an einer Verschwörung verhaftet, gefoltert und ins Gefängnis geworfen. Nach seiner Entlassung im Rahmen einer allgemeinen Amnestie wurde er aus Florenz verbannt. Im Frühsommer 1513 zog er mit seiner Familie auf ein kleines ererbtes Landgut in Sant' Andrea bei San Casciano im Hinterland von Florenz. Die erzwungene Muße verbrachte er mit Schriftstellerei.

2.

Zuerst entstand ein »Werkchen de principatus« (GS, Bd. 5, 407). Es sollte dem verstoßenen Sekretär die Aufmerksamkeit und Gunst der neuen Herren von Florenz verschaffen und ihm wieder zu Ansehen und politischer Tätigkeit verhelfen. Es dokumentiert zu diesem Zweck nicht nur Machiavellis erfolgreiches »Studium der Staatskunst« (ebd., 409), sondern trug den »Herren Medici« auch die schmeichelnde Rolle der Befreier Italiens von den Barbaren an. Erst 1532, fünf Jahre nach dem Tod des Autors, ist diese Arbeit gedruckt worden, und erst jetzt erhielt sie den Titel, den alle Welt kennt, *Der Fürst* (*Il Principe*), ein Büchlein von nicht ganz 100 Seiten, über Jahrhunderte hinweg in den Giftschrank gesperrt und erst 1890 vom *Index librorum prohibitorum* gestrichen. Wohl um 1519 hat Machiavelli das republikanische Gegenstück dieser prinzipatsorientierten Politikberatung fertig gestellt, die *Discorsi. Erörterungen über die erste Dekade des Titus Livius* (dt. auch unter dem Titel *Discorsi. Gedanken über Politik und Staatsführung*). Dieses Werk bietet einen Traktat über republikanische Politik im Gewand einer locker kommentierenden Anknüpfung an das historiographische Riesenwerk Livius' *De urbe condita*. Seinen Zeitgenossen war Machiavelli keinesfalls als politischer Schriftsteller, sondern als Komödiendichter bekannt. Insbesondere die 1520 in Florenz uraufgeführte und auch heute noch gelegentlich gespielte *Mandragola* (GS, Bd. 5) wurde vom Publikum sehr geschätzt. Machiavelli hat auch Reimchroniken, Versdichtungen und Novellen verfasst. Von besonderem Interesse sind seine *Capitoli*, allegorische Gedichte, die vom Ehrgeiz, vom Glück, von der Gelegenheit handeln. In ihnen fasst Machiavelli die Leitmotive seiner politischen Handlungslehre in Terzinenform. Mit dem großen republikanischen Dialog *Über die Kriegskunst* (GS, Bd. 2) wendet sich Machiavelli 1519/20 wieder der Politik und den Bedingungen erfolgreicher Staatskunst zu. Er handelt ausführlich von der militärischen und politischen Überlegenheit der Volksmiliz gegenüber dem Söldnerwesen, von den positiven politischen Auswirkungen eines militärisch selbstmächtigen Volkes und von der militärischen und politischen Vorbildlichkeit der Römer. Seine letzte große Arbeit zeigt Machiavelli als Historiographen Florenz' im Auftrag der Medici. Die *Istorie fiorentine* (*Geschichte von Florenz*; GS, Bd. 4), die er 1525 seinem Auftraggeber überreichte, folgen dem Vorbild der antiken und humanistischen Historiographie und reichern den nach modernen Maßstäben höchst unzuverlässigen Geschichtsbericht mit pragmatischen Reflexionen und fiktiven Reden der handelnden Personen an. 1525 wurde Machiavelli offiziell politisch rehabilitiert. Ihm war es jedoch nicht vergönnt, zur politischen Tätigkeit in verantwortungsvoller Position zurückzukehren. Die Bürger von Florenz hatten die Niederlage der päpstlichen Liga durch die kaiserlichen Truppen zum Anlass genommen, sich der Herrschaft der Medici zu entledigen und die alte republikanische Verfassung wieder in Geltung zu setzen. Machiavelli, der jetzt in dem Ruf stand, ein Sympathisant der Medici zu sein, wurde jedes Amt verwehrt. 1527 starb er an den Folgen einer Krankheit.

3.

3.1. Machiavellis *Principe* setzt sich in einen ausdrücklichen Gegensatz zur gesamten Tradition der Fürstenspiegelliteratur. Er verabschiedet den ethischen Normativismus aus der Betrachtung politischer Fragen und führt einen von allen Wertbindungen gelösten politischen Realismus und Pragmatismus in die politische Literatur ein. Die Aufgabe eines Rates der Fürsten darf nicht sein, ein vollkommenes Menschen- und Herrscherbild zu entwerfen und ungeachtet der moralisch spröden Realität zu seiner Umsetzung aufzufordern. Wenn der Weltlauf und die Tugend auseinanderklaffen, ist der Fürst auf den Weltlauf vorzubereiten, damit er sich politisch behaupten kann und den erforderlichen Sachverstand erhält, um in der Wirklichkeit seine politischen Ziele durchsetzen zu können. Die sittliche Politik der vormachiavellischen Zeit kannte Macht als unerlässliches Herrschaftsinstrument, das stets eingebunden war in einen ethisch definierten Handlungsrahmen und Aufgabenbereich. Ihr Protagonist war nicht der machtbewusste und die Gewalt selbstverständlich handhabende Princeps, sondern der Herrscher, der wegen seiner Tugendhaftigkeit, seiner gerechten Herrschaftsausübung und gesetzgeberischen Weisheit der Macht gar nicht bedarf, der die ihm obliegenden Ziele der politischen Integration des Gemeinwesens und des Glücks der Gemeinschaft allein aufgrund seiner überragenden menschlichen Qualitäten und vollkommen ausgebildeten Tugenden ins Werk zu setzen weiß. Bei Machiavelli hingegen zielt alles auf die Bewahrung und Steigerung der Handlungsmächtigkeit des Fürsten, damit auf eine rückhaltlose Affirmation der Macht und eine Enttabuisierung der Gewalt. Sein *Principe* ist von der politischen Notwendigkeit des Besitzes überlegener Macht und ihres konsequent-rücksichtslosen Einsatzes für die Verwirklichung der politischen Ziele der Selbsterhaltung und Herrschaftsstabilisierung geradezu durchdrungen. Er begreift die gewaltverwurzelte und um Legitimation völlig unbesorgte Macht als das politische Mittel schlechthin: Macht ist im Politischen, was das Geld im Ökonomischen ist, das sich selbst verewigende Mittel, das dem ihm ursprünglich zugeordneten Gebiet die originären Zwecke austreibt und seine eigene Kontinuierung an die Stelle der Verfolgung der Zwecke setzt, zu deren erfolgssicherer Betreibung es ursprünglich eingesetzt wurde (vgl.

Kersting 1988a; Kersting 1988b). Diese Instrumentalisierungslogik verlangt neben der Enttabuisierung der Gewalt auch den klugen Einsatz von List und Schein. Nicht der wirkliche Besitz der Tugenden, so Machiavellis berühmte herrschaftstechnische Korrektur der tugendethischen Unterweisung der Prinzenerzieher aus dem 18. Kapitel des *Principe*, garantiert die Sicherung der politischen Güter, sondern der Glaube der anderen, man sei im Besitz dieser Tugenden. Was Milde, Treue, Barmherzigkeit, Wahrhaftigkeit, Aufrichtigkeit, Gerechtigkeit und Frömmigkeit angeht, so ist es für einen Herrscher keinesfalls notwendig, »alle die vorgenannten guten Eigenschaften [...] in Wirklichkeit zu besitzen; doch muß er sich den Anschein geben, als ob er sie besäße. Ja, ich wage zu behaupten, daß sie schädlich sind, wenn man sie besitzt und stets von ihnen Gebrauch macht, und daß sie nützlich sind, wenn man sich nur den Anschein gibt, sie zu besitzen« (Machiavelli 1532, 73). Nicht nur ein Gewaltvirtuose muss der machiavellische Fürst sein, auch ein »Meister in der Heuchelei und Verstellung (gran simulatore e disimulatore)« (ebd., 72). Da Tugendhaftigkeit im öffentlichen Bewusstsein eine positive Bewertung erhält, ist es unverzichtbar, moralische Imagepflege zu betreiben und den Schein der Tugendhaftigkeit zu befestigen; es ist für jeden Herrscher wichtig, das öffentliche Bewusstsein auf seiner Seite zu haben. Die wirkliche, Handlungsgewohnheiten und Einstellungen ausbildende Tugendhaftigkeit ist für den Politiker machiavellischen Zuschnitts jedoch schädlich. Sie nimmt ihm seine Beweglichkeit, sie schränkt den Spielraum nützlichen Handelns ein und vermindert dadurch die Handlungsmächtigkeit. Allein um Handlungsmächtigkeit geht es, nicht um moralische Seinsqualität. Machiavelli hat das tugendethische Paradigma der Seins- und Charakterbildung abgelöst durch das technische Paradigma der Könnenssteigerung und damit in letzter Konsequenz Charakterlosigkeit zur subjektiven Erfolgsbedingung politischen Handelns erklärt. Charakterlosigkeit ist hier nicht im moralisch pejorativen Sinn zu verstehen, sondern wörtlich zu nehmen, als habituelle Offenheit, die eine pragmatische Äquidistanz zum Guten wie zum Bösen ermöglicht und damit dem politischen Ziel das denkbar größte Handlungsrepertoire zur Verfügung stellen kann. Zumeist wird die Konsequenz und nüchterne Selbstverständlichkeit missachtet, mit der Machiavelli diese Ausgrenzung der Moral aus der Welt des Politischen betrieben hat, wird sein Desinteresse an der moralischen Welt, sein systematischer Amoralismus unterschätzt. Machiavelli ist kein »Lehrer des Bösen« (Strauss 1958, 9), sein Herrscher besitzt keine »Teufelsähnlichkeit« (Sternberger 1978, 230). Man kann den machiavellischen *homo politicus*, der sich durch strikte pragmatische Äquidistanz zum Guten wie zum Bösen auszeichnet, nur als transmoralische, pragmatisch-technische Figur, als herrschaftstechnischen Könner charakterisieren, nicht als Widerpart und Widersacher des Guten, nicht als Dämon.

3.2. In einer Zeit, in der sich der Renaissancerepublikanismus dem Ende zuneigte, leistet Machiavelli mit den *Discorsi. Erörterungen über die erste Dekade des Titus Livius*, dem Dialog *Über die Kriegskunst* und der *Geschichte von Florenz* einen eigenwilligen Beitrag zum Bürgerhumanismus, der einerseits an überlieferte Anschauungen und Wertüberzeugungen anknüpft und andererseits charakteristische Umgewichtungen und Neuerungen aufweist (vgl. Pocock 1975; Bock/Skinner/Viroli 1990). Die Republik ist für Machiavelli ein Hort der Freiheit. Denn in ihr sind alle Formen personaler Herrschaft verschwunden; die Abhängigkeit von einem herrscherlichen Willen ist durch die Herrschaft der Gesetze, Einrichtungen und Sitten ersetzt worden. Eine Alleinherrschaft, so führen die *Discorsi* aus, verderbe ein Volk nachhaltig für die Freiheit; unter einer Alleinherrschaft verlerne es, die Freiheit zu würdigen und mit ihr umzugehen, so dass es, einmal von günstigen Umständen in Freiheit gesetzt, sich nicht zu behaupten verstehe und leichte Beute für jeden gerade vorbeiziehenden Eroberer werde. Die Knechtschaft drücke die Menschen, mache sie mutlos; im

Freiheitsklima der Republik jedoch blühten sie auf, hier fänden sie Sicherheit und Zukunftsmut. Man meint geradezu, in Machiavellis Republiklob liberale Töne zu vernehmen, wenn da von der »comune utilità del vivere libero« die Rede ist und dieser allgemeine Nutzen des freien Lebens darin erblickt wird, »daß man frei und ohne Sorgen sein Eigentum genießen kann, daß man nicht für die Ehre seiner Frau und seiner Kinder zu bangen und nicht für die eigene Person zu fürchten braucht« (Machiavelli 1531, 58). Obwohl Machiavelli im Partikularismus die Ursache von Korruption und Ordnungszerfall erblickt und wie alle Republikaner vor und nach ihm den egoistischen Kampf von Familien und sozialen Gruppen um Ämter und Macht für die sittlich-politische Dekadenz verantwortlich macht, beruht sein republikanisches Konzept keinesfalls auf dem Grundsatz strikter sozialer Homogenität. Anders als die Idealstaatsvorstellungen Platons und Aristoteles', anders als die republikanischen Ideale von Bruni, Patrizi, Guicciardini und den anderen Bürgerhumanisten kennt Machiavellis Republik den sozialen Konflikt und bejaht ihn als politisch nützliches und sittlich belebendes Element (vgl. Vatter 2000). Sein Republikanismus verlangt nicht die Harmonisierung aller Gegensätzlichkeit. Er entwickelt vielmehr ein politisches Instrumentarium zur Regulierung der Konflikte. Gerade darin zeigt sich die politische Lebens- und Überlebensfähigkeit eines Gemeinwesens, dass es eine Verfassungsordnung finden kann, die den sozialen Antagonismus durch geeignete Institutionen zu entspannen weiß, ihn auf ein sozialverträgliches Maß eindämmen kann und seine Energien zur Stabilisierung der Gesamtordnung zu nutzen vermag. Es ist illusionär, auf konfliktvergessene arkadische Einmütigkeit zu hoffen; es ist realistisch, von konfliktträchtigen Spannungen in der Gesellschaft auszugehen und nach konstitutionellen Mitteln zu suchen, sie ordnungspolitisch zu beherrschen.

Der Bürger Machiavelli verabscheut den Tyrannen, aber er misstraut auch tief dem König. Die Figur des gerechten Königs spielt in seinem politischen Denken keine Rolle. Jede Alleinherrschaft, auch die sich selbst bindende, birgt in sich die Möglichkeit zur tyrannischen Perversion. Machiavellis Verehrung gilt dem Gründungsheros der Politik, dem Nomotheten, der seine Macht benutzt, um eine republikanische Ordnung zu gründen und die Menschen zu Bürgern zu erziehen. Er schlägt gleichsam die Brücke vom *Principe* zu den *Discorsi*, er ist ein ›Krisengewinnler‹ in bester ordnungspolitischer Absicht. So ein Gründer ist selten, muss er doch gewöhnlich einander ausschließende Persönlichkeitsmerkmale, Charakterzüge und Fähigkeiten in sich vereinigen, muss er zugleich zu machtpolitischer Rücksichtslosigkeit fähig sein und eine feste konstitutionalistische Gesinnung besitzen, die durch keine erhaltungsnotwendige Schändlichkeit beschädigt werden kann. Nicht jeder, der sich in der Krise uneingeschränkte Macht zu verschaffen weiß, taugt zum Innovator, besitzt die spezifische Selbstlosigkeit, die nur aus der leidenschaftlichen Verfolgung des politischen Ziels erwächst und die ebenso selbstverständlich die individuelle moralische Integrität opfert, wenn die politische Klugheit Verwerfliches verlangt, wie auf die absolute Macht zugunsten der Einrichtung eines selbsterhaltungsfähigen Gemeinwesens verzichtet, wenn es an der Zeit und politisch geboten ist. Ein hervorragendes Mittel politischer Ordnungsstiftung und Einheitssicherung ist die Religion. Machiavelli ist ebenso wenig wie die klugen Gründungsheroen an der Wahrheit der Religion interessiert. Ihn schert auch nicht ihre existentielle Bedeutung für die Gläubigen. Er erblickt in ihr nur ein unverzichtbares politisches Werkzeug, das ständiger Pflege bedarf. Durch geschickte Benutzung menschlicher Gottesfurcht lässt sich die Bindewirkung von Versprechen und Eiden erhöhen, kann man militärische Disziplin verstärken, Tapferkeit erhöhen, auch Vertrauen einflößen. Die legitimationsspendende Rückführung menschlicher Einrichtungen auf göttliche Willensakte und Ratschläge erlaubt eine risikolose Einführung von Institutionen und Gesetzen; die Akzeptanz- und Gehorsamsbereitschaft der

Bürger ist ohne jede Überzeugungsanstrengung gesichert. Die politische Klugheit muss daher die Allianz mit dem Übernatürlichen suchen.

4.

Machiavelli, N., 1531, Discorsi. Gedanken über Politik und Staatsführung, Stuttgart: Kröner 1977.
Machiavelli, N., 1532, Il Principe/Der Fürst, Stuttgart: Reclam 1986.
Machiavelli, N., Gesammelte Schriften in fünf Bänden, München: Müller 1925 (zitiert als GS).

Bock, G./Skinner, Q./Viroli, M. (Hg.), 1990, Machiavelli and Republicanism, Cambridge: Cambridge University Press.
Hoeges, D., 2000, Niccolò Machiavelli, München: Beck.
Hulliung, M., 1983, Citizen Machiavelli, Princeton: Princeton University Press.
Kersting, W., 1988a, Handlungsmächtigkeit. Machiavellis Lehre vom politischen Handeln, in: Philosophisches Jahrbuch 95.
Kersting, W., 1988b, Niccolò Machiavelli, München: Beck.
Mansfield, H. C., 1996, Machiavelli's Virtue, Chicago: University of Chicago Press.
Münkler, H., 1982, Machiavelli, Frankfurt/M.: Fischer.
Münkler, H./Voigt, R./Walkenhaus, R. (Hg.), 2004, Demaskierung der Macht. Niccolò Machiavellis Staats- und Politikverständnis, Baden-Baden: Nomos.
Pitkin, H. F., 1984, Fortune is a Woman. Gender and Politics in the Thought of Niccolò Machiavelli, Berkeley: University of California Press.
Pocock, J. G. A., 1975, The Machiavellian Moment, Princeton: Princeton University Press 2003.
Skinner, Q., 1981, Machiavelli, Hamburg: Junius 2001.
Sternberger, D., 1978, Drei Wurzeln der Politik, Frankfurt/M.: Insel.
Strauss, L., 1958, Thoughts on Machiavelli, Glencoe: Free Press.
Vatter, M., 2000, Between Form and Event. Machiavelli's Theory of Political Freedom, Dordrecht: Kluwer.

Wolfgang Kersting

Macht

1.

Im allgemeinsten Sinne bedeutet Macht, etwas bewirken zu können. Die Machtbeziehung ist somit eine kausale Relation. Gegenüber verwandten Begriffen wie »Einfluss«, »Kraft«, »Stärke«, »Autorität«, »Herrschaft« und »Gewalt« ist der Machtbegriff nicht klar abgegrenzt. Ähnliche Unschärfen bestehen in anderen Sprachen. Entsprechend zahlreich sind die alltagssprachlichen Verwendungskontexte des Machtbegriffs. So kann man vor »der Macht der Verhältnisse« resignieren, »einer Sache mächtig« sein oder auch einen Machtträger selbst als eine »Macht« bezeichnen, wenn das ihm zukommende Wirkungsvermögen besonders ausgeprägt ist: In diesem Sinne kann ein Staat »(Super-)Macht« genannt werden oder mögen übernatürliche Wesen »Mächte« heißen.

Genauere Begriffsbestimmungen unterscheiden sich u. a. danach, ob Macht als ein (generalisiertes) Vermögen eines Machtträgers oder als ein (spezifisches) Attribut (ggf. lediglich sozialer) Beziehungen konzipiert wird, als ein Null- oder ein Positivsummenkonzept, ob sie über oder mit anderen ausgeübt wird und ob sie prima facie positiv oder negativ zu bewerten ist (vgl. Wrong 1995). Angesichts dieser teils konträren Auffassungen existiert auch in Philosophie und Wissenschaft keine unstrittige Begriffsdefinition. Gleichwohl gilt doch die Bestimmung Max Webers als klassisch. Weber gibt Macht die spezifischere Bedeutung eines sozialen Wirkungsvermögens. Weil er Macht als »soziologisch amorph« begreift, lässt er offen, wem dieses Vermögen zukommt, was es bewirkt und welche Ressourcen es erfordert, und bestimmt den Begriff formal als »jede Chance, innerhalb einer sozialen Beziehung den eigenen Willen auch gegen Widerstreben durchzusetzen, gleichviel worauf diese Chance beruht« (Weber 1922, 28).

2.

So umfangreich die Geschichte des Machtbegriffs auch ist, so spärlich sind vor der Herausbildung der modernen Sozialwissenschaften die Versuche einer Begriffsdefinition. Zwar haben schon Platon und Aristoteles eine systematische Analyse von *dynamis* als der das Sein von Dingen definierenden Eigenschaft, eine Wirkung hervorrufen (oder erfahren) zu können, unternommen. Vorrangig aber finden sich Erörterungen über menschliches Machtstreben und Erfahrungen der Übermächtigung. Dabei entwickelt sich das Machtvokabular geschehnisgebunden und löst sich nur langsam aus dem Verwendungskontext von Herrschaftsbeziehungen. In der Scholastik kommt es sodann zu Versuchen, einzelne Begriffe der Wortfamilie gegeneinander abzugrenzen; und bei Thomas Hobbes schließlich mündet die begriffliche Reflexion in der Definition von Macht als einer strikten Ursache-Wirkungs-Beziehung, die ganz im Sinne des physikalischen Kausalitätsverhältnisses verstanden und in Analogie zur Bewegungskraft erläutert wird. Aber erst nach der Herausbildung der modernen Sozialwissenschaften wird die Frage nach einem angemessenen Verständnis des Machtbegriffs zu einem kontinuierlichen Thema wissenschaftlicher Auseinandersetzung.

Begriffsgeschichtlich lässt sich nicht nur die Formalisierung, sondern auch die Entnormativierung des Machtbegriffs beobachten (vgl. Faber/Meier/Ilting 1982). Besonders deutlich wird dies am Verhältnis von Macht und Gewalt. Maßgeblich war lange Zeit die römische Unterscheidung von »potestas« (rechtliche Verfügungsgewalt) und »potentia« (Machtmittel). Erst im Spätmittelalter und insbesondere seit der Reformation wird »Gewalt« (violentia) zunehmend zum Gegenbegriff zu »Recht«. Abgesehen von wenigen Ausnahmen wie z.B. »Amtsgewalt« hat der Begriff der Gewalt heute die Bedeutung legitimer Macht verloren. Indessen hat sich das Bedeutungsfeld des Machtbegriffs im Sinne einer entnormativierten, empirischen Kategorie erweitert. Damit verbunden ist eine Verlagerung des begrifflichen Fokus: Spätestens in Machiavellis Analyse von Machttechniken und -strategien steht die Wirkung und nicht der Ursprung von Machtbeziehungen im Zentrum. Nicht, dass das Problem der Legitimität von Machtbeziehungen damit weniger Aufmerksamkeit erlangte; allein, der enge Zusammenhang von Macht und Anerkennung lockert sich: Macht muss nicht anerkannt sein und nicht einmal nach Anerkennung streben. In diesem Sinne kann dann Weber »Herrschaft« im Gegensatz zur Macht qua Interessenkonstellation als jene Unterform von Macht analysieren, die auf Autorität (qua Geltungsgründen traditionaler, charismatischer oder legal-rationaler Art) beruht.

3.

3.1. Die Formalisierung und Entnormativierung des Machtbegriffs hat dazu geführt, dass begriffliche Fragen und Probleme der Legitimität von Machtverhältnissen heute weitgehend unabhängig voneinander diskutiert werden. Gleichwohl gründet die Intensität der begrifflichen Debatten in den jeweils wenigstens impliziten normativen Konnotationen: Was als Machtbeziehung identifiziert ist, steht unter Legitimitätsdruck. Aus dieser Überzeugung speist sich bis heute das Erkenntnisinteresse der Soziologie der Macht. Mit der soziologischen Frage nach dem Ort der Macht – »Wer verfügt über Macht? Wo ist Macht gesellschaftlich konzentriert?« – beginnt der Diskurs der Macht in den modernen Sozialwissenschaften. Dieser Frage liegt die Einsicht zugrunde, dass die Konzentration der Macht im Staat in der Moderne in zweierlei Hinsicht nachhaltig unterminiert worden ist. Zum einen hat sich mit dem kapitalistischen Markt eine staatsfreie Sphäre entwickelt; zum anderen hat der Staat keine Kontrolle über die Dispositionen der Individuen, von denen er im Zuge von Demokratisierungsprozessen zunehmend abhängig geworden ist.

Eine ursprünglich marxistische Forschungsrichtung versucht, ökonomisch potente Akteure und wirtschaftliche Entscheidungsträger – und nicht die politischen Amtsinhaber – als die eigentlichen Machthaber in der Gesellschaft zu entlarven. Dagegen zielen die für die frühe Politische Soziologie prägenden elitentheoretischen Autoren im

Rahmen einer (Individual- und Massen-)Psychologie der Macht auf den Nachweis, dass die Idee einer Verankerung der souveränen Macht im Volke an den Realitäten der Massendemokratie scheitern muss – aufgrund des Machtstrebens von Eliten, der Führungsbedürftigkeit der Bevölkerung sowie der zum »ehernen Gesetz« erklärten Machtkonzentration an der Spitze von Organisationen. Diese beiden Strömungen der Soziologie der Macht führt C. Wright Mills (1956) in der These einer Machtelite zusammen: Im Laufe des Zweiten Weltkrieges hätten sich die ökonomischen, politischen und militärischen Eliten (in den USA) zu einem alles beherrschenden Kartell zusammengefügt. Gegen dieses recht krude Modell einer »herrschenden Klasse« richtet sich in den 1950er Jahren das behavioristische Forschungsprogramm der pluralistischen Schule. Diese bemüht sich mit dem Ansatz der Gemeindeforschung der Macht um den Nachweis, dass die USA und ihr politisches System durchaus dem normativen Selbstverständnis entsprechend pluralistisch strukturiert sind (vgl. Dahl 1961): Empirische Erhebungen über den Einfluss konkurrierender Akteure auf das Zustandekommen wichtiger Entscheidungen im Rahmen politischer Gremien auf der Gemeindeebene belegen, dass Entscheidungen keineswegs immer von denselben Personen bestimmt werden.

Auch heute prägen der offizielle demokratische Machtkreislauf bzw. die Annahme, dieser werde durch gesellschaftliche oder staatliche Kräfte verzerrt, die entsprechenden Studien. Das Feld empirischer Forschung reicht hierbei vom Studium direkter Einflussnahme auf politische Entscheidungen durch Wirtschaftseliten über die diffusere Entgrenzung von Wirtschaft und Politik durch Parteien- und Wahlkampffinanzierung oder personelle Verquickungen bis hin zu subtileren Formen der Abhängigkeit, wie der Gefährdung pluralistischer Meinungsbildung durch monopolitische Tendenzen auf dem Gebiet der Massenmedien. Andauernde Aktualität kommt auch Phänomenen wie bürokratischer Verselbständigung oder der Verstaatlichung von Parteien zu.

3.2. Weiterhin ungeklärt sind die konzeptuellen Grundlagen solch empirischer Studien. Mithin führen diese soziologischen Erhebungen zu der konzeptuellen Frage nach den Wirkungsweisen der Macht, insbesondere der Frage, was als »Macht« zählt. So beruhte die Gemeindeforschung der Macht auf der Überlegung, dass die Verfügung über Machtressourcen streng von der tatsächlichen Machtausübung unterschieden werden müsse. V.a. würden spezifische Machtressourcen häufig vorschnell zu generellen hypostasiert. Deswegen dürften sich Aussagen über den sozialen Ort der Macht nicht wie bei Mills auf die (vermeintlich) potentielle Macht von Akteuren konzentrieren, sondern müssten sich streng empirisch auf die tatsächlich ausgeübte und beobachtbare Entscheidungsmacht beschränken.

Gegen die Konzeption von »Macht« als beobachtbarem Entscheidungshandeln wenden sich Peter Bachrach und Morton S. Baratz (1970) mit der These eines »zweiten Gesichts der Macht«: Machtausübung finde nicht nur angesichts offener Konflikte in formalen Arenen der Entscheidungsproduktion statt, sondern auch in verdeckter Form. Der Pluralismus erweise sich als oberflächlicher Schein, sollten interessierte Akteure in der Lage sein, das Alternativenspektrum durch Vorentscheidungen – sog. Nicht-Entscheidungen – in ihrem Sinne zu beschränken, so dass sie selbst im Rahmen der formalen Entscheidungsprozedur gar nicht in Erscheinung zu treten brauchten.

Während sich die Diskussion zwischen Pluralisten und Elitentheoretikern zunächst auf methodische Fragen der Beobachtbarkeit und Messung solch verdeckter Formen der Entscheidungsmacht beschränkt, stellt sich doch die grundlegendere Frage, was denn überhaupt als Machtausübung zählen könne. Denn am Begriff der Nicht-Entscheidungen bleibt unklar, ob damit im Vorfeld offizieller politischer Arenen beobachtbare Entscheidungen zur Unterdrückung von Interessen gemeint sind, die nicht als formale Alternativen vorliegen, sich aber an den Missfallensäußerungen der Betroffenen ablesen lassen, oder ob damit auch solche Mechanismen bezeichnet werden sollen, die verhindern, dass Subjekte sich ihrer Interessen überhaupt bewusst werden. Im Sinne solch einer ideologietheoretischen Ausweitung des Machtbegriffs schlägt Steven Lukes (1974) einen dreidimensionalen Machtbegriff vor. Dieser berücksichtigt neben den von den Akteuren in Konflikten im Rahmen formaler Entscheidungsarenen vertretenen Präferenzen nicht nur die Beschränkung der Entscheidungsalternativen durch Prozesse wie *agenda-setting*. Er erfasst außerdem auch jene Machtausübung, die die objektiven oder wirklichen Interessen von Subjekten unterdrückt, so dass die eigentlich zu erwartenden Konflikte latent bleiben. Dieser Unterscheidung von drei Machtdimensionen liegt die Definition zugrunde, dass »*A* Macht über *B* ausübt, wenn *A* *B* auf eine Weise beeinflusst, die *B*s Interessen entgegensteht« (Lukes 1974, 27), wobei Macht ein »wesentlich umstrittener Begriff« sei, dessen Bedeutung v.a. davon abhänge, welcher Interessenbegriff vertreten werde.

Dieses Konzept soll den Machtbegriff vom Entscheidungshandeln entkoppeln, ohne ihn von der Zuständigkeit von Einzelakteuren zu lösen. Deswegen expliziert Lukes »Macht« über den Verantwortungsbegriff: Macht wird immer dann ausgeübt, wenn ein Akteur in seinen Interessen in einer von einem anderen Akteur zu verantwortenden Weise beeinträchtigt wird. Es ist jedoch alles andere als eindeutig, was jeweils als zu verantwortende Beeinträchtigung zu zählen hat. Die Bestimmung, »dass es *in der Macht des Ausübenden bzw. der Ausübenden* liegen muss, anders zu handeln« (ebd., 55), umfasst ein weites Spektrum. Diese Unklarheiten haben eine Rückbesinnung auf die marxsche Analyse sachlicher Mächte motiviert. Ihr zufolge kann Macht auch von verselbständigten Strukturen ausgehen, für die kein Akteur direkt verantwortlich gemacht werden kann. Folglich erweise sich die akteurstheoretische Fassung des Machtbegriffs (z.B. Weber) als zu eng und eine strukturtheoretische Ergänzung (z.B. Marx) als notwendig. Die Macht sozialer Strukturen besteht darin, dass sie auf dem Ausschluss alternativer gesellschaftlicher Möglichkeiten beruhen (vgl. Offe 1977). Diese Überlegung sprengt zugleich einen Rahmen, der »Macht« ausschließlich in Begriffen der Unterdrückung analysiert.

3.3. Die Unklarheiten, was als »Macht« zu zählen habe, ergeben sich z.T. aus dem Umstand, dass Machtverhältnisse nicht nur eine repressive, sondern, wie eine zweite moderne machttheoretische Traditionslinie hervorhebt, auch eine konstitutive Rolle spielen. Damit stellt sich die gesellschaftstheoretische Frage, welche gesellschaftlichen Funktionen Macht erfüllt. Theorien ordnender Macht beschreiben, inwiefern die Gesellschaft als solche auf Macht beruht. So betont Talcott Parsons (1960), dass die repressiven Machtfunktionen gegenüber den konstitutiven als sekundär angesehen werden müssen. Gegen Mills wendet er ein, dass Macht, bevor sie im Sinne eines Negativsummenkonzeptes über andere ausgeübt werden könne, zunächst generiert worden sein und folglich als Positivsummenkonzept verstanden werden müsse. Ihre gesellschaftliche Funktion besteht nicht in der Durchsetzung bestimmter Interessen auf Kosten anderer, sondern in erster Linie in der Ermöglichung sozialer Ordnung auf dem Wege der Realisierung kollektiver Ziele. Sie beruht auf den geteilten Werthaltungen der Bürger und wird somit schon definitorisch (und in Abgrenzung von anderen Einflussformen) als legitime Macht bestimmt. Diese Umwertung des Machtbegriffs bleibt freilich nicht auf strukturtheoretische Ansätze beschränkt, sondern wird v.a. durch solche akteurstheoretischen Ansätze forciert, die im Sinne von *empowerment*-Konzepten den Ermöglichungsaspekt in den Vordergrund rücken (vgl. Rappaport 1985). Diesen verwandt ist Hannah Arendts Versuch, im Rückgriff auf den antiken Republikanismus eine ursprüngliche Bedeutung von Macht als dem der Gewalt strikt entgegen gesetzten Vermögen zu einvernehmlichem kollektiven Handeln freizulegen, auf dem alle Herrschaft basiere (vgl. Arendt 1970). Dagegen haben neuere Ansätze den Zusammenhang von Macht und Legiti-

<table>
<tr><td>theoretische Perspektive / Machtfunktion</td><td>akteurstheoretisch</td><td colspan="2">strukturtheoretisch</td></tr>
<tr><td>repressiv</td><td>Entscheidungsmacht (Weber) verantwortbares Tun (Lukes)</td><td colspan="2">strukturelle Macht, Ideologie (Marx, Offe)</td></tr>
<tr><td>konstitutiv</td><td>Ermächtigung, gesellschaftliche Handlungsfähigkeit (Arendt, Giddens)</td><td>produktive Macht (Foucault)</td><td>ordnende Macht (Parsons)</td></tr>
</table>

Dimensionen gesellschaftlicher Macht (vgl. Strecker 2009).

mität aufgelöst und analysieren den Aufbau gesellschaftlicher Ordnung als Funktion von Macht in empiristischer Einstellung. Sowohl in systemtheoretischen (vgl. Luhmann 2000) als auch in handlungstheoretischen Zusammenhängen (vgl. Giddens 1984) wird die Konstitutions- nicht mehr als der Repressionsfunktion von Macht vorgängig, sondern als die andere Seite derselben Medaille erläutert: Die Repression von Möglichkeiten ist die Konstitution (Formung bzw. Strukturierung) gesellschaftlicher Ordnung – und umgekehrt. Der für jüngere Ansätze typische integrative Ansatz findet sich am ausgeprägtesten bei Pierre Bourdieu (1980), dessen Habitustheorie den Versuch darstellt, zugleich die repressiven und die konstitutiven sowie die akteurs- und die strukturtheoretisch zu analysierenden Aspekte des Machtbegriffs zu erfassen.

Das Spektrum dieser Aspekte kann freilich erst vollständig abgebildet werden, wenn auch Theorien produktiver Macht berücksichtigt werden, welche aus strukturtheoretischer Perspektive die konstitutive Funktion von Macht bezüglich der Hervorbringung von Subjekten thematisieren.

Theorien produktiver Macht zufolge geht die Vorstellung, Macht wirke in erster Linie durch Verbote und unterdrücke etwas ihr Vorgängiges, in die Irre, weil Individuen samt ihrer Interessen eine abhängige Variable von Machtverhältnissen darstellen. Die radikale Provokation dieser Theorien besteht darin, dass sie einen Ort außerhalb von Machtbeziehungen nicht einmal mehr im Sinne einer Autonomie zu denken erlauben, die durch soziale Kategorisierungen und Prozesse der Internalisierung unbeschädigt bliebe. So analysiert etwa Michel Foucault (1976), wie diese Disziplinarmacht historisch zur Vorherrschaft gelangt ist. Während Fortentwicklungen die aktive Rolle des Subjekts in Prozessen der Subjektivation zu klären versuchen (vgl. Butler 1997), verbindet Foucault selbst die Analyse produktiver mit jener ordnender Macht: Komplementär zur Disziplinarmacht fungiert die Biomacht, die sich u.a. im Zusammenspiel mit der Demographie entwickelt hat, als Regulierung der Bevölkerung als Ganzer. Diese komplexe Verflechtung von Macht und Leben erfordere eine Analyse, die Macht nicht als hoheitliches Herrschaftsinstrument, sondern als die sich wandelnde Gesamtkonstellation aller lokalen Kräfteverhältnisse begreift. Solch eine Universalisierung aller Sozialbeziehungen zu Machtverhältnissen führt folglich zu der ältesten der gegenwärtig diskutierten machttheoretischen Fragen zurück: Welche Machtverhältnisse können als legitim gelten?

3.4. Heute widmet sich v.a. die Demokratietheorie der Frage nach der legitimen Ordnung politischer Herrschaft, also der normativen Frage, wer Macht haben soll. Dabei stellen sich zahlreiche machttheoretische Fragen: Ist die souveräne Macht durch Willkür geprägt oder im Sinne einer Herrschaft der Gesetze rechtsstaatlich gebunden? Wie kann die Staatsmacht durch eine Teilung der Gewalten kontrolliert werden? Wie wirkt sich eine wohlfahrtsstaatliche Ausgestaltung auf die Machtverteilung im demokratischen Rechtsstaat aus? Bei der Beantwortung dieser Fragen spielen auch die soziologischen, konzeptuellen und gesellschaftstheoretischen Machtanalysen eine Rolle. So steht im Zentrum von Jürgen Habermas' Überlegungen die Konzeption eines Machtkreislaufs, der dem demokratischen Grundsatz gerecht werden soll, nach dem alle Macht vom Volke ausgeht (vgl. Habermas 1992). Zunächst schließt Habermas an Analysen konstitutiver Macht mit der Überlegung an, dass im Einverständnishandeln von Akteuren kommunikative Macht generiert wird. Soziologische Befunde stützen sodann die Annahme, dass die Ausdifferenzierung eines Staatsapparates unhintergehbar ist. In diesem fungiert administrative Macht als symbolisch generalisiertes Kommunikationsmedium, so dass der politische Routinemodus entlang von Weisungen in Ämterhierarchien operiert. Insofern der institutionelle Kern des politischen Systems jedoch über das Recht in der kommunikativen Macht der Bürger verankert bleibt, ist illegitimen Repressionen vorgebeugt. Repressiv werden Machtverhältnisse erst dann, wenn sich der Staatsapparat verselbständigt oder die Generierung kommunikativer Macht als solche durch den offenen oder verdeckten Einfluss illegitimer sozialer Macht beeinträchtigt wird. Unter den entsprechenden kulturellen Vorbedingungen sollen rechtsstaatliche Institutionen dem aber einen Riegel vorschieben können.

Klärungsbedürftig ist freilich nicht nur, wie solch ein Modell angesichts von Denationalisierungsprozessen, der Herausbildung von supranationalen Organisationen, Mehrebenensystemen und einer Weltinnenpolitik ohne Weltregierung zu modifizieren ist und wie neue Antworten jenseits der Konzentration der Macht im Staate zu suchen sind. Umstritten ist darüber hinaus, inwiefern sich der Begriff kommunikativer Macht als Legitimitätsbasis halten lässt. Desavouieren nicht private, häufig patriarchale Machtverhältnisse und erst recht die poststrukturalistische These einer unhintergehbaren »Vermachtung« von Subjekten die Idee eines unverzerrten Einverständnishandelns? Dieser Einwand lässt sich nur dann zurückweisen, wenn es gelingt, einen Autonomiebegriff zu entwickeln, der zwischen autonomieversehrenden und autonomiekonstituierenden Prozessen der Subjektivation zu diskriminieren erlaubt.

4.

Arendt, H., 1970, Macht und Gewalt, München: Piper.

Bachrach, P./Baratz M. S., 1970, Macht und Armut, Frankfurt/M.: Suhrkamp 1977.

Bourdieu, P., 1980, Sozialer Sinn, Frankfurt/M.: Suhrkamp.

Butler, J., 1997, Psyche der Macht, Frankfurt/M.: Suhrkamp 2001.

Dahl, R., 1961, Who Governs?, New Haven: Yale University Press.

Faber, K.-G./Meier, C./Ilting, K.-H., 1982, Macht, Gewalt, in: O. Brunner/W. Conze/R. Koselleck (Hg.), Geschichtliche Grundbegriffe, Bd. 3, Stuttgart: Klett-Cotta.

Foucault, M., 1976, Der Wille zum Wissen, Frankfurt/M.: Suhrkamp 1977.

Giddens, A., 1984, Die Konstitution der Gesellschaft, Frankfurt/M.: Campus 1988.

Habermas, J., 1992, Faktizität und Geltung. Beiträge zur Diskurstheorie des Rechts und des demokratischen Rechtsstaats, Frankfurt/M.: Suhrkamp.

Luhmann, N., 2000, Die Politik der Gesellschaft, Frankfurt/M.: Suhrkamp.

Lukes, S., 1974, Power, London: Macmillan.

Mills, C. W., 1956, Die amerikanische Elite, Hamburg: Holsten 1962.

Offe, C., 1977, Einleitung, in: P. Bachrach/M. S. Baratz, Macht und Armut, Frankfurt/M.: Suhrkamp.

Parsons, T., 1960, The Distribution of Power in American Society, in: World Politics 10.

Rappaport, J., 1985, Ein Plädoyer für die Widersprüchlichkeit, in: Verhaltenstherapie und psychosoziale Praxis 2.

Strecker, D., 2009, Logik der Macht. Zum Ort der Kritik zwischen Theorie und Praxis, Weilerswist: Velbrück (i. E.).

Weber, M., 1922, Wirtschaft und Gesellschaft, Tübingen: Mohr Siebeck 1972.

Wrong, D. H., 1995, Power, New Brunswick: Transaction.

David Strecker

MacIntyre, Alasdair (*1929)

1.

MacIntyre wurde in Glasgow geboren, studierte in London, Manchester (wo er mit einem M.A. abschloss) und Oxford und lehrte daraufhin an verschiedenen Universitäten in England und den USA. Seit 1988 ist er Professor an der katholischen University of Notre Dame. MacIntyre wird oft vereinfachend als Vertreter des Kommunitarismus eingeordnet. Tatsächlich hat ihn seine intellektuelle Entwicklung aber zu einer theoretischen Position geführt, die auf unorthodoxe Weise Elemente des Marxismus, Katholizismus und Aristotelismus verbindet und nur eine partielle Nähe zum Kommunitarismus aufweist.

2.

Durch alle Entwicklungsstufen des Werkes von MacIntyre zieht sich die Kritik an Liberalismus und Aufklärung und der durch sie inspirierten politischen und gesellschaftlichen Ordnung der Moderne. Diese Kritik versteht er im Bruch mit einem traditionellen Philosophieverständnis als genuin politischen Beitrag zur Selbstverständigung der Gegenwart. Gibt in den frühen Schriften (vgl. etwa MacIntyre 1953; ders. 1971) ein undogmatischer Marxismus die Folie für Gegenwartsdiagnose und -kritik ab, so tritt spätestens mit MacIntyres einflussreichstem Werk *Der Verlust der Tugend* (1981) der Bezug auf die aristotelische Tugendethik hinzu. Die moralphilosophische Reflexion bezieht dabei stets auch die soziokulturellen Voraussetzungen moralischen Urteilens und Handelns ein (vgl. schon MacIntyre 1966), die MacIntyre in einer fundamentalen Krise sieht, die sich auch im Bedeutungsverlust des traditionellen moralischen Vokabulars zeige. Entsprechend müsse man sich von einer einseitig individualistischen und instrumentalistischen Rationalitätskonzeption verabschieden, die das Vermögen der Vernunft aus den es ermöglichenden sozialen Praktiken und historischen Traditionen herauslöse (vgl. MacIntyre 1988). In seinen jüngeren Schriften (z.B. MacIntyre 1999) wendet sich MacIntyre der natürlichen Verletzlichkeit und Bedürftigkeit des Menschen zu, die diesen in einer Weise abhängig von anderen und deren Fürsorge mache, die von individualistischen Moraltheorien nicht angemessen berücksichtigt werden könne.

3.

MacIntyres Arbeiten sind für die politische Philosophie und Sozialphilosophie insbesondere aufgrund von drei Thesen relevant: Tugendhaftes und vernünftiges Handeln ist nur im Rahmen intakter sozialer Praktiken möglich (3.1.); Politik sollte als kollektive Praxis der Selbstbestimmung verstanden werden (3.2.); in der Moderne befinden sich diese Praktiken in einer tiefen Krise (3.3.).

3.1. Menschen bilden ihre Fähigkeiten sowie ihr individuelles und kollektives Selbstverständnis im Rahmen etablierter Gemeinschaften und Traditionen aus. Wie wir uns genau zu verstehen haben und in welchen Praktiken, Institutionen und Traditionen dieses Selbstverständnis am adäquatesten zum Ausdruck kommt, war immer und ist auch heute wesentlich umstritten. Daraus möchte MacIntyre aber keineswegs relativistische Konsequenzen ziehen: Der Streit um das Selbstverständnis und seinen adäquaten (auch theoretischen) Ausdruck ist vielmehr nur dann sinnvoll, wenn er als auf Wahrheit bezogen verstanden wird. Dieser Wahrheitsbezug soll es auch ermöglichen, den eigenen Standpunkt kritisch zu hinterfragen (vgl. für die Moralphilosophie etwa MacIntyre 1990). Diese Fähigkeit zur kritischen Selbstreflexion hat MacIntyre zufolge allerdings komplexe soziale Voraussetzungen und kann sich nur im Rahmen sozialer Praktiken mit gemeinsamen Zielen und Bewertungsstandards herausbilden. Nur in solchen Praktiken können die Individuen jene Dispositionen und Gewohnheiten erwerben, die auf die für ein gutes menschliches Leben konstitutiven Ziele ausgerichtet sind – eben die Tugenden. Solche Tugenden sind Fähigkeiten, die wir in Praktiken ausbilden und die für das Erreichen der praxisinternen Güter und damit für ein gelingendes Leben konstitutiv sind. Aus dieser aristotelischen Perspektive kann es keine über die konkreten historischen und sozialen Kontexte des tugendhaften Lebens hinausgehende universalistische Moral geben (vgl. MacIntyre 1981).

3.2. Vor dem Hintergrund dieser Konzeption sozialer Praktiken kann Ethik aufgrund des Gemeinschaftsbezugs moralischen Handelns nur als Teil von Politik verstanden werden. Und Politik im anspruchsvollen Sinne ist MacIntyre zufolge nur als Praxis der Selbstbestimmung einer politischen Gemeinschaft möglich. Die Überzeugung, dass diese Selbstbestimmung unter den Bedingungen der kapitalistischen Ökonomie nicht realisiert werden kann, ist ein marxsches Erbe, dem MacIntyre seit den 1950er Jahren treu ist; dass auch der bürokratische Staat einer solchen Praxis der Selbstbestimmung im Weg steht, arbeitet er in seiner darüber hinausgehenden Kritik am politischen Liberalismus heraus, der Elitenherrschaft und den Ausschluss der Massen von der politischen Selbstbestimmung als repräsentative Demokratie verstehe (vgl. etwa Knight 1998, 235 ff.).

Politik sei heute zu einer reinen Technik der Machtausübung verkommen und könne nicht mehr als Praxis verstanden werden, in der es um intrinsische Güter geht – also etwa das Gemeinwohl und das gute Leben der Gemeinschaftsmitglieder. Als Form der Deliberation und Entscheidungsfindung, die auf inklusive und demokratische Weise organisiert ist, könne Politik nur mehr in lokalen und relativ autarken Gemeinschaften realisiert werden, die sich der Kontrolle von Staat und Markt weitgehend entziehen.

3.3. Aus dieser Perspektive erscheinen Liberalismus und Aufklärung sowie die durch sie geprägte Kultur der Moderne auch deshalb in einer Krise zu sein, weil sie die selbst gestellten Ansprüche – v.a. die Realisierung individueller und kollektiver Autonomie – nicht einlösen können und stattdessen Sinnverlust, Entfremdung und Desorientierung zur Folge haben. Dies liegt MacIntyre zufolge insbesondere an einem überzogenen Rationalismus und Individualismus, der die historischen und sozialen Kontexte von vernünftigem Handeln und individueller Identität ausblende und sich selbst in Form einer »Kultur der Antworten« gegen die eigene Infragestellung immunisiere (vgl. MacIntyre 1981).

Unter dem Deckmantel neutraler und rationaler Verfahren sei die Entscheidung politischer Konflikte tatsächlich ebenso durch Macht und Rhetorik geprägt, wie das individuelle Handeln nur mehr zufällige Präferenzen und Gefühle zum Ausdruck bringe und die Menschen in zunehmend manipulative und strategische Interaktionsformen zwinge.

MacIntyre (2006a, Kap. 6; 2006b, Kap. 11) unterscheidet diesbezüglich drei Faktoren: Die Professionalisierung und Bürokratisierung intersubjektiver Beziehungen lasse das Individuum zu einem Fall unter anderen werden und verkehre die Idee der autonomen Person in ihr Gegenteil; die Ausdifferenzierung und Verselbstständigung sozialer Rollen führe zur Fragmentierung des Selbst und verunmögliche somit die Ausbildung von Tugend und Charakter; schließlich erfolgten Kosten-Nutzen-Kalkulationen nicht in unparteilichen und transparenten Verfahren, sondern in der öffentlichen Kontrolle entzogenen Verhandlungssystemen, deren Ergebnisse statt des Wohls aller das Streben der Mächtigen und Reichen nach mehr Macht und Reichtum widerspiegeln.

3.4. Auch wenn es sicher falsch wäre, in MacIntyre nur einen kommunitaristischen Nostalgiker zu sehen, scheinen die Stärke seiner Diagnose und die Schwäche seines Therapievorschlags doch auf auffallende Weise auseinander zu fallen. Ob nun der Rückzug in partikulare Gemeinschaften und die Rehabilitierung eines aristotelischen Thomismus möglich und wünschbar oder angesichts der Fähigkeit der Moderne zur Selbstkritik überhaupt notwendig sind, mag bezweifelt werden – dass die Kritik MacIntyres die Vertreter des Liberalismus und der Aufklärung zur Selbstreflexion zwingt und einfache Antworten versperrt, steht außer Frage.

4.

MacIntyre, A., 1953, Marxism and Christianity, London: Duckworth 1995.
MacIntyre, A., 1966, Geschichte der Ethik im Überblick, Weinheim: Beltz 1995.
MacIntyre, A., 1971, Against the Self-Images of the Age, Notre Dame: University of Notre Dame Press 2001.
MacIntyre, A., 1981, Der Verlust der Tugend, Frankfurt/M.: Campus 2006.
MacIntyre, A., 1988, Whose Justice? Which Rationality?, Notre Dame: University of Notre Dame Press.
MacIntyre, A., 1990, Three Rival Versions of Moral Inquiry, Notre Dame: University of Notre Dame Press.
MacIntyre, A., 1999, Die Anerkennung der Abhängigkeit, Hamburg: Rotbuch 2001.
MacIntyre, A., 2006a, The Tasks of Philosophy, Cambridge: Cambridge University Press.
MacIntyre, A., 2006b, Ethics and Politics, Cambridge: Cambridge University Press.

D'Andrea, T., 2006, Tradition, Rationality, And Virtue, Aldershot: Ashgate.
Horton, J./Mendus, S. (Hg.), 1994, After MacIntyre, Notre Dame: University of Notre Dame Press.
Knight, K. (Hg.), 1998, The MacIntyre Reader, Notre Dame: University of Notre Dame Press.
Murphy, M. (Hg.), 2003, Alasdair MacIntyre, Cambridge: Cambridge University Press.

ROBIN CELIKATES

Malthus, Thomas Robert (1766–1834)

1.

Der englische Nationalökonom, Sozialphilosoph und Bevölkerungstheoretiker Malthus wurde in Rookery (Surrey) als zweiter Sohn einer wohlhabenden bürgerlichen Familie geboren. Malthus studierte ab 1784 Mathematik und alte Sprachen am Jesus College in Cambridge, wo er 1793 zum Fellow wurde. Nach einer Zeit als Pfarrer (1798 bis 1805) hatte er ab 1805 die Professur für Geschichte und Politische Ökonomie – den ersten ökonomischen Lehrstuhl in England – am Kollegium der Ostindiengesellschaft in Haileybury (Hertfordshire) inne. 1819 wurde Malthus zum Fellow der Royal Society gewählt. 1834 war er Mitbegründer der Royal Statistical Society in London. Er starb in Bath (Somerset).

2.

Malthus wurde 1798 mit der Formulierung seines Bevölkerungsgesetzes in *An Essay on the Principle of Population as it affects the future Improvement of Society* schlagartig bekannt (bis 1826 folgten fünf stark erweiterte und veränderte Auflagen). Das Bevölkerungsgesetz besagt, dass die Bevölkerung dazu neige, geometrisch (1–2–4–8) zu wachsen, während die produzierte Nahrungsmittelmenge hingegen nur arithmetisch (1–2–3–4) steige. Die zunehmende Lücke zwischen Subsistenzmitteln und Bevölkerungszahl werde durch repressive (höhere Kindersterblichkeit, niedrigere Lebenserwartung, Seuchen, Krieg) und präventive (sexuelle Enthaltsamkeit) Hemmnisse geschlossen. Das Bevölkerungsgesetz basiert auf drei generellen Annahmen: 1) Die Bevölkerung kann nicht ohne die nötigen Subsistenzmittel (Nahrungsmittel) wachsen; 2) die Bevölkerung wächst unbegrenzt, sofern die nötigen Subsistenzmittel vorhanden sind; 3) das Bevölkerungswachstum wird durch soziales und moralisches Elend begrenzt. Malthus versucht, diese Annahmen durch umfangreiches historisches und statistisches Datenmaterial empirisch zu belegen.

In seinem Essay bricht er mit einer langen Tradition politischen Denkens, welche eine große und stetig wachsende Bevölkerung mit ökonomischem Wohlstand und politischer Macht gleichsetzte. Eine große Bevölkerung ist nach Malthus zwar ein Anzeichen von Prosperität, birgt jedoch zugleich die Gefahr einer Krise in sich. Der Zyklus von Boom und Depression erfolgt aufgrund verzögerter Anpassungen: Eine Hochkonjunktur führt zu hohen Löhnen, zu frühen Eheschließungen und somit zu Bevölkerungswachstum. Letzteres wiederum führt zu hohen Nahrungsmittelpreisen (hohe Nachfrage) und niedrigen Löhnen (hohes Angebot), die eine Verelendung lohnabhängiger Schichten nach sich ziehen. Das Bevölkerungsgesetz soll demonstrieren, dass keine Gesellschaft das Glück und den Wohlstand ihrer Mitglieder ohne Bevölkerungspolitik auf Dauer garantieren könne. Seine politische Doktrin dient der Unterminierung utopischer Spekulationen über die egalitäre und kommunistische Natur menschlichen Zusammenlebens. Malthus vertritt die Ansicht, dass die englische Armengesetzgebung (*Poor Laws*) auf Dauer die paradoxe Wirkung hatte, die Armut, welche sie lindern sollte, zu alimentieren, weil sie keine positiven Anreize für eine präventive Geburtenkontrolle bot und die Lebensmittelpreise durch Subventionierung von Einkommen künstlich hoch hielt. Dagegen vertritt er die Ansicht, dass eine Kombination von zivilen und politischen Freiheitsrechten, verstärkt durch die Erziehung breiterer Bevölkerungsschichten in kirchlichen Bildungseinrichtungen, den niederen Schichten die bürgerlichen Tugenden wie Fleiß, Verantwortlichkeit und Unabhängigkeit vermitteln und zu sexueller Enthaltsamkeit anleiten werde.

Die Bevölkerungsfrage ist auch der Ausgangspunkt für Malthus' politische Ökonomie, die er neben kleineren Schriften v.a. in den *Principles of Political Economy* (1820) darlegt. Sein Hauptinteresse gilt dem Zusammenhang von ökonomischer Instabilität und ökonomischer Motivation. Sein Konzept der »effektiven Nachfrage« besagt, dass neben politischen Freiheits- und Eigentumsrechten die stetige Steigerung der Nachfrage eine Grundbedingung für nachhaltiges ökonomisches Wachstum ist. Entgegen der Auffassung von J. B. Say und D. Ricardo, Angebot und Nachfrage fänden langfristig immer ihr Gleichgewicht, betont Malthus die Möglichkeit temporärer Ungleichgewichte. Eine hohe Kapitalansammlung (Produzenten) begünstige ggf. eine Überproduktion, mit der der Zuwachs an Konsumkraft (Konsumenten) unter Umständen nicht Schritt halte. Der Abbau von Produktionskapazitäten und Investitionen kann in der Folge zu hoher Arbeitslosigkeit und ökonomischer Depression führen (*Krisentheorie*). Diese an der ›effektiven Nachfrage‹ orientierte politische Ökonomie wird später von J. M. Keynes (1933) als Beginn der Cambridger Ökonomen-Schule bezeichnet.

3.

Anders als Malthus' politische Ökonomie hat sein Bevölkerungsgesetz weiter reichende Wirkungen. Es inspiriert u.a. C. Darwin, die natürliche Selektion als den grundlegenden Mechanismus im Überlebenskampf in der Pflanzen- und Tierwelt zu erkennen. Unter dem Einfluss des Malthusianismus kommt es in den USA frühzeitig zur politischen Propagierung einer Geburtenregelung. Malthus' Bevölkerungsgesetz hat sich jedoch nicht bewahrheitet. Malthus ist für die unzureichende Berücksichtigung quantitativer Daten oder deren Fehlinterpretation angegriffen worden. Sein Urteil über die Auswirkungen der Effekte von Heirat und Geburtenrate unter dem alten *Poor Law*, die Unvollständigkeit seines Modells der Einflüsse auf die Fertilität (Alters- und Geschlechtsstruktur) sowie seine Erklärungen für das steigende Bevölkerungswachstum wurden und werden heftig kritisiert. Malthus' Forderung nach einer effektiven Geburtenkontrolle als Mittel gegen das rapide Bevölkerungswachstum in den ärmsten Entwicklungsländern wird jedoch weiterhin intensiv diskutiert.

4.

Malthus, T. R., 1798, Das Bevölkerungsgesetz, München: dtv 1982.

Malthus, T. R., 1820, Principles of Political Economy Considered with a view to Their Practical Application, 2 Bde., Cambridge: Cambridge University Press 1987.

Malthus, T. R., 1986, The Works of Thomas Robert Malthus, 8 Bde., London: Pickering & Chatto.

Dupaquier, J./Fauve-Chamoux, A./Grebenik, E. (Hg.), 1983, Malthus Past and Present, London: Academic Press.

Hollander, S., 1997, The Economics of Thomas Robert Malthus, Toronto: Toronto University Press.

James, P., 1979, Population Malthus, London: Routledge.
Keynes, J. M., 1933, Thomas Robert Malthus, in: The Collected Writings of John Maynard Keynes, Bd. 10, London: Macmillan 1972.
Winch, D., 1987, Malthus, Oxford: Oxford University Press.

Heino Heinrich Nau

Mandeville, Bernard (de) (1670–1733)

1.

Über das Leben des englischen Nervenarztes und Schriftstellers Mandeville ist wenig bekannt. Geboren vermutlich in Rotterdam, promovierte Mandeville 1689 in Philosophie und 1691 in Medizin in Leiden. Er reiste nach England, ließ sich 1694 endgültig in London nieder und heiratete dort 1698. 1705 veröffentlichte er das satirische Gedicht *Der unzufriedene Bienenstock oder Die ehrlich gewordenen Schurken*. Ein Gutteil seines restlichen Lebens verbrachte er mit der Ausformulierung und Verteidigung dieser Schrift. Mandeville teilte das Schicksal derer, die (wie Machiavelli oder Hobbes) empfahlen, die Tugendlosigkeit der Menschen zu akzeptieren und sich ihr gemäß zu verhalten: Er galt über seinen Tod hinaus lange Zeit als Ketzer und Gesandter des Teufels (»Mandevil«). Dessen ungeachtet war Mandeville, der als geistreicher und witziger Gesprächspartner beschrieben wird, mit hochgestellten Persönlichkeiten befreundet. Er starb 1733 in Hackney.

2.

Mandeville beginnt seine literarische Karriere mit Fabeln und einem burlesken Gedicht. *Der unzufriedene Bienenstock* (*The Grumbling Hive*, 1705; CW, Bd. 1) ist der Kern des ab 1714 stetig um Anmerkungen und Erläuterungen erweiterten Hauptwerkes *Die Bienenfabel* (*The Fable of the Bees*, 1714; CW, Bd. 4). Mandeville beschreibt den (England repräsentierenden) Bienenstock als ein gedeihendes Volk, dessen Wohlstand auf Lastern wie Eitelkeit, Stolz, Habgier, Verschwendungssucht und Völlerei beruht, welche die Wirtschaft in Gang halten. Da die Bienen trotzdem allzeit über die allgemeine Sittenlosigkeit klagen, macht Jupiter sie schließlich tugendhaft. Daraufhin bricht nicht nur die Wirtschaft aufgrund der verschwundenen Nachfrage vollkommen zusammen, auch Regierung, Verwaltung und Justiz sowie die Kirche werden überflüssig, weil alle Bürger tugendhaft leben. Der geschwächte und dezimierte Bienenstaat lebt fortan ein Leben in glücklicher Armut.

A Modest Defence of Public Stews (1724) verteidigt Prostitution als dem Schutze der Ehre der Frauen der höheren Stände förderlich. *An Enquiry into the Origin of Honour, and the Usefulness of Christianity in War* (1732; CW, Bd. 6) schreibt dem Christentum an sich keine die Tapferkeit der Soldaten fördernde Wirkung zu; wohl aber könnten fähige Feldprediger den Glauben an den Beistand höherer Mächte erwecken. *A Letter to Dion* (1732) ist eine Replik auf Vorwürfe Berkeleys.

3.

Mandevilles Hauptthese in der *Bienenfabel* ist, dass der Wohlstand einer Gesellschaft nicht durch die persönlichen Tugenden der Mitglieder gewährleistet wird, sondern durch ihre Laster (die er allerdings stets verurteilt und nicht etwa empfiehlt). Handel sowie Wirtschaft und damit auch Wohlstand basieren auf Egoismus, und Wohlstand ist nicht Ausdruck eines gottgefälligen Lebens. Öffentliche Güter wie Justizsystem und Verwaltung werden ohne Laster nicht produziert: »Mit Tugend bloß kommt man nicht weit;/Wer wünscht, dass eine goldene Zeit/Zurückkehrt, sollte nicht vergessen:/Man musste damals Eicheln essen.« (Mandeville 1714, V. 423–6)

Dabei definiert Mandeville ›Laster‹ (vice) so streng, dass auch jedes nicht vollkommen altruistische Motiv darunter fällt, z.B. der Stolz auf eine gute Tat. Für ihn ist die aus dem Selbsterhaltungstrieb entspringende Eigenliebe die Quelle aller anderen Triebe. Das Paradoxon, dass offenkundige (private) Laster Vorteile für die Allgemeinheit zeitigen, muss nach Mandeville als solches akzeptiert werden. Die Institutionen des (englischen) Staats verhinderten ein Überhandnehmen der Nachteile. Dabei ist es, wie schon Hume (1752, 287) kritisiert, eine Begriffsverwirrung, innerhalb eines Moralsystems etwas als ›Laster‹ zu bezeichnen, was normalerweise vorteilhaft für die Gesellschaft ist. So betrachtet ist Mandevilles Paradoxon nichts anderes als absichtliche begriffliche Ungereimtheit.

Bei der *Bienenfabel* handelt es sich in erster Linie um einen satirischen Angriff auf moralisierende Stimmen seiner Zeit (namentlich Steeles Zeitschrift *The Tatler*). Mandeville entwickelt keine Lehre, sondern macht sich über Lehren lustig, welche die Menschen nur dann für ›lebend‹ erachten, wenn sie an ihrer eigenen Vervollkommnung und für das Allgemeinwohl arbeiten. Dies jedoch ist im England des 18. Jahrhunderts nur der Oberschicht möglich, da die wirtschaftliche und kulturelle Blüte in hohem Maße auf der Ausbeutung der Unterschicht beruhte. Doch ungeachtet der Tatsache, dass die Ungebildetheit der Armen notwendig für ein ausreichendes Maß an billigen Arbeitskräften ist, werden sie für ihre Kulturlosigkeit auch noch verachtet. Mandeville analysiert diese sozialen Gegebenheiten sehr klar (Marx (1867, 643) lobt ihn dafür als »ehrlichen Mann und hellen Kopf«).

Mandevilles eigene Weltsicht lässt sich aus seinen Werken nur schwer ermitteln. In seiner Argumentation findet sich kein roter Faden, er benutzt unorthodoxe Genres und Stile, und ist nicht selten inkonsistent. Es ist daher denkbar, dass der von Mandeville zur Schau gestellte Zynismus nicht sein eigener ist, sondern nur ein Mittel, die bigotte Moral der Oberschicht darzustellen (vgl. Goldsmith 1985). Nach einer anderen Lesart glaubt Mandeville als Calvinist an die Notwendigkeit des Übels in der Welt und an die Unmöglichkeit, in den Weltenplan einzugreifen (vgl. Rüfner 1930).

Die vollständige ungenierte Negation der allgemein anerkannten Werte war Ursache für die immense Wirkung des Werkes. Wichtige zeitgenössische Kritiker waren Berkeley, Shaftesbury und Hutcheson, später haben sich u.a. Rousseau, Montesquieu, Malthus, Bentham und James Mill über Mandeville geäußert (teilweise wiederabgedruckt in Stafford 1997). Ob (wie oft behauptet wird) Adam Smiths ›unsichtbare Hand‹ des Marktes direkt auf Mandeville zurückzuführen ist, ist umstritten. Mandeville spricht sich für eine staatliche Lenkung der Wirtschaft aus, und Smith selbst unternimmt eine längere Widerlegung von Mandevilles »Ethik« (vgl. Smith 1759, 513–523; Rashid 1985). Hayek (1966) hingegen sieht für sein Konzept der ›spontanen Ordnung‹ Mandeville als eine Quelle an. Zumindest lässt sich sagen, dass Mandeville mit seiner Kritik einem angreifbaren gesellschaftstheoretischen Dogma einen schweren Schlag versetzte und damit anderen Theorien den Boden bereitete.

4.

Mandeville, B., 1714a, Die Bienenfabel oder Private Laster, öffentliche Vorteile, Frankfurt/M.: Suhrkamp 1980.

Mandeville, B., 1714b, The Fable of the Bees: or, Private Vices, Publick Benefits, London: Oxford University Press 1957.

Mandeville, B., 1724, Eine Bescheidene Streitschrift für Öffentliche Freudenhäuser, München: Hanser 2001.

Mandeville, B., 1732a, A Letter to Dion, in: J. M. Stafford (Hg.), Private Vices, Publick Benefits? The Contemporary Reception of Bernard Mandeville, Solihull: Ismeron 1997.

Mandeville, B., 1732b, Collected Works, Hildesheim: Olms 1981 (zitiert als CW).

Goldsmith, M. M., 1985, Private Vices, Public Benefits. Bernard Mandeville's Social and Political Thought, Cambridge: Cambridge University Press.

Hayek, F. A. v., 1966, Dr. Bernard Mandeville, Proceedings of the British Academy 52.

Hume, D., 1752, Of Refinement in the Arts, in: ders., Essays, Bd. 2, Oxford: Oxford University Press 1963.

Hundert, E. J., 1994, The Enlightenment's »Fable«. Bernard Mandeville and the Discovery of Society, Cambridge: Cambridge University Press.

Marx, K., 1867, Das Kapital, Berlin: Dietz 1960.
Primer, I. (Hg.), 1975, Mandeville Studies, Den Haag: Nijhoff.
Rashid, S., 1985, Mandeville's Fable, in: Eighteenth Century Studies 18.
Rüfner, V., 1930, Die soziologische Stellung von Mandevilles Bienenfabel, in: Archiv für Geschichte der Philosophie und Soziologie 34.
Smith, A., 1759, Theorie der ethischen Gefühle, Hamburg: Meiner 1994.

Nils Hodyas

Mannheim, Karl (1893–1947)

1.

Karl Mannheim, mit Max Scheler Begründer der klassischen Wissenssoziologie, wurde 1893 in Budapest geboren. 1947 starb er in London. Seine durch Emigrationen geprägte intellektuelle Biographie kann in drei Phasen unterteilt werden: eine ungarische (bis 1920), eine deutsche (1920–33) und eine englische (1933–47). Über Denker wie Georg Lukács, Georg Jászi, Georg Simmel, Edmund Husserl, Karl Marx, Alfred und Max Weber, Max Scheler und Wilhelm Dilthey gingen Historismus, Marxismus, Phänomenologie und Soziologie in Mannheims Werk ein, in seiner englischen Phase auch der Pragmatismus.

Mannheim promovierte 1917 in Budapest mit einer Arbeit über die Strukturanalyse der Erkenntnistheorie. Seine frühesten Schriften lehnen sich an die literarisch-philosophische Vorstellung einer Kulturkrise und der notwendigen Erneuerung der Kultur an, die in Lukács' »Sonntagskreis« diskutiert wurde. Ein Studiensemester in Berlin 1914 brachte Mannheim in Kontakt mit Georg Simmel, dem Vermittler zwischen Kulturphilosophie und Soziologie.

Nach den Misserfolgen der fortschrittlich-liberalen und sowjetischen Regimes in Ungarn emigrierte Mannheim 1919 nach Deutschland. Dort habilitierte er sich 1925 in Heidelberg unter Alfred Weber mit einer soziologischen Analyse der Entstehung und Ausdifferenzierung des Konservatismus. Sie trägt den Untertitel *Ein Beitrag zur Soziologie des Wissens*. 1929 veröffentlichte er dann sein berühmtestes Buch *Ideologie und Utopie* (1936 erschien eine signifikant überarbeitete englische Ausgabe). Kurz darauf erhielt Mannheim den Ruf nach Frankfurt als Nachfolger Franz Oppenheimers und bald war er in der intellektuellen Öffentlichkeit als kommender Soziologe bekannt. Mannheims Deutung der geistigen Situation der Zeit fand allgemeine Zustimmung. Das politisch-literarisch gebildete Weimarer Publikum sah Mannheim als einen der aktuellsten Denker und *Ideologie und Utopie* als das repräsentativste Buch der Zeit, als Symptom der Kulturkrise oder als Verheißung eines Auswegs. Mannheims Status als Klassiker der Soziologie beruht wesentlich auf der Rezeption dieses Buches.

Auf die nationalsozialistischen Maßnahmen, die auch ihn seine Professur kosteten, war Mannheim unvorbereitet. Aber schon im Sommer 1933 wurde ihm von der London School of Economics eine außerplanmäßige Dozentur übertragen.

2.

In seinen wissenssoziologischen Arbeiten formuliert Mannheim drei Thesen, die im totalen Ideologiebegriff von *Ideologie und Utopie* ihren Ausdruck finden. Erstens sind die Grenzen zwischen ideologischen und wissenschaftlichen Erklärungen porös, und die Wissenssoziologie entsteht im Grenzbereich als eine Art Selbstreflektionstherapie beider Bereiche. Zweitens sind Ideologien Erkenntnisstrukturen. Jede Ideologie ist perspektivistisch einseitig und der Korrektur durch andere Perspektiven unterworfen, aber dennoch wissenserzeugend. Die dritte These besagt, dass die Wissenssoziologie auf fundamentale Probleme einwirkt und gerade dadurch zu politischer Orientierung beiträgt. Sie versucht, den gesamten ideologischen Bereich zu erfassen und so in integrierter Weise zu sehen, was der ideologisch ausgerichtete Betrachter nur als Teilstück wahrnehmen kann. Dadurch entsteht ein Bild der Situation als Ganzer. Synthesen in einer weitblickenden

Politik und Synthesen in den Sozialwissenschaften sind aufeinander angewiesen. Die Wissenssoziologie antizipiert und fördert sie.

In seinem Referat auf dem Sechsten Deutschen Soziologentag 1928 in Zürich über »Die Bedeutung der Konkurrenz auf dem Gebiete des Geistigen« expliziert Mannheim seine Thesen über die Seinsverbundenheit des Denkens und zeigt, dass gesellschaftlicher Wettbewerb zu Synthesen führen kann, die den intellektuellen Konflikt transzendieren. Die ersten ausführlichen Besprechungen von *Ideologie und Utopie* (von H. Arendt, E. R. Curtius, P. Tillich, M. Horkheimer, H. Marcuse, H. Plessner u.a.; vgl. Meja/Stehr 1982) führten dazu, dass die Diskussion v.a. philosophisch und politisch orientiert war. In ihrem Zentrum stehen erstens Mannheims Erwartung, dass ideologisches Denken und das allgemeine politische Misstrauen durch Wissenssoziologie überwunden werden können; zweitens Mannheims Vorstellung der sozial freischwebenden Intelligenz als einer für diese Aufgabe geradezu prädestinierten sozialen Schicht; und drittens Mannheims aktivistischer Begriff des soziologischen Wissens, mit der Soziologie als Vermittlerin zwischen Theorie und Praxis.

In seiner englischen Phase sah Mannheim es als seine neue Aufgabe an, die umfassende Krise zu diagnostizieren, die er für die deutsche Katastrophe verantwortlich machte, und an vorbeugenden und therapeutischen Maßnahmen mitzuarbeiten. In seinen Arbeiten betont er weiterhin die Verbindung zwischen Wissen und Gesellschaft, spricht jetzt aber von der Notwendigkeit einer neuen experimentellen Haltung angesichts der Verkümmerung der Ideale des Liberalismus, Kommunismus und Faschismus und plädiert für präventive Schritte in Richtung auf eine geplante Gesellschaftsordnung, durch die den neuen organisatorischen und propagandistischen Sozialtechnologien begegnet werden kann.

3.

Der Konsens, der in der Nachkriegszeit über Mannheim herrschte, geht v.a. zurück auf Robert K. Mertons einflussreichen Aufsatz »The Sociology of Knowledge« (Merton 1937). Die Anerkennung Mannheims als verdienter Wegbereiter der Soziologie hatte aber ihren Preis: den Verzicht auf den totalen Ideologiebegriff als Instrument der Hinterfragung und Infragestellung der Sozialwissenschaften und der Möglichkeit sozialen Wissens – ein Verzicht auf genau jene Problemkonstellation also, ohne die Mannheims Auseinandersetzung mit der wissenssoziologischen Problematik kaum möglich gewesen wäre. Die schärfste, sehr einflussreiche Mannheim-Kritik findet sich bei Karl Popper (1957). Seit dem Streit in den 1960er Jahren über den Gegenstand, die Methode und die Einstellung der Soziologie ist international ein erneutes Interesse an Mannheim festzustellen. Fragenkomplexe, die in der US-amerikanischen Rezeption Mannheims mehr oder weniger systematisch ausgeklammert waren, wurden relegitimiert, insbesondere das Problem der Geschichtlichkeit des sozialen Denkens, die Relativismusproblematik und das Nachdenken über die sozialen Denkern offenstehenden Reflektions- und Handlungsmöglichkeiten.

4.

Mannheim, K., 1922, Strukturen des Denkens, Frankfurt/M.: Suhrkamp 1980.

Mannheim, K.,1925, Konservatismus. Ein Beitrag zur Soziologie des Wissens, Frankfurt/M.: Suhrkamp 1984.

Mannheim, K., 1929, Ideologie und Utopie, Frankfurt/M.: Klostermann 1985.

Mannheim, K., 1936, Ideology and Utopia, London: Routledge.

Mannheim, K., 1940, Man and Society in an Age of Reconstruction, London: Routledge.

Mannheim, K., 1950, Freiheit und geplante Demokratie, Opladen: Westdeutscher Verlag 1970.

Mannheim, K., 1952, Essays on the Sociology of Knowledge, London: Routledge.

Mannheim, K., 1953, Essays on Sociology and Social Psychology, London: Routledge.

Mannheim, K., 1956, Essays on the Sociology of Culture, London: Routledge.

Mannheim, K., 1964, Wissenssoziologie, Neuwied: Luchterhand.

Kettler, D./Meja, V./Stehr, N., 1989, Politisches Wissen. Studien zu Karl Mannheim, Frankfurt/M.: Suhrkamp.

Kettler, D./Meja, V., 1995, Karl Mannheim and the Crisis of Liberalism, New Brunswick: Transaction.
Meja, V./Stehr, N. (Hg.), 1982, Der Streit um die Wissenssoziologie, Frankfurt/M.: Suhrkamp.
Merton, R. K., 1937, The Sociology of Knowledge, in: Isis 3.
Popper, K. R., 1957, Das Elend des Historizismus, Tübingen: Mohr Siebeck 2004.
Woldring, H., 1986, Karl Mannheim, New York: St. Martin's.

Volker Meja/Nico Stehr

Mao Zedong (1893–1976)

1.

Mao Zedong stammt aus einer bäuerlichen Familie und besuchte nach seiner Schulausbildung und Armeezeit (1911) das Lehrerseminar in Changsha, Hunan (1913–1918), wo er politisch aktiv wurde. Die Tätigkeit in der Bibliothek der Peking-Universität (1918) brachte ihn in Kontakt mit führenden Marxisten. Während der 4. Mai-Bewegung 1919 forderte er die Mobilisierung aller Schichten zur Erneuerung des Landes nach sowjetischem Vorbild. Als Delegierter Hunans war er 1921 Mitbegründer der KP Chinas und unterstützte als Parteisekretär Hunans die Einheitsfront mit der Guomindang (Nationalpartei) Sun Yatsens und die Kooperation mit der Komintern (Kommunistischen Internalen). Seit 1925 widmete sich Mao der politischen Arbeit unter den Bauern. Die Aufsatze »Analyse der verschiedenen Klassen der chinesischen Bauernschaft und ihrer Haltung zur Revolution« (1926) und »Untersuchungsbericht über die Bauernbewegung in Hunan« (1927) zeichnen die Bauern als wichtigste revolutionäre Kraft. Nach dem Ende des Nordfeldzuges und der Einheitsfront 1927 sowie aufgrund der Verfolgung von Kommunisten baute Mao gemeinsam mit Zhu De und anderen Truppenteilen das Guerillagebiet im Jinggangshan (Grenzgebiet Hunan/Jiangxi) als Sowjetgebiet auf, dessen Vorsitzender er 1931 wurde. Die Einkreisungsfeldzüge der Guomindang-Truppen zwangen die Truppen zum legendären Langen Marsch (1934–1936). Mao setzte die Guerilla-Strategie auf der Zunyi-Konferenz 1935 durch und wurde zum mächtigsten Führer der KP Chinas.

2.

1936 wurde Mao Vorsitzender der Sowjetregierung im neuen Sowjetgebiet in Shaanxi. Im Kampf gegen die japanische Aggression setzte er die neue Linie der Einheitsfront mit der Guomindang durch, die geprägt war vom Primat der Selbstständigkeit von Partei, Armee und Sowjetgebiet, von Guerillakrieg und Orientierung auf die bäuerliche Bevölkerung als Hauptträger des Kampfes, von der Gleichrangigkeit von nationalem Abwehrkampf und sozialen Reformen. Sie fand ihren Ausdruck in politisch-philosophischen Schriften wie *Über den Widerspruch* (1937), die später zur Begründung der ununterbrochenen Revolution herangezogen wurde, und *Über die Praxis* (1937), in der die Politik der sog. Massenlinie formuliert wurde. Maos Guerillastrategie ist 1938 in seinem militärstrategischen Hauptwerk *Über den langwierigen Krieg* zusammengefasst. In *Über die neue Demokratie* (1940) stellt Mao sich in eine Traditionslinie mit Sun Yatsen, meldet so gegenüber der Guomindang seinen politischen Führungsanspruch an und plädiert für eine Einheitsfront mit allen demokratischen Kräften des Landes – auch nach dem Sieg: Beibehaltung des Privatkapitals bei Verstaatlichung der Großindustrie, Beibehaltung der (groß-)bäuerlichen Wirtschaft bei Enteignung der Großgrundbesitzer, Aufbau einer Kultur für die Massen, Verbindung von eigener Tradition und ausländischer Kultur, die kritisch rezipiert werden soll. 1942 setzte Mao in Yan'an diese Linie gegen innerparteiliche Gegner durch. Nach dem Sieg im Bürgerkrieg rief Mao Zedong als Vorsitzender der Zentralen Volksregierung am 1. 10. 1949 die Volksrepublik China aus. 1954 wurde er Staatspräsident. Der politischen Entmachtung auf dem 8. Parteitag 1956 setzte er 1958 die Politik des Großen Sprungs und der Volkskommunen entgegen, die den Weg zum Kommunismus beschleunigen sollte, faktisch jedoch in eine Hungerkatastrophe mündete. Mao trat 1959 als Staatspräsident zurück, initiierte 1966 die Kulturrevolution (1966–1976) als letzten großen Machtkampf, in dem er sein Konzept einer egalitären, antiintellektuellen bäuerlichen Gesellschaft und eines neuen Menschen durchzusetzen suchte. Personenkult und millionenfache Verbreitung der »Mao-Bibel«, einer Zitatsammlung aus Maos Schriften, waren dominant. Das Land wurde politisch destabilisiert, außenpolitisch isoliert und es stagnierte wirtschaftlich.

3.

Mao Zedong hat seine Ideen als Antwort auf aktuelle militärische und politische Anforderungen des Kampfes gegen ausländische Feinde (Aggression der imperialistischen Mächte, insbesondere Japans), innenpolitische Gegner (Jiang Kaishek und die Guomindang) und oppositionelle Linien in der KP Chinas entwickelt. Es sind meist Versionen politischer Reden, an deren Ausarbeitung auch andere beteiligt waren. Eine Kanonisierung der Schriften als Mao-Zedong-Ideen, als Sinisierung des Marxismus, erfolgt ab 1945, später werden sie als Weiterentwicklung des Marxismus-Leninismus propagiert. Sie stellen eine Mischung aus chinesischen egalitär-bäuerlichen Aufstandsutopien, stalinistischen Ausprägungen des dialektischen Materialismus, hegelscher Dialektik und Politiklegitimierung dar.

Das Konstrukt der Mao-Zedong-Ideen beinhaltet: (1) die Idee der permanenten Revolution und des Klassenkampfes auch in der sozialistischen Gesellschaft, die in qualitativen Sprüngen realisiert werden soll; (2) die Lehre von den Widersprüchen und deren Unterscheidung in Allgemeinheit und Besonderheit sowie Haupt- und Nebenseite des Widerspruchs, in Haupt- und Nebenwiderspruch sowie die Dialektik von antagonistischen und nichtantagonistischen Widersprüchen als Motor der Entwicklung; (3) die Lehre von der Einheit und dialektischen Verbindung von Praxis und Theorie; (4) das Konzept der Massenlinie, welches die Beziehungen zwischen Partei, Funktionären und Massen als widersprüchlich begreift und fordert, dass die Erfahrungen der Massen analysiert und verallgemeinert werden müssen; (5) die Theorie des Guerillakrieges.

4.

Mao Zedong, 1992ff., Mao's Road to Power. Revolutionary Writings 1912–1949, bisher 7 Bde., Armonk: Sharpe.

Lee, F., 2002, Mao, Chicago: Dee.
Schäfer, I., 1978, Mao Tse-tung, München: Beck.
Schram, S. R., 1969, Mao Tse-tung, Frankfurt/M.: Fischer.
Spence, J., 1999, Mao, München: Claassen.
Wilson, D. (Hg.), 1977, Mao Tse-tung in the Scales of History, Cambridge: Cambridge University Press.

Mechthild Leutner

Marcuse, Herbert (1898–1979)

1.

Marcuse stammt aus dem Milieu des wohlhabenden Berliner jüdischen Wirtschaftsbürgertums, studierte in Berlin und Freiburg Literaturgeschichte, Philosophie und Nationalökonomie, nachdem er aus politischer Enttäuschung die SPD und den Berliner revolutionären Soldatenrat verlassen hatte. 1928 wurde er Assistent Heideggers und als dieser seine Habilitation verhinderte, wandte er sich an Max Horkheimer und emigrierte als Mitglied des Instituts für Sozialforschung 1933 nach Genf und 1934 nach New York. Ab 1942 arbeitete Marcuse für die US-amerikanische Regierung Konzepte zur Entnazifizierung aus. Nachdem sich eine Übersiedlung an das wiedereröffnete Institut für Sozialforschung in Frankfurt zerschlagen hatte, wurde er 1958 Professor an der Brandeis University, 1965 an der University of California, San Diego. Seit den frühen 1960er Jahren unterstützte er die entstehenden Bürgerrechts- und Alternativbewegungen in den USA und war 1964 und 1967/68 auch in Europa und Deutschland als Gastdozent tätig (vgl. Albrecht/Behrmann/Bock u.a. 1999, Kap. 11). Auf vielfältige Weise verbreitete er seine Ideen einer ›Großen Weigerung‹ und der individuellen Emanzipation der Sinne, die den Auftakt allgemeiner Befreiung bilden sollte, und wurde so zu einem der meistgelesenen und einflussreichsten Intellektuellen der ›Neuen Linken‹.

2.

Marcuse hat zeitlebens in seinen Werken, aber auch in einem unmittelbareren praktischen Engagement die Bedingungen ausgelotet, die eine in seinem Verständnis revolutionäre Veränderung der bestehenden Gesellschaft ermöglichen würden. Er findet sie in den sinnlichen und erotischen Impulsen, die das Glück des Individuums gegenüber einer ›repressiven‹ und ›eindimensionalen‹ Gesellschaft einklagen.

Bereits in seiner Dissertation zum deutschen Künstlerroman (1922; HMS, I) ist die grundlegende Problemstellung eines Gegensatzes von Idee, Kunst und tatsächlichem Leben, sowie die Sehnsucht nach einer ›neuen Gemeinschaft‹ angelegt. Sie ist bestimmend geblieben bis zu seinem letzten Werk (*Die Permanenz der Kunst* von 1977; HMS, IX). Er nimmt Ideen aus Hegels Ästhetik und Lukács' Romantheorie auf, deren Orientierung an der klassisch-idealistischen Ästhetik er im Gegensatz zu Adorno bis zu seinem Tode beibehält. Die Suche nach einer konkreten Philosophie führt ihn zur Fundamentalontologie Heideggers. Allerdings zeigt schon seine erste Veröffentlichung (*Beiträge zur Phänomenologie des Historischen Materialismus* von 1928; HMS, I), die eine Synthese der philosophischen Perspektiven von Existenzialismus, Phänomenologie und Marxismus anstrebt, den Abstand zu Heideggers Philosophie. Denn abgesehen von terminologischen Anleihen zielt Marcuses Grundimpuls der Philosophie auf eine ontologisch und anthropologisch ergänzte Metaphysik der Subjektivität, mithin auf Traditionsbestände, die Heidegger als Ursprung der modernen Selbstentfremdung galten, als Selbstermächtigung des Individuums, die das Denken in die Irre der Seinsvergessenheit führte. Für Marcuse hingegen verkörpert die Existenzphilosophie den moralischen Rigorismus einer Ethik, die den Menschen aus der Stumpfheit des alltäglichen Daseins herausführt. Das sei auch das Programm von Hegel und Marx gewesen, doch habe die rigide marxistische Orthodoxie das Problem der Individualität geleugnet. Nach einigen Artikeln in der Zeitschrift für Sozialforschung führt er in *Reason and Revolution* (1941; HMS, IV) die Entstehung einer kritischen Sozialwissenschaft auf die hegelsche Philosophie zurück. Hier sei die Idee eines substanziellen und vernünftigen Allgemeinen entwickelt, die Marx als Realisierung nicht des Geistes, sondern als kooperative gesellschaftliche Praxis gefasst habe. Doch sei ein sinnerfülltes und glückliches Leben in der spätbürgerlichen Gesellschaft nicht möglich, die entgegen den frühbürgerlichen emanzipativen Ideen zu einer umfassenden Deformation des Lebens führen. Als Marcuse 15 Jahre später diese Gedanken in *Eros and Civilization* (1955; HMS, V) wieder aufnimmt, verschärft er die Analyse einer bis in die ›Triebstruktur‹ eines jeden Einzelnen sich einnistenden repressiven Gesellschaft, entwirft aber auch Möglichkeiten einer nicht-repressiven Kultur. In der Sphäre der ästhetischen Praxis können die Subjekte über Phantasie und Imagination miteinander zur Selbstverwirklichung gelangen. Doch entwickle die ›fortgeschrittene Industrie- und Überflussgesellschaft‹ Strategien der »repressiven Vergesellschaftung des Bewusstseins und der Triebstruktur«: Das Ergebnis dieser theoretischen Einsichten ist der »One-Dimensional Man«, ein »subjektloses Subjekt«, das der »repressiven Toleranz« und der »repressiven Entsublimierung« (HMS, VII) ausgeliefert sei. Der vermeintliche Fortschritt der Liberalisierung der Politik und Kultur verunmögliche Alternativen innerhalb dieses Systems. Damit aber fehlen der kritischen Theorie eine materielle Grundlage und ein Adressat der Transzendierung und Revolutionierung der Gesellschaft. Befreiung aus dieser totalitären Situation könne nur die individuelle Emanzipation der Sinne und die utopische Kraft des Denkens bewirken, wie sie bei den Außenseitern der Gesellschaft und den Befreiungsbewegungen der Dritten Welt zu finden sei. Doch schütze sich die westliche Welt vor einer drohenden Weltrevolution durch eine präventive Konterrevolution. Was unter diesen Umständen bleibe, sei das Reich der Freiheit in der Kunst, die die Realität überschreitet und sublimiert. In der Verfremdung der Kunst wird eine fiktive Wirklichkeit geschaffen, die wirklicher als die Wirklichkeit ist. Kunst ist der Schein der Wahrheit und das Schöne der Repräsentant des Lustprinzips, das die versteinerte Welt zum Sprechen bringt (vgl. HMS, IX, 191 ff.).

3.
Marcuses Fassung einer kritischen Theorie enthält Kernelemente, die auch Horkheimer und Adorno teilen, so dass darin tatsächlich die Einheit einer Schule gefunden werden kann. Allerdings verkörpert Marcuse als Intellektueller trotz aller Skepsis von Beginn an ein gewisses Vertrauen in die politische und kulturelle Durchsetzbarkeit eines substanziellen und vernünftigen Allgemeinen, auch wenn es letztlich in der Sphäre des Ästhetischen aufgehoben erscheint. Wie eine kritische Theorie der Einbildungskraft Psychoanalyse und Philosophie zusammenführen und Kritik an der Eindimensionalität moderner Gesellschaften ermöglichen soll, so der Entwurf einer Theorie der Transformation der Bedürfnisse und neuen Sinnlichkeit die Revolutionierung des Bestehenden und eine befreite Gesellschaft.

4.
Marcuse, H., 2004, Schriften, Springe: zu Klampen (zitiert als HMS).

Albrecht, C./Behrmann, G./Bock, M./Homann, H./Tenbruck, F., 1999, Die intellektuelle Gründung der Bundesrepublik, Frankfurt/M.: Campus.
Breuer, S., 1977, Die Krise der Revolutionstheorie, Frankfurt/M.: Syndikat.
Brunkhorst, H./Koch, G., 1990, Marcuse zur Einführung, Hamburg: Junius.
Habermas, Jürgen (Hg.), 1969, Antworten auf Herbert Marcuse, Frankfurt/M.: Suhrkamp.
Institut für Sozialforschung (Hg.), 1992, Kritik und Utopie im Werk von Herbert Marcuse, Frankfurt/M.: Suhrkamp.

HARALD HOMANN

Markt/Marktwirtschaft

1.
Jedes Wirtschaftssystem organisiert den Umgang mit knappen Ressourcen und beantwortet dabei zwei Fragen: Welche Güter sollen unter Verwendung welcher der vorhandenen Ressourcen hergestellt werden? An wen sollen die hergestellten Güter verteilt werden? In einer Marktwirtschaft werden diese Fragen mit Hilfe von Märkten beantwortet. Ein Markt ist ein Ort, an dem Angebot und Nachfrage für ein Wirtschaftsgut aufeinander treffen. »Ort« ist hier nicht in einem geographischen Sinne zu verstehen; so gibt es auch virtuelle Märkte wie etwa Internetauktionen. Auf der Angebotsseite finden sich die Akteure, die ein Gut oder eine Dienstleistung besitzen oder herstellen. Auf der Nachfrageseite stehen die Akteure, die am Erwerb eines Gutes Interesse haben. Ist der erwartete Nutzen auf der Seite der Nachfrager größer als der mancher Anbieter, dann ist es effizient, wenn zwischen diesen Akteuren ein Handel zustande kommt.

2.
Die *positive* ökonomische Theorie postuliert, dass dieses Aufeinandertreffen von Angebot und Nachfrage zur spontanen Herausbildung eines Marktpreises führt. Zudem determiniert der Marktpreis die an einem Markt gehandelte Menge des Gutes. Stimmt die zu einem Preis angebotene Menge mit der zu diesem Preis nachgefragten Menge überein, dann befindet sich der Markt im Gleichgewicht. Die

heute übliche Darstellung eines Marktgleichgewichts als Schnittpunkt einer fallenden Nachfrage- und einer steigenden Angebotskurve stammt von Alfred Marshall (1890). Für eine Ökonomie aus zahlreichen Märkten haben die Ökonomie-Nobelpreisträger Kenneth J. Arrow und Gerard Debreu (1954) die Voraussetzungen dafür aufgezeigt, dass alle Märkte im Gleichgewicht sind. Der schottische Moralphilosoph Adam Smith (1776) beschrieb dies mit dem Bild der »unsichtbaren Hand«: Die Gleichgewichtskombination von Preis und Menge entsteht als spontane Ordnung aus der Aggregation vieler individueller Pläne, wobei kein Individuum dieses Ziel intendiert zu haben braucht.

Die *normative* ökonomische Theorie widmet sich der Frage, ob diese spontane Ordnung effizient ist. Ein ineffizientes Marktergebnis (»Marktversagen«) würde einen regulierenden Eingriff oder gar den Übergang zu einem alternativen Wirtschaftssystem nahe legen. Die idealtypische Alternative zur Marktwirtschaft ist die oft auch als Planwirtschaft bezeichnete Zentralverwaltungswirtschaft. Hier werden die beiden oben angeführten Fragen, also die des gesamtwirtschaftlichen Produktions- und Verteilungsplans, durch einen zentralen Planer (bzw. eine Planungsbehörde) beantwortet.

Kritiker der Zentralverwaltungswirtschaft können sich auf Adam Smith berufen, wenn sie auf die beiden dieser Wirtschaftsordnung innewohnenden *Anreizprobleme* verweisen. Weder die Behördenplaner noch die wirtschaftlichen Akteure haben in einer Zentralverwaltungswirtschaft Anreize, mit den vorhandenen Ressourcen effizient umzugehen. Der Freiburger Ökonomie-Nobelpreisträger Friedrich August v. Hayek hat im Jahre 1945 zudem auf das Informationsproblem des Zentralplaners hingewiesen. Mitarbeiter einer solchen Behörde werden kaum den Nutzen abschätzen können, den Interessenten Gütern zumessen; zudem kennen sie nicht die besten Möglichkeiten zur Transformation von Ressourcen in nützliche Güter. Die Lösung beider Informationsprobleme würde Ressourcen erfordern, die dann nicht mehr in Nutzen stiftende Güter transformiert werden können.

Marktpreise können dagegen in der Marktwirtschaft einen Beitrag zur Lösung sowohl der Anreiz- als auch der Informationsprobleme leisten. Der spontan gebildete Preis spiegelt zum einen die Bewertung des letzten noch versorgten Nachfragers wider, zum anderen den Ressourcenaufwand, der zur Bereitstellung dieser letzten (»marginalen«) Einheit betrieben werden muss. Der Preis ist also nicht nur die Belohnung, die der Anbieter für das Bereitstellen des Gutes erhält, sondern begrenzt auch das Streben nach dieser Belohnung auf ein effizientes Maß. Gleichzeitig begrenzt der Marktpreis das Streben der Nachfrager nach dem Gut; es würde zwar durchaus weiteren Nutzen stiften, mehr als die Gleichgewichtsmenge zu erhalten, aber die zusätzlichen Kosten überwiegen den Zusatznutzen. Schließlich sendet der Marktpreis ein Signal, wie Ressourcen verwendet werden sollten. Staatliche Preiskontrollen (wie etwa die Einführung gesetzlicher Mindestlöhne) würden nicht nur ökonomische Fehlanreize setzen, sondern auch die Informationsfunktion des Preissignals stören.

3.

3.1. Die ökonomische Theorie vermag jedoch nicht überzeugend zu erklären, wie sich durch das Zusammentreffen von Angebot und Nachfrage ein Marktgleichgewicht (Preis und Menge) spontan herausbildet. Eine Hilfestellung bietet die Metapher vom »walrasianischen Auktionator« (benannt nach dem französischen Ökonomen Leon Walras). Dieser fiktive Auktionator ruft versuchsweise einen Preis aus und fragt die Akteure auf beiden Marktseiten, welche Mengen sie zu diesem Preis anzubieten bzw. nachzufragen bereit sind. Stimmen die aufaddierten Mengen der beiden Marktseiten überein, dann ist der Gleichgewichtspreis gefunden, zu dem nun gehandelt werden kann. Stimmen sie nicht überein, probiert der Auktionator einen anderen Preis aus.

Manche organisierte Märkte wie etwa Wertpapierbörsen funktionieren nach einem sehr ähnlichen Prinzip: Die Anbieter und Nachfrager geben an, wie viele Einheiten sie zu welchem (minimalen bzw. maximalen) Preis zu handeln bereit sind. Eine Zentrale vergleicht diese Angaben und ermittelt daraus den Gleichgewichtspreis. Diese Zentrale leistet nur Hilfestellung und hat – anders als die Planungsbehörde in der Zentralverwaltungswirtschaft – keinerlei planende Funktion.

3.2. Auf anderen realen Märkten sind weder so eine Zentrale noch der walrasianische Auktionator anzutreffen. Der Ökonomie-Nobelpreisträger Vernon Smith hat deswegen untersucht, ob Gleichgewichtspreis und -menge auch ohne diese Preis bildenden Institutionen erreichbar sind. Smith (1962) schildert ein Experiment, bei dem Anbieter und die Nachfrage in zweiseitigen Auktionen (»double oral auctions«) in jeder Runde eine Einheit des Gutes handeln konnten, indem sie sukzessive Preisforderungen bzw. -gebote abgaben. Gehandelt wurde die Einheit des Anbieters mit der niedrigsten Forderung; diese Einheit ging an den Nachfrager, der das höchste Gebot unterbreitet hatte.

Auch diese Interaktion kommt nicht ohne eine zentrale Institution aus, einen Spielleiter. Er hat aber nicht die Aufgabe, den Gleichgewichtspreis zu bestimmen, sondern achtet nur auf die Einhaltung der Zuteilungsregeln. Auch ohne walrasianischen Auktionator oder Preisberechnungszentrale wurde in entsprechenden Experimenten annähernd die Gleichgewichtsmenge gehandelt. Allerdings sind bei der »double oral auction« Transaktionen zu anderen Preisen als dem Marktgleichgewichtspreis beobachtbar; jedoch nähern sich die Transaktionspreise nach mehreren Handelsrunden diesem an. Die spontane Ordnung zwischen den Auktionsteilnehmern »ermittelt« also trotz der Abwesenheit eines walrasianischen Auktionators das Marktgleichgewicht.

3.3. Das Beispiel der »double oral auction« liefert eine Illustration für die dynamische Konzeption des Marktes, die etwa in der von Schumpeter (1912) begründeten Marktprozesstheorie vertreten wird. Hoppmann (1988) hat drei simultan ablaufende Prozesse hinter dem Marktgeschehen ausgemacht. Zunächst findet ein Austauschprozess zwischen den beiden Marktseiten statt. Hinzu kommen zwei parallel ablaufende Prozesse auf den beiden Marktseiten: die Nachfrager überbieten sich, die Anbieter unterbieten sich gegenseitig. Ein Marktgleichgewicht wird nur dann ereicht, wenn alle drei Prozesse ungestört in einem Markt ablaufen können. Ist etwa der Parallelprozess auf der Anbieterseite gestört, liegt z. B. ein Monopol vor, so wird das Marktgleichgewicht nicht erreicht, weil der Anbieter Preissetzungsmacht hat. Er kann einen höheren Preis als den Gleichgewichtspreis wählen und seinen Gewinn erhöhen, weil er nicht auf Konkurrenz Rücksicht nehmen muss, die ihn im Parallelprozess unterbieten würde. Monopolmacht ist nur insoweit durch den Austauschprozess begrenzt, wie Nachfrager auf höhere Preise in der Regel mit einer Reduktion der erworbenen Menge reagieren können.

3.4. Die klassische ökonomische Theorie kennt drei Arten von möglichem Marktversagen: externe Effekte, natürliche Monopole und asymmetrische Informationen. Externe Effekte entstehen, wenn eine Transaktion nicht nur die Interessen von Anbieter und Nachfrage beeinflusst, sondern auch dic Interessen (zumindest) einer weiteren Partei. Negative Externalitäten schädigen diese weitere Partei; ein Beispiel sind Schadstoffemissionen bei der Herstellung eines Gutes (positive Externalitäten erhöhen dagegen den Nutzen der weiteren Partei). Die Kosten zur Versorgung eines Nachfragers bestehen aus den zur Produktion benötigten Ressourcen sowie den negativen Externalitäten. Der Anbieter des Gutes kalkuliert jedoch nur die Produktionskosten ein, nicht aber die Externalitäten. Daher wird bei Existenz negativer Externalitäten am Markt ineffizient viel gehandelt (bei positiven dagegen zuwenig). Die Antwort der klassischen Ökonomie zur Korrektur dieser Art von Marktversagen ist die Erhebung einer Pigou-Steuer, benannt nach dem englischen Ökonomen Arthur Cecil Pigou (1912). Durch Erhebung dieser Steuer wird der Anbieter oder auch der Nachfrager mit dem Wert der negativen Externalität belastet, diese also »internalisiert«, was sicherstellen soll, dass am Markt die Gleichgewichtsmenge gehandelt wird.

Eine weitere Quelle von Marktversagen sind natürliche Monopole. Diese entstehen aufgrund von Größenvorteilen, etwa wenn zur Herstellung eines Gutes erhebliche Investitionen nötig sind, deren Höhe nicht von der produzierten Menge abhängen. In so einem Fall wäre es gar nicht wünschenswert, dass mehrere Anbieter aktiv werden. Ein Beispiel stellt die Wasserversorgung dar: Offenbar ist es wirtschaftlich unsinnig, in einer Stadt mehrere Rohrleitungssysteme parallel zu betreiben. Überlässt man aber deswegen die Versorgung einem Monopolanbieter, dann erhält dieser Marktmacht. Staatliche Regulierungspolitik hat hier zum Ziel, solche wünschenswerten Monopolanbieter so zu überwachen, dass sie diese Marktmacht nicht ausnutzen können.

Die dritte Art von Marktversagen kann entstehen, wenn die Anbieter eines Gutes über seine Wert bildenden Eigenschaften (etwa die Qualität) besser informiert sind als die Nachfrager. Uninformierte Nachfrager würden ihre Zahlungsbereitschaft nach der durchschnittlichen Qualität ausrichten. Wenn das so ermittelte Preisgebot jedoch dem Anbieter hoher Qualität zu niedrig ist, dann wird er sein Angebot vom Markt zurückziehen. Am Markt verbleiben also nur die Güter mittlerer und schlechter Qualität. Wenn die Nachfrager das antizipieren, werden sie ihre Zahlungsbereitschaft weiter verringern, was wiederum die Anbieter mittlerer Qualität zum Rückzug bewegen könnte. An so einem Markt würde letztlich nur die schlechte Qualität gehandelt werden. Dabei wäre es effizient, auch höhere Qualitäten zu handeln, wenn die Zahlungsbereitschaft der Nachfrager, könnten sie die Qualität sicher identifizieren, die Kosten der Anbieter übersteigt. Der Ökonomie-Nobelpreisträger George Akerlof (1970) hat in einem bahnbrechenden Artikel auf dieses Problem hingewiesen. Garantieversprechen können diese Art von Marktversagen vermeiden; staatliche Regulierungspolitik zielt in solchen Fällen darauf ab, den Anbietern Informationsoffenlegungspflichten aufzuerlegen.

3.5. Die moderne Institutionenökonomik beleuchtet die Gründe für »klassisches« Marktversagen näher, indem sie auf die Bedeutung von Verfügungsrechten und Transaktionskosten hinweist. Transaktionskosten sind Kosten der Marktbenutzung, also etwa die Kosten für die Suche nach Transaktionspartnern sowie für die Spezifikation und Durchsetzung von Verträgen. In der klassischen ökonomischen Theorie werden diese Kosten vernachlässigt. Diese Theorie vermag daher nicht zu erklären, warum manche Transaktionen nicht auf Märkten abgewickelt werden, sondern innerhalb von Organisationen. Der Ökonomie-Nobelpreisträger Ronald H. Coase hat im Jahre 1937 begründet, dass positive Transaktionskosten die Existenz von Organisationen erklären können. Letztere sind von Hierarchien gekennzeichnet; Anreize werden also nicht durch spontan gebildete Preise vermittelt, sondern eher durch Überwachung in Verbindung mit Belohnung oder Strafe.

In einem weiteren wegweisenden Aufsatz hat Coase (1960) untersucht, welchen Einfluss Transaktionskosten auf die optimale Zuteilung von Verfügungsrechten spielen. Verfügungsrechte geben einem Akteur das Recht, andere von der Nutzung einer Ressource oder von den aus ihr gezogenen Früchten auszuschließen. Die Verfügungsrechte an einer bestimmten Ressource können einem einzelnen Akteur zugeteilt sein oder in der Hand unterschiedlicher Akteure liegen. Die Institutionenökonomik hat gezeigt, dass unvollständig zugeteilte oder auch unklar abgegrenzte Verfügungsrechte für ineffiziente Marktergebnisse verantwortlich sind. Anders gewendet: Ein Markt funktioniert nur dann effizient, wenn die Verfügungsrechte klar zugeteilt sind. Bei einem »Allmende-Gut«, das jeder nutzen darf, sind die Verfügungsrechte im oben definierten Sinne niemandem zugeteilt; es steht also zu befürchten, dass ineffiziente

Übernutzung stattfindet (»tragedy of the commons«). Während die klassische Ökonomie das Problem der Umweltverschmutzung als eines negativer Externalitäten (die durch eine Pigou-Steuer internalisiert werden müssten) auffasst, würde die Institutionenökonomik eher unklar zugeteilte Verfügungsrechte verantwortlich machen. Diese Theorie tritt demgemäß für den Handel mit Verschmutzungsrechten anstelle einer Pigou-Steuer auf Schadstoffemissionen ein.

3.6. Marktpreisbildung funktioniert nicht ohne umrahmende Institutionen. Das macht bereits die Figur des walrasianischen Auktionators deutlich, der den Gleichgewichtspreis bestimmt. Aber auch in den »double oral auction«-Experimenten ist ein Moderator unabdingbar, der auf die Einhaltung der Regeln achtet. Die Möglichkeit, geschlossene Vereinbarungen durchzusetzen, ist eine implizite Annahme der klassischen Theorie, die erst durch die Institutionenökonomik problematisiert wurde. Für die Durchsetzung von Besitz- und Tauschsicherheit stehen einer Gesellschaft verschiedene institutionelle Arrangements zur Verfügung, die sich nach den mit ihnen verbundenen Transaktionskosten unterscheiden können. Für die Effizienz des Marktgeschehens ist also das Institutionendesign von entscheidender Bedeutung.

Der deutsche Ordoliberalismus, als dessen Hauptvertreter Walter Eucken (1952) gelten darf, hat dieses Ergebnis der modernen Institutionenökonomik vorweggenommen, ohne bereits den Transaktionskostenbegriff einzuführen (vgl. den ideengeschichtlichen Überblick in Kirstein 2000). Nach dem Konzept des Ordoliberalismus soll der Staat zwar nicht aktiv ins Wirtschaftsgeschehen eingreifen, aber den Ordnungsrahmen setzen, innerhalb dessen die Wirtschaftsakteure ihre Pläne verfolgen können.

Die ordoliberale Position steht im Gegensatz zur Auffassung von John M. Keynes, der in seiner *Allgemeinen Theorie* (1936) Nachfragemangel am Gütermarkt als Ursache für Unterbeschäftigung am Arbeitsmarkt identifiziert. Nach seiner Analyse müsste der Staat aktiv die Gütermarktnachfrage stimulieren. Dieser Staatseingriff wird als Fiskalpolitik bezeichnet, weil die staatliche Güternachfrage durch Steuereinnahmen finanziert werden soll.

Weitgehend einig sind sich die meisten Ökonomen darüber, dass staatliche Eingriffe zur Korrektur unakzeptabler Verteilungsergebnisse des spontanen Marktgeschehens gerechtfertigt sein können. Streit herrscht jedoch um die Maßstäbe, anhand derer unakzeptable Marktergebnisse und akzeptable Verteilungsergebnisse gemessen werden sollen.

4.

Akerlof, G., 1970, The Market for Lemons, in: Quarterly Journal of Economics 84.

Arrow, K. J./Debreu, G. 1954, Existence of an Equilibrium for a Competitive Economy, in: Econometrica 22.

Coase, R. H., 1937, The Nature of the Firm, in: Economica 4.

Coase, R. H., 1960, The Problem of Social Cost, in: Journal of Law and Economics 3.

Eucken, W., 1952, Grundsätze der Wirtschaftspolitik, Tübingen: Mohr.

Hayek, F. A. v., 1945, The Use of Knowledge in Society, in: The American Economic Review 35.

Hoppmann, E., 1988, Wirtschaftsordnung und Wettbewerb, Baden-Baden: Nomos.

Keynes, J. M., 1936, Allgemeine Theorie der Beschäftigung, des Zinses und des Geldes, Berlin: Duncker & Humblot 2000.

Kirstein, R., 2000, Law and Economics in Germany, in: B. Bouckaert/G. de Geest (Hg.), Encyclopedia of Law and Economics, Bd. 1, Cheltenham: Elgar.

Marshall, A., 1890, Principles of Economics, London: Macmillan.

Pigou, A. C., 1912, The Economics of Welfare, London: Macmillan 1929.

Smith, A., 1776, Der Wohlstand der Nationen, München: dtv 2003.

Smith, V. L., 1962, An Experimental Study of Competitive Market Behavior, in: Journal of Political Economy 70.

Schumpeter, J. A., 1912, Theorie der wirtschaftlichen Entwicklung, Berlin: Duncker & Humblot 1997.

Roland Kirstein

Marktliberalismus

1.

Unter »Marktliberalismus« wird eine Gesellschaftskonzeption verstanden, bei der der Markt die zentrale Steuerungsfunktion besitzt und im Sinne des Liberalismus eine freiheitliche Entfaltung der Persönlichkeit gewährleistet wird. Diese beiden Aspekte können als komplementär angesehen werden oder, wie von Kritikern vorgetragen, als sich gegenseitig ausschließend oder zumindest konfligierend.

Der Begriff »Marktliberalismus« (im Englischen »market liberalism« oder seltener »free-market liberalism«) ist eng mit dem des »Neoliberalismus« verwandt (vgl. 2.). Im Vergleich zu den Begriffen »Wirtschaftsliberalismus« oder »Marktwirtschaft« ist mit »Marktliberalismus« keine wirtschaftspolitische Konzeption gemeint, sondern ein Gesellschaftsmodell, dem die Überzeugung zugrunde liegt, dass Wettbewerb derjenige Allokationsmechanismus ist, der die Freiheit des Einzelnen am ehesten gewährleistet.

2.

Der Liberalismus als bürgerliches Programm des späten 18. und des 19. Jahrhunderts propagierte den freien Waren- und Kapitalverkehr und bekämpfte Zunftwesen und Leibeigenschaft. Staatstheoretisch wurde er v.a. von John Locke, Adam Smith und John Stuart Mill vertreten. Der Begriff »Marktliberalismus« wurde in der Nachkriegszeit von den US-amerikanischen Vertretern des klassischen Liberalismus geprägt, um sich von den ›liberals‹ abzugrenzen, die sich für eine Beschränkung des Markts und einen starken Staat einsetzten. Sie hatten den Begriff »Liberalismus« zu Beginn des 20. Jahrhunderts für ihre Vorstellungen reklamiert und sich dabei ebenfalls auf die Texte von Adam Smith und John Stuart Mill berufen. In Europa wird unter »Liberalismus« nach wie vor der klassische Liberalismus verstanden.

Mit dem Begriff »Marktliberalismus« eng verwandt ist der Begriff des »Neoliberalismus«. Als »neoliberal« bezeichneten sich 1938 (auf einem Kolloquium für Walter Lippmann) Friedrich August von Hayek, Wilhelm Röpke und Alexander Rüstow, die sich damit vom Liberalismus des Laissez-faire und des Nachtwächterstaats abgrenzten, aber auch von staatlichen Eingriffen zugunsten von Interessengruppen. Einerseits nahmen sie klassische liberale Topoi in ihr ordnungspolitisches Programm auf, wie beispielsweise das Ziel eines freien Wettbewerbs und die auf allen Ebenen möglichst weitgehende Freiheit der Marktteilnehmer (vgl. Röpke 1950). Andererseits befürworteten sie staatliche Eingriffe, um denjenigen zu helfen, die beim Übergang zu einer funktionierenden Marktwirtschaft nicht für sich selbst sorgen können (vgl. Hayek 1960; Rüstow 1932). Die Neoliberalen kritisierten seit dem Ende der 1950er Jahre auch die neoklassische Gleichgewichtstheorie und die Wohlfahrtsökonomik, die aus ihrer Sicht eine Anmaßung von Wissen darstellen (z.B. weil unterstellt wird, der ›soziale Planer‹ kenne die Interessen der einzelnen Individuen). Außerdem wiesen sie darauf hin, dass die neoklassische Gleichgewichtstheorie den Institutionen keinerlei Bedeutung zumisst, obwohl diese nach ihrer Auffassung eine zentrale Rolle für den Ordnungsrahmen des Markts spielen.

In den 1980er Jahren gewann Milton Friedman mit seiner makroökonomischen Theorie des Monetarismus großen intellektuellen und politischen Einfluss. Seine Theorie steht dem Marktliberalismus nahe, da sie staatliche Interventionen für wirkungslos oder sogar kontraproduktiv hält. Inzwischen wird der Begriff »Neoliberalismus« insbesondere von seinen Kritikern verwandt (von Organisationen wie Attac, aber auch von Chomsky 1999 und Bourdieu 1998; vgl. 3.2.), während »Marktliberalismus« der in geringerem Maße politisierte Begriff ist.

3.

3.1. Der Marktliberalismus fußt auf der klassischen Vorstellung des Wettbewerbs (vgl. Smith 1776), der die Eigeninteressen der Bürger so kanalisiert, dass das Wohl der gesamten

Bevölkerung befördert wird. Die ›unsichtbare Hand‹ des Markts sorgt dafür, dass Privatpersonen, die sich eigennützig verhalten, dadurch den Wohlstand aller erhöhen. Smith wandte sich gegen staatliche Eingriffe (die im England des 18. Jahrhunderts vorrangig dazu dienten, die Staatskasse zu füllen), um eine natürliche Ordnung der Freiheit herzustellen und damit den Interessen der Konsumenten zu dienen.

Zentral für die neoklassische Wettbewerbstheorie ist die Annahme der Nutzenmaximierung bei beschränktem Budget bzw. der Gewinnmaximierung bei minimalen Kosten. Dem liegt die Vorstellung zugrunde, dass die Individuen ihre eigenen Interessen rational verfolgen, d.h. diejenige Option wählen, die ihren eigenen Nutzen maximiert.

Die Theorie des Allgemeinen Gleichgewichts zeigt, unter welchen Voraussetzungen (insbesondere Vollständigkeit der Märkte, Rationalität der Akteure) der Marktmechanismus zu einem Pareto-effizienten Gleichgewicht führt, d.h. zu einem stabilen Zustand, bei dem sich keiner der Marktteilnehmer mehr verbessern kann, ohne einen anderen Marktteilnehmer schlechter zu stellen. Allerdings ist das Marktergebnis im Hinblick auf die Verteilung in keiner Weise ausgezeichnet, so dass extrem ungleiche Pareto-effiziente Allokationen möglich sind.

Sozialphilosophisch wird als wichtiges Merkmal des Marktmechanismus angeführt, dass er auf der Eigenverantwortlichkeit der Individuen basiert (vgl. Hayek 1991). Er ist aber auch insofern moralisch anspruchslos, als er vom Streben nach Eigennutz ausgeht (vgl. 3.2. (c)).

Hayek (1944) betont, dass Wettbewerb nicht allein deswegen der bevorzugte Mechanismus ist, weil er in vielen Zusammenhängen die effizienteste bekannte Methode darstellt, sondern weil er die Handlungen der Einzelnen koordiniert, ohne willkürliche oder durch Zwangsmaßnahmen unterstützte Interventionen einer zentralen Autorität.

Robert Nozick (1974) beschreibt, wie invisible-hand-Prozesse zu einem Minimalstaat führen können. Insbesondere bezeichnet er solche Zustände als gerecht, die durch gerechte Transfers (z.B. freiwillige Markttransaktionen) zustande gekommen sind. Einige Markliberale lehnen jeglichen Eingriff in den freien Tausch von Waren als ungerecht ab. So vertritt Hayek (1944) die Ansicht, dass der Begriff der Gerechtigkeit und entsprechende Beurteilungen im freien Markt unangebracht (ein Kategorienfehler) seien. Nozick (1974) hält jeden freien Tausch für gerecht, wenn er frei vollzogen worden ist und wenn jeder Marktteilnehmer anfangs zu Recht im Besitz der Güter ist; jeder strukturelle Eingriff im Namen von Gerechtigkeitsprinzipien, z.B. staatliche Umverteilung, verbiete sich deshalb aus Gerechtigkeitsgründen.

3.2. Die Kritik an der neoklassischen Wirtschaftstheorie lässt sich in drei große Bereiche einordnen, nämlich (a) die Betonung der Rolle von Institutionen für den Marktprozess, (b) die Untersuchung von Informationsasymmetrien und externen Effekten und (c) die Berücksichtigung psychologischer Aspekte. (a) Die Neoklassik vernachlässigt die Rolle von Institutionen für das Funktionieren von Märkten. Die Rechtsordnung, die sicherstellt, dass Verträge eingehalten werden, oder die Unternehmung als Ort der Produktion spielen in der Theorie keine Rolle. Die Institutionenökonomik weist auf diese Defizite hin und entwickelt alternative Ansätze, die die Existenz von Institutionen begründen und rechtfertigen. (b) Häufig haben nicht alle Transaktionspartner dieselben Informationen zur Verfügung. Außerdem können externe Effekte auftreten, d.h. Effekte auf Personen, die nicht an der Transaktion beteiligt sind und damit keinen Einfluss auf den Preis haben. Informationsasymmetrien und externe Effekte können zu Marktversagen führen, aber auch zur Ausbildung von Vertragsformen und Institutionen, die den Akteuren die Realisierung einer für alle vorteilhaften Transaktion ermöglichen. Selbst wenn aus der Diagnose möglichen Marktversagens noch nicht direkt die Notwendigkeit staatlicher Eingriffe folgt, gibt es Situationen, in denen eine partielle staatliche Regulierung die effizienteste Lösung darstellt (vgl. Viscusi/Harrington/Vernon 1992). (c) Die psychologische Forschung und die experimentelle Wirtschaftsforschung haben zu einer kritischen Neubewertung des ›homo oeconomicus‹ geführt. Sowohl die Annahme perfekt rationalen Verhaltens, d.h. unbegrenzter kognitiver Fähigkeiten, als auch die Annahme, dass das Verhalten allein durch Eigennutz motiviert ist, stehen im Widerspruch zu den empirischen Befunden. Weiterhin haben psychologische und ökonomische Studien der letzten 30 Jahre gezeigt, dass Individuen keine rationalen Erwartungen haben, Heuristiken benutzen, die zu systematischen Fehlern führen, Präferenzumkehrungen aufweisen und bei intertemporalen Entscheidungen Selbstkontrollprobleme haben und dadurch zeitinkonsistente Entscheidungen fällen. Der empirische Befund, dass Akteure sich häufig anders verhalten, als es in ihrem eigenen Interesse ist, konfligiert mit der zentralen Grundannahme des Liberalismus. Daraus wird gefolgert, dass gewisse weiche Formen des Paternalismus (›libertarian paternalism‹; vgl. Sunstein/Thaler 2003) gerechtfertigt sein können, d.h. Maßnahmen, die mit dem Ziel ergriffen werden, die Entscheidungen der Einzelnen so zu beeinflussen, dass es ihnen besser geht, ohne dabei direkten Zwang auszuüben.

Soziologische und philosophische Argumente gegen den Marktliberalismus beziehen sich auf die soziale Ungleichheit und die damit einhergehenden gesellschaftlichen Zerfallsprozesse (in unterschiedlicher Form bei Karl Marx, Emile Durkheim und John Rawls). Außerdem wird die Gefahr gesehen, dass Märkte die Grundlagen liberaler politischer Strukturen zerstören können (vgl. Hirsch 1976; Bell 1976; Lane 1991). Weiterhin wird für Marktgesellschaften ein Verdinglichungsprozess diagnostiziert, der zur Entsolidarisierung der Gesellschaft und zur Zerstörung der Autonomie der Individuen führt (prominente frühe Vertreter dieser Entfremdungsthese sind Marx, Georg Simmel und Georg Lukács). In den 1990er Jahren wird der Marktliberalismus nicht nur für die weltweite Zunahme der Ungleichheit verantwortlich gemacht, sondern auch für die Umweltzerstörung, die Entmachtung und Marginalisierung der Arbeiter durch unsichere Arbeitsverhältnisse (›Prekarisierung‹; vgl. Bourdieu 1998) sowie für eine instabile Weltwirtschaft. Als Beispiel kann hier auf Richard Sennett (1998) verwiesen werden, der beschreibt, wie der Anspruch an die Arbeitnehmer, flexibel zu sein, zu Identitätsverlusten führt.

4.

Bell, D., 1976, The Cultural Contradictions of Capitalism, New York: Basic Books.

Bourdieu, P., 1998, Gegenfeuer, Konstanz: UVK.

Chomsky, N., 1999, Neoliberalismus und globale Weltordnung, Hamburg: Europa-Verlag 2002.

Hayek, F. A. v., 1944, Der Weg zur Knechtschaft, München: Olzog 2003.

Hayek, F. A. v., 1960, Die Verfassung der Freiheit, Tübingen: Mohr 1991.

Hirsch, F., 1976, The Social Limits to Growth, Cambridge: Harvard University Press.

Lane, R. E., 1991, The Market Experience, Cambridge: Cambridge University Press.

Meyer, K. U./Alber, J./Beckert, J., 2001, Die Beste aller Welten? Marktliberalismus vs. Wohlfahrtsstaat, Frankfurt/M.: Campus.

Nozick, R., 1974, Anarchie, Staat, Utopia, München: Olzog 2006.

Röpke, W. 1950, Maß und Mitte, Erlenbach: Haupt.

Rüstow, A., 1932, Die staatspolitischen Voraussetzungen des wirtschaftspolitischen Liberalismus, in: ders., Rede und Antwort, Ludwigsburg: Hoch 1963.

Sennett, R., 1998, Der flexible Mensch, Berlin: Berlin Verlag.

Smith, A., 1776, Der Wohlstand der Nationen, München: dtv 2001.

Sunstein, C./Thaler, R., 2003, Liberal Paternalism, in: American Economic Review 93.

Viscusi, W. K./Harrington, J. E./Vernon, J. M., 1992, Economics of Regulation and Antitrust, Cambridge/MA: MIT Press.

Willke, G., 2003, Neoliberalismus, Frankfurt/M.: Campus.

Dorothea Kübler

Marsilius von Padua (1275–1342)

1.

Der Staatstheoretiker Marsilius von Padua wurde um das Jahr 1275 in Padua geboren und starb vermutlich Ende 1342 in München. Während seiner Jugend erlebte er den Streit zwischen weltlicher und geistlicher Macht aus nächster Nähe. Er wuchs auf in einer norditalienischen Stadtrepublik, die, nachdem sie die kirchlichen Immunitätsansprüche bedroht hatte, päpstlicher Exkommunikation unterlag. Marsilius zog nach Paris, um Medizin zu studieren und später, 1313, Universitätsrektor zu werden. Nachdem er 1326 als der anonyme Autor des zwei Jahre zuvor erschienenen *Defensor Pacis* identifiziert worden war, sah er sich jedoch gezwungen, aus Paris zu fliehen. Er wurde am Hof Kaiser Ludwigs von Bayern (1314–1346), der mit dem Papst in einen Streit über die norditalienische Jurisdiktion verwickelt war, in Schutz genommen. Marsilius stand dem Kaiser mit Rat zur Seite, als dieser einen Gegenpapst in Rom einsetzen ließ. Obwohl das Unternehmen nur eine Farce war – die kaiserlichen Truppen wurden bald zum Rückzug gezwungen – stand Marsilius bis zu seinem Tode unter dem Schutz des Kaisers. Erstmals wurde sein Tod in einer Rede von Papst Clemens VI. (1342–1352) vermeldet, der sich 1353 auf das Buch »eines verstorbenen Autors« als das ketzerischste, das er je gelesen hatte, bezog.

2.

Marsilius hat mehrere kleine Traktate über Politik geschrieben, ist aber v.a. durch seine *Defensor Pacis* bekannt geworden. In diesem Buch entwirft er eine politische Konzeption dafür, wie Ruhe und Ordnung im Staat zu erhalten sind. Marsilius zufolge bedrohen die kirchlichen Ansprüche auf ein separates Rechtssystem die politische Stabilität. Die päpstliche Einmischung in weltliche Angelegenheiten gefährdet, als Ausdruck einer geteilten Souveränität, den innerstaatlichen Frieden. Ruhe und Ordnung sind aber Voraussetzungen für die Entfaltung der Gemeinschaft. Im Anschluss an Aristoteles schreibt Marsilius, dass »Ruhe ein guter Zustand der Stadt oder des Staates [ist], durch den jeder einzelne seiner Bestandteile in vollkommener Weise die Funktionen wird erfüllen können, die ihm nach der Vernunft und seiner Einrichtung zukommen« (Marsilius 1324, 31).

Die höchste souveräne Autorität im Staate ist Marsilius zufolge der *legislator humanus*, den er als die ganze politische Gemeinschaft auffasst. Dieser *legislator humanus* teilt jeder Klasse die ihr zustehenden Aufgaben zu. Die wichtigste Klasse ist die des *pars principans*, der Exekutivgewalt, deren Aufgabe der Erlass von Gesetzen ist. Obwohl das *pars principans* die alltägliche Regierung führt, ist der *legislator humanus* souverän. Nach Marsilius können Normen nur zu Gesetzen werden, wenn der *legislator humanus* diese als solche anerkennt. Denn die kollektive Erfahrung und Weisheit der Gemeinschaft bieten eine bessere Garantie für die moralische Richtigkeit der Gesetze als die Urteile Einzelner. Marsilius bedient sich in diesem Kontext einer organischen Metapher: »Das Gesetz ist ein Auge bestehend aus mehreren Augen.«

3.

Obwohl Marsilius ›Abstimmung‹ (*eleccio*) als das wichtigste Kriterium für eine gute Regierung betrachtete, war er keineswegs der radikale Demokrat, für den er später gehalten wurde (vgl. Monahan 1987, 229). Die Gesetzeskraft wird, ihm zufolge, von der Abstimmung durch den »ganzen Körper der Bürger oder seines *wertvollsten Teils*« bestimmt. Dieser Begriff des *valentior pars* ist definiert als »Quantität oder Qualität von Personen innerhalb der Gemeinschaft, für die das Gesetz gegeben wird«. Wegen des Kriteriums der ›Qualität von Personen‹ ist es unwahrscheinlich, dass Marsilius mit seinem Begriff von ›Abstimmung‹ eine mehrheitsdemokratische Auffassung vorweggenommen hat. Jenes Kriterium der ›Qualität‹ wurde übrigens in der ersten gedruckten Ausgabe des *Defensor Pacis* weggelassen und erst im letzten Jahrhundert von C. W. Previté-Orton wieder entdeckt (vgl. Morall 1994, 112). Darüber hinaus weicht

Marsilius' Begriff von ›Abstimmung‹ stark vom heutigen ab: Abstimmung ist nicht der Ausdruck eines subjektiven Willens, sondern eines *impetus nature*, »dass nämlich alle Menschen, die nicht verblendet oder sonst gehemmt sind, von Natur ein ausreichendes Leben erstreben« (Marsilius 1324, 39; vgl. Nederman 1995, 92).

Obwohl Marsilius immer wieder als Vordenker säkularisierter Staatstheorien angesehen wurde (vgl. z.B. Tierney/Painter 1992, 496), wollte er keineswegs die Religion aus dem Staat verbannen. Geistliche und weltliche Macht sollten nur als unterschiedliche Sphären wahrgenommen werden, um den innerstaatlichen Frieden nicht in Gefahr zu bringen. Marsilius meinte, dass geistliche Vorschriften nur durch die Zustimmung des *legislator humanus* Gesetzeskraft gewinnen konnten – eine Behauptung, die den kirchlichen Unabhängigkeitsansprüchen offensichtlich widersprach. Er glaubte jedoch nicht, dass der Religion überhaupt keine politische Relevanz mehr zukomme. Im Bezug auf politische Fragen etwa blieb das individuelle Gewissen der geistlichen Sphäre unterworfen. Dennoch wurde Marsilius gerade deswegen berühmt, weil er die göttliche Autorität des Papsttums in Frage gestellt hatte.

4.

Marsilius v. Padua, 1324, Der Verteidiger des Friedens, Berlin: Rütten und Loening 1958.

Marsilius v. Padua, 1979, Œuvres Mineures, Paris: CNRS.

Marsilius v. Padua, 1993, Writings on Empire, Cambridge: Cambridge University Press.

Gewirth, A., 1956, Marsilius of Padua. The Defender of the Peace, 2 Bde., New York: Columbia University Press.

Miethke, J., 1993, Literatur über Marsilius von Padua (1958–1992), in: Bulletin de philosophie médiévale 35.

Monahan, A. P., 1987, Consent, Coercion and Limit. The Medieval Origins of Parliamentary Democracy, Leiden: Brill.

Morall, J. B., 1994, Political Thought in Medieval Times, Toronto: University of Toronto Press.

Nederman, C. J., 1995, Community and Consent. The Secular Political Theory of Marsiglio of Padua's *Defensor Pacis*, Lanham: Rowman & Littlefield.

Tierney, B./Painter, S., 1992, Western Europe in the Middle Ages, 300–1475, New York: Mc Graw-Hill.

Marc de Wilde

Marx, Karl (1818–1883)

1.

Karl Marx wurde in Trier geboren, wo er als Sohn eines vormals jüdischen, zum Christentum übergetretenen Juristen unter kleinbürgerlichen Verhältnissen aufwuchs, zur Schule ging und schon in jungen Jahren seine zukünftige Ehefrau Jenny von Westphalen kennen lernte. 1835 legte er als überdurchschnittlich guter Schüler das Abitur ab. Im selben Jahr begann er in Bonn mit dem Studium der Rechtswissenschaften, das er ab 1836 in Berlin fortsetzte. Dort kam Marx in Kontakt mit dem sog. Doktorklub, der sich vornehmlich um die Brüder Bruno und Edgar Bauer zentrierte, durch den er in den Einflusskreis der hegelschen Philosophie geriet. Sein weiterer Studienverlauf wurde dadurch zu einer intensiven Auseinandersetzung mit dem Werk von Hegel, dessen zentrale Motive und Denkstrukturen trotz aller Abgrenzungsversuche viele der späteren theoretischen Schriften von Marx prägen sollten. Dem Jurastudium abtrünnig geworden, beendete Marx 1841 sein Studium mit einer Dissertation über ein Problem der antiken griechischen Philosophie, die er an der Universität Jena einreichte.

Politische Probleme und persönliche Zerwürfnisse mit den ehemaligen Weggefährten aus der Berliner Studienzeit vereitelten eine akademische Laufbahn. Marx arbeitete stattdessen von 1842 bis 1843 zuerst als Mitarbeiter, dann als Chefredakteur der bürgerlich ausgerichteten »Rheinischen Zeitung« in Köln und begann damit sein journalistisches Schreiben, das er über viele Jahrzehnte hinweg fortsetzte. Die Redakteurstätigkeit brachte Marx aufgrund seiner liberal-demokratischen Ausrichtung, die er in jener Zeit noch vertrat, erneut in politische Schwierigkeiten, die ihn diesmal sogar zwangen, das Land zu verlassen. Marx verbrachte frisch vermählt zuerst einige Zeit in Paris, wo er gemeinsam mit Arnold Ruge die Deutsch-Französischen Jahrbücher herauszugeben plante, von denen jedoch nur ein einziger Band erschien. Außerdem lernte Marx in Paris Engels kennen und wurde dort aufgrund zahlreicher und intensiver Einflüsse in einer bemerkenswert kurzen Zeit zum glühenden Anhänger des Kommunismus. 1845 zog Marx mit seiner Familie nach Brüssel, wo er das Kommunistische Korrespondenzkomitee einrichtete und umfangreiche Kontakte mit sozialistischen Mitstreitern in ganz Europa pflegte. Auf Betreiben Preußens wurde er jedoch auch aus Brüssel ausgewiesen. Marx versuchte es 1848 nach einem kurzen zweiten Aufenthalt in Paris erneut als Redakteur der »Neuen Rheinischen Zeitung« in Köln, scheiterte abermals an den politischen Verhältnissen und ging im Jahr darauf endgültig ins Exil nach London. Dort setzte er intensiv seine ökonomischen und historiographischen Studien fort, schrieb zahlreiche journalistische Texte u.a. für den »New York Tribune« und übte unter zumeist labilen wirtschaftlichen Verhältnissen gemeinsam mit Engels für einige Zeit massiven Einfluss auf die internationale Arbeiterbewegung und insbesondere auf die deutsche Sozialdemokratie aus. 1864 gehörte er beispielsweise zu den Gründungsmitgliedern der Internationalen Arbeiter-Assoziation (später als »Erste Internationale« bezeichnet), die nur wenige Jahre nach ihrer Gründung Anfang der 1870er Jahre an der Rivalität zwischen dem Flügel um Marx und dem der Anarchisten um Bakunin und Proudhon zerbrach. Marx, der v.a. in den Londoner Jahren immer wieder mit schweren gesundheitlichen Problemen zu kämpfen hatte, starb 1883 in London nur wenige Monate nach dem Tod seiner Frau (vgl. zur Biographie Iorio 2005; McLellan 2003; Wheen 2002).

2.

Neben einer Hand voll Texten aus der Abiturzeit fallen die frühsten überlieferten Schriften von Marx in seine Studienzeit und bestehen primär aus Briefen privaten Inhalts, literarischen Versuchen, Auseinandersetzungen mit der Philosophie Hegels und umfangreichen Exzerpten für seine Promotionsschrift über die Naturphilosophie von Demokrit und Epikur (vgl. MEW, Bd. 40). Es folgen journalistische Texte aus der Zeit als Redakteur, in denen Marx anlässlich tagespolitischer Ereignisse Partei für die demokratischen und liberalen Kräfte des Vormärz ergreift und sich gegen die reaktionäre Politik Preußens und anderer Monarchien in Europa stemmt (vgl. MEW, Bd. 1). Während seines Aufenthalts in Paris, wo er u.a. Heinrich Heine und den französischen Sozialisten Proudhon kennen lernt, entstehen die *Ökonomisch-philosophischen Manuskripte*, die die Abnabelung von Hegel und den zunehmenden Einfluss sozialistischer Autoren auf das Denken von Marx dokumentieren, aber erst 1930 veröffentlicht werden (vgl. MEW, Bd. 40), sowie *Die heilige Familie*, die zum Teil gemeinsam mit Engels verfasst wird und die erste gemeinsam publizierte Schrift der beiden Autoren darstellt (MEW, Bd. 2). Während des Brüsseler Aufenthalts brachte Marx im Frühjahr 1845 die elf *Thesen über Feuerbach* zu Papier und schreibt gemeinsam mit Engels *Die Deutsche Ideologie*, die erstmals die Grundlagen der marxistischen Weltsicht enthalten, aber zu Lebzeiten der beiden Autoren nicht veröffentlicht werden können, da sich kein Verleger findet (MEW, Bd. 3). Kurz vor der Revolution verfassen Marx und Engels 1848 im Auftrag des sog. Kommunistenbundes das *Manifest der Kommunistischen Partei*, das vielfach übersetzt und immer wieder neu aufgelegt wurde (MEW, Bd. 4). In den 1850er Jahren entstehen zahlreiche weitere ökonomische, gesellschaftstheoretische und historiographische Schriften, die eine Reihe von Gedanken aus den *Ökonomisch-Philosophischen Manuskripten* weiterführen und auf das unvollendete Hauptwerk *Das Kapital. Kritik der politischen Ökonomie* (MEW, Bd. 23–25) vorverweisen.

(Eine relativ kurze Vorstudie wurde unter dem Titel *Zur Kritik der politischen Ökonomie* bereits 1859 publiziert (MEW, Bd. 17). Die umfangreicheren *Grundrisse der Kritik der politischen Ökonomie* von 1857/58 blieben hingegen zeitlebens unveröffentlicht (MEW, Bd. 42)). Nur der erste Band dieses monumentalen Werkes erscheint zu Lebzeiten von Marx im Jahr 1867. Der zweite und dritte Band werden von Engels auf der Grundlage der nachgelassenen Manuskripte redigiert und 1885 bzw. 1894 veröffentlicht. Die erst 1905–1910 erschienenen *Theorien über den Mehrwert* werden zuweilen als vierter Band des *Kapital* bewertet, da sie historiographische Materialien zur Politischen Ökonomie enthalten, aus denen Marx eine Geschichte dieser Disziplin verfassen wollte (MEW, Bd. 26). Weitere wichtige Schriften von Marx, die sein Bemühen dokumentieren, geschichts- und sozialphilosophische, ökonomische sowie sozialwissenschaftliche Standpunkte anhand konkreter historischer oder zeitgeschichtlicher Studien zu belegen, sind etwa die Arbeit *Der 18. Brumaire des Louis Bonaparte* (1852), in der Marx u.a. dem Verhältnis zwischen sozialen und politischen Revolutionen nachgeht (MEW, Bd. 8), und die Arbeit *Der Bürgerkrieg in Frankreich* (1871), in der die Verfassung der Pariser Kommune als eine potentielle Vorform der Diktatur des Proletariats diskutiert wird (MEW, Bd. 17).

3.
Anders als Engels, Plechanov, Lenin und im gewissen Sinn auch Stalin sowie weitere Parteidenker des 20. Jahrhunderts glauben machen wollten, hat Marx keine in sich geschlossene Universaltheorie namens »Marxismus« hinterlassen. Es gibt vielmehr eine Reihe aufeinander bezogener Themen und Motive, mit denen sich Marx Zeit seines Lebens immer wieder beschäftigt hat, wobei es strittig ist, ob seine unterschiedlichen Standpunkte einen konsistenten oder gar kohärenten Theoriekorpus ergeben.

3.1. Eines dieser Themen – vielleicht das zentralste – ist die Geschichtsphilosophie, in der Marx schon in den 1840er Jahren seinen Ausgangspunkt findet, um sich gegen das idealistische Denken seiner Zeit, v.a. gegen die nicht nur in den akademischen Kreisen Deutschlands vorherrschende Philosophie Hegels, zu wenden. Die Geschichte ist nach seinem Dafürhalten anders als Hegel, seine zahlreichen Schüler und die übrigen Vertreter des Deutschen Idealismus lehren, kein universaler Entwicklungsprozess, in dem eine übermenschliche Weltvernunft zu sich selbst findet. Die Geschichte ist Marx zufolge vielmehr die Summe der konkreten Entwicklungen menschlicher Gesellschaften, deren Antrieb vornehmlich im technologischen Fortschritt liegt, der sich wiederum in der Art und Weise manifestiert, in der die Mitglieder einer Gesellschaft ihren gemeinsamen Wirtschaftsprozess organisieren. Engels prägte für diese anit-idealistische und (nur) insofern materialistische Geschichtsauffassung, durch die Marx beanspruchte, utopische Frühformen des Kommunismus zum wissenschaftlichen Sozialismus weiterentwickelt zu haben, den Namen »Historischer Materialismus« – eine Bezeichnung, die sich in den Schriften von Marx nirgends findet. Im Kern besagt diese Theorie, dass im Zuge der technologischen Weiterentwicklung der Produktivkräfte sich die Produktionsverhältnisse, unter denen die Gesellschaftsmitglieder diese Produktivkräfte anwenden, von Zeit zu Zeit dem neusten Entwicklungsstand anpassen müssen. Dieser Vorgang hat zur Folge, dass die politischen sowie juristischen Institutionen der Gesellschaft, die zusammengenommen den sog. Überbau bilden, sich ihrerseits den jeweils neuen Produktionsverhältnissen anzupassen haben.

Marx zufolge mündet dieser stufenförmig verlaufende Prozess, den er von der menschlichen Frühzeit bis in seine Gegenwart nachzuzeichnen bestrebt ist, über kurz oder lang in eine kommunistische Gesellschaftsordnung, die soziale sowie ökonomische Sicherheit für alle Menschen gewährt, die Institution des Privateigentums hinter sich lässt und staatliche bzw. politische Strukturen als verkappte Herrschaftsinstrumente nicht mehr benötigt.

3.2. In einem nur schwer zu durchschauenden Zusammenhang mit dieser teleologisch geprägten Geschichts- und Gesellschaftsphilosophie stehen einige sozialphilosophische Betrachtungen von Marx, die sich auf die Konzepte der Arbeitsteilung, der Entfremdung, der Klasse, des Klassenkampfes und der Ideologie stützen. Auch die Theorie, der zufolge die herrschenden Ideen einer Zeit immer die Ideen der gerade herrschenden Klasse sind und damit zusammengenommen die spezifische Ideologie ihrer Epoche prägen, hat zweifelsfrei geschichtsphilosophische Züge. Denn Marx ist davon überzeugt, dass der ständige Kampf miteinander um die politische Herrschaft ringender Klassen, denen ein je eigenes Klassenbewusstsein und je eigene Klasseninteressen zuzuordnen sind, zwar schon seit Anbeginn des menschlichen Zusammenlebens existiert, aber schon in naher Zukunft ein notwendigerweise eintretendes Ende finden wird. Denn die proletarische Revolution, auf die der gegenwärtige Klassenkampf zwischen der ausbeutenden Bourgeoisie und den ausgebeuteten Arbeitern unter den kapitalistischen Produktionsverhältnissen mit Notwendigkeit zuläuft, wird den in historischer Perspektive betrachtet letzten Klassengegensatz überwinden bzw. aufheben, weswegen die kommunistische Gesellschaft nicht nur als eine vom Privateigentum befreite, sondern auch als eine klassenlose Gesellschaft definiert werden kann. Der Sozialismus wird die Arbeitsteilung und damit die mit ihr einhergehende Entfremdung der Menschen überwinden und jedem Individuum den Freiraum gewähren, der erforderlich ist, um sich in Zusammenarbeit mit seinen Mitmenschen nach Maßgabe seiner Bedürfnisse und Befähigungen vollkommen zu entfalten.

3.3. Ein dritter Themenschwerpunkt, der im Zuge der Entwicklung von Marx ein immer größeres Gewicht erhält, bildet die ökonomische Analyse der verschiedenen Gesellschaftsordnungen, wobei Marx sein Augenmerk v.a. auf die ihm gegenwärtigen Strukturen der kapitalistischen Produktionsformen richtet. Gestützt auf die Gründerväter der ökonomischen Theorie (Adam Smith, James Mill, David Ricardo etc.) versucht Marx, deren Positionen durch eine kritische Auseinandersetzung weiterzuentwickeln, um zu beweisen, dass die bestehende Wirtschafts- und Gesellschaftsordnung nicht nur historisch geworden ist, sondern in sich die Tendenz aufweist, getrieben durch systemimmanente Widersprüche zugunsten sozialistischer Produktionsformen aufgelöst zu werden. Auch diese Theorie, die die berühmte, auf die allgemeine Arbeitswertlehre gestützte Lehre vom Mehrwert und das Gesetz vom tendenziellen Fall der Profitrate enthält, hat also einen deutlichen geschichtsphilosophischen Einschlag, insofern Marx zum einen zu zeigen versucht, dass die verschiedenen Arten der Produktion des Mehrwerts nach Maßgabe unterschiedlicher historischer Epochen der Gesellschaftsformation differenziert werden können, und zum anderen die durch Ricardo inspirierte Überzeugung vertritt, dass die gegenwärtige kapitalistische Wirtschafts- und Gesellschaftsordnung aus systemimmanenten Gründen zerbrechen wird, da das ständige Fallen der Profitrate die Reinvestitionen des erwirtschafteten Kapitals immer unrentabler machen wird.

3.4. Auch wenn der sog. Marxismus aus heutiger Perspektive v.a. aufgrund seiner teleologisch fundierten Geschichtsphilosophie, die ein typisches Produkt des 19. Jahrhunderts darstellt, kaum noch in all seinen unterschiedlichen Hinsichten zu überzeugen vermag, ist eine Auseinandersetzung mit den Schriften von Marx immer wieder sinnvoll, anregend und fruchtbar. Denn in systematischer Perspektive finden sich zahllose Beobachtungen und Überlegungen, die eine kritische Würdigung verdienen und in vielerlei Hinsichten an die Sozialwissenschaften und die Sozialphilosophie unserer Gegenwart anschlussfähig sind. Und in historischer Perspektive ist es nicht nur offensichtlich, dass Marx zahlreiche Denker und Theorieschulen in den unterschiedlichsten Wissenschaftsdisziplinen nachhaltig geprägt oder doch zumindest beeinflusst hat (vgl. McLellan 2003; Wolff 2003). Vielmehr hat die Zeit wohl erst begonnen, in der dic zentrale Stellung von Marx in der Geschichte des Sozialismus im Besonderen und in der neuzeitlichen Geistesgeschichte im Allgemeinen mit der gebotenen Sachlichkeit aufgearbeitet werden kann.

4.

Marx, K./Engels, F., 1835ff., Marx-Engels-Werke, Berlin: Dietz 1956ff. (zit. als MEW).
Marx, K./Engels, F., 1835ff., Marx-Engels-Gesamtausgabe (MEGA), Berlin: Dietz/Akademie 1975ff.

Balibar, E., 2001, The Philosophy of Marx, London: Verso 2007.
Brudney, D., 1998, Marx's Attempt to Leave Philosophy, Cambridge/MA: Harvard University Press.
Carver, T. (Hg.), 1991, The Cambridge Companion to Marx, Cambridge: Cambridge University Press.
Euchner, W., 1983, Karl Marx, München: Beck.
Fetscher, I., 1999, Marx, Freiburg: Herder.
Foley, D. K., 2004, Understanding Capital, Cambridge/MA: Harvard University Press.
Gouldner, A., 1982, The Two Marxisms, Oxford: Oxford University Press.
Hook, S., 1994, From Hegel to Marx, New York: Columbia University Press.
Iorio, M., 2005, Karl Marx interkulturell gelesen, Nordhausen: Bautz.
McLellan, D., 2003, Karl Marx, Houndmills: Palgrave Macmillan.
Wheen, F., 2002, Karl Marx, München: Goldmann.
Wolff, J., 2003, Why Read Marx Today?, Oxford: Oxford University Press.
Wood, A., 1981, Karl Marx, London: Routledge 2004.

Marco Iorio

Marxismus

1.

»Marxismus« nennt man im engeren Sinn die Summe aller Theorien von Karl Marx und im weiteren Sinn auch die Summe aller Theorien, die sich direkt oder indirekt auf die Schriften von Marx beziehen. In historischer Perspektive wird zudem die Tradition dieser Theorien sowie ihrer Vertreterinnen und Vertreter als »Marxismus« bezeichnet (einen Überblick bietet Kolakowski 1978). Marxismus im zuletzt erläuterten Sinn ist also eine Art Politik- und Denkschule, die in sich vielfältig differenziert ist und zahlreichen einschneidenden Wandlungen unterworfen war und bis heute ist (siehe etwa Laclau/Mouffe 1985). Den Marxismus im Singular gibt es daher im Grunde genommen nicht.

1.1. Der Ausdruck »Marxismus« wird häufig synonym mit den Ausdrücken »Sozialismus« und »Kommunismus« verwendet, obwohl die Lehre von Marx nur eine, wenn auch die umfassendste und ausgeführteste Variante der breiten Tradition sozialistischer und kommunistischer Ideenschulen darstellt, die sich v.a. seit dem 18. Jahrhundert sowohl im Vorfeld als auch im Zuge der industriellen Revolution hauptsächlich in Europa und Nordamerika artikulieren. Im 20. Jahrhundert wurde der Marxismus oft mit dem sog. Marxismus-Leninismus identifiziert, der eine Art orthodoxe Kodifizierung von Lenins Interpretation der Theorien von Marx im Dienste der politischen Führung der Ostblockstaaten bzw. der UdSSR darstellte. Diese Identifizierung ist jedoch ebenfalls eine unsachgemäße Verengung, da es sowohl im Osten als auch im Westen zu jedem Zeitpunkt konkurrierende Interpretationen der Schriften von Marx gegeben hat.

1.2. Eine befriedigende lexikalische Definition des Terminus »Marxismus« lässt sich vor dem Hintergrund der erläuterten Vielschichtigkeiten kaum angeben. Bestenfalls ließe sich sagen, dass unter dem Marxismus das Sammelbecken all derjenigen anthropologischen, geschichts- und gesellschaftstheoretischen sowie politikphilosophischen Entwürfe zu verstehen ist, die sich im 19. und 20. Jahrhundert unter Berufung auf Marx und seine Nachfolger gegen den Siegeszug der liberalen Demokratie und des politischen Liberalismus stellten, nachdem der gemeinsame Kampf gegen aristokratisch-monarchistische oder später auch totalitär-faschistischer Strukturen der Gesellschaft und des Staates weitestgehend gewonnen und intellektuell verarbeitet war.

2.

Die Geschichte des Marxismus kann man am ehesten mit dem Moment beginnen lassen, in dem Marx selbst dazu überging, seinen polemischen Abwehrkampf gegen den Idealismus Hegels und der Linkshegelianer, von denen er während seiner Berliner Studienzeit stark beeinflusst wurde, durch die Grundzüge einer eigenen geschichts- und gesellschaftstheoretischen Position teils zu ergänzen, teils zu ersetzen. Dies dokumentieren eindrucksvoll die erst posthum veröffentlichten *Ökonomisch-Philosophischen Manuskripte* aus dem Jahr 1844 und die gemeinsam mit Engels verfasste *Deutsche Ideologie* (1845–46). In der zuletzt genannten Arbeit propagieren die beiden Autoren eine naturalistisch-empiristische Geschichtsauffassung, die Engels später als »historischer Materialismus« bezeichnet, um sie von seinem dialektischen Materialismus abzugrenzen. Nicht die überindividuelle Selbstentfaltung der Weltvernunft ist dieser anti-idealistischen und insofern materialistischen Auffassung von der Geschichte zufolge der rote Faden, der den Gesamtverlauf der Menschheitsgeschichte zu verstehen lehrt, wie etwa Hegel und andere idealistische Philosophen in der einen oder anderen Form behaupten. Vielmehr gilt es, die politischen und gesellschaftlichen Verhältnisse der Menschen als eine Folge davon zu begreifen, wie diese Menschen auf der jeweiligen Stufe der Entwicklung ihrer Produktivkräfte, d.h. ihrer Technologie, darum bemüht sind, ihre Güterproduktion und den wirtschaftlichen Austausch der produzierten Güter zu organisieren. Dies ist im Kern die Lehre vom Überbau, der von der gesellschaftlichen Basis, bzw. vom Bewusstsein, das vom gesellschaftlichen Sein, bedingt ist.

Diese Geschichtsauffassung wird ansatzweise schon in der *Deutschen Ideologie*, klarer aber in späteren Schriften von Marx mit der Theorie vom permanenten Klassenkampf in Zusammenhang gebracht. Diese Theorie, die sich in ihren Grundzügen bereits bei Gracchus Babeuf und anderen Frühsozialisten sowie in ihrer Grundidee auch schon bei Machiavelli aufweisen lässt, besagt, dass es eine notwendige Eigenschaft nahezu aller bisherigen Gesellschaftsformationen war, nach Maßgabe der jeweiligen Produktionsformen in unterschiedliche Bevölkerungsklassen zu zerfallen, wobei die Mitglieder der unterschiedlichen Klassen zwangsläufig konfligierende Klasseninteressen vertreten. War Hegel noch der Ansicht, dass die Interessen der unterschiedlichen Stände einer Gesellschaft im Idealfall harmonisch ineinander greifen, besagt die marxsche Theorie, dass eine Teilung der Gesellschaft in gesonderte Bevölkerungsgruppen mit Notwendigkeit zum sozialen und über kurz oder lang auch zum politischen Konflikt führt. Marxens Beitrag zu dieser Theorie bestand vornehmlich darin, sie durch eine Einbettung in seine Geschichtskonzeption in eine historische Verlaufsform gebracht zu haben, die die Entstehung und die Vergänglichkeit konkreter Gesellschaftszustände in den Blick nimmt. Da sich die Formen der Produktion im Zuge der menschlichen Entwicklung aufgrund unterschiedlicher Technologien und damit einhergehender Formen der Arbeitsteilung verändert haben, haben sich dieser dynamischen Sicht der Dinge gemäß auch die Klassenstrukturen und die jeweiligen Interessenkonflikte verändert. Und nur weil Marx die Veränderlichkeit dieser Strukturen erkennt, kann er seine Theorie mit der Aussicht auf eine proletarische Revolution verknüpfen, in der der finale Klassengegensatz zwischen dem produzierenden Proletariat und der ausbeutenden Bourgeoisie überwunden werden wird, was die Möglichkeit einer zukünftig klassenlosen und in diesem Sinn kommunistischen Produktions- und Gesellschaftsordnung eröffnet. Und da Marx politische Institutionen und Instrumente primär als Herrschaftsmittel begreift, stimmt er an diesem Punkt seiner Überlegungen auch mit den Vertretern anarchistischer Staatstheorien – wie etwa Bakunin – überein: Eine klassenlose Gesellschaft ist von jedweder Klassenherrschaft befreit, weswegen staatliche Institutionen als Unterdrückungsinstrumentarien nicht mehr nötig sein werden und der Staat folglich aus der menschlichen Geschichte verschwinden wird.

Schon früh versucht Marx die Erkenntnis von der Veränderlichkeit der wirtschaftlichen und damit der gesellschaftlichen sowie politischen Verhältnisse, unter denen die Menschen miteinander leben und interagieren, durch ökonomische bzw. wirtschaftswissenschaftliche Studien zu untermauern. Diese Studien nehmen im Verlauf seiner wissenschaftlichen Entwicklung einen immer breiteren Raum ein. Marx setzt mehrfach dazu an, seine wirtschaftswissenschaftliche Position zu Papier zu bringen, scheitert aber nicht zuletzt an dem Versuch, keine schlichte Lehrbuchökonomie zu schreiben, sondern seine Gesamtposition im Zusammenhang mit dem Historischen Materialismus und der Theorie vom Klassenkampf darzustellen. Der letzte Versuch, *Das Kapital*, bleibt unvollendet, gilt jedoch trotzdem in der von Engels redigierten und veröffentlichten Fassung als Hauptwerk von Marx und als Grundlage fast jeder Variante des Marxismus.

Engels' Spätwerk kann als erster Versuch gelten, Marxens Teilstudien zu einer universalen Weltsicht namens »Marxismus« zu vereinigen. Dabei fügt Engels jedoch selbst schon Elemente ein, die man bei Marx kaum oder gar nicht findet und für die Weiterentwicklung der marxistischen Tradition zum Teil von großer Bedeutung sind. So ist v.a. die ambitionierte Lehre von der Dialektik der Natur, die Marxens gesellschaftstheoretische Betrachtungen in eine umfassende Welttheorie zu transformieren versucht, die Basis für ganz unterschiedliche Versuche, Marx mit dem deutschen Idealismus zu versöhnen. Plechanow beeinflusst in dieser Hinsicht Lenin und damit die orthodoxe Auslegung im Osten Europas. Benjamin, Horkheimer, Adorno und Marcuse können erst auf der Grundlage dieser Vereinigung die Kernideen der Kritischen Theorie entwickeln. Zudem übt das Spätwerk von Engels einen wichtigen Einfluss auf Bernstein sowie Kautsky und damit auf die Entwicklung der sozialdemokratischen Bewegung im frühen 20. Jahrhundert aus, wobei die Dialektik der Natur hier jedoch eine eher untergeordnete Rolle spielt (siehe zur Rezeptionsgeschichte auch Lohmann 2001).

3.

Um den Marxismus ist es im deutschsprachigen Raum nach dem Zusammenbruch der UdSSR und ihrer Trabantenstaaten vorübergehend still geworden. Gleichzeitig lässt sich indes beobachten, dass seit den 1980er Jahren zahlreiche Publikationen über Marx und den Marxismus etwa aus dem angelsächsischen Raum erscheinen. Dies erklärt sich vermutlich aus dem Umstand, dass es nach 1989 für viele Wissenschaftlerinnen und Wissenschaftler deutlich leichter geworden ist, sich so unvoreingenommen mit den Texten von Marx, Engels und weiterer Sozialisten auseinanderzusetzen, wie es im Fall anderer Klassiker der Gesellschaftstheorie und der politischen Philosophie üblich ist. Da die historisch-kritische Edition der nachgelassenen Schriften von Marx und Engels in einer internationalen Kooperation fortgesetzt wird, die sich ebenfalls einen politisch neutralen Umgang mit diesem Textkorpus zum Vorsatz gemacht hat, kann damit gerechnet werden, dass es auch zu einer Renaissance der deutschsprachigen Marxismusforschung kommen wird.

Einheitliche bzw. übergreifende Forschungsfragen sind in den bestehenden Debatten eher die Ausnahme und auch für die Zukunft kaum zu erwarten. Dies gilt nicht zuletzt deshalb, weil die geschichtsphilosophischen Ausgangspunkte von Marx, die den Großteil seiner Einzelstudien zusammenhalten, heute kaum noch überzeugen – und zugleich auch infolge ihres hegelianischen Hintergrunds kaum noch interessieren. In Anbetracht der schon jetzt komplexen Forschungslage wird im Folgenden nur auf einige zentrale Debatten und Positionen eingegangen.

3.1. Geraume Zeit stand in bestimmten Forschungskreisen die Frage zur Diskussion, ob die ökonomische Theorie von Marx in den formalen Begriffsapparat der zeitgenössischen Ökonomie übersetzt und im Zuge dieser Übersetzung vielleicht sogar rehabilitiert werden kann. Dieses Projekt, das v.a. von John Roemer verfolgt wird (vgl. etwa Roemer 1988), scheitert nicht zuletzt an dem Umstand, dass Marxens von Adam Smith und David Ricardo übernommene Wertlehre, der zufolge sich der Wert eines Produkts nach der Menge der Arbeitszeit bemisst, die durchschnittlich zu seiner Herstellung investiert werden muss, aus der Perspektive der zeitgenössischen Nachfrage/Angebot-Ökonomik schon im Grundsatz scheitert. Auch die Haltbarkeit der Mehrwertanalyse von Marx, sicherlich das prominenteste Stück seiner politischen Ökonomie, steht damit in Zweifel.

3.2. Aus eher sozialwissenschaftlicher Perspektive entbrennt am Beispiel des Werks von Marx immer wieder der Konflikt zwischen den Befürwortern des methodologischen Individualismus, die ausschließlich Einzelakteure als letztlich relevante Ursachen gesellschaftlicher und politischer Prozesse akzeptieren, und den Anhängern mehr kollektivistisch, holistisch, systemtheoretisch oder strukturalistisch orientierter Betrachtungsweisen sozialer und politischer Gegebenheiten, die den Anhängern der individualistischen Sichtweise zum Vorwurf machen, entscheidende Determinanten sozialer Prozesse nicht in den Blick zu bekommen (siehe etwa Kincaid 1997). In jüngerer Zeit haben einige Autoren der zuerst genannten Perspektive die Grundzüge eines sog. Rational-Choice-Marxismus entwickelt, der die individualistische Auslegung der Theorie von Marx in die Begrifflichkeit der modernen Entscheidungs- und Spieltheorie überführt (siehe etwa Carver/Thomas 1995). Dieser Forschungsansatz hat entscheidend zur Entstehung des analytischen Marxismus beigetragen, der die argumentativen Standards und die handwerklichen Methoden der analytischen Philosophie auch für die Auseinandersetzung mit den Schriften von Marx fruchtbar zu machen versucht (vgl. Elster 1985; Roemer 1986).

3.3. Von generellem sozialwissenschaftlichen Interesse sind auch die Fragen, ob sich der Historische Materialismus als eine funktionalistische Theorie von der Gesellschaft und ihren historischen Veränderungen auffassen lässt und ob funktionalistische Theorien generell zeitgenössischen wissenschaftstheoretischen Standards genügen. In jüngerer Zeit haben verschiedene Autoren für eine funktionalistische Auslegung des Historischen Materialismus argumentiert und auf je eigenen Wegen die Anschlussfähigkeit funktionalistischer Theorien an die allgemeine Wissenschaftstheorie demonstriert (vgl. Cohen 1978; Iorio 2003). Wie in der zuvor erläuterten Diskussion hat sich auch in dieser Hinsicht gezeigt, dass wissenschaftliche Untersuchungen zum Marxismus nicht nur für die unmittelbare Marx-Forschung relevante Ergebnisse zu Tage bringen können. Denn Marxens Denken kann auch in diesem Punkt als Paradigma für ein ganzes Bündel soziologisch, sozialphilosophisch und politiktheoretisch relevanter Ansatzpunkte gedeutet werden.

3.4. Nicht zuletzt geht es in vielen Diskussionen hintergründig um die normativen Grundlagen des Marxismus, wobei im Vordergrund die Frage steht, ob Marx eine amoralische bzw. rein deskriptiv-wissenschaftliche Position vertreten oder selbst vom Standpunkt einer moralphilosophisch begründeten Position ausgehend gegen bestimmte Wertvorstellungen des politischen Liberalismus argumentiert hat (vgl. etwa Angehrn/Lohmann 1986). Während etwa die führenden Vertreter der Frankfurter Schule diese Frage zurückzuweisen versuchen, indem sie die Ansicht vertreten, Marx habe im Dienste einer Versöhnung von Theorie und Praxis die Differenz zwischen normativer und deskriptiv-wissenschaftlicher Betrachtungsweise überwunden (vgl. etwa Horkheimer 1937; vgl. auch Habermas 1976), setzt sich in jüngerer Zeit doch immer mehr die Ansicht durch, dass Marxens Kritik an den kapitalistischen Verhältnissen seiner Zeit letztlich auf einer von Hegel vermittelten, aristotelischen Moralbestimmung der Menschen und ihres Handelns beruht (vgl. Wood 2004). Die freie

Selbstentfaltung aller Individuen in der von sozialen Nöten und politischen Zwängen befreiten Gesellschaft der Zukunft erscheint vor diesem Hintergrund als ein egalitarisiertes Ideal des aristotelischen Aristokraten, der im Handeln gemäß der Tugend nach individueller und sozialer Glückseligkeit strebt. Dieses Ideal mag von den uns vertrauten Realitäten erschreckend weit entfernt, aber als Ideal nach wie vor von einer bedenkenswerten Wirkmächtigkeit sein.

4.

Angehrn, E./Lohmann, G. (Hg.), 1986, Ethik und Marx, Königstein: Athenäum.
Carver, T./Thomas, P. (Hg.), 1995, Rational Choice Marxism, University Park: Pennsylvania University Press.
Cohen, G. A., 1978, Karl Marx's Theory of History, Princeton: Princeton University Press 2001.
Elster, J., 1985, Making Sense of Marx, Cambridge: Cambridge University Press.
Femia, J. V., 1993, Marxism and Democracy, Oxford: Clarendon Press.
Habermas, J., 1976, Zur Rekonstruktion des Historischen Materialismus, Frankfurt/M.: Suhrkamp.
Haug, W. F./Haug, F./Jehle, P., 1994ff., Historisch-Kritisches Wörterbuch des Marxismus, Hamburg: Argument.
Horkheimer, M., 1937, Traditionelle und kritische Theorie, in: ders., Traditionelle und kritische Theorie, Frankfurt/M.: Fischer 1970.
Iorio, M., 2003, Karl Marx, Berlin: de Gruyter.
Kincaid, H., 1997, Individualism and the Unitiy of Science, Lanham: Rowman & Littlefield.
Kolakowski, L., 1978, Main Currents of Marxism, New York: Norton 2005.
Laclau, E./Mouffe, C., 1985, Hegenomie und radikale Demokratie, Wien: Passagen 2006.
Lohmann, G., 1991, Indifferenz und Gesellschaft. Eine kritische Auseinandersetzung mit Marx, Frankfurt/M.: Suhrkamp.
Lohmann, H.-M., 2001, Marxismus, Frankfurt/M.: Campus 2001.
Marx, K./Engels, F., 1835ff., Marx-Engels-Gesamtausgabe, Berlin: Dietz/Akademie 1975ff. (zitiert als MEGA).
Mill, C., 1994, Marxism, ›Ideology‹, and Moral Objectivism, in: Canadian Journal of Philosophy 24.
Roemer, J. (Hg.), 1986, Analytical Marxism, Cambridge: Cambridge University Press.
Roemer, J., 1988, Free to Lose. An Introduction to Marxist Economic Philosophy, Cambridge/MA: Harvard University Press.
Schmitt, R., 1997, Introduction to Marx and Engels, Boulder: Westview.
Wood, A., 2004, Karl Marx, London: Routledge.

Marco Iorio

Masse/Massengesellschaft

1.

Ereignisse wie Bauernaufstände und die Französische Revolution haben ihn befördert: den Mythos der Masse. Aber erst im Übergang zum 20. Jahrhundert wurde die »Masse« zu einer zentralen Denkfigur in Analysen moderner Gesellschaften. Die Theorie der Masse entstand im Kontext von Versuchen, die Transformationsprozesse in Politik, Ökonomie und Kultur um die Wende zum 20. Jahrhundert zu erklären und zu deuten. Aber der Diskurs über die Masse diente immer auch zur Selbstverständigung und Selbstvergewisserung der bürgerlichen Klasse, garantierte er als Bestandteil einer bürgerlichen Ideologie doch die brüchig werdende klassenspezifische Identität. Die basale Diskursfigur ›bürgerliches Ich vs. Masse‹ – also Persönlichkeit, Geist, Kultur, Bildung und Humanität auf der einen Seite und Barbarei, Zerstörung und Technik auf der anderen – bildet den Ausgangspunkt des Massendiskurses und begleitet ihn bis heute.

2.

»Masse« meint zum einen eine gewisse Quantität von Menschen und deren räumliche Nähe, zum anderen ist der Begriff über Qualität definiert: Mit ihm soll eine Gemeinschaft, die nicht unmittelbar räumlich in Erscheinung tritt, bezeichnet werden, und ebenso die psychologischen Veränderungen, die in den einzelnen Menschen in Großgruppen vor sich gehen. Die Masse gilt als ungestaltet, aber in höchstem Maße verführbar. Sie ist gekennzeichnet durch die Doppeldeutigkeit von formloser Materie und der Möglichkeit der Formgebung. Als soziale Stigmatisierung dient der Begriff zur Bezeichnung einer Menschengruppe, die spätestens seit der Französischen Revolution und der Industrialisierung als »Pöbel« abqualifiziert und aus der Ständegesellschaft herausdefiniert wurde (vgl. Blättler 1995; Franke 1985; Schade 1993).

Kritische Äußerungen über die Masse sind schon seit der Antike bekannt, aber erst Gustave Le Bon hat die Fundamente der modernen Massentheorie gelegt. Er beschreibt die Masse als mit einer Kollektivseele ausgestattet, die eine (negative) Veränderung des Denkens, Fühlens und Handelns der einzelnen Menschen bewirke (vgl. Le Bon 1895, 11ff.). Das »Gesetz der seelischen Einheit der Massen« (ebd., 9) wirke sowohl bei einer Ansammlung von Menschen an einem Ort, als auch, wenn Menschen sich nicht in räumlicher Nähe befinden, bei jener ›psychologischen‹ Menge, wie sie etwa eine Wählerschaft oder eine Nation darstellen. Als Pionier der Massentheorie entfachte Le Bon eine wissenschaftliche Diskussion, die neben der Psychologie v.a. im Feld der politischen Soziologie und der Kulturkritik weitergeführt wird.

Die massenpsychologischen Gemeinplätze Le Bons versuchte sein Bewunderer Sigmund Freud der politischen Zweideutigkeit zu entheben. Freud thematisiert die psychologische Veränderung von Menschen in Menschenmengen. Die Masse erlaube dem Einzelnen, seine verdrängten Triebregungen auszuleben (vgl. Freud 1921, 79f.). Die Suggestivkraft der Masse bestehe darin, dass sich die Einzelnen unbewusst mit einer Vaterfigur identifizieren und diese libidinös besetzen. In der Masse, so Freud, gibt der Einzelne sein Ich-Ideal auf und ersetzt die Vaterfigur durch ein durch den »Führer« repräsentiertes Massenideal. Anders als Le Bon beschreibt Freud das Verhältnis von Individuum und Masse weder eindimensional als einen Verlust von Individualität und Vernunftorientiertheit, noch interpretiert er die Masse einseitig als eine zerstörerische und aggressiv agierende Gruppe, sondern als eine wesentliche Triebkraft kultureller und zivilisatorischer Prozesse. Da er beim Individuum einzig den persönlichen Vorteil als Motiv des Handelns erkennt, sieht er dessen »Versittlichung« als eine wichtige kulturelle Aufgabe an, die nur die Masse und die Identifikation mit ihr zu bewältigen vermag (vgl. Freud 1921, 144).

Etwa zeitgleich mit Freuds Schriften hat der spanische Philosoph José Ortega y Gasset auf die zivilisationsgefährdende Wirkung der Masse hingewiesen. Er analysiert die Masse als ungewollten Effekt der Moderne, als zwangsläufiges Ergebnis einer rapiden Bevölkerungszunahme im 19. Jahrhundert. Für Ortega y Gasset besteht Gesellschaft aus der dynamischen Einheit von Massen und Eliten. Das bürgerliche Primat einer Gleichheit aller Menschen hält er für eine »falsche Voraussetzung«, wenn nicht für »eine entscheidende und aufreizende Ungerechtigkeit« (Ortega y Gasset 1925, 232). Auch der Demokratisierung der Kulturnutzung widerspricht Ortega y Gasset am Beispiel der modernen Kunst. Diese könne nur zu einer begabten Minderheit sprechen, da die Masse unfähig zur ästhetischen Urteilsbildung sei (vgl. ebd., 233). Entsprechend kennzeichnet Ortega y Gasset den Massenmenschen als einen Primitiven, einen Barbaren (vgl. Ortega y Gasset 1930, 69), einen Menschen zweiter Klasse (vgl. ebd., 49). Er sei nicht Träger einer neuen Zivilisation, sondern eher Motor des Untergang des Abendlandes. Ortega y Gasset entwirft die erste Theorie der Massenkultur der Moderne. Das Neue seiner Analyse ist, dass er die Massenkultur sozial verortet, den Typus des bildungsbürgerlichen Individuums mit dem Typus des Massenmenschen kontrastiert und zugleich ersterem die ›Hochkultur‹ und avantgardistische Kunst zuweist, während letzterer als a-kulturelles Wesen in den Bereich des Anästhetischen verwiesen wird.

Die Begründung der These, dass die Masse auch für den Einzelnen kultivierend wirken kann, liefert Elias Canetti in seiner für die Massentheorie wegweisenden Schrift *Masse und Macht* (1960). Einerseits beschreibt er die Masse als inhumanes Ungeheuer, das sämtliche zivilisatorischen Errungenschaften zu zerstören sucht und dazu einer Führerschaft bedarf. Andererseits entwirft er das positive Bild einer Gemeinschaft von Gleichen, in der der Einzelne einer hierarchischen Ordnung von Befehl und Gehorsam zu entkommen vermag und zudem seinem Leiden an der Distanz zu seinen Mitmenschen Abhilfe verschaffen kann (vgl. Canetti 1960, 14). Canetti versteht Masse nicht als statisches Gebilde, das es zu definieren gilt, sondern phänomenologisch, als Prozess. Das Entstehen und Auflösen von Massen sieht er als deren wesenhaftes Merkmal an. Masse ist ein ständig in Bewegung befindlicher sozialer Körper, der allerdings nicht sichtbar ist. Vielmehr muss die Sichtbarkeit immer medial vermittelt werden und ist an die Produktion von Bildern gebunden (vgl. Lüdemann 2002).

Den Begriff der Masse benutzt Canetti im Wesentlichen, um die Psychologie von Menschenansammlungen zu beschreiben. Als unsichtbare Masse kann sie auch über räumliche Distanzen existieren. So charakterisiert er beispielsweise die Gruppe der Zeitungsleser als eine moderne »Hetzmasse«, die wiederum aus der Jagdmeute, der ursprünglichen dynamischen Einheit hervorgegangen sei (vgl. ebd., 58).

3.

3.1. Mit der Frage nach dem Verhältnis von Masse und Macht ist auch die Frage der politischen Durchsetzungskraft der Masse gestellt. Erklärt die Massenpsychologie die Kultiviertheit des bürgerlichen Individuums zum Bezugspunkt ihrer Regressionstheorie, stellt die Soziologie der Masse diese als geschichtsmächtige Handlungseinheit vor. Dies bewirkt die Transformation des theoretischen Bezugspunktes der Massentheorie. An die Stelle des bürgerlichen Individuums tritt die soziale Gruppe. Zwar hat schon Simmel (1908) der Masse einen »prinzipiellen Primitivismus« unterstellt und Werner Sombart sie als einen »zusammenhanglosen, amorphen Bevölkerungshaufen namentlich in modernen Großstädten« (Sombart 1924, 99f.) bezeichnet, aber dennoch weist die politische Soziologie der Masse positive Eigenschaften in Bezug auf deren politische Aktionsbereitschaft und -fähigkeit zu. Als erster versucht Robert Michels im Rahmen einer Parteiensoziologie das freudsche Muster von Führer und Masse auf die Konstitution von Massenparteien zu übertragen. Er vertritt die These, dass die Arbeitermasse zur Demokratie unfähig sei und der Führung bedürfe, der Parteiorganisation deshalb die Tendenz zur Oligarchie innewohne (vgl. Michels 1911).

In Theodor Geigers (1926) Massentheorie verliert der Massenbegriff seine negativen Konnotationen und taucht als »Kampfgemeinschaft« auf. Die Weichen für die Umdeutung hatte bereits Wilhelm Vleugels gestellt, der den Aktionismus der Masse als Reaktion auf die Verletzung ihrer Grundrechte und damit als gefühlsbedingt interpretiert (vgl. Vleugels 1926; ders. 1930). Geiger radikalisiert diese These, indem er den Massenbegriff in den Kontext eines durch den Geschichtsverlauf sich rational ergebenden Revolutionszusammenhangs stellt. Das Proletariat bezeichnet er als »technische Masse« (vgl. Tillich 1922), die er als eine mechanische, auf Führung angewiesene Vielheit versteht. Um dieser Masse revolutionäre Aktionsbereitschaft zuschreiben zu können, unterscheidet er zwischen zwei Gruppenformen, die der Organisation und der destruktiven Masse: während erste bereit sei zu handeln, erschöpfe sich die zweite im passiven Neinsagen.

Geigers Soziologie der Masse markiert den Anfang des schleichenden Endes der Debatte, die den Begriff der Klasse durch den der Masse zu ersetzen und dieser zugleich eine revolutionäre Kraft zuzuschreiben versucht. Das Thema der Masse und ihrer Aktion mündet in die Soziologie kollektiven Handelns. Die politische Manipulierbarkeit der Masse hingegen wurde durch den europäischen Faschismus der 1930er und -40er Jahre zum Gegenstand neuerer Massentheorien, die sich aus sozialpsychologischer Perspektive dem Phänomen der Massensuggestion widmen (vgl. z.B. Reich 1933). Aber auch hier erwies sich der Massenbegriff analytisch und typologisch nicht als besonders nützlich und wurde von der Gruppentheorie abgelöst.

3.2. Im Unterschied zur politischen Massendebatte ist der kulturkritische Diskurs um die Wirkung der Massenkultur bis heute noch nicht beendet. Erst die sog. Massenmedien Film und Fernsehen machten eine industrielle Produktion von Kultur im bis dahin unvorstellbaren Ausmaß möglich und eröffneten als Bildmedien neue Dimensionen der Massensuggestion und -manipulation, deren Analysen in kapitalismuskritischen Kultur- und Gesellschaftsanalysen ihren Niederschlag fanden. Lange bevor Adorno und Horkheimer (1947) ihre einflussreichen Thesen über die Kulturindustrie vorlegten, in denen sie die industriell erzeugte Kultur als Instrument der Verblendung und der Manipulation der Massen vorstellen, hatte bereits Siegfried Kracauer sich dem Thema der Massenkultur zugewandt. In der Schrift *Ornament der Masse* (vgl. Kracauer 1927) weist er dem Begriff der Masse eine räumliche und ästhetische Dimension zu, indem er Massenteilchen, organisierte Masse und formal-rationales Ornament zu den Bausteinen der Massentheorie erklärt. Er begreift das Unbewusste der Masse nicht als chaotisch, sondern schreibt ihm eine Rationalität zu, die es einer Gesellschaft ermögliche, sich selbst zu erkennen und die Gesamtverfassung der Zeit zu durchschauen. Kracauers Massentheorie macht deutlich, dass die räumlich-geometrische Struktur ein wesentlicher Aspekt von Menschenansammlungen ist und dass deren Analyse nicht nur zum Verständnis des speziellen Massenphänomens bedeutsam sein kann, sondern zugleich zur Erklärung seiner fundamentalen sozialen Konstruktionsprinzipien beiträgt. Mit dieser ästhetischen Aufwertung des Massenornaments bezieht Kracauer Stellung gegen jene, die in der Massenkultur nichts anderes als ein allumfassendes Manipulationsinstrument zu entdecken vermögen (vgl. ebd., 54f.).

Noch schärfer formuliert Walter Benjamin eine Gegenposition zu der seit Horkheimer und Adorno dominanten Linie. Er stellt die Frage nach dem politisch-gesellschaftlichen Funktionswandel der Kunst in den Zusammenhang der rapiden technischen Umwälzung der Reproduktionsmedien und liefert damit wichtige Thesen zur Beschreibung des Verhältnisses von Masse und Medium. Die sprunghafte Ausbreitung gerade der Medien Fotografie und Film habe den Umschlag des technischen Fortschritts von Quantität in Qualität bewirkt. Für Benjamin sind im Unterschied zu Adorno die Möglichkeit der Bewusstseinsveränderung der Masse und ihre Annäherung an die Kunst erst durch die Reproduktionsmedien und den damit einhergehenden Verlust der Aura möglich geworden (vgl. Benjamin 1936). Zudem differenziert Benjamin zwischen den Begriffen »Klasse« und »Masse«, indem er letzteren über die Kategorien des Marktes entwickelt (vgl. Benjamin 1927ff., 93): Während sich die Klasse aus ihrer objektiven Stellung im Produktionsprozess definiert, bildet sich die Masse über die Ware. Als Phantasmagorie wird die Großstadtmasse zum entscheidenden Symbol der Moderne.

Der Radikalität der Benjaminschen Argumentation wollten die Frankfurter Sozialforscher auch nach den Erfahrungen, die sie mit Kino und Fernsehen im US-amerikanischen Exil gemacht hatten, nicht folgen. In dem in den 1960er Jahren verfassten Titel zum Thema »Masse« wiederholen sie die Generalthese über die Kulturindustrie (vgl. Institut für Sozialforschung 1956). Die Funktion der Masse bestehe darin, eine Illusion von Nähe und sozialer Verbundenheit zu erzeugen, ohne allerdings den Individuen jemals eine ihnen »ursprünglich nahe Gemeinschaft« (ebd., 77) zu ermöglichen. Auf diese Weise verschleiere sie Atomisierung, Entfremdung und die politische Ohnmacht der Einzelnen. Massenmenschen kennen demnach die wahren Empfindungen von Nähe und sozialer Verbundenheit nicht mehr, kulturelle Massenveranstaltungen werden zum dem Stand der Warenzirkulation angemessenen Konstrukt einer Gemeinschaft.

Die These, dass Massenkultur anonymisierte Individuen en masse hervorbringe, teilt Günther Anders (1956). Auch er thematisiert die unsichtbare Masse, wenn er Masse ins Verhältnis zu Konsum setzt. Die Verwandlung ihrer selbst zu Massenmenschen durch den Konsum von Massenwaren begreift Anders als eine besondere Arbeitsleistung der Menschen in der Moderne. Er stellt die Individuen in der Masse nicht als grenzenlos formbare Wesen ohne eigenen Willen vor; vielmehr ist es gerade der Drang nach Individualität und Besonderheit, der die Selbstproduktion des Massenmenschen ermöglicht. Demnach unterliegt der Massenmensch dem trügerischen Eindruck, individuell zu sein, während die Warenwelt ihm die Freiheit des Ichs nur vorgaukelt. Anders diagnostiziert ein drittes Stadium des Massenkonsums, das des Masseneremiten. Dieser ist zwar ein Massenmensch, aber als durchweg isoliertes Wesen weder in der Lage noch sozial genötigt, sich zu Massen zusammenzuballen. Sollte es dennoch zu Massenansammlungen kommen, handelt es sich um eine politisch verfügbare Masse, die »durchweg harmlos, durchweg passiv, durchweg unrevolutionär [ist]. Womit gesagt ist [...], daß *das Reproduktionszeitalter das grundsätzlich unrevolutionäre Zeitalter ist.*« (ebd., 90) Der Kulturkonsum entspräche demnach einer Massengesellschaft, die die Individuen über Atomisierung bereits vollständig entpolitisiert und jede Form der Gemeinschaft, die auf Veränderung abzielt, bereits unmöglich gemacht habe.

Die Theorien der Massenkultur verlieren sich in den 1970er Jahren zugunsten einer differenzierteren Betrachtung von Alltagskultur und populärer Kultur, von empirischen Studien zu Konsumenten- und Rezipientenverhalten, die von den neu entstehenden Medien-, Kommunikations- und Kulturwissenschaften geleistet werden und die oft monolithisch wirkenden Massentheorien widerlegen. Tatsächlich zieht die Konturenlosigkeit und Undifferenziertheit des Begriffs »Masse« empirische und theoretische Folgeprobleme nach sich: Eine auf diesen begrifflichen Fundamenten basierende Theorie der Massenkultur hat größte Schwierigkeiten herauszufinden, auf welche verschiedenen Arten sich Menschen der Kultur bedienen, welche kulturellen Praktiken in verschiedenen sozialen Feldern anzutreffen sind (vgl. Hagemann 1951) und wie Menschen mit Massenmedien in ihrer Alltagspraxis umgehen (vgl. Schade 1993). Selbst der Versuch, in Fortschreibung der Thesen Benjamins Demokratisierungstendenzen in der Massenkultur nachzuzeichnen, ist zum Scheitern verurteilt (vgl. Tenbruck 1989), bleibt doch auch diese These an die Denkfigur der Masse gebunden. Der Begriff der Masse hat sich historisch als wichtiger ideologischer bürgerlicher Kampfbegriff etablieren können, mit dem sich Distinktionsgewinn erzielen lässt – auch in Zukunft wird es aber schwierig sein, die theoretische und methodische Nützlichkeit des Begriffs nachzuweisen.

4.

Anders, G., 1956, Die Antiquiertheit des Menschen, 2 Bde., München: Beck 1994/95.

Benjamin, W., 1927ff., Das Passagen-Werk, in: ders., Gesammelte Schriften, Bd. V, Frankfurt/M.: Suhrkamp 1991.

Benjamin, W., 1936, Das Kunstwerk im Zeitalter seiner technischen Reproduzierbarkeit, in: ders., Gesammelte Schriften, Bd. I/2, Frankfurt/M.: Suhrkamp 1991.

Bernauer, M., 1990, Die Ästhetik der Masse, Basel: Wiese.

Blättler, S., 1995, Der Pöbel, die Frauen etc. Die Massen in der politischen Philosophie des 19. Jahrhunderts, Berlin: Akademie.

Brecht, B., 1968, Notizen über Individuum und Masse, in: ders., Schriften zur Politik und Gesellschaft, Bd. 1, Berlin: Aufbau.

Canetti, E., 1960, Masse und Macht. Frankfurt/M.: Fischer 1995.

Carey, J., 1992, Hass auf die Massen, Göttingen: Steidl 1996.

Eco, U., 1986, Apokalyptiker und Integrierte. Zur kritischen Kritik der Massenkultur, Frankfurt/M.: Fischer.

Franke, M., 1985, Der Begriff der Masse in der Sozialwissenschaft, Universität Mainz: Diss.

Freud, S., 1921, Massenpsychologie und Ich-Analyse, in: Gesammelte Werke, Bd. XIII, Frankfurt/M.: Fischer 1999.

Geiger, T., 1926, Die Masse und ihre Aktion, Stuttgart: Enke 1967.

Hagemann, W., 1951, Vom Mythos der Masse, Heidelberg: Vowinckel.

Horkheimer, M./Adorno, T. W., 1947, Dialektik der Aufklärung, Frankfurt/M.: Fischer 1971.

Institut für Sozialforschung (Hg.), 1956, Soziologische Exkurse, Hamburg: EVA 1991.
König, R., 1977, Masse, in: ders. (Hg.), Soziologie, Bd. 10, Frankfurt/M.: Fischer.
Kracauer, S., 1929, Die Angestellten, Frankfurt/M.: Suhrkamp 1971.
Kracauer, S., 1927, Das Ornament der Masse, Frankfurt/M.: Suhrkamp 1977.
Krenzlin, N. (Hg.), 1992, Zwischen Angstmetapher und Terminus. Theorien der Massenkultur seit Nietzsche, Berlin: Akademie.
Le Bon, G., 1895, Psychologie der Massen, Stuttgart: Kröner 1982.
Lüdemann, S., 2002, Unsichtbare Massen, in: I. Münz-Koenen/W. Schäffner (Hg.), Masse und Medium, Berlin: Akademie.
Maase, K., 1997, Grenzenloses Vergnügen. Der Aufstieg der Massenkultur 1850–1970, Frankfurt/M.: Fischer.
Michels, R., 1911, Zur Soziologie des Parteiwesens in der modernen Demokratie, Stuttgart: Kröner 1979.
Ortega y Gasset, J., 1925, Die Vertreibung des Menschen aus der Kunst, in: ders., Gesammelte Werke, Bd. 2, Stuttgart: DVA 1978.
Ortega y Gasset, J., 1930, Aufstand der Massen, in: ders., Gesammelte Werke, Bd. 3, Stuttgart: DVA 1978.
Reich, W., 1933, Massenpsychologie des Faschismus, Köln: Kiepenheuer & Witsch 1986.
Riesman, D., 1950, Die einsame Masse, Hamburg: Rowohlt 1982.
Schade, A., 1993, Vorstudien für eine neue Soziologie der Masse, Frankfurt/M.: Lang.
Simmel, G., 1908, Soziologie, Frankfurt/M.: Suhrkamp 1992.
Sombart, W., 1924, Der proletarische Sozialismus, Jena: Fischer.
Tenbruck, F. H., 1989, Die kulturellen Grundlagen der Gesellschaft, Opladen: Westdeutscher Verlag.
Tillich, P., 1922, Masse und Geist, Berlin: Verlag der Arbeitsgemeinschaft.
Vleugels, W., 1926, Der Begriff der Masse, in: Jahrbuch für Soziologie 2.
Vleugels, W., 1930, Die Masse, Leipzig: Duncker & Humblot.

GABRIELE KLEIN

Materialismus

1.

Der Begriff »Materialismus« bezeichnet jene Grundrichtung der Philosophie, die einerseits von der Existenz einer bewusstseinsunabhängigen Realität ausgeht und andererseits die Möglichkeit einer von materiellen Gegebenheiten unabhängigen Existenz von Ideen, Bewusstsein, Geist etc. bestreitet. Als bedeutungsverwandte Begriffe wurden historisch auch ›Epikureismus‹, ›Spinozismus‹, ›Fatalismus‹ gebraucht, gegenwärtig die Begriffe ›Realismus‹, ›Physikalismus‹ oder ›Naturalismus‹.

Als eine philosophische Grundrichtung ist der Materialismus so alt wie die Philosophie selbst (vgl. Lange 1866, 7) und bleibt während ihrer gesamten Geschichte präsent (vgl. Sandkühler 1990). Der *Begriff* »Materialismus« tritt aber erst spät auf. Er wird in der Mitte des 17. Jahrhunderts von den Kritikern der hobbesschen Philosophie eingeführt, hat also einen polemischen Ursprung und fungiert als »Bezichtigungsbegriff« (Braun 1982, 985; Geißler 1986). Diese negative Konnotation haftet ihm bis heute an. In der Umgangssprache gilt eine Person oder eine Haltung als ›materialistisch‹, wenn sie vorwiegend oder ausschließlich an handgreiflichen Vorteilen und ›niederen‹ Genüssen interessiert ist. Seit Epikur wird auch dem philosophischen Materialismus von seinen Gegnern eine solche Orientierung gern und häufig unterstellt. »Der Philister versteht unter Materialismus Fressen, Saufen, Augenlust, Fleischeslust und hoffährtiges Wesen, Geldgier, Geiz, Habsucht, Profitmacherei und Börsenschwindel, kurz, alle die schmierigen Laster, denen er selbst im stillen frönt.« (Engels 1888, 282)

In seiner Verwendung als *terminus technicus* bezeichnet »Materialismus« philosophische Theorien, die durch drei Annahmen charakterisiert werden können: (1) *Ontologisch* behauptet er die Unabhängigkeit der Materie (Realität, Wirklichkeit) vom menschlichen und jedem sonstigen (z.B. göttlichen) Bewusstsein. Die Materie bildet eine in sich kausal geschlossene Welt und kann daher aus sich selbst heraus, ohne Rückgriff auf transzendente Mächte erklärt und verstanden werden. Alles Wirkliche (Bewusstsein und Geist eingeschlossen) besteht aus materiellen Entitäten oder kann auf sie zurückgeführt werden; ein von der Materie unabhängiges Bewusstsein kann es nicht geben. (2) *Erkenntnistheoretisch* ist die Materie dem Bewusstsein gegenüber nicht nur genetisch, sondern auch inhaltlich primär; wahre Erkenntnis besteht in der ideellen Wiedergabe der Realität. (3) *Praktisch-ethisch* ist der Mensch ein weltliches, natürliches, körperliches Wesen und strebt daher (legitimerweise) nach der Befriedigung seiner weltlichen, aus seiner körperlichen Existenz resultierenden Bedürfnisse. – Jede dieser drei Thesen ist unterschiedlich interpretierbar und kann unabhängig von den anderen vertreten werden. Daraus ergibt sich, (a) dass mit »Materialismus« eine Theorie*familie* bezeichnet wird, deren Mitglieder sich stark voneinander unterscheiden können; es gibt keinen ›Einheitsmaterialismus‹. (b) Es kann nicht überall eine scharfe Linie zwischen Materialismus und Idealismus gezogen werden; Misch- und Übergangspositionen sind möglich.

2.

Der Materialismus ist zunächst v.a. *Natur*philosophie. In der griechischen Antike gilt Demokrit mit seiner atomistischen Lehre als sein eigentlicher Begründer. Auch in den folgenden Jahrtausenden bleibt die enge Beziehung zur Natur(philosophie) erhalten. Mit der Entwicklung der empirischen Naturwissenschaften in der frühen Neuzeit entsteht in den Augen vieler (nicht nur Materialisten) eine Art von ›Bündnis‹ zwischen Naturwissenschaft und Materialismus: die Naturwissenschaften wurden als ›angewandter Materialismus‹ und umgekehrt der Materialismus als ›philosophische Verallgemeinerung‹ der Naturwissenschaften aufgefasst. Auch heute wird der Materialismus vielfach mit einer an den Naturwissenschaften orientierten, vorurteilsfreien, empirischen, methodisch strengen, antimetaphysischen, antiteleologischen, antitheologischen Weltauffassung gleichgesetzt; im angelsächsischen Sprachraum spricht man von »scientific materialism«. Ihren größten Einfluss übt diese Position gegenwärtig in der Philosophie des Geistes aus: »Der Materialismus ist heute die unter Philosophen und Wissenschaftlern vorherrschende systematische Ontologie und gegenwärtig gibt es keine etablierten alternativen ontologischen Ansichten, die ihm Konkurrenz machen würden.« (Moser/Trout 1995, ix)

Trotz dieses engen Bezugs auf die Natur ist der Materialismus schon sehr früh auch für die Sozial-, Kultur-, Rechts-, Staats- und Geschichtsphilosophie fruchtbar gemacht worden. Hier kann der Materialismus als ein Theorieprogramm charakterisiert werden, das den gesellschaftlichen und kulturellen Phänomenen keine ontologische Sonderstellung in der Welt zubilligt und ihre Rückführung auf übernatürliche Ursprünge einerseits und auf bloße Ideen andererseits ablehnt. Diese Phänomene werden stattdessen als Teil der (materiellen) Realität gedeutet.

Ansätze zur Realisierung dieses Theorieprogramms finden sich in größerem Umfang bereits in der Antike. Neben Demokrit sind hier v.a. die Sophisten und die epikureische Schule zu nennen. In den erhaltenen Fragmenten der Sophisten, sowie auch in der Darstellung Platons wird das Bemühen erkennbar, die Gesellschaft als ein Resultat menschlichen Handelns zu begreifen, wobei als treibende Motive nicht primär Ideen, sondern objektive *Interessen* angegeben werden. So schließen sich die zunächst zerstreut lebenden Menschen nach Protagoras (vgl. Platon, Prot., 322b 1–2) zum Schutz vor wilden Tieren zu Gemeinschaften zusammen. Auch die epikureische Kulturentstehungstheorie geht, analog zum naturphilosophischen Atomismus, von zunächst isolierten Individuen aus, die sich aus Gründen des individuellen Nutzens zusammenschließen; dieser Zusammenschluss wird als eine Übereinkunft, ein wechselseitiger Vertrag aufgefasst (vgl. Müller 1972; Sprute 1989).

Nachdem materialistische Ansätze während des Mittelalters in den Hintergrund getreten waren (vgl. Sorokin 1962, 181–210; Mensching 1999), kommt es in der frühen Neuzeit zu einer Renaissance des Materialismus, die sich zunächst v.a. seiner Affinität zu den modernen Naturwissenschaften verdankt. Schon Hobbes wendet die mechanisch-materialistische Denkweise systematisch auf die Anthropologie und auf die politische Philosophie an; dabei greift er auf das epikureische Naturrecht zurück. Die hobbessche Theorie wird neben der Metaphysik Spinozas für längere Zeit zum Inbegriff des Materialismus und Atheismus und von ihren Gegnern entsprechend bekämpft (vgl. Mintz 1962). Während des 18. Jahrhunderts werden materialistische Gesellschaftstheorien v.a. in Frankreich entwickelt. Hier sind v.a. die Theorien von Helvetius, La Mettrie, Diderot und d'Holbach zu nennen. In ihnen wird die materialistische Grundidee nicht nur in verschiedene Richtungen detaillierter ausgebaut (vgl. Naville 1967, 331–416; Mensching 1971), sondern auch politisch radikalisiert. Der Materialismus steht nicht mehr nur im Gegensatz zu den religiösen Grundlagen der Feudalgesellschaft, sondert tritt in eine direkte Frontstellung zum Ancien Régime: Er wird zur philosophischen Basis eines gesellschaftlichen Reformprogramms (vgl. Geißler 1986, 76–81). Diese direkte politische Stoßrichtung ist neu. Der antike Materialismus folgte einer *therapeutischen* Orientierung: Er suchte das gute Leben durch Einstellungsänderungen auf Seiten der Individuen zu erreichen. Der Materialismus des 18. Jahrhunderts ist demgegenüber *politisch*: Er zielt auf eine Veränderung der äußeren, insbesondere der sozialen Lebensbedingungen der Individuen.

Im 19. Jahrhundert differenziert sich das materialistische Denken in verschiedene Richtungen aus. Hervorzuheben ist dabei zunächst eine eng an den Naturwissenschaften orientierte Strömung. Sie wird in Deutschland von Karl Vogt, Jakob Moleschott und Ludwig Büchner repräsentiert, entfaltete ihren Einfluss aber auch in vielen anderen Ländern. Ihre gesellschaftstheoretischen Auffassungen waren durchweg naturalistisch und reduktionistisch, Gesellschaft wird als bloße Verlängerung der Natur begriffen. Die Reformprogrammatik dieser Autoren blieb szientistisch und technokratisch: Politik ist lediglich die Umsetzung naturwissenschaftlicher Erkenntnisse (vgl. Gregory 1977; Bayertz/Gerhard/Jaeschke 2007). Von dieser Strömung grenzt sich der von Marx und Engels begründete »historische Materialismus« ab; er bildet die elaborierteste Variante des sozialphilosophischen Materialismus und entfaltete seine politische und theoretische Wirksamkeit bis weit in das 20. Jahrhundert hinein. Auf ihn beziehen sich gegensätzliche Ansätze wie die Frankfurter Schule einerseits und die »physikalistische« Soziologie Otto Neuraths (1931) andererseits.

In der aktuellen gesellschaftstheoretischen Debatte sind verschiedene Ansätze und Positionen auszumachen, die in der einen oder anderen Hinsicht als »materialistisch« charakterisiert werden können. (1) Dazu gehören die auf der Evolutionstheorie und Soziobiologie fußenden Theorien. Gesellschaftliche Institutionen werden hier als Resultat selektiver Prozesse und als Niederschlag genetischer Programme gedeutet; soziales Handeln als die ›Verlängerung‹ des Instinkt gesteuerten Verhaltens höherer Säugetiere. (2) An die Evolutionstheorie einerseits und den historischen Materialismus andererseits knüpft der von Marvin Harris und anderen vertretene »cultural materialism« an, der die Verschiedenheit der Kulturen und ihren historischen Wandel auf die Notwendigkeit einer technisch vermittelten Produktion von Lebensmitteln unter verschiedenen Umweltbedingungen zurückführt (vgl. Harris 1979; Ross 1980). (3) Von Mario Bunge wird eine Sozialontologie vertreten, die sich eng an das Vorbild der Naturwissenschaften anzulehnen sucht; sie soll präzise, systematisch, wissenschaftlich, dynamistisch, systemisch, emergentistisch und evolutionistisch sein (vgl. Bunge 1996, 303). (4) Im Rahmen einer »realistischen« Ontologie vertritt John Searle die Auffassung, dass soziale Phänomene im Hinblick auf ihren ontologischen Status von natürlichen Phänomenen nicht radikal, sondern nur graduell verschieden sind (vgl. Searle 1995, 235 f.). Zwar sind soziale (»institutionelle«) Tatsachen nicht unabhängig vom menschlichen Bewusstsein; dieses Bewusstsein ist aber selbst eine Eigenschaft höherer Stufen des menschlichen Nervensystems. (5) Der von Roy Bhaskar begründete »critical realism« gibt der realistischen Wissenschaftstheorie eine transzendentale Wendung, indem er die Frage in den Vordergrund rückt, welche Eigenschaften Gesellschaften besitzen, damit sie mögliche Erkenntnisobjekte für die Sozialwissenschaften werden (vgl. Bhaskar 1979, 17; Archer/Bhaskar/Collier u.a. 1998).

3.

Unter systematischen Gesichtspunkten sind für eine materialistische Grundlegung der Gesellschaftstheorie v.a. drei Argumente geltend gemacht worden. (1) Das Argument der *Einheit der Welt* hebt darauf ab, dass Natur und Gesellschaft – ungeachtet möglicher struktureller Differenzen – in ontologischer Hinsicht keine disjunkten Bereiche bilden: »Wir leben in genau einer Welt, nicht in zwei oder drei oder siebzehn.« (Searle 1995, 7) Dieses Argument setzt natürlich eine materialistische Deutung der Natur voraus. (2) Das Argument der *Einheit der Methode*: In der Neuzeit hat das Vorbild der Naturwissenschaften und ihre Erfolge die materialistische Erkenntnisweise unter methodischen und rationalitätstheoretischen Gesichtspunkten als vorbildlich erscheinen lassen (vgl. Bunge 1996, 283, 303). (3) Das Argument der *legitimen Bedürfnisbefriedigung* war historisch v.a. in Abgrenzung zu spiritualistischen und religiös-asketischen Weltanschauungen von Bedeutung; es zielte auf die praktisch-ethische Forderung nach einem menschenwürdigen Leben in der diesseitigen Welt und auf die Abschaffung von sozialen Verhältnissen, die dem im Wege stehen.

Die Hauptprobleme bzw. -aufgaben des sozialphilosophischen Materialismus können in drei Fragen formuliert werden. Die erste Frage lautet: Welche Struktur hat die soziale Realität? Mit der These, dass der sozialen Realität derselbe ontologische Status zukommt wie der natürlichen Realität bzw. der Materie, ist keine Vorentscheidung über die *Struktur* der sozialen Realität und über ihr Verhältnis zur Natur getroffen. (i) *Atomistisch-individualistische* Ansätze fassen die Gesellschaft als ein Konglomerat objektiv-realer Einzeldinge und -prozesse auf; wobei diese meist mit menschlichen Individuen und/oder ihren Handlungen identifiziert werden (Hobbes). Dem stehen *holistisch-systemische* Ansätze (Marx) gegenüber. (ii) Der *naturalistische* Materialismus geht davon aus, dass die soziale Realität nur eine besondere Form oder Ausprägung der natürlichen (physikalischen oder biologischen) Realität ist und daher mit denselben Mitteln erforscht werden kann; alle sozialen Phänomene lassen sich auf Naturphänomene reduzieren. Der *nichtnaturalistische* Materialismus geht demgegenüber davon aus, dass die soziale Realität zwar ebenso objektiv-real wie die natürliche, gleichwohl aber nicht auf sie reduzierbar ist. Sie ist *sui generis*: strukturelle Differenzen existieren und müssen theoretisch wie methodologisch ernst genommen werden. Entscheidend ist dabei folgender Unterschied: Während die Natur vom Menschen unabhängig ist, gilt dies für die Gesellschaft nicht; sie existiert nur durch menschliches Handeln; und in dieses Handeln gehen unweigerlich auch subjektive und ideelle Momente ein.

Dies führt zu der zweiten Frage: Welchen Platz nimmt das (gesellschaftliche) Bewusstsein in der als materiell aufgefassten Gesellschaft ein? Bei der Betrachtung und Analyse physikalischer oder chemischer Phänomene kann von einer eindeutigen Unterscheidbarkeit zwischen dem (materiellen) Gegenstand und dem erkennenden Bewusstsein ausgegangen werden. Bei der Gesellschaft ist dies offensichtlich nicht der Fall: Soziale und kulturelle Phänomene sind ihrem Wesen nach immer schon von Spuren menschlichen Bewusstseins imprägniert. Materialistische Positionen erkennen dies in der Regel an, insistieren aber darauf, dass die materiellen Faktoren die zumindest in »letzter Instanz« (Engels) ausschlaggebenden sind. Materialistischen Positionen stehen mehrere Möglichkeiten offen, das Verhältnis von gesellschaftlichem Sein und gesellschaftlichem Bewusstsein zu fassen. Einerseits werden *reduktionistische* Varianten vertreten, die das Denken als einen bloßen Reflex der sozialen Verhältnisse (als »Ideologie«) deuten; andererseits sind auch *emergentistische* Deutungen möglich, die dem Bewusstsein eine mehr oder weniger große Selbständigkeit gegenüber dem (sozialen) Sein einräumen. Dabei muss der Materialismus die Möglichkeit einer Rückwirkung des gesellschaftlichen Bewusstseins auf das gesellschaftliche Sein einräumen und erklären (ein der »mentalen Verursachung« analoges Problem).

Die dritte Frage schließlich lautet: Welche materiellen Faktoren sind für den sozialen Wandel verantwortlich und treiben die Geschichte an? Eine materialistische Gesellschaftstheorie sollte nicht nur die Struktur der sozialen Realität identifizieren, sondern auch ihren Wandel erklären. Während die materialistischen Sozialphilosophien der Antike und des 17. und 18. Jahrhunderts der historischen Dimension keine oder nur geringe Aufmerksamkeit widmeten, hatte auf ihr das Hauptaugenmerk des »historischen Materialismus« und seiner Nachfolgetheorien gelegen. Neuere Ansätze (z.B. die Soziobiologie oder die Sozialontologie Searles) verfügen oft nicht über eine ausgearbeitete Theorie der Triebkräfte der Geschichte; der historische Wandel erscheint als ein kontingentes Faktum.

4.

Archer, M./Bhaskar, R./Collier, A./Lawson, T./Norrie, A. (Hg.), 1998, Critical Realism, London: Routledge.

Bayertz, K./Gerhard, M./Jaeschke, W. (Hg.), 2007, Weltanschauung, Philosophie und Naturwissenschaft im 19. Jahrhundert, Bd.1: Der Materialismus-Streit, Hamburg: Meiner.

Bhaskar, R., 1979, The Possibility of Naturalism, Brighton: Harvester.

Braun, H., 1982, Materialismus-Idealismus, in: O. Brunner/W. Conze/R. Koselleck (Hg.), Geschichtliche Grundbegriffe, Bd. 3, Stuttgart: Klett-Cotta.

Bunge, M., 1996, Finding Philosophy in Social Science, New Haven: Yale University Press.

Bunge, M., 1998, Social Science under Debate, Toronto: Toronto University Press.

Engels, F., 1888, Ludwig Feuerbach und der Ausgang der klassischen deutschen Philosophie, MEW, Bd. 21, Berlin: Dietz 1975.

Geißler, R. 1986, Matérialisme, Matérialiste, in: R. Reichardt/E. Schmitt (Hg.), Handbuch politisch-sozialer Grundbegriffe in Frankreich 1680–1820, München: Oldenbourg.

Gregory, F., 1977, Scientific Materialism in Nineteenth Century Germany, Dordrecht: Reidel.

Harris, M., 1989, Kulturanthropologie, Frankfurt/M.: Campus.

Lange, F. A., 1866, Geschichte des Materialismus und Kritik seiner Bedeutung in der Gegenwart, 2 Bde., Frankfurt/M.: Suhrkamp 1974.

Mensching, G., 1971, Totalität und Autonomie. Untersuchungen zur philosophischen Gesellschaftstheorie des französischen Materialismus, Frankfurt/M.: Suhrkamp.

Mensching, G., 1999, Matérialisme et pensée médiévale, in: G. Festa/J. d'Hondt (Hg.), Présences du Matérialisme, Paris: L'Harmattan.

Mintz, S. I., 1962, The Hunting of the Leviathan. Seventeenth-Century Reactions to the Materialism and Moral Philosophy of Thomas Hobbes, Cambridge: Cambridge University Press.

Moser, P. K./Trout, J. D. (Hg.), 1995, Contemporary Materialism, London: Routledge.

Müller, R., 1972, Die Epikureische Gesellschaftstheorie, Berlin: Akademie.

Naville, P., 1967, D'Holbach et la philosophie scientifique au XVIIIe siècle, Paris: Gallimard.

Neurath, O., 1931, Empirische Soziologie, in: ders., Wissenschaftliche Weltauffassung, Sozialismus und Logischer Empirismus, Frankfurt/M.: Suhrkamp 1979.

Ross, E. B. (Hg.), 1980, Beyond the Myths of Culture, New York: Academic Press.

Sandkühler, H.-J., 1990, Materialismus, in: ders. (Hg.), Europäische Enzyklopädie zu Philosophie und Wissenschaften, Bd. 3., Hamburg: Meiner.

Searle, J. R., 1995, Die Konstruktion der gesellschaftlichen Wirklichkeit, Reinbek: Rowohlt 1997.

Sorokin, P. A., 1962, Social and Cultural Dynamics, New York: Bedminster.

Sprute, J., 1989, Vertragstheoretische Ansätze in der antiken Rechts- und Staatsphilosophie, Göttingen: Vandenhoeck & Ruprecht.

KURT BAYERTZ

Mead, George Herbert (1863–1931)

1.

Mead entstammt einem protestantischen Pfarrhaus Neuenglands. Er studierte Psychologie und Philosophie in Harvard, Leipzig und Berlin – v.a. bei Josiah Royce, Wilhelm Wundt, Wilhelm Dilthey und Friedrich Paulsen. Von 1894 bis zu seinem Tod 1931 lehrte Mead Philosophie an der University of Chicago. Alle seine Hauptwerke wurden erst posthum veröffentlicht und beruhen teils auf Vorlesungsnachschriften, teils auf unvollendeten Nachlassmanuskripten. Mit Abstand am einflussreichsten ist *Geist, Identität und Gesellschaft* (1934), der wichtigste Text einer soziologisch orientierten Sozialpsychologie.

2.

Meads Frühwerk weist einige Parallelen mit dem John Deweys auf; es geht ihm um eine Naturalisierung des Hegelianismus oder, umgekehrt, um eine Orientierung an Hegel zwecks Überwindung des Spannungsverhältnisses zwischen christlichem Ethos und moderner Naturwissenschaft. Ab Ende der 1890er Jahre führen diese Motive zum Versuch, den Pragmatismus im engen Kontakt mit Biologie und Sozialwissenschaften zu formulieren. Die wichtigste Studie dieser Zeit (vgl. Mead 1903) beschäftigt sich mit der »Definition des Psychischen«. Zwischen 1908 und 1912 kommt es zur Ausarbeitung seiner pragmatistischen Analyse sozialer Interaktion und individueller Selbstreflexion (vgl. 3.). Im weiteren Verlauf wird diese Konzeption auf Fragen der Entwicklungspsychologie, Moralphilosophie, politischen Theorie und, v.a. ab circa 1920, der Wissenschaftsphilosophie angewendet.

3.

Meads Sozialpsychologie setzt nicht beim Verhalten des individuellen Organismus und der Aggregation einzelner Handlungen an, sondern bei komplexen Gruppenaktivitäten menschlicher Organismen (dem »social act«). Für Mead ist spezifisch menschliche Kommunikation die Bedingung der Möglichkeit dieser Gruppenaktivitäten; »signifikante Symbole«, d.h. Zeichen, die für die an der Kommunikation Beteiligten denselben Bedeutungsinhalt haben, machen diese Kommunikation möglich. Damit kann individuelles, aber nicht naturhaft festgelegtes Verhalten ausdifferenziert und über wechselseitige Verhaltenserwartungen zu einer Gruppenaktivität integriert werden. Mead analysiert die Fähigkeit der Menschen, auf die von ihnen hervorgebrachten Gebärden und Äußerungen selbst zu reagieren, und zwar in einer antizipatorischen und damit das mögliche Antwortverhalten des Handlungspartners innerlich repräsentierenden Weise. Selbstwahrnehmbarkeit ist v.a. bei den lautlichen Gebärden möglich; diese spielen deshalb phylogenetisch die entscheidende Rolle für die Entwicklung der menschlichen Kommunikation.

Zentral für Meads Konzeption der Persönlichkeitsstruktur ist die Unterscheidung der drei Instanzen »I«, »me« und »self«. »I« bezeichnet eine aus dem konstitutionellen Antriebsüberschuss des Menschen hervorgehende Spontaneität und Kreativität. »Me« benennt dagegen meine Vorstellung von dem Bild, das ein Partner von mir hat, bzw. auf primitiverer Stufe meine Verinnerlichung seiner Erwartungen an mich. Das »me« als Niederschlag einer Bezugsperson in mir ist eine Bewertungsinstanz für die Strukturierung der spontanen Impulse und Element eines entstehenden Selbstbilds. Tritt die Person mehreren für sie bedeutsamen Bezugspersonen gegenüber, dann gewinnt sie nach Mead mehrere unterschiedliche »me«s. Diese müssen, wenn konsistentes Verhalten möglich sein soll, zu einem einheitlichen Selbstbild synthetisiert werden. Gelingt dies, dann entsteht das »self« als eine einheitliche und doch auf die Verständigung mit stufenweise immer mehr Partnern hin offene und flexible Selbstbewertung und Handlungsorientierung; zugleich entwickelt sich eine stabile, ihrer Bedürfnisse sichere Persönlichkeit.

An verschiedenen Formen kindlichen Spiels führt Mead Stufen der Interaktionsfähigkeit und Identitätsbildung vor. »Play« nennt er die spielerische Interaktion des Kindes mit einem imaginären Partner. Diese Stufe erreicht das Kind, wenn für es nicht mehr nur die triebmäßig hochbesetzte Bezugsperson zählt, sondern variable »Rollenübernahme« möglich wird. Noch weiter geht die Fähigkeit zum »game«, der Teilnahme an Gruppenspielen. Hier muss nicht nur das Verhalten eines Partners, sondern mehrerer Partner in arbeitsteilig zielgerichteten Gruppen antizipiert werden können. Mead spricht vom »generalisierten Anderen« (»generalized other«), um die psychische Repräsentanz dieser Fähigkeit zu bezeichnen.

Mead interessiert sich weiterhin für die biologische Beschreibung der Unterschiede zwischen menschlicher Sozialität und der der Insekten und Wirbeltiere. Soziologisch entwickelt er, empirisch und normativ verfahrend, Ideen über eine universeller werdende Sozialität. Die Demokratie erscheint ihm dabei weltweit als beste Sozialform. Sie sei insofern in den Grundprinzipien der Sozialität des Menschen angelegt, als in der menschlichen Kommunikation ein formales Ideal des Diskurses enthalten ist, welches in demokratischen Institutionen auch annähernd realisiert werden kann.

Die sozialpsychologischen Konzepte Meads sind Teil einer breit angelegten und historisch reflektierten pragmatistischen Philosophie von höchster Originalität. In der *Philosophy of the Act* werden Grundzüge einer allgemeinen Handlungstheorie entwickelt. Die *Philosophy of the Present* enthält eine Theorie der Zeitlichkeit und der Geschichte – nach dem Ende teleologischer Geschichtsphilosophien und evolutionistischer Fortschrittskonzeptionen.

4.

Mead, G. H., 1903, Die Definition des Psychischen, in: ders., Gesammelte Aufsätze, Bd. 1., Frankfurt/M.: Suhrkamp 1980.

Mead, G. H., 1932, Philosophy of the Present, Amherst: Prometheus 2000.

Mead, G. H., 1934, Geist, Identität und Gesellschaft, Frankfurt/M.: Suhrkamp 1968.

Mead, G. H., 1936, Movements of Thought in the Nineteenth Century, Chicago: University of Chicago Press 1972.

Mead, G. H., 1938, Philosophy of the Act, Chicago: University of Chicago Press 1972.

Mead, G. H., 1964, Selected Writings, Chicago: University of Chicago Press.

Mead, G. H., 1980/83, Gesammelte Aufsätze, 2 Bde., Frankfurt/M.: Suhrkamp.

Cook, G. A., 1993, G. H. Mead, Urbana: University of Illinois Press.

Joas, H., 1980, Praktische Intersubjektivität. Die Entwicklung des Werkes von G. H. Mead, Frankfurt/M.: Suhrkamp 2000.

Joas, H. (Hg.), 1985, Das Problem der Intersubjektivität. Neuere Beiträge zum Werk G. H. Meads, Frankfurt/M.: Suhrkamp.

Habermas, J., 1981, Theorie des kommunikativen Handelns, Bd. 2, Frankfurt/M.: Suhrkamp.

Habermas, J., 1991, Individuierung und Vergesellschaftung, in: ders., Postmetaphysisches Denken, Frankfurt/M.: Suhrkamp.

Miller, D. L., 1973, G. H. Mead, Austin: University of Texas Press.

Hans Joas

Medien

1.

In der Alltagssprache werden als »Medien« meist die wichtigsten Massenmedien wie Fernsehen, Hörfunk, Zeitung und Zeitschrift, neuerdings auch das Internet bezeichnet (vgl. Burkart 2003, 185). Der wissenschaftliche Sprachgebrauch kennt dagegen im Wesentlichen zwei Traditionslinien der Begriffsverwendung, die mit jeweils unterschiedlichen Typologisierungen von Medien einhergehen: eine medienwissenschaftliche Tradition mit geisteswissenschaftlichen Wurzeln und eine publizistik- und kommunikationswissenschaftliche Tradition mit sozialwissenschaftlichem Profil.

1.1. Die medienwissenschaftliche Begriffsverwendung hebt auf die je besondere Materialität bzw. Technizität von Medien ab. So unterscheidet Faulstich (2004a, 13) im partiellen Rückgriff auf Pross (1972) die folgenden vier Medientypen: (1) Primärmedien, bei denen weder auf der Produktionsseite noch auf der Rezeptionsseite notwendigerweise Technik zum Einsatz kommt; hierunter fallen historisch die sog. Menschmedien (Schauspieler, Sänger, Priester etc.) sowie heutzutage noch das Theater; (2) Sekundärmedien mit Technikeinsatz nur auf der Produktionsseite wie z.B. Zeitungen und Zeitschriften, aber auch Briefe, Bücher, Plakate etc.; (3) Tertiärmedien, die Medieneinsatz bei Produktion und Rezeption erfordern wie Hörfunk, Fernsehen, Film, Video, aber auch Telefon und Tonträger wie Schallplatte, Kassette und CD; (4) schließlich Quartärmedien »mit Technikeinsatz auch bei der digitalen Distribution und v.a. der Auflösung der traditionellen Sender-Empfänger-Beziehung bei den Online-Medien« (Faulstich 2004a, 13). Zu nennen sind hier v.a. der Computer und die digitalen Netzmedien World Wide Web (WWW), E-Mail, Chat etc. Wichtig wird auch eine zunehmende Integration solcher Netzmedien mit der Mobiltelefonie (z.B. Mobile Internet). Das Internet selbst wird im wissenschaftlichen Sprachgebrauch nicht als Medium, sondern als digitale Basistechnologie für verschiedene ›neue‹ Medien bezeichnet (vgl. Beck 2003, 75).

In die genannte Definition der Quartärmedien durch Faulstich und die von ihm intendierte technikorientierte Gruppierung der Einzelmedien gerät unversehens eine soziale bzw. kommunikationsstrukturelle Komponente hinein (»Sender-Empfänger-Beziehung«), die eigentlich für die andere, publizistik- und kommunikationswissenschaftliche Tradition typisch ist (siehe 1.2.). Allerdings lösen die interaktiven internetbasierten Medien die Sender-Empfänger-Beziehungen nicht auf, die Kommunikanden können lediglich die Rollen leichter wechseln als bei den meisten Sekundär- und Tertiärmedien.

1.2. Die publizistik- und kommunikationswissenschaftliche Begriffsverwendung leugnet die materielle Basis aller Medien nicht, betrachtet sie jedoch aus dem Blickwinkel ihrer Funktionen im Rahmen von sozialen Kommunikationsprozessen: In den frühen Kommunikationsmodellen etwa werden Sender (= Kommunikator), Mitteilung, Kanal (= Medium) und Empfänger (= Rezipient) unterschieden und funktional aufeinander bezogen (vgl. Maletzke 1963). Medien dienen hier der Übermittlung von Mitteilungen vom Kommunikator zum Rezipienten. In dieser Forschungstradition lag der Fokus immer stärker auf dem *Inhalt* der Mitteilungen und ihren *Wirkungen* auf die Rezipienten (Propaganda-, Persuasionsforschung), als auf ihrem vom Medium vorgegebenen und deshalb die Rezeption prädisponierenden Kommunikationsmodus (auditiv vs. visuell vs. audiovisuell; schriftlich vs. bildlich etc.).

In der Weiterentwicklung der publizistik- und kommunikationswissenschaftlichen Perspektive rückt jedoch ein zweiter Bedeutungsgehalt von »Medium« ins Zentrum: Medium als Medienbetrieb, als historisch spezifische *Institutionalisierungs- und Organisationsform* von Mitteilungsproduktion. So definiert Saxer (1998, 54) »Medien« als »komplexe institutionalisierte Systeme um organisierte Kommunikationskanäle von spezifischem Leistungsvermögen«. Neben die technische Form der Medien (als Transportvehikel für jeweils spezifische Zeichensysteme) treten somit die organisatorischen Eigenschaften von Medien (häufig arbeitsteilig organisierte Produktions- und Distributionseinheiten) und ihre sozialen Funktionen als gesellschaftliche Orientierungssysteme, die sich in ihrer jeweiligen gesellschaftlichen Institutionalisierung niederschlagen (totalitär, autoritär, libertär oder demokratisch kontrolliert; vgl. Jarren/Meier 2002). Dabei ist analytisch selbstverständlich zwischen der Mesoebene der einzelnen Medienorganisation (Fernsehsender etc.) und der Makroebene des Mediensystems mit seinen rechtlichen, ökonomischen und kulturellen Normierungen zu unterscheiden.

Faulstich (2004a, 18) erweitert die Saxersche Medien-Definition um das Kriterium »mit gesellschaftlicher Dominanz«: »Dominanz soll hier heißen: Relevanz für die Gesellschaft (nicht nur für den einzelnen), d.h. eine besondere Wichtigkeit für das Funktionieren von Gesellschaft. Werden beispielsweise die Funktionen eines Mediums als System im Laufe der Zeit von anderen Medien rückstandslos übernommen, so verliert es seine gesellschaftliche Dominanz und damit seinen Mediencharakter.« (Faulstich 2004b, 12) Dies trifft nach Faulstich (2004a, 8f.) für fast alle Primärmedien, insbesondere für die Menschmedien wie Priester und Sänger zu.

Die Ausweitung des Medienbegriffs auf die Organisations- und Institutionalisierungsformen von Medien rückte die *publizistischen Massenmedien* (v.a. eben Zeitung, Zeitschrift, Hörfunk und Fernsehen) in den Mittelpunkt der publizistik- und kommunikationswissenschaftlichen Forschung. Sie organisieren den Prozess der *Massenkommunikation*, der gekennzeichnet ist durch (1) eine asymmetrische, einseitige Kommunikationsstruktur: ein Sender, viele Empfänger, kein Rollentausch, und (2) ein zahlenmäßig großes (potenziell unbegrenztes), anonymes und disperses Publikum.

Das Beispiel Hörfunk mag das publizistik- und kommunikationswissenschaftliche Begriffsverständnis verdeutlichen: Die dem Hörfunk ursprünglich zugrunde liegende Technik der drahtlosen Übertragung von Tönen mittels elektromagnetischer Wellen ermöglicht mehrere unterschiedliche Kommunikationsformen: Individualkommunikation zwischen zwei Teilnehmern (z.B. Walky-Talky), subkulturell begrenzte Gruppenkommunikation (z.B. CB-Funker) sowie Massenkommunikation. Gesellschaftlich dominant geworden ist Anfang des 20. Jahrhunderts die Organisation der Radiotechnik in Form von Hörfunksendern. Sie existieren heute in drei dominanten Institutionalisierungsformen, als staatliche, privat-kommerzielle und öffentlich-rechtliche Sender sowie viertens als privat-nichtkommerzielle, ›alternative‹ Sender ohne Gewinnabsicht und mit geringerem Professionalisierungsgrad. Die gesellschaftlichen Funktionen variieren gemäß der Institutionalisierungsform in einer jeweils besonderen Mischung aus staatlicher Verlautbarung, Publikumsmaximierung, Ermöglichung von gesellschaftlichem Diskurs, ›Advocacy‹ und soziokultureller Integration. Die Verbreitung des Internet ergänzt nun die technische Basis des Hörfunks, indem es funkunabhängige Radioübertragung per WWW möglich macht, ohne jedoch die historisch dominant gewordenen Organisations- und Institutionalisierungsformen sofort außer Kraft zu setzen. Gleichwohl wirft die extrem kostengünstige Möglichkeit der Radioproduktion im Internet neue Fragen auf (individualisierte Zusammenstellung von Radioprogrammen durch einzelne Nutzer; Regulierung des Webradio nach dem Muster der Lizenzierung privat-kommerzieller Sender). So stehen Technik, Organisationsform und Institutionalisierung in einem dynamischen Wechselverhältnis, ohne dass einer der drei Aspekte auf die anderen zu reduzieren wäre.

2.

Zwischen Medienwissenschaft einerseits und Publizistik- und Kommunikationswissenschaft andererseits hat sich sowohl von den bevorzugten Gegenständen her als auch methodisch eine komplementäre Spezialisierung herausgebildet. Während die Medienwissenschaft vornehmlich fiktionale und ästhetisch-künstlerische Medienangebote untersucht und qualitativ-hermeneutischen Methoden folgt, hat sich die Publizistik- und Kommunikationswissenschaft stärker auf nicht-fiktionale, insbesondere journalistische Angebote spezialisiert und verwendet bevorzugt empirisch-quantitative Verfahren (vgl. Rusch 2004).

Erst in jüngerer Zeit finden sich Ansätze zur Reintegration der Traditionen, die sich auch in der Bezeichnung der Disziplin und einzelner Institute im deutschsprachigen Raum mit dem Terminus »Kommunikations- und Medienwissenschaft« bzw. »Medien- und Kommunikationswissenschaft« niederschlagen (vgl. dazu etwa Winter/Hepp/Krotz 2008). Dabei befindet sich die wissenschaftliche Beschäftigung mit Medien und Kommunikation in einem Prozess der theoretischen Neuorientierung, der u.a. durch die massenhafte Verbreitung des Internet seit Mitte der 1990er Jahre ausgelöst wurde. In diesem Prozess wer-

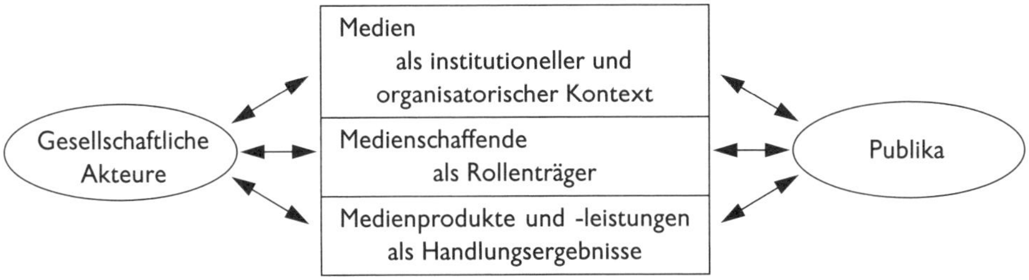

Abb.: Medien im System gesellschaftlicher Öffentlichkeit

den zwei weitere Spezialisierungen schrittweise zurückgenommen, die sich im Verlauf der Ausdifferenzierung der Publizistik- und Kommunikationswissenschaft als sozialwissenschaftliche Makrodisziplin neben Soziologie und Politikwissenschaft ergeben hatten: Die Fokussierung auf Massenkommunikation hatte erstens zu einer partiellen Ausgrenzung der *interpersonalen Kommunikation* wie auch zu einer Vernachlässigung der *Organisationskommunikation* (d.h. der Kommunikation von Unternehmen, Parteien, sozialen Bewegungen etc.) geführt. Dies erschwert auch ein angemessenes Verständnis der durch das Internet ermöglichten Vielfalt unterschiedlicher Kommunikationsformen auf *einer* technischen Plattform und ihres Zusammenspiels im Nutzungsverhalten der User (vgl. dazu das Konzept der Medienintegration bei Beck 2003). Das Internet und hier insbesondere das WWW hat zweitens den Blick für die Kombination der unterschiedlichen Zeichensysteme – Schrift, Standbild, Bewegtbild, Ton – in einem Medium geschärft. In ihrer Fokussierung auf den Inhalt von Mitteilungen hatte die Publizistik- und Kommunikationswissenschaft bisweilen den Blick für die Besonderheit multimodaler Kommunikation verloren und im Besonderen die Analyse des Visuellen in der Massenkommunikation vernachlässigt (vgl. dazu ausführlicher Müller 2003).

3.

Die genannten Spezialisierungen der Publizistik- und Kommunikationswissenschaft haben einerseits zu Blickverengungen geführt, wurden andererseits aber auch mit hoher Leistungsfähigkeit im Kernbereich der Disziplin belohnt: bei den durch publizistische Massenmedien vermittelten Massenkommunikationsprozessen. Publizistische Massenmedien können nach wie vor als Kern des Systems gesellschaftlicher Öffentlichkeit begriffen und mit den Kommunikationsaktivitäten gesellschaftlicher Akteure sowie denen ihrer Publika in Beziehung gesetzt werden (vgl. Abb.).

Der oben eingeführte dreidimensionale Medienbegriffe (technischer Kanal, Organisation und Institution) stellt dabei hohe Ansprüche an die Komplexität entsprechender Forschungsdesigns, die freilich auch in der Publizistik- und Kommunikationswissenschaft keineswegs immer eingehalten werden. Zwei der Gründungsväter der Disziplin, Paul F. Lazarsfeld und Robert K. Merton (1948) hatten dieser Komplexität Rechnung getragen, indem sie drei verschiedene Wirkungsdimensionen von Massenmedien unterschieden hatten: (1) die Wirkung der Existenz der Massenmedien; (2) die Wirkung einer bestimmten Eigentums- und Organisationsform der Massenmedien; und (3) die Wirkung der von den Medien verbreiteten Inhalte.

Während sich die Forschung in den Folgejahren und -jahrzehnten vergleichsweise stark auf die Wirkung von Medieninhalten und damit auf die Mikroebene konzentriert hatte, wird in jüngerer Zeit die Organisations- und Systemebene von Medien stärker in den Vordergrund gerückt (vgl. Jarren 2003). Jarren betont insbesondere den systematischen Zusammenhang zwischen Strukturen der Medienorganisation, beruflichem Handeln der Medienschaffenden und Qualität der Medienleistungen – etwa wenn im privat-kommerziellen Hörfunk die Ressorteinteilung (Politik, Wirtschaft, Kultur, Sport) zugunsten z.B. von informellen und variablen tageszeitlichen Einteilungen (»Morgencrew«, »Abendschiene«) aufgegeben wird und dadurch eine systematische Abbildung der gesellschaftlichen Teilsysteme im Medieninhalt unmöglich wird (vgl. Jarren/Meier 2002).

Dieses Beispiel kann als Teilprozess eines umfassenden *Medienwandels* angesehen werden, den die Publizistik- und Kommunikationswissenschaft seit den frühen 1980er Jahren intensiv analysiert hat. Dabei standen zwei Prozesse im Vordergrund: (1) die Einführung privatkommerzieller Hörfunk- und Fernsehanbieter in die ehemals öffentlichen Rundfunksysteme Westeuropas (»Dualisierung des Rundfunks«; der Rundfunk in den USA war immer schon durch privatkommerzielle Anbieter dominiert; das Gleiche gilt generell für die Presse in allen westlichen Ländern); (2) der fortgesetzte technologische Wandel, der zur Einführung immer neuer Medientechnologien führte (Kabel-, Satellitenfernsehen, Fax, Mobiltelefon, Internet).

Entsprechend der mehrdimensionalen Mediendefinition kann Medienwandel dabei nicht isoliert als Veränderung einzelner Medienleistungen (z.B. Zunahme von Gewaltdarstellungen in Fernsehnachrichten) begriffen werden, sondern muss als ein mehrdimensionaler, in sich verschränkter Prozess rekonstruiert werden, in dessen Verlauf sich die Branchenstrukturen, Besitzverhältnisse und Finanzierungsquellen von Massenmedien wandeln, ihre Organisationsstrukturen und Produktionsabläufe sich ändern und ihre Leistungen auf ein Publikum abgestimmt werden, das sich verstärkt in der Konsumentenrolle und nur partiell in der Bürgerrolle sieht. Dieser Medienwandel ist kein automatischer, sondern ein offener Prozess, auf den gesellschaftliche und politische Akteure Einfluss nehmen und in dessen Verlauf die Massenmedien selbst zusätzliche Handlungsautonomie gegenüber politischen Akteuren gewinnen und zugleich stärker ökonomischen Handlungsimperativen folgen (»Ökonomisierung«).

In einer längerfristigen historischen Perspektive erscheint die Etappe der Dualisierung des Rundfunks in Europa als weiterer Schritt im Prozess der Entkopplung der Medien von den gesellschaftlichen Gruppen und Akteuren, die sie ehemals getragen hatten (Kirchen, politische Parteien, Gewerkschaften etc.; vgl. Jarren 2002, 126). Im Zuge dieses Prozesses, der mit dem Übergang von der Gesinnungs- zur Generalanzeigerpresse im 19. Jahrhundert begann, entstanden ideologisch weniger gebundene und profilierte, vorrangig ökonomisch agierende Medien; eine weltanschauliche Differenzierung von Medien gibt es in Deutschland eigentlich nur noch in der (freilich nicht unbedeutenden) nationalen Qualitätspresse. Mit der organisatorischen und inhaltlichen Emanzipation der Medien von gesellschaftlichen Trägerorganisationen steigt umgekehrt die Bedeutung der Medien für diese Organisationen des gesellschaftlichen Vermittlungssystems an. Parteien, Verbände und soziale Bewegungen sind mehr denn je auf publizistische Massenmedien angewiesen, und zwar nicht nur für ihre externe Kommunikation, sondern auch zur Erreichung ihrer eigenen Mitglieder und Gefolgschaft (vgl. Jarren/Meier 2002). Dieser Bedeutungsgewinn der Medien hat bisweilen zur Charakterisierung moderner Gesellschaften in ihrer gegenwärtigen Entwicklungsphase als »Mediengesellschaften« geführt (vgl. Saxer 1998; Jarren/Meier 2002, 128), wenngleich damit selbstverständlich nur ein prägendes Merkmal moderner Gesellschaft fokussiert wird.

4.

Beck, K., 2003, Neue Medien – neue Theorien?, in: M. Löffelholz/T. Quandt (Hg.), Die neuen Kommunikationswissenschaft, Wiesbaden: Westdeutscher Verlag.

Burkart, R., 2003, Kommunikationstheorien, in: G. Bentele/H.-B. Brosius/O. Jarren (Hg.), Öffentliche Kommunikation, Wiesbaden: Westdeutscher Verlag.

Faulstich, W., 2004a, Grundwissen Medien, München: Fink.

Faulstich, W., 2004b, Medienwissenschaft, München: Fink.
Jarren, O., 2003, Institutionelle Rahmenbedingungen und Organisationen der öffentlichen Kommunikation, in: G. Bentele/H.-B. Brosius/O. Jarren (Hg.), Öffentliche Kommunikation, Wiesbaden: Westdeutscher Verlag.
Jarren, O./Meier, W. A., 2002, Mediensysteme und Medienorganisationen als Rahmenbedingungen für den Journalismus, in: O. Jarren/H. Wessler (Hg.), Journalismus – Medien – Öffentlichkeit, Wiesbaden: Westdeutscher Verlag.
Lazarsfeld, P. F./Merton, R. K., 1948, Mass Communication, Popular Taste and Organized Social Action, in: B. Rosenberg/D. M. White (Hg.), Mass Culture, New York/London: Free Press/Macmillan 1957.
Maletzke, G., 1963, Psychologie der Massenkommunikation, Hamburg: Hans-Bredow-Institut.
Müller, M., 2003, Grundlagen der visuellen Kommunikation, Konstanz: UVK.
Pross, H., 1972, Medienforschung: Film, Funk, Presse, Fernsehen, Darmstadt: Habel.
Rusch, G., 2003, Annäherungen an die Medienwissenschaft, in: Zeitschrift für Literaturwissenschaft und Linguistik 133.
Saxer, U., 1998, Mediengesellschaft, in: U. Sarcinelli (Hg.), Politikvermittlung und Demokratie in der Mediengesellschaft, Wiesbaden: Westdeutscher Verlag.
Vogel, M., 2001, Medien der Vernunft, Frankfurt/M.: Suhrkamp.
Wessler, H., 2002, Journalismus und Kommunikationswissenschaft, in: O. Jarren/H. Wessler (Hg.), Journalismus – Medien – Öffentlichkeit, Wiesbaden: Westdeutscher Verlag.
Winter, C./Hepp A./Krotz, F. (Hg.), 2008, Theorien der Kommunikations- und Medienwissenschaft, Wiesbaden: VS.

HARTMUT WESSLER

Meinungsfreiheit

1.

Meinungsfreiheit ist ein Grundrecht und das vorrangige Strukturprinzip öffentlicher Kommunikation in liberalen und demokratischen Gesellschaften. Negativ setzt sie die Abwesenheit von Zensur und nachträglicher Sanktionierung von Meinungsäußerungen voraus; darüber hinaus erfordert Meinungsfreiheit die Institutionalisierung positiver Funktionsbedingungen einer Kommunikationsordnung. Auch wenn ihr Status als Menschenrecht nicht unumstritten ist, wird sie in allen liberaldemokratischen Verfassungen und vielen internationalen Verträgen anerkannt (Art. 5 Grundgesetz; Zusatzartikel 1 der US-Verfassung; Art. 10 Europäische Menschenrechtskonvention; Art. 19 UN-Menschenrechtserklärung). Die Erörterung der Meinungsfreiheit in der praktischen Philosophie knüpft gewöhnlich eng an die entwickelte Verfassungsdogmatik liberaler Staaten, insbesondere die der Bundesrepublik Deutschland und der Vereinigten Staaten an.

1.1. Meinungsfreiheit gehört zu den Kommunikationsfreiheiten. Von der Kunst- und Wissenschaftsfreiheit unterscheidet sie sich durch ihren allgemeineren Gegenstandsbereich. Auch wenn manche Verfassungstexte Meinungsfreiheit von der Presse- und Rundfunkfreiheit abheben, gehören diese systematisch zu ihr. Im Unterschied zur Redefreiheit (*freedom of speech/freedom of expression*), die auch Tatsachen feststellende Äußerungen umfasst, beschränkt sich Meinungsfreiheit dem Sinn nach auf wertende, Stellung nehmende Äußerungen; ihr Umfang wird häufig auch auf Tatsachenbehauptungen, insofern sie der Meinungsbildung dienen, sowie auf nicht Stellung nehmende Sprechhandlungen wie Fragen oder Bitten ausgedehnt. Die konstruktiven Differenzen zwischen angelsächsischer *freedom of expression* und Meinungsfreiheit dürfen aber nicht überschätzt werden: dort, wo sich etwa die libertäre US-amerikanische Verfassungsrechtsprechung vom protektionistischeren Äußerungsregime der Bundesrepublik Deutschland unterscheidet, beruht dies im wesentlichen auf normativen, nicht konzeptuellen Gründen (vgl. Grimm 1995; s. u. 3.2.).

1.2. Meinungsäußerungen können in mündlicher oder schriftlicher, gedruckter oder anderer medial vermittelter Form erfolgen, sie können sprachlichen oder anderen, beispielsweise bildlichen symbolischen Charakter aufweisen. Zu den von der Meinungsfreiheit geschützten Zuständen zählt auch die Verweigerung von Äußerungen (eines bestimmten Inhalts), die negative Meinungsfreiheit, nicht aber eine generelle ›passive‹ Meinungsfreiheit – die Freiheit, nicht mit Äußerungen behelligt zu werden. Von philosophischem Interesse ist Meinungsfreiheit v.a. aufgrund ihres Vorrangs, der auch als »Absolutheitscharakter« bezeichnet wird, und durch den sie sich von nicht-absoluten oder leichter einschränkungsfähigen Grundrechten wie dem Eigentumsrecht und der allgemeinen Handlungsfreiheit unterscheidet (vgl. Meiklejohn 1948, 17). Wenig Zustimmung findet die mögliche Erklärung, die den Vorrang der Meinungsfreiheit auf eine Differenz zwischen folgenlosen Worten und folgenträchtigen Handlungen zurückführt, weil der Handlungscharakter und die Konsequenzen von Meinungsäußerungen etwa in politischer, ökonomischer oder reputationeller Hinsicht auf der Hand liegen. Wenn die Immunität der Meinungsäußerung aber nicht daraus resultiert, dass symbolische Handlungen nur vernachlässigbare Schäden nach sich ziehen, so liegt aus konsequentialistischer Sicht ein Paradox vor: Für starke Konzeptionen der Meinungsfreiheit gibt es Fälle, in denen Handlungen »als einschränkungsimmun gelten werden, obwohl aus ihnen Schäden resultieren, die normalerweise dazu ausreichen würden, die Auferlegung rechtlicher Sanktionen zu rechtfertigen« (Scanlon 2003, 6). Geschichte (2.) und aktuelle Theorie (3.1.) der Meinungsfreiheit lassen sich als Versuche verstehen, dieses Paradox aufzulösen.

2.

Der Prozess gegen Sokrates nennt bereits ein klassisches Motiv der Einschränkung der Meinungsfreiheit. Sokrates wird zur Last gelegt, durch Gotteslästerung und das Verderben der Jugend ein ethisch homogenes Gemeinwesen destabilisiert zu haben. Dennoch wird man den Prozess kaum als Kontroverse um eine »Meinungsfreiheit der Antike« (Löffler 1969, 30) auffassen können. Auch wenn die griechische Antike mit Isêgoria und Parrhêsia sowohl den bürgerrechtlichen Anspruch als auch die Tugend der freien Äußerung kennt, verzichtet sie doch auf den entscheidenden Abstraktionsschritt, die Praxis von der persönlichen Vortrefflichkeit des Äußernden abzulösen (vgl. Saxonhouse 2006, 125).

Von der Einforderung freier und gleicher Meinungsäußerung lässt sich aus mehreren Gründen erst mit der Erfindung des Buchdrucks sprechen. Das Druckmedium ermöglicht, indem es die private, distanzierte Rezeption von Texten fördert, die Herausbildung und Stabilisierung von Dissens gegenüber religiöser, politischer und technischer Autorität. Das dezentral-marktwirtschaftlich organisierte Buch- und Pressewesen entgleitet den Kontrollmöglichkeiten einer offiziellen Vorzensur und sorgt für die Breitenwirkung seiner Erzeugnisse (vgl. Giesecke 1986, 462). Die gleichzeitig entfesselte Produktivität der neuzeitlichen Wissenschaften belegt die Vorzugswürdigkeit von öffentlichem Streit und wechselseitiger Überprüfung von Behauptungen; die reformatorische Kritik religiöser Orthodoxie schließlich zeichnet den individuell prüfenden Zugang zu Glaubenswahrheiten ethisch aus. John Miltons Schrift *Areopagitica* bündelt diese Entwicklungen in einem epistemischen und einem ethischen Argument: Die Wahrheit setze sich in offener Auseinandersetzung stets gegen Irrtum und Lüge durch; auch erfordere ein tugendhaftes Leben, seine Überzeugungen im Dissens (innerhalb der Grenzen, die die protestantische Religiosität setzt) zu behaupten (vgl. Milton 1644, 91, 119).

Die Theoretiker des Gesellschaftsvertrags ent-theologisieren und politisieren die Auseinandersetzung um die Meinungsfreiheit. Hobbes leitet aus der vertraglich fundierten Friedenssicherungspflicht des Souveräns seine Befugnis zur Unterdrückung des Meinungsstreits ab, während Spinoza und später Kant den kontraktualistischen Verzicht auf natürliche Rechte unter die Bedingung stellen, dass die freie öffentliche Urteilsbefugnis beim Subjekt verbleibt. Sie erheben damit die Meinungsfreiheit zu einem Grundrecht zweiter Stufe, einem »Palladium der Volksrechte«, das über die Respektierung anderer Rechte und Interessen wacht und es ermöglicht, ihre Vorenthaltung zu skandalisieren (vgl. Niesen 2005). Neben diese rein defensive Befugnis, staatliches Unrecht zu artikulieren, tritt dort, wo der öffentliche Meinungsstreit wie bei Kant kognitivistisch, also im Dienste einer Widerlegung falscher Annahmen, interpretiert wird, ein rationalitätstheoretisches Argument für die Meinungsfreiheit als öffentlicher Gebrauch der Vernunft. Auf der Basis uneingeschränkter Beteiligungsfreiheit durch Schriften kann einer sich herausbildenden öffentlichen Meinung die Optimierung der politischen Willensbildung überantwortet werden (vgl. Grimm 1987, 241). Dieses Argument ist noch neutral zwischen verschiedenen Staatsformen; es lässt sich in demokratischen Staaten ebenso vorbringen wie im aufgeklärten Absolutismus. Erst mit ihrer funktionalen Bindung an die Entscheidungsbildung des verfassungs- und gesetzgebenden Volkes wird die Meinungsfreiheit mit demokratischer Selbstherrschaft verknüpft und die besondere Schutzwürdigkeit politischer Rede garantiert (vgl. 3.1.).

An die rationalisierende Funktion der öffentlichen Meinung knüpft auch der gegen Mitte des 19. Jahrhunderts aufkommende objektiv-rechtliche Strang der Meinungsfreiheit an, der in der von Massenmedien strukturierten Kommunikation des 20. und 21. Jahrhunderts stetig an Bedeutung zunimmt. Diese Konzeption geht über den staatlichen Verzicht auf Zensur und Sanktion hinaus und fordert die Gewährleistung sozialer, wirtschaftlicher und politischer Rahmenbedingungen einer nicht-verzerrten öffentlichen Debatte (vgl. Ridder 1954). Bereits J. S. Mills Argument, die freie Äußerung von Gedanken und Meinungen sei nicht nur einem repressiven Staat, sondern auch einer konformistisch erstarrten Gesellschaft entgegenzusetzen (vgl. Mill 1859, 25), verweist auf die Notwendigkeit einer positiven Ausgestaltung von kommunikativen Institutionen. Diese Ausgestaltung steht nun nicht mehr allein unter der Leitidee negativer Freiheit, sondern soll auch die Werte von Vielfalt und Gleichheit befördern, indem monopolistische Entwicklungen in den Medien verhindert werden (etwa durch das Kartellrecht), der Zugang zu Kommunikationsmedien und -positionen einigermaßen egalitär ermöglicht wird (u.a. durch ein entwickeltes Gegendarstellungsrecht) und schließlich indem eine Vielzahl von gesellschaftlichen Positionen in den Medien repräsentiert wird (etwa durch das Modell der Rundfunkräte im öffentlich-rechtlichen Rundfunk, in denen ›relevante‹ gesellschaftliche Gruppen vertreten sind).

3.

3.1. Theorien der Meinungsfreiheit lassen sich grob danach klassifizieren, ob sie liberal-individualistische oder republikanisch-funktionale Gesichtspunkte in den Vordergrund stellen. Während die liberale Position Meinungsfreiheit als Anspruch auf die Abwehr staatlicher und gesellschaftlicher Eingriffe in einen persönlichen Freiraum interpretiert, stellt die republikanische die Meinungsfreiheit in den Dienst der informierten Teilnahme der Bürger an der politischen Willensbildung. Die beiden Konzeptionen unterscheiden sich zunächst im Umfang ihres Schutzbereichs. Die liberale richtet sich auf alle Äußerungsmaterien; die republikanische konzentriert sich auf politische Rede, extensiv verstanden als Kommentierung aller möglicher gesellschaftlicher Themen, während z.B. pornographische oder ökonomische Äußerungen (Produktwerbung) nicht geschützt werden (vgl. Sunstein 1993, 152). Klassisch formuliert wird die republikanische Position durch Alexander Meiklejohn, der den öffentlichen Meinungsaustausch nach dem Muster eines radikaldemokratischen *town meeting* porträtiert. Aus der Pflicht der Bürger, verantwortliche Entscheidungen zu treffen, folgt, dass ihnen kein Äußerungsinhalt vorenthalten werden darf, wenn nicht ihr kollektives Vermögen, intelligente Problemlösungen zu finden, beschädigt werden soll. Das Verfassungsrecht der Vereinigten Staaten spiegelt den so begründeten Vorrangcharakter der Meinungsfreiheit in seiner Weigerung, inhalts- und standpunktdiskrimierende Beschränkungen von Äußerungen zuzulassen. Mit einer so verstandenen »Absolutheit« der Meinungsfreiheit sei verträglich, die öffentliche Debatte nach dem Muster einer Geschäftsordnung zu disziplinieren und Einschränkungen nach »Ort, Zeit und Art und Weise« der Äußerung vorzunehmen (vgl. Meiklejohn 1948, 25) – eine elegante, aber letztlich irreführende Lösung, denn der ordnungsgemäßen Abwicklung einer vorab feststehenden Tagesordnung entspricht nichts in der öffentlichen Diskussion außerhalb des *town meeting* (vgl. Post 1995, 268). Der ausschließliche Bezug auf die Ausübung politischer Autonomie hat zur Folge, dass es Meinungsfreiheit nur in Demokratien geben kann (vgl. Meiklejohn 1948, 85). Damit ist verträglich, politische Meinungsfreiheit zwar als vorrangige Grundfreiheit in liberaldemokratischen Staaten zu betrachten (vgl. Rawls 1971, 82), sie aber nicht zu den Menschenrechten zu zählen (vgl. Rawls 1999, 80, 87f.).

Eine Alternative zur republikanischen Position und stärker menschenrechtlich orientiert als diese ist die liberale Position, wie sie heute von Ronald Dworkin vertreten wird. Sie stützt sich auf eine ›moralische Unabhängigkeit‹ der Äußernden vom Konformitätsdruck einer möglicherweise feindseligen Umgebung. Dworkin zufolge ist diese Unabhängigkeit dem Anrecht eines Sprechers geschuldet, durch seine Äußerungsbeiträge »an der Formung seiner moralischen Umgebung mitzuwirken« (Dworkin 1996, 238). Dieser Ansatz schützt eine außerordentliche Breite von Äußerungsmaterien auch unter einer expressivistischen, nicht-kognitiven Interpretation der öffentlichen Debatte; er beruht allerdings auf einem nicht unumstrittenen normativen Ideal und verhindert die Einschränkungsfähigkeit auch von Äußerungstypen, gegen die gewichtige Argumente angeführt werden können, wie Gewaltpornographie, rassistische Hetze und Fernsehwerbung.

Um die Defizite beider Ansätze zu überwinden, hat Thomas Scanlon den republikanischen Ansatz verallgemeinert und auf die Ausübung privater ebenso wie politischer Autonomie ausgedehnt. Angesichts des konsequentialistischen Paradoxons (vgl. 1.2.) verweist Scanlon darauf, dass Meinungsäußerungen ihre Wirkung auf eine spezifische Weise erzielen, nämlich auf dem Wege der Überredung oder Überzeugung überlegungs- und entscheidungsfähiger Personen. Meinungsfreiheit beruht dann darauf, dass nachteilige Folgen, die aus der Überzeugungskraft von Meinungsäußerungen resultieren, nicht zur Einschränkung solcher Äußerungen herangezogen werden sollen. Solche Einschränkungen würden die Autonomie des Adressaten dementieren – seine »Souveränität in der Entscheidung darüber, was er glauben wird, und in der Abwägung konkurrierender Handlungsgründe« (Scanlon 2003, 15). Aus dieser Sicht resultiert der Vorrangcharakter der Meinungsfreiheit aus einer Konzeption der Person, die ein fundamentales Autonomievermögen aufweist. Diese Konzeption könnte aber, wie Scanlon (2003, 96) festhält, zu erfolgreich sein, indem sie selbst weniger gravierende Einschränkungen (z.B. von Tabakwerbung) nicht zuließe. Weiter ist eingewandt worden, dass ihre Autonomieunterstellung auf zu starken Idealisierungen beruhe (vgl. Sunstein 1993, 143) und sie durch ihren ausschließlichen Rekurs auf den Autonomiebegriff zu einer »sektiererischen« Position zu werden drohe (vgl. Cohen 1993, 222). Aus diesem Grund haben in jüngerer Zeit wertepluralistische Ansätze an Attraktivität gewonnen, die aber systematische Einheit vermissen lassen (vgl. Cohen 1993; Scanlon 2003, 163).

3.2. Trotz ihres Vorrangs kann Meinungsfreiheit nicht einschränkungsfrei garantiert werden. Kaum ernsthaft bestritten wird, dass Verletzungen der Persönlichkeitsrechte von Individuen die Beschränkung der Meinungsfreiheit erfordern. Die Annahme der Verletzbarkeit auch von wohlumschriebenen Gruppen ist dagegen problematisch (wie beispielsweise in dem Ausspruch »Deutsche Soldaten sind Mörder«), während der Schutz staatlicher Symbole, etwa von Nationalflaggen, vor Herabwürdigung (der in der BRD, nicht aber in den Vereinigten Staaten praktiziert wird) aus republikanischer wie liberaler Sicht unhaltbar ist. Individuelle Verletzungen können die persönliche Ehre oder die Menschenwürde betreffen, die sich extensional durch die unterstellte Universalität von Würdeansprüchen und komparativ in der Schwere der Verletzung unterscheiden. Im Gegensatz zu Ehrverletzungen lassen sich Würdeverletzungen auch dann feststellen und verfolgen, wenn ihre präsumtiven Opfer sich nicht verletzt fühlen; sie können daher ein Paternalismusproblem aufwerfen. Wegen der Gefahr ihres Missbrauchs gelten Einschränkungen der Meinungsfreiheit zugunsten des Ehrenschutzes von in der Öffentlichkeit stehenden Personen, insbesondere von Politikern, als heikel.

Umstritten ist die Regulierung der *Hassrede* (*hate speech*) v.a. dort, wo letztere nicht in unmittelbarer Gewaltanwendung mündet (vgl. Brugger 2003). Das Paradigma für Hassrede sind rassistische und ausländerfeindliche Äußerungen, einschließlich der Verwendung von Symbolen wie Hakenkreuzen oder NS-Uniformen oder auch das Verbrennen von Kreuzen, die einschüchtern oder zur Diskriminierung aufrufen sollen. Sie stellen einen Testfall nicht nur für die liberale, sondern auch für die republikanische Position dar, die die Kundgabe von politischem Hass besonders stringent schützt (vgl. Sunstein 1993, 189). Allerdings erfordert das republikanische Modell, dass der öffentliche Diskurs als solcher von seinen Teilnehmern als einigermaßen rational wahrgenommen werden kann, so dass zum Schutz seiner Reproduktionsbedingungen auch Einschränkungen von Hassrede nicht ausgeschlossen erscheinen (vgl. Post 2004, 187). Ein Sonderfall der Einschränkung von Hassrede liegt in der Bundesrepublik Deutschland in der Verfolgung nationalsozialistischer Äußerungsdelikte. Die Zusammenschau mit den Vereinigten Staaten, in denen es solche Delikte nicht gibt, wirft die Frage auf, inwiefern partikulare Beschränkungen der Meinungsfreiheit vor einem historischen Hintergrund von Verletzungen zulässig sind. Das Bundesverfassungsgericht hat sich der Frage bisher pragmatisch entledigt, indem es die Leugnung des Holocaust (§ 130 (3) Strafgesetzbuch) als ungeschützte Tatsachenbehauptung wertete.

Offensichtlich sind mit gleicher negativer Meinungsfreiheit verschiedene Grade gesellschaftlicher Einflusschancen verbunden; gleiche Meinungsfreiheit erstreckt sich nicht auf die Ausübung von gleichem kommunikativem Einfluss. Dennoch kann, wenn benachteiligte Gruppen faktisch ›geknebelt‹ erscheinen – unfähig, sich zu äußern, oder aufgrund geringen sozialen Ansehens von der Aufnahme und Erwägung ihrer Äußerungen ausgeschlossen –, ein Problem für die Meinungsfreiheit vorliegen (vgl. MacKinnon 1994). Solche Phänomene von *silencing* (›zum Schweigen bringen‹) lassen sich zwar schwerlich als Einschränkungen der negativen Meinungsfreiheit der Betroffenen konstruieren, wohl aber als Mechanismen, die den benachteiligten Gruppen den fairen Wert ihrer Meinungsfreiheit vorenthalten. Uneinigkeit besteht über die empirische Stichhaltigkeit der *silencing*-These, etwa ob sie angesichts des Verhaltens der Opfer von pornographischem oder rassistischem Material eine haltbare Verallgemeinerung über heutige liberale Gesellschaften darstellt.

4.

Brugger, W., 2003, Verbot oder Schutz von Hassrede?, in: Archiv des öffentlichen Rechts 128.

Cohen, J., 1993, A Theory of Freedom of Expression, in: Philosophy and Public Affairs 22.

Dworkin, R., 1996, Freedom's Law, Cambridge/MA: Harvard University Press.

Giesecke, M., 1986, Der Buchdruck in der frühen Neuzeit, Frankfurt/M.: Suhrkamp 1998.

Grimm, D., 1995, Die Meinungsfreiheit in der Rechtsprechung des Bundesverfassungsgerichts, in: Neue Juristische Wochenschrift 48.

Grimm, D., 1987, Recht und Staat der bürgerlichen Gesellschaft, Frankfurt/M.: Suhrkamp.

Löffler, M., 1969, Presserecht. Kommentar, Bd. I, München: Beck.

MacKinnon, C. A., 1994, Nur Worte, Frankfurt/M.: Fischer.

Meiklejohn, A., 1948, Free Speech and its Relation to Self-Government, New York: Harper.
Mill, J. S., 1859, Über die Freiheit, Stuttgart: Reclam 1988.
Milton, J., 1644, Areopagitica, in: E. W. Tielsch (Hg.), John Milton und der Ursprung des neuzeitlichen Liberalismus, Hildesheim: Gerstenberg 1980.
Niesen, P., 2005, Kants Theorie der Redefreiheit, Baden-Baden: Nomos.
Post, R. C., 1995, Constitutional Domains, Cambridge/MA: Harvard University Press.
Post, R. C., 2004, Redefreiheit, Menschenwürde und Demokratie, in: G. Frankenberg/P. Niesen (Hg.), Bilderverbot, Münster: LIT.
Rawls, J., 1971, Eine Theorie der Gerechtigkeit, Frankfurt/M.: Suhrkamp 1975.
Rawls, J., 1999, Das Recht der Völker, Berlin: de Gruyter 2002.
Ridder, H., 1954, Meinungsfreiheit, in: F. Neumann (Hg.), Die Grundrechte, Bd. 2, Berlin: Duncker & Humblot.
Saxonhouse, A. P., 2006, Free Speech and Democracy in Ancient Athens, Cambridge: Cambridge University Press.
Scanlon, T. M., 2003, The Difficulty of Tolerance, Cambridge: Cambridge University Press.
Sunstein, C., 1993, Democracy and the Problem of Free Speech, New York: Free Press.

PETER NIESEN

Menschenrechte

1.

1.1. Unter »Menschenrechten« versteht man grundlegende Individualrechte jedes Menschen, die ihm in politischen Erklärungen, einzelstaatlichen Verfassungen oder völkerrechtlichen Abkommen als »angeboren« und »unveräußerlich« zugeschrieben werden. Nach der *Allgemeinen Erklärung der Menschenrechte* von 1948 (AEMR) dienen die Menschenrechte dem Schutz und der Garantie von elementaren Lebensinteressen, basalen Freiheiten und elementaren politischen Partizipationschancen. Die Menschenrechte fungieren weltweit, d.h. über nationale, kulturelle und religiöse Grenzen hinweg, als normativer Standard, durch den die Legitimität staatlicher Herrschaft und das zwischenmenschliche Zusammenleben an moralisch-rechtliche Mindestnormen gebunden werden.

1.2. Menschenrechte sind fundamentale, subjektive Rechte mit universellem, kategorischem und egalitärem Geltungsanspruch. Sie stehen jedem Menschen qua Menschsein – unabhängig von bestimmten Leistungen, Zugehörigkeiten und Eigenschaften – sowie bedingungslos und in der gleichen Weise zu. Ob auch *kollektive* Rechte der sog. dritten Generation genuine Menschenrechte sind, ist umstritten (vgl. Riedel 1989). Mit den Menschenrechten korrespondieren negative und positive Verpflichtungen, die zunächst an staatliche Instanzen adressiert sind, zunehmend aber auch so verstanden werden, dass sie auch nicht-staatliche Akteure und indirekt die Menschheit insgesamt, d.h. jeden einzelnen Menschen, verpflichten.

2.

Auch wenn die Menschenrechte erst in der zweiten Hälfte des 20. Jahrhunderts in Antwort auf die totalitären »Akte der Barbarei« (AEMR) ihre globale, d.h. völkerrechtliche Bedeutung entfaltet haben, reicht ihre *Idee* doch weiter zurück.

2.1. Im heutigen Menschenrechtsdenken verschmelzen mindestens vier *ideengeschichtliche* Diskurse (vgl. Menke/Pollmann 2007, 99ff.): (a) Das *moderne Naturrechtsdenken* – v.a. von Hugo Grotius, Samuel Pufendorf und John Locke – entwickelt die Überzeugung, dass das Recht des Menschen bereits in dessen natürlichen Wesen, seiner Freiheit oder auch in seiner Würde begründet sei (vgl. Bloch 1961). Die natürlichen Rechte werden in einem vorstaatlichen, moralischen Sinn verstanden, sofern sie unabhängig von gegebenen staatlichen Rechtssystemen Geltung beanspruchen und die Würde des Menschen vor staatlicher Gewaltherrschaft schützen sollen. (b) Die zweite ideengeschichtliche Entwicklung bezieht sich auf die Herausbildung einer *universalistischen Moral gleicher Achtung*, die bei Immanuel Kant alle »vernünftigen Lebewesen« (Kant 1786, 56) als Adressaten wechselseitiger Verpflichtungen und entsprechender Rechte einbezieht. Sofern die *moralische* Gemeinschaft als *Menschengemeinschaft* verstanden wird, ergibt sich daraus für die nach-kantische Moralphilosophie (z.B. Tugendhat 1993) ein universeller, kategorischer und egalitärer Anspruch auf Menschenrechte. (c) Der dritte Diskurs betrifft die rechtsphilosophische Einführung der Idee *subjektiver Rechte*, nach der ein Individuum unverbrüchliche Rechte auch noch gegen das jeweilige Rechtssystem hat, das ihm diese und alle sonstigen Rechte zuallererst garantiert (vgl. Kaufmann 1996). Als subjektive Rechte, deren Geltungssinn – ideengeschichtlich – v.a. gegen Thomas Hobbes' Bild des Staates als »Leviathan« gerichtet ist, formulieren die Menschenrechte eine verfassungsrechtlich zu institutionalisierende Schranke, die dem Absolutheitsanspruch staatlicher Souveränität Grenzen setzt. (d) Der vierte Diskurs betrifft das *moderne Völkerrecht*, dessen Adressaten traditionell allein souveräne Einzelstaaten, nicht aber schon alle Menschen als mit gleichen Rechten ausgestattete »Weltbürger« (Kant 1795) waren. Erst der Totalitarismus des 20. Jahrhunderts ließ deutlich werden, dass die vormals bloß national kodifizierten, aber in immensem Ausmaß verletzten Bürgerrechte einer *überstaatlichen* Absicherung bedurften. Mit dem nach 1945 erfolgten Übergang von der innerstaatlichen zur völkerrechtlichen Menschenrechtsgesetzgebung standen einzelne Regierungen nun auch unter der Beobachtung durch die Staatengemeinschaft (vgl. Klein 1997).

Nach den weltpolitischen Katastrophen des Zweiten Weltkrieges fließen diese vier ideengeschichtlichen Entwicklungen zu der Einsicht zusammen, dass die Realisierung eines menschenwürdigen, freien Lebens, weltweit und für alle gleichermaßen, von einer staatlichen Garantie subjektiver Rechte abhängt, die als Menschenrechte nicht nur auf nationaler, sondern auch auf völkerrechtlicher Ebene institutionalisiert werden müssen.

2.2. Die *politische* Wirkungsgeschichte der Menschenrechte und ihrer Kritik lässt sich nach gängiger Auffassung (z.B. Bobbio 2000; kritisch Menke/Pollmann 2007, 12ff.) als Abfolge dreier Etappen wiedergeben: (a) Die erste Etappe betrifft das moderne Naturrecht des 17. und 18. Jahrhunderts, das im Rückgriff auch auf antike und christliche Motive – Gleichheit, Würde, Gottesebenbildlichkeit – die Idee natürlich gegebener Rechte des Menschen entwickelt. Doch schwankt das moderne Naturrechtsdenken darin, wie diese Menschenrechte *verwirklicht* werden können. Denn der Naturzustand, in dem sie begründet werden, ist offenkundig nicht schon der *staatliche* Rechtszustand, in dem sie gelten sollen. Die Menschenrechte sind zunächst nur Ideen ohne Entsprechungen in der Wirklichkeit, bloße Forderungen, oder, wie Jeremy Bentham in einer frühen Polemik behauptet hat, »Unsinn auf Stelzen« (Bentham 1792, 523). (b) Erst die bürgerlichen Revolutionen setzen die zuvor nur *postulierten* Menschenrechte in politisch-rechtliche *Realität* um. In der *Virginia Bill of Rights* von 1776 und der *Französischen Erklärung der Menschenrechte* von 1789 werden die Menschenrechte als Bürgerrechte festgeschrieben. Damit büßen sie jedoch zugleich auch ihre Universalität ein: Zwar werden rhetorisch Rechte »aller« Menschen deklariert, doch Amerikaner und Franzosen verwirklichen am Ende nur ihre jeweils *eigenen*, was Edmund Burke gegen diese Erklärungen im Namen der »Rechte der Engländer« polemisieren ließ (vgl. Burke 1790). Die genannten Erklärungen galten nicht einmal für alle Staatsangehörigen, sondern allein für »vollwertige« (und das heißt hier: männliche) Bürger. Olympe de Gouges (1791) sah sich dadurch zu einer frühen Gegenerklärung der »Rechte der Frau und Bürgerin« veranlasst. Und Karl Marx denunzierte die Menschenrechte als Rechte der Bourgeoisie und somit als Ausdruck partikularer, kapitalistischer Eigentumsverhältnisse (vgl. Marx 1844). (c) Die genannte Kritik an den Menschenrechten führte allmählich nicht nur zu einer Ausweitung ihres Adressatenkreises auf vormals marginalisierte Gruppen, sondern auch zu einer inhaltlichen Ausdehnung ihres Umfangs: neben die klassischen liberalen Abwehrrechte traten politische Teilnahmerechte sowie soziale Leistungsrechte (vgl. Marshall 1949). Schließlich stellt das Jahr 1945 den entscheidenden Einschnitt dar: Das fortan entwickelte globale Menschenrechtsregime etabliert völkerrechtliche Instanzen *oberhalb* der einzelnen Staaten, die die Menschenrechtslage *innerhalb* der jeweiligen Staaten kontrollieren sollen. Jetzt erst beginnt für die Menschenrechte das, was in den ersten beiden Etappen nur jeweils allein zutraf, zugleich zu gelten: Sie sind universell gültig *und* sie sind rechtlich kodifiziert.

Schon bald nach dem Zweiten Weltkrieg hat jedoch Hannah Arendt darauf hingewiesen, dass die politisch-moralische Katastrophe, die der Totalitarismus darstellte, derart monströs gewesen ist, dass die Menschenrechtspolitik nach 1945 nicht einfach als bloße Fortsetzung ihrer Denkgeschichte verstanden werden kann (vgl. Arendt 1951, Kap. 9). Angesichts der Judenvernichtung und der zahllosen Flüchtlinge im 20. Jahrhundert ging es Arendt um die Einsicht, dass die äußerst ambivalente Rolle, die der Staat als Rechtsgarant, aber auch als größte Bedrohung für die Menschenrechte gespielt hat, zu deren fundamentaler Neubestimmung zwingt: Der Mensch bedarf, um überhaupt in den Genuss von Menschenrechten kommen zu können, eines vorgängigen »Rechts, Rechte zu haben« (ebd., 465).

3.
Die philosophischen Menschenrechtsdebatten der letzten Jahre kreisen um zentrale Aspekte einer solchen fundamentalen Neubestimmung (vgl. hierzu Gosepath/Lohmann 1998; Bielefeldt 1998; Brunkhorst/Köhler/Lutz-Bachmann 1999; Menke/Pollmann 2007).

3.1. Zunächst ist strittig, wie der Begriff »Rechte« zu verstehen ist. Allgemein können Rechte als begründete Ansprüche einer Person (A) auf etwas (x) gegenüber anderen Instanzen oder Personen (B) verstanden werden. Doch der Charakter dieser dreistelligen Relation wird in Bezug auf die Menschenrechte sehr unterschiedlich erläutert: (a) Nach einer strikt *juridischen* Auffassung kann eine Person Rechte allein aufgrund gesatzter staatlicher Gesetze beanspruchen. Menschenrechte müssen einklagbar und von staatlichen Instanzen mit Sanktionsgewalt durchsetzbar sein. Demnach sind »vorstaatliche« Menschenrechte gar nicht sinnvoll denkbar. (b) Aus rein *moralphilosophischer* Sicht jedoch gehen Menschenrechte staatlichen Rechtsverhältnissen immer schon voraus. Damit wären sie begründete Ansprüche, die *jeder* Mensch gegenüber *anderen Menschen* geltend machen kann. Verpflichtet sind zunächst alle einzeln und – sofern diese ihren Pflichten nicht angemessen nachkommen können – alle zusammen (vgl. Tugendhat 1993). Die Verpflichtungen können aber lediglich appellativ eingefordert werden und besitzen entsprechend eine bloß schwache Durchsetzungskraft. (c) Diesen Mangel sollen politische Verfassungsgebungsprozesse beheben, und entsprechend werden die Menschenrechte auch als *politische* Ansprüche bestimmt. Sie sind primär an die öffentliche Ordnung adressiert, dürfen dieser aber nicht einfach von außen, als Moral, vorgeordnet werden (vgl. Habermas 1992). Sie sind vielmehr *in* dieser politischen Ordnung zu begründen: Die Menschenrechte ergeben sich gemäß dieser Überlegung nicht aus der – moralischen – Selbstverpflichtung einzelner Menschen, sondern aus der – politischen – Selbstverpflichtung der für die herrschende öffentliche Ordnung Verantwortlichen (vgl. Menke/Pollmann 2007, Kap. 1). Daraus ergibt sich eine Bestimmung der Menschenrechte als »komplexe« Rechte: Diese haben stets schon eine rechtliche Durchsetzungs-, eine moralische Begründungs- und eine politische Entscheidungsdimension, wobei diese drei Aspekte konzeptionell, aber auch empirisch in Spannung zueinander stehen (vgl. Lohmann 1998).

3.2. Da Rechten von A stets Verpflichtungen von B korrespondieren, bedürfen diese einer

Begründung. Dabei ist zwischen der Frage, *was genau* begründet werden muss, und der Frage, *wie* es begründet werden kann, zu unterscheiden. (a) Das Problem, *was* begründet werden muss, kann Fragen einzelner Menschenrechte sowie einzelner Klassen von Menschenrechten betreffen (vgl. Lohmann 2000), aber auch das globale Menschenrechtsregime insgesamt, das ja keineswegs alternativlos ist (vgl. Habermas 2004). V.a. aber zielt das philosophische Begründungsproblem auf den *prinzipiellen* Charakter der Menschenrechte als subjektive Anspruchsrechte mit universellem, egalitärem und kategorischem Geltungscharakter. Dass die Menschenrechte als subjektive Rechte zu begründen sind, hängt zunächst eng mit dem modernen Begründungsgedanken selbst zusammen: Das »höchste Recht des Subjekts« ist das »Recht, nichts anzuerkennen, was Ich nicht als vernünftig einsehe« (Hegel 1821, § 132).

Doch nicht nur einzelne Menschen sollen Menschenrechte haben, sondern *alle*, und zwar *auf die gleiche Weise* und *unbedingt*. Die *Universalität* der Menschenrechte bezieht sich dabei auf den Trägerkreis dieser Rechte wie auch auf den Adressatenkreis entsprechender Verpflichtungen. Lange Zeit war es üblich, nicht sogleich alle menschlichen Lebewesen als Menschen »im vollen Sinn« zu betrachten. Einst betraf dies Frauen, Sklaven, Ungläubige, Homosexuelle, Einwanderer etc. (vgl. Habermas 1999); heute z.B. wird darüber gestritten, ob auch schon Embryonen menschenrechtlicher Schutz zusteht (vgl. Damschen/Schönecker 2003). Begründungsbedürftig ist zudem, warum *nur* Menschen und nicht auch Tiere, und warum nur Individuen, und nicht auch Gruppen, Träger von Menschenrechten sind (vgl. Alexy 1998, 247ff.).

Die *Egalität* der Menschenrechte erfordert eine besondere Art von Begründung, weil es um den Nachweis geht, dass individuelle Unterschiede zwischen den Menschen, etwa nach Geschlecht, Hautfarbe oder Religion, keine zulässigen Gründe für eine ungleiche Zuerkennung von Menschenrechten sein dürfen (vgl. Art. 2 der AEMR). Anders gesagt: Es widerspricht den Menschenrechten prinzipiell, bestimmten Menschen, z.B. Nicht-Bürgern, lediglich einen *abgestuften* Schutzanspruch zuzubilligen. Ähnlich verhält es sich mit dem dritten Anspruch, dem kategorischen: Zu begründen ist hier, dass der uneingeschränkte Besitz von Menschenrechten nicht an Vorleistungen oder konforme Verhaltensweisen gebunden ist. Selbst Terroristen und andere Schwerverbrecher – »Feinde« der Menschenrechtsordnung – genießen unbedingten Menschenrechtsschutz (vgl. Beestermöller/Brunkhorst 2006).

(b) Mit Blick auf die Frage, *wie* nun diese prinzipiellen Ansprüche begründet werden, stehen unterschiedliche Strategien zur Verfügung, die von normativ anspruchsvollen bis hin zu eher sparsamen Ansätzen reichen (vgl. Alexy 2004): *Christlich-theologische* Begründungen leiten die Geltungskraft der Menschenrechte aus der »Gottesebenbildlichkeit« des Menschen her. Dies hat den Vorteil, dass sich daraus unmittelbar die für die Menschenrechte zentrale »Unantastbarkeit der Menschenwürde« ergibt (z.B. Spaemann 1987). Diese Herleitungen haben jedoch den Nachteil, nur von denjenigen akzeptiert werden zu können, die der entsprechenden religiösen Überzeugung anhängen. Eng verwandt sind *metaphysische* Begründungsversuche, die – häufig im Anschluss an Kants Idee der Würde – einen »absoluten Wert« der menschlichen Natur behaupten (z.B. Vlastos 1987). Dabei sehen sie sich jedoch häufig der Kritik ausgesetzt, Prämissen anzunehmen, die empirisch nicht weiter zu rechtfertigen sind. Daher gehen *anthropologische* Ansätze von basalen Interessen oder Fähigkeiten des Menschen aus, die sich empirisch verifizieren lassen, um von dort aus zu entsprechenden Rechten zu gelangen (vgl. z.B. Nussbaum 1999). Doch setzen sie sich dadurch dem Vorwurf des naturalistischen Fehlschlusses aus, indem sie vom Sein menschlicher Natur auf ein Sollen bzw. die normative Verbindlichkeit der Menschenrechte schließen. Daher werden anthropologische Ansätze häufig mit einer *vertragstheoretischen* Konzeption untermauert (vgl. Höffe 1998). Die eigentliche Begründungslast trägt dann nicht der Bezug auf die menschliche Natur, sondern die Konstruktion eines fiktiven Tauschvertrages: Alle Menschen verpflichten sich wechselseitig zur Gewährleistung fundamentaler menschlicher Interessen. Diese Konzeptionen haben jedoch den Nachteil, dass sich die fiktiven Vertragspartner nur dann zur Anerkennung der Menschenrechte der jeweils anderen Partner verpflichtet sehen werden, wenn auch diese zugleich die Rechte jener anerkennen. Daher greifen wieder andere Ansätze auf *vernunftrechtliche* Begründungen zurück (z.B. Habermas 1999; Forst 1999). Demnach soll sich die wechselseitig bindende Geltungskraft der Menschenrechte aus dem menschlichen Vermögen zu vernünftiger Selbstbestimmung oder diskursiver Rechtfertigung ergeben. Diese Konzeptionen wiederum haben den Nachteil, dass die von ihnen als grundlegend erachtete Vernunft nicht schon als ein Vermögen aufgefasst werden kann, das schlechthin alle Menschen besitzen. Entsprechend gehen *praxeologische* Konzeptionen der Menschenrechte mit der Einsicht einher, dass starke Begründungen der genannten Art überhaupt nur dann greifen können, wenn sie die menschenrechtliche Einstellung wechselseitiger Anerkennung bereits *voraussetzen*. Allerdings könne diese Einstellung selbst nicht noch einmal aus einem tieferen Grund abgeleitet werden. Sie müsse vielmehr als das Ergebnis praktischer und letztlich kontingenter Lernprozesse verstanden werden (vgl. Rorty 1993). Damit jedoch wird der Versuch einer *Begründung* der Menschenrechte aufgegeben.

3.3. Die Menschenrechte sind drei Arten von relativierenden Einwänden ausgesetzt: (a) Eine eher *allgemeine* bzw. grundlegende kulturrelative Skepsis hält die Menschenrechte allein in dem Kulturraum für gültig oder angemessen, in dem sie entstanden sind. Hier wird von der spezifischen Genesis der Menschenrechte in der westlichen Welt auf eine allein auf diesen Kulturraum beschränkte Geltung geschlossen (vgl. dazu kritisch Höffe 1998). Entsprechend wird der unterstellte imperiale Charakter der Menschenrechte kritisiert, sobald deren transkulturelle Geltung beansprucht wird (vgl. Pagden 2003). (b) Eine *spezifischere* Variante kulturrelativer Skepsis kritisiert die einseitige Überbetonung individueller Freiheitsrechte, seien doch viele – nicht-westliche, aber durchaus auch westliche – Moralauffassungen gerade nicht durch einen Vorrang des Einzelnen vor seiner Gruppe, sondern umgekehrt durch einen Vorrang der Gemeinschaft vor den Interessen des Einzelnen charakterisiert. Aus dieser Kritik ergibt sich die Forderung nach *kulturspezifischen* Menschenrechtserklärungen (vgl. Cumaraswamy 1997) und/oder nach Korrektur und Ergänzung bestehender Menschenrechtskataloge; etwa durch eine »Allgemeine Erklärung der Menschenpflichten« (Schmidt 1998). (c) Eine dritte Kritikvariante hält hingegen *nur* die liberalen Freiheitsrechte für universalisierbar, die politischen Teilnahmerechte sowie die sozialen Teilhaberechte jedoch nicht (z.B. Rawls 1999), kritisiert also den Umfang der Menschenrechtskataloge als zu umfassend – was nicht zuletzt auch die Frage nach der »Unteilbarkeit« der Menschenrechte aufwirft (vgl. Lohmann/Gosepath/Pollmann 2005).

Angesichts begrifflicher Verwirrungen innerhalb der skizzierten Relativismus-Debatte bietet es sich an, deren wichtigste Grundbegriffe zu ordnen: Der hier einschlägige Gegenbegriff zu »Universalismus« ist nicht »Relativismus«, sondern »Partikularismus«; das Gegenstück zu einer »relativen« Konzeption hingegen ist eine »absolute«. Nach gängiger Auffassung scheint eine Begründung des Universalismus der Menschenrechte *allein* aus einem absoluten, transzendentalen oder ewigen Wert möglich zu sein. Das aber könnte ein Missverständnis sein. Denn selbst wenn derartige Begründungsversuche scheitern sollten, könnte der Universalismus der Menschenrechte (kultur-)*relativ* gerechtfertigt werden: z.B. aufbauend auf eine inhaltlich gehaltvolle und (noch) nicht von allen geteilte Prämisse, wie das kontextüberschreitende Prinzip der Unparteilichkeit (vgl. Lohmann 2007), oder aber in Form eines Plädoyers für kontextsensible und stets unabschließbare

Prozesse einer transkulturell ausgerichteten Universalisierung (vgl. Walzer 1994; Höffe 1998).

3.4. Ein weiterer wichtiger Schwerpunkt gegenwärtiger Diskussionen ist das Verhältnis von *Menschenrechten und Demokratie.* Sowohl in historischer wie auch in systematischer Hinsicht bestehen hier wichtige Berührungspunkte, aber auch Spannungen: (a) *Liberale* Konzeptionen der Menschenrechte (z.B. Böckenförde 1998) bestreiten, dass die Geltung der Menschenrechte notwendig demokratische Verhältnisse voraussetzt. Eine funktionierende Demokratie bedürfe derart gehaltvoller Voraussetzungen – z.B. Gewaltenteilung, säkulare und post-traditionale Herrschaftslegitimierung, politische Bildung etc. –, dass es die Geltungskraft der Menschenrechte schon im Prinzip schwächen würde, wollte man diese Geltung nur dort behaupten, wo entsprechende Voraussetzungen bereits bestehen. Die Menschenrechte beinhalten vielmehr einen kritischen Vorbehalt selbst noch gegenüber Demokratien, weil es selbstredend auch in diesen zu Verletzungen der Menschenrechte kommen kann. Insofern gebühre ihnen Vorrang vor der Demokratie (vgl. Gosepath 2004, bes. 322ff.). (b) Demgegenüber betonen *republikanische* Positionen einen Vorrang demokratischer Volkssouveränität – zumindest aber die »Gleichursprünglichkeit« von Demokratie und Menschenrechten (vgl. Habermas 1992). Weil die Menschenrechte die Ausübung demokratischer Volkssouveränität zuallererst *ermöglichen,* können sie nicht zugleich deren einschränkende Bedingung sein. Vielmehr müssten sich die Adressaten der Menschenrechte immer *zugleich* auch als deren Autoren verstehen können: Der Besitz von Menschenrechten und die Legitimität wahrhaft demokratischer Entscheidungsprozesse setzen sich wechselseitig und denknotwendig voraus. (c) Eine dritte Auffassung will zwischen der liberalen Auffassung – Menschenrechte als einer vorgängigen Beschränkung der Demokratie – und der republikanischen Auffassung – Demokratie als eine vorgängige Ermöglichungsbedingung der Menschenrechte – vermitteln: Erst der demokratische Verfassungsstaat biete im Modus einer konstitutiven Selbstbindung des demokratischen Prozesses die Möglichkeit, Konflikte *zwischen* Menschenrechten und demokratischen Entscheidungen, die in jeder realen Demokratie aufbrechen können, im Rahmen gemeinsamer Reflexionsprozesse von Öffentlichkeiten, Gesetzgebern und Verfassungsgerichten bearbeiten zu können (vgl. Alexy 1998).

3.5. Der universelle Anspruch der Menschenrechte zielt aber nicht nur auf deren Verwirklichung im Rahmen demokratischer Verfassungen, sondern zugleich auch auf eine anhaltende »stille Revolution des Völkerrechts« (Klein 1997): Nach der völkerrechtlich noch immer gängigen Auffassung der Menschenrechte verpflichten sich *einzelne Staaten* – in wechselseitiger Anerkennung ihrer nationalstaatlichen Souveränität –, auf jeweils ihrem Hoheitsgebiet die Menschenrechte zu achten. Konkrete Verpflichtungen gegenüber Mitgliedern anderer Staaten ergeben sich daraus ebenso wenig wie konkrete Pflichten einzelner Staatsbürger gegenüber anderen (vgl. z.B. Rawls 1999). Aus Sicht einer radikal-moralischen Position, die völkerrechtliche Strukturen zunächst ignoriert, verhält es sich ganz anders: Hier ist *jeder einzelne Weltbürger* gegenüber *jedem anderen Weltbürger* zur Einhaltung der Menschenrechte verpflichtet (vgl. Singer 2002). Im Rahmen jüngster Debatten um Fragen globaler Gerechtigkeit (vgl. z.B. Pogge 2004) zeichnet sich inzwischen eine viel versprechende dritte Position ab: Globalisten gehen davon aus, dass sich in völkerrechtlichen Vereinbarungen zwar weiterhin primär einzelne Staaten verpflichten, doch sie verpflichten sich dabei keineswegs nur anderen Staaten, sondern *allen einzelnen Weltbürgern* gegenüber. Kurz: Die Menschenrechte sollen subjektive Ansprüche an jeden einzelnen Staat dieser Welt und mithin an die Staatengemeinschaft benennen (vgl. Beitz 1998; Pogge 1998).

Die weltpolitischen Konsequenzen dieser globalistischen Sicht, aus der sich »Weltbürgerrechte« im Sinne Kants (1795) ergeben, lassen sich auf zwei Hauptalternativen bringen (vgl. Menke/Pollmann 2007, Kap. 8): die Etablierung eines – institutionell sehr unterschiedlich gefassten – Weltstaats oder aber ein massiver globaler Demokratisierungsprozess. Was die erste Alternative angeht, konkurrieren derzeit moderate Vorschläge zur Reform der Vereinten Nationen mit überaus weitreichenden Modellen einer »föderalen, subsidiären Weltrepublik« (Höffe 2002) oder Vorschlägen für eine regional gestufte »Konstitutionalisierung des Völkerrechts« (Habermas 2004). Aus Sicht der zweiten Alternative würde die weltweite Durchsetzung der Menschenrechte zunächst eine weltweite Demokratisierung bestehender Einzelstaaten voraussetzen: Als *demokratische* Weltbürgerrechte sollen sich die Menschenrechte nur dann realisieren lassen, wenn jeder Weltbürger auch tatsächlich das Recht eingeräumt bekommt, Mitglied einer je besonderen, sich demokratisch selbst regierenden Gemeinschaft zu sein (vgl. Arendt 1951; Balibar 2004).

4.

Alexy, R., 1998, Die Institutionalisierung der Menschenrechte im demokratischen Verfassungsstaat, in: S. Gosepath/G. Lohmann (Hg.), Philosophie der Menschenrechte, Frankfurt/M.: Suhrkamp.

Alexy, R. 2004, Menschenrechte ohne Metaphysik?, in: Deutsche Zeitschrift für Philosophie 52.

Arendt, H., 1951, Elemente und Ursprünge totaler Herrschaft, München: Piper 1995.

Balibar, É., 2004, Is a Philosophy of Human Civic Rights Possible?, in: South Atlantic Quaterly 103.

Beestermöller, G./Brunkhorst, H. (Hg.), 2006, Die Rückkehr der Folter, München: Beck.

Beitz, C., 1999, Political Theory and International Relations, Princeton: Princeton University Press.

Bentham, J., 1792, Anarchical Fallacies, in: The Works of Jeremy Bentham, Bd. 2, Edinburgh: Tait 1843.

Bielefeldt, H., 1998, Philosophie der Menschenrechte, Darmstadt: WBG.

Bloch, E., 1961, Naturrecht und menschliche Würde, Frankfurt/M.: Suhrkamp.

Bobbio, N., 2000, Das Zeitalter der Menschenrechte, Frankfurt/M.: Gutenberg.

Böckenförde, E.-W., 1998, Ist Demokratie eine notwendige Forderung der Menschenrechte?, in: S. Gosepath/G. Lohmann (Hg.), Philosophie der Menschenrechte, Frankfurt/M.: Suhrkamp.

Brunkhorst, H./Köhler, W./Lutz-Bachmann, M. (Hg.), 1999, Recht auf Menschenrechte, Frankfurt/M.: Suhrkamp.

Burke, E., 1790, Betrachtungen über die Französische Revolution, Frankfurt/M.: Suhrkamp 1967.

Cumaraswamy, D. P., 1997, The Universal Declaration of Human Rights. Is it Universal?, in: Human Rights Law Journal 18.

Damschen, G./Schönecker, D. (Hg.), 2003, Der moralische Status menschlicher Embryonen, Berlin: de Gruyter.

Forst, R., 1999, Das grundlegende Recht auf Rechtfertigung, in: ders., Das Recht auf Rechtfertigung, Frankfurt/M.: Suhrkamp 2007.

Gosepath, S., 2004, Gleiche Gerechtigkeit, Frankfurt/M.: Suhrkamp.

Gosepath, S./Lohmann, G. (Hg.), 1998, Philosophie der Menschenrechte, Frankfurt/M.: Suhrkamp.

Gouges, O. de, 1791, Die Rechte der Frau, Bern: Stämpfli 1999.

Habermas, J., 1992, Faktizität und Geltung. Beiträge zur Diskurstheorie des Rechts und des demokratischen Rechtsstaats, Frankfurt/M.: Suhrkamp.

Habermas, J., 1999, Zur Legitimation durch Menschenrechte, in: H. Brunkhorst/P. Niesen (Hg.), Das Recht der Republik, Frankfurt/M.: Suhrkamp.

Habermas, J., 2004, Hat die Konstitutionalisierung des Völkerrechts noch eine Chance?, in: ders., Der gespaltene Westen, Frankfurt/M.: Suhrkamp.

Hegel, G. W. F., 1821, Grundlinien der Philosophie des Rechts, Frankfurt/M.: Suhrkamp 1976.

Höffe, O., 1998, Transzendentaler Tausch. Eine Legitimationsfigur für Menschenrechte?, in: S. Gosepath/G. Lohmann (Hg.), Philosophie der Menschenrechte, Frankfurt/M.: Suhrkamp.

Höffe, O., 2002, Demokratie im Zeitalter der Globalisierung, München: Beck.

Kant, I., 1786, Grundlegung zur Metaphysik der Sitten, Frankfurt/M.: Suhrkamp 1977.

Kant, I., 1795, Zum ewigen Frieden, in: Werkausgabe, Bd. 11, Frankfurt/M.: Suhrkamp 1977.

Kaufmann, M., 1996, Rechtsphilosophie, Freiburg: Alber.

Klein, E., 1997, Menschenrechte, Baden-Baden: Nomos.

Lohmann, G., 1998, Menschenrechte zwischen Moral und Recht, in: S. Gosepath/G. Lohmann (Hg.), Philosophie der Menschenrechte, Frankfurt/M.: Suhrkamp.

Lohmann, G., 2000, Die unterschiedlichen Menschenrechte, in: K. P. Fritzsche/G. Lohmann

(Hg.), Menschenrechte zwischen Anspruch und Wirklichkeit, Würzburg: Ergon.
Lohmann, G., 2007, Universalismus und Relativismus der Menschenrechte, in: T. Düllo/J. Standke (Hg.), Culture – Discourse – History, Berlin: Logos.
Lohmann, G./Gosepath, S./Pollmann, A. u.a., 2005, Die Menschenrechte – Unteilbar und gleichgewichtig?, Potsdam: Universitätsverlag.
Marshall, T. H., 1949, Bürgerrechte und soziale Klassen, Frankfurt/M.: Campus 1992.
Marx, K., 1844, Zur Judenfrage, in: MEW, Bd. 1, Berlin: Dietz 1977.
Menke, C./Pollmann, A., 2007, Philosophie der Menschenrechte zur Einführung, Hamburg: Junius.
Nussbaum, M., 1999, Gerechtigkeit oder Das gute Leben, Frankfurt/M.: Suhrkamp.
Pagden, A., 2003, Human Rights, Natural Rights and Europe's Imperial Legacy, in: Political Theory 31.
Pogge, T., 1998, Menschenrechte als moralische Ansprüche an globale Institutionen, in: S. Gosepath/G. Lohmann (Hg.), Philosophie der Menschenrechte, Frankfurt/M.: Suhrkamp.
Pogge, T. (Hg.), 2004, Global Justice, Oxford: Blackwell.
Rawls, J., 1999, Das Recht der Völker, Berlin: de Gruyter 2002.
Riedel, E., 1989, Menschenrechte der dritten Dimension, in: Europäische Grundrechte-Zeitschrift 16.
Robertson, G., 1999, Crimes Against Humanity, London: Penguin 2006.
Rorty, R., 1993, Menschenrechte, Rationalität und Gefühl, in: S. Shute/S. Hurley (Hg.), Die Idee der Menschenrechte, Frankfurt/M.: Fischer 1996.
Schmidt, H. (Hg.), 1998, Allgemeine Erklärung der Menschenpflichten, München: Piper.
Singer, P., 2002, One World, New Haven: Yale University Press.
Spaemann, R., 1987, Über den Begriff der Menschenwürde, in: ders./E.-W. Böckenförde (Hg.), Menschenrechte und Menschenwürde, Stuttgart: Klett-Cotta.
Tugendhat, E., 1993, Vorlesungen über Ethik, Frankfurt/M.: Suhrkamp.
Vlastos, G., 1962, Justice and Equality, in: R. Brandt (Hg.), Social Justice, Englewood Cliffs: Prentice Hall.
Walzer, M., 1994, Lokale Kritik – globale Standards, Hamburg: Rotbuch 1996.

Georg Lohmann/Arnd Pollmann

Merleau-Ponty, Maurice (1908–1961)

1.

Maurice Merleau-Ponty lehrte Philosophie in Lyon, dann Kinderpsychologie an der Sorbonne, bevor er 1952 an das Collège de France berufen wurde. Nach Kriegsende gründete er mit Sartre die Zeitschrift »Les Temps Modernes«, die er bis zum politischen Zerwürfnis von 1952 mit herausgab. Die philosophischen Hauptwerke sind seine beiden Thesen *Die Struktur des Verhaltens* (1942) und *Phänomenologie der Wahrnehmung* (1945), mit denen er der Phänomenologie in Frankreich zum Durchbruch verhalf, sowie das postum als Fragment erschienene Werk *Das Sichtbare und das Unsichtbare* (1964). Hinzu kommen kleinere Schriften zur Philosophie der politischen Praxis: *Humanismus und Terror* (1947) und *Die Abenteuer der Dialektik* (1955), zwei gewichtige Essay-Sammlungen: *Sinn und Nicht-Sinn* (1948) und *Signes* (1960), in denen die Zeitdebatten starke Spuren hinterlassen haben, und forschungsintensive Vorlesungstexte, wie *Keime der Vernunft* (1988) und *Die Natur* (1995).

2.

In Merleau-Pontys Schaffen lassen sich drei Phasen unterscheiden. In der Gründungsphase werden Husserls transzendentale Bewusstseinsphänomenologie und Heideggers Daseinsanalyse umgeformt in eine *existenziale* Phänomenologie, die in der leiblichen Existenz gründet. Das leibliche Verhalten eröffnet eine konkrete Vermittlungssphäre, die durch ständige Rückgriffe auf Gestalttheorie, Psychopathologie, medizinische Anthropologie, Verhaltensforschung und Psychoanalyse angereichert wird. Es folgt eine Übergangsphase, die eine *strukturale* Form der Phänomenologie entstehen lässt. Mit der Rezeption der strukturalen Linguistik von F. de Saussure und der strukturalen Anthropologie von

C. Lévi-Strauss erhalten anonyme Strukturprozesse ein stärkeres Gewicht. Dies wirkt sich auch in der politischen Orientierung aus; der marxistische Attentismus, der noch mit einer revolutionären Totallösung rechnet, weicht der Annahme differenzieller Geschichtsräume, die nur relative Fortschritte zulassen. In der Spätphase geht die Phänomenologie in eine neuartige *Ontologie* über.

3.

3.1. Leitmotiv dieses Denkens ist und bleibt der *Leib*; er eröffnet eine dritte Dimension zwischen Geist und Natur, zwischen Prinzipien und Tatsachen. Daraus resultiert eine facettenreiche Theorie des Handelns. Dieses hat eine störungsanfällige senso-motorische Infrastruktur. Es antwortet auf aktuelle Herausforderungen und habitualisiert sich im Erwerb leiblicher Fertigkeiten. Die inkarnierte Freiheit verankert uns in einer zugleich kulturellen und natürlichen Welt. Offenheit der Situationen und Polymorphie leiblicher Vorprägungen bewirken, dass es Sinn gibt, aber niemals *den* Sinn. Dies schließt jeden Determinismus ebenso aus wie den Voluntarismus eines Sartre.

3.2. Die Leiblichkeit erweitert sich zu einer *Zwischenleiblichkeit*. Eigenes und fremdes Verhalten verflechten sich, bevor wir einander frontal gegenübertreten. Es gibt einen frühkindlichen Synkretismus, der in der Sozialität des Erwachsenen fortdauert. Niemand wird jemals zu einem absoluten Individuum, da die Individuation von Geburt an in einer anonymen Vorgeschichte wurzelt. Anders als bei Heidegger ist die Anonymität des Man in sich selbst frei von Uneigentlichkeit. Sinnstiftungen im Sinne Husserls schaffen den Boden für Institutionen und Symbolfelder, in denen sich der Sinn verdichtet. Strukturen werden von uns praktiziert, dennoch gilt, dass sie uns durchformen.

3.3. Die Offenheit der Situation gibt Raum für eine *Kreativität*, die im künstlerischen Schaffen, in der kindlichen Phantasie wie auch in der Politik am Werk ist. Das Paradox des Ausdrucks liegt darin, dass er *zur Sprache bringt*, was weder innerhalb noch außerhalb jeder Sprache fertig da liegt. Neues artikuliert sich in einer »kohärenten Verformung«, die bestehende Formationen verwandelt und von deren Regelungen abweicht. Innovationen unterlaufen jeden Konsens.

3.4. In der späten Ontologie werden diese Gedanken radikalisiert. Etwas ist nur, was es ist, indem es sich von anderem abhebt. Falte und Höhlung, Nähe und Ferne ersetzen den schroffen Gegensatz von Sein und Nichts. Der textuelle Charakter der Vermittlungssphäre wird nun als *Fleisch* bezeichnet. Eigenes und Fremdes greifen in Form von *Chiasmus* oder *Chiasma* ineinander. So wie ich selbst sehend und hörend auf mich bezogen bin und mich mir in Spiegel und Echo zugleich entziehe, so erscheint der Andere als mein Doppelgänger: Ich finde mich im Anderen und den Anderen in mir, ohne dass der Spalt zwischen uns sich schließt. Die Unsichtbarkeit steht für eine Abwesenheit, die wie der blinde Fleck zum Sichtbaren gehört.

4.

Merleau-Ponty, M., 1942, Die Struktur des Verhaltens, Berlin: de Gruyter 1976.
Merleau-Ponty, M., 1945, Phänomenologie der Wahrnehmung, Berlin: de Gruyter 1966.
Merleau-Ponty, M., 1947, Humanismus und Terror, Frankfurt/M.: Suhrkamp 1966.
Merleau-Ponty, M., 1948, Sinn und Nicht-Sinn, München: Fink 2000.
Merleau-Ponty, M., 1955, Die Abenteuer der Dialektik, Frankfurt/M.: Suhrkamp 1968.
Merleau-Ponty, M., 1960, Signes, Paris: Gallimard.
Merleau-Ponty, M., 1964, Das Sichtbare und das Unsichtbare, München: Fink 1986.
Merleau-Ponty, M., 1969, Die Prosa der Welt, München: Fink 1984.
Merleau-Ponty, M., 1974, Vorlesungen I, Berlin: de Gruyter.
Merleau-Ponty, M., 1988, Keime der Vernunft, München: Fink 1994.
Merleau-Ponty, M., 1995, Die Natur, München: Fink 2000.
Merleau-Ponty, M., 2003, Das Auge und der Geist, Hamburg: Meiner.

Merleau-Ponty, M., 2003, L'institution – la passivité, Paris: Belin.

Bermes, C., 1998, Merleau-Ponty zur Einführung, Hamburg: Junius 2004.
Giuliani, R. (Hg.), 2000, Merleau-Ponty und die Kulturwissenschaften, München: Fink.
Métraux, A./Waldenfels, B. (Hg.), 1986, Leibhaftige Vernunft, München: Fink.
Waldenfels, B., 1983, Phänomenologie in Frankreich, Frankfurt/M.: Suhrkamp 1998.

Bernhard Waldenfels

Metaphern, politische

1.

Im Alltag wie in der Philosophie ist das politische Schrifttum überaus metaphernreich. Einige Metaphern sind geradezu grundlegend für die politische Sprache geworden. So spricht man etwa über das politische Gemeinwesen in Anlehnung an mechanisch-technische und biologisch-medizinische Sprache als »Staatsschiff« oder als »body politic«. Politisch Handelnde können dementsprechend als »Lenker« oder »Lotsen« und Probleme mit der politischen Ordnung als »Stürme« oder »Pathologien« bezeichnet werden – wobei nicht vergessen werden sollte, dass auch das Wort »Krise« seinen Ursprung in der Medizin hat. Der Umfang metaphorischer Rede in der politischen Philosophie und Praxis wird oft unterschätzt.

In Übereinstimmung mit dem griechischen Ursprung des Wortes bezeichnet »Metapher« allgemein den Vorgang einer sprachlichen Übertragung, ohne dass bereits bestimmt würde, woher und wohin übertragen wird. Ins Lateinische wurde Metapher zunächst mit »translatio« übersetzt, also einem Begriff, der für Übertragungen von einer Sprache in eine andere verwendet werden kann, in dem also kein prinzipieller Unterschied zwischen dem Ort, woher, und dem Ort, wohin übertragen wird, gemacht wird. Dennoch herrscht im Gebrauch des Wortes weitgehend die Auffassung vor, dass mittels einer Metapher ein Gegenstand (im weitesten Sinne) mit einem für ihn fremden Wort bezeichnet wird. Die o.g. Beispiele verdeutlichen dies: Es lässt sich der Gegenstandsbereich benennen, aus dem die Wörter stammen und von dem sie in den Gegenstandsbereich des Politischen übertragen werden.

Philosophiegeschichtlich trägt sich der Metaphernbegriff damit in die Diskussion über das Verhältnis der Realität zu deren Repräsentation ein, die davon gekennzeichnet ist, dass der Wahrheitsanspruch der Philosophie mit der Suche nach dem jeweils einzigen richtigen Begriff für einen Gegenstand verbunden wurde. Von einer metaphorischen Beschreibung zu sprechen, bedeutete daher meist, den Wahrheitsgehalt dieser Beschreibung in Frage zu stellen. »Metapher« wurde oft dem »Begriff« gegenübergestellt und mit dem Poetischen, dem Literarischen oder der Einbildungskraft in Verbindung gebracht, die alle von dem Philosophischen als dem nach Wahrheit Strebenden zu trennen seien. In dieser Auffassung ist metaphorische Rede uneigentliche Rede: ein Staat ist weder ein Schiff noch ein Körper.

2.

2.1. Auf diese philosophiegeschichtliche Diskussion kann hier im Einzelnen nicht eingegangen werden. Es sei nur herausgestellt, dass die Skepsis gegenüber oder gar die Ablehnung von metaphorischen Ausdrücken in der Philosophie im Allgemeinen mit einer ähnlichen Haltung in der politischen Philosophie im Besonderen einhergeht. Von Platons Warnung im zehnten Buch der *Politeia*, den Dichtern zu große Gehör zu verschaffen, bis zu Hobbes' im *Leviathan* geäußerter Auffassung, dass man sich in Wörtern verfangen kann wie ein Vogel auf Leimruten (vgl. Hobbes 1651, IV; vgl. aber Skinner 1996; Bredekamp 2003), ist in vielen grundlegenden Schriften der politischen Philosophie vom

Gebrauch metaphorischer Rede abgeraten worden. Über erkenntnistheoretisch oder ontologisch begründete Bedenken hinaus wird dabei gelegentlich eine spezifisch politikphilosophische Motivation deutlich: Politisches Handeln ist folgenreich, und die Folgen reichen weit über den Handelnden hinaus und beziehen das eigene sowie möglicherweise auch fremde Gemeinwesen mit ein. Daher müssen sich politisch Handelnde besonders um eine sichere Einschätzung der Realität bemühen und dürfen sich nicht von sprachlichen Ausdrucksformen beeinflussen lassen, die evokatorische Kraft haben, diese aber um den Preis eines gelockerten Realitätsbezugs gewinnen. Diese Denkweise liegt insbesondere rationalistischen politischen Theorien – von Hobbes bis zu Rawls – zugrunde, die sich um eine Form politischer Begründung bemühen, die in für jedes vernunftbegabte Wesen einsehbarer Weise anderen Theorien überlegen ist. Eine solche Bestrebung kann metaphorische Rede nicht akzeptieren, da die Erlaubnis zur Anleihe aus anderen Sprachen unmittelbar mit der Möglichkeit einer Pluralität von politischen Begründungen einhergeht, zwischen denen nicht mehr in eindeutiger Weise abgewogen werden kann. Die interpretative Offenheit, die durch Metaphern geschaffen wird, führt zu einer Unbestimmtheit des politischen Urteils, die in dieser Sicht nicht akzeptabel ist.

2.2. Trotz der Vorherrschaft dieses Denkens war die metaphernskeptische Position weder in der Philosophie allgemein noch in der politischen Philosophie je unumstritten. Aristoteles äußerte in der *Rhetorik* die Vermutung, dass Metaphern am besten dazu geeignet sein könnten, neue Ideen auszudrücken. Mit Vico, Rousseau und Herder fanden vom späten 17. bis zum frühen 19. Jahrhundert expressive Auffassungen von Sprache ihren Einzug in die Philosophie. In direkter Herausforderung der rationalistischen Theorien des Politischen, die in der Folge der Aufklärung entwickelt worden waren, entstanden aus der Romantik neue Begründungsformen des Politischen, insbesondere kulturell-sprachliche Begründungen des modernen politischen Gemeinwesens. Keinesfalls im Gegensatz zur Aufklärung jedoch, sondern eher komplementär wurde hier versucht zu bestimmen, welche Gruppen von Menschen sich in kollektiver Selbstbestimmung eine politische Ordnung geben und diese erhalten können und sollen. Nachdem diese Auffassung im Zuge des 19. Jahrhunderts zu einem Nationalismus transformiert wurde, der kulturell-sprachliche Gemeinsamkeit als Gegebenheit ansah, also die romantische Betonung von Schöpfer- und Einbildungskraft zugunsten einer politisch-ontologischen Festschreibung aufgab, sollte Nietzsche am Ausgang jenes Jahrhunderts Wahrheit als »ein bewegliches Heer von Metaphern« (Nietzsche 1873, 374) beschreiben, die nach »langem Gebrauche« unbefragbar geworden sind und als verbindlich erscheinen. In dieser Passage, die meist als Zeichen eines radikalen erkenntnistheoretischen Relativismus oder zumindest Konventionalismus gelesen wird, haben die Gleichsetzung des Metaphernheeres mit einer »Summe von menschlichen Relationen« und der Bezug auf das »Volk«, dem diese Metaphern Wahrheiten sind, wenig Beachtung gefunden. Durch diese Bezüge aber wird der metaphorische Gebrauch der Sprache (wieder) konstitutiv für das Soziale ebenso wie für das Politische (vgl. Lambourn 2001). Während in der zweiten Hälfte des 20. Jahrhunderts – und das heißt v.a.: nach der Totalitarismuserfahrung – zunächst metaphernskeptisches Denken wieder an Einfluss gewinnt, sind die letzten beiden Jahrzehnte jenes Jahrhunderts von einem Wiederaufleben der Metapherndiskussion geprägt – generell im Zeichen des sog. linguistic turn; und in Deutschland v.a. durch die spezifisch »metaphorologische« Perspektive Blumenbergs (1960; 1981). In diesen Ansätzen wird nunmehr häufig die wissenskonstitutive Leistung von Metaphern betont; insbesondere wird versucht zu zeigen, dass auch die Metaphern ablehnende politische Philosophie metaphernabhängig ist. Damit verschiebt sich das Interesse von der Frage nach der generellen Zulässigkeit von Metaphern auf die Bestimmung der spezifischen Wirkung und Leistung von Metaphern in der politischen Philosophie.

3.

Das Aufleben der Diskussion über Metaphern in der politischen Philosophie im 18. Jahrhundert und erneut am Ende des 20. Jahrhunderts legt es nahe, einen Zusammenhang zwischen der politischen Konstitution der Moderne im Zeichen der kollektiven Selbstbestimmung und dem Gebrauch politischer Metaphern zu sehen, markieren diese Perioden doch den Anbruch der »demokratischen Revolution« und einen Umbruch der Demokratie im Zeichen des sog. Niedergangs des Nationalstaats. Auch Nietzsches Intuition über Wahrheit und Metapher verortet sich im Kontext einer grundlegenden »Transformation der Demokratie« in der beginnenden Massengesellschaft.

Zurückgehend auf die Einsicht der Romantik, dass es nicht zuletzt Sprache ist, was die Mitglieder eines politischen Gemeinwesens miteinander verbindet, und diese erweiternd, lässt sich sagen, dass politische Metaphern v.a. dazu gebraucht werden, die Gestalt des politischen Gemeinwesens (»polity«) zu verdeutlichen und zu signalisieren, wie es den Herausforderungen, auf die es trifft, gerecht werden kann. Dieses Gemeinwesen ist als solches weder sicht- noch greifbar. Es besteht aus einer – heute meist großen – Zahl von Menschen, von denen die meisten untereinander nie in direkten Kontakt treten, die aber unter den Bedingungen politischer Moderne dennoch ihre gemeinsamen Angelegenheiten in kollektiver Selbstbestimmung regeln müssen. Dies ist die Problematik der politischen Moderne; und politische Metaphern der Neuzeit versuchen, darauf eine Antwort zu geben. Verschiedene Aspekte lassen sich unterscheiden.

3.1. Zunächst muss das Zustandekommen eines modernen Gemeinwesens selbst begreifbar gemacht werden. Die hierfür in der modernen politischen Philosophie vorherrschende Metapher ist diejenige des Vertrags (vgl. La Caze 2002, Kap. 4–5). Der Gedanke des Sozialvertrags und die mit ihm verbundene Bildlichkeit – bis hin zum »Schleier des Nichtwissens« bei Rawls (1971, 159ff.) – sind heute weitgehend als Begriffe politischer Theorie akzeptiert, wiewohl sie doch Ereignisse und Situationen beschreiben, die als solche nie stattfinden.

3.2. Nicht zuletzt in Antwort auf die Ausdrucksarmut des Bilds vom Vertrag bleiben auch unter Bedingungen politischer Moderne Metaphern der »polity« in Gebrauch, die spezifische Aussagen über die Art der sozialen Bindung an den anderen Menschen im Gemeinwesen im Hinblick auf die Anforderungen an die kollektive Selbstbestimmung und deren Reichweite in der Regulierung des Lebens treffen. In diesem Sinne suggeriert das Bild vom Körper wie andere Organmetaphern einen engen und nicht-selbstbestimmbaren Zusammenhang in der »polity«. Das Bild vom Schiff hingegen legt eine Arbeitsteilung nahe, die zwar funktionale Hierarchien vorsieht, aber vereinbar und veränderbar ist. In den neueren Diskussionen um die europäische Integration findet sich das Bild vom »europäischen Haus«, das zum einen festhält, dass ein Konstruktionsvorgang vonnöten ist, zum anderen aber auch nahe legt, dass die Bindung zwischen den Mitgliedern eher »nachbarschaftlich« ist, also weniger gemeinsame Regelung erfordert als das Zusammenwirken auf einem Schiff oder gar in einem Organismus.

3.3. Politische Metaphern werden weiterhin dafür gebraucht, die Bewegung und Veränderung eines Gemeinwesens in der Zeit zu erfassen. Auch die Tendenz zu prozeduralem Argumentieren in der politischen Theorie hat die Fragen nach der Herkunft einer politischen Ordnung in einer Vergangenheit, in der Anleitungen zum Handeln in der Gegenwart gesucht werden, und nach den Herausforderungen, die eine unbekannte, aber vielleicht nicht völlig unbestimmte Zukunft bringen kann, nicht abweisen können (vgl. Wagner 2001, Kap. 4–5). Fragen nach Zeit werden in der politischen Philosophie meist in räumliche Metaphern übertragen (vgl. Koselleck 1979). Die historisch bekannteste derartige Metapher ist die der Revolution, entlehnt aus der Astronomie und erheblichem Interpretationswandel unterworfen (vgl. Lasky 1976).

3.4. Schließlich steht politisches Denken oft vor der Anforderung, die gegenwärtige Lage eines Gemeinwesens kennzeichnen zu sollen, insbesondere in Situationen, die als problematisch angesehen werden. An die Organismusmetapher angelehnt, werden zu diesem Zweck bevorzugt medizinisch-biologische Bilder von Krankheiten und deren Verläufen verwendet. An die Fahrzeugmetapher angelehnt, die ja auch Bewegung in der Zeit in den Raum überträgt, wird hier auch von Bildern von Wetterlagen (»stürmische See«) und Unfällen (»Schiffbruch«) Gebrauch gemacht.

4.

Blumenberg, H., 1981, Schiffbruch mit Zuschauer. Paradigma einer Daseinsmetapher, Frankfurt/M.: Suhrkamp.
Blumenberg, H., 1960, Paradigmen zu einer Metaphorologie, Frankfurt/M.: Suhrkamp 1998.
Bredekamp, H., 2006, Der Leviathan. Das Urbild des modernen Staates und seine Gegenbilder, Berlin: Akademie.
Euchner, W./Rigotti, F./Schiera, P. (Hg.), 1993, Die Macht der Vorstellungen, Berlin: Duncker & Humblot.
Hobbes, T., 1651, Leviathan, Frankfurt/M.: Suhrkamp 2002.
Koselleck, R., 1979, Vergangene Zukunft, Frankfurt/M.: Suhrkamp.
La Caze, M., 2002, The Analytic Imaginary, Ithaca: Cornell University Press.
Lambourn, D., 2001, Metaphor in Social Thought, Universität Warwick: Diss.
Lasky, M. J., 1976, Utopia and Revolution, London: Macmillan.
Münkler, H., 1994, Politische Bilder, Politik der Metapher, Frankfurt/M.: Fischer.
Nietzsche, F., 1873, über Wahrheit und Lüge im außermoralischen Sinn, in: ders., Kritische Gesamtausgabe, Bd. III, 2, Berlin: de Gruyter 1973.
Rawls, J., 1971, Eine Theorie der Gerechtigkeit, Frankfurt/M.: Suhrkamp 1998.
Rigotti, F., 1989, Metafore della politica, Bologna: Il Mulino.
Skinner, Q., 1996, Reason and Rhetoric in the Philosophy of Hobbes, Cambridge: Cambridge University Press.
Wagner, P., 2001, Theorizing modernity, London: Sage.
White, H., 1973, Metahistory, Frankfurt/M.: Fischer 1991.

Peter Wagner

Migration

1.
Unter menschlicher Migration versteht man aktive geographische Mobilität, die zu relativ dauerhafter Anwesenheit oder sozialen Bindungen am Zielort führt. Nomadische Lebensweisen oder Tourismus werden im Allgemeinen nicht als Migration aufgefasst. Migration kann erzwungen oder freiwillig sein, sie wird jedoch stets als Handlung der wandernden Personen verstanden. Im Gegensatz zur aktiven Flucht sind Verschleppungen wie jene afrikanischer Sklaven nach Nordamerika oder Umsiedlungen im Gefolge ethnischer Säuberungen nicht als »Migration« zu bezeichnen.

2.
Die philosophische Betrachtung von Migration bezieht sich nicht auf den rein räumlichen Aspekt des Ortswechsels, sondern auf das damit verbundene Überschreiten von kulturellen oder politischen Grenzen. Dieser Aspekt steht auch in der demographischen oder völkerrechtlichen Auffassung des Begriffs im Vordergrund. Staatliche Grenzen markieren den Unterschied zwischen internationaler Migration und Binnenmigration. In der Weltbevölkerungsstatistik werden als internationale Migranten jene Personen gezählt, die sich länger als ein Jahr außerhalb ihres Geburtslandes aufhalten. Das Völkerrecht unterscheidet intern Vertriebene von Flüchtlingen. Als Flüchtling definiert die Genfer

Flüchtlingskonvention von 1951 jede Person, die sich aus der begründeten Furcht vor Verfolgung wegen ihrer Rasse, Religion, Nationalität, Zugehörigkeit zu einer bestimmten sozialen Gruppe oder wegen ihrer politischen Überzeugung außerhalb des Landes befindet, dessen Staatsangehörigkeit sie besitzt, und den Schutz dieses Landes nicht in Anspruch nehmen kann oder wegen dieser Befürchtungen nicht in Anspruch nehmen will.

Migration ist kein philosophischer Begriff, sondern ein soziales Phänomen. Dieses wirft jedoch zahlreiche Fragen über die menschliche Natur auf, über die Bedeutung kultureller und politischer Gemeinschaften für Wohlergehen, Identität und Autonomie von Individuen und über deren partikulare oder universelle Rechte und Pflichten. In der Geschichte der politischen Philosophie stand die Frage nach dem Recht auf Auswanderung und seinem Zusammenhang mit politischen Loyalitätspflichten im Vordergrund, in der Gegenwart ist es die Kontroverse über Einwanderungsrechte und korrespondierende staatliche Pflichten, Fremde aufzunehmen, einzubürgern und sie als kulturelle Minderheiten anzuerkennen.

Migration ist nicht nur ein Aspekt der conditio humana, sondern in gewisser Weise auch konstitutiv für die menschliche Natur. Die Fähigkeit zur kulturellen Anpassung an neue Umwelten war Voraussetzung für die weltweite Ausbreitung des homo sapiens. Migration in den altsteinzeitlichen Jäger- und Sammlergesellschaften war noch primär als Erschließung unbewohnter Gebiete motiviert. In der späteren Geschichte der Menschheit bilden jedoch Unterschiede der technologischen Entwicklung zwischen Gesellschaften den wichtigsten Anreiz für Wanderung, sei es in Form der Invasion eines bereits bewohnten Gebietes oder der Assimilation von Zuwanderern in eine sesshafte Bevölkerung (vgl. Davis 1974).

3.

3.1. Von Platon bis John Locke dient das Recht auf Emigration als Begründung dafür, dass sich die Bürger einer Republik freiwillig deren Gesetzen unterwerfen und daher verpflichtet sind, diese einzuhalten. Nachdem Sokrates zum Tode verurteilt wurde, versucht ihn sein Schüler Kriton im gleichnamigen Dialog zur Flucht zu überreden. Sokrates lehnt dieses Ansinnen ab. Die Athener Gesetze hätten ihm freigestellt, die Stadt mit all seinem Eigentum zu verlassen, wäre er mit ihnen nicht einverstanden gewesen. Durch sein Bleiben sei er zum absoluten Gehorsam verpflichtet. Gegen ein ungerechtes Urteil könne er lediglich an seine Mitbürger appellieren, entzöge er sich jedoch der Strafe durch Flucht, so würde er anderswo als Feind guter Verfassungen empfangen.

Gerade Thomas Hobbes, der wichtigste Theoretiker absoluter staatlicher Souveränität, sieht jedoch in der individuellen Selbsterhaltung die Grenze für politische Pflichten. Die Bürger unterwerfen sich dem Leviathan, um dem Naturzustand zu entkommen, in welchem sie permanent an Leib und Leben gefährdet sind. Kein Staat kann einen Bürger zwingen, sich wie Sokrates selbst zu töten (vgl. Hobbes 1651, Kap. 21). Wenn der Staat einem Bürger nach dem Leben trachtet, so ist dieser nicht zum Bleiben verpflichtet. Der Souverän ist andererseits ermächtigt, die Flucht von Untertanen zu vereiteln. Die Autorität des Staates ist für Hobbes territorial begrenzt. Emigranten sind den Gesetzen des Landes unterworfen, in dem sie sich aufhalten. Wer jedoch mit Erlaubnis oder im Auftrag des Souveräns in das Hoheitsgebiet eines anderen Staates reist, bleibt dem Ersteren Gehorsam schuldig. Auch zwischenstaatliche Abkommen können Fremde an den Herkunftsstaat binden (ebd.). Freundschaftliche internationale Beziehungen machen Fremde so zu Untertanen zweier Staaten.

Die liberale politische Philosophie der Gegenwart betrachtet Auswanderung jedenfalls als wesentliches Freiheitsrecht und Bedingung für die Legitimität staatlicher Regierungsgewalt. Die Einschränkung dieses Rechts ist ein untrügliches Kennzeichen autoritärer oder totalitärer Herrschaft (vgl. Dowty 1987). Dieses Recht impliziert auch keine absoluten Gehorsamspflichten für jene, die bleiben, sondern ergänzt und sichert die interne Meinungs- und Vereinigungsfreiheit sowie die politischen Mitwirkungsrechte. Wie Albert Hirschman (1970) gezeigt hat, sind Abwanderung und Widerspruch alternative Mechanismen zur Selbstkorrektur und Verhinderung von Leistungsabfall in Organisationen. Liberale Demokratien zeichnen sich dadurch aus, dass sie beide als komplementäre Grundrechte auffassen.

3.2. Wir kennen zwei Arten der Einwanderung, die unterschiedlich zu bewerten sind: einerseits die Expansion eines bestehenden oder Gründung eines neuen politischen Gemeinwesens durch Besiedlung eines externen Territoriums und andererseits Immigration, die zur Eingliederung in die aufnehmende Gesellschaft führt. Erstere verletzt offenkundig elementare Selbstbestimmungsrechte der einheimischen Bevölkerung. In der Geschichte des europäischen Siedler-Kolonialismus finden sich zwei konträre Rechtfertigungen: erstens jene durch Verträge mit den Urbevölkerungen und zweitens die Behauptung, dass das Territorium der Kolonien terra nullius, herrenloses Land, sei.

Hobbes verteidigte die Auswanderung Notleidender in wenig bevölkerte Länder, in denen sie den Einheimischen jedoch nur so viel Land nehmen dürfen, wie sie für ihren Unterhalt benötigen (vgl. Hobbes 1651, Kap. 30). John Locke ging in seiner Rechtfertigung kolonialer Landnahme viel weiter. Demnach erwerben Menschen im Naturzustand rechtmäßig Eigentum, wenn sie ihre Arbeit mit den Rohstoffen und Früchten der Natur vermischen und dabei genug für andere übrig lassen (vgl. Locke 1689, II, Kap. 5). Da die europäischen Siedler das Land produktiver nutzten als die indigene Bevölkerung Amerikas, sei ihr Anspruch legitim. Diese und spätere Legitimationen des Kolonialismus als zivilisatorische Mission zum Besten der Eingeborenen sind heute nur mehr von ideengeschichtlichem Interesse.

Andererseits können sich jedoch Aufnahmeforderungen darauf stützen, dass die ausschließliche Verfügung von Staaten über ihr jeweiliges Territorium und seine natürlichen Ressourcen moralisch schwer begründbar scheint. Die Kontrolle über Territorium öffne daher den Staat für Ansprüche Not leidender Fremder (vgl. Walzer 1983, Kap. 2). Der Wunsch nach Bewahrung kultureller Homogenität ist in dieser Sicht kein hinreichender Grund, Flüchtlingen den Zutritt zu einem Territorium zu verweigern, in dem sie Schutz finden können.

3.3. Verfechter offener Grenzen argumentieren gelegentlich, dass Auswanderungs- und Einwanderungsrechte symmetrisch sind. Man kann nicht auswandern, ohne anderswo einzuwandern (vgl. Dummett 1992). Wenn es ein allgemeines Menschenrecht auf freie Auswanderung gibt, muss es dann auch korrespondierende Einwanderungsrechte in anderen Staaten geben? Die Frage ist nur, welche anderen Staaten denn zur Aufnahme verpflichtet sind: alle, einige oder keiner? Wenn das Recht auf Emigration als rein negative Freiheit aufgefasst wird, d.h. als Pflicht des Staates, Auswanderung nicht zu behindern, aber nicht, sie zu ermöglichen, dann gilt dies wohl auch für potenzielle Einwanderungsländer, von denen keines Auswanderungswilligen die Aufnahme zusichern muss. Für ein positives Auswanderungsrecht bedarf es jedoch zumindest einiger erreichbarer Staaten, welche Emigranten nicht abweisen. Die Verteilung von Staatenpflichten ist dann allerdings asymmetrisch: Ein universelles Auswanderungsrecht muss von jedem Staat für seine Bewohner garantiert werden, aber die korrespondierenden Aufnahmepflichten sind nicht eindeutig zugeordnet. Ob diese für alle Staaten gelten, wird v.a. davon abhängen, ob die Emigranten Flüchtlinge sind, die im Fall der Abweisung an Leib und Leben gefährdet wären. Für freiwillige Auswanderer dagegen kann aus dem bloßen Recht auf Ausreise noch keine Forderung nach offenen Grenzen abgeleitet werden.

Eine zweite Asymmetrie, die häufig angeprangert wird, ist jene zwischen globaler Bewegungsfreiheit für den Handel mit Waren und die Investition von Kapital einerseits und staatlichen Schranken für die Migration von Arbeitskräften andererseits (vgl. Goodin 1992). Diese Ungleichbehandlung kann unter Gesichtspunkten der ökonomischen Effizienz oder der sozialen Fairness kritisiert werden. Auch aus der Perspektive des Schutzes von Gesellschaften vor nicht kontrollierbaren Veränderungen lässt sich argumentieren, dass Freihandel und ausländische Kapitalinvestitionen politische Handlungsspielräume nicht weniger einschränken als offene Grenzen für Einwanderung. Die Analogie kann aber letztlich nicht überzeugen, weil Migranten eben nicht nur Arbeitskräfte, sondern Menschen und potenzielle Bürger des Aufnahmelandes sind. Ob ein demokratischer Staat seine Grenzen für Waren- und Kapitalflüsse öffnet, ist zunächst keine moralische Frage, sondern eine wirtschaftspolitische. Wenn er jedoch Immigranten aufnimmt und einbürgert, so verändert er damit das Staatsvolk selbst, welches in solchen Entscheidungen repräsentiert wird.

Liberale Prinzipien der moralischen Gleichachtung aller Menschen und der Maximierung individueller Freiheit liefern stärkere Argumente. Aus utilitaristischer Sicht wiegt das Überleben von Flüchtlingen moralisch schwerer als ökonomische Interessen der Bürger reicher Staaten, welche die staatliche Aufnahmepolitik bestimmen (vgl. Singer/Singer 1988). Für Veit Bader (2002) sind Einwanderungsbeschränkungen in wohlhabenden Staaten so lange moralisch nicht zu rechtfertigen, als diese ihren globalen Pflichten zur Beseitigung extremer Armut außerhalb ihrer Grenzen nicht nachkommen. Wenn diese Staaten nicht genug Geld in die armen Länder schicken, dann müssen sie den Armen erlauben, dorthin zu kommen, wo das Geld ist (vgl. Goodin 1992, 8). Joseph Carens sieht Staatsbürgerschaft in der modernen Welt als quasi-feudalen Status: Sie wird durch Geburt erworben und bestimmt in umfassender Weise die Lebenschancen von Individuen, einschließlich ihrer Möglichkeiten, sich auf der Suche nach einem besseren Leben anderswo niederzulassen (vgl. Carens 1992). Wende man John Rawls (1971) Gedankenexperiment, bei dem Repräsentanten hinter einem Schleier des Nichtwissens sich auf Prinzipien der Gerechtigkeit einigen, ohne die soziale Position jener zu kennen, die sie vertreten, auf Weltebene an, so würde globale Bewegungsfreiheit als allgemeines Freiheitsrecht anerkannt (vgl. Carens 1987).

Auch liberale Universalisten anerkennen jedoch Schranken für staatliche Aufnahmepflichten. Bruce Ackerman (1980, 95) plädiert für offene Zuwanderung bis zu jenem Punkt, an dem ein fremdenfeindlicher Rückschlag unter der einheimischen Bevölkerung die politische Stabilität liberaler Institutionen bedroht. Michael Dummett (2001, Kap. 4) akzeptiert Übervölkerung und die kulturelle Integrität der Aufnahmegesellschaft als Gründe für Beschränkungen, zeigt jedoch auch, dass die gegenwärtige Immigration in westliche Demokratien weder deren demographisches Gleichgewicht noch die kulturelle Hegemonie einheimischer Mehrheiten bedroht.

Die zwei wichtigsten Einsprüche gegen offene Grenzen beziehen sich auf Selbstbestimmung und soziale Gerechtigkeit in demokratischen Staaten. Für Walzer (1983, Kap. 2) ist das zentrale soziale Gut, dessen Verteilung politisch geregelt wird, die Mitgliedschaft in einem Gemeinwesen. Die Entscheidung darüber, wer Zugang zu diesem Gut erhält, kann nur im Namen jener getroffen werden, die bereits Mitglieder sind. Gerade weil liberale Demokratien aber die bereits aufgenommenen Immigranten nicht auf Dauer von ihrer Staatsbürgerschaft ausschließen dürfen, müssen sie den Zutritt zu ihrem Territorium kontrollieren.

Gegen die Forderung nach offenen Grenzen im Namen globaler sozialer Gerechtigkeit argumentiert Thomas Pogge (2002), dass internationaler Ressourcentransfer zur Bekämpfung globaler Armut viel effizienter ist als die Aufnahme Not leidender Migranten in reichen Staaten. Andere Autoren sehen auch im Schutz wohlfahrtsstaatlicher Systeme mit interner Redistribution einen legitimen Grund für Einwanderungskontrolle (vgl. van Parijs 1992; Bauböck 1997).

Solche Begründungen taugen jedoch weder als Rechtfertigung für vollständige Schließung noch sind sie geeignet, restriktive Aufnahmepolitiken demokratischer Staaten moralisch zu entlasten. Gerade wenn Grenzen nicht generell offen stehen, ist es notwendig, Flüchtlingen und Familienangehörigen von Einheimischen und Einwanderern Vorrang einzuräumen. Wenn Flüchtlinge jene sind, denen ihre Staatsbürgerschaft keinen Schutz mehr bietet, so kann ihnen im Gegensatz zu Armutsopfern nur durch die Aufnahme in anderen Staaten geholfen werden (vgl. Gibney 2004). Das noch stärkere Gebot der Nichtzurückweisung von Asylbewerbern in Verfolgerstaaten stützt sich darauf, dass Staaten, die Schutzsuchende abweisen, mitverantwortlich werden für jene Gewalt, der diese in der Folge in Transit- und Herkunftsstaaten ausgesetzt sind. Ebenso schwerwiegend ist die Verletzung des Menschenrechts auf Privat- und Familienleben durch staatlich erzwungene langfristige Trennung von Familienangehörigen. Für Asylwerber und Familienzuzug ist auch das Problem nicht zuweisbarer Aufnahmepflichten abgeschwächt, weil es sich um Migranten handelt, für deren Schutz und Zukunft die jeweiligen Staaten besondere Verantwortung tragen.

Darüber hinaus stellt sich die Frage, ob die Utopie offener Grenzen für liberale Politik nicht zumindest als Wegweiser dient. Immanuel Kant hat in seinem Essay *Zum Ewigen Frieden* ein Besuchsrecht ohne Bleiberecht in anderen Staaten als Weltbürgerrecht postuliert. Er begründet die Idee eines Weltbürgerrechts mit der fortschreitenden Interdependenz zwischen menschlichen Gesellschaften, aufgrund derer die Rechtsverletzung an *einem* Platz der Erde an *allen* gefühlt wird (vgl. Kant 1795, 300). Um nicht kolonialer Landnahme Vorschub zu leisten, sei das Besuchsrecht jedoch kein Gastrecht, sondern »das Recht eines Fremdlings, seiner Ankunft auf dem Boden eines andern wegen von diesem nicht feindselig behandelt zu werden« (ebd., 297). Im heutigen Kontext ökonomischer Globalisierung und weltweiter Migrationsströme könnte Kants Argument durchaus so erweitert werden, dass liberale Demokratien verpflichtet sind, zur Herstellung der Bedingungen für globale Bewegungsfreiheit beizutragen. Dies würde einerseits den Abbau des weltweiten Wohlstandsgefälles erfordern und andererseits die Beteiligung an der politischen Integration supranationaler Gemeinschaften wie der Europäischen Union, in denen zwischenstaatliche Grenzen ebenso durchlässig werden wie innerstaatliche.

4.

Ackerman, B., 1980, Social Justice in the Liberal State, New Haven: Yale University Press.

Bader, V., 2002, Praktische Philosophie und Zulassung von Flüchtlingen und Migranten, in: A. Märker/S. Schlothfeld (Hg.), Was schulden wir Flüchtlingen und Migranten?, Opladen: Westdeutscher Verlag.

Bauböck, R., 1997, Gehen, Bleiben, Kommen. Notwendige Öffnung und legitime Schließung liberaler Demokratien, in: Archives Européennes de Sociologie 38.

Carens, J. H., 1987, Aliens and Citizens. The Case for Open Borders, in: Review of Politics 49.

Carens, J. H., 1992, Migration and Morality. A Liberal Egalitarian Perspective, in: B. Barry/R. Goodin (Hg.), Free Movement, University Park: Pennsylvania State University Press.

Davis, K., 1974, The Migrations of Human Populations, in: Scientific American 237.

Dowty, A., 1987, Closed Borders. The Contemporary Assault on Freedom of Movement, New Haven: Yale University Press.

Dummett, A., 1992, The Transnational Migration of People Seen From Within a Natural Law Tradition, in: B. Barry/R. Goodin (Hg.), Free Movement, University Park: Pennsylvania State University Press.

Dummett, M., 2001, On Immigration and Refugees, London: Routledge.

Gibney, M., 2004, The Ethics and Politics of Asylum, Cambridge: Cambridge University Press.

Goodin, R., 1992, If People Were Money, in: B. Barry/R. Goodin (Hg.), Free Movement, University Park: Pennsylvania State University Press.

Hirschman, A. O., 1970, Exit, Voice, and Loyalty, Cambridge/MA: Harvard University Press.

Hobbes, T., 1651, Leviathan, Frankfurt/M.: Suhrkamp 1984.

Kant, I. 1795, Zum Ewigen Frieden, in: Werke, Bd. 6, Köln: Könemann 1995.

Locke, J., 1689, Zwei Abhandlungen über die Regierung, Frankfurt/M.: Suhrkamp 1977.

Pogge, T., 2002, Migration und Armut, in: A. Märker/S. Schlothfeld (Hg.), Was schulden wir Flüchtlingen und Migranten?, Opladen: Westdeutscher Verlag.
Rawls, J., 1971, Eine Theorie der Gerechtigkeit, Frankfurt/M.: Suhrkamp 1975.
Singer, P./Singer, R., 1988, The Ethics of Refugee Policy, in: M. Gibney (Hg.), Open Borders? Closed Societies?, Westport: Greenwood.
Van Parijs, P., 1992, Commentary. Citizenship Exploitation, Unequal Exchange and the Breakdown of Popular Sovereignty, in: B. Barry/R. Goodin (Hg.), Free Movement, University Park: Pennsylvania State University Press.
Walzer, M., 1983, Sphären der Gerechtigkeit, Frankfurt/M.: Campus 1992.

RAINER BAUBÖCK

Mill, John Stuart (1806–1873)

1.

Mill wurde 1806 in London geboren und starb 1873 in Avignon. Er ist unbestritten der einflussreichste englische Philosoph des 19. Jahrhunderts. In der theoretischen Philosophie bildet sein *System of Logic* (1843) ein Bindeglied zwischen dem britischen Empirismus des 18. Jahrhunderts und dem logischen Empirismus des 20. Jahrhunderts. In der praktischen Philosophie gehören seine beiden Werke *On Liberty* (1859) und *Utilitarianism* (1861) zu den Klassikern der Ethik und Sozialphilosophie. Sein politisch-philosophisches Programm, das Ideale individueller Selbstbestimmung und sozialer Verantwortung miteinander verbindet, suchte er selber aktiv umzusetzen. Von 1865 bis 1868 war er Unterhausabgeordneter. Gemeinsam mit Harriet Taylor trat er für die Gleichberechtigung der Frau ein (die er auch in seinem Werk *The Subjection of Women* von 1869 verteidigte). In seiner berühmten *Autobiography* (1873) beschreibt er insbesondere seine ungewöhnliche Kindheit. Sein Vater James Mill, ein überzeugter Utilitarist und persönlicher Freund Jeremy Benthams, unterwarf ihn einer rigorosen Erziehung: Mit drei Jahren lernte er Griechisch, mit acht Latein, dann Mathematik und Geschichte, mit zwölf Logik, Volkswirtschaftslehre, Metaphysik und Ethik. Diese einseitig intellektualistische Ausbildung führte 1826 zu einem Nervenzusammenbruch, von dem er sich durch die Lektüre der Gedichte von Wordsworth und die Liebe von Harriet Taylor (die er nach dem Tod ihres Mannes schließlich 1851 heiratete) erholte.

2.

In *A System of Logic, Ratiocinative and Inductive. Being a Connected View of the Principles of Evidence and the Methods of Scientific Investigation* entwickelt er eine umfassende Erkenntnistheorie, die den Empirismus auf die Spitze treibt. So sind nach Mill sogar die Propositionen der Mathematik (und auch der Logik) induktive Verallgemeinerungen, für die es allerdings besonders viele empirische Belege gibt und die uns deshalb psychologisch als notwendig erscheinen. Wissenschaftliche Erklärungen bestehen nach Mill in der Unterordnung von Einzelereignissen unter geeignet formulierte Naturgesetze. In diesem Sinne versteht er auch die sog. moral sciences. Dieser Begriff wurde später als »Geisteswissenschaften« übersetzt, dient bei Mill jedoch eher zur Bezeichnung einer empirischen Wissenschaft vom Menschen, die Psychologie, Ethologie und Soziologie umfasst.

Die Auseinandersetzung zwischen den philosophischen Schulen des Empirismus und des Rationalismus stellt für Mill keinen bloß theoretischen Streit im akademischen Elfenbeinturm dar, sondern ist auch von praktisch-politischer Bedeutung. Ein Rationalismus, der sich zur Rechtfertigung seiner Theorien auf unüberprüfbare Intuitionen beruft, ist geeignet bzw. kann leicht dazu missbraucht werden, schädlichen Vorurteilen in Moral, Politik und Religion eine scheinbare Stütze zu geben. Insofern bildet die Kritik des Rationalismus auch einen Teil seines umfassenden Projekts des Vorantreibens gesellschaftlichen Fortschritts.

3.

Die in *Utilitarianism* entwickelte Theorie muss, wie bei Bentham, in erster Linie als philosophische Grundlage eines sozialreformerischen Programms verstanden werden. Wenn hier die Forderung aufgestellt wird, das »größte Glück der größten Zahl« (Francis Hutcheson) anzustreben, ist dies v.a. eine Zurückweisung konservativer und reaktionärer Positionen, für die der Wohlstand der gesamten Bevölkerung kein erwünschtes Ziel ist. Mills Programmschrift soll jedoch tatsächlich auch eine umfassende Ethik bereitstellen, und dabei ergeben sich systematische Probleme, die von Anhängern konkurrierender ethischer Theorien betont werden. So begeht Mill mit seinem »Beweis« (»proof«) für das Grundprinzip des Utilitarismus angeblich einen »naturalistischen Fehlschluss« (G. E. Moore), weil von dem faktisch Begehrten auf das normativ Begehrenswerte geschlossen wird. Allerdings zeigen das letzte Kapitel des *System of Logic* sowie Mills Essay »Nature« (in seinem Werk *Three Essays on Religion* von 1874), dass er sehr genau zwischen deskriptiven und präskriptiven Sätzen unterscheidet. Eine wohlwollendere Lesart Mills sollte deshalb seine Rechtfertigung nicht im Sinne des Anspruchs einer logisch-deduktiven Ableitung interpretieren, sondern als pragmatischen Hinweis darauf, dass jede Diskussion über das intersubjektiv Wünschenswerte von den tatsächlich feststellbaren Präferenzen aller Betroffenen ihren Ausgang nehmen muss und die abschließende Entscheidung nicht paternalistisch über deren Köpfe hinweg getroffen werden darf. In dieser Weise könnte es vielleicht sogar gelingen, das individualistische Programm von *On Liberty* mit dem Wohlstandsprogramm aus *Utilitarianism* zu versöhnen, obwohl diese beiden Werke nach Ansicht vieler Interpreten unvereinbar sind.

Hervorgehoben werden müssen jedenfalls zwei systematische Probleme von Mills Version des Utilitarismus. Zum einen kritisiert er Benthams konsequenten Hedonismus und unterscheidet in Absetzung davon nicht nur Quantitäten, sondern auch Qualitäten von Lust: »Es ist besser, ein unzufriedener Mensch zu sein als ein zufriedenes Schwein; besser ein unzufriedener Sokrates als ein zufriedener Narr.« (Mill 1861, 18) Dabei ist aber unerklärlich, wie Mill zu einem solchen unabhängigen Wertmaßstab gelangen kann, ohne gleichzeitig den Utilitarismus aufzugeben, der eine seiner Hauptstärken ja gerade darin sieht, nur ein einziges Grundprinzip zu akzeptieren.

Während diese Kritik speziell Mills Theorie trifft, stellt die andere ein für jede Form des Utilitarismus großes Hindernis dar: Es gibt keine überzeugende Lösung für den Fall eines Konflikts zwischen Nutzenerwägungen und Gerechtigkeitserwägungen. Mill thematisiert selber dieses Problem, ohne es jedoch im Rahmen seines theoretischen Systems lösen zu können. Wenn aber Gerechtigkeitserwägungen zumindest manchmal der Vorrang eingeräumt werden muss (weil etwa Bürgerrechte nicht aus ökonomischen Interessen eingeschränkt werden dürfen), dann ist der Utilitarismus als umfassende ethische Theorie problematisch.

Ausgerechnet Mills eigenes Werk *On Liberty* verteidigt dagegen in klassischer Weise individuelle Selbstbestimmungsrechte, in die sich kein Staat einmischen darf. Allerdings bemüht sich Mill selber, den individuellen Freiheitsrechten eine utilitaristische Rechtfertigung zu geben. Dabei bezieht er sich aber nicht auf die Durchrechnung von Nutzenkalkülen, sondern spricht allgemein (im Anschluss an Wilhelm von Humboldt) vom Fortschritt der gesamten Menschheit, dem letztlich am besten durch eine Vielfalt von unterschiedlichen Individuen und Gemeinschaften mit jeweils anderen Lebensentwürfen gedient sei. Seine Furcht vor einer »Tyrannei der Mehrheit« (Tocqueville) und einer Uniformität, die jede Originalität erstickt, geht so weit, dass er sogar die allgemeine Erziehung, deren Wichtigkeit er immer wieder betont, nicht in die Hände des Staates legen will. Stattdessen befürwortet er eine Vielzahl freier Schulen, in die der Staat nur insoweit eingreift, als er in regelmäßigen Abständen den allgemeinen Bildungsstand der Schüler in den Grundfächern prüft.

Mills liberalistischer Grundsatz lautet, »daß der einzige Zweck, um dessentwillen man Zwang gegen den Willen eines Mitglieds einer zivilisierten Gemeinschaft rechtmäßig ausüben darf, der ist: die Schädigung anderer zu verhüten. Das eigene Wohl, sei es das physische oder das moralische, ist keine genügende Rechtfertigung.« (Mill 1859, 16) Der Staat soll nur sicherstellen, dass die Entscheidungen der Individuen wohl informiert und wohl überlegt gefällt werden. Diese Ablehnung des Rechtsmoralismus und des Rechtspaternalismus ist heute in den Debatten darüber, ob das Strafrecht Pornografie, Homosexualität, harte Drogen oder Sterbehilfe zulassen soll, relevant.

Schon in seiner Freiheitsschrift verteidigt Mill keinen kruden Wirtschaftsliberalismus, sondern betont, dass von Meinungsfreiheit und individueller Lebensgestaltung im ernst zu nehmenden Sinne kaum gesprochen werden kann, wenn die gesellschaftlichen Rahmenbedingungen so beschaffen sind, dass ein Großteil der Bevölkerung von der Willkür der Arbeitgeber wirtschaftlich abhängig ist. Diese Notwendigkeit staatlicher Regulierung und Kontrolle führt schließlich sogar zur Annäherung Mills an sozialistische Vorstellungen (in seinen »Chapters on Socialism« von 1879). Letztlich ist Mill aber optimistisch, dass die bestehenden gesellschaftlichen Mängel innerhalb eines Wirtschaftssystems mit Privatbesitz behoben werden können, während in einem sozialistischen Staat die Gefahr eines übermächtigen Zentralstaats bestünde.

Mit den Grundlagen der Ökonomie befasst sich Mill in seinen *Principles of Political Economy* (1848), wobei er mit charakteristischer Unbefangenheit die Selbstverständlichkeiten seiner Zeit in Frage stellt. Auch heute noch provokativ ist seine Kritik der »modish humanity« (Mill 1848, 585), die nicht genügend Anreize für selbstverantwortliches Handeln zulässt. Wohltätige Almosen schaden langfristig oft mehr als sie helfen, und die staatliche Unterstützung für die Armen soll nach Mill so gering bemessen sein, dass eine starke Motivation bleibt, sich durch eigene Arbeit von dieser Abhängigkeit zu befreien (vgl. Mill 1848, 621 f.).

Eher kurios klingen heute zwei andere Forderungen Mills, für die er allerdings einige Argumente vorbringt: In seinen *Considerations on Representative Government* (1861) empfiehlt er gegen die befürchtete »class legislation of the uneducated« (Mill 1859 ff. b, 337) ein Wahlrecht, das den Stimmen der Gebildeten mehr Gewicht als denen der Ungebildeten gibt. Und in seiner *Speech in Favour of Capital Punishment* (1868) spricht er sich für die Todesstrafe bei Kapitalverbrechen aus; und zwar, weil sie (etwa im Gegensatz zur lebenslangen Haftstrafe) die am wenigsten grausame Methode der Abschreckung sei.

4.

Mill, J. S., 1843, Zur Logik der Moralwissenschaften, Frankfurt/M.: Klostermann 1997.

Mill, J. S., 1848, Principles of Political Economy, London: Routledge 1903.

Mill, J. S., 1859, Über die Freiheit, Stuttgart: Reclam 1974.

Mill, J. S., 1859 ff. a, On Liberty with The Subjection of Women and Chapters on Socialism, Cambridge: Cambridge University Press 1989.

Mill, J. S., 1859 ff. b, On Liberty and Other Essays, Oxford: Oxford University Press 1991.

Mill, J. S., 1861, Der Utilitarismus, Stuttgart: Reclam 1976.

Mill, J. S., 1868, Speech in Favour of Capital Punishment, in: P. Singer (Hg.), Applied Ethics, Oxford: Oxford University Press 1986.

Mill, J. S., 1873, Autobiography, Harmondsworth: Penguin 1989.

Mill, J. S., 1874, Drei Essays über Religion, Stuttgart: Reclam 1984.

Birnbacher, D., 1981, John Stuart Mill, in: O. Höffe (Hg.), Klassiker der Philosophie, Bd. 2, München: Beck.

Gaulke, J., 1996, John Stuart Mill, Reinbek: Rowohlt.

Gräfrath, B., 1992, John Stuart Mill: Über die Freiheit. Ein einführender Kommentar, Paderborn: Schöningh.

Schumacher, R., 1994, John Stuart Mill, Frankfurt/M.: Campus.

Wolf, J.-C., 1992, John Stuart Mills *Utilitarismus*. Ein kritischer Kommentar, Freiburg: Alber.

Bernd Gräfrath

Minderheiten

1.

Allgemein ist eine Minderheit der kleinere Teil einer als Einheit auftretenden Gesamtheit. Sie definiert sich wesentlich als Gegensatz zur Mehrheit, so dass von einer Minderheit nur dort gesprochen werden kann, wo es eine Mehrheit gibt.

2.

2.1. Eine numerische Minderheit ist eine rein quantitativ bestimmte Bevölkerungsgruppe, die von der Mehrheitspopulation abweichende Meinungen vertritt oder bei Abstimmungen unterlegen ist (demokratische Minderheit oder Minderheitsvoten bei Gerichtsurteilen). Solche Minderheiten sowie die Zuordnung bestimmter Personen zu dieser Kategorie sind keine feststehenden Sachverhalte, sondern kontingente und veränderliche Effekte von Auswahlprozeduren. Wichtigste generative Vorrichtung ist die Mehrheitsregel, die das Mehrheitsvotum prämiert und allen andersartigen Stimmen einen untergeordneten Status zuweist. Im Prinzip ist nichts gegen Abstimmungsminderheiten bzw. die Mehrheitsregel einzuwenden. Dennoch versuchen viele demokratische Institutionen zwei hauptsächlichen Gefahren vorzubeugen. Bei strukturellen Minderheiten ist trotz wechselnder Abstimmungsgegenstände und Koalitionen immer dieselbe Bevölkerungsgruppe in der Minderheit. Besonderes Gefahrenpotenzial bietet dabei die Situation, in der das Abstimmungsergebnis soziale, religiöse oder ethnische Konfliktlinien widerspiegelt. In den meisten Fällen wird darin ein delegitimierender demokratischer Mangel gesehen. Bei der sog. Tyrannei der Mehrheit (vgl. Mill 1859, 9) versucht die Mehrheit mithilfe und im Rahmen der prozeduralen Regeln Entscheidungen herbeizuführen, die sich bewusst gegen die Auffassung und Stellung der Minderheit richten. Dabei nützt die Mehrheit ihren numerischen Vorteil etwa dazu aus, das Verfahren in ihrem Sinne zu ändern. Die demokratische Vorrichtung gegen diese und andere Effekte der Mehrheitsregel ist der Minderheitenschutz. Dieser versucht nicht, die Entstehung von Minderheiten zu verhindern, sondern nur ihre relative Stellung gegenüber der Mehrheit zu verbessern (Vetorechte, qualifizierte Mehrheiten, nichtmajoritäre Festschreibungen von Verfahrens- und Akteursrechten). Im Unterschied zu Minderheitenrechten schützen diese Maßnahmen numerische Minderheiten nur als Nebeneffekt.

2.2. Im Alltag und in den Fachdisziplinen wird der Ausdruck »Minderheit« oftmals undifferenziert für alle Arten von gesellschaftlichen Teilgruppen verwendet (minority groups, minority cultures). Im Unterschied zu numerischen sind identitäre Minderheiten vorgängig und unabhängig von Abstimmungsverfahren bestimmt. Es handelt sich um Identitätsgruppen, die sich durch Verwendung kulturell bestimmter Merkmale von anderen Gruppen bzw. Mehrheiten abgrenzen wollen oder abgegrenzt werden. Dabei ist das einfache objektive Vorliegen einer kulturellen Differenz weder eine notwendige noch eine hinreichende Bedingung für die Identifizierung verschiedener Gruppen. Auch hier sollte man streng genommen nur dann von »Minderheit« sprechen, wenn eine Mehrheitsgruppe vorliegt. Dass gesellschaftliche Teilgruppen quantitativ (personal, organisatorisch, territorial) kleiner sind als andere, reicht dafür nicht aus. Somit spielen neben der Existenz einer Mehrheit die Anzahl der Gruppen, ihre Mächtigkeit und ihre institutionelle Stellung eine Rolle. Denn in einer Gesamtheit, die aus vielen verschiedenen und etwa gleich großen Gruppen besteht, kann keine Gruppe alle anderen dominieren. Und auch in den Fällen, in denen es zwar eine numerische Mehrheitsgruppe, aber auch eine dominante Minderheit gibt (Südafrika während der Apartheid), die erfolgreich die offizielle Kultur und die politischen Schlüsselstellen beherrscht, wäre es merkwürdig von einer Minderheit im eigentlichen Sinne zu sprechen (vgl. Capotorti 1997, 411). In einem föderal oder ethnisch-korporatistisch organisierten Staat können unterschiedlich große Gruppen im gleichen rechtlichen Status zueinander stehen. Es besteht somit eine doppelte Relativität der Kategorie: Minderheiten sind relativ zur Mehrheit und zum jeweiligen Bezugsrahmen. So kann eine gesellschaftliche Gruppe bezogen auf die Bundesrepublik eine Minderheit, aber innerhalb eines Bundeslandes eine Mehrheit sein.

Minderheitenarten lassen sich danach unterscheiden, welches Merkmal oder welche Merkmalskombination sie primär zur Abgrenzung verwenden. Die politisch wichtigsten Unterscheidungen sind (1) die zwischen sozialen und ethnokulturellen und (2) innerhalb der letzteren Kategorie zwischen ethnischen und nationalen Gruppen.

Soziale Minderheiten benutzen typischerweise Geschlecht, Alter, Beruf, politische oder ästhetische Einstellungen, sexuelle Vorlieben oder ethische Abneigungen als Merkmale, bzw. sie werden von anderen so klassifiziert. Somit kann es sich bei diesen Minderheiten sowohl um soziale Kategorien als auch um Gruppen mit einer spezifischen kollektiven Identität handeln. Soziologisch betrachtet kommen hier Vereinigungen, Randgruppen, Jugendbanden, Subkulturen, Sekten, Lifestyle-Enklaven usw. in Frage, sofern sie sich markant von der Bevölkerungsmehrheit unterscheiden (vgl. Kymlicka 1995, 10ff.). Soziale Minderheiten suchen in der Regel Schutz vor Diskriminierung und Stigmatisierung ihrer Mitglieder bzw. Ansichten (Toleranz, Gleichbehandlung). Sie erheben teilweise auch Forderungen nach finanzieller und organisatorischer Unterstützung oder offizieller Anerkennung. Als Staatsangehörige stehen ihnen dafür v.a. die allgemeinen Rechte der Meinungs- und Versammlungsfreiheit zur Verfügung.

Ethnokulturelle Minderheiten verwenden typischerweise die Merkmale Sprache, Religion, Rasse, Herkunft oder eine Kombination davon als Abgrenzungskriterien. Die Merkmale selbst werden heute vorwiegend kulturell interpretiert (vgl. Kymlicka 1995, 10ff.; Schmalz-Jacobsen/Hansen 1997). Keines der Merkmale ist dabei notwendig, aber jedes einzelne und jede Kombination ist für die Abgrenzung von anderen Gruppen hinreichend. Religiös bestimmte Gruppen können sowohl soziale (Kirchen, Sekten) als auch ethnokulturelle Minderheiten (etwa indigene Völker) sein, die sich auch oder primär religiös definieren. Bei sprachlichen Minderheiten sprechen die Mitglieder eine von ihrer Umgebung differente Sprache (mehr als Dialekt), die entweder eigenständig (Friesen) oder die Sprache eines Nachbarstaats sein kann (dänische Minderheit) (vgl. Hinderling/Eichinger 1996).

Die wichtigste politische und rechtliche Differenz ist die Unterscheidung zwischen ethnischen und nationalen Minderheiten. In der Fachliteratur besteht jedoch keine Einigkeit darüber, wie die Differenz genau zu fassen ist. Teilweise wird auch die traditionelle Redeweise »Völker«, »Volksgruppen« (»peoples«) oder »Stämme« (»tribes«) verwendet. Für die meisten Zwecke ist es sinnvoll, nationale Minderheiten als Spezialfall ethnischer Minderheiten zu verstehen. Um der Varianz, Veränderbarkeit und Gestaltbarkeit von ethnischen Gruppen gerecht werden zu können, empfiehlt es sich, die Kategorie als ein Kontinuum vorzustellen (vgl. Young 1997, 48ff.), an dessen einem Ende ein Übergang zu bloßen Vereinigungen (Folkloregruppen) stattfindet und an dessen anderem Ende nationale Gruppen stehen. Innerhalb des Kontinuums variieren das Vorhandensein einer Reihe von Merkmalen sowie das Ausmaß ihrer Ausprägung. Als Merkmale werden typischerweise genannt (vgl. Kymlicka 1995, 11ff.; Miller 1995, 17ff.): Existenz einer kollektiven Identität, Solidaritätsbewusstsein, Distinktions- und Fortsetzungswille der Mitglieder, interne Organisation und kollektive Handlungsfähigkeit, Vorstellungen von einer gemeinsamen Kultur, Sprache oder Tradition bzw. ein zukünftiges Projekt, Vorhandensein einer umfassenden Kultur, die die wichtigsten Bereiche des persönlichen und sozialen Lebens umfasst, territorialer Bezug (homeland). Neben der allgemein gruppenkonstitutiven und organisationstechnischen sind es v.a. die kulturalistische und die territoriale Dimension, die die wichtigsten Varianzen ermöglichen. Ethnische Minderheiten müssen sich nicht auf eine gemeinsame Sprache oder Tradition berufen, aber sie können es. Nicht alle haben einen konstitutiven Bezug auf ein Territorium (sprachliche Minderheiten), manche haben keines (Diasporagruppen), aber für einige ist es zentral. Somit lassen sich nationale Minderheiten als voll ausgeprägte ethnische Minderheiten definieren, denen ein weiteres Merkmal zukommt: das Streben nach politischer Selbstverwaltung. Die Kontinuumsvorstellung sieht allerdings einen graduellen Übergang von bloß ethnischen zu nationalen Minderheiten vor. Sie lässt etwa die Möglichkeit zu, dass es ethnische Minderheiten gibt, die zwar minimale Formen von Selbstverwaltung haben (kulturelle Teilautonomie), aber keine territoriale Basis. Oder dass einst politisch selbstständige nationale Gruppen (indigene Völker) im Laufe der Zeit wesentliche Teile ihrer Organisationsfähigkeit verloren haben. Ferner ist zu berücksichtigen, dass das Merkmal der politischen Bestrebung selbst einen graduellen und subjektiven Charakter hat und somit der Anpassungsfähigkeit der Minderheit entgegenkommt (vgl. Miller 1995, 17 ff.).

Gelegentlich wird auch die Differenz von neuen und alten Minderheiten verwendet. Dabei sollen in einem Migrationskontext autochthone Minderheiten von Einwanderungsminderheiten mittels des Merkmals der traditionellen Ansässigkeit unterschieden werden. Beide Arten stehen durch die Immigration vor verschiedenen Problemen. Während die einen v.a. die Integration in die Aufnahmegesellschaft suchen (Akzeptanz, Nichtdiskriminierung), geht es den sog. alten Minderheiten hauptsächlich um Abgrenzung und Bestandssicherung. Politik und Wissenschaft sind deswegen mehrheitlich bereit, unter Berufung auf die Freiwilligkeit der Immigration beiden einen deutlich verschiedenen rechtlichen Status zuzuweisen (vgl. Kymlicka 1995, 10 ff.). Jedoch schränkt die temporale Bestimmung der Differenz ihre Brauchbarkeit auch erheblich ein. Zwar sind einwandernde Personen bzw. Personengruppen selten in der Aufnahmegesellschaft in der Mehrheit, aber sie können es bei anhaltender Masseneinwanderung mit der Zeit werden. Zudem ist der Migrantenstatus kein dauerhafter Zustand. Nach der Naturalisierung oder spätestens mit der ersten in der Aufnahmegesellschaft geborenen Generation kann streng genommen nicht mehr von Einwanderern gesprochen werden. Ferner können sich mit der Zeit Immigrantengruppen zu sog. alten Minderheiten transformieren (vgl. Bauböck 1996, 203 ff.). Somit scheint es vorteilhafter zu sein, die verbleibende Problematik innerhalb des ethnischen Kontinuums zu interpretieren.

3.

Politisch und völkerrechtlich wichtig ist die Unterscheidung von ethnischen und nationalen Minderheiten, weil nur Letzteren prima facie ein Anspruch auf politische Selbstbestimmung zugebilligt wird. Sie erheben die weitreichendsten und für die staatliche Souveränität und soziale Einheit gravierendsten Ansprüche. Problematisch jedoch ist diese einseitige Zuschreibung, sofern man die Kontinuumsvorstellung ernst nimmt. Denn die deskriptive Kontinuität der Minderheitenformen steht in deutlicher Spannung zur normativen kategorialen Trennung. Selbst wenn die normative Auszeichnung nationaler Minderheiten gelingen würde, spräche die Kontinuität eher für eine entsprechende graduelle Abstufung der normativen Anspruchsgründe (vgl. Young 1997, 48 ff.; Kymlicka 1997, 77 ff.). Doch philosophisch betrachtet ist eine normative Hervorhebung nationaler Minderheiten aufgrund der Differenzkritierien schwer vorzustellen. Es ist bisher nicht gelungen und zumeist nicht einmal versucht worden, den meisten erwähnten Merkmalen überhaupt eine normative Wertigkeit zu attestieren. Insbesondere ist nicht erkennbar, wie der Territorialität und der Bestrebung nach politischer Selbstverwaltung eine ausschlaggebende normative Bedeutung zugeschrieben werden kann.

Im Rahmen philosophischer Theorien des Multikulturalismus und Nationalismus sind

Vorschläge zur normativen Auszeichnung von bestimmten Gruppenarten unterbreitet worden. Die einflussreichsten Konzeptionen verweisen auf den zentralen Beitrag, den die Mitgliedschaft in diesen Kollektiven zur Konstitution persönlicher Identität (vgl. Miller 1995, 17ff.), des individuellen Wohlergehens (vgl. Raz 1994, 124ff.) oder der Autonomie und Selbstachtung des Einzelnen (vgl. Kymlicka 1995, 84ff.) leistet. Andere Konzeptionen gehen über diese instrumentellen Rechtfertigungen hinaus und konstatieren einen intrinsischen Eigenwert von Kulturen bzw. Gruppen (vgl. Taylor 1992, 52ff.). Letztere Position ist bezüglich der allgemeinen Gültigkeit und ihrer metaphysischen Grundlagen vielfach kritisiert worden. Auch gegenüber den zuerst genannten Positionen ist die allgemeine Anwendbarkeit in Zweifel gezogen worden. Unterstellt man einmal ihre Richtigkeit, so haben sie jedoch die missliche Konsequenz, dass sie entweder auf mehr Gruppenarten zutreffen als intendiert, da wahrscheinlich die meisten sozialen und identitären Minderheiten in ähnlicher Weise zum Wohlergehen ihrer Mitglieder beitragen, oder dass sie de facto auf weniger Gruppen Anwendung finden, da der Beitrag und dessen Ausmaß für die Identitätskonstitution eine variable und v.a. empirische Angelegenheit ist.

In jedem Fall sollte sich ein Minderheitenschutz an der spezifischen Situation einer konkreten Minderheit ausrichten und mindestens die Dimensionen der historischen Entstehung, der speziellen Problemlage und der minoritären Konstellation innerhalb des Staats berücksichtigen. (a) Eine rechtliche und theoretische Betrachtung von ethnokulturellen Gruppen setzt normalerweise erst dann ein, wenn diese schon existieren und Forderungen stellen. Aufgrund der doppelten Relativität ist jedoch die Frage relevant, wann und wie solche Gruppen zu Minderheiten werden. Die Bedingungen können entweder exogen oder endogen sein und eine unterschiedliche moralische Qualität aufweisen. Exogen sind etwa Entwicklungen, die Grenzverschiebungen, Eroberungen, Bevölkerungsbewegungen (Vertreibungen, Säuberungen, Immigration, Ansiedlung) oder Auslöschungen (Krieg, Genozid) beinhalten. Aber auch endogen können Gruppen, die keine Minderheiten waren, zu solchen werden, wenn Kollektive fusionieren oder sich spalten oder asymmetrische demographische Entwicklungen vorliegen. (b) Zu den typischen Minderheitenproblemen gehören Vorurteile, Stigmatisierungen, geringes soziales Image, Diskriminierung, soziale Ausgrenzung, Assimilationsdruck, politische Dominierung, Vertreibung und Auslöschung. Aber auch simpler Mitgliederschwund, Konkurrenz mit anderen Minderheiten, ungünstige demographische Entwicklungen oder Unsichtbarwerden durch verringerte kulturelle Differenz machen Minderheiten zu schaffen. Nicht allen diesen Sorgen kann wirkungsvoll mit rechtlichen oder institutionellen Maßnahmen (Minderheitenrechte) begegnet werden. Und nicht alle Entwicklungen können als anspruchsrelevante Benachteiligungen betrachtet werden. Denn einige sind Folgen eines generellen sozialen Wandels, für manche sind die Minderheitenangehörigen selbst verantwortlich und nur für gewisse kommen der Staat oder die Mehrheit als Verantwortliche in Frage. Die von einigen Theorien des Multikulturalismus vertretene Position, dass Minderheiten als solche notwendig benachteiligt sind, etwa aufgrund einer ungerechten Nationenbildung oder der Unmöglichkeit staatlicher Neutralität (vgl. Kymlicka 1995, 107ff.), kann daher als empirisch unplausibel zurückgewiesen werden. Minderheiten müssen nicht klein, schwach oder widerstandsunfähig sein. (c) Bei der Bestimmung von Zeitpunkt und Art einer Schutzmaßnahme spielt die jeweilige minoritäre Konstellation eine wichtige Rolle. In einem ersten Schritt muss geklärt werden, ob es sich um eine rein innergesellschaftliche oder internationale Angelegenheit (Grenzlandminderheiten; solche, die über mehrere Staaten verteilt sind) handelt. Im innerstaatlichen Fall bilden die Anzahl, relative Größe und Beziehungen der Minderheiten sowie das staatliche Selbstverständnis (polyethnischer oder multinationaler Staat, Einwanderungsland, Föderation) wichtige Determinanten. Die Ratifizierung internationaler Minderheitenschutzkonventionen oder bilateraler Verträge ist ebenfalls zu berücksichtigen. Die normative Betrachtung kann sich allerdings nicht auf das Verhältnis der Mehrheit zu einer Minderheit beschränken bzw. im pluralen Fall seriell vorgehen. Die konstellative Perspektive muss mindestens folgende Dimensionen integrieren: das Verhältnis der Mehrheit zu verschiedenen Minderheiten, die Beziehungen der Minderheiten untereinander sowie das Verhältnis einer Minderheit (als Mehrheit) zu ihren internen Minderheiten. Denn Minderheiten befinden sich oftmals in Konkurrenz um knappe staatliche Güter in Nullsummensituationen. Der Gleichbehandlungsgrundsatz wird herangezogen, wenn Minderheiten ähnliche Maßnahmen einfordern. Schließlich sollte die Gewährung von Rechten oder Ressourcen davon abhängig gemacht werden, wie die innere Organisation bzw. der Umgang mit Minderheitenangehörigen zu bewerten ist (vgl. Kymlicka 1995, 35ff.).

4.

Bauböck, R., 1996, Cultural Minority Rights for Immigrants, in: International Migration Review 30.
Capotorti, F., 1997, Minorities, in: R. Bernhardt (Hg.), Encyclopedia of Public International Law, Bd. 3, Amsterdam: North Holland.
Hinderling, R./Eichinger, L. (Hg.), 1996, Handbuch der mitteleuropäischen Sprachminderheiten, Tübingen: Narr.
Hutchinson, J./Smith, A. (Hg.), 1994, Nationalism, Oxford: Oxford University Press.
Kymlicka, W., 1995, Multicultural Citizenship, Oxford: Clarendon Press.
Kymlicka, W., 1997, Do We Need a Liberal Theory of Minority Rights?, in: Constellations 4.
Mill, J., 1859, Über die Freiheit, Stuttart: Reclam 1974.
Miller, D., 1995, On Nationality, Oxford: Clarendon Press.
Raz, J., 1994, Ethics in the Public Domain, Oxford: Clarendon Press.
Schmalz-Jacobsen, C./Hansen, G. (Hg.), 1997, Kleines Lexikon der ethnischen Minderheiten in Deutschland, München: Beck.
Taylor, C., 1992, Multikulturalismus und die Politik der Anerkennung, Frankfurt: Fischer 1993.
Young, I., 1997, A Multicultural Continuum, in: Costellations 4.

Martin Frank

Moderne/Postmoderne

1.

In der politischen Philosophie und den Sozialwissenschaften ist der Begriff »Moderne« als solcher erst seit kurzem in häufigem Gebrauch, v.a. in den letzten beiden Jahrzehnten des 20. Jahrhunderts. Die neuere Verwendung des Begriffs konnte sich jedoch auf frühere Konzepte gleichen Ursprungs beziehen, im besonderen auf die Begriffe »moderne Gesellschaft« und »Modernisierung« – zwei soziologische Schlüsselbegriffe der 1960er und -70er Jahre, die wiederum auf verwandte, seit spätestens dem 19. Jahrhundert in Gebrauch befindliche Verwendungen rekurrieren. Der neuere Gebrauch des Begriffs »Moderne« in der politischen Philosophie und den Sozialwissenschaften sollte deshalb vor diesem breiteren Bedeutungshintergrund des Begriffs »modern« gesehen und verstanden werden.

Die Sozialwissenschaften der Jahrzehnte nach dem Zweiten Weltkrieg arbeiteten mit der Annahme, dass die gegenwärtigen westlichen Gesellschaften durch einen tiefen Bruch mit den ihnen vorausgegangenen sozialen Konfigurationen entstanden sind. Dieser Bruch, obgleich er sich über lange Zeiträume erstreckte und in verschiedenen Gesellschaften zu verschiedenen Zeitpunkten stattfand, brachte regelmäßig eine neue Reihe von Institutionen hervor: an erster Stelle eine im Markt gründende Wirtschaftsform, ein demokratisches Gemeinwesen sowie unabhängige Institutionen der Wissensproduktion, in deren Rahmen sich die empirisch-analytischen Wissenschaften entwickelten. Die erfolgreiche Etablierung einer solchen »modernen Gesellschaft« bedeutete in der vorherrschenden Sicht das Erreichen einer überlegenen Form der sozialen Organisation, die wiederum über alle Mittel verfüge, die zu einer erfolgreichen Anpassung an sich ändernde Umstände notwendig seien. Somit seien soziale Transformationen von grundsätzlicher Natur nicht mehr zu erwarten.

Genau diese Grundannahme der modernen Sozialwissenschaften wurde während der 1980er Jahre durch die Idee der »Postmoderne« in Frage gestellt – meist verstanden in dem Sinne, dass die westlichen Gesellschaften sich in jüngster Zeit in eine Form der sozialen Konfiguration verwandelt hätten, welche sich in gänzlich neuen Arten der sozialen Bindung gründe. Diese These wird am einflussreichsten in Jean-François Lyotards Essay *Das postmoderne Wissen* (1979) vertreten. Sie leitete seitdem zum einen als empirische Hypothese einen beträchtlichen Teil der soziologischen Forschung an; zum anderen forderte sie die Philosophie und insbesondere die politische Philosophie zu einem Überdenken ihrer »modernistischen« Grundlagen heraus. Dabei trat als eine Antwort auf solches empirisches wie konzeptuelles Infragestellen der »modernen Gesellschaft« der Begriff »Moderne« in das diskursive Feld der Philosophie und der Sozialwissenschaften ein.

2.

In der neueren Historiographie des Konzepts »Moderne« ist die Periode zwischen der Mitte des 18. und der Mitte des 19. Jahrhunderts als jener Zeitraum identifiziert worden, in dem in Europa ein grundlegender konzeptueller Wandel in der sozialen und politischen Sprache stattfand, der es ermöglichte, dass der Horizont der Zukunft von nun an offen erschien (vgl. Koselleck 1979). Wohl waren schon zu früheren Zeiten starke Unterscheidungen zwischen Vergangenheit und Gegenwart geläufig – der Bruch im historischen Bewusstsein in dieser Periode hingegen schien von so tief greifender Natur, dass es gerechtfertigt erschien, ihn als den Beginn der Moderne zu betrachten. Dieser Befund brachte zwei gewichtige Implikationen für politikphilosophisches und sozialwissenschaftliches Forschen über die Moderne mit sich.

2.1. Er legt nahe, dass die Sozialwissenschaften *zusammen* mit der Moderne aufkamen und in besonderer Verbindung mit einer sich nach den »demokratischen Revolutionen« verändernden politischen Philosophie zum Medium der Selbstverständigung der Moderne wurden. Somit ist einerseits die Moderne *die Bedingung* für das Entstehen der Sozialwissenschaften – hier verstanden als das reflexive Wissen über die soziale Welt. Andererseits wurde es gerade das Ziel und die Aufgabe der Sozialwissenschaften, die Moderne als eine geschichtliche soziale Formation zu konzeptualisieren und zu analysieren. In der ersten Bedeutung bezieht sich Moderne auf einen philosophischen, insbesondere epistemologischen Zustand. In der zweiten Bedeutung liegt der Schwerpunkt auf dem geschichtlichen, empirischen Prozess. Der Begriff trägt also unausweichlich eine doppelte Konnotation; er ist immer sowohl philosophisch als auch empirisch, oder: sowohl *substantiell* als auch *zeitlich* (vgl. Yack 1997), oder: sowohl *konzeptuell* als auch *historisch* (vgl. Wagner 2001).

2.2. Der Befund einer bedeutsamen Veränderung in der konzeptuellen Sprache ist als solcher unzureichend, um die Behauptung zu untermauern, dass die Periode um 1800 auch den Beginn der »modernen Gesellschaft« – d.h. einer ganzen Reihe von modernen sozialen Praktiken und Institutionen – markiert. Soziologen der »modernen Gesellschaft« fanden sich somit in einem Dilemma: Auf der einen Seite stand die Behauptung eines historischen Bruchs mit der »traditionellen Gesellschaft«, auf der anderen Seite die Schwierigkeit, einen solchen Bruch eindeutig empirisch zu bestimmen. In Antwort auf dieses Dilemma wurden raum-zeitliche Bezugspunkte vorgeschlagen und in verschiedenen Kombinationen zur Identifizierung der Moderne angewandt. Zuallererst erfolgte oftmals eine direkte Gleichsetzung der Idee des Aufkommens der »modernen Gesellschaft« mit der

Geschichte des Westens. Das moderne soziale Leben nahm *frühestens* Mitte bis Ende des 15. Jahrhunderts seinen Anfang – mit der Renaissance, der Erfindung des Buchdrucks und den Entdeckungsreisen. *Spätestens* begann es im frühen 20. Jahrhundert – mit dem Modernismus in den Künsten und der Architektur sowie mit den neuen Formen der Selbstinspektion, wie sie durch die Psychoanalyse bereitgestellt wurden. Die wirtschaftliche Moderne begann mit der Revolution des Marktes und der Industriellen Revolution; die politische Moderne setzte mit den Revolutionen in Amerika und Frankreich ein. Die die Moderne eröffnenden Revolutionen in Wissenschaft und Philosophie schließlich können auf dieser Zeitachse an verschiedenen Stellen verortet werden – vom cartesianischen Rationalismus und der experimentellen Methode bis zur *fin-de-siècle*-Kritik der Wissenschaft und der Metaphysik sowie der Relativitätstheorie.

3.

3.1. Wie auch immer man diese Bandbreite von Datierungen betrachten mag, es eröffnet sich eine Spannung zwischen jedweder historischen Festschreibung eines Bruches in der Zeit einerseits und dem konzeptuellen (Selbst-)Verständnis der Moderne andererseits. Die *konzeptuelle* Bestimmung der »modernen Gesellschaft« durch eine im Markt gründende Wirtschaft, ein demokratisches Gemeinwesen und unabhängige Institutionen der Produktion empirisch-analytischen Wissens findet sich in einem Spannungsverhältnis zu diesen *historischen* Datierungen. Beharrte man darauf, dass all diese Institutionen *gemeinsam* existieren müssen, bevor eine Gesellschaft »modern« genannt werden kann, dann wäre die soziopolitische Moderne beschränkt auf einen relativ kleinen Teil des Globus während nur eines Teils des 20. Jahrhunderts. Diese Spannung zwischen Begrifflichkeit und Geschichtlichkeit wurde aufgelöst durch die Einführung einer evolutionären Logik in die Theoretisierung der Gesellschaftsentwicklung. Es wurde angenommen, dass Bereiche des sozialen Lebens sich gemäß ihrer sozialen Funktion graduell voneinander abtrennen, getrieben von einem sozial wirksamen Voluntarismus des menschlichen Handelns. Religion, Politik, Wirtschaft und die Künste formierten sich als autonome Bereiche in einer Aufeinanderfolge historischer Brüche – bekannt als die wissenschaftliche, die industrielle, die demokratische Revolution etc. –, die einer Logik der Differenzierung folge (vgl. Parsons 1964). Eine Anzahl andernfalls kontingenter Brüche kann somit als eine Erzählung des Fortschritts gelesen werden, und die Ära der Moderne entsteht durch Selbstentfaltung aus zunächst sehr unvollständigen Anfängen.

Diese Sichtweise modernen sozialen Lebens nahm an, dass freies menschliches Handeln mit der gesteigerten Beherrschung der natürlichen und sozialen Welt historisch einhergehen würde. Dabei wurden die Differenzierung von Funktionen und ihre (getrennte) Institutionalisierung sowohl als eine Steigerung der menschlichen Freiheit als auch eine Ausweitung des Handlungsspielraums betrachtet. Diese Theorie bot somit eine soziologisierte Version der aus der Aufklärung stammenden Verbindung von Freiheit und Vernunft; oder von Subjektivität und Rationalität (vgl. Touraine 1992), oder von Autonomie und Beherrschung (vgl. Wagner 1995).

3.2. Dieser Bezug auf Autonomie und Beherrschung wurde in jüngster Zeit kritisch befragt und erweitert, um die Moderne in einer Weise zu konzeptualisieren, die über die Soziologie der modernen Gesellschaft der 1960er und –70er Jahre hinausgeht (vgl. Castoriadis 1990; Arnason 1989; Wagner 1995). In Anlehnung an Castoriadis kann Moderne als eine Situation betrachtet werden, in der der Bezug auf Autonomie und Beherrschung eine doppelte »imaginäre Bedeutung« des sozialen Lebens liefert: zum einen die Idee der Autonomie des Menschen als erkennendem und handelndem Subjekt, zum anderen die Idee der Rationalität der Welt, also ihrer grundsätzlichen Verstehbarkeit. Die Soziologie der modernen Gesellschaft hatte versucht, *eine* bestimmte institutionelle Struktur aus dieser doppelten imaginären Bedeutung abzuleiten, und neigte somit dazu, historisch *spezifische* Interpretationen der modernen Problematiken als *allgemeine* Merkmale der Moderne misszuverstehen. Diese Annahme übersieht jedoch, dass beide Elemente der Bedeutungsgebung sowohl in sich mehrdeutig sind als auch untereinander in Spannung stehen. Für die neueren Versuche der Bestimmung der Moderne ergibt sich aus dieser Spannung ein Interpretationsraum, welcher mit einer Vielfalt institutioneller Formen vereinbar ist und für jede sozio-historische Situation spezifisch ausgefüllt werden muss. Zumindest in theoretischer Hinsicht ist somit immer eine Pluralität und Vielfalt von Interpretationen der Moderne gegeben. Im Lichte einer derartigen interpretativen Offenheit der Moderne können auch die großen Kritiken, die die Selbstverständigung über die Moderne historisch begleitet haben, angemessener verstanden werden (vgl. Wagner 2008).

3.3. Eine Anzahl bedeutsamer kritischer Untersuchungen der Dynamik der Moderne wurde sukzessiv ab der Mitte des 19. Jahrhunderts bis in die 1930er Jahre ausgearbeitet. Diese Kritiken identifizierten grundlegende Probleme in den Praktiken der Moderne, ohne dass dies ihre Autoren aber zur Abkehr von ihrem grundsätzlichen Bekenntnis zur Moderne geführt hätte. Wenn auch in sehr unterschiedlicher Weise problematisieren sie alle die Spannung zwischen der Entfesselung der modernen Dynamiken von Freiheit und rationaler Beherrschung, und ihren – oftmals unbeabsichtigten – kollektiven Folgen in Gestalt der zentralen Institutionen des sozialen Lebens. Als solche lieferten sie kritische Interpretationen der imaginären Bedeutung der Moderne, und einige der Autoren antizipierten die neuere Erkenntnis, dass die Moderne durch einen Raum von interpretativen Möglichkeiten charakterisiert ist.

Die erste dieser Kritiken ist die *Kritik der politischen Ökonomie*, wie sie v.a. von Karl Marx entwickelt wird. Im Gegensatz zu den konservativen Kritikern des Kapitalismus wie den deutschen historischen Ökonomen, die generell dessen rationalistischen Individualismus verdammten, lässt Marx nicht ab von einem grundlegenden Bekenntnis zur individuellen Autonomie in der Tradition der Aufklärung. Sein Ideal ist die freie Assoziation freier Menschen; in der Funktionsweise des »freien« Marktes des Kapitalismus aber entdeckt er gesellschaftliche Wirkungen der wirtschaftlichen Interaktion der Menschen, die sich »hinter den Rücken« der Handelnden manifestierten.

Als zweite große Kritik können wir die *Kritik von Organisation und Bürokratie* betrachten, wie sie insbesondere von Robert Michels (1911) und Max Weber (1921/22) vorgebracht wird. Mit Blick auf die Steigerung der rationalen Beherrschbarkeit der Welt postuliert diese Kritik eine Tendenz zur Bildung von stratifizierten Organisationen mit hierarchischen Befehls- und verallgemeinerten, abstrakten Handlungsketten. In politischen Ordnungen mit allgemeinem Wahlrecht und einem universalistischen Sozialstaat – d.h. in großen Gesellschaften, in die alle Individuen auf einer formellen, also rechtsgleichen, Grundlage in alle bedeutsamen Regulierungsprozesse einbezogen sind – entstehen solche »stählernen Gehäuse« in Form von Staatsapparaten, großen Industrieunternehmen und Massenparteien und breiten sich weiter in allen Bereichen des sozialen Lebens aus. Während solche Institutionen in der Tat die Reichweite menschlichen Handelns generell vergrößerten, beschränkten sie diese sogleich auf die Anwendung von Regeln – sozusagen im Inneren des Käfigs.

In einer solchen Perspektive wird die *Kritik moderner Philosophie und Wissenschaft*, die dritte große Kritik, die in Friedrich Nietzsches Arbeiten ihre erste große Ausprägung und weiterhin beständige Anregung findet (vgl. z.B. Nietzsche 1882), zu einer Variante der Kritik von Rationalitätskonzeptionen. Schon Weber ist sich des großen Verlustes bewusst, den die rationale Beherrschung in Gestalt der »Entzauberung der Welt« mit sich bringt. Der Versuch, ein nicht-szientistisches Verständnis von Wissenschaft zu erarbeiten, wird wenig später sowohl in der idealistischen Lebensphilosophie als auch im »westlichen« Marxismus des frühen 20. Jahrhunderts – etwa durch Max Horkheimer (1931) und die frühe Frankfurter Schule – unternommen. Der US-amerikanische Pragmatismus kann ebenfalls diesen Kritiken der Wissenschaft zugeordnet werden (vgl. bes. Dewey 1929), insoweit er gegen die unbegründete Trennung von Wissenschaft in separate Sphären und für eine neue Verknüpfung von Philosophie, Anthropologie und Sozialwissenschaften plädiert.

Mit Blick auf die Notwendigkeit, Antworten auf die Probleme der zeitgenössischen sozialen Umbrüche zu geben, wird im besonderen Maße im Pragmatismus – und in Europa in der Durkheimschen Soziologie – eine neue Verbindung zwischen Moralphilosophie, Sozialwissenschaft und Politik geschaffen. Eben diese Verbindung ließ die vierte Kritik entstehen – die *Kritik der Moral*, für die ebenfalls wieder Nietzsche zentrale Anregungen liefert und deren Problemstellung wie folgt schematisch rekonstruiert werden kann. Die Entwicklung der modernen Gesellschaft bringt die Gefahr moralischer Verarmung mit sich – dies im Wesentlichen aus zwei Gründen. Zum einen versiegt mit dem unvermeidlichen Niedergang eines unhinterfragten Glaubens eine Quelle, aus der zuvor Fundamente für moralisches Handeln gewonnen werden konnten. Und wenn es zum anderen zutrifft, dass wiederkehrende *face-to-face*-Interaktionen die Grundlage für die solidaritätsfördernde Einsicht in die Gleichartigkeit des Anderen als Mensch darstellen, dann würde auch diese moralische Quelle von Moralität in Massengesellschaften geschwächt werden, deren Integrationsmechanismen sich über das Territorium einer Nation erstrecken. In einer solchen Perspektive sind die Anforderungen, der sich jedwede Ethik stellen muss, erhöht worden, während zugleich die Wahrscheinlichkeit gesunken ist, sich überhaupt auf eine Ethik zu einigen.

Folgende argumentative Figur ist den großen Kritiken der Moderne gemeinsam: In der historischen Entwicklung der Moderne in Form der liberalen Gesellschaft kann die – von Menschen geschaffene – Entstehung von übergreifenden Strukturen wie Kapitalismus und Markt, Organisation und Bürokratie, moderner Philosophie und Wissenschaft sowie der sozialen Teilung der Arbeit beobachtet werden. Diese von Menschen geschaffenen Strukturen wirken nun auf die individuellen Menschen – und deren Möglichkeiten zur Selbstverwirklichung – als Beschränkungen zurück, bis hin zur Gefahr der Selbstauslöschung der Moderne. Je allgemeiner moderne Praktiken werden, umso mehr können sie die Möglichkeit der Verwirklichung der Moderne als historisches Projekt unterminieren (vgl. die kritischen Überblicke über diesen Strang der Diskussion in Habermas 1985; Pippin 1991).

3.4. Die in diesen Kritiken vorgelegten Interpretationen der Moderne neigen dazu, die Spannung, die sich zwischen den modernen Orientierungen an Autonomie einerseits und Beherrschung andererseits befindet, in einer Weise aufzulösen, die der Ambivalenz kaum Platz einräumt – nämlich durch die Annahme, dass die Institutionalisierung von Autonomie unweigerlich zu Formen der Beherrschung führe, durch welche die »freien« Menschen unterworfen werden würden. Entfremdung, Atomisierung, Verdinglichung, Bürokratisierung und instrumentelle Vernunft würden sich als die absolut dominierenden Tendenzen durchsetzen und damit zum Aufkommen des »eindimensionalen Menschen« und der »eindimensionalen Gesellschaft« führen (Marcuse 1964). Obgleich diese Interpretation – besonders für die ersten beiden Drittel des 20. Jahrhunderts – einiges an Überzeugungskraft besitzt, unterschätzt sie in ihrer totalisierenden Argumentationslogik das Fortbestehen der Ambivalenz der Moderne und das mögliche Wiederaufleben des Strebens nach Autonomie. Zum Ende des 20. Jahrhunderts ist denn auch eine Rückkehr zu soziologischen Zeitdiagnosen zu erkennen, in denen die Betonung wieder auf Individualisierung anstelle von Atomisierung, auf Reflexivität anstelle von Rationalität liegt (vgl. z. B.

Giddens 1990; Touraine 1992; Beck/Giddens/Lash 1996).

Solche neueren Analysen der Moderne neigen dazu, die Terminologie einer neuen Ära zu benutzen (als Antwort auf die Herausforderung der »Postmoderne«) – tatsächlich beziehen sie sich dabei aber implizit auf ein gänzlich anderes Konzept von Moderne. Eine weit verbreitete Sichtweise der Geschichte des sozialen Lebens in Europa besagt, dass sich während der letzten fünfhundert Jahre graduell eine individualistische »Kultur der Moderne« ausgebreitet habe, die der Selbsterfahrung einen zentralen Platz einräumt (vgl. Taylor 1989). Eine solche Betonung von Individualität und Individualisierung ist sowohl den zur Formalisierung neigenden Diskursen des modernen Individuums wie der Rational-Choice-Theorie oder der liberalen politischen Philosophie als auch den totalisierenden Kritiken der Moderne eher fremd.

Lange Zeit gab es in der europäischen Geistes- und Kulturgeschichte kaum Verbindungen zwischen diesen beiden Perspektiven auf die Moderne. Angesichts ihres Interesses an Institutionen und deren Stabilität arbeiteten politische Philosophie und Gesellschaftstheorie vorwiegend auf der Basis von begrifflichen Prämissen, während in Literatur und Kunst die *Erfahrung* der Moderne im Zentrum stand (vgl. Berman 1982; zur Ästhetik der Moderne Wellmer 1985). In »Was ist Aufklärung?« unterscheidet Michel Foucault (1984) zwischen diesen beiden Lesarten der Moderne auf prägnante Weise und stellt ein Konzept der Moderne als Ethos und als Erfahrung jener Sichtweise entgegen, die die Moderne als eine Epoche und institutionelle Ordnung betrachtet. Zumindest im Falle einiger Autoren, etwa Lyotards, ist die Idee der Postmoderne durch eine solche Rückkehr zu dem, was spätestens seit der Aufklärung das Selbstverständnis der Moderne ist, inspiriert und motiviert – und weitaus weniger von der Idee einer neuen Ära »nach« der Moderne.

3.5. Bestrebt, die konzeptuellen Einsichten der Auffassung von Moderne als Interpretationsraum sowie als Ethos und Erfahrung mit den eher institutionellen Analysen zu verbinden, wuchs in letzter Zeit das Interesse an »Kulturen der Moderne« (vgl. Bonacker/Reckwitz 2007). Dieser Forschungsansatz untersucht die Vielfalt der soziohistorischen Interpretationen der doppelten imaginären Bedeutung der Moderne sowie die Quellen, auf die sich solche Interpretationen beziehen. Schon innerhalb Westeuropas (z.B. zwischen Frankreich und Deutschland) oder innerhalb des Westens im weiteren Sinne (z.B. zwischen Europa und den USA) sind solche Ressourcen weitaus reichhaltiger und weitaus vielfältiger als frühere Untersuchungen es zu identifizieren vermochten. In noch bemerkenswerterer Weise steigern sich sowohl Reichhaltigkeit als auch Vielfalt, sobald die Aufmerksamkeit auf die sog. nicht-westlichen Gesellschaften gerichtet wird. Untersuchungen der »vielfältigen Formen der Moderne« oder »multiplen Modernen« zielen auf eine Analyse solch ausgeweiteter – gegenwärtiger und vergangener – Pluralität der Interpretationen der modernen Bedeutungen (vgl. Eisenstadt 1998; Daedalus 1998; 2000). Solche Soziologien der Moderne verabschieden sich somit von jeder Art des Denkens, in der Modernisierung eindeutig mit Verwestlichung gleichsetzt wird. Ohne das Problem der »Spezifizität der Westens« – die webersche Fragestellung – zu ignorieren, ist hiermit das Interesse an vergleichend-historischen Untersuchungen von sozialen Konfigurationen wieder belebt.

4.

Arnason, J. P., 1989, The Imaginary Constitution of Modernity, in: G. Busino u.a., Autonomie et autotransformation de la société, Genf: Droz.

Beck, U./Giddens, A./Lash, S., 1996, Reflexive Modernisierung, Frankfurt/M.: Suhrkamp.

Berman, M., 1982, All That Is Solid Melts Into Air. The Experience of Modernity, New York: Simon & Schuster.

Bonacker, T./Reckwitz, A. (Hg.), 2007, Kulturen der Moderne, Frankfurt/M.: Campus.

Castoriadis, C., 1990, Le monde morcelé, Paris: Seuil.

Daedalus, 1998, Early Modernities, 127.

Daedalus, 2000, Multiple Modernities, 129.

Dewey, J., 1929, The Quest for Certainty, The Later Works 1925–1953, Bd. 4, Carbondale: Southern Illinois University Press 1984.
Eisenstadt, S. N., 1998, Antinomien der Moderne, Frankfurt/M.: Suhrkamp.
Foucault, M., 1984, Was ist Aufklärung?, in: ders.: Schriften, Bd. 4, Frankfurt/M.: Suhrkamp 2005.
Giddens, A., 1990, Konsequenzen der Moderne, Frankfurt/M.: Suhrkamp 1996
Habermas, J., 1985, Der philosophische Diskurs der Moderne, Frankfurt/M.: Suhrkamp.
Horkheimer, M., 1931, Die gegenwärtige Lage der Sozialphilosophie und die Aufgaben eines Instituts für Sozialforschung, in: Frankfurter Universitätsreden, Bd. 37, Frankfurt/M.: Englert und Schlosser.
Koselleck, R., 1979, Vergangene Zukunft, Frankfurt/M.: Suhrkamp.
Lyotard, J.-F., 1979, Das postmoderne Wissen, Wien: Passagen 1999.
Marcuse, H., 1964, Der eindimensionale Mensch, Frankfurt/M.: Suhrkamp 1967.
Michels, R., 1911, Zur Soziologie des Parteiwesens in der modernen Demokratie, Tübingen: Kröner 1989.
Nietzsche, F., 1882, Die fröhliche Wissenschaft, Tübingen: Kröner 1986.
Pippin, R. B., 1991, Modernism as a Philosophical Problem, Oxford: Blackwell.
Parsons, T., 1964, Evolutionary Universals in Society, in: American Sociological Review 29.
Taylor, C., 1989, Quellen des Selbst, Frankfurt/M.: Suhrkamp 1996.
Touraine, A., 1992, Critique de la modernité, Paris: Fayard.
Wagner, P., 1995, Soziologie der Moderne, Frankfurt/M.: Campus.
Wagner, P., 2001, Theorizing Modernity, London: Sage.
Wagner, P., 2008, Modernity as Experience and Interpretation, Cambridge: Polity.
Weber, M., 1921/22, Wirtschaft und Gesellschaft, Tübingen: Mohr 1980.
Wellmer, A., 1985, Wahrheit, Schein, Versöhnung, in: ders., Zur Dialektik von Moderne und Postmoderne, Frankfurt/M.: Suhrkamp.
Yack, B., 1997, The Fetishism of Modernities, Notre Dame: University of Notre Dame Press.

Peter Wagner

Modernisierung/ Modernisierungstheorie

1.

Unter »Modernisierung« wird umgangssprachlich die Überarbeitung und Umgestaltung von Einrichtungen aller Art mit dem Ziel verstanden, diese auf den neuesten Stand zu bringen und sie somit für die Gegenwart »fit« zu machen. In der Soziologie bezeichnet der Begriff einen langfristigen und tief greifenden Prozess der Umgestaltung sozialer Verhältnisse, in dessen Verlauf Gesellschaften ihre traditionale Gestalt abstreifen und eben »modern« werden. Die Subjekte dieses Vorgangs sind einzelne, voneinander abgrenzbare Gesellschaften. An seinem Beginn steht eine Gesellschaftsstruktur, wie sie Jahrtausende in allen Zivilisationen bestanden hat, und die in der Soziologie zusammenfassend »traditional« genannt wird. Andere, entweder einseitigere oder blassere Bezeichnungen sind »vorindustriell« (vgl. Crone 1992) oder »vormodern«. Am (vorläufigen) Ende dieses Prozesses steht eine hiervon radikal unterschiedene Struktur. Der dadurch bedingte Bruch zwischen Tradition und Moderne hat welthistorisches Ausmaß. Ihm kommt eine universelle Bedeutung für die Menschheitsgeschichte zu. Allenfalls die »neolithische Revolution«, die vor ca. 10000 Jahren zur Sesshaftwerdung des Menschen führte, hat eine evolutionär vergleichbare Bedeutung.

Modernisierung endet nicht, wenn die Stufe der modernen Gesellschaft erreicht ist, sondern dieser Prozess dauert weiter an und ergreift schließlich auch die Strukturen der modernen Gesellschaft selbst. Für diese Gesellschaften ist insofern nicht der Stillstand, sondern der kontinuierliche Wandel typisch. Aus der Sicht der Modernisierungstheorie besteht der Kern dieses Wandels in der ständig weitergehenden Modernisierung der fortgeschrittenen Gesellschaften. Eine Frage für sich ist, ob diese Wandlungsprozesse über die moderne Gesellschaft hinaus zu einer postmodernen Gesellschaft führen. Aus dieser Konzeptualisierung von Modernisierungsvorgängen ergeben sich zentrale Themen der Modernisierung wie von selbst: der Durchbruch zur Moderne in Nordwesteuropa, die nachholende Modernisierung von Entwicklungsländern seitdem und die Wandlungsprozesse, die in den fortgeschrittenen Gesellschaften des Westens ablaufen.

Trotz der überragenden Bedeutung des Themas gibt es keine einheitliche Theorie der Modernisierung. Das soll nicht heißen, dass der Forschungsstand durch einander konkurrierende Theorieansätze gekennzeichnet sei, zwischen denen eine Entscheidung getroffen werden müsse. Vielmehr ist die einschlägige Forschung durch ein Konglomerat forschungsleitender Überzeugungen zusammengehalten, das ihre Anhänger als Modernisierungstheoretiker auszeichnet und sie von den Kritikern dieser Forschungsrichtung abgrenzt. Ob dieses Konglomerat Theorie genannt werden kann, hängt von den Anforderungen an den Theoriebegriff ab.

Die zentrale Figur der Modernisierungstheorie ist zweifelsohne Talcott Parsons. Zu ihren wichtigsten Vertretern in der Soziologie zählen Marion Levy, Daniel Lerner, Alex Inkeles, Shmuel Eisenstadt und Reinhard Bendix, in der Politikwissenschaft Karl W. Deutsch, Samuel Huntington, Barrington Moore und Seymour Martin Lipset, in den Wirtschaftswissenschaften Alexander Gerschenkron und Walt Rostow. Im deutschsprachigen Raum ist der wichtigste Vertreter dieser Forschungsrichtung Wolfgang Zapf, daneben hat aber auch Richard Münch sich einen Namen als Modernisierungstheoretiker gemacht.

Wie schon aus dieser Namensliste hervorgeht, ist der Entstehungszusammenhang der Theorie Nordamerika nach dem Zweiten Weltkrieg. Es wäre aber falsch, sie wegen dieser historischen und geographischen Verortung lediglich als eine Ausgeburt des »Kalten Krieges« abzutun, wie das ihre Kritiker getan haben. Ihre Ansprüche sind viel zu generell und ihre Verwurzelung in der Tradition der Soziologie ist viel zu stark, als dass ihr eine solche Klassifikation gerecht werden könnte. Die Grundideen der Modernisierung finden sich bereits bei Karl Marx, und auch das Werk Max Webers kann mit Fug und Recht als modernisierungstheoretisch angesehen werden. Das Thema der weberschen Soziologie ist die Entstehung und unaufhaltsame Ausbreitung des »okzidentalen Rationalismus«; und um zu sehen, wie sehr Marx modernisierungstheoretisch denkt, muss man nur die Ausdrücke »industriell« oder »bürgerlich« im »Kommunistischen Manifest« durch »modern« ersetzen. »Die fortwährende Umwälzung der Produktion, die ununterbrochene Erschütterung aller gesellschaftlichen Zustände« heißt es dort, »die ewige Unsicherheit und Bewegung zeichnet die Bourgeoisieepoche vor allen anderen aus. Alle festen, eingerosteten Verhältnisse mit ihrem Gefolge von altehrwürdigen Vorstellungen und Anschauungen werden aufgelöst, alle neu gebildeten veralten, ehe sie verknöchern können. Alles Ständische und Stehende verdampft, alles Heilige wird entweiht, und die Menschen sind endlich gezwungen, ihre gegenseitigen Beziehungen mit nüchternen Augen anzusehen.« (Marx/Engels 1848, 465) Umwälzung, Erschütterung, Unsicherheit, Entweihung des Heiligen (also Säkularisierung), Nüchternheit (also Entzauberung): diese Stichworte lassen die zitierte Passage bis heute als eine Quintessenz modernisierungstheoretischen Gedankenguts erscheinen.

2.

Gedanken von Marx und Max Weber aufgreifend finden sich v.a. vier forschungsleitende Überzeugungen in so gut wie allen modernisierungstheoretischen Arbeiten wieder (vgl. Berger 1996). Erstens ist Modernisierung eine Eigenleistung der diesen Prozess durchlaufenden Gesellschaften. Damit soll nicht bestritten werden, dass moderne Zustände sich auch auf dem Wege gewaltsamen oder friedlichen Exports aus ihren Ursprungsländern weltweit ausbreiten. Aber nicht nur hatte der Übertritt des ersten Landes in die Moderne, Englands, endogene, im Land selbst zu verortende Ursachen. Wichtiger ist, dass sich jedes Land prinzipiell aus sich selbst heraus modernisieren kann und hierzu nicht auf die Zufuhr materieller oder kultureller Ressourcen aus anderen Ländern angewiesen ist. Damit wendet sich die Modernisierungstheorie gegen die Annahme, Modernisierung beruhe auf der Ausbeutung von als Kolonien der fortgeschrittenen Gesellschaften behandelten Ländern.

Nach der zweiten forschungsleitenden Überzeugung verläuft der ökonomische, politische und kulturelle Wandel in kohärenten Mustern, die auf voraussagbare Weise die Welt verändern (vgl. etwa Inglehart 1997, 17). Diese Annahme enthält mehrere Teilaussagen: Bestimmte Ergebnisse der Entwicklung sind wahrscheinlicher als ihr Gegenteil; die Entwicklung ist nicht von unlösbaren Widersprüchen durchzogen, vielmehr passen die einzelnen Teile des Prozesses zueinander; und: Modernisierung bedeutet Fortschritt, eine Besserstellung der Menschheit. Insoweit sind Modernisierungsprozesse das genaue Gegenteil zu geschichtsphilosophischen Niedergangsbehauptungen aller Art. Der ersten Teilaussage zufolge kann man eher mit erfolgreicher Modernisierung rechnen als mit einem Stillstand, aber natürlich gibt es keinerlei Garantie für die Fortsetzung des Prozesses. Doch hat einmal ein Land die Schwelle zur Moderne überschritten, geht von diesem Ereignis eine ungeheure Sogwirkung aus. Der zweiten Teilaussage gibt die Modernisierung eine optimistische Fassung: »all good things go together«. Die wichtigste Konkretisierung dieser Annahme ist vielleicht die sog. Lipset-These. Nach dieser These befinden sich wirtschaftliche Prosperität und politische Demokratie nicht in einem unaufhebbaren Widerspruch, sondern letztere wird um so wahrscheinlicher, je prosperierender die Wirtschaft eines Landes ist (vgl. Lipset 1959).

Die dritte, für das Forschungsprogramm der Modernisierungstheorie charakteristische Annahme sieht die Nachzügler des weltweiten sozialen Wandels durch die Erfolge der Vorläufer keineswegs behindert, sondern eher begünstigt. Länder, die in ihrer Modernisierung schon weiter fortgeschritten sind, bahnen für die Nachzügler den Pfad. Diese können von den weiter fortgeschrittenen Ländern, die ihnen nur »das Bild ihrer eigenen Zukunft zeigen« (Marx 1867, 12), lernen. Das gilt nicht nur für technologische, sondern auch und gerade für institutionelle Neuerungen. Diese Überzeugung der Modernisierungstheorie steht in diametralem Widerspruch zu Annahmen der sog. Weltsystemanalyse (Wallerstein), wonach das ökonomische Schicksal eines Landes von seiner geopolitischen Lage im Zentrum oder an der Peripherie geprägt wird. Viertens schließlich geht die Modernisierungstheorie von der Konvergenz der Entwicklung aus. Anders als dies in Teilen der Wissenschaft (einflussreich Pritchett 1997), aber v.a. in der öffentliche Meinung immer wieder behauptet wird, nimmt z.B. die Ungleichheit keineswegs weltweit immer weiter zu. Nicht nur sind in den letzten Jahren die Einkommen pro Kopf, die Lebenserwartung, das Bildungsniveau usw. weltweit angestiegen und die Armut gesunken; die Fortschritte der Entwicklungsländer (grob gesagt: alle Staaten, die nicht zur OECD gehören), waren sogar größer als die Fortschritte in den entwickelten Staaten selbst. (Die große Ausnahme bildet das Afrika südlich der Sahara.) Der gegenteilige Schein entsteht, wenn in internationalen Vergleichen das Pro-Kopf-Einkommen der Länder nicht mit ihrer Bevölkerungszahl gewichtet wird. Dann haben ökonomische Fortschritte etwa Chinas die gleiche Bedeutung wie die Luxemburgs (vgl. Firebaugh 2002). Das Bestreben, z.B. eine japanische Moderne von einer amerikanischen zu unterscheiden (vgl. Eisenstadt 2000) kann nicht darüber hinwegtäuschen, dass der Prozess der Modernisierung überall vergleichbare Resultate zeitigt. In allen der Modernisierung unterworfenen Ländern sinkt der Anteil der Landwirtschaft am Sozialprodukt, gleichzeitig nehmen die Bildungsbeteiligung aller Schichten und die Erwerbsbeteiligung der Frauen zu, die Wirtschaft stellt auf eine kapitalistische Organisation der Produktion um und das Patriarchat ist in Auflösung begriffen. Konvergenz, nicht Divergenz, wird zum hervorstechenden Merkmal der Modernisierung.

3.

3.1. Der wichtigste Modernisierungstheoretiker ist Talcott Parsons. Er hat versucht, der Modernisierungsforschung eine einheitliche, im handlungstheoretischen Bezugsrahmen seiner Theorie verankerte Grundlage zu geben. Vier Theoriestücke sind für die Analyse der Modernisierung von vorrangiger Bedeutung: Erstens die Lehre von den *pattern variables*. Darunter versteht Parsons (1951, 58ff.) fünf Orientierungsalternativen des Handelns (affektive Bindung vs. affektive Neutralität, Gemeinwohl vs. Eigeninteresse, Partikularismus vs. Universalismus, Zuschreibung vs. Leistung und diffuse vs. spezifische Interessen), die sich zwanglos dem Gegensatz von Tradition und Moderne zuordnen lassen. Zweitens die Theorie der funktionalen Differenzierung. Danach unterscheiden sich moderne von traditionalen Gesellschaften fundamental durch ihren Differenzierungstyp. Die für traditionale Gesellschaften charakteristische stratifikatorische Differenzierung wird ersetzt durch eine Differenzierung nach Funktionsbereichen. Typisch für die Moderne sind Trennungen, so z.B. die Trennung zwischen Glauben und Wissen, Haushalt und Betrieb, Politik und Wirtschaft, Staat und Religion, Schichtungszugehörigkeit und politischer Macht sowie zwischen Klasse und ständischem Ansehen. Parsons (1971) systematisiert diese genuin soziologische Idee der für die Moderne typischen Trennungen zu seiner Lehre der Auseinanderlegung der Gesellschaft in genau vier Funktionsbereiche, die füreinander wechselseitig unersetzbar sind: Wirtschaft, Politik, gesellschaftliche Gemeinschaft und Sozio-Kultur (darunter versteht Parsons im Kern Bildung und Wissenschaft). Drittens: Parsons' Lehre evolutionärer Universalien. So wie im Tierreich der Erwerb evolutionärer Errungenschaften die Basis für weitere Evolution ist, so auch im gesellschaftlichen Bereich. Die Basis für weitere Modernisierungsfortschritte bilden bürokratische Verwaltung, kapitalistische Wirtschaft, demokratische Assoziation und legales Recht, die von allen Gesellschaften, welche in die Moderne eintreten, ausgebildet werden müssen (vgl. Parsons 1971). Schließlich legt Parsons viertens dar, dass die moderne Welt nicht, wie üblich angenommen wird, in zwei, sondern in drei Revolutionen entsteht: Neben die industrielle Revolution in England und die politische Revolution in Frankreich tritt die Bildungsrevolution, als deren Heimatland er die USA ansieht. Damit hat Parsons der überragenden Bedeutung von Bildung und Wissenschaft für moderne Gesellschaften und ihre Entwicklung einen theoretisch angemessenen Platz gesichert.

3.2. Die empirische Modernisierungsforschung (vgl. Flora 1974) behandelt eine Vielzahl von Veränderungen, die als typische Eigenschaften für sich modernisierende Gesellschaften angesehen werden: so z.B. Verstädterung, Motorisierung, bürokratische Verwaltung, Anstieg des Bildungsniveaus, Wirtschaftswachstum, Massenkonsum, Verbreitung von Massenmedien, Ausbau sozialer Sicherungssysteme usw. Lerner (1968) hält abstraktere Eigenschaften für zentral. Er definiert Modernisierung als einen Prozess, in dessen Verlauf die weniger entwickelten Gesellschaften die Eigenschaften der entwickelteren übernehmen. Bei diesen Eigenschaften handelt es sich erstens um anhaltendes Wirtschaftswachstum. In der Tat ist die moderne Wirtschaft im Unterschied zu allen vormodernen Wirtschaften zu dauerhaftem Wachstum aus sich selbst heraus in der Lage. Dafür sprechen nicht nur theoretische, am Investitionsprozess festgemachte Gründe, sondern auch, trotz aller Konjunkturkrisen, die Empirie. Zweitens: das Repräsentativsystem in der Politik. Zwar lässt sich einwenden, dass die Demokratie doch viel älter sei als die moderne Gesellschaft, aber ein auf Wahlen, die bestimmten Standards genügen müssen, beruhendes Regierungssystem wird erst auf dem Boden der modernen Gesellschaft zur politischen Norm. Drittens: die erhöhte (und ständig wachsende) räumliche und soziale Mobilität. Auch wenn sich die liberalen Hoffnungen in eine wachsende soziale Mobilität nicht erfüllt haben und die soziale Herkunft immer noch mehr oder minder den sozialen Status prägt, hat im Vergleich zu traditionalen Gesellschaften, in welcher der Status vererbt wurde, die soziale Herkunft bei weitem nicht mehr die Rolle, die sie einst besessen hatte. In modernen Gesellschaften, so zumindest das Versprechen der Theorie, wird sozialer Status durch Leistung erworben und nicht durch Herkunft zugeschrieben. Viertens: die Säkularisierung. Darunter kann man zwei Vorgänge verstehen: die Trennung von Staat und Kirche einerseits, von Glauben und Wissen andererseits. Beide Trennungen sind typisch für moderne Gesellschaften. Die Trennung von Glauben und Wissen muss jedoch nicht zum Verlust der Frömmigkeit führen, sondern kann, wie es im Protestantismus angelegt ist, zur Konzentration auf eine innerliche Welt anleiten. Der Glaube wird zur Privatsache. Fünftens schließlich kann man von einer Modernisierung nicht nur der Sozialstruktur und der Kultur, sondern auch der Person sprechen. Ihr hervorstechendes Merkmal ist nach Lerner Empathie, die Fähigkeit, sich in die Rollen anderer hineinzuversetzen. Lerner sieht den Empathiegewinn bedingt durch die Ausbreitung von Massenkommunikationsmedien.

3.3. Modernisierung ist keineswegs ein Prozess ohne Schattenseiten. Der Modernisierungstheorie ist immer wieder vorgeworfen worden, ein zu optimistisches, schönfärberisches Bild der sozialen Umwälzung, die mit diesem Begriff belegt ist, zu malen. An dieser Kritik ist richtig, dass die Modernisierungstheorie trotz ihrer Scheu vor Werturteilen den sozialen Wandel letztendlich als (Aufwärts-)Entwicklung oder Besserstellung der Menschheit begreift. Es wäre aber falsch, sie deswegen zu verwerfen. Die entscheidende Frage ist die nach der Berechtigung der von ihr eingenommenen Perspektive. Höchstwahrscheinlich würde das Urteil über die Vor- und Nachteile deutlich positiver ausfallen, kämen nicht immer nur intellektuelle Eliten, sondern die Bevölkerungen selbst zu Wort. Für diese bedeutet der Zugang zu sauberem Wasser, medizinischer Versorgung, Schulbildung sowie gesicherter Nahrung und die Teilnahme am Erwerbsleben – alles Ergebnisse der Modernisierung – einen unschätzbaren Vorteil, für den sie, so steht zu vermuten, die Schwächung von Autorität, Familie und Religion ganz gerne in Kauf nehmen.

Die Liste der problematischen Modernisierungsfolgen ist lang. Aus soziologischer Perspektive sind besonders wichtig: der behauptete Freiheitsverlust durch Bürokratisierung (Max Weber), die zunehmende Kontrolle, Disziplinierung und Uniformierung der Individuen (Adorno, Foucault), der Sinnverlust als Folge der Entzauberung der Welt durch Wissenschaft (Max Weber) und der Gemeinschaftsverlust als Folge der um sich greifenden Kommerzialisierung und Individualisierung aller Lebensbereiche. Varianten dieser Kritik sind die Behauptung, dass der Dienst am Gemeinwohl hinter egoistischen Einstellungen zurücktrete, und dass es zu einem »Verlust der Tugend« (MacIntyre) komme. Diese heute besonders von kommunitaristischen Strömungen artikulierte Kritik lässt sich bis auf Ferguson und Rousseau zurückverfolgen und bildet ein unverzichtbares Ingredienz von Entfremdungsbehauptungen aller Art. In jüngerer Zeit werden besonders die Umweltzerstörung auf der Grundlage unbegrenzten Wirtschaftswachstums und die immanente Neigung zur Gewalt betont, die modernen Gesellschaften nicht nur im Umgang mit anderen, weniger fortgeschrittenen Gesellschaften angeblich innewohne, sondern auch im Umgang mit der eigenen Bevölkerung. In diesem Zusammenhang wird z.B. der Holocaust nicht als Abirrung vom Tugendpfad der Moderne, sondern als nur auf ihrem Boden mögliche Tat angesehen (Zygmunt Bauman).

Kritiken dieser Art sind typisch für die intellektuelle, nicht für die im engeren Sinne sozialwissenschaftliche Beschäftigung mit der Modernisierung. Eine ernsthafte Auseinandersetzung mit dem Thema hätte sich nicht nur dem Sachverhalt zu stellen, dass moderne Republiken im Regelfall keinen Krieg miteinander führen, wie schon Kant meinte, und dass Handelsbeziehungen friedensfördernd sind, sondern müsste zunächst einmal das methodische Problem der Messung (zunehmender) außen- und innenpolitischer Gewalt berücksichtigen. Alle oben angeführten kritischen Betrachtungen zur Modernisierung leiden an der pauschalen Zurechnung globaler Phänomene zu einer nicht minder globalen Ursache.

Das Manko solcher Zurechnungen lässt sich an der geläufigen Gleichsetzung von Wirtschaftswachstum und Umweltzerstörung verdeutlichen. Nicht nur variiert deren Ausmaß mit der Produktionstechnologie, sondern die Schädigung der äußeren Natur ließe sich auch bedeutend durch eine wirtschaftskonforme Zurechnung des Schadstoffausstoßes an die Produzenten reduzieren.

Neben der schon erwähnten Kritik an dem Fortschrittsoptimismus und der Ausblendung der Gewalt finden sich in der wissenschaftlichen Literatur im wesentlichen drei weitere Kritiklinien: Die Modernisierungstheorie nehme die Überlegenheit des Westens an, propagiere seine Ausbreitung (*westernization*) und sehe nicht, dass der Reichtum der Ersten Welt auf dem Elend der Dritten Welt fuße. In der Tat geht die Modernisierungstheorie von der Überlegenheit des Westens aus, aber nicht in einem moralischen Sinn. Gemeint ist vielmehr, dass für den Westen typische Innovationen, wie z.B. moderne Wissenschaft oder die kapitalistische Organisation der Wirtschaft eine universelle Bedeutung besitzen und dass vieles dafür spricht, dass im Zusammenprall der Kulturen traditionale Kulturen eher untergehen. Ob dies bedauernswert ist oder nicht, steht auf einem andern Blatt. Die viel beklagte »Verwestlichung« erscheint weniger bedenklich, wenn man darunter die Ausbreitung der Modernisierungseigenschaften von Lerner versteht und nicht etwa wachsende Kriminalität, amerikanischer Konsumstil, Energieverschwendung etc. Schließlich bietet auch die Dependenztheorie (die Gegenspielerin zur Modernisierungstheorie) keine befriedigende Antwort auf die Frage, wie ausgerechnet die Armut der armen Länder die Grundlage des enormen Reichtums in den fortgeschrittenen Gesellschaften des Westens bilden könne. Für die Vorstellung, dass der Reichtum des Westens auf dem vorgängigen Transfer von Reichtum aus den heutigen Armutszonen beruhe, fehlt die empirische Evidenz. Auch der Sklavenhandel kann diese Begründung kaum leisten, schon deswegen nicht, weil nach seiner Einstellung die westlichen Länder weiterhin gewachsen sind und ihre eigentlichen ökonomischen Erfolge erst im 20. Jahrhundert erzielt haben.

3.4. Ob die fortgeschrittenen Gesellschaften des Westens sich bereits in einem postmodernen Stadium oder auf dem Übergang in dieses befinden, hängt ganz entscheidend von der Definition der Postmoderne ab. Parsons hat einen solchen Übergang für unwahrscheinlich gehalten. Auf der Linie von Parsons' Soziologie würde damit z.B. die Ersetzung der funktionalen Differenzierung durch ein andersartiges, aber ebenso prinzipielles Differenzierungsmuster einhergehen müssen. Inglehart hingegen vertritt die These, dass dieser Übergang sich vor unseren Augen abspielt. Typisch für postmoderne Gesellschaften ist nach Inglehart (1998, 111ff.) der Wandel von materiellen zu postmateriellen Werten in Verbindung mit einer abnehmenden Wertschätzung von Autorität und gesteigerten Wahlmöglichkeiten. Aber diese und ähnliche Phänomene können ebenso gut als Konsequenz der Moderne (Giddens), als Ausdruck weitergehender Modernisierung (Zapf) oder »reflexiver Modernisierung« (Beck) angesehen werden.

4.

Bauman, Z., 1996, Gewalt – modern und postmodern, in: M. Miller/H.-G. Soeffner (Hg.), Modernität und Barbarei, Frankfurt/M.: Suhrkamp.

Beck, U./Giddens, A./Lash, S., 1996, Reflexive Modernisierung, Frankfurt/M.: Suhrkamp 1996.

Berger, J. 1996, Was behauptet die Modernisierung wirklich – und was wird ihr bloß unterstellt?, in: Leviathan 24.

Crone, P., 1992, Die vorindustrielle Gesellschaft. München: dtv.

Eisenstadt, S., 2000, Die Vielfalt der Moderne, Weilerswist: Velbrück.

Firebaugh, G., 2002, The New Geography of Global Income Inequality, Cambridge/MA: Harvard University Press.
Flora, P., 1974, Modernisierungsforschung, Opladen: Westdeutscher Verlag.
Inglehart, R., 1998, Modernisierung und Postmodernisierung, Frankfurt/M.: Campus.
Lerner, D., 1968, Modernization, in: International Encyclopedia of the Social Sciences, Bd. 10, New York: Macmillan.
Lipset, S. M., 1981, Political Man. The Social Bases of Politics, Baltimore: John Hopkins University Press.
Marx, K., 1867, Das Kapital, Erster Band, MEW, Bd. 23, Berlin: Dietz 1968.
Marx, K./Engels, F., 1848, Manifest der kommunistischen Partei, in: MEW, Bd. 4, Berlin: Dietz 1972.
Münch, R., 1984, Die Struktur der Moderne, Frankfurt/M.: Suhrkamp.
Parsons, T., 1951, The Social System, New York: The Free Press.
Parsons, T., 1964, Evolutionary Universals in Society, in: American Sociological Review 29.
Parsons, T., 1971, Das System moderner Gesellschaften, Weinheim: Juventa 1972.
Pritchett, L., 1997, Divergence, Big Time, in: Journal of Economic Perspectives 11.
Wallerstein, I., 2000, The Essential Wallerstein, New York: New Press.
Zapf, W., 1975, Die soziologische Theorie der Modernisierung, in: Soziale Welt 26.

JOHANNES BERGER

Montaigne, Michel de (1533–1592)

1.

Michel Eyquem wurde auf Schloss Montaigne bei Bordeaux geboren. Nach dem Besuch des humanistischen Collège de Guyenne (vgl. Montaigne 1595a, 94–96) studierte er Recht in Toulouse und begab sich zur Vorbereitung einer politischen Laufbahn nach Paris. 1554 wurde Montaigne Parlamentsrat in Bordeaux und pflegte eine Freundschaftsbeziehung zu Etienne de La Boétie (vgl. 1595a, 98–105). Montaigne zog sich 1571 auf sein Schloss zurück, wo die *Essais* entstanden. 1580–81 unternahm er eine Reise nach Rom. 1582–85 war er Bürgermeister von Bordeaux (vgl. Montaigne 1595a, 505–516). Montaigne schrieb inmitten der Konfessionskriege und agierte mehrmals als Unterhändler zwischen den Parteien (vgl. Nakam 1993). Er starb 1592 auf Schloss Montaigne.

2.

Montaigne fertigt 1569 eine Übersetzung der *Theologia naturalis* von R. Sebundus an. Das *Journal de Voyage* (1580/81) dokumentiert seine Italienreise. Die *Essais,* ein Versuch der Selbstdarstellung, sind das Hauptwerk. Man unterscheidet drei Entstehungsebenen: (a) 1580 werden die Bücher I und II gedruckt; (b) bis 1588 folgen zahlreiche Ergänzungen und das Buch III; (c) im Handexemplar bringt Montaigne über 1000 Zusätze an. In der posthumen Ausgabe von 1595 wurde der handschriftliche Nachlass teilweise berücksichtigt, vollständig erst in der Edition municipale (1906 ff.). Nach Villey (1933) entsprechen diesen Textschichten drei Entwicklungsstufen: Montaigne versucht sich (a) in der stoischen Philosophie, die er aber überwindet. Aufgrund dieser Auseinandersetzung wird er bisweilen in die Nähe des Neostoizismus (J. Lipsius) gerückt. Über eine (b) skeptische Krise gelange Montaigne zu einer (c) epikureischen und stärker subjektiven Haltung. Dieses Entwicklungsmodell ist allerdings sorgfältigen Exegesen einzelner Essays oder der *Essais* als einheitlichem Werk (vgl. Tournon 1983; Schaefer 1990; Hartle 2001) oder der durchgehenden Betrachtung Montaignes als Skeptiker gewichen (vgl. Brahami 1997; Levine 2001, 31–88).

3.

Der Essay »Apologie de Raimond Sebond« (II. 12) hat entscheidend zur Verbreitung der Skepsis beigetragen (vgl. Popkin 2003). Montaigne kann als Skeptiker betrachtet werden, weil er antike pyrrhonische Argumente reformuliert, die Relativität und Pluralität von Meinungen und die kognitive Begrenztheit des Menschen und seine Ähnlichkeit mit den Tieren betont. Seine politisch-ethische Grundhaltung zeichnet sich durch diese Skepsis aus (vgl. Laursen 1992, 94–124) und wird durch eine Ablehnung jeder Form der Grausamkeit geprägt (vgl. Montaigne 1595a, 210–216; Hallie 1977; Shklar 1984, Kap. 1). Die Entdeckung der Neuen Welt und die Konfessionskriege enthüllen die Kontingenz politisch-moralischer Ordnungen. Montaigne betrachtet daher Normen und Gesetze konventionalistisch (vgl. Montaigne 1595a, 65, 541; Ellrich 1988). Ein Skeptiker lebt nach den Konventionen seiner Herkunft. Die *Essais* bezeugen eine Ablehnung von Reformation und Innovationen (vgl. Montaigne 1595a, 60–68, 481). Aufgrund dessen wurde der individualistische Skeptiker als politisch Konservativer interpretiert (vgl. Villey 1933; Friedrich 1949, 183–186; Skinner 1978, 278ff.; Starobinski 1982, 403–424). Dem steht jedoch Montaignes liberale Haltung entgegen. Er plädiert für eine Trennung des Privaten vom Öffentlichen. Auch hält die Deutung Montaignes als Verfechter der Staatsräson (vgl. Skinner 1978, 253ff.) genauerer Betrachtung nicht Stand (vgl. Collins 1992). Montaigne ist ein Kritiker der Rechtspraxis, unreflektierter Konvention, gewaltsamer Innovation und Reform, der Ausbeutung der Neuen Welt (vgl. Montaigne 1595a, 109–15, 450–459) und der politischen Verstellung (vgl. Montaigne 1595a, 392–394). Allerdings gehen an Leo Strauss orientierte Lektüren zu weit, die Montaigne als maskierten Vorreiter des Liberalismus sehen (vgl. Schaefer 1990; Laursen 1992, 131–138). Montaigne versucht sich an einer skeptischen Fundierung liberaler Forderungen wie Gedankenfreiheit (vgl. Montaigne 1595a, 333–335; Nakam 1993, 284) und Toleranz (vgl. Levine 2001, 201–241). Die Erziehung zur Freiheit ist ausdrückliches Ziel der *Essais* (vgl. Montaigne 1595a, 423). Ausgangspunkt der Toleranzbegründung ist die Skepsis, die die Geltung von Ideologien beschränkt und zu einem Leben der Selbsterforschung führt, das jedem möglich sein soll. Toleranz gründet in der Einsicht in die Verletzbarkeit und in einem Leben der Selbsterforschung, nicht in Rechten oder Selbstverleumdung. Montaigne kann damit als Vorbereiter einer liberalen Tradition betrachtet werden, deren Ausgangspunkt ein skeptischer Pluralismus ist.

4.

Montaigne, M. de, 1595a, Essais, Frankfurt/M.: Eichborn 1998.

Montaigne, M. de, 1595b, Essais, Paris: PUF 1965.

Montaigne, M. de, 1580/81, Journal de Voyage, Paris: Gallimard 1983.

Brahami, F., 1997, Le scepticisme du Montaigne, Paris: PUF.

Collins, R., 1992, Montaigne's Rejection of the Reason of State in ›De l'utile et de l'honneste‹, in: Sixteenth Century Journal 23.

Ellrich, L., 1988, Zu einer pragmatischen Theorie der Rechtsgeltung bei Montaigne und Pascal, in: Archiv für Rechts- und Sozialphilosophie 74.

Frame, D., 1965, Montaigne. A Biography, New York: Harcourt.

Friedrich, H., 1949, Montaigne, Tübingen: Francke 1967.

Hallie, P., 1977, The Ethics of Montaigne's De la cruauté, in: R. La Charité (Hg.), Oh un amy!, Lexington: French Forum.

Hartle, A., 2001, Michel de Montaigne, Cambridge: Cambridge University Press.

Laursen, J., 1992, The Politics of Skepticism in the Ancients, Montaigne, Hume, and Kant, Leiden: Brill.

Levine, A., 2001, Sensual Philosophy. Toleration, Skepticism, and Montaigne's Politics of the Self, Lanham: Lexington.

Nakam, G., 1993, Montaigne et son temps, Paris: Gallimard.

Popkin, R., 2003, The History of Scepticism from Savonarola to Bayle, Oxford: Oxford University Press.

Schaefer, D. L., 1990, The Political Philosophy of Montaigne, Ithaca: Cornell University Press.

Shklar, J., 1984, Ordinary Vices, Cambridge/MA: Harvard University Press.

Skinner, Q., 1978, The Foundations of Modern Political Thought, Bd. 2: The Age of Reformation, Cambridge: Cambridge University Press.

Starobinski, J., 1982, Montaigne, Frankfurt/M.: Fischer 1989.

Tournon, A., 1983, Montaigne, la glose et l'essai, Lyon: Presses Universitaires.

Villey, P., 1933, Les sources et l'évolution des Essais de Montaigne, Paris: Hachette.

Markus Wild

Montesquieu, Charles-Louis de Secondat de la Brède de (1689–1755)

1.

Montesquieu wurde 1689 in La Brède bei Bordeaux als Angehöriger des nobilitierten Bürgertums geboren. Nach dem Studium der Rechtswissenschaft, vermutlich in Bordeaux und Paris, erhielt er 1708 ein Lizentiat der Rechtswissenschaft. 1717 erbte Montesquieu eine Baronie und mit ihr einen Sitz im Parlament von Bordeaux. 1721 erscheinen die *Persischen Briefe* (*Les lettres persanes*), ein Briefroman mit deutlicher Polemik gegen den Absolutismus und die Kirche. Nach seinem Aufenthalt in Paris von 1722 bis 1725 kehrte Montesquieu nach Bordeaux zurück und verkaufte sein Amt, um sich auf seine Studien konzentrieren zu können. 1728 wurde er in die Académie Française aufgenommen. 1729 bis 1732 bereiste er England. Nach seiner Rückkehr begann er mit seinem Hauptwerk *Vom Geist der Gesetze* (*De l'esprit des lois*). 1734 folgten die *Betrachtungen über die Ursachen von Größe und Niedergang der Römer* (*Considérations sur les causes de la grandeur des Romains et de leur décadence*), in denen er die Ursachen geschichtlicher Prozesse untersucht. *De l'esprit des lois* wurde nach der Veröffentlichung 1748, wie bereits die *Lettres persanes,* ein Verkaufserfolg. Nachdem 1751 als Antwort auf seine Kritiker *Défense de l'esprit des lois* veröffentlicht wurde, erfolgte im gleichen Jahr die Indizierung des *Esprit des lois*. Für die *Encyclopédie* verfasste Montesquieu den Artikel »Geschmack«, der v.a. wegen seines Lobes der englischen Verfassung inhaltlichen Einfluss auf andere Artikel hatte. 1755 starb er in Paris.

Seine Werke, besonders seine Theorie der Gewaltenteilung, hatten einen enormen politischen Einfluss, der sich u.a. in der Verfassung der USA und der französischen Verfassung von 1791 niederschlug.

2.

Als Vorreiter einer soziologischen Analyse politischer Probleme sucht Montesquieu nach den Ursachen und politischen Folgen kultureller Unterschiede. Aus den verschiedenen den Menschen beeinflussenden Faktoren entsteht ihm zufolge der allgemeine Geist einer Nation (*esprit général*): »Mehrere Dinge bestimmen die Menschen: das Klima, die Religion, die Gesetze, die Regierungsmaximen, das Beispiel vergangener Dinge, die Sitten, die Umgangsformen, aus all dem bildet sich ein allgemeiner Geist.« (Montesquieu 1748b, XIX, 4) Der Geist des jeweiligen Volkes muss bei der Gesetzgebung grundsätzlich berücksichtigt werden, bestimmt diese jedoch nicht allein, da die Mängel eines Volkes durch gute Gesetze ausgeglichen werden können. Die Gesetze müssen den Umständen angepasst sein, zu berücksichtigen sind dabei v.a.: Wesen und Prinzip der Staatsform, physische Beschaffenheit des Landes und Lebensweise des Volkes, Freiheitsgrad, Religion, Besitzstand, Bevölkerungszahl, Handel sowie Sitten und Lebensgewohnheiten (vgl. ebd. I, 3). Klima und Boden fasst Montesquieu als »physische Ursachen« (*causes physiques*) zusammen, während er Handel, Finanzen, Bevölkerungszahl und Religion als »moralische Ursachen« (*causes morales*) bezeichnet (ebd. XIV, 5).

3.

3.1. Montesquieu unterscheidet drei Staatsformen – Republik, Monarchie und Despotie – (a) nach der Anzahl der Inhaber der Souveränität und (b) nach deren Regierungsweise. In der Republik besitzt das Volk bzw. ein Teil davon die souveräne Macht (im ersten Fall handelt es sich um Demokratie, im zweiten um Aristokratie), in der Monarchie eine gemäß »festliegenden und verkündeten Gesetzen« regierende Einzelperson; in der Despotie eine Einzelperson, die »ohne Regel und Gesetz« willkürlich handelt (ebd. II, 1). Jeder Staatsform wird ein die jeweiligen Inhaber der Souveränität zum Handeln motivierendes »Prinzip« zugeordnet (vgl. ebd. III, 1): Zur Demokratie gehört die Tugend (*vertu*), zur Aristokratie die Tugend im Sinne von Mäßigung (*modération*), zur Monarchie die Ehre (*honneur*) und zur Despotie die Furcht (*crainte*) (vgl. ebd. III). Die Monarchie braucht untergeordnete und abhängige »intermediäre Gewalten« (*pouvoirs intermédiaires*, gemeint sind Adel und Parlamente); sie wird despotisch, wenn die intermediären Gewalten nur noch Befehlsempfänger des Monarchen sind (vgl. ebd. VIII, 7).

3.2. Als Gegner despotischer Staatsformen (*gouvernements despotiques*) propagiert Montesquieu gemäßigte Staatsformen (*gouvernements modérés*). Einzig in letzteren gibt es politische Freiheit (vgl. ebd. XI, 6), doch auch dort nur dann, wenn Machtmissbrauch verhindert wird, indem »die Macht die Macht aufhält« (*le pouvoir arrête le pouvoir*, ebd. XI, 4): Dies gelingt durch konstitutionelle Schutzmaßnahmen, v.a. durch Gewaltenteilung (genauer: Gewaltenverschränkung und wechselseitige Begrenzung; Montesquieu spricht meist nicht von Teilung – *séparation* – sondern von Aufteilung – *distribution*): »Es gibt in jedem Staat drei Arten von Gewalten (*pouvoirs*), die Legislative (*la puissance législative*), die Exekutive (*la puissance exécutrice*) hinsichtlich der Fragen, die vom Völkerrecht abhängen, und die Exekutive hinsichtlich der Fragen, die vom bürgerlichen Recht abhängen. [...] Diese letztere soll richterliche Befugnis (*la puissance de juger*) heißen, und die andere schlichtweg exekutive Befugnis (*la puissance exécutrice*) des Staates.« (ebd. XI, 6) Diese Gewalten werden nach dem Vorbild Englands auf verschiedene Träger verteilt, wobei Monarch, Adel und Bürgertum integriert werden sollen. Die Legislative ist zweigeteilt: Es gibt eine gewählte Körperschaft der Volksvertreter (*le corps représentant*) mit freiem Mandat. Eine erbliche Körperschaft von Adeligen (*le corps des nobles*) bildet die zweite Kammer. Die Exekutive liegt wegen der Notwendigkeit rascher Entscheidungen beim Monarchen; er hat kein »Entscheidungsrecht« (*la faculté de statuer*), an der Gesetzgebung mitzuwirken, aber ein Vetorecht, bei Montesquieu »Verhinderungsrecht« (*la faculté d'empêcher*) genannt. Der Monarch verfügt auch über das Recht, Versammlungen der Legislative einzuberufen und aufzulösen. Die beiden Teile der Legislative kontrollieren sich durch ein wechselseitiges Verhinderungsrecht. Die Legislative kann in die Befugnisse der Exekutive nicht eingreifen, aber die Ausführung der von ihr erlassenen Gesetze überprüfen. Folglich wird die Legislative durch die Exekutive, die Exekutive durch die Legislative kontrolliert. Das Volk darf nicht »zu gleicher Zeit Kläger und Richter« sein, weshalb die richterliche Befugnis im allgemeinen (Montesquieu sieht Ausnahmen vor) nicht mit der Legislative vermischt werden darf (vgl. ebd. XI, 6).

4.

Montesquieu, C.-L. de, 1721, Persische Briefe, Stuttgart: Reclam 1991.

Montesquieu, C.-L. de, 1734, Betrachtungen über die Ursachen von Größe und Niedergang der Römer, Bremen: Schünemann 1958.

Montesquieu, C.-L. de, 1748a, De l'esprit des lois, Paris: Garnier 1987.

Montesquieu, C.-L. de, 1748b, Vom Geist der Gesetze, Stuttgart: Reclam 1984.

Montesquieu, C.-L. de, 1998ff., Œuvres complètes, Oxford: Voltaire Foundation.

Althusser, L., 1959, Montesquieu, Paris: PUF.

Durkheim, E., 1892, Montesquieu, Oxford: Durkheim Press 1997.

Hereth, M., 1995, Montesquieu zur Einführung, Hamburg: Junius.

Kondylis, P., 1996, Montesquieu und der Geist der Gesetze, Berlin: Akademie.

Shklar, J., 1987, Montesquieu, Oxford: Oxford University Press.

Starobinski, J., 1989, Montesquieu, Paris: Seuil.

MICHAELA REHM

Moral sense

1.
Der »moral sense« (dt. moralischer Sinn) ist ein Vermögen, das es Menschen ermöglicht, moralische Empfindungen zu haben und Handlungen oder Personen entsprechend diesen Empfindungen als moralisch gut oder schlecht zu erkennen bzw. zu beurteilen. Auch das Wollen und Handeln eines Menschen können durch diese Empfindungen beeinflusst werden.

2.
Der Terminus »moral sense« wurde erstmals von Anthony Ashley Cooper, dem dritten Earl of Shaftesbury verwendet und spielt in der Moralphilosophie der schottischen Aufklärung eine wichtige Rolle. Die Hauptvertreter der sog. moral sense-Philosophie sind neben Shaftesbury Francis Hutcheson und David Hume; viele andere beteiligten sich an der Diskussion, u.a. Samuel Clarke, Bishop Joseph Butler, John Balguy, John Gay, David Hartley, Richard Price und Thomas Reid. Oft wird auch Adam Smith als moral sense-Philosoph angesehen; er lehnt die Annahme eines moralischen Sinns jedoch – ebenso wie Kant – ausdrücklich ab. Unter dem Einfluss Kants galt der Versuch, zum Zweck einer universalistischen Begründung moralischer Verpflichtung dem Menschen einen moralischen Sinn zuzuschreiben, lange als nicht aussichtsreich. Erst in jüngster Zeit wird den emotionalen Grundlagen moralischen Urteilens und Handelns wieder mehr Bedeutung beigemessen; jedoch werden die moralischen Empfindungen nicht mehr auf einen eigenen moralischen Sinn zurückgeführt.

Auch Soziologen und Entwicklungspsychologen beschäftigen sich mit moralischen Empfindungen, und einige von ihnen verwenden den Terminus »moralischer Sinn«. Dabei verstehen sie unter diesem Sinn aber nicht, wie die schottischen Vertreter einer moral sense-Philosophie, ein genuin moralisches Vermögen, das Menschen von Natur aus zu moralischen Empfindungen befähigt, sondern eine Disposition zu moralischen Empfindungen, Urteilen und Handlungen, die sich unter bestimmten sozialen und kulturellen Bedingungen entwickeln. Die natürlichen Anlagen, die diese Entwicklung allererst ermöglichen, verstehen sie jedoch nicht als genuin moralisch. In diesem psychologischen und soziologischen Verständnis steht »moralischer Sinn« für etwas, was in der philosophischen Tradition als »moralische Tugend« bezeichnet wurde.

3.
Die bedeutendsten moral sense-Philosophen der schottischen Aufklärung sind wie erwähnt Shaftesbury (3.1.), Hutcheson (3.2.) und Hume (3.3.). Die Zuordnung von Adam Smith zu den Vertretern einer moral-sense Philosophie beruht dagegen auf einem Missverständnis (3.4.).

3.1. Shaftesbury (1671–1713) wurde von Locke erzogen. Von diesem übernimmt er die Auffassung, dass die Moral, soll sie für Menschen einsichtig sein, keinen übersinnlichen Ursprung (in Gott oder einer unerkennbaren Idee) haben kann. Gegen seinen Lehrer und unter dem Einfluss der stoischen Philosophen vertrat er in seiner *Untersuchung über Tugend und Verdienst* (1711; SE, Abt. II, Bd. 2) die These, dass Menschen ein natürliches Interesse daran haben, moralisch richtig zu handeln. Die Annahme eines moralischen Sinns spielt in seiner Begründung dieser These eine zentrale Rolle. Im Unterschied zu den sog. fünf Sinnen und dem Vermögen, Lust und Schmerz zu fühlen, ist der moralische Sinn, wie Shaftesbury ihn versteht, ein Empfindungsvermögen zweiter Ordnung (wie es nur Menschen, nicht aber Tiere haben). Mit diesem Sinn reagieren Menschen nicht unmittelbar auf Einwirkungen äußerer Objekte auf ihr Wahrnehmungs- oder Gefühlsvermögen. Vielmehr sind es Wahrnehmungs- und Gefühlsempfindungen, die den moralischen Sinn dazu stimulieren, diese Empfindungen erster Ordnung als moralisch gut oder schlecht zu beurteilen. Shaftesbury beschreibt den moralischen Sinn als einen

»reflected sense« (SE, II.2, 66/II.3, 60); das bedeutet zum einen, dass dieser Sinn reflexiv, ein Sinn der Selbstempfindung ist, und zum anderen, dass er kein rein emotionales Vermögen, sondern auch ein Reflexionsvermögen ist, insofern auch Überlegungen darüber, was das moralisch Gute und Schlechte sei, die moralischen Empfindungen bestimmen. Obwohl jeder Mensch von Natur aus über einen moralischen Sinn verfügt, kann dieser fehlgeleitet werden. Wer einen richtig entwickelten moralischen Sinn hat, ist tugendhaft und weiß, was gut ist (für einen selbst oder für die Gesellschaft). Eine tugendhafte Person kann ihre Leidenschaften bezwingen, sofern sie überhaupt noch Leidenschaften empfindet, die ihr moralischer Sinn nicht billigen kann. Diesem Verständnis zufolge sind die moralischen Empfindungen nicht nur urteils-, sondern auch willens- und handlungsbestimmend.

3.2. In der *Untersuchung über moralisch Gutes und Schlechtes* (1725) definiert Hutcheson (1694–1746) den Moralsinn als einen »Sinn für das moralisch Gute und Schlechte« (Hutcheson 1725, 15) in den Handlungen anderer Personen. Moralische Empfindungen von »Billigung und Liebe« oder »Mißfallen und Abneigung« (ebd., 13) gelten den Personen, deren Handlungen diese Empfindungen provozieren. Typischerweise erfährt eine Person, die bestimmte Handlungen aufgrund ihrer Empfindungen als moralisch gut oder schlecht beurteilt, durch die Konsequenzen dieser Handlungen weder Vorteil noch Schaden. Hutcheson unterscheidet das moralisch Gute bzw. Schlechte vom natürlich Guten bzw. Schlechten. Unter dem natürlichen Guten, er nennt es auch »unmittelbar Gutes« oder »Vorteilhaftes« (ebd., 14), versteht er das Nützliche, alles das, was ein geeignetes Mittel zu einem Zweck ist, den sich jemand aus egoistischen Bedürfnissen und Interessen heraus gesetzt hat. Im Unterschied zur moralischen Güte ruft die bloße Nützlichkeit von etwas bei uns keine Liebesempfindung hervor; im Gegenteil, wir neigen dazu, die Nutznießerinnen und Nutznießer nützlicher Dinge zu beneiden und manchmal sogar zu hassen. Dabei bestreitet Hutcheson nicht, dass das moralisch Gute für die Gesellschaft nützlich ist. Mit seiner These, dass »diejenige Handlung [...] die beste [sei], die das größte Glück der größten Anzahl zeitigt« (ebd., 71), antizipiert er den Grundgedanken der utilitaristischen Ethik. In *A Short Introduction to Moral Philosophy* von 1747 charakterisiert Hutcheson das besondere Vergnügen, das Menschen kraft ihres moralischen Sinns bei der Wahrnehmung moralischer Handlungen empfinden, auch als ein *interesseloses* Gefühl: Menschen empfinden dieses Vergnügen unabhängig von ihrer persönlichen, egoistischen Interessenlage (vgl. CW, IV, 11). In derselben Schrift beschreibt er die Empfindungen des moralischen Sinns auch als Sympathieempfindungen – und damit als Empfindungen, die Menschen, im Unterschied zu ihren egoistisch bestimmten Empfindungen, mit anderen teilen oder teilen können (vgl. ebd., 14).

Während Shaftesbury den moralischen Sinn als eine Art moralischen »Zensor« von Gefühlsempfindungen, als ein Über-Ich versteht, macht dieser Sinn für Hutcheson die Menschen für bestimmte Empfindungen erster Ordnung empfänglich. Hutcheson stellt den moralischen Sinn in eine Reihe mit den Sinnen, denen wir unsere Wahrnehmungs- und Gefühlsempfindungen verdanken. Dabei ist der moralische Sinn ebenso ein Wahrnehmungs- wie auch ein Gefühlssinn: Unsere moralischen Empfindungen vermitteln uns empirische Erkenntnis von Handlungen und lassen uns diese Handlungen gleichzeitig als gut oder schlecht beurteilen. Dabei kann der moralische Sinn auch von Reflexion, von der begrifflichen Beurteilung der moralischen Qualität einer Handlung beeinflusst werden (vgl. ebd., 30).

Ähnlich wie Shaftesbury erklärt Hutcheson, was einen Menschen trotz seiner natürlichen moralischen Anlagen schlecht und böse werden und entsprechend handeln lässt: Es sind unverhältnismäßig starke egoistische Leidenschaften, die jemanden zu einem schlechten Menschen machen, weil sie die natürlichen moralischen Empfindungen überlagern und verdrängen (vgl. ebd., 67ff.).

3.3. Hume (1711–1776) geht im 3. Buch des *Traktats über die menschliche Natur* (1739/40) von der Frage aus, ob die moralphilosophisch grundlegende Unterscheidung zwischen dem moralisch Guten und dem moralisch Schlechten oder Bösen allein eine Leistung der menschlichen Vernunft sei. Er verneint diese Frage und begründet dies mit der folgenden Überlegung: Ob eine Handlung moralisch gut oder schlecht sei, ist insbesondere für die Bestimmung unseres Willens relevant. Denn wenn es für unseren Willen gar keine Konsequenzen hätte, ob eine Handlung, die wir oder andere Personen planen und möglicherweise ausführen werden, moralisch gut oder schlecht sei, dann bräuchte uns die Unterscheidung nicht besonders zu interessieren. Nun ist unsere Vernunft allein aber nicht in der Lage, uns zu irgendeiner Handlung zu motivieren oder von ihr abzuhalten. Unser Wille lässt sich nur affektiv, über angenehme oder unangenehme Empfindungen dazu bestimmen, bestimmte Handlungen auszuführen oder zu unterlassen. Wenn die Unterscheidung zwischen dem moralisch Guten und dem moralisch Schlechten daher für unser Wollen und Handeln von Bedeutung sein soll, dann muss diese Unterscheidung in entsprechenden Empfindungen und nicht in Erkenntnissen ihren Ursprung haben. Hume ist der Überzeugung, dass Menschen von Natur aus auf bestimmte Handlungen bzw. Handlungsdispositionen mit bestimmten moralischen Empfindungen reagieren – und zwar alle in etwa auf die gleiche Weise, weil sie als Menschen von Natur aus mit einem moralischen Sinn ausgestattet sind.

Anders als für Shaftesbury ist für Hume der moralische Sinn kein Empfindungsvermögen zweiter Ordnung. Und anders als für Hutcheson ist er für Hume auch kein besonderes Organ der sinnlichen und emotionalen Wahrnehmung, das uns erlaubt, moralische Qualitäten an Personen und ihren Handlungen wahrzunehmen und gefühlsmäßig zu beurteilen. Letztlich ist der moralische Sinn für Hume nichts anderes als eine Spielart des Sinns für das Angenehme und Unangenehme. Kraft unserer Ausstattung mit dem moralischen Sinn können wir Tugenden als Grund für ein angenehmes Gefühl, Laster als Grund für ein unangenehmes Gefühl erfahren, und zwar sowohl unsere eigenen Tugenden und Laster als auch die anderer Personen.

Was aber unterscheidet die moralischen Empfindungen von Empfindungen anderer Art? Hume charakterisiert die moralischen Empfindungen v.a. durch das, was sie auslöst, nämlich Tugenden oder Laster. Darüber hinaus sind die moralischen Empfindungen nicht egoistisch und lassen sich nicht auf egoistische Empfindungen zurückführen, weshalb Hume die moralischen Empfindungen auch als Sympathie-Gefühle charakterisiert: Wir nehmen gefühlsmäßig Anteil an dem Wohlergehen und Leid unserer Mitmenschen (vgl. Hume 1739/40, 481, 576). In einer anderen Hinsicht unterscheiden sich die moralischen Empfindungen jedoch nicht von anderen Empfindungen: Wir haben positive oder negative Empfindungen, weil das, was diese Empfindungen provoziert, für uns nützlich oder schädlich ist. Moralische und egoistische Empfindungen gehören zur selben Gattung und differieren als solche nicht so sehr voneinander, dass wir gar nicht erklären könnten, dass zwar die egoistischen, nicht aber die moralischen Empfindungen unser Wollen und Handeln bestimmen können. Tatsächlich attestiert Hume auch den moralischen Gefühlen Nützlichkeit: Sie tragen zum Wohl oder Wehe der Gesellschaft bei. Das Wohlergehen der ganzen Gesellschaft liegt im Interesse jedes Einzelnen, weil das individuelle Wohl das Gemeinwohl voraussetzt.

Humes Pointe gegen Moralskeptiker wie Hobbes ist, dass Menschen kraft ihres moralischen Sinns dazu disponiert sind, jede Nützlichkeit für das Gemeinwohl als angenehm zu erfahren, und dass sie eine solche Annehmlichkeit auch dann erfahren können, wenn ihnen die Einsicht in die Nützlichkeit für das Gemeinwohl dessen, was sie da als »angenehm« erfahren, gar nicht bewusst ist.

3.4. Zu dem Missverständnis, dass auch Adam Smith (1723–1790) eine moral sense-Philosophie vertreten habe, dürfte nicht zuletzt der Titel seiner moralphilosophischen Hauptschrift Anlass gegeben haben: *Theorie der moralischen Gefühle* (*Theory of Moral Sentiments*, 1759). Smith schreibt dem Menschen zwei natürliche Empfindungsvermögen zu: Egoismus und Sympathie. Jedoch sind die Sympathieempfindungen, wie Smith sie versteht, nicht genuin moralisch, weshalb das Sympathievermögen nicht als moralischer Sinn missverstanden werden sollte. Egoistische und sympathische Empfindungen spielen jedoch eine wichtige Rolle bei der Konstitution von Moralität: Unter Anleitung durch diese Empfindungen und in Interaktion mit anderen entwickeln Menschen moralische Normen und Dispositionen zu moralischen Empfindungen, die nicht zuletzt die Funktion haben, der moralischen Einsicht Einfluss auf ihr Wollen und Handeln zu verschaffen.

3.5. Der moralische Sinn spielt auch in der Entwicklungspsychologie und Soziologie eine Rolle. Für Durkheim (1902/03) beispielsweise ist die Ausbildung eines moralischen Sinns das eigentliche Ziel der moralischen Erziehung. Kohlberg (1984) spricht in seiner Studie über die Stufen der moralischen Entwicklung eines Menschen auch von moralischen Gefühlen, verwendet jedoch nicht den Terminus »moralischer Sinn«. J. Q. Wilson (1993) unterscheidet vier Aspekte des Moralsinns: Sympathie, Fairness, Selbstbeherrschung und Pflicht. Im Rekurs auf diese Verhaltensdispositionen erklärt er, warum Menschen sich an Handlungsnormen orientieren, die als »moralisch« bezeichnet werden. Weder Durkheim noch Wilson verstehen den moralischen Sinn jedoch nach dem Vorbild der schottischen moral sense-Philosophen als ein genuin moralisches Empfindungsvermögen.

4.

Darwall, S., 1995, The British Moralists and the Internal ›Ought‹ 1640–1740, Cambridge: Cambridge University Press.

Durkheim, E., 1902/03, Erziehung, Moral und Gesellschaft, Frankfurt/M.: Suhrkamp 1995.

Hume, D., 1739/40, Ein Traktat über die menschliche Natur, Hamburg: Meiner 1978.

Hutcheson, F., 1725, Eine Untersuchung über den Ursprung unserer Ideen von Schönheit und Tugend. Über moralisch Gutes und Schlechtes, Hamburg: Meiner 1986.

Hutcheson, F., 1728, Erläuterungen zum moralischen Sinn, Stuttgart: Reclam 1984.

Hutcheson, F., Collected Works, 7 Bde., Hildesheim: Olms 1969–90 (zitiert als CW).

Kohlberg, L., 1984, Die Psychologie der Moralentwicklung, Frankfurt/M.: Suhrkamp 1996.

Raphael, D. D., 1947, The Moral Sense, Oxford: Oxford University Press.

Raphael, D. D. (Hg.), 1969, British Moralists 1650–1800, 2 Bde., Indianapolis: Hackett 1991.

Rühl, U. F. H., 2005, Moralischer Sinn und Sympathie, Paderborn: Mentis.

Schrader, W., 1984, Ethik und Anthropologie in der englischen Aufklärung, Hamburg: Meiner.

Shaftesbury, Anthony Ashley Cooper, Third Earl of, Standard-Edition. Complete Works, Selected Letters and Posthumous Writings, 21 Bde., Stuttgart: Frommann-Holzboog 1981ff. (zitiert als SE).

Smith, A., 1759, Theorie der ethischen Gefühle, Hamburg: Meiner 1977.

Wilson, J. Q., 1993, The Moral Sense, New York: Free Press.

CHRISTEL FRICKE

Moralische Entwicklung

1.

1.1. »Moralische Entwicklung« bezeichnet gesellschaftliche oder ontogenetische Veränderungen in der Moral, sofern deren Begründung, Funktion und Inhalte zwischen Kulturen, Epochen und Individuen differieren. Universelles Minimum sind die Pflichten gegen andere; dazu können auch Pflichten gegen sich selbst, die Ahnen, die Natur oder transzendente Mächte kommen.

1.2. In westlichen Gesellschaften hat sich die Moral ausdifferenziert: Zunächst wurde sie gegen Religion und Recht, dann auch gegen

Konventionen und Fragen des guten Lebens abgegrenzt. Ursprünglich galten Normen als von Gott gesetzt. Es folgte eine – noch religionsaffine – naturrechtliche Begründung, die jedoch die Gefahr zirkulärer Argumentation birgt: In die ›Natur‹ wurde projiziert (z.B. Reproduktion als ›natürliche‹ Funktion von Sexualität), was erwünschte Normen zu legitimieren erlaubte (z.B. die Verwerflichkeit von Homosexualität). Eine säkularisierte Moral wird nicht mehr aus Vorgegebenem, sondern aus ›unser aller Wollen‹ abgeleitet: Die Goldene Regel verweist auf das faktische, Kant auf das vernünftige Wollen des Einzelnen, Rawls auf das konsentierte Wollen aller, die sich als Gleiche unter dem Schleier der Unwissenheit einigen. Ergebnis ist eine Minimalmoral, die universelle negative (als bloße Unterlassungen jederzeit gegenüber jedermann einhaltbare) Pflichten sowie die (als formale Metaregel universell gültige) positive Pflicht zur Erfüllung der aus Kooperationsbeziehungen erwachsenden Verpflichtungen und das Gebot zumutbarer Hilfeleistung enthält. Diese eröffnet – solange gleiche Freiheitsrechte aller gewährleistet sind – einen gegenüber traditionalen Kulturen deutlich erweiterten persönlichen Bereich.

1.3. Kultur übergreifend ist Moral nicht über Inhalte, sondern allein über formale Merkmale zu bestimmen. Dazu zählen: Präskriptivität, Bezug auf das (kulturspezifisch definierte) kollektive/individuelle Wohl, die Ausstattung mit nicht formalisierten Sanktionen, kategorische Sollgeltung. Aus der Beobachterperspektive genießen moralische Normen faktische Geltung, aus der Teilnehmerperspektive darüber hinaus legitime und verbindliche Gültigkeit.

2.

Es gibt eine Reihe verschiedener klassischer Ansätze zur Untersuchung der ontogenetischen Moralentwicklung. Der *Behaviorismus* behandelt die Erziehung zu normkonformem *Verhalten*. Der Mensch gilt als rein instrumentalistisch motiviert, sein Verhalten durch Strafen und Belohnungen steuerbar und die soziale Normierung als vorgegeben. Beim Einsatz negativer Konditionierung wird jegliches Vergehen sofort geahndet. Künftig löst dann schon der bloße Gedanke an eine Übertretung Furcht vor Bestrafung aus und führt zur willentlichen Unterdrückung des abweichenden Impulses. Normbefolgung wird zu eigeninteressiertem Handeln: Wenn man die Strafe vermeiden möchte, sollte man nicht stehlen (Skinner). Mit der positiven Verstärkung sucht der Erzieher (als ›behavioral engineer‹) durch die selektive Belohnung spontaner Verhaltensweisen und die Gestaltung geeigneter Anreizbedingungen die Auftretenswahrscheinlichkeit erwünschter Reaktionen zu erhöhen. In seinem Streben nach Gratifikation wird das Kind der externen Steuerung nicht gewahr. Empirisch zeigt sich: Elterliche Machtausübung korreliert negativ mit Norminternalisierung (Strafe erzeugt Ärger, nicht Einsicht, und bietet ein aggressives Verhaltensmodell, keine alternativen Handlungsweisen). Unabhängig von Belohnungen entscheiden Kinder selbst welche (mächtigen, interessanten oder sich selbst ähnlichen) Modelle sie imitieren wollen.

Psychoanalytische Ansätze analysieren die Entwicklung von *Motiven*. Das Über-Ich und eine habitualisierte Konformitätsdisposition sind Produkte von Lernprozessen, die sich als verallgemeinerte und internalisierte Varianten von positiver und negativer Konditionierung verstehen lassen. Das (männliche) Kind übernimmt die väterlichen Gebote, um der Kastrationsdrohung zu entgehen und befolgt sie hinfort aus Angst vor Gewissensqualen (vgl. Freud 1925). Und schon von Anbeginn an sucht der Säugling, den Erwartungen der Bezugsperson nachzukommen, um deren Zuwendung nicht zu verlieren (vgl. Parsons 1964). In beiden Modellen sind die Erwartungen extern vorgegeben – im ersten aber bleiben abweichende Impulse bewusstseinsfähig, im zweiten hingegen wird Konformität durch die Überformung schon der spontanen Bedürfnisstruktur ›zwanglos‹ erreicht.

Spätere Weiterentwicklungen gestehen dem Individuum einen größeren Freiheitsspielraum zu: Nach der Ich-Psychologie ist in der Adoleszenz eine Befreiung von frühen Prägungen möglich, und gemäß der Bindungsforschung zeigen Kinder sog. feinfühliger Mütter (die den Säugling von Anfang als Person achten) schon früh freiwillige Folgebereitschaft.

In *kognitivistischen Entwicklungstheorien* geht es um die *Urteilsfähigkeit*. Nach Piaget (1932) folgt auf die an Autoritäten orientierte heteronome Moral die aus der Kooperation mit Gleichaltrigen entwickelte autonome Moral von wechselseitigem Respekt. Anhand (längsschnittlich erhobener) Begründungen moralischer Entscheidungen in Dilemmata hat Kohlberg (1981; 1984) dieses Modell auf eine Abfolge von drei Stadien mit je zwei Stufen erweitert. Struktureller Kern ist die Zunahme der Rollenübernahmefähigkeit; inhaltlich fokussieren die Stufen auf je unterschiedliche Thematiken, wobei ein kognitiv-affektiver Parallelismus (also die Strukturgleichheit von Geltungsgründen und Konformitätsmotiven) unterstellt wird. Auf dem präkonventionellen Niveau (bis etwa 10–11 Jahren) gelten Normen als verbindlich, weil sie von Autoritäten gesetzt und mit Sanktionen bewehrt sind (Stufe 1) bzw. weil sie konkreten wechselseitigen Interessenausgleich ermöglichen (Stufe 2). Sie werden befolgt, um Strafen zu vermeiden bzw. Vorteile zu erringen. Auf dem (modalen) konventionellen Niveau gelten Normen als richtig, weil sie in der eigenen Gruppe (Stufe 3) bzw. Gesellschaft (Stufe 4) herrschen, und werden befolgt, um soziale Akzeptanz zu erringen bzw. ein schlechtes Gewissen zu vermeiden. Auf postkonventionellem Niveau gründen moralische Regeln im Sozialvertrag (Stufe 5) bzw. in universellen Prinzipien (Stufe 6) und werden aus Einsicht befolgt. Inhaltlich geht es auf präkonventionellem Niveau um Konsequenzen für den Handelnden, auf Stufe 3 um Loyalität gegenüber Nahestehenden, auf Stufe 4 um Gesetzestreue, auf postkonventionellem Niveau um Gerechtigkeit und Achtung vor der Würde der Person. Strukturell entspricht Stufe 1 der egozentrischen Rollenübernahme (›Die Welt ist so, wie ich sie sehe‹), Stufe 2 der subjektiven (›Ich sehe die Welt so, du siehst sie anders‹) und Stufe 3 der reflexiven (›Ich weiß, dass du weißt, dass ich die Welt so und du sie anders siehst‹). Stufe 4 erfordert die Fähigkeit, die Systemperspektive einzunehmen (also die Funktionsbedingungen von Gesellschaft zu verstehen); das postkonventionelle Niveau setzt eine der Gesellschaft vorgeordnete Perspektive (also die aller Vernunftwesen überhaupt) voraus.

Die Stufenabfolge ist eine Entwicklungslogik, also eine invariante Sequenz qualitativ unterschiedlich strukturierter Ganzheiten. Dabei sind die höheren Stufen ›besser‹. Sie werden nicht nur faktisch präferiert, sondern sind auch angemessener: Mit der Erweiterung der berücksichtigten inhaltlichen Gesichtspunkte und des Kreises potentiell Betroffener werden die Urteile zunehmend unparteilicher und zustimmungsfähiger. Empirisch wurde die Stufenabfolge – auch in interkulturellen Vergleichen – vielfach bestätigt (vgl. Boyes/Walker 1988).

3.

Neuere Forschungen legen eine Entkoppelung von moralischem Wissen, Wollen und Urteilen nahe. Am kindlichen Moralverständnis sei dies erläutert: Entgegen Kohlbergs Beschreibung handeln Kinder schon früh uneigennützig – so die Ergebnisse der Altruismusforschung – und unterscheiden angemessen zwischen autoritativ gesetzten und veränderbaren konventionellen sowie universell sanktions- und autoritätsunabhängig gültigen moralischen Regeln (vgl. Turiel 1983).

Die widersprüchlichen Befunde sind auf die unterschiedlichen Erhebungsmethoden zu beziehen. Kohlberg fragte nach Handlungsempfehlungen in Dilemmata, Turiel nach der Geltung von Normen, die Altruismusforschung beobachtete spontanes Verhalten. Kinder könnten nun (mit Turiel) um kategorische Sollgeltung wissen, gleichwohl aber (mit Kohlberg) ihre Handlungsempfehlungen pragmatisch an Nützlichkeitserwägungen orientieren, sofern sie moralische Motivation noch nicht aufgebaut haben. Auch könnten sie zu selbstlosen Handlungen fähig und bereit sein, solange diese ihren spontanen Neigungen entsprechen. Wissen und Motivation sind also getrennt zu erheben, und zwar in Situationen, in denen persönliche Bedürfnisse und Normen konfligieren. Im Kontext einer Längsschnittstudie wurden 200 Kindern Bildgeschichten vorgelegt, in denen der Protagonist aus Eigennutz einfache moralische Regeln übertritt. In der Versuchungssituation wurde das moralische Wissen erfragt, nach der Übertretung – zur Erfassung der moralischen Motivation – eine Emotionszuschreibung zu dem Übeltäter erbeten. Diese Operationalisierung ist aus einem kognitivistischen Emotionsverständnis abgeleitet, nach dem Emotionen zwar rasche und globale, gleichwohl kognitiv gehaltvolle Urteile über die subjektive Bedeutsamkeit eines Sachverhaltes sind. Mit ihrer Emotionszuschreibung können die Kinder also anzeigen, welchem der beiden für den Protagonisten zugleich zutreffenden Sachverhalte, dass er eine Regel übertreten und ein Bedürfnis befriedigt hat, sie größeres Gewicht beimessen. Es zeigte sich: Universell wissen Kinder schon früh um die intrinsische Gültigkeit moralischer Normen. Gleichwohl erwarten die meisten der jüngeren Kinder, der Protagonist werde sich wohl fühlen. Dieses überraschende Ergebnis ist kein methodisches Artefakt und wurde mehrfach repliziert (vgl. u.a. Arsenio/Gold/Adams 2006). Wie experimentell gezeigt werden konnte, sind Emotionszuschreibungen (jedenfalls von Kindern im Alter bis etwa 6 bis 7 Jahren) tatsächlich ein guter Prädiktor für moralisches Handeln. So geben die Begründungen negativer Emotionen Aufschluss über die Erwägungen, die aus Sicht der Kinder moralisches Handeln motivieren: Konsequenzen (für Täter oder Opfer) werden selten erwähnt; zumeist verweisen die Kinder auf das begangene Unrecht. Moralische Motivation ist also intrinsisch. Auch setzt sie die Fähigkeit zur Distanzierung von spontanen Impulsen voraus und ist somit als ›second order desire‹ (H. Frankfurt) zu verstehen. Moralische Motivation entwickelt sich später und differentiell. Dabei steigt moralische Motivation im Durchschnitt stetig an: moralisch indifferent sind im Alter von 4 Jahren über 70 %, im Alter von 22 Jahren weniger als 20 %. Die individuellen Entwicklungsverläufe sind jedoch diskontinuierlich. Insbesondere hoch geschlechtsidentifizierte Jungen erfahren einen Abbau, der sich auf die stark moralabträglichen Merkmale des männlichen Geschlechtsstereotyps zurückführen lässt (vgl. Nunner-Winkler 2008).

Die kognitive und die motivationale Dimension sind also unabhängige Aspekte der Moralentwicklung: Universell und früh erwerben Kinder – primär durch implizite Lernprozesse (also durch Ablesen an ihren Interaktionserfahrungen und am geteilten moralischen Sprachspiel) – ein *Wissen* sowohl um die Inhalte der in ihrer Kultur gültigen Normen wie um das moralkonstitutive Konzept kategorischer Sollgeltung. Reife moralische Urteilsfähigkeit erfordert darüber hinaus erweiterte soziokognitive Kompetenzen und inhaltliche Wissenssysteme. Moralische Motivation bauen Kinder in einem zweiten, zeitlich verzögerten Schritt auf, wobei es dann zu individuell stark differierenden Entwicklungsverläufen kommt.

4.

Arsenio, W. F./Gold, J./Adams, E., 2006, Children's Conceptions and Displays of Moral Emotions, in: M. Killen/J. G. Smetana (Hg.), Handbook of Moral Development, Mahwah: Erlbaum.

Boyes, M./Walker, L. J., 1988, Implications of Cultural Diversity for the Universality Claims of Kohlberg's Theory of Moral Reasoning, in: Human Development 31.

Freud, S., 1925, Einige psychische Folgen des anatomischen Geschlechtsunterschieds, in: Gesammelte Werke, Bd. XIV, London: Imago 1948.

Herzog, W., 1991, Das moralische Subjekt, Bern: Huber.

Kohlberg, L., 1981, Essays on Moral Development, Bd. 1: The Philosophy of Moral Development, San Francisco: Harper & Row.

Kohlberg, L., 1984, Die Psychologie der Moralentwicklung, Frankfurt/M.: Suhrkamp 1996.

Nunner-Winkler, G., 2008, Die Entwicklung moralischer Motivation von der Kindheit bis zum frühen Erwachsenenalter, in: W. Schneider (Hg.), Entwicklung vom frühen Kindesalter bis zum frühen Erwachsenenalter. Befunde der Längsschnittstudie LOGIC, Weinheim: Beltz.

Oser, F./Althof, W., 1992, Moralische Selbstbestimmung, Stuttgart: Klett-Cotta.
Parsons, T., 1964, The Social System, London: Free Press.
Piaget, J., 1932, Das moralische Urteil beim Kinde, Stuttgart: Klett-Cotta 1983.
Turiel, E., 1983, The Development of Social Knowledge, Cambridge: Cambridge University Press.

GERTRUD NUNNER-WINKLER

Moralische Motivation

1.
Moralische Motivation ist die Motivation zum moralischen Handeln. In seiner alltagssprachlichen Verwendung wird der Ausdruck zwar manchmal auch gebraucht, um besonders lobenswerte Motive hervorzuheben. In der philosophischen Diskussion um diesen Begriff geht es jedoch ausschließlich um die Frage, was die Motive moralischen Handelns sind: ob sie in einer besonderen Klasse moralischer Gefühle wie etwa Mitleid oder Empörung bestehen, ob es sich dabei um Motive handelt, die von der Vernunft erzeugt werden, oder ob sie letztlich auf das Eigeninteresse reduziert werden können.

2.
Die Frage der moralischen Motivation hat die Moralphilosophie seit ihren Anfängen beschäftigt.

2.1. Sokrates behauptet, dass Personen in ihrem Handeln stets von ihrer Auffassung des Guten bestimmt sind (vgl. Prot.). Unmoralische Handlungen sind ihm zufolge das Ergebnis von Unwissenheit und Unkenntnis des Guten. Bereits Aristoteles (vgl. EN VII) problematisiert die sokratische Position, indem er darauf hinweist, dass man durchaus manchmal weiß, was zu tun gut oder das Beste wäre, ohne jedoch entsprechend zu handeln. Dieses Problem der Willensschwäche hat eine anhaltende Diskussion ausgelöst.

2.2. Die mittelalterliche Diskussion sieht den wichtigsten Einwand gegen Sokrates' These darin, dass sie unvereinbar mit der Willensfreiheit ist, die erfordert, dass man etwas wollen kann, selbst wenn man glaubt, dass es in jeder Hinsicht schlecht ist (vgl. Augustinus, lib. arb.).

2.3. Von entscheidendem Einfluss auf die neuere Diskussion moralischer Motivation ist Humes Behauptung, dass die Vernunft uns nicht zum Handeln bewegen kann, sondern dass alles Handeln von Affekten (»passions«) abhängt. Insbesondere Kant hat dieser Auffassung vehement widersprochen, indem er einen Begriff der praktischen, unmittelbar handlungsleitenden Vernunft entwickelt.

3.
Die gegenwärtige Diskussion ist weitgehend von der Internalismus-Externalismus Debatte geprägt, die Mitte des 20. Jahrhunderts ihren Anfang genommen hat (vgl. Falk 1948; Frankena 1958). Internalisten behaupten, dass moralische Urteile denjenigen, der sie fällt oder der ihnen aufrichtig zustimmt, notwendigerweise zum Handeln motivieren, Externalisten bestreiten dies. Humes berühmte Bemerkung »Die Moral erregt Affekte und erzeugt oder verhindert Handlungen. Die Vernunft allein aber ist hierzu ganz machtlos« (1739/40, 197f.), ist ein klassisches Beispiel für die internalistische Auffassung. John Stuart Mill (1861) und in seiner Nachfolge viele Utilitaristen behaupten hingegen, dass wir zwischen dem Beweis für die Gültigkeit eines Moralprinzips und den Sanktionen aufgrund derer wir ihm folgen, unterscheiden müssen, und bezieht damit eine externalistische Position. Mill geht davon aus, dass die Motivation zum moralischen Handeln weitgehend eine Frage der richtigen Erziehung ist. Die Gültigkeit des Moralprinzips kann jedoch auf eine Weise bewiesen werden, die auch derjenige, der keine glückliche moralische Erziehung genossen hat, problemlos

einsehen kann. Moralische Urteile sind demnach nicht notwendigerweise motivierend. Sog. esoterische Theorien behaupten darüber hinaus, dass das Verständnis moralischer Prinzipien ihre Befolgung gelegentlich sogar untergraben kann, und dass es deshalb besser ist, wenn das richtige Verständnis einer philosophischen Elite vorbehalten bleibt (vgl. Sidgwick 1874).

3.1. Die externalistische Auffassung der moralischen Motivation ist kontrovers, weil sie die handlungsleitende Rolle moralischer Urteile und moralischer Prinzipien – und damit Humes basale Einsicht, dass Moral mit dem Handeln zu tun hat – in Frage stellt. Die internalistische Auffassung ist jedoch aus anderen Gründen problematisch. Wie kann es sein, dass Urteile zum Handeln motivieren? Der Zweifel, der sich in dieser Frage äußert, ist in seiner metaphysischen Form von Mackie (1977) vorgebracht worden: Urteile, die unmittelbar Handlungen motivieren, setzen seiner Ansicht nach die Existenz ontologisch merkwürdiger Sachverhalte (»queer facts«) voraus. Dies hat Mackie zu seiner Irrtumstheorie (»error theory«) moralischer Urteile geführt, der zufolge alle moralischen Urteile falsch sind, weil sie auf einer metaphysisch unhaltbaren Annahme beruhen.

Gegenwärtige Verfechter des Mackieschen Zweifels schlagen jedoch meistens eine andere Richtung ein: Sie neigen einer *non-kognitivistischen* oder *emotivistischen* Analyse moralischer Urteile zu, der zufolge moralische Urteile nicht – oder jedenfalls nicht in demselben Sinn wie andere Urteile – wahrheitswertfähig sind (vgl. Blackburn 1998; Gibbard 1990). Non-Kognitivisten halten an der internalistischen Auffassung moralischer Urteile fest, bezweifeln jedoch deren Objektivität.

Diesen skeptischen Positionen steht die *kantische* Auffassung entgegen, dass wir als rationale Wesen stets von Gründen geleitet sind. Moralische Urteile sind Urteile über Handlungsgründe, und es sollte uns daher nicht verwundern, dass sie Handlungen motivieren – wenigstens insofern, als die Vernunft unser Handeln bestimmt. Die entscheidende Frage ist somit, ob es Gründe zum moralischen Handeln gibt, und nicht wie es diesen Gründen gelingen könnte, uns zu motivieren (vgl. Korsgaard 1986).

3.2. Unter den Vertretern des Internalismus herrscht wenig Einigkeit darüber, ob sich aus der Erklärung praktischer Gründe Einschränkungen für die Erklärung der Moral ergeben. Dies scheint nahe liegend, sofern man die internalistische These, dass moralische Urteile uns zum Handeln bewegen, mit einer subjektivistischen Auffassung praktischer Gründe verbindet. Wenn es von subjektiven Einstellungen abhängt, welche Handlungsgründe eine Person hat, und nur Gründe sie zum Handeln bewegen können, so scheint sich zu ergeben, dass moralische Urteile ihrerseits von subjektiven Einstellungen abhängen, und dass somit moralische Urteile weder universell noch objektiv gültig sind.

3.3. Diese Auffassung vertritt etwa Williams, der in seinem bahnbrechenden Aufsatz »Interne und externe Gründe« (1980) die Ansicht verteidigt, dass alle Gründe Handlungen motivieren, in Konjunktion mit der von Hume inspirierten These, dass sich alle Handlungsmotive letztlich von gegebenen, von Gründen unabhängigen Wünschen herleiten. Die resultierende Auffassung ist eine Variante des sog. desire-belief-Modells: der Auffassung, dass Handlungsgründe (letztlich) Kombinationen von gegebenen Wünschen und Meinungen, wie diese Wünsche verwirklicht werden können, sind. Dieses Modell geht auf Davidson (1963) zurück und findet sich bei zahlreichen gegenwärtigen Autoren, etwa in Michael Smiths (1994) Analyse motivierender Gründe.

Für das Problem der moralischen Motivation ergibt sich aus dieser Auffassung, dass es von den Wünschen einer Person abhängt, ob sie Gründe zum moralischen Handeln hat. Williams (1985) neigt daher einer relativistischen Auffassung moralischer Urteile zu. Andere Autoren behaupten jedoch, was Williams bestreitet, dass nämlich einige unserer Wünsche nicht bloß Ausdruck persönlicher

Vorlieben sind, sondern zur motivationalen Ausstattung aller rationalen Personen gehören. Nagel (1970) etwa geht wie Williams davon aus, dass allen Handlungen Wünsche zugrunde liegen, betont jedoch, dass manche dieser Wünsche durch Gründe hervorgebracht werden (wie etwa die Wünsche, die Mittel zu einem gegebenen Ziel anzuwenden, »motivated desires«, vgl. Wallace 1990) und dass moralische Motivation daher das Produkt der Vernunft ist. Diese Auffassung erinnert an Kants Behauptung, dass das Motiv moralischen Handelns ein »durch einen Vernunftbegriff selbstgewirktes Gefühl« (nämlich »Achtung vor dem Gesetz«, Kant 1785, 401 Anm.) sei.

Andere Erwiderungen auf Williams' Argument, dass sich aus der Auffassung von Handlungsgründen Einschränkungen für unser Verständnis der Moral ergeben, greifen das »desire-belief«-Modell von Handlungsgründen direkt an. Insbesondere haben viele Kritiker bestritten, dass sich die normative Kraft von Gründen innerhalb dieses Modells befriedigend erklären lässt. Alternativen bieten realistische Auffassungen von Gründen oder normativen Tatsachen (vgl. Dancy 2000; Parfit 1997; Raz 1999; Scanlon 1998 und in gewissem Maß McDowell 1995) wie auch antirealistische, konstruktivistische Ansätze (vgl. Korsgaard 1996). Beide Arten von Erwiderungen auf Williams' subjektivistische Auffassung betrachten Gründe generell als objektiv und unabhängig von den Wünschen einer Person gültige Erwägungen. Ihnen zufolge ergibt sich daher aus der Analyse praktischer Gründe keine relativistische Einschränkung für die Reichweite moralischer Urteile.

3.4. Eine weitere Diskussion im Zusammenhang der Frage moralischer Motivation hat weniger mit dem Verhältnis von moralischen Urteilen und motivierenden Gründen als vielmehr mit dem Inhalt moralischer Motivation zu tun.

Die hobbessche Tradition in der Moralphilosophie versucht zu zeigen, dass moralische Motive letztlich auf die Motive zu eigeninteressiertem, rationalem Verhalten reduzierbar sind. Ihren Vertretern ist es häufig darum zu tun, die Rationalität kooperativen Verhaltens zu demonstrieren, wie etwa in Versuchen, das sog. Gefangenendilemma zu lösen (vgl. Gauthier 1986). Diese Auffassung der moralischen Motivation wird von ihren Vertretern manchmal dadurch gerechtfertigt, dass alle Motive menschlichen Handelns »eigeninteressiert« seien. Sie muss sich jedoch nicht auf diese umstrittene und unklare Annahme stützen, sondern kann für sich in Anspruch nehmen, dass das Eigeninteresse jedenfalls ein weit verbreitetes Motiv ist und dass es darüber hinaus klar zu sein scheint, dass es allgemein von Vorteil ist, wenn moralische Prinzipien befolgt werden. Das ungelöste Problem eines solchen Ansatzes ist dann aber zu erklären, warum sog. Trittbrettfahrer, die ja durchaus rational und eigeninteressiert handeln, als unmoralisch gelten.

In deutlichem Kontrast zu diesen Ansätzen steht die Auffassung, dass es unsere natürliche Anteilnahme am Leiden und Geschick anderer ist, die uns moralisches Verhalten nahe legt. Diesem Ansatz zufolge sind es besondere moralische Gefühle, insbesondere Mitleid (vgl. Hume 1739/40; Schopenhauer 1840; Wolf 1990), die uns zum moralischen Handeln motivieren. Ein Problem mit diesem Ansatz ist, dass unser Mitleiden mit Personen, die uns nahe stehen, gewöhnlich sehr viel ausgeprägter ist als mit Unbekannten. Moralische Erwägungen sind jedoch nicht auf dieselbe Weise parteilich. Adam Smith (1759) etwa hat deshalb Mitleid vom Standpunkt eines unparteiischen Beobachters als das Motiv moralischen Handelns identifiziert (vgl. auch Nagel 1986).

Dass das Motiv moralischen Handelns nicht das Eigeninteresse im Allgemeinen, sondern ein spezielles Interesse sei, das uns als rationale Wesen auszeichnet, hat auch Scanlon (1982) behauptet, der den Wunsch, sich anderen gegenüber rechtfertigen zu können, als die Quelle moralischer Motivation sieht.

Kritiker der Moral wie Nietzsche (1887) und Freud (1930) haben ebenfalls Auffassungen moralischer Motivation entwickelt, die besondere Motive ausmachen, wie Ressentiment und Schuldgefühle. Diese Erklärungen moralischer Motivation untergraben in gewissem Maß eine Auffassung der Moral, der zufolge sie nicht allein unser Handeln leitet, sondern auch leiten *sollte*. Der Vergleich dieser skeptischen Positionen mit den übrigen zeigt, dass die Frage der moralischen Motivation gewöhnlich so verstanden wird, dass es nicht allein um eine Erklärung geht, wie moralische Erwägungen uns zum Handeln motivieren können, sondern vielmehr um eine Erklärung, die mit dem normativen Anspruch moralischer Erwägungen vereinbar ist.

4.

Blackburn, S., 1998, Ruling Passion. A Theory of Practical Reasoning, Oxford: Clarendon Press.

Dancy, J., 2000, Practical Reality, Oxford: Oxford University Press.

Davidson, D., 1963, Handlungen, Gründe, Ursachen, in: ders., Handlung und Ereignis, Frankfurt/M.: Suhrkamp 1985.

Falk, W. D., 1948, Ought and Motivation, in: ders., Ought, Reasons, and Morality, Ithaca: Cornell University Press 1986.

Frankena, W. K., 1958, Obligation and Motivation in Recent Moral Philosophy, in: K. E. Goodpaster (Hg.), Perspectives on Morality. Essays by William K. Frankena, Notre Dame: University of Notre Dame Press 1976.

Freud, S., 1930, Das Unbehagen in der Kultur, in: ders., Gesammelte Werke, Bd. XIV, Frankfurt/M.: Fischer.

Gauthier, D., 1986, Morals by Agreement, Oxford: Clarendon Press.

Gibbard, A., 1990, Wise Choices, Apt Feelings, Oxford: Oxford University Press.

Herman, B., 1981, On the Value of Acting from the Motive of Duty, in: dies., The Practice of Moral Judgment, Cambridge/MA: Harvard University Press 1993.

Heuer, U., 2001, Gründe und Motive, Paderborn: Mentis.

Hobbes, T., 1651, Leviathan, Frankfurt/M.: Suhrkamp 1984.

Hume, D., 1739/40, Ein Traktat über die menschliche Natur, 2 Bde., Hamburg: Meiner 1989/78.

Kant, I., 1785, Grundlegung zur Metaphysik der Sitten, Akademie-Ausgabe, Bd. 4, Berlin: de Gruyter 1968.

Korsgaard, C., 1986, Skeptizismus bezüglich praktischer Vernunft, in: S. Gosepath (Hg.), Motive, Gründe, Zwecke, Frankfurt/M.: Fischer 1999.

Korsgaard, C., 1996, The Sources of Normativity, Cambridge: Cambridge University Press.

Mackie, J. L., 1977, Ethik, Stuttgart: Reclam 1981.

McDowell, J., 1995, Might There Be External Reasons?, in: J. E. J. Altham/R. Harrison (Hg.), World, Mind and Ethics, Cambridge: Cambridge University Press.

Mill, J. S., 1861, Utilitarismus, Stuttgart: Reclam 1985.

Nagel, T., 1970, Die Möglichkeit des Altruismus, Bodenheim: Philo 1998.

Nagel, T., 1986, Der Blick von Nirgendwo, Frankfurt/M.: Suhrkamp 1992.

Nietzsche, F., 1887, Zur Genealogie der Moral, in: KSA, Bd. 5, München/Berlin: dtv/de Gruyter 1999.

Parfit, D., 1997, Reasons and Motivation, in: Proceedings of the Aristotelian Society, Suppl. Vol. 71.

Prichard, H. A., 1912, Beruht die Moralphilosophie auf einem Irrtum?, in: K. Bayertz (Hg.), Warum moralisch sein?, Paderborn: Schöningh 2002.

Raz, J., 1999, Engaging Reason. On the Theory of Value and Action, Oxford: Oxford University Press.

Scanlon, T. M., 1982, Contractualism and Utilitarianism, in A. Sen/B. Williams (Hg.), Utilitarianism and Beyond, Cambridge: Cambridge University Press.

Scanlon, T. M., 1998, What We Owe to Each Other, Cambridge/MA: Harvard University Press.

Schopenhauer, A., 1840, über die Grundlage der Moral, Hamburg: Meiner 1979.

Sidgwick, H., 1874, Methods of Ethics, Indianapolis: Hackett 1981.

Smith, A., 1759, Theorie der ethischen Gefühle, Hamburg: Meiner 2004.

Smith, M., 1994, The Moral Problem, Oxford: Blackwell.

Stocker, M., 1979, Desiring the Bad, in: Journal of Philosophy 76.

Wallace, R. J., 1990, How to Argue about Practical Reason, in: Mind 99.

Wallace, R. J., 1998, Moral Motivation, in: E. Craig (Hg.), Routledge Encyclopedia of Philosophy, London: Routledge.

Williams, B., 1980, Interne und externe Gründe, in: S. Gosepath (Hg.), Motive, Gründe, Zwecke, Frankfurt/M.: Fischer 1999.

Williams, B., 1985, Ethik und die Grenzen der Philosophie, Hamburg: Rotbuch 1999.

Wolf, U., 1990, Das Tier in der Moral. Frankfurt/M.: Klostermann.

Ulrike Heuer

Moraltheorien

1.

In der philosophischen Literatur gibt es weder einen einheitlich verwandten Begriff der Moral noch eine von allen akzeptierte Einteilung von Theorien der Moral. Als Kernbereich der Moral werden aber gemeinhin soziale Normen angesehen, die für das Handeln aller Moraladressaten unabhängig von ihren je besonderen Wünschen und Absichten verbindlich sind und eine Einschränkung egoistischer Interessen zugunsten der Interessen anderer oder der Allgemeinheit fordern. Theorien der Moral werden auch als »Ethiken« bezeichnet. Verfahren sie nicht rein deskriptiv, sondern zielen darauf ab, die Legitimität von Normen zu überprüfen, spricht man von »normativen« Ethiken. Diese lassen sich am sinnvollsten nach den Kriterien differenzieren, die sie zur Bestimmung von moralisch richtigen bzw. falschen Handlungen heranziehen.

2.

Eine erste Orientierung verschafft die Kontrastierung von konsequentialistischen und nichtkonsequentialistischen Ansätzen. Erstere machen die Moralität von Handlungen ausschließlich an ihren außermoralischen Folgen fest. Richtig ist danach die Handlung, die unter allen Handlungsalternativen am meisten der Beförderung eines außermoralischen Guts dient. Gegner des Konsequentialismus bestreiten dies. Für sie können Handlungen auch dann moralisch geboten sein, wenn sie nicht die besten Folgen zeitigen, und sie können sich verbieten, obwohl sie ein außermoralisches Gut maximieren. Wie scharf der Gegensatz zwischen konsequentialistischen und nichtkonsequentialistischen Ethiken gefasst wird, hängt allerdings davon ab, was alles zu den Folgen einer Handlung gezählt wird; er verschwimmt, wenn auch noch der Handlungserfolg (z.B. eine Täuschung) oder das, was in der Handlung zum Ausdruck kommt (z.B. die Missachtung einer anderen Person), zu ihren Konsequenzen gerechnet werden.

3.

3.1. Die am besten ausgearbeitete Variante einer konsequentialistischen Moraltheorie ist der Utilitarismus. In seinen direkten Versionen bemisst sich die moralische Richtigkeit einer Handlung zur Gänze an ihren Folgen, während diese selbst am Maßstab des Nutzens beurteilt werden. In indirekten Varianten wird das Nutzenprinzip dagegen nicht unmittelbar auf die Folgen von Handlungen, sondern z.B. auf die von Handlungsregeln oder Verhaltensdispositionen angewendet. »Nutzen« meint im Utilitarismus den Gesamtwert, den eine Handlung (bzw. eine Regel, Disposition etc.) für alle von ihr betroffenen Individuen hat. Dieser Wert wird meistens mit der Summe des individuellen Wohlergehens, das als einziges intrinsisches Gut gilt, identifiziert. Im klassischen Utilitarismus, wie ihn Bentham und Mill formuliert haben, wird der Gesamtnutzen einer Handlung hedonistisch verstanden, also an Lust und der Abwesenheit von Unlusterfahrungen festgemacht. Viele spätere Utilitaristen haben die hedonistische jedoch durch eine präferenzialistische Werttheorie ersetzt, die den Gesamtnutzen einer Handlung (Regel usw.) an der Befriedigung der Präferenzen aller von ihr Betroffenen abliest. Da sich die Präferenzen von Personen auch auf Dinge richten können, die außerhalb ihres Erlebens liegen, bindet der Präferenzutilitarismus die Moralität von Handlungen (Regeln usw.) nicht mehr an die Erzeugung subjektiver Erlebniszustände, sondern an die Herstellung gewünschter Weltzustände. Diese Auffassung sieht sich mit dem Problem konfrontiert, dass die Erfüllung ihrer Wünsche Menschen unglücklich machen oder auf andere Weise destruktiv wirken kann. Für einige Präferenzutilitaristen bilden deswegen nicht mehr die faktischen Präferenzen von Individuen die Basis der Nutzenberechnung, sondern die Präferenzen, die Individuen haben würden, wären sie hinreichend informiert und rational.

Bei aller Vielfalt kann als Kern des Utilitarismus die Kombination aus Konsequentialismus, aus der Anerkennung allein eines intrinsischen Werts und aus einem überpersönlichen Universalismus betrachtet werden, für den die Empfindungen oder Präferenzen aller Personen oder gar aller leidensfähigen Wesen als solche gleich viel zählen. Schwierigkeiten erwachsen dem Utilitarismus aus den empirischen Unsicherheiten, die sich bei der Berechnung des – wie im Einzelnen immer bestimmten – Gesamtnutzens ergeben. Solche Unsicherheiten sind allerdings letztlich mit jeder Art von Folgenabschätzung verbunden. Ein anderer Standardeinwand unterstellt dem Utilitarismus, keinen Platz für individuelle Rechte und für Prinzipien der Verteilungsgerechtigkeit zu haben. Sofern sich diese als nützlich erweisen lassen, können sie aber durchaus in den utilitaristischen Theorierahmen integriert werden, wenn auch nur als abgeleitete Größen. Die eigentlichen Schwachstellen des Utilitarismus dürften eher in seinen theoretischen Grundlagen zu suchen sein. Erstens wirkt die für ihn typische monistische Axiologie wenig überzeugend. Warum soll Lust oder Präferenzbefriedigung der einzige intrinsische Wert sein? Zweitens basiert der Utilitarismus in der Regel auf einer wenig ausgearbeiteten Theorie der Normativität. Woher gewinnen moralische Regeln ihre Verbindlichkeit? Drittens schließlich kann ein reiner Konsequentialismus suspekt erscheinen, weil er der Moral nur einen instrumentellen Wert zuerkennt, zugleich aber zu einer Moralisierung noch der harmlosesten Lebensäußerungen tendiert.

Bindet man den Utilitarismus an eine Ein-Gut-Axiologie, dann ergeben sich weitere, nichtutilitaristische Spielarten einer konsequentialistischen Moraltheorie durch die Anerkennung einer Pluralität intrinsischer Werte. Ein Beispiel dafür ist der Konsequentialismus von G. E. Moore, der neben Lusterfahrungen Schönheit, Freundschaft und Wissen als intrinsisch wertvoll betrachtet. Moores Konzeption wird aber gelegentlich auch als »idealer Utilitarismus« bezeichnet.

3.2. Während sich konsequentialistische Ethiken durch eine einfache theoretische Grundstruktur auszeichnen, werden zu den nichtkonsequentialistischen Ethiken Moraltheorien sehr unterschiedlicher Art gezählt. Da sie häufig den Verpflichtungscharakter moralischer Normen betonen und Pflichten für fundamentaler als Güter halten, werden sie auch als »deontologische« Ethiken (gr. *to deon*: das Nötige) bezeichnet. Weder nichtkonsequentialistische noch deontologische Ethiken müssen jedoch auf die Bewertung von Handlungen aufgrund ihrer Folgen verzichten; nur soll sich ihre Moralität nicht ausschließlich nach diesen richten.

Die einflussreichste nichtkonsequentialistische Ethik ist die Moraltheorie Kants. In ihr fungiert als oberster Maßstab der Moral ein von allen materialen Zwecken abstrahiertes Vernunftgesetz, das für nicht rein vernünftige Wesen wie Menschen als kategorischer Imperativ gefasst wird. In einer seiner Formulierungen – der sog. Grund- oder Universalisierungsformel – lautet er: »Handle nur nach derjenigen Maxime, durch die du zugleich wollen kannst, dass sie ein allgemeines Gesetz werde.« (1785, 421) Der kategorische Imperativ bezieht sich also nicht direkt auf Handlungen, sondern auf Maximen, d.h. subjektive Prinzipien für das eigene Tun und Leben. Handlungen sind danach moralisch erlaubt, wenn sie sich als von allen Personen befolgtes Gesetz denken und wollen lassen, moralisch verboten, wenn sie universalisiert entweder nicht gedacht oder nicht gewollt werden können. Als Universalisierungsgrundsatz bleibt der kategorische Imperativ rein formal. Ob sich, wie Kant meint, aus ihm überzeugend inhaltliche Pflichten wie die, keine lügenhaften Versprechen abzugeben und anderen in Not zu helfen, generieren lassen, ist seit Hegels Kritik an Kants vorgeblich leerem Formalismus umstritten. Einige Anhänger Kants halten sich deswegen bevorzugt an die sog. Zweck-an-sich-Formel des kategorischen Imperativs, die Kant selbst für äquivalent mit der Grundformel hält. Sie lautet: »Handle so, dass du die Menschheit, sowohl in deiner Person, als in der Person eines jeden andern, jederzeit zugleich als Zweck, niemals bloß als Mittel brauchest.« (1785, 429) Dieses Instrumentalisierungsverbot macht deutlich, dass Kants Ethik auf einer zentralen Wertannahme beruht: Der »Menschheit« in jeder Person – worunter Kant insbesondere das Vermögen der praktischen Vernunft zur freien Zwecksetzung versteht – soll »absoluter Wert« oder »Würde« zukommen. Die ihm gegenüber angemessene Haltung ist moralische »Achtung«. Als vernunftbegabten Wesen kommt sie allen Menschen gleichermaßen zu. Was sie im Einzelnen gebietet, ist dabei durchaus offen. In der *Metaphysik der Sitten* (1797) hebt Kant zwei allgemeine Pflichten hervor: diejenige, das Glück anderer zu befördern, und diejenige, für die eigene Vollkommenheit Sorge zu tragen. Ersteres geschieht v.a. auf dem Weg der Respektierung und, wo möglich, der aktiven Unterstützung der moralisch erlaubten Zwecke der anderen, Letzteres drückt sich negativ im Selbsttötungsverbot und positiv im Gebot, die eigenen Talente zu entfalten, aus. Die für Kants Ethik zentrale Wertannahme wurzelt in seiner Metaphysik, wonach der Mensch nicht nur sinnliches, sondern zugleich »intelligibles« Wesen ist, das nicht dem Determinismus der Naturgesetze unterliegt. Als undeterminiert frei soll sich der Mensch gerade dadurch erweisen, dass er sich kraft der »reinen«, von allen empirischen Zusammenhängen absehenden praktischen Vernunft das Gesetz der Moral selbst gibt. Der kategorische Imperativ formuliert so, was jeder Mensch »eigentlich« – nämlich als intelligibles Wesen – will und deswegen – nämlich als Sinnenwesen – unbedingt soll.

Eine besonders prägnante nichtkonsequentialistische Ethik stellt der intuitionistische moralische Pluralismus dar, wie er im England der ersten Hälfte des 20. Jahrhunderts von H. A. Prichard und von W. D. Ross vertreten wurde. Für Ross sind moralische Pflichten nicht absolute, sondern Ausnahmen gestattende »Prima-facie-Pflichten«, die intuitiv als (*ceteris paribus*) geboten eingesehen und weder aufeinander reduziert noch aus einem obersten Prinzip abgeleitet werden können. Beispiele für solche Pflichten sind Pflichten zur Dankbarkeit, zum Halten von Versprechen und zur Gerechtigkeit. Unter Ross' Prima-facie-Pflichten finden sich auch konsequentialistische Prinzipien wie die Pflicht zur größtmöglichen Wohltätigkeit. Konflikte zwischen den einzelnen Pflichten sollen jedoch nicht mit Hilfe eines konsequentialistischen Kalküls, sondern mittels einer fallibIen Urteilskraft durch kontextsensitive Gewichtungen der betroffenen Pflichten gelöst werden. Der pluralistische Intuitionismus schreibt den Regeln der Moral eine ähnliche Eigenständigkeit wie denen der Logik zu.

In mehr oder minder enger Nachfolge Kants stehen eine Reihe weiterer nichtkonsequentialistischer Ethiken. Von Kants eigener Ethik heben sie sich insbesondere durch andere Formulierungen des obersten Moralprinzips und durch andere Strategien zu seiner Begründung ab. Die im deutschen Sprachraum bekannteste Ethik kantischer Provenienz ist die Diskursethik. Ihre Grundidee besteht in der Forderung, sich im Handeln an Grundsätzen zu orientieren, denen alle vernünftigen Personen in einem unbegrenzten und rein argumentativen Diskurs zustimmen könnten. Über die moralische Richtigkeit von Handlungen entscheidet somit der hypothetische Konsens aller Vernunftwesen. Bei der Begründung dieses Prinzips schlagen die Vertreter der Diskursethik z.T. unterschiedliche Wege ein. Während in der »transzendentalpragmatischen« Variante K.-O. Apels der Versuch einer Letztbegründung der Moral unternommen wird, verzichtet die »universalpragmatische« Variante von J. Habermas darauf. Für Apel setzt jede rationale Argumentation und letztlich jedes Handeln und Denken nicht nur das diskursethische Moralprinzip, sondern auch die universelle Geltung einzelner ethischer Normen voraus. Habermas meint dagegen, ethische Normen seien nicht unmittelbar aus den Voraussetzungen jeder Argumentation zu entnehmen; sie könnten nur im realen Diskurs vernünftiger Akteure entwickelt oder geprüft werden. Allerdings glaubt auch er, ein Prinzip der allgemeinen und gleichen Interessenberücksichtigung und über dieses vermittelt das Diskursprinzip aus einer Teilmenge von »Diskursregeln« in Verbindung mit einem schwachen Begriff von Normrechtfertigung ableiten zu können.

Unter weiteren von Kant inspirierten Moraltheorien ist eine Familie von Konzeptionen hervorzuheben, die man als »kantianischen Kontraktualismus« bezeichnen kann. Sie ist strikt von Spielarten des »hobbesianischen« Kontraktualismus zu unterscheiden, deren wichtigste Quelle die politische Philosophie von Hobbes ist. Gemeinsam ist beiden Grundformen des moralischen Kontraktualismus die (auch von der Diskursethik geteilte) Annahme, dass sich die Inhalte der Moral auf dem Weg einer rationalen Übereinkunft aller ihrer Adressaten bestimmen oder rechtfertigen lassen. Während im kantianischen Kontraktualismus die Idee einer rationalen Übereinkunft jedoch primär als eine Methode zur Operationalisierung sehr allgemeiner Vorstellungen von moralischer Richtigkeit genommen wird, dient sie im hobbesianischen Kontraktualismus v.a. der Angabe von Gründen für die Annahme und Befolgung moralischer Normen im aufgeklärten Eigeninteresse.

Als Hauptvertreter des kantianischen Kontraktualismus sind J. Rawls und T. M. Scanlon zu nennen. Rawls' Theorie der Gerechtigkeit zeichnet Grundsätze für eine gerechte Gesellschaft, nicht für gerechte Einzelhandlungen aus; sie ist daher eine politische Theorie, keine Ethik. Rawls' Leitgedanke, dass gerecht solche Prinzipien sind, die rationale Personen hinter einem »Schleier des Nichtwissens«, der ihnen alle Informationen über ihre partikulare Identität verstellt, als allgemein verbindlich anerkennen würden, bringt jedoch eine Vorstellung von Gleichheit und Fairness zum Ausdruck, die auch für die Ethik fruchtbar gemacht werden kann. Worauf sich rationale Personen bei stark eingeschränkter Information einigen würden, hängt allerdings ganz davon ab, welche Interessen und Risikoneigungen ihnen zugeschrieben werden und wie dicht der »Schleier des Nichtwissens« ist. Die Festlegung der Bedingungen der (hypothetischen) Entscheidungssituation (des sog. Urzustands) ist bei Rawls Aufgabe der Herstellung eines »Überlegungsgleichgewichts«, in dem vorgängige generelle und konkrete Gerechtigkeitsüberzeugungen zu einem kohärenten Ganzen zusammengefügt werden sollen. Die Last der Begründung tragen insofern bereits vorausgesetzte moralische Überzeugungen, nicht die Entscheidungsprozedur im Urzustand.

Anders als Rawls verzichtet der ausdrücklich als Moraltheorie konzipierte Ansatz von Scanlon auf eine kontrafaktische Informationsbegrenzung. Ihm zufolge ist eine Handlung dann moralisch falsch, wenn ihre Ausführung unter den gegebenen Umständen Verhaltensprinzipien widerspräche, die niemand vernünftigerweise als Basis für eine informierte, ungezwungene Übereinkunft zurückweisen könnte. In die dabei zugrunde gelegte Vernünftigkeit geht bereits eine im weiten Sinn moralische Bereitschaft zur wechselseitigen Respektierung der legitimen Zwecke aller anderen Personen ein. Theorien wie die von Rawls und Scanlon lassen sich ebenso wie die Diskursethik als je spezifische Variationen zu Kants Idee eines »Reichs der Zwecke« verstehen, in dem sich vernünftige Wesen gemeinsam das Gesetz der Moral geben und damit ihre Autonomie als gleiche und freie Personen realisieren.

Der hobbesianische Kontraktualismus in der Moral versucht dagegen ohne die normative Idee von Personen als frei und (an Rechten) gleich auszukommen. Moralische Normen werden als Regeln aufgefasst, auf die sich auch vollkommen egoistische Akteure im eigenen Interesse einigen könnten. Die durch die Moral bedingten Freiheitsbeschränkungen müssen danach von jedem in Kauf genommen werden, weil, so die Annahme, jedem mehr an der Freiheit und Sicherheit liegt, die er durch den Freiheitsverzicht der anderen gewinnt, als an der Freiheit, die er selbst im Gegenzug aufzugeben hat. In der Fassung der kontraktualistischen Moraltheorie, die ihr D. Gauthier gegeben hat, ist die Moral, obwohl sie der individuellen Nutzenmaximierung Grenzen setzt, eine Erweiterung der Theorie der rationalen Wahl. Für die Moral zu optieren, soll zweckrational sein, sofern sich die Anderen ebenso entscheiden.

Dass die in dieser Weise verstandene rationale (Re-)Konstruktion der Moral ggf. zur drastischen Revision verbreiteter Moralvorstellungen führt, wird zumindest von einigen Hobbesianern in Kauf genommen.

Vom moralischen Kontraktualismus hobbesscher Provenienz abgesehen, dürften nichtkonsequentialistische Ethiken besser zu verbreiteten moralischen Alltagsüberzeugungen passen als konsequentialistische. Ob dies als Vor- oder Nachteil zu verbuchen ist, hängt von der Einschätzung solcher Überzeugungen sowie der Möglichkeit und Notwendigkeit einer theoriegeleiteten Reform des normalen moralischen Bewusstseins ab. Die größte Nähe zum Alltagsbewusstsein weisen Varianten des intuitionistischen Pluralismus auf. Sie haben dafür den Preis zu entrichten, in Fällen des Konflikts zwischen verschiedenen, fest verwurzelten moralischen Überzeugungen und für die Lösung ganz neuer moralischer Probleme keine Orientierungshilfe bieten zu können. Wie weit dies ein sehr allgemein gefasstes formales Moralprinzip wie der kategorische Imperativ oder ein intersubjektives Konsensprinzip vermag, ist allerdings eine offene Frage. Die Ausfüllung formaler Prinzipien könnte am Ende von eben jenen moralischen »Intuitionen« zehren, die sie starken konstruktivistischen Ansprüchen zufolge allererst generieren helfen sollen. Eine andere Schwierigkeit betrifft den Verpflichtungscharakter moralischer Normen. Die meisten nichtkonsequentialistischen Ethiken verstehen das moralische Sollen als ein Vernunftgebot. Dagegen könnte jedoch sprechen, dass unmoralische Handlungen nicht notwendig als irrational oder unvernünftig zu bewerten sind.

3.3. In der heutigen Theoriediskussion wird des Öfteren als Alternative zu den Hauptvarianten konsequentialistischer wie nichtkonsequentialistischer Moraltheorien die Tugendethik ins Spiel gebracht. Auch Tugendethiken werden jedoch in einer Reihe verschiedener Versionen vertreten, und viele davon bewegen sich nicht auf der gleichen theoretischen Ebene wie andere Ethiken, sondern bieten sich als Ergänzung zu diesen an.

Die historisch gesehen prominentesten Tugendethiken (wie die von Aristoteles und Thomas von Aquin) sind im Rahmen eines objektiv teleologisch begründeten Eudämonismus entwickelt worden. Die Leitfrage der Ethik ist danach nicht die Frage, wozu wir verpflichtet sind oder was wir einander schulden, sondern die Frage, was das für Menschen beste und glücklichste Leben ist. Aus objektiv teleologischer Sicht findet der Mensch seine *eudaimonia* (gr. für »Glück«) in der Erfüllung des in seiner Natur beschlossenen *telos* (gr. für »Zweck«/»Ziel«). Charakter- und Verstandestugenden wie Besonnenheit, Tapferkeit, Gerechtigkeit und Klugheit sind Dispositionen zum gelingenden Vollzug dessen, was den Menschen als Menschen auszeichnet; in ihrer Aktualisierung liegt die Realisierung des menschlichen Ziels und obersten Guts. Einer so eingebetteten Tugendethik ist der utilitaristischen wie kantianischen Moraltheorien gemeinsame Gedanke fremd, dass das moralisch Richtige und Gebotene vom Glücken des einzelnen menschlichen Lebens unabhängig ist. Auch deswegen ist es irreführend, sie, wie weithin üblich, zusammen mit dem Utilitarismus zu der einen Gruppe der »teleologischen« Ethiken zu zählen.

Heutige Tugendethiken orientieren sich zwar lose an klassischen Vorbildern, lehnen jedoch in der Regel objektiv-teleologische Vorstellungen ab und lassen meist auch den Bezug von Tugenden auf das Glück des Einzelnen zurücktreten. Mit traditionellen Tugendethiken teilen sie die Fokussierung auf den Charakter als primären Gegenstand moralischer Wertungen, die Skepsis gegenüber Regeln und Prinzipien in der Moral und die Bevorzugung deskriptiv reicher Wertungsausdrücke wie »gerecht«, »ehrlich« und »großzügig« gegenüber den abstrakten Begriffen »gut« und »richtig«. Als moralisch richtig werden diejenigen Handlungen ausgezeichnet, die ein Mensch von tugendhaftem Charakter unter den gegebenen Umständen ausführen würde. Eine eigenständige Moraltheorie lässt sich auf diesen Grundsatz jedoch nur dann aufbauen, wenn die Bestimmung einzelner Charakterzüge als tugendhaft nicht auf vorgängige Kriterien für die Moralität von Handlungen angewiesen ist. In die gängigen konsequentialistischen wie nichtkonsequentialistischen Ethiken können Tugenden als Dispositionen zum Vollzug der nach ihren jeweiligen Kriterien als moralisch richtig eingestuften Handlungen integriert werden. In diesem Fall geht die Bewertung von Handlungen als moralisch richtig aber der Identifizierung von moralisch guten Charaktereigenschaften und Motiven voraus. Tugendethiken, die dazu eine Alternative bereitstellen wollen, müssen diese Abhängigkeitsbeziehung umkehren. In ihren klassischen Varianten war dies im Prinzip durch die Koppelung von Tugenden an das Ziel oder das Glück des Menschen möglich; ob es auch ohne eine solche Koppelung gelingen kann, erscheint fraglich.

Wie immer man den systematischen Stellenwert von Tugendethiken beurteilen mag – in jedem Fall haben sie dazu beigetragen, dass sich die Moralphilosophie wieder mit lange vernachlässigten Themen wie Glück, Freundschaft, Gemeinschaft, moralische Gefühle und moralische Erziehung beschäftigt. In Tugendethiken artikuliert sich ein verbreitetes Unbehagen an der Tendenz vieler moderner Moraltheorien, die Moral nach dem Vorbild des positiven Rechts zu konzipieren (etwa durch Betonung des Forderungscharakters moralischer Normen, der Rolle von Rechten und von Sanktionen). Dies verbindet sie mit anderen Ethiken wie z.B. der feministischen Ethik, die in ihrer bekanntesten Variante, der Sorgeethik (*ethics of care*), die Sorge um hilfsbedürftige Andere für das wichtigste moralische Phänomen hält, und der Mitleidsethik, die moralische Normen im Ausgang von der natürlichen affektiven Betroffenheit durch das Leiden anderer zu entwickeln versucht. Die für Tugendethiken typische Skepsis gegenüber der Fixierung auf moralische Regeln und Prinzipien wird im moralischen Partikularismus aufgegriffen, dessen Vertreter bezweifeln, dass sich eine überschaubare Anzahl von (außermoralischen) Eigenschaften ausmachen lässt, die kontextunabhängig als Kriterien für die moralische Richtigkeit oder Falschheit von Handlungen fungieren können.

3.4. Die verschiedenen Typen der Moraltheorie unterscheiden und überlappen sich in einer Reihe von Dimensionen. So sind heute die meisten Ethiken universalistisch ausgelegt; moralische Normen sollen an alle handlungsfähigen Personen adressiert sein und allen Personen, wenn nicht sogar allen fühlenden Wesen Schutz gewähren. Es gibt jedoch auch Bestrebungen, die Reichweite moralischer Normen zunächst einmal auf kleinere Gemeinschaften zu beschränken. Sie sind besonders deutlich im moralischen Kontraktualismus hobbesscher Provenienz und in einigen Spielarten der Tugendethik, die einzelne Tugenden an kulturell spezifische Praktiken binden. Grundsätzlich können kulturspezifische Normen jedoch selbst von Utilitaristen und Kantianern anerkannt werden. Ebenso lassen sich die einzelnen Moraltheorien mehr oder minder gut mit verschiedenen metaethischen Überzeugungen verbinden. Beispielsweise kann konsequentialistischen Theorien sowohl eine realistische Axiologie, der zufolge etwas wertvoll unabhängig von den Einstellungen und Empfindungen von Individuen ist, als auch eine antirealistische Wertkonzeption zugrunde liegen, nach der etwas gut immer nur relativ auf die Wünsche oder Gefühle von Subjekten sein kann.

4.

Apel, K.-O., 1973, Das Apriori der Kommunikationsgemeinschaft und die Grundlagen der Ethik, in: ders., Transformation der Philosophie, Bd. 2, Frankfurt/M.: Suhrkamp.

Bentham, J., 1780, An Introduction to the Principles of Morals and Legislation, Amherst: Prometheus 1988.

Crisp, R. (Hg.), 1996, How Should One Live?, Oxford: Oxford University Press.

Dancy, J., 2004, Ethics Without Principles, Oxford: Clarendon Press.

Darwall, S. (Hg.), 2002, Contractarianism/Contractualism, Oxford: Oxford University Press.

Foot, P. (Hg.), 1967, Theories of Ethics, Oxford: Oxford University Press.

French, P./Uehling, T./Wettstein, H. K. (Hg.), 1988, Ethical Theory: Character and Virtue, Midwest Studies in Philosophy XIII, Notre Dame: University of Notre Dame Press.
Gauthier, D., 1986, Morals by Agreement, Oxford: Oxford University Press.
Habermas, J., 1983, Moralbewußtsein und kommunikatives Handeln, Frankfurt/M.: Suhrkamp.
Kant, I., 1785, Grundlegung zur Metaphysik der Sitten, Akademie-Ausgabe, Bd. 4, Berlin: de Gruyter 1968.
Kant, I., 1797, Die Metaphysik der Sitten, Akademie-Ausgabe, Bd. 6, Berlin: de Gruyter 1968.
MacIntyre, A., 1981, After Virtue, Notre Dame: University of Notre Dame Press.
Mill, J. S., 1863, Der Utilitarismus, Stuttgart: Reclam 1976.
Moore, G. E., 1903, Principia Ethica, Stuttgart: Reclam 1970.
Noddings, N., 1984, Caring. A Feminine Approach to Ethics and Moral Education, Berkeley: University of California Press.
Prichard, H. A., 1949, Moral Obligation, Oxford: Oxford University Press.
Rawls, J., 1971, Eine Theorie der Gerechtigkeit, Frankfurt/M.: Suhrkamp 1975.
Rippe, K./Schaber, P. (Hg.), 1998, Tugendethik, Stuttgart: Reclam.
Ross, W. D., 1930, The Right and the Good, Indianapolis: Hackett 1988.
Scanlon, T. M., 1998, What We Owe to Each Other, Cambridge/MA: Harvard University Press.
Timmons, M., 2002, Moral Theory, Lanham: Rowman & Littlefield.
Tugendhat, E., 1993, Vorlesungen über Ethik, Frankfurt/M.: Suhrkamp.

Holmer Steinfath

Morus, Thomas (1478–1535)

1.

1478 in London als Sohn eines wohlhabenden und angesehenen Juristen geboren, verbrachte Thomas More (latinisiert Morus) zwei Jahre als Page im Haushalt des englischen Lordkanzlers John Morton. 1492 begann er in Oxford mit dem Studium der Theologie, kehrte aber bereits kurze Zeit später nach London zurück, um sich am New Inn und später am Lincoln's Inn der Jurisprudenz zuzuwenden. 1499 schloss er das Studium ab. Bereits während dieser Zeit hatte Morus verschiedene Verbindungen zu den humanistisch gebildeten Kreisen in Europa geknüpft. Die Freundschaft mit Erasmus (dieser widmete ihm später sein Werk *Das Lob der Torheit*) inspirierte sein literarisches Schaffen in einem Maße, so dass er selbst zu einem der führenden Vertreter des Humanismus in Europa aufstieg. So verfasste er nach seinem Studium Gedichte und Übersetzungen antiker Autoren. 1510 erschien mit *Life of John Picus* sein erstes größeres Werk. Auf dem Höhepunkt seiner humanistischen Entwicklung publizierte er 1516 sein bekanntestes Buch *Utopia*. Daneben begann er mit den Arbeiten an der *Geschichte König Richards III*. Parallel zu seiner schriftstellerischen Entwicklung engagierte er sich seit Beginn des Jahrhunderts auch immer stärker politisch. 1504 Parlamentsmitglied unter Heinrich VII., wurde er 1510 Mitglied des ersten Parlaments unter Heinrich VIII. Seiner Tätigkeit als Under-Sheriff der City of London folgten weitere politische Ämter. 1517 stieg er zum Mitglied des königlichen Rates auf. In dieser Funktion unternahm er mehrere diplomatische Missionen und Gesandtschaftsreisen. 1520 beriet er Heinrich VIII. während dessen Treffens mit Kaiser Karl V. in Canterbury. Ein Jahr später geadelt, wurde er Unterschatzkanzler. Nach seiner 1526 erfolgten Berufung zum Richter der Star Chamber avancierte er 1529 zum Lordkanzler. Daneben hatte er seit Beginn der 1520er Jahre mehrere Positionen im universitären Bereich inne, ohne seine publizistische Tätigkeit zu unterbrechen. Im Zuge seiner Verweigerung des Suprematseids gegenüber Heinrich VIII. legte er 1532 das Amt des Lordkanzlers nieder. Bereits 1528 war er der Bitte der katholischen Kirche gefolgt, den Glauben gegen reformatorische Entwicklungen zu verteidigen. Zwischen 1529 und 1535 erschienen mehrere Schriften, die diesem Zweck dienten (u.a. 1529 *Dialogue Concerning Heresies*, 1532–1533 *Confutation of Tyndales Answers*, 1534–

1535 *Treatise on the Passion, De Tristitia Christi*). Wegen seiner Eidverweigerung 1534 im Tower inhaftiert, wurde er am 6. Juli 1535 enthauptet. Vierhundert Jahre später sprach ihn die katholische Kirche heilig.

2.

Die *Utopia* von Morus begründet die neuzeitliche politische Utopie. Unter Rekurs auf Platon ›modernisiert‹ er dessen *Politeia*, indem er die Arbeit aufwertet, die Ständegesellschaft abschafft, das Gemeineigentum auf die Gesamtgesellschaft überträgt und die Wissenschaft in ihrer Anwendungsbezogenheit als Technik betont. Morus gab mit diesem Werk nicht nur der Gattung ihren Namen, sondern prägt darüber hinaus das utopische Muster, das bis ins 20. Jahrhundert hinein epochenspezifisch modifiziert wurde.

3.

Die *Utopia* zerfällt innerhalb einer in Dialogform geschriebenen Rahmenhandlung in zwei Teile. Der erste Teil enthält eine radikale Kritik der wirtschaftlichen und politischen Verhältnisse Englands um 1500. Im Rahmen der sog. Einhegungsbewegung hatte der englische Landadel, die Gentry, begonnen, die Bauern von ihrer Allmende zu vertreiben, um in großen wirtschaftlichen Einheiten Schafzucht zum Zweck der Wollproduktion betreiben zu können. Als Rohstoff diente sie der Textilherstellung, die unter Gewinngesichtspunkten auf den regionalen und überregionalen Märkten vertrieben wurde. Die soziale Schicht der Pachtbauern verelendete durch diese Entwicklung, weil sie nicht nur ihre Häuser, sondern auch ihre Einkommensquelle verloren. Das politische System reagierte nach Morus auf diese Entwurzelungsprozesse mit einem rigiden Strafrechtssystem, welches bereits kleinere Eigentumsdelikte, oftmals verübt aus Elend und Hunger, hart bestrafte. Das Privateigentum und die Gier einiger weniger waren nach Morus im Begriff, das Gemeinwesen zu zerstören.

Der zweite Teil der *Utopia* ist der Beschreibung des idealen Gemeinwesens gewidmet, welches Morus der kritisierten Realität alternativ konfrontiert, weil es deren Fehlentwicklungen vermeidet. In Utopia ist das Privateigentum abgeschafft und der Luxus verboten. Die Gleichheit aller ist Grundlage der politischen und materiellen Reproduktion. Eine strikte Organisation der Arbeit resultiert aus der Prämisse, dass der Natur erst durch mühevolle Arbeit abgerungen werden muss, was die Gemeinschaft zum Überleben benötigt. Aus diesem Grund herrscht allgemeine Arbeitspflicht, dafür aber auch ein Fürsorgegebot des Staates gegenüber denen, die nicht arbeiten können. Egalitäre Bildungschancen und – wenn auch begrenzt – politische Partizipationsmöglichkeiten sind ebenso vorgesehen wie die Abschaffung des Gegensatzes von arm und reich. Der Gleichheit entspricht die Uniformierung auf weiteren Gebieten: Die 54 Städte Utopias ähneln sich durch ihre Geometrisierung ebenso wie alle Bürger die gleichen Kleider tragen. Ein weiteres Merkmal des utopischen Staates ist in der religiösen Toleranz zu sehen, die aus einer säkularen Staatskonstruktion resultiert. Der wichtigste Baustein des politischen Systems ist nach dem Wegfall der aristokratischen und klerikalen Eliten die Familie. Sie steht unter staatlicher Kontrolle und Garantie. Der politische Wille wird von gewählten Mandatsträgern (mit beschränkter Dauer) auf verschiedenen Ebenen des Repräsentationssystems ermittelt, das der aristotelischen »Politie«, also einer gemischten Verfassung, ähnelt. Doch Morus akzentuiert sie anders als z.B. Machiavelli. Muss diesem zufolge der gesellschaftliche Konsens erst durch den Konflikt des demokratischen, aristokratischen und monarchischen Elements hergestellt werden, so setzt Morus' Modell ihn im Sinne Platons a priori voraus. Die Aufgabe des Staates besteht in der Garantie und Kontrolle der Gleichheit, v.a. der Arbeitspflicht, sowie in der sozialen und kulturellen Fürsorge. Zu diesem Zweck genügen nach Morus wenige und einfache Gesetze.

Mit der *Utopia* liegt nicht nur die erste ›klassische‹ Utopie der Neuzeit vor. Darüber hinaus hat Morus einen Text verfasst, der den nutzenmaximierenden Egoismus mit der

Idee des Gemeinwohls konfrontiert. Festzustellen ist aber auch, dass Morus nicht an die Verwirklichung des idealen Staatswesens dachte. Vielmehr kommt seiner Beschreibung eine normative Funktion zu, welche die Beurteilung und kritische Überprüfung seiner Herkunftsgesellschaft ermöglichen sollte. Durch diese selbstkritische Stoßrichtung hat Morus dem Utopiediskurs zu einer lernfähigen Orientierung verholfen. Dies verdeutlicht nicht zuletzt die Faszination, die noch heute von dem Text ausgeht und auch den zeitgenössischen Leser dazu auffordert, seine eigene Gegenwart anhand der Maßstäbe der *Utopia* zu analysieren.

4.

Morus, T., 1949, Briefe, Einsiedeln: Benziger.
Morus, T., 1963 ff., The Yale Edition, New Haven: Yale University Press.
Morus, T., 1983 ff., Werke, München: Kösel.

Baumann, U./Heinrich, H.-P. (Hg.), 1986, Morus. Humanistische Schriften, Darmstadt: WBG.
Heinrich, H. P., 1991, Morus in Selbstzeugnissen und Bilddokumenten, Reinbek: Rowohlt.
Kreyssig, J., 1988, Die Utopia des Thomas Morus, Frankfurt/M.: Lang.
Marius, R., 1987, Morus, Zürich: Benzinger.
Saage, R., 2001, Utopische Profile, Bd. I: Renaissance und Reformation, Münster: LIT.

ANDREAS HEYER/RICHARD SAAGE

Multikulturalismus

1.

Der Begriff »Multikulturalismus«, der in philosophischen und sozialwissenschaftlichen Diskussionen relativ neuen Datums ist, wird in deskriptiver und normativer Bedeutung verwendet. Bezeichnet er in ersterem Falle eine gesellschaftliche Situation, in der eine politisch verfasste Gesellschaft mehrere, relativ abgegrenzte bzw. identifizierbare kulturelle Gemeinschaften umfasst und integrieren können muss, so verbindet sich mit der normativen Bedeutung ein Ideal, wie eine solche Integration aussehen könnte; eine »multikulturelle Gesellschaft« wäre dann eine, in der Formen des sozialen, rechtlichen und politischen Zusammenlebens gefunden werden, die kulturelle Differenz und soziale Kooperation bestmöglich verbinden. Insgesamt deutet der Begriff somit auf eine Reihe von Problemen und Konflikten hin, die mit der religiösen und kulturellen Pluralität innerhalb politischer Einheiten zusammenhängen – insbesondere solcher, die bislang entweder ein höheres Maß an kultureller Homogenität aufwiesen (etwa klassische Nationalstaaten im Unterschied zu Einwanderungsländern) oder politisch weniger stark integriert waren (etwa die Europäische Union). Damit ist die Herausforderung für die politische Philosophie verbunden, hergebrachte Konzeptionen von politischer Gemeinschaft, Staatsbürgerschaft, Integration und politischer Kultur, um nur einige zu nennen, zu überprüfen. Die philosophische Leitfrage ist dabei einerseits, worin der normative Grund dafür liegt, der Wahrung »kultureller Identität« einen besonderen Stellenwert beizumessen, und andererseits, welche rechtlich-politischen Formen eine Politik der Anerkennung kultureller Differenz annehmen sollte.

2.

Dass der Begriff »Multikulturalismus« neu ist, besagt nicht, dass damit auch die genannten Probleme vollkommen neu sind. Wie ein Zusammenleben mit Angehörigen anderer Kulturen innerhalb eines Gemeinwesens möglich ist, ist ein Menschheitsthema, denkt man etwa an die Diskussion um den Status der Metöken im Unterschied zu Vollbürgern in der griechischen Polis oder an die Reflexionen des Herodot über kulturelle Differenz und politische Herrschaft. Besonders wie ein Zusammenleben mit Menschen anderen Glaubens möglich ist, ist nicht erst seit den frühen Christen eine zentrale Frage, die auf den Problemkomplex der Toleranz verweist, der für die Fragen des Multikulturalismus von großer Relevanz ist. Nach wie vor spielen religiöse Unterschiede eine besondere Rolle bei der Kennzeichnung kultureller Differenz, und nach wie vor werden klassische Toleranzargumente zur Begründung multikultureller politischer Arrangements herangezogen (so etwa bei Kymlicka 1995; vgl. Forst 2003).

Die die Neuzeit prägenden Toleranz- und Differenzdiskurse gingen in der Regel von der Existenz einer dominanten religiös-kulturellen Mehrheit innerhalb eines Staates aus und sahen verschiedene Arrangements für das Zusammenleben mit Minderheiten vor, etwa in Form der Toleranzedikte (z.B. das Edikt von Nantes 1598 oder der Toleration Act 1689). Die philosophischen Toleranztheorien, etwa die von Locke (1689), beriefen sich dabei auf die Argumentation für die Freiheit des religiösen Gewissens, das nur Gott, nicht aber dem Staat, Untertan sein sollte. Umgekehrt hieß dies für ihn, dass Katholiken oder Atheisten nicht geduldet werden konnten, da sie nicht über einen entsprechenden Glauben verfügten. Die dabei wirksame Idee, dass ein integriertes und stabiles Gemeinwesen eine gemeinsame religiöse Grundlage braucht, auch wenn diese nicht konfessionell eng definiert ist, hat über viele Philosophen der Aufklärung hinweg bis heute fortgewirkt und ist in Bezug auf Vorstellungen der »Toleranzfähigkeit« multikultureller Gesellschaften weiterhin von Bedeutung. Dem stehen andere Traditionen des Denkens wie das von Bayle (1683) oder Kant gegenüber, die den systematischen Zusammenhang von Religion, Moral und politischer Integration bezweifeln und von religiösen Überzeugungen unabhängige Prinzipien als gesellschaftlich-politische Grundlage annehmen.

Mit Herder geht der Pluralitätsdiskurs über den religiösen Rahmen in Richtung einer gegenseitigen Respektierung bzw. gar Wertschätzung verschiedener Kulturen hinaus und formuliert die im Kontext des Multikulturalismus wichtige Idee des Eigenwerts organisch entstandener Kulturen. Im 19. Jahrhundert, besonders bei John Stuart Mill, wird die Toleranz zudem auf unkonventionelle Lebensstile und Ideen ausgeweitet. Kontrastiert man dies etwa mit Rousseaus Lehre vom Gemeinwohl oder mit Hegels Idee einer »substanziellen Sittlichkeit«, kann man ermessen, an welch fundamentale Fragen der politischen Philosophie die Idee einer »multikulturellen Gesellschaft« rührt. Sie fordert nicht nur die im 19. Jahrhundert formierte Vorstellung des »Nationalstaats« heraus, sondern konfrontiert auch Gesellschaften wie die USA oder Kanada, die von Einwanderung geprägt sind, mit komplexen Problemen (vgl. Fuchs 1990; Kymlicka 1998).

3.

3.1. Was die systematischen Fragen betrifft, die der Begriff aufwirft, ist zunächst festzuhalten, dass es verschiedene Bedeutungen von »Kultur« in den Theorien des Multikulturalismus gibt. Denn nicht nur muss zwischen Einzelkulturen im Plural und einer allgemeinen gesellschaftlich-politischen Kultur unterschieden werden, sondern es ist auch von Bedeutung, in welchem Sinne diese Einzelkulturen definiert werden. Über den Rahmen einer religiös definierten Gemeinschaft hinaus gibt es ein Spektrum von Gruppen, die von Ureinwohnerkulturen, die historisch, geographisch, sprachlich und religiös von einer sie umgebenden Kultur abgegrenzt sind, bis hin zu Kollektiven reichen, die eher durch gemeinsame Lebensstile gekennzeichnet sind. Zentral bleibt dabei jedoch, dass sich eine kulturelle Gemeinschaft in ihrer Identität auf besondere Weise definiert und aus den Besonderheiten dieser Differenz – zum Teil auch historisch – Gründe für eine rechtlich-politische Sonderstellung bzw. zumindest die soziale Anerkennung dieser Identität generiert.

Welche Ansprüche werden von Seiten kultureller Gruppen erhoben? Hier gilt es zu differenzieren (vgl. Forst 2003, 683ff.): (a) Kollektive, die wie indigene Völker oder »first nations« institutionell weitgehend eigenständig waren bzw. sind und zudem historische Ansprüche haben, fordern kulturelle und politische Autonomie bzw. besondere Rücksichtnahmen und Repräsentationsmöglichkeiten; (b) solche Gruppen bzw. ihre Mitglieder können darüber hinaus besondere

Rechte beanspruchen, die ihnen soziale Integration bei Beibehaltung ihrer kulturellen Identität ermöglichen; (c) Mitglieder kultureller Gemeinschaften können darauf verweisen, dass Mittel und Möglichkeiten, die traditionell bestimmten Gruppen zustanden, auch ihnen gewährt werden; (d) Mitglieder kultureller Gruppen können politische oder rechtliche Regelungen verlangen, die sie gegenüber dominanten Lebensformen nicht benachteiligen bzw. es ihnen ermöglichen, ihren kulturellen Leitvorstellungen gemäß zu leben, etwa Ausnahmen von Kleidungsvorschriften, Unterrichtsvorgaben oder Arbeitszeitregelungen. Dies kann auch zur Forderung der grundlegenden Umgestaltung bestimmter Institutionen führen, etwa in Bezug auf offizielle Sprachen oder das Verständnis öffentlicher Schulen.

Dabei ist zu beachten, dass die Definition einer Gemeinschaft (z.B. über Sprache oder Religion) nicht präjudiziert, welche Gründe zur Rechtfertigung ihrer Ansprüche geltend gemacht werden (z.B. Gleichbehandlung, Identitätsbewahrung oder historische Gerechtigkeit); und ferner muss, was die umstrittene Frage »kollektiver Rechte« angeht (vgl. Kukathas 1995; Bauböck 1999), unterschieden werden zwischen der Grundlage normativer Ansprüche und der Art der Ausübung von Rechten. Auch wenn bestimmte Rechte nur kollektiv ausgeübt werden können, kann man dafür argumentieren, dass der Grund für ihre Legitimität in individuellen Ansprüchen liegt.

Schließlich ist zwischen gemeinschaftlicher und gesamtgesellschaftlicher Integration zu differenzieren, wobei freilich – mit wenigen Ausnahmen wie indigenen Kulturen – das Bild voneinander abgegrenzter Inseln zu vermeiden ist, denn eine jede Gesellschaft bildet schon über gemeinsame politische, soziale und ökonomische Strukturen eine gewisse Form der Integration aus, die wichtige kulturelle Merkmale hat (vgl. Peters 1993). Auf der normativen Ebene freilich stellt sich für eine kulturell pluralistische Gesellschaft das Problem der »substanzlosen Substanz« (vgl. Forst 1994, Kap. 3): Einerseits muss sie in ihrer eigenen Identität hinreichend offen sein, um die ethisch-kulturelle Pluralität nicht unzulässig zu beschneiden (vgl. Parekh 2000), andererseits muss sie über hinreichend normative Substanz verfügen, damit sich die Einzelnen dem Ganzen verbunden wissen und eine gemeinsame politische Kultur verantwortlich teilen, insbesondere in einer demokratischen Ordnung (vgl. Walzer 1992). Wie auch immer diese Pole vermittelt werden, deutlich ist, dass eine multikulturelle Gesellschaft stets eine Gesellschaft der Spannungen und der Dynamik von Gruppenbeziehungen ist – bis hin zur Frage der Sezession.

3.2. Philosophisch umstritten ist insbesondere, worin die spezifische Anerkennung kultureller Identität begründet ist. Eine in der jüngeren Literatur sehr einflussreiche liberale Argumentation hat Will Kymlicka (1995) entwickelt. Ihm zufolge muss der Liberalismus seine »Farben-« und »Kulturblindheit« insofern überwinden, als zu den Bedingungen persönlicher Autonomie nicht nur gehört, bestimmte klassische Grundrechte zu besitzen, sondern dazu auch die Zugehörigkeit zu einem sozial-kulturellen Kontext zählt. So besteht der Grundanspruch darauf, in einer »sozietalen Kultur« Mitglied zu sein, die zur eigenen Identität gehört und einer Person »wertvolle Optionen« der Lebensentfaltung bietet. Gemäß der paradigmatischen Unterscheidung zwischen nationalen Minderheiten und Immigrantengruppen, an der Kymlicka sich orientiert, bedeutet dies in ersterem Fall, dass starke Ansprüche auf kulturelle Autonomie resultieren, während im zweiten Fall Ansprüche auf Ausnahmeregelungen im Rahmen der allgemeinen gesellschaftlichen Kultur bestehen, die etwa auf religiöse Identitäten besondere Rücksicht nimmt. Einmal geht es um die Bewahrung einer nationalen Kultur (für eingeborene Kulturen etwa oder sehr lange ansässige) gegenüber einer anderen, und ein anderes Mal um eine tolerante und pluralistische nationale politische Kultur.

Anderen Ansätzen geht diese liberale Argumentation nicht weit genug. Eine stärker von Herder und Hegel herkommende Perspektive wie die von Charles Taylor (1993) sieht den Anspruch auf kulturelle Anerkennung nicht in einem liberalen Autonomiegedanken begründet, sondern im Eigenwert einer kulturellen Gemeinschaft als Gut, das auf Dauer erhalten werden soll. Die Verfolgung dieses Ziels kann politische Priorität beanspruchen (etwa in der kanadischen Provinz Quebec), solange basale Grundrechte Einzelner nicht verletzt werden. Wann aber das Gut der kulturellen Bewahrung und wann individuelle Interessen Vorrang haben, bleibt offen.

Aus einer Perspektive demokratischer Gerechtigkeit, wie sie etwa von Habermas (1993) vertreten wird, ist es gerechtfertigt, bestimmte Formen kultureller Anerkennung zu fordern; die Idee des Eigenwerts einer Kultur, die an sich (unabhängig von den Präferenzen ihrer Mitglieder) zu erhalten sei, wird dabei jedoch abgelehnt. Vielmehr ist es ein Gebot der Fairness zwischen Minderheiten und Mehrheiten, bestehende Regeln und Institutionen zu überprüfen und Sorge zu tragen, dass nicht unter dem falschen Anspruch auf »Neutralität« die Dominanz traditioneller Lebensformen festgeschrieben wird (vgl. Forst 1994). So sind es weniger liberale Freiheitsansprüche oder Vorstellungen des eigenständigen Werts von Lebensformen, die für multikulturelle Politik ausschlaggebend sind, sondern Prinzipien politischer Gerechtigkeit, die ein Zusammenleben ohne kulturelle Hegemonie fordern. Diese Grundsätze werden freilich in politischen Diskursen unter Gleichberechtigten festgelegt, so dass die dem entsprechende Form der politischen Integration nicht hintergehbar ist.

Über diese Position hinausgehende skeptische Stimmen sehen Ansprüche auf kulturelle Rechte oder Selbstbestimmung generell als problematisch an, sei es mit Verweis auf die Willkür der Festlegung solcher Gruppen und ihrer Ansprüche (vgl. Waldron 1995) oder auf ihre freiheits- oder gleichheitsbeschränkenden Konsequenzen: Multikulturelle Politik führe zu einer Konterkarierung von Maßnahmen zur Förderung sozialer Gleichheit, die oft die eigentlichen Ursachen der Schlechterstellung kultureller Gruppen seien (vgl. Barry 2001). Besonders innerhalb der politischen Theorie des Feminismus wird darüber diskutiert, inwiefern Rechte für kulturelle Gruppen dazu führen können, Geschlechterstereotype bzw. Praktiken der Diskriminierung fortzuführen und festzuschreiben (vgl. Okin 1999) – Beispiele reichen von arrangierten Ehen bis zur Klitorisbeschneidung. Auch aus radikaldemokratischer Perspektive steht eine Politik des Multikulturalismus im Verdacht, eine Politik reifizierter Identitäten an die Stelle demokratischer Selbstveränderung zu setzen (vgl. Brown 1995). Dem wird entgegengehalten, dass die Nichtanerkennung tiefgehender kultureller Differenz eine Form der Missachtung ist, die eher zu sozialer Desintegration und kollektiver Rigidität führt als eine praktizierte gegenseitige Toleranz (vgl. Modood 2007).

Die Debatten um den Multikulturalismus zeigen somit, dass hier nicht nur Fragen der rechtlich-politischen Organisation moderner Gesellschaften angesprochen sind, sondern grundlegende Alternativen in der politischen Philosophie aufbrechen. Keine zeitgenössische Konzeption von Gerechtigkeit, Freiheit oder Gleichheit, von Staatsbürgerschaft oder politischer Gemeinschaft kann ohne eine Reflexion auf diese Alternativen bestehen.

4.

Barry, B., 2001, Culture and Equality, Cambridge: Polity.

Bauböck, R., 1999, Liberal Justifications for Ethnic Group Rights, in: C. Joppke/S. Lukes (Hg.), Multicultural Questions, Oxford: Oxford University Press.

Bayle, P., 1683, Verschiedene einem Doktor der Sorbonne mitgeteilte Gedanken über den Kometen, Leipzig: Reclam 1975.

Brown, W., 1995, States of Injury, Princeton: Princeton University Press.

Forst, R., 1994, Kontexte der Gerechtigkeit, Frankfurt/M.: Suhrkamp.

Forst, R., 2003, Toleranz im Konflikt, Frankfurt/M.: Suhrkamp.

Fuchs, L. H., 1990, The American Kaleidoscope, Hanover: Wesleyan University Press.

Habermas, J., 1993, Anerkennungskämpfe im demokratischen Rechtsstaat, in: C. Taylor, Multikulturalismus und die Politik der Anerkennung, Frankfurt/M.: Fischer.

Kukathas, C., 1995, Are There Any Cultural Rights?, in: W. Kymlicka (Hg.), The Rights of Minority Cultures, Oxford: Oxford University Press.
Kymlicka, W., 1995, Multicultural Citizenship, Oxford: Oxford University Press.
Kymlicka, W., 1998, Finding Our Way, Oxford: Oxford University Press.
Locke, J., 1689, Ein Brief über die Toleranz, Hamburg: Meiner 1975.
Modood, T., 2007, Multiculturalism, Cambridge: Polity.
Okin, S. M., 1999, Is Multiculturalism Bad For Women?, Princeton: Princeton University Press.
Parekh, B., 2000, Rethinking Multiculturalism, Cambridge/MA: Harvard University Press.
Peters, B., 1993, Die Integration moderner Gesellschaften, Frankfurt/M.: Suhrkamp.
Taylor, C., 1993, Die Politik der Anerkennung, in: ders., Multikulturalismus und die Politik der Anerkennung, Frankfurt/M.: Fischer.
Waldron, J., 1995, Minority Cultures and the Cosmopolitan Alternative, in: W. Kymlicka (Hg.), The Rights of Minority Cultures, Oxford: Oxford University Press.
Walzer, M., 1992, Zivile Gesellschaft und amerikanische Demokratie, Berlin: Rotbuch.

RAINER FORST

Mythen, politische

1.

Mythen sind Medien einer narrativen Konstruktion von Wirklichkeit und Identität, d.h. einer »Welt«, die immer die je eigene Welt einer spezifischen Gruppe ist. Im engeren Sinn »politisch« sind Mythen, bei denen die narrative Konstruktion von kollektiver Identität im Vordergrund steht, im Gegensatz zu »sakralen« Mythen, in denen es v.a. um Welt und Wirklichkeit geht (vgl. Flood 1996).

1.1. Stoff der sakralen Mythen ist Göttergeschichte, Stoff der politischen Menschengeschichte, auch wenn Götter und Geister hier gelegentlich mitwirken. Politische Mythen beruhen auf mythisierter Geschichte; sie bilden die Form, in der Gesellschaften »ihre Geschichte verinnerlichen, um sie zum Motor ihrer Entwicklung zu machen« (Lévi-Strauss 1962, 270). Freilich macht es einen Unterschied, ob die durch »Verinnerlichung« der Geschichte erzeugte »Mythomotorik« (vgl. Smith 1987, 57–68) eher kreisläufige, Veränderung ausschließende, oder lineare, Veränderung affirmierende Zeitbegriffe hervorbringt. Sakrale Mythen beziehen sich auf Vorgänge *in illo tempore*, einer zeitenthobenen Urzeit der Gründungen und Wandlungen, die im Ritus immer wieder Gegenwart wird (vgl. Eliade 1950), politische Mythen dagegen auf Ereignisse der geschichtlichen Zeit, die in messbarem, ständig wachsendem Abstand zur fortschreitenden Gegenwart stehen. Auch wenn es sich aus heutiger Sicht dabei um rein legendäre Vorgänge handelt, liegen sie doch in der Sicht der damaligen Menschen in der linearen Zeit der Geschichte.

1.2. Mythen gehören zur Ordnung des Gedächtnisses, dessen Erinnerungen sich mit jedem Akt des Erinnerns verändern und erneuern, weil jedes Erinnern aus einer spezifischen Gegenwart und innerhalb ihrer Rahmenbedingungen auf das Gedächtnis bzw. die Vergangenheit zugreift. Mythen sind narrative Tiefenstrukturen, die sich auf der Oberfläche sprachlicher, aber auch dramatischer, ritueller und bildlicher Artikulation in verschiedensten Formen, Gattungen und Varianten entfalten; sie sind typischerweise nicht »festgeschrieben« und wortlautgebunden, sondern transmedial, oft auch translingual und sogar transkulturell. Die (kollektive) Identität, auf die sich Mythen beziehen und in deren Rahmen sie als verbindliche und fundierende Erzählungen funktionieren, darf man sich daher nicht zu monolithisch und homogen vorstellen. Bei im engeren Sinne politischen Mythen ist das jedoch anders; sie beruhen auf einer Engführung und Intensivierung des Identitätsbezugs und gehören in den Rahmen nicht des (immer vielschichtigen, komplexen) »kulturellen«, sondern des

»politischen« Gedächtnisses und damit auch, anders als Mythen allgemein, zum Funktions- und nicht zum Speichergedächtnis (vgl. Assmann 2002). Ebenso wie Erinnerungen (und anders als Aussagen über erforschte und dokumentierte Vergangenheit) sind politische Mythen nicht einfach wahr oder falsch; sie sind »wirksame Fiktionen« (Hersch 1965, 86), deren Wahrheit in ihrer mythomotorischen Wirksamkeit, d.h. ihrem Bezug auf Identität und Gegenwart liegt.

1.3. Die Wirksamkeit politischer Mythen liegt in ihrer herrschaftslegitimierenden, gemeinschaftsbildenden, massenmobilisierenden Funktion. Wenn Renan (1882) Recht hat mit seiner Definition der Nation als eines permanenten Plebiszits, dann müssen Nationalbewusstsein, politischer Wille und Zusammengehörigkeitsgefühl des Volkes unausgesetzt wachgehalten werden. Eben dies leistet politische Mythomotorik. Sie erzeugt die »Efferveszenz« (»emotionale Aufwallung«, Durkheim 1912), die eine Gesellschaft braucht, um sich als Nation zu fühlen und zu handeln. Man kann zwischen einer fundierenden und einer kontrapräsentischen Mythomotorik unterscheiden (vgl. Assmann 1992). Die gegenwärtigen Verhältnisse werden durch die mythisierte Vergangenheit entweder legitimiert oder delegitimiert.

1.4. Um politische Mythen von politischen Ideen unterscheiden zu können, muss man auf der *Narrativität* des Mythos bestehen. Mythen sind narrative Erinnerungsfiguren oder Kollektivsymbole, im Unterschied zu ikonischen und anikonischen wie z.B. Denkmälern, Nationalfahnen, Bauwerken, Gedenktagen, Nationalhymnen, Nationalgerichten usw., auch wenn Erzählungen wiederum »ikonisch verdichtet« (Münkler 1996) werden können. Der Gedanke des »auserwählten Volks« ist eine politische Idee; zum politischen Mythos wird er erst in der Form der Erzählung wie z.B. in 2.–5. Buch Mose. Politische Mythen beziehen ihre mobilisierende Kraft oder »Mythomotorik« aus der politischen Idee, die ihnen zugrunde liegt. Politische Ideen bedürfen des Mediums der Erzählung, um ihre mobilisierende Kraft zu entfalten.

2.

2.1. Anders als sakrale Mythen, die im Horizont monotheistischer Religionen und wissenschaftlichen Denkens ihre Verbindlichkeit verlieren, um in Kunst überzugehen (vgl. Blumenberg 1979), haben politische Mythen immer, und in der Moderne mehr denn je, Konjunktur. Im Horizont primärer Religionserfahrung, d.h. in Stammeskulturen und frühen Hochkulturen ist Mythos als Denk- und Wissensform ohne Alternative; im Zuge der Heraufkunft exklusiver Wahrheitsbegriffe im Zeichen entweder von Offenbarung (»sekundärer Religionserfahrung«, Sundermeier 1999) oder von logischem Denken und darauf gegründeter Wissenschaft hat sich Mythos gegenüber Alternativen zu behaupten. In säkularen Gesellschaften schließlich sind politische Mythen die einzige Ressource von Sakralität, die nach dem Verbindlichkeitsschwund der religiösen Traditionen noch zur Verfügung steht (vgl. Bizeul 2000, 16–18; Smith 2003). Als Ersetzung von Religion durch Politik (vgl. Nipperdey 1987) bewirkt Säkularisierung im Gegenzug eine Sakralisierung des Politischen (Smith 2003, 19–41). In diesem Sinne ist Nationalismus eine »politische Religion« (vgl. Voegelin 1938; Bärsch 1998) und zugleich eine Regression in Elementarformen des Religiösen in der Definition Emile Durkheims (1912) und auf die Stufe primärer Religionserfahrung im Sinne Theo Sundermeiers (1999). Nationalismus ist Neopaganismus (vgl. Faber/Schlesier 1986). Daher ist der Mythos, und nicht der Kanon heiliger Schriften, die ihm angemessene Verbreitungs- und Überlieferungsform, florieren politische Mythen auch und möglicherweise gerade in nach-religiösen Zeiten.

2.2. Politische Mythen stehen meist im Zusammenhang ethnogenetischer Prozesse (Volks-, Nation-, Reichsbildung; vgl. Pohl 1994; Wenskus 1961). Dabei lassen sich bestimmte ethnogenetische Epochen unterscheiden, in denen solche Mythenbildungen besondere Konjunktur haben: (1.) das Ende der Vorgeschichte und die Entstehung der antiken Hochkulturen, (2.) das Ende der Bronzezeit, (3.) das Ende der Antike und die Völkerwanderungszeit, (4.) die Entstehung der mittelalterlichen Staatenwelt (vgl. Hastings 1997; Smith 1987; ders. 2003; Geary 2001), (5.) die Entstehung der modernen Staatenwelt in der frühen Neuzeit (vgl. Garber 1989) und schließlich (6.) die Entstehung der Nationalstaaten und Nationalismen seit dem späten 18. Jahrhundert (vgl. Anderson 1990; Hobsbawm 1990; Gellner 1983; ders. 1997). Typische ethno- und mythogene Situationen ergeben sich auch in Zeiten erzwungener Gleichschaltung und Einfügung in übergeordnete politische Einheiten wie etwa unter den Imperien der Antike, der Neuzeit und unmittelbaren Gegenwart (Europäische Union, Globalisierung). Solche Situationen erzeugen ein gesteigertes Distinktionsbedürfnis und fördern ein entsprechendes Bewusstsein von Einheit und Eigenart, das seinen narrativen Ausdruck in politischen Mythen findet. Kognitive Dissonanz zwischen ethnischem bzw. nationalem Selbstgefühl und politischer Gegenwart führt oft zur Mobilisierung kontrapräsentischer Erinnerung, die in der Vergangenheit findet, was in der Gegenwart fehlt und für die Zukunft erhofft wird. Besonders kennzeichnet diese Dynamik Diaspora-Situationen, die durch Verlust der Heimat und Bindung an diese Heimat gekennzeichnet sind. Erst in der Diaspora wird Jerusalem zum Mythos (Ps. 137); wenn auch unter den Bedingungen des modernen Nationalstaats Israel am Jerusalem-Mythos festgehalten wird, führt das zu gefährlichen Spannungen. Politische Mythen sind zwar nicht »falsch«, aber sie können gefährlich werden (vgl. Münkler 1996, 26ff.). Der Jerusalem-Mythos hat das jüdische Volk über 2000 Jahre der Diaspora am Leben erhalten. Als politischer Mythos des modernen Israel ist er verhängnisvoll (vgl. Goldberger 2004).

3.

3.1. Politische Mythen beziehen sich auf politische Ordnung im Sinne der Herrschaft und der Gemeinschaft. Typische Herrschaftsmythen sind z.B. die Mythen von der göttlichen Herkunft des Herrschers in der Form eines *hieros gamos*, entweder zwischen Gott und Königin (Altägypten) oder zwischen König und Göttin (Mesopotamien). Auch die griechischen Adels-, d.h. königsfähigen Geschlechter leiten sich von »Heroen« her, die aus solchen Verbindungen zwischen Götter- und Menschenwelt hervorgegangen sind (vgl. Schachermeyr 1983). Der altisraelitische Mythos des auserwählten Volkes lässt sich als »Demokratisierung« des altorientalischen Herrschermythos verstehen. Hier wird die Position »König« auf das Volk insgesamt ausgedehnt, und dadurch der Herrschermythos zum Gemeinschaftsmythos transformiert. Das gesamte Volk Israel rückt jetzt an die Stelle der »Braut« und des »Sohnes« Gottes und wird dadurch Objekt göttlicher Erwählung. Im frühneuzeitlichen Polen knüpft sich die Erwählung und die Mission als östliches Bollwerk des christlichen Abendlands an die *Szlachta*, die Adelsklasse; in der Romantik, als Polen aufgehört hatte, als Staat zu existieren, gelang es Adam Mizkiewicz, die Idee der Erwählung auf das Volk als Ganzes auszudehnen (vgl. Davies 2000, 184; Wagner 2003, 205).

3.2. Erwählungsmythen gehen oft mit einem gesteigerten Distinktionsbedürfnis zusammen. Das gilt bereits für Israel und seinen Mythos des auserwählten Volkes, das zum Modell so vieler politischer Mythen wurde (vgl. Smith 2003). Der biblische Exodusmythos, der die israelitische Ethnogenese als Auszug, Trennung und Unterscheidung von Ägypten erzählt, entfaltete seine Mythomotorik in der Zeit des Exils und der Diaspora. Erwählung ist immer mit einer Mission, einem besonderen Sendungsbewusstsein verbunden: Ein »heiliges Volk« und Vorbild für die Völker zu sein (Israel), die Ungläubigen zu unterwerfen (Islam), den Glauben zu verbreiten (Byzanz und Moskau als zweites und drittes Rom), ein Bollwerk des Christentums zu bilden (Polen; vgl. Heynoldt 1998), die Menschheit aufzuklären (Frankreich), Demokratie, Menschenrechte und freie Marktwirtschaft zu verbreiten (USA) usw. (vgl. Smith 2003, 95–130). In den gleichen Zusammenhang von Erwählung, Distinktion und Mission gehören auch Ursprungsmythen, die von einer fremden, oft exotischen Herkunft des Volkes, der Aristokratie oder des Herrscher(hause)s erzählen. So leiten sich im Mittelalter sowohl die Franken als auch die Normannen von den Trojanern ab, die Holländer stammten von den Bataviern, der polnische Adel von den Sarmaten an der persischen Schwarzmeerküste her.

3.3. Kontrapräsentische Mythomotorik manifestiert sich insbesondere in Mythen eines Heroischen oder Goldenen Zeitalters. Sie florieren meist in Zeiten, die als Leidenszeiten empfunden werden. In der Zeit der Fremdherrschaft entsteht in Ägypten der Sesostris-Roman, der die Überlieferungen um verschiedene Pharaonen zur Erinnerungsfigur eines Herrschers verbindet, dessen sagenhafte Eroberungen die eines Kambyses oder Alexander in den Schatten stellen. Im gleichen Sinne blickt das Griechenland der »dunklen Jahrhunderte« in den homerischen Epen auf den Glanz der mykenischen Bronzezeit zurück. Das Deutschland des 19. Jahrhunderts, das den Zustand der »Kleinstaaterei« als »Zerrissenheit« empfindet, erfindet ein ursprünglich geeinigtes Germanien oder Deutschland und bezieht aus dieser Mythomotorik den Willen zur 1871 vollzogenen Reichseinigung (vgl. Speth 2000).

3.4. Die stärkste kontrapräsentische Mythomotorik entfalten Mythen von Martyrium und Widerstand, die man unter dem Begriff »Passionsmythen« zusammenfassen könnte. Wie schon Renan feststellte, schließt nichts so stark eine Gruppe zur Gemeinschaft zusammen wie die Erinnerung an gemeinsame Leiden (vgl. Renan 1882; Volkan 2000; Giesen 2000; Smelter/Alexander 2000). Typisch ist die messianische Komponente solcher Leidenszeit-Mythen, die Hoffnung auf die An- oder Wiederkunft eines Heilsbringers, der die gegenwärtigen Leiden beenden und eine Heilszeit heraufführen wird. Hierher gehören u.a. die als »Kargokulte« bekannten Passions- und Heilsmythen unterdrückter Völker. Das Gegenstück sind Gründungsmythen, die von der Figur eines Heilsbringers, d.h. Befreiers erzählen, wie Moses (vgl. Walzer 1985), Hermann der Cherusker (vgl. Dörner 1996), Jeanne d'Arc (vgl. Krumeich 1992) oder Wilhelm Tell (vgl. Bergier 1982).

Politische Mythen formen kollektive Identitäts- und Willensbildung und orientieren politisches Handeln. Das ist ohne »wirksame Fiktionen« nicht möglich. Ebenso können sie Alternativen verdecken, Optionen ausschließen, Handlung blockieren und die Beteiligten in ausweglos scheinende Aporien verstricken. Politische Mythen sind weder wahr noch falsch, und in der Regel auch als solche weder gut noch böse; die Gefahr liegt in ihrer mythomotorischen Wirksamkeit, die in jedem Einzelfall kritische Wachsamkeit erfordert.

4.

Anderson, B., 1990, Die Erfindung der Nation, Frankfurt/M.: Campus 2005.

Assmann, A., 1999, Zeit und Tradition. Kulturelle Strategien der Dauer, Köln: Böhlau.

Assmann, A., 2002, Vier Formen des Gedächtnisses, in: Erwägen-Wissen-Ethik 13.

Assmann, J., 1992, Frühe Formen politischer Mythomotorik, in: D. Harth/J. Assmann (Hg.), Revolution und Mythos, Frankfurt/M.: Fischer.

Barner, W. (Hg.), 2003, Texte zur modernen Mythostheorie, Stuttgart: Reclam.

Bärsch, C. E., 1998, Die politische Religion des Nationalsozialismus, München: Fink.

Behrenbeck, S., 1996, Der Kult um die toten Helden. Nationalsozialistische Mythen, Riten und Symbole, Vierow: SH.

Bergier, J.-P., 1982, Wilhelm Tell. Realität und Mythos, München: List.

Bizeul, Y., 2000, Theorien der politischen Mythen und Rituale, in: ders., Politische Mythen und Rituale in Deutschland, Frankreich und Polen, Berlin: Duncker & Humblot.

Blumenberg, H., 1979, Arbeit am Mythos, Frankfurt/M.: Suhrkamp.

Davies, N., 2000, Im Herzen Europas. Geschichte Polens, München: Beck.
Durkheim, E., 1912, Die elementaren Formen des religiösen Lebens, Frankfurt/M.: Suhrkamp 1981.
Eliade, M., 1966, Kosmos und Geschichte, Reinbek: Rowohlt.
Faber, R./Schlesier, R. (Hg.), 1986, Die Restauration der Götter. Antike Religion und Neo-Paganismus, Würzburg: Königshausen & Neumann.
Flood, C., 1996, Political Myth, New York: Garland.
Garber, K. (Hg.), 1989, Nation und Literatur im Europa der Frühen Neuzeit, Tübingen: Niemeyer.
Geary, P. J., 2002, Europäische Völker im Mittelalter, Frankfurt/M.: Fischer.
Gellner, E., 1983, Nationalismus und Moderne, Hamburg: Rotbuch 1995.
Gellner, E., 1997, Nationalismus, Berlin: Siedler 1999.
Giesen, B./Alexander, J./Eyerman, R. (Hg.), 2000, Triumph and Trauma, London: Paradigm.
Goldberger, E., 2004, Die Macht von Mythen in der israelischen Gesellschaft, in: Neue Zürcher Zeitung, Nr. 2.
Graus, F., 1975, Lebendige Vergangenheit. Überlieferung im Mittelalter und in den Vorstellungen vom Mittelalter, Köln: Böhlau.
Hastings, A., 1997, The Construction of Nationhood, Cambridge: Cambridge University Press
Hersch, J., 1965, Mythos und Politik, in: K. Hoffmann (Hg.), Die Wirklichkeit des Mythos, München: Knaur.
Heynoldt, A., 1998, Die Bedeutung des Sarmatismus für das Nationalbewusstsein und die Kultur des polnischen Adels zwischen dem 16. und dem 18. Jahrhundert, in: Kultursoziologie 7.
Krumeich, G., 1992, Jeanne d'Arc in der Geschichte, Sigmaringen: Thorbecke.
Lévi-Strauss, C., 1962, Das wilde Denken, Frankfurt/M.: Suhrkamp 1973.
Münkler, H., 1996, Reich, Nation, Europa – Modelle politischer Ordnung, Weinheim: Beltz.
Nipperdey, T., 1987, Der Mythos im Zeichen der Revolution, in: D. Borchmeyer (Hg.), Wege des Mythos in der Moderne, München: dtv.
Pohl, W., 1994, Tradition, Ethnogenese und literarische Gestaltung, in: K. Brunner/B. Merta (Hg.), Ethnogenese und Überlieferung, Wien: Oldenbourg.
Renan, E., 1882, Was ist eine Nation?, Wien: Folio 1995.
Smelser, N. J./Alexander, J. (Hg.), 2000, Cultural Trauma, Berkeley: University of California Press.
Smith, A. D., 1987, The Ethnic Origins of Nations, Oxford: Blackwell.
Smith, A. D., 2003, Chosen Peoples. Sacred Sources of National Identity, Oxford: Oxford University Press.
Speth, R., 2000, Nation und Revolution. Politische Mythen im 19. Jahrhundert, Opladen: Westdeutscher Verlag.
Voegelin, E., 1938, Die Politischen Religionen, München: Fink 1993.
Volkan, V.D, 2000, Großgruppenidentität und auserwähltes Trauma, in: Psyche 54.
Wagner, G., 2003, Nationalism and Cultural Memory in Poland, in: International Journal of Politics, Culture and Society 17.
Wenskus, R., 1961, Stammesbildung und Verfassung. Das Werden der frühmittelalterlichen Gentes, Köln: Böhlau.
Worsley, P., 1968, The Trumpet Shall Sound. A Study of ›Cargo‹-Cults in Melanesia, New York: Schocken.

JAN ASSMANN

Handbuch der Politischen Philosophie und Sozialphilc
Band 2

Handbuch der Politischen Philosophie und Sozialphilosophie

Herausgegeben von
Stefan Gosepath, Wilfried Hinsch und Beate Rössler

in Zusammenarbeit mit
Robin Celikates und Wulf Kellerwessel

Band 2
N–Z

W DE G

∞ Gedruckt auf säurefreiem Papier
das die US-ANSI-Norm über Haltbarkeit erfüllt.

ISBN 978-3-11-017408-3

Bibliografische Information der Deutschen Nationalbibliothek

Die Deutsche Nationalbibliothek verzeichnet diese Publikation in der Deutschen
Nationalbibliografie; detaillierte bibliografische Daten sind im Internet
über http://dnb.d-nb.de abrufbar.

Printed in Germany

Layout und Satz: Dörlemann Satz, Lemförde
Einbandgestaltung: Martin Zech, Bremen
Druck und buchbinderische Verarbeitung: Hubert & Co. GmbH & Co. KG, Göttingen

Handbuch der Politischen Philosophie und Sozialphilosophie
Band 2

Handbuch der Politischen Philosophie und Sozialphilosophie

Herausgegeben von
Stefan Gosepath, Wilfried Hinsch und Beate Rössler

in Zusammenarbeit mit
Robin Celikates und Wulf Kellerwessel

Band 2
N–Z

W DE G

∞ Gedruckt auf säurefreiem Papier
das die US-ANSI-Norm über Haltbarkeit erfüllt.

ISBN 978-3-11-017408-3

Bibliografische Information der Deutschen Nationalbibliothek

Die Deutsche Nationalbibliothek verzeichnet diese Publikation in der Deutschen
Nationalbibliografie; detaillierte bibliografische Daten sind im Internet
über http://dnb.d-nb.de abrufbar.

Printed in Germany

Layout und Satz: Dörlemann Satz, Lemförde
Einbandgestaltung: Martin Zech, Bremen
Druck und buchbinderische Verarbeitung: Hubert & Co. GmbH & Co. KG, Göttingen

Inhaltsverzeichnis

Band 2

Band 1

N

Nation

1.

Der Begriff ›natio‹ (von ›nasci‹: ›geboren werden‹) betont im Altertum die Geburt und Abstammung sowie den Herkunftsort einer Person oder einer Sache. Wie der Begriff ›gens‹ steht er für ›Volk(sstamm)‹ oder ›Völkerschaft‹. Er bezeichnet einerseits konkrete politische Verbände, andererseits eine Gruppe von Menschen, die durch Abstammung und/oder Sprache, Sitten und Gebräuche, Charakter und Eigenart u.a. als zusammengehörig betrachtet werden – und zwar unabhängig davon, ob es sich dabei auch um politische Verbände handelt. Wird er in Opposition zu ›gens‹ verwendet, bezeichnet ›gens‹ das Ganze, ›natio‹ einen Teil, d.h. eine besondere Gruppe eines Volk(sstamm)es oder einer Völkerschaft. Im Mittelalter ist der Begriff ›Nation‹ dann in erster Linie eine Herkunftsbezeichnung. Nationen sind unpolitische (ethnische) Völker(schaften) – und müssen nicht von einer gemeinsamen politischen Organisation zusammengefasst werden. Erst in der frühen Neuzeit gewinnt der Nationenbegriff wieder einen umfassenderen Bedeutungsgehalt. In der Formel »Heilig Reich und Teutsch Nacion« (Ewiger Landfriede von 1495) verwendet man ihn für den (politischen) Verband der geistlichen und weltlichen Fürstentümer, an dessen Spitze der König steht. Zu Beginn des 16. Jahrhunderts wird die deutsche Nation zur Reichsnation (»Heiliges Römisches Reich Deutscher Nation«).

Werden im England des 17. Jahrhunderts die Rechte der Nation gegen das absolutistische Königtum reklamiert, dann bezieht sich ›nation‹ auf den in den Parlamenten respektive Ständeversammlungen verfassten ersten und zweiten Stand. Dasselbe gilt für Frankreich im 18. Jahrhundert: Seit den 1750er Jahren spielt im Kampf gegen die französische Krone der Rekurs auf die ›nation‹ eine immer wichtigere Rolle. Dabei treten die Parlamente mit dem Anspruch auf, Adel und Geistlichkeit zu repräsentieren. Allerdings wird die Nation (wie etwa bei Rousseau und Holbach) mehr und mehr als Gemeinschaft von freien und gleichen Bürgern betrachtet. Die entsprechende Umdeutung lässt sich besonders deutlich bei Emmanuel Joseph Sieyès nachzeichnen. Sieyès zieht den Schluss, dass »[d]er Dritte Stand [...] alles [umfasst], was zur Nation gehört; und alles, was nicht der Dritte Stand ist, [...] sich nicht als Bestandteil der Nation ansehen [kann]« (Sieyès 1789, 123f.). Neben die Gleichsetzung von Nation und egalitärer Staatsbürgergesellschaft tritt die Identifikation von Nation und repräsentativem Verfassungsstaat: Eine Nation ist eine »Körperschaft von Gesellschaftern (corps des associés), die unter einem gemeinschaftlichen Gesetz leben und durch dieselbe gesetzgebende Versammlung repräsentiert werden« (Sieyès 1789, 124). Zudem existiert sie vor jeder (politischen) Verfassung. Die »Körperschaft von Gesellschaftern« gibt sich kraft ihres gemeinschaftlichen Willens ihre Verfassung selbst und kann »alles positive Recht [ggf. auch wieder] außer Kraft [...] setzen« (Sieyès 1789, 169). Bei einer Nation handelt es sich folglich um eine Gemeinschaft aus freien und gleichen Bürgern, die verfassungsstaatlich organisiert ist, auf freiem Zusammenschluss ihrer Mitglieder beruht und alle gesetzgebende Gewalt ursprünglich in sich vereinigt – und im Prinzip die ganze Menschheit in sich einschließen kann. Mit der republikanisch-universalistischen Auslegung liefert Sieyès eine entscheidende gedankliche Vorarbeit für die Verfassung vom 3. September 1791. Einen Höhepunkt erreicht dieser Nationenbegriff 1870/71 in der Auseinandersetzung zwischen Frankreich und Deutschland um die Zugehörigkeit des Elsass: Ernest Renan ist der Ansicht, dass die Nation und ihre Vergangenheit »in der Gegenwart in eine handfeste Tatsache münden: in die Übereinkunft, den deutlich geäußerten Wunsch, das gemeinsame [staatlich organisierte] Leben fortzusetzen. Das Dasein einer Nation ist [...] ein Plebiszit Tag für Tag.« (Renan 1882, 35)

Auch wenn er als »abgeschnittene Alternative« (Gschnitzer/Koselleck/Schönemann u.a. 1992, 327) wichtig bleibt, hat der ›französische‹ Nationenbegriff in Deutschland keine Durchsetzungschance. Die entsprechenden politischen Voraussetzungen sind nicht gegeben. ›Nation‹ bezeichnet hier einerseits einen Untertanenverband, andererseits eine Abstammungs-, Sprach- und/oder Kulturgemeinschaft. Den Arbeiten von Herder kommt dabei eine exemplarische Stellung zu. Herder verwendet die Begriffe ›Volk‹ und ›Nation‹ synonym. Volk und Nation sind spirituelle menschliche Gemeinschaften, die vornehmlich auf einem Gleichklang innerer Werte beruhen. Sprache und Poesie bilden dabei konstitutive Faktoren: »Mittels der Sprache wird eine Nation erzogen und gebildet; mittels der Sprache wird sie ordnungs- und ehrliebend, folgsam, gesittet, umgänglich, berühmt, fleißig und mächtig. Wer die Sprache einer Nation verachtet, [...] wird ihres Geistes [...] gefährlichster Mörder.« (Herder 1795, 305) Volk und Nation sind mit quasi-personalen Eigenschaften wie Gesinnung, Geist und Seele ausgestattet. Eines staatlichen Zusammenschlusses bedürfen sie nicht: Zwar ist »der natürlichste Staat [...] auch Ein Volk, mit Einem Nationalcharakter« (Herder 1785, 369), aber »Staaten [...] können überwältigt werden, [...] die Nation [respektive das Volk hingegen] dauret« (Herder 1787, 511). Herder räumt keiner Nation einen Vorrang vor allen anderen ein. Allerdings ist er der Ansicht, dass das gleichberechtigte Zusammenleben der Nationen keine Verschmelzung zur Folge haben darf: »Nichts scheint [...] dem Zweck der Regierungen so offenbar entgegen, als die unnatürliche Vergrößerung der Staaten, die wilde Vermischung der Menschen-Gattungen und Nationen unter Einem Scepter. Der Menschenscepter ist viel zu schwach und klein, dass so widersinnige Theile in ihn eingeimpft werden könnten; zusammengeleimt werden sie also in eine brechliche Maschine, die man Staats-Maschine nennt, ohne inneres Leben und Sympathie der Theile gegen einander.« (Herder 1785, 369f.)

Die von Herder herbeigeführte Gleichsetzung von ›Volk‹ und ›Nation‹ kann sich in der Folge allerdings nicht behaupten. Beibehalten wird vielmehr die (theoriegeschichtlich stringente) Opposition zwischen staatsbezogenem (und ständestaatlichem) Volk und außerpolitisch vorgegebener (Sprach-)Nation. Dies lässt sich etwa anhand eines Lexikon-Artikels aus dem Jahre 1862 belegen: »[D]as Wort Nation weist auf die Abstammung, auf die Rasse, also auf den ethnischen Zusammenhang hin, das Wort Volk (populus) dagegen auf eine politische Verbindung. Im Vergleich mit dem Volk ist also die Nation ein Natur- oder ein allgemeiner Kulturbegriff, das Volk aber ein Staatsbegriff. [...] Das Volk [...] existiert nicht vor dem Staate.« (Bluntschli 1862, 152ff.) Die Brisanz und Neuigkeit des genannten Artikels liegt darin, dass mit dem ›Nationalprinzip‹ auf den Begriff gebracht wird, »was seit der Mitte des 19. Jahrhunderts unlösbare Konflikte und i[m] [...] [20.] Jahrhundert Katarakte von Katastrophen auslösen sollte« (Gschnitzer/Koselleck/Schönemann u.a. 1992, 389). Das ›Nationalprinzip‹ besagt, dass »[j]ede Nation berechtigt [ist], sich zum Staate zu einigen und zu organisieren, d.h. Volk zu werden [...]. Das Staatsgebiet und die Ausdehnung der Nation sollen sich decken.« (Bluntschli 1862, 154) Das ›Nationalprinzip‹ rekurriert also auf außerstaatlich vorgegebene Nationen, die das Recht auf autonome Selbstorganisation respektive Selbstverwirklichung besitzen – und legitimiert folglich den Bruch jeder ›Staatsordnung‹ und ›völkerrechtlicher Verträge‹.

2.

Die begriffsgeschichtlich leicht zu belegende Schwierigkeit, das Bedeutungsfeld von ›Nation‹ festzulegen, schlägt sich auch in der aktuellen Forschung nieder. Drei grundlegende Sichtweisen können unterschieden werden. Die *objektive* (bzw. *kulturelle*) Sichtweise geht davon aus, dass Nationen naturgegebene Entitäten sind. Nationen würden von objektiven Eigenschaften gekennzeichnet, die ihre Mitglieder (unfreiwillig) teilten – wie beispielsweise Abstammung, Sprache, Kultur und/oder Charakter. Das Bewusstsein, einer Nation anzugehören, sei dabei nicht entscheidend. Ebenso wenig würde der Wille, eine politische Gemeinschaft zu bilden, eine Rolle spielen (vgl. Smith 1991). Gegen diese objektive Sichtweise wird angeführt, dass a) nicht alle Gruppen von Menschen mit geteilten objektiven Eigenschaften als Nationen betrachtet würden sowie b) nicht alle Gruppen von Menschen, die als Nationen betrachtet würden, erfasst werden könnten. Unklarheiten entstünden etwa bei einer Nation mit nichtgeteilten objektiven Eigenschaften respektive bei unterschiedlichen Nationen mit geteilten objektiven Eigenschaften. Zudem seien die entsprechenden Kriterien verschwommen, wandelbar und mehrdeutig sowie als Anhaltspunkte zur Orientierung wenig dienlich (vgl. Gellner 1983; Hobsbawm 1990; Miller 1995). Eine Alternative zur objektiven bildet die *subjektive* (bzw. *voluntaristische*) Sichtweise. Im Unterschied zur objektiven verweist die subjektive Sichtweise nicht auf die Romantik, sondern auf die (französische) Aufklärung. Sie unterstellt, dass Nationen freiwillige staatliche, d.h. rechtsförmige Verbindungen von Menschen sind und durch den andauernden Willen ihrer Mitglieder zusammengehalten werden. Eine Nation werde gebildet, weil sich Menschen politisch verbinden wollen. Die im Hintergrund stehenden Gründe seien dabei irrelevant (vgl. Weber 1922, 527ff.). Kritisiert wird an der voluntaristischen Sichtweise u.a., dass sie einer einzigen Option unterordne, was sich auf komplizierte und vielfältige Weisen bilde (vgl. Hobsbawm 1990).

Die mit der objektiven respektive subjektiven Sichtweise verbundenen Schwierigkeiten versucht eine dritte (im Übrigen schon bei Kant angelegte) Sichtweise zu beheben, indem sie Elemente der objektiven und der subjektiven Sichtweise miteinander kombiniert. Sie versteht unter Nationen ausreichend große Gruppen von Menschen, deren Mitglieder sich wechselseitig als Angehörige derselben Gemeinschaft betrachten – und als Träger besonderer (moralischer) Rechte und Pflichten, die in ihrer gemeinsamen Mitgliedschaft begründet sind (vgl. Miller 1995). Miller sieht den Grund der wechselseitigen Anerkennung in der Überzeugung der Mitglieder, gewisse Merkmale zu teilen – wie etwa eine gemeinsame Geschichte, einen gemeinsam bewohnten geographischen Raum und eine öffentliche Kultur, die sich von der öffentlichen Kultur der Nachbarn unterscheidet. Der wechselseitigen Anerkennung kann aber auch der Wille zugrunde liegen, sich rechtsförmig zu organisieren. Bei den entsprechenden Pflichten würde es sich dann nicht um ethnisch-kulturelle, sondern um zivil-politische Pflichten handeln. Am überzeugendsten ist wohl die Ansicht, Nationen als (je besondere) Kombinationen von kultur- und staatsnationalen Faktoren aufzufassen (vgl. Seymour 2000). Die (von Meinecke explizierte) Unterscheidung zwischen (westlicher) Staatsnation und (mittel- bzw. osteuropäischer) Kulturnation würde dann lediglich Idealtypen darstellen. Die entsprechenden Konzepte bezeichneten »nicht mehr als Endpunkte auf einem Koordinatensystem, mit deren Hilfe eine wirkliche Nation innerhalb des Systems geortet, beschrieben und mit anderen Nationen verglichen werden kann« (Schulze 1994, 16).

Ist die wechselseitige Anerkennung der Mitglieder maßgebend, sind Nationen nichts schlechthin Gegebenes, sondern etwas Gemachtes – Konstrukte menschlicher Überzeugungen, Loyalitäten und Solidaritätsbeziehungen, die sich erst im Nachhinein ausmachen lassen. Sie sind »imaginierte politische Gemeinschaften«, d.h. gehen auf »kollektive Imaginations-Akte« zurück, die sich über

Kommunikationsmedien wie etwa Bücher, Zeitungen und Fernsehen herstellen (vgl. Anderson 1983). Deshalb wird in der Literatur auch von einer »*anti-realistischen* Position« gesprochen. Dies darf allerdings nicht darüber hinweg täuschen, dass auch »imaginierte politische Gemeinschaften« eine (nicht naturwüchsige, aber politisch-praktische) Realität darstellen. Zudem ist auch die »anti-realistische Position« mit einem gewissen (ontologischen) Realismus vereinbar. Sie kann durchaus davon ausgehen, dass sich keine Nation zu bilden vermag, wenn sie sich nicht auf geeignete Materialien, also gewisse ethisch-kulturelle Realien berufen kann (vgl. Miller 1995; Smith 1999). Damit muss keineswegs verneint werden, dass Nationen a) auf historischen Mythen fußen können, b) dazu neigen, die Homogenität zu übertreiben und (Klassen-)Differenzen zu überspielen, c) manipuliert (und instrumentalisiert), also etwa davon überzeugt werden können, die Grenzen der Nation(alstaat)en zu verändern.

Wird die objektive Sichtweise abgelehnt, kann die Konstitution einer Nation nicht substanzialistisch, also mit dem Hinweise auf ihre Natürlichkeit erklärt werden (vgl. Smith 1991). Sozial-psychologische Ansätze verweisen auf das menschliche Grundbedürfnis, einer Gruppe angehören zu wollen. Sie machen auf die Neigung von Individuen aufmerksam, sich mit Gruppen zu identifizieren – auch wenn eine Mitgliedschaft mit keinen persönlichen Vorteilen verbunden ist (vgl. Tajfel 1981). Verbreiteter sind allerdings *funktionalistische* Ansätze. Diese gehen davon aus, dass Nationen eine bestimmte Funktion im Prozess der kapitalistischen Entwicklung übernommen haben. Sie betrachten die Nationenbildung als Reaktion auf den Zwang zur Größe und Homogenität, den die Industrialisierung mit ihren sozialen, politischen und ökonomischen Konsequenzen im 18./19. Jahrhundert hervorgebracht hat (vgl. Gellner 1983; Hobsbawm 1990). Wird sie nicht im Kontext einer bestimmten Phase der technischen und wirtschaftlichen Entwicklung angesiedelt, kann die Nation auch als Konstruktion »zur Lösung des immer schon gestellten Problems des Politischen« verstanden werden, »d. i. des Problems, wie zu bewirken ist, dass sich Angehörige einer Gruppe von Menschen je für sich und wechselseitig als Mitglieder desjenigen Verbandes bestimmen, der als Subjekt der gemeinsamen Interessen agieren kann und der auch unter äußerstem gewaltmäßigen Druck seinen Zusammenhalt nicht preiszugeben gewillt ist« (Kohler 1999).

3.

Das »Nationalprinzip« (Bluntschli) wird gemeinhin als paradigmatischer Ausdruck des Nationalismus betrachtet. Der Nationalismus ist demnach v.a. ein politisches Prinzip, dem zufolge politische und nationale Einheiten deckungsgleich sein sollten (vgl. Gellner 1983; Hobsbawm 1990). In seiner klassischen Ausprägung gehe der Nationalismus von vorstaatlichen und naturgegebenen (auf ethnischen, sprachlichen, kulturellen oder ähnlichen Gemeinsamkeiten gründenden) Nationen aus und ziele auf die Schaffung, den Erhalt und die Stärkung von souveränen Nationalstaaten, d.h. von Staaten, dessen Grenzen alle Mitglieder einer Nation ein- und die Mitglieder anderer Nationen ausschließen. Er beinhalte, dass die Pflicht gegenüber der eigenen Nation vor allen übrigen politischen und nicht-politischen Pflichten, also selbst der Einhaltung der Menschenrechte Vorrang besitze (vgl. Berlin 1979; Hobsbawm 1990).

Die vom (klassischen) Nationalismus aufgeworfenen Probleme können hier nicht thematisiert werden. Es sei allerdings darauf hingewiesen, dass in den gegenwärtigen ethischen und politik-philosophischen Debatten die Frage nach dem Selbstbestimmungsrecht der Nationen einen breiten Raum einnimmt. Die Antworten berufen sich auf verschiedene Nationenbegriffe und berühren in der Regel den Disput zwischen Kosmopolitismus/Liberalismus und Patriotismus/Kommunitarismus. Die kommunitaristischen Befürworter eines nationalen Rechts auf Selbstbestimmung unterstellen dabei den Kritikern, den Wert von Gemeinschaften zu wenig zu berücksichtigen. Sie gehen davon aus, dass das Selbstbestimmungsrecht der Nationen die Interessen der Menschen schützt, die sie als Mitglieder von »umfassenden Gruppen« besitzen (vgl. Margalit/Raz 1990). Allerdings räumen sie ein (sofern sie den moderaten kommunitaristischen Befürwortern angehören), dass die Ansprüche der »umfassenden Gruppen« a) nicht unbedingt das Recht auf einen eigenen (National-)Staat beinhalten, b) die individuellen Menschenrechte (der Nicht-Mitglieder) nicht verletzen können und c) auf der Zustimmung der Mitglieder beruhen müssen (vgl. Tamir 1993; MacIntyre 1984; Miller 1995).

In den politikwissenschaftlichen Debatten ist die Frage nach der Zukunft der Nationalstaaten in den Vordergrund getreten. Gemeinhin ist man sich einig, dass die bestehenden Nationalstaaten angesichts der globalisierten Märkte und der transnationalen Wirtschaft ihren Handlungsspielraum verlieren. Die Nationalstaaten seien zwar nach wie vor die wichtigsten politischen Akteure. Aufgrund der weltweiten Kapitalbewegungen seien sie heute allerdings eher in die Märkte als die Märkte in die Nationalstaaten eingebettet. Um die Gestaltungskraft zurück zu gewinnen, habe sich die Politik jenseits der Nationalstaaten zu regenerieren und den transnationalen Märkten auf anderen Ebenen nachzuwachsen. Zu denken sei etwa an einen europäischen Bundesstaat mit einer Pluralität von zentral- und substaatlichen Souveränitäten. Auf lange Sicht sei allerdings eine tragfähige Infrastruktur für eine »Weltinnenpolitik ohne Weltregierung« hervorzubringen, »die von demokratischen Legitimationsprozessen gleichwohl nicht abgekoppelt [sei]« (Habermas 1998, 156ff.; 2001, 14f.). Habermas geht davon aus, dass entsprechende supranationale Arrangements einer transnationalen Bürgergesellschaft, einer transnationalen Öffentlichkeit und einer transnationalen politischen Kultur bedürfen. Ein stichhaltiger Grund, warum die Herausbildung einer Kultur der Deliberation an den Grenzen der bestehenden Nationalstaaten Halt machen sollte, lasse sich nicht ausmachen – auch wenn damit zum Teil schmerzhafte Ablösungsprozesse von vertrauten Praktiken und Gewohnheiten verbunden seien.

4.

Anderson, B., 1983, Die Erfindung der Nation, Frankfurt/M.: Campus 2005.

Balibar, E./Wallerstein, I., 1988, Rasse Klasse Nation, Hamburg: Argument 1998.

Berlin, I., 1979, Nationalismus, in: ders., Wider das Geläufige, Frankfurt/M.: Fischer 1994.

Bluntschli, J. C., 1862, Nation und Volk, Nationalitätsprinzip, in: J. C. Bluntschli/K. Brater, Deutsches Staatswörterbuch, Bd. 7, Stuttgart: Expedition des Staats-Wörterbuchs.

Canovan, M., 1996, Nationhood and Political Theory, Cheltenham: Elgar.

Gellner, E., 1983, Nations and Nationalism, Oxford: Blackwell.

Gschnitzer, F./Koselleck, R./Schönemann, B./Werner, K. F., 1992, Volk, Nation, Nationalismus, Masse, in: O. Brunner/W. Conze/R. Koselleck (Hg.), Geschichtliche Grundbegriffe, Bd. 7, Stuttgart: Klett-Cotta.

Habermas, J., 1998, Die postnationale Konstellation, Frankfurt/M.: Suhrkamp.

Habermas, J., 2001, Zeit der Übergänge, Frankfurt/M.: Suhrkamp.

Herder, J. G., 1795, Briefe zur Beförderung der Humanität, Frankfurt/M.: Deutscher Klassiker-Verlag 1991.

Herder, J. G., 1785/87, Ideen zur Philosophie der Geschichte der Menschheit, Frankfurt/M.: Deutscher Klassiker-Verlag 1989.

Hobsbawm, E. J., 1990, Nationen und Nationalismus, Frankfurt/M.: Campus 2000.

Kohler, G., 1999, Ethnos, Demos, Nation, in: W. Müller-Funk/F. Schuh (Hg.), Nationalismus und Romantik, Wien: Turia + Kant.

Margalit, A./Raz, J., 1990, National Self-Determination, in: Journal of Philosophy 87.

MacIntyre, A., 1984, Ist Patriotismus eine Tugend?, in: A. Honneth (Hg.), Kommunitarismus, Frankfurt/M.: Campus 1993.

Miller, D., 1995, On Nationality, Oxford: Oxford University Press.

Renan, E., 1882, Was ist eine Nation?, Hamburg: EVA 1996.

Schulze, H., 1994, Staat und Nation in der europäischen Geschichte, München: Beck.

Seymour, M., 2000, On Redefining the Nation, in: M. Nenad (Hg.), Nationalism and Ethnic Conflict, La Salle: Open Court.

Sieyès, E., 1789, Was ist der dritte Stand?, Neuwied: Luchterhand 1975.

Smith, A. D., 1991, National Identity, Reno: University of Nevada Press.

Smith, A. D., 1999, Nationalism and Modernism, London: Routledge.

Tajfel, H., 1981, Human Groups and Social Categories, Cambridge: Cambridge University Press.
Tamir, Y., 1993, Liberal Nationalism, Princeton: Princeton University Press.
Weber, M., 1922, Wirtschaft und Gesellschaft, Tübingen: Mohr 1980.

Georg Kohler/Andreas Heinle

Nationalismus

1.

1.1. In historischen Debatten wird Nationalismus häufig als ein *Bestreben politischer Akteure nach nationaler Unabhängigkeit bzw. nationaler Staatsbildung* interpretiert. In diesem Sinne lässt sich Nationalismus einerseits als politische Einstellung dieser Akteure selbst sowie andererseits als eine politische Bewegung, die diese Einstellungen akkumuliert, verstehen. Die einflussreiche Begriffsbestimmung von Anthony D. Smith (1991) lehnt sich an diese Position des »state-seeking nationalism« an, wobei sie die Ursprünge des Nationalismus in den ethnischen Wurzeln von Gemeinschaften sucht. Diese Bedeutung wird in der gegenwärtigen Nationalismusforschung, die von vielen Kontroversen gekennzeichnet ist, jedoch nur als *ein* bestimmter Typus des Nationalismus analysiert, und zwar als Nationalismus vor der Entstehung des angestrebten Nationalstaates. Deshalb lässt sich zwischen dem vorstaatlichen Nationalismus und dem Staatsnationalismus unterscheiden. Vorstaatlicher Nationalismus kann als Befreiungsnationalismus verstanden werden, während Staatsnationalismus andere Ziele hat.

1.2. Der Staatsnationalismus beruft sich auf und beansprucht die kollektive Identität der Mitglieder der Nation. *Nationalismus als Identität* bedeutet daher eine Projektion der Zugehörigkeit zu einer Nation, die als politisches Kollektiv (Handlungs- und Solidargemeinschaft) verstanden wird. Diese Sicht des Nationalismus als projizierter Zugehörigkeit zur politischen Gemeinschaft vertritt prominent Benedict Anderson (1991), der den Begriff der Nation als »imaginierte Gemeinschaft« prägte. Während für Anderson Nationalismus eine kontingente historische Entwicklung darstellt, wird das Konzept des Nationalismus als Identität funktionalistisch erweitert. In dieser Hinsicht erscheint der Nationalismus nicht nur für den Zusammenhalt von Gemeinschaften in Krisenzeiten, sondern zwecks Legitimation majoritätsdemokratischer Regime im Allgemeinen notwendig (vgl. Kielmansegg 1996). Der *demokratische Nationalismus* kann unterschiedliche Wurzeln haben (vgl. Tamir 1995; Miller 1995). Dazu gehören kulturelle Gemeinsamkeiten der Mitglieder einer Nation (ethnischer Nationalismus; vgl. zu den Wurzeln in der Romantik, etwa bei Herder, auch Berlin 1990), politische Verfahren und Werte (z.B. Verfassungspatriotismus) oder auch die Gemeinwohlorientierung der Nation (republikanischer Nationalismus).

Der Nationalismus geht mit einer Abgrenzung nach außen einher. Dies ermöglicht den Mitgliedern einer Nation, sich zu differenzieren und eine Grenze zu Nichtmitgliedern zu ziehen. Obwohl praktisch notwendig, kann der Prozess in extremen Fällen zur Herausbildung des nationalen Chauvinismus oder sogar zu gewalttätigem Nationalismus führen, wofür die europäische Geschichte des 20. Jahrhunderts zahlreiche Beispiele bietet.

1.3. Darüber hinaus bezeichnet »Nationalismus« eine Ideologie oder eine politische Doktrin, welche Nationen bzw. Nationalstaaten als basale Einheiten der internationalen Politik ansieht. *Nationalismus als politische Doktrin* begreift die Teilung der Welt in Nationen oder unabhängige Nationalstaaten als natürliche Ordnung, deren Änderung Krieg und Gewalt mit sich bringt. Dieser Nationalismus hat zwei Konsequenzen. Die erste ist, dass ideologische Nationalisten kommunitaristisch denken und demzufolge dazu neigen, ethische Prinzipien der Politik als begründungsfähig nur im Horizont der Gemeinschaft zu interpretieren. Die zweite Konsequenz ist der Glaube daran, dass die Gewalt in der internationalen Politik darauf zurückzuführen ist, dass nicht alle Nationen über ihren eigenen Nationalstaat verfügen. Das nationalistische Projekt »zum ewigen Frieden« heißt deshalb: ein Staat für jede Nation. Ein Verfechter der Kongruenz zwischen Nation und Staat ist etwa Ernest Gellner (1994), wobei er seinen Ansatz modernisierungstheoretisch und nicht normativ begründet.

2.

2.1. Für Gellner (1995) ergibt sich die Notwendigkeit des Nationalismus aus den Sachzwängen der modernen Gesellschaft, die auf kognitives und materielles Wachstum angewiesen ist. Dieses überlebensnotwendige Wachstum kann nur im Rahmen deckungsgleicher politischer und kultureller Räume stattfinden. Nationalismus ist deshalb ein ausschließlich modernes Prinzip der selbsttätigen Herrschafts- und Produktionsordnung. Die Entstehung der Hochkultur und die damit verbundene Entwicklung einer Schriftsprache bildet die Grundlage dafür. Die semantischen Codes der Schriftsprache durchdringen mit der Zeit alle Gesellschafts schichten und führen zu Standardisierung und Homogenisierung. Gellner (1994; 1995) geht von modularen Menschen aus, die innerhalb von komplexen Sozialstrukturen sowohl horizontal als auch vertikal mobil sind. Der Mensch nimmt sich primär als Individuum wahr, wobei er zugleich weiß, dass seine Individualität nur durch die Nation garantiert wird. In diesem Sinne ist der modulare Mensch ein Nationalist.

2.2. Während Gellner stark funktionalistisch und modernisierungstheoretisch argumentiert, nimmt Smith (1986; 1991; 1996) eine Mittelposition zwischen dem sog. Primordialismus einerseits und den modernisierungstheoretischen Ansätzen andererseits ein. Smith (1991) zufolge war der Protonationalismus bereits vor der Französischen Revolution und dem Beginn der Moderne verbreitet. Die Ideologie des Nationalismus entspringt kraftvollen, anpassungsfähigen und epochenübergreifenden Ideen. Seine Grundlagen findet der Nationalismus im Phänomen der Ethnie. Die Ethnie ist ein Glaubenssystem von Gruppenzugehörigkeit, das durch gemeinsame Ursprungsmythen, historische Erinnerungen und gemeinsame Kultur aufrechterhalten wird. Die Nation stellt dabei eine politische Verlängerung der Ethnie um politische Rechte und Pflichten dar. Eine ethnische Identität ist für Smith die unentbehrliche Grundlage jedes Nationalismus, der wiederum in der Moderne als unvermeidlich gilt, und zwar angesichts der Tatsache, dass nur der Nationalismus dem Individuum Würde und Identifikation bieten kann.

2.3. Anderson (1991) begreift den Nationalismus dagegen als »großes kulturelles Modell«, vergleichbar mit Religion und Dynastie. Als historisches Phänomen löst Nationalismus frühere identitätsstiftende Bezugssysteme auf und ersetzt diese durch eine neue Art von Gemeinschaft. Nationales Bewusstsein entwickelt sich auf der Grundlage von zwei geschichtlichen Faktoren mit kontingentem Charakter: Kapitalismus und Buchdruck. Beide Entwicklungen fördern die Durchsetzung der jeweiligen Landessprache gegenüber den Sakralsprachen. Danach verdrängen die vereinheitlichten Hochsprachen Dialekte, wodurch das Bewusstsein entsteht, Mitglied einer größeren Gemeinschaft zu sein. Im 19. Jahrhundert entdecken europäische Eliten die Idee der Nation v.a. zwecks Machtsicherung. Der entstehende Staatsnationalismus vereinheitlicht fragmentierte Kulturen durch das zentralisierte Bildungssystem. Der moderne Nationalstaat stellt nach Anderson die letzte Welle der historischen Entwicklung dar.

3.

Unabhängig von einem kulturlastigen Verständnis der »Nation« wird Nation auch als eine rein politische Gemeinschaft konzipiert.

Das politische Konzept des Nationalismus vertritt etwa Liah Greenfeld (1999), für die der Nationalismus auf zwei Prinzipien der Freiheit fußt. Zum einen handelt es sich um das Prinzip der Volkssouveränität, das die Nation als Kollektiv versteht, dem ein eigener Wille zur politischen Selbstbestimmung zukommt (vertikale Freiheit der Autonomie). Zum anderen bedeutet »Nation« aber auch Gleichheit ihrer Mitglieder untereinander (horizontale Freiheit der Toleranz und Einbeziehung). In diesem Sinne ist der Nationalismus als Emanzipationsbewegung ein wichtiger Integrationsmechanismus moderner Gesellschaften. Wenn aber der Nationalismus zugleich eine »Befreiungsideologie« ist, die mit einer kollektiven Ideologie einhergeht, dann ist der Nation eine Spannung zwischen Individuum und Kollektiv inhärent. Diese Spannung sorgt für unterschiedliche Ausprägungen des Nationalismus (vgl. Greenfeld 1992; ders. 1999).

Die neuere Nationalismusforschung suggeriert zwei grundsätzliche Probleme, mit denen der Begriff des Nationalismus zu kämpfen hat: Einerseits gehen die meisten Autoren von der erwähnten Fusion zwischen Staat und Nation aus, andererseits wird geradezu manichäisch zwischen einem guten (zivilen) und einem schlechten (ethnischen) Nationalismus unterschieden (vgl. Brubaker 1998). Es existieren indes unterschiedliche Formen des Nationalismus, welchen die unterstellte Staatsfixierung nicht eigen ist. Darüber hinaus argumentiert Brubaker (1999), dass die Unterscheidung zwischen gutem und schlechtem Nationalismus sowohl analytisch als auch normativ fragwürdig ist. In normativer Hinsicht kann nämlich auch ein ethnischer Nationalismus positiv bewertet werden (z.B. die baltischen Nationen unter Sowjetherrschaft), demgegenüber kann ein ziviler Nationalismus genauso eine problematische Homogenität (z.B. Frankreich und seine Assimilationspolitik) intendieren.

4.

Anderson, B., 1991, Die Erfindung der Nation, Frankfurt/M.: Campus 2005.

Balibar, E./Wallerstein, I., 1988, Rasse Klasse Nation, Hamburg: Argument 1998.

Berlin, I., 1990, Der Nationalismus, Bodenheim: Hain.

Brubaker, R., 1998, Myths and Misconceptions in the Study of Nationalism, in: J. H. Hall (Hg.), The State of the Nation, Cambridge: Cambridge University Press.

Brubaker, R., 1999, The Manichean Myth. Rethinking the Distinctions Between ›Civic‹ and ›Ethnic‹ Nationalism, in: H. Kriesi/K. Armingeon/H. Siegrist/A. Wimmer (Hg.), Nation and National Identity, Zürich: Rüegger.

Canovan, M., 1996, Nationhood and Political Theory, Cheltenham: Elgar.

Gans, C., 2003, The Limits of Nationalism, Cambridge: Cambridge University Press.

Gellner, E., 1983, Nations and Nationalism, Ithaca: Cornell University Press.

Gellner, E., 1994, Bedingungen der Freiheit. Die Zivilgesellschaft und ihre Rivalen, Stuttgart: Klett-Cotta.

Gellner, E., 1995, The Importance of Being Modular, in: J. H. Hall (Hg.), Civil Society, Cambridge: Polity.

Greenfeld, L., 1992, Nationalism, Cambridge/MA: Harvard University Press.

Greenfeld, L., 1999, Is Nation Unavoidable? Is Nation Unavoidable Today?, in: H. Kriesi/K. Armingeon/H. Siegrist/A. Wimmer (Hg.), Nation and National Identity, Zürich: Rüegger.

Hobsbawm, E., 1990, Nationen und Nationalismus, Frankfurt/M.: Campus 2005.

Kielmansegg, P. Graf, 1996, Integration und Demokratie, in: M. Jachtenfuchs/B. Kohler-Koch (Hg.), Europäische Integration, Opladen: Leske + Budrich.

Miller, D., 1995, On Nationality, Oxford: Oxford University Press.

Smith, A. D., 1986, The Ethnic Origins of Nations, Oxford: Blackwell.

Smith, A. D., 1991, National Identity, London: Penguin.

Smith, A. D., 1996, Nations and Nationalism in a Global Era, Cambridge: Polity.

Tamir, Y., 1995, Liberal Nationalism, Princeton: Princeton University Press.

Heinz Kleger

Nationalsozialismus, politische Philosophie im

1.

Bezeichnet man mit dem Ausdruck »politische Philosophie« philosophische Theorien über die Prinzipien des Zusammenlebens im Staat als einer wohldefinierten Ordnung, muss man zögern, nationalsozialistische Auffassungen und Theoreme überhaupt zur politischen Philosophie zu zählen. Das liegt an drei grundlegenden Momenten, die für den Nationalsozialismus charakteristisch sind: an seiner starken antinormativistischen Tendenz, an der Bezugnahme auf Konstruktionen von »Volk« und »Rasse«, die als staatliche Organisationsformen determinierende Entitäten gedacht werden, und an dem ausdrücklichen Selbstverständnis als Weltanschauung, d.h. einer von vornherein perspektivisch ausgerichteten und für den politischen Kampf einer besonderen Gruppe instrumentell nutzbaren Form des Denkens. Die antinormativistische Tendenz brachte mit sich, dass Reflexionen über allgemeine Normen des Rechts oder der Moral zurückgestellt wurden gegenüber geschichtsphilosophischen Konstruktionen und wenig präzisen Verweisen auf Werte und Wertordnungen. Der Bezug auf die Begriffe »Volk« und »Rasse« implizierte eine ambivalente Stellung zu dem Begriff staatlicher Ordnung überhaupt. Das Selbstverständnis der politisch-theoretischen Auffassungen als Weltanschauung schließlich führte zur weitgehenden Aufgabe eines theoretischen Begründungsanspruchs und so zu einer Überordnung des Politischen über theoretische und philosophische Orientierung an Wahrheit, Allgemeingültigkeit und Objektivität. Dabei wurden als »politisch« durchweg Verhaltensweisen und Handlungen bestimmt, die Gruppen oder Institutionen schaffen, die sich durch existenzielle Feindschaft zu anderen Gruppen oder Institutionen definieren. Staaten wurden als aus solcher Feindschaft entstandene und auf ihr wesentlich basierende Institutionen verstanden. An die Stelle der Rechtfertigung staatlichen Zwangs trat damit die Apologie staatlicher wie auch außerstaatlicher Gewalt im Sinne der eigenen Gruppe. Für das Nachdenken über politische Ordnung wurde die Frage nach der Zugehörigkeit der erste und nicht mehr hinterfragbare Ausgangspunkt. Insofern konnte das Wort »politische Philosophie« für die Theoreme nationalsozialistische Philosophen beibehalten werden bei einem vollständig veränderten Verständnis seiner Bedeutung: Politische Philosophie hieß danach radikal im Sinne nationalsozialistischer Parteilichkeit politisierte Philosophie (vgl. Lehmann 1943, 489ff.).

2.

Wesentliche Grundlage für die politische Philosophie des Nationalsozialismus in diesem Sinne bildet die geistesgeschichtliche Entwicklung in Deutschland zu Beginn des 20. Jahrhunderts. Aus dem idealisierten und ideologisierten Gemeinschaftserlebnis der Kriegsbegeisterung (»Ideen von 1914«) entwickelte sich die Vorstellung einer homogenen, durch Opferbereitschaft, Führertum und ideelle Eintracht charakterisierten Volksgemeinschaft jenseits aller Parteien. Sie wurde bereits während des Krieges radikalisiert und führte angesichts der drohenden Niederlage und des Abklingens der Kriegsbereitschaft zu verschärftem Antisemitismus, gesteigertem Militarismus und einem sich weiter radikalisierenden antiliberalen nationalen Selbstverständnis. Mit der Niederlage des Zweiten Reiches ergab sich daraus eine gesellschaftlich weit geteilte Frontstellung außenpolitisch gegen den Vertrag von Versailles und die »Völkerbundsidee«, innenpolitisch eine immer grundsätzlicher formulierte Polemik gegen den demokratischen und parlamentarischen Verfassungsstaat der Weimarer Republik. So formierte sich, auch unter Anknüpfung an diverse völkische Strömungen des Kaiserreiches nach 1918 eine breite ideologische Strömung (vgl. Schmitz/Vollnhals 2005; Mosse 1964), die in der Literatur aus unterschiedlicher politischer und theoretischer Perspektive als »konservative Revolution in Deutschland«, »antidemokratisches Denken« oder »deutsche Ideologie« beschrieben worden ist (vgl. Mohler 1972; Sontheimer 1962; Herf 1984).

Parallel zu dieser Strömung völkischen Denkens und zum Teil eng mit ihr verwoben entstand aus den verschiedenen Gruppierungen der Rechten die NSDAP (Nationalsozialistische Deutsche Arbeiterpartei), deren politische Führer sich als ideologische Richtungsgeber betätigten und deren Texte daher ebenfalls für das Verständnis der politischen Philosophie des NS eine wesentliche Rolle spielen – wie Rosenberg, Goebbels, Himmler, Hitler und Darré (vgl. Hitler 1925; Rosenberg 1930; zusammenfassend Kroll 1998). Sie verstanden ihre Schriften selbst als »weltanschaulich«. Trotz der »polyzentrischen« und damit wenig kohärenten Struktur der nationalsozialistischen Ideologie gibt es zwischen den Theoremen der einzelnen NS-Führer viele Gemeinsamkeiten. Charakteristisch ist für alle *erstens* die Frontstellung gegen das »System von Weimar«, das heißt gegen die Ideen einer egalitären, rechtsstaatlichen und repräsentativen Demokratie mit ihrem System von Gewaltenteilung, Checks and Balances sowie der liberalen Aufteilung der Gesellschaft in eine geschützte Sphäre privaten Rechts und eine ihr gegenüberstehende Sphäre öffentlichen Rechts und politischen Handelns; *zweitens* eine starke geschichtsphilosophische Grundierung durch ein einziges (bei jedem der NS-Ideologen jedoch jeweils anderes) Narrativ über Gesetze und Verlauf der Geschichte, in dem Kampf, Krieg und Gewalt grundsätzlich bejaht werden; *drittens* ein rassistisches und immer auch antisemitisches Weltbild verbunden mit einem grundsätzlichen Antiindividualismus (nicht der Einzelne, sondern die »Rasse«, der er zugehört, ist entscheidend für seine Beurteilung) und der Reduktion von Individuation auf Ethnizität sowie die Höchstbewertung der eigenen »arischen« Rasse, der als absoluter Feind bzw. als »Gegenrasse« die »jüdische« gegenübergestellt wurde; und schließlich *viertens* die Favorisierung charismatischer Herrschaft in einem Modell von Führung und Gefolgschaft. »Gefolgschaft« als eine besondere Tugend von einfühlendem und nicht eingrenzbarem Gehorsam wird der Herrschaft im Sinne bürokratischer, an Normen orientierter Macht gegenübergestellt.

3.

In der akademischen politischen Philosophie lassen sich all diese Auffassungen wiederfinden, ohne dass man die akademische nationalsozialistische Philosophie schlicht als Reproduktion der Parteiideologie ansehen könnte (vgl. zur Frage, welche Philosopheme als »nationalsozialistisch« einzustufen sind, Wolters 1999). Eher ist sie »Teil der Bewegung«. Man kann hier unterscheiden zwischen politischer Philosophie im engeren Sinne – Theorien des Staatsrechts, des Eigentums und der Begründung von Herrschaft bzw. politischer Gewalt – und im weiteren Sinne, also metaphysischen, geschichtsphilosophischen, ethischen und quasi-religiös angelegten Theorien, die sich um Begründung, Rechtfertigung und Propagierung des Nationalsozialismus bemühen. Als wichtige Wegbereiter der politischen Philosophie des Nationalsozialismus im engeren Sinne lassen sich bestimmte Strömungen der Staatsrechtslehre der Weimarer Republik interpretieren. Eine Schlüsselstellung nimmt hier die von Carl Schmitt erstmals 1927 veröffentlichte Schrift *Der Begriff des Politischen* ein, weil sie den für die meisten nationalsozialistischen Auffassungen maßgeblichen Begriff des Politischen expliziert (der Text erschien 1932 in einer erweiterten Fassung und wurde 1934 im Nationalsozialismus von Schmitt noch einmal verändert). Von Beschreibungen des Politischen als normativer Ordnung oder als einem besonderen sozialen Gebilde hebt sich diese Begriffsbestimmung deutlich ab. Indem das Politische als äußerste Intensität eines Gegensatzes von Freund und Feind bestimmt wird, wird nun ausnahmslos dasjenige als politisch geltend gemacht, was sich in einem existenziellen Gegensatz, einem Kampf um Leben und Tod auf der Seite einer Gemeinschaft zu situieren vermag.

Mit der Eroberung der politischen Macht durch die Nationalsozialisten werden die für ihre Politik zentralen politischen Begriffe

»Volk«, »Bewegung«, »Gemeinschaft«, »Rasse« und »Führertum/Gefolgschaft« zu Leitbegriffen der Staatsrechtslehre insgesamt. Streitigkeiten entzünden sich überall dort, wo die durch die NS-Bewegung vorgegebene vage Begrifflichkeit Spielräume offen lässt, das Verhältnis von »Volksgemeinschaft«, »Recht« und »Staat« zu interpretieren, um der eigenen Version möglichst weitgehend Geltung zu verschaffen. Man kann hier mit Stolleis (1999) unterscheiden zwischen einer Gruppe eher traditioneller, am Staatsbegriff orientierten älteren Staatsrechtslehrer, einer Mittelgruppe, die versuchte, die Meinungsführerschaft zu erkämpfen (vgl. u.a. Carl Schmitt 1934; Otto Koellreuter 1935; Ernst Rudolf Huber 1937; Theodor Maunz 1938; Ernst Forsthoff 1933) und der Gruppe der »hundertfünfzigprozentigen« Parteijuristen (vgl. u.a. Reinhard Höhn 1935; Werner Best; Hans Frank 1936; vgl. hierzu auch Böckenförde 1985; Herbert 2001). Die Streitigkeiten beziehen sich in verschiedener Weise auf die Frage, wie weit Rechtsnormen im traditionellen Sinne als solche überhaupt noch Geltung besitzen sollten, und wenn ja, welche Geltung ihnen zukommen könnte. Beide Fragestellungen setzten eine weitgehende Aushebelung hergebrachter Rechtsbegriffe voraus. Grundlegendes Mittel dazu war der Begriff der »Volksgemeinschaft«: Formallogisches und normatives Denken sollte durch ein an »konkreten Ordnungen« der Gemeinschaft orientiertes Denken ersetzt werden; manche forderten sogar die Ersetzung des Begriffs der »juristischen Staatsperson« als grundlegendem Begriff der Rechtswissenschaft durch den der Gemeinschaft. Eine ähnliche Konfliktlage ergab sich in Bezug auf die Frage, ob der Nationalsozialismus, wie Carl Schmitt es vorschlug, gänzlich auf den Begriff des Rechts verzichten sollte, oder ob es sich bei der neuen, noch zu schaffenden Ordnung um einen »nationalen Rechtsstaat« oder einen »völkischen Rechtsstaat«, d.h. einen an den Normen der Rassenlehre orientierten Staat, handele. Diese theoretisch-rechtswissenschaftlichen Konflikte zwischen den verschiedenen Gruppen in der Staatsrechtslehre wurden bis zum Ende des Dritten Reiches nicht endgültig entschieden, sondern in immer neuen Kompromissformeln neu verhandelt.

Damit, dass der Begriff der Rechtsnorm auf eine zugrunde liegende »artgemäße« Gesinnung, ein in der Gemeinschaft praktiziertes Denken oder eine »konkrete Ordnung« zurückgeführt werden sollte, verwiesen die zentralen Begriffe der NS-Staatsrechtslehre auf »vorrechtliche« und vorstaatliche, ethische oder quasiethische Begriffe, also auf die politische Philosophie des Nationalsozialismus im weiteren Sinne – jene geschichtsmythologischen bzw. quasiethischen Konzepte, die in der mehr oder weniger völkisch orientierten Philosophie der 1920er und 1930er Jahre entwickelt und diskutiert wurden. Zur politischen Philosophie in diesem Sinne kann man all die Strömungen in Philosophie und der neu sich etablierenden Soziologie rechnen, die es sich zum Ziel setzten, nationalsozialistische Politik mit Begründungen zu versehen bzw. nationalsozialistische Ideologie und Politik um ein philosophisches Fundament zu bereichern. Sie verstanden sich selbst wesentlich als politisch nicht in dem Sinne, dass Politik ihr Gegenstand war, sondern in dem Sinne, dass sie ihr Denken als politisches, d.h. als parteiisch im Sinne einer Bewegung, Weltanschauung oder eben »des Volkes«, bestimmten; solche Politisierung wurde von manchen zu einem notwendigen Merkmal jeder Philosophie erklärt. Wie weit die einzelnen Werke dieser Philosophen, die den Nationalsozialismus zum Teil oder umfassend unterstützten, insgesamt als nationalsozialistische Philosophie zu bezeichnen sind, ist von Fall zu Fall verschieden und umstritten (vgl. Tilitzki 1999 für einen vom Gegenstand wenig distanzierten historischen Überblick über die Universitätsphilosophie; der »Fall Heidegger« ist dabei sicher der umstrittenste, wie die Debatte um Faye (2005) nochmals gezeigt hat).

Im engeren Bereich der Philosophie kann man mit Sluga (1995) zwischen philosophisch Konservativen und philosophisch Radikalen unterscheiden. Während die ersten sich dem deutschen Idealismus zurechneten, bezogen sich die zweiten auf jene philosophischen Ansätze, die in der Folge der wissenschaftlichen, technischen und gesellschaftlichen Evolution der zweiten Hälfte des 19. Jahrhunderts entstanden: Phänomenologie, Hermeneutik, Nietzsches genealogisches Denken und Positivismus. Diese Unterschiede haben Auswirkungen auf die Gestalt und Erkennbarkeit der jeweiligen »politischen Philosophie«. Bei den philosophisch Konservativen (u. a. Bruno Bauch 1929; ders. 1935; Hermann Schwarz 1926; ders. 1936; Max Wundt 1926) führen verschiedene Spielarten von Wertobjektivismus in Verbindung mit rassistischen, antisemitischen bzw. radikalnationalistischen Überzeugungen zu ihrem teilweise noch argumentativ begründeten Engagement für den Nationalsozialismus. Der Bezug auf Wertobjektivität dient hier dazu, einen radikalen ethischen Partikularismus objektivistisch zu untermauern. Dagegen ist für die philosophisch Radikalen (zu denen Sluga neben Martin Heidegger Alfred Bäumler 1934; Hans Heyse 1935; Ernst Krieck 1934 zählt) eine dynamische Geschichtsphilosophie, die an die Stelle von objektiven Werten abstrakte Kategorien von existenzieller Zugehörigkeit, Entschlossenheit und Willenskraft in den Mittelpunkt stellt, charakteristisch. Zu der Gruppe der philosophisch Radikalen sind auch jene Autoren der »Leipziger Schule« um Hans Freyer zu rechnen, die ihre Konzepte im Kontext einer akademisch gerade etablierten Soziologie bzw. Anthropologie entwickeln (vgl. Freyer 1931; ders. 1933; ders. 1935; Gehlen 1935). So rekonstruiert Freyer in seiner »Ethik des politischen Volkes« affirmativ die »Volkwerdung« als gewaltsame Zurichtung der Einzelnen zu einem homogenen Staat unter einem charismatischen Führer.

Maßgeblich für alle Ansätze, philosophisch konservative wie philosophisch revolutionäre, ist die große Bedeutung, die sie der politischen Gemeinschaft als einer besonderen zusprechen, die Ablehnung von normativ und universalistisch orientierten Ethiken und die Begründung der Ethik aus einer als prinzipiell gedachten Situation des Kampfes oder des Krieges.

4.

Bauch, B., 1929, Nationale Freiheit, Langensalza: Beyer.

Bauch, B., 1935, Grundzüge der Ethik, Stuttgart: Kohlhammer.

Bäumler, A., 1934, Männerbund und Wissenschaft, Berlin: Junker und Dünnhaupt.

Böckenförde, E.-W. (Hg.), 1985, Staatsrecht und Staatsrechtslehre im Dritten Reich, Heidelberg: Müller.

Faye, E., 2005, Heidegger. L'introduction du nazisme dans la philosophie, Paris: A. Michel.

Forsthoff, E., 1933, Der totale Staat, Hamburg: Hanseatische Verlagsanstalt 1934.

Frank, H., 1936, Neues Deutsches Recht, München: Eher.

Freyer, H., 1931, Revolution von Rechts, Jena: Diederichs.

Freyer, H., 1933, Der politische Begriff des Volkes, Berlin: Junker und Dünnhaupt.

Freyer, H., 1935, Pallas Athene. Ethik des Politischen Volkes, Jena: Diederichs.

Gehlen, A., 1935, Der Staat und die Philosophie, Leipzig: Meiner.

Herbert, U., 2001, Best. Biographische Studien über Radikalismus, Weltanschauung und Vernunft 1903–1989, Bonn: Dietz.

Herf, J., 1984, Reactionary Modernism, Cambridge: Cambridge University Press.

Heyse, H., 1935, Idee und Existenz, Hamburg: Hanseatische Verlagsanstalt.

Hitler, A., 1925, Mein Kampf, München: Eher.

Höhn, R., 1935, Rechtsgemeinschaft und Volksgemeinschaft, Hamburg: Hanseatische Verlagsanstalt.

Huber, E. R., 1937, Verfassung, Hamburg: Hanseatische Verlagsanstalt.

Koellreutter, O., 1935, Volk und Staat in der Weltanschauung des Nationalsozialismus, Berlin: Pan.

Krieck, E., 1934, Die deutsche Staatsidee, Leipzig: Armanen.

Kroll, F.-L., 1998, Utopie als Ideologie. Geschichtsdenken und politisches Handeln im Dritten Reich, Paderborn: Schöningh.

Lehmann, G., 1943, Die deutsche Philosophie der Gegenwart, Stuttgart: Kröner.

Maunz, G./Höhn, R., 1938, Grundfragen der Rechtsauffassung, München: Duncker & Humblot.

Mohler, A., 1972, Die Konservative Revolution in Deutschland, Darmstadt: WBG.

Mosse, G. L., 1964, Die völkische Revolution, Frankfurt/M.: Fischer 1991.

Rosenberg, A., 1930, Der Mythos des 20. Jahrhunderts, München: Hoheneichen.

Schmitt, C., 1932, Der Begriff des Politischen, Berlin: Duncker & Humblot 1963.
Schmitt, C., 1934, Staat, Bewegung, Volk, Hamburg: Hanseatische Verlagsanstalt.
Schmitz, W./Vollnhals, C. (Hg.), 2005, Völkische Bewegung, Konservative Revolution, Nationalsozialismus, Dresden: Thelem.
Schwarz, H., 1926, Ethik der Vaterlandsliebe, Langensalza: Beyer.
Schwarz, H., 1936, Zur philosophischen Grundlegung des Nationalsozialismus, Berlin: Junker und Dünnhaupt.
Sluga, H., 1995, Heidegger's Crisis. Philosophy and Politics in Nazi Germany, Cambridge/MA: Harvard University Press.
Sontheimer, K., 1962, Antidemokratisches Denken in der Weimarer Republik, München: dtv.
Stolleis, M., 1999, Geschichte des öffentlichen Rechts in Deutschland, Bd. 3: Weimarer Republik und der Nationalsozialismus, München: Beck.
Tilitzki, C., 1999, Die deutsche Universitätsphilosophie in der Weimarer Republik und im 3. Reich, Berlin: Akademie.
Wolters, G., 1999, Der »Führer und seine Denker«, in: Deutsche Zeitschrift für Philosophie 47.
Wundt, M., 1926, Deutsche Weltanschauung, München: Lehmann.

Werner Konitzer

Naturrecht

1.

»Naturrecht« bezeichnet eine Moraltheorie und eine rechtsphilosophische Position. Meist sind moralische Naturrechtler auch rechtsphilosophische Naturrechtler und umgekehrt. Aber diese Verbindung ist nicht notwendig. Eine naturrechtliche Morallehre ist mit einer positivistischen Auffassung des Rechts verträglich.

In der Moralphilosophie gilt als Naturrechtler im weiten Sinne, wer (a) von der Existenz objektiver und universal verbindlicher Standards für richtiges Handeln ausgeht, deren Verbindlichkeit von den Wünschen, Entscheidungen und Konventionen der handelnden Subjekte und ihren Gemeinschaften unabhängig ist; und wer (b) die Auffassung vertritt, dass diese objektiven Standards durch vernünftige Reflexion auf die Natur des Menschen und seine Umwelt erkannt werden können. Ein Naturrechtler im engen Sinne ist, wer darüber hinaus (c) sein Verständnis der Natur des Menschen durch eine objektive und wertpluralistische Theorie eines guten (erfüllten, glücklichen) menschlichen Lebens konkretisiert. Eine solche Theorie nimmt oft die Gestalt einer Liste als typisch angesehener menschlicher Grundgüter (z.B. Gesundheit, Wissen, Freundschaft) an, deren umfassende Befriedigung ein gutes Leben konstituiert. Das durch die Merkmale (a)–(c) charakterisierte enge – fortan: »klassische« – Naturrecht steht in diesem Artikel im Vordergrund.

Das rechtsphilosophische Naturrecht wird meist, aber nicht unbedingt zu Recht (s. 2.3. und 3. unten), in Opposition zum Rechtspositivismus gesehen. Die Kernthese der Rechtspositivisten lautet, dass die Verbindlichkeit einer Rechtsnorm allein von den sozialen Tatsachen ihrer Setzung abhängt und nicht von ihren etwaigen inhaltlichen Vorzügen (z.B. vom Nutzen der Norm, ihrer Gerechtigkeit oder ihrer Effektivität zur Erreichung bestimmter Ziele). Welche Normen geltendes Recht sind und zur Rechtsordnung gehören, sei unabhängig von der Frage nach ihren etwaigen Meriten: »Die Existenz des Rechts ist eine Sache; seine Vor- oder Nachteile eine andere [...]. Ein Gesetz, das wirklich existiert, ist ein Gesetz, selbst wenn es uns missfallen sollte.« (Austin 1832, 157; vgl. Raz 1994, 211) *Prima facie* im Widerspruch dazu vertritt das rechtsphilosophische Naturrecht, dass für die Verbindlichkeitsfrage die moralische Qualität einer Rechtsnorm eine entscheidende Rolle spielt. Aus naturrechtlicher Sicht ist daher nicht jede von einem Souverän gesetzte Norm schon aufgrund dieser Setzung uneingeschränkt verbindliches Recht. Uneingeschränkte Verbindlichkeit haben aus naturrechtlicher Sicht allein Normen, die minimale moralische Standards erfüllen. Oft wird diese naturrechtliche Gegenthese in einem (in mancherlei Hinsicht irreführenden) Schlagwort zusammengefasst, das Augustinus und Thomas von Aquin zugeschrieben wird: *Lex injusta non est lex* (Ein ungerechtes Gesetz ist kein Gesetz).

Die Wurzeln des Ausdrucks »Naturrecht« liegen in den lateinischen Termini »ius naturae« und »lex naturalis« der Scholastik. Ihr Sinn wurde maßgeblich durch Aquins rechtsphilosophische Reflexionen in der *Summa Theologiae* geprägt. »Lex« (Recht, Gesetz), so Aquin, leite sich von »ligare« (binden) her. Eine *lex* sei etwas, das ein Verhalten verbindlich mache (*obligat*). So binde beispielsweise die *lex aeterna*, das ewige Gesetz des göttlichen Schöpfungsplans, alle Dinge und nicht-rationalen Wesen unmittelbar und determiniere naturgesetzlich deren Verhalten. Bei freien und rationalen Wesen, so Aquin, nehme die *lex aeterna* jedoch die normative Form von Vorschriften der praktischen Vernunft (*dictamina rationis practicae*) an, die in ihrer Summe die *lex naturalis* – das natürliche Gesetz für Vernunftwesen – bilden. Als freie Vernunftwesen können Menschen ihre Rolle im Schöpfungsplan (zumindest partiell) einsehen und entscheiden, ob sie entsprechend handeln (vgl. S. Th. I-II, q. 91, 2). Ihrer Kernbedeutung nach ist eine *lex* nach Aquin eine »Vorschrift der [praktischen] Vernunft zum Wohl der Gemeinschaft, erlassen von jemandem, der für die Gemeinschaft verantwortlich ist« (S. Th. I-II, q. 90, 4). Die auf individuelles menschliches Wohl in Gemeinschaft gerichteten Verhaltensvorschriften der praktischen Vernunft sind in der geistig-körperlichen Natur des Menschen fundiert. Welche Handlungen für Menschen vernünftig sind, hängt davon ab, was für Menschen gut ist; und was für Menschen gut ist, ist abhängig von ihrer Natur. Das natürliche Gesetz ist der Inbegriff dieser Vernunftregeln, die einen universal verbindlichen Standard richtigen Handelns bilden. Die Vernunftnormen der *lex naturalis* sind dabei in einem dreifachen Sinne »natürlich«. Erstens sind sie in der menschlichen Natur fundiert und für Wesen mit einer solchen Natur verbindlich (S. Th. I-II, q. 94, 2). Wären die menschlichen Grundgüter andere, dann wären andere Regeln vernünftig. Zweitens sind sie natürlich, insofern sie nicht künstlich geschaffen sind. Ihre Existenz ist weder das Resultat göttlicher oder menschlicher Willkür noch das Ergebnis indirekter Formen artifizieller Setzung, seien es Konventionen, Gebräuche oder Traditionen. Nach Aquin hat Gott zwar die menschliche Natur geschaffen. Aber sobald dies geschehen ist, bestimmt sie, welche Vernunftregeln mit Blick auf das menschliche Wohl richtig und angemessen sind (vgl. S. Th. I-II, q. 91, a.3 2; Rhonheimer 1987, 79). Drittens können die Vernunftregeln der *lex naturalis* »natürlich« genannt werden, weil ihre Wahrheit objektiv ist. Die Quelle ihrer moralischen Verbindlichkeit sind menschliche Grundbedürfnisse, genauer: die objektiven Erfordernisse und Notwendigkeiten der Realisierung menschlicher Grundgüter, nicht der gebietende Wille von Göttern oder Menschen.

2.

2.1. Das Naturrecht hat seine historischen Wurzeln in Platons und Aristoteles' Auseinandersetzung mit dem Skeptizismus, Relativismus und Konventionalismus ihrer Zeit. In Platons *Gorgias* (482c-492) bzw. dem *Staat* (336a-340a) argumentieren Kallikles und Thrasymachos, dass Moral auf bloßer Gewalt und subjektiven Entscheidungen beruht, die auch anders hätten ausfallen können. Demgegenüber verteidigt Sokrates den Gedanken, dass Moralurteile objektiven Standards unterliegen, die subjektiver Willkür entzogen sind. Aristoteles formuliert die Frage, ob Moral objektiv oder gesetzt ist, mittels des Gegensatzes von »Natur« und »bloßer Konvention«. Auffassungen über Gerechtigkeit und Moral, so Aristoteles, »weisen eine solche Vielfalt und solche Schwankungen auf, dass die Leute meinen, sie wären keine Frage der Natur, sondern bloßer Konventionen« (EN, 1097b15–16). Diese Gegenüberstellung konventionell gesetzter menschlicher Normen mit dem objektiven, von Natur aus Rechten führt in vielfältiger Abwandlung durch die

Stoa, Cicero und Augustinus spätestens im 12. Jahrhundert zur Unterscheidung zwischen den künstlichen, auf menschlichen Setzungen beruhenden Normen der *iustitia positiva* und den »natürlichen« Normen der *iustitita naturalis*. Dieser Distinktion bedient sich auch Aquin, wenn er das positive Recht (*ius positivum*) als die Gesamtheit der zeitlich und örtlich variablen Gesetze menschlicher Gesetzgeber auffasst und sie von den invarianten, immer und überall anwendbaren Normen des natürlichen Gesetzes unterscheidet.

2.2. Eine Kernfrage der spätmittelalterlichen Auseinandersetzung um das Naturrecht im Anschluss an Aquin betrifft die Quelle der Verbindlichkeit der *lex naturalis*: Ist die Befolgung des natürlichen Gesetzes geboten, weil so zu handeln gut und vernünftig ist, oder ist seine Befolgung gut und vernünftig, weil Gott will, dass wir so handeln? Ist die Vernünftigkeit des natürlichen Gesetzes der Ursprung seiner Verbindlichkeit oder Gottes Setzungswille? Die Bedeutung dieser Frage für die Debatte zwischen Naturrechtlern und Positivisten besteht darin, dass mit der Betonung des Setzungswillens eines Souveräns die Verbindlichkeitsfrage analytisch mit einem positivistischen Element verknüpft wird.

Augustinus und Aquin sind Befürworter der ersten, intellektualistischen Antwort, während Johann Duns Scotus und Wilhelm von Ockham vielfach als Verteidiger der voluntaristischen Lösung gelten (vgl. Schneewind 1998, Kap. 2; Decorte 2006, 283f.; vgl. jedoch Williams 1997). Den Voluntaristen hält schon Gregor von Rimini im 14. Jahrhundert entgegen, dass Verstöße gegen die Vernunftregeln des natürlichen Gesetzes selbst dann Unrecht wären, wenn Gott nichts geböte: »Denn auch wenn die göttliche Vernunft oder Gott selbst – was unmöglich ist – nicht existieren oder jene Vernunft sich irren würde, so würde trotzdem derjenige sündigen, der gegen die richtige Vernunft [...] handelte.« (Rimini 1980, 235) Dennoch gewinnen Auffassungen, die den göttlichen Setzungswillen zumindest als notwendige Bedingung der Verbindlichkeit des natürlichen Gesetzes betrachten, schließlich die Oberhand. Besonders einflussreich für die spätere Entwicklung des Naturrechtsgedankens im 17. Jahrhundert ist der Kopf der Schule von Salamanca, Francisco de Vitoria, der im 16. Jahrhundert mit den Voluntaristen betont, »dass das natürliche Recht nur dadurch Geltungskraft hat, dass es kraft göttlicher Autorität erlassen wurde. Andernfalls wäre es nicht verpflichtend – Gregor [von Rimini?] mag dazu sagen, was er will.« (Vitoria 1995, 359)

2.3. Der Vernunftcharakter des natürlichen Gesetzes verdeutlicht, warum die unter Philosophiehistorikern lange übliche Kontrastierung des klassischen Naturrechts mit dem im 17. Jahrhundert einsetzenden »modernen Vernunftrecht« von Autoren wie Thomas Hobbes, John Locke und Samuel Pufendorf irreführend ist. Auch das von Aquin repräsentierte klassische Naturrecht ist ein Vernunftrecht. Im Unterschied zu Aquin sind die Begründer des modernen Naturrechts Voluntaristen, die in der Verbindlichkeitsfrage das positivistische Element betonen. Eine Norm wird erst durch den auf reale Durchsetzungsmacht gestützten Willen eines Normgebers verbindlich. Mit Lockes Worten: »Kein Gesetz ohne Gesetzgeber«, keine Verbindlichkeit ohne »den Willen einer höheren Macht« (Locke 1663/64, 192f., 158f.). Auf dem Höhepunkt des modernen Naturrechts verzichtet Immanuel Kant in seiner *Metaphysik der Sitten* von 1797 jedoch wieder auf voluntative Elemente. Für ihn ist eine Norm bindend, wenn die Unterlassung des Gebotenen nicht widerspruchsfrei als allgemeines Gesetz gedacht werden kann. Kants Vernunftrecht rekurriert auf den formalen Begriff eines Widerspruchs und nicht auf die Erfordernisse praktischer Vernunft bei der Realisierung menschlicher Grundgüter. Kants Theorie erfüllt nur zwei der drei in 1. genannten Bedingungen (a)-(c) – er geht zwar von objektiven Normen aus, die durch Reflexion auf die menschliche Vernunftnatur erkannt werden, begründet dies jedoch nicht durch eine objektive und wertpluralistische Theorie des guten Lebens. Daher ist er kein klassischer Naturrechtsphilosoph.

2.4. Auch die naturrechtliche »Lex injusta non est lex«-Lehre hat ihre Wurzeln in den Schriften klassischer Autoren wie Platon (Nom., IV 715B), Cicero (leg. II, v, 11), Augustinus (lib. arb. I, v, 11) und Aquin (S. Th. I–II, q. 96, a. 4c). Als eigenständige rechtsphilosophische Position ist sie jedoch eine späte Erfindung des modernen Rechtspositivismus, der auf rein rechtsinterne, auf soziale Tatsachen rekurrierende Kriterien zur Identifikation verbindlicher Rechtsnormen pocht und das »Lex injusta«-Schlagwort als Antithese interpretiert. Obwohl Hobbes vielfach als sein geistiger Vater gilt, wird der Rechtspositivismus erst von Jeremy Bentham (1782) und John Austin (1832) systematisch ausgearbeitet. Ähnliche Ideen werden im deutschsprachigen Raum von Georg F. Puchta, Bernhard Windscheid und Karl Bergbohm entwickelt. Im 20. Jahrhundert wird der Rechtspositivismus v.a. durch Hans Kelsen und Herbert L. A. Hart zur vorherrschenden Rechtsphilosophie. In Deutschland findet der Rechtspositivismus in Gustav Radbruch und Robert Alexy nach dem Zweiten Weltkrieg bedeutende Kritiker, im angelsächsischen Sprachraum in Lon Fuller, Ronald Dworkin und John M. Finnis. Die intensive Debatte der jüngsten Zeit hat jedoch gezeigt, dass die Opposition zwischen Naturrecht und Rechtspositivismus zu einem erheblichen Teil auf Missverständnissen beruht. Da »naturrechtlich« im Munde der Rechtspositivisten oft nicht mehr bedeutet als »nicht-positivistisch«, ist die suggerierte Standardopposition zur klassischen Naturrechtstradition zweifelhaft. Viele zeitgenössische Rechtsphilosophen – Naturrechtler und Positivisten – halten die traditionelle Gegenüberstellung von Rechtspositivismus und rechtsphilosophischem Naturrecht inzwischen für obsolet. Denn selbst klassische Naturrechtstheorien in der Tradition von Aquin »teilen viele oder fast alle ›positivistischen‹ Thesen« (Finnis 2007; vgl. Raz 2007; vgl. 3.4.).

3.

Die Mehrzahl der nach dem Zweiten Weltkrieg entwickelten neoklassischen Naturrechtslehren entstanden in kritischer Auseinandersetzung mit Aquin-Interpretationen des 19. Jahrhunderts, die heute oft summarisch als »neothomistisch« bezeichnet werden. Das neothomistische Naturrecht dominierte die Diskussion in der ersten Hälfte des 20. Jahrhunderts und gewann auch dadurch breite Wirksamkeit, dass Papst Leo XIII. es 1879 zur offiziellen katholischen Lehre erhob. Charakteristisch für den Neothomismus ist die Deutung der *lex naturalis* nicht als normatives Prinzip der praktischen Vernunft, sondern als theoretisches Prinzip der Metaphysik oder Ontologie, aus dem sich moralische Normen logisch ableiten lassen. Der Versuch, praktische Folgerungen aus rein theoretischen Prämissen über die Natur des Menschen oder die natürliche Ordnung zu ziehen, scheitert jedoch an der logischen Unmöglichkeit, präskriptive Sollens-Aussagen mittels rein deskriptiver Seins-Aussagen zu begründen. Nicht zuletzt aufgrund des Vorwurfs, einen Sein-Sollen-Fehlschluss zu begehen, hat das neothomistische Naturrecht in der zweiten Hälfte 20. Jahrhunderts kaum noch Verteidiger: »Kein Moraltheologe [oder -philosoph] wird [...] heute noch aus der ›Natur‹ (verstanden als das natürlicherweise ›Gegebene‹ und ›Vorgefundene‹) ohne weiteres moralische Normativität ableiten.« (Rhonheimer 1987, 18)

3.1. Ausgangspunkt der gegenwärtigen Renaissance neoklassischer Naturrechtstheorien sind häufig die Aquin-Interpretationen von Wolfgang Kluxen (1964) und Germain Grisez (1965). Kluxen und Grisez vermeiden einen Sein-Sollen-Fehlschluss, indem sie Aquins *lex naturalis* als normatives Prinzip praktischer Rationalität auffassen, das einer Begründung durch theoretische Prämissen weder fähig noch bedürftig ist. Sie bildet den gemeinsamen Nenner der neoklassischen Theorien von Finnis (1980), Gomez-Lobo (2002), Grisez (1983), Murphy (2001), Rhonheimer (2001) und Schockenhoff (1996). Obwohl alle Neoklassiker (in unterschiedlichem Maße) von Aquin ausgehen, verstehen sie sich nicht – oder nicht nur – als dessen Exegeten.

Vielmehr treten sie mit dem Anspruch auf, Aquins Ideen mit Blick auf moderne Fragestellungen neu zu präsentieren, weiterzuentwickeln und ggf. zu korrigieren (vgl. den Überblick in Bormann 1999).

3.2. Im Zentrum neoklassischer Naturrechtstheorien steht meist eine wertpluralistische Liste objektiver und inkommensurabler menschlicher Grundgüter. Im Gegensatz zu den Elementen »dünner« Grundgüterlisten (z.B. Rawls 1971, § 60) werden naturrechtliche Grundgüter nicht als Allzweckmittel zur Umsetzung beliebiger Lebensziele betrachtet, sondern als konstitutive Elemente eines erfüllten Lebens. Bei ihnen soll es sich nicht um Mittel handeln, sondern um letzte Zwecke, die Menschen um ihrer selbst willen wollen und die in ihren praktischen Überlegungen letzte, nicht mehr sinnvoll hinterfragbare Handlungsgründe bilden. Gemeinsame Elemente der Grundgüterlisten von Aquin (S. Th. I-II, q. 10, a. 1c.; q. 94, a. 2c, 3c), Chappell (1998, 46), Finnis (1980, IV.2), Gomez-Lobo (2002, Kap. 2), Grisez (1983, 121 f.) und Rhonheimer (2001, 245) sind menschliches Leben einschließlich seiner Sicherung und Bewahrung, Wahrheit und ihre Erkenntnis, soziale Gemeinschaft (Freundschaft) und Religion, verstanden in einem weiten Sinne. Viele der genannten Autoren zählen darüber hinaus Vernunft (nicht jedoch Murphy 2001, 100 ff.), ästhetische Erfahrung und Erfolg bei Arbeit und Spiel zu den Grundgütern. Manche Listen enthalten als zusätzliche Elemente inneren Frieden und Authentizität (Grisez), Familie (Gomez-Lobo), Ehe (Finnis 1996, 5), Spaß (Chappell), Fortpflanzung und Kindererziehung (Aquin) sowie Glück (Murphy).

3.3. Wie werden die Grundgüter erkannt? Nach welchen Kriterien werden die Listeneinträge ausgewählt? Für Aquin existiert ein enger Zusammenhang zwischen den Zielen natürlicher Neigungen (*inclinationes naturales*) und den menschlichen Grundgütern, denn »alles, wozu der Mensch eine natürliche Neigung hat, erkennt die Vernunft von Natur aus als gut« (S. Th. I-II, q. 94, a. 2). Der exakte Zusammenhang zwischen Neigungen und Grundgütern ist jedoch umstritten (vgl. Bormann 1999, Rhonheimer 1987, Schockenhoff 1996). Einig ist man sich nur darüber, dass der neothomistischen Versuchung, die Erkenntnis der Grundgüter aus dem theoretischen Wissen um natürliche Neigungen logisch abzuleiten, widerstanden werden muss, weil dieser Übergang ein Sein-Sollen-Fehlschluss wäre. Nach Aquin erkennen wir die Grundgüter nicht aufgrund unserer theoretischen Einsicht in die menschliche Natur, sondern wir erkennen die (normative) Natur des Menschen aufgrund unserer praktischen Einsicht in die menschlichen Grundgüter. Für Aquin bilden Reflexionen über die Zwecke menschlichen Handelns den Ausgangspunkt für Einsichten in die menschliche Natur, denn wir erkennen die Natur eines Lebewesens an seinen Dispositionen (seinen Instinkten und Neigungen), seine Dispositionen an deren Aktualisierungen und die Aktualisierungen an den Gegenständen, auf die sie sich richten (S. Th. I, q. 87, a. 3c; vgl. auch Finnis 1987, 45 f.). Die Aktualisierungen typisch menschlicher Neigungen sind rationale Handlungen, deren intentionale Gegenstände die Grundgüter sind. Wir erfassen die Grundgüter durch eine praktische Überlegung: Rationale Handlungen sind das Ergebnis einer Vernunftentscheidung für ein Gut, dessen Realisierung der Zweck der Handlung ist. Die Antwort auf die Frage nach dem Handlungszweck nennt Gründe, die der Handlung eine rationale Pointe geben. Diese Gründe sind entweder bloß instrumentelle oder letzte Gründe, Zwecke an sich. Bloß instrumentelle Gründe können weiter hinterfragt werden, bis man zu einer Antwort gelangt, die keiner sinnvollen Erklärung mehr fähig ist. Diese Nichthinterfragbarkeit ist das Kennzeichen eines Grundguts. Sie werden als menschliche Universalgüter erkannt, die nicht nur für das Individuum von Wert sind. Sie bilden eine universelle Basis für die Formulierung normativer Prinzipien, darunter Fairnessgebote wie die Goldene Regel und der kategorische Imperativ (vgl. Finnis 1983, II.7; Grisez 1983, 121 f.; ferner die allgemeine

Diskussion bei Murphy 2001 und die Analyse des Handlungsbegriffs bei Rhonheimer 1987, Kap. 7; 2001, Kap. II).

3.4. Welche Konsequenzen hat diese Güterlehre mit den darauf basierenden Prinzipien für die Rechtsphilosophie und speziell die »Lex injusta«-Lehre? Die Grundgüter bilden den Ausgangspunkt praktischer Überlegungen und Argumente, die in mehreren Schritten zu einer nuancierten und qualifizierten Anerkennung der »Lex injusta«-Lehre führen, die auch für Rechtspositivisten akzeptabel sein sollte (vgl. Finnis 1980).

Die Pluralität der menschlichen Grundgüter und das Problem ihrer Realisierung in einem endlichen Leben führen vernünftige Menschen zur Aufstellung eines jederzeit revidierbaren Lebensplans. Auf der Suche nach geeigneten Lebensformen für seine Umsetzung wird klar, dass nur ein Leben in menschlicher Gemeinschaft die erforderlichen Bedingungen zu schaffen und aufrecht zu erhalten vermag. Auf sich gestellt kann der Einzelne Grundgüter wie Wissen und ein Leben in Sicherheit und Gesundheit nur in rudimentärer und prekärer Form verwirklichen – und das Grundgut sozialer Gemeinschaft und Freundschaft gar nicht. Die rationalen Erfordernisse echter Gemeinschaft und Freundschaft verlangen jedoch die Realisierung von Grundgütern nicht nur für sich selbst, sondern auch für andere. Ohnehin impliziert die Einsicht in die Grundgüter als menschliche Universalwerte, dass sie nicht nur für den Erkennenden wertvoll sind. Daher muss allen Menschen fairerweise die Gelegenheit zur Umsetzung ihrer jeweiligen Lebenspläne gegeben werden. Überlegungen zu den Realisierungsbedingungen des eigenen Lebensplans führen so zur Einsicht in die Förderung des Gemeinwohls und zur rationalen Notwendigkeit wechselseitiger Zusammenarbeit. Soziale Zusammenarbeit wirft jedoch Koordinierungsprobleme auf, deren Beseitigung nach Lösungen verlangt, die von allen Mitgliedern der Gemeinschaft als autoritativ und verbindlich akzeptiert werden. Um die Durchsetzung dieser Lösungen auch gegen Widerstand zu gewährleisten, bedarf es einer mit Zwangsgewalt ausgestatteten Rechtsordnung, deren Hauptfunktion in der Schaffung und Aufrechterhaltung der Kooperationsbedingungen besteht, die jedem Mitglied der Gemeinschaft die möglichst weitgehende Realisierung von Grundgütern ermöglicht. Die Summe dieser Bedingungen bildet das Gemeinwohl.

Eine Rechtsordnung kann dem so verstandenen Gemeinwohl mehr oder weniger förderlich und entsprechend mehr oder weniger gerecht sein. Die funktionale Erklärung des Rechtsbegriffs im Rekurs auf das Gemeinwohl impliziert, dass ungerechte Rechtsordnungen defekte Rechtsordnungen sind und im Extrem bloße Zwangssysteme ohne moralische Verbindlichkeit. Ihre Verbindlichkeit nimmt in dem Maße ab, wie das Recht seine gemeinwohlfördernde Funktion verliert. Dasselbe gilt für einzelne Normen und Gesetze. Ungerechte, weil dem Gemeinwohl abträgliche Gesetze, so Aquin, sind defekte Gesetze (S. Th. I-II, q. 96, a. 4). Dennoch verlieren selbst defekte Gesetze ihren Gesetzescharakter nicht vollständig. Wie schon erwähnt (s. 1.1.), ist der paradigmatische Fall eines Gesetzes (»lex *simpliciter*«) für Aquin eine »Vorschrift der Vernunft zum Wohl der Gemeinschaft, erlassen von jemandem, der für die Gemeinschaft verantwortlich ist«. Aquin erkennt jedoch an, dass ein Gesetz, das diese Kriterien nicht erfüllt, weil es dem Gemeinwohl schadet, insofern ein Gesetz ist, als es von einem Souverän erlassen wurde: »Ein tyrannisches Gesetz [...] ist kein Gesetz *simpliciter*, sondern eher die Perversion eines Gesetzes. Dennoch hat es etwas von der Natur eines Gesetzes [...] in dem Sinne, als es die Vorschrift von jemandem ist, der über den Untergebenen steht.« (S. Th. I-II, q. 92, a. 1) Ein tyrannisches oder ungerechtes Gesetz ist kein Gesetz *simpliciter*, sondern nur ein Gesetz *secundum quid*, dessen moralische Verbindlichkeit nicht notwendig ausgelöscht, aber eingeschränkt ist. Moralisch eingeschränkt verbindliche Normen können gleichwohl die *internen* Verbindlichkeitskriterien der Rechtsordnung erfüllen und erkennbare Bestandteile dieser Ordnung sein. Der vernünftige Sinn des Satzes »Lex injusta non est lex«, der sich in diesem Wortlaut weder bei Augustinus noch bei Aquin findet (vgl. jedoch S. Th. I-II, q. 96, a. 4), ist dieser: Ein ungerechtes Gesetz ist rechtlich verbindlich, insofern es rechtsinternen Kriterien ordnungsgemäßer Setzung genügt – es ist eine »*lex* injusta«. Erreicht seine Ungerechtigkeit jedoch »ein unerträgliches Maß« (Radbruch 1946, 107), dann ist es kein Gesetz im moralischen Sinne, weil es das Gewissen nicht bindet (vgl. S. Th. I–II, q. 96, a. 4).

Der Streit zwischen Naturrecht und Rechtspositivismus beruht zu einem erheblichen Teil auf der Ambiguität von »verbindlich«. So verwechselt Austin die Frage, ob eine nach rechtsinternen Kriterien ordnungsgemäß gesetzte Rechtsnorm einen stichhaltigen Grund zum Gehorsam gibt, mit der Frage, ob die Norm von der Judikative und Exekutive als verbindlich anerkannt wird. Dass die Verbindlichkeit von Gesetzen, die göttlichen Forderungen zuwiderlaufen, gleichwohl besteht, glaubt Austin dadurch erweisen zu können, dass sie durchgesetzt werden: Das »Gericht [wird] die mangelnde Überzeugungskraft meiner Überlegungen dadurch beweisen, dass sie mich in Verfolg des Gesetzes, dessen Gültigkeit ich bestritten habe, aufhängen« (Austin 1832, 158). *Contra* Austin ist es jedoch kein Widerspruch, die moralische Verbindlichkeit eines Gesetzes zu bezweifeln, von dem man weiß, dass es durchgesetzt wird. Wie Harts Beispiel zeigt, muss man kein Naturrechtler sein, um zu betonen, dass rechtliche Gültigkeit nicht ausschlaggebend ist für die Gehorsamsfrage: »[W]ie groß die Aura des Majestätischen oder der Autorität des amtlichen Systems auch sein mag, seine Forderungen [müssen] letztlich einer genauen moralischen Prüfung unterzogen werden.« (Hart 1961, 201) Mit anderen Worten: »Lex injusta non est lex.«

4.

Alexy, R., 2005, Begriff und Geltung des Rechts, Freiburg: Alber.

Austin, J., 1832, The Province of Jurisprudence Determined, Cambridge: Cambridge University Press 1995.

Bentham, J., 1782, Of Laws in General, London: Athlone 1970.

Bormann, F.-J., 1999, Natur als Horizont sittlicher Praxis, München: Kohlhammer.

Chappell, T., 1998, Understanding Human Goods, Edinburgh: Edinburgh University Press.

Decorte, J., 2006, Eine kurze Geschichte der mittelalterlichen Philosophie, Paderborn: Schöningh.

Dworkin, R., 1982, »Natural« Law Revisited, in: University of Florida Law Review 35.

Finnis, J., 1980, Natural Law and Natural Rights, Oxford: Clarendon Press.

Finnis, J., 1983, Fundamentals of Ethics, Washington: Georgetown University Press.

Finnis, J., 1987, Natural Inclinations and Natural Rights, in: L. J. Elders/K. Hedwig (Hg.), Lex et Libertas, Studi Tomistici 30.

Finnis, J., 2007, Natural Law Theories, in: E. N. Zalta (Hg.), The Stanford Encyclopedia of Philosophy, http://plato.stanford.edu/entries/natural-law-theories (Stand 1. Juli 2008).

Fuller, L., 1964, The Morality of Law, New Haven: Yale University Press 1965.

Gomez-Lobo, A., 2002, Morality and Human Goods, Washington: Georgetown University Press.

Grisez, G., 1965, The First Principle of Practical Reason, Natural Law Forum 10.

Grisez, G., 1983, Way of the Lord Jesus, Bd. 1: Christian Moral Principles, Quincy: Franciscan Press.

Grisez, G.,/Boyle, J./Finnis, J., 1987, Practical Principles, Moral Truth, and Ultimate Ends, in: American Journal of Jurisprudence 32.

Hart, H. L. A., 1958, Positivismus und die Trennung von Recht und Moral, in: ders., Recht und Moral, Göttingen: Vandenhoeck & Ruprecht 1971.

Hart, H. L. A., 1961, Der Begriff des Rechts, Frankfurt/M.: Suhrkamp 1973.

Kelsen, H., 1928, Die philosophischen Grundlagen der Naturrechtslehre und des Rechtspositivismus, Charlottenburg: Heise.

Kluxen, W., 1964, Philosophische Ethik bei Thomas von Aquin, Hamburg: Meiner.

Locke, J., 1663/64, Essays on the Law of Nature, Oxford: Clarendon 1954.

Murphy, M. C., 2001, Natural Law and Practical Rationality, Cambridge: Cambridge University Press.

Pufendorf, S., 1672, Acht Bücher von Natur und Völkerrecht, Hildesheim: Olms 2001.

Radbruch, G., 1946, Gesetzliches Unrecht und übergesetzliches Recht, in: Süddeutsche Juristenzeitung 1.

Rawls, J., 1971, Eine Theorie der Gerechtigkeit, Frankfurt/M.: Suhrkamp 1975.

Raz, J., 1994, Ethics in the Public Domain, Oxford: Oxford University Press.
Raz, J., 2007, The Argument from Justice, in: G. Pavlakos (Hg.), Law, Rights and Discourse, Oxford: Hart.
Rhonheimer, M., 1987, Natur als Grundlage der Moral, Innsbruck: Tyrolia.
Rhonheimer, M., 2001, Die Perspektive der Moral, Berlin: Akademie.
Schneewind, J., 1998, The Invention of Autonomy, Cambridge: Cambridge University Press.
Rimini, G. v., 1980, Lectura super primum et secundum sententiarum, Bd. 6, Berlin: de Gruyter.
Schockenhoff, E., 1996, Naturrecht und Menschenwürde, Mainz: Grünewald.
Soper, P., 1992, Some Natural Confusions about Natural Law, in: Michigan Law Review 90.
Vitoria, F. de, 1995, Vorlesungen I. Völkerrecht, Politik, Kirche, Stuttgart: Kohlhammer.
Williams, T., 1997, Reason, Morality, and Voluntarism in Duns Scotus, in: The Modern Schoolman 74.

Markus S. Stepanians

Neid

1.

Neid ist ein Emotionsbegriff. Er bezeichnet ein Unwohlsein in Anbetracht des Seins und Habens einer anderen Person oder Gruppe, das sich gegen diese als Verübeln oder Missgunst wendet. Neid ist eine »vergleichsbasierte Emotion« (Elster 1999, 203), die auf dem von A für sich als nachteilig bewerteten sozialen Vergleich zwischen den Besitzgütern, Eigenschaften oder Fähigkeiten von A und B beruht. Man ist neidisch auf jemanden (und dessen Fähigkeiten etc.), beneidet jemanden um etwas oder neidet ihm dieses oder jenes. Neid richtet sich nicht darauf, die beneideten Fähigkeiten oder Besitztümer ebenfalls zu erwerben wie beim Wetteifer, oder diese Güter zu erlangen – letztlich ohne jede Beachtung des Anderen (Habsucht). Neid richtet sich nicht auf eigenes Bemühen, sondern auf negative Entwicklungen auf Seiten des Beneideten. Neid ist auch dort an Schädigung interessiert, wo ein Handlungsimpuls wie bei Rache oder Hass fehlen. Eifersucht gilt im deutschen Sprachraum als speziell auf den Bereich intimer Liebesbeziehungen bezogene Form des Neidens, während das englische ›jealousy‹ sich auch auf den Neid der Schlechtergestellten bezieht. Verstetigt sich der Neid, ohne dass sich für den Neider die Möglichkeit ergibt, handelnd auf den beneideten Akteur negativ einzuwirken oder durch externe Einwirkungen Freude an der Schädigung des Beneideten ausleben zu können, so wandelt sich der Neid zum Ressentiment (weit weniger negativ: engl. resentment).

Positive Gegenbegriffe zum Neid sind zum einen das selbstbezogene Streben nach Erreichen absolut gesetzter Leistungsmaßstäbe bei Desinteresse am anderen (nicht-komparativ), zum anderen der Wetteifer als Orientierung am Anderen als Anreiz zur Steigerung eigener Anstrengungen (komparativ). Neid ist ein allgemein negativ bewertetes Gefühl, es gilt als das negative, hässliche, irrationale, asoziale, unmoralische und illegitime Gefühl per se. Keine philosophische Affekttheorie zeichnet den Neid als akzeptables Gefühl, das zumindest unter bestimmten Umständen als moralisch vertretbar angesehen werden kann, wie dies für Hass oder Wut gilt. Es ist eher ein Nietzsche zuzuschreibendes Theorem als eine kulturgeschichtlich belegbare Tatsache, dass die Griechen den Neid geschätzt hätten. Seit dem frühmittelalterlichen Christentum zählt Neid zu den sieben Todsünden und gilt als schweres Laster, das im 10. Gebot geächtet wird. Zudem beeinträchtigt der Neid den Neider, belastet sein Leben, weshalb der Neid meist in der Gestalt einer alten hässlichen Frau dargestellt wird. Neid wird heute nicht nur als psychologischer Emotionsbegriff, sondern auch als politischer Begriff zur Charakterisierung eines (übermäßigen) Gleichheits- und Gerechtigkeitsstrebens als Ausdruck von Sozialneid eingesetzt. Der Bundesrepublik Deutschland als ausgebautem Sozialstaat wird eine ausgeprägte Neidkultur nachgesagt. In Anlehnung an Schopenhauers Diktum, Neid sei in Deutschland die höchste Form der Anerkennung, findet auch der Begriff ›Neidgesellschaft‹ Verwendung. Dominiert in diesen Kritikdiskursen die bekannte stark negative Wertung des Neides, so lassen sich in den letzten Jahren in der Alltags- und Marketingsprache positive Verwendungen insbesondere im Sinne von ›neidisch machen‹, aber auch von Neid selbst als einem positiven Gefühl nachweisen.

2.

Während in der vorplatonischen griechischen Literatur dem Neid der Götter als Reaktion auf menschliche Überheblichkeit und zu großes Glück extern-regulierende Funktion mittels eines ›bösen Blicks‹ zugesprochen wird, beginnt mit Platon die Geschichte jener politischen Philosophien und Sozialphilosophien, die in der Konzeption eines neidfreien Gemeinwesens durch institutionelle und erzieherische Selbstregulationen ihr theoriestrategisches Ziel sehen. Eine zweite Traditionslinie des philosophischen Neiddiskurses – beginnend mit den Epikureern und Stoikern – konzentriert sich auf die ethische Dimension der Vermeidung von individueller Selbstschädigung durch Neid oder des Verstoßes gegen Tugendmaximen. Seit Thomas von Aquin ist zudem die aristotelische Unterscheidung von Nemesis als gerechtem Unwillen und Neid als einem nicht auf Maßstäben der Gerechtigkeit bezogenen Empfindens an den Rand der philosophischen Aufmerksamkeit geraten (vgl. Nusser 1980). Während bei Hobbes der Neid neben dem individuellen Besitzstreben als Wurzel jenes Kampfes aller gegen alle wird, der als Begründung von Staatlichkeit fungiert, bleiben die Neidkonzepte in den entfalteten Affektlehren des 17. und 18. Jahrhunderts bei Descartes, Hume, Spinoza und Smith ohne grundlegende Folgen für die politische und Gesellschaftstheorie. Während Rousseau im ›amour propre‹ einen Sammelbegriff für alle Formen sozial vergleichender Emotionen und Motivationen bereithält, konzentrieren sich die Sozialtheorien und politische Philosophien seit Beginn des 19. Jahrhunderts auf einzelne dieser komparativen Emotionen.

Die Institutionalisierung von Gleichheit in modernen Gesellschaften gegenüber dem früheren Ständesystem führt nach Tocquevilles Überlegungen in *Über die Demokratie in Amerika* (1835/40) gerade zur Freisetzung des Neides. Die traditionelle Einsicht, dass Neid sich im Nahbereich und angesichts kleiner, lokaler Differenzen entfaltet, entwickelt er zu einem politisch-soziologischen Krisenszenario weiter. Der demokratische Neid ist durch höhere Gleichheit gerade nicht einzudämmen. Bei Nietzsche (1887) werden Neid und Ressentiment der »Schlechtweggekommenen« und »Mittelmäßigen« als Produzenten weltverneinender Moral und Gleichheitsstreben identifiziert, die zur Herrschaft gekommen sich in der permanenten Behinderung des weltbejahenden Herrn, der Starken, Vornehmen und ihrer kulturellen Produktivität auswirken. Diese Linie der Moral- und Gerechtigkeitskritik reicht von Nietzsche über Schelers Ressentimentanalyse (1915) bis zu Schoecks (1966) Versuch einer auf Neid als soziale Verhaltensweise gründenden Theorie der Gesellschaft, die zur Kritik gleichheitszentrierter Sozial- und Umverteilungspolitik diente. Die prominente Rolle, die Neid bei Freud im Kontext der Massenpsychologie als Geschwisterneid und in der Theorie der Geschlechter als Penisneid besaß, ist heute den übergreifenden Ansätzen der Emotionspsychologie und der Social-Comparison-Theory gewichen. Neid galt zudem in der frühen institutionalistischen Ökonomie bei Veblen als Motor eines prestigegetragenen Wettbewerbs, der sich in demonstrativem, auf Neidauslösung zielendem Konsum ausdrückt (vgl. Veblen 1899), während die neoklassische ökonomische Theorie, geleitet vom Konzept eigeninteressierter Nutzenmaximierung und pareto-optimaler Allokation, Neid ausklammerte. Seit den 1970er Jahren findet sich in der Ökonomie eine verstärkt theoretische Auseinandersetzung mit Neid als jener Form einer ›other-regarding preference‹, bei der das Wohlfahrtsniveau von B das von A negativ beeinflusst. Die heterodoxen Ansätze der Theorie der Positionsgüter und einer Statusökonomie finden Eingang in die ökonomischen Debatten des Zusammenhangs zwischen Effizienz und Gerechtigkeit und der realen Verhaltensweisen ökonomischer Akteure in der experimentellen Wirtschaftsforschung. Im Zwischenfeld von Ökonomie, Philosophie und (politischer) Psychologie hat Jon Elster dem Neid eine zentrale Rolle in seiner Theorie der Emotionen gegeben (vgl. Elster 1999).

3.
Soweit Neid als universelle menschliche Emotion angenommen wird, stellt er politische Theorien und Sozialphilosophien, die normativ ausgezeichnete Gesellschaftszustände skizzieren wollen, wegen seiner grundlegenden Illegitimität und der zerstörerischen Wirkungen auf soziale und politische Kooperation vor erhebliche Probleme. Entsprechend reagieren die Theorien entweder mit Strategien des modelltheoretischen Neidausschlusses, der Konstruktion institutioneller Mechanismen zur Neidverminderung oder zur Sicherung weitgehender Neidfreiheit, oder – seltener – der erzieherischen Transformation des Neides in andere, sozial verträglichere Motivationen (vgl. Nullmeier 2000). In der jüngeren Diskussion wird Neid v.a. im Kontext der Gerechtigkeitstheorie thematisiert. Da Urteile über die soziale Gerechtigkeit gesellschaftlicher Zustände die Positionen von Personen und Verteilungsrelationen von Gütern analysieren müssen, sind sie notwendig auf sozialen Vergleich verwiesen. Jede Infragestellung einer ungleichen Verteilung kann entweder als Gerechtigkeitsstreben oder auch im Sinne der nietzscheanisch-ideologiekritischen Tradition als Ausdruck von Sozialneid interpretiert werden. Der Verweis auf »Neid« erhält mithin strategischen Stellenwert in Gerechtigkeitstheorien, nötigt aber alle Seiten, Entwürfe vorzulegen, die Neid als relevante soziale Größe eliminieren, sei es im Sinne des Idealbildes einer neidlosen Wettbewerbsgesellschaft oder im Sinne einer Gesellschaft, die von einer egalitär ausgerichteten Gerechtigkeitskonzeption bestimmt ist.

3.1. In der rawlsschen Gerechtigkeitstheorie (1971) spielen Motivationen, zu denen Neid zu rechnen wäre, auf zwei genau zu trennenden Ebenen der Theoriekonstruktion eine bedeutende Rolle: (1) auf der Ebene des Urzustandes, der nur einen angemessenen Ausgangszustand zur Wahl von Gerechtigkeitsprinzipien definiert: Den theoretisch definierten Personen des Urzustandes wird allein gegenseitiges Desinteresse unterstellt. Neid wie alle anderen sozial vergleichenden Orientierungen gelten als ausgeschlossen (vgl. Rawls 1971, 168). Der Urzustand ist so angelegt, dass die relative Stellung in einer Gesellschaft kein Kriterium bei der Wahl von Gerechtigkeitsgrundsätzen darstellen kann. (2) Auf der Ebene der wohlgeordneten Gesellschaft, einer Gesellschaft, in der die im Urzustand gewählten Gerechtigkeitsprinzipien verwirklicht sind. In dieser Situation genügen alle grundlegenden Institutionen den Gerechtigkeitsgrundsätzen, und die Gesellschaftsmitglieder sind bereits unter der Geltung der Gerechtigkeitsgrundsätze sozialisiert worden, weshalb sie die gleichen Gerechtigkeitsprinzipien anerkennen – unter den Bedingungen ansonsten divergierender Ziele und Lebensweisen. Die Konstruktion der wohlgeordneten Gesellschaft hat in der rawlsschen Theorie die Aufgabe zu klären, ob die gewählten Gerechtigkeitsgrundsätze unter üblichen sozial- und moralpsychologischen Bedingungen auf Dauer stabil sein können oder ob sie einen Prozess der Selbstdestruktion in Gang setzen. Rawls' Untersuchung der wohlgeordneten Gesellschaft unter seinen zwei Gerechtigkeitsgrundsätzen ergibt, dass diese Bedingungen schaffen, »unter denen Neid und andere zerstörerische Gefühle wahrscheinlich nicht sehr stark sind. Die Gerechtigkeitsvorstellung schließt die Bedingungen aus, die zu antisozialen Einstellungen führen. Sie ist also in sich stabil.« (Rawls 1971, 168)

Dieser Stabilitätstest für die Güte von Gerechtigkeitsprinzipien wird im Detail in Abschnitt 80 der *Theorie der Gerechtigkeit* stellvertretend für andere moralpsychologische Probleme anhand des Neides durchgeführt. Rawls nimmt an, dass der Bestand einer gerechten Gesellschaft nicht allein von dem Bestand an Institutionen abhängt als vielmehr von den psychologischen Effekten, die diese hervorbringen. Neid ist deshalb ein Problem, weil die »nach dem Unterschiedsprinzip zulässigen Ungleichheiten« so groß sein könnten, »dass Neid in einem gesellschaftlich gefährlichen Ausmaß entsteht« (ebd., 576). Rawls kreist die Frage weiter ein, indem er zwischen allgemeinem (Neidobjekt: ganze Güterarten) und besonderem Neid (Rivalität, Neidobjekt: ein bestimmtes Gut) – letzterer gilt ihm als nicht beseitigbar – unterscheidet. Stabil ist eine wohlgeordnete Gesellschaft, wenn sie den allgemeinen Neid auf ein nicht zerstörerisches Maß beschränken kann.

Die Pointe in Rawls' Neidanalyse liegt in der Kategorie des ›entschuldbaren Neides‹ – einer der weitestgehenden Relativierungen des Negativcharakters des Neidbegriffs in der Ideengeschichte: »Jemand kann, gemessen an den objektiven Grundgütern, so schlecht gestellt sein, dass seine Selbstachtung verletzt wird; dann kann man Verständnis dafür haben, dass er sich zu kurz gekommen fühlt. Man kann es geradezu moralisch übel nehmen, dass man neidisch gemacht wird, wenn nämlich die Gesellschaft so große Ungleichheiten bei diesen Gütern zulässt, dass das nur die Selbstachtung herabsetzen kann.« (ebd., 579) Neid, der auf den Verlust der Selbstachtung folgt, gilt Rawls als Indikator für die Ungerechtigkeit einer gewählten Grundstruktur. Entschuldbarer Neid entspricht mithin eher dem, was bei Aristoteles in der *Rhetorik* als Nemesis, gerechter Unwillen, bezeichnet wird und durch Bescheidung der Bessergestellten sogar dem Zusammenhalt sozialer Gemeinschaften dient (vgl. Hinsch 2002, 286).

Mit direktem Rekurs auf Nietzsches und Schelers Thesen zur Ressentimententstehung und in Umkehrung der moraltheoretischen Vorzeichen ihrer Theorien entwickelt Rawls eine dreigliedrige Psychologie des (entschuldbaren) Neides. Mangelndes Selbstwertgefühl (a), verstärkt durch soziale Situationen, die die Unterlegenheit zu einer peinlichen Erfahrung werden lassen (b), gepaart mit einem Gefühl der Ohnmacht (c), verursachen Neid (vgl. Rawls 1971, 580). Je mehr Situationen sozialer Sichtbarkeit von Unterlegenheit in einer Gesellschaft durch deren Grundstruktur provoziert werden (b) und je weniger Handlungsalternativen zur Verbesserung ihrer Situation den Schlechtergestellten bereitstehen (c), desto wahrscheinlicher wird Neid. Die rawlsschen Gerechtigkeitsgrundsätze bieten jedoch im Vergleich zu anderen Prinzipien der Gerechtigkeit die weitestgehende Sicherung für eine Minimierung dieses entschuldbaren Neides, da die Sichtbarkeit von Unterlegenheit verringert und die sozialen Ungleichheiten aufgrund des Differenzprinzips nicht allzu groß werden. Als entscheidender Grund tritt jedoch hinzu, dass die Selbstachtung bereits durch die für alle gleichen Grundrechte und die wechselseitige politische Achtung als Bürger(innen) sichergestellt ist. Statusbedürfnisse werden nicht durch Differenz, sondern durch Gleichheit befriedigt – durch die politische Gleichheit in den liberalen und demokratischen Grundrechten. Umgekehrt heißt das aber: Heftet sich Selbstachtung (auch) an einen divergierenden sozialen Status, lassen sich keine Gerechtigkeitsgrundsätze aufstellen, die eine wohlgeordnete Gesellschaft regieren könnten. Die Grundidee sozialer Kooperation bei Konkurrenz in der Verwirklichung der je individuellen Ziele findet bei sozialem Statusstreben keine Lösung, weil daraus ein Nullsummenspiel resultiert (vgl. ebd., 592). Statusabhängige Selbstachtung bleibt ein theorieintern nicht lösbares Problem.

3.2. Nozicks libertäre Gerechtigkeitstheorie (1974) konzentriert sich auch auf das Problem der Selbstachtung. Ausgangspunkt ist die Frage, warum es nicht nur zu Indifferenz und Gleichgültigkeit gegenüber Verteilungsrelationen und Positionen anderer kommt. Neid, der von Missgunst und Boshaftigkeit definitorisch unterschieden wird, entsteht nach Nozick, weil die Selbstachtung einer Person bei wahrgenommener Unterlegenheit in einer Verteilungsdimension gefährdet ist (vgl. Nozick 1974, Kap. 8). Der egalitäre Weg, die Selbstachtung durch gleiche Verteilungen zu sichern, scheitert aber an dem ›Tocqueville-Mechanismus‹ der Neidsteigerung bei höherer Gleichheit. Nozicks Konzeption der Neidverringerung beruht auf der Vielfalt der Verteilungsdimensionen. Je mehr Vergleichsmöglichkeiten es gibt, desto wahrscheinlicher wird es, dass für A in irgendeiner Dimension eine überlegene Position existiert, die als Basis seiner Selbstachtung fungieren kann. Werden die Verteilungsdimensionen jedoch gesellschaftsweit einheitlich gewichtet, kann eine derartige Stabilisierung der Selbstachtung nicht gelingen. Erst bei Pluralität der Verteilungsdimensionen und Pluralität ihrer relativen Gewichtung kann eine Zerstreuung des Neidpotentials durch eine Vermehrung der legitimen Quellen von Selbstachtung gelingen. Jedoch finden sich bei Nozick keine Hinweise darauf, wie angesichts des institutionellen Vorrangs beispielsweise der ökonomischen Ebene eine derartige Dekonzentration der Gewichtung von Verteilungsdimensionen gelingen kann.

3.3. Ronald Dworkins egalitäre Gerechtigkeitstheorie (1981) führt Neid im Rahmen eines Neid-Testes ein. Dieser hat in Dworkins Profilierung des Konzepts der Ressourcengleichheit gegenüber dem der Wohlfahrtsgleichheit und der rawlsschen Theorie der Grundgüter die Funktion der Bestimmung eines als ressourcengleich anzusehenden Zustandes. Dworkins Beweisziel liegt in einer Gleichheit jenseits strikter Gleichverteilung bei einheitlichen, teilbaren Gütern. Sein Auktionsmodell mit ›envy test‹ behandelt alle Personen als Gleiche, ermöglicht aber eine ungleiche Verteilung von Gütern. Die Gleichhandlung erfolgt durch die Zuordnung von strikt gleichen Anteilen einer Währung, die nur zum Zwecke der hypothetischen Auktionsdurchführung einer Gruppe auf einer unbewohnten Insel Gestrandeter existiert. Eine neidfreie Güterverteilung liegt vor, wenn niemand das Güterbündel eines Anderem dem eigenen vorzieht, auch wenn dieses geringere oder größere Mengen bestimmter Güter enthält. Der Neidtest ist ein Test auf freiwillige Ungleichheit, und dient im Modell zugleich als Kriterium zur Beendigung der Auktion. Wenn niemand mehr sein Güterbündel tauschen will, ist die gleiche Ressourcenverteilung hergestellt. Neid wird hier in einem technisch-rationalen Sinn, als Höherschätzung eines anderen Güterbündels, nicht als verzehrende Emotion behandelt (vgl. Kersting 2000). Jedoch scheitert der Neid-Test, wenn nicht allein die externen Ressourcen, sondern auch die an den Körper des Einzelnen gebundenen Ressourcen thematisiert werden. Begabungen und Handicaps als der Auktion vorausliegende Unterschiede in der Grundausstattung der Beteiligten können nach Dworkin nur bei Ergänzung der Auktion durch einen Versicherungsmarkt zum Ausgleich der Risiken natürlicher Benachteiligungen ausgeglichen werden; auch hier fungiert der Neid-Test als Kriterium der Feststellung von Gleichheit. Neidfreiheit ist mithin das Kriterium einer gerechten, ressourcengleichen Verteilung.

3.4. In anti-egalitaristischen Theorien (z.B. von Feinberg, Frankfurt, Parfit oder auch Kersting; vgl. dazu Krebs 2000) wird an den auf Gleichheit als zentralem Wert beruhenden Gerechtigkeitskonzepten in der rawlsschen Tradition deren relationale und komparative Sicht kritisiert. Als eigentliches Skandalon, das Gerechtigkeitsforderungen auslöst, gilt dagegen das Verfehlen absoluter Maßstäbe der Menschenwürde und Humanität. Gleichheit kann in dieser Perspektive nur ein Nebenprodukt der Erfüllung absoluter Gerechtigkeitsstandards sein. Die Vergleichsorientierung der egalitaristischen Gerechtigkeitstheorien macht diese implizit neidanfällig, während eine am Schutz der negativen Freiheit oder der Menschenwürde orientierte vergleichsfreie Gerechtigkeitskonzeption Neidfreiheit bereits konzeptionell garantiert.

4.

Dworkin, R., 1981, Equality of Resources, in: ders., Sovereign Virtue, Cambridge/MA: Harvard University Press 2000.

Elster, J., 1999, Alchemies of the Mind. Rationality and the Emotions, Cambridge: Cambridge University Press.

Hinsch, W., 2002, Gerechtfertigte Ungleichheiten, Berlin: de Gruyter.
Kersting, W., 2000, Theorien der sozialen Gerechtigkeit, Stuttgart: Metzler.
Krebs, A. (Hg.), 2000, Gleichheit oder Gerechtigkeit, Frankfurt/M.: Suhrkamp.
Nietzsche, F., 1887, Zur Genealogie der Moral, in: KSA, Bd. 5, München/Berlin: dtv/de Gruyter 1988.
Nozick, R., 1974, Anarchie, Staat, Utopia, München: Olzog 2006.
Nullmeier, F., 2000, Politische Theorie des Sozialstaats, Frankfurt/M.: Campus.
Nusser, K.-H., 1980, Neid, in: J. Ritter/K. Gründer/G. Gabriel (Hg.), Historisches Wörterbuch der Philosophie, Darmstadt: WBG.
Rawls, J., 1971, Eine Theorie der Gerechtigkeit, Frankfurt/M.: Suhrkamp 1975.
Scheler, M., 1915, Das Ressentiment im Aufbau der Moralen, in: ders., Vom Umsturz der Werte, Bern: Francke 1955.
Schoeck, H., 1966, Der Neid, Freiburg: Herder.
Tocqueville, Alexis de, 1835/1840, Über die Demokratie in Amerika, 2 Bde., Stuttgart: DVA 1962.
Veblen, T., 1899, Theorie der feinen Leute, München: dtv 1971.

Frank Nullmeier

Neumann, Franz L. (1900–1954)

1.

Der 1900 geborene Neumann stammt aus einer jüdischen Familie im oberschlesischen Kattowitz. Nach seiner juristischen Promotion gehörte er in Frankfurt zum engeren Kreis um H. Sinzheimer. In einer Vielzahl strategisch ausgewählter Prozesse vor dem Leipziger Reichsgericht war er maßgeblich an der konfliktreichen Gestaltung des Weimarer Wirtschafts- und Arbeitsrechts beteiligt. Darüber hinaus veröffentlichte er mehr als fünfzig Schriften zu arbeits- und verfassungsrechtlichen Fragen sowie zur Ausgestaltung der Wirtschaftsdemokratie (vgl. Neumann 1929; 1932). Als Syndikus der Gewerkschaften und der SPD agierte er im Sinne eines strikt legal orientierten Reformismus. Neumann musste im Frühjahr 1933 aus Deutschland fliehen und nahm ein neues Studium an der London School of Economics auf. 1937 ging er in die USA an das ebenfalls emigrierte Institut für Sozialforschung Horkheimers. Dort publizierte er 1942 unter dem Titel *Behemoth* eine monumentale Strukturanalyse des Nationalsozialismus. Zusammen mit Marcuse und anderen Mitarbeitern des Instituts wechselte Neumann 1942 in den Dienst der US-amerikanischen Kriegsadministration. Doch seine kapitalismuskritischen Memoranden stießen zunehmend auf Unverständnis, und enttäuscht verließ er 1947 das State Department. Ein Jahr später erhielt er eine Professur für »Public Law and Government« an der Columbia Universität in New York. Ein tödlicher Autounfall vereitelte 1954 Pläne, ihn nach Berlin an die Freie Universität zurückzuholen.

2.

In dem Aufsatz »Der Funktionswandel des Gesetzes« (1937) versucht Neumann, den Zusammenbruch der Weimarer Republik aus einer materialistisch-rechtstheoretischen Perspektive nachzuzeichnen. Er unterscheidet darin drei ökonomische Entwicklungsphasen, in denen die »Gesetzesform« des bürgerlichen Rechts eine Verfallsgeschichte durchmacht. Die erste Phase ist der Konkurrenzkapitalismus und dessen liberale Gesetzesdoktrin der Allgemeinheit des Gesetzes. Ihr weist Neumann die »ökonomische Funktion« zu, die Reproduktionsbedingungen funktionierender Marktwirtschaften zu garantieren. Sie hat des Weiteren die »ideologische Funktion« der Vernebelung sozialer Machtverhältnisse sowie drittens die »ethische Funktion« der Garantie von Freiheitsrechten.

In der zweiten Phase, dem Monopolkapitalismus, gerät die allgemeine Gesetzesform in Widerspruch zur ökonomischen Struktur der Gesellschaft. Denn durch seine Funktion, die bestehende Eigentumsordnung zu erhalten und soziale Eingriffe in sie seitens des Gesetzgebers abzuwehren, schützt Neumann zufolge das generelle Gesetz nun als bloße Generalklausel statt des Wettbewerbs die Marktbeherrschung durch Monopole. Dies wurde insbesondere problematisch, als spätestens ab 1930 der politische Einfluss des Parlaments und der Arbeiterparteien geschwunden war. Die dritte Phase bezeichnet Neumann als autoritären Monopolkapitalismus. Er ist von der vollständigen Ablösung des generellen Gesetzes durch Generalklauseln gekennzeichnet, die im autoritären Staat zum Mittel geworden sind, den Befehl der Führung ohne Reibungsverluste gegen die Arbeiterbewegung durchzusetzen. Der Funktionswandel-Aufsatz avancierte dreißig Jahre später in der studentischen Protestbewegung zum Klassiker der materialistischen Rechtstheorie und Kritik an sozialdemokratischen Reformvorstellungen.

Im *Behemoth* (1942) spricht Neumann dem NS-Regime den staatlichen Charakter ab. Es sei ein Konglomerat, in dem nach Ausschaltung von Arbeiterbewegung und Kirchen vier gesellschaftliche Gruppen dominieren: Großindustrie, NSDAP, Militär und Bürokratie. Diese stehen in ständiger Konkurrenz zu-, aber auch in zwischenzeitlicher Kooperation miteinander und entfalten so eine chaotische Elitenherrschaft, die keinerlei Rücksicht auf die Rationalität des allgemeinen Gesetzes nimmt. Er bezeichnet das Regime des Nationalsozialismus als »totalitären Monopolkapitalismus«, sieht in ihm jedoch kein grundlegend neues Gesellschaftssystem, sondern eine fast zwangsläufige Weiterentwicklung des Weimarer Monopolkapitalismus. Der chaotische Herrschaftsmodus erfülle dessen funktionale Erfordernisse in besonderer Weise, weil er dem Kapital genügend Freiraum zur Entfaltung gibt und ggf. auf Befehl und Terror als Reglementierungsformen zurückgreifen kann. Zugleich treibe er aber die ökonomischen Widersprüche des Kapitalismus auf die Spitze und kann die aus den Widersprüchen sich ergebende Krise nur um den Preis einer aggressiven Außenpolitik aufschieben.

Neumanns Spätwerk (vgl. Neumann 1978) ist fragmentarisch geblieben, so dass es sich nicht zu einem bruchlosen Ganzen zusammenfügen lässt. Drei Leitmotive verbinden jedoch diese späten Beiträge miteinander. Zum einen distanziert sich Neumann vom Marxismus und erkennt nun das ›Primat der Politik‹ an. Er versucht, eine von M. Weber inspirierte Gesellschaftsdiagnose und eine von Freud geprägte Rezeption psychoanalytischer Kategorien in demokratietheoretische Empfehlungen umzumünzen. Zum anderen findet sich eine entschiedene Wende zum Liberalismus. Sein klares Votum für eine liberal-repräsentative Engführung der Demokratie, das Primat des Rechtsstaats und die Distanzierung von allen wirtschaftsdemokratischen Ambitionen sind bemerkenswert. Indes fürchtet Neumann die soziale Entfremdung in der modernen Gesellschaft, die den Nährboden für eine Wiederkehr diktatorischer Systeme abgibt. Das dritte Grundmotiv besteht in einer aktivistischen Grundtendenz, die trotz des akademischen Duktus in den Aufsätzen von Neumann u.a. bei seinem Politikverständnis durchscheint, das die Unmöglichkeit einer vollständigen rechtlichen Einhegung politischer Macht postuliert.

3.

Mit vielfältigen Aktivitäten gehört Neumann zu den Gründervätern der westdeutschen Politikwissenschaft. Hinter seiner Option für die neue Universitätsdisziplin steht eine scharfe methodische Abgrenzung von ihrer staatsrechtlichen Tradition und deren Utopie der Auflösung politischer Macht in Recht. Gegenüber dem juristischen »Verfassungsfetischismus« betonte Neumann die soziokulturelle Basis eines jeden Systems politischer Freiheit. Die Rezeption seines Werkes hat in den 1970er und 1980er Jahren stark von der Zuordnung zur Kritischen Theorie der Frankfurter Schule profitiert, als deren wichtigste rechts- und politiktheoretische Ausbuchstabierung es galt. Von ebenso großer Bedeutung ist aber auch sein Spätwerk als Inspirationsquelle für eine normative Verwestlichung des linken politischen Denkens in Deutschland, die sich an angelsächsischen Vorstellungen von Demokratie und Menschenrechten orientiert. Heute hebt v.a. die Annahme einer unhintergehbaren Kontingenz des Politischen, gepaart mit der Betonung des Willensmoments politischen Handelns, sein Spätwerk von aktuellen, stärker gesellschaftstheoretisch informierten Demokratietheorien ab.

4.

Neumann, F., 1929, Die politische und soziale Bedeutung der arbeitsgerichtlichen Rechtsprechung, in: T. Ramm (Hg.), Arbeitsrecht und Politik. Quellentexte 1918–1933, Neuwied: Luchterhand 1966.
Neumann, F., 1932, Koalitionsfreiheit und Reichsverfassung, Berlin: Heymann.
Neumann, F., 1936, Die Herrschaft des Gesetzes, Frankfurt/M.: Suhrkamp 1980.
Neumann, F., 1937, Der Funktionswandel des Gesetzes im Recht der bürgerlichen Gesellschaft, in: ders., Demokratischer und autoritärer Staat, Frankfurt/M.: Fischer 1967.
Neumann, F., 1942, Behemoth. Struktur und Praxis des Nationalsozialismus, Frankfurt/M.: Fischer 1984.
Neumann, F., 1957, Demokratischer und autoritärer Staat, Frankfurt/M.: Fischer 1967.
Neumann, F., 1978, Wirtschaft, Staat, Demokratie. Aufsätze 1930–1954, Frankfurt/M.: Suhrkamp.

Bast, J., 1999, Totalitärer Pluralismus. Zu F. L. Neumanns Analysen der politischen und rechtlichen Struktur der NS-Herrschaft, Tübingen: Mohr Siebeck.
Erd, R. (Hg.), 1985, Reform und Resignation. Gespräche über F. L. Neumann, Frankfurt/M.: Suhrkamp.
Iser, M./Strecker, D. (Hg.), 2002, Kritische Theorie der Politik. F. L. Neumann – eine Bilanz, Baden-Baden: Nomos.
Perels, J. (Hg.), 1984, Recht, Demokratie und Kapitalismus, Baden-Baden: Nomos.

Hubertus Buchstein

Neutralität

1.

Etwas bzw. jemand verhält sich »neutral« gegenüber einer Sache, wenn es oder er bzw. sie keine Stellung zu einer Sache bezieht bzw. auf keine Art und Weise Einfluss auf die Sache nimmt. Diese Sache kann eine Meinung, ein politischer Standpunkt, ein Konflikt, eine Wertvorstellung, ein Lebensplan etc. sein. Neutralität ist also eine Eigenschaft (nämlich neutral zu sein), die etwas oder jemand gegenüber etwas Drittem haben kann. Neutralität ist bei sehr verschiedenen Dingen vorstellbar: ein Staat kann einen neutralen Standpunkt in einem Konflikt beziehen und eine philosophische Theorie kann neutral gegenüber Werten sein, die aus anderen Quellen stammen. Allerdings ist die Verwendung des Begriffs »neutral« oft selbst nicht neutral gegenüber Werturteilen. Wer sich, seine Meinung oder seine Theorie für neutral hält oder erklärt, erhebt zumeist den Anspruch, dass diese Eigenschaft positiv ist. Neutrale Positionen gelten als ideologiefrei und damit als vermeintlich rationaler und erstrebenswerter als andere.

In der *politischen Philosophie* und *Sozialphilosophie* wird das Attribut »Neutralität« insgesamt in mindestens vier Kontexten verwendet: Innerhalb der Theorie kollektiver rationaler Entscheidungen bezieht sich der Neutralitäts-Begriff erstens auf Entscheidungsregeln. Eine Entscheidungsregel verhält sich neutral gegenüber den zur Auswahl stehenden Entscheidungsalternativen, wenn die Regel den *Inhalt* der Alternativen nicht berücksichtigt, sondern sie nach einem eigenen Kriterium formal bewertet. Die Mehrheitsregel ist ein Beispiel für eine solche neutrale Entscheidungsregel (vgl. Beitz 1989, 61ff.). Der Neutralitätsbegriff unterscheidet sich an dieser Stelle von dem der Unparteilichkeit, der sich auf Perspektiven oder Standpunkte von Personen an Stelle von Regeln bezieht. Zum zweiten wird der Neutralitätsbegriff in der politischen Philosophie verwendet, um von einem Staat *im Innern* zu fordern, dass er keine Konzeption des guten Lebens, die von seinen Bürgern vertreten wird, einer anderen vorziehen darf. Diese Neutralität kann verschiedene Formen annehmen (vgl. 3.). Drittens wird der Neutralitätsbegriff in der Moralphilosophie gebraucht. Wenn die moralische Bedeutung einer Handlung nur von der Realisierung bestimmter Werte, nicht aber von deren Inhalt abhängt, dann ist die entsprechende Moraltheorie in dieser Hinsicht *neutral*. Der Utilitarismus beispielsweise bewertet die moralische Signifikanz einer Handlung nur auf der Grundlage ihrer Präferenz- oder Wunschbefriedigung, nicht aber auf Grund von deren Inhalten. Es ist aber strittig, ob die Festlegung auf Präferenzbefriedigung oder Glück bereits eine Vorentscheidung über Konzeptionen des Guten enthält (vgl. Arneson 1990; Barry 1995, 136ff.). Viertens wird der Begriff der Neutralität in den Grenzbereichen der politischen Philosophie zur Politikwissenschaft auf das *äußere Verhältnis* von Staaten angewendet. Ein Staat verhält sich im Fall von Konflikten zwischen anderen Staaten neutral, wenn er für keine der Konfliktparteien Stellung ergreift und auch keine Bündnisse für Konfliktfälle eingeht.

2.

Der Neutralitätsbegriff ist für das *Außenverhältnis* von Staaten anfangs nicht nur in positiver Absicht verwendet worden. Machiavelli beispielsweise spottet in seiner Handlungsanleitung für den Fürsten über die Neutralität, dass sie nur vom Gegner eingefordert werde und in den Untergang führe: »[E]s wird immer so sein, dass der, der dir nicht freundlich gesinnt ist, dich um Neutralität ersucht [...]. Unentschlossene Herrscher gehen in den meisten Fällen zur Vermeidung augenblicklicher Gefahren den Weg der Neutralität und richten sich damit meistens zugrunde.« (Machiavelli 1532, 94) Im Gegensatz dazu hält Kant in seiner Rechtslehre von 1797 die Neutralität für ein wesentliches Element einer Friedensordnung bzw. für ein erforderliches Element des Völkerrechts. Im Frieden habe ein Staat das Recht, auf eine Beteiligung an kriegerischen Aktionen »in der Nachbarschaft« zu verzichten: »[D]as Recht des Friedens ist [...] das der Neutralität.« (Kant 1797, A 225) Auch in den Federalist Papers wird Neutralität keineswegs – wie bei Machiavelli – mit Schwäche gleichgesetzt, sondern zu einem Privileg erklärt: »Die Rechte der Neutralität werden nur dann geachtet, wenn sie durch eine entsprechende Macht verteidigt werden. Eine Nation, die aufgrund ihrer Schwäche verachtet wird, verwirkt sogar das Privileg, neutral zu bleiben.« (Hamilton 1787/88, 103) In der Gegenwart erscheint die Diskussion des Neutralitätsbegriffs im politikwissenschaftlichen Sinn bei der Diskussion humanitärer Interventionen. Es stellt sich die Frage, ob Nichtintervention vom Grundsatz der Neutralität gefordert wird (vgl. Beitz 1979, 87f.).

Die Vorstellung von Neutralität des Staates *im Innern* gegenüber Konzeptionen des guten Lebens hat sich aus der Forderung nach religiöser Toleranz entwickelt. Somit ist der Westfälische Friede von 1648, in dem die verschiedenen Konfessionen auf staatlicher Ebene einander gleichgestellt worden sind, ein Ursprung weltanschaulicher Neutralität des Staates. Eine ideengeschichtliche wichtige Weiterentwicklung des Toleranz-Begriffs hat Locke (1689) in seinem *Brief über die Toleranz* geleistet. Er rechtfertigt den Staat als Garant von Eigentum. Darüber hinaus obliegen ihm keine Aufgaben; er hat sich von Urteilen über religiöse Fragen zu enthalten und mithin tolerant zu sein.

Seit diesen Meilensteinen in der modernen Staatsvorstellung hat die Bedeutung des Neutralitätsbegriffs bis heute deutlich zugenommen. Diese Entwicklung unterstreicht Marquard, wenn er die Neutralität als »das positive Prinzip des modernen Staates überhaupt« beschreibt (1984, 782).

3.

In der Neutralitätsdiskussion lassen sich zahlreiche Typisierungen der inneren Neutralität eines Staates finden: prozedurale Neutralität vs. Zielneutralität (vgl. Rawls 1993, 286ff.; Arneson 1990, 217ff.), umfassende vs. enge Neutralität (vgl. Raz 1986, 110ff.), konsequentialistische Neutralität vs. Rechtfertigungsneutralität (vgl. Kymlicka 1989, 883; Caney 1991, 458) oder Bedürfnisbefriedigungs-Neutralität vs. Entscheidungsregel-Neutralität (vgl. Barry 1995,

139ff.). Die Unterscheidungen veranschaulichen, dass Neutralität in einem Bereich zu Nicht-Neutralität in einem anderen führen kann. So kann beispielsweise die Neutralität des Staates bei der Ressourcenverteilung dazu führen, dass sich diejenigen Konzeptionen des Guten besser entwickeln, die keine bevorzugte Behandlung benötigen, als solche, die nur durch besondere Unterstützung des Staates zu realisieren sind: »Weil nicht alle Lebensweisen gleich kostspielig sind, wird eine Gleichverteilung der Ressourcen nicht-neutrale Konsequenzen haben.« (Kymlicka 1989, 884)

Da es kaum möglich ist, Neutralität bei den Ergebnissen staatlicher Aktivität zu erreichen (vgl. Caney 1991, 477; Menke 2002, 906: »Es gibt keine Kriterien oder Verfahren, die zu gewährleisten vermögen, dass eine Bestimmung der Gleichheit tatsächlich Zielneutralität erreicht.«), ist der Neutralitätsbegriff wichtiger bei der *Rechtfertigung* staatlichen Handelns. Wenn zwischen den Parteien eines Konflikts keine substantielle Einigung zu erzielen ist, dann bleibt nur eine Einigung auf Kriterien, die kein Urteil präjudizieren. Diese Eigenschaft lässt sich als Quasi-Definiens des Neutralitätsbegriffs verwenden: »Ob ein Prinzip neutral ist, hängt davon ab, ob vernünftige Personen es als Grundlage für die Lösung relevanter Konflikte befürworten würden, ohne dabei auf die Ergebnisse zu achten, zu dem das Prinzip in jedem Einzelfall führen würde.« (Beitz 1979, 88)

3.1. Der Neutralitätsbegriff ist ein wesentliches Element des politischen Liberalismus. Er gehört zu den zentralen Konstruktionsmerkmalen liberaler Legitimitätsvorstellungen. So fordert Rawls in seiner Gerechtigkeitstheorie, dass individuelle Konzeptionen des Guten keinen Einfluss auf die Prinzipien der Gerechtigkeit haben dürfen: »Ferner sollte dafür gesorgt sein, daß bestimmte Neigungen, Strebungen und Vorstellungen vom eigenen Wohl keinen Einfluß auf die Wahl der Grundsätze haben.« (Rawls 1971, 36) Dieser Anspruch geht in die Konstruktion des rawlsschen Urzustands ein, in dem die Parteien die Grundprinzipien ihrer Gesellschaftsordnung auswählen und dabei nur wissen, *dass* sie über individuelle Konzeptionen des Guten vcrfügen. Sie wissen aber nicht, *welche* Konzeptionen das sind (vgl. ebd., 223ff.). Gleichwohl schlägt Rawls vor, für diese Eigenschaften seines Models den Neutralitätsbegriff zu vermeiden, da er zu sehr eine Ergebnis- oder Zielneutralität nahe lege: »Neutralität von Auswirkungen und Einflüssen gibt der politische Liberalismus dagegen als undurchführbar auf; weil aber dieser Gedanke durch den Ausdruck ›Neutralität‹ selbst sehr nahegelegt wird, ist dies ein Grund, ihn zu vermeiden.« (Rawls 1993, 290)

Auch bei Ackerman (1983, 375) sind Neutralitätsforderungen für die Rechtfertigung von Politik wichtig. Neutralität markiert für ihn einen Referenzrahmen, mit dessen Hilfe innerhalb einer liberalen Gemeinschaft und auch nach außen kommuniziert werden kann. Neutralität ermöglicht, auch dann miteinander zu kommunizieren, wenn ansonsten substantielle Meinungsverschiedenheiten bestehen. In einem solchen neutralen Dialog können dann Konflikte beigelegt werden, deren Lösungen einen Anspruch auf »liberale Legitimität« (ebd., 377) erheben.

Wie für Ackerman beschreibt auch für Habermas der Neutralitätsbegriff eine Art zu kommunizieren, und sie bedeutet für ihn »zunächst den argumentationslogisch begründeten *Vorrang* des Gerechten vor dem Guten, also das Zurücktreten von Fragen des guten Lebens hinter Fragen der Gerechtigkeit« (Habermas 1992, 375). Er betont aber im Gegensatz zu Ackerman und in Übereinstimmung mit Larmore (1987), dass dieser Vorrang nicht die »*Ausklammerung* ethischer Fragen aus dem politischen Diskurs überhaupt« fordert (ebd.). Neutralität umfasst für Habermas also lediglich eine Anforderung an die Rangfolge von Argumenten, nicht an deren Inhalt.

Auch in Barrys Theorie ist der Neutralitätsbegriff zentral, denn diese beruhe nicht auf einer bestimmten Konzeption des Guten und schlage vor, dass alle Konzeptionen des Guten gleich zu behandeln seien (Barry 1995, 123).

Er gesteht aber zu, dass die Forderung nach Neutralität nur dann gut begründet ist, wenn man an die Unauflöslichkeit von Konflikten über das Gute glaubt, auf die Neutralität die einzig faire und allgemein akzeptable Antwort sei (ebd., 13). Dass diese Überzeugung wirklich dem Liberalismus zugrunde liegt, bestreiten aber Kritiker des Neutralitäts-Konzepts wie etwa MacIntyre: Gerade der Liberalismus sei nicht neutral, sondern vertrete auch nur seine eigene Konzeption des Guten (vgl. MacIntyre 1988, 336).

3.2. In obiger Systematik nimmt die Status Quo-Neutralität eine Sonderrolle ein – und es ist umstritten, ob es sich hierbei tatsächlich um eine akzeptable Form der Neutralität handelt. Gleichwohl ist es ein wichtiger Standpunkt in der Neutralitätsdiskussion, dass sich Politik neutral gegenüber dem Status Quo einer Gesellschaft verhalten müsse. Alle *Änderungen* des Status Quo seien rechtfertigungspflichtig, nicht der Status Quo selbst (vgl. Buchanan 1975, 121: »Der Status quo definiert das, was vorhanden ist. Ohne Rücksicht auf seine Geschichte muss man ihn deswegen so bewerten, als ob er vertragstheoretisch legitim wäre.«). Diese Position ist einflussreich in der US-amerikanischen Verfassungsdebatte, da mit Hilfe des Status Quo das Regierungshandeln (›government action‹) von Untätigkeit der Regierung (›government inaction‹) unterschieden wird (vgl. Sunstein 1993, Kap. 3).

Sunstein kritisiert diese Vorstellung von Neutralität. Er interpretiert demgemäß die US-amerikanische Verfassung als Verkörperung eines »unparteilichen« Neutralitätsprinzips (vgl. ebd., 10). Gegenüber einer unparteilichen Abwägung verschiedener Interessen sei der Status Quo nicht neutral (vgl. ebd., 17). Sunstein stützt diese These, indem er die Rechtsstaatlichkeitsklausel (›due process clause‹) und den Gleichheitsgrundsatz (›equal protection clause‹) der US-amerikanischen Verfassung als Ablehnung der Status Quo-Neutralität interpretiert (vgl. ebd., 154ff.). Zwar tauge der Status Quo in Fragen kompensatorischer Gerechtigkeit, d.h. bei der Wiederherstellung des Status Quo Ante nach begangenem Unrecht (vgl. ebd., 320ff.), aber ansonsten müsse der Status Quo als Produkt menschlichen Handelns – und somit nicht als etwas Besonderes – betrachtet werden (vgl. ebd., 351).

Auch diese Kontroverse zeigt, wie sehr der Neutralitätsbegriffs als politischer »Kampfbegriff« (Ackerman 1983, 372) taugt. Im Namen der Neutralität werden annähernd gegenteilige Forderungen vertreten: Wer den Status Quo für neutral hält, wird kaum unparteiliche Rechtfertigungen akzeptieren und umgekehrt. Der Neutralitätsbegriff eignet sich dann aber zumindest als Kristallisationspunkt, an dem sich gegensätzliche Vorüberzeugungen zeigen.

4.

Ackerman, B., 1980, Social Justice in the Liberal State, New Haven: Yale University Press.

Ackerman, B., 1983, What Is Neutral about Neutrality?, in: Ethics 93.

Arneson, R., 1990, Neutrality and Utility, in: Canadian Journal of Philosophy 20.

Barry, B., 1995, Justice as Impartiality, Oxford: Oxford University Press.

Beitz, C., 1989, Political Equality, Princeton: Princeton University Press.

Beitz, C., 1979, Political Theory and International Relations, Princeton: Princeton University Press.

Buchanan, J., 1975, Die Grenzen der Freiheit, Tübingen: Mohr 1984.

Caney, S., 1991, Consequentialist Defences of Liberal Neutrality, in: Philosophical Quarterly 41.

Dworkin, G., 1975, Non-Neutral Principles, in: N. Daniels (Hg.), Reading Rawls, New York: Basic Books.

Dworkin, R., 1985, A Matter of Principle, Cambridge/MA: Harvard University Press.

Habermas, J., 1992, Faktizität und Geltung. Beiträge zur Diskurstheorie des Rechts und des demokratischen Rechtsstaats, Frankfurt/M.: Suhrkamp 1997.

Hamilton, A./Madison, J./Jay, J., 1787/88, Die Federalist Papers, München: Beck 2007.

Höffe, O., 1999, Demokratie im Zeitalter der Globalisierung, München: Beck.

Huster, S., 2002, Die ethische Neutralität des Staates, Tübingen: Mohr Siebeck.

Kant, I., 1797, Die Metaphysik der Sitten, in: Werkausgabe, Bd. 8, Frankfurt/M.: Suhrkamp 1997.

Kymlicka, W., 1989, Liberal Individualism and Liberal Neutrality, in: Ethics 99.
Larmore, C., 1987, Strukturen moralischer Komplexität, Stuttgart: Metzler 1995.
Locke, J., 1689, Ein Brief über Toleranz, Hamburg: Meiner 1996.
Machiavelli, N., 1532, Der Fürst, Stuttgart: Kröner 1963.
MacIntyre, A., 1988, Whose Justice? Which Rationality?, Notre Dame: University of Notre Dame Press.
Marquard, O., 1984, Neutralisierungen, Zeitalter der, in: J. Ritter/K. Gründer/G. Gabriel (Hg.), Historisches Wörterbuch der Philosophie, Bd. 6, Darmstadt: WBG.
Menke, C., 2002, Grenzen der Gleichheit. Neutralität und Politik im Politischen Liberalismus, in: Deutsche Zeitschrift für Philosophie 50.
Nagel, T., 1987, Moralischer Konflikt und politische Legitimität, in: B. van den Brink/W. van Reijen (Hg.), Bürgergesellschaft, Recht und Demokratie, Frankfurt/M.: Suhrkamp 1995.
Rawls, J., 1971, Eine Theorie der Gerechtigkeit, Frankfurt/M.: Suhrkamp 1975.
Rawls, J., 1993, Politischer Liberalismus, Frankfurt/M.: Suhrkamp 1998.
Raz, J., 1986, The Morality of Freedom, Oxford: Oxford University Press.
Sunstein, C., 1993, The Partial Constitution, Cambridge/MA: Harvard University Press.

MARKUS PINS

Nietzsche, Friedrich Wilhelm (1844–1900)

1.

Nietzsche wurde in Röcken bei Leipzig als Sohn eines Pfarrers geboren. Auch seine Mutter stammte aus einem Pfarrhaus. Nach dem frühen Tod des Vaters übersiedelte die Familie nach Naumburg an der Saale. 1858 erhielt Nietzsche eine Freistelle in der Landesschule Pforta – einer Internatsschule, die für die Qualität ihres altsprachlichen Unterrichts berühmt ist. Nach dem Abitur 1864 begann Nietzsche ein Studium der Theologie und der klassischen Philologie in Bonn. Das Theologiestudium brach er schon nach einem Semester ab. Die kritische Distanz zum christlichen Glauben ist bereits in frühen Texten greifbar, so in dem richtungsweisenden Aufsatz des siebzehnjährigen Schülers *Fatum und Geschichte* (vgl. Nietzsche 1862, BAW 2, 54–59).

Nietzsches engster akademischer Lehrer war der angesehene Gräzist Friedrich Wilhelm Ritschl, dem er 1865 an die Universität Leipzig folgte. Durch philologische Arbeiten machte sich der hochbegabte Nietzsche bereits als Student in Fachkreisen einen Namen. Auf Empfehlung Ritschls wurde er 1869, mit vierundzwanzig Jahren, nach eiliger Promotion in Leipzig zum Professor für griechische Sprache und Literatur an der Universität Basel ernannt. Anfang 1872 veröffentlichte Nietzsche sein heute berühmtes Buch *Die Geburt der Tragödie aus dem Geiste der Musik* (KSA 1), das noch im selben Jahr durch den damals blutjungen, später namhaften Altertumswissenschaftler Ulrich von Wilamowitz-Moellendorff verrissen wurde (vgl. Gründer 1989, 27–55).

Mit Richard Wagner, den er noch in Leipzig kennen gelernt hatte, verband Nietzsche eine intensive, aber zwiespältige Beziehung. Nietzsche, für den die Musik zeitlebens von großer Bedeutung war, macht sich Wagners Visionen einer Erneuerung der deutschen Kultur anfänglich begeistert zu Eigen. Spätestens mit den ersten Bayreuther Festspielen 1876 setzte aber ein Prozess der Distanzierung und schließlich der Entfremdung ein.

Nach dem Tragödienbuch publizierte Nietzsche in der ersten Hälfte der 1870er Jahre kulturkritische Schriften, die *Unzeitgemässen Betrachtungen* (KSA 1). Die erste (1873) ist dem Theologen David Friedrich Strauß gewidmet, die zweite behandelt den »Nutzen und Nachtheil der Historie für das Leben« (1874), die dritte hat »Schopenhauer als Erzieher« (1874) zum Gegenstand und die vierte »Richard Wagner in Bayreuth« (1876). 1878 legte Nietzsche mit *Menschliches, Allzumenschliches* (KSA 2) sein erstes Werk vor, in dem er seine Analysen in Gestalt von Aphorismen präsentiert.

1879 war Nietzsche aus gesundheitlichen Gründen gezwungen, seine Professur niederzulegen. Schon seit 1873 litt er zunehmend unter Migräneanfällen, Erbrechen und Sehschwäche. Ein Wanderleben mit je nach Jahreszeit wechselnden Aufenthalten in verschiedenen Orten des Südens (Genua, Sils-Maria, Messina, Nizza, Venedig, Turin u.a.) begann. Er führte nun das Leben eines freien philosophischen Schriftstellers, der sich trotz Krankheit ein eindrucksvolles und facettenreiches Werk abringt. 1881 und 1882 erschienen die Bände *Morgenröthe. Gedanken über moralische Vorurtheile* (KSA 3) und *Die fröhliche Wissenschaft* (KSA 3). 1883 gab Nietzsche die ersten beiden Teile von *Also sprach Zarathustra* (KSA 4) in Druck. Dieses Werk hielt er selbst für sein bestes. Der dritte Teil folgte 1884 und der vierte und letzte 1885 als Privatdruck. In den nächsten beiden Jahren wurden *Jenseits von Gut und Böse. Vorspiel einer Philosophie der Zukunft* (KSA 5) und die Streitschrift *Zur Genealogie der Moral* (KSA 5) publiziert. Nietzsche stieß mit seinen Schriften auf vergleichsweise wenig Resonanz. 1888 gelang es ihm in einem gedrängten, teilweise von Euphorie getragenen Schaffensprozess eine erstaunliche Anzahl von Arbeiten zum Abschluss zu bringen, darunter *Der Fall Wagner* (KSA 6), *Der Antichrist* (KSA 6), *Götzen-Dämmerung, oder: Wie man mit dem Hammer philosophirt* (KSA 6), die *Dionysos-Dithyramben* (KSA 6) und *Ecce Homo. Wie man wird, was man ist* (KSA 6).

Um die Jahreswende 1888/89 verschlechterte sich Nietzsches Gesundheitszustand rapide, und es kam in Turin zu einem Zusammenbruch, von dem er sich nicht mehr erholte. Sein treuester Freund, der Theologe Franz Overbeck fand ihn Anfang Januar 1889 in einem Zustand geistiger Zerrüttung vor. Die Ärzte diagnostizierten eine progressive Paralyse. Von 1890 bis zu ihrem Tod 1897 pflegte ihn die Mutter in Naumburg, danach übernahm seine Schwester Elisabeth Förster-Nietzsche die Aufsicht über seine Betreuung. Sie gründete das Nietzsche-Archiv und brachte Nietzsche nach Weimar. Dort starb er am 25. August 1900. Von der weit ausstrahlenden Wirkung seines Werkes, die fast genau zum Zeitpunkt seines gesundheitlichen Kollapses einsetzte, hat Nietzsche nichts mehr wahrnehmen können. Die Rezeption wurde freilich durch die fragwürdige Editionspolitik seiner Schwester beeinträchtigt – insbesondere durch ihre Lancierung des angeblichen Hauptwerkes *Der Wille zur Macht* und später auch durch ihre öffentlich inszenierten Sympathien für den italienischen Faschismus und den deutschen Nationalsozialismus, die sich u.a. auf Nietzsches Kritik der Moderne sowie auf die Konzepte des »Übermenschen« und der »Züchtung« beriefen. Dass Nietzsche zeitweise in solchem Licht erschien, ist umso tragischer, als er sich besonders in seinen späten Jahren dezidiert gegen jeden Nationalismus ausgesprochen und als »Europäer« begriffen hatte. Dem Antisemitismus stand er, auch mit Blick auf den diesbezüglich engagierten Ehemann seiner Schwester, ablehnend gegenüber.

2.

In der *Geburt der Tragödie aus dem Geiste der Musik* (1872), seinem ersten Buch, analysiert Nietzsche die Kultur des klassischen Griechentums, die ihren vollendeten Ausdruck in der griechischen Tragödie gefunden habe. Bis heute vorbildlich, verbinde diese Kultur »apollinische«, formgebende und »dionysische«, das Gestaltete auflösende, ekstatische Elemente zu einer spannungsreichen Einheit. Die nicht-tragische, rationalistische Weltsicht des Sokratismus habe zu ihrer Zerstörung geführt. Nietzsche hofft auf eine Wiedergeburt durch das Musiktheater Wagners. Von der Fachwelt wird die Tragödienschrift überwiegend mit Befremden aufgenommen.

Nach dem Bruch mit Wagners Kunstanschauung profiliert Nietzsche sich v.a. als scharfsichtiger und scharfzüngiger Kritiker überkommener Vorstellungen von Moral, Religion, Metaphysik, Wahrheit, Kunst und Kultur. Er begreift sich als »Freigeist« und stellt sich in die Tradition der Aufklärung. *Menschliches, Allzumenschliches* widmet er 1878 dem Andenken Voltaires. Nietzsche bevorzugt nun die aphoristische Form des Schreibens. Sie erlaubt es ihm, die Gegenstände seines Nachdenkens in einem Verfahren der Einkreisung von den verschiedensten Perspektiven aus in den Blick zu nehmen. Die Vermeidung von Fixierungen, welche die Dinge als dies oder jenes festschreiben, ist Nietzsche ein besonderes Anliegen.

Das Spätwerk zeichnet sich durch eine zunehmende Schärfe im Vortrag der Analysen aus. Der Ton wird streckenweise schrill, polemisch und provozierend. Auch versucht Nietzsche, die Grundlinien seines Denkens in größeren Zusammenhängen zur Darstellung zu bringen. »Wille zur Macht«, »Ewige Wiederkunft des Gleichen«, »Umwerthung der Werthe« oder auch »Der europäische Nihilismus« sind einige Titel, unter denen er entsprechende Entwürfe ordnet. Im Blick auf diese späten Skizzen ist die Bedeutung der nachgelassenen Fragmente insbesondere aus den letzten Schaffensjahren hervorzuheben (vgl. Nietzsche 1885–1889, KSA 12–13).

3.
Systematisch erhebliche und bis heute diskutierte Positionen hat Nietzsche v.a. zu den folgenden Themen erarbeitet: Sprachphilosophie und Erkenntnistheorie (3.1.), Ethik und Moralphilosophie (3.2.), Metaphysik und Metaphysikkritik (3.3.), Nihilismus (3.4.) und Theorie der Macht (3.5.). Außerdem ist die von ihm erprobte Methode der Genealogie (3.6.) bis heute einflussreich.

3.1. Nietzsches Beitrag zur Sprachphilosophie und Erkenntnistheorie ist zum einen in seinem prominenten frühen, von ihm selber nie veröffentlichten Aufsatz *Ueber Wahrheit und Lüge im aussermoralischen Sinne* (1873) greifbar. Unser Erkennen sieht er in diesem Essay durch Übertragungsverhältnisse bestimmt. Einen »Nervenreiz«, den wir von etwas außer uns zu empfangen meinen, übertragen wir danach in ein »Bild« und dieses in einen sprachlichen »Laut«, in ein Wort. So ist unser Zugang zur Wirklichkeit dieser Überlegung zufolge durch und durch metaphorisch, und wir haben es zuletzt nicht mit den Dingen selbst zu tun, sondern nur mit »Metaphern der Dinge« (Nietzsche 1873, KSA 1, 879). In verschiedenen späteren und spätesten Texten und Fragmenten entwickelt Nietzsche zum anderen seine Theorie der Erkenntnis als Interpretation. Danach ist die Welt als ein – opaker – Text zu verstehen, den es zu interpretieren gilt. Viel zitiert und diskutiert wird Nietzsches provokante, in einer nachgelassenen Notiz geäußerte These, es gebe keine Tatsachen, sondern nur Interpretationen (vgl. Nietzsche 1886/87, KSA 12, 315). V.a. die Frage nach der Wahrheitsfähigkeit des Erkennens, ob und wie sie sich von den Voraussetzungen Nietzsches her stellen und beantworten ließe, erweist sich als schwierig und wird von der Forschung kontrovers verhandelt (vgl. Danto 1965, 93ff.; Abel 1989; Clark 1990; Hödl 1997; Williams 2002, 28–37; Himmelmann 2006, 35–59).

3.2. Nietzsche ist für seine Moralkritik berühmt und berüchtigt. Den Ansatz für diese Kritik bildet seine Überzeugung, dass die Moral so, wie sie sich spätestens seit Sokrates und Platon herausgebildet hat, lebensfeindlich ist. Während das Leben durch Vergänglichkeit, durch den stetigen Wandel der Kräfteverhältnisse und durch die Vieldeutigkeit der Lebensphänomene gekennzeichnet sei, die allein vorläufige und perspektivische Interpretationen zulassen, ist die Moral nach Nietzsche durch Vorstellungen der Eindeutigkeit von Gut und Böse bestimmt. Sie ist von der Gewissheit des Vorrangs der als gut ausgezeichneten Perspektive getragen. Unter der »Optik des Lebens« betrachtet, ist die Moral in ihrer bisherigen Gestalt für Nietzsche daher ein Widersinn (vgl. Nietzsche 1889, KSA 6, 86). Als positive Alternative entwirft er u.a. das Ethos des »freien Geistes« (vgl. Nietzsche 1878 und 1886, KSA 2, 9ff.; KSA 5, 41–63). Durch die Skepsis gegenüber eingeschliffenen Traditionen und durch »Leidenschaft der Erkenntnis« ausgezeichnet, gehört die Bereitschaft zum Experiment, zur ständigen Überwindung von Gewohnheiten des Denkens, Urteilens und Empfindens zu den hervorstechenden Eigenschaften des »freien Geistes«. In ihm sieht Nietzsche »eine Lust und Kraft der Selbstbestimmung, eine *Freiheit* des Willens« (1887, KSA 3, 583) wirksam, in denen der »Glaube an die Wahrheit« unbedingt gültiger moralischer Werte überwunden ist. Das Wagnis der perspektivisch gebrochenen, strikt individuellen Wertsetzung, Sinngebung und Entscheidung gilt es nach Nietzsche auf sich zu nehmen.

3.3. Nietzsche tritt als einer der prominenten Kritiker der Metaphysik hervor. Vom Wortsinn (gr. *tà metà tà physiká*) her verstanden, bedeutet Metaphysik, nach dem zu fragen, was »hinter« oder »nach« dem Physischen ist. Nietzsches Kritik richtet sich gegen genau diese Dimension eines Nichtempirischen, die metaphysische Begriffe, Prinzipien und Ideen wie Freiheit, Wille, Moral, Gott, gut, böse, wahr und falsch eröffnen. Durch Rekurs auf Erfahrung sind sie nämlich weder zu gewinnen noch zu legitimieren. Für Nietzsche ist die Metaphysik Inbegriff einer »Hinterwelt«, die in seinen Augen nur zu einer »Verneinung« unserer Lebenswelt führt. Mit der Aufhebung des Dualismus, der diese »Hinterwelt« als Vorstellung einer vollendet guten, gerechten und schönen Welt von der in jeder Hinsicht unvollkommenen irdischen Welt trennt, möchte Nietzsche die Metaphysik überwinden (vgl. Nietzsche 1889, KSA 6, 80f.). Ob ihm dies gelungen ist, wird kontrovers diskutiert (vgl. Heidegger 1943; ders. 1961; Derrida 1984). Bemerkenswert ist auch, dass Nietzsche es nicht vermeiden kann, weiterhin mit den Begriffen, die sich im Verlauf der jahrtausendealten Geschichte der Metaphysik herausgebildet haben, zu operieren.

3.4. Nietzsche sieht die moderne Welt unausweichlich mit dem Problem des Nihilismus konfrontiert – eine Diagnose mit der er weithin und bis heute wirkt. Nihilismus meint gesellschaftlich und individuell virulente Lagen der Sinn- und Orientierungslosigkeit. Nietzsche spricht von einer Situation der »Entwerthung der bisherigen Werthe« (Nietzsche 1885/86, KSA 12, 131) – eine Folge des Zusammenbruchs der metaphysischen Weltdeutungen (vgl. 3.3.). Der Positivismus, für den sich das Leben im Umgang mit dem Handgreiflichen, den sog. harten Tatsachen erschöpft, bietet keine Lösung: Das Problem des Sinns und des Wertens wird damit übergangen, aber findet keine Antwort. In Metaphysik und Positivismus spricht sich für Nietzsche gleichermaßen ein »Wille zum Nichts« (daher *Nihilismus* von lat. *nihil*) aus. Nietzsche entwirft verschiedene Strategien der Überwindung des Nihilismus. Eine Strategie ist seine Lehre von der ewigen Wiederkunft des Gleichen, mit der er allen teleologischen Vorstellungen von (letzten) Zielen und Zwecken im Weltgeschehen eine Absage erteilt und zu einer uneingeschränkten Bejahung der Welt in ihrer Widersprüchlichkeit (*amor fati*) vorstoßen möchte. Eine andere Strategie ist die Lehre vom Willen zur Macht (vgl. 3.5.).

3.5. Mit seinem Konzept vom Willen zur Macht versucht Nietzsche den Grundimpuls des Lebensgeschehens zu fassen. Wichtig ist, dass er dabei von Anfang an ein *Verhältnis* zwischen Einheiten im Blick hat, denen jeweils eine bestimmte Stärke und Kraft sowie – in einem übertragenen Sinn – Bedeutung und Wert zukommen. Die Macht stellt Nietzsche in ihren physischen, psychologischen und intellektuellen Facetten vor. Als eine isolierte Macht kann sie nicht einmal gedacht werden. Sie bedarf eines Anderen, um sich an ihm als Gegenmacht zu entfalten; sie kann sich allein »an Widerständen« äußern, ja, sie »sucht« nach ihrem Gegensatz (vgl. Nietzsche 1887, KSA 12, 424). Das agonale Moment ist entscheidend für Nietzsches Lehre vom Willen zur Macht. Es sorgt für die Entwicklung der schöpferischen Kräfte und ist die Grundlage der Kultur. Im Umgang mit der Macht, der eng und ängstlich sein kann oder sich öffnend und den Widerstreit zulassend, zeigt sich die Größe und Reife von Individuum und Gesellschaft. Entsprechend wird Nietzsches Theorie der Macht in den verschiedenen einschlägigen Disziplinen diskutiert: neben der Philosophie v.a. in der Soziologie, Psychologie und in der politischen Theorie (vgl. Gerhardt 1988, 72–97; Ottmann 2000, 489–514, 520–526).

3.6. Die von Nietzsche propagierte und vielfach erprobte Methode der Genealogie (vgl. bes. Nietzsche 1887, KSA 5, 245 ff.) erweist sich bis heute als fruchtbar und weiterführend (vgl. Foucault 1971; Ottmann 2000, 497 f.; Williams 2002, 38–68; Saar 2007). Mit dem genealogischen Verfahren ist gemeint, Phänomene wie kulturelle Praktiken, Selbstbilder, Rechtsbegriffe etc. auf ihre »Herkunft« hin zu untersuchen, sie von dorther zu erklären, zu legitimieren oder ggf. zu kritisieren.

4.

Nietzsche, F., 1854–1869, Frühe Schriften, 5 Bde., München: dtv 1994 (zit. als BAW).
Nietzsche, F., 1869–1889, Sämtliche Werke. Kritische Studienausgabe, München/Berlin: dtv/de Gruyter 1988 (zit. als KSA).

Abel, G., 1989, Wahrheit als Interpretation, in: G. Abel/J. Salaquarda (Hg.), Krisis der Metaphysik, Berlin: de Gruyter.
Abel, G., 1998, Nietzsche, Berlin: de Gruyter.
Ansell Pearson, K. (Hg.), 2006, A Companion to Nietzsche, Oxford: Blackwell.
Clark, M., 1990, Nietzsche on Truth and Philosophy, Cambridge: Cambridge University Press.
Danto, A. C., 1965, Nietzsche als Philosoph, München: Fink 1998.
Deleuze, G., 1962, Nietzsche und die Philosophie, Hamburg: EVA 1991.
Derrida, J., 1984, Guter Wille zur Macht (II), in: P. Forget (Hg.), Text und Interpretation, München: Fink.
Foucault, M., 1971, Nietzsche, die Genealogie, die Historie, in: A. Guzzoni (Hg.), 100 Jahre philosophische Nietzsche-Rezeption, Frankfurt/M.: Hain 1991.
Gerhardt, V., 1988, Pathos und Distanz. Studien zur Philosophie Friedrich Nietzsches, Stuttgart: Reclam.
Gerhardt, V., 1996, Vom Willen zur Macht, Berlin: de Gruyter.
Gründer, K., 1989, Der Streit um Nietzsches »Geburt der Tragödie«. Die Schriften von E. Rohde, R. Wagner, U. v. Wilamowitz-Moellendorff, Hildesheim: Olms.
Heidegger, M., 1943, Nietzsches Wort »Gott ist tot«, in: ders., Holzwege, Frankfurt/M.: Klostermann 1980.
Heidegger, M., 1961, Nietzsche, 2 Bde., Pfullingen: Neske.
Himmelmann, B., 2006, Nietzsche, Leipzig: Reclam.
Hödl, H. G., 1997, Nietzsches frühe Sprachkritik, Wien: WUV.
Kouba, P., 2001, Die Welt nach Nietzsche, München: Fink.
Löwith, K., 1956, Nietzsches Philosophie der ewigen Wiederkehr des Gleichen, Hamburg: Meiner 1986.
Montinari, M., 1982, Nietzsche lesen, Berlin: de Gruyter.
Müller-Lauter, W., 1999/2000, Nietzsche-Interpretationen, 3 Bde., Berlin: de Gruyter.
Nehamas, A., 1985, Nietzsche. Leben als Literatur, Göttingen: Steidl 1991.
Ottmann, H., 1987, Philosophie und Politik bei Nietzsche, Berlin: de Gruyter.
Ottmann, H. (Hg.), 2000, Nietzsche-Handbuch, Stuttgart: Metzler.
Owen, D., 1995, Nietzsche, Politics, and Modernity, London: Sage.
Pippin, R., 1991, Modernism as a Philosophical Problem, Oxford: Blackwell 1999.
Reckermann, A., 2003, Lesarten der Philosophie Nietzsches, Berlin: de Gruyter.
Saar, M., 2007, Genealogie als Kritik, Frankfurt/M.: Campus.
Sommer, A. U., 2000, Friedrich Nietzsches *Der Antichrist*, Basel: Schwabe.
Stegmaier, W., 1994, Nietzsches *Genealogie der Moral*, Darmstadt: WBG.
Williams, B., 2002, Wahrheit und Wahrhaftigkeit, Frankfurt/M.: Suhrkamp 2003.

Beatrix Himmelmann

Nihilismus

1.

Der Begriff »Nihilismus« bezeichnet eine Deutung der Welt und des menschlichen Daseins, die ihnen jeglichen Sinn und Wert abspricht. Anhänger und Kritiker dieser Position verbinden in der Regel mit dieser (theoretischen) Analyse eine ihr entsprechende (praktische) Haltung der Verneinung oder Gleichgültigkeit gegen sämtliche Überzeugungen, Prinzipien, Wertungen und moralischen Ansprüche. Die Pointe des Nihilismus liegt in der Negation aller konstruktiven Annahmen und Satzungen, anhand derer die Menschen ihr Leben zu orientieren pflegen. Sie werden als Täuschungen aufgefasst und als illusionär zurückgewiesen. Insofern steht das Problem des »Nichts« und der »Nichtigkeit« im Zentrum der Debatten, die sich mit dem Titel »Nihilismus« (von lateinisch: nihil) verbinden. Eine Besonderheit besteht darin, dass sie sich zu einem guten Teil mit den Diskussionen überlagern, die um die philosophischen Positionen des Skeptizismus, des Idealismus und des Solipsismus sowie des Atheismus und Materialismus geführt werden. Das zeigt sich deutlich bei einer näheren Betrachtung der Problem- und Begriffsgeschichte.

2.

Die Frage nach dem Nichts und der Nichtigkeit wird schon seit den Anfängen der Philosophie gestellt. Das Lehrgedicht des Parmenides aus Elea, die Schrift des Sophisten Gorgias *Über das Nichtseiende* und die Überlegungen des Atomisten Demokrit über das Nichtsein seien exemplarisch genannt (vgl. Diels/Kranz 1951/52, Bd. 1, 227–246; Bd. 2, 130–207, 279–306). Philosophisch aufgeladen in einer Weise, die bis in die heutigen Diskurse hinein ausstrahlt, und ausdrücklich unter dem Titel des Nihilismus verhandelt wird das Problem des Nichts allerdings erst im 19. Jahrhundert. Ausgangspunkt einer weit verzweigten Debatte ist ein Sendschreiben, das F. H. Jacobi 1799 an Fichte richtet. Darin analysiert er Fichtes Versuch einer systematischen Philosophie, die alles, was es für uns überhaupt gibt, aus einem einzigen »Grund«: dem wissenden Ich, zu erklären beansprucht. Dieser Versuch führt nach Jacobi zur reflexiven Auflösung aller »Sachen«, mit denen wir es zu unserem Wohl und Wehe zu tun haben, in bloße Gedankenkonstrukte. Die »Sache«, auf die wir uns in natürlicher Einstellung selbstverständlich als Anderes unserer selbst beziehen, wird so »zu Nichts [ge]macht« (Jacobi 1799, bes. 198–202). In diesem Sinn ist Fichtes absoluter Idealismus für Jacobi »Nihilismus« (Jacobi 1799, 215). Auch gegen Kants kritische Philosophie, als deren Weiterentwicklung die deutschen Idealisten ihre Systementwürfe begriffen, erhebt Jacobi wenig später den Vorwurf des Nihilismus (vgl. Jacobi 1802, 319f., 324f.). Einerseits habe Kant die alten metaphysischen Gewissheiten wie Gottesglaube und Freiheitsbewusstsein im Zuge seiner Kritik der Vernunft als »Truggebäude« desavouiert, andererseits sei er mit seinem Unternehmen einer neu fundierten kritischen Metaphysik, die er auf bloße »Postulate« unserer Vernunft meinte stützen zu können, gescheitert. Das Ergebnis dieser Doppelstrategie ist für Jacobi Nihilismus.

Die Wirklichkeit des Nichts ist im Anschluss an Jacobis Vorstoß ein großes Thema der Intellektuellen, die in der Zeit der Wende zum 19. Jahrhundert zum Kreis der Frühromantiker gehören. F. Schlegel, Tieck, Novalis, Hölderlin und Jean Paul setzen sich mit dem Problem des Nihilismus in philosophischer und ästhetischer Hinsicht auseinander, um v.a. in der Kunst den verlorenen Sinn zu erinnern und Wege seiner Neubegründung zu erproben (vgl. dazu umfassend Arendt 1972). Gesellschaftskritische Akzente und politisch-revolutionäre Dynamik erhält die Nihilismus-Debatte im Gefolge der gegen den Idealismus opponierenden ›realistischen‹ Wendung, wie sie sich als eine Antwort auf die Philosophie Hegels vollzieht. Die Negation des Bestehenden in Kultur und Religion, in gesellschaftlicher und politischer Organisation wird nun Nihilismus genannt. Die Religionskritik von D. F. Strauß, L. Feuerbach und B. Bauer, die einflussreiche Traditionen radikal in Frage stellt, wird von ihren Kritikern als nihilistische Zersetzung wahrgenommen. Umgekehrt wird der Nihilismus bisweilen auch zum positiven Programm erhoben – er dient als Fundament einer Weltanschauung, einer Anthropologie des »Realismus« auf materialistischer Grundlage, und verbindet sich mit politisch-anarchistischen Ambitionen. Interessant und wirkmächtig ist der Reflex dieses »aktiven Nihilismus« (Arendt 1970, 68ff.), wie er sich in der zweiten Hälfte des 19. Jahrhunderts besonders markant in oppositionellen Kreisen des zaristischen Russlands herausbildete, in der russischen Romanliteratur. V.a. die Figur des »Nihilisten« Basarow in I. Turgenjews Roman *Väter und Söhne* (1862) stößt auf große Resonanz. Auch Nietzsche, der für die gegenwärtige Diskussion des Nihilismusproblems wichtigste Autor, rezipiert Turgenjews Werk. Der Sache nach knüpft Nietzsche mit seinen Analysen an die Fragestellungen an, die bereits für die Frühromantik zentral gewesen sind. Der Zusammenbruch der metaphysisch begründeten Weltdeutungen in der Moderne verursacht den Nihilismus als einen Zustand der »Entwerthung der bisherigen Werthe« (Nietzsche 1885/86, KSA 12, 131). Mit seinem vielzitierten Satz »Gott ist todt« formuliert Nietzsche (1882, KSA 3, 467, 481; 1883, KSA 4, 115) genau diesen Sachverhalt in verdichteter Form. Der Positivismus, für den sich das Leben im Umgang mit dem Handgreiflichen, den sog. harten Tatsachen erschöpft, bietet keine Lösung des Problems: die Frage nach Sinn und Wert des Daseins wird mit ihm übergangen und findet daher keine Antwort. In Metaphysik und Positivismus spricht sich für Nietzsche gleichermaßen ein »Wille zum Nichts« aus. Nietzsche entwirft verschiedene Strategien der Überwindung des Nihilismus, u.a. die Lehre von der ewigen Wiederkunft des Gleichen und die Lehre vom Willen zur Macht.

Heidegger greift Nietzsches Überlegungen zum Problem des Nihilismus auf (vgl. Heidegger 1943). Die Aufgabe besteht ihm zufolge darin, das der Metaphysik zugrunde liegende Schema eines grundsätzlichen Dualismus zu überwinden. Dieser Dualismus trennt die gedachte »wahre Welt« des Idealen: des Guten, Gerechten, Schönen in Vollendung, von der »wirklichen Welt«, in der wir leben und die sich – gemessen an ihrem idealen Gegenbild – als unvollkommen, mangelhaft oder schlecht erweist. Die mit der metaphysischen Interpretation verbundene Abwertung unseres Lebens in der »wirklichen«, nicht idealen Welt führt zum Nihilismus; die gegenläufige Entwertung der metaphysisch begründeten Ideale führt jedoch zu einem Verlust der Orientierung – und damit ebenfalls zum Nihilismus. Woher nehmen wir jetzt die Orientierungen, ohne die wir nicht leben können? Dieser durch Heidegger und Nietzsche wesentlich beeinflusste Stand der Diskussion bildet den Ausgangspunkt auch für die heutigen Debatten des Nihilismusproblems.

3.

Verschiedene Typen von Antworten auf die Herausforderung des Nihilismus werden diskutiert. Auf der einen Seite wird eine neue Fundierung des zweifelhaft gewordenen Daseinssinns in einem Grund gesucht, der das menschliche Subjekt in seiner Endlichkeit und Gebrechlichkeit übersteigt oder transzendiert. Die philosophische Theologie arbeitet an zeitgemäßen Ausformulierungen dieser Transzendenz als eines sinnstiftenden Grundes, der unser Leben immer schon trage (vgl. Rentsch 2005; Knapp/Kobusch 2001; auch Jaspers 1962). Denn in jedem konkreten Selbst- und Weltverhältnis sei er wirksam. Vorgängig unterstellen wir danach in jedem Urteil und in allem Tun immer schon, dass sie sich auf etwas bestimmend, verändernd etc. beziehen und daher grundsätzlich sinnvoll sind und nicht gleichsam ins Leere stoßen. Von den mehr oder weniger einschneidenden (partiellen) Enttäuschungen unserer Erwartung, von Irrtümern, Misserfolgen und auch vom Leiden bleibe dieses unbedingte und niemals zu eliminierende Vertrauen auf Sinn überhaupt unberührt. Der Nihilismus als dessen prinzipielle Leugnung wäre insofern ein Missverständnis unseres spezifisch humanen Daseins; für keinen Menschen wäre er je ›lebbar‹. Dabei kann – philosophisch – offen bleiben, ob ein solcher unbedingter oder absoluter Sinn mit Namen wie »Gott« belegt wird oder unter den Titeln des »Unsagbaren« (Wittgenstein), des »Seins« (Heidegger), des »Nichtidentischen« (Adorno) oder der »Spur« bzw. »différance« (Derrida) festgehalten wird – und sei es auch nur in Form der Klage über seine Abwesenheit (vgl. Rentsch 2005, 173 ff.). Auf der anderen Seite gibt es im Anschluss an Nietzsche und den antiken Kynismus (vgl. Niehues-Pröbsting 1988) interessante gegenläufige Versuche, dem Problem des Nihilismus dadurch zu begegnen, dass der Gedanke des Absoluten überwunden und aufgegeben wird (vgl. Kouba 2001, bes. 119–145; Kouba 2005). Denn es seien die mit ihm verbundenen überzogenen Ansprüche an den Sinn des Daseins, die sich im Nihilismus in das absolute Gegenteil einer vollständigen Sinnlosigkeit verkehrten. Metaphysik trage insofern den Keim des Nihilismus stets schon in sich, während der Nihilismus als Bewusstsein des Nichts und einer allumfassenden Leere sich – umgekehrt – stets nur im Kontrast zum unbedingten Sinnversprechen der Metaphysik konstituieren könne. Die dem Menschen angemessene Haltung dagegen bestehe darin, in der jeweils einzigartigen, einmaligen Gegenwart seines Lebens der Konstellation des je besonderen Augenblicks gerecht zu werden. Keine Transzendenz, kein Überschreiten dieses Augenblicks auf einen Horizont des Allgemeinen hin sei dabei vonnöten. Im Gegenteil sei die ›konkrete Situation‹ in den unaufhebbaren Widerstreit aller lebendigen Kräfte eingebettet und allein im Rahmen dieses dynamischen Feldes wirklich und begreiflich. Alles Urteilen und Entscheiden habe entsprechend einen lediglich situativen Charakter: Werte erhielten ihren Sinn allein mit Blick auf ihre Position zu anderen Werten in der besonderen Handlungssituation. Unbedingt Gutes oder Böses gibt es demnach nicht. Es komme aber darauf an, die Welt gerade in ihrer Vieldeutigkeit und Widersprüchlichkeit ›offen zu halten‹. Darin liege auch die genuine Aufgabe der Politik. Das Absolute, wie es sich in den Sinnangeboten der Metaphysik und im Sinnverlust des Nihilismus gleichermaßen artikuliere, avanciert danach zur wahren Bedrohung der Humanität – ganz im Gegensatz zu den Argumentationen der philosophischen Theologie, für die in der Preisgabe der nichtrelativen, nichtfunktionalen, nichtempirischen Dimension der Transzendenz die Menschlichkeit des Menschen in Gefahr wäre. Der Nihilismus als Bewusstsein der Sinnferne verwiese darauf wenigstens noch ex negativo.

4.

Adorno, T. W., 1966, Negative Dialektik, Frankfurt/M.: Suhrkamp 1997.

Arendt, D. (Hg.), 1970, Nihilismus. Die Anfänge von Jacobi bis Nietzsche, Köln: Hegner.

Arendt, D., 1972, Der ›poetische Nihilismus‹ in der Romantik, 2 Bde., Tübingen: Niemeyer.

Diels, H./Kranz, W. (Hg.), 1951/52, Die Fragmente der Vorsokratiker, 3 Bde., Zürich: Weidmann 1996–98.

Gawoll, H.-J., 1989, Nihilismus und Metaphysik, Stuttgart: Frommann-Holzboog.

Heidegger, M., 1943, Nietzsches Wort »Gott ist tot«, in: ders., Holzwege, Frankfurt/M.: Klostermann 1980.

Heidegger, M., 1961, Der Europäische Nihilismus, in: ders., Nietzsche, Bd. II, Pfullingen: Neske.

Jacobi, F. H., 1799, Jacobi an Fichte, in: Gesamtausgabe, Bd. 2.1, Hamburg/Stuttgart: Meiner/Frommann-Holzboog 2004.

Jacobi, F. H., 1802, Über das Unternehmen des Kriticismus, die Vernunft zu Verstande zu bringen und der Philosophie überhaupt eine neue Absicht zu geben, in: Gesamtausgabe, Bd. 2.1, Hamburg/Stuttgart: Meiner/Frommann-Holzboog 2004.

Jaspers, K., 1962, Der philosophische Glaube angesichts der Offenbarung, München: Piper 1984.

Knapp, M./Kobusch, T. (Hg.), 2001, Religion – Metaphysik(kritik) – Theologie im Kontext der Moderne/Postmoderne, Berlin: de Gruyter.

Kouba, P., 2001, Die Welt nach Nietzsche. Eine philosophische Interpretation, München: Fink.

Kouba, P., 2005, Der Sinn der Endlichkeit, Würzburg: Königshausen & Neumann.

Lütkehaus, L., 1999, Nichts. Abschied vom Sein, Ende der Angst, Zürich: Haffmanns.

Müller-Lauter, W./Goerdt, W., 1984, Nihilismus, in: J. Ritter/K. Gründer/G. Gabriel (Hg.), Historisches Wörterbuch der Philosophie, Bd. 6, Basel: Schwabe.

Niehues-Pröbsting, H., 1988, Der Kynismus des Diogenes und der Begriff des Zynismus, Frankfurt/M.: Suhrkamp.

Nietzsche, F., 1869–1889, Kritische Studienausgabe, München/Berlin: dtv/de Gruyter (zit. als KSA).

Oulahbib, L.-S., 2003, Le nihilsme français contemporain, Paris: L'Harmattan.

Rentsch, T., 2005, Gott, Berlin: de Gruyter.

Schröder, W., 2005, Moralischer Nihilismus, Stuttgart: Reclam.

Sommer, A. U., 2006, Nihilism and Skepticism in Nietzsche, in: K. Ansell Pearson (Hg.), A Companion to Nietzsche, Oxford: Blackwell.
Turgenjew, I., 1862, Väter und Söhne, Frankfurt/M.: Insel 2003.
Weischedel, W., 1975, Der Gott der Philosophen. Grundlegung einer philosophischen Theologie im Zeitalter des Nihilismus, Darmstadt: WBG.

Beatrix Himmelmann

Norm

1.

1.1. Das Wort »Norm« wurzelt im Lateinischen, in dem »norma« ursprünglich Winkelmaß und Richtschnur bezeichnet und dann in übertragener Bedeutung *Maßstab des richtigen Denkens und Handelns* bedeutet. In dieser Bedeutung wird auch das deutsche Wort hauptsächlich gebraucht. Daneben wird es manchmal auch in einem anderen Sinne verwendet, dem zufolge es die *Normalität*, die faktische Regelmäßigkeit von Verhaltensweisen oder Vorkommnissen meint (vgl. Hofmann/Schrader 1984, 906f.).

Bis um die Mitte des 19. Jahrhunderts spielt der Normbegriff in Jurisprudenz und Philosophie keine besondere Rolle. Statt seiner werden diverse andere Termini benutzt, etwa »Regel«, »Prinzip«, »Gesetz«, »Gebot« sowie der Ausdruck »Imperativ«, der zugleich als Oberbegriff für die Richtlinien von Moral, Recht und Sitte dient. Ab der Mitte des 19. Jahrhunderts findet das Konzept der Norm in der rechtswissenschaftlichen und philosophischen Literatur wachsende Verbreitung. Um 1900 ist der Normbegriff schon so geläufig, dass maßgebliche Autoren ihn zur Definition des Rechts verwenden. Dass er sich im juristischen Diskurs endgültig etabliert, ist nicht zuletzt auf die Ausstrahlung der Rechtstheorie von Hans Kelsen (1911; 1934) zurückzuführen, der ihm einen besonderen Status zuschreibt.

Zu gleicher Zeit floriert die Rede von Normen auch in den Sozialwissenschaften, v.a. in Soziologie und Ethnologie. Diese Disziplinen beziehen sich dabei hauptsächlich auf die Regeln des sozialen Lebens, die vordem meist als »positive Moral« bzw. »Sittlichkeit« und »Sitte« angesprochen wurden. Obwohl sich der Normbegriff im Feld der praktischen Philosophie zögerlicher verbreitet und nicht flächendeckend durchsetzt, findet er heute auch hier vielfältige Verwendung (vgl. Hofmann/Schrader 1984, 910ff.).

1.2. Es liegt nahe, den Begriff der Norm in erster Annäherung in Hinsicht auf seine *Extension* einfach durch die Angabe der Objekte zu charakterisieren, die er zum Gegenstand hat: das sind Richtlinien menschlichen Verhaltens, die Sollgeltung beanspruchen. Dazu gehören zum einen alle jene Richtlinien, die – wie die Gebote von Recht, Moral und Sitte – als *verbindlich* gelten, d.h. Befolgung verlangen; dazu werden mitunter aber auch solche Anleitungen gezählt, die zwar nicht als verbindlich, aber doch als *erwägenswert* erscheinen, wie Empfehlungen und Ratschläge. Demzufolge wird der Normbegriff teils in einem *engen*, teils auch in einem *weiten* Sinn verwendet: Während er im ersten Fall nur bindende Handlungsanleitungen bezeichnet, schließt er im zweiten auch die beachtenswerten ein.

Viel schwieriger ist die *Intension* des Begriffs zu bestimmen, also die Natur der Dinge, die als Normen bezeichnet werden. Hierbei sind zwei verschiedene, aber verbundene Dimensionen von Normen zu beachten: ihre *ideelle* Dimension als sinnhafte Ausdrucksformen menschlicher Verständigung und ihre *reale* Dimension als faktisch existierende soziale Phänomene.

Normen sind keine materiellen Dinge oder bloße Tatsachen in Raum und Zeit, sondern *sinnhafte Artefakte kommunikativen Handelns*, die als *präskriptive Sätze* oder *Normsätze* rekonstruiert werden können. Diese Sätze unterscheiden sich von deskriptiven sowohl in logischer wie auch in epistemologischer Hinsicht: in *logischer* Hinsicht durch einen normativen Operator, wie z.B. »soll/soll nicht/darf« oder

»geboten/verboten/erlaubt«, und in *epistemologischer* Hinsicht dadurch, dass sie nicht deshalb richtig oder falsch sind, weil die Tatsachen, durch die sie erfüllt werden, zutreffen oder nicht, sondern weil sie in einem bestimmten Sinne gültig oder ungültig sind (vgl. Wright 1963, 133 ff.; Weinberger 1988, 56 f.).

Um als reale Phänomene der sozialen Welt zu existieren, d. h. faktische *Geltung* zu besitzen, müssen Normen jedoch auch im Wollen und Handeln der jeweils beteiligten Personen, ihrer Autoren und Adressaten, Niederschlag finden. Die Geltung von Normen ist dabei von ihrer Wirksamkeit wie auch von ihrer Legitimität zu unterscheiden: Besteht ihre *Wirksamkeit* im Ausmaß ihres Einflusses auf das Verhalten ihrer Adressaten und Autoren, so bemisst sich ihre *Legitimität* an ihrer sachlichen Angemessenheit oder Richtigkeit.

2.

Manchen Autoren zufolge sind Normen nichts weiter als *Imperative*, mithin zwangsbewehrte Befehle einer übergeordneten – irdischen oder überirdischen – Macht. Diese Ansicht, die *Imperativ-Theorie*, deren prägnanteste Formulierung von John Austin (1832) stammt, verfehlt nicht nur die Natur der Normen der Moral und der Konvention, sondern auch wichtige Aspekte rechtlicher Ordnungen (vgl. Kelsen 1911, 202 ff.; Hart 1961, 34 ff.).

In Opposition zur Imperativ-Theorie steht Kelsens *puristische Normkonzeption*. Ihr zufolge verkörpern Normen den Sinn von Willensakten, die ein auf fremdes Verhalten gerichtetes Sollen intendieren, dem aber nur dann objektive Geltung zukomme, wenn diese durch eine höhere Norm (oder eine Kette solcher Normen) begründet sei. Da diese Geltungsbegründung in einen Regress führt, stellt Kelsen die These auf, den letzten Geltungsgrund jeder Norm bilde stets eine hypothetisch angenommene *Grundnorm* (vgl. Kelsen 1934, 196 ff.). Es leuchtet jedoch kaum ein, dass die hypothetische Annahme einer solchen Grundnorm eine tragfähige Fundierung der Normgeltung liefern kann (Hart 1961, 57 f.).

Gegen die herrschende Sicht, dass Normen Sollgeltung besitzen, wenden sich diverse Varianten eines *Normenrealismus*, der ihre Geltung auf blanke Tatsachen reduzieren möchte. Ein Vertreter dieser Auffassung im Feld der Jurisprudenz ist Alf Ross (1958), der die Geltung von Rechtsnormen aus dem Zusammenspiel der Regelmäßigkeit des äußeren Verhaltens und dem subjektiven Verpflichtungsgefühl der Richter zu erklären sucht. In eine ähnliche Richtung geht der Versuch des Soziologen Theodor Geiger (1947), die Geltung von Normen auf deren »Wirkungs-Chance« zurückzuführen. Einer realistischen Normauffassung hängt auch Niklas Luhmann (1969, 37) an, wenn er meint, Normen seien »kontrafaktisch stabilisierte Verhaltenserwartungen«, an denen selbst im Fall ihrer Enttäuschung festgehalten werde. Realistische Deutungen der Norm haben auch in der Ethik eine gewisse Tradition. So charakterisiert Ernst Tugendhat (1984) soziale Normen generell als allgemeine Handlungsanweisungen, deren Missachtung negative Reaktionen der Umwelt nach sich ziehe, wobei die Normen der Moral dadurch gekennzeichnet seien, dass sie für begründungsbedürftig gehalten werden. Alle diese Ansätze gehen an der Natur von Normen vorbei, da sie diese mit ihren beobachtbaren Wirkungen gleichsetzen, aber nicht die Art von Vorstellungen verständlich machen, die uns leiten, wenn wir diese Wirkungen hervorbringen.

Ein Ansatz, der zwar ebenfalls in der empiristischen Tradition steht, aber keinem strikten Realismus huldigt, ist die Theorie von H. L. A. Hart (1961, 83 ff.), die man als *Praxis-Theorie der Normen* bezeichnen kann. Nach Hart unterscheiden sich soziale Regeln, die in einer sozialen Einheit gelten, von bloßen Gewohnheiten dadurch, (1) dass Verstöße gegen solche Regeln auf negative Reaktionen der Umwelt stoßen, die Konformitätsdruck erzeugen, (2) dass diese Reaktionen als legitim gelten, und (3) dass solche Regeln neben ihren externen Wirkungen stets auch eine *interne* Dimension haben, wonach sie wenigstens von einigen Beteiligten als bindende Richtlinien des Handelns akzeptiert werden müssen. Gegen diese Theorie hat Raz (1975, 71 ff.) eingewendet, sie trage weder allen Arten noch dem normativen Charakter von Regeln Rechnung.

Um die Mängel von Harts Theorie zu vermeiden, schlägt Raz (ebd., 97ff.) vor, Normen, genauer: Gebotsnormen, als eine Art von Handlungsgründen zu verstehen: als *ausschließende Gründe*, die zu einem bestimmten Handeln nicht bloß dadurch anleiten, dass sie (als Gründe erster Ordnung) dieses Handeln als tunlich erscheinen lassen, sondern insbesondere dadurch, dass sie (als Gründe höherer Ordnung) andere, gegen jenes Handeln sprechende Gründe ausschließen. Dieser Vorschlag kann aber schon deshalb nicht befriedigen, weil das Konzept der Gründe, das Normen erklären soll, ebenfalls rätselhaft bleibt. Überdies ist die Gleichsetzung von Normen mit Handlungsgründen auch deswegen unplausibel, weil sie Normen auf ihre ideelle Dimension reduziert.

3.

3.1. Normen treten im Denken und Leben der Menschen in vielen Formen auf, die man nach ihren logischen Strukturen einerseits und ihren Geltungsmodalitäten andererseits einteilen kann. Stellt man auf die *logischen Formen* von Normen ab, so stehen die ihnen entsprechenden *Normsätze* in Betracht. Ob und inwieweit diese Sätze ähnlich wie Aussagesätze logischen Gesetzen unterliegen, war zwar lange umstritten, doch spricht alles dafür, dass auch für Normen logische Regeln gelten (vgl. Weinberger 1988, 56ff.; Wright 1994, 56ff.). Unter dieser Voraussetzung sind v.a. die folgenden Unterscheidungen von Belang:

(1) *Kategorische und hypothetische Normen: Kategorische* Normen erheben Anspruch auf unbedingte Geltung, aufgrund der sie ihre Adressaten unabhängig von deren Zielen binden, wie die Normen der Pflichtmoral und viele Vorschriften des Rechts. Dagegen bringen *hypothetische* Normen zum Ausdruck, dass ein Handeln tunlich wäre, wenn die Adressaten bestimmte Ziele verfolgen oder bestimmte Ergebnisse herbeiführen möchten; dazu gehören Ratschläge, Empfehlungen und Klugheitsregeln (vgl. Kant 1785, 60f.).

(2) *Gebots-, Verbots-, Erlaubnisnormen:* Jeder Normsatz muss einen normativen Operator enthalten, der dem Satz normativen Sinn verleiht. Dieser Operator kann vielfältige Werte haben, aber bei kategorischen Normen sind drei Varianten elementar: »geboten«, »verboten« und »erlaubt«. Demgemäß kann man drei Grundformen von Normen unterscheiden: Gebots-, Verbots- und Erlaubnisnormen, die in diversen logischen Beziehungen stehen. So impliziert das Gebot eines Verhaltens dessen Erlaubnis, die ihrerseits ein Verbot jenes Verhaltens ausschließt (vgl. Weinberger 1988, 61f.).

(3) *Unkonditionale und konditionale Normen:* Normen können entweder aktuell oder erst bei Eintritt bestimmter Bedingungen wirksam sein bzw. werden. So ist die Anweisung »Gib ihm jetzt das Geld zurück!« eine *unkonditionale* Norm, weil sie aktuale Wirkung hat. Dagegen repräsentiert die Vorschrift »Wenn man ein Darlehen aufnimmt, ist man zu seiner vereinbarungsgemäßen Rückzahlung verpflichtet!« eine *konditionale* Norm, weil sie eine Pflicht erst dann entstehen lässt, wenn die in ihr genannte Bedingung vorliegt. Aus jeder konditionalen Norm folgt immer dann, wenn die in ihrem Wenn-Teil genannten Bedingungen eintreten, eine unkonditionale Norm, welche die Soll-Folge des Dann-Teils unmittelbar wirksam werden lässt (vgl. Weinberger 1988, 62f.; Wright 1994, 44ff.).

(4) *Individuelle und generelle Normen:* Normen, die an bestimmte, namentlich angebbare Personen adressiert sind, sind *individuelle* Normen. *Generelle* Normen sind dagegen an alle Individuen einer nur durch allgemeine Merkmale bestimmten Allgemeinheit adressiert. Jede generelle Norm generiert beliebig viele individuelle Normen, jeweils bezogen auf jede Person, die die Anwendungsbedingungen der generellen Norm erfüllt (vgl. Weinberger 1988, 63ff.).

(5) *Verhaltens- und Ermächtigungsnormen: Verhaltensnormen* wollen das Handeln von Personen leiten, indem sie diesen ein bestimmtes Verhalten gebieten, verbieten oder erlauben. Um solchen Normen hinreichende Wirksamkeit zu verschaffen, ist es in vielen Fällen rat-

sam, sie mit einer Sanktion zu verknüpfen. Im Unterschied dazu räumen *Ermächtigungsnormen*, die im Recht eine wichtige Rolle spielen, bestimmten Personen die Befugnis ein, gültige Normen zu erzeugen, zu ändern, durchzusetzen oder über Einzelfälle verbindlich zu entscheiden (vgl. Hart 1961, 115ff.; Kelsen 1979, 82ff.; Weinberger 1988, 88ff.).

Der zweite Gesichtspunkt, nach dem Normen klassifiziert werden können, betrifft deren *Geltungsmodalitäten*, d.h. die Weisen ihrer Existenz und die Reichweite ihrer Sollgeltung. Auch hier kommen mehrere Einteilungsmöglichkeiten in Betracht:

(1) *Reale und ideale Normen:* Wenn von Normen die Rede ist, sind zwar meist real geltende Normen gemeint, es kann dabei aber auch um bloß vorgestellte Normen gehen, z.B. wenn Überlegungen über die angemessene Regelung gewisser sozialer Verhältnisse angestellt werden. Es ist daher nötig, zwischen *realen*, d.h. tatsächlich geltenden Normen und *idealen*, bloß gedachten Normen zu unterscheiden. Im wissenschaftlichen Sprachgebrauch werden die ersteren gewöhnlich als *soziale Normen* angesprochen (vgl. Elster 1989, 97ff.; Popitz 1961).

(2) *Heteronome und autonome Normen:* Viele Normen werden uns von anderen, von gesellschaftlichen Mächten oder von der sozialen Umwelt auferlegt: dies sind *heteronome* Normen. Es gibt jedoch auch Normen, die wir uns aus freien Stücken kraft eigenen Willens zur Richtschnur unseres Verhaltens machen: *autonome* Normen, wozu die Normen der Moral und die Richtlinien der Klugheit gehören, die wir uns zu Eigen machen (vgl. Wright 1963, 84f.).

(3) *Konventionelle und autoritative Normen:* Normen, die von selber aus der wechselseitigen Anpassung der Erwartungen von Personen resultieren und durch sozialen Druck aufrechterhalten werden, sind *konventionelle* Normen, wie die Sprachregeln, die Normen der kulturellen Tradition und der konventionellen Moral (Hart 1961, 131ff.). Dagegen gelten *autoritative* Normen kraft autoritativer Setzung, also deshalb, weil sie von hierzu befugten Autoritäten durch ausdrückliche Anordnung erzeugt und in geregelter Weise durchgesetzt werden, so v.a. die Normen des Rechts (vgl. Raz 1975, 82ff.).

(4) *Rechtliche Normen:* Die Normen des Rechts unterscheiden sich von anderen weder durch ihre Form noch durch ihren Inhalt, sondern durch ihre Verankerung in einer Rechtsordnung. Eine *Rechtsordnung* ist eine umfassende soziale Praxis, die auf die Bereitstellung der für eine gedeihliche soziale Ordnung erforderlichen sozialen Normen zielt, welche (i) durch hierzu ermächtigte Personen erzeugt und/oder umgesetzt werden, (ii) nötigenfalls durch geregelten Zwang durchgesetzt werden können und (iii) einem Anspruch auf Legitimität sowohl seitens der rechtlichen Autoritäten als auch der Rechtsadressaten unterliegen (vgl. Koller 1992, 41ff.).

(5) *Moralische Normen:* Eine Charakterisierung moralischer Normen, die diese von anderen Verhaltensanleitungen abgrenzt und der Vielfalt von Moralvorstellungen Rechnung trägt, könnte so lauten: Moralische Normen sind Normen, die (i) *autonomer Anerkennung* bedürfen, (ii) *Anspruch auf universelle Geltung* erheben und (iii) ein *besonderes Gewicht* gegenüber anderen Normen, etwa jenen der Klugheit, haben. Davon ausgehend kann man zwischen drei spezielleren Typen von moralischen Normen differenzieren: (i) Normen der *personalen Moral* einzelner Personen, (ii) Normen der in einem Umfeld akzeptierten *konventionellen Moral* und (iii) Normen einer *rationalen Moral*, die bei rechter Überlegung als begründet und allgemein akzeptabel erscheinen (vgl. Koller 1992, 255ff.).

3.2. Wenn von der Gültigkeit sozialer Normen gesprochen wird, kann zweierlei gemeint sein: zum einen, dass solche Normen faktisch *gelten*, und zum anderen, dass sie aus normativer Sicht *legitim* sind. Soziale Normen sind normativ legitim, wenn sie im Lichte allgemein akzeptabler *Bewertungsmaßstäbe* annehmbar erscheinen. Obwohl diese Maßstäbe umstritten sind, können sie mit Bezug auf die leitenden Wertungskriterien in drei Arten eingeteilt werden: (1) *soziale Effizienz*, (2) *Gemeinwohl* und (3) *Moral* bzw. *Gerechtigkeit*. Hier seien nur die Maßstäbe der Effizienz und der Moral kurz beleuchtet.

Wenn die *soziale Effizienz* von Normen zur Debatte steht, geht es darum, ob und inwieweit sie als Mittel zur Realisierung allgemein erwünschter Ziele taugen, genauer: ob und inwieweit sie geeignet sind, unter den *gegebenen Umständen* die *De-facto-Präferenzen* der Betroffenen so gut wie möglich zu befriedigen. Als Kriterien der Effizienz kommen v.a. zwei in Betracht: das *Pareto-Prinzip*, nach dem von mehreren Normen jene den Vorzug verdient, die, verglichen mit den anderen, zumindest einer Person zum Vorteil gereicht und niemanden schlechter stellt; und das *Kaldor-Hicks-Kriterium*, nach dem eine Norm dann vorzugswürdig ist, wenn sie einigen Personen so große Vorteile bringt, dass davon die Verlierer entschädigt werden könnten.

Im Unterschied zur Effizienz setzen Erwägungen von *Moral und Gerechtigkeit* eine *unparteiische Perspektive* voraus, unter der soziale Normen dann und nur dann als legitim erscheinen, wenn ihre allgemeine Befolgung allen Beteiligten im Lichte ihrer *grundlegenden Interessen* gleichermaßen zum Vorteil gereicht. Soziale Normen müssen deshalb, um legitim zu sein, zumindest den fundamentalsten, offenbar begründeten und weithin akzeptierten moralischen Grundsätzen genügen. Manche dieser Grundsätze gelten ohne Einschränkung für und gegenüber jedermann (universelle Moral), andere nur für das gegenseitige Verhalten von Personen in bestimmten sozialen Kontexten (Gerechtigkeit).

3.3. Wozu Normen gut sind, ist leicht einzusehen, wenn man sich einen Zustand ohne Normen vorstellt, in dem jede Person tun darf, was sie will und kann. Dass ein solcher Zustand nicht wünschenswert wäre, ist evident. Warum das so ist, hilft die Spieltheorie zu erklären. Sie zeigt diverse Konstellationen auf, in denen rationale Akteure, die jeweils nur auf ihren eigenen Vorteil aus sind, nachteilige Ergebnisse erzielen, wenn sie ihr Verhalten nicht beschränken (vgl. Hollis 1994, 156ff.). Von Interesse sind hier drei Problemkonstellationen: Verteilungs-, Koordinations- und Kooperationsprobleme (vgl. Koller 1993).

Ein *Verteilungsproblem* liegt vor, wenn mehrere Akteure um die Verteilung eines Guts fixen Umfangs konkurrieren, weil jeder einen möglichst großen Anteil davon haben will. Beispiele sind die Aufteilung eines Kuchens oder die Verteilung von Land. Ohne Normen werden über die Verteilung eines solchen Guts die vermuteten Kräfteverhältnisse der Akteure entscheiden, also deren Erwartungen, wie viel sie bekommen würden, wenn sie darum kämpfen. In solchen Konstellationen ist es für alle von Vorteil, wenn *Verteilungsnormen* die drohende Gefahr gewaltsamer Konflikte minimieren.

Koordinationsprobleme treten auf, wenn mehrere Akteure übereinstimmend ein bestimmtes Ergebnis herbeiführen möchten, dieses aber nur erreichen können, wenn sie ihr Verhalten aufeinander abstimmen. Die Interessen der Beteiligten stehen hier nicht in Konflikt, sondern im Gleichklang. Für diese Probleme gibt es eine einfache Lösung: Normen, die das Handeln der Beteiligten koordinieren, also *Koordinationsnormen*. Wenn eine solche Norm gilt, sei es durch ausdrückliche Verabredung oder stillschweigende Übereinkunft, dann haben die Beteiligten ein unmittelbares Interesse, sie einzuhalten, weil sie nur so ihr Ziel erreichen. Koordinationsnormen sind z.B. die Regeln der Sprache und viele technische Normen (vgl. Lewis 1969; Ullmann-Margalit 1977, 74ff.).

Kooperationsprobleme sind Konstellationen, in denen alle Beteiligten schlecht fahren, wenn sie nur auf ihren Vorteil aus sind, und alle profitieren, wenn sie kooperieren, d.h. sich gewissen Verhaltenseinschränkungen unterwerfen. Dennoch ist Kooperation schwer erreichbar, weil jeder Akteur Anreiz zum ›Schwarzfahren‹ hat, d.h. dazu, sich durch die Ausbeutung der Anderen einseitige Vorteile zu verschaffen. Infolgedessen kommt eine Kooperation nicht zustande, wenn die Beteiligten nicht durch entsprechende Normen – *Kooperationsnormen* – dazu genötigt werden. Diese Konstellation, die durch das berühmte *Gefangenendilemma* illustriert wird, kommt im sozialen Leben in vielfältigen Variationen vor. So wäre es sicher nicht gut, wenn es jedem freistünde, andere nach Belieben zu verletzen oder zu schädigen (vgl. Ullmann-Margalit 1977, 18ff.; Hollis 1994, 180ff.).

Zwischen Menschen, die nur einmal miteinander zu tun haben, sind die genannten Probleme kaum lösbar, wenn es keine externe Macht gibt, die ihnen entsprechende Normen auferlegt. Das ändert sich jedoch, wenn Personen, die einander kennen, über längere Zeit interagieren. Aus diesem Grunde sind kleine Gemeinschaften durchaus in der Lage, Normen eines allseitig vorteilhaften Verhaltens zu etablieren und durch sozialen Druck in Geltung zu halten, ohne einer institutionalisierten Autorität oder eines staatlichen Rechts zu bedürfen (vgl. Axelrod 1984). Die dezentralen Mechanismen sozialer Kontrolle greifen jedoch nicht mehr, wenn die Arbeitsteilung zunimmt und der soziale Verkehr weitere Kreise zieht. In dem Maße, in dem eine Gesellschaft größer und differenzierter wird, wächst auch der Bedarf an sozialen Normen, deren Wirksamkeit nicht mehr nur durch dezentralen sozialen Druck, sondern in geregelter Weise durch autorisierte Instanzen gesichert wird. Genau diese Aufgabe soll das Recht erfüllen (vgl. Koller 1993).

4.

Axelrod, R., 1984, Die Evolution der Kooperation, München: Oldenbourg 1987.

Austin, J., 1832, The Province of Jurisprudence Determined, Cambridge: Cambridge University Press 1995.

Elster, J., 1989, The Cement of Society, Cambridge, New York: Cambridge University Press.

Geiger, T., 1947, Vorstudien zu einer Soziologie des Rechts, Neuwied: Luchterhand 1964.

Hart, H. L. A., 1961, Der Begriff des Rechts, Frankfurt/M.: Suhrkamp 1973.

Hofmann, H./Schrader, W. H., 1984, Norm, in: J. Ritter/K. Gründer/G. Gabriel (Hg.), Historisches Wörterbuch der Philosophie, Bd. 6, Darmstadt: WBG.

Hollis, M., 1994, Soziales Handeln, Berlin: Akademie 1995.

Kant, I., 1785, Grundlegung zur Metaphysik der Sitten, Stuttgart: Reclam 1970.

Kelsen, H., 1911, Hauptprobleme der Staatsrechtslehre, Aalen: Scientia 1984.

Kelsen, H., 1934, Reine Rechtslehre, Wien: Deuticke 1960.

Kelsen, H., 1979, Allgemeine Theorie der Normen, Wien: Manz.

Koller, P., 1992, Theorie des Rechts, Wien: Böhlau 1997.

Koller, P., 1993, Formen sozialen Handelns und die Funktion sozialer Normen, in: A. Arnio/S. Paulson/O. Weinberger u.a. (Hg.), Rechtsnorm und Rechtswirklichkeit, Berlin: Duncker & Humblot.

Lewis, D., 1969, Konventionen, Berlin: de Gruyter 1975.

Luhmann, N., 1969, Normen in soziologischer Perspektive, in: Soziale Welt 20.

Popitz, H., 1961, Soziale Normen, in: ders., Soziale Normen, Frankfurt/M.: Suhrkamp 2006.

Raz, J., 1975, Praktische Gründe und Normen, Frankfurt/M.: Suhrkamp 2006.

Ross, A., 1958, On Law and Justice, London: Stevens.

Tugendhat, E., 1984, Probleme der Ethik, Stuttgart: Reclam.

Ullmann-Margalit, E., 1977, The Emergence of Norms, Oxford: Clarendon Press.

Weinberger, O., 1988, Norm und Institution, Wien: Manz.

Wright, G. H. v., 1963, Norm und Handlung, Königstein: Scriptor 1979.

Wright, G. H. v., 1994, Normen, Werte und Handlungen, Frankfurt/M.: Suhrkamp.

Peter Koller

Nozick, Robert (1938–2002)

1.

Nozick studierte Philosophie an der Columbia University und in Princeton, wo er 1963 mit einer Arbeit über entscheidungstheoretische Fragen von C. Hempel promoviert wurde. Bis zu seinem Tod 2002 lehrte er als Professor für Philosophie in Harvard.

2.

Nozick veröffentlichte 1974 mit *Anarchy, State, and Utopia* einen libertaristischen Gegenentwurf zum egalitaristischen Liberalismus von J. Rawls. Später wendete er sich vom Libertarismus auf Grund der zu engen Konzeption des Politischen ab, dic keinen Raum für dessen symbolische und (wert-)expressive Dimension lasse (vgl. Nozick 1989, 318ff.). Neben der politischen Philosophie lagen Nozicks Arbeitsschwerpunkte in der Erkenntnis-, Entscheidungs- und Rationalitätstheorie (vgl. Nozick 1993). Die eher essayistischen späteren Arbeiten sind Ausdruck seiner Skepsis gegenüber der systematischen Philosophie (vgl. Nozick 1997).

3.
Von der Prämisse absoluter Rechte zum Schutz individueller Autonomie ausgehend, entfaltet Nozick in *Anarchy, State, and Utopia* die drei Grundideen seiner politischen Philosophie, denen jeweils ein Teil des Buches gewidmet ist: (a) die Rechtfertigung des Minimalstaats; (b) eine Theorie der Gerechtigkeit, die jeden über den Minimalstaat hinausgehenden Staat verbietet; (c) die Darstellung des Minimalstaats als inspirierende Utopie.

3.1. Um den Minimalstaat zu rechtfertigen, muss Nozick zeigen, warum es unter rationalen Akteuren überhaupt einen Staat geben soll. Die von ihm aufgezeigte Möglichkeit der Entstehung des Staates aus einem staatsfreien, anarchischen Naturzustand ohne Einschränkung der natürlichen und absoluten Rechte auf Leben, Freiheit und Eigentum soll dabei den Anarchismus widerlegen. Spezifisch für Nozicks Konzeption ist, dass die Legitimität (und moralische Notwendigkeit) des Übergangs vom Naturzustand zum (durch Steuern finanzierten) Minimalstaat nicht klassisch durch einen Gesellschaftsvertrag begründet wird, sondern durch eine Erklärung und Rechtfertigung mittels der »unsichtbaren Hand«. Der Staat steht am Ende einer Monopolbildung auf einem freien Markt kommerzieller Schutzvereinigungen und beschränkt sich, wie diese, auf den Schutz von Leben, Freiheit und Eigentum seiner Bürger sowie nötigenfalls auf die Durchsetzung von Verträgen. Der Status der Erklärung mittels der unsichtbaren Hand wird allerdings von Nozick nicht eingehend erläutert.

3.2. Nozicks auf Locke zurückgehende Anspruchstheorie der Gerechtigkeit besteht aus Prinzipien, die die ursprüngliche Aneignung und die Übertragung von Eigentum sowie eventuelle korrigierende Eingriffe regeln. Die Aneignung ist dann legitim, wenn durch sie keine andere Person schlechter gestellt wird. Gegeben legitime Eigentumsverhältnisse, ist der Transfer von Eigentum genau dann legitim, wenn er freiwillig, auf dem freien Markt, erfolgt. Bestimmte Verteilungsmuster und Endzustände (sozialer Umverteilung) könnten hingegen nur durch illegitime Zwangsmaßnahmen durchgesetzt werden, da die Freiheit solche Verteilungsmuster sprengt (vgl. Nozick 1974, 152ff.). Daraus ergeben sich die libertaristischen Grundsätze: »Jeder, wie er will, und jedem, wie die anderen wollen« und »Alles, was aus gerechten Verhältnissen auf gerechte Weise entsteht, ist selbst gerecht«. Verteilungen sind demnach ausschließlich auf Grund legitimer Eigentumsverhältnisse gerecht, unabhängig davon, wie groß die Ungleichheiten sind. Jedes Hinausgehen über den Minimalstaat würde eine Verletzung des Naturrechts bedeuten. In seiner Gerechtigkeitstheorie setzt Nozick voraus, dass die Erde ursprünglich niemandes Eigentum ist und dann nach dem Prinzip »first come, first served« aufgeteilt wird. Dagegen kann eingewendet werden, dass es sich um Gemeineigentum handelt, dessen Erwerb nur bei allgemeiner Zustimmung oder entsprechender Kompensation legitim ist (vgl. Höffe 1988, Kap. 3).

3.3. Die Theorie des Minimalstaates stellt nach Nozick keineswegs ein neoliberales Schreckensbild, sondern eine libertäre Utopie des friedlichen Zusammenlebens freier Individuen dar. Über den Minimalstaat hinausgehende Arrangements sind legitim, insofern sie auf Freiwilligkeit beruhen, so dass sich unterschiedliche Konzeptionen des guten Lebens in kleineren Unter-Gemeinschaften verwirklichen können.

Die Spezifik von Nozicks Theorie besteht darin, dass sie den Staat aus *moralischen* und nicht aus soziologischen oder ökonomischen Gründen (etwa der Ineffizienz) auf ein Minimum beschränken möchte. Sowohl von anarchistischer als auch von egalitaristischer Seite ist dies ebenfalls mit moralischen Gründen kritisiert worden. Der Einwand des liberalen Egalitarismus etwa lautet, dass die Theorie zu unfairen Ergebnissen führe, da ungleiche Verteilungen auf Grund unterschiedlicher natürlicher Ausstattung, für welche die betreffenden Personen nicht verantwortlich sind, zustande kommen. Freiheitsfunktionale Begründungen sozialer Rechte können zudem darauf verweisen, dass Freiheit auf materielle Bedingungen und ein Rechtsstaat auf wohlfahrtsstaatliche Arrangements angewiesen ist. Die Begründung sozialer Rechte kann sich ebenfalls auf die Ermöglichung eines selbstbestimmten Lebens beziehen (vgl. Kersting 2000, Kap. 6; Lacey 2001, Kap. 2–3). Die Plausibilität der nozickschen Anspruchstheorie hängt fast gänzlich von der Legitimität des ursprünglichen Erwerbs der individuellen Eigentumsrechte ab, da es ohne eine gerechte ursprüngliche Verteilung per definitionem keinen legitimen Transfer geben kann. Somit ist fraglich, ob es unter solchen Bedingungen jemals legitimes Eigentum gegeben hat und wie sich das im Einzelfall historisch nachweisen lassen soll. Ebenfalls umstritten ist, ob das Eigentumsrecht des Menschen an sich selbst (»self-ownership«), dem in Nozicks Theorie der höchste Wert zukommt, zu absoluten, notwendig ungleich verteilten Eigentumsrechten an äußeren Dingen führt (vgl. Cohen 1995; Wolff 1991; Kymlicka 1990, Kap. 4).

4.

Nozick, R., 1974, Anarchie, Staat, Utopia, München: Olzog 2006.
Nozick, R., 1989, Vom richtigen, guten und glücklichen Leben, München: Hanser 1991.
Nozick, R., 1993, The Nature of Rationality, Princeton: Princeton University Press.
Nozick, R., 1997, Socratic Puzzles, Cambridge/MA: Harvard University Press.

Cohen, G. A., 1995, Self-Ownership, Freedom and Equality, Cambridge: Cambridge University Press.
Feser, E., 2003, On Nozick, Belmont: Wadsworth.
Hailwood, S. A., 1996, Exploring Nozick, Aldershot: Avebury.
Höffe, O., 1988, Den Staat braucht selbst ein Volk von Teufeln, Stuttgart: Reclam.
Kersting, W., 2000, Theorien der sozialen Gerechtigkeit, Stuttgart: Metzler.
Kymlicka, W., 1990, Contemporary Political Philosophy, Oxford: Oxford University Press 2002.
Lacey, A. R., 2001, Robert Nozick, Princeton: Princeton University Press.
Paul, J. (Hg.), 1981, Reading Nozick, Totowa: Rowman & Littlefield.
Schmidtz, D. (Hg.), 2002, Robert Nozick, Cambridge: Cambridge University Press.
Wolff, J., 1991, Robert Nozick, Cambridge: Polity.

Robin Celikates

Nussbaum, Martha C. (*1947)

1.

Nussbaum promovierte 1975 in klassischer Philologie an der Harvard University, wo sie zunächst als Assistant Professor und dann als Associate Professor lehrte. Ab 1983 war sie an der Brown University tätig; 1995 erhielt sie einen Ruf an die University of Chicago. Dort ist sie noch heute als Professor for Law and Ethics tätig. In den Jahren 1987 bis 1993 war sie überdies Mitarbeiterin am World Institute for Development Economics Research (WIDER). Während der Tätigkeit an diesem Institut der UNO hat sie sich ausführlich mit Fragen der Entwicklungspolitik auseinandergesetzt. Aus dieser Zeit datieren auch ihre Zusammenarbeit mit Amartya Sen sowie die Entwicklung ihres Fähigkeitenansatzes (*capability approach*).

2.

Nussbaum hat zunächst klassische Philologie und Theaterwissenschaften studiert, sich nach ihrem Examen aber verstärkt philosophischen und ethischen Fragestellungen zugewandt. Ihre ersten Veröffentlichungen sind noch primär auf die Antike konzentriert; aber bereits in diesen frühen Schriften ist ihr Interesse an Fragen der politischen Theorie und des Feminismus offensichtlich. International in Erscheinung getreten ist sie mit *The Fragility of Goodness* (1986) und dann verstärkt in den 1990er Jahren als Vertreterin einer an Aristoteles orientierten Theorie des guten Lebens. In jüngsten Publikationen ist zum einen eine Annäherung an den politischen Liberalismus zu beobachten (vgl. Nussbaum 2006), zum anderen hat sie wichtige Beiträge zur Relevanz von Emotionen für die politische Theorie verfasst (vgl. Nussbaum 2001, 2002a).

3.

Nussbaum formuliert eine Theorie des guten Lebens in praktischer Absicht. Ziel ist eine Konzeption, in der die Interessen und Bedürfnisse aller Menschen berücksichtigt werden. Sie hat diesbezüglich in erster Linie die Lebensumstände in den ›Entwicklungsländern‹ im Blick, ihr geht es darüber hinaus aber auch um die Benachteiligten und Diskriminierten in den wohlhabenden Ländern, und hier wiederum v.a. um die Situation vieler Frauen sowie von Behinderten. Vor diesem Hintergrund kritisiert sie wohlfahrtsökonomische Ansätze wie auch kantianische Gerechtigkeitstheorien (v.a. Rawls), denen sie ihren im Anschluss an Sen entwickelten Fähigkeitenansatz entgegenstellt. Dieser enthält eine Liste von grundlegenden menschlichen Bedürfnissen und Fähigkeiten, deren Gewährleistung Aufgabe staatlichen Handelns ist. Nussbaum kritisiert weiterhin kulturrelativistische Auffassungen, die Institutionen und Praktiken der Benachteilung bestimmter Gruppen unter Verweis auf lokale Traditionen verteidigen. Damit gerate der gleichberechtigte Anspruch aller Menschen auf das ›gute Leben‹ aus dem theoretischen Blickfeld (vgl. Nussbaum 2000). Gerade auf eine universelle Geltung zielt jedoch ihr Begründungsprogramm ab. Zu diesem Zweck entwickelt sie eine normativ gehaltvolle Konzeption der menschlichen Natur, aus der sie dann ihre Fähigkeitenliste gewinnt.

Dabei greift sie zunächst auf ein Bild des Menschen zurück, wie es uns in antiken wie modernen Texten begegnet, und ergänzt dieses aufgrund ihrer Erfahrungen aus der Entwicklungsarbeit. In einem zweiten Schritt systematisiert Nussbaum diese normativ gehaltvollen Beschreibungen des Menschen zu einer Konzeption menschlicher Grundfähigkeiten, die sie als Ausdruck einer ›starken vagen Theorie des Guten‹ versteht. Dabei unterscheidet sie zwischen einer basalen Stufe, auf der es um die Bedingungen menschlicher Existenz überhaupt geht, und einer zweiten Stufe des guten Lebens (vgl. Nussbaum 1999, 56f.). Zu dieser zählen u.a. die Fähigkeit, ein Leben in normaler Länge zu führen, sich dabei einer guten Gesundheit zu erfreuen, über eine ausreichende Ernährung zu verfügen, souverän über den eigenen Körper bestimmen und in einem freien Verhältnis zur eigenen Umwelt stehen zu können, die Fähigkeiten zur Anteilnahme an den Mitmenschen und zur Freude sowie die Fähigkeit der Ausübung der praktischen Vernunft.

Es handelt sich hierbei um eine Liste, die auf der einen Seite spezifische Bedingungen eines ›guten Lebens‹ überhaupt umfasst, auf der anderen Seite jedoch – zumindest dem Anspruch nach – offen bleibt für Konkretisierungen und Erweiterungen. Gerade dies soll das Adjektiv ›vage‹ in ihrer Konzeption des Guten zum Ausdruck bringen. Nussbaum reagiert damit auf Kritiker, die ihr vorgeworfen haben, ihre Liste der menschlichen Grundfähigkeiten kontextblind allen Gesellschaften aufoktroyieren zu wollen (vgl. Scherer 1993). In jüngeren Arbeiten (vgl. Nussbaum 2000, 2006) charakterisiert sie ihren Fähigkeitenkatalog zudem als Inhalt eines ›overlapping consensus‹. Sie distanziert sich damit von früheren Schriften, in denen sie in Anlehnung an Aristoteles' Theorie des Guten eine stärkere Distanz zu liberalen Positionen vertreten hatte (vgl. Nussbaum 1986, 1990; Wallach 1992; vgl. zur Kritik an Nussbaum zudem Borchers 2001).

4.

Nussbaum, M., 1986, The Fragility of Goodness, Cambridge: Cambridge University Press 2001.

Nussbaum, M., 1990, Love's Knowledge, Oxford: Oxford University Press.

Nussbaum, M., 1999, Gerechtigkeit oder Das gute Leben, Frankfurt/M.: Suhrkamp.

Nussbaum, M., 2000, Women and Human Development, Cambridge: Cambridge University Press.

Nussbaum, M., 2001, Upheavals of Thought. The Intelligence of Emotions, Cambridge: Cambridge University Press.

Nussbaum, M., 2002a, Hiding from Humanity. Disgust, Shame, and the Law, Princeton: Princeton University Press.

Nussbaum, M., 2002b, Konstruktion der Liebe, des Begehrens und der Fürsorge, Stuttgart: Reclam.

Nussbaum, M., 2006, Frontiers of Justice, Cambridge/MA: The Belknap Press.

Borchers, D., 2001, Die neue Tugendethik, Paderborn: Mentis.

Kallhoff, A. (Hg.), 2001, Martha Nussbaum, Münster: LIT.

Rosenberg, L., 2007, Martha Nussbaums politische Philosophie, Wiesbaden: VS.

Scherer, C., 1993, Das menschliche und das gute menschliche Leben, in: Deutsche Zeitschrift für Philosophie 41.

Sturma, D., 2000, Universalismus und Neoaristotelismus, in: W. Kersting (Hg.), Politische Philosophie des Sozialstaates, Weilerwist: Velbrück.

Wallach, J., 1992, Contemporary Aristotelianism, in: Political Theory 20.

Dirk Jörke

O

Oakeshott, Michael (1901–1990)

1.

Oakeshott wurde im südenglischen Harpenden geboren und wuchs in einem bürgerlich-liberalen Elternhaus auf. Nach dem Studium der Philosophie und Geschichte mit Schwerpunkt politische Ideengeschichte in Cambridge, Freiburg i. Br. und Tübingen erschien 1933 sein erstes Buch *Experience and its Modes*. In diese frühe Phase fallen zahlreiche Aufsätze zu Fragen der Religion, Ethik und Ästhetik. Später schrieb Oakeshott hauptsächlich Essays, eine Stilform, die er meisterlich beherrschte. 1939 brachte er, wie viele andere in seiner Zeit durch die Entwicklungen des Totalitarismus und Extremismus zutiefst geprägt, eine Anthologie mit dem Titel *The Social and Political Doctrines of Contemporary Europe* heraus. Unmittelbar nach seiner Militärzeit etablierte er sich als bedeutender Hobbes-Kenner mit der Herausgabe des *Leviathan*, den er mit einer ausführlichen und auch heute noch lesenswerten Einleitung versah. Nach einem kurzen Lehraufenthalt in Oxford wurde Oakeshott 1951 als Nachfolger von Laski an die London School of Economics berufen. Seine dortige Antrittsvorlesung zum Thema politische Erziehung dokumentierte, wie zuvor schon andere Essays, seine Bereitschaft, auch ein breiteres Publikum anzusprechen. Seine großen Essays und Aufsätze aus vierzig Jahren sind in dem Band *Rationalism in Politics and Other Essays* veröffentlicht worden. Erst jetzt werden in einer vierbändigen Ausgabe (vgl. Oakeshott 2004ff.) Vorlesungen, Essays und Literaturberichte veröffentlicht, die sein Schaffen nach dem Zweiten Weltkrieg bis zu seinem Tod 1990 umfassend dokumentieren.

2.

Oakeshott beginnt sein wissenschaftliches Schaffen mit Arbeiten über Religion und Poesie. Aus dem Nachlass wurde 1993 eine Sammlung von Arbeiten aus diesem frühen Zeitraum unter dem Titel *Religion and the Moral Life* veröffentlicht. Der Frage, was den Menschen im Innersten ausmacht und wie er sich im Weltbezug verhält, geht er in den folgenden Jahren in eher philosophischer Absicht nach (*Experience and its Modes*). Später richtet sich seine Kritik gegen die politisch-theoretischen »Großideologien« des 20. Jahrhunderts, gegenüber denen er zur Skepsis rät, ohne seine philanthropische Position der Zuversicht zu verlassen (*Zuversicht und Skepsis*). Oakeshott veröffentlicht 1961 eine 1991 noch einmal erweiterte Auswahl von Essays unter dem Titel *Rationalism in Politics*. Schaut man auf die fast sechzig Jahre seines publizistischen Wirkens, treten die Kontinuitäten jedoch stärker in den Blick als die Veränderungen. Oakeshott ist ein großer Humanist, der die Bedingungen der Humanität im Weltbezug der Menschen auszuloten versucht und der alle Wissenschaften, in denen er tätig war, als Wissenschaften vom Menschen verstand, was besonders in seinem Spätwerk *On Human Conduct* von 1975 zum Ausdruck kommt.

3.

In politischer Hinsicht ist seine Grundhaltung von den Erfahrungen totaler Herrschaft geprägt, die er, Arendt und den Vertretern der Frankfurter Schule nicht unähnlich, auf die Hybris der instrumentellen Vernunft zurückführt. Für ihn ist die totale Herrschaft kein Rückfall in vormoderne, archaische Zeiten, sondern ein eminent modernes Phänomen. Oakeshott kritisiert den Überschwang menschlichen Gestaltungswillens, der das Gleichgewicht zwischen Tradition und Modernisierung missachtet und der die mäßigende Kraft der Autorität von Personen und der »rule of law« unterschätzt. Er ist skeptisch gegenüber dem, was Goya »Projektemacherei« nannte, und hat stets einen Blick für die Dialektik der Aufklärung, für – noch einmal Goya – die »Ungeheuer, die dem Traum der Vernunft entspringen« (vgl. Hennis 2000). Dies äußert sich weniger in einer umfassenden Kulturkritik wie bei H. Marcuse als in einer Skepsis gegenüber dem umfassenden Gestaltungsanspruch der Politik. Ohne Traditionen und gelebte Gewohnheiten ist für Oakeshott keine menschenfreundliche Politik möglich. Der Rationalismus, den er bei Machiavelli beginnen lässt und in den politischen Theorien des »social engineering« umgesetzt sieht, hält für ihn keine ethische Aussage bereit und macht sich so zur Verfügungsmasse von politischen Ordnungsvorstellungen, wie sie auf der Grundlage utopischen Denkens, des Sozialismus und der Extremismen des 20. Jahrhunderts durchgesetzt wurden. Oakeshott kritisiert den seines Erachtens übertriebenen Glauben an technische Lösungen von Fragen mit praktischem Belang. Gegen den Rationalismus hat er drei Gegenmittel: (1) Erziehung zur Urteilskraft jedes Einzelnen, (2) die Überzeugung, dass die Herrschaft der Gesetze (rule of law) eine retardierende Kraft gegenüber Ansprüchen an radikalen Wandel bereitstellt, (3) Pluralismus und Dezentralisierung: die Verteilung von Macht auf eine Vielzahl von zivilgesellschaftlichen Akteuren. Gegen die vorherrschende Einschätzung, er sei ein Konservativer (vgl. Farr 1998), lässt sich Oakeshott anhand dieser drei Punkte als republikanischer Liberaler (vgl. Boucher 2005; Coats 1992) beschreiben, dem es mehr um Freiheit im Sinne von Selbstständigkeit und Nicht-Beherrschung geht (»non-domination«), als um Freiheit im Sinne von Nicht-Einmischung (»non-interference«) (vgl. Pettit 1997).

Ein angemessenes Weltverstehen, so seine Überzeugung, lässt sich durch einen szientistisch verkürzten Rationalismus nicht erreichen. Vielmehr bedarf es der Skepsis angesichts der Möglichkeiten technischer Weltbeherrschung und der Machbarkeit politischer Ordnungen, weil der Machtzuwachs des Menschen in Selbstüberschätzung und voreilige Anmaßung ausarten kann. Gleichzeitig sollte sich der Mensch eine gewisse Zuversicht erhalten, weil ihm der Machtzuwachs Gestaltungsraum und -möglichkeiten gibt (vgl. Oakeshott 1996).

4.

Oakeshott, M., 1933, Experience and its Modes, Cambridge: Cambridge University Press 1966.

Oakeshott, M., 1939, The Social and Political Doctrines of Contemporary Europe, Cambridge: Cambridge University Press.

Oakeshott, M., 1962, Rationalism in Politics and Other Essays, Indianapolis: Liberty Press 1991.

Oakeshott, M., 1975, On Human Conduct, Oxford: Oxford University Press 1991.

Oakeshott, M., 1996, Zuversicht und Skepsis, Berlin: Fest 2000.

Oakeshott, M., 2004, What is History and Other Essays, Exeter: Imprint Academic.

Oakeshott, M., 2004ff., Selected Writings, Exeter: Imprint Academic.

Boucher, D., 2005, Oakeshott, Freedom and Republicanism, in: British Journal of Politics and International Relations 7.

Coats, W. J., 1992, Some Correspondence between Oakeshott's ›Civil Condition‹ and the Republican Tradition, in: Political Science Reviewer 21.

Farr, A., 1998, Sartre's Radicalism and Oakeshott's Conservatism, New York: St. Martins Press.

Franco, P., 2003, Oakeshott, Berlin and Liberalism, in: Political Theory 31.

Gerencser, S. A., 1993, The Skeptic's Oakeshott, New York: St. Martins Press.

Hennis, W., 2000, Die Vernunft Goyas und das Projekt der Moderne, in: ders., Politikwissenschaft und politisches Denken, Tübingen: Mohr Siebeck.

Jesse, N., 1993, The Achievement of Michael Oakeshott, London: Duckworth.

Nardin, T., 2001, The Philosophy of Michael Oakeshott, University Park: Pennsylvania State University Press.

Paul, F., 1990, The Political Philosophy of Michael Oakeshott, New Haven: Yale University Press.

Pettit, P., 1997, Republicanism. A Theory of Freedom and Government, Oxford: Oxford University Press.

Rainer Schmidt

Öffentlichkeit

1.

Die Öffentlichkeit ist eine frei zugängliche, allen Bürgern im Prinzip offen stehende Sphäre der sozialen Kommunikation (*public sphere*). Das Öffentliche steht in Kontrast zum Privaten und Geheimen. Im Deutschen bezeichnet der Terminus nicht nur eine Sphäre (sozialen Raum), sondern zugleich die dazu gehörenden Sprecher und ihr Publikum (*the public*). Sie generieren und verarbeiten öffentliche Beiträge, richten ihre Aufmerksamkeit auf bestimmte Themen und Kontroversen und entwickeln dazu eine öffentliche Meinung (*public opinion*).

1.1. Der Gebrauch des Begriffs ist sowohl in der wissenschaftlichen als auch in der politischen und verfassungsrechtlichen Verwendung verbunden mit Vorstellungen zum öffentlichen Gebrauch der Vernunft, mit den Ideen und Idealen der Aufklärung, der Meinungsfreiheit und des demokratischen Diskurses (vgl. Peters 1994). In den vergangenen Jahrzehnten hat die Gesellschaftstheorie von Habermas in diesem Kontext einen besonderen Einfluss ausgeübt. Daran anknüpfend hat die Kategorie der Öffentlichkeit in normativ anspruchsvollen Theorien »deliberativer Demokratie« besonderes Gewicht erhalten (vgl. Peters 2001). Aber auch normativ sparsame Demokratietheorien analysieren die Funktionen der Öffentlichkeit in modernen Gesellschaften; emphatischen Konzeptionen stehen nüchterne und skeptische Ansätze gegenüber. Vermehrt liefern historische und sozialwissenschaftliche Studien auch empirische Befunde zur Entwicklung, zum Profil sowie zu den Strukturen der Öffentlichkeit und schlagen eine Brücke zwischen normativen und deskriptiven Fragen.

1.2. In der Alltagssprache wird die Öffentlichkeit oft mit den Massenmedien gleichgesetzt; es gibt jedoch verschiedene Foren für öffentliche Kommunikation (vgl. Gerhards/Neidhardt 1991): i) Begegnungen im öffentlichen Raum (*encounters*), episodische Kommunikationen, etwa auf Straßen und Plätzen. Die Kommunikation verläuft hier direkt, von Angesicht zu Angesicht, der Kreis der Personen ist überschaubar und die Grenzen zur privaten Kommunikation sind fließend. ii) Veranstaltungsöffentlichkeiten, etwa Symposien, Konzerte oder Demonstrationen. Auch hier handelt es sich um direkte Begegnungen (Präsenzöffentlichkeit). Die Zahl der Teilnehmer ist entsprechend beschränkt, kann aber durch massenmediale Berichterstattung erweitert werden. In früheren Gesellschaftsformen stützte sich die Öffentlichkeit überwiegend auf Versammlungsstätten (Marktplätze, Theater, Gerichte etc.), mit dem Buchdruck gewannen dann raum-zeitlich entschränkte Kommunikationen immer mehr an Bedeutung. iii) Massenmediale Angebote (Medienöffentlichkeit). Sie richten sich an ein großes, disperses Publikum; gleichwohl gibt es angebotsspezifische Zielgruppen.

Es wird auch im Plural von Publika und (Teil-)Öffentlichkeiten gesprochen, da sich die Öffentlichkeit auf unterschiedliche Teilnehmerrollen stützt (z. B. Journalisten, Politiker, Intellektuelle, diverse Gruppen von Rezipienten) und sich in verschiedene Segmente gliedert: i) geografisch (z. B. Weltöffentlichkeit, europäische, nationale, lokale Öffentlichkeiten), ii) thematisch (z. B. öffentliche Beiträge zu Ökonomie, Kultur, Sport), iii) sozial (z. B. nach Status, Herkunft, politischen Lagern der Sprecher und des Publikums). Die Öffentlichkeit moderner Gesellschaften beruht auf einer vielfältigen Infrastruktur und einem Geflecht kommunikativer Prozesse. Habermas definiert sie als »Netzwerk für die Kommunikation von Inhalten und Stellungnahmen« (Habermas 1992, 436), die so gefiltert und synthetisiert werden, dass sie sich zu öffentlichen Meinungen verdichten.

2.

Ihren Aufschwung nehmen Idee und Begriff der Öffentlichkeit, wie sie heute geläufig sind, in der Philosophie und Bewegung der Aufklärung, im Ringen um ein Ende der staatlichen Zensur und in der Suche nach den Prinzipien und Medien der praktischen Vernunft. Die Freiheit der Presse sowie ein ungehinderter Austausch von Informationen und Meinungen erscheinen als Voraussetzung und Ausdruck einer legitimen sozialen Ordnung. Im 17. und 18. Jahrhundert wird der Ausdruck »öffentlich« gemeinsam mit dem lateinischen »publicus« zu einem semantischen Feld zusammengezogen, mit dem das Öffentliche und Staatliche von der Privatsphäre abgegrenzt wird und sich schließlich gegen die Geheimpolitik des Absolutismus richtet (vgl. Hölscher 1979). Die Bedeutung der modernen Öffentlichkeit ist zudem geknüpft an den Begriff des »Publikums« und das Aufkommen eines literarisch-ästhetischen Diskurses gebildeter Bürger (vgl. Hohendahl 2000, 8–37). Zu Beginn des 19. Jahrhunderts wird »Öffentlichkeit« zum Kampfbegriff für die Meinungsfreiheit und betont nun den ungehinderten Zugang zu einem unzensierten Kommunikationsraum. Seither wird die freie Öffentlichkeit v.a. als *politische* Errungenschaft betrachtet – als Sphäre der demokratischen Diskussion.

Die Idee der Meinungsfreiheit gründet sich auf die Vorstellung, dass der Staat die Entfaltung der Bürger nicht beschneiden darf und Rechte, die für die Identität und Integrität von Personen essentiell sind, achten und schützen muss. Sich mit anderen austauschen und seine Ansichten ungehindert artikulieren zu dürfen, solange sie die Rechte anderer nicht verletzen, lässt sich als ein solches Recht auffassen. Eine ungezwungene Öffentlichkeit ergibt sich demnach als Konsequenz gewährter negativer Freiheitsrechte. Diese Argumentation wird ergänzt durch eine auf den politischen Prozess orientierte Perspektive, in der die freie Öffentlichkeit zum Strukturmerkmal der Demokratie erhoben wird. Die politische Partizipation der Bürger wird ihrerseits als Grundrecht (positives Freiheitsrecht) ausgerufen, das außer der Beteiligung an Wahlen die Möglichkeit einschließt, über alle Belange von allgemeinem Interesse öffentlich zu kommunizieren. Darüber hinaus wird Publizität als ein Prinzip verstanden, das im institutionellen Design politischer Ordnungen wichtige Funktionen für das Herstellen von Transparenz, für eine demokratische Kontrolle der Repräsentanten und für die Entfaltung kollektiver Lernprozesse übernimmt – und dadurch zur Rationalisierung der Politik beiträgt.

Obwohl der Terminus »Öffentlichkeit« rasch populär wird, sind systematische philosophische oder soziologische Studien zur Öffentlichkeit zunächst rar. Anfang des 20. Jahrhunderts erscheinen dann, u.a. von Tönnies (1922), Lippmann (1925) und Dewey (1927), einflussreiche Abhandlungen, in denen das Verhältnis zwischen Öffentlichkeit (bzw. öffentlicher Meinung) und Vernunft problematisiert wird. Es werden nun verstärkt die Defizite, Stereotypen und Irrationalitäten der realen, von Massenmedien dominierten Öffentlichkeit thematisiert. Einen wirkmächtigen Impuls liefert Habermas mit seiner Habilitationsschrift zum *Strukturwandel der Öffentlichkeit* (1962). Dabei handelt es sich ebenfalls um eine Kritik der zeitgenössischen Öffentlichkeit, die von konsumistischen und kommerziellen Imperativen durchdrungen sei und kritische durch manipulative Publizität ersetze. Die Diagnose entsteht vor dem Idealbild vernünftiger öffentlicher Diskurse; das historische Vorbild sieht Habermas in der »bürgerlichen Öffentlichkeit«, die er in der Salon- und Akademiekultur des 18. und 19. Jahrhunderts lokalisiert. In späteren Arbeiten hat Habermas seine Diagnose modifiziert und die Idee einer kritischen Öffentlichkeit, die sich zwischen Privatsphäre und Staat schiebt, mit dem Konzept der Zivilgesellschaft als Netzwerk freier Assoziationen, die lebensweltliche Erfahrungen in den öffentlichen Raum tragen, verbunden (vgl. Habermas 1992, 399–467; zur Diskussion um Habermas auch Calhoun 1992). Seit Ende der 1960er Jahre wurden außerdem, in Verbindung mit marxistischen und anarchistischen Theorien, Modelle einer »Gegenöffentlichkeit«, einer »alternativen« oder »proletarischen Öffentlichkeit« diskutiert, die einer deformierten kapitalistischen Öffentlichkeit entgegengesetzt werden sollten (vgl. etwa Fraser 1996, Kap. 3; Warner 2005). Auf der anderen Seite entwickelten sich im Zusammenhang mit demokratietheoretischen Elite-Konzeptionen und mit Luhmanns Systemtheorie auch Modelle, die sich von dem normativen Überschwang und den partizipativen Ansprüchen lösen (vgl. Luhmann 1996), die den Öffentlichkeitsbegriff in der Tradition der Aufklärung bis zur Theorie von Habermas begleiten.

3.
Während die große Bedeutung der Öffentlichkeit für die Dynamik moderner Gesellschaften und für das institutionelle Gefüge von Demokratien unstrittig ist, divergieren die Auffassungen über ihre Funktionen, ihre Strukturen und ihren Zustand.

3.1. Ein verbreitetes Schema in der Diskussion bieten Verfallsdiagnosen. Dabei werden Defizite gegenwärtiger Öffentlichkeit herausgestellt (etwa mit Blick auf Tendenzen der Verflachung, Dramatisierung oder Entpolitisierung) und historischen Vorbildern einer vitalen Öffentlichkeit gegenübergestellt. Solche Verfallsgeschichten finden sich etwa in Habermas' *Strukturwandel der Öffentlichkeit* (1962) und Richard Sennetts *Fall of Public Man* (1974), sie ziehen sich aber auch durch viele feuilletonistische Betrachtungen. Ihr empirischer Gehalt ist jedoch umstritten, und Historiker warnen vor einer Idealisierung früherer Öffentlichkeiten.

3.2. Konzepte der Öffentlichkeit unterscheiden sich in ihren normativen Ansprüchen und ihren empirischen Erwartungen. Neidhardt (1994, 20f.) unterscheidet idealtypisch drei Modelle: i) Verlautbarungsmodell: Hier liefern Sprecher öffentliche Beiträge ohne Bezug auf andere, ohne argumentative Verschränkung und Entwicklung. Die Kommunikation in der Öffentlichkeit erscheint als eine Serie von Monologen. ii) Oppositions- oder Agitationsmodell: Bei diesem Typ reagieren die Sprecher aufeinander und fordern einander heraus. Dies geschieht jedoch ohne Verständigungsabsicht; die Kommunikation ähnelt einem Wettkampf. iii) Diskursmodell: Hier entfalten sich argumentative Auseinandersetzungen, die individuelle und kollektive Lernprozesse anstoßen.

3.3. Anknüpfend an Gerhards (1997) hat sich zudem die Unterscheidung zwischen einer (normativ anspruchsvollen) *deliberativen* und einer (normativ anspruchsloseren) *liberalen* Konzeption demokratischer Öffentlichkeit etabliert. Sie divergieren in den Ansprüchen, die sie an die Zusammensetzung der öffentlichen Sprecher, an die Qualitäten und an die Ergebnisse öffentlicher Kommunikation richten.

Im *liberalen* Verständnis soll die Öffentlichkeit die in einer Gesellschaft bestehenden Interessen, Meinungen und Akteursgruppen widerspiegeln (Repräsentations- und Spiegel-Modell). Viele politische Prozesse laufen zwar unter Ausschluss der Öffentlichkeit ab, diese soll aber für Transparenz sorgen und eine demokratische Kontrolle ermöglichen. Öffentliche politische Kommunikation folgt dem Vorbild ökonomischer Märkte und lässt sich als Wettbewerb um die Zustimmung der Bürger verstehen (Wettbewerbs-Modell). Die Unterstützung der Bürger für Personen und Programme wird im Zuge von Wahlen und demoskopischen Erhebungen zu einem kollektiven Meinungsbild aggregiert, auf dessen Grundlage Macht verteilt und unter dessen Beachtung politische Kompromisse gefunden sowie Entscheidungen getroffen werden können (Aggregations-Modell).

Das *deliberative* Verständnis verlangt dagegen nach einer breiten Beteiligung der Bürger und ihrer Assoziationen an der öffentlichen Kommunikation (Gleichheits- und Partizipations-Modell). In der Öffentlichkeit sollen Angelegenheiten von allgemeinem Interesse in einer aufeinander bezogenen Argumentation behandelt werden (Verständigungs- bzw. Diskurs-Modell). Im Diskurs sollen mit dem Gemeinwohl unverträgliche Präferenzen ausgelesen, kollektive Lernprozesse in Gang gesetzt und kooperative Lösungen gefunden werden; ein Konsens oder zumindest eine argumentativ gestützte Mehrheitsmeinung dienen als Zielvorstellung (Filter- und Konsens-Modell).

Als Vertreter einer liberalen Konzeption

gelten klassische Theoretiker der repräsentativen Demokratie (wie Mill), aber auch der ökonomischen und eliteorientierten Demokratie (wie Downs und Schumpeter) sowie der Systemtheorie (Luhmann). Die deliberative Konzeption wird Habermas und den Vertretern einer deliberativen Demokratietheorie zugeordnet. Diese Gruppierungen sind in sich jedoch sehr vielfältig und können nicht einfach als Alternativen verstanden werden, da sie sich teilweise auf unterschiedliche Aspekte öffentlicher Kommunikation beziehen (vgl. Schultz 2006, 77–89).

3.4. Im Zentrum vieler Beiträge zum Thema steht die Frage nach der Rationalität der Öffentlichkeit. Eine Reihe empirischer Studien weist, gemessen an anspruchsvollen Kriterien, wie sie dem Diskursmodell entlehnt werden, auf Defizite und Irrationalitäten hin. Hierzu gehören Befunde zu medialen Themenkonjunkturen, Formen der Skandalisierung und Boulevardisierung sowie zur Propaganda-Kommunikation. Ein besonderer Topos betrifft das Verhältnis von Öffentlichem und Privatem; hier werden verschwimmende Grenzen, eine Intimisierung des Öffentlichen und eine verstärkte Veröffentlichung des Privaten diagnostiziert (und beklagt). Zugleich gibt es Diagnosen einer Verschmelzung von Politik und Unterhaltung in der öffentlichen Kommunikation. Empirische Analysen zeigen jedoch auch, dass durchaus (anspruchsvolle) argumentative Beiträge in der Öffentlichkeit vorkommen, die einen Beitrag zu einer vernünftigen Meinungsbildung leisten können (vgl. Kuhlmann 1999; Eilders/Neidhardt/Pfetsch 2004). Studien, die längere Zeiträume, Verschiebungen in der öffentlichen Kommunikation und kollektive Lernprozesse nachzeichnen, sind allerdings rar (vgl. aber Page/Shapiro 1992; Weßler 1999).

Trotz zahlreicher Einzelstudien, v.a. aus der Medienforschung, ist das Bild von der modernen Öffentlichkeit noch vielfach unscharf. So fehlen Analysen zur Infrastruktur, zu den Sprechern und zu den Formen der Stratifikation und Segmentierung, die über einzelne Befunde, etwa aus der Forschung über Intellektuelle, hinausgehen und mit einer Analyse kommunikativer Effekte verbinden.

3.5. Eine Frage, die sich in pluralistischen Gesellschaften aufdrängt, betrifft das Verhältnis von Integration und Fragmentierung sowie die Transnationalisierung der Öffentlichkeit. Die Entwicklung der modernen Öffentlichkeit ging einher mit der Herausbildung von Nationalstaaten, deren Grenzen mittlerweile jedoch häufig unterlaufen oder überschritten werden. So können Migranten per Satellitenfernsehen und Internet leicht Kontakt zur Öffentlichkeit ihres Herkunftslandes halten. Zugleich bestehen jedoch Zweifel, ob die Strukturen der Öffentlichkeit Schritt halten mit der fortschreitenden Denationalisierung in politischen und ökonomischen Kontexten. Mit Blick auf die EU und ihr mögliches Demokratiedefizit wird daher über die Aussichten einer »europäischen Öffentlichkeit« diskutiert.

4.

Calhoun, C. (Hg.), 1992, Habermas and the Public Sphere, Cambridge/MA: MIT Press.

Dewey, J., 1927, Die Öffentlichkeit und ihre Probleme, Berlin: Philo 2001.

Eilders, C./Neidhardt, F./Pfetsch, B., 2004, Die Stimme der Medien, Wiesbaden: VS.

Ferree, M./Gamson, W./Gerhards, J./Rucht, D., 2002, Four Models of Public Sphere in Modern Democracies, in: Theory and Society 31.

Fraser, N., 1996, Die halbierte Gerechtigkeit, Frankfurt/M.: Suhrkamp 2001.

Gerhards, J., 1997, Diskursive versus liberale Öffentlichkeit, in: Kölner Zeitschrift für Soziologie und Sozialpsychologie 49.

Gerhards, J./Neidhardt, F., 1991, Strukturen und Funktionen moderner Öffentlichkeit, in: S. Müller-Dohm/K. Neumann-Braun (Hg.), Öffentlichkeit, Kultur, Massenkommunikation, Oldenburg: BIS.

Habermas, J., 1962, Strukturwandel der Öffentlichkeit, Frankfurt/M.: Suhrkamp 1990.

Habermas, J., 1992, Faktizität und Geltung. Beiträge zur Diskurstheorie des Rechts und des demokratischen Rechtsstaats, Frankfurt/M.: Suhrkamp.

Hohendahl, P. U. (Hg.), 2000, Öffentlichkeit, Stuttgart: Metzler.

Hölscher, L., 1979, Öffentlichkeit und Geheimnis, Stuttgart: Klett-Cotta.
Kuhlmann, C., 1999, Die öffentliche Begründung politischen Handelns, Opladen: Westdeutscher Verlag.
Lippmann, W., 1925, The Phantom Public, New Brunswick: Transaction 1993.
Luhmann, N., 1996, Die Realität der Massenmedien, Opladen: Westdeutscher Verlag.
Neidhardt, F., 1994, Öffentlichkeit, öffentliche Meinung, soziale Bewegungen, in: Kölner Zeitschrift für Soziologie und Sozialpsychologie, Sonderheft 34.
Page, B./Shapiro, R., 1992, The Rational Public, Chicago: University of Chicago Press.
Peters, B., 1994, Der Sinn der Öffentlichkeit, in: Kölner Zeitschrift für Soziologie und Sozialpsychologie, Sonderheft 34.
Peters, B., 2001, Deliberative Öffentlichkeit, in: L. Wingert/K. Günther (Hg.), Die Öffentlichkeit der Vernunft und die Vernunft der Öffentlichkeit, Frankfurt/M.: Suhrkamp.
Peters, B., 2007, Der Sinn von Öffentlichkeit, Frankfurt/M.: Suhrkamp.
Pöttker, H. (Hg.), 2001, Öffentlichkeit als gesellschaftlicher Auftrag, Konstanz: UVK.
Schultz, T., 2006, Geschwätz oder Diskurs? Die Rationalität politischer Talkshows im Fernsehen, Köln: von Halem.
Sennett, R., 1974, The Fall of Public Man, New York: Knopf.
Tönnies, F., 1922, Kritik der öffentlichen Meinung, Saarbrücken: VDM 2006.
Warner, M., 2005, Publics and Counterpublics, New York: Zone.
Weßler, H., 1999, Öffentlichkeit als Prozess, Opladen: Westdeutscher Verlag.

TANJEV SCHULTZ

Ökologie

1.

Unter dem Stichwort »Ökologie« wird vieles diskutiert: »›Ökologie‹ steht nicht nur für eine Wissenschaft, sondern auch für einen ganzen Komplex von Werthaltungen, steht für eine Weltanschauung und ein Lebensgefühl.« (Trepl 1994, 12) Im Folgenden wird die Ökologie nur als Wissenschaft verstanden, und zwar als eine Teildisziplin der Biologie, der es um die Beschreibung und Erklärung von natürlichen Zusammenhängen geht. Wenn dagegen nach dem Wert der Natur gefragt wird, so fällt dies in den – nachfolgend getrennt diskutierten – Bereich der ökologischen Ethik.

1.1. Die Wissenschaft der Ökologie richtet ihr Augenmerk auf Zusammenhänge zwischen den verschiedenen Organismen der einzelnen Arten untereinander und auf die Beziehung zu ihrem Lebensraum (Biotop). Beides zusammen wird als Ökosystem bezeichnet. Die Gemeinschaft der Organismen verkörpert also den lebenden (biotischen) Teil eines Ökosystems, während man unter einem Biotop dessen nichtlebenden (abiotischen) Teil versteht. Ökologen fragen, welche biotischen Faktoren (z.B. Konkurrenz zwischen den einzelnen Organismen) und welche abiotischen Faktoren (z.B. das Klima) für eine bestimmte Verteilung und Häufigkeit einzelner Organismen verantwortlich sind.

1.2. Ökologen selbst können Zustandsbeschreibungen und Prognosen abgeben. Sie stellen z.B. eine Reduktion der weltweiten Artenzahl fest, erklären diese und prognostizieren eine weitere Reduktion. Die ökologische Ethik – auch »Naturethik« oder »Umweltethik« genannt – versucht dagegen, diese Zustandsbeschreibungen und Prognosen zu bewerten. Ihr geht es v.a. darum, Gründe für den Umweltschutz und den Naturschutz zu liefern.

Umwelt- und Naturschutz lassen sich voneinander abgrenzen, indem man unter Ersterem den Schutz der Rahmenbedingungen menschlicher Existenz versteht (z.B. den Trinkwasserschutz), unter Letzterem dagegen den Schutz der belebten Natur (z.B. den Artenschutz) sowie den Schutz einzelner Lebensräume (z.B. des Wattenmeeres).

Die ökologische Ethik hat beides im Blick. Einerseits wird auf den Schutz der Bedingungen menschlicher Existenz verwiesen. Andererseits geht die ökologische Ethik der Frage nach, inwiefern sich ein Schutz der belebten und der unbelebten Natur auch darüber hinaus und unabhängig von jeglichen menschlichen Interessen begründen lässt.

2.

Die Wissenschaft der Ökologie war von jeher sehr eng an die Wahrnehmung der Probleme geknüpft, mit denen sich Menschen in der Auseinandersetzung mit ihrer natürlichen Umwelt konfrontiert sehen. Dazu zählen z.B. Probleme in der Land- und Fischereiwirtschaft, wie ein Schädlingsbefall oder das Überfischen eines Meeres. Wenn auf die negative Veränderung der Umwelt des Menschen durch menschliche Aktivitäten hingewiesen werden soll, ist häufig auch von »Umweltverschmutzung« die Rede. Beispiele für ungewollte Nebenprodukte menschlicher Aktivitäten sind Abwässer, Abgase, radioaktives Material und Pestizide im Trinkwasser.

Gründe für den Schutz der menschlichen Umwelt sind oft sehr nahe liegend, denn es reicht der Hinweis darauf, dass die menschliche Gesundheit nicht beeinträchtigt werden soll. Schwieriger wird es, wenn Überlegungen ins Spiel kommen, die zukünftige Generationen betreffen. Hier versucht die ökologische Ethik zu klären, inwiefern in unseren heutigen Entscheidungen zukünftige Generationen mit in den Blick genommen werden müssen.

Ein in der ökologischen Ethik häufig thematisiertes Problem ist das weltweite Artensterben und der daraus resultierende Verlust von Artenvielfalt. In den 1960er Jahren gingen die meisten Ökologen davon aus, dass zwischen der Artenvielfalt und der Stabilität eines Ökosystems ein Zusammenhang besteht. Daher wurde auch in der ökologischen Ethik gefordert, die Artenvielfalt zu erhalten, um die Stabilität der einzelnen Ökosysteme oder das »ökologische Gleichgewicht« nicht zu gefährden. Innerhalb der Ökologie wird der Zusammenhang zwischen der Artenvielfalt und der Stabilität eines Ökosystems allerdings seit den 1970er Jahren in Frage gestellt, v.a. wegen der unklaren Bedeutung des Wortes »Stabilität« (vgl. Trepl 1985). Ebenso fraglich erscheint der Ausdruck »ökologisches Gleichgewicht«. Wissenschaftstheoretisch besteht hier noch Klärungsbedarf, der auch für die ökologische Ethik von Bedeutung ist.

3.

Die verschiedenen Positionen der ökologischen Ethik lassen sich danach systematisieren, welchen Bestandteilen der Natur sie einen Wert zusprechen. Manche Autoren sprechen allen leidensfähigen Organismen einen Wert zu. Diese Position wird auch als *Pathozentrismus* bezeichnet (vgl. z.B. Singer 1975; Regan 1983). Anders als im Tierschutz geht es im Naturschutz allerdings nicht nur um den Schutz leidensfähiger Lebewesen, sondern um den Schutz der gesamten Natur. Dazu gehören dann auch die Pflanzen als vermutlich nicht leidensfähige Lebewesen. Deren Schutz ließe sich mit einem pathozentrischen Ansatz nur damit begründen, dass auf diese Weise das Leiden leidensfähiger Lebewesen reduziert wird. Vertreter des *Biozentrismus* meinen dagegen, dass alle Lebewesen, also auch Pflanzen, um ihrer selbst willen schützenswert sind (vgl. z.B. Schweitzer 1966; Taylor 1986; v. d. Pfordten 1996). Die Position des *Physiozentrismus* geht noch weiter: Sie behauptet, die ganze Natur sei schutzwürdig, also auch Steine oder einzelne Ökosysteme bzw. das Ökosystem Erde mit all seinen biotischen und abiotischen Bestandteilen. Wenn dafür plädiert wird, alles in der Natur (also Steine, Pflanzen usw.) zu schützen, ist dies die individualistische Variante des Physiozentrismus; wenn die Ökosysteme als Ganzes (oder die gesamte Natur, also das Gesamt-Ökosystem Erde) im Mittelpunkt der Diskussion stehen, spricht man von einer holistischen Position. Die holistische Position ist oft mit einer Ablehnung des sog. dualistischen Denkens verbunden, welches den Menschen der Natur gegenüberstellt. Stattdessen solle die Menschheit als Teil der Natur begriffen werden (vgl. Naess 1989 als Vertreter der »Deep Ecology«).

Abgesehen davon, welchen Entitäten in der ökologischen Ethik ein Wert zugesprochen wird, lässt sich diese auch danach systematisieren, mit welcher Begründung sie dies tut. Hier lassen sich grundsätzlich zwei Arten von Begründungen unterscheiden: Zum einen wird behauptet, dass einzelnen Lebewesen oder sogar der gesamten Natur ein *Eigenwert* zukomme (3.1.). Zum anderen wird auf den Wert einzelner Lebewesen, Ökosysteme oder der gesamten Natur *für den Menschen* verwiesen (3.2.).

3.1. Die Pathozentriker begründen ihre Position damit, dass die Grundlage für den moralischen Status eines Lebewesens dessen Leidensfähigkeit sei. So verdiene ein Mensch nicht deswegen unsere moralische Rücksicht, weil er der biologischen Spezies Homo sapiens angehöre. Dies anzunehmen beruhe auf einem unbegründeten Vorurteil zu menschlichen Gunsten, das auch als Speziezismus bezeichnet wird. Die Pathozentriker verweisen stattdessen auf die Leidensfähigkeit. Damit seien aber auch die leidensfähigen Tiere moralisch zu berücksichtigen. Die moralische Rücksichtnahme auf Menschen müsse also auf leidensfähige Tiere ausgedehnt werden.

Dies ist den Biozentrikern zu wenig. An die Stelle von Empfindungen treten bei ihnen häufig Zwecke. Es wird behauptet, dass in einem bestimmten Sinne nicht nur Menschen, sondern alle Lebewesen Zwecke verfolgen. Der moralische Respekt für die Zwecke anderer Menschen solle auf die gesamte belebte Natur ausgedehnt werden. Nicht nur menschliche Zwecke, sondern auch die Zwecke anderer Lebewesen seien moralisch bedeutsam. Daher wird gefordert, die Lebewesen nicht darin zu behindern, ihre Zwecke zu verfolgen.

Gegen diese Position wird eingewandt, dass die funktionalen Zwecke der Tiere im Gegensatz zu den praktischen Zwecken, die Menschen verfolgen, keine moralische Rücksicht verdienen. Wenn es darum geht, woran anderen Menschen liegt, also um ihr subjektiv gutes Leben, dann haben die Zwecke, die Pflanzen und Tiere verfolgen, keinen moralischen Wert, weil ihnen in diesem Sinne nichts an ihrem guten Leben liegt (vgl. Krebs 1999, 100ff.).

Schweitzer (1966) begründet die biozentrische Position mit der »Ehrfurcht vor dem Leben«. Doch diejenigen, die diese Ehrfurcht nicht mitbringen und denen die mystischen Aspekte in Schweitzers Ansatz nichts sagen, verlangen eine Rechtfertigung und fragen, warum ausgerechnet das Lebendige moralischen Respekt verdient, also der biologischen Definition nach das, was Stoffwechsel betreibt und zur Fortpflanzung befähigt ist.

Diesen Einwand greifen die Physiozentriker auf: Es sei in der Tat willkürlich, die moralische Rücksicht auf alles Lebendige zu beschränken. Insofern müsse man auch Steinen bzw. der gesamten Natur einen Wert zusprechen. Dies nicht zu tun, sei nur mit menschlicher Hybris zu erklären. Die physiozentrische Position wird also damit begründet, dass es keinen guten Grund dafür gebe, den moralischen Respekt auf die belebte Natur zu beschränken. Daher müsse er auf die gesamte Natur ausgedehnt werden. Diese Begründung trägt allerdings nur so lange, bis eben doch gute Gründe dafür angeführt werden, warum der geforderte moralische Respekt auf alle Lebewesen, leidensfähige Lebewesen oder den Menschen zu beschränken ist.

3.2. Ein wichtiges Argument für den Schutz der Natur verweist auf die Tatsache, dass diese die *Lebensgrundlage* des Menschen darstellt und unverzichtbar für die Erfüllung seiner Grundbedürfnisse ist. Man kann davon ausgehen, dass die Erfüllung der menschlichen Grundbedürfnisse nach Essen, Trinken, Gesundheit und Obdach von natürlichen Bedingungen abhängt. Nun ist zu befürchten, dass durch die fortschreitende Zerstörung der Natur die Erfüllung der menschlichen Grundbedürfnisse nicht mehr gewährleistet ist. Die Natur soll daher geschützt werden, um die Erfüllung der menschlichen Grundbedürfnisse weiterhin zu gewährleisten. Dabei müssen auch die Grundbedürfnisse zukünftiger Generationen mit berücksichtigt werden.

Allerdings stellt sich das Problem, dass unser heutiges Wissen über ökologische Zusammenhänge defizitär ist. So ist z.B. unklar, inwieweit das Überleben oder die Gesundheit des Menschen an der Existenz einiger oder gar aller Arten hängt. Einige Autoren sehen daher die Risikovermeidung als wichtigen Grund für den Schutz der Natur an (vgl. z.B. Norton 1987). Allerdings stellt sich die Frage, ob es auf der Grundlage fehlenden Wissens überhaupt möglich ist, rationale Entscheidungen zum Schutz einzelner Arten oder Ökosysteme zu treffen (vgl. Sober 1986). Birnbacher (1988) macht daher Vorschläge, wie Entscheidungen auch dann rational getroffen werden können, wenn das Wissen defizitär ist.

Um mehr als die Erfüllung der Grundbedürfnisse geht es in den *ästhetischen* Argumenten zum Schutz der Natur. Der Schutz der Natur (z.B. eines Ökosystems oder einer Landschaft) wird damit begründet, dass diese schön, erhaben oder anderweitig ästhetisch interessant ist. Durch die Zerstörung der Natur verlieren wir die Möglichkeit des ästhetischen Erlebens der Natur. Um der Erhaltung dieser Möglichkeit willen sollten wir die Natur daher im eigenen Interesse und aus Rücksicht auf andere Menschen schützen. In der zeitgenössischen Naturästhetik wird auf bestimmte Eigenschaften der Natur verwiesen, mit denen sich die Ästhetik traditionell befasst hat. V.a. die Schönheit und Erhabenheit der Natur stehen zur Diskussion (vgl. Seel 1996). Einige zeitgenössische Autoren fassen den Begriff der Naturästhetik sehr weit. Sie verweisen auf den Wert vieler verschiedener Arten von Erfahrungen in und mit der Natur und betonen deren sinnliche und emotionale Qualitäten (vgl. z.B. Berleant 1992; Böhme 1989).

Der Wissenschaft der Ökologie wird im Zusammenhang mit dem ästhetischen Wert der Natur zuweilen eine besondere Funktion zugewiesen. Es wird behauptet, ökologisches Wissen sei notwendig für eine angemessene ästhetische Wertschätzung der Natur (vgl. Carlson 1984). Allerdings ist es fraglich, ob die ökologisch uninformierte Wertschätzung der Natur tatsächlich mit guten Gründen als ›unangemessen‹ zu bezeichnen ist. Dennoch könnte man einräumen, dass biologisches oder ökologisches Wissen über die Natur häufig zu einer gesteigerten ästhetischen Wertschätzung der Natur beiträgt.

Ästhetische Gründe werden von Naturschützern selbst nur selten genannt, weil sie als zu schwach gelten, um den jeweiligen Forderungen des Naturschutzes den nötigen Nachdruck zu verleihen. Sie sind jedoch weniger schwach als angenommen, wenn sehr viele Menschen der Natur ästhetisch etwas abgewinnen können. Falls sich zeigen ließe, dass das ästhetische Naturerleben zu einem guten Leben gehört oder zumindest das Leben vieler Menschen erheblich bereichert, dann wäre dies sogar ein sehr gewichtiger Grund für den Naturschutz. Dies betrifft auch den Schutz der Natur für zukünftige Generationen, denn was bislang vielen Menschen viel bedeutet hat, das sollte auch künftig allen Menschen erreichbar sein.

4.

Begon, M./Harper, J. L./Townsend, C. R., 2000, Essentials of Ecology, Oxford: Blackwell.

Berleant, A., 1992, The Aesthetics of Environment, Philadelphia: Temple University Press.

Birnbacher, D., 1988, Verantwortung für zukünftige Generationen, Stuttgart: Reclam.

Birnbacher, D. (Hg.), 1997, Ökophilosophie, Stuttgart: Reclam.

Böhme, G., 1989, Für eine ökologische Naturästhetik, Frankfurt/M.: Suhrkamp.

Carlson, A., 1984, Nature and Positive Aesthetics, in: Environmental Ethics 6.

Gorke, M., 1999, Artensterben. Von der ökologischen Theorie zum Eigenwert der Natur, Stuttgart: Klett-Cotta.

Jonas, H., 1979, Das Prinzip Verantwortung, Frankfurt/M.: Suhrkamp 1984.

Krebs, A. (Hg.), 1997, Naturethik, Frankfurt/M.: Suhrkamp.

Krebs, A., 1999, Ethics of Nature, Berlin: de Gruyter.

Lübbe-Wolff, G., 1999, Recht und Moral im Umweltschutz, Baden-Baden: Nomos.

Meyer, K., 2002, Der Schutz der Natur und das gute Leben, in: Philosophia naturalis 39.

Meyer, K., 2003, Der Wert der Natur, Paderborn: Mentis.

Naess, A., 1989, Ecology, Community, and Lifestyle, Cambridge: Cambridge University Press.

Norton, B., 1987, Why Preserve Natural Variety?, Princeton: Princeton University Press.

O'Neill, J., 2007, Markets, Deliberation and Environment, London: Routledge.
Ott, K., 1994, Ökologie und Ethik, Tübingen: Francke.
Pfordten, D. v. d., 1996, Ökologische Ethik, Reinbeck: Rowohlt.
Regan, T., 1986, The Case for Animal Rights, Berkeley: University of California Press.
Schweitzer, A., 1966, Die Lehre von der Ehrfurcht vor dem Leben, München: Beck.
Seel, M., 1996, Eine Ästhetik der Natur, Frankfurt/M.: Suhrkamp.
Singer, P., 1975, Befreiung der Tiere, München: Hirthammer 1982.
Sober, E., 1986, Philosophical Problems for Environmentalism, in: B. G. Norton (Hg.), The Preservation of Species, Princeton: Princeton University Press.
Taylor, P., 1986, Respect for Nature, Princeton: Princeton University Press.
Trepl, L., 1994, Geschichte der Ökologie, Weinheim: Beltz Athenäum.
Trepl, L., 1995, Die Diversitäts-Stabilitäts-Diskussion in der Ökologie, in: Berichte der Bayerischen Akademie für Naturschutz und Landschaftspflege, Beiheft 12.

Kirsten Meyer

Ökonomie, Politische

1.

In der Politischen Ökonomie wird zwischen der »Klassischen Politischen Ökonomie« (KPÖ) und der sog. Neuen Politischen Ökonomie bzw. der »Neo-klassischen Politischen Ökonomie« (NPÖ) unterschieden. *Gemeinsam* ist diesen Varianten der Politischen Ökonomie, dass sie versuchen, politische Abläufe ökonomisch zu erklären bzw. aus ökonomischer Perspektive zu verstehen. Fundamentale *Unterschiede* zwischen KPÖ und NPÖ zeigen sich aber, wenn man die jeweils zugrunde gelegte ökonomische Methodik mit ihren je verschiedenen Gleichgewichtskonzepten näher betrachtet.

2.

Wie die klassische Ökonomie insgesamt, sieht Marx in der Arbeitskraft und deren Notwendigkeit, sich selbst zu regenerieren bzw. zu erhalten, den Schlüssel zur gesellschaftlichen Produktion und Reproduktion. Unter dieser Betrachtungsweise ist insbesondere der »Konsum« selber ein Prozess der Produktion. Dabei geht es nicht wie etwa in Teilen der modernen neo-klassischen Theorie darum, im Konsumprozess letzte Befriedigungseinheiten zu produzieren, sondern darum, den Konsumenten selbst bzw. dessen Arbeitskraft zu erhalten und damit als Produktionsfaktor zu reproduzieren (vgl. auch die Überlegungen zur Anzahl von Nachkommen der Arbeiterschaft in Smith 1776).

Nach der ganzheitlichen Sicht der KPÖ stehen Gesellschaften als Ganze unter der Notwendigkeit, sich selbst zu erhalten bzw. zu reproduzieren (grundlegend zu Individualismus und Kollektivismus in der Sozialtheorie: Vanberg 1975). Sie sind in einem klassischen »homöostatischen« Gleichgewicht, wenn ihnen das dauerhaft oder »nachhaltig« gelingt (grundlegend zu den Gleichgewichtskonzepten: Walsh/Gram 1980). Insbesondere an modernen Rekonstruktionen marxscher Politischer Ökonomie kann man präziser erkennen, worum es letztlich geht. Benutzt man beispielsweise Input-Output-Matrizen, um den gesellschaftlichen Produktionsapparat insgesamt »abzubilden«, so gibt es klare formale Kriterien für die sog. Produktivität der betreffenden Matrizen (vgl. etwa Abraham-Frois/Berrebi 1979). Diese Kriterien ergeben sich mathematisch letztlich aus Betrachtungen der Matrix-Eigenwerte. Inhaltlich verbirgt sich hinter dem formalen Produktivitäts-Postulat aber die Re-Produktionsfähigkeit der Gesellschaft selbst. Da man Stahl braucht, um Kohle zu produzieren, aber zugleich wieder Kohle, um Stahl herzustellen, muss man die indirekten und direkten Ressourcenverbräuche insgesamt betrachten. Um im dynamischen Gleichgewicht zu bleiben, darf dann »im Stoffwechsel mit der Natur« die Produktion irgendeiner Ressourceneinheit nie mehr als eine Einheit derselben Ressource verbrauchen.

Die KPÖ hat eine Vielzahl von Überlegungen angestellt, die sich, denkt man etwa an so einflussreiche Vorstellungen wie das marxistische Konzept der Entfremdung, recht weit von den vorangehenden im engeren Sinne ökonomischen Modellierungen entfernen. Soweit die Einsichten der KPÖ eine eigenständige ökonomische Basis besitzen, sind sie jedoch auf Betrachtungen wie die voranstehenden gegründet, wobei eine organische Betrachtungsweise mit Bezug auf die in der industriellen Revolution vollzogene Veränderung der Produktionsbedingungen, der gesellschaftlichen Strukturen und des gewachsenen gesellschaftlichen Reichtums ohnehin nicht mehr angemessen scheint (zur Überwindung der Armut und der malthusschen Auffassungen der KPÖ vgl. etwa Lal 1994). Dem hat man auch durch ein angemessenes Gleichgewichtskonzept Rechnung zu tragen.

Modelle der klassischen Politischen Ökonomie hat man dennoch benutzt, um Grobabschätzungen ökologischer Nachhaltigkeit bei gegebener Technologie vorzunehmen. Allerdings erscheint die Annahme einer gegebenen fixen Technologie, die häufig im Hintergrund von Modellierungen dieser Art steht, fragwürdig. Ein wesentliches Kennzeichen insbesondere moderner flexibler Volkswirtschaften ist es gerade, sich an Veränderungen der Knappheitsbedingungen und relativen Preise anpassen zu können. Wenn aufgrund exogener Schocks bisheriges Individualverhalten nicht mehr optimal angepasst ist, können Individuen im smithschen ›steten Bestreben nach einer Verbesserung ihrer Lage‹ tatsächlich überlegene Anpassungen finden, die nach neo-klassischer Auffassung zu einem neuen Gleichgewicht führen werden.

Sobald es sich lohnt, kommt es dazu, dass bisherige Verfahren und Produktionsweisen durch neue substituiert werden. Holz wird verfeuert, weil es billiger ist, Holz zu schlagen als Kohle zu fördern, nicht weil es keine Kohle gibt oder diese noch nicht entdeckt worden wäre. In dem Augenblick, in dem sich die relativen Preise zugunsten der Kohle verändern, wird diese bevorzugt verfeuert (wie in England zu Beginn der Industrialisierung bei zunehmender Holzknappheit geschehen). Diese Substitutionsprozesse laufen kontinuierlich ab. Der entscheidende Vorteil einer modernen dynamischen Privatrechtsgesellschaft mit Vertragsfreiheit besteht darin, dass sie einer entsprechenden stetigen Verbesserung nichts in den Weg legt, sondern diese vielmehr fördert.

Das Gleichgewicht, welches die moderne NPÖ betrachtet, ist ein Zustand, in dem es sich für kein Individuum lohnt, sein Verhalten bei gegebenen Verhaltensweisen der anderen zu ändern (Cournot-Nash-Gleichgewicht, vgl. Cournot 1838; Nash 1951). Das schließt allerdings nicht aus, dass die Individuen im Gleichgewicht Grund zu dem Wunsch haben, ein anderes Ergebnis möge entstehen (als informative Sammlung zum Thema vgl. Barry/Hardin 1982).

3.

3.1. Im neo-klassischen Gleichgewicht ist es möglich, dass Zustände existieren, die jeden der Beteiligten besser stellen würden, wenn nur eine koordinierte Verhaltensänderung hinreichend vieler Individuen erfolgte. Zustände, zu denen es im Möglichkeitsraum mindestens einen anderen gibt, bei dessen Realisierung sich jeder besser stehen würde, sind im Sinne des sog. schwachen Pareto-Prinzips strikt dominiert. Sie sind »ineffizient« in dem starken Sinne, dass jedes Individuum Grund hat, die Herbeiführung einer Alternative zu wünschen (Individuen sind, wie Hobbes sagt, zu dem »Wunsche verpflichtet«, die Situation möge verändert werden, vgl. Hobbes 1651, § 13 und ähnlich Kant 1798, §§ 39–44). Es sind exakt solche Situationen, für die die Idee eines bloß denkbaren Gesellschaftsvertrags, obwohl ihn niemand je real geschlossen hat, dennoch eine gewisse Anfangs-Plausibilität als Legitimationsgrundlage staatlichen Handelns gewinnt (zum Gesellschaftsvertrag in der Neuen Politischen Ökonomie vgl. z.B. Buchanan 1975 und kritisch Kliemt 1980).

Wenn paretodominierte Gleichgewichte auftreten und Verhaltenskoordinationen zur Überwindung dieser Situationen nicht in freien Verträgen zustande kommen, kann man darin einen Grund für wirtschaftspolitische Eingriffe sehen (ausschließliches Ziel aller legitimen Politik in Buchanan/Tullock 1962). Die NPÖ (als Überblick auf moderner Grundlage vgl. Bernholz/Breyer 1993) hat aber neben das Marktversagen gleichberechtigt das Politikversagen gestellt (vgl. dazu das Gesamtwerk Buchanans 1999ff.). Viele Formen sog. Marktversagens scheinen sogar weit weniger bedrohlich als die korrespondierenden Formen von Politikversagen. Am Ende gibt es angesichts des Missbrauchspotentials jeglicher politischer Gewalten für die Verfolgung von Partikularinteressen bei nüchterner Betrachtung eher wenige Bereiche, in denen der politische Eingriff halbwegs überzeugend vertreten werden kann.

Dennoch gibt es grundlegende Probleme des Markt- oder besser Vertragsversagens. Es gibt z.B. entgegen Nozick (1974) keinen funktionsfähigen Markt, auf dem Leistungen zum Schutz fundamentaler Bürgerrechte frei vertraglich vereinbart werden könnten. Zukunftsmärkte etwa für noch unbekannte Gesundheitsleistungen fehlen. Da zukünftige Generationen nicht am heutigen Markt vertreten sein bzw. nicht mit uns Heutigen Verträge schließen können, können generell nicht alle Knappheiten der Zukunft in heutigen relativen Preisen angemessen repräsentiert sein.

Anhänger der KPÖ betonen überdies, dass die Annahme der Neo-Klassik, dass auch in Zukunft der Markt immer angemessene Substitute für alle entscheidenden Ressourcen bereithalten wird, nicht für alle Zeiten zutreffen muss. Wenn anders als im Falle der Verfeuerung von Kohle anstelle von Holz kein vernünftiges Substitut für bestimmte Ressourcen existiert, dann läuft das auf freivertraglicher Grundlage gesteuerte Wirtschaftssystem möglicherweise in eine Sackgasse.

3.2. Das neo-klassische Gleichgewichtskonzept und das Verhaltensmodell eines Homo oeconomicus waren zunächst auf Marktzusammenhänge beschränkt. Es zeichnet die NPÖ aus, das betreffende Gleichgewichts- und Verhaltenskonzept auch jenseits von im traditionellen Sinne ökonomischen Zusammenhängen zur Anwendung zu bringen. Denn das Kernanliegen der NPÖ ist es, das gleiche Verhaltensmodell, das man zur Erklärung von Verhalten auf Märkten benutzt, zur Erklärung von Verhalten außerhalb von Märkten etwa im Rahmen der Politik zur Anwendung zu bringen (für einen Überblick vgl. McKenzie/Tullock 1978).

Da der gleiche Mensch in Politik wie Wirtschaft tätig ist, sollte sein Verhalten aufgrund eines universellen Verhaltensmodells erklärbar sein (das ist genau das Anliegen von Hume 1739). Dass das Modell eines Homo oeconomicus als einheitliches Verhaltensmodell einer umfassenden politischen Theorie zu wählen ist (klassisch durchdacht in Spinoza 1670, Kap. 16), lässt sich aus ökonomischer Sicht kaum noch begründen. Denn gerade die moderne Ökonomik selbst hat die Fragwürdigkeit des Homo-oeconomicus-Modells als Verhaltensannahme eindrucksvoll belegt (vgl. dazu Güth/Schmittberger/Schwarze 1982). Ungeachtet massiver Versuche, im Labor das Homo-oeconomicus-Verhalten zu induzieren, handelte man sich im Wesentlichen nur Fehlschläge ein (zum Versuch, die Resultate durch Anreicherung der Nutzenfunktion in die Neo-Klassik zu integrieren vgl. Bolton/Ockenfels 2000; zu radikaleren, v.a. von Reinhard Selten und Herbert Simon inspirierten »ökonomischen« Alternativen vgl. z.B. Gigerenzer/Selten 2001 und Simon 1957). Wenn es aber nicht der Realismus des Homo-oeconomicus-Modells ist, der seine Anwendung in der NPÖ rechtfertigen kann, dann muss man dem Einsatz dieses Modells eine anderweitige Legitimation zukommen lassen. Da auch die Rechtfertigung als kontrafaktisches sog. worst case-Szenario ausscheidet, weil nicht egoistisches Verhindern einer guten, sondern altruistisches Fördern einer »schlechten« Sache durch Selbstopfer den denkbar schlimmsten Fall darstellt (vgl. dazu Arendt 1951), steht die Begründung für eine weitere Verwendung des Homo-oeconomicus-Modells in der NPÖ auf schwachen Füßen.

Ungeachtet der vorangehenden Einschränkungen bleibt der Versuch der NPÖ, das Homo-oeconomicus-Modell konsequent auf politisches Verhalten jeder Art anzuwenden, beeindruckend. Wenn menschlicher Egoismus und Opportunismus auf Märkten zu negativen Konsequenzen führen können, dann können diese Verhaltensweisen in der Politik ebenso zu negativen Konsequenzen führen. Angesichts der spezifischen Einschränkungen von Konkurrenzprozessen, die wir in der Politik finden, ist dort sogar insgesamt mit negativeren Auswirkungen als auf Konkurrenzmärkten zu rechnen. Der Politiker ebenso wie der Bürokrat suchen letztlich (auch) ihren eigenen Vorteil. Wer das Gemeinwohl durch Politik fördern will, der kann dies nur dadurch tun, dass er Politikern und Bürokraten entsprechende (egoistische) Anreize bietet, die Interessen aller zu berücksichtigen. So wie wir das Brot und das Fleisch nicht dem Wohlwollen des Bäckers oder Metzgers verdanken, so verdanken wir die gute Politik nicht dem Wohlwollen der Politiker, sondern dem einfachen Appell an ihr Eigeninteresse – so jedenfalls die Grundthese der NPÖ (zu einigen Einschränkungen mit Bezug auf konkrete Sozialpolitik vgl. Le Grand 2003 und allgemeiner Frey 1997).

Ein einfaches Modell der Parteienkonkurrenz macht die zentralen Punkte klar (vgl. Downs 1957). Die Parteien konkurrieren um Wählerstimmen. Da sie nur dann regieren können, wenn sie eine Mehrheit besitzen, müssen sie versuchen, in ihrer je eigenen Zielverfolgung auch den Präferenzen von mindestens 50% der Wähler gerecht zu werden. Sie haben also einen egoistischen Grund, das Interesse ihrer Wähler in den von ihnen angebotenen Politiken zu wahren, so wie Warenanbieter ein Interesse daran haben, ihre Kunden gut zu bedienen, um sich deren geldwerte Treue zu erhalten.

Die Existenz des politischen Gewaltmonopols beinhaltet als solche die Gefahr des Missbrauchs. Insbesondere ist auch im demokratischen Staat auf die Gefahren des »rent-seeking« zu verweisen (vgl. Krueger 1974; Rowley/Tollison/Tullock 1988; Tullock 1993). Man benutzt das Monopol der Politik, um partikulare Interessen in einer Weise zu fördern, die über die in Konkurrenzsituationen realisierbaren sog. Quasi-Renten hinausgeht. Schutzzölle ebenso wie Subventionen sind typischer Ausdruck solcher Strategien (für einen Problemlösungsversuch aus Sicht der NPÖ vgl. Buchanan/Congleton 1998).

In wichtigen Teilen der NPÖ werden erhöhte Mehrheitsanforderungen bis hin zur Einstimmigkeitsregel erhoben. Je höher man den Mehrheitsparameter ansetzt, umso stärker sind Politiker gezwungen, auch die Interessen jener mit zu berücksichtigen, die unter dem einfachen Mehrheitswahlrecht eine unbeachtliche Minderheit bilden könnten (vgl. Wicksell 1869). Entscheidungen, die mit Zweidrittelmehrheit gefällt werden, zwingen beispielsweise gegenüber der einfachen Mehrheitsregel zu zusätzlichen Maßnahmen der Konsensbeschaffung. Das ergibt eine im weiteren Sinne »prozedurale« Deutung der Vertragstheorie. Von einem als legitim akzeptierten Status quo aus müssen die potentiellen Verlierer stets real kompensiert werden, damit eine Maßnahme legitim ist. Besitzstandswahrung und die Notwendigkeit, die legitimen Besitzstände konsensuell durch entsprechende Kompensationszahlungen aufzulösen, bilden den Kern dieser politisch-institutionellen Umsetzungsvorschläge des Vertragsgedankens im Rahmen der NPÖ. Sie entgehen der einschlägigen Kritik an der realen legitimatorischen Rolle des fiktiven Konsenses, wenn auch nur um den Preis einer Auszeichnung des jeweiligen Status quo.

3.3. In der NPÖ kommt es mittlerweile verstärkt zu einer Infragestellung jeder strikten Grenzziehung zur politischen Philosophie. Der große Bereich der sog. Social choice-Theorie, der auch als ein Zweig der NPÖ betrachtet werden kann, steht in vielem dem klassischen philosophischen Gedankengut der Gemeinwohlwahrung bzw. der Bildung von Gemeinwohlurteilen so nahe, dass man unsicher wird, ob man es mit Politischer Ökonomie oder mit politischer Philosophie zu tun hat (vgl. etwa Sen 1982). Das Gleiche gilt für spieltheoretisch inspirierte Studien zu den Bedingungen der Möglichkeit sozialer Ordnung (vgl. Sugden 1986; Taylor 1987; Binmore 1994). Obgleich schon lange klar ist, dass man auf der Basis von Rationalwahlansätzen Existenz und Funktionsweise einer Rechtsordnung nicht zu erklären vermag (vgl. Hume 1777, v.a. »Über die ursprünglichen Prinzipien der Regierung«; Hart 1961; Barry 1981), setzt sich erst jetzt allmählich die Erkenntnis durch, dass weder das hobbessche Ordnungsproblem mit Bezug auf die grundlegenden Spielregeln von Recht und Politik gelöst (vgl. Parsons 1968) noch gesellschaftliche Interaktionen unter bestehenden politischen und rechtlichen Regelsystemen mit den Mitteln der Rationalwahltheorie im engeren Sinne erklärt werden können.

Gerade in den zentralen Gegenstandsbereichen der NPÖ wie etwa der Erklärung der Wahlentscheidung scheint man vom Homooeconomicus-Modell abweichen zu müssen. Warum beispielsweise die Menschen überhaupt zur Wahl gehen, wenn doch die Wahrscheinlichkeit, mit der eigenen Stimme den Ausschlag geben zu können, geringer ist, als auf dem Wege zur Stimmabgabe vom Metcoriten erschlagen zu werden, bleibt in einem Rationalwahlansatz rätselhaft. Der Schleier individueller Insignifikanz (vgl. Kliemt 1986) würde die Wähler bei strategisch rationalem Verhalten nur in ganz geringen Zahlen zur Urne schreiten lassen, und gemischte Gleichgewichte müssten sich daher fundamental von dem unterscheiden, was wir real beobachten (vgl. zu solchen Gleichgewichten Palfrey/Rosenthal 1984). Wenn aber die Menschen aus anderen als strategischen Gründen zur Wahl gehen, warum sollen sie dann strategisch für oder gegen bestimmte Maßnahmen stimmen (Brennan/Buchanan 1984; Brennan/Lomasky 1993)?

Es scheint, dass man die Wahlentscheidung nicht mehr als strategisch rationalen Akt erklären kann. Damit gibt es einen guten Grund, von der NPÖ als einer »rational choice« basierten Theorie der Politik und insbesondere der Demokratie abzurücken. Insbesondere der ursprünglichen »Public Choice«-Theorie scheint der Boden weitgehend entzogen (vgl. Mueller 2003). Das heißt allerdings nicht, dass es deshalb richtig wäre, die Politik als Gegenstandsbereich ökonomischer Theoriebildung zu vernachlässigen. Die NPÖ muss nur ebenso wie die Ökonomik insgesamt endlich auf jene vernünftige verhaltenswissenschaftliche Basis gestellt werden, die Albert (1967) schon früh eingefordert hat.

4.

Abraham-Frois, G./Berrebi, E., 1979, Theory of Value, Prices and Accumulation, Cambridge: Cambridge University Press.

Albert, H., 1967, Marktsoziologie und Entscheidungslogik, Neuwied: Luchterhand.

Arendt, H., 1951, Elemente und Ursprünge totaler Herrschaft, München: Piper 1958.

Barry, N., 1981, An Introduction to Modern Political Theory, London: Macmillan.

Barry, B./Hardin, R. (Hg.), 1982, Rational Man and Irrational Society?, Beverly Hills: Sage.

Bernholz, P./Breyer, F., 1993, Grundlagen der Politischen Ökonomie, Tübingen: Mohr.

Binmore, K., 1994, Game Theory and Social Contract, Bd. 1: Playing Fair, Cambridge/MA: MIT Press.

Bolton, G./Ockenfels, A., 2000, A Theory of Equity, Reciprocity and Competition, in: American Economic Review 90.

Brennan, H. G./Buchanan, J. M., 1984, Voter Choice, in: American Behavioral Scientist 28.

Brennan, H. G./Lomasky, L. E., 1993, Democracy and Decision, Cambridge: Cambridge University Press.

Buchanan, J. M., 1975, Die Grenzen der Freiheit, Tübingen: Mohr 1985.

Buchanan, J. M., 1999ff., The Collected Works of James M. Buchanan, Indianapolis: Liberty Fund.

Buchanan, J. M./Congleton, R., 1998, Politics by Principle, Not Interest, New York: Cambridge University Press.

Buchanan, J. M./Tullock, G., 1962, The Calculus of Consent, Ann Arbor: University of Michigan Press.

Cournot, A., 1838, Recherches sur les principes mathématiques de la théorie des richesses, Paris: Hachette.

Downs, A., 1957, Ökonomische Theorie der Demokratie, Tübingen: Mohr 1986.

Frey, B. S., 1997, Not Just for the Money. An Economic Theory of Personal Motivation, Cheltenham: Elgar.
Gigerenzer, G./Selten, R. (Hg.), 2001, Bounded Rationality, Cambridge/MA: MIT Press.
Güth, W./Schmittberger, R./Schwarze, B., 1982, An Experimental Analysis of Ultimatum Bargaining, in: Journal of Economic Behavior and Organization 3.
Hart, H. L. A., 1961, Der Begriff des Rechts, Frankfurt/M.: Suhrkamp 1973.
Hobbes, T., 1651, Leviathan, Frankfurt/M.: Suhrkamp 2002.
Hume, D., 1739, Ein Traktat über die menschliche Natur. Buch I, Hamburg: Meiner 1989.
Hume, D., 1777, Politische und ökonomische Essays, Hamburg: Meiner 1988.
Kant, I., 1798, Die Metaphysik der Sitten, Frankfurt/M.: Suhrkamp 1977.
Kliemt, H., 1980, Zustimmungstheorien der Staatsrechtfertigung, Freiburg: Alber.
Kliemt, H., 1986, The Veil of Insignificance, in: European Journal of Political Economy 2.
Krueger, A. O., 1974, The Political Economy of the Rent-Seeking Society, in: The American Economic Review 64.
Lal, D., 1994, Poverty and Development, in: H. Siebert (Hg.), The Ethical Foundations of the Market Economy, Tübingen: Mohr.
Le Grand, J., 2003, Motivation, Agency, and Public Policy, Oxford: Oxford University Press.
McKenzie, R. B./Tullock, G., 1978, The New World of Economics, Homewood: Irwin.
Mueller, D. C., 2003, Public Choice, Cambridge: Cambridge University Press.
Nash, J. F., 1951, Noncooperative Games, in: Annals of Mathematics 54.
Nozick, R., 1974, Anarchie, Staat, Utopia, München: Olzog 2006.
Palfrey, T. R./Rosenthal, H., 1984, Participation and the Provision of Discrete Public Goods, in: Journal of Public Economics 24.
Parsons, T., 1968, Utilitarianism. Sociological Thought, in: D. Sills (Hg.), International Encyclopedia of Social Sciences, Bd. 16, New York: Macmillan.
Rowley, C. K./Tollison, R. D./Tullock, G. (Hg.), 1988, The Political Economy of Rent-Seeking, Dordrecht: Kluwer.
Sen, A. K., 1982, Choice, Welfare and Measurement, Cambridge/MA: MIT Press.
Simon, H. A., 1957, Models of Man, New York: Wiley & Sons.
Smith, A., 1776, Der Wohlstand der Nationen, München: dtv 1978.
Spinoza, B. de, 1670, Theologisch-Politischer Traktat, Hamburg: Meiner 1994.
Sugden, R., 1986, The Economics of Rights, Cooperation and Welfare, Oxford: Blackwell.
Taylor, M., 1987, The Possibility of Cooperation, Cambridge: Cambridge University Press.
Tullock, G., 1993, Rent Seeking, in: C. Rowley (Hg.), Property Rights and the Limits of Democracy, Aldershot: Elgar.
Vanberg, V., 1975, Die Zwei Soziologien. Individualismus und Kollektivismus in der Sozialtheorie, Tübingen: Mohr.
Walsh, V./Gram, H., 1980, Classical and Neoclassical Theories of General Equilibrium, Oxford: Oxford University Press.
Wicksell, K., 1869, Finanztheoretische Untersuchungen, Aalen: Scientia 1969.

Hartmut Kliemt

Ordnung

1.

Unter »Ordnung« versteht man die Existenz von Beziehungen zwischen Elementen, die eine Abstimmung der Elemente aufeinander in räumlicher, zeitlicher oder funktionaler Hinsicht erkennen lassen. Das der Abstimmung zugrunde liegende Prinzip selektiert eine Teilmenge aus der Menge aller möglichen Beziehungsgeflechte. Man spricht auch von einem räumlichen, zeitlichen oder funktionalen Muster. Ein räumliches Muster befindet sich z.B. auf einem Teppich, ein Beispiel eines zeitlichen Musters wäre der Wachstumsprozess einer Pflanze. Ein funktionales Muster stellt etwa die volkswirtschaftliche Arbeitsteilung dar.

Ordnung impliziert Schranken (Begrenzungen). Solche Schranken werden etwa durch Naturgesetze, wirksame Normen und persönliche Verhaltensregeln errichtet. Eine Welt ohne Begrenzungen wäre chaotisch. Die Menschen könnten sich in so einer Welt weder zielgerichtet ihrer Umwelt anpassen noch diese besser als rein zufällig gestalten.

Auch ist Lernen nur möglich und sinnvoll, wenn die Umgebung Begrenzungen besitzt – wenn also nicht *alles* geschehen kann. Da Begrenzungen stark oder schwach sein können, ist Ordnung ein Gradbegriff. Friedrich August von Hayek hat auf dieser Einsicht aufbauend den Begriff »Ordnung« auf das Bestehen von Beziehungen zwischen wiederkehrenden Elementen bezogen, die es ermöglichen, »aufgrund der Kenntnis eines (räumlich oder zeitlich) beschränkten Teils eines Ganzen Erwartungen bezüglich des Restes zu bilden, die gute Aussicht auf Erfüllung haben« (Hayek 1969, 164).

»Ordnung« kann positiv als Tatsachenbegriff und normativ als Sollensbegriff aufgefasst werden. Der Tatsachenbegriff bezieht sich auf die Existenz eines Zustandes der Ordnung. Als normativer Begriff umfasst Ordnung die Vorschriften zur Erzeugung eines solchen Zustandes. Diese Vorschriften können von Natur aus existieren, vom Menschen gesetzt werden oder als Konventionen spontan entstehen.

Ordnung ist Untersuchungsgegenstand der Ordnungstheorie und Gestaltungsgegenstand der Ordnungspolitik. In beiden Bereichen geht es um die Koordination von Plänen. Welches auch immer die Ziele sein mögen, die Pläne der einzelnen Menschen bauen auf Erwartungen bezüglich des Handelns anderer auf. Daher hängt die Konsistenz (Koordination) der Pläne von der Konsistenz (Koordination) der Erwartungen ab. Hayek hat dafür den Ausdruck »Handelnsordnung« geprägt: »Diese Ordnung manifestiert sich in erster Linie darin, daß die Erwartungen von bestimmten Transaktionen mit anderen Menschen, auf die die Pläne aller Wirtschaftenden aufgebaut sind, in hohem Maße erfüllt werden.« (ebd., 256) Der höchste Grad der Ordnung ist dann gegeben, wenn es bei keinem der Beteiligten zu enttäuschten Erwartungen kommt.

2.

Die Geschichte des Ordnungsbegriffs ist eine Auseinandersetzung mit drei Fragen: (1) Wo kommen die Begrenzungen her? (2) Welches sind die Quellen von Ordnung? (3) Ist Ordnung der Natur immanent oder wird sie von außen erzeugt? (vgl. Saxonhouse/Saxonhouse 1988)

In der klassischen griechischen Welt war Ordnung (Kosmos) ein moralisches Konzept, das Grenzen enthielt, die man nicht überschreiten sollte. Diese Grenzen ergaben sich aus der natürlichen Ordnung der Welt. *Gnothi seauton*, die Inschrift des Tempels von Delphi, erinnerte die Griechen daran, dass sie nicht Götter seien. Die griechischen Tragödien führten den Menschen die Konsequenzen vor Augen, die ein Überschreiten der ihnen gezogenen Grenzen zur Folge hatte. Zentral war die Vorstellung, dass die Natur selbst die Quelle von Ordnung ist. Physis, die Natur, ist ein Prozess des Wachstums, der einer Regel und Logik folgend einem Ziel (telos) zustrebt (und sich dabei und darin verwirklicht). Die moralische und die physische Welt ist eins: Was ist, soll auch so sein. Erst die Sophisten führten die Trennung zwischen Natur, dem was ist, und Ordnung, dem was sein soll, ein. Ordnung ist bei ihnen nicht der Natur immanent. Der Mensch ist das Maß aller Dinge (Protagoras). Alle Schranken menschlichen Handelns sind künstlich, das Ergebnis von Übereinkünften. Platon nahm die Herausforderung der Sophisten an. Für ihn liegt die Ordnung in der Natur, und das Glück der Menschen hängt davon ab, diese Ordnung zu erkennen, ihr zu folgen und damit Teil der natürlichen Ordnung zu werden.

Während Platon das Gute mit dem Natürlichen verband und so die vorsokratische Tradition wiederbelebte, erweckte Machiavelli die sophistischen Ideen zu neuem Leben. Fortuna erzeugt eine Welt des Chaos. Ordnung stammt aus einer Quelle außerhalb der Natur, nämlich aus menschlicher Anstrengung und Kreativität. Alles ist im Fluss; der Führer muss dem Fluss eine Struktur (Ordnung) aufprägen. Hobbes untersuchte den gesellschaftlichen Naturzustand näher und fand im »Leviathan« (Hobbes 1651) die Instanz, die den Menschen Schranken im Handeln auferlegt. Bei ihm finden wir zum ersten Mal die Betonung einer ökonomischen Ordnung, deren Quelle allerdings exogener Natur ist.

Adam Smith, der Begründer der Nationalökonomie, begriff Ordnung im Unterschied zu Hobbes und Locke als endogenes (emergentes) Phänomen. Das Marktsystem reguliert sich selbst (These von der unsichtbaren Hand): Man muss nur dafür sorgen, dass die Preise als Signalsystem funktionieren können. Dieser Gedanke lebt u.a. in der Freiburger Schule (auch Ordoliberalismus genannt) fort, deren theoretische Grundlagen von Walter Eucken (1952) stammen. Aufgrund der ordnungszerstörenden Erfahrungen mit dem vorangegangenen »Zeitalter der wirtschaftspolitischen Experimente« sah Eucken die Lösung des ordnungspolitischen Problems der Nachkriegszeit in der Schaffung einer menschenwürdigen und funktionsfähigen Wettbewerbsordnung, die er mit dem lateinischen Wort »Ordo« bezeichnete. Diese Ordnung stellt den Kern der Sozialen Marktwirtschaft dar.

3.

3.1. Ordnungen im Sinne von »Handelnsordnungen« können danach unterschieden werden, wie sie entstehen. Sie können Ergebnis eines vorgefassten Plans sein (entworfene Handelnsordnung) oder aber dezentral geplant entstehen (spontane Ordnung). Bei einer entworfenen Handelnsordnung werden Teile des beabsichtigten Ganzen an die entsprechende Stelle gesetzt. Sie werden nach vorgefasstem Plan in Beziehung zueinander gebracht. Man spricht hier von Organisation. Beispiele sind Unternehmen und Bürokratien. Spontane Handelnsordnungen sind Ergebnis menschlichen Handelns, aber nicht menschlichen Entwurfs. Sie werden nicht gemäß einer Blaupause gemacht, sondern bilden sich auf der Grundlage der Prinzipien der Selbstorganisation. Als Beispiel sei die Marktwirtschaft erwähnt. Während die Handelnsordnung einer Organisation durch den mit der Organisation verfolgten Zweck bestimmt wird, kennt eine spontane Ordnung einen solchen Zweck nicht. Es sei denn, »man betrachte die Möglichkeit, überhaupt rational zu handeln, schon als Zweck. In einer völlig chaotischen Welt wäre es natürlich unmöglich, irgendeinen Zweck zu verfolgen, und Einsicht in das Bestehen einer Ordnung der Dinge ist Voraussetzung für die Verfolgung jedes wie immer gearteten Zweckes.« (Hayek 1969, 165 f.)

Spontane Ordnungen bilden sich auf der Grundlage von Regelmäßigkeiten im Verhalten der Elemente (vgl. ebd., 172; Sugden 1998b). Ronald Heiner hat in einem einflussreichen Artikel vorgeschlagen, Regelmäßigkeiten im Verhalten als Ausdruck von (internen) Verhaltensregeln zu interpretieren, die befolgt werden, wenn die Unterscheidung zwischen vorzugswürdigem und weniger vorzugswürdigem Verhalten mit Unsicherheit behaftet ist (vgl. Heiner 1983, 561). Neben den von Heiner betrachteten, auf rationaler Entscheidung beruhenden, internen Verhaltensregeln existieren noch genetisch vererbte interne Regeln, also Instinkte. Außerdem gibt es externe Regeln, die entweder gesetzt werden oder sich spontan bilden. Die Gesamtheit der gesetzten und spontanen Regeln, welche die Verhaltensspielräume der Wirtschaftseinheiten festlegen und voneinander abgrenzen, bildet die Wirtschaftsordnung.

Gesetzte Regeln sind ein Ergebnis der planenden Vernunft. Mit Vernunft ist ein Nutzen-Kosten-Kalkül gemeint, der der Formulierung einer Regel vorausgeht. Gute Beispiele findet man in der staatlichen Gesetzgebung. Solche Regeln setzen sich typischerweise nicht selbst durch, so dass eine übergeordnete Autorität wie der Staat für die Durchsetzung sorgen muss.

Gewachsene (spontane) Regeln sind Ergebnis menschlichen Handelns, aber nicht Ergebnis menschlichen Entwurfs. Sie bilden sich als Resultat von vielen unabhängig voneinander geplanten, interaktiven Handlungen, und sie treten als Sitten, Gebräuche und Konventionen in Erscheinung. Als Beispiele seien die Regeln der Moral und der Geld- und Marktbenutzung genannt. Spontane Regeln sind typischerweise selbstdurchsetzend. Die Menschen befolgen sie, weil das ihren Nutzen maximiert.

Die Wirtschaftsordnung kann als Teil der staatlichen (politischen) Ordnung verstanden werden. Der Staat lässt sich als ein Dienstleistungsunternehmen interpretieren, das Kunden besitzt (die Bürger), ein Management aufweist (die Regierung) und dessen Tätigkeit von einem Aufsichtsrat (dem Parlament) überwacht wird. Der Staat gehört zur Klasse der Organisationen.

Organisationen werden – anders als Märkte – gegründet, um bestimmte Zwecke zu verfolgen. Diese sind in Verfassungen – ob geschriebenen (wie das Grundgesetz in Deutschland) oder ungeschriebenen (wie in Großbritannien) – niedergelegt. Außerdem bestimmen Verfassungen die organisatorische Architektur von Staaten (und Staatenverbünden wie etwa der EU). Sie weisen Kompetenzen (Aufgaben, Entscheidungsrechte) an die Legislative, Exekutive und Judikative zu. Sie enthalten Verfahrensregeln bezüglich der internen Prozesse der drei Gewalten sowie der Interaktion zwischen ihnen. V.a. aber regeln Verfassungen die Rechte und Pflichten der Bürger im Verhältnis untereinander und zur Staatsgewalt. Spieltheoretisch betrachtet definieren Verfassungen, wer Spieler ist, welche Kompetenzen jeder Spieler hat (die Aktionsmengen) und wie die Ergebnisse des Spiels bestimmt werden. Sie sind Spielformen, die die Regeln der kollektiven Willensbildung in einem öffentlichen Gemeinwesen festlegen. In einer Demokratie erfolgt diese Willensbildung im Wählerstimmenmarkt. In diesem konkurrieren Parteien um die Regierungsmacht. Der Markt selbst ist eine spontane Ordnung.

3.2. Die Vor- und Nachteile beider Arten von Ordnung lassen sich am besten unter Rückgriff auf spieltheoretische Gleichgewichtskonzepte herausarbeiten. Gleichgewichte zeichnen sich dadurch aus, dass niemand einen Anlass hat anders zu handeln (Nash-Gleichgewicht: Für jeden einzelnen Spieler gibt es, gegeben die Handlungen aller anderen, keine bessere Strategie, weshalb es zu einem Gleichgewicht kommt.). Alle Erwartungen gehen in Erfüllung; es treten keine Enttäuschungen auf. Als Beispiel sei eine Vorfahrtsregel im Straßenverkehr betrachtet. Das Straßenverkehrsspiel stellt ein Koordinationsspiel dar mit zwei Nash-Gleichgewichten in reinen Strategien, bei denen die wechselseitig besten Strategien gewählt werden, und jeder Spieler sich so verhält, wie die anderen dies von ihm erwarten: Entweder lautet die Regel »Rechts vor links« oder »Links vor rechts«. Ein solches Gleichgewicht heißt »Evolutionär Stabile Strategie« (ESS): Kein Spieler kann in ihm durch eine Änderung seines Verhaltens seine Auszahlung verbessern, und das Gleichgewicht ist dynamisch stabil, d.h. irrtümliche Verhaltensänderungen einer nicht zu großen Zahl von Spielern werden in Richtung des Gleichgewichtsverhaltens korrigiert. Die spontane Herausbildung derartiger Gleichgewichte wird im Einzelnen in der evolutorischen Spieltheorie untersucht (vgl. Mailath 1998). Es zeigt sich, dass eine spontane Ordnung mit hohen Anpassungskosten verbunden sein kann, die auf dem Weg zum Gleichgewicht anfallen (hier: Unfallschäden). Allerdings haben spontane Ordnungen gegenüber den gesetzten Ordnungen den Vorteil, weit mehr Informationen als diese zu nutzen. Während bei gesetzten Ordnungen nur das Wissen des Organisators eine Rolle spielt, nutzen spontane Ordnungen das auf die Elemente verteilte Wissen im Prozess der Selbstorganisation.

Eine gesetzte Ordnung weist im Vergleich zur spontanen Ordnung vier Vorteile auf: Erstens können Anpassungskosten vermieden werden. Doch sind auch gesetzte Ordnungen nicht kostenlos zu haben. Auswahl, Errichtung und Durchsetzung werfen Kosten auf. Zweitens kann man ineffiziente Gleichgewichte vermeiden oder, falls die spontane Ordnung ein solches realisiert hat, das System aus dieser Sackgasse befreien (vgl. Hayek 1973; Schmidtchen 2000). Drittens könnte eine gesetzte Ordnung in einem gleichgewichtslosen Spiel ein Gleichgewicht etablieren. Viertens kann eine gesetzte Ordnung ein Gleichgewichtsselektionsproblem lösen. So könnte etwa bei Existenz mehrerer unterschiedlich effizienter Gleichgewichte das effiziente durch Setzung entsprechender Verhaltensregeln implementiert werden. Allerdings entfaltet eine gesetzte Ordnung diese koordinierende Wirkung nur, wenn sie entweder durch eine übergeordnete Instanz (etwa ein Gericht) fehlerfrei durchgesetzt wird oder einen Fokalpunkt erzeugt. Fokalpunkte sind Nash-Gleichgewichte, die sich von anderen Gleichgewichten eines Spiels durch besondere, hervorstechende und allgemein bekannte Merkmale unterscheiden (vgl. Schelling 1960).

3.3. Ordnungspolitik besteht in der Setzung der Rahmenbedingungen für das Wirtschaften. Eucken (1952) nennt hierfür sechs konstituierende Prinzipien: währungspolitische Stabilität, offene Märkte, Privateigentum, Vertragsfreiheit, Haftung und Konstanz der Wirtschaftspolitik. Diese Prinzipien lassen sich auch als Kriterien der Gleichgewichtsselektion interpretieren. In dieser Sichtweise soll Ordnungspolitik sicherstellen, dass im gesamtwirtschaftlichen Koordinationsspiel (der Ressourcenallokation) ein effizientes und distributiv zufrieden stellendes Gleichgewicht gespielt wird. Sie tut dies, indem sie die Zahl der Spieler, deren Aktionsmöglichkeiten und ihre Auszahlungen beeinflusst. Zu den Hauptaufgaben der Ordnungspolitik zählen die Schaffung und Erhaltung wettbewerblicher Märkte (Wettbewerbspolitik) und die Pflege der Zivilrechtsgesellschaft.

Soll ein bestimmter Grad an Ordnung in einer Gesellschaft hergestellt werden, so muss unter Berücksichtigung der Kosten sowohl einer spontanen wie auch einer gesetzten Ordnung der kostenminimierende Mix aus beiden ermittelt werden. Der gewünschte Grad an Ordnung sollte dann durch eine Mischung aus gesetzter und spontaner Ordnung erzeugt werden. Diese Mischung beobachten wir auch in der Realität: Weder werden alle Transaktionen in einer Wirtschaft dezentral geplant (man denke an Unternehmen als Hierarchien), noch werden alle Transaktionen in einer die gesamte Volkswirtschaft umfassenden Unternehmung geplant (die Verhaltenskoordination der Hierarchien erfolgt über Märkte).

4.

Eucken, W., 1952, Grundsätze der Wirtschaftspolitik, Tübingen: Mohr 1990.

Hayek, F. A. v., 1969, Freiburger Studien, Tübingen: Mohr.

Hayek, F. A. v., 1973, Recht, Gesetz und Freiheit, Tübingen: Mohr Siebeck 2003.

Heiner, R., 1983, The Origin of Predictable Behavior, in: American Economic Review 73.

Hobbes, T., 1651, Leviathan, Frankfurt/M.: Suhrkamp 2006.

Mailath, G. J., 1998, Do People Play Nash Equilibrium?, in: Journal of Economic Literature 36.

Saxonhouse, G./Saxonhouse, A. W., 1988, An Inquiry into the Philosophic Roots of Concepts of Economic Order, in: Journal of Institutional and Theoretical Economics 144.

Schelling, T., 1960, The Strategy of Conflict, Cambridge/MA: Harvard University Press.

Schmidtchen, D., 2000, Rules and Order, in: B. Bouckaert/A. G. van der Kroon (Hg.), Hayek Revisited, Cheltenham: Elgar.

Sugden, R., 1998a, Conventions, in: The New Palgrave of Law and Economics, Bd. 1, London: Macmillan.

Sugden, R., 1998b, Spontaneous Order, in: The New Palgrave of Law and Economics, Bd. 3, London: Macmillan.

Voegelin, E., 1956ff., Order and History, 5 Bde., Baton Rouge: Louisiana State University Press.

Waldenfels, B., 1987, Ordnung im Zwielicht, Frankfurt/M.: Suhrkamp.

Dieter Schmidtchen

Ortega y Gasset, José (1883–1955)

1.

José Ortega y Gasset, spanischer Philosoph, studierte Recht, Literatur und Philosophie in Bilbao und Madrid, promovierte 1904, studierte 1905–1907 Philosophie und Psychologie in Leipzig, Berlin und Marburg. 1910 wurde er auf den Lehrstuhl für Metaphysik der Madrider Universität berufen. Dank seines Republikanismus, seines konsequenten

Agnostizismus und seines sozialistischen Liberalismus war er bald ein führender Kopf der Madrider kulturellen antimonarchistischen Bewegung. 1923 begründete er die *Revista de Occidente*, eine intellektuelle Zeitschrift europäischen Rufes, die bis heute erscheint. 1936–1949 lebte er im Exil (Paris, Buenos Aires, Lissabon). Seine Nachkriegsjahre waren beherrscht von großem internationalem Erfolg und Ehrendoktorwürden in Glasgow, London und Marburg. Die Gründung seines eigenen universitären *Instituto de Humanidades* (1949–51) in Madrid scheiterte jedoch.

2.

Ortega hinterließ hunderte politische Schriften, Zeitungsartikel, Vorlesungsmanuskripte, philosophische Essays und Abhandlungen. In seiner ersten selbstständigen phänomenologischen Studie *Meditationen über Don Quijote* (1914) legt er seine Ideen zu einer Theorie der lebendigen Vernunft und die Grundlagen seines epistemologischen Perspektivismus dar. Seine wichtigste politische Schrift *Aufbau und Zerfall Spaniens* (1921, GW II, 7–78) ist eine geschichtsphilosophische Interpretation der zeitgenössischen politischen Krise Spaniens. In *Die Aufgabe unserer Zeit* (GW II, 79–141) entwirft Ortega 1923 ein philosophisches Programm, um dem *neuen Weltfühlen* des 20. Jahrhunderts eine Richtung zu geben. Er fordert darin die synthetische Überwindung ismischer Gegensätze wie Empirismus und Idealismus, Relativismus und Rationalismus, zugunsten einer Theorie der lebendigen bzw. der historischen Vernunft.

In seinem 1929 geschriebenen, berühmtesten Werk *Der Aufstand der Massen* (GW III, 7–155) analysiert er Alltagsphänomene auf der Grundlage seiner Sozialphilosophie. Er führt darin die zeitgenössische europäische Krise auf die Verschiebung der Funktion von Masse und Elite in der Gesellschaft zurück. 1932–36 entstanden u.a. *Geschichte als System* (GW IV 340–387) und *Im Geiste Galileis* (GW III, 386–567), zwei geschichtsphilosophische Abhandlungen, in denen er Vergangenheit mittels eines Generationenmodells zu strukturieren versucht. Die letzten 15 Schaffensjahre waren geprägt von drei großen unvollendeten Projekten. *Sobre la razón histórica* (OC XII, 147–330) soll seine Erkenntnistheorie als Kritik der historischen Vernunft reformulieren. In *Der Mensch und die Leute* (GW VI, 7–245) fasst er seine Sozialphilosophie zusammen und fügt dem Begriff des Lebens als radikale Realität einen Begriff der Gesellschaft als Realität hinzu. Das dritte Werk, *Der Prinzipienbegriff bei Leibniz und die Entwicklung der Deduktionstheorie* (1947 ff.), soll seine Ansichten über die Entwicklung philosophischer Erkenntnismethoden zusammenfassen.

3.

Philosophie, Publizistik und Politik pflegt Ortega als drei Ausdrucksweisen einer intellektuellen Aktivität. Um Spanien zu modernisieren und zu demokratisieren, entwirft er eine politische Pädagogik nahe der neokantianischen Sozialpädagogik. Eine sozialistische Reformierung des politischen Liberalismus soll einen bürgerlichen Sozialismus ermöglichen. Sein philosophischer Ausgangspunkt ist die ontologische Bestimmung des Seins als *Leben*. Dafür erweitert er den Subjektbegriff, »Ich bin ich und meine Lebensumstände« (Ortega 1914, 53), und unterscheidet essenzielles Leben (Leben als radikale physische Entität) von Kultur (organisierendem und organisiertem Leben).

Die Annahme einer unlösbaren Gebundenheit des Subjekts an seine Umwelt impliziert einen perspektivistischen Wahrheitsbegriff. Um die Subjektivierung der Wahrheit zu verhindern, beschreibt er ihre historische Entwicklung als überindividuelles soziales Phänomen.

Ausgehend von einer phänomenologischen Psychologie bestimmt er das Wesen des Menschen als biographisches Sein und sein Leben als *Preocupación* ähnlich der heideggerschen Sorge. Weil Leben nicht gegeben, sondern die unablässige freie Entscheidung für eine Handlungsoption ist, räumt Ortega der individuellen Freiheit als Wert eine herausragende Stellung ein. Über das biografische Sein hinaus ist der Mensch zweitens wesentlich ein soziales Sein, wobei Ortega zwei Grundtypen unterscheidet: den *Massenmenschen* und den *erlesenen Einzelnen*. In seiner hierarchischen Konzeption von Gesellschaft findet sich der Kern seiner politischen Philosophie: Gesellschaft ist notwendig aus einer erlauchten Minderheit und einer gewöhnlichen Masse konstituiert. Diese Verteilung sozialer Autorität widerspricht jedoch nicht der Demokratie als politischer Form. Drittens definiert Ortega den Menschen als historisches Sein, indem er das biografische Sein über die Lebensgrenzen hinweg erweitert, und interpretiert Geschichte als Variationen der Strukturen menschlichen Lebens. In seinen späteren Werken ersetzt Ortega Leben durch Geschichte als wahre Realität des Menschen, und die lebendige Vernunft weicht der historischen Vernunft. Ortega wird heute zu den klassischen Theoretikern der Massengesellschaft des 20. Jahrhunderts gezählt. Seine Revolutionskritik und seine Ideen zur europäischen Vereinigung finden Eingang in aktuelle Debatten. Er gilt als Vater der modernen spanischen Philosophie.

4.

Ortega y Gasset, J., 1914, Meditationen über Don Quijote, Stuttgart: DVA 1959.

Ortega y Gasset, J., 1947ff., Der Prinzipienbegriff bei Leibniz und die Entwicklung der Deduktionstheorie, München: Müller 1966.

Ortega y Gasset, J., 1950ff., Obras Completas, Madrid: Alianza 1983 (zit. als OC).

Ortega y Gasset, J., 1978, Gesammelte Werke, Stuttgart: DVA 1996 (zit. als GW).

Ortega y Gasset, J., 1998, Phänomenologische Schriften, Freiburg: Alber.

Donoso, A./Raley, H., 1986, Ortega y Gasset. A Bibliography of Secondary Sources, Ohio: Philosophy Documentation Center.

Gray, R., 1989, The Imperative of Modernity, Berkeley: University of California Press.

Marías, J., 1952, José Ortega y Gasset und die Idee der lebendigen Vernunft, Stuttgart: DVA.

Zamora Bonilla, J., 2002, Ortega, Barcelona: Plaza & Janes.

Gesine Märtens

P

Paine, Thomas (1737–1809)

1.

Thomas Paine wurde in Thetford (Norfolk, England) geboren. Nachdem er in England in verschiedenen Berufen gearbeitet hatte, schiffte er sich 1774 nach Nordamerika ein. In Philadelphia arbeitete er als Journalist und veröffentlichte im März 1775 einen Artikel gegen die Sklaverei. Unmittelbar danach konstituierte sich unter seiner Mitwirkung die »Society for the Relief of free Negroes, unlawfully held in Bondage«. 1776 veröffentlichte Paine *Common Sense*. Diese politische Streitschrift wurde das erfolgreichste politische Buch seiner Zeit. Darin forderte er entschieden die Unabhängigkeit der nordamerikanischen Kolonien von dem Mutterland und trat gleichzeitig im radikalen Bruch zur politischen Ordnung Englands für einen demokratischen Gesellschaftsvertrag ein. Ein Jahr später wurde Paine Sekretär des auswärtigen Ausschusses des Kontinentalkongresses (1777–79). 1786 kehrte Paine nach Europa zurück und lebte bis 1792 abwechselnd in Frankreich und England. 1791 und 1792 erschienen die beiden Teile seines Werks *The Rights of Man*, das er gegen Burkes Verteidigung der Monarchie schrieb. Im September 1792 floh Paine aus England ins französische Exil. Als Unterstützer der Französischen Revolution wurde Paine in Paris willkommen geheißen. Er erhielt die französische Staatsbürgerschaft und wurde Abgeordneter des Nationalkonvents. Paine war an der Entstehung des radikaldemokratischen Verfassungsentwurfs von Condorcet beteiligt. Weil seine kritische Feder für die Machtinteressen der Jakobinerdiktatur ein Sicherheitsrisiko darstellte, wurde er Ende 1793 verhaftet. Einige Monate nach dem Sturz der Jakobinerdiktatur wurde Paine 1794 aus der Haft entlassen. In dieser Zeit erschien sein letztes großes Werk, das religionskritische Buch *Le Siècle de la Raison, ou Le Sens Commun des Droits de l' Homme* (1793), erweitert in englischer Sprache als *The Age of Reason* (1794). 1802 kehrte Paine in die Vereinigten Staaten zurück, wo er als scharfer Kritiker der Politik George Washingtons weiter publizistisch arbeitete. Arm und einsam starb er 1809 in New York.

2.

Paines Werk enthält keine Brüche. Paine entfaltet im Laufe seines Lebens verschiedene Aspekte seiner auf ökonomische Machtminimierung und politische Machtgleichheit beruhenden Konzeption der Menschenrechte. So setzt sich Paine bereits in seinen Frühschriften entschieden für die Überwindung der Monarchie durch eine republikanische Verfassung ein. Er wendet sich energisch dagegen, das Stimmrecht von dem Besitz von Eigentum abhängig zu machen. Paine hat sich von Anfang an gegen jede Art von Monopolen gewandt, gleich ob sie religiöser oder ökonomischer Art sind. Aber erst in *Le Siècle de la Raison* (1793) entfaltet er systematisch seine radikale Kritik am monopolistischen Wahrheitsanspruch der Offenbarungsreligionen. Ähnlich ist es mit der sozialökonomischen Dimension der Menschenrechte, die in seinem radikalen Begriff von gleicher Freiheit von Anfang an angelegt ist. Die Ausformulierung konkreter Konzepte zur Bekämpfung der Ungleichheit findet sich aber erst in seinem Spätwerk. So fordert er in *Agrarian Justice* (1795) die Vervollständigung der politischen

Revolution durch eine sozialökonomische Revolution, indem er einen Plan zur Umverteilung mit dem Ziel eines Grundkapitals für alle Bürger vorlegt.

3.

Paine gehört – obwohl im deutschen Sprachraum wenig bekannt – zu den Klassikern des Menschenrechtsdenkens, der modernen Demokratie und der liberalen Politischen Ökonomie. Sein Werk zeichnet sich durch die Konsequenz aus, mit der er den Gesellschaftsvertrag, und mit ihm die Konstitution von Staats- und Wirtschaftsordnung, auf der gleichen Freiheit der Individuen gründet. Paine definiert seine radikale Position nicht nur gegen die Vormoderne, sondern auch gegen halbliberale Formen der Modernisierung, die an Stelle der revolutionären Gründung einer freien Gesellschaft den Kompromiss mit vordemokratischen Machtinteressen anstreben. So verwirft er die gesamte englische Rechtstradition einschließlich ihrer Auswirkungen auf die Entwicklung der USA. Die englische *Bill of Rights* ist für Paine eine »Bill des Unrechts« denn: »Was ist sie mehr als ein Handel, den Teile der Regierung miteinander abschlossen, um Macht, Gewinne und Privilegien aufzuteilen?« (Paine 1791/92, 300)

Paines Menschenrechtsidee ist der Vorstellung von Grundrechten als bloßen »Abwehrrechten« entgegengesetzt. Ein Staat hat für ihn keine Verfassung, wenn er nur Einschränkungen einer angemaßten Macht vorsieht. Der Gesellschaftsvertrag beruht für ihn eben *nicht* auf einem Vertrag zwischen Bürgern und Staat, sondern kann nur ein Vertrag sein, den die Bürger miteinander schließen. Menschenrechte sind bei Paine deshalb *umfassende* Rechtsansprüche auf physische und ökonomische Machtminimierung und politische Machtgleichheit.

Der Staat wird durch den Gesellschaftsvertrag bei Paine ausschließlich als Agentur zur Ermöglichung gleicher Freiheit legitimiert. Paine sagt deshalb: »Die Regierung hat von sich aus keine Rechte, sondern nur Pflichten.« (ebd., 295)

Der Gesellschaftsvertrag verschmilzt bei Paine auch nicht die Einzelwillen zu einer »volonté générale«, auf die sich dann wie bei Rousseau eine unteilbare Souveränität des Staates gründen könnte. Vielmehr ist jeder Bürger unverlierbar Individuum und bleibt auch in der gesellschaftlichen Interdependenz das einzige legitime Subjekt der politischen Ordnung. Auf diese Weise kann Paine ein Konzept geteilter Souveränität entwerfen. Er schlägt eine föderale Ordnung für die USA vor, in der jeder Einzelne gleichzeitig und gleichwertig Bürger des jeweiligen Staates und des Bundesstaates ist.

Paine entwirft eine auf Menschenrechten gegründete globale Marktgesellschaft als Weltfriedensordnung. Er lehnt – konsequenter als Adam Smith – jeden nationalen Protektionismus ab, und fordert freie Weltmärkte für alle. Seine globale Marktgesellschaft gehorcht nicht dem Gesetz des Stärkeren, sondern ist dem Primat der Menschenrechte und der Demokratie unterworfen. In der heute fast vergessenen Tradition des egalitären Kapitalismus der frühen USA fordert Paine, dass Kapitalgesellschaften nur auf den Märkten mitspielen dürfen, sofern sie Betriebsgenehmigungen erhalten, die durch einen mehrstufigen demokratischen Entscheidungsprozeß legitimiert sind (vgl. Paine 1795/1805). Darüber hinaus entwirft Paine eine liberale Umverteilungspolitik: Sie verhindert die Entstehung demokratiezerstörender Reichtumskonzentrationen durch einen Grenzsteuersatz von 100 %. Es geht ihm mit seinen Steuerkonzepten nicht um die Finanzierung einer etatistischen Sozialpolitik. Sein Ziel ist es, dass kein Bürger durch Reichtumsakkumulation politische Macht erhält und jeder Bürger genug Kapital bekommt, um seine Freiheitsrechte überhaupt ausüben zu können.

Paine erkennt nicht zuletzt zwei Dimensionen dessen, was wir heute als politische Ökologie bezeichnen. Sein System sozialer Rechte gründet er auf der Voraussetzung, dass alle Menschen das gleiche Recht auf das ökologische Kapital dieser Erde haben. Zugleich ist er sich des Problems der Generationengerechtigkeit bewusst und konstatiert, dass jede Generation frei sein müsse, für sich zu handeln. Deshalb sei es despotisch, wenn eine Generation sich das Recht nähme, die Freiheit der folgenden Generationen zu beschneiden.

4.

Paine, T., 1791/92, Die Rechte des Menschen, Berlin: Akademie 1983.
Paine, T., 1795/1805, Gegen die Ungleichheit – Ökonomie und Menschenrechte, Münster: LIT 2006.
Paine, T., 1894–1896, The Writings of Thomas Paine, New York: Putnams.
Paine, T., 1987, The Thomas Paine Reader, London: Penguin.
Paine, T., 1995, Collected Writings, New York: Library of America.

Ayer, A., 1988, Thomas Paine, New York: Atheneum.
Conway, M. D., 1892, The Life of Thomas Paine, Whitefish: Kessinger 2006.
Foner, E., 2005, Thomas Paine and Revolutionary America, Oxford: Oxford University Press.
Harvey, J. K., 2005, Thomas Paine and the Promise of America, New York: Hill and Wang.
Keane, J., 1995, Tom Paine, New York: Grove.
Larkin, E., 2005, Thomas Paine and the Literature of Revolution, Cambridge: Cambridge University Press.
Oswalt, W., 1997, Die Tradition der Entmachtung. Der starke Liberalismus in den großen Revolutionen, Universität Wien: Diss.
Russell, B., 1934, Thomas Paine 1739–1809, in: K. Coates (Hg.), From Tom Paine to Guantanamo, Nottingham: Bertrand Russell Peace Foundation 2004.
Vincent, B., 2005, The Transatlantic Republican. Thomas Paine and the Age of Revolutions, Amsterdam: Rodopi.

WALTER OSWALT

Pareto, Vilfredo Federico (1848–1923)

1.

Der Ingenieur, Nationalökonom und Soziologe Pareto wurde in Paris als Sohn von Marie Méténier und Marquis Raffaele Pareto, einem mazzinistischen italienischen Ingenieur im Exil, geboren. Die Familie zog 1852 nach einer Amnestie nach Italien. Pareto studierte in Turin sehr erfolgreich Mathematik und Physik und promovierte 1870 über Festkörperphysik. Danach arbeitete er lange Jahre als Ingenieur und wurde Generaldirektor der italienischen Eisenhüttenindustrie (bis 1890), für die er Forschungsreisen durch Europa unternahm. In zahlreichen Artikeln setzte er sich für den Freihandel ein sowie gegen die sozialistische Lehre und kandidierte erfolglos für das italienische Parlament. Ab 1877 hielt Pareto Vorlesungen über Ökonomie und wurde 1893 Nachfolger von L. Walras an der Universität von Lausanne. 1906 legte er sein Lehramt nieder und widmete sich fast ausschließlich seinen (nun soziologischen) Studien. Von den italienischen Faschisten, die ihn für sich zu gewinnen suchten, ließ er sich nicht vereinnahmen; dass er sich aber auch nicht öffentlich von ihnen distanzierte, hat sein Ansehen dauerhaft beschädigt. Pareto starb an den Folgen einer Herzattacke in Céligny bei Lausanne.

2.

In der *Cours d'économie politique* (1897; OC, Bd. 1) entwickelt Pareto seine Wirtschaftslehre, die er im *Manuale d'economia politica* (1906) vertieft (die französische Übersetzung *Manuel d'économie politique* (OC, Bd. 9) von 1909 enthält einen wesentlich erweiterten mathematischen Anhang) und von den Polemiken zugunsten des Freihandels und der *laissez faire*-Politik befreit. Der *Trattato di sociologia generale* (1916; OC, Bd. 12), an dem er zehn Jahre arbeitet, ist sein Hauptwerk und bildet die Synthese seiner Theorien (vgl. 3.4.). Auf dem Weg dorthin entstehen 1901/02 *Les systèmes socialistes* (OC, Bd. 5; nicht nur eine Auseinandersetzung mit sozialistischen Theorien, sondern auch die Entwicklung der Synthese aus Ökonomie und Soziologie sowie die erste Darstellung der sozialen Zirkulation; vgl. 3.4.) und 1911 *Le mythe vertuiste et la littérature immorale* (OC, Bd. 15; ein Abriss seiner soziologischen Theorien). Die wichtigsten seiner zahlreichen wissenschaftlichen Aufsätze hat Pareto in *Fatti e Teorie* (1920) gesammelt. *Trasformazioni della democrazia* (1921) ist eine Zusammenstellung von Artikeln des Jahres 1920 (beide in Pareto 1980).

3.
In der Soziologie gilt Pareto (neben Durkheim, Simmel und Weber) als »Klassiker«, die Wirtschaftswissenschaften sind sich über seine Bedeutung noch nicht einig; hier scheint sein Ansehen aber zu wachsen. Für Pareto allerdings ist die Ökonomie nur ein Teilgebiet der Soziologie, der er sich vornehmlich deswegen zuwendet, weil ökonomische Phänomene seines Erachtens großenteils von nicht-ökonomischen Phänomenen beherrscht werden, die er daher untersuchen müsse.

Aus der Fülle der bearbeiteten Themen Paretos können hier nur wenige genannt werden: seine Methodologie (3.1.), sein Gesetz der Einkommensverteilung (3.2.), das ›Pareto-Optimum‹ (3.3.) und seine Handlungstheorie (3.4.).

3.1. Pareto hat das Ziel, die *Methoden* der Naturwissenschaften auf die seinerzeit noch jungen Sozialwissenschaften anzuwenden, um das Handeln der Subjekte letztlich mathematisch bestimmen zu können. Durch Erfahrung und Beobachtung gelangt er zu Gesetzen, die sich wiederum an der Beobachtung beweisen müssen. Ein halbes Jahrhundert vor Popper gelten für Pareto Theorien nur so lange als zutreffend (niemals als ›wahr‹), bis sie durch neue Beobachtungen widerlegt werden. »Unser ganzes Forschen ist also kontingent, relativ und liefert Ergebnisse, die lediglich mehr oder minder wahrscheinlich und allmählich immer wahrscheinlicher sind.« (Pareto 1917, § 69)

3.2. Das paretosche Gesetz, nach dem die Einkommensverteilung in allen Gesellschaften der gleichen logarithmischen Kurve entspricht (was u.a. bedeutet, dass das Vermögen der Armen nur erhöht werden kann, indem das Gesamtvermögen der Gesellschaft erhöht wird, Umverteilung also unmöglich ist), gilt allgemein als widerlegt. Als Anwendung der Ökonometrie (also der quantitativen Analyse ökonomischer Phänomene) war es jedoch eine Pionierleistung, und die Beschäftigung mit diesem Gesetz hat eine umfangreiche Theoriebildung in der Ökonomie in Gang gesetzt.

3.3. Paretos vermutlich bekanntester Beitrag zur Ökonomie ist seine Definition einer effizienten Nutzenverteilung zwischen mehreren Parteien. Als ›pareto-optimal‹ oder (korrekt) ›pareto-effizient‹ wird ein Zustand bezeichnet, zu dem keine Alternative möglich ist, die eine Partei besser und keine schlechter stellt; anders formuliert ginge in einem solchen Zustand jede Verbesserung von einer Partei auf Kosten einer anderen Partei. Für ein System können allerdings mehrere pareto-effiziente Zustände existieren (vgl. Pareto 1906, VI, § 33).

Pareto betont, dass die Präferenzen der Personen die einzigen Daten zur Beurteilung einer Verteilung seien. Diese Präferenzen ließen sich nur (ordinal) in eine Rangfolge bringen; sie (kardinal) objektiv zu messen sei unmöglich (aus diesem Grunde hielt er den Utilitarismus für falsch).

Paretos Leistung besteht nicht in der Formulierung des Optimums (sie stammt von F. Y. Edgeworth), sondern in der Einsicht, dass dieses unabhängig von allen Institutionen und Verteilungen gültig ist. Anders als in Theorien der Wohlfahrtsökonomie oder der Verteilungsgerechtigkeit (z.B. von A. Sen oder J. Rawls) ist für Pareto dieses Prinzip *kein* Kriterium, mit dem eine Verteilung als gerecht oder ungerecht bewertet werden kann. Es ist ein Gleichgewichtszustand, der sich im freien Markt von selbst einstellt und erhält, eine präzise Beschreibung des Wirkens der »unsichtbaren Hand« A. Smiths.

Seine Bedeutung erlangte dieses Kriterium u.a. deshalb, weil es innerhalb des neoklassischen Wirtschaftsverständnisses die einzig mögliche Definition eines Optimums ist. Sobald andere Daten als die Präferenzen der Individuen und die Produktionsbedingungen herangezogen werden, lässt sich ein Optimum nicht mehr im Rahmen der neoklassischen Theorie beschreiben.

3.4. Das *soziale System* besteht nach Pareto aus den Menschen und ihren Handlungen. Diese werden durch vier Elemente bestimmt und erschlossen: Residuen, Derivationen, Interessen und soziale Zirkulation (vgl. Pareto 1917, Kap. 6–11). *Residuen* entsprechen gewissen Instinkten der Menschen; sie sind die gesellschaftsübergreifend konstanten Sinnkerne sozialer Diskurse (z.B. das Bedürfnis nach Gefühlsausdruck durch äußere Handlungen). *Derivationen* bilden die variierenden persönlichen Handlungserklärungen der Akteure (z.B. Aberglaube und Vorurteile). Ihre Überzeugungskraft basiert nicht auf Logik, sondern darauf, dass sie Gefühle und Residuen anzusprechen vermögen. Die *Interessen* der Akteure (z.B. Profit, sozialer Aufstieg) sind mehr noch als die Residuen die Handlungsmotivation (und können durch Derivationen maskiert werden). Das letzte Element ist die *soziale Mobilität* (auch: *Zirkulation der Eliten*). Die Mitglieder der Oberschicht werden langsam, aber stetig ausgetauscht: »Die Geschichte ist ein Friedhof der Eliten.« (Pareto 1917, § 2053) Aus den Wechselwirkungen der vier Elemente ergeben sich alle sozialen Phänomene.

4.

Pareto, V., 1906, Manuale d'economia politica, Düsseldorf: VWF 1992.

Pareto, V., 1911, Der Tugendmythos und die unmoralische Literatur, Neuwied: Luchterhand 1968.

Pareto, V., 1916, Paretos System der allgemeinen Soziologie, Stuttgart: Enke 1962.

Pareto, V., 1917, Traité de sociologie générale, Lausanne: Payot.

Pareto, V., 1919, Allgemeine Soziologie, Tübingen: Mohr 1955.

Pareto, V., 1962, Lettere a Maffeo Pantaleoni, 3 Bde., Rom: Edizioni di Storia e Litteratura.

Pareto, V., 1965 ff., Œuvres complètes, 27 Bde., Genf: Droz (zitiert als OC).

Pareto, V., 1976, Ausgewählte Schriften, Frankfurt/M.: Ullstein.

Pareto, V., 1980, Scritti sociologici minori, Turin: UTET.

Albert, G., 2005, Hermeneutischer Positivismus und dialektischer Essentialismus V. Paretos, Wiesbaden: VS.

Bach, M., 1999, Vilfredo Pareto, in: D. Kaesler (Hg.), Klassiker der Soziologie, Bd. 1, München: Beck.

Bach, M., 2004, Jenseits des rationalen Handelns, Wiesbaden: VS.

Dia, M., 1996, Die politische Philosophie Vilfredo Paretos, Humboldt Universität Berlin: Diss.

Eisermann, G., 1987, Vilfredo Pareto, Tübingen: Mohr.

Parsons, T., 1968, The Structure of Social Action, New York: Free Press.

Powers, C., 1987, Vilfredo Pareto, Newbury Park: Sage.

Schumpeter, J., 1951, Pareto, in: Ten Great Economists, London: Allen & Unwin.

Nils Hodyas

Parlamentarismus

1.
In seiner vor über sieben Jahrhunderten begonnenen Geschichte hat der Parlamentarismus sehr verschiedene Traditionen, Ideen, Verfahren und Praktiken ausgebildet, die sich nicht auf ein idealtypisches Regierungssystem reduzieren lassen. Im Ringen zwischen aufstrebendem, liberalem Bürgertum und konservativ-restaurativen Kräften mit dem Rechtsstaat in Europa durchgesetzt, durchlief der Parlamentarismus tief greifende Metamorphosen. Auf seinem Weg von einer Ständevertretung zu einer gewählten Volksrepräsentation erwies sich die institutionalisierte Selbstkritik als Motor seiner Fortentwicklung (vgl. Kluxen 1983, 175). Ob als Legitimationsquelle politischer Herrschaft anerkannt, als Herrschaftsinstrument zur Befriedung der Opposition angegriffen oder als »ohnmächtige Schwatzbude« (Carl

Schmitt) denunziert, liegt dem Parlamentarismus eine Leitidee zugrunde, die sich trotz unterschiedlichster Herausforderungen behaupten konnte: die Norm, dass der Vertretung des Volkssouveräns eine zentrale Rolle als Quelle, Legitimations- und Kontrollinstanz der Regierung gebühre. Ob sich dieser weltweite Siegeszug im Zeichen der Globalisierung fortsetzen wird, ist eine offene Frage.

1.1. Der Ausdruck »Parlamentarismus« bezeichnet verschiedene, voneinander stark abweichende Erscheinungsformen moderner Regierung. Etymologisch geht »Parlament« auf das 13. Jahrhundert zurück und ist mit der Bedeutung »Unterredung« aus dem französischen »parlement« (Unterredung, Versammlung, Gerichtshof) entlehnt.

1.2. Der Begriff des Parlamentarismus – synonym mit »parlamentarisches Regierungssystem« – bezeichnet diejenige Grundform repräsentativen Regierens, der zufolge die staatlichen Organe ihre Handlungsbefugnisse aus dem Parlament – der Versammlung von Repräsentanten des Volkes – ableiten. Während im Präsidentialismus die direkt gewählte Spitze der Exekutive über eine von der Legislative unabhängige Autorität und Legitimation verfügt, und weder der Präsident den Kongress auflösen noch letzterer den ersteren durch ein Misstrauensvotum aus dem Amt entfernen kann, bestellt im Parlamentarismus das den Volkssouverän vertretende Parlament die Regierung, kontrolliert sie (parlamentarische Regierungs- bzw. Ministerverantwortlichkeit) und beruft sie ab (Misstrauensvotum), übt das Haushaltskontrollrecht aus und legitimiert die Gesetzgebung (Legislativfunktion). Insofern ist keineswegs jedes Regierungssystem parlamentarisch, das über ein Parlament verfügt; insbesondere sind autoritäre Systeme oder Einparteiendiktaturen, welche eine Volksversammlung legitimatorisch nutzen, deren Autonomie aber nicht anerkennen, nicht als »parlamentarisch« zu bezeichnen. Im Unterschied zum vordemokratischen Parlamentarismus gründet sich der demokratische Parlamentarismus auf demokratische Selektions- und Delegationsverfahren. Die Bürger delegieren über allgemeine, freie und gleiche Wahlen ihre Mitsprache an Repräsentanten, welche durch das Parlament staatliche Politik verändern, die Regierung ersetzen und die Ausübung der Macht kontrollieren können. Demokratische parlamentarische Systeme wirken – abhängig von ihrem Wahlsystem – in unterschiedlichem Maße selektiv hinsichtlich der Repräsentation ihrer Konstituenten, z.B. Klassen, Schichten, Geschlechter, Generationen, Minderheiten etc. Parlamentarische Regierungen variieren auch hinsichtlich der Verteilung von Kompetenzen auf Parlament und Regierung, wobei das Spektrum von der parlamentarischen Versammlungsregierung bis hin zur parlamentarischen Kabinettsregierung und »rationalisierten« Varianten eines durch die Exekutive disziplinierten Mehrheitsparlamentarismus reicht (vgl. Döring 1995).

2.
Von seinen Anfängen im feudalen England über den demokratisch verfassten Nationalstaat bis zu den supranationalen Arenen zu Beginn des 21. Jahrhunderts hat sich der Begriff des Parlamentarismus als weltweit anerkannte Form der Herrschaftslegitimation etablieren können.

2.1. In England erfolgte die Institutionalisierung des Parlamentarismus kontinuierlich, wenngleich nicht konfliktfrei. Gegenüber der Krone erstritt das Parlament die Befugnisse der obersten Rechtsprechung, der Steuerbewilligung sowie des Zustimmungsrechts hinsichtlich der vom König erlassenen Gesetze und ab Ende des 15. Jahrhunderts die Beteiligung am Gesetzgebungsverfahren. Parlamentskämpfe führten zu Bürgerkrieg und Revolution (1649). Nach der Wiederherstellung des Zweikammernsystems 1660 leitete das Parlament mit seiner *Bill of Rights* 1689 die konstitutionelle Monarchie sowie deren Parlamentarisierung ein. Die Staatsgewalt verlagerte sich zunehmend auf das Parlament, welches die Opposition legalisierte und mittels der Demokratisierung des Wahlrechts seine gesellschaftliche Basis verbreiterte.

In Deutschland konnten sich parlamentarische Prinzipien weder in der Versammlung des Deutschen Bundes noch in der Frankfurter Nationalversammlung von 1848 oder unter Bismarck durchsetzen. Entscheidender für die Parlamentarisierung waren die Volksvertretungen der deutschen Mittel- und Kleinstaaten (Weimar 1816, Baden, Hessen und Bayern 1818, Württemberg 1819) und die Krise der Monarchie des Deutschen Reiches infolge der Niederlage im Ersten Weltkrieg. Erst 1918 wurde die Verantwortlichkeit des Reichskanzlers vor dem Reichstag eingeführt; im Zuge des Nationalsozialismus aber wieder suspendiert. Noch in dem vom Grundgesetz 1949 in der Bundesrepublik Deutschland begründeten parlamentarischen Regierungssystem leben plebiszitäre und exekutivlastige Traditionen in den parteienstaatlichen Prinzipien der Kanzlerdemokratie fort.

Nach 1945 breitete sich der Parlamentarismus über Westeuropa hinaus in verschiedene Teile der Welt aus. Nicht zuletzt werden Tendenzen der Parlamentarisierung auch auf supra- und internationaler Ebene wirksam: Dies zeigen die Wahlen zum Europäischen Parlament seit 1979 und zum Zentralamerikanischen Parlament sowie die Parlamentarierkonferenzen der Interparlamentarischen Union und des Europäischen Parlamentes zur Welthandelsorganisation (2003, 2004) wie auch die Parlamentarierversammlungen von NATO und OSZE (vgl. Slaughter 2004). Im engeren Sinne parlamentarische Mechanismen supranationalen Regierens führten die Vertragsreformen der Europäischen Union von Maastricht (1991) und Amsterdam (1997) ein, wonach das Europaparlament den Präsidenten und die Mitglieder der Europäische Kommission bestätigen muss sowie abberufen kann. Diese weltweite Erfolgsgeschichte des Parlamentarismus resultiert aus der grenzüberschreitenden Wirksamkeit spezifischer Ideen und Prinzipien.

2.2. Ideengeschichtlich gehen die institutionelle Metamorphose, Diffusion und Rezeption des Parlamentarismus aus Auseinandersetzungen der klassischen Doktrin mit kontroversen Ideen von Herrschaftslegitimation, Staat und Demokratie hervor, welche die Debatte bis heute bestimmen.

Die *klassische* Parlamentsdoktrin entwickelte sich parallel zum modernen Rechtsstaat auf der Grundlage neuzeitlicher Staatsphilosophie und Verfassungslehre. Danach konnten sich Herrschaft und Recht nicht mehr auf die Sphäre des Politischen transzendierende Gründe berufen. Neuzeitliche Auffassungen stützen sich auf Verfahren der Konsensbildung als Bedingungen einer sich in freier Willensbildung konstituierenden Gesellschaft, in welcher sich politische Entscheidungen aus der Einhaltung der konstitutionell vorgeschriebenen Verfahren legitimieren. Locke zufolge bedurfte die Regierung darüber hinaus einer naturrechtlichen Legitimation (vgl. Kluxen 1983, 275). Kelsen, als Vertreter des Rechtspositivismus, ging dagegen von der Identität von Legalität und Legitimität aus und reduzierte das Parlament auf ein wertindifferentes »sozialtechnisches Mittel zur Erzeugung der staatlichen Ordnung« (ebd., 180), ein Spiegelbild gesellschaftlicher Interessen und eine Stätte der Kompromissfindung.

John Stuart Mill, der Theoretiker des klassischen Parlamentarismus und der britischen Kabinettsregierung, sprach der Repräsentativversammlung die Gesetzgebungsfunktion ab und dem Kabinett zu. Von kontinentalen Verfassungsrechtlern häufig missverstanden sei das Parlament Sprachrohr der öffentlichen Meinung und der Opposition – ein zentrales Diskussionsforum der Nation, aber kein Ort der Willensbildung. Der Vater der Weimarer Verfassung, Hugo Preuss, knüpfte im Unterschied zum britischen Modell an die Tradition der dualistisch konstruierten deutschen Reichsverfassung und der Preußischen Verfassung an. So setzte er an die Stelle der Gewaltenverschränkung ein System des Gleichgewichts zwischen den gegensätzlich konstruierten Gewalten von Parlament und Regierung.

Die parlamentarische Demokratie bezeichnet einen Typus von Regierung, der die Individuen als Bürger und deren Vertretungskörperschaft – das frei, gleich und allgemein gewählte Parlament – als zentralen Ort der Herrschaftslegitimation anerkennt. Weber sah in der Synthese von Parlamentarisierung und Demokratisierung ein Mittel der Überwindung des obrigkeitsstaatlichen Bürokratismus. In seiner Vorstellung einer repräsentativ-plebiszitären Führerdemokratie sollte sich die politische Souveränität des Volkes mit westlichen Prinzipien individueller Freiheit verbinden und das Parlament als Instrument der Führerauslese fungieren (vgl. Weber 1918). Schmitt denunzierte dies als unhaltbaren Kompromiss: Demokratie und Parlamentarismus seien Gegensätze wie Gleichheit und Freiheit (vgl. Schmitt 1923). »Echter Parlamentarismus« setze Wahrheitsfindung durch freie Diskussion vor einer freien Öffentlichkeit voraus, während Massenparteien und Fraktionsdisziplin diese Voraussetzungen beseitigt hätten. Im Rückgriff auf einen fiktiven, klassisch-liberalen Parlamentarismus karikierte Schmitt das Parlament als eine entscheidungshemmende »Schwatzbude« und als »Tummelfeld korrupter Politiker« – nicht um die liberalen Normen gegenüber der Wirklichkeit zu behaupten, sondern um für seine Vorstellung eines dezisionistischen Etatismus zu plädieren.

Auch der Antiparlamentarismus von Links, wie ihn Lassalle oder Luxemburg zum Ausdruck brachten, lehnte den Parlamentarismus grundsätzlich ab, aber aus entgegen gesetzten Motiven, nämlich als Herrschaftsform der bürgerlichen Klassengesellschaft (vgl. Lenk 1972, 45 ff.): Der als scheindemokratische Machtmechanismus begriffene Parlamentarismus verhindere die wirkliche Selbstbestimmung des Volkes, verbürge die kapitalistische Herrschaft über die Masse der ökonomisch Abhängigen und verschleiere diese gleichzeitig.

Zur Überwindung der Polarisierung zwischen dem Antiparlamentarismus der Linken und der Rechten zielte Gerhard Leibholz' Konzeption der parteienstaatlichen Demokratie darauf ab, den im Kontext der modernen Massendemokratie funktionsunfähig gewordenen, klassischen liberalen Parlamentarismus zu rationalisieren, indem er den politischen Parteien die im Grundgesetz festgeschriebene Aufgabe zuwies, als Faktoren direkter Demokratie das Volk zu organisieren und aktionsfähig zu machen (vgl. Kluxen 1983, 189 ff.). Kirchheimer konstatierte infolgedessen einen Niedergang der Opposition in parlamentarischen Regimen (vgl. Kirchheimer 1957). Angesichts der Defizite des territorial-repräsentativen Parteienparlamentarismus, ökonomische Interessenkonflikte zu kanalisieren und zu pazifizieren, wurde als Alternativmodell das neo-korporatistische Regime funktionaler Interessenrepräsentation und -vermittlung entwickelt (vgl. Schmitter/Lehmbruch 1979).

Die außerparlamentarische Opposition der 1960er Jahre griff die alten und neuen Widersprüche zwischen demokratischen Freiheitsnormen und gleichen Mitbestimmungsrechten einerseits, und den – parteipolitisch und neo-korporatistisch unzureichend vermittelten – »Interessenantagonismen der kapitalistischen Gesellschaft« (Abendroth 1967) andererseits auf. Die neuen Protest- und Widerstandsinitiativen maßen die demokratische Qualität des Parlamentarismus u.a. daran, wieweit er die Diskussion von Alternativen zur Verwirklichung von Demokratie zuließ (vgl. Lenk 1972, 50). Die radikaldemokratische Kritik am Establishment, welche die Neuen Sozialen Bewegungen vorbrachten, zielte auf parlamentarische Repräsentations- und Partizipationsdefizite und das Versäumnis der etablierten Parteien und Interessengruppen, die mit dem postmateriellen Wertewandel einhergehende Politisierung »privater« geschlechtsspezifischer Identitäten sowie die gesteigerte gesellschaftliche Sensibilität für friedens- und umweltpolitische Ziele adäquat zu repräsentieren.

2.3. Der moderne Parlamentarismus gründete sich auf zwei historisch miteinander verknüpfte Voraussetzungen: einen durch die nationalstaatliche Verfassungsordnung definierten politischen Raum sowie eine zivilbürgerliche kollektive Identität, welche durch eine Mischung aus staatsbürgerlicher Apathie und konventioneller Partizipation geprägt ist. Dieses Modell verlor in dem Maß an Relevanz, wie (1) die Entwicklung der Zivilgesellschaft und einer postmodernen politischen Kultur den liberalen Delegationsmechanismus infrage stellten und (2) wichtige Entscheidungen aus dem nationalstaatlich definierten Raum in supranationale Institutionen verlagert wurden (z.B. auf WTO und EU). Kontrovers bleibt, ob und wie die Theorie des Parlamentarismus dieses Dilemma eines unumgänglichen Transfers staatlich-parlamentarischer Souveränität und der damit erzeugten Demokratie- und Legitimationsdefizite zu lösen vermag. Einige Sozialwissenschaftler vertreten die Auffassung, dass parlamentarische Demokratie und Nationalstaat aneinander gebunden seien und daher mit der Schwächung des Nationalstaates notwendig auch die Schwächung des Parlamentarismus einhergehe. Andere behaupten die Möglichkeit einer Parlamentarisierung supra- und internationalen Regierens (vgl. Burns 1999), trotz fehlender Konsens verbürgender Strukturen (gemeinsame Sprache, Volkszugehörigkeit, Traditionen) und der Konsens erschwerenden kulturellen Vielfalt, die einer Majorisierung entgegenwirken.

In Auseinandersetzung mit diesen widerstreitenden Ideen von Legitimation, Staatlichkeit und den Grenzen und Voraussetzungen des Parlamentarismus hat die normative Theorie des Parlamentarismus immer wieder ihre Innovationsfähigkeit unter Beweis gestellt. Dabei leistete die empirisch-vergleichende Theorie unverzichtbare Beiträge.

3.

3.1. Blieb der Parlamentarismus bis Mitte des 20. Jahrhunderts eine Domäne der politischen Philosophie, Verfassungs- und Staatstheorie, wurde er in der zweiten Hälfte als Forschungsfeld der Sozialwissenschaften entdeckt. Die Entwicklung der empirisch-vergleichenden Parlamentarismus-Theorie lässt sich anhand von fünf Paradigmenwechseln skizzieren:

Infolge behavioristischer Einflüsse standen seit den 1960er Jahren das Verhalten der Wähler und die Charakteristika der »politischen Klasse« im Zentrum der empirischen Parlamentsforschung. Mit dem Aufkommen des Neoinstitutionalismus verschob sich das Forschungsinteresse auf die in der behavioristischen Perspektive verkürzten institutionellen Bedingungen und Mechanismen parlamentarischer Funktionen und Defizite: etwa auf parlamentarische Institutionalisierungsprozesse, die Entstehung, institutionelle Variation und den Funktionswandel des Parlamentarismus in Europa (vgl. Döring 1995; Beyme 1999), insbesondere auch unter dem Gesichtspunkt der Frauenrepräsentation.

Die mit der Demokratisierung in Südeuropa und Lateinamerika einsetzende vergleichende Demokratisierungsforschung ging der Frage nach der Zentralität der Parlamente nach (vgl. Liebert/Cotta 1990) und erforschte insbesondere alternative Prozessformen demokratischer Konsolidierung im Zusammenhang mit variablen Mustern parlamentarischer Selbstorganisation, Institutionalisierung und Vernetzung mit organisierten Interessen (vgl. Liebert 1995). Zwei Jahrhunderte demokratischen Regierens in den USA begründeten den Glauben, dass der Präsidentialismus eher eine stabile Demokratie sichere. In Lateinamerika, wo viele Regierungen dem Modell der USA nachgebildet wurden, ist der Präsidentialismus jedoch weniger erfolgreich gewesen. Die Überlegenheit des Parlamentarismus für die Stabilisierung neuer Demokratien (vgl. Linz/Valenzuela 1994) bleibt, da auch von außerinstitutionellen Faktoren abhängig, empirisch umstritten.

In einer deliberativen Wende wurden Parlamente nicht als Gesetzgebungs- oder Repräsentationsmechanismen, sondern als »starke Öffentlichkeiten« (Eriksen/Fossum 2002) unter dem Gesichtspunkt parlamentarischer Diskurse zu gesellschaftlich kontroversen Themen analysiert: z.B. zur nationalsozialistischen Herrschaft und zum Holocaust (vgl. Dubiel 1999). Zu den Strukturproblemen der Parlamentskommunikation gehört, dass das Parlament kein Monopol auf kommunikative Präsenz in den Massenmedien besitzt und dass parlamentarische Kommunikationsangebote seitens der Öffentlichkeit nur unzureichend rezipiert werden. Öffentliche Interpretationen parlamentarischen Geschehens bleiben vom Konstitutionalismus des 19. Jahrhunderts geprägt, der als Verständnishintergrund wenig Legitimationskraft entfalten kann (vgl. Patzelt 1998).

Mit der Prinzipal-Agent-Theorie gewann die Parlamentarismus-Forschung im Anschluss an die Public Choice-Theorie einen analytisch ausgefeilten Bezugsrahmen. Danach wird die parlamentarisch-repräsentative Demokratie als eine vierstufige Kette von Delegationen und Verantwortlichkeiten vom Wähler zum parlamentarischen Repräsentanten, von diesem zum Premierminister, innerhalb des Kabinetts sowie von diesem zur Ministerialbürokratie begriffen. So konnte etwa nachgewiesen werden, dass kompetitive politische Parteien, ergänzt durch starke externe Kontrollen durch Gerichte, Zentralbanken, Referenda und supranationale Institutionen, bessere Leistungen erbringen, in vielen Ländern Parteien aber schwächer werden und den neuen demokratischen Herausforderungen nicht begegnen können (vgl. Strom/Müller/Bergman 2003).

Wie sich nationale Parlamente an die Herausforderungen der Europäisierung anpassen (vgl. Maurer/Wessels 2001) und unter welchen Bedingungen die Rekonstruktion des Parlamentarismus auf inter- und supranationaler Ebene gelingen kann (vgl. Burns 1999), ist Thema der vergleichenden parlamentarischen Integrationsforschung. Für die EU wurde eine semi-parlamentarische Form von Demokratisierung diagnostiziert. Dabei ist das Europäische Parlament in bislang jeder Vertragsreform gestärkt worden. Die mit der Entwicklung eines postnationalen Parlamentarismus einhergehenden normativen Kontroversen und empirischen Fragen eröffnen ein neues Forschungsfeld der durch die Integrationstheorie erweiterten normativen und empirischen Theorie des Parlamentarismus.

3.2. Die parlamentarische Demokratie ist eine bislang weitgehend konkurrenzlos gebliebene Erfindung, die drei Prinzipien legitimen Regierens in der Praxis sichern soll: dass die Bürgerinnen und Bürger im politischen Entscheidungsprozess über demokratische Wahlen repräsentiert sind, dass Herrschaft rechenschaftspflichtig und kontrollierbar ist und dass die politische Führung ohne Gewaltanwendung ausgewechselt werden kann. Gegenüber den Krisen- und Niedergangsszenarien, die in unterschiedlichsten staats-, gesellschafts- und demokratietheoretischen Perspektiven entworfen wurden, konnte sich diese Leitidee des Parlamentarismus von der Stände- über die Klassen- bis hin zur postindustriellen, transnationalen und multikulturellen Gesellschaft des 21. Jahrhunderts fortentwickeln.

4.

Abendroth, W., 1967, Antagonistische Gesellschaft und politische Demokratie, Neuwied: Luchterhand.

Beyme, K. v., 1999, Die Parlamentarische Demokratie, Opladen: Westdeutscher Verlag.

Burns, T., 1999, The Evolution of Parliaments and Societies in Europe, in: European Journal of Social Theory 2.

Döring, H. (Hg.), 1995, Parliaments and Majority Rule in Western Europe, Frankfurt/M.: Campus.

Dubiel, H., 1999, Niemand ist frei von der Geschichte, München: Hanser.

Eriksen, E./Fossum, J., 2002, Democracy Through Strong Publics in the European Union?, in: Journal of Common Market Studies 40.

Kirchheimer, O., 1957, Wandlungen der politischen Opposition, in: Archiv für Rechts- und Sozialphilosophie 43.

Kluxen, K., 1983, Geschichte und Problematik des Parlamentarismus, Frankfurt/M.: Suhrkamp.

Lenk, K., 1972, Wie demokratische ist der Parlamentarismus?, Stuttgart: Kohlhammer.

Liebert, U., 1995, Modelle demokratischer Konsolidierung, Opladen: Leske + Budrich.

Liebert, U./Cotta, M. (Hg.), 1990, Parliament and Democratic Consolidation in Southern Europe, London: Pinter.

Linz, J./Valenzuela, A. (Hg.), 1994, The Failure of Presidential Democracy, Baltimore: Johns Hopkins University Press.

Marschall, S., 2005, Parlamentarismus, Baden-Baden: Nomos.

Maurer, A./Wessels, W. (Hg.), 2001, National Parliaments on their Ways to Europe, Baden-Baden: Nomos.

Patzelt, W. J., 1998, Parlamentskommunikation, in: O. Jarren/U. Sarcinelly/U. Saxer (Hg.), Politische Kommunikation in der demokratischen Gesellschaft, Opladen: Westdeutscher Verlag.
Schmitt, C., 1923, Die geistesgeschichtliche Lage des heutigen Parlamentarismus, Berlin: Duncker & Humblot 1996.
Schmitter, P./Lehmbruch, G. (Hg.), 1979, Trends toward Corporatist Intermediation, Beverly Hills: Sage.
Slaughter, A.-M., 2004, A New World Order, Princeton: Princeton University Press.
Strom, K./Müller, W./Bergman, T. (Hg.), 2003, Delegation and Accountability in Parliamentary Democracies, Oxford: Oxford University Press.
Weber, M., 1918, Parlament und Regierung im neugeordneten Deutschland, in: ders., Politische Schriften, Tübingen: Mohr 1988.

Ulrike Liebert

Parsons, Talcott (1902–1979)

1.

Der US-amerikanische Soziologe Talcott Parsons lehrte nach einem Studium der Biologie und der Nationalökonomie u.a. an der London School of Economics und in Heidelberg sowie bis zu seiner Emeritierung im Jahr 1973 an der Harvard University. Dort war er auch Mitbegründer des *Department of Social Relations*. In den 1940er bis 1960er Jahren zählte Parsons zu den einflussreichsten Soziologen überhaupt. Während sein Werk in den 1970er Jahren v.a. in den USA auf heftige, zumeist ideologisch eingefärbte Kritik stieß, ist Parsons in Deutschland von so unterschiedlichen Autoren wie Luhmann und Habermas folgenreich rezipiert worden. Zu seinen wichtigsten Werken zählen *The Structure of Social Action* (1937), *The Social System* (1951) und *Social Systems and the Evolution of Action Theory* (1977).

2.

Mit seiner Rekonstruktion der Beiträge vier europäischer Klassiker (Marshall, Pareto, Durkheim, Weber) in *The Structure of Social Action* sowie mit Übersetzungen diverser Texte von Max Weber trug der frühe Parsons dazu bei, die US-amerikanische Soziologie für die europäische Sozialtheorie sowie überhaupt für theoretische Fragen zu öffnen. Verantwortlich für den konkurrenzlosen (internationalen) Einfluss Parsons' in der Soziologie der 1940er bis 1960er Jahre waren mehr als die lebenslang vorangetriebene Arbeit an einer allgemeinen Theorie für alle Sozialwissenschaften (vgl. 3.) wohl seine zahlreichen Beiträge zu spezifischen soziologischen Themen – darunter Familie und Faschismus ebenso wie Professionen, Politik, Schichtung und Schulklassen. Breite Verwendung gefunden haben die in dieser Phase entwickelten *pattern variables* (z.B. Universalismus und Partikularismus), ein handlungstheoretisches Instrumentarium zur Aufschlüsselung von Rollenstrukturen. In einer Spätphase seines wissenschaftlichen Schaffens hat Parsons 1978 ein Theorieprogramm zu formulieren versucht, das alle disziplinären Annäherungen an die natürliche und menschliche Welt integriert.

3.

Gegenstand der Theorie von Parsons ist die sinnhaft geordnete Welt im Ganzen. Um diese Welt in ihrer Einheit und Nichtableitbarkeit aus ihren organisch-physischen Bedingungen zu erklären, verwendet Parsons den Handlungsbegriff; und um ein Disziplinengrenzen überschreitendes Vokabular anhand dieses Begriffs zu ordnen, legt er die Theorie der Handlung als Systemtheorie an. Dies geschieht in Gestalt zweier Konstruktionen, deren Zusammenhang umstritten ist.

Der frühe Parsons versteht den Elementbegriff »Handlung« als nichtbeliebigen Zusammenhang von notwendigen Unter-Elementen, die mittels eines begriffsanalytischen Verfahrens identifizierbar sind, und in *diesem* Sinne als System. In der *Zweck*komponente des Handelns – d.h. in der Orientierung des *Akteurs* an einem für ihn wünschenswerten zukünftigen Weltzustand, der nicht ohne seine Intervention eintreten würde – ist die

Nichtreduzierbarkeit des Handelns auf seine organischen *Bedingungen* festgehalten und zugleich die Abgrenzung gegen behavioristische Theorien markiert. Für die Zwecke ihrerseits kann Parsons gegen den Utilitarismus nachweisen, dass sie nicht ohne *Normen* bestimmbar, nämlich von den Mitteln abgrenzbar, sind und somit das Individuum als alleiniger Urheber von Handlung ausfällt: Normen und damit soziale Ordnung zählen zu den Voraussetzungen von Handlung schlechthin.

Dass Handlung in der sozialen Ordnung der Gesellschaft aber auch nicht aufgeht, wird besonders in der reifen Theorieanlage Parsons' deutlich. Sie reinterpretiert die Elemente des frühen Handlungsbegriffs als vier Subsysteme eines umfassenden Systems der Ermöglichung von Handlung: dem *sozialen System*, den am Menschen unterscheidbaren Systemen der *Persönlichkeit* und des *Verhaltens* sowie der *Kultur*. Sachverhalte, die teilweise in den Gegenstandsbereich unterschiedlicher Disziplinen fallen, werden damit als Beiträge zum Zustandekommen der emergenten Errungenschaft »Handlung« rekonstruiert. Die gegenseitige Irreduzibilität dieser Beiträge markiert Parsons durch die Zuweisung je eigener Problemformeln. So muss das soziale System eine Pluralität von Handlungen unterschiedlicher Akteure integrieren, während die Persönlichkeit eine Optimierung von Gratifikationsniveaus angesichts einer Vielzahl von Motivationen und begrenzter Handlungsmöglichkeiten sicherzustellen hat. Der Mensch ist bei Parsons also in der Umwelt der Gesellschaft platziert.

Eine Besonderheit der reifen Theorieanlage besteht darin, dass die Subsysteme in der Lösung ihrer je eigenen Ordnungsprobleme eine Funktion für das *Handlungs*system erfüllen, die schon durch den *allgemeinen* Systembegriff vorgezeichnet ist. Diesen definiert der späte Parsons durch eine Analyse in vier begrifflich notwendige Funktionen, wobei er dem Schema dieser Funktionen zusätzliches Gewicht verleiht, indem er es als Formvorgabe für Systemdifferenzierung interpretiert. Ebenso wie das Handlungssystem können sich auch seine Subsysteme nur entlang jener vier Funktionen differenzieren – und nicht etwa nach irgendeinem anderen Schema. Für die Beziehungen zwischen diesen Systemen schließlich hat Parsons drei verschiedene Begriffe vorgelegt. Neben dem Konzept einer kybernetischen Kontrollhierarchie und der von der psychologischen Idee der Verinnerlichung inspirierten Vorstellung einer Interpenetration im Verhältnis zwischen Teilsystemen gehört dazu die Theorie symbolisch generalisierter Tauschmedien.

4.

Parsons, T., 1937, The Structure of Social Action, New York: Free Press.

Parsons, T., 1951, The Social System, New York: Free Press.

Parsons, T., 1976, Zur Theorie der sozialen Interaktionsmedien, Opladen: Westdeutscher Verlag.

Parsons, T., 1977, Social Systems and the Evolution of Action Theory, New York: Free Press.

Parsons, T./Platt, G., 1973, Die amerikanische Universität, Frankfurt/M.: Suhrkamp 1988.

Parsons, T./Shils, E. (Hg.), 1951, Toward A General Theory of Action, Cambridge/MA: Harvard University Press.

Habermas, J., 1981, Theorie des kommunikativen Handelns, Frankfurt/M.: Suhrkamp.

Luhmann, N., 1980, Talcott Parsons, in: Zeitschrift für Soziologie 9.

Münch, R., 1982, Theorie des Handelns, Frankfurt/M.: Suhrkamp.

Turner, B. (Hg.), 1999, The Talcott Parsons Reader, Oxford: Blackwell.

Bettina Mahlert

Parteientheorie

1.

Während bei Burke (1770, 335) eine Partei noch als Gruppe von Menschen definiert wurde, die das allgemeine Wohl auf Basis eines gemeinsamen Prinzips zu fördern beabsichtigt, bildet aus Sicht der Ökonomischen Theorie der Politik das kompetitive Streben nach Ämtern und Machterhalt den Hauptzweck von Parteien. Schumpeter (1942, 449f.) definiert eine Partei folglich als eine Gruppe, »deren Mitglieder willens sind, im Konkurrenzkampf um die politische Macht in Übereinstimmung miteinander zu handeln«. Zwischen diesen Extrempositionen ist Max Webers (1922, 167) klassische Parteiendefinition angesiedelt. Parteien sind demnach »auf (formal) freier Werbung beruhende Vergesellschaftungen mit dem Zweck, ihren Leitern innerhalb eines Verbandes Macht und ihren aktiven Teilnehmern dadurch (ideelle oder materielle) Chancen (der Durchsetzung von sachlichen Zielen oder der Erlangung von persönlichen Vorteilen oder beides) zuzuwenden«. Für die Verfolgung sachlicher Ziele steht der Typus der Weltanschauungspartei, für die Durchsetzung persönlicher Ziele die Amtspatronage-Organisation (vgl. ebd., 839).

2.

Die Parteientheorie ist eine Theorie geringer Reichweite (vgl. Beyme 2000, 15). Zu sehr haben sich Bewertung sowie Erscheinungs- und Organisationsformen von Parteien (vgl. 3.4.) im Zeitverlauf verändert. Von der Antike an wurden Parteien von politischen Denkern mit größtem Misstrauen betrachtet, es ist sogar behauptet worden, dass »kein anderes politisches Prinzip [...] sich einer so einheitlichen Abwehrfront aller Theologien und Staatsphilosophien gegenüber sah wie das Parteiprinzip« (Faul 1964, 62). Zu einer positiveren Sichtweise der Parteien kam es nicht zufällig im sich parlamentarisierenden England des 18. Jahrhunderts (vgl. Beyme 1978, 687ff.), wo die Parteien zuerst als Notwendigkeit eines parlamentarischen Systems anerkannt wurden. Auf dem Kontinent blieben die Vorbehalte gegenüber Parteien dagegen lange Zeit bestehen. Insbesondere in der deutschen Staatsphilosophie blieb der Begriff lange pejorativ besetzt, indem ein Wesensgegensatz zwischen den an Partikularinteressen orientierten politischen Parteien und einem »überparteilichen« gemeinwohlorientierten Staat unterstellt wurde. Erst im 20. Jahrhundert kam es zu einer überwiegend wertneutralen oder sogar positiven Konnotation des Parteibegriffs, was sich v.a. in der Zeit nach dem Zweiten Weltkrieg in einigen Ländern auch im Verfassungstext niederschlug. Seit den 1980er Jahren ist wegen der wachsenden parteipolitischen Kolonialisierung von Staat und Gesellschaft die öffentliche Zufriedenheit mit den Leistungen der Parteien in vielen Demokratien wieder rückläufig (»Parteienverdrossenheit«).

3.

3.1. Die Parteientheorie ist zumeist in Demokratie- oder Parlamentarismustheorien eingebettet. Dies wird etwa bei den Funktionszuschreibungen an Parteien deutlich, wie sie bei deutschsprachigen Theoretikern des Parteienstaates zu finden sind. Nach Kelsen (1929, 19ff.) sind Parteien als Intermediäre zwischen Individuum und Staat zentrale Impulsgeber der Gemeinwillensbildung. Parteien entwickeln und kommunizieren programmatische Ziele und Handlungsalternativen, die im Parlament »in ein einheitliches Bett« (ebd., 19) geleitet und zu einem Gemeinwillen aggregiert werden. Da unmittelbare Demokratie im modernen Flächenstaat unmöglich sei, ist die Demokratie »notwendig und unvermeidlich ein Parteienstaat« (ebd., 20). Für Leibholz (1958, 93) ist der moderne Parteienstaat insofern ein Surrogat der plebiszitären Demokratie, als Parlamentswahlen zur Abstimmung über von Parteien nominierte Mandatswerber und die von ihnen ventilierten Parteiprogramme mutieren (vgl. ebd., 104). Neben der Funktion der Artikulation, Aggregation und Durchsetzung gesellschaftlicher Interessen unterscheidet die politikwissenschaftliche Forschung drei weitere Funktionen von politischen Parteien, nämlich die Elitenrekrutierungsfunktion, also die Selektion von politischem Führungspersonal, die Mobilisierungsfunktion durch Einräumung von politischen Teilhabechancen und Aktivierung der Bürger sowie die hieraus erwachsende Legitimationsfunktion für die politische Ordnung. Nach Leibholz (1958, 90) verfügen nur die Parteien über die Möglichkeiten und Ressourcen, die Wähler zu politisch aktionsfähigen Gruppen zusammenzuschließen. Aufgrund dieser elementaren Funktionen politischer Parteien in der modernen Massendemokratie wurde früh die Forderung nach verfassungsmäßiger Verankerung von Parteien als Organe der staatlichen Willensbildung (vgl. z.B. Kelsen 1929, 19) sowie nach innerparteilicher Demokratie erhoben (vgl. Leibholz 1958, 124ff.), um den in der frühen empirischen Parteienforschung beschriebenen innerparteilichen Bürokratisierungs- und Oligarchisierungstendenzen (vgl. Michels 1925) vorzubeugen.

3.2. Im Einklang mit den (älteren) Definitionen (vgl. 1.) wird Parteien in der politikwissenschaftlichen Literatur die Verfolgung von drei Zielen unterstellt (vgl. Müller/Strøm 1999), nämlich die Maximierung von Stimmen und Ämtern sowie die Durchsetzung politischer Programme. Unterschiede zwischen den politikwissenschaftlichen Subdisziplinen bestehen hinsichtlich der Gewichtung dieser Einzelziele. Dominiert in der Politischen Ökonomie der Machterwerb- und Machterhaltaspekt, so betont die Staatstätigkeitsforschung stärker das Programmziel, um länderspezifische Unterschiede im Regierungshandeln zu erklären. Dabei wird argumentiert, dass Regierungen unterschiedlicher parteipolitischer Couleur systematische Unterschiede in der Staatstätigkeit erzeugten (vgl. Schmidt 1996). Faktisch handelt es sich jedoch, wie bereits Weber (1922, 839) betont hat, um Komplementärziele, zumal Stimmenmaximierung und Ämtererwerb in Demokratien eine notwendige Bedingung für Programmdurchsetzung bilden. Entgegen vorschneller Analysen vom modernisierungsbedingten Ende der Ideologien und damit verbundenen catch-all-Strategien der Parteien (vgl. Kirchheimer 1965, 27) konnte die vergleichende empirische Parteienforschung nicht nur einen, wenngleich politikfeldkontingenten Fortbestand programmatischer Parteidifferenzen nachweisen (vgl. Laver/Hunt 1992), sondern auch zeigen, dass sich Regierungsparteien in ihrem Handeln zu einem erheblichen Maße an den inhaltlichen Versprechungen ihrer Wahlplattformen orientieren (vgl. Klingemann/Hofferbert/Budge 1994), wenngleich u.a. institutionelle Handlungsschranken, Koalitionszwänge oder der Wettbewerb um Wählerstimmen den Aktionsradius von Parteien im Regierungsalltag einengen (vgl. Zohlnhöfer 2003). Solchen Einschränkungen unterliegen Staatsparteien in autokratischen Regimen nicht, die deshalb häufig prägenden Einfluss auf das Staatstätigkeitsprofil dieser Länder nehmen können.

3.3. Die Entstehung von Parteien wird überwiegend aus der Opposition einer Gruppe zum jeweils herrschenden politischen, ökonomischen, sozialen, kulturellen oder religiösen Status quo erklärt. So argumentieren Lipset/Rokkan (1967) in ihrem einflussreichen Ansatz, dass sich in den europäischen Parteiensystemen in je spezifischer Weise vier historische, in der Sozialstruktur verankerte Spaltungen (cleavages) niedergeschlagen haben, die ihrerseits schon weit vor der Einführung des allgemeinen Wahlrechts entstanden sind, nämlich die Konflikte zwischen Zentrum und Peripherie sowie zwischen Staat und Kirche, die beide der »nationalen Revolution« entsprungen seien, und die Konflikte zwischen Agrar- und Industrieinteressen sowie zwischen Arbeit und Kapital, deren Ursprung in der »industriellen Revolution« verortet wird. Aufgrund der Unterschiede der europäischen Länder bezüglich der historischen Abfolge, der Stärke und Dauer sowie der Lage solcher Konfliktlinien zueinander (gegenseitige Verstärkung oder Querlage) entwickelten sich unterschiedliche Spaltungs*strukturen* (vgl. Flora 2000, 54), die im Zuge der Ausdehnung des Wahlrechts parteibildend wirkten. Die so entstandenen westeuropäischen Parteiensysteme würden sich, so die Erwartung der Autoren, nach Einführung des allgemeinen Wahlrechts kaum mehr verändern, weil eine hohe sozialstrukturell verankerte Stabilität zwischen den existierenden Parteien und ihren Wählern angenommen wird, so dass für neue Parteien kein Wählerreservoir mehr existiere. Insbesondere das Aufkommen des Ökologie-Konfliktes hat jedoch zu Skepsis gegenüber dieser These geführt. Daher lehnt sich etwa von Beyme (1984, 36ff.) zwar an Lipset und Rokkan an, fächert aber die Konfliktlinien weiter auf. Er unterscheidet (1) liberale Parteien, die sich gegen das alte Regime wehren, und (2) konservative Parteien, die Letzteres verteidigen, sowie (3) Arbeiterparteien (gegen das bürgerliche System), (4) Agrarparteien (gegen das industrielle System), (5) Regionalparteien (gegen Zentralismus), (6) christliche Parteien (gegen das laizistische System), (7) kommunistische Parteien (gegen ›Sozialdemokratismus‹), (8) faschistische Parteien (gegen Demokratie), (9) rechtspopulistische Parteien (gegen das bürokratisch-wohlfahrtsstaatliche System) sowie (10) ökologische Parteien (gegen die Wachstumsgesellschaft). Dass es dennoch in keinem westlichen Land ein alle Konfliktlinien widerspiegelndes Zehnparteiensystem gibt, liegt zum einen daran, dass sich in keinem Land alle Konfliktlinien gleichermaßen manifestierten, zum anderen aber auch an institutionellen (Wahlsystem, Föderalismus) sowie politisch-kulturellen Faktoren (Parteiidentifikation, traumatische Erfahrungen mit Parteienzersplitterung), die das Entstehen neuer Parteien erschweren.

3.4. Hinsichtlich der Typologisierung von Parteien bestehen unterschiedlichste Vorschläge. In der aktuellen Diskussion am prominentesten ist dabei der Versuch, mehrdimensionale Verlaufstypen von westeuropäischen Parteien herauszuarbeiten. Demnach haben in unterschiedlichen historischen Epochen bestimmte Formen von Parteiorganisation dominiert (vgl. zum Folgenden Katz/Mair 1995; Beyme 2000, 26ff.).

Die *Elitenpartei*, die im ausgehenden 19. Jahrhundert und bis etwa 1918 dominierte, vereinigte liberale oder konservative Politiker, die aufgrund ihres hohen Ansehens gewählt wurden. Diese Parteien bestanden organisatorisch aus lose miteinander verknüpften lokalen Wahlkomitees, die hauptsächlich von Parlamentariern oder örtlichen Honoratioren gelenkt wurden, während den wenigen Mitgliedern allenfalls eine marginale Rolle zukam. Die Parteiaktivitäten waren stark auf Wahlen fokussiert.

Die Elitenparteien wurden in der Zwischenkriegszeit, nicht zuletzt in Folge der Wahlrechtsausdehnung, von den *Massenparteien* abgelöst. Diese zunächst v.a. sozialistischen oder christlichen Parteien verstanden sich als Repräsentanten einer spezifischen gesellschaftlichen Gruppe bzw. Klasse. Referenzpunkt der Parteien wie der Wähler war die Zugehörigkeit zu einem bestimmten sozialen Milieu, in das die betreffenden Individuen in allen Lebensbereichen eingebunden waren. Parteien waren die politischen Interessenvertreter dieser Milieus und legten als solche kohärente Konzepte für Sozialreformen vor. Zentrales Organisationsmerkmal war die große Zahl beitragszahlender Mitglieder, die flächendeckend organisiert waren. Durch straffe Führung sollten zwar Disziplin und Geschlossenheit der Partei erhalten werden, doch die Führung wurde insgesamt von der homogenen Mitgliedschaft kontrolliert. Dennoch wurden die Bürokratisierung und die starke Zentralisierung der Massenparteien etwa von Michels (1925) kritisiert, der gerade an ihrem Beispiel sein »ehernes Gesetz der Oligarchie« ableitete, demzufolge jede Partei zwangsläufig eine mächtige und von den Mitgliedern abgehobene Führungsgruppe hervorbringe.

Mit der Erosion der sozialen Milieus und dem Schrumpfen ihrer Klientel nach 1945 wandelten sich die Massenparteien zu *Volksparteien* (vgl. Kirchheimer 1965). Als zentrale Merkmale von Volksparteien gelten (vgl. Schmidt 1995, 1034f.) (1) ein bedeutender Stimmenanteil, (2) eine Mitglied- und Wählerschaft aus verschiedenen Schichten, wobei

Schwerpunkte in bestimmten Milieus existieren können, (3) eine ideologisch relativ diffuse, für verschiedene Gesellschaftsschichten offene Programmatik sowie (4) eine wachsende Orientierung am Ziel der Wählerstimmenmaximierung bei Betonung begrenzter Reformen in einzelnen Politikfeldern. In Bezug auf die Parteiorganisation nahm in dieser Phase das Gewicht der Parteiführung zu und die enge Bindung an parteinahe Interessengruppen erodierte.

In jüngerer Zeit wird ein neuer Parteitypus ausgemacht, der sich seit Ende der 1970er Jahre entwickelt haben soll und als ›Kartellpartei‹ (vgl. Katz/Mair 1995) oder ›professionalisierte Wählerpartei‹ (vgl. Beyme 2000) bezeichnet wird. So habe die fortschreitende Professionalisierung der Politik dazu geführt, dass Parteien Eigeninteressen entwickelten. Da bei allen Parteien durch den Mitgliederschwund sowie die zunehmende Kapitalintensität der Wahlkämpfe der Finanzbedarf steigt, stimmen die Eigeninteressen der Parteien (wenigstens partiell) überein, so dass Kartelle gebildet werden. Die Kartellbildung erlaubt einerseits einen leichteren Zugriff auf staatliche Ressourcen (z. B. Parteienfinanzierung), andererseits führt sie zu einer Beschränkung des politischen Wettbewerbs, so dass kaum mehr inhaltliche Unterschiede zwischen Parteien feststellbar seien. Auf der Organisationsebene kommt es durch die zunehmende Bedeutung der Medien zu einer weiteren Stärkung der Parteiführungen. Der Trend zu diesem Parteitypus ist bisher allerdings weder theoretisch unumstritten noch empirisch gesichert.

4.

Beyme, K. v., 1978, Partei, Faktion, in: O. Brunner/W. Conze/R. Koselleck (Hg.), Geschichtliche Grundbegriffe, Bd. 4, Stuttgart: Klett-Cotta.

Beyme, K. v., 1984, Parteien in westlichen Demokratien, München: Piper.

Beyme, K. v., 2000, Parteien im Wandel, Wiesbaden: Westdeutscher Verlag.

Budge, I./Keman, H., 1990, Parties and Democracy, Oxford: Oxford University Press.

Burke, E., 1770, Thoughts on the Cause of the Present Discontents, in: The Works of the Right Honourable Edmund Burke, Bd. 2, London: Rivington 1803.

Faul, E., 1964, Verfemung, Duldung und Anerkennung des Parteiwesens in der Geschichte des politischen Denkens, in: Politische Vierteljahresschrift 5.

Flora, P., 2000, Einführung und Interpretation, in: S. Rokkan, Staat, Nation und Demokratie in Europa, Frankfurt/M.: Suhrkamp.

Katz, R. S./Mair, P., 1995, Changing Models of Party Organization and Party Democracy. The Emergence of the Cartel Party, in: Party Politics 1.

Kelsen, H., 1929, Vom Wesen und Wert der Demokratie, Aalen: Scientia 1981.

Kirchheimer, O., 1965, Der Wandel des westeuropäischen Parteisystems, in: Politische Vierteljahresschrift 6.

Klingemann, H.-D./Hofferbert, R. I./Budge, I., 1994, Parties, Policies, and Democracy, Boulder: Westview.

Laver, M./Hunt, B., 1992, Policy and Party Competition, London: Routledge.

Leibholz, G., 1958, Strukturprobleme der modernen Demokratie, Karlsruhe: Müller.

Lipset, S. M./Rokkan, S., 1967, Cleavage Structures, Party Systems, and Voter Alignments, in: S. M. Lipset/S. Rokkan (Hg.), Party Systems and Voter Alignments, New York: Free Press.

Michels, R., 1925, Zur Soziologie des Parteienwesens in der modernen Demokratie, Stuttgart: Kröner 1970.

Müller, W. C./Strøm, K. (Hg.), 1999, Policy, Office, or Votes?, Cambridge: Cambridge University Press.

Schmidt, M. G., 1995, Wörterbuch zur Politik, Stuttgart: Kröner.

Schmidt, M. G., 1996, When Parties Matter. A Review of the Possibilities and Limits of Partisan Influence on Public Policy, in: European Journal of Political Research 30.

Schumpeter, J. A., 1942, Kapitalismus, Sozialismus und Demokratie, Tübingen: Francke 1987.

Weber, M., 1922, Wirtschaft und Gesellschaft, Tübingen: Mohr 1980.

Zohlnhöfer, R., 2003, Der Einfluss von Parteien und Institutionen auf die Staatstätigkeit, in: H. Obinger/U. Wagschal/B. Kittel (Hg.), Politische Ökonomie, Opladen: Leske + Budrich.

Herbert Obinger/Reimut Zohlnhöfer

Pateman, Carole (*1940)

1.

Pateman wurde in Maresfield/Sussex (England) geboren. Sie promovierte 1971 im Fach politische Philosophie in Oxford. Nach zahlreichen Gastprofessuren und Forschungsaufenthalten wurde sie 1980 Professorin für Politikwissenschaft an der University of Sydney. Seit 1990 ist sie Professorin für Politikwissenschaft an der University of California in Los Angeles. Im Jahr 1990 hatte sie als erste Frau die Präsidentschaft der International Political Science Association (IPSA) inne. Ihre wichtigsten Werke sind: *Participation and Democratic Theory* (1970), *The Problem of Political Obligation. A Critique of Liberal Theory* (1979), *The Sexual Contract* (1988) und *The Disorder of Women. Democracy, Feminism and Political Theory* (1988).

2.

In ihren Arbeiten zur politischen Theorie beschäftigt sich Pateman mit Fragen politischer Partizipation, politischen Rechten und Pflichten, mit Staatsbürgerschaft und dem Zusammenhang von Demokratie und sozialer Ungleichheit. Patemans Werk hat die politikwissenschaftliche Demokratietheorie wie auch die geschlechtersensible Politikwissenschaft ganz wesentlich beeinflusst. Ihre Dissertation *Participation and Democratic Theory* (Pateman 1970) gilt als Klassiker partizipatorischer Demokratietheorie. Klassischen konkurrenz- bzw. elitetheoretischen und repräsentativen Demokratiekonzepten geht es, so Pateman, weniger um die Beteiligung der Bürger und Bürgerinnen als vielmehr um die Stabilität politischer Systeme. Während Theoretiker wie Schumpeter, Dahl und Sartori umfassende politische Beteiligung als Bedrohung demokratischer Stabilität sehen, argumentiert Pateman unter Rückgriff auf Rousseau und Mill für eine partizipatorische Demokratie, an der alle Bevölkerungsschichten teilhaben. Ihre Kritik liberaler Demokratietheorien, insbesondere der Vorstellung vom Gesellschaftsvertrag und der Idee der Repräsentation (*The Problem of Political Obligation*, Pateman 1979), basiert auf der Analyse sozialer Ungleichheit, die durch die klassische Vertragstheorie in politische Ungleichheit überführt wird.

Die Auseinandersetzung mit politischem Ausschluss qua Klasse und sozialem Status führt Pateman zur kritischen Analyse des Ausschlusses qua Geschlecht. Ihr Buch *The Sexual Contract* (Pateman 1988b) avancierte zum Schlüsseltext feministischer Politikwissenschaft (vgl. Holland-Cunz 1998). Darin legt sie dar, dass den klassischen Vertragstheorien (z.B. Locke, Rousseau) ein geschlechtsspezifischer Unterwerfungsvertrag immanent ist. Das »brüderliche« Patriarchat schließe Frauen aus einer männlich konstruierten Öffentlichkeit aus. Nach Pateman ist deshalb der Vertragsgedanke für eine inklusive, geschlechtersensible Demokratie unbrauchbar (vgl. Wilde 2001). Moderne vertragsbasierte Demokratie- und Politiktheorien gründen auf Trennungen – beispielsweise zwischen Ökonomie und Staat sowie zwischen Privatheit und Öffentlichkeit. Diese machen politische Beteiligung trotz formal gleicher Rechte zu einem exklusiven Unterfangen. Der patriarchale Wohlfahrtsstaat gilt Pateman als Paradigma solch geschlechtsspezifischer Ausschlussmechanismen (*The Disorder of Women*).

Auch universalistische Konzepte von Staatsbürgerschaft basieren auf der Trennung einer privaten, unpolitischen Sphäre, der Frauen zugeschrieben werden, von der öffentlich-politischen Sphäre, in der die männlichen Bürger agieren. Gegen die dichotome Perspektive, die das liberale Politikmodell zur Verfügung stellt – Angleichung an das Modell des männlichen Aktivbürgers oder weiblicher Partikularismus –, plädiert Pateman für ein geschlechterdifferenziertes Modell von Citizenship: Frauen sollen als Care-Arbeiterinnen, sprich als Mütter, staatsbürgerliche Rechte erhalten. So aufschlussreich das Herausarbeiten der dilemmatischen Verortung von Frauen im liberalen Staatsbürgerschafts- und Politikbegriff ist (»Wollstonecraft-Dilemma«), so problematisch ist doch Patemans Auflösung des Dilemmas hin zu einer Differenzposition, die die Gefahr des Essentialismus und der ausschließlichen Berücksichtigung von Frauen als Mütter birgt. An Pateman anknüpfende Theoretikerinnen des Feminismus versuchen deshalb eine Synthese zwischen Universalismus und Partikularismus, so beispielsweise Lister (1997) mit ihrem Citizenship-Konzept des »differenzierten Universalismus«.

3.

Auch in ihren jüngsten Texten beschäftigt sich Pateman mit den Bedingungen autonomen politischen Handelns. Mit der Idee eines garantierten Grundeinkommens greift sie die Vorstellung von Demokratie als Teilnahme möglichst vieler Bürger und Bürgerinnen am öffentlichen Leben und nicht als bloßes Verfahren der Elitenrekrutierung wieder auf. Partizipatorische Demokratie bedarf sozialer Voraussetzungen, nämlich eines gewissen Maßes an Gleichheit und Wohlstand, die individuelle Freiheit und Autonomie demokratischer Persönlichkeiten garantieren. Ein Grundeinkommen, formuliert als fundamentales Grundrecht in Demokratien, ermögliche volle Staatsbürgerschaft und verbessere insbesondere den Staatsbürgerstatus von Frauen, weil Care-Arbeit damit als gesellschaftlich notwendige Arbeit zumindest partiell anerkannt wäre.

4.

Pateman, C., 1970, Participation and Democratic Theory, Cambridge: Cambridge University Press.

Pateman, C., 1979, The Problem of Political Obligation, New York: Wiley & Sons.

Pateman, C., 1988a, The Disorder of Women, Cambridge: Polity.

Pateman, C., 1988b, The Sexual Contract, Cambridge: Polity.

Pateman, C., 1992, Equality, Difference, Subordination, in: G. Bock/S. James (Hg.), Beyond Equality and Difference, London: Routledge.

Pateman, C., 1996, Democracy and Democratization, in: International Political Science Review 17.

Pateman, C., 2004, Democratizing Citizenship: Some Advantages of a Basic Income, in: Politics and Society 32.

Pateman, C./Mills, C., 2007, Contract and Domination, Cambridge: Polity.

Pateman, C./Shanley, M. (Hg.), 1989, Feminist Interpretations and Political Theory, Cambridge: Polity.

Lister, R., 1997, Citizenship. Feminist Perspectives, London: Macmillan.

Holland-Cunz, B., 1998, Feministische Demokratietheorie, Opladen: Leske + Budrich.

Wilde, G., 2001, Das Geschlecht des Rechtsstaats, Frankfurt/M.: Campus.

BIRGIT SAUER

Paternalismus, staatlicher

1.

»Paternalistisch« wird eine bestimmte wohlwollende, eben ›väterliche‹ Einstellung oder Handlungsweise des Staates, einer Institution oder eines Individuums anderen Personen gegenüber genannt. In paternalistischer Einstellung gilt die Beschränkung von Handlungsmöglichkeiten dieser anderen Personen unter bestimmten Bedingungen als gerechtfertigt. Wesentlich für die Rechtfertigung ist, dass es sich um einen Eingriff zum Besten der Betroffenen handelt. Soweit ist Paternalismus eine Form von Fürsorge. Meistens wird eine paternalistische Haltung eingenommen, wenn es darum geht, Schaden von Personen abzuwehren. Sie kann aber auch das Ziel haben, Wohl zu mehren. Ein paternalistisch Handelnder ignoriert, ob die betroffene Person seinem Handeln zustimmt oder nicht. Die Autonomie dieser Person ist in paternalistischer Einstellung nicht relevant. Im Gegenteil gilt unter Umständen sogar *Zwang* gegenüber der Person als gerechtfertigt. Kennzeichnend für den Paternalismus ist weiterhin, dass bei der Rechtfertigung eines Eingriffs in die Handlungsmöglichkeiten einer Person das Wohl der Person selbst und nicht etwa die legitimen Interessen dritter Personen herangezogen wird. Soweit sich die Rechtfertigung einer Handlung auf höherrangige Ansprüche weiterer Personen bezieht, ist sie nicht mehr paternalistisch, auch wenn sie das Wohl der betroffenen Person mehrt.

»Staatlicher Paternalismus« ist die normative Einstellung, in der Eingriffe des Staates oder seiner Institutionen in die Handlungsmöglichkeiten seiner Bürgerinnen und Bürger gerechtfertigt sind, wenn sie paternalistisch gegenüber jedem einzelnen von ihnen sind. Eine Politik, die Handlungsmöglichkeiten beschränkt, etwa durch Gesetze und Verordnungen sowie deren Durchsetzung, ist so weit paternalistisch, wie sie dadurch das Wohl der Bürgerinnen und Bürger auch ohne bzw. gegen deren Willen verfolgt.

1.1. Traditionell gilt für hierarchisch strukturierte Gesellschaften, dass legitime Herrschaft in paternalistischer Einstellung ausgeübt werden soll: Alles geschieht zum Wohle des Volkes, aber ohne Rücksicht auf dessen Zustimmung. Zu den Grundprinzipien gegenwärtiger westlicher Demokratien gehört dagegen das Zustimmungsprinzip zwischen Herrschern und Beherrschten, staatliche Vorschriften bedürfen zu ihrer Rechtfertigung der (häufig nur implizit unterstellten) Zustimmung der Bürgerinnen und Bürger. Demokratien sind nur noch in Teilen nach Prinzipien paternalistischer Herrschaft organisiert. Beispiele für solche mindestens zum Teil paternalistisch rechtfertigbare Vorschriften sind: die Krankenversicherungspflicht für bestimmte Personenkreise, die Anschnallpflicht im PKW, die Renten-, Pflege- und Arbeitslosenversicherungspflicht für abhängig Beschäftigte, das Verbot, bestimmte Drogen einzunehmen und frei zu verkaufen, die Schulpflicht, die gesetzlichen Vorschriften für die Einweisung psychisch Kranker, soweit sie vor sich selbst geschützt werden sollen, sowie Pflichtimpfungen. Die meisten Vorschriften, wie z.B. Steuergesetze oder Verkehrsregeln, werden, obwohl sie den Belasteten auch nutzen, nicht paternalistisch gerechtfertigt, sondern durch Ansprüche der Mitglieder der Gesellschaft aneinander.

1.2. »Paternalismus« ist kein deutsches Wort und hat keine deutsche Begriffsgeschichte. Selbst als Fachbegriff wurde es bis in die 1970er Jahre nicht in die philosophischen Wörterbücher aufgenommen. »(Staatlicher) Paternalismus« ist die deutsche Übersetzung des englischen »paternalism«. Letzteres wurde als Benennung eines Prinzips der Verwaltungspraxis in der zweiten Hälfte des 19. Jahrhunderts in Großbritannien gebräuchlich. Das Fremdwörterbuch des Duden führt für »Paternalismus« nur eine pejorative Bedeutung an: staatliche Bevormundung.

2.

Der exponierteste Gegner jedes staatlichen Paternalismus unter den Klassikern der Philosophie im 19. Jahrhundert war J. S. Mill. Im angelsächsischen Liberalismus, als dessen Vorreiter Mill gilt, hat der Staat primär Schutzfunktion vor Übergriffen anderer auf bürgerliche Rechte. Die Bürger nehmen nach dieser Konzeption ihr Leben selbst in die Hand und sind für die Konsequenzen ihres Tuns verantwortlich. Paternalismus gegenüber mündigen Bürgern ist demnach nie gerechtfertigt, daher auch dessen pejorative Auffassung als »Gängelei« (vgl. Mill 1859). Auf der Gegenseite stehen im Deutschland des 19. Jahrhunderts die Theoretiker des preußischen Staates, wie in konservativen Interpretationen der Rechtsphilosophie G. W. F. Hegels. Eine Verbesserung der allgemeinen Wohlfahrt wird von einer *angeleiteten* Verbesserung der Bürger erwartet. Der Staat und seine Beamten schreiben den Bürgern in positiv verstandener paternalistischer Einstellung vor, was zum eigenen Besten und zum Wohle des Staates zu tun ihre Pflicht sei.

3.

3.1. Weil der Schutz der Bürger und die Förderung der Wohlfahrt zu den Staatsaufgaben gehören, erscheint staatlicher Paternalismus prima facie als ein plausibles normatives Prinzip der Politik. Die allgemeine Wohlfahrt besteht im Wohl der einzelnen Bürger, und so betrachtet kann es nur gut sein, wenn der Staat im objektiven Interesse seiner Bürger handelt. Das normative Problem dabei ist, dass dem Prinzip des staatlichen Paternalismus ein wichtiges anderes normatives Prinzip gegenläufig ist: das Prinzip der Autonomie der Individuen. Nach dem Autonomieprinzip sind Eingriffe in die Handlungsmöglichkeiten einer Person, die nur sie selbst betreffen, auch zu ihrem Wohle nur gerechtfertigt, wenn die Person zustimmt. Das Autonomieprinzip fordert also ein Selbstbestimmungsrecht der Individuen über alle ihre Handlungsmöglichkeiten, ohne Einmischung von außen, auch wenn Personen nicht zu ihrem Besten handeln. Die Grenze der individuellen Freiheit im liberalen Staat ist nur die Freiheit der anderen. Staaten gemäß dem Autonomieprinzip einzurichten bedeutet, die Individuen durch staatliche Institutionen vor Übergriffen anderer Individuen, vor den staatlichen Institutionen selbst und vor imperialen Bestrebungen anderer Staaten zu schützen. Ein Individuum vor sich selbst zu schützen ist für einen liberalen Staat keine Rechtfertigung für ein staatliches Eingreifen. Keine Person darf zu ihrem Glück gezwungen werden.

Trotz dieses allgemeinen Vorrangs sind paternalistische Einstellungen aus der politischen Meinungsbildung und aus den Rechtfertigungen staatlichen Handelns nicht einfach verschwunden. Tatsächlich enthalten auch real existierende demokratische soziale Marktwirtschaften paternalistische Elemente, die allseits akzeptiert sind, auch wenn diese »Fremdkörper« sehr unterschiedlich stark ausgeprägt sind. In der weiter andauernden philosophische Diskussion geht es darum, ob und wann das Autonomieprinzip, obwohl es allgemein vorrangig ist, Ausnahmen zulässt, für die ein staatliches paternalistisches Eingreifen weiterhin gerechtfertigt ist, und wie diese Ausnahmen begründet werden können.

3.2. Eine erste Strategie zur Integration eines begründungsfähigen, letztlich paternalistischen Eingreifens zielt darauf, den Anwendungsbereich des Autonomieprinzips zu verkleinern. Sobald Handlungen andere mitbetreffen, fallen sie nicht mehr nur in den Bereich persönlicher Freiheit, in dem das Autonomieprinzip vorrangig ist. In gewisser Weise betrifft aber fast alles, was wir tun, auch andere Personen; und sei es nur, dass sie sich gestört fühlen, was ja auch eine Form von Schaden ist. So gesehen käme das Autonomieprinzip trotz seines Vorrangs möglicherweise nie zum Zuge. Eine argumentative Gegenstrategie zugunsten der Anwendbarkeit des Autonomieprinzips findet sich schon bei Mill: Die Anforderungen an das, was überhaupt als Schaden gilt, werden ausgeführt (Mill 1859, Kap. IV). Etwas, über das sich jemand bloß ärgert, schadet ihm nicht. Unangenehme Konsequenzen, die aus bestimmten Arten von Handlungen innerhalb eines liberalen Staates resultieren, gelten nicht als Schaden.

3.3. Eine andere Strategie der Argumentation zugunsten paternalistischer Handlungsweisen besteht darin, Fälle auszusondern, in denen Voraussetzungen für autonomes Handeln fehlen, weil die Individuen nicht die kompetentesten Verfolger ihres eigenen Wohls sind. Zwei Varianten dieser Strategie sind denkbar, die jeweils verschiedene Gruppen von Individuen betreffen: Ein Individuum ist nicht kompetent im Beurteilen und Handeln, oder ein Individuum ist nicht kompetent in der Ausbildung von Handlungszielen.

Zur ersten Gruppe gehören die »klassischen« Schutzbefohlenen paternalistischer Interventionen: Kinder und geistig Behinderte. Ihre mangelnde Rationalität und ihre eingeschränkte Fähigkeit zur Selbstkontrolle macht sie entweder unfähig, die Konsequenzen ihres Handelns für sich und andere im Lichte ihrer Informationen abzuschätzen oder sich ihren Entscheidungen entsprechend zu verhalten oder zu beidem. Darüber, dass Kindern und geistig Behinderten gegenüber eine paternalistische Einstellung in ihren Fähigkeiten entsprechendem Umfang angemessen ist, herrscht weitgehend Einigkeit. Der Staat muss dazu die geeigneten Rahmenbedingungen schaffen. Zum Schutz der Inkompetenten muss gesetzlich festgelegt werden, wer für sie bestimmen darf (Eltern, rechtliche Betreuer, Ärzte, Gerichte), in welchen Grenzen ihre Autonomie weiterhin zu achten ist und wie man sie vor Missbrauch ihrer Betreuer schützen kann. Es ergibt sich als auch philosophisches Anschlussproblem die Frage, wann eine Person kompetent ist, und bei welchem Mangel an Rationalität und Selbstkontrolle (nach Qualität und Quantität) sie vor ihren eigenen Entscheidungen geschützt werden muss. Standards dazu werden gesetzlich festgelegt. Der grundsätzlich akzeptierte Vorrang der Autonomie zeigt sich im Umgang mit Inkompetenten darin, dass moralisch gefordert ist, Inkompetenten ihre Handlungsmöglichkeiten da zu belassen, wo die Gefahr, dass sie sich schaden, gering ist. Selbst wenn eine Person zu Irrtümern neigt, ihr Wohl ihr gleichgültig ist und ein anderer alles viel eher in ihrem Interesse regeln könnte, sollte sie Entscheidungsspielraum haben, weil ein Teil ihres Wohlergehens gerade darin besteht, selbst zu entscheiden. Wo genau die Grenze für paternalistische Eingriffe verläuft, die überzeugend begründet sind, ist ein ungelöstes Problem.

Eine weitere Gruppe von Individuen, die wegen eingeschränkter Kompetenz für paternalistische Interventionen infrage kommt, wird von Menschen gebildet, die punktuell oder systematisch ihr objektives Wohl nicht erkennen können. Sie verfügen zwar über Rationalität und Selbstkontrolle, haben aber, etwa durch Manipulation oder eine fehlgeleitete psychologische Entwicklung oder weil sie sich irren, Handlungsziele ausgebildet, die ihrem Wohl zuwiderlaufen. Menschen mit Todeswunsch z.B. dürfen und sollen nach verbreiteter Meinung zu ihrem eigenen Besten vom Suizid abgehalten werden.

An dieser Gruppe scheiden sich die Geister. »Weiche« Paternalisten (z.B. Feinberg 1983; Van DeVeer 1986) vertreten die Auffassung, dass es nur darauf ankommt, ob Rationalität und Selbstkontrolle gegeben sind. Psychisch gesunde Suizidkandidaten darf man demnach nicht zum Leben zwingen, weil sie, anders als etwa Depressive, nicht in ihrer Willensbildung beeinträchtigt sind – auch wenn sie irrationale Entscheidungen treffen. »Harte« Paternalisten lassen Fälle zu, in denen gegen das subjektive Wohl rationaler und selbstkontrollierter Personen zugunsten ihres objektiven Wohls interveniert werden darf (vgl. Dworkin 1983; Kleinig 1984), wenn sie in existenziellen Situationen ihr Wohl verkennen. Ein solcher Fall ist der Selbstmord, aber auch der Versuch, sich selbst in die Sklaverei zu verkaufen. Innerhalb des harten Paternalismus stellt sich das Problem der begründeten Grenzziehung. Ist z.B. Rauchen schon eine Art Selbstmord auf Raten? Dazu kommt, dass die Bestimmung objektiven Wohls ihre eigenen Schwierigkeiten hat.

3.4. Aus dem allgemeinen Vorrang der Autonomie ergibt sich die Schwierigkeit, paternalistische staatliche Eingriffe überhaupt zu legitimieren. Aus dieser Problemlage erklärt sich, dass die besten Rechtfertigungen für ein staatliches Handeln, sofern es das Wohl von Bürgern fördert und dabei ihren Willen ignoriert, solche sind, die nicht paternalistische Einstellungen zeigen, sondern die Erfüllung vorrangiger Ansprüche anderer heranziehen. Die Anschnallpflicht im PKW wäre demnach deshalb legitim, weil die vergleichsweise höheren Kosten bei einem Unfall mit einem nicht angeschnallten Fahrer die Solidargemeinschaft der Versicherten tragen müsste. Eine Rentenversicherungspflicht wäre gerechtfertigt, weil sonst die Bürger durch Altersarmut der öffentlichen Fürsorge anheim fallen würden. Staatliche Regulierungen wirtschaftlichen Handelns sollen Marktdefizite korrigieren und soziale Ungerechtigkeit beseitigen (vgl. New 1999). Auf Arbeitsfähige dürfte Druck zur Aufnahme eines Arbeitsverhältnisses ausgeübt werden, damit sie nicht die Arbeitsentgelte anderer belasten (vgl. Standing 2002). Es gibt verbreitet paternalistische Einstellungen, sie werden aber nicht als legitimierend für staatliches Handeln akzeptiert (für unangemessen hält das de Marnette 2006). Nur bei existentiellen Entscheidungen ist umstritten, ob staatlicherseits paternalistisch gehandelt werden darf. Staatlicher Paternalismus als Rechtfertigungsmuster hat derzeit keine Konjunktur.

4.

De Marnette, P., 2006, Avoiding Paternalism, in: Philosophy and Public Affairs 34.

Dworkin, G., 1983, Paternalism. Some Second Thoughts, in: R. Sartorius (Hg.), Paternalism, Minneapolis: University of Minnesota Press.

Feinberg, J., 1983, Legal Paternalism, in: R. Sartorius (Hg.), Paternalism, Minneapolis: University of Minnesota Press.

Kleinig, J., 1984, Paternalism, Totowa: Rowman & Allanheld.

Mill, J. S., 1859, On Liberty, New Haven: Yale University Press 2003.

New, B., 1999, Paternalism and Public Policy, in: Economics and Philosophy 1.

Standing, G., 2002, Beyond the New Paternalism, London: Verso.

Sunstein, C./Thaler, R., 2003, Liberal Paternalism, in: American Economic Review 93.

Van DeVeer, D., 1986, Paternalistic Intervention, Princeton: Princeton University Press.

Martina Herrmann

Patriarchat/Patriarchalismus

1.

Das Wort »Patriarchat« stammt aus dem Griechischen und setzt sich aus patèr (Vater) und archê (Ursprung, Regierung, Herrschaft, Reich) zusammen. Obwohl der Terminus »Patriarchat« alt ist, hat sich keine bedeutsame Kategorienbildung der politisch-sozialen Sprache daran angeschlossen. Eine männlich dominierte politische Philosophie und Sozialphilosophie hat einen umfassenden und konsistenten Begriff des Patriarchats ebenso wenig entwickelt wie irgend ein anderes Konzept, welches das Geschlechterverhältnis als Teil der Gesellschaftsordnung sichtbar machen und die Asymmetrie zwischen den Geschlechtern, die annähernd alle Gesellschaftsordnungen kennzeichnet, als Herrschaftsverhältnis thematisieren würde. Erst im Kontext der sog. zweiten Frauenbewegung seit Ende der 1960er Jahre werden Versuche einer Konzeptualisierung von Geschlecht als Strukturkategorie der Gesellschaft unternommen, die sich als Bausteine zu einer Theorie des Patriarchats verstehen. Allerdings ist die Verwendung des Begriffs »Patriarchat« in der feministischen Theorie von Anfang an umstritten. In den 1980er Jahren sind diese Ansätze so vehementer Kritik unterzogen worden, dass der Begriff »Patriarchat« bis heute eine konzeptuelle und theoriegeschichtliche Baustelle geblieben ist.

2.

Entsprechend disparat stellt sich die begriffsgeschichtliche Entwicklung dar.

2.1. Im griechischen Sprachgebrauch werden die Stammväter und Sippenoberhäupter »patriarches« genannt. Im Alten Testament wird diese Bezeichnung für die Erzväter des Volkes Israel verwendet. In den Ostkirchen heißen die Oberbischöfe bis heute Patriarchen. In allen genannten Kontexten bezeichnet Patriarchat eine religiös legitimierte bzw. geistliche Herrschaft.

2.2. Die römische Republik entwickelt eine besonders ausgeprägte Form der väterlichen Herrschaft (patria potestas), in der die Gewalt des Hausvaters nicht nur über Frauen, Sklaven und Eigentum, sondern auch über die erwachsenen Söhne lebenslang aufrechterhalten bleibt. Im Übergang von der Republik zum Kaiserreich treten die hausherrschaftlichen Elemente zurück. Aber die Vorstellung der »römische[n] patria potestas [ist] in den rechtlichen Grundregelungen [...] über die Kodifikationen der Spätantike [...] bis in die Neuzeit transportiert worden« (Martin 1986, 35).

2.3. Eine explizit patriarchale politische Theorie zur Begründung absolutistischer Herrschaft entsteht im 17. Jahrhundert in England (z.B. Filmer, vgl. Schochet 1975). In ihrer Opposition gegen die überlieferten feudalen Strukturen tragen diese Ansätze einerseits zur Herausbildung des modernen zentralistischen Territorialstaats bei; andererseits stehen sie den neuen vertragsrechtlichen Konzepten (Hobbes, Locke) als defensive und reaktionäre Position gegenüber, da sie eine autoritäre personale Herrschaftsstruktur propagieren. Seit die religiöse Legitimierung der politischen Ordnung in der Folge des Säkularisierungsprozesses verblasst bzw. seit das vertragsrechtliche Konzept die Oberhand über das dynastische Modell politischer Ordnung gewinnt, verschwindet das patriarchale Element aus Gesellschaft und Politik. Umso deutlicher kontrastiert der patriarchale Charakter der Familie vor diesem Hintergrund.

2.4. Im 19. Jahrhundert wird der Begriff »Patriarchat« in den Zusammenhang einer Theorie geschichtlicher Evolution gestellt, und zwar als Gegenbegriff zu dem erst jetzt entwickelten Konzept »Matriarchat« (Johann Jakob Bachofen, Henry S. Maine, Lewis H. Morgan). Durch die Polarisierung von Patriarchat und Matriarchat verdeutlicht sich der Zusammenhang zwischen dem Begriff »Patriarchat« und dem Geschlechterverhältnis. Indem das Matriarchat in eine graue Vorzeit zurückverlegt und die »weltgeschichtliche Niederlage des weiblichen Geschlechts« (Engels 1884, 61) quasi am Beginn der Geschichte als besiegelt erscheint, wird das Patriarchat als System männlicher Herrschaft zwar thematisiert, aber zugleich legitimiert und festgeschrieben. Der allgemeinen Tendenz zur Polarisierung der Geschlechter folgend wird Weiblichkeit (Matriarchat) mit einer primitiven, archaischen Vergangenheit, Männlichkeit (Patriarchat) dagegen mit Entwicklung und Fortschritt assoziiert. Allerdings eröffnet diese Gegenüberstellung auch die Möglichkeit nostalgischer Umwertung. Im Kontext von Frauenbewegung und Feminismus kann die Annahme eines matriarchalen Zustandes vor der Errichtung patriarchaler Herrschaft außerdem als Einwand gegen die immerwährende Gültigkeit des Patriarchats und als Hinweis auf die Möglichkeit eines nach-patriarchalen Gesellschafts- und Geschlechterverhältnisses aufgefasst werden.

3.
Ansätze zu einer Theorie des Patriarchats als System der Dominanz des männlichen Geschlechts vor dem weiblichen entstehen seit den späten 1960er Jahren aus zwei Richtungen.

3.1. Aus dem sog. Radikalfeminismus (Kate Millet, Eva Figes, Shulamit Firestone, Germaine Greer u.a.) und von einer marxistisch bzw. sozialistisch orientierten Strömung ausgehend etabliert sich eine Theorie, die darauf zielt, eine Verbindung zwischen Kapitalismus und Patriarchalismus bzw. zwischen den Kategorien Klasse und Geschlecht herzustellen (Zillah Eisenstein, Christine Delphy, Heidi Hartmann, Sylvia Walby u.a.). Bereits in dieser Anfangsphase feministischer Theoriebildung ist der Gebrauch des feministischen Begriffs »Patriarchat« weder einheitlich noch unumstritten.

Für diese Zeit charakteristische Definitionen von »Patriarchat« betonen, dass *unsere* Gesellschaft patriarchalisch ist, wofür offensichtlich spreche, »dass sich Militär, Industrie, Technologie, Universitäten, Wissenschaft, politische Ämter und die Finanzwelt – kurz: alle Machtinstrumente innerhalb der Gesellschaft inklusive der Zwangsmacht der Polizei – in männlicher Hand befinden« (Millett 1970, 25). Sie stellen zudem heraus, dass in den verschiedensten Gesellschaften der Welt, unabhängig von Status oder sexueller Präferenz, die Frau unter der Macht der Väter steht und ihr somit auch nur diejenigen Privilegien und Einflussmöglichkeiten offen stehen, die das Patriarchat zuzugestehen bereit ist (vgl. Rich 1976, 57f.). Somit wird unter »Patriarchat« ein System der Väter- bzw. Männerherrschaft verstanden, das Geschlechterverhältnisse hierarchisiert und dem männlichen Geschlecht sowohl die politische als auch die gesellschaftliche Definitionsmacht vorbehält. »Das Patriarchat ist eine Form der Geschlechterhierarchie, die alle gesellschaftlichen Bereiche durchzieht, aber selbst historischen Wandlungen unterworfen ist und über Zwang und Gewalt, aber auch Verinnerlichungen, d.h. Psychologisierung der Über- und Unterlegenheitsstrukturen, bei Männern und Frauen aufrechterhalten wird.« (Metz-Göckel 1987, 28) Oder einfach: »Ich definiere das Patriarchat als System zusammenhängender sozialer Strukturen, durch das Männer Frauen ausbeuten.« (Walby 1986, 51)

So problematisch und unzureichend die ersten Ansätze gewesen sein mögen, so stellen sie doch eine echte Innovation dar. Der systematische, d.h. dem ökonomischen und politischen System inhärente Charakter der (Vor-)Herrschaft des Mannes, das gesellschaftliche Machtgefälle zwischen den Geschlechtern und die Gewaltförmigkeit in den Geschlechterbeziehungen werden zum Thema gemacht. Der spezifische Charakter von Macht, Herrschaft und Gewalt im Geschlechterverhältnis wird herausgearbeitet, indem diese Phänomene (oft unter Rückgriff auf die Psychoanalyse) auch in den persönlichen, privaten und intimen Beziehungen zwischen den Geschlechtern aufgespürt werden, einschließlich der vielfältigen Formen von Verinnerlichung, die damit einhergehen. Die Einteilung der Gesellschaft in Öffentlichkeit und Privatsphäre wird als das für die asymmetrische Geschlechterordnung wesentliche Strukturmerkmal analysiert.

3.2. Obgleich diese Entwicklung einen großen Schritt in der Analyse des geschlechtsbezogenen Herrschaftsverhältnisses darstellt, ist das Konzept »Patriarchat« binnen kurzer Zeit aus dem Repertoire von Frauenforschung, Gender Studies und feministischer Theorie nicht nur verschwunden, sondern regelrecht verbannt worden. Dem marxistischen bzw. materialistisch-ökonomischen Ansatz werden Ungereimtheiten in der parallelen Konstruktion von Kapitalismus und Patriarchat vorgeworfen bzw. er wird vom Anspruch auf Vorrang für eine (feministisch aufgeklärte) Klassenanalyse eingeholt. Der demgegenüber originellere, aber auch naivere radikalfeministische Ansatz wird mit dem Universalismus-/Essentialismusvorwurf einer poststrukturalistisch-postmodernen Kritik konfrontiert. »Allerdings ist die Vorstellung von einem universalen Patriarchat in den letzten Jahren auf breite Kritik gestoßen, weil sie unfähig ist, den spezifischen Vorgehensweisen der Geschlechter-Unterdrückung (gender oppression) in den konkreten kulturellen Zusammenhängen Rechnung zu tragen.« (Butler 1990, 18f.) »Daher wurde es zunehmend wichtiger, der kolonisierenden epistemologischen Strategie zu widersprechen, die die unterschiedlichen Herrschaftskonfigurationen der Rubrik eines gleichsam transkulturellen Patriarchatsbegriffs unterordnen möchte.« (Butler 1990, 63f.) Alle Ansätze zu einer Theorie des Patriarchats sind von der etwa seit den 1980er Jahren wachsenden Skepsis gegen jede Art von ›Großtheorie‹ betroffen, ebenso wie von einer Verschiebung des Interesses von Herrschafts- zu Machtanalysen in der politischen Theoriebildung der Gegenwart (vgl. Klinger 2004).

3.3. Wenn dennoch die Arbeit am Begriff »Patriarchat« bis heute nicht gänzlich aufgegeben worden ist, dann v.a., weil die Kategorie »Geschlecht« eine soziale Strukturkategorie von nahezu universalen Dimensionen und »eine dominante gesellschaftliche Ungleichheitskategorie« (Engler 2000, 153) bildet. Ob der Terminus »Patriarchat« als Instrument der Analyse und Kritik dieser Verhältnisse nützlich sein kann, bleibt zwar weiterhin umstritten (vgl. Hausen 1986, 19). Aber es spricht nichts gegen die Möglichkeit, das Konzept »Patriarchat« durch historische und kulturelle Differenzierungen von essentialistischen und ggf. universalistischen Prämissen zu befreien. Vom Wort selbst her ebenso wie von der Begriffsgeschichte ausgehend erscheint es sinnvoll, nicht jede Art männlicher Dominanz unter den Begriff »Patriarchat« zu subsumieren (vgl. Gordon/Hunter 1998, 73), sondern ihn auf jene Formen von Männerherrschaft zu begrenzen, die auf patrifokalen, patrilinearen Verwandtschaftsstrukturen und anderen Arten vaterrechtlicher Prärogativen basieren. In diesem Sinne wären die westlichen Gesellschaften etwa seit der Mitte des 20. Jhs. als post-patriarchal zu bezeichnen (vgl. Stacey 1998, 65f.). Manche Schwierigkeiten der Konzeptualisierung des Patriarchatsbegriffs könnten aus dieser retrospektiven Situierung der Theoriebildung gegenüber ihrem Gegenstand resultieren. Neben der Differenzierung zwischen patriarchalen und nicht-patriarchalen Formen von Männerherrschaft ist es notwendig, zwischen verschiedenen Erscheinungsformen bzw. historischen Entwicklungsstufen von Patriarchaten zu unterscheiden, mindestens zwischen einem traditionalen und einem modernen Patriarchat. Auf Vaterschaft und Vaterrecht gegründete gesellschaftliche Strukturen sind so lange und so weit verbreitete soziale Phänomene, dass ihrer umfassenden und differenzierten Analyse große Bedeutung zukommt; sie steht immer noch weitgehend aus.

4.

Butler, J. 1990, Das Unbehagen der Geschlechter, Frankfurt/M.: Suhrkamp 1991.

Engels, F., 1884, Der Ursprung der Familie, des Privateigentums und des Staats, in: MEW, Bd. 21, Berlin: Dietz 1975.

Engler, S., 2000, Geschlecht in der Gesellschaft – jenseits des ›Patriarchats‹, in: G. Kneer/A. Nassehi/M. Schroer (Hg.), Soziologische Gesellschaftsbegriffe, München: Fink.

Filmer, R., 1680, Patriarcha and Other Writings, Cambridge: Cambridge University Press 1991.

Gordon, L./Hunter, A., 1998, Not All Male Dominance Is Patriarchal, in: Radical History Review 71.

Hausen, K., 1986, Patriarchat, in: Journal für Geschichte 5.

Klinger, C., 2004, Macht – Herrschaft – Gewalt, in: S. Rosenberger/B. Sauer (Hg.), Politikwissenschaft und Geschlecht, München: UTB.

Martin, J., 1986, Das Patriarchat in Rom, in: Journal für Geschichte 5.

Metz-Göckel, S., 1987, Die zwei ungeliebten Schwestern. Zum Verhältnis von Frauenbewegung und Frauenforschung, in: U. Beer (Hg.), Klasse Geschlecht, Bielefeld: AJZ.

Millett, K., 1970, Sexual Politics, New York: Norton.

Rich, A., 1976, Of Woman Born, New York: Norton.

Schochet, G., 1975, Patriarchalism in Political Thought, Oxford: Blackwell.

Walby, S., 1986, Patriarchy at Work, Cambridge: Polity.

Walby, S., 1989, Theorizing Patriarchy, in: Sociology 23.

Cornelia Klinger

Patriotismus

1.

Das Lateinische der Spätantike kennt »patriotica« und »patrioticus«, was »Landsfrau/Landsmann« oder »Einheimische/Einheimischer« bedeutet und Herkunft und Geburtsort eines Menschen bezeichnet, der keiner Polis angehört, sondern nur ein Vaterland besitzt. »Patriotica« und »patrioticus« leben im Mittellateinischen in gleicher Bedeutung weiter, werden aber erst spät in die neuzeitlichen Nationalsprachen übernommen. Im Französischen des 16. Jahrhunderts und im Deutschen sowie Englischen des 17. Jahrhunderts findet man allerdings bereits die Verbindung zwischen Patriot(in) und Liebhaber(in) des Vaterlandes. Leibniz etwa stellt fest, dass »ein wahrer Patriot [...] sein Vaterland zu lieben und zugleich dahin zu trachten habe, wie dessen Glückseligkeit [...] befördert werde« (Leibniz 1682/83, 54). Der Patriot steht im Dienste der Gesamtheit der Bürger (vgl. Bolingbroke 1738, 352–429) und ordnet das private Interesse dem allgemeinen Wohl unter (vgl. Berkeley 1750, 561–563). Ähnlich sieht es auch die *Encyclopédie*: Beim »Patriotismus« handle es sich um die »Liebe zum Vaterland« – eine »politische Tugend«, die darin bestehe, »den eigenen die allgemeinen Interessen vorzuziehen« (vgl. De Jaucourt 1765, 178–181).

Bemerkenswert ist, dass die Bindung zum »Geburtsland« schon sehr früh gelöst und der »Patriotismus« mit Republik, Verfassung, und bürgerlicher Freiheit in Zusammenhang gebracht wird. D'Holbach etwa hält fest, dass sich der »wahre Patriotismus nur in Ländern mit freien Bürgern, regiert durch gerechte Gesetze finden lässt« (D'Holbach 1776, 288). Damit nimmt er auf, was schon ein Jahrhundert früher angesprochen wird. Bereits De la Bruyère ist nämlich der Ansicht, dass es »kein Vaterland in der Despotie« (De la Bruyère 1688, 309) gibt. Der »politische« Patriotismus ist allerdings nicht nur bei französischen

Autoren, Dichtern und Philosophen der Aufklärungs- und Revolutionszeit anzutreffen. »Die Stimme des Vaterlandes kann nicht mehr erschallen, wenn einmal die Luft der Freiheit entzogen ist«, schreibt etwa der deutsche Schriftsteller Thomas Abbt. In seinem Essay »Vom Tode für das Vaterland« lässt sich der reine Ausdruck eines ausschließlich politischen, genauer gesagt: eines verfassungspolitischen Vaterlandsbegriffs finden: »Wenn mich die Geburt oder meine freie Entschließung mit einem Staate vereinigen, dessen heilsamen Gesetze ich mich unterwerfe, Gesetze, die mir nicht mehr von meiner Freiheit entziehen, als zum Besten des ganzen Staates nötig ist, alsdann nenne ich diesen Staat mein Vaterland.« (vgl. Abbt 1761, 1–23) »Patriotismus« bedeutet folgerichtig die Liebe zur (und den Schutz der) Verfassung eines freiheitlichen Staates. Den bürgerlichen Verfassungsstaat hat auch Kant im Blick, wenn er den Patriotismus als »Denkungsart« bezeichnet, »da ein jeder im Staat (das Oberhaupt desselben nicht ausgenommen) das gemeine Wesen als den mütterlichen Schoss [...] betrachtet, nur um die Rechte desselben durch Gesetze des gemeinsamen Willens zu schützen« (Kant 1793, 146). Dass der Patriotismus dem Kosmopolitismus nicht widerspricht und das Anliegen der ganzen Menschheit vertritt, ist dem kosmopolitischen Republikanismus Kants selbstverständlich. Die Kompatibilität von Patriotismus und Kosmopolitismus sieht vier Jahrzehnte später aber auch noch Wilhelm T. Krug: Der »höhere« oder »echt menschliche [...] Patriotismus« sei das »vernünftige [...] Wohlwollen gegen die Mitbürger«, das allein »den Namen des rechten Patriotismus« verdiene und »mit dem echten Kosmopolitismus vereinbar« sei (Krug 1832–38, 4, 532f.).

Der Begriff »Patriotismus« bleibt zunächst auf die Befürworter der Französischen Revolution beschränkt. Allerdings wird er bald auch von den Gegnern beansprucht. Damit beginnt ein Prozess, der den Patriotismus mehr und mehr in Gegensatz zum Kosmopolitismus rückt und schließlich den Patriotismus hin zum Nationalismus steigert sowie zum Chauvinismus pervertiert. Der Patriotismus wird auf die Nation und den Nationalstaat fixiert, wobei unter Nation eine (auch ohne staatliche Verfasstheit fortbestehende) Abstammungs-, Sprach- und/oder Kulturgemeinschaft verstanden wird. Der »nationalistische« Patriotismus lässt sich besonders deutlich bei Fichte veranschaulichen: Fichte sieht den Patriotismus als »Vaterlandsliebe«, als »Liebe des Einzelnen zu seiner Nation«, die das Bekenntnis zu einem gemeinsamen Ganzen bedeutet, einer »ewigen Ordnung der Dinge«, die über die Individuen hinaus fortdauert und für die diese sich unter Umständen aufopfern sollen. Sie beinhaltet nicht die »ruhige [...] bürgerliche [...] Liebe der Verfassung und Gesetze, sondern die verzehrende Flamme der höheren Vaterlandsliebe, die die Nation als Hülle des Ewigen umfasst« und so eine Form »der Entwicklung des ursprünglichen und göttlichen« bildet (Fichte 1808, 201–205). Friedrich Gentz nennt die Vaterlandsliebe die »höchste und feinste unter allen Triebfedern der gesellschaftlichen Wohlfahrt«, die durch den Krieg erweitert und befestigt werde (Gentz 1800, 492). Der »nationalistische« Patriotismus ist für einen »blödsinnige[n] Widerwille[n] gegen das Ausland« (Heine 1855, 233) wohl anfälliger. Kriegerische Motive, altrömische Attitüde sowie Heroismus und Verklärung des Todes für das Vaterland lassen sich aber auch beim »politischen« (oder »republikanischen«) Patriotismus finden. Im Unterschied zum (klassischen) Nationalismus zielt der »nationalistische« Patriotismus allerdings nicht notwendig auf die Einheit von (vorstaatlicher) Nation und Staat, d.h. auf die Schaffung, den Erhalt und die Stärkung von souveränen Nationalstaaten, also von Staaten, dessen Grenzen alle Mitglieder einer Nation ein- und die Mitglieder anderer Nationen ausschließen.

2.

In den gegenwärtigen ethischen und politikphilosophischen Debatten wird der Patriotismus (oder Nationalismus im weiteren Sinn) als ethische Position gesehen, die von partikularen Bindungen und Solidaritäten gegenüber den Mitgliedern von Nationen ausgeht, die (unter Umständen) auf Kosten von Nicht-Mitgliedern zu schützen und zu verteidigen sind. Er wird als Komplex von Haltungen, Ansprüchen und Handlungsdirektiven verstanden, der besondere Verpflichtungen für die Mitglieder einer Nation (sowie für involvierte dritte Parteien) generiert. Der Patriotismus kollidiert damit mit dem Kosmopolitismus (oder ethischen Universalismus), für den a) moralische Verpflichtungen universal sind, d.h. nicht von einer besonderen Beziehung unter den Menschen abhängen, sondern gegenüber allen Menschen in gleicher Weise bestehen, und b) politische Arrangements die universalen moralischen Verpflichtungen in Form von suprastaatlichen Arrangements abzubilden haben. Die aktuellen ethischen und politik-philosophischen Auseinandersetzungen beschäftigen sich mit der moralischen Begründbarkeit des Patriotismus. Im Zentrum steht die Frage, ob (bzw. wie weit) sich der ethische (nationale) Partikularismus bzw. die unterschiedliche Berücksichtigung der Menschen moralisch rechtfertigen lässt.

2.1. Die Argumente der Befürworter stützen sich in der Regel auf Ideen, die dem Kommunitarismus zuzurechnen sind (vgl. Miscevic 2001). Beim Kommunitarismus handelt es sich um eine heterogene Gruppierung von Theorien. Seine Vertreter sind sich allerdings einig, dass a) Gemeinschaften einen hohen Wert besitzen und b) Verpflichtungen, die dem Erhalt der entsprechenden Gemeinschaften dienen, moralisch gerechtfertigt sind. Der Wert der Gemeinschaften wird allerdings unterschiedlich begründet. Gemeinschaften erscheinen dem Kommunitarismus als wertvoll, weil a) sie intrinsisch wertvoll sind, indem sie große Nähe und starke Verbundenheit ermöglichen, b) die sich in Gemeinschaften bildenden Begriffe und Werte für das Gedeihen ihrer Mitglieder unabdingbar sind (vgl. Margalit 1997), c) sich normativ gehaltvolle Verpflichtungen nur in partikularen Traditionen erlernen lassen (vgl. Taylor 1989a), d) der Aufbau einer personalen Identität von der Partizipation an einem gemeinschaftlichen Leben abhängt (vgl. MacIntyre 1984) und/oder e) jede einzelne Gemeinschaft in einer unvergleichlichen Art und Weise zur Vielfalt der menschlichen Kulturen beiträgt (vgl. Berlin 1976). Wird der Patriotismus mit dem hohen Wert von Gemeinschaften begründet, handelt es sich bei den Befürwortern um Kommunitaristen, die die *Nation* als wichtigste Gemeinschaft ansehen, d.h. am geeignetsten betrachten, den Wert zu realisieren, der Gemeinschaften insgesamt zugeschrieben wird.

Die Verpflichtungen gegenüber der Nation weisen einen unterschiedlichen Umfang aus. Differenzen bestehen aber auch hinsichtlich Status und Verhältnis zu anderen Verpflichtungen. Eine starke Version geht von Verpflichtungen aus, die a) unabhängig von der Zustimmung der Individuen bestehen und b) absoluten Vorrang vor allen übrigen politischen und nicht-politischen Verpflichtungen besitzen. Aufgrund der Erfahrungen des vergangenen Jahrhunderts wird die genannte Position gewöhnlich nicht mehr eingenommen. Vertreten werden schwächere Versionen, die Partikularismus und Universalismus auf eine gewisse Weise zu vereinen suchen. Dies kann erreicht werden, wenn die entsprechenden Verpflichtungen zwar individuellen Interessen und Bedürfnissen, nicht aber allgemeinen Menschenrechten vorgeordnet werden. Weiter entfernt man sich von der starken Version, wenn die Verpflichtungen gegenüber der Nation darüber hinaus a) als Verpflichtungen neben anderen Verpflichtungen betrachtet werden, b) lediglich prima-facie-Status zugesprochen erhalten (vgl. Tamir 1993) und/oder c) von der Zustimmung der Mitglieder abhängig gemacht werden. Gemeinsam ist allen Varianten, dass sie keinen partikularen, sondern einen universalen Patriotismus vertreten. Die besonderen Verpflichtungen bestehen für die Mitglieder einer jeden Nation – sofern sie den Wert realisieren, der Gemeinschaften insgesamt zugeschrieben wird (vgl. Tamir 1993).

2.2. Es lassen sich aber auch nicht-kommunitaristische »politische Argumente« (Miscevic 2001) für den Patriotismus anführen. Die partikularen Bindungen und Solidaritäten gegenüber den Mitgliedern einer Nation können etwa mit dem Willen der Mitglieder einer (jeden) Nation begründet werden – sofern sie das (prima facie) Recht besitzen, ihr Leben im Rahmen einer ausgezeichneten Gruppe von Menschen zu führen (vgl. Moore 1998). Ein anderes Argument für die moralische Gültigkeit des ethischen (nationalen) Partikularismus beruft sich auf das Recht auf Selbstverteidigung und Wiedergutmachung vergangenen Unrechts. Unterdrückungen würden einer ungerecht behandelten Gruppe einen gerechtfertigten Grund und das Recht auf Abspaltung verleihen (vgl. Kukathas/Poole 2000). Schließlich kann auch darauf hingewiesen werden, dass (normativ gehaltvolle) Verpflichtungen, die an sich universal sind, in partikularen (nationalen) Gemeinschaften eher realisiert werden. Miller etwa ist der Ansicht, dass es für eine Umverteilungspolitik bzw. für eine Politik sozialer Gerechtigkeit einfacher ist, innerhalb einer nationalstaatlichen Ordnung Unterstützung zu finden (vgl. Miller 1995). Auch die »politischen Argumente« bleiben nicht ohne Widerspruch. Sie vermeiden aber eine kommunitaristische Fundierung. Deshalb scheinen sie wohl besser geeignet, die Herausforderungen zu bewältigen, die der ethnische und kulturelle Pluralismus moderner Gesellschaften mit sich bringt (vgl. Miscevic 2001).

3.

Der Patriotismus wird in den ethischen und politik-philosophischen Debatten in der Regel auf eine als Abstammungs-, Sprach- und/oder Kulturgemeinschaft verstandene Nation bezogen (vgl. Miscevic 2001). In den politikwissenschaftlichen Diskursen wird hingegen eher auf den Patriotismusbegriff der Aufklärungs- und Revolutionszeit zurückgegriffen. Gegenstand des Patriotismus ist demzufolge nicht ein ethnisch-kulturelles Gebilde, sondern das Gesetz, in moderner Sprache: die Verfassung. Sternberger hat hierfür den Begriff des Verfassungspatriotismus geprägt. Dieser richtet sich in erster Linie auf die gemeinsame Verfassung und das gemeinsame Leben sowie Handeln im Rahmen der Verfassung (vgl. Sternberger 1982, 30). Die Verfassung ist dabei – u.a. – »durch die Achtung und tätige Bewahrung von fundamentalen persönlichen und kollektiven Freiheiten« (ebd., 29) gekennzeichnet – und kann im Prinzip die ganze Menschheit in sich einschließen. Gemeinhin ist man sich einig, dass freie, sich selbst regierende Gesellschaften nicht allein auf Gesetzeskraft, sondern auf ziviler Bürgertugend beruhen, d.h. auf dem freiwilligen und starken Interesse an den politischen Werten und Institutionen dieser Gesellschaften (sowie dem Engagement für diese Werte und Institutionen) (vgl. Habermas 1990). Für moderne Demokratien sei Bürgersinn bzw. Verfassungsloyalität, also »die aus der politischen Identifikation der Einzelnen entspringende Haltung des Verzichts auf privategoistische Orientierungen zugunsten kommunitärer Ziele und Ansprüche« (Kohler 2000a, 91) eine unabdingbare Voraussetzung. Dass eine Verfassung solche politischen Loyalitäten erwecken und bewahren kann, habe die Geschichte längst gezeigt. Allerdings dürfe nicht vernachlässigt werden, dass der Grundcharakter des Modernisierungsvorganges mit seinen Vervielfältigungen der Handlungschancen »das klassische Bürgerbewusstsein [...], d.h. den Identifikationsbezug zwischen der politischen Einheit des demokratischen Staates und [...] den Staatsbürgern und -bürgerinnen [schwächen und auch wieder auflösen könne]« (Kohler 2000b, 603). Gleichzeitig sei aber auch zu bedenken, dass in ethnisch und kulturell pluralen, d.h. heterogenen Gesellschaften mit unterschiedlichen Wurzeln und Identitäten nur noch ein zivilpolitischer Patriotismus zu realisieren ist.

4.

Abbt, T., 1761, Vom Tode für das Vaterland, in: Münchner Lesebogen, München: Münchner Buchverlag 1940–44.

Berkeley, G., 1750, Maxims Concerning Patriotism, in: The Works of George, Bd. 4, Bristol: Thoemmes 1994.

Berlin, I., 1976, Vico and Herder, London: Hogarth.

Bolingbroke, H. S. J., 1736/38, A Letter of the Spirit of Patriotism/The Idea of a Patriot King, in: The

Works of Lord Bolingbroke II, London: Cass 1967.
Bruyère, J. de la, 1688, Les Caractères X: Du Souverain ou de la République, Paris: Imprimerie nationale 1998.
Fichte, J. G., 1808, Reden an die deutsche Nation, in: ders., Gesamtausgabe, Werke 1808–1812, Stuttgart: Frommann-Holzboog 2005.
Gentz, F., 1800, Über den ewigen Frieden, in: K. v. Raumer (Hg.), Ewiger Friede. Friedensrufe und Friedenspläne seit der Renaissance, Freiburg: Alber 1953.
Gschnitzer, F./Koselleck, R./Schönemann, B./Werner, K. F., 1992, Volk, Nation, Nationalismus, Masse, in: O. Brunner/W. Conze/R. Koselleck (Hg.), Geschichtliche Grundbegriffe, Bd. 7, Stuttgart: Klett-Cotta.
Habermas, J., 1990, Staatsbürgerschaft und nationale Identität, in: ders., Faktizität und Geltung, Frankfurt/M.: Suhrkamp 1992.
Heine, H., 1855, (Entwurf der) Vorrede zur französischen Ausgabe der Lutezia, in: Sämtliche Schriften, Bd. 5, München: Hanser 1974.
Holbach, P. H. T. Baron d', 1776, Ethocratie ou le Gouvernement fondé sur la Moral, Hildesheim: Olms 1973.
Jaucourt, L. de, 1765, »Patrie«, »Patriote«, »Patriotisme«, in: D. Diderot/J.-R. D'Alembert (Hg.), Encyclopédie, ou Dictionnaire raisonné des sciences, des arts et des métiers, Bd. 12, Paris: Le Breton.
Kant, I., 1793, Über den Gemeinspruch: Das mag in der Theorie richtig sein, taugt aber nicht für die Praxis, in: Werkausgabe, Bd. XI, Frankfurt/M.: Suhrkamp 1993.
Kohler, G., 2000a, Wie wichtig ist es, Schweizer/Schweizerin zu sein? Über die Unerlässlichkeit von »Bürgertugend«, in: R. Reichenbach/F. Oser (Hg.), Zwischen Pathos und Ernüchterung, Freiburg: Universitätsverlag.
Kohler, G., 2000b, Zivilisationsstruktur und politische Nation. Das republikanische Modell der Schweiz in der Gegenwart, in: M. Böhler/E. Hofmann/P. H. Reill u. a. (Hg.), Republikanische Tugend, Genf: Slatkine.
Krug, W. T., 1832–38, Allgemeines Handwörterbuch der philosophischen Wissenschaften nebst ihrer Literatur und Geschichte, Stuttgart: Frommann-Holzboog 1969.
Kukathas, C./Poole, R. (Hg.), 2000, Special Issue on Indigenous Rights, Australasian Journal of Philosophy 78.
Leibniz, G. W., 1682/83, Ermahnung an die Deutschen, in: ders., Unvorgreifliche Gedanken, betreffend die Ausübung und Verbesserung der deutschen Sprache, Stuttgart: Reclam 1995.
MacIntyre, A., 1984, Ist Patrtiotismus eine Tugend?, in: A. Honneth (Hg.), Kommunitarismus, Frankfurt/M.: Campus 1994.
Margalit, A., 1997, The Moral Psychology of Nationalism, in: R. McKim/J. McMahan (Hg.), The Morality of Nationalism, Oxford: Oxford University Press.
Margalit, A./Raz, J., 1990, National Self-Determination, in: Journal of Philosophy 87.
Miller, D., 1995, On Nationality, Oxford: Oxford University Press.
Moore, M. (Hg.), 1998, National Self-Determination and Secession, Oxford: Oxford University Press.
Nussbaum, M. u. a., 1996, For Love of Country. Debating the Limits of Patriotism, Boston: Beacon.
Seymour, M., 2000, On Redefining the Nation, in: N. Miscevic (Hg.), Nationalism and Ethic Conflict, La Salle: Open Court.
Sternberger, D., 1982, Verfassungspatriotismus, in: ders., Verfassungspatriotismus, Frankfurt/M.: Insel 1990.
Tamir, Y., 1993, Liberal Nationalism, Princeton: Princeton University Press.
Taylor, C., 1989a, Aneinander vorbei. Die Debatte zwischen Liberalismus und Kommunitarismus, in: A. Honneth (Hg.), Kommunitarismus, Frankfurt/M.: Campus 1994.
Taylor, C., 1989b, Quellen des Selbst, Frankfurt/M.: Suhrkamp 1996.

Georg Kohler/Andreas Heinle

Perfektionismus, politischer

1.

In der praktischen Philosophie werden mit dem Begriff »Perfektionismus« in erster Linie teleologische Positionen in der Ethik bezeichnet, die behaupten, dass das ethisch Gute darin besteht, bestimmte intrinsisch oder inhärent wertvolle menschliche Eigenschaften und Fähigkeiten – wie z. B. Rationalität, Autonomie oder Individualität – zu entwickeln und zu vervollkommnen (*perfektionieren*). Der ethische Perfektionismus sucht, anders als viele moderne Ethiken, nicht nach einer Bestimmung des gerechten, sondern des guten Handelns. Der politische Perfektionismus vertritt die Auffassung, dass politisches Handeln gute menschliche Eigenschaften und Fähigkeiten im öffentlichen und privaten Handeln der Bürger fördern sollte.

Die besagten Eigenschaften und Fähigkeiten werden von Perfektionisten als objektive ethische Güter angesehen. Oft wird zwischen einem starken und einem schwachen Perfektionismus unterschieden (vgl. Hurka 1994, 4, 55). Der starke Perfektionismus besagt, dass das Gute für den Menschen darin besteht, seine *menschliche Natur* zu entwickeln. Die methodischen Schwierigkeiten, die bei der Bestimmung der moralisch wichtigsten Aspekte der menschlichen Natur auftreten, machen den starken Perfektionismus, besonders in pluralistischen Gesellschaften, umstritten. Eine schwächere Form des Perfektionismus besagt daher, dass ausreichend allgemeine Eigenschaften und Fähigkeiten, die *in bestimmten Gesellschaften* für das menschliche Wohlergehen essentiell sind, objektive Güter darstellen, die von allen anzustreben sind. Besonders in der liberalen politischen Philosophie wird gegenwärtig v.a. der schwache Perfektionismus diskutiert.

Thomas Hurka definiert den Perfektionismus als eine Position, die behauptet, »dass bestimmte intrinsisch wertvolle Zustände für Menschen bestehen, und dass jeder von uns diese Zustände sowohl für sich selbst als auch für andere maximieren sollte« (Hurka 1987, 12). George Sher behauptet dagegen, dass »man sich als Perfektionist beweist, indem man bestimmte Aktivitäten und Eigenschaften entweder als intrinsisch oder als inhärent wertvoll versteht« (Sher 1997, 11). Wenn etwa Individualität einen intrinsischen Wert darstellt, müssen auch inhärent mit diesem Wert verbundene Praktiken gefördert werden. Als *politischen* Perfektionismus kennzeichnet Hurka Positionen, denen zufolge »die beste politische Handlung, Institution oder Regierung diejenige ist, die die Perfektion aller Menschen am meisten fördert« (Hurka 1993, 147).

2.
Historisch muss man zwischen zwei Formen des Perfektionismus unterscheiden: Während von der Antike bis zum Mittelalter Politik oft als legitimes Mittel zur ethischen Perfektionierung des Menschen angesehen wird (Platon, Aristoteles, Thomas von Aquin), geht der moderne Perfektionismus von einem oft grundsätzlichen Konflikt zwischen persönlicher Ethik einerseits und sozialer und politischer Moral andererseits aus (Hegel, Marx, Mill, Nietzsche).

2.1. Das gegenwärtig am meisten diskutierte antike und (spät-)mittelalterliche Modell ist das des Aristotelismus. Aristoteles versteht den Stadtstaat, die *polis*, als die beste Umgebung für das ethisch gute Leben: In der gut organisierten *polis* kann der Mensch, solange er Bürger ist (Frauen, Handwerker, Sklaven und andere sind ausgeschlossen), seine wichtigsten, spezifisch menschlichen Funktionen am besten entwickeln (vgl. EN I.2, X.9). Obwohl kontemplative Erkenntnis die höchste Form des gelungenen Lebens darstellt (vgl. EN I.7, X.7), erkennt Aristoteles an, dass Menschen auch handelnde und soziale Wesen sind. Kontemplation und politisches Handeln sind beide um ihrer selbst willen zu fördern. In politischen Deliberationen über Fragen der Gerechtigkeit, des Charakters und des guten Lebens üben Bürger gemeinsam ihre praktische Vernunft aus. Sie gehen dabei über die im engeren Sinne verstandenen eigenen Interessen hinaus und gestalten zusammen die Bedingungen für ein tugendhaftes Leben in allen sozialen Sphären. Eine gut organisierte *polis* schützt daher nicht nur (wie im modernen Vertragsdenken) das Leben und den Besitz. Sie fördert auch die aktive politische Partizipation ihrer Bürger als Bedingung eines tugendhaften Lebens (vgl. Pol. III.9).

2.2. Das perfektionistische Denken der Moderne setzt unter Einfluss von Aufklärung und Romantik stärker auf Autonomie und individuelle Selbstverwirklichung der Person. Es sieht einen grundsätzlichen Konflikt zwischen persönlichen Auffassungen des ethisch

Guten einerseits und einer perfektionistischen Politik andererseits. Rousseaus Analyse der sozialen Ungleichheit, Hegels Philosophie der Anerkennung, Marx' Analyse der ökonomischen Verhältnisse, Mills individualistisches Ideal der Selbstverwirklichung und Nietzsches Idealvorstellung des sich selbst überwindenden freien Menschen setzen sehr unterschiedliche perfektionistische Ethiken voraus. Sie stimmen aber darin überein, dass sie die (gegebene) soziale und politische Gemeinschaft als Hindernis für die Selbstverwirklichung des individuellen Menschen betrachten. Nur Hegel und Marx suchen diese Spannung konsequent mittels einer höherstufigen dialektischen Versöhnung zwischen Individuum und Gemeinschaft aufzulösen. Insofern sie – und v.a. ihre Nachfolger in der praktischen Politik – diese grundsätzliche Spannung aus dem Auge verlieren, setzen sie sich der berühmten Kritik Isaiah Berlins an perfektionistischen Lehren positiver Freiheit aus, die in Gefahr stehen, die tatsächlichen Wünsche der Menschen zu ignorieren und sie im Namen eines ›wirklichen‹ Selbst zur Freiheit zu zwingen (vgl. Berlin 1969).

3.
Berlins Kritik stellt eine Verbindung her zwischen dem modernen (kollektiven) Perfektionismus der Selbstverwirklichung einerseits und politischer Intoleranz (vgl. Forst 2003, 79f., 487ff.) und Totalitarismus andererseits. Vor dem Hintergrund der historischen Erfahrungen des 20. Jahrhunderts ist diese Kritik verständlich. Sie hat der philosophischen Diskussion über den Perfektionismus jedoch geschadet. Erstens lässt sich der ethische Perfektionismus nicht immer in einen politischen Staatsperfektionismus übersetzen (Nietzsche) (vgl. Owen 1995, 132–170). Zweitens sind viele gegenwärtige Perfektionisten entschiedene Verteidiger des demokratischen Rechtsstaates (vgl. Raz 1986; Dagger 1997; Sher 1997). Dabei spielt die Idee der Förderung der persönlichen Autonomie eine wichtige Rolle. Liberal-demokratische Gesellschaften und diejenigen sozialen Praktiken und Institutionen, die solche Gesellschaften schützen und fördern, scheinen ein objektives Interesse aller Bürger an einer hinreichend selbstbestimmten, autonomen Lebensführung zu implizieren.

3.1. Auch einflussreiche Antiperfektionisten wie Rawls (1993) und Habermas (1992) gründen ihre politischen Theorien auf den Wert der Autonomie. Sie unterscheiden allerdings zwischen politischer und privater Autonomie. Politische Autonomie verstehen sie als das Recht und die Fähigkeit der Bürger, in öffentlichen Debatten ihre Stimme in Prozessen der Meinungs- und Willensbildung zu erheben. Auch wird erwartet, dass kompetente Bürger ihre für die politische Gemeinschaft und Rechtsgemeinschaft relevanten Handlungen – z.B. bei Gesetzesverstößen oder politischen Protesten – wenn nötig autonom, mit vernünftigen Gründen verteidigen. In liberal-demokratischen Gesellschaften hat jeder Bürger ein Recht auf politische Autonomie und die entsprechende Fähigkeit darf vom Staat deshalb (z.B. im Bildungswesen) als Voraussetzung kompetenter Staatsbürgerschaft gefördert werden.

Private Autonomie wird von Antiperfektionisten nicht als inhaltlich bestimmte Fähigkeit, sondern als Recht verstanden: als Recht, die subjektiven Vorstellungen eines ›perfekten‹ Lebens zu realisieren, auch wenn diese nicht auf dem Wert der persönlichen Autonomie aufbauen. Angenommen wird dabei, dass der Wert verschiedener ethischer Güter nicht objektiv bestimmt werden kann. Antiperfektionisten schützen über die Idee der ethischen Neutralität des Staates die individuelle Freiheit der Bürger, nach den eigenen Vorstellungen des Guten zu leben, solange sie die Grenzen der privaten Autonomie der Mitbürger respektieren. Insbesondere Bürger mit konventionellen oder kollektivistischen ethischen Überzeugungen erhalten so die Freiheit, sich im privaten Leben nicht den Effekten des zwar ethisch neutralen, aber im öffentlichen Leben autonomiefördernden demokratischen Rechtsstaates beugen zu *müssen* (vgl. Rawls 1993, 288ff., 294ff.).

3.2. Politische Perfektionisten halten diese Denkweise für inkonsequent. Wer eine wichtige Pointe liberal-demokratischer politischer Autonomie verstehen will, nämlich dass Bürger gemeinsam die Bedingungen und Grenzen *individueller* Handlungsräume festlegen, müsse den Wert persönlicher Autonomie und individueller Handlungsfähigkeit anerkennen (vgl. Dagger 1997, 194ff.). Der Staat dürfe in dieser Hinsicht nicht neutral sein. Politische Perfektionisten sehen persönliche Autonomie nicht so sehr als intrinsischen, sondern v.a. als einen bestimmten sozialen Praktiken *innewohnenden* Wert. Das höchste ethische Gut ist für sie nicht eine autonome Lebensführung, sondern die Partizipation aller Bürger an wertvollen sozialen Institutionen und Praktiken. Demokratie, Recht, Familie, Ehe, Bildung, wirtschaftliches Handeln, Arbeit, Kunst und Wissenschaft setzen in liberal-demokratischen Gesellschaften die persönliche Autonomie und Verantwortlichkeit der Beteiligten voraus. Deshalb ist eine hinreichend autonome Lebensführung keine beliebige Option, sondern notwendige Bedingung eines gelungenen und verantwortlichen Lebens (vgl. Raz 1986, 392ff.). Raz' liberaler Perfektionismus verpflichtet den Staat deshalb, Bürgern eine Pluralität an autonomiefördernden sozialen Praktiken zur Verfügung zu stellen (vgl. Wall 1998, 162–182; Sher 1997, 56–60; Dagger 1997, 194ff.).

Liberale Perfektionisten behaupten übrigens nicht, dass nur Personen mit liberalen ethischen Auffassungen autonom sein können. Autonom ist jeder, der im Stande ist, hinreichend unabhängig, frei von Zwang und sozialer Manipulation das eigene Leben in wertvollen sozialen Formen zu gestalten und die Rechte von Mitbürgern zu respektieren (vgl. Raz 1986, 371).

3.3. Insofern liberale Perfektionisten die Rolle des Staates bei der Förderung der sozialen Bedingungen für ein gelungenes Lebens betonen, verstricken sie sich in ein Dilemma (vgl. Van den Brink 2000, 69–75). Wer Autonomie fördern will, kann diese nämlich nicht paternalistisch auferlegen. Manche Autoren versuchen das Dilemma zu überwinden, indem sie einen zivilen Perfektionismus anstatt eines Staatsperfektionismus verteidigen: Wenn es stimmt, dass Bürger ein Interesse an wertvollen, autonomiefördernden sozialen Institutionen und Praktiken haben, ist ihnen als handlungsfähigen Individuen die Aufgabe gestellt, die Eigenschaften und Förderungsmöglichkeiten solcher Institutionen und Praktiken öffentlich zu thematisieren. Die zivilgesellschaftliche Debatte ist nicht nur deshalb von zentraler Bedeutung, weil die Qualität ziviler Dispositionen mit der Qualität politischer Entscheidungsprozesse über Gerechtigkeitsfragen verbunden ist. Sie schlägt auch zurück auf das ethische und politisch-ethische *Selbstverständis* der Gesellschaftsmitglieder (vgl. Kymlicka 1990, 246–250; Owen 1995, 132–170; Van den Brink 2002).

In politisch-ethischer Hinsicht bezieht die zivilgesellschaftliche Debatte sich auf Fragen der Interpretation und Internalisierung von demokratischen Kompetenzen und Tugenden. Im engeren ethischen Sinne wird gefragt, welche Interpretationen verschiedener Auffassungen des guten Lebens einerseits und wertvoller öffentlicher Institutionen und Praktiken andererseits es Bürgern ermöglichen, in öffentlichen und privaten Bereichen ein hinreichend autonomes Leben zu führen. Das Gut ist für alle das gleiche: ein gelungenes Leben in wertvollen sozialen Praktiken in liberal-demokratischen Gesellschaften. Die Interpretation des Gutes sowie die Art und Weise, wie es zu erzielen ist, kann für Bürger mit je unterschiedlichen Wertorientierungen aber auch sehr unterschiedlich sein. Ein ziviler Perfektionismus muss deshalb pluralistisch verstanden werden. Er kann die Aufgaben des liberal-demokratischen Staates nicht ersetzen. Er kann sie aber um eine Perspektive ergänzen, die betont, dass die Förderung politisch-ethischer Kompetenz und Exzellenz gerade in autonomiefördernden Gesellschaften weder eine Aufgabe für den Staat ist, noch für private Personen, sondern für die Mitglieder der Zivilgesellschaft, die ein objektives Interesse an hinreichend autonomen Handlungsdispositionen haben (vgl. Kymlicka 1990, 246ff.).

Nach der Verabschiedung der stark perfektionistischen Idee der Entwicklung der menschlichen Natur und nach der Universalisierung der Bürgerrechte kehrt der schwache politische Perfektionismus damit zurück zur überzeugendsten Kernidee des aristotelischen Perfektionismus, wonach öffentliche Diskussionen über politisch-ethische Fragen nicht nur notwendig sind, um die Qualität der Gesetzgebung zu erhöhen, sondern auch, um die Kompetenzen und Tugenden der Mitglieder der Gemeinschaft durch den Gebrauch der praktischen Vernunft zu stärken.

4.

Berlin, I., 1969, Zwei Freiheitsbegriffe, in: J. Nida-Rümelin/W. Vossenkuhl (Hg.), Ethische und politische Freiheit, Berlin: de Gruyter 1997.
Dagger, R., 1997, Civic Virtues, Oxford: Oxford University Press.
Forst, R., 2003, Toleranz im Konflikt, Frankfurt/M.: Suhrkamp.
Habermas, J., 1992, Faktizität und Geltung. Beiträge zur Diskurstheorie des Rechts und des demokratischen Rechtsstaats, Frankfurt/M.: Suhrkamp.
Hurka, T., 1987, The Well-Rounded Life, in: Journal of Philosophy 84.
Hurka, T., 1993, Perfectionism, Oxford: Oxford University Press.
Kymlicka, 1990, Contemporary Political Philosophy, Oxford: Oxford University Press 2002.
Owen, D., 1995, Nietzsche, Modernity and Politics, Thousand Oaks: Sage.
Rawls, J., 1993, Politischer Liberalismus, Frankfurt/M.: Suhrkamp 1998.
Raz, J., 1986, The Morality of Freedom, Oxford: Clarendon Press.
Raz, J., 1994, Facing Diversity, in: ders., Ethics in the Public Domain, Oxford: Clarendon Press.
Sher, G., 1997, Beyond Neutrality, Cambridge: Cambridge University Press.
Van den Brink, B., 2000, The Tragedy of Liberalism, Albany: State University of New York Press.
Van den Brink, B., 2002, Politischer Liberalismus und ziviler Perfektionismus, in: Deutsche Zeitschrift für Philosophie 50.
Wall, S., 1998, Liberalism, Perfectionism and Restraint, Cambridge: Cambridge University Press.

Bert van den Brink

Person

1.

Der Begriff der Person hat eine in der Antike beginnende und bis in die Gegenwart andauernde vielschichtige Begriffsgeschichte mit zahlreichen Spannungen und Brüchen (vgl. Sturma 1997). In ihm überlagern sich alltäglich-lebensweltliche und fachwissenschaftlich-philosophische Bedeutungen auf komplexe Weise. Allgemein gesprochen steht der Begriff der Person für das Spezifische an der menschlichen Lebensform, d.h. für diejenigen Eigenschaften und Fähigkeiten, die Personen von den anderen Tieren unterscheiden, zugleich aber auch ihre Verwandtschaft zu rein rationalen Wesen (Engeln, Göttern oder Gott) begründen. Daher ist der Begriff der Person einerseits verbunden mit Phänomenen wie Sprache, Selbstbewusstsein, Handeln oder Wahlfreiheit, so dass er in viele philosophische Teildisziplinen (z.B. die Philosophie des Geistes oder die Erkenntnistheorie) hineinspielt. Mit diesen personspezifischen Eigenschaften und Fähigkeiten wird andererseits sowohl in der Philosophie als auch in der Theologie ein besonderer ethischer Status von Personen (z.B. Respekt, Würde oder ein Recht auf Leben) begründet. Außerdem stellt die Vorstellung, eine Person zu sein und sein Leben als Person zu führen, ein in unserer Kultur weithin geteiltes Ideal dar, welches mit Begriffen wie Selbstbestimmung (Autonomie) und Lebensplan (Entwurf) eng verknüpft ist (vgl. Quante 2002, Kap. 5). Deshalb kommt dem Begriff der Person in unseren alltäglichen Lebenszusammenhängen sowie in rechtlicher oder moralphilosophischer Hinsicht zentrale Bedeutung zu. Mit der Zuerkennung des Personstatus ist nicht nur die Zuschreibung bestimmter Eigenschaften und Fähigkeiten verbunden, sondern immer auch die Anerkennung eines ausgezeichneten ethischen Status. Insgesamt weist der Begriff der

Person damit evaluative und deskriptive Bedeutungsaspekte auf, die in einem den jeweiligen Verwendungskontexten entsprechenden deskriptiven, evaluativen oder normativen Begriffsgebrauch abgerufen werden. Die Begriffe, in deren Abgrenzung er dabei seine inhaltlichen Konturen gewinnt, sind der des Menschen und der des animal rationale.

Neben dieser deskriptiv-evaluativen Doppelnatur zeichnet sich der Begriff der Person durch eine weitere Spannung aus: die zwischen allgemeiner und individueller Substanz. Sowohl in der Alltags- als auch in der philosophischen Fachsprache lässt sie sich durch das Begriffspaar »Personalität/Persönlichkeit« zum Ausdruck bringen. »Personalität« bezieht sich auf die Eigenschaften und Fähigkeiten, aufgrund derer eine Entität als Person zu gelten hat. Personalität steht also für eine universale Substanz oder einen Allgemeinbegriff (wie auch »Mensch« oder »animal rationale«). Mit »Persönlichkeit« beziehen wir uns dagegen auf die individuelle, unverwechselbare Ausprägung der Personalität in einem bestimmten Individuum, die sich in seiner Lebensführung, seiner Biografie und seinem evaluativen Selbstbild manifestiert; Persönlichkeit steht daher für eine individuelle Substanz. Der Respekt vor den autonomen Entscheidungen einer Person ist in formaler Hinsicht mit der Anerkennung der personalen Fähigkeit verbunden, ein selbstbestimmtes Leben zu führen. Zugleich wird im konkreten Fall immer eine bestimmte Entscheidung eines bestimmten Individuums respektiert. Deshalb stellt der Respekt vor der autonomen Entscheidung einer Person in inhaltlicher Hinsicht immer auch die Anerkennung ihrer Persönlichkeit dar.

2.

Die alltägliche Verwendung des Begriffs der Person und seine diversen fachsprachlichen Verwendungen durchdringen und beeinflussen einander. Dennoch lassen sich begriffsgeschichtlich drei Epochen unterscheiden, in denen sich die einleitend beschriebenen Spannungsfelder in unterschiedlicher Konstellation gestalten: die Antike und v.a. die stoische Philosophie (2.1.), die christlich-theologische Tradition (2.2.) und die Philosophie der Neuzeit (2.3.).

2.1. Etymologisch geht »Person« auf den lateinischen Begriff »persona« zurück, dem möglicherweise der griechische Ausdruck »prosopon« zugrunde liegt. »Persona« entstammt dabei ursprünglich der Fachbegrifflichkeit des Theaters und bezeichnet die Maske, mit der ein Schauspieler eine Rolle bekleidet. Später gewinnt der Ausdruck »persona« die Bedeutung von Rolle oder Charakter. »Person« in diesem Sinne steht damit für eine nicht individuelle Rolle, durch die sich ein menschliches Individuum im sozialen Raum als identifizierbare Größe manifestiert und durch die zugleich seine soziale Stellung bzw. Funktion in der Familie beschrieben wird. In der auf Panaitios von Rhodos zurückgehenden Rollentheorie, die Cicero (vgl. off., 107–125) im Rahmen der Ethik entwickelt, steht ebenfalls dieser entindividualisierte soziale Aspekt im Vordergrund. Zugleich findet sich bei ihm aber schon der Hinweis darauf, dass sich in der Personalität auch die individuelle Persönlichkeit eines Individuums ausdrückt, die in der Übereinstimmung mit sich selbst durch die Interpretation der divergierenden sozialen Rollen hindurch besteht.

2.2. In der patristischen Tradition wird der Begriff der Person aus seinem lebensweltlich-sozialen Kontext herausgenommen und in theologische Problemkontexte verlagert. Ausgehend von der antiken Grammatik, in der die drei Sprecherrollen (prosopa-personae) des Verbs unterschieden wurden, werden erstens die Bibeltexte auf die Frage hin untersucht, wer in ihnen als Sprecher und als Adressat fungiert. Zweitens gewinnt die theologisch-metaphysische Frage, wie man sich die Trinität der drei göttlichen Instanzen als ein Individuum denken kann, zunehmend an Bedeutung. Hier kommt der Begriff der Person zum Zuge, durch den man – exemplarisch bei Tertullian – drei Instanzen als personae, als Rollen eines individuellen Gottes deuten kann. Der Personbegriff gewinnt spätestens jetzt eine explizit substanzontologische Dimension. Später wendete sich die Aufmerksamkeit dann der göttlich-menschlichen Doppelnatur zu, die in Christus zusammengedacht wurde. Da der Personstatus in der christlich-theologischen Tradition anfangs dem Menschen abgesprochen und Gott zuerkannt wird, kommt auf diese Weise auch die Frage nach dem Verhältnis von Mensch und Person zum Vorschein. Durch die Erweiterung der Extension des Personbegriffs auf alle vernunftbegabten Wesen, die Boethius (512ff., 82) mit seiner Definition der Person als »die individuelle Substanz einer rationalen Natur« erfolgreich durchgeführt hat, greift die Frage nach dem Verhältnis von »Mensch« zu »Person« über auf alle menschlichen Personen.

2.3. Die neuzeitliche Phase der Geschichte des Personbegriffs beginnt mit Lockes Überlegungen zur Identität der Person (1689, II, 27). Er bestimmt den Begriff der Person in Abgrenzung von substanzontologischen Konzeptionen auf der einen und vom Begriff des Menschen auf der anderen Seite. Zugleich greift Locke das evaluativ-deskriptive Spannungsfeld auf, indem er einerseits nach den Eigenschaften und Fähigkeiten fragt, aufgrund derer eine Entität als Person zu betrachten ist, andererseits aber auch den evaluativen Charakter des Personseins als Subjekt von Lohn und Strafe in den Vordergrund stellt. Seine bewusstseinstheoretische Alternative zu substanzontologischen Konzeptionen der personalen Identität ist ebenfalls auf die Frage nach der Zurechenbarkeit von Handlungen ausgerichtet, bringt jedoch zugleich mit dem Bewusstsein einer Person von ihrer eigenen zeitlich ausgedehnten Existenz eine neue Dimension des Personbegriffs mit ins Spiel.

Lockes bewusstseinstheoretisch-empiristischer Vorschlag findet in der Folge entschiedene Anhänger (z.B. in Hume), wird aber auch einer substanzontologisch motivierten Kritik unterzogen (z.B. durch Leibniz). Kant entwickelt in der Folge eine jenseits von Empirismus und Substanzontologie verortete transzendentalphilosophische Alternative, die den Personbegriff mit der Einheit des Selbstbewusstseins verbindet. Noch bedeutsamer ist, dass bei Kant neben diese Konzeption der theoretischen Philosophie ein praktischer Personbegriff tritt, in dem Autonomie zum Wesen des personalen Lebens erklärt wird. Auf diese Weise verankert Kant das Recht auf Selbstbestimmung und die Würde im Personstatus, den er zugleich vom Begriff des Menschen ablöst und dem Begriff des animal rationale zuordnet. Steht bei Kant noch das individuelle Selbstbewusstsein der je eigenen praktischen Vernunft im Zentrum des Personbegriffs, so wird im Deutschen Idealismus, v.a. bei Fichte und Hegel, eine sozialphilosophische Erweiterung vollzogen. Die Personalität des Menschen und die Persönlichkeit des einzelnen Individuums werden nun primär als sozial konstituierte Anerkennungsverhältnisse begriffen. Damit kommt die soziale Dimension des Personbegriffs im Rahmen der neuzeitlichen praktischen Philosophie der Autonomie wieder voll zur Geltung (vgl. Siep 2002).

3.

In der gegenwärtigen Philosophie spielt der Begriff der Person in drei Problembereichen eine zentrale Rolle. In der theoretischen Philosophie gibt es eine ausführliche Diskussion um die Kriterien der diachronen Identität von Personen (3.1.), in der praktischen Philosophie geht es um das Verhältnis von individueller und sozialer Dimension des personalen Selbstverständnisses (3.2.), und in der biomedizinischen Ethik wird um das Verhältnis von »Mensch« und »Person« gestritten (3.3.).

3.1. Seit der Mitte des 20. Jahrhunderts wird in der theoretischen Philosophie eine ausführliche Debatte über die Bedingungen der diachronen Identität von Personen geführt, in der v.a. die substanzontologischen Fragen und das von Locke eröffnete bewusstseinstheoretische Alternativmodell weiterentwickelt worden sind. Generell lassen sich dabei zwei Strategien unterscheiden (vgl. Quante 2002, Kap. 2–3): Die *einfache Position*, die gegenwärtig z.B. von Chisholm (1981) oder Swinburne vertreten wird, setzt die diachrone Identität der Person als nicht reduzierbare, basale Tatsache voraus. Im Anschluss an die ersten Kritiker von Locke beansprucht die einfache Position zu zeigen, dass jeder Versuch einer Reduktion dieser Identität auf basalere Relationen unzulänglich bleiben muss, weil es Fälle der Unterbestimmtheit gibt. Demgegenüber schlägt die *komplexe Position* eine solche Reduktion vor, wobei sich zwei Varianten unterscheiden lassen. Im Anschluss an Locke haben v.a. Shoemaker und Parfit Modelle entwickelt, in denen die Identität der Person durch funktionale und kausale Beziehungen zwischen mentalen Zuständen (v.a. von Erinnerungen) konstituiert wird (psychologisches Kriterium). In Opposition dazu wird von Wiggins (1967) und Williams (1973) die Persistenz des Körpers als Grundlage personaler Identität angenommen, wobei dieses Körperkriterium mittlerweile zum Gehirnkriterium weiterentwickelt worden ist (vgl. dazu die Beiträge in Quante 1999; Rorty 1976; Siep 1983 und Sturma 2001).

3.2. Auch in der politischen Philosophie und Sozialphilosophie hat der Begriff der Person in den letzten drei Jahrzehnten eine wichtige Rolle gespielt. In der Debatte zwischen Liberalismus und Kommunitarismus liegt ein zentraler Streitpunkt in der Bestimmung des Verhältnisses von individueller und sozialer Dimension personaler Identität. Dabei geht es um die Frage, wie weit Personen in ihrem Selbstverständnis durch soziale Anerkennungsprozesse und ihre Mitgliedschaft in Gemeinschaften konstituiert sind. In seinem ursprünglichen Entwurf einer normativen politischen Theorie geht Rawls (1971, Teil I) von dem Modell eines Urzustands aus, in dem die Individuen als rationale Entscheider hinter einem Schleier des Nichtwissens sind, so dass sie über keine Informationen hinsichtlich ihrer sozialen oder kulturellen Identität verfügen. Gegen diese vertragstheoretische Legitimationsfigur des Liberalismus ist von kommunitaristischer Seite eingewandt worden, dass das Postulat von solchen ›ortlosen‹ rationalen Subjekten keine geeignete Grundlage sei für eine normative Begründung sozialer und politischer Institutionen (vgl. Sandel 1982). Vielmehr handele es sich bei dem rawlsschen Modell um eine unhaltbare philosophische Fiktion, in der die soziale Verfasstheit von Personen ignoriert werde. Rawls (1993, I, § 5) hat diesen kommunitaristischen Einwänden Rechnung getragen, ohne auf die liberalistische Grundausrichtung seiner politischen Philosophie zu verzichten. Insgesamt zeigt diese Debatte in der politischen Philosophie, dass das Spannungsverhältnis zwischen individueller Autonomie und sozialer Konstituiertheit von Personen sich bis heute durchhält und in den divergierenden Theorien der politischen und Sozialphilosophie auf unterschiedliche Weise austariert wird.

3.3. Gegenwärtig spielt der Begriff der Person in der biomedizinischen Ethik eine herausragende Rolle, weil mit dem Personsein in ethischer wie rechtlicher Hinsicht ein besonderer normativer Status verbunden ist. In diesem Kontext ist v.a. das Verhältnis von »Mensch« zu »Person« strittig. Geht man von einem Verständnis von Personalität aus, bei dem das Personsein nicht an der Zugehörigkeit zur biologischen Spezies »Mensch«, sondern an dem Verfügen über bestimmte Eigenschaften und Fähigkeiten festgemacht wird, dann decken sich die Extensionen von »Mensch« und »Person« nicht. Strittig ist, ob der Begriff der Person auch auf nichtmenschliche Lebensformen (z.B. Menschenaffen) oder sogar zukünftig zu entwickelnde Maschinen anwendbar ist. V.a. aber weisen die Frühformen des menschlichen Lebens die für Personen charakteristischen Fähigkeiten (noch) nicht auf; und auch hochgradig dementen Patienten lassen sie sich nicht mehr zuschreiben.

Versucht man, den Begriff der Person so zu bestimmen, dass alle und nur menschliche Lebensformen in seine Extension fallen, dann werden entweder die Zuschreibungskriterien unverständlich, oder es entsteht der Eindruck des Speziesismus, d.h. der Verdacht, Menschen solle aufgrund einer rein biologischen Eigenschaft ein besonderer ethischer Status zuerkannt werden, der sich im Instrumentalisierungsverbot und einem Recht auf Leben niederschlägt. Angesichts der technischen Umwälzungen im Bereich der Medizin, der Humangenetik und der Reproduktionsmedizin vollzieht sich an dieser Stelle gegenwärtig ein längst noch nicht abgeschlossener gesellschaftlicher Prozess der Neubestimmung des Personbegriffs (vgl. Quante 2002; ders. 2007).

4.

Boethius, A. M., 512ff., Die theologischen Traktate, Hamburg: Meiner 1988.

Chisholm, R. M., 1981, Die erste Person, Frankfurt/M.: Suhrkamp 1992.

Locke, J., 1689, Essay über den menschlichen Verstand, Berlin: Akademie 1997.

Quante, M. (Hg.), 1999, Personale Identität, Paderborn: UTB.

Quante, M., 2002, Personales Leben und menschlicher Tod, Frankfurt/M.: Suhrkamp.

Quante, M., 2007, Person, Berlin: de Gruyter.

Rawls, J., 1971, Eine Theorie der Gerechtigkeit, Frankfurt/M.: Suhrkamp 1975.

Rawls, J., 1993, Politischer Liberalismus, Frankfurt/M.: Suhrkamp 1998.

Rorty, A. O. (Hg.), 1976, The Identities of Persons, Berkeley: University of California Press.

Sandel, M., 1982, Liberalism and the Limits of Justice, Cambridge: Cambridge University Press.

Siep, L., 1992, Praktische Philosophie im Deutschen Idealismus, Frankfurt/M.: Suhrkamp.

Siep, L. (Hg.), 1983, Identität der Person, Basel: Schwabe.

Sturma, D., 1997, Philosophie der Person, Paderborn: Mentis.

Sturma, D. (Hg.), 2001, Person. Philosophiegeschichte – Theoretische Philosophie – Praktische Philosophie, Paderborn: Mentis.

Wiggins, D., 1967, Identity and Spatio-Temporal Continuity, Oxford: Blackwell.

Williams, B., 1973, Probleme des Selbst, Stuttgart: Reclam 1978.

Michael Quante

Pflicht

1.

Der Begriff der Pflicht hat die ursprüngliche Bedeutung der gemeinschaftlichen Pflege von etwas, meist im Sinne eines gewohnheitsmäßigen Tuns im Rahmen dessen, was das Ethos einer Gemeinschaft ausmacht. Ciceros im Deutschen als »Pflicht« wiedergegebener Ausdruck »officium« ist eine Übersetzung des in der Stoa geprägten Begriffs des »kathekon« (off., I, 8), mit dem das einer Sache Zukommende oder auch für sie Geeignete bezeichnet wurde. Pflichten dienen der Erhaltung der menschlichen Natur im Rahmen eines sittlich geprägten Gemeinschaftslebens, das sich in allgemein akzeptierten Lebensregeln und Verhaltensweisen artikuliert und darin dem Einzelnen vorgibt, was zu tun als dessen Pflicht angesehen wird. Auch heute wird »Pflicht« vielfach in der Bedeutung des Sichgehörenden aufgrund kulturell geprägter Normen gebraucht, etwa in familiären Bezügen, im Berufsverständnis oder auch als Fürsorge- und Treuepflicht in Arbeitsverhältnissen.

2.

Allerdings kennt Cicero neben solchen sog. mittleren Pflichten auch vollkommene Pflichten, in denen das Sichgehörende kraft sittlicher Einsicht bewusst übernommen wird, worin die ihm gemäßen Handlungen eine höhere moralische Qualität erhalten. In der Neuzeit (von Pufendorf bis Kant) werden im Unterschied dazu solche Pflichten als vollkommen bezeichnet, die ein Verbot enthalten und die zu begehen eine bloße Schuldigkeit ist, als unvollkommen hingegen diejenigen, die in tugendhaften Haltungen wie Barmherzigkeit, Hilfsbereitschaft oder Wohlwollen das Gute befördern und darin verdienstvoll sind (sog. supererogatorische Werke). Pflicht im Sinne eines unabdingbaren Gebotes gehört jetzt in die Sphäre des Rechts, das im Absehen von subjektiven Wünschen und Zwecken lediglich gebietet, Handlungen, die andere Personen verletzen, zu unterlassen. Insofern handelt es sich hier um »Zwangspflichten«, mit denen nicht Pflichtbefolgung honoriert, sondern Pflichtverletzung geahndet wird. Moralische Pflichten, die von einer nicht erzwingbaren inneren Einstellung abhängen, haben zwar keinen geringeren Wert, werden aber niedriger eingestuft, weil sich hier das Geforderte nicht eindeutig bestimmen lässt. Rechtspflichten unterliegen dagegen objektiven Kriterien, die in gesetzlichen Vorschriften formulierbar sind und sich einer Interpretation gemäß subjektiver Präferenzen entziehen. Sie gelten unabhängig davon, ob die ihnen Unterworfenen das Gebotene anerkennen und von sich aus übernehmen.

Häufig wurde versucht, über das Naturrecht den staatlich verordneten Pflichtenkatalog zu legitimieren. So hat Hobbes die Pflicht an das natürliche Recht auf individuelle Selbsterhaltung gebunden, zu dessen Sicherung die Individuen den Staat durch einen wechselseitigen Vertrag autorisieren, mit dem sie das von ihnen Beschlossene anerkennen (vgl. Hobbes 1651, Kap. 16), was erlaubte, den Grund für die Gehorsamspflicht gegenüber dem Staat von der Machtfülle des Staates als der Ursache des Gehorsams zu unterscheiden. Pflichterfüllung ist dann nicht unausweichlich, weil eine höhere Instanz das Individuum zwingt, sondern jener Zwang von ihm als unerlässlich für die eigene Rechtsausübung anerkannt wird.

Kant hat dieses Verständnis radikalisiert und zugleich moraltheoretisch tiefer begründet, indem er Pflicht an die Unbedingtheit eines subjektinternen Sollens bindet. Der Pflicht unterworfen zu sein wird als das Befolgen eines selbst gegebenen Gesetzes verstanden, mit dem der Mensch seine bloß sinnlichen Antriebe kraft einer Vernunft nötigt, die unabhängig von allen strategischen Erwägungen pragmatischer Lebensbewältigung nichts als ihre eigene Unbedingtheit im Blick hat. Nicht gestützt auf zufällige empirische Sachverhalte, die einer universellen Verbindlichkeit entbehren, gebietet dieses Gesetz in notwendiger Weise (als kategorischer Imperativ). Moralisch handeln heißt, das Gesetz der Sittlichkeit aus Achtung vor ihm zu befolgen (vgl. Kant 1788, 143–154): nicht nur einer Pflicht gemäß, aber bestimmt durch andere Motive zu handeln, sondern allein aus Pflicht, d.h. in seinem Handeln durch die gebietende Kraft des Sittengesetzes selbst bestimmt zu sein. Beides, das Geben des Gesetzes (Autonomie) wie dessen Befolgen (Pflicht), hat unbedingte Freiheit zur Voraussetzung. Theoretisch nicht beweisbar, ist sie dem Menschen in der moralischen Erfahrung dessen, wie gehandelt werden soll, unmittelbar gewiss, unabhängig von Kompetenz und Weltkenntnis. Dies schließt aus, dass die Pflicht und die mit ihr verbundene Verpflichtung zu etwas ihren Grund in einem Befehle erteilenden äußeren Gesetzgeber haben könnten, sei es Gott, sei es eine staatliche Instanz, seien es die Ahnen einer tradierten Lebensform, darüber hinaus aber auch, dass der Mensch zu etwas verpflichtet werden könnte, das mit seiner Freiheit unverträglich wäre. »Da an sich Pflichten auf der Freiheit des Willens beruhen und zugleich mit einer absoluten Nötigung verbunden sind, so lässt es sich nicht begreifen, wie jemand nach den Gesetzen der Freiheit wider seinen Willen zu einer Pflichthandlung genötigt werden kann.« (Kant 1770ff., 579)

In dem einen Begriff von Pflicht hat Kant ein Kriterium gefunden, mit dem tatsächliche oder nur vermeintliche Pflichten daraufhin überprüft werden können, ob sie tatsächlich verpflichtend sind. Er übernimmt die traditionelle Einteilung der Pflichten in innere (gegen sich selbst) und äußere (gegen andere Menschen) sowie in vollkommene und unvollkommene, verknüpft sie aber mit der unbedingten Freiheit, die sich subjektiv als individuelle Autonomie (Würde der Person) und übersubjektiv als Idee der Menschheit in uns manifestiert (vgl. Kant 1797, 239ff.). Bezogen auf das subjektive Freiheitsrecht können staatlich durchsetzbare Rechtspflichten nur von der Art sein, dass sie Menschen zu Handlungen verpflichten, die im Dienst der Sicherung dieses Rechts stehen, nicht aber zu solchen, mit denen der Staat bestimmte materielle Zwecke verfolgt. Pflichten, mit denen zugleich Zwecke verfolgt werden, müssen einem individuellen Selbstzwang unterliegen. Als Tugendpflichten sind sie auf die eigene Vollkommenheit und die Glückseligkeit anderer gerichtet und allein deshalb Pflichten, weil sie Menschen in den Stand versetzen, von ihrer Freiheit einen angemessenen Gebrauch zu machen. Der interne Zwang richtet sich hier allein auf die moralische Einstellung, nicht aber auf die aus ihr resultierenden Handlungen, die in einem Spielraum des Abwägens verbleiben und sich deshalb nicht strikt vorschreiben lassen.

3.

3.1. Kant hat wie kein anderer den Begriff der Pflicht zum Zentrum einer freiheitsorientierten Moraltheorie gemacht und ihn von dieser Basis her auf die Bereiche der Rechts- und Tugendlehre angewendet. Er hat Pflichthandlungen von Handlungen im Dienst materieller Zwecke strikt unterschieden und mit der Absage an teleologische Konzepte zugleich den internalistischen Charakter des Pflichtbegriffs betont, der ihn frei von äußerlichen Sanktionen macht. Das von Kant stark betonte Element der Nötigung ist freilich bald sowohl unter einem subjektiv-anthropologischen wie einem objektiv-institutionellen Gesichtspunkt kritisiert worden. Schiller hat Kants Pflichtbegriff als menschenfeindlich angesehen, weil er die freie Entfaltung der die menschliche Natur ausmachenden Kräfte unterdrücke, und dagegen das ungezwungene Zusammenspiel von Sinnlichkeit und Intellekt in der ästhetischen Welterfahrung zur Geltung zu bringen gesucht, in dem die Pflicht mit der Neigung versöhnt werde (vgl. Schiller 1793, 53 ff.). Hegel, der sich, gestützt auf den allem Sollen sperrenden Begriff der Liebe, in seinen frühen Jahren dieser Kritik angeschlossen hatte, hat später den Begriff der Pflicht in einer sittlich gedeuteten Institutionenlehre verankert und ihn, mit Anklängen an die altstoische Gemeinschaftslehre, als »Rechtschaffenheit« von den dort herrschenden Gegebenheiten her bestimmt, so dass die Bestimmung der Pflichten eines Menschen »leicht« sei, sei doch von ihm nichts anderes zu tun, »als was ihm in seinen Verhältnissen vorgezeichnet, ausgesprochen und bekannt ist« (Hegel 1821, § 150).

Diese Kritik hat gegen Anstrengung und Kampf mit der Pflicht eine »Leichtigkeit« verbinden wollen, während Kant gesehen hat, dass sowohl die Natur des Menschen wie die Antagonismen der sozialen Wirklichkeit sich einer solchen Leichtigkeit sperren. Weder die Ungezwungenheit eines ästhetischen Spiels noch die Vertrautheit familiärer Unmittelbarkeit können der Komplexität der wirklichen Welt gerecht werden, während ein sie berücksichtigender Objektivismus, der sich an herrschenden Institutionen orientiert, eine Stimmigkeit gelebter Daseinsformen unterstellen muss, die angesichts der Tatsächlichkeit von Institutionen allzu affirmativ ist. Pflicht ist demgegenüber in kantischer Perspektive notwendigerweise mit Zwang verbunden, sei es Selbstzwang hinsichtlich der Motivation des Handelns (Tugendpflicht), sei es äußerer Zwang hinsichtlich der Folgen des Handelns (Rechtspflicht). Das heißt nicht, dass der Mensch seine Pflichten nur widerwillig oder ungern erfüllen könnte, wohl aber, dass er sie nicht spontan erfüllt aufgrund von Neigung, natürlicher Disposition oder intuitivem Vertrautsein mit dem, was sich gehört.

3.2. Heute ist in moraltheoretischen Untersuchungen von Pflicht kaum die Rede; in der Orientierung an einem Sollen spricht man von einer deontologischen Ethik, nicht aber von einer Ethik der Pflichten. Offenbar ist es der negative Klang von Gehorsam und autoritärem Kommando, eher verhaftet einer theonomen Ethik, der den Begriff der Pflicht suspekt gemacht hat. Anerkannt sind bereichsspezifische Sonderpflichten familiärer und berufsständischer Art, die einem Ethos erwachsen und es zugleich stabilisieren, auf die in grundlegender Hinsicht aber weder eine universalistische Theorie des Guten zurückgreifen kann, noch eine utilitaristische, die sich an der Nützlichkeit im Rahmen kulturhistorisch bedingter großräumiger Gemeinwesen orientiert.

Geläufig ist das Wort »Pflicht« heute nicht unter dem Titel eines moralischen Selbstzwangs, sondern in seiner rechtsförmigen Bedeutung, die den äußerlichen Zwang staatlicher Anordnung betont. Zum Ausdruck kommt sie in Formulierungen wie »Pflichtexemplar«, »Pflichtteil«, »Pflichtversicherung« oder »Schulpflicht«. Die inhaltliche Begründung des Zwanges ist in den verschiedenen Fällen gewiss unterschiedlich, allen Formen liegt aber der Gedanke zugrunde, dass die Betroffenen das Geforderte nicht aus freien Stücken tun werden, sei es aufgrund von Einsicht in die Sache, von intuitivem Überzeugtsein oder von Verinnerlichung tradierter Lebensformen. Freilich ist der negative Charakter der Rechtspflicht, die Unterlassung der Schädigung anderer, hier weitgehend verloren gegangen, und entsprechend ist der Katalog der Pflichten inflationär geworden.

Rein negativ sind lediglich sog. Unterlassungspflichten, wobei das negative Element auch noch bei der Pflicht zur Hilfeleistung präsent ist, insofern allein deren Ausbleiben rechtlich geahndet wird. Unterlassungspflichten müssen auf etwas bezogen sein, von dem sich mit Gründen sagen lässt, dass es nicht lädiert werden darf – die Würde des Menschen ist wohl unstrittig ein solcher Bezug. Auch die Friedenspflicht und die Gehorsamspflicht (gegenüber den positiven Gesetzen) haben weitgehend den Charakter eines Unterlassens; pflichtwidrig sind Handlungen, die einem gedeihlichem Zusammenleben der Menschen zuwiderlaufen; die Pflicht sie zu unterlassen kann freilich auch als Beförderung von etwas verstanden werden, insofern sie ein wechselseitiges Vertrauen stabilisiert (vgl. Rawls 1971, Kap. 6) und damit so etwas wie menschliche Verlässlichkeit sichert (vgl. Williams 1985, 187). Daneben gibt es sog. Duldungspflichten, die den Betroffenen Einschränkungen ihrer persönlichen Lebensführung auferlegen, denen sie sich im Dienst eines übergeordneten Gemeinwohls nicht entziehen dürfen; ihre Begründung bedarf im Spannungsfeld von Privatautonomie und Gemeininteresse einer besonderen Abwägung. Denn im Absehen von der Privateinschätzung dessen, was der Einzelne als für sich gut ansieht, muss vermieden werden, dass mit diesen Pflichten die Tendenz verbunden wird, einen vermeintlichen oder tatsächlichen allgemeinen Nutzen gegen elementare Rechte des Einzelnen durchsetzen zu wollen. Schließlich gibt es Leistungspflichten, die der Einzelne nicht nur gegenüber anderen im Privatverkehr erbringen muss, sondern auch als Grundpflichten gegenüber dem Staat; zu ihnen gehören im Wesentlichen Steuerpflicht und Wehrpflicht, aber auch Schulpflicht. Zur Rechtfertigung gerade dieser Pflichten ist es wichtig, den Staat im Hinblick auf Aufgaben zu verstehen, die ihm für die Verwirklichung individueller Freiheit zukommen.

Allen Formen von Pflicht liegt die Auffassung zugrunde, dass Individuen zu ihren Aufgaben eigens gezwungen werden müssen, weil sie diese nicht ungezwungen, etwa in Erwartung eines Vorteils für sich selbst, tun, insbesondere dann, wenn dieser Vorteil nicht nur durch die Einschränkung anderer zu erlangen ist, sondern wesentlich auch durch die eigene. Als staatlich erzwingbare Pflichten bedürfen sie eigens erlassener Gesetze, die natürlich einem Wandel unterliegen, da sie, unter empirischen Bedingungen erlassen, kontingenten Erwägungen des Gesetzgebers entspringen. Sie können irrig sein aufgrund eines Informationsdefizits, aber auch willkürlich aufgrund parteiischer Auffassung, so dass im Extremfall Menschen zur Befolgung der Pflicht nur durch Zwangsmaßnahmen gebracht werden können, die zum Korrelat der Pflicht die bloße Gewalt der Mächtigen machen und nicht ein Recht der Individuen.

Theorien der positiv-rechtlich normierten Pflicht, insbesondere der Rechtspflichten in Form staatsbezogener Grundpflichten, bedürfen deshalb eines Bezugspunkts, der den Blick auf die elementaren Rechte der Individuen wahrt und im Hinblick darauf bestimmt, wozu Menschen legitimerweise verpflichtet werden können. Anders als die Pflichten, die Menschen aus bestimmten empirischen Zusammenhängen auferlegt werden, gehören solche Rechte als Menschenrechte in das Feld bloßer Ideen, deren praktische Bedeutung darin besteht, ein Kriterium der Beurteilung tatsächlicher politischer Institutionen zu sein. Doch bleibt die Verwirklichung der Menschenrechte angesichts der selbstischen Neigungen der Menschen auf die Erfüllung von Pflichten angewiesen, die, in empirischer Gesetzgebung gründend, ihrerseits mehr oder minder zufällig sind. Aus einer solchen Wechselseitigkeit kann gefolgert werden, dass der aus der Faktizität von Institutionen entspringende Katalog von Pflichten auch dann anzuerkennen ist, wenn er nicht hinreichend gerechtfertigt ist. In Anbetracht der Unerlässlichkeit des Staates für ein gedeihliches, auf wechselseitiger Achtung beruhendes Zusammenleben der Menschen kann es sogar als eine Grundpflicht des Einzelnen angesehen werden, zusammen mit den anderen überhaupt in einen staatlichen Zustand zu treten. Dessen interne Verfassung zu respektieren wird unter diesem Aspekt zu einer Bürgerpflicht, die freilich mehr sein müsste als bloße Gehorsamspflicht. Sie müsste eine Leistungspflicht des Einzelnen sein, nämlich sich anzustrengen, die jeweils vorhandene Verfassung zu verbessern und einer optimalen Form näher zu bringen. Als Pflicht geht ein solches Bemühen aller positiv-rechtlichen Regelung voran, weil sie eine subjektive Einstellung voraussetzt, die nicht äußerlich erzwungen werden kann. Von ihr hat Kant gesagt, dass sie in dem moralischen Imperativ als einem Pflicht gebietenden Satz gründe (vgl. Kant 1797, 239).

4.

Hegel, G. W. F., 1821, Grundlinien der Philosophie des Rechts, Werke, Bd. 7, Frankfurt/M.: Suhrkamp 1986.

Hobbes,T., 1651, Leviathan, Frankfurt/M.: Suhrkamp 1996.

Kant, I., 1770ff., Vorlesungen über Moralphilosophie, Akademie-Ausgabe, Bd. XXVII/2, Berlin: de Gruyter 1975.

Kant, I., 1788, Kritik der praktischen Vernunft, Akademie-Ausgabe, Bd. V, Berlin: de Gruyter 1962.

Kant, I., 1797, Metaphysik der Sitten, Akademie-Ausgabe, Bd. VI, Berlin: de Gruyter 1969.

Kersting, W., 1989, Pflicht, in: J. Ritter/K. Gründer/G. Gabriel (Hg.), Historisches Wörterbuch der Philosophie, Bd. 7, Basel: Schwabe.

Pufendorf, S., 1672, De Jure Naturae et Gentium, Gesammelte Werke, Bd. IV, Berlin: Akademie 1998.

Rawls, J., 1971, Eine Theorie der Gerechtigkeit, Frankfurt/M.: Suhrkamp 1975.

Schiller, F., 1793, Über Anmut und Würde, Nationalausgabe, Bd. 20, Weimar: Böhlau 1963.

Schreiber, H.-L., 1966, Der Begriff der Rechtspflicht, Berlin: de Gruyter.

Williams, B., 1985, Ethics and the Limits of Philosophy, London: Fontana.

Wolfgang Bartuschat

Pigou, Arthur Cecil (1877–1959)

1.

Pigou, geboren auf der Isle of Wight, gestorben in Cambridge, ist ein Ökonom der Cambridger neoklassischen Schule. Er besuchte die Harrow School und studierte in Cambridge. Pigou übernahm 1908 den Lehrstuhl für politische Ökonomie seines Lehrers Alfred Marshall am King's College in Cambridge, den er bis 1943 innehatte. Er wirkte an mehreren königlichen Kommissionen mit (u.a. zur Geld- und Wechselkurspolitik 1918 sowie zur Einkommenssteuer 1919).

2.

Pigous bekanntestes Werk, *Wealth and Welfare* (1912, überarbeitet 1920), beschäftigt sich bereits früh mit dem Problem der Generationengerechtigkeit und Existenzsicherung künftiger Generationen sowie mit der Umweltproblematik. Seine Konjunktur- und Beschäftigungstheorie (1914, weiterentwickelt 1933) steht noch unter dem klassischen Diktum, Arbeitslosigkeit als ein vorübergehendes Phänomen zu sehen, dass in einem freien Markt ohne externe Tarifpolitik von selbst verschwindet (vgl. Pigou 1941; 1944). Pigous Spätwerk ist von Auseinandersetzungen mit J. M. Keynes und der Reaktion auf dessen Kritik insbesondere an seiner Beschäftigungstheorie (1933) geprägt (Pigou 1936; 1943; 1944; 1951).

3.

Obwohl der Wohlfahrtstheoretiker Pigou den subjektiven Nutzen als intrinsischen Wert und Basis der Wohlfahrt einer Gesellschaft ansieht, hält er die Einkommensverteilung für dessen wichtigstes Kriterium. Er unterscheidet ›ökonomische‹ von ›totaler‹ Wohlfahrt; letztere enthält auch altruistische Interessen. Eine Verbesserung der ökonomischen Wohlfahrt könne entweder durch eine Erhöhung des Gesamteinkommens oder aber durch Umverteilung zugunsten schlechter gestellter erfolgen. Pigou setzt sich für eine Minimalversorgung mit allen wichtigen Gütern einschließlich des Einkommens ein und begründet dies utilitaristisch.

Die Pigou-Dalten-Umverteilungsregel besagt, dass die Umverteilung von Personen mit hohem zu solchen mit niedrigem Einkommen (bis zum Gleichstand) den Grad der Egalität einer Einkommensverteilung erhöht. Die üblichen Gleichheitsmaße, wie der Gini-Koeffizient, respektieren dieses Kriterium (Sen 1973).

Wesentlich für Pigous Wohlfahrtskonzeption sind Stabilität und Nachhaltigkeit. Ressourcen dürften nicht zu schnell – ohne Rücksicht auf zukünftige Generationen – ausgebeutet werden (vgl. Pigou 1912). Ebenso müssen die Kosten von Umweltverschmutzung berücksichtigt werden. Es sei Aufgabe des Staates, durch Eingriffe geeignete Gegenmaßnahmen zu entwickeln (Pigou-Steuer). Wie sein Lehrer Marshall entwickelt auch Pigou eine Theorie externer Effekte außerhalb des Marktgeschehens. Die in den Marktpreisen nicht enthaltenen sozialen Kosten, etwa durch Umweltverschmutzung, können eine Ursache für Marktversagen darstellen. Die Möglichkeit des Produzenten, sich der Verantwortung zu entziehen, stellt nach Pigou eine Verletzung des marktwirtschaftlichen Prinzips der Eigenverantwortung dar. Er schlägt vor, die externen Effekte durch eine Steuer zu internalisieren. Diese sog. Pigou-Steuer soll allein dazu dienen, die sozialen Kosten der Produktion zu berücksichtigen, um so eine Paretoverbesserung (d.h. eine Verbesserung einiger Marktteilnehmer, ohne dass andere schlechter gestellt werden) zu erwirken.

Diese Konzeption hat weiten Nachhall, aber auch Kritik gefunden. Die Europäische Kommission hat sich 1993 für eine Revision der Definition des Bruttosozialprodukts ausgesprochen, um die Umweltkosten zu berücksichtigen. Die Schwierigkeiten bei diesem Ansatz liegen v.a. in der Quantifizierung der betroffenen Grundgüter (Wasser, Boden, Luft). Eine reine Vermeidungssteuer stößt außerdem zumindest in Deutschland auf verfassungsrechtliche Bedenken. Eine konsequente Umsetzung der Pigou-Steuer gibt es bisher nicht, beispielsweise sieht die deutsche Öko-Steuer ermäßigte Sätze für Großverbraucher vor.

Die Pigou-Steuer kann aber auch selbst Ursache für Marktineffizienz und Wohlfahrtsverlust sein. Da Unternehmen eher Mengen als Preise anpassen, kann es durch die Pigou-Steuer zu Marktaustritten kommen. Ein Monopolist kann die Steuer einpreisen und seine Produktion weiter verringern. Alternativen liegen im Emissionsrechtehandel oder in besserer, direkt auf die Produktionsbedingungen zielender Umweltgesetzgebung. Ronald Coase hat mit dem nach ihm benannten Theorem gezeigt, dass unter gewissen Voraussetzungen die Marktteilnehmer selbst eine effiziente (allerdings wegen der größeren Verhandlungsmacht des Verursachers nicht immer faire) Verhandlungslösung erreichen können, und daher zur Erreichung der Effizienz keine externe Steuerung notwendig ist (Coase 1960). Dieses Theorem setzt feste Verfügungsrechte sowie vollständige Information und Transaktionskostenfreiheit voraus.

Pigou vertrat schon Thesen, die häufig Keynes zugeschrieben werden, welche von diesem in seiner Auseinandersetzung mit Pigou erwähnt werden (vgl. Hartwig 1999). Dazu gehört die Theorie der antizyklischen Fiskalpolitik. Pigou erkannte die Bedeutung der Liquiditätsfalle: Bei sinkenden Zinssätzen wird aus spekulativen Gründen (Erwartung eines steigenden Zinssatzes) Geld zurückgehalten und nicht mehr in Zinstitel investiert, und steht daher dem Wirtschaftskreislauf für Investitionen nicht zur Verfügung. Selbst wirtschaftlich gesunde Unternehmen bekommen so keinen Kredit mehr.

Um die negativen Auswirkungen der Konjunkturzyklen auf die Beschäftigung zu vermindern, fordert Pigou Lohnflexibilität. Gesetzliche Mindestlöhne und Tariflöhne bewirken unfreiwillige Arbeitslosigkeit, weil Arbeitnehmer, die bereit sind, auch unterhalb des Lohnniveaus zu arbeiten, keine Arbeit finden. Heute, insbesondere »nach Keynes«, kann Arbeitslosigkeit nicht mehr als reines Konjunkturproblem verstanden werden.

Im Falle allgemeiner Preissenkung (Deflation) steigt das reale Geldvermögen, also die Kaufkraft der Bürger. Der Pigou-Effekt (1943) besteht in einem Nachfrageschub aufgrund der sinkenden Sparrate. Wegen der vermuteten positiven Auswirkungen auf die Beschäftigung hat dieser Effekt der neoklassischen Theorie neuen Auftrieb gegeben. Da im Falle sinkender Preise aber auch gleichzeitig die Realwerte der Schulden steigen, was den Schuldner zur Ausgabensenkung führt, wird der Pigou-Effekt oft kompensiert.

4.

Pigou, A., 1912, Wealth and Welfare, Düsseldorf: Verlag Wirtschaft und Finanzen 1998.
Pigou, A., 1914, Unemployment, London: Williams and Norgate.
Pigou, A., 1917, The Value of Money, in: Quarterly Journal of Economics 32.
Pigou, A., 1920, The Economics of Welfare, London: Macmillan 1929.
Pigou, A., 1921, The Political Economy of War, New York: Macmillan 1941.
Pigou, A., 1933, The Theory of Unemployment, London: Macmillan.
Pigou, A., 1936, Mr. J. M. Keynes's General Theory, in: Economica 3.
Pigou, A., 1937, Praktische Fragen der Volkswirtschaft, Jena: Fischer.
Pigou, A., 1941, Employment and Equilibrium, London: Macmillan.
Pigou, A., 1943, The Classical Stationary State, in: The Economic Journal 53.
Pigou, A., 1944, Lapses from Full Employment, London: Macmillan.
Pigou, A., 1949, The Veil of Money, London: Macmillan.
Pigou, A., 1951, Keynes's *General Theory*, London: Macmillan.

Coase, R. H., 1960, The Problem of Social Cost, in: Journal of Law and Economics 3.
Collad, D., 1981, A. C. Pigou, in: D. P. O'Brien/J. R. Presley (Hg.), Pioneers of Modern Economics in Britain, London: Macmillan.
Hartwig, J. 1999, Keynes versus Pigou, Marburg: Metropolis.
Robinson, A., 1968, Pigou, Arthur Cecil, in: D. L. Sills (Hg.), International Encyclopedia of the Social Sciences, Bd. 12, London: Macmillan.
Samuelson, P., 1948, Economics, New York: McGraw-Hill.
Sen, A., 1973, Ökonomische Ungleichheit, Frankfurt/M.: Campus 1992.
Sen, A., 1985, The Standard of Living, Cambridge: Cambridge University Press.

Daniel Schoch

Platon (428/7–348/7 v. Chr.)

1.

1.1. Dass Platon nicht nur zum Begründer der abendländischen Metaphysik, sondern auch der politischen Philosophie werden sollte, hat u.a. biographische Gründe. Als Mitglied einer der vornehmsten Familien Athens wäre für ihn eine aktive Beteiligung an der Politik selbstverständlich gewesen. Dass es dazu nicht kam, ist der politischen Situation in der 2. Hälfte des 5. Jahrhunderts geschuldet. Perikles (495–429), der ungekrönte Herrscher der athenischen Demokratie, hatte mit dem Ziel, Athen zur Hegemonialmacht über ganz Griechenland zu machen, einen militärischen Konflikt mit Sparta heraufbeschworen. Der sog. Peloponnesische Krieg, der mit Unterbrechungen fast dreißig

Jahre dauerte (432–404), endete für Athen mit einer militärischen, wirtschaftlichen, politischen und moralischen Niederlage. Schon während des Krieges waren die Ansichten gespalten: Die Demokraten waren in der Regel für, die Konservativen gegen eine Fortsetzung des Krieges. Nach der Kapitulation Athens setzten die siegreichen Spartaner ein Gremium von 30 Männern der konservativen Partei zur Erstellung einer neuen Verfassung ein. Tatsächlich aber errichteten diese ›dreißig Tyrannen‹ (zu denen auch Platons Verwandte Kritias und Charmides gehörten) ein Schreckensregiment, das erst ein Bürgerkrieg beseitigte.

Zu Platons Entfremdung von der Politik trug nach der Wiederherstellung der Demokratie auch das Todesurteil gegen Sokrates (469–399) bei (vgl. den in der Echtheit umstrittenen, aber zeitnah verfassten 7. Brief). Denn Sokrates hat nicht nur die moralischen Werte (›wie soll man leben?‹), sondern auch die politischen Verhältnisse seiner Zeit kritisiert, wie die Anklage wegen ›Gottlosigkeit und Verderben der Jugend‹ erkennen lässt. Ausgedehnte Reisen nach dem Tod des Sokrates, die Platon u.a. nach Sizilien führten (ca. 390), bestätigten seine Überzeugung von der Notwendigkeit einer fundamentalen moralisch-politischen Erneuerung der Staatsverfassungen auf wissenschaftlicher Basis. Daher gründete er nach seiner Rückkehr eine eigene Schule, die *Akademie*, als Ausbildungsstätte für zukünftige Politiker (ca. 385). Dass sie stattdessen zur Urzelle der Universität geriet, beruht nicht nur auf ihren hohen wissenschaftlichen Standards, die zahlreiche Wissenschaftler nach Athen lockten (Eudoxos von Knidos, den Mathematiker und Astronomen, Herakleides Pontikos, den Naturwissenschaftler und Historiker, und zahlreiche Studenten wie den jungen Aristoteles (384–322)). Hinzu kamen die Fehlschläge von Platons Versuchen, am Hof von Syrakus eine ›Philosophenherrschaft‹ zu etablieren (367; 361). Als Platon starb, war die Akademie eine Lehr- und Forschungsinstitution mit einem eigenen Gebäude und einer Bibliothek – ein Vorbild für die Gründung weiterer Philosophenschulen. Wie lange die Akademie als feste Einrichtung bestanden hat, ist unsicher. Das Verbot des Unterrichts der ›heidnischen‹ platonischen Philosophie in Athen durch Kaiser Justinian im Jahr 529 n.Chr. bedeutete jedenfalls das Ende einer beinah tausendjährigen Lehrtradition.

1.2. Unter Platons Namen sind Dialoge, Briefe und Gedichte überliefert. Von den 13 Briefen gelten die meisten als unecht (der 7. Brief ist strittig). Auch über die 17 Gedichte herrscht Uneinigkeit. Von den 41 Dialogen des *Corpus Platonicum* gelten heute 27 als echt. Obwohl unklar ist, ob die Dialoge genuin Sokratisches enthalten (vgl. Vlastos 1991; Kahn 1992), geht die ›Erfindung‹ der Dialogform sicher auf die Fragepraxis des Sokrates zurück. Sie liefert zugleich das wichtigste Kriterium zur Einteilung der Werke (über deren Abfassungszeit und Reihenfolge nichts Authentisches bekannt ist) in frühe, mittlere und späte Werke. Denn neben (seltenen) Verweisen auf historische Ereignisse, der Weiterentwicklung von Gedanken und stilistischen Beobachtungen dient eine zunehmende Distanz zum ›sokratischen Fragen‹ als Datierungsmerkmal. An den Anfang von Platons Schriften setzt man gemeinhin die *Apologie*, Platons Version der Verteidigungsrede des Sokrates vor Gericht. Ihr folgen die ›aporetischen‹ Dialoge, in denen Sokrates seinen Partnern die Unfundiertheit ihrer Überzeugungen nachweist (*Kriton, Ion, Euthyphron, Laches, Charmides, Lysis, Protagoras, Gorgias*). Im Zentrum der mittleren Phase steht Platons politisches Hauptwerk, die *Politeia* (›Der Staat‹); es zeichnet sich dadurch aus, dass Sokrates positive Vorschläge zu Fragen der Ethik, Politik, Erziehung, Psychologie und Metaphysik macht (außer den ›Werken des Übergangs‹, wie dem *Menon* und *Phaidon*, rechnet man zur mittleren Periode auch das *Symposion* und den *Phaidros*). Die späteren Dialoge enthalten v.a. metaphysische und erkenntnistheoretische Erörterungen, die auch pythagoreische und eleatische Gedanken mit aufnehmen, von Sokrates teils selbst vorgestellt (*Parmenides, Theaitetos, Philebos*), teils nur noch eingeführt (*Sophistes, Politikos, Timaios*). In den *Nomoi* (›Die Gesetze‹), dem politischen Spätwerk, ist Sokrates nicht mehr anwesend.

Wer die Adressaten von Platons Werken waren, ist unklar. Anfangs dürfte er sie für ein breiteres, freilich philosophisch vorgebildetes Publikum verfasst haben; die späteren, auch ›technisch‹ schwer verständlichen Schriften waren vermutlich nur für den Schulgebrauch bestimmt. Dass keines seiner in der Antike bekannten Werke verloren ging, ist der Tatsache zu verdanken, dass das Interesse an Platon niemals erloschen ist.

2.

2.1. Der Antike war der Entwicklungsgedanke grundsätzlich fremd; erst seit dem 19. Jahrhundert ist die Entwicklung von Platons Philosophie ein freilich bis heute umstrittenes Thema. Problematisch ist nicht nur die Chronologie seiner Schriften, sondern die Frage einer Entwicklung seines Denkens überhaupt. Als Kontrahenten stehen einander ›Unitarier‹, ›Revisionisten‹ und ›Evolutionisten‹ gegenüber. Die Unitarier gehen von der Einheit der platonischen Doktrin aus, die in den Dialogen in unterschiedlicher Breite und Tiefe entfaltet wird (vgl. Cherniss, 1962; Gaiser 1963). Die Revisionisten sehen in der ›Selbstkritik‹ Platons an seiner Ideenlehre im ersten Teil des Dialogs *Parmenides* ein Indiz dafür, dass Platon diese Theorie in seinem Spätwerk aufgegeben und sich stattdessen auf methodologische Fragen und die Bestimmung metaphysisch zentraler Begriffe beschränkt hat (vgl. Owen 1953; Vlastos 1973). Die ›Evolutionisten‹ nehmen zwar keine radikalen Brüche in Platons Entwicklung an, unterscheiden aber drei Phasen: (1) Platon verfolgt zunächst die sokratische Widerlegungspraxis als angemessene Untersuchungsmethode zur Bestimmung v.a. ethischer Kernbegriffe. (2) Die Konzeption der Ideen liefert ihm die Möglichkeit einer Fundierung sicheren nicht-empirischen Wissens. (3) Reflexionen auf die Anwendung der Ideenlehre führen zu gewissen Modifizierungen und methodischen Verfeinerungen dieser Lehre (vgl. Friedländer 1928; Crombie 1962f.; Prior 1985; Kraut 1992; Gill/McCabe 1996; Kutschera 2002).

2.2. ›Evolution‹ am Beispiel der politischen Vorstellungen Platons: Angesichts der ›sokratischen‹ Ermahnung zur Sorge um die eigene Seele (vgl. Ap. 38a: »Das ungeprüfte Leben ist nicht lebenswert.«) unterstellt man dem frühen Platon oft eine im Wesentlichen ego-zentrierte Ethik. Dem widerspricht aber nicht nur das Ziel der ›sokratischen Mission‹, die Stadt als Ganze aus ihrer moralischen und politischen Selbstzufriedenheit aufzustören (Ap. 30e: Sokrates als ›Stechfliege‹), sondern auch die ›Vertragstheorie‹ im Frühdialog *Kriton*. Sokrates begründet dort seine Weigerung, sich der Hinrichtung durch Flucht aus dem Gefängnis zu entziehen, mit dem Verweis darauf, dass jeder Bürger eines Staates einen Vertrag zur Einhaltung der Gesetze geschlossen hat. Auch wenn Platon mit dieser Vertragstheorie an frühere Vorstellungen über den Ursprung von Staaten anknüpfen dürfte (vgl. Kahn 1982), zeigt sich in ihr sein Interesse an einer engen Verknüpfung ethischer und politischer Fragen. Die Begründung für diese Verknüpfung liefert Platon mit seiner Bestimmung der Gerechtigkeit in der *Politeia*. Da die Wirkung der Gerechtigkeit in der Seele des Einzelnen eine Klärung ihrer Funktion in der Gemeinschaft als Ganzer voraussetzt, geht Platon von einer Isomorphie von Einzelseele und Staatswesen aus. Als Grundvoraussetzung eines funktionstüchtigen Staates nimmt er das Prinzip der Arbeitsteilung an: Aus Gründen der ökonomischen Zweckmäßigkeit soll jede(r) Bürger/Bürgerin (Platon schließt die Frauen ausdrücklich ein!) nur das tun, wozu er/sie von Natur aus geeignet ist. Diese Arbeitsteilung führt zu einem Dreiklassenstaat von Werktätigen, Wächtern und Regierenden. Um die Loyalität von Wächtern und Regierenden dem Staat gegenüber sicherzustellen, müssen sie auf Besitz und Familie verzichten (›Platons Kommunismus‹); ferner ist die Regierung den Experten mit einer entsprechenden charakterlichen und wissenschaftlichen Ausbildung (›Philosophenkönigen und -königinnen‹) vorbehalten. Über Platons Glauben an die Realisierbarkeit eines solchen Staates sind die Meinungen geteilt; vieles spricht dafür, dass er seine Staatsordnung nur als ein Modell ansah und sich daher um die Details einer solchen arbeitsteilig organisierten Gesellschaft nicht weiter bemühte. In jedem Fall ist Poppers Vorwurf des Totalitarismus insofern verfehlt, als Platon keine Rückkehr zur archaischen Stammesgesellschaft empfiehlt, sondern eine ›Technokratie‹ von Experten mit einer wissenschaftlich fundierten Konzeption des ›guten Lebens‹, die der menschlichen Natur gerecht wird (vgl. Höffe 1997).

In späteren Jahren änderte sich Platons Einstellung gegenüber einer derartigen ›Technokratie‹. Zwar befürwortet er auch im *Politikos* noch die Herrschaft eines überragenden Staatsmannes, sieht aber eine Beschränkung der Machtbefugnisse vor und beurteilt die Möglichkeit einer entsprechenden Persönlichkeit mit Skepsis. In den *Nomoi* geht Platon davon aus, dass Menschen prinzipiell keine Plenipotenz über andere zu geben ist, weil das zu Missbrauch führen muss. Statt einer Aristokratie des Geistes empfiehlt er jetzt eine Nomokratie und eine Mischverfassung aus Demokratie und Aristokratie. Die Herrscherklasse der Philosophenkönige und -königinnen wird durch ein Gremium von Gesetzgebern und -hütern ersetzt, die sich zwar durch Erfahrung und Bildung auszeichnen, aber keine gesonderte Erziehung erfahren (vgl. Klosko 1986; Bobonich 2002).

3.

3.1. Als zentraler Gedanke der platonischen Metaphysik, auf dem auch seine Ethik aufbaut, gilt zu Recht die ›Ideenlehre‹, d.h. die Vorstellung, dass die wechselnden Phänomene der materiellen Welt auf unveränderlichen Wesenheiten (= *idea*, *eidos*) beruhen (vgl. Ross 1951; Graeser 1975). Zur Konzeption unveränderlicher Charakteristika dürfte Platon zunächst durch die sokratische Widerlegungsmethode angeregt worden sein: Nur sie sind zeitlos gültiger Definitionen fähig, unabhängig von der subjektiven Perspektive der Personen. Zur Annahme immaterieller Wesenheiten moralischer Perfektionsbegriffe (›das Gute‹, ›das Gerechte‹) dürfte aber auch die Beschäftigung mit den idealen, unveränderlichen Gegenständen der Mathematik beigetragen haben (vgl. *Menon*, *Phaidon*; Stemmer 1992). Die aus der Anwendung dieser Theorie auf sämtliche Prädikatsausdrücke und der ›Teilhabe‹ der sinnlichen Gegenstände an der idealen Natur resultierenden Probleme macht Platon selbst in seiner ›Ideenkritik‹ im *Parmenides* deutlich. Viele Anzeichen sprechen aber dafür, dass er die Ideenlehre in den Spätdialogen nicht aufgegeben, sondern eine Zweiteilung vorgenommen hat: Zum einen hält er weiterhin an paradigmatischen Ideen für Gegenstände und Eigenschaften fest, die sich in Genera und Spezies einteilen lassen, zum anderen nimmt er auch Ideen für Reflexionsbegriffe an, die in sämtlichen Seinsbereichen ihre Anwendung finden, wie Sein und Nichtsein, Identität und Verschiedenheit, Einheit und Vielheit, Ähnlichkeit und Unähnlichkeit etc. (vgl. *Sophistes*, *Politikos*, *Timaios*). Zugleich scheint er in seine späte Metaphysik vermehrt Spekulationen über eine Mathematisierung der Ideenlehre einbezogen und damit der Vorstellung von einer auf mathematischen Verhältnissen beruhenden harmonischen Struktur der Dinge Rechnung getragen zu haben (*Timaios*, *Philebos*, *Nomoi*).

3.2. Da die Natur der Dinge (= Ideen) empirisch nicht erfassbar ist, unterstellt Platon der menschlichen Seele die Fähigkeit zur unmittelbaren Einsicht in ihr Wesen, unabhängig von Zufälligkeiten und den Beschränktheiten der Sinne. Diese Überzeugung verbindet er mit der Lehre von der Unabhängigkeit und Abtrennbarkeit der Seele vom Körper, vom Lernen als einer ›Wiedererinnerung‹ (*anamnesis*) an vorgeburtliches Wissen und von der Unsterblichkeit und Wiedergeburt der Seele (*Menon*, *Phaidon*; vgl. Frede 1999). An der Unterscheidung zwischen einem vernünftigen und einem sinnlichen Seelenteil mit unterschiedlichen Erkenntnisvermögen sowie an der Unsterblichkeit der Seele hat Platon auch später festgehalten (*Politeia, Phaidros, Timaios*; vgl. Gill/McCabe 1996; Kutschera 2002). Die Lehre vom Lernen als einer Wiedererinnerung macht jedoch der wissenschaftlichen Vorgehensweise Platz. Darunter versteht Platon nicht nur eine gründliche Schulung in den propädeutischen Wissenschaften (*Politeia* VI-VII: Arithmetik, Geometrie, Astronomie und theoretische Harmonik), sondern auch die ›dialektische Methode‹. Soweit seine Andeutungen erkennen lassen, ist damit insbesondere das ›Zusammenfassungs- und Aufteilungsverfahren‹ (*synagôgê* und *dihairesis*) gemeint, das Platon im *Phaidros* erläutert. Jeder Wissensbereich muss sich zu einer einheitlichen Gattung zusammenfassen und in verschiedene Spezies aufteilen lassen. Die Definition jedes Dinges erhält man durch systematische Aufteilung des Feldes (ein taxonomisches Verfahren, das heute noch in der Biologie üblich ist). Die Arbeit an solchen ›esoterischen‹ Fragen hat ihn dennoch den ›Sitz im Leben‹ seiner Philosophie nicht aus den Augen verlieren lassen, wie die Tatsache bezeugt, dass er auch in seinem Spätwerk auf das Problem einer rationalen Lebensordnung zurückkommt und diese sogar, wie im *Timaios*, mit der Ordnung eines harmonischen Weltganzen verbindet.

4.

Bobonich, C., 2002, Plato's Utopia, Princeton: Princeton University Press.
Bordt, M., 1999, Platon, Freiburg: Herder.
Cherniss, H., 1962, The Riddle of the Early Academy, New York: Russell & Russell.
Crombie, I. M., 1962f., An Examination of Plato's Doctrines, 2 Bde., London: Methuen.
Fine, G. (Hg.), 1999, Plato, 2 Bde., Oxford: Oxford University Press.
Frede, D., 1997, Platon Phaidon. Der Traum von der Unsterblichkeit, Darmstadt: WBG.
Friedländer, P., 1928, Platon, 3 Bde., Berlin: de Gruyter 1975.
Gaiser, K., 1963, Platons ungeschriebene Lehre, Stuttgart: Klett 1968.
Gill, C./McCabe, M. M. (Hg.), 1996, Form and Argument in Late Plato, Cambridge: Cambridge University Press.
Graeser, A., 1975, Platons Ideenlehre, Bern: Haupt.
Höffe, O. (Hg.), 1997, Platon. Politeia, Berlin: Akademie.
Kahn, C. M., 1982, The Origins of Social Contract Theory, in: G. B. Kerferd, The Sophists and their Legacy, Wiesbaden: Steiner.
Kahn, C. M., 1996, Plato and the Socratic Dialogue, Cambridge: Cambridge University Press.
Klosko, G., 1986, The Development of Plato's Political Theory, New York: Methuen.
Kraut, R. (Hg.), 1992, The Cambridge Companion to Plato, Cambridge: Cambridge University Press.
Kutschera, F. v., 2002, Platons Philosophie, 3 Bde., Paderborn: Mentis.
Owen, G. E. L., 1953, The Place of the Timaeus in Plato's Dialogues, in: Classical Quarterly 3.
Popper, K., 1945, Die offene Gesellschaft und ihre Feinde, Bd. 1, Tübingen: Mohr 1992.
Prior, W. J., 1985, Unity and Development in Plato's Metaphysics, London-Sydney: Croom Helm.
Robinson, R., 1941, Plato's Earlier Dialectic, Oxford: Clarendon Press 1953.
Ross, W. D., 1951, Plato's Theory of Ideas, Oxford: Clarendon Press.
Schäfer, L., 2005, Das Paradigma am Himmel. Platon über Natur und Staat, Freiburg: Alber.
Stemmer, P., 1992, Platons Dialektik, Berlin: de Gruyter.
Vlastos, G., 1973, Platonic Studies, Princeton: Princeton University Press.
Vlastos, G., 1991, Socrates, Ironist and Moral Philosopher, Ithaca: Cornell University Press.

Dorothea Frede

Plessner, Helmuth (1892–1985)

1.

Plessner studierte Zoologie, parallel Philosophie bei H. Driesch und E. Husserl. Er war Privatdozent und a. o. Prof. für Philosophie in Köln und gab 1925–29 den *Philosophischen Anzeiger* heraus, eine Zeitschrift für die Zusammenarbeit von Philosophie und Einzelwissenschaften. 1923 legte er die kulturtheoretische Schrift *Die Einheit der Sinne. Grundlinien einer Ästhesiologie des Geistes* vor. 1928 erschien sein anthropologisches Hauptwerk *Die Stufen des Organischen und der Mensch*. Dazwischen veröffentlichte Plessner mit *Grenzen der Gemeinschaft* (1924) eine im deutschen Denken singuläre, sozialtheoretische Verteidigung der Gesellschaft, danach die politische Anthropologie *Macht und menschliche Natur* (1931). 1933 ins niederländische Exil geflüchtet, entstanden die Deutschlandstudie *Die verspätete Nation* (1935) sowie *Lachen und Weinen* (1940). 1951–62 lehrte Plessner in Göttingen Soziologie und Philosophie. 1955 war er Präsident der Allgemeinen Gesellschaft für Philosophie und 1958 der Deutschen Gesellschaft für Soziologie. Bereits emeritiert, erhielt Plessner 1962 die Theodor-Heuss-Professur der New Yorker New School. Von 1965 bis 1972 lehrte er in Zürich.

2.

Das Zentrum von Plessners Denken ist die Philosophische Anthropologie, deren grenztheoretische Argumentationsfigur sich in allen Schriften findet. So unternimmt die Ästhesiologie, vom materialen Apriori der Sinnesmodalitäten ausgehend, eine Erforschung der Grenzen der geistigen Möglichkeiten von Auge und Ohr, mit dem Ziel, die Spannweite der Kultur zu ›fundieren‹. Plessners Kritik der Gemeinschaftsideologien formuliert die anthropologischen Grenzen der Gemeinschaft. Beides erhält im umfassenden Entwurf einer Philosophischen Anthropologie seine systematische Grundlegung. Die Pointe dieser Theorie des Menschen besteht im kategorialen Pflanze-Tier-Mensch-Vergleich, der die ›Sonderstellung‹ des Menschen unter den Lebewesen in der biologischen Organisationsform fundiert – gegen Biologismen, die den Menschen unterschiedslos in die Reihe des Lebens einreihen, und gegen Idealismen, die den Menschen aus dem Tierreich entfernen, so dass naturwissenschaftliche Forschungen isoliert neben geisteswissenschaftlichen stehen. Dabei erfasst Plessner den Menschen biophilosophisch, von ›unten‹ her, in der Reihe des Lebendigen; und zugleich phänomenologisch von der ›Seite‹ her, in der Beobachtung der Korrelation von Lebewesen und Umwelt. Wie alle Lebewesen seine Körper-›Grenze‹ realisierend und an ihr erscheinend, wie Pflanzen und Tiere leibkörperlich in der Umwelt positioniert, wie Tiere durch ein Zentralnervensystem organisiert – ist es für den Menschen kennzeichnend, dass er von seinem Umfeld distanziert, in ihm ›exzentrisch positioniert‹ ist. Alle menschlichen Monopole lassen sich von hier aus in drei ›anthropologischen Grundgesetzen‹ erfassen: Der Mensch lebt in ›natürlicher Künstlichkeit‹, wegen seiner instinktentbundenen Weltoffenheit benötigt er und hat nur er ›Anlass‹ zu Kultur; er lebt in ›vermittelter Unmittelbarkeit‹, muss sich wegen seiner Exzentrizität stets neu ausdrücken, um sich zu finden; er ist das Tier im ›utopischen Standort‹, immer bestrebt, eine letzte Zuflucht zu finden – das Monopol der Religion –, ohne diese erreichen zu können. An diese Biophilosophie anschließend legt Plessner eine politische Anthropologie vor, die in der konstitutiven Fremdheit, der vermittelten Unmittelbarkeit des Menschen zu anderen und sich selbst (›homo absconditus‹, Unergründlichkeit) die ›Pflicht zum Politischen‹ entdeckt. Philosophisch-anthropologisch wird herausgearbeitet, wie die Überdehnung der ›Innerlichkeit‹ des deutschen Bildungsbürgertums in der politisch ›verspäteten Nation‹ zu einer unpolitischen Haltung führt, die der nationalsozialistischen Mythisierung von Volk und Nation nichts entgegenzusetzen hatte. Wird im Normalfall die exzentrische Positionalität sinnhaft ausgeglichen, zeigt Plessner, dass Lachen und Weinen spezifisch menschliche, körperliche Antwortreaktionen für geistige Ausnahmezustände sind. Exil und NS-Diktatur sowie die Selbstverpflichtung zum intellektuellen Aufbau der BRD führen Plessner zu gesellschaftspolitischen Interventionen (Hochschulforschung, Erwachsenenbildung); zugleich werden in Arbeiten zu Kunst, Schauspiel und Sport philosophisch-anthropologische Motive fortgeführt: Die Aufmerksamkeit liegt auf der Masken- und Rollenhaftigkeit des menschlichen Lebens, der Warnung vor zu radikalen Überdehnungen der anthropologischen Bedeutung des Spiels.

3.

Plessner hat – parallel zu Max Scheler und gefolgt von Arnold Gehlen – den Denkansatz der modernen Philosophischen Anthropologie begründet. Diese betrachtet den Menschen als ›Subjekt-Objekt‹ von Natur *und* Kultur, statt ihn in Körper und Geist zerfallen zu lassen. Körper, Seele und Geist wie Außen-, Innen- und Mitwelt sind gleichursprünglich und -wertig. Seine Philosophische Anthropologie entwickelt systematisch auch eine Sozialphilosophie und politische Philosophie. Insgesamt betont Plessners Kategorie ›exzentrische Positionalität‹ die Unergründlichkeit des Menschen, bestimmt ihn nicht wie andere philosophische Anthropologien über *eine* Fähigkeit (animal rationale, zoon politikon, Sprachfähigkeit), sondern über die besondere Querlage des Menschen: wie ein Tier leibkörperlich positioniert und zugleich anders als alle Tiere aus dieser Positionierung exzentrisch herausgehoben zu sein, konstitutiv nicht mit sich zur Deckung kommen zu können. Von daher ist der Mensch von seiner vitalen Natur her ein (geschichtliches, politisches) Kulturwesen, das sich zu dem machen muss, was es ist.

4.

Plessner, H., 1980–85, Gesammelte Schriften, 10 Bde., Frankfurt/M.: Suhrkamp.

Eßbach, W./Fischer, J./Lethen, H. (Hg.), 2002, Plessners *Grenzen der Gemeinschaft*, Frankfurt/M.: Suhrkamp.

Friedrich, J./Westermann, B. (Hg.), 1995, Unter offenem Horizont. Anthropologie nach Helmuth Plessner, Frankfurt/M.: Lang.

Pietrowicz, S., 1992, Helmuth Plessner, Freiburg: Alber.

http://www.helmuth-plessner.de (Stand 1. Juli 2008).

Heike Delitz

Pluralismus

1.

In der praktischen Philosophie wird mit dem Begriff »Pluralismus« gegenwärtig in erster Linie die Tatsache bezeichnet, dass sich in modernen Gesellschaften eine Vielfalt von unterschiedlichen, in sozialen Gruppen verkörperten, oft nicht miteinander zu vereinbarenden Interessen, Lebens- und Weltanschauungen, Wertorientierungen und damit verbundenen sozialen Praktiken vorfinden lassen. Wenn dieser Pluralismus ein »politischer« ist, wird die relative Unabhängigkeit verschiedener, um politischen Einfluss konkurrierender sozialer Gruppen gegenüber dem Staat angedeutet. Wenn der Pluralismus als »ethischer«, »religiöser« oder »kultureller« beschrieben wird, folgt daraus nicht, dass die Mitglieder solcher »vor-politischer« Gruppen ihre Wertorientierungen über politische Kämpfe um die Macht im Staate ihren Mitbürgern auferlegen wollen. Diese Gruppenmitglieder können durchaus dazu imstande sein, als Bürger aufgrund geteilter öffentlicher Werte oder Prinzipien ihre politische Kooperation unabhängig von vor-politischen Meinungsunterschieden zu gestalten.

Kants praktischer Philosophie zufolge besteht der »Pluralismus« in dem Vernunftgebot, »sich nicht als die ganze Welt in seinem Selbst befassend, sondern als bloßen Weltbürger zu betrachten und zu verhalten« (Kant 1798, 130). Pluralismus wird dem Egoismus entgegengestellt und besteht darin, dass man eigene Einsichten mit denjenigen anderer vergleicht und erst nach einer vernünftigen Abwägung aller relevanten Einsichten Entscheidungen trifft. Dieser Gedanke ist noch immer einflussreich, wird aber nicht mehr als pluralistisch bezeichnet.

Harold Laskis Kennzeichnung des Pluralismus macht den Begriff erst zu einem politischen. Der pluralistische Staatsbegriff verlange, »nicht davon auszugehen, dass der Staat die fundamentalere Einheit als seine Teile darstellt, und deshalb vom Staat zu den Teilen des Staates fortzuschreiten, sondern – im Gegenteil – zuzugestehen, dass die Teile ebenso wirklich und selbstständig sind wie das Ganze« (Laski 1917, 9). Daraus ergibt sich eine pluralistische Theorie des Politischen. Insofern ein solcher politischer Pluralismus zum Instrumentalismus und daher zur moralischen Instabilität neigt, versucht Rawls seine Theorie auf ein »Faktum des vernünftigen Pluralismus« (Rawls 1993, 13) aufzubauen. Gesellschaftlicher Pluralismus ist vernünftig, insofern Vertreter von einander gegenseitig ausschließenden vorpolitischen Vorstellungen des Guten im Stande sind, eine Vorstellung politischer Gerechtigkeit zu akzeptieren und zu respektieren, die vernünftige, politisch autonome Personen nicht zurückweisen können. Raz vertritt eine radikalere Sicht, nach der ein akzeptabler Pluralismus nur diejenigen Wertorientierungen und Praktiken einschließt, die die persönliche (und nicht nur die politische) Autonomie von Personen fördern.

2.
Spätestens seit der Reformationszeit treten innerhalb einzelner Territorien unterschiedliche Glaubens- und Lebensformen auf, so dass der Pluralismus zum expliziten Thema der Praxis wie der Theorie wird. Die damals bereits entwickelte Idee der liberalen Toleranz (vgl. Locke 1689) spielt in der Pluralismusdebatte noch immer eine zentrale Rolle (vgl. Forst 2003). Dem Individuum wird das moralische und juridische Recht zugeschrieben, das persönliche Leben nach eigenen Einsichten in selbst gewählten sozialen Verbänden einzurichten, solange dabei ein gleiches Recht für andere Bürger nicht beeinträchtigt wird. Wichtig ist weiterhin, dass der Privatperson auch das Recht zugestanden wird, sich von weltanschaulichen Verbänden loszulösen, wenn diese ihren persönlichen Vorstellungen vom guten und richtigen Leben nicht länger entsprechen. Hiermit wird ein Staatsverständnis angenommen, das einem sich eigenständig in der Zivilgesellschaft entwickelnden Pluralismus freien Raum lässt. Vergleichbare Positionen, die allerdings stärker auf Anforderungen des korrekten Vernunftgebrauchs abzielen, werden zur Zeit der Aufklärung im deutschsprachigen Raum relevant (vgl. Mendelssohn 1784; Kant 1784).

2.1. In den zunehmend individualistischen Gesellschaften des 19. Jahrhunderts gewinnt die von John S. Mill vertretene methodisch-pluralistische Auffassung Einfluss, dass die Qualität politischer, moralischer und ethischer Urteile verbessert wird, wenn sie Resultat eines Entscheidungsprozesses sind, an dem möglichst viele unterschiedliche Sichtweisen beteiligt werden (vgl. Mill 1859). Eine liberale Gesellschaft, die pluralistischen Entscheidungsprozessen einen Platz einräumt, führe nicht nur zu besseren politischen und moralischen Entscheidungen, sondern auch zu einer Gesellschaft, in der individualistische und autonome Lebenseinstellungen der Bürger (indirekt) befördert würden.

2.2. Früh im 20. Jahrhundert wird die Position Laskis einflussreich, der zufolge der Staat lediglich als eine soziale Institution anzusehen ist, die keineswegs alle anderen Institutionen – wie Kirchen, Gewerkschaften, Vereinigungen und die Familie – umfasst und diesen übergeordnet ist. Das Individuum entscheidet vielmehr selbst, welche Institutionen seinen pragmatischen und moralischen Zwecken am besten entgegenkommen. Auch der Staat muss somit immer aufs Neue die Zustimmung der Bürger für seine Koordinationsleistungen gewinnen. Zentral im politischen Pluralismus ist der Prozess des Austausches politischer Ideen und des Ausgleichs von individuellen wie kollektiven Interessen von verschiedenen sozialen Gruppen und Institutionen sowie von deren Mitgliedern. Der Staat garantiert politische und rechtliche Institutionen, in denen dieser Prozess stattfinden kann, und ermöglicht demokratische Selbstorganisationen in relativ autonomen Bereichen der Gesellschaft. Solange ihm dies gelingt, wird er akzeptiert werden, weil der von ihm ermöglichte politische Pluralismus arbiträren Missbrauch von politischer und wirtschaftlicher Macht entgegenwirken kann (vgl. Fraenkel 1964).

3.
In der gegenwärtigen Debatte kehren alle angesprochenen Themen und Auffassungen

wieder, jedoch unter neuen sozialen und politischen Bedingungen. Locke, Kant, Mill und Laski mussten in ihren Gesellschaften noch mit weit verbreiteten antipluralistischen Einstellungen rechnen. Zeitgenössische Autoren sehen sich hingegen mit einer hohen Akzeptanz des weltanschaulichen, kulturellen und politischen Pluralismus konfrontiert, aber auch mit der Tatsache, dass große Meinungsunterschiede darüber bestehen, welche normativen Grenzen dem gesellschaftlichen Pluralismus gesetzt werden sollten.

3.1. Der erste, intensiv diskutierte Themenbereich ist der des *weltanschaulichen* Pluralismus. Die relevante Frage für die praktische Philosophie lautet hier, wie eine soziale und politische Ordnung möglich ist, wenn die Mitglieder pluralistischer Gesellschaften einander zum Teil ausschließenden Vorstellungen des Guten anhängen. Eine einflussreiche Antwort auf diese Frage besagt, dass in einer wohlgeordneten pluralistischen Gesellschaft nur diejenigen Lebens- und Weltanschauungen politisch anerkannt werden können, deren Anhänger aufgrund eigener moralischer Erwägungen eine gerechte, weltanschaulich neutrale Konzeption des politisch-liberalen Staates akzeptieren können (vgl. Rawls 1993). Die grundlegenden Gerechtigkeitsprinzipien für das politische Leben sind dabei solche, die jede ausreichend informierte Person unter Einbeziehung der legitimen Interessen aller Bürger akzeptieren würde. Vernünftige Lebens- und Weltanschauungen sind solche, die einer jeden Person das Recht zugestehen, sich auf ihre eigene Weise zu weltanschaulichen und politischen Fragen zu verhalten, solange sie dabei politische Fragen aufgrund einer geteilten politischen Gerechtigkeitslehre entscheidet.

3.2. Diese dominante politisch liberale Sicht ist mit verschiedenen Einwänden konfrontiert. Erstens ist fraglich, ob die konzeptuell vorgenommene Trennung von Konzeptionen des Guten und des Gerechten nicht stärker politisch gedacht werden muss. Theoretiker der deliberativen Demokratie argumentieren, dass sowohl diese Unterscheidung als auch der Inhalt von Gerechtigkeitsprinzipien in einer dynamischen sozialen Welt immer aufs Neue von kommunikativen Aktoren ausgehandelt werden müssen (vgl. Habermas 1992; Forst 1994). Aus der Perspektive des Feminismus und des Wertpluralismus wird auf vergleichbare Weise argumentiert, dass die Festschreibung substantieller, liberaler Gerechtigkeitsprinzipien dazu führen kann, dass an sich legitime Interessen und Bedürfnisse, die diesen Prinzipien zu widersprechen scheinen, als »unvernünftig« charakterisiert werden müssen (vgl. Menke 1996; Young 2000).

3.3. Weiterhin stellt sich die Frage, wie weltanschaulich neutral der politische Liberalismus wirklich ist. Vertreter des liberalen Perfektionismus argumentieren dafür, dass nur diejenigen, die aufgrund einer ausreichend autonomen Lebens- und Weltanschauung ein Interesse daran haben, zwischen privaten und öffentlichen Werten zu unterscheiden, diese Lehre als moralisch legitim erachten werden. Weil in einer hochkomplexen, pluralistischen Gesellschaft ein gelungenes Leben die Akzeptanz des Wertes der persönlichen Autonomie voraussetzt, müsse der liberale Staat explizit perfektionistisch vorgehen und diesen Wert fördern. Dies verlangt eine normative Auffassung des »Pluralismus, die es ermöglicht, dass gewisse Konzeptionen des Guten entwertet und herabgesetzt werden, und dass politische Handlungen unternommen werden können und sollen, um gegen sie vorzugehen oder sie wenigstens einzuschränken« (Raz 1986, 133).

3.4. Die genannten Fragestellungen werden in der gegenwärtigen Debatte sehr häufig angesichts von Problemen des Multikulturalismus diskutiert. In der Praxis unserer multikulturellen Gesellschaften zeigt sich, wie wichtig die genannten drei Kritiken am politischen Liberalismus sind, denn vorherrschende substantielle Gerechtigkeitskonzeptionen werden in solchen Gesellschaften immer wieder aus neuen Perspektiven politisch in Frage gestellt. Das Problem der illegitimen Marginalisierung ganzer kultureller Gruppen im Namen der Gerechtigkeit stellt sich dabei immer aufs Neue. Auch die Frage nach der Förderung persönlicher Autonomie bleibt, besonders im Lichte der wirtschaftlichen, pädagogischen und emanzipatorischen Interessen von ursprünglich nichtwestlichen Einwanderern, aktuell (vgl. Kymlicka 1999; Barry 2001).

3.5. Schließlich stellt sich die Frage nach der Aktualität des explizit politischen Pluralismus. Der starke, zu Beginn des 20. Jahrhunderts von Laski kritisierte Begriff der Souveränität des Staates wird in der gegenwärtigen Debatte kaum noch verteidigt. Die vorherrschenden Demokratietheorien akzeptieren die Idee des politischen Pluralismus. Dabei kann aber zwischen moderaten und radikalen Varianten unterschieden werden. Am moderatesten sind die Positionen des politischen Liberalismus, der deliberativen Demokratie und des Republikanismus (vgl. Dagger 1997). Sie erkennen den Wert eines pluralistisch-demokratischen Entscheidungsprozesses und eines institutionellen Pluralismus an, gehen aber davon aus, dass das wichtigste Ziel des demokratischen Pluralismus darin besteht, einen politischen Konsens über die prozeduralen Anforderungen korrekter politischer Entscheidungen zu erzielen. Stärker pluralistische Positionen werden im politischen Differenzdenken (vgl. Young 2000; Honig 1993), der Theorie der assoziativen Demokratie (vgl. Hirst 1997) und im agonistischen politischen Denken vertreten (vgl. Tully 1999). Diese Positionen konzentrieren sich eher auf die Fragen der Anerkennung und des Respekts zwischen sozialen Gruppen, der zivilen Fähigkeiten und Tugenden und der arbiträren Machtverhältnisse zwischen politisch stärker und schwächer repräsentierten Gruppen in pluralistischen Gesellschaften. Sie kritisieren sowohl die theoretischen Ansätze des moderaten politischen Pluralismus als auch die homogenisierenden Aspekte der alltäglichen politischen Praxis in liberal-demokratischen Gesellschaften. Die akademische Pluralismusdebatte spiegelt somit die Positionen wieder, die auch in der praktischen Politik eingenommen werden.

4.

Barry, B., 2001, Culture and Equality, Cambridge/MA: Harvard University Press.

Dagger, R., 1997, Civic Virtues, Oxford: Oxford University Press.

Forst, R., 1994, Kontexte der Gerechtigkeit, Frankfurt/M.: Suhrkamp.

Forst, R., 2003, Toleranz im Konflikt, Frankfurt/M.: Suhrkamp.

Fraenkel, E., 1964, Der Pluralismus als Strukturelement der freiheitlich-rechtsstaatlichen Demokratie, in: ders., Deutschland und die westlichen Demokratien, Frankfurt/M.: Suhrkamp 1991.

Habermas, J., 1992, Faktizität und Geltung. Beiträge zur Diskurstheorie des Rechts und des demokratischen Rechtsstaats, Frankfurt/M.: Suhrkamp.

Hirst, P., 1997, From Statism to Pluralism, London: UCL.

Honig, B., 1993, Political Theory and the Displacement of Politics, Ithaca: Cornell University Press.

James, W., 1909, A Pluralistic Universe, New York: Longmans, Green & Co.

Kant, I., 1784, Beantwortung der Frage: Was ist Aufklärung?, in: Akademieausgabe, Bd. 8, Berlin: de Gruyter 1969.

Kant, I., 1798, Anthropologie in pragmatischer Hinsicht, Akademieausgabe, Bd. 7, Berlin: de Gruyter 1973.

Kymlicka, W., 1999, Multikulturalismus und Demokratie, Hamburg: EVA.

Laski, H., 1917, Studies in the Problem of Sovereignty, New Haven: Yale University Press.

Locke, J., 1689, Ein Brief über Toleranz, Hamburg: Meiner 1996.

Mendelssohn, M., 1784, Über die Frage: Was heißt Aufklären?, in: Berlinische Monatschrift 4.

Menke, C., 1996, Tragödie im Sittlichen, Frankfurt/M.: Suhrkamp.

Mill, J. S., 1859, Über die Freiheit, Stuttgart: Reclam 1975.

Rawls, J., 1993, Politischer Liberalismus, Frankfurt/M.: Suhrkamp 1998.

Raz, J., 1986, The Morality of Freedom, Oxford: Clarendon Press.

Tully, J., 1999, The Agonic Freedom of Citizens, in: Economy and Society 28.

Young, I. M., 2000, Inclusion and Democracy, Oxford: Oxford University Press.

Bert van den Brink

Politik, Begriff der

1.

Der Begriff der Politik bezieht sich auf einen Bereich des gesellschaftlichen Lebens, der als soziale Gesamtheit verstanden wird und durch spezifische Tätigkeiten und Fragestellungen geprägt ist, die alle betreffen und die deshalb als »öffentlich« bezeichnet werden. Wie andere Aspekte des sozialen Lebens auch, lässt sich das, was als politisch gilt, nicht verbindlich definieren. Einerseits sind semantische Entwicklungen und Veränderungen stets mit realhistorischen Prozessen verbunden. Anderseits bestimmen konzeptuelle Perspektiven und Positionierungen im politischen Raum über die Inhalte des Politischen. Was dem Bereich des Politischen zugerechnet werden soll und was nicht, ist Gegenstand von Debatten mit ihrerseits tief greifenden politischen Implikationen. So haben die Frauenbewegung und die feministische Theorie die klassische Grenzziehung zwischen politischer und privater Sphäre herausgefordert durch ihre Kritik an geschlechtsspezifischen Zuordnungen und vermeintlich privaten Regelungen, die den Zugang von Frauen zur öffentlichen Sphäre erschwert oder gar verhindert haben. Ob Fragen sozialer Gerechtigkeit in den Bereich des Politischen gehören, was z.B. Hannah Arendt mit ihrem an Freiheit orientierten Politikverständnis entschieden verneint hat, ist umstritten. Das Gleiche gilt etwa für die Fragen, inwieweit Kinderbetreuung und Kindererziehung, das Bildungswesen, Forschung und Wissenschaft, die Organisation des Arbeitslebens, sexuelle Beziehungsformen, Probleme des multikulturellen Zusammenlebens u.a.m. in den Verantwortungs- bzw. Regulationsbereich der Politik gehören oder welche Güter als öffentliche Güter gelten und damit einer politischen Regelung unterliegen sollen.

Ein Indiz für die Vielfalt des Begriffs des Politischen bietet der Stand der Ausdifferenzierung innerhalb der Politikwissenschaften und der politischen Philosophie. Beide sind nicht nur durch ein äußerst pluralistisches Methodenverständnis und eine außerordentliche Vielfalt an Fragestellungen charakterisiert, sondern auch durch wissenschaftliche Konkurrenz, die sich in Schulbildungen, Theorietypen und Forschungsansätzen niederschlägt (vgl. Münkler 2003, 37ff., 41ff.).

1.1. Das Wort »Politik« geht auf das griechische Adjektiv *politikos* zurück, das mit »bürgerlich« zu übersetzen ist. Von diesem im 5. Jahrhundert in Athen gebildeten Wort leitet sich das Substantiv *ta politika*, die bürgerlichen Angelegenheiten, ab (vgl. Chantraine 1968ff., Bd. 2, 926f.). In der Zusammensetzung *politike episteme* meint es das Wissen darüber, was für die Gemeinschaft und ihre Bürger gut ist (z.B. Aristoteles, EN I.2, 1094a26ff.). Das Adjektiv *politikos* hatte eine deutlich normative Dimension. Es verband sich mit der Vorstellung eines Handelns, das sich am Ganzen der *polis*, der mit der Bürgerschaft identischen Stadt, orientierte (vgl. Meier 1983, 15, 17, 27f.). Diese normative Komponente der Gemeinwohlorientierung ist dem Wort bis heute eigen, obwohl die antike Betonung des identifikatorischen Engagements für das Gemeinsame unter modernen Verhältnissen kaum noch nachvollziehbar ist und mit der alltagssprachlichen Verwendung von »politisch« oft gerade gegenteiliges Verhalten charakterisiert wird: strategisches Kalkül und Wille zum Machterwerb und Machterhalt. Auch diese Bedeutungsvariante hat eine lange Geschichte (vgl. Sellin 1978, 808ff.). Sie lässt sich bis zu Niccolò Machiavelli zurückverfolgen und hat Vorläufer bereits im sophistischen Theorem vom »Recht des Stärkeren«, wie es beispielsweise Kallikles in Platons *Gorgias* oder Thrasymachos im ersten Buch der *Politeia* gegen Sokrates vertreten. Wichtig für die Auseinandersetzung mit dem Politikbegriff sind schließlich auch die Manifestationen eines unpolitischen Denkens und Verhaltens.

1.2. Funktional betrachtet bildet die Politik neben Wirtschaft, Recht, Religion und Wissenschaft eines der großen Teilsysteme des modernen gesellschaftlichen Gesamtsystems. Durch ihre jeweiligen Organisationen sowie durch die von ihnen erzeugten kommunikativen Medien erfüllen diese Funktionssysteme, wie Niklas Luhmann im Anschluss an Talcott Parsons ausgearbeitet hat, die basalen Reproduktionsbedingungen menschlicher Gesellschaften. Das politische System, das in der Moderne oft vereinfachend mit dem Staat gleichgesetzt wird, übernimmt dabei die Herstellung von gesamtgesellschaftlich bindenden Entscheidungen (vgl. Luhmann 1987, 78f.; ders. 1995, 103f.), die es in den Medien von Macht und Recht erzeugt und durchsetzt. Vom Staat erlassene Programme und Regeln zur Organisation des konfliktuellen gesellschaftlichen Zusammenlebens unterscheiden sich von den Regeln anderer Institutionen dadurch, dass sie im Falle von Divergenzen höherrangig sind, bindenden Charakter haben und (äußere) Übereinstimmung erzwingen können.

1.3. Um das komplexe Feld der Politik besser beschreibbar zu machen, hat die Wissenschaftssprache Differenzierungen im Begriff selbst eingeführt. So unterscheidet das Englische zwischen den analytischen Kategorien *polity*, *policy* und *politics*. Sie beziehen sich auf die Dimensionen der Form, des Inhalts und des Prozesses von Politik. *Polity* bezeichnet das fest gefügte System von Verfassungen, Rechtsordnungen, Verfahren und Institutionen, *policy* das Werte- und Orientierungssystem sowie die Beschreibung von Problemen, Zielen und Handlungsprogrammen innerhalb dieses Systems, und *politics* schließlich die Bearbeitung von Konflikten, den Kampf um die bessere Lösung und die Durchsetzung von Handlungsprogrammen durch Mobilisierung von Machtressourcen.

1.4. Eine weitere Differenzierung leistet die Unterscheidung zwischen den Begriffen »die Politik« und »das Politische« (zum Folgenden vgl. Vollrath 1987, 29ff.). Dieser Unterscheidung entspricht im Französischen die Verwendung von *la politique* und *le politique*, im Englischen von *politics* und *the political*. Explizit in die Theoriesprache eingeführt wurde sie von Carl Schmitt (1932). Sie lässt sich jedoch, allerdings mit gänzlich anderen Konnotationen, bereits anhand des aristotelischen Politikbegriffs rekonstruieren. Formal betrachtet bietet der Begriff des Politischen das Kriterium dafür, was den politischen Charakter der Politik ausmacht, welche Aspekte die Politik als politische qualifizieren. Darüber jedoch, wie das Politische inhaltlich und kategorial zu bestimmen sei, liegen die Auffassungen weit auseinander. So beispielsweise identifiziert Schmitt (1932) das Politische mit seiner Freund-Feind-Unterscheidung; Paul Ricœur (1974) spricht von einer spezifischen und irreduziblen Rationalität des Politischen, die sich durch die Verpflichtung auf eine ideelle Einheit der menschlichen Gemeinschaft ergebe und insbesondere gegen das Ökonomische abzugrenzen sei; für Hannah Arendt (1960) bezeichnet das Politische, mit Rückgriff auf Aristoteles, eine Beziehungsform zwischen Menschen, die sich wechselseitig zugleich als Gleiche und als Verschiedene (an-)erkennen und sich in ihrem Handeln und Verhandeln auf eine gemeinsame Welt beziehen.

2.

Aus der Befugnis zu zwingen (vgl. 1.2.) ergeben sich besondere Legitimationsanforderungen an die Politik. Selbst Politikauffassungen, die den Aspekt der Macht und des Machtkampfes in den Vordergrund stellen und die Politik als einen gegenüber der Moral autonomen Bereich beschreiben, rechtfertigen dies im Allgemeinen mit normativen Überlegungen. So legitimiert beispielsweise Machiavelli den rücksichtslosen Gebrauch von List und Gewalt mit dem Ziel der Staatsgründung oder des Erhalts einer politischen Ordnung (vgl. Machiavelli 1532, Kap. XXVI; ders. 1531, Buch 1.3, 1.9), Thomas Hobbes die souveräne staatliche Dezision mit der grundlegenden Aufgabe der Politik, den permanent drohenden Kriegszustand unter Menschen zu überwinden (vgl. z.B. Hobbes 1651, Kap. 13, 14, 17), und Max Weber Machtinstinkt und leidenschaftlichen Ehrgeiz u.a. mit dem Wunsch, die sachlich-instrumentelle Rationalität der Bürokratie, das »Gehäuse der Hörigkeit«, aufzubrechen (vgl. z.B. Weber 1919; ders. 1922, I.3).

Angesichts der vielfältigen Sinn- und Zweckbestimmungen der Politik sowie der damit verbundenen Rechtfertigungsstrategien von (staatlichem) Zwang, sind die Traditionen des Politikbegriffs von der Theorien- und Begriffsgeschichte ganz unterschiedlich rekonstruiert und systematisiert worden. Neben der bereits genannten Unterscheidung zwischen einem gemeinwohlorientierten und einem herrschaftszentrierten Politikverständnis (1.1.) dürfte auch die Differenzierung zwischen einem gemeinschaftsbezogenen (2.1.), einem emanzipatorisch-menschenrechtlichen (2.2.) und einem emanzipatorisch-utopischen (2.3.) Politikbegriff kaum kontrovers sein. Damit sind Traditionen bezeichnet, die für ein heutiges Politikverständnis nach wie vor bestimmend sind. Selbstverständlich sind solche Traditionslinien offen, vielfach gebrochen und in sich variantenreich.

2.1. Der gemeinschaftsbezogene Politikbegriff ist untrennbar mit dem Werk von Aristoteles verbunden. Aristoteles begreift den Menschen als *physei politikon zoon*, als das »von Natur auf das Leben in der Polis angelegte Lebewesen« (Pol. I.2, 1253a2 f.), weshalb er das Leben in der politischen Gemeinschaft mit dem Guten als dem höchsten Ziel des Menschen in Beziehung setzt und Politik als eine Praxis der Selbstverwirklichung beschreibt. In ihr findet das Individuum ein Gut, das es auf andere Weise nicht verwirklichen kann. Idealiter realisiert es sich in Form eines organisierten Zusammenlebens von freien und gleichen Bürgern, die sich in der Rolle von Herrschern und Beherrschten abwechseln und sich als gemeinsame Urheber der mit dem Mittel des Überzeugens und Überredens herbeigeführten Entscheidungen verstehen können.

2.2. Auch für ein emanzipatorisch-menschenrechtliches Politikverständnis, wie es insbesondere die modernen Vertragstheorien entwickelt haben (vgl. Kersting 1994), stellt die Praxis der Selbstverwirklichung ein hohes Gut dar. Doch vollendet der Mensch seine Bestimmung im Rahmen dieses dezidiert antiaristotelischen Konzeptes nicht in einem aktiven Polisleben, in welchem individuelles und kollektives Telos konvergieren. Vielmehr hat Politik die Aufgabe, die Koexistenz von Individuen zu sichern, die in Begriffen einer Konfliktanthropologie beschrieben werden. Die Politik schafft Freiheitsräume, in denen autonome, aus metaphysischen und traditionalen Bindungen emanzipierte Individuen ihre Persönlichkeit entfalten, indem sie ungestört ihren selbst gewählten ökonomischen, sozialen, wissenschaftlichen, religiösen und familiären Aktivitäten nachgehen. In den Worten Kants ist jeder dazu aufgerufen, »seine Glückseligkeit auf dem Wege [zu] suchen, welcher ihm selbst gut dünkt, wenn er nur der Freiheit anderer, einem ähnlichen Zwecke nachzustreben [...] nicht Abbruch tut« (Kant 1793, A 235 f.).

2.3. Während der emanzipatorisch-menschenrechtliche Politikbegriff auf eine konfliktuelle Gegenwart bezogen bleibt, orientiert sich das emanzipatorisch-utopische Denken an einer besseren Zukunft. Es ist, meist geschichtsphilosophisch angeleitet, auf Veränderung und Umgestaltung der Gesellschaft angelegt, aus der ein neuer Mensch hervorgehen soll. In seinen starken eschatologischen Varianten, etwa bei Marx oder Ernst Bloch, zielt es auf einen endgeschichtlichen Zustand, der Krieg, Ungerechtigkeit und Entfremdung überwindet (vgl. Löwith 1953; Sternberger 1984). Die Überwindung des Leidens durch die Verwirklichung eines überhistorischen Ideals soll die Politik überflüssig machen.

3.

Es gehört zum Selbstverständnis moderner Politikauffassungen, dass ihre Programme normativen Ansprüchen gehorchen und der Gesellschaft als Ganzer zugute kommen müssen. Dies gilt zumindest für den Bereich der internen Verfassung von Einzelstaaten. In der Theorie der internationalen Beziehungen dagegen findet sich nach wie vor eine Vielzahl von Ansätzen, die eine realistische Position vertreten und normative Prinzipien strikt ablehnen (vgl. Laubach-Hintermeier 1998). Der Realismus zeichnet ein Bild der Welt, in welchem internationale Institutionen und Organisationen mehr oder weniger bedeutungslos sind. Die relevanten Akteure sind souveräne Nationalstaaten, die, von naturwüchsiger Konkurrenz angetrieben, einzig ihre nationalen Interessen verfolgen. Ausschließlich an Machterhalt und Machterweiterung orientiert, lehnt der Realismus jede moralische Einschränkung der nationalstaatlichen Handlungsoptionen ab.

Mit Blick auf die Akteure lässt sich jedoch eine Ausweitung des Politikverständnisses beobachten, dem der Realismus nicht gerecht wird. Ging die Ausbildung des modernen europäischen Territorialstaats zusammen mit einer engen Fokussierung des Politikbegriffs auf staatliche Institutionen und staatliches Handeln, so löst sich dieses etatistische Politikverständnis seit dem Ende des Zweiten Weltkriegs zunehmend auf. Heute bezieht sich der Politikbegriff auch auf transnationale Einrichtungen, auf ein breites Spektrum von sog. Nichtregierungsorganisationen sowie auf zivilgesellschaftliche Akteure, welche neue Themen und neue Kooperationsbeziehungen hervorbringen.

4.

Arendt, H., 1960, Vita Activa oder Vom tätigen Leben, München: Piper 1997.
Chantraine, P., 1968 ff., Dictionnaire étymologique de la langue grecque, Paris: Klincksieck.
Hobbes, T., 1651, Leviathan, Frankfurt/M.: Suhrkamp 1984.
Kant, I., 1793, Über den Gemeinspruch: Das mag in der Theorie richtig sein, taugt aber nicht für die Praxis, in: Werkausgabe, Band XI, Frankfurt/M.: Suhrkamp 1968.
Kersting, W., 1994, Die politische Philosophie des Gesellschaftsvertrags, Darmstadt: WBG.
Laubach-Hintermeier, S., 1998, Kritik des Realismus, in: W. Kersting/C. Chwaszcza (Hg.), Politische Philosophie der internationalen Beziehungen, Frankfurt/M.: Suhrkamp.
Löwith, K., 1953, Weltgeschichte und Heilsgeschehen, Stuttgart: Kohlhammer.
Luhmann, N., 1987, Soziologische Aufklärung 4, Opladen: Westdeutscher Verlag.
Luhmann, N., 1995, Gesellschaftsstruktur und Semantik, Bd. 4, Frankfurt/M.: Suhrkamp.
Machiavelli, N., 1531, Discorsi, in: ders., Politische Schriften, Frankfurt/M.: Fischer 1990.
Machiavelli, N., 1532, Der Fürst, in: ders., Politische Schriften, Frankfurt/M.: Fischer 1990.
Meier, C., 1983, Die Entstehung des Politischen bei den Griechen, Frankfurt/M.: Suhrkamp.
Münkler, H., 2003, Geschichte und Selbstverständnis der Politikwissenschaft in Deutschland, in: ders. (Hg.), Politikwissenschaft, Reinbek: Rowohlt.
Ricoeur, P., 1957, Das politische Paradox, in: ders., Geschichte und Wahrheit, München: List 1974.
Schmitt, C., 1932, Der Begriff des Politischen, Berlin: Duncker & Humblot 1963.
Sellin, V., 1978, Politik, in: O. Brunner/W. Conze/R. Koselleck (Hg.), Geschichtliche Grundbegriffe, Bd. 4, Stuttgart: Klett-Cotta.
Sternberger, D., 1984, Drei Wurzeln der Politik, Frankfurt/M.: Suhrkamp.
Vollrath, E., 1987, Grundlegung einer philosophischen Theorie des Politischen, Würzburg: Königshausen & Neumann.
Weber, M., 1919, Politik als Beruf, in: ders., Gesammelte politische Schriften, Tübingen: Mohr 1988.
Weber, M., 1922, Wirtschaft und Gesellschaft, Tübingen: Mohr Siebeck 2002.

Sidonia Blättler

Politik, Theorien der

1.

»Theorien der Politik« bilden zusammen mit »Politischer Ideengeschichte« heute ein in der Politikwissenschaft institutionalisiertes, zumeist in Prüfungsordnungen verbindlich vorgeschriebenes Teilgebiet. Der additiven Bezeichnung des Teilgebietes entspricht aber keine strikte Differenzierung zwischen geschichtlichem und systematischem Vorgehen; vielmehr finden sich auch in der politischen Ideengeschichte systematische Ansätze, z.B. des ›Kontraktualismus‹ (vgl. Kersting 1994) oder der ›Staatsraison‹ (vgl. Münkler 1987). Die Herausgeber einer zweibändigen Sammlung von Darstellungen ›Politischer Theorien der Gegenwart‹ – selbst über den Begriff zur

Bezeichnung des Gegenstandes besteht kein Konsens – entscheiden sich dafür, »jene Theorien als ›politische‹ zu verstehen, die als solche bezeichnet und diskutiert werden« (Brodocz/Schaal 2002, Bd. 1, 10); wenn beansprucht wird, dass jeder ausgewählte Autor »quasi paradigmatisch« für eine »Theoriefamilie« stehe (ebd., Bd. 2, 13), dann hätten wir es gegenwärtig mit mindestens 30 konkurrierenden Ansätzen und dem Fehlen eines disziplinären Konsenses zu tun, was als wissenschaftlich relevante Theorie zu gelten habe. Dieser aus der Sicht exakter Wissenschaften problematisch erscheinende Zustand zeigt aber nur an, dass in der Politikwissenschaft trotz aller Verwissenschaftlichung v.a. der empirischen Politikforschung die Grenzen zum ›Politischen Denken‹ in zeitdiagnostischer Hinsicht fließend bleiben müssen.

Neben der in Einführungen und Sammlungen häufig auftretenden Gliederung der Darstellung nach Klassikern und repräsentativen Autoren, bietet sich die nach Schulen (vgl. Bleeck/Lietzmann 1999) oder (meta-)theoretischen Ansätzen (vgl. Narr/Naschold 1969/70) neben der reinen Geschichtsschreibung der Disziplin (vgl. Bleeck 2001) an.

2.
Im engeren Sinne werden unter »Theorien der Politik« aber heute in der Politikwissenschaft zumeist systematische, erklärende oder deutende Darstellungen der Funktion und Bedeutung von Politik für Gesellschaften oder transgesellschaftliche Prozesse auf dem Hintergrund eines methodologisch, wie auch immer im Einzelnen vorgehenden, erfahrungswissenschaftlichen Wissenschaftsansatzes gesehen. Klaus von Beyme (1991, 9) spricht in diesem Sinne in seiner in Deutschland einflussreichen Darstellung von »Theorie der Politik als Gesellschaftstheorie«. Davon zu unterscheiden sind einerseits politikwissenschaftliche Einzeltheorien, wie z.B. der Koalitionsbildung oder des Wahlverhaltens, andererseits die politische Philosophie; sie wird von den Herausgebern einer international einflussreichen Anthologie als »eine Reihe andauernder Unterhaltungen und Streitgespräche, argumentativer Erörterungen und Debatten« (Goodin/Pettit 1997, IX) charakterisiert, die sich spätestens seit der frühen Neuzeit ungebrochen verändern. Gerade zu Letzterer sind allerdings die Grenzen fließend, etwa in normativen Ansätzen, die erfahrungswissenschaftliches Wissen mit normativer Spekulation oder Begründung verbinden, wie z.B. die meisten Demokratietheorien (vgl. Schmidt 2000). Während Kersting (in Greven/Schmalz-Bruns 1999) gegen diese Unterscheidung von politischer Theorie und politischer Philosophie argumentiert, sollte man v.a. die neo-kontraktualistischen Ansätze von und in der Nachfolge John Rawls' als »politische Philosophie« bezeichnen, weil man einwenden kann, dass ihre »Wahl der größtmöglichen Abstraktionsebene [...] die politische Realität [...] weitgehend verfehlt« (Reese-Schäfer 2000, 18).

Für wissenschaftliche ›Theorien der Politik als Gesellschaftstheorie‹ ist anfangs die mit dem Abschluss des 18. Jahrhunderts begrifflich endgültig durchgesetzte Trennung von Staat und Gesellschaft Voraussetzung, heute in der Regel in Gestalt der Annahme, ›Politik‹ sei ein Teilsystem der Gesellschaft neben anderen. Hinzu kommt im 19. Jahrhundert zunehmend und zuerst bei den Gründerfiguren moderner Sozialwissenschaften wie Emile Durkheim, Max Weber u.a. der, mit je unterschiedlichen erkenntnistheoretischen und methodologischen Akzenten ausformulierte, moderne Wissenschaftsbegriff. Theorien der Politik handeln auf diesem Hintergrund von der ›Staatstätigkeit‹ (so bereits Stein 1865), den ›policies‹ (vgl. Windhoff 1987) in und für die Gesellschaft und/oder von Rolle und Funktion des je nach Theorie unterschiedlich aufgefassten politischen Systems. Eine Sonderrolle mit der Tendenz zur disziplinären Verselbstständigung spielten dabei immer Theorien der Politik mit dem Schwerpunkt oder gar der Begrenzung ihres Gegenstandsbereiches auf Außenpolitik oder Internationale Beziehungen.

3.
Im Einzelnen sollen die folgenden Ansätze unterschieden und dargestellt werden. Dabei

ist der typisierende metatheoretische Charakter der nachfolgenden Einteilung nur ein Hilfsmittel, um in der Fülle der Einzelansätze, Synthesen und eklektizistischen Überschneidungen Orientierung zu erleichtern.

3.1. Handlungstheorien der Politik: Die Gruppe der mehr oder weniger auf einem strikt handlungstheoretischen Ansatz beruhenden Theorien der Politik dürfte heute quantitativ und qualitativ die internationale Politikforschung, insbesondere die Policy-Forschung, dominieren und wirkt von daher auch auf die Theoriedebatte ein. Genealogisch geht sie häufig auf M. Webers ›methodologischen Individualismus‹ und seine Handlungstheorie (vgl. Palonen 1998) oder auf Modellannahmen der ökonomischen Theorien über die interpretierbare oder unterstellte ›Rationalität‹ des Handelns zurück (vgl. Downs 1957). Das Spektrum reicht von psychologisch grundierten politischen Verhaltenslehren über Entscheidungstheorien hin zu Varianten des Institutionalismus, die Institutionen mal mehr als vorgeordnete normative Orientierungen politischen Handelns (vgl. March/Olson 1989), mal mehr als ermöglichende (›choices‹) wie restringierende (›constraints‹) Handlungsbedingungen ansehen, die durch politisches Handeln selbst nur teilweise beeinflusst werden können (vgl. Scharpf 2000). Gegenüber diesen dominierenden analytischen ›rational- oder public-choice‹-Ansätzen (fundamentale Kritik zugleich mit einem sehr guten Überblick bieten Green/Shapiro 1994) oder der formalisierten Spieltheorie behaupten sich auch ältere phänomenologisch-ontologisch ansetzende Handlungstheorien (vgl. Arendt 1958) sowie konstitutions- (vgl. Giddens 1984) und kontingenztheoretische (vgl. Greven 1999) bis postmoderne (vgl. Rorty 1989) Ansätze.

Zahlreiche Arbeiten, besonders in den policy-studies, unterschreiten dabei als theoretische Deutungen oder Erklärungen einzelner politischer Phänomene den Anspruch einer Theorie der Politik oder setzen sie nur implizit voraus. Ausgehend von den handlungstheoretischen Prämissen stellte sich die Frage nach der Gründung und Persistenz politischer Institutionen oder Regime im politischen Handeln, nach den Chancen und Restriktionen der politischen Steuerung (vgl. Mayntz/Scharpf 1995) oder von problembearbeitender ›governance‹ (vgl. Pierre 2000). Im Unterschied zu den meisten Systemtheorien sehen diese Ansätze mehr oder weniger große Chancen zur politischen Gestaltung im und jenseits des Nationalstaates (vgl. Rosenau 1995).

3.2. Neomarxistische Theorien der Politik: In den sechziger und siebziger Jahren kam es nach dem Traditionsabbruch des revolutionären Marxismus im Zuge der Etablierung der Sowjetmacht zu einer internationalen akademischen Renaissance neomarxistischer Theorien des ›westlichen Marxismus‹ (vgl. Anderson 1976), in der v.a. die Theoretiker der Vorkriegszeit wie Georg Lukács, Karl Korsch, Antonio Gramsci und die Vorkriegsschriften der älteren Frankfurter Schule rezipiert und für die Entwicklung zeitgenössischer Theoretiker wie Habermas (1973), Offe (1972), Giddens (1981) oder Laclau/Mouffe (1985) einflussreich wurden. Fundament jeder neomarxistischen Politiktheorie ist ihre grundsätzliche Kritik der kapitalistischen Produktions- und Vergesellschaftungsweise, deren prinzipiell ungerechten Eigentums- und Verteilungsstrukturen die volle Verwirklichung einer über die als liberal angesehene Formaldemokratie hinausgehenden sozialen Demokratie unmöglich machen. Während diese Impulse bis heute v.a. in den normativen Aspekten der Politiktheorien der zuletzt genannten Autoren nachwirken, diese aber eigenständige und nicht mehr dem Neomarxismus zuzurechnende Positionen entwickelt haben, hat sich die neomarxistische Theorie im engeren Sinne v.a. auf die Rolle des Staates, auf seine ›relative Autonomie‹ und Funktion für die Aufrechterhaltung kapitalistischer Verhältnisse (vgl. Jessop 1990) und die ›hegemoniale‹ Durchsetzung von den jeweiligen Verwertungsbedingungen des Kapitals förderlichen ›Akkumulationsregimen‹ und ›Regulationsweisen‹ (vgl. Lipietz 1992) konzentriert. Daneben hat sich v.a. in der

Schule von Birmingham ein international einflussreicher ›cultural Marxism‹ (vgl. Hall 1997) entwickelt.

3.3. Systemtheorien der Politik: Der ubiquitäre Gebrauch des Terms ›(politisches) System‹, wie in ›Regierungs-‹, ›Parteien-‹ oder ›Wahlsystem‹ usf. induziert politikwissenschaftlich noch keine Systemtheorie der Politik. Eine solche wurde zwar auf dem Hintergrund, aber in Abgrenzung zu einer bereits als soziologische Theorie ausgearbeiteten Systemtheorie bei Parsons v.a. von David Easton in drei einflussreichen Monographien (1953, 1965a, 1965b) als »framework for political analysis« zur wahrscheinlich wirkungsmächtigsten allgemeinen wissenschaftlichen Theorie der Politik im 20. Jahrhundert entwickelt. Danach wird das ›politische System‹, und nicht politisches Handeln, wie bei Parsons, als primärer Gegenstand der Politikwissenschaft bestimmt. Die Funktionsbestimmung des ›politischen Systems‹ als »bindende Allokation von Werten für eine Gesellschaft« wird weitgehend auch jenseits systemtheoretischer Politikanalysen übernommen und lässt sich umstandslos in Staats- und Demokratietheorien unterschiedlichster Provenienz integrieren. Systemtheoretisch erscheint der politische Prozess als Konversion von ›inputs‹ (›demands‹, ›support‹) in ›outputs‹, wobei das ›politische System‹ selbst zunächst als »black box« konstruiert, aber die Frage nach den systematischen Zusammenhängen von ›inputs‹ und ›outputs‹ zentral wird. Bei Easton (1965a, 25) selbst ist die Frage nach den Bedingungen der ›persistence‹ des wegen des Abstraktionsgrades der Theorie regimeunspezifisch aufgefassten ›politischen Systems‹ zentral, wobei die Kritik der sechziger und siebziger Jahre hier eine normative Dimension ausmachte (vgl. Greven 1974).

Münch (1984) hat in Deutschland eine kaum politikwissenschaftlich, sondern eher soziologisch rezipierte Theorie der Politik auf der Basis von Parsons' Theorieansatz entworfen und in vielen Beiträgen angewandt, die auf der Basis ihres an M. Weber anschließenden Handlungs- und Herrschaftsbegriffs viele Aspekte einer Systemtheorie übernimmt; auch bei ihm wird weitgehend Eastons Funktionsbestimmung der Politik zugrunde gelegt (vgl. Münch 1984, 303).

Die heute v.a. in Deutschland einflussreichste Systemtheorie Niklas Luhmanns setzt jedoch kritisch am Funktionalismus älterer Ansätze an und entwickelt im Unterschied zur Theorie offener und adaptiver Systeme seit der Rezeption kognitionswissenschaftlicher Theorien der Autopoiesis (vgl. Maturana 1998) eine allgemeine Theorie autopoietischer Systeme (vgl. Luhmann 1984), die auf der Beobachtung und Analyse von ›Kommunikationen‹ beruht. Diese Systeme (etwa Wissenschaft, Wirtschaft, Politik) sind das Ergebnis evolutionärer funktionaler Ausdifferenzierung und erbringen für das System ›Gesellschaft‹ (vgl. Luhmann 1997) eine spezifische Leistung. An dieser Stelle übernimmt Luhmann trotz seiner Kritik des Funktionalismus weitgehend Eastons Funktionsbeschreibung des politischen Systems. Allerdings kommuniziert nach seiner Theorie jedes System exklusiv in sich geschlossen nach eigenem binären Code und Medium und ist mit anderen Systemen nur ›strukturell gekoppelt‹; so, wie das ›politische System‹ zwar von den ›Geldzahlungen‹ des ›wirtschaftlichen Systems‹ abhängig sei, Geld aber wegen des eigenen Codes des ›politischen Systems‹ in diesem (angeblich!) nicht kommuniziert werden könne. Nach Luhmanns (2000) postum erschienen Werk zur »Politik der Gesellschaft« ist das der Politik eigene Medium ›Macht‹ und die systemeigene Codierung lautet ›Machtüberlegenheit/Machtunterworfenheit‹ oder spezifischer ›Regierung/Opposition‹. V.a. nach der ›autopoietischen Wende‹ Luhmanns, Ende der 1970er Jahre, hat sich in der Politikwissenschaft eine heftige Debatte über die empirische und praktische Relevanz dieser Theorie der Politik angeschlossen, die bis heute um die Frage kreist, ob und wie das ›politische System‹ seine Funktion der Bereitstellung verbindlicher politischer Entscheidungen für die anderen Systeme der ›Gesellschaft‹ angesichts seiner unterstellten ›Autoreferenzialität‹ überhaupt erfüllen könne und wieweit damit intendierte politische Beeinflussung oder ›Steuerung‹ der Gesellschaft möglich sei (vgl. dazu Lange/Braun 2000).

3.4. Deliberative Theorien der Politik: Spätestens mit *Faktizität und Geltung* hat Habermas (1992) seiner sozialphilosophischen *Theorie des kommunikativen Handelns* (1982) eine demokratietheoretische Wendung gegeben, die zusammen mit seinen früheren Beiträgen erheblich auf die politikwissenschaftliche Theorie ausstrahlt und zu einem eigenen Ansatz ›deliberativer‹ Theoriebildung geführt hat, der bis in die Policy-Forschung ausstrahlt. Allerdings ist nicht nur bei Habermas selbst fraglich, ob es sich nicht bei vielen diesem Ansatz verpflichteten Arbeiten eher um eine spezifische normative Rechts- und Demokratiebegründung als um eine allgemeine Theorie der Politik handelt. Grundlegend und allen ›deliberativen‹ Ansätzen gemeinsam ist der zumeist mit einer Universalpragmatik der Sprache und der Anerkennung der Menschenwürde (vgl. Margalit 1996) begründete Gedanke, dass der Geltungsanspruch politischer Entscheidungen und rechtlicher Normen sich heute rational nur noch aus der Prozessqualität von Diskursen ergeben könne, an der sich alle als Freie und Gleiche beteiligen könnten und in denen allein der ›zwanglose Zwang‹ des besseren Arguments zählte. Unschwer ist hier die prozeduralistische Wendung der republikanischen Tradition als Ergänzung der liberalen Freiheit zu erkennen, die in eine kontrafaktische oder normative Theorie zivilgesellschaftlicher Öffentlichkeit mündet. Die Öffentlichkeit fungiert dabei sowohl als Sphäre moralischer wie politischer Diskurse wie in ihrer Wirkung als ›öffentliche Meinung‹ auf das politisch-administrative Entscheidungssystem quasi als Kollektivakteur, durch den die aus der Lebenswelt in Diskursen ermittelten sachlichen und normativen Präferenzen zusätzlich zu den durch Parteienkonkurrenz, allgemeine Wahlen und kollektive Verbandsbildung systemisch aggregierten Interessen in das politisch-administrative System eingespeist werden.

Angesichts von auf der Hand liegender Kritik der allzu idealistischen Funktionsannahmen demokratischer Öffentlichkeiten (siehe nicht zuletzt die feministische Kritik bei Fraser 1997), beschränken die einen den allgemeinen Zugang von Präferenzen zu Diskursen und versuchen in Form von Qualitätsansprüchen für Argumente (z.B. ›fact-, other-, and future-regarding‹ bei Offe 2003) das gewünschte Rationalitätspotenzial zu sichern, während andere Vertreter die normativen Ansprüche politischer Deliberation zurückschrauben (vgl. Bohman 1996). Während diese Überlegungen vorwiegend auf einem begründungstheoretischen Niveau verbleiben, versuchen eher politikwissenschaftliche Ansätze institutionelle Arrangements zu entwickeln, die entweder auf eine Form der ›advocacy-deliberation‹ (vgl. Fishkin 1995) oder auf die Beteiligung zivilgesellschaftlicher Akteure in Mediationen (vgl. Dryzek 1990) oder auf eine komplexe Verschachtelung aller Partizipationsformen in der ›reflexiven Demokratie‹ (vgl. Schmalz-Bruns 1995), nunmehr auch auf trans- und supranationaler Ebene (vgl. Lutz-Bachmann/Bohman 2002), hinauslaufen.

Dabei wird immer offenkundiger, dass der ursprüngliche normative Gehalt des republikanischen Partizipationsprojekts aus der Sicht des einzelnen Bürgers angesichts der Komplexitäts- und Größenverhältnisse bis hin zu ›global governance‹ jenseits des begründungstheoretischen Expertendiskurses an Plausibilität verliert; »Democracy Beyond the State« (Greven/Pauly 2000) bleibt bisher ein utopisches Projekt.

3.5. Feministische Theorien der Politik: Feministische Theorien der Politik haben prinzipiell dasselbe Themenspektrum wie traditionelle politische Theorien. Ihr gemeinsamer kritischer Ansatzpunkt ist, bei aller Verschiedenheit und Pluralität, die Erfahrung und der wissenschaftliche Nachweis des Ausschlusses von Frauen und weiblichen Perspektiven in politischer Praxis und Theorie (vgl. Okin 1979). Carol Pateman (1988), die erste Präsidentin der International Political

Science Association, kritisierte Gesellschaftsvertragstheorien als ›sexual contract‹ und problematisierte damit nachhaltig die traditionelle liberaldemokratische Sphärentrennung zwischen ›privat‹ und ›öffentlich‹. Weithin anerkannt, wenn auch nicht allgemein in der Theorie berücksichtigt, ist heute die Bedeutung der Gender-Dimension als jeweilige historische Konstruktion der Geschlechterdifferenz; sie ist damit politischer Gestaltung zugänglich. In theoretischer wie normativer Hinsicht entfaltet sich aber seit den achtziger Jahren eine sich immer weiter verästelnde Kontroverse über Gleichheit oder Differenz, in der von essenzialistischen Ansätzen der Mütterlichkeit (vgl. Elshtain 1981) über die nach wie vor vertretene ›humanistische‹ Utopie der ›neuen‹ gleichen Freiheit (vgl. Phillips 1991) der in ihrer Differenz aber weiter bestehenden Gender, bis hin zur radikalen Dekonstruktion sowohl von Gender wie von Sex in der ›Queer-Theorie‹ (vgl. Hark 1996) und der Transzendierung der Differenz überhaupt (vgl. Butler 1990) alle Denkmöglichkeiten ausprobiert werden. Obwohl gerade die Problematisierung von Subjekt und Identität den Kern praktisch aller Theorien der Politik, etwa in Fragen der Zukunft der Demokratie (vgl. Holland-Cunz 1998) betrifft, nimmt der ›malestream‹ der Disziplin bisher davon wenig Kenntnis.

3.6. Postmoderne und anti-essenzialistische Theorien der Politik: Metaphysikkritik, Anti-Essenzialismus, Dekonstruktion und Konstruktivismus haben inzwischen eine breite Spur auch in solchen Schriften hinterlassen, die nicht im engeren Sinne den Theorien der Politik zugerechnet werden können, aber das Politische z.T. sehr grundsätzlich thematisieren; mehr noch als bei den anderen Abschnitten ist hier die Zusammenfassung problematisch. Gemeinsam ist diesen Ansätzen die Kritik an jedem Begründungsdenken, an verallgemeinerungsfähigen Rationalitätsannahmen und an erfahrungswissenschaftlicher Referenz von Begriff und Wirklichkeit; konsequenterweise kann ›(politische) Gemeinschaft‹ politisch, etwa in Gestalt der ›Volkssouveränität‹, nicht mehr identitär repräsentiert werden, sondern nur noch über ›leere Signifikanten‹ (vgl. Laclau 1996) oder den ›leeren Ort der Macht‹ (vgl. Lefort/Gauchet 1990). Mit gutem Grund hätte Luhmanns Systemtheorie auch hier behandelt werden können. Die Grenzen zu einer Theorie der reflexiven Moderne und ihrem Politikverständnis (vgl. Beck 1993) oder zur historischen Rekonstruktion von Wissens- und Machtdiskursen (vgl. Foucault 1969) sind fließend. International einflussreich wurde die post-marxistische diskurstheoretische Hegemonietheorie (vgl. Laclau/Mouffe 1985), die Politik als die kontingente Artikulation von identitätsstiftenden Diskursen in Machtbeziehungen konzipiert; die Demokratie ist dabei nur ein auf Macht angewiesener Diskurs unter anderen (vgl. Mouffe 1993), dessen Existenz und Sinngehalt stets neu ausgefochten werden müssen.

4.

Anderson, P., 1976, Considerations on Western Marxism, London: New Left Books.

Arendt, H., 1958, Vita activa oder Vom tätigen Leben, München: Piper 1981.

Beck, U., 1993, Die Erfindung des Politischen, Frankfurt/M.: Suhrkamp.

Beyme, K. v., 1991, Theorie der Politik im 20. Jahrhundert, Frankfurt/M.: Suhrkamp.

Bleeck, W., 2001, Geschichte der Politikwissenschaft in Deutschland, München: Beck.

Bleeck, W./Lietzmann, H. J., 1999, Schulen in der deutschen Politikwissenschaft, Opladen: Leske + Budrich.

Bohman, J., 1996, Public Deliberation, Cambridge/MA: MIT Press.

Brodocz, A./Schaal, G. S. (Hg.), 2002, Politische Theorien der Gegenwart, 2 Bde., Opladen: Leske + Budrich.

Butler, J., 1990, Das Unbehagen der Geschlechter, Frankfurt/M.: Suhrkamp 1991.

Downs, A., 1957, Ökonomische Theorie der Demokratie, Tübingen: Mohr 1986.

Dryzek, J. S., 1990, Discursive Democracy, Cambridge: Cambridge University Press.

Easton, D., 1953, The Political System, New York: Knopf 1981.

Easton, D., 1965a, A Framework for Political Analysis, Englewood Cliffs: Prentice Hall.

Easton, D., 1965b, A Systems Analysis of Political Life, Chicago: University of Chicago Press 1979.

Elshtain, J. B., 1981, Public Man, Private Woman, Princeton; Princeton University Press.
Fishkin, J. S., 1995, The Voice of the People, New Haven: Yale University Press.
Fraser, N., 1997, Die halbierte Gerechtigkeit, Frankfurt/M.: Suhrkamp 2001.
Foucault, M., 1969, Die Archäologie des Wissens, Frankfurt/M.: Suhrkamp 1973.
Giddens, A., 1984, Die Konstitution der Gesellschaft, Frankfurt/M.: Campus 1995.
Goodin, R. E./Pettit, P. (Hg.), 1997, A Companion to Contemporary Political Philosophy, Oxford: Blackwell.
Green, D. P./Shapiro, I., 1994, Pathologies of Rational Choice Theory, New Haven: Yale University Press.
Greven, M. T., 1974, Systemtheorie und Gesellschaftsanalyse, Neuwied: Luchterhand.
Greven, M. T., 1999, Die politische Gesellschaft, Opladen: Leske + Budrich.
Greven, M. T./Schmalz-Bruns, R. (Hg.), 1999, Politische Theorie – heute, Baden-Baden: Nomos.
Greven, M. T./Pauly, L. W. (Hg.), 2000, Democracy Beyond the State?, Lanham: Rowman & Littlefield.
Jessop, B., 1990, State Theory, Cambridge: Polity Press.
Habermas, J., 1973, Legitimationsprobleme im Spätkapitalismus, Frankfurt/M.: Suhrkamp.
Hall, S., 1997, Critical Dialogues in Cultural Studies, London: Routledge.
Hark, S. (Hg.), 1996, Grenzen lesbischer Identitäten, Berlin: Querverlag.
Holland-Cunz, B., 1998, Feministische Demokratietheorie, Opladen: Leske + Budrich.
Kersting, W., 1994, Die politische Philosophie des Gesellschaftsvertrages, Darmstadt: WBG.
Laclau, E., 1996, Emanzipation und Differenz, Wien: Turia + Kant 2002.
Laclau, E./Mouffe, C., 1985, Hegemonie und radikale Demokratie, Wien: Passagen 1991.
Lange, S./Braun, D., 2000, Politische Steuerung zwischen System und Akteur, Opladen: Leske + Budrich.
Lefort, C./Gauchet, M., 1990, Über die Demokratie, in: U. Rödel (Hg.), Autonome Gesellschaft und libertäre Demokratie, Frankfurt/M.: Suhrkamp.
Lipietz, A., 1992, Towards a New Economic Order, Cambridge: Polity.
Luhmann, N., 1984, Soziale Systeme, Frankfurt/M.: Suhrkamp.
Luhmann, N., 1997, Die Gesellschaft der Gesellschaft, 2 Bde., Frankfurt/M.: Suhrkamp.
Luhmann, N., 2000, Die Politik der Gesellschaft, Frankfurt/M.: Suhrkamp.
Lutz-Bachmann, M./Bohman, J. (Hg.), 2002, Weltstaat oder Staatenwelt?, Frankfurt/M.: Suhrkamp.
March, J. G./Olsen, J. P., 1989, Rediscovering Institutions, New York: Free Press.
Margalit, A., 1996, Politik der Würde, Frankfurt/M.: Fest 1997.
Maturana, H. R., 1998, Biologie der Realität, Frankfurt/M.: Suhrkamp.
Mayntz, R./Scharpf, F. W. (Hg.), 1995, Gesellschaftliche Selbstregulierung und politische Steuerung, Frankfurt/M.: Campus.
Mouffe, C., 1993, The Return of the Political, London: Verso.
Münch, R., 1984, Die Struktur der Moderne, Frankfurt/M.: Suhrkamp.
Münkler, H., 1987, Im Namen des Staates, Frankfurt/M.: Fischer.
Nohlen, D./Schultze, R.-O. (Hg.), 1995, Politische Theorien (Lexikon der Politik, Bd. 1), München: Piper.
Narr, W. D./Naschold, F., 1969/70, Einführung in die moderne politische Theorie, 3 Bde., Stuttgart: Kohlhammer.
Offe, C., 1972, Strukturprobleme des kapitalistischen Staates, Frankfurt/M.: Suhrkamp.
Offe, C., 2003, Herausforderungen der Demokratie, Frankfurt/M.: Campus.
Okin, S. M., 1979, Women in Western Political Thought, London: Princeton University Press.
Palonen, K., 1998, Das ›Webersche Moment‹, Opladen: Westdeutscher Verlag.
Pateman, C., 1988, The Sexual Contract, Stanford: Polity.
Phillips, A., 1991, Geschlecht und Demokratie, Hamburg: Rotbuch 1995.
Pierre, J. (Hg.), 2000, Debating Governance, Oxford: Oxford University Press.
Reese-Schäfer, W., 2000, Politische Theorie heute, München: Oldenbourg.
Rorty, R., 1989, Kontingenz, Ironie und Solidarität, Frankfurt/M.: Suhrkamp.
Rosenau, J. N., 1995, Governance in the Twenty-first Century, in: Globale Governance 1.
Scharpf, F. W., 2000, Interaktionsformen, Opladen: Leske + Budrich.
Schmalz-Bruns, R., 1995, Reflexive Demokratie, Baden-Baden: Nomos.
Schmidt, M. G., 2000, Demokratietheorien, Opladen: Leske + Budrich.
Stein, L., 1865, Die Lehre von der vollziehenden Gewalt, ihr Recht und ihr Organismus, Stuttgart: Cotta.
Windhoff-Héritier, A., 1987, Policy-Analyse, Opladen: Leske + Budrich.

MICHAEL TH. GREVEN

Politische Philosophie

1.

Was »Politische Philosophie« bedeutet und wie sie zu definieren ist, ist selbst ein kontroverses Thema der Politischen Philosophie. Ihre Bestimmung variiert nach historischen Epochen, nach gesellschaftlichen Bedingungen und theoretischen Ansätzen. Dennoch haben die verschiedenen Ansätze meist folgenden Bedeutungskern gemein: Politische Philosophie ist die philosophische Reflexion der Bedingungen der Politik.

Politische Philosophie versucht in der philosophischen Reflexion primär unter normativen Gesichtspunkten Fragen nach der Begründbarkeit und Verfasstheit der Grundlagen menschlichen sozialen Zusammenlebens zu klären. Dabei gibt es fließende Grenzen und Übergänge zu Nachbardisziplinen. So wird die Reflexion der Grundlagen der Politik in der Politikwissenschaft und in den Sozialwissenschaften »Politische Theorie« genannt.

Trotz unterschiedlicher Auffassungen zum Begriff der Politik verweist ein weithin geteiltes Verständnis von Politik auf die Regelung der gemeinsamen Angelegenheiten eines Gemeinwesens durch allgemeinverbindliche Entscheidungen. Demnach gibt es in jedem Gemeinwesen allgemeine Angelegenheiten, die alle betreffen und geregelt werden müssen, um die Interaktion zwischen den Mitgliedern der Gemeinschaft durch Handlungsnormen zu steuern und kollektive Ziele zu realisieren. Die Politische Philosophie versucht eine grundlegende Klärung erstens der basalen Normen, Werte und Prinzipien (wie Menschenwürde, Freiheit, Gleichheit, Solidarität, Gerechtigkeit etc.), zweitens der Arrangements der politischen und sozialen Institutionen (Staat, Recht, Verfassung, das Wirtschaftssystem, Familie etc.) und drittens der konkreten politischen Prozesse und Akteure sowie substantieller politischer Programme vorzunehmen, wobei sie v.a. die Legitimität und damit die Begründbarkeit dieser drei Ebenen der Politik untersucht.

Zu den Aufgaben der Politischen Philosophie in der Gesellschaft gehören (a) die Klärung der Legitimitätsbedingungen politischer, also allgemeinverbindlicher Regelungen, (b) die Bestimmung der politischen und sozialen Zwecke der gesellschaftlichen Institutionen und in diesem Sinne die »Orientierung« der politischen Praxis, (c) die Einschätzung der Rationalität der politischen Ordnung und der Institutionen zum Zwecke der »Versöhnung« sowie (d) die Sondierung politisch-praktischer Möglichkeiten zum Zwecke der Weiterentwicklung (vgl. Rawls 2001, § 1).

2.

2.1. Fragen der Politischen Philosophie werden thematisiert, seit Menschen begonnen haben, ihre kollektiven Ordnungen nicht als unveränderlichen Teil der natürlichen oder göttlichen Ordnung, sondern als potentiell durch menschliche Handlungen veränderbar zu sehen, so dass sich Fragen nach deren philosophischer Rechtfertigung stellen.

Die eigentliche Geburt des Politischen wird gemeinhin im antiken Griechenland datiert, wo gleichzeitig auch die wissenschaftlich-reflektierte Form seiner Analyse entstand: die Politische Philosophie. Dieser Ursprung des politischen Denkens bei den Griechen (vgl. Meier 1983, 40) hat durch die Überlieferung durch die römische Kultur und das christliche Mittelalter hindurch bis in die Neuzeit die westliche Geschichte des politischen Denkens maßgeblich geprägt. Selbst Brüche, Kritik und bewusste Abwendung beziehen sich auf diese Tradition (vgl. zu alternativen Traditionen jenseits des abendländischen Kulturkreises etwa Dryzek/Honig/Phillips 2006, Teil IV).

2.2. Sehr grob charakterisiert verläuft die Entwicklung der ›westlichen‹ Politischen Philosophie von einer kosmologischen und anthropologischen Auffassung in der Antike (Platon, Aristoteles, Cicero) zu einer christlich-metaphysisch geprägten Unterscheidung zwischen einer guten und schlechten Ordnung des gesellschaftlichen Zusammenlebens (vgl. etwa die Überblicke in Brunkhorst 2000; Ottmann 2001ff.; Böckenförde

2002ff.). In der Antike wird mit Aristoteles' Bestimmung des Menschen als ›politischem Tier‹ das Politische als menschliche Wesensentfaltung gesehen. Platon und Aristoteles sehen die Politik als wesentlichen Teil der Konzeption des guten Lebens im gemeinsamen tugendhaften Zusammenleben in der wohlgeordneten Polis. Cicero adaptiert dieses griechische Denken an das römische Imperium und dessen Recht. In der Spätantike und dem Mittelalter geht es hingegen eher um das Verhältnis von göttlicher und weltlicher Ordnung sowie von Kirche und Staat, aber auch um die Legitimität der weltlichen Ordnung im Lichte religiöser Prinzipien (Augustinus, Aquin, Marsilius). Beiden Epochen gemeinsam ist die Erwartung einer Gemeinwohlorientierung der Regierung des Gemeinwesens.

Die neuzeitliche Politische Philosophie beginnt hingegen mit einer Subjektivierung der Zwecke politischen Handelns. Politik wird zu einer von objektiven Zweckvorgaben befreiten strategischen Kunstfertigkeit, die v.a. der Selbsterhaltung (Hobbes) und der Machterweiterung (Machiavelli) eines souveränen Staates (Bodin) dienen soll (vgl. zu dieser Verschiebung Habermas 1963; Hennis 1963). Dabei geht es zunächst um die Frage, ob überhaupt eine politische Ordnung angesichts der anarchistischen Alternative völliger Regellosigkeit möglich und legitim ist. Im 17. und 18. Jahrhundert entwickelten Denker wie Grotius, Pufendorf, Hobbes, Locke, Rousseau und Kant meist auf der Basis von individuellen Rechten zur Selbstbestimmung Konzeptionen eines qua Gesellschaftsvertrag geordneten Staates. Hegel will die Sittlichkeit des modernen Staates als substantiell vernünftig erweisen. Im 19. Jahrhundert gewinnt der Utilitarismus von Bentham und J. S. Mill an Einfluss. Marx, dessen Werk auf die praktische Politik einen enormen Einfluss hatte, versteht allerdings das Denken über Politik als wesentlich durch die materiellen Verhältnisse geprägt. Zweifel bezüglich der Eigenständigkeit des politischen Denkens hegen auch Nietzsche und Freud. Im 20. Jahrhundert gewinnt die Politische Philosophie wieder eine wichtige Bedeutung etwa durch Arendt, Berlin, Dewey, Foucault, Gramsci, Habermas, Hayek, Rawls und Sartre.

2.3. Die Geschichtlichkeit des Reflektierens auf Grundprobleme der Politik wird in der Philosophie methodisch unterschiedlich aufgefasst: Die Geistes- und Ideengeschichte wird entweder als chronologische Aneinanderreihung je für sich stehender Gedankengebilde gedeutet oder als Abfolge von Gedanken, die untereinander einen mehr oder weniger engen Zusammenhang, eventuell sogar eine Kontinuität oder Entwicklung aufweisen; oder man versteht die Geschichte des politischen Denkens als jeweils historisch, sozial und politisch bedingte Reflexion auf die geistig-politische Konstellation der jeweiligen Zeit (vgl. zu diesen Fragen etwa Skinner 2002). Dabei haben zum Teil die politisch-sozialen Umstände auf die politischen Ideen eingewirkt. So schlagen sich politische Konflikte beispielsweise zwischen Kirche und Staat im Mittelalter oder zwischen den Verteidigern des Absolutismus und des begrenzten Konstitutionalismus zu Beginn der Neuzeit oder die Entstehung der sozialen Frage im 19. Jahrhundert in der zeitgenössischen Politischen Philosophie nieder. Umgekehrt haben zum Teil die politischen Ideen die politisch-sozialen Verhältnisse (wie z.B. in der Französischen Revolution und Russischen Revolution) massiv verändert. Neben der Ideengeschichte wird zudem begriffsgeschichtlich untersucht, ob die in der Politischen Philosophie verwendeten zentralen Begriffe im Laufe der Zeit ihre Bedeutung behalten haben oder nicht (vgl. umfassend Brunner/Conze/Koselleck 1972ff.). Aber neben der geistes- und ideengeschichtlichen, historisch-politischen und begriffsgeschichtlichen Einbettung stellt sich der Politischen Philosophie primär die Frage nach der ungeachtet ihrer Prägung und Einbindung bestehenden Möglichkeit überzeitlicher Erkenntnisse der Grundlagen des Politischen.

3.
Auf der Agenda der Politischen Philosophie stehen einige ›ewige‹ Fragen, Begriffe und

Theorien sowie viele je nach sozial-historischen Umständen variierende Problemlagen. Erstere betreffen zuerst die Rechtfertigungsmöglichkeiten der politischen Ordnung (3.1.), sodann (3.2.) zentrale Werte jeder politischen Ordnung wie Gerechtigkeit und Gleichheit, Freiheit, Neutralität, Demokratie und Gemeinwohl sowie die Frage nach den relevanten politischen Akteuren.

3.1. Seit der Neuzeit gilt gemeinhin als die erste Frage der Politischen Philosophie jene nach der Rechtfertigung politischer Ordnung bzw. nach der Legitimität politischer Herrschaft, politischer Autorität und politischen Zwangs. Vor dem Hintergrund der Herausforderung durch den Anarchismus, der grundsätzlich ein Leben ohne politische, allgemein verbindliche Regelungen befürwortet und deshalb die Illegitimität jeder Form staatlicher Herrschaft behauptet, wird von zahlreichen Philosophen immer wieder neu zu begründen versucht, warum ein Staat notwendig oder wünschenswert ist. Die klassische Begründungstrategie der Gesellschaftsvertragstheorien besteht darin, zu zeigen, dass es im Interesse aller ist, statt in einem (hypothetisch angenommenen) anarchistischen, d.h. ungeregelten und deshalb konfliktreichen ›Naturzustand‹ in einem geordneten politischen Gemeinwesen bzw. Staat zu leben. Denn der politisch geordnete Herrschaftszustand vermag ihnen allein die innere und äußere Sicherheit und Befriedigung ihrer Präferenzen (so Hobbes), ihre Freiheit, ihre Grundrechte und ihr Eigentum (so Locke), ihre Selbstbestimmung (so Rousseau) und die rechtliche Garantie und Durchsetzung ihrer Freiheiten und Grundrechte (so Kant) zu sichern. Diese Zweckbindung des Staates durch subjektive Rechte, Gewaltenteilung und durchgängige Gesetzesbindung (Rechtsstaat) soll im Staat institutionell gesichert werden. Sofern die Betroffenen alle zustimmen und sich, als ob sie einen Gesellschaftsvertrag unterschrieben hätten, freiwillig und rationaler Weise einer allgemeinverbindlichen Herrschaft mit Zwangsgewalt unterwerfen, ist die politische Herrschaft in dem nun geordneten Herrschaftsverband mit Staatsform durch den Konsens gerechtfertigt. Sowohl der skizzierten Gesellschaftsvertragstheorie als auch dem Anarchismus als ihrer Alternative liegt ein liberales Paradigma zugrunde: Dieses nimmt methodisch wie normativ seinen Ausgangspunkt beim einzelnen Individuum; dessen Autonomie bzw. autonome Zustimmung ist der letzte unhintergehbare Bezugspunkt der philosophischen Rechtfertigung und entscheidende Quelle politischer Legitimität, insbesondere des staatlichen Zwangs. Dabei wird die Freiheit des Einzelnen zum neuen Leitwert der Politischen Philosophie. Die Basis der Rechtfertigung liegt dabei je nach Theoriekonzeption im Eigeninteresse (z.B. Hobbes, Gauthier), in Natur- bzw. Vernunftrechten der Individuen (z.B. Locke, Kant, Finnis), in essentiellen menschlichen Bedürfnissen und Seinsweisen (im Anschluss an Aristoteles vgl. Nussbaum 1999) oder in wechselseitigen Ansprüchen auf Rechtfertigung begründet, die wiederum in moralischen Einstellungen oder der Kommunikation fundiert sind (so die Diskurstheorie nach Habermas 1992, der moderne Kontraktualismus bei Rawls 2001 und Scanlon 1998 sowie die Theorie der Rechtfertigung bei Forst 2007).

Andere klassische Begründungen für die politische Herrschaft mit Zwangsgewalt sind der Versuch eines Nachweises im Sinne des Utilitarismus, dass politische Herrschaft zum größtmöglichen allgemeinen Nutzen ist, oder die Berufung auf ein Prinzip der Fairness, nach dem alle, die von einer Ordnung profitieren, auch die Lasten, also die politischen Verpflichtungen, mit zu tragen haben. Der Kommunitarismus hingegen verweist darauf, dass wir als Subjekte immer schon in ein bestehendes Geflecht von Strukturen, Traditionen und Verpflichtungen ›hineinsozialisiert‹ werden. Dieses Gemeinschaftsgefüge ist – so wie die Familie – immer schon vorgegeben. Alle möglichen Rechtfertigungen könnten sich deshalb auch nur auf solche ursprünglichen, gemeinschaftlichen Wertungen beziehen.

Alle solchen Versuche der Rechtfertigung politischer Herrschaft sind jedoch der Kritik ausgesetzt, dass die Politische Philosophie als Legitimationsbeschafferin der existierenden Ordnung fungiere, weshalb auf die normativen Aspekte der Politischen Philosophie unter Umständen ganz zu verzichten sei. So wird von einer sich nicht normativ verstehenden Politischen Philosophie (zu der so unterschiedliche Positionen wie Geuss 2001, Rancière 1997, Badiou 1998, Butler/Mouffe/Žižek 2000 und Tully 2008 gehören) der Einwand erhoben, die normativen Bemühungen einer Politischen Philosophie, die Politik auf Moral gründet, verfehlten gerade das Spezifische oder das Wesen des Politischen. Solche Ansätze verfolgen stattdessen andere Methoden und sehen im Anschluss an die Kritische Theorie (vgl. z.B. Horkheimer 1937) und den Poststrukturalismus (vgl. z.B. Foucault 1978) die Aufgabe in der Analyse und Kritik bestehender Verhältnisse und Regierungspraktiken. Dabei werden sowohl die Mechanismen der Macht in der sozialen Praxis als auch die diese Mechanismen thematisierenden diskursiven Praktiken analysiert, die selbst durch Ausschlüsse Macht auf die Denk- und Handlungsweisen ausüben. Die Maßstäbe der Kritik können dabei extern und damit als begründungsbedürftig gesetzt werden (womit sich der Unterschied zu explizit normativen Ansätzen verringert) oder intern aus den expliziten oder impliziten normativen Ansprüchen der kritisierten Praxis selbst rational rekonstruiert werden.

Aus ganz anderen Gründen lehnt auch der Marxismus bzw. Kommunismus – je nach Interpretation – eine normative Theorie der Politik ab, weil er eine von wirtschaftlichen Verhältnissen vorangetriebene historisch-materielle Entwicklung hin zu einem kommunistischen Gesellschaftszustand jenseits der Gerechtigkeit annimmt, der durch Beseitigung materieller Knappheit und Herstellung von Interessenharmonie gekennzeichnet ist.

3.2. Angenommen, politische Herrschaft lässt sich überhaupt als legitim erweisen, wie muss sie dann gestaltet sein? Formen legitimer Herrschaft, wie sie die Politische Philosophie unterschiedlich entwickelt hat, richten sich sowohl nach bestimmten Prinzipien, Grundrechten und Werten, von denen v.a. Gerechtigkeit, Gleichheit und Freiheit als allgemeinverbindlich gerechtfertigt angesehen werden, als auch – z.T. auf erstere gegründet – nach bestimmten Herrschaftsverfahren, -strukturen und -institutionen, von denen v.a. demokratische Verfahren als legitimationsverbürgend angesehen werden.

Gerechtigkeit ist ein, wenn nicht *der* zentrale normative Begriff der Politik, weil die Legitimität der Politik Gerechtigkeit impliziert. »Gerechtigkeit« bezieht sich auf die Gesamtheit der wechselseitigen Ansprüche und Verbindlichkeiten bzw. der moralischen Rechte und Pflichten, die die Menschen gegeneinander vom Standpunkt der Unparteilichkeit aus haben. Eine Legitimität beanspruchende Ordnung muss also gewissen berechtigten Ansprüchen der einzelnen Individuen genügen, die seit der Neuzeit als subjektive Rechte gefasst werden. »Gerechtigkeit«, verstanden als angemessene Regelung zwischenmenschlicher Konflikte um die Verteilung von Vorteilen und Lasten des sozialen Zusammenlebens, verlangt dabei sowohl eine gerechte Verteilung von Rechten, Pflichten, Gütern und Lasten als auch das Prinzip des Ausgleichs in Tausch- oder Vertragsbeziehungen und nach geschehenem Unrecht. Damit zusammen hängen Fragen nach dem richtigen Verständnis des ebenfalls zentralen Grundwerts der Gleichheit. Selbst wenn gleiche Menschenwürde und die Herstellung von Gleichheit spätestens seit der Neuzeit als moralisch notwendig angesehen werden, bleibt die Frage, welche Arten der Gleichheit erstrebenswert sind.

Die die heutige Diskussion prägende liberale Theorie der Gerechtigkeit von John Rawls (1971) argumentiert für einen sozialen und demokratischen Rechtsstaat, in dem Freiheitsrechte Vorrang genießen und Einkommen sowie Vermögen gleich zu verteilen sind, es sei denn, eine ungleiche Verteilung gereicht allen, insbesondere den Schlechtestgestellten, zum Vorteil. Die Kritiken dieser Positionen reichen vom Marktliberalismus, der

Umverteilungen ablehnt, über den Kommunitarismus, der eine gemeinschaftsbezogenere Begründung anstrebt, und den Feminismus, der zahlreiche faktische Ungleichheiten und Unfreiheiten in den Beziehungen zwischen den Geschlechtern bei formaler Gleichheit und Freiheit in öffentlichen und privaten Institutionen überwinden will, bis zu sozialistischen Positionen, die Alternativen zu einer auf Privateigentum an Produktionsmitteln basierenden Wirtschaft vertreten.

Innerhalb des liberalen Paradigmas ist Freiheit einer der zentralen Grundwerte (vgl. grundlegend Mill 1859), dessen Gehalt, Bedeutung und genauere Gewichtung jedoch höchst umstritten sind. Die Autonomie und vorstaatliche Freiheit des Individuums darf in der politischen Ordnung nicht nur nicht verletzt werden, was durch subjektive Grundrechte sicher zu stellen ist, sondern muss – je nach philosophischer Theorie – auch mehr oder weniger gefördert werden. Die politischen Freiheitsrechte, die historisch zunächst als Abwehrrechte gegen den Staat entstanden sind, sollen zum einen die Autonomie(-fähigkeit) sicherstellen, also die Möglichkeit und (schon strittiger) die Fähigkeit, sich ›seines eigenen Verstandes zu bedienen‹, sich so seine eigene Meinung zu bilden, und seine eigene Konzeption des guten Lebens zu ermitteln. Zugleich soll die Freiheit der Ausübung der eigenen Anschauungen so weit wie möglich sichergestellt werden. Ihre legitime Grenze findet diese Handlungsfreiheit dort, wo sie nicht mehr mit der gleichen Freiheit aller anderen vereinbar ist (Kant). Dazu muss die politische Ordnung so beschaffen sein, dass sie zum einen durch staatliche Kontrolle und positives Recht verhindert, dass in die Freiheitsspielräume der Einzelnen von anderen eingegriffen wird (negative Freiheit), zum anderen – was jedoch als umstritten zu betrachten ist – den Individuen verschiedene qualitativ wertvolle Handlungsspielräume bzw. Optionen eröffnet (positive Freiheit) (vgl. etwa Berlin 1958).

Umstritten ist in der Debatte um Pluralismus und Neutralität, ob die Freiheit zur Folge hat, dass jede Person nach ihrer persönlichen Konzeption des guten Lebens leben darf, so weit das mit der gleichen Freiheit eines jeden zu vereinbaren ist. Das bedeutet, dass strittig ist, ob sich der Staat zu jenen Konzeptionen neutral und tolerant verhalten soll und nur auf die Einhaltung einer gemeinsamen Konzeption des Rechten zu achten hat, oder ob er stärker perfektionistisch bestimmte Konzeptionen des Guten favorisieren darf oder gar soll.

Wenn Autonomie der Bezugspunkt jeder politischen Legitimität ist und alle Menschen als Gleiche angesehen werden, dann liegt es nahe, diese Legitimität nicht nur prinzipiell in abstracto durch Zustimmung der einzelnen Mitglieder des Gemeinwesens zu gewinnen, sondern auch konkret in der Legislative für die Inhalte der Politik. Dies ergibt das Argument aus der Selbstbestimmung zugunsten der Demokratie. Rousseau (1762) knüpft hierzu an die alte republikanische Tradition demokratischer Selbstregierung an und gibt ihr die moderne Gestalt der vom allgemeinen Willen (*volonté générale*) bestimmten Selbstgesetzgebung des souveränen Volkes. Bei Rousseau ist wie in der Antike die Selbstbestimmung in allgemeinen Angelegenheiten auf das Gemeinwohl bezogen. Bis heute sind folgende Fragen jedoch in den unterschiedlichen Theorien der Demokratie äußerst umstritten: (a) Gibt es überhaupt ein Gemeinwohl, und wenn ja, wie ist es zu bestimmen – oder haben wir es statt dessen nur mit den persönlichen Präferenzen der einzelnen Mitglieder (*volonté de tous*) zu tun, und wie sind diese dann zu ›filtern‹ und zu aggregieren, um wirklich den Willen des Volkes herauszufinden? (b) Warum sind welche Entscheidungsregeln der Demokratie (also etwa die Mehrheitsregel anstelle des Konsenses) sinnvoll? (c) Welche Form von direkter oder indirekter, repräsentativer Demokratie ist angemessen? (d) Und wer ist der Demos, wie wird er bestimmt?

Wenn Politik als Regelung der gemeinsamen Angelegenheiten eines Gemeinwesens gelten kann, dann stellt sich – durch die zunehmende Globalisierung verstärkt – die Frage nach den Konstituentien eines solchen Gemeinwesens. Wird das Gemeinwesen durch irgendeine gegebene Art von kultureller, ethnischer, religiöser oder ähnlicher Identität prädisponiert, oder wird es erst politisch durch die Bürgerinnen und Bürger konstituiert? Im letzteren Fall stellt sich die Frage, wer nach welchen Regeln bestimmen darf, wer Mitglied der Gemeinschaft ist und wer nicht. Dieses Problem betrifft sowohl die Bestimmung des Demos der Demokratie als auch die Bestimmung der Subjekte der Gerechtigkeit und damit des Umfangs der Gerechtigkeit. Dies wirft noch einmal die Frage nach der Bestimmung des Politischen auf. Soll, kann oder darf die Politik und ihr Rahmen (die Gemeinschaft) selbst politisch (ggf. im Konflikt) festgelegt werden (so etwa Rancière; vgl. auch Marchart 2007) oder ist sie prinzipiell und aus allgemein einleuchtenden Gründen in einer vorpolitischen, moralischen Sphäre verankert (Gesellschaftsvertragstheorie)? Ist das Politische autark oder von der Moral abhängig? Konkreter: Sollten Demokratie und Gerechtigkeit nur für die Regelung der allgemeinen Angelegenheiten innerhalb der Gemeinschaft gelten, so drängt sich die moralische Frage auf, ob die außerhalb lebenden, aber von diesen innerhalb einer Gemeinschaft getroffenen politischen Entscheidungen Mitbetroffenen nicht auch demokratie- und/oder gerechtigkeitstheoretisch mitberücksichtigt werden müssen. Wenn sie hingegen mitberücksichtigt werden, braucht es internationale, transnationale oder globale politische Institutionen, um die Prinzipien der Demokratie, der Gerechtigkeit und des Rechtsstaats (samt der Grund- und Menschenrechte) zu sichern.

4.

Badiou, A., 1998, Über Metapolitik, Berlin: Diaphanes 2003.

Berlin, I., 1958, Zwei Freiheitsbegriffe, in: ders., Freiheit, Frankfurt/M.: Fischer 1995.

Beyme, K. v., 1992, Theorie der Politik im 20. Jahrhundert, Frankfurt/M.: Suhrkamp 2007.

Böckenförde, E.-W., 2002ff., Geschichte der Rechts- und Staatsphilosophie, Tübingen: Mohr Siebeck.

Brocker, M. (Hg.), 2006, Geschichte des politischen Denkens, Frankfurt/M.: Suhrkamp.

Brodocz, A./Schaal, G. S. (Hg.), 1999/2001, Politische Theorien der Gegenwart, 2 Bde., Opladen: Budrich 2006.

Brunkhorst, H., 2000, Einführung in die Geschichte politischer Ideen, München: Fink.

Brunner, O./Conze, W./Koselleck, R. (Hg.), 1972ff., Geschichtliche Grundbegriffe, 9 Bde., Stuttgart: Klett-Cotta 2004.

Butler, J./Mouffe, C./Žižek, S., 2000, Contingency, Hegemony, Universality, London: Verso.

Christman, J., Social and Political Philosophy, London: Routledge 2002.

Dryzek, J. S./Honig, B./Phillips, A. (Hg.), 2006, The Oxford Handbook of Political Theory, Oxford: Oxford University Press.

Forst, R., 2007, Das Recht auf Rechtfertigung, Frankfurt/M.: Suhrkamp.

Foucault, M., 1978, Dispositive der Macht, Berlin: Merve.

Geuss, R., 2001, History and Illusion in Politics, Cambridge: Cambridge University Press.

Goodin, R./Pettit, P. (Hg.), 1993, A Companion to Contemporary Political Philosophy, Oxford: Blackwell 2007.

Habermas, J., 1963, Die klassische Lehre von der Politik in ihrem Verhältnis zur Sozialphilosophie, in: ders., Theorie und Praxis, Frankfurt/M.: Suhrkamp 1978.

Habermas, J., 1992, Faktizität und Geltung, Frankfurt/M.: Suhrkamp.

Hampton, J., 1996, Political Philosophy, Boulder: Westview Press.

Hennis, W., 1963, Politik und praktische Philosophie, Neuwied: Luchterhand.

Hinsch, W./Stepanians, M., 2009, Analytische Einführung in die politische Philosophie, Berlin: de Gruyter (i. E.).

Horkheimer, M., 1937, Traditionelle und kritische Theorie, in: ders., Gesammelte Schriften, Bd. 4, Frankfurt/M.: Fischer 1988.

Horn, C., 2003, Einführung in die politische Philosophie, Darmstadt: WBG.

Kymlicka, W., 1990, Contemporary Political Philosophy, Oxford: Oxford University Press 2002.

Ladwig, B., 2008, Einführung in die moderne politische Theorie, Schwalbach: Wochenschau.

Llanque, M./Münkler, H. (Hg.), 2007, Politische Theorie und Ideengeschichte, Berlin: Akademie.

Marchart, O., 2007, Post-Foundational Political Thought, Edinburgh: Edinburgh University Press.

Meier, C., 1983, Die Entstehung des Politischen bei den Griechen, Frankfurt/M.: Suhrkamp.

Mill, J. S., 1859, Über die Freiheit, Stuttgart: Reclam 1974.

Miller, D., 2003, Political Philosophy, Oxford: Oxford University Press.

Nozick, R., 1974, Anarchie, Staat, Utopia, München: Olzog 2006.
Nussbaum, M., 1999, Gerechtigkeit oder Das gute Leben, Frankfurt/M.: Suhrkamp.
Ottmann, H., 2001ff., Geschichte des Politischen Denkens, 4 Bde., Stuttgart: Metzler.
Rancière, J., 1997, Gibt es eine Politische Philosophie?, in: A. Badiou (Hg.), Politik der Wahrheit, Wien: Turia + Kant.
Rawls, J., 1971, Eine Theorie der Gerechtigkeit, Frankfurt/M.: Suhrkamp 1975.
Rawls, J., 2001, Gerechtigkeit als Fairneß, Frankfurt/M.: Suhrkamp 2003.
Rousseau, J.-J., 1762, Vom Gesellschaftsvertrag, Stuttgart: Reclam 1977.
Scanlon, T., 1998, What We Owe To Each Other, Cambridge/MA: Harvard University Press.
Skinner, Q., 2002, Visions of Politics, Bd. 1, Cambridge: Cambridge University Press.
Swift, A., 2006, Political Philosophy, Oxford: Blackwell.
Tully, J., 2008, Politische Philosophie als kritische Praxis, Frankfurt/M.: Campus (i. E.).
Vincent, A., 2004, The Nature of Political Theory, Oxford: Oxford University Press.
White, S./Moon, J. D. (Hg.), 2004, What Is Political Theory?, London: Sage.
Wolff, J., 1996, An Introduction to Political Philosophy, Oxford: Oxford University Press 2006.

STEFAN GOSEPATH

Popper, Karl Raimund (1902–1994)

1.

Karl Raimund Popper wurde 1902 in Wien geboren. (Zunächst) ohne Abitur besuchte er Vorlesungen an der dortigen Universität, lernte Tischler und wurde Hauptschullehrer. 1928 promovierte er bei Karl Bühler und lernte den Wiener Kreis kennen. 1934 erschien seine *Logik der Forschung*, die erst 25 Jahre später auf Englisch erschien. 1937 folgte er einem Ruf nach Christchurch, Neuseeland. Dort verfasste er *Die Offene Gesellschaft und ihre Feinde*, die ihn weltweit bekannt machte. Sein Freund Friedrich August von Hayek holte ihn 1945 an die London School of Economics. Von hier aus etablierte er seinen Ruf als bahnbrechender Wissenschaftstheoretiker und verteidigte den von ihm begründeten *Kritischen Rationalismus* gegen die Kritik aus den Reihen der Begründungsphilosophie. Nach seiner Emeritierung nahm Karl Popper (seit 1965 Sir Karl) zahlreiche Gastprofessuren wahr und erfuhr vielfältige Ehrungen (u. a. Companion of Honour to the Queen). Im September 1994 starb Popper nahe London.

2.

Die beiden Grundprobleme der Erkenntnistheorie (1979), die *Logik der Forschung* (1934, Teil 2 des vorgenannten Werkes) sowie *Vermutungen und Widerlegungen* (1963) sind Poppers wissenschaftstheoretische Hauptwerke. In ihnen formuliert er die Ideen der Falsifizierbarkeit und der *Falsifikation*. Erstere dient der logischen Abgrenzung empirischer Disziplinen von der Metaphysik, während Letztere eine methodologische Forderung verkörpert. Falsifikationen sind jedoch nicht absolut, sondern stets pro tempore. Auch insofern sind falsifizierte Theorien keine – wie oft fälschlich angenommen – falschen Theorien. Aufgabe des Forschers sei, aktiv nach Widerlegungen der bislang unwiderlegten Theorien zu suchen. Es gehe um eine »Annäherung an die Wahrheit« (Verisimilitude). Dennoch gelte: Der Korroborierungs- oder Bewährungsgrad einer Theorie mag noch so hoch sein – über Wahrheit oder Falschheit dieser Theorie sagt er letztlich nichts.

Die Idee aktiver Fehlersuche und -beseitigung durchzieht auch Poppers *Evolutionäre Erkenntnistheorie* (*Objektive Erkenntnis* 1972), insbesondere die Idee vom aktiven Darwinismus, der zufolge alle Lebewesen permanent mit der Suche und Lösung von Erkenntnisproblemen beschäftigt sind, wobei wichtige Lösungen oftmals der Beschäftigung mit anderen Problemen entspringen (z. B. verdanken Bakterien ihren »Sehsinn« der Suche nach Nahrung).

In der *Objektiven Erkenntnis* entwickelt Popper auch seine Ontologie der drei Welten. Welt 1 umfasst materielle Gegenstände, Welt 2 enthält psychische Zustände und Welt 3 beinhaltet abstrakte Entitäten, Theorien.

3.

Obwohl Insidern lange als bahnbrechender Wissenschaftstheoretiker bekannt, erringt Popper zuerst als politischer Philosoph weltweiten Ruhm, und zwar mit seinem Buch *Die Offene Gesellschaft und ihre Feinde*, das Ende des Krieges erscheint (1945). Seine Kritik an Platon, Hegel und Marx als Wegbereiter des Totalitarismus wird mancherorts vehement zurückgewiesen, andernorts freudig begrüßt. Sein sich vom Utopismus abgrenzendes Reformmodell der schrittweisen Sozialtechnik findet in allen demokratischen Parteien der westlichen Welt Gehör. Erst spät sieht Popper, dass der von ihm propagierte demokratische Interventionismus mit Gefahren für die individuelle Freiheit verbunden ist.

In *Das Elend des Historizismus* (1944/45) wendet Popper sich gegen Holismus und Determinismus in der Geschichtsphilosophie. Als Vertreter des methodologischen Individualismus gesteht er nur Individuen einen eigenen Willen und eigene Präferenzen zu. Folgerichtig verneint er die Auffassung der Holisten, auch Kollektive könnten Akteure sui generis sein.

Die Auseinandersetzung mit dem Induktionsproblem (der Ableitung allgemeiner Sätze aus vielen Einzelsätzen) führte Popper zu der Auffassung, dass Theorien nicht begründbar seien und empirische Disziplinen ihrem Streben nach Wahrheit nur dann redlich nachkommen könnten, wenn sie die Form kritisierbarer (genauer: falsifizierbarer) Theorien wählten; auf diese Weise seien wissenschaftliche von nicht-wissenschaftlichen Theorien unterscheidbar.

Popper war stets *Auf der Suche nach einer besseren Welt*, wie der Titel seiner Aufsatzsammlung von 1984 verkündet. Betonend, dass wir derzeit in der besten aller bisherigen Welten lebten, verkörpert sein Werk das Bemühen, die Wissenschaften für den Fortschritt der Menschheit nutzbringend einzusetzen. Intellektuelle Redlichkeit ist nach Popper eine dafür notwendige Voraussetzung.

Die Ansicht, dass Erkenntnis sich stets kritisierbar präsentieren sollte, wendete Popper nicht nur auf die wissenschaftliche, sondern auf alle Formen der Erkenntnis an. Insofern zieht sich ein roter Faden durch sein Gesamtwerk. Ob Logik, Wissenschafts- oder Erkenntnistheorie, Ethik, Gesellschaftslehre oder politische Philosophie: Getreu dem Motto »*Alles Leben ist Problemlösen*« (1994) entwarf Popper ein auf alle Erkenntnissituationen anwendbares Verfahren – das von Versuch und Irrtum.

4.

Popper, K. R., 1934, Logik der Forschung, Tübingen: Mohr 1994.

Popper, K. R., 1944/45, Das Elend des Historizismus, Tübingen: Mohr 1987.

Popper, K. R., 1945, Die offene Gesellschaft und ihre Feinde, 2 Bde., Tübingen: Mohr 1992.

Popper, K. R., 1963, Vermutungen und Widerlegungen, 2 Bde., Tübingen: Mohr 2000.

Popper, K. R., 1972, Objektive Erkenntnis. Ein evolutionärer Entwurf, Hamburg: Hoffmann und Campe 1984.

Popper, K. R., 1974, Replies to My Critics, in: P. A. Schilpp (Hg.), The Philosophy of Karl Popper, 2 Bde., La Salle: Open Court.

Popper, K. R., 1979, Die beiden Grundprobleme der Erkenntnistheorie, Tübingen: Mohr.

Popper, K. R., 1984, Auf der Suche nach einer besseren Welt, München: Piper.

Popper, K. R., 1994, Alles Leben ist Problemlösen. Über Erkenntnis, Geschichte und Politik, München: Piper.

Albert, H., 1978, Traktat über rationale Praxis, Tübingen: Mohr.

Andersson, G., 1988, Kritik und Wissenschaftsgeschichte: Kuhns, Lakatos' und Feyerabends Kritik des Kritischen Rationalismus, Tübingen: Mohr.

Bartley, W. W. III., 1962, Die Flucht ins Engagement, Tübingen: Mohr 1987.

Böhm, J. M./Holweg, H./Hoock, C. (Hg.), 2002, Karl Poppers kritischer Rationalismus heute, Tübingen: Mohr.

Feyerabend, P., 1975, Wider den Methodenzwang, Frankfurt/M.: Suhrkamp 1976.

Lakatos, I./Musgrave, A. (Hg.), 1974, Kritik und Erkenntnisfortschritt, Braunschweig: Vieweg.

Pähler, K., 1986, Qualitätsmerkmale wissenschaftlicher Theorien, Tübingen: Mohr.
Radnitzky, G., 1995, Karl Popper, Sankt Augustin: Comdok.
Schäfer, L., 1988, Karl R. Popper, München: Beck.
Schilpp, Paul A. (Hg.), 1974, The Philosophy of Karl Popper, La Salle: Open Court.
Seiffert, H./Radnitzky, G., 1989, Handlexikon zur Wissenschaftstheorie, München: Ehrenwirth.

Hardy Bouillon

Positivismusstreit

1.

Der Positivismusstreit gehört wie der Werturteilsstreit vor dem Ersten Weltkrieg (vgl. Albert/Topitsch 1971) und der Streit um die Wissenssoziologie um das Jahr 1930 (vgl. Meja/Stehr 1982) zu den methodologischen Großkontroversen der Sozialwissenschaften in Deutschland. Den Namen »Positivismusstreit« hat er hauptsächlich durch die von Theodor W. Adorno 1969 herausgegebene Sammlung jener Diskussionsbeiträge erhalten, die durch ein Referat von Karl Popper und ein Korreferat von Adorno zur »Logik der Sozialwissenschaften« auf einer internen Sitzung der deutschen Gesellschaft für Soziologie in Tübingen 1961 ausgelöst worden waren (vgl. Adorno u.a. 1969).

In Tübingen waren zum Teil die Traditionsbestände der methodologischen Diskussion erneut besprochen worden, aber auch in anderen Zusammenhängen virulent gewordene Fragen wie das Verhältnis von Logik und Dialektik und der methodische Status der Sozialwissenschaften (im Verhältnis etwa zu den Naturwissenschaften oder auch zur Psychologie). Dabei ergaben sich zum Teil erstaunliche Übereinstimmungen, etwa in der Kritik der Wissenssoziologie oder des Psychologismus. Insofern ist die Bezeichnung »Positivismusstreit« irreführend. Denn man kann, was die erste Phase der Diskussion betrifft, kaum von einem *Streit* sprechen. Ebenso wenig ist die Philosophie Poppers, der Kritische Rationalismus, als eine Form von »Positivismus« zu verstehen, da sich Popper zeitlebens als Kritiker des *Positivismus* verstanden und auch während der Tübinger Veranstaltung so verhalten hat. Obwohl oder vielleicht auch weil Verlauf und Ergebnisse der Diskussion von den Teilnehmern der Tübinger Diskussion als eher enttäuschend empfunden wurden, setzte sich die Diskussion durch Beiträge von Jürgen Habermas und Hans Albert bis 1965 fort und nahm dabei in der Tat Züge eines Streits an.

2.

2.1. Der Positivismusstreit der 1960er Jahre ist ohne die weitgehend unbekannten Vorläuferdiskussionen in den 1920er und -30er Jahren nicht zu verstehen (vgl. zum Folgenden Dahms 1994, Kap. 2–5). Im Jahre 1927 erschien eine deutsche Übersetzung von Lenins 1909 im russischen Original publizierten *Materialismus und Empiriokritizismus*, in dem sich der russische Revolutionär polemisch gegen den Neopositivismus Ernst Machs und seiner Anhänger in der russischen Sozialdemokratie gewandt hatte. Lenin charakterisierte darin den Positivismus als eine reaktionäre Ideologie der Bourgeoisie, weil sie auf einen philosophischen Idealismus hinauslaufe und dem Fideismus, Obskurantismus, der Religion und Metaphysik Vorschub leiste. Die Polemik Lenins wurde von einigen politisch links orientierten deutschsprachigen Sozialwissenschaftlern und Philosophen wie etwa Max Horkheimer (1928/29) oder Otto Neurath (1931) seit dem Ende der 1920er Jahre aufgenommen und differenziert diskutiert. Dabei herrschte jeweils die Tendenz vor, Lenins Kritik hinsichtlich einiger Anhänger Machs Recht zu geben, aber Mach selbst wegen seiner wissenschaftstheoretischen und historischen Verdienste sowie seiner einwandfreien fortschrittlichen Gesinnung von Lenins Anklagen freizusprechen. Die Frankfurter Schule um Horkheimer und der Wiener Kreis um Moritz Schlick (dessen Organisator und Propagandist Neurath war) kamen im Exil der Nazi-Zeit auch zu einigen Diskussionen zusammen und begannen eine Kooperation.

Umso erstaunlicher muss es bei diesem Vorlauf wirken, dass Horkheimer 1937 unter dem Titel »Der neueste Angriff auf die Metaphysik« eine Polemik gegen den logischen Positivismus des Wiener Kreises eröffnete. Dabei ging es u.a. um die Kritik am positivistischen Erfahrungsbegriff, an der Logistik und an der behaupteten Unfähigkeit der Positivisten, moralische Urteile zu begründen. Im Ganzen wurde ihnen vorgeworfen, als ideologische Repräsentanten des untergehenden Liberalismus sich als unfähig zu erweisen, dem heraufziehenden Faschismus entgegen zu treten. Weil Horkheimer eine Erwiderung Neuraths auf seine Kritik in der *Zeitschrift für Sozialforschung* ablehnte, kam die Kooperation allmählich zum Erliegen.

2.2. Der Beginn einer erneuten Kontroverse um den »Positivismus« ergab sich im Laufe der 1950er Jahre durch verschiedene Streitigkeiten und Fraktionsbildungen innerhalb der Deutschen Gesellschaft für Soziologie (vgl. Dahms 1994, 289–322; sowie neuerdings aus der Innenperspektive den langen Brief Alberts an Popper vom 6. 5. 1961; vgl. Albert/Popper 2005, 45ff.). Daraus entstand die Idee, diese Situation durch eine Diskussion um die methodischen Grundlagen der Sozialwissenschaften zu klären. Ralf Dahrendorf lud dazu Popper, seinen früheren Lehrer von der London School of Economics, ein, der zwar kein Sozialwissenschaftler war, dem er aber zutraute, eine Gegenposition zu den damals führenden Repräsentanten der immer einflussreicheren Frankfurter Schule aufzubauen. Dahrendorfs Vorschlag folgend legte Popper in 27 Thesen seine Vorstellungen zur Logik der Sozialwissenschaften dar. In ihnen kritisierte er die (positivistische) Lehre, die wissenschaftliche Theoriebildung gehe von der Sinneserfahrung aus, und propagierte stattdessen sein hypothetico-deduktives Modell, dem zufolge jede Theorie ein riskanter Vorgriff auf zukünftige Erfahrungen sein müsse, die dann durch Experiment und/oder Beobachtung zu überprüfen sei. Zudem wandte er sich gegen seines Erachtens ungerechtfertigte methodologische Übergriffe seitens anderer Wissenschaften auf die Sozialwissenschaften. Dazu zählte er den »Naturalismus«, also die Vorstellung, die Sozialwissenschaften müssten sich nach dem Beispiel der Naturwissenschaften richten, und auch die Vorstellung, man müsse die Soziologie auf die Psychologie gründen. Ebenso lehnte er den »Soziologismus« der mannheimschen Wissenssoziologie ab.

Adorno nahm Poppers Thesen auf, bekundete in den meisten Fällen seine Übereinstimmung und meldete lediglich in Nuancen Dissens an. Einigen Teilnehmern der Tagung erschien es, als habe er lediglich die Thesen seines Gesprächspartners »ins Hegelsche« übersetzt. Aus einem anschließenden Brief Adornos an Popper ist zu entnehmen, dass Adorno tatsächlich über die weitgehende Einigkeit hocherfreut war. Damit endete die erste Runde des später sog. Positivismusstreits gar nicht im Streit, und das auch deshalb, weil Popper sich klar als Nicht-Positivist gezeigt und Adorno dies gewürdigt hatte.

Eine zweite Runde des Positivismusstreits wurde durch einen Beitrag von Habermas zur Festschrift zu Adornos 60. Geburtstag ausgelöst: »Analytische Wissenschaftstheorie und Dialektik«. Darin werden weitere Themen in die Debatte gebracht wie etwa die positivistische Unterscheidung von Tatsachen und Werten sowie die Entgegensetzung von Logistik und Dialektik, wie sie auch in der Sowjetunion und anschließend in der DDR zu Anfang der 1950er Jahre diskutiert worden war (vgl. Kuczynski/Steinitz 1952). Allerdings krankte diese Thematisierung daran, dass die Anhänger der Frankfurter Schule sich zwar stets von sowjetischen Kanonisierungen der Dialektik distanzierten (und es deshalb sogar zeitweilig für erforderlich gehalten hatten, ein eigenes Lehrbuch der dialektischen Logik zu verfassen), aber im »Positivismusstreit« nun selbst eine Skizze der alternativen Dialektik schuldig blieben. Etwas anders stand es mit der Werturteilsdebatte, die nun als Teil des Positivismusstreits wieder stärker aufflammte. Hier beharrte Albert als Vertreter des Kritischen Rationalismus auf der These Max Webers, dass sozialwissenschaftliche Theorien zwar (etwa hinsichtlich der Themenwahl) auf Werturteilen beruhten, aber selbst keine produzieren, geschweige denn begründen könnten und auch nicht sollten, während Habermas auch innerhalb der Wissenschaft Werturteile für sowohl unvermeidlich als auch legitim hielt. Wenngleich Habermas im Rahmen des Positivismusstreits nicht mehr gezeigt hat, wie man diese begründen kann, versuchte er in nachfolgenden Arbeiten doch, die aufgenommene Hypothek einzulösen. Allerdings sind diese Werke nicht unmittelbar als Beiträge zur Sozialwissenschaft zu verstehen, sondern stehen im Zusammenhang einer Rehabilitierung der praktischen Philosophie, der sich weder die analytische Philosophie noch der Kritische Rationalismus Poppers auf Dauer hat entziehen können.

2.3. Popper war der einzige Teilnehmer des Positivismusstreits, der die Diskussion nach Erscheinen des Sammelbandes in den 1970er Jahren noch weiterführte. Er war zunächst einmal darüber erbost, dass darin sein Referat auf der Tübinger Tagung nun durch Adornos lange Einleitung sowie einen weiteren Beitrag Adornos ganz in die Mitte des Bandes gerückt und damit seine Rolle als Auslöser der Debatte unverständlich geworden sei (vgl. Popper 1970a). Inhaltlich ging es ihm v.a. darum, dass er *weder in wissenschaftstheoretischer* Hinsicht, wie schon in Tübingen dargelegt, *noch in politischer* als Positivist gelten wollte. Erkenntnistheoretisch sei er weder Sensualist noch Induktivist und habe solche typisch positivistischen Positionen im Gegenteil stets kritisiert und sich als Vorkämpfer eines Primats des Theoretischen und Hypothetischen in den Wissenschaften sowie als erkenntnistheoretischer Realist verstanden (vgl. Popper 1970b). Politisch sei er erst recht kein Positivist (im Sinne eines Verteidigers des jeweiligen gesellschaftlichen Status quo). Dieser Vorwurf falle allenfalls auf Hegelianer (wie eben die Angehörigen der Frankfurter Schule) zurück. Aber ihre politische Philosophie, zumindest die Adornos, sei so unklar, dass man daraus keine aktuelle Politik ableiten, sondern mit ihr nur eine gewisse intellektuelle Melancholie ausdrücken könne (vgl. Popper 1978).

3.

Insgesamt sind die inhaltlichen Resultate des Positivismusstreits eher bescheiden zu nennen. Darüber klagten später auch die meisten der an der Debatte Beteiligten, wenngleich Poppers Diktum, der ganze Positivismusstreit sei letztlich »ja nur ein Eiertanz und von einer geradezu grotesken Unwichtigkeit« (Popper 1984, 109) gewesen, vielleicht etwas übertrieben ist. Seine unbefriedigende Ausbeute liegt einerseits daran, dass die Beteiligten sich wenig Mühe gaben, die Position der jeweiligen Gegenseite genauer zu studieren (vgl. etwa Popper 1978, wo dieser sein anfängliches Ignorieren der Frankfurter Schule und seine späte Lektüre Adornos und Horkheimers schildert). Andererseits wurde die Debatte in wichtigen Hinsichten nach einiger Zeit auch einfach abgebrochen, statt sie wenigstens bis zu einer gewissen Klärung (wenn schon nicht einer teilweisen Übereinstimmung) zu treiben. So hat Habermas (1970; 1986) zwar später versucht, seine in den 1960er Jahren zunächst nur postulierte Möglichkeit einer Moralbegründung durch eine Diskurstheorie der Ethik einzulösen. Auf der anderen Seite behauptet er noch 1982, dass sich für ihn »bisher die Notwendigkeit für eine Rekonstruktion der Grundbegriffe der hegelschen Logik nicht ergeben« (Habermas 1970, 9) habe, obwohl er seinen ersten Beitrag zum Positivismusstreit mit einem längeren Adorno-Zitat zum Begriff der Totalität eingeleitet hatte.

Insofern markiert der Positivismusstreit wohl v.a. ein Durchgangsstadium der methodologischen Diskussion in der Soziologie und des Schulenstreits in der Philosophie der Bundesrepublik. Zumindest hat er seine Teilnehmer angeregt, die eigenen Positionen im weiteren Verlauf zu präzisieren, zu verlassen oder einmal zusammenfassend darzustellen (vgl. etwa die programmatische Schrift Albert 1968). Zudem hatte das Publikum des Streits die Möglichkeit, die Lehren der Teilnehmer besser kennen zu lernen und auf dieser Grundlage Position zu beziehen. Den darüber hinausgehenden enormen Widerhall, den der Streit nicht nur in den beteiligten wissenschaftlichen Disziplinen, sondern auch in den Medien gefunden hatte, wird man wohl eher dadurch erklären müssen, dass es dabei implizit um eine Standortbestimmung bezüglich des Verhältnisses von Wissenschaft und Politik in der BRD der 1960er Jahre ging, als sich gegen den eingeschränkten politischen Pluralismus eine außerparlamentarische Opposition zu formieren begann.

Die Konturen dieser Konstellation sind mittlerweile verblasst. Umso deutlicher wird die wissenschaftshistorische und -soziologische Bedeutung des Streits: Er markiert die Rückkehr eines Teils der durch den Nationalsozialismus in Emigration und Exil getriebenen Wissenschaftler bzw. ihrer Lehren (nämlich der Kritischen Theorie der Frankfurter Schule und des Kritischen Rationalismus der Popperianer) sowie den Übergang von der Gründergeneration der bundesdeutschen Nachkriegssoziologie und -philosophie (zu der man cum grano salis neben Adorno auch Popper zählen könnte) zu einer zweiten Generation (Habermas, Albert), die von da an für mehrere Jahrzehnte die Diskussion im Schnittfeld von Philosophie und Soziologie dominieren sollte.

4.

Adorno, T. W. u.a., 1969, Der Positivismusstreit in der deutschen Soziologie, Neuwied: Luchterhand.

Albert, H., 1968, Traktat über kritische Vernunft, Tübingen: Mohr.

Albert, H., 1977, Kritische Vernunft und menschliche Praxis, Stuttgart: Reclam.

Albert, H., 2001, Vom Kulturpessimismus zum kritischen Rationalismus, in: Hans Albert Lesebuch, Tübingen: Mohr.

Albert, H./Popper, K., 2005, Briefwechsel, Frankfurt/M.: Fischer.

Albert, H./Topitsch, E. (Hg.), 1971, Werturteilsstreit, Darmstadt: WBG.

Dahms, H.-J., 1994, Positivismusstreit, Frankfurt/M.: Suhrkamp.

Frisby, D., 1976, Introduction, in: T. W. Adorno u.a., The Positivist Dispute in German Sociology, London: Heinemann.

Habermas, J., 1970, Zur Logik der Sozialwissenschaften, Frankfurt/M.: Suhrkamp 1982.

Habermas, J., 1983, Diskursethik – Notizen zu einem Begründungsprogramm, in: ders., Moralbewußtsein und kommunikatives Handeln, Frankfurt/M.: Suhrkamp.

Habermas, J., 1991, Erläuterungen zur Diskursethik, Frankfurt/M.: Suhrkamp.

Horkheimer, M., 1928/29, Über Lenins *Materialismus und Empiriokritizismus*, in: Gesammelte Schriften, Bd. 11, Frankfurt/M.: Fischer 1987.

Horkheimer, M., 1937, Der neueste Angriff auf die Metaphysik, in: Gesammelte Schriften, Bd. 11, Frankfurt/M.: Fischer 1988.

Kuczynski, J./Steinitz, W. (Hg.), 1952, Über formale Logik und Dialektik, Berlin: Kultur und Fortschritt.

Lenin, W. I., 1909, Materialismus und Empiriokritizismus, in: Werke, Bd. 14, Berlin: Dietz 1985.

Meja, V./Stehr, N. (Hg.), 1982, Der Streit um die Wissenssoziologie, 2 Bde., Frankfurt/M.: Suhrkamp.

Neurath, O., 1931, Empirische Soziologie, Wien: Springer.

Popper, K. R., 1970a, Dialectical Methodology, in: The Times Literary Supplement, 26. 3. 1970.

Popper, K. R., 1970b, Reason or Revolution?, in: T. W. Adorno u.a., The Positivist Dispute in German Sociology, London: Heinemann 1976.

Popper, K. R., 1971, Philosophische Selbstinterpretation und Polemik gegen die Dialektiker, in: C. Grossner (Hg.), Verfall der Philosophie, Reinbek: Rowohlt.

Popper, K. R., 1978, Bemerkungen über die Frankfurter Schule, in: Gespräche mit Herbert Marcuse, Frankfurt/M.: Suhrkamp.

Popper, K. R., 1984, Gegen die großen Worte, in: ders., Auf der Suche nach einer besseren Welt, München: Piper.

Hans-Joachim Dahms

Pragmatismus

1.

In Anlehnung an das griechische *pragma* (Handlung) und die Verwendung des Adjektivs ›pragmatisch‹ bei Kant (vgl. 1781, B 834) bezeichnet der Begriff »Pragmatismus« (engl. pragmatism) eine betont praxisbezogene philosophische Methode. Entwickelt wurde die Methode im ›Metaphysical Club‹, den Charles S. Peirce im Jahr 1871 in Opposition zum Transzendentalistenkreis um Ralph W. Emerson in Boston gegründet hat (vgl. Raters 2005, 470–479). Gegen den epistemischen Intuitionismus der Transzendentalisten formulierte Peirce die ›pragmatische Maxime‹: »Überlege, welche Wirkungen, die denkbarerweise praktische Relevanz haben können, wir dem Gegenstand unseres Begriffs in unserer Vorstellung zuschreiben. Dann ist unser Begriff dieser Wirkungen das Ganze unseres Begriffes des Gegenstandes.« (Peirce 1976, 195/CP 5.402) Gemeint ist, dass wir klare Überzeugungen nicht durch Introspektion, sondern nur im konkreten, interessengeleiteten Umgang mit den Gegenständen erwerben können (vgl. Peirce 1976, 155f./CP 5.369). Man unterscheidet heute den ›klassischen Pragmatismus‹ vom ›Neo-Pragmatismus‹. Die klassischen Pragmatisten sind die Cambridge-Pragmatisten Peirce und William James, die Chicago-Pragmatisten John Dewey und George H. Mead sowie der Engländer Ferdinand C. S. Schiller. Als Neopragmatisten gelten u.a. Richard Rorty, Richard Bernstein, Cornel West, Helmut Pape, Robert Brandom, Richard Shusterman, Hans Joas und m.E. Hilary Putnam (vgl. Putnam 1995).

Seinem Ursprung entsprechend bezeichnet »Pragmatismus« bis heute eine philosophische Methode der dezidiert praxisbezogenen Erwerbung und kritischen Überprüfung von rationalen Wissensansprüchen und Wertorientierungen in den jeweiligen Kontexten ihrer Genese und Geltung. Auf einen bestimmten Kanon von philosophischen Doktrinen und Überzeugungen ist der Pragmatismus hingegen nicht festgelegt (vgl. Peirce 1976, 168f./CP 5.385; James 1907, 34; Dewey 1920, 33). Methodisch verpflichtet sich der Pragmatismus jenseits von konkreten inhaltlichen Festlegungen auf vier zentrale Annahmen, nämlich auf einen (i) Antiskeptizismus, dem zufolge Überzeugungen nur aufgrund von sich tatsächlich aufdrängenden Zweifeln in Frage gestellt werden dürfen; (ii) auf einen Fallibilismusvorbehalt, dem zufolge keine Überzeugung als unantastbar und per se unerschütterlich angesehen werden darf; (iii) auf die Zurückweisung jeder Fakten-Werte-Dichotomie aufgrund der Einsicht, dass unsere Erkenntnisbemühungen niemals nur theoretischer Natur, sondern immer von praktischen Interessen geleitet und selbst wiederum handlungsleitend sind; und (iv) schließlich auf ein Primat der Praxis für die Philosophie, womit die ständige kritische Reflexion sowohl auf die konkreten sozialen Entstehungsbedingungen einer Theorie als auch auf die möglichen praktischen Auswirkungen ihrer Akzeptanz und Etablierung gefordert wird (vgl. Putnam 1994, 152).

2.

James zufolge wird unter »Pragmatismus« auch »eine bestimmte Wahrheitstheorie« (James 1907, 34) verstanden. Tatsächlich aber divergieren schon im klassischen Pragmatismus die Wahrheitsauffassungen so sehr, dass sich Peirce etwa ab 1905 einen ›Pragmatizisten‹ nennt, um sich von James abzugrenzen (vgl. Peirce 1996, 427–484/CP 5.411–463), während Dewey sich als ›Instrumentalist‹ oder ›Experimentalist‹ (vgl. Dewey 1930, 209) bezeichnet und Schiller als ›Humanist‹ (vgl. Martens 1975, 92).

2.1. James betrachtet eine Überzeugung als wahr, wenn sie zu erfolgreichem Handeln anleitet und insofern nützlich ist. Der »Besitz der Wahrheit« sei kein »Selbstzweck«, sondern »ein Mittel zur Befriedigung eines Lebensbedürfnisses« und ein wertvolles »Mittel zum Handeln«. Provozierend vergleicht er die Gültigkeit von wahren Überzeugungen mit der von Banknoten (vgl. James 1907, 127–130).

2.2. Peirce versteht unter einer wahren Überzeugung eine solche, auf die alle Forschungsprozesse zulaufen, weil sie »vom Schicksal dazu bestimmt ist, dass ihr letztlich jeder der Forschenden« am idealen Endpunkt aller Forschungsprozesse »zustimmt« (Peirce 1976, 205/CP 5.407; vgl. auch Hookway 1985). Die Diskrepanz erklärt sich daraus, dass es James um ein Wahrheitskriterium geht, während Peirces Wahrheitstheorie Teil einer Zeichentheorie (Semiotik) ist: Peirce geht es um die Möglichkeit der Verständigung über die Realität in Begriffen, Sätzen und Theorien (vgl. Peirce 1976, 545/CP 5.483; Pape 1989, 345).

2.3. Deweys Interesse gilt den rationalen Problemlösungsprozessen, aufgrund derer wir in einer sich ständig verändernden Umwelt zurechtkommen. Weil solche Prozesse zu situativ mehr oder weniger angemessenen Resultaten führen können, plädiert schon der frühe Dewey dafür, das Adjektiv »wahr« in dem komparativen Sinne zu verwenden, dass in einer bestimmten Situation die am besten geprüfte Beschreibung als ›die momentan am meisten wahre Beschreibung‹ anderen vorgezogen werden soll (vgl. MW, Bd. 3, 158–167). Seiner späten *Logic* von 1938 zufolge sollen Konzeptionen wie ›Überzeugung‹ und ›Erkenntnis‹ generell durch den Terminus »gerechtfertigte Behauptbarkeit« (warranted assertibility) ersetzt werden (vgl. Dewey 1938, 22; Krüger 2000).

2.4. Rorty bestreitet, dass es »zeitlose Bedingungen des Erkennens« gibt und dass »alle denkbaren Diskurse auf natürliche Weise einem Konsens« zustreben. Es sei »Selbsttäuschung«, im Sinne Kants »die Natur des erkennenden Wesens« als »Quelle notwendiger Wahrheiten« zu betrachten, weil Erkennen ein soziales Phänomen sei: Als die vorläufig ›wahre Überzeugung‹ sei diejenige zu behandeln, auf die sich eine soziale Gemeinschaft in einer konkreten kulturellen Interessenlage einigen kann (vgl. Rorty 1979, 18f., 408). Letztlich ist für Rorty das Adjektiv ›wahr‹ nur noch ein empfehlender Ausdruck für hinlänglich gerechtfertigte Überzeugungen (vgl. Rorty 1983, 14–17).

2.5. Putnam bezeichnet Rortys »Dialogmodell« als einen »sich selbst widerlegenden Relativismus«. Es müsse durch einen »Grenzbegriff der idealen Wahrheit« ergänzt werden, der »einen idealen Schlusspunkt« aller Wahrheitsprozesse setzt, weil wir von unseren »verschiedenen Auffassungen« als von verschiedenen Auffassungen der einen »Rationalität sprechen« (vgl. Putnam 1981, 163–169, 284). Dem widerspricht Rorty, weil eine ideale Wahrheit nur vom »Standpunkt Gottes« aus behauptet werden könne (vgl. Rorty 1983, 22).

2.6. Die Position von James und Rorty, Wahrheiten als menschliche Konstrukte anzusehen, bezeichnet Rescher als ›Pragmatism of the Left‹. In Opposition dazu vertritt er selbst in Anlehnung u.a. an Peirce und Putnam einen ›Pragmatism of the Right‹, indem er sowohl eine geistesunabhängige Realität als auch objektive Standards des Wissens annimmt, welche die Irrtümer des Wahrheitssuchenden korrigieren können (vgl. Rescher 2000, 64).

2.7. Brandoms Interesse gilt der »expressiven Rolle« des Ausdrucks ›wahr‹. Er fragt, was man unterstellt, wenn dieser Ausdruck verwendet wird (vgl. Brandom 1994, 20). Angesichts dieser Vielfalt pragmatistischer Positionen ist Putnam zuzustimmen, dass der Pragmatismus »wohl keine Wahrheitstheorie hervorgebracht« (Putnam 1994, 152) habe.

3.

Es ist v.a. Deweys umfangreichem Lebenswerk zu verdanken, dass der Pragmatismus heute nicht nur in die Bereiche der Ästhetik (vgl. Dewey 1934; Shusterman 1992; Raters-Mohr 1994) und der Ethik (vgl. Dewey 1922; LW, Bd. 3, 189–354; Joas 1999) vorgedrungen ist, sondern auch in die Politische Philosophie. Mit gutem Grund betrachtet Festenstein (1997, 13) die politische Theorie von Dewey als diejenige, aus der die einschlägigen politischen Theorien der Neo-Pragmatisten manchmal durch Abgrenzung, aber in aller Regel durch Anknüpfung hervorgegangen sind. Obwohl sie sich ausnahmslos auf Dewey beziehen, lassen sich die politischen Theorien der verschiedenen Neo-Pragmatisten jedoch ebenso wenig auf einen Nenner bringen wie die Wahrheitsauffassungen des Pragmatismus.

3.1. Dewey wird im Neo-Pragmatismus oft als ›Philosoph der Demokratie‹ gewürdigt (vgl. Bernstein 1971, 201; Putnam 1992; Joas 2000). Die Pointe seiner politischen Philosophie lautet, dass »zwischen der Demokratie als einer sozialen Idee« im Sinne eines Ideals von sozialer Gemeinschaft und der »politischen Demokratie als einem Regierungssystem« (Dewey 1927, 125) unterschieden werden sollte. Während er der politischen Demokratie in den USA seiner Zeit wegen der Rigidität ihrer Strukturen und des Übergewichts des Ökonomischen kritisch gegenüber steht, bekennt er sich zur sozialen Idee der Demokratie als »Idee des gemeinschaftlichen Lebens selbst« (Dewey 1927, 125). Das geschieht aus der Überzeugung, dass die »Freiheit des Denkens, des Forschens und des Diskutierens eine zentrale Stellung innerhalb der Rechte« einnähme, welche »den Individuen in demokratischen Gesellschaften zugesichert« werden müssten (vgl. LW, Bd. 7, 354–358). Die Idee der Demokratie würde jedoch zur »Farce, wenn die Individuen nicht darin geübt werden, eigenständig zu denken, unabhängig zu urteilen und kritisch zu sein gegenüber subtiler Propaganda« (LW, Bd. 6, 97f.). Ohne eine adäquate Erziehung zur Demokratie ist Deweys Ideal der Demokratie nicht zu verwirklichen. Insofern kann Deweys politische Philosophie nicht losgelöst von seiner Pädagogik betrachtet werden, die er explizit als wesentlichen Beitrag zur Demokratisierung der Gesellschaft verstanden hat. Sein zentrales pädagogisches Anliegen war zeitlebens die Entwicklung von Methoden zur Ausbildung der rationalen Problemlösungsfähigkeit des Menschen (vgl. Dewey 1916), welche die Schüler in die Lage versetzen soll, in ihrem zukünftigen Leben im Bewusstsein der eigenen Verantwortung und aufgrund von eigenen Entscheidungen an den kollektiven Gestaltungsprozessen einer demokratischen Gesellschaft aktiv teilzunehmen.

3.2. Putnam schließt sich in seiner politischen Philosophie Deweys Auffassung an, dass unter einer ›Demokratie‹ keine Staatsform verstanden werden sollte, sondern vielmehr das Ideal einer Gesellschaft, die durch offene Kommunikationsstrukturen im Sinne von Habermas und Apel möglichst gute Rahmenbedingungen zur intelligenten Lösung von sozialen Problemen sowie zur Partizipation aller an diesen Lösungsprozessen bietet. An seine Grenzen stoße Deweys Ansatz allerdings bei der Frage nach den fundamentalen moralischen Werten, die in den für die Demokratie kennzeichnenden kritischen Prozessen der intelligenten Überprüfung nicht mehr kritisch zur Disposition stehen sollten (vgl. Putnam 1992, Kap. 9).

3.3. Festenstein verteidigt Dewey nicht nur gegen den damit implizit erhobenen Einwand des Werterelativismus und der moralischen Beliebigkeit, sondern auch gegen die Einwände der Beförderung des Egoismus und des werteindifferenten Intellektualismus (vgl. Festenstein 1997, 29–69). Festenstein zufolge existieren zwischen Habermas' und Deweys Erwartungen an die Demokratie wichtige Gemeinsamkeiten: Demokratie bestehe für beide weniger in bestimmten Institutionen, sondern eher in einem »sozialen und epistemologischen Ideal selbstkontrollierter Lernprozesse, deren Aufgabe die Etablierung sozialer und politischer Institutionen sei, die mit der freien Zustimmung aller Betroffenen rechnen können« (vgl. ebd., 147ff.).

3.4. Ebenfalls unter Berufung auf Dewey plädiert Rorty für eine strikte Trennung des Öffentlichen und des Privaten mit dem Argument, dass die Forderungen nach »Selbsterschaffung und nach Solidarität« sowohl »gleichwertig« als auch »für alle Zeiten inkommensurabel« (Rorty 1989, 14) seien. Sein staatsbürgerliches Ideal ist das der ›liberalen Ironikerin‹, die zwar um die »Kontingenz des Vokabulars« weiß, in dem sie ihre »höchsten Hoffnungen« zum Ausdruck bringt, aber trotz dieser Unsicherheit ihrem Gewissen folgt und aus dem Prinzip der Solidarität heraus jede Form von »Grausamkeit« ablehnt (vgl. auch ebd., 87).

3.5. West setzt sich in Anknüpfung an Dewey mit seinem linksgerichteten »prophetic pragmatism« für unterdrückte ethnische und soziale Gruppen ein und bekennt sich zu »Widerstand, Revolution und sozialer Rekonstruktion« mit dem Ziel einer »Regeneration jener gesellschaftlichen Kräfte, die zur Ermächtigung der Benachteiligten, Erniedrigten und Schwachen« beitragen (vgl. West 1989, 221, 230f.).

3.6. Auch Hans Joas beruft sich mit seinem Plädoyer für eine Ausweitung der »demokratischen Kultur« z.B. durch den Ausbau des Wohlfahrtsstaats oder die Stärkung von »freiwilligen politischen Vereinigungen wie Parteien oder Gewerkschaften« auf Deweys Ideal der Demokratie, wobei er insbesondere im Zuge einer Abwehr eines »Generalverdachts gegen lokalpatriotische, regionale und nationale Identitäten« die These vertritt, dass in der selbstverständlichen Verknüpfung von Gemeinschaft und Demokratie vermutlich ein »Moment der Überlegenheit des alten Pragmatismus Amerikas gegenüber dem heutigen Kommunitarismus« (Joas 1993, 59f.) liegt. Soziale Gemeinschaften entlehnen ihre Stabilität nach Joas v.a. kollektiven Wertebindungen. Insofern konzentriert sich seine eigene politische Philosophie v.a. auf die Prozesse kollektiver Wertbildungen durch gemeinsame Erfahrungen (vgl. Joas 1999).

3.7. Zwar ist der Pragmatismus zu seiner Entstehungszeit insbesondere wegen der Wahrheitsauffassung von James heftig kritisiert worden (vgl. Russell 1909; Scheler 1960; Horkheimer 1947). Heute aber findet die pragmatistische Methode nicht nur bei analytischen Philosophen wie Rorty, Brandom und Putnam breite Akzeptanz. In den angewandten philosophischen Disziplinen beispielsweise hat sich das pragmatistische Prinzip der ›Folgenabschätzung‹ fest etabliert. Der peircesche Begriff von Wahrheit hat v.a. durch die Konzeption der »unbegrenzten Kommunikationsgemeinschaft« bei Habermas und Apel neue Konjunktur gewonnen (vgl. Habermas 1991, 157ff.; Apel 1967). Allerdings bestreitet Habermas, dass der dem Fallibilismusvorbehalt verpflichtete Pragmatismus »mit der universalistischen Geltung einer egalitären Moral und den Grundlagen des demokratischen Rechtsstaates in Einklang zu bringen« (Habermas 2002, 281) sei. Die politische Philosophie des Pragmatismus ist insbesondere im Kontext der Liberalismus-Kommunitarismus-Debatte wirkmächtig geworden (vgl. etwa Joas 1993). Insgesamt lässt sich heute eine »Renaissance des Pragmatismus« (Sandbothe 2000) konstatieren.

4.

Apel, K.-O., 1967, Der Denkweg von Charles S. Peirce, Frankfurt/M.: Suhrkamp.

Bernstein, R., 1971, Praxis and Action, Philadelphia: University of Pennsylvania Press.

Brandom, R., 1994, Expressive Vernunft, Frankfurt/M.: Suhrkamp 2000.

Dewey, J., 1916, Demokratie und Erziehung, Braunschweig: Westermann 1964.

Dewey, J., 1920, Die Erneuerung der Philosophie, Hamburg: Junius 1989.

Dewey, J., 1922, Die menschliche Natur, Stuttgart: DVA 1931.

Dewey, J., 1927, Die Öffentlichkeit und ihre Probleme, Bodenheim: Philo 1996.

Dewey, J., 1930, Vom Absolutismus zum Experimentalismus, in: M. Suhr, John Dewey zur Einführung, Hamburg: Junius 1994.

Dewey, J., 1934, Kunst als Erfahrung, Frankfurt/M.: Suhrkamp 1988.

Dewey, J., 1938, Logik als Theorie des Forschungsprozesses, Frankfurt/M.: Suhrkamp 2002.

Dewey, J., 1969ff., The Early Works 1882–1898, Carbondale: Southern Illinois University Press (zit. als EW).

Dewey, J., 1976ff., The Middle Works 1899–1924, Carbondale: Southern Illinois University Press.

Dewey, J., 1981ff., The Later Works 1925–52, Carbondale: Southern Illinois University Press (zit. als LW).
Festenstein, M., 1997, Pragmatism and Political Theory, Cambridge: Polity.
Habermas, J., 1991, Erläuterungen zur Diskursethik, Frankfurt/M.: Suhrkamp.
Habermas, J., 2002, Werte und Normen, in: M. L. Raters/M. Willaschek (Hg.), Hilary Putnam und die Tradition des Pragmatismus, Frankfurt/M.: Suhrkamp.
Hampe, M., 2006, Erkenntnis und Praxis, Frankfurt/M.: Suhrkamp.
Hookway, C., 1985, Peirce, London: Routledge.
Horkheimer, M., 1947, Zur Kritik der instrumentellen Vernunft, in: Gesammelte Schriften, Bd. 6, Frankfurt/M.: Fischer 1991.
James, W., 1907, Der Pragmatismus. Ein neuer Name für alte Denkmethoden, Hamburg: Meiner 1994.
Joas, H., 1993, Gemeinschaft und Demokratie in den USA, in: M. Brumlik/H. Brunkhorst (Hg.), Gemeinschaft und Gerechtigkeit, Frankfurt/M.: Fischer.
Joas, H., 1999, Die Entstehung der Werte, Frankfurt/M.: Suhrkamp.
Joas, H. (Hg.), 2000, Philosophie der Demokratie, Frankfurt/M.: Suhrkamp.
Kant, I., 1781, Kritik der reinen Vernunft, Frankfurt/M.: Suhrkamp 1996.
Krüger, H.-P., 2000, Prozesse der öffentlichen Untersuchung, in: H. Joas (Hg.), Philosophie der Demokratie, Frankfurt/M.: Suhrkamp.
Martens, E. (Hg.), 1975, Pragmatismus. Ausgewählte Texte, Stuttgart: Reclam.
Mead, G. H., 1980/83, Gesammelte Aufsätze, 2 Bde., Frankfurt/M.: Suhrkamp.
Pape, H., 1989, Erfahrung und Wirklichkeit als Zeichenprozeß, Frankfurt/M.: Suhrkamp.
Peirce, C. S., 1931ff., Collected Papers, Cambridge/MA: Harvard University Press (zit. als CP).
Peirce, C. S. 1976, Schriften zum Pragmatismus und Pragmatizismus, Frankfurt/M.: Suhrkamp.
Putnam, H., 1981, Vernunft, Wahrheit und Geschichte, Frankfurt/M.: Suhrkamp 1990.
Putnam, H., 1992, Für eine Erneuerung der Philosophie, Stuttgart: Reclam 1997.
Putnam, H., 1994, Pragmatism and Moral Objectivity, in: J. Conant (Hg.), Words and Life, Cambridge/MA: Harvard University Press.
Putnam, H., 1995, Pragmatismus. Eine offene Frage, Frankfurt/M.: Campus.
Raters-Mohr, M. L., 1994, Intensität und Widerstand, Bonn: Bouvier.
Raters, M. L., 2005, Kunst, Wahrheit und Gefühl, Freiburg: Alber
Rescher, N., 2000, Realistic Pragmatism, New York: State University of New York Press.
Rorty, R., 1979, Der Spiegel der Natur. Eine Kritik der Philosophie, Frankfurt/M.: Suhrkamp 1981.
Rorty, R., 1983, Solidarität oder Objektivität?, in: ders., Solidarität oder Objektivität?, Stuttgart: Reclam 1987.
Rorty, R., 1989, Kontingenz, Ironie und Solidarität, Frankfurt/M.: Suhrkamp.
Russell, B., 1909, Der Pragmatismus, in: ders., Philosophische und politische Aufsätze, Stuttgart: Reclam 1971.
Sandbothe, M., 2000, Die Renaissance des Pragmatismus, Weilerswist: Velbrück.
Scheler, M., 1960, Erkenntnis und Arbeit, Frankfurt/M.: Klostermann 1977.
Shusterman, R., 1992, Kunst Leben. Die Ästhetik des Pragmatismus, Frankfurt/M.: Fischer 1994.
West, C., 1989, Prophetic Pragmatism, in: R. Goodman (Hg.), Pragmatism, London: Routledge 1995.

Marie Luise Raters

Privatheit

1.

»Privat« ist ein komplexes Prädikat, das wir Handlungen, Situationen, mentalen Zuständen, Daten, Entscheidungen, Räumen und Gegenständen zuschreiben; »Privatheit« als Substantiv hat sich im Deutschen erst in der letzten Zeit durchgesetzt, noch immer gebräuchlicher sind »privat«, »Privatsphäre«, »Privatleben«. Die alltagssprachliche Bedeutung variiert jedoch enorm und ist auch nicht auf einen gemeinsamen Nenner zu reduzieren. Das lässt sich an den verschiedenen Oppositionspaaren verdeutlichen, mit deren Hilfe das Bedeutungsspektrum von »privat« umrissen werden kann. »Privat« kann nämlich nicht nur einfach im Gegensatz zu »öffentlich«, sondern auch in den folgenden Oppositionspaaren mit verschiedenen Bedeutungen stehen: persönlich-politisch; persönlich-unpersönlich; verborgen-entblößt oder unverhüllt; Familie-Gesellschaft; Gesellschaft-Staat. »Privat« kann in seiner Bedeutung variieren zwischen »betrifft nur mich«, »ist nur mir zugänglich«, »ist ausschließlich in meiner Verantwortung« und »darf oder muss gegenüber (allen) anderen verborgen bleiben«. Dieses Bedeutungsspektrum deckt nicht nur die individuelle Privatheit ab, sondern auch, in einem abgeleiteten Sinn, die Privatheit gesellschaftlicher Institutionen, wie etwa die der Kirchen (vgl. zum Begriffsfeld Benn/Gaus 1983, 3 ff.).

Die Bedeutung ist dabei einerseits orientiert an einer räumlichen Metapher, die die Schalen des Privaten wie die einer Zwiebel unterscheidet (Privatheit des Zimmers, des Hauses, der Familie, der Gesellschaft), andererseits, quer dazu, orientiert an der Sicherung individueller Handlungs- und Verantwortungsdimensionen, in denen die Individuen von Entscheidungen und Beeinflussungen einer – staatlichen, gesellschaftlichen – Öffentlichkeit unabhängig agieren können, und zwar unabhängig von der Frage, wo sie sich befinden. »Privat« hat zumeist einen unmittelbar evaluativen oder präskriptiven Charakter; dabei sind die normativen Theorien des Privaten so unterschiedlich und heterogen wie die unterschiedlichen Bedeutungen: Deshalb finden sich in der philosophischen ebenso wie in der juristischen und soziologischen Literatur entsprechend verschiedene (normative) Theorien des Privaten (s. genauer dazu 3.).

2.

Offenbar lässt sich die Differenz zwischen privaten und öffentlichen Bereichen in allen Kulturen und zu allen Zeiten feststellen (vgl. Duerr 1990; Moore 1984); dabei variieren die Grenzen zwischen dem, was als »privat« gilt und dem Öffentlichen enorm. »Das« Private gibt es nicht: Keine Grenzlinie zwischen dem Privaten und Öffentlichen ist »natürlich«, diese Linie ist immer konventionell.

Historisch lässt sich einerseits die Geschichte des privaten Lebens erzählen (vgl. Ariès 1985 ff.); andererseits die Geschichte der politik- und sozialphilosophischen Theorieformen (vgl. Benn/Gaus 1983; Weintraub/Kumar 1997). An deren Anfang steht prominent Aristoteles mit seinen Ausführungen zum privaten Haushalt (Pol., I), wobei die Interpretation dieser Passagen außerordentlich umstritten ist (vgl. Swanson 1992). Streng genommen fängt jedoch die Geschichte der philosophischen Theorien des Privaten erst mit der des Liberalismus an: Denn erst mit der liberalen Trennung von individuellen Freiheits- und Verantwortungsräumen und solchen, zu denen der Staat, die Obrigkeit Zugriff und Regelgewalt haben darf und muss, beginnt auch die Konzeptualisierung des Privaten. Ursprünge einer solchen Konzeptualisierung finden sich bei Hobbes gebunden an die Idee der Freiheit privater Überzeugungen (vgl. Hobbes 1651, Kap. 42, 46) und bei Locke bezogen auf die Freiheit der Person, sich die Natur durch Arbeit als Besitz anzueignen (Locke 1689, § 27). Bei Kant (1793; 1797) wird dann ebenso wie bei Constant (1819) zumindest der Sache und der Idee nach, wenn auch noch stets nicht mit dem Begriff belegt, die Unterscheidung zwischen individuellen, privaten Freiheitsdimensionen, dem (privaten) Streben nach Glückseligkeit einerseits und dem öffentlichen Bereich der Gesetze und Politik andererseits deutlich. Demgegenüber sucht Hegel einen Gegensatz zwischen den sozialen Dimensionen des Privaten und des Öffentlichen miteinander zu versöhnen (vgl. Hegel 1821, §§ 181 ff.), während Marx noch einen Schritt weiter geht und die Unterscheidung im Kommunismus ganz aufgehoben sieht (vgl. Kamenka 1983).

Es ist jedoch erst Mill, bei dem der Unterschied zwischen privater Freiheit und der Öffentlichkeit von Staat und Gesellschaft explizit wird (vgl. Mill 1859). Damit hat sich neben der als natürlich verstandenen Trennung zwischen privatem Haushalt und öffentlichem Leben eine konventionelle Trennung zwischen privaten Freiheitsdimensionen einerseits und solchen der öffentlichen Regulierungsgewalt andererseits in der Theoriebildung durchgesetzt. Daneben bleibt jedoch die quasi-natürliche Bedeutung des Privaten – als Bereich der Familie, der Frauen und Kinder, des Hauses – auch theoretisch erhalten. Darauf, dass alle erwähnten Theoretiker den potentiellen Widerspruch zwischen dem Privaten als Schutzbereich der Familie und dem Privaten als gesicherter Freiheitsdimensionen nicht erkennen, hat jedoch erst die feministische Theorie verwiesen (s. 3.3.). Allerdings muss man feststellen, dass die Geschichte der sehr unterschiedlichen Theorien und Konzeptualisierungen des Privaten bisher nur unzureichend aufgearbeitet ist (vgl. Pateman 1989; Benn/Gaus 1983; Geuss 2001). Erst im späten 19. Jahrhundert setzt eine nun außerordentlich breite Diskussion des Begriffs ein, in der Jurisprudenz (vgl. Brandeis/Warren 1890), Soziologie (vgl. Simmel 1903; Goffman 1971) und später auch in der Sozialphilosophie sowie in der feministischen Theorie.

3.

Systematische Theorien des Privaten, Theorien über seine Bedeutung, Veränderung, Gefährdung oder Funktion finden sich in ganz unterschiedlichen, zumeist völlig getrennt verlaufenden Wissenschaftszweigen oder -diskursen, die jeweils unterschiedliche Problemstellungen verfolgen, sich auf unterschiedliche Geschichten des Privaten beziehen und dabei die heterogenen Bedeutungsaspekte des Privaten fokussieren, die jedoch alle auf die eine oder andere Weise relevant und einflussreich für die politik- und sozialphilosophische Diskussion sind.

3.1. Prominent ist die Thematisierung und – häufig v.a. implizite – Diskussion des Privaten in soziologischen wie philosophischen Theorien über die *Öffentlichkeit*: Diese Theorien sind als solche (des Verfalls) der Öffentlichkeit nicht an einer normativen Theorie des *Privaten* interessiert (vgl. Habermas 1962, 225 ff.; Sennett 1977). Das »Private« wird hier nur als residuale, nicht weiter differenzierte Kategorie verstanden – »das private Zuhause«, der »Bereich der Intimität« –, da das Interesse auf die Entwicklungs- und Modernisierungsprozesse und die Strukturen und Funktionen des Öffentlichen konzentriert ist. In diesem Sinne thematisch wird das Private auch in Theorien der Zivilisation, etwa bei Elias: nämlich dort, wo Zivilisationsprozesse die Privatisierung ehemals öffentlicher sozialer Praktiken betreffen und in die Regulierungen des privaten Lebens selbst eingreifen (vgl. Elias 1939). Nennen kann man hier auch solche Ansätze, denen es generell um Zeitdiagnose am Beispiel zumeist des Verfalls des Privaten geht und in denen der Verlust an Trennlinien, die Entgrenzung der Bereiche (etwa in nachmittäglichen Talkshows) als Pathologie spätmoderner Gesellschaften diagnostiziert wird; auch hier besteht zumeist kein unmittelbares Interesse an einer normativen Konzeptualisierung des Privaten, sondern dieses wird ganz allgemein als Ausgangspunkt für kulturkritische Überlegungen genommen.

3.2. Ein weiterer, ebenfalls in erster Linie sozialwissenschaftlich orientierter Diskurs thematisiert das Private direkt in seiner Bedeutung als der »privaten Familie«; dieser Diskurs ist interessiert an den Veränderungen der Familie als dem traditionellen Hort des privaten Lebens (vgl. Meyer 1992; Beck/Beck-Gernsheim 1990). »Das Private« wird hier also in seiner klassischen Bedeutung des häuslichen Lebens, der Familie, der Intimität in den Blick genommen, ein Bereich, der sich von der Antike bis heute trotz seiner Modifikationen, Funktionswechsel, räumlichen Umstrukturierungen und personellen Umbesetzungen jedenfalls in einer Grundbedeutung erhalten hat (vgl. Ariès/Duby 1985 ff.); umstritten ist allerdings, inwieweit man hier tatsächlich von einer »Grundbedeutung« sprechen kann (vgl. Helly/Reverby 1992).

3.3. All diese Theorien und Diskussionen sind stark beeinflusst vom Feminismus, insbesondere der feministischen politischen Theorie und Sozialphilosophie. Wie keine andere theoretische Strömung hat diese seit den 1960er Jahren die Interpretationen und Konzeptualisierungen des Privaten in den gesellschaftlichen ebenso wie theoretischen Debatten geprägt und beeinflusst. Ausgangspunkt war dabei die Analyse des privaten Raums als für Frauen repressiv, als Ort häuslicher Gewalt gegen Frauen sowie als Bereich der Isolation von Frauen und ihres Ausschlusses aus der Öffentlichkeit (vgl. MacKinnon 1991; Landes 1998). Die Analyse der Gesellschaft ging dabei einher mit einer Kritik an jenen liberalen Theorien aus der Geschichte der politischen Philosophie, in denen der Ausschluss der Frauen seine theoretische Legitimation gefunden hatte. Themen der kritischen feministischen Theorien waren dabei ebenso Fragen der Gerechtigkeit etwa der geschlechtsspezifischen Arbeitsteilung, die sich in der Trennung zwischen privatem und öffentlichem Bereich ausdrückt, wie die Kritik an der traditionellen Familie als einem vor- oder unpolitischen »Hort der Liebe«, der durch diese politischen Theorien gefestigt und immer wieder fortgeschrieben wurde.

Ein ganz anderer und neuer Impuls der feministischen Konzeptualisierung des Privaten ergab sich seit den 1970er Jahren aus der Rechtsprechung des US-amerikanischen Supreme Court zu Fragen der Empfängnisverhütung und der Abtreibung, die mit Verweis auf ein Recht auf Privatheit begründet wurde (vgl. Cohen 2002). Damit stand nicht mehr nur eine Kritik des Privaten als repressiv für Frauen im Vordergrund, sondern neue Interpretationen des Privaten als Dimension und Bereich von Freiheit, der nicht nur für Männer, sondern gleichermaßen für Frauen von Geltung war. Insbesondere diese Theorien waren für die gesamte philosophische Diskussion von großem Einfluss (vgl. Allen 1988; Pateman 1989; Landes 1998).

3.4. Weitgehend unabhängig von diesen Problematisierungen des Privaten ist im Zuge der neuesten Modernisierungsprozesse der Diskurs um die informationelle Privatheit entstanden. Seine Anfänge kann man schon am Ende des 19. Jahrhunderts ausmachen, als aufgrund der Verbreitung der Klatschpresse, einhergehend mit der Popularisierung der Photographie, die informationelle Privatheit besonders der Prominenten in den Vereinigten Staaten zum ersten Mal juridisch und theoretisch zum Thema wurde (vgl. Brandeis/Warren 1890). Zunehmend breite wissenschaftliche Aufmerksamkeit erlangte die Problematik jedoch erst seit den 1950er und 1960er Jahren mit der Entwicklung der Computertechnologie und einem dadurch ermutigten verstärkten Interesse staatlicher Bürokratien, Informationen zu sammeln und zu verarbeiten (vgl. Shils 1956; Westin 1967). Die rasante Geschwindigkeit, mit der sich diese neuen Technologien seit den 1990er Jahren entwickelt und durchgesetzt haben, ebenso wie ihre, jedenfalls in westlichen Demokratien, ungeheuer weite Verbreitung, führt zu ganz neuen gesellschaftlichen, juristischen, moralphilosophischen und politikphilosophischen Problemen. Nicht nur die außerordentlich weit verbreiteten (staatlichen ebenso wie privatwirtschaftlichen und privaten) Beobachtungsmöglichkeiten mit immer intelligenteren Kameras beschwören Szenarien der panoptischen Gesellschaft (vgl. Reiman 1997; Agre/Rotenberg 1998; Solove 2004). Insbesondere die Menge der zugänglichen computergestützten Daten (vgl. Rossnagel 2007; Solove 2004), deren Sammlung und Aufbewahrung, v.a. aber die Verkettung von Datensätzen, bieten nicht nur der staatlichen Bürokratie, sondern ggf. auch Privatpersonen und privatwirtschaftlichen Organisationen kaum zu beschränkende Zugriffsmöglichkeiten (vgl. Lyon/Zureik 1996).

Wie weit die Sicherheitsbedürfnisse der Gesellschaft dabei gehen müssen, welche (moralischen, juridischen) Rechte Personen gegenüber dem Schutz von Datensammlungen und -abgleichungen geltend machen können, wie groß die Gefahren etwa des »Identitätsdiebstahls« sind und wie wahrscheinlich die allgemeine Verbreitung etwa von »RFID-Chips« ist (vgl. zum informatisierten Alltag Rossnagel 2007) – diese Fragen und das tatsächliche Ausmaß der Gefahr eines »Überwachungsstaats« bleiben umstritten (Rosen 2001; Froom 2000).

3.5. Nicht scharf zu trennen von diesen Diskussionen ist der im eigentlichen Sinn *juridische* Diskurs. In der Bundesrepublik Deutschland firmieren Diskussionen um ein Recht auf Privatheit häufig u.a. Titel: »Unverletzlichkeit der Wohnung«, »Schutz der Persönlichkeit«, »Recht auf freie Entfaltung der Persönlichkeit« (im Anschluss an die Europäische Menschenrechtskonvention, Art. 8 (1), vgl. generell Simitis 2006; Britz 2007; Rossnagel 2007), aber auch in den Diskussionen um Verrechtlichung in der Familienpolitik. Seit dem Urteil des Bundesverfassungsgerichts zum Volkszählungsgesetz von 1983 (BVerfGE 65,1 (43)) spricht das Gericht von einem Recht auf informationelle Selbstbestimmung, das in neueren Urteilen entschieden bestärkt wird (vgl. die Urteile des BVerfG vom 27. 2. 2008 und vom 11. 3. 2008).

In den Vereinigten Staaten sind die Debatten anders gelagert: Theoretisch einflussreich geworden ist der erste Versuch, der US-amerikanischen Verfassung ein Recht auf Privatheit zu entnehmen (»Right to be left alone«, Brandeis/Warren 1890; vgl. Turkington/Allen 1999). Im Anschluss hieran spielt ein Recht auf Privatheit zunächst im Blick auf ein Recht auf körperliche Selbstbestimmung die zentrale Rolle (vgl. die Entscheidung des Supreme Court zu Roe v. Wade (1973); dazu Cohen 2002); mittlerweile sind jedoch die Debatten um ein Recht auf den Schutz informationeller Privatheit in den Vordergrund gerückt (vgl. Solove 2004; Froom 2000; Lessig 2006).

3.6. Elemente aus den bisher genannten Diskursen finden sich nun in dem im engeren Sinn *philosophischen Diskurs* zum Privaten und werden in explizit normativen Theorien debattiert. Diese Theorien fragen nach dem Wert des Privaten, nach der normativen Begründung für die Schutzwürdigkeit privater Bereiche. Dabei lassen sich drei verschiedene Ansätze unterscheiden:

Liberale Konzeptualisierungen des Privaten lassen sich historisch von (Hobbes über) Mill bis zu Rorty nachzeichnen; sie bringen den Begriff des Privaten durchweg in einen funktionalen Zusammenhang mit dem der individuellen Freiheit (vgl. Rorty 1989). Rortys Unterscheidung zwischen dem öffentlichen »Vermeiden von Grausamkeit« und der privaten Ironie bleibt zwar allgemein und gibt keine genaue Begriffsbestimmung, erkennt dem Privaten jedoch eine für die liberale Gesellschaft konstitutive normative Funktion zu (vgl. auch Rawls 1999; vgl. kritisch zu liberalen Theorien Etzioni 1999).

Eine Sonderrolle in der philosophischen Diskussion spielt Arendt (1958), weil sie sich mit ihrer Theorie des Privaten nicht in die liberale, sondern in eine aristotelische Tradition stellt, die das Private auf den Bereich der Natur gegenüber dem der Kultur und Politik festlegt, den Begriff der Freiheit mit dem des öffentlichen Bereichs verbindet und im Privaten gerade nur die (biologischen) Notwendigkeiten erkennen will. Die Verfallsgeschichte des Öffentlichen erklärt sich aus der zunehmenden Vermengung der – eigentlich normativ sozialontologisch getrennten – Bereiche des Privaten, Sozialen und Öffentlichen (vgl. kritisch Swanson 1992).

Reduktionistische und *genealogische* Ansätze sind solche, die sich gegen eine wie auch immer begründete einheitliche Konzeptualisierung des Privaten stellen: So vertritt Thomson (1974) die *reduktionistische* These, dass alle unterschiedlichen Gebrauchsweisen von »privat« und eines Rechts auf Privatheit sich auf andere Gebrauchsweisen, Werte, Rechte, Interessen reduzieren lassen. Der Begriff des Privaten täusche nur eine Einheit vor, die de facto nicht bestehe. Eine Definition und normative Theorie des Privaten erübrige sich deshalb. Auch *genealogische* Ansätze bestehen auf der irreduziblen Heterogenität des Privaten, halten aber dennoch am Sinn einer philosophischen Analyse und Kritik fest, weil nur so dem wesentlich gesellschaftlichen Charakter und pragmatischen Sinn der je unterschiedlichen Bestimmungen des Privaten Rechnung getragen werden könne (vgl. Geuss 2001; Gatens 2004).

Schließlich finden sich seit den 1960er Jahren solche Theorien, die, ausgehend von einer philosophischen Begriffsbestimmung des Privaten, dessen normativen Gehalt erläutern und explizit allgemeine *normative* Theorien des Privaten entwerfen (vgl. Benn/Gaus 1983; Schoeman 1984; Weintraub/Kumar 1997).

Hier lassen sich wiederum verschiedene Ansätze unterscheiden, nämlich einerseits solche, die »privat« über den »Zugang zu einer Person« bestimmen (vgl. Gavison 1980; Allen 1988), und andererseits solche, die »privat« über den Begriff der Kontrolle definieren (etwa von Informationen und Zugangsmöglichkeiten; vgl. Westin 1967; Fried 1968). Beide Ansätze entwickeln normative Theorien des Privaten, die dem Individuum in der liberalen Gesellschaft private Zugangs- und Kontrollbereiche sichern sollen. Eine weitere Gruppe von Ansätzen definiert das Private nicht strukturell, sondern inhaltlich als den Bereich der *Intimität* (vgl. Inness 1992) und des Schutzes von Beziehungen (Fried 1968), allerdings nicht als »natürliche« Privatheit, sondern als Bereich, in dem die für Individuen notwendigen sowohl körperlichen wie für die Ausbildung von Individualität konstitutiven Beziehungen zu anderen geschützt werden sollen. Schließlich finden sich, drittens, solche Ansätze, die versuchen, die genannten (strukturellen und inhaltlichen) Definitionen und Herangehensweisen zu kombinieren, an einen Begriff persönlicher *Autonomie* zu binden und so zu einer umfassenden Theorie normativer Privatheit zu gelangen, die diese in verschiedene Dimensionen (etwa der informationellen, der familiären und der körperlichen Privatheit sowie der Privatheit als Handlungsfreiheit) auffächert (vgl. Allen 1988; Cohen 2002; Rössler 2001). Das Private wird in seinen verschiedenen Funktionen und Dimensionen dann begriffen als normativ notwendig für die generelle Sicherung individueller Freiheitsdimensionen in liberal-demokratischen Gesellschaften.

3.7. Die in 3.1. bis 3.6. skizzierten Diskurse über das Private überlappen einander offensichtlich, zeigen aber dennoch heterogene Bedeutungsaspekte des Privaten auf. Diese Uneinheitlichkeit geht auch darauf zurück, dass das neu entstandene Interesse an einer Re-Konzeptualisierung des Privaten sich drei ganz unterschiedlichen historischen Prozessen verdankt: zum einen der Intimisierung der (medialen) Öffentlichkeit durch ehemals private Themen, durch Individualisierungs- und Authentizitätsschübe (vgl. Imhof 1998), zum anderen den Umbrüchen im Geschlechterverhältnis und den damit einhergehenden Umstrukturierungen der privaten Sphäre, und schließlich den Entwicklungen der neueren Informationstechnologien, die die Privatheit auf ganz neue, bisher nicht bekannte Weise gefährden können. Nach den Terroranschlägen vom 11. September 2001 und den sich anschließenden neuen gesetzlichen Regelungen v.a. in westlichen Demokratien steht die Beziehung zwischen dem Privaten und der Gewährleistung individueller Freiheit im Zentrum der Diskussionen (vgl. Raab 2008). Inwieweit das »Ende der Privatheit« (Froom 2000) und mit diesem fundamentale Einschränkungen individueller Freiheit schon erreicht sind und was dies für die Zukunft der liberal-demokratischen Gesellschaft bedeutet, bleibt umstritten.

4.

Agre, P. E./Rotenberg, M. (Hg.), 1998, Technology and Privacy, Cambridge/MA: MIT Press.
Allen, A. L., 1988, Uneasy Access. Privacy for Women in a Free Society, Totowa: Rowman & Littlefield.
Arendt, H., 1958, Vita activa oder vom tätigen Leben, München: Piper 1960.
Ariès, P./Duby, G. (Hg.), 1985ff., Geschichte des privaten Lebens, 5 Bde., Frankfurt/M.: Fischer 1989ff.
Beck, U./Beck-Gernsheim, E., 1990, Das ganz normale Chaos der Liebe, Frankfurt/M.: Suhrkamp.
Benn, S./Gaus, G. (Hg.), 1983, Public and Private in Social Life, New York: St. Martin's Press.
Brandeis, L. D./Warren, S. D., 1890, The Right to Privacy, in: F. Schoeman (Hg.), Philosophical Dimensions of Privacy, Cambridge: Cambridge University Press 1984.
Britz, G., 2007, Freie Entfaltung durch Selbstdarstellung, Tübingen: Mohr Siebeck.
Chapman, J./Pennock, R. J. (Hg.), 1971, Privacy, New York: Atherton.
Cohen, J. L., 2002, Regulating Intimacy, Princeton: Princeton University Press.
Constant, B., 1819, Über die Freiheit der Alten im Vergleich zu der der Heutigen, in: ders., Politische Schriften, Werke, Bd. 4, Berlin: Propyläen 1972.
Duerr, H. P., 1990, Der Mythos vom Zivilisations-

prozeß, Bd. 2: Intimität, Frankfurt/M.: Suhrkamp 1994.
Elias, N., 1939, Über den Prozeß der Zivilisation, Bd. 1, Frankfurt/M.: Suhrkamp 1997.
Elshtain, J. B., 1981, Public Man and Private Woman, Princeton: Princeton University Press.
Etzioni, A., 1999, The Limits of Privacy, New York: Basic Books.
Fried, C., 1968, Privacy, in: Yale Law Journal 77.
Froom, M. A., 2000, The Death of Privacy?, in: Stanford Law Review 52.
Gatens, M., 2004, Privacy and the Body, in: B. Rössler (Hg.), Privacies, Stanford: Stanford University Press.
Gavison, R., 1980, Privacy and the Limits of the Law, in: Yale Law Review 77.
Geuss, R., 2001, Privatheit, Frankfurt/M.: Suhrkamp 2002.
Goffman, E., 1971, Das Individuum im öffentlichen Austausch, Frankfurt/M.: Suhrkamp 1974.
Habermas, J., 1962, Strukturwandel der Öffentlichkeit, Frankfurt/M.: Suhrkamp 1990.
Hegel, G. W. F., 1821, Grundlinien der Philosophie des Rechts, Frankfurt/M.: Suhrkamp 1986.
Helly, D. O./Reverby, S. M. (Hg.), 1992, Gendered Domains. Rethinking Public and Private in Women's History, Ithaca: Cornell University Press.
Hobbes, T., 1651, Leviathan, Frankfurt/M.: Suhrkamp 2002.
Imhof, K./Schulz, P. (Hg.), 1998, Die Veröffentlichung des Privaten – die Privatisierung des Öffentlichen, Opladen: Westdeutscher Verlag.
Inness, J. 1992, Privacy, Intimacy, and Isolation, Oxford: Oxford University Press.
Kamenka, E., 1983, Public/Private in Marxist Theory and Marxist Practice, in: S. Benn/G. Gaus (Hg.), Public and Private in Social Life, New York: St. Martin's Press.
Kant, I., 1793, Über den Gemeinspruch: Das mag in der Theorie richtig sein, taugt aber nicht für die Praxis, in: Werkausgabe, Bd. 11, Frankfurt/M.: Suhrkamp 1968.
Kant, I., 1797, Metaphysik der Sitten, in: Werkausgabe, Bd. 8, Frankfurt/M.: Suhrkamp 1968.
Landes, J. B. (Hg.), 1998, Feminism. The Public and the Private, Oxford: Oxford University Press.
Lessig, L., 2006, Code. Version 2.0, New York: Basic Books.
Locke, J., 1689, Zweite Abhandlung über die Regierung, Frankfurt/M.: Suhrkamp 2007.
Lyon, D./Zureik, E. (Hg.), 1996, Computers, Surveillance, and Privacy, Minneapolis: University of Minnesota Press.
MacKinnon, C., 1991, Reflections on Sex Equality under Law, in: The Yale Law Journal 100.
Meyer, T., 1992, Modernisierung der Privatheit, Opladen: Westdeutscher Verlag.
Mill, J. S., 1859, Über die Freiheit, Stuttgart: Reclam 1988.
Moore, B., 1984, Privacy. Studies in Social and Cultural History, New York: Sharpe.
Okin, S. M., 1991, Gender, the Public and the Private, in: D. Held (Hg.), Political Theory Today, Stanford: Stanford University Press.
Pateman, C., 1989, Feminist Critiques of the Public/Private Dichotomy, in: dies., The Disorder of Women, Stanford: Stanford University Press.
Raab, C., 2008, Beyond Activism. Research Perspectives on Privacy, TILT Law & Technology Working Paper No. 7.
Rachels, J., 1975, Why Privacy is Important, in: Philosophy and Public Affairs 4.
Rawls, J., 1999, Nochmals: Die Idee der öffentlichen Vernunft, in: ders., Das Recht der Völker, Berlin: de Gruyter 2002.
Reiman, J. H., 1997, Driving to the Panopticon. A Philosophical Exploration of the Risks to Privacy Posed by the Information Technology of the Future, in: B. Rössler (Hg.), Privacies, Stanford: Stanford University Press.
Rössler, B., 2001, Der Wert des Privaten, Frankfurt/M.: Suhrkamp.
Rorty, R., 1989, Kontingenz, Ironie und Solidarität, Frankfurt/M.: Suhrkamp.
Rosen, J., 2001, The Unwanted Gaze. The Destruction of Privacy in America, New York: Knopf.
Rossnagel, A., 2007, Datenschutz in einem informatisierten Alltag, Berlin: Friedrich-Ebert-Stiftung.
Schoeman, F. (Hg.), 1984, Philosophical Dimensions of Privacy, Cambridge: Cambridge University Press.
Sennett, R., 1977, Verfall und Ende des öffentlichen Lebens, Frankfurt/M.: Fischer 1983.
Shils, E. A., 1956, The Torment of Secrecy, Glencoe: Free Press.
Simitis, S. (Hg.), 2006, Kommentar zum Bundesdatenschutzgesetz, Baden-Baden: Nomos.
Simmel, G., 1903, Die Großstädte und das Geistesleben, in: ders., Gesamtausgabe, Bd. 7, Frankfurt/M.: Suhrkamp 1995.
Solove, D. J., 2004, The Digital Person. Technology and Privacy in the Information Age, New York: New York University Press.
Swanson, J. A., 1992, The Public and the Private in Aristotle's Political Philosophy, Ithaca: Cornell University Press.
Thomson, J. J., 1974, The Right to Privacy, in: Philosophy and Public Affairs 4.

Turkington, R. C./Allen, A. L. (Hg.), 1999, Privacy Law, St. Paul: West Group.
Weintraub, J./Kumar, K. (Hg.), 1997, Public and Private in Thought and Practice, Chicago: University of Chicago Press.
Westin, A. F., 1967, Privacy and Freedom, New York: Atheneum.

Beate Rössler

Protestantismus, politische Philosophie im

1.

Eine homogene politische Philosophie des Protestantismus gibt es nicht. Vielmehr ist für die politische Philosophie des Protestantismus gerade eine extreme Vielfalt, teils auch Gegensätzlichkeit der politischen Standpunkte, Einstellungen und Haltungen kennzeichnend. Allerdings liegt ihnen allen ein gemeinsames Strukturmerkmal zugrunde, welches das Spezifikum der politischen Philosophie des Protestantismus begründet. Dieses spezifische Strukturmerkmal besteht in der Zweckmäßigkeitsperspektive: Wie der Protestantismus mit der Reformation die religiöse Institution unter funktionalem Gesichtspunkt umdeutete und umbildete, betrachtet er auch, insbesondere in seiner neuzeitlich-modernen Gestalt, die staatlichen und politischen Institutionen primär unter funktionalem Gesichtspunkt. Das begründet die historische Größe wie auch die historischen Anfälligkeiten der politischen Philosophie des Protestantismus. Protestanten neigen dazu, staatliche und politische Institutionen einer ständigen Legitimationsprüfung unter Zweckmäßigkeitsgesichtspunkten zu unterziehen; sie neigen dazu, diese Institutionen auf religiös begründete, politisch zu realisierende oder doch zu flankierende ethische bzw. moralische Zwecke wie etwa der Wahrung von Freiheit, Recht und Gerechtigkeit oder etwa des Schutzes des Individuums und der Freiheitsrechte des Einzelnen zu verpflichten; sie neigen schließlich aber auch dazu, diese hohen sittlichen Erwartungen mit einer religiös-moralischen Überfrachtung alles Politischen zu verbinden. So lässt sich sagen: Der Verlust der starken, ihren Zweck und ihre Legitimität bereits in sich selbst tragenden, allzuständigen kirchlichen Institution geht im Protestantismus mit einer erhöhten Aufmerksamkeit für weltliche Autoritäten und Institutionen einher. Teils unterliegen sie ähnlicher Kritik, teils werden sie (nicht selten sogar *in* dieser kritischen Aufmerksamkeit und zugleich mit ihr) unter der Hand aber auch zum Ersatz für das Verlorene. Es ist mit dem autoritätskritischen, freiheits- und individualitätsorientierten religiösen Prinzip des Protestantismus vererbt, dass dieser im Gegensatz zum Katholizismus auf der notwendig gewordenen Suche nach neuen Plausibilitäten offener, aber auch anfälliger für kulturelle, gesellschaftliche und eben auch politische Ideen ist – und gelegentlich blinder, wenn diese zu Ideologien zu werden drohen.

2.

Diese Mehrdeutigkeit der politischen Philosophie des Protestantismus lässt sich nur im Blick auf ihre Geschichte verständlich und anschaulich machen. Allen Programmen einer politischen Philosophie des Protestantismus liegt die von der reformatorischen Theologie (im Rückgriff auf frühmittelalterlich-theologische Denkmodelle) ausgearbeitete Zweireichelehre mehr oder weniger bewusst zugrunde (vgl. Anselm 2004). Diese (im Einzelnen ebenso differenzierte wie umstrittene) Lehre unterscheidet zwischen geistlichem und weltlichem Reich, in denen der Christ gleichzeitig lebt, und legt ihren Akzent darauf, dass Gott in beiden Reichen herrscht, allerdings auf unterschiedliche Weise: im geistlichen Reich durch Wort und Sakrament und im weltlichen Reich durch sein Gesetz. Diese Lehre ist nach beiden Extremen hin missverstanden worden, als vermeintliche Loslösung des Politischen von religiösen Vorgaben ebenso wie als vermeintliche Begründung theokratischer Modelle. Ihre ursprüngliche Pointe hat sie indessen darin, dass sie die Aufgaben von weltlicher und von geistlicher Gewalt unterscheidet, ohne sie vollständig voneinander zu trennen. Ihrer analytischen Spitze zufolge fordert die Zweireichelehre die Differenzierung zwischen Glaube und politischer Rationalität und hat als solche ihren Ort innerhalb einer umfassenden theologisch-anthropologischen Konzeption der Unterscheidung zwischen dem Vermögen Gottes und dem Vermögen des Menschen, taugt jedoch nicht als eine politische Handlungstheorie, die sie indes auch nie sein wollte. Die im Einzelnen komplexen Verbindungen von Christentum und Politik erhellt sie nicht, sie bestimmt aber das Grundverhältnis, in dem Christentum und Politik zueinander stehen, als das einer relativen Differenz. Dieses Grundmuster setzt sich, auch dort, wo es als solches nicht ausdrücklich gewusst wird, sowohl in den im 19. Jahrhundert entstehenden förmlichen Typen der politischen Philosophie des Protestantismus (2.1.) als auch in den insbesondere im 20. Jahrhundert exemplarisch sichtbar werdenden vielfältigen Stationen der praktisch gewordenen politischen Philosophie des Protestantismus (2.2.) durch.

2.1. In Deutschland erwachte der Protestantismus zu seinem modernen politischen Bewusstsein im Zusammenhang der Formierung der bürgerlichen Gesellschaft im Vormärz. Dabei spielten verschiedene Faktoren eine Rolle. Sie verbinden sich im Erwachen eines modernen konfessionellen Bewusstseins: Der fortschreitenden gesellschaftlichen Differenzierung und Segmentierung entsprach die theologisch motivierte, kulturgeschichtlich folgenreiche Entdeckung eines protestantischen Prinzips, das mehr als nur ein religiöses Regulativ zu sein beanspruchte. Vielmehr bot es sich als Paradigma zum Verständnis der Inkulturationstendenzen des evangelischen Christentums an und erhellte die Bedeutung des Protestantismus für die Entstehung der modernen Welt. V.a. die eben entstehenden modernen politischen Bewegungen dienten hier als theoretische Probe aufs Exempel so sehr wie als Betätigungsfeld: Protestantische Theologen entdeckten in den politischen Bewegungen des Liberalismus, Konservativismus und Nationalismus, teils auch schon in radikaldemokratischen Bewegungen und im Frühsozialismus, Niederschläge und Umbildungen genuin protestantisch-religiöser Gehalte. Nicht selten wurden protestantische Theologen auch selbst zu bedeutenden Trägern dieser politischen Bewegungen (vgl. Graf 1990; Albrecht 2003). In diesem Zusammenhang beginnen sich auch förmliche Typen der politischen Philosophie des Protestantismus herauszubilden, die mit den entsprechenden politischen Bewegungen zwar Verwandtschaften aufweisen, aber schnell und in der zweiten Hälfte des 19. Jahrhunderts zunehmend ein eigenes Profil gewinnen. Idealtypisch gesehen lassen sich folgende Strömungen unterscheiden:

(a) Der *protestantische Konservativismus* hat seinen Keim in der Einrichtung von Landeskirchen seit der Reformation, die zu einer Amalgamierung von Kirchen und politischen Obrigkeiten geführt hatte. Die Erfahrung der Revolutionen, die als Auflösung der christlichen Gesellschaft gedeutet wurden, sowie eine entsprechende prinzipielle Skepsis gegenüber allen auf Veränderung dringenden politischen Impulsen führen zu einer religiös aufgeladenen, positiven Deutung des Obrigkeitsstaates und zu einer Interpretation der geschichtlich gewordenen Machtverhältnisse als einer gottgewollten Schöpfungsordnung, an der zu rütteln eine Versündigung gegen Gott bedeutet. Als theologischer und politischer Vordenker sowie klassischer Vertreter des protestantischen Konservativismus in der ersten Hälfte des 19. Jahrhunderts gilt der lutherische Jurist und Politiker Friedrich Julius Stahl (1802–1861) (vgl. Baumotte 1971; Füßl 1988). Seine Rechtsphilosophie, die eine Verteidigung der Monarchie gegenüber den zeitgenössischen Demokratisierungsbewegungen intendiert, interpretiert in exemplarischer Weise den empirischen Staat als irdisch-äußerliche Variante des Reiches Gottes und als Stufe der Vorbereitung auf das künftige ewige Reich.

(b) Auch der *Nationalprotestantismus* empfängt seine wesentlichen Impulse in der vormärzlichen Verarbeitung von Revolutionserfahrungen und ihrer Kontrastierung mit dem Vorgang der Reformation: Die als verheerend wahrgenommenen Folgen der Französischen Revolution werden, schon etwa bei Hegel, als romanisches Phänomen interpretiert und mit den als positiv interpretierten politischen Wandlungen in den protestantischen Ländern kontrastiert (vgl. Albrecht 1998). In Deutschland hat die religiöse Sanktionierung von Nation und Volk zwischen 1789 und 1933 das gesamte Spektrum von links nach rechts durchlaufen, ist dabei vielfache Verbindungen mit den politischen Strömungen des Konservativismus und Liberalismus eingegangen und ist insofern nicht einfach als Vorläufer totalitär-nationalreligiöser Strömungen des 20. Jahrhunderts zu verbuchen. Neuere Forschungen zum Sakraltransfer wie auch die neuere Nationalismusforschung zeigen jedoch auch, wie stark die politische Konstruktion von Nationalismen durch protestantische Interpretationsmuster erfolgte und wie entsprechend hoch die Resonanz nationaler Konzepte in protestantischen Milieus gewesen ist (vgl. Langewiesche 2000; Smith 1992).

(c) *Protestantischer Liberalismus*: Insbesondere im Umfeld der »Vermittlungstheologie« genannten theologischen Strömung des frühen 19. Jahrhunderts, die angesichts der sich verschärfenden Differenzen zwischen Christentum und moderner Welt eher nach Konzeptionen zur Überbrückung dieser Differenzen fragt, statt auf die Statuierung eines unüberwindlichen Gegensatzes zwischen Christentum und Moderne zu setzen, entstehen früh auch politische Programme einer Interaktion zwischen Christentum und politischer Vernunft. Sie zeichnen sich dadurch aus, dass sie unter Anerkennung der jeweiligen Eigengesetzlichkeiten von Christentum und moderner politischer Vernunft ein historisches wie gegenwärtiges Wechselwirksamkeitsgefüge zwischen Christentum und Politik voraussetzen, freilegen und fruchtbar werden lassen wollen und so eine vorsichtig zustimmende Haltung zu den gesellschaftlich-politischen Modernisierungsprozessen wie etwa den zeitgenössischen Demokratisierungsbestrebungen einnehmen (vgl. Baumotte 1973). Dabei verbinden sich die Skepsis gegenüber Gewissens- oder Gesinnungszuständigkeiten der staatlich-politischen Institutionen und das Vertrauen in die Effizienz zweckmäßiger politischer Vernunft mit hohen moralischen Anforderungen an die politische Verantwortungsfähigkeit des Einzelnen und an die reflektierte Selbstbescheidungskompetenz politischer Machthaber. Protestantischer Liberalismus wird damit, etwa bei seinen klassischen Vertretern wie Friedrich Schleiermacher (1768–1834), Ferdinand Christian Baur (1792–1860), Richard Rothe (1799–1867) oder Ernst Troeltsch (1865–1923), zum Bestandteil eines umfassenden religiösen und politischen protestantischen Bildungsprogramms.

(d) Der *sozialistische Protestantismus* bzw. der *religiöse Sozialismus* entstehen im Wesentlichen im letzten Drittel des 19. Jahrhunderts im Protestantismus als Bewegungen, die christlich-religiöse Gerechtigkeitsvorstellungen mit politischen Impulsen zur Realisierung sozialer Gerechtigkeit und sozialmoralischer Ordnungsvorstellungen verbinden (vgl. Dunkel 1997). Diese keineswegs homogenen Bewegungen haben Vorläufer, die weit in das frühe 19. Jahrhundert hineinreichen, und sie entfalten ihre Wirksamkeit insbesondere nach dem Ersten Weltkrieg und bis hinein in Konzeptionen eines »Revolutionären Christentums« oder einer »Theologie der Befreiung« in den 1960er Jahren (vgl. Rendtorff/Tödt 1968). Prägende Vertreter sind etwa Christoph Blumhardt d. J. (1842–1919) und Leonhard Ragaz (1868–1945), aber auch Paul Tillich (1886–1965). Kennzeichnend für die Bewegungen des religiösen Sozialismus ist, abgesehen von politischer Position und Option, dass sie einerseits, darin den Konservativen strukturverwandt, am Gegensatz zwischen Christentum und moderner Welt festhalten, andererseits, darin Impulse des protestantischen Liberalismus trivialisierend, die geschichtlichen Umbrüche in unbefangener Weise als Aufgabe und Chance zur Realisierung christlicher Wertvorstellung in der Gesellschaft wahrnehmen.

2.2. Kontrastiert und ergänzt werden muss die Systematisierung von Typen der politischen Philosophie des Protestantismus durch ausgewählte Beispiele für das Praktisch-Geworden-Sein der politischen Philosophie des Protestantismus im 20. Jahrhundert. Sie machen, nun auf der praktischen Ebene, ebenfalls die starke Wechselwirksamkeit mit politischen Ideen und Ideologien sowie die hohen Erwartungen an das Politische bis hin zu seiner religiös-moralischen Aufladung deutlich.

(a) *Protestantismus und Drittes Reich* (vgl. Scholder 1977; ders. 1985; Besier 2001): Aufgrund der eingangs beschriebenen hohen Amalgamierungsfähigkeit und -bedürftigkeit zwischen protestantischer Religiosität und politischer Weltgestaltung sind weite Teile des kirchlichen, bürgerlich-öffentlichen und wissenschaftlichen Protestantismus anfälliger als die entsprechenden katholischen Milieus für die nationalsozialistische Ideologie gewesen. Schon die Rechtsbrüche der nationalsozialistischen Regierung in den ersten Regierungsjahren wurden weitgehend kritiklos hingenommen bzw. offen begrüßt. Die Versuche der »Glaubensbewegung ›Deutsche Christen‹« zur Durchsetzung eines reichskirchlich-völkischen Christentums und die Gründung einer Gegenbewegung, der »Bekennenden Kirche«, führten zu einer förmlichen Spaltung der evangelischen Kirche im sog. Kirchenkampf. Der entschlossenen Kooperation der Deutschen Christen mit dem NS-Regime hielt die Bekennende Kirche (nicht zuletzt gegen eine als Trennung von Politik und Glaube interpretierte Zweireichelehre) das dogmatische Konzept der Königsherrschaft Christi entgegen, das mit theokratischen Argumentationsmustern die Unterordnung aller Politik unter das göttliche Gebot forderte. Exemplarisch hierfür ist etwa die maßgeblich von Karl Barth (1886–1968) verfasste Barmer Theologische Erklärung von 1934. Gleichwohl wird man sagen müssen, dass die Kirchen am politischen Widerstand im eigentlichen Sinne kaum Anteil hatten. Die in den Kriegsjahren zwar zunehmenden und schließlich verbreiteten Formen individueller Resistenz und Renitenz im protestantischen Milieu vermochten dem Regime jedoch hinsichtlich seiner rassistischen und kriegerischen Politik keine wirklichen Schwierigkeiten zu bereiten. Man wird allerdings sagen müssen, dass das Verhältnis zwischen Protestantismus und Nationalsozialismus für die Frühzeit des Dritten Reiches besser erforscht ist als für spätere Jahre und für das kirchliche Milieu besser als für andere protestantische Milieus (vgl. Besier 2000). Die Stuttgarter Schulderklärung von 1945 und das Darmstädter Schuldbekenntnis von 1947 formulierten die gewachsene Einsicht, dass der Protestantismus dem politischen Unrecht nicht hinreichend Widerstand entgegengestellt hatte.

(b) Bereits die moderne *Diakonie* des 19. Jahrhunderts hatte nicht nur dienende und helfende Züge, sondern auch politische Motive und Ambitionen. Nach dem Zweiten Weltkrieg ist im Protestantismus im Zuge des rasanten Ausbaus der diakonischen Tätigkeit dieser politische Sinn der Diakonie v.a. in eine sozialpolitische Dimension zugespitzt worden. Die Grundkonzeption des modernen Sozialstaates verdankt sich zu weiten Teilen den in der Diakonie wurzelnden christentumsgeschichtlichen Impulsen, wie umgekehrt die moderne Diakonie zum unverzichtbaren Bestandteil und praktischen Träger des Sozialstaates geworden ist (vgl. Kaiser 1999; Schibilsky 1999).

(c) Das unbewältigte Problem in der politischen Theorie und Praxis des modernen Protestantismus ist von den Anfängen des 19. Jahrhunderts an bis in Zögerlichkeiten der Nachkriegszeit hinein die Haltung zur Demokratie gewesen. Mit der 1985 entstandenen *Demokratiedenkschrift der EKD* (Evangelische Kirche und freiheitliche Demokratie, 1985) erfuhr die Staatsform der liberalen Demokratie erstmals eine eingehende positive Würdigung, die zugleich über die Wandlungen im evangelischen Verständnis des Staates Auskunft gibt. Auf dem Hintergrund historischer Erfahrungen und in der Überzeugung, dass menschlich-geschichtliche politische Ordnungen stets verbesserungsfähig und -bedürftig sind, wird der Wert des freiheitlich-demokratischen Verfassungsstaates anerkannt und bekräftigt.

(d) *Protestantismus in Blüte und Zerfall der DDR*: Mit dem Zusammenbruch der DDR 1989 haben sich alte Fragen zu Theorie und Praxis der politischen Philosophie des Protestantismus neu gestellt (vgl. Rendtorff 1993). Sie betreffen die systemverändernden Potenziale eines politisch gewordenen Protestantismus, der insbesondere in seiner kirchlichen Gestalt maßgeblichen Anteil an der friedlichen Revolution im Herbst 1989 hatte, ebenso wie die zunehmend bekannt gewordenen Formen der Kooperation zwischen Kirchenleuten und Theologen mit dem SED-Regime. Sie beleuchten damit noch einmal alle prinzipiellen Ambivalenzen der Kultur- und Politikoffenheit des Protestantismus und verfeinern die Maßstäbe ihrer Beurteilung.

3.

Es wäre verkehrt, die Mehrdeutigkeiten in der Theorie und Praxis der politischen Philosophie des Protestantismus in eine vermeintliche Eindeutigkeit auflösen zu wollen. Denn gerade in der Mehrdeutigkeit tritt die politische Dimension des Protestantismus scharf hervor. Sie zeigt sich als Ergebnis der neuzeitlichen Geschichte der Wechselwirksamkeit von Politik und Religion und besteht darin, dass in der Moderne das Religiöse genau so wenig noch die exklusive Domäne der Kirchen bildet wie das Politische die exklusive Domäne des Staates darstellt. Das kann, muss aber nicht zwangsläufig die religiöse Aufladung des Politischen nach sich ziehen. Es bedeutet aber in jedem Falle, dass die stets auf die staatlichen und politischen Institutionen auch außerhalb der Kirche bezogene Geschichte protestantischer Frömmigkeit und protestantischer Theologie selbst Teil der politischen Geschichte ist und insofern notwendig an deren Mehrdeutigkeit teilhat.

4.

Albrecht, C., 1998, Revolution I: Neuzeit, in: G. Müller (Hg.), Theologische Realenzyklopädie, Bd. 29, Berlin: de Gruyter.

Albrecht, C., 2003, Vormärz, in: G. Müller (Hg.), Theologische Realenzyklopädie, Bd. 35, Berlin: de Gruyter.

Anselm, R., 2004, Zweireichelehre I: Kirchengeschichtlich, in: G. Müller (Hg.), Theologische Realenzyklopädie, Bd. 36, Berlin: de Gruyter.

Baumotte, M., 1971, Friedrich Julius Stahls und Richard Rothes Version des ›christlichen Staates‹, in: W.-D. Marsch (Hg.), Die Freiheit planen, Göttingen: Vandenhoeck & Ruprecht.

Baumotte, M., 1973, Theologie als politische Aufklärung, Gütersloh: Gütersloher Verlagshaus.

Besier, G., 2000, Kirche, Politik und Gesellschaft im 20. Jahrhundert, München: Oldenbourg.

Besier, G., 2001, Die Kirchen und das Dritte Reich, Bd. 3: Spaltungen und Abwehrkämpfe 1934–1937, Berlin: Propyläen.

Dunkel, D., 1997, Religiöser Sozialismus, in: G. Müller (Hg.), Theologische Realenzyklopädie, Bd. 28, Berlin: de Gruyter.

EKD (Hg.), 1985, Evangelische Kirche und freiheitliche Demokratie, Gütersloh: Gütersloher Verlagshaus 1986.

Füßl, W., 1988, Professor in der Politik: Friedrich Julius Stahl, Göttingen: Vandenhoeck & Ruprecht.

Gollwitzer, H., 1981, Vorüberlegungen zu einer Geschichte des politischen Protestantismus nach dem konfessionellen Zeitalter, Opladen: Rheinisch-Westfälische Akademie der Wissenschaften.

Graf, F. W., 1990, Protestantische Theologie und die Formierung der bürgerlichen Gesellschaft, in: ders. (Hg.), Profile des neuzeitlichen Protestantismus, Bd. 1, Gütersloh: Gütersloher Verlagshaus.

Graf, F. W., 1997, Protestantismus II: Kulturbedeutung, in: G. Müller (Hg.), Theologische Realenzyklopädie, Bd. 27, Berlin: de Gruyter.

Grözinger, A./Pfleiderer, G./Vischer, G. (Hg.), 2003, Protestantische Kirche und moderne Gesellschaft, Zürich: Theologischer Verlag.

Kaiser, J. C., 1999, Diakonie I: Kirchengeschichtlich, in: H. D. Betz u.a. (Hg.), Religion in Geschichte und Gegenwart, Bd. 2, Tübingen: Mohr Siebeck.

Langewiesche, D., 2000, Nation, Nationalismus, Nationalstaat in Deutschland und Europa, München: Beck.

Rendtorff, T., 1970, Christentum zwischen Revolution und Restauration, München: Claudius.

Rendtorff, T. (Hg.), 1993, Protestantische Revolution? Kirche und Theologie in der DDR, Göttingen: Vandenhoeck & Ruprecht.

Rendtorff, T./Tödt, H. E., 1968, Theologie der Revolution, Frankfurt/M.: Suhrkamp 1970.
Schibilsky, M., 1999, Diakonie VI: Praktisch-theologisch, in: H. D. Betz u.a. (Hg.), Religion in Geschichte und Gegenwart, Bd. 2, Tübingen: Mohr Siebeck.
Schmidt, W. (Hg.), 1970, Gesellschaftliche Herausforderung des Christentums, München: Claudius.
Scholder, K., 1977, Die Kirchen und das Dritte Reich, Bd. 1: Vorgeschichte und Zeit der Illusionen, 1918–1934, Frankfurt/M.: Ullstein.
Scholder, K., 1985, Die Kirchen und das Dritte Reich, Bd. 2: Das Jahr der Ernüchterung 1934, Frankfurt/M.: Ullstein.
Smith, H. W., 1992, Nationalism and Religious Conflict in Germany 1887–1914, Ann Arbor: University of Michigan Press.
Stumpf, C./Zaborowski, H. (Hg.), 2004, Church as Politeia, Berlin: de Gruyter.
Walther, C., 1996, Politisches Christentum, Landsberg: Olzog.

Christian Albrecht

Proudhon, Pierre-Joseph (1809–1865)

1.

Proudhon wird häufig und mit gewisser Berechtigung als Vater des Anarchismus angesehen. Zumindest war er wohl der erste, der sich selbst als Anarchist bezeichnete. Er wuchs unter ärmlichen Bedingungen in Besançon auf und musste den Besuch des Gymnasiums infolge der wirtschaftlichen Not seiner Eltern abbrechen. Nach einer Lehre als Schriftsetzer und verschiedenen praktischen Betätigungen ermöglichte es ihm ein Stipendium der Akademie von Besançon, sich in Paris seinen sozialphilosophischen Studien zu widmen. Sein erstes großes Werk *Was ist das Eigentum?* erschien 1840 in Paris (dt. 1894) mit der These: »Eigentum ist Diebstahl«. 1844 machte Proudhon in Paris die Bekanntschaft von Karl Marx. Dessen scharfe Kritik an Proudhons *System der ökonomischen Widersprüche oder Philosophie des Elends* von 1846 (vgl. Marx 1847) wird manchmal als Erklärung für Proudhons Weigerung herangezogen, sich am Brüsseler Korrespondenz-Komitee von Marx und Engels zu beteiligen. Proudhon lehnte später allerdings auch ein von linken Republikanern um Victor Hugo vorgetragenes Kooperationsangebot ab. Seine Ablehnung staatlicher und gewaltsamer Eingriffe zur Regelung der sozialen Frage und des Staatseigentums isolierten ihn nach der Revolution von 1848 von der Arbeiterbewegung. Im zweiten Anlauf wurde er 1848 in die französische Nationalversammlung gewählt. Gleichwohl blieb seine politische Wirkung begrenzt. Seit Ende der 1840er Jahre veröffentlichte Proudhon Artikel in der Zeitschrift *Le peuple*, durch die er immer wieder mit dem Gesetz in Konflikt kam, bis hin zu längeren Gefängnisaufenthalten. 1858–1862 entzog er sich der gerichtlichen Verfolgung, die durch sein Werk über *Die Gerechtigkeit in der Revolution und in der Kirche* ausgelöst worden war, durch Emigration nach Brüssel. Nach seiner Rückkehr nach Frankreich starb Proudhon 1865.

2.

Die wissenschaftliche Qualität der Werke Proudhons wird kontrovers beurteilt. Marx äußerte sich lobend über die Schrift zum Eigentum, beklagte sich aber, er habe vergebens versucht, Proudhon Hegel beizubringen und mokierte sich über Proudhons Liebe zu paradoxen Formulierungen (vgl. Haubtmann 1981, 442 ff.). Andere bemängeln den eklektizistischen Charakter der Werke Proudhons, der als seine Lehrmeister die Bibel, Adam Smith und Hegel benannte. Darüber hinaus wurde er auch von Rousseau stark beeinflusst. Ein Wandel vollzieht sich in seiner Einstellung zu Gott und Religion: Ist Gott 1840 noch »für die Menschheit [...] eine Urthatsache« (Proudhon 1840, 10), so wird er später zur »bösen Illusion« (Crowder 1991, 92).

3.

Ebenso wie Rousseau geht es auch Proudhon um die Erhaltung der persönlichen Freiheit in der menschlichen Gemeinschaft: »Die Freiheit ist unverletzlich. Ich kann meine Freiheit weder verkaufen noch veräußern.« (Proudhon 1840, 30) Doch steht bei ihm nicht der Wille, auch nicht der Gemeinwille, erst recht nicht die Souveränität, sondern Vernunft und Gerechtigkeit im Mittelpunkt der Reflexion: »Was ist Demokratie? Die Souveränität eines Volkes, oder, richtiger gesagt, der Mehrheit einer Nation. Aber das ist immer [...] die Souveränität der Willkür an Stelle der Souveränität der Vernunft, mit einem Worte: die Leidenschaft an Stelle des Rechts.« (Proudhon 1840, 19; vgl. Andreatta 1995, 51 ff.)

Laut Proudhon fordern jene, die »den Contract social zum Koran« machen, nur die Gleichheit vor dem Gesetz, während die Ungleichheit des Vermögens und das Eigentum erhalten bleibe (vgl. Proudhon 1840, 20 ff.; 72). Seiner Auffassung nach muss die Gesellschaft das Eigentum vernichten oder zugrunde gehen. Bei seiner Argumentation bedient er sich der traditionellen Unterscheidung zwischen direktem Besitz, den er anerkennt, und Eigentum, das in dem Augenblick zu bekämpfen ist, wo es die uneingeschränkte Herrschaft über Dinge einschließt, von der andere ausgeschlossen sind. Anerkannt werden kann Eigentum in dem Maß, in dem es für alle gleich ist. Diese Bedingung sieht er bei einem durch Arbeit erworbenen Besitz erfüllt, nicht jedoch bei einem durch Okkupation angeeigneten (vgl. ebd., 86 f.), weshalb im Zustand der Gerechtigkeit die Arbeit das Eigentum »zerstöre« (ebd., 117), d. h. durch mit Arbeit erworbenen Besitz ersetze. Proudhons »Mutualismus« bevorzugt eine gleichmäßige gesellschaftliche Verteilung des Privateigentums auf zahlreiche Besitzer gegenüber einem System des Staatseigentums: »Der Kommunismus ist Unterdrückung und Knechtschaft.« (ebd., 211)

Proudhons unmittelbare Wirkung in der Arbeiterbewegung blieb trotz einiger Erfolge begrenzt, doch feierten ihn für die Geschichte des Anarchismus so entscheidende Gestalten wie Bakunin und Sorel als ihren Lehrer.

4.

Proudhon, P.-J., 1840, Was ist das Eigentum?, Wien: Monte verità 1992.

Proudhon, P.-J., 1846, System der ökonomischen Widersprüche oder Philosophie des Elends, Berlin: Kramer 2003.

Proudhon, P.-J., 1849, Die Bekenntnisse eines Revolutionärs, Frankfurt/M.: AV 2000.

Proudhon, P.-J., 1858, Die Gerechtigkeit in der Revolution und in der Kirche, Hamburg: Meißner 1996.

Proudhon, P.-J., 1982, Œuvres Complètes, Genf: Slatkine.

Andreatta, D., 1995, L'ordine nel primo Proudhon, Padova: Cedam.

Ansart, P., 1984, Proudhon, Paris: Librairie Générale Française.

Colson, D., 2001, Petit lexique philosophique de l'anarchisme, Paris: Librairie Générale Française.

Crowder, G., 1991, Classical Anarchism, Oxford: Clarendon Press.

Dagognet, F., 1997, Trois philosophies revisitées: Saint-Simon, Proudhon, Fourier, Hildesheim: Olms.

Haubtmann, P., 1982, Pierre-Joseph Proudhon, Paris: Beauchesne.

Hoffman, R., 1972, Revolutionary Justice. The Social and Political Theory of P.-J. Proudhon, Urbana: University of Illinois Press.

Marx, K., 1847, Das Elend der Philosophie, in: MEW, Bd. 4, Berlin: Dietz 1972.

Vincent, K. S., 1984, Pierre-Joseph Proudhon and the Rise of French Republican Socialism, New York: Oxford University Press.

MATTHIAS KAUFMANN

Pufendorf, Samuel Freiherr von (1632–1694)

1.

Nach einem Magisterstudium in Leipzig und Jena in den Fächern Mathematik, Theologie und Jura wurde Pufendorf zunächst Diplomat im schwedischen Dienst. Aufgrund einer Kriegserklärung inmitten seiner Verhandlungstätigkeit für acht Monate inhaftiert, begann Pufendorf an seiner Rechtstheorie, genauer an seinen *Elementorum Jurisprudentiae*

Universalis zu arbeiten. Nach deren Veröffentlichung 1660 erhielt Pufendorf den weltweit ersten Lehrstuhl für Natur- und Völkerrecht an der Universität Heidelberg. Aufgrund von umstrittenen Äußerungen über die Institution des Heiligen Römischen Reichs Deutscher Nation (vgl. u.a. *De Statu Imperii Germanici* 1667 und *De Systematibus Civitatum* 1668) musste Pufendorf 1668 Heidelberg verlassen. 1670 wurde er an die Universität Lund berufen und veröffentlichte dort sein Hauptwerk *De Iure Naturae et Gentium* (*Acht Bücher von Natur und Völkerrecht*) 1672. Anschließend wurde er Historiograph und Berater mehrerer Fürsten, u.a. des Kurfürsten Karl-Ludwig, sodann des schwedischen Königs und Friedrich-Wilhelms von Hohenzollern.

2.

Pufendorf setzt sich zunächst in den *Elementorum Jurisprudentiae Universalis* (1660) zum Ziel, aus allen einzelnen Gesetzen und Rechtsbestimmungen allgemeine Grundsätze des Rechts zu gewinnen. In der *Epistola ad Boineburgium* setzt er dieselbe Methode ein, um aus der Beobachtung für ihn wesentlicher Moralbegriffe wie Zurechnung (*imputatio*), Pflicht (*obligatio*), Verdienst, Sanktion und Gewalt die Grundsätze des Naturrechts zu finden und ein konsistentes, rationales und universelles Rechtssystem zu erarbeiten. In einer zweiten Phase seines Werkes entwickelt Pufendorf seine Naturrechtslehre aus dem Naturgesetz und einer grundlegenden Anthropologie. In *De Iure Naturae et Gentium* (1672) leitet Pufendorf die Geselligkeit aus einer Kombination von Wille, Selbsterhaltungstrieb und der Vernunft (ratio) ab, die das von Gott gegebene Naturgesetz erkennen und dem schwachen bzw. verdorbenen Trieb ggf. entgegensteuern kann (Buch I). Anders als Grotius unterscheidet Pufendorf nämlich zwischen moralischen und physischen Dingen hinsichtlich ihres ontologischen Status: Moralische Dinge sind nicht durch die Natur gegeben, sondern müssen gestiftet werden; unsere Werturteile sind gestiftet (vgl. Buch I, Kap. II; Schneewind 1998, 119f.). Sodann (Buch II) befasst er sich mit dem Naturzustand und entwickelt die Pflichten gegen andere, die Pflicht zur Geselligkeit, zur natürlichen Gleichheit und zur Einhaltung der Versprechen, auf welche sich seine Vertragstheorie gründet. Nachdem Pufendorf das Eigentum und dessen Erwerbung (Bücher IV–V) (gegen Grotius unterscheidet er einen negativen ursprünglichen Gemeinbesitz von einem positiven ursprünglichen Gemeinbesitz, vgl. Buch IV, Kap. IV) sowie die Ehe (Buch VI) behandelt hat, entwirft er seine Theorie der Staatsordnung, der allein er – im Gegensatz zum Völkerrecht als bloßem Naturrecht – positive Geltung zuerkennt. Pufendorf gliedert *De Officio Hominis et Civis Iuxta Legem Naturalem* (1673) in ein erstes Buch über die individuelle Moral und ein zweites Buch über die Entstehung der Bürgergesellschaften. Dem ersten Buch liegt die Unterscheidung zwischen den schon im Naturzustand geltenden unbedingten Pflichten und den sich aus Verträgen und sonstigen Versprechen ergebenden bedingten Pflichten zugrunde. Im Mittelpunkt des zweiten Buchs steht ein doppelter Vertrag: (1) ein Gesellschaftsvertrag, durch welchen die Bürgergesellschaft als Vereinigung der Willen aller entsteht, um Sicherheit und Frieden zu stiften; und (2) ein Vertrag zwischen Staat und Souverän, der die Regierungsform bestimmt. Die daraus hervorgehende Souveränität lässt sich Pufendorf zufolge ohne Gefahr für die Bürgergesellschaft nicht teilen. Schon in *De Systematibus Civitatum* (1668) vertritt Pufendorf die Ansicht, die auch seiner Kritik an dem Heiligen Römischen Reich Deutscher Nation in *De Statu Imperii Germanici* (1667) zugrunde liegt: In einer Staatenverbindung herrscht das Prinzip der Gleichordnung zwischen den Staaten, während in einem Einzelstaat die einzelnen Bürger dem Souverän unterworfen sind. Deshalb kann keine positiv geltende Rechtsordnung in einer Staatenverbindung herrschen, sondern nur das bloße Naturrecht. Allerdings hat der Souverän Pflichten seinen Bürgern gegenüber, denen er etwa die Religionsfreiheit gewähren soll (siehe *De Habitu Religionis Christianae ad Vitam Civilem*, 1687) – obwohl sowohl der Staat als auch die Religion auf dem Gesetz Gottes gegründet sind.

3.

Anders als im frühmodernen Naturrecht – etwa bei Grotius – üblich findet man bei Pufendorf keinen Rückgriff auf die klassische Literatur. Pufendorf konstruiert sein System aus der Vernunft als Interpretin des göttlichen Naturgesetzes sowie aus einer grundlegenden Anthropologie: Wille, Instinkt – u.a. der Instinkt der Selbsterhaltung sowie der Eigenliebe –, Zurechnung, Sanktionen usw. sind die Grundbegriffe, auf denen Pufendorf seine politische Theorie aufbaut. Der legitimierende Zweck der Rechts- und Staatsordnung ist Friede und Sicherheit, welche für Pufendorf höhere Güter darstellen als die Befriedigung der Bedürfnisse und die Geselligkeit selbst. Dem Gemeingut der Sicherheit wird nicht nur ein höherer Wert als der Wohlfahrt zugesprochen, sondern es ersetzt jegliche teleologische bzw. perfektionistische Rechtfertigung der Rechts- und Staatsordnung (etwa aus dem Vollkommenheitsstreben der menschlichen Natur). Die Vernunft kann durch die Rechts- und Staatsordnung nur teilweise dem Instinkt und der Eigenliebe entgegenwirken; die menschliche Natur bleibt grundlegend schwach und verdorben. So wie später Rousseaus Bürgergesellschaftsvertrag behauptet Pufendorf sowohl die Identität der Befehlenden und der Gehorchenden im Gesellschaftsvertrag als auch die Unterscheidung zwischen dem Gesellschaftsvertrag aller Bürger miteinander und der Frage der Regierungsform sowie der Übertragung der Macht an den Regierenden. Erst im Gesellschaftsvertrag wird aus instinktgeleiteten Praktiken – wie z.B. der Rache – Recht unter rationalen Prinzipien – etwa das generalpräventive Strafrecht. Allerdings bleiben die Staaten unter sich im Naturzustand, in dem nur das Naturrecht herrscht, jedoch keine Bürgergesellschaft besteht: Das Völkerrecht beruht lediglich auf moralischen Postulaten und gilt – anders als bei Grotius – nicht als positives Recht. Infolge dessen spielt die gegenseitige Hilfeleistung und die Kooperation zwischen Ländern bei Pufendorf eine wesentlich größere Rolle als bei Grotius. Gegen Grotius verbietet Pufendorf die Besiedlung leerer Gebiete eines fremden Souveräns sowie auch die Bestrafung fremder Souveräne, die Grotius' Kriegsrecht vorsieht. (vgl. Tuck 1999, Kap. 5) Um die innere Sicherheit bewahren zu können, muss die Souveränität ungeteilt sein, was Pufendorf dazu führt, Staatsräson und politischen Absolutismus zu rechtfertigen, solange die Grundrechte der Bürger – auf Sicherheit, aber etwa auch, wie bei Locke, auf Religionsfreiheit – gewährleistet sind. Damit legt Pufendorf die Grundsteine der klassischen modernen Lehre der Vertragstheorie und der völkerrechtlichen Souveränität.

4.

Pufendorf, S. v., 1667, Über die Verfassung des Deutschen Reiches, Frankfurt/M.: Insel 1994.

Pufendorf, S. v., 1672, Acht Bücher von Natur und Völkerrecht, Hildesheim: Olms 1998.

Pufendorf, S. v., 1673, Über die Pflicht des Menschen und des Bürgers nach dem Gesetz der Natur, Frankfurt/M.: Insel 1994.

Pufendorf, S. v., 1995, Kleine Vorträge und Schriften, Frankfurt/M.: Klostermann.

Pufendorf, S. v., 1996ff., Gesammelte Werke, Berlin: Akademie.

Döring, D., 1992, Pufendorf-Studien, Berlin: Duncker & Humblot.

Haakonssen, K. (Hg.), 1999, Grotius, Pufendorf and Modern Natural Law, Aldershot: Ashgate.

Palladini, F./Hartung, G. (Hg.), 1996, Samuel Pufendorf und die europäische Frühaufklärung, Berlin: Akademie.

Schneewind, J. B., 1998, The Invention of Autonomy, Cambridge: Cambridge University Press.

Tuck, R., 1999, The Rights of War and Peace, Oxford: Oxford University Press.

Zurbuchen, S., 1991, Naturrecht und natürliche Religion, Würzburg: Königshausen & Neumann.

Jean-Christophe Merle

Q

Quotierung

1.
Quotierung reagiert auf das Problem der Unterrepräsentation von Gruppen. Sie ist ein Schlagwort für Regelungen, die in den Wettbewerb um Ausbildungsplätze, Arbeitsplätze, Ämter und Funktionen eingreifen, indem sie die vorrangige Berücksichtigung von historisch und aktuell benachteiligten Gruppen (Frauen, Angehörige von ethnischen Minderheiten, Behinderte) vorsehen. Deren Unterrepräsentation wird als Ergebnis einer rechtlichen und sozialen Struktur gesehen, die es ihnen erschwert, in aussichtsreiche, lukrative und mächtige Positionen vorzudringen (»strukturelle Diskriminierung«, Rössler 1993, 8). Wer für Quotierung plädiert, hält formale Gleichheit im Rechtsstaat für nicht ausreichend, um im Einzelnen nur schwer fassbare diskriminierende Mechanismen auszuschalten.

»Quotierung« steht demnach als Kürzel für verschiedene Maßnahmen »umgekehrter« bzw. »positiver Diskriminierung« oder »vorrangiger Berücksichtigung«, die bis zum Erreichen einer bestimmten Repräsentation gesetzt werden sollen, um eine ausgewogene Verteilung gesellschaftlich hoch bewerteter Ämter und Positionen zu erreichen. So kann etwa ein Kontingent von Positionen bereitgestellt werden, um das nur Angehörige definierter unterrepräsentierter Gruppen konkurrieren. Es gibt Regeln, durch die Mitgliedern benachteiligter Gruppen bei gleicher oder hinreichender Qualifikation der Vorrang eingeräumt wird. Verbreitet sind Quoten im Rahmen demokratischer Repräsentation. Solche Quoten können »starr« sein – etwa ein »Reißverschlusssystem« – oder als bloße Zielvorstellungen figurieren. Variabel wie die Art der Quotierung ist auch die Höhe der Quote, die sich an verschiedenen Ausgangslagen orientieren kann. Maßstab kann die Größe der Gruppe als Ganzer oder die Prozentzahl der Gruppenmitglieder am Arbeitsmarkt sein. Als Ziel wird eine proportionale Repräsentation, das Erreichen einer »kritischen Masse« oder, v.a. bei kleinen Gruppen, die Repräsentation zumindest eines Gruppenmitglieds verfolgt.

2.
Quotierung war in den 1970er Jahren Gegenstand einer lebhaften Debatte in den Vereinigten Staaten. Nach dem Ende der rechtlichen Legitimation der Rassentrennung kam es in den USA zu einer Politik der Desegregierung, die mit unterstützenden Maßnahmen einherging, um die Nachteile von ethnischen Minderheiten auszugleichen. Im Zuge dessen entwickelte sich eine Kontroverse darüber, ob die Verfassung »farbenblind« zu sein habe oder ob es ein Gebot der Gleichheit sei, Hautfarbe und Herkunft oder auch das Geschlecht in Entscheidungsprozesse einzubeziehen. In Europa wird die Zulässigkeit von Quotierung in Frauenförderungsprogrammen seit Anfang der 1990er Jahre im Bereich des Verfassungs- und Europarechts diskutiert.

3.
Quotierte Vorrangregeln sind im Licht der Frage nach der Gleichheit im Allgemeinen und der Chancengleichheit im Besonderen umstritten. Quotierung bringt eine an Ergebnissen orientierte Perspektive ein, die Gleichheit bzw. eine ausgewogene Repräsentation

anstrebt. Debattiert wird, ob die *Rechte* der überproportional Repräsentierten durch Quotierung *verletzt* werden, oder ob bloß ihre *Interessen* zurücktreten sollen, um die Interessen ansonsten marginalisierter Individuen oder jene der »Gemeinschaft« zu wahren (vgl. Thomson 1973). Im Gegenzug wird gefragt, ob Quotierung *geboten* ist, um die Rechte der davon potenziell Begünstigten zu *wahren,* oder ob es sich jedenfalls um ein *erlaubtes Mittel* handelt. Diese Fragen sind jeweils nicht abstrakt, sondern nur gesondert für einzelne geplante Maßnahmen zu behandeln. Die Maßstäbe für die Beurteilung sollen im Folgenden dargelegt werden.

Als Grundfrage gilt in der philosophischen Debatte, ob es zulässig ist, dass ein moralisch irrelevantes Kriterium wie das Geschlecht, die Herkunft oder die Hautfarbe zur vorrangigen Berücksichtigung bei der Verteilung knapper Güter führen kann (vgl. Nagel 1973; Nickel 1972). »Moralisch irrelevant« heißt, dass ein solches Kriterium an sich nicht als Grundlage dafür herangezogen werden darf, jemanden ungleich zu achten oder zu berücksichtigen. Prinzipiell ist festzuhalten, dass eine differenzierende Behandlung nicht absolut unzulässig ist. Allerdings ist die Relevanz eines solchen Merkmals zu begründen. Im Fall der Quotierung wird auf das Vorliegen einer im Einzelfall oft schwer fassbaren, diskriminierenden Struktur verwiesen, durch welche das marginalisierende Merkmal in Entscheidungen einfließt. Quotierung macht dies explizit und kehrt das Verhältnis um: Das vormals nachteilige Kriterium wird zum Vorteil.

Von Quotierungsgegnern wird bezweifelt (vgl. Wolf-Devine 1993), ob die unproportionale Verteilung lukrativer Positionen tatsächlich Ergebnis einer diskriminierenden Struktur ist. Kritisch wird vorgebracht, Diskriminierung sei als Phänomen zu amorph, um Erklärungswert zu haben. Die diskriminierten Gruppen seien heterogen und insgesamt sei die gegebene Verteilungsstruktur auf unterschiedliche Interessen und Lebenspläne zurückzuführen.

3.1. Zur Legitimation von Quotierung werden drei Ansätze vertreten: Quotierung als Mittel (a) zur Kompensation von früherer Diskriminierung, (b) zur Herstellung von materieller (Chancen-)Gleichheit, (c) zur Herstellung von Vielfalt. Eingeflochten in diese Ansätze sind Erwägungen etwa über die Notwendigkeit oder zumindest gesellschaftliche Nützlichkeit von »Rollenvorbildern«.

(a) Der Kompensationsansatz wurde vorwiegend in den Vereinigten Staaten in den 1970er Jahren vertreten (vgl. Thomson 1973). Er geht davon aus, dass die Gesellschaft durch diskriminierende Gesetze, Haltungen und Handlungen den davon betroffenen Gruppen Unrecht zugefügt hat und für dieses Unrecht Kompensation zu leisten hat. Solche Kompensation könne in Form der vorrangigen Berücksichtigung einzelner Mitglieder der betroffenen Gruppen geleistet werden. Arbeitsplätze wären als Mittel der Kompensation prädestiniert, stellten sie doch die durch Diskriminierung entzogene persönliche Gewissheit her, ein vollwertiges Mitglied der Gesellschaft zu sein. Rechte würden durch solche Maßnahmen nicht verletzt, weil niemand ein Recht auf einen bestimmten Arbeitsplatz habe und der Anspruch eines Mitglieds einer diskriminierten Gruppe auf einen gesellschaftlichen Vorteil, wie dies ein Arbeitsplatz ist, eben höher sei.

Kritisch wird gegen den Kompensationsansatz vorgebracht (vgl. Fullinwider 1986), es sei nicht plausibel, die vorrangige Berücksichtigung einzelner Personen bei der Verteilung erstrebenswerter Güter als Kompensation für die Gruppe gelten zu lassen. Zudem werde die Last der Kompensation vorwiegend jenen auferlegt, die selbst nicht für vergangene Diskriminierung verantwortlich gemacht werden können: jenen jungen weißen Männern, die mit Mitgliedern von (vormals, jetzt aber nicht mehr) diskriminierten Gruppen um die begehrten Positionen konkurrieren. Dass sie vom Unrecht der Diskriminierung profitiert hätten, reiche nicht aus, sie ihres Rechts auf Chancengleichheit zu berauben. Vergangenes Unrecht könne nicht durch gegenwärtige ungerechte Behandlung der angeblichen Profiteure gut gemacht werden. Dieser Argumentation kann entgegengehalten werden, dass die Gegenüberstellung – Kompensation für die Gruppe durch Bevorzugung eines Individuums gegen Benachteiligung eines anderen Individuums – die Ebene verfehlt. Kompensatorisch ist nicht der individuelle Profit für eine Person, sondern das *Programm*, das es Angehörigen benachteiligter Gruppen ermöglicht, in den Genuss vorrangiger Berücksichtigung zu kommen, wie sie ehedem als Gruppenangehörige benachteiligt worden sind.

(b) Während die Vertreterinnen und Vertreter der Kompensationstheorie mit vergangenem, wenngleich fortwirkendem Unrecht argumentieren, richtet sich der Fokus des Chancengleichheitsansatzes auf die Zukunft. Die Quote soll als »Brecheisen« (Somek 1997, 258) dienen, mit dessen Hilfe aktuelle Vorurteilsstrukturen aufgebrochen werden. Quotierung würde den davon Begünstigten ermöglichen, unter Beweis zu stellen, dass sie den in den einzelnen Feldern gestellten Anforderungen ebenso gut entsprechen können. Die Pointe besteht darin, durch das Anwenden von an sich irrelevanten Kriterien wie Geschlecht oder ethnische Herkunft erst die unparteiliche Anwendung der relevanten Kriterien zu sichern. Damit löst sich das scheinbare Paradox der Anwendung von Quotenregelungen auf: dass durch ungleiche Behandlung Gleichheit realisiert werden soll (vgl. Fullinwider 1986). Das Resultat, so die Hoffnung, ist ein Aufbrechen diskriminierender Gesellschaftsstrukturen, in denen Angehörige bestimmter Gruppen vorwiegend als Stereotypen wahrgenommen werden.

Auch gegen die Chancengleichheitsargumentation wird kritisch vorgebracht, sie nehme die Rechte der »Quotenverlierer« nicht ernst. Solch eine bevorzugende Differenzierung könne nicht »gutartig« sein. Dem entgegnet Dworkin (1977) mit dem Hinweis, dass das grundlegende Recht jeder Person auf gleiche Achtung und Rücksichtnahme nicht notwendigerweise ein Recht auf formal gleiche Behandlung impliziert. Wenn ungleich behandelt wird, dann dürfe nicht zum Ausdruck gebracht werden, dass die davon Betroffenen geringer geachtet und berücksichtigt werden; ungleiche Behandlung dürfe sich nicht in ein System der Benachteiligung einfügen. Deshalb sind für Dworkin auch Quotenregelungen legitim. Sie fügen sich nicht ein in ein System der Diskriminierung weißer Männer. Sie dienen nur dazu, (Start-)Nachteile, die Mitglieder diskriminierter Gruppen erleiden, auszugleichen und sie greifen an wenigen Punkten unter streng definierten Auflagen, indem sie vorrangigen Zugang zu erstrebenswerten Gütern vermitteln.

(c) Auf das Ziel der Vielfalt wird in zweierlei Weise rekurriert (vgl. Bergman 1996): Einerseits wird sie als Wert an sich angesehen; andererseits wird ihr eine instrumentelle Rolle beigemessen, indem Vielfalt zur Steigerung der Qualität der Ausbildung oder von Entscheidungen führe. Demokratiepolitisch wird argumentiert, dass Angehörige der verschiedenen gesellschaftlichen Gruppen in Repräsentationsorganen vertreten sein müssen, damit die speziellen Probleme und Bedürfnisse der Gruppen in angemessener Weise wahrgenommen werden. Das gilt freilich nicht nur für marginalisierte Gruppen. Vielfalt verteilt Macht und verhindert die Anhäufung von Einfluss und Privilegien bei uniformen Eliten.

Die Kritik (vgl. Sher 1999) bringt vor, dass Vielfalt an sich kein Wert ist und zum Bumerang werden kann, wenn dafür nicht bestimmte Kriterien gelten. So wird befürchtet, dass das Argument zum Ausschluss missliebiger Gruppen führen kann, indem vorgebracht wird, sie seien überproportional vertreten.

3.2. Häufig wird vermutet, Quotierung führe zur Aufnahme von minder qualifizierten Personen und führe daher zu Effizienzverlusten. Dieses Argument kann insofern relativiert werden, als die quotierten Ämter und Positionen nur an solche Anwärterinnen und Anwärter vergeben werden, die zumindest hinreichend qualifiziert sind. Wenn die Vorrangregel bei gleicher Qualifikation greifen soll, ist das Argument hinfällig.

Quotierungsmaßnahmen werden verdächtigt (vgl. Thernstrom/Thernstrom 2002), die

Vorstellung zu befördern, dass die Mitglieder davon begünstigter Gruppen ansonsten keinen Erfolg haben könnten, weil ihre Qualifikationen nicht ausreichten, um im Wettbewerb zu bestehen (Stichwort »Quotenfrau«). Nicht gesellschaftliche Vorurteile, sondern Maßnahmen der Quotierung würden also stigmatisieren.

Aus der Perspektive einer weiter gehenden Kapitalismuskritik wird vorgebracht, dass Quotierung nichts an der hierarchisierenden Verteilung von Macht, Reichtum und Privilegien ändert, dass sie also nicht weit genug geht (vgl. Nagel 1973). Es sei fragwürdig, Kompensation oder Gleichheit davon abhängig zu machen, dass jemand im Wettbewerb auf dem Markt reüssiert. Die damit verbundene Ungerechtigkeit werde durch Quotierung nicht adressiert; sie würde im Gegenteil gerade dazu dienen, die herrschende Gesellschaftsstruktur zu verschleiern, indem suggeriert wird, jeder und jede könne an bestimmten Privilegien partizipieren. Andererseits wird Quotierung, wenn sie greift, sehr wohl eine egalisierende Tendenz zugeschrieben, indem sich die mit bestimmten Positionen verbundenen Privilegien durch die Partizipation bislang davon Ausgeschlossener vermindern (vgl. Somek 1997).

3.3. Die Frage danach, was das Recht auf Gleichheit vor dem Gesetz gebietet, stellt sich im Kontext der Konzeption der Verhältnismäßigkeit von gleichheitswirksamen Maßnahmen. In der Rechtswissenschaft hat sich weitgehend die Ansicht durchgesetzt, dass formale Gleichheit allein, verbunden mit der Idee der Konkurrenz von Individuen auf dem freien Markt, nicht hinreicht, um das Gebot der Gleichheit vor dem Gesetz zu realisieren. So verbinden sich Antidiskriminierungsbestimmungen vielfach mit fördernden Maßnahmen, welche strukturelle Wirkungen zeitigen sollen, und der Vorgabe, Machtungleichgewichte im Verhältnis verschiedener Gruppen seien bei der Gestaltung von Politik zu berücksichtigen (so etwa im Konzept des »Gender Mainstreaming«). Ob Quotenregelungen im Rahmen von Förderungspolitik eine legitime Maßnahme darstellen, war Gegenstand mehrerer vieldiskutierter Entscheidungen sowohl im US-amerikanischen Recht als auch im Europarecht.

3.4. Im Bereich *universitärer Ausbildung* wurden etwa Kontingente von Studienplätzen bestimmt, um welche ausschließlich die im Schnitt gemäß der angewendeten Tests schlechter qualifizierten Angehörigen definierter Minderheiten konkurrieren konnten. Die Befürworter begründeten dies mit der Notwendigkeit, vergangenes Unrecht zu kompensieren, Chancengleichheit und Vielfalt unter den Studierenden herzustellen. In einer komplexen Mehrheitsentscheidung erklärte der US-amerikanische Supreme Court solche Quoten im Fall *University of California Regents v. Bakke* (1978) für *unzulässig*. Allerdings durften Hautfarbe und ethnische Herkunft beim Auswahlverfahren eine Rolle spielen, wenn die individuelle Berücksichtigung jedes Kandidaten und jeder Kandidatin verbürgt war. Als einziger legitimer Grund dafür wurde die Herstellung von Vielfalt unter den Studierenden angesehen. Diese Argumentation und die damit legitimierten Programme wurden im Jahr 2003 mit knapper Mehrheit bestätigt (*Grutter v. Bollinger et al*). Förderungsmaßnahmen, die *private Unternehmen* anstellen, um auf früherer Diskriminierung basierende Unterrepräsentationen zu überwinden, sind zulässig, wenn sie eng gefasst sind und wenn die Interessen weißer Männer nicht übermäßig beeinträchtigt werden.

3.5. Im Europarecht wird Quotierung vorwiegend anhand von Frauenquoten debattiert. Die Gleichheit von Frauen und Männern ist ein fundamentales Recht. Ausnahmen sind nur in eng definierten Grenzen zulässig. Dazu gehört die Förderung der Chancen von Frauen. Ob verschiedene Varianten von quotierten Vorrangregeln darunter fallen, hatte der Europäische Gerichtshof bereits mehrfach zu entscheiden. In einem ersten Urteil von 1995 (*Kalanke gegen Freie Hansestadt Bremen*) wurde eine Bestimmung, die bis zum Erreichen einer Quote von fünfzig Prozent den »absoluten und unbedingten« Vorrang einer Frau bei gleicher Qualifikation wie der bestgeeignete Mitbewerber vorsah, für europarechtswidrig erklärt: Sie setze an die Stelle der Förderung von Gleichheit das Ergebnis und diskriminiere dadurch männliche Bewerber. Diese Vorgabe wurde in einer weiteren Entscheidung insofern modifiziert, als die quotierte Vorrangregel zulässig ist, wenn sie mit einer »Härteklausel« kombiniert wird (*Marschall gegen Nordrhein-Westfalen,* 1997). Angehörige der unterrepräsentierten Gruppe dürfen bei gleicher Qualifikation nur vorrangig berücksichtigt werden, *wenn nicht* in der Person des gleich qualifizierten Mitbewerbers besondere Gründe liegen, die seine Berücksichtigung als geboten erscheinen lassen. Diese Gründe dürfen wiederum nicht auf Stereotypen beruhen, welche die Angehörigen der strukturell benachteiligten Gruppe diskriminieren. Die Legitimität der Vorrangregel wird damit begründet, dass »selbst bei gleicher Qualifikation die Tendenz besteht, männliche Bewerber vorrangig vor weiblichen Bewerbern zu befördern«. In einer weiteren Entscheidung verwarf der EuGH 2000 ein nationales Programm, das die *hinreichende* Qualifikation einer Bewerberin für speziell destinierte Positionen die *bessere* Qualifikation des Mitbewerbers ausstechen lassen wollte (*Katarina Abrahamsson und Leif Anderson gegen Elisabet Fogelqvist*). Eine solche Regel sei unverhältnismäßig.

4.

Bergman, B. R., 1996, In Defense of Affirmative Action, in: S. M. Cahn (Hg.), The Affirmative Action Debate, London: Routledge 2002.

Dworkin, R., 1977, Umgekehrte Diskriminierung, in: B. Rössler (Hg.), Quotierung und Gerechtigkeit, Frankfurt/M.: Campus 1993.

Fullinwider, R., 1986, Umgekehrte Diskriminierung und Chancengleichheit, in: B. Rössler (Hg.), Quotierung und Gerechtigkeit, Frankfurt/M.: Campus 1993.

Nagel, T., 1973, Bevorzugung gegen Benachteiligung?, in: B. Rössler (Hg.), Quotierung und Gerechtigkeit, Frankfurt/M.: Campus 1993.

Nickel, J. W., 1972, Discrimination and Morally Relevant Characteristics, in: S. M. Cahn (Hg.), The Affirmative Action Debate, London: Routledge 2002.

Peters, A., 1999, Women, Quotas and Constitutions, Dordrecht: Kluwer.

Rössler, B., 1993, Quotierung und Gerechtigkeit, in: dies. (Hg.), Quotierung und Gerechtigkeit, Frankfurt/M.: Campus 1993.

Sher, G., 1999, Diversity, in: S. M. Cahn (Hg.), The Affirmative Action Debate, London: Routledge 2002.

Somek, A., 1997, Rechte und Quoten, in: Archiv für Rechts- und Sozialphilosophie 83.

Thernstrom, S./Thernstrom, A., 2002, Does Your »Merit« Depend upon Your Race?, in: S. M. Cahn (Hg.), The Affirmative Action Debate, London: Routledge.

Thomson, J. J., 1973, Bevorzugung auf dem Arbeitsmarkt, in: B. Rössler (Hg.), Quotierung und Gerechtigkeit, Frankfurt/M.: Campus 1993.

Wolf-Devine, C., 1993, Proportional Representation of Women and Minorities, in: S. M. Cahn (Hg.), The Affirmative Action Debate, London: Routledge 2002.

Elisabeth Holzleithner

R

Radbruch, Gustav (1878–1949)

1.

Gustav Radbruch wurde in Lübeck geboren. Er studierte Jura in München, Leipzig und Berlin. 1902 promovierte er bei Franz von Liszt und habilitierte sich 1903 in Heidelberg mit einer Arbeit über den Handlungsbegriff im Strafrecht. Nachdem er zunächst als Privatdozent in Heidelberg und später dort und in Königsberg als außerordentlicher Professor tätig war, lehrte er als ordentlicher Professor ab 1919 in Kiel und ab 1926 in Heidelberg. 1933 von den Nationalsozialisten aufgrund seines politischen Engagements entlassen, nahm er 1945 in Heidelberg seine Lehrtätigkeit wieder auf. Neben seiner wissenschaftlichen Tätigkeit war Radbruch bereits während seiner ersten Zeit in Heidelberg bei der Fortschrittlichen Volkspartei und ab 1919 bei den Sozialdemokraten politisch aktiv. Er war von 1920–24 Mitglied des Deutschen Reichstages und hatte von 1921–23 zweimal das Amt des Reichsjustizministers inne. Radbruch starb 1949.

2.

Neben strafrechtlichen, rechtsphilosophischen und rechtstheoretischen Inhalten behandelt Radbruch ein breites Themenspektrum und befasst sich z.B. auch mit rechts-, geistes- und kulturgeschichtlichen, kulturpolitischen und politisch relevanten religiösen Fragen. Umfassend stellt er seine frühe Rechtsphilosophie in seiner *Rechtsphilosophie* (1932) dar. Für seine späteren, geänderten rechtsphilosophischen Positionen sind insbesondere sein Aufsatz »Gesetzliches Unrecht und übergesetzliches Recht« (1946) sowie die »Vorschule der Rechtsphilosophie« (1948a) einschlägig. Seine Lehre von der »Natur der Sache« führte er insbesondere in seinem Aufsatz »Die Natur der Sache als juristische Denkform« (1948c) aus. Für seine strafrechtlichen Positionen ist nicht zuletzt der von ihm als Minister 1922 vorgelegte *Entwurf eines Allgemeinen deutschen Strafgesetzbuches* aufschlussreich.

3.

3.1. Radbruch begründet eine materiale Rechtslehre und wendet sich damit gegen den rein formalen Rechtsbegriff seiner Zeit. Dabei stellen sich seine rechtsphilosophischen Positionen bis 1933 teilweise anders dar als nach 1945. Im Sinne des Heidelberger Neukantianismus vertritt er zunächst einen strikten Dualismus von Sein und Sollen und nimmt – beeinflusst insbesondere durch Emil Lask – einen werttheoretischen Ansatz an. *Recht* ist für Radbruch damit auf die Verwirklichung von Werten gerichtet. In Verbindung mit seiner Überzeugung, dass Werte wissenschaftlich nicht erkannt werden können, folgt daraus Radbruchs werttheoretischer Relativismus, mit dem er zwar die Wertbezogenheit des Rechts anerkennt, jedoch ablehnt, bestimmte Werte als Grundlage für Recht erkennen zu können. Die Wertbezogenheit des Rechts drückt sich in der »Rechtsidee« aus, an der Recht orientiert sein muss. Sie setzt sich aus Gerechtigkeit (die Radbruch als formales Gleichheitsprinzip versteht), Zweckmäßigkeit (Gemeinwohlgerechtigkeit) und Rechtssicherheit (Positivität) zusammen. Was als zweckmäßig erachtet wird, hängt von der jeweiligen Weltanschauung ab, für die Radbruch drei mögliche Positionen erkennt: die *individualistische* (»Individualwerte« als Höchstwerte), die *überindividualistische* (»Kollektivwerte« als Höchstwerte) und die *transpersonale* (»Werkwerte«, also etwa Wahrheit und Schönheit als Werte der Wissenschaft bzw. der Kunst, als Höchstwerte). Aufgrund seines formalen Verständnisses von Gerechtigkeit und seiner relativistischen Position kommt in seinen frühen Schriften im Rahmen der Rechtsidee der Rechtssicherheit erstrangige Bedeutung zu. Zwar formuliert er, dass sich die Geltung von »Schandgesetzen« nicht begründen lässt, nimmt jedoch für die richterliche Praxis die unbedingte Geltung der positiven Inhalte gesetzten Rechtes an.

Radbruchs Schriften nach 1945 weisen eine deutliche Neuakzentuierung seines Systems auf. Er gibt nicht mehr der Rechtssicherheit durchgängig Vorrang, rückt mit seiner Theorie von der »Natur der Sache« von seinem früher vertretenen strengen Dualismus von Sein und Sollen ab und schwächt seinen Relativismus insofern ab, als er einen materiellen Mindestgehalt für geltendes Recht formuliert, dessen Nichtberücksichtigung zur Ungültigkeit gesetzten Rechts führt. Bekannt als »radbruchsche Formel« spricht er Gesetzen Gültigkeit und Rechtsstatus ab, wenn diese in unerträglichem Maße der Gerechtigkeit widersprechen (Unerträglichkeitsformel) und wenn bei der Setzung der Gesetze Gleichheit bewusst missachtet wurde (Verleugnungsformel) (vgl. Radbruch 1946, 105ff.). Den Mindestgehalt des Rechts bilden für Radbruch die Menschenrechte, die er für die staatliche Gesetzgebung als zwingend zu berücksichtigen erachtet. Auf die spätere Rechtslehre, insbesondere das Wiederaufleben des Naturrechts nach dem Zweiten Weltkrieg in Deutschland, sowie die Rechtsprechung im Zusammenhang mit der gerichtlichen Auseinandersetzung mit dem Unrecht des nationalsozialistischen Deutschland und der DDR hatte die Lehre von der Ungültigkeit »gesetzlichen Unrechts« erheblichen Einfluss.

Die Veränderung von Radbruchs Position wurde verschiedentlich als Umbruch vom Rechtspositivismus zum Naturrecht interpretiert. Vertreter der Umbruchthese betonen insbesondere Radbruchs frühe Aussagen zur unbedingten Geltung gesetzten Rechts und stellen die Bedeutung heraus, die Radbruch »übergesetzlichem Recht« für die Geltung positiven Rechts nach 1945 einräumt (z.B. Hart 1958, 616f.). Dem lassen sich etwa der von Beginn an angelegte Bezug von Radbruchs Rechtsbegriff auf die Rechtsidee und seine Aussagen in seinen frühen Schriften entgegenhalten, dass man für die Geltung von Schandgesetzen keine Rechtfertigung finden könne, sowie die Tatsache, dass er nach 1945 der Rechtssicherheit weiterhin große Bedeutung einräumt. Es scheint eine Entwicklung innerhalb seines Systems nachvollziehbar (Entwicklungs- oder Kontinuitätsthese), wonach er an seinem Rechtsbegriff grundsätzlich festhält, jedoch Grundpositionen abschwächt und innerhalb seines Systems neu gewichtende Veränderungen vornimmt (vgl. Dreier/Paulson 1999, 240ff.; Kaufmann 1987, 28ff.; Paulson 1995; Wolf 1963, 750ff.).

3.2. In seiner rechtsphilosophischen Parteienlehre beschreibt Radbruch die Demokratie als die einzige vertretbare Staatsform. Als Folge seines werttheoretischen Relativismus (vgl. 3.1.) fordert er Toleranz gegenüber den politischen Überzeugungen anderer, welche gleichwertige Alternativen zu der eigenen Auffassung bilden, und setzt zunächst den Willen der Mehrheit absolut. Später beschränkte er die Geltung der Mehrheitsentscheidung, etwa durch die Notwendigkeit, Rechtsstaatlichkeit anzuerkennen und die Menschenrechte zu beachten.

3.3. Mit seinen strafrechtlichen Positionen stand Radbruch im Schulenstreit des späten 19. und frühen 20. Jahrhunderts, dessen Positionen sich zum einen in der Idee von Strafe als Vergeltung und zum anderen in der Idee vom Strafrecht als Maßnahme zur Resozialisierung sowie Sicherung manifestierte, auf Seiten seines Lehrers Franz von Liszt, der letztere Position vertrat. Trotz seiner frühen Äußerungen, dass das Strafrecht damit ganz überwunden werden müsse, akzeptiert Radbruch Strafe später grundsätzlich. Weiterhin vertritt er aber den Resozialisierungsgedanken, indem er etwa für die Abschaffung der Todesstrafe, kurzzeitiger resozialisierungsuntauglicher Freiheitsstrafen und Zuchthausstrafen eintritt und Maßregelungen zur Besserung und Sicherung vorsieht.

4.

Radbruch, G., 1910, Einführung in die Rechtswissenschaft, in: GA, Bd. 1, Heidelberg: Müller 1987.
Radbruch, G., 1914, Grundzüge der Rechtsphilosophie, in: GA, Bd. 2, Heidelberg: Müller 1993.
Radbruch, G., 1922, Entwurf eines Allgemeinen deutschen Strafgesetzbuches, Tübingen: Mohr 1952.
Radbruch, G., 1932, Rechtsphilosophie, in: GA, Bd. 2, Heidelberg: Müller 1993.
Radbruch, G., 1946, Gesetzliches Unrecht und übergesetzliches Recht, in: GA, Bd. 3, Heidelberg: Müller 1990.
Radbruch, G., 1948a, Vorschule der Rechtsphilosophie, in: GA, Bd. 3, Heidelberg: Müller 1990.
Radbruch, G., 1948b, Fünf Minuten Rechtsphilosophie, in: GA, Bd. 3, Heidelberg: Müller 1990.
Radbruch, G., 1948c, Die Natur der Sache als juristische Denkform, in: GA, Bd. 3, Heidelberg: Müller 1990.
Radbruch, G., 1987ff., Gesamtausgabe, Heidelberg: Müller (zitiert als GA).

Adachi, H., 2006, Die Radbruchsche Formel, Baden-Baden: Nomos.
Dreier, R./Paulson, S. L., 1999, Einführung in die Rechtsphilosophie Radbruchs, in: R. Dreier/S. L. Paulson (Hg.), Gustav Radbruch. Rechtsphilosophie, Heidelberg: Müller.
Hart, H. L. A., 1958, Positivism and the Separation of Law and Morals, in: Harvard Law Review 71.
Kaufmann, A., 1987, Gustav Radbruch, München: Piper.
Kaufmann, A., 2001, Radbruch, Gustav, in: B. Jahn (Hg.), Biographische Enzyklopädie deutschsprachiger Philosophen, Darmstadt: WBG.
Paulson, S. L., 1995, Radbruch on Unjust Laws, in: Oxford Journal of Legal Studies 15.
Saliger, F., 1995, Radbruchsche Formel und Rechtsstaat, Heidelberg: Müller.
Schumacher, B., 1985, Rezeption und Kritik der Radbruchschen Formel, Universität Göttingen: Diss.
Wiegand, M. A., 2004, Unrichtiges Recht. Gustav Radbruchs rechtsphilosophische Parteienlehre, Tübingen: Mohr Siebeck.
Wolf, E., 1963, Gustav Radbruch, in: ders., Grosse Rechtsdenker der deutschen Geistesgeschichte, Tübingen: Mohr.

Anna Goppel

Rassismus

1.

Der Begriff »Rassismus« bezeichnet ein diffuses Feld von Diskriminierungsphänomenen, denen Personen aufgrund der Zugehörigkeit zu einer biologisch oder kulturell konstituierten Gruppe ausgesetzt sind. Es ist dabei umstritten, wodurch die relevant werdende Gruppenzugehörigkeit gekennzeichnet sein muss, welche Modi die Diskriminierungen aufweisen müssen und inwiefern der Kontext, die Motive und die Effekte der Diskriminierungen einbezogen werden müssen, damit die Bezeichnung »Rassismus« gerechtfertigt ist. Aufgrund dieser Uneinigkeiten konkurrieren fast ebenso viele Definitionsvorschläge zum Begriff »Rassismus« wie Versuche, das Phänomen zu beschreiben und zu erklären.

Albert Memmi, nach wie vor einer der wichtigsten Rassismustheoretiker im Kontext der deutschsprachigen Diskussion, definiert Rassismus seit den 1960er Jahren als »die verallgemeinerte und verabsolutierte Wertung tatsächlicher oder fiktiver Unterschiede zum Nutzen des Anklägers und zum Schaden des Opfers, mit der seine Privilegien oder seine Aggressionen gerechtfertigt werden sollen« (Memmi 1982, 165). Eine weniger intentionale und akteurszentrierte Verwendung, die zudem den Prozess der Rassenkonstruktion (*racialisation*) explizit als Bestandteil des Rassismus wertet, findet sich bei dem hierzulande ebenso stark rezipierten Robert Miles. Miles fasst Rassismus als »einen Fall ideologischer Bedeutungsbildung«, in dem »eine soziale Gruppe als eine diskrete und besondere, sich selbst reproduzierende Bevölkerung konstruiert wird. Dies geschieht unter Bezugnahme auf bestimmte (reale oder vorgestellte) biologische Merkmale und durch eine Verknüpfung mit anderen, negativ bewerteten (biologischen und/oder kulturellen) Eigenschaften.« (Miles 1998, 209) Colette Guillaumin differenziert vier verschiedene Kennzeichen, nach denen im Zusammenhang von Rassismus Unterscheidungen zwischen Menschen(-gruppen) getroffen werden: Erstens morpho-physiologische Kennzeichen, die somatisch verankert sind und als natürlich vorausgesetzt werden, zweitens soziale Kennzeichen wie z.B. eine spezifische Sprache, besondere Kleidung etc., drittens symbolische bzw. geistige Kennzeichen wie Lebensauffassungen, politische, kulturelle oder religiöse Praktiken, sowie schließlich viertens imaginäre Kennzeichen (vgl. Guillaumin 1998, 166).

Obwohl sie sich in diversen Hinsichten deutlich unterscheiden, wertet keine dieser Positionen Rassismus als bloße Überformung oder diskriminierende Verwendung biologischer »Rasse«-Kategorien. Deren Konstruktion ist ebenso wie die fixierende Kategorisierung von Menschen vielmehr selbst schon ein Aspekt des Rassismus. Da also eine Bezugnahme auf biologisch fundierte Rasseneinteilungen in gängigen rassismustheoretischen Ansätzen nicht vorausgesetzt wird, werden demnach auch Antisemitismus, Islamophobie und Formen von »Ausländerfeindlichkeit« vom Rassismus nicht kategorial unterschieden, sondern als Variationen von ihm betrachtet und analysiert.

2.

Der Begriff »Rassismus« ist erst in der zweiten Hälfte des 20. Jahrhunderts in Auseinandersetzung mit kolonialen Praktiken und v.a. mit der Rassenpolitik des national-sozialistischen Regimes gebräuchlich geworden. Er wurde in den 1920er Jahren zurBezeichnung völkischer Gruppierungen und Aspirationen in Deutschland geprägt (vgl. z.B. Taguieff 1988, 104ff.). Das Phänomen, das der Begriff »Rassismus« bezeichnet, ist allerdings wesentlich älter als das Wort. Rassistische Argumentationen, Diskriminierungen und tätliche Übergriffe bis hin zum Mord sind spätestens seit Beginn des europäischen Kolonialismus im späten 15. Jahrhundert nachweisbar. Innenpolitisch hat sich der Rassismus in Europa seit dieser Zeit v.a. gegen Personen jüdischen Glaubens gerichtet. Auch außerhalb Europas und seiner Einflusssphären ist die Diskriminierung von Menschen aufgrund ethnischer Differenzen auch schon für die vorkoloniale Zeit nachgewiesen. Beispiele für solche Diskriminierungen sind Ressentiments gegen Schwarze in China sowie im vorkolonialen nördlichen Afrika (vgl. Priester 2003, 19f.). Der Rassismus ist also ein älteres Phänomen als die biologisierenden anthropologischen Rassentheorien, die in Europa seit dem späten 18. Jahrhundert entwickelt worden sind, ab Mitte des 19. Jahrhunderts eine Blütezeit erlebten und erst in der zweiten Hälfte des 20. Jahrhunderts – also nach Ende des Nationalsozialismus und seiner Rassenpolitik – flächendeckend wissenschaftlich disqualifiziert wurden.

3.

3.1. Das Verhältnis zwischen kulturalistischen und biologisierenden Elementen rassistischer Argumentationen ist uneindeutig – das zeigen u.a. die Definitionsvorschläge, die unter 1. zusammengestellt sind. Eine der wichtigsten rassismustheoretischen Fragen kreist daher um den Zusammenhang dieser beiden Elemente. Mit Blick auf Europa wird hier idealtypisch zwischen biologischem und kulturalistischem Rassismus unterschieden, wobei der biologische Rassismus mit kolonialen Praktiken und der NS-Rassenpolitik assoziiert wird und der kulturalistische Rassismus auf den europäischen Antisemitismus jenseits des Nationalsozialismus und auf Formen von »Fremden«- und »Ausländer«-Feindlichkeit in der Nachkriegszeit bezogen wird. Zentrale Referenzautoren für diese Unterscheidungen sind Etienne Balibar und Pierre-André Taguieff, die in ähnlicher Weise kulturalistischen Rassismus als »Neo-Rassismus« (Balibar 1988) bzw. als »differentialistischen Rassismus« (Taguieff 1988) fassen. Beide werten kulturalistischen Rassismus als Erneuerung des Rassismus nach der u.a. von der Unesco durch zahlreiche Konferenzen und Publikationen stark unterstützten wissenschaftlichen Entlegitimierung des modernen Rasse-Denkens (vgl. Kuper 1975). Differentialistischer Rassismus bzw. Neo-Rassismus argumentiert dabei mit kulturellen statt biologischen Differenzen und postuliert statt Hierarchien zwischen verschiedenen Rassen v.a. Unterschiede zwischen verschiedenen Kulturen. Balibar weist nun darauf hin, dass auch dieser »Rassismus ohne Rassen« (Balibar 1988, 28) menschliche Verhaltensweisen naturalisiere: erstens dadurch, dass die Zugehörigkeit zu einer kulturell konstituierten Gruppe kategorisch mit der Ausprägung kulturspezifischer Eigenschaften – man könnte auch sagen: einer kollektiven und personalen zweiten Natur – assoziiert wird; zweitens dadurch, dass der Wille zur Reinhaltung der eigenen Kultur, die Abwehr kultureller Vermischung, ja letztlich rassistisches Verhalten selbst zu natürlichen Regungen erklärt werden. Auf diese Weise richtet sich der Neo-Rassismus besonders gegen Einwanderung bzw. Migrantinnen und Migranten. Taguieff betont, dass sich der differentialistische Rassismus derselben Argumentationsschemata bedient, die antirassistisch motivierte kulturrelativistische Entlegitimierungsversuche des biologischen Rassismus (z.B. Lévi-Strauss 1952) leiten. Differentialistischer Rassismus sei nicht einmal notwendigerweise durch heterophobe Argumentationsweisen gekennzeichnet – auch aus einem heterophilen »Lob der Differenz« (Taguieff 1988, 37) könne die Verteidigung kultureller Identität und die Behauptung von Assimilationsunfähigkeiten – beides Merkmale des differentialistischen Rassismus – abgeleitet werden. Aus diesen Gründen spricht sich Taguieff auf der Suche nach tragfähigen antirassistischen Strategien strikt gegen den affirmativen Bezug auf eine gruppenspezifische, diskriminierte Kultur oder Identität zum Zweck ihrer Aufwertung aus. Damit wendet er sich zumindest implizit gegen das von Hannah Arendt vorgebrachte Argument, dass man sich nur als das wehren könne, als das man angegriffen wurde (vgl. Arendt 1968, 34). Taguieffs Kritik an partikularistischen Strategien mündet in ein Plädoyer für einen vorsichtigen Universalismus, insbesondere für die Bezugnahme auf Menschenrechte.

3.2. Hinsichtlich der Modi rassistischer Diskriminierungen werden in der Literatur eine Reihe unterschiedlicher Formen benannt. Taguieff z.B. unterscheidet *ideologischen Rassismus*, *Vorurteilsrassismus* und *Verhaltensrassismus* und betont, dass zwischen diesen drei Formen kein notwendiger Zusammenhang besteht, dass eine Person also z.B. rassistische Vorurteile haben kann, ohne sich rassistisch zu verhalten. Allgemeiner kann man eine *personale*, eine *epistemische* und eine *institutionelle* Dimension von Rassismus unterscheiden (vgl. Kerner 2008).

Die personale Dimension lässt sich dabei nicht bloß auf rassistische Einstellungen und Vorurteile und damit auf die Seite der Täter bzw. der Privilegierten beziehen, sondern auch auf die Seite der Opfer bzw. Diskriminierten. Die psychischen Folgen bzw. die subjektivierenden Effekte rassistischer Diskriminierungen haben auf besonders eindrückliche Weisen W. E. B. Du Bois (1903) und Frantz Fanon (1952) in Worte gefasst. Paul Mecheril differenziert drei Formen von Rassismuserfahrungen: groben Rassismus, z.B. körperliche Gewalt, subtilen Rassismus, z.B. abfällige Blicke, und antizipierten Rassismus, die Furcht vor rassistischer Bedrohung und Gewalt, die sich z.B. in Vorstellungen und Träumen äußert (vgl. Mecheril/Teo 1997, 180).

Bezogen auf die epistemische Dimension konkurrieren dem Marxismus verpflichtete Ansätze, die Rassismus als Ideologie verstehen (z.B. Miles 1998), an Foucault anschließende Modelle, die Rassismus als Diskursfeld oder Wissenssystem auffassen (z.B. Goldberg 1993), sowie Zwischenpositionen, die Rassismus als ideologischen Diskurs fassen (vgl. Hall 2000). Teun van Dijk weist (v.a. medialen und parlamentarischen) Elitendiskursen eine konstitutive Bedeutung für die Herausbildung und Reproduktion von Rassismus zu (vgl. Dijk 1991). Margret und Siegfried Jäger analysieren »rassistische Alltagsdiskurse« (z.B. Jäger 1992).

Institutioneller Rassismus, die strukturellen Diskriminierungen in der politischen, sozialen und ökonomischen Arena, also z.B. beim Zugang zu öffentlichen Ämtern und politischem Einfluss, im Bildungswesen und auf dem Arbeits- und Wohnungsmarkt, wurde erstmals Ende der 1960er Jahre von Theoretikern der *Black Power*-Bewegung in den USA theoretisch aufbereitet (vgl. Carmichael/Hamilton 1967). Im Kontext der rechtstheoretischen *Critical Race Theory* wird seit den 1980er Jahren das US-amerikanische Rechtssystem bezüglich seiner Verwobenheit mit rassistischen Vorstellungen, insbesondere hierarchisierendem »Rasse«-Denken untersucht (vgl. Crenshaw/Gottanda/Peller u.a. 1995).

Philomena Essed verbindet mit ihrer Konzeption des »alltäglichen Rassismus«, der sich in generalisierten Alltagspraktiken manifestiert, psychologische, ideologische und strukturelle Komponenten (vgl. Essed 1991). Ebenfalls umfassend angelegt sind die transdisziplinär organisierten *Critical Whiteness Studies* (vgl. für den deutschen Sprachraum Eggers/Kilomba/Piesche u.a. 2005; Tißberger/Husmann-Kastein/Dietze u.a. 2006), die sich – ähnlich der kritischen Männlichkeitsforschung im Rahmen der Gender Studies – mit der Genese, den Funktionsprinzipien und den Implikationen der Kategorie »Weißsein« auseinandersetzen.

3.3. Feministische und Intersektionalitäts-Theoretikerinnen und Theoretiker haben komplexe Wechselwirkungen und Verschränkungen zwischen Rassismen und Sexismen aufgezeigt (vgl. z.B. Crenshaw 1989; Rommelspacher 1995; Zack 1997; Walgenbach/Dietze/Hornscheidt u.a. 2007). Damit verweisen sie auf die Grenzen einer geschlechtsblinden Rassismusanalyse und stellen in Frage, dass von »Rassismus« im Singular überhaupt die Rede sein sollte.

4.

Arendt, H., 1968, Menschen in finsteren Zeiten, München: Piper 1989.
Balibar, E., 1988, Gibt es einen »Neo-Rassismus«?, in: ders./I. Wallerstein, Rasse, Klasse, Nation, Hamburg: Argument 1990.
Carmichael, S./Hamilton, C., 1967, Black Power. The Politics of Liberation in America, New York: Vintage.
Crenshaw, K., 1989, Demarginalizing the Intersection of Race and Sex, in: University of Chicago Legal Forum 139.
Crenshaw, K./Gottanda, N./Peller, G./Thomas, K. (Hg.), 1995, Critical Race Theory, New York: New Press.
Dijk, T. v., 1991, Rassismus heute, Universität Duisburg: Diss.
Du Bois, W. E. B., 1903, The Souls of Black Folk, New York: Penguin 1989.
Eggers, M./Kilomba, G./Piesche, P. u.a. (Hg.), 2005, Mythen, Masken und Subjekte. Kritische Weißseinsforschung in Deutschland, Münster: Unrast.
Essed, P., 1991, Understanding Everyday Racism, Thousand Oaks: Sage.
Fanon, F., 1952, Schwarze Haut, weiße Masken, Frankfurt/M.: Syndikat 1980.
Geiss, I., 1988, Geschichte des Rassismus, Frankfurt/M.: Suhrkamp.
Goldberg, D. T., 1993, Racist Culture, Oxford: Blackwell.
Guillaumin, C., 1998, Rasse. Das Wort und die Vorstellung, in: U. Bielefeld (Hg.), Das Eigene und das Fremde, Hamburg: Hamburger Edition.
Hall, S., 2000, Rassismus als ideologischer Diskurs, in: N. Räthzel (Hg.), Theorien über Rassismus, Hamburg: Argument.
Jäger, S., 1992, BrandSätze. Rassismus im Alltag, Universität Duisburg: Diss.
Kerner, I., 2008, Differenzen und Macht. Zur Anatomie von Rassismus und Sexismus, Frankfurt/M.: Campus (i. E.).
Kuper, L. (Hg.), 1975, Race, Science and Society, Paris: Unesco.
Lévi-Strauss, C., 1952, Rasse und Geschichte, Frankfurt/M.: Suhrkamp 1981.
Mecheril, P./Teo, T., 1997, Psychologie und Rassismus, Reinbek: Rowohlt.
Memmi, A., 1982, Rassismus, Hamburg: EVA 1992.
Miles, R., 1998, Die Idee der ›Rasse‹ und Theorien über Rassismus, in: U. Bielefeld (Hg.), Das Eigene und das Fremde, Hamburg: Hamburger Edition.
Priester, K., 2003, Rassismus. Eine Sozialgeschichte, Leipzig: Reclam.
Rommelspacher, B., 1995, Dominanzkultur, Berlin: Orlanda.

Taguieff, P.-A., 1988, Die Macht des Vorurteils. Der Rassismus und sein Double, Hamburg: Hamburger Edition 2000.
Tißberger, M./Dietze, G./Hrzán, D. u.a. (Hg.), 2006, Weiß – Weißsein – Whiteness. Kritische Studien zu Gender und Rassismus, Frankfurt/M.: Lang.
Walgenbach, K./Dietze, G./Hornscheidt, A. u.a., 2007, Gender als interdependente Kategorie, Opladen: Barbara Budrich.
Zack, N. (Hg.), 1997, Race/Sex, London: Routledge.

Ina Kerner

Rationalität, soziale

1.
Als »sozial rational« bezeichnet man gesellschaftliche Einrichtungen und Ordnungen, wenn sie überlegt, nach Mitteln, Zwecken und Werten kalkuliert, systematisch geplant und entsprechend organisiert sind. Nicht selten wird dieser Begriff zur Abgrenzung moderner von vormodernen Handlungsformen verwendet, in denen ein größeres Maß an Zufälligkeit, Ungeplantheit und unreflektierter Traditionsgebundenheit vorherrscht. Rationalisierung meint dabei allgemein den Prozess zunehmender kognitiver und praktischer Verfügbarkeit über soziale Ordnungen im Sinne ihrer Berechen- und Beherrschbarkeit. Alltagssprachlich wird Rationalität in Differenz zum gefühlsmäßigen Urteilen und Handeln gesetzt. Wissenschaftlich muss man zwischen irrational und a-rational oder nicht-rational unterscheiden. Eine irrationale Handlungsweise ist grundsätzlich rationalisierungsfähig, hat also den Rationalitätsstandard verfehlt; an eine arationale ist dagegen prinzipiell nicht der Maßstab etwa der Zweck- oder Wertrationalität anlegbar.

2.
Philosophiegeschichtlich geht der Begriff der Vernunft dem der Rationalität voraus. V.a. die Aufklärung stellt die Vernunft in den Mittelpunkt ihrer Betrachtungen und verbreitet eine optimistische Sichtweise der menschlichen Erkenntniskraft. Auf religiöser und politischer Autorität beruhende Anschauungen gelten ihr als ersetzbar durch solche, die sich aus der Betätigung der menschlichen Vernunft ergeben. »Vernunft« als ein klassisches Thema der Philosophie ist heute zum Untersuchungsfeld mehrerer wissenschaftlicher Disziplinen geworden. Seit Max Weber hat sich dafür der Ausdruck »Rationalität« eingebürgert. Er macht das Thema und Problem in den Sozialwissenschaften prominent. Heute ist der Rationalitäts- weitgehend an die Stelle des Vernunftbegriffs getreten, und auch für die Philosophie selbst ist das Rationalitätsproblem wieder interessant geworden, nicht zuletzt durch Anregungen aus den Sozialwissenschaften (vgl. Schnädelbach 1984).

3.
Drei grundlegende Ebenen des Begriffs sozialer Rationalität lassen sich unterscheiden: Handlungsrationalität, Ordnungs- oder Systemrationalität und das methodologische Rationalitätsproblem.

3.1. Auf der Handlungsebene ist Rationalität ein Orientierungsprinzip für soziale Akteure. Max Weber unterscheidet hier zwei Rationalitätstypen: Zweckrational handelt, »wer sein Handeln nach Zweck, Mitteln und Nebenfolgen orientiert und dabei sowohl die Mittel gegen die Zwecke, wie die Zwecke gegen die Nebenfolgen, wie endlich auch die verschiedenen möglichen Zwecke gegeneinander rational abwägt« (Weber 1922, 566). Wertrational handelt, »wer ohne Rücksicht auf die voraussichtlichen Folgen handelt im Dienst seiner Überzeugung von dem, was Pflicht, Würde, Schönheit, religiöse Weisung, Pietät, oder die Wichtigkeit einer ›Sache‹ gleichviel welcher Art ihm zu gebieten scheinen« (ebd., 566). Traditionalem Handeln fehlt eine solche subjektive Rationalität, weil es eine nichtreflektierte Eingelebtheit in das Gewohnte darstellt. Affektuelles Handeln kann sich von bloß hemmungslosem Reagieren auf einen Reiz bis hin zur bewussten Sublimierung eines Gefühls bewegen, wobei es sich dann schon auf dem Wege zur Zweckrationalität oder Wertrationalität befindet. Während nach Weber die Typen der Handlungsrationalität nicht auseinander abgeleitet werden können, geht die in der Wirtschaftswissenschaft verankerte Rational-Choice-Theorie von nur einer Grundrationalität menschlichen Handelns aus: In jeder Handlungssituation wird jene Alternative gewählt, die den größten subjektiv zu erwartenden Nutzen verspricht. Die Rational-Choice-Theorie hat in vielen sozialwissenschaftlichen Disziplinen und Problemfeldern (z.B. Umweltsoziologie, Familiensoziologie) in den zurückliegenden Jahrzehnten eine wachsende Bedeutung gewonnen. Kontrovers wird dabei diskutiert, ob alle Formen von Handlungsrationalität sich auf *eine* Basisrationalität zurückführen lassen.

3.2. Bei der Ordnungs- oder Systemrationalität geht es um die Frage, ob aus der Vielzahl von rational handelnden Akteuren so etwas wie eine objektive Rationalität des Aggregates dieser Handlungen entsteht. Ein verbreitetes Denkmuster ist das Modell nicht-intendierter Folgen, das von der Nichtlinearität zwischen Subjektrationalität und Ordnungsrationalität ausgeht. So ist nach Max Weber der moderne Kapitalismus auf paradoxe Weise entstanden, d.h. nicht aus den Intentionen der handelnden Akteure unmittelbar ableitbar. Die kritische Theorie (Max Horkheimer, Theodor Adorno) vermutet, dass die in der Moderne verbreitete Zweckrationalität der Subjekte zu tendenziell irrationalen Folgen auf der Ordnungsebene führen – eine Idee, die in verschiedenen Varianten auch in vielen anderen Theorien und Studien zu finden ist, etwa in der heutigen Thematisierung der ökologischen Problematik.

Steht hier noch der Zusammenhang zwischen subjektiver und objektiver oder sozialer Rationalität im Mittelpunkt, interessieren sich die Theorietraditionen des Strukturalismus und Funktionalismus weniger für die Handlungsrationalität als für die Rationalität von Strukturen und Systemen selbst. Funktionale Rationalität erscheint in diesen Ansätzen als eine Rationalität sui generis, die im Ausmaß der Adäquatheit und Angepasstheit von Zuständen und Prozessen in und zwischen Systemen sowie zu ihrer Umwelt zum Ausdruck kommt. Ein Kernthema der heutigen Gesellschaftstheorie ist die Frage, wie rational moderne komplexe Gesellschaften sind bzw. überhaupt sein können. Von Max Weber bis Niklas Luhmann gibt es einen Konsens, dass die Herausbildung von Rationalitäten *im Plural* ein Grundmerkmal der Moderne ist: Wirtschaft, Wissenschaft, Recht, Politik, Kunst etc. entwickeln sich nach je unterschiedlichen eigenen Logiken und Eigengesetzlichkeiten, die nicht mehr ohne weiteres vermittelbar sind. Während Luhmann (vgl. etwa Luhmann 1997) eine gesamtgesellschaftliche Rationalität grundsätzlich negiert – für das Überleben der Gesellschaft genügt Evolution –, glaubt Jürgen Habermas (vgl. etwa Habermas 1981), vernünftige Gesellschaftszustände durch sein Modell diskursiver und kommunikativer Rationalität auszeichnen zu können. Nach Habermas führt nicht wie bei Luhmann die Ausdifferenzierung von Teilbereichsrationalitäten an sich zu modernen Integrationsproblemen, sondern ihre ungleichgewichtige Institutionalisierung. Damit ist eine bis heute nicht abgeschlossene Kontroverse eröffnet. Einerseits haben wir heute in vielen Lebensbereichen ein historisch unbekanntes Höchstmaß an sozialer Rationalität, andererseits handelt es sich bei dieser meist nur um teil- und bereichsspezifische Rationalitäten, die im Zusammenwirken irrationale Folgen zeitigen können. Rationalität(en) und Risiken moderner Gesellschaften liegen also nahe beieinander. Zumindest ist der Fortschrittsoptimismus der Aufklärung heute einer wesentlich skeptischeren Perspektive gewichen. Die von Spezialisten organisierten und verwalteten institutionellen Teilbereiche weisen zwar ein hohes Maß an *Binnenrationalität* auf, es fehlen aber Instanzen und Spezialisten, die die Rationalität des Zusammenhangs der Einzelrationalitäten berücksichtigen. Entsprechend werden Forderungen nach einer »Gesamtrationalität« oder einem »Rationalitätsmix« laut (vgl. Beck 1986; Offe 1986). So etwas kann es aber angesichts der differenzierten Grundstruktur moderner Gesellschaften kaum geben. Denn nur die differenzierten Rationalitäten bieten gerade die nötige Voraussetzung für eine Bearbeitung der anstehenden Probleme. Dazu muss man zwei weitere Begriffe von Rationalität unterscheiden: formale und materiale bzw. substanzielle Rationalität (Schwinn 2001, 321 ff.). Institutionen müssen materielle Probleme lösen und dabei gewisse formale Verfahren einhalten. Wissenschaft, Wirtschaft, Politik und Recht verfügen über eine spezifische formale Rationalität: Verfahren, Regeln und Standards, die das Handeln in diesen Bereichen systematisieren, voraussehbar und intersubjektiv kontrollierbar werden lassen. In der Wissenschaft etwa wird über die Gebote intersubjektiver Überprüfbarkeit von Aussagen, die Vermeidung von Werturteilen, die Angabe von Quellen, die korrekte Durchführung von Experimenten etc. die formale Rationalität konkretisiert sowie operationalisiert und über bestimmte Einrichtungen, wie das Gutachterverfahren der Zeitschriften, sanktioniert (vgl. Lepsius 1989).

Mit formal rational operierenden Institutionen können aber material irrationale Ergebnisse erzielt werden, etwa wenn die Wirtschaft ökologisch Schädliches produziert und die Wissenschaft nach formalen Kriterien korrekt die dafür nötigen Kenntnisse liefert. Prinzipiell ist aber die formale Rationalität der Institutionen offen für die Bearbeitung unterschiedlicher Materien.

Hier stellt sich die zentrale Herausforderung, die formale Rationalität der Institutionen an material rationalen Ergebnissen, z. B. einer ökologisch verträglichen Produktions- und Lebensweise, auszurichten. Die ökologische Problematik bietet von sich aus keine Kriterien, die sie sozial rationalitätstauglich machen würde. Eine Vielzahl von Werten, Interessen und Vorstellungen, oft diffuser Art, werden mit dieser Problematik verbunden. Ökologische Themen stellen sich als Probleme materialer Rationalität, die nur durch die formale bearbeitet werden können Sie müssen durch den Parcours der differenzierten Institutionen hindurch, um verhaltenswirksam konkretisiert werden zu können. Nur durch die Übersetzung der ökologischen Problematik gemäß der jeweiligen Ordnungskriterien kann ihrem von Natur aus diffusen Gehalt ein institutionell bearbeitbarer Sinn gegeben werden. Ihren *politischen* Ausdruck findet sie in der Aufnahme dieses Problems durch die Parteien, die politischen Institutionen und die Administration, den *wirtschaftlichen* durch Berücksichtigung von ökologischen Standards in der Produktion, den *wissenschaftlichen* durch die neue ökologische Forschungsthematik in den unterschiedlichsten Disziplinen und die Bildung eigenständiger Ökoinstitute, ihren *rechtlichen* schließlich durch Einfließen ökologischer Kriterien in Gesetzgebung und Rechtsprechung. Jenseits dieser Bereiche ist keine eigenständige ökologische Rationalität vorhanden. Ein tatsächlicher ökologischer Experte muss zugleich ökologisch versierter Wissenschaftler, Jurist, Politiker oder Ökonom sein.

Das Auseinanderhalten von formaler und materialer Rationalität erscheint umso wichtiger, je mehr man sich vergegenwärtigt, dass es eine Vielzahl von Problemen gibt, die mit der formalen Verfahrensrationalität der Institutionen bearbeitet werden müssen: Arbeitslosigkeit, Drogenprobleme, Kriminalität, soziale Ungleichheit, ökologische Verschmutzung etc. Wird einer Verschmelzung institutioneller Rationalitäten, einem »Rationalitätsmix«, das Wort geredet, dann muss man fragen, welches materiale Problem tatsächlich gerade den Bezugspunkt bildet. Denn schon in der Identifikation des jeweiligen Problems lassen sich oft Dissense ausmachen. Zum Teil erfordern diese Probleme sich widersprechende Maßnahmen, wie im Falle der Zielgrößen »Arbeitsplätze« vs. »ökologische Kriterien«. Der Strom an unterschiedlichen Problemmaterien und Wertpostulaten lässt sich nur dadurch handhaben, dass er durch das ›Schleusenwerk‹ der differenzierten Rationalitäten geleitet und verzweigt wird. Sie liefern rational geltende

Maßstäbe, die komplexe Sachverhalte bei unterschiedlichen Interessenlagen entscheidungsfähig machen.

In der Ausbalancierung von formaler und materialer Rationalität besteht eines der grundlegenden Ordnungsprobleme der Moderne. Die formalen Rationalitäten der Institutionen halten den Blick frei für das Machbare und verhindern, dass die materialen Probleme und die daran sich entzündenden Wertpostulate einer gesinnungsethischen Inflationierung anheim fallen. Materiale Rationalitäten machen andererseits darauf aufmerksam, dass die differenzierten formalen Rationalitäten nicht selbstgenügsam sind, sondern immer wieder Anstöße ›von außen‹ benötigen. Bei weitgehend gleich bleibenden formalen Rationalitäten der Institutionen können sich die Lebens- und Naturverhältnisse gravierend verändern, je nachdem, in welche Richtungen die formalen Rationalitäten material vorangetrieben werden.

3.3. Ein weiterer Themenbereich kreist um die methodologische Frage der Rationalität und der rationalen Verstehbarkeit fremder Kulturen. Wie ist dem Beobachter ein Verstehen fremden Denkens möglich? Viele Forscher konnten kaum oder nur mit großer Mühe der Versuchung widerstehen, einfach als »irrational« abzutun, was nicht den Rationalitätsstandards der eigenen Kultur entsprach. Oder aber man attestierte jeder Art von Lebensform ihre je eigene Rationalität. Behauptet die erste Position universell gültige Rationalitätskriterien, so geht die zweite von einem Relativismus aus, dem zufolge Kulturen und ihre Rationalitätsvorstellungen nicht an einem übergreifenden Maßstab als mehr oder weniger rational eingestuft werden können. Jedes verstehende Rekonstruieren von anderem Denken und Handeln muss gewisse Rationalitätsannahmen machen, und diese werden in der Regel die der eigenen Kultur sein. Um einen solchen heuristischen, nicht normativen Ethnozentrismus kommt man nicht umhin. So fragt Max Weber in seinen religionsvergleichenden Studien (vgl. Weber 1920) nach den Unterschieden und Gemeinsamkeiten der spezifisch okzidentalen Rationalität in Relation zu anderen Kulturen, ohne dabei ein durchgängiges Rationalitätsgefälle zugunsten der ersten feststellen zu können. Unzweifelhaft technischem Fortschritt steht kein vergleichbarer etwa auf dem Gebiet der Wertrationalität gegenüber. In einem anderen Argumentationszusammenhang wurde diese Diskussion um »Rationalität und Relativismus« intensiv im angelsächsischen Wissenschaftskontext geführt (vgl. Hollis/Lukes 1982). Ähnliche Probleme stellen sich heute in der Globalisierungsdebatte, allerdings nicht nur auf theoretischer, sondern auch auf praktischer Ebene angesichts der Ausbreitung und des forcierten Eindringens moderner Errungenschaften und Rationalitäten in andere Kulturen.

4.

Beck, U., 1986, Risikogesellschaft, Frankfurt/M.: Suhrkamp.

Habermas, J., 1981, Theorie des kommunikativen Handelns, Frankfurt/M.: Suhrkamp.

Hollis, M./Lukes, S. (Hg.), 1982, Rationality and Relativism, Oxford: Blackwell.

Lepsius, M. R., 1989, Die Soziologie und die Kriterien sozialer Rationalität, in: Soziale Welt 40.

Luhmann, N., 1997, Die Gesellschaft der Gesellschaft, Frankfurt/M.: Suhrkamp.

Offe, C., 1986, Die Utopie der Null-Option, in: J. Berger (Hg.), Die Moderne, Göttingen: Schwartz.

Schnädelbach, H., 1984, Rationalität, Frankfurt/M.: Suhrkamp.

Schwinn, T., 2001, Differenzierung ohne Gesellschaft, Weilerswist: Velbrück.

Weber, M., 1920, Gesammelte Aufsätze zur Religionssoziologie, 3 Bde., Tübingen: Mohr 1988.

Weber, M., 1922, Gesammelte Aufsätze zur Wissenschaftslehre, Tübingen: Mohr 1982.

Thomas Schwinn

Rawls, John (1921–2002)

1.

John Rawls hat das zeitgenössische Denken in der politischen Philosophie inhaltlich und methodisch maßgeblich geprägt. Er wurde in Baltimore geboren, erhielt seine philosophische Ausbildung an der Universität Princeton, lehrte an der Universität Cornell, am MIT und von 1962 bis zu seiner Emeritierung an der Universität Harvard. Zu seinen wichtigsten Werken zählen *Eine Theorie der Gerechtigkeit* (1971), *Politischer Liberalismus* (1993), *Das Recht der Völker* (1999a) und *Gerechtigkeit als Fairneß* (2001). Eine vollständige Sammlung seiner Aufsätze ist unter dem Titel *Collected Papers* (1999b) erschienen. Seine Vorlesungen zur *Geschichte der Moralphilosophie* (2000) und seine *Lectures on the History of Political Philosophy* (2007) wurden von seinen Schülern herausgegeben. Rawls starb nach längerer Krankheit am 24. 11. 2002.

2.

Trotz relevanter Veränderungen ist Rawls' Werk von bemerkenswerter Kontinuität gekennzeichnet. Sein systematisches Hauptinteresse gilt der Formulierung und Begründung eines realistischen Ideals der politischen Beziehungen zwischen freien und gleichen Bürgern in einer gerechten und stabilen Gesellschaft. Dementsprechend wird die philosophische Untersuchung in *Eine Theorie der Gerechtigkeit* von zwei Leitfragen strukturiert: Anhand welcher Gerechtigkeitsprinzipien sollten die wichtigsten politischen, sozialen und wirtschaftlichen Institutionen unserer Gesellschaft (ihre Grundstruktur) eingerichtet werden? Und wie können wir ein derartiges institutionelles Arrangement rechtfertigen? Rawls' erklärtes Ziel besteht darin, eine systematische Alternative zum im anglo-amerikanischen Kontext sehr einflussreichen utilitaristischen Gerechtigkeitsprinzip zu plausibilisieren. Dem Utilitarismus zufolge ist eine Institution oder Handlung gerecht, wenn sie unter den gegebenen Alternativen diejenige ist, die den Nutzen aller potentiell Betroffenen maximiert. Rawls' Gegenentwurf, »Gerechtigkeit als Fairness«, besteht aus zwei Gerechtigkeitsprinzipien, die in einer lexikographischen Ordnung zueinander stehen. Erst wenn das vorrangige Prinzip erfüllt ist, tritt das nachfolgende in Kraft.

Das erste Gerechtigkeitsprinzip besagt (vgl. Rawls 1971, 336): Jedes Individuum hat ein gleiches Recht auf das umfangreichste Gesamtsystem gleicher Grundfreiheiten, das für alle möglich ist. Dem zweiten Gerechtigkeitsprinzip zufolge gilt: (a) Soziale und wirtschaftliche Ungleichheiten müssen mit Ämtern und Positionen verbunden sein, die allen gemäß fairer Chancengleichheit offen stehen, und (b) sie müssen den am wenigsten Begünstigten den größtmöglichen Vorteil bringen (Differenzprinzip).

Die Argumentation gegen das utilitaristische Gerechtigkeitsprinzip und für »Gerechtigkeit als Fairness« ist komplex. Rawls setzt ein Kohärenzmodell der Rechtfertigung voraus. Gerechtigkeitsprinzipien sind genau dann gerechtfertigt, wenn sie und die Argumente, die für sie vorgebracht werden, mit unseren wohlüberlegten Gerechtigkeitsurteilen in Einklang stehen (weites Überlegungsgleichgewicht). Zwei direkte moralische Argumente und ein entscheidungstheoretisches Argument, in das wiederum mehrere moralpsychologische Argumente eingearbeitet sind, sollen die Leser davon überzeugen, dass »Gerechtigkeit als Fairness« und nicht das utilitaristische Gerechtigkeitsprinzip mit ihren wohlerwogenen Gerechtigkeitsurteilen in Einklang steht.

Da der Utilitarismus, so Rawls' erstes moralisches Argument, das Entscheidungskalkül »Maximiere Deinen Gesamtnutzen« von Individuen auf die Gesellschaft als Ganze ausweitet, nimmt er die Verschiedenheit der einzelnen Menschen nicht ernst. Es mag für ein Individuum rational sein, bestimmte Belastungen in Kauf zu nehmen, um den eigenen Gesamtnutzen zu maximieren. Der relevante Unterschied zu gesamtgesellschaftlicher Nutzenmaximierung besteht allerdings darin, dass denjenigen, die die Lasten tragen, in den meisten Fällen nicht auch die erreichten Vorteile zugute kommen, sie somit ihren individuellen Gesamtnutzen nicht maximieren (vgl. ebd., § 5). Das zweite moralische Argument richtet sich primär gegen libertäre Gerechtigkeitskonzeptionen, dient aber indirekt auch der Stärkung der rawlsschen Position gegenüber der utilitaristischen Alternative. Die Grundstruktur einer Gesellschaft sollte, so das Argument, nicht derart beschaffen sein, dass sie einigen Menschen aufgrund moralisch arbiträrer Faktoren wie sozialer Stellung oder natürlicher Begabung lebenslange Vorteile auf Kosten anderer verschafft. Rawls' Gerechtigkeitsprinzipien verhindern einen ungebührlichen Einfluss moralisch arbiträrer Faktoren auf die gesellschaftliche Grundstruktur (vgl. ebd., § 12).

Der intuitive Grundgedanke des entscheidungstheoretischen Arguments besteht darin, dass rationale Individuen unter fairen Bedingungen die von Rawls formulierten Gerechtigkeitsprinzipien wählen würden. Diese Grundidee wird formalisiert zu dem Gedankenexperiment eines Urzustands, in dem hypothetische Individuen hinter einem Schleier des Nichtwissens die Gerechtigkeitsgrundsätze wählen sollen, die die Institutionen ihrer Gesellschaft regeln und denen sie folgen werden, sobald sie den Urzustand verlassen haben. Der Schleier verdeckt Informationen, die zu einer parteiischen Wahl führen könnten, etwa Wissen um eigene Begabungen, Wertvorstellungen und soziale Stellung sowie den gesellschaftlichen Entwicklungsstand. Die Wahl der Parteien basiert auf uneingeschränkten allgemeinen Informationen und dem Wissen, dass sie bestimmte Wertvorstellungen haben werden, sobald sie den Urzustand verlassen; sie wissen nur nicht, welche (schwache Theorie des Guten). Die Bedingungen, die den Urzustand definieren, sollen angemessene moralische Beschränkungen modellieren, von denen wir annehmen, dass eine adäquate Gerechtigkeitskonzeption sie erfüllen soll. Rawls versteht diese Formulierung des Gedankenexperiments als eine Einordnung seiner Gerechtigkeitstheorie in die Tradition der Gesellschaftsvertragstheorie, wobei der Urzustand den Platz des Naturzustands einnimmt und die rationale Wahl die Stelle des Vertrags. Hierbei ist jedoch nicht offensichtlich, worin die systematische Relevanz der vertragstheoretischen Einordnung besteht.

Das entscheidungstheoretische Argument hat folgende Struktur: (i) Prämisse 1: Wenn die Parteien im Urzustand nach der (im nächsten Absatz erläuterten) Maximin-Regel wählten, dann würden sie die von Rawls formulierten Gerechtigkeitsprinzipien wählen; (ii) Prämisse 2: Für die Parteien im Urzustand ist es rational, im Sinne der Maximin-Regel zu wählen; (iii) Konklusion: Es ist rational für die Parteien im Urzustand, die von Rawls formulierten Gerechtigkeitsprinzipien zu wählen.

Während Rawls der Ansicht ist, dass Prämisse 1 nicht kontrovers ist, dient ein Großteil von *Eine Theorie der Gerechtigkeit* der Verteidigung von Prämisse 2. Laut der Maximin-Regel sollte man unter den gegebenen Alternativen diejenige wählen, deren schlechtmöglichstes Ergebnis besser ist als das jeder anderen. Ihre Anwendung ist genau dann rational, wenn die folgenden Bedingungen erfüllt sind: (i) Es gibt keine verlässliche Grundlage für Informationen über die Wahrscheinlichkeit der Ergebnisse; (ii) demjenigen, der die Wahl trifft, ist es gleichgültig, ob er Gewinne über das Minimum hinaus macht; (iii) die zurückgewiesenen Alternativen sind unakzeptabel (vgl. Rawls 1971, 179). Bedingung (i) wird durch den Schleier des Nichtwissens erfüllt. Die moralpsychologischen Argumente von der Belastung durch Vertragstreue, der psychologischen Stabilität und der menschlichen Selbstachtung (vgl. ebd., 202–208) sollen zeigen, dass auch die Bedingungen (ii) und (iii) in ausreichendem Maße erfüllt sind. Sehr grob vereinfacht beruhen diese Argumente in unterschiedlicher Weise auf der These, dass das Wissen um die menschliche psychologische Grundverfassung (die begrenzte psychologische Belastbarkeit, die Bereitschaft, den gewählten Gerechtigkeitsprinzipien zu folgen, das Bedürfnis nach Selbstachtung) die Parteien im Urzustand gleichgültig macht gegenüber Gewinnen, die über das Minimum hinausgehen und ihnen bestimmte Ergebnisse als inakzeptabel erscheinen lässt. Die moralpsychologische Entwicklungstheorie im dritten Teil des Buches (vgl. ebd., 433–638, insb. §§ 69–77) vertieft diese Argumentation mit einer Betrachtung des Gerechtigkeitssinns und dem psychologischen Phänomen der Reziprozität, die Tendenz, Gleichem mit Gleichem zu begegnen.

In *Politischer Liberalismus* (1993) wird der Anwendungsbereich von Gerechtigkeitstheorien auf moderne konstitutionelle Demokratien begrenzt. Rawls zufolge ist die öffentliche politische Kultur solcher Gesellschaften von einer tiefgreifenden Uneinigkeit über grundlegende Wertvorstellungen gekennzeichnet, für die es gute Gründe gibt (reasonable pluralism). Die leitende Fragestellung der philosophischen Betrachtung wird entsprechend neu fokussiert: Wie ist eine gerechte und stabile Gesellschaft unter der Bedingung eines vernünftigen Wertepluralismus möglich? Rawls argumentiert, dass eine gerechte und stabile Gesellschaft möglich ist, wenn alle vernünftigen Wertvorstellungen (reasonable comprehensive moral doctrines) eine Schnittmenge aufweisen (overlapping consensus), auf deren Grundlage eine politische Gerechtigkeitskonzeption gerechtfertigt werden kann. Eine Gerechtigkeitskonzeption ist genau dann politisch, wenn ihre Rechtfertigung nicht auf umstrittenen Wertvorstellungen basiert. Da Rawls der Überzeugung ist, dass seine Argumentation in *Eine Theorie der Gerechtigkeit* auf einer solchen umstrittenen Wertvorstellung beruht, muss sie entsprechend revidiert werden. Die Rechtfertigungsgrundlage wird folglich nicht mehr in moralischen Beschränkungen lokalisiert, die jede adäquate Gerechtigkeitskonzeption mindestens erfüllt, sondern in den geteilten Wertvorstellungen einer demokratischen politischen Kultur. Die Vorstellung von Gesellschaft als faires Kooperationssystem zwischen freien und gleichen Bürgern stellt, so Rawls, genau diese gemeinsame Wertgrundlage bereit, da alle vernünftigen Wertvorstellungen, die in einer demokratischen politischen Kultur existieren, sich in diesem Verständnis von Gesellschaft überlappen. Der substantielle Gehalt dieses Gesellschaftsverständnisses ergibt sich zum einen aus der Vorstellung von Bürgern als Personen, die fähig sind, einen Gerechtigkeitssinn zu entwickeln. Zum anderen beinhaltet es ein Ideal von Reziprozität, d.h. einer bestimmten Vorstellung von den Gründen, die jeder einzelne Bürger für die Kooperation mit allen anderen hat. Die beiden Gerechtigkeitsprinzipien, die Rawls in *Eine Theorie der Gerechtigkeit* entwickelt, werden jetzt auf dieser revidierten Grundlage mittels eines entsprechend modifizierten Urzustandmodells gerechtfertigt.

In *Das Recht der Völker* (1999a) erweitert Rawls die liberale Gerechtigkeitskonzeption auf die Außenpolitik einer liberalen konstitutionellen Demokratie. Es geht ihm nicht darum, eine globale Gerechtigkeitskonzeption zu formulieren und zu rechtfertigen. Ausgehend von der Tatsache des vernünftigen Wertepluralismus argumentiert Rawls, dass sich liberale Völker gegenüber nicht-liberalen Völkern innerhalb gewisser Grenzen tolerant zeigen sollten; sie sind insbesondere nicht berechtigt zu fordern, dass letztere sich liberalisieren. Die Beziehungen zwischen liberalen und nichtliberalen Völkern sollten, so Rawls weiter, von acht Prinzipien geregelt werden, die er als die bekannten und traditionellen Gerechtigkeitsprinzipien des Völkerrechts bezeichnet, u.a. das Interventionsverbot, die Pflicht zur Respektierung der Menschenrechte, das Recht auf Selbstverteidigung und die Hilfspflicht gegenüber Völkern, die unter derart ungünstigen Bedingungen leben, dass die Errichtung einer gerechten politischen Ordnung verhindert wird.

3.

3.1. Rawls' philosophisches Denken ist geprägt von dem Interesse an einem realistischen Ideal der politischen Beziehungen zwischen freien und gleichen Bürgern und einer methodischen Grundhaltung philosophischer Bescheidenheit. Sein Interesse gilt einem *Ideal*, da angenommen wird, dass die Beziehungen der Bürger in einer gerechten und stabilen Gesellschaft von Gerechtigkeitsgrundsätzen geregelt werden, die alle Bürger anerkennen und von denen alle zudem wissen, dass sie auch von allen anderen anerkannt werden. Das Ideal ist Rawls zufolge *realistisch*, da keine grundlegende psychologische Transformation derer vorausgesetzt oder empfohlen wird, die den Gerechtigkeitsgrundsätzen folgen sollen. Stattdessen gehen Annahmen über die psychologische Natur von Menschen, die miteinander in einem gesellschaftlichen Zusammenhang leben, in die inhaltliche Bestimmung der Gerechtigkeitsgrundsätze ein. In seinen späteren Werken stellt Rawls eine bis dahin nicht ausreichend berücksichtigte zusätzliche Bedingung ins Zentrum: Ein realistisches Ideal der politischen Beziehungen zwischen Bürgern muss die wertpluralistische Natur einer modernen demokratischen Gesellschaft als normativ relevant erachten.

Hiermit eng verbunden ist Rawls' methodische Grundhaltung, der zufolge Argumente für substantiell normative Positionen nicht auf Annahmen zurückgreifen sollten, die im jeweiligen Zusammenhang kontrovers sind. Entsprechend sollten Vorschläge für die Formulierung der Gerechtigkeitsgrundsätze einer gerechten und stabilen Gesellschaft sowie deren Begründung auf einer geteilten argumentativen Grundlage entwickelt werden.

Vor dem Hintergrund dieser Grundüberzeugungen geraten bestimmte Fragestellungen und philosophische Probleme in den Blickpunkt, die von Rawls konsequent mit einer höheren Priorität behandelt werden als andere ggf. ebenso wichtige Themen. So hat beispielsweise die Formulierung und Begründung von Gerechtigkeitsprinzipien für die Regelung der politischen Beziehungen innerhalb eines institutionellen gesellschaftlichen Rahmens Vorrang vor der philosophischen Analyse von Prinzipien für die Regelung von Interaktionen zwischen Individuen. Die Analyse von Prinzipien sozialer Gerechtigkeit ist derjenigen von Prinzipien globaler Gerechtigkeit vorrangig, und die philosophische Betrachtung normativer Probleme hat eine höhere Priorität als metaethische Fragestellungen. Soweit dies möglich ist, vermeidet Rawls, ganz im Sinne seiner methodischen Grundhaltung, philosophisch kontroverse Urteile über die tatsächlichen Abhängigkeitsverhältnisse zwischen Prinzipien unterschiedlichen Typs sowie zwischen substantiellen und metaethischen Positionen. Rawls ist überzeugt davon, dass grundlegende politische Probleme auf philosophisch interessante Weise zu praktisch fruchtbaren Lösungen geführt werden können.

3.2. Die lebhafte und weitläufige Rezeption von Rawls' Werk verdeutlicht eindrucksvoll dessen Anziehungs- und Überzeugungskraft. Zu Recht wird heute gemeinhin von dem von Rawls eingeläuteten Paradigmenwechsel und seiner Rehabilitierung der politischen Philosophie nach einer Phase der intellektuellen Stagnation gesprochen (vgl. Kukathas/Pettit 1990, 1 ff.; Pogge 1994, 177; Höffe 1998, 3 ff.). Gleichwohl hat Rawls' Werk seit dem Erscheinen der *Theorie der Gerechtigkeit* auch teilweise vehemente Kritik hervorgerufen und die Formulierung elaborierter Gegenentwürfe provoziert. Die wirkungsmächtigsten in Abgrenzung zu Rawls formierten zeitgenössischen Strömungen im angelsächsischen Raum sind der Libertarismus (bzw. Libertarianismus) und der Kommunitarismus, die ihre Kritik freilich auf ganz unterschiedliche Aspekte der rawlsschen Gerechtigkeitstheorie richten.

Robert Nozick als prominentester Libertarist kritisiert insbesondere den rawlsschen Gedanken der Umverteilung von Einkommen zugunsten der am wenigsten begünstigten Gesellschaftsmitglieder. Seinem Ansatz entspricht statt dessen eine Laissez-faire-Marktwirtschaft, da jede über einen Minimalstaat hinausgehende Sozialstaatlichkeit einen illegitimen Eingriff in die Eigentumsrechte und eine ungerechtfertigte Freiheitsbeschränkung der Einzelnen darstelle (vgl. Nozick 1974; kritisch dagegen Kymlicka 1990, Kap. 4). Dem Kommunitarismus zugerechnete Autoren wie Michael Sandel, Alasdair MacIntyre, Charles Taylor und Michael Walzer richten demgegenüber ihre Kritik weniger auf Rawls' egalitäre Gerechtigkeitsprinzipien an sich als auf deren Begründung und Verankerung in einer liberalen Konzeption, die auf der Wahrung von staatlicher Neutralität gegenüber verschiedenen mit liberalen Gerechtigkeitsprinzipien vereinbaren Konzeptionen des Guten der Gesellschaftsmitglieder besteht. Insbesondere wird in metaethischer und normativer Hinsicht der von Rawls postulierte Vorrang des Rechten vor dem Guten bemängelt, sowie in deskriptiver Hinsicht das in der Begründung seiner Gerechtigkeitsprinzipien enthaltene Bild »atomistischer« und »ungebundener« Personen, deren Identität fälschlich ohne konstitutive Bindung an die sie jeweils prägenden gemeinschaftlichen Traditionen und Werte vorgestellt werde (vgl. hierzu bes. Sandel 1982). Während die Berechtigung dieses letzten Vorwurfs schon gegenüber der *Theorie der Gerechtigkeit* zumindest umstritten ist (kritisch dazu z.B. Caney 1992, 279ff.), kann er spätestens mit der Neuformulierung von Rawls' Theorie in *Politischer Liberalismus* und *Gerechtigkeit als Fairneß* und der darin formulierten *politischen* Konzeption von in Kooperationsgemeinschaften eingebetteten Personen als hinfällig gelten.

Die feministische Theorie (vgl. bes. Okin 1989; Nussbaum 2003) hat an der rawlsschen *Theorie der Gerechtigkeit* bemängelt, dass es diese nicht erlaube, Ungerechtigkeiten zwischen den Geschlechtern und insbesondere Ungerechtigkeiten in der Rollen- und Ressourcenverteilung innerhalb von Familien anzuprangern. Rawls hat diese Kritik in seinem Aufsatz »Public Reason Revisited« und schließlich auch in *Gerechtigkeit als Fairness* produktiv aufgenommen und verdeutlicht, dass die soziale Institution der Familie zur Grundstruktur der Gesellschaft und somit zum Anwendungsbereich der Gerechtigkeitsprinzipien gezählt werden muss. Auch wenn dies nicht bedeutet, dass Familienmitglieder dazu verpflichtet sind, Güter und Chancen innerhalb der Familie entsprechend den Gerechtigkeitsprinzipien aufzuteilen, muss deren Verteilung nach Rawls äußeren Grenzen unterliegen, die nicht unterschritten werden dürfen und in der Gesetzgebung einer Gesellschaft Berücksichtigung finden müssen (Rawls 1999b, 595–601; Rawls 2001, 252–258).

Neben dem zentralen Stellenwert, den Rawls für zeitgenössische egalitaristische Theorien insgesamt besitzt (vgl. u.a. Dworkin 2000; Hinsch 2002; Gosepath 2004), fungiert er schließlich auch in der noch jungen Diskussion über die Reichweite von Gerechtigkeit und die Frage nach dem Gehalt möglicher Prinzipien internationaler Gerechtigkeit als allseits präsenter Bezugspunkt. Charles Beitz (1979, Teil 3) und Thomas Pogge (1989, Teil 3) haben im Anschluss an Rawls kosmopolitische Ansätze für eine Theorie globaler Gerechtigkeit formuliert, die sich Elemente seiner Gerechtigkeitstheorie für nationale Kontexte zu Nutze machen und auf die globalen Verhältnisse ausweiten. Dessen Urzustandsszenario dient beiden Autoren als Begründungsrahmen für einen einstufigen Kontraktualismus, mit dem die rawlsschen Gerechtigkeitsprinzipien einschließlich des Differenzprinzips über die nationalstaatliche Ebene hinaus auch als normativer Beurteilungsmaßstab für internationale Institutionen gerechtfertigt werden sollen. Viele zeitgenössische Autoren halten die aus solchen kosmopolitischen Ansätzen resultierenden Forderungen nach ökonomischer Umverteilung jedoch nicht nur für praktisch unrealisierbar, sondern auch für normativ überzogen und nicht begründbar. Mit Rawls' expliziter Distanzierung von kosmopolitischen Ansätzen globaler Gerechtigkeit und seiner konzeptionellen Begrenzung der Reichweite von Gerechtigkeit auf nationalstaatliche Kooperationsgemeinschaften in *Das Recht der Völker* hat sich diese Debatte, in der viele zeitgenössische Autoren an Rawls' moderaten Ansatz angelehnte Positionen vertreten (vgl. Nagel 2005; Martin/Reidy 2006), nochmals intensiviert.

4.

Rawls, J., 1971, Eine Theorie der Gerechtigkeit, Frankfurt/M.: Suhrkamp 1975.

Rawls, J., 1993, Politischer Liberalismus, Frankfurt/M.: Suhrkamp 1998.

Rawls, J., 1994, Die Idee des politischen Liberalismus, Frankfurt/M.: Suhrkamp.

Rawls, J., 1999a, Das Recht der Völker, Berlin: de Gruyter 2002.
Rawls, J., 1999b, Collected Papers, Cambridge/MA: Harvard University Press.
Rawls, J., 2000, Geschichte der Moralphilosophie, Frankfurt/M.: Suhrkamp 2004.
Rawls, J., 2001, Gerechtigkeit als Fairneß, Frankfurt/M.: Suhrkamp 2003.
Rawls, J., 2007, Lectures on the History of Political Philosophy, Cambridge/MA: Harvard University Press.

Audard, C., 2007, John Rawls, Montreal: McGill-Queen's University Press.
Beitz, C., 1979, Political Theory and International Relations, Princeton: Princeton University Press.
Caney, S., 1992, Liberalism and Communitarianism, in: Political Studies 40.
Cave, S./Kukathas, C. (Hg.), 2002, John Rawls, 4 Bde., London: Taylor & Francis.
Daniels, N. (Hg.), 1975, Reading Rawls, New York: Basic Books.
Dworkin, R., 2000, Sovereign Virtue, Cambridge/MA: Harvard University Press.
Freeman, S. (Hg.), 2003, The Cambridge Companion to Rawls, Cambridge: Cambridge University Press.
Freeman, S., 2007, Rawls, London: Routledge.
Gosepath, S., 2004, Gleiche Gerechtigkeit, Frankfurt/M.: Suhrkamp.
Hinsch, W. (Hg.), 1997, Zur Idee des politischen Liberalismus, Frankfurt/M.: Suhrkamp.
Hinsch, W., 2002, Gerechtfertigte Ungleichheiten, Berlin: de Gruyter.
Höffe, O. (Hg.), 1998, John Rawls. Eine Theorie der Gerechtigkeit, Berlin: Akademie 2006.
Kukathas, C./Pettit, P., 1990, Rawls, Stanford: Stanford University Press.
Kymlicka, W., 1990, Contemporary Political Philosophy, Oxford: Oxford University Press 2002.
Martin, R./Reidy, D. (Hg.), 2006, Rawls's Law of Peoples, Oxford: Blackwell.
Nagel, T., 2005, The Problem of Global Justice, in: Philosophy and Public Affairs 33.
Nussbaum, M. C., 2003, Rawls and Feminism, in: S. Freeman (Hg.), The Cambridge Companion to Rawls, Cambridge: Cambridge University Press.
Nozick, R., 1974, Anarchie, Staat, Utopia, München: Olzog 2006.
Okin, S. M., 1989, Justice, Gender, and the Family, New York: Basic Books.
Pogge, T., 1989, Realizing Rawls, Ithaca: Cornell University Press.
Pogge, T., 1994, John Rawls, München: Beck.
Richardson, H./Weithman, P. (Hg.), 1999, The Philosophy of Rawls, 5 Bde., New York: Garland.
Sandel, M., 1982, Liberalism and the Limits of Justice, Cambridge: Cambridge University Press.

Kerstin Haase

Raz, Joseph (*1939)

1.

Joseph Raz studierte zunächst Recht an der Hebräischen Universität in Jerusalem und promovierte 1967 in Oxford bei H. L. A. Hart. 1967–1972 lehrte er in Jerusalem; seitdem ist er Fellow am Balliol College in Oxford, wo er 1985–2006 auch den Lehrstuhl für Rechtsphilosophie innehatte und seit 2006 Research Professor ist. Seit 1995 lehrt er zudem als Professor an der Columbia University. Raz hat zahlreiche wegweisende Publikationen zur Rechtsphilosophie, politischen Philosophie und Ethik vorgelegt. Zu seinen wichtigsten Werken gehören *Praktische Gründe und Normen* (1975) sowie *The Morality of Freedom* (1986).

2.

Raz' erste Buchveröffentlichung, *The Concept of a Legal System* (1970), rekonstruiert und kritisiert die Positionen der klassischen Rechtspositivisten (Austin, Bentham, Kelsen) zum Systemcharakter des Rechts und bereitet zugleich seine eigene Theorie des Rechts vor (vgl. Raz 1975; 1979; 1994). *Praktische Gründe und Normen* (1975) entwickelt eine rationalitätstheoretische Analyse von Handlungsregeln und analysiert Recht als ein institutionalisiertes System positiver praktischer Normen. *The Authority of Law* (1979) sowie *Ethics in the Public Domain* (1994) enthalten weitreichende Ausarbeitungen und Anwendungen dieser Theorie. Mit *The Morality of Freedom* (1986) wendet sich Raz Grundfragen der normativen politischen Philosophie zu. Dort und v.a. in den seitdem entstandenen Veröffentlichungen befasst er sich auch zunehmend mit moralphilosophischen Fragen und deren Fundierung in Metaethik, Rationalitäts- und Handlungstheorie.

3.

3.1. In der Tradition des Rechtspositivismus betont Raz den institutionellen Charakter des Rechts und seine damit einhergehende gesellschaftliche Koordinations- und Steuerungsfunktion, ergänzt dieses Bild aber durch eine neuartige, rationalitätstheoretische Erklärung der Funktionsweise rechtlicher Normen. Rechtsnormen, wie Normen überhaupt, sind nicht als Imperative zu verstehen, sondern vielmehr als eine besondere Art vernünftiger Handlungsgründe: als »ausschließende Gründe«, das heißt Gründe zweiter Ordnung, die im Geltungsbereich der Norm bestimmte Gründe erster Ordnung außer Kraft setzen (vgl. Raz 1975). Auf dieser Grundlage definiert Raz legitime Autorität als die Fähigkeit, in Gestalt der Niederlegung von Normen ausschließende Gründe für andere zu kreieren. Diese Fähigkeit ist dann gegeben, wenn die Befolgung der jeweiligen Normen ihren Adressaten hilft, besser im Einklang mit den durch diese Normen ersetzten und ihnen vorgängigen Gründen erster Ordnung zu handeln, als wenn sie diese Gründe von Fall zu Fall direkt zu berücksichtigen versuchten (vgl. Raz 1979; 1986). Mit diesem Verständnis legitimer Autorität wendet sich Raz zugleich von der vertragstheoretischen Tradition ab: Die Zustimmung der Regierten ist grundsätzlich weder notwendig noch hinreichend für politische Legitimität (vgl. Raz 1994).

Im Anschluss an den Rechtspositivismus H. L. A. Harts und in Auseinandersetzung v.a. mit R. Dworkin argumentiert Raz, dass die rechtliche Geltung von Rechtsnormen in ihren wertfrei identifizierbaren »gesellschaftlichen Quellen« verankert ist (vgl. Raz 1979; 1994). In Absetzung von Hart vertritt Raz zudem eine starke Version dieser These, der zufolge rechtliche Geltung *ausschließlich* auf solche positiven Quellen zurückgeht. Wäre rechtliche Geltung vom moralischen Status der jeweiligen Normen abhängig, so würde deren Befolgung und damit deren Existenz redundant, denn die praktische Funktion von Rechtsnormen besteht gerade darin, eine Form kollektiver Verbindlichkeit zu schaffen, die sich durch den Ausschluss umstrittener Erwägungen erster Ordnung von moralischen Divergenzen unabhängig macht. Die Entkoppelung der Rechtsgeltung von moralischem Gehalt ist die Voraussetzung dafür, dass das Rechtssystem als gesellschaftliche Institution seine Koordinations- und Steuerungsfunktion erfüllen kann (vgl. Raz 1986; 1994).

Zwar ist der politische Anspruch des Rechts, als ein Anspruch auf legitime Autorität, letztlich moralischer Natur; nichts garantiert aber, dass er immer oder auch nur meistens gedeckt ist. Das Scheitern des Autoritätsanspruches beeinträchtigt die moralische Verbindlichkeit einzelner Rechtsnormen, nicht aber deren separat verständliche rechtliche Geltung. Geltendes Recht kann moralischer Verbindlichkeit entbehren. Das bedeutet zugleich, dass keine allgemeine moralische Verpflichtung besteht, geltendes Recht zu befolgen (vgl. Raz 1979).

3.2. Raz' normative politische Philosophie entzieht sich als »liberaler Perfektionismus« den gängigen Alternativen von Liberalismus und Kommunitarismus, von deontologischer und konsequentialistischer Moralbegründung sowie von »privater« Ethik und universalistischer Moral. Gegen Verfechter der weltanschaulich-moralischen Neutralität des Staates wie J. Rawls und R. Dworkin argumentiert Raz, dass substantielle ethische Zielsetzungen seitens des Staates nicht nur mit persönlicher Autonomie vereinbar, sondern vielmehr zur Sicherung von deren Möglichkeit erforderlich sind (vgl. Raz 1986). Der Grund dafür ist, dass Selbstbestimmung, verstanden als Selbstgestaltung eines guten Lebens, auf überindividuellen Voraussetzungen beruht. Sie erfordert zum einen die Chance zur Ausbildung bestimmter individueller Vermögen, zum anderen die Existenz gesellschaftlich geteilter und anerkannter Handlungsformen, die persönlichen Zielsetzungen erst ihren Gehalt verleihen (vgl. Raz 1986; 1994). Individuelle Autonomie kann daher nicht, wie etwa bei R. Nozick, ausschließlich nach dem Modell individueller Abwehrrechte bzw. als die Abwesenheit äußeren Zwangs verstanden werden. Abwehrrechte sind weder die Grundlage der Moral noch die Basis politischer Legitimität, sondern nur durch Belange des »guten Lebens« zu rechtfertigen (Interessentheorie der Rechte). Das gute Leben muss in der Moderne allerdings weitgehend als selbstbestimmtes, also von Autonomie gekennzeichnetes verstanden werden. Damit trägt Raz kommunitaristischen Einsichten Rechnung, ohne zu antiliberalen Forderungen nach der Durchsetzung einer kollektiven Sittlichkeit zu gelangen. Denn zu den Möglichkeitsbedingungen von Selbstbestimmung gehört auch die Existenz einer genuinen und irreduziblen Pluralität moralisch wertvoller Handlungsoptionen. Eine solche Pluralität »gesellschaftlicher Formen« sowie die Chance zur individuellen Ausbildung der Fähigkeit zur Selbstbestimmung sind öffentliche Güter, die politisch gesichert werden müssen – auch, aber durchaus nicht nur, durch den Schutz individueller Freiheitsrechte (vgl. Raz 1994).

3.3. In seinen jüngeren Schriften wendet sich Raz zunehmend Fragen der Ethik und Metaethik zu. Er argumentiert dafür, Werte als in ihrer Entstehung historisch kontingent zu begreifen, ohne ihnen deshalb ihre universale Geltung abzusprechen. Statt eines Relativismus folge aus der Kontextgeprägtheit von Werten lediglich ein Pluralismus, damit allerdings auch die Möglichkeit inkommensurabler Handlungsgründe (vgl. Raz 1999; 2001; 2003). Darüber hinaus verfolgen Raz' neuere Veröffentlichungen auch grundsätzliche Fragen des Zusammenhangs von Rationalität, Normativität und Gründen, in denen ihm zufolge vermeintlich gesonderte Fragen der Moralbegründung aufgehen.

4.

Raz, J., 1970, The Concept of a Legal System, Oxford: Oxford University Press 1980.

Raz, J., 1975, Praktische Gründe und Normen, Frankfurt/M.: Suhrkamp 2006.

Raz, J., 1979, The Authority of Law, Oxford: Oxford University Press.

Raz, J., 1986, The Morality of Freedom, Oxford: Oxford University Press.

Raz, J., 1994, Ethics in the Public Domain, Oxford: Oxford University Press.

Raz, J., 1999, Engaging Reason. On the Theory of Value and Action, Oxford: Oxford University Press.

Raz, J., 2001, Value, Respect, and Attachment, Cambridge: Cambridge University Press.

Raz, J., 2003, The Practice of Value, Oxford: Oxford University Press.

Raz, J., 2006, The Problem of Authority, in: Minnesota Law Review 90.

Levine, M. L. (Hg.), 1989, Symposium: The Works of Joseph Raz, in: Southern California Law Review 62.

Meyer, L./Paulson, S./Pogge, T. (Hg.), 2006, Rights, Culture, and the Law. Themes from the Moral and Political Philosophy of Joseph Raz, Oxford: Oxford University Press.

Wallace, R. J./Pettit, P./Scheffler, S./Smith, M. (Hg.), 2004, Reason and Value. Themes from the Moral Philosophy of Joseph Raz, Oxford: Oxford University Press.

Felix Koch

Recht, Ökonomische Analyse

1.

Die Ökonomische Analyse des Rechts beschäftigt sich mit den in der Lebenswirklichkeit tatsächlich auftretenden oder zu erwartenden Wirkungen von Rechtsnormen, gerichtlichen Entscheidungen und Verwaltungsakten (positives Erkenntnisinteresse). Sie bewertet diese Folgen mit Hilfe des Kriteriums der ökonomischen Effizienz und macht Vorschläge, wie Recht zu gestalten ist, damit ökonomisch effiziente Ergebnisse erzielt werden (normatives Erkenntnisinteresse). Die Ökonomische Analyse des Rechts behandelt auch die Mechanismen, die zu Rechtsänderungen führen, sowie die Funktionsweise der Justiz. Zur Beantwortung positiv wie normativ orientierter Fragen benutzt sie stilisierte Modelle individuellen Verhaltens und der Rechtsnormen.

Zum Forschungsgegenstand der Ökonomischen Analyse des Rechts zählen alle Gebiete des Privatrechts, des öffentlichen Rechts und des Strafrechts sowie die jeweiligen Verfahrensrechte. Außer den nationalen Rechtsordnungen werden auch das Europarecht und das internationale Recht mittlerweile ökonomisch untersucht. Die Rechtsvergleichung und die Harmonisierung von Rechtsnormen spielen ebenfalls eine wichtige Rolle.

Die Ökonomische Analyse des Rechts ist Ökonomik in dem Sinne, dass sie die analytischen Instrumente der Nationalökonomie benutzt und deren Forschungsprogramm folgt. Ihr Forschungsprogramm lässt sich in knapper Form folgendermaßen beschreiben: (a) Menschen verhalten sich rational, d.h. sie wählen zur Verwirklichung ihrer Ziele die aus ihrer Sicht beste Handlungsalternative (Modell des homo oeconomicus). Die Hinzufügung »aus ihrer Sicht« soll den Umstand erfassen, dass die Wahlentscheidung nicht notwendigerweise die objektiv beste Lösung darstellt (Konzept der eingeschränkten Rationalität). (b) Rechtsnormen und gerichtliche Entscheidungen steuern Verhalten, aber nicht qua Normcharakter, sondern weil an ihre Nicht-Beachtung Sanktionen geknüpft sind. (c) Die Sanktionen des Rechts wirken wie Preise, die die relativen Kosten von Wahlhandlungen verteuern. Steigen die relativen Kosten einer Handlung, wird diese weniger häufig gewählt. (d) Recht ist effizient, wenn es die Wohlfahrt der Gesellschaft – das Gemeinwohl – maximiert. (e) Alle Institutionen des Rechtssystems – Gesetzgeber, Gerichte, Verwaltung, Anwaltschaft – sollten Entscheidungen treffen, die den gesellschaftlichen Wohlstand erhöhen. Die ersten drei Punkte umschreiben das ökonomische Verhaltensmodell. Dieses ist mittlerweile verhaltenswissenschaftlich angereichert worden (»behavioral law and economics«).

2.

Die Ökonomische Analyse des Rechts ist ein Forschungsgebiet, das sich in rascher Expansion befindet. Seine Anfänge reichen bis ins 18. Jahrhundert zurück. Cesare Beccaria (1767) benutzte den ökonomischen Ansatz bei der Behandlung von Strafe und Strafrecht. Jeremy Bentham (1789) führte das Verhalten von Menschen auf einen Lust-Unlust-Kalkül zurück und beschrieb detailliert, wie rechtliche Sanktionen unerwünschtes Verhalten abschrecken können. Nach Bentham stagnierte die Diskussion für längere Zeit. Erst seit den 1960er Jahren ist es zu einer Neubelebung gekommen, die in gewissen Hinsichten einen revolutionären Charakter aufweist. Kartellrecht, Gesellschaftsrecht und die Regulierung von Wirtschaftsaktivitäten boten zwar schon immer den Stoff für rechts-ökonomische Untersuchungen. Aber nun begann die Ökonomische Analyse des Rechts ihr Forschungsgebiet über diese im engeren Sinne ökonomisch geprägten Rechtsgebiete hinaus auf das gesamte Recht auszuweiten. Diese Erweiterung – die Geburtsstunde einer neuen Rechtsökonomik – ist mit folgenden Etappen verbunden: (a) Ronald Coase, Nobelpreisträger der Ökonomie 1991, zeigte im Jahre 1960, dass die Zuteilung von Verfügungsrechten (property rights) nur in einer Welt mit positiven Transaktionskosten Effizienzwirkungen hat (Coase-Theorem). (b) Armen Alchian legte im Jahre 1965 erstmalig eine umfassende ökonomische Theorie der Verfügungsrechte vor. (c) Gary Becker, Nobelpreisträger der Ökonomie 1992, wendete im Jahre 1968 den ökonomischen Ansatz auf Straftaten an und wurde damit zum Begründer der modernen Ökonomik der Kriminalität. (d) Guido Calabresi befasste sich 1970 mit der effizienten Verteilung von Risiken aus schädigenden Handlungen und untersuchte 1972 zusammen mit Douglas Melamed Regeln zum Schutz von Verfügungsrechten. (e) William Landes und Richard Posner veröffentlichten 1972 und 1973 grundlegende Artikel zur ökonomischen Analyse des Zivilprozesses und des Gerichtssystems. Posner ist zudem der Verfasser des wohl bedeutendsten Lehrbuchs, das 1973 in erster Auflage herauskam. Die Existenz zahlreicher wissenschaftlicher Zeitschriften bezeugt, dass sich die Ökonomische Analyse des Rechts zu einem etablierten Forschungsgebiet entwickelt hat.

3.
Im Folgenden soll der Denkstil der Ökonomischen Analyse des Rechts am Beispiel der Verfügungsrechte und der Kriminalität verdeutlicht werden.

3.1. Verfügungsrechte definieren, wer über die Nutzung einer Ressource entscheiden darf und welche Art von Nutzung erlaubt ist und welche nicht. Von der Ausgestaltung der Verfügungsrechte hängt nicht nur der Wert einer Ressource ab, sondern auch das Ausmaß der volkswirtschaftlichen Arbeitsteilung und die Existenz von Unternehmen.

Das Konzept der Verfügungsrechte ist umfassender als das juristische Konzept des Eigentums. Es schließt nicht nur Vertragsfreiheit und Privatautonomie ein, sondern auch gewohnheitsrechtliche oder moralische Befugnisse sowie Weisungsrechte in Organisationen.

Das Herzstück der Ökonomischen Analyse des Rechts ist eine Idee, die Coase (1960) entwickelt hat. Die Idee wird Coase-Theorem genannt; es behandelt den Zusammenhang zwischen der Zuteilung (Allokation) von Verfügungsrechten und der gesellschaftlichen Effizienz im Falle der Nutzungskonkurrenz um knappe Ressourcen. Das Coase-Theorem besagt: Wenn die Transaktionskosten Null sind, dann wird die effiziente Nutzung von Ressourcen realisiert, gleichgültig, ob die Verfügungsrechte anfänglich effizient oder ineffizient zugeteilt sind. Die Nutzung der in einer Volkswirtschaft vorhandenen Ressourcen ist effizient, wenn die Verfügungsrechte an diesen Ressourcen denjenigen Akteuren gehören, die sie am höchsten bewerten (die höchste Zahlungsbereitschaft für diese Rechte haben). Unter »Transaktionskosten« versteht man die Kosten der Identifikation potentieller Verhandlungspartner, der Organisation des Treffens (Verhandlungskosten), der Kontrolle der Einhaltung der Vereinbarung einschließlich der Kosten der Durchsetzung vor Gericht. Sind diese Kosten Null (oder niedrig), dann wird über Verhandlungen das Nutzungsrecht dorthin gelangen, wo es am höchsten bewertet wird. Scheitern Verhandlungen, dann zeigt dies, dass die Anfangsallokation bereits effizient war. Sind die Transaktionskosten dagegen so hoch, dass sich Handel mit Rechten überhaupt nicht lohnt, dann empfiehlt Coase die Verfügungsrechte dem Akteur zuzuweisen, der sie am höchsten bewertet. Zwar muss dann auf den Wert der alternativen Nutzung einer Ressource verzichtet werden, aber dieser Wertverzicht ist kleiner als der (unumgängliche) Wertverzicht bei der umgekehrten Zuteilung der Verfügungsrechte (Prinzip des »least cost avoider«). Ein wichtiger Anwendungsbereich des Coase-Theorems liegt im Bereich des Umweltschutzes. Aus den Einsichten von Coase folgt eine Kritik an Ökosteuern und eine Empfehlung für den Einsatz von Verschmutzungslizenzen.

Nach den Voraussetzungen, unter denen ein anderer Akteur in die Verfügungsrechtsposition des Rechteinhabers eingreifen kann, unterscheidet man drei Arten des Schutzes von Verfügungsrechten (vgl. Calabresi/Melamed 1972): (a) Eigentumsregel (property rule), (b) Haftungsregel (liability rule), (c) Unveräußerlichkeitsregel (inalienability rule).

Unter der *Eigentumsregel* hat der Rechteinhaber einen Unterlassungsanspruch gegen Verletzungen seines Rechts. Der Interessent darf nur dann in das Verfügungsrecht des Inhabers eingreifen (also die Ressource nutzen), wenn beide Parteien sich per Vertrag darüber geeinigt haben. Unter der *Haftungsregel* darf der Interessent grundsätzlich in die Rechtsposition des Inhabers eingreifen. Er darf also die Ressource jederzeit nutzen, hat dann aber Schadenersatz zu leisten. Unter der *Unveräußerlichkeitsregel* darf ein Nichtinhaber eines Verfügungsrechts niemals die Ressource nutzen, nicht einmal mit Zustimmung des Rechteinhabers. Diesem ist nämlich die Veräußerung dieses Rechts untersagt. Beispielsweise ist es in Deutschland verboten, eine menschliche Niere zum Verkauf anzubieten.

Die Eigentumsregel führt nur dann zu effizienten Resultaten, wenn die Transaktionskosten für die Übertragung von Verfügungsrechten vernachlässigbar niedrig sind. Das ist die Lehre aus dem Coase-Theorem. Sind diese Transaktionskosten dagegen zu hoch, dann könnten die Zuteilung von Verfügungsrechten und ihr Schutz durch die Eigentumsregel zu einer ineffizienten Allokation der Verfügungsrechte führen. Mit der Haftungsregel lässt sich die Gefahr einer ineffizienten Allokation von Verfügungsrechten auch für den Fall hoher Transaktionskosten vermeiden. Der unter der Eigentumsregel nötige Vertrag, dessen Abschluss zu hohe Transaktionskosten im Wege stehen, wird gewissermaßen durch einen vom Gesetzgeber oder Richter festzulegenden Preis für die Nutzung der Ressource ersetzt. Sollte der Rechteinhaber sich unter der Unveräußerlichkeitsregel mit einem Interessenten auf einen Handel einigen, würden beide eine Bestrafung riskieren. Mit dieser Strafandrohung versucht der Staat, die Transaktionskosten für den Handel mit Verfügungsrechten prohibitiv hoch zu setzen. Also besteht nach dem Coase-Theorem unter dieser Regel die Gefahr einer ineffizienten Allokation von Verfügungsrechten.

Die Wahl der Haftungsregel wirft die Frage auf, ob die Haftung verschuldensunabhängig (Gefährdungshaftung) gelten oder nur nach Verletzung eines Sorgfaltsmaßstabes (Verschuldenshaftung) eintreten soll. Die Haftungsregeln unterscheiden sich nach ihrer Anreizwirkung auf Schädiger und Geschädigten, Anstrengungen zur Vermeidung eines Schadens zu unternehmen. Unterliegt ein potenzieller Schädiger einer Gefährdungshaftung, so wird er sehr starke Anreize haben, Vorsorge zu treiben. Denn im Falle eines Schadens muss er diesen vollständig tragen. Er wird deshalb eine Schaden verursachende Handlung nur dann durchführen, wenn ihr Nutzen die Kosten (einschließlich der bei dem Geschädigten anfallenden) übersteigt. Der potenzielle Geschädigte wird dagegen gar keine Anreize zur Schadensvermeidung haben, da er bei Eintritt eines Schadens vollständig kompensiert wird. Eine Fahrlässigkeitsregel schreibt dem Schädiger ein bestimmtes Sorgfaltsniveau vor. Unterschreitet er dies, handelt er fahrlässig und ist für den angerichteten Schaden haftbar. Hält er dagegen das Sorgfaltsniveau ein (oder überschreitet es sogar), ist er von der Haftung freigestellt. In diesem Falle hätte der Geschädigte den entstehenden Schaden zu tragen. Wenn der Gesetzgeber oder Gerichte den Sorgfaltsstandard auf das effiziente Niveau festlegen, dann ist der Schädiger zur effizienten Vorsicht zu motivieren. Wenn beide Seiten, also Schädiger und Geschädigter, zur Verringerung des erwarteten Schadens beitragen können, ist jede Haftungsregel ineffizient, die nur eine Seite motiviert, in Schadensvorsorge zu investieren.

3.2. Nach dem Rationalwahlmodell begeht eine Person eine Straftat, wenn der erwartete Nutzen größer ist als die erwarteten Kosten. Die erwarteten Kosten hängen ab von der Wahrscheinlichkeit, bestraft zu werden, vom Diskontierungsfaktor, von der Höhe der Strafe im Falle der Verurteilung, der Sozialisation einer Person (moralisches und sittliches Kapital), vom Informationsstand und Reservationsnutzen, d.h. jenem Nutzen, den die Person erhalten würde, wenn sie nicht kriminell wäre.

Direkter staatlicher Einflussnahme unterliegt zum einen die Bestrafungswahrscheinlichkeit und zum anderen die Höhe der Strafe. Erhöht man eine oder auch beide Größen, dann steigt der Erwartungswert der Strafe (ermittelt als Wahrscheinlichkeit der Bestrafung multipliziert mit dem monetären Äquivalent der Strafe) und die Zahl der Straftaten nimmt ab (vgl. die empirischen Belege in Albrecht/Entorf 2003). Kriminalität erzeugt Kosten in Form von Vorsichtsmaßnahmen, Einrichtung von Polizei und Justiz sowie Ausfall von Sozialprodukt. Warum tut man dann nicht alles, um sie vollständig abzuschrecken? Zwei Antworten sind möglich: (a) Verbrechen bringen auch Nutzen, nämlich dem Verbrecher und (bei Diebstahlsdelikten) seinen Abnehmern. Die Profiteure des Verbrechens zählen in der gesellschaftlichen Kosten-Nutzenbilanz mit. (b) Die Vermeidung aller Verbrechen ist zu teuer.

Die erste Antwort verweist auf die für den Denkstil der Ökonomen typische Idee eines effizienten Verbrechens. Wenn der Vorteil des Täters größer ist als der durch die Tat angerichtete gesellschaftliche Schaden, dann führt die Tat zu einer effizienten Re-Allokation der Ressourcen. Gleichwohl sollte man Straftaten aus ökonomischer Sicht bekämpfen. Zum einen gibt etwa Diebstahl im Gegensatz zur Markttransaktion keine Garantie, dass nur effiziente Transfers erfolgen, denn die Bewertung des Bestohlenen wird dem Dieb nicht signalisiert. Zum zweiten können die Kosten der Durchführung den durch die Re-Allokation erfolgten Wertzuwachs übersteigen. Sollte der Staat also am besten alle Diebstähle verhindern? Wie die Kriminalitätsstatistik lehrt, tut er dies nicht – und die Erklärung ist einfach: Perfekte Abschreckung ist zu teuer. Vermehrte Abschreckung ist nur mit wachsenden Kosten zu haben. Deshalb gibt es auf gesellschaftlicher Ebene ein Optimum der Kriminalitätsvermeidung. Dieses liegt nicht bei einer Kriminalitätsrate von Null und auch nicht bei einer von 100 %, sondern irgendwo zwischen diesen beiden Extremen (nach Typ der Straftaten gestaffelt), nämlich dort, wo der zusätzliche gesellschaftliche Nutzen der Vermeidung einer weiteren Straftat gleich den zusätzlichen gesellschaftlichen Kosten ist.

4.

Albrecht, H. J./Entorf, H. (Hg.), 2003, Kriminalität, Ökonomie und Europäischer Sozialstaat, Heidelberg: Physica.

Alchian, A., 1965, Some Economics of Property Rights, in: Il Politico 30.

Assmann, H.-D./Kirchner, C. (Hg.), 1993, Ökonomische Analyse des Rechts, Tübingen: Mohr.

Beccaria, C., 1764, Über Verbrechen und Strafen, Aalen: Scientia 1990.

Becker, G., 1968, Crime and Punishment. An Economic Approach, in: Journal of Political Economy 76.

Bentham, J., 1789, An Introduction to the Principles of Morals and Legislation, Oxford: Clarendon Press 1996.

Calabresi, G., 1970, The Costs of Accidents. A Legal and Economic Analysis, New Haven: Yale University Press.

Calabresi, G./Melamed, A. D., 1972, Property Rules, Liability Rules and Inalienability, in: Harvard Law Review 85.

Coase, R., 1960, The Problem of Social Costs, in: Journal of Law and Economics 3.

Eidenmüller, H., 1998, Effizienz als Rechtsprinzip, Tübingen: Mohr Siebeck.

Kirstein, R., 1999, Imperfekte Gerichte und Vertragstreue, Wiesbaden: Gabler.

Kirstein, R., 2000, Law and Economics in Germany, in: B. Bouckaert/G. de Geest (Hg.), Encyclopedia of Law and Economics, Bd. 1, Cheltenham: Elgar.

Koboldt, C./Schmidtchen, D./Leder, M., 1992, Ökonomische Analyse des Rechts, in: N. Berthold (Hg.), Allgemeine Wirtschaftstheorie, München: Vahlen.

Landes, W. M., 1972, An Economic Analysis of the Courts, in: Journal of Law and Economics 14.

Posner, R. A., 1973a, Economic Analysis of Law, New York: Aspen 2002.

Posner, R. A., 1973b, An Economic Approach to Legal Procedure and Judicial Administration, in: Journal of Legal Studies 2.

Schäfer, H.-B./Ott, C., 2000, Lehrbuch der ökonomischen Analyse des Zivilrechts, Berlin: Springer.

Schmidtchen, D., 2004, Wozu Strafrecht?, in: H. Radtke (Hg.), Muss Strafe sein?, Baden-Baden: Nomos.

Schmidtchen, D./Weth, S. (Hg.), 1999, Der Effizienz auf der Spur. Die Funktionsfähigkeit der Justiz im Lichte der ökonomischen Analyse des Rechts, Baden-Baden: Nomos.

Sunstein, C. R. (Hg.), 2000, Behavioral Law and Economics, Cambridge: Cambridge University Press.

Weigel, W., 2003, Rechtsökonomik, München: Vahlen.

Dieter Schmidtchen

Rechte/Grundrechte

1.

Rechte sind normative relationale Eigenschaften, die Individuen kraft einer Regel zukommen und die ihren Trägern eine vorteilhafte Position gegenüber anderen Individuen einräumen. Rechte sind normativ, weil ihr Besitz normative Konsequenzen sowohl für die Rechtsinhaber als auch für die Rechtsadressaten hat. Ihre Relationalität liegt darin begründet, dass individuelle Rechte sich selbst gegenüber begrifflich unmöglich sind. Sie haben immer mindestens einen Adressaten. Dem bipolaren Rechtsverhältnis zwischen Rechtsinhaber und Rechtsadressat korrespondieren zwei normative Positionen von unterschiedlichem Wert. Die Position des Rechtsinhabers ist in der Regel vorteilhaft, die des Adressaten nachteilig. Kraft seines Rechts darf der Rechtsinhaber entweder selbst etwas tun (bzw. unterlassen) oder ihm steht etwas zu, während der Rechtsadressat etwas dulden oder leisten muss. Alle Theorien individueller Rechte stimmen darin überein, dass die Hauptfunktion individueller Rechte darin besteht, ihren Besitzern mit Blick auf ihre Interessen eine vorteilhafte normative Position gegenüber anderen Individuen einzuräumen. Uneinig sind sie sich über die Art und Weise, wie dies geschieht.

Grundrechte erheben den Anspruch, positivierte Menschenrechte zu sein. In Deutschland wurde der Sinn von »Grundrecht« maßgeblich durch die mit »Grundrechten des deutschen Volkes« überschriebene Paulskirchenverfassung von 1848 geprägt. Heute bezieht er sich meist auf den mit »Die Grundrechte« betitelten Teil des deutschen Grundgesetzes von 1949. Grundrechte, so das Bundesverfassungsgericht, haben eine spezifische Schutzfunktion: »Ohne Zweifel sind die Grundrechte in erster Linie dazu bestimmt, die Freiheitssphäre des Einzelnen vor Eingriffen der öffentlichen Gewalt zu sichern; sie sind Abwehrrechte des Bürgers gegen den Staat. Das ergibt sich aus der geistesgeschichtlichen Entwicklung der Grundrechtsidee wie aus den geschichtlichen Vorgängen, die zur Aufnahme von Grundrechten in die Verfassungen der einzelnen Staaten geführt haben.« (BVerfGE Bd. 7, 204f.)

2.

Der Ausdruck »Recht« (lat. *ius*, frz. *droit*, engl. *right* bzw. *law*) ist im Deutschen mehrdeutig. Zur Vermeidung von Missverständnissen unterscheiden deutschsprachige Rechtsphilosophen seit Ende des 18. Jahrhunderts zwischen Rechten im »subjektiven« und im »objektiven« Sinne. Subjektive Rechte sind etwas, was Subjekte »haben«, während objektive Rechte die Regelsysteme sind, aus denen sich subjektive Rechte ergeben. Die Terminologie ist unglücklich, weil die Rede von »subjektiv« und »objektiv« irreführende Assoziationen mit dem homonymen Gegensatzpaar wachruft, das z. B. in der Unterscheidung zwischen »subjektiven« Geschmacksurteilen und »objektiven« Tatsachenurteilen zur Anwendung kommt. Wesentlich ist hier, dass die »subjektiven« Rechte von Individuen aus den Regeln der für sie gültigen »objektiven« Rechte abgeleitet sind. Als logische Bestandteile des objektiven Rechts sind subjektive Rechte ebenso objektiv wie die Regeln, auf die sich ihre Zuschreibung stützt.

2.1. Die Frage nach dem Ursprung des Begriffs eines individuellen Rechts wird meist so formuliert: Wie wurde aus dem »objektiven« Verständnis von Rechten als Regelsystemen, über das zweifellos schon die Antike verfügte, der Begriff eines »subjektiven« Rechts, das Individuen »haben«? Ihre Beantwortung spaltet die Rechtshistoriker in zwei Lager. Während die einen nicht zögern, auch vormodernen Autoren wie Aristoteles (vgl. Miller 1995), Ulpian (vgl. Honoré 2002) oder Thomas von Aquin (vgl. Finnis 1998) den Begriff eines individuellen Rechts zuzuschreiben, erklären andere ihn für eine Erfindung der Neuzeit (vgl. Bobbio 1989; Luhmann 1993; Habermas 1992). Ursache dieser historischen Meinungsverschiedenheit ist häufig ein analytischer Dissens bezüglich der korrekten Explikation des Begriffs eines individuellen Rechts. Auch hier stehen sich seit Mitte des

19. Jahrhunderts zwei Auffassungen gegenüber: die Willens- und die Interessetheorie. Carl Friedrich von Savigny formuliert den Grundgedanken der Willenstheorie so: Ein Recht ist eine »der einzelnen Person zustehende Macht: ein Gebiet, worin ihr Wille herrscht« (Savigny 1840, 333). Der Willenstheorie zufolge hat A genau dann ein Recht auf B's Pflichterfüllung, wenn A über die normative Fähigkeit (»Rechtsmacht«) verfügt, B's Pflichterfüllung nach A's Willen zu kontrollieren. Rechtsinhaber sei derjenige, der in normativer Hinsicht bestimmen kann: A kann die Erfüllung von B's Pflicht einfordern oder B von ihr entbinden (vgl. Hart 1973; Wellman 1985; Steiner 1994). Interessetheoretiker wie Rudolf von Jhering widersprechen dem: »Kein Recht ist [...] des Willens wegen da. Jedes Recht findet seine Zweckbestimmung und seine Rechtfertigung darin, dass es das Dasein oder Wohlsein fördert [...]. Nicht der Wille oder die Macht bildet die Substanz des Rechts, sondern der Nutzen.« (Jhering 1865, 350) Für die Zuschreibung eines Rechts an A genüge es, dass B's Pflichterfüllung A aufgrund eines legitimen Interesses geschuldet ist. A habe ein Recht gegenüber B, wenn A's Interessen den Grund für B's Verpflichtung bilden. Ob A darüber hinaus über die normative Fähigkeit verfügt, B's Pflichterfüllung zu kontrollieren, sei für die Rechtszuschreibung irrelevant. Die Kontrollfähigkeit, so die Interessetheorie, erhöht bestenfalls die Effektivität des Rechts, aber sie konstituiert es nicht (vgl. Lyons 1969; MacCormick 1977; Raz 1984).

2.2. Rechtshistoriker, die von der Korrektheit der willenstheoretischen Analyse mit ihrer Betonung der normativen Fähigkeiten des Rechtsträgers überzeugt sind, gehen in der Regel (aber nicht immer: vgl. Tierney 1997; Tuck 1979) von einer relativ späten Entstehung des Rechtsbegriffs aus. So sieht beispielsweise Ernst-Wolfgang Böckenförde die Grundlagen »der (heute selbstverständlichen) Denkform des subjektiven Rechts« im 16. Jahrhundert von Francisco de Vitoria gelegt. Denn Vitoria begreife Recht nicht (wie noch Thomas von Aquin) »als objektiv Geschuldetes [...], sondern als eine dem Rechtsinhaber zukommende Bestimmungsmacht, eine *facultas*, etwas zu tun oder zu lassen, soweit das Gesetz es erlaubt« (Böckenförde 2006, 354). Böckenfördes historische These unterstellt, dass die »heute selbstverständlichen Denkform des subjektiven Rechts« im Sinne der Willenstheorie zu explizieren ist, da nur für sie eine solche *facultas* konstitutiv ist. Aus Sicht der Interessetheorie erscheint es jedoch nicht minder plausibel, auch Thomas von Aquin den Begriff zuzuschreiben. Denn die für Aquins Gerechtigkeitstheorie zentrale Regel, jedem das Seine zu geben (*suum cuique tribuere*), enthält alle wesentlichen Elemente einer interessetheoretischen Explikation des Begriffs eines individuellen Rechts: Das A objektiv (d. h. aufgrund der Suum-cuique-Regel) Geschuldete (*debitum*) ist eine Handlung oder Unterlassung, zu der B gegenüber A verpflichtet ist. A und B stehen in einem bipolaren Gerechtigkeitsverhältnis, in dem A die normative Position des Gläubigers innehat, B die des Schuldners. Wenn überdies gilt, dass B's Pflichterfüllung (wie Jhering im Namen der Interessetheorie fordert) A's »Dasein oder Wohlsein fördert«, dann ist B's Pflichterfüllung (in Aquins Worten) A's *ius suum*, d. h. sein individuelles Recht im Sinne der Interessetheorie. Wenn es jedoch gute Gründe gibt, Aquin mit Blick auf das Suum-cuique-Prinzip den Begriff eines individuellen Rechts zuzuschreiben, warum dann nicht auch Ulpian oder Aristoteles?

2.3. Aufgrund der vorherrschenden Auffassung von Grundrechten als institutionalisierten Menschenrechten ist die Geschichte der Grundrechte eng mit der des Menschenrechtsgedankens verknüpft. Da der Begriff eines Menschenrechts nicht älter sein kann als der eines individuellen Rechts, sind auch hier die Antworten auf die Ursprungsfrage von der jeweils favorisierten Analyse des Oberbegriffs geprägt. Während für die einen die Idee der Menschenrechte »so modern ist wie der Verbrennungsmotor« (Minogue 1973, 3), ist sie für andere schon in der Antike ein Gemeinplatz (vgl. Bauman 2000). Viele Rechtshistoriker verlegen die Geburtsstunde des Grundrechtsgedankens ins 18. Jahrhundert. Strittig ist unter ihnen bestenfalls, ob er schon mit der Virginia Bill of Rights vom Juni 1776 oder erst mit der französischen Erklärung der Menschen- und Bürgerrechte von 1789 in die Welt kommt.

3.

In Deutschland gilt der Streit zwischen Willens- und Interessetheorie vielfach als überwunden, weil er schon Ende des 19. Jahrhunderts zugunsten einer Kombination von willens- und interessetheoretischen Elementen geschlichtet worden sei (vgl. Regelsberger 1893, § 14). Eine oft zitierte Formulierung dieser Kombinationstheorie von Hans Carl Nipperdey lautet: »Das subjektive Recht ist begrifflich eine Rechtsmacht, die dem einzelnen durch die Rechtsordnung verliehen ist, seinem Zwecke nach ein Mittel zur Befriedigung menschlicher Interessen.« (Enneccerus/Nipperdey 1952, 272f.; vgl. Bachof 1955; Coing 1959) Aber diese sog. Kombinationstheorie ist – schon für ihren Begründer Regelsberger – kein vermittelnder Vorschlag, sondern eine Willenstheorie, die interessetheoretischen Einwänden begegnen will. Auch für die Kombinationstheorie ist das Kennzeichen eines Rechts eine normative Fähigkeit – dass diese Fähigkeit ein Mittel zur Interessebefriedigung sein soll, ändert daran nichts. Die verbreitete Überzeugung, dass die Kombinationstheorie interessetheoretischen Einwänden erfolgreich begegnet, hat die Debatte in Deutschland im 20. Jahrhundert zum Erliegen gebracht und die immer noch andauernde Dominanz der Willenstheorie begründet.

3.1. In der angelsächsischen Jurisprudenz erhält die Diskussion durch Wesley N. Hohfelds zweiteiligen Aufsatz »Einige Grundbegriffe des Rechts, wie sie in rechtlichen Überlegungen Anwendung finden« von 1913 bzw. 1917 neue Impulse. Hohfeld zufolge erkennen Juristen vier Typen normativer Positionen von Individuen als Rechte an: (1) A's Recht gegenüber B kann in einem Anspruch (*claim*) auf B's Φen bestehen, wobei »Φ« ein Tun oder Unterlassen bezeichnet. Das sei genau dann der Fall, wenn B gegenüber A die Pflicht hat, zu Φen. Ein solcher Anspruch ist beispielsweise das Recht A's, von B nicht gefoltert zu werden. (2) A's Recht gegenüber B kann die Form einer Freiheit (*privilege*), zu Φen, annehmen. Das ist nach Hohfeld genau dann der Fall, wenn B keinen Anspruch hat, dass A nicht Φt. Von diesem Typ ist beispielsweise A's Recht gegenüber B, seine Meinung frei zu äußern. (3) A's Recht kann in der normativen Fähigkeit (*power*) bestehen, durch sein Φen B's normative Position zu verändern. Das sei genau dann der Fall, wenn B gegen A's Φen nicht normativ immun ist. Ein solches Recht exemplifiziert z. B. die normative Fähigkeit eines Staates, die Eigentumsverhältnisse seiner Bürger durch Enteignungen zu verändern. (4) A's Recht kann jedoch auch in einer Immunität (*immunity*) gegen B's Φen bestehen. Das ist nach Hohfeld genau dann der Fall, wenn B nicht über die normative Fähigkeit verfügt, durch Φen A's normative Position zu verändern. So sind beispielsweise in einer Gesellschaft, in der nur der Staat Enteignungen vornehmen darf, die Bürger gegen Enteignungsversuche anderer Bürger immun (vgl. Hohfeld 1913). Worin liegt das Gemeinsame von Ansprüchen, Freiheiten, normativen Fähigkeiten und Immunitäten, das ihre Anerkennung als Rechte motiviert? Nach Hohfeld besteht es darin, dass alle vier rechtlichen Positionen ihrem Inhaber rechtliche Vorteile gewähren (vgl. Hohfeld 1917, 717). Hohfeld selbst hält dies jedoch bestenfalls für eine notwendige Bedingung. Er plädiert dafür, nur Ansprüche als Rechte »im strikten Wortsinn« anzuerkennen. Die Bedeutung der Frage, ob ein einzelner Anspruch, eine einzelne Freiheit, normative Fähigkeit oder Immunität die Bezeichnung »Recht« verdient, wird jedoch dadurch relativiert, dass nach Hohfeld ohnehin die meisten Rechte komplexe »Bündel« aus mehreren dieser Elemente sind. So seien beispielsweise Eigentumsrechte »komplexe Aggregate aus Rechten (oder Ansprüchen), Freiheiten, normativen Fähigkeiten und Immunitäten« (Hohfeld 1917, 746; vgl. Stepanians 2005). V.a. aus drei Gründen stehen Hohfelds Analysen bis heute im Hintergrund vieler zeitgenössischer Auseinandersetzungen um den Begriff eines individuellen Rechts. Erstens wird die Bedeutung von Hohfelds Unterscheidungen und Begriffsklärungen selbst von denjenigen nicht bestritten, die seine auf ihnen basierende Konzeption individueller Rechte ablehnen. Zweitens scheint Hohfelds Theorie sowohl mit einer willens- als auch mit einer interessetheoretischen Interpretation vereinbar. Und drittens sind Hohfelds Distinktionen auf die Sphäre der Moral übertragbar, obwohl er selbst sie als rein juridische verstanden wissen wollte.

Ein einflussreiches Argument gegen jede Form von Interessetheorie ist Hans Kelsens Redundanzeinwand (vgl. Hart 1973, 152; MacCormick 1977, 174). Nach Kelsen ist z.B. die Rede von einem »individuellen Recht, nicht bestohlen zu werden« aus Sicht der Interessetheorie nur eine »vulgäre Umschreibung der bestehenden Rechtspflicht aller, nicht zu stehlen« (Kelsen 1911, 570f.). Allgemein: Wird B gegenüber A eine Pflicht auferlegt, so erwächst daraus eine normative Position A's gegenüber B. Aber diese normative Position A's, so Kelsen, sei eine »bloße Reflexwirkung« der Pflicht B's. Hier von einem »Recht« zu sprechen, sei verfehlt, denn dieser »als ›Recht‹ oder ›Anspruch‹ eines Individuums bezeichnete Sachverhalt ist [...] nichts anderes als die Pflicht des oder der anderen« (Kelsen 1960, 139). Die Einführung solcher Pseudo-Rechte (»Reflexrechte«) sei redundant. Allein die normative Fähigkeit, B's Pflichterfüllung ggf. einzuklagen, so Kelsens Version einer Willenstheorie, mache aus A's Reflexrecht »mehr« als nur eine Pflicht von B. »Nur wenn die Rechtsordnung eine solche Rechtsmacht verleiht, liegt ein von der Rechtspflicht verschiedenes Recht im subjektiven Sinne vor, ein subjektives Recht im technischen Sinne, das die zur Geltendmachung der Nichterfüllung einer Rechtspflicht verschiedene Rechtsmacht ist.« (ebd.) Bei Kelsen nimmt die aus Sicht der Willenstheorie für Rechte konstitutive normative Fähigkeit zur Veränderung normativer Positionen die positiv-rechtliche Form einer Klagekompetenz des Rechtsinhabers an. Ohne die normative Fähigkeit, B's Pflichterfüllung gerichtlich zu erzwingen, ist A nach Kelsen nur das passive Objekt von B's Pflicht. Erst die aktive normative Fähigkeit zur Klage mache A zum Subjekt eines entsprechenden individuellen Rechts.

Kelsens Redundanzeinwand scheitert, weil A's »Reflexrecht« schon deshalb nicht mit B's Pflicht identisch ist, weil nur B eine Pflicht hat, nicht aber A. Im Übrigen übersieht Kelsen, dass auch die Interessetheorie nicht jeden normativen Vorteil, der einem Individuum A aufgrund einer Regel zufließt, als Recht anerkennt. Tatsächlich hat Jhering den Begriff der Reflexwirkung eingeführt, um vor diesem Irrtum zu warnen: Die »bloße Reflexwirkung [ist] ein Verhältnis, das allerdings mit dem Recht die größte Ähnlichkeit hat, aber umso sorgfältiger von ihm unterschieden werden muß« (Jhering 1865, 352; vgl. Lyons 1969). Wie erwähnt, muss eine normative Position im Rang eines Rechts ihrem Inhaber aufgrund eines legitimen Interesses geschuldet sein. In juridischen Rechtsverhältnissen entscheidet über die Legitimität eines Interesses das Gesetz, in moralischen Verhältnissen die Prinzipien der Gerechtigkeit.

Die prominente Rolle moralischer Rechte in der *Allgemeinen Erklärung der Menschenrechte* der Vereinten Nationen von 1948, in der US-amerikanischen Bürgerrechtsbewegung der 1950er und in den Debatten über das Widerstandsrecht gegen den Staat in den 1960er Jahren führt nach dem Zweiten Weltkrieg zu einer Renaissance des philosophischen Interesses am Begriff eines moralischen (»natürlichen«) Rechts. In Deutschland erhält die Klärung dieses Begriffs ihre Dringlichkeit auch durch das Grundgesetz von 1949, das die bürgerlichen Grundrechte als »positiviertes Naturrecht« (Dreier 1996, 52) präsentiert. In »Are There Any Natural Rights?« (1955) entwickelt H. L. A. Hart eine einflussreiche Version einer allgemeinen Willenstheorie für moralische und juridische Rechte, während sich David B. Lyons in »Rechte, Anspruchsberechtigte und Begünstigte« (1969) für eine allgemeine Interessetheorie im Anschluss an Jeremy Bentham stark macht. In »Bentham über juridische Rechte« (1973) verteidigt Hart seine Willenstheorie für »normale« juridische Rechte des Privatrechts. Interessetheorien, so Hart, versagen v.a. bei der Beschreibung von Verträgen mit Drittbegünstigten. Schließen zwei Parteien einen Vertrag zugunsten eines Dritten ab, erkennt das englische Recht nur einem der Vertragspartner, aber nicht dem Begünstigten ein Recht zu – das Gegenteil von dem, so Hart, was bei einer interessetheoretischen Interpretation zu erwarten wäre. Zugleich räumt Hart die Unzulänglichkeit jeder Form von Willenstheorie für Verfassungsrechte und grundlegende moralische Rechte ein (vgl. Hart 1973, 162).

Besondere Aufmerksamkeit genießt Anfang der 1970er Jahre die Frage nach der Funktion von Rechten, nach ihrer Rolle in unseren moralischen Überlegungen und ihrer Kompatibilität mit dem Utilitarismus. Robert Nozick betont die Rolle individueller Rechte als anti-utilitaristische Schranken (*constraints*) bei der Verfolgung individueller und kollektiver Ziele: »Die Rechte anderer bestimmen die Schranken meiner Handlungen.« (Nozick 1974, 54) Dieselbe Idee liegt auch Ronald Dworkins Konzeption von »Rechten als Trümpfen« zugrunde. Individuelle Rechte übertrumpfen kollektive Entscheidungen der politischen Gemeinschaft (vgl. Dworkin 1984, 153). Joel Feinbergs Gedankenexperiment einer Welt ohne Rechte (vgl. Feinberg 1970) kann als interessentheoretische Replik auf Kelsens Redundanzargument verstanden werden. Nach Feinberg wäre eine Welt, in der es nur Pflichten, aber keine Rechte gäbe, moralisch verarmt, weil der Besitz von Rechten in Gestalt von legitimen Ansprüchen gegenüber anderen konstitutiv sei für die Menschenwürde. Wichtig ist ferner Feinbergs Unterscheidung zwischen Rechten, die anderen Individuen Pflichten auferlegen und bloßen »Manifest-Rechten«, die wertvolle, aber niemanden verpflichtende Ziele formulieren. Neil MacCormick (1977) verbindet eine Kritik an der Willenstheorie mit der Ausarbeitung einer neuen Variante der Interessetheorie. Theorien, die das Wesen eines Rechts in der normativen Fähigkeit ihres Trägers sehen, eine Pflicht einzufordern oder von ihr zu entbinden, sind nach MacCormick nicht in der Lage, zwei unverzichtbare Typen von Rechten anzuerkennen: Rechte von unmündigen oder inkompetenten Personen (Kinder, komatöse Personen etc.) sowie unveräußerliche und nicht einklagbare Rechte. Kelsens Redundanzargument umgeht MacCormick mit dem Argument, dass Rechte zwar Gründe für die Auferlegung von Pflichten seien, sie aber nicht schon begrifflich implizierten. Es gebe »unvollkommene« Rechte, denen (noch) keine Pflichten korrespondieren (ähnlich Raz 1984).

Die intensive Debatte der letzten Jahrzehnte zwischen Verteidigern der Willens- und der Interessetheorie hat zu einer Pattsituation geführt, in der nach verbreiteter Einschätzung beide Seiten über ernstzunehmende Einwände gegen die jeweils andere Seite verfügen. Der Interessetheorie wird vorgehalten, sie komme nicht mit Rechten zurecht, die ihre Träger nicht begünstigen – z.B. bei Verträgen mit Drittbegünstigten oder dem Recht eines Richters, zu strafen. Die Willenstheorie gilt als zu eng, wie sich an ihren Schwierigkeiten mit unveräußerlichen Rechten und Rechten von rechtlich inkompetenten Personen zeige. Zu Beginn des 21. Jahrhunderts haben Sreenivasan (2005) und Wenar (2005) den Versuch unternommen, in der Analyse individueller Rechte einen dritten Weg einzuschlagen und zwischen willens- und interessetheoretischen Konzeptionen zu vermitteln (vgl. zum gegenwärtigen Diskussionsstand Kramer/Simmonds/Steiner 1998; Kramer/Steiner 2007).

3.2. Die Frage nach einer willens- oder interessetheoretischen Interpretation stellt sich auch für Grundrechte. Viele Rechtsphilosophen gehen mit Kelsen davon aus, dass die für die Willenstheorie konstitutive normative Fähigkeit bei positiven Rechten die Gestalt einer Klagekompetenz des Rechtsträgers annimmt: »Grundrechte sind [...] subjektive Rechte: Sie sind vor Gericht einklagbar.« (Kriele 1983, 188) Alexy widerspricht dem: »Es erscheint nicht zwingend, nur dann von Rechten zu sprechen, wenn die Möglichkeit zur rechtlichen Durchsetzung, etwa im Klagewege, besteht. Man kann den Begriff eines subjektiven Rechts zwar in diesem Sinne definieren, eine solche stipulative Definition gibt aber weder den bestehenden Sprachgebrauch wieder, noch ist sie für die Erkenntnis von Rechtssystemen fruchtbar.« (Alexy 1985, 167) Auch nach Otto Bachof ist »die Klagbarkeit kein Wesensmerkmal des subjektiven Rechts« (Bachof 1955, 300). Die gegenteilige Auffassung stehe im Widerspruch zu Art. 19, Abs. 4 des deutschen Grundgesetzes, in dem es heißt: »Wird jemand durch die öffentliche Gewalt in seinen Rechten verletzt, so steht ihm der Rechtsweg offen.« Da hier die Verletzung eines Rechts als *Voraussetzung* der Klage genannt wird, könne sie das Recht nicht konstituieren. Vielmehr erzeugt eine Grundrechtsverletzung nach Art. 19 ein *zusätzliches* Recht in Gestalt einer normativen Fähigkeit, zu klagen.

Georg Jellinek beschreibt die klassischen Grundrechtsfunktionen für das Verhältnis von Bürger und Staat im Rückgriff auf drei Typen von normativen Positionen des Bürgers gegenüber dem Staat: *status negativus*, *status positivus* und *status activus* (vgl. Jellinek 1892, 86f.; Alexy 1985, Kap. 5; Pieroth/Schlink 2001, 16ff.). Der *status negativus* ist ein Zustand der Freiheit vom Staat. V.a. in diesem Sinne spricht das Bundesverfassungsgericht von »Abwehrrechten«, die dem Bürger »eine Freiheitssphäre vor Eingriffen der öffentlichen Gewalt« sichern sollen. Nach Alexy nehmen diese Abwehrrechte die Form von negativen »Rechten auf etwas« an, nämlich auf Unterlassungen seitens des Staates, denen von staatlicher Seite eine Unterlassungspflicht korrespondiert (vgl. Alexy 1999). Entgegen der Auffassung Jellineks begründet jedoch ein reiner *status negativus* noch keine »Freiheitssphäre«, weil die passive Freiheit von Behinderungen einer Aktivität kompatibel ist mit der Abwesenheit der aktiven Freiheit, diese Aktivität auszuüben. Ein Staat, der seinen Bürgern z.B. ein Grundrecht auf Freiheit von Eingriffen in die Redefreiheit garantieren, die freie Rede aber gleichwohl verbieten würde, würde die Redefreiheit seiner Bürger nur tolerieren, insofern er den (illegalen) Gebrauch dieser Freiheit nicht sanktionieren oder verhindern würde. Es ist daher ein Fehler, Freiheit als bloße Abwesenheit von Behinderungen aufzufassen. Sie ist in ihrem Kern keine bloße »Freiheit von«, sondern eine Erlaubnis, aktiv etwas zu tun. Freiheitsrechte müssen daher als komplexe Rechte aufgefasst werden, deren Kern die Freiheit bildet, etwas zu tun oder zu lassen, umgeben von einer schützenden Schale aus Abwehrrechten auf Nicht-Behinderung dieser Aktivitäten.

Der *status positivus* ist nach Jellinek eine normative Position des Anspruchs (nicht auf Unterlassungen, sondern) auf aktive Leistungen des Staates. An erster Stelle steht hier der Anspruch auf Rechtsschutz und auf Bereitstellung entsprechender Institutionen. Ob der *status positivus* auch Grundrechte auf Sozialleistungen begründen kann, ist umstritten. Während sie in der Weimarer Verfassung anerkannt wurden, gewährt das Grundgesetz sie nicht. Manche Rechtsphilosophen behaupten, dass es Grundrechte auf Sozialleistungen aus prinzipiellen Gründen nicht geben könne. Selbst in Verfassungen, in denen sie ausdrücklich als »Grundrechte« bezeichnet werden, können sie aus Sicht dieser Theoretiker nicht mehr sein als programmatische Erklärungen von Staatszielen (vgl. Dreier 1994, 508; Böckenförde 1991, 146f.). Jellineks dritte und letzte normative Position, der *status activus*, ist durch das Recht auf politische Mitgestaltung charakterisiert. Dazu gehören in erster Linie das aktive und das passive Wahlrecht. Während der *status negativus* nach Jellinek allein durch den Besitz passiver und negativer Anspruchsrechte gekennzeichnet ist, der *status positivus* durch passive und positive Anspruchsrechte, sind für den *status activus* Rechte im Sinne normativer Fähigkeiten zur Veränderungen politischer Verhältnisse zentral.

4.

Alexy, R., 1985, Theorie der Grundrechte, Frankfurt/M.: Suhrkamp.

Alexy, R., 1999, Grundrechte, in: H. J. Sandkühler (Hg.), Enzyklopädie der Philosophie, Bd. 1, Hamburg: Meiner.

Bachof, O., 1955, Reflexwirkungen und subjektive Rechte im öffentlichen Recht, in: O. Bachof/M. Drath/O. Gönnenwein/E. Walz (Hg.), Forschungen und Berichte aus dem öffentlichen Recht, München: Isar.

Bauman, R. A., 2000, Human Rights in Ancient Rome, London: Routledge.

Bobbio, N., 1989, Thomas Hobbes and the Natural Law Tradition, Chicago: Chicago University Press 1993.

Böckenförde, E.-W., 1991, Staat, Verfassung, Demokratie, Frankfurt/M.: Suhrkamp.

Böckenförde, E.-W., 2006, Geschichte der Rechts- und Staatsphilosophie, Tübingen: Mohr Siebeck.

Bühler, O., 1927, Die Reichsverfassung vom 11. August 1919, Berlin: Teubner.

Coing, H., 1959, Zur Geschichte des Begriffs ›subjektives Recht‹ in: M. S. Stepanians (Hg.), Individuelle Rechte, Paderborn: Mentis 2007.

Cooper, J. M., 1996, Justice and Rights in Aristotle's Politics, in: Review of Metaphysics 49.

Dreier, H., 1994, Subjektiv-rechtliche und objektiv-rechtliche Grundrechtsgehalte, in: Jura 16.

Dreier, H. (Hg.), 1996, Grundgesetz. Kommentar, Bd. I, Tübingen: Mohr Siebeck.

Dworkin, R., 1984, Rights as Trumps, in: J. Waldron (Hg.), Theories of Rights, Oxford: Oxford University Press.

Enneccerus, L./Nipperdey H. C., 1952, Allgemeiner Teil des bürgerlichen Rechts, 1. Halbband, Tübingen: Mohr Siebeck.

Feinberg, J., 1970, Das Wesen und der Wert von Rechten, in: M. S. Stepanians (Hg.), Individuelle Rechte, Paderborn: Mentis 2007.

Finnis, J. M., 1998, Aquinas, Oxford: Oxford University Press.

Habermas, J., 1992, Faktizität und Geltung. Beiträge zur Diskurstheorie des Rechts und des demokratischen Rechtsstaats, Frankfurt/M.: Suhrkamp 1994.

Hart, H. L. A., 1955, Are There Any Natural Rights?, in: Philosophical Review 64.

Hart, H. L. A., 1962, Bentham, Proceedings of the British Academy 48.

Hart, H. L. A., 1973, Bentham über juridische Rechte, in: M. S. Stepanians (Hg.), Individuelle Rechte, Paderborn: Mentis 2007.

Hohfeld, W. N., 1913, Einige Grundbegriffe des Rechts, wie sie in rechtlichen Überlegungen Anwendung finden, in: M. S. Stepanians (Hg.), Individuelle Rechte, Paderborn: Mentis 2007.

Hohfeld, W. N., 1917, Fundamental Legal Conceptions as Applied in Judicial Reasoning, in: Yale Law Journal 26.

Honoré, T., 2002, Ulpian. Pioneer of Human Rights, Oxford: Oxford University Press.

Jellinek, G., 1892, System der subjektiven öffentlichen Rechte, Tübingen: Mohr 1905.

Jhering, R., 1865, Der Geist des römischen Rechts auf den verschiedenen Stufen seiner Entwicklung, 3. Theil, Leipzig: Breitkopf und Härtel.

Jhering, R., 1871, Die Reflexwirkungen oder die Rückwirkung rechtlicher Thatsachen auf dritte Personen, in: Jahrbücher für die Dogmatik des heutigen römischen und deutschen Privatrechts 10.

Kelsen, H., 1911, Hauptprobleme der Staatsrechtslehre entwickelt aus der Lehre vom Rechtssatze, Tübingen: Mohr Siebeck.

Kelsen, H., 1934, Reine Rechtslehre, Wien: Deuticke 1960.

Kramer, M./Simmonds, N. E./Steiner, H., 1998, A Debate About Rights, Oxford: Oxford University Press.

Kramer, M./Steiner, H., 2007, Theories of Rights. Is There a Third Way?, Oxford Journal of Legal Studies 27.

Kriele, M., 1983, Zur Geschichte der Grund- und Menschenrechte, in: N. Achterberg (Hg.), Öffentliches Recht und Politik, Berlin: Duncker & Humblot.

Luhmann, N., 1993, Subjektive Rechte, in: ders., Gesellschaftsstruktur und Semantik, Bd. 2, Frankfurt/M.: Suhrkamp.

Lyons, D., 1969, Rechte, Anspruchsberechtigte und Begünstigte, in: M. S. Stepanians (Hg.), Individuelle Rechte, Paderborn: Mentis 2007.

MacCormick, N., 1977, Rechte in der Gesetzgebung, in: M. S. Stepanians (Hg.), Individuelle Rechte, Paderborn: Mentis 2007.

Minogue, K., 1973, The History of the Idea of Human Rights, in: W. Laqueur/B. Rubin (Hg.), The Human Rights Reader, Philadelphia: Temple University Press.

Nozick, R., 1974, Anarchie, Staat, Utopia, München: Olzog 2006.

Pieroth, B./Schlink,B., 2001, Grundrechte, Heidelberg: Müller.

Raz, J., 1984, On the Nature of Rights, in: Mind 93.

Regelsberger, F., 1893, Pandekten, Bd. I, Leipzig: Breitkopf und Härtel.

Savigny, F. C. v., 1840, System des heutigen römischen Rechts, Bd. I, Berlin: Veit.

Schnur, R., 1964, Zur Geschichte der Erklärung der Menschenrechte, Darmstadt: WBG.
Shue, H., 1980, Basic Rights, Princeton: Princeton University Press.
Sreenivasan, G., 2005, A Hybrid Theory of Rights, in: Oxford Journal of Legal Studies 25.
Steiner, H., 1994, An Essay on Rights, Oxford: Blackwell.
Stepanians, M. S., 2005, Die angelsächsische Diskussion. Eigentum zwischen ›Ding‹ und ›Bündel‹, in: A. Eckl/B. Ludwig (Hg.), Was ist Eigentum?, München: Beck.
Stepanians, M. S. (Hg.), 2007, Individuelle Rechte, Paderborn: Mentis.
Sumner, L., 1987, The Moral Foundations of Rights, Oxford: Oxford University Press.
Tierney, B., 1997, The Idea of Natural Rights, Grand Rapids: Eerdmans.
Tuck, R., 1979, Natural Rights Theories, Cambridge: Cambridge University Press.
Waldron, J. (Hg.), 1984, Theories of Rights, Oxford: Oxford University Press.
Wenar, L., 2005, The Nature of Rights, in: Philosophy & Public Affairs 33.

Markus S. Stepanians

Rechtskultur

1.

Der Begriff der Rechtskultur wird in mehreren Bedeutungen verwendet.

1.1. Sowohl in akademisch-juristischen und fachphilosophischen Kontexten als auch in Feuilletons häufig zu finden, meint der Singular »Rechtskultur« (a) so viel wie »nach Art des Rechts« im Unterschied zu nicht rechtlich geregelten Praktiken (z.B. Alltagspraktiken) oder (b) »im Sinne rechtsstaatlicher Verfahren« (z.B. Gesetzesbindung der öffentlichen Gewalt, Rechtsgleichheit vor dem Gesetz, Rechtswegegarantie) im Unterschied etwa zu staatlicher Willkür.

1.2. Mit dem Plural »Rechtskulturen« (etwa in der Rede von »verschiedenen Rechtskulturen«) wird auf die Pluralität von und die Differenzen zwischen verschiedenen Arten von Rechtsordnungen, deren normativen Prinzipien und den mit ihnen verbundenen Praktiken regelhafter sozialer Konfliktlösungen hingewiesen. Dieser Hinweis kann sich (a) *synchron* auf kulturelle Unterschiede zwischen verschiedenen gleichzeitig existierenden Kulturen oder (b) *diachron* auf den historischen Wandel der Rechtsordnungen innerhalb einer Kultur beziehen.

1.3. In einer dritten Bedeutung wird mit dem Begriff der Rechtskultur der Inbegriff der in einer Kultur wirksamen normativen Grundorientierungen bezeichnet, die sich in den dort jeweils geltenden Rahmenbedingungen politisch-rechtlicher Verhaltensnormierung und Institutionalisierung manifestieren. Auf diesen Begriff baut eine philosophische Theorie auf, die auf einige grundlegende Desiderata der gegenwärtigen, immer noch weitgehend in den Antagonismen von Naturrecht vs. Rechtspositivismus und Universalismus vs. Partikularismus befangenen Rechtsphilosophie reagiert (vgl. 3.).

2.

2.1. Terminologisch taucht das Wort »Rechtskultur« (engl. legal culture) seit den 1980er Jahren häufiger auf und ist zunächst zu einem Grundbegriff der *vergleichenden Rechtssoziologie* geworden. Verglichen werden v.a. (a) die Rechtskulturen verschiedener *Staaten* oder *Regionen* (z.B. Europäische Union-Afrikanische Union), darüber hinaus aber auch (b) historische Epochen der Rechts*entwicklung* eines Staates oder einer Region sowie (c) Recht und *Alltag*. In der vergleichenden Rechtssoziologie wird unter »Rechtskultur« der »Inbegriff der in einer Gesellschaft bestehenden, auf das Recht bezogenen Wertvorstellungen, Normen, Institutionen, Verfahrensregeln und Verhaltensweisen« und damit die Gesamtheit »aller Erscheinungen des Rechts und des Rechtslebens« verstanden (Raiser 1995, 337f.).

2.2. Eine wichtige philosophiegeschichtliche Quelle der modernen Theorie der Rechtskultur ist die Institutionentheorie in Hegels *Rechtsphilosophie*. Ihr Grundgedanke ist, dass sich Rechtsbegriffe und Institutionen nicht aus einer (vermeintlich) zeitlosen Vernunft ableiten lassen, sondern sich über die Jahrtausende menschlicher Gesellschaftspraxis entwickelt haben. Die Völker haben die Institutionen, Verfahren und Regeln im Laufe ihrer Geschichte »gefunden« (vgl. Siep 1997). Die Idee des Rechts ist ein Produkt der Geschichte einer Kultur und ihrer Normgenerierung. Als Produkt menschlicher Praxis ist jede Kultur mit ihren Institutionen »geronnene praktische Vernunft« (Habermas 1992).

2.3. Eine weitere, zum Teil explizit an Hegel, zugleich aber auch an Kant anschließende Quelle ist die Kultur- und Wertphilosophie des südwestdeutschen Neukantianismus (W. Windelband, H. Rickert). Dort werden seit Ende des 19. Jahrhunderts wichtige begriffliche Voraussetzungen für eine systematische Deutung des Rechts als »Kulturerscheinung« und des »Kulturwerts« des Rechts geschaffen. Der Rickert-Schüler E. Lask formuliert die Grundlagen der dann von G. Radbruch ausgearbeiteten »Kulturphilosophie des Rechts« (vgl. Lask 1905; Radbruch 1932; dazu Mohr 2002b).

2.4. Eine vierte Säule des Begriffs der Rechtskultur ist die in der neueren Geschichte der Rechtsphilosophie einflussreiche Theorie der *Rechtsprinzipien* (*principles*) von R. Dworkin (vgl. Dworkin 1978) und die darauf aufbauende Vorstellung von der Integrität einer Rechtskultur (vgl. Dworkin 1986; Habermas 1992; Mohr 1998a). Solche Prinzipien sind – im Unterschied zu positiven Gesetzen – moralische und/oder allgemeinrechtliche Grundsätze, die weder auf primäre noch auf sekundäre Regeln (vgl. Hart 1961, Kap. 5) reduzierbar sind und dennoch konstitutiv (1) für den normativen Gehalt einer Rechtsordnung insgesamt sind und (2) in die Rechtspraxis auf dem Wege der Rechtsfortbildung hineinwirken. Sie betreffen die normativen Grundorientierungen einer Rechtskultur und als solche den Rechtfertigungszusammenhang von deren Rechtsnormen.

3.

An die in 2.1. bis 2.4. genannte bis in die Gegenwart reichende Theoriegeschichte kann heute eine Philosophie der Rechtskultur anknüpfen (vgl. Mohr 1998b).

3.1. Ein allgemeiner Begriff von Kultur – im unbestimmten Singular – umfasst die Gesamtheit der Tätigkeiten des Menschen, ihrer Bedingungen, Äußerungsformen, strukturellen und normativen Grundlagen, der eingegangenen Beziehungen und der hervorgebrachten Resultate. Dabei geht es nicht um besondere Teilbereiche wie Kunst, Bildung etc. (Kultursektoren), sondern darum, dass menschliche Tätigkeiten im Allgemeinen stets Standardisierungen des Denkens und Handelns ausbilden (vgl. etwa Hansen 1995). Auf diesen Aspekt der Standardisierung bezieht sich der Begriff der Kultur. Der Plural »Kulturen« hingegen – oder der qualifizierte Singular »die jeweilige Kultur« oder »eine bestimmte Kultur« – bezeichnet die konkreten Lebensformen einer bestimmten ethnisch, territorial und/oder sozial identifizierbaren Gemeinschaft, deren spezifische sprachliche, normative, institutionelle, politische Praktiken, Strukturen, Prinzipien und Mechanismen. Die Semantik des Kulturbegriffs verweist zum einen auf den Gedanken jeweils spezifischer Lebens*formen* und *Weisen* der Kultivierung. Das kulturelle Selbstverständnis einer Gesellschaft impliziert die Anerkennung der eigenen Kultur als einer Kultur neben anderen. Im Gegenzug zu diesem *impliziten deskriptiven Relativismus* kennzeichnet der Kulturbegriff zum anderen aber auch die *Nichtbeliebigkeit* und *historische Qualifizierung* des normativen Profils der jeweiligen Lebensform.

3.2. Recht ist immer Teil, »Sphäre« einer Kultur. Es ist ein Produkt des Umgangs einer Kultur mit normativen Fragen. Diese betreffen nicht nur konkrete Norminhalte, sondern auch allgemeine Prinzipien der Begründung und Legitimation von Normen und Verfahren. Recht bildet und entwickelt sich im Kontext einer Normkultur. Als Teilgebiet einer Normkultur steht das Recht in einem Wechselverhältnis mit anderen Teilgebieten, »Sphären« dieser Kultur: Moral, Politik, Religion, Geschichtsbewusstsein etc. Recht ist kulturgeprägt, aber auch seinerseits kulturprägend. Mit der Gestaltung und Fortbildung von Recht wird diese Normkultur (und mit ihr die Kultur als Ganze) weiterentwickelt, in ihrem Charakter fortgestaltet oder verändert. Eine Rechtskultur verweist auf die allgemeine politische Kultur einer Gesellschaft und bietet ihrerseits den normativen Rahmen für die Entwicklung der »Kultur eines politischen Gemeinwesens« (vgl. Häberle 1982; ders. 1997).

3.3. Eine Rechtskultur umfasst außer Normen und Prinzipien auch solche Merkmale und Anforderungen, die nicht explizit Bestandteil einer positiven Rechtsordnung sind, die aber nicht schon deshalb zwingend als »überpositive« Normen eines Natur- oder Vernunftrechts anzusehen sind. Wesentlich sind hier Praktiken der öffentlichen Meinungsbildung, der öffentlichen Austragung von Normkollisionen und Normwandeldiskursen, öffentlich zugängliche Debatten im Parlament und in höchsten Gerichten. Recht ist zu verstehen aus einem integrativen Gesamtzusammenhang menschlicher Praxis und der Dynamik ihrer Normengenerierung. Von daher kann Recht als eine Selbstinterpretation der Kultur, in der es steht, verstanden werden. Vor diesem Hintergrund erscheint das Recht als ein wichtiges Medium für die Selbstinterpretation und das Reflexivwerden einer Kultur. In ihrer Rechtskultur artikuliert eine Kultur ihre Selbstreflexivität, und dies sowohl als Selbstdeutung wie auch als Selbstkritik. Es entsteht ein reflexives System der Legitimierung von Verbindlichkeitsansprüchen. Über diese Eigenschaft der prozeduralen Reflexivität sind nationale Rechtskulturen für diskursive Vermittlungen und Integrationen mit anderen Rechtskulturen prinzipiell offen. Der Begriff der Rechtskultur referiert auf politisch-rechtlich verfasste Gemeinschaften, ohne diesen ein essentialistisches oder nationalistisches Integrationsprofil zu unterstellen.

3.4. Die Konjunktur des Kulturbegriffs seit den 1980er Jahren ist Ausdruck einer weitreichenden Zurücknahme neuzeitlicher Letztbegründungsansprüche und daran häufig gebundener Hierarchisierungen von epistemischen, normativen und evaluativen Standards insgesamt. Dies betrifft v.a. auch die Bewertung von Moralen und Rechtsordnungen. An die Stelle der Hierarchie von (richtigen vs. unzulänglichen) Moralen oder Rechtsordnungen tritt die – zunächst wertungsindifferente – Differenz von Normkulturen und damit die grundsätzliche Anerkennung des *interkulturellen Pluralismus* als eines Faktums. Eine Rechtskultur als Ganze beansprucht, auch aus externen Perspektiven differenter Normkulturen, als für ihre Teilnehmer verbindlich geachtet zu werden und nicht jedweder externen Kritik unvermittelt und als Ganze zur Disposition zu stehen. Sie hat Anspruch auf Integrität. Ihre Teilnehmer (oder: Akteure) sind Moral- und Rechtsbildner und erkennen sich als solche wechselseitig an (vgl. Walzer 1994). Da eben dies den Akteuren aller Rechtskulturen gemeinsam ist, schulden sie sich auch interkulturell wechselseitige Anerkennung als Moral- und Rechtsbildner.

3.5. Diese Anerkennung geht einher mit der Einsicht, dass Normsysteme keine Produkte homogener Kulturen, sondern auch intern, also *intrakulturell pluralistisch* verfasst sind. Eine mit dem Begriff der Rechtskultur operierende Theorie setzt weder voraus, dass die kleinsten, stabilsten Einheiten von Normkulturen *de facto* homogen sind, noch ist sie auf das (durchaus fragliche) *Ideal* einer anzustrebenden Homogenität festgelegt. Die Rede von »Normkulturen« akzentuiert diesen Umstand des doppelten, interkulturellen und intrakulturellen, Pluralismus.

3.6. In einer Theorie, die den Begriff der Rechtskultur ins Zentrum stellt, ergibt sich aus 3.4. und 3.5. ein *normativer Pluralismus*. Das *Faktum* der internen und externen Pluralität von Normkulturen wird als *normativ relevantes* Konstituent insbesondere von Rechtskulturen verstanden. Normativ differenzierte soziale Gemeinschaften lassen sowohl intern wie extern Raum für vernünftige Meinungsverschiedenheiten. Die strukturelle Universalisierung der reziproken Anerkennung von Moral- und Rechtsbildnern ist wesentliches Moment einer als Rechtskultur reflexiv gewordenen Kultur.

3.7. Mit dem Begriff der Rechtskultur wird auf den Umstand verwiesen, dass gesellschaftlich wirksame Rechtsnormen Resultate der Verständigung zwischen Teilnehmern von Kulturen sind. Diese werden als Moral- und Rechtsbildner verstanden. Die Maßstäbe für die Begründung und Kritik von Normen und Verfahren des Rechts sind dementsprechend innerhalb der kritisierten Kultur selbst zu identifizieren. Sie müssen aus allgemeinen Rechtfertigungsstandards der betroffenen Rechtskultur selbst hergeleitet werden können (*methodischer Internalismus*). Im Zuge einer philosophischen Interpretation dieses für eine Rechtskultur relevanten Zusammenhangs von Rechtfertigungsstandards ist die notorische Kontroverse zwischen Naturrecht und Rechtspositivismus zu reformulieren.

3.8. Letzteres gilt auch für die Universalismus-Partikularismus-Debatte. Eine Lösung des Problems der Normenbegründung und legitimen Rechtsfortbildung in transnationalen Rechtskulturen setzt eine Unterscheidung zwischen vier Ebenen von Rechtskulturen voraus: (1) *nationale* Rechtskulturen (nationalstaatlich positivierte Rechtsordnungen), (2) *regional-transnationale* Rechtskulturen (z.B. der EU), (3) *global-transnationale* Rechtskultur (tendenziell weltweit gültige Verträge wie das Kyoto-Abkommen oder der Internationale Strafgerichtshof) und (4) *globale* Menschenrechtskultur (vgl. Mohr 2001; ders. 2002a; ders./Villiez 2002; Villiez 2005). Diese Ebenen sind in ihrer jeweiligen Relevanz für die Generierung und Positivierung konkreter Rechtsnormen aufeinander zu beziehen. Der geschichtlich irreversible Prozess der Verrechtlichung internationaler Beziehungen macht eine differenzierte Theorie der Rechtfertigungsbeziehungen zwischen den vier Ebenen erforderlich. Dabei kommt der vierten Ebene, der Menschenrechtsidee als Regulativ einer global inklusiven Rechtskultur, ein besonderer legitimatorischer Rang zu.

4.

Dworkin, R., 1978, Bürgerrechte ernstgenommen, Frankfurt/M.: Suhrkamp 1984.

Dworkin, R., 1986, Law's Empire, Cambridge/MA: Harvard University Press.

Habermas, J., 1992, Faktizität und Geltung. Beiträge zur Diskurstheorie des Rechts und des demokratischen Rechtsstaats, Frankfurt/M.: Suhrkamp.

Habermas, J., 1998, Die postnationale Konstellation und die Zukunft der Demokratie, in: ders., Die postnationale Konstellation, Frankfurt/M.: Suhrkamp.

Häberle, P., 1982, Verfassungslehre als Kulturwissenschaft, Berlin: Duncker & Humblot.

Häberle, P., 1997, Europäische Rechtskultur, Frankfurt/M.: Suhrkamp.

Hansen, K. P., 1995, Kultur und Kulturwissenschaft, Basel: Francke.

Hart, H. L. A., 1961, Der Begriff des Rechts, Frankfurt/M.: Suhrkamp 1973.

Lask, E., 1905, Rechtsphilosophie, in: Gesammelte Schriften, Bd. 1, Tübingen: Mohr 1923.

Mohr, G., 1998a, Die Idee der Integrität einer Rechtskultur, in: D. Losurdo (Hg.), Geschichtsphilosophie und Ethik, Frankfurt/M.: Lang.

Mohr, G., 1998b, Zum Begriff der Rechtskultur, in: Dialektik 18.

Mohr, G., 2001, Voraussetzungen und Chancen postnationaler Integration, in: M. Kaufmann (Hg.), Integration oder Toleranz?, Freiburg: Alber.

Mohr, G., 2002a, Politische Integration im postnationalen Zeitalter. Von der Repräsentation vorpolitischer Identität zu transnationalen Rechtskulturen, in: H. J. Sandkühler/F. Triki (Hg.), Die Aufgabe der Philosophie in der transkulturellen Welt, Frankfurt/M.: Lang.

Mohr, G., 2002b, Was kann eine Theorie der Rechtskultur vom Neukantianismus lernen?, in: R. Alexy/L. H. Meyer/S. Paulson (Hg.), Neukantianismus und Rechtsphilosophie, Baden-Baden: Nomos.

Mohr, G./Villiez, C. v., 2002, Europa zwischen nationaler und globaler Rechtskultur, in: R. Elm

(Hg.), Europäische Identität, Baden-Baden: Nomos.
Radbruch, G., 1932, Rechtsphilosophie, Heidelberg: Müller 2003.
Raiser, T., 1995, Das lebende Recht. Rechtssoziologie in Deutschland, Baden-Baden: Nomos.
Rickert, H., 1899, Kulturwissenschaft und Naturwissenschaft, Stuttgart 1986.
Siep, L., 1997, Vernunftrecht und Rechtsgeschichte, in: ders. (Hg.), G. W. F. Hegel, Grundlinien der Philosophie des Rechts, Berlin: Akademie.
Varga, C., 1989, Rechtskultur – Denkkultur, in: E. Mock/C. Varga (Hg.), Rechtskultur – Denkkultur, Stuttgart: Steiner.
Villiez, C. v., 2005, Grenzen der Rechtfertigung? Internationale Gerechtigkeit durch transnationale Legitimation, Paderborn: Mentis.
Walzer, M., 1994, Lokale Kritik – globale Standards, Hamburg: Rotbuch 1996.

Georg Mohr

Rechtsphilosophie

1.

Rechtsphilosophie umfasst alle philosophischen Bemühungen, den Begriff des Rechts, die Quellen des Rechts und die Bedingungen seiner Geltung zu klären. Dazu gehört auch die Beziehung des Rechts zur Gerechtigkeit und die Klärung dieses Begriffs, die normative Frage nach dem richtigen, gerechten oder legitimen Recht, die Beziehung des Rechts zur Moral, zur Ethik, zu kollektiven Werten und zu sozialen Konventionen sowie das Verhältnis von Rechtsgeltung und Rechtswirksamkeit. Thematisiert werden zudem das Verhältnis von Recht und Politik sowie das Verhältnis des Rechts zum Staat, zur Macht und zur Gewalt. Schließlich umfasst Rechtsphilosophie deskriptive und normative Aussagen zum Begriff der Rechtsnorm und zu ihren verschiedenen Arten und zu ihrer Bedeutung, zur internen Struktur (Normhierarchien) und Dynamik (Verfahren) von Rechtssystemen sowie zur Anwendung und Auslegung rechtlicher Normen, die auch unter den Begriffen »Rechtstheorie« und »Rechtsmethodologie« firmieren. In diesen Kreis gehören die juristische Logik, Theorien juristischer Argumentation und die juristische Hermeneutik. Als typische Bindestrich-Disziplin steht die Rechtsphilosophie in Austausch sowohl mit der Philosophie als auch der Rechtswissenschaft und ihren einzelnen Disziplinen. Dabei lässt sich eine Zweiteilung in eine primär philosophische und eine primär juristische Rechtsphilosophie beobachten (mit entsprechender institutioneller Zuordnung zu akademischen Fachgebieten und Fachbereichen).

2.

2.1. Historisch gibt es *Rechts*philosophie erst von dem Zeitpunkt an, da das Recht gegenüber anderen sozialen Normen der Religion, der Moral und der Sittlichkeit relativ autonom wird. Zuvor finden sich spezifisch auf das Recht bezogene Thesen und Argumente stets nur in philosophischen Abhandlungen über Ethik oder Politik; entsprechend wird Gerechtigkeit ethisch als Tugend des gerecht Handelnden (z.B. des Richters) und politisch als Folge einer guten Verfassung der politischen Gemeinschaft konzipiert. Umgekehrt ist die frühe Philosophie überhaupt in einem eminenten Sinne Rechts- und Gerechtigkeitsphilosophie. Vorausgesetzt wird ein ursprüngliches Gleichgewicht, das durch Anmaßung und Maßlosigkeit gestört wird. Gerechtigkeit herrscht, wenn das rechte Maß wiederhergestellt ist, wenn jede Entität sich in dem ihr zukommenden Zustand befindet, wenn demjenigen, der zuviel hat, etwas genommen, und demjenigen, der zu wenig hat, gegeben wird. Eine objektive Gerechtigkeit eignet sich zudem als unverrückbarer und nicht kritisierbarer Maßstab, an dem die unter den Menschen bestehenden sozialen und politischen Verhältnisse gemessen und geändert werden können. In der singulären Situation Athens im 5. und 6. Jahrhundert v. Chr. mit einer unmittelbar demokratischen Volksversammlung (aller männlichen Vollbürger) ist es die kollektive Erfahrung, durch Gesetzesänderungen die sozialen und politischen Verhältnisse eigenmächtig ändern zu können, die unter den Beteiligten ein »Könnens-Bewußtsein« (Meier 1983) entstehen lässt, das mit der Verantwortung für die eigenen Angelegenheiten zugleich die Frage nach den Maßstäben gerechten kollektiven Handelns virulent werden lässt. Die Antworten der Sophisten, die in der Volksversammlung die Erfahrung rhetorischer Überwältigung und Manipulierbarkeit gemacht haben, relativieren diese Maßstäbe zugleich, indem sie demonstrieren, dass Gerechtes und Ungerechtes vertauscht werden können oder dass der Starke nur aufgrund seiner Stärke darüber entscheidet, ob eine Sache gerecht ist, dass Gewalt Recht schafft; aber auch, dass es außerhalb der eigenen Stadt andere normative Ordnungen und Prinzipien der Gerechtigkeit gibt.

Gegen die mit der Verfügbarkeit gerechter Ordnung für den Menschen einhergehende Skepsis gegenüber unverfügbaren wahren oder richtigen Maßstäben richten sich die Begründungsanstrengungen von Sokrates, Platon und Aristoteles. Nicht zufällig sind die Apologie des Sokrates gegen seine Anklage vor Gericht und die Diskussion der Frage, ob es richtig sei, sich der Vollstreckung des Todesurteils durch Flucht zu entziehen, der rechtlich-kasuistische Hintergrund, vor dem die sokratisch-platonische Philosophie (in Platons Dialogen *Apologie* und *Kriton*) sich zu entfalten beginnt. Sie nehmen die überlieferte Bestimmung der Gerechtigkeit als in sich differenzierte Gleichheit auf, nach der Gleiches gleich und Ungleiches ungleich zu behandeln sei. Platon schreibt ihr jedoch einen explizit nicht-relativistischen, theoretischen Wahrheitsanspruch zu und öffnet damit eine Kluft zwischen der »Idee« der Gerechtigkeit und ihrer unvollkommenen Erkenntnis in der Theorie sowie ihrer unvollkommenen Verwirklichung in der Praxis.

Aristoteles orientiert Recht und Gerechtigkeit an einer teleologischen Konzeption des Guten, die sich zwar einer wahrheitsfähigen theoretischen Erfassung entzieht, aber im individuellen Lebensvollzug ebenso wie in der ordnungsstiftenden Identität einer politischen Gemeinschaft verfehlt werden kann, sich also eincr technisch-praktischen und technokratisch-politischen Verfügung durch den Menschen partiell entzieht. Damit ist das die okzidentale Rechtsentwicklung begleitende philosophische Themenspektrum bereits initiiert: Das Verhältnis von positivem, änderbarem und lokalem Recht zu überpositiven, unveränderlichen, universalen Prinzipien der Gerechtigkeit, die Frage nach dem epistemischen Status von Prinzipien der Gerechtigkeit (Natur, Wahrheit, Unverfügbarkeit) und das Verhältnis des Gerechten zum (ethisch/politisch) Guten.

2.2. Das Prinzip einer gerechten Verteilung von Gütern, Statuspositionen, Ämtern und Kompetenzen beherrscht auch die folgende rechtsphilosophische Theoriebildung. Das römische Recht ist zwar durch ein gegenüber der griechischen Welt deutlicher ausdifferenziertes Rechtssystem gekennzeichnet (mit »Juristen« als distinkter Tätigkeitsbezeichnung), aber die leitenden Maßstäbe bleiben, vermittelt über die stoische Ethik, gleich: Die spätantike Kompilation des Corpus iuris civilis beginnt mit den Prinzipien: Ehrenhaft leben, niemanden schädigen und jedem das Seine geben! Das Christentum führt ein neues Thema in die Philosophie der Gerechtigkeit ein: Augustinus artikuliert die Einsicht, dass dem Menschen infolge der gattungsspezifischen Verderbtheit seiner Natur (Erbsünde) das glückliche und Gott gefällige Leben in der Nachfolge Christi aus eigener Kraft in der *civitas terrena* nicht wird gelingen können, so dass auch im kollektiven Leben Unfrieden, Missgunst, Feindschaft und Krieg unvermeidlich sind. Damit tritt ein das positive Recht und die Herrschaft legitimierender Zweck in den Vordergrund, der zuvor bei Aristoteles nur einer neben anderen, aber auf keinen Fall der prominente war: die Sicherung des Friedens nach innen und außen gegen das die menschliche Natur heimsuchende Böse. Die rechtsförmige Ordnung des menschlichen Zusammenlebens auf Erden kann nicht das gute Leben ermöglichen, sondern nur, so gut es geht, vor den negativen Folgen der menschlichen Natur schützen.

Die angesichts irdischer Gewaltverhältnisse von den Sophisten über Augustinus bis Kelsen und Hart irritierende rechtsphilosophische Ursprungsfrage, was einen Staat von einer Räuberbande unterscheide, findet hier trotz der radikal neuen Konzeption der menschlichen Natur noch eine traditionelle Antwort: Es ist die ethische Tugend der Gerechtigkeit, die jedem das Seine gibt und jeden sich mit dem Seinen begnügen lässt, die von Befehlenden und Gehorchenden, Herrschern und Untertanen gleichermaßen geübt und praktiziert werden muss, notfalls mit Gewalt, die sich aber gegenüber der Willkür des Räubers durch den ethischen Willen auszeichnet, gerecht zu sein – allerdings nicht mehr mit dem Endzweck des irdischen Lebensgenusses, sondern des Lebens in Gott.

Ein weiterer wichtiger Akzent, den das Christentum gegenüber der Antike setzt, ist die Moralisierung der Person, die im römischen Recht nur ein Klassifikationsbegriff zur Unterscheidung von Sachen war (mit dem Sklaven als Sache). Der Diskurs über die Person, ihre Freiheit zum Guten und Bösen, ihre Fähigkeit zur Selbstbestimmung und Selbstbindung, ihren Willen und ihre Absichten, ihr Gewissen und ihre Schuld, die Zurechenbarkeit von Handlungen und Handlungsfolgen, schließlich auch ihre Würde und ihre Gleichheit gehen in den semantischen Haushalt der philosophischen Theoriebildung über Recht und Gerechtigkeit ein.

Schließlich leitet die im Investiturstreit kulminierende Auseinandersetzung zwischen weltlicher und kirchlicher Herrschaftsgewalt einen langwierigen und konfliktreichen Prozess der Trennung von Staat und Kirche ein, der Staat und Recht nach und nach ihrer religiösen Legitimationsbedürfigkeit und -fähigkeit beraubt. Staat und Recht werden nun in noch größerem Umfang als bisher für irdisch-weltliche Zwecke instrumentalisierbar. In der Hierarchie von göttlicher Gerechtigkeit, Naturrecht und von Menschen gemachtem, unvollkommen gerechtem Not- und Verstandesrecht emanzipiert sich das Letztere zum positivierten, durch Entscheidung in und außer Kraft setzbaren, beliebig änderbaren Recht. Der Vorrang des älteren, überkommenen, tradierten Rechts gegenüber dem neuen, durch Entscheidung gesetzten Recht beginnt sich umzukehren. Dieses Recht sieht sich nun aber auch einem zunehmend verweltlichten Rechtfertigungsanspruch ausgesetzt. Er wird von Personen erhoben, die über Freiheit, Autonomie und Würde verfügen. Die Kulturen des Okzidents werden auf diesem Wege zu *legalistischen* Kulturen, die ihre sozialen Beziehungen ebenso wie die Organisation ihrer Herrschaft rechtsförmig regeln, mit rechtlichen Normierungen und Verfahren für Rechtssetzung, -änderung und -anwendung.

2.3. Spätestens mit der Konzentration der Rechtsdurchsetzung in einem staatlichen Gewaltmonopol, mit einer zentralisierten und souveränen Gesetzgebungsgewalt sowie einer eigenen Gerichtsbarkeit differenziert sich das Recht von anderen sozialen Normen und normativen Ordnungen der Moral, der Sittlichkeit, der Konvention und der Religion – wenn auch das genetische und geltungslogische Verhältnis zu diesen ein beständiges Thema bleibt. Erst in dieser Phase beginnt *Rechts*philosophie im eigentlichen Sinne – als normative Theorie des richtigen Rechts unter Bedingungen der Säkularisierung: Natur- und Vernunftrecht. Gleichzeitig provoziert die neuzeitliche Expansion der europäischen Staaten, mit der Erfahrung des Kolonialismus und mit den Konflikten der souveränen Staaten untereinander, die Frage, wie eine gerechte Ordnung zwischen den Staaten beschaffen sein sollte. In dieser Konstellation lässt sich Gerechtigkeit nicht länger als gerechte Verteilung von Gleichem für Gleiche und Ungleichem für Ungleiche bestimmen, weil es keine ideale normative Ordnung mehr gibt, in der jeder Mensch, jeder Stand und jede Entität einen ihr zukommenden Platz hätte. Spätestens jetzt wird die bis dahin prominenteste Rechtsmaxime, jedem das Seine zu gewähren, zur Leerformel. Diese Erfahrung verschärft sich durch die religiösen

Kriege und Bürgerkriege in Europa – sie führen rechtsphilosophisch dazu, dass nach Alternativen zu einer religiösen Legitimation von Staat und Recht gesucht wird. Auf das göttliche Gesetz wird zwar nicht gänzlich verzichtet, aber es verflüchtigt sich zu einem abstrakten höchsten Grundsatz, dessen Befolgung ohnehin niemand überprüfen kann, oder es wird in das individuelle Gewissen der Fürsten und Untertanen verschoben. An die Stelle der objektiven Bestimmung des guten Lebens nach einer vorgegebenen Verteilungsordnung tritt nun das *Recht* jeder Person auf eigene, willkürliche Bestimmung ihrer Zwecke, das Recht auf *Freiheit*. Jede Verteilung von Gütern, Ämtern, Positionen und Rechten hat diesem Prinzip zu folgen. Das Verfahren, das diese private Autonomie zur Geltung bringt, ist der *Vertrag*. Diese ungeheure Frei-Setzung des Individuums kann auch nicht mehr aufgefangen werden durch ein Vertrauen in eine ursprünglich gesellige Natur des Menschen – vielmehr provoziert das gleiche Recht auf subjektive Freiheit die Tragödie des Naturzustands, die nur durch Begründung einer zentralen Rechtssetzungs- und Durchsetzungsgewalt beendet werden kann. Wesentlich ist deren Begründung durch Vertrag: Die früheste Form der Rechtfertigung von Recht und Staat gegenüber (und durch) Personen, die frei sind.

Thomas Hobbes (1651) konzipiert diesen Vertrag als einen strikt wechselseitigen und inklusiven (ein jeder mit jedem); sein Gegenstand ist der Verzicht auf das unbestimmte Recht auf Freiheit und auf das Recht, es nach eigenem Gutdünken gegenüber jedem mit Gewalt durchzusetzen, und der Vertrag ermächtigt einen Dritten, im je eigenen Namen Recht zu setzen und durchzusetzen – zu diesem Zweck wird ihm das Recht auf gewaltsame Durchsetzung des gleichen Freiheitsrechts übertragen. Jedem das Seine zu geben, heißt dann nur noch, die aus Gesetzen sich ergebenden Eigentumsrechte und die rechtsförmig begründeten vertraglichen Ansprüche durchzusetzen. Die Konsequenzen sind revolutionär: Der Dritte muss notwendig *souverän* sein, weil sonst der Freiheit zerstörende Naturzustand privater Selbsthilfe wieder eintreten würde; damit tritt dem gleichen Recht auf subjektive Freiheit ein ungeheures *Gewaltmonopol* gegenüber (»Leviathan«), die Rechtssetzungs- und Rechtsdurchsetzungsgewalt beruht auf einer *Ermächtigung*, auf der Autorisierung eines Dritten, der im Namen des Vertretenen spricht und handelt (vgl. Hofmann 1974). Der Leviathan erlässt nur *allgemeine Gesetze* (und keine Maßnahmegesetze), die nicht rückwirkend angewendet werden dürfen (freiheitssichernde Funktion des Gesetzesbegriffs). Was durch Gesetze nicht verboten ist, ist rechtlich erlaubt (auch wenn es moralisch verwerflich sein mag). Gesetze regeln nur das äußere Verhalten, greifen aber nicht auf die interne Motivation durch (Trennung von *Moralität und Legalität*); sie können daher mit Zwangsandrohung versehen und durch (äußeren) Zwang durchgesetzt werden (Recht ist *Zwangsrecht*). *Geltungs*grund des Gesetzes ist die Entscheidung des durch den Gesellschaftsvertrag autorisierten Souveräns (*Positivismus* des Rechts). Damit sind bereits nahezu alle Themen der modernen Rechtsphilosophie bezeichnet.

2.4. Fragwürdig bleibt allerdings die Begründung: Setzt der ursprüngliche Vertrag nicht bereits ein Vertrags*recht* voraus, das durch ihn allererst begründet werden soll? Gibt es von »Natur« aus ursprüngliche Rechte – oder: wie lässt sich das Argument begründen, jede Person habe ein Recht auf Freiheit, das ihr von niemandem verliehen worden ist und das ihr daher auch von niemandem genommen werden kann? Alternativ wird das ursprüngliche Freiheitsrecht auf die *Vernunft* des Menschen gegründet; damit wird auch die Rechtsfigur des Vertrages überflüssig – sie ist nur noch ein Mittel für die Vorstellung (»eine bloße Idee der Vernunft«), um den rational begründeten Imperativ einzusehen, dass jeder in eine rechtlich geordnete bürgerliche Gesellschaft einzutreten habe (Kant 1793). Fragwürdig bleibt schließlich auch das Verhältnis von ursprünglichem und durch Gesetz begründetem Freiheitsrecht. Was bleibt vom Recht auf subjektive Freiheit, wenn im Rechtszustand die Freiheit einer Person sich darin erschöpft, das zu tun, was gesetzlich nicht verboten ist? Muss für die Sicherheit der eigenen Freiheit gegenüber Verletzungen Dritter durch rechtsförmigen Zwang der Preis gezahlt werden, sich der Willkür des (nur durch die Form des allgemeinen Gesetzes beschränkten) Gewaltmonopols auszuliefern? Impliziert die Ermächtigung des Leviathan zugleich den Verzicht nicht nur auf ein Widerstandsrecht, sondern auch auf das Recht, von ihm eine Rechtfertigung seiner Gesetzgebung zu verlangen?

Die historische Erfahrung der Machtwillkür im Absolutismus feuert diese Fragen an. Gegen sie entwickelt sich die Idee der Menschenrechte, die durch einen Staat rechtsförmig verwirklicht werden sollen, aber als kritischer Stachel gegenüber jedem Rechtszustand und v.a. gegenüber dem Staat operativ wirksam bleiben, auf die man also nicht verzichten kann. Gleichzeitig lässt die historische Erfahrung eine Theorietradition prominenter werden, die von Hobbes noch explizit abgelehnt wurde: Die Theorien der politischen oder republikanischen Freiheit, wonach ein Gesetz nur dann kein Unrecht ist, wenn seine Adressaten zugleich seine Autoren sind, wenn sie sich also die Gesetze in einem inklusiven und freien Prozess der Meinungs- und Willensbildung selbst gegeben haben (vgl. etwa Pettit 1997). Ein Freiheit verwirklichender Rechtszustand lässt sich nicht schon durch einen zwangsbewehrten gleichen Rechtsschutz herbeiführen, sondern erst durch eine politisch autonome Gesetzgebung aller Betroffenen. Für Rousseau (1762) ist der Verzicht auf das subjektive, privatautonome Freiheitsrecht zugunsten des allgemeinen Willens daher identisch mit der Erlangung eines durch diesen begründeten Rechts auf Freiheit. Daher bleibt jeder so frei wie zuvor und befindet sich doch in einem Gesellschaftszustand. Nach Kant (1797) findet das naturrechtliche Privatrecht erst im Öffentlichen Recht seine legitimierende Grundlage, als Akt der öffentlichen Gesetzgebung durch Personen, die von ihrer Vernunft öffentlich Gebrauch machen.

2.5. Dieses Projekt wird zwar in je verschiedener Weise (und auf je verschiedene Theorietraditionen gegründet) in der amerikanischen Unabhängigkeitserklärung und der französischen Erklärung der Menschenrechte am Ende des 18. Jahrhunderts realisiert, doch zeigen sich sogleich markante Defizite: Die Beschränkung des Inklusionsanspruchs auf weiße, erwachsene Männer mit Besitz und Bildung und diskriminierenden Folgen für die Ausgeschlossenen, das ungelöste Spannungsverhältnis zwischen Menschenrechten und politisch autonomer Gesetzgebung sowie schließlich das historische Faktum, dass der universale Anspruch der Menschenrechte nur innerhalb territorial bestimmter Grenzen für ein innerhalb dieser Grenzen lebendes Staatsvolk verwirklicht werden kann. Ein sich rapide beschleunigender Prozess der Industrialisierung, der Arbeitsteilung, der Herausbildung eines Weltmarktes mit konkurrierenden Nationalökonomien und sich über nationale Identität integrierenden Staaten trägt zwar dazu bei, dass Forderungen nach Rechtsstaat, Verfassung, Demokratie und Grundrechten zumindest in der Theorie alternativenlos werden – gleichzeitig verändern die sich verschärfenden sozialen Konflikte, krasse materielle Ungleichheit sowie ein sich zunehmend verschärfender Nationalismus die begründenden Axiome. Die Vernunft des Vernunftrechts und der öffentlich von ihr Gebrauch machenden Staatsbürger wird konfrontiert mit ökonomischer Ausbeutung und sozialer Verelendung, mit den Imperativen einer kapitalistischen Wettbewerbsökonomie und gleichzeitiger Monopolbildung, mit Kolonialismus und Imperialismus sowie mit der zunehmenden Einsicht, dass der Mensch ein historisch, sozial, psychisch und biologisch (je individuell und gattungsspezifisch als Produkt der Evolution) stärker determiniertes Wesen ist, als Hobbes sich das mit seinem mechanistischen Menschenbild je hätte vorstellen können.

Das durch öffentlichen Vernunftgebrauch erzeugte Recht hat Folgen und Funktionen, die sich der öffentlichen Kontrolle entziehen; v.a. lassen sich die Bedingungen der Wirksamkeit des Rechts, die Chancen für seine durchschnittliche Befolgung, ex ante niemals vollständig beherrschen. Die Folgen und Funktionen lassen sich nur beobachten, wenn man nach den wirklichen im Unterschied zu den begründenden Interessen fragt, nach den latenten und manifesten sozialen und ökonomischen Strukturen und Funktionen, nach unbewussten Mechanismen und determinierenden Faktoren oder nach kontingenten historischen und kulturellen Gegebenheiten. Seither steht die Rechtsphilosophie in ständiger Konkurrenz zu sozialwissenschaftlichen, ökonomischen, kulturanthropologischen und anderen Rechts- und Staatstheorien, die das Recht vom Standpunkt eines Beobachters aus thematisieren. Einige von ihnen bestreiten der rechtsphilosophischen, an Geltungsansprüchen sich orientierenden Teilnehmerperspektive angesichts der empirischen Befunde die Relevanz und halten sie für mehr oder weniger obsolet.

3.

3.1. Auf diese historische Entwicklung reagiert der *Rechtspositivismus*, indem er das Recht von allen externen Faktoren ebenso purifiziert wie von seinem Anspruch auf Gerechtigkeit. Für Aussagen über die Wirksamkeit des Rechts, seine Funktionen und Folgen sind die empirischen Wissenschaften zuständig, für die Gerechtigkeit ist es die Moral(-philosophie). Rechtsphilosophie wird zur deskriptiven Theorie des Rechts: Das Recht besteht aus Normen, die ein Sollen statuieren und für den Fall einer Verletzung Zwang androhen (vgl. Kelsen 1934). Der spezifische Unterschied zu anderen Normen besteht darin, dass sie gelten, und zwar in der Weise, dass ihre Geltung auf einer weiteren Norm gründet. Aus dieser Norm lässt sich ihre Geltung (nicht ihr Inhalt) entweder logisch ableiten oder jemand ist durch sie dazu ermächtigt, diese Norm zu setzen. Die normative Ordnung des Rechts besteht also aus einem System von Normen, die in logischen Abhängigkeitsbeziehungen stehen und von denen einige Ermächtigungsnormen sind, die zur Setzung, Änderung oder Anwendung jener Normen ermächtigen. Die Frage nach deren Geltungsgrund in weiteren Normen findet ihr Ende in der Grundnorm, die als hypothetische Voraussetzung für die Deutung eines faktischen Geschehens als Rechtsnorm notwendig ist; sie ist der letzte, eigentliche, alle Normen zu einer Einheit verbindende Geltungsgrund: »Ihre Geltung kann nicht mehr von einer höheren Norm abgeleitet, der Grund ihrer Geltung nicht mehr in Frage gestellt werden.« (ebd., 197) Als solche hat sie keinen irgendwie auf Gerechtigkeit zielenden Inhalt, sondern sie erschöpft sich lediglich in der »Einsetzung des Grundtatbestandes der Rechtserzeugung«, sie ist »Ausgangspunkt eines Verfahrens: des Verfahrens der positiven Rechtserzeugung« (ebd., 202). Da sie keinerlei Inhalte vorschreibt, »kann jeder beliebige Inhalt Recht sein« (ebd., 201), wenn er nur gemäß der Grundnorm in Geltung gesetzt worden ist. Freilich ist die durchschnittliche Wirksamkeit einer Rechtsnorm (durch tatsächliche Befolgung oder durch Anwendung von Sanktionen) eine Bedingung ihrer Geltung, aber sie konstituiert nicht die Geltung selbst (vgl. ebd., 10f.).

H. L. A. Hart (1961; vgl. Hoerster 2007) hat den problematischen Status dieser Grundnorm mit Hilfe der Unterscheidung zwischen internem und externem Standpunkt präzisiert: Die Grundnorm ist eine Erkenntnisregel (»rule of recognition«), die nur »als komplexe, aber normalerweise koordinierte Praxis der Gerichte, Beamten und Privatpersonen [existiert], wenn sie mit Hilfe gewisser Kriterien identifizieren, was Recht ist« (Hart 1961, 155). Als Praxis muss sie vom externen Standpunkt aus beobachtbar, also tatsächlich wirksam sein, als Regel wird sie von einem internen Standpunkt aus befolgt, wenn die so ermächtigten Personen ein Ereignis als Rechtsnorm identifizieren – in ihr fallen interner und externer Standpunkt zusammen.

3.2. An dieser Purifizierung des Rechts hat v.a. die These von der geltungslogischen (nicht: inhaltlichen) Unabhängigkeit des Rechts von der Moral (oder überpositiven

Prinzipien der Gerechtigkeit) Widerspruch gefunden. Der Zivilisationsbruch des nationalsozialistischen Unrechts hat die falsche Behauptung provoziert, der Positivismus habe dieses Unrecht gerechtfertigt und die Juristen zur Willfährigkeit verführt. Diese Behauptung ist nicht nur empirisch falsch. Die positivistische Trennung zwischen Recht und Moral impliziert gerade nicht, dass ein unmoralisches Recht nicht moralisch gebrandmarkt werden dürfte und dass es keine guten moralischen Gründe geben könne, ein solches Recht nicht zu befolgen. Nur wer zwischen Recht und Moral unterscheidet, kann geltendes Recht als unmoralisch kritisieren. Weiter reicht jene Kritik an der positivistischen Trennungsthese, die mit einem unvermeidlich auf Gerechtigkeit zielenden Geltungsanspruch rechtlicher Argumente operiert, den zu negieren einen Richter in einen performativen Selbstwiderspruch führen würde (vgl. Alexy 1992). An die sprechakttheoretische Deutung performativer Akte (durch welche das »Jawort« vor dem Standesbeamten erst zur rechtlich wirksamen Eheschließung wird) knüpft der institutionalistische Rechtspositivismus an (vgl. MacCormick/Weinberger 1985). Dass es bei der Entscheidung schwieriger Fälle (»hard cases«) unvermeidlich sei, auf moralische Prinzipien zurückzugreifen, mit denen die Rechtsregeln in einem interpretativen Zusammenhang stehen, ist die These von Ronald Dworkin (1977; 1985), die in ständiger Auseinandersetzung mit Gegeneinwänden zu einer interpretativen Theorie des Rechts präzisiert worden ist. Gegen sie wiederum richten sich jüngere Versuche, H. L. A. Harts Erkenntnisregel so zu interpretieren, dass sich das Exklusivitätsverhältnis von Moral und Recht mildert (vgl. Raz 1994; Coleman 2001).

3.3. Eine andere Reaktion auf die vom Beobachterstandpunkt aus vorgetragene These von der Obsoletheit der Rechtsphilosophie besteht in deren Transformation in eine *Kritik des Rechts*. Sie greift den empirischen Befund einer dem vernunftrechtlichen Anspruch widerstreitenden gesellschaftlichen Wirklichkeit auf und wendet ihn kritisch gegen das bestehende Recht – es dabei in seinem vernunftrechtlichen Anspruch ernst nehmend. Mit den bürgerlichen Revolutionen, die mit Menschenrechten und Verfassung die Idee einer sich selbst verwaltenden bürgerlichen Gesellschaft zu realisieren beanspruchen, tritt die Kritik des Rechts zuerst auf den Plan. Karl Marx (1843) kritisiert das bürgerliche Formalrecht der individuellen Menschenrechte als bloße Maskierung des individuellen Egoismus, die gerade eine politisch autonome Gesetzgebung aller Betroffenen strukturell verhindert. Das Recht der bürgerlichen Gesellschaft entfremdet den Menschen von sich selbst durch eine falsche Idealisierung. Die Kritik am sozialen und demokratischen Defizit des Rechts wird im Folgenden in verschiedenen Varianten artikuliert (vgl. Renner 1929). Nach Pasukanis (1924) ist das Recht selbst Ausdruck der kapitalistischen Tauschrationalität und deshalb mit ihr zugleich zu überwinden. In Deutschland spielt v.a. die rechtsinterne Kritik an der Gegenwehr des Bürgertums gegen soziale Teilhabe- und demokratische Teilnahmeansprüche eine Rolle, die sich auf eine »zweistufige Legalität«, auf eine Verdoppelung der Verfassung zu einer objektiven Wertordnung stützt, die durch den verfassungsmäßigen demokratischen Gesetzgeber nicht tangiert werden dürfe (vgl. Kirchheimer 1932; dagegen Schmitt 1932). Diese Variante der Kritik an einer überpositiven oder durch Verfassungsinterpretation hergestellten Legitimität bedient sich dabei durchaus auch positivistischer Argumente – so der demokratische Rechtspositivismus (vgl. Niesen/Eberl 2006). In den USA hat v.a. das Critical Legal Studies Movement die internen Widersprüche des bürgerlichen Rechts zwischen Regel- und Prinzipienorientierung, Individualismus und sozialer Gemeinschaft als unüberwindbare Widersprüche kritisiert (vgl. Kennedy 1979; Unger 1983). Die feministische Rechtskritik thematisiert die verschiedenen Weisen der rechtlichen Exklusion von Frauen; sie beginnt mit dem Anspruch auf rechtliche Gleichstellung mit dem Mann, erweitert sich zur Kritik an den impliziten männlich-patriarchalischen Strukturen des Rechts und kritisiert so die diskriminierenden Effekte einer Gleichstellung qua Gleichsetzung von unterschiedlichen Lebensformen (vgl. Wollstonecraft 1792; MacKinnon 1989; Olsen 1990; Halley 2006). Exklusionstendenzen eines auf Gleichheit und Inklusion angelegten Rechts werden schließlich mit Blick auf Minderheiten und die Länder des postkolonialen Teils der Welt kritisiert (vgl. Danielsen/Engle 1995; Darina-Smith/Fitzpatrick 1999).

3.4. Der Faden des Vernunftrechts in seiner kantischen Version wird mit veränderten Prämissen von John Rawls und Jürgen Habermas fortgesetzt. Während Rawls (1971) die Legitimationsfigur des ursprünglichen Vertrages aktualisiert und präzisiert, greift Habermas (1992) den kantischen Gedanken der republikanischen Selbstgesetzgebung wieder auf. Beide stützen sich jedoch nicht mehr auf eine Vernunftmetaphysik, die den im Verlauf des 19. Jahrhunderts vorgebrachten kritischen Einwänden ausgesetzt wäre. Rawls versteht seine Theorie der Gerechtigkeit als »politisch, nicht metaphysisch«. Habermas macht sich die sprachphilosophische Einsicht in die eigenständige Dynamik und Struktur von Sprache und Kommunikation zu Eigen. Prozesse der demokratischen Meinungs- und Willensbildung ruhen auf den kommunikativen Strukturen der menschlichen Vergesellschaftung auf, in denen zurechnungsfähige Akteure Geltungsansprüche erheben, um sich miteinander über etwas zu verständigen. In normativ-praktischen Konflikten werden die kritisierbaren Geltungsansprüche so eingelöst, dass die Beteiligten sich an einem Diskursprinzip orientieren, nach dem nur solche Handlungsnormen gültig sind, denen alle möglicherweise Betroffenen als Teilnehmer eines rationalen Diskurses zustimmen können (vgl. Habermas 1992, 138). Dieses Diskursprinzip wird rechtlich institutionalisiert, wenn eine Assoziation von freien und gleichen Rechtsgenossen ihre sozialen Beziehungen mit Mitteln des Rechts regeln will. Des Rechts bedienen sie sich dabei in der Form, in der es ihnen als modernes Recht entgegentritt: als ein Recht subjektiver Freiheiten. Auf diese Weise vollzieht sich die Institutionalisierung des Diskursprinzips als eine Genese von gleichen Freiheitsrechten und einem demokratischen Verfahren der Gesetzgebung; private und politische Autonomie bedingen einander wechselseitig.

3.5. Als Reaktion gegen sozialisierende und paternalistische Effekte der sozialstaatlichen Materialisierung des Formalrechts ist eine ökonomische Theorie des (Zivil-)Rechts begründet worden, die im Zuge der ökonomischen Globalisierung an Attraktivität gewonnen hat und gegenwärtig alle Zivilrechtssysteme dominiert (*Law and Economics*; *Ökonomische Analyse des Rechts*; vgl. klassisch Coase 1960 sowie den Überblick in Eidenmüller 1995). Als umfassende Theorie des Rechts erhebt sie durchaus philosophischen Anspruch (vgl. Murphy/Coleman 1990, 181 ff.). Das Recht steht vollständig im Dienst der optimalen Allokation von Ressourcen, seine Funktion wird ausschließlich ökonomisch bestimmt. Gesetzgebung und Rechtsprechung haben daher dafür zu sorgen, dass Rechtspositionen auf dem Markt gehandelt werden können, dass Markttransaktionen erleichtert und Transaktionskosten minimiert werden. Dort, wo die Transaktionskosten so hoch sind, dass sie Markttransaktionen verhindern, muss die gerichtliche Entscheidung den Marktmechanismus simulieren. Maßgeblich ist jeweils das Verhalten des aufgeklärten Egoisten, des *homo oeconomicus*, dessen theoretische Modellierung in jüngster Zeit durch ökonomische Analysen irrationalen und suboptimalen Entscheidungsverhaltens erweitert worden ist (vgl. Thaler/Sunstein 2008). Die ökonomische Analyse des Rechts strahlt inzwischen auch auf das Verfassungsrecht und das Strafrecht aus; ihre Argumente spielen im globalen Standortwettbewerb der Rechtssysteme eine nicht unwichtige Rolle. Freilich wird seit einiger Zeit auch Kritik laut, die sich auf die notwendige Orientierung zivilrechtlicher Regeln (z.B. des Deliktsrechts) an Prinzipien der Gerechtigkeit, namentlich einer korrigierenden, ausgleichenden Gerechtigkeit beruft (vgl. Coleman 2001).

3.6. Gegenwärtig sieht sich die Rechtsphilosophie am stärksten durch die mit der Globalisierung einhergehende Pluralisierung des Rechts herausgefordert, die einen einheitlichen Begriff des Rechts in Frage stellt (vgl. Habermas 2004; Kennedy 2006; Günther/Randeira 2001). Im Zuge der damit verbundenen Diskussionen werden auch Aporien oder Paradoxien des Rechts und seines Gerechtigkeitsanspruchs namhaft gemacht (vgl. Teubner 2003; Vesting 2007; Fögen 2008).

4.

Alexy, R., 1992, Begriff und Geltung des Rechts, Freiburg: Alber 2005.

Coase, R. H., 1960, Das Problem der sozialen Kosten, in: H.-D. Assmann/C. Kirchner/E. Schanze (Hg.), Ökonomische Analyse des Rechts, Kronberg: Athenäum 1978.

Coleman, J. L., 2001, The Practice of Principle, Oxford: Oxford University Press.

Danielsen, D./Engle, K. (Hg.), 1995, After Identity. A Reader in Law and Culture, London: Routledge.

Darina-Smith, E./Fitzpatrick, P. (Hg.), 1999, Laws of the Postcolonial, Michigan: University of Michigan Press.

Dworkin, R., 1977, Bürgerrechte ernstgenommen, Frankfurt/M.: Suhrkamp 1984.

Dworkin, R., 1985, A Matter of Principle, Cambridge/MA: Harvard University Press.

Eidenmüller, H., 1995, Effizienz als Rechtsprinzip, Tübingen: Mohr.

Fögen, M. T., 2008, Das Lied vom Gesetz, München: Siemens Stiftung.

Günther, K./Randeria, S., 2001, Recht, Kultur und Gesellschaft im Prozeß der Globalisierung, Bad Homburg: Reimers Stiftung.

Habermas, J., 1992, Faktizität und Geltung. Beiträge zur Diskurstheorie des Rechts und des demokratischen Rechtsstaats, Frankfurt/M.: Suhrkamp.

Habermas, J., 2004, Hat die Konstitutionalisierung des Völkerrechts noch eine Chance?, in: ders., Der gespaltene Westen, Frankfurt/M.: Suhrkamp.

Halley, J., 2006, Split Decisions, Princeton: Princeton University Press.

Hart, H. L. A., 1961, Der Begriff des Rechts, Frankfurt/M.: Suhrkamp 1973.

Hobbes, T., 1651, Leviathan, Frankfurt/M.: Suhrkamp 2002.

Hoerster, N., 2007, Was ist Recht?, München: Beck.

Hofmann, H., 1974, Repräsentation, Berlin: Duncker & Humblot 1990.

Kant, I., 1793, Über den Gemeinspruch: Das mag in der Theorie richtig sein, taugt aber nicht für die Praxis, in: Werkausgabe, Bd. XI, Frankfurt/M.: Suhrkamp 1993.

Kant, I., 1797, Metaphysik der Sitten, in: Werkausgabe, Bd. 8, Frankfurt/M.: Suhrkamp 1968.

Kelsen, H., 1934, Reine Rechtslehre, Tübingen: Mohr Siebeck 2008.

Kennedy, D., 1979, The Structure of Blackstone's Commentaries, in: Buffalo Law Review 28.

Kennedy, D., 2006, Three Globalizations of Law and Legal Thought, 1850–2000, in: D. Trubek/A. Santo (Hg.), The New Law and Economic Development, Cambridge: Cambridge University Press.

Kirchheimer, O., 1932, Legalität und Legitimität, in: ders., Politische Herrschaft, Frankfurt/M.: Suhrkamp 1967.

MacCormick, D. N./Weinberger, O., 1985, Grundlagen des institutionalistischen Rechtspositivismus, Berlin: Duncker & Humblot.

MacKinnon, C., 1989, Toward a Feminist Theory of the State, Cambridge/MA: Harvard University Press.

Marx, K., 1843, Zur Kritik der Hegelschen Rechtsphilosophie, in: MEW, Bd. 1, Berlin: Dietz 1976.

Meier, C., 1983, Die Entstehung des Politischen bei den Griechen, Frankfurt/M.: Suhrkamp.

Murphy, J. G./Coleman, J. L., 1990, Philosophy of Law, Boulder: Westview.

Niesen, P./Eberl, O., 2006, Demokratischer Positivismus. Habermas/Maus, in: S. Buckel/R. Christensen/A. Fischer-Lescano (Hg.), Neuere Theorien des Rechts, Stuttgart: Lucius & Lucius.

Olsen, F., 1990, Das Geschlecht des Rechts, in: Kritische Justiz 23.

Pasukanis, E., 1924, Allgemeine Rechtslehre und Marxismus, Freiburg: Haufe 1991.

Pettit, P., 1997, Republicanism, Oxford: Oxford University Press.

Rawls, J., 1971, Eine Theorie der Gerechtigkeit, Frankfurt/M.: Suhrkamp 1975.

Raz, J., 1994, Ethics in the Public Domain, Oxford: Oxford University Press.

Renner, K., 1929, Die Rechtsinstitute des Privatrechts und ihre soziale Funktion, Stuttgart: Fischer 1965.

Rousseau, J.-J., 1762, Vom Gesellschaftsvertrag, Stuttgart: Reclam 2003.

Schmitt, C., 1932, Legalität und Legitimität, Berlin: Duncker & Humblot 1993.
Teubner, G., 2003, Der Umgang mit Rechtsparadoxien, in: C. Joerges/G.Teubner (Hg.), Rechtsverfassungsrecht, Baden-Baden: Nomos.
Thaler, R. H./Sunstein, C. R., 2008, Nudge. Improving Decisions About Health, Wealth, and Happiness, New Haven: Yale University Press.
Unger, R. M., 1983, The Critical Legal Studies Movement, Cambridge/MA: Harvard University Press.
Vesting, T., 2007, Rechtstheorie, München: Beck.
Wollstonecraft, M., 1792, Ein Plädoyer für die Rechte der Frau, Weimar: Böhlaus Nachfahren 1999.

Klaus Günther

Rechtspositivismus

1.

1.1. Wie der *allgemeine philosophische* Positivismus lehnt auch der *Rechtspositivismus* metaphysische Annahmen ab, etwa die Existenz eines Reiches absoluter Werte oder einer teleologisch bestimmten Natur. Daher bestimmen die Rechtspositivisten den *Begriff des Rechts* nicht durch inhaltliche Merkmale (etwa die *Gerechtigkeit*), sondern durch *empirische*. Entsprechend den unterschiedlichen verwendeten Merkmalen werden *verschiedene* Arten des Rechtspositivismus im weiteren Sinne unterschieden. Hauptgruppen sind der *analytische*, der *psychologische* und der *soziologische* Rechtspositivismus. Die beiden Letzteren werden oft als *Rechtsrealismus* bezeichnet. Ihm kann daher ein Rechtspositivismus im engeren Sinne gegenübergestellt werden: J. Austins analytische Jurisprudenz, der deutsche Gesetzespositivismus und Kelsens »Reine Rechtslehre«.

Für Austins analytische Jurisprudenz (1885, I, 86 f.) besteht das Recht aus dem Inbegriff der *Befehle*, die von der *höchsten politischen Instanz*, dem *Souverän* einer *unabhängigen* politischen Gesellschaft, den Untertanen gesetzt werden. Anders als ein gewöhnlicher Wunsch ist der Befehl mit der Androhung von *Zwang* verbunden, und der Souverän kann ihm bei Ungehorsam durch Hinzufügung eines *Übels* Nachdruck verschaffen. Weiter betont Austin nachdrücklich die für jede rechtspositivistische Theorie charakteristische *begriffliche* (nicht empirische!) *Trennung von Recht und Moral* (vgl. 2.): Verletzt eine *Norm* die Grundsätze der Moral (z. B. die Nürnberger Rassengesetze der Nationalsozialisten vom 15. September 1935), kann daraus nicht gefolgert werden, dass sie keine Rechtsnorm ist; und ist eine Norm moralisch erwünscht (z. B. »Liebet Eure Feinde!«), kann daraus allein nicht gefolgert werden, sie sei eine Rechtsnorm (vgl. Hart 1958, 20). Gegen die *Befehlstheorie* wird v. a. eingewendet, viele Rechtsnormen könnten nicht als Befehle gedeutet werden, z. B. die gesetzliche Umschreibung der Vollmacht eines Prokuristen. Weiter lässt sich mit ihr das Völkerrecht nicht erfassen.

Gegen Ende des 19. Jahrhunderts war der deutsche Kodifikationsprozess abgeschlossen und die staatliche Rechtssetzung hatte die gelehrte Rechtsfortbildung abgelöst. Damit trat der *Gesetzespositivismus* (Hauptvertreter Bergbohm) an die Stelle der *Begriffsjurisprudenz*. Dieser identifizierte das Recht mit dem im verfassungsmäßigen Verfahren zustande gekommenen *staatlichen Gesetzesrecht* und postulierte die *Lückenlosigkeit* der Rechtsordnung oder gar des Gesetzes. Er ist der einzige juristische Positivismus, der sich, in Deutschland, während einiger Zeit zur herrschenden Lehre emporschwingen konnte, nämlich vom ausgehenden 19. Jahrhundert bis ungefähr 1930. Danach setzte sich die Reformbewegung der Interessenjurisprudenz durch. Das Hauptargument gegen den Gesetzespositivismus lautet, dass keine Rechtsordnung und schon gar kein Gesetz lückenlos sein kann, sondern dass der Tätigkeit des Richters, wenn man von der Lösung trivialer Rechtsfälle absieht, eine *kreative* Funktion innewohnt (vgl. 1.3.; 3.).

Für Kelsens »Reine Rechtslehre« besteht die Positivität des Rechts darin, dass es einerseits durch qualifizierte menschliche, insbesondere staatliche Akte *gesetzt* und andererseits in einem gewissen Grade *wirksam* sein muss. Die spezifisch juristische Erkenntnis ist auf die Erkenntnis von Rechts*normen* gerichtet. Sie erlauben es, gewisse Vorgänge menschlichen Verhaltens juristisch zu *deuten*. So lässt sich der Befehl eines Steuerbeamten, eine bestimmte Geldsumme zu zahlen, darum als gültige individuelle Norm deuten, weil sie in Anwendung des Steuergesetzes gesetzt wurde (vgl. Kelsen 1934, 8). Dieses gilt seinerseits, weil es die gesetzgebende Körperschaft beschlossen hat und diese von der Verfassung ermächtigt ist, generelle Normen zu setzen. Wer nach dem Geltungsgrund der Verfassung fragt, gerät vielleicht auf eine ältere und schließlich auf die historisch erste Verfassung, deren Geltung durch keine reale Norm begründet werden kann (vgl. ebd., 203). Will man auch die historisch erste Verfassung als objektiv-gültige Norm *deuten*, muss man eine bloß *gedachte* Norm voraussetzen. Diese *hypothetisch vorausgesetzte Grundnorm* lautet in der verkürzten Fassung: »Man soll sich so verhalten, wie die Verfassung vorschreibt.« (ebd., 204) Der Hauptvorwurf gegen die Reine Rechtslehre geht dahin, sie liefere das Recht dem jeweiligen Machthaber aus. In der Tat kann nach Kelsen jedes beliebige menschliche Verhalten Inhalt einer Rechtsnorm sein (vgl. ebd., 201). Folglich war für die Reine Rechtslehre auch die Ordnung des nationalsozialistischen Staates eine Rechtsordnung. Diese Formulierung verliert ihren anstößigen Charakter, wenn man für Rechtsordnung den positivistischen Begriff des Rechts von Kelsen einsetzt. Sie lautet dann: Auch die Ordnung des nationalsozialistischen Staates war eine ›im Großen und Ganzen wirksame Zwangsordnung‹ – eine Formulierung, die kein Kenner der historischen Wirklichkeit bestreiten wird (vgl. dazu 3.).

1.2. Von diesen drei Spielarten des analytischen Positivismus lassen sich der psychologische und der soziologische Positivismus unterscheiden, die auch als Rechtsrealismen bezeichnet werden können. Die sog. *individuellen* Anerkennungstheorien, wie sie von Bierling und Laun entwickelt wurden, stellen auf die Anerkennung *jedes einzelnen* Normadressaten ab. Die verpflichtende Kraft der Rechtsnormen gegenüber einem Individuum erklärt sich also daraus, dass *dieses selbst* ihnen zugestimmt hat. Diese Auffassung führt natürlich zu der Schwierigkeit, dass die Rechtsnormen ausgerechnet dann ihren Rechtscharakter verlieren, wenn es gilt, sie gegenüber einem widerstrebenden Einzelnen durchzusetzen. Aus diesem Grunde stellen die *generellen* Anerkennungstheorien Merkels und Jellineks auf die Anerkennung durch die *Mehrheit der Normadressaten* ab.

Eine psychologisch-soziologische Rechtstheorie mit der Betonung auf dem psychologischen Moment stellt auch der *skandinavische Rechtsrealismus* dar. Der international bekannteste Vertreter dieser Schule ist der Kelsen-Schüler und spätere Opponent Ross. Nach seinem Ansatz sind die Rechtsnormen dadurch ausgezeichnet, dass sie von den Richtern als bindend *empfunden* und daher *angewendet* werden (vgl. Ross 1958, 18). Die Rechtswissenschaft ist ein Zweig der Psychologie und der Soziologie; die von ihr formulierten Sätze sind Prognosen eines *zukünftigen richterlichen* Verhaltens (vgl. ebd., 42) und können damit durch die Erfahrung bestätigt oder widerlegt werden.

Der bedeutendste Vertreter des *soziologischen Realismus,* den auch Ehrlich und Weber vertreten, ist Geiger. Für ihn fällt die allgemeine Rechtslehre mit der theoretischen Rechtssoziologie zusammen. Die Wirklichkeit einer Norm muss auf in der äußeren Welt feststellbare Tatsachen zurückgeführt werden können. Sie besteht in ihrer Wirksamkeit, die größer oder kleiner sein kann (vgl. Geiger 1947, 33). Eine Wirksamkeit von 70% z.B. würde bedeuten, dass sie in 70% der Fälle befolgt oder zwangsweise durchgesetzt wird, während in 30% der Fälle der Normbrecher ungeschoren davonkommt. Weiter zeichnet sich Geigers Begriff des Rechts dadurch aus, dass die Sanktionen durch einen *eigens dafür eingerichteten, von besonderen Organen monopolistisch gehandhabten Sanktionsapparat* (Gerichte, Polizei usw.) ausgeübt werden.

Die Lehren von Ross und den soziologischen Positivisten geben einerseits die Perspektive des Anwalts zutreffend wieder. Denn ein Klient will nicht wissen, wie die Gerichte sich verhalten sollten, sondern wie sie sich *tatsächlich verhalten*. Andererseits sind sie für den Richter unbrauchbar. Denn dieser sucht nach einer *Begründung* seiner Entscheidung, und die kann ihm nur das Recht im Sinne eines *Normen*gefüges liefern.

1.3. Zwei neu geschaffene Konzeptionen vereinigen Elemente aller bisher behandelten Hauptrichtungen: H. L. A. Hart ist der bedeutendste Rechtspositivist des 20. Jahrhunderts im angelsächsischen Sprachraum. Für ihn besteht das Recht aus Primärregeln (z.B. Normen des Strafrechts) und Sekundärregeln (z.B. Regeln über das Gesetzgebungsverfahren). Die wichtigste Sekundärregel ist die »*rule of recognition*«, was man mit ›Anerkennungsregel‹ oder ›Erkennungsregel‹ übersetzen kann. Sie gibt die Merkmale an, die eine Regel aufweisen muss, um zu einem Rechtssystem zu zählen. Sie enthält damit die *Geltungskriterien* für alle anderen Regeln des Systems. Beispielsweise besagt die oberste Änderungsregel im schweizerischen Rechtssystem, dass die verfassungsgebende Gewalt dem Volk und den Ständen, d.h. den Kantonen, zusteht (Art. 140 Abs. 1 i. V. m. Art. 195 Bundesverfassung). Die »rule of recognition« des schweizerischen Systems würde darum lauten: »Was Volk und Stände beschließen, ist Recht«. Im Gegensatz zur hypothetischen – also bloß gedachten – Grundnorm Kelsens (vgl. 1.1.) existiert die »rule of recognition« »als eine komplexe, aber normalerweise übereinstimmende Praxis der Gerichte, Beamten und Privatpersonen bei der Identifizierung des Rechts nach gewissen Kriterien. Ihre Existenz ist eine Tatsache.« (Hart 1961, 110) Die »rule of recognition« muss nur durch die *Amtspersonen* anerkannt sein und angewendet werden, d.h. durch die Gerichte und andere Behörden. Erforderlich ist also nicht, dass auch die Mehrheit der Bürger die Regel anerkennt; ein Rechtssystem existiert vielmehr bereits dann, wenn die *gewöhnlichen Bürger* die Normen *im Großen und Ganzen befolgen*.

Vehemente Kritik an Harts Lehre hat sein Schüler R. Dworkin geübt: In schwierigen Fällen müsse der Richter auf *Prinzipien* zurückgreifen. Diese könnten nicht durch einen positivistischen »Herkunftstest« (Dworkin 1977, 124) identifiziert werden (z.B. aufgrund der amtlichen Gesetzessammlung). Dazu müsse der Jurist vielmehr *moralische* Erwägungen anstellen, weshalb auch eine begriffliche Trennung von Recht und Moral (vgl. 2.) unmöglich sei.

In Wirklichkeit lassen sich Prinzipien aber nicht nur direkt in gesetzlichen Vorschriften oder in Gestalt von Entscheidungsgründen in Präjudizien nachweisen, sondern häufig auch *indirekt* durch Abstraktionen aus positiven Normen und Präjudizien. Erst wenn dies nicht möglich ist, weil das Recht lückenhaft ist, muss nach Hart der Richter solche Fälle durch Betätigung seines *Ermessens im Sinne einer moralischen Eigenwertung* entscheiden (vgl. Hart 1961, 252f.). Dem entgegnet Dworkin, dass die Rechtsordnungen moderner Industriestaaten auch in schwierigen Fällen stets *eine richtige* Entscheidung beinhalten. Allerdings anerkennt Dworkin, dass es, selbst wenn eine Antwort die allein richtige ist, »keine Möglichkeit gibt zu beweisen, dass sie die richtige ist« (Dworkin 1977, 450). Dies wäre nur einem Richter mit übermenschlichen intellektuellen Fähigkeiten möglich, den Dworkin erfindet und dem er den Namen »Herkules« gibt (vgl. ebd., 182–221). Mit diesem Zugeständnis beraubt Dworkin seine Theorie jeder praktischen Relevanz.

Der »Institutionalistische Rechtspositivismus« (IPR) MacCormicks und Weinbergers ist eine Rechtstheorie, die mit einem erheblich erweiterten Begriff des positiven Rechts arbeitet. Zum Rechtssystem gehören ihm zufolge nicht nur die explizit gegebenen Primär- und Sekundärregeln im Sinne Harts, sondern auch die Rechts*prinzipien*, ja der gesamte teleologische Hintergrund des Rechts (z.B. Gerechtigkeitspostulate) sowie die juristische Lehre, sofern sie in der Rechtspraxis wirksam sind. Dieser Position zufolge sind diese Elemente keineswegs Bestandteile eines Naturrechts, sondern Konstituenten des positiven Rechts.

2.

Die Konsequenz aus einer empirischen Fassung des Begriffs des Rechts ist die Unterscheidung zwischen dem Recht, wie es ist, und dem Recht, wie es sein sollte, oder die *begriffliche (nicht empirische!) Trennung von Recht und Moral*. Diese Trennungsthese wird häufig missverstanden. Nicht gemeint ist damit, dass den Positivisten zufolge das Recht nicht in irgendeiner Weise »moralisch« sein soll. Auch Positivisten können positives Recht kritisieren. Die Trennungsthese bedeutet auch nicht, dass die empirischen Einflüsse der Moral auf den Inhalt des positiven Rechts und umgekehrt geleugnet werden (vgl. Hart 1958, 17f.). Und schließlich muss ein Positivist im überpositiven Bereich nicht notwendigerweise ein Wertrelativist sein. Zwar trifft das für alle kontinentalen Positivismen zu, nicht aber für den britischen Positivismus: So war Bentham Utilitarist und Austin Christ und Utilitarist (vgl. Austin 1885, I, 104ff., 118). Hart hat gezeigt, dass Wertrelativismus und Rechtspositivismus *logisch* unabhängige Thesen sind: Angenommen, moralische Urteile ließen sich ebenso gut rational rechtfertigen wie alle anderen Arten von Urteilen. Dann könnte man die moralische Verwerflichkeit oder die Wünschbarkeit einer Rechtsnorm *beweisen*. Aber dieser Nachweis würde nicht besagen, dass die Norm Recht ist bzw. nicht ist (vgl. Hart 1958, 53f.).

3.

Das zum ersten Mal von Radbruch (1946, 105ff.) formulierte Hauptargument gegen den Positivismus, das »Hitler-Argument«, besagt, der Positivismus habe »den deutschen Juristenstand wehrlos gemacht gegen Gesetze willkürlichen und verbrecherischen Inhalts« des Dritten Reiches (Radbruch 1946, 107). Zunächst ist hier anzumerken, dass als Ursache allenfalls der *Gesetzespositivismus* in Frage kommt, denn die realistischen Theorien und die Reine Rechtslehre waren nie herrschende Lehre. Der Niedergang der deutschen Justiz begann mit Bismarcks Justizreform 1878. – Der Justizapparat wurde von seinen liberalen Mitgliedern gesäubert, und die heranwachsenden Richter erzog man zu einem streng *obrigkeitsstaatlichen* Denken. Dadurch waren sie monarchistisch geprägt und gegen die Weimarer Republik eingestellt. Ihre antidemokratische Gesinnung wies der Mathematikprofessor E. J. Gumbel mit Daten über die politischen Morde der vorangegangenen Jahre eindrücklich nach (1922; vgl. Ott 1976, 209f.): 308 Morde, begangen von Rechtsstehenden, standen 21 von Linksstehenden gegenüber. Von 54 links stehenden Beschuldigten wurden 37 verurteilt, von 121 rechts stehenden Beschuldigten dagegen nur 11. Für die Morde von links wurden 13 Todesurteile und für jene von rechts 1 Todesurteil ausgesprochen.

Das nationalsozialistische Rechtsdenken war denn auch *anti-demokratisch, anti-liberalistisch* und *anti-positivistisch*. So schreibt Larenz: »Die Erneuerung des deutschen Rechtsdenkens ist ohne eine radikale Abkehr vom Positivismus und Individualismus nicht denkbar.« (1934, 15) Und Lange feiert die Lösung aus den »Fesseln des Gesetzespositivismus« (Lange 1941, 39), der zu einem »Verzicht auf schöpferische Umgestaltung im Rechtsleben« führe und »die Verantwortungsfreudigkeit des Richters durch eine zu starre Auffassung seiner Bindung an das Gesetz« lähme (Larenz 1934, 13). Auch sei hingewiesen auf die bei den Nationalsozialisten beliebte Verfahrensweise, in ihre Gesetze zahlreiche Generalklauseln einzufügen wie das berüchtigte »gesunde Volksempfinden« in § 2 Satz 1 des Strafgesetzbuches in der Fassung vom 28. Juni 1935 (Reichsgesetzblatt 1935 I, 839). Damit wurde der rechtsstaatliche Grundsatz »Keine Strafe ohne Gesetz« ausgehebelt.

Der Vorwurf, der Rechtspositivismus, insbesondere der Gesetzespositivismus, sei schuld an der nationalsozialistischen Rechtsverwüstung, ist also nachweislich falsch. Dies gilt auch für die schlimmsten Verbrechen der NS-Zeit: Sowohl der Holocaust wie auch die Euthanasieaktionen in den Heil- und Pflegeanstalten entbehrten jeder positivistisch fassbaren Grundlage.

Die neuesten theoretischen Bestrebungen gehen dahin, einen Positivismus zu entwickeln, der auch moralische Kriterien enthält, so Harts »soft positivism« (1961, 250ff.), Waluchows »inclusive positivism« (1994) sowie Colemans (1982, 139ff.) und Seboks »Inkorporationismus« (1998, Kap. 7.4–7.6).

4.

Alexy, R., 1992, Begriff und Geltung des Rechts, Freiburg: Alber 2005.
Austin, J., 1885, Lectures on Jurisprudence or the Philosophy of Positive Law I and II, Glashütten: Auvermann 1972.
Bergbohm, K., 1892, Jurisprudenz und Rechtsphilosophie I, Leipzig: Duncker & Humblot.
Bierling, E. R., 1877ff., Kritik der juristischen Grundbegriffe, Gotha: Perthes.
Bierling, E. R., 1894ff., Juristische Prinzipienlehre I-V, Freiburg: Mohr.
Bjarup, J., 1978, Skandinavischer Realismus. Hägerström, Lundstedt, Olivecrona, Ross, Freiburg: Alber.
Coleman, J., 1982, Negative and Positive Positivism, in: Journal of Legal Studies 11.
Dworkin, R., 1977, Bürgerrechte ernstgenommen, Frankfurt/M.: Suhrkamp 1984.
Dworkin, R., 1985, A Matter of Principle, Cambrigde/MA: Harvard University Press.
Dworkin, R., 1986, Law's Empire, Cambridge/MA: Harvard University Press.
Ehrlich, E., 1913, Grundlegung der Soziologie des Rechts, Berlin: Duncker & Humblot 1989.
Gächter, T./Rea-Frauchiger, M. A., 2008, Willkürfreiheit als Geltungsvoraussetzung des Rechts, in: S. Hotz/K. Mathis (Hg.), Recht, Moral und Faktizität, Zürich: Dike.
Geiger, T., 1947, Vorstudien zu einer Soziologie des Rechts, Berlin: Duncker & Humblot 1987.
Gumbel, E. J., 1922, Vier Jahre politischer Mord, Berlin: Verlag der Neuen Gesellschaft.
Hart, H. L. A., 1958, Der Positivismus und die Trennung von Recht und Moral, in: ders., Recht und Moral, Göttingen: Vandenhoeck & Rupprecht 1971.
Hart, H. L. A., 1961, The Concept of Law, Oxford: Clarendon Press 1994.
Hoerster, N., 2006, Was ist Recht? Grundfragen der Rechtsphilosophie, München: Beck.
Jellinek, G., 1900, Allgemeine Staatslehre, Berlin: Häring 1914.
Kelsen, H., 1934, Reine Rechtslehre, Wien: Deuticke 1960.
Lange, H., 1941, Die Entwicklung der Wissenschaft vom bürgerlichen Recht seit 1933, Tübingen: Mohr.
Larenz, K., 1934, Deutsche Rechtserneuerung und Rechtsphilosophie, Tübingen: Mohr.
Laun, R., 1935, Recht und Sittlichkeit, Berlin: Springer.
MacCormick, D. N./Weinberger, O., 1985, Grundlagen des Institutionalistischen Rechtspositivismus, Berlin: Duncker & Humblot.
Merkel, A., 1899, Elemente einer allgemeinen Rechtslehre, in: Gesammelte Abhandlungen, Straßburg: Trübner.
Merkel, A., 1913, Juristische Enzyklopädie, Berlin: Guttentag.
Ott, W., 1976, Der Rechtspositivismus, Berlin: Duncker & Humblot 1992.
Radbruch, G., 1946, Gesetzliches Unrecht und übergesetzliches Recht, in: ders., Rechtsphilosophie, Heidelberg: Müller 2003.
Raz, J., 1979, The Authority of Law, Oxford: Clarendon Press.
Raz, J., 1980, The Concept of a Legal System, Oxford: Clarendon Press.
Rea-Frauchiger, M. A., 2006, Der amerikanische Rechtsrealismus. Karl N. Llewellyn, Jerome Frank, Underhill Moore, Berlin: Duncker & Humblot.
Ross, A., 1958, On Law and Justice, London: Stevens.
Sebok, A. J., 1998, Legal Positivism in American Jurisprudence, Cambridge: Cambridge University Press.
Székessy, L., 2003, Gerechtigkeit und inklusiver Rechtspositivismus, Berlin: Duncker & Humblot.
Vogel, H.-H., 1972, Der skandinavische Rechtsrealismus, Frankfurt/M.: Metzner.
Waluchow, W. J., 1994, Inclusive Legal Positivism, Oxford: Clarendon Press.
Watkins-Bienz, R., 2004, Die Hart-Dworkin Debatte, Berlin: Duncker & Humblot.
Watkins-Bienz, R., 2008, Rechtspositivismus pro und contra, in: S. Hotz/K. Mathis (Hg.), Recht, Moral und Faktizität, Zürich: Dike.
Weber, M., 1921, Wirtschaft und Gesellschaft, Tübingen: Mohr Siebeck 1999.

Walter Ott

Rechtsstaat

1.

1.1. Der Begriff des Rechtsstaats bezeichnet im allgemeinsten Sinne denjenigen Staat, in dem politische Herrschaft nur aufgrund und im Rahmen des Rechts ausgeübt wird (vgl. Grimm 1991, 159). Maßgeblicher Bezugspunkt dieser rechtlichen Begründung und Bindung öffentlicher Gewalt ist der Schutz der individuellen Freiheit. Der Rechtsstaatsbegriff bringt damit ein Charakteristikum der freiheitlichen politischen Ordnungen der Neuzeit zum Ausdruck. Als zentrale Elemente des Rechtsstaates werden angesehen: individuelle Grundrechte, Gewaltenteilung, Vorrang und Vorbehalt des Gesetzes und Rechtsschutz durch unabhängige Gerichte.

Nachdem seit dem Zweiten Weltkrieg diese Elemente in den westlichen politischen Ordnungen weithin anerkannt und institutionell abgesichert waren, trat die grundsätzliche Reflexion des Rechtsstaats zugunsten der juristischen Detaildiskussion in den Hintergrund. In jüngerer Zeit haben der Zusammenbruch des Kommunismus und der Transformationsprozess in den mittel- und osteuropäischen Staaten die zentrale Bedeutung des Rechtsstaates als Ziel und Verfahren dieser Entwicklung wieder in Erinnerung gerufen (vgl. Carothers 1998; Preuß 2002; Krawietz/Pattaro/Erh-Soon Tay 1997). Die aktuelle Herausforderung rechtsstaatlicher Errungenschaften ergibt sich aus dem internationalen Terrorismus und den darauf reagierenden tiefgreifenden staatlichen Eingriffsbefugnissen (vgl. Dworkin 2002; Huster/Rudolph 2008).

1.2. Eine nähere Bestimmung des Begriffs sieht sich einer Reihe von Schwierigkeiten gegenüber. Das Wort »Rechtsstaat« ist eine spezifische Prägung der deutschen Rechts- und Verfassungsentwicklung und ohne diesen historischen Hintergrund nicht verständlich (vgl. 2.). In der Sache erheben der Grundgedanke und zahlreiche einzelne Elemente des Rechtsstaates jedoch einen universellen Anspruch. Dieses Spannungsverhältnis ist zu berücksichtigen, wenn – wie es in internationalen Rechtstexten häufig geschieht – der Begriff der Rechtsstaatlichkeit durch den anders konnotierten Begriff der *rule of law* übersetzt wird.

Der Begriff des Rechtsstaates ist als solcher zunächst wenig aussagekräftig und besitzt verschiedene Bedeutungsdimensionen, in denen er erst einen spezifischen Gehalt gewinnt; er ist ein »Schleusenbegriff«, der offen ist für das Einströmen sich wandelnder staats- und verfassungstheoretischer Vorstellungen (vgl. Böckenförde 1969, 143). Als politischer Begriff hängt er maßgeblich von seinem Gegner ab: Richtet er sich gegen einen paternalistischen Polizeistaat oder gegen einen bevormundenden Wohlfahrtsstaat, treten seine formalen Elemente stärker in den Vordergrund; seine materiellen Elemente gewinnen an Bedeutung, wenn er als Kontrast zu Unrechtsstaaten unterschiedlichster Provenienz verwendet wird. Als juristischer Fachterminus umfasst der Rechtsstaatsbegriff ein ganzes Bündel von Einzelgewährleistungen und -anforderungen; insoweit ist fraglich, ob ihm über diese summative Funktion hinaus ein eigenständiger Gehalt – etwa als »Prinzip« des Rechtsstaats oder der Rechtsstaatlichkeit – zukommt (vgl. dazu umfassend Kunig 1986). Diese Unbestimmtheiten erschweren es auch, ihn als grundlegenden Begriff der Rechts- und Sozialphilosophie zu formulieren.

Die historische und inhaltliche Relativität des Rechtsstaatsbegriffs bereitet schließlich Probleme, ihn anderen Begriffen zuzuordnen, die zentrale Struktureigenschaften moderner politischer Ordnungen bezeichnen. So wird insbesondere das Verhältnis des Rechtsstaates zum Sozialstaat und zur Demokratie kontrovers diskutiert (vgl. 3.4. und 3.5.).

2.

Die Mäßigung und Begrenzung politischer Herrschaft durch die Bindung an Rechtsgrundsätze ist ein Thema des politischen Denkens seit seinen Anfängen. Auch der Rechtsstaatsbegriff ruht auf diesem Bestand, gewinnt seine spezifische Bedeutung aber erst mit der Entstehung des modernen Konstitutionalismus.

2.1. Die Entwicklung des Rechtsstaates und des rechtsstaatlichen Denkens in Deutschland, die den Begriff hervorgebracht und geprägt haben, wird – bei aller Differenzierungsnotwendigkeit im Detail – gemeinhin in drei Phasen eingeteilt (vgl. Böckenförde 1969; Šarčević, 1996, 9ff., 101ff.; Scheuner 1960, 229ff.; Sobota 1997, 263ff.).

Eine entschiedene politische Stoßrichtung besitzt der Rechtsstaatsbegriff im deutschen *Frühliberalismus*, der den Begriff in die Diskussion einführt und ihn – beeinflusst von vernunftrechtlichen Theorien, insbesondere der Rechtslehre Kants – gegen den absolutistischen Wohlfahrtsstaat wendet. Die bekannte Formulierung bei R. v. Mohl, der Zweck des Rechtsstaates könne es nur sein, »das Zusammenleben des Volkes so zu ordnen, daß jedes Mitglied desselben in der möglichst freien und allseitigen Uebung und Benützung seiner sämmtlichen Kräfte unterstützt und gefördert werde« (Mohl 1832, 8), weist bereits auf den umfassenden Gehalt dieses Begriffs hin, der den Rechtsstaat als eigene Staatsgattung versteht. Zum Ausdruck kommt hierin eine politische Ordnungsvorstellung, die dem Staat eine transpersonale Legitimation bestreitet und ihn in den Dienst der Gewährleistung personaler Entfaltung und gesellschaftlicher Autonomie stellt. Diese Begrenzung der Staatszwecke und Staatsaufgaben wurde konkretisiert in den Forderungen nach verfassungsrechtlicher Anerkennung der bürgerlichen Freiheitsrechte, der Unabhängigkeit der Gerichte, der Gesetzesbindung der Exekutive und der Teilnahme einer Volksrepräsentation an der Gesetzgebung, die dem Gesetzesbegriff in diesem Ansatz seine zentrale Bedeutung verleiht.

Die weitgehende Verwirklichung dieser Postulate, aber auch das Scheitern der bürgerlichen Revolution von 1848 führte zu einer Entpolitisierung und Formalisierung des Rechtsstaatsbegriffs, die im staatsrechtlichen *Positivismus* des Spätkonstitutionalismus ihren Höhepunkt erreichte und sich bis in die Weimarer Republik fortsetzte. Der Begriff verengte sich auf die Rechtsbindung der staatlichen Gewalt und die Gewährleistung umfassenden Rechtsschutzes; sowohl Gehalt als auch (demokratisches) Zustandekommen des staatlichen Rechts gerieten aus dem Blick. Unter dem Rechtsstaat wurde nicht mehr ein eigener, nämlich nach vernunftrechtlichen Grundsätzen geordneter Staatstyp verstanden, vielmehr wurde der Begriff nur noch auf die Art und Weise der Ausübung der Staatsgewalt bezogen: Er bedeute, wie F. J. Stahl klassisch formulierte, »überhaupt nicht Ziel und Inhalt des Staates, sondern nur Art und Charakter, dieselben zu verwirklichen« (Stahl 1833, 137f.). Folgerichtig war nicht mehr die Verfassung, sondern das Verwaltungsrecht der Gegenstand rechtsstaatlicher Forderungen. Das Rechtsstaatsprinzip wurde indifferent gegenüber der Staatsform, der Rechtsstaat wurde zum Gesetzesstaat.

Das Unrechtsregime des Nationalsozialismus wurde weithin als Folge dieses entleerten und deshalb wehrlosen Rechtsstaatsbegriffs verstanden, so dass nach 1945 eine breite Rückbesinnung auf das *materielle Verständnis des Rechtsstaates* stattfand (vgl. Benda 1983, Rn. 1ff.). Das Grundgesetz für die Bundesrepublik stellte die Menschenwürde und die Grundrechte an seine Spitze, stattete diese Rechte mit unmittelbarer Rechtswirkung aus, erwähnt den Begriff des Rechtsstaates ausdrücklich und ergänzt ihn um eine soziale Verpflichtung des Staates. Die Verfassungsrechtsprechung hat diese Entscheidung durch das Verständnis des Grundgesetzes als »Wertordnung« und die Ableitung weiterer individualschützender Gehalte aus dem Rechtsstaatsprinzip (Verhältnismäßigkeit, Vertrauensschutz, Rückwirkungsverbot) aufgenommnen und unterstützt. Schließlich hat sich auch die bundesrepublikanische Staats- und Verfassungslehre von der Weimarer Tradition, die rechtsstaatliche und politische Bestandteile der Verfassung weithin trennte (vgl. insbesondere Schmitt 1928), entschieden abgesetzt und betont, dass das Prinzip des Rechtsstaates ein »wesentliches Element der Konstituierung heutiger Staatlichkeit« darstellt (Hesse 1962, 88).

Ob diese verbreitete Rekonstruktion der rechtsstaatlichen Entwicklung in Deutschland und die mit ihr verbundenen Wertungen zutreffend sind, ist durchaus umstritten (vgl. Merten 1975, 12ff.; Maus 1978, 13ff.). Insbesondere die wertende Gegenüberstellung formeller und materieller Rechtsstaatsverständnisse wird der Sachlage wohl nicht immer gerecht; dass gerade totalitäre politische Ordnungen wie der Nationalsozialismus und der Kommunismus den »formal-bürgerlichen« Rechtsstaat kritisierten und – wenn überhaupt – für einen materiellen Rechtsstaatsbegriff eintraten, der politisch manipulierbar ist, sollte insoweit zur Vorsicht mahnen. Auch darf nicht unterschätzt werden, dass die positivistische Engführung des Rechtsstaatsbegriffs zumindest zum Teil beabsichtigte, demokratische Handlungsspielräume zu eröffnen und einer rigoristischen Verteidigung des jeweiligen Status quo durch einen substantialistischen Rechtsstaatsbegriff die Grundlage zu entziehen. Trotzdem hat sich jedenfalls in der verfassungstheoretischen und -rechtlichen Diskussion ein materielles Rechtsstaatsverständnis weithin durchgesetzt.

2.2. Diese Besonderheiten der deutschen Entwicklung verlieren an Bedeutung, wenn man sich vergegenwärtigt, dass zentrale Elemente des Rechtsstaats für die gesamte neuzeitliche politische Philosophie von überragender Bedeutung waren. Dies gilt etwa für die Gewährleistung individueller Rechte (Locke), die Gewaltenteilung (Montesquieu) und die Herrschaft des Volkes durch allgemeine Gesetze (Rousseau). Dementsprechend hat sich der Rechtsstaatsbegriff trotz seiner Herkunft aus der deutschen Tradition auch für andere Rechtsordnungen und -kulturen als anschlussfähig erwiesen; dabei mögen sich seine Vagheit und Offenheit durchaus als Vorteil erwiesen haben. So haben zahlreiche europäische und außereuropäische Verfassungen den Begriff aufgenommen (vgl. Sommermann 1997, 205ff.; Hofmann/Marko/Merli/Wiederin 1996); ebenso bezeichnen das Recht der Europäischen Union (Art. 6 Abs. 1 EU-Vertrag) sowie der Konventsentwurf für eine europäische Verfassung (Art. 2) die Rechtsstaatlichkeit als einen der Grundsätze bzw. Grundwerte der Union (vgl. auch Hofmann 1996).

3.

3.1. Die rechtliche Begründung und Begrenzung der Staatsgewalt beruht auf einem Prozess der Selbstbindung (vgl. Grimm 1991, 160f.): Wenn Recht nicht mehr gefunden, sondern gesetzt wird, ist die Staatsgewalt sowohl Erzeugerin als auch Adressatin des Rechts. Dies gilt auch, wenn die Erzeugung des Rechts ihrerseits wiederum (verfassungs-)rechtlichen Vorgaben und Schranken unterliegt, denn auch diese Voraussetzungen der Rechtserzeugung stellen positives Recht dar und sind damit änderbar. Der Rechtsstaat kann daher seine eigene Existenz nicht garantieren, sondern ist auf eine entgegenkommende, durch Institutionen, Erfahrungen, Gewohnheiten und Überzeugungen gestützte Rechtskultur angewiesen (vgl. Hayek 1971, 266f.).

Welche Merkmale einen Staat zum Rechtsstaat machen, hängt von dem jeweiligen Rechtsstaatsverständnis ab. Hier vermischen sich politische, philosophische und juristische Ansätze und Ansichten. Wenig zur Klärung trägt insoweit die These von der Identität von Staat und Recht bei, die den Begriff des Rechtsstaates folgerichtig als Pleonasmus begreifen muss (vgl. Kelsen 1934, 314f.). Sachhaltiger ist dagegen die Unterscheidung von formellen und materiellen Begriffen des Rechtsstaates. Beide Begriffe haben ihre Vor- und Nachteile. Der formelle Begriff, der insbesondere die Gewaltenteilung, die Gesetzesbindung der öffentlichen Gewalt und den Rechtsschutz als konstituierende Elemente des Rechtsstaates ansieht, führt zwar zu einer juristisch-dogmatischen Präzisierung des Begriffs, vermag aber nicht zu erklären, aus welchem Grunde diese »Rechtstechniken« von Bedeutung sind; zudem liegt ihm ein rein defensives, auf die Ausgrenzung des Staates gerichtetes Verständnis zugrunde. Der materielle Rechtsstaatsbegriff setzt dagegen bei diesen inhaltlichen Gründen und der inhaltlichen Ausrichtung des Staatshandelns an, gerät aber in Schwierigkeiten, diese Inhalte in einer Weise zu formulieren, die sich nicht – wie etwa die verbreitete Redeweise, der (materielle) Rechtsstaat sei der »Staat der Gerechtigkeit« – in missbrauchsanfälligen Leerformeln erschöpft. Als inhaltliche Leitidee bietet sich dabei das Prinzip gleicher Freiheit an, wie es sowohl in den Grund- und Menschenrechtskatalogen als auch in dem Begriff der Menschenwürde zum Ausdruck kommt. Bezieht man sie auf dieses Prinzip, stehen formelle und materielle Elemente des Rechtsstaates nicht im Gegensatz zueinander, sondern ergänzen sich im Dienste individueller Freiheit und Gleichheit. Keinesfalls gibt die dem modernen Recht eigene, das staatliche Handeln rationalisierende und Rechtssicherheit verbürgende Form- und Verfahrensstrenge Anlass dazu, (materielle) Gerechtigkeit und (formale) Rechtsstaatlichkeit gegeneinander auszuspielen.

3.2. Folgt man einem reflektierten materiellen Verständnis, so ist der Rechtsstaat zunächst durch die verfassungsrechtliche Garantie individueller Grundrechte charakterisiert (vgl. Lipphardt 1986, 149ff.). Für den Rechtsstaat konstituierend sind dabei die liberalen Abwehrrechte, während demokratische Mitwirkungsrechte und soziale Teilhaberechte auch anderen Prinzipien der politischen Ordnung (Demokratie- und Sozialstaatsprinzip) zugeordnet werden können. Daneben finden sich in rechtsstaatlichen Verfassungen durchweg Gleichheitsrechte, die Diskriminierungsverbote zugunsten besonders gefährdeter Gruppen enthalten und die allgemeine Rechtsgleichheit verbürgen. Soweit die Grundrechte nicht lediglich als isolierte Rechtsverbürgungen, sondern als konstituierendes Moment staatlicher Gewalt verstanden werden, weisen sie zugleich darauf hin, dass der Rechtsstaat seine Ratio in der individuellen Menschenwürde findet und einer transpersonalen Legitimation entbehrt. Dass der Rechtsstaat auf eine umfassende und verbindliche ideologische Grundlage verzichtet, ist ein Erbe der Entstehung des modernen Staates aus den konfessionellen Bürgerkriegen der frühen Neuzeit; normativ-verfassungsrechtlich kommt dies in der Verpflichtung des Staates zur Neutralität gegenüber den Religionen, Weltanschauungen und Lebensformen der Bürger zum Ausdruck (vgl. Huster 2002).

Unmittelbar aus den Grundrechten lassen sich weitere traditionelle rechtsstaatliche Gehalte ableiten. Dies gilt zunächst für den Grundsatz der Verhältnismäßigkeit, nach dem gesetzliche Eingriffe in die individuelle Freiheit nur zulässig sind, wenn sie geeignet, erforderlich und angesichts des Gewichts der kollidierenden Rechtsgüter angemessen sind. Auch die Gebote des Vertrauensschutzes und der Bestimmtheit gesetzlicher Normen sowie das Rückwirkungsverbot lassen sich aus den individuellen Freiheits- und Eigentumsrechten erklären; insbesondere für strafrechtliche Sanktionen bestehen regelmäßig besonders scharfe rechtsstaatliche Beschränkungen (Nulla poena sine lege, Ne bis in idem, Unschuldsvermutung, In dubio pro reo). Ausprägung des Rechtsstaatsprinzips ist schließlich die Ausgleichs- und Entschädigungspflicht des Staates für rechtswidrige und übermäßige Eingriffe in die Rechtssphäre des Bürgers.

3.3. Die materiellen Rechtspositionen des Bürgers werden im Rechtsstaat ergänzt durch die Garantie des Rechtsschutzes gegen Akte der öffentlichen Gewalt durch unabhängige Gerichte. Wie dieser Rechtsschutz im einzelnen ausgestaltet wird, gibt das Rechtsstaatsprinzip nicht vor; neben der Unabhängigkeit der Gerichte gehören aber die Prozessgrundsätze des rechtlichen Gehörs und des fairen Verfahrens zu den Grundbedingungen eines rechtsstaatlichen Gerichtsverfahrens. Da der moderne Staat das Gewaltmonopol in Anspruch nimmt, ist er gehalten, dem Bürger auch für privatrechtliche Konflikte ein ausreichendes Rechtsschutzsystem zur Verfügung zu stellen (allgemeiner Justizgewährungsanspruch).

3.4. Entstehung und Entwicklung des Rechtsstaates im 19. Jahrhundert waren jedenfalls in Deutschland maßgeblich durch die Absicht geprägt, die bürgerliche Gesellschaft vor Eingriffen durch die monarchische Exekutive zu schützen. Sichergestellt wurde dies durch den Grundsatz, dass Eingriffe in Freiheit und Eigentum nur auf einer gesetzlichen Grundlage zulässig sind, die das Parlament als Repräsentant der bürgerlichen Gesellschaft beschließt. Zum Rechtsstaat gehören daher die Gewaltenteilung sowie die Rechtsbindung der Exekutive, die sich in den Vorrang und den Vorbehalt des Gesetzes ausdifferenziert.

Diese institutionellen und organisatorischen Elemente des Rechtsstaates sind nach wie vor von großer Bedeutung, haben aber im demokratischen Rechts- und Sozialstaat, der zwar eine Unterscheidung, aber keine strikte Trennung von Staat und Gesellschaft kennt, ihre Funktion und ihre Grundlage verändert. So verläuft unter dem Aspekt der Gewaltenteilung die entscheidende Trennlinie nicht mehr zwischen monarchischer Exekutive und Parlament, sondern zwischen der Regierung und der sie tragenden Parlamentsmehrheit auf der einen Seite und der politischen Opposition auf der anderen Seite. Dies hat den Status des Grundsatzes der Gewaltenteilung unklar werden lassen; er wird weithin als ein recht unspezifisches und unterschiedlichen Ausformungen zugängliches Prinzip der gegenseitigen Begrenzung und Kontrolle der staatlichen Organe betrachtet.

Auch die Rechtsbindung der Exekutive gewinnt in dem Moment, in dem sowohl Gesetzgeber als auch Regierung und Verwaltung demokratisch legitimiert sind, eine andere Bedeutung. So erhält der Grundsatz des Vorbehalts des Gesetzes neben der rechtsstaatlichen auch eine entschiedene demokratische Legitimation. Zudem lässt er sich angesichts der Ausweitung und Veränderung der Staatstätigkeit im modernen Sozial- und Interventionsstaat nicht mehr auf Eingriffe in Freiheit und Eigentum beschränken, sondern muss auch das sozial gestaltende und leistende Staatshandeln zumindest in seinen Grundzügen erfassen. Allerdings – dies betrifft den Grundsatz des Vorrangs des Gesetzes – ist es in diesen komplexen Feldern gesetzlicher Steuerung schwierig, an einem traditionellen rechtsstaatlichen Ideal der Allgemeinheit und Bestimmtheit gesetzlicher Vorgaben festzuhalten. Insbesondere in Fällen, in denen die Rechtssetzung mit der wirtschaftlichen und technischen Entwicklung nicht Schritt halten kann und in denen die Rechtsdurchsetzung auf die Kooperation mit gesellschaftlichen Kräften angewiesen ist, neigt der Gesetzgeber zum Erlass von Normen mit Finalcharakter, deren Konkretisierung weithin dem Normvollzug überlassen bleibt, der dabei nicht selten auf kooperative und informale Handlungs- und Steuerungsformen zurückgreift, die dem klassischen Rechtsstaat fremd sind (vgl. Bohne 1981, 241ff.). Ein unüberwindlicher Gegensatz, wie er insbesondere für das Verhältnis des Rechtsstaats zum Sozialstaat vielfach behauptet wurde (vgl. Forsthoff 1954, 8ff.) und auch für das Verhältnis des Rechtsstaats zum vorsorgenden Umweltstaat diskutiert wird (vgl. Callies 2001; Steinberg 1998), ergibt sich daraus aber nicht, wenn und soweit sich der Wandel der rechtsstaatlichen Formen nach wie vor auf den Zweck der Gewährleistung der gleichen Freiheit aller Bürger beziehen lässt.

Eine weitere Herausforderung für das institutionelle Design des Rechtsstaates stellt schließlich die intensive Einbindung des Nationalstaates in inter- und supranationale Strukturen dar, die die Rechtssetzung und -anwendung in ein dynamisches Mehrebenensystem stellt (vgl. König/Rieger/Schmitt 1996).

3.5. Gerade in der deutschen Tradition ist das Verhältnis des Rechtsstaates zur Volkssouveränität und zum demokratischen Prinzip immer problematisch gewesen. In einer historisch erklärbaren Indifferenz gegenüber der Demokratie oder gar ihrer Ablehnung hat man den wesentlichen Unterschied der »liberal-konstitutionellen« Rechtsstaatstheorie zum »demokratisch-konstitutionellen« Begriff der *rule of law* erblickt (vgl. Neumann 1936, 203ff.; Kriele 1975, 104ff.; zu den Folgen vgl. Scharpf 1970). Jenseits dieser Unterschiedlichkeit der Entwicklungslinien sind in der Sache mehrere Diskussionsebenen zu unterscheiden.

Empirisch betrachtet unterstützen sich rechtsstaatliche und demokratische Strukturen (vgl. Wolff 2000, 87ff.). Insbesondere die Gewährleistung grundlegender Persönlichkeitsrechte ermöglicht erst die Freiheit der Meinungs- und Willensbildung und -äußerung, die für eine Demokratie unverzichtbar ist; ebenso ist die demokratische Ordnung das beste Mittel, um einen rechtsstaatswidrigen Missbrauch öffentlicher Gewalt zu verhindern. Dieser empirische Zusammenhang ist aber nicht zwingend: Rechtsstaatliche Strukturen sind auch ohne eine demokratische Ordnung denkbar, und Demokratien können – wie das Beispiel der sog. illiberalen Demokratien zeigt (vgl. Merkel/Puhle/Croissant u.a. 2003) – rechtsstaatliche Mindestanforderungen missachten.

Schwieriger gestaltet sich die normative Zuordnung von Rechtsstaat und Demokratie, also die Beantwortung der Frage, ob und in welchem Sinne hier nicht nur ein empirischer, sondern auch ein interner Zusammenhang besteht (vgl. Habermas 1996). Dies ist häufig bezweifelt worden, da rechtsstaatliche und demokratische Elemente durchaus in einem Spannungsverhältnis zueinander stehen können; so wird etwa die Möglichkeit der (verfassungs-)gerichtlichen Durchsetzung der Grundrechte vielfach als Beschränkung der Volkssouveränität betrachtet. An dieser Sichtweise ist zutreffend, dass rechtsstaatliche Kontrolle und demokratische Gestaltungsfreiheit in der jeweiligen politischen Ordnung immer wieder zu einem angemessenen Ausgleich gebracht werden müssen. Dabei darf aber nicht übersehen werden, dass die rechtsstaatlichen Garantien den demokratischen Entscheidungsprozess nicht nur beschränken, sondern ihn zuallererst überhaupt ermöglichen, da eine allgemeine Verbindlichkeit politischer Entscheidungen nicht erwartet werden kann, solange nicht alle Bürger in ihren grundlegenden Rechten respektiert werden (vgl. Dworkin 1996, 1ff.). Verkürzt man den Begriff der Demokratie nicht auf das Element der Mehrheitsentscheidung, so finden Rechtsstaat und Demokratie in dem Prinzip gleicher Freiheit eine gemeinsame normative Wurzel.

4.

Benda, E., 1983, Der soziale Rechtsstaat, in: ders./W. Maihofer/H.-J. Vogel (Hg.), Handbuch des Verfassungsrechts, Berlin: de Gruyter 1995.

Böckenförde, E.-W., 1969, Entstehung und Wandel des Rechtsstaatsbegriffs, in: ders., Recht, Staat, Freiheit, Frankfurt/M.: Suhrkamp 1992.

Bohne, E., 1981, Der informale Rechtsstaat, Berlin: Duncker & Humblot.

Callies, C., 2001, Rechtsstaat und Umweltstaat, Tübingen: Mohr Siebeck.

Carothers, T., 1998, The Rule of Law Revival, in: Foreign Affairs 77.

Dreier, R., 1985, Der Rechtsstaat im Spannungsverhältnis zwischen Gesetz und Recht, Juristenzeitung 40.

Dworkin, R., 1996, Freedom's Law, Cambridge/MA: Harvard University Press.

Dworkin, R., 2002, The Threat to Patriotism, in: New York Review of Books, 28. 2. 2002.

Forsthoff, E., 1954, Begriff und Wesen des sozialen Rechtsstaates, in: Veröffentlichungen der Vereinigung der Deutschen Staatsrechtslehrer, Bd. 12, Berlin: de Gruyter.

Grimm, D., 1991, Der Wandel der Staatsaufgaben und die Krise des Rechtsstaates, in: ders., Die Zukunft der Verfassung, Frankfurt/M.: Suhrkamp.

Habermas, J., 1996, Über den internen Zusammenhang von Rechtsstaat und Demokratie, in: ders., Die Einbeziehung des Anderen, Frankfurt/M.: Suhrkamp.

Hayek, F. A. v., 1971, Die Verfassung der Freiheit, Tübingen: Mohr 1991.

Hesse, K., 1962, Der Rechtsstaat im Verfassungssystem des Grundgesetzes, in: K. Hesse/S. Reicke/U. Scheuner (Hg.), Staatsverfassung und Kirchenordnung, Tübingen: Mohr.

Hofmann, H., 1995, Geschichtlichkeit und Universalitätsanspruch des Rechtsstaats, in: Der Staat 34.

Hofmann, R., 1996, Rechtsstaatsprinzip und Europäisches Gemeinschaftsrecht, in: ders./J. Marko/F. Merli/E. Wiederin (Hg.), Rechtsstaatlichkeit in Europa, Heidelberg: Müller.

Hofmann, R./Marko, J./Merli, F./Wiederin, E. (Hg.), 1996, Rechtsstaatlichkeit in Europa, Heidelberg: Müller.
Huster, S., 2002, Die ethische Neutralität des Staates, Tübingen: Mohr Siebeck.
Huster, S./Rudolph, K. (Hg.), 2008, Vom Rechtsstaat zum Präventionsstaat?, Frankfurt/M.: Suhrkamp.
Kelsen, H., 1934, Reine Rechtslehre, Wien: Deuticke 1960.
König, M./Rieger, E./Schmitt, H. (Hg.), 1996, Das europäische Mehrebenensystem, Frankfurt/M.: Campus.
Krawietz, W./Pattaro, E./Erh-Soon Tay, A. (Hg.), 1997, Rule of Law, Berlin: Duncker & Humblot.
Kriele, M., 1975, Einführung in die Staatslehre, Opladen: Westdeutscher Verlag 1988.
Kunig, P., 1986, Das Rechtsstaatsprinzip, Tübingen: Mohr.
Lipphardt, H.-R., 1986, Grundrechte und Rechtsstaat, in: Europäische Grundrechte-Zeitschrift 4.
MacCormick, N., 1984, Der Rechtsstaat und die rule of law, in: Juristenzeitung 39.
Maus, I., 1978, Entwicklung und Funktionswandel der Theorie des bürgerlichen Rechtsstaats, in: M. Tohidipur (Hg.), Der bürgerliche Rechtsstaat, Bd. 1, Frankfurt/M.: Suhrkamp.
Merkel, W./Puhle, H.-J./Croissant, A./Eicher, C./ Thiery, P., 2003, Defekte Demokratien, Bd. 1: Theorie, Opladen: VS.
Merten, D., 1975, Rechtsstaat und Gewaltmonopol, Tübingen: Mohr.
Mohl, R. v., 1832, Die Polizei-Wissenschaft nach den Grundsätzen des Rechtsstaates, Bd. 1, Tübingen: Laupp 1844.
Neumann, F., 1936, Die Herrschaft des Gesetzes, Frankfurt/M.: Suhrkamp 1980.
Preuß, U. K., 2002, Die Rolle des Rechtsstaates in der Transformation postkommunistischer Gesellschaften, in: C. Boulanger (Hg.), Recht in der Transformation, Berlin: Berliner Debatte.
Šarčević, E., 1996, Der Rechtsstaat, Leipzig: Leipziger Universitätsverlag.
Scharpf, F., 1970, Die politischen Kosten des Rechtsstaats, Tübingen: Mohr.
Scheuner, U., 1960, Die neuere Entwicklung des Rechtsstaates in Deutschland, in: E. v. Caemmerer/E. Friesenhahn/R. Lange (Hg.), Hundert Jahre deutsches Rechtsleben, Bd. 2, Karlsruhe: Müller.
Schmidt-Aßmann, E., 1987, Der Rechtsstaat, in: J. Isensee/P. Kirchhof (Hg.), Handbuch des Staatsrechts der Bundesrepublik Deutschland, Bd. 1, Heidelberg: Müller.
Schmitt, C., 1928, Verfassungslehre, Berlin: Duncker & Humblot 1989.
Sobota, K., 1997, Das Prinzip Rechtsstaat, Tübingen: Mohr Siebeck.
Sommermann, K.-P., 1997, Staatsziele und Staatszielbestimmungen, Tübingen: Mohr Siebeck.
Stahl, F. J., 1833, Die Philosophie des Rechts, Bd. 2, Heidelberg: Mohr 1856.
Steinberg, R., 1998, Der ökologische Verfassungsstaat, Frankfurt/M.: Suhrkamp.
Wolff, H. A., 2000, Das Verhältnis von Rechtsstaatsprinzip und Demokratieprinzip, in: D. Murswiek (Hg.), Staat – Souveränität – Verfassung, Berlin: Duncker & Humblot.

Stefan Huster

Reformation

1.

Reformation heißt seit dem 19. Jahrhundert (L. v. Ranke, vgl. Seebaß 1997, 393) die historische Epoche der Differenzierung des abendländischen Christentums, durch die unterschiedliche Konfessionen und verschiedene Mentalitäten, pluriforme Kirchengebilde und eine neue politische Landschaft Europas entstanden. Man kann ihren akuten Beginn – unter Voraussetzung einer komplexen Vorgeschichte – auf das Jahr 1517 datieren, in dem mit dem durch Martin Luther (1483–1546) ausgelösten Ablassstreit die innere Pluralisierung der einen westlichen Kirche ihren Ausgang nahm; als Endpunkte lassen sich, näher betrachtet, der Augsburger Religionsfriede von 1555, weiter gesehen, der Friedensschluss von Münster 1648 ansehen. Die epochale Bedeutung der Reformation lässt sich veranschaulichen an dem Vergleich von vorheriger und späterer Gestalt Europas. Das spätmittelalterliche westliche und mittlere Europa wies sektoral durchaus unterschiedliche religiöse Akzente auf, die zudem von den politischen Gegebenheiten mitbestimmt waren; dennoch bewegte es sich insgesamt in einem einheitlichen und von der Kirche wesentlich geprägten weltanschaulichen Gesamtrahmen, der sich am nachdrücklichsten in der erfolgreichen Bekämpfung der Ketzer dokumentiert. Das nachreformatorische Europa dagegen stellt sich dar als religiös pluriforme hochdifferenzierte Vielfalt von zunächst konfessionell homogenen Herrschaften, nach innen dynamisch sich entwickelnd, gegen die anderen Konfessionen nach außen abgegrenzt, bis dann nach den Konfessionskriegen die Koexistenz unterschiedlicher Bekenntnisse auf einem Territorium möglich wird. Diese durch die Reformation geprägte Ordnung von Religion und Gesellschaft, Kirche und Staatswesen hat sich bis zur napoleonischen Wende in der Geschichte Europas erhalten.

2.

2.1. Da die Reformation dergestalt die kulturelle Gesamtlage betrifft, kommen in ihrer Deutung die unterschiedlichen Voraussetzungen zur Auswirkung; daher sind die Konnotationen der Begriffsgeschichte in hohem Maße kontrovers. Von katholischer Seite wird die Reformation als »Kirchenspaltung« interpretiert, als subjektivistischer Aufstand gegen die ordnenden und lenkenden Impulse der einen Kirche, deren alleinige Legitimität dogmatisch-kontrafaktisch weiter behauptet wird. Aus dieser Perspektive kann die Reformation als Auslöser der Neuzeit gelten, die die religiöse Traditionsleitung zu ihrem eigenen Schaden durchbrochen hat. Umgekehrt hat die protestantische Geschichtsschreibung die Reformation als den Beginn der Freiheit gefeiert und in ihr die wesentlichen Elemente der Neuzeit legitimatorisch gegründet gesehen. Es ist leicht zu erkennen, dass hier derselbe Sachzusammenhang gegensätzlich bewertet wird. Im Unterschied zu diesen einseitigen, von der Konfessionsdifferenz geprägten Bildern hat etwa Ernst Troeltsch die bleibende Ambivalenz der Reformation betont, die in ihrem eher verschwiegenen Zusammenhang mit Renaissance und Humanismus einerseits, ihrem mittelalterlichen Biblizismus andererseits besteht, so dass die neuzeitlichen Elemente der Reformation erst im internen Widerspruch gegen ihre dogmatisch-theologische Gestalt zur Geltung kamen (Troeltsch 1906). In der Historiographie des ausgehenden 20. Jahrhunderts ist diese differenzierte Sicht als Einzeichnung der Reformation in einen länger dauernden Prozess der Konfessionalisierung weiter ausgebaut worden, dessen Folgen sich insbesondere nach 1555 zeigen. Dabei darf allerdings die markante Epochenzäsur nicht unterschlagen werden, die diese Folgen erst zeitigt. Tatsächlich lässt sich die reformatorische Wende in der Geschichte Europas nur durch die Interaktion verschiedener sich überlagernder Differenzen mit dem religiösen Sinnbestand interpretieren.

2.2. In ihrem dynamischen Kern stellt die Reformation eine religiöse Erweckungsbewegung dar, die sich auf eine theologisch explizierte und Bildung einfordernde Frömmigkeit gründet. Der wesentliche Impuls dieser Bewegung besteht in der auf eigenes Urteil gegründeten Annahme der Religion auf der Basis des allein autoritativen Textes der Bibel selbst, der als göttliches Wort das menschliche Leben in die Unmittelbarkeit des Gottesverhältnisses bringt. Diese religiöse Grundeinsicht nutzt Bruchlinien in der herkömmlichen kirchlichen Frömmigkeit aus, insbesondere diejenige, die zwischen der Zumutung des eigenen Glaubens und der Rückbindung an die vorgegebene Lehre und Praxis der Kirche verläuft. Die öffentliche und ungehinderte Artikulation dieser kirchenkritischen Frömmigkeit bedient sich der Spannungsfelder im Geflecht von kirchlicher Hierarchie (Papst, Erzbischöfe, Bischöfe) und politischer Lage im Reich, wie sich insbesondere an dem Übergang des Kaiseramtes von Maximilian I. zu Karl V. 1519 zeigen lässt. V. a. finden dank des Buchdrucks in den handwerklich und kaufmännisch hoch entwickelten Städten die reformatorischen Ideen schnelle Verbreitung; allerdings sind die Geschwindigkeit der Rezeption und die Art der Aneignung in den Städten und in den eindeutig bäuerlichen Territorien unterschiedlich. Schließlich werden soziale Differenzen verstärkend und legitimierend in die religiöse Artikulation hineingezogen, wie die Bauernkriege 1524/25 zeigen. Gegen Interpretationen der Reformation, die (wie die frühere marxistische Interpretation) von dem geistlichen Faktor absehen bzw. (wie manche sozialgeschichtliche Deutungen) diesen zum Epiphänomen erklären, kann man einwenden, dass sie der weltanschaulichen Umstellung durch die Reformation nicht gerecht werden (Schilling 1995).

2.3. Trotz der politischen, kirchlichen und sozialen Vielfalt, trotz der literarischen Breite etwa der zahlreich publizierten Flugschriften, trotz der unterschiedlichen Herkunft der örtlichen Prediger lässt sich beobachten, dass die entscheidenden Prägungen in der Frühzeit der Reformation von Martin Luther ausgingen (Moeller 2001). Die beiden wesentlichen Impulse bestanden einerseits in der Erkenntnis der alleinigen Maßgeblichkeit der Bibel für die religiöse Urteilsbildung, andererseits in der Einsicht, dass sich das Gottesverhältnis unmittelbar auf den einzelnen Menschen bezieht und diesen im Glauben erfüllt, so dass er sich mit Gewissheit in Gott geborgen wissen kann (das meint der dogmatische Ausdruck »Rechtfertigungslehre«). Mit beiden Akzenten sind – zunächst noch religiös gehaltene – Bewegungen in Gang gesetzt worden, die kirchliche, soziale und politische Konsequenzen haben. Kirchlich kommt es nun auf die Gleichheit aller Gläubigen vor dem Evangelium an; darum nimmt das traditionelle Priestertum keine religiöse Vermittlungsstelle mehr ein; durch die Taufe befinden sich alle Christen im Status eines »allgemeinen Priestertums«, und es ist die Aufgabe der Pfarrer, den Christenmenschen immer wieder diesen ihnen von Gott verliehenen Rang unmittelbarer Gottesnähe zu verkündigen. Damit wird zugleich die geistliche Aufgabe der Verkündigung und Urteilsbildung von der organisatorischen Aufgabe der Kirchenverwaltung unterschieden. Durch beides kommt es zur grundlegenden Kritik an der bestehenden Kirche und zum Neuaufbau des Kirchenwesens. Weil nun aber in religiösen Dingen, also den grundlegenden Sinnfragen, auf das eigene Urteil abgestellt ist, sind diesem Kriterium auch alle anderen Angelegenheiten des Lebens unterworfen. Das eigene Urteil zu finden, setzt aber Bildung voraus – elementar die Kompetenz des Lesens. Das eigene Urteil an der Bibel zu bilden, führt hinter die aktuellen Autoritäten zurück auf den Grund aller normativen Geltung (religiös als »Wort Gottes« symbolisiert) und befähigt somit zur Kritik. Diese wird aber einstweilen noch durch die Vorgaben der Bibel (in der aktuellen Interpretation) gelenkt; es bleibt nicht aus, dass der Anspruch der Kritik sich auch auf die Bibel selbst richtet (und zwar durchaus aus dem religiösen Interesse an der Reinheit des Gottesglaubens). Die direkten historischen Wirkungen der Reformation freilich kommen zunächst in verschiedenen lokalen Kontexten zur Geltung und prägen dort eigene historisch-politische Typen aus, die ihre eigene Wirkungsgeschichte besitzen.

3.

3.1. Möchte man Typen der Reformation unterscheiden, so muss man vom unmittelbaren Wirken *Luther*s in Wittenberg ausgehen, das, wie auch wichtige Züge seiner politischen Theologie, durch die Gegebenheiten im Kurfürstentum Sachsen bestimmt war. Friedrich der Weise galt als einer der einflussreichsten Kurfürsten im Reich, dem bereits aus Gründen der Selbstbehauptung ein Schutz Luthers vor dem Zugriff Roms angelegen war. Das Kurfürstentum selbst war ländlich geprägt, besaß aber in der Residenzstadt Wittenberg eine neu gegründete Universität, die mit ihrer humanistischen Ausrichtung (Philipp Melanchthon) den intellektuellen Hintergrund der reformatorischen Bewegung bildete. Als deutlich wurde, dass der zuständige Bischof, Erzbischof Albrecht von Mainz, die Neuordnung des Kirchenwesens verweigerte, übernahm Friedrich als Landesherr die Rolle der kirchlichen Organisationsgewalt; allerdings nun gerade mit der Maßgabe, dass die Kirche sich aufgrund der theologischen Einsichten Luthers neu selbst bestimme. Daraus resultierte das protestantische »Landesherrliche

Kirchenregiment«, das in Deutschland bis 1918 Bestand hatte, innerhalb dessen Luther und Melanchthon 1528 eine Revision des Bildungsstandes der Pfarrer und eine Reform der kirchlichen Zustände vornahmen. Die bäuerlich-patriarchale Hausverfassung prägt Luthers Bild vom sozialen Leben. Das zeigt sich etwa in seinem weit verbreiteten »Kleinen Katechismus« von 1529, der den Typus einer Hausgemeinde aus Familie und Gesinde voraussetzt. Luthers Bild von »Obrigkeit« dürfte nach seinem positiven Bestand wesentlich aus seinen Erfahrungen mit den sächsischen Kurfürsten geprägt worden sein. Der egalitäre Grundzug seiner Ethik bewegt sich so durchaus im Milieu vorgegebener Ordnungen.

Einen ganz anderen Zuschnitt besitzt die Reformation in Zürich. Sie ist von Huldrych *Zwingli* (1484–1531) geformt worden, der, seit 1519 als Geistlicher am Großmünster tätig, 1523 eine Erneuerung der Kirche in der Stadtgemeinde durchsetzte. Zwingli kam wie Luther aus einer augustinischen Tradition (die sich auf Paulus zurückführte), die er aber anders als Luther aus einem stärker humanistisch-spiritualistisch geprägten Blickwinkel fortführte, demzufolge es nicht das (äußerliche) göttliche Wort, sondern der (innerliche) göttliche Geist ist, der die Unmittelbarkeit des Gottesverhältnisses begründet. Dieser reformatorische Spiritualismus lässt ihn die Kirche als nur äußerlichen Rahmen auffassen, innerhalb dessen der Geist wirkt – aktuell in der Predigt und erinnernd und (selbst-)verpflichtend in den beiden Sakramenten Taufe und Abendmahl. Daraus ergibt sich ein stärkerer Durchgriff auf die Ethik, die in den Zusammenhang der Glaubensbewährung gestellt wird. Dieses eher aktivistische Modell sorgt – trotz funktionaler Unterscheidung – für einen dichten Zusammenhang zwischen individueller christlicher Lebensführung und städtischer Politik (bis in die Außen- und Kriegspolitik hinein). Daraus resultiert durchaus auch die Möglichkeit, einen der christlichen Botschaft nicht folgenden Rat der Stadt abzusetzen. Zwingli fällt bereits 1531 als Feldprediger in der Schlacht bei Kappel gegen die katholisch gebliebenen Kantone der Schweiz. Mit Zwinglis Zürcher Kirchenreform etabliert sich neben dem ländlich-kleinbürgerlich-bibeltheologischen Typ Luthers ein zweiter Typus der Reformation, der städtisch-humanistisch-spiritualistische.

Johannes *Calvin* (1509–1564) hat durch sein Wirken in Genf vermöge der ihm aufgrund seiner humanistisch-juristischen Ausbildung eigenen gedanklichen Systematisierungskraft und gestalterischen Konsequenz den zwinglianischen Typ der städtischen Reformation mit strukturierenden theologischen Einsichten Luthers (sowie des Straßburger Theologen Martin Bucer) verbunden und damit eine dritte folgenreichere Gestalt der Reformation zum Vorschein gebracht. Eine Generation jünger als Zwingli und Luther, fasst er deren Impulse so zusammen, dass sich ein geschlossener Gesamtzusammenhang der theologischen Anschauung unter dem Stichwort der »Gotteserkenntnis« ergibt, die zugleich Selbsterkenntnis ist. Diese gründet der Sache nach in Gottes unvordenklichem Willen selbst, aufgrund dessen er diejenigen erwählt, denen er sich heilvoll zu erkennen geben will (Prädestinationslehre); ihren Erkenntnisort besitzt die Gotteserkenntnis in der Bibel (schon im Alten Testament), welche durch das Zeugnis des Heiligen Geistes so angeeignet wird, dass daraus eine gesetzförmig genaue Lebensführung erwächst. Dieser theologische Grundgedanke ist in die ständisch-ratsstädtische Wirklichkeit Genfs verfugt, in welcher die Einheit von Christengemeinde und Bürgergemeinde realisiert ist. Das bedeutet einerseits Zuständigkeit der Stadt für die Organisation der Verkündigung, andererseits auch Zuständigkeit der Gemeindeleitung (Älteste, Diakone) für die Kontrolle der Lebensführung; als Norm galt dafür das aus der Bibel ermittelte Gesetz, das de facto mit dem Naturgesetz der Ethik übereinstimmte. Max Weber (1904) hat in seiner berühmten Studie über die protestantische Ethik in der rationalen Lebensführung nach dem Muster einer »innerweltlichen Askese« aufgrund der Prädestinationsgewissheit einerseits die Möglichkeit erkannt, sich ganz den Gesetzmäßigkeiten des Weltlaufs einzufügen, ohne andererseits aus den Resultaten dieser Tätigkeit einen Lustgewinn erzielen zu wollen. Es sei diese Gestalt des Ethos gewesen, die durch rationales und zugleich konsumrestriktives Handeln den Verhaltensrahmen für die moderne Gestalt des Kapitalismus abgegeben habe.

Im Unterschied zu den beiden Hauptlinien der Reformation, dem vorwiegend in den Territorien verbreiteten Luthertum und dem überwiegend städtischen Calvinismus (der »reformierten« Konfession), kannte auch die Reformation ihre *Häretiker*, die unnachsichtig verfolgt wurden. Dabei lag die »protestantische Häresie« scheinbar nah am reformatorischen Grundgedanken von der Unmittelbarkeit Gottes zum Einzelnen, sofern diese nämlich nicht als durch das Wort (der Bibel) qua Gottes Wort vermittelt gedacht wurde, sondern direkt durch den Geist (woraus sich dann auch die Praxis der Wiedertaufe – als »Gläubigentaufe« aufgrund des eigenen Bekenntnisses – ergab). Damit wurden aber sowohl der historische Ursprung des Christentums in der Gestalt Jesu von Nazareth als auch die kommunikative Verständigungsressource der Bibel aufgegeben – mit der Folge, dass einzelne religiöse Anführer die Stelle der Gründungsfigur einnahmen und soziale und politische Interessen unmittelbar in die religiöse Artikulation durchschlugen. So bauten sich die spiritualistischen Gruppierungen v.a. situations- und personbezogen wie etwa im Bauernkrieg auf; in dessen Endphase trat in Thomas Müntzer (ca. 1490–1525) ein mystisch-apokalyptischer Revolutionär an die Spitze, der aus der Geistunmittelbarkeit die Verpflichtung zu einer Umgestaltung der Welt nach göttlichem Gesetz entnahm. Nur eine kurze Phase bildete das Täuferreich von Münster (1534/35). Überlebt haben dagegen die mystisch-quietistischen Gruppierungen des Spiritualismus (z.B. Mennoniten). Das im Spiritualismus beheimatete Geistprinzip hat sich immer wieder im Protestantismus zu Gehör gebracht.

3.2. Die genannten Typen der Reformation haben in unterschiedlicher Konstellation und abhängig vom Verhältnis zum römischen Katholizismus, der sich im Konzil von Trient (1545–63) faktisch auch als Konfessionskirche etabliert, das religiöse und mentalitätsgeschichtliche Gesicht Europas geprägt. Das Luthertum hat in Nordeuropa eine staatskirchliche Gestalt gefunden; sein städtischer Einfluss, der zunächst groß gewesen war, wurde durch die Gegenreformation – mit Ausnahmen, etwa Nürnbergs – auf Norddeutschland beschränkt. Der reformierte Typus fand in den schweizerischen und süddeutschen Städten Verbreitung (z.B. Straßburg), aber auch in den (vorwiegend stadtgeprägten) Niederlanden, Schottland, teilweise und vorübergehend auch in Frankreich. In England ist nach der Übernahme der Kirche durch den König 1534 neben dem liturgisch und episkopal konservativen Anglikanismus das reformierte Widerlager zu beachten; diese reformierten Gruppierungen sind später für die Kolonisierung Nordamerikas bedeutsam geworden.

3.3. Anders als in der Forschung des 19. Jahrhunderts kann die Reformation nicht in Gänze als Beginn der Neuzeit angenommen werden; dazu haben sich die Epochenbegriffe einerseits, die Erforschung der lokalen Besonderheiten andererseits zu sehr differenziert. Was aber zweifellos mit der Reformation verbunden bleibt, ist die Umstellung der politischen und sozialen Kultur Europas auf einen – unter monotheistischen Gesichtspunkten überraschend möglich gewordenen – Pluralismus der Konfessionen in einem Staatsgebiet. Er setzt nicht nur äußere Toleranz gegenüber anderer religiöser Überzeugung voraus, sondern affirmiert die eigene Überzeugungsbildung als Grundlage einer auf diesem Boden zu errichtenden demokratischen Gesellschaft. Insofern handelt es sich bei der Reformation um das Paradigma für den religiös-kulturellen Wandel, von dessen Folgen wir noch immer zehren.

4.

Blickle, P., 1982, Die Reformation im Reich, Stuttgart: Ulmer 2000.

Kaufmann, T., 1996, Die Konfessionalisierung von Kirche und Gesellschaft, in: Theologische Literaturzeitung 121.

Kaufmann, T., 1998, Reformatoren, Göttingen: Vandenhoeck & Ruprecht.

Moeller, B., 1977, Deutschland im Zeitalter der Reformation, Göttingen: Vandenhoeck & Ruprecht 1999.

Moeller, B., 2001, Luther-Rezeption, Göttingen: Vandenhoeck & Ruprecht.

Schilling, H., 1995, Die Reformation, in: W. Speitkamp/H.-P. Ullmann (Hg.), Konflikt und Reform, Göttingen: Vandenhoeck & Ruprecht.

Seebaß, G., 1997, Reformation, in: G. Müller (Hg.), Theologische Realenzyklopädie, Bd. 28, Berlin: de Gruyter.

Strohm, C., 1996, Ethik im frühen Calvinismus, Berlin: de Gruyter.

Troeltsch, E., 1906, Die Bedeutung des Protestantismus für die Entstehung der modernen Welt, München: Oldenbourg 1911.

Weber, M., 1904, Die protestantische Ethik und der »Geist« des Kapitalismus, Weinheim: Beltz Athenäum 2000.

Dietrich Korsch

Relativismus

1.

Als »Relativismus« werden in der praktischen Philosophie Positionen bezeichnet, nach denen Moralsysteme oder Rechtssysteme nur eine eingeschränkte Geltung bzw. Gültigkeit haben. Dem Relativismus erscheint eine jede Moral oder ein jedes Rechtssystem als kontext-, zeit-, kultur- oder allgemein als gruppenabhängig. Nach relativistischer Auffassung ist demnach die Gültigkeit von Prinzipien, Regeln, Normen, Werten, Urteilen, Bewertungskriterien der Moral oder die Verbindlichkeit von Tugenden oder auch Gesetzen bzw. Rechten auf kulturelle, ethnische, sprachgemeinschaftliche, weltanschauliche oder soziale Gruppen so begrenzt, dass ihnen keine Verbindlichkeit über die Gruppengrenze hinaus zukommt. Daher seien Geltungen grundsätzlich »relativ« zu den genannten Gruppen, die ihrerseits synchron oder diachron zueinander stehen können.

Die verbreitete Differenzierung der Teilgebiete der Ethik in ein deskriptives (faktisch vorhandene Moralsysteme beschreibendes), ein metaethisches (vorhandenes ethisches Vokabular untersuchendes) und ein normatives (nach moralischen Begründungen für ethische Gehalte suchendes) Gebiet lässt sich auch auf den Relativismus übertragen. So behauptet der *deskriptive* Relativismus, es gebe faktisch verschiedene Moralsysteme, der *metaethische*, es gebe unterschiedliche, nicht ineinander übersetzbare moralische Terminologien, und der *normative* Relativismus, dass es divergierende und einander widersprechende moralische Gehalte (Normen, Werte, Tugenden usw.) gebe, zwischen denen sich hinsichtlich ihrer Gültigkeit keine rein rationale Entscheidung treffen lasse. Allgemein kann zwischen gemäßigten (partikularen) Relativismen und radikalen, umfassenderen Formen differenziert werden (vgl. allgemein Rippe 1993, 209–222).

Im Alltag wird die Substantivierung »Relativismus« anders als das Adjektiv »relativ« (als Synonym für »verhältnismäßig«, »eingeschränkt« oder »bedingt«) selten verwendet. Letzteres steht in Opposition zu »absolut« oder auch zu »universal« (vgl. Salehi 2002, 27).

2.

Im Verlauf der Philosophiegeschichte haben sich nur wenige Philosophen als »Relativisten« betrachtet. Gleichwohl gibt es erste relativistische Ansätze bereits in der Antike (2.1.); geistesgeschichtlich einflussreich und bis in die Gegenwartsdebatten nachwirkend sind v.a. auch moderne kulturanthropologische Studien (2.2.).

2.1. In der theoretischen Philosophie findet man relativistische Überlegungen zumindest seit Protagoras bzw. der Auslegung des Homo-mensura-Satzes (»Der Mensch ist das

Maß aller Dinge«) durch Platon, nach der der *einzelne* Mensch und nicht die Menschheit die entscheidende Instanz ist. In der antiken praktischen Philosophie findet sich auch bereits ein in skeptischer Absicht verwendetes Argument, welches relative Lebensformen skizziert, bei Sextus Empiricus, der im zehnten Tropus (vgl. Sextus Empiricus, 126–129) auf den konventionellen, inhaltlich verschiedenartigen Charakter der Sitten und Gesetze und damit auf deren nur *relative* Verbindlichkeit hinweist. Die in der Geschichte der abendländischen Philosophie entwickelten Moral- und Rechtskonzeptionen sind jedoch aufgrund einer an Gott, der Natur bzw. der Vernunft orientierten und somit für allgemeinverbindlich gehaltenen Basis oder wegen naturrechtlicher bzw. vernunftrechtlicher Grundannahmen größtenteils anti-relativistisch.

2.2. In der Kulturanthropologie sind außereuropäische Moralsysteme ausgiebiger erforscht worden und traten somit in ihrer faktischen Unterschiedlichkeit deutlicher hervor. Auch wenn die Kulturanthropologen selbst nicht unbedingt dem Relativismus zuneigten, führte dies zu verstärkten Zweifeln am Vorhandensein universal geltender Moralvorstellungen oder Rechtssysteme auch in der Philosophie (vgl. Rippe 1993). Gleichwohl gab es vor der Verabschiedung der UN-Menschenrechtserklärung kulturrelativistische Stimmen seitens der Kulturanthropologie, die die Berücksichtigung kultureller Eigenheiten zwecks Verhinderung eines kulturellen Imperialismus einforderten (vgl. Herskovits 1947, 40f.). Probleme für solche Forderungen ergeben sich jedoch, wenn eine Kultur sich als universalistisch versteht, denn deren Universalismus wäre dann ebenfalls zu berücksichtigen.

3.

In der praktischen Philosophie der Gegenwart werden relativistische Positionen in der Ethik explizit vertreten (vgl. 3.1.), zudem ergeben sich relativistische Folgen auch aus bestimmten allgemeinen Theorien der politischen Philosophie (3.2.) und aus den Grundannahmen des Rechtspositivismus. V.a. in der seit Jahrzehnten geführten Debatte um die universale oder relative Gültigkeit der Menschenrechte spielen relativistische Auffassungen und Argumentationsfiguren eine wichtige Rolle (vgl. 3.3.).

In allen angeführten Bereichen werden einige *allgemeine* Gründe, die für den Relativismus zu sprechen scheinen, vorgebracht. Zu nennen ist hier v.a. der immer wiederkehrende Hinweis auf die Schwierigkeiten der alle Sprecher überzeugenden Begründung universeller Gehalte durch Positionen, die im Gegensatz zum Relativismus stehen (wie z.B. diverse Positionen des Utilitarismus, Liberalismus, des Natur- und Vernunftrechtsdenkens, der versuchten rationalen Ethikbegründungen z.B. von Baier, Gert, Gewirth, Höffe, Rescher oder der Diskursethik). Zugunsten des Relativismus wird nicht selten auch auf die Entstehungskontexte von Moral und Recht verwiesen, die jedoch nicht ohne naturalistischen Fehlschluss (Sein-Sollen-Fehlschluss) als unmittelbare Begründung herangezogen werden können.

3.1. In der gegenwärtigen moralphilosophischen Diskussion hat der Relativismus einige namhafte Fürsprecher wie Harman, Williams, Rorty oder MacIntyre. Nach Harman (1977; 2000) ergibt sich ein moralischer Relativismus nicht nur aufgrund seines spezifischen moralphilosophischen *Kontraktualismus* (demzufolge Moralsysteme in einzelnen Gesellschaften *ausgehandelt* werden und deshalb relativ bleiben), sondern v.a. aufgrund einer Differenzierung moralischer Urteile in externe (evaluative) und interne sowie die Beachtung von Gruppenzugehörigkeiten: Externe Urteile sehen von den Handlungsgründen eines Akteurs ab, die bei Harman wichtigeren internen beziehen sie ein und stellen damit eine enge Verbindung zwischen (relativem) Motiv und Grund für eine Handlung her. Externe Urteile können zwar ein Bedauern über Handlungen zum Ausdruck bringen, aber den Akteur nicht zu Recht moralisch kritisieren; interne Urteile müssten hingegen die Moral des Akteurs bzw. seiner Gruppe berücksichtigen und damit dessen Handlungsgründe. Daher könne man von einem Mörder der Mafia nicht die Einhaltung einer Morde untersagenden Norm begründet einfordern. Ein »erfolgreicher« Mörder begehe keinen objektiven Fehler bzw. verstoße nicht gegen die Rationalität, wenn er sich an seine relativ geltende »Mafia-Moral« halte. Ein moralisches Sollen sei eben auch vom Akteur und seinen Motiven (einschließlich seiner Gründe) abhängig, und daher relativ(iert). Strittig bleibt jedoch u.a. aufgrund umstrittener sprachphilosophischer und rationalitätstheoretischer Grundannahmen Harmans, ob jener Mafioso tatsächlich rational ist, nur weil er seinen Motiven gemäß agiert, und ob er nicht doch zurecht moralisch be- und verurteilt werden kann. Auch die Verquickung von Motivation und moralischem Sollen wird kritisiert, droht doch, dass sie zu moralischer Beliebigkeit führt (vgl. Kellerwessel 2003, 99–107).

Williams (1974/75), der gleichfalls einen solchen Internalismus vertritt, argumentiert für relativistische Moralauffassungen u.a. damit, dass es voneinander abweichende Moralsysteme und Lebensformen gab oder gibt, und dass diejenigen, die man selbst *nicht* als eine wählbare Option betrachten könne, sich der moralischen Beurteilung entzögen. Doch auch dieses Argument wird kritisiert, etwa weil es zu dem kaum akzeptablen Resultat führt, dass ein Jude einen Nazi-Funktionär nicht moralisch kritisieren könne, weil er in dessen Lebensform keine Option sehen kann. Allgemein droht so in nennenswerten Bereichen Kritikunfähigkeit, selbst wenn Lebensformen auf irrationalen nicht-moralischen Annahmen beruhen (vgl. Kellerwessel 2003, 117f.). V.a. aber ist nicht einsichtig, warum die Kritisierbarkeit moralischer Auffassungen von der Zugehörigkeit des Kritisierenden zur entsprechenden Lebensform abhängen soll; immerhin scheint für die Frage nach der Berechtigung – neben dem angemessenen Verstehen des kritisierten moralischen Tuns – der *Gehalt* einer kritischen Aussage entscheidend zu sein, und nicht ihr Sprecher (vgl. ebd., 118f.).

Weitere relativistische Argumentationen stützen sich auf die Annahme, moralische Begriffsschemata sehr unterschiedlicher Kulturen und Sprachen seien über Kulturgrenzen hinweg nicht adäquat verstehbar bzw. wegen der Unterschiede in den Sprachen nicht angemessen übersetzbar (vgl. Rippe 1993, 72ff.; Chang 1997). Daher seien moralische Werte inkommensurabel bzw. unvergleichbar. Doch auch diese Argumentation ist umstritten: Sie setzt zunächst – ihrerseits nicht unstrittige – *allgemeine* Grenzen des Verstehens voraus. Akzeptiert man auch solche allgemeinen Verstehensgrenzen, stellt sich zudem noch die Frage, ob diese in der Moral eher Grundsätzliches betreffen oder nur Marginales, da es eine universale Kernmoral geben könnte. Aus der Annahme des Vorhandenseins inkommensurabler Werte folgt überdies weder, dass diese Werte allesamt zu Recht akzeptiert werden, noch dass sich *Widersprüche* zwischen jenen fremden und den je eigenen Werten ergeben müssten.

Auch im moralphilosophischen *Kommunitarismus* finden sich Theorien, die drohen, auf einen Relativismus hinauslaufen, etwa bei Walzer, der seine – allerdings teilweise intendiert universalistischen – Gehalte und ihre Geltung an ihre gemeinschaftsbezogene und somit relative Genese zurückbindet, oder bei Taylor (vgl. Kellerwessel 2005). Und auch MacIntyres Überlegungen zur Ethik enthalten relativistische Komponenten wie die angenommene Traditionsabhängigkeit der Moral einer Gesellschaft (vgl. MacIntyre 1981, 170).

Aufgrund einer Reihe verschiedener Überlegungen werden in der Gegenwart Positionen eingenommen, die an einer universalen, nicht-relativen Minimal- oder Kernmoral festhalten, ohne indes zu intendieren, alle Handlungsweisen nach nicht-relativen Vorgaben zu normieren (vgl. Kellerwessel 2003). Damit soll u.a. ein Eurozentrismus, aber auch eine Uniformierung der Moral sowie eine drohende Überforderung der Akteure vermieden werden.

3.2. Mit relativistischen Positionen in Einklang zu bringen sind Auffassungen der Politischen Philosophie, die das Konventionelle politischer bzw. staatlicher Einrichtungen betonen und *nicht* davon ausgehen, dass es eine ideale oder rational zu präferierende Staatseinrichtung oder gar einen Universalstaat gebe oder geben sollte. Ansätze für den Konventionalismus finden sich in der antiken Sophistik, Überlegungen zu einem Universalstaat bereits in der Stoa, idealstaatliche Positionen bei Platon und Aristoteles. Verschiedene Staatsformen sind in der Neuzeit beispielsweise für Rousseau (je nach Staatsgebietsgröße) und Montesquieu (bei dem diverse Faktoren als einflussreich angesehen werden wie z.B. das Klima) oder Hegel (der die politische Philosophie in ein teleologisches Geschichtsmodell einbettet) denkbar, und die deutsche Romantik (Herder, Novalis) ordnet verschiedenen »Völkern« Staatsformen zu (z.B. Deutschland eine Monarchie, Frankreich eine Demokratie). Enge Beziehungen zwischen Gemeinschaften und ihren politischen Systemen stellt gegenwärtig der Kommunitarismus her, der insofern gleichfalls mit relativistischen Auffassungen kompatibel scheint.

3.3. Eine herausragende Bedeutung kommt dem Relativismus in der derzeitigen Debatte um Menschenrechte zu. Insbesondere Vertreter nicht-abendländischer Kulturkreise kritisieren die Menschenrechte etwa der UN-Charta als »europäisch«, bestreiten das Vorhandensein universaler Menschenrechte und schließen von diesem Faktum *unzulässigerweise* auf einen einzufordernden Relativismus (vgl. Hinkmann 1996, 66ff.; Paul 1999) oder plädieren für Menschenrechte, die für ihre Kulturkreise gelten sollen, also kulturkreis-relativistisch konzipiert sind und damit gewissen Einschränkungen unterliegen (sollen) (vgl. Shamsul 1993). Zudem wird der Gesetzesbegriff als »abendländisch« charakterisiert und auf verbreitete nicht-rechtliche Modalitäten der Konfliktlösung in anderen Kulturkreisen verwiesen (vgl. Sinha 1981; ders. 1995).

Strittig ist, ob und wenn ja, in welchem Maße buddhistische Positionen mit Menschenrechten kompatibel sind. Der Dalai Lama räumt ein, dass in den Reden Buddhas Menschenrechte nicht explizit erwähnt werden, sie aber wie individuelle Rechte überhaupt für den Buddhismus sehr wichtig und der bloßen Traditionswahrung gegenüber vorzuziehen seien (vgl. Dalai Lama 1999). Zwar betonen einige Autoren und Politiker in relativierender Absicht (vgl. Daode 1993; Jawhar 1993) die besonderen Werte und Gehalte asiatischer Kulturen wie »Respekt«, »Harmonie« oder auch das »Denken in Hierarchien«, was politisch instrumentalisiert werden kann und wird, wenn staatlicherseits individuelle Menschenrechte vorenthalten werden (vgl. Roetz 2001, 39f.). Doch finden sich auch bei Konfuzius Gleichheitsvorstellungen (vgl. Pohl 2003, 49), und nicht selten wird – neben Hinweisen auf Unterschiede (vgl. Sivaraksa 1994) – auch auf Gemeinsamkeiten chinesischer und europäischer Ethik verwiesen (vgl. Paul 1999; ders. 2001; Rappe 2001).

Auch Traditionen des Hinduismus folgen z.T. eigenen Wertvorstellungen und Zielen (vgl. zu deutlichen Ähnlichkeiten und Überschneidungen mit europäischer Moral aber auch Mall 1997), und mit ihrem Kastenwesen stehen sie in Konflikt mit den universale Gleichheit fordernden Menschenrechten. Doch gibt es auch in der indischen Tradition Gegenbewegungen, die für gleiche Menschenrechte eintreten (vgl. Wilfred 1994, 189). Zudem steht ein hinduistisches Erstreben der Wohlfahrt aller Wesen oder des Alls per se nicht im Widerspruch zu den Menschenrechten; ein solcher ergibt sich erst aus bestimmten Praktiken (Witwenverbrennung, Zwangsheirat, Rechtsbeschränkungen durch Kastenzugehörigkeit).

Afrikanische Werte, wie sie in der *Afrikanischen Charta der Rechte der Menschen und Völker* (1981) zum Ausdruck kommen, betonen Solidaritätsrechte und damit einen Kollektivismus sowie ein Denken in Hierarchien. Sie akzentuieren die die Freiheit des Einzelnen einschränkenden regional geltenden familiären Rollenpflichten und den Gemeinschaftsbesitz, der mit dem universalen Recht auf Privateigentum nicht zusammenpasse (vgl. Cobbah 1987), gemeinschaftliche (statt private) Erziehung und den Einfluss der Familie auf Eheschließungen (vgl. Bujo 1991). Inwieweit damit Konfliktpotential mit den Menschenrechten und so ein Grund für relativistische Positionen vorhanden ist, wäre im Einzelnen zu klären. Da individuelle Rechte von einem schrankenlosen Individualismus zu unterscheiden sind, Rechte und familiäre Pflichten einander nicht zwangsläufig ausschließen und auch das Abendland kollektives Eigentum und Formen gemeinschaftlicher Erziehung kennt, ließe sich wohl ein Teil der Gegensätze als Scheingegensatz erweisen.

Islamische Menschenrechtsvorstellungen sollen für alle Muslime gelten; sie weichen von den UN-Menschenrechten inhaltlich insbesondere durch die rechtliche Ungleichbehandlung von Frauen (vgl. Hinkmann 1996, 80ff.), die Zulässigkeit bestimmter Strafen und die Unzulässigkeit des Religionswechsels ab (vgl. Forstner 1991, 250). Formal werden sie zudem als göttliches Recht betrachtet, welches zusammen mit der Scharia gesetzt sei – und beides konfligiert mit den Menschenrechten, weil einige zentrale Menschenrechte letztlich suspendiert werden (vgl. Jahwar 1993; Bielefeldt 1998, 132ff.; Forstner 1991, 268), was wiederum politisch relevant werden kann. Deshalb wird auch eine Kritik und Änderung der Scharia gefordert.

Das Vorenthalten grundlegender Menschenrechte zum Schutze einer Kultur ist jedoch v.a. deshalb in menschenrechtlicher Perspektive allgemein kritisch zu sehen, weil sie dem Individuum einen niedrigeren Rang zuweist und übersieht, dass Kollektive Individuen mit ihren Interessen voraussetzen. Aufgabe staatlicher Organisationen kann daher nur sein, die freiheitlichen Voraussetzungen zur Bewahrung von Kulturen zu erhalten.

Ferner ist auch darauf zu verweisen, dass die Menschenrechte nicht in dem Sinne »europäisch« sind, dass sie sich aus der abendländischen Tradition bruchlos ergeben hätten (vgl. zur wechselhaften Geschichte Stepanians 2003); vielmehr sind sie in der Neuzeit und Moderne gegen die Widerstände christlicher Traditionen und Kirchen erstritten worden, die das Liberale und »Individualistische« der Menschenrechte ablehnten. Insofern ist der Gegensatz zwischen Tradition und Menschenrechten in Europa aufgrund der Interessen der Bürger zugunsten der Rechte entschieden worden. Und überdies ist darauf hinzuweisen, dass (wegen eines sonst drohenden naturalistischen Fehlschlusses) das Faktum, dass bestimmte außereuropäische Gesellschaften traditionell hierarchisch, an Pflichten sowie Harmonie und Konsens orientiert und auch kollektivistisch organisiert waren bzw. sind, keinen Grund gegen die Einführung und Einhaltung von grundlegenden Menschenrechten darstellen kann. Abgesehen davon kann es keineswegs generell als ausgemacht gelten, dass das Befolgen von Menschenrechten wie den klassischen Abwehrrechten Harmonie, Konsens oder dem Befolgen von Pflichten grundsätzlich abträglich wäre. Und schließlich ist auf die Schutzfunktion von Menschenrechten gegen willkürliche staatliche Eingriffe zu verweisen – ein gewichtiges Argument gegen die Relativierung von Menschenrechten. Relativierungen der individuellen Menschenrechte reden schließlich zumeist (aber nicht notwendig) implizit oder gar explizit einem Rassismus, Sexismus, Klassen- oder Kastendenken, einem kulturellen Chauvinismus oder einem religiösen Fundamentalismus das Wort (vgl. Paul 1999, 25) – und diese Positionen sind auch nicht dadurch zu legitimieren, dass sie bisweilen von den durch sie Benachteiligten faktisch akzeptiert werden.

4.

Bielefeldt, H., 1998, Philosophie der Menschenrechte, Darmstadt: WBG.

Bujo, B., 1991, Afrikanische Anfrage an das europäische Menschenrechtsdenken, in: J. Hoffmann (Hg.), Begründung von Menschenrechten aus der Sicht unterschiedlicher Kulturen, Frankfurt/M.: IKO.

Chang, R. (Hg.), 1997, Incommensurability, Incomparability, and Practical Reason, Cambridge/MA: Harvard University Press.

Cobbah, J. A. M., 1987, African Values and the Human Rights Debate. An African Perspective, in: Human Rights Quarterly 9.

Dalai Lama, 1999, Die Menschen und die Menschenrechte, in: K.-J. Kuschel/A. Pinzani/M. Zillinger (Hg.), Ein Ethos für eine Welt?, Frankfurt/M.: Campus.
Daode, Z., 1993, CSCE and the Role of Human Rights in Asian Region: China, in: S. Fritsch-Oppermann/H. May (Hg.), Menschenrechte zwischen Universalisierungsanspruch und kultureller Kontextualisierung, Loccum: Evangelische Akademie.
Forstner, M., 1991, Inhalt und Begründung der Allgemeinen Islamischen Menschenrechtserklärungen, in: J. Hoffmann (Hg.), Begründung von Menschenrechten aus der Sicht unterschiedlicher Kulturen, Frankfurt/M.: IKO.
Harman, G., 1977, Das Wesen der Moral, Frankfurt/M.: Suhrkamp 1981.
Harman, G., 2000, Explaining Values and Other Essays in Moral Philosophy, Oxford: Clarendon Press.
Herskovits, M. J., 1947, Ethnologischer Relativismus und Menschenrechte, in: D. Birnbacher/N. Hoerster (Hg.), Texte zur Ethik, München: dtv 1991.
Hinkmann, J., 1996, Philosophische Argumente für und wider die Universalität von Menschenrechten, Marburg: Tectum.
Hinkmann, J., 2002, Ethik der Menschenrechte, Marburg: Tectum.
Jahwar, M., 1993, Cultural Traditions, Good Government and the Universality of Human Rights, in: S. Fritsch-Oppermann/H. May (Hg.), Menschenrechte zwischen Universalisierungsanspruch und kultureller Kontextualisierung, Loccum: Evangelische Akademie.
Kellerwessel, W., 2003, Normenbegründung in der Analytischen Ethik, Würzburg: Königshausen & Neumann.
Kellerwessel, W., 2005, Michael Walzers kommunitaristische Moralphilosophie, Münster: LIT.
MacIntyre, A., 1981, Der Verlust der Tugend, Frankfurt/M.: Suhrkamp 1995.
Mall, R. A., 1997, Der Hinduismus, Darmstadt: WBG.
Paul, G., 1999, Komponenten einer Philosophie der Menschenrechte, in: T. Göller (Hg.), Philosophie der Menschenrechte, Göttingen: Cuviller.
Paul, G., 2001, Ansätze zu einer globalen Ethik in der Geschichte der Philosophie Chinas, in: G. Paul/T. Göller/H. Lenk u.a. (Hg.), Humanität, Interkulturalität und Menschenrecht, Frankfurt/M.: Lang.
Pohl, K.-H., 2003, Chinesische und westliche Werte, in: A. Kösler/T. C. Wagner/R. Tenbergen (Hg.), Menschenrechte im interdisziplinären Dialog, Bonn: ILD.
Pollis, A./Schwab, P. (Hg.), 1979, Human Rights. Cultural and Ideological Perspectives, New York: Praeger.
Rappe, G., 2001, Menschenrechte und die Anfänge des Naturrechts, in: G. Paul/T. Göller/H. Lenk u.a. (Hg.), Humanität, Interkulturalität und Menschenrecht, Frankfurt/M.: Lang.
Rippe, K.-P., 1993, Ethischer Relativismus, Paderborn: Schöningh.
Roetz, H., Das Menschenrecht und die Kulturen, in: G. Paul/T. Göller/H. Lenk u.a. (Hg.), Humanität, Interkulturalität und Menschenrecht, Frankfurt/M.: Lang.
Rorty, R., 1993, Menschenrechte, Rationalität und Gefühl, in: S. Shute/S. Hurley (Hg.), Die Idee der Menschenrechte, Frankfurt/M.: Fischer 1996.
Salehi, D., 1999, Kritik des ethischen Relativismus, Marburg: Tectum.
Salehi, D., 2002, Ethischer Relativismus, Frankfurt/M.: Lang.
Sextus Empiricus, Grundriß der pyrrhonischen Skepsis, Frankfurt/M. 1985.
Shamsul, A. B., 1993, Why Human Rights have to be culturally conditioned, in: S. Fritsch-Oppermann/H. May (Hg.), Menschenrechte zwischen Universalisierungsanspruch und kultureller Kontextualisierung, Loccum: Evangelische Akademie.
Sinha, S. P., 1981, Human Rights. A Non-Western Viewpoint, in: Archiv für Rechts- und Sozialphilosophie 67.
Sinha, S. P., 1995, Non-Universality of Law, in: Archiv für Rechts- und Sozialphilosophie 81.
Sivaraksa, S., 1994, Buddhismus und Menschenrechte, in: J. Hoffmann (Hg.), 1994, Universale Menschenrechte im Widerspruch der Kulturen, Frankfurt/M.: IKO.
Stepanians, M., 2003, Das Abendland und die Menschenrechte, in: A. Kösler/T. C. Wagner/R. Tenbergen (Hg.), Menschenrechte im interdisziplinären Dialog, Bonn: ILD.
Sukopp, T., 2003, Menschenrechte, Marburg: Tectum.
Wilfred, F., 1994, Die Option für die Armen und die Option der Armen, in: J. Hoffmann (Hg.), Universale Menschenrechte im Widerspruch der Kulturen, Frankfurt/M.: IKO.
Williams, B., 1974/75, Die Wahrheit im Relativismus, in: ders., Moralischer Zufall, Königstein: Hain 1984.

WULF KELLERWESSEL

Religionsfreiheit

1.

Der Begriff der Religionsfreiheit umfasst traditionell unterschiedliche individuelle, kollektive und korporative Freiheitsrechte, die sich in spezifischer Weise auf Religion(en) beziehen: die Glaubens-, Bekenntnis-, Kultus- und sonstige Religionsausübungsfreiheit – in der Sprache der Tradition: conscientia libera, exercitium religionis privatum et publicum. In engem systematischem und historischem Zusammenhang mit der Religionsfreiheit stehen die Weltanschauungs- und Gewissensfreiheit.

2.

2.1. Die Frage der Religionsfreiheit ist vermutlich so alt wie die Religion(en) selbst. Unter den Bedingungen des antiken Polytheismus war eine freie Religionsausübung gewährleistet, soweit der dominierende Staatskult anerkannt wurde. Die klassische polytheistische Toleranz kannte somit keine negative Religionsfreiheit. Mit der Erhebung des Christentums zur exklusiven Staatsreligion endete die begrenzte Kultusfreiheit für andere Religionen im römischen Reich. Diese Entwicklung spiegelt sich in der Philosophie der Spätantike wider. Während Aurelius Augustinus vor 395 einen freiheitlichen Umgang des Staates mit den Religionen der Bürger postulierte, hatte er nach der Berufung zum Bischof von Hippo keine Bedenken gegen Zwangsmissionierungen zur Bewahrung der Einheit der Kirche mehr (vgl. Haverkate 1992, 198; Forst 2003, 69ff.). So zeigte sich schon früh, dass das paulinische Freiheitsverständnis (Freiheit von Sünde und zur göttlichen Wahrheit) nicht notwendig mit einer liberalen Freiheit als Abwesenheit von äußerem Zwang einhergeht (vgl. Heckel 1997, 657).

2.2. Dies hinderte das Christentum indes nicht, zu einem maßgeblichen Impulsgeber für die Entwicklung des modernen Grundrechtsverständnisses zu werden. Insbesondere die Reformation war durch die Betonung der individuellen Glaubensbildung und Gottesbeziehung sowie der Gewissensleitung des Menschen für die Ausbildung der Menschenrechtssemantik von maßgeblicher Bedeutung. Nach Georg Jellinek (1919) wurde über die protestantischen Emigranten in den neuenglischen Kolonien die Religionsfreiheit in den US-amerikanischen Verfassungsentwürfen zum Urgrundrecht schlechthin. Doch auch in Alteuropa machte die Religionsfreiheit Karriere. Bereits im Gefolge der konfessionellen Bürgerkriege bildete sich mit dem jus emigrandi eine erste Form individueller Religionsfreiheit aus; ein ungehinderter Glaubenswechsel des Einzelnen war in den auf konfessionelle Geschlossenheit abzielenden nachreformatorischen Territorialstaaten jedoch lange Zeit ausgeschlossen (cuius regio – eius religio).

2.3. Ideengeschichtlich dominiert in der frühen Neuzeit zunächst die Ausbildung von Theorien souveräner Staatlichkeit, die auf die Anerkennung der Religionsfreiheit und anderer individueller Freiheitsrechte verzichteten. Hobbes plädiert für die Schaffung eines »sterblichen Gottes«, einer höchsten Gewalt, der nahezu unbedingter Gehorsam geschuldet wird: auctoritas non veritas facit legem (vgl. Hobbes 1651, Kap. 26). Das Recht des Souveräns umfasst dabei auch die Festlegung der öffentlichen Religion (vgl. ebd., Kap. 31). Spinoza teilt diesen Ansatz grosso modo, differenziert aber zwischen der von jedem abzuverlangenden Einhaltung des äußeren religiösen Kultes und der aus Gründen der Regierungsklugheit zu gewährenden Gedanken- und Meinungsfreiheit als Recht jedes einzelnen, »unbeschadet der Frömmigkeit« zu sagen, was er denkt (vgl. Spinoza 1670, Kap. 20).

2.4. Für Locke (1685/86) geht mit dem Überschritt vom Naturzustand in den bürgerlichen Zustand anders als für Hobbes und Spinoza kein umfassender Verzicht auf natürliche Freiheitsrechte einher. Der Staatszweck wird bei Locke streng säkular gefasst (Sicherung von Freiheit und Eigentum), entsprechend sei die Obrigkeit nicht für das Seelenheil der Bürger zuständig. Der Staat habe Toleranz zu üben und auf Glaubenszwang zu verzichten, denn irrige Glaubensüberzeugungen schadeten der Wohlfahrt in der Regel nicht. Umgekehrt hätten die Religionsgemeinschaften den Staat bei der Verwirklichung seiner säkularen Aufgaben nicht zu behindern, sondern sich auf den ihnen eigenen religiösen Auftrag zu konzentrieren. Mendelssohn (1783) wirft Locke hinsichtlich dieser Bestimmung des Staat-Kirche-Verhältnisses vor, eine realitätsferne Arbeitsteilung zu unterstellen und die Religion unbotmäßig zu depotenzieren. Religion ziele immer auch auf ein weltliches Wirken. Die wahre Unterscheidung zwischen Kirche und Staat bestimme sich nicht nach dem Zweck und Ziel der Einrichtungen, sondern nach dem Mittel der Einflussnahme auf den Menschen: innere Überzeugung auf der einen Seite, äußerlicher Zwang auf der anderen. Neben dem legitimationstheoretischen Grund für Toleranz in Religionsdingen führt Locke aber auch ein anthropologisches Argument ein: Der Mensch könne nicht beliebig einen Glauben annehmen oder ablehnen, weshalb staatlicher Zwang hier – dem folgt auch Mendelssohn – keine Wirkungen zu erzielen vermag. Ergo sei Religionsfreiheit zu gewähren. Mill (1859) nimmt diese Ableitung intellektueller Freiheit aus der menschlichen Natur dann in seiner Begründung einer allgemeinen Meinungsfreiheit (Liberty of Thought and Discussion) auf. Eine Grenze der Religionsfreiheit sieht Locke freilich bei Atheisten und Katholiken: Erstere verleugneten jede menschliche Verpflichtung, Letztere seien einem auswärtigen Souverän verbunden, weshalb beide nicht geduldet werden könnten. Solche Kautelen der Rechtgläubigkeit für den Genuss der Religionsfreiheit schwanden erst allmählich aus den Entwürfen der politischen Philosophie sowie aus der rechtlichen Praxis. Kants Postulat gleicher Freiheit als angeborenem Menschenrecht weist in diese Richtung (vgl. Kant 1797). Eine maßgebliche theoretische Grundlage für die volle bürgerliche Gleichstellung von Christen und Nichtchristen (Juden, Atheisten) als Voraussetzung einer umfassenden Religionsfreiheit führt Wilhelm von Humboldt (1792) mit der strengen Unterscheidung zwischen Religion, Moralität und Staatlichkeit ein. Humboldt widerspricht der (bis heute) verbreiteten These einer notwendigen wechselseitigen Verwiesen- und Verwobenheit dieser drei Merkmale von Sozialität und setzt sie in ihr jeweiliges Eigenrecht, ohne mittelbare nützliche Interferenzen zu leugnen. Alles, was die Religion betreffe, liege außerhalb der Grenzen der Wirksamkeit des Staates, genieße also Religionsfreiheit.

2.5. Konträr zu solchen theoretischen Bemühungen um eine Entlassung der Religion aus einer unmittelbaren staatlichen Indienstnahme steht Rousseaus Konzeption einer Zivilreligion, die der Unterworfenheit des Menschen unter das allgemeine Gesetz als Inbegriff vergesellschafteter Freiheit zu dienen bestimmt ist. Für Rousseau war es unabdingbar, dass »jeder Bürger eine Religion hat, die ihn seine Pflichten lieben heißt« (Rousseau 1762, IV, 8). Die positiven Religionen, und insbesondere das Christentum, erscheinen ihm für diese Anforderung ungeeignet. Er postuliert ein verbindliches, »rein bürgerliches Glaubensbekenntnis«, dass sich nur auf die Moral und die Pflichten des Bürgers gegen andere erstreckt; sein Inhalt ist schlicht: die Existenz einer höchsten, allwissenden und sorgenden Gottheit, das Glück der Gerechten und die Bestrafung der Bösen sowie die Heiligkeit des Gesellschaftsvertrages und der Gesetze. Wer nicht an sie glaube, könne aus dem Staat verbannt werden. Wer sie teile, solle hingegen in den Genuss religiöser Toleranz kommen. Rousseau kennt somit zwar eine partielle Religionsfreiheit, aber keine Zivilreligionsfreiheit.

2.6. Neben der liberalen Freiheitstradition (Religionsfreiheit als Freiheit zur Religion nach individueller Willkür) entwickelt sich im Gefolge der Aufklärung ein zweites Verständnis von Religionsfreiheit, das auf eine Überwindung der Religion im herkömmlichen Sinne überhaupt zielt. Marx (1843/44) zufolge ist es für die allgemeine menschliche

Emanzipation unabdingbar, die Religion insgesamt zum Verschwinden zu bringen. Religionsfreiheit sei wie das Recht auf Eigentum Ausdruck bürgerlicher und damit unvollkommener Emanzipation.

3.

3.1. Die Religionsfreiheit avanciert in der politischen Philosophie der frühen Neuzeit zu einem Schlüsselbegriff. Sie wird zum Index und Medium der Ausbildung individueller Freiheitsrechte während der parallelen Entfaltung moderner Strukturen von Staatlichkeit. Im Zuge der Säkularisierung, Pluralisierung und Individualisierung der Religion im 20. Jahrhundert rückt der Topos dagegen in den Großentwürfen der politischen Philosophie in den Hintergrund. Religionsfreiheit ist heute nur noch ein Teilaspekt der allgemeinen Debatten um individuelle Freiheitsrechte in der modernen Gesellschaft, um Toleranz in einem weitgefassten Sinne (vgl. Forst 2003), um staatliche Neutralität (vgl. Huster 2002) und den Vorrang des Rechten vor Konzepten des Guten (vgl. Rawls 1971) sowie um das Eigenrecht kultureller Identitäten von Gruppen.

3.2. Theorien sozialer Ausdifferenzierung sehen in der Religionsfreiheit eine maßgebliche Kulturtechnik zur Stabilisierung einer funktionalen Trennung von Religion und Politik. Religionsfreiheit sichert in dieser Perspektive die operative Schließung der beiden Systeme und verhindert Durchgriffe eines Systems in das andere. Vor diesem Hintergrund kann man sie als normative Anerkennung religiöser Selbstzweckhaftigkeit bezeichnen (vgl. Heinig 2003, 45ff.).

3.3. In Geschichtsphilosophien fortschreitender menschlicher Emanzipation bildet die Religion in der Regel eine Residualkategorie, eine zu behebende Devianz (vgl. 2.6.); entsprechend geringe Bedeutung nimmt die Religionsfreiheit in den fortschrittsoptimistischen philosophischen Entwürfen – etwa der Diskurstheorie – ein. Erst mit der Wiederentdeckung der Religion als potentiell sozialproduktivem Faktor in einer postsäkularen Gesellschaft gewinnt auch die Religionsfreiheit neue Bedeutung. Sie dient nicht nur der Pazifizierung des religiös-weltanschaulichen Pluralismus, sondern ermöglicht der säkularen Gesellschaft auch, sich »einen Sinn für die Artikulationskraft religiöser Sprachen« zu bewahren und sich nicht von wichtigen Ressourcen der Sinnstiftung abzuschneiden (Habermas 2001, 22). In diesem Sinne betont auch Ernst-Wolfgang Böckenförde (1967, 112f.), dass der freiheitliche, säkularisierte Staat von Voraussetzungen lebe, die er selbst nicht garantieren könne. Eine solche Voraussetzung bilde die Religion. Freilich darf bei der Zeichnung des Verweisungsverhältnisses von freiheitlicher Staatlichkeit und Religion weder das gleichfalls vorhandene Destruktionspotential der Religion(en) noch die Reziprozität der Abhängigkeit übersehen werden. Auch die Entfaltungsmöglichkeiten und Gestaltungskräfte der Religion(en) sind in sozialtheoretischer und kulturgeschichtlicher Perspektive von Voraussetzungen abhängig, die sie selbst nicht garantieren kann bzw. können, zuvörderst der Religionsfreiheit.

3.4. Im praktisch-philosophischen und verfassungstheoretischen Sinne ist die Religionsfreiheit gerade aufgrund des die Spätmoderne prägenden Strukturwandels der Religion (Säkularisierung, Individualisierung, Pluralisierung) von hoher Relevanz. Mit diesen Veränderungen der religiösen Lebenswelt gehen Transformationen der klassischen Strukturen von Staatlichkeit und Recht durch Prozesse der Europäisierung und Globalisierung einher, die auch das heutige Verständnis der Religionsfreiheit sowie das Verhältnis des Staates zu den Kirchen und anderen Religionsgemeinschaften prägen (vgl. Walter 2006). Die Religionsfreiheit als fundamentales Menschenrecht findet in allen Menschen- und Grundrechtskatalogen ihren Niederschlag, so in Art. 18 der Allgemeinen Erklärung der Menschenrechte, Art. 9 der Europäischen Menschenrechtskonvention, Art. 10 der EU-Grundrechtecharta oder Art. 4 des Grundgesetzes, und wird in ihrer nationalen wie internationalen Bestimmtheit zur lex regia, zum Interpretament des Religionsrechts überhaupt. Man spricht insoweit auch von einer ›Vergrundrechtlichung‹ des Staatskirchenrechts. Im Zentrum der aktuellen rechtswissenschaftlichen wie gesellschaftstheoretischen Auseinandersetzungen stehen dabei Fragen nach dem Religionsbegriff sowie nach der Reichweite und den Grenzen der Religionsfreiheit.

Klassisch garantiert Art. 4 GG die Freiheit des Einzelnen, zu glauben, eine religiöse oder weltanschauliche Überzeugung zu bilden und zu haben, aber auch, diese Überzeugung zu bekennen, zu verbreiten, für sie zu werben und nach ihr zu leben und zu handeln, sowie solche Lebensformen abzulehnen oder zu verschweigen. In diesem weiten Sinne umfasst die Religionsfreiheit das Recht, sein ganzes Leben an den eigenen religiösen Überzeugungen auszurichten. Hierzu gehören auch die Vergemeinschaftung mit Gleichgesinnten und die Ausübung der Religion in einer solchen Korporation. Religionsfreiheit ist unter Bedingungen der religiös-weltanschaulichen Neutralität des Staates notwendig ein säkulares Rahmenrecht; der durch sie geschützte Inhalt der Religion und der Modus ihrer Ausübung bestimmt sich gemäß des Telos dieses Freiheitsrechts nach dem Selbstverständnis der Grundrechtsträger, nicht nach den Religionsvorstellungen des Staates oder der Mehrheitsgesellschaft. Nur so lässt sich die erforderliche Offenheit des Grundrechts für neue religiöse Erscheinungen sichern; ein immer wieder diskutierter christlich-abendländischer Kulturvorbehalt für die Gewährung der Religionsfreiheit ist deshalb abzulehnen (vgl. Morlok 1996, Rn. 41 ff.).

Die Frage nach den Grenzen der Religionsfreiheit stellt sich insbesondere bei von den Vorstellungen der Mehrheitsgesellschaft abweichenden religiösen Überzeugungen. Der kantischen Idee gleicher individueller Freiheit ist das allgemeine und religionsunspezifische Verbot der Schädigung Dritter als Grenze der individuellen Freiheitsrechte per se inhärent. Unannehmbar erscheint vor diesem Hintergrund das Postulat von Gruppenrechten auf ein identitätsgerechtes religiöses Leben, wenn Zugehörige einer »Gruppe« nicht als Dritte im Sinne des neminem laede (Verbot der Schädigung Dritter) erfasst werden. Über die Konstruktion solcher Gruppenrechte werden in radikal relativistischen Kulturtheorien etwa die religiös motivierte Beschneidung junger Mädchen oder andere Formen der geschlechtspezifischen Repression gerechtfertigt. Mit dem individualistischen Ansatz moderner Grundrechtstheorien sind solche Überlegungen nicht kompatibel.

Die Bedeutung und die Grenzen der Religionsfreiheit sind auch zu thematisieren, wenn organisierte Minderheitenreligionen an bestimmten, traditionell staatskirchenrechtlich geprägten Instrumentarien wie dem öffentlich-rechtlichen Körperschaftsstatuts nach Art. 140 GG in Verbindung mit Art. 137 Abs. 5, 6 WRV partizipieren wollen. Unter faktischen Bedingungen der forcierten religiös-weltanschaulichen Pluralität und den normativen religionsverfassungsrechtlichen Vorgaben der Freiheit, Gleichheit und Öffentlichkeit von Religion sowie der grundsätzlichen Differenzierung von Staat und Kirche, Politik und Religion sind solche Einrichtungen als spezifische Instrumentarien zur Förderung und Effektivierung der Religionsfreiheit zu verstehen (vgl. Heinig 2003, 265 ff.). Die verfassungsrechtlichen Voraussetzungen für die Verleihung der öffentlich-rechtlichen Organisationsform sind bewusst säkular gefasst (Gewähr der Dauer durch Mindestgröße und Mindestbestandszeit). Eine besondere Staatsloyalität oder andere von der Verfassung nicht benannte Voraussetzungen für die Erlangung des Status dürfen deshalb nicht gefordert werden. Nur andere, vorrangige Verfassungsgüter können die Verweigerung des Status rechtfertigen.

Gleichfalls beachtlich sind die Grenzen der Religionsfreiheit, wenn sie in einer »besonderen Nähe« zum Staat ausgeübt werden soll, so wenn ein Beamter im Dienst ostentativ ein religiöses Symbol zur Schau stellen will. Hier sind die Grundrechte Dritter – etwa im Falle einer ein Kopftuch tragenden Lehrerin die der

Schüler und Eltern – sowie die die gleiche Religionsfreiheit sichernde religiös-weltanschauliche Neutralität des Staates zu achten. Auf dieser Grundlage sind durch den Gesetzgeber (nichtdiskriminierende) generell-abstrakte Lösungen zu suchen, die zugleich aus Gründen des Übermaßverbotes Raum für die Besonderheiten des Einzelfalles lassen müssen (Widerspruchslösung oder präventives Verbot mit Erlaubnisvorbehalt). Einen unkonditionierten Anspruch auf Auslebung der individuellen religiösen Bedürfnisse in allen Lebenslagen garantiert die Religionsfreiheit nicht.

4.

Böckenförde, E.-W., 1967, Die Entstehung des Staates als Vorgang der Säkularisation, in: ders., Recht, Staat, Freiheit, Frankfurt/M.: Suhrkamp 1991.
Csáky, M., 1992, Religionsfreiheit, in: J. Ritter/K. Gründer/G. Gabriel (Hg.), Historisches Wörterbuch der Philosophie, Bd. 8, Basel: Schwabe.
Forst, R., 2003, Toleranz im Konflikt, Frankfurt/M.: Suhrkamp.
Habermas, J., 2001, Glauben und Wissen, Frankfurt/M.: Suhrkamp.
Haverkate, G., 1992, Verfassungslehre, München: Beck.
Heckel, M., 1997, Religionsfreiheit, in.: Gesammelte Schriften, Bd. 4, Tübingen: Mohr.
Heinig, H. M., 2003, Öffentlich-rechtliche Religionsgemeinschaften, Berlin: Duncker & Humblot.
Hobbes, T., 1651, Leviathan, Frankfurt/M.: Suhrkamp 1992.
Humboldt, W. v., 1792, Ideen zu einem Versuch, die Grenzen der Wirksamkeit des Staates zu bestimmen, Stuttgart: Reclam 1995.
Huster, S., 2002, Die ethische Neutralität des Staates, Tübingen: Mohr.
Jellinek, G., 1919, Die Erklärung der Menschen- und Bürgerrechte, in: R. Schnur (Hg.), Zur Geschichte der Erklärung der Menschenrechte, Darmstadt: WBG 1964.
Kant, I., 1797, Metaphysische Anfangsgründe der Rechtslehre, Hamburg: Meiner 1986.
Locke, J., 1685/86, Ein Brief über Toleranz, Hamburg: Meiner 1996.
Marx, K., 1843/44, Zur Judenfrage, in: MEW, Bd. 1, Berlin: Dietz 1957.
Mendelssohn, M., 1783, Jerusalem oder über religiöse Macht und Judentum, Bielefeld: Aisthesis 2001.
Mill, J. S., 1859, Über die Freiheit, Stuttgart: Reclam 1998.
Morlok, M., 1996, Art. 4 GG, in: H. Dreier (Hg.), Grundgesetz, Bd. 1, Tübingen: Mohr Siebeck 2004.
Rawls, J., 1971, Eine Theorie der Gerechtigkeit, Frankfurt/M.: Suhrkamp 1975.
Rousseau, J.-J., 1762, Gesellschaftsvertrag, Stuttgart: Reclam 1986.
Spinoza, B. de, 1670, Theologisch-politischer Traktat, Hamburg: Meiner 1984.
Walter, C., 2006, Religionsverfassungsrecht in vergleichender und internationaler Perspektive, Tübingen: Mohr Siebeck.

Hans Michael Heinig

Repräsentation

1.

Der Begriff der Repräsentation spielt in der Reflexionsgeschichte der Neuzeit eine ebenso zentrale Rolle, wie seine Bedeutung ausgesprochen unscharf und umstritten ist. So kann speziell im Deutschen das vom klassisch-lateinischen Verb ›repraesentare‹ abgeleitete Fremdwort »Repräsentation« mit »Vorstellung«, »Darstellung«, »Abbild«, »Bild« oder »Stellvertretung« übersetzt werden. Im Allgemeinen versteht man unter »Repräsentation«, dass etwas auf spezifische Art und Weise gegenwärtig gemacht wird, das weder tatsächlich noch im übertragenen Sinn gegenwärtig ist (vgl. Pitkin 1967, 8). Disziplinär ist der Begriff neben seiner prominenten Verwendung im Kontext der politischen Theorie nicht nur ein klassischer Terminus der Erkenntnistheorie, sondern wird auch in den Kognitionswissenschaften, der Psychologie, der Neurobiologie, den Literaturwissenschaften, der Geschichtswissenschaft und Ethnologie sowie der Kunsttheorie debattiert. Seit den Diskussionen um die ›condition postmoderne‹, einen kulturalistisch aufgeladenen sozialen Konstruktivismus, den ›iconic turn‹ sowie die Auseinandersetzung mit dem angloamerikanischen Pragmatismus ist verstärkt wieder von einer Krise der Repräsentation die Rede. V.a. die Krisendiagnose macht deutlich, dass weder die unterschiedlichen Bedeutungen noch die disziplinären Einbettungen als kategorial differenzierende (Wesens-)Bestimmungen von Repräsentation angesehen werden können, sondern weit besser als Modi verstanden werden sollten, in denen verschiedene Aspekte des Wortfeldes gebraucht und analytisch entfaltet werden.

2.

Wortgeschichtlich stammt »Repräsentation« hauptsächlich aus der klassisch-römischen Gerichtssprache und steht schuldrechtlich für »Leistung«, »Vorleistung« oder »Barzahlung«, prozessrechtlich für »Vorlagen«. Erst mit den Post-Glossatoren des 14. Jahrhunderts und nicht bereits mit den Diskussionen der Kirchenväter um die Deutung der Eucharistie beginnt der Begriff Konnotationen von »Stellvertretung« anzunehmen. Zur selben Zeit wird in den Kommunen Nord-Italiens dann korporationstheoretisch davon gesprochen, dass ein Magistrat oder ein Anwalt im Namen der Gesamtheit der Gemeinschaft (universitas civitatis) handeln könne, während es zeitgleich in England bereits das Parlament (parliamentum) ist, dessen Abgeordnete die gesamte Gemeinschaft Englands repräsentieren (repraesentant totam communitatem Angliae; vgl. Clarke 1936, 383). Mit Nikolaus von Kues' Neubestimmung der Verhältnisse zwischen Gläubigen, dem Konzil und dem Papst wird Repräsentation im Sinne von institutionalisierter Stellvertretung endgültig im politischen Selbstverständnis verankert (Kues 1432). Seine sozialphilosophisch zentrale Stellung erlangt der Begriff freilich erst mit Thomas Hobbes' 1651 publizierter Theorie eines durch Vertrag erzeugten Staates. Der staatliche Souverän (Leviathan) vereinigt nicht nur das Chaos unverbundener Einzelner zu einem Staatsvolk, sondern vertritt (represents) als nicht an das Recht gebundener Herrscher zugleich alle möglichen Handlungen der Untertanen (vgl. Hobbes 1651, Kap. 16). Damit ist staatlich-politische Ordnung sowohl als Produkt menschlichen Entscheidungshandelns ausgewiesen, als auch in ihrer Genese, Struktur, Form und (möglichen) Legitimation unhintergehbar mit dem Begriff der Repräsentation verbunden.

3.

Mit Hobbes beginnt aber auch die neuzeitliche Problemgeschichte des Begriffes innerhalb sozial-philosophischer Theoriebildung. Sieht man nämlich näher hin, handelt es sich beim Unterwerfungs- und Staatsvertrag um eine Autorisierung, bei der Handlungsrechte nahezu vollständig abgegeben werden, also eine Differenz zwischen Repräsentant und Repräsentierten gerade nicht existiert. Die Handlungsmacht und Entscheidungsfindung des Repräsentanten (representer) findet dann nicht nur losgelöst von jeder Form der Rückkoppelung an die Autorisierenden statt, sondern vertritt auch nichts. Deshalb ergeben sich auch die Aufgaben des Herrschers nicht aus der Stellung als eines repräsentativ Autorisierten, sondern allein aus dem Begriff der Souveränität. Vor dem Hintergrund dieser Differenz zwischen der formalen Zentralität von Repräsentation und ihrer politiktheoretischen Einschränkung lassen sich mit Pitkin (1967, 22ff.) drei bzw. vier verschiedene sozialphilosophische Modelle benennen, die auf diese hobbessche Situation reagieren und antworten. Die ersten beiden nehmen vom Konzept einer »Repräsentation durch Handeln« Abstand und begreifen demgegenüber Repräsentation primär als »inhaltliches Darstellen«. Politische Theoretiker und Juristen wie Johann C. Bluntschli (1868, 113ff., 135ff.), Francis G. Wilson (1936, 340ff.), A. Phillips Griffith (1960) und John Stuart Mill (1861) konzipieren »Repräsentation« überwiegend als eine Darstellung von Wünschen, Interessen, Ideen und Motiven der Repräsentierten im Repräsentationsorgan, in aller Regel dem nationalen Parlament. Zwar variieren die Bestellungsmodi der Repräsentanten, dennoch besteht Einigkeit, Repräsentation als eine verkleinerte, aber weitgehend identische Explikation und Wiedergabe der (begrenzten) Interessenpluralität des Staatsvolkes zu betrachten. Repräsentation hat hier eindeutig material bestimmten Abbildcharakter. Dieser Abbildcharakter ist gleichwohl kein Grund dafür, die Repräsentanten gegenüber den Repräsentierten verantwortlich sein zu lassen. Denn, wie speziell Mill (1861, 433) erklärt, besteht die Aufgabe des Parlaments gerade nicht darin, selber politisch zu handeln und zu regieren, sondern in der Diskussion kollektive Rationalitätssteigerung zu betreiben. Die parlamentarische Vernünftigkeit prozessiert eigenlogisch und kann weder in ihren Momenten noch ihren Ergebnissen von einem Wahlvolk eingeklagt werden. In dieser Hinsicht stimmen die Darstellungstheoretiker mit Hobbes überein.

Das gilt auch für jene zweite Gruppe, für die Repräsentation darin besteht, ein Indefinites symbolisch zur Darstellung zu bringen. So wird etwa für Carl Schmitt (ganz im Sinne von Hobbes) politisch-staatlich »die *politische Einheit als Ganzes*« repräsentiert (Schmitt 1928, 212), und für Rudolf Smend besteht Repräsentation in der immer erneuten Herausstellung der »Lebenstotalität des Staates« (Smend 1928, 189; ähnlich Hättich 1968). Repräsentation hat sich in dieser Sicht nahezu vollständig aus gesellschaftspolitischen Kontexten verabschiedet und bezieht sich auf ein Transzendentes, das jeglicher Pluralität voraus liegt und in seinem Wesensgehalt dem (Ver-)Handeln unzugänglich bleibt.

Gegenüber diesen metaphysischen Auffassungen von politischer Repräsentation positioniert sich ein breiter Strom von Theorien, die Repräsentation v.a. mit dem Handeln politischer Repräsentanten verbinden. Diese Konzeptionen situieren sich (ähnlich den Darstellungstheoretikern) im Rahmen parlamentarischer Repräsentation und beziehen sich in der ein oder anderen Weise auf Lockes Aussagen zur Beziehung zwischen der Legislative und der Souveränität des Volkes (Locke 1690 II, §§ 134ff.). Vergegenwärtigt der Repräsentant durch sein Handeln die nicht präsenten Wünsche und Interessen der Repräsentierten, bewegt sich die theoretische Explikation dieser Beziehung zwischen drei Modellen. Das *Treuhänder*-Modell betont die autonome Handlungskompetenz des Repräsentanten gegenüber den Repräsentierten und lehnt die Responsivität gegenüber dem Elektorat weitestgehend ab (vgl. The Federalists 1787/88, 290ff.; Burke 1774; Landshut 1964). Interessen und Wünsche des Elektorats werden vom Repräsentanten nach dessen eigener Perzeption und Vorstellung formuliert und innerhalb der Handlungslogik parlamentarischer Systeme eigenverantwortlich eingespeist. Tendiert dieser Typus dazu, die Differenz zwischen Repräsentant und Repräsentiertem zugunsten des Repräsentanten aufzulösen, versteht das *Delegierten*-Modell im Gegenzug den Repräsentanten hauptsächlich als Sprachrohr der Repräsentierten. Responsivität und Verantwortlichkeit gegenüber dem Elektorat sind folglich sehr hoch und können im Extremfall bis zum imperativen Mandat reichen, das politische Handlungsautonomie strikter Kontrolle unterwirft und damit nahezu zum Verschwinden bringt. Das *Politico*-Modell stellt eine Mischung beider Typen dar. Der Repräsentant formuliert und vertritt die längerfristigen Interessen des Elektorats relativ autonom innerhalb der Interaktionszwänge des politischen Systems, bleibt aber zugleich responsiv gegenüber den kurzfristigeren Wünschen des Elektorats. Konflikte zwischen Wünschen und Interessen müssen öffentlich und vernünftig gerechtfertigt werden (vgl. Patzelt 1993). Dieser Typus nimmt damit von der Vorstellung Abschied, im Repräsentationsorgan würde, wie Ernst Fraenkel meint, der »wahre Wille des Volkes« vollzogen (Fraenkel 1964, 153), und hebt demgegenüber hervor, dass Interessen und Wünsche in der Beziehung zwischen Repräsentant und Repräsentierten wechselseitig erst erzeugt werden (vgl. Hennis 1999). Es ist also gerade die Differenz, die sozialwissenschaftlich für Repräsentation konstitutiv ist.

Jeder dieser Typen kann weitergehende Differenzierungen erfahren, wenn man etwa Aspekte der politischen Kompetenz einbringt, nach den Vorstellungen der Qualität politischer Entscheidungsfindung überhaupt fragt oder die soziale Gesamtlage in Rechnung stellt. Je weniger etwa politische Handlungskompetenz vom Alltagwissen qualitativ unterschieden wird, desto geringer wird die Wahrscheinlichkeit sein, in der Theorie das Treuhänder-Modell zu bevorzugen. Je stärker jedoch politische Entscheidungsfindung als Suche nach der wahren Lösung sozialer Probleme betrachtet wird, desto weniger wird in der Theorie das Politico-Modell Unterstützung finden. Je instabiler und fragmentierter eine Gesellschaft ist, desto sinnvoller kann es im Gegenzug sein, auf ausgeprägte Elitenkonnektivität und deutliche Entscheidungsautonomie politischer Akteure zu setzen. Repräsentation ist deshalb gerade sozialwissenschaftlich sehr breit angelegt und in ein ganzes Set unterschiedlicher situationsspezifischer Faktoren eingebunden, durch die ihre Gestalt und konkrete Ausformung ganz zentral bestimmt wird.

Mit diesen idealtypischen Konzeptionen und der Betonung von Differenz und Unterscheidung bezieht die empirisch informierte Sozialphilosophie insgesamt auch deutlich Position gegenüber jenen Ansätzen, die Repräsentation als den politischen Sündenfall schlechthin verstehen. So hat Rousseau im Gemeinwillen der Identität von Regierenden und Regierten das Wort geredet und konsequent die in der Repräsentation gegebene Differenz als Ursache des politischen Betrugs, der Lüge und Verstellung der Menschennatur angesehen (vgl. Rousseau 1762, 288). Ganz im selben Sinn konstatierte auch die Verfassung der DDR von 1969, dass die Repräsentationsorgane (wie etwa die Volkskammer) »nicht als Parlamente zu betrachten« seien, sondern als Typ direktdemokratischer Sowjets, in denen die Interessen der Regierung mit denen der Regierten zusammen fielen.

Mit Blick auf aktuelle Debatten ist es politikwissenschaftlich nicht ohne Ironie, wenn solch unterschiedliche Denker wie Derrida, Lyotard und Levinas zur Diagnose einer Krise der Repräsentation herangezogen werden, sind sie es doch, die hartnäckig auf der Differenz beharren. Wenn etwa Derrida dazu auffordert, »die Idee aller möglichen Repräsentationen zu überschreiten«, weiß er zugleich nicht nur dass es nahezu unmöglich ist, »überhaupt etwas jenseits der Repräsentation zu denken«, sondern will uns vielmehr verpflichten, »sie ganz anders zu verstehen« (Derrida 1990, 137). Deshalb intendiert er mit dem Begriff der différance (Verschiebung/Aufschub) auch nicht, etwa die Gerechtigkeit politisch zum Verschwinden zu bringen, sondern will durch die paradoxe Feststellung, dass »Gerechtigkeit im Kommen bleibt«, sie als permanente Aufgabe und Herausforderung markieren (vgl. Derrida 1991, 56; ähnlich Levinas 1961, 360). Motiviert die Differenztheorie somit gerade politisch zu einer ständigen Überarbeitung und Revision parlamentarisch institutionalisierter Repräsentation, werden in der Politikwissenschaft seit längerem schon Verfahren diskutiert, Repräsentation einzubinden, zu ergänzen und zu modifizieren. Dazu zählen etwa Regelungen zur direkten Demokratie, die medialisierten Bürgeranfragen, die Stärkung von NGOs (Nichtregierungsorganisationen) oder die Wiedereinführung von Planungszellen und Losverfahren für Bürgerbeiräte auf regionaler und überregionaler Ebene (vgl. Barber 1984; Möckli 1994; Manin 1998). Die wohl ambitionierteste Neufassung der Repräsentation liefert B. Latour, indem er auf die gewaltsame Trennung verweist, die die Politik seit der griechischen Antike in Europa vollzogen hat. Zieht die Politik eine Linie zwischen Gesellschaft und Natur, definiert sich Erstere damit immer im Kontrast zu Letzterer. In diesem Sinne »haben wir den Naturzustand nie verlassen« (Latour 1999, 307). Der folglich noch zu konstruierende »Leviathan« beruht dann auch nicht mehr auf einem Vertrag zwischen Menschen (und gegen die Natur), sondern besteht aus »zwei unterschiedlichen, doch komplementären repräsentativen Gewalten des Kollektives« (ebd., 148), das menschliche und nicht-menschliche Wesen umfasst. In einer anderen Weise des Denkens und Handelns kann es dann dazu kommen, eine gemeinsame Welt immer wieder in einem »Parlament der Dinge« zu re-präsentieren (ebd., 210ff.).

4.

Barber, B., 1984, Starke Demokratie, Hamburg: Rotbuch 1994.
Bluntschli, J. C., 1868, Das moderne Völkerrecht der civilisierten Staten, Nördlingen: Beck 1878.
Burke, E., 1774, Speech at the Conclusion of the Poll, in: ders., The Works of Edmund Burke, Bd. III, London: Rivington 1837.
Clarke, M. V., 1936, Medieval Representation and Consent, London: Longmans-Green.
Därmann, I./Jamme, Chr. (Hg.), 2002, Fremderfahrung und Repräsentation, Weilerswist: Velbrück.
Derrida, J., 1990, Sending. On representation, in: G. Ormiston/A. D. Schrift (Hg.), Transforming the Hermeneutical Context, Albany: State University of New York Press.
Derrida, J., 1991, Gesetzeskraft, Frankfurt/M.: Suhrkamp.
Fraenkel, E., 1964, Deutschland und die westlichen Demokratien, Frankfurt/M.: Suhrkamp 1990.
Hättich, M., 1968, Zur Theorie der Repräsentation, in: H. Rausch (Hg.), Zur Theorie und Geschichte der Repräsentation und Repräsentativverfassung, Darmstadt: WBG.
Hennis, W., 1999, Regieren im modernen Staat, Tübingen: Mohr Siebeck.
Hobbes, T., 1651, Leviathan, Frankfurt/M.: Suhrkamp 1996.
Hofmann, H., 1974, Repräsentation, Berlin: Duncker & Humblot 1990.
Jay, A./Hamilton, A./Madison, J., 1787/88, The Federalist Papers, New York: Bantam 1982.
Kues, N. v., 1432, De concordantia catholica, in: Opera Omnia, Bd. XIV, Hamburg: Meiner 1963–68.
Landshut, S., 1964, Der politische Begriff der Repräsentation, in: Hamburger Jahrbuch für Wirtschafts- und Gesellschaftspolitik 9.
Latour, B., 1999, Das Parlament der Dinge, Frankfurt/M.: Suhrkamp 2001.
Levinas, E., 1961, Totalität und Unendlichkeit, Freiburg: Alber 1987.
Locke, J., 1690, Zwei Abhandlungen über die Regierung, Frankfurt/M.: Suhrkamp 2006.
Manin, B., 1997, Kritik der repräsentativen Demokratie, Berlin: Matthes & Seitz 2007.
Mill, J. S., 1861, Considerations on Representative Government, in: ders., Collected Works, Vol. 19, London: Routledge 1996.
Möckli, S., 1994, Direkte Demokratie, Bern: Haupt.
Patzelt, W. J., 1993, Abgeordnete und Repräsentation, Passau: Rothe.
Phillips Griffith, A., 1960, How Can One Person Represent Another?, in: Proceedings of the Aristotelian Society, Suppl. Vol. 34.
Pitkin, H. F., 1967, The Concept of Representation, Berkeley: University of California Press.
Rousseau, J.-J., 1762, Vom Gesellschaftsvertrag oder Grundsätze des Staatsrechts, in: ders., Sozialphilosophische und Politische Schriften, München: Winkler 1981.
Sandkühler, H. J., 2002, Natur und Wissenskulturen, Stuttgart: Metzler.
Schmitt, C., 1928, Verfassungslehre, Berlin: Duncker & Humblot 1957.
Smend, R., 1928, Staatsrechtliche Abhandlungen und andere Aufsätze, Berlin: Duncker & Humblot 1955.
Wilson, F. G., 1936, The Elements of Modern Politics, New York: McGraw-Hill.

Alexander Thumfart

Republikanismus

1.

Der Republikanismus geht als politische und theoretische Parteinahme für die Republik (*res publica* = öffentliche Sache, *öffentliche Angelegenheiten*) auf die griechische und römische Antike zurück. Dabei war die griechische *polis* als Republik zwar weit weniger entwickelt als die römische *res publica*, hat aber eine ebenso wirkmächtige politische Philosophie des Republikanismus hervorgebracht. So wie es viele, einander ausschließende, aber auch immer wieder kombinierbare Formen der Republik gibt, so gibt es auch eine offene Liste alternativer Republikanismen (vgl. etwa Pocock 1975; Van Gelderen/Skinner 2002).

2.

Es gibt (1) ein klassisch-verfassungsrechtliches Verständnis von Republik, das der absolutistischen *rule through law* im Namen einer bürgerschaftlichen *rule of law* opponiert und die Monarchie (und die fürstlichen Prärogativen) in jeder Form ausschließt und verbietet. Im Rahmen eines entsprechenden Verbots wird das Wort »Republik« beispielsweise im Art. 1 der Weimarer Reichsverfassung (»Das deutsche Reich ist eine Republik«) oder im Art. 20 Abs. 1 GG (»Die Bundesrepublik Deutschland ist …«) verwendet. Es gibt aber auch, von Thomas von Aquin über Hobbes bis zu Napoleon und Hegel, Theoretiker und Praktiker der Politik, denen Erbmonarchie und Kaiserreich als Perfektionsform der Republik gelten.

Selbst mit einer extrem instrumentellen *rule through law* ist ein ausgeprägter Republikanismus vereinbar, wie dessen Schicksal in den Staaten des Sowjetimperiums, die sich alle *sozialistische Volksrepubliken* nannten, zeigt. Auch die *Diktatur*, von den meisten Republikanern gefürchtet und verachtet, ist republikanischen Ursprungs, und Caesar und Cicero haben sich darüber zerstritten, ob auch noch die permanente Diktatur mit der Republik vereinbar sei. Rom wurde bald danach eine imperialistische Caesarenherrschaft und blieb doch bis zum letzten Tag Republik. Danach wurden die republikanisch-caesarischen Institutionen und deren Recht vom katholischen Kirchenstaat beerbt, der es bis heute verstanden hat, Republikanismus und Caesarismus unter einem Dach zu vereinen.

Für die einen ist (2) die Republik eine politische Gesellschaft (Cicero, rep.; Kant 1797), für die anderen ein von der Gesellschaft getrennter Staat (Böckenförde 1991). Gemäß dem Grundgesetz ist die Bundesrepublik ein Staat, aber nur Republik und Demokratie sind durch Art. 79 Abs. 3 änderungsfest (vgl. Möllers 2001), nicht die Staatlichkeit, die sich nach den »Schlüsselvorschriften« (Wahl 2003) des Grundgesetzes in Art. 23 und 24 sogar in postnationale (und nicht einmal notwendig staatliche, wohl aber demokratisch-republikanische) Gemeinschaften erweitern (und ggf. auflösen) kann und soll. Der Republikanismus spaltet sich also (3) ein weiteres Mal in einen nationalen und einen postnationalen Flügel. Es gibt dementsprechend (4) Republikaner, die den Vorrang der Innenpolitik (Kant 1797) und solche, die den Primat der Außenpolitik (Machiavelli 1532) für das A und O eines Freistaats halten. Unter den Verfechtern des republikanischen Primats der Innenpolitik befinden sich auch alle Autoren, die (über Kant hinausgehend) eine Globalisierung der Republik und die Umwandlung aller Außenpolitik in Weltinnenpolitik für möglich und wünschenswert halten (vgl. Habermas 2004).

Viele Republikaner (wie Skinner 1998) und Liberale (wie Berlin 1969) halten (5) Liberalismus und Republikanismus für unvereinbar. Sie denken entweder, dass die moderne Gesellschaft (wie Kants ›Volk von Teufeln‹) durch positives Recht und entfesselte Privatinteressen sowie ihre erhofften Früchte, Wohlstand für alle, zusammengehalten werden kann (Liberalismus), oder sie bestreiten diese Unterstellung mit dem Argument, ohne politische Erziehung zu republikanischem Virtuosentum, ohne gemeinwohlorientierte Tugend und tugendhafte Tüchtigkeit (*virtus*) sei kein Staat zu machen. Die meisten modernen Verfassungstexte gehen demgegenüber gerade von der Vereinbarkeit von Liberalismus und Republikanismus aus oder bewegen sich – je nach Lesart – jenseits dieser Alternative.

Darüber hinaus ist den einen (6) die Republik politische Union ganz heterogener Gruppen und Klassen (Machiavelli 1531; Arendt 1965), die anderen können sich die Republik nur als lokale und homogene Gemeinschaft (vgl. MacIntyre 1997) vorstellen. Auf dem berühmten Wandgemälde des Lorenzetti im alten Rathaus von Siena wird beides durch die bürgerschaftliche *concordia* zusammengeführt (vgl. Skinner 1999). Die in sehr verschiedene Stände differenzierte Bürgerschaft zieht, Gerechtigkeit und Gemeinwohl fest im Visier, immer am selben Strang.

Verklären die einen (7) ein letztlich aristokratisches Ideal der freiheitlichen Selbstregierung einer bürgerlichen oder adligen Elite (Machiavelli 1531; ders. 1532; Montesquieu 1748), so sehen die anderen gerade in der engen Kopplung von Volkssouveränität und Republik (Rousseau 1762, Kant 1797) das bürgerliche Heil. Für erstere ist die Demokratie (mit Tocqueville 1835/40) die Verwirklichung von Gleichheit auf Kosten der Freiheit, während die wahre, in der korrupten Maßlosigkeit der radikalen Demokratie untergehende Freiheit sich nur in einer Bürgeraristokratie verwirklichen lässt. Zur ersten Gruppe gehören neben den meisten Klassikern auch Autoren wie John Stuart Mill (1859), Arendt (1965) oder Skinner (1978), zur letzteren Rorty (1988), Rawls (1993) oder Habermas (1994). Für sie hängt – wie schon für Hegel, Marx oder Dewey – das Wachstum der Freiheit direkt vom Wachstum der Gleichheit ab. Freiheit und Gleichheit bedingen sich wechselseitig.

3.

Im Gewirr republikanischer Stimmen gibt es einen roten Faden, der sich als *notwendige*, aber nicht hinreichende Bedingung durch alle Verwendungsweisen des »Republikanismus« hindurch zieht. Es geht immer um die Darstellung, Beratung und Normierung *öffentlicher Angelegenheiten*. Ansonsten ist alles strittig.

Wo verläuft die *Grenze* zwischen öffentlich und nicht-öffentlich? Der Streit über diese Grenze ist eine eminent *öffentliche* Angelegenheit (vgl. Rössler 2001), und in Gesetzgebung und Rechtsprechung wird sie permanent neu definiert. In den antiken Republiken hingegen gab es schon deshalb keinen Streit über die Eingriffsgrenzen politischer Gewalt, weil es solche Grenzen nicht gab. Freiheit war die Gelegenheit, sich auszuzeichnen, Ruhm und Ehre im Dienst der öffentlichen Sache zu erwerben. In diesem altrepublikanischen Geist haben noch die amerikanischen *Founding Fathers* eine Revolution durchgeführt, die bewirkt hat, was sie selbst verachtet hatten (vgl. Wood 2006): demokratischen Egalitarismus und entfesseltes Privatinteresse.

Wer gehört zu denen, die berechtigt sind, die öffentlichen Angelegenheiten darzustellen, zu beraten, zu entscheiden? Die radikalste Antwort ist die demokratische Idee der Selbstgesetzgebung: Alle von den öffentlichen Angelegenheiten und ihrer jeweiligen Darstellung, Beratung und Normierung Betroffenen sind jeweils zu Darstellung, Beratung und Normierung dieser Angelegenheiten – also zur gleichberechtigten Partizipation an der kollektiven Selbstregierung – berechtigt. Einschränkungen, die im Rechtsstaat ausdrücklich begründet werden müssen, gibt es jedoch immer. Oft hieß und heißt »alle Betroffenen« nur alle betroffenen (besitzenden/männlichen/erwachsenen) Bürger einer Stadt, eines Landes, eines Staats oder einer übergreifenden Union von Staaten. Dem klassischen Republikanismus von Aristoteles bis Machiavelli war die Idee der Selbstgesetzgebung fremd. Nicht alle Betroffenen sollten beraten und entscheiden, sondern die besten und tugendhaftesten Bürger, was sich aber als ein höchst korrumpierbares Ideal erwies. Faktisch waren es in den komplexer werdenden Klassengesellschaften meist die sowieso schon Privilegierten, die – auf Grund ihrer überlegenen Herrschaftsmittel und nicht auf Grund ihres vermeintlichen ethischen Virtuosentums – imstande waren, die politische Macht zu monopolisieren – und dabei war das Bild des idealen Bürgers auch immer insofern patriarchalisch, als seine freie politische Betätigung mit dem Ausschluss der Frauen aus der Sphäre der Politik einherging (vgl. zur Kritik aus feministischer Sicht Pateman 1988 sowie Phillips 2000).

Erst die Kombination aus monotheistischem Gleichheitsideal und republikanischem Freiheitsaktivismus hat im 18. Jahrhundert zur Verbindung von Republik und Volkssouveränität geführt. Sie ist heute fast überall geltendes Verfassungsrecht, auch wenn sie nicht überall in zwingendes, zwangsbewehrtes und effektives Recht umgesetzt wird. Orientiert man sich an der oben skizzierten Liste republikanischer Alternativoptionen, dann ist der Republikanismus der demokratischen Standardverfassung egalitär (7), rechtsstaatlich (1), individualistisch-pluralistisch (6) und am Primat der Innenpolitik (4) orientiert. Der demokratisch-republikanische Staat erlaubt keine Staatssouveränität neben der Volkssouveränität und keinen Staat vor dem Recht oder außerhalb des Rechts. Seine äußere Gewalt bedarf ebenso der demokratischen Erzeugung und Legitimation wie die inneren Gewalten. Der *demokratische Verfassungsrepubli-*

kanismus ist deshalb (5) weder im Sinne Skinners oder MacIntyres alt-republikanisch noch im Sinne Constants oder Berlins (neo-)liberal, da er die kollektive Selbstbestimmung durch individualisierende Verfahren (geheime Wahlen, Meinungsfreiheit, Religions- und Koalitionsfreiheit) organisiert und die individuelle Selbstbestimmung durch individuell einklagbare, aber vom demokratischen Gesetzgeber immer schon ausgestaltete Rechte mit der kollektiven Selbstbestimmung vermittelt. In der jüngsten Zeit ist von Skinner (1998) und Pettit (1999) eine Variante des Republikanismus ausgearbeitet worden, in deren Zentrum mit der Freiheit im Sinne der *non-domination* (also der Freiheit von willkürlicher Herrschaft) ein dritter Freiheitsbegriff jenseits von negativer und positiver Freiheit steht (vgl. Viroli 1999).

Zu Beginn des 21. Jahrhunderts ist auch die Idee einer Weltrepublik (ohne Weltstaat) längst im bestehenden, internationalen Recht verkörpert. Es gibt eine (zunehmend einflussreicher werdende) Weltöffentlichkeit neben den nationalen, regionalen und funktionalen Öffentlichkeiten, eine normativ integrierende, globale (Menschenrechts-)Kultur, ein dichtes Netzwerk globaler Regierungs- und Nichtregierungsorganisationen, das tagtäglich immer mehr inter-, trans- und sogar supranationale Normen erzeugt, die tief in die Staatenwelt durchgreifen. Kurz: Es ist kaum bestreitbar, dass es ein globales Publikum und globale öffentliche Angelegenheiten und genau in diesem schlanken Sinn eine globale *res publica* gibt (vgl. Brunkhorst 2002). Sie ist keine Utopie mehr, aber wenig demokratisch und auch nicht sehr rechtsstaatlich. Menschenrechtsfortschritte ohne Demokratie sind äußerst ambivalent: Sie dienen einerseits den Interessen der Konzerne und Exekutivgewalten, aber sie schützen andererseits auch die Schwachen vor deren rechtlosem Übergriff.

Die komplexe fremdherrschaftlich-hegemoniale Struktur, die sich in der heutigen Weltgesellschaft abzeichnet, droht die *res publica* in ein globales *imperium* (vgl. Anghie 2004) zu verwandeln. Damit droht dann auch eine Konfrontation von demokratischer und imperialer Republik, und die für einen solchen Konfliktfall dienlichen Theorien des Republikanismus gibt es schon. Während die einen versuchen, mit Kant den *demokratischen Verfassungsrepublikanismus* (vgl. Niesen/Herborth 2007) in die postnationale Konstellation hinüber zu ziehen, projektieren die anderen bereits mit Machiavelli einen *postdemokratischen Imperialrepublikanismus* (vgl. Münkler 2005).

4.

Anghie, A., 2004, Imperialism, Sovereignty and the Making of International Law, Cambridge: Cambridge University Press.

Arendt, H., 1965, Über die Revolution, München: Piper.

Berlin, I., 1969, Freiheit, Frankfurt/M.: Fischer 1995.

Böckenförde, E.-W., 1991, Staat, Verfassung, Demokratie, Frankfurt/M.: Suhrkamp.

Brunkhorst, H., 2002, Solidarität, Frankfurt/M.: Suhrkamp.

Habermas, J., 1994, Volkssouveränität als Verfahren, in: ders., Faktizität und Geltung, Frankfurt/M.: Suhrkamp.

Habermas, J., 2004, Hat die Konstitutionalisierung des Völkerrechts noch eine Chance?, in: ders., Der gespaltene Westen, Frankfurt/M.: Suhrkamp.

Kant, I., 1797, Metaphysik der Sitten, Werke, Bd. 8, Frankfurt/M.: Suhrkamp 1977.

Machiavelli, N., 1531, Discorsi, Stuttgart: Kröner 1977.

Machiavelli, N., 1532, Der Fürst, Stuttgart: Kröner 1963.

MacIntyre, A., 1997, Politics, Philosophy, and the Common Good, in: K. Knight (Hg.), The MacIntyre Reader, Cambridge: Polity 1998.

Mill, J. S., 1859, Über die Freiheit, Stuttgart: Reclam 1974.

Möllers, C., 2001, Staat als Argument, München: Beck.

Montesquieu, C. de, 1748, Vom Geist der Gesetze, Stuttgart: Reclam 1989.

Münkler, H., 2005, Imperien, Berlin: Rowohlt.

Niesen, P./Herborth, B. (Hg.), 2007, Anarchie der kommunikativen Freiheit, Frankfurt/M.: Suhrkamp.

Pateman, C., 1988, The Sexual Contract, Cambridge: Polity Press.

Pettit, P., 1999, Republicanism, Oxford: Oxford University Press.

Phillips, A., 2000, Feminism and Republicanism, in: Journal of Political Philosophy 2.
Pocock, J. G. A., 1975, The Machiavellian Moment, Princeton: Princeton University Press.
Rawls, J., 1993, Politischer Liberalismus, Frankfurt/M.: Suhrkamp 2003.
Rorty, R., 1988, Der Vorrang der Demokratie vor der Philosophie, in: ders., Solidarität oder Objektivität?, Stuttgart: Reclam.
Rössler, B., 2001, Der Wert des Privaten, Frankfurt/M.: Suhrkamp.
Rousseau, J.-J., 1762, Vom Gesellschaftsvertrag, Stuttgart: Reclam 1986.
Skinner, Q., 1978, The Foundations of Modern Political Thought, 2 Bde., Cambridge: Cambridge University Press.
Skinner, Q., 1998, Liberty Before Liberalism, Cambridge: Cambridge University Press.
Skinner, Q., 1999, Ambrogio Lorenzetti's Buon Governo Frescoes, in: Journal of the Warburg and Courtauld Institutes 62.
Tocqueville, A. de, 1835/40, Über die Demokratie in Amerika, Stuttgart: Reclam 1990.
Van Gelderen, M./Skinner, Q. (Hg.), 2002, Republicanism, Cambridge: Cambridge University Press.
Viroli, M., 1999, Die Idee der republikanischen Freiheit, Zürich: Pendo 2002.
Wahl, R., 2003, Verfassungsstaat, Europäisierung, Internationalisierung, Frankfurt/M.: Suhrkamp.
Wood, G. S., 2006, Revolutionary Characters. What Made the Founders Different?, London: Penguin.

Hauke Brunkhorst

Revolution

1.

Unter Revolution wird heute im alltäglichen Sprachgebrauch »jede als radikal und einschneidend empfundene Veränderung« (Kossok 1990, 127f.) in allen Bereichen des menschlichen Lebens verstanden. In diesem Sinne wird der Begriff häufig auch auf kulturelle und technische Innovationen bezogen. Diese Verwendung reflektiert die Kernbedeutung des Begriffs, transferiert ihn jedoch aus dem politisch-sozialen Bereich, wo er sich etabliert und seine präzisen Konturen erhalten hat.

2.

»Revolution« meint hier den Umsturz einer politischen Ordnung, der mit mehr oder weniger tief greifenden sozialen, ökonomischen und kulturellen Veränderungen einhergeht. Revolution ist daher nicht nur eine Ereignis-, sondern auch eine Prozesskategorie. Diese Begriffsbestimmung ist spezifisch modern, ihre Durchsetzung erfolgte mit der Französischen Revolution, die damit nicht nur das Paradigma für den Begriff abgab, sondern auch das Referenzmodell für nachfolgende reale Revolutionen, insbesondere für die Russische Revolution 1917. In der Geschichtswissenschaft und in der sozialwissenschaftlichen Theorie ist »Revolution« ein analytisch-deskriptiver Begriff, zugleich fungiert er aber seit seiner Etablierung als geschichtsphilosophische Deutungskategorie, die normativ aufgeladen ist (vgl. Albrecht 1998, 109f.). Beide Ebenen sind klar zu unterscheiden, allerdings tangiert die normative Dimension des Begriffs auch die wissenschaftliche Beschreibung und Erklärung von Revolutionen.

2.1. Die Bedeutung des modernen Revolutionsbegriffs im Kontext einer philosophischen Geschichtsdeutung hängt eng mit seinem Entstehungskontext zusammen. Während die Glorious Revolution von 1688 in England noch unter dem Einfluss der astronomischen Wortbedeutung als Wiederherstellung, als Rückkehr zur alten Ordnung, rezipiert wurde, markierte die Französische Revolution von 1789 im Bewusstsein der Zeitgenossen einen plötzlichen, totalen und unumkehrbaren Bruch mit der Vergangenheit (vgl. Thürmann 1995, 608). Ermöglicht wurde diese Erfahrung durch das Geschichtsdenken der Aufklärung. Mit der Konzeption des Kollektivsingulars »Geschichte« konnte eine zielgerichtete Höherentwicklung der menschlichen Gattung verbunden werden. Eine empirische Unterfütterung erhielt die Idee des Fortschritts durch die wissenschaftlichen Revolutionen seit dem 17. Jahrhundert und die neuen Erkenntnisse des menschlichen Geistes, als deren Beförderer und Zeugen sich Aufklärer wie Voltaire selbst verstanden (vgl. Koselleck/Meier 1984, 719f.). Zusammen mit der Vorstellung, dass Geschichte als etwas von Menschen Gestaltbares begriffen wurde, hat die Verbindung mit der Fortschrittsidee der Revolution ihre spezifisch geschichtsphilosophische Signatur verliehen (vgl. Thürmann 1995, 607f.).

Die philosophisch produktivste Aneignung der neuen historischen Deutungskategorie findet sich bei Kant. Mit seinem Gedanken vom Geschichtszeichen zielte er auf eine epistemologisch vertretbare Lösung für die empirisch nicht zu beantwortende Frage, »ob das menschliche Geschlecht im beständigen Fortschreiten zum Besseren sei« (Kant 1798, 79ff.). Die Erfahrung eines moralischen Fortschritts erschloss sich Kant zufolge aus der enormen öffentlichen Anteilnahme, mit der die Begebenheit von 1789 aufgenommen wurde. Es war die ›Denkungsart‹ der – selbst nicht in die Geschehnisse involvierten – Zuschauer, die das faktische Indiz für eine fortschrittliche Entwicklung der Menschheit abgab. Die allgemeine Anteilnahme galt dem, was für Kant den wesentlichen Inhalt der Revolution ausmachte, dem Recht des Volkes auf politische Selbstbestimmung und der daraus abgeleiteten republikanischen Verfassung (vgl. Kant 1798, 85f.).

Für die Sozialphilosophie des späten 18. und der ersten Hälfte des 19. Jahrhunderts war die Auseinandersetzung mit der Französischen Revolution zentral. Anders als Kant, der zwar die Legitimität der durch die Revolution geschaffenen Verfassungsordnung anerkannte, ein Widerstandsrecht gegen die Obrigkeit aber ablehnte, proklamierte Fichte das Recht des Volkes, seine Staatsverfassung zu ändern (vgl. Fichte 1793, 254). Für Hegel markierte die Französische Revolution das welthistorische Datum, das die Freiheit »zum Prinzip aller staatlichen und rechtlichen Ordnung« (Ritter 1965, 29) gemacht hatte; die gesellschaftlichen und politischen Bedingungen der Realisierung individueller Freiheit sind das zentrale Thema seiner Rechtsphilosophie (vgl. Hegel 1821). Die Frage nach den Grundlagen menschlicher Emanzipation wird im Anschluss an Fichte und Hegel von Marx erneut aufgegriffen. Sein Projekt einer sozialen Revolution mit dem Proletariat als Trägerschicht ist als Vollendung der bürgerlichen Revolution von 1789 konzipiert, die die Menschenrechte zwar proklamiert, aber nicht in den realen, von der Ökonomie bestimmten Lebensverhältnissen fundiert hatte (vgl. Marx 1843).

Die Verbindung von Revolution und Freiheit hat im 20. Jahrhundert besonders H. Arendt betont, wobei sie neben der negativen Bedeutung »Befreiung von illegitimem Zwang« die positive hervorhebt: einen Willen zur Freiheit, der auf eine Partizipation am öffentlichen Leben zielt und damit auf die Konstituierung einer Republik, der im 18. Jahrhundert »neuen bzw. neu entdeckten Staatsform« (Arendt 1963, 39). Darüber hinaus verweisen Revolutionen per se auf eine fundamentale Dimension gelebter Freiheit, sind sie doch in besonderem Maße »die Erfahrung der menschlichen Fähigkeit, etwas Neues anfangen zu können« (ebd., 41).

2.2. Der geschichts- und sozialwissenschaftliche Gebrauch des Revolutionskonzepts besteht v.a. darin zu erklären, warum es zu Revolutionen kommt, welchen Verlauf sie typischerweise nehmen und was ihre kurz- und langfristigen Auswirkungen sind. Vor der Erarbeitung von Theorien der Revolution steht die Aufgabe der begrifflichen Abgrenzung. Zu den wichtigsten konkurrierenden Konzepten im politisch-sozialen Feld gehören »Rebellion« bzw. »Revolte«, »Staatsstreich« und »Reform«. Bei einem *Staatsstreich* – mitunter auch als »Palastrevolution« bezeichnet – handelt es sich um eine illegale Auswechslung der Staatsspitze, die in der Regel von Angehörigen der politischen Elite betrieben wird. Dagegen gehen *Rebellionen* oder *Revolten* von politisch und sozial untergeordneten Gruppen und Schichten der Gesellschaft aus oder werden zumindest von diesen unterstützt. Die kollektiven Aktionen richten sich gegen das etablierte Regime, sind darin aber nicht notwendig erfolgreich. Unter *Reform* wird eine politisch intendierte Veränderung verstanden, die beansprucht, der gesellschaftlichen Entwicklung Rechnung zu tragen, langfristig angelegt ist sowie gewaltfrei und unter Beachtung der verfassungsmäßigen Legalität erfolgt. Für die wissenschaftliche Verwendung des Revolutionsbegriffs ergeben sich ex negativo als definitorische Merkmale neben der bereits erwähnten Radikalität und zeitlichen Zuspitzung der Veränderung die Beteiligung breiterer Bevölkerungsschichten und das Moment der Illegalität, zeichnet sich eine Revolution doch dadurch aus, dass sie die Rechtsverhältnisse der bisherigen politischen Ordnung aufhebt und neue schafft. Der Einsatz von Gewalt ist dagegen kein notwendiger Bestandteil des Begriffs; die tief greifenden Transformationen in den Ländern Mittel- und Osteuropas 1989 gelten zu Recht als ›friedliche Revolutionen‹. Für Kategorien des geschichtsphilosophischen Revolutionsbegriffs bietet der wissenschaftliche Gebrauch keinen oder nur einen sehr eingeschränkten Raum. Dies gilt nicht nur für die von der marxistischen Revolutionstheorie bemühte historische Notwendigkeit, sondern auch für die Verbindung von Revolution und Freiheit. Der Sturz des Schahs und die Errichtung einer ›Islamischen Republik‹ im Iran 1978/79 erfüllt die Kriterien des Revolutionsbegriffs und war teilweise durchaus auch ein Akt der Befreiung (vgl. Beyer 1994, 160–184; Hooglund 2001). Die gewaltsame Bewahrung einer kulturell-religiösen Identität ist aber eindeutig keine Freiheitsvorstellung. Ein Bewusstsein des Neubeginns dürfte allerdings auch solche Revolutionen begleiten, und dies stellt ein weiteres, wenn auch ›weiches‹ Kriterium dar. So wenig historische Ereignisse und Zusammenhänge auf die Sichtweise der Zeitgenossen verkürzt werden können, so wenig kann man die Selbstinterpretation der Akteure völlig unberücksichtigt lassen.

2.3. Der analytisch-deskriptive Begriff »Revolution« konstituiert sich in Abgrenzung von der geschichtsphilosophischen Deutungskategorie. Normative Aspekte betreffen jedoch auch das sozial- und geschichtswissenschaftliche Nachdenken über Revolution. Das wird besonders deutlich bei der moralischen Frage der Legitimität. Für die Akteure im revolutionären Geschehen spielt diese Frage durchaus eine Rolle, sie ist daher auch ein Faktor bei der Erklärung von Revolutionen. Solange Ungerechtigkeiten nur als Einzelerscheinungen wahrgenommen werden, kommt es nicht zu Revolutionen, dazu bedarf es einer Delegitimierung der bestehenden Ordnung insgesamt. Die wissenschaftliche Analyse kann sich nicht auf die Rekonstruktion der zeitgenössischen normativen Vorstellungen beschränken; vielmehr verhandelt sie selbst, wenn auch oft nur implizit, die Frage, ob und inwieweit eine Revolution moralisch gerechtfertigt werden kann. Die Antwort darauf hängt ab von der Einschätzung des alten Regimes, den Zielen der Revolution, dem Ausmaß und der Dauer des Gewalteinsatzes, der Existenz evolutionärer Alternativen (vgl. Nielsen 1992, 1055) und nicht zuletzt den längerfristigen Ergebnissen und Wirkungen der Revolution. So hängt das Urteil über die Russische Revolution von 1917 stark von der Einschätzung des durch sie installierten Regimes ab. Wird das sowjetische System insgesamt als verhängnisvoller Abweg vom Pfad einer liberaldemokratischen Entwicklung gewertet, wie dies nach 1989/91 überwiegend geschieht, führt dies folgerichtig auch zu einer äußerst negativen Sicht der Oktoberrevolution. Dagegen ist die Französische Revolution auch in den Augen der Historiker, die ihr ab 1792 eine terroristische Fehlentwicklung attestieren, positiv mit der dauerhaften Etablierung des Parlamentarismus in Frankreich verbunden (vgl. Raynaud 1988; Reichardt 1998).

3.

Die Frage der Zukunft der Revolution stellt sich – scheinbar paradox – im Rückblick auf das 20. Jahrhundert. Der Befund ist hier eindeutig: Bislang sind Revolutionen in demokratischen Gesellschaften ausgeblieben. Demokratien reduzieren die Wahrscheinlichkeit eines revolutionären Umsturzes drastisch, weil sie systemimmanent viel Raum für evolutionären Wandel bieten (vgl. Goodwin/Green 1999, 250). Es gibt jedoch einen etwas weniger eindeutigen Befund, der erklärt werden muss: Auch in nicht-demokratisch verfassten Industriegesellschaften blieben erfolgreiche Revolutionen weitgehend aus. Ein nicht-revolutionärer Systemwechsel hin zur Demokratie kennzeichnete z.B. die Ablösung der Militärdiktaturen 1974 in Griechenland und 1975 in Spanien. Die Wende in der DDR und in den anderen sowjetischen Satellitenstaaten 1989/90 ist als Gegenbeispiel nur eingeschränkt verwendbar, da der Zusammenbruch der staatssozialistischen Regime viel mit der Rücknahme der russischen Interventionsdrohung zu tun hatte. Die Resistenz von Industriegesellschaften gegenüber Revolutionen auch in politisch-sozialen Krisensituationen speist sich aus einem »Anti-Chaos-Reflex« in weiten Teilen der Bevölkerung, der aus der enormen Bedeutung der »staatlichen Verwaltung für das tägliche Leben der Menschen« resultiert (vgl. Löwenthal 1981, 22ff.). Aus diesem Zusammenhang ergibt sich als Konsequenz, dass tief greifende Veränderungen der politisch-sozialen Verhältnisse nicht mehr als ›klassische‹ Revolutionen konzipiert werden können. Dass einschneidende Strukturveränderungen durch Reformen auf den Weg gebracht werden, ist nicht erst eine Erfahrung der letzten 30 Jahre, dies haben schon die Reformen der deutschen Staaten im 19. Jahrhundert gezeigt, die auch Zeugen von Revolutionen waren, z.B. 1830 in Frankreich, die eher kurzfristige und wenig radikale Wechsel produzierten. All dies spricht dafür, die Antithese von Reform und Revolution neu zu überdenken (vgl. Rürup 2000, 195f.). Was bleibt, ist jedoch die Vorstellung, dass sich das Leben der Menschen durch politisch-soziale Veränderungen entscheidend verbessern lässt.

4.

Albrecht, C., 1998, Revolution I, in: G. Krause/G. Müller, Theologische Realenzyklopädie, Bd. 29, Berlin: de Gruyter.

Arendt, H., 1963, Über die Revolution, München: Piper 1974.

Beyer, P., 1994, Religion and Globalization, London: Sage.

Fetscher, I., 1985, Evolution, Revolution, Reform, in: I. Fetscher/H. Münkler (Hg.), Politikwissenschaft, Reinbek: Rowohlt.

Fichte, J. G., 1793, Beitrag zur Berichtigung der Urteile des Publikums über die französische Revolution, Gesamtausgabe, Bd. I.1, Stuttgart: Frommann-Holzboog 1962.

Furet, F., 1980, 1789 – Vom Ereignis zum Gegenstand der Geschichtswissenschaft, Frankfurt/M.: Ullstein.

Geuss, R., 2004, Dialectics and the Revolutionary Impulse, in: F. Rush (Hg.), The Cambridge Companion to Critical Theory, Cambridge: Cambridge University Press.

Goodwin, J./Green, A., 1999, Revolutions, in: L. Kurtz (Hg.), Encyclopedia of Violence, Peace and Conflict, Bd. 3, San Diego: Academic Press.

Griewank, K., 1969, Der neuzeitliche Revolutionsbegriff, Frankfurt/M.: Suhrkamp.

Hegel, G. W. F., 1821, Grundlinien der Philosophie des Rechts, Frankfurt/M.: Suhrkamp 1971.

Hooglund, E. (Hg.), 2001, Twenty Years of Islamic Revolution, Basingstoke: Palgrave.

Kant, I., 1798, Der Streit der Fakultäten, in: Akademie-Ausgabe, Bd. 7., Berlin: de Gruyter 1968.

Koselleck, R./Meier, C., 1984, Revolution, in: O. Brunner/W. Conze/R. Koselleck (Hg.), Geschichtliche Grundbegriffe, Bd. 5, Stuttgart: Klett-Cotta.

Kossok, M., 1990, Revolution/Konterrevolution, in: H.-J. Sandkühler (Hg.), Europäische Enzyklopädie zu Philosophie und Wissenschaften, Bd. 4, Hamburg: Meiner.

Löwenthal, R., 1981, Vom Ausbleiben der Revolution in den Industriegesellschaften, in: Historische Zeitschrift 232.

Marcuse, H., 1964, Ethik und Revolution, in: Schriften, Bd. 8, Springe: zu Klampen 2004.

Marx, K., 1843, Zur Judenfrage, in: MEW, Bd. 1, Berlin: Dietz 1976.

Nielsen, K., 1992, Revolution, in: L. C. Becker (Hg.), Encyclopedia of Ethics, Bd. 2, New York: Garland.

Raynaud, P., 1996, Demokratie, in: F. Furet/M. Ozouf (Hg.), Kritisches Wörterbuch der Französischen Revolution, Bd. 2, Frankfurt/M.: Suhrkamp.

Reichardt, R. E., 1998, Das Blut der Freiheit. Französische Revolution und demokratische Kultur, Frankfurt/M.: Fischer.

Ritter, J., 1965, Hegel und die französische Revolution, Frankfurt/M.: Suhrkamp.

Rürup, R., 2000, Problems of Revolution in Germany. 1525–1989, in: ders. (Hg.), The Problem of Revolution in Germany. 1789–1989, Oxford: Berg.

Thürmann, D., 1995, Revolution (sozial), in: J. Mittelstraß (Hg.), Enzyklopädie Philosophie und Wissenschaftstheorie, Bd. 3, Stuttgart: Metzler.

Ursula Baumann

Ricardo, David (1772–1823)

1.

Ricardo wurde am 19. 4. 1772 in London geboren. Mit vierzehn Jahren wechselte er von der Schulbank ins Maklerbüro seines Vaters, um ebenfalls das Börsengewerbe zu erlernen. Da er die religiöse Einstellung seiner Familie nicht teilte, brach er im Alter von 21 Jahren mit seinem Elternhaus und machte sich als Börsenmakler selbstständig. Er brachte es rasch zu beträchtlichem Reichtum und galt bald als einer der wohlhabendsten Männer Englands. Ricardo begann relativ spät damit, sich mit mathematischen und naturwissenschaftlichen Studien sowie, angeregt durch Adam Smith's *Wohlstand der Nationen*, mit Problemen der Politischen Ökonomie zu beschäftigen. Seine ersten wirtschaftswissenschaftlichen Publikationen aus den Jahren 1809 bzw. 1810 (*Der hohe Preis der Edelmetalle. Ein Beweis für die Entwertung der Banknoten*) und 1815 (*Ein Versuch über den Einfluss eines niedrigen Getreidepreises auf den Kapitalgewinn*) bescherten ihm wissenschaftliche und politische Anerkennung. 1814 zog er sich vom Börsengeschäft zurück, um sich auf seinem Landgut in Gloucestershire der Wissenschaft zu widmen. 1817 erschien sein Hauptwerk *Über die Grundsätze der politischen Ökonomie und der Besteuerung* (*On the Principles of Political Economy and Taxation*). 1819 wurde Ricardo Mitglied des britischen Unterhauses, in dem er u.a. für die Aufhebung der protektionistischen Zollpolitik eintrat und auf der Grundlage einer 1824 erschienenen Schrift (*Plan for the Establishment of a National Bank*) maßgeblich an der 1844 durchgeführten Bankreform Englands mitwirkte. Mit 51 Jahren starb Ricardo überraschend am 11. 9. 1823 in Gatcombe Park (Gloucestershire) an den zu spät erkannten Folgen einer Ohreninfektion.

2.

Die tagespolitisch inspirierten Gegenstände der frühen Abhandlungen von Ricardo sind Geld- und Währungsprobleme sowie der Einfluss des Getreidepreises auf die Profitrate. In Gloucestershire entwickelt er seine Arbeitswertlehre, die bei seinem Freund und Kritiker Thomas Robert Malthus auf Widerstand stößt, Eingang in Ferdinand Lassalles Theorie vom ehernen Lohngesetz findet und einen wichtigen Anstoß für die Mehrwerttheorie von Karl Marx liefern wird. Seine Überlegungen führen ihn zu den allgemeinen Grundlagen der Politischen Ökonomie, wie sein auf Drängen von James Mill geschriebenes Hauptwerk bezeugt. Zwei weitere, zum Teil ergänzte Ausgaben dieses Buches erscheinen noch zu Lebzeiten von Ricardo, der sich auch in seinen späteren Schriften vornehmlich immer wieder geld- und währungspolitischen sowie werttheoretischen Problemen zuwendet.

3.

Ricardo gilt als mal verehrter, mal verteufelter Stammvater der Politischen Ökonomie des 19. Jahrhunderts und als ein führender Verteidiger des binnen- und außenwirtschaftlichen Freihandels. Wie schon Adam Smith suchte er nach den Gesetzmäßigkeiten, die den wirtschaftlichen Fortschritt und somit eine Maximierung des Volkswohlstandes einer Gesellschaft beschreiben. Anders als Smith setzte er den Schwerpunkt seiner Überlegungen jedoch nicht auf Fragen der Güterproduktion, sondern auf Fragen der Verteilung der produzierten Güter zwischen den drei wesentlichen Klassen der frühbürgerlichen Gesellschaftsordnung.

Eine Gefahr für den wirtschaftlichen Fortschritt sah Ricardo hinsichtlich dieser Verteilungsproblematik v.a. mit Blick auf die Grundbesitzer seiner Zeit. Denn er teilte mit

Smith nicht nur die Ansicht, dass die Gebrauchsgüter einer Gesellschaft vornehmlich durch die arbeitende Bevölkerung erzeugt werden, wobei eine Steigerung der Güterproduktion durch die Investitionen der Kapitaleigentümer in Maschinen und andere Produktionsmittel ermöglicht wird. Vielmehr hielt er es für ein Gesetz, das er im Rahmen seiner Theorie der extensiven und intensiven Grundrente formulierte, dass die Pacht, die die Kapitaleigentümer für die Nutzung von Grund und Boden an die Grundbesitzer entrichten müssen, aufgrund der Tatsache, dass die Agrarwirtschaft z. B. durch eine Zunahme der Bevölkerungszahl immer unfruchtbarere und damit unrentablere Böden bewirtschaften müsse, stets weiter steigen wird. Dieses Gesetz müsse auf Dauer zum Sinken der Profitrate, zur Erlahmung der Investitionsfähigkeit der Kapitaleigentümer und damit zur Stagnation des wirtschaftlichen Gesamtprozesses führen.

Mit Blick auf den Außenhandel verfeinerte Ricardo die schon bei Smith angelegte Theorie der komparativen Kostenvorteile. Diese Theorie besagt, dass ein Außenhandel zwischen zwei Ländern auch dann zum beiderseitigen Vorteil ausfallen kann, wenn eines der beiden Länder im Extremfall alle Arten von Waren mit einem geringeren Arbeitsaufwand herstellen kann als das andere. Die einzige Bedingung dafür, dass solch ein Handel beiderseitig von Vorteil ist, besteht darin, dass sich die überlegene Volkswirtschaft in ihrer Produktion auf solche Güter konzentriert, hinsichtlich derer ihre Überlegenheit vergleichsweise, also komparativ, am größten ist, wohingegen sich die schwächere Volkswirtschaft solchen Produktionszweigen widmet, in denen ihre Unterlegenheit vergleichsweise am geringsten ist. Eine internationale Arbeitsteilung, die dieser Regel gehorcht, führt zwar nicht zu einem Ausgleich zwischen den betreffenden Ländern. Dennoch trägt diese Arbeitsteilung zu einer möglichst effektiven Nutzung der vorhandenen Arbeits- und Kapitalressourcen bei, was eine Steigerung der Produktion von Gebrauchsgütern in allen beteiligten Ländern und damit eine Steigerung des wechselseitigen Außenhandels ermöglicht.

4.

Ricardo, D., The Works and Correspondence of David Ricardo, Cambridge: Cambridge University Press 1951–73.

Churchman, N., 2001, David Ricardo on Public Debt, Basingstoke: Palgrave.

Henderson, J. P./Davis, J. B., 1997, The Life and Economics of David Ricardo, Dordrecht: Kluwer.

Hollander, S., 1995, Ricardo – The New View, London: Routledge.

Peach, T., 1993, Interpreting Ricardo, Cambridge: Cambridge University Press.

Marco Iorio

Romantik, politische

1.

Der Ausdruck »politische Romantik« wird in der heutigen politischen Sprache zur Bezeichnung einer Auffassung des Politischen benutzt, deren spezifischer Denkmodus die Realität strukturell verfehlt. In diesem Sinne hat der Begriff eine ideologiekritische Note. »Politische Romantik« orientiert sich demzufolge an Vorstellungen, die emotionale Authentizität zum Kriterium für den Wert politischer Stellungnahmen erheben und politische Assoziierungen auf Gefühle intimer Verbundenheit begründet sehen wollen, wodurch Kategorien, die aus dem familiären bzw. erotischen Bereich stammen, unzulässigerweise in die Sphäre des Politischen übertragen würden. Erscheinungsformen einer so verstandenen politischen Romantik zeigen sich sowohl in konservativen wie in linken oder alternativen Varianten: Gefühlsäußerungen der Liebe oder Sympathie bekommen im politischen Diskurs den Stellenwert von Argumenten; eine als integer verklärte Vergangenheit dient zur Kritik der zeitgenössischen Gesellschaft und zur normativen Orientierung gegenwärtigen politischen Handelns; durch unmittelbare Solidaritätsempfindungen zusammengehaltene Gemeinschaftsformen bilden die nichtentfremdete Alternative zur zweck- und vertragsförmigen Verfassung der modernen Gesellschaft; einer als »dekadent«, egoistisch, gefühl- und phantasielos desavouierten Zivilisation wird das vermeintlich unverdorbene oder empfindungsmächtigere Andere, Fremde, Exotische, Primitive gegenübergestellt, das sich entweder in Gestalt ferner Völker oder als Außenseiterexistenz innerhalb der »bürgerlichen« Gesellschaft kundtut; oder der Blick richtet sich auf eine schwärmerisch verehrte Persönlichkeit, von deren Charisma man sich die Erlösung aus der politischen bzw. gesellschaftlichen Not erhofft.

2.

2.1. Der Topos »politische Romantik« ist maßgeblich durch Carl Schmitts gleichnamige Schrift (1919) geprägt worden. Für die Romantiker ist nach Schmitt eine Bewusstseinsform typisch, die als »subjektivierter Occasionalismus« eine rein ästhetische Produktivität mit beliebig wechselnden politischen Präferenzen verbindet. Die eigene Aktivität besteht demnach lediglich aus der zustimmenden oder ablehnenden Begleitung fremden Handelns: Das romantische Subjekt äußere sich zu politischen Themen anlässlich einer Wahrnehmung, die eine jeweils stimmungsbedingte Empfindungsresonanz in ihm auslöst, in diesem Sinne »occasionell« und »subjektiv«, nicht jedoch aufgrund der Einsicht in kausale Zusammenhänge, die von einem festen Standort aus wertend erfasst werden. Der Begriff »politische Romantik« fungiert bei Schmitt als negativer Kontrastbegriff zu jener Haltung, die er selbst als essenziell politikadäquat ansieht: zur vorbehaltlos entschiedenen Parteinahme für eine politische »Sache«, die auf der Erkenntnis der Gegnerschaftsverhältnisse der eigenen historischen Situation beruht.

2.2. Schmitts Romantikschrift nimmt, explizit ins Politische gewendet, die Stoßrichtung der hegelschen Charakterisierung der »schönen Seele« und des »Bösen« in dessen *Phänomenologie des Geistes* (1807) auf, die zum Ausgangspunkt zahlreicher romantikkritischer Stellungnahmen nicht nur in Deutschland wurde. Trotz aller Differenzen zwischen Hegel und Schmitt in der Herleitung der Struktur romantischer Subjektivität richtet sich beider Kritik gleichermaßen gegen deren vorgebliche Unfähigkeit, tätig in die Zusammenhänge der Welt einzugreifen. Der Vorwurf eines bindungslosen, »auflösenden« Subjektivismus wurde der Romantik, speziell der Frühromantik, auch in anderen Weiterführungen der von Hegel inaugurierten Deutungslinie gemacht (vgl. Behler 1988, 80ff.): so von dem als »Nazi-Philosophen« bekannt gewordenen Alfred Bäumler (vgl. Bäumler 1926, 195) ebenso wie aus marxistischer Sicht von Georg Lukács (vgl. Lukács 1953, 171–179).

3.

3.1. Unter »politischer Romantik« im engeren Sinne eines Epochenbegriffs versteht die Romantikforschung die politischen Vorstellungen derjenigen Autorinnen und Autoren, die zu den »Romantikern« gezählt werden.

Die politische Entwicklung der *deutschen* Romantik wird – in starker Vereinfachung – häufig als Prozess einer schrittweisen Abwendung von der Revolutionsbegeisterung der frühen Romantiker zur reaktionären Spätromantik beschrieben (vgl. Schwering 1994).

Allerdings verarbeitet bereits die Frühromantik das Zeitgeschehen mittels einer Transformation des Politischen ins Ästhetische, Moralische und Utopische. So wie früher in der religiösen Weltsicht die Grundlagen des gesellschaftlichen Zusammenlebens zeichenhaft veranschaulicht wurden, soll nun durch die Poesie eine solche symbolische Einheit nach Maßgabe einer »neuen Mythologie« (Schlegel 1800, 312) wiedergewonnen werden (vgl. Frank 1982, 194–211). Mit seiner Rückwendung auf das christliche Mittelalter übt Novalis Kritik am modernen Rationalismus, der das Universum zum bloßen Mechanismus und den Staat zur »Fabrik« herabwürdige (vgl. Novalis 1798, 300), wodurch die geistige Dimension einer tragenden Idee verloren gehe. Es käme aber darauf an, dass in einer dynamischen Wechselbeziehung der Einzelne sich mit dem großen Individuum des Staates wiedererkennend identifiziere, wie umgekehrt jedes Individuum Repräsentant des Ganzen sein sollte (vgl. dazu Klinger 1995, 174–189).

Der für die Romantik zentrale Gedanke eines Goldenen Zeitalters ist in Novalis' programmatischer Schrift *Die Christenheit oder Europa* (1826) in eine triadische Geschichtsspekulation eingebettet. In dieser wird ein ursprünglicher Zustand unreflektierter Einheit einträchtigen Zusammenlebens von einem zweiten Zeitalter abgelöst, das geprägt ist von Zerrissenheit, »triumphirender Gelehrsamkeit« und der Inthronisation von »Wissen und Haben« anstelle der ursprünglichen Prinzipien »Glauben und Liebe« (vgl. Novalis 1826, 735 und 740). Die als drittes Stadium prophezeite Neuvereinigung der Menschen im Zeichen der Poesie und der Liebe malt der Autor so vieldeutig aus, dass offen bleibt, was von seinem Standpunkt höherer Indifferenz aus gemeint sein kann: der totalitäre Anspruch einer patriotischen Gesinnungsgemeinschaft, die Verklärung der Monarchie als poetischster Staatsform oder eher, wenn denn alle Menschen »thronfähig« werden (Novalis 1798, 294), der anarchistische Traum, schrankenlose schöpferische Freiheit in der Bundesgenossenschaft eines erdumspannenden Friedensreichs zu verwirklichen (vgl. Meuter 1999).

Die metapolitische Betrachtungsweise der Romantiker, die in erster Linie die kulturellen Voraussetzungen der Politik in Gestalt der sozialen Verknüpfungen zwischen den Menschen, geformt aus Gesinnung, Religion, Tradition und Poesie thematisiert, bildet die Voraussetzung für die explizit konservativen Positionen wichtiger Vertreter der Spätromantik. Die Grundzüge der romantischen Zurückweisung aufklärerischen Denkens sind in Burkes *Betrachtungen über die Französische Revolution* (1790) vorgezeichnet. Dass dort die Autonomieerklärung der Vernunft des Einzelnen als Kardinalfehler der Zeit beklagt wird, übernimmt Adam Müller von Burke ebenso wie dessen Verdikt gegen die »mechanische[n] Staatsweisheit« (Burke 1790, 132), insofern die vom »Uhrmacherverstand« der Theoretiker geleitete Konstruktion staatlicher Einrichtungen dem lebendigen, »organischen« Staatsganzen nicht gerecht werden könne (vgl. Müller 1809, 12–18, 37, 48, 180ff.). Dem Verständnis konservativer Romantik entspricht es, dass sie eine – freilich subjektivistisch eingefärbte – Erneuerung der Bindung an diejenigen Institutionen sucht, die ihr als Bewahrer überindividueller, die Zeiten überdauernder Traditionen gelten, so in der Hinwendung zum Katholizismus und zum Adel. Sie werden gepriesen als Garanten der Kontinuität gegen die Umwälzungen der aufkommenden bürgerlichen Industriegesellschaft und die alle Lebensbereiche durchdringende Verbreitung ökonomischen, effizienzorientierten Denkens, deren vereinzelnde und entfremdende Wirkungen die Romantiker wahrnehmen (vgl. Groh 2004).

Im europäischen Kontext wird die Romantik politisch wirksam durch die Idee, Kunst als Ausdruck der je eigenen Nationalkultur zu verstehen, verbunden mit einer Glorifizierung intuitiver Schöpfung gegenüber allen Formen der Regel-Poetik. Dabei sind die politischen Wertungen allerdings uneinheitlich. So kennt z.B. das nachrevolutionäre Frankreich zunächst Chateaubriands ästhetizistisch-melancholische Apologie des Christentums, seit den 1830er Jahren aber auch Victor Hugos antirestaurative Schilderhebung der Romantik zur Freiheitserklärung gegen bürgerlich-konventionelle Erstarrung, zum »*libéralisme* en littérature« (vgl. Engler 2003, 102–108, 137–144). Typisch für das romantische Verhältnis zur Politik ist jene Verschiebung, die sich bei dem englischen Romantiker William Wordsworth vollzieht: Die übersteigerten Hoffnungen in die Französische Revolution verlagern sich von der Ebene der politischen Menschheitsgeschichte auf eine Umwälzung innerhalb der Seele des einzelnen Individuums, auf eine spirituelle und moralische Erneuerung, die die Spaltung von Subjekt und Objekt, von Geist und Natur überwinden soll (vgl. Abrams 2006).

3.2. Die in sich widersprüchliche Vielfalt möglicher Anknüpfungen an Motive der politischen Romantik erweist sich v.a. in den neuromantischen, antiliberalen und antibürgerlichen Strömungen zu Beginn des 20. Jahrhunderts. Die Adam-Müller-Renaissance der 1920er Jahre will gegenüber dem liberalen Individualismus und Parlamentarismus vermeintlich »natürliche« Gliederungsformen, v.a. auf berufsständischer Grundlage, als überlegene Modi der Vergemeinschaftung erweisen. Für die sog. konservative Revolution (u.a. Arthur Moeller van den Bruck, Oswald Spengler, Hans Freyer, Ernst Jünger) sind Vorstellungen einer Neuerrichtung »organischer« Ordnungen der Nation ebenfalls von zentraler Bedeutung, allerdings häufig verbunden mit modernistischen Zügen technikfreundlicher »Sachlichkeit« und mit teilweise deutlicher Absetzung von »schwächlicher«, eben »romantischer« Verklärung früherer Zeiten. Die Verherrlichung des jenseits aller Normen und Regeln unbeschränkt agierenden politischen Führertums (vgl. etwa Freyer 1925, 202f.) ist eine besonders brisante Übertragung der romantischen Auffassung vom poetischen Genie und seiner schöpferischen Freiheit ins Politische. Als mindestens ebenso folgenschwer hat sich die Verwendung der Dichotomie »schöpferisch-unschöpferisch« in den Rassenlehren des 19. und frühen 20. Jahrhunderts erwiesen, mit entsprechender Parallelisierung zu »arisch-jüdisch« (vgl. Schmidt 1985, 213–237).

Als Vordenker eines *linken* romantischen Antikapitalismus im 20. Jahrhundert kann Gustav Landauer gelten. Landauer wirft dem zeitgenössischen Marxismus deterministisches Denken, Wissenschaftsgläubigkeit sowie eine Fixierung auf den Staat und den Kampf um die Macht vor. Wirklich radikale Gesellschaftsveränderung erfordere demgegenüber eine Umwandlung des Einzelnen, der das »autonome Individualgefühl« (Landauer 1903, 30), brutalen Egoismus und abstraktes Begriffsdenken hinter sich lässt und sich selbst als Teil des Lebensstroms von Natur und Mitwelt erfährt. Die Neuvereinigung der Menschen kann aus dieser Sicht nur durch den Auszug aus dem System der bürgerlichen Gesellschaft, mit der Gründung von Siedlungen veränderungsbereiter Menschen verwirklicht werden.

3.3. Karl Mannheim hat auf den Einfluss hingewiesen, den romantische Intellektuelle auf den Prozess des Reflexivwerdens traditionaler Verhaltensweisen genommen haben. Indem sie gemeinschaftsgebundene Praktiken und religiös geprägte Bewusstseinsformen, über die der bürgerliche Rationalismus hinweggeht, auf »Prinzipien« zurückgeführt und zu expliziten Konzepten sowie zu erhaltenswerten Gegenständen gemacht hätten, seien die vorher unbefragt ausgeübten tradierten Handlungsweisen paradoxerweise ihrerseits in Konstrukte und Ideologien verwandelt worden (vgl. Mannheim 1925, 84ff., 146–149). In einer antirationalistischen Umkehrung sei so »Denken« an die der gedanklichen Konstruktion vermeintlich überlegene Praxis, an die Dynamik des »Lebens« bzw. an partikulare Lebensformen zurückgebunden worden. »Romantisch« ist dabei nach Mannheim insbesondere die Vorstellung, dass alle schöpferische Kraft sich aus vortheoretischen Quellen eines »Volksgeistes« (Savigny) speise, von denen ein nichtentfremdetes, nichtabstraktes Denken ausgehen müsse (vgl. Mannheim 1925, 195–215).

Die romantische Vorstellung, das Individuum könne nur als Teil eines höheren, als überrational schöpferisch verstandenen Organismus zu einem sinnvollen Leben befähigt werden, hat für die nationalistischen Bewegungen des 19. und 20. Jahrhunderts eine gewichtige Rolle gespielt. Diese entstehen Isaiah Berlin zufolge in einer historischen Phase, in der bereits ein Abbau traditionaler Loyalitätsbindungen stattgefunden hat, und werden von Intellektuellen getragen, deren bedrohtes oder gekränktes Gruppenbewusstsein eine neue Vision kollektiver Selbstidentifikation sucht (vgl. Berlin 1979, 483–489).

In modernen Emanzipationsbewegungen ist ferner zu beobachten, wie sich neben einer »rationalistischen«, auf Gleichstellung und Angleichung zielenden Richtung eine alternative Variante herausbildet, deren Affinität zur Romantik sich darin zeigt, dass sie ebenfalls die Bedeutung qualitativer Differenzen betont, bis in signifikante Details hinein deren Kritik an der Dominanz westlich-männlicher Rationalitätsstrukturen teilt und eine »neue Weiblichkeit« entdeckt bzw. die »Andersheit« der Unterdrückten positiv umwertet, wie in Leopold Senghors Konzept der »africanité« (vgl. Klinger 1986). Politische Romantik wäre demnach bis heute virulent in vielfältigen Bestrebungen nach kollektivem Selbstausdruck und Diversität betonender Eigengeltung.

Nach Charles Taylor ist die romantische Gesellschaftskritik eine Reaktion auf die Verbreitung jener »desengagierten« Haltung, mittels derer das isolierte Individuum den Umgang mit den Naturkräften aus externer Perspektive kalkuliert, wobei sich die vormoderne Einbettung der Identität in eine sinnerfüllte kosmische Ordnung auflöst (vgl. Taylor 1989, 716–728, 860–866; Taylor 1985, 256–279). Die Romantik beklage die Verluste, die eine Vorherrschaft instrumenteller Vernunft zur Folge habe: die »Entzauberung« der Natur zum neutralisierten Ort einer Realisierung von Zwecken, die innersubjektive Spaltung zwischen Vernunft und Sinnlichkeit und das Verschwinden der vielgestaltigen intersubjektiven Gemeinschaftsbindungen. Im Gegenzug habe die Romantik, an Rousseau anknüpfend, betont, dass die volle Freiheit des Menschen erst dann verwirklicht sei, wenn eine »höhere« Einheit seiner Vernunfteigenschaft einerseits und seiner Begehrensnatur andererseits gewonnen und als Ausdruck der eigenen Persönlichkeit gestaltet werde. Mit einer so verstandenen Freiheit könnten Konsumgewohnheiten, Bürokratie und die unbegrenzte wirtschaftliche Akkumulation in Widerspruch geraten, wenn diese als Abkehr vom Wesentlichen, von der Natur, von nichtentfremdeten menschlichen Beziehungen und als Zwangsgehäuse eines gesellschaftlichen Konformismus empfunden würden. Die Auseinandersetzung mit jenen Bewegungen, die aus der Sicht einer instrumentell-rationalen Modernität gern unter dem pejorativ gemeinten Titel einer »politischen Romantik« zusammengefasst werden, wäre insofern zurückzuführen auf einen immanenten Konflikt zweier Perspektiven moderner Subjektivität, die beide gleichermaßen in der »Tiefenstruktur« moderner Gesellschaften verankert sind: dem Streben nach rationaler Kontrolle der individuellen wie der kollektiven Lebensbedingungen, die grundlegend für die Autonomievorstellungen der Subjekte ist, einerseits und andererseits dem Anspruch, gegen die Vereinseitigungen der Aufklärung die »Stimme sensibler Subjekterfahrung« (Brunkhorst 1986, 491) zur Geltung zu bringen.

4.

Abrams, M. H., 2006, English Romanticism, in: M. O'Neill/M. Sandy (Hg.), Romanticism, London: Routledge.

Bäumler, A., 1926, Von Winckelmann zu Bachofen, in: ders., Studien zur deutschen Geistesgeschichte, Berlin: Junker und Dünnhaupt 1937.

Behler, E., Studien zur Romantik und zur idealistischen Philosophie, Paderborn: Schöningh 1988.

Berlin, I., 1979, Wider das Geläufige, Frankfurt/M.: Fischer 1994.

Brunkhorst, H., 1986, Romantik und Kulturkritik, in: Merkur 436.

Burke, E., 1790, Betrachtungen über die Französische Revolution, Frankfurt/M.: Suhrkamp 1967.

Engler, W., 2003, Die französische Romantik, Tübingen: Narr.

Frank, M., 1982, Der kommende Gott. Vorlesungen über die neue Mythologie, Frankfurt/M.: Suhrkamp.

Freyer, H., 1925, Der Staat, Leipzig: Rechfelden 1926.

Groh, A., 2004, Die Gesellschaftskritik der Politischen Romantik, Bochum: Winkler.

Hegel, G. W. F., 1807, Phänomenologie des Geistes, Frankfurt/M.: Suhrkamp 1977.

Klinger, C., 1986, Modernisierungsorientiertes oder traditionsorientiertes Emanzipationskonzept?, in: M. Andreas-Grisebach/B. Weisshaupt (Hg.), Was Philosophinnen denken, Bd. II, Zürich: Ammann.

Klinger, C., 1995, Flucht Trost Revolte. Die Moderne und ihre ästhetischen Gegenwelten, München: Hanser.
Kompridis, N., 2006 (Hg.), Philosophical Romanticism, London: Routledge.
Landauer, G., 1903, Skepsis und Mystik, Berlin: Fleischel.
Lukács, G., 1953, Skizze einer Geschichte der neueren deutschen Literatur, Neuwied: Luchterhand 1963.
Mannheim, K., 1925, Konservatismus. Ein Beitrag zur Soziologie des Wissens, Frankfurt/M.: Suhrkamp 1984.
Meuter, G., 1999, Der janusgesichtige Novalis, in: U. Helduser/J. Weiß (Hg.), Die Modernität der Romantik, Kassel: Kassel University Press.
Müller, A., 1809, Elemente der Staatskunst, Halbbd. 1, Jena: Fischer 1922.
Novalis, 1798, Glauben und Liebe und Politische Aphorismen, in: Schriften, Bd. 2, Darmstadt: WBG 1999.
Novalis, 1826, Die Christenheit oder Europa. Ein Fragment (verfasst 1799), in: Schriften, Bd. 2, Darmstadt: WBG 1999.
Schlegel, F., 1800, Gespräch über die Poesie, in: Kritische Friedrich-Schlegel-Ausgabe, Bd. 2, Paderborn: Schöningh, Zürich: Thomas 1967.
Schmidt, J., 1985, Die Geschichte des Genie-Gedankens in der deutschen Literatur, Philosophie und Politik 1750–1945, Bd. 2, Darmstadt: WBG.
Schmitt, C., 1919, Politische Romantik, Berlin: Duncker & Humblot 1982.
Schwering, M., 1994, Politische Romantik, in: H. Schanze (Hg.), Romantik-Handbuch, Stuttgart: Kröner 2003.
Taylor, C., 1985, Negative Freiheit?, Frankfurt/M.: Suhrkamp 1999.
Taylor, C., 1989, Quellen des Selbst, Frankfurt/M.: Suhrkamp 1996.

Henrique Ricardo Otten

Rorty, Richard (1931–2007)

1.

Richard Rorty, geboren in New York, entwickelte eine der wirkungsmächtigsten Positionen des Neopragmatismus. Sein Werk umfasst Schriften zur Epistemologie, zur Philosophie des Geistes und zur Sozialphilosophie und politischen Philosophie. Von 1946 bis 1952 studierte Rorty Philosophie in Chicago (u.a. bei R. Carnap); er promovierte 1956 in Yale und nahm zwei Jahre später eine Lehrtätigkeit am Wellesley College auf. 1961 wechselte er nach Princeton und ging 1982 als Professor of the Humanities an die University of Virginia. Bekannt wurde Rorty mit seinem 1979 veröffentlichten Buch *Der Spiegel der Natur* (*Philosophy and the Mirror of Nature*), in dem er eine Kritik der Philosophie im Allgemeinen und der Epistemologie im Besonderen vorlegte. Sein zweites Hauptwerk, in dem er die Fragestellung seines ersten Buches auf gesellschaftsphilosophische Fragen ausweitete, veröffentlichte er 1989 unter dem Titel *Kontingenz, Ironie und Solidarität* (*Contingency, Irony and Solidarity*). 1998 wurde er Professor für Vergleichende Literaturwissenschaften in Stanford, wo er bis zu seiner Emeritierung im Jahr 2005 tätig war. Rorty starb 2007 in Palo Alto.

2.

Die ersten 20 Jahre seiner akademischen Laufbahn arbeitet Rorty zu den damals vorherrschenden Fragen der analytischen Philosophie. In *Philosophy and the Mirror of Nature* präsentiert er eine Kritik der vorherrschenden analytischen und europäischen Philosophie. Dort verfolgt Rorty das Ziel, den von J. Dewey und W. James geprägten Pragmatismus unter den Vorzeichen der linguistischen Wende für die Philosophie fruchtbar zu machen. Zudem intendiert Rorty auch aufzuzeigen, welche Form die geistige Kultur in einer postmetaphysischen Welt annehmen kann. Dies ist das Thema von *Contingency, Irony and Solidarity*. Seine neopragmatische Position baut Rorty in einer Vielzahl von Aufsätzen weiter aus, durch die er einer breiten Leserschaft auch jenseits der Universität bekannt wurde.

3.

In *Philosophy and the Mirror of Nature* kritisiert Rorty die nach seiner Auffassung seit R. Descartes, J. Locke und I. Kant vorherrschende Stellung der Epistemologie innerhalb der Philosophie sowie den Repräsentationalismus, dem zufolge Wissen die geistige Spiegelung einer externen, objektiven Welt ist. Diese Kritik nimmt eine doppelte Form an: Zum einen entwickelt Rorty eine Genealogie der modernen Philosophiegeschichte mit der Absicht, unhinterfragte Prämissen des Repräsentationalismus aufzudecken und zu veranschaulichen. Zum anderen bezieht er sich neben den Schriften von L. Wittgenstein, T. Kuhn und D. Davidson insbesondere auf W. V. O. Quines Kritik an der Unterscheidung zwischen dem Begrifflichen und dem Gegebenen sowie W. Sellars' Angriff auf den Mythos des Gegebenen, um interne Unstimmigkeiten im Repräsentationalismus und Essentialismus zu kritisieren.

3.1. Diese Kritik wird von Rorty in *therapeutischer* Absicht vorgetragen. Es geht ihm nicht darum, eine neue Antwort auf die klassischen Probleme der Epistemologie anzubieten, sondern sein Ziel ist es, die Philosophie von ihren metaphysischen Scheinproblemen zu befreien und so einen Paradigmenwechsel herbeizuführen.

3.2. Rorty richtet sich gegen die Korrespondenztheorie der Wahrheit und propagiert stattdessen eine kontextualistische Wahrheitskonzeption. Daran angelehnt ist Rortys Ethnozentrismus. Demnach kann die Wahrheit bzw. Rationalität eines Urteils nicht absolut bestimmt werden; vielmehr ist diese relativ zu der Rechtfertigbarkeit des Urteils gegenüber den Mitgliedern der jeweiligen epistemischen Gemeinschaft.

3.3. Im US-amerikanischen Liberalismus sieht Rorty seine eigenen Überzeugungen am besten zum Ausdruck gebracht. Der Kern des Liberalismus besteht ihm zufolge in dem Wunsch, Leiden zu vermeiden und selbstbestimmt zu leben. Rorty formuliert sein Ideal in der Haltung der ›liberalen Ironikerin‹. Diese vertritt die Werte des Liberalismus, obwohl sie sich der Kontingenz ihres eigenen Standpunktes bewusst ist, und verzichtet auf eine philosophische Grundlegung des Liberalismus unter Zuhilfenahme transzendentaler Argumente; ihre Strategie besteht darin, den Kreis der Solidarität und des Mitgefühls (z. B. durch sentimentale Erzählungen) zu erweitern. Für Rorty sind Strategien zur Verbesserung der sozialen Welt, die auf das menschliche Empfinden aufbauen, erfolgversprechender als solche, die sich einer rationalen Argumentation bedienen. Nach Rorty bedeutet dies, dass die Philosophie ihren Anspruch aufgeben muss, politische Prinzipien zu bestimmen; vielmehr genießt die demokratische Politik einen Vorrang gegenüber der Philosophie. Ein Beispiel für die geforderte Bescheidenheit der Philosophie sieht Rorty in den späten Schriften von J. Rawls, insbesondere in dessen Bekenntnis zur liberalen Gesellschaftstradition als Grundlage seiner Theorie. Rorty ist der Auffassung, dass den liberalen Zielen am besten gedient wird, wenn strittige Fragen der Lebensführung aus dem Bereich der Öffentlichkeit in den Bereich des Privaten verbannt werden. Deswegen trennt er kategorial zwischen der privaten und der öffentlichen Sphäre.

Rortys Überzeugung von der Historizität und Kontingenz moralischer Praktiken und Diskurse ist ihm oft als Relativismus ausgelegt worden. Seines Erachtens liefert die politische Erfahrung aber eine pragmatische Rechtfertigung etwa der Menschenrechte, deren Leistungsfähigkeit sich auch in multikulturellen Gesellschaften und im internationalen Kontext erwiesen habe.

4.

Rorty, R. (Hg.), 1967, The Linguistic Turn, Chicago: University of Chicago Press.

Rorty, R., 1979, Der Spiegel der Natur, Frankfurt/M.: Suhrkamp 1982.

Rorty, R., 1982, Consequences of Pragmatism, Minneapolis: University of Minnesota Press.

Rorty, R., 1988, Solidarität oder Objektivität?, Stuttgart: Reclam.

Rorty, R., 1989, Kontingenz, Ironie und Solidarität, Frankfurt/M.: Suhrkamp.

Rorty, R., 1998, Stolz auf unser Land. Die amerikanische Linke und der Patriotismus, Frankfurt/M.: Suhrkamp.

Rorty, R., 1991–2007, Philosophical Papers, 4 Bde., Cambridge: Cambridge University Press.
Rorty, R., 2003, Wahrheit und Fortschritt, Frankfurt/M.: Suhrkamp.

Brandom, R. (Hg.), 2000, Rorty and His Critics, Oxford: Blackwell.
Festenstein, M./Thompson, S. (Hg.), 2001, Richard Rorty, Cambridge: Polity.
Malachowski, A. (Hg.), 1990, Reading Rorty, Oxford: Blackwell.
Malachowski, A. (Hg.), 2002, Rorty, 4 Bde., London: Sage Publications.
Saatkamp, J. S. (Hg.), 1995, Rorty and Pragmatism, Nashville: Vanderbilt University Press.
Schäfer, S./Tietz, U./Zill, R. (Hg.), 2001, Hinter den Spiegeln, Frankfurt/M.: Suhrkamp.

Christoph Broszies

Rousseau, Jean-Jacques (1712–1778)

1.

Der in Genf geborene Rousseau ließ sich nach abgebrochenen Lehren und Tätigkeiten als Musiklehrer, als Hauslehrer und als Botschaftssekretär in Venedig 1744 in Paris nieder. Im Jahr 1749 verfasste er die Artikel über Musik für die *Encyclopédie* und bewegte sich im Kreis der Enzyklopädisten, darunter Diderot, Grimm und d'Holbach. Die von der Académie de Dijon ausgelobte Preisfrage »Hat der Wiederaufstieg der Wissenschaften und Künste zur Läuterung der Sitten beigetragen?« veranlasste ihn, den *Diskurs über die Wissenschaften und Künste* (*Discours sur les sciences et les arts*, 1749, der sog. *Erste Diskurs*) zu schreiben, der 1750 preisgekrönt wurde. 1753 schrieb die *Académie* einen weiteren Wettbewerb aus mit der Frage »Welches ist der Ursprung der Ungleichheit unter den Menschen, und ob sie durch das natürliche Gesetz autorisiert wird?«, die Rousseau zu seinem *Diskurs über die Ungleichheit* (*Discours sur l'inégalité*, 1755, der sog. *Zweite Diskurs*) motivierte. Im Jahr 1762 erschien *Vom Gesellschaftsvertrag oder Grundsätze des Staatsrechts* (*Du contrat social ou principes du droit politique*). Rousseaus Roman *Emil oder über die Erziehung* (*Emile ou de l'éducation*, 1762) kam in den Handel, wurde aber vom Pariser Parlament verurteilt. Es folgten Jahre der Flucht vor den Behörden. 1778 ließ er sich in Ermenonville nieder, wo er am 2. Februar starb.

2.

Der Autodidakt Rousseau interessierte sich für eine Vielzahl von Themen aus verschiedenen Disziplinen. Zunächst stand die Musik im Vordergrund; so entwickelte er 1741/42 ein neues Notensystem, verfasste musiktheoretische Schriften wie die *Dissertation sur la musique moderne* (*Abhandlung über die moderne Musik*) und schrieb auch selbst Opern, 1745 *Les muses galantes* (*Die galanten Musen*) und 1752 *Le devin du village* (*Der Dorfwahrsager*). Mit Anthropologie und politischer Philosophie begann er sich erst 1749 vertieft zu beschäftigen, als er die Ausschreibung der Preisfrage las, die ihn zum Verfassen des *Ersten Diskurses* motivierte. Später beschrieb er dieses Ereignis als eine Art von Bekehrung, welche ihn für »Wahrheit, Freiheit, Tugend« (Rousseau 1782, 346) begeistert habe. Nach dem Erfolg insbesondere des *Contrat social* befasste er sich mit der Frage der politischen Umsetzung seiner Prinzipien (*Projet de constitution pour la Corse*/*Entwurf einer Verfassung für Korsika*, 1764–1765 entstanden, 1861 erschienen; *Considérations sur le gouvernement de Pologne*/*Betrachtungen über die Regierung Polens*, 1771 fertig gestellt, 1782 in Auszügen veröffentlicht). Sein Interesse galt jedoch keineswegs nur politischen Problemen, wie die Abfassung des Briefromans *La nouvelle Héloïse* (*Die neue Héloise*, erschienen 1761) und der pädagogischen Schrift *Emile* (erschienen 1762) zeigt. In Rousseaus letztem Lebensabschnitt dominieren autobiographische Werke: 1764 begann er mit der Arbeit an seinen *Confessions* (*Bekenntnisse*, nach dem Vorbild der *Confessiones* des Aurelius Augustinus), 1772 mit der

Rechtfertigungsschrift *Rousseau juge de Jean-Jacques* (*Rousseau, Richter über Jean-Jacques*), 1776 mit den *Rêveries du promeneur solitaire* (*Träumereien des einsamen Spaziergängers*). Alle diese Schriften wurden erst nach seinem Tod veröffentlicht (die *Confessions* 1782–1789, die *Rêveries* und *Rousseau juge de Jean-Jacques* 1782). Rousseau selbst legte Wert auf die Feststellung, er habe zwar über unterschiedliche Themen geschrieben, dabei aber immer dieselben Maximen und Überzeugungen vertreten (vgl. Rousseau 1959–85, IV, 928).

3.

3.1. »Alles ist gut, wie es aus den Händen des Schöpfers kommt; alles entartet unter den Händen des Menschen.« (Rousseau 1762b, 9) Diese anthropologische und kulturkritische These durchzieht das Werk von Rousseau wie ein Leitmotiv. Vom ersten Diskurs über den Fortschritt der Künste und Wissenschaften an beschäftigt ihn die Frage nach dem Wert des zivilisatorischen Fortschritts. In diesem versucht Rousseau nachzuweisen, dass Künste und Wissenschaften den Menschen nicht gebessert, sondern vielmehr zu dessen Degeneration beigetragen haben. Im zweiten *Diskurs über die Ungleichheit* widmet er sich der Frage, wie aus dem Menschen des Urzustands, den er als frei postuliert, der abhängige Mensch seiner Zeit werden konnte. Das »Experiment« (Rousseau 1755, 49) eines Naturzustandes, in dem der Mensch unzivilisiert und ohne gesellschaftliche Institutionen lebt, soll dazu dienen, zu unterscheiden, was in der zeitgenössischen Natur des Menschen ursprünglich und was künstlich ist. Rousseau verfolgt damit das Anliegen, die zu seiner Zeit bestehenden Ungleichheiten als Produkt der Zivilisation zu brandmarken. Sein Bild des natürlichen Menschen zeigt ein Tier, das zwar schwächer und langsamer als andere Lebewesen, dafür aber vorteilhafter organisiert ist (vgl. ebd., 79). Abgesehen von seiner Fähigkeit, sich von seinen Instinkten zu distanzieren – seiner Willensfreiheit –, unterscheidet sich der natürliche Mensch in seiner Lebensweise kaum vom Tier (vgl. ebd., 101). In diesem Zustand sind die Menschen weder gut noch böse und kennen weder Laster noch Tugenden (ebd., 135). Antrieb ihrer Handlungen ist der Selbsterhaltungstrieb, den Rousseau »amour de soi« nennt (ebd., 57). Neben diesem führt Rousseau eine zweite vorrationale »Operation der menschlichen Seele« an, das Mitleid (*pitié*): Es flöße »einen natürlichen Widerwillen [...] ein, irgendein empfindendes Wesen, und hauptsächlich unseren Mitmenschen, umkommen oder leiden zu sehen« (ebd., 57).

Im ursprünglichen Naturzustand gibt es kaum Ungleichheiten, da diese Rousseau zufolge aus der »wechselseitigen Abhängigkeit der Menschen und den gegenseitigen Bedürfnissen« (ebd., 167) resultieren, von denen der natürliche Mensch noch frei ist. Das ändert sich mit der Ausbreitung des Menschengeschlechts, die den Menschen in die Situation bringt, sich mit anderen zu vergleichen. Die Wahrnehmung von Rangverhältnissen markiert den Beginn der Reflexion (vgl. ebd., 177), durch die der natürliche Mensch größere Kunstfertigkeit entwickelt. Die Epoche einer »ersten Revolution« setzt ein, in der Familien gegründet werden und es zur Einführung einer Art von Eigentum kommt (vgl. ebd., 181). Die Lebensweise der Geschlechter beginnt sich zu unterscheiden, und die neuen Bequemlichkeiten sorgen für die Verweichlichung des zuvor bedürfnislosen natürlichen Menschen. Trotz der beginnenden Verfallserscheinungen nennt Rousseau diese Periode »die wahrhafte Jugend der Welt« (ebd., 195), ein Zustand, der als »rechte Mitte zwischen der Indolenz des anfänglichen Zustandes und der ungestümen Aktivität unserer Eigenliebe« der beste für den Menschen gewesen sei (ebd., 193). Er endet mit der »großen Revolution«, der Erfindung von Metallurgie und Ackerbau (ebd., 197), welche zur Aufteilung des Bodens und zur Arbeitsteilung führt (vgl. ebd., 201), was Konkurrenz und Rivalität entstehen lässt (vgl. ebd., 209). Aus ursprünglich gleichen Menschen werden nun Herren und Knechte, es entstehen andauernde Konflikte zwischen dem Recht des Stärkeren und dem Recht des ersten Besitznehmers (ebd., 211), diese münden in einen Kriegszustand, der insbesondere für die Reichen nachteilig ist: Sie müssen jederzeit damit rechnen, ihrer Güter mit Gewalt beraubt zu werden, solange sie keinen Rechtstitel auf sie haben (vgl. ebd., 215). Deshalb entwickelt der Reiche einen perfiden Plan (vgl. ebd., 215): Er überzeugt seine Mitmenschen davon, sich unter einer höchsten Gewalt zu vereinigen. Diese Gewalt soll – so macht der Reiche glauben – die Schwachen schützen, die Starken in Schranken halten, jedem seinen Besitz sichern, äußere Feinde abwehren und Eintracht schaffen. »Alle liefen auf ihre Ketten zu, im Glauben, ihre Freiheit zu sichern« (ebd., 217), so Rousseau, und hier liegt seiner Meinung nach der »Ursprung der Gesellschaft und der Gesetze« (ebd., 219). Durch den Abschluss dieses »Betrugsvertrags« werden die bestehenden Ungleichheiten verrechtlicht. Es erwächst als das letzte Stadium der Ungleichheit ein Despotismus (ebd., 263), in dessen Analyse die Kulturkritik von Rousseau gipfelt, denn dies ist das Stadium, in dem sich seiner Ansicht nach die absolutistischen Staaten seiner Zeit befinden. Der Grund dafür, dass der Mensch nicht in seinem ursprünglichen Zustand oder in jenem optimalen, von Rousseau »Jugend der Welt« genannten Stadium bleiben konnte, ist eine anthropologische Konstante: die Fähigkeit zur Vervollkommnung (*perfectibilité*). Ein Verharren in einem Stadium oder die Rückkehr zu einer bestimmten Entwicklungsstufe sind dem Menschen somit unmöglich, ein ›Zurück zur Natur‹ kann es laut Rousseau nicht geben (vgl. ebd., 75, 319).

3.2. Nicht die Natur birgt die Lösung des Problems, sondern die Kunst, wie Rousseaus Ausführungen zur Vertragstheorie deutlich machen sollen: Nur eine artifizielle gesellschaftliche Ordnung nach dem Modell von Rousseaus Schrift *Vom Gesellschaftsvertrag* (Rousseau 1762b) kann die Missstände des Naturzustandes und des aus ihm erwachsenen Despotismus beheben. Das Thema des Naturzustandes selbst interessiert Rousseau hier nicht näher; er begnügt sich mit der Feststellung, dass die Hindernisse im Naturzustand irgendwann die Kräfte der Menschen übersteigen und diese daher gezwungen sind, einen Ausweg zu suchen (vgl. ebd., I, 6), der darin besteht, einen Gesellschaftsvertrag zu schließen. Dabei stellt sich die Frage, wie die als triebhaft und instinktgeleitet beschriebenen Individuen, die erst im Staat vernünftig und sittlich werden (vgl. ebd., I, 8), zum Vertragsschluss motiviert werden können. Dazu wäre »es nötig, dass die Wirkung zur Ursache werde, dass der Gemeinsinn, der das Werk der Errichtung sein soll, der Errichtung selbst vorausgehe und dass die Menschen schon vor den Gesetzen wären, was sie durch sie werden sollen« (ebd., II, 7, 46). Zur Lösung dieses Problems führt Rousseau die Figur des Gesetzgebers (*législateur*) ein, durch dessen Amt die Republik errichtet wird (ebd., II, 7, 44). Er hat keine Gesetzgebungsbefugnis (ebd., II, 7, 45), sondern instituiert lediglich eine Art von Grundgesetz. Das Amt des Gesetzgebers findet keinen Eingang in die Verfassung; es ist obsolet, sobald der Gesetzgeber die Individuen unter Berufung auf seine göttliche Sendung zum Abschluss des Gesellschaftsvertrages bewegt hat (ebd., II, 7, 46 f.).

Im Unterschied zur Vertragstheorie des Absolutismus (als deren Kronzeugen Rousseau Grotius, Hobbes und Pufendorf benennt), soll es beim Vertragsschluss nicht so sein, dass einer der Vertragspartner auf alle seine Rechte verzichtet, während der andere (der Souverän) sämtliche Rechte erhält bzw. behält (siehe 3.1.). Für Rousseau wäre »es ein nichtiger und widersprüchlicher Vertrag, einerseits unumschränkte Macht und andererseits unbegrenzten Gehorsam zu vereinbaren« (ebd., I, 4, 11). Laut Rousseau versuchen Grotius, Hobbes und Pufendorf, den Verlust von Rechten seitens der Bürger durch den Verweis auf Schutz und Frieden zu legitimieren, die der absolutistische Herrscher gewährleisten soll. Ein sicheres, friedvolles Leben ohne Freiheit (*liberté*) aber ist für Rousseau wertlos: »Auf seine Freiheit verzichten heißt auf seine Eigenschaft als Mensch, auf seine Menschenrechte, sogar auf seine Pflichten verzichten.« (ebd., I, 4, 11) Rousseaus Modell des Gesellschaftsvertrages soll das »grundlegende Problem« (ebd., I, 6, 17), Freiheit und Sicherheit zu vereinbaren, lösen. Dieser Vertrag impliziert die »völlige Entäußerung« (*aliénation totale*) aller Individuen an das gesamte Gemeinwesen (ebd., I, 6, 17). Ausnahmslos alle treten ihre Rechte ab, wodurch Gleichheit hergestellt wird. Die Verhältnisse zwischen den Vertragspartnern sind reziprok und symmetrisch: »Man sieht [...], dass der Akt des Zusammenschlusses eine gegenseitige Verpflichtung von Öffentlichkeit und Einzelnen enthält und dass jeder Einzelne, indem er sozusagen mit sich selbst einen Vertrag schließt, sich in doppelter Hinsicht verpflichtet findet, nämlich als Glied des Souveräns gegenüber den Einzelnen und als Glied des Staates gegenüber dem Souverän.« (ebd., I, 7, 19) Dadurch wird die Volkssouveränität etabliert: Jedes Individuum ist Teilhaber der Souveränität und gleichzeitig Untertan, da »jeder, indem er sich mit allen vereinigt, nur sich selbst gehorcht und genauso frei bleibt wie zuvor« (ebd., I, 6, 17). Freiheit definiert Rousseau als »Gehorsam gegen das selbstgegebene Gesetz« (ebd., I, 8, 23). Da jeder Bürger als Glied des Souveräns an der Gesetzgebung partizipiert, ist er frei, wenn er als Untertan den Gesetzen unterworfen ist: Er gehorcht nicht einem fremden Willen, sondern seinem eigenen; er ist autonom. Während etwa Hobbes ein Konzept negativer Freiheit vorstellt, das als »Schweigen der Gesetze« definiert wird (vgl. Hobbes 1651, XXI) – frei ist der Bürger in den Bereichen, in die sich der Staat nicht einmischt – vertritt Rousseau ein Konzept positiver Freiheit, welche in der Partizipation des Bürgers an den politischen Entscheidungen besteht (vgl. Berlin 1959).

3.3. Rousseau zufolge sollen Abstimmungen über einzelne Gesetze per Stimmenmehrheit entschieden werden (vgl. Rousseau 1762b, IV, 2, 115f.). Es ist demnach möglich, dass jemand in einer Abstimmung unterliegt und sich dem Willen der Mehrheit beugen, d.h. sich einem Gesetz unterwerfen muss, das er nicht selbst gewollt hat. Mit Hilfe des Begriffs des *Gemeinwillens* (*volonté générale*) versucht Rousseau seine Behauptung aufrechtzuerhalten, jeder gehorche in diesem System »nur sich selbst«. Die Formulierung des Gesellschaftsvertrages lautet folgendermaßen: »Gemeinsam stellen wir alle, jeder von uns seine Person und seine Kraft unter die oberste Richtschnur des Gemeinwillens.« (ebd., I, 6, 189) Die Vertragspartner verpflichten sich damit, fortan ihren Sonderwillen (*volonté particulière*) zurückzustellen. Gemeint ist dabei folglich nicht, dass bei einer Abstimmung alle ihren partikularen Willen äußerten und die Minderheit sich der Mehrheitsentscheidung zu beugen hätte. Auf solche Weise erhielte man nicht den Gemeinwillen, sondern nur den Willen aller (*volonté de tous*): eine Aggregation von Sonderwillen. Der Sonderwille aber, welcher der Wille einer Person oder auch einer Gruppe sein kann, ist niemals auf das Gemeinwohl gerichtet, sondern auf das Wohl der betreffenden Person bzw. Gruppe. Die Bürger werden daher bei einer Abstimmung nicht gefragt, was ihrem Sonderwillen entspricht, sondern vielmehr, ob eine Gesetzesvorlage mit dem Gemeinwillen übereinstimmt oder nicht (vgl. ebd., IV, 2, 117). Derjenige, dessen Meinung unterliegt, hat sich demzufolge geirrt oder war nicht willens, dem Gemeinwillen zur Durchsetzung zu verhelfen (vgl. ebd.). Für ihn gilt: »[Wer] immer sich weigert, dem Gemeinwillen zu folgen, [wird] von der gesamten Körperschaft dazu gezwungen [...], was nichts anderes heißt, als dass man ihn zwingt, frei zu sein.« (ebd., I, 7, 21) Damit ist er nicht einem fremden Willen – dem der Mehrheit – unterworfen, denn der Gemeinwille ist ja sein eigener Wille: Als Mensch hat er einen Sonderwillen, als Bürger den Gemeinwillen (vgl. ebd., I, 7, 21). Wenn das Individuum nun gezwungen wird, sich dem Gemeinwillen unterzuordnen, gehorcht es nur sich selbst, es bleibt frei.

3.4. »Souveränität« definiert Rousseau als »Ausübung des Gemeinwillens« (ebd., II, 1, 27). Sie ist unveräußerlich und unteilbar, denn »die Macht kann wohl übertragen werden, nicht aber der Wille« (ebd.). Ein Individuum kann eine andere Person nicht damit beauftragen, an seiner Stelle zu wollen, wohl aber, seinen Willen auszuführen. In der Legislative kann es dementsprechend keine Repräsentation geben, denn das würde bedeuten, dass das Volk seinen Willen einer Körperschaft von Repräsentanten übertrüge. Eine Körperschaft aber würde nicht dem Gemeinwillen folgen, sondern ihrem eigenen Sonderwillen. Deshalb bedarf es regelmäßiger Volksversammlungen: »Der Souverän handelt, da er keine andere Macht hat als die Legislative, nur mittels Gesetzen, und da Gesetze nichts anderes als die eigentlichen Akte des Gemeinwillens sind, kann der Souverän nur handeln, wenn das Volk versammelt ist.« (ebd., III, 12, 98) Nur wenn alle Bürger an den Abstimmungen beteiligt sind, kann der Gemeinwille ermittelt werden. Die Exekutive dient nur dazu, den Willen der Legislative auszuführen. Deshalb ist hierbei Repräsentation möglich, wobei Rousseau die Gefahr sieht, dass die Körperschaft der Exekutive die Macht an sich reißen könnte. Um die Vorrangstellung der Legislative gegenüber der Exekutive sicherzustellen, rät Rousseau zu Vorsichtsmaßnahmen. So soll bei jeder Volksversammlung gefragt werden, ob der Souverän die gegenwärtige Regierungsform beibehalten und ob er die Regierung bei den gegenwärtigen Beauftragten belassen wolle (vgl. ebd., III, 18, 110). Der Staat kann jedoch nicht allein mit institutionellen Mitteln aufrechterhalten werden: Staatsbürgerliche Erziehung und eine Zivilreligion sollen die »Gesinnung des Miteinander« fördern, »ohne die es unmöglich ist, ein guter Bürger und ein treuer Untertan zu sein« (ebd., IV, 8, 151).

3.5. Bereits Rousseaus Zeitgenossen zweifelten, wie sie Person und Werk Rousseaus einschätzen sollten. Einerseits war er Autor der *Encyclopédie* und beteiligte sich damit an dem Vorzeigeprojekt der Aufklärung schlechthin, in politischen Fragen übertraf er mit seinem Konzept der Volkssouveränität die anderen Aufklärer in seinem Umfeld bei weitem an Radikalität. Andererseits verteidigte Rousseau die Religion und behauptete, ohne sie könne es keine Moral geben, während seine Weggefährten allein auf die Stärke der Vernunft setzten und die Macht des Aberglaubens brechen wollten. Bis heute werden Zweifel an seiner Zugehörigkeit zur Aufklärung geäußert. Dementsprechend finden sich Studien, in denen er nicht ihr, sondern der Vorromantik zugerechnet wird (vgl. z.B. Mornet 1950; Hankins 1985). Andere Interpreten dagegen vernachlässigen Rousseaus Kritik der Aufklärung, um ihn als aufklärerischen Vordenker Kants zu präsentieren (vgl. z.B. Cassirer 1932). In jüngerer Zeit wurde Rousseau wieder vermehrt als Aufklärer gesehen (vgl. Hulliung 1994; Rehm 2006), dessen Werk eine »autocritique« (Hulliung 1994, 5) der Aufklärung darstelle. Auf welche Weise Rousseau die Ideen der Französische Revolution beeinflusst hat, bleibt umstritten (vgl. Furet/Ozouf 1988, 872–887). Jedenfalls zeigen die Aufstellung einer Büste Rousseaus nebst einem Exemplar des *Contrat social* in der Assemblée Nationale und die Überführung seines Leichnams 1794 von Ermenonville in das Pariser Pantheon, dass er für viele Protagonisten dieser Zeit Vorbildcharakter besaß.

4.

Rousseau, J.-J., 1959–95, Œuvres complètes, 5 Bde., Paris: Gallimard.

Rousseau, J.-J., 1750, Abhandlung über die Frage, ob die Wiederherstellung der Wissenschaften und Künste zur Läuterung der Sitten beigetragen hat?, in: Schriften, Bd. 1, München: Hanser 1978.

Rousseau, J.-J., 1755, Diskurs über die Ungleichheit. Discours sur l'inégalité, Paderborn: Schöningh 1990.

Rousseau, J.-J., 1762a, Emil oder über die Erziehung, Paderborn: Schöningh 1998.

Rousseau, J.-J., 1762b, Vom Gesellschaftsvertrag oder Grundsätze des Staatsrechts, Stuttgart: Reclam 1988.

Rousseau, J.-J., 1782, Die Bekenntnisse, München: dtv 1981.

Berlin, I., 1959, Zwei Freiheitsbegriffe, in: ders., Freiheit, Frankfurt/M.: Fischer 2006.

Brandt, R., 1973, Rousseaus Philosophie der Gesellschaft, Stuttgart: Frommann-Holzboog.

Brandt, R./Herb, K. (Hg.), 2000, Jean-Jacques Rousseau: Vom Gesellschaftsvertrag oder Prinzipien des Staatsrechts, Berlin: Akademie.

Cassirer, E., 1932, Das Problem Jean-Jacques Rousseau, Darmstadt: WBG 1970.

Dent, N. J. H., 1992, Rousseau Dictionary, Oxford: Blackwell.
Derathé, R., 1950, Jean-Jacques Rousseau et la science politique de son temps, Paris: Vrin.
Fetscher, I., 1978, Rousseaus politische Philosophie, Frankfurt/M.: Suhrkamp.
Furet, F./Ozouf, M. (Hg.), 1988, Dictionnaire critique de la Révolution française, Paris: Flammarion.
Hankins, T., 1985, Science and the Enlightenment, Cambridge: Cambridge University Press.
Herb, K., 1989, Rousseaus Theorie legitimer Herrschaft, Würzburg: Königshausen & Neumann.
Hobbes, T., 1651, Leviathan, Hamburg: Meiner 2004.
Hulliung, M., 1994, The Autocritique of Enlightenment. Rousseau and the Philosophes, Cambridge/MA: Cambridge University Press.
Kersting, W., 2002, Rousseaus *Gesellschaftsvertrag*, Darmstadt: WBG.
Mornet, D., 1950, Rousseau. L'homme et l'œuvre, Paris: Boivin.
O'Hagan, T., 1999, Rousseau, London: Routledge.
Rehm, M., 2006, Bürgerliches Glaubensbekenntnis. Moral und Religion in Rousseaus politischer Philosophie, Paderborn: Fink.
Riley, P. (Hg.), 2001, The Cambridge Companion to Rousseau, Cambridge: Cambridge University Press.
Shklar, J., 1969, Men and Citizens, Cambridge: Cambridge University Press.
Starobinski, J., 1971, Rousseau, München: Hanser 1988.
Wokler, R., 1999, Rousseau, Freiburg: Herder.

Michaela Rehm

Russell, Bertrand Arthur William (1872–1970)

1.

Bertrand Russell wurde in eine politisch einflussreiche Familie des englischen Hochadels hineingeboren. Nach dem Studium der Mathematik und Philosophie lehrte er in Cambridge. Als Mitglied der Liberal Party setzte er sich für Freihandel und die Suffragettenbewegung ein (*German Social Democracy*, 1896; *Principia Mathematica* (mit A. N. Whitehead), 1910–13; *The Problems of Philosophy*, 1912; *Our Knowledge of the External World*, 1914). Nach 1914 wurde er zum prominenten Kritiker des Ersten Weltkrieges. Wegen seines Engagements gegen den Krieg verbüßte er eine Gefängnisstrafe und verlor seine Position in Cambridge (*Principles of Social Reconstruction*, 1916; *Roads to Freedom*, 1918; *Introduction to Mathematical Philosophy*, 1919). Nach der Russischen Revolution besuchte er Russland und kritisierte danach die bolschewistische Doktrin (*The Practise and Theory of Bolshevism*, 1920; *The Analysis of Mind*, 1921). Er lebte als freier Autor und wurde Mitglied der Labour Party. 1928 gründete Russell mit seiner dritten Frau eine experimentelle Schule (Beacon Hill) (*On Education*, 1926; *The Analysis of Matter*, 1927; *An Outline of Philosophy*, 1927; *Why I am not a Christian*, 1927; *Marriage and Morals*, 1929; *Freedom and Organisation*, 1934; *Power*, 1938). Ab 1938 lehrte er in den USA, 1940 wurde ihm eine angebotene Position in New York wegen seiner Ansichten zu Ehe und Sexualität wieder entzogen (*An Inquiry into Meaning and Truth*, 1940; *A History of Western Philosophy*, 1945). Nach seiner Rückkehr nach England 1944 wurde er Fellow in Cambridge, erhielt den Order of Merit (1949) und den Nobelpreis für Literatur (1950) (*Human Knowledge: Its Scope and Limits*, 1948; *Authority and the Individual*, 1949). Seit 1954 engagierte er sich für nukleare Abrüstung (Pugwash-Konferenzen). Während der Kuba-Krise tauschte Russell Telegramme mit Kennedy und Chrustschow aus. In den Sechziger Jahren wendete er sich zivilem Ungehorsam als politischer Strategie zu. Er wurde zum prominenten Gegner des Vietnamkriegs (*The Autobiography of Bertrand Russell*, 1967–69).

2.

Russell orientiert sich in der Ethik zunächst an G. E. Moores Objektivismus und Intuitionismus, gibt diese Haltung aber schließlich auf: Den unannehmbaren metaphysischen Implikationen dieser Theorie sei nur zu entgehen, wenn ethische Prädikate als Ausdrücke für subjektive Vorlieben des Sprechenden verstanden würden und nicht als Teil eines eigenen Seinsbereichs des Guten. Utilitaristische Überlegungen werden leitend, die Egoismus ablehnen und für ein soziales System gemeinschaftsbezogener Wünsche der Individuen eintreten.

Er entwickelt eine politische Individualpsychologie, die auf »desires« und »impulses« rekurriert. »Desires« seien auf die Erreichung eines Objekts gerichtet, »impulses« auf den Vollzug einer Tätigkeit. Ein Teil der katastrophalen Ereignisse des 20. Jahrhunderts sei auf die Wirkung von ebenso machtvollen wie zerstörerischen »impulses« zurückzuführen. Die Erfüllung von »desires«, wie sie von vielen Reformkräften etwa durch materielle Umverteilung angestrebt werde, sei deshalb nicht ausreichend, um andere Perspektiven zu eröffnen. Die »impulses« müssten vielmehr in eine zivilisierte Richtung gelenkt werden. Entscheidend sei die Zurückdrängung besitzorientierter und die Förderung kreativer Impulse sowie die Schaffung sozialer Strukturen zu ihrer Verwirklichung.

Liberale Werte seien nicht durch einen Laissez-faire-Kapitalismus, sondern nur durch Demokratie auch in der Wirtschaft zu erreichen. Auch die kreativen Impulse zu selbstbestimmter Tätigkeit seien nur jenseits der Wirtschaftsformen seiner Zeit zu erreichen. Demokratischer Sozialismus sei deshalb anzustreben, wobei etwa parlamentarischer Gildensozialismus einen Ansatz zur Entwicklung biete. Russell setzt dabei auf allmähliche Reform, nicht auf Revolution, deren Zerstörungskraft zu groß sei. Aufgrund der Forderung nach Glauben anstelle von kritischer, empirisch fundierter Reflektion, sei der Einfluss von Religionen insgesamt schädlich. Prinzipieller Pazifismus sei nicht einleuchtend, da Krieg als letztes Mittel manchmal nötig sei, etwa gegen den Nationalsozialismus. Auch Kriege zur Verbreitung von Zivilisation könnten gerechtfertigt werden.

3.

Metaethisch hat Russell die Position des Emotivismus hinsichtlich der Analyse moralischer Prädikate antizipiert. Er gehört zur starken Tradition der philosophischen Reflexion des 20. Jahrhunderts, die gegen die mögliche Wissenschaftlichkeit der Ethik streitet. Materiell bewegt er sich abstrakt in den Bahnen des Utilitarismus mit Schlussfolgerungen, die ihn im Regelfall auf die Seite von universalistischen, egalitären Liberalisierungen bringen, etwa im Bereich der Gleichberechtigung der Frau, der Sozial- und Sexualmoral oder der Wirtschaftsformen seiner Zeit, aber auch zu Überlegungen mit eugenischen Anklängen, die auf die Förderung der Fortpflanzung bestimmter Menschengruppen setzt. Russell verteidigt eine pluralistische politische Psychologie, die die Bedeutung von individuellen Antrieben von Menschen für die Entwicklung der Gesellschaftsordnung neben strukturellen Determinanten betont. Diese Grundrichtung liegt der Theorie von »desires« und »impulses« ebenso zugrunde wie etwa seiner Analyse der Macht, die als Selbstzweck begehrt werde, was zu übersehen u.a. eine Schwäche des Marxismus sei. Seine Wertschätzung für individuelle Freiheit und Entfaltung menschlicher Kreativität bringt ihn früh in Opposition zum Staatssozialismus, der eine differenzierte Kritik der marxschen Ökonomie und der religiösen Züge des Marxismus-Leninismus unterliegt. Romantische Vorstellungen von der überlegenen Moralität der Unterdrückten lehnt er ab. Russell verkörpert methodisch einen skeptischen Rationalismus, der sich auch politisch direkt ausprägt: Der Geist der liberalen Demokratie sei das politische Gegenstück zum tastenden, allmählich Verbesserungen erarbeitenden Geist der Wissenschaft – wenn sie sich ethisch treu bleibe, und nicht, wie er im Zeichen des aufdämmernden Nuklearzeitalters befürchtete und zu bekämpfen suchte, mit ihren Triumphen zur Zerstörung der Menschheit beitrage.

4.

Russell, B., 1983 ff., Collected Papers, 14 Bde., London: Routledge.
Russell, B., 1970, Warum ich kein Christ bin, Reinbek: Rowohlt.
Russell, B.,1973, Macht, Zürich: Europa-Verlag.

Russell, B., 1987, Wege zur Freiheit, Frankfurt/M.: Suhrkamp.

Ayer, A. J., 1972, Russell, London: Fontana.
Clark, R., 1978, The Life of Bertrand Russell, London: Penguin.
Ironside, P., 1996, The Social and Political Thought of Bertrand Russell, Cambridge: Cambridge University Press.
Monk, R., 1996, Bertrand Russell, London: Cape.
Mormann, T., 2007, Bertrand Russell, München: Beck.
Ryan, A., 1990, Bertrand Russell: A Political Life, London: Penguin.
Slater, J., 1994, Bertrand Russell, Bristol: Thoemmes.

MATTHIAS MAHLMANN

S

Sartre, Jean-Paul (1905–1980)

1.

Sartre wurde in Paris geboren, verlebte seine Kindheit im Haus seiner Großeltern und studierte an der École Normale Supérieure. 1929 erhielt er, zusammen mit Simone de Beauvoir, die *Agrégation* in Philosophie. Bis 1945 war er mit Unterbrechungen (Kriegsdienst sowie Gefangenschaft) als Gymnasiallehrer tätig. Von da an lebte Sartre als freier Schriftsteller und verfasste zahlreiche philosophische Essays, Dramen, Romane, Erzählungen, Artikel sowie Vorworte. U.a. erschien 1938 der Roman *Der Ekel*, 1943 das in deutscher Kriegsgefangenschaft vollendete philosophische Hauptwerk *Das Sein und das Nichts* sowie das Drama *Die Fliegen*. 1948 wurden Sartres Schriften auf den ›Index librorum prohibitorum‹ des Vatikan gesetzt. 1960 erschien nach weiteren Dramen, Erzählungen und zwei Studien über Charles Baudelaire und Jean Genet als zweites großes philosophisches Werk die *Kritik der dialektischen Vernunft*. Sartre engagierte sich öffentlichkeitswirksam gegen gewaltsame politisch-militärische Konflikte seiner Zeit (Algerien, Ungarn, CSSR sowie mit Bertrand Russell gegen den Vietnamkrieg) und prägte so das Bild des europäischen Linksintellektuellen im 20. Jahrhundert. 1964 lehnte er die Annahme des Nobelpreises für Literatur ab. Seine Schaffenskraft fand ihren Abschluss in einer dreibändigen Studie über Gustave Flaubert (*Der Idiot der Familie*). Nach seinem Tod am 15. April 1980 folgten seinem Sarg Tausende von Trauergästen bis zum Friedhof Montparnasse.

2.

Geprägt v.a. durch die Erziehung seines protestantischen Großvaters, der ein Onkel Albert Schweitzers war, setzt sich Sartre mit der Frage nach der Möglichkeit einer ›moralischen Praxis‹ auseinander, die er zu leben versucht und theoretisch zu fundieren hofft. Sartres Kernaussage lautet: »[D]ie Interdependenz, die es [das Bewusstsein] zwischen dem ICH und der Welt herstellt, reicht aus [...], damit das ICH seinen ganzen Inhalt aus der Welt bezieht. Mehr braucht man nicht, um eine absolut positive Moral und Politik philosophisch zu begründen.« (Sartre 1983a, 92)

Sartre untersucht zunächst die Seinsweise des modernen Menschen in der Mitte des 20. Jahrhunderts: *Das Sein und das Nichts* trägt den Untertitel *Versuch einer phänomenologischen Ontologie* und ist eine Bestandsaufnahme der menschlichen Existenz, wie sie sich dem Philosophen, der das cartesische cogito vollzieht, als Möglichkeitsbedingung dieses Vollzuges darstellt. In den erst 1983 posthum erschienenen *Cahiers pour une morale* versucht Sartre bereits 1948 die angekündigte Ethik zu formulieren, stellt jedoch fest, dass es dazu noch einer Geschichts- und Gesellschaftstheorie bedarf, die er dann mit der *Kritik der dialektischen Vernunft* teilweise vorlegt.

Die Studie über Flaubert ist der umfassende Versuch, die Dialektik, d.h. die gegenseitige Beeinflussung der zwei Entwicklungslinien darzustellen, die den Einzelnen am Ende seines Lebens ›erklären‹: seine persönliche existenziell-dialektische Entwicklung und die gleichzeitig stattfindende gesellschaftliche historisch-dialektische Entwicklung. Obwohl Sartres Werk häufig ›Brüche‹ nachgesagt werden, lässt sich eine stringente Entwicklungslinie aufzeigen, indem man die einzelnen philosophischen Werke als Analysen *verschiedener* Aspekte der menschlichen Existenz betrachtet, die schließlich am Beispiel Flauberts synthetisch zusammen geführt werden und so auch den Zusammenhang des sartreschen Werkes bestätigen.

3.

Der wichtigste systematische Aufsatz Sartres heißt *Fragen der Methode* (1960). Hier setzt sich Sartre v.a. mit dem theoretischen Verhältnis zwischen Marxismus und Existenzialismus auseinander. Der Existenzialismus sei die *theoretische* Grundlage für jede Anthropologie und jede Gesellschaftstheorie, und deshalb bedürfe der Marxismus seiner. Damit wiederholt er aus einer erweiterten Perspektive die Forderung, alles Philosophieren müsse aus erkenntnistheoretischen Gründen notwendig das ›cogito‹ zum *Ausgangspunkt* haben. Wenn einerseits die grundsätzliche Frage lautet, wie es – in Anlehnung an Engels – zu verstehen sei, »dass der Mensch die Geschichte macht, wenn andererseits es doch gerade die Geschichte ist, die ihn macht« (Sartre 1960a, 94), d.h. jeder Einzelne immer auch das Produkt seiner gesellschaftlichen und historischen Situation ist, dann müssen die *dialektischen Strukturen* dieser, ebenfalls dialektisch zu denkenden Wechselbeziehung, *im* menschlichen Denken verankert und auffindbar sein – auch wenn die zeitgenössischen Marxisten Sartre deshalb einen Ideologen nennen. Die *Kritik der dialektischen Vernunft* ist der Versuch, diese dialektisch ineinander greifenden Strukturen zu analysieren, und so werden auch die Analysen aus *Das Sein und das Nichts* in *Fragen der Methode* in ihren (philosophie-)geschichtlichen Zusammenhang gestellt.

Der existenzialistische Grundsatz, »daß die Existenz der Essenz vorausgeht« (Sartre 1943, 120), wird am radikalsten in Sartres Theorie des Bewusstseins *als* Freiheit gedacht. Freiheit ist hier kein Attribut, sondern die ›Substanz‹ selbst, der Stoff des Bewusstseins, das als vieldimensionale Negation des Gegebenen bestimmt wird. Das moderne Bewusstsein ist für Sartre eine Freiheit, die sich in einer entfremdenden und entfremdeten Welt unaufrichtig realisiert, die aber durch die Einsicht in die reziproken und dialektischen Konstitutionszusammenhänge ihres Daseins und der vorgefundenen Situationen jenes frei übernehmen und diese neu *gestalten* könnte.

Kein geringerer als M. Foucault hat Sartre als einzig relevanten Vertreter von Dialektik und Humanismus charakterisiert; Foucault zufolge ist die *Kritik der dialektischen Vernunft* die großartige und pathetische Anstrengung eines Menschen des 19. Jahrhunderts, das 20. Jahrhundert zu denken. In diesem Sinne sei Sartre der letzte Hegelianer und gar der letzte Marxist (vgl. Foucault 1994, 541 f.).

4.

Sartre, J.-P., 1936, Die Transzendenz des Ego und andere philosophische Essays, Rowohlt: Reinbek 1983.

Sartre, J.-P., 1943, Das Sein und das Nichts, Reinbek: Rowohlt 1994.

Sartre, J.-P., 1948, Wahrheit und Existenz, Reinbek: Rowohlt 1996.

Sartre, J.-P., 1960a, Fragen der Methode, Reinbek: Rowohlt 1999.

Sartre, J.-P., 1960b, Kritik der dialektischen Vernunft, Reinbek: Rowohlt 1967.

Sartre, J.-P., 1971–72, Der Idiot der Familie, Reinbek: Rowohlt 1977–79.

Sartre, J.-P., 1983, Entwürfe für eine Moralphilosophie, Reinbek: Rowohlt 2005.

Biemel, W., 1964, Sartre, Reinbek: Rowohlt.

Cohen-Solal, A., 1991, Sartre, Reinbek: Rowohlt.

Contat, M./Rybalka, M., 1970, Les écrits de Sartre, Paris: Gallimard.

Foucault, M., 1994, Dits et écrits, Bd. 1, Paris: Gallimard.

Howells, C. (Hg.), 1992, The Cambridge Companion to Sartre, Cambridge: Cambridge University Press.

Lévy, B.-H., 2000, Sartre, München: Hanser 2003.

Münster, A./Wallet, J.-W., 2006, Sartre. Le philosophe, l'intellectuel et la politique, Paris: L'Harmattan.

Schönwälder-Kuntze, T., 2001, Authentische Freiheit. Zur Begründung einer Ethik nach Sartre, Frankfurt/M.: Campus.

Tatjana Schönwälder-Kuntze

Savigny, Friedrich Carl von (1779–1861)

1.

Savigny, geboren in Frankfurt/M., studierte von 1795 bis 1799 Jurisprudenz in Marburg und Göttingen und promovierte 1800 in Marburg, wo er seitdem juristische Vorlesungen hielt. 1808 wurde er als Professor nach Landshut berufen, 1810 an die soeben gegründete Berliner Universität, an der er bis 1842 den Lehrstuhl für römisches Recht innehatte und deren Rektor er im Jahr 1812/1813 war. Seit 1817 war Savigny Mitglied des preußischen Staatsrates und von 1842–1848 preußischer Minister für Gesetzesrevision.

2.

Savignys erste Veröffentlichung, die quellengeschichtliche Abhandlung *Das Recht des Besitzes* (1803b), führte unmittelbar zu großer Bekanntheit. In den Jahren um 1815 entstanden mehrere kürzere programmatische Schriften, insbesondere *Vom Beruf unserer Zeit für Gesetzgebung und Rechtswissenschaft*, worin Savigny sich gegen den Vorschlag des Heidelberger Juristen A. J. F. Thibaut zur Abfassung eines Gesetzbuches für die deutschen Staaten wandte. Ab 1815 erschien die von Savigny mit gegründete und herausgegebene *Zeitschrift für geschichtliche Rechtswissenschaft* als Organ der »historischen Rechtsschule«. Savignys historisch-philologisches Hauptwerk ist die *Geschichte des Römischen Rechts im Mittelalter* (sechs Bände 1815–1831). Mit dem achtbändigen *System des heutigen Römischen Rechts*, erschienen zwischen 1840 und 1849 und einige Jahre später ergänzt durch die zwei Bände des *Obligationenrechts*, legte Savigny schließlich eine systematische Rekonstruktion der Grundbegriffe des Zivilrechts in der römisch-rechtlichen Tradition vor. Über seine Schriften und Schüler prägte Savigny maßgeblich die deutsche Rechtswissenschaft des 19. Jahrhunderts.

3.

3.1. In seinen programmatischen Schriften aus den Jahren um 1815 plädiert Savigny für eine spezifisch »geschichtliche Auffassung des Rechts« und wird damit zum Begründer der »historischen Rechtsschule«, die vielfältige philosophische Einflüsse von Montesquieu bis Herder aufgreift und sich zudem bereits auf die Arbeiten des Göttinger Juristen Gustav Hugo stützen kann. Spricht er in seinem frühen Methodenkolleg noch von »Gesetzgebungswissenschaft« (Savigny 1803b), so entwickelt Savigny im *Beruf* (1814) zum ersten Mal ausführlich eine Theorie von Wesen, Entstehung und Wissenschaft des Rechts, in der Gesetze nur noch eine Rechtsquelle unter anderen darstellen und die sich mit Modifikationen bis in den ersten Band des *Systems* erhält.

Savignys »geschichtliche Auffassung« richtet sich insbesondere gegen die überhistorischen Prätentionen der dogmatischen Natur- bzw. Vernunftrechtslehren des 18. Jahrhunderts, wie etwa derjenigen Christian Wolffs. Sie stellen Savigny zufolge im besten Fall Abstraktionen aus historisch bestehendem (und in diesem Sinne »positivem«) Recht dar, dessen Erforschung und »philosophische«, d.h. systematisierende Rekonstruktion das eigentliche Ziel der Rechtswissenschaft sei. Die Kritik des Vernunftrechts ist mit einem Misstrauen gegen die Ambition einer umfassenden Neugestaltung des Rechts durch gesetzgeberische Positivierung bzw. Kodifikation vermeintlichen Vernunftrechts verbunden, wie sie dem Konservativen Savigny besonders in Gestalt der Französischen Revolution und des Code Napoléon vor Augen stand. Recht, obgleich auf »positiven« Quellen beruhend, könne nicht nach Belieben durch politisches *fiat* geschaffen werden, eben weil die dabei invozierte »Vernunft« keine authentische Rechtsquelle ist.

3.2. Hinter dieser Skepsis gegenüber Naturrecht und Kodifikation, wie auch gegenüber dem Individualismus der Vertragstheorien, steht eine allgemeine genetische und normative Theorie des Rechts, von Savigny selbst ausgeführt am Fall des römischen Corpus Iuris und dessen neuzeitlicher Rezeption. Die ursprüngliche Quelle positiven Rechts ist danach die tradierte Rechtspraxis einer Gemeinschaft (»Volk«), die sich in »Rechtsinstitute« und »Rechtsverhältnisse« wie Ehe, Eigentum, Vertrag usw. gliedert und sich zudem in einem kollektiven Rechtsempfinden bzw. in »Sitten« und »Gewohnheiten« niederschlägt, aber in ihren Grundlagen auch den Erfordernissen einer allgemeinen »menschlichen Natur« Rechnung trägt. Mit zunehmender sozialer Differenzierung bildet sich ein »Juristenstand« von Rechtswissenschaftlern und Richtern heraus, deren Artikulation und Anwendung des Rechts nun selbst zu Rechtsquellen werden. Aufgabe des Gesetzgebers ist es in erster Linie, das auf diesen Grundlagen beruhende und fortgebildete Recht zu präzisieren und zu ergänzen.

Diese Theorie der Rechtsentstehung hat ihre zentrale normative Pointe darin, dass sie im Gegensatz zu einer gesetzesbasierten Konzeption die »Willkür eines Gesetzgebers« zu einer nachgeordneten Rechtsquelle herabsetzt. Genuines positives Recht ist das Produkt eines überpersönlichen Traditionsprozesses und als solches nicht zurechenbar auf die Entscheidungen bestimmter Individuen. Nur auf diese Weise, so das Argument, könne das Recht die Aufgabe der individuellen Freiheitssicherung erfüllen, die Savigny ihm in ausdrücklicher Nachfolge Kants zuschreibt und die er im Sinne des Nicht-Unterworfenseins unter fremde Willkür interpretiert.

3.3. Trotz dieser expressiven, anti-voluntaristischen Konzeption des Rechts, die in Analogie zur Sprache dessen Unverfügbarkeit und Unvordenklichkeit betont, schreibt Savigny dem Recht Systemcharakter zu. »Einheit« und »Vollständigkeit« seien im historisch gewachsenen Recht angelegt, bedürften allerdings zu ihrer vollen Ausbildung der nachkonstruierenden, synthetisierenden und Lücken ergänzenden Leistungen der Jurisprudenz. Sie führt die zunächst diskreten Rechtssätze auf ihre »Wurzeln«, nämlich auf die Rechtsinstitute und Rechtsverhältnisse zurück, aus denen einzelne Normen abstrahiert sind und durch die ihr Sinn und ihr Zusammenhang erst gewährleistet wird. Die Systematizität des Rechts ist daher keine logisch-deduktive, sondern vielmehr eine »organische« und nur entwicklungsgeschichtlich zu begreifende. Die nicht schlicht konservierende, sondern »kritisch« aktualisierende und damit fortbildende Rekonstruktion des Systems der Rechtsinstitute durch die Rechtswissenschaft ist Savigny zufolge die notwendige Voraussetzung jedes sinnvollen Versuches, einen gegebenen Rechtszustand gesetzlich zu fixieren. Die Alternative zu einer solchen wissenschaftlichen Aufarbeitung sei gerade nicht die befreiende Zäsur mit der Tradition, sondern vielmehr das »bewusstlose« und letztlich stagnierende Bestimmtbleiben durch sie, wie es sich im vermeintlich überpositiven Vernunftrecht und dessen Kodifikationen manifestiert.

4.

Savigny, F. C. v., 1803a, Juristische Methodenlehre, Stuttgart: Köhler 1951.

Savigny, F. C. v., 1803b, Das Recht des Besitzes, Darmstadt: WBG 1967.

Savigny, F. C. v., 1814, Vom Beruf unserer Zeit für Gesetzgebung und Rechtswissenschaft, in: H. Hattenhauer (Hg.), Thibaut und Savigny, München: Vahlen 2002.

Savigny, F. C. v., 1815, Über den Zweck dieser Zeitschrift, in: H. Hattenhauer (Hg.), Thibaut und Savigny, München: Vahlen 2002.

Savigny, F. C. v., 1831 ff., Geschichte des römischen Rechts im Mittelalter, Heidelberg: Mohr.

Savigny, F. C. v., 1840 ff., System des heutigen römischen Rechts, Berlin: Veit.

Savigny, F. C. v., 1850, Vermischte Schriften, Berlin: Veit.

Behrends, O., 1985, Geschichte, Politik und Jurisprudenz in Savignys System des heutigen römischen Rechts, in: ders. (Hg.), Römisches Recht in der europäischen Tradition, Ebelsbach: Gremer.

Böckenförde, E.-W., 1965, Die historische Rechtsschule und das Problem der Geschichtlichkeit des Rechts, in: ders., Recht, Staat, Freiheit, Frankfurt/M.: Suhrkamp 1991.

Gmür, R., 1962, Savigny und die Entwicklung der Rechtswissenschaft, Münster: Aschendorff.

Kiefner, H., 1990, Savigny, in: A. Erler u. a. (Hg.), Handwörterbuch zur deutschen Rechtsgeschichte, Bd. 4, Berlin: Schmidt.
Meder, S., 2004, Mißverstehen und Verstehen. Savignys Grundlegung der modernen Hermeneutik, Tübingen: Mohr Siebeck.
Rückert, J., 1984, Idealismus, Jurisprudenz und Politik bei Friedrich Carl von Savigny, Ebelsbach: Gremer.
Wieacker, F., 1952, Privatrechtsgeschichte der Neuzeit, Göttingen: Vandenhoeck & Ruprecht 1967.
Wieacker, F., 1959, Friedrich Karl von Savigny, in: ders., Gründer und Bewahrer, Göttingen: Vandenhoeck & Ruprecht.
Wilhelm, W., 1958, Zur juristischen Methodenlehre im 19. Jahrhundert, Frankfurt/M.: Klostermann.

Felix Koch

Scheler, Max (1874–1928)

1.

Scheler wurde in München geboren und studierte dort zunächst Medizin, später Psychologie, Philosophie und Soziologie in Berlin (bei G. Simmel und W. Dilthey), schließlich Philosophie bei R. Eucken in Jena. 1901 wurde er Privatdozent in Jena, dann in München. Er konvertierte vom jüdischen zum katholischen Glauben. Von Idealismus (Kant) und Lebensphilosophie (Bergson) beeindruckt, wurde er durch die Begegnung mit Husserl zum führenden Mitglied der phänomenologischen Bewegung. Zwischen 1910 und 1920 als Privatgelehrter wirkend, schrieb er die seinen Ruf begründenden Werke *Über Ressentiment und moralisches Werturteil* (1912, GW 3), *Zur Phänomenologie und Theorie der Sympathiegefühle und von Liebe und Haß* (1913/1923, GW 7) sowie das Hauptwerk *Der Formalismus in der Ethik und die materiale Wertethik* (1913/16, GW 2). Während des Ersten Weltkrieges war Scheler publizistisch engagiert (*Der Genius des Krieges und der Deutsche Krieg* (1915, GW 4); *Krieg und Aufbau* (1916, GW 6); *Die Ursachen des Deutschenhasses* (1917, GW 4)). 1919 wurde er Professor für Philosophie und zugleich Direktor des Forschungsinstituts für Sozialwissenschaften an der neu gegründeten Universität Köln. Hier begründete Scheler (vor Karl Mannheim) die Wissenssoziologie (*Die Wissensformen und die Gesellschaft*, 1926, GW 8) und parallel zu dem dort als Privatdozent wirkenden Helmuth Plessner die Philosophische Anthropologie (*Die Stellung des Menschen im Kosmos*, 1927/28, GW 9). Er starb überraschend, als er bereits den Ruf als Professor für Philosophie und Soziologie an die Universität Frankfurt angenommen hatte.

2.

Immer interessiert an der einzelwissenschaftlichen Forschung (Biologie, Psychologie, Soziologie, Kulturwissenschaften), wendete Scheler, über Husserl hinausgehend, die Methode der Phänomenologie auf weitere Gebiete an, v. a. auf das ›emotionale Apriori‹. In *Wesen und Formen der Sympathie* (2. Aufl. 1923, GW 7) unterschied er phänomenologisch Nachfühlen, Mitfühlen, Einsfühlen und Miteinanderfühlen und begründete mit seiner ›Lehre vom fremden Ich‹ die moderne Sozialphänomenologie bzw. Intersubjektivitätstheorie (vor Alfred Schütz). Das Hauptwerk *Der Formalismus und die materiale Wertethik* bündelt mehr Themenkreise und Denkmotive Schelers, als der Titel anzeigt: Neben der Kritik an Kants ›Formalismus‹ enthält es das Lehrstück von den ›Fühlakten‹, durch deren Medium ›Wertverhalte‹ erst in ihrer objektiven Vielfalt zugänglich sind; aufgewiesen wird eine Stufung von Fühlakten, der eine ›Wertrangordnung‹ entspricht (vom Angenehmen/Unangenehmen über Nützlichkeits- und Vitalwerte bis zu den geistigen Werten – Wahrheit, Schönheit, Gerechtigkeit – und dem Wert des Heiligen). Entwickelt wird der Begriff der individuellen ›Person‹ als dem nichtobjektivierbaren geistigem Aktzentrum. Hier findet sich auch die Unterscheidung von ›Intimperson‹ und ›Sozialperson‹ (vergleichbar Meads ›I‹ und ›me‹), auf deren Basis Scheler Formen von Sozialverbänden unterscheidet. Verknüpft wird dies mit der Lehre vom Sozialmechanismus der ›Vorbilder und Führer‹, über die sich Werte in einer Gesellschaft bilden und verbreiten. Das Projekt einer Wissenssoziologie als Kern einer Kultursoziologie entfaltet (in dem von Scheler organisierten Band *Versuche zu einer Soziologie des Wissens* (1924) und in *Die Wissensformen und die Gesellschaft*) zwei Ziele: Gegen das Dreistadiengesetz von Comte (die geschichtliche Ablösung von Wissensformen nacheinander) erstens die Autonomie nicht aufeinander rückführbarer, nebeneinander existierender Wissensformen auszuzeichnen (›Leistungs- und Herrschaftswissen‹, ›Bildungswissen‹, ›Erlösungs- oder Heilswissen‹), und zweitens in Auseinandersetzung mit der marxschen Ideologielehre die Autonomie des Wissens insgesamt (der ›Idealfaktoren‹) zu sichern – bei gleichzeitiger Beobachtung seiner Realisierungsverwiesenheit auf die ›Realfaktoren‹ (Hunger-, Sexual-, Machttriebe). Diesen Grundgedanken arbeitet Scheler gleichzeitig in seiner Philosophischen Anthropologie aus, die in Auseinandersetzung mit der philosophischen Biologie und Primatenforschung (Driesch, Köhler, v. Uexküll) – gegen den Darwinismus und anders als der Idealismus – die »Sonderstellung des Menschen« begründen will. Im kontrastiven Vergleich von Pflanze, Tier und Mensch werden kategorial Stufen des Lebens (Gefühlsdrang, Instinkt, Gedächtnis, praktische Intelligenz) herausgearbeitet, die im Menschen wirken und zugleich durch das Prinzip ›Geist‹ einen ›Umschwung‹ erfahren. Der Mensch ist der ›Neinsagenkönner‹, der ›Asket des Lebens‹, bei dem sich der autonome, aber in sich machtlose Geist der vitalen Kräfte bedient, deren naturgeschichtliche Richtung auf bloße ›Anpassung‹ hin er umkehrt zu einem ›Antriebsüberschuss‹ für die Durchsetzung des Geistes. Der Mensch wird von Scheler damit in seiner ›Weltoffenheit‹ inmitten seiner psychovitalen Existenz in den Blick genommen. Schelers Berliner Vortrag *Der Mensch im Weltalter des Ausgleichs* (1927, GW 9) bietet eine Theorie der differenzierten Moderne, die statt des Überbietungsgestus' des ›Übermenschen‹ (Nietzsche) oder des ›Neuen Menschen‹ (Expressionismus; Sozialismus) den Typus des ›Allmenschen‹ diagnostiziert, der die in verschiedenen Kulturen, Klassen und von den Geschlechtern entwickelten Einseitigkeiten zum ›Ausgleich‹ bringe.

3.

Scheler hat vier für die Sozialphilosophie und Soziologie systematisch folgenreiche Theoreme entwickelt: (i) Eine Sozialphänomenologie, die die Konstitution des Sozialen im Medium der nichtkognitivistischen, gleichwohl spezifisch menschlichen Gefühle (z.B. Sympathie, Scham) rekonstruiert; (ii) eine Sozialethik, die die Korrelation zwischen der Pluralität der menschlichen Gefühle und der pluralen Wertewelt aufdeckt und damit Gesellschaftsgeschichte als Geschichte der Entdeckung einer differenzierten Wertewelt beschreibbar macht; (iii) eine Soziologie des Wissens, die bei Anerkennung der Eigengeltung von Wissensformen und -ansprüchen deren Angewiesenheit auf materielle Durchsetzungsfaktoren (Ökonomie; generative Reproduktion; Politik) beobachtet; und (iv) schließlich den Denkansatz einer modernen Philosophischen Anthropologie, die die Sonderstellung des Menschen in selbstbewusster Interpretation (evolutions-)biologischer Forschung zu bestimmen und zu sichern sucht.

4.

Scheler, M., 1954–97, Gesammelte Werke, Bern/Bonn: Francke/Bouvier (zit. als GW).

Bermes, C./Henckmann, W./Leonardy, H. (Hg.), 2003, Vernunft und Gefühl, Würzburg: Königshausen & Neumann.

Frings, M. S., 1997, The Mind of Max Scheler, Milwaukee: Marquette University Press.

Good, P. (Hg.), 1975, Max Scheler im Gegenwartsgeschehen der Philosophie, Bern: Francke.

Henckmann, W., 1998, Max Scheler, München: Beck.

Schloßberger, M., 2005, Die Erfahrung des Anderen. Gefühle im menschlichen Miteinander, Berlin: Akademie.

Primär- und Sekundärbibliographie auf der Website der Max-Scheler-Gesellschaft: http://www.max-scheler.de (Stand 1. Juli 2008).

Joachim Fischer

Schmitt, Carl (1888–1985)

1.

Schmitt wurde in Plettenberg geboren und studierte 1907–1915 Rechtswissenschaft in Berlin, München und Straßburg. Seinen ersten Lehrstuhl erhielt er 1928 an der Handelshochschule Berlin. 1932 folgte er einem Ruf an die Universität Köln. Im ›Preußenschlag-Prozess‹ vertrat Schmitt die Reichsregierung Papen gegen die sozialdemokratische preußische Regierung Braun. Am 1. Mai 1933 trat Schmitt in die NSDAP ein. Im ›Dritten Reich‹ war er in verschiedenen Funktionen aktiv, u.a. als Preußischer Staatsrat, Fachgruppenleiter im NS-Rechtswahrerbund (bis 1936), Präsident der »Vereinigung Nationalsozialistischer Juristen«, Professor für Staats- und Verwaltungsrecht in Berlin (bis 1945), Hauptschriftleiter der *Deutschen Juristen-Zeitung* (1934, wo er die politischen Morde nach dem ›Röhm-Putsch‹ rechtfertigte) und Initiator eines Aufrufs zur Säuberung des deutschen Rechts von »jüdischem Geist« (1936). Weil Schmitts Antisemitismus nicht überzeugend wirkte, wendete sich seine Karriere und ab 1937 zog er sich weitgehend in die ›innere Emigration‹ zurück. 1945 verweigerte er sich der Entnazifizierung, verlor die Professur und wurde in Lagerhaft genommen. Nach einem Verhör durch die Alliierten 1947 wurde jedoch keine Anklage erhoben. Seit 1950 übte Schmitt auch ohne Lehrstuhl erheblichen Einfluss aus auf die westdeutsche Staatsrechtslehre von seinem Wohnsitz in Plettenberg aus, wo er 1985 starb.

2.

2.1. Bis heute ist strittig, wie sich Schmitts ideologische und verfassungsdogmatische Rechtfertigung der nationalsozialistischen Machtergreifung erklären lässt. Steht sie im Widerspruch zu den juristischen Schriften der Weimarer Zeit oder folgt sie aus ihnen? Die Positionen hierzu reichen vom einen Extrem – es bestehe bei Schmitt eine vorgängige Option zugunsten des Nationalsozialismus (vgl. Fijalkowski 1958; Gross 2000, bes. 382) – bis zum anderen – Schmitt sei ein apokrypher Verfassungspatriot gewesen, der die Substanz der Reichsverfassung verteidigen wollte (vgl. Schwab 1989, 101; zur weiteren Differenzierung dieser Positionen vgl. Koenen 1995, 7ff.). Diese große Diskrepanz erklärt sich v.a. daraus, dass Schmitt ein Meister der Camouflage war, der strategische Perspektivwechsel wie normative Positionswechsel aussehen ließ. So führte er z.B. gegen das Projekt eines gesetzprüfenden Verfassungsgerichts die verfassungsmäßige Souveränität des Parlaments ins Feld, während er umgekehrt gegen den parlamentarischen, aber auch den plebiszitären Verfassungsgesetzgeber die Stellung des Reichspräsidenten als des einzigen Garanten der Verfassung betonte. Diese und ähnliche Manöver führten zu nicht enden wollenden Debatten über vermeintliche Zäsuren in Schmitts Werk (vgl. dazu Maus 1986, 93ff.; Koenen 1995, 7ff.; zu Schmitts Antisemitismus Meier 1994, 234ff.; Rüthers 1988, 125ff.; Gross 2000, bes. 383).

2.2. Der Zentralgedanke des Schmittschen Gesamtwerks lautet: Das Wesen *aller* Politik besteht in der souveränen Entscheidung, die sich in ihrer Spontaneität aller Normativität entzieht, so dass Souveränität und Ausnahmezustand geradezu als Wechselbegriffe zu denken sind (Schmitt 1922, 13: »Souverän ist, wer über den Ausnahmezustand entscheidet.«; vgl. dazu zuletzt Agamben 2003). Schmitt radikalisiert den Gegensatz von Entscheidung und Gesetz, Ausnahme und Regel, Wille und Norm zum vielfältig variierten Konstruktionsprinzip, das sein gesamtes politisch-theologisches, verfassungsrechtliches und völkerrechtliches Werk einheitlich strukturieren kann, da es eine Präferenzregel zugunsten des jeweils Irregulären enthält.

3.

3.1. Für Schmitt sind alle »prägnanten Begriffe der modernen Staatslehre [...] säkularisierte theologische Begriffe« (Schmitt 1922, 43). Dies soll an drei Beispielen demonstriert werden. (1) »Der Ausnahmezustand hat für die Jurisprudenz eine analoge Bedeutung wie das Wunder für die Theologie.« (ebd.; vgl. Schmitt 1921, 135) So wie der Deismus das Wunder im Sinne einer »durch unmittelbaren Eingriff eine Ausnahme statuierende[n] Durchbrechung der Naturgesetze« verleugnete, so habe die Idee des modernen Rechtsstaates jeden »unmittelbaren Eingriff des Souveräns in die geltende Rechtsordnung« (Schmitt 1922, 43) zu verbannen gesucht. Wenn man wie Schmitt darauf insistiert, dass der »verfassunggebende Wille [...] ein unmittelbarer Wille« (Schmitt 1928, 84) ist, dessen ›ursprünglicher‹ Inhalt weder repräsentativ noch sonst wie verfahrensmäßig ermittelt werden kann, wird der pouvoir constituant zum »unendlichen, unfassbaren Abgrund« (Schmitt 1921, 139; vgl. zu Schmitts »Theorie permanenter Revolution« Maus 1986, 156), der jede Verfassung destabilisieren muss (vgl. Merkel 1996, 140), es sei denn, die ›Verfassung‹ wäre selbst formloser Natur. (2) »Der Feind ist unsre eigne Frage als Gestalt. Und er wird uns, wir ihn zum selben Ende hetzen.« (Däubler 1916, 58; vgl. dazu Meier 1994, 16f.) Der »Kern« alles Politischen ist nach Schmitt die dezisive »Unterscheidung von Freund und Feind« (Schmitt 1932, 26). Da der Feind zugleich die Gestalt sein soll, die die Frage nach unserem Selbst ex negativo beantwortet, wird die Definition des Feindes zum Signum und zur permanenten Bewährungsprobe der eigenen politischen Identität. Denn das Subjekt des Politischen muss sich nach Schmitt seiner ›existenziell‹ bedrohten Identität durch das konstante Bemühen um die »richtig[e]« Unterscheidung von Freund und Feind zu vergewissern suchen (vgl. Schmitt 1932, 37; 26). Der ›wahre Feind‹ zeige sich nämlich nicht offen, sondern wirke im Geheimen und sei bemüht, seine Existenz vergessen zu machen (vgl. Meier 1994, 45). Identität und Homogenität eines politischen Kollektivs bedürfen demnach des permanenten (innen- bzw. außenpolitischen) Ausnahmezustandes, während sie umgekehrt durch jeden dauerhaften Rechtsfrieden untergraben würden: Der Notstand, der, je nach Intensität der Feindschaft, verschiedene Stufen der Gewalt bis hin zur »Vernichtung des Heterogenen« (Schmitt 1923a, 14) gebiete, müsste paradoxerweise zur Regel werden. (3) Das Urbild unverfälschter Repräsentation findet Carl Schmitt in der katholischen Kirche und insbesondere dem Papsttum, während das moderne technische bzw. ökonomische Verständnis der Repräsentation im Sinne einer ›Stellvertretung‹ lediglich deren Verfallsprodukt darstelle (vgl. Schmitt 1923b, 27; dazu Speth 2001). Indem das theologische Modell zum Vorbild echter politischer Repräsentation erklärt wird, betreibt Schmitt eine ›Wiederverzauberung‹ der aufgeklärten Repräsentationstheorie, zumal der Gedanke einer ›transzendenten Mandatierung‹ der nun charismatisch verstandenen Repräsentationsbeziehung anklingt.

Seit etwa 1980 wird die politisch-theologische Dimension in Schmitts Werk vorrangig beachtet (vgl. z.B. Meier 1994; Meuter 1994; zum neueren Forschungsstand Tommissen 2000, 566ff.). Die Erkenntnisse, die man aus dieser Forschungsperspektive über seine katholisch-fundamentalistische Gesinnung gewann, konnten zwar eine allgemeine Neigung zu autoritären Staats- und Regierungsformen verständlich machen (vgl. Koenen 1995, 15ff., 78ff., 269ff.), doch in Hinblick auf die Frage nach der inneren Struktur seiner Weimarer Verfassungslehre und ihrer Beziehung zu seinem politischen bzw. verfassungsdogmatischen NS-Engagement war der Ertrag eher gering (vgl. z.B. Meier 1994, 209ff.; Koenen 1995, 462ff.).

3.2. Oft wurde versucht, in Schmitts Rezeption der neuzeitlichen politischen Philosophie den ›roten Faden‹ seines verfassungsrechtlichen Werks zu entdecken: Bei ›autoritären‹ Staatsdenkern wie etwa Hobbes (vgl. Rumpf 1972), Hegel (vgl. Mehring 1989) oder etwa Cortés (vgl. Maschke 1988) wurde man zwar fündig, jedoch gelang es nicht, zentrale Kategorien wie die des pouvoir constituant oder der demokratischen Diktatur ideengeschichtlich zuzuordnen. Andere interpretierten Schmitts verfassungsrechtliche Schriften wiederum vor dem Hintergrund seiner Rezeption der politischen Philosophie der Aufklärung. Als besonders interessant erwies sich neben Schmitts verfälschenden, Dichotomien konstruierenden Interpretationen Kants (vordemokratischer, souveränitätsfeindlicher Liberalismus) und Rousseaus (die wahre Demokratie als Diktatur der Mehrheit, vgl. dazu Thiele 2003, 37ff.) die Rezeption der Schriften des Abbé Sieyès (vgl. Steiner 1966; Merkel 1996; Thiele 2003). Schmitt will mit Hilfe der sieyèsschen Theorie des pouvoir constituant eine eigene ›demokratische‹ Diktaturtheorie entwickeln (vgl. Merkel 1996, 142; Thiele 2003, 395ff.), die den vermeintlichen (liberaldemokratischen) Antagonismus des modernen Verfassungsrechts überwinden könne, weil sie die Dimension der Verfassungsgebung einbeziehe. Der pouvoir constituant muss dazu – gegen Sieyès – vom Volk auf die Exekutive übergeleitet werden, ohne dass das Prinzip der Volkssouveränität verletzt würde. Dies erfordert eine mythisierende bzw. romantisierende Rezeption der hyperrationalen sieyèsschen Theorie rechtlicher Gründungsakte. Der entscheidende Kunstgriff Schmitts besteht darin, dass er das sieyèssche Prinzip der *Formfreiheit* zum Dogma der *Formlosigkeit* uminterpretiert. In dieser Umdeutung wird der verfassungsgebende Wille des Volkes *entprozeduralisiert*, als *reelles Entscheidungsprinzip* unkenntlich gemacht und zu einem bloß *ideellen Zurechnungsprinzip* verdünnt (vgl. Thiele 2003, 249ff.). Nur so lässt er sich für eine akklamativ legitimierte und deswegen als kommissarisch zu bezeichnende Diktatur der Exekutive dienstbar machen.

3.3. Die Grundidee der verfassungsdogmatischen Konstruktion, mittels derer nach Schmitt die ›Selbstblockade‹ liberaldemokratischer Verfassungen beseitigt werden kann, besteht darin, dass die beiden Extreme plebiszitäre Demokratie und Präsidialdiktatur auf Kosten sowohl der parlamentarischen als auch der plebiszitären Legislative und der Judikative zusammengeführt werden. Schmitt stellt zunächst die Regierung im Allgemeinen, dann den Reichspräsidenten und schließlich die außerordentliche Präsidialregierung ins Zentrum der plebiszitären Demokratiekonzeption, die allerdings nicht gesetzgebungsbezogen, sondern personalplebiszitär gedacht wird.

Die ›Dialektik‹ dieser Konstruktion besteht darin, dass die Verfassungsauslegung, die dem Reichspräsidenten ein volles und dauerhaftes Verordnungsrecht zusprach, ohne dass damit die Grenze von der kommissarischen zur souveränen Diktatur überschritten würde, letztlich die restlose Zerstörung der Verfassungssubstanz ermöglichte und legitimierte. Denn schließlich sollte der souveräne ›Regent‹ zugleich die legitime Personifikation der verfassungsgebenden Gewalt des ›ganzen‹ deutschen Volkes sein. Um den Reichspräsidenten (später den Reichskanzler) zugleich zum akklamativ-charismatisch legitimierten Agenten des angeblich diffusen, zu formellen Verfahren unfähigen pouvoir constituant stilisieren zu können, dem das unbeschränkte Recht zur Dezision über die zu bewahrende Substanz der Verfassung zu übertragen sei, ist noch ein weiterer Schritt nötig: Schmitt muss einen übergesetzlichen, situativ-flexiblen Verfassungsbegriff postulieren und diesen mit jenem entformalisierten Begriff der Verfassungsgebung verknüpfen (vgl. zu Schmitts doppeltem Verfassungsbegriff Thiele 2003, 385ff.). Die Substanz, die der Reichspräsident vermöge seiner Diktaturgewalt zu verteidigen verpflichtet sein soll, ist allerdings definitiv nicht der freiheitsrechtliche Kern der Reichsverfassung, sondern lediglich »die öffentliche Sicherheit und Ordnung«, die Schmitt mit der »bestehende[n] Verfassung« identifiziert (Maus 1976, 120). Schließlich sei »Schutz der Verfassung und Schutz […] einzelne[r] verfassungsgesetzliche[r] Bestimmung[en]« keineswegs dasselbe (Schmitt 1928, 112).

3.4. Schmitts völkerrechtliches Werk ist von der Intention durchdrungen, den Krieg als außerrechtliches politisches Urphänomen zu rehabilitieren und positivrechtliche Ansätze zu einer ›Kriminalisierung des Angriffskrieges‹ im Rahmen einer »universalen Weltrechtsordnung« (Schmitt 1938, 9) als Instrument imperialistischer Interessen zu demaskieren (vgl. z.B. Schmitt 1927, 77). Seine Weimarer Schriften setzen sich primär mit dem als Komplott der Westmächte gewerteten Versailler Vertrag und seinen moralisierenden Implikationen auseinander (vgl. z.B. Schmitt 1927, 72). Die Texte der NS-Zeit exponieren, in Abgrenzung gegen den »leeren Gesetzes- und Vertragspositivismus« des geltenden Völkerrechts, eine ›realistische‹ Völkerrechtstheorie, die, im Gegensatz zur liberalen »Entterritorialisierung«, v.a. ein konkretes »Raumordnungsprinzip« enthalten soll: die Großraumtheorie, deren »Präzedenzfall« die Monroe-Doktrin (»Amerika den Amerikanern«) sei (vgl. Schmitt 1939, 42). Im Gegensatz zum »universalistisch-imperialistischen Weltrecht« (ebd., 69) anglo-amerikanischen Zuschnitts will Schmitt unter der Idee des »Reiches« (vgl. Blindow 1999, 47ff.) eine auf einen überstaatlichen Volksbegriff aufbauende Konzeption einer Balance der Großmächte verstanden wissen, die auf doppelte Weise dem Gleichheitsprinzip des liberalen Rechtsdenkens widerspricht: Die gleiche äußere Souveränität der Staaten wird durch das Recht der occupatio bellica ebenso unterlaufen wie die Rechtsgleichheit der Bürger durch die diskriminierende Zuteilung von »Volksgruppenrecht[en]« (ebd., 63).

Schmitt selbst konstatiert 1950 die »[m]erkwürdige Wesensverwandtschaft« zwischen dem »völkerrechtlichen Rechtsinstitut des kriegerisch besetzten Gebietes mit dem Belagerungs- oder Ausnahmezustand innerhalb eines konstitutionellen Verfassungsstaates« (Schmitt 1950, 182). Wie der politische Liberalismus unfähig sei, den Belagerungs- bzw. Ausnahmezustand rechtstheoretisch einzubegreifen und dementsprechend die Notwendigkeit des Rechtsinstituts der kommissarischen Diktatur anzuerkennen, so müsse das ›universalistische‹ Völkerrecht liberaler Provenienz vor der Aufgabe versagen, das ius ad bellum und die occupatio bellica (vgl. ebd., 172ff.) als völkerrechtliche Rechtsinstitute zu integrieren. In beiden Dimensionen sieht Schmitt nämlich die (rechtliche) Norm auf Kosten der (politischen) Ausnahme verabsolutiert. Deswegen werde verkannt, dass außerrechtliche Handlungen rechtskonstituierenden Charakter besitzen können. Eine ›realistische‹ Rechtslehre würde – so Schmitts Fazit – den unbedingten Vorrang der Gewalt vor dem Recht anerkennen.

4.

Schmitt, C., 1921, Die Diktatur, Berlin: Duncker & Humblot 1994.
Schmitt, C., 1922, Politische Theologie, Berlin: Duncker & Humblot 1996.
Schmitt, C., 1923a, Die geistesgeschichtliche Lage des heutigen Parlamentarismus, Berlin: Duncker & Humblot 1991.
Schmitt, C., 1923b, Römischer Katholizismus und politische Form, Stuttgart: Klett-Cotta 1984.
Schmitt, C., 1927, Der Begriff des Politischen, in: Archiv für Sozialwissenschaft und Sozialpolitik 58.
Schmitt, C., 1928, Verfassungslehre, Berlin: Duncker & Humblot 1989.
Schmitt, C., 1931, Der Hüter der Verfassung, Berlin: Duncker & Humblot 1985.
Schmitt, C., 1932, Der Begriff des Politischen, Berlin: Duncker & Humblot 1963.
Schmitt, C., 1933, Staat, Bewegung, Volk, Hamburg: Hanseatische Verlagsanstalt 1935.
Schmitt, C., 1938, Die Wendung zum diskriminierenden Feindbegriff, Berlin: Duncker & Humblot 1988.
Schmitt, C., 1939, Völkerrechtliche Großraumordnung mit Interventionsverbot für raumfremde Mächte, Berlin: Duncker & Humblot 1940.
Schmitt, C., 1950, Der Nomos der Erde im Völkerrecht des Jus Publicum Europaeum, Berlin: Duncker & Humblot 1997.

Agamben, G., 2003, Ausnahmezustand, Frankfurt/M.: Suhrkamp 2004.
Blindow, F., 1999, Carl Schmitts Reichsordnung, Berlin: Akademie.
Däubler, T., 1916, Sang an Palermo, in: ders., Hymne an Italien, München: Müller.
Fijalkowski, J., 1958, Die Wendung zum Führerstaat, Opladen: Westdeutscher Verlag.
Gross, R., 2000, Carl Schmitt und die Juden, Frankfurt/M.: Suhrkamp.
Koenen, A., 1995, Der Fall Carl Schmitt, Darmstadt: WBG.
Maschke, G., 1988, Die Zweideutigkeit der ›Entscheidung‹, in: H. Quaritsch (Hg.), Complexio Oppositorum – Über Carl Schmitt, Berlin: Duncker & Humblot.

Maus, I., 1976, Bürgerliche Rechtstheorie und Faschismus, München: Fink 1980.
Maus, I., 1986, Rechtstheorie und politische Theorie im Industriekapitalismus, München: Fink.
Mehring, R., 1989, Pathetisches Denken. Carl Schmitts Denkweg am Leitfaden Hegels, Berlin: Duncker & Humblot.
Mehring, R. (Hg.), 2003, Carl Schmitt: Der Begriff des Politischen, Berlin: Akademie.
Meier, H., 1994, Die Lehre Carl Schmitts, Stuttgart: Metzler.
Merkel, K., 1996, Die verfassungsgebende Gewalt des Volkes, Baden-Baden: Nomos.
Meuter, G., 1994, Der Katechon. Zu Carl Schmitts fundamentalistischer Kritik der Zeit, Berlin: Duncker & Humblot.
Mouffe, C. (Hg.), 1999, The Challenge of Carl Schmitt, London: Verso.
Rumpf, H., 1972, Carl Schmitt und Thomas Hobbes, Berlin: Duncker & Humblot.
Rüthers, B., 1988, Entartetes Recht. Rechtslehren und Kronjuristen im Dritten Reich, München: dtv 1994.
Schwab, G., 1989, The Challenge of Exception. An Introduction to the Political Ideas of Carl Schmitt between 1921 and 1936, New York: Greenwood.
Speth, R., 2001, Der Mythos des Staates bei Carl Schmitt, in: R. Voigt (Hg.), Mythos Staat. Carl Schmitts Staatsverständnis, Baden-Baden: Nomos.
Steiner, U., 1966, Verfassunggebung und verfassunggebende Gewalt des Volkes, Berlin: Duncker & Humblot.
Thiele, U., 2003, Advokative Volkssouveränität. Carl Schmitts Konstruktion einer ›demokratischen‹ Diktaturtheorie im Kontext der Interpretation politischer Theorien der Aufklärung, Berlin: Duncker & Humblot.
Tommissen, P., 2000, Erster Einstieg in zwei Desiderate der Carl-Schmitt-Forschung, in: U. Storost/H. A. Wolff (Hg.), Staat – Souveränität – Verfassung, Berlin: Duncker & Humblot.

Ulrich Thiele

Schmutzige Hände

1.

Der sich Sartres gleichnamigem Theaterstück verdankende Ausdruck »schmutzige Hände« (vgl. Sartre 1948) bezeichnet einen Aspekt moralischer Erfahrung, demzufolge eine Person angesichts gegebener Umstände gezwungen ist, unmoralisch zu handeln, um letztlich das moralisch Richtige zu tun. Sie muss sich in diesem Sinne um des Guten willen die Hände schmutzig machen. Ihr Handeln scheint einerseits moralisch gerechtfertigt zu sein, andererseits schließt es aber die Wahl unmoralischer Mittel oder den Bruch bestimmter moralischer Forderungen ein.

Gegenwärtige Diskussionen zum Thema kreisen zum einen um die Frage, wie das Phänomen der schmutzigen Hände angemessen beschrieben werden kann. Zum andern wird in Abhängigkeit von einer solchen Beschreibung kontrovers diskutiert, welche Konsequenzen sich daraus für eine Moraltheorie ergeben, die unsere moralische Erfahrung berücksichtigen und zugleich unser Handeln anleiten und rechtfertigen soll.

1.1. Genauer betrachtet lassen sich zwei Arten moralischer Konflikte unterscheiden, die das Phänomen schmutziger Hände charakterisieren können. (i) Zum einen befindet sich die Person, die sich die Hände schmutzig macht, in einem Konflikt darüber, ob sie ein gegebenes Ziel Z verfolgen oder nicht verfolgen soll. Verschiedene Aspekte eines Ziels Z sprechen hierbei zugleich für und gegen seine Verwirklichung. So mag diese von der Wahl unmoralischer Mittel oder negativen Nebenfolgen abhängen. (ii) Zum andern befindet sich die Person, die sich die Hände schmutzig macht, in einem Konflikt zwischen zwei oder mehreren inkompatiblen moralischen Prinzipien oder Werten. Sie soll A folgen und sie soll B folgen, kann aber nicht beiden Prinzipien oder Werten A und B zugleich entsprechen. Nicht zu handeln würde in beiden Fällen des Konflikts zu einem noch schlechteren Ergebnis führen. Die handelnde Person hat daher nicht die Option, ›saubere Hände‹ zu behalten.

1.2. Ein moralischer Konflikt stellt jedoch nur dann einen Fall »schmutziger Hände«

dar, wenn die handelnde Person (i) sich ohne eigenes Verschulden in unmoralischen Umständen befindet, die sie zur Vermeidung weiteren Übels und zum Zwecke letztlich moralisch gerechtfertigten Handelns zwingen, moralische Forderungen zu verletzen bzw. moralische Kosten in Kauf zu nehmen, (ii) selbst moralisch motiviert ist, (iii) um die moralischen Kosten bzw. die Verletzung moralischer Forderungen durch ihr Tun weiß und sich der Auswirkungen ihres Tuns auf ihre Integrität bewusst ist, (iv) die Entscheidungssituation und die möglichen Folgen ihres Tuns vernünftig einschätzt und (v) die Disposition besitzt, nach ihrer Handlung reaktive Emotionen, wie Bedauern oder Schuldgefühle, zu empfinden (vgl. Stocker 1990, Kap. 1; Coady 1991, 380ff.; De Wijze 1994, 30; De Wijze 2002, 217).

2.
Die erste explizite Formulierung des Phänomens »schmutziger Hände« wird gemeinhin Machiavelli zugeschrieben. In seinem *Fürst* vertritt er die Auffassung, dass »ein Mensch, der immer nur das Gute tun wollte, [...] zugrunde gehen [muss] unter so vielen, die nicht gut sind. Daher muß ein Fürst, der sich behaupten will, auch imstande sein, nicht gut zu handeln und das Gute zu tun und zu lassen, wie es die Umstände erfordern« (Machiavelli 1515, Kap. 15, 95). Das unmoralische Handeln des Fürsten und der darin zum Ausdruck kommende Bruch seiner eigenen moralischen Standards wird durch die erfolgreiche Sicherung seiner Herrschaft und der Beförderung des Wohls des Gemeinwesens legitimiert.

Demgegenüber verantwortet der Politiker die Wahl moralisch gefährlicher Mittel und ihrer Folgen in Max Webers *Politik als Beruf* allein mit seinem Gewissen. Die »ethischen Paradoxien«, mit denen er konfrontiert ist, bestehen darin, dass er nicht anders kann als sich mit den »diabolischen Mächten« einzulassen, »die in jeder Gewaltsamkeit lauern« (Weber 1919, 78) und die Folgen mit voller Seele empfindet. Er kann nicht Gutes tun und zugleich ein reines Gewissen behalten.

Die klassischen rationalistischen Moraltheorien, wie etwa die deontologische oder konsequentialistische Ethik, sehen in dem Phänomen schmutziger Hände keinen besonderen, einer eigenständigen Lösung bedürftigen Fall. Dem Konsequentialismus zufolge gilt eine Handlung dann als moralisch gerechtfertigt, wenn sie den für das allgemeine Wohlergehen bestmöglichen Zustand befördert. Negative Nebenfolgen oder anderweitige moralische Kosten dieser Handlung spielen dann keine weitere Rolle. Eine im konsequentialistischen Sinne moralisch handelnde Person kann sich daher die Hände gar nicht schmutzig machen. Klassischen Deontologen zufolge ist eine Handlung moralisch gerechtfertigt, wenn sie aus der Befolgung absolut geltender Moralprinzipien, unabhängig von der Bewertung ihrer jeweiligen Folgen, geschieht. Sich die Hände schmutzig zu machen, ist nach solchen Prinzipien strikt verboten. Gegen beide Konzeptionen bestehen im Kontext der Problematik schmutziger Hände jedoch Bedenken: Klassische Konsequentialisten können nicht erklären, warum wir von der Person, die sich die Hände schmutzig macht, reaktive Einstellungen wie Schuldgefühle und Bedauern gegenüber den erfolgten moralischen Kosten erwarten. Deontologen, die moralische Prinzipien für alle Situationen als gültig ansehen, berücksichtigen nicht ausreichend, dass Personen häufig unter nichtidealen Umständen, wie z.B. Krieg, Unrechtsregimen, Terrorismus und anderen Bedrohungen, zu handeln gezwungen sind. Ihre Prinzipien können in solchen Situationen nur sehr begrenzt handlungsanweisend sein.

3.
Vor diesem Hintergrund sehen sich zeitgenössische Vertreter moralischer und politischer Theorien veranlasst, das Phänomen schmutziger Hände genauer zu analysieren und die Reichweite, den Gehalt und die Autorität moralischer Rechtfertigung zu hinterfragen.

3.1. Vertreter des sog. politischen Realismus halten die Reichweite moralischer Rechtfertigung angesichts des Phänomens schmutziger Hände für begrenzt. Demnach scheinen moralische Standards auf politisches Handeln einfach nicht anwendbar zu sein. Gegen diese Auffassung spricht jedoch unsere Praxis, auch politisch Handelnden, die sich die Hände schmutzig machen, moralische Verantwortung zuzuschreiben und eine Rechtfertigung ihres Tuns zu erwarten.

3.2. Andere Theoretiker schließen aus dem Phänomen schmutziger Hände, dass moralische Rechtfertigungen unterschiedliche Gehalte besitzen, je nach dem, ob die zu rechtfertigende Handlung im Privaten oder im Öffentlichen geschieht. Handeln im Privaten wird demzufolge durch die Pflichten gegenüber einzelnen Personen, zu denen wir in einer Beziehung stehen, gerechtfertigt (vgl. Nagel 1978). Politisches Handeln wird dagegen durch unparteiliche Folgenabschätzung legitimiert, die es erlaubt, sich die Hände schmutzig zu machen – wenngleich damit besondere moralische Anforderungen an Politiker gestellt werden (vgl. Walzer 1973; Hampshire 1978, 124; Williams 1978; Thompson 1987, Kap. 1). Diese Unterscheidung legt nahe anzunehmen, dass sich v.a. politisch Handelnde in systematischer Weise die Hände schmutzig machen.

Gegen diese Unterscheidung im Gehalt moralischer Rechtfertigung durch die Annahme einer privaten und einer öffentlichen Moral lässt sich jedoch einwenden, dass Parteilichkeitserwägungen im Politischen ebenso eine Rolle (etwa gegenüber der Partei oder der Wählerschaft) spielen. Zudem kann privates Handeln auch durch unparteiliche Abschätzung verschiedener Handlungsfolgen und die Inkaufnahme moralischer Kosten gekennzeichnet sein. Die Auswirkungen politischen Handelns, das das Leben vieler Personen betrifft, mag zwar häufig weitreichender und moralisch schwerwiegender sein. Dies impliziert jedoch nicht, dass für politisches Handeln andere moralische Standards gültig sind.

3.3. Einer weiteren Auffassung zufolge stellt das Phänomen schmutziger Hände einen Fall eines moralischen Dilemmas dar, das die unbedingte Autorität moralischer Rechfertigung in Frage stellt. Demzufolge hat die handelnde Person die Pflicht, A zu tun, und sie hat die Pflicht, B zu tun, kann aber aufgrund der gegebenen Umstände nicht sowohl A als auch B zugleich nachkommen. Das Dilemma scheint insofern unlösbar, als die betreffende Person eine weiterhin gültige Pflicht verletzen muss – selbst wenn sie das Beste tut, was unter den gegebenen Umständen möglich ist. Die moralische Rechtfertigung ihrer Handlung scheint folglich nicht umfassend zu sein. Sie kann nicht ausschließen, dass sich die betreffende Person aufgrund der Verletzung einer Pflicht schuldig macht (vgl. Walzer 1973, 171; Cunningham 1992; Gowans 1994, 52ff.).

Dass das Phänomen schmutziger Hände durch ein unlösbares moralisches Dilemma angemessen charakterisiert werden kann, stellt jedoch eine fragwürdige Annahme dar.

So legt das weithin akzeptierte Prinzip »Sollen impliziert Können« nahe, dass in einem gegebenen Konflikt zweier Pflichten nur die Pflicht zu einer Handlung besteht. Eine Pflicht muss schließlich die Möglichkeit ihrer Erfüllung enthalten. Zeitgenössische Vertreter einer deontologischen oder konsequentialistischen Ethik versuchen daher aufzuzeigen, dass es inkohärent ist, das Phänomen schmutziger Hände als unlösbares moralisches Dilemma zu beschreiben. Sie vertreten die Auffassung, dass Konflikte, die dem Phänomen schmutziger Hände zugrunde liegen, lösbar sind und die Autorität moralischer Rechtfertigung daher nicht eingeschränkt wird. Angesichts nicht-idealer Umstände bedarf es neueren deontologischen Ansätzen zufolge lediglich einer weiteren Präzisierung der Pflichten, die sie für die jeweilige Situation anwendbar und handlungsleitend machen (vgl. Donagan 1977, 180–189). Konsequentialistisch orientierte Theoretiker verweisen auf die Vergleichbarkeit der zur Wahl stehenden Handlungsoptionen. Demzufolge handelt niemand falsch, der in Anbetracht aller Umstände das Geringere von zwei Übeln wählt bzw. einer von zwei gleich gewichtigen Pflichten folgt (vgl. Nielsen 1996).

3.4. Kritiker der Beschreibung des Phänomens schmutziger Hände als unlösbares moralisches Dilemma legen zwar nahe, dass die Autorität moralischer Rechtfertigung nicht als begrenzt gelten kann. Sie gehen jedoch von der strittigen Annahme aus, dass das Phänomen schmutziger Hände dank einer eindeutigen und allumfassenden Rechtfertigung der zu erfolgenden Handlung verschwindet. Sie haben Schwierigkeiten, befriedigend zu erklären, warum eine Person nach der rationalen Lösung eines solchen Konflikts Bedauern über die Wahl ihrer Mittel oder über die Vernachlässigung von Prinzipien empfindet (vgl. Williams 1978; Betzler 2000; dies. 2004; Gaus 2003). Die Lösbarkeit eines moralischen Konflikts und somit die allumfassende Autorität moralischer Rechtfertigung schließt jedoch nicht aus, dass die handelnde Person moralische Kosten in Kauf nehmen muss. Sofern ihr Handeln den Bruch moralischer Forderungen impliziert, die sie selbst akzeptiert, hat sie Grund, dies zu bedauern. Angesichts des Phänomens schmutziger Hände erweisen sich jedoch weder die Reichweite, noch der Gehalt, noch die Autorität moralischer Rechtfertigung als begrenzt. Begrenzt sind unter nicht-idealen Umständen die Möglichkeiten, all denjenigen Forderungen nachzukommen, die eine Person akzeptiert. Sofern die Akzeptanz dieser Forderungen impliziert, entsprechend zu handeln, hat sie Grund, reaktive Einstellungen einzunehmen, wenn sie dies nicht tun kann.

4.

Baumann, P., 2001, Schmutzige Hände? Zum Verhältnis von Moral und Politik, in: Logos 6.

Betzler, M., 2000, Moralische Dilemmata und die Rationalität residualer Gefühle, in: Studia Philosophica 59.

Betzler, M., 2004, Sources of Practical Conflicts and Reasons for Regret, in: P. Baumann/M. Betzler (Hg.), Practical Conflicts, Cambridge: Cambridge University Press.

Buckler, S., 1993, Dirty Hands. The Problem of Political Morality, Aldershot: Avebury.

Coady, C. A. J., 1991, Politics and the Problem of Dirty Hands, in: P. Singer (Hg.), A Companion to Ethics, Oxford: Blackwell.

Cunningham, A. B., 1992, The Moral Importance of Dirty Hands, in: Journal of Value Inquiry 26.

De Wijze, S., 1994, Dirty Hands – Doing Wrong to Do Right, in: South African Journal of Philosophy 13.

De Wijze, S., 2002, Defining Evil. Insights from the Problem of »Dirty Hands«, in: The Monist 85.

Donagan, A., 1977, The Theory of Morality, Chicago: University of Chicago Press.

Gaus, G. F., 2003, Dirty Hands, in: R. G. Frey/C. H. Wellman (Hg.), A Companion to Applied Ethics, Oxford: Blackwell.

Gowans, C., 1994, Innocence Lost, Oxford: Oxford University Press.

Hampshire, S., 1978, Public and Private Morality, in: ders., Morality and Conflict, Cambridge/MA: Harvard University Press.

Machiavelli, N., 1515, Der Fürst, Stuttgart: Reclam 1961.

Nagel, T., 1978, Rücksichtslosigkeit im öffentlichen Leben, in: ders.: Letzte Fragen, Hamburg: EVA 2008.

Nielsen, K., 1996, There is No Dilemma of Dirty Hands, South African Journal of Philosophy 15.

Sartre, J.-P., 1948, Die schmutzigen Hände, Reinbek: Rowohlt 1990.

Stocker, M., 1990, Plural and Conflicting Values, Oxford: Clarendon Press.

Thompson, D., 1987, Political Ethics and Public Office, Cambridge/MA: Harvard University Press.

Walzer, M., 1973, Political Action. The Problem of Dirty Hands, in: Philosophy and Public Affairs 2.

Weber, M., 1919, Politik als Beruf, Stuttgart: Reclam 1992.

Williams, B., 1978, Politik und moralischer Charakter, in: ders.: Moralischer Zufall, Königstein: Hain 1984.

Monika Betzler

Schuld

1.

Schuld hat ihren Ort in verschiedenen Theorie-, Geistes- und Lebensbereichen: in Wissenschaft, Philosophie und Religion ebenso wie in der Erfahrung von Individuen und Gesellschaften. Vom Wortsinn her verweist sie auf ein ausstehendes Gesolltes. Als existenzielle Grundbefindlichkeit oder als Folge einer Tat bzw. einer Unterlassung bezeichnet sie den Mangel in einer Beziehung: zwischen Individuen oder Gruppen, zwischen Gott und den Menschen oder, innerhalb des Individuums, zwischen ihm und seinem ›Selbst‹. Menschen machen sich schuldig, wenn sie gegen moralische Gebote verstoßen, wenn sie sittliche oder rechtliche Gesetze brechen, wenn sie Versprechen missachten oder wenn sie sich, im religiösen Kontext, gegen Gott vergehen. Damit verweist Schuld grundsätzlich auf Gegenseitigkeit und Sozialität, im Grenzfall auf die intrapersonale Beziehung zum eigenen Selbst.

2.

Im heutigen Verständnis setzt Schuld systematisch Freiheit und Verantwortungsfähigkeit voraus. Das war nicht immer so. Im Alten Testament und in der Frühphase der griechischen Antike konnten Menschen auch dann Schuld auf sich laden bzw. für sie haften müssen, wenn sie nicht freiwillig-willentlich oder bewusst Ursache des schuldhaften Geschehens waren. Das Buch Leviticus führt Vorschriften für Schuldopfer in Fällen aus, »wenn jemand sich verfehlt und ohne Absicht gegen irgendeines der Gebote Jahwes tut, was ihr nicht tun dürft, und sich schuldig macht« (Lv. 5). Auch im frühen griechischen Recht zählt nicht die Absicht, nur die Tat, für die gehaftet werden muss.

Paul Ricœur interpretiert die historische Entwicklung des Schuldverständnisses als eine Bewegung von ›außen‹ nach ›innen‹: von der Befleckung durch den äußeren Makel, der Schande erzeugt, über die objektive Sünde vor Gott, die die ganze Gemeinschaft wie den einzelnen betrifft, bis zur subjektiven Schuld des einsamen Gewissens als innerer Instanz der individuellen Person (vgl. Ricœur 1960a, 35 ff., 41, 47, 70). Damit ist in psychologischer und soziologischer Hinsicht der Unterschied zwischen Schuld und Schande markiert: Schuld besteht vor dem ›inneren‹ Richter des Gewissens, Schande vor dem ›äußeren‹ des sozialen Umfelds. Mit der Bewegung vom äußeren objektiven Makel zur Subjektivierung der persönlichen Schuld geht geschichtlich die Relativierung ihrer Geltung einher, so dass wir heute nicht mehr von einer allgemein anerkannten inhaltlichen Bestimmung von »Schuld« ausgehen können. Vielmehr muss die moderne freiheitlich-pluralistische Gesellschaft auch im Weltmaßstab darüber immer erneut ein freiwilliges Einvernehmen herstellen. Allerdings gibt es einen Kernbestand moralischer Forderungen, dessen Missachtung seit den frühen Aufzeichnungen in iranischen, babylonischen, ägyptischen und jüdischen Schriften als Schuld erfahren wurde. Sie lassen sich in den Geboten zusammenfassen, die physische und psychische Integrität gegenseitig zu achten sowie für Schwache und Bedürftige einzustehen (›Goldene Regel‹).

3.

Im Rahmen der politischen Philosophie und der Sozialphilosophie stellen sich folgende Fragen: (1) Können diese Gebote für die vorhersehbare Zukunft auch interkulturell bzw. universell Geltung bewahren, obwohl alle metaphysischen Begründungen ihrer Legitimation radikal fraglich geworden sind? (2) Entziehen neuere Erkenntnisse naturwissenschaftlicher Hirnforschung der Annahme menschlicher Freiheit und damit der Schuld den Boden? (3) Welche Möglichkeiten des Umgangs mit Schuld gibt es im Zeitalter der Säkularisierung? (4) Welche Folgen zeitigt der Umgang mit ihr für die Politik insbesondere in der Demokratie?

3.1. Die philosophische Voraussetzungshaftigkeit des Begriffs »Schuld« lässt sich an einer Entscheidung des deutschen Bundesverfassungsgerichts von 1952 zur Grundlage des Strafrechts zeigen. Danach setzt Strafe Schuld voraus. Der Schuldvorwurf ist grundsätzlich nur möglich, weil »der Mensch auf freie, verantwortliche und sittliche Selbstbestimmung angelegt und deshalb befähigt ist, sich für das Recht und gegen das Unrecht zu entscheiden« (Kaufmann 1976, 129). Dies impliziert ein personales Verständnis des Menschen und seine Fähigkeit, als kohärentes Subjekt zu agieren, eine Annahme, die von Vertretern der Postmoderne radikal bestritten wird. Hans Joas (1999, 227 ff.) hat als Antwort auf die postmoderne Herausforderung in Auseinandersetzung mit Richard Rorty die Möglichkeit und Relevanz eines Menschenbildes herausgearbeitet, das auf personale Identität angelegt und dazu fähig ist, als unbedingt verpflichtend angenommene Werte anzuerkennen und damit Schuldakzeptanz theoretisch zu rechtfertigen. Das Festhalten an personaler Identität bezieht die Kontingenz unserer geschichtlichen Existenz ein und baut auf die soziale Integrationsfähigkeit von Menschen, die die normative Tradition situationsgemäß und im Dialog kreativ und konsensorientiert anwenden. Der öffentlichen Anerkennung von Schuld, insbesondere in der Gegenüberstellung von Tätern und Opfern z.B. in sog. Wahrheitskommissionen nachdiktatorischer Gesellschaften, kommt dabei eine wesentliche Bedeutung zur Bekräftigung der normativen Übereinkunft und des sozialen Zusammenhangs zu, und dies weltweit. Letztlich gründet die Akzeptanz der philosophischen Voraussetzungen dafür, Schuld weiterhin als existenziell zentrales und theoretisch ausweisbares Phänomen auch universell anzuerkennen, darin, menschliche Grunderfahrungen des Schuldigseins ernst zu nehmen und auf die Folgen seiner Negierung für die Individuen wie für den gesellschaftlichen Zusammenhalt zu verweisen (vgl. Schwan 1997). Die universelle Relevanz von Schulderfahrungen zeigt sich auch an weltweiten Forderungen nach Entschuldigung für Verbrechen in der Vergangenheit, mit denen nationale Repräsentanten in der internationalen Politik zunehmend konfrontiert werden (vgl. Lübbe 2001).

3.2. In letzter Zeit haben Hirnforscher (etwa Singer 2003) die Möglichkeit von Schuld und die ihr zugrunde liegende Annahme menschlicher Willensfreiheit radikal infragegestellt. Gegen diese Annahme wird vornehmlich ins Feld geführt, dass Entscheidungen sich zeitlich bereits vor ihrer Bewusstwerdung an messbaren Hirnvorgängen ablesen lassen, die mithin als Ursache für diese Entscheidungen anzusehen seien. Demnach könnten sie nicht aus einem (illusionären) freien Willen folgen. Die wissenschaftliche Auseinandersetzung um diese Frage leidet bisher unter dem Defizit, dass Geistes- und Sozialwissenschaften auf der einen und Naturwissenschaften auf der anderen Seite die jeweils anderen Methoden und Begriffe auf der Höhe der aktuellen Diskussion nicht genau genug kennen. Schon jetzt ist jedoch absehbar, dass die Erörterung der jeweiligen theoretischen Prämissen und Begriffsgeschichten zu differenzierenden Antworten hinsichtlich der Rahmenbedingungen und Konditionen, unter denen man von Willens- und Entscheidungsfreiheit sprechen kann, führen werden.

3.3. Schuld ist eine Last, die uns zentral betrifft, weil wir sie als falschen Gebrauch unserer Freiheit erfahren. Wir fühlen uns in ihr unwert, isoliert und zerrissen: Darin kommen religiöse Traditionen mit philosophischen und psychologischen bzw. psychoanalytischen Einsichten überein – und auch darin, dass es sowohl illusionäre als auch wirksame Entlastungen gibt. Zu den illusionären gehören Leugnung, Verdrängung oder Abspaltung. Am häufigsten geschieht ein Abschieben in eine Grauzone des Halbbewussten, ein »Beschweigen« (vgl. Schwan 1997), das es erlaubt, sich ohne Klärung des eigenen Verhaltens doch als moralisches Subjekt zu bewahren. In den religiösen Traditionen gelingt eine wirksame Entlastung nur durch den Dreischritt des Bekenntnisses, der Reue und der Wiedergutmachung. Die Entlastung gewährt dabei letztlich Gott, mittelbar ggf. die Verzeihung des Opfers. Unter Bedingungen der Säkularisierung schwindet der Glaube an einen entlastenden Gott. Damit steigt die Versuchung, sich der Schuld auf illusionäre Weise zu entledigen. Dies beschädigt allerdings die Identität von Menschen, die auf möglichst kohärente Erinnerung angewiesen sind, um verlässlich zu agieren.

3.4. Eben dieser Aspekt spielt auch für die soziologische Identitätstheorie eine zentrale Rolle. Menschen die auf Identität als innere Kohärenzbildung verzichten, können schwer oder gar nicht miteinander umgehen. Wer Teile seiner Vergangenheit, z.B. bedrückende, schuldhafte Ereignisse ausblendet, wird für den Interaktionspartner unverständlich und stimmt ihn misstrauisch. Vertrauen als ›Grundstoff‹ zumal moderner, komplexer Gesellschaften bedarf deshalb insbesondere für deren freiheitliche und demokratische politische Ordnung einer immer erneuten Identitätsanstrengung der Individuen und Gruppen, die die eigene Schuld in das Selbstbild integriert. Daher rührt in der Gegenwart insbesondere in postdiktatorischen Gesellschaften, die mit politisch induzierter Schuld belastet sind, eine zunehmend aktive Erinnerungs- und Vergangenheitspolitik, in der es um die Artikulation und Legitimation der Werte geht, die Gesellschaft und demokratische Politik zusammenhalten und die theoretisch auf die Kategorie der Schuld angewiesen sind.

4.

Buber, M., 1957, Schuld und Schuldgefühle, in: Werke, Bd. 1, Heidelberg: Schneider 1962.

Jaspers, K., 1946, Die Schuldfrage, in: ders., Lebensfragen der deutschen Politik, München: Piper 1963.

Joas, H., 1999, Die Entstehung der Werte, Frankfurt/M.: Suhrkamp.

Kaufmann, A., 1976, Das Schuldprinzip, Heidelberg: Winter.

Krappmann, L., 1969, Soziologische Dimensionen der Identität, Stuttgart: Klett-Cotta.

Levi, P., 1986, Die Untergegangenen und die Geretteten, München: dtv 1993.

Lübbe, H., 2001, Ich entschuldige mich. Das neue politische Bußritual, Berlin: Siedler.

Margalit, A., 2000, Ethik der Erinnerung, Frankfurt/M.: Fischer.

Ricœur, P., 1960a, Symbolik des Bösen, Freiburg: Alber 1988.

Ricœur, P., 1960b, Die Fehlbarkeit des Menschen, Freiburg: Alber 1989.

Rorty, R., 1989, Kontingenz, Ironie und Solidarität, Frankfurt/M.: Suhrkamp.

Schlink, B., 2002, Vergangenheitsschuld und gegenwärtiges Recht, Frankfurt/M.: Suhrkamp.

Schwan, G., 1997, Politik und Schuld, Frankfurt/M.: Fischer.

Singer, W., 2003, Ein neues Menschenbild. Gespräche über Hirnforschung, Frankfurt/M.: Suhrkamp.

Taylor, C., 1992, Quellen des Selbst, Frankfurt/M.: Suhrkamp 1996.

Gesine Schwan

Schumpeter, Joseph Alois (1883–1950)

1.

Schumpeter kam am 8. 2. 1883 im südmährischen Triesch zur Welt. Nach der Abschlussprüfung am Wiener Theresianum studierte er an der Universität Wien Jura und Wirtschaftswissenschaften u.a. bei Eugen von Böhm-Bawerk und Friedrich von Wieser. An derselben Universität wurde er 1906 promoviert und 1909 habilitiert. Seine erste außerordentliche Professur erhielt er im österreich-ungarischen Czernowitz. Von 1911 bis 1919 war Schumpeter ordentlicher Professor der Volkswirtschaftslehre in Graz. Es folgten wenige Monate als glückloser Finanzminister der jungen Republik Österreich unter dem sozialistischen Koalitionschef Karl Renner, verschiedene Lehraufträge und Gastprofessuren in den USA und in Japan sowie die Leitung einer Privatbank, die jedoch 1924 Konkurs anmelden musste. Von 1925 bis 1932 lehrte Schumpeter auf einem Lehrstuhl für Finanzwissenschaft in Bonn. 1932 erhielt er einen Ruf nach Harvard, wo er bis zum Ende seiner beruflichen Laufbahn v.a. Konjunkturtheorie und Geschichte der politischen Ökonomie lehrte. Diese Themen bildeten auch den Schwerpunkt seines umfangreichen interdisziplinären Schaffens. Die Arbeiten *Epochen der Dogmen- und Methodengeschichte* (1914), *Ökonomie und Psychologie des Unternehmers* (1929), *Business Cycles* (1939; dt.: *Konjunkturzyklen* (1961)), *Capitalism, Socialism and Democracy* (1943; dt.: *Kapitalismus, Sozialismus und Demokratie* (1946)) sowie die posthum veröffentlichte *History of Economic Analysis* (1954; dt.: *Geschichte der ökonomischen Analyse* (1965)) gelten als Hauptwerke.

Schumpeter war ein erfolgreicher Lehrer, auch wenn er keine Schule hinterlassen hat, die seinen Namen trägt. Unter den Fachkollegen seiner Zeit genoss er ebenfalls große Anerkennung. 1937 wurde er Mitbegründer und erster Präsident der Econometric Society. Von 1948 bis 1950 war er Präsident der American Economic Association. Er starb am 8. 1. 1950 in Taconic/Connecticut an einem Gehirnschlag.

2.

Schumpeter entwickelte schon früh seine Konjunktur- und Zinstheorie, die er ausführlich in der Arbeit *Theorie der wirtschaftlichen Entwicklung* (1912) darstellt. Die für ihn typische sozialwissenschaftliche Perspektive auf wirtschaftliche Zusammenhänge kommt in der Aufsatzreihe *Die sozialen Klassen im ethisch homogenen Milieu* aus dem Jahr 1927 zum Ausdruck und prägt die spätere, bereits in den USA entstandene Arbeit *Kapitalismus, Sozialismus und Demokratie.*

In Abgrenzung zu den meisten Nationalökonomen seiner Zeit war Schumpeter darum bemüht, die vorherrschende statische bzw. stationäre Auffassung von den wirtschaftlichen Kreisläufen durch eine dynamische Perspektive zu ergänzen. Denn er war davon überzeugt, dass es eine Wirtschaftstheorie der Veränderung kapitalistischer Systeme geben muss, die nicht nur die außerwirtschaftlichen bzw. externen, sondern auch die systeminternen Ursachen dieser Veränderungen an den Tag legt und somit die qualitativen Entwicklungen des Kapitalismus verständlich macht. Diese Sicht bricht mit der neoklassischen Gleichgewichtslehre, die nur die stationären Wirtschaftszyklen in den Blick nimmt, und macht Schumpeters Unterfangen mit der Theorie von Marx vergleichbar. In der Tat kam auch Schumpeter zu dem Ergebnis, dass der Kapitalismus aus systeminternen Gründen über kurz oder lang sein Ende finden muss, auch wenn er diese Gründe ganz woanders sah als Marx.

3.

Schumpeters Antwort auf die Frage nach den systeminternen Ursachen der Veränderung kapitalistischer Wirtschaftsordnungen liegt in einem Verweis auf mutige Unternehmer, deren Innovationsbereitschaft dazu führen könne, die gegebenen stationären Zyklen zu durchbrechen, um die ökonomische Entwicklung in neue Bahnen zu lenken. Im Rahmen seiner Konjunkturtheorie ergänzt er diese Position durch die Annahme, dass dynamische Unternehmer nicht kontinuierlich auf den Plan treten, was zu dem bekannten Phänomen führe, dass die wirtschaftliche Entwicklung unter kapitalistischen Bedingungen diskontinuierlich verläuft. Da Schumpeter zusätzlich die Überzeugung vertrat, dass die Rolle des dynamischen Unternehmers im Zuge der Weiterentwicklung des kapitalistischen Wirtschaftssystems immer mehr Bedeutung zugunsten mechanischer, bürokratischer und rein technologischer Innovationsfaktoren verlieren wird, kam er zu dem Ergebnis, dass sich der Kapitalismus auf lange Sicht in ein sozialistisches Wirtschaftssystem auflösen müsse.

Bessere Zukunftsaussichten sah er für die Demokratie, die er als ein politisches Produkt des Kapitalismus verstand. Seine von Max Weber beeinflusste Demokratietheorie, die später Anthony Downs inspirierte, bestimmt die Demokratie als »diejenige Ordnung der Institutionen zur Erreichung politischer Entscheidungen, bei welcher einzelne die Entscheidungsbefugnis vermittels eines Konkurrenzkampfs um die Stimmen des Volkes erwerben« (Schumpeter 1943, 428). Diese Theorie wurde elitistisch genannt, weil Schumpeter der politischen Elite im Konkurrenzkampf die entscheidende Rolle beimisst und dem Wahlvolk wenig politischen Sachverstand zutraut. Kritisiert wurde diese Theorie u.a., weil sie den Legitimationsbegriff ausblendet und ausdrücklich von der klassischen Annahme eines Gemeinwohls abrückt.

Schumpeter war mit der sozialistischen Tradition und v.a. mit der Theorie von Marx gut vertraut, aber keineswegs ein Sozialist und vermutlich auch kein Demokrat. Er verstand sich hauptsächlich als Wissenschaftler und Universalgelehrter, der sich Zeit seines Lebens immer auch darum bemühte, die Geschichte seiner eigenen Wissenschaftsdisziplin zu erforschen und zu schreiben.

4.

Schumpeter, J., 1912, Theorie der wirtschaftlichen Entwicklung, Berlin: Duncker & Humblot 1997.
Schumpeter, J., 1914, Epochen der Dogmen- und Methodengeschichte. Grundriß der Sozialökonomik, Tübingen: Mohr.
Schumpeter, J., 1929, Ökonomie und Psychologie des Unternehmers, Leipzig: Haberland.
Schumpeter, J., 1939, Konjunkturzyklen, Göttingen: Vandenhoeck & Ruprecht 1961.
Schumpeter, J., 1943, Kapitalismus, Sozialismus und Demokratie, Bern: Francke 1993.
Schumpeter, J., 1954, Geschichte der ökonomischen Analyse, Göttingen: Vandenhoeck & Ruprecht 1965.

Arena, R./Dangel-Hagenauer, C. (Hg.), 2002, The Contribution of Joseph Schumpeter to Economics, London: Routledge.
Medearis, J., 2001, Joseph Schumpeter's Two Theories of Democracy, Cambridge/MA: Harvard University Press.
Shionoya, Y., 1997, Schumpeter and the Idea of Social Science, Cambridge: Cambridge University Press.

Marco Iorio

Schütz, Alfred (1899–1959)

1.

Alfred Schütz wurde in Wien als Sohn jüdischer Eltern geboren. Nach Abschluss eines rechts- und sozialwissenschaftlichen Studiums an der Universität Wien (u.a. bei H. Kelsen, L. von Mises und F. Kaufmann) arbeitete er hauptberuflich als Jurist bei einem Bankhaus. Nach dem deutschen Einmarsch in Österreich im März 1938 emigrierte er nach Paris, im Juli 1939 nach New York. Seit 1943 lehrte Schütz dort parallel als »Lecturer«, ab 1952 als »Full Professor« für »Sociology and Social Psychology« an der New School for Social Research. Schütz starb in New York. Seine erste Monographie, *Der sinnhafte Aufbau der sozialen Welt*, erschien im Frühjahr 1932 in Wien. Das aufgrund einer schweren Erkrankung 1958 nur noch in Gestalt einer »Kompositionspartitur« vorbereitete zweite Hauptwerk, *Strukturen der Lebenswelt*, erschien 1973 und 1984 in der Bearbeitung von T. Luckmann.

2.

Schütz' Suche nach einem philosophischen Ansatz, der die Brücke zwischen Spontaneität und Reflexivität schlägt, führt ihn zunächst zu H. Bergsons Zeitphilosophie. Bereits in den frühen Entwürfen sind wesentliche Themen der späteren Arbeiten präsent: die Bedeutung des pragmatischen Motivs, das Relevanzproblem, die Funktion von Typisierung und Symbolisierung sowie eine Theorie der Handlung. Der Durchbruch gelingt Schütz Ende der 1920er Jahre im Zuge seiner Husserl-Lektüre. Deren methodisches Instrumentarium nutzt er für eine phänomenologische Fundierung der verstehenden Soziologie. Sein Werk entwickelt sich im Reflexionsdreieck von M. Webers verstehender Soziologie, L. von Mises' begreifender Ökonomik und Husserls transzendentaler Phänomenologie.

Da für Schütz in Europa Autoren vorrangige Bedeutung gewinnen, für die eine pragmatische Grundorientierung charakteristisch ist (wie H. Bergson, L. von Mises und M. Scheler), ergibt sich für ihn auch in den USA ein unmittelbarer Anschluss an die dort ausgeprägte Tradition des Pragmatismus

(W. James; J. Dewey) und entsprechende Orientierungen in der Soziologie (C. H. Cooley; G. H. Mead; Chicagoer Schule). Schütz' Werk stellt sich insgesamt als kontinuierliche Ausarbeitung der früh angelegten Kernthemen dar, die sich um eine Theorie der Sinndifferenzierung und des Sinnzusammenhangs der Lebenswelt zentrieren.

3.

Schütz geht es um eine philosophische und anthropologische Begründung der Sozialwissenschaften. In Abgrenzung von Husserls transzendentaler Phänomenologie zielt er von Anfang an auf eine Analyse der »Sinnphänomene in der mundanen Sozialität« (Schütz 1932, 129). Intersubjektivität und Sozialität bilden für Schütz konstitutive Momente der Lebenswelt und der als »ausgezeichnet« begriffenen, durch typische Wahrnehmungsformen stets (vor)strukturierten alltäglichen Welt sozialen Wirkens.

Ausgangspunkt seiner Analyse sind die »natürlichen Einstellungen«, d.h. die alltäglichen subjektiven Sinndeutungs- und Sinnsetzungsvorgänge. Schütz' grundlegende These ist, dass der Sinn, den Menschen der Wirklichkeit und ihrem Handeln zuschreiben, aus diesem Handeln und Kommunizieren selbst entsteht, d.h. aus dem von Relevanzen strukturierten Umgang mit Interaktionspartnern und Objekten. Mit diesem Zugriff verbindet sich die Radikalität von Schütz' Grundposition, der zufolge soziale Wirklichkeit als Ganzes als Sinnkonstruktion verstanden wird. Für soziale Wirklichkeit als Deutungszusammenhang ist eine strukturelle Perspektivität des Wissens ebenso kennzeichnend wie die strukturelle Sozialisierung des Wissens.

Soziale Wirklichkeit wird von Schütz als Lebenswelt begriffen, die eine interne Gliederung in mehrere »geschlossene Sinnprovinzen« aufweist. Als wirklichkeitskonstituierende Weltzugänge implizieren diese immer schon eine unaufhebbare Spannung zwischen Vertrautheit und Fremdheit. Die Lebenswelt erweist sich als die eine und einzige und *zugleich* als eine Aufsplitterung in Wirklichkeitsperspektivierungen. Der Zusammenhang dieser »mannigfaltigen Wirklichkeiten« realisiert sich aufgrund von Typisierungsleistungen auf der Ebene der symbolischen Repräsentation der Lebenswelt. Phänomenologisch angelegte wissenssoziologische Überlegungen zeigen somit, dass die verbreiteten Thesen prinzipieller Heterogenität eher kontrastiv dazu tendieren, das Vergangene retrospektiv zu vereinheitlichen. Denn jeder Erfahrung ist ihre Transzendenz strukturell immanent. Diese stellt prinzipiell kein Krisenphänomen dar.

Entsprechend liegt mit Schütz' Theorie der lebensweltlichen Sinndifferenzierung keine Variante der These prinzipieller Inkommensurabilität vor (B. Whorf, W. V. O. Quine, T. Kuhn und P. Feyerabend). So kann die Theorie der mannigfaltigen Wirklichkeiten bei Schütz und sein Problemzugriff im Ausgang von der typologisch verdichteten Alltagssprache als Beitrag gedeutet werden, der Annahme prinzipieller Verstehensmöglichkeit in der *einen* sozialen Wirklichkeit in sozialpragmatischer Perspektive einen tragfähigen Sinn abzugewinnen.

Neben diesen Beiträgen, deren Relevanz vornehmlich im Rahmen von Fragen der Übersetzbarkeit zwischen Kulturen liegt, sind Schütz' damit verbundene Beiträge zur zeittheoretischen Grundlegung des Sinn- und Handlungsbegriffs, seine Theorie der Intersubjektivität sowie seine methodologischen Analysen zum Zusammenhang von alltäglicher und wissenschaftlicher Begriffsbildung von besonderer sozialtheoretischer Bedeutung.

4.

Schütz, A., 1932, Der sinnhafte Aufbau der sozialen Welt, Alfred Schütz Werkausgabe, Bd. 2, Konstanz: UVK 2004.

Schütz, A., 2003 ff., Alfred Schütz Werkausgabe, Konstanz: UVK.

Schütz, A./Luckmann, T., 1973/84, Strukturen der Lebenswelt, Konstanz: UVK 2003.

Berger, P. L./Luckmann, T., 1966, Die gesellschaftliche Konstruktion der Wirklichkeit, Frankfurt/M.: Fischer 1969.

Endreß, M., 2006, Alfred Schütz, Konstanz: UVK.
Srubar, I., 1988, Kosmion, Frankfurt/M.: Suhrkamp.
Wagner, H. R., 1983, Alfred Schutz, Chicago: University of Chicago Press.

MARTIN ENDREß

Sen, Amartya Kumar (*1933)

1.
Amartya Sen wurde in Santiniketan in Indien geboren. Aus einem gut situierten Elternhaus stammend, wurde Sen durch die Konfrontation mit Armut und Hunger geprägt, was seine wissenschaftlichen Interessen beeinflusste. Sen studierte Ökonomie und Philosophie in Kalkutta und Cambridge, wo er 1959 mit der Promotion abschloss. Er war Inhaber verschiedener Lehrstühle, so in Delhi (1963–71), an der London School of Economics (1971–77), in Oxford (1977–88) sowie der Lamont-Professur in Harvard (1988–98). Sen war Gastdozent am MIT sowie an den Universitäten Stanford, Berkeley und Harvard.

1998–2004 war er Master des Trinity College in Cambridge. Gegenwärtig lehrt er wieder in Harvard. Für seine Beiträge zur Sozialwahltheorie und zur empirischen Erforschung von Hungersnöten erhielt Sen 1998 den Nobelpreis für Ökonomie.

2.
Es ist wesentlich Sen zu verdanken, dass in der Folge von Arrows berühmtem Unmöglichkeitstheorem wieder Fortschritte in der Sozialwahltheorie gemacht wurden (vgl. Sen 1970a). In Zusammenarbeit mit Prasanta Pattanaik konnte Sen (1969) die einschränkenden Bedingungen charakterisieren, unter denen die Majoritätsregel den Anforderungen von Arrows Theorem genügt (vgl. Gaertner 2001).

Bis heute zählen Sens Werke über Sozialwahltheorie (vgl. Sen 1970a; 1982) und ökonomische Ungleichheit (vgl. Sen 1973; 1992) zur Standardliteratur. In seinem Spätwerk wendet sich Sen den Grundlagen und der politischen Dimension der Armut zu (vgl. Sen 1985; 1999a; 1999b; 2000).

Nach seinem Abschluss in Ökonomie in Cambridge nutzte Sen ein Stipendium des Trinity College, um dort Philosophie zu studieren und sich dem Grenzgebiet beider Wissenschaften zu widmen. In dieser Zeit publizierte er beispielsweise auch über Erkenntnistheorie. Später hatte Sen in Harvard Professuren für Ökonomie und Philosophie inne und arbeitete mit namhaften Philosophen wie Rawls, Dworkin, Parfit, Nozick und Nussbaum zusammen.

3.

3.1. Eines der bekanntesten Resultate von Sens Arbeit betrifft die Vereinbarkeit der Bewertung sozialer Zustände mit der Forderung nach individuellen Freiräumen (vgl. Sen 1970b). Letzteres wird häufig prägnant in dem Slogan ausgedrückt, dass es jeder Person erlaubt sein soll, selbst zu bestimmen, auf welcher Seite sie schläft. Bei der Herleitung dieses Resultats macht Sen nur in sehr sparsamer Weise Gebrauch von dem genannten Prinzip, insofern er für jede von zwei Person allein die Existenz einer sozialen Alternative fordert, für welche diese Person unabhängig von den Präferenzen anderer Personen ihre Interessen sozial durchsetzen kann. Des Weiteren fordert Sen die Geltung des (schwachen) Pareto-Prinzips, dem zufolge eine Alternative einer anderen sozial vorzuziehen oder ihr gleichwertig ist, wenn erstere von allen als mindestens gleichwertig beurteilt wird. Es lässt sich nun leicht zeigen, dass kein allgemeines Prinzip existiert, das die individuellen Präferenzordnungen zu einer sozialen Ordnung aggregiert und die beiden vorgenannten Prinzipien erfüllt. Dieses Resultat ist jedoch nicht so zu lesen, dass es ein Argument gegen das Recht, seine eigenen Angelegenheiten selbst zu entscheiden, oder gar gegen das Pareto-Prinzip darstellt. Ebenso wenig lässt sich Sens Paradoxon als Argument für Beschränkungen des Geltungsbereichs der Sozialwahltheorie durch individuelle Rechte verwenden. Nozick, Sugden und Gärdenfors behaupten, dass individuelle Rechte gerade in solchen Einschränkungen bestehen (vgl. Risse 2001, 7). Vielmehr zeigt dieses Resultat die Schwierigkeiten auf, individuelle Rechte in einem sozialwahltheoretischen Rahmen zu repräsentieren, der die Aggregation individueller Präfenzen über gemeinsame Entitäten wie soziale Zustände umfasst, die nicht, wie Güter, Handlungen oder Strategien, konkreten Individuen zugeordnet sind. Gärtner, Pattanaik und Suzumura (1992) argumentieren, dass Zuschreibungen von Rechten mit spieltheoretischen Mitteln adäquater zu beschreiben sind, wobei individuelle Rechte durch einschränkende Bedingungen an Strategien repräsentiert werden.

3.2. Eines der wesentlichen Probleme der Ökonomie der Armut liegt darin, zu bestimmen, wer überhaupt zu den Armen zu rechnen ist und wie hoch der Grad der Armut in einer bestimmten Population ist. Weniger als einen bestimmten Prozentsatz als das Durchschnittseinkommen zu haben, sagt nichts über das absolute Einkommensniveau – zudem ist es schwierig (wenn auch nicht, wie gelegentlich behauptet, unmöglich), selbst auf höchstem Niveau die Armut des Schlechtestgestellten in diesem Sinne zu vermeiden. Sen (1973) propagiert daher ein Armutsmaß, in welches sowohl der prozentuale Anteil der Armen, der durchschnittliche Abstand des Einkommens der Armen zur Armutsgrenze sowie der Grad der Verteilungsungleichheit der Armen selbst eingeht.

3.3. Sen untersuchte eine Reihe von Hungerkatastrophen seit 1940 in Indien, Bangladesch und den Sahara-Staaten. Es zeigt sich, dass selbst in Hungergebieten nicht alle Personen von Hunger betroffen waren und dass manchmal sogar Nahrungsmittel aus diesen Gebieten exportiert wurden. Es kann auch vorkommen, dass in hungerfreien Jahren die verfügbare Nahrung pro Kopf niedriger war als in Jahren mit Hungerkatastrophen. Auch Preissteigerungen können Auftreten von Hunger nicht allein erklären. Die Ursache für Hungersnöte liegt für Sen nicht in ungenügender Produktion von Nahrungsmitteln, sondern in mangelndem Zugang für bestimmte Teile der Bevölkerung. Verschiedene ökonomische Faktoren spielen zusammen, etwa die Erhöhung der Nahrungspreise und Arbeitslosigkeit unter Bauern als Folge einer Überschwemmung. Es handelt sich daher um ein strukturelles Verteilungsproblem, das eher politische als rein ökonomische Lösungen erfordert.

Sen weist zudem darauf hin, dass in funktionierenden Demokratien keine größeren Hungersnöte zu verzeichnen sind. Dieser Zusammenhang gilt nach Sen für reiche und arme Staaten gleichermaßen. Für die Bekämpfung von Hungersnöten ist neben freien Wahlen allerdings auch eine freie Presse notwendig, denn nur diese kann auf Missstände aufmerksam machen.

3.4. Der klassischen Wohlfahrtsökonomik stellt Sen seinen eigenen Ansatz entgegen, der zwischen den objektiven güterorientierten und den subjektiven präferenzorientierten Theoriemodellen liegt und sich von beiden abgrenzt. Der ethische Wert eines sozialen Zustandes liegt für Sen weder in einer geeigneten Güterverteilung noch in der Maximierung des tatsächlichen subjektiven Erfolgs, sondern in der Entfaltung individueller Fähigkeiten (*capabilities*). Einkommen und deren Verteilung ist somit wichtig, aber nicht per se, sondern insoweit es die Entwicklung persönlicher Fähigkeiten fördert.

Sen betrachtet in seinem *capability approach* primär Bündel von individuellen Opportunitäten, die von Gütern erzeugt werden. Diese Opportunitäten hängen aber nicht allein von den Gütern ab, sondern auch von der Verfassung derjenigen, denen sie zukommen, etwa deren Gesundheitszustand. Einkommen allein reicht also nicht aus, um die Fähigkeiten zu bestimmen.

4.

Sen, A./Pattanaik, P., 1969, Necessary and Sufficient Conditions for Rational Choice and Majority Decision, in: Journal of Economic Theory 1.

Sen, A., 1970a, Collective Choice and Social Welfare, San Francisco: Holden-Day 1983.

Sen, A., 1970b, The Impossibility of a Paretian Liberal, in: ders., Choice, Welfare and Measurement, Cambridge/MA: Harvard University Press 1998.

Sen, A., 1973, Ökonomische Ungleichheit, Frankfurt/M.: Campus 1975.

Sen, A., 1979, Equality of What?, The Tanner Lecture on Human Values, Stanford: Stanford University.

Sen, A., 1981, Poverty and Famines, Oxford: Clarendon Press.

Sen, A., 1982, Choice, Welfare and Measurement, Cambridge/MA: Harvard University Press 1998.

Sen, A., 1985, Commodities and Capabilities, Amsterdam: North-Holland.

Sen, A., 1992, Inequality Reexamined, New York: Sage Foundation 1997.

Sen, A., 1999a, Development as Freedom, Oxford: Oxford University Press.

Sen, A., 1999b, Ökonomie für den Menschen, München: dtv 2003.

Sen, A./Nussbaum, M., 2000, Der Lebensstandard, Hamburg: Rotbuch.

Sen, A./Arrow, K. J./Suzumura, K., 2002, Handbook of Social Choice and Welfare, Bd. 1, Amsterdam: Elsevier.

Gaertner, W./Pattanaik, P./Suzumura, K., 1992, Individual Rights Revisited, in: Economica 59.

Gaertner, W., 2001, Domain Conditions in Social Choice Theory, Cambridge: Cambridge University Press.

Risse, M., 2001, What to make of the Liberal Paradox, in: Theory and Decision 50.

Schoch, D., 1994, An Axiomatic Basis for Distributional Equality in Utilitarianism, in: Erkenntnis 40.

Suzumura, K., 1980, Liberal Paradox and the Voluntary Exchange of Rights-Exercising, in: Journal of Economic Theory 22.

Suzumura, K., 1983, Rational Choice, Collective Decisions and Social Welfare, Cambridge: Cambridge University Press.

Daniel Schoch

Sexismus

1.

Der Begriff »Sexismus« bezeichnet die direkte oder indirekte Benachteiligung und Missachtung bzw. die diskriminierende (Ungleich-)Behandlung von Frauen aufgrund ihrer Geschlechtszugehörigkeit oder von Personen mit nicht heterosexueller Orientierung (Hetero-Sexismus), die ein Minderwertigkeitsurteil bezüglich der entsprechenden Eigenschaft(en) impliziert oder diese in ungerechtfertigter Weise als (normativ) relevant behandelt. Geschlechtsspezifische (Ungleich-) Behandlung gilt als sexistisch, wenn sie durch die Geschlechtszugehörigkeit der betroffenen Personen bzw. die damit zwangsläufig verbundenen Merkmale nicht sachlich gerechtfertigt werden kann und eine insofern willkürliche Benachteiligung darstellt. Sie ist zumeist auf entsprechende Vorurteile zurückzuführen, insbesondere a) die Behauptung einer Minderwertigkeit des weiblichen Geschlechts gegenüber dem männlichen (Stigmatisierung) sowie b) die falsche oder falsch generalisierende Verknüpfung der biologischen Geschlechtszugehörigkeit mit bestimmten sozio-kulturellen Eigenschaften von Personen (Stereotypisierung, Klassifizierung). Dabei ist zu unterscheiden zwischen direkt geschlechtsbezogener Diskriminierung (»primärer Sexismus«) und »jene[n] Handlungen, Haltungen und Praktiken, die geschlechtsspezifische Faktoren enthalten und unfaire Auswirkungen auf (bestimmte) Frauen zur Folge haben, obgleich das Geschlecht selbst nicht als Grund für die Diskriminierung angeführt wird« (Warren 1993, 122; sog. sekundärer Sexismus). Neben ihren benachteiligenden Effekten sind sexistische Praktiken, Einstellungen und Verhaltensweisen mit der Tendenz verbunden, die Betroffenen, also insbesondere Frauen, in unangemessener Weise auf ihre Geschlechtseigenschaften zu reduzieren und damit als Personen zu missachten. Als typische Beispiele sexistischer Praktiken gelten die Verweigerung von Rechten (z.B. aktives und/

oder passives Wahlrecht, Recht auf Bildung, Recht auf freie Wahl des Ehepartners; vgl. Gerhard/Maihofer 1990), die Verletzung von Grundrechten (z.B. Frauen- und Mädchenhandel, Gewalt gegen Frauen, Genitalverstümmelung, Witwenverbrennung; vgl. UN 2000), die sexuell verdinglichende oder verächtliche Darstellung von Frauen (z.B. in der Pornographie; vgl. LeMonchek/Hajdin 1997) sowie Frauen benachteiligende Auswirkungen formal gleicher Rechte (etwa im Ehe-, Familien- und Steuerrecht; vgl. Lautmann 1990).

2.

Der Sexismus-Begriff wurde in den 1960er Jahren im Zuge der Bürgerrechtsbewegung vom US-amerikanischen Feminismus in Analogie zum Begriff des Rassismus geprägt und hat wie dieser eine analytisch-(system)kritische Funktion: Er ermöglicht es, bestimmte Formen der Herabsetzung von Frauen als Ausdruck einer systemimmanenten Stigmatisierung des weiblichen Geschlechts sowie der mit ihm (zu Recht oder Unrecht) in Verbindung gebrachten Eigenheiten zu demaskieren. Zugleich dient er als Instrument der Kritik an den vielfältigen Erscheinungsweisen geschlechtsspezifischer Benachteiligung einerseits sowie an der Stereotypisierung sozialer Geschlechterrollen (gender) auf der Basis der biologischen Geschlechtszugehörigkeit (sex) andererseits (vgl. Butler 1990). Die feministische Kritik an sexistischen Praktiken und Strukturen hat dabei sehr früh neben den öffentlichen Räumen auch die Sphäre des vermeintlich Privaten und insbesondere die geschlechtsspezifische Arbeitsteilung und Rollenzuschreibung in der Familie in den Blick genommen (vgl. Okin 1989; Krebs 2002).

Daneben richtet sich die Sexismus-Kritik seit den 1980er Jahren zunehmend gegen androzentrische Strukturen in der Sprache, der Wissenschaft und den öffentlichen Institutionen. Diese behandeln – so die Kritik – männliche Lebensmuster, Denkformen und Interessen als universell repräsentativ und zentral, d.h. als Normfall, wobei weibliche Lebens- und Sichtweisen ignoriert, als abweichend definiert oder als peripher betrachtet werden (vgl. Perkins Gilman 2001; Lipsitz Bem 1993).

Das gemeinsame Element sexistischer Praktiken und Ideologien besteht dabei »darin, dass eine Festlegung auf eine sozial definierte Geschlechterrolle und damit eine Einengung erfolgt«, die den Spielraum begrenzt, »der einem Individuum zur Selbstverwirklichung gestattet wird, wobei das Geschlecht die Basis für selektive Auswahl oder Zurückweisung ist« (Schenk 1979, 139). Insofern die soziale Festlegung der Geschlechterrolle kulturell different erfolgt, nimmt die feministische Kritik an sexistischen Einschränkungen der Selbstbestimmung von Frauen zunehmend auch kulturspezifische Aspekte und kulturelle Symbole sexistischer Ausgrenzung in den Blick (vgl. etwa zur sog. Kopftuchdebatte Oestreich 2005).

Die durch die analoge Begriffsbildung implizierte Ähnlichkeit zwischen der Diskriminierung aufgrund der ›Rasse‹ und jener aufgrund der Geschlechtszugehörigkeit parallelisiert nicht nur die Leidensgeschichte der jeweils betroffenen Gruppen (was anfänglich zur Kritik am Sexismus-Begriff als einer Verharmlosung rassistischer Gräueltaten führte). Sie bringt darüber hinaus die Überzeugung zum Ausdruck, dass beiden Phänomenen dasselbe Unrecht zugrunde liegt: Rassismus und Sexismus sind demnach Praktiken der systematischen Benachteiligung von Personen, die über die Tatsache der durch sie jeweils bewirkten individuellen Schädigung hinaus verwerflich sind, weil sie einen Verstoß gegen das Gleichheitsprinzip beinhalten. Dieses Prinzip formuliert die gegen den Elitismus gerichtete Überzeugung, dass kein Mensch als solcher »mehr wert« ist als ein anderer, und behauptet damit u.a., dass die zwischen den Menschen bestehenden natürlichen Differenzen keinen Unterschied im moralischen Status von Personen begründen können. In Verbindung mit der Auffassung, dass jeder menschlichen Person als Person ein Anspruch auf Achtung zukommt, führt das Gleichheitsprinzip zum Gebot der gleichen Achtung aller Menschen als Menschen. Dieses Gebot formuliert keine schematische Gleichbehandlungsforderung. Aber es stellt die Rechtfertigung von Ungleichbehandlungen unter die Bedingung, dass zwischen den Personen Unterschiede bestehen, die im jeweiligen (Be-)Handlungskontext als relevant gelten können (vgl. Rachels 1995). Natürliche Unterschiede wie solche hinsichtlich der Hautfarbe, der ethnischen Herkunft und eben des Geschlechts (sog. suspect criteria) sind als Kriterien im Zusammenhang der Rechtfertigung von Ungleichbehandlungen dem Verdacht ausgesetzt, als bloße Maskierung einer Benachteiligung aufgrund von unzutreffenden Vorurteilen gegenüber den entsprechenden Gruppen zu fungieren (Rassismus, Chauvinismus, Sexismus).

3.

Für die Sexismusdebatte sind vor diesem Hintergrund zwei Fragen entscheidend: Welche faktischen Unterschiede bestehen ggf. zwischen den Geschlechtern über die differenten biologischen Merkmale hinaus, und welche normative Relevanz kommt ihnen zu? Diesbezüglich sind in der philosophischen Auseinandersetzung um den Sexismus zwei im Folgenden stark vereinfachend skizzierte Positionen zu unterscheiden.

Die eine geht von der (empirisch umstrittenen) These aus, dass zwischen den Geschlechtern keine signifikanten Differenzen – etwa hinsichtlich ihrer Neigungen und Fähigkeiten, ihrer Denk- und Lebensweisen – bestehen (Gleichheitsthese). Die Verteilung von als »typisch weiblich« oder »typisch männlich« konstruierten bzw. bezeichneten normativ relevanten Eigenschaften von Personen sei insofern nicht geschlechtsspezifisch, als sie nicht mit dem biologischen Geschlechterunterschied zusammenfalle. Eine entsprechende Varianz finde sich nicht nur zwischen, sondern vielmehr auch *innerhalb* der beiden Geschlechtergruppen (vgl. Nunner-Winkler 1991). Als tendenziell sexistisch gelten vor diesem Hintergrund sämtliche geschlechtsspezifischen Ungleichbehandlungen, da sie eine interne Homogenität der Geschlechtergruppen voraussetzten, die der Diversität ihrer Mitglieder nicht gerecht werde und zudem repressive Effekte habe, insofern sie Frauen (und Männer) einem stereotypen Geschlechternorm-Standard unterwerfe (etwa durch die Gleichsetzung von Weiblichkeit mit Mutterschaft), von dem abzuweichen mit hohen sozialen Kosten verbunden sei (vgl. Badinter 2003).

Dagegen behauptet die Differenzthese, dass zwischen Männern und Frauen nicht nur in biologischer, sondern auch in im weitesten Sinne kultureller Hinsicht deutliche Unterschiede bestehen, deren Anerkennung und kontextsensible Berücksichtigung eine notwendige Voraussetzung der Verhinderung sexistischer Benachteilung und damit der effektiven Gleichstellung der Geschlechter sei (vgl. Irigaray 1990). Die These von der Gleichheit der Geschlechter wird hier als Ausdruck der (feministischen) Resignation gegenüber einem traditionsreichen differenzblinden Universalisierungsbedürfnis verstanden, das das politische und moralische Subjekt als geschlechtsloses Wesen konzipiert, das sich – so die Kritik – letztlich jedoch als eine verkappte männliche Selbstprojektion entpuppt. Die Überwindung sexistischer Strukturen ist dieser Position zufolge nicht durch die Gleichheitslogik der Assimilation weiblicher Identität an das Männlich-Allgemeine zu erreichen, sondern verlangt die Anerkennung von Differenz.

Während der Kampf gegen den Sexismus argumentationslogisch anfänglich stark an der Anti-Rassismus-Bewegung mit ihrer Zurückweisung relevanter rassenspezifischer Differenzen orientiert war und deren Forderung nach strikter Gleichbehandlung auf die Geschlechterproblematik übertrug, gewinnt seit den 1980er Jahren die Behauptung der Differenz zwischen den Geschlechtern und die Forderung nach deren Berücksichtigung zunehmend an Bedeutung (vgl. Gilligan 1982). In den gegenwärtigen Diskussionen der feministischen Theorie steht die Entgegensetzung von Gleichheits- und Differenzdenken jedoch nicht mehr im Vordergrund. Stattdessen rückt das Bemühen ins Zentrum, jenseits der Geschlechterdifferenz sexistische

Diskurse und Praktiken der Geschlechtskonstruktion zu kritisieren und zu überwinden, wie sie auch heute noch etwa die Arbeitsteilung zwischen den Geschlechtern und die mediale Repräsentation von Frauen prägen.

4.

Badinter, E., 2003, Die Wiederentdeckung der Gleichheit, München: Ullstein 2004.
Butler, J., 1990, Das Unbehagen der Geschlechter, Frankfurt/M.: Suhrkamp 1991.
Butler, J., 1997, Haß spricht, Frankfurt/M.: Suhrkamp 2006.
Gerhard, U./Maihofer, A. (Hg.), 1990, Differenz und Gleichheit, Frankfurt/M.: Helmer.
Gilligan, C., 1982, Die andere Stimme, München: Piper 1999.
Irigaray, L., 1990, Über die Notwendigkeit geschlechtsdifferenzierter Rechte, in: U. Gerhard/A. Maihofer (Hg.), Differenz und Gleichheit, Frankfurt/M.: Helmer.
Jaggar, A. M., 1993, Differenz und Gleichheit der Geschlechter, in: B. Rössler (Hg.), Quotierung und Gerechtigkeit, Frankfurt/M.: Campus.
Krebs, A., 2002, Arbeit und Liebe, Frankfurt/M.: Suhrkamp.
Lautmann, R., 1990, Die Gleichheit der Geschlechter und die Wirklichkeit des Rechts, Opladen: Westdeutscher Verlag.
LeMonchek, L./Hajdin, M., 1997, Sexual Harassment, New York: Rowman & Littlefield.
Lipsitz Bem, S., 1993, The Lenses of Gender, New Haven: Yale University Press.
Nunner-Winkler, G. (Hg.), 1991, Weibliche Moral, Frankfurt/M.: Campus.
Oestreich, H., 2005, Der Kopftuchstreit, Frankfurt/M.: Brandes & Apsel.
Okin, S. M., 1989, Justice, Gender, and the Family, New York: Basic Books.
Perkins Gilman, C., 2001, The Man-Made World or Our Androcentric Culture, Amherst: Humanity Books.
Rachels, J., 1995, Prejudice and Equal Treatment, in: J. Howie/G. Schedler (Hg.), Ethical Issues in Contemporary Society, Carbondale: Southern Illinois University Press.
Schenk, H., 1979, Geschlechtsrollenwandel und Sexismus, Weinheim: Beltz.
UN, 2000, The World's Women 2000. Trend and Statistics, New York: Renouf.
Warren, M. A., 1993, Sekundärer Sexismus und Quotierung, in: B. Rössler (Hg.), Quotierung und Gerechtigkeit, Frankfurt/M.: Campus.

Susanne Boshammer

Sezession

1.

Eine Sezession liegt vor, wenn die Bevölkerung eines Teilterritoriums eines Staates dieses gegen den Willen der Regierung vom Staatsgebiet abtrennt. Die Sezession kann entweder der Bildung eines neuen selbständigen Staates dienen oder dem Anschluss des abgetrennten Gebiets an einen anderen bereits bestehenden Staat. Der alte Staat besteht hingegen mit dem verbleibenden Staatsgebiet als Völkerrechtssubjekt fort (vgl. Ipsen 2004, 421). Vereinzelt wird auch die Abspaltung eines Teilgebiets von einem Mitgliedsstaat einer Föderation – z. B. die Abtrennung Tennessees von North Carolina – als Sezession bezeichnet, obgleich eine solche »lokale Sezession« (Buchanan 1991, 15) die territoriale Integrität des Gesamtstaates unangetastet lässt.

2.

Seine heutige politische Bedeutung gewann der Begriff der Sezession im US-amerikanischen Sezessionskrieg (1861–1865). Der Sache nach ist das Problem der Sezession aber bereits dem frühneuzeitlichen Naturrechtsdenken gegenwärtig, das sie allein in »höchste[r] Not« für legitim erachtet (vgl. Grotius 1625, 193). Fragwürdig werden konnte diese restriktive Auffassung erst, als die UN-Charta, die beiden internationalen Menschenrechtspakte vom 19. 12. 1966 und die Friendly Relations Declaration (1970) ausdrücklich das Recht der Völker auf Selbstbestimmung anerkannten und die Vorstellung unbedingter staatlicher Souveränität durch die Einsicht in Frage gestellt wurde, dass die in der Allgemeinen Erklärung der Menschenrechte (10. 12. 1948) kodifizierten unveräußerlichen Individualrechte weder dem Erhalt der Souveränität eines sie missachtenden

Staates prinzipiell nachgeordnet noch in jedem Fall ohne Missachtung der Souveränität eines solchen Staates geschützt werden können. Auch wenn das Selbstbestimmungsrecht der Völker »nicht einfach mit dem Recht auf Sezession gleichgesetzt werden« darf (Hobe/Kimminich 2004, 115), spiegelt deshalb die Intensität, mit der die Zulässigkeit von Sezessionen heute nicht nur im Völkerrecht, sondern v. a. in der politischen Philosophie der internationalen Beziehungen diskutiert wird, die zentrale Bedeutung des Selbstbestimmungsrechts der Völker wider, das inzwischen weitgehend als eine zwingende Völkerrechtsnorm (*ius cogens*) anerkannt wird (vgl. Gros Espiell 1980).

3.

Die politische Philosophie richtet ihr Augenmerk nicht so sehr auf die Ursachen von Sezessionsbestrebungen, die sich – über eine grobe Kategorisierung (vgl. etwa Bartkus 1999, 217 f.) hinaus – nur durch fallbezogene historische Quellenstudien präzisieren lassen (vgl. etwa Coppieters/Sakwa 2003; Pavković/Radan 2007), sondern konzentriert sich auf die mit Sezessionsbestrebungen verbundenen normativen Fragen (vgl. Buchanan 1991; Moore 1998; Macedo/Buchanan 2003; Dietrich 2009): Sind Sezessionen legitim – und wenn ja: Wem kommt unter welchen Umständen ein Sezessionsrecht zu? Sollte das Recht auf Sezession in den Verfassungen demokratischer Rechtsstaaten verbrieft sein? Oder sind im Gegenteil die bestehenden Staaten dazu berechtigt, Sezessionsbestrebungen zu unterbinden? Die philosophische Analyse solcher Fragen zielt auf die Gewinnung eines Maßstabs ab, der nicht nur die moralische Zulässigkeit konkreter Sezessionsbestrebungen, sondern auch die moralische Angemessenheit völkerrechtlicher Regelungen zu beurteilen erlaubt.

Dieser Analyse kommt deshalb besondere Bedeutung zu, weil es bisher noch keine völkerrechtliche Norm gibt, die die rechtliche Zulässigkeit von Sezessionen explizit regelt. Aus Artikel 6 der Resolution über die Gewährung der Unabhängigkeit an koloniale Länder und Völker (14. 12. 1960), aus dem in Artikel 2 der UN-Charta ausdrücklich bekräftigten Gewaltverbot und aus dem vom Internationalen Gerichtshof 1986 bekräftigten Uti-possidetis-Grundsatz, der die Veränderung bestehender Grenzen durch die Inanspruchnahme des Selbstbestimmungsrechts verbietet, ließe sich zwar ableiten, dass das geltende Völkerrecht eine Sezessionsbefugnis generell verneine. Die Mehrheit der Völkerrechtler vertritt heute aber die Ansicht, unter besonderen Bedingungen, »etwa bei schwersten, die Kategorie völkerrechtlicher Verbrechen erreichenden Verletzungen des Völkerrechts und insbesondere der Menschenrechte« (Hobe/Kimminich 2004, 118), könne sich das Selbstbestimmungsrecht der Völker zum Recht auf Sezession zuspitzen, da insbesondere die Friendly Relations Declaration das Recht eines Staates auf territoriale Integrität indirekt an die Beachtung völker- und menschenrechtlicher Normen binde (vgl. Ipsen 2004, 422; Oeter 1992, 756 ff.).

Sieht man von Außenseiterpositionen (wie der von Hoppe (1996) vertretenen Auffassung, Sezessionen seien prinzipiell legitim, weil eine möglichst große Zahl möglichst kleiner Staaten ökonomisch und migrationspolitisch wünschenswert sei) einmal ab, lassen sich drei Strategien der moralischen Rechtfertigung einer Sezession unterscheiden.

Die *radikaldemokratische Sezessionsrechtfertigung* hebt allein auf den Mehrheitswillen der Gebietsbevölkerung ab: Wenn die in einem Teilgebiet eines Staates lebenden Personen mehrheitlich übereinkommen, ihr je individuelles Selbstbestimmungsrecht nicht länger an diesen Staat zu delegieren, sondern auf einen anderen, unter Umständen erst noch zu gründenden Staat zu übertragen, dann legitimiere dieser Wille der Gebietsbevölkerungsmehrheit eine von ihr intendierte Sezession (vgl. Beran 1984; Gauthier 1994; Philpott 1995; Wellman 1995; Copp 1997; Wellman 2005; Dietrich 2009). Dieses Argument kann sich auf zwei Grundüberzeugungen des politischen Liberalismus berufen, die heute weltweit große Zustimmung erfahren: auf die Annahme, dass jeder Mensch ein moralisches Recht auf politische Selbstbestimmung besitzt, und auf die Überzeugung, dass Konflikte, die aus der allseitigen Inanspruchnahme dieses Rechts erwachsen, nur durch Mehrheitsentscheid gerecht gelöst werden können. Insofern es als spezifisch *demokratische* Sezessionsrechtfertigung auftritt, ist es allerdings selbstwidersprüchlich: Genügte nämlich zur Legitimation einer Sezession das bloße Mehrheitsvotum einer Gebietsbevölkerung, könnten Teilgebietsbevölkerungen mit dem Instrument der Sezessionsdrohung die Korrektur von Mehrheitsentscheidungen erzwingen (vgl. Lincoln 1859–65, 220; Buchanan 1998, 21 f.). Darüber hinaus widerspricht das radikaldemokratische Argument der tief verwurzelten Gerechtigkeitsintuition, dass es illegitim wäre, wenn sich ein ökonomisch prosperierender Landesteil durch Sezession der »armen Verwandten« entledigte (vgl. Chwaszcza 1998, 481). Außerdem bietet es keine Handhabe, die Progression von Sezessionen oberhalb von bloßen Ein-Personen-Staaten zu begrenzen. Denn durch die Wahl eines hinreichend kleinen Gebiets könnte jedwede Gruppe (und im Extremfall sogar eine Einzelperson) ihren Willen als den Mehrheitswillen einer Gebietsbevölkerung ausweisen.

Die *kommunitaristische Sezessionsrechtfertigung* vermeidet diese Konsequenz, indem sie nur einer solchen Gebietsbevölkerungsmehrheit ein Sezessionsrecht zuerkennt, die sich aufgrund einer gemeinsamen Sprache, Kultur oder Religion als Volk, Nation oder Gemeinschaft ansprechen lässt (vgl. Margalit/Raz 1990; Nielsen 1993; Miller 1995, 194; Moore 1997). Diese Beschränkung wirft jedoch die Frage auf, warum einerseits nur der Bevölkerungsmehrheit ethnisch, religiös oder kulturell weitgehend homogen besiedelter Territorien und andererseits nur solchen Gemeinschaften, die die Mehrheitsbevölkerung eines Territoriums bilden, das Recht auf einen eigenen Staat zustehen soll. Im Übrigen bietet die kommunitaristische Auffassung keine Handhabe für die Beurteilung konkurrierender Ansprüche gleich großer Bevölkerungsgruppen, die dasselbe Gebiet besiedeln und beide die für die Zuerkennung des Gemeinschaftscharakters maßgeblichen Bedingungen erfüllen (vgl. Schmücker 2002, 240 f.).

»*Remedial Right Only Theories*« (Buchanan 1997, 35) liegt die Auffassung zugrunde, dass allein vorgängiges schweres Unrecht eine Sezession zu legitimieren vermag. Nach dieser Auffassung ist eine Sezession nur dann gerechtfertigt, wenn dadurch entweder das sezedierende Gebiet von einer Regierung frei wird, die schwere Menschenrechtsverletzungen duldet, fördert oder begeht, oder die Souveränität eines annektierten Staates wiederhergestellt bzw. ein kolonisatorischer Akt rückgängig gemacht wird (vgl. Sidgwick 1891, 226; Birch 1984; Buchanan 1991, 74; ders. 1997, 37; ders. 1998; ders. 2004, 331 ff.; Chwaszcza 1998; Höffe 1999, 392). Ob diese Auffassung eine hinreichend differenzierte Beurteilung rekursiver Sezessionen erlaubt, wie sie z. B. im ehemaligen Jugoslawien stattfanden, ist umstritten (vgl. Pavković 2000). Fraglich ist auch, ob beliebig weit zurückliegendes Gebietsunrecht eine Sezession zu rechtfertigen vermag oder Wiedergutmachungsansprüche, die in historischem Gebietsunrecht wurzeln, nach einer angemessenen Frist als verjährt anzusehen sind (vgl. Schmücker 2002). Wenn es moralisch geboten ist, die mit gewaltsamen Auseinandersetzungen zwischen Staaten verbundenen Leidenskosten wo irgend möglich zu vermeiden, wird man es aber als die plausibelste Auffassung ansehen müssen, dass staatliche Grenzen nur in solchen Fällen ohne Einvernehmen der Betroffenen verändert werden dürfen, in denen der sezessionswilligen Partei der Sezessionsverzicht nicht zuzumuten ist, weil er schweres Unrecht fortbestehen ließe, das die Sezession zu beheben verspricht (vgl. Schmücker 2006, 614 f.). Im Übrigen besitzen »Remedial Right Only Theories« den Vorzug, dass sie, indem sie die Legitimität einer Sezession an *gravierendes* Unrecht binden, bereits von Haus aus dem Umstand Rechnung tragen, dass jeder Sezessionsanspruch gegen legitime Ansprüche der Restbevölkerung des bisherigen Staates und einer etwaigen sezessionsunwilligen Minderheit des betreffenden Gebietes abgewogen werden muss. Radikaldemokratische und kommunitaristische Theorien können dagegen die angemessene Berücksichtigung der dem Sezessionsanspruch entgegenstehenden Ansprüche nur durch die Einführung zusätzlicher Legitimitätsbedingungen gewährleisten, die durchweg *dem jeweiligen Legitimationsmodell äußerlich* sind und de facto auf die Herabstufung des radikaldemokratisch bzw. kommunitaristisch begründeten Sezessionsrechts zu einem bloßen Prima-facie-Anspruch hinauslaufen (vgl. Gauthier 1994, 360ff.; Wellman 1995, 164; Copp 1997, 280; Dördelmann 2001, 155; Wellman 2005).

4.

Bartkus, V. O., 1999, The Dynamic of Secession, Cambridge: Cambridge University Press.
Beran, H., 1984, A Liberal Theory of Secession, in: Political Studies 32.
Birch, A. H., 1984, Another Liberal Theory of Secession, in: Political Studies 32.
Buchanan, A., 1991, Secession, Boulder: Westview.
Buchanan, A., 1997, Theories of Secession, in: Philosophy & Public Affairs 26.
Buchanan, A., 1998, Democracy and Self-Determination, in: M. Moore (Hg.), National Self-Determination and Secession, Oxford: Oxford University Press.
Buchanan, A., 2004, Justice, Legitimacy, and Self-Determination, New York: Oxford University Press.
Chwaszcza, C., 1998, Selbstbestimmung, Sezession und Souveränität, in: dies./W. Kersting (Hg.), Politische Philosophie der internationalen Beziehungen, Frankfurt/M.: Suhrkamp.
Copp, D., 1997, Democracy and Communal Self-Determination, in: R. McKim/J. McMahan (Hg.), The Morality of Nationalism, Oxford: Oxford University Press.
Coppieters, P./Sakwa, R., 2003, Contextualizing Secession, New York: Oxford University Press.
Dietrich, F., 2009, Politische Scheidung, Berlin: de Gruyter (i. E.).
Dördelmann, G., 2001, Dürfen Völker sezedieren?, in: M. Anderheiden/S. Huster/S. Kirste (Hg.), Globalisierung als Problem von Gerechtigkeit und Steuerungsfähigkeit des Rechts, Stuttgart: Steiner.
Gauthier, D., 1994, Breaking Up. An Essay on Secession, in: Canadian Journal of Philosophy 24.
Gros Espiell, H., 1980, The Right to Self-Determination, New York: United Nations.
Grotius, H., 1625, Drei Bücher vom Recht des Krieges und des Friedens, Tübingen: Mohr 1950.
Hobe, S./Kimminich, O., 2004, Einführung in das Völkerrecht, Basel: Francke.
Höffe, O., 1999, Demokratie im Zeitalter der Globalisierung, München: Beck.
Hoppe, H.-H., 1996, Small is Beautiful and Efficient, in: Telos 107.
Ipsen, K., 2004, Völkerrecht, München: Beck.
Lehning, P. B. (Hg.), 1998, Theories of Secession, London: Routledge.
Lincoln, A., 1859–65, Speeches and Writings, New York: Library of America 1989.
Macedo, S./Buchanan, A. (Hg.), 2003, Secession and Self-Determination, New York: New York University Press.
Margalit, A./Raz, J., 1990, National Self-Determination, in: Journal of Philosophy 87.
Miller, D., 1995, On Nationality, Oxford: Oxford University Press.
Moore, M., 1997, On National Self-Determination, in: Political Studies 45.
Moore, M. (Hg.), 1998, National Self-Determination and Secession, Oxford: Oxford University Press.
Nielsen, K., 1993, Secession. The Case of Quebec, in: Journal of Applied Philosophy 10.
Oeter, S., 1992, Selbstbestimmungsrecht im Wandel, in: Zeitschrift für ausländisches öffentliches Recht und Völkerrecht 52.
Pavković, A., 2000, Recursive Secessions in Former Yugoslavia, in: Political Studies 48.
Pavković, A./Radan, P. (Hg.), 2007, Creating New States, Aldershot: Ashgate.
Philpott, D., 1995, In Defense of Self-Determination, in: Ethics 105.
Schmücker, R., 2002, Wiedergutmachung und Sezession, in: R. Schmücker/U. Steinvorth (Hg.), Gerechtigkeit und Politik, Berlin: Akademie.
Schmücker, R., 2006, Gerechtigkeit und Territorialität, in: Deutsche Zeitschrift für Philosophie 54.
Sidgwick, H., 1891, The Elements of Politics, London: Macmillan 1919.
Wellman, C. H., 1995, A Defense of Secession and Political Self-Determination, in: Philosophy & Public Affairs 24.
Wellman, C. H., 2005, A Theory of Secession, Cambridge: Cambridge University Press.

Reinold Schmücker

Sicherheit, soziale

1.

Alltagssprachlich meint »soziale Sicherheit« Freiheit von unverschuldeter materieller Not sowie die Mittel, diese Freiheit zu garantieren. Die Sozialwissenschaften sprechen von einem Ensemble öffentlicher Einrichtungen mit der Funktion, Erwerbstätige vor elementaren Risiken der Industriegesellschaft zu schützen, deren Auftreten für sie mit dem Ausfall von Einkommen verbunden ist; darunter fallen Krankheit, Unfall, Invalidität, Mutterschaft, Alter, Tod des Ernährers sowie Arbeitslosigkeit. Ähnlich wie die entsprechenden englischen und französischen Ausdrücke (›social security‹, ›sécurité sociale‹) bezeichnet der Begriff sowohl ein institutionelles Arrangement als auch ein normatives Prinzip. Das normative Prinzip lässt sich gemäß Artikel 22 der *Allgemeinen Erklärung der Menschenrechte* präzisieren als Genuss der für die Würde und die freie Entwicklung der Persönlichkeit unentbehrlichen wirtschaftlichen, sozialen und kulturellen Rechte.

»Soziale Sicherheit« bezeichnet einen komplexen Sachverhalt, dessen einzelne Aspekte wie folgt benannt werden können: ein Zustand, in dem die materielle Existenz nicht aufgrund unverschuldeter Umstände und Ereignisse gefährdet ist; eine Politik, die diesen Zustand herbeizuführen oder zu erhalten sucht, indem sie einen Schutz vor Risiken garantiert, die mit dem vorübergehenden oder dauernden Verlust von Arbeitseinkommen verbunden sind; die zur Erreichung dieses Ziels erforderlichen rechtlichen und administrativen Mittel, insbesondere Sozialversicherungen; schließlich das normative Leitbild, das diese Politik legitimiert.

2.

Der Begriff »Soziale Sicherheit« hat US-amerikanische Wurzeln und ist erstmals in den 1930er Jahren fassbar. 1935 wird der im Rahmen des ›New Deal‹ angekündigte ›Economic Security Act‹ unter dem Titel ›Social Security Act‹ eingebracht. ›Social Security‹ wird 1941 in der von Roosevelt und Churchill verabschiedeten ›Atlantic Charta‹ als ein Hauptziel der Nachkriegsordnung bestimmt. 1942 wird in Großbritannien der ›Beveridge-Plan‹ veröffentlicht, der ein umfassendes, staatlich administriertes System der sozialen Sicherung gegen die wichtigsten Lebensrisiken für die gesamte Bevölkerung vorsieht. 1948 wird soziale Sicherheit von den Vereinten Nationen in die *Allgemeine Erklärung der Menschenrechte* aufgenommen. Konkret werden in den Artikeln 22–28 genannt: das Recht auf Arbeit, freie Berufswahl, gerechte Arbeitsbedingungen sowie Schutz vor Arbeitslosigkeit, das Recht auf gleichen Lohn für gleiche Arbeit und eine Entlohnung, die eine menschenwürdige Existenz sichert, auf gewerkschaftlichen Zusammenschluss, auf Erholung, einen angemessenen Lebensstandard und Sicherheit im Falle von unverschuldetem Verlust der Unterhaltsmittel, auf Bildung, Teilnahme an Kultur und Wissenschaft, schließlich der Anspruch auf eine soziale und internationale Ordnung, in der diese Rechte und Freiheiten verwirklicht werden können. Obgleich sozialen Rechten gemäß den Menschenrechtspakten von 1966 gleiches Gewicht zukommt wie bürgerlichen und politischen Rechten, gelten sie jedoch faktisch als zweitrangige Ansprüche.

2.1. Die Idee, Staat und Gesellschaft seien im Falle unverschuldeter Notlagen verantwortlich für die Sicherung der Existenz der Betroffenen, ist älteren Datums. Bereits Condorcet (1793/94, 199ff.) hat auf die Benachteiligung jener Menschen hingewiesen, deren Unterhaltsmittel ausschließlich von der Dauer ihres aktiven Lebens abhängen, und ein System der Sozialversicherung vorgeschlagen. Sozialpolitische Projekte werden in Frankreich in den Revolutionen von 1789 und 1848 sowie im zweiten Kaiserreich ausgearbeitet. Vorreiter im Hinblick auf die Verankerung einer Sozialversicherungsgesetzgebung ist dann aber das Deutsche Reich. Unter Bismarck werden in den 1880er Jahren mehrere Versicherungsgesetze verabschiedet, in Frankreich setzt dieser Prozess 1898 ein, in England 1908.

2.2. Die Industriegesellschaft erzeugt Situationen von Unsicherheit, die vorindustrielle Gesellschaften nicht gekannt haben, und sie bewirkt im gleichen Zug die Auflösung traditioneller Formen der Fürsorge; an die Stelle der feudalen Solidarität tritt eine Form der Sicherheit, die der zunehmenden Autonomie des Individuums im Kapitalismus angemessen ist. Obgleich soziale Sicherheit stets auch als Mittel zum Zweck der Abwehr antikapitalistischer Kräfte verstanden worden ist, erzeugt Sozialpolitik langfristig neue Maßstäbe zur Beurteilung der Kriterien legitimer Politik. Die Überzeugung, Sicherheit gehöre zusammen mit Freiheit und Gleichheit zur normativen Begründung politischer Ordnung, entspricht dem Selbstverständnis der demokratischen Moderne. Die auf breiter politischer Akzeptanz basierende Expansion des Wohlfahrtsstaats in der Nachkriegszeit hat dieses Verständnis gestärkt. Seit den späten 1970er Jahren bröckelt diese Akzeptanz. Die wachsende finanzielle Belastung der öffentlichen Hand und die dadurch ausgelösten Debatten über die Legitimität materieller Umverteilung haben deutlich gemacht, dass in demokratischen Staaten kein Konsens bezüglich der inhaltlichen Konkretisierung sozialer Sicherheit besteht.

3.

Ideengeschichtlich lässt sich die Entstehung des Wohlfahrtsstaats als Verdrängung eines liberalen durch ein ›solidaristisches‹ Rechtsverständnis interpretieren; dieser Wandel ist für Frankreich rekonstruiert worden (vgl. Ewald 1986). Der traditionelle Liberalismus verneint ein Recht auf Unterstützung, sieht die Ursache der Armut allein in der moralischen Disposition der Armen und befürchtet, die Gewährung eines solchen Rechts wirke korrumpierend; er verneint jedoch nicht moralische Pflichten, zu denen auch die Wohltätigkeit gehört. Nachdem gegen Ende des 19. Jahrhunderts die Unterstützung von einer moralischen Verpflichtung zu einem Rechtsanspruch geworden ist, setzt sich eine neue Konzeption des Gesellschaftsvertrags durch, die in der Theorie der Solidarität formuliert wird und die gerechte Verteilung unvorhersehbarer Risiken und Vorteile unter allen Mitgliedern der Gemeinschaft beinhaltet.

3.1. Die Anerkennung sozialer Sicherheit als vorrangiger Aufgabe staatlicher Politik findet ihren Niederschlag in einem neuen Verständnis des staatsbürgerlichen Status. Dieser schließt in modernen Gesellschaften neben dem bürgerlichen und dem politischen das soziale Element ein, d.h. das Recht auf ein Mindestmaß an wirtschaftlicher Wohlfahrt und Sicherheit sowie auf ein Leben, das den geltenden gesellschaftlichen Standards entspricht (vgl. Marshall 1950, 40). Seit den 1970er Jahren haben egalitär-liberale Theorien neue Wege der Begründung sozialer Rechte gewiesen. Sieht der klassische Liberalismus den Zweck von Rechten in der Begrenzung staatlicher Macht, liegt die Funktion sozialer Rechte in egalitär-liberaler Sichtweise in der Korrektur der durch die ungleiche Verteilung ökonomischer Macht verursachten Gefährdung individueller Selbstbestimmung.

3.2. Der Kritik des Wohlfahrtsstaats, die nicht zwingend eine Kritik des Prinzips der sozialen Sicherheit einschließt, liegen unterschiedliche Motive zugrunde. Tocquevilles Charakterisierung der Demokratie als einer beglückenden und zugleich vormundschaftlichen Macht wird häufig auf den Wohlfahrtsstaat bezogen. Aus neoliberaler und libertärer Perspektive wird Einspruch erhoben gegen die Idee sozialer und wirtschaftlicher Menschenrechte, da sie Eingriffe in die Marktordnung, staatliche Umverteilung und damit eine Relativierung des Eigentumsrechts voraussetzen (vgl. Hayek 1981, 139–145; Nozick 1974, Kap. 7). Liberale Autoren erkennen an, dass zu den Staatsaufgaben die Sicherung bürgerlicher Selbständigkeit gehört, lehnen aber Umverteilungsmaßnahmen monetärer Art ab und plädieren für eine Stärkung der »Marktfähigkeit« (Kersting 2000, 392), etwa mittels arbeitsrechtlicher Deregulierung. Die Diskursethik bejaht die Legitimität von sozialen Sicherheiten nur in dem Maße, wie sie Mittel zum Zweck gesellschaftlicher Autonomie sind (vgl. Habermas 1992, 104f.). Politisch linke Positionen kritisieren, der Sozialstaat berge die Gefahr einer Ausdehnung sozialer Kontrolle, verhindere die Selbstbestimmung der Nutznießer staatlicher Leistungen und verschaffe der Administration eine demokratisch nicht legitimierte Macht. Die Forderung nach demokratischer Partizipation an der sozialpolitischen Definitionsmacht (vgl. Fraser 1989, Kap. 7) spielt im Feminismus eine wichtige Rolle, da einerseits die exklusive Ausrichtung der Wohlfahrtspolitik auf den männlichen Ernährer nicht mehr zu rechtfertigen ist, andererseits die ökonomische Emanzipation der Frauen dazu führt, dass ein wachsender Teil der Pflege-, Betreuungs- und Erziehungsleistungen nicht mehr unentgeltlich im Haushalt erbracht wird.

3.3. Jede Transformation der kapitalistischen Wirtschaft schafft mit der Erzeugung neuer Unsicherheiten neue und anspruchsvollere Sicherheitsbedürfnisse, ruft damit aber auch Kontroversen über die Möglichkeit und Wünschbarkeit ihrer Befriedigung hervor. Die seit einiger Zeit diagnostizierte finanzielle Krise des Sozialstaats ist daher nicht der geeignete Ausgangspunkt für die Beurteilung der Legitimität sozialer Sicherheitsansprüche; mit der Aufgabe einer Koppelung von Sicherheit und Arbeit werden moderne Gesellschaften auch künftig konfrontiert sein (vgl. Castel 1995, Kap. 8). Soziale Sicherheit kann mit einem Recht auf Inklusion gleichgesetzt werden (vgl. Kaufmann 2003, 100f.). Soziale Rechte lassen sich aus dem Postulat der gerechten Verteilung der Kooperationsgewinne und -lasten herleiten (vgl. Rawls 2001, § 2) oder generell mit dem Prinzip der Gleichverteilung rechtfertigen (vgl. Gosepath 1998). Schließlich lassen sie sich begründen als notwendige Voraussetzungen der Selbstbestimmung; soziale Sicherheit ist dann zu verstehen als Teilhabe an jenen sozialen Gütern, die für eine autonome Lebensplanung unverzichtbar sind (vgl. Waldron 1993, 295), als Sicherung der Handlungsspielräume, die dem Individuum Wahlfreiheit garantieren. Die Idee sozialer Sicherheit impliziert die Korrektur der klassisch-liberalen Auffassung, wonach Freiheit ein Privileg der ökonomisch Selbständigen ist und Unselbständige, weil sie dem ökonomischen Druck wehrlos ausgesetzt sind, politisch nicht partizipieren dürfen. Soziale Sicherheit stärkt die Position der Arbeitskraftbesitzer im Arbeitsmarkt, erweitert ihre Optionen und baut das Machtgefälle zwischen Kapital und Arbeitskraft ab; ein garantiertes Grundeinkommen kann Mittel zum Zweck der Vergrößerung der Wahlfreiheit sein (vgl. Van Parijs 1995; Vobruba 2003). Soziale Sicherheit als Erhöhung der Handlungsfähigkeit der ökonomisch Benachteiligten ist gerade in jenen Regionen der Welt, in denen sozialpolitische Sicherheitssysteme fehlen oder nicht funktionieren, ein erstrangiges Postulat und ebenso eine Voraussetzung ökonomischer Entwicklung (vgl. Sen 1999, 35–46). Vor dem Hintergrund dieser Überlegungen ist zu prüfen, inwiefern eine Moralisierung der Politik, die den von ökonomischer Unsicherheit Betroffenen empfiehlt, zu Unternehmern ihres Humankapitals zu werden und die Unwägbarkeit des Markts als Herausforderung anzunehmen, deren Autonomie negiert. Angesichts der Erfahrung, dass der Sozialstaat die Ursachen der Notlagen, die zu kompensieren seine Aufgabe ist, unverändert lässt, ist ebenfalls zu prüfen, inwiefern Veränderungen der Wirtschaftsordnung zumindest gewisse Unsicherheiten vermeiden oder vermindern könnten, sei es mittels stärkerer Marktregulierung, konsequenterer Internalisierung der sozialen Folgekosten von Markthandeln oder der Neuverteilung wirtschaftlicher Entscheidungsmacht.

4.

Castel, R., 1995, Die Metamorphosen der sozialen Frage, Konstanz: UVK 2000.

Condorcet, Marquis de, 1793/94, Entwurf einer historischen Darstellung der Fortschritte des menschlichen Geistes, Frankfurt/M.: Suhrkamp 1976.

Engelhardt, H. T./Sachße, C., 1990, Sicherheit und Freiheit, Frankfurt/M.: Suhrkamp.

Ewald, F., 1986, Der Vorsorgestaat, Frankfurt/M.: Suhrkamp 1993.
Fraser, N., 1989, Widerspenstige Praktiken, Frankfurt/M.: Suhrkamp 1994.
Gosepath, S., 1998, Zur Begründung sozialer Menschenrechte, in: ders./G. Lohmann (Hg.), Philosophie der Menschenrechte, Frankfurt/M.: Suhrkamp.
Habermas, J., 1992, Faktizität und Geltung. Beiträge zur Diskurstheorie des Rechts und des demokratischen Rechtsstaats, Frankfurt/M.: Suhrkamp.
Hayek, F. v., 1981, Recht, Gesetzgebung und Freiheit, Bd. 2, Landsberg am Lech: Verlag moderne Industrie.
Kaufmann, F. X., 2003, Sicherheit, in: S. Lessenich (Hg.), Wohlfahrtsstaatliche Grundbegriffe, Frankfurt/M.: Campus.
Kersting, W., 2000, Theorien der sozialen Gerechtigkeit, Stuttgart: Metzler.
Kersting, W. (Hg.), 2000, Philosophie des Sozialstaats, Weilerswist: Velbrück.
Marshall, T., 1950, Bürgerrechte und soziale Klassen, Frankfurt/M.: Campus 1992.
Nozick, R., 1974, Anarchie, Staat, Utopia, München: Olzog 2006.
Nullmeier, F., 2000, Politische Theorie des Sozialstaats, Frankfurt/M.: Campus.
Rawls, J., 2001, Gerechtigkeit als Fairness, Frankfurt/M.: Suhrkamp 2003.
Sen, A., 1999, Development as Freedom, New York: Anchor.
Van Parijs, P., 1995, Real Freedom for All, Oxford: Clarendon Press.
Vobruba, G., 2003, Freiheit, in: S. Lessenich (Hg.), Wohlfahrtsstaatliche Grundbegriffe, Frankfurt/M.: Campus.
Waldron, J. 1993, Liberal Rights, Cambridge: Cambridge University Press.

Urs Marti

Sidgwick, Henry (1838–1900)

1.

Der englische Philosoph Sidgwick wurde am 31. Mai 1838 in Skipton (Yorkshire) geboren und starb am 28. August 1900 in Terling (Essex). Sidgwick studierte von 1855 bis 1859 Altphilologie und Mathematik am Trinity College, Cambridge, wo er anschließend bis zu seinem Lebensende lehrte, von 1883 an als Knightsbridge Professor of Moral Philosophy. Er engagierte sich für die akademische Bildung von Frauen und war Mitbegründer des Newnham Colleges, einem der ersten Colleges für Frauen in England. Ab 1874 beschäftigte er sich mit der wissenschaftlichen Erforschung parapsychologischer Phänomene und wurde zweimal Präsident der von ihm 1882 mitbegründeten *Society for Psychical Research.* Sein bedeutendstes Werk ist *The Methods of Ethics* (1874), ein Klassiker der Ethik, von dem behauptet wurde, es sei die »beste Abhandlung über moralische Theorie, die je geschrieben worden ist« (C. D. Broad). Daneben veröffentlichte Sidgwick zu seinen Lebzeiten außer zahlreichen Artikeln vier weitere Bücher: *The Principles of Political Economy* (1883), *Outlines of the History of Ethics for English Readers* (1886), *The Elements of Politics* (1891) sowie *Practical Ethics: A Collection of Addresses and Essays* (1898). Posthum erschienen *Philosophy. Its Scope and Relations* (1902), *Lectures on the Ethics of T. H. Green, H. Spencer, and J. Martineau* (1902), *The Development of European Polity* (1903), *Miscellaneous Essays and Addresses* (1904) sowie *Lectures on the Philosophy of Kant and Other Philosophical Lectures and Essays* (1905).

2.

Sidgwick ist nach J. Bentham und J. S. Mill der dritte große Vertreter des klassischen Utilitarismus, und sein Werk *The Methods of Ethics* gilt als die gründlichste Darstellung dieser Theorie.

3.

Sidgwick selbst betrachtete sein Buch allerdings nicht als Verteidigung des Utilitarismus, sondern als unparteiische vergleichende Untersuchung der unserem moralischen Denken implizit zugrunde liegenden Methoden der Ethik. Unter einer Methode der Ethik versteht er jedes rationale Verfahren zur Bestimmung, was wir tun sollen. Drei solche Methoden finden sich in unserem moralischen Denken: Intuitionismus, Egoismus und Utilitarismus. Der Intuitionismus, der unserer Commonsense-Moral entspricht, nimmt an, dass es selbst-evidente, intuitiv gewusste moralische Regeln gibt und richtiges Handeln in der Befolgung dieser Regeln besteht. Sidgwicks sorgfältige Untersuchung der Commonsense-Moral zeigt jedoch, dass deren selbst-evidente Regeln oft konfligieren und zu vage sind, um in jedem Fall bestimmen zu können, was wir tun sollen, die nötigen Präzisierungen aber umstritten und nicht mehr selbst-evident sind. Außerdem erweist sich die Commonsense-Moral als »unbewusst utilitaristisch«, da sie bei der Präzisierung der Regeln und der Lösung von Konflikten zwischen ihnen auf utilitaristische Überlegungen zurückgreift. Zwischen Intuitionismus und Utilitarismus besteht daher nicht der traditionell angenommene unversöhnliche Gegensatz, sondern der Utilitarismus begründet, ergänzt und verbessert die Regeln der Commonsense-Moral. Für den Utilitarismus spricht aber nicht nur, dass er mit unserer Commonsense-Moral vereinbar ist und sie systematisiert, sondern er lässt sich Sidgwick zufolge auch mit folgenden selbst-evidenten Prinzipien begründen: (i) Das Gut einer Person ist nicht wichtiger als das Gut irgendeiner anderen Person; (ii) als vernünftiges Wesen bin ich verpflichtet, das Gute allgemein und nicht nur einen Teil desselben anzustreben. Aus diesen beiden Prinzipien folgt Sidgwick zufolge die Maxime des Wohlwollens, welche die Grundlage des Utilitarismus ist: Jede Person ist verpflichtet, das Gut einer anderen Person in gleichem Maße zu berücksichtigen wie ihr eigenes Gut. Indem er den Utilitarismus mit selbst-evidenten Prinzipien begründet und ihm damit eine intuitive Basis verleiht, unterscheidet sich Sidgwicks Begründung des Utilitarismus von Benthams und Mills empiristischer Begründung. Auf selbst-evidenten Prinzipien beruht aber nicht nur der Utilitarismus, sondern auch die dritte Methode der Ethik, der Egoismus. Während der Utilitarismus gebietet, das allgemeine Glück zu fördern, ist gemäß dem Egoismus das eigene Glück das höchste Ziel jeder Person. Da die Förderung des eigenen Glücks nicht notwendig mit der Förderung des allgemeinen Glücks zusammenfällt, beide Methoden aber auf selbst-evidenten Prinzipien beruhen, stehen diese beiden Methoden der Ethik gleichberechtigt und unversöhnlich nebeneinander. Für diesen »Dualismus der praktischen Vernunft«, bei dem die Vernunft mit sich selbst entzweit ist und uns widersprechende Handlungsvorschriften erteilt, fand Sidgwick keine philosophische Lösung. Auch seine parapsychologischen Forschungen waren diesbezüglich vergeblich. Sidgwick hatte gehofft, dass sie das Weiterleben nach dem Tod beweisen und damit zeigen könnten, dass auf lange Sicht die Förderung des allgemeinen Glücks doch mit der Förderung des eigenen Glücks zusammenfällt.

4.

Sidgwick, H., 1874, The Methods of Ethics, Indianapolis: Hackett 1981.

Sidgwick, H., 1886, Outlines of the History of Ethics for English Readers, Indianapolis: Hackett 1988.

Sidgwick, H., 1898, Practical Ethics. A Collection of Addresses and Essays, Oxford: Oxford University Press 1998.

Sidgwick, H., 1996, The Works of Henry Sidgwick, Bristol: Thoemmes.

Sidgwick, H., 1998, Collected Essays and Reviews, Bristol: Thoemmes.

Sidgwick, H., 1999, The Complete Works of Henry Sidgwick. With a Selection of his Correspondence, Charlottesville: Intelex (CD-ROM).

Sidgwick, H., 2000, Essays on Ethics and Method, Oxford: Oxford University Press.

Schneewind, J. B., 1977, Sidgwick's Ethics and Victorian Moral Philosophy, Oxford: Clarendon Press.

Schultz, B. (Hg.), 1992, Essays on Sidgwick, Cambridge/MA: Harvard University Press.

Schultz, B., 2004, Henry Sidgwick – Eye of the Universe, Cambridge: Cambridge University Press.

Jörg Schroth

Simmel, Georg (1858–1918)

1.

Georg Simmel wurde 1858 in Berlin als Kind konvertierter jüdischer Eltern geboren. Er erlebte und reflektierte die monströse Umwandlung der preußischen Residenzstadt ›Spreeathen‹ in die Industriemetropole und wilhelminische Reichshauptstadt ›Spreechicago‹ (W. Rathenau). Ab 1885 war er Privatdozent in Berlin, erst 1914 erhielt er eine Professur in Straßburg, wo er 1918 starb.

2.

Simmels Leben und Werk ist durch einen mit Nachdruck vertretenen *Gegenwartsbezug* bestimmt. Seine oft Fachgrenzen sprengenden und thematisch breit gestreuten Arbeiten (mit Überschneidungen mehr als 20 Bücher und 200 Aufsätze) versuchen die geistigen, kulturellen und sozialen Entwicklungen der sich herausbildenden Moderne aufzunehmen und philosophisch und soziologisch zu verarbeiten. Simmels Verhältnis zur Moderne ist *zwiespältig*. Auf der einen Seite analysiert er die Auflösung des Traditionalen als den Entstehungsprozess der Moderne und zeigt die positiven Chancen der gesellschaftlichen Rationalisierung, der Kultivierung und des individuellen Freiheitsgewinnes auf. Auf der anderen Seite beschreibt er eben diesen Entstehungsprozess der Moderne so, dass der durch ihn geformte Lebensstil bis zum Zerreißen der individuellen Seele expansiv ist, bis zur Tragik sich selbst entfremdend und bis zur tödlichen Indifferenz vom Verlust des Lebenssinnes bedroht ist. Besondere Aktualität erhält Simmel dadurch, dass er in den meisten seiner Schriften ein sehr reflektiertes Bewusstsein davon hat, dass sich diese *Ambivalenz der Moderne* weder unter Rückgriff auf vormoderne Annahmen noch durch die Betonung von nur einem Aspekt der Moderne auflösen lässt.

3.

Sein vornehmlich essayistisches Werk lässt sich in vier Perioden einteilen.

3.1. In der *ersten Periode* (1881 bis 1894) zeigt der junge Simmel von der Völkerpsychologie und Ethnologie herkommend, durch Darwin und Spencer beeinflusst, eine eher positivistische Grundhaltung in der Bearbeitung seiner Themen (vgl. Köhnke 1996). An den sozialen Differenzierungsprozessen, die dem ›Prinzip der Kraftersparnis‹ unterliegen, analysiert er deren Auswirkungen auf die Individualisierung (vgl. *Über soziale Differenzierung,* 1890) und wendet seine soziologisch informierte Analyse gegen den Absolutheitsanspruch unterschiedlicher Begriffe (siehe besonders *Einleitung in die Moralwissenschaft. Eine Kritik der ethischen Grundbegriffe,* 1892/93).

3.2. Die *zweite Periode* (1895–1903) ist um Simmels Hauptwerk *Die Philosophie des Geldes* (1900) zentriert. In diesem Buch ist Simmels zeitdiagnostische Absicht besonders manifest, will er doch »von der Oberfläche des wirtschaftlichen Geschehens eine Richtlinie in die letzten Werte und Bedeutsamkeiten alles Menschlichen« (Simmel 1900, 12) ziehen. Diese Auslotung der Moderne geschieht im Rahmen eines relativistischen Weltbildes. Das Geld als Symbol der Moderne beeinflusst durch Wechselwirkung und Funktionalisierung die Wertsphären Gesellschaft, Kultur und »Seele«. Besonders einflussreich ist Simmels Diagnose moderner Lebensstile, die bis heute die Aktualität wie die Problematik seiner Zeitdiagnose aufzeigt (vgl. Kintzelé/Schneider 1993; Lohmann 1999).

3.3. In der *dritten Periode* (1903 bis 1909) reagiert Simmel auf den »schwebenden Relativismus« der *Philosophie des Geldes* mit einer erneuten Zuwendung zu Kant. Nicht nur fragt Simmel im Hauptwerk dieser Schaffensperiode (*Soziologie,* 1908): »Wie ist Gesellschaft möglich?« und entwickelt seine Theorie der »soziologischen Aprioritäten«, sein Interesse richtet sich auch darauf, durch die »Analyse der *Formen* der Vergesellschaftung« der Soziologie als einer neuen Wissenschaft einen eigenständigen Gegenstandsbereich zu sichern. Simmel löst die innere Struktur der modernen Gesellschaft (die nach ihm »ohne

Spitze und Mitte« ist) in die Prozesse von Vergesellschaftungen auf, die er zugleich auf das Problem der Individualität bezieht. So kann er seine vorausgegangenen Einzelstudien zu Streit und Konflikt, Räumlichkeit und Gruppenausdehnung, Dankbarkeit und Geheimnis, den Fremden usw. zu seiner »großen« Soziologie zusammenstellen und gleichwohl ein in aller Farbigkeit einheitliches Bild der modernen Gesellschaft entwerfen.

3.4. Die *vierte Periode* umfasst die Zeit von Simmels erster Lektüre der Schriften Bergsons (1909) bis zu Simmels Tod 1918. Grundbegriff wird nun der Begriff des Lebens, das für Simmel immer »mehr Leben« bzw. »mehr-als-Leben« (*Lebensanschauung*, 1918, 228f.) ist und durch die Spannung von *Leben* und *Form* charakterisiert wird. Sein zeitdiagnostisches Grundmotiv entfaltet er in brillanten Essays zu kulturellen Einzelphänomenen einer »Tragödie der modernen Kultur« (*Philosophische Kultur*, 1911). In der Hauptschrift seines Spätwerkes, *Das individuelle Gesetz* (1913), zieht Simmel nicht nur eine Bilanz seiner Auseinandersetzung mit der Ethik, es kommt auch Simmels lebenslange Beschäftigung mit dem Problem des Individuums in der modernen Gesellschaft zu einer abschließenden Fassung. Dabei nimmt er die existenzialistische Deutung eines »eigentlichen« Lebens vorweg.

3.5. Simmels Wirkung war untergründig, aber dafür umso weitreichender. Schon zu Lebzeiten war er Anreger seiner Kritiker *und* Freunde (Max Weber, Rickert u.a.), insbesondere aber beeinflusste er nachhaltig seine Schüler und Hörer (Groethuysen, Lukács, Bloch, Krakauer, Salomon u.a.). Nur teilweise eingestanden, teils verdrängt war Simmels Einfluss auf Heidegger, Benjamin und Adorno. Professioneller gestaltete sich der Einfluss Simmels auf die Soziologie. So ist Max Webers Theorie der formalen Rationalisierung durch Simmels Ausführungen zur Rationalität und Intellektualität der Geldwirtschaft beeinflusst. In der Folge galt Simmel nicht ohne Umwege und Verkleidungen zunächst als der Begründer der »formalen Soziologie«, gewann dann in den USA großen Einfluss und wird heute als ein Klassiker der Soziologie auch in Deutschland wieder entdeckt.

4.

Simmel, G., 1890, Über soziale Differenzierung, in: Gesamtausgabe, Bd. 2, Frankfurt/M.: Suhrkamp 1989.

Simmel, G., 1892/93, Einleitung in die Moralwissenschaft. Eine Kritik der ethischen Grundbegriffe, in: Gesamtausgabe, Bde. 3–4, Frankfurt/M.: Suhrkamp 1989.

Simmel, G., 1900, Die Philosophie des Geldes, in: Gesamtausgabe, Bd. 6, Frankfurt/M.: Suhrkamp 1989.

Simmel, G., 1908, Soziologie, in: Gesamtausgabe, Bd. 11, Frankfurt/M.: Suhrkamp 1992.

Simmel, G., 1911, Philosophische Kultur, in: Gesamtausgabe, Bd. 14, Frankfurt/M.: Suhrkamp 1996.

Simmel, G., 1913, Das individuelle Gesetz, in: Gesamtausgabe, Bd. 12, Frankfurt/M.: Suhrkamp 2001.

Simmel, G., 1918, Lebensanschauung, in: Gesamtausgabe, Bd. 16, Frankfurt/M.: Suhrkamp 1999.

Simmel, G., 1989ff., Gesamtausgabe, Frankfurt/M.: Suhrkamp.

Blumenberg, H., 1976, Geld oder Leben. Eine metaphorologische Studie zur Konsistenz der Philosophie Georg Simmels, in: H. Böhringer/K. Gründer (Hg.), Ästhetik und Soziologie um die Jahrhundertwende. Georg Simmel, Frankfurt/M.: Klostermann.

Dahme, H. J./Rammstedt, O. (Hg.), 1984, Georg Simmel und die Moderne, Frankfurt/M.: Suhrkamp.

Frisby, D. (Hg.), 1994, Georg Simmel, 3 Bde., London: Routledge.

Gassen, K./Landmann, M. (Hg.), 1958, Buch des Dankes an Georg Simmel, Berlin: Duncker & Humblot.

Kintzelé, J./Schneider, P. (Hg.), 1993, Georg Simmels Philosophie des Geldes, Frankfurt/M.: Philo.

Köhnke, K. C., 1996, Der junge Simmel in Theoriebeziehungen und sozialen Bewegungen, Frankfurt/M.: Suhrkamp.

Lichtblau, K., 1997, Georg Simmel, Frankfurt/M.: Campus.

Lohmann, G., 1999, Der Schleier zwischen uns und den Dingen. Georg Simmels »Stilisierung«, in: U. Fuhrer/I. Josephs (Hg.), Persönliche Objekte, Identität und Entwicklung, Göttingen: Vandenhoeck & Ruprecht.

Georg Lohmann

Sinn des Lebens

1.

Die Frage nach dem Sinn des Lebens vereinigt große Menschheitsfragen: Was hält die Welt im Innersten zusammen? Wie fing alles an, wie wird alles aufhören? Was wollen wir, und lohnt das, was wir wollen? Ist das Leben wert, gelebt zu werden? Und welche Rolle spielt, falls es ihn gibt, Gott?

2.

Während die Frage der Sache nach so alt sein dürfte wie die Menschheit, segelt sie noch nicht lange unter der Flagge »Sinn des Lebens«. Erst im 19. Jahrhundert beginnen die entsprechenden Ausdrücke Karriere zu machen. Schleiermacher schreibt 1800, der Künstler suche »geheimen Sinn« in der Natur; Heine lässt um 1825 einen jungen Mann nach einer Lösung für das »Rätsel des Lebens« suchen, Carlyle um 1833 seinen Helden Diogenes Teufelsdröckh nach »the meaning of life«; Bettina von Arnim spricht 1840 vom »Sinn der Welt«, Feuerbach 1841 vom »Sinn der Geschichte« und vom »Sinn des wirklichen Seins«, Kierkegaard 1843 von der »Bedeutung des Lebens«, Nietzsche 1874 vom »Sinn des Lebens«, Dilthey 1864 vom »Zweck des Daseins«, 1877 vom »Sinn des Lebens« und 1883 vom »Sinn der Geschichte« (vgl. Gerhardt 1994, 181f.; ders. 1995; Fehige/Meggle/Wessels 2000, 502). Seitdem ist der Ausdruck »Sinn des Lebens« so etabliert, dass Fritz Mauthner (1924, 182) klagt: »Freisinnige Nachmittagsprediger schwatzen über nichts lieber als über den Sinn des Lebens«; ihre Zuhörer sind »unklar ringende Geister, die von der starken und tiefen Empfindung ausgehen, dass das Leben wirklich wichtiger sei als das Wissen«; sie hoffen, eine »Antwort zu hören auf die alte Kinderfrage: Woher? Wohin? Warum?« Doch vergeblich, so Mauthner. Sinn sei etwas, was nur sprachlichen Entitäten zukomme; insofern habe die Frage nach dem Sinn des Lebens schlicht keinen Sinn.

3.

Mauthners sprachkritischem Befund zum Trotz lebt die Frage nach dem Sinn des Lebens fort. Teils gedeiht sie weiter im begrifflichen Dunkel (Kostproben in Fehige/Meggle/Wessels 2000, 15ff.), teils ist sie Gegenstand eines klaren und vernünftigen Ringens geworden, innerhalb dessen sich verschiedene Leitmotive ausmachen lassen.

3.1. Eines der Leitmotive ist die Unterscheidung zwischen Begründung und Erklärung. Stellen wir die Frage nach dem Sinn des Lebens, möchten wir wissen, warum das Leben so ist, wie es ist. Dabei sind wir entweder auf eine Begründung aus und möchten erfahren, *wozu* das Leben gut ist; wir suchen nach seinem Zweck oder nach seinen Zielen. Oder wir sind auf eine Erklärung aus und möchten begreifen, *wie* das Leben beschaffen ist; wir suchen beispielsweise nach seinen Gesetzmäßigkeiten (vgl. Ayer 1947, 34f.; Nielsen 1981, 232ff.).

Gemeinhin sind wir auf eine Begründung aus. Doch die scheinen wir zumindest in einem Sinne nicht zu bekommen. Es ist schon zweifelhaft, dass das Leben als Ganzes und also auch unser eigenes einen übergeordneten Zweck hat (siehe auch 3.2.). Doch selbst wenn es einen solchen hätte, hülfe uns das kaum. Denn solange wir uns den übergeordneten Zweck nicht zu Eigen machen, wären er selbst und die Tatsache, dass wir mithelfen, ihn zu erfüllen, aus unserer Sicht *beliebig* – sie gingen uns nichts an. Und insofern hätten wir auch mit dem übergeordneten Zweck letztlich wieder nur eine Erklärung und keine Begründung bekommen (vgl. Ayer 1947, 34f.; Murphy 1982, 210ff.; Nagel 1971, 98f.; Nielsen 1981, 232ff.).

In einem anderen Sinne sind die Aussichten auf eine Begründung besser. Wir fragen nach dem, was *wir* wollen, also nach den Zielen, die *wir* verfolgen. Doch dann droht dem Sinn Gefahr aus anderen Richtungen. Erstens ist nicht klar, ob die Ziele, die wir verfolgen, hinreichen, um unserem Leben Sinn zu geben (siehe 3.4.). Zweitens erreicht jede Begründung ein Ende. Möchte jemand von uns wissen, warum uns gute Ernährung wichtig ist, können wir antworten: weil wir gesund sein wollen; möchte jemand von uns wissen, warum uns Gesundheit wichtig ist, können wir antworten: weil sie unser Wohlergehen befördert. Möchte aber jemand von uns wissen, warum uns Wohlergehen wichtig ist, geraten wir ins Stocken. Eine Begründung erreicht ihr Ende, wo wir auf etwas stoßen, was wir »letzte Werte« nennen, was wir ohne eine weitere Begründung als das, was uns am Herzen liegt, anerkennen (siehe dazu auch Hume 1751, gegen Ende von Anhang I). Die letzten Werte markieren, wie Nagel (1971, 98) sagt, »den Anfangspunkt für unseren Skeptizismus«. Wir treten einen Schritt beiseite, schauen sozusagen von außen auf unser Leben – und gewahren »die ganze Zufälligkeit und Beschränktheit unseres Sinnens und Trachtens« (siehe auch Murphy 1982, 212).

3.2. Die Vorstellung von einem Schritt beiseite führt zu einem zweiten Leitmotiv: Wäre uns in Sachen Sinn des Lebens gedient, wenn Gott existierte? Könnte Gott unserem Leben z.B. dadurch Sinn geben, dass er unsere letzten Werte begründet? Schon Platon (*Euthyphron* 10d) hat das bezweifelt. Gewiss käme Gott als Garant unserer letzten Werte höchstens dann in Betracht, wenn er ein *guter* Gott wäre. Nun können wir von Gott aber nur dann gehaltvoll sagen, dass er ein guter Gott ist, wenn wir einen von ihm unabhängigen Maßstab für das Gute haben, und wenn wir einen von ihm unabhängigen Maßstab für das Gute haben, können wir unsere letzten Werte auch gleich daran messen. Gott wäre also, auch als ein guter Gott, überflüssig, bestenfalls geeignet, unsere letzten Werte zu sanktionieren, nicht aber, sie zu begründen (vgl. Ayer 1966, 354; Joske 1974, 80f.; Murphy 1982, 214; Nielsen 1981, 234f.).

Doch vielleicht könnte Gott unserem Leben auf andere Weise Sinn geben, etwa indem er einen bestimmten Zweck mit uns verfolgt. Der Zweck dürfte wohl nicht irgendeiner sein – der Pflanzenwelt als CO_2-Lieferanten oder höheren Lebewesen als abschreckende Beispiele zu dienen würde uns nicht zufrieden stellen; der Zweck müsste schon erhaben und gut sein. Aber selbst wenn er erhaben und gut wäre, bliebe fraglich, ob unser Leben durch ihn einen Sinn bekommen könnte. Zwei Szenarien gilt es zu unterscheiden. Entweder hängt es von uns ab, ob wir Gottes Zweck erfüllen, oder es hängt nicht von uns ab. Wenn es nicht von uns abhängt, wenn wir also Gottes Zweck erfüllen, *egal was wir tun*, kann uns dieser Zweck gerade nicht den Sinn geben, den wir suchen – er kann uns keinerlei *Orientierung* bieten, er kann uns nicht sagen, was wir tun oder lassen sollen. Zudem würde er uns entwürdigen. Baier (1957, 197) bemüht den Vergleich mit einer Partyszene: »Frage ich [...] einen Mann in Livree: ›Welchen Zweck erfüllen Sie?‹, so verletze ich ihn. Ich hätte ihn genauso gut fragen können: ›Und zu was sind Sie gut?‹ Mit solchen Fragen wird er auf die Stufe von Haushaltsgeräten [...] gestellt. [...] Wir behandeln ihn – kantisch gesprochen – als bloßes Mittel zu unseren Zwecken und nicht als Zweck an sich selbst.« (vgl. auch Joske 1974, 81; Murphy 1982, 213f.) Wenn es hingegen von uns abhängt, ob wir Gottes Zweck erfüllen, verschwinden die soeben genannten Probleme. Allerdings ist es dann auch nicht mehr Gottes Zweck, der unserem Leben Sinn gibt. Wenn es überhaupt etwas ist, dann sind es (siehe 3.1. und 3.4.) unsere eigenen Ziele. Dass sie mit dem Zweck Gottes übereinstimmen, wenn wir uns diesen Zweck zu Eigen gemacht haben, und dass sie es nicht tun, wenn wir ihn uns nicht zu Eigen gemacht haben, ist belanglos (vgl. Ayer 1947, 35; Baier 1957, 197ff.; Murphy 1982, 213f.; Nagel 1971, 98f.; Nielsen 1981, 234f.; Nozick 1981, 387ff.).

3.3. Ein drittes Leitmotiv besagt: Manchmal beschleicht uns ein Gefühl von Sinnlosigkeit angesichts unserer Kleinheit und Kurzlebigkeit. »Wir sind winzige Staubkörnchen in den unendlichen Weiten des Alls; die Spanne unseres Lebens ist in [...] kosmischen Dimensionen nicht mehr als ein Augenblick; wir können alle jeden Moment tot sein.« (Nagel 1971, 95) Wäre uns Sinnsuchern also geholfen, wenn wir größer oder langlebiger wären?

Eher im Gegenteil, so scheint es. Wenn unser Leben schon bei unserer jetzigen Größe und bei einer Dauer von ca. 70 Jahren sinnlos ist, so wahrscheinlich erst recht, wenn wir das ganze Universum ausfüllen oder ewig leben. Hier greift der Kalauer von den zwei Engeln, die auf einer Wolke sitzen und Harfe spielen. Der eine schaut den anderen an und sagt: »Soll das wirklich *ewig* so weitergehen?« (Murphy 1982, 213) Wenn es unserem Leben an Sinn fehlt, dann also offenbar nicht deshalb, weil wir klein und kurzlebig sind. Oder etwa doch? Wir beklagen, selbst wenn wir uns statt eines maßstabgetreuen ein perspektivisches Bild von der Welt machen, d.h. ein Bild, in dem wir selbst im Vordergrund stehen, während das Universum und die ferne Zukunft in den Hintergrund verbannt sind (vgl. Ramsey 1931, 39), vielleicht nicht unsere Kleinheit und unsere späte Geburt, wohl aber unseren frühen Tod. Wir möchten ihn in irgendeiner Weise überdauern; wir möchten, dass es nicht so ist, als hätten wir nicht existiert; wir möchten Spuren hinterlassen – z.B. indem wir Kinder in die Welt setzen, Wissenschaft treiben, eine Hilfsorganisation ins Leben rufen oder schlicht anderen in guter Erinnerung bleiben. Gelingt es uns, solche Spuren zu hinterlassen, haben wir zwar vielleicht die engen Grenzen unseres Lebens überschritten. Doch dass unser Leben dadurch sinnvoll wird, ist ungewiss. Wenn, wie Robert Nozick meint, das Sinnproblem durch Grenzen entsteht, dann gilt, »egal, wie weit wir über uns hinaus in andere Gebiete vordringen: Auch diese sind begrenzt – und das [Sinnproblem] stellt sich neu. Es sieht so aus, als könnte [es] nur durch etwas Grenzenloses vermieden oder transzendiert werden.« (Nozick 1981, 396)

3.4. Ein viertes Leitmotiv ist schon mehrfach angeklungen: die Unterscheidung zwischen Subjektivismus und Objektivismus. Dem Subjektivismus zufolge kommt es in Sachen Sinn wesentlich darauf an, was wir wünschen. »So wie die Menschen ihre vielfältigen Ziele verfolgen, hat das Leben zu verschiedenen Zeiten für verschiedene Menschen einen unterschiedlichen Sinn. Mehr lässt sich nicht sagen.« (Ayer 1947, 36) Dem Objektivismus zufolge ist es dagegen nicht ganz so einfach. Der Unterschied lässt sich am Mythos des Sisyphos erhellen. Sisyphos ist auf ewig dazu verdammt, einen Stein bergauf zu wälzen; kommt der Stein oben an, rollt er zurück, und Sisyphos muss mit seiner Tätigkeit von vorn beginnen. Würde sich dieses vollendete Bild der Sinnlosigkeit ändern, wenn Sisyphos den *Drang* hätte, auf ewig einen Stein bergauf zu wälzen? Aus Sicht des Subjektivismus, ja. Denn Sisyphos täte dann genau das, was er tun möchte; er wäre mit seinem Schicksal ausgesöhnt, mehr noch, er nähme es mit Freuden an (vgl. Taylor 1970, 90; Joske 1974, 81 f.). Aus Sicht des Objektivismus, nein. Es würde noch immer etwas fehlen – vielleicht dass bei Sisyphos' Tätigkeit etwas herumkommt. Wäre es das, was fehlt, würde sich das Bild ändern, wenn Sisyphos einen Stein nach dem anderen bergauf wälzen und dadurch helfen müsste, ein die Jahrhunderte überdauerndes Monument von großer Schönheit zu errichten (vgl. Taylor 1970, 89, 93; Sylvan/Griffin 1982, 446ff.; Wiggins 1987, 411ff.; zu analogen Überlegungen auf dem Gebiet der praktischen Vernunft siehe Gosepath 1999 und Millgram 2001). Wir müssen demnach, wenn wir dem Objektivismus anhängen, zumindest sagen, dass nicht alle Ziele, die Menschen verfolgen, gleichermaßen lohnen. Möglicherweise lohnen Ziele, von deren Erreichung auch andere profitieren, eher als rein selbstbezogene. Das Leben einer Ärztin, die erfolgreich nach einer Therapie gegen Krebs sucht, wäre dann sinnvoller als das eines Müßiggängers, der eine Seifenoper nach der anderen schaut und dabei Bier trinkt (vgl. Baier 1957, 261 f.; Wolf 1997, 253). Möglicherweise lohnen Ziele aber auch abhängig von anderen Werten unterschiedlich – so dass vielleicht ein Leben, das dem Streben nach Wahrheit, Güte und Schönheit gewidmet ist, sinnvoller wäre als eines, das sich allein um Luxus, Erfolg und Ruhm dreht (vgl. Einstein 1934, 8). Wir können, wenn wir dem Objektivismus anhängen, aber auch die stärkere These vertreten, dass der Sinn des Lebens nichts oder wenig mit den

Zielen zu tun hat, die Menschen verfolgen. Zumindest in einer Lesart kehren wir dann zu dem übergeordneten Zweck zurück, von dem in 3.1. und 3.2. die Rede war – und damit auch zu seinen Schwierigkeiten, Sinn zu stiften.

3.5. Ein fünftes Leitmotiv geht von der Beobachtung aus, dass das Leben von Menschen manchmal »aufgrund von Faktoren relativ sinnlos [ist], die die Betroffenen kaum beeinflussen können und die sie sicher nicht selbst verschuldet haben« (Sylvan/Griffin 1982, 462). Man denke etwa an die 2,8 Milliarden absolut Armen, die umgerechnet von weniger als 2 US-Dollar am Tag leben (World Bank 2002), oder auch an manch relativ Arme in Industriestaaten. Was sich ändern müsste, damit ihr Leben an Sinn gewänne, sind vermutlich nicht die Ziele, die sie unter den gegebenen Bedingungen verfolgen, sondern die Bedingungen, die es ihnen so schwer oder gar unmöglich machen, die Ziele auch zu erreichen – so dass Sinn nicht nur eine individuelle, sondern auch eine politische, soziale und ökonomische Angelegenheit ist. Es gilt, so Nielsen (1981, 249), »eine umfassende, normative Philosophie der Gesellschaft und der Politik zu entwerfen, um zumindest einige der Voraussetzungen für ein nichtentfremdetes Leben zu schaffen, das nicht einer privilegierten Minderheit vorbehalten wäre, sondern der ganzen Menschheit offen stünde«.

4.

Ayer, A. J., 1947, Unbeantwortbare Fragen, in: C. Fehige/G. Meggle/U. Wessels (Hg.), Der Sinn des Lebens, München: dtv 2000.

Ayer, A. J., 1966, An was ich glaube, in: C. Fehige/G. Meggle/U. Wessels (Hg.), Der Sinn des Lebens, München: dtv 2000.

Baier, K., 1957, Zweck und Sinn, in: C. Fehige/G. Meggle/U. Wessels (Hg.), Der Sinn des Lebens, München: dtv 2000.

Einstein, A., 1934, Wie ich die Welt sehe, in: ders., Mein Weltbild, Amsterdam: Querido.

Fehige, C./Meggle, G./Wessels, U., 2000, Über dieses Buch, in: dies. (Hg.), Der Sinn des Lebens, München: dtv.

Gerhardt, V., 1994, Sinn des Lebens, in: V. Caysa/K.-D. Eichler (Hg.), Praxis, Vernunft, Gemeinschaft, Weinheim: Beltz/Athenäum.

Gerhardt, V., 1995, Sinn des Lebens, in: J. Ritter/K. Gründer/G. Gabriel (Hg.), Historisches Wörterbuch der Philosophie, Bd. 9, Basel: Schwabe.

Gosepath, S. (Hg.), 1999, Motive, Gründe, Zwecke, Frankfurt/M.: Fischer.

Hanfling, O. (Hg.), 1987, Life and Meaning, Oxford: Blackwell.

Hume, D., 1751, Eine Untersuchung über die Prinzipien der Moral, Hamburg: Meiner 1929.

Joske, W. D., 1974, Was darf ich hoffen?, in: C. Fehige/G. Meggle/U. Wessels (Hg.), Der Sinn des Lebens, München: dtv 2000.

Klemke, E. D. (Hg.), 1981, The Meaning of Life, Oxford: Oxford University Press.

Mauthner, F., 1924, Sinn des Lebens, in: ders., Wörterbuch der Philosophie, Bd. 3, Leipzig: Böhlau.

Millgram, E. (Hg.), 2001, Varieties of Practical Reasoning, Cambridge/MA: MIT Press.

Murphy, J. G., 1982, Warum?, in: C. Fehige/G. Meggle/U. Wessels (Hg.), Der Sinn des Lebens, München: dtv 2000.

Nagel, T., 1971, Das Absurde, in: C. Fehige/G. Meggle/U. Wessels (Hg.), Der Sinn des Lebens, München: dtv 2000.

Nielsen, K., 1981, Analytische Philosophie und der ›Sinn des Lebens‹, in: C. Fehige/G. Meggle/U. Wessels (Hg.), Der Sinn des Lebens, München: dtv 2000.

Nozick, R., 1981, Philosophie und der Sinn des Lebens, in: C. Fehige/G. Meggle/U. Wessels (Hg.), Der Sinn des Lebens, München: dtv 2000.

Ramsey, F. P., 1931, Es gibt wirklich nichts zu diskutieren, in: C. Fehige/G. Meggle/U. Wessels (Hg.), Der Sinn des Lebens, München: dtv 2000.

Sanders, S./Cheney, D. R. (Hg.), 1980, The Meaning of Life, Englewood Cliffs: Prentice-Hall.

Sylvan, R./Griffin, N., 1982, ›Dem‹ Sinn des Lebens auf der Spur, in: C. Fehige/G. Meggle/U. Wessels (Hg.), Der Sinn des Lebens, München: dtv 2000.

Taylor, R., 1970, Sisyphos und wir, in: C. Fehige/G. Meggle/U. Wessels (Hg.), Der Sinn des Lebens, München: dtv 2000.

Wiggins, D., 1987, Wahrheit, Erfindung und der Sinn des Lebens, in: C. Fehige/G. Meggle/U. Wessels (Hg.), Der Sinn des Lebens, München: dtv 2000.

Wolf, S., 1997, Wann ist ein Leben sinnvoll?, in: C. Fehige/G. Meggle/U. Wessels (Hg.), Der Sinn des Lebens, München: dtv 2000.

World Bank (Hg.), 2002, Annual Report 2002, Washington: World Bank.

Ulla Wessels

Sittlichkeit

1.

Der Ausdruck »Sittlichkeit« ist, ebenso wie »sittlich«, ein alltagssprachlich antiquierter und wenig geläufiger Ausdruck. Er dient, oder vielmehr: diente, zugleich – *beschreibend* – der Bezeichnung der Gesamtheit der in einer Gruppe gültigen Regeln und Gewohnheiten ebenso individueller Lebensführung wie kollektiven Zusammenlebens und – *bewertend* – der Auszeichnung der richtigen Gestalt solcher Regeln und Gewohnheiten bzw. ihnen entsprechender Vollzüge. In dieser Weite der Verwendung – ebenso beschreibend wie bewertend, ebenso auf Regeln wie Gewohnheiten bezogen, ebenso Individuelles wie Kollektives betreffend – mag sich eine gewisse Tendenz der Unterscheidung gegenüber der Rede von »Moralität« oder »moralisch« andeuten, einen klaren inhaltlichen Unterschied zwischen »Sittlichkeit« und »Moralität« gibt es alltagssprachlich jedoch nicht. Als (gegenüber »Moralität«) distinkter Begriff ist »Sittlichkeit« ein philosophisches Kunstwort, dessen Einführung auf Hegels Entscheidung zurückgeht, »diese einmal verschiedenen Worte für verschiedene Begriffe zu benutzen« (Hegel 1821, 88). Zwar ist nach Hegel der Begriff der Sittlichkeit auch für eine Reihe unterschiedlicher Projekte der soziologischen und historischen Untersuchung normativ-praktischer Orientierungen benutzt worden (vgl. Ilting 1983; Kersting 1995). Der *philosophische* Begriff der Sittlichkeit ist jedoch Hegels Begriff und die philosophische Diskussion um »Sittlichkeit« eine Diskussion um Hegels Begriff der Sittlichkeit. Hegels Sittlichkeitsbegriff ist der Versuch – darin liegt seine Bedeutung für die gegenwärtige philosophische Debatte –, die Grundeinsichten des aristotelischen Tugendbegriffs so zu reformulieren, dass er dem von Kant (im Anschluss an Rousseau) formulierten modernen Prinzip subjektiver Freiheit gerecht zu werden vermag.

2.

2.1. Hegel begründet seine Entscheidung, für seine eigene Konzeption den Ausdruck »Sittlichkeit« zu verwenden, an der zitierten Stelle damit, dass Kant »sich vorzugsweise des Ausdrucks *Moralität*« bedient habe. Auf Kantkritik im engen Sinn kann Hegels Konzept der Sittlichkeit jedoch nicht beschränkt werden. Es geht Hegel vielmehr um die Frage, wie normative Verbindlichkeit – das also, was Hegel (1821) im weiten, vom positiven oder »abstrakten« Recht unterschiedenen Sinn als »Recht« bezeichnet – gedacht werden kann. Diese Frage stellt sich Hegel in spezifisch neuzeitlicher Weise als Frage danach, wie »Substanz« und »Subjekt«, wie Gesetz und Selbst, Gesetzesbefolgung und Selbstregierung zusammengedacht werden können (vgl. Schneewind 1998). Hegels Diagnose der neuzeitlichen Antworten besagt, dass sie von einem tief greifenden, scheinbar unlösbaren Gegensatz durchfurcht sind: dem Gegensatz zwischen vernunftrechtlichen Konzeptionen auf der einen Seite, »empirischen«, das heißt: wunsch-, bedürfnis- oder interessenbasierten Konzeptionen auf der anderen Seite. In diesem Gegensatz löst sich das »Recht«, also: normative Verbindlichkeit, auf. Hegel formuliert das so, dass beide Konzeptionen, gewiss gegen ihren Anspruch, Prinzipien der »Unsittlichkeit« sind. Denn beide können normative Verbindlichkeit nur als »Zwang« oder »Herrschaft« denken: als Zwang gegen die eigene Natur des Subjekts (im vernunftrechtlichen Fall), als Herrschaft über Subjekte mit anderen Interessen oder Wünschen (im Fall des »empirischen« Naturrechts).

Hegels Lösung dieses Problems – mittels des von ihm eingeführten Begriffs »Sittlichkeit« – kann nur in einem Neuansatz bestehen, der nicht vom einzelnen Subjekt und seinen »formellen« Gründen oder »empirischen« Motiven ausgeht, sondern von dem, was Hegel in seinen Frankfurter Frühschriften »Leben«, seit Jena »Sittlichkeit« nennt und seit Heidelberg als »objektiven Geist« bestimmt (vgl. Jaeschke 2003; Pinkard 2002; Schnädelbach 2000). Deren Grundbestimmung ist weder die Vernunft noch die Erfahrung einzelner Subjekte, sondern die lebendige »Individualität« eines »Volkes« (Hegel 1802/3, 480f.). Sittlichkeit, als Quelle des Rechts (oder der Normativität), ist »das lebendige Gute«, »der zur vorhandenen Welt und zur Natur des Selbstbewusstseins gewordene Begriff der Freiheit« (Hegel 1821, 292). »Sittlichkeit« bezeichnet somit die geschichtlich und kulturell verschiedenen *Praktiken*, in deren Vollzug es normative Verbindlichkeit allein gibt und in deren Teilhabe Individuen ihre Freiheit, als Vermögen vernünftiger Selbstbestimmung, allererst gewinnen. Darin bringt der Begriff der Sittlichkeit Hegels Überzeugung zum Ausdruck, dass in Fragen des Rechts »immer nur die zwei Gesichtspunkte möglich [sind], daß man entweder von der Substantialität ausgeht oder atomistisch verfährt« (Hegel 1821, 305). Auf dem zweiten Weg jedoch gelangt man nach Hegel nicht zum Recht.

In Hegels Verständnis soll der Begriff der Sittlichkeit drei Unterscheidungen einbegreifen (»aufheben«: zurückweisen, unterlaufen und reformulieren), die neuzeitliche Theorien fälschlich verabsolutiert haben. Das betrifft (1) die Unterscheidung zwischen Moralität und Legalität: Sittlichkeit ist die Grundlage, auf der beide in ihrer jeweiligen Geltung, damit in ihrem Unterschied wie Zusammenhang erst verständlich werden. Es betrifft (2) die Unterscheidung von Individuum und Institution: Die sittliche Praxis ist der gemeinsame Bezugspunkt, von dem her individuell gutes Handeln wie gute institutionelle Einrichtungen allein gedacht werden können. Und es betrifft (3) die Unterscheidung von Sollen und Sein und damit auch von normativer und empirischer Theorie. Denn die Wirklichkeit sittlicher Praktiken kann Hegel zufolge nicht von außen, sondern nur so beurteilt werden, dass die Maßstäbe des Urteils ihr beschreibend entnommen werden.

2.2. Hegels Begriff der Sittlichkeit gehört in der Rezeptionsgeschichte seines Werks zu den umstrittensten seiner Lehrstücke. Dafür ist selbstverständlich verantwortlich, dass aus ihm unmittelbar politische (und ethische) Konsequenzen folgen. Nur welche das sein sollen, ist eben strittig, seitdem die hegelsche Schule nach seinem Tod in Rechts- und Linkshegelianer zerfiel. »Sittlichkeit« als Ausdruck bloßer Affirmation des Bestehenden, v.a.: des bestehenden Staates (wogegen Hegels eigene Konzeption von Dialektik, als Negation und Kritik, mobilisiert werden könne), oder »Sittlichkeit« als Einsicht in die verbürgende Macht von Tradition und Gemeinschaft (deren Auflösung alles Recht in Frage stelle) – so lautet eine Weise, diesen Streit zu formulieren.

Seither ist die Frage nach Sinn und Recht von Hegels Sittlichkcitsbegriff, und damit seiner Kritik an Kants Moralitätsbegriff, v.a. in zwei Kontexten verhandelt worden: (a) in der Diskussion zwischen einer als Hermeneutik verstandenen praktischen Philosophie (Gadamer und Bubner, Ritter und Marquard) und der sich diskursethisch neu begründenden Kritischen Theorie (Apel, Habermas, Schnädelbach) in den 1960er und 1970er Jahren in Deutschland (vgl. Kuhlmann 1986) sowie (b) in der angelsächsischen Debatte der 1980er und 1990er Jahre zwischen Liberalismus und Kommunitarismus, die zwar in der Sache den Sittlichkeitsbegriff unmittelbar betrifft, in der aber (trotz Taylor 1975 und dann Honneth 1992) Hegel eine untergeordnete und erst jüngst zentralere Rolle spielt. In beiden Diskussionen steht die Frage im Zentrum, wie die Urteils- und Handlungsfähigkeit von Subjekten, also ihre Freiheit, gedacht werden muss. Dabei wird von diskursethischer und liberaler Seite Hegels Kritik der Moralität (als Kritik des »Sollens« und »Gewissens«) so verstanden, dass er Subjektivität als Instanz der Kritik je eingelebter und partikularer sozialer, kultureller und politischer Praktiken im Namen transzendierender, universaler Maßstäbe in Frage stelle. Weil Hegels Sittlichkeitsbegriff dieses spezifisch moderne Verständnis subjektiver Freiheit bestreite, begründe er eine »positivistische« Haltung der bloßen Verdoppelung bestehender, und zwar v.a.: bestehender institutioneller Verhältnisse (so Tugendhat 1979; differenzierter

Hösle 1987; Schnädelbach 1999; 2000). Demgegenüber verstehen hermeneutische und kommunitaristische Positionen Hegels Sittlichkeitsbegriff so, dass subjektive Freiheit als Kompetenz eigenständigen Urteilens und Handelns nicht nur im Ausgang von, sondern im unauflösbaren Bezug auf geschichtlich hervorgebrachte soziale Praktiken gedacht werden kann; denn sie verstehen die Freiheit des Subjekts nicht als Freiheit von, sondern als Freiheit in sozialen Praktiken. Praktische Subjektivität muss sich daher nicht nur, um sich handelnd verwirklichen zu können, mit den gewordenen und bestehenden Verhältnissen »vermitteln« (Marquard 1964), sondern gelangt überhaupt nur zu normativ gehaltvollen und bestimmten Urteilen, wenn sie diese als den eigentlich vernünftigen Gehalt der bereits bestehenden sozialen, kulturellen und politischen Verhältnisse auszuweisen vermag (vgl. Bubner 1971).

3.
In Verbindung mit der Edition diverser Mitschriften von Hegels rechtsphilosophischen Vorlesungen, die den liberalen Charakter vieler von Hegels politischen Ansichten haben deutlich werden lassen (so bereits mit unterschiedlicher Beurteilung Ritter 1956 und Habermas 1963; siehe Henrich 1983; Rawls 2000), haben die zuletzt genannten Diskussionen dazu geführt, dass die Debatte um Hegels Sittlichkeitsbegriff weitgehend ihre politische Dramatik verloren hat. Beide Seiten gehen davon aus, dass nur eine Position, die das (»moderne«) Prinzip der Subjektivität zur Geltung zu bringen vermag, überzeugend sein kann. Die Frage ist, ob der Sittlichkeitsbegriff dem widerspricht (und also aufzugeben ist) oder ob er dieses Prinzip auf andere Weise, und dabei in der Konsequenz nicht mehr als »Prinzip«, zu denken versucht. Die zweite dieser beiden Deutungsalternativen lässt sich wiederum auf zwei verschiedene Weisen verstehen: in Form einer Theorie sozialer Anerkennung (3.1.) und in Form einer Theorie sozialer Praktiken (3.2.).

3.1. Ein Element des Sittlichkeitsbegriffs ist eine inhaltliche Bestimmung des Guten. Demnach ist die soziale »Vereinigung« der »wahrhafte Inhalt und Zweck« der Individuen (Hegel 1821, 399). Das ist aber keine willkürliche inhaltliche Festlegung. Die soziale Vereinigung mit anderen ist vielmehr nur deshalb der Zweck der Individuen, weil sie deren Bedingung ist: Nur im Vollzug sozialer Vereinigung – so lautet die These des Sittlichkeitsbegriffs – können Individuen urteilen, handeln und leben. Sofern sie das, also überhaupt etwas wollen, müssen Individuen daher auch die soziale Vereinigung wollen. Oder: Die Individuen müssen die soziale Vereinigung deshalb wollen, weil sie sich, nämlich ihr jeweiliges Wollen(-können), wollen.

Die Struktur dieses für Hegels Sittlichkeitstheorie zentralen Arguments zeigt, dass sie die soziale Vereinigung (oder das Führen eines »allgemeinen Lebens«) nicht inhaltlich versteht: Die soziale Vereinigung ist nicht ein besonderer Inhalt individueller Orientierung, sondern die Voraussetzung individueller Orientierung. Das hat zuerst Habermas (1968) als die basale Einsicht von Hegels (Jenaer) Theorie des Geistes rekonstruiert, die soziale »Medien« der Subjektivierung analysiert und in einer Stufenfolge zugleich zunehmender Universalisierung und Individualisierung anordnet. Dabei versteht Habermas die im Sittlichkeitsbegriff bestimmte Struktur subjektivitätskonstitutiver Sozialität als Intersubjektivität und diese wiederum als Prozess wechselseitiger Anerkennung. Der Grundgedanke des Sittlichkeitsbegriffs besagt in dieser Lesart – die durch Siep (1979), Wildt (1982) und Honneth (1992) in unterschiedlicher Weise ausgeführt worden ist –, dass Subjektivität der Anerkennung anderer bedarf: ebenso der Anerkennung durch andere wie der Anerkennung von anderen. Die Theorie der Sittlichkeit ist in dieser Perspektive mithin eine Theorie der subjektivitätskonstitutiven Prozesse und Gestalten sozialer Vereinigung als wechselseitiger Anerkennung. Eine Weise, diesen Gedanken weiter auszuführen, besteht darin, den Zusammenhang von individueller Identität, und deren

Ausdruck in Formen der Selbstverwirklichung, und sozialer Anerkennung zu explizieren: Individuelle Identität kann demnach nur gewonnen, individuelle Selbstverwirklichung nur vollzogen werden im Medium sozialer Anerkennung (vgl. Taylor 1975; Theunissen 1982; Wildt 1982; Honneth 2001).

3.2. Die anerkennungstheoretische Deutung von »Sittlichkeit« ist zumeist nicht nur mit einer Kritik an einer institutionalistischen Verengung dieses Begriffs – also einer Identifizierung von Sittlichkeits- mit Staatstheorie – verbunden, sondern richtet sich auch gegen Hegels eigenes Verständnis von Sittlichkeit als »Substanz«, der gegenüber die Individuen dementsprechend bloße Akzidenzien seien (vgl. Theunissen 1982a). Sittlichkeit soll es dagegen nur *im* subjektiven Vollzug wechselseitiger Anerkennung geben. Dagegen zeigt ein zweiter Deutungsvorschlag, dass Hegels Substanzialisierung der Sittlichkeit nicht das Recht der Subjektivität bestreitet, sondern eine richtige Einsicht in die Form praktischen Urteilens darstellt, auf deren Grundlage die Frage nach dem Subjekt und seiner Urteils- und Handlungsfreiheit überhaupt erst gestellt werden kann. Und zwar besagt diese Einsicht, dass Urteilen über das Gute nicht – vollständig, das heißt, in seiner Grundbestimmung – als ein Akt subjektiver Reflexion verstanden werden kann. Urteilen über das Gute und Schlechte, so die Einsicht aus dem Sittlichkeitsbegriff, ist vielmehr, wie alles andere praktische Urteilen über richtig und falsch, ein Akt der Wahrnehmung dessen, wie es um eine Situation oder ein Subjekt bestellt ist – und was daher zu tun oder zu unterlassen ist. Und ebenfalls wie alles andere praktische Urteilen über richtig und falsch ist das so präreflexiv verfasste »sittliche« Urteilen als ein Vollzug der Fähigkeit zur Teilnahme an einer sozialen Praxis zu verstehen: Erkennen zu können, was in einer Situation zu tun gut und schlecht ist, heißt, durch Prozesse der Erziehung und »Bildung« (einer der zentralen Termini von Hegels Sittlichkeitstheorie) zum kompetenten Teilnehmer einer sittlichen Praxis geworden zu sein. Diese Praxis geht jedem ihrer Teilnehmer vorher – und kann insofern deren »Substanz« genannt werden.

Eine solche praxistheoretische Deutung betont an Hegels Sittlichkeitsbegriff seine kritische Wendung gegen Kants Konzept praktischer Vernunft und reformuliert die damit verbundene Anknüpfung an Aristoteles' Phronesiskonzept mithilfe von Einsichten der Sprachphilosophie Gadamers oder Wittgensteins (vgl. Bubner 1982, 1986; Lovibond 1983; McDowell 1994; Sedgwick 1997). Damit stellt sich der praxistheoretischen Deutung der »Sittlichkeit« zugleich aber die Frage nach der Autonomie des Subjekts. Wenn auch noch Hegels Sittlichkeitstheorie als eine Fortsetzung der modernen Autonomieethik verstanden werden soll (vgl. Henrich 1963; Riedel 1973; Pippin 1997a), dann kann dies gemäß der praxistheoretischen Deutung nicht bedeuten, dass die Autonomie des Subjekts die Quelle der Normativität bildet. Der praxistheoretisch verstandene Begriff der Sittlichkeit setzt vielmehr die Diagnose voraus, dass die Autonomie des Subjekts mit dieser grundlegenden Rolle überfordert ist; in Pippins (2000) und Pinkards (2001; 2002) Reformulierung von Hegels Argument: dass sich die Autonomie des Subjekts in das »Paradox« verstrickt, entweder die Quelle aller Normativität, dann aber selbst irrational oder aber rational, dann aber auf vorhergehende, nämlich in sozialen Praktiken gegebene Gründe angewiesen zu sein. »Autonomie« kann daher nicht die Grundlage von Normativität sein (die vielmehr die sozialen Praktiken bilden), sondern bezeichnet einen ausgezeichneten Modus der Teilnahme an sozialen Praktiken.

Die praxistheoretische Deutung von »Sittlichkeit« steht damit vor der Frage, wie sie diese normative Auszeichnung bestimmter, eben autonomie- oder freiheitsverbürgender sittlicher Praktiken begründet vornehmen können will. Unzweifelhaft war das für Hegels Theorie der Sittlichkeit ein entscheidender Zug: Gerade auch in ihrer umstrittensten Feststellung, der von der Vernünftigkeit des Wirklichen, sind die *Grundlinien der Philosophie des Rechts* keine affirmative Bestandsaufnahme einer zufällig bestehenden sittlichen Praxis, sondern sollen zeigen, dass sie deshalb gerechtfertigt ist, weil sie sich als Medium der Verwirklichung subjektiver Freiheit verstehen lässt (vgl. Hardimon 1994). Da zugleich aber der Begriff der Freiheit nicht als Maßstab feststeht und auf die sittlichen Praktiken nicht von außen angewandt werden kann, kann nach Hegels Überzeugung die Form einer solchen normativen Theorie nur die einer vernünftigen Geschichte der Sittlichkeit sein: einer Geschichte, die den faktischen Wandel sittlicher Praktiken als einen Lern- oder Bildungsprozess rekonstruiert (vgl. Pippin 1997b; Siep 1997; kritisch Habermas 1999). Darin zeigt Hegel, wie jede sittliche Praxis durch normative Maßstäbe bestimmt ist, die im Zuge ihrer Verwirklichung in Widersprüche geraten, die zu ihrer Veränderung nötigen (zu einem Beispiel siehe Menke 1996). Auf dem Wege einer solchen geschichtlichen Betrachtung sittlicher Praxis will Hegel zugleich einen methodischen Gedanken des Autonomiekonzepts einholen. Denn grundlegend dafür, an welchen normativen Maßstäben sich eine sittliche Praxis orientiert, ist nach Hegel ihr Verständnis davon, was überhaupt eine (sittliche) Praxis ist – und was es heißt, Teilnehmer einer solchen Praxis, also Subjekt zu sein. Die sich geschichtlich herausbildende richtige Gestalt sittlicher Praxis ist nach Hegel daher diejenige, die das sich geschichtlich herausbildende richtige Verständnis des (»logischen«) Begriffs einer Praxis überhaupt ausdrückt.

3.3. Hegels Grundbestimmung des Geistes, die die Struktur des Sittlichkeitsbegriffs bestimmt, lautet: »*Ich*, das *Wir*, und *Wir*, das *Ich* ist.« (Hegel 1807, 145) In der Debatte zwischen einer anerkennungs- und einer praxistheoretischen Deutung dieser Struktur lassen sich zwei kontroverse Punkte ausmachen. (1) Die *anerkennungstheoretische* Lesart verflüssigt das soziale Wir in kommunikative Prozesse, weil sie nur so dessen substanzialistische Reifizierung vermeiden zu können glaubt. Die *praxistheoretische* Lesart dagegen beansprucht, dass sie, gerade weil sie das Wir als vorgegebene soziale Praxis versteht, in die das Subjekt hineingebildet wird, zugleich auch Gestalten einer (»ironisch«) distanzierten Subjektivität zu denken vermag, die auf Anerkennung durch andere nicht angewiesen sind. Der »Kampf um Anerkennung« ist demnach stets auch einer um die Freiheit von Anerkennung. (2) Die *anerkennungstheoretische* Lesart versteht Hegels These von der Sittlichkeit als Quelle der Normativität so, dass Vernunft als kommunikativer Austausch von Gründen gedacht werden muss, um die Paradoxien einer als autonome Reflexion verstandenen »subjektiven« Vernunft vermeiden zu können. Die *praxistheoretische* Lesart dagegen versucht zu zeigen, dass Kommunikation oder Anerkennung Normativität nur hervorbringen kann, wenn sie diese in Gestalt der in Praktiken vorhandenen Vernunft schon voraussetzt: Der »Kampf um Anerkennung« bezieht sich demnach immer schon darauf, wie diese Praktiken richtig zu verstehen und zu vollziehen sind. – Dreht sich die erste Debatte um das sittlichkeitstheoretische Verständnis von Individualität, so die zweite um das sittlichkeitstheoretische Verständnis von Vernunft.

4.

Bubner, R., 1971, »Philosophie ist ihre Zeit, in Gedanken gefaßt«, in: K. O. Apel u.a., Hermeneutik und Ideologiekritik, Frankfurt/M.: Suhrkamp.

Bubner, R., 1982, Handlung, Sprache und Vernunft, Frankfurt/M.: Suhrkamp.

Bubner, R., 1986, Moralität und Sittlichkeit – die Herkunft eines Gegensatzes, in: W. Kuhlmann (Hg.), Moralität und Sittlichkeit, Frankfurt/M.: Suhrkamp.

Habermas, J., 1963, Hegels Kritik der Französischen Revolution, in: ders., Theorie und Praxis, Neuwied: Luchterhand.

Habermas, J., 1968, Arbeit und Interaktion, in: ders., Technik und Wissenschaft als ›Ideologie‹, Frankfurt/M.: Suhrkamp.

Habermas, J., 1999, Wege der Detranszendentalisierung, in: ders., Wahrheit und Rechtfertigung, Frankfurt/M.: Suhrkamp.

Hardimon, M., 1994, Hegel's Social Philosophy, Cambridge: Cambridge University Press.

Hegel, G. W. F., 1802/3, Über die wissenschaftlichen Behandlungsarten des Naturrechts, seine Stelle in der praktischen Philosophie und sein Verhältnis zu den positiven Rechtswissenschaften, in: Werke, Bd. 2, Frankfurt/M.: Suhrkamp 1969ff.

Hegel, G. W. F., 1807, Phänomenologie des Geistes, in: Werke, Bd. 3, Frankfurt/M.: Suhrkamp 1969ff.

Hegel, G. W. F., 1821, Grundlinien der Philosophie des Rechts, in: Werke, Bd. 7, Frankfurt/M.: Suhrkamp 1969ff.

Henrich, D., 1963, Das Problem der Grundlegung der Ethik bei Kant und im spekulativen Idealismus, in: ders., Sein und Ethos, Mainz: Grünewald.

Henrich, D., 1983, Einleitung, in: G. W. F. Hegel, Philosophie des Rechts, Frankfurt/M.: Suhrkamp.

Hösle, V., 1987, Hegels System, Hamburg: Meiner.

Honneth, A., 1992, Kampf um Anerkennung, Frankfurt/M.: Suhrkamp.

Honneth, A., 2001, Leiden an Unbestimmtheit, Stuttgart: Reclam.

Gadamer, H.-G., 1960, Wahrheit und Methode, Tübingen: Mohr.

Ilting, K.-H., 1983, Naturrecht und Sittlichkeit, Stuttgart: Klett-Cotta.

Jaeschke, W., 2003, Hegel-Handbuch, Stuttgart: Metzler.

Kersting, W., 1995, Sittlichkeit, Sittenlehre, in: J. Ritter/K. Gründer/G. Gabriel (Hg.), Historisches Wörterbuch der Philosophie, Bd. 9, Basel: Schwabe.

Kuhlmann W., 1986 (Hg.), Moralität und Sittlichkeit, Frankfurt/M.: Suhrkamp.

Lovibond, S., 1983, Realism and Imagination in Ethics, Minneapolis: University of Minnesota Press.

Marquard, O., 1964, Hegel und das Sollen, in: Philosophisches Jahrbuch 72.

McDowell, J., 1994, Mind and World, Cambridge/MA: Harvard University Press.

Menke, C., 1996, Tragödie im Sittlichen, Frankfurt/M.: Suhrkamp.

Pinkard, T., 2001, Tugend, Moral und Sittlichkeit, in: Deutsche Zeitschrift für Philosophie 49.

Pinkard, T., 2002, German Philosophy 1760–1860, Cambridge: Cambridge University Press.

Pippin, R., 1997a, Hegel, Ethical Reasons, Kantian Rejoinders, in: ders., Idealism as Modernism, Cambridge: Cambridge University Press.

Pippin, R., 1997b, Hegel's Ethical Rationalism, in: ders., Idealism as Modernism, Cambridge: Cambridge University Press.

Pippin, R., 2000, The Actualization of Freedom, in: K. Ameriks (Hg.), Cambridge Companion to German Idealism, Cambridge: Cambridge University Press.

Rawls, J., 2000, Geschichte der Moralphilosophie, Frankfurt/M.: Suhrkamp 2002.

Riedel, M., 1973, Freiheitsgesetz und Herrschaft der Natur, Frankfurt/M.: Suhrkamp.

Ritter, J., 1956, Hegel und die französische Revolution, in: ders., Metaphysik und Politik, Frankfurt/M.: Suhrkamp.

Schnädelbach, H., 1999, Hegel zur Einführung, Hamburg: Junius.

Schnädelbach, H., 2000, Hegels praktische Philosophie, Frankfurt/M.: Suhrkamp.

Schneewind, J. B., 1998, The Invention of Autonomy, Cambridge: Cambridge University Press.

Sedgwick, S., 1997, McDowell's Hegelianism, in: European Journal of Philosophy 5.

Siep, L., 1979, Anerkennung als Prinzip der praktischen Philosophie, Freiburg: Alber.

Siep, L., 1982, Was heißt »Aufhebung der Moralität in Sittlichkeit« in Hegels Rechtsphilosophie?, in: ders., Praktische Philosophie im Deutschen Idealismus, Frankfurt/M.: Suhrkamp 1992.

Siep, L., 1997, Vernunftrecht und Rechtsgeschichte, in: ders. (Hg.), G. W. F. Hegel, Grundlinien der Philosophie des Rechts, Berlin: Akademie.

Taylor, C., 1975, Hegel, Frankfurt/M.: Suhrkamp 1978.

Theunissen, M., 1982a, Die verdrängte Intersubjektivität in Hegels Philosophie des Rechts, in: ders./R.-P. Horstmann (Hg.), Hegels Philosophie des Rechts, Stuttgart: Klett-Cotta.

Theunissen, M., 1982b, Selbstverwirklichung und Allgemeinheit, Berlin: de Gruyter.

Tugendhat, E., 1979, Selbstbewußtsein und Selbstbestimmung, Frankfurt/M.: Suhrkamp.

Wildt, A., 1982, Autonomie und Anerkennung, Stuttgart: Klett-Cotta.

Wood, A. W., 1990, Hegel's Ethical Thought, Cambridge: Cambridge University Press.

CHRISTOPH MENKE

Skeptizismus, politischer/ Skepsis, politische

1.

»Politischer Skeptizismus« ist – anders als im angelsächsischen Sprachraum – im Deutschen kein eingeführter lexikalischer Begriff. Die englische Ideengeschichte kennt durch die lange parlamentarische Tradition die politische Tugend der Skepsis, denn Prüf- und Bewilligungsverfahren machten eine kritische Position gegenüber dem *king in parliament* möglich und wirksam. Die oft unreflektierte Übersetzung von »scepticism« nicht (wie es meist korrekt wäre) als »Skepsis«, sondern als eher negativ konnotierten »Skeptizismus« trägt zur zusätzlichen Verwirrung bei. Im Anschluss an die klassische philosophische Skepsis seit der Antike von den Pyrrhoneern über Sextus Empiricus und die akademische Skepsis bis hin zum bekanntesten Skeptiker der frühen Neuzeit, Montaigne, scheinen sich jedoch Charakteristika eines »politischen Skeptizismus« herausgebildet zu haben, der als eine typisierende Denkhaltung beschreibbar ist. Der politische Skeptizismus bewegt sich dabei im Begriffsfeld von Kritik, Zweifel, Relativität oder auch Resignation, Negativität und Desillusionierung, die als Ernüchterungserfahrungen einerseits in positiver Weise politischen Realismus und Pragmatismus ermöglichen, andererseits aber auch zu innerem Rückzug und Unbeteiligtsein führen können. Zudem gilt die defensive Ausrichtung als Schwäche der politischen Skepsis, denn es ist ihr nur möglich, sich in Relation zu verhalten: Gleichsam parasitär braucht die politische Skepsis ein Gegenüber, vor dessen inhärenten Gefahren sie warnen kann, ohne je eine eigene Zielperspektive zu entwickeln. Insofern kann die politische Skepsis in den verschiedenen ideologischen Strömungen eine Heimstatt finden und sich jeweils als Korrektiv verstehen.

2.

Die antiken Skeptiker zweifelten an letztgültigen Wahrheiten. Die Unbegründbarkeit der Dinge hielt sie zur Urteilsenthaltung und zur Kritik jedes Dogmatismus an; der Skeptiker verharrte in Abwägung der Urteile anderer. Gleichzeitig blieb skeptisches Denken reaktiv, denn es führte sich selbst ad absurdum, sobald es andere zum Skeptizismus zu bekehren versuchte. Wenn im skeptischen Sinne aber niemals dasselbe zugleich als wahr und falsch gelten kann (vgl. Aristoteles, Met. IV, 4–5), dann wird deutlich, dass skeptisches Denken mit Blick auf moralische, religiöse oder geschichtsphilosophische Erkenntnis auch *in politicis* nicht ohne Konsequenzen bleiben kann. An der Schwelle zur Neuzeit wurde die Skepsis politisch, zum einen, wenn es den Zweifel an religiös begründeten Herrschaftspraxen zu artikulieren galt, und zum anderen, wenn die Unvernunft und Irrationalismus bestimmter Herrschaftsformen insgesamt zu kritisieren war. Insofern wohnte der Skepsis im vorbürgerlichen Zeitalter ein aufklärerisches Moment inne, sei es im Machtrealismus Machiavellis (vgl. Machiavelli 1532), der den tugendhaften Schein und die Unbeständigkeit der Werte im Politischen enttarnte, sei es im anthropologischen Pessimismus des Thomas Hobbes (vgl. Hobbes 1651), der die Leistungsfähigkeit traditionaler Regimes in Zweifel zog, um dann freilich – aus dem Geist der Skepsis geboren – auf die Konstruktion des rationalen Staates zu setzen. An Hobbes lässt sich exemplarisch der enge Zusammenhang zwischen radikalem Wahrheitsvorbehalt und extensivem Machbarkeitsdenken veranschaulichen. Auch dies zeigt die ambivalenten Folgen skeptischen Denkens für die Politik.

2.1. Mit Beginn der Moderne und der Herausbildung der Ideologien, im Zuge des Fortschrittsoptimismus, entwickelten in den verschiedenen politischen Lagern Paradigmen einer skeptischen Geisteshaltung Wirksamkeit, nun oftmals als Kritik am »Traum der Vernunft«. Keinesfalls jedoch lässt sich der politische Skeptizismus als Denkschule, Doktrin oder Ideologie fassen. Man muss auch zögern, den Ahnherrn des Konservatismus, Edmund Burke, zum Skeptiker zu erklären, denn zu sehr artikulierte er seine Position aus festen eigenen Überzeugungen. Skepsis ist kein Monopol eines traditionsverhafteten Konservatismus, sie kann auch als aufgeklärter Sinn fürs Moderate und Kritik selbstgewiss-missionarischer Denksysteme verstanden werden. Die verschiedenen, ja gegensätzlichen Möglichkeiten, die die Skepsis für das politische Denken bereithält, veranschaulicht das cartesianische Dilemma: Der »methodische Zweifel« an Autorität und Überlieferung befindet sich nicht unbedingt im Einklang mit der von Descartes (1630) proklamierten »morale par provision«, die wiederum einer dezisionistischen Traditionsbegründung Vorschub leisten kann – aufgrund der Einsicht, immer an Vorgefundenes anknüpfen zu müssen. Gehegter, sachlich begründeter Zweifel wird in der Philosophie seit Kant als »skeptische Methode« gepflegt, mit dem Ziel der Vermittlung des Widerstreitenden. Fehlt der Skepsis ein praktisches Interesse und verharrt sie in Negation, so wird sie zum Skeptizismus, der zum Ausdruck für das »unglückliche, in sich entzweite Bewußtsein« (Hegel 1807, 163) wird. Jenseits des maßvollen vernünftigen Zweifels hat Nietzsche unfreiwillig die Relationalität der Skepsis unter Beweis gestellt. Sie konnte für ihn zum einen »Willenslähmung«, »Nervenschwäche und Kränklichkeit« bedeuten (Nietzsche 1886, § 208), zum anderen stellte er später fest: »grosse Geister sind Skeptiker«, da »die Freiheit von jeder Art Überzeugung [...] zur Stärke« gehöre (Nietzsche 1888, § 54).

2.2. Mit Blick auf das politische Denken lassen sich skeptische Motive zunächst bei allen großen ideologischen Strömungen finden. Der Liberalismus kultivierte in seiner angelsächsischen Tradition den skeptischen Vorbehalt gegenüber ungeteilter Macht. Späterhin haben Laissez-faire-Positionen ebenso wie rein negative Freiheitsbegründungen des sog. Nachtwächterstaats wiederum innerhalb des liberalen Lagers zur skeptischen Kritik an weniger limitierten Staatsmodellen geführt. Die Entwicklung der Sozialdemokratie ist als Folge zunehmender Skepsis hinsichtlich der sozialistischen Revolutionsgewissheit begreifbar zu machen. Bernsteins revisionistische Position artikulierte diesen Zweifel zur Jahrhundertwende. Während der Konservatismus fraglos eine Welt idealisiert, in der kein Raum für die Infragestellung von Herrschaftsordnung und Normgefüge vorhanden sein soll, sind verschiedene konservative Ideologen in ihrem Kulturpessimismus als Exponenten eines politischen Skeptizismus im hegelschen Sinne zu identifizieren. Andere Stimmen behaupten, dass die stärkste Version des Konservatismus dem Skeptizismus verpflichtet sei (vgl. Kekes 1998, 200). Horkheimer ging schließlich soweit, in der »Kritischen Theorie« die notwendige Überwindung eines bürgerlichen Skeptizismus zu sehen, der durch die teilnahmslose Affirmation des Bestehenden und fehlende eigene Gestaltungskraft dem Faschismus in die Hände arbeite: Skepsis war aus seiner Sicht nicht nur »ihrem Wesen nach konservativ«, sie war Ausdruck des Subjektivismus und ein Verzicht auf Menschlichkeit, denn die Neutralität im Kampf gegen den autoritären Staat der Gegenwart heiße »an der totalen Mobilmachung teilnehmen« (Horkheimer 1938, 270).

2.3. Achtet man allerdings auf die politische und inhaltliche Präzisierung des Skepsis-Begriffs, spricht vieles für eine »natürliche Affinität zwischen Skepsis und liberaler Politik« (Shklar 1989, 7). So finden sich die bekennenden Skeptiker überwiegend im liberalen oder liberalkonservativen Lager. Sie stellen sich *erstens* in die Tradition skeptischer Moralistik von Montaigne bis Hume, stehen *zweitens* in auffallender Weise einer Staatstheorie der prononcierten Gewaltenteilung nahe und suchen *drittens* – oft als Enttäuschungsverarbeitung eigenen Engagements – größte Distanz zu politischen Ideologien sowie zu allen metaphysischen Heilsbegründungen. Stattdessen vertreten sie ein Denken, das von Pragmatismus, Erfahrung und praktischem Nutzenkalkül geprägt ist sowie im Allgemeinen die bürgerlichen Rechte und Freiheiten des Einzelnen ins Zentrum stellt. Folgende drei Denkmotive, die eng miteinander zusammenhängen, lassen sich einer skeptischen Grundhaltung zuordnen.

Zunächst ist ein Abschied von der fortschrittsgewissen Geschichtsphilosophie festzustellen: Schon für Jacob Burckhardt (1905, 10) »hat der wahre Skeptizismus seine Stellung in der Welt, wo Anfänge und Ende unbekannt sind«. Abgesehen vom technischen Fortschritt misstraut der Skeptiker der Idee einer moralischen Selbstverbesserung des Menschen ebenso, wie er eine Universalisierung der Vernunft bezweifelt. Das Unvorhersehbare wird betont, die Kontingenz avanciert zum Schlüsselbegriff des Geschichtsverständnisses. Daraus ergeben sich erhebliche Vorbehalte gegenüber »philosophisch inspirierten Geschichtssinnvollstreckern« (Lübbe 1990, 492f.).

Zum zweiten ist eine Opposition zu Rationalismus, Planung und Machbarkeitsdenken zu konstatieren: Die Skeptiker bekämpfen jede Form von zentraler politischer Planung, denn – wie Oakeshott (1962) es in seinen Invektiven gegen den politischen Rationalismus darlegt – hält man jede Form des »social engineering« für abträglich: einerseits, weil es die Freiheit individueller Lebensführung eingrenzt, andererseits, weil es in seiner systematischen Implementierung stets unbeabsichtigte, schwer handhabbare Nebenwirkungen nach sich zieht (vgl. Spaemann 1977, 167ff.). Es wird vorgezogen, das Handlungsfeld der Politik auf die zielorientierte Lösung von überschaubaren Problemen zu beschränken, ohne einen Wechsel auf die Zukunft zu lösen.

Drittens besteht ein Vertrauen in Common sense und Alltagsmoral: Im Moralischen richtet sich die Skepsis gegen die *poiesis*, verblüffend optimistisch hingegen vertraut der Skeptiker hingegen der menschlichen Fähigkeit zur erfahrungsgeleiteten *praxis* bzw. ihren Lerneffekten. Ideologische, religiöse und anders geartete metaphysische Wahrheitsansprüche werden zugunsten des Meinungspluralismus abgewehrt, der von Toleranz und gegenseitigem Respekt geprägt sein soll. Aus der Einsicht in die Vielheit und Komplexität menschlicher Lebenswelten warnt die Skepsis vor einfachen Rezepten. Hier liegt der markante Unterschied zur pessimistischen Anthropologie vieler Konservativer, denn der liberalkonservative Skeptiker vertraut mit großer Zuversicht auf die Form zivilisierter Konfliktaustragung in der bürgerlichen Gesellschaft. Dabei sind lediglich Kompromisse anzustreben, aber kein universaler Konsens notwendig.

3.

Es ist leicht zu sehen, warum diese Ideen vor dem Hintergrund der totalitären Erfahrung im 20. Jahrhundert intellektuelle Verbreitung finden konnten. Schon die Karriere von Schelskys (1957) Begriff der »skeptischen Generation« und die vielfache Beschwörung eines postideologischen Zeitalters (vgl. Aron 1955; Bell 1960) belegen einen konjunkturellen Aufschwung skeptischer Denkmuster. Sie bildeten die geistigen Grundlagen eines *cold war liberalism* und gingen in die Reformulierung liberaler Prinzipien ein, die sowohl im Zuge der Blockkonfrontation nach dem Zweiten Weltkrieg als auch in Auseinandersetzung mit dem Neomarxismus einer Neuen Linken innerhalb der westlichen Welt an Bedeutung gewann.

3.1. Jene Denker, die die Tugend der politischen Skepsis für sich in Anspruch nehmen, sind nicht immer scharf von sog. neoliberalen und neokonservativen Strömungen zu trennen (vgl. Hacke 2006). Sie zeichnen sich jedoch durch einen anderen argumentativen Stil aus: Weniger ökonomische, verfassungsrechtliche oder sozialpolitische Fragen liegen in ihrem Interesse als vielmehr die kulturellen Bedingungen individueller Freiheit und das moralische Fundament liberaler Bürgerlichkeit im pluralistischen Staat. Der skeptische Denkstil setzt dabei auf Ironie, innere Gelassenheit und Distanz, auch um die Einflussgrenzen von Theorien allgemein zu verdeutlichen. Dies bringt unweigerlich die Selbstbeschränkung eigener theoretischer Ansprüche mit sich. Dennoch lassen sich im Sinne einer politischen Philosophie konstruktive Momente der liberalen Skepsis herausarbeiten. Aufgrund der Hochschätzung »historisch gewachsener Verbindungen« (Oakeshott 1996, 28) verhält sich der Skeptiker affirmativ zu den Institutionen der liberalen Demokratie. In ihnen sieht er die Garanten des Rechtsfortschritts und den notwendigen Schutz, die Freiheit des Einzelnen gewaltenteilig zu sichern. Nach der aus der englischen Rechtslehre stammenden Beweislastverteilungsregel liegt die Begründungspflicht für Reformen bei demjenigen, der verändern und korrigieren will. Im Rahmen der rechtsstaatlichen Institutionenordnung befürwortet der Skeptiker einen pragmatischen Dezisionismus, welcher der Einsicht in die Vorläufigkeit von Entscheidungen und deren Kompromisscharakter Rechnung trägt. Voraussetzung für dieses Entscheidungsdenken ist die unbedingte Einhaltung der Mehrheitsregel, die den Respekt vor der jeweils unterlegenen Minderheit ebenso fordert wie die Fähigkeit zur Korrektur. Die normative Leitlinie für politische Entscheidungen ist aus Sicht der skeptischen Moralistik kaum eindeutig zu identifizieren. Die Forderung nach »Wirklichkeitssinn« (Berlin 1996) bezog sich immer auf die unmittelbare politische Praxis und entbehrte einer kategorialen Ausarbeitung. Von den strukturähnlichen Entwürfen des Realismus unterscheiden sich die Skeptiker insbesondere hinsichtlich des Machtbegriffs, denn ihnen geht es stets um die Einhegung und Begrenzung von Macht. Normgefüge, die die Wirklichkeit strukturieren, sind aus Sicht des skeptischen Liberalismus traditionsbedingt. Religiöse Werte, vorzugsweise als Minimalkonsens zur zivilreligiösen Orientierung, und die Sittlichkeit konventionell moralischer Verhaltenskodices prägen den Common sense und das allgemeine Gerechtigkeitsempfinden derart, dass es keiner zusätzlichen theoretischen Begründung bedarf. Außerdem sind vom ethnozentrischen Standpunkt die moralischen Ordnungen auf kontingente Weise historisch variabel, wenn auch stillschweigend eine Angleichung im Sinne der Universalisierung westlicher Werte angenommen wird. Nach Shklar (1989) und Rorty (1989) ist es der moralische Impuls einer liberalen »Skeptikerin« bzw. »Ironikerin«, Leid zu verringern und Grausamkeit zu verhindern. Ein solcher »liberalism of fear« (Shklar), der sich auf »Schadenskontrolle« beschränkt, ist ähnlich defensiv wie die politisch konservativer ausgerichtete »Apologie der Bürgerlichkeit« (Marquard 2000, 94 ff.) oder die vorzugsweise Verteidigung »negativer Freiheit« (Berlin 1969). Gemeinsam ist den Vertretern einer Philosophie der politischen Skepsis, dass sie in der Verurteilung von Fanatismus und Dogmatismus ihre vorrangige Aufgabe sehen.

3.2. Ein politischer *Skeptizismus* findet sich in keiner bestimmten Denkschule, die Tugend der politischen *Skepsis* hingegen diente v.a. liberalen Denkern als Selbstzuschreibung, um den eigenen kritischen Anspruch zu unterstreichen. Angesichts der klaren ideologischen Fronten ließ die Blüte des *cold war liberalism* zum ersten Mal die Konturen eines einigermaßen geschlossenen skeptischen Politikverständnisses erkennen. Intellektuell überwand der skeptisch ernüchterte Liberalismus die tiefe Krise des totalitären Zeitalters und suchte den klassischen Bestand liberaler Grundwerte zu konsolidieren. Insbesondere seine affirmative Status-quo-Fixierung und die rigide Utopiekritik hatten jedoch ihren Preis, denn das Beharren auf geschichtlicher Kontingenz und die Ablehnung universaler moralischer Zielsetzungen gepaart mit weitgehender Diskreditierung theoretischer Konzeptionalisierung von Modernisierungsprozessen tendierte zur Selbstmarginalisierung. Im Zeitalter der Globalisierung und in Zeiten beschleunigten gesellschaftlichen Wandels, der gleichsam unintentional als Sachzwang erscheint, hat eine Haltung der Skepsis noch keinen neuen Angriffspunkt gefunden. Um sich nicht im luhmannschen Sinne auf einen ironischen Skeptizismus zurückzuziehen, der Akteuren keine politische Steuerungsmöglichkeiten mehr zutraut, fehlt der liberalen Skepsis ein identifizierbares, rational handelndes Gegenüber, an dessen »Politik der Zuversicht« (Oakeshott 1996) sie sich kritisch abarbeiten kann.

4.

Aron, R., 1955, Opium für Intellektuelle oder die Sucht nach Weltanschauung, Köln: Kiepenheuer 1957.

Bell, D., 1960, The End of Ideology, Cambridge/MA: Harvard University Press 2000.

Berlin, I., 1969, Freiheit, Frankfurt/M.: Fischer 1995.

Berlin, I., 1996, Wirklichkeitssinn, Berlin: Berlin Verlag 1998.

Burckhardt, J., 1905, Weltgeschichtliche Betrachtungen, Stuttgart: Kröner 1978.

Descartes, R., 1630, Bericht über die Methode, Stuttgart: Reclam 2001.

Hacke, J., 2006, Philosophie der Bürgerlichkeit, Göttingen: Vandenhoeck & Ruprecht.

Hegel, G. W. F., 1807, Phänomenologie des Geistes, Frankfurt/M.: Suhrkamp 1986.

Hobbes, T., 1651, Leviathan, Frankfurt/M.: Suhrkamp 1984.

Horkheimer, M., 1938, Montaigne und die Funktion der Skepsis, in: Gesammelte Schriften, Bd. 4, Frankfurt/M.: Fischer 1988.

Kekes, J., 1998, A Case for Conservatism, Ithaca: Cornell University Press.

Long, A. A./Albrecht, M., 1995, Skepsis; Skeptizismus, in: J. Ritter/K. Gründer/G. Gabriel (Hg.), Historisches Wörterbuch der Philosophie, Bd. 9, Basel: Schwabe.

Lübbe, H., 1980, Philosophie nach der Aufklärung, Düsseldorf: Econ.

Lübbe, H., 1990, Sind die Toten des totalitären Massenterrors der Herrschaft »konventioneller Moral« zum Opfer gefallen?, in: Merkur 44.

Machiavelli, N., 1532, Der Fürst, Stuttgart: Kröner 1978.

Marquard, O., 1981, Abschied vom Prinzipiellen, Stuttgart: Reclam.

Marquard, O., 2000, Philosophie des Stattdessen, Stuttgart: Reclam.

Marquard, O., 2004, Individuum und Gewaltenteilung, Stuttgart: Reclam.

Nietzsche, F., 1886, Jenseits von Gut und Böse, in: KSA, Bd. 5, München/Berlin: dtv/de Gruyter 1999.

Nietzsche, F., 1888, Der Antichrist, in: KSA, Bd. 6, München/Berlin: dtv/de Gruyter 1999.

Oakeshott, M., 1962, Rationalismus in der Politik, Neuwied: Luchterhand 1966.

Oakeshott, M., 1996, Zuversicht und Skepsis, Berlin: Fest 2000.

Rorty, R., 1989, Kontingenz, Ironie und Solidarität, Frankfurt/M.: Suhrkamp 1992.

Schelsky, H., 1957, Die skeptische Generation, Düsseldorf: Diederichs.

Shklar, J.,1989, The Liberalism of Fear, in: dies., Political Thought and Political Thinkers, Chicago: University of Chicago Press 1998.

Spaemann, R., 1977, Zur Kritik der politischen Utopie, Stuttgart: Klett.

Jens Hacke

Smend, Rudolf (1882–1975)

1.

Smend wurde am 15. 1. 1882 geboren und verstarb am 5. 7. 1975. Er wuchs in einem kulturprotestantischen Milieu auf, wurde rechtshistorisch promoviert und war Professor u.a. in Tübingen und Berlin, wo er seinen Lehrstuhl 1935 für Reinhard Höhn räumen musste. Er ging nach Göttingen und war erster Nachkriegsrektor der dortigen Universität. 1950 emeritiert, entfaltete Smend nachhaltigen Einfluss auf mehrere Generationen von Rechtslehrern und Bundesverfassungsrichtern in seinem staats- und verfassungstheoretischen Seminar, das er bis 1969 abhielt.

2.

Smend arbeitete auf allen Gebieten des öffentlichen Rechts sowie in der Rechtsgeschichte und im Kirchenrecht. Die ihn auszeichnende Integrationstheorie erwuchs aus rechtsvergleichenden (vgl. Smend 1904) und föderalismustheoretischen Schriften (vgl. Smend 1916) und kulminierte in seiner Arbeit »Verfassung und Verfassungsrecht« aus dem Jahre 1928 (vgl. Smend 1928). Diese wie alle wesentlichen Arbeiten sind in den *Staatsrechtlichen Abhandlungen* (vgl. Smend 1994) versammelt.

3.

Smend gehört zu den Verfassungsrechtlern Weimars, die aus dem damaligen Grundlagenstreit die Konsequenz der Erweiterung ihres disziplinären Gesichtskreises um sozial- und kulturwissenschaftliche Elemente zogen. Das wirkt sich unmittelbar auf Smends Begriff des Staates aus: Der Staat ist eine Kulturerrungenschaft (vgl. Smend 1928, 134). Er ist keine Tatsache, die es in ihrer statischen Gesetzmäßigkeit zu erkennen gilt, sondern das andauernde Produkt menschlicher Aktivität. Der Staat ist der dynamische Prozess des Zusammenschlusses mannigfaltiger gesellschaftlicher und kultureller Kräfte, zu welchen Sprache, Geschichte und Territorium ebenso zählen wie die Rechtsordnung. Smends Begriff für diesen Prozess lautet »Integration«. Auf den Vorgang der Integration wirken alle kulturell wirksamen Faktoren ein, der Staat beauftragt aber seine verfassungsmäßig errichteten Organe mit der besonderen Aufgabe, an diesem Prozess maßgeblich mitzuwirken.

Smend unterscheidet verschiedene Typen von Integration. Zur *personalen Integration* gehören etwa die Staatsoberhäupter, die selbst bei geringer verfassungsrechtlich gewährter Kompetenz oder bei verfassungsmäßig auferlegter Neutralität durch ihr repräsentatives Handeln eine zusammenschließende, zusammenhaltende Wirkung entfalten können und auch sollen. Zum Typus *funktionaler Integration* gehören Abstimmungen und Wahlen sowie die dazugehörigen Wahlkämpfe. Im Anschluss an die Konfliktsoziologie Georg Simmels erkennt Smend im Wahlkampf wie im Parteienstreit nicht nur zentrifugale Kräfte, sondern auch zentripetale, da um gemeinsame Güter gestritten wird. Betrachtet man also politische Institutionen nach ihrer integrativen Funktion, so dürfen Regierung und Parlament nicht nur mit Hinblick auf ihr technisch gesehen reibungsloses Funktionieren in Gesetzgebung und politischer Willensbildung bewertet werden, sondern nach Maßgabe ihrer Integrationsleistung. Sie erst verleiht den politischen Institutionen ihren eigentlichen Sinn und verleiht ihnen zugleich ihre Legitimation. Daher kann es geschehen, dass man rein technisch die Funktionsfähigkeit des Parlaments in Weimar bezweifeln kann, seine integrative Leistung aber deswegen nicht gering schätzen darf, kommen doch hier die weltanschaulich konträren Konfliktparteien der Gesellschaft zu einem Mindestmaß an Kommunikation und Kooperation, den sie in anderen Stellen der Gesellschaft nicht zu entwickeln vermögen (gegen Carl Schmitt).

Die *sachliche Integration* umfasst Symbole wie Nationalhymne und Nationalflagge, Sprache, Territorium und Geschichte. Smend empfiehlt einen sorgsamen Umgang mit diesen Elementen staatlicher Einheitsbildung. Seine Theorie ermöglicht eine analytische Betrachtungsweise solcher ›weichen Gegenstände‹. Der wichtigste Anwendungsfall sachlicher Integration sind aber die Grundrechte. Auf diesem Gebiet hat Smend auch den stärksten Einfluss auf die jüngere Verfassungsgeschichte des Grundgesetzes ausgeübt. Grundrechte sind keine ausschließlich dem Staat auferlegte Handlungsgrenze, wenn damit nicht indirekt wieder der Staat als eine der Verfassung vorgegebene Entität gesetzt ist, welche von außen beschränkt wird (gegen die liberale Grundrechtstheorie). Grundrechte sichern nicht nur den Status quo beispielsweise von Eigentumsverhältnissen, sondern sollen alle Bevölkerungsgruppen mit Freiheiten und Sicherungen auch sozialpolitischer Art ausstatten, welche ihnen über die formale Berechtigung hinaus eine tatsächliche politische Betätigung ermöglicht (vgl. Smend 1933, 319). Die Integrationstheorie ist in der Verfassungstheorie weiterhin präsent und findet heute insbesondere zur Beschreibung der Europäischen Union Anwendung.

4.

Smend, R., 1904, Die Preußische Verfassungsurkunde im Vergleich mit der Belgischen, Göttingen (Universitätsdruck).

Smend, R., 1916, Ungeschriebenes Verfassungsrecht im monarchischen Bundesstaat, in: ders., Staatsrechtliche Abhandlungen und andere Aufsätze, Berlin: Duncker & Humblot 1994.

Smend, R., 1928, Verfassung und Verfassungsrecht, in: ders., Staatsrechtliche Abhandlungen und andere Aufsätze, Berlin: Duncker & Humblot 1994.

Smend, R., 1933, Bürger und Bourgeois im deutschen Staatsrecht, in: ders., Staatsrechtliche Ab-

handlungen und andere Aufsätze, Berlin: Duncker & Humblot 1994.
Smend, R., 1994, Staatsrechtliche Abhandlungen und andere Aufsätze, Berlin: Duncker & Humblot.

Hennis, W., 1999, Integration durch Verfassung? Rudolf Smend und die Zugänge zum Verfassungsproblem nach 50 Jahren unter dem Grundgesetz, in: ders., Regieren im modernen Staat, Tübingen: Mohr Siebeck.
Korioth, S., 1990, Integration und Bundesstaat. Ein Beitrag zur Staats- und Verfassungslehre Rudolf Smends, Berlin: Duncker & Humblot.
Llanque, M., 2002, Die politische Theorie der Integration: Rudolf Smend, in: A. Brodocz/G. S. Schaal (Hg.), Politische Theorien der Gegenwart, Bd. 1, Opladen: Leske + Budrich.
Mehring, R., 1994, Integration durch Verfassung. Zum politischen Verfassungssinn Rudolf Smends, in: Jahrbuch Politisches Denken 4.
Mols, M. H., 1969, Allgemeine Staatslehre oder politische Theorie? Interpretationen zu ihrem Verhältnis am Beispiel der Integrationslehre Rudolf Smends, Berlin: Duncker & Humblot.

Marcus Llanque

Smith, Adam (1723–1790)

1.

Adam Smith gehört zu den zentralen Vertretern der schottischen Aufklärung. Geboren 1723, entstammte er einer wohlhabenden, bürgerlichen Familie. Ab 1737 studierte er an der Universität Glasgow, wo er Vorlesungen u.a. bei Francis Hutcheson hörte. Nach Fortsetzung und Abschluss des Studiums in Oxford kehrte er 1746 nach Schottland zurück, wo er ab 1748 öffentliche Vorträge hielt. In diese Zeit fällt seine Bekanntschaft mit David Hume. 1751 erhielt Smith einen Lehrstuhl für Logik an der Universität Glasgow, ein Jahr später wurde er auf den dortigen Lehrstuhl für Moralphilosophie berufen, den zuvor sein Lehrer Hutcheson innegehabt hatte. 1759 publizierte Smith *The Theory of Moral Sentiments* (*Theorie der ethischen Gefühle*), seine Moralphilosophie, die auf großes Interesse und Wohlwollen stieß und ihren Autor berühmt machte. 1763 gab er seinen Lehrstuhl auf, um als Erzieher zwei junge, adlige Brüder auf der »grand tour«, einer Bildungsreise auf den europäischen Kontinent, zu begleiten. Stationen dieser Reise waren u.a. Paris, Toulouse und Genf. Smith hatte auf dieser Reise Gelegenheit, führende Vertreter der französischen Aufklärung persönlich kennen zu lernen. 1766 kehrte er zunächst nach London zurück, ließ sich dann aber in seinem schottischen Geburtsort nieder. Finanziell unabhängig, widmete er sich der Ausarbeitung seines Werks zur Nationalökonomie; sein *Inquiry into the Nature and Causes of the Wealth of Nations* (*Wohlstand der Nationen*) erschien 1776. Auch dieses Buch wurde sofort ein großer Erfolg und avancierte zu einem Klassiker der Nationalökonomie und des politischen Liberalismus. Im gleichen Jahr starb David Hume, der zu einem Freund und Vertrauten von Smith geworden war, obwohl dieser in vielen philosophischen und religiösen Fragen nicht mit ihm übereinstimmte. 1777 wurde Smith Mitglied der Zollkommission für Schottland. Er starb 1790. Auf seinen Wunsch war ein großer Teil seiner unveröffentlichten Manuskripte noch vor seinem Tod vernichtet worden. Aus seinem Nachlass erschienen 1795 nur die *Essays on Philosophical Subjects*.

2.

2.1. Smith beginnt die *Theorie der ethischen Gefühle* mit einer anthropologischen These: Menschen sind von Natur aus egoistisch und sympathiebegabt. Sie sind in ihrem Wollen und Handeln darauf bedacht, ihr Leben zu erhalten und es möglichst angenehm zu gestalten; sie sind aber auch zur gefühlsmäßigen Anteilnahme am Wohlergehen ihrer Mitmenschen befähigt, und sie haben ein Bedürfnis danach, mit anderen in gegenseitiger Sympathie zusammenzuleben. Egoismus und Sympathie versteht Smith als Grundbedürfnisse. Aus diesen Bedürfnissen erklärt er die Moralität von Menschen: Insofern sie Egoisten sind und ihr Zusammenleben konfliktträchtig ist, brauchen Menschen moralische Prinzipien; und sie haben, insofern sie sympathiebegabt sind, ein Bedürfnis nach einem Zusammenleben gemäß moralischen Prinzipien. Ihre natürlichen Bedürfnisse können Menschen daher am besten befriedigen, wenn sie bei ihren Handlungen, mit denen sie ihr eigenes Wohlergehen zu befördern beabsichtigen, diejenigen Grenzen nicht überschreiten, die aus den Interessen ihrer Mitmenschen erwachsen. Smith verbindet in diesem Werk normative mit deskriptiven Anliegen: Zum einen geht es ihm darum zu erklären, welches Handeln moralisch richtig ist und welches nicht, und warum Menschen zu solchem Handeln verpflichtet sind; zum anderen will er plausibel machen, dass die anthropologischen Voraussetzungen, von denen er in dieser normativen Theorie ausgeht, zutreffende Beschreibungen der menschlichen Natur sind, und dass das beobachtbare Verhalten von Menschen ein äußeres Zeichen dafür ist, dass Menschen sich in ihrem Handeln tatsächlich nicht nur von egoistischen, sondern auch von sympathiebestimmten Absichten und Motiven leiten lassen. Smith vertritt eine evolutionäre Theorie der Moral: Menschen müssen erst lernen, wie sie ihre natürlichen Bedürfnisse am besten befriedigen. Er beschreibt diesen Lernprozess als einen Prozess des interaktiven Interessenausgleichs zwischen Menschen, in dem diese einander als gleichberechtigt respektieren und lernen, sich in ihren Urteilen darüber, was zu tun gut ist, nicht nur an ihren eigenen Bedürfnissen, sondern auch an der billigenden Sympathie anderer zu orientieren und damit ihr ursprünglich subjektives Urteil über das Gute zu objektivieren; gleichzeitig bilden sie entsprechende gefühlsmäßige Dispositionen aus, die Smith auch als Tugenden beschreibt. In dem Maß, in dem sie in ihrem Lernprozess fortschreiten, können sie menschliche Handlungen (auch ihre eigenen) als unparteiische Zuschauer beurteilen. Sie bilden ein Gewissen aus und werden zu moralischen Personen im eigentlichen Sinn. Ein unparteiischer Zuschauer sympathisiert mit Betroffenen, sofern diese gefühlsmäßig angemessen auf das reagieren, was ihnen widerfährt, und sofern sie unter Anleitung durch diese Gefühle, d.h. moralisch richtig wollen und handeln. Deskriptive und normative Anliegen, die Smith in der *Theorie der ethischen Gefühle* verfolgt, verbinden sich in seiner teleologischen Naturauffassung, wie sie in der Metapher der »unsichtbaren Hand« zum Ausdruck kommt. Diese sorgt dafür, dass sich im Zusammenleben der Menschen alles schließlich harmonisch zur Moralität entwickelt, auch wenn die Menschen dies nicht im Einzelnen einsehen oder ausdrücklich intendieren (vgl. Smith 1759, IV.i.10). Mit seiner Moralphilosophie bezieht Smith eine Zwischenposition zwischen David Hume und Immanuel Kant: Er geht von ähnlichen anthropologischen Voraussetzungen aus wie Hume und betont wie dieser die Rolle der Gefühle und der menschlichen Interaktion in der Moral, lehnt dessen Auffassung, der zufolge moralisch richtige Handlungen für die Gesellschaft und damit mittelbar auch für jedes Mitglied der Gesellschaft nützlich sind, jedoch ab. Smith' normative Auffassung von Moral antizipiert kantische Thesen; denn Handlungen, mit denen ein smithscher unparteiischer Zuschauer sympathisiert, entsprechen Prinzipien, von denen jeder wollen kann, dass sie als allgemeine Handlungsgesetze fungieren (vgl. ebd., VII.ii.1.49).

2.2. Smith' Rechts- und Staatsphilosophie ist nur in Form von zwei studentischen Nachschriften überliefert (vgl. Smith 1766). Smith geht davon aus, dass jeder Mensch von Natur aus ein Recht auf körperliche Unversehrtheit, einen guten Ruf und Eigentum hat. Weitere Rechte ergeben sich aus sozialen Rollen, die Personen in Familie und Gesellschaft übernehmen. Die Geschichte des Rechts und der Regierungsformen stellt Smith im Rahmen seiner Vier-Stadien-Theorie der Geschichte (Gesellschaft der Jäger und Sammler, Hirtengesellschaft, Agrargesellschaft und arbeitsteilige Tauschgesellschaft) dar, die nicht als Theorie eines vorgesellschaftlichen und vorpolitischen Naturzustandes, aus dem sich gesellschaftliche Lebensformen allererst entwickeln, verstanden werden sollte, und die auch im *Wohlstand der Nationen* eine zentrale Rolle spielt. Er geht davon aus, dass die Eigentumsformen und ihre Entwicklung für die Geschichte des Rechts maßgeblich sind. Drei Regierungsformen unterscheidet er (Monarchie, Aristokratie, Demokratie) und, nach dem Vorbild von Montesquieu, drei staatliche Gewalten (Legislative, Exekutive, Judikative). Menschen akzeptieren, so Smith, die Unterordnung unter eine Regierung aus Klugheit und eigennützigem Kalkül. Auch in den *Lectures* verbindet er deskriptive mit normativen Elementen. Er verurteilt die Feudalherrschaft ebenso wie die »commercial society« seiner Zeit, in der er den freien Wettbewerb unter dem Einfluss starker Interessengruppen beeinträchtigt sieht. Dabei hat er keine Bedenken, Klassen- und Einkommensunterschiede zwischen den Bürgern eines Staates zuzulassen. Diese Positionen vertritt er auch im *Wohlstand der Nationen.* Seine Einwände gegen vertragstheoretische Begründungen politischer Herrschaft stimmen weitgehend mit denen Humes überein (vgl. Ballestrem 2001, 95–134).

2.3. Berühmt ist Smith bis heute v.a. als Autor des Werks *Wohlstand der Nationen,* in dem er die Ursachen des Wohlstands einer Nation analysiert. Dabei versteht er unter Wohlstand den Zustand einer Gesellschaft, in der ihren Mitgliedern viele Güter zur Verfügung stehen und in der viele sich durch Arbeit an der Schaffung oder Beschaffung dieser Güter beteiligen. Auch hier entwickelt Smith eine evolutionäre Theorie. Die Hauptursache für den Wohlstand einer Nation sieht er in der Produktivitätssteigerung menschlicher Arbeit durch Arbeitsteilung, die sich in einer Gesellschaft unweigerlich entwickelt, weil Menschen ein natürliches Interesse nicht nur an Wohlergehen und gegenseitiger Sympathie, sondern auch an materieller Interaktion, also an Tauschgeschäften haben. Unter Bedingungen der Arbeitsteilung und eines sich ausdehnenden Marktes entwickelt sich Geld als Tauschmittel. Im Einzelnen behandelt Smith u.a. die Preisentwicklung von Waren, Löhnen, Profiten und Renten unter dem Einfluss von Arbeit, Kapital und Boden, wobei er zwischen einem natürlichen und einem Marktpreis unterscheidet (Buch I), die Entstehung von Kapital als Konsequenz von Warenzirkulation und Wachstum (Buch II), die Geschichte der ökonomischen Interdependenz von Stadt und Land sowie eine Kritik der Feudalherrschaft (Buch III), verschiedene ökonomische Systeme (wobei er insbesondere den Merkantilismus ausführlich kritisiert) und die ökonomische Rolle von Kolonien (Buch IV) und eine Theorie der Staatseinnahmen und -ausgaben (Buch V; vgl. die ausgezeichnete Übersicht bei Ballestrem 2001, 135–174). Das interaktive Marktgeschehen, die Tauschhandlungen derjenigen, die sich auf dem Markt begegnen, begreift Smith in Analogie zu den von egoistischen und sympathiebestimmten Bedürfnissen geprägten Interaktionen, von denen die *Theorie der ethischen Gefühle* handelt: In keiner dieser Interaktionen darf es darum gehen, den jeweils anderen zu übervorteilen; vielmehr müssen Personen auf eine Weise interagieren, in der sie einander als Gleiche respektieren und sich gegenseitig mit ausschließlich fairen Mitteln zu überzeugen versuchen. Ballestrem charakterisiert diese Interaktionen als Kommunikationsprozesse (vgl. Ballestrem 2001, 145f.; Otteson 2002). Während es aber in der *Theorie der ethischen Gefühle* darum geht, den jeweils anderen davon zu überzeugen, dass das eigene Verhalten Sympathie verdient, geht es im *Wohlstand der Nationen* darum, einen potenziellen Handelspartner von dem Wert des Angebots zu überzeugen, das ihm unterbreitet wird. Smith vertritt keinen Laissez-faire-Kapitalismus, und sein Menschenbild ist nicht das des homo oeconomicus. Seiner Auffassung zufolge bedarf es eines Rahmens, der die Freiheit des Spiels der ökonomischen Kräfte beschränkt. Dabei denkt er aber nicht an Beschränkungen des freien Handels, die er ausdrücklich ablehnt. Vielmehr wird dieser Rahmen entweder durch die Akteure des Marktgeschehens bereitgestellt, sofern sie als moralische Personen miteinander umgehen, oder aber durch ein Rechtssystem, das jeden

Verstoß gegen das Prinzip fairer Interaktion ahndet. Nur unter Voraussetzung dieses Rahmens gilt, dass das freie Marktgeschehen zum Wohlstand einer Nation führt, als sei es von einer »unsichtbaren Hand« geleitet (vgl. Smith 1776, IV.ii.9), obwohl doch jeder Einzelne nur nach seinem eigenen Nutzen strebt. »Nicht vom Wohlwollen des Metzgers, Brauers oder Bäckers erwarten wir das, was wir zum Essen brauchen, sondern davon, daß sie ihre eigenen Interessen wahrnehmen« (ebd., I.ii.2). Dafür, dass diese Nutzenmaximierer zum Wohlstand ihrer Nation beitragen, sorgt der Rahmen, wie er durch einen allgemeinen moralischen Konsens oder durch ein entsprechendes Rechtssystem bereitgestellt wird. Dies haben diejenigen übersehen, die aus der zitierten Äußerung glaubten schließen zu müssen, Smith sei in der *Theorie der ethischen Gefühle* von einem anderen Menschenbild ausgegangen als im *Wohlstand der Nationen,* von einem altruistischen in dem einen, von einem egoistischen in dem anderen Fall (vgl. Ballestrem 2001, 196f.; Otteson 2002).

3.

Zeitgenossen im In- und Ausland kannten und schätzten Smith' *Theorie der ethischen Gefühle*, aber seine Moralphilosophie hat nie Schule gemacht. Auch Kant kannte und schätzte die Werke von Smith, ein Einfluss auf seine Moralphilosophie ist jedoch schwer zu belegen. Unter den Moralphilosophen des 19. und 20. Jahrhunderts blieb Smith' Moraltheorie weitgehend unbeachtet. Erst in jüngster Zeit wird sie wieder zum Gegenstand der philosophischen Aufmerksamkeit (vgl. Andree 2003; Ballestrem 2001; Griswold 1999; Fleischacker 1999; Haakonssen 1981). In den Wirtschaftswissenschaften dagegen werden nicht nur der *Wohlstand der Nationen,* sondern auch die *Theorie der ethischen Gefühle* rezipiert (vgl. Recktenwald 1985; Teichgraeber 1986).

Im Unterschied zur *Theorie der ethischen Gefühle* erlebte der *Wohlstand der Nationen* einen nicht nur unmittelbaren, sondern auch kontinuierlichen Erfolg im In- und Ausland. Schon zu Lebzeiten Smith' erschienen vier Neuauflagen, und das Werk wurde in verschiedene Sprachen (u.a. ins Französische (1778) und Deutsche (1776–78 und 1794–96)) übersetzt. In Deutschland haben es nicht nur Kant, sondern u.a. auch Fichte und Hegel gelesen. Ballestrem betont den Einfluss von Smith' Darlegung des sozialen Nutzens individueller Freiheit auf das gesellschaftliche Klima in Deutschland zur Zeit der Wende vom 18. zum 19. Jahrhundert (vgl. Ballestrem 2001, 186–190). Karl Marx hat Smith 1844 in Paris in französischer Übersetzung gelesen. Er sieht in ihm den Vertreter einer bürgerlichen Ökonomie, die sich mit Tauschhandlungen und ihren ökonomischen Effekten beschäftigt und darauf verzichtet, kritisch zu hinterfragen, warum in bürgerlichen Gesellschaften die Arbeiter, die Wertschaffenden im kapitalistischen Produktionsprozess, arm bleiben, während die Kapitaleigner den Mehrwert der Arbeit abschöpfen und immer reicher werden (vgl. Ballestrem 2001, 190–194).

4.

Smith, A., The Works and Correspondence, Oxford: Oxford University Press 1983.

Smith, A., 1759, Theorie der ethischen Gefühle, Hamburg: Meiner 1994.

Smith, A., 1763, Lectures on Rhetoric and Belles Lettres, Indianapolis: Liberty Fund 1985.

Smith, A., 1766, Lectures on Jurisprudence, Indianapolis: Liberty Fund 1982.

Smith, A., 1776, Der Wohlstand der Nationen, München: dtv 2003.

Smith, A., 1795, Essays on Philosophical Subjects, Indianapolis: Liberty Fund 1982.

Andree, G. J., 2003, Sympathie und Unparteilichkeit, Paderborn: Mentis.

Ballestrem, K. Graf, 2001, Adam Smith, München: Beck.

Fleischacker, S., 1999, A Third Concept of Liberty, Princeton: Princeton University Press.

Fricke, C./Schütt, H.-P. (Hg.), 2005, Adam Smith als Moralphilosoph, Berlin: de Gruyter.

Griswold, C. L., 1999, Adam Smith and the Virtues of Enlightenment, Cambridge: Cambridge University Press.

Haakonssen, K., 1981, The Science of a Legislator, Cambridge: Cambridge University Press.

Haakonssen, K. (Hg.), 2005, The Cambridge Companion to Adam Smith, Cambridge: Cambridge University Press.

Hollander, S., 1998, The Economics of Adam Smith, Ann Arbor: University of Michigan Press.
Otteson, J., 2002, Adam Smith's Marketplace of Life, Cambridge: Cambridge University Press.
Raphael, D. D., 2007, The Impartial Spectator. Adam Smith's Moral Philosophy, Oxford: Clarendon Press.
Recktenwald, H. C. (Hg.), 1985, Ethik, Wirtschaft und Staat. Adam Smith's politische Ökonomie heute, Darmstadt: WBG.
Ross, I. S., 1995, The Life of Adam Smith, Oxford: Clarendon Press.
Rothschild, E., 2001, Economic Sentiments. Adam Smith, Condorcet, and the Enlightenment, Cambridge/MA.: Havard University Press.
Streminger, G., 1989, Adam Smith, Reinbek: Rowohlt.
Teichgraeber, R. F., 1986, »Free Trade« and Moral Philosophy. Rethinking the Sources of Adam Smith's *Wealth of Nations*, Durham: Duke University Press.

Christel Fricke

Solidarität

1.

Der Begriff »Solidarität« wird in einer Vielzahl von Bedeutungen verwandt, unter denen zwei hervorzuheben sind. (a) In einer deskriptiven Verwendungsweise wird er als der Inbegriff des inneren Zusammenhalts einer Gruppe, Gemeinschaft oder der Gesellschaft insgesamt verstanden; eine entscheidende Rolle wird dabei oft dem *Gefühl* der wechselseitigen Verbundenheit der Gruppenmitglieder zugeschrieben. (b) In einer normativen oder appellativen Verwendungsweise bezeichnet er gemeinschaftsfördernde Formen des Handelns, v.a. Hilfeleistungen, die Individuen den Angehörigen ihrer Gruppe, Gemeinschaft oder Gesellschaft zukommen lassen und zu denen sie sich verpflichtet fühlen oder fühlen sollen. Der Solidaritätsbegriff wird dabei meist als ein Synonym für den älteren Begriff der *Brüderlichkeit* (vgl. Schieder 1972) angesehen und gilt – neben Freiheit, Gleichheit und Gerechtigkeit – weithin als ein politischer und sozialer ›Grundwert‹.

2.

Die begriffsgeschichtlichen Wurzeln von Solidarität gehen auf das römische Recht zurück. Mit dem Ausdruck *obligatio in solidum* wurde in diesem eine spezielle Form der Haftung bezeichnet, nach der jedes Mitglied einer Gemeinschaft für deren Schulden einsteht, sowie umgekehrt die Gemeinschaft für die Schulden jedes Mitglieds. Noch in der von Diderot und d'Alembert herausgegebenen *Encyclopédie* (1765, 320) steht diese schuldrechtliche Bedeutung im Vordergrund. Erst am Beginn des 19. Jahrhunderts wird der Begriff generalisiert und (v.a. in Frankreich) auf das Gebiet von Politik und Gesellschaft allgemein übertragen. Obwohl Teile seines Bedeutungsspektrums von älteren Begriffen vorweggenommen wurden (z.B. vom aristotelischen Begriff der Freundschaft), ist Solidarität ein genuin *moderner* Begriff, da er sich auf soziale bzw. moralische Beziehungen zwischen prinzipiell *gleichen* Individuen bezieht. Seine Durchsetzung im Verlauf des 19. Jahrhunderts kann somit als Teil der historischen Verdrängung hierarchischer und ›vertikaler‹ durch egalitäre und ›horizontale‹ Sozialbegriffe verstanden werden.

2.1. In der *Soziologie* tritt der Begriff bereits bei Comte auf, der ihn im Rahmen seiner »sozialen Statik«, d.h. der Lehre von der synchronen »Ordnung« der Gesellschaft, eher beiläufig benutzt (vgl. Comte 1839, Lektion 48). Hier klingt aber bereits das zentrale Problem an, auf das sich die spätere soziologische Verwendung des Begriffs v.a. bezieht: Wie kann der spezifische Zusammenhalt moderner, d.h. arbeitsteiliger und differenzierter Großgesellschaften bezeichnet und verstanden werden? Dass die Prominenz des Solidaritätsbegriffs in der Soziologie des 19. Jahrhunderts v.a. aus dieser Problemlage resultiert, wird dann bei Durkheim explizit: »Wie geht es zu, dass das Individuum, obgleich es immer autonomer wird, immer mehr von der Gesellschaft abhängt? Wie kann es zu gleicher Zeit persönlicher und solidarischer sein?« (Durkheim 1883, 82) Durkheim unterscheidet zu diesem Zweck eine für vormoderne Gesellschaften charakteristische »mechanische Solidarität«, die auf Ähnlichkeiten, insbesondere auf einem von allen geteilten Kollektivbewusstsein basiert, und eine »organische Solidarität«, die in funktional differenzierten Gesellschaften dominant wird. Ihre Basis ist nicht mehr die Ähnlichkeit, sondern die Verschiedenheit ihrer Elemente: Die Arbeitsteilung wird zur Hauptquelle des Zusammenhalts der Gesellschaft.

In der Gesellschaftstheorie des 20. Jahrhunderts spielt der Begriff noch immer eine wichtige Rolle (vgl. Doreian/Fararo 1998), hat seine zentrale Position aber verloren. Im Rahmen des systemtheoretischen Paradigmas wird das Problem des Zusammenhalts differenzierter moderner Gesellschaften meist in Termini von ›Integration‹ bzw. ›Inklusion‹ verhandelt (vgl. Luhmann 1981). Der rational choice-Ansatz hat für ›Solidarität‹ als eigenständigen gemeinschaftsbildenden Faktor keine Verwendung: Das Interesse an Gruppenbildung wird hier auf das Interesse an den in Gruppen produzierten Gütern zurückgeführt (vgl. Hechter 1987).

2.2. In der *politischen Theorie* wird Solidarität vornehmlich als ein normativer bzw. appellativer Begriff verwandt. Vor dem Hintergrund der Industrialisierung und der ›sozialen Frage‹ wächst »Solidarität« seit dem 19. Jahrhundert in die Rolle eines Gegenbegriffs zum Individualismus und Egoismus der kapitalistischen Gesellschaft hinein. (a) Am entschiedensten tritt diese kritische Stoßrichtung in der Theorie und Rhetorik der sozialistischen Arbeiterbewegung in Erscheinung. »Solidarität« fungiert hier als ein *Kampf*begriff, der einerseits einen positiven Bezug auf die Interessen der Arbeiterklasse und die aus ihnen erwachsenden sozialen Ziele enthält; andererseits einen negativen Bezug auf den Gegner, den es zu bekämpfen gilt. Eine besondere Rolle spielt hier die wechselseitige Hilfe über Ländergrenzen hinweg (›internationale Solidarität‹). (b) Während die Arbeiterbewegung Solidarität vornehmlich auf Klassen und ihre Interessen bezieht, vertritt die katholische Soziallehre ein klassenneutrales, menschheitsübergreifendes Konzept. »Solidarität« bezeichnet hier ein Einheitsprinzip, das die gesamte Schöpfung ›durchwaltet‹ und auch eine (faktische wie normative) soziale Verbundenheit aller Menschen konstituiert, aus der sich für jeden Menschen die Pflicht ergibt, seine eigenen Wünsche und Interessen dem Gemeinwohl unterzuordnen. Noch Johannes Paul II. hat die Solidarität als eine ›christliche Tugend‹ charakterisiert.

(c) Ende des 19. Jahrhunderts entsteht in Gestalt des französischen Solidarismus eine Bewegung und Lehre, die von der Tatsache der wechselseitigen Abhängigkeit der Individuen (»solidarité de fait«) eine soziale Schuld aller gegenüber der Gesellschaft ableitet, aus der sich Solidaritätspflichten (»solidarité devoir«) zum Ausgleich von natürlichen und sozialen Benachteiligungen ergeben. (d) Während der Begriff »Solidarität« für die Ausbildung des Vorsorgestaats (vgl. Ewald 1993) in Frankreich grundlegend war, spielt er in der Politik Englands und Deutschlands zunächst eine eher marginale Rolle (vgl. Metz 1998). Erst nach dem Zweiten Weltkrieg wird »Solidarität« in Deutschland – v.a. aufgrund des Einflusses der katholischen Soziallehre auf die Gesetzgebung der Nachkriegszeit – zu einer wichtigen Legitimationskategorie für den Sozialstaat (vgl. Bayertz 1996; ders. 1998, 34ff.; Van Parijs 1996).

2.3. Seit dem Ende des 19. Jahrhunderts findet der Solidaritätsbegriff zunehmend auch in der *Philosophie* Verwendung. Dies gilt – einmal mehr – v.a. für Frankreich, wo er u.a. bei Bergson und Camus auftaucht. In Deutschland findet sich der Begriff v.a. bei Scheler, der die gesamte moralische Welt durch das Solidaritätsprinzip zu einem großen Ganzen verbunden sieht, so dass »jedes persönliche Individuum nicht nur für seine eigenen individuellen Akte, sondern auch für die aller anderen ursprünglich ›mitverantwortlich‹« ist. (Scheler 1913, 501 f.) Anknüpfend daran hat N. Hartmann die Solidarität als komplementäres Prinzip zu dem der Gerechtigkeit eingeführt (vgl. Hartmann 1925). Während sich das letztere auf den Schutz des Einzelnen richtet, fokussiert das Solidaritätsprinzip auf den Schutz der Gemeinschaft. Die Komplementarität von Solidarität und Gerechtigkeit ist auch von Habermas hervorgehoben worden, nach dessen Überzeugung die Diskursethik den modernen Begriff der Gerechtigkeit nur ausschöpft, »wenn sie den individualistischen Vereinseitigungen entgegentritt und Solidarität als die Kehrseite von Gerechtigkeit hervorkehrt« (Habermas 1986, 314).

Gegenüber solchen Konzepten einer *universellen* Hilfspflicht ist in der neueren angelsächsischen Debatte eingewandt worden, sie seien normativ zu wenig gehaltvoll und psychologisch nicht motivierend genug. So möchte Rorty zeigen, »daß unser Solidaritätsgefühl am stärksten ist, wenn die, mit denen wir uns solidarisch erklären, ›zu uns‹ gehören und ›wir‹ etwas Begrenzteres als die Menschenrasse ist. Das kommt daher, daß die Begründung ›weil er ein Mensch ist‹ eine schwache, nicht überzeugende Begründung für eine großzügige Handlung liefert.« (Rorty 1989, 308) In eine stärker sozialphilosophische Richtung geht das Plädoyer von Vertretern des ›Kommunitarismus‹, die den Individualismus moderner Gesellschaften und die Reduktion des Staates auf ein bloßes Instrument der Daseinsvorsorge durch eine »republikanische Solidarität« (Taylor 1987, 117) überwinden wollen, die auf einem »geteilten Schicksal« und auf dem Sinn eines »unmittelbar gemeinsamen Guten« beruht.

3.

Im Unterschied zu den Begriffen »Freiheit«, »Gerechtigkeit« oder »Gleichheit« ist Solidarität nur selten Gegenstand eingehender Analysen. Dies gilt schon für den Vorläuferbegriff der Brüderlichkeit. Es gibt bis heute keine einzige ›klassisch‹ zu nennende Theorie der Solidarität insgesamt. Die Gründe für diese Vernachlässigung sind systematischer Natur (vgl. Bayertz 1998, 12 ff.). Sie betreffen die beiden Schlüsselelemente des Solidaritätsbegriffes: (a) Positive (Hilfs-)*Pflichten* unterliegen einem besonderen Rechtfertigungsdruck; ihre Betonung scheint sich nicht ohne weiteres mit dem in der Ethik und politischen Philosophie dominanten Interesse an (Abwehr-)Rechten zu vertragen. (b) Der konstitutive Bezug auf eine *Gemeinschaft* wird oft als mit dem Individualismus und Universalismus der modernen Ethik unvereinbar angesehen. Hinzu kommt (c), dass die Möglichkeit und Wünschbarkeit von Gemeinschaften unter den Bedingungen der Moderne kontrovers ist. Vor dem Hintergrund dieser Schwierigkeiten hat die in der jüngsten Vergangenheit wiederbelebte Debatte um den Solidaritätsbegriff v.a. drei Fragen zu beantworten.

3.1. Auf einer terminologischen Ebene ist zunächst die Frage zu stellen, ob sich in der Vielfalt der Verwendungsweisen von Solidarität überhaupt ein gemeinsamer Bedeutungskern identifizieren lässt. Das größte Problem wirft dabei gerade jene doppelte Bedeutungsdimension auf, die in der Vergangenheit oft als eine Stärke dieses Begriffs angesehen wurde: die Verkoppelung der soziologischen Frage nach dem Zusammenhalt von Gruppen oder der Gesellschaft insgesamt mit der normativen Frage nach den Pflichten der Gesellschaftsmitglieder gegeneinander und/oder gegenüber dem ›Gemeinwohl‹. Ein erster Schritt zur Klärung des Solidaritätsbegriffes besteht darin, diese beiden Fragen voneinander zu trennen. Ein zweiter Schritt könnte darin bestehen, im Hinblick auf die normative Dimension die Idee *einer einzigen* (oder einer privilegierten) Solidarpflicht aufzugeben und stattdessen von einer Pluralität verschiedener Typen von Solidarität (z.B. Gemeinschafts- und Kampfsolidarität) auszugehen, die nur locker (durch ›Familienähnlichkeiten‹) miteinander verbunden sind. Es käme dann in einem dritten Schritt darauf an, die Spezifik dieser verschiedenen Solidaritätstypen zu bestimmen und sie gegen andere Formen von Hilfeleistungen (Kooperation, Wohltätigkeit etc.) abzugrenzen.

3.2. Die Kontroverse zwischen universalistischen und partikularistischen Ansätzen betrifft nicht allein die Reichweite und den Umfang der Solidarpflichten, sondern v.a. ihre Begründung. (a) Partikularistische Ansätze tragen der weit verbreiteten Intuition Rechnung, dass wir gegenüber den Mitgliedern der eigenen Gruppe stärkere Verpflichtungen haben als gegenüber anderen Menschen; und sie haben den Vorzug, mit den entsprechenden Verbundenheitsgefühlen zugleich auch eine wichtige Quelle der Hilfsmotivation anführen zu können. Ihr Problem besteht aber darin, dass weder faktische Gemeinsamkeiten noch faktische Verbundenheitsgefühle schon als solche Pflichten zur Hilfe *begründen* können; dies zeigt sich schon daran, dass solche Gemeinsamkeiten und Gefühle auch die Basis für Nepotismus, Kameraderie oder Chauvinismus sein können. (b) Universalistische Ansätze sind gegenüber solchen Borniertheiten immun; sie scheinen damit auch besser gerüstet für die Verhältnisse in einer globalisierten Welt, in der partikulare Beschränkungen zunehmend ihre Berechtigung verlieren. Dafür entrichten sie allerdings einen Preis, denn es ist nicht ohne weiteres klar, woher die motivationalen Antriebe für die bisweilen geforderte »globale Solidarität« (vgl. Brunkhorst 2002) kommen sollen. Befürchtet wird auch, dass die Individuen überfordert werden und die universalen Pflichten am Ende eher zu einer Abschwächung der tatsächlichen Hilfsbereitschaft führen.

Damit scheint ein Dilemma vorzuliegen. Partikularistische Ansätze verfügen über starke motivationale Ressourcen, führen aber in begründungstheoretische Schwierigkeiten; sie eliminieren damit die Solidarität als ein genuin *moralisches* Phänomen. Universalistische Ansätze sind demgegenüber begründungstheoretisch unverdächtig. Sie können Solidarität aber nicht als ein eigenständiges, von der ohnehin bestehenden moralischen Pflicht verschiedenes Phänomen fassen und reduzieren es auf ein nebenher laufendes Gefühl. Es dürfte erkennbar sein, dass dieses Dilemma letztlich auf den ethischen Universalismus selbst durchschlägt. Denn wenn Solidaritätsverpflichtungen in seinem Rahmen nicht explizierbar und begründbar sind, dann muss er der Solidarität entweder ihren moralischen Charakter absprechen oder er kann nicht länger als eine umfassende Moraltheorie gelten.

3.3. Abgesehen von den begründungstheoretischen Einwänden gegen die enge Verknüpfung von Gemeinschaft(sgefühl) und Solidaritätspflicht berührt diese Verknüpfung noch ein anderes Problem. Es ist oft darauf hingewiesen worden, dass ›Gemeinschaft‹ ein vormodernes Phänomen ist, das unter den spezifischen Bedingungen posttraditionaler Gesellschaften an Bedeutung verliert; diese befinden sich auf dem Weg einer fortschreitenden Individualisierung. Unabhängig von allen philosophischen Schwierigkeiten mit dem Begriff schwindet auf diese Weise die *objektive* soziale Basis für Solidarität, Solidaritätsgefühle und Solidaritätspflichten. Auf diese Diagnose sind drei Reaktionen möglich. (a) Man kann die Individualisierung als eine Befreiung aus den Fesseln heteronomer Gemeinschaften begrüßen und jede Bemühung um die Revitalisierung von Solidarität als einen reaktionären Anschlag auf die Freiheit ansehen (vgl. Capaldi 1998). Es ist demnach geradezu eine Errungenschaft der Moderne, dass sie die Individuen aller Solidaritätspflichten enthoben hat. (b) Man kann die Individualisierung als einen Irrweg der Moderne geißeln und für eine Wiederbelebung starker Gemeinschaften und starker Solidaritätsgefühle eintreten. Diesen Weg ist der Kommunitarismus gegangen, ohne aber einen gangbaren Weg in eine Welt der »republikanischen Solidarität« und eines moralisch akzeptablen Patriotismus aufzeigen zu können. (c) Schließlich kann man die angeführte Diagnose für falsch oder überzogen halten und darauf hinweisen, dass Solidarität unter den Bedingungen der Individualisierung keineswegs verschwindet, sondern lediglich ihre Gestalt wechselt (vgl. Hondrich/Koch-Arzberger 1992). An die Stelle heteronomer Gemeinschaften und die von ihnen geforderten starken Solidaritätspflichten treten in der modernen Gesellschaften freiwillig übernommene, ›schwache‹ und zeitliche begrenzte Engagements. Von einer ›Entsolidarisierung‹ kann demnach nur gesprochen werden, wenn man ein festes, traditionell geprägtes Verständnis von Solidarität zugrunde legt.

4.

Bayertz, K., 1996, Staat und Solidarität, in: ders. (Hg.), Politik und Ethik, Stuttgart: Reclam.

Bayertz, K., 1998, Begriff und Problem der Solidarität, in: ders. (Hg.), Solidarität, Frankfurt/M.: Suhrkamp.

Brunkhorst, H., 2002, Solidarität, Frankfurt/M.: Suhrkamp.

Capaldi, N., 1998, Was stimmt nicht mit der Solidarität?, in: K. Bayertz (Hg.), Solidarität, Frankfurt/M.: Suhrkamp.

Comte, A., 1839, Cours de philosophie positive, Bd. 4, Paris: Anthropos 1969.

Diderot, D./D'Alembert, J. (Hg.), 1765, Encyclopédie ou Dictionnaire Raisonné des Sciences, des Arts et des Métiers, Bd. 15, Neufchatel: Samuel Faulche.

Doreian P./Fararo, T. J. (Hg.), 1998, The Problem of Solidarity, Amsterdam: Gordon & Breach.

Durkheim, E., 1883, Über soziale Arbeitsteilung, Frankfurt/M.: Suhrkamp 1988.

Ewald, F., 1993, Der Vorsorgestaat, Frankfurt/M.: Suhrkamp.

Habermas, J., 1986, Gerechtigkeit und Solidarität, in: W. Edelstein/G. Nunner-Winkler (Hg.), Zur Bestimmung der Moral, Frankfurt/M.: Suhrkamp.

Hartmann, N., 1925, Ethik, Berlin: de Gruyter 1962.

Hechter, M., 1987, Principles of Group Solidarity, Berkeley: University of California Press.

Hondrich, K. O./Koch-Arzberger C., 1992, Solidarität in der modernen Gesellschaft, Frankfurt/M.: Fischer.

Luhmann, N., 1981, Wie ist soziale Ordnung möglich?, in: ders., Gesellschaftsstruktur und Semantik, Bd. 2, Frankfurt/M.: Suhrkamp.

Metz, K. H., 1998, Solidarität und Geschichte, in: K. Bayertz (Hg.), Solidarität, Frankfurt/M.: Suhrkamp.

Rorty, R., 1989, Kontingenz, Ironie und Solidarität, Frankfurt/M.: Suhrkamp.

Scheler, M., 1913, Der Formalismus in der Ethik und die materiale Wertethik, Bern: Francke 2000.

Schieder, W., 1972, Brüderlichkeit, Bruderschaft, Brüderschaft, Verbrüderung, Bruderliebe, in: O. Brunner/W. Conze/R. Koselleck (Hg.), Geschichtliche Grundbegriffe, Stuttgart: Klett.

Taylor, C., 1987, Aneinander vorbei. Die Debatte zwischen Liberalismus und Kommunitarismus, in: A. Honneth (Hg.), Kommunitarismus, Frankfurt/M.: Campus 1993.

Van Parijs, P., 1996, Refonder la solidarité, Paris: Editions du Cerf.

Kurt Bayertz/Susanne Boshammer

Sombart, Werner (1863–1941)

1.

Sombart war ein deutscher Nationalökonom und Soziologe. Er wurde als Sohn des bürgerlichen Industriellen und nationalliberalen Politikers Anton Ludwig Sombart in Ermsleben am Harz geboren. Sombart studierte Staatswissenschaften in Pisa, Berlin und Rom. Entscheidende Anregungen erhielt er von den beiden Berliner Nationalökonomen Adolph Wagner und Gustav Schmoller, bei letzterem promovierte er 1888 mit einer sozialökonomischen Studie über die römische Campagna. 1890 erfolgte die Berufung zum Professor der Staatswissenschaften in Breslau sowie 1906 an die Handelshochschule in Berlin. Von 1917 bis 1931 hatte er das Ordinariat für wirtschaftliche Staatswissenschaften an der Universität Berlin inne. Er war Mitbegründer der Deutschen Gesellschaft für Soziologie (1909), Vorsitzender des Vereins für Socialpolitik (1932–36) und Mitglied zahlreicher Akademien. Sombart starb 1941 in Berlin.

2.

Als erster ›bürgerlicher‹ Wissenschaftler setzt Sombart sich in seiner Studie *Sozialismus und soziale Bewegung im 19. Jahrhundert* (1896) positiv-kritisch mit Marx auseinander, was ihm zunächst den Ruf eines linken Sympathisanten einträgt und seine akademische Karriere behindert. Sombart bietet in seinem Hauptwerk *Der moderne Kapitalismus* (1902) eine vergleichende europäische Wirtschaftsgeschichte der langen Zeiträume (beginnend mit der Karolingerzeit), welche die bis heute verbreitete Gliederung des Kapitalismus in Früh-, Hoch- und Spätkapitalismus einführt. Dort kehrt er das Vorbild von Marx um, indem er die überzeitliche Dreieinigkeit ›Produktionsweise, Produktionsverhältnisse, Überbau‹ durch die Trias ›Idee, Organisation, Technik‹ ersetzt. Für seinen Ansatz ist der Gedanke zentral, dass sich die Wirtschaftssysteme verschiedener Zeiten durch einen jeweils eigenen ›Wirtschaftsstil‹ auszeichnen. Ein Wirtschaftssystem wird durch einen spezifischen Ordnungsrahmen (Privat- oder Gemeinwirtschaft), durch besondere Techniken (Verfahren der Güterproduktion und -beschaffung) sowie spezifische Verhaltensmuster (›Wirtschaftsgesinnung‹ oder ›Geist‹) definiert, welche in ihrer Wechselbeziehung einen bestimmten ›Wirtschaftsstil‹ prägen. Der kapitalistische ›Geist‹ ist nach Sombart durch die Erwerbsorientierung, die Konkurrenzidee und den ökonomischen Rationalismus gekennzeichnet. In den viel diskutierten Untersuchungen über *Die Juden und das Wirtschaftsleben* (1911), *Der Bourgeois* (1913), *Liebe, Luxus und Kapitalismus* (1913) und *Krieg und Kapitalismus* (1913) sucht er, herausgefordert durch Max Webers These eines Zusammenhangs von Calvinismus und kapitalistischer Wirtschaftsentwicklung, im Hinblick auf die Neubearbeitung seines Hauptwerks möglichst alle Faktoren zu erforschen, die zur Ausbildung des Kapitalismus beigetragen haben.

Sombart versucht die Nationalökonomie gegen die reine Wirtschaftstheorie, welche die soziale Wirklichkeit allein anhand einiger weniger Axiome funktional zu erklären sucht, als eine Sozial- und Geisteswissenschaft zu etablieren. In seiner Monographie *Die drei Nationalökonomien* (1930) tritt er für die Methode einer ›verstehenden Nationalökonomie‹ ein, die die theoretische und die historisch-soziologische Methode verknüpfen soll. In seinem Spätwerk versucht Sombart in seiner Abhandlung *Soziologie: Was sie ist und was sie sein sollte* (1936) diese Methode unter dem Namen »Noo-Soziologie« zu einer selbständigen Wissenschaft zu erweitern (vgl. Sombart 1956). Diese sollte, von den »Einzel-Soziologien« unterschieden, eine allgemeine Kategorienlehre der Kultur formulieren und zur Grundlagenwissenschaft aller Kulturwissenschaften avancieren. Diese auf mehrere Bände angelegte Kulturtheorie blieb jedoch unvollendet.

Zu Beginn seiner Karriere noch mit der marxschen politischen Ökonomie und den sog. Kathedersozialisten sympathisierend, wandelt Sombart sich seit 1924 zum entschiedenen Gegner des Marxismus und zum sozialkonservativen Wegbereiter der nationalsozialistischen Bewegung, von dem er sich jedoch in den Spätschriften wieder latent distanziert. In *Vom Menschen* (1938), geschrieben unter dem Eindruck der Nürnberger Rassegesetze, kritisiert er das pseudo-naturwissenschaftliche Denken der damaligen Abstammungslehre und der Rassenhygiene.

3.

Sombarts Schriften haben die in der Nationalökonomie seiner Zeit heftig geführte Debatte um den Kapitalismus mit bestimmt. Auch war sein historisch-komparativer Ansatz für die ökonomische Konjunkturtheorie der Zwischenkriegszeit bedeutsam. Mit seinem Plädoyer, die politischen Rahmenbedingungen des Wirtschaftens zu berücksichtigen, trug er dazu bei, die Kapitalismus-Debatte in eine ordnungstheoretische Richtung zu lenken, welche von Eucken und der ordoliberalen Schule – allerdings in Abgrenzung zu Sombart – konsequent weiterverfolgt wurde. Der Versuch, Ökonomie, Soziologie und Kulturtheorie in einem Ansatz zu verbinden, wurde bis in die 1950er Jahre von Alfred Weber u.a. fortgesetzt. Seine hermeneutisch-anthropologische Methode ist jedoch in den Wirtschafts- und Sozialwissenschaften heute kaum noch präsent.

4.

Sombart, W., 1896, Sozialismus und soziale Bewegung im 19. Jahrhundert, Wien: Europa-Verlag 1966 (ab der 10. Aufl. u. d. T. Der proletarische Sozialismus [Marxismus]).

Sombart, W., 1902, Der moderne Kapitalismus, München: dtv 1987 (bis 1927 in mehreren Auflagen auf 6 Bde. erweitert).
Sombart, W., 1911, Die Juden und das Wirtschaftsleben, Berlin: Duncker & Humblot.
Sombart, W., 1913a, Der Bourgeois, Berlin: Duncker & Humblot 2002.
Sombart, W., 1913b, Liebe, Luxus und Kapitalismus, Berlin: Wagenbach 1992.
Sombart, W., 1913c, Krieg und Kapitalismus, Berlin: Duncker & Humblot.
Sombart, W., 1930, Die drei Nationalökonomien, Berlin: Duncker & Humblot 2002.
Sombart, W., 1936, Soziologie. Was sie ist und was sie sein soll, Berlin: Sitzungsberichte der Preussischen Akademie der Wissenschaften.
Sombart, W., 1938, Vom Menschen, Berlin: Duncker & Humblot.
Sombart, W., 1956, Noo-Soziologie, Berlin: Duncker & Humblot.

Appel, M., 1992, Werner Sombart, Marburg: Metropolis.
Backhaus, J. (Hg.), 1996, Werner Sombart, 3 Bde., Marburg: Metropolis.
Lenger, F., 1994, Werner Sombart, München: Beck.

Heino Heinrich Nau

Sorel, Georges (1847–1922)

1.

Georges Eugène Sorel, in Cherbourg geboren, war zunächst Straßenbauingenieur und lebte ab 1892 als außerordentlich produktiver und einflussreicher freier Schriftsteller und politischer Kommentator in Boulogne sur Seine. Seine von Brüchen und Kehrtwenden geprägte intellektuelle und politische Biographie begann mit einer eher traditionellen philosophischen Phase (vgl. Sorel 1889a, 1889b), in der er monarchistischen Positionen nahestand (vgl. Horowitz 1961). Ab Anfang der 1890er Jahre interessierte er sich verstärkt für Marx und Proudhon, für die sozialistischen Bewegungen und den linken Radikalismus. Ab 1898/99 engagierte er sich in der Dreyfus-Affäre auf der Seite der republikanischen Dreyfusards; gleichzeitig unterstützte er die der anarchistischen Tradition zugehörige syndikalistische Bewegung in einer Reihe von Zeitschriftenartikeln (vgl. Sorel 1919). In einem Prozess allmählicher Radikalisierung bewegte sich Sorel von einem sozialistischen Standpunkt in eine anarchistisch-revolutionäre Richtung, und seine bekanntesten Werke stehen für eine radikale theoretische Alternative zu den herkömmlichen Formen des Marxismus (Sorel 1908c). Um 1909 brach er mit den Syndikalisten und Dreyfusards, denen er zu weitgehende Kompromisse mit dem parlamentarischen System vorwarf; mit distanziertem Interesse betrachtete er die nationalistische und rechtsrevolutionäre Kritik am bürgerlichen Liberalismus. Dennoch stand er 1914 auf der Seite der Kriegsgegner. Nach einer Zwischenperiode publizistischer Zurückhaltung begann eine letzte und, ideologisch gesehen, relativ unübersichtliche Phase: 1919 äußerte sich Sorel einerseits bewundernd über Mussolinis faschistische Bewegung, die er als Schöpferin eines neuen nationalen Mythos verstand, zugleich pries er andererseits Lenins bolschewistische Revolution in Russland und hoffte auf ihre Ausweitung (vgl. Horowitz 1961). Er starb 1922 in Boulogne sur Seine.

2.

Sorels äußerst umfangreiches Werk umfasst Themen von der antiken Kultur über die Philosophie Bergsons und Vicos bis zur zeitgenössischen Kunst, Moral und Religion. Seine wichtigsten und einflussreichsten Beiträge zu Politik und Philosophie stehen aber eindeutig im Kontext marxistischer Theoriebildung (Sorel 1908b, 1908c, 1919). Sorels spezifische Intervention ist die Reformulierung der Grundlagen des Marxismus, und auch sein besonderer Anarchismus bleibt rückgebunden an dessen politische Programmatik. Sorel bemüht sich um eine Loslösung des Marxismus vom aufklärerischen Rationalismus und vom Ökonomismus seines Gründers sowie von der in seinen Augen zu großen

Nähe zum Selbstverständnis der traditionellen Wissenschaft, die er für eine bürgerliche Einrichtung hält. Dagegen betont er einerseits im Bereich der Philosophie in einem unorthodoxen Anschluss an Nietzsche und Bergson die Kreativität und Kontingenz des Lebens- und Geschichtsprozesses. Andererseits beharrt er im Bereich der Politik auf der notwendigen Differenz des Proletariats zur bürgerlichen Kultur und fordert die Entwicklung einer eigenständigen proletarischen Klassenidentität.

Seine in den *Réflexions sur la violence* (Sorel 1908b) entwickelten Überlegungen zum proletarischen Mythos des Generalstreiks, zum direkten revolutionären Handeln und zum notwendigen radikalen Bruch mit der bestehenden politischen Ordnung sind Beiträge zu einer Strategie zur Überwindung des bürgerlichen Systems. Dabei mobilisiert Sorel als einer der ersten Theoretiker des Marxismus die voluntaristischen und irrationalen Elemente kollektiven Handelns gegen die vorherrschende Orientierung an historischen Gesetzmäßigkeiten. Seine Interventionen bleiben aber einer zutiefst ethischen Perspektive verpflichtet: Unter dem Einfluss von Labriola und Croce verteidigt Sorel die Vision einer politischen Welt, in der ethische Unbedingtheit, die bloße Nützlichkeitserwägungen übersteigt und persönliche Opfer um höherer Zwecke willen einschließen kann, und eine tiefe Solidarität zwischen kreativen, produzierenden Individuen ihren Platz haben. Diese Perspektive stellt auch Marx' radikale Ablehnung der Religion infrage und würdigt die motivationale Kraft von Ideologien.

3.

Sorel war eine der schillerndsten Figuren in der Geschichte des westlichen Marxismus, und seine Wirkungsgeschichte fand auf unterschiedlichsten Terrains statt. Schon zu seinen Lebzeiten wurden seine Betonung der ethischen und autonomen politischen Dimensionen des Marxismus und seine mythische Konzeption der Politik sowohl von links, besonders von Gramsci, wie von rechts, nämlich von Mussolini, begeistert aufgenommen. Seine radikale Parteienkritik, sein prinzipieller Antikapitalismus und seine antagonistische Sicht der Politik machten ihn zu einem wichtigen Bezugspunkt für die außerparlamentarische Opposition der späten 1960er und frühen 1970er Jahre. Sein bleibender theoretischer Einfluss wird besonders seit der Entstehung postmarxistischer Positionen manifest, die an einer Erläuterung der Konstitution von sozialen Identitäten durch ideologische Konstruktion jenseits der essentialistischen Klassentheorie und an einer Überwindung der lange Zeit dominanten Idee struktureller Determinierung interessiert sind. Sorel bleibt aktuell als ein radikaler Denker der Irreduzibilität und des Primats des Politischen.

4.

Sorel, G., 1889a, Contribution à l'étude profane de la Bible, Paris: Ghio.

Sorel, G., 1889b, Le procès de Socrate, Paris: Alcan.

Sorel, G., 1908a, Les illusions du progrès, Paris: Rivière.

Sorel, G., 1908b, Über die Gewalt, Frankfurt/M.: Suhrkamp 1969.

Sorel, G., 1908c, Die Auflösung des Marxismus, Hamburg: Edition Nautilus 1978.

Sorel, G., 1919, Matériaux d'une théorie du prolétariat, Paris: Rivière.

Berlin, I., 1971, Sorel, in: ders., Wider das Geläufige, Frankfurt/M.: Fischer 1981.

Gramsci, A., 1929ff., Gefängnishefte, Hamburg: Argument 1991ff.

Horowitz, I. L., 1961, Radicalism and the Revolt against Reason, Carbondale: Southern Illinois Press.

Kolakowski, L., 1976, Georges Sorel, in: ders., Die Hauptströmungen des Marxismus, Bd. 2, München: Piper 1978.

Mouffe, C./Laclau, E., 1985, Hegemonie und radikale Demokratie, Wien: Passagen 1991.

Roth, J. J., 1980, Cult of Violence, Berkeley: University of California Press.

Sternhell, Z./Sznajder, M./Asheri, M., 1999, Die Entstehung der faschistischen Ideologie, Hamburg: Hamburger Edition.

Andreas Kalyvas/Martin Saar

Souveränität

1.

»Souveränität« bezeichnet das Vermögen, kollektiv bindende Entscheidungen für eine Anzahl von Personen autonom zu fällen. In der Geschichte des politischen Denkens wird Souveränität daher vorrangig mit der gesetzgebenden Gewalt als oberster staatlicher Herrschaftsgewalt identifiziert. Damit wird unterstrichen, dass souveräne Gewalt mit den Mitteln des positiven Rechts ausgeübt wird. »Souveränität« bezeichnet die tatsächliche Wahrnehmung von Herrschaftsansprüchen, wird also im Gegensatz zu moralischen Ansprüchen nicht kontrafaktisch zugeschrieben. Ein Monarch im Exil oder ein unterdrücktes Volk sind nicht souverän. Die Zuschreibung von Souveränität als Entscheidungsvermögen unterstellt, dass dieses durch die Macht, entsprechendes Verhalten erzwingen zu lassen, gedeckt ist; sie identifiziert es aber keineswegs mit der Verfügung über das staatliche Gewaltmonopol. Während Souveränität streng genommen als Relation zwischen Personen verstanden werden muss, die einander Gesetze auferlegen, wird ihre Reichweite traditionell durch die territoriale Extension eines Staates bestimmt und daher auch als Befehlsgewalt innerhalb eines Territoriums aufgefasst.

1.1. Der Staat ist die *Einheit* (oder das »Subjekt«) der Souveränität, während variable *Träger* und *Organe* der Souveränität unterschieden werden können (vgl. Heller 1934, 278). Die Entgegensetzung von Herrscher- und Volkssouveränität betrifft den Träger der Souveränität. Politische Revolutionen sind dadurch definiert, dass dieser Träger ausgewechselt wird, während die Einheit der Souveränität konstant bleibt (wie im Fall der Französischen Revolution) oder variieren kann (wie im Fall der Amerikanischen Revolution). Als Organe der Souveränität werden dagegen institutionelle Akteure bezeichnet, die Souveränität in einem treuhänderischen Verhältnis für den Träger ausüben. In der Erbmonarchie fallen Trägerschaft und Organ zusammen, während in der parlamentarischen Demokratie zwischen Träger und Organ(en), Volk und Parlament(en) eine Beziehung der Repräsentation besteht.

1.2. Manchmal wird zwischen »innerer« und »äußerer« Souveränität unterschieden, um auszudrücken, dass es weder innere Einflüsse (regionale Fürsten, Interessenverbände, Verbrechenssyndikate, konkurrierende politische Institutionen) noch äußere Einflüsse (imperiale Mächte, ultramontane Kirchenführer, transnationale Konzerne) gibt, die bestimmte Entscheidungen oder ihr Ausbleiben erzwingen können. Da aber sowohl innere als auch äußere Abhängigkeiten durch die Verwendung des Souveränitätsbegriffs bereits dementiert werden, sollte der Gegensatz zwischen innerer und äußerer Souveränität einem anderen Gebrauch vorbehalten bleiben. Meist unterscheidet man damit die Ausübung der Souveränität nach innen und nach außen, was eine Differenzierung im Verständnis von Souveränität nach sich zieht. Bereits im 18. Jahrhundert wird darauf hingewiesen, dass von Souveränität im strikten Sinn nur nach innen die Rede sein kann, weil der Staat nur dort einseitig befehlend vorgehen kann. Äußere Souveränität als Kompetenz in Außenbeziehungen, beispielsweise in der Befugnis, einen Friedensvertrag zu schließen, oder in der Aufnahme von Staatsschulden, wird in einem anderen, horizontalen Handlungstypus ausgeübt (vgl. Bentham 1789, 173). Die Verwendung des Souveränitätsbegriffs in den Disziplinen des Völkerrechts und der Internationalen Beziehungen setzt daher die Grundbedeutung von Souveränität als innerstaatlicher Kompetenz voraus und reichert sie um weitere Bedeutungsmerkmale an. Das klassische Völkerrecht in der Form, in der es der Ordnung Europas seit dem Westfälischen Friedensschluss von 1648 bis zum frühen 20. Jahrhundert zugrunde lag, versteht unter »Souveränität« die Gleichheit der Staaten unabhängig von ihrer Größe und Staatsform, ihre Vertrags- und Bündnisfreiheit, die Unverletzlichkeit ihres Territoriums gegenüber Interventionen fremder Staaten sowie die Verfügungsgewalt über ein *ius ad bellum* (vgl. Vattel 1758). Dass ein Recht auf Angriffskriege heute durch das völkerrechtliche Gewaltverbot abgeschafft worden ist (vgl. UN-Charta 1948, Kap. VII), illustriert, dass die Merkmale äußerer Souveränität prinzipiell dem Völkerrecht zur Disposition stehen. In der Vergleichenden Politikwissenschaft versteht man unter »Souveränität« häufig die Kontrolle aller Politikfelder innerhalb eines Territoriums, im engeren Sinne die Kontrolle grenzüberschreitender Bewegungen von Geld, Waren, Personen und Kommunikationen, während die Internationalen Beziehungen Souveränität als (annullierbare) Unterstellung politischer Zuständigkeit anhand territorialer Kriterien auffassen (vgl. Krasner 1999).

2.

Die historische Funktion des Souveränitätsbegriffes besteht darin, ein verbindlich entscheidendes Machtzentrum zu etablieren und von den Mitregierungsansprüchen supra- und subnationaler Akteure zu emanzipieren. Damit wird zugleich die neuzeitliche Autonomie der Politik gegenüber anderen Funktionsbereichen der Gesellschaft signalisiert. Das politische System behält sich aber nicht nur die Regelung aller anderen gesellschaftlichen Funktionsbereiche wie Religion, Wissenschaft und Ökonomie vor – wenn es auch nicht notwendigerweise in sie eingreift. Es stellt sich gleichzeitig von den polykratischen Strukturen des Mittelalters auf einen neuen, strikt hierarchischen Steuerungsmodus um. Die antike und mittelalterliche Staatsformenlehre hatte politische Mitwirkungsansprüche von gesellschaftlichen Schichten und Ständen in der Vorstellung einer »gemischten Verfassung« aufgefangen. Jean Bodins Einführung des Begriffs der Souveränität als »absolute und zeitlich unbegrenzte« Gewalt, »den Untertanen in ihrer Gesamtheit ohne ihre Zustimmung das Gesetz vorzuschreiben«, wendet sich daher ausdrücklich gegen die Mischverfassung (vgl. Bodin 1576, 205, 222). »Souveränität« wird bei Bodin als Definitionselement des Staates eingeführt und über eine Reihe von komplementären Funktionsmerkmalen charakterisiert. Zu ihnen zählen neben der Gesetzgebungsfunktion die Kompetenzen der höchsten Gerichtsbarkeit, der Begnadigung, der Ernennung der Spitzenbeamten, der Kriegserklärung sowie der Erteilung von Privilegien. Allerdings bleibt die Ausübung von Souveränität bei Bodin entgegen ihrer Bestimmung als *legibus soluta potestas* noch religiös, gewohnheits- und naturrechtlich eingeschränkt, während Thomas Hobbes (1651) durch die Betonung der inhaltlich unbeschränkten Positivität der Rechtsetzung radikal mit der antiken und mittelalterlichen Tradition bricht. Mit Hobbes beginnt eine Tradition, die die souveräne Gewalt allein durch die Rechtsförmigkeit ihrer Ausübung zu disziplinieren sucht. Nicht nur unterwirft die Souveränität alle staatliche Machtausübung einem einheitlichen Entscheidungszentrum und minimiert damit Spielräume der Willkür bei untergeordneten Machtpositionen von Administration, Justiz, Polizei und Militär. Die gesellschaftliche Steuerung mit den Mitteln des positiven Rechts erzwingt auch eine wenigstens temporäre Bindung des Souveräns selbst, indem sie ihn proto-rechtsstaatlichen Schranken wie der Veröffentlichungspflicht und dem Rückwirkungsverbot unterwirft. Rousseau (1762) treibt diese formal-prozedurale Entwillkürlichung der Souveränität in dreifacher Hinsicht weiter, indem er erstens das Volk als einzig denkbaren Träger einer unveräußerlichen Souveränität einsetzt, zweitens die Kompetenzen der Souveränität funktional reinigt und auf die Gesetzgebung beschränkt, sowie drittens die Gesetzgebung auf die Herstellung semantisch allgemeiner Normen festlegt. In der Folge ist die Souveränitätslehre mit einer funktional verstandenen Gewaltenteilung nicht nur nicht unverträglich, sie erzwingt sie geradezu (vgl. Maus 1992a). Auch die britische Staatsrechtslehre seit John Locke vertritt diese Auffassung, allerdings verstößt für sie, im Unterschied zu Rousseau, die repräsentative Ausübung der Volkssouveränität nicht gegen deren Unveräußerlichkeit. Für das moderne parlamentarische Regierungssystem besteht die Ausübung von Souveränität im »Machen der Gesetze« (Blackstone 1765, 49); sie verbindet so parlamentarische (Organ-) Souveränität mit Volkssouveränität. Insofern alle staatlichen Akteure von der Legislative gesteuert und ihr unterworfen sind, besitzt diese zwar keine »Omnipotenz«, wohl aber »Omnikompetenz« zur Allokation von Entscheidungen (vgl. Bentham 1830, 41 f.).

Parallel zur parlamentarischen Tradition des Souveränitätsdenkens entsteht im 18. Jahrhundert eine zweite Linie, die ebenfalls eine Demokratisierung der Souveränitätslehre unternimmt und in den *Federalist Papers* (Hamilton/Madison/Jay 1788) ihren konsequentesten Ausdruck findet. Diese Linie besteht auf der Autorisierung nicht allein der Legislative, sondern aller staatlichen Organe durch das Volk, während sie sich die Entwillkürlichung staatlicher Gewaltausübung nicht von einer Über- und Unterordnung, sondern von der Nebenordnung einer Mehrzahl staatlicher Instanzen erwartet, die einander wechselseitig kontrollieren und hemmen. Gegenüber der parlamentarischen Souveränitätslehre bleibt hier eine zentrale Spannung bestehen. Die Gewaltenbalance belebt im Unterschied zur funktionalen Gewaltenteilung die Idee einer gemischten Verfassung wieder, die durch die Etablierung von konkurrierenden teilsouveränen Organen die Ausübung von Herrschaft insgesamt mäßigen und ihrer Fähigkeit, in die Gesellschaft einzuwirken, entgegenarbeiten soll. Für Systeme dieses Typs erscheint der Souveränitätsbegriff im Innenverhältnis staatstheoretisch verzichtbar.

Im Gegensatz zur Beauftragung mehrerer teilautonomer Akteure in demokratischen Mischverfassungen ist die zweistufige Ausübung von Volkssouveränität als Verfassungsgebung und einfache Gesetzgebung nicht als Souveränitätsteilung zu begreifen. E. Sieyès betont mit seiner Unterscheidung von *pouvoir constituant* und *pouvoirs constitués,* dass die »Nation«, die er sich nicht als kulturalistisch oder ethnisch geeinte Gruppe, sondern als politischen Personenverband vorstellt, an die Normen, die sie sich selbst gibt, nicht dauerhaft gebunden sei. Im Gegensatz dazu könne »keine übertragene Gewalt, welcher Art sie auch sei, [...] an den Bedingungen ihrer Übertragung etwas ändern« (Sieyès 1981, 167). Damit soll verhindert werden, dass staatliche Organe sich gegen die Befugnisse der Volkssouveränität verselbständigen. Im 20. Jahrhundert wird dieses klassische Souveränitätsverständnis bisweilen ins Gegenteil verkehrt. In der Definition, die C. Schmitt (1922, 11) vorschlägt, ist souverän, wer »über den Ausnahmezustand entscheidet« und so die Bindung der Staatsgewalt an Verfassungsschranken aufhebt. Diese Vorstellung einer sich verselbständigenden Organsouveränität ist mit der Idee des Volks als Träger der Souveränität unverträglich.

3.

Die heutige Debatte über Souveränität entzündet sich an der vielfach und mit unterschiedlicher Stoßrichtung behaupteten normativen oder faktischen Obsoletheit des Souveränitätsbegriffs angesichts der gesellschaftlichen, technischen und politischen Umbrüche der jüngeren Vergangenheit. Dabei lässt sich unterscheiden zwischen der Unterstellung einer Obsoletheit der Volkssouveränität (3.1.) und der Unterstellung der Obsoletheit staatlicher Souveränität (3.2.).

3.1. Die Debatte um die innerstaatliche Bedeutung von Volkssouveränität ist dadurch gekennzeichnet, dass ihr eine potentielle »Tyrannei der Mehrheit« angelastet wird, weshalb sie einer Korrektur durch Minderheiten schützende Instrumente, etwa liberale Abwehrrechte, zu unterwerfen sei (vgl. Kielmansegg 1977, 246; Talmon 1961, 67). Aus dieser Perspektive wird begrüßt, dass Volkssouveränität im modernen Staat durch die Institution der Verfassung und die von ihr ermächtigten Akteure absorbiert worden sei (vgl. Kriele 1975). Dagegen werden zwei Argumente geltend gemacht. Das erste Argument lautet, dass Volkssouveränität durch verschiedene prozedurale Artikulationsformen auch ohne Verletzung der Ansprüche von Minderheiten zur Geltung gebracht werden könne; als Beispiel wird die direktdemokratische Praxis der Schweiz angeführt (vgl. Abromeit 1999). Mit Volkssouveränität sei insbesondere verträglich, dass Minderheiten in Normsetzungsprozessen durch verfahrensförmige Vetopositionen abgesichert werden (vgl. Maus 1992b). Der Gedanke einer inneren Verschränkung statt einer abstrakten Entgegensetzung von Volkssouveränität und individuellen Rechten wird in der Diskurstheorie der Demokratie weiterentwickelt. Die Ausübung der Volkssouveränität setze nicht nur die egalitäre Verfügung über individuelle politische Rechte, insbesondere Kommunikationsgrundrechte, voraus. Politische Akteure seien auch auf die Verwendung des Rechtsmediums und damit eines Codes festgelegt, der gleiche subjektive Rechte zur Voraussetzung hat, so dass kollektive politische Autonomie nicht unabhängig von der Gewährleistung von Privatautonomie zu realisieren sei (vgl. Habermas 1992). Das zweite Argument gegen die Obsoletheit der Volkssouveränität fordert, an der Idee festzuhalten, dass demokratische Politik eine schöpferische, selbsttranszendierende Qualität aufweist, die nicht an die herrschenden rechtlichen, politischen und gesellschaftlichen Verhältnisse gebunden ist. Daher sind nicht nur verfahrensförmige, sondern auch nicht-institutionalisierte basisdemokratische Aktionsformen von Bedeutung, insbesondere in revolutionären oder reformistischen »constitutional moments« (Ackerman 1991). Die Ausübung von Volkssouveränität ist in solchen Phasen nicht an einen monolithischen Selbstausdruck des Volkes wie den der Akklamation gebunden; sie kann dezentral stattfinden und heterogene Kommunikationsformen annehmen (vgl. Chambers 2004).

3.2. Die These der Obsoletheit staatlicher Souveränität lässt sich wiederum nach mehreren Bedeutungen aufgliedern, die den Handlungstyp, die Merkmale und die Einheit der Souveränität betreffen.

In verschiedenen Varianten wird argumentiert, der Steuerungsmodus des politischen Systems sei vom hierarchischen auf andere Typen von Machtausübung umgestellt worden. Michel Foucault zufolge wird bereits mit dem 18. Jahrhundert die souveräne Verhaltenslenkung mittels gesetzgeberischer Befehle durch eine Disziplinierung der Untertanen ersetzt, die sie die angesonnenen Normen internalisieren und aus eigenem Antrieb befolgen lässt. Foucault betont demgegenüber die geringere Eingriffstiefe äußerlich-»souveräner« Machtausübung, deutet diese jedoch durchgehend als Repression und blendet ihre gegen administrative Willkür gerichtete Funktion aus (vgl. Foucault 1976, 51). Ein weiteres Argument für die Obsoletheit der Souveränität wird in der politikwissenschaftlichen Diskussion politischer Steuerung vorgebracht. Seit dem 19. Jahrhundert sind dem Staat eine Vielzahl von Aufgaben zugewachsen, für deren Erfüllung der Gesetzesbefehl nicht mehr als taugliches Instrument erscheint: Wohlfahrt, Umweltschutz, Kulturpflege und die Förderung wissenschaftlich-technischer Innovation. Staatliche Regulation findet in diesen Gebieten typischerweise durch Anreize und in horizontaler Verhandlung statt. Die politikwissenschaftliche Systemtheorie hat diesen Befund radikalisiert und behauptet, dass der Staat sich von der souveränen Unterwerfung anderer gesellschaftlicher Teilsysteme verabschiedet habe und auf die sich in oder zwischen ihnen einstellenden Pathologien nurmehr moderierend oder beratend reagiere (vgl. Willke 1999). Unter dieser Beschreibung reduziert sich die innenpolitische Funktion der Souveränitätskategorie auf eine »autopoietisch notwendige Fiktion des Kommunikationssystems Politik« (Luhmann 2000, 341), als belanglose Erinnerung an die Idee hierarchischer gesellschaftlicher Selbsteinwirkung. Allerdings existiert eine eindrucksvolle Literatur, die Gegenbeispiele gegen diese beschwichtigende Lesart geltend macht und auf die anhaltende Wirkmächtigkeit souveränen Staatshandelns hinweist, etwa in der Entscheidung über Zugang oder Vorenthaltung des Zugangs zu Kernbereichen rechtlichen Schutzes (vgl. Agamben 1995).

Eine weitere Debatte betrifft heute die Charakteristika völkerrechtlicher Souveränität. Nach der Abschaffung des *ius ad bellum* wird insbesondere eine Obsoletheit des Interventions- und Sezessionsverbots in Fällen schwerwiegender Verletzung von Menschenrechten diskutiert. Die Diskussion stützt sich auf die in der UN-Charta niedergelegte Verpflichtung zu internationalem Frieden und Sicherheit, die zunehmend nicht mehr allein durch äußere Verstöße wie Kriegshandlungen, sondern auch durch Massenverbrechen innerhalb von Staaten gefährdet erscheinen. Um herauszustellen, dass solche Verbrechen mit der Respektierung staatlicher Autonomie unverträglich sind, wird Souveränität zunehmend von einer Entscheidungs- in eine Verantwortungskategorie umgedeutet (vgl. ICISS 2001). Während sich diese Verschiebung auch in der Schaffung supranationaler Institutionen wie dem Internationalen Strafgerichtshof niederschlägt, sind doch unmittelbare Konsequenzen, insbesondere die Frage einer weiteren Verrechtlichung humanitärer Interventionen zur Unterbindung von Menschenrechtsverletzungen, weiterhin kontrovers (vgl. Hinsch/Janssen 2006). In jüngster Zeit wird diskutiert, ob das völkerrechtliche Souveränitätsprinzip weiterhin neutral gegenüber der Staatsform verstanden werden soll, oder ob das Völkerrecht den Schutz oder gar die Etablierung demokratischer Herrschaft als Gründe anerkennt, vom Interventionsverbot abzusehen (vgl. Franck 1992).

Die zunehmende transnationale Verflechtung vieler Lebensbereiche setzt insbesondere das politikwissenschaftliche Souveränitätsverständnis unter Druck, das mit dem Staat ein mehr oder weniger vollständiges Tableau von Aufgaben und Befugnissen verbindet. Für den Territorialstaat zentrale Herrschaftskompetenzen wie die Kontrolle grenzüberschreitender Kommunikationen, Transaktionen und Mobilitäten entziehen sich mehr und mehr seinem Einfluss; die Staatsaufgaben der Bereitstellung von Sicherheit und Wohlfahrt können nicht länger autonom erfüllt werden. Aber auch ein Rückzug auf die Grundbedeutung der Souveränität als eines obersten Rechtsetzungsvermögens, das von der Anerkennung faktischer Dependenzen nicht direkt bedroht ist, gerät angesichts der Proliferation von inter- und supranationalen Regelungsagenturen und Rechtsquellen in Schwierigkeiten. Die Existenz normsetzender Zusammenhänge und Akteure jenseits der territorialstaatlichen Grenzen, seien sie durch die Territorialstaaten autorisiert oder nicht, widersprechen der Logik der Souveränität und legen daher die Alternativen von Rückbesinnung, Fragmentierung oder Übergang zu neuen Einheiten der Souveränität nahe. Eine *Rückbesinnung* auf die Merkmale staatlicher Souveränität wird aus normativer Sicht v.a. angemahnt, um der Gefahr eines Verlusts an Demokratie und rechtlicher Bestimmtheit entgegenzuwirken, die mit der Entscheidungsfindung für unüberschaubare Räume verbunden wird (vgl. Maus 2002). Eine *Fragmentierung* von Souveränität lässt sich beobachten, wenn heute in Bereichen wie Wirtschaft, Arbeits- oder Umweltschutz die jeweils zuständigen nationalen Institutionen grenzüberschreitend eng zusammenarbeiten. Die zunehmende Bedeutung einer Vielzahl solcher internationaler Regime, die sich auf die Problembearbeitung in eng umrissenen Politikfeldern spezialisiert haben, legt es nahe, heute von »desaggregierter« Souveränität zu sprechen, die Herrschaftsansprüche unter einer Vielzahl von Agenturen mit funktional begrenzter Orientierung aufteilt (vgl. Slaughter 2004, 266). Für die Mitwirkung an transnationalen Vereinbarungen ist charakteristisch, dass Politikfelder im Modus horizontaler Verhandlung bearbeitet werden, also die Grundbedeutung von Souveränität durch ihre außenpolitische Bedeutung autorisierter Vertretung abgelöst wird. Der *Übergang* von Souveränität und damit einem zentralen Merkmal von Staatlichkeit auf eine andere Einheit – sei es eine regionale oder kontinentale, sei es die globale Ebene – erscheint begrifflich nicht ausgeschlossen, wenn auch mit großen praktischen Ungewissheiten behaftet. Er wäre nicht zwangsläufig von einer Verlagerung materialer Entscheidungen, wohl aber von einer veränderten Allokation von

Entscheidungsbefugnissen begleitet (vgl. Schmalz-Bruns 1999). Während die politikwissenschaftliche Bedeutung von Souveränität als funktionale Allzuständigkeit aufgegeben werden müsste, könnte doch ihre Grundbedeutung als zentrale höchste Steuerungskompetenz beibehalten werden. Supranationale Zusammenhänge wie die Europäische Union oder die Vereinten Nationen weisen heute allerdings die Besonderheit auf, dass sie trotz (begrenzten, aber selbständigen und die nationalen Rechtsordnungen bindenden) Normsetzungsbefugnissen nicht über nennenswerte administrative Mittel und Gewaltressourcen verfügen. Sie unterscheiden sich darin von traditionellen souveränen Einheiten, dass sie weder über einen vergleichsweise ausgeprägten eigenen Verwaltungsstab noch unmittelbar über Militär und Polizei disponieren können. Implementations- und Gewaltmittel sind weiterhin bei den Mitgliedsstaaten angesiedelt, können aber bei Bedarf durch sie mobilisiert werden. Dennoch hat sich trotz der historisch beispiellosen Übertragung von Hoheitsrechten und trotz der Herausbildung von quasi-verfassungsförmigen Strukturen weder auf der Ebene der Europäischen Union noch auf der Ebene der UN eine Kompetenz-Kompetenz angesiedelt, die autorisiert wäre, den begrenzten Aufgaben- und Zuständigkeitsbereich supranationaler Institutionen zu erweitern. Insofern erscheint es verfrüht, den Übergang staatlicher Souveränität bereits als historisch alternativlose Entwicklung anzusehen.

4.

Abromeit, H., 1999, Volkssouveränität in komplexen Gesellschaften, in: H. Brunkhorst/P. Niesen (Hg.), Das Recht der Republik, Frankfurt/M.: Suhrkamp.

Ackerman, B., 1991, We the People, Bd. 1, Cambridge/MA: Harvard University Press.

Agamben, G., 1995, Homo sacer, Frankfurt/M.: Suhrkamp 2002.

Bentham, J., 1789, Rights, Representation, and Reform, Oxford: Oxford University Press 2002.

Bentham, J., 1830, Constitutional Code, Bd. 1, Oxford: Oxford University Press 1983.

Blackstone, W., 1765, Commentaries on the Laws of England, Bd. 1, Chicago: University of Chicago Press 1979.

Bodin, J., 1576, Sechs Bücher über den Staat, Bd. 1, München: Beck 1981.

Chambers, S., 2004, Democracy, Popular Sovereignty, and Constitutional Legitimacy, in: Constellations 11.

Foucault, M., 1976, In Verteidigung der Gesellschaft, Frankfurt/M.: Suhrkamp 1999.

Franck, T. M., 1992, The Emerging Right to Democratic Governance, in: American Journal of International Law 86.

Habermas, J., 1992, Faktizität und Geltung. Beiträge zur Diskurstheorie des Rechts und des demokratischen Rechtsstaats, Frankfurt/M.: Suhrkamp 1994.

Hamilton, A./Madison, J./Jay, J., 1788, Die Federalist-Artikel, Paderborn: Schöningh 1994.

Heller, H., 1934, Staatslehre, Tübingen: Niemeyer 1983.

Hinsch, W./Janssen, D., 2006, Menschenrechte militärisch schützen, München: Beck.

Hobbes, T., 1651, Leviathan, Frankfurt/M.: Suhrkamp 1984.

ICISS (International Commission on Intervention and State Sovereignty), 2001, The Responsibility to Protect, Ottawa: International Development Research Centre.

Kielmansegg, P., 1977, Volkssouveränität, Stuttgart: Klett-Cotta 1994.

Krasner, S. D., 1999, Sovereignty, Princeton: Princeton University Press.

Kriele, M., 1975, Einführung in die Staatslehre, Reinbek: Rowohlt.

Luhmann, N., 2000, Die Politik der Gesellschaft, Frankfurt/M.: Suhrkamp.

Maus, I., 1992a, Zur Aufklärung der Demokratietheorie, Frankfurt/M.: Suhrkamp.

Maus, I., 1992b, Basisdemokratische Aktivitäten und rechtsstaatliche Verfassung, in: T. Kreuder (Hg.), Der orientierungslose Leviathan, Marburg: Schüren.

Maus, I., 2002, Vom Nationalstaat zum Globalstaat oder: der Niedergang der Demokratie, in: M. Lutz-Bachmann/J. Bohman (Hg.), Weltstaat oder Staatenwelt, Frankfurt/M.: Suhrkamp.

Rousseau, J.-J., 1762, Vom Gesellschaftsvertrag, Stuttgart: Reclam 1988.

Schmalz-Bruns, R., 1999, Deliberativer Supranationalismus, in: Zeitschrift für Internationale Beziehungen 2.

Schmitt, C., 1922, Politische Theologie, Berlin: Duncker & Humblot 1985.

Sieyes, E., 1981, Politische Schriften 1788–1790, München: Oldenbourg.

Slaughter, A.-M., 2004, A New World Order, Princeton: Princeton University Press.
Talmon, J., 1961, Die Ursprünge der totalitären Demokratie, Köln: Westdeutscher Verlag.
Vattel, E. de, 1758, Das Völkerrecht oder Grundsätze des Naturrechts, Tübingen: Mohr 1959.
Willke, H., 1999, Die Supervision des Staates, Frankfurt/M.: Suhrkamp.

Peter Niesen

Sozialdarwinismus

1.

Der Sozialdarwinismus ist eine sozialphilosophische Ideologie, die aus einer einseitig ausgelegten biologischen Theorie zur Erklärung der Entstehung der Arten Richtlinien für angeblich wünschenswerte politische Maßnahmen abzuleiten sucht, die insbesondere auf eine Verschärfung des »Kampfs ums Dasein« im kulturellen Bereich zielen. Die herangezogene naturwissenschaftliche Theorie, der Darwinismus, wurde allerdings von Charles Darwin nicht zur Rechtfertigung bestimmter politischer Programme entwickelt, und er neigte auch selbst keineswegs zu einer Verherrlichung einer »natürlichen Selektion«, der es nicht auf das Wohl der Individuen ankommt. Das grundlegende philosophische Begründungsproblem einer jeden sozialdarwinistischen Position besteht in der unlösbaren Aufgabe, aus rein deskriptiven Prämissen präskriptive Konklusionen abzuleiten. Wer dies zu leisten beansprucht, begeht den sog. naturalistischen Fehlschluss.

Im Anschluss an Thomas Malthus (1798) sieht Darwin (1859), dass angesichts begrenzter Ressourcen die unterschiedliche Ausstattung der einzelnen Organismen sowie ihre soziale Organisationsweise einen entscheidenden Einfluss auf ihren Fortpflanzungserfolg haben. Die sich daraus ergebende Konkurrenzsituation kennzeichnet er mit dem Begriff des »Kampfs ums Dasein«. Von zentraler Bedeutung für das richtige Verständnis Darwins (sowie der darwinistischen Evolutionstheorie im Allgemeinen) ist nun aus der Sicht der praktischen Philosophie, dass mit dieser Betrachtungsweise noch keinerlei moralische Wertungen vorgenommen werden. Der vom Darwinismus herangezogene Erfolgsbegriff ist ethisch neutral. Darwin spricht zwar an manchen Stellen von einem evolutionären »Fortschritt«; aber in der Regel wird deutlich, dass für ihn der Fortgang der Evolution nicht notwendigerweise einen Fortschritt darstellen muss. Für seine biologischen Untersuchungen setzte er sich den Grundsatz, niemals von »höher« oder »niedriger« mit Bezug auf natürliche Arten oder Entwicklungen zu sprechen (vgl. Flew 1984, 123). Wenn Darwin dennoch, etwa in Bezug auf die Entwicklung und Verallgemeinerung des moralischen Gefühls beim Menschen, von einem festzustellenden Fortschritt spricht, dann geschieht dies durch Anwendung eines unabhängigen Maßstabs, der sich nicht auf ein Gutheißen des faktischen Verlaufs der Evolution reduzieren lässt.

Im Unterschied zu dieser orthodox-darwinistischen Sichtweise verstehen Sozialdarwinisten den von Darwin dargestellten Mechanismus der Evolution als Prinzip der Höherentwicklung – und zwar als deren einziges Prinzip. Da der »natürliche« Kampf ums Dasein in den zivilisierten Gesellschaften abgemildert ist, befürchten sie eine Degeneration, die durch gezielte Eingriffe des Staates (bzw. durch dessen Unterlassung des Schutzes der Schwachen) bekämpft werden sollte. Ihre Argumentation lässt sich etwa wie folgt rekonstruieren (vgl. Weingart/Kroll/Bayertz 1988, 77): (i) quasi-nomologische Prämisse: Natürliche Selektion führt zu organischer Höherentwicklung; (ii) empirische Nebenannahme: In zivilisierten Gesellschaften ist die Wirksamkeit der natürlichen Selektion eingeschränkt; (iii) Konklusion: In zivilisierten Gesellschaften findet keine Höherentwicklung statt, sondern ihr Gegenteil, nämlich Degeneration.

2.

Die Degenerationstheorie wurde u.a. von Francis Galton vertreten. Typisch für ihn und seine Anhänger ist die biologische Umdeutung sozialer Missstände. So hält er es für gesellschaftlich nützlich, wenn kriminellen Gewohnheitstätern (und vielleicht auch »Geistesschwachen«) die Möglichkeit zur Fortpflanzung genommen würde (vgl. Forrest 1974, 250, 262) Schon H. G. Wells hielt dem entgegen, dass die kriminellen Mitglieder einer Familie vielleicht gerade die intelligentesten sind, und Intelligenz war eines der zentralen Elemente, die Galton fördern wollte (vgl. ebd., 257). Ein solcher Einwand übersieht aber den schwerwiegendsten empirischen Kritikpunkt: Es ist überhaupt nicht erwiesen, dass Kriminalität genetisch bedingt ist – im Gegenteil, alles spricht dafür, dass zur Erklärung der Straffälligkeit einer Person viel eher auf soziale Bedingungen rekurriert werden muss; und auch die Theorie der genetischen Vererbung von Intelligenz ist, um es vorsichtig auszudrücken, jedenfalls noch nicht überzeugend bestätigt worden (vgl. Gould 1981).

Die historische Bandbreite politischer Ideologien, die sich am Darwinismus orientieren, ist weit gefächert: »Das Spektrum der Positionen reicht von ›ariomanischen‹ Rassisten, die die nordische Rasse bedroht sahen, über medizinische Technokraten, die mit Hilfe des neuen Typus von sozialer Hygiene die Kosten des Gesundheitswesens senken und die Nation stärken wollten, bis hin zu evolutionären Idealisten, die von einer biologischen Höherentwicklung des Menschen träumten.« (Weingart/Kroll/Bayertz 1988, 105) Für all diese Positionen ist charakteristisch, dass die Interessen der einzelnen Individuen gegenüber den Interessen der Gesamtgesellschaft (im Sinne des Konglomerats aller Einzelinteressen) zurücktreten, so dass sich notorische Gerechtigkeitsprobleme ergeben, die in der gegenwärtigen Debatte aus der Kritik des Utilitarismus (mit seiner Forderung des zu maximierenden »größten Glücks der größten Zahl«) vertraut sind.

Zunächst fand die darwinsche Theorie auch erheblichen Anklang im »linken« politischen Spektrum. Zu diesen Vertretern einer »sozialistischen Eugenik« (Weingart/Kroll/Bayertz 1988, 113) können etwa die auch nach dem Zweiten Weltkrieg aktiven Humangenetiker Herman J. Muller und J. B. S. Haldane gerechnet werden. Dagegen fand dieser Flügel in Deutschland – nach einer kurzen Anfangsphase – kaum Vertreter. Philosophisch interessant ist dabei, dass sich die »rechte« wie die »linke« Eugenik zwar auf Darwin beriefen, dabei aber unterschiedliche Aspekte betonten: In den 1870er Jahren kam es »zu einem radikalen Richtungswechsel von einer progressiv-demokratischen zu einer reaktionär-›aristokratischen‹ Deutung des politischen Inhalts der darwinschen Theorie durch eine Akzentverlagerung vom Prinzip der Evolution auf den Mechanismus der Selektion« (Weingart/Kroll/Bayertz 1988, 116).

Wenn die Natur überhaupt ein Vorbild für menschliches Handeln darstellen soll, stellt sich die einfache Frage: Was konkret ist denn »natürlich«? Schon John S. Mill unterscheidet zur Klärung und Beantwortung dieser Frage mehrere Naturbegriffe. Unter »Natur« könnte z.B. all das verstanden werden, »was ohne Mitwirkung, d.h. die willentliche und absichtliche Mitwirkung des Menschen geschieht« (Mill 1874, 13). Dem hält Mill (wie später T. H. Huxley) entgegen, dass, bei Voraussetzung dieses Naturbegriffs, »die Natur überwunden, nicht befolgt werden muß [...]. Um es ohne Umschweife zu sagen: Fast alles, wofür die Menschen, wenn sie es sich gegenseitig antun, gehängt oder ins Gefängnis gewor[f]en werden, tut die Natur so gut wie alle Tage« (ebd., 23, 30). »Natur« könnte auch als »Inbegriff der Kräfte und Eigenschaften aller Dinge« (ebd., 11) verstanden werden. Aus einem solchen Naturbegriff lassen sich aber keinerlei moralische Vorschriften ableiten, denn in diesem Sinne ist jede (moralisch richtige oder falsche) Handlung »naturgemäß«. Zu dem entsprechenden Fehlschluss kommt es leicht aufgrund der Doppeldeutigkeit des Begriffs eines »Naturgesetzes«. Wissenschaftliche Naturgesetze haben eigentlich nur den Namen mit juristischen Gesetzen gemein. Naturgesetze beschreiben lediglich empirische Regelmäßigkeiten und lassen sich nicht brechen, da neuartige, nicht erfasste Phänomene nur Umformulierungen bisheriger Theorien erforderlich machen; juristische Gesetze schreiben ein bestimmtes Verhalten vor und treten nicht aufgrund von Regelbrüchen außer Kraft, sondern bekämpfen solche mit Sanktionsandrohungen (die bei Naturgesetzen keinen Sinn machen). Ein Naturbegriff, der sich auf die Ordnung der Naturgesetze beruft, kann daher nach Mill nur insofern normative Implikationen haben, als er zu Klugheitsgeboten führt: An die Stelle des »naturam sequi« tritt das bescheidenere »naturam observare« (ebd., 21f.).

Daneben erwähnt Mill noch beiläufig die Möglichkeit, dass diejenigen, die sich auf die Natur als Maßstab des Handelns berufen, einfach einen bestimmten Maßstab vorschlagen, der nach ihrem Vorschlag »Natur« genannt werden sollte (vgl. ebd., 17). Es wäre aber sicherlich irreführend, auf diese Weise vom Nachweis eines sinnvollen normativen Naturbegriffs zu sprechen. Der Sozialdarwinismus betont einseitig den »Kampf ums Dasein« in der Natur. Diese Einseitigkeit ist teilweise schon bei Darwin angelegt, der die Konkurrenz zwischen den einzelnen Organismen ins Zentrum seiner Aufmerksamkeit rückte. Damit vernachlässigte er die vielfältigen Beispiele für Kooperation unter Individuen, die sich gemeinsam einer widrigen Umwelt entgegenstellen. Dieser Aspekt wurde demgegenüber von Pjotr Kropotkin (1902) überbetont, dessen Untersuchungen ihm als Basis für seinen politischen Anarchismus (im Sinne eines Programms zur Erreichung einer staatenlosen Ordnung ohne Herrschaft) dienten. Jedenfalls ist es bloße Willkür, nur einen der beiden Aspekte »natürlich« zu nennen und ihn auf diese Weise normativ auszuzeichnen.

T. H. Huxley weist kritisch darauf hin, dass Anhänger des Sozialdarwinismus dem Begriff des »survival of the fittest« regelmäßig eine Umdeutung geben, die durch den biologischen Kontext, in den Darwin ihn stellte, nicht abgedeckt ist (vgl. Huxley/Huxley 1969, 81). Für Darwin ist mit »fitness« keine positive Bewertung verbunden; es geht für ihn einfach darum, welche Individuen sich in größter Anzahl (und nur in diesem Sinne am »erfolgreichsten«) fortpflanzen. Das hat zur Folge, dass gerade diejenigen Gesellschaftsschichten, die nach Ansicht der Sozialdarwinisten für die Degeneration der zivilisierten Menschheit verantwortlich sind, orthodoxdarwinistisch gerade die höchste »fitness« erreichen, wenn sie besonders kinderreich sind. Sozialdarwinisten wollen dagegen erreichen, dass die im normativen Sinne »Besten« sich in größter Anzahl fortpflanzen. Für die Auszeichnung dieser »Besten« ist dann aber gerade ein Maßstab nötig, der nicht der Natur entnommen werden kann. Die Willkür bei der Auswahl dieses Maßstabs zeigt sich etwa bei der schwankenden Beurteilung des Ersten Weltkriegs durch die Deutsche Gesellschaft für Rassenhygiene: Während 1914 der Krieg noch als Mittel zur Verschärfung des »Kampfes ums Dasein« angesehen wurde, hieß es 1922 unter dem Eindruck des verlorenen Krieges, dass der Krieg eine furchtbare kontraselektorische Auslese bewirke (vgl. Weingart/Kroll/Bayertz 1988, 230ff.).

3.

Damit kann man auf die eingangs dargestellte Rekonstruktion des sozialdarwinistischen Standardarguments zurückkommen. Die erste Prämisse, nach der die natürliche Selektion zur organischen Höherentwicklung führt, ist unklar, weil das Kriterium für »Höhe« nicht hinreichend bestimmt ist. Jeder konkrete Vorschlag für ein solches Kriterium steht aber vor dem unlösbaren Problem, dass er nicht nur empirisch haltbar sein muss, sondern auch noch den für den Sozialdarwinismus charakteristischen normativen Gehalt begründen soll.

Die empirische Nebenannahme, nach der in zivilisierten Gesellschaften die Wirksamkeit der natürlichen Selektion eingeschränkt ist, steht vor dem Dilemma, entweder trivial (wenn auch wahr) oder falsch (wenn auch interessant) zu sein: Trivial ist, dass zivilisierte

Gesellschaften sich von dem hobbesschen Naturzustand unterscheiden, in dem das Leben »solitary, poore, nasty, brutish, and short« (»einsam, kümmerlich, roh und kurz«) ist; aber natürliche Selektion findet eben auch ohne brutalen »Kampf ums Dasein« weiterhin statt, weil die einzelnen Organismen sich weiterhin fortpflanzen, und das in unterschiedlichem Ausmaß. (Dass mit einer solchen biologistischen Betrachtungsweise die menschliche Kultur nicht hinreichend erfasst ist, steht auf einem anderen Blatt.)

Die Konklusion, dass in zivilisierten Gesellschaften keine Höherentwicklung stattfindet, sondern ihr Gegenteil, nämlich Degeneration, ist nicht nur falsch, sondern folgt auch nicht aus den Prämissen. In der ersten Prämisse ist nämlich nicht gesagt, dass nur die natürliche Selektion zur organischen Höherentwicklung führt; und damit ist nicht ausgeschlossen, dass auch andere Wege der Höherentwicklung möglich sind – wobei gerade an die kulturelle Weiterentwicklung zu denken wäre, die wohl eher als die biologische zu einer Höherentwicklung im moralischen Sinne fähig ist. Hier kommt zum Schluss auch noch einmal das grundlegende Begründungsproblem des Sozialdarwinismus zum Vorschein: Selbst wenn wir zugeständen, dass fortschreitende Zivilisation zu einer biologischen Degeneration geführt hätte, wäre damit nicht gezeigt, dass es geboten sei, etwas gegen diese Entwicklung zu unternehmen. Es könnte ja gerade sein, dass es moralisch geboten wäre, der kulturellen Höherentwicklung den Vorrang vor der Bekämpfung angeblicher biologischer Degeneration zu geben.

Ähnliche Begründungsprobleme wie die Sozialdarwinisten haben heute manche Vertreter der Soziobiologie, die eine »Evolutionäre Ethik« begründen wollen (vgl. Gräfrath 1997). Hier ist es wichtig, ein fruchtbares naturwissenschaftliches Forschungsprogramm vor einigen seiner vorgeblichen Anhänger zu schützen – und dies gilt auch für das Verhältnis von Darwinismus und Sozialdarwinismus.

4.

Birnbacher, D., 1991, »Natur« als Maßstab menschlichen Handelns, in: Zeitschrift für philosophische Forschung 45.

Birnbacher, D., 2006, Natürlichkeit, Berlin: de Gruyter.

Darwin, C., 1859, Die Entstehung der Arten durch natürliche Zuchtwahl, Stuttgart: Reclam 1963.

Flew, A., 1984, Darwinian Evolution, London: Paladin.

Forrest, D. W., 1974, Francis Galton, London: Elek.

Gould, S. J., 1981, Der falsch vermessene Mensch, Basel: Birkhäuser 1983.

Gräfrath, B., 1997, Evolutionäre Ethik?, Berlin: de Gruyter.

Huxley, T. H./Huxley, J., 1969, Evolution and Ethics, New York: Kraus.

Kropotkin, P., 1902, Gegenseitige Hilfe in der Tier- und Menschenwelt, Leipzig: Thomas 1920.

Malthus, T., 1798, Das Bevölkerungsgesetz, München: dtv 1982.

Mill, J. S., 1874, Drei Essays über Religion, Stuttgart: Reclam 1984.

Weingart, P./Kroll, J./Bayertz, K., 1988, Rasse, Blut und Gene. Geschichte der Eugenik und Rassenhygiene in Deutschland, Frankfurt/M.: Suhrkamp.

Bernd Gräfrath

Sozialisation/ Sozialisationstheorie

1.

Jede Generation von Neugeborenen ist eine ›Invasion von Barbaren‹. Zu Mitgliedern der Gesellschaft werden sie durch ›Erziehung‹ und ›Sozialisation‹. Der alltagsweltliche Begriff der *Erziehung* bezeichnet absichtsvoll und zielorientiert in konkreten Interaktionen eingesetzte Maßnahmen. Der sozialwissenschaftliche Begriff der *Sozialisation* umfasst darüber hinaus die Gesamtheit der Lebensumstände und auch implizite sowie selbst gesteuerte Lernprozesse, die sich über das gesamte Leben erstrecken können. Ergebnis sind bewusste, prinzipiell bewusstseinsfähige sowie reflexiv nicht einholbare Wissenssysteme, Wertungen und Handlungsdispositionen.

Gegen das klassische Ziel einer – gesellschaftliche Homogenität sichernden – Einpassung des Individuums wurde in den 1970er Jahren ›das mündige Subjekt‹ gesetzt. Darin spiegelt sich die mit den Stichworten »Pluralisierung (von Werten)«, »Ausdifferenzierung (von Teilsystemen)«, »Individualisierung (biographischer Entscheidungen)« etikettierte Erfahrung des ›zweiten Modernisierungsschubs‹ wider. *Sozialisation* aber umfasst Vergesellschaftung wie Individuierung als notwendig aufeinander verwiesene, nur je unterschiedlich stark akzentuierte Momente.

2.
Intensiv erforscht wurde der mögliche Einfluss genetischer Strukturen auf das menschliche Verhalten, und damit mögliche Grenzen der Beeinflussung des Verhaltens durch die Sozialisation. Verhaltensgenetische Studien (vgl. Plomin/DeFries/McClearn u.a. 1999) haben gezeigt, dass getrennt aufgewachsene eineiige Zwillinge einander stärker ähneln als zusammen aufgewachsene zweieiige, und Adoptivkinder ihren leiblichen Eltern stärker als ihren sozialen. Dies belegt den Einfluss der Gene. Aber auch zusammen aufgewachsene eineiige Zwillinge sind nicht identisch. Dies belegt den Einfluss der Umwelt – allerdings nicht den Einfluss geteilter Umweltaspekte (z.B. Strukturmerkmale der Familie, Erziehungsstile der Eltern). Im Schnitt gehen Unterschiede in kognitiven Fähigkeiten und Persönlichkeitsmerkmalen zur einen Hälfte auf die Gene zurück, zur anderen auf ungeteilte Umwelteinflüsse (z.B. individuelle Erfahrungen, zufällige Ereignisse). Auch die Umwelterfahrungen haben jedoch noch eine genetische Komponente (z.B. wie das Kind seine Umwelt wahrnimmt, welche Reaktionen es durch seine Persönlichkeit hervorruft). Damit verbleibt ein geringer Rest (ca. 20%) nicht-genetisch bedingter Varianz, der häufig dem Einfluss von Gleichaltrigengruppen zugerechnet wird (vgl. Harris 1995). Diese Ergebnisse haben zu einer Entwertung sozialisationstheoretischer Forschungen geführt, sofern diese Gene und Umweltbedingungen untrennbar konfundieren (z.B. intelligente Eltern vererben gute Anlagen und gestalten zugleich anregende Umweltbedingungen).

Korrelationsstatische Analysen der Unterschiede zwischen Individuen einer gegebenen Population blenden jedoch universelle sowie die in einem gegebenen soziohistorischen Kontext von allen Familien einer Population in gleicher Weise erbrachten Basisleistungen der Familie aus. Diese würden sichtbar, vergliche man nicht die heute in Normalfamilien getrennt aufgewachsenen eineiigen Zwillinge miteinander, sondern mit Wolfskindern, vernachlässigten Waisenhauskindern oder Kindern einer Stammeskultur. Verhaltensgenetische Studien konzentrieren sich zudem auf formale Fähigkeiten und Persönlichkeitsmerkmale. Inhaltliche, durch soziale Erfahrungen mitbestimmte Dimensionen (z.B. Bindungsfähigkeit, Interessen oder Werthaltungen) werden nicht erfasst.

3.

3.1. Die vorliegenden Sozialisationstheorien unterscheiden sich stark in ihren grundsätzlichen Forschungsinteressen und implizit angenommenen Menschenbildern. In einigen geht es um interindividuelle Unterschiede (Behaviorismus, Psychoanalyse), in anderen um die Entwicklung universeller Strukturen (Piaget). Der Mensch gilt den einen (z.B. Freud) als asoziales Triebbündel, das die gesellschaftlichen Normen als oktroyiertes Zwangskorsett erfährt und das ›Unbehagen an der Kultur‹ nie ganz verliert, den anderen (z.B. Mead, Parsons) als ein ›von Natur‹ aus auf Sozialität angelegtes Wesen, das nur durch die Übernahme sozialer Erwartungen zur Person werden kann. Das Kind wird einmal als passives Objekt externer Prägung (z.B. im Behaviorismus, bei Freud), zum andern als aktiver Konstrukteur der eigenen Realitätswahrnehmung (z.B. bei Piaget) gesehen. Die Unterstellung einer rein instrumentalistischen Orientierung an Nutzen- oder Lustmaximierung (z.B. im Behaviorismus, in der Psychoanalyse) kontrastiert mit der Anerkennung einer intrinsischen Neugiermotivation oder einem Streben nach Wertverwirklichung (z.B. bei Piaget, bei Kohlberg). In einigen Ansätzen gilt menschliches Verhalten als kausal determiniert – durch die Gene (Soziobiologie), äußere Anreizbedingungen (Behaviorismus) oder frühkindliche Erfahrungen; andere lassen Raum für willentliche Selbstbestimmung.

Die unterschiedlichen Theorien lassen sich nicht integrieren: Zu kontradiktorisch sind die Grundannahmen, zu exklusiv die erhobenen Geltungsansprüche. Gleichwohl birgt jede Erkenntnisgewinne: Jeder Ansatz beschreibt einen spezifischen Lernmechanismus und belegt dessen Erklärungskraft – für das Erlernen von Verhalten, den Aufbau von Motiven und den Erwerb kognitiver Kompetenzen.

3.2. Im Rahmen der Sozialisationstheorie unterscheidet man diverse Lernmechanismen. Beim Erlernen von Verhalten, um das es im Behaviorismus geht, differenziert man zwischen klassischer Konditionierung, operanter Konditionierung und Nachahmung. Ausgangspunkt der *klassischen Konditionierung* ist eine angeborene Reaktion auf einen bestimmten Stimulus (z.B. bei Pawlows Hund: Speichelfluss beim Anblick von Nahrung). Nach mehrmaliger Darbietung eines neuen Stimulus in zeitlich-räumlicher Kontiguität mit dem ursprünglichen (z.B. Klang einer Glocke bei der Nahrungsgabe) reicht dieser allein hin, um die Reaktion auszulösen. Sozialisationstheoretisch interessanter ist die *operante Konditionierung*: Sie setzt an spontan vom Organismus initiierten Verhaltensweisen an und bestraft systematisch die unerwünschten bzw. belohnt selektiv die erwünschten oder schrittweise sich an das erwünschte Verhalten annähernden Reaktionen. Im ersten Fall löst dann künftig schon der bloße Gedanke an eine Übertretung die an die Straferfahrung gekoppelte Furchtreaktion aus, im zweiten wird das Verhalten sukzessive überformt. Beide Formen deuten Lernen – auf der Basis der unterstellten instrumentalistischen Motivstruktur – als Produkt gezielter äußerer Einflussnahmen. Allerdings bleibt das Individuum im Falle negativer Verstärkung sich seiner asozialen Impulse bewusst – es unterdrückt sie nur aus Strafangst. Im Falle positiver Verstärkung hingegen glaubt es, da es nur den erstrebten Belohnungen nachjagt, stets genau das zu tun, was es ohnehin tun will – so wird zwanglose Konformität mit den Erwartungen erzeugt und die externe Steuerung des Verhaltens tritt nicht ins Bewusstsein. Neben der Konditionierung existiert das Lernen durch Nachahmung. Die soziale Lerntheorie belegt, dass Kinder sich nicht allein an Strafen und Belohnungen, sondern auch an Beispielen und Vorbildern orientieren. Ohne zusätzliche Verstärkung imitieren sie mächtige, interessante oder der eigenen Sozialkategorie zugehörige (z.B. geschlechtsgleiche) Modelle aus Neugierde oder Kompetenzmotivation. Damit sind Freiheitsspielräume eröffnet.

Psychoanalytische Ansätze beschreiben den Aufbau generalisierter Motive. Das freudsche Strukturmodell unterscheidet Es, Ich und Überich. Das Es, die den Trieben am nächsten stehende Instanz, ist nichts weiter als »ein Chaos, ein Kessel voll brodelnder Erregungen« (Freud 1933, 80). Das Ich, zu rationaler Abwägung befähigt, kontrolliert die Befriedigung der Triebe am Realitätsprinzip und an den im Überich verankerten normativen Ansprüchen.

Das Überich ist ›Erbe des Ödipuskomplexes‹: Aus Angst vor Kastration gibt der Knabe das Begehren der Mutter auf und verinnerlicht – auf dem Wege der Identifikation mit dem Aggressor – die vom Vater vertretenen Normen. Aus Angst vor Gewissensbissen werden hinfort unerwünschte Triebansprüche unterdrückt. Da beim Mädchen die Angst vor der Kastration entfällt, wird das Überich »niemals so unerbittlich [...] wie wir es vom Manne fordern« (Freud 1925, 29).

Parsons (1951) begreift Sozialisation als Prozess komplementärer Rollenübernahme. Von Anfang an wird dem Neugeborenen eine ›Rolle‹ zugewiesen. Umgekehrt entwickelt der ›von Natur aus‹ abhängige, plastische, bindungsfähige Säugling eine affektive Bindung an die Bezugsperson, und um ihre Zuwendung nicht zu verlieren orientiert er sich an ihren Erwartungen. So erwächst Konformitätsbereitschaft als ein tief in der Persönlichkeitsstruktur verankertes Bedürfnis, unabhängig von Kosten- und Nutzenerwägungen herrschende Normen und Standards zu befolgen.

Freuds und Parsons' Ansichten lassen sich als Verallgemeinerung und Verinnerlichung der im Behaviorismus beschriebenen Lernmechanismen verstehen: Gelernt werden nicht mehr allein einzelne Verhaltensweisen aufgrund spezifischer Erziehungsmaßnahmen, sondern generalisierte Verhaltensdispositionen aufgrund von Beziehungserfahrungen. Handeln ist nicht länger durch externe Sanktionen, sondern durch internalisierte Gewissensangst bzw. Konformitätsneigung bestimmt. Dabei entspricht Freuds Überich-Diktat der Konditionierung durch negative, Parsons' Konzept zwangloser Konformität der Konditionierung durch positive Verstärkung.

Lernen kann man allerdings auch durch Krisenerfahrung und Reflexion. Die Ich-Psychologie schwächt Freuds und Parsons' deterministische Annahme einer frühen Prägung der Persönlichkeit ab: Sie räumt ein, dass im Verlaufe heftiger Krisenerfahrungen (z.B. in der Adoleszenz) früh gestiftete Bindungen und ein rigides Überich überarbeitet werden können (vgl. Jacobson 1973). Auch die ›Theorie der sozialisatorischen Interaktion‹ (vgl. Oevermann/Allert/Gripp u.a. 1976, 389) unterstellt, dass die objektiven Sinngehalte früher Interaktionsszenen reflexiv eingeholt und so ihrer unbewusst handlungsbestimmenden Kraft entkleidet werden können.

Die Bindungstheorie (vgl. Ainsworth/Blehar/Waters u.a. 1978; Bowlby 1986) zeigt, dass sich die Kinder ›feinfühliger Mütter‹, die bereits den Säugling in seinen Bedürfnissen ernst nehmen und seine Grenzen achten, den Anordnungen nicht aus Angst (vor Kastration oder Liebesverlust), sondern ›freiwillig‹ fügen. Dies gilt, sofern diese mit ihrem früh gewonnenen Verständnis eines auf Achtung gegründeten Person- und Beziehungskonzepts zusammen stimmen.

In bewusster Auseinandersetzung mit vorgegebenen Normen und Erwartungen weist der Heranwachsende dann bestimmten Wertorientierungen eine so hohe Bedeutung zu, dass er sich nicht dazu bringen kann, ihnen zuwiderzuhandeln. Solch bejahte Formen willentlicher Einschränkung sind konstitutiv für die Möglichkeit, Person zu sein: Wer nichts hätte, wozu er sich nicht bringen kann, wäre Objekt der eigenen Triebe, externer Zwänge oder Zufälle (vgl. Frankfurt 1988).

Neben den genannten Formen des Lernens gibt es das kognitive Lernen, bei dem zwischen Strukturlernen (1), implizitem Lernen (2) und Inhaltslernen unterschieden werden kann.

(1) In der kognitivistischen Entwicklungstheorie baut das Kind zunächst Handlungsschemata auf, die ein (motorisches) Vorverständnis zentraler Erkenntniskategorien (Raum, Zeit, Kausalität) erlauben. Diese werden später in einem Prozess reflektierender Abstraktion als reversible Operationen internalisiert, abstrahiert und zu formal-logischen Denkstrukturen verdichtet. Entwicklung vollzieht sich universell als Durchlaufen einer irreversiblen und invarianten Abfolge qualitativ verschiedener, ganzheitlich strukturierter Stadien, die durch zunehmende ›Objektivität‹ (z.B. Stimulusunabhängigkeit, Differenzierung) gekennzeichnet ist. (2) Von beobachteten Regelmäßigkeiten schließen Kinder auf zugrunde liegende empirische Gesetze (vgl. Perrig 1996) oder normative Regelstrukturen. An diesen orientieren sie sich, ohne dessen reflexiv gewahr zu werden oder die Regeln ausbuchstabieren zu können. (3) Wahrnehmung und Handeln sind auch durch Annahmen über die Welt gesteuert, die – erfahrungsunabhängig – durch Inhaltslernen (z.B. in der Schule, durch die Medien) erworben werden. In dem Maße, in dem Individuen sich in Wissensgebiete einarbeiten, beginnen sie eigenständig die Informationen zu vernetzen und zu hierarchisieren – sie bauen eine bereichsspezifische Expertise auf (vgl. Chi/Glaser/Rhees 1982).

3.3. Wie man am Beispiel des Spracherwerbs zeigen kann, spielen alle der beschriebenen Lernmechanismen eine Rolle: Nachahmung und Verstärkung; Einübung in soziales Rollenspiel; Regelrekonstruktion und Aufbau impliziter Wissenssysteme; explizite Unterweisung. Die genetische Ausstattung befähigt den Menschen – universell – dazu, Mitglied in jeder Kultur zu werden, während die konkreten Lernmechanismen – differentiell – seine Einbindung in eine bestimmte Kultur vorantreiben.

3.4. Sozialisationsprozesse sind einem markanten historischen Wandel unterworfen, der sich auch im Wandel der Theorien niederschlägt. Klassische Ansätze analysieren insbesondere Prozesse einer externen, z.T. auch nicht bewusstseinsfähigen Verhaltenssteuerung und Charakterprägung. Neuere Forschungen weisen dem gegenüber größere individuelle Freiheitsspielräume aus: Verhalten ist nicht allein an Verstärkung, sondern auch an eigenen Interessen und Präferenzen orientiert; Folgebereitschaft ist nicht allein durch Macht erzwungen oder durch Manipulation erzeugt, sondern auch Ergebnis einer ›freiwilligen‹ Identifikation mit einsehbaren Regulierungen, die ein auf gleicher Achtung basierendes Zusammenleben ermöglichen; Regelverständnis wird nicht primär indoktriniert, sondern aktiv rekonstruiert. Diese theoretischen Umfokussierungen entsprechen einem sozialstrukturellen und -kulturellen Wandel. Auf den globalen Märkten werden Kreativität und Selbstverantwortlichkeit stärker nachgefragt als die Bereitschaft zur pünktlichen Erfüllung detailliert vorgegebener Ausführungsbestimmungen. Der persönliche Bereich hat sich erheblich erweitert: Mit der Industrialisierung sind ständische Restriktionen (weitgehend) abgebaut, mit Urbanisierung und Anonymisierung haben sich soziale Kontrollen verringert, mit der Säkularisierung von Moral ist die Toleranz in Fragen individueller Lebensstile und weltanschaulicher Bindungen gestiegen. Das Gleichheitsprinzip der Aufklärung wird zunehmend extensiver interpretiert und ist auf Frauen und sogar auf Kinder ausgeweitet worden. Diesen Veränderungen korrespondiert eine Liberalisierung der Sozialisation. Den Erziehungszielen ›freier Wille und Selbständigkeit‹ wird – insbesondere seit 1968 – klarer Vorrang vor ›Gehorsam und Unterordnung‹ eingeräumt. Dies ist Ergebnis des Diskurses um ›autoritäre Erziehung‹, in dem die sich langfristig und kontinuierlich durchsetzenden Veränderungsprozesse punktuell reflexiv eingeholt wurden. Seit Beginn des 20. Jahrhunderts gestehen Eltern ihren Kindern zunehmend mehr Mitsprache zu und sehen sich mit häufigerem Aufbegehren konfrontiert; sie erziehen weniger streng und fokussieren weniger auf Pünktlichkeit und guten Manieren (vgl. Reuband 1988). Macht- und liebesentzugsorientierte Sozialisationspraktiken machen zunehmend dem Erziehungsstil des ›argumentativen Räsonierens‹ Platz (vgl. Hoffman/Saltzstein 1967). Der gleichgerichtete Wandel wirtschaftlicher Erfordernisse, kultureller Deutungsmuster und individueller Sozialisationspraktiken spiegelt das eliassche Prinzip einer ›Koevolution‹ von Gesellschafts- und Persönlichkeitsstruktur wider (vgl. Elias 1939). Im Rahmen dieses Prozesses kam es zunächst zu einer an die Zentralisierung der Staatsgewalt gekoppelten Ersetzung von Fremd- durch Selbstzwänge. Mit der innergesellschaftlichen Ausdifferenzierung sozialer Teilsysteme sowie der Zunahme internationaler Vernetzungen hat das Individuum heute die Überbrückung widersprüchlicher Erwartungen zunehmend selbst zu leisten. Dies erfordert ein Verständnis allgemeiner Prinzipien und die Fähigkeit zu deren kontextsensitiver Anwendung. Somit ist eine an Einsicht orientierte ich-nahe Selbstbindung geeigneter als rigide Selbstzwänge oder nicht bewusstseinsfähige Habitualisierungen.

4.

Ainsworth, M. D. S./Blehar, M. C./Waters, E. u.a., 1978, Patterns of Attachment. A Psychological Study of the Strange Situation, Hillsdale: Erlbaum.

Bowlby, J., 1986, Bindung. Eine Analyse der Mutter-Kind-Beziehung, Frankfurt/M.: Fischer.

Chi, M. T. H./Glaser, R./Rees, E., 1982, Expertise in Problem Solving, in: R. J. Sternberg (Hg.), Advances in the Psychology of Human Intelligence, Bd. I, Hillsdale: Erlbaum.
Elias, N., 1939, Über den Prozeß der Zivilisation, Frankfurt/M.: Suhrkamp 1992.
Frankfurt, H., 1988, The Importance of What We Care About, Cambridge: Cambridge University Press.
Freud, S., 1925, Einige psychische Folgen des anatomischen Geschlechtsunterschieds, in: Gesammelte Werke, Bd. 14, Frankfurt: Fischer 1999.
Freud, S., 1933, Neue Folge der Vorlesungen zur Einführung in die Psychoanalyse, in: Gesammelte Werke, Bd. 15, Frankfurt: Fischer 1999.
Habermas, J., 1992, Individuierung durch Vergesellschaftung, in: ders., Nachmetaphysisches Denken, Frankfurt/M.: Suhrkamp.
Harris, J. R., 1995, Where is the Child's Environment?, in: Psychological Review 102.
Hoffman, M. L./Saltzstein, H. D., 1967, Parent Discipline and the Child's Moral Development, in: Journal of Personality and Social Psychology 5.
Hurrelmann, K./Ulich, D., 1991, Neues Handbuch der Sozialisationsforschung, Weinheim: Beltz.
Jacobson, E., 1973, Das Selbst und die Welt der Objekte, Frankfurt/M.: Suhrkamp.
Oevermann, U./Allert, T./Gripp, H. u.a., 1976, Beobachtungen zur Struktur der sozialisatorischen Interaktion, in: M. Auwärter/E. Kirsch/K. Schröter (Hg.), Seminar: Kommunikation, Interaktion, Identität, Frankfurt/M.: Suhrkamp.
Parsons, T., 1951, The Social System, Glencoe: Free Press.
Perrig, W. J., 1996, Implizites Lernen, in: J. Hoffmann/W. Kintsch (Hg.), Lernen, Göttingen: Hogrefe.
Plomin, R./DeFries, J. C./McClearn, G. E. u.a., 1999, Gene, Umwelt und Verhalten, Bern: Huber.
Reuband, K. H., 1988, Von äußerer Verhaltenskonformität zu selbständigem Handeln, in: H. O. Luthe/H. Meulemann (Hg.), Wertwandel. Faktum oder Fiktion?, Frankfurt/M.: Campus.
Tillmann, H. J., 1989, Sozialisationstheorien, Reinbek: Rowohlt.
Veith, H., 1996, Theorien der Sozialisation, Frankfurt/M.: Campus.

Gertrud Nunner-Winkler

Sozialismus

1.

»Sozialismus« bezeichnet primär Wirtschafts- und Gesellschaftsformen der Moderne, die Alternativen zu Grundstrukturen des »Kapitalismus« sind und Werte der neuzeitlichen Aufklärung und der modernen Revolutionen und Sozialreformen zu realisieren versuchen. Daneben bezeichnet der Begriff auch die politischen Bewegungen, Organisationen und Theorien, die auf die Realisierung dieser Gesellschaftsformen zielen. Sozialistische Bewegungen können revolutionär oder reformistisch, antiautoritär oder zentralistisch sein. Programmatisch und strategisch radikalere Varianten des Sozialismus nennt man auch »Kommunismus«.

1.1. Der Begriff »Sozialismus« hat sich im 20. Jahrhundert so entwickelt, dass sein ökonomisch-strukureller gegenüber seinem normativen Bedeutungsgehalt zurücktritt. So meint die Rede vom »demokratischen Sozialismus« oft eine sozialstaatliche, partizipatorische sowie arbeitsrechtlich und makroökonomisch regulierte Version des Kapitalismus. Dementsprechend wird der Begriff »Sozialismus« heute oft lediglich durch »sozialistische Werte« wie Gleichheit und Solidarität definiert. Umgekehrt wird der Begriff manchmal ganz ohne Bezug auf (moderne) Werte und rein institutionell/strukturell verstanden, im Extremfall als Bezeichnung für alle stark integrierten Gesellschaftsformen, in denen Märkte eher marginal sind. Das stützt eine missbräuchliche Verwendung des Begriffs, in dem er sich weder eindeutig gegen Grundstrukturen des Kapitalismus richtet noch auf modernen Werten beruht (z.B. »preußischer« oder auch »konservativer Sozialismus«). Insbesondere das Wort »National-Sozialismus« benennt kaum mehr als eine vormoderne Idee von »Volksgemeinschaft«.

Der Marxismus legt die institutionelle Dimension des Begriffs »Sozialismus« auf die der Vergesellschaftung der Produktionsmittel fest, während die normative Dimension weitgehend ausgeblendet wird. In der Sozialistischen Internationale der vorletzten Jahrhundertwende und mehr noch in der Kommunistischen Internationale der Zwischenkriegszeit wurde diese Vergesellschaftung meist als Verstaatlichung sowie als umfassende ökonomische Planung und Lenkung verstanden. In den Modellen des Marktsozialismus, die sich wesentlich aus der Kritik am sowjetischen System entwickelten, trat der Aspekt der gesamtwirtschaftlichen Planung und Lenkung zurück gegenüber denen der Aufhebung oder jedenfalls der starken Einschränkung des Privateigentums, der Ausweitung der Demokratie auf die Produktion und der Realisierung der Werte der ökonomischen Effizienz, der Freiheit, der Gleichheit und der Gemeinschaft.

1.2. Ein angemessener Begriff von »Sozialismus« hat sowohl einen sozialstrukturellen, v.a. negativen Bestandteil (Alternative zum Kapitalismus), als auch einen positiven, normativen Bestandteil (Realisierung moderner Werte). Die verschiedenen Formen des Sozialismus lassen sich danach unterscheiden, welche Strukturmerkmale des Kapitalismus (Privateigentum an Produktionsmitteln, Marktwirtschaft, Profitmaximierung, Lohnarbeit, Akkumulationszwang) sie aufheben und welche modernen Werte sie vornehmlich verwirklichen (rationale Kontrolle, Effizienz, Entwicklung, Freiheit, Gleichheit, Gerechtigkeit, Solidarität, Demokratie).

Ein schwacher, heute vorherrschender Begriff von »Sozialismus« versteht darunter jede moderne Wirtschaftsform, die auf einer Aufhebung oder Einschränkung des Privateigentums an Produktionsmitteln und auf makroökonomischer Planungsrationalität beruht. Ein stärkerer Begriff von »Sozialismus« umfasst die Aufhebung der Lohnarbeit und des Akkumulationszwangs durch Selbstverwaltung und makroökonomische Rahmenplanung, aber nicht notwendig die Aufhebung der Marktwirtschaft und Profitorientierung und nicht die volle Aufhebung des Privateigentums an Produktionsmitteln, sondern lediglich die Aufhebung der privaten Verfügungsgewalt über diese. Noch stärkere Begriffe von »Sozialismus« würden normative Kriterien (wie Gerechtigkeit, Gleichheit, Solidarität usw.) enthalten, die über die der Planrationalität und der Partizipation hinausgehen. Es ist aber unzweckmäßig, den Begriff so stark normativ aufzuladen, dass die Frage, ob der Sozialismus dem Kapitalismus normativ überlegen ist, per definitionem entschieden wäre.

2.

2.1. Das Wort »Socialist« ist vom lateinischen »socius« (Geselle, Genosse) bzw. von »socialis« abgeleitet und entsteht gegen Ende des 18. Jahrhunderts als Ausdruck der polemischen Abgrenzung katholischer Kritiker gegenüber der aufklärerischen Rechtsphilosophie, die das Naturrecht nicht mehr auf theologischen Prämissen, sondern auf der geselligen Natur des Menschen begründet hatte (vgl. Schieder 1984). Sozialismus wird in der Folge häufig als Gegenmodell zum Individualismus verstanden.

Auf soziale Bewegungen und die von diesen angestrebten Sozialformen bezieht sich »Sozialismus« seit den 1820er Jahren in Frankreich im Umkreis von Fourier und Saint-Simon und in England im Umkreis von Owen. Auch hier setzen sich diese Begriffe vom Individualismus ab, sofern sie einerseits die kollektivistischen und egalitären Modell-Experimente von Fourier und Owen und andererseits die planifikatorisch-technokratischen Ideen von Saint-Simon bezeichnen (vgl. Vester 1970).

2.2. Diese Ideen und Versuche werden schon vom jungen Marx und Engels kritisch als »utopischer Sozialismus« bzw. »Früh-Sozialismus« bezeichnet, da es sich dabei um Ausdrucksformen einer noch unentwickelten Arbeiterbewegung handele. Engels (1880) versteht den Begriff »Sozialismus« primär als Bezeichnung für theoretische Ideen einer sozialen Bewegung und weniger als Bezeichnung für die angestrebte Alternative zum Kapitalismus. In seinen frühen Pariser Manuskripten bezeichnet Marx (1844) das historische Endziel als »Sozialismus«, während er die notwendige Zwischenstufe »Kommunismus« nennt. Danach spricht er bezüglich der postkapitalistischen Gesellschaft nicht mehr von »Sozialismus«, sondern nur noch von »Kommunismus«. Im *Kommunistischen Manifest* entwickeln Marx und Engels (1848) ein revolutionäres Programm, das keine umfassende *Planwirtschaft* vorsieht. Später unterscheidet Marx (1875) zwei Phasen des »Kommunismus«, die beide auf einer Vergesellschaftung der Produktionsmittel sowie auf der Abschaffung des Marktes und auf planmäßiger Produktion beruhen. In der »niederen« Phase bleibt die Form der Lohnarbeit in dem Sinne erhalten, dass die Konsumtionsgüter nach Arbeitsleistung verteilt werden, später nach Bedürfnissen. Erstere nennt man seit Lenin meist »Sozialismus«. Schon hier soll nach marxistischer Überzeugung der Staat »absterben«.

In der zweiten und dritten Internationale setzt sich das Verständnis durch, dass die postkapitalistische Gesellschaft auf der Überführung der Produktionsmittel in öffentliches Eigentum, der Abschaffung des Marktes sowie einer umfassenden und zentralistischen Planung und einer administrativen Lenkung der Ökonomie beruht. Demgegenüber war bei Marx (1867, 94) vorsichtiger von »bewusster planmäßiger Kontrolle« die Rede, die mit einer indirekten und partiellen Steuerung von Märkten vereinbar scheint.

In der ersten Internationale dominierten Strömungen, die eine genossenschaftliche Produktion ohne Abschaffung des Marktes anstrebten (Proudhon, Bakunin, Lassalle). In der deutschen Sozialdemokratie wurde demgegenüber ein etatistisches Verständnis von Sozialismus vorherrschend. Konzeptionen des Staatssozialismus stand besonders in den romanischen Ländern der Anarchosyndikalismus gegenüber, der eine staatsfreie Selbstverwaltung der Produktion propagierte.

2.3. Kurz vor der Oktoberrevolution erklärte Lenin: »Der Sozialismus ist nichts anderes als staatskapitalistisches Monopol, das zum Nutzen des ganzen Volkes angewandt wird und dadurch aufgehört hat, kapitalistisches Monopol zu sein.« (Lenin 1917, 369) Lenin reagierte auf das Scheitern des bolschewistischen »Kriegskommunismus« und seinen Sieg über die Konterrevolution sowie die sozialrevolutionären Basis-Bewegungen mit der Einführung einer »Neuen ökonomischen Politik«, die Elemente der Marktwirtschaft mit Erfolg förderte. Zur Zeit der Weltwirtschaftskrise im Westen wurde diese Strategie von Stalin durch die der Zwangskollektivierung und der forcierten Industriealisierung im Rahmen von 5-Jahres-Plänen ersetzt. Diese zentralistische und dirigistische Planwirtschaft, die von politischem Massenterror begleitet war, führte zunächst zu hohen Wachstumsraten in der Industrie, längerfristig jedoch zu so viel Vergeudung und Stagnation, dass die Partei seit Stalins Tod Versuche unternahm, diese totalisierte Planwirtschaft durch Marktelemente zu liberalisieren. Ähnliche Versuche in einigen der osteuropäischen Länder, denen derartige Versuche aufgezwungen worden waren, blieben längerfristig erfolglos, weil sie nicht weit genug gingen, um eine effektive Marktregulation zu ermöglichen. Die viel weitergehende ökonomische und politische Liberalisierung im »Prager Frühling« (vgl. Sik 1979) wurde von den Armeen des sowjetischen Blocks erstickt.

In Jugoslawien wurde nach dem Bruch mit Stalin eine weitgehende ökonomische und politische Dezentralisierung durch die Selbstverwaltung der Betriebe ergänzt (vgl. Horvat 1982). Dieses System war zunächst ökonomisch sehr erfolgreich, scheiterte dann jedoch v.a. daran, dass die Kommunistische Partei nicht bereit war, ihre Kontrolle der Organe der Selbstverwaltung aufzugeben und auch die Großbetriebe den Marktzwängen der Rentabilität und des Konkursrisikos auszusetzen. Die ökonomische Liberalisierung, die die herrschende Partei in China seit dem Ende der Kulturrevolution durchgeführt hat, ist ökonomisch erfolgreicher. Es ist allerdings umstritten, ob sie nicht zur Dominanz eines privaten Kapitalismus oder Staatskapitalismus führt.

3.

Alternativ zu den parteikommunistischen Diktaturen wurde »Sozialismus« immer wieder als umfassende Demokratie verstanden, die auch den Bereich der Ökonomie der Volkssouveränität unterwirft. Diese könnte dabei in repräsentativen oder/und in direkten oder räteartigen Formen verfasst sein. Hier wird aber übersehen, dass eine integrale Planung und Lenkung der Produktion in einer komplexen und dynamischen Ökonomie auch dann nicht effizient und human funktionieren kann, wenn sie auf einer Demokratisierung aller gesellschaftlichen Bereiche beruht. Auch die avancierteste Technik kann die Masse der Informationen kaum speichern und verarbeiten, die für eine solche Planung und Lenkung notwendig wäre. Und selbst wenn das der Fall wäre, würden die Interessengegensätze zwischen Konsumenten und Produzenten, Arbeitern und Managern, Managern und Planern sowie Planern und Regierung verhindern, dass die nötigen Informationen für die Planung beschafft und die Entscheidungen effektiv umgesetzt würden.

Eine demokratische und nichtkapitalistische Alternative zu diktatorischen Planwirtschaften muss deshalb auf der Nutzung von Marktmechanismen beruhen. Marktwirtschaft bedeutet auch im Sozialismus, dass die Kräfte des Marktes wirksam werden, indem sie die Preise determinieren, die Unternehmen zwingen, den Zielen der Produktivität und der Gewinnoptimierung eine hohe Priorität zu geben, und letztlich über deren Existenz zu entscheiden. Außerdem kann hier neben den öffentlichen oder kollektiven ein Bereich privater Unternehmen existieren.

3.1. Ein detailliertes Modell für einen Manager-Marktsozialismus auf der Basis der Verstaatlichung der Großbetriebe ist seit den 1970er Jahren v.a. von James Yunker (1997; 2001) entwickelt worden. Die zentrale Institution dieses »pragmatic market socialism« ist ein »bureau of public ownership« (BPO), dessen lokale Vertreter, die auf Zeit gewählt werden, das Top-Management der dort ansässigen, verstaatlichten Unternehmen auswählen und dessen Arbeit auf ihre Wirtschaftlichkeit hin überprüfen. Die Finanzierung der Unternehmen geschieht über öffentliche Banken, die genauso dezentralisiert wie das BPO und von diesem unabhängig sein sollen. Der sozialistische Charakter dieses Modells liegt für Yunker nicht nur in der Verstaatlichung der Kapitalgesellschaften, sondern auch in der Verteilung der im staatlichen Sektor erzielten Profite auf alle Bürger. Denn obwohl diese Verteilung nicht egalitär, sondern nach den Löhnen differenziert erfolgen soll, die ihrerseits nach Leistungs- und Marktkriterien gestaffelt sind, ergibt sich nach Yunker eine Einkommensverteilung, die wesentlich egalitärer ist als die im Kapitalismus.

Wohl noch weiter entfernt von den sozialistischen Traditionen ist John Roemers marktsozialistisches Modell (vgl. Roemer 1994; ders. 1996). Roemer schlägt nicht eine Aufhebung der Privatheit des Eigentums an Produktionsmitteln vor, sondern lediglich deren Einschränkung: Jeder Bürger bekommt mit seiner Volljährigkeit einen gleichen Anteil an den größeren Unternehmen in Form von »Coupons«, die bei seinem Tod wieder an den Staat gehen. Die Bürger können sich mit diesen Gutscheinen Anteile an Firmen kaufen, diese untereinander austauschen oder in Beteiligungsfonds anlegen, aber nicht verkaufen oder verschenken und vererben. Außerdem vertritt Roemer eine indirekte Investitionslenkung durch eine Zwangsversicherung gegen Investitionsrisiken und durch differentielle staatliche Kredite zur Steuerung der technologischen Entwicklung. Das Modell soll auch bei starker Differenzierung der Löhne zu einer egalitäreren Einkommensverteilung führen als im Kapitalismus und öffentliche Güter wie eine gesunde Umwelt und den Frieden fördern.

3.2. Den sozialistischen Traditionen näher stehen Formen des Marktsozialismus, die auf einer Demokratisierung der Unternehmen aufbauen. Man spricht in diesem Fall auch von »Wirtschaftsdemokratie«, »partizipatorischer Ökonomie«, »Arbeiter-Selbstverwaltung« oder einfach von »demokratischem Sozialismus«. Die Begriffe »Wirtschaftsdemokratie« und »demokratischer Sozialismus«, die in den Gewerkschaften und der Sozialdemokratie der 1920er Jahre programmatisch wurden (vgl. Naphtali 1928; Vilmar/Sattler 1978), sind jedoch nicht eindeutig auf eine Alternative zum Kapitalismus festgelegt. Mit beiden Begriffen kann auch ein demokratischer, sozialstaatlicher und egalisierter Kapitalismus mit weitgehender Mitbestimmung und/oder mit Formen von Produktionsgenossenschaften, die aber kein strikt kollektives Eigentum haben und nicht ökonomisch dominieren, gemeint sein, wie er in Skandinavien näherungsweise realisiert ist. Eine eindeutige Abgrenzung von kapitalistischen und sozialistischen Formen von Wirtschaftsdemokratie ist aber wohl unmöglich (vgl. die Modelle von Weisskopf 1993 und Fleurbaey 1993).

Eine allgemeine Theorie der »Marktwirtschaft mit Arbeiter-Selbstverwaltung« bzw. der »Beteiligungs-Wirtschaft« (»participatory economy«) hat Jaroslav Vanek (1971; 1977) entwickelt. Dabei hält er die Frage der Eigentumsverhältnisse – und damit des »Sozialismus« – für sekundär. Vanek kann mit dem Instrumentarium der neoklassischen Gleichgewichtstheorie zeigen, dass ein System, das aus Betrieben besteht, deren Beschäftigte an deren Verwaltung mindestens durch das Stimmrecht für die Wahl des Managements und am Gewinn beteiligt sind, hinsichtlich allokativer Effizienz und Produktionsleistung einem entsprechenden kapitalistischen Modell mindestens gleichwertig und hinsichtlich Vollbeschäftigung, Preisstabilität und Wachstum überlegen ist.

Wirtschaftsdemokratische Ideen wurden von Ota Sik (1979, 1987) konkretisiert, der bereits in der Diskussion zur Wirtschaftsreform in der Tschechoslowakei der 60er Jahre führend und im »Prager Frühling« Wirtschaftsminister gewesen war. Sik hat dabei allerdings zunehmend den Begriff »Sozialismus« zugunsten des Begriffs eines »Dritten Wegs« bzw. einer »humanen Wirtschaftsdemokratie« vermieden. Die Theorie marktwirtschaftlicher Selbstverwaltung ist von prominenten Ökonomen weiterentwickelt (vgl. Drèze 1993; Jossa/Cuomo 1997; Meade 1989) bzw. kritisiert worden (vgl. Yunker 2001). Dabei sind auch Modelle der Finanzierung entwickelt worden, die insofern auf dem Privateigentum aufbauen, als sie den (indirekten) Kauf von Aktien (aber ohne Stimmrecht) zulassen (vgl. Weisskopf 1993) oder sogar ganz auf privaten Ersparnissen beruhen, die aber nur über vermittelnde Fonds investiert werden können (vgl. Fleurbaey 1993). Auch wenn dabei die vermittelnden Finanzinstitute nicht im öffentlichen Eigentum sind, scheint es sinnvoll, hier von »sozialistischen« Systemen zu sprechen, sofern Selbstverwaltung, effektive Rahmenplanung und eine (moderat) egalitäre Verteilung realisiert sind.

Konzepte der marktsozialistischen Wirtschaftsdemokratie und Selbstverwaltung werden auch normativ begründet (vgl. Gould 1988; Miller 1989; Pierson 1995) bzw. kritisiert (vgl. Arnold 1994; Buchanan 1985). Am weitesten ausgearbeitet ist hier die Konzeption von David Schweickart (1993; 2002; vgl. Howard 2000), der sich u.a. auf empirische Belege dafür beruft, dass Selbstverwaltung ökonomisch produktiv ist. Schweickarts Modell der »ökonomischen Demokratie« ist außer durch Selbstverwaltung und Marktwirtschaft v.a. durch Formen von »sozialer Investitionskontrolle« und – in Beziehung zu anderen Staaten – durch »sozialistischen Protektionismus« gekennzeichnet. Vorteile der Selbstverwaltung im Rahmen einer Marktwirtschaft sieht Schweickart u.a. darin, dass sie geeignet ist, die Lohndifferenzierung und das Wachstum der Betriebe einzuschränken. Während im sog. Basis-Modell weder privates Kapital und Lohnarbeit noch Zinsgewinne zugelassen sind, soll es im »erweiterten Modell« auch Sparzinsen und Konsumentenkredite sowie einen begrenzten Sektor privater Unternehmen geben.

3.3. Während Marktwirtschaften als solchen ökologische Gesichtspunkte fremd sind, sofern Umweltbelastungen in ihnen »externe Kosten« und zukünftige Generationen keine

Marktteilnehmer sind, haben die sozialistischen Leitideen der planmäßigen Kontrolle, der Gleichheit und der Selbstverwaltung eine Affinität zur Ökologie, die allerdings lange dadurch verdeckt blieb, dass v.a. der Marxismus von der Überflussgesellschaft träumte. Zeitgenössische Formen des Sozialismus verstehen sich hingegen oft als ökosozialistisch und dabei meist als mehr oder weniger marktorientiert (z.B. Gorz 1989; Ryle 1988). Selbstverwaltete Betriebe haben eine geringere strukturelle Neigung zum Wachstum und damit auch zum Ressourcenverbrauch und zur Umweltbelastung als kapitalistische Betriebe, weil die Beschäftigten nicht an einer Maximierung des Gesamtgewinns, sondern nur an einer Maximierung des Pro-Kopf-Gewinns interessiert sind. Eine dezentralisierte Verteilung der Investitionsmittel verhindert den ökologisch ruinösen Wettbewerb der Länder und Kommunen um Industrieansiedlungen. Ein sozialistischer Protektionismus schützt die Ressourcen der ›Dritten Welt‹ und verschafft ihr Mittel zur Finanzierung des Umweltschutzes. Schon eine breite Streuung des Besitzes von Wertpapieren fördert den Umweltschutz und den Frieden, weil diese im Interesse der Masse der Anleger sind (vgl. Roemer 1994).

4.

Arnold, N. S., 1994, The Philosophy and Economics of Market Socialism, Oxford: Oxford University Press.

Buchanan, A., 1985, Ethics, Efficiency, and the Market, Oxford: Oxford University Press.

Drèze, J., 1993, Self-Management and Economic Theory, in: P. K. Bardhan/J. E. Roemer (Hg.), Market Socialism, Oxford: Oxford University Press.

Engels, F., 1880, Die Entwicklung des Sozialismus von der Utopie zur Wissenschaft, in: MEW, Bd. 19, Berlin: Dietz 1973

Fleurbaey, M., 1993, Economic Democracy and Equality, in: K. Bardhan/J. E. Roemer (Hg.), Market Socialism, Oxford: Oxford University Press.

Gorz, A., 1989, Kritik der ökonomischen Vernunft, Berlin: Rotbuch

Gould, C. C., 1988, Rethinking Democracy, Cambridge: Cambridge University Press.

Horvat, B., 1982, The Political Economy of Socialism, Armonk: Sharpe.

Howard, M. W., 2000, Self-Management and the Crisis of Socialism, Lanham: Rowman & Littlefield.

Jossa, B./Cuomo, G., 1997, The Economic Theory of Socialism and the Labour-Managed Firm, Cheltenham: Elgar.

Lenin, W. I., 1917, Die drohende Katastrophe und wie man sie bekämpfen soll, in: Werke, Bd. 25, Berlin: Dietz 1966.

Marx, K., 1844, Ökonomisch-philosophische Manuskripte, in: MEW, Erg.bd., Berlin: Dietz 1968.

Marx, K., 1867, Das Kapital, Bd. 1, MEW, Bd. 23, Berlin: Dietz 1968.

Marx, K., 1875, Kritik des Gothaer Programms, in: MEW, Bd. 19, Berlin: Dietz 1973.

Marx, K./Engels, F., 1848, Manifest der kommunistischen Partei, in: MEW, Bd. 4, Berlin: Dietz 1972.

Meade, J. E., 1989, Agathotopia. The Economics of Partnership, Aberdeen: Aberdeen University Press.

Miller, D., 1989, Market, State, and Community, Oxford: Clarendon Press.

Naphtali, F. (Hg.), 1928, Wirtschaftsdemokratie, Frankfurt/M.: EVA 1969.

Pierson, C., 1995, Socialism after Communism, Cambridge: Polity.

Roemer, J. E., 1994, A Future for Socialism, Cambridge/MA: Harvard University Press.

Roemer, J. E., 1996, Equal Shares. Making Market Socialism Work, London: Verso.

Ryle, M., 1988, Ecology and Socialism, London: Radius.

Schieder, W., 1984, Sozialismus, in: O. Brunner/W. Conze/R. Koselleck (Hg.), Geschichtliche Grundbegriffe, Bd. 5, Stuttgart: Klett-Cotta.

Schweickart, D., 1993, Against Capitalism, Cambridge: Cambridge University Press.

Schweickart, D., 2002, After Capitalism, Lanham: Rowman & Littlefield.

Sik, O., 1979, Humane Wirtschaftsdemokratie, Hamburg: Knaus.

Sik, O., 1987, Wirtschaftssysteme, Berlin: Springer.

Vanek, J., 1971, Marktwirtschaft und Arbeiterselbstverwaltung, Frankfurt/M.: Campus 1975

Vanek, J., 1977, The Labor-Managed Economy, Ithaca: Cornell University Press.

Vester, M. (Hg.), 1970, Die Frühsozialisten, 2 Bde., Reinbek: Rowohlt.

Vilmar, F./Sattler, K.-O., 1978, Wirtschaftsdemokratie und Humanisierung der Arbeit, Frankfurt/M.: EVA.

Weisskopf, T. E., 1993, A Democratic Enterprise-Based Market Socialism, in: K. Bardhan/J. E. Roe-

mer (Hg.), Market Socialism, Oxford: Oxford University Press.
Yunker, J. A., 1997, Economic Justice, Lanham: Rowman & Littlefield.
Yunker, J. A., 2001, On the Political Economy of Market Socialism, Aldershot: Ashgate.

Andreas Wildt

Sozialkapital

1.
Der Terminus »Sozialkapital« bzw. »soziales Kapital« ist in Politik und Wissenschaft zu einem schillernden Modebegriff avanciert. Popularisiert wurde er seit Ende der 1970er Jahre insbesondere durch die soziologischen bzw. politikwissenschaftlichen Arbeiten von Pierre Bourdieu, James Coleman und Robert Putnam. Sie inspirierten mit ihren unterschiedlichen Begriffsverständnissen disparate Diskussionen über Zustand und Zukunft moderner Gesellschaften. Diese verschiedenen Ansätze sind eine wesentliche Ursache dafür, dass bislang ein übergreifender Konsens über die Bedeutung von »Sozialkapital« fehlt. Ein Minimalkonsens zeichnet sich lediglich dahingehend ab, dass mit »Sozialkapital« die Gesamtheit all jener Ressourcen bezeichnet wird, die aus der Einbindung von Individuen in soziale Beziehungsnetzwerke resultieren und die auf der Mikro- und Makroebene ganz unterschiedliche soziale Effekte haben können.

1.1. Mit »Sozialkapital« wird auf einer allgemeinen Ebene dasjenige Kapital bezeichnet, welches sich in Beziehungen durch wechselseitige Kompetenzzuschreibungen, Wertschätzungen und direktes Vertrauen herausbildet (vgl. Duden 2001).

1.2. Der Begriff »Sozialkapital« ist der letzte Terminus, der seit der Erweiterung des ökonomischen Kapitalbegriffs um den des Humankapitals weite Verbreitung in Wissenschaft und Öffentlichkeit gefunden hat. Bisher mangelt es allerdings an systematischen Versuchen, die verschiedenen Ansätze und Konzepte, die auf der Grundlage soziologischer, ökonomischer und politologischer Theorien entwickelt wurden, zu analysieren und zu kritisieren (vgl. Braun 2001).

Je nach theoretischem Ansatz und Forschungsdisziplin werden unterschiedliche Aspekte in den Mittelpunkt gerückt. Soziale Beziehungsnetzwerke, soziale Interaktionen, soziales Vertrauen, soziale Verpflichtungen oder Reziprozitätsnormen werden häufig als Dimensionen, teilweise aber auch als Indikatoren oder Äquivalente von Sozialkapital verwendet. Darüber hinaus wird vielfach der Kapitalcharakter von Sozialkapital oder dessen Bedeutung als Kollektivgut hervorgehoben.

Verwendet wird der Begriff zumeist zur Erklärung sozialer Phänomene, selten als zu erklärende Variable, wobei zwei zentrale Ebenen voneinander abgegrenzt werden können:

(1) Auf der *Mikroebene* – und dabei insbesondere in netzwerkorientierten Ansätzen – gilt Sozialkapital als eine individuelle, instrumentell einsetzbare Ressource, die dem Individuum aufgrund von dessen Einbindung in bestimmte soziale Netzwerke zur Verfügung steht. Anders als das ökonomische Kapital oder das Humankapital ist es allerdings nicht im Besitz des Einzelnen, sondern stets gebunden an einen spezifischen sozialen Kontext. In dieser Perspektive bildet Sozialkapital ein nicht fungibles Gut, in das man durch »Beziehungsarbeit« investieren muss, um es zu »akkumulieren« oder zu erhalten.

Sozialkapital wird dabei zur Erklärung unterschiedlicher sozialer Phänomene herangezogen: zur Erklärung der Entstehung und (Re-)Produktion von sozialen Ungleichheiten (vgl. Bourdieu 1979, 1983), des Erwerbs von Humankapital (vgl. Coleman 1988) oder der günstigeren Zugangschancen zu Berufspositionen (vgl. Granovetter 1973). Soziale Netzwerke gelten in diesem Zusammenhang als Manifestationen von Sozialkapital, insofern sie die Zugriffsmöglichkeiten auf andere Ressourcen (z. B. ökonomisches Kapital) maßgeblich beeinflussen. Je wertvoller die Ressourcen sind, über die ein Netzwerkmitglied verfügt und je zügiger auf dessen Ressourcen zurückgegriffen werden kann, desto höher wird das Sozialkapital eines Individuums beurteilt.

(2) Auf der *Makroebene* gilt Sozialkapital als Eigenschaft eines sozialen Systems wie z. B. einer Region oder einer Gesellschaft. Es geht in dieser Perspektive über die Beziehungen der Einzelnen insofern hinaus, als es sich um ein Kollektivgut handelt. Von diesem profitierten alle Akteure eines sozialen Systems, ohne dass jede Person in den Aufbau oder Erhalt dieses Kollektivgutes investiert haben muss.

Diesem öffentlichen Gut wird für die Existenz und den Fortbestand moderner Gesellschaften eine grundlegende Bedeutung zugeschrieben, da es insbesondere drei gesellschaftliche Effekte hervorrufe: eine funktionierende soziale Kontrolle, ein generalisiertes soziales Vertrauen und eine allgemein akzeptierte Geltung von sozialen Normen und Werten (z. B. Putnam 2000). Vor diesem Hintergrund wird Sozialkapital zur Erklärung vielfältiger gesellschaftlicher Phänomene herangezogen: als Bindemittel, das die Gesellschaft zusammenhalte, als Basis für die Prosperität moderner Gesellschaften, als Grundlage für das Funktionieren moderner Demokratien und Marktwirtschaften oder für die Leistungsfähigkeit politischer Institutionen und als alternative Ressource zur Lösung sozialer Probleme in disparaten Bereichen (z. B. Bildung, Wohlfahrt oder Gesundheit).

2.

Der Kerngedanke, der sich hinter den unterschiedlichen Konzepten von »Sozialkapital« verbirgt, ist nicht neu. Bereits die Gründerväter der Soziologie hoben hervor, dass Einbindung und Partizipation in sozialen Gruppen positive Auswirkungen auf das Individuum und die jeweilige Gruppe oder Gemeinschaft haben können. Ein Beispiel dafür ist Durkheim, der die Bedeutung des Gruppenlebens als Bollwerk gegen anomische Prozesse des Einzelnen betonte (vgl. Durkheim 1897). Ein anderes Beispiel ist Marx' Vorstellung von einer atomisierten »Klasse an sich« und einer mobilisierten und effektiven »Klasse für sich« (Marx 1894). Auch Tönnies' Gegenüberstellung von »Gemeinschaft« und »Gesellschaft« lässt sich in diesen Diskussionszusammenhang einordnen (vgl. Tönnies 1887).

Vor diesem Hintergrund erfasst der Begriff Sozialkapital keinen wirklich bedeutenden neuen sozialwissenschaftlichen Gedanken. Seine wissenschaftliche und politische Bedeutung ist vielmehr darin zu sehen, dass er einerseits nahezu ausschließlich mit den positiven Effekten sozialer Beziehungsnetzwerke für Individuum und Gesellschaft assoziiert wird. Demgegenüber bleibt zumeist unterbelichtet, dass die Grenze sozialen Kapitals immer durch normative Regeln und den öffentlichen Diskurs gezogen wird, der in Gefälligkeitsbanknoten, Vetternwirtschaft oder Seilschaften eine Verletzung universaler Normen sieht, die schlimmstenfalls in Korruption endet (vgl. Braun 2001). Andererseits wird mit dem Terminus Sozialkapital auf den Begriff des Kapitals rekurriert und damit auf metaphorische Weise die »Rentabilität« von nicht-monetarisierten Formen des sozialen Zusammenlebens thematisiert.

Genau in dieser eher metaphorischen Verwendungsweise taucht der Begriff erstmals im Jahr 1916 bei Lydia Judson Hanifan auf, um den Zusammenhang zwischen Gemeinschaftsengagement und Demokratie zu erklären (vgl. Hanifan 1916). Seitdem wurde der Terminus in unterschiedlichen Forschungsdisziplinen und -gebieten immer wieder aufgegriffen, ohne aber präzise bestimmt zu werden. So führte 1977 der US-amerikanische Ökonom Glenn Loury den Begriff in die Wirtschaftswissenschaften ein (vgl. Loury 1977). Im Rahmen seiner Kritik an neoklassischen Theorien ethnisch bedingter Einkommensungleichheiten identifizierte er so die sozialen Ressourcen, die dem Aufbau von Humankapital dienten.

Breite Aufmerksamkeit fand der Begriff »Sozialkapital« allerdings erst durch die theoretischen und empirischen Arbeiten des französischen Soziologen Pierre Bourdieu, des US-amerikanischen Soziologen James Coleman und des US-amerikanischen Politologen Robert Putnam. An ihren Arbeiten orientiert sich die multidisziplinäre Forschung nach wie vor, wobei sich in den letzten Jahren abzeichnet, dass Putnams Begriffsverständnis den nachhaltigsten Einfluss in Wissenschaft und Öffentlichkeit zu haben scheint.

3.

3.1. Den bislang elaboriertesten Begriff von Sozialkapital entfaltete allerdings Bourdieu im Rahmen seiner strukturalistischen Klassentheorie, die er insbesondere in den 1970er Jahren ausgearbeitet hat. Bourdieu thematisiert v.a. die (Re-)Produktionsmechanismen sozialer Ungleichheit in modernen Gesellschaften. Um diese Mechanismen zu analysieren, führt er den Kapitalbegriff in verschiedenen Erscheinungsformen ein und differenziert zwischen ökonomischem, kulturellem und sozialem Kapital. Diese Kapitalsorten, so Bourdieu, stünden in Beziehung zueinander, seien gegenseitig ineinander umwandelbar und prägten somit den Handlungserfolg eines Individuums. Das Sozialkapital, das durch ständige »Beziehungsarbeit« in Form materieller oder symbolischer Austauschakte entstünde, definiert er als die »Gesamtheit der aktuellen und potentiellen Ressourcen, die mit dem Besitz eines dauerhaften Netzes von mehr oder weniger institutionalisierten Beziehungen gegenseitigen Kennens oder Anerkennens verbunden sind; oder, anders ausgedrückt, es handelt sich dabei um Ressourcen, die auf der Zugehörigkeit zu einer Gruppe beruhen« (Bourdieu 1983, 190f.). Je umfassender und kapitalreicher das Netz an individuellen Beziehungen ist, desto größer seien auch die Chancen, das vorhandene ökonomische und kulturelle Kapital zu erhöhen. Sozialkapital übt demnach also in erster Linie einen »Multiplikatoreffekt« auf die anderen Kapitalformen und deren Ungleichverteilung aus.

3.2. Weitgehend unabhängig von Bourdieu entwickelte Coleman in den 1980er Jahren sein spezifisches Begriffsverständnis von Sozialkapital. Colemans Versuch besteht darin, den Begriff in einen komplexeren, an der Rational-Choice-Theorie orientierten Rahmen einzubetten und dabei Entstehungsmechanismen (z.B. von Reziprozität und Normen) sowie Formen und Konsequenzen des Besitzes von Sozialkapital (z.B. privilegierter Zugang zu Informationen) herauszuarbeiten. In Analogie zum Humankapital-Ansatz konzentriert er sich auf Sozialkapital als individuelle Ressource. Diese definiert er als Zusammensetzung verschiedener sozialer Gebilde, die erstens aus irgendeinem Aspekt einer Sozialstruktur bestehen und zweitens bestimmte Handlungen von Individuen begünstigen, die sich innerhalb der Struktur befinden (vgl. Coleman 1990).

3.3. Einen nachhaltigen Einfluss auf neuere Debatten über Probleme der modernen Gesellschaft, die Wirkung einer funktionierenden Zivilgesellschaft auf die politische und ökonomische Performanz einer Gesellschaft und die Funktionsfähigkeit demokratischer Institutionen hat seit den 1990er Jahren Putnams Verständnis von Sozialkapital. Im Unterschied zu Bourdieu und Coleman konzipiert er dieses auf der Gesellschaftsebene in der Absicht, eine Lösung zur Überwindung von Problemen kollektiven Handelns herauszuarbeiten. Sozialkapital bezeichnet dabei drei wesentliche Elemente: 1. soziales Vertrauen, das die Kooperation zwischen Individuen erleichtere, 2. Reziprozitätsnormen, die zum Aufbau sozialen Vertrauens und zur Lösung sozialer Dilemmata beitragen würden, 3. Netzwerke zivilen Engagements, die generalisierte Reziprozitätsnormen pflegen und soziales Vertrauen aufbauen würden. Denn durch die individuelle Einbindung in soziale Netzwerke werde, so Putnam, die Kooperation, das Erreichen bestimmter gemeinsamer Ziele und die soziale Integration der Gesellschaft gefördert (vgl. Putnam 1995, 67).

3.4. An den drei skizzierten Begriffsverständnissen von Sozialkapital wurde in den letzten Jahren mehr oder minder grundlegende Kritik geübt. So wird an Bourdieus Begriffsverständnis bemängelt, dass seine Definition nicht eindeutig und insbesondere die Abgrenzung von Sozialkapital zu symbolischem Kapital – als der wahrgenommenen und legitim anerkannten Form der drei anderen Kapitalsorten (Prestige, Renommee etc.) – problematisch sei (vgl. Haug 1997, 10f.). Darüber hinaus hat Bourdieu selbst keine empirische Forschung zu Sozialkapital durchgeführt, sondern vielmehr aus der individuellen Verfügbarkeit kulturellen und ökonomischen Kapitals auf den Bestand des individuellen Sozialkapitals geschlossen (vgl. Braun 1999).

Demgegenüber wird an Colemans Verständnis kritisiert, dass der Begriff einen Fremdkörper in seinem theoretischen Ansatz darstelle, da die Rational-Choice-Theorie keine Begriffe für wichtige soziale Beziehungen habe oder die Eigenschaften von Beziehungen als individuelle Persönlichkeitsmerkmale umdeute (vgl. Haller 1999).

Putnam wird hingegen vorgeworfen, dass er die Ursachen und Wirkungen von Sozialkapital vermische und damit tautologisch argumentiere, dass er die Ausweitung des Begriffs auf Regionen und Länder theoretisch nicht ausgearbeitet habe und dass er Sozialkapital mit nahezu ausschließlich positiven Effekten für Individuum und Gesellschaft gleichsetze (vgl. Braun 2001; Portes/Landolt 1996).

3.5. Die verschiedenen Verständnisse und empirischen Operationalisierungen von Sozialkapital lassen erkennen, dass es sich um einen schillernden Begriff handelt, der in sehr unterschiedlichen Bedeutungszusammenhängen und zur Erklärung einer Vielzahl von Phänomenen eingesetzt wird. So soll der Begriff u.a. zur Lösung des ›Theory-Gap‹ in der Netzwerkforschung, zur Handlungsmodellierung im Rational-Choice-Ansatz und zur Erklärung wirtschaftlichen Handelns in der neoklassischen Ökonomie beitragen.

Allerdings ist es nicht nur fraglich, ob der Begriff diesen Erwartungen genügen kann. Es stellt sich auch die grundlegende Frage, ob seine Verwendung in so vielfältigen Bedeutungszusammenhängen überhaupt sinnvoll ist. Zumindest steht in den verschiedenen Forschungsrichtungen ein elaboriertes Begriffsinventar zur Verfügung, das die jeweils gemeinten Sachverhalte präziser zu fassen vermag als der vielfach eher vage gebrauchte Begriff des Sozialkapitals.

4.

Bourdieu, P., 1979, Die feinen Unterschiede. Kritik der gesellschaftlichen Urteilskraft, Frankfurt/M.: Suhrkamp 1982.

Bourdieu, P., 1983, Ökonomisches Kapital, kulturelles Kapital, soziales Kapital, in: R. Kreckel (Hg.), Soziale Ungleichheiten, Göttingen: Schwartz.

Braun, S., 1999, Elitenrekrutierung in Frankreich und Deutschland, Köln: Strauß.

Braun, S., 2001, Putnam und Bourdieu und das soziale Kapital in Deutschland, in: Leviathan, 29.

Coleman, J., 1988, Social Capital in Creation of Human Capital, in: American Journal of Sociology, 94.

Coleman, J., 1990, Foundations of Social Theory. Cambridge/MA: Harvard University Press.

Duden: Wörterbuch der New Economy, Mannheim: Dudenverlag 2001.

Durkheim, E., 1897, Der Selbstmord, Frankfurt/M.: Suhrkamp 1983.

Esser, H., 2000, Soziologie. Spezielle Grundlagen, Bd. 4: Opportunitäten und Restriktionen, Frankfurt/M.: Campus.

Granovetter, M., 1973, The Strength of Weak Ties, in: American Journal of Sociology 78.

Haller, M., 1999, Soziologische Theorie im systematisch-kritischen Vergleich. Opladen: Leske + Budrich.

Hanifan, L. J., 1916, The Rural School Community Center, in: Annals of the American Academy of Political and Social Science 67.

Haug, S., 1997, Soziales Kapital, Mannheim: MZES.

Loury, G., 1977, A Dynamic Theory of Racial Income Differences, in: P. Wallace/A. LaMund (Hg.), Women, Minorities, and Employment Discrimination, Lexington: Lexington Books.

Marx, K., 1894, Das Kapital III, in: Werke, Bd. 25, Berlin: Dietz 1983.

Portes, A./Landolt, P., 1996, The Downside of Social Capital, in: The American Prospect 94.

Putnam, R., 1993, Making Democracy Work. Civic Traditions in Modern Italy, Princeton: Princeton University Press.
Putnam, R.,1995, Bowling Alone. America's Declining Social Capital, in: Journal of Democracy 6.
Putnam, R., 2000, Bowling Alone. The Collapse and Revival of American Community, New York: Simon & Schuster.
Tönnies, F., 1887, Gemeinschaft und Gesellschaft, Darmstadt: WBG 1991.

SEBASTIAN BRAUN/CHRISTINA WEIß

Sozialontologie

1.

Neben den physischen und individuell-geistigen Entitäten scheint es soziale Entitäten zu geben: soziale Beziehungen (Kooperation, Kommunikation etc.), Aggregate (Familien, Gruppen, Staaten etc.), gemeinschaftliche Handlungen und soziale Tatsachen. Die Sozialontologie untersucht die Seinsweise und den Aufbau der sozialen Wirklichkeit sowie ihre Fundierung in basaleren Wirklichkeiten; sie analysiert die kategoriale Struktur der sozialen Interaktion und Aggregation sowie ihre Relationen zur physischen, biologischen und zur individuell-geistigen Wirklichkeit. Zu den grundlegenden Fragen der Sozialontologie gehören: Aus welchen Bausteinen besteht die soziale Wirklichkeit? Müssen zur Beschreibung und Erklärung der sozialen Wirklichkeit zusätzliche ontologische Kategorien eingeführt werden? Sind soziale Eigenschaften kausal wirksam? Gibt es Gesetze der sozialen Wirklichkeit, die nicht auf Gesetze der Individualpsychologie zurückgeführt werden können? In welchen Beziehungen stehen soziale zu physischen und biologischen Eigenschaften? In welchen Beziehungen stehen soziale Eigenschaften zu den individuellen menschlichen Subjekten und ihren geistigen Eigenschaften?

In der Diskussion dieser Fragen stehen sich zwei Grundpositionen gegenüber: Dem *ontologischen Individualismus* zufolge gibt es nur Individuen, deren nicht-soziale Eigenschaften und zulässige Zusammensetzungen aus ihnen. Während der *reduktive ontologische Individualismus* geltend macht, dass soziale Relationen und Gemeinschaften in letzter Analyse identisch sind mit Individuen, ihren nicht-sozialen Eigenschaften und zulässigen Zusammensetzungen aus ihnen, leugnet der *eliminative ontologische Individualismus* rundweg, dass es soziale Entitäten wirklich gibt. Dem *ontologischen Kollektivismus oder Holismus* zufolge sind dagegen soziale Relationen und Gemeinschaften etwas, das über Individuen, ihre nicht-sozialen Eigenschaften und zulässige Zusammensetzungen aus ihnen hinausgeht. (Der Streit zwischen *ontologischem* Individualismus und Holismus hängt mit dem Streit zwischen *methodologischem* Individualismus und Holismus zusammen, ist aber nicht mit ihm identisch; vgl. O'Neill 1973; Bhargava 1992.)

2.

Die großen metaphysischen Systementwürfe der philosophischen Tradition haben die soziale Wirklichkeit vernachlässigt; sie behandelten typischerweise den Aufbau der physischen Wirklichkeit, häufig unter Einbeziehung ihres Verhältnisses zur individuell-seelischen Wirklichkeit (Descartes, Leibniz u.a.) und ggf. zu transphysischen idealen Wirklichkeiten (Platon, Plotin u.a.). Die sozialen Entitäten wurden – wenn überhaupt – in den Schriften zur Politik thematisiert (vgl. Aristoteles, Pol.; Augustinus, civ. XIX, 5–7). Anknüpfend an den scholastischen Terminus »ens morale« haben in der Neuzeit Franciscus Suárez, Erhard Weigel und Samuel Pufendorf eine Ontologie der »entia moralia« ausgearbeitet (vgl. Rommen 1926; Röd 1969; Kobusch 1993). Den Aufbau der verschiedenen »consociationes« hat Johannes Althusius in seiner *Politica methodice digesta* en detail beschrieben (vgl. Althusius 1603). Erst im 19. und 20. Jahrhundert mehren sich die Versuche, soziale Entitäten in Ontologien zu berücksichtigen. Einen beliebten Anknüpfungspunkt bildet Hegels Theorie des objektiven Geistes, in der Recht, Moralität und Sittlichkeit (Familie, bürgerliche Gesellschaft, Staat) behandelt werden (vgl. Hegel 1830, §§ 483–552); der objektive Geist wird einerseits vom subjektiven, andererseits vom absoluten Geist unterschieden. Der hegelsche Begriff wurde in der Folge mit unterschiedlichen Akzentsetzungen bei der Entwicklung einer Ontologie der kulturellen und sozialen Wirklichkeit benutzt. So differenziert Hans Freyer in seiner *Theorie des objektiven Geistes* (1923) zwischen fünf Hauptformen desselben: Gebilde, Gerät, Zeichen, Sozialform und Bildung. Nicolai Hartmann widmet im Rahmen seiner Schichten-Ontologie dem ›geistigen Sein‹ eingehende Untersuchungen: Der objektive Geist sei zwar »durchaus abhängig vom Sein niederer Ordnung, vom physischen, organischen, seelischen und individuell-geistigen Sein«, aber zugleich »originäre Einheit höherer Ordnung« (Hartmann 1930, 325). Für dieses »geistige Sein« möchte Hartmann »ein kategoriales Fundament« (ebd., 322) bereitstellen. In *Das Problem des geistigen Seins* (1933) untersucht er eingehend den personalen, den objektiven und schließlich den objektivierten Geist.

An den von Herder und Hegel terminologisch ausgebauten Begriff »Volksgeist« knüpfte die Völkerpsychologie von M. Lazarus, H. Steinthal und W. Wundt an, welche die Individualpsychologie Herbarts durch die Erforschung der »Gesetze des Volksgeistes« fortführen und ergänzen wollte. Die Begriffe des Volksgeistes und der Volksseele wurden schon früh als irreführende, wenn nicht ganz und gar verfehlte Ausdehnungen bzw. Übertragungen der Begriffe Geist und Seele kritisiert (vgl. Dilthey 1883, 41; Jellinek 1900, 153). Zur Desavouierung dieser Begriffsbildungen trug aber am meisten ihr nachmaliger Missbrauch durch den Nationalsozialismus bei.

Von den Pionieren der Soziologie haben u.a. Durkheim, Simmel und Max Weber sozialontologische Fragen berührt. Die Soziologie wendet sich Durkheim zufolge einer von den übrigen Wissenschaften nicht erforschten Gattung von Tatsachen zu; sie hat die Ursachen und Funktionen dieser »faits sociaux« zu untersuchen (vgl. Durkheim 1895). Simmels formale Soziologie untersucht die Formen und Prozesse der Vergesellschaftung. In einem berühmten Exkurs wirft Simmel die Frage »Wie ist Gesellschaft möglich?« auf; maßgeblich ist ihm zufolge »das Bewusstsein, mit den anderen eine Einheit zu bilden« (Simmel 1908, 43). Max Weber geht in seiner individualistisch ansetzenden »verstehenden Soziologie« vom Handeln und dessen subjektivem Sinn aus. »Soziales Handeln« zeichnet sich lediglich dadurch aus, dass es »seinem von dem oder den Handelnden gemeinten Sinn nach auf das Verhalten *anderer* bezogen wird und daran in seinem Ablauf orientiert ist« (Weber 1922a, 1; 1922b, 542).

Detaillierte sozialontologische Untersuchungen finden sich in der frühen Phänomenologie von Husserl bis Sartre (vgl. Theunissen 1965). Anknüpfend an Husserls Phänomenologie der Intersubjektivität entwickelten Adolf Reinach (1913) eine Theorie sozialer Akte und Gerda Walther (1923) eine Theorie sozialer Gemeinschaften. Obgleich Walther bereits 1923 von der »Ontologie der sozialen Gemeinschaften« sprach, findet der Terminus »Sozialontologie« erst seit einigen Jahren weitere Verbreitung (vgl. Theunissen 1965; Pettit 1993, 111 ff.; Kondylis 1999; Jansen 2005); daneben ist auch von »Metaphysik des Sozialen« (Lehmann 1931) bzw. »der sozialen Welt« (Ruben 1985) oder »Metaphysik der Gemeinschaft« (Hildebrand 1930) die Rede.

3.

Erst in jüngerer Zeit sind systematische Entwürfe einer Sozialontologie vorgelegt worden. Durch W. Sellars' Analyse von Sätzen in der 1. Person Plural ist der Begriff der Wir-Intentionalität in die gegenwärtige Sozialphilosophie eingeführt worden (vgl. Sellars 1963; ders. 1968; ders. 1980). Im Zentrum der Debatte steht die Analyse des Phänomens der Wir-Intentionalität als grundlegender Form der Gemeinschaftlichkeit; im einzelnen sind Phänomene wie Gemeinschaftshandeln (social action), geteilte Überzeugungen (shared belief), gemeinsames Wissen (common knowledge), gemeinschaftliche Absichten (joint intention) und Handlungsprinzipien untersucht worden. Besonders einflussreich sind dabei die Arbeiten von David Lewis, Raimo Tuomela, Margaret Gilbert und John R. Searle.

3.1. Schon Hume hatte darauf aufmerksam gemacht, dass Konventionen nicht auf expliziten Vereinbarungen oder Versprechen beruhen zu brauchen (vgl. Hume 1739/40, 233; Lewis 1969, 3f., 44). Erforderlich sei vielmehr nur »ein allgemeines Bewusstsein des gemeinsamen Interesses«: »Wird dieses Bewusstsein eines gleichartigen Interesses wechselseitig kundgegeben, ist es also beiden bekannt, so erzeugt es ein entsprechendes Wollen und Handeln« (Hume 1739/40, 233). Auf diese Weise seien etwa Sprachen, Währungen und Rechtssysteme entstanden. T. C. Schelling hat auf die Bedeutung von »Koordinationsspielen« für die Emergenz von Gemeinschaftshandeln hingewiesen. Wir müssen oft in relativ unstrukturierten Situationen handeln und unser Verhalten mit dem anderer Personen koordinieren; dazu gehören Situationen, in denen zwar ein gemeinsames Interesse der beteiligten Personen vorliegt, aber keine Verständigung über das zu wählende Verhalten möglich ist. Für die Konvergenz und Selbststabilisierung der wechselseitigen Erwartungen bei solchen Koordinationsproblemen spielen auffällige gemeinsame Anhaltspunkte und frühere Problemlösungen (Präzedenz) eine Schlüsselrolle (vgl. Schelling 1960, 34, 67, 90f.). Im Anschluss an Hume und Schelling hat D. Lewis Konventionen als stabile Lösungen von Koordinationsproblemen analysiert (Lewis 1969, Kap. I-II). Dafür hat er den Begriff des »gemeinsamen Wissens« (common knowledge) eingeführt (vgl. Lewis 1969, 52ff.), der – z.T. in den Varianten »mutual knowledge« (vgl. Schiffer 1972, 30ff.) oder »mutual belief« (vgl. Bach 1975, 192ff.) – von vielen Sozialphilosophen aufgegriffen wurde (vgl. z.B. Lagerspetz 1995; Tuomela 1995). Der Grundidee nach unterscheiden sich gemeinschaftliche von bloß parallelen Handlungen dadurch, dass erstere ein System hochstufiger wechselseitiger Erwartungen bezüglich des Verhaltens jedes beteiligten Akteurs voraussetzen, letztere hingegen nicht (zur Diskussion und Kritik dieser Ansätze vgl. Gilbert 1989, Kap. VI; Gilbert 1996, Teil I; Baltzer 1999, Kap. 1.2.).

3.2. Angeregt durch W. Sellars rückt Tuomela den Begriff der »Wir-Intentionen« ins Zentrum seiner Sozialphilosophie. In *A Theory of Social Action* (1984) legt er eine reduktive Analyse von solchen »Wir-Intentionen« der Untersuchung gemeinschaftlicher Handlungen wie des gemeinsamen Tragens eines schweren Tisches oder des Tennisspielens zugrunde (vgl. Tuomela 1984, 35, 119; Modifikationen in Tuomela/Miller 1988, 375, 388). Jeder Beteiligte an einem Gemeinschaftshandeln muss die relevante Wir-Intention haben. In *The Importance of Us* (1995) ergänzt er seinen Ansatz durch die Annahme »dass Wir-Intentionen sich in einem Prozess herausbilden, der das Schließen expliziter oder impliziter Vereinbarungen umfasst« (Tuomela 1995, 127, 425f., Anm. 2). Wie Tuomela betont, sollen sich die von ihm benutzten Begriffe »Wir-Intention« und »Vereinbarung« individualistisch analysieren lassen (vgl. zur Diskussion von Tuomelas Ansatz Meggle 2003).

3.3. Gilbert hat eine holistischere, d.h. weniger individualistische Sozialphilosophie entwickelt, die an Simmels Formulierung »das Bewußtsein, mit den anderen eine Einheit zu bilden« (s.o.), anknüpft (vgl. Gilbert 1989, Kap. IV). Soziale Gruppen sind »Pluralsubjekte«. Personen bilden Pluralsubjekte, wenn sie gemeinsam und füreinander durchsichtig (»openness«) auf eine Handlung, Überzeugung, ein Wertsystem o.ä. verpflichtet sind (»joint commitment«). Solche Pluralsubjekt-Phänomene sind laut Gilbert die paradigmatischen sozialen Phänomene. In neueren Arbeiten hat Gilbert ihre »plural subject theory« für die Analyse von Begriffen wie politische Pflichten, Kollektivschuld und kollektive Reue fruchtbar gemacht (vgl. Gilbert

1996, Kap. 15–16; dies. 2000, Kap. 7–8; zur Diskussion von Gilberts Ansatz Meggle 2003).

3.4. Searle geht von der Frage aus, wie eine geistige Wirklichkeit, eine Welt des Bewusstseins, der Intentionalität und der Sprache in eine Welt hineinpasst, die von biologischen Wesen wie uns bevölkert ist und letztlich aus materiellen Teilchen in Kraftfeldern besteht. Objektive Tatsachen sind das, was objektiv wahren Aussagen außerhalb dieser Aussagen korrespondiert, anders gesagt: das, was sie wahr macht. Unter ihnen finden sich ›rohe Tatsachen‹ (vgl. Anscombe 1958) und soziale Tatsachen. Soziale Tatsachen sind Tatsachen, für die kollektive Intentionalität konstitutiv ist; eine interessante Teilklasse sind die institutionellen Tatsachen. Die Ontologie der institutionellen Wirklichkeit kann laut Searle unter Rückgriff auf drei Begriffe erklärt werden: kollektive Intentionalität, Funktionszuweisung und konstitutive Regeln (vgl. Searle 1995, 28).

Individuelle Intentionalität plus wechselseitige Überzeugungen reichen nach Searle nicht für kollektive Intentionalität aus. Aus ihnen allein ergibt sich nicht ein Gefühl der Kollektivität und eines gemeinschaftlichen Projekts. Im kollektiven Fall ist die individuelle Intentionalität (»Ich tue A.«/»Ich beabsichtige A zu tun.«) der kollektiven Intentionalität (»Wir tun A.«) untergeordnet. Kollektive Intentionalität lässt sich nicht auf individuelle Intentionalität reduzieren; gleichwohl existiert kollektive Intentionalität nur in den einzelnen Köpfen individueller Akteure. Die Entwicklung von kollektiven Absichten und Anerkennungsverhältnissen ermöglicht die kollektive Zuweisung von Funktionen, namentlich von Statusfunktionen. Es handelt sich um auferlegte Funktionen, die nicht allein aufgrund des physischen Aufbaus der Entitäten erfüllt werden können, sondern nur aufgrund der kollektiven Anerkennung dieser auferlegten Funktion. Statusfunktionen bestehen nur soweit und solange, als sie durch kollektive Akzeptanz getragen werden. Die Schaffung einer Statusfunktion hängt von der Übertragung einer neuen Macht ab. Die Grundstruktur lässt sich folgendermaßen darstellen: »Wir akzeptieren (S hat die Macht (S tut A).).« Institutionelle Tatsachen gibt es nur innerhalb von Systemen konstitutiver Regeln der Form »X zählt als Y in Kontext C«. Diese Tatsachen werden durch kollektiv geteilte Akzeptanz konstituiert, die sich in eine Hierarchie von Akzeptanz-Einheiten der Form »X zählt als Y in C.« analysieren lässt, wobei das Y-Element eine Statusfunktion ist, die dem X-Element auferlegt wird.

Institutionelle Tatsachen besitzen einen besonderen deontischen Status: Sie schaffen Gründe, etwas zu tun, die unabhängig von vor- oder außer-institutionellen Gründen und auch nicht auf diese reduzierbar sind. Insbesondere schaffen sie Rechte und Pflichten. Die Kategorie der Person ist insofern fundamental, als die Zuweisung von Statusfunktionen an Gegenstände und Ereignisse nur in Beziehung auf Personen funktioniert. Der Inhalt der kollektiven Intentionalität bei der Zuweisung von Statusfunktionen besteht darin, dass irgendein personales Subjekt (Individuum, Gruppe) eine – positive oder negative, kategorische oder bedingte – Macht besitzt. Es gibt genau eine einfache logische Operation, durch welche die institutionelle Wirklichkeit geschaffen und konstituiert wird. Macht ist stets die Macht, etwas zu tun. Der propositionale Gehalt der Statusfunktionen von Macht ist demnach: (S tut A). Als Grundstruktur der institutionellen Wirklichkeit ergibt sich somit: »Wir akzeptieren (S hat die Macht (S tut A.).).« (Zur Diskussion von Searles Ansatz vgl. Grewendorf/Meggle 2002; Schönrich 2005.)

4.

Althusius, J., 1603, Politik, Berlin: Duncker & Humblot 2003.

Anscombe, G. E. M., 1958, On Brute Facts, in: Analysis 18.

Bach, K., 1975, Analytic Social Philosophy. Basic Concepts, in: Journal for the Theory of Social Behavior 5.

Baltzer, U., 1999, Gemeinschaftshandeln, Freiburg: Alber.

Bhargava, R., 1992, Individualism in Social Science, Oxford: Clarendon Press.
Dilthey, W., 1883, Einleitung in die Geisteswissenschaften, Gesammelte Schriften, Bd. 1, Göttingen: Vandenhoeck & Ruprecht 1990.
Durkheim, E., 1895, Die Regeln der soziologischen Methode, Frankfurt/M.: Suhrkamp 2002.
Freyer, H., 1923, Theorie des objektiven Geistes, Leipzig: Teubner.
Gilbert, M., 1989, On Social Facts, Princeton: Princeton University Press.
Gilbert, M., 1996, Living Together. Rationality, Sociality, and Obligation, Lanham: Rowman & Littlefield.
Gilbert, M., 2000, Sociality and Responsibility, Lanham: Rowman & Littlefield.
Greenwood, J. D. (Hg.), 1997, The Mark of the Social. Discovery or Invention?, Lanham: Rowman & Littlefield.
Grewendorf, G./Meggle, G. (Hg.), 2002, Speech Acts, Mind, and Social Reality, Dordrecht: Kluwer.
Hartmann, N., 1930, Kategorien der Geschichte, in: ders., Kleinere Schriften, Bd. 3, Berlin: de Gruyter 1958.
Hartmann, N., 1933, Das Problem des geistigen Seins, Berlin: de Gruyter.
Heal, J., 1978, Common Knowledge, in: Philosophical Quarterly 28.
Hegel, G. W. F., 1830, Enzyklopädie der philosophischen Wissenschaften im Grundrisse, Hamburg: Meiner 1992.
Hildebrand, D. v., 1930, Metaphysik der Gemeinschaft, Augsburg: Haas & Grabherr.
Hindriks, F./Meijers, A. W. M. (Hg.), 2003, New Essays on Collective Intentionality, Philosophical Explorations 6.
Hume, D., 1739/40, Ein Traktat über die menschliche Natur, Buch II und III, Hamburg: Meiner 1978.
Jansen, L., 2005, Was ist Sozialontologie?, in: Philosophische Perspektiven, Frankfurt/M.: Ontos.
Jellinek, G., 1900, Allgemeine Staatslehre, Berlin: Häring 1914.
Kobusch, T., 1993, Die Entdeckung der Person, Freiburg: Herder.
Kondylis, P., 1999, Das Politische und der Mensch. Grundzüge einer Sozialontologie, Bd. 1, Berlin: Akademie.
Lagerspetz, E., 1995, The Opposite Mirrors. An Essay on the Conventionalist Theory of Institutions, Dordrecht: Kluwer.
Lehmann, G., 1931, Sozialphilosophie, in: K. Dunkmann (Hg.), Lehrbuch der Soziologie und Sozialphilosophie, Berlin: Junker & Dünnhaupt.
Lewis, D., 1969, Konventionen, Berlin: de Gruyter 1975.
Meggle, G. (Hg.), 2003, Social Facts & Collective Intentionality, Frankfurt/M.: Ontos.
O'Neill, J. (Hg.), 1973, Modes of Individualism and Collectivism, London: Heinemann.
Quinton, A., 1976, Social Objects, in: Proceedings of the Aristotelian Society 76.
Pettit, P., 1993, The Common Mind. An Essay on Psychology, Society, and Politics, New York: Oxford University Press.
Reinach, A., 1913, Die apriorischen Grundlagen des bürgerlichen Rechts, in: Jahrbuch für Philosophie und phänomenologische Forschung 1.
Röd, W., 1969, Erhard Weigels Lehre von den entia moralia, in: Archiv für Geschichte der Philosophie 51.
Rommen, H., 1926, Die Staatslehre des Franz Suarez S. J., Mönchengladbach: Volksvereins-Verlag.
Ruben, D. H., 1985, The Metaphysics of the Social World, London: Routledge.
Sartre, J.-P., 1943, Das Sein und das Nichts, Reinbek: Rowohlt 1993.
Schelling, T. C., 1960, The Strategy of Conflict, Cambridge/MA: Harvard University Press.
Schiffer, S., 1972, Meaning, Oxford: Oxford University Press.
Schmid, H. B., 2005, Wir-Intentionalität, Freiburg: Alber.
Schmitt, F. F. (Hg.), 2003, Socializing Metaphysics, Lanham: Rowman & Littlefield.
Schönrich, G. (Hg.), 2005, Institutionen und ihre Ontologie, Frankfurt/M.: Ontos.
Searle, J. R., 1990, Collective Intentions and Actions, in: P. Cohen/J. Morgan/M. Pollack (Hg.), Intentions in Communication, Cambridge/MA: MIT Press.
Searle, J. R., 1995, Die Konstruktion der gesellschaftlichen Wirklichkeit, Reinbek: Rowohlt 2002.
Searle, J. R., 1998, Geist, Sprache und Gesellschaft, Frankfurt/M.: Suhrkamp 2004.
Sellars, W., 1963, Imperatives, Intentions, and the Logic of ›Ought‹, in: G. Nakhnikian/H.-N. Castaneda (Hg.), Morality and the Language of Conduct, Detroit: Wayne State University Press.
Sellars, W., 1968, Science and Metaphysics, London: Routledge & Kegan Paul.
Sellars, W., 1980, On Reasoning about Values, in: American Philosophical Quarterly 17.
Simmel, G., 1908, Soziologie, Frankfurt/M.: Suhrkamp 1992.
Theunissen, M., 1965, Der Andere. Studien zur Sozialontologie der Gegenwart, Berlin: de Gruyter.

Tuomela, R., 1984, A Theory of Social Action, Dordrecht: Reidel.
Tuomela, R., 1995, The Importance of Us. A Philosophical Study of Basic Social Notions, Stanford: Stanford University Press.
Tuomela, R., 2002, The Philosophy of Social Practices, Cambridge: Cambridge University Press.
Tuomela, R./Miller, K., 1988, We-Intentions, in: Philosophical Studies 53.
Walther, G., 1923, Zur Ontologie der sozialen Gemeinschaften, in: Jahrbuch für Philosophie und phänomenologische Forschung 6.
Weber, M., 1922a, Wirtschaft und Gesellschaft, Tübingen: Mohr.
Weber, M., 1922b, Soziologische Grundbegriffe, in: ders., Gesammelte Aufsätze zur Wissenschaftslehre, Tübingen: Mohr 1968.

Oliver R. Scholz

Sozialphilosophie

1.

Im unübersichtlichen Terrain der Entwicklung und Ausdifferenzierung der praktischen Philosophie seit dem 19. Jahrhundert hat die Sozialphilosophie im deutschsprachigen Raum inzwischen mehr und mehr die Rolle einer Residualdisziplin übernommen: In ihrem Verhältnis zu den benachbarten Wissensfeldern unbestimmt, übt sie je nach Bedarf das eine Mal die Funktion einer übergreifenden Dachorganisation für alle praktisch orientierten Teildisziplinen aus, das andere Mal die Funktion eines normativen Ergänzungsstücks zur empirisch verfahrenden Soziologie, ein weiteres Mal die Funktion eines zeitdiagnostisch angelegten Deutungsunternehmens. Im angelsächsischen Sprachraum hingegen hat sich seit den Zeiten des frühen Utilitarismus ein Verständnis der Sozialphilosophie herausgebildet, das weitgehend dem angenähert ist, was hierzulande unter »politischer Philosophie« zusammengefasst wird: Im Zentrum stehen dort jene normativen Fragen, die sich an den Stellen ergeben, wo die Reproduktion der zivilen Gesellschaft auf Eingriffe des Staates angewiesen ist (Eigentumsordnung, Strafpraxis, Gesundheitsfürsorge usw.; vgl. Feinberg 1973; Graham 1988). Werden diese beiden Entwicklungstendenzen im Zusammenhang betrachtet, so ist unschwer auszumachen, dass sich die Sozialphilosophie heute in einer prekären Situation befindet: Während sie sich im deutschen Sprachraum durch eine Überdehnung ihres Aufgabenfeldes zu einer Verlegenheitsdisziplin zu entwickeln droht, ist sie in den angelsächsischen Ländern umgekehrt durch eine Einschränkung ihres Aufgabenfeldes schon so sehr zu einer Unterdisziplin der politischen Philosophie geworden, dass sie eigenständige Züge kaum mehr zu besitzen scheint. Um beiden Gefährdungen entgegenwirken zu können, ist es sinnvoll, sich bei der Aufgabenbestimmung der Sozialphilosophie an ihre Tradition zu erinnern: Dann nämlich wird deutlich, dass es dabei über einen langen Zeitraum im Wesentlichen um eine Bestimmung und Erörterung von solchen Entwicklungsprozessen der Gesellschaft gegangen ist, die sich als Fehlentwicklungen oder Störungen, kurz als »Pathologien des Sozialen«, begreifen lassen (vgl. Honneth 1994).

2.

2.1. Wenn es auch Thomas Hobbes war, der in der Mitte des 17. Jahrhunderts der Disziplin ihren Namen gab, so ist die Sozialphilosophie im eigentlichen Sinn doch erst hundert Jahre später durch Jean-Jacques Rousseau ins Leben gerufen worden. Ihn interessierten weniger die Voraussetzungen, unter denen die bürgerliche Gesellschaft sich zu erhalten vermochte, als vielmehr die Ursachen, die zu ihrer Degenerierung geführt haben sollten. In den hundert Jahren, die zwischen den beiden Fragestellungen lagen, war der Prozess der kapitalistischen Modernisierung schon so weit fortgeschritten, dass sich im Schatten des absolutistischen Staates eine zivile Sphäre der privaten Autonomie hatte herausbilden können; im Binnenraum einer frühbürgerlichen

Öffentlichkeit wurden jene Verhaltensweisen einstudiert, die später sowohl für die demokratischen Institutionen als auch für den kapitalistischen Warenverkehr den lebensweltlichen Rahmen abgeben sollten. Es ist diese Lebensform gewesen, auf die Rousseau den Blick gerichtet hat (vgl. Rousseau 1754). An ihr interessierte ihn v.a., ob sie im Ganzen noch die praktischen Voraussetzungen enthielt, unter denen die Menschen ein gutes, ein gelingendes Leben führen können. Mit der Einstellungsveränderung, die Rousseau damit gegenüber Hobbes vollzogen hatte, war das neuzeitliche Unternehmen einer Sozialphilosophie erst eigentlich auf den Weg gebracht; sie erkundete die Beschränkungen, die die neue Lebensform der Selbstverwirklichung des Menschen auferlegt.

2.2. An der Wende zum 19. Jahrhundert stand Hegel nicht weniger im Bann der Problemstellung Rousseaus als vierzig Jahre später der junge Karl Marx. Freilich hatte sich das empirische Anschauungsmaterial, an dem beide ihr Unbehagen an der bürgerlichen Gesellschaft festmachten, erheblich geändert. Nicht nur das Ereignis und die Nachwirkungen der Französischen Revolution, sondern v.a. auch die Begleiterscheinungen der rapide voranschreitenden Industrialisierung waren es, auf die beide mit ihren theoretischen Entwürfen reagierten.

Was Hegel als pathologisch am sozialen Leben erfährt, ist, ganz im Gegensatz zu Rousseau, die zerstörerische Wirkung, die von dem Prozess einer maßlosen Steigerung des individuellen Partikularismus ausgeht. In der »bürgerlichen Gesellschaft« mit den abstrakten Befugnissen einer Rechtsperson ausgestattet, genießt das Individuum zwar ein vorher nicht gekanntes Maß an subjektiver Freiheit; deren bloß negative Bestimmung aber führt zu keiner sozialen Bindung mehr, die über rein instrumentelle Orientierungen hinausweisen könnte (vgl. Hegel 1821, §§ 182 ff.). Zu einem Sozialphilosophen im hier gemeinten Sinn wird Hegel freilich erst, weil er in diesem Prozess eines Gemeinschaftsverlustes mehr als nur ein politisches Steuerungsproblem erblickt, nämlich eine Krise, die das soziale Leben im Ganzen in Mitleidenschaft zieht (vgl. Taylor 1979; Honneth 2001). Das soziale Leben, das Hegel vor Augen hat, ist durch einen Verlust an Allgemeinheit gekennzeichnet, der sowohl für die Subjekte als auch für das Gemeinwesen pathologische Folgen hat: Im einzelnen Individuum stehen sich, weil es nicht mehr konstitutiv in die öffentliche Sphäre einbezogen ist, Pflicht und Neigung ebenso abstrakt gegenüber wie in der Gesellschaft die atomisierten Mitglieder den leblos gewordenen Institutionen.

Erst mit dem Werk von Marx treten Phänomene der ökonomischen Verelendung ins Zentrum der Sozialphilosophie. Wie vor ihm Rousseau und Hegel deutet Marx die von ihm kritisierten Tendenzen von Anfang an als gesellschaftliche Entwicklungen, die dem Ziel der menschlichen Selbstverwirklichung entgegenstehen. Für Marx gelangt das menschliche Subjekt allein durch selbst bestimmte Arbeit zur Selbstverwirklichung (vgl. Honneth 1980). Die kritische Diagnose muss daher den Versuch unternehmen, am Kapitalismus diejenigen Bedingungen zu identifizieren, die der Entfaltung einer solchen Form von Arbeit strukturell im Wege stehen. In seinen Frühschriften gibt Marx diesem Unternehmen die Gestalt einer Kritik der sozialen Entfremdung (vgl. etwa Marx 1844); insofern stellt der Kapitalismus für ihn eine soziale Lebensform dar, die den Menschen in einen Gegensatz zu seinem eigenen Wesen bringt und ihn damit aller Aussichten auf ein gutes Leben beraubt. An dieser sozialphilosophischen Orientierung der Kapitalismuskritik ändert sich auch nichts, nachdem Marx den entfremdungstheoretischen Ansatz seiner Frühschriften fallengelassen hat. Auch jetzt geht es ihm um wesentlich mehr als bloß darum, die innere Gesetzmäßigkeit herauszuarbeiten, mit der die Verwertungslogik des Kapitals in die wirtschaftliche Krise treibt. Um dieses Ziel erreichen zu können, bedient sich Marx in dem neuen Kontext v.a. der Kategorie der »Verdinglichung«. Mit ihr wird das Konzept der Entfremdung durch ein Vorstellungsmodell ersetzt, das zwar sparsamer im anthropologischen Gehalt, aber ebenso aussagekräftig im Hinblick auf die Bestimmung sozialer Pathologien ist (vgl. Lohmann 1991, Kap. I).

2.3. In der zweiten Hälfte des 19. Jahrhunderts zeichnen sich in einigen Ländern des Westens erste Schritte einer politischen Demokratisierung ab. Im Zusammenhang mit dem Prozess der Verstädterung lösen diese Egalisierungstendenzen in bestimmten Kreisen des Bürgertums alsbald negative Reaktionen aus (vgl. Hughes 1977). Schon Tocqueville hatte zu der Zeit, als Marx seine *Ökonomisch-philosophischen Manuskripte* verfasste, vor den Gefahren einer kulturellen Verarmung gewarnt, die durch die soziale Gleichstellung hervorgerufen werden könnte (vgl. Tocqueville 1835/40). Kaum dreißig Jahre später beklagt Mill die wachsende Tendenz eines allgemeinen Konformismus (vgl. Mill 1859). Aber erst Nietzsche gelangt in seinem Werk zu einer theoretischen Perspektive, in der alle diese Entwicklungsphänomene so zusammengeführt werden, dass sie als kulturelle Symptome einer einzigen, umfassenden Krise in Erscheinung treten: Was seine Zeitgenossen das eine Mal als Wildwuchs des Egalitarismus beschwören, das andere Mal als Resultat einer sozialen Vermassung hinstellen, führt er in genialer Vereinfachung allein auf die geistige Konstellation des modernen Nihilismus zurück (vgl. exemplarisch Nietzsche 1887).

2.4. Wie die Sozialphilosophie des 19. Jahrhunderts in starker Abhängigkeit von der Kulturkritik Rousseaus stand, so befand sie sich an der Wende zum 20. Jahrhundert vollkommen im Bann der intellektuellen Konstellation von Marx und Nietzsche. Allerdings ist es nicht mehr die Philosophie, in der die Pathologien der modernen Welt theoretisch verhandelt werden, sondern die im Entstehen begriffene Soziologie. Die Gründerväter der neuen Wissenschaft sind davon überzeugt, dass die moderne Gesellschaft von einer moralischen Auszehrung bedroht ist, die zu massiven Störungen in der sozialen Reproduktion führen muss: Mit dem institutionellen Übergang von der traditionalen zur modernen Sozialordnung, so die Diagnose, hat das soziale Wertgefüge jene ethische Gestaltungskraft verloren, die es dem Einzelnen bislang erlaubte, sein Leben sinnvoll auf ein gesellschaftliches Ziel hin auszudeuten. Als eine Antwort auf die damit entstandene Pathologie kann die Soziologie nun deswegen aufgefasst werden, weil sie noch ganz unspezialisiert als eine »moral-« oder »kulturwissenschaftliche« Unternehmung begriffen wird: Wie weder Tönnies noch Simmel, weder Weber noch Durkheim je in Zweifel gezogen haben, soll es ihre Aufgabe sein, durch Erklärung der Genese der ethischen Krise auch zu ihrer praktischen Behebung beizutragen. Ist bis hierhin das Programm der ersten Soziologengeneration durchaus noch mit der Zielsetzung vergleichbar, von der auch Hegel in seiner Philosophie ausgegangen war, so unterscheidet es sich davon wesentlich erst durch die an Nietzsche orientierten Bestimmungen, die zur Charakterisierung der drohenden Gefahr herangezogen werden: Nicht mehr durch ein Anwachsen von Atomisierung und Entzweiung, sondern durch einen Verlust an ethischen Orientierungen überhaupt soll der Prozess gekennzeichnet sein, der in der sozialen Krise der Gegenwart zum Ausbruch kommt.

2.5. Die Gründerjahre der Soziologie hatten zwar eine Reihe von Deutungsmustern hervorgebracht, die die sozialen Pathologien des expandierenden Kapitalismus so schlüssig und zugleich erfahrungsnah zu erklären vermochten, dass sie auch in den kommenden Jahrzehnten kaum etwas von ihrem Anregungspotential einbüßen mussten. Aber was sich im Rückgriff auf diese soziologischen Deutungsmuster an neuen Tendenzen herausbildete, vollzog sich zunächst doch weitgehend wieder im Rahmen der Philosophie. Auf der einen Seite war inzwischen mit der philosophischen Anthropologie eine theoretische Schule zum Durchbruch gelangt, die unter Einbeziehung empirischer Forschungen die schon bei Rousseau, Herder und

Humboldt angelegte Frage klären wollte, durch welche universalen Eigenschaften der Mensch gegenüber tierischen Lebewesen ausgezeichnet sei (vgl. Honneth/Joas 1980). Auf der anderen Seite hatte sich ein neues Interesse an jener Form eines geschichtsphilosophischen Denkens entwickelt, das durch den Historismus längst für überwunden gehalten worden war.

Während die philosophische Anthropologie einen allgemeinen Begriff der Lebensform des Menschen durch Rückgang auf seine natürliche Ausgangslage gewinnen will, entnimmt ihn die Geschichtsphilosophie einem als notwendiges Ziel begriffenen Endzustand der menschlichen Entwicklung (vgl. Marquard 1973, 13 ff.). Beide Modelle bieten sich nun für eine Überwindung der entstandenen Krise deswegen in einem besonderen Maße an, weil sich durch sie jede Bezugnahme auf ethische Normen überhaupt zu erübrigen scheint und die Gefahr des Relativismus von vornherein vermieden werden kann. Die beiden Bücher, in denen diese entgegengesetzten Formen der Sozialphilosophie exemplarisch Gestalt annehmen, erscheinen im Abstand von nur einem Jahr: 1923 veröffentlicht Lukács *Geschichte und Klassenbewußtsein*, 1924 folgt Plessners Studie über die *Grenzen der Gemeinschaft*.

Im Grunde genommen bleiben die Begründungsfiguren, die diesen beiden zentralen Studien auf dem Gebiet der Sozialphilosophie zugrunde liegen, auch in der sich daran anschließenden Fortentwicklung maßgeblich erhalten: So können Freuds Studien zur Kulturtheorie als Fortsetzung der anthropologischen Begründungsform begriffen werden (vgl. Freud 1908 ff.), während auf der anderen Seite Spenglers *Der Untergang des Abendlandes* (1918/1922) als fragwürdiges Beispiel einer geschichtsphilosophisch begründeten Pathologiediagnose gelten kann; so repräsentiert die *Dialektik der Aufklärung*, von Horkheimer und Adorno unter dem Eindruck des Faschismus geschrieben, den Versuch einer Weiterführung der geschichtsphilosophischen Linie der Sozialphilosophie (vgl. Horkheimer/Adorno 1944), während Arendts Studien über den Totalitarismus in gewisser Weise eine anthropologische Rückversicherung zugrunde legen (vgl. Arendt 1951). Allerdings operieren alle diese Studien gewissermaßen noch unter den Bedingungen einer methodischen Naivität, die darin liegt, dass die ethischen Prämissen der eigenen Diagnose als durch die geschichtsphilosophischen oder anthropologischen Konstruktionen selber gerechtfertigt angesehen werden.

3.

3.1. Der Zeitpunkt der Entstehung jener Unternehmung, die wir von heute aus »Sozialphilosophie« nennen können, legt es nahe, sie als Statthalterin eines philosophischen Problems zu betrachten, das aufgrund methodischer Bedenken zunächst aus dem neuzeitlichen Denken ausgeschieden worden war. Mit der Einschränkung der Fragestellung auf die Errichtung einer allgemein zustimmungsfähigen Ordnung zeichnete sich innerhalb der politischen Philosophie bereits jene Abtrennung der Moral von der Ethik ab, die Kant für die Moralphilosophie offiziell begründet hat: Nur die Probleme, die sich auf die Gerechtigkeit sozialen Handelns beziehen, sollen von der Philosophie beantwortbar sein, während die Bedingungen des guten Lebens so wenig einer allgemeinen Bestimmung zugänglich sind, dass sie aus ihrem Rahmen ausgeschlossen bleiben müssen.

Dass aber die ethische Frage zumindest mit Bezug auf das gesellschaftliche Zusammensein nicht einfach beiseite gelegt werden kann, sondern unter den Voraussetzungen der wissenschaftlichen Aufklärung nur eine andere Form anzunehmen hat, ist die Position, die Rousseau in seinen kulturkritischen Schriften vertritt. Zum einen wird der aristotelische Gesichtspunkt insofern radikal formalisiert, als nicht mehr von den naturgegebenen Zwecken der menschlichen Selbstverwirklichung, sondern nur noch von ihren universalen Ermöglichungsbedingungen die Rede ist; und zum anderen soll es nicht mehr der Staat, sondern die sich erst allmählich von ihm ablösende Gesellschaft sein, die auf die

Voraussetzungen hin befragt wird, die dem menschlichen Lebensvollzug zur Verfügung stehen. So entsteht die Sozialphilosophie als Statthalterin einer ethischen Perspektive im Neuland der sich konstituierenden Gesellschaft.

Nirgends tritt die Sozialphilosophie allerdings als eine rein positive Lehre in Erscheinung; stets handelt es sich zunächst und v.a. um die Kritik eines gesellschaftlichen Zustands, der als entfremdet oder sinnlos, verdinglicht oder gar krank empfunden wird. Wie diese kritische Intention mit der zuvor entwickelten Perspektive einer formal gedachten Ethik zusammenhängt, gibt jener Begriff zu erkennen, auf den die Sozialphilosophie von Beginn an mehr oder weniger direkt zugeschnitten ist: Von einer »Pathologie« des gesellschaftlichen Lebens kann sinngemäß nur dann gesprochen werden, wenn bestimmte Annahmen darüber vorliegen, wie die Bedingungen der menschlichen Selbstverwirklichung beschaffen sein sollen. Um nun von einer sozialen Pathologie sprechen zu können, die nach dem Vorbild der Medizin einer Diagnose zugänglich sein soll, bedarf es einer Vorstellung von Normalität, die auf das gesellschaftliche Leben im Ganzen bezogen ist. Eine defensive Möglichkeit, von Pathologien des Sozialen zu sprechen, besteht in einem kulturalistischen Begriff von Normalität; ihm zufolge können wir uns nur auf eine empirische Beschreibung dessen beschränken, was eine gegebene Kultur als eine Störung ansieht. Weil dies für ihre Zwecke aber zu wenig sein muss, hat die Sozialphilosophie von Anfang an jenen anderen Weg eingeschlagen, der in die Richtung einer formalen Ethik weist. Als Inbegriff der Normalität einer Gesellschaft müssen dann kulturabhängig die Bedingungen gelten, die ihren Mitgliedern eine unverzerrte Form der Selbstverwirklichung erlauben.

Wenn nun untersucht wird, was die Vorstellungen von gesellschaftlicher Normalität gemeinsam haben, auf die die sozialphilosophischen Begriffe der »Entzweiung«, »Entfremdung«, »Verdinglichung« oder auch des »Nihilismus« indirekt verweisen, so muss ein sehr abstrakter Bezugspunkt gewählt werden, um nicht einige von ihnen auszuschließen. Eine solche Gemeinsamkeit tritt hervor, wenn als Bezugspunkt nicht das Wie der jeweiligen Idealzustände, sondern ihr Worumwillen herangezogen wird; ohne Ausnahme verweisen die verschiedenen Negativbegriffe nämlich indirekt auf soziale Bedingungen, die dadurch ausgezeichnet sein sollen, dass sie den Individuen ein volleres oder besseres, kurz: ein gelingendes Leben ermöglichen. Insofern stellt eine ethische Vorstellung von gesellschaftlicher Normalität, die auf die Ermöglichungsbedingung von Selbstverwirklichung zugeschnitten ist, den Maßstab dar, an dem soziale Pathologien gemessen werden.

Formal ist diese ethische Hintergrundkonzeption in dem Sinn, dass nur die sozialen Voraussetzungen der menschlichen Selbstverwirklichung, nicht aber deren Ziele normativ herausgehoben werden sollen. Ihrer methodischen Anlage nach ist die Sozialphilosophie daher seit ihrer Entstehung in einer ethischen Perspektive verankert, mit der nur formale Ansprüche hinsichtlich einer Explikation des »Guten« verknüpft sind.

Den impliziten Bezugspunkt aller hier vorgestellten Versuche, einen Maßstab für die Normalität gesellschaftlicher Verhältnisse zu gewinnen, stellen die sozialen Lebensbedingungen des individuellen Subjekts dar: Als gelungen, ideal oder »gesund« werden stets die Organisationsformen des Sozialen eingeschätzt, die dem Einzelnen eine unverzerrte Verwirklichung seiner selbst erlauben.

3.2. Während in den 1950er und 1960er Jahren noch einmal ein Wiederaufleben von Entwürfen mit anthropologischem Zuschnitt stattgefunden hat (vgl. etwa Arendt 1960; Gehlen 1957; Habermas 1968), ist inzwischen, nicht zuletzt infolge einer radikalen Kritik des anthropologischen Essentialismus, der letzte Rest an Vertrauen in eine derartige Form der Sozialphilosophie geschwunden. So erscheinen bei Foucault (1975) die Subjekte als Effekte jeweils kontingenter Macht- und Wissensregime, die selbst nicht Gegenstand einer normativen Bewertung, sondern nur der historischen Analyse sein können. Neben der menschlichen Natur wird damit auch die Idee der Wahrheit verabschiedet und, etwa bei Rorty, durch eine Betonung der Kontingenz der Sprache, des Selbst und der Gemeinschaft ersetzt.

Vor diesem Hintergrund hängt heute die Fortexistenz der Disziplin der Sozialphilosophie, wenn sie überhaupt durch ein distinktes Erkenntnisinteresse gekennzeichnet sein soll, vollständig von der Begründbarkeit einer *formalen* Ethik ab, die allgemeine Maßstäbe für das Intaktsein sozialen Lebens zu rechtfertigen vermag, ohne dabei in den alten Essentialismus zurückzufallen. Drei Alternativen sind es, die sich für eine Lösung der damit umrissenen Aufgabe im Augenblick anzubieten scheinen.

Die erste Alternative der Rechtfertigung von ethischen Urteilen der Art, wie sie die Sozialphilosophie benötigt, besteht im Versuch der *Prozeduralisierung* der Ethik (vgl. Habermas 1991, 100ff.). Was als »normal« oder »ideal« angesehen werden muss in Hinblick auf eine soziale Lebensform, würde sich dann erst in dem Maße zeigen, in dem die Gesellschaftsmitglieder selbst in einer demokratisch organisierten Willensbildung zu einem Konsens über die Wünschbarkeit gesellschaftlicher Entwicklungen gelangen. Zwar hätten für ethische Diskurse solcher Art, weil sie an die Voraussetzung einer begrenzten Wertegemeinschaft gebunden sind, andere, nämlich eingeschränktere Gültigkeitsbedingungen zu gelten als für praktische Diskurse der herkömmlichen Art; aber im Prinzip scheint es möglich und aussichtsreich, die Klärung ethischer Fragen von einem spezifisch gefassten Verfahren abhängig zu machen (vgl. etwa Richardson 1994). Der Nachteil dieser Alternative aber bestünde offensichtlich darin, dass sich mit ihr die Sozialphilosophie als ein theoretisches Unternehmen selbst auflösen würde; denn ihre Deutungskompetenz ginge restlos allein an die Betroffenen über, die als Mitglieder einer konkreten Gesellschaft selbstständig darüber entscheiden würden, was als »pathologisch« an ihrer sozialen Lebensform zu gelten hätte.

Wie um dieser Entmächtigung der Sozialphilosophie vorzubeugen, findet sich im Werk von Habermas noch eine andere Begründungsstrategie angelegt, die heute als zweite Alternative der Rechtfertigung ethischer Urteile zu betrachten ist. In der *Theorie des kommunikativen Handelns* wird nämlich der *Gesellschaftstheorie* selbst zugetraut, die kritische Schwelle anzugeben, jenseits der das Eindringen von Systemimperativen in die soziale Lebenswelt als eine gesellschaftliche Pathologie betrachtet werden muss. Die Argumente, mit denen die Unterscheidung von »normal« und »pathologisch« hier gerechtfertigt wird, entstammen in dem Sinn einer schwachen, nur noch formalen Anthropologie, als sie in einer Universalpragmatik verankert sind, die eine originäre Form der menschlichen Redepraxis als notwendige Voraussetzung der gesellschaftlichen Reproduktion nachzuweisen versucht (vgl. Habermas 1981). Eine zweite Alternative der Begründung ethischer Urteile besteht daher gegenwärtig im Entwurf einer möglichst sparsamen Anthropologie, die einige wenige, aber elementare Bedingungen menschlichen Lebens rekonstruiert (vgl. Nussbaum 1993; Taylor 1989; Taylor 1992). Für Taylor ergibt sich der Bewertungsmaßstab, der eine Diagnose sozialer Pathologien erlaubt, aus einer formalen Anthropologie, die die allgemeinen Bedingungen einer ungezwungenen Artikulation menschlicher Lebensideale umreißt. Freilich steht diese anthropologische Alternative schon im Werke Taylors im Konflikt mit einer weiteren Begründungsstrategie, die sich insgesamt heute als eine dritte Rechtfertigung der Sozialphilosophie begreifen lässt.

Mit *Die Quellen des Selbst* (Taylor 1989) legt Taylor in gewisser Weise eine historisch relativierte Begründung der Ethik zugrunde: denn erst die hermeneutische Rückbesinnung auf die ethischen Werte, von denen sich die Moderne in ihrem kulturellen Selbstverständnis leiten lässt, soll Auskunft darüber geben, welche gesellschaftlichen Entwicklungen als soziale Pathologien zu begreifen sind. Es ist diese dritte Begründungsform, die am ehesten im Einklang mit den Absichten Foucaults steht: Der Bewertungsmaßstab, mit dessen Hilfe die Sozialphilosophie gesellschaftliche Störungen diagnostiziert und erörtert, besitzt insofern nur eine historisch eingeschränkte Geltung, als er nur auf die geschichtliche Epoche Anwendung finden kann, deren ethische Vorentscheidungen er zwangsläufig übernehmen muss. Zwar würde eine solche, historisch relative Begründungsform nicht das Unternehmen der Sozialphilosophie im Ganzen in Frage stellen; in Zukunft wäre diese vielmehr als eine Reflexionsinstanz zu begreifen, in deren Rahmen auf der Basis historisch gegebener Werte und ihrer entsprechenden Lebensideale soziale Störungen diskutiert werden könnten. Aber um den klassischen Anspruch der Sozialphilosophie, bestimmte Entwicklungen des sozialen Lebens mit kontexttranszendierendem Anspruch als Pathologien zu bewerten, wäre es geschehen. Daher hängt ihr Überleben in der Form, die hier in einer historischen Vergegenwärtigung offen gelegt worden ist, von dem Erfolg ab, mit dem sich der Anspruch einer schwachen, formalen Anthropologie in Zukunft rechtfertigen lässt.

3.3. Neben diese drei Ansätze zur Lösung des Begründungsproblems treten jene Theorien, die die Frage nach den normativen Grundlagen der Sozialphilosophie entweder ausklammern (wie Foucault und Rorty) oder substantiellen Auseinandersetzungen mit gesellschaftlichen Problemlagen nachordnen. So verbindet sich etwa die Kritik an den faktischen Formen der politischen und sozialen Exklusion von Frauen mit der Kritik an jenen dominanten Spielarten der Sozialphilosophie, die Fragen der Geschlechtergerechtigkeit und der sozialen Konstruktion von Gender gar nicht in den Blick bekommen (vgl. Benhabib 1992; Butler 1990). Auch in anderen sozialphilosophischen Debatten stehen substantielle normative und empirisch-zeitdiagnostische Probleme im Vordergrund, so etwa die Fragen nach dem Verhältnis von Umverteilung und Anerkennung (vgl. Fraser/Honneth 2003), Arbeit, individueller Selbstverwirklichung und sozialer Wertschätzung (vgl. Muirhead 2004; Honneth 2008) oder Kapitalismus und individueller wie kollektiver Selbstbestimmung (vgl. Boltanski/Chiapello 1999).

4.

Arendt, H., 1951, Elemente und Ursprünge totaler Herrschaft, München: Piper 1986.

Arendt, H., 1958, Vita activa oder vom tätigen Leben, München: Piper 1981.

Benhabib, S., 1992, Selbst im Kontext, Frankfurt/M.: Suhrkamp 1995.

Boltanski, L./Chiapello, E., 1999, Der neue Geist des Kapitalismus, Konstanz: UVK 2003.

Butler, J., 1990, Das Unbehagen der Geschlechter, Frankfurt/M.: Suhrkamp 1991.

Feinberg, J., 1973, Social Philosophy, Englewood Cliffs: Prentice Hall.

Foucault, M., 1975, Überwachen und Strafen, Frankfurt/M.: Suhrkamp 1977.

Fraser, N./Honneth, A., 2003, Umverteilung oder Anerkennung?, Frankfurt/M.: Suhrkamp.

Freud, S., 1908ff., Studienausgabe, Bd. IX, Frankfurt/M.: Fischer 1974.

Gehlen, A., 1957, Die Seele im technischen Zeitalter, Reinbek: Rowohlt.

Graham, G., 1988, Contemporary Social Philosophy, Oxford: Blackwell.

Habermas, J., 1968, Technik und Wissenschaft als Ideologie, Frankfurt/M.: Suhrkamp.

Habermas, J., 1981, Theorie des kommunikativen Handelns, 2 Bde., Frankfurt/M.: Suhrkamp.

Habermas, J., 1991, Erläuterungen zur Diskursethik, Frankfurt/M.: Suhrkamp.

Hegel, G. W. F., 1821, Grundlinien der Philosophie des Rechts, Frankfurt/M.: Suhrkamp 1986.

Honneth, A., 1980, Arbeit und instrumentales Handeln, in: ders./U. Jaeggi (Hg.), Arbeit, Handlung, Normativität, Frankfurt/M.: Suhrkamp.

Honneth, A., 1994, Pathologien des Sozialen, in: ders., Das Andere der Gerechtigkeit, Frankfurt/M.: Suhrkamp 2000.

Honneth, A., 2001, Leiden an Unbestimmtheit. Eine Reaktualisierung der Hegelschen Rechtsphilosophie, Stuttgart: Reclam.

Honneth, A., 2005, Verdinglichung, Frankfurt/M.: Suhrkamp.

Honneth, A., 2008, Arbeit und Anerkennung, in: Deutsche Zeitschrift für Philosophie 56.

Honneth, A./Joas, H. (Hg.), 1980, Soziales Handeln und menschliche Natur, Frankfurt/M.: Campus.

Horkheimer, M./Adorno, T. W., 1944, Dialektik der Aufklärung, Frankfurt/M.: Fischer 1988.

Hughes, H. St., 1977, Consciousness and Society.

The Reorientation of European Social Thought 1890–1930, New York: Knopf.
Jaeggi, R., 2005, Entfremdung, Frankfurt/M.: Campus.
Lohmann, G., 1991, Indifferenz und Gesellschaft, Frankfurt/M.: Suhrkamp.
Lukács, G., 1923, Geschichte und Klassenbewußtsein, Neuwied: Luchterhand 1968.
Marquard, O., 1973, Schwierigkeiten mit der Geschichtsphilosophie, Frankfurt/M.: Suhrkamp.
Marx, K., 1844, Ökonomisch-philosophische Manuskripte, MEW, Erg.bd. 1, Berlin: Dietz 1968.
Mill, J. S., 1859, Über die Freiheit, Stuttgart: Reclam 1974.
Muirhead, R., 2004, Just Work, Cambridge/MA: Harvard University Press.
Nietzsche, F., 1887, Zur Genealogie der Moral, in: KSA, Bd. 5, München/Berlin: dtv/de Gruyter 1980.
Nussbaum, M. C., 1993, Menschliches Tun und soziale Gerechtigkeit, in: M. Brumlik/H. Brunkhorst (Hg.), Gemeinschaft und Gerechtigkeit, Frankfurt/M.: Fischer.
Plessner, H., 1924, Grenzen der Gemeinschaft, Frankfurt/M.: Suhrkamp 2002.
Richardson, H. S., 1994, Practical Reasoning about Final Ends, Cambridge: Cambridge University Press.
Rorty, R., 1989, Kontingenz, Ironie und Solidarität, Frankfurt/M.: Suhrkamp.
Rousseau, J.-J., 1754, Diskurs über die Ungleichheit, Paderborn: Schöningh 2001.
Spengler, O., 1918/1922, Der Untergang des Abendlandes, München: Beck 1998.
Taylor, C., 1979, Hegel and Modern Society, Cambridge: Cambridge University Press.
Taylor, C., 1989, Die Quellen des Selbst, Frankfurt/M.: Suhrkamp 1994.
Taylor, C., 1992, Das Unbehagen in der Moderne, Frankfurt/M.: Suhrkamp 1995.
Tocqueville, A. de, 1835/40, Über die Demokratie in Amerika, Zürich: Manesse 1987.

Axel Honneth

Sozialstaat

1.

Der »Sozialstaat« ist als ein Ensemble von Institutionen, Rechten und Kollektivakteuren, als »Sozialsektor« (Kaufmann 1997) zu beschreiben, und stellt die spezifisch deutsche Variante des sog. europäischen Sozialmodells dar. In den Sozialwissenschaften werden »Sozialstaat« und »Wohlfahrtsstaat« nahezu bedeutungsgleich verwendet (zumal »Wohlfahrtsstaat« mit dem älteren Ausdruck »Wohlfahrt« für das Sozialhilfewesen nicht mehr assoziiert wird), während Historiker z.T. auf der Differenzierung bestehen (vgl. Ritter 1989).

1.1. In der deutschen politischen und Verfassungsgeschichte haben sich seit dem letzten Drittel des 19. Jahrhunderts konservative, katholische und sozialistisch-sozialdemokratische Ordnungsvorstellungen in einer komplexen Mischung sedimentiert. Das hat zu markanten Abweichungen vom Modell eines politischen Modernisierungsprozesses westlicher Industriegesellschaften geführt, wie es von T. H. Marshall (1949) entwickelt worden ist. Marshall hatte eine evolutionäre Schiene postuliert, auf der zunächst im 18. Jahrhundert (mit den Bürger- und Menschenrechtskatalogen) der *Rechtsstaat*, sodann im 19. Jahrhundert mit der Ausweitung des Wahlrechts und der Parlamentarisierung der Exekutive der *demokratische Staat* und schließlich im 20. Jahrhundert (u.a. als Folgenbewältigungsprogramm der beiden Weltkriege) der *Sozialstaat* begründet worden ist.

Im Gegensatz dazu gingen die pionierhaften Neuerungen der bismarckschen Sozialpolitik der 1880er Jahre der Einführung der Demokratie *voraus* und hatten ihre Verzögerung gerade zum Zweck. Die gesetzlichen Systeme der Unfall-, Kranken- und Invalidenversicherung waren (mit dem gleichzeitig verhängten »Sozialistengesetz«) als paternalistische »Wohltat« dazu gedacht, soziale Konflikte zu ersticken. Tatsächlich findet sich der Begriff des »socialen Staates« erstmals bei dem konservativen Reformer Lorenz von Stein in den 1850er Jahren, der das Konfliktpotenzial der »socialen Frage« durch eine »Deproletarisierung« der Arbeiterschaft entschärfen wollte.

Die politischen Triebkräfte der sozialstaatlichen Politik waren also keineswegs von antikapitalistischen Forderungen nach der Emanzipation des Proletariats bestimmt; sie setzen sich aus verschiedenen politischen Strömungen und Allianzen zusammen und sind schon deswegen nicht von einer kohärenten normativen politischen Philosophie inspiriert. Im Rückblick stellt sich die Entwicklung des Sozialstaats als theoretisch »unrein« und politisch ausgesprochen »vielfarbig« dar. Eine Entwicklungsgesetzlichkeit des Sozialstaats ist daher als *ex ante* konzipierte normative Programmatik schwerlich zu finden, allenfalls als ein *ex post* und empirisch ablesbares Verlaufsmuster.

1.2. Einige Elemente dieses Musters sind in historischen und vergleichenden Untersuchungen bestätigt worden. Zu ihnen gehört erstens der Befund, dass Innovationsschübe sozialstaatlicher Institutionen, Programme und Rechte in der Regel während der Weltkriege, im Zuge der Kriegsvorbereitung oder in Nachkriegszeiten auftreten, weshalb auch vom »*welfare-warfare state*« die Rede ist. Eine zweite Verallgemeinerung bezieht sich auf die auffallende Robustheit einmal eingeschlagener institutioneller Strukturen und der durch sie bedingten Entwicklungspfade (»*path dependency*«). Im Vergleich von Wohlfahrtsstaaten der OECD-Welt, die sich nach ihrem Strukturtyp und ihrem Leistungsniveau erheblich unterscheiden, stellt sich drittens heraus, dass die ethnische, sprachliche und konfessionelle Homogenität des jeweiligen Staatsvolkes eine wichtige Determinante für solidarische Umverteilungsbereitschaft ist. Die Entwicklung des Sozial- oder Wohlfahrtsstaates im 19. und 20. Jahrhundert ist viertens durch kontinuierliche Ausweitung seiner Zuständigkeiten und seines Gestaltungsanspruchs bestimmt. Im Felde der sozialen Versicherungen lassen sich dabei drei Wachstumsdimensionen unterscheiden: Immer *mehr Kategorien von Personen* (Arbeiter, Angestellte, Selbstständige usw.) werden gegen immer *mehr Arten von Risiken* (zuletzt: Pflegebedürftigkeit) bei stetig *wachsenden Leistungsansprüchen* bzw. -niveaus einbezogen (vgl. Alber 1989).

Die Sozialpolitik kennt drei Interventionsformen. Die »regulative« Politik beeinflusst durch die Gesetzgebung vertragliche Verhältnisse zwischen *privaten* Akteuren, so dass zumindest eine der beiden Vertragsparteien besser gestellt wird (Beispiel: Kündigungsschutz, Mindestlohn), als es ohne solche Regulative der Fall wäre. Zum anderen gibt es den Typus der »(re-)distributiven« Politik, bei der staatliche Hoheitsträger von bestimmten Akteuren Finanzmittel abschöpfen, die dann als monetäre Transfers an andere ausgezahlt werden (Beispiel: Sozialversicherungen). Ein dritter Politiktypus wird als »Steuerung« bezeichnet und besteht in der Einrichtung von positiven und negativen Anreizen, die das Verhalten von Akteuren in politisch erwünschter Weise lenken sollen (Beispiel: aktive bzw. »aktivierende« Arbeitsmarktpolitik).

Man kann sich die historische Entwicklung der sozialstaatlichen Agenda als die Entstehung eines Gebäudes vorstellen, bei der vom Keller bis zum Dach Stockwerk auf Stockwerk errichtet wird, zugleich aber innerhalb der einzelnen Etagen kontinuierlich um- und angebaut wird und auch Abrissarbeiten zu beobachten sind. Als »Keller« ist das aus vormodernen Zeiten überkommene *Armenwesen* zu bezeichnen, das seit dem späten 18. Jahrhundert überall in Europa rationalisiert und »veranstaltlicht« und später verrechtlicht wird. Das »Parterre« des Sozialstaatsgebäudes besteht aus gesetzlichen Regelungen vom Typus der regulativen Politik, die sich auf die physische und soziale *Sicherheit* der Arbeitskraft *am Arbeitsplatz* erstrecken. Hierher gehört die Regulierung des Arbeitsmarkt-Zuganges nach Alter (Verbot der Kinderarbeit, Altersgrenze) und Nationalität (Regulierung der Arbeitsmigration) sowie die »Binnenkonstitutionalisierung« der (Groß-)Betriebe (Betriebsräte, Unternehmensmitbestimmung). Auf der ersten Etage folgt dann das System der *sozialen Pflichtversicherungen*, die sich auf die typischen Risiken der Arbeitnehmerexistenz (Krankheit, Alter, Arbeitslosigkeit) und somit auf die Einkommenssicherheit des Arbeitnehmers *außerhalb* von Betrieb und Arbeitsplatz erstrecken (Lohnersatzleistungen,

Krankenversicherung). Auf der zweiten Etage geht es um die Sicherung des *Realeinkommens* der Arbeitnehmer durch Verhandlungen zwischen den Tarifparteien (Arbeitgeber und Gewerkschaften). Hier treffen regulative Politik und Steuerung zusammen, Letztere repräsentiert z.B. durch Anreize, die auf eine gesamtwirtschaftlich »verträgliche« Nutzung der Tarifautonomie hinwirken sollen. In den Zusammenhang der Realeinkommenssicherung und selektiven -steigerung gehört des Weiteren das (allerdings nicht auf Kollektivverhandlungen gestützte, sondern durch den Gesetzgeber gestaltete) sozialpolitische Instrumentarium der monetären Familienpolitik (Kindergeld, steuerliche Prämierung von Ehe und Elternschaft). Diese distributiven gesetzlichen Leistungsprogramme sind dazu bestimmt, (einen Teil der) Zusatzkosten von Ehe und v.a. Elternschaft zu kompensieren und – als steuerungspolitische Zielvorstellung – die Fähigkeit der Familien fördern, durch ihre reproduktiven und sozialisatorischen Leistungen »Humanvermögen« zu schaffen. Bei der Familienförderung handelt es sich ebenso wie bei der staatlichen Daseinsvorsorge im Bildungs-, Wohnungs- und Verkehrswesen um Rechtsansprüche auf Geld- und (häufiger) Sachleistungen, die nicht *Arbeitnehmern*, sondern (Kategorien von) *Bürgern* zukommen. Schließlich kann man sich das erst in den 1960er Jahren entwickelte Instrumentarium der *»aktiven« Arbeitsmarktpolitik* als »Dach« des Sozialstaats-Gebäudes vorstellen. Arbeitslose sollen nicht nur (»passiv«) durch Lohnersatzleistungen alimentiert werden, sondern »aktiv« bzw. »aktivierend« ihre arbeitsmarktliche Verwendbarkeit (*»employability«*) steigern, erhalten oder wiederherstellen. Das kann durch Förderung von Qualifikation, Motivation und Mobilität arbeitslos gewordener Arbeitskräfte geschehen, aber auch dadurch, dass Arbeitslose die Folgen ihres Markt-Misserfolges vermehrt selbst zu tragen haben. Die Bereitschaft von Arbeitgebern, Arbeit tatsächlich zu »geben«, d.h. Arbeitskraft bzw. Arbeitsleistungen nachzufragen, ist jedoch eine Variable, die praktisch außerhalb der Reichweite des Sozialstaates liegt, zumal die bloße Senkung der Beschäftigungskosten, etwa durch Einrichtung eines »Niedriglohnsektors« mit »Kombi-Löhnen«, ebenso wenig wie die politische Senkung anderer Kosten (z.B. Steuern) zwangsläufig nachfrage-expansiv wirkt.

2.

Wie alle staatliche Herrschaft bedarf auch ihr sozialstaatlicher Ausschnitt der Legitimation. Dieser Legitimationsbedarf wird im politischen Alltagsleben zum guten Teil auf dem Wege »traditionaler« Legitimation (Max Weber) erbracht, d.h. durch einen Hintergrundkonsens über das Gewohnte, Bewährte und seit jeher Erwartete. Das ändert sich jedoch, wenn (wie im Zuge der europäischen Integration) gesteigerte Kapitalmobilität, beengte fiskalische Handlungsspielräume, hohe und anhaltende Arbeitslosigkeit, die Auswirkungen des demographischen Wandels, und nicht zuletzt die intellektuelle Hegemonie »neoliberaler« und »staatskritischer« politischer Motive die Institutionen und Problemlösungsmuster des Sozialstaats unter Revisionsdruck setzen. Die Träger der Herrschaft müssen dann für den gesamten Komplex der überkommenen sozialpolitischen Institutionen und für reformpolitische Neuerungen *Gründe* angeben können, welche v.a. die von diesen Neuerungen *negativ* berührten Teile der Bevölkerung zur gehorsamen Hinnahme motivieren können müssen.

Solche legitimierenden Begründungen und reformpolitischen Rechtfertigungen können, analytisch gesprochen, entweder *folgenorientiert* (»konsequentialistisch«) sein, sich also auf die Abwendung von Fehlentwicklungen bzw. das Bewirken des politisch Erwünschten (z.B. »Haushaltskonsolidierung«) stützen oder aber auf *verpflichtende Normen* sozialer Gerechtigkeit. In der letzteren, »deontologischen« Perspektive gibt es drei grundverschiedene Gerechtigkeitsmaßstäbe, die in sozialpolitischen Leistungssystemen zur Begründung der von ihnen implizierten Lasten und gewährten Leistungen herangezogen werden: die verpflichtende Norm der Nothilfe oder *Fürsorge*, die Norm der solidarischen

Vorsorge und die Norm der gesetzlich verbürgten *Versorgung* (vgl. Miller 1998). Diese drei Prinzipien gehen im Normenhaushalt nationaler Wohlfahrtsstaaten höchst komplexe Mischungsverhältnisse untereinander und mit folgenorientierten Rechtfertigungen ein.

Die moralischen Ressourcen des Sozialstaats sind, wie alle Ressourcen, nicht unerschöpflich. Sie können überfordert werden, wenn ihre Inanspruchnahme pflichtkonformes Handeln entmutigt, weil es als moralisch allzu »anstrengend« erscheint. Deshalb sind die moralischen Regeln, mit denen der Sozialstaat legitimiert wird, in eine Reihe von institutionellen Sicherungen eingebettet, die sozusagen einer Überbeanspruchung des sozialmoralischen Pflichtbewußtseins der Beteiligten vorbeugen sollen.

2.1. *Fürsorge und Nothilfe*: Diese vom christlichen Gebot der Barmherzigkeit geprägte Norm sozialer Gerechtigkeit gebietet es, den von materieller Not betroffenen Mitbürgern einen (Rechts-)Anspruch auf *Hilfe* zuzuerkennen. Die Anwendung dieser Norm ist durch typische Probleme und entsprechende »Sicherungen« charakterisiert. Referenzfigur der Norm sozialer Hilfe ist der »*Arme*«. Damit stellt sich für die nicht-armen Adressaten dieser Norm die erste Frage, ob der Arme »wirklich« als arm zu gelten hat. Die Antwort ist durch *Bedürftigkeitsprüfung* zu gewinnen. Eine zweite Frage betrifft die *Armutsschwelle*, an der die Hilfe einsetzt. Nur eine relativ »tiefe« Festsetzung dieser Schwelle gewährleistet, dass die Hilfe zweifelsfrei lediglich in dem Umfang geleistet wird, in dem sie wirklich »notwendig« ist. Der dritte Zweifel, ob nämlich die Armut in moralisch vorwerfbarer Weise *herbeigeführt* worden ist, lässt sich ausräumen, wenn starke Anreize zur »*Selbsthilfe*« vorgesehen sind. Die vierte Frage ist, ob der Arme wirklich auf »unsere« Hilfe Anspruch hat, d. h. in den sozialmoralischen Zuständigkeitsbereich einer bestimmten Gemeinschaft fällt; sie wird z.B. durch *Migrationsbeschränkungen* beantwortet. Schließlich ist eine fünfte Frage, ob die zur Hilfe aufgerufene nicht-arme Bevölkerung in *gleichmäßiger Weise* die Kosten trägt. Dies kann am wirksamsten durch eine *Aufteilung* der entstehenden Lasten beantwortet werden: Ein Teil wird aus allgemeinen Steuermitteln aufgebracht, während der andere Teil durch das freiwillige karitative Engagement von Stiftungen und Wohlfahrtsverbänden getragen wird. Eine strikte Bedürftigkeitsprüfung, ein ausgeprägter Selbsthilfeanreiz, eine bescheiden bemessene Armutsschwelle, eine effektive Abschirmung des Leistungssystems gegen Zuwanderung sowie die Förderung privater *caritas* können damit gemeinsam als Voraussetzungen dafür gelten, dass die sozialmoralischen Normen einer Pflicht zur Nothilfe gewahrt und gefestigt, d. h. gegen Anlässe für den stets erregbaren Verdacht »missbräuchlicher« Vorteilsnahme und andere Beweggründe für die Verweigerung von Hilfe abgeschirmt werden.

2.2. *Vorsorge und Sozialversicherung*: Hier ist die moralische Intuition maßgeblich, dass Einkommenstransfers (»Lohnersatzleistungen«), die Opfern von Arbeitsunfällen, Kranken, Alten, Arbeitslosen und Pflegebedürftigen zugestanden werden, durch die Gesamtheit der Angehörigen der »Versichertengemeinschaft« zunächst *verdient* werden müssen. Die Ansprüche gegen Sozialversicherungen sind insofern keineswegs karitative Wohltaten, sondern »wohlerworbene« Ansprüche »braver Beitragszahler« (N. Blüm) – so v.a. im Falle der Sozialrenten, die moralisch nach der Äquivalenz-Logik, eben als »Alterslohn für Lebensleistung« begründet werden. Die Sozialversicherungen richten sich nicht an »Arme«, sondern an *Arbeitnehmer*. Diese Äquivalenzbeziehung weist die Besonderheit auf, dass sie sich als zwangsweise und solidarische Vorsorge von Kollektiven entfaltet. Durch *einkommens*proportionale Beitragsfinanzierung abstrahiert die Sozialversicherung von der individuellen Vorsorgebereitschaft und Risikobelastung der einzelnen Versicherten und nimmt sie damit als solidarisch-kollektiv Haftende in Anspruch: Alle zahlen für alle in einen gemeinsamen »Pool« und erwerben dadurch Ansprüche auf Transferleistungen; und dieser Pool steht als »kollektives Sondervermögen« tunlichst nicht für irgendwelche öffentlichen Belange, sondern ausschließlich für die Bedienung der gesetzlichen Ansprüche von Versicherten zur Verfügung. Durch diese institutionelle Konstruktion ist wiederum eine Reihe von endemischen Besorgnissen stillgestellt, die auf beiden Seiten der Sozialversicherung auftreten können, der Beitragsleistung und dem Leistungsbezug. Der Modus der *Beitragsfinanzierung* garantiert, dass das kollektive Eigentum der Versichertengemeinschaft nicht für *andere* Zwecke in Anspruch genommen werden kann als für Transfers an Versicherte. Zum zweiten unterliegen die Arbeitnehmer der gesetzlichen Versicherungs*pflicht*; dabei genießen sie jedoch den Vorzug einer *individualisierten Äquivalenz*, die für eine gewisse *Lebensstandardsicherheit* der einzelnen Versicherten sorgt und damit die knappe moralische Ressource der selbstlosen Sorge für andere schont. Und drittens können die Versicherten sicher sein, dass Personen, die *nicht* in den gemeinsamen Pool eingezahlt haben (sondern etwa nur »arm« sind), auch keinerlei »unverdienten« Zugriff auf das Kollektivkapital erlangen.

Diese institutionellen Sicherungen können jedoch versagen, und aktuelle Entwicklungen weisen darauf hin, dass sie das tatsächlich tun. Zum einen wird das kollektive Kapital der Sozialversicherten zunehmend für Zwecke verwendet, die als »*versicherungsfremde Leistungen*« gebrandmarkt werden können (z.B. vereinigungsbedingte politische Aufgaben) und mithin nicht dem Lohnersatz oder der Lebensstandardsicherung der Versicherten zugute kommen. Zum zweiten kann von wirklicher *Lebensstandardsicherung* v.a. bei der Altersvorsorge aus Gründen der Demographie wie der Beschäftigungslage immer weniger die Rede sein. Zum dritten bleibt die *Rentabilität der Beiträge* hinter der von Finanzinvestitionen am Kapitalmarkt zurück, so dass sich fühlbare entgangene Vorteile (»Opportunitätskosten«) und damit Einwände gegen die moralische Plausibilität des Systems der Sozialversicherung ergeben.

2.3. *Rechtsansprüche auf Versorgung*: Dieser dritte Modus der Zuteilung von sozialen Geld-, Sach- und Dienstleistungen richtet sich an »*Bürger*« bzw. »*Einwohner*« oder an bestimmte Kategorien derselben (Beamte, Familien, Empfänger von Agrarsubventionen, Betroffene von Kriegsfolgelasten usw.). Zumindest für den Fall der universalistischen (»flächendeckenden«) Geltung solcher aus allgemeinen Steuermitteln finanzierten Leistungen ist dieses Verteilungsmuster von einem freiheitlich-republikanischen Ethos inspiriert, das eine »inklusive« materielle Ausstattung aller Mitglieder der Gesellschaft in Form von ökonomischen Bürgerrechten vorsieht. Hier (wie bei der Gewährung eines uneingeschränkten Anspruchs auf Kinderbetreuungseinrichtungen) handelt es sich um die kostenfreie Bereitstellung fiskalisch durchaus kostspieliger Leistungssysteme für den Gebrauch *aller*, wenn auch nicht in Gestalt individueller Zahlungen. Die radikalste Forderung, die sich auf eine solche moralische Legitimation des Sozialstaats beruft, ist wohl jene eines bedingungslosen Bürgerrechts auf ein steuerfinanziertes Grundeinkommen (*basic income*) (vgl. van Parijs 1995) oder eines an alle Bürger zum Zeitpunkt ihrer Volljährigkeit auszuzahlenden »Startkapitals« (vgl. Ackerman/Alstott 1999; Grözinger/Maschke/Offe 2006). In die gleiche Richtung weisen aktuelle Reforminitiativen, die darauf hinauslaufen, soziale Leistungen allein an die Bürgereigenschaft zu binden und sie im Übrigen zu »de-konditionalisieren«, d.h. von individuellen Armutsnachweisen, der Arbeitnehmereigenschaft, den Familien- und Vermögensverhältnissen, abzukoppeln. Aber auch solche bürgerrechtlichen Ausgestaltungen sozialer Sicherheit sind vielfältigen Einwänden ausgesetzt. Immerhin beweist das Funktionieren »versorgungsstaatlicher« Elemente in den skandinavischen Wohlfahrtsstaaten aber die Praktikabilität und Nachhaltigkeit dieses dritten Legitimationsmodells von *social citizenship*.

3.

3.1. Wohlfahrtsstaatliche Arrangements sind in allen OECD-Staaten anzutreffen. Die Entstehung dieser Arrangements geht auf die Krisen und Konflikte zurück, die im Zuge der gesellschaftlichen Modernisierung auftreten: Industrialisierung und Klassenbildung, Urbanisierung, Demokratisierung und zwischenstaatliche militärische Konflikte. Gemeinsam ist den unterschiedlichen nationalstaatlichen Arrangements, dass es öffentlich-rechtliche Normen gibt, nach denen bestimmten Kategorien von Bürgern Geld-, Sach- und Dienstleistungen oder auch nur begünstigende steuerliche Regelungen aufgrund eines Rechtsanspruches zustehen. Was die Typen von Wohlfahrtsstaaten angeht, so hat sich die von Esping-Andersen (1990) vorgeschlagene Klassifikation von »sozialdemokratischen«, »liberalen« und »konservativ-korporatistischen« Wohlfahrtsstaaten durchgesetzt. Geographisch sind diese jeweils in den skandinavischen, angelsächsischen und kontinentaleuropäischen Ländern lokalisiert.

3.2. Sozialökonomische Modernisierungsprozesse in industriekapitalistischen Gesellschaften lassen sich durch den Siegeszug der großbetrieblichen Produktionsweise einerseits, der »Warenform« bzw. des »Tauschprinzips« andererseits kennzeichnen. Die Ergebnisse gesellschaftlich nützlicher Tätigkeit erscheinen als »Waren« (»*commodities*«) auf dem Markt und suchen ihren Verkauf zu marktbestimmten Preisen. Kapitalistische Gesellschaften sind dadurch definiert, dass auch die Arbeitskraft von Personen zum Gegenstand marktlicher Transaktionen wird, die durch einen »freien« Arbeitsvertrag auf einem Arbeitsmarkt geregelt werden.

An diese verallgemeinernde Feststellung knüpfen zwei kritische Betrachtungen an. Zum einen wird der »Übergriff« der Warenform auf Lebenssphären kritisiert, die »eigentlich« außerhalb des Marktes stehen sollten, weil sie durch ihre Käuflichkeit qualitativ deformiert werden. Zum anderen wird konstatiert, dass die dominant gewordene Logik des Marktes unfähig ist, die Gesamtheit des produktiven Potenzials einer Gesellschaft dauerhaft zu organisieren und so legitime Bedürfnisse der Gesellschaftsmitglieder zu befriedigen. Aus diesem Defekt folgt, dass die Logik der Marktallokation zu Überschüssen an Waren und Produktionsfaktoren führt, die vergeblich auf einen Käufer (also im Falle der Arbeitskraft: auf einen Arbeitgeber) warten bzw. aus sachlichen oder normativen Gründen gehindert sind, überhaupt am Markt teilzunehmen (unzulängliche Ausbildung; Überschreiten von Altersgrenzen; Verbot der Kinderarbeit). Die Kritik lautet demnach: Der Markt erzeugt als negative Kontingenz eine »Überschussbevölkerung« nicht-verwertbarer (eben ökonomisch »dekommodifizierter«) Arbeitskräfte.

Diese »dekommodifizierten« sozialen Kategorien sind durch marktbestimmte Leistungseinkommen nicht hinreichend versorgt und stehen deswegen im Mittelpunkt sozialstaatlicher Institutionen und Programme. Dabei handelt es sich um Arbeitskräfte, die vom Misserfolg am Arbeitsmarkt *betroffen*, also arbeitslos und ggf. dem Verarmungsrisiko ausgesetzt sind; ferner um diejenigen, die am Marktzugang *gehindert* sind, also nicht arbeiten dürfen oder können (Kinder, Alte, Kranke, viele Migranten); ferner um solche, die zwar vom Arbeitsmarkt absorbiert werden, jedoch aufgrund der *Nachfragemacht* der Arbeitgeber Arbeitsbedingungen oder Arbeitseinkommen hinnehmen müssen, die nach (stets umstrittenen) politischen und moralischen Maßstäben als »unzumutbar« gelten. Das wohlfahrtsstaatliche Arrangement umfasst auch die Rechte und Institutionen gewerkschaftlicher und betrieblicher *Gegenmachtbildung*. Zum Sozialstaat gehört damit die Gesamtheit der Marktregulierungen und der Programme der Für- und Vorsorge, die Dekommodifizierung entweder vermeiden oder ihre Folgen durch Transferleistungen materiell erträglich machen sollen. In diesem politischen Sinne meint Dekommodifizierung die Lockerung des Anpassungszwanges von Personen an die Wechselfälle des Marktgeschehens und die Umstände ihrer Markttauglichkeit (»*employability*«). Je mehr Risiken von Programmen des Wohlfahrtsstaates erfasst sind, je höher und langfristiger die Leistungen ausgelegt sind und je leichter der Zugang gestaltet ist, desto günstiger nehmen sich die Chancen einer von Markt und Marktmacht unabhängigen Lebensführung aus. Dekommodifizierung bedeutet also hier: die durch politisch-rechtliche Entscheidungen bewerkstelligte partielle Neutralisierung der negativen Folgen fehlenden Marktzuganges oder mangelnden Markterfolgs. Durch den Grad der »Dekommodifizierung« kann das Niveau des sozialstaatlichen Leistungsvolumens gemessen werden (vgl. Offe 1984).

3.3. Die heute teilweise in alarmistischer Tonlage (vgl. Sinn 2003) vorgetragene Kritik des Sozialstaats beklagt, dass dieser die Probleme, die er zu lösen beansprucht, selbst verschärft. In der Tat ist die Gewährleistung materiell gesicherter Rückzugspositionen jenseits des Arbeitsmarktes kein Maximierungs-, sondern ein Optimierungsproblem. Letzteres besteht für sozialstaatliche Politik darin, einerseits ein *»ausreichendes«* Maß an Ressourcen und Garantien zur Sicherung der vom Markt abgewiesenen oder für den Markt nicht geeigneten Bevölkerungsteile bereitzuhalten, andererseits aber die für diesen Zweck abgeschöpften Mittel wie auch die die Vertragsfreiheit einschränkenden Interventionen so zu *begrenzen*, dass die politischen Abwehr- und ökonomischen Abwanderungsreaktionen von Investoren und Beschäftigern nicht unintendiert dazu beitragen, die Anzahl transferbedürftiger Personen noch zu *steigern*.

Im Interesse seiner eigenen fiskalischen Balance ist der Sozialstaat auf eine ausreichend hohe Nachfrage nach Arbeitskräften angewiesen, d.h. auf einen »hohen« Beschäftigungsstand; dies um so mehr, wenn (wie in Deutschland) die Sozialversicherungssysteme nicht aus allgemeinen Steuern, sondern nach dem Grundsatz der Äquivalenz überwiegend aus zweckgebundenen und lohnbezogenen »Beiträgen« finanziert werden. Man kann daher vom Sozialstaat sagen, was auch für die liberale Demokratie gilt: Beide können die Bedingungen ihrer Bestandsfähigkeit nicht aus eigener Kraft gewährleisten. Hohe, z.T. weiter wachsende und durch einen zunehmenden Anteil von Langzeit-Arbeitslosen gekennzeichnete Arbeitslosigkeit *steigert* den Bedarf an Finanzmitteln und *senkt* zugleich deren Zufluss, da diese ja nach dem Umlageverfahren (abgesehen von einem Staatsanteil) überwiegend aus bestehenden Arbeitsverhältnissen abgeführt werden. Wollte man zum Ausgleich die Beitragssätze für bestehende Arbeitsverhältnisse weiter steigern, würde die Politik das Risiko eingehen, dass die steigenden Lohnnebenkosten das Niveau der Beschäftigung weiter negativ beeinflussen. Nimmt man hinzu, dass aus Gründen der demographischen Entwicklung (Geburtenrückgang und wachsende Lebenserwartung) der Anteil der Bezieher von Sozialrenten ohnehin weiter steigen wird, so wird die zugespitzte Dramatik einer Situation sichtbar, in der die »Sicherheit der sozialen Sicherheit« insgesamt auf dem Spiel steht.

3.4. Die Kombination der fünf »Etagen« der sozialstaatlichen Funktion mit den drei hier unterschiedenen politisch-moralischen Legitimationen zeigt, dass jeder der Legitimations-Modi als ein Kanal in Betracht kommt, durch den hindurch Problemlösungen gleichsam transportiert werden können. So ist das in den USA eingerichtete öffentliche Gesundheitssystem »armutspolitisch« organisiert, also nach dem Prinzip der Nothilfe, während der britische *National Health Service* ein klarer Fall bürgerrechtlicher Versorgung und die deutsche Gesetzliche Krankenversicherung ursprünglich aus der Anwendung des Äquivalenzprinzips hervorgegangen ist und noch heute dem Grundsatz (nach oben begrenzter) einkommensproportionaler Beitragsgestaltung unterliegt. Neben diesen Befund, dass Sozialstaaten identische Probleme auf normativ und institutionell sehr verschiedenen Wegen bearbeiten können, ist ein zweiter zu stellen: Es gibt keine einheitliche normative Theorie, die auf sämtliche Tätigkeitsfelder der Sozialpolitik, die regulativen, die distributiven und die steuerungspolitischen, anzuwenden wäre. Deshalb ist der Sozialstaat nicht nur in öffentlich-rechtlicher Hinsicht unterbestimmt oder gar bloße tröstliche »Leerformel«, nicht nur in hohem Maße von ökonomischen Kontextbedingungen wie Wachstum und Beschäftigung abhängig, nicht nur von Staat zu Staat durch hartnäckige institutionelle Differenzen gekennzeichnet, sondern auch durch eine Pluralität politisch-moralischer Legitimationsprinzipien, die sich im günstigen Falle gegenseitig bekräftigen, aber nicht aus einer einzigen Norm sozialer Gerechtigkeit ableitbar sind.

4.

Abendroth, W., 1954, Zum Begriff des demokratischen und sozialen Rechtsstaates im Grundgesetz der Bundesrepublik Deutschland, in: E. Forsthoff (Hg.), Rechtsstaatlichkeit und Sozialstaatlichkeit, Darmstadt: WBG 1968.

Ackerman, B./Alstott, A., 1999, Die Stakeholder-Gesellschaft, Frankfurt/M.: Campus 2001

Alber, J., 1989, Der Sozialstaat in der Bundesrepublik Deutschland 1950–1983, Frankfurt/M.: Campus.

Dworkin, R., 1981, What is Equality?, in: Philosophy and Public Affairs 10.

Esping-Andersen, G., 1990, The Three Worlds of Welfare Capitalism, Princeton: Princeton University Press.

Forsthoff, E., 1954, Begriff und Wesen des sozialen Rechtsstaates, in: ders. (Hg.), Rechtsstaatlichkeit und Sozialstaatlichkeit, Darmstadt: WBG 1968.

Goodin, R. E., 1968, Reasons for Welfare, Princeton: Princeton University Press 1988.

Grimm, D., 1983, Die sozialgeschichtliche und verfassungsrechtliche Entwicklung zum Sozialstaat, in: P. Koslowski/P. Kreuzer/R. Löw (Hg.), Chancen und Grenzen des Sozialstaats, Tübingen: Mohr.

Grözinger, G./Maschke, M./Offe, C., 2006, Die Teilhabegesellschaft, Frankfurt/M.: Campus

Hinsch, W., 1998, Rawls' Differenzprinzip und seine sozialpolitischen Implikationen, in: S. Blasche/D. Döring (Hg.), Sozialpolitik und Gerechtigkeit, Frankfurt/M.: Campus.

Kaufmann, F.-X., 1997, Herausforderungen des Sozialstaates, Frankfurt/M.: Suhrkamp.

Kersting, W. (Hg.), 2000, Politische Philosophie des Sozialstaats, Weilerswist: Velbrück.

Lessenich, S., 2003, Wohlfahrtsstaatliche Grundbegriffe, Frankfurt/M.: Campus.

Luhmann, N., 1981, Politische Theorie im Wohlfahrtsstaat, München: Olzog.

Marshall, T. H., 1949, Bürgerrechte und soziale Klassen, Frankfurt/M.: Campus 1992.

Miller, D., 1998, Social Justice, Oxford: Oxford University Press.

Offe, C., 1984, Contradictions of the Welfare State, Cambridge/MA: MIT Press.

Offe, C., 2005, Armut, Arbeitsmarkt und Autonomie, in: Y. Vanderborght/P. van Parijs, Ein Grundeinkommen für alle? Frankfurt/M.: Campus

Van Parijs, P., 1995, Real Freedom for All, Oxford: Oxford University Press.

Rawls, J., 1971, Eine Theorie der Gerechtigkeit, Frankfurt/M.: Suhrkamp 1975.

Ritter, G. A., 1989, Der Sozialstaat, München: Oldenbourg.

Sinn, H.-W., 2003, Ist Deutschland noch zu retten?, München: Econ.

Spieker, M., 1990, Strukturelle und moralische Bedingungen eines Sozialleistungssystems, in: H. Braun/M. Niehaus (Hg.), Sozialstaat Bundesrepublik Deutschland auf dem Weg nach Europa, Frankfurt/M.: Campus.

Starck, C., 1983, Leitbilder und Ordnungsideen des Sozialstaates, in: Walter-Raymond-Stiftung (Hg.), Sozialstaat, Köln: Bachem.

Tiedemann, P., 2003, Das Sozialstaatsprinzip der deutschen Verfassung, http://www.dr-tiedemann.de/sozialstaat.pdf (Stand 1. Juli 2008).

Claus Offe

Sozialwahltheorie

1.

1.1. Die Sozialwahltheorie (Social Choice Theory) ist eine formale Theorie kollektiver Bewertungs- und Entscheidungsverfahren. Sie formuliert Prinzipien der Aggregation individueller Präferenzen und Entscheidungen zu kollektiven Präferenzen und Entscheidungen, wie sie v. a. in Wahlverfahren und bei der Verteilung ökonomischer Ressourcen zur Anwendung kommen (sollten), und untersucht diese im Hinblick auf ihre logische Struktur und Rationalität.

1.2. Betrachten wir folgendes Beispiel: Der Stadtrat einer kleinen Gemeinde hat beschlossen, einen Teil der Gewerbesteuer für die Finanzierung eines öffentlichen Projekts zu verwenden. Die fünf Mitglieder haben sich auf fünf mögliche Maßnahmen a, b, c, d und e geeinigt, von denen aufgrund der knappen Mittel aber nur eine verwirklicht werden kann. Alle fünf Projekte erscheinen vernünftig, aber die Meinungen der Gemeindevertreter darüber, was besonders wichtig ist, gehen auseinander. Ratsmitglied 1 zieht a der Alternative b, b dem Projekt c, c der Maßnahme d und schließlich d dem Projekt e vor. Die Präferenzen der fünf Räte lassen sich wie folgt darstellen: 1: a b c d e; 2: b c d e a; 3: c d e a b; 4: d e a b c; 5: e a b c d. Welches Projekt soll nun verwirklicht werden? Soll die einfache Mehrheitsregel die kollektive Entscheidung festlegen, dann ergibt sich, dass Projekt a dem Projekt b, b seinerseits c, c dem Projekt d, d wiederum e und schließlich e dem Projekt a vorgezogen wird. Was wir erhalten haben, ist ein Präferenzzyklus auf der Basis der Relation der einfachen Mehrheit. Können wir die zyklischen Präferenzen dadurch vermeiden, dass wir größere Anforderungen an die Mehrheitsrelation stellen, etwa eine Mehrheit von 2/3 verlangen? Die Antwort lautet ›nein‹, zumindest im vorliegenden Fall.

Als alternative Abstimmungsregel könnten wir uns vorstellen, dass jedes Ratsmitglied die ›Macht‹ hat, seine präferenzmäßig jeweils schlechteste Alternative zu blockieren. Das Ergebnis wäre nun, dass keine Alternative für eine mögliche Realisierung übrig bleibt. Dies ist ebenso unbefriedigend wie die Ergebnisse der beiden ersten Verfahren. Nun könnte man als vierte Möglichkeit ein Borda-Verfahren verwenden, bei dem Rangpunkte vergeben werden: 4 Punkte für die beste Alternative, 3 Punkte für die zweitbeste Alternative usw. Alle fünf Projekte erscheinen dann über alle Abstimmenden hinweg als gleich gut. Der tiefere Grund hierfür ist, dass wir es bei dem obigen Präferenzprofil mit einem »Lateinischen Quadrat« zu tun haben: Alle fünf Projekte befinden sich genau einmal an jeder der möglichen Rangpositionen.

Stellen wir uns nun vor, Ratsmitglied 5 scheidet wegen Krankheit aus, so dass nur noch vier Präferenzanordnungen vorliegen. Die einfache Mehrheitsregel ebenso wie das 2/3-Mehrheitsverfahren erzeugen wieder Zyklen. Beim Vetoprozess bliebe allein Alternative d übrig; d würde auch im Borda-Verfahren gewählt werden. Um den Mehrheitszyklen zu entgehen, könnte man auch eine »transitive Hülle der Mehrheitsrelation« bilden. In Bezug auf die Präferenzkonstellation ohne Ratsmitglied 5 ergibt sich auf der Grundlage der einfachen Mehrheitsregel, dass a im direkten Vergleich mit b mehrheitsmäßig vorgezogen wird. Aber b wird auch gegenüber a mehrheitsmäßig präferiert – über eine Kette von binären Vergleichen, nämlich b vs. c, c vs. d, d vs. e und e vs. a. Das Verfahren der transitiven Hülle bestimmt nun, dass a und b äquivalent sind. Mit der gleichen Argumentation erhält man die Äquivalenz aller fünf Projekte. Dies ist insoweit bemerkenswert, als alle vier Ratsmitglieder Projekt d der Alternative e vorziehen, so dass eine Pareto-inferiore Alternative, nämlich e, als äquivalent zu allen anderen Optionen angesehen wird. Das Verfahren der Bildung der transitiven Hülle verwendet bei der Bestimmung der sozialen Relation zwischen zwei Alternativen nicht nur Informationen über die ›unmittelbare‹ Beziehung zwischen zwei Alternativen. Vielmehr werden auch Informationen über nicht unmittelbare Beziehungen verwandt. Dies ist ein wesentlicher Unterschied zur Mehrheitsrelation, die nur unmittelbare Relationen feststellt.

2.

Diese verschiedenen Verfahren sollen ein Profil individueller Präferenzordnungen in eine soziale oder kollektive Ordnung überführen, also eine gegebene Menge individueller Ordnungen in die Menge der kollektiven Ordnungen der Alternativen abbilden. Im Falle der einfachen bzw. qualifizierten Mehrheitsregel war dieses Unternehmen jedoch gescheitert. Bei Anwendung des Borda-Verfahrens erhielten wir, da das zunächst betrachtete Präferenzprofil die Struktur eines

Lateinischen Quadrats aufwies, vollständige Äquivalenz oder Indifferenz unter allen zur Auswahl vorliegenden Alternativen. Dasselbe Ergebnis ergab sich unter Verwendung der Bildung der transitiven Hülle. Auch das Vetoverfahren erbrachte keine Ordnung.

Die fünf Ratsmitglieder wiesen in unserem Beispiel *Präferenzordnungen* auf, d.h. binäre Relationen, die vollständig und transitiv waren (*ordinale* Anordnungen). Für jeden Abstimmenden soll jede logisch mögliche Anordnung einer gegebenen endlichen Anzahl von Alternativen zulässig sein, und zwar sollen sowohl strikte Präferenzen als auch Indifferenzen zugelassen sein. Wir haben es dann mit schwachen Ordnungen zu tun. Da wir für jede Person jede logisch mögliche Präferenzanordnung über eine gegebene Zahl von Optionen zulassen wollen, haben wir es mit einem *unbeschränkten Definitionsbereich* in Bezug auf die Abbildungsvorschrift von Kombinationen individueller Präferenzordnungen in die Menge der sozialen *Ordnungen* über die gegebene Anzahl von Alternativen zu tun. Die soziale Anordnung soll also dieselben Eigenschaften wie die individuellen Anordnungen erfüllen. Damit haben wir Arrows (1951) Konzept einer Sozialen Wohlfahrtsfunktion entwickelt. Eine solche Wohlfahrtsfunktion ist eine Abbildung oder Regel, die zu jedem beliebigen Profil individueller Ordnungen genau eine soziale Ordnung generiert. Auch die soziale Relation soll also vollständig und transitiv sein.

Das Konzept einer Sozialen Wohlfahrtsfunktion ist nicht von Arrow ›erfunden‹ worden. Hinter der von Bentham und anderen im 18. Jahrhundert postulierten Maxime des ›größten Glücks der größten Zahl‹ stand ebenfalls die Idee einer Sozialen Wohlfahrtsfunktion, nur verwendeten Bentham und seine Zeitgenossen kein ordinales, sondern ein *kardinales* Konzept. Sie argumentierten auf der Grundlage des Nutzens bzw. der Nutzenfunktion und nicht auf der Basis einer ordinalen Präferenzanordnung, die erst in der wohlfahrtsökonomischen Literatur der 1930er und -40er Jahre (vgl. Bergson 1938) entwickelt wurde.

3.

3.1. Welchen Anforderungen soll die arrowsche Abbildungsvorschrift genügen? Die soziale Relation hat Arrow zufolge vollständig und transitiv zu sein und der Urbildbereich der Abbildungsvorschrift soll keinen Beschränkungen unterliegen. Es sollen a priori keine Präferenzkonstellationen ausgeschlossen werden. Weiterhin postuliert Arrow das *schwache Pareto-Prinzip*, dem zufolge die soziale Präferenz bezüglich zweier beliebiger Alternativen, z.B. x und y, x P y lauten soll, falls alle Abstimmenden i dieselbe individuelle Präferenz x P_i y aufweisen. Etwas schwieriger zu beschreiben ist Arrows Forderung der *Unabhängigkeit irrelevanter Alternativen*, die z.B. von der einfachen Mehrheitsregel erfüllt, vom Borda-Verfahren aber verletzt wird. Wenn in zwei verschiedenen Präferenzprofilen die individuellen Anordnungen in Bezug auf x und y *exakt* übereinstimmen, dann soll auch die kollektive Anordnung von x und y bezüglich der beiden Profile *exakt* übereinstimmen. Schließlich fordert Arrow, dass es keine Person geben soll, die *für jedes beliebige Paar* von Alternativen x, y und *für jedes beliebige* gegebene Präferenzprofil ihre eigene strikte Präferenz als soziale Präferenz x P y durchsetzen kann. Es soll in Arrows Diktion *keinen* gesellschaftlichen *Diktator* geben.

Arrows berühmtes Unmöglichkeitstheorem sagt nun aus, dass keine Soziale Wohlfahrtsfunktion existiert, die die beschriebenen Bedingungen des unbeschränkten Definitionsbereichs, des schwachen Pareto-Prinzips, der Unabhängigkeit irrelevanter Alternativen und der Nichtexistenz eines Diktators erfüllt, wenn die Gesellschaft mindestens zwei Personen umfasst und mindestens drei soziale Alternativen zur Entscheidungsfindung vorliegen. Mit anderen Worten, jede arrowsche Wohlfahrtsfunktion, die die drei zuerst genannten Bedingungen erfüllt, ist notwendigerweise diktatorisch.

Die Nichtexistenz einer arrowschen Sozialen Wohlfahrtsfunktion gilt ganz generell – *wenn man sein Axiomensystem akzeptiert.* Die oben diskutierten beiden Mehrheitsregeln erfüllen alle arrowschen Bedingungen bis auf die Forderung nach Transitivität der sozialen Präferenzrelation. Die häufig verwandte Borda-Regel ebenso wie das Verfahren der Bildung der transitiven Hülle auf der Basis der Mehrheitsrelation verletzen die Unabhängigkeitsbedingung. Das Vetoverfahren, wenn überhaupt erfolgreich, erzeugt keine soziale Präferenzordnung.

3.2. Die Abschwächung nur jeweils einer der arrowschen Forderungen zeitigt bereits ein Möglichkeitsergebnis. Die Frage ist aber, ob das jeweils gewonnene Resultat sinnvoll ist. Dies lässt sich anhand der Abschwächung der Forderung eines unbeschränkten Definitionsbereichs und der Unabhängigkeitsbedingung diskutieren.

Alle im obigen Beispiel aufgeführten Präferenzanordnungen haben die Eigenschaft, *eingipflig* zu sein: Von der am meisten präferierten Alternative aus betrachtet werden alle anderen Optionen mit stetig abnehmender Bedeutung versehen. Black (1948) und Arrow (1951) haben unabhängig voneinander bewiesen, dass bei Vorliegen einer eingipfligen Präferenzstruktur und bei einer ungeraden Zahl von Abstimmenden die Regel der einfachen Mehrheitsbildung eine Soziale Wohlfahrtsfunktion im arrowschen Sinne repräsentiert. Damit wird deutlich, dass eine Einschränkung der Präferenzprofile in der Tat ein positives Ergebnis generiert. Für eingipflige Präferenzen gibt es eine größere Zahl von überzeugenden Beispielen, etwa Wählerpräferenzen in Bezug auf das Parteienspektrum (vgl. Gaertner 2001 zu Beschränkungen von Präferenzprofilen). Sen (1966) sowie Sen und Pattanaik (1969) haben Bedingungen der Wertrestriktion und der extremalen Restriktion formuliert, die auch mehrere von Inada (1964, 1969) vorgeschlagene Einschränkungen umfassen.

Wenn wir die Bedingung der Unabhängigkeit irrelevanter Alternativen abschwächen, gelangen wir u.a. zu dem bereits mehrfach zitierten Borda-Verfahren. In unserem Beispiel erhielten aufgrund der Präferenzstruktur eines Lateinischen Quadrats alle Alternativen dieselbe Rangsumme: Alle Alternativen sind sozial äquivalent. Betrachten wir z.B. die soziale Relation zwischen a und b und ändern wir die Ordnung von Person 1 um in a c b d e, dann geht die soziale Äquivalenz zwischen a und b über in eine soziale Präferenz a P b, obwohl sich bei jedem einzelnen Ratsmitglied nichts an der strikten (ordinalen) Präferenz geändert hat. An diesem einfachen Beispiel zeigt sich, dass Ratsmitglied 1 durch eine möglicherweise unwahre Angabe seiner Präferenzen, eben die Nennung der Anordnung a c b d e, der Alternative b einen entscheidenden Schlag versetzen kann, wenn die endgültige Entscheidung allein zwischen a und b fallen sollte. Die Manipulationsanfälligkeit der Borda-Regel ist offensichtlich. Individuen können durch Verfälschung ihrer Präferenzen ›weiter unten‹ in ihrer Rangordnung Effekte hervorrufen, die anderen sozialen Alternativen im Aggregationsprozess sehr zum Nachteil gereichen können. Gibbard (1973) und Satterthwaite (1975) haben bewiesen, dass bei mindestens drei Alternativen, die zur Wahl vorliegen, und unter Zulassung aller logisch möglichen Präferenzprofile, die einzige manipulationsfreie Abstimmungsregel die der Diktatur ist. Auch hier kann man sich wieder Abschwächungen zugrunde liegender Annahmen vorstellen, die zu ›positiven‹ (oder ›besseren‹) Ergebnissen führen. So ist die einfache Mehrheitsregel manipulationsfrei, falls der Urbildbereich dieses Verfahrens auf eingipflige Präferenzprofile beschränkt ist (vgl. Moulin 1980).

3.3. Bisher haben wir uns ausschließlich auf ordinale Präferenzen der abstimmenden Individuen beschränkt, wobei keinerlei Vergleichbarkeit unter den Individuen möglich war. Für Bentham ist der individuelle Nutzen oder Nettovorteil aber interpersonell vergleichbar. Edgeworth (1881) zufolge ist Lust wie die menschliche Körpertemperatur messbar und zwischen Personen sinnvoll vergleichbar. Solch ein utilitaristischer Ansatz setzt also kardinale Nutzenmessbarkeit und interpersonelle Nutzenvergleichbarkeit voraus. Die moderne Variante des Utilitarismus, in dem Nutzenquanten der Mitglieder einer Gesellschaft *additiv* miteinander verbunden werden, ist weitgehend von Harsanyi (1955, 1978) geprägt worden. Grundlage für diesen Ansatz ist die bayesianische Rationalitätstheorie in Situationen von Risiko und Unsicherheit. Individuen entscheiden, wenn die verschiedenen möglichen Ereignisse mit Wahrscheinlichkeiten zwischen Null und Eins verknüpft sind, im Sinne der Maximierung des Erwartungsnutzens. Harsanyi schlägt im Wesentlichen zwei Modelle vor: In einem dieser Systeme wird davon ausgegangen, dass bei n Individuen in einer Gesellschaft n verschiedene Positionen für die Gesellschaftsmitglieder möglich sind, die unter einem Schleier des Nichtwissens von jeder Person mit der Wahrscheinlichkeit 1/n angenommen werden. Im zweiten Modell werden unterschiedliche gesellschaftliche Zustände durch einen ethischen Beobachter beurteilt, wobei letzterer sich in die Positionen der verschiedenen Gesellschaftsmitglieder hineinzuversetzen hat, um eine Vergleichbarkeit der individuellen Nutzengrößen (unter verschiedenen sozialen Alternativen) zu erreichen. Ergebnis dieses Unterfangens ist eine gewichtete Nutzensumme.

In der theoretischen Nationalökonomie ist v.a. in den 1930er Jahren ein langer Streit darüber geführt worden, ob Nutzengrößen als kardinal messbar und interpersonell vergleichbar angenommen werden können. Dieser Disput zwischen Ordinalisten und Kardinalisten hat zu keiner Einigung geführt. Eine große und einflussreiche Strömung der theoretischen Nationalökonomie hat sich jedoch für die ordinale Auffassung entschieden, v.a. die allgemeine Gleichgewichtstheorie von Arrow und Debreu (1954, 1959). Auch in der Wohlfahrtsökonomie der 1930er und -40er Jahre hat der ordinale Ansatz mit Bergson, Kaldor, Hicks und Scitovsky wichtige Vertreter gehabt.

Rawls (1971) führt Postulate ein, die unter den Bezeichnungen Differenzprinzip und Maximinprinzip bekannt geworden sind. Rawls' Ansatz ist ordinal, jedoch wird eine Niveauvergleichbarkeit unter den beteiligten Personen für möglich und notwendig gehalten. Rawls' zweites Gerechtigkeitsprinzip dient der Beurteilung gesellschaftlicher Zustände, die sich aus individuellen Positionen zusammensetzen. Ein Übergang von Zustand B zu Zustand A ist dann gerechtfertigt, wenn dadurch die Situation der am schlechtesten gestellten (Gruppe von) Person(en) verbessert wird (und dieses Differenzprinzip basiert auf dem Maximin-Prinzip, also der Maximierung des Minimums). Es wird der Zustand gesucht, bei dem das Minimum am höchsten ist. Rawls verwendet dabei nicht den Nutzenbegriff zur Beurteilung individueller Zustände, sondern das Konzept eines Vektors primärer Güter (nämlich Grundfreiheiten, Einkommen und Vermögen, gesellschaftliche Möglichkeiten u.a.). Nehmen wir jedoch an, Rawls hätte das Nutzenkonzept übernommen, so ist es uns möglich, Rawls' Ansatz mit dem Utilitarismus zu vergleichen.

Sowohl das utilitaristische Prinzip als auch die rawlssche Maxime verkörpern eine bestimmte Form einer Sozialen Wohlfahrtsfunktion, nur wird die Aggregation im ersten Vorgehen von einem ethischen Beobachter vorgenommen, während sie bei Rawls unter einem »Schleier des Nichtwissens« einmütig von allen durchgeführt wird. Hier liegt ein bedeutender Unterschied zur arrowschen Konzeption einer Wohlfahrtsfunktion vor, bei der Präferenzprofile in eine soziale Ordnung ›umgewandelt‹ werden. Sowohl der Utilitarismus als auch der rawlssche Ansatz erfüllen die Eigenschaften des unbeschränkten Definitionsbereichs, der schwachen Pareto-Bedingung und der Unabhängigkeit irrelevanter Alternativen. Im rawlsschen System kommt es zu einer Diktatur der *Position* der am schlechtesten gestellten Person oder Gruppe, beim Utilitarismus diktiert die Summe über alle Nutzengrößen, wobei Verteilungen innerhalb der Summe überhaupt keine Rolle spielen. Genau dies ist der auch axiomatisch bestimmbare Unterschied zwischen beiden Ansätzen. Konstitutiv für Rawls' Ansatz ist ein Gerechtigkeitsaxiom, das in folgender Weise beschrieben werden kann. Betrachten wir zwei Zustände x und y und n Mitglieder einer Gesellschaft. Hiervon seien n-2 Mitglieder unter x und y genau gleich gut gestellt, so dass sie indifferent bezüglich beider Zustände sind. Person i ziehe nun x dem y vor, Person j habe die entgegen gesetzte Präferenz, und weiterhin sei j in beiden Zuständen stets besser als i gestellt. Unter dieser Konstellation fordert das Gerechtigkeitsaxiom, dass Zustand x dem Zustand y (in schwacher oder starker Form) vorzuziehen ist.

Dem rawlsschen Prinzip wird vorgeworfen, es sei ›stumpf‹ gegenüber Veränderungen bei den »Bessergestellten« und schaue ausschließlich »nach ganz unten«. Dem Utilitarismus wird die Vernachlässigung des Verteilungsaspekts bzw. die einseitige Fixierung auf die Summe aller Nutzen zum Vorwurf gemacht. In experimentellen Untersuchungen haben Yaari und Bar-Hillel (1984) festgestellt, dass in Fragen der Bedürftigkeit eher die Rawls-Maxime, in Situationen, in denen Konsumentenpräferenzen im Vordergrund stehen, von den Versuchspersonen eher das utilitaristische Prinzip gewählt wird.

3.4. Arrows Bedingungen sind als notwendige Minimalforderungen an eine kollektive Wohlfahrtsfunktion zu verstehen. Auch die Nichtdiktaturbedingung ist eine solche Forderung. Es scheint jedoch vernünftig, den Mitgliedern einer Gesellschaft eine ›lokale Diktatur‹ zuzugestehen, nämlich persönliche Nischen, in denen sie autonom entscheiden können und damit auch Teilbereiche sozialer Zustände festlegen. Sen (1970) formuliert in seinem berühmten Satz von der »Unmöglichkeit eines paretianischen Liberalen« eine Bedingung der Ausübung individueller Rechte, die zusammen mit der Forderung nach einem unbeschränkten Definitionsbereich und dem schwachen Pareto-Prinzip ein weiteres wichtiges Unmöglichkeitsresultat erzeugt. Diese Liberalismusbedingung fordert, dass es in einer gegebenen Gesellschaft wenigstens zwei Personen gestattet sein soll, bezüglich jeweils eines Paares von sozialen Alternativen kollektiv bestimmend zu sein, d.h. eine lokale Diktatur auszuüben.

Auch hier kann, wie in vielen anderen Zusammenhängen der Social-Choice-Theorie, die Frage gestellt werden, was zu tun ist, um von einem negativen Ergebnis zu einem Möglichkeitstheorem zu gelangen. Gibbard (1974) zufolge sollten Individuen möglicherweise auf die Ausübung eines Teils ihrer Rechte verzichten, um damit für sich ein besseres soziales Resultat zu erzielen. Viele der im Rahmen des senschen Ergebnisses konstruierten Beispiele haben es im Kern mit Externalitäten zu tun, die das Problem der individuellen Rechtsausübung in die Nähe des bekannten Gefangenendilemmas rücken. In Sens Lady Chatterley-Beispiel sorgt sich der »Prüde« um das psychische Gleichgewicht des »Laszіven«, während letzterer der Meinung ist, dass es ersterem gut tun würde, sich einmal mit diesem Roman von D. H. Lawrence zu beschäftigen. In einem anderen Beispiel ist es der Wunsch einer Person, als Nonkonformist zu gelten, während eine andere Person gerade das Bedürfnis hat, sich anzupassen. Gaertner, Pattanaik und Suzumura (1992) stellen die grundlegende Frage, ob Sens Social-Choice-Ansatz tatsächlich geeignet ist, das Phänomen der individuellen Ausübung von Rechten adäquat abzubilden. Natürlich sollen und dürfen Individuen nicht über Krieg und Frieden eines Landes entscheiden. Vielmehr sollten sich die Alternativen im individuellen Entscheidungsbereich allein in persönlichen Komponenten voneinander unterscheiden. Das Problem der Ausübung individueller Rechte sollte auf der Basis von Spielen in Normalform analysiert werden. Nach unserer intuitiven Rechtsauffassung entscheiden Individuen nicht über Paare von sozialen Zuständen. Vielmehr besteht die Ausübung individueller Rechte darin, über zulässige Strategien und die Auslassung nichtzulässiger Strategien bestimmte Facetten eines sozialen Zustands festzulegen. Und dies tun viele Menschen zeitgleich und unabhängig voneinander. Daraus ergeben sich Ausprägungen sozialer Zustände, die selbstverständlich durch die Existenz externer Effekte zu Kollisionen und Unvereinbarkeiten führen können (vgl. Fleurbaey/Gaertner 1996). Ein solcher Zusammenprall führt dazu, dass individuelle Freiräume neu festgelegt werden müssen. Gaertner, Pattanaik und Suzumura zufolge kommt dieser Ansatz einer intuitiven Rechtsauffassung viel näher als die traditionelle Formulierung à la Sen. Natürlich bleibt auch im Spielform-Ansatz das Problem der möglichen Pareto-Ineffizienz weiter bestehen.

4.

Arrow, K. J., 1951, Social Choice and Individual Values, New York: Wiley 1963.
Arrow, K. J./Debreu, G., 1954, Existence of Equilibrium for a Competitive Economy, in: Econometrica 22.
Arrow, K. J./Sen, A. K./Suzumura, K., 2002, Handbook of Social Choice and Welfare, Bd. 1, Amsterdam: Elsevier.
Bergson, A., 1938, A Reformulation of Certain Aspects of Welfare Economics, in: Quarterly Journal of Economics 52.
Black, D., 1948, On the Rationale of Group Decision Making, in: Journal of Political Economy 56.
Blau, J. H., 1957, The Existence of Social Welfare Functions, in: Econometrica 25.
Edgeworth, F. Y., 1881, Mathematical Psychics, London: Routledge & Kegan Paul.
Debreu, G., 1959, Theory of Value, New York: Wiley.
Fleurbaey, M./Gaertner, W., 1996, Admissibility and Feasibility in Game Forms, in: Analyse & Kritik 18.
Gaertner, W., 2001, Domain Conditions in Social Choice Theory, Cambridge: Cambridge University Press.
Gaertner, W., 2006, A Primer in Social Choice Theory, Oxford: Oxford University Press.
Gaertner, W./Pattanaik, P. K./Suzumura, K., 1992, Individual Rights Revisited, in: Economica 59.
Gibbard, A., 1973, Manipulation of Voting Schemes, in: Econometrica 41.
Gibbard, A., 1974, A Pareto-Consistent Libertarian Claim, in: Journal of Economic Theory 7.
Harsanyi, J. C., 1955, Cardinal Welfare, Individualistic Ethics, and Interpersonal Comparisons of Utility, in: Journal of Political Economy 63.
Harsanyi, J. C., 1978, Bayesian Decision Theory and Utilitarian Ethics, in: American Economic Review 68.
Inada, K. I., 1964, A Note on the Simple Majority Decision Rule, in: Econometrica 32.
Inada, K. I., 1969, The Simple Majority Decision Rule, in: Econometrica 37.
Kern, L./Nida-Rümelin, J., 1999, Logik kollektiver Entscheidungen, München: Oldenbourg.
Moulin, H., 1980, On Strategy-Proofness and Single-Peakedness, in: Public Choice 35.
Rawls, J., 1971, Eine Theorie der Gerechtigkeit, Frankfurt/M.: Suhrkamp 1975.
Satterthwaite, M. A., 1975, Strategy-Proofness and Arrow's Condition, in: Journal of Economic Theory 10.
Sen, A. K., 1966, A Possibility Theorem on Majority Decisions, in: Econometrica 34.
Sen, A. K., 1970, Collective Choice and Social Welfare, San Francisco: Holden Day.
Sen, A. K./Pattanaik, P. K., 1969, Necessary and Sufficient Conditions for Rational Choice and Majority Decision, in: Journal of Economic Theory 1.
Yaari, M. E./Bar-Hillel, M., 1984, On Dividing Justly, in: Social Choice and Welfare 1.

WULF GAERTNER

Soziobiologie

1.

Mit »Soziobiologie« bezeichnet man denjenigen Teilbereich der Verhaltensforschung, der das Ziel verfolgt, alle Reaktionsmechanismen und Tätigkeiten von Lebewesen auf Erklärungsmuster der darwinistischen Evolutionstheorie zurückzuführen. Die dabei vorausgesetzte, auf Charles Darwin zurückgehende biologische Theorie lässt sich (mit David L. Hull) folgendermaßen charakterisieren: »Gene mutieren, Individuen unterliegen der Selektion, und Arten entwickeln sich evolutionär.« (zitiert nach Gould 1980, 88) Im Rahmen des modernen Neo-Darwinismus wird außerdem ein Perspektivenwechsel vollzogen: Die Individuen, die der Selektion unterworfen sind, werden als »Überlebensmaschinen« betrachtet, die von den prinzipiell unsterblichen Replikatoren, nämlich den Genen, »gebaut« werden (vgl. Dawkins 1976; Dawkins 1986).

2.

Auf dieser Grundlage werden von Soziobiologen (im Anschluss an Wilson 1975) verschiedenartige Projekte von sehr unterschiedlicher Reichweite betrieben. Das bescheidenste (und nach Ansicht vieler überzeugendste) betrifft die Erklärung des Verhaltens von nichtmenschlichen Lebewesen, paradigmatisch: von Insekten. Oft wird dem Darwinismus entgegengehalten, er könne das Entstehen sog. altruistischen Verhaltens in einem Kampf ums Dasein, der zum »survival of the fittest« führt, nicht erklären. Die Soziobiologie zeigt nun, dass das etwa bei Ameisen anzutreffende Verhalten des Verzichts auf unmittelbare Fortpflanzung und die Bereitschaft zur Selbstaufopferung für die eigene Gruppe als angepasste Ausformung einer bestimmten Strategie zur Erhöhung der »fitness« betrachtet werden muss (entweder traditionell formuliert als »inclusive fitness« eines Individuums oder modern formuliert als »fitness« der Gene), die evolutionär entstehen konnte und Stabilität erlangt hat (ohne dass dabei irgendwelche bewussten Planungen auf Seiten der betroffenen Individuen vorausgesetzt werden müssten). Hilfreich sind dabei die Instrumente der Spieltheorie, die etwa der Analyse des »Gefangenendilemmas« dienen.

3.

Philosophisch anspruchsvoller (und nach Ansicht vieler fragwürdiger) wird die Soziobiologie, sofern sie den Anspruch erhebt, auch alle kulturellen Leistungen und Kompetenzen des Menschen vollständig auf den Aspekt ihres Beitrags zum unterschiedlichen Fortpflanzungserfolg bestimmter Gene gegenüber ihren Allelen zu reduzieren. Natürlich kann kaum geleugnet werden, dass sich etwa die Fähigkeit zum Vernunftgebrauch oder die Fähigkeiten zur Empfindung sog. moralischer Gefühle evolutionär entwickelt haben. Ob damit eine ausschöpfende Beschreibung gegeben ist, wird aber umstritten sein. Soziobiologen, die ein solches Programm verfolgen, setzen oft ein Verständnis des Darwinismus voraus, das auch bei manchen seiner Kritiker zu finden ist; nämlich die strittige Idee, die gegenwärtigen Arten und die Ausstattung einzelner Organismen müssten als optimale Anpassung an die gegebene Umwelt interpretiert werden – eine vulgärdarwinistische Auffassung, der man ironisch die Theorie eines »Panglossismus« zuschreiben kann (vgl. Gould 1983, 158, 162). Auch wenn Anpassung eine wesentliche Kategorie der Evolutionstheorie ist, stellen doch gerade Unvollkommenheiten (wie sie sich etwa in rudimentären Organen zeigen) den besten Beleg für eine von eingefrorenen Zufallsereignissen geprägte Geschichte dar (so dass die Annahme eines weise planenden Konstrukteurs oder Schöpfers fragwürdig wird). In der Evolution treten häufig die Phänomene des Funktionswandels und des Überschusses auf: Federn, die ursprünglich zur Temperaturregelung dienten, ermöglichen später das Fliegen; Gehirne, die ursprünglich im Wettrüsten von Jägern und Gejagten entstanden, ermöglichen später das Komponieren von Sinfonien. Deshalb ist wohl oft schon die Frage nach der positiven Auswirkung einer bestimmten kulturellen Errungenschaft im Kampf ums Dasein verfehlt und irreführend. Kritiker des Darwinismus treffen ihn damit nicht, und eine wohlverstandene Soziobiologie sollte sich nicht gezwungen sehen, eine ultra-adaptionistische Antwort zu geben. Mit dieser Erkenntnis ist aber zugleich eine gewisse Einschränkung des umfassenden Erklärungsanspruchs einer bestimmten wissenschaftlichen Disziplin verbunden. Manche mögen fürchten, damit dem Obskurantismus ein Einfallstor zu öffnen; aber diese Angst erscheint unbegründet. So ist schließlich auch nicht das naturwissenschaftliche Weltbild in Gefahr, wenn ein Physiker zugibt, dass er mit seinen Mitteln nicht in der Lage ist, bestimmte biologische Phänomene angemessen zu beschreiben. Und so ist auch der Darwinismus als biologische Theorie nicht in seiner Gültigkeit eingeschränkt, wenn man etwa in der Ethik darauf besteht, Menschen nicht als Atomkonglomerate, sondern als Personen zu betrachten.

3.1. Obgleich es schon fragwürdig scheinen kann, alles menschliche Verhalten reduktionistisch zu erklären, gehen einige Soziobiologen noch weiter: Sie wollen eine »Evolutionäre Ethik« entwickeln, die biologisch begründete, normative Empfehlungen geben soll. Das metaethische Fundament ist dabei schwankend: Einerseits wird behauptet, die moderne Biologie habe nun jeden Versuch einer philosophischen Ethikbegründung als unhaltbar entzaubert, aber andererseits wird der Eindruck erweckt, die Ethik könne und müsse »biologisiert« werden und könne dann eine sichere Grundlage für eine normative Ethik bilden (vgl. Wilson 1978). Diese widerstreitenden Tendenzen führen bemerkenswerterweise in der Regel zur Orientierung an einer egoistischen Klugheitsmoral, wie sie etwa in Thomas Hobbes' Gesellschaftsvertragstheorie oder in dem Rationalitätsmodell der Spieltheorie zu finden ist. Warum aber gerade eine solche Ethik gegenüber ihren Alternativen vorgezogen werden soll, wäre noch eigens zu begründen. Dies scheint jedoch rein biologisch nicht möglich, und zwar aufgrund eines sehr generellen Problems: Solche Programme, so kann man einwenden, begehen einen naturalistischen Fehlschluss, wenn aus bloß deskriptiven Prämissen eine präskriptive Konklusion abzuleiten versucht wird.

3.2. Etwas zurückhaltender sind jene Projekte einer »Evolutionären Ethik«, die *keine* eigenständige Ethik zu begründen trachten, sondern nur die Relevanz bestimmter biologischer Erkenntnisse für die philosophische Ethik nachweisen wollen. So wird etwa betont, dass es stammesgeschichtliche Ursachen für Fremdenfeindlichkeit oder für sexuelle Unterdrückung geben könnte. Solche Hinweise können leicht missverstanden oder missbraucht werden, etwa im Sinne einer Apologie reaktionärer Politik, die emanzipatorische Reformen ablehnt, weil die betroffenen Zustände angeblich »natürlich« und deshalb nicht zu ändern wären. Aber naturwissenschaftliche Erkenntnisse allein begründen kein politisches Programm. Faktisch zeigt sich auch, dass zwar der Soziobiologe Wilson eine eher konservative Position vertritt, der Soziobiologe Dawkins dagegen gerade progressive Reformen fordert. Die Identifizierung inakzeptabler »natürlicher« Tendenzen bildet dann den ersten Schritt für verstärkte und wohlüberlegte Bemühungen zu ihrer Überwindung.

3.3. Zugestanden werden muss aber, dass es bestimmte anthropologische Grenzen für das gibt, was man Menschen klugerweise an Verpflichtungen auferlegen kann, wenn ein politisches Programm realistische Aussichten haben soll, erfolgreich umgesetzt zu werden. Insofern können biologische Erkenntnisse eine gewisse Relevanz für die Ableitung konkreter ethischer Verpflichtungen oder für die bestmögliche Umsetzung politischer Zielvorgaben haben. Ob das allein den anspruchsvollen Begriff einer »Evolutionären Ethik« rechtfertigt, kann man aber bezweifeln.

4.

Axelrod, R., 1984, Die Evolution der Kooperation, München: Oldenbourg 1987.

Bayertz, K. (Hg.), 1993, Evolution und Ethik, Stuttgart: Reclam.

Dawkins, R., 1976, Das egoistische Gen, Berlin: Springer 1978.

Dawkins, R., 1986, Der blinde Uhrmacher. Ein neues Plädoyer für den Darwinismus, München: dtv 1990.

Dupré, J., 2005, Darwins Vermächtnis, Frankfurt/M.: Suhrkamp.

Gould, S. J., 1980, Der Daumen des Panda. Betrachtungen zur Naturgeschichte, Basel: Birkhäuser 1987.

Gould, S. J., 1983, Wie das Zebra zu seinen Streifen kommt. Essays zur Naturgeschichte, Frankfurt/M.: Suhrkamp 1991.

Gräfrath, B., 1997, Evolutionäre Ethik? Philosophische Programme, Probleme und Perspektiven der Soziobiologie, Berlin: de Gruyter.

Huxley, T. H./Huxley, J. (Hg.), 1947, Evolution and Ethics 1893–1943, London: Pilot.

Illies, C., 2006, Philosophische Anthropologie im biologischen Zeitalter, Frankfurt/M.: Suhrkamp.

Kitcher, P., 1985, Vaulting Ambition. Sociobiology and the Quest for Human Nature, Cambridge/MA: MIT Press.

Lütterfelds, W./Mohrs, T. (Hg.), 1993, Evolutionäre Ethik zwischen Naturalismus und Idealismus, Darmstadt: WBG.

Patzig, G., 1984, Verhaltensforschung und Ethik,

in: ders., Gesammelte Schriften, Bd. 1, Göttingen: Wallstein 1994.
Richards, R. J., 1986, A Defense of Evolutionary Ethics, in: Biology and Philosophy 1.
Ruse, M., 1979, Sociobiology: Sense or Nonsense?, Dordrecht: Reidel.
Singer, P., 1981, The Expanding Circle. Ethics and Sociobiology, Oxford: Clarendon Press.
Stent, G. (Hg.), 1978, Morality as a Biological Phenomenon, Berlin: Abakon.
Voland, E., 2000, Grundriss der Soziobiologie, Heidelberg: Spektrum.
Wilson, E. O., 1975, Sociobiology. The New Synthesis, Cambridge/MA: Harvard University Press.
Wilson, E. O., 1978, Biologie als Schicksal. Die soziobiologischen Grundlagen menschlichen Verhaltens, Frankfurt/M.: Ullstein 1980.

Bernd Gräfrath

Spieltheorie

1.

Die Spieltheorie beschreibt die mathematisch-strukturellen Grundlagen der Theorie multipersoneller Entscheidungen. Ihr Thema sind Modelle von Konflikt und Kooperation. Sie ist aber auch eine ökonomische Theorie; schließlich ist Ökonomik als Lehre von der Verteilung knapper Güter nicht denkbar, ohne dass Konflikt und Kooperation zwischen den aktiv handelnden Individuen im wirtschaftlichen Kontext zur Sprache kommen. Ökonomische Theorie bedeutet heute auch spieltheoretische Modellbildung in weiten Bereichen.

Konflikt und Kooperation sind auch Paradigmen politischen Handelns. Spieltheoretische Modelle diskutieren politische Konfliktsituationen. Sie geben auch Hinweise zur Konstruktion von entscheidungsbefugten Gremien und zum Verständnis anreizverträglicher Mechanismen. Da die Kluft zwischen mathematischem Strukturdenken und politischer Theorie und Praxis noch größer ist als die im ökonomischen Kontext, ist die Wechselwirkung gering.

Ähnlich ist es mit den Anwendungen spieltheoretischer Modelle im Umfeld biologischer Grundlagenforschung. Modelle, die Mutation und Selektionsdruck (»Entwicklungsbiologie«) als Gleichgewichtsphänomene spieltheoretischer Natur widerspiegeln, werden wegen ihrer formalen Voraussetzungen nur von einer kleinen Gruppe fachlich Befähigter akzeptiert.

Weitere Anwendungsfelder sind Statistik, Psychologie, Organisation staatlicher Verwaltung und Jurisprudenz (Vertragsgestaltung). Die ökonomischen Verflechtungen sind jedoch augenblicklich die am meisten verzweigten. Man sollte von einer mathematisch–ökonomischen Theorie von Konflikt und Kooperation reden.

Die interne Terminologie ist etwas abgemildert: Nichtkooperative und kooperative Theorie (besser: die Theorie nichtkooperativer bzw. kooperativer Entscheidungsgrundlagen) stehen neben, gegen- und miteinander. Nichtkooperative Spieltheorie zu betreiben bedeutet aber zunächst nur, dass im Modellkontext Absprachen nicht durchgesetzt und Verträge nicht notwendig eingehalten werden. Dieser Zweig ist »kompetitiv« und thematisiert »strategisches Verhalten« innerhalb der »Spielregeln«, d.h. der exogen vorgegebenen Rahmenbedingungen einer Entscheidungssituation.

Kooperative Theorie befasst sich mit der Formulierung von Fairness- und Gleichheitsbegriffen, der Lösung von Verteilungsfragen (ökonomischen Nutzens wie auch politischer Macht), Verhandlungsproblemen und der Macht von Gruppen (»Koalitionen«). Der Strategiebegriff taucht zunächst nicht auf: Einigt man sich vertragsmäßig (»kooperativ«), so besteht keine Notwendigkeit mehr für das wechselseitige Vorausdenken über gegnerische Züge. Aber nur zunächst – bei unvollständiger Information über die tatsächliche Lage, Ausstattung, Umweltausformung, Zufallsabhängigkeit des Entscheidungsproblems wie auch über die Motive der Opponenten – ist auch in der kooperativen Theorie wieder die Möglichkeit strategischen Verhaltens vorhanden: durch Ausnutzen privater Information und Fehlinformation der Vertragspartner. Nichtkooperative Konzepte wandern in den kooperativen Kontext ein. Der Modellbauer erkennt die Aufgabe, die Vertragsbildung »anreizverträglich« zu gestalten. So sollen keine Anreize für unwahre Angaben über die eigene Information auftauchen: Anreizverträgliche Mechanismen werden gesucht.

Spieltheorie zerfällt also in nichtkooperative und kooperative Theorie. Nichtkooperative Theorie unterscheidet zwischen »Normalform« und »Extensiver Form«. Die Normalform formuliert das Mehrpersonen-Entscheidungsproblem und Lösungskonzepte (im Wesentlichen das Nash-Gleichgewicht und seine Varianten). Die Extensive Form beschreibt den dynamischen Prozess eines Spieles, seinen zeitlichen Ablauf gesteuert durch die strategisch bestimmten Beeinflussungsversuche mehrerer Spieler, die ihrerseits durch wechselnde Anreize, Vorausdenken über zukünftige Entwicklungen, Spekulation über die entsprechenden Aktivitäten der Opponenten, fortlaufende Informationsauswertung über den Stand der Dinge und über die Information der Opponenten etc. motiviert werden.

Mathematik ist Strukturdenken (nicht etwa Formalismus). Die Struktur eines Entscheidungsproblems für mehrere Individuen (die »Spieler«) zu beschreiben, bedeutet die Konstruktion eines Modells, d.h. eines Satzes von Objekten der mathematischen Welt, von dem man (der Modellbauer) glaubt, dass ein Ausschnitt der Wirklichkeit (im Allgemeinen ein recht kleiner) in bestimmter Weise »gut abgebildet« ist. Abbildung selbst ist ein grundlegendes Sujet der Mathematik. Die »Güte der Abbildung« ist daher (weil nicht präzisierbar) bereits ein problematischer Begriff.

Wir machen im Folgenden dennoch einen Versuch, die Strukturen von Modellen kompetitiver, nichtkooperativer Entscheidungen und kooperativer Verhandlungen zu beschreiben. Entgegen allgemeiner Übung beginnen wir mit dem Letzteren: Man glaubt ohnehin, dass im politischen Raum, bei justitiablen oder gesellschaftlichen Absprachen, Kontrakte gebildet werden. Die Verhältnisse, sie sind nicht so (strategisches Verhalten ist überall), aber was wäre wenn?

Kooperative Spieltheorie befasst sich mit der Macht der Koalitionen und den daraus resultierenden Verteilungskonzepten. Der Einfluss der Gruppenbildung wird zunächst am einfachsten Modell studiert (Verhandlungstheorie).

2.

2.1. Verhandlungstheorie ist eine spezielle kooperative Spieltheorie: Die Beteiligten müssen sich entweder *alle* einigen oder alle gehen leer aus. Kann man sich auf einen Satz von Auszahlungen (wir nehmen an: monetären) einigen, so kann man hierüber einen durchsetzbaren Vertrag bei einer Schiedsstelle einreichen und für jeden Beteiligten die vertragsgemäße Auszahlung sichern.

Die Frage ist: Welche Auszahlung sollte von allen akzeptiert werden, nach welchen Prinzipien soll man vorgehen?

Das Paradigma für Zwei-Personen-Verhandlungen ist das »Bargaining Problem« nach John F. Nash (1950). Figur 1 suggeriert die geometrische Gestalt:

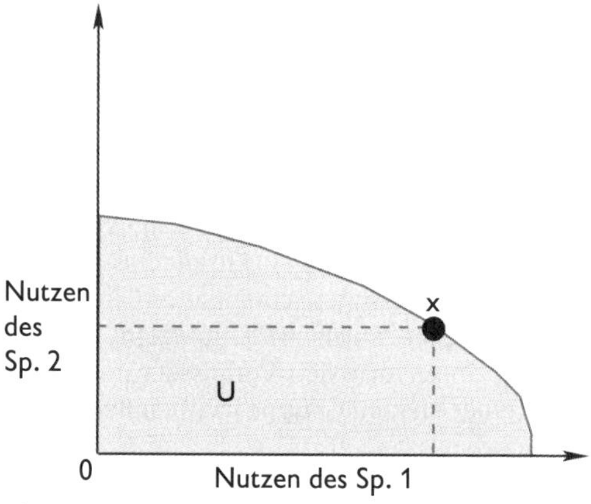

Figur 1: Nutzen Spieler 2 – Nutzen Spieler 1

Die Punkte der Ebene werden als Nutzenpaare (-vektoren) interpretiert. Zwei Spieler können sich auf einen Punkt aus der Menge U (die »zulässigen« Alternativen) einigen. Dann erhält jeder Spieler die monetäre Auszahlung (den Nutzen), die durch die entsprechende (»seine«) Koordinate des Punktes bestimmt ist. Der angedeutete Nutzenpunkt *x* ist effizient (man kann nichts für beide simultan Verbesserndes finden), aber er liefert »viel mehr« Nutzen für den ersten Spieler – auf welchen Punkt sollte (wird, kann) man sich einigen? Die Verhandlungstheorie ist überwiegend »axiomatisch«. Man betrachtet die Lösung als eine Funktion auf Verhandlungsproblemen der in der Figur beschriebenen Art und formuliert Axiome, denen sie gehorchen sollte (gesellschaftlich wünschenswerte Elementareigenschaften): Sie sollte gegen Währungsänderungen (Skalendehnungen) robust sein, nicht von den Namen der Spieler abhängen (welche Koordinate für wen?) und effizient sein.

Die Lösung nach Nash verlangt »Unabhängigkeit von irrelevanten Alternativen«: Würde man zusätzliche Alternativen zulassen, die wegen ihrer extremen Verteilungen ohnehin nicht akzeptiert werden, so soll sich an der Lösung nichts ändern. Dieses eine Axiom bestimmt die Nash-Lösung bereits vollständig: Man nehme den Punkt, der das Koordinatenprodukt (die Fläche des gestrichelten Quadrates) maximiert.

Die geometrische Beschreibung ist zunächst wenig ansprechend. Sie hat jedoch einen internen Gerechtigkeitsbegriff zu bieten: Die Nash-Lösung ist derjenige Punkt, der beiden Spielern Gleiches bietet, wenn man die Zahlungen zur intrinsischen Umrechnungsrate vergleicht. Letztere entsteht dadurch, dass in verschiedenen effizienten Punkten ein Nachgeben des einen verschiedene Konsequenzen für den anderen Spieler hat. Dies lässt sich leicht präzisieren und in einem Eindeutigkeitssatz sauber formulieren.

Bemerkenswert sind ferner die Lösungen von Kalai/Smorodinsky (1975) (die eine Monotonieeigenschaft aufweist) und von Maschler/Perles (1981). Letztere verlangt, dass simultane Verhandlungen in mehreren Komitees ein eventuelles Junktim zulassen und zu »einem« Verhandlungsproblem zusammengefasst (aggregiert) werden können. Dieses Axiom führt zu einem überraschenden geometrischen Prozess, der die sukzessive Konstruktion flächengleicher Dreiecke wie in Figur 2 (s. u.) angedeutet verlangt. Die Umsetzung von »Fairness«-Axiomen in geometrische Konstruktionen ist oft verblüffend.

Natürlich hat die Struktur ihren formalen Apparat. Entscheidend ist, dass man mathematisch sauber fundierte Modelle zustande bringt, die von Spielern, Nutzen, Fairness und Gleichbehandlung reden, in denen aber natürlich nie wirklich »Personen« auftauchen. Das Modell betrachtet die Rahmenbedingungen und thematisiert Verhandlungs- und Lösungsmöglichkeiten sowie Gerechtigkeits- und Gleichbehandlungsbegriffe. Es hängt nicht von realen Spielern ab, die im konkreten Fall den Rahmen ausfüllen. Deshalb besitzt es eine gewisse Allgemeingültigkeit »unabhängig von den gesellschaftlichen Bedingungen«.

Problematisch ist sicher die Beschränktheit. Das Nash-Problem beschreibt zunächst nur einen Verhandlungsrahmen für zwei Personen. Oft, aber nicht immer, kann es für mehrere Personen verallgemeinert werden – der geometrischen Beschreibung im mehrdimensionalen Euklidischen Raum steht der nicht mathematisch Befasste bereits hilflos gegenüber.

Die oft leichtsinnig geprobte Umschreibung auf Verhandlungen zwischen zwei oder mehreren Gruppen (gemeinsamen Interesses: Gewerkschaften vs. Arbeitgeber, Krankenkassen vs. Ärztevertreter etc.) ist problematisch: Sie verlangt »Aggregation«. Meist sind Gruppenverteter aber nicht ohne Eigeninteresse und daher selbst Spieler besonderer Art.

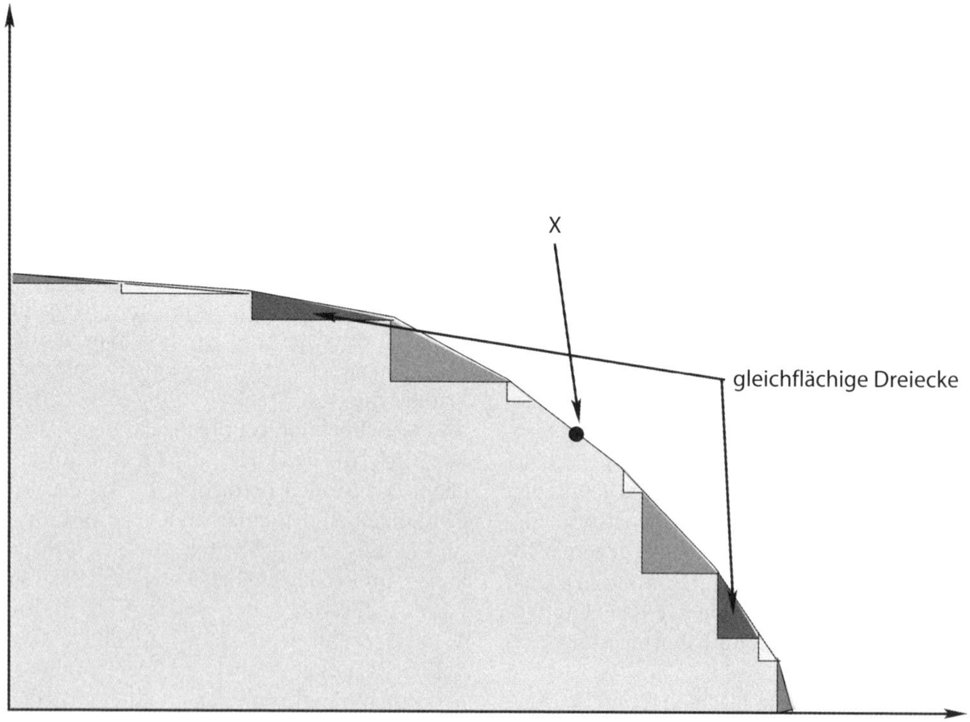

Figur 2: Konstruktion der Maschler-Perles-Lösung

2.2. Verhandlungsprobleme beruhen auf einem Grundsatz des Einigungszwanges: Alles oder nichts. Gelingt die Einigung in der gesamten Gruppe nicht, so bekommt jeder eine »Status quo«-Auszahlung.

Wir wenden uns nun Modellen zu, die auch Untergruppen die Möglichkeit zur Kooperation einräumen. Solche Untergruppen nennen wir »Koalitionen«: Es sind zunächst beliebige Zusammenschlüsse, für die ein Anreiz (monetärer Natur) vorgegeben ist, Auszahlungen oder Zuwendungen, die sie sich sichern können ohne die Zustimmung der nicht Beteiligten.

Wir nennen jede Gruppe, die bindende Absprachen treffen kann, eine »Koalition«. Sie muss nicht notwendig in einem Sinne »regierungsfähig« sein, es genügt schon, dass sie durch gemeinsame Aktion in der Lage ist, einen Nutzen für ihre Mitglieder zu erwirken. Sind Einigungen dennoch in der Gesamtheit aller Spieler wünschenswert oder notwendig, so ist die Fähigkeit effizienter Untergruppen bei Verhandlungen gar nicht notwendig einzusetzen. Es kann hinreichend sein, dass Einzelne mit ihrer potentiellen Zugehörigkeit zu solchen Koalitionen *argumentieren*, um letztendlich bessere Ergebnisse in der Endzuteilung des Nutzens zu erzielen.

Ist die Anzahl der Spieler nun mindestens 3 (oder allgemein $n \geq 3$), so ist die einfachste Struktur, in der wir die Macht von Gruppen, »Koalitionen« ausmachen in der Tat ein Gremium oder Parlament. Dieses »kooperative Spiel« (»Einfaches Spiel« (Simple Game)) besteht zunächst einmal nur aus einer Liste, in der Koalitionen, die gewinnen und solche die verlieren, gekennzeichnet werden. Gewinnkoalitionen erzielen bei Kooperation eine Einheit – und Verlustkoalitionen, die erreichen 0.

In etwas anderer Betrachtungsweise zieht man die *Koalitionsfunktion* nach Neumann/

Morgenstern (1980) heran; dies ist diejenige Funktion, die den Gewinnkoalitionen 1 und den verlierenden 0 zuordnet, in Zeichen
$v\colon \{S \mid S \subseteq \{1,\ldots,n\}\} \to \{0,1\}$.

Diejenigen einfachen Spiele sind am besten überschaubar, die *darstellbar*, d.h., durch eine Stimmenverteilung beschrieben sind. Es sei für n Spieler $m = (m_1,\ldots,m_n)$ die Verteilung der Stimmenzahlen (wie eben für Parteien in einem Parlament). Wir notieren dann mit $m(S) := \Sigma_{i\in S}\ m_i$ für $S \subseteq \{1,\ldots,n\}$ die Gesamtsumme der Stimmen in einer Koalition S. Die Liste der gewinnenden Koalitionen (das einfache Spiel im technischen Sinne) ist dann beschrieben durch alle Gruppen, deren Stimmenzahl das Quorum α (nicht notwendig immer $\frac{1}{2}$) übertrifft, d.h.
$W := \{S \mid m(S) \geq \alpha\}$.
Äquivalent ist die Angabe der Koalitionsfunktion:
$v\colon \{S \mid S \subseteq \{1,\ldots,n\}\} \to \{0,1\},\ v(S) = 1\ (m(S) \geq \alpha)$.

Bereits für 5 gibt es nicht darstellbare Spiele. Aber auch durch mehrfache Quoren oder andere Zusatzbedingungen kann es leicht vorkommen, dass einfache Spiele keine Abstimmungen im Sinne der Darstellbarkeit sind. Die Erscheinung deutet aber darauf hin, dass Lösungs-, Verteilungs- oder Zurechnungsverfahren, welche Darstellbarkeit (stillschweigend) voraussetzen, bereits im Vorfeld einer Diskussion über Gleichbehandlung, gerechte Verteilung o.ä. grundsätzlich fragliche Modellvorstellungen propagieren.

Wir demonstrieren dies am Beispiel eines altbekannten Problems: des Zurechnungsverfahrens. So bezeichnet man die Umrechnung der Stimmenverteilung einer großen Population auf die *ex ante* vorgeschriebene Größe eines Parlamentes (des Hauses) unter Beachtung gewisser Fairness-, Gerechtigkeits- oder Gleichbehandlungsprinzipien. Da die Hausgröße im Allgemeinen viel kleiner ist als die der Population, liefert die Division mit dem Proportionalitätsfaktor meist nicht-ganzzahlige Stimmenverhältnisse (die Proportionalitäten), die im Haus nicht realisiert werden können.

Es gibt zahlreiche bekannte Zurechnungsverfahren, etwa die von *Hare* und *d'Hondt* (die Namensgebung ist kulturkreisabhängig). Seit Aristoteles scheint »Nähe zur Proportionalität« eine wichtige, die gerechte Zuteilung fördernde Eigenschaft zu sein. Das Hare-Verfahren leistet genau dies: Es liefert denjenigen ganzzahligen Vektor der Stimmenverteilungen, welcher den Proportionalitäten am nächsten kommt. Formal besteht es darin, zunächst die größten ganzzahligen Inhalte der Proportionalitäten zu verteilen und den verbleibenden Rest der Stimmen nach der »Größe der Reste« beim Dividieren zuzuteilen.

Das Hare-Verfahren hat einen bösartigen Nachteil: mangelnde Monotonie bei der Hausvergrößerung (das »Alabama Paradox«). Vergrößert man das Haus, so kann es passieren, dass einzelne Spieler/Parteien *weniger* Sitze zugeteilt bekommen.

Das d'Hondt'sche Verfahren hat diesen Nachteil nicht. Es vermeidet das »Alabama Paradox« – dafür ist es nicht so nahe an der Proportionalität. Diesem Verfahren wird allerdings nachgesagt, dass es die »kleinen Parteien benachteiligt«.

Allen zusammen ist eigen, dass sie die Koalitionsfunktion (die Liste der (minimal) gewinnenden Koalitionen) nicht erhalten und damit die Machtverhältnisse verfälschen. Dies scheint vom Standpunkt spieltheoretischer Analyse der schwerste Defekt zu sein – und er wird in der politischen Diskussion oft nicht einmal bemerkt. Ein Zurechnungsverfahren sollte die Machtverhältnisse erhalten, d.h. die gleichen Gewinnkoalitionen (Mehrheitsmöglichkeiten) im Haus erzeugen wie sie in der Population bestehen. Erlaubt der Wählerwille gewissen Koalitionen die Mehrheitsbildung, so sollte das Zurechnungsverfahren dies nicht zerstören – alle bekannten und benutzten Verfahren tun dies aber.

Was gilt es zu klären? Ein Gerechtigkeitsbegriff für »Zuteilung« stößt schon im einfachen Kontext der Zurechnungsverfahren auf große Schwierigkeiten. Wenn viel schwierigere Verteilungsfragen auf der Tagesordnung stehen, ist es naturgemäß noch unklarer, was eigentlich mit »mehr Gerechtigkeit« gemeint sein könnte. Die Diskussion um Repräsentanz im EU-Kontext spricht für sich – meist wird politisches Kalkül mit Fairnessbegriffen vernebelt, nicht erklärt.

Die Nash-Lösung bei Verhandlungsproblemen und die minimale Darstellung bei Zurechnungsproblemen sind kleine Lösungen für exakte Fragestellungen – aber sie sind axiomatisch gerechtfertigt: Man kann genau bestimmen, welcher Begriff von »Gerechtigkeit« zugrunde liegt. Grundlagenforschung klärt eben nicht alles – aber dafür manches präzise.

Uns kommt es darauf an, den Grund für ein Lösungskonzept vorzubereiten. Darunter kann man eben *nicht* eine Abbildung verstehen, die Stimmenverteilungen in der Population in solche im Haus umrechnet. Vielmehr muss die *Koalitionsfunktion* als das ursprüngliche Datum angesehen werden: die Liste der (minimalen) Gewinnkoalitionen.

Lösungskonzepte sind daher ganz allgemein Abbildungen, die jedem Spiel eine Nutzenverteilung an die Spieler zuordnen, dabei gewissen axiomatischen Forderungen genügend. Letztere reflektieren unsere Vorstellungen von Gerechtigkeit, Fairness oder Gleichbehandlung, worüber man dann diskutieren sollte.

2.3. Ein kooperatives Spiel listet mögliche Nutzenzuweisungen (zunächst monetäre) an jede Koalition auf – also nicht nur Gewinn/Verlust (0/1), sondern beliebige reelle Werte je nach der Aktionskraft, die man einer Koalition zuschreibt.

Wir unterscheiden verschiedene Klassen kooperativer Spiele: In *Marktspielen* wird der Gesamtnutzen durch optimalen Güteraustausch erreicht, in *Produktionsspielen* durch die optimale Organisation der Produktions- und Arbeitsverhältnisse. Abstimmungsspiele, wie wir sie im vorhergehenden Abschnitt behandelt haben, erscheinen als ein Spezialfall.

Wie auch in der Verhandlungstheorie ist es zunächst unsere Aufgabe, das System zu analysieren, nicht es in Frage zu stellen. Dies geschieht prinzipiell mit Hilfe von *Lösungskonzepten.*

Ein Lösungskonzept ordnet jedem Spiel (jeder Koalitionsfunktion) eine Verteilung des Nutzens zu. Den Verteilungsbegriff können wir wie bisher umgangssprachlich verstehen oder mit Hilfe eines Vektors (einer additiven Mengenfunktion) präzisieren. Dann ist die Präzisierung eines Lösungskonzeptes gegeben durch eine Abbildung:

φ: $\{v \mid v$ ist ein Spiel$\} \rightarrow \{m \mid m$ ist eine Verteilung$\}$,

die man im Allgemeinen axiomatisch rechtfertigen muss. Wir beschränken uns auf einige wesentliche Konzepte dieser Art.

Der *Shapley-Wert* (Shapley 1953) weist jedem Spieler den mittleren marginalen Nutzen zu, den dieser einer zufällig gewählten Koalition erbringt. »Mittelung« oder Bildung des »Erwartungswertes« sind statistische oder wahrscheinlichkeitstheoretische Begriffsbildungen und müssen präzisiert werden.

Der Shapley-Wert ist durch eine überraschend einfache axiomatische Definition eindeutig beschrieben: Er verteilt den Gesamtnutzen der großen Koalition (der Gruppe aller Spieler), ist also effizient. Er hängt nicht von der Namensgebung ab (es kommt nicht darauf an, welche Nummer ein Spieler trägt, sondern wie die Koalitionsfunktion ihn behandelt, in welchen Koalitionen er gewinnbringend mitwirkt). Er weist ineffizienten Spielern den Wert 0 zu. Und schließlich addiert er die Ergebnisse, wenn Spieler in verschiedenen Spielen simultan, aber unabhängig, agieren.

Ein weiteres interessantes Konzept ist der *Nucleolus* (Schmeidler 1969). Für seine Konstruktion listet man für jede Nutzenverteilung x zunächst die *Excesse* sämtlicher Koalitionen auf, d.h. die Differenzen $v(S) - x(S)$ dessen, was die Koalition S erreichen kann und dessen, was sie bei x zugewiesen bekommt. Ein Excess reflektiert das Beschwerdepotential einer Koalition, ihre Unzufriedenheit bei der vorgeschlagenen Verteilung x.

Diese Daten ordnet man nun und vergleicht sie lexikografisch. D.h. man versucht zunächst die Koalition mit dem größten Beschwerdepotential möglichst gut zu stellen, dann die mit dem zweitgrößten, usw. Der Nucleolus minimiert also lexikografisch das Beschwerdepotential einzelner Koalitionen.

Dieses Konzept haben Aumann/Maschler (1985) mit gewissen Teilungsvorschriften in Beziehung gesetzt, die der Jerusalemer Talmud (Ketubot Blatt 93a, Baba Mezia Blatt 2a) zum Staunen der Exegeten für Bankrottfälle angibt: Überschreiten die Gesamtansprüche die verfügbare Vermögensmasse um mehr als die Hälfte, so soll niemand mehr als die Hälfte bekommen und die hohen Ansprüche auf ein Fixum herabgesetzt werden. Das Fixum und die Höhe der Ansprüche berechnet man aus der Forderung, dass gerade die gesamte Verfügungsmasse verteilt werden soll. Liegen die Gesamtansprüche dagegen unter der Hälfte des Vermögens, so gilt die »Duale Regelung«, die von den hohen Ansprüchen ein Fixum abzieht, jedoch jedem die Hälfte garantiert. Interessant sind nicht nur die halbdeutlichen Hinweise auf die Teilungsvorschrift im Talmud (Finderlohn, Ehevertrag ...), sondern auch die »axiomatische« Deutung, die den beiden modernen Autoren gelingt: Die genannte Regel ist der Nucleolus des angemessen formulierten Bankrottspieles.

Noch etwas verfeinert ist das Konzept des modifizierten Nucleolus oder *Modiclus* (Sudhölter 1996). Hier wird neben dem Beschwerdepotential einer Koalition auch das *Blockadepotential* berücksichtigt.

In Produktionsspielen mit Kartellcharakter können die Besitzer knapper Produktionsfaktoren ausbeuterisch handeln: Der Shapley-Wert wie auch der Nucleolus weisen den Besitzern knapper Faktoren deutlich größere Anteile zu und zwar umso mehr, je größer der Markt ist.

Der Modiclus reflektiert auch das Drohpotential der langen Seite des Marktes (der Besitzer rechter überschüssiger Faktoren). Demgemäß organisiert der Modiclus für beide Seiten des Marktes Nutzen in genau dem Verhältnis, das durch die Verteilung der Produktionsfaktoren gegeben ist.

Überraschenderweise prognostizert der Modiclus die angeführte Regel für Verhandlungen in kartellbildenden Märkten: Zunächst schicken die Kartelle ihre Abgesandten in ein Vertreterspiel und danach wird innerhalb eines Kartells gemäß dieser Regel verteilt (Rosenmüller/Sudhölter 2004). Das Drohpotential solcher Kartelle (Gewerkschaften) ist eben in derartigen Verhandlungen ebenso wichtig wie das konstruktive Potential, das nur bei Kooperation zum Tragen kommt.

Lösungskonzepte haben auch im politischen Kontext Bedeutung – etwa bei der Zuweisungsfrage für Gremien. Da ein einfaches Spiel nur eine spezielle Koalitionsfunktion ist, kann man den Shapley-Wert eines darstellbaren Spieles, d.h. eines Parlamentes berechnen. In diesem Kontext liefert er einen *Machtindex*. Dieser entspricht dem mittleren Marginalnutzen im ökonomischen Kontext. Man hat den Shapley-Wert berechnet für den UNO-Sicherheitsrat, der zu einem gewissen Zeitpunkt fünf Vetospieler (die Großmächte) und neun kleinere Spieler (nicht-ständige Mitglieder) aufweist. Das einfache Spiel hat genau die Gewinnkoalitionen, bei denen 9 Mitglieder und sämtliche Veto-Spieler zustimmen. Der Shapley-Wert berechnet die Macht in diesem Spiel zu 0,196 für die Veto-Spieler und 0,00187 für die kleinen Spieler. Im Lichte dieser Interpretation hätten die Veto-Spieler mehr als das Hundertfache der Macht der Kleinen.

3.

3.1. Wenn ein einzelner über verschiedene Alternativen zu entscheiden hat und klare Präferenzen hat, so wählt er eine entsprechend dieser Präferenz optimale Alternative aus, er löst ein *Optimierungsproblem*. Die Struktur von Präferenzen mag das problematisch erscheinen lassen, weil der Entscheidungsträger indifferent ist zwischen verschiedenen Alternativen oder manche für unvergleichbar hält. Die Analyse binärer Relationen (Präferenzen, Ordnungen etc.) ist die Vorstufe von Spiel- und Entscheidungstheorie.

Prinzipiell ist Optimierung jedoch ein einfaches Konzept. Man listet zunächst die Alternativen auf, beschreibt die Anreize (»incentives«), sich für diese oder jene zu entscheiden, und wählt ein Optimum.

Mehr-Personen-Entscheidungsprobleme werfen ihrer Natur nach zunächst die Fragestellung nach einem *Lösungskonzept* auf: Der Optimalitätsbegriff ist nicht erklärbar. Kann man die Alternativen auflisten, so mögen diese für die Beteiligten in ihren Konsequenzen (Auszahlungen) verschieden sein. Die Anreize oder Auszahlungen an die einzelnen Entscheidungsträger (»Spieler«) hängen von der Entscheidung *aller* Beteiligten ab; deshalb kann die Wahl eines einzelnen je nach Entscheidung der Opponenten optimal oder sehr schlecht sein. Das Lösungskonzept bedarf daher vorab einer gründlichen Analyse. Was rationales Verhalten bedeutet, die normative Festsetzung von Entscheidungsmechanismen oder die deskriptive Beschreibung stabiler Entscheidungszustände sind Gegenstand der Diskussion.

Entscheidungstheorie im engeren Sinne thematisiert die Umsetzung individueller Präferenzen in kollektive. Man konstruiert Abbildungen, die einem vorgegebenen Satz von Präferenzen eines jeden Spielers eine Präferenz der Gruppe/Gesellschaft zuordnet oder gleich ein gesellschaftlich wünschenswertes (optimales?) Aktionenbündel auswählt. Die tatsächliche Entscheidungsfindung ist dann mechanistisch. Sie führt sozusagen die Berechnung der erwähnten Abbildung durch. Letztere muss daher axiomatisch gerechtfertigt werden.

Abstimmungsverfahren, Mehrheitsregel oder Borda-Verfahren sind Beispiele. Die eigentlichen Aktionen der Spiele sind ohne Belang, wenn das Umsetzungsverfahren einmal präzisiert wurde.

3.2. Die spieltheoretische Behandlung gewichtet demgegenüber die strategisch motivierte Auswahl einer Aktion. Die Annahme, dass Auszahlungen monetärer Natur sind, erleichtert zunächst die Beschreibung: Für zwei Spieler erhält man die Auszahlungsmatrizen, indem man die Alternativen für den einen mit den Zeilen und für den anderen mit den Spalten identifiziert.

Simple Paradigmen, wie das Gefangenendilemma, »chicken game«, »battle of sexes«, beschreiben rudimentäre Entscheidungsprobleme, in denen Konflikt und Kooperation simultan erscheinen. Wir beschreiben ein Koordinierungsspiel:

$$A = \begin{pmatrix} 9 & 0 \\ 8 & 7 \end{pmatrix} \quad \text{und} \quad B = \begin{pmatrix} 9 & 8 \\ 0 & 7 \end{pmatrix}.$$

Spieler 1 wählt eine Zeile, Spieler 2 eine Spalte. Das resultierende Element der ersten Matrix reflektiert die Auszahlung für Spieler 1, analog für Spieler 2. Es erscheint zunächst, dass (bei einem Verbot von Kommunikation) beide die jeweils erste Strategie wählen. Dies ergibt für beide die Auszahlung 9 als Resultat stillschweigender Koordinierung.

Jedoch könnte Spieler 1 Gründe für die Wahl der zweiten Zeile finden, die ihm mindestens 7 garantiert. Denn was wäre, wenn Spieler 2 die Koordinierungsüberlegung nicht nachvollzieht? Kann Spieler 1 sicher sein, dass Spieler 2 so denkt wie er? Könnte Spieler 2 nicht die gleichen Zweifel haben und die zweite Spalte der Matrix B wählen? Je mehr jeder Spieler darüber nachdenkt, was der Opponent von seinen eigenen Koordinierungsfähigkeiten hält und was von seiner Beurteilung der Fähigkeit des Opponenten, desto stärker wird der Druck, die Koordinierungsstrategie zu verlassen und die zweite Zeile/Spalte zu wählen. So landet man bei der Auszahlung 7, die sicher ist, aber eben schlechter.

Das Beispiel vom Fischteich ist als Paradigma schon zu kompliziert: Es gibt m Fischteiche mit verschiedener Ergiebigkeit $a_1, \ldots, a_m$. In der erklärenden Geschichte wird Spieler 1 die Rolle des Fischdiebes zugeschrieben, der einen dieser Teiche in der Dämmerung besucht. Spieler 2, den Budgetrestriktionen von einer vollständigen Überwachung abhalten, kann nur einen Teich kontrollieren. Treffen beide aufeinander, so bekommt der Inspektor eine Einheit, andernfalls profitiert der Fischdieb von der Ergiebigkeit des besuchten Teiches. Die Strafe, bei erwiesener Übertretung, ist ebenfalls eine Einheit, während die erfolglose Tätigkeit des Inspektors mit 0 honoriert wird. Welche Entscheidung sollen sie treffen? Die Auszahlungsmatrizen sind:

$$A = \begin{pmatrix} -1 & a_1 & . & \dots & . & a_1 \\ a_2 & -1 & a_2 & \dots & . & a_2 \\ \vdots & & & & & \vdots \\ a_m & a_m & . & \dots & . & -1 \end{pmatrix}$$

und

$$B = \begin{pmatrix} 1 & 0 & . & \dots & . & 0 \\ 0 & 1 & 0 & \dots & . & 0 \\ \vdots & & & & & \vdots \\ 0 & 0 & . & \dots & . & 1 \end{pmatrix} .$$

Aus bayesianischer Grundhaltung heraus versuchen wir, die Lösung durch »Randomisieren« erfolgreicher zu gestalten. Statt sich von vornherein für einen festen Teich zu entscheiden, machen beide Spieler ihre Entscheidung von einem Zufallsmechanismus abhängig, dessen voreingestellte Wahrscheinlichkeiten damit ihre neuen Entscheidungsvariablen werden. Gemischte Strategien sind daher Wahrscheinlichkeitsverteilungen über die Zeilen bzw. Spalten der Auszahlungsmatrizen.

In anderer Sicht kann man gemischte Strategien für *Mutmaßungen* halten, die ein Spieler über das Verhalten des anderen hat: Er macht sich ein Bild über die Wahrscheinlichkeiten, mit denen der Opponent seine Entscheidungen trifft und orientiert daran seine eigenen Entscheidungen. Das so entstehende Spiel, die *gemischte Erweiterung*, erlaubt einen deutlich größeren Entscheidungs-/Strategienraum. Damit steigen die Möglichkeiten Lösungskonzepte zu gestalten.

Grundsätzlich ist das *Nash-Gleichgewicht* in seinen verschiedenen Ausprägungen das fundamentale Lösungskonzept der nichtkooperativen Spieltheorie. Einerseits rettet es einen Hauch von Optimalität: Im Nash-Gleichgewicht optimiert jeder Spieler gegen die vom Gegner ausgewählte Alternative. Andererseits berücksichtigt es Mutmaßungen der erwähnten Art. Im Nash-Gleichgewicht spielt jeder mit positiven Wahrscheinlichkeiten nur diejenigen reinen Strategien aus, die gegen die mutmaßliche gemischte Strategie des Opponenten optimal sind. »Konsistente Mutmaßungen« oder »stabile Entscheidungssituationen« charakterisieren ein Nash-Gleichgewicht. Mangelnde Information über die Pläne des Opponenten ist in den oben angeschriebenen Matrizen nur implizit erkennbar: Die Hypothese, dass beide Spieler unabhängig und ohne Kenntnis der Entscheidung des anderen agieren, verlangt bereits nach einer Präzisierung des Informationsbegriffes. Mit der Randomisierungsidee kommen weitere Elemente der Stochastik hinzu. Korrelierte Entscheidungen, insbesondere korrelierte Gleichgewichte, ergänzen das Lösungskonzept. Spieler können ihre Entscheidungen korrelieren, indem sie diese von gemeinsam beobachtbaren Zufallsereignissen abhängig machen, deren Verteilung bekannt ist. Eine Strategie kann in einer Reaktion auf die beobachteten Ausprägungen des Zufalls bestehen. Ein korreliertes Gleichgewicht ist ein Nash-Gleichgewicht in derartigen korrelierten Strategien.

Das Informationsproblem kann im Rahmen der extensiven Form gehaltvoller formuliert werden. Auch der Strategiebegriff ist in der Normalform nur rudimentär: Wir sehen reine Strategien (Zeilen oder Spalten der Auszahlungsmatrix), gemischte Strategien (Wahrscheinlichkeitsverteilungen über reine Strategien) und korrelierte Strategien (Reaktionen auf das korrelierende Experiment); weitere Ausprägungen des Strategiebegriffs sind möglich, aber stets rudimentär.

Der entscheidende Vorzug der Normalform besteht in der Konzeptbildung. Das Nash-Gleichgewicht existiert nur hier und die Aufgabe verfeinerter strategischer Analyse ist stets, ein allgemeines dynamisches Entscheidungsproblem für mehrere Personen in die Normalform so zu überführen, dass das Gleichgewichtskonzept Anwendung findet.

3.3. Seit Neumann/Morgenstern (1980) betrachtet man als dritte Erscheinungsform eines Spieles die extensive Form. Grob gesprochen besteht sie aus den Spielregeln eines dynamischen Prozesses. Man modelliert ein zeitlich fortschreitendes System, das verschiedene Zustände (»one shot games«) annehmen kann. Die Spieler können zu jedem Zustand des globalen Spiels Einfluss nehmen und dadurch einerseits temporäre Auszahlungen bekommen, sowie andererseits den Verlauf des Prozesses steuern.

Wie in der Normalform, so sind auch in der extensiven Form die Übergänge von den Entscheidungen aller Beteiligten abhängig. Das Gleiche gilt für die temporären und finalen Auszahlungen (payoffs). Im einfachsten Fall kann man jedoch zunächst mit einem »Baumspiel« beginnen: Die grafische Darstellung des Prozesses hat die Struktur eines Baumes und die Einflußnahme geschieht sukzessive; bei jedem Zug ist nur ein Spieler zuständig.

Die extensive Form erlaubt nun eine wesentlich verfeinerte Formulierung des Strategiebegriffs. Neben reinen und gemischten Strategien spielt das Konstrukt der Verhaltensstrategie eine entscheidende Rolle. Dies ist eine Liste von bedingten Entscheidungsvorschriften, die jeweils in Abhängigkeit von der für den Spieler überschaubaren Vergangenheit eine Aktion auswählen.

Wählt jeder eine Strategie aus, so ist damit die gesamte Bewegung des Prozesses/Systems definiert und die davon abhängige globale Gesamtauszahlung beschreibt die Auszahlung für das betrachtete Strategien-n-tupel.

Damit kann man jedem dynamischen kontrollierbaren Prozess nach Vorgabe eines Strategiebegriffs eine Normalform zuschreiben. Diese Konvolution ist einer der wichtigsten Grundsätze spieltheoretischer Analyse: Will man einen komplizierten Ablauf dynamischer wechselseitiger Interaktion analysieren, so ist man gehalten, eine relevante Normalform aufzustellen, um dadurch den Zugang zu den Gleichgewichtsbegriffen der letzteren zu bekommen. Insbesondere sind Nash-Gleichgewichte, seine Verfeinerungen und Varianten, stets erst nach der Fixierung der Normalform zu erhalten.

Das nachfolgende Beispiel skizziert einen einfachen Spielbaum. Eine Strategie ist ein Satz von Nachfolgeentscheidungen für den zuständigen Spieler. Die Normalform weist entsprechend viele Einträge auf.

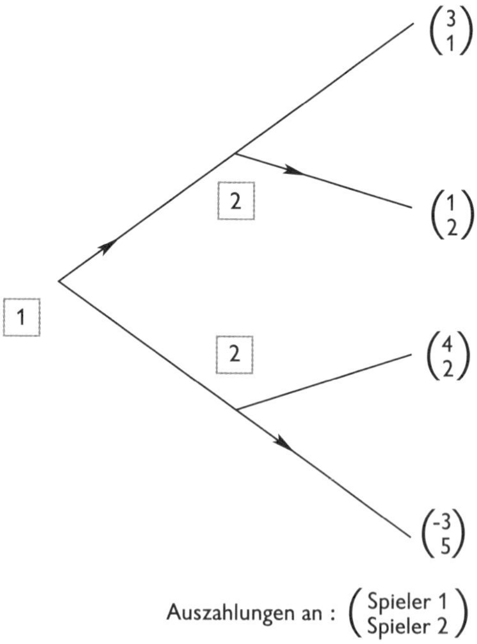

Figur 3: Ein Baumspiel

Die Normalform listet alle möglichen Pläne aller Spieler auf: Für Spieler 2 sind dies alle Kombinationen von »Top/Bottom« und »top/bottom« – mit den resultierenden Auszahlungen. Man bekommt:

$$A = \begin{matrix} \\ l \\ r \end{matrix} \begin{matrix} tT & tB & bT & bB \\ \left(\begin{matrix} 3 \\ 4 \end{matrix}\right. & \begin{matrix} 3 \\ -3 \end{matrix} & \begin{matrix} 1 \\ 4 \end{matrix} & \left.\begin{matrix} \mathbf{1} \\ -3 \end{matrix}\right) \end{matrix}$$

$$B = \begin{matrix} \\ l \\ r \end{matrix} \begin{matrix} tT & tB & bT & bB \\ \left(\begin{matrix} 1 \\ 2 \end{matrix}\right. & \begin{matrix} 1 \\ 5 \end{matrix} & \begin{matrix} 2 \\ 5 \end{matrix} & \left.\begin{matrix} \mathbf{2} \\ 5 \end{matrix}\right) \end{matrix}.$$

Das angedeutete Strategienpaar repräsentiert ein Nash-Gleichgewicht: Betrachtet Spieler 1 seine Auszahlungsmatrix, so ist es für ihn das Beste, die erste Zeile zu wählen, *falls Spieler 2 auf der letzten Spalte beharrt* – und umgekehrt.

3.4. Entscheidungen unter Unsicherheit können nun in wesentlich präziserer Weise modelliert und verstanden werden. Notwendig kommen stochastische Einflüsse auf, d. h. Zustände, Auszahlungen und Entscheidungen der Spieler müssen als Zufallsvariable angesehen werden.

Bei imperfekter Information nimmt man an, dass die Spieler über den Zustand des Spiels nur die (Zufalls-)Verteilungen kennen (verdeckte Karten, unbekannte Naturereignisse, Unkenntnis über bisherige Züge der Opponenten). Unvollständige Information bedeutet, dass Spieler eventuell auch über das Spiel im Unklaren sind, in dem sie involviert sind. Ein Spieler kann unvollständige Information über die Nutzenfunktion seines Opponenten haben, über dessen Information, über dessen Information insbesondere hinsichtlich der eigenen Information, etc. Tatsächlich kann man regressive Informationsprobleme (Ich weiß, dass er weiß, dass ich weiß, dass er eine bestimmte Information nicht hat …) sauber formulieren. Der englischsprachige Begriff »common knowledge« beinhaltet eine mathematisch strukturierte enge Variante wechselseitig observabler Entscheidungsvorgänge – von formaler Erkenntnistheorie zu sprechen geht zu weit.

Harsanyi (1967–68) hat klargestellt, dass zwischen »imperfect information« und »incomplete information« kein so bedeutsamer Unterschied besteht. Stets kann man das System durch die Einführung zufallsabhängiger Typen für die Spieler in einem sauberen Kontext formulieren, derart, dass der infinite Regress konsistent erscheint. Der formalmathematische Apparat (die angemessene Struktur des Raums der Systeme mit konsistentem common knowledge Begriff) erfordert beträchtlichen Aufwand. Das Zusammenspiel zwischen formaler Logik, dynamischen Prozessen, stochastisch modelliertem Einfluss und dem Regressionsbegriff ist noch lange nicht vollständig geklärt (vgl. Aumann/Maschler 1985).

3.5. Man beschreibt einen institutionellen Rahmen, wenn man eine extensive Form der Struktur nach festlegt, die Auszahlungen aber nur der Form nach charakterisiert. Dies kann Unkenntnis über Auszahlungen (also »incomplete information«) bedeuten, erlaubt aber dennoch eine abstrakte Analyse dessen, was institutionell und allgemein ohne Betrachtung der Anreize beschrieben werden kann. Eine derartige »Spielform« wird zu einem extensiven Spiel »angefüllt« dadurch, dass verschiedene Spieler sich im Rahmen der Institution bewegen bzw. die Spielform aufgrund ihrer eigenen Nutzenfunktion beeinflussen.

Es ist in diesem Kontext wichtig, anreizverträgliche Mechanismen zu formulieren, die dafür sorgen, dass in gewissen Institutionen Spieler ihre Nutzenfunktionen korrekt angeben (Hurwicz 1972; Myerson 1984; Rosenmüller 1997).

An dieser Stelle gehen kooperative und nichtkooperative Theorie eine neue Form der Synthese ein. Liegt in einem kooperativen Spiel unvollständige Information vor, so können Spieler Kontrakte darüber eingehen, welcher Art Vereinbarungen sie treffen möchten, nachdem sie ihre private Information offenbart (in Harsanyis Diktion: ihren wahren Typ annonciert) haben. Eine solche Annonce-abhängige Kontraktbildung nennen wir einen Mechanismus.

Es entsteht nun notwendig sehr oft ein Anreiz, seinen Typ falsch zu repräsentieren. D. h. Spieler behaupten, gewisse Eigenschaften zu besitzen, um bessere Kontrakte zu bekommen – bei fast allen gesellschaftlichen Kontrakten wird dies ja in der Tat beobachtet. Der Mechanismus induziert also ein nicht kooperatives Spiel, dessen Normalform der Analyse zugänglich ist.

Anreizverträgliche Mechanismen sind solche, bei denen die Strategie »die Wahrheit sagen« einen Nash-Gleichgewichtspunkt des vom Mechanismus induzierten Spiels bildet. Die Konstruktion anreizverträglicher Mechanismen ist ein fesselndes Projekt von gleichsam gesellschaftlicher Bedeutung wie auch mathematischem Anspruch.

4.

Aumann, R. J., 1976, Agreeing to Disagree, in: Annals of Statistics 4.

Aumann, R. J./Maschler, M., 1985, Game Theoretical Analysis of a Bankruptcy Problem From the Talmud, in: Economic Theory 36.

Harsanyi, J., 1967–68, Games With Incomplete Information Played By Bayesian Players, in: Management Science 14.

Hurwicz, L., 1972, On Informationally Decentrali-

zed Systems, in: C. G. McGuire/R. Radner (Hg.), Decision and Organisation, Amsterdam: North Holland.
Kalai, E./Smorodinsky, M., 1975, Other Solutions to Nash's Bargaining Problem, in: Econometrica 43.
Maschler, M./Perles, M. A., 1981, The Present Status of the Superadditive Solution, in: Essays in Game Theory and Mathematical Economics, Mannheim: Bibliographisches Institut.
Myerson, R. B., 1984, Two Person Bargaining Problems With Incomplete Information, in: Econometrica 52.
Nash, J. F., 1950, The Bargaining Problem, in: Econometrica 18.
Neumann, J. v./Morgenstern, O., 1980, Theory of Games and Economic Behavior, Princeton: Princeton University Press.
Rosenmüller, J., 1997, Bargaining With Incomplete Information, in: Theory and Decision 42.
Rosenmüller, J., 2000, Game Theory, Dordrecht: Kluwer.
Rosenmüller, J./Sudhölter, P., 2004, Cartels via the Modiclus, in: Discrete Applied Mathematics 134.
Schmeidler, D., 1969, The Nucleolus of a Characteristic Function Game, in: SIAM Journal of Applied Mathematics 17.
Shapley, L. S., 1953, A Value For n-Person Games, in: Annals of Mathematical Studies 28.
Sudhölter, P., 1996, The Modified Nucleolus as Canonical Representation of Weighted Majority Games, in: Mathematics of Operations Research 21.

JOACHIM ROSENMÜLLER

Spinoza, Baruch de (1632–1677)

1.

Spinoza wuchs als Kind einer aus Portugal immigrierten jüdischen Kaufmannsfamilie im jüdischen Milieu der großen Handelsstadt Amsterdam auf. Schon 17-jährig arbeitete er im väterlichen Geschäft, dessen Inhaber er zuletzt war. 1656 wurde er wegen Irrlehren aus der jüdischen Gemeinde verbannt, gab die kaufmännische Tätigkeit auf und studierte autodidaktisch die neuere Philosophie (besonders Descartes und Hobbes). 1660 zog er sich aus Amsterdam in kleinere Orte zurück, zuletzt nach Den Haag, um ungestört eine eigene Philosophie zu konzipieren. Als Linsenschleifer tätig und weitgehend mittellos, lehnte er gleichwohl 1673 einen Ruf an die Universität Heidelberg ab. Er korrespondierte mit vielen Gelehrten und war ein aufmerksamer Beobachter der politischen Ereignisse seines Landes, wobei er die laizistisch orientierte liberale Politik de Witts verteidigte und mit seinem 1670 anonym publizierten *Theologisch-Politischen Traktat* kämpferisch in die geistige Situation seiner Zeit eingriff. Bald als dessen Autor bekannt, wurde er in der Öffentlichkeit heftig befehdet, so dass er seine 1675 fertig gestellte *Ethik* nicht veröffentlichen ließ. Zuletzt arbeitete er an einer Abhandlung zur Politik.

2.

Spinoza hat zwei Werke zur politischen Philosophie verfasst, den *Tractatus Theologico-Politicus* (TTP; dt. *Theologisch-Politischer Traktat*) und den unvollendeten *Tractatus Politicus* (TP; dt. *Politischer Traktat*). In seinem philosophischen Hauptwerk, der *Ethica*, in dem Spinoza eine umfassende Theorie der Strukturen der Welt (Teil I) und der Stellung des Menschen in ihr unter den Aspekten seines Erkennens (Teil II) und Handelns (Teile III-V) entwickelt, findet die Theorie der Politik nur kurz Erwähnung in einer Anmerkung (zu Lehrsatz 37 des IV. Teils). Der TTP enthält ein vehementes Plädoyer für die Freiheit des Urteilens und der Meinungsäußerung, sowohl im Feld der Religion (Kap. I-XV) wie der Politik (Kap. XVI-XX). Der Staat könne diese Freiheit nicht nur als ungefährlich für sich dulden; sie sei darüber hinaus eine Bedingung für das Gedeihen und damit die interne Stabilität des Staates (so formuliert im Untertitel). Der TP verändert diese Perspektive, indem er die Bedingungen staatlicher Stabilität in der affektiven Triebstruktur der Menschen zu verankern sucht, in der Meinung, dass sich so eine größere Zustimmung der Bürger zum Staat sichern lasse.

3.

Beiden Traktaten liegt der Gedanke zugrunde, dass die den Staat auszeichnende Gewalt im Sinne höchster Souveränität (summa potestas) mit dessen tatsächlicher Macht (potentia) zusammenfällt, diese Macht aber nichts anderes sein kann als die gemeinsame Macht der Individuen, so dass ein Staat, der sich gegen die Individuen wendet, sich nicht erhält, d.h. seine Souveränität faktisch verliert. Macht bestimmt Spinoza dabei, gestützt auf die in der *Ethica* ausgearbeitete Ontologie, im Wesentlichen als eine Aktivität, die zur Natur eines jeden Individuums gehört und die zu betätigen dieses ein Recht hat. Macht ist jedoch kein bloßes Vermögen, sondern eine in ihren tatsächlichen Äußerungen aufgehende Kraft und insofern bei den Menschen von unterschiedlichem Umfang, so dass der Einzelne von einem Recht, das mit seiner Macht zusammenfällt, wenig hat, wenn diese Macht nicht zu einer gemeinsamen Macht im Staat gebündelt wird. Dessen Rechtsgesetzen ist jeder Einzelne unterworfen, aber so, dass ihm nur aus gemeinsamer Übereinstimmung (ex communi consensu, TP II, 16) etwas befohlen werden kann.

Anders als bei Hobbes, den Spinoza hier scharf kritisiert, kann die Gemeinsamkeit individueller Macht nicht durch einen Verzicht der Einzelnen auf Machtausübung und damit nicht durch die Übertragung eines ihnen von Natur aus zukommenden Rechts auf einen Dritten, der eine von ihnen abgehobene Instanz wäre, zustande kommen (Brief Nr. 50: »im Unterschied zu Hobbes lasse ich das Naturrecht immer unangetastet«). Spinoza argumentiert nicht moralisch, sondern beschreibt eine Faktizität: Was zu seiner Natur gehört, kann der Mensch gar nicht aufgeben. Das führt Spinoza dazu, im späteren TP den im TTP (Kap. XVI) noch präsenten Gedanken eines eine Übereinkunft der Individuen bewirkenden Vertrages preiszugeben, weil in ihm eine Vernunft in Anspruch genommen wird, die die Individuen etwas gegen deren natürliches Begehren eigens beschließen lässt.

Demgegenüber entwickelt der TP eine rein naturalistische Theorie der Gemeinschaftsbildung. Natürliche Dispositionen wie Ehrgeiz oder das Streben nach Ansehen und Ruhm sind vom Staat zu mobilisieren und zugleich in ein Geflecht wechselseitiger Kontrolle zu bringen, in dem sich die in ihnen manifesten Tätigkeiten ausbalancieren, so dass die Menschen zu Gliedern eines Gemeinwesens werden, das einerseits sie bestimmt und andererseits ohne sie keinen Bestand hätte. Weil das Begehren von kontingenten zeit- und kulturbedingten Umständen abhängt, lässt sich keine Idee eines optimalen Staates entwerfen, sondern nur, alle Normativität ins Reich der Utopie verweisend, an bestehenden Staaten beschreiben, wie ihre Führer im Aufgreifen des faktischen Selbstverständnisses der Menschen deren natürliche Bedürfnisse so bündeln können, dass die Individuen den Staat als ihren Staat auch anerkennen, weil sie ihn selbst tragen. Spinoza beschreibt dies im TP nach Erwägungen zur Methodologie (Kap. I) und zum Verhältnis von Recht und Macht im natürlichen und staatlichen Zustand (Kap. II-V) an Staaten monarchischer (Kap. VI und VII) und aristokratischer (Kap. VIII-X) Regierungsform, in der (nicht ausgeführten) Absicht, es auch an der Demokratie zu entfalten (Kap. XI), von der Spinoza im TTP gesagt hatte (Kap. XVI), dass sie die »natürlichste« Regierungsform sei, weil sie der Natur des Einzelnen am nächsten komme.

Spinozas naturalistische Theorie der Politik weist bei aller Kritik an einem Obrigkeitsstaat jedoch eher zurück auf Machiavellis Idee einer sozialpragmatischen Technik des Machterhalts als voraus auf Rousseaus der Normativität verpflichtete Idee von Volkssouveränität. Während der TTP heute im Wesentlichen als ein wichtiges historisches Dokument verstanden wird, das mit seiner kritischen Analyse der Religion die Epoche der Aufklärung eingeleitet hat, ist die systematisch entfaltete Politik-Theorie des TP im Schatten von Hobbes wirkungsgeschichtlich ohne nennenswerte Bedeutung geblieben.

4.

Spinoza, B. de, Opera, 4 Bde., Heidelberg: Winter 1973.

Spinoza, B. de, 1670, Theologisch-politischer Traktat, Hamburg: Meiner 1994.

Spinoza, B. de, 1677a, Ethik, Hamburg: Meiner: 1999.

Spinoza, B. de, 1677b, Politischer Traktat, Hamburg: Meiner 1994.

Spinoza, B. de, 1677c, Briefwechsel, Hamburg: Meiner 1986.

Balibar, E., 1985, Spinoza et la politique, Paris: PUF.

Bartuschat, W., 1992, Spinozas Theorie des Menschen, Hamburg: Meiner.

Den Uyl, D. J., 1983, Power, State and Freedom, Assen: Van Gorcum.

Giancotti, E./Matheron, A./Walther, M. (Hg.), 1985, Spinoza's Philosophy of Society, Alling: Walther & Walther.

Hecker, K., 1975, Gesellschaftliche Wirklichkeit und Vernunft in der Philosophie Spinozas, Regensburg: Diss.

Lazzeri, C., 1998, Droit, pouvoir et liberté, Paris: PUF.

Matheron, A., 1986, Anthropologie et politique au XVIIe siècle, Paris: Vrin.

Moreau, P.-F., 2005, Spinoza, Lyon: ENS Edition.

Nadler, S., 1999, Spinoza, Cambridge: Cambridge University Press.

Negri, A., 1981, Die wilde Anomalie, Berlin: Wagenbach 1982.

Wolfgang Bartuschat

Staat

1.

»Staat« ist eine Kategorie der westlichen politischen Theorie zur Bezeichnung einer spezifischen Herrschaftsordnung. In diesem Begriff vermischen sich institutionelle Entwicklung, politische Theorie und juristische Dogmatik in schwer differenzierbarer Art und Weise. Der Begriff gewinnt seine Vieldeutigkeit auch daraus, dass er sowohl einen Herrschaftsapparat als auch ein ganzes territorial und personal definiertes Gebilde als auch das Verhältnis zwischen diesen beiden beschreiben kann. In den verschiedenen Sprachen kann Staat sowohl einen Organisationsapparat als auch die Gesellschaft im Ganzen bezeichnen (vgl. Dewey 1927, Kap. 2; Möllers 2000, 228f.). Diese Vieldeutigkeit ist immer noch am komplexesten in der hegelschen Rechtsphilosophie aufgehoben (vgl. Hegel 1821, § 258). Bei jeder Untersuchung des Begriffs ist also zu beachten, dass sich hinter seinem vermeintlich universalen Gehalt oftmals spezifisch westliche, kontinentaleuropäische bzw. deutsche Bedeutungsmuster verbergen. Angesichts dessen kann sich in einem ersten Anlauf die angelsächsische Strategie des Definitionsverzichts aufdrängen. Folgt man ihr allerdings nicht, trifft man beinahe zwangsläufig auf das Spannungs- und Bedingungsverhältnis der ebenfalls problematisierungsbedürftigen Begriffe »Recht« und »Politik«. Denn oft verbergen sich hinter den Auseinandersetzungen um den Staatsbegriff in Wahrheit grundsätzliche Debatten über das Verhältnis von Recht und Politik. Dem Versuch, den Staatsbegriff dadurch zu bestimmen, dass sich zu einem bestimmten historischen Moment und auf einem bestimmten Gebiet Politik und Recht institutionell zusammenfanden, ist stets der Umstand gegenüberzustellen, dass auch in westlichen Gesellschaften die Zusammenhänge zwischen Staat und Rechtssetzung höchst unterschiedlich bewertet werden. So sprechen beispielsweise die durch das Common Law geprägten Rechtskulturen mit deutlich größerer Zurückhaltung vom Staat als die kontinentaleuropäischen.

Dies verdeutlicht, dass »Staat« zunächst eher ein Begriffsträger ist, eine Form, die, wie die Sprachpraxis zeigt, nach einer materiellen Anreicherung fragt. Dies auch oder noch deutlicher in anderen indogermanischen Sprachen, in denen die Begriffsbedeutung eindeutiger als im Deutschen mit derjenigen des »Zustands« zusammenfällt: state, stato, estado, état. Die Inhaltsarmut des Begriffs wird im Deutschen wie auch in anderen Sprachen durch das Hinzufügen von Attributen oder Präfixen aufgefangen (Rechtsstaat, Sozialstaat, Verfassungsstaat, Polizeistaat, kooperativer Staat, welfare state, état providence, état-gendarme usw.). Staat »als solcher« bezeichnet also faktisch zunächst die institutionelle Seite einer hoheitlichen Ordnung »als solcher« – unabhängig von ihrer Ausgestaltung. Gegenbegriffe zum Begriff des Staates bezeichnen demnach keine andere Ordnung, sondern das Fehlen von Ordnung überhaupt. In diesem Sinne wird dann neutral von Naturzustand oder mit wertender Tendenz von Bürgerkrieg oder Anarchie gesprochen.

In der deutschen Tradition des Staatsbegriffs spielt zudem noch immer die Gegenüberstellung von Staat und Gesellschaft eine Rolle. Neben der Herkunft aus einem monarchistischen Staatsverständnis ist dabei beachtenswert, dass diese Polarität sehr unterschiedliche Aussagegehalte transportieren kann. In einer liberalen Lesart geht es um die Grenzen staatlicher Handlungsbefugnisse, während ein demokratietheoretisch inspirierter Zugriff die politische Selbstorganisation der Gesellschaft der Freien und Gleichen in den Mittelpunkt rückt und damit das Verflechtungs- oder Bedingungsverhältnis von Staat und Gesellschaft fixiert.

2.

Seinen Ursprung nimmt der Begriff allem Anschein nach in der politischen Klugheitsliteratur der italienischen Frühneuzeit (vgl. Münkler 1987, 165ff.; Skinner 1989). Hier dient er als ein terminologisches Instrument zur Ausdifferenzierung innerweltlicher politischer Organisation von transzendenten Richtigkeitsansprüchen, kennzeichnet also genau die Funktion der inhaltlichen Verselbständigung der politischen Ordnung von materiellen Anforderungen an ihren Inhalt, die sich bis heute mit dem Begriffsgehalt verbindet. Freilich findet der Begriff bei den italienischen Autoren eher topischen Gebrauch als systematische Verwendung. Topos ist die Staatsraison (ragione dello stato, raison d'état) als Passepartout-Argument zugunsten der Durchsetzung der Ordnung gegenüber moralischen oder religiösen Anfechtungen.

Systematische Ausarbeitungen dieses Konzepts finden sich deutlicher in anderen Theorietraditionen, namentlich bei Hobbes (1651), weniger eindeutig bei Bodin (1576), der zwar mit dem Begriff der Souveränität als der umfassenden, ungeteilten und gegenüber innerstaatlichen und äußeren Mächten unabhängigen Befugnis, Recht zu setzen und durchzusetzen, das Wesensmerkmal der Staatsgewalt zu beschreiben versucht, für diese jedoch noch gewisse Grenzen formuliert (göttliche Gebote, natürliche Gesetze, allgemeine Rechtsgrundsätze). Ist die hobbessche Theorie deutlichster Ausdruck eines Theoriekonzepts, das Ordnung als Ordnung rechtfertigt, so findet doch der Begriff »Staat« selbst bei ihm keine prominente Verwendung, ebenso wenig bei Bodin. Diese Zurückhaltung mit einem emphatischen Begriffsgebrauch wird in der angelsächsischen Tradition bis in die Gegenwart beibehalten (vgl. Dyson 1980). Parallel zur Idee des Staats und in der Sache kaum unterscheidbar wird auch der Begriff der Souveränität immer wichtiger.

Doch noch lange nach Entstehung bleibt das Konzept »Staat« von eingeschränkter Relevanz für die politische Philosophie, gerade im Vergleich zum umfassenderen aristotelisch inspirierten Konzept der *societas civilis*. Noch bei Kant findet sich diese Zurückhaltung im Gebrauch des Begriffs des Staates (vgl. Kant 1793, 143ff.). Auch Art. 16 der Menschenrechtsdeklaration vom 24. August 1789 ordnet die Garantie der Rechte und die Gewaltenteilung noch der »société« zu, nicht dem »état«. Mit der Französischen Revolution und der emphatischen Verwendung des Begriffs der Nation als Subjekt demokratischer Selbstbestimmung gewinnt aber auch der Staatsbegriff eine neue Bedeutung. Die in Art. 16 noch nicht ausformulierte Unterscheidung zwischen dem staatlichen Apparat und der Gesellschaft setzt sich in der Folge begriffsgeschichtlich durch. Emphase und praktische Bedeutung als Zentralbegriff der politischen Theorie gewinnt »Staat« erst mit

Beginn des 19. Jahrhunderts. Hegels Feststellung »Deutschland ist kein Staat mehr« (Hegel 1802, 452) versieht den Begriff zum ersten Mal mit einem rhetorischen Gewicht, das im Deutschland des 19. und 20. Jahrhunderts eine einmalige Blüte erleben wird, die die deutschsprachige staatsrechtliche Literatur bis in die Gegenwart hinein deutlich beeinflusst (vgl. Isensee 1987).

Durch Karl Marx' geschichtsphilosophische Utopie der Staatslosigkeit vorbereitet und popularisiert entsteht mit Beginn des 20. Jahrhunderts jedoch zugleich eine ganz eigene Literaturgattung, die den »Tod des Staats« immer wieder von neuem konstatiert. Gleichzeitig bemerken Gesellschaftstheoretiker in Frankreich (Duguit), England (Lasky) und Deutschland (Schmitt) die begrenzten gesellschaftlichen Durchsetzungsmöglichkeiten des Staats und setzen – in konsequenter Umsetzung der binären Begriffsstruktur – Relativierung und Ableben gleich. Jene Thesen vom Absterben des Staates haben sich in der Zwischenzeit offenbar als faktisch unzutreffend herausgestellt (vgl. Evans/Rueschemeyer/Skopcol 1985).

Die beiden ideengeschichtlichen Wurzeln des Begriffs »Staat« in der Frühneuzeit und in der Zeit nach der Französischen Revolution verweisen auf einen systematischen Unterschied. Wird der Begriff der frühen Neuzeit zugerechnet, so wird er nicht selten als ein Produkt der Säkularisierung verstanden (vgl. Böckenförde 1976). Die Schwierigkeiten mit deren begrifflicher Bestimmung (vgl. Blumenberg 1966) werden dabei freilich ebenso vernachlässigt wie die Frage unbeantwortet bleibt, ob man die Demokratisierungs- und Freiheitsorientierung moderner Hoheitsträger als für den Staat unwesentlich verstehen sollte, die der Substanz des Staats nur eine weitere Eigenschaft hinzufügt. Mit einem solchen Verständnis des Begriffs wird zugleich ein Voraussetzungsverhältnis unterstellt, das der Ordnung als solcher den Vorrang vor ihrer Ausgestaltung gibt. Zudem wird das Entstehen und Bestehen der Ordnung primär auf die Möglichkeit der Ausübung physischer Gewalt bezogen, die im Begriff des Gewaltmonopols zum Ausdruck kommt. Diese Vorstellung lässt sich von Hobbes über Max Weber bis heute weiterverfolgen.

Eine solche Auffassung dürfte mit einem Staatsverständnis im Rahmen demokratischer Verfassungstraditionen wie der französischen oder der amerikanischen kaum in Einklang zu bringen sein. Dort gibt es keine Staatstheorie, die nicht Demokratietheorie wäre (vgl. Carré de Malberg 1920; Madison/Hamilton/Jay 1787), denn staatlicher Gründungsakt und demokratische Identitätsbildung fallen zusammen. Damit wird der Staat als Form politischer Identität und als Ermöglichungsbedingung demokratischer Selbstherrschaft verstanden. Formen der Entstaatlichung, namentlich durch die Vermischung öffentlicher und privater Tätigkeit sowie durch die Internationalisierung hoheitlicher Institutionen werden innerhalb dieses Staatsverständnisses als Entdemokratisierung gedeutet (vgl. Guehenno 1993). Aber institutionell liegt hier auch eine westliche Überschätzung des Staatsmodells vor, das unterstellt, dass sich bestimmte gesellschaftliche Modernisierungsschübe nicht auch anders als in der Form des Staats organisieren lassen (vgl. Badie/Birnbaum 1997, 93ff.). Die praktischen Schwierigkeiten, die Staatsbildung in nichtwestlichen Kulturen aufwirft, lässt an dieser Ansicht Zweifel aufkommen (vgl. Badie 1992). Der historische Zusammenhang zwischen Demokratie und Staat ist nicht zu leugnen, schließt aber nichtstaatliche Demokratie für die Zukunft nicht aus.

3.

3.1. *Juristisch* beschreibt »Staat« eine normativ definierte Organisationsform von Hoheitsgewalt, auf die allein bestimmte Regeln des Staats- und des Völkerrechts Anwendung finden. Insoweit bezeichnet der Begriff eine juristische Zurechungskonstruktion, ein Rechtssubjekt, dem bestimmte Handlungen zugerechnet werden können (vgl. Kelsen 1925, 264f.). Diese rechtliche Eigenschaft als Staat setzt jedoch das Vorliegen eben einer territorial und personal definierten Ordnung voraus, wie sie in der Drei-Elemente-Lehre Georg Jellineks (Staatsgewalt, -gebiet, -volk) zum Ausdruck kommt und Anwendung findet. Diese ist allerdings mit der begrifflichen Inkonsequenz konfrontiert, dass die Unterscheidung der drei Elemente nur auf den gerade zu klärenden Begriff der Staatsgewalt verweist, der in räumlicher und zeitlicher Sinndimension veranschaulicht, aber eben nicht definiert wird.

Teilweise wird in der deutschen verfassungsrechtlichen Literatur der formalen Beschreibung des Staats ein materieller Staatsbegriff gegenübergestellt. Von der aus dem Kaiserreich stammenden Vorstellung ausgehend, dass der Staat der Verfassung wesensmäßig »vorausgehe«, wird das normative Programm des Staats als Verfassungsvoraussetzung formuliert. Hier ist der Staat in erster Linie die mit Gewaltmonopol ausgestattete Ordnungsmacht, auf deren Grundlage erst die institutionellen Leistungen des individuellen Rechtsschutzes und der demokratischen Legitimation erbracht werden können. Die juristischen Implikationen dieses Modells zielen vorwiegend auf die Anerkennung besonderer staatlicher Notstandsbefugnisse oder Sicherheitszwecke in relativierender Gegenüberstellung zu individuellen Freiheitsrechten, mithin auf die Anerkennung eines den Verfassungstext übersteigenden Überverfassungsrechts. Damit zeigt der Ansatz zugleich seine methodische und demokratietheoretische Fragwürdigkeit.

Wie in verfassungsrechtlicher Perspektive ist der Staat im völkerrechtlichen Kontext zunächst Zurechnungssubjekt von Rechten und Pflichten, auf die auch der Begriff der Souveränität Anwendung findet. Der völkerrechtliche Modus der Anerkennung als Staat orientiert sich primär an funktionellen Kriterien: Der wirksamen Herrschaft über eine bestimmte Personengruppe auf einem definierten Territorium. Damit ist die für die allgemeine Begriffsdefinition wenig gewinnbringende Drei-Elemente-Lehre im Völkerrecht von großer praktischer Relevanz. Eine zentrale Bedeutung des völkerrechtlichen Staatsbegriffs liegt zudem darin, dass er eine spezifische rechtliche Kontinuität stiftet. Diese folgt dem völkerrechtlichen Steuerungsinteresse, rechtliche Zurechnungszusammenhänge im Falle bedeutsamer politischer Zäsuren oder des kompletten Ausfalls wirksamer Herrschaftsausübung zu erhalten. Dem dynamischen Charakter völkerrechtlicher Rechtsentstehung entsprechend sind in Fragen dieser Kontinuität die Willensbildungsprozesse der jeweils beteiligten Staaten und der Völkerrechtslehre entscheidend.

3.2. Wird der Staatsbegriff gebraucht, um die Geschichte einer Herrschaftsinstitution zu beschreiben, bieten sich in grober Einteilung zwei Ausgangspunkte: Einmal die Verwendung als Universalbegriff, der auch die politischen Herrschaftsformen der Antike und des Mittelalters beschreibt; andererseits die Konzentration auf den »modernen« Staat, dessen Entstehung v.a. mit der Herausbildung des Gewaltmonopols und den Prozessen der Säkularisierung im Anschluss an die Religionskriege identifiziert wird. Jenseits einer epochenbezogenen Geschichtsbetrachtung, die bestimmte Evolutionsstufen des Staats im Vergleich zu anderen übermäßig betont, sind verschiedene Phänomene der Verstaatlichung von der modernen Geschichtsschreibung betont worden: Die Organisation der militärischen Gewalt, die systematische Abgabenerhebung, die Ausdifferenzierung der Verwaltungsorganisation, die Zentralisierung der physischen Gewalt nach innen durch die Entwicklung der Polizeigewalt, weiterhin die Zentralisierung der Rechtsprechung bei staatlichen Gerichten.

Mit dieser Herausbildung bis zum Ende des 19. Jahrhunderts scheint sich der staatliche Herrschaftsanspruch auch sogleich wieder zu relativieren: Einerseits potenziert sich der Anspruch staatlicher Gestaltungsmacht, andererseits relativiert sich dieser in der ambivalenten Dynamik der technisch-ökonomischen Entwicklungen und der Internationalisierung der politischen Perspektiven. Die Verwirklichung des institutionellen Konzepts des modernen Staats ist damit seit dem

Ende des 19. Jahrhunderts immer auch mit dem Topos seines Absterbens verknüpft. In jüngster Zeit verstärken die Phänomene der Globalisierung die Tendenzen, die den »Tod des Staats« thematisieren. Sowohl in institutioneller als auch in kultureller Hinsicht können die Transformationsprozesse der Staatlichkeit jedoch nicht vorschnell in die Kategorien von Gewinn und Verlust gezwängt werden. Die besondere Kombination der Fokussierung kollektiver Identität und der Zuordnung physischer Gewalt unterstützt die Einschätzung, dass der Staat für die Weltordnung des 21. Jahrhunderts ein zu beachtender Faktor bleiben könnte.

3.3. Entwürfe der Rechts- und Sozialphilosophie kreisen v.a. um die *Rechtfertigung* des Staats. Freilich können moderne Theorien, seien sie liberal-kontraktueller, kommunitaristischer oder funktionalistischer Provenienz, den Begriff »Staat« selbst kaum verwenden, um seine Rechtfertigung zu begründen. Zu rechtfertigen sind öffentliche Herrschaft in unterschiedlicher Form oder auch nur bestimmte Systemleistungen. Als ein mögliches Objekt des Rechtfertigungsdiskurses hat der Begriff des Staats selbst keinen eigenen inhaltlichen Beitrag zu leisten, dazu ist er semantisch zu »statisch«. Dies unterscheidet ihn etwa vom semantisch eine komplexe Beziehung bezeichnenden Begriff der Demokratie, aber auch von Gegensatzpaaren wie »Gemeinschaft« und »Gesellschaft«. Dementsprechend ist die Verwendung des Staatsbegriffs in der normativen politischen Theorie zwar einerseits sehr geläufig, zugleich aber unspezifisch und austauschbar. Ob von »Staat«, von »Gemeinwesen« oder von »politischer Herrschaft« die Rede ist, die Begriffswahl bleibt zufällig und trifft kaum eine inhaltliche Weichenstellung. Einzig Staatszwecklehren verwenden den Begriff offensiv, bleiben aber argumentativ vormodern (vgl. Möllers 2000, 192ff.).

Der Begriff des Staats gewinnt auch eine methodologische Bedeutung. Um ihn herum gruppieren sich Beschreibungsmodelle von Herrschaft, die in ihrer Methodik aber zumeist auf juristische Kategorien zurückgreifen und damit in der Gefahr stehen, einerseits die Selbstbeschreibung des Staats zu weitgehend zu übernehmen, andererseits andere Formen der Herrschaftsausübung aus dem Blick zu verlieren. Diese wissenschaftliche Tradition ist in Deutschland besonders stark verankert (vgl. Schönberger 1999). Hier gilt aber die aus ganz unterschiedlichen theoretischen Richtungen ausgesprochene Warnung vor einer Juridifizierung der Herrschaftstheorie (Foucault 1975/76, 2. Vorl.; Heller 1931, 608f.). Der Staatsbegriff darf nicht den Blick dafür verstellen, dass Herrschaft sich juristischer Formen bedienen kann, aber nicht muss.

4.

Badie, B., 1992, L'Etat importé, Paris: Fayard.

Badie, B./Birnbaum, P., 1979, Sociologie de l'Etat, Paris: Grasset.

Blumenberg, H., 1966, Die Legitimität der Neuzeit, Frankfurt/M.: Suhrkamp 1997.

Böckenförde, E.-W., 1976, Die Entstehung des Staates als Vorgang der Säkularisation, in: Recht – Staat – Freiheit, Frankfurt/M.: Suhrkamp 1991.

Bodin, J., 1576, Über den Staat, 2 Bde., München: Beck 1981/1986.

Botero, G., 1589, Della Ragione di Stato libri dieci, Genua: Classici Politici 1948.

Breuer, S., 1998, Staat, Reinbek: Rowohlt.

Carré de Malberg, R., 1920, Contribution à la Théorie Générale de l'Etat, Paris: Dalloz 2003.

Dewey, J., 1927, Die Öffentlichkeit und ihre Probleme, Berlin: Philo 2001.

Dyson, K., 1980, The State Tradition in Western Europe, Oxford: Robertson.

Evans, P./Rueschemeyer, D./Skopcol, T., 1985, Bringing the State Back In, Cambridge: Cambridge University Press.

Foucault, M., 1975/76, In Verteidigung der Gesellschaft, Frankfurt/M.: Suhrkamp 1999.

Guehenno, J.-M., 1993, Das Ende der Demokratie, München: Artemis & Winkler 1994.

Hegel, G. W. F., 1802, Die Verfassung Deutschlands, in: Werke, Bd. 1, Frankfurt/M.: Suhrkamp 1986.

Hegel, G. W. F., 1821, Grundlinien der Philosophie des Rechts, Werke, Bd. 7, Frankfurt/M.: Suhrkamp 1986.

Heller, H., 1931, Staat, in: A. Vierkandt (Hg.), Handwörterbuch der Soziologie, Stuttgart: Enke.

Hobbes, T., 1651, Leviathan, Frankfurt/M.: Suhrkamp 1996.
Isensee, J., 1987, Staat und Verfassung, in: ders./P. Kirchhof (Hg.), Handbuch des Staatsrechts der Bundesrepublik Deutschland, Bd. I, Heidelberg: Müller.
Jellinek, G., 1913, Allgemeine Staatslehre, Bad Homburg: Gehlen 1966.
Kant, I., 1793, Über den Gemeinspruch: Das mag in der Theorie richtig sein, taugt aber nicht für die Praxis, in: Werke, Bd. 9, Darmstadt: WBG 1983.
Kelsen, H., 1925, Allgemeine Staatslehre, Wien: Österreichische Staatsdruckerei 1993.
Madison, J./Hamilton, A./Jay, J., 1787, The Federalist Papers, Darmstadt: WBG 1993.
Möllers, C., 2000, Staat als Argument, München: Beck.
Münkler, H., 1987, Im Namen des Staates, Frankfurt/M.: Fischer.
Reinhard, W., 1999, Geschichte der Staatsgewalt, München: Beck.
Schönberger, C., 1999, Der »Staat« der Allgemeinen Staatslehre, in: O. Beaud/E. V. Heyen (Hg.), Eine deutsch-französische Rechtswissenschaft?, Baden-Baden: Nomos.
Skinner, Q., 1989, The State, in: T. Ball/J. Farr/R. L. Hanson (Hg.), Political Innovation and Conceptual Change, Cambridge: Cambridge University Press.
Skinner, Q./Strath, B. (Hg.), 2003, States and Citizens, Cambridge: Cambridge University Press.

Christoph Möllers

Staatsformen

1.

Staatsformen sind Idealtypen, die zum Zwecke der beschreibenden Erfassung und Klassifikation im äußeren Aufbau unterschiedlicher politischer Ordnungen entwickelt worden sind. Letztlich soll auf diese Weise eine vergleichende Perspektive bei der Beantwortung der normativen Frage nach der besten Form des politischen Zusammenlebens gewonnen werden. Bestimmte existierende Formen des politischen Zusammenlebens sollen kritisiert und positive Alternativen zumindest in ihren Grundrissen ausgezeichnet werden können.

Der Gebrauch und die Besetzung von Staatsformbegriffen in der politischen Philosophie ist Teil einer politischen Auseinandersetzung, bei der es darum geht, bestimmte normative Aspekte einer politischen Ordnung in werbender oder polemischer Weise herauszustellen. Insofern verwundert es nicht, dass die Staatsformbegriffe ihr Profil erst über die jeweiligen Gegenbegriffe, die als Kontrastfolie konstruiert werden, gewonnen haben. Die Leitdifferenz am Ende des 20. Jahrhunderts verlief zwischen den Begriffen »Demokratie« und »Diktatur«. In normativer Hinsicht entzündete sie sich an der Bewertung politischer Gleichheit. Während die Demokratie ihr institutionelles Design aus unterschiedlichen Auslegungen des Gleichheitspostulats gewinnt, wird in der Diktatur die politische Herrschaft im Namen einer höheren Legitimität gänzlich oder weitgehend unbeschränkt von Gesetz und Verfassung ausgeübt. Doch die positive Bezugnahme auf das Konzept der ›Constitutional Dictatorship‹ in den USA im Zuge der staatlichen Anti-Terrorpolitik nach den Anschlägen des 11. September 2001 sind ein Anzeichen für die Herausbildung einer neuen begriffspolitischen Konstellation.

2.

Die systematische Unterscheidung zwischen verschiedenen Formen politischer Ordnungen ist seit ihrem Beginn in der griechischen Antike ein zentrales Thema der politischen Philosophie. Im Deutschen firmiert sie seit dem 18. Jahrhundert unter dem Namen »Staatsformenlehre« und hat bis in das 20. Jahrhundert eine zentrale Rolle in der Rechts- und Politikwissenschaft gespielt (vgl. als Gesamtdarstellungen Imboden 1959; Küchenhoff 1967). Wie sehr die Terminologie der Staatsformenlehre von der griechischen und römischen Antike geprägt wird, belegen die heute gebräuchlichen Bezeichnungen

»Demokratie« und »Diktatur« wie auch »Monarchie« und »Republik«.

Aufgrund der vielfältigen semantischen Transformationen, die die einzelnen Termini im Verlauf der Jahrhunderte durchgemacht haben, hat sich bis heute kein fester Kanon an Staatsformbegriffen durchsetzen können. Selbst die heutigen Leitbegriffe »Demokratie« und »Diktatur« haben sich im Verlauf der politischen Ideengeschichte sowohl im Hinblick auf ihren Sinn wie auch ihre Bewertung als unumschränkt variabel erwiesen (vgl. Buchstein/Jörke 2007). In der älteren Literatur wurde dies als Willkür und ›Zuchtlosigkeit‹ bedauert und als Ziel wurde ausgegeben, eine allgemein gültige Typologie zu gewinnen. Demgegenüber ist es normativ ergiebiger, die variierenden Lehren von den Staatsformen als Indikatoren des Wechselns politischer Semantiken zu verstehen.

3.

Bei den *Methoden der Staatsformenlehre* lassen sich im Anschluss an Walter Euchner (1986) die analytische Klassifikation von Idealtypen und die historische Kontextualisierung von Realtypen unterscheiden. Bei der Klassifikation wird versucht, bestimmte Merkmale von empirisch vorfindbaren oder utopischen politischen Ordnungen als so bedeutend zu identifizieren, dass sie die Grundlage für eine Einteilung unterschiedlicher Staatsformen abgeben können. Bei der Kontextualisierung wird versucht, bestimmte Staatsformen aus den sie generierenden gesellschaftlichen, ökonomischen oder kulturellen Kontexten als jeweils notwendige Phänomene abzuleiten.

3.1. Bei der *klassifikatorischen Methode* werden bestehende politische Ordnungen dahingehend betrachtet, nach welchen zentralen Merkmalen sie sich sinnvollerweise unterscheiden lassen. Naturgemäß stößt man in der politischen Ideengeschichte und in der modernen Politikwissenschaft auf verschiedenartige Vorschläge, wie solche Klassifikationen vorzunehmen sind.

Die erste klassifikatorische Unterscheidung ist eine numerische. Sie geht auf eine Passage bei Herodot zurück, in der sieben junge Männer nach einem gemeinsam durchgeführten Umsturz in Persien nun über die beste Ordnung nach dem von ihnen angestrebten ›Regime-Change‹ disputieren (vgl. *Die Bücher der Geschichte* bzw. *Historien*, 3.80–83). Numerisch unterscheidet Herodot politische Ordnungen nach der Zahl derjenigen, die politische Mitbestimmungsrechte haben (Alleinherrschaft, Herrschaft weniger, Herrschaft vieler). Aristoteles verbindet diese Trias in Anschluss an Platon mit einer qualitativen Klassifikation, die zwischen ›guten‹ und ›schlechten‹ Regierungsweisen (je nachdem, ob das Gemeinwohl oder der Eigennutz der jeweils Herrschenden gesteigert wird) unterscheidet (vgl. Pol., 1279a-b). Insgesamt erhält Aristoteles so sechs Grundformen: Auf der positiven Seite stehen Monarchie, Aristokratie und Politie, auf der negativen die Tyrannis, Oligarchie und Demokratie. Bei Aristoteles findet sich auch die Überzeugung, dass alle politischen Ordnungen starken Labilitäten unterliegen. Die Ordnung, von der er noch am ehesten Beständigkeit erwartet, hat eine Mischverfassung. Zwar sind die Bezeichnungen bei Aristoteles nicht durchgehend kohärent – so firmiert die Politie sowohl als Mischverfassung wie auch im Sechserschema, und zudem wird die Oligarchie auf unterschiedliche Weise (als Timokratie oder Theokratie) spezifiziert –, sein Klassifikationsstil hat die politische Ideengeschichte aber bis heute geprägt.

Die Überlegungen der griechischen Autoren zur Abfolge von politischen Ordnungsformen wurden in der römischen Antike von Polybios (und ihm nachfolgend Cicero) zum Gesetz der permanenten Rotation (Anakyklosis) stilisiert. Ihre Höhepunkte fand dieses Denken in den politisch-soziologischen Betrachtungen der hellenistisch inspirierten islamischen Philosophie bei Ibn Khaldun im 14. Jahrhundert und später bei Machiavelli und Montesquieu (vgl. Riklin 2007). ›Gute‹ Ordnungen neigen danach immer dazu, in negative Richtung zu degenerieren. Dadurch bereiten sie den Wechsel zur nächsten (guten) Ordnung vor, die ihrerseits wieder degeneriert usw. Diesem permanenten und blutigen Wandel kann nur durch die Etablierung einer gemischten Ordnungsform Einhalt geboten werden, die Elemente aller ›guten‹ Typen in sich vereinigt. Die Vorschläge reichen von der Mittelstandsdemokratie bei Aristoteles, einer klug arrangierten Elitenherrschaft bei Cicero, dem ›regimen commixtum‹ bei Thomas von Aquin bis zur Republik mit gemischter Verfassung bei Machiavelli. Von diesen Konzeptionen führt über die politische Theorie der englischen Revolution, Locke und Montesquieu später ein direkter Weg zur Theorie des modernen Verfassungsstaates, der ebenfalls als Mischung unterschiedlicher Elemente (Demokratie, Rechtsstaat, Sozialstaat usw.) beschrieben werden kann.

Zwischenzeitlich vereinfacht wurden die aus der Antike übernommenen Unterscheidungsmuster durch das Einteilungsprinzip von Machiavelli (1532), dem allein die Souveränitätsquelle zugrunde liegt. Machiavelli unterschied lediglich zwischen zwei Formen: den Republiken, in denen mehrere oder viele Personen herrschen, und den Monarchien, in denen nur eine Person herrscht. In Republiken können sich die Tugenden der Bürger entfalten; zugleich sind Republiken aber auch auf die Existenz einer hinreichenden Anzahl tugendhafter Bürger angewiesen.

Einen erneuten Komplexitätsgewinn bedeutete die Unterscheidung Rousseaus zwischen Staatsform und Regierungsform, wodurch der Aufbau politischer Systeme zu einem zentralen Unterscheidungsmerkmal, und mit diesem zugleich eine Renormativierung der Republik vorbereitet wird. Rousseau (1762) zufolge zeichnet sich die Republik als Staatsform durch die Volkssouveränität aus, also dadurch, dass der Wille der in politischer Hinsicht gleichen Bürger den Inhalt der Gesetzgebung vorgibt. Die Aufgabe der Regierung ist die Aufrechterhaltung der Republik und der Vollzug dieser Gesetze, was auf unterschiedliche organisatorische Weise geschehen kann. Denn die Regierungskompetenz kann entweder allen Bürgern (Demokratie), mehreren (Aristokratie) oder auch nur einem einzigen (Monarchie) zugesprochen werden. Beides zusammen, Gesetzgebung und Gesetzesvollzug, stellt Rousseau zufolge zu hohe Anforderungen an die Tugendhaftigkeit der Bürger, so dass er die Chancen einer Demokratie skeptisch einschätzt, dennoch aber am Prinzip der politischen Gleichheit zumindest bei der Staatsformbestimmung festhält.

Im 20. Jahrhundert wurden in der Staatformenlehre als Reaktion auf die neuen Regimetypen in der Sowjetunion, Italien und dem nationalsozialistischen Deutschland zunehmend neue Dualismen kreiert. In einer soziologischen Perspektive machte Karl Löwenstein (1959) die reale Struktur der Machtausübung zum Ausgangspunkt seiner Typisierung. Er unterschied zwischen dem Konstitutionalismus, der auf durchgehend kontrollierter Machtausübung beruht, und der Autokratie, in der die Macht auf eine Person oder Gruppe konzentriert ist. Im Konstitutionalismus teilen sich mehrere voneinander unabhängige Akteure und Institutionen die politische Macht. In autokratischen Systemen wird die Macht ungeteilt ausgeübt, und die Funktion von Wahlen u.ä. besteht allein darin, die Position der Herrschenden zu legitimieren. Auf ähnliche Weise differenziert Ernst Fraenkel (1964) zwischen Demokratie und Totalitarismus. Im Gegensatz dazu unterschieden Autoren in den damaligen realsozialistischen Ländern zwischen einer bürgerlichen, latent faschistoiden Demokratie und der sozialistischen Demokratie.

3.2. *Kontextualisierende Ansätze* leiten politische Ordnungsformationen aus gesellschaftlichen Zusammenhängen ab. In der Regel argumentieren sie entwicklungslogisch. So beansprucht Hegel (1821), den Staat und seine konkrete Form aus seinen geistigen Voraussetzungen heraus bestimmen zu können. Der Staat markiert in Hegels Theorie eine bestimmte Stufe in der Entfaltungsgeschichte des objektiven Geistes. Die politische Ordnung, in die die konfliktbehaftete bürgerliche Gesellschaft sittlich integriert wird, ist die ›ständestaatliche Monarchie‹, die daher eine notwendige und vernünftige Staatsform ist.

Eine sozioökonomische Gegenthese dazu

findet sich bei Marx (1859). Danach sind es die unterschiedlichen Entwicklungsstufen in der gesellschaftlichen Organisation der Arbeit im Sinne des unmittelbaren Verhältnisses der Eigentümer der Produktionsmittel zu den Produzenten, die ihren politischen Ausdruck in jeweils spezifischen Staatsformen finden. Marx zufolge besteht die klassische Form der Bourgeoisieherrschaft in der ›bürgerlichen und demokratischen Republik‹. Dem Proletariat bietet sie die Möglichkeit der politischen Opposition und Organisation auf dem Weg zur Ausweitung des Gleichheitsanspruchs. In Situationen, in denen die Bourgeoisie die Macht nicht mehr verteidigen kann, das Proletariat aber noch nicht stark genug ist, um sie zu erringen, droht ein ›Bonarpartismus‹, die autoritäre und plebiszitäre Herrschaft eines Einzelnen im Interesse des Bürgertums. Daran anschließend vertrat Lenin (1917) die generelle These, dass der von ökonomischen und politischen Krisen geschüttelte bürgerliche Staat am Vorabend der proletarischen Revolution notwendig autoritär werden müsse; eine These, die in der jüngeren marxistischen Staatstheorie unter dem Signum des ›Autoritären Etatismus‹ (Poulantzas 1978) diskutiert wurde. Die Staatsform, die der proletarischen Revolution zum Zwecke der Konsolidierung der neuen gesellschaftlichen Machtverhältnisse zunächst folgen soll, bezeichnen Marx und Lenin in Anknüpfung an den römischen und republikanischen Sprachgebrauch als ›Diktatur‹ des Proletariats. An diese positive Verwendungsweise schließt heute wieder das Konzept einer verfassungsrechtlich domestizierten Diktatur im Anschluss an Clinton Rossiters (2002) ›Constitutional Dictatorship‹ an (vgl. Arato 2002).

In anderen Kontextualisierungsvorschlägen wird das Hauptaugenmerk auf den internen Formwandel staatlicher Herrschaft gelegt. So beschreibt Jürgen Habermas (1992) in Anschluss an Thomas H. Marshall (1991) eine emanzipatorische Linie, die sich als Aufeinanderfolge vom absoluten Staat der Neuzeit zum Rechtsstaat, dann weiter zum demokratischen Rechtsstaat bis schließlich zum sozialen und demokratischen Rechtsstaat rekonstruieren und bis zur Integration ökologischer und feministischer Zielsetzungen fortschreiben lässt. Demgegenüber wird der Formwandel des Staates bei Michel Foucault (1976) als Ausdruck sich intensivierender politischer Herrschaft gedeutet. In seiner Genealogie der Gouvernementalität skizziert er die logische Aufeinanderfolge vom mittelalterlichen Gerechtigkeitsstaat zum Verwaltungsstaat, der einer Gesellschaft von Reglementierungen und Disziplinen entspricht, und einem modernen Regierungsstaat, der sich auf die Instrumente des ökonomischen Wissens stützt und die Gesellschaft mittels Sicherheitsdispositive umfassend kontrolliert.

3.3. Heute hat die aus der alteuropäischen Tradition stammende Staatsformenlehre trotz der Nutzung ihres terminologischen Repertoires für die politische Theorie an Bedeutung verloren. Zwar wird sie im Sinne der Traditionspflege weiterhin lexikalisch und dogmengeschichtlich katalogisiert, aber weder für das Verständnis noch für die Bewertung von politischen Ordnungen vermag sie heute wesentliche Gesichtspunkte beizutragen. Als Reaktionen auf die Herausforderungen, die sich dem begrifflichen Repertoire der Staatsformenlehre stellen, lassen sich stattdessen drei konzeptionelle Ausweitungen des Staatsformverständnisses erkennen.

Eine erste Art von Ausweitung betreibt die *empirische Politikwissenschaft.* Sie schließt sich der Kritik Löwensteins an der Orientierung der klassischen Staatsformenlehre am äußeren Aufbau politischer Systeme an und richtet ihr Augenmerk auf die Analyse empirischer Regelmäßigkeiten einer inneren politischen Ordnung und das faktische Funktionieren von politischen Systemen. Sie setzt sich zum Ziel, Politik umfassend in Hinblick auf ihre Institutionen, ihre Prozesse, ihre Themen und ihre Leistungsprofile zu beschreiben und gewinnt auf diese Weise mehrdimensionale Typologien (z. B. autoritäre Regime, autokratische Ordnungen, demokratische Systeme), die Gegenstand einer international vergleichenden Regierungslehre sind (vgl. Schmidt

2003). Die klassische Terminologie ist angesichts der Formenvarianz politischer Systeme wenig aussagekräftig, und die vergleichende Regierungslehre hat als Antwort auf die Vielfalt an politischen Systemen, die den Namen »Demokratie« tragen, mittels einer »democracy with adjectives« ihr Vokabular erheblich ausgeweitet – mit hinzugezogenen Adjektiven wie majoritär, liberal, plebiszitär, sozialistisch, pluralistisch, deliberativ, autoritär oder repräsentativ.

Zum zweiten findet eine Ausweitung in der *Sozialphilosophie* statt, die an der normativen Intention, die der qualitativen Klassifikation seit Aristoteles zugrunde lag, festzuhalten versucht. Die heutigen normativen Richtwerte und Zuschreibungen ergänzen den Gesichtspunkt der politischen Gleichheit um Kriterien der Gemeinwohlorientierung, Stabilität, religiösen Legitimität oder Gerechtigkeit und lassen keine direkte Übertragung auf eine äußere politische Ordnung mehr zu. Angesichts der Komplexität moderner Gesellschaften ergibt sich aus den normativen Zielsetzungen die Konsequenz, den Rahmen der rein politischen Verhältnisse zu erweitern und Staatsformen letztlich mit Gesellschaftsformen gleichzusetzen. So unterscheidet beispielsweise John Rawls in seiner Gerechtigkeitstheorie unter der Überschrift ›Staatsform‹ zwischen den negativen Formen Laissez-faire-Kapitalismus, wohlfahrtsstaatlichem Kapitalismus, planwirtschaftlich orientiertem Kapitalismus und den beiden positiven Formen, der Demokratie mit Eigentumsbesitz und dem demokratischen Sozialismus (vgl. Rawls 2001, 215 ff.).

Eine dritte Ausweitung im Hinblick auf neue politische Organisationsmodi resultiert aus der *veränderten Rolle von Staatlichkeit* in der Epoche der postnationalen Konstellation (vgl. Breuer 1998, 272 ff.). Seit mehr als drei Dekaden werden im Zuge von Globalisierungsprozessen die Kompetenzen staatlicher Akteure eingeschränkt und bisherige staatliche Tätigkeitsbereiche entstaatlicht. Zugleich hat die Bedeutung neuer transnationaler, internationaler und supranationaler Regime zugenommen. Sozialwissenschaftliche Beobachter sprechen vom Ende des traditionellen Staates und sind auf der Suche nach neuen Begriffen, um den veränderten politischen Realitäten und hybriden Institutionalisierungsmodi gerecht zu werden (z. B. die Formel ›sui generis‹ für das Mehrebenensystem der Europäischen Union oder ›Internationale Regime‹ für bestimmte Formen internationaler politischer Kooperation).

Wenn die politische Philosophie ihren Anspruch auf normative und analytische Relevanz beibehalten will, wird sie sich angesichts der geschilderten Ausweitungen und Weiterführungen zukünftig von der begrifflichen Welt der klassischen Staatsformenlehre lösen müssen, ohne damit gleichzeitig das Konzept des ›Staates‹ mit aufzugeben.

4.

Arato, A., 2002, Constitutional Dictatorship?, in: Constellations 9.

Breuer, S., 1998, Der Staat, Reinbek: Rowohlt.

Buchstein, H./Jörke, D., 2003, Redescribing Democracy, in: Redescriptions 11.

Euchner, W., 1986, Staatsformen, in: W. Mickel (Hg.), Lexikon zur Politikwissenschaft, München: Ebenwirth.

Foucault, M.., 1976, Der Wille zum Wissen, Frankfurt/M: Suhrkamp 1977.

Fraenkel, E., 1964, Deutschland und die westlichen Demokratien, Frankfurt/M.: Suhrkamp 1992.

Habermas, J., 1992, Faktizität und Geltung. Beiträge zur Diskurstheorie des Rechts und des demokratischen Rechtsstaats, Frankfurt/M.: Suhrkamp.

Hegel, G. W. F., 1821, Grundlagen der Philosophie des Rechts, Frankfurt/M.: Suhrkamp 1980.

Herodot, Die Bücher der Geschichte, Stuttgart: Reclam 1992.

Imboden, M., 1959, Die Staatsformen, Basel: Helbig & Lichtenhahn.

Küchenhoff, E., 1967, Möglichkeiten und Grenzen begrifflicher Klarheit in der Staatsformenlehre, 2 Bde., Berlin: Duncker & Humblot.

Lenin, W. I., 1917, Staat und Revolution, in: Ausgewählte Werke, Bd. II, Berlin: Dietz 1963.

Machiavelli, N., 1532, Der Fürst, in: ders., Politische Schriften, Frankfurt/M.: Fischer 1990.

Marshall, T. H., 1991, Bürgerrechte und soziale Klassen, Frankfurt/M.: Campus.

Marx, K., 1859, Vorwort zur Kritik der politischen Ökonomie, in: MEW, Bd. 13, Berlin: Dietz 1968.

Löwenstein, K., 1959, Verfassungslehre, Tübingen: Mohr.
Poulantzas, N., 1978, Staatstheorie, Hamburg: VSA 2002.
Rawls, J., 2001, Gerechtigkeit als Fairneß, Frankfurt/M.: Suhrkamp 2003.
Riklin, A., 2007, Machtteilung. Geschichte der Mischverfassung, Darmstadt: WBG.
Rossiter, C., 2002, Constitutional Dictatorship, New Brunswick: Transaction.
Rousseau, J.-J., 1762, Der Gesellschaftsvertrag, Stuttgart: Reclam 2003.
Schmidt, M. G., 2003, Vergleichende Analyse politischer Systeme, in: H. Münkler (Hg.), Politikwissenschaft, Reinbek: Rowohlt.

Hubertus Buchstein

Stein, Lorenz von (1815–1890)

1.

Lorenz von Stein (geboren in Schleswig, gestorben bei Wien) erlebte eine durch Armut geprägte Kindheit, bis ihm die Förderung des dänischen Königs den Besuch des Gymnasiums, ab 1835 den der Universität Kiel und damit die akademische Laufbahn ermöglichte. In Kiel studierte Stein Jura, Philosophie und Staatswissenschaft und wurde dort 1840 promoviert. Aus einem längeren Forschungsaufenthalt in Paris (1841–1843) ging die erste wichtige Publikation des Jugendwerks hervor: *Der Socialismus und Communismus des heutigen Frankreichs* (1842), deren dritte Auflage 1850 als das völlig neu überarbeitete, dreibändige Werk *Geschichte der sozialen Bewegung in Frankreich von 1789 bis auf unsere Tage* erschien. Aus Paris zurückgekehrt habilitierte sich Stein in Kiel und lehrte als Privatdozent und ab 1846 als außerordentlicher Professor Staatswissenschaft. Sein Engagement für die gegen Dänemark rebellierenden Herzogtümer Schleswig und Holstein zwischen 1848 und 1850 führte zum Verlust seines Kieler Lehramtes. Bis er 1855 einen Ruf an die Universität Wien erhielt, publizierte er neben journalistischen Arbeiten das in zwei Teilen erscheinende *System der Staatswissenschaft* (1852/1856). In Wien lehrte Stein bis 1887 Rechtsphilosophie, Staatswissenschaft und Nationalökonomie. In dieser Zeit verfasste er die Spätwerke: das *Lehrbuch der Volkswirthschaft* (1858), das *Lehrbuch der Finanzwissenschaft* (1860) sowie die in acht Teilen erschienene *Verwaltungslehre* (1866–1884).

2.

Während seines Studiums in Kiel wird Stein maßgeblich vom Deutschen Idealismus, insbesondere der Staats- und Rechtsphilosophie Hegels, und dem Junghegelianismus geprägt. Schon seine ersten »›zeitgeschichtlichen‹ Arbeiten« (Blasius 1992, 11) über den Sozialismus und Kommunismus, die in die *Geschichte der sozialen Bewegung* eingehen, befassen sich mit der als ›soziale Frage‹ diskutierten Problematik der Verelendung der Arbeiter in der industriellen Gesellschaft des 19. Jahrhunderts. Nach Stein soll der gesellschaftliche Widerspruch von Arbeit und Kapital nicht durch die ›soziale Revolution‹ des Proletariats, sondern durch staatliche Reformen aufgehoben werden. Die Kritik der sozialistischen und kommunistischen Lehren aufnehmend bleibt Stein auf dem Boden das Privateigentum (an Produktionsmitteln) garantierender Freiheitsgrundsätze stehen: Die bürgerliche Marktgesellschaft und die in ihr gegenüber der feudalistischen Gesellschaftsordnung errungene Freiheit sollen erhalten werden, indem die Arbeiter durch sozialpolitische Maßnamen integriert werden. Diese frühen gesellschafts- und staatstheoretischen Überlegungen arbeitet Stein bis in sein Spätwerk hinein aus, womit er, auf Hegel zurückgreifend, die moderne Sozialstaatsidee antizipiert (vgl. z.B. Böckenförde 1991). Dabei tritt ab der *Volkswirtschaftslehre* neben die noch das *System der Staatswissenschaft* dominierende philosophische Reflexion zunehmend eine induktive, empirische Arbeitsweise, in der die Beziehungen zwischen Individuum, Gesellschaft und Staat im Rahmen einer »Philosophie, Gesellschaftslehre, Wirtschaftswissenschaft, Verwaltungslehre, Jurisprudenz und die Staatswissenschaften (Rechts- und Finanzwissenschaft, Verwaltungslehre und Volkswirtschaftspolitik)« umfassenden »*Wirklichkeitswissenschaft*« erfasst werden, die Stein zu einem der Urheber der modernen Gesellschaftswissenschaften macht (Koslowski 2005, 19; vgl. ebd., 17, 188).

3.

Dreh- und Angelpunkt der steinschen Gesellschaftstheorie, Verwaltungslehre und Staatswissenschaft ist das der idealistischen Tradition entstammende Prinzip der Persönlichkeit. Als zur Freiheit bestimmtes Wesen verwirklicht der Mensch seine Persönlichkeit, indem er durch Arbeit seine materielle Reproduktion sichert, sich von dieser emanzipiert und sich durch den Erwerb von Eigentum als unabhängig von den Zwängen der Selbsterhaltung setzt. Da die Arbeiter aufgrund ihrer ökonomischen Stellung, den Arbeitsbedingungen und insbesondere der geringen Vergütung kein Eigentum erwerben und somit ihre Persönlichkeit nicht entfalten können, haben sie zur Gewährleistung sozialer Chancen bzw. zur Förderung des eigeninitiativen Kapitalerwerbs einen berechtigten Anspruch auf die Maßnahmen einer »sozialen Verwaltung« (besonders in den Bereichen Bildung, Gesundheit, Arbeitsbedingungen bzw. -zeiten). In der *Verwaltungslehre* entwickelt Stein die bereits in *Geschichte der sozialen Bewegung* formulierte Idee des »Königtums der sozialen Reform« weiter. Stein zufolge ist eine solche Reformpolitik allein in einer konstitutionellen Monarchie möglich, da der Staat dem Widerstreit der gesellschaftlichen Interessen von Arbeit und Kapital enthoben sein muss, um als allgemeine Persönlichkeit für das Gemeinwohl zu sorgen.

Die Rezeptionsgeschichte des steinschen Werkes durchziehen umstrittene Vorwürfe des Konservatismus und der Apologie des Bestehenden, die in jüngster Zeit durch Löbig bekräftigt wurden, der in dem steinschen Personalismus eine »Naturalisierung« des historisch, gesellschaftlich bedingten Widerspruchs erkennt, in deren Folge die Reformpolitik letztlich nicht mehr als die »Stillstellung« des scheinbar in der natürlichen Bestimmung des Menschen angelegten ewigen Kampfes zwischen Nichtbesitzenden und Besitzenden leisten kann (vgl. Löbig 2004, 140, 121). Dem widersprechend wurde zuletzt eben dieser Personalismus als Kern einer an die Eigenverantwortlichkeit des Individuums adressierten ›Philosophie der Freiheit‹ behauptet (vgl. Koslowski 2005, 417 ff.).

4.

Stein, L. v., 1842, Der Socialismus und Communismus des heutigen Frankreichs, Leipzig: Wigand 1848.

Stein, L. v., 1850, Geschichte der sozialen Bewegung in Frankreich von 1789 bis auf unsere Tage, 3 Bde., Darmstadt: WBG 1972.

Stein, L. v., 1852, System der Staatswissenschaft. 1. System der Statistik, der Populationistik und der Volkswirtschaftslehre, Osnabrück: Zeller 1964.

Stein, L. v., 1856, System der Staatswissenschaft. 2.1. Die Gesellschaftslehre: Der Begriff der Gesellschaft und die Lehre von den Gesellschaftsklassen, Osnabrück: Zeller 1964.

Stein, L. v., 1858, Lehrbuch der Volkswirthschaft zum Gebrauche für Vorlesungen und für das Selbststudium, Wien: Braumüller.

Stein, L. v., 1860, Lehrbuch der Finanzwissenschaft als Grundlage für Vorlesungen und zum Selbststudium, Düsseldorf: VWF 1998.

Stein, L. v., 1866–1884, Die Verwaltungslehre, Aalen: Scientia 1975.

Blasius, D., 1992, Lorenz von Stein und die Geschichte der sozialen Bewegung in Deutschland, in: A. v. Mutius (Hg.), Lorenz von Stein 1890–1990, Heidelberg: v. Decker.

Böckenförde, E.-W., 1991, Lorenz von Stein als Theoretiker der Bewegung von Staat und Gesellschaft zum Sozialstaat, in: ders., Recht, Staat, Freiheit, Frankfurt/M.: Suhrkamp.

Koslowski, S., 2005, Zur Philosophie von Wirtschaft und Recht, Berlin: Duncker & Humblot.

Löbig, M., 2004, Persönlichkeit, Gesellschaft und Staat, Würzburg: Königshausen & Neumann.

Taschke, H., 1985, Lorenz von Steins nachgelassene staatsrechtliche und rechtsphilosophische Vorlesungsmanuskripte. Zugleich ein Beitrag zu seiner Biographie und zu seinem Persönlichkeitsbegriff, Heidelberg: v. Decker.

Eva-Maria Parthe

Steuern

1.

Steuern sind das Finanzierungsinstrument eines freiheitlichen Staates. Einem Gemeinwesen stehen nur drei Finanzquellen zur Verfügung: Es kann sich seine Leistungen individuell entgelten lassen, selbst erwerbswirtschaftlich tätig sein und dabei einen Gewinn aus Unternehmen der öffentlichen Hand erzielen oder am Erfolg privaten Wirtschaftens steuerlich teilhaben.

1.1. Ein Entgelt für Verwaltungsleistungen darf der Staat nur verlangen, wenn er sein Leistungsangebot lediglich an die Zahlungsfähigen und Zahlungsbereiten richtet, die Armen hingegen von den Staatsleistungen ausnehmen darf. Dieser Verwaltungspreis unterscheidet sich durch die Gegenleistung, die der Staat gegenüber dem Begünstigten erbringen muss, von der Steuer (vgl. BVerfGE 93, 319 (342 ff.); Kirchhof 1990, Rn 181; Tipke/Lang 1974, § 3 Rn 12). Die Steuer fragt nicht danach, wer was und wie viel vom Staat erhalten hat, sondern finanziert die Gesamtaufgaben des Staates. Die Steuer ist nicht auf einen einzelnen Leistungsempfänger ausgerichtet, sondern belastet die Zahlungskraft des Pflichtigen. Ein moderner Staat, zu dessen Aufgaben die Garantie des äußeren Friedens, der inneren Sicherheit, der sozialen Sicherung für jeden Bedürftigen, der Daseinsvorsorge und der Stabilitätspolitik gehören, kann seinen Finanzbedarf nicht durch Leistungsentgelte decken. Vielfach lässt sich die Staatsleistung auch nicht dem Einzelnen zuordnen; der Entgeltschuldner wäre nicht verlässlich bestimmbar. Deswegen wehrt sich der Verfassungsstaat grundsätzlich gegen die Bezahlung seiner Leistungen und die Kommerzialisierung staatlicher Entscheidungen; ein Amtsträger, der für eine Amtshandlung ein Entgelt nähme, machte sich wegen Bestechlichkeit strafbar.

Ein Staat könnte sich zwar auch durch staatliche Wirtschaftsunternehmen Finanzquellen erschließen, wenn er als Unternehmer und Arbeitgeber über Preise und Löhne bestimmte und dabei einen eigenen Gewinn vereinbarte. Dieses Modell der ehemaligen Staatshandelsländer belässt die Produktionsfaktoren Kapital und Arbeit aber nicht in privater Hand, sondern bewirtschaftet sie staatlich und anerkennt die Wirtschaftsfreiheit nicht als Strukturprinzip des Erwerbs. Diese Form der Staatswirtschaft ist gescheitert, weil der Mensch sich für den eigenen Unternehmensgewinn und das individuelle Arbeitseinkommen mehr anstrengt als für einen Erwerb im Dienst des Staates. Der freie Wettbewerb drängt auf bessere Produkte, Kosten sparendere Herstellungsverfahren, die Erschließung weiterer Nachfrage; er regt Forschungsinitiativen und Erneuerungskräfte an, erkundet den Bedarf der Menschen verlässlicher und befriedigt die Nachfrage nach neuen Waren, Ideen oder Dienstleistungen beweglicher.

1.2. Ein Verfassungsstaat gewährt Berufs- und Eigentümerfreiheit, erwartet also, dass das verfügbare Kapital in freiheitlicher Eigeninitiative eigennützig bewirtschaftet und die individuelle Arbeitskraft selbstbestimmt eingesetzt wird. Eine freiheitliche Verfassung schließt das Staatsunternehmertum aus und gestattet Staatsbetriebe nur in Ausnahmefällen. Deshalb ist der moderne Rechtsstaat darauf angewiesen, am Erfolg privaten Wirtschaftens teilzuhaben, sich also aus Steuern zu finanzieren. Die Steuer ist eine öffentliche Abgabe, die dem Pflichtigen auferlegt wird, weil er über finanzielle Leistungskraft verfügt. Sie wird anders als der Verwaltungspreis (Gebühr) unabhängig von der Entgegennahme einer staatlichen Leistung geschuldet und setzt auch kein den Beitragsschuldner bevorzugendes Leistungsangebot (Beitrag) voraus. Sie rechtfertigt sich vielmehr allein aus der Fähigkeit, dank eigener Verfügungsbefugnis über Güter zur Finanzierung des Gemeinwesens beizutragen. Die Steuerfinanzierung sichert die innere Unbefangenheit des Staates, löst ihn aus einer Abhängigkeit von seinem Finanzier, stattet ihn regelmäßig und gleichmäßig mit Erträgen aus. Die Steuer ist deshalb Bedingung der Freiheit.

Ein Staat, der seinen wesentlichen Finanzbedarf nicht allein aus Steuern deckt, gefährdet seine innere Struktur als freiheitlicher Rechtsstaat. Der moderne Sozialstaat neigt vielfach dazu, für seine Bürger mehr Leistungen zu erbringen als er steuerlich finanzieren kann. Er nutzt dann als Liquiditätsquelle die Staatsverschuldung, verlagert also die Last, den gegenwärtigen Bedarf zu finanzieren, auf die Zukunft und muss dementsprechend auch die aus der so gewonnenen Finanzkraft erwachsende Begünstigung an die Zukunft weitergeben. Deswegen sind staatliche Kreditaufnahmen grundsätzlich nur für Investitionen zulässig. Eine stetige Finanzquelle hingegen bietet die Staatsschuld nicht.

1.3. Der Staat kann sich auch nicht dank seiner Währungshoheit selbst Geld verschaffen. Eine Mehrung der Geldmenge durch die Zentralbank wird durch deren Auftrag, die Stabilität des Geldwertes zu garantieren, in Grenzen gewiesen. Sie ist innerhalb der Europäischen Union zudem für viele Mitgliedsländer auch der nationalen Entscheidung entzogen und der Europäischen Zentralbank überantwortet. Darüber hinaus stößt eine Entschuldung des Staates durch staatliche Geldentwertung auch auf die rechtliche Schranke, dass der staatliche Kreditnehmer dem Darlehensgeber eine Rückzahlung des Geldes in gleicher Art und Güte versprochen hat. Der Staat hat den Eigentumsschutz für den Geldeigentümer zu achten, der zwar nicht einen strikt konstanten Geldwert gewährleistet, wohl aber eine Geldpolitik zu Lasten der Geldeigentümer und zugunsten des Sachkapitals ausschließt.

2.

Die Zugriffsstellen der Besteuerung: Der Auftrag, möglichst freiheitsschonend zu besteuern, bestimmt auch den Steuergegenstand, der den Steuerzugriff rechtfertigt. Er legt nahe, v.a. das Einkommen und die Kaufkraft (Umsatz) zu besteuern. Wenn die Steuer nicht den ruhenden Vermögensbestand belastet, sondern den Preis für einen freiwilligen Leistungstausch verteuert, bleibt der Eingriff eine Bedingung des Erwerbs und verändert nicht die Struktur privater Lebens- und Eigentumsgestaltung.

2.1. *Bestandsteuern* belasteten ursprünglich Vermögensbestände und Verkehrsvorgänge. Wenn in einem Staatsgebiet eine bestimmte Zahl von Menschen einen Ertrag erwirtschaftet und Kapital verfügbar ist, erwartet der Staat, dass diese Erwerbsgrundlagen genutzt werden und er steuerlich daran teilhaben kann. So entstehen die Sollertragsteuern. Die schlichteste Form ist die Kopfsteuer (vgl. Tipke 1993, Bd. 1, 473ff.), die jeden Menschen gleich belastet, weil er erwerben kann, teilweise auch den Erwerbsunfähigen oder Erwerbslosen zur Finanzierung des Gemeinwesens heranzieht, weil er dieser Solidargemeinschaft – anfangs oft lediglich der Verteidigungsgemeinschaft – zugehört und die Vorteile dieser Gemeinschaft genießt. Die wichtigsten dieser bis in die Gegenwart hineinreichenden Bestandsteuern erfassen das Vermögen, den Grundbesitz und das Gewerbekapital.

Bei der Kopfsteuer besteht allerdings die Schwierigkeit, dass eine Steuerlast, die allein an die Person anknüpft, also für alle – den Millionär wie den Habenichts – gleich ist, nicht von allen Menschen in gleicher Weise getragen werden kann, v.a. aber den Gerechtigkeitserfordernissen widerspricht. Das Kopfsteuersystem belässt dem Pflichtigen oft nicht einmal das individuelle und familiäre existenznotwendige Einkommen (vgl. BVerfGE 99, 216 (233); 99, 246 (259); Lang 1981, 191; BVerfGE 61, 319 (347); 68, 256 (268); 6, 55 (76); Kirchhof 2003). Die Kopfsteuer ist zudem sozial unausgewogen, weil sie die weniger Erfolgreichen finanziell erdrosseln kann, die wirtschaftlich Erfolgreichen ihre Belastungswirkung aber kaum spüren. Ein gleicher Steuerbetrag wird mit zunehmendem disponiblem Einkommen weniger als Last empfunden (vgl. Ossenbühl 1972, 87ff.; Birk 1983, 37ff.). Die Kopfsteuer führt zu Einbußen an ökonomischer Dispositionskraft, die nicht gleichmäßig auf alle Gruppen von Steuerpflichtigen verteilt sind (vgl. Neumark 1970, 135).

Die *Sollertragsteuer* auf das Vermögen scheint hingegen einsichtiger. Jeder Vermögende könne und solle sein Vermögen ertragreich nutzen und deshalb einen erwarteten Mindestertrag versteuern. Der Tüchtige wird einen überdurchschnittlichen Ist-Ertrag (Einkommen) erzielen und deswegen für seine Tüchtigkeit belohnt, der weniger Erfolgreiche wird trotz des Misserfolges zu Durchschnittserträgen besteuert und damit angeregt, in Zukunft bedachter und fleißiger zu wirtschaften.

2.2. Allerdings verlagert der moderne Staat der Gegenwart, zu dessen Aufgaben die Existenzsicherung, die Daseinsbegleitung und die Stabilitätspolitik gehören, seinen Schwerpunkt von den Sollertragsteuern zur Ist-Ertragsteuer. Die *Einkommensteuer* erfasst das tatsächlich erzielte Einkommen, das der Pflichtige durch Nutzung der von der Rechtsgemeinschaft bereitgestellten Infrastruktur – die Rechts- und Währungsordnung, die Friedlichkeit des Erwerbs, die gute Ausbildung der Arbeitskräfte, die Nachfragekraft – erzielt hat und deshalb zur Finanzierung dieser Gemeinschaft beitragen soll. Diese Personensteuer auf das Einkommen lässt sich auf die individuelle Leistungsfähigkeit – die Einkommens-, Vermögens- und Familienverhältnisse – abstimmen. Der Staat und seine Bürger sind in Erfolg und Misserfolg ihres Wirtschaftens aufeinander angewiesen; der Staat nimmt am Einkommen der Inländer teil, empfängt also in Zeiten des Wachstums wachsende Erträge, büßt aber in Zeiten der Stagnation oder des wirtschaftlichen Niedergangs auch an Ertragskraft ein. Die direkte Steuer verbindet Staat und Wirtschaft zu einer Erwerbsgemeinschaft.

2.3. Diese steuerliche Ertragsgemeinschaft wird durch die *indirekten Steuern* ergänzt, die an die Kaufkraft anknüpfen, aber nicht den Konsumenten zu Zahlungen an das Finanzamt heranziehen, ihn vielmehr »indirekt« belasten, indem sie die Unternehmer, bei denen sich die einzelnen Kundennachfragen sammeln, zur Zahlung verpflichten.

Ursprung der indirekten Steuern sind die Zölle und die Akzisen. In der einfachen Form des Brückenzolls oder der an ein Marktrecht anknüpfenden Abgabe wird die Bewegung oder der Verkauf eines Gutes in einem Hoheitsgebiet belastet. Als Akzisen wurden seit dem 13. Jahrhundert v.a. Verbrauchsteuern auf besondere Warengruppen (z.B. Fleisch und Getränke) erhoben (vgl. Mann 1937, 50ff.). Nachdem der Kreis der steuerpflichtigen Güter immer mehr zunahm, führte die Kurpfalz bereits 1669 mit der Universalakzise einen Vorläufer der heutigen Umsatzsteuer ein (vgl. Homburg 1997, 36; Kumpf 1996, 33). Die Besteuerung eines Warenumsatzes entwickelte sich damit von der Ausnahme zur Regel. Die Akzisen wie auch die ihnen nachfolgende Umsatzsteuer erfassen als indirekte Steuern die Kaufkraft des Konsumenten. Sie wählen also Nachfrage und Konsum als Belastungsgrund, knüpfen an den Vorgang des Rechtsverkehrs, in der Regel den Vertragsschluss und einen Leistungsaustausch an, und verpflichten beide Vertragspartner als Steuerschuldner (Verkehrsteuern). Verbrauchsteuern sind Warensteuern auf den Verbrauch vertretbarer Güter (vgl. BVerfGE 98, 106 (123)), die regelmäßig bei dem das Verbrauchsgut anbietenden Unternehmer erhoben werden, jedoch auf Überwälzung auf den Verbraucher angelegt sind (vgl. BVerfGE 14, 76 (96); 27, 375 (384); 98, 106 (124)).

Zu den Verkehrsteuern, die an vertragliche oder gesetzliche Vorgänge des Rechtsverkehrs, insbesondere Lieferungen und sonstige Leistungen anknüpfen, gehören die Grunderwerbsteuer, Feuerschutzsteuer, Versicherungsteuer und die Rennwett- und Lotteriesteuer. Daneben treten als Verbrauch- und Aufwandsteuern die Biersteuer, Branntweinsteuer, Hundesteuer, Kaffeesteuer, Kraftfahrzeugsteuer, Mineralölsteuer, Schaumweinsteuer, Spielbankabgabe, Tabaksteuer, Vergnügungsteuer, Verpackungsteuer, Zweitwohnungsteuer und die Zwischenerzeugnissteuer (vgl. Tipke/Lang 1974, § 3 Rn 32 und 101ff., § 16 Rn 1).

Die wichtigste indirekte Steuer, die Umsatzsteuer, ist technisch eine Verkehrsteuer, weil sie an die entgeltliche Leistung anknüpft. Sie wirkt aber wie eine Verbrauchsteuer, weil sie im System des umsatzsteuerlichen Vorsteuerabzugs die Unternehmen entlastet und die Steuer auf den Endverbraucher überwälzt. Formaler Schuldner der Umsatzsteuer ist zwar der Unternehmer, der die Umsatzsteuer an das Finanzamt abführt. Der in der Unternehmenskette von Produzenten und Händlern den Verbraucher beliefernde Letztunternehmer aber wälzt die Umsatzsteuer im Kaufpreis auf den Endverbraucher ab. Die Umsatzsteuer belässt die Steuerpflichtigen in der Anonymität aller Marktbeteiligten und kann daher deren persönliches Leistungsvermögen nicht individuell erfassen. Die Umsatzsteuer belastet deshalb die vermutete Leistungsfähigkeit, die Kaufkraft, mag diese durch Einkommen, Erbschaft, Darlehen, Sozialhilfe oder Almosen erworben sein (vgl. Kirchhof 2000, 25f.). Der Berechtigte tauscht Geld oder ein anderes Wirtschaftsgut, unterwirft es freiwillig einer Neubewertung am Markt, löst es aus der Zugehörigkeit zum eigenen Güterbestand und erlaubt dem Staat damit, seinen Finanzbedarf durch Verteuerung des Preises zu decken (vgl. Kirchhof 1985, 324; ders. 1981, 276; Tipke 1993, Bd. 2, 967ff.).

3.
Das gegenwärtige Steuersystem findet seine wesentlichen Ertragsquellen in Einkommen und Kaufkraft, belastet deswegen den Bezieher von Einkommen und den Endverbraucher. Diese freiheitsschonende Besteuerungsmethode wartet mit dem Zugriff, bis der Steuerpflichtige sich freiwillig an den Markt begeben hat, dort seine Erwerbs- oder Kaufkraft anbietet, um Leistungen zu tauschen, so dass der Steuerpflichtige nicht nach und nach aus einem erworbenen Bestand eines Vermögens, eines Gewerbekapitals oder eines Grundstücks verdrängt wird.

3.1. Das im allgemeinen Gleichheitssatz des Art. 3 Abs. 1 GG verankerte *Leistungsfähigkeitsprinzip* stimmt die Steuer auf die individuellen Verhältnisse der Steuerpflichtigen ab (vgl. BVerfGE 13, 331 (338); 43, 108 (118); 61, 319 (343); 66, 214 (223)). Das objektive Nettoprinzip mindert die dem Steuerpflichtigen zugeflossenen Einnahmen um die durch Einnahmeerzielung veranlassten Aufwendungen und dadurch entstandenen Verluste (vgl. Kirchhof 1985, 325; Kirchhof/Söhn/Mellinghoff 2004, § 2 Rn A 3; Tipke 1993, Bd. 2, 631; BVerfGE 99, 280 (295); Birk 2000, 331). Zudem stellt das individuelle (»subjektive«) Leistungsfähigkeitsprinzip sicher, dass der Steuerpflichtige seine eigenen Grundbedürfnisse und die seiner Familie aus seinem Einkommen decken kann. Das Einkommensteuerrecht verschont deshalb das existenznotwendige Einkommen (vgl. BVerfGE 82, 60; 87, 153).

3.2. Dabei anerkennt das Steuerrecht die unterschiedliche Vermögensausstattung der Steuerpflichtigen. Aus Sicht der einen (vgl. z.B. Kirchhof 2000) gelten diese Unterschiede als Ausdruck der individuellen Freiheit, also im Freiheitsprinzip gerechtfertigt; deshalb sind sie für einen Verfassungsstaat nicht Anlass staatlicher *Umverteilung*. Soweit die Erwerbschancen unterschiedlich sind – mancher würde gerne erwerben, hat aber nicht die Qualifikation, die Gesundheit, den Arbeitsplatz –, ist das Steuerrecht zum Ausgleich dieser unterschiedlichen Erwerbschancen nicht geeignet, solange es nur nach der Höhe von Einkommen und Umsatz fragt, nicht aber die Verschiedenheit im Erwerbsgrund berücksichtigt. Wenn das Steuerrecht nicht zur Kenntnis nimmt, ob jemand 1000 Euro in harter Tag- und Nachtarbeit erworben oder aber an der Börse zufällig mitgenommen hat, ob er erst nach langjähriger Berufsqualifikation unter Verzicht auf jegliches Einkommen ein hohes Einkommen erzielt, ob jemand heute unter Ausbeutung seiner Gesundheit oder seiner Familie Einkommen erwirtschaftet oder eine gleiche Summe in einer alltäglichen Erwerbsgrundlage erreicht, ist dieses Steuerrecht kein geeignetes Umverteilungsinstrument. Eine Steuer, die nur nach dem Wieviel und nicht nach dem Warum fragt, taugt nicht zu Sozial-

und Strukturpolitik. Aus Sicht anderer (vgl. Nagel/Murphy 2002) soll ein progressives Steuersystem die ungleichen Chancen beim Erwerb ausgleichen helfen.

3.3. Die indirekten Steuern erfassen die Leistungsfähigkeit in der nachgefragten Leistung, typisieren also die steuerbare Zahlungsfähigkeit nach den erworbenen Gütern und belasten deshalb den Erwerb von Alkohol, Tabak, Mineralöl, Lotteriechancen oder Verpackungen unterschiedlich. Teilweise sollen diese Zusatzlasten auch ein staatlich unerwünschtes Verhalten verteuern (*Lenkungsfunktion*). Dann geraten die Ziele der Einnahmeerzielung und der Verhaltenssteuerung in einen Gegensatz. Das wird insbesondere bei der Ökosteuer deutlich. Sie sollte den Energieverbrauch verteuern, um die dadurch bedingten Umweltbelastungen zu vermindern. Zugleich sollte die Steuer aber die Rente mitfinanzieren und damit die Lohnnebenkosten senken (vgl. Tipke/Lang, § 8 Rn 121 f.). Beide Ziele sind nicht gleichzeitig erreichbar: Ist die Ökosteuer ökologisch erfolgreich, sinkt der Energieverbrauch und damit das Steueraufkommen. Erfüllt sie finanzwirtschaftlich die Erwartungen, bleibt der Energieverbrauch gleich oder steigt. Der Verfassungsstaat sollte sich mit seinen Entscheidungen aber nicht selbst widersprechen.

3.4. Die Frage, ob das Steuerrecht eine reine Finanzierungs- oder auch eine soziale Umverteilungsfunktion wahrnehmen darf, stellt sich auch beim *Steuertarif*. Während die Körperschaftsteuer mit ihrem proportionalen Steuersatz jeden Gewinn in gleich bleibender Höhe belastet, steigt bei der progressiven Einkommensteuer der Steuersatz mehr als die Bemessungsgrundlage. Die Steuerprogression ist Ausdruck des jeweiligen Verfassungsverständnisses. Sie wird als Ausfluss des Sozialstaatsprinzips gelobt, als Instrument der Umverteilung, der Angleichung von Arm und Reich gerühmt (vgl. Tipke/Lang 1974, § 9 Rn 741), aber auch als Überbesteuerung von Fleiß, Sparsamkeit und Tüchtigkeit gerügt (vgl. Pfeiffer 1866, Bd. 2, 32).

Eine Progression lässt sich aus dem Binnensystem des Steuerrechts rechtfertigen. Die Höhe des individuellen Einkommens hängt wesentlich davon ab, inwieweit dessen Bezieher die von Staat und Markt bereitgestellte Erwerbsstruktur genutzt hat. Ein wachsendes Einkommen geht auf eine steigende Mitwirkung der Marktgemeinschaft zurück. Wenn ein Autor mit einem flüchtig geschriebenen Roman einen Millionenertrag erzielt, der andere hingegen für ein wissenschaftliches Werk kaum Einkommen empfängt, bestimmt das Nachfrageverhalten der Rechtsgemeinschaft die Höhe des Einkommens mehr als die individuelle Leistung. In dieser Abhängigkeit des individuellen Einkommens von Marktgemeinschaft und Rechtsordnung liegt der tiefere Grund für die Steuerprogression. Eine verfassungsrechtliche Grenze findet der Progressionsverlauf nur darin, dass die Gesamtsteuerlast das Einkommen nicht höher als bis zur Nähe der hälftigen Teilung belasten darf (vgl. BVerfGE 93, 121).

4.

Birk, D., 1983, Das Leistungsfähigkeitsprinzip als Maßstab der Steuernormen, Köln: Deubner.

Birk, D., 2000, Das Leistungsfähigkeitsprinzip in der Unternehmenssteuerreform, in: Steuern und Wirtschaft 77.

Homburg, S., 1997, Allgemeine Steuerlehre, München: Vahlen 2003.

Kirchhof, P., 2000, Besteuerung im Verfassungsstaat, Tübingen: Mohr Siebeck.

Kirchhof, P., 1981, Besteuerung und Eigentum, in: Veröffentlichungen der Vereinigung der Deutschen Staatsrechtslehrer 39.

Kirchhof, P., 1985, Der verfassungsrechtliche Auftrag zur Besteuerung nach der finanziellen Leistungsfähigkeit, in: Steuern und Wirtschaft 62.

Kirchhof, P., 1990, Staatliche Einnahmen, in: J. Isensee/P. Kirchhof (Hg.), Handbuch des Staatsrechts, Bd. 4, Heidelberg: Müller.

Kirchhof, P., 2003, Maßstäbe für eine familiengerechte Besteuerung, in: Zeitschrift für Rechtspolitik 36.

Kirchhof, P./Söhn, H./Mellinghoff, R., 2004, Kommentar zum Einkommensteuergesetz, Heidelberg: Müller.

Kumpf, J. H. (Hg.), 1996, 5000 Jahre Steuern und Zölle, Köln: Bundesfinanzakademie.

Lang, J., 1981, Die Bemessungsgrundlage der Einkommensteuer, Köln: Schmidt 1988.
Mann, F. K., 1937, Steuerpolitische Ideale, Jena: Fischer.
Murphy, L./Nagel, T., 2002, The Myth of Ownership, Oxford: Oxford University Press.
Neumark, F., 1970, Grundsätze gerechter und ökonomisch rationaler Steuerpolitik, Tübingen: Mohr.
Ossenbühl, K. H., 1972, Die gerechte Steuerlast, Heidelberg: Kerle.
Paul, E. F./Miller, F. D./Paul, J. (Hg.), 2006, Taxation, Economic Prosperity, and Distributive Justice, Cambridge: Cambridge University Press.
Pfeiffer, E., 1866, Die Staatseinnahmen, Bd. 2, Stuttgart: Kröner.
Tipke, K., 1993, Die Steuerrechtsordnung, 2 Bde., Köln: Schmidt 2000/03.
Tipke, K./Lang, J., 1974, Steuerrecht, Köln: Schmidt 2002.

PAUL KIRCHHOF

Stirner, Max (1806–1856)

1.

Max Stirner (eigentlich Johann Caspar Schmidt) wurde in Bayreuth geboren. Er studierte Philologie, Philosophie und Theologie in Berlin, wo er u.a. Vorlesungen bei Hegel und Schleiermacher hörte, sowie in Erlangen und Königsberg. Nach dem 1835 absolvierten Lehrerexamen unterrichtete er in Berlin. Hier verkehrte er im Kreise der »Freien«, einer Gruppe von Junghegelianern und freien Geistern, die mit den bestehenden politischen und sozialen Verhältnissen unzufrieden waren und sich um konkrete Freiheit sowie die »Verwirklichung der Philosophie« bemühten. Aufgrund seiner prekären finanziellen Situation versuchte Stirner eine Milchwirtschaftskooperative zu organisieren. Nach dem Scheitern dieses Versuchs lebte er in dürftigen Verhältnissen. Er musste öfter umziehen und geriet in Schuldarrest. Stirner starb 1856 in Berlin.

2.

Stirner arbeitet an unterschiedlichen Zeitungen und Zeitschriften wie der *Rheinischen Zeitung*, der *Leipziger Allgemeinen Zeitung* sowie der *Berliner Monatsschrift* mit. Er übersetzt und gibt die großen Nationalökonomen seiner Zeit, u.a. Jean-Baptiste Say und Adam Smith, heraus. Außerdem beschäftigt er sich mit erziehungstheoretischen Fragen und fasst 1834 hierzu die Schrift *Über Schulgesetze* ab. 1852 gibt er eine umfangreiche zweibändige *Geschichte der Reaction* heraus. Sein Hauptwerk bleibt aber *Der Einzige und sein Eigentum* (1844), in dem er sich in ideologie- und sprachkritischer Absicht mit dem politischen, dem sozialen und dem humanen Liberalismus auseinandersetzt.

3.

Hegel hatte in seinem philosophischen System die Struktur der Wirklichkeit als eine vernünftige begriffen. Mit der Perspektive der Vernunft ausgestattet, vermochte er überall Vernünftiges zu erkennen: auf der Ebene des subjektiven Geistes der einzelnen Individuen, auf der Ebene der gesellschaftlichen und politischen Institutionen und schließlich auf der Ebene der großen Orientierungssysteme der Menschheit Kunst, Religion und Philosophie. Für Stirner ist das hegelsche Begriffssystem das Ergebnis einer großen Geistmystifikation, die trotz aller Anstrengung, konkret zu sein, d.h. alle Aspekte und Momente der jeweiligen Entwicklung angemessen zu berücksichtigen, in die höchste Abstraktion und Abgeschiedenheit von der wirklichen Welt mündet.

Wie alle anderen Junghegelianer auch bemüht sich Stirner darum, ›konkret‹ zu denken. Er stellt aber fest, dass nicht nur Hegel, sondern auch seine Kritiker abstrakt denken. Denn sie alle ließen als Substantielles Größen gelten, die nichts mit der wirklichen Welt bzw. mit dem wirklichen Menschen zu tun hätten. Für Stirner lassen Hegel und seine Schüler Ideen, ja »fixe Ideen«, zur Geltung kommen, die sich des tatsächlichen Menschen, des »Einzigen« bemächtigten. Empört formuliert Stirner (1844, 3) gegen sie: Was soll nicht alles meine Sache, die Sache des »Einzigen« sein? Die Vernunft, der Geist, die gute Sache, die Sache Gottes, die Menschheit, die Wahrheit, die Freiheit, die Humanität, die Gerechtigkeit, die Sache des Volkes, das Vaterland? Lauter hehre und edle Menschheitsanliegen, die nichts mit »mir«, mit »meiner Sache« zu tun haben und denen sich der Einzige vollständig zu unterwerfen hat.

In seiner radikal ideenkritischen Vorgehensweise arbeitet Stirner mit einer Substitutionsunterstellung: Die Hauptideologen der Menschheit hätten es geschafft, eine Reihe von »heiligen«, sich ersetzenden Instanzen einzuführen und praxiswirksam durchzusetzen, die vom einzig Wahren und Wirklichen, von »mir« also, systematisch ablenkten. Die Idealisten aller Couleur, die Liberalen mit ihrer Freiheit, die Sozialisten mit ihrer Arbeit, die Humanisten mit ihrer Menschheit und überhaupt alle »vom Geist Besessenen« verlangten von »mir«, dass ich mich von mir entfremde und mit dem identifiziere, was »mich« nichts angehe, »mich« unterjoche und »mich« verhindere (ebd., 36 ff.).

Stirner begnügt sich aber nicht damit, eine (häufig als Persiflage vorgetragene) alternative Weltgeschichte nachzuzeichnen. Vielmehr ruft er zur wirklichen Befreiung von den vielen »fixen Ideen« und »Geistern« der Menschheit, zur Tat auf (ebd., 156). Der Einzige, der bis jetzt nichts habe, weil die Menschheit alles gehabt habe, solle sich zur einzigen Voraussetzung und relevanten Instanz machen. Stirners Ideenkritik wird in diesem Kontext sprachkritisch, denn die Sprache tyrannisiere den konkreten Menschen durch »ein Heer von fixen Ideen« und sich verselbständigenden Gedanken, die sich den Menschen unterwürfen (ebd., 389). Das Ich habe seine Sprache als sein Eigentum zu gebrauchen.

Die von Stirner beabsichtigte Befreiung führt nicht nur dazu, dass lauter »Egoisten« entstehen, die unabhängig voneinander existieren, sondern soll in den »Verein der Egoisten« als eine *nicht entfremdete* Vergesellschaftungsform führen (ebd., 196). Im Verein der Egoisten, der als eine Alternative zur Staatlichkeit gedacht ist, genössen sich und gebrauchten sich die Egoisten wechselseitig. Er ermögliche einen »Verkehr«, der anders als die »Gesellschaft« die Individuen nicht einsperre, beschränke und unterwerfe, sondern stärke (ebd., 231 ff.). Erst im Verein der Egoisten könnten die »Eigner« einander brauchbare Subjekte werden.

Marx und Engels (1845/46) wenden im dritten Abschnitt der *Deutschen Ideologie*, »Sankt Max«, gegen Stirner ein, dass das von ihm zum Mittelpunkt des Denkens erhobene »Ich« nie unmittelbar zu haben sei, sondern vielmehr das Produkt vieler komplexer gesellschaftlicher und geschichtlicher Entwicklungen sei, die gedanklich nachzuvollziehen seien. In der Folge wurde Stirner von einigen zum Vorläufer Nietzsches, von anderen zu einem solchen des Existenzialismus erklärt – v.a. aber als Gründungstext der individualistischen Strömungen des Anarchismus ist *Der Einzige und sein Eigentum* auch heute noch einflussreich.

4.

Stirner, M., 1834, Über Schulgesetze, Dresden: Verlag des Dritten Reiches 1920.
Stirner, M., 1844, Der Einzige und sein Eigentum, Stuttgart: Reclam 1972.
Stirner, M., 1852, Geschichte der Reaction, 2 Bde., Berlin: Allgemeine Deutsche Verlagsanstalt.
Stirner, M., 1898, Max Stirners Kleinere Schriften und seine Entgegnungen auf die Kritik seines Werkes *Der Einzige und sein Eigentum*, Berlin: Zack 1914.

Emge, C. A., 1964, Max Stirner, Mainz: Steiner.
Essbach, W., 1988, Die Junghegelianer, München: Fink.
Kast, B., 1979, Die Thematik des »Eigners« in der Philosophie Max Stirners, Bonn: Bouvier.
Leopold, D., 1995, Introduction, in: M. Stirner, The Ego and Its Own, Cambridge: Cambridge University Press.
Mackay, J. H., 1898, Max Stirner, Wetzlar: Neuland 1977.
Marx, K./Engels, F., 1845/46, Die deutsche Ideologie, in: MEW, Bd. 3, Berlin: Dietz 1969.
Penzo, G., 2006, Die existentielle Empörung. Max Stirner zwischen Philosophie und Anarchie, Frankfurt/M.: Lang.

THOMAS GIL

Strafe

1.

Der Begriff der Strafe umfasst immer mindestens zwei Elemente. (1) Jede Strafe besteht in einem *Schmerz* bzw. einem *Nachteil* für den Bestraften. Sie stellt dabei eine erheblich größere Einschränkung von Freiheit und Wohlergehen dar, als die allgemeinen Rechtsbestimmungen, denen jeder Bürger, also auch der nicht zu Bestrafende, immer schon unterworfen ist. Der alte Name »peinliches Recht« für das Strafrecht bringt den Aspekt der Schmerzhaftigkeit noch unmittelbar zum Ausdruck. (2) Die Strafe ist eine Reaktion auf eine *verbotene Handlung* des Bestraften (oder auf die Unterlassung einer *vorgeschriebenen Handlung* – beides wird im Folgenden nicht mehr differenziert), wobei dieser von dem Verbot *weiß bzw. wissen sollte*. Allerdings heißt dies nicht immer, dass der Handelnde auch vor seiner Tat bereits von deren Unerlaubtheit wissen konnte. So kann man etwa von einer Bestrafung durch die Natur sprechen, wenn jemand schmerzhafte Folgen einer Handlung erfährt, deren Unstatthaftigkeit ihm unbekannt war (siehe Kant 1786, 115). Und nach Nietzsche (1887, 2. Abh.) dient die Strafe zunächst als Mnemotechnik zur Etablierung von Macht und der Verbindlichkeit ihrer Befehle. Konnte allerdings der Handelnde vor seiner Tat von deren Verbot nichts wissen, so kann das Wort »Strafe« nur in dem Fall verwendet werden, dass er durch die Strafe lernen kann, dass diese entsprechende Handlung an sich verboten ist.

Der rechtsphilosophisch relevante Strafbegriff enthält *zwei* weitere Elemente. Das erste davon ist der rechtlichen und der moralischen Strafe gemeinsam: (3) Der Bestrafte trägt *Schuld* an seiner Tat, das heißt er kannte ihr Verbot im Vorhinein bzw. hätte es kennen können. Das letzte Element ist spezifisch für die rechtliche Strafe: (4) Diese setzt voraus, dass das Verbot ein *rechtliches* ist und dass mit seiner Verletzung eine bestimmte Schwelle überschritten ist: Die Rechtsverletzung muss eine bestimmte *Schwere* haben. Geringere Rechtsfehler bzw. Rechtsverletzungen können etwa zur Ungültigkeit eines Rechtshandels führen; für eine Strafe reichen sie jedoch nicht aus.

2.

Über die weitergehenden Bestimmungen der Strafe herrscht Uneinigkeit zwischen den einzelnen Straftheorien. Im Mittelpunkt der Diskussion steht zum einen die Frage nach der Rechtfertigung der *Existenz* der Strafe überhaupt (2.2.), zum andern die nach der Rechtfertigung des *Strafmaßes* (2.1.).

2.1. Historisch wurden zumindest zwei verschiedene Strafmaße in Anschlag gebracht: das *Talion* und das *Exempel*. (1) Das Talion kann entweder wie in der Bibel (»Auge um Auge, Zahn um Zahn«, Lev 24, 20) als Gleichheit in natura oder auch – wie z. B. in der altgriechischen Rache (poine: Lösegeld, Sühne, Genugtuung) – als Ausgleich der entstandenen Vor- und Nachteile für die involvierten Familien bzw. Sippen in valore verstanden werden. Der Gedanke des Talionsrechts ist in der Antike und im Mittelalter bestimmend. (2) In der frühen Neuzeit dagegen herrscht die exemplarische Strafe – d.h. eine Strafe, die dazu bestimmt ist, allen Menschen möglichst viel Eindruck zu machen – mit besonders hohen Strafzumessungen vor: In den allermeisten Ländern wurden mehr als hundert Verbrechen mit dem Tode bestraft – zumeist nach der Zufügung von öffentlichen Foltern (vgl. Foucault 1975). Unter den frühneuzeitlichen politischen Philosophen und Naturrechtlern (z. B. Grotius 1625, II, 20; Pufendorf 1672, Kap. 13, § 4; Hobbes 1651, Kap. 28) herrscht der Gedanke der *Generalprävention* vor: Der Verbrecher wird bestraft, damit die übrigen Bürger vor dem Begehen einer ähnlichen Tat abgeschreckt werden. Die Aufklärung (z. B. Beccaria 1764) kritisierte die Ineffizienz derartiger undifferenziert harter Strafen und plädierte für milde Strafen, die nach Beccaria nicht weniger Eindruck machen und nicht weniger abschrecken; die Todesstrafe etwa sollte selten oder gar nicht verhängt werden.

Ob als Mittel zum Ausgleich oder zur Abschreckung wurde die Strafe bis dahin also immer einem *Zweck* zugeordnet. Entsprechend der Funktion, die ihr auf diese Weise abzugesprochen wurde, wurde dann das Strafmaß bestimmt.

2.2. Erst mit Kant beginnt die Debatte über die Rechtfertigung dieser Funktion und damit über die Rechtfertigung der *Existenz* der Strafe. Mit seiner *Rechtslehre* in der *Metaphysik der Sitten* (vgl. Kant 1797, § 49 E) wird eine entscheidende doppelte Wende in der straftheoretischen Diskussion vollzogen. Aufgrund moralischer Argumente lehnt Kant jegliche Funktion für die Strafe ab: Die Strafe dient nicht irgendeinem Zweck, sondern wird als *Zweck an sich*, nämlich als kategorischer Imperativ betrachtet. Man spricht darum von einer *absolutistischen* Straftheorie im Gegensatz zu den *relativen* Straftheorien der Prävention. Nach Kant wird die Strafe allein deswegen verhängt, weil der Verbrecher sie verdient (zur problematischen Vereinbarkeit dieser Ansicht mit Kants eigener Rechts- und Moralphilosophie vgl. Merle 2007, Kap. 2–3). Deshalb spricht man hier auch von einer *Vergeltungstheorie* bzw. von *Retributivismus*. Mit den Präventionstheoretikern streitet der Retributivismus, anders als in den Debatten zuvor, nicht in erster Linie über das Strafmaß, sondern um die Rechtfertigung der Strafe an sich: So, wie für den Retributivisten die Strafe nicht durch die Zuschreibung einer Funktion gerechtfertigt werden kann, ist für den Präventionstheoretiker allein nicht ausreichend, dass der Verbrecher die Strafe verdient hat.

Als Folge des kantischen Retributivismus rückt auch in den anderen Straftheorien die ›Menschheit im Verbrecher‹ sowie die Wirkung der Strafe auf denselben in den Blickpunkt. Die Präventionstheoretiker berücksichtigen nun nicht mehr nur die anderen Bürger als potentielle Täter (im Sinn einer Generalprävention), sondern auch oder sogar in erster Linie den zu Bestrafenden selbst als zukünftig Handelnden. Mit dieser *Spezialprävention*, i.e. der Vorbeugung weiterer Straftaten des Verbrechers selbst, ist nicht nur dessen Unschädlichmachen gemeint – insbesondere durch eine Freiheitsstrafe –, sondern auch seine Resozialisierung. Im Rahmen der Generalprävention wird nicht mehr nur die abschreckende Statuierung des Exempels, sondern auch schon die Androhung der Strafe zum gleichen Zweck als deren rechtfertigende Funktion vertreten (vgl. Feuerbach 1799). Neuerdings entstanden weitere Rechtfertigungen der Strafe, die den Verbrecher in den Mittelpunkt stellen. Nach dem *Expressivismus* etwa ist der Zweck der Strafe, gegenüber dem Verbrecher zum Ausdruck zu bringen, welche Bedeutung die Gesetze und deren Verletzung für die Gesellschaft haben (vgl. Feinberg 1965; siehe auch Hart 1968, 235).

Der kantische Gesichtspunkt der Humanität gegenüber dem Verbrecher half auch, den heute bestehenden Konsens über die Ablehnung von »grausamen und unüblichen Strafen« (8. Zusatz zur US-Verfassung 1791) zu etablieren. Zu deren Begründung wird zumeist der Retributivismus gegen die Präventionstheorien geltend gemacht. In Folge dessen ist diese erstere Strömung bei den Rechtsphilosophen derzeit weiterhin dominierend – sei es in reiner Form (z. B. Hampton 1988) oder in Verbindung mit anderen Theorieelementen –, während die Präventionstheorien unter Juristen und in der Rechtspraxis (siehe z. B. StVollzG § 2 und Urteil des BGH vom 8. 2. 1970, 1 StR 353/70) mittlerweile fast selbstverständlich geworden sind.

3.

3.1. Seit den 1980er Jahren wird der Retributivismus häufig in den Rahmen von Mischtheorien eingebettet, die Hart schon in den meisten retributivistischen Theorien seiner Zeit zu beobachten glaubt (vgl. Hart 1968, 235 f.). Diese Entwürfe richten eine Art Aufgabenteilung zwischen den Elementen der verschiedenen klassischen Theorien ein. Letzteren wiederum werfen sie vor, »den Blick einseitig auf bestimmte Aspekte des Strafrechts« zu richten: »die spezialpräventive Lehre auf den Vollzug, der Vergeltungsgedanke auf das Urteil, und die generalpräventive Auffassung auf den Zweck der Strafdrohungen« (Roxin

1973, 12). An dieser Analyse sind allerdings Zweifel angebracht: Zumindest manche der kritisierten herkömmlichen Straftheorien berücksichtigen durchaus alle unterschiedlichen Aspekte. Nach der Theorie der Resozialisierung etwa dürfen *nur Schuldige* bestraft werden, der Strafvollzug sollte sie vor einer Wiederholung *abschrecken* und sie außerdem auch für andere *unschädlich* machen (die Resozialisierung ist von der moralischen Besserung zu unterscheiden); der Zweck aber ist stets die Prävention (vgl. Liszt 1883, 34f.). Die Mischtheorien gründen meist auf einer Kant-Interpretation, der zufolge die Existenz der Strafe generalpräventiv, das Strafmaß aber retributivistisch zu rechtfertigen ist (vgl. Byrd 1989; Scheid 1983; Holtman 1997; Hill 1997; Höffe 1999). Andere Varianten der Arbeitsteilung sind möglich, jedoch weniger verbreitet: Anhänger einer bestimmten Hegel-Interpretation z.B. begründen umgekehrt die Existenz der Strafe retributivistisch, das Strafmaß aber generalpräventiv (vgl. Wood 1990, Mohr 1997).

Alle Mischtheorien sind der Gefahr der »Antinomie der Strafzwecke« ausgesetzt. Unter verschiedenen Zwecksetzungen der Strafe ergeben sich oft unterschiedliche Strafforderungen für ein und dasselbe Vergehen (vgl. Hassemer 1990, 291). Mischtheorien schlagen in einem solchen Fall vor, dass das retributivistisch bestimmte Strafmaß niemals überschritten, jedoch ggf. unterschritten werden darf (vgl. Roxin 1973, 23f.); eine Rechtfertigung dafür geben sie allerdings nicht an. Die verschiedenen Elemente, welche die Mischtheorien kombinieren, sind zwar nicht konträr, wohl aber inkompatibel in dem Sinne, dass sie nie alle gleichzeitig optimal zu verwirklichen sind. Daher kann nur eines dieser Elemente die eigentliche, primäre Rechtfertigung der Strafe darstellen.

3.2. Darüber hinaus läuft die kritische Untersuchung der klassischen Theorien keineswegs unstrittig auf das Ergebnis hinaus, dass jede Theorie durch die anderen ergänzt werden müsste. So trifft etwa Kants Diagnose, wonach erstens alle nichtretributivistischen Theorien den zu Bestrafenden als ein bloßes Mittel behandelten und wonach zweitens die Generalprävention (insbesondere in utilitaristischer Formulierung) die Bestrafung von Unschuldigen zulasse, schon auf herkömmliche Theorien der Generalprävention nicht zu (vgl. Rosen 1997). Noch weniger gelten diese Einwände gegen die Theorie der Resozialisierung.

3.3. Ferner zeigt der Retributivismus auf seinem eigenen Terrain einige erhebliche Schwächen. Er fordert die Bestrafung, damit der Verbrecher als freies Vernunftwesen das erlebt, was er verdient. Daraus folgt, dass die Strafe der Schuld entsprechen soll. Ist die Schwere der Schuld nun aber an der Schwere des Vergehens oder an der inneren Bosheit des Verbrechers zu bemessen? Ein weiteres Problem ergibt sich aus der zweidimensionalen Verfasstheit des Menschen als Verantwortungsträger: (1) Sofern er in der Dimension der *Vergangenheit* steht, fordern die von ihm begangenen Handlungen dem Retributivismus zufolge Konsequenzen, die ihrer moralischen bzw. rechtlichen Wertigkeit entsprechen. (2) Sofern derselbe Mensch jedoch in der Dimension der Zukunft steht, ist er ein prospektiv verantwortungsfähiges Wesen; dieser Status steht weder ihm selbst noch seinen Mitmenschen je zur Disposition. Die Ahndung seiner vergangenen Handlungen nach (1) darf also nie dazu führen, dass er aufhört, als verantwortungsfähiges Wesen wie unter (2) behandelt zu werden – es sei denn, dies beeinträchtigte die Ausübung desselben Grundrechts seitens seiner Mitmenschen. Wenn nun der Verbrecher mit seiner Verurteilung den Status als verantwortungsfähiges Wesen verliert, dann verfehlt der Retributivismus gerade jenen humanen Umgang mit dem Verbrecher, in welchem er seine moralische Überlegenheit gegenüber anderen Straftheorien sieht. Der Retributivismus unterscheidet den Täter hier nicht ausreichend von seiner Tat. Die Rücksicht auf die Zukunftsdimension des Straftäters dagegen liefert eine Begründung für die Ablehnung auch tatentsprechend grausamer Strafen, die dem Retributivismus fehlt, weil er immer nur die Vergeltung zugrunde legen kann. Hassemer (1990, 286) zufolge ist das Ziel der Resozialisierung deshalb mit dem Strafvollzug über Freiheitsstrafe notwendig verbunden; nur Leibes- und Lebensstrafen kommen mit dem alleinigen Strafziel der Vergeltung aus.

3.4. Nicht nur im Fall des Verbrechers ist Rücksicht zu nehmen auf seine Würde als Mensch. Die gleiche Würde ist auch bei allen anderen Bürgern zu beachten. Darum muss die Straftheorie die gesamte Rechtsgemeinschaft mit in den Blick nehmen: Die Unschädlichmachung des Verbrechers ist nötig, solange er nicht resozialisiert ist, d.h. solange er eine größere Gefahr darstellt als andere Bürger. Straferlasse einerseits und Sicherungsverwahrungen andererseits lassen sich aus der Notwendigkeit ableiten, das Verhalten des Sträflings während des Strafvollzugs in der Bestimmung des tatsächlichen Strafmaßes zu berücksichtigen. In dieser Hinsicht ist der Retributivismus besonders kontraintuitiv und praxisfremd. Weil es ihm allein um den Vollzug der Vergeltung geht, kann er keine Argumente dafür aufbringen, weshalb z.B. einem verurteilten Vergewaltiger nicht ein mehrjähriger Aufschub seines Haftantritts gewährt werden sollte (solange seine Lebenserwartung noch ausreichend ist; üblich ist dagegen, dass mit dem Vollzug der Freiheitsstrafe spätestens dann begonnen wird, wenn das Urteil nach Erschöpfung aller Rekurswege rechtskräftig wird). Unsere Gesellschaft hielte dies jedoch für strikt unzulässig, weil damit die öffentliche Sicherheit gefährdet würde, also aus spezialpräventiven Gründen. Nun ist die Gefährdung der Gesellschaft eindeutig eine Folge des Verbrechens. Auch im Rahmen der Spezialprävention hat der Verbrecher also durchaus Folgen seiner Straftat zu tragen, wie es der Retributivismus fordert.

Eine weitere Schwäche des Retributivismus ist, dass sich aus ihm allein keine resozialisierenden Maßnahmen im oder nach dem Strafvollzug rechtfertigen lassen. Mit dem Verzicht auf solche Maßnahmen wird aber nicht nur die Entstehung eines dauerhaften kriminellen Milieus geradezu gefördert und damit die öffentliche Sicherheit vermindert (vgl. Braithwaite 1989, 102). Darüber hinaus wird dem Verbrecher eine Art zweite Strafe zufügt, die ihn dauerhaft stigmatisiert, anstatt ihm sowohl die Reue als auch die Versöhnung mit der Gesellschaft zu ermöglichen (vgl. Braithwaite 1989, 101; Hassemer 1990, 289). Auf diese beiden Forderungen geht Braithwaites resozialisierende »republikanische« Auffassung ein.

3.5. Ein neues Diskussionsfeld eröffnet die Ahndung der »Verbrechen gegen die Menschlichkeit« durch die internationale Strafgerichtsbarkeit. Diese Verbrechen zeichnen sich durch spezifische Merkmale aus: (1) Sie verjähren nicht; (2) ganz verschiedenartige Verbrechen wie Mord, Vergewaltigung, Vertreibung, Zwangssterilisierung usw. werden alle im selben Paragraph über die Definition des Verbrechens aufgezählt (vgl. *Rome Statute of the International Criminal Court*, Art. 7), sodann werden sie im selben Paragraph bezüglich des Strafmaßes behandelt (Art. 77); (3) während im gewöhnlichen Strafrecht der Anstifter einer Straftat geringer bestraft wird als derjenige, der sie tatsächlich begeht, ist dies bei den Verbrechen gegen die Menschlichkeit umgekehrt; (4) die von der internationalen Strafgerichtsbarkeit ausgesprochenen Strafen fallen oft milder als im üblichen Strafrecht aus. Die Bestrafung der Verbrechen gegen die Menschlichkeit sollte in der Zukunft ein zentrales Feld für die Debatte über die Rechtfertigung der Strafe darstellen. Manche Autoren stellen sogar die Frage, ob Strafe überhaupt die richtige Reaktion auf derartige Verbrechen ist (vgl. Garapon 2002).

4.

Beccaria, C., 1764, Über Verbrechen und Strafe, Frankfurt/M.: Insel 1998.
Braithwaite, J., 1989, Crime, Shame and Reintegration, Cambridge: Cambridge University Press.
Byrd, S., 1989, Kant's Theory of Punishment, in: Law and Philosophy 8.
Feinberg, J., 1965, The Expressive Function of Punishment, in: The Monist 49.
Feuerbach, P. J. A., 1799, Über die Strafe als Siche-

rungsmittel vor künftigen Beleidigungen des Verbrechers, Chemnitz: Tasché.
Foucault, M., 1975, Überwachen und Strafen, Frankfurt/M.: Suhrkamp 1977.
Garapon, A., 2002, Des crimes qu'on ne peut ni punir ni pardonner, Paris: Odile Jacob.
Grotius, H., 1625, Drei Bücher vom Recht des Krieges und des Friedens, Tübingen: Mohr 1950.
Hampton, J., 1988, The Retributive Idea, in: dies./J. G. Murphy (Hg.), Forgiveness and Mercy, Cambridge: Cambridge University Press.
Hart, H. L. A., 1968, Punishment and Responsibility, Oxford: Clarendon Press.
Hassemer, W., 1990, Einführung in die Grundlagen des Strafrechts, München: Beck.
Hill, T., 1997, Kant on Punishment, in: Jahrbuch für Recht und Ethik 5.
Höffe, O., 1999, Vom Straf- und Begnadigungsrecht, in: ders. (Hg.), Immanuel Kant. Metaphysische Anfangsgründe der Rechtslehre, Berlin: Akademie.
Hobbes, T., 1651, Leviathan, Frankfurt/M.: Suhrkamp 1984.
Holtman, S., 1997, Toward Social Reform. Kant's Penal Theory Reinterpreted, in: Utilitas 9.
Kant, I., 1786, Mutmaßlicher Anfang der Menschengeschichte, Akademie-Ausgabe, Bd. VIII, Berlin: de Gruyter 1968.
Kant, I., 1797, Metaphysik der Sitten, Akademie-Ausgabe, Bd. VI, Berlin: de Gruyter 1968.
Liszt, F. v., 1883, Der Strafgedanke im Strafrecht, in: Zeitschrift für die gesamte Strafrechtwissenschaft 3.
Merle, J.-C., 2007, Strafen aus Respekt vor der Menschenwürde, Berlin: de Gruyter.
Mohr, G., 1997, Unrecht und Strafe, in: L. Siep (Hg.), G. W. F. Hegel. Grundlinien der Philosophie des Rechts, Berlin: Akademie.
Pufendorf, S. v., 1672, De Iure Naturae et Gentium, in: Gesammelte Werke, Bd. 4, 1/2, Berlin: Akademie 1998.
Nietzsche, F., 1887, Zur Genealogie der Moral, KSA, Bd. 5, München/Berlin: dtv/de Gruyter 1999.
Rome Statute of the International Criminal Court 2002, http://www.icc-cpi.int/library/about/officialjournal/Rome—Statute—120704-EN.pdf (Stand 1. Juli 2008).
Rosen, F., 1997, Utilitarianism and the Punishment of the Innocent, in: Utilitas 9.
Roxin, C., 1973, Strafrechtliche Grundlagenprobleme, Berlin: de Gruyter.
Scheid, D. E., 1983, Kant's Retributivism, in: Ethics 93.
Wood, A. W., 1990, Hegel's Ethical Thought, Cambridge: Cambridge University Press.

JEAN-CHRISTOPHE MERLE

Strauss, Leo (1899–1973)

1.

Strauss studierte Philosophie in Marburg und Hamburg, promovierte 1921 und setzte seine Studien in Freiburg fort. Von 1925–32 war er an der Akademie für die Wissenschaft des Judentums in Berlin tätig und schrieb in ihrem Auftrag ein Buch über Spinozas Religionskritik (1930). Die von Strauss verfolgten Problemstellungen entstammen den Debatten der Weimarer Zeit. Seine Bezugsautoren sind Herman Cohen, Martin Heidegger, Carl Schmitt, Franz Rosenzweig und Friedrich Nietzsche. In Auseinandersetzung mit ihnen entwickelte er sein radikales philosophisches Fragen, das auf prinzipielle Alternativen zielt. Strauss betonte die Gegensätze zwischen Philosophie und Theologie und hielt das ›jüdische Problem‹ für unlösbar, da Orthodoxie, Zionismus und Assimilation stets zu neuen Paradoxien führten. 1932 verließ er Deutschland, schrieb in Paris und England ein Buch über Hobbes (1936) und siedelte 1938 schließlich in die USA über, wo er in Chicago eine Schule politischer Philosophie hervorbrachte, zu deren Schülern so divergierende Autoren wie der öffentlich wirksame Allan Bloom und der rein akademisch arbeitende Seth Benardete gehören.

2.

In den *Anmerkungen zu Carl Schmitt, Der Begriff des Politischen* (1932) fordert Strauss einen Horizont jenseits des Liberalismus ein, um diesen substantiell kritisieren zu können. Dafür rollt er die Debatte zwischen den Antiken und Modernen über die vorbildliche Wissenschaft und die Funktion von Religion zugunsten der antiken politischen Philosophie erneut auf. Im Frühwerk bis 1937 wird vermittels Destruktion moderner Theorien der Weg zur antiken politischen Philosophie als Leitbild gebahnt. In *Philosophie und Gesetz* (1935) erfolgt die Restitution antiken Denkens in Abgrenzung zur Religion mit Rekurs auf Maimonides, al-Farabi und andere arabische Autoren. In der mittleren Schaffensperiode, die mit dem Wirken in der US-amerikanischen Politikwissenschaft anhebt, entwickelt Strauss sein normatives Denken und kanonisiert die politische Philosophie als Geschichte großer Philosophen (vgl. Strauss/Cropsey 1963). Im Spätwerk, seit *The City and Man* (1964), widmet er sich primär der Interpretation von Sokrates, Xenophon und Platon.

3.

Für Strauss erlaubt das sokratische unbedingte Fragen, die von den modernen Theorien suspendierte Suche nach der besten Ordnung und der besten Lebensführung wieder aufzunehmen, wobei sich Strauss auch mit dem Problem der Offenbarungsreligion auseinandersetzt, die für ihn eine alternative Antwort zum freien, selbstbestimmten Leben des Philosophen darstellt (Strauss 1989, 77). Hier setzen divergierende Deutungen von Strauss an. Manche sehen in ihm primär einen jüdischen Denker (vgl. Green 1993), andere einen Philosophen (vgl. Meier 1996). Strauss hat ein weites Verständnis politischer Ordnung und betrachtet sie nicht lediglich als einen gesellschaftlichen Teilbereich. Ohne über einen expliziten Begriff des Politischen zu verfügen, versteht Strauss politische Ordnungen so, dass sie die ganze Gesellschaft umfassen und auch den Bereich der Religion einschließen. Als normativer Maßstab für das Politische fungieren qualitative Kriterien wie eine sittlich gehaltvolle und friedliche interne Ordnung, entwickelte Freundschaftsbeziehungen zwischen Philosophen und Bürgern bzw. Politikern sowie die Ermöglichung von Philosophie.

Strauss' methodische Differenzierung zwischen dem esoterischen Gehalt philosophischer Texte und ihrer äußeren, exoterischen Präsentationsform (vgl. Strauss 1952) dient dem Schutz des Philosophen vor der Menge, die sich in der Regel an unhinterfragten Meinungen bzw. Maximen der Religion orientiert. Eine exoterische Präsentation kann zudem eingesetzt werden, um möglicher Verfolgung in illiberalen Regimen zu entgehen. Diese durchaus umstrittene Leitidee von Strauss führt bei ihm zu einem tiefenhermeneutischen Interpretationsverständnis, durch das verdeckte Intentionen, Implizites und Kodiertes gegenüber dem expliziten Text aufgewertet werden (vgl. Bluhm 2003, 142–147).

Strauss' Kritik an der Moderne akzentuiert den Verfall neuzeitlicher politischer Philosophie, da diese den normativen Anspruch auf Wahrheit, Vorbildlichkeit und praktische Rationalität aufgegeben habe. Wenn man nur nach einer machbaren Ordnung frage und instrumentell vorgehe, öffne man dem Relativismus und Historismus Tür und Tor. Strauss hat die Werturteilsfreiheit der Sozialwissenschaften kritisiert und ihnen vorgeworfen, an Phänomenen wie der modernen Tyrannis zu scheitern (vgl. Strauss 1963). Die recht verstandene naturrechtliche Tradition der USA erscheint dem Exilanten Strauss als letzter, aber schon in sich gefährdeter Garant der westlichen Welt. Die liberale Demokratie bedürfe einer Wertelite für ihren dauerhaften Bestand, da nur so Orientierungen produziert und die geistigen Grundlagen der politischen Ordnung gesichert werden könnten.

Die Moderne- und Liberalismuskritik und die ausgreifende Geschichte der politischen Philosophie ließen Strauss für den traditionslosen US-amerikanischen Konservatismus und Neokonservatismus attraktiv werden. Als Philosoph hat er in den USA – anders als einige seiner Schüler – Distanz zur Politik gewahrt und auch die Inkonsistenzen des Konservatismus betont. Nach der Debatte um den Einfluss der Straussians auf die US-amerikanische Außenpolitik im Jahre 2003 zeichnet sich ein Aufschwung der Strauss-Forschung ab (vgl. Batnitzky 2006; Kartheiniger 2007; Sheppard 2006).

4.

Strauss, L., 1930, Die Religionskritik Spinozas, in: Gesammelte Schriften, Bd. 1, Stuttgart: Metzler 1996.

Strauss, L., 1932, Anmerkungen zu Carl Schmitt, Der Begriff des Politischen, in: Gesammelte Schriften, Bd. 3, Stuttgart: Metzler 2001.

Strauss, L., 1935, Philosophie und Gesetz, in: Gesammelte Schriften, Bd. 2, Stuttgart: Metzler 1997

Strauss, L., 1936, Hobbes' politische Wissenschaft, in: Gesammelte Schriften, Bd. 3, Stuttgart: Metzler 2001.

Strauss, L., 1948, Über Tyrannis. Eine Interpretation von Xenophons *Hieron*, Neuwied: Luchterhand 1963.

Strauss, L., 1952, Persecution and the Art of Writing, Glencoe: Free Press.

Strauss, L., 1953, Naturrecht und Geschichte, Frankfurt/M.: Suhrkamp 1989.

Strauss, L., 1959, What Is Political Philosophy?, Glencoe: Free Press.

Strauss, L., 1964, The City and Man, Chicago: McNally.

Strauss, Leo, 1996ff., Gesammelte Schriften, Stuttgart: Metzler.

Strauss, L./Cropsey, J. (Hg.), 1963, History of Political Philosophy, Chicago: McNally.

Batnitzky, L. F., 2006, Leo Strauss and Emmanuel Levinas, Cambridge: Cambridge University Press.

Bluhm, H., 2002, Die Ordnung der Ordnung. Das politische Philosophieren von Leo Strauss, Berlin: Akademie.

Deutsch, K./Soffer, W. (Hg.), 1987, The Crisis of Liberal Democracy. A Straussian Perspective, Albany: State University of New York Press.

Green, K. H., 1993, Jew and Philosopher. The Return to Maimonides in the Jewish Thought of Leo Strauss, Albany: State University of New York Press.

Devigne, R., 1994, Recasting Conservatism. Oakeshott, Strauss, and the Response to Postmodernism, New Haven: Yale University Press.

Kartheininger, M., 2007, Heterogenität. Politische Philosophie im Frühwerk von Leo Strauss, Paderborn: Fink.

Meier, H., 2006, Leo Strauss and the Theologico-political Problem, Cambridge: Cambridge University Press.

Sheppard, E. R., 2006, Leo Strauss and the Politics of Exile, Waltham: Brandeis University Press.

Harald Bluhm

Strukturalismus

1.

Auch wenn sich durchaus sinnvoll von einem »Strukturalismus« in der Mathematik, in der Musik und in der Wissenschaftstheorie sprechen lässt, hat sich dieser Sammelbegriff inzwischen als besonders einschlägig für verschiedene humanwissenschaftliche, von der Linguistik ausgehende theoretische Modelle eingebürgert, die auf grundlegende Form- und Beziehungsprinzipien von formal beschreibbaren Bedeutungssystemen abzielen. Waren die ersten strukturalistischen Ansätze noch sprachwissenschaftliche Theorien, wurde diese Strömung durch die methodische Generalisierung strukturalistischer Modelle in den Geistes- und Sozialwissenschaften auch über die Einzeldisziplinen hinaus v.a. im französischen Strukturalismus bedeutsam. Dessen Blütezeit liegt zwischen der Mitte der 1950er und dem Ende der 1960er Jahre, hat jedoch einen international erfolgreichen Denkstil ausgebildet, der auch lange nach seiner zeitweisen Popularität und seiner Ablösung durch Theorien des Poststrukturalismus noch eine Quelle für wichtige Positionen im philosophischen und sozialtheoretischen Denken der Gegenwart ist.

Versteht man unter einer Struktur ein System von Einheiten und deren Transformationen, das als System (im Gegensatz zu den Eigenschaften der Elemente) eigene Gesetze hat, und das durch seine Transformationen erhalten bleibt oder reicher wird (vgl. Piaget 1968, 8; Lévi-Strauss 1949, 302), dann ist Strukturalismus im weiteren Sinn ein auf die Analyse solcher Bedeutungssysteme gerichtetes theoretisches Bemühen. Im engeren Sinn ist Strukturalismus die zusammenfassende Bezeichnung für humanwissenschaftliche Forschungsprogramme, die sich der holistischen und formalen (»strukturalen«) Analyse von Bedeutungssystemen anhand einer aus der sprachwissenschaftlichen Modellbildung stammenden Grundbegrifflichkeit und Methodik widmen, meist unter methodologischer Präferenz für die synchrone Ebene.

2.

2.1. Das Gründungsdokument des französischen Strukturalismus sind die Vorlesungen des Genfer Linguisten de Saussure von 1906 bis 1911, die zuerst 1916 unter dem Titel *Cours de linguistique générale* erschienen sind. Im Zentrum seiner komplexen Theorie der Sprache steht die Einsicht, dass sich sprachliche Einheiten nur in Bezug auf das System, in dem sie vorkommen, und unter Beziehung auf andere Einheiten in diesem System sinnvoll analysieren lassen. Ihre Bedeutung erhalten Wörter und Zeichen durch Beziehungen zu anderen Wörtern und Zeichen (mit ihren Bestandteilen »Bezeichnendes«, *signifiant*, und »Bezeichnetes«, *signifié*). Sprache »als ein besonderes System« (Saussure 1916, 21) lässt sich in einer formalen Linguistik beschreiben; dabei tritt ein Phänomen zutage, das als Prinzip der Beliebigkeit oder »Arbitrarität« des Zeichens bekannt geworden ist. Ein bedeutungstragendes Element oder ein Zeichen gewinnt seine Bedeutung aus einer erkennbaren Differenz zu anderen Elementen, es hat ›an sich‹ keine Bedeutung. Saussure schlägt nun vor, Sprache als System von differentiellen Einheiten, als *langue*, synchron zu untersuchen, und nicht von den tatsächlichen und kontingenten Aktualisierungen möglicher Bedeutungen im Sprechen (Sprache als *parole*) auszugehen. Diese beiden saussureschen Parameter, nämlich das Prinzip der Relationalität der Zeichen innerhalb eines geschlossenen Systems und die Priorität der formalen und synchronen Beschreibung, werden in der Folge zum Ausgangspunkt zahlreicher Fortführungen des Projekts einer formalen Sprachwissenschaft wie auch allgemeinerer Überlegungen zur Entstehung von Sinn und Bedeutung in Kontexten und Systemen. In der Prager Schule um den russischen Linguisten Jakobson, einer Fortsetzung des formalistischen Moskauer Linguistenkreises, wird das Bild der Sprache dynamisiert, und die Analyse wird erweitert um Phänomene der Lautlichkeit (Phonologie) sowie der Wort- und Satzstrukturen (Morphologie und Syntax). Die Kopenhagener Schule um Hjelmslev radikalisiert den Versuch einer Formalisierung und Mathematisierung sprachlicher Variation und entwirft eine schematisierende kombinatorische Theorie phonologischer und semantischer Merkmale, die Glossematik.

2.2. Ihre größte Wirkungsmächtigkeit hat die strukturalistische Linguistik dadurch erhalten, dass sie zum Vorbild für völlig andersartige Untersuchungen geworden ist, die sich die linguistischen Modelle Saussures und seiner Nachfolger zu Eigen gemacht haben. In der zweiten Hälfte der 1950er und während der 1960er Jahre wurde der Strukturalismus in Frankreich zur tonangebenden theoretischen Position und verdrängte Existenzialismus und Phänomenologie (vgl. Dosse 1991). Gleichwohl beginnt erst am Ende der 1960er Jahre die verstärkte weltweite und heterogene Rezeption der strukturalistischen Theoriebildung, wodurch sich die Wirkungsgeschichte auf signifikante Weise in gegenläufige Richtungen entwickelt.

3.

3.1. Die am frühesten ausgebildete und bis heute einflussreichste strukturalistische Position außerhalb der Linguistik ist die strukturale Anthropologie von Lévi-Strauss. In seinem epochemachenden Werk *Die elementaren Strukturen der Verwandtschaft* von 1949 stellt er unter dem entscheidenden Einfluss Jakobsons nach jahrelanger Feldforschung die Verwandtschaftsbeziehungen, Inzestverbote und Heiratsregeln schriftloser Gesellschaften als System dar und entwirft das Vorbild einer Anthropologie, die sich der formalen Beschreibung sozialer Tatsachen verschreibt: »Wie die Phoneme sind die Verwandtschaftsbeziehungen Bedeutungselemente, wie diese bekommen sie ihre Bedeutung nur unter der

Bedingung, daß sie sich in Systeme eingliedern« (Lévi-Strauss 1949, 46). Soziale Handlungen folgen dieser Forschungsperspektive zufolge unbewussten Regeln und Beziehungen zwischen sozialen Elementen, die für den extern beobachtenden Anthropologen in einer konstruktiv-interpretierenden Beschreibung sichtbar werden. In seiner späteren vergleichenden Erhebung einer Vielzahl nordamerikanischer Mythenerzählungen erscheinen die einzelnen Mythen als Varianten und Realisierungen eines allgemeinen Musters oder Modells, das verschiedene Figuren, Aktivitätstypen und Handlungsverläufe vorsieht. Die Ordnung des mythischen Denkens lässt sich so darstellen, dass es einzelne Elemente nach den (aus der Linguistik bekannten) Prinzipien Korrespondenz, Isomorphie und Homologie oder Kontiguität, Similarität und Opposition in einem Schema verteilt, d.h. die mythischen Figuren und Ereignisse in eine in vielen Erzählungen wiederkehrende, nach formalen Gesichtspunkten gestaltete Struktur bringt. Es war kein Geringerer als Sartre (1960), der als einer der ersten dieser Art zu denken ein Beharren in der formal beschreibenden Synchronie und damit eine Leugnung der Geschichte vorwarf. Dieser Vorwurf hat die strukturalistischen Theorien bis weit in die 1960er Jahre hinein wie ein Schatten verfolgt.

3.2. Das vielfältige und auch in methodischer Hinsicht uneinheitliche Werk von Barthes kann als exemplarisch für einen strukturalistischen Zugang zur Literatur im Speziellen und sprachlichen Erzeugnissen im Allgemeinen gelten. Beeinflusst von dem Linguisten Greimas interessiert sich Barthes einerseits für diejenigen sprachlichen Infrastrukturen und bedeutungskonstituierenden Verfahren, die einen Text, eine Erzählung oder ein Gedicht zu einem ästhetischen Gebilde mit Sinn machen. Diese Codes und narrativen Techniken werden in einer Terminologie beschrieben und formalisiert, wie sie die Linguistik für Worte, Laute und Sätze vorgeschlagen hat. Neben den Fragen einer strukturalen Analyse literarischer Texte bemüht sich Barthes aber auch schon früh um eine Ausweitung dieser Methodik auf alltägliche Sprachgebilde. Seine ideologiekritische Entlarvung der Klischees, Gemeinplätze und »Mythen des Alltags« (vgl. Barthes 1957) anhand der semiotischen Zerlegung der Implikationen, Konnotationen und Suggestionen von Werbung und Populärliteratur zeigt, dass es um die allgemeinere Ebene einer generellen Wissenschaft vom Zeichen, eine Semiologie oder allgemeine Semiotik geht.

3.3. Althusser hat am konsequentesten von allen Gesellschaftstheoretikern Elemente der strukturalistischen Methodologie eingesetzt und eine radikale »wissenschaftliche« Umorientierung der marxistischen Theoriebildung und eine neue, »symptomatische« Lektüre der marxschen Texte gefordert. Dem seinerzeit populären jungen Marx unterstellt Althusser einen ideologischen Humanismus, den jener jedoch in seinem späten Werk zugunsten eines ›theoretischen Antihumanismus‹ aufgegeben habe. Ein wissenschaftlicher Marxismus müsse mit allen hegelianischen und romantischen Motiven in Marx' Werk brechen und eine strukturale Analyse sozialer Systeme bereitstellen. Ideologien sind die für den Theoretiker lesbaren, unbewussten Strukturen gegebener Gesellschaften. ›Antihumanistisch‹ ist eine solche Perspektive, weil sie von der Ebene der Intentionen, des Willens und der Kreativität der Individuen absieht: »In der Theorie erscheinen die Menschen nur als Träger strukturimmanenter Beziehungen, und die Formen ihrer Individualität nur als bestimmte Auswirkungen der Struktur.« (Althusser/Balibar 1968, 246)

Lacans Aufruf zu einer »Rückkehr zu Freud« und zur methodischen Reflexion auf die Sprachgebundenheit der Psychoanalyse war eine überaus einflussreiche Intervention in den Humanwissenschaften der 1960er Jahre. Sein komplexes Werk lässt sich ausgehend von der apodiktischen Formulierung verstehen: »Das Unbewußte ist strukturiert wie eine Sprache« (Lacan 1973, 26); und zugleich ist es von ihr hervorgebracht. In einer solchen Perspektive sind weniger der Traum des Patienten (wie bei Freud) als die Reden und Berichte, der Diskurs des Patienten, das Rohmaterial psychoanalytischer Deutung. Lacans eigenwillige Theorie stellt so die sprachlichen Verfahrensweisen ins Zentrum, in denen sich das Unbewusste in der Sprache zeigt. Metonymie und Metapher, Verdichtung und Verschiebung werden die zentralen Analysekategorien. Das Subjekt des Sprechens erscheint als Funktion ihm vorgängiger Prozesse und Strukturen, als heillos verstrickt in Signifikationsvorgänge, auf die es keinen Einfluss hat.

3.4. Die zeitweilige Hegemonie des Strukturalismus war nie unkontrovers. Als prominentester Gegner hat Sartre auch aus politischen Gründen schon früh die vermeintliche Geschichts- und Praxisfeindlichkeit der Strukturalisten angegriffen. Einige dem Strukturalismus nahe stehende Theoretiker, etwa Piaget (1968) (in der Psychologie) und Goldmann (1964) (in der Literaturtheorie und -geschichte) plädierten dafür, Systematizität und Historizität als zwei Dimensionen strukturalistischer Forschung zu betrachten und einen »genetischen Strukturalismus« zu entwickeln. In der Philosophie gehören die von Ricœur (1968) vorgebrachten hermeneutischen Einwände gegen den strukturalistischen Objektivismus zu den triftigsten Kritiken. Die totale Entkoppelung von Fragen der Bedeutungsstrukturen vom Akt des Verstehens, d.h. von der interpretierenden Aktualisierung und Aneignung von Bedeutung, kann der Komplexität des immer auch intersubjektiv und dialogisch verfassten Sprachgeschehens kaum gerecht werden.

Ironischerweise haben die breit rezipierten und als »Poststrukturalismus« zusammengefassten philosophischen Theorien erheblich zur Verbreitung strukturalistischer Theoreme beigetragen (vgl. Münker/Roesler 2000). V.a. Derridas (1967) Radikalisierung des Textbegriffs und sein Nachweis, dass die Annahme einer vollständigen Geschlossenheit von Zeichensystemen, Sprachen oder philosophischen Systemen zu unauflösbaren Paradoxien führt, die auf das konstitutive Äußere jeder geschlossenen Einheit verweisen, sind fundamentale Infragestellungen zentraler Prämissen des Strukturalismus. Zudem nimmt diese Kritik aber ebenso wie Lyotards (1983) Theorie des »Widerstreits« oder Foucaults (1978) Theorie der »Dispositive« und des Zusammenhangs von Macht und Wissen bestimmte argumentative Züge des Strukturalismus auf und ergänzt sie. In einem engeren Sinn noch strukturalistisch sind dagegen einige neuere Ideologie- und Diskurstheorien, die sich im weitesten Sinn in dem von Althusser, Lacan und den strukturalistischen Sprachtheoretikern aufgespannten Feld bewegen. Laclaus Theorie des Sozialen und der Hegemonie dürfte die gegenwärtig einflussreichste Fortführung strukturalistischer Intuitionen auf dem Feld des politischen Denkens sein; außerdem gibt die zentrale Rolle, die bei Laclau den sprachtheoretischen Figuren Saussures und v.a. Lacans Konzept des »leeren Signifikanten« (vgl. Laclau 1996), d.h. des organisierenden, aber unbestimmten Zentrums politischer Diskurse und Identitäten zukommt, seiner Theorie einen distinkten formalen Zug. Sozialtheorie in dieser Form konzentriert sich also auf die Logiken und Prozesse der Strukturierung (und Destrukturierung) der Elemente des Sozialen. Ähnliches gilt für die psychoanalytische Ideologietheorie von Žižek (1989) und Badious (1988) formale Ontologie des Ereignisses.

3.5. Eine erst noch zu schreibende, synoptische Geschichte der großen wissenschaftlichen und ästhetischen Avantgarden und Strömungen des 20. Jahrhunderts könnte mit etwas größerem historischem Abstand zu dem Schluss kommen, dass sich der Strukturalismus am adäquatesten als eine wissenschaftliche Gestalt des modernen Formalismus (vgl. Jameson 1972) verstehen lässt, wie er neben der Wissenschaft (etwa in Positivismus und Kybernetik) auch die Kunst (wie im Kubismus, Konstruktivismus sowie in der Zwölftonmusik und der seriellen Musik) und Architektur (z.B. im Bauhaus) jenes Jahrhundert tiefgreifend geprägt hat. Damit gehört er in eine Reihe mit anderen bedeutsamen und letztlich wohl nie ganz erfolgreichen Versuchen, in einer unübersichtlichen Welt mit theoretischen oder ästhetischen Mitteln Ordnung zu schaffen.

4.

Althusser, L./Balibar, E., 1968, Das Kapital lesen II, Reinbek: Rowohlt 1972.
Badiou, A., 1988, Das Sein und das Ereignis, Berlin: Diaphanes 2005.
Barthes, R., 1957, Mythen des Alltags, Frankfurt/M.: Suhrkamp 1964.
Barthes, R., 1966, Die strukturalistische Tätigkeit, in: Kursbuch 5.
Broekman, J. M., 1971, Strukturalismus, Freiburg: Alber.
Caws, P., 2000, Structuralism, Atlantic Highlands: Humanity Books.
Deleuze, G., 1973, Woran erkennt man den Strukturalismus?, Berlin: Merve 1992.
Derrida, J., 1967, Die Schrift und die Differenz, Frankfurt/M.: Suhrkamp 1976.
Dosse, F., 1991, Geschichte des Strukturalismus, Frankfurt/M.: Fischer 1999.
Foucault, M., 1978, Dispositive der Macht, Berlin: Merve.
Goldmann, L., Soziologie des Romans, Neuwied: Luchterhand 1970.
Harland, R., 1987, Superstructuralism, London: Routledge.
Jameson, F., 1972, The Prison-House of Language, Princeton: Princeton University Press.
Lacan, J., 1973, Das Seminar, Buch XI. Die vier Grundbegriffe der Psychoanalyse, Olten: Walter 1987.
Laclau, E., 1996, Emanzipation und Differenz, Wien: Turia + Kant 2002.
Lévi-Strauss, C., 1958, Strukturale Anthropologie I, Frankfurt/M.: Suhrkamp 1967.
Lyotard, J.-F., 1983, Der Widerstreit, München: Fink 1989.
Moebius, S./Reckwitz, A. (Hg.), 2008, Poststrukturalistische Sozialwissenschaften, Frankfurt/M.: Suhrkamp.
Münker, S./Roesler, A., 2000, Poststrukturalismus, Stuttgart: Metzler.
Piaget, J., 1968, Der Strukturalismus, Olten: Walter 1973.
Ricœur, P., 1968, Hermeneutik und Strukturalismus, München: Kösel 1973.
Sartre, J.-P., 1960, Kritik der dialektischen Vernunft, Reinbek: Rowohlt 1981.
Saussure, F. de, 1916, Grundfragen der Sprachwissenschaft, Berlin: de Gruyter 1967.
Schiwy, G., 1984, Der französische Strukturalismus, Reinbek: Rowohlt.
Wahl, F. (Hg.), 1968, Einführung in den Strukturalismus, Frankfurt/M.: Suhrkamp 1981.
Žižek, S., 1989, The Sublime Object of Ideology, London: Verso.

Martin Saar

Suárez, Francisco (1548–1617)

1.

Suárez wurde 1548 in Granada geboren und verstarb 1617 in Lissabon. Er gilt als einer der bedeutendsten Denker der spanischen Spätscholastik. Sein Vater, ein reicher Jurist, schickte ihn an die Universität Salamanca, wo er Recht studieren sollte. Suárez wechselte 1564 jedoch zur Theologie. 1572 wurde er zum Priester geweiht und nahm eine akademische Lehrtätigkeit auf. Er lehrte in der Folge an diversen Universitäten, bevor er von Philipp II. nach Coimbra in Portugal, das kurz zuvor von Spanien annektiert worden war, berufen wurde. Seine weithin geschätzte Gelehrsamkeit brachte ihm die Ehrenbezeichnung *Doctor eximius* ein.

2.

Suárez' philosophisches Hauptwerk sind die *Disputationes Metaphysicae* (1597), in dem er Fragen der Willensfreiheit und der Metaphysik diskutiert. Suárez entwickelt dort eigenständige Antworten auf grundsätzliche metaphysische Fragen, so dass seine Theorie als eigenes philosophisches System angesehen wird (Suarismus).

Seine wichtigsten Schriften im Bereich der politischen Theorie und der Philosophie des Rechts sind die *Defensio Fidei Catholicae* (1613) und der *Tractatus de Legibus ac Deo legislatore* (1612). Die *Defensio* ist eine Erwiderung auf die Idee des Gottesgnadentums der Fürsten, wie sie Jakob I. von England in seiner *Apologia* propagiert hatte. Suárez lehnt in der *Defensio* die Idee einer göttlich verliehenen Herrschaft der Fürsten strickt ab und führt die Souveränität im Staat auf die Bürger zurück. Das Gemeinwesen entstehe durch die Übertragung der natürlichen Befugnis der Bürger, sich Rechte zu geben, an einen Herrscher. Die Bürger können diese Übertragung bei Missbrauch wieder rückgängig machen. Folglich argumentiert Suárez, dass die Bürger ein Widerstandsrecht gegen tyrannische Herrschaft haben. Allerdings lehnt Suárez eine Einmischung des Papstes in die politischen Angelegenheiten der Staaten ab, wenn diese nicht direkt Glaubensfragen betreffen.

Nach dem Tod von Suárez wurde eine Reihe weiterer Schriften aus seinem Nachlass herausgegeben. Darunter befindet sich auch Suárez' wichtiger Beitrag zu den Fragen des Kriegsrechts, die Disputation XIII (De Bello) der Abhandlung *De triplici virtute theologica, fide, spe et charitate*. Dieses Werk erschien erst 1621 gleichzeitig in Lyon, Coimbra und Paris und nur ein Jahr später in Mainz und Aschaffenburg.

3.

Als bedeutendster Beitrag Suárez' zur Rechts- und Staatsphilosophie wird sein zehn Bücher umfassender Traktat *De Legibus ac Deo Legislatore* angesehen. Obwohl Suárez eine theologische Perspektive wählt – er verortet die Grundlagen des Rechts im Wesen Gottes – hatten seine Überlegungen erheblichen Einfluss auf die Entwicklung des Völkerrechts. Für Suárez besteht jedes Recht auf Grundlage des ewigen, göttlichen Rechts, das Ausdruck des Willens Gottes hinsichtlich dessen ist, was vernunftbegabte Kreaturen in ihren freien Handlungen beachten müssen (Suárez 1612, II, cap. 3). Unmittelbar abgeleitet aus dem göttlichen Recht ist das Naturrecht, das den Menschen eingegeben ist und ihnen ermöglicht, Gut und Böse zu unterscheiden.

Suárez geht davon aus, dass der Mensch von Natur aus frei ist, sich aber nur in der Gemeinschaft mit anderen Menschen vollends verwirklichen kann. Um die Gemeinschaft zu erhalten, seien jedoch Recht und die Unterwerfung unter die Autorität einer Herrschaft notwendig. Grundlage des Rechts sind die Prinzipien des Naturrechts. Das Naturrecht enthält jene moralisch-normativen Grundsätze, die nicht durch das positive Recht, das die Menschen eines Gemeinwesens sich geben, verletzt werden dürfen. Es enthält so generelle Grundsätze wie »Gutes muss getan werden, Schlechtes muss vermieden werden« und »Was du nicht willst, das man dir tu', das füg' auch keinem andern zu«, aber auch gewisse Institutionen gelten Suárez als naturrechtlich begründet, wie z. B. die Ehe.

Von besonderer Bedeutung ist Suárez' Klärung des Begriffs des *ius gentium*. Im traditionellen römischen Recht wurde das *ius gentium* als Zwischenbereich zwischen Naturrecht und positivem (zivilem) Recht angesehen. Suárez hingegen unterscheidet das *ius intra gentes*, das all jene Regeln umfasst, die bei allen Völkern auf dem Naturrecht beruhend eingeführt wurden, von dem *ius inter gentes*, dem eigentlichen internationalen Recht. Das *ius inter gentes* ist nach Suárez positives Recht und kann folglich durch Verträge und Übereinkommen verändert werden. Die Quellen des Völkerrechts sieht er in den Gewohnheiten und Verträgen der Völker, wobei das Naturrecht als ethische Grundlage auch weiterhin Bedeutung behält. Diese Verdeutlichung des Charakters des zwischen Staaten geltenden Rechts hatte wesentliche Auswirkungen auf die weitere Völkerrechtsentwicklung.

Von besonderer Bedeutung ist auch Suárez' Beitrag zur Lehre vom gerechten Krieg, der sich in der Schrift *De triplici virtute theologica* (Disputatio XIII – De Bello) findet. Ein Krieg ist gemäß dieser Schrift dann gerechtfertigt, wenn er dazu dient, ein anderweitig nicht abwendbares Unrecht zu korrigieren. Verschiedene Gerechtigkeitskriterien müssen in der Entscheidung über den Krieg und in seiner Führung beachtet werden. Diese sind die *legitima potestas* (legitime Autorität der Instanz, die den Krieg initiiert), *iusta causa et titulus* (der gerechte Grund bzw. Rechtsanspruch für den Krieg) und *debitus modus* (Beachtung der moralisch richtigen Art, den Krieg zu führen und zu beenden). Suárez verwirft in dieser Aufzählung das Kriterium der rechten Intention, die er in den Bereich der individuellen Gewissenserforschung verbannt, und betont dagegen stärker die rechte Form der Kriegführung.

4.

Suárez, F., 1612, Abhandlung über die Gesetze und Gott den Gesetzgeber, Freiburg: Haufe 2002.
Suárez, F., 1965, Ausgewählte Texte zum Völkerrecht, Tübingen: Mohr.
Suárez, F., 1995, Selections from Three Works of Francisco Suárez, S. J.: De Legibus, Ac Deo Legislatore, 1612; Defensio Fidei Catholicae, Et Apostolicae Adversus Anglicanae Sectae Errores, 1613; De Triplici Virtute Theologica, Fide, Spe, Et Charitate, 1621, 2 Bde., Buffalo: Hein.
Castellote Cubells, S., 1962, Die Anthropologie des Suarez, Freiburg: Alber.
Hamilton, B., 1963, Political Thought in Sixteenth-Century Spain, Oxford: Clarendon Press.
Pereña, V. L., 1954, Teoria de la Guerra en Francisco Suárez, Madrid: Consejo Superior de Investigaciones Cientificas.
Soder, J., 1973, Francisco Suárez und das Völkerrecht, Frankfurt/M.: Metzner.
Wilenius, R., 1963, The Social and Political Theory of Francisco Suárez, Helsinki: Societas Philosophica Fennica.

Dieter Janssen

Subjekt

1.

»Subjekt« war zunächst eine metaphysische und grammatikalische Kategorie, die erst später den Ort des Menschen in der Sprache bezeichnen sollte. *Subjectum* – die lateinische Wurzel des Begriffs – wird gewöhnlich etwas unbeholfen als Übersetzung des griechischen *hypokeimenon* angeführt. Das *subjectum* bezeichnet demnach zunächst und zumeist eine Art Substrat oder Fundament für eine nachrangige Menge an Eigenschaften und steht damit in der Tradition der metaphysischen Letztbegründung. Ferner kommt dem »Subjekt« – im Sinne einer Person, die einer bestimmten (insbesondere einer souveränen) Herrschaftsinstanz unterworfen ist – eine wichtige politische Bedeutung zu, die den Status eines »Subjekts« von Rechten und Pflichten an einen Zustand politischer Unterordnung und Abhängigkeit bindet. Eine genauere Betrachtung der Etymologie kann zeigen, dass das Subjekt im metaphysischen Sinn zugleich als ein auf ambivalente Weise physisches Wesen aufgefasst wurde, und dass das Subjekt im politischen Sinn durch seinen Status zugleich ermächtigt und unterworfen wird. Es stellt sich daher die Frage, ob und, wenn ja, wie die metaphysische Kategorie die politische strukturiert und ob bzw., wenn ja, inwiefern die politische Geschichte dieses Begriffs zugleich als eine metaphysische zu verstehen ist (vgl. Balibar 1991; ders. 2004). Diese Frage lässt sich anhand der jüngeren Debatten und Definitionsversuche thematisieren, die sich auf den Begriff des Subjekts richten.

2.

2.1. In der zeitgenössischen französischen Philosophie wird das Subjekt entweder mit Descartes' *res cogitans* oder mit dem Protagonisten von Hegels *Phänomenologie des Geistes* identifiziert. Als cartesisches Selbst (*soi*) erscheint das Subjekt als denkende und überlegende Instanz, die vom lebendigen Körper nicht nur getrennt werden kann, sondern deren Wesen im Denken selbst besteht. Auch mit Bezug auf Hegel wird das Subjekt als sich selbst bestimmende Instanz gedacht, die jedoch in einem wesentlichen Zusammenhang mit einer gegenläufigen Welt von Objekten und anderen Subjekten steht. Das Denken des hegelschen Selbst ist in die materielle Welt, über die nachgedacht wird, verstrickt. Daraus ergibt sich eine eher ontologische als epistemologische Schlussfolgerung: Das hegelsche Subjekt ist nicht nur in der Lage, zwischen dem eigenen und anderen Selbsten sowie zwischen sich und der gegenläufigen Welt zu vermitteln, es wird selbst als fortschreitende Tätigkeit der Vermittlung bestimmt.

Diese beiden Traditionen haben ein Verständnis des Subjekts als aktives und erkennendes Wesen etabliert. Die Idee eines politischen Subjekts arbeitet nun insofern gegen dieses Verständnis, als Subjekt-Sein hier gerade heißt, einer souveränen Macht (Hobbes) oder anderen Formen der Regierung (Foucault) unterworfen zu sein (vgl. Burchell/Gordon/Miller 1991). Das Subjekt, das seinen Status nur durch Unterwerfung erreicht, verfügt gleichwohl noch immer über seine Handlungsfähigkeit. Diese ist aber durch seine Ermöglichungsbedingungen begrenzt. Denn ohne einen Souverän oder eine staatliche Autorität, der das Subjekt unterworfen wird, kann es kein Subjekt im rechtlichen oder politischen Sinn geben. Die Unterwerfung muss dabei auch ungewollt ertragen werden. Und doch führt gerade diese Unterwerfung dazu, dass man einen Anspruch auf bestimmte *Rechte* hat, als Subjekt kultureller und politischer *Anerkennung* in Frage kommt und die Möglichkeit zur Ausübung bestimmter politisch garantierter *Freiheiten* erhält. In diesem Sinne ist das politische Subjekt eine aktive Instanz, auch wenn sein Status paradoxerweise von einer vorgängigen und permanenten Unterwerfung abhängig ist.

2.2. In der jüngsten Vergangenheit ist es aus verschiedenen Gründen zu einer Abkehr von traditionellen Subjektkonzeptionen gekommen. Einer der wichtigsten Gründe ist politischer Natur: Das Subjekt wird auch weiterhin im Sinne einer Unterwerfung unter die Souveränität gedacht und ist folglich abhängig von fortbestehenden politischen Organisationsformen, die äußerst undemokratisch sein können. Wenn Foucault bemerkt: »Das Wort Subjekt hat einen zweifachen Sinn: vermittels Kontrolle und Abhängigkeit jemandem unterworfen sein und durch Bewußtsein und Selbsterkenntnis seiner eigenen Identität verhaftet sein« (Foucault 1982, 246f.), dann wendet er sich damit gegen eine Trennung zwischen politischen und epistemologischen Theorien des Subjekts, da die Herausbildung eines individuellen Bewusstseins selbst als politische Herrschaftstechnik erscheint. In beiden Hinsichten geht es Foucault zufolge um Unterwerfung, und dieser Prozess sei ein wesentlicher Bestandteil der modernen Subjektbildung. In seinen Arbeiten hat Foucault verschiedene Formationen staatlicher Macht unterschieden und mit Formen der Individualisierung und Subjektivierung in Verbindung gesetzt. Demnach existiert das Subjekt nur innerhalb eines durch politische Macht konstituierten Rahmens. Jeder Staat muss, um seine Subjekte zu unterwerfen und an die bestehende Rechtsordnung zu binden, Weisen der Produktion und Aufrechterhaltung bestimmter Formen von Individualität entwickeln. In diesem als »Individualisierung« bezeichneten Prozess werden im Rahmen verschiedenster moderner Machtregime ›Taktiken der Individualisierung‹ eingesetzt. Das individuelle Subjekt kann demnach nicht einfach von den staatlichen Institutionen befreit werden, da es ihnen wesentlich seine Existenz verdankt und durch sie auch weiterhin aufrechterhalten und kontrolliert wird. Dass wir eine metaphysische, epistemologische oder ontologische Konzeption des Subjekts nicht von den in und durch ein bestimmtes Regime staatlicher Macht eingesetzten Formen der Individualisierung trennen können, hat Foucault zufolge sowohl politische als auch ethische Konsequenzen: »[D]as politische, ethische, soziale und philosophische Problem, das sich uns heute stellt, [liegt] nicht darin, das Individuum vom Staat und dessen Institutionen zu befreien, sondern uns sowohl vom Staat als auch vom Typ der Individualisierung, der mit ihm verbunden ist, zu befreien.« (Foucault 1982, 250) Auch wenn Foucault das Subjekt demnach einerseits als passives Konstrukt der Machtregime versteht, so versucht er doch andererseits gerade diesen Rahmen zu überwinden und eine widerstandsfähige Handlungsinstanz zu etablieren.

Foucault scheint demnach weniger an einer Kritik des Subjekts als an der Förderung neuer Formen der Subjektivität interessiert zu sein. Die Vorstellung einer neuen Subjektivität setzt die Fähigkeit voraus, neue Formen des Ausdrucks für das Selbst zu erfinden oder zu finden. Weder »Subjektivität« noch »Selbst« wären demnach auf das »Subjekt«

zu reduzieren oder durch den Begriff des Subjekts adäquat zu erfassen. Es stellt sich jedoch die Frage, ob man mit der Vorstellung eines politischen Subjekts gänzlich brechen kann. Das Subjekt mag ein Produkt politischer Macht sein, aber wenn es ein »Wir« gibt, das die Fesseln des Subjekts abwerfen kann, dann haben wir es mit einer anderen Art von Handlungsinstanz zu tun, die ebenfalls theoretisch erfasst werden muss. Auch vor dem Hintergrund der foucaultschen Ausführungen stellen sich deshalb mehrere Fragen: Was ist mit dem Anderen? Was wird aus dem »Subjekt« in anderen sozialen und politischen Konfigurationen, die nicht dieser Analyse staatlicher Macht entsprechen? Kann es eine Politik »ohne Subjekt« (etwa der Deliberation und der Partizipation) tatsächlich geben?

2.3. Foucaults Kritik des Subjekts richtet sich gegen eine bestimmte Interpretation der hegelschen Subjektphilosophie. Diese Kritik kann in zweierlei Hinsicht dabei helfen, die Implikationen der Theorie des Subjekts für die politische Philosophie und Sozialphilosophie zu verstehen. Erstens kann man auf eine Theorie des Subjekts nicht vollständig verzichten, auch wenn es natürlich die Vor- und Nachteile spezifischer Konzeptionen abzuwägen gilt. Zweitens setzt die Kritik des französischen Poststrukturalismus an Hegels Konzeption voraus, dass das Subjekt bei Hegel eine hypostasierte Instanz ist, die zu anderen in einem einseitigen Herrschaftsverhältnis steht. Diese Konstruktion scheint nicht überzeugend zu sein. So hat in jüngster Zeit etwa Jürgen Habermas eine Theorie der Gesellschaft und der Kommunikation ausgearbeitet, in der das Subjekt mehr im Zentrum steht. Aber auch hier muss man fragen, ob man den Platz und die Bedeutung des Subjekts auf andere Weise verstehen kann, nachdem es aus dem Zentrum der Politik vertrieben worden ist. Lässt sich aus der hegelianischen Tradition eine alternative soziale Konzeption des Subjekts ableiten, die der Kritik des Subjekts als anthropozentrische Figur des reinen Willens, der Herrschaft, des überhöhten Individualismus und der philosophischen und politischen Totalität entgeht?

Zunächst sei darauf hingewiesen, dass der Vorwurf der exzessiven Autonomie oder gar der Asozialität gegen Hegels Konzeption des Subjekts nicht wirklich trifft. Tatsächlich handelt es sich beim hegelschen Subjekt immer um ein Subjekt des Begehrens, das über sich selbst hinausgeht, niemals völlig mit sich selbst identisch sein kann und mit einer Bezogenheit auf die Welt konfrontiert ist, die nicht auf es selbst zurückgeht (vgl. auch Butler 2001, Kap. 1). Dass das Subjekt immer und irreversibel auf die Welt bezogen ist, heißt, dass es nicht ihr Urheber oder Schöpfer ist. Mit »Subjekt« ist demnach auch keine Substanz gemeint, wie durch die metaphysische Lesart nahe gelegt wird, sondern ein »Ensemble von Verhältnissen«, das zugleich konstitutiv und unterbestimmt ist. Die Beziehung des Selbst zu sich ist demnach nie frei vom Anderen, und diese Relationalität ist konstitutiv dafür, wer dieses Selbst ist (vgl. Butler 2003, Kap. 6).

Die vom Strukturalismus eingeführte Vorstellung, dass sich Bedeutungen nicht auf unsere Subjektivität oder auch nur unsere Subjektposition in der Sprache zurückführen lassen und dass wir im Sprechen eine Sprache verwenden, die unseren Intentionen vorausgeht und sie überschreitet, schien für viele das Ende einer anthropozentrischen Version des Hegelianismus (wie sie etwa Kojève (1947) in seinen einflussreichen Vorlesungen zu vertreten schien) zu bedeuten. Dementsprechend ist umstritten, ob die Absetzung des Subjekts von Hegel selbst herbeigeführt wurde oder vom französischen Denken gegen ihn durchgesetzt werden musste. Zumindest sollte jedoch festgehalten werden, dass Hegel mit seiner Theorie der Gemeinschaft einen Kontext der Intersubjektivität ausgearbeitet hat, der jede Konzeption des Subjekts umrahmt (diese Überordnung der Gemeinschaft konnte dann allerdings wieder als Gewalt gegenüber dem Individuellen kritisiert werden, vgl. etwa Irigaray 1974, 266ff.).

3.

3.1. Der Verweis auf die französische Kritik an Hegels Subjektkonzeption hat gezeigt, dass die Vorstellung des Subjekts als alleinigem Schöpfer aller Bedeutungen, als verhältnislose und nicht-soziale Instanz durch eine andere Interpretation Hegels widerlegt werden kann, der zufolge das Subjekt durch seine sozialen Beziehungen bestimmt und damit aus dem Zentrum der sozialen Welt verdrängt wird (vgl. Butler 2006). Meines Erachtens vertritt Hegel eine *ek-statische* Konzeption des Subjekts, das von vornherein als außer sich, nicht selbst-identisch und differenziert verstanden wird (vgl. aus dem französischen Kontext Malabou 1996 und Nancy 1997, aber auch schon Fanon 1952). Die Ontologie eines solchen Subjekts ist gespalten und durch unauflösbare Spannungen gekennzeichnet. Das sich im Laufe der *Phänomenologie des Geistes* herausbildende Subjekt steht in einem Verhältnis des temporalen Entzugs zu seinen früheren Erscheinungsformen und wird durch seine Begegnungen mit der Alterität transformiert, nicht um zu sich selbst zurückzukehren, sondern um ein Subjekt zu werden, das es bisher nicht gewesen ist. Durch die Erfahrung der Differenz wird dieses Subjekt in die Zukunft geworfen. Ein Subjekt zu sein, heißt demzufolge, sich sich selbst gegenüber in einer Distanz zu befinden, nicht die Vorrechte der Selbstidentität oder der Selbstgewissheit genießen zu können, sondern immer auch außerhalb seiner selbst, ein Anderer für sich selbst zu sein.

3.2. Die Wichtigkeit der hegelschen Subjektkonzeption für die politische Philosophie und Sozialphilosophie ist in einer ganzen Reihe jüngerer Arbeiten aufgezeigt worden. Charles Taylors *Quellen des Selbst* ist hier ebenso zu nennen wie seine Hegel-Studie (vgl. Taylor 1989; ders. 1975). Taylor zufolge versucht das hegelsche Subjekt, den Gegensatz zwischen vernünftiger Autonomie und expressiver Einheit zu überwinden. Hegels Theorie des Subjekts versteht er als »Theorie der Selbstverwirklichung« (Taylor 1975, 119), die nicht nur anti-dualistisch ist, sondern sich von individualistischen Theorien auch dadurch unterscheidet, dass alles Denken durch Sprache oder andere Medien vermittelt ist. Transformationen des Subjekts finden demnach immer vermittelt durch jene Medien statt, die dem Subjekt zur Verfügung stehen. Das Subjekt »ist« unabhängig von den Weisen, auf die es sich selbst in der sozialen Welt widergespiegelt und vermittelt findet, gar nichts. Es ist deshalb immer ein soziales Subjekt. Dabei wird Taylor zufolge die Vermittlung zwischen Subjekt und gegenläufiger Welt durch eine beide strukturierende Vernünftigkeit ermöglicht, die Hegel auch als »Geist« bezeichnet. Dass diese Vernünftigkeit dem Subjekt »im klaren Medium des Begriffsdenkens« zugänglich ist (vgl. ebd., 129), muss jedoch mit dem unhintergehbar körperlichen Charakter des Subjekts versöhnt werden, so dass sich die Frage stellt, wie ein situiertes und körperliches Subjekt diese Vernünftigkeit erkennen kann, wobei es durch diese Erkenntnis zugleich von der gegenläufigen Welt abgetrennt und an sie gebunden wird.

Taylors Konzeption eines expressiven Subjekts und sein Bemühen, eine Konzeption der Vernunft zu etablieren, die Subjekt, Gesellschaft und Natur umfasst, sehen sich vielfältiger Kritik ausgesetzt. Eine solche alles umfassende Konzeption der Vernunft scheint vielen genau so spekulativ zu sein wie Hegels Begriff des Geistes. Gleichzeitig scheint jedoch die Verankerung der Vernunft in intersubjektiven Verhältnissen der hegelianischen Position wieder neues Leben einzuhauchen. Die Frage ist demnach gerade, ob die Idee einer intersubjektiv verankerten Vernunft Subjekt und Bewusstsein wieder in eine epistemologische Schlüsselstellung einrücken lässt oder ob sie die Überschreitung des subjektiven Standpunkts der ersten Person nach sich zieht. Hegel ernst zu nehmen, könnte gerade heißen, das Subjekt nur als einen Knotenpunkt in einem komplexen Netz wechselseitiger Beziehungen zu sehen, die sich zu einer umfassenden Vernünftigkeit fügen.

3.3. Vor diesem Hintergrund können wir uns abschließend nochmals Habermas' Abkehr von einer subjektzentrierten Vernunftkonzeption zuwenden. Das »strukturell überforderte Subjekt« (Habermas 1985, 346) stellt keine Ressourcen mehr bereit, aus denen sich eine verloren gegangene Ordnung der Dinge ableiten ließe. Taylor und anderen zufolge kann das hegelianische Subjekt nicht als Fundament oder Quelle der Vernunft dienen, da sein Zugang zur Vernunft von ihm selbst äußerlichen Voraussetzungen abhängig ist, von Medien, die wiederum historischen und materiellen Veränderungen unterworfen sind. Habermas plädiert für einen Paradigmenwechsel hin zu einem »interaktiven« Verständnis von Handeln und Sprache. Wechselseitiges Verstehen setzt auf Seiten der Teilnehmenden demnach eine aktive Orientierung an der einvernehmlichen Koordination ihrer Handlungsziele mit Bezug auf eine geteilte Welt voraus. Die für Habermas' Konzeption der Kommunikation zentrale Idee einer wechselseitigen Perspektivenverschränkung erfordert die Ersetzung der subjektzentrierten durch eine interaktionszentrierte Orientierung, in der wir auch die Perspektive des anderen bzw. der anderen übernehmen. Dieser Übergang ist allerdings keine bloße Willensentscheidung des Individuums, sondern bereits in der Sprache selbst angelegt. Wenn man von der hegelianischen These ausgeht, dass selbst unser individuellstes Denken von externen Medien abhängt, und wenn dieses Medium die Sprache ist und diese des Weiteren über geteilte Strukturen des Verstehens funktioniert, dann folgt daraus, dass unsere Fähigkeit zu denken und uns auszudrücken von wesentlich sozialen Formen der Sprache und der Interaktion abhängig ist.

Seine eigene Kritik des Subjekts grenzt Habermas von jener ab, die seines Erachtens durch Nietzsche inspiriert wurde. Die Nietzscheaner verfahren »destruktiv«, indem sie zeigen, dass das Subjekt, das sich selbst als denkendes, autonomes und handelndes versteht, irregeführt, wenn nicht gar in der Täuschung befangen ist. Habermas zufolge sehen die Nietzscheaner das Subjekt als abhängig »von einem vorgängigen, anonymen und übersubjektiven Geschehen« (Habermas 1985, 362). Habermas geht nicht näher darauf ein, was für eine metaphysische Kraft das sein könnte, aber es spricht einiges dagegen, dass es sich hier um eine faire und angemessene Darstellung von Nietzsches Sichtweise handelt. Nietzsches berühmte These, es gebe »kein ›Sein‹ hinter dem Thun« und »der Thäter« sei »zum Thun bloss hinzugedichtet«, bezieht sich nicht nur auf das menschliche Subjekt, sondern auch auf jedes metaphysische Subjekt, das diesem vorgängig und für es bestimmend sein soll (vgl. Nietzsche 1887, I, 13). Demnach geht es Nietzsche um den Aufweis, dass sich das bewusste und denkende Subjekt erst herausbilden muss und dass ihm die Geschichte seines Formierungsprozesses nicht vollständig bewusst sein kann. Damit argumentiert er weder für eine deterministische Position noch will er die Bedeutung der Sprache für den Prozess der Subjektformation herunterspielen. Ein zentrales Problem der gegenwärtigen Kultur besteht Nietzsche zufolge schließlich darin, dass sich ein bestimmtes metaphysisches Verständnis des Subjekts in unsere Grammatik eingeschlichen hat und uns nun dazu verführt, das Subjekt als *hypokeimenon*, also als selbstidentisches und stabiles metaphysisches Substrat zu verstehen, das als Fundament seiner Gedanken und Handlungen funktioniert. Ganz ähnlich wie Taylor besteht auch Nietzsche darauf, dass das Denken von einem externen Medium abhängig ist und dass eine Transformation des Subjekts nur vermittelt über (Schrift- oder andere) Sprachen stattfinden kann. Denken und Handeln sind demnach nicht als bloße Attribute eines vorgängigen Subjekts zu verstehen, sondern konstituieren die Modalitäten dieses Subjekt, das selbst keine metaphysische Substanz, sondern ein Modus des Werdens ist. Nietzsche zufolge hat die Sprache jedoch eine Geschichte, und es gehört zum Erbe des modernen Subjekts, sich den etablierten metaphysischen Selbstverständnissen aktiv zu widersetzen.

Habermas hingegen verankert die Vernunft in Formen der Kommunikation. Auch wenn diese in manchen Dimensionen historisch wandelbar sein mögen, so ist die von ihnen getragene Vernunft doch wesentlich überhistorisch. Seines Erachtens lassen sich grundlegende Funktionen von Sprache ausmachen, zu denen auch das Erheben von Geltungsansprüchen etwa der normativen Richtigkeit gehört. In solchen Fragen besteht eine Verpflichtung zur Überwindung der Perspektive der ersten Person im Lichte der Erfordernisse der Kommunikation selbst. Wenn unsere Gründe für einen bestimmten Anspruch kommuniziert werden und daher kommunizierbar sein müssen, um als gute Gründe gelten zu können, dann – so Habermas – finden sich die Grundlagen normativer Gültigkeit in der kommunikativen Vernunft selbst.

Zwischen dieser Theorie und der oben skizzierten hegelianischen Sichtweise lassen sich einige Überlappungen feststellen. Auch letzterer zufolge kann sich das soziale Subjekt schließlich nicht mehr auf die Gewissheiten der Perspektive der ersten Person zurückziehen. Das Subjekt ist vielmehr auf eine Weise in Beziehungen mit dem Anderen verstrickt, dass es nicht es selbst sein kann, ohne sich von sich selbst zu entfernen, den eigenen Standpunkt aufzugeben und eine Transformation zu durchlaufen, die sich in und durch jene Sozialität vollzieht, die zu seiner Substanz geworden ist. Mit »Substanz« ist hier freilich nicht die von Nietzsche kritisierte Vorstellung eines metaphysischen Substrats gemeint. Die Substanz besteht vielmehr in der Sozialität – und dem kann auch Habermas zustimmen, auch wenn er die Sozialität als durch kommunikative Vernunft bestimmt sieht. Habermas' Reaktion auf den Verdacht, dass er dieser Form der Rationalität eine von historischen Veränderungsprozessen der Sprache unabhängige Existenz zuschreibe, besteht in der Annahme, dass bestimmte historische Prozesse der sozialen Ausdifferenzierung diese Rationalitätsstrukturen aktualisieren und weiterentwickeln.

3.4. Wir sind von metaphysischen Vorstellungen des Subjekts ausgegangen, die in diesem ein Substrat sehen, dem Attribute oder Modi zugerechnet werden können. Der Verweis auf das Subjekt scheint zudem häufig eine cartesische *res cogitans* vorauszusetzen und zu implizieren, dass es sich um ein bewusstes und wissendes Wesen handelt. Diese Tradition des Subjektdenkens steht in starkem Kontrast zu derjenigen, die vom Zustand politischer Unterwerfung ihren Ausgang nimmt und »Subjekt« als Bezeichnung des politischen Status eines Menschen versteht, der zugleich einer Macht unterworfen und durch diese Unterwerfung erst »subjektiviert«, also zum Subjekt gemacht wird. Im Anschluss an Foucault kann man festhalten, dass bestimmte Formen der Macht bestimmte Arten von Subjekten produzieren und dass diese Mechanismen zur Ausweitung bestehender Machtregime beitragen. Insbesondere lässt sich feststellen, dass sich Foucault weniger für eine Rehabilitierung oder Umdeutung des Subjekts interessiert als für die Schaffung neuer »Subjektivitäten«, die nicht zur Reproduktion bestehender Formen staatlicher Macht beitragen.

Foucaults Werk wirft die Frage auf, ob eine kompromisslose Verabschiedung des Subjekts möglich oder wünschenswert ist. Dabei ist sein Versuch der Distanzierung von einer hegelianischen Subjektkonzeption nur teilweise überzeugend. Letztere wird manchmal so verstanden, als bestätige sie das Subjekt als Grund der Bedeutung sowie der Vernunft und stelle damit eine zutiefst anthropozentrische Position dar. Die ›französische Antwort‹ auf Hegel im 20. Jahrhundert zeigt jedoch, dass sich eine Konzeption des Subjekts als asozial und als Grund der Bedeutung als äußerst problematisch erweist, wenn wir sie im Lichte von Theorien über Sprache und Gesellschaft betrachten, die das Subjekt als Quelle von Intentionalität und Vernunft dezentrieren. Aus psychoanalytischer Perspektive betrachtet blendet das hegelianische Subjekt die enigmatischen und unbewussten Dimensionen seines eigenen Begehrens aus (vgl. z.B. Lacan 1960). Und aus poststrukturalistischer Perspektive vernachlässigt die hegelianische Position, dass Bedeutungen nicht durch das Subjekt, sondern durch das Spiel der Signifikanten produziert werden (vgl. z.B. Derrida 1967).

Im Lichte dieser beiden Kritiken lässt sich die hegelianische Konzeption aber auch anders interpretieren. So kann man mit Hegel einen Subjektbegriff formulieren, der die Sozialität gerade in den Mittelpunkt stellt und damit diejenigen Theorien der Sprache sowie der Gesellschaft *bestätigt*, die eine Überschreitung der Perspektive der ersten Person fordern. Dieser *ek-statisch* interpretierte Hegel ist ein ganz anderer als jener, der für eine totalisierende oder gar imperialistische Sichtweise verantwortlich gemacht wird. Dennoch haben manche den Verdacht, dass es sich beim Subjekt um eine asoziale Konstruktion des Individuums handelt, die die gesellschaftlichen Grundlagen der menschlichen Existenz negiert. Gerade Hegel lässt sich aber als Vertreter einer durch und durch sozialen Ontologie des Subjekts interpretieren, die dieses aus dem Zentrum allen Wissens entlässt. Entscheidend ist jedoch, dass diese Debatten über den Stellenwert der hegelschen Subjektkonzeption eine Reihe gegenwärtiger Ansätze – wie den Poststrukturalismus, die kritische Gesellschaftstheorie, Feminismus und Postkolonialismus sowie die Theorie des kommunikativen Handelns – nachhaltig prägen. In diesem Sinne scheint die Frage des Subjekts noch nicht entschieden.

4.

Balibar, E., 1991, Citizen Subject, in: E. Cadava (Hg.), Who Comes After the Subject?, New York: Routledge.

Balibar, E., 2004, Sujet, in: B. Cassin (Hg.), Vocabulaire européen des philosophies, Paris: Seuil.

Burchell, G./Gordon, C./Miller, P. (Hg.), 1991, The Foucault Effect, Chicago: University of Chicago Press.

Butler, J., 1997, Psyche der Macht, Frankfurt/M.: Suhrkamp 2001.

Butler, J., 2003, Undoing Gender, New York: Routledge.

Butler, J., 2006, Hegel in France, in: L. Kritzman (Hg.), The Columbia History of Twentieth-Century French Thought, New York: Columbia University Press.

Derrida, J., 1967, Von der beschränkten zur allgemeinen Ökonomie. Ein rückhaltloser Hegelianismus, in: ders., Die Schrift und die Differenz, Frankfurt/M.: Suhrkamp 1976.

Fanon, F., 1952, Schwarze Haut, weiße Masken, Frankfurt/M.: Suhrkamp 1985.

Foucault, M., 1982, Das Subjekt und die Macht, in: H. L. Dreyfus/P. Rabinow, Michel Foucault, Frankfurt/M.: Athenäum.

Frank, M./Raulet, G./Van Reijen, W. (Hg.), Die Frage nach dem Subjekt, Frankfurt/M.: Suhrkamp 1988.

Habermas, J., 1985, Der philosophische Diskurs der Moderne, Frankfurt/M.: Suhrkamp.

Hegel, G. W. F., 1807, Phänomenologie des Geistes, Frankfurt/M.: Suhrkamp 1986.

Irigaray, L., 1974, Speculum. Spiegel des anderen Geschlechts, Frankfurt/M.: Suhrkamp 1980.

Kojève, A., 1947, Hegel, Frankfurt/M.: Suhrkamp 1997.

Lacan, J., 1960, Die Subversion des Subjekts und Dialektik des Begehrens im Freudschen Denken, in: ders., Schriften, Bd. 2, Weinheim: Quadriga.

Malabou, C., 1996, L'avenir de Hegel, Paris: Vrin.

Nancy, J.-L., 1997, Hegel. L'inquiétude du négatif, Paris: Hachette.

Nietzsche, F., 1887, Zur Genealogie der Moral, in: KSA, Bd. 5, München/Berlin: dtv/de Gruyter 1999.

Reckwitz, A., 2007, Subjekt, Bielefeld: Transcript.

Taylor, C., 1975, Hegel, Frankfurt/M.: Suhrkamp 1978.

Taylor, C., 1989, Quellen des Selbst, Frankfurt/M.: Suhrkamp 1996.

JUDITH BUTLER
(AUS DEM ENGLISCHEN VON ROBIN CELIKATES)

Subsidiarität

1.

1.1. Das Subsidiaritätsprinzip reguliert Machtbefugnisse innerhalb einer politischen Ordnung. Es bestimmt, dass politische Befugnisse oder Aufgaben auf den niedrigeren Ebenen dieser Ordnung angesiedelt werden sollen, es sei denn, dass eine höhere Effizienz oder Effektivität durch eine höherstufige Ebene gesichert werden kann. Politische Bedeutung kommt diesem Prinzip primär dadurch zu, dass es Ängste vor einer Zentralisierung der Europäischen Union (EU) beschwichtigt. Subsidiarität spielte aber auch eine Rolle in Debatten über den richtigen Umfang lokaler Autonomie (vgl. Genesko 1986; Goldsmith 1996). Besonders in Zeiten institutioneller Veränderungen kommt das Subsidiaritätsprinzip im Rahmen von Verhandlungen zwischen souveränen politischen Einheiten zum Tragen, die sich einer gemeinsamen Autorität unterwerfen. Um die Gefahr eines dauerhaften Minderheitenstatus zu reduzieren, wird die Machtfülle der Zentralgewalt durch verschiedene Kontrollen wie »Kompetenzlisten«, Einstimmigkeitsregeln, qualifizierte Mehrheitsentscheidungen, gewichtete Stimmen oder das Subsidiaritätsprinzip begrenzt.

1.2. Das Subsidiaritätsprinzip wurde in den späten 1980er Jahren in der EU eingeführt, um Ängste vor einem Zentralismus zu entkräften. Es kann im Rahmen der EU unterschiedlich interpretiert bzw. angewendet werden und durch die Rechtfertigung des Zentralismus einen zentripetalen Effekt haben (vgl. Endo 1994; Taylor 1996). Aber auch substaatliche Regionen verwenden das Prinzip gegen Mitgliedstaaten, was zu dem unvorhergesehenen zentrifugalen Ergebnis führt, die Macht der Einzelstaaten von innen auszuhöhlen (vgl. Kapteyn 1991; Schilling 1995).

Die politische Bedeutung des Subsidiaritätsprinzips innerhalb der EU lässt sich anhand dreier aktueller Debatten illustrieren. Umstritten ist erstens, welche unteren Ebenen durch das Subsidiaritätsprinzip reguliert werden sollen sowie der Status substaatlicher Regionen. Zweitens gibt es eine Auseinandersetzung über den Umfang sowie die Art und Weise zentraler Interventionen, etwa ob das Gemeinschaftsrecht nur gegen ›Sozialdumping‹ zwischen Mitgliedsstaaten vorgehen und Mängel des Marktes korrigieren oder ob es grundsätzlich in Arbeitsbedingungen intervenieren soll. Drittens verweist das Subsidiaritätsprinzip auf politische Ziele, die jedoch häufig umstritten sind, wie die Umverteilung zwischen Regionen und Mitgliedsstaaten (vgl. Scharpf 1997).

1.3. Dem Subsidiaritätsprinzip zufolge muss die Zuweisung politischer Macht eine *komparative Effizienzbedingung* erfüllen: Die übergeordnete Ebene muss das erwünschte Ergebnis besser erreichen können als die unteren Ebenen. Diese Bedingung kann von der übergeordneten Ebene verlangen, bestimmte *Effektivitäts-* oder *Notwendigkeitsbedingungen* zu erfüllen, und es kann zentrales Handeln entweder *verbieten* oder *verlangen*. Was die Effektivität betrifft, geht es primär um die Frage, wann und wie Interventionen der übergeordneten Ebene zulässig sind. Begrenzt werden kann die *Reichweite der Anwendung* des Prinzips, z. B. im Falle von Umweltregulierungen, oder das Subsidiaritätsprinzip selbst kann Grenzen setzen, z. B. indem es Interventionen zugunsten des freien Güter- und Dienstleistungsverkehrs erlaubt. Auch im deutschen Grundgesetz findet das Subsidiaritätsprinzip Anwendung, insofern eine oder mehrere der folgenden Bedingungen vorliegen: Dem Bund soll die Gesetzgebungskompetenz in dem Maße zukommen, in dem die Notwendigkeit föderaler Legislation besteht, weil (1) eine Angelegenheit nicht effektiv durch die Länder reguliert werden kann, (2) die Landesregelung den Interessen der Länder oder des Volkes insgesamt widerspricht oder (3) die Wahrung der Rechts- oder Wirtschaftseinheit, insbesondere die Wahrung gleichwertiger Lebensverhältnisse, eine solche Regelung erforderlich macht (Art. 72 II GG).

Zudem kann das Subsidiaritätsprinzip auch bestimmen, *wie* die übergeordnete Ebene zu handeln hat, um die Eigenständigkeit der unteren Ebenen zu wahren. So wird es den unteren Ebenen überlassen, wie sie bestimmte Ziele erreichen (vgl. Brinkhorst 1991). Das Subsidiaritätsprinzip kann eine *Notwendigkeitsbedingung* beinhalten, nach der die übergeordnete Ebene nur handeln darf, wenn die untere Ebene das erwünschte Ergebnis nicht eigenständig zu erreichen *vermag*. Des Weiteren können die unteren Ebenen *in der Lage sein*, ohne eine übergeordnete

Ebene zu handeln, jedoch schlicht kein Bedürfnis haben, dies zu tun.

Verschiedene Konzeptionen der Subsidiarität können sich zu diesen Möglichkeiten auf unterschiedliche Weise verhalten. So mag etwa die Achtung vor der Autonomie der unteren Ebenen dazu führen, dass diesen ein Vetorecht zugestanden wird. Alternativ kann die übergeordnete Ebene sich über Einwände hinwegsetzen, um gegen ›Trittbrettfahrer‹ vorzugehen. Die Notwendigkeitsbedingung kann dahingehend weiter spezifiziert werden, dass sie z.B. das Handeln der übergeordneten Ebene nur in Fällen erlaubt, in denen *zwischenstaatliche bzw. interregionale Auswirkungen* vorliegen. Die Auswirkungen des Subsidiaritätsprinzips hängen auch davon ab, ob es negativ (als Verbot) und damit als rechtliche Immunität interpretiert wird, die untere Ebenen vor Interventionen der übergeordneten Ebene schützt, oder ob es positiv (als Vorschrift) verstanden wird, die Interventionen der übergeordneten Ebene verlangt (vgl. Endo 1994; Dehousse 1994).

Das Subsidiaritätsprinzip kann sowohl die Allokation rechtlicher Kompetenzen oder Machtbefugnisse zwischen Teilen der Regierung regeln als auch den Entscheidungsspielraum im *Gesetzgebungsprozess* und in der *Ausführung* von Gesetzen. Auf diese Weise ermöglicht es eine dynamischere Entwicklung als ein bloßer Kompetenzkatalog.

Das Subsidiaritätsprinzip kann das Verhältnis territorialer Einheiten regulieren, wie etwa in Föderationen (USA) und in der EU. Dies wird manchmal als »vertikale« Anwendung des Prinzips bezeichnet und von einer nicht-territorialen (»horizontalen«) Anwendung auf Assoziationen oder gesellschaftliche Sektoren unterschieden. Für die territoriale Anwendung ist die Größe der unteren Ebenen von zentraler Bedeutung. Die nicht-territoriale Anwendung befasst sich üblicherweise mit Konfliktlagen, in denen Gruppen oder Probleme territorial vermischt sind und die nötige Toleranz nicht vorhanden ist.

1.4. Das Subsidiaritätsprinzip kann von drei Körperschaften angewendet werden: einstimmig durch die unteren Ebenen (bzw. ihre Vertreter), durch eine (qualifizierte) Mehrheit, durch die übergeordnete Ebene oder durch eine Verknüpfung der unteren Ebene mit der übergeordneten Ebene. Das erste Modell tritt in Föderationen und Konkordanzdemokratien auf. Die ersten beiden Modelle finden sich in der EU sowie in föderativen Systemen mit »verflochtenen Machtbefugnissen«, in denen die unteren Ebenen an Entscheidungen der übergeordneten Ebene partizipieren. Das dritte Modell tritt dann auf, wenn das Subsidiaritätsprinzip Machtbefugnisse der übergeordneten Ebene verteilt bzw. regelt und diese unabhängig von der Kooperation mit den unteren Ebenen sind (vgl. Hueglin 1995; Scharpf 1985).

Auch die Überprüfung der Anwendung des Subsidiaritätsprinzips kann durch verschiedene juristische Körperschaften erfolgen. Solche Entscheidungen sind schwierig zu fällen, da sie einer Einschätzung der komparativen Effizienz und der Notwendigkeit des Handelns der übergeordneten Ebene bedürfen (vgl. Müller-Graff 1996; González 1995; Kapteyn 1991; Weiler 1999, Kap. 2). Das Subsidiaritätsprinzip bestimmt die Allokation und Ausübung von Befugnissen nur, nachdem diese wichtigen Fragen entschieden worden sind.

2.

Theorien der Subsidiarität müssen insbesondere drei Fragen beantworten: Welche unteren Ebenen sollen anerkannt und mit Befugnissen ausgestattet werden? Mit Bezug auf welche Ziele sollen die Effizienzstandards bestimmt werden? Und wer soll die entsprechenden Entscheidungen treffen?

Theorien der Subsidiarität sollten erstens eine Konzeption des Individuums, des angemessenen Verhältnisses zwischen Individuen, verschiedener sozialer Assoziationen (auch Staaten) und des größeren politischen Systems umfassen. Zweitens sollten normative Argumente für die Standards einer gerechten Verteilung der Vorteile bzw. Lasten unter Individuen und Assoziationen/Staaten innerhalb eines größeren politischen Systems vorgebracht werden. Solche Argumente sollten Kriterien bereitstellen, die auf der Basis einer Konzeption des individuellen Guten die Allokation und den Gebrauch politischer Befugnisse regeln. Drittens werden sich die meisten Theorien auch auf institutionelle Argumente bezüglich der wahrscheinlichen Konsequenzen einer bestimmten Interpretation des Subsidiaritätsprinzips stützen.

2.1. Johannes Althusius gilt vielen als Vater des neuzeitlichen Föderalismus. In *Politica Methodice Digesta* (1614) richtete er sich gegen den Missbrauch zentralistischer Gewalt und plädierte für den Schutz der Stadt Emden, insbesondere ihrer religiösen Gemeinschaften. Althusius lehnte jede Form der Theokratie ab und verbot staatliche Interventionen selbst zur Förderung des vermeintlich richtigen Glaubens. Gemeinschaften und Assoziationen sind in der Unterstützung (subsidia) der Bedürfnisse der Individuen von instrumenteller als auch von intrinsischer Bedeutung. Das Althusianische Argument für Subsidiarität thematisiert die Spannung zwischen Stabilität und Pluralismus. Indem es die Einmischung durch die übergeordnete Ebene ablehnt, sichert es eine kohärente politische Ordnung, in der verschiedene religiöse Ansichten einbezogen werden können. Die Zentralregierung genießt Legitimität durch Delegation. Diese Legitimität basiert auf souveränen und legitimen Einheiten der Union, deren Interessen durch das gemeinsame Handeln gedient werden muss. Althusius' Theorie bietet keine Kriterien für die Beurteilung der Legitimität der unteren Ebenen. Diese Konzeption der Subsidiarität bringt ein schwaches konföderatives Zentrum hervor und funktioniert über ein Verbot, indem sie die Autonomie der unteren Ebenen gegen staatliche Interventionen schützt.

2.2. Mehrere Autoren haben für eine dezentralisierte Regierung argumentiert, da diese am besten unsere Freiheitsinteressen sichere. In der republikanischen Spielart greift dieses Argument auf Machiavellis Bestreben zurück, die Unterwerfung unter den arbiträren Willen einer anderen Person zu vermeiden (vgl. Pettit 1997). Indem der Handlungsspielraum der übergeordneten Ebene limitiert wird, bleibt mehr Spielraum für die Freiheit der Individuen. Vetorechte für die unteren Ebenen stellen sicher, dass gemeinsame Vorteile nicht um den Preis des Despotismus erkauft werden (vgl. Baybrooke 1983; Goodin 1996). Die sich auf Montesquieu (1748) stützenden US-amerikanischen Verteidiger der Konföderation hinterfragten unter Rückgriff auf empirische Überlegungen die Vorteile kleiner politischer Einheiten. Kein politisches Gemeinwesen ist so klein, dass es Minderheiten mit verschiedenen Interessen vermeiden kann. Zudem kommt es in kleineren Gemeinwesen schneller zur Tyrannei der Mehrheit. Größere politische Einheiten bieten hingegen bessere Sicherungsmechanismen gegen Tyrannei (vgl. Hamilton/Madison/Jay 1788, 10, 51).

2.3. Nach Auffassung des fiskalischen Föderalismus sollten die Befugnisse und Lasten, die der Hervorbringung öffentlicher Güter dienen, bei der Bevölkerung liegen, die von diesen Gütern profitiert. Geht man davon aus, dass individuelle Präferenzen sich systematisch nach externen und internen Parametern wie Geographie, Geschmack und Werten unterscheiden, so sprechen zwei Gründe für eine dezentralisierte Regierung: Zum einen halten lokale Entscheidungen davon ab, die Politik zu überfrachten. Lokale Entscheidungsträger haben ein besseres Verständnis der betroffenen Präferenzen sowie möglicher Alternativen und gewährleisten so bessere öffentliche Leistungen (vgl. Smith 1776). Zweitens ist es für manche Güter – »internalities« – möglich, Gruppen von Individuen zu isolieren, die diese Güter vorziehen. Die Befugnisse solcher Gruppen erlaubten es ihnen dann, aufgrund dieser Präferenzen zu handeln und so die Effizienz zu erhöhen (vgl. Oates 1972).

Diese Theorie kann sowohl auf die Allokation als auch auf die Ausübung von Befugnissen angewendet werden und erlaubt sowohl territoriale als auch funktionale Untereinheiten. Bestimmt wird die Reichweite der Intervention der übergeordneten Ebene dadurch, ob sie zum Erwerb öffentlicher Güter führt. Mit Blick auf eine allgemeine Theorie des Subsidiaritätsprinzips lassen sich hier jedoch mindestes vier Probleme ausmachen: Erstens bedarf diese Theorie komplexer empirischer komparativer Beurteilungen aller Handlungen der unteren und der übergeordneten Ebenen. Zweitens vermag die Theorie zwar einen koordinativen Stillstand zwischen den unteren Ebenen zu vermeiden, allerdings gibt sie keine Antwort auf die wichtige organisatorische Herausforderung, die Zuständigkeiten der unteren Ebene zu bestimmen. Drittens wird das Gemeinwohl ausschließlich als öffentliches Gut verstanden, von dem niemand ausgeschlossen werden kann und dessen Verbrauch als nicht-kompetitiv gilt (vgl. Musgrave 1959). Schließlich können gegen diese ökonomische Konzeption Standardeinwände gegen die Prämissen der ökonomischen Theorie vorgebracht werden. Dazu gehören die Exklusion aller Indizes des individuellen Wohls außer dem ökonomischen Nutzen und der ökonomischen Präferenzen sowie die Auswirkung verzerrter Startpositionen der Parteien.

2.4. Die römisch-katholische Tradition der Subsidiarität geht auf die Enzyklika *Rerum Novarum* (1891) von Leo XIII. sowie die darauf aufbauende Enzyklika *Quadragesimo Anno* (1931) von Pius XI. zurück. Sie beruht auf einer bestimmten Vorstellung der Person und einer natürlichen Sozialordnung. Das Ziel von *Rerum Novarum* war es, sowohl gegen die kapitalistische Ausbeutung der Armen zu protestieren als auch die katholische Kirche gegen den Sozialismus zu schützen. Das katholische Argument für Subsidiarität beruht auf der Überzeugung, dass das menschliche Gute darin besteht, das eigene Potenzial zu entwickeln und auf diese Weise seine Würde nach dem Abbild Gottes zu realisieren (vgl. Finnis 1989; Millon-Delsol 1992, Kap. 8–9). Gemeinschaften spielen in dieser Vorstellung eine doppelte Rolle: Durch freiwillige Interaktion entwickeln Personen ihre intrinsische Würde, und sie helfen denjenigen, denen die Mittel zur Entwicklung fehlen. Der Staat muss sich der natürlichen und göttlichen Ordnung fügen, um dem Gemeinnutzen zu dienen. Die Nichtintervention des Staates dient sowohl dem für die angemessene Entfaltung notwendigen Schutz der Autonomie der Individuen (vgl. Finnis 1980, 146ff.) als auch einem sparsamen Umgang mit den knappen Ressourcen des Staates (Quadragesimo Anno, § 80). Umgekehrt ist die staatliche Intervention dann legitim und notwendig, wenn das öffentliche Wohl gefährdet ist, etwa wenn eine bestimmte Gesellschaftsschicht leidet (Rerum Novarum, §§ 36f.; Quadragesimo Anno, § 78). Den unteren Ebenen wird kein Vetorecht zugestanden, da die übergeordnete Ebene ggf. im Interesse betroffener Individuen intervenieren muss. Diese Tradition fordert auch den derzeitig dominierenden exklusiven Status von Staaten als unteren Ebenen heraus, da die Vorstellung der gerechten Sozialordnung den Transfer von Zuständigkeiten zu rechtfertigen vermag. Die katholische Konzeption der Subsidiarität basiert sowohl auf einer umstrittenen Vorstellung der Sozialordnung und des menschlichen Wohlergehens als auch auf einer kontroversen Ansicht individueller Autonomie. Folglich kann die Theorie weder Angelegenheiten regeln, die die Domäne der unteren Ebenen betreffen, noch kann sie deren legitime Befugnisse identifizieren.

2.5. Schließlich kann das Subsidiaritätsprinzip auch innerhalb eines liberalen Kontraktualismus kantischer Tradition gerechtfertigt werden, nach dem eine legitime Sozialordnung gegenüber jedem Betroffenen rechtfertigbar sein muss (vgl. Barry 1995; Habermas 1992; MacCormick 1997). Dafür können zwei Gründe benannt werden: Der erste basiert auf unserem Interesse, die institutionellen und kulturellen Veränderungen in denjenigen sozialen Institutionen zu kontrollieren, die Werte, Ziele, Möglichkeiten und Erwartungen prägen, der zweite auf unserem Interesse, den Gerechtigkeitssinn der Gesamtbevölkerung zu fördern. Das Interesse an politischer Kontrolle unterstützt das Subsidiaritätsprinzip. Wenn Individuen unter geteilten Umständen leben oder Überzeugungen und Werte teilen, so haben sie einen prima facie Anspruch auf gemeinsame Kontrolle institutioneller Veränderungen, um die Missachtung und den Bruch legitimer Erwartungen zu verhindern. Auf ähnliche Weise betroffene Personen verstehen eher die Notwendigkeit und den Spielraum für Wandel. Dennoch stellen Immunität und Erwartungen lediglich zwei Interessen dar, die durch die Bedürfnisse anderer nach materiellen Gütern, Mitteln oder politischer Kontrolle häufig außer Kraft gesetzt werden. Schließlich besteht das auf Erwartungen basierende Interesse nicht darin, Institutionen oder Kulturen zu erhalten, sondern darin, Geschwindigkeit und Form der Veränderungen zu kontrollieren. Diese Konzeption des Subsidiaritätsprinzips unterstützt minimale Interventionen, z. B. Direktiven statt Regulierungen, und ermöglicht dadurch die Einbeziehung lokaler Umstände und Erwartungen. Das zweite genannte Argument für das Subsidiaritätsprinzip betrifft dessen Rolle in der Persönlichkeitsentwicklung, denn es kann politische Auseinandersetzungen und Verhandlungen auf eine Art und Weise fördern und gestalten, die für öffentliche Beratungen und für die zum Erhalt einer gerechten politischen Ordnung nötige Persönlichkeitsentwicklung von Vorteil ist, indem es insbesondere die Ausbildung des Gerechtigkeitssinns sowie eines Interesses am Gemeinwohl fördert. Solche Theorien geben keine Auskunft darüber, welche unteren Ebenen für eine gerechte Sozialordnung erforderlich sind. Sie bestehen lediglich darauf, dass Ansprüche auf politische Befugnisse durch Verdienste gerechtfertigt werden müssen, die auf einer pluralistischen Konzeption des Gemeinwohls basieren. Dieses Argument für das Subsidiaritätsprinzip ermöglicht Interventionen in untere Ebenen zum Schutz der Interessen der Mitglieder (vgl. Kymlicka 1995). Politische Meinungsbildungsprozesse müssen innerhalb eines Systems gegenseitiger Kontrollen stattfinden, entweder dergestalt, dass die unteren Ebenen und die übergeordnete Ebene sich wechselseitig mit Argumenten beeinflussen, oder indem deliberative Prozesse überprüft werden können. Der liberale Kontraktualismus hat lediglich eine prima facie Präferenz für untere Ebenen, die leicht durch andere wichtige Interessen außer Kraft gesetzt werden kann. Diese Konzeption basiert auf einer kontraktualistischen Gerechtigkeitsauffassung, die aus zwei Gründen umstritten ist: zum einen aufgrund ihrer Auffassung des Wertes der Gemeinschaft; zum anderen aufgrund ihrer Motivationstheorie, die statt auf Empathie auf Respekt gründet.

3.

Die verschiedenen Begründungen des Subsidiaritätsprinzips haben augenfällige Implikationen sowohl für die Interpretation des Subsidiaritätsprinzips als auch für seine politische Umsetzung. Fiskalischer Föderalismus, katholischer Personalismus und liberaler Kontraktualismus bieten sehr unterschiedliche Auffassungen der angemessenen Ziele und des angemessenen Umfangs zentralen politischen Handelns. Das Subsidiaritätsprinzip ermöglicht hier eine systematische Zugangsweise.

4.

Althusius, J., 1614, Politik, Berlin: Duncker & Humblot 2003.

Barry, B., 1995, Justice as Impartiality, Oxford: Oxford University Press.

Braybrooke, D., 1983, Can Democracy Be Combined with Federalism or with Liberalism?, in: Nomos XXV, New York: New York University Press.

Brinkhorst, L. J., 1991, Subsidiarity and European Environmental Policy, in: J. Delors (Hg.), Subsidiarity, Maastricht: European Institute of Public Administration.

Dehousse, R., 1994, Community Competences, in: ders. (Hg.), Europe After Maastricht, München: Beck.

Delors, J. (Hg.), 1991, Subsidiarity, Maastricht: European Institute of Public Administration.

Endo, K., 1994, The Principle of Subsidiarity, in: Hokkaido Law Review 6.

Finnis, J., 1980, Natural Law and Natural Rights, Oxford: Clarendon.

Føllesdal, A./Koslowski, P., 1997, Democracy and the EU, Berlin: Springer.

Genesko, J., 1986, Der wechselnde Einfluss des

Subsidiaritatsprinzips auf die wirtschafts- und sozialpolitische Praxis in der Bundesrepublik Deutschland, in: Jahrbücher für Nationalökonomie und Statistik 201/4.
Goldsmith, M., 1996, Normative Theories of Local Government, in: D. King/G. Stoker (Hg.), Rethinking Local Democracy, London: Macmillan.
González, J. P., 1995, The Principle of Subsidiarity, in: European Law Review 20.
Goodin, R. E., 1992, Green Political Theory, Cambridge: Polity.
Goodin, R. E., 1996, Structures of Political Order, in: Nomos XXXVIII, New York: New York University Press.
Habermas, J., 1992, Faktizität und Geltung, Frankfurt/M.: Suhrkamp.
Hamilton, A./Madison, J./Jay, J., 1788, Die Federalist-Artikel, Paderborn: Schöningh 1994.
Hueglin, T. O., 1995, New Wine in Old Bottles? Federalism and Nation States in the Twenty-First Century, in: K. Knop/S. Ostry/R. Simeon/K. Swinton (Hg.), Rethinking Federalism, Vancouver: University of British Columbia Press.
Kapteyn, P. J. C., 1991, Community Law and the Principle of Subsidiarity, in: Revue des Affaires Européennes 2.
Kymlicka, W., 1995, Multicultural Citizenship, Oxford: Clarendon.
MacCormick, N., 1997, Democracy, Subsidiarity, and Citizenship in the European Commonwealth, in: Law and Philosophy 16.
Millon-Delsol, C., 1992, L'état subsidiaire, Paris: PUF.
Montesquieu, C.-L. de, 1748, Vom Geist der Gesetze, Stuttgart: Reclam 1984.
Müller-Graff, P.-C., 1996, Subsidiarity as a Legal Principle, in: European Union Review 1.
Musgrave, R. A., 1959, The Theory of Public Finance, New York: McGraw-Hill.
Oates, W., 1972, Fiscal Federalism, New York: Harcourt Brace Jovanovich.
Pettit, P., 1997, Republicanism, Oxford: Clarendon.
Scharpf, F. W., 1985, Die Politikverflechtungs-Falle, in: Politische Vierteljahresschrift 26.
Scharpf, F. W., 1997, Economic Integration, Democracy and the Welfare State, in: Journal of European Public Policy 4.
Schilling, T., 1995, Subsidiarity as a Rule and a Principle, Cambridge/MA: Jean Monnet Chair Working Paper 10.
Smith, A., 1776, Der Wohlstand der Nationen, München: dtv 1999.
Taylor, P., 1996, The European Union in the 1990s, Oxford: Oxford University Press.
Van Kersbergen, K./Verbeek, B., 1994, The Politics of Subsidiarity in the European Union, in: Journal of Common Market Studies 32.
Waschkuhn, A., 1995, Was ist Subsidiarität?, Opladen: Westdeutscher Verlag.
Weiler, J. H. H., 1999, The Constitution of Europe, Cambridge: Cambridge University Press.

Andreas Føllesdal
(Aus dem Englischen von Christoph Broszies)

Systemtheorie

1.

Der Systembegriff wird in verschiedenen Wissenschaften verwendet. Entsprechend unterscheidet man zwischen organischen Systemen, psychischen Systemen und sozialen Systemen. Oberhalb dieser einzelwissenschaftlichen Verwendungen behauptet sich eine nochmals abstrahierte Diskussionsebene für »allgemeine Systemtheorie«, die für interdisziplinäre Kontaktfähigkeit sorgen soll. Daher wird im ersten Teil des Folgenden von jeder exklusiven Referenz auf besondere Wissenschaftsdisziplinen oder Systemtypen abgesehen (1.1., 1.2. und 2.) und erst danach auf das konkrete Modell der soziologischen Systemtheorie in ihrer durch Niklas Luhmannn bestimmten Version eingegangen (3.).

Als Thema des Systembegriffs gelten komplexe Einheiten, denen man mehrere Elemente und mehrere Relationen zwischen den Elementen zurechnen kann. Außerdem wird angenommen, dass es oberhalb einer sehr niedrigen Schwelle unmöglich wird, jcdes Element mit jedem anderen zu relationieren. Jede Herstellung einer Relation wird damit zur Selektion. Jedes Element reduziert die im System möglichen Beziehungen und insofern auch dessen eigene Komplexität. Eine zweite Annahme besagt, dass dies in einer Umwelt zu geschehen hat, die in jedem Falle noch komplexer ist als das System selbst – und zwar schon deshalb, weil sie alle anderen Systeme sowie deren Umweltbeziehungen einschließt. Im Vergleich mit ihrer Umwelt weisen Systeme also einen höheren Grad an Ordnung, aber einen geringeren Grad an Komplexität auf. Die selektive Ordnung ihrer Elemente muss sich infolgedessen eignen, das Komplexitätsgefälle zur Umwelt zu kompensieren. »Reduktion von Komplexität« ist eine berühmt gewordene Formel für dieses Problem (vgl. Luhmann 1984, 45 ff.).

1.1. Im Unterschied zum geisteswissenschaftlichen Systembegriff, der v.a. auf Konsistenz zwischen Urteilen abstellt, geht es in allen anderen Wissenschaften um Systeme, die nicht nur auf dem Papier stehen. Von solchen Systemen kann Konsistenz, gemessen an welchen Kriterien auch immer, nicht erwartet werden. Sie würde die Komplexität des Systems im Verhältnis zu seiner Umwelt zu stark beschneiden. Außerdem würde sie Strukturänderungen erschweren, da bei perfekter Konsistenz jede Änderung der einen Stelle mit allen anderen abgestimmt werden müsste. Systeme sind also nicht besonders systematisch – aber dafür in der Lage, eigene Strukturen im Bedarfsfalle zu ändern. Diesen Erkenntnisstand hatte schon die ältere Kybernetik erreicht (vgl. Ashby 1952; Wiener 1948). Wenn es aber nicht möglich ist, Systeme durch Widerspruchsfreiheit zu definieren, und wenn außerdem auch Strukturwandel völlig normal ist, welches Kriterium kommt dann in Betracht, um Systeme voneinander und von ihren Systemumwelten zu unterscheiden?

1.2. Wie man sich am Modell des menschlichen Bewusstseins sowie an den Einsichten der Subjektphilosophie verdeutlichen kann, ist die Selbstreferenz dieses Bewusstseins ein Merkmal, das sich auch über Widersprüche und auch über Strukturänderungen hinweg durchhalten lässt. Es handelt sich dann eben um Selbstwiderspruch oder um Selbständerung, also um besondere Formen von Selbstreferenz, nicht um deren Läsion oder Zerstörung. Das selbstreferenzielle System des Bewusstseins schließt Widersprüche und Strukturänderungen nicht aus, sondern ein. Es erhält sich nicht gegen sie, sondern mit ihrer Hilfe. Die neuere Systemtheorie sieht nicht nur psychische, sondern auch andere Systeme durch Selbstreferenz charakterisiert. Systeme sind demnach selbstreferenzielle Einheiten, die nur solche Umweltbeziehungen haben können, die sich als Reproduktionsform für Selbstbeziehungen eignen (vgl. Luhmann 1984, 57 ff.).

2.
Diese begriffliche Generalisierung von Selbstreferenz verdankt sich zusätzlichen Annahmen über Konstitutionszusammenhänge zwischen Elementen und Relationen. Eine dieser Annahmen besagt, dass Elemente eines Systems durch selektive Relationierung allererst konstituiert werden, also auch nur im System ihrer Relationierung überhaupt vorkommen können. Die selektive Beziehung zu anderen Systemelementen bestimmt das einzelne Element nicht nur nach lokalem Sinn oder besonderer Funktion, sie konstituiert vielmehr schon seinen Elementstatus selbst (vgl. Luhmann 1981). Folglich ist die Emergenz von Systemen nicht nur eine kombinatorische Leistung, die an Gegebenheiten erbracht wird, für deren Anlieferung die Systemumwelt zuständig wäre. Sie besteht vielmehr in der Ausdifferenzierung systemeigener Elemente, für deren Einheit es in der Systemumwelt keine Entsprechung gibt. Gegen die ältere Regelungskybernetik gilt daher, dass es weder einen Input noch einen Output von im System verwendbaren Einheiten gibt. Für diese Notwendigkeit systeminterner Herstellung von Elementen hat der Biologe Humberto Maturana (1982) den Begriff Autopoiesis vorgeschlagen.

In einer anderen Formulierung bezeichnet man Systeme dieser Art auch als operativ geschlossen (vgl. Luhmann 1993, 38 ff.). Der Begriff der Operation zielt auf den Konstitutionszusammenhang zwischen Elementbildung und selektiver Relationierung; und das Prädikat der Geschlossenheit besagt, dass dieser operative Zusammenhang keine ihn bestimmenden Kontakte zur Umwelt kennt.

Folglich muss jede Bestimmung als systemeigene Leistung, und das heißt: als Selbstbestimmung aufgefasst werden. Dem korrespondieren Konzepte für Umweltkontakte, die deren genuine Unterbestimmtheit betonen. Man spricht dann etwa von Reizung oder Irritation, Störung oder Perturbation (vgl. Luhmann 1997, 789 ff.). Zur Vermeidung von Missverständnissen sei hinzugefügt, dass eine so verstandene Selbstbestimmung keinerlei Hierarchie voraussetzt. Das Gehirn, das der interdisziplinären Diskussion als Paradigma für Geschlossenheit gilt (vgl. Foerster 1993), verdankt seine eigene Komplexität gerade dem Verzicht auf Hierarchie.

Wendet man das Konzept der operativen Geschlossenheit auf psychische und soziale Systeme an, stößt man zunächst auf das Problem, dass diese Systeme sinnhaft operieren, also nicht nur sich selbst, sondern auch ihre eigene Umwelt beobachten können (vgl. Luhmann 1984, 92 ff.). Sie können sich daher auch Prozesse vorstellen, die aus der Umwelt in das System oder aus dem System in die Umwelt hineinreichen. Außerdem können sie Systemzustände auf Umweltursachen zurechnen. Es ist daher kein Wunder, wenn diese Systeme die Theorie ihrer operativen Geschlossenheit wenig einleuchtend finden. Entsprechend hatte die klassische Theorie des Bewusstseins alle Wahrnehmung als Input begriffen, also der Umwelt zugerechnet, und systemeigene Leistungen nur der kategorialen Verarbeitung zugetraut. Ähnlich sehen Kommunikationstheorien aus, die entweder in der Information oder in der Mitteilung einen Input sehen, der entweder aus der Außenwelt oder aus der Innenwelt psychischer Systeme in das soziale System hineingelangt und dort lediglich weiterbehandelt wird.

Der philosophischen Theorie ist es demgegenüber spätestens seit Husserl geläufig, dass auch über den Sinn von Wahrnehmungen, die für das Bewusstsein auf Externa verweisen, nur bewusstseinsintern entschieden werden kann. Auch die Fremdreferenzen des Bewusstseins sind nur interne Operationen oder Aspekte an ihnen – so wie die Zurechnung auf Ursachen, die in der Systemumwelt liegen, eine Strategie des Systems selbst ist. Führt man jedes Externum auf intern zu erbringende Leistungen, nämlich auf Leistungen der Externalisierung zurück, dann ist auch sinnhaftes Erleben und Handeln mit operativer Geschlossenheit kompatibel.

3.

Luhmanns Systemtheorie beruht auf einer deutlichen Unterscheidung zwischen organischen, psychischen und sozialen Systemen, die mit keiner Art von Reduktionismus vereinbar wäre: So wenig man Psychologie in Neurologie auflösen kann, so wenig gehen die sozialen Systeme in dem auf, was Organismus und Bewusstsein zu ihrer Selbstreproduktion beitragen können und beitragen müssen. Das führt ihn zu der viel kritisierten Entscheidung, die Menschen als eine hochkomplexe Umwelt der sozialen Systeme anzusehen. Die unvergleichliche Sonderstellung des Menschen, von den Kritikern schmerzlich vermisst, wird aber auch von der Systemtheorie durchaus gesehen, nämlich als Sonderstellung in der Umwelt der sozialen Systeme. Dort wird sie unter Begriffe gebracht, die strukturell generalisierte Zwischensystembeziehungen treffen sollen. Während Sozialisation das bekannteste Beispiel für ein Konzept mit dieser Funktion ist, werden neuere Überlegungen zu diesem Thema unter Begriffen wie Interpenetration (vgl. Luhmann 1984, 286 ff.) oder strukturelle Kopplung gebündelt (vgl. Luhmann 1993, 440 ff.).

Diese klare Differenzierung zwischen psychischen und sozialen Systemen bewährt sich nicht zuletzt an der Frage nach ihren jeweiligen Elementen. Als Elemente psychischer Systeme galten der klassischen Theorie des Bewusstseins intentionale Akte, Gedanken, Vorstellungen. Ähnlich urteilt auch Luhmann, wo immer er über Bewusstsein spricht. Um die Elemente eines sozialen Systems zu bezeichnen, setzt er dagegen einen Kommunikationsbegriff ein, der an jeder Einzelkommunikation zwischen drei Komponenten unterscheidet: Information, Mitteilung und Verstehen. Jede einzelne dieser Komponenten gilt dabei als interner Aspekt der Kommunikation selbst, und weder Information noch Mitteilung werden als Input verstanden. Außerdem wird angenommen, dass jede Kommunikation mit gleicher Verständlichkeit angenommen und abgelehnt werden kann (vgl. Luhmann 1984, 191 ff.). An dieses Grundmodell schließt eine Theorie des sozialen Konflikts an. Konflikte entstehen demnach, wenn eine Kommunikation abgelehnt wird und wenn die weitere Kommunikation sich über die Ablehnung dieser Ablehnung, das heißt über kommunizierte Gegnerschaft definiert (vgl. Luhmann 1984, 488 ff.)

Ältere Versuche, den Systembegriff mit dem Kommunikationsbegriff zu verbinden (vgl. Bateson/Ruesch 1951; Wiener 1948), hatten ihren fachlichen Schwerpunkt außerhalb der Soziologie. Talcott Parsons wiederum hatte an einer spezifisch soziologischen Version der Systemtheorie gearbeitet, die aus einer Analyse des Handlungsbegriffs hervorging (vgl. Parsons 1951). Luhmanns Kommunikationstheorie der sozialen Systeme ist auch insofern ein Novum. Den vermutlich wichtigsten Anwendungsfall dieser Theorie bildet – neben Interaktionssystemen und neben Organisationen – das umfassende Sozialsystem der Gesellschaft. Seine Theorie wird mit dem Begriff der Systemdifferenzierung bestritten. Systemdifferenzierung heißt, dass im System weitere Systeme entstehen, für die der Rest des Systems zu einer internen Umwelt wird. In diesem Sinne fungiert jede Gesellschaft zugleich als System und als Umwelt ihrer eigenen Teilsysteme. Außerdem kann man sich vorstellen, dass das Gesamtsystem die Beziehungen seiner Teilsysteme nicht einfach dem Zufall überlässt, sondern unter institutionelle Regeln bringt. Um dies auszudrücken, spricht Luhmann von Differenzierungsformen. Die soziokulturelle Evolution kann dann, ohne damit auch schon erklärt zu sein, als Wechsel von Differenzierungsformen beschrieben werden (vgl. Luhmann 1997, 595 ff.). An die Stelle von Stammesgesellschaften, die eine segmentäre Form ihrer Differenzierung in gleiche Teilsysteme praktiziert hatten, traten mit den vorneuzeitlichen Hochkulturen geschichtete Gesellschaftssysteme, die ihre Teilsysteme anhand von Rangdifferenzen trennten. Segmentäre Gleichheit konnte es dann nur noch zwischen Familien geben, die derselben Schicht zugerechnet wurden. Bekanntlich hatte man auch den Übergang zur Moderne in diesem Rahmen zu begreifen versucht, nämlich als Aufstieg einer neuen Oberschicht. Im Unterschied dazu vertritt Luhmann die Auffassung, dass die moderne Gesellschaft durch einen Primat funktionaler Systemdifferenzierung charakterisiert ist. Die spezifisch moderne Delegitimation von Schichtung durch eine Semantik ungerechter Verteilungen sowie die Privatisierung der Relevanz schichtspezifischer Interaktionssysteme gelten ihm als Folge davon, dass Schichtungsstrukturen nicht länger das Gesellschaftssystem selbst, sondern nur noch die Lebenschancen von Menschen differenzieren.

Funktionale Differenzierung heißt demgegenüber, dass die wichtigsten Teilsysteme anhand ihrer Funktion für die Gesamtgesellschaft differenziert werden. Das Rechtssystem erfüllt eine andere Funktion als das politische System, und die Funktion der Wissenschaft unterscheidet sich von derjenigen der Religion. Dieser Differenz der Funktionen entspricht in den Teilsystemen selbst eine Differenz der Codierungen. Jedes Funktionssystem begreift die eigenen Operationen als Festlegung innerhalb eines zweiwertigen Codes, der keine dritten Werte von gleichermaßen systemuniverseller Relevanz zulässt. In der Wissenschaft geht es um die Differenz zwischen wahren und unwahren Urteilen, in der Religion um die Differenz zwischen immanenter und transzendenter Sinngebung, in der Politik um die Differenz zwischen überlegener und unterlegener Macht usw.

Unter den Instrumenten dieser Gesellschaftstheorie ist der Codebegriff nur eines neben anderen. Schon an ihm lässt sich zeigen, dass es sich um eine vergleichende Theorie handelt, die das Urteil über die gesamtgesellschaftliche Bedeutung einer sozialen Struktur davon abhängig macht, dass sie an verschiedenen Funktionssystemen sich nachweisen lässt. Weitere Strukturen von ähnlicher Verbreitung scheinen zu sein: systemeigene Programmierung der richtigen bzw. falschen Zuteilung von Codewerten (vgl. Luhmann 1986, 89ff.); Ausdifferenzierung systemeigener Publikumsrollen wie Wähler oder Schüler, Konsument oder Patient, die jedermann ohne besondere Voraussetzungen wahrnehmen kann (vgl. Stichweh 2005, 13ff.); Verfügung über ein systemeigenes Kommunikationsmedium wie Macht, Wahrheit, Geld oder Liebe (vgl. Luhmann 1997, 332ff.); geregelte Leistungsbeziehungen zu anderen Teilsystemen, die aber typisch mit der Funktion des Systems für die Gesamtgesellschaft kollidieren (vgl. Luhmann 1997, 757ff.); Herstellung einer systemeigenen Reflexionstheorie, die neben anderem auch das Spannungsverhältnis von Leistung und Funktion thematisiert (vgl. Luhmann, 1984, 620ff.; Kieserling 2004, 46ff.).

Welche Implikationen haben solche Thesen für Bemühungen um »politische Theorie«? Ein wichtiger Punkt dürfte sein, dass Luhmann jenen Bruch mit der Semantik einer politischen Gesellschaft fortsetzt, der schon im 18. Jahrhundert begann, als man zwischen Staat und Gesellschaft zu unterscheiden begann. Nur tut er dies nicht, indem er den politischen Gesellschaftsbegriff gegen einen wirtschaftlichen Gesellschaftsbegriff austauscht, sondern indem er seinen eigenen Gesellschaftsbegriff von sämtlichen Merkmalen reinigt, die nur spezifische Teilsysteme betreffen. Das Ergebnis dieser Reinigung ist eine Definition, der zufolge die Gesellschaft das jeweils inklusivste Sozialsystem bildet: Historisch reicht sie jeweils so weit, wie Kommunikation reicht und verstanden wird.

Nach diesem Kriterium ist die moderne Gesellschaft eindeutig Weltgesellschaft (vgl. Luhmann 1997, 145ff.; Stichweh 2000). Sie kommt also nur mehr im Singular vor. Dieser Befund kann in der Systemtheorie ungleich besser ausgedrückt werden als dort, wo man den Gesellschaftsbegriff nach wie vor an politische Einheiten, nämlich an Nationalstaaten bindet. Wer so denkt, der kommt zur Vorstellung mehrerer Gesellschaften – und damit in die Verlegenheit, den Gesellschaftsbegriff nicht mehr nutzen zu können, um jene sehr heterogenen Formen globaler Sozialität zu analysieren, die die Erfahrung der Gegenwart prägen.

Umgekehrt ist die Aufteilung des weltpolitischen Systems in eine Vielzahl von Staaten auch systemtheoretisch gut verständlich zu machen, nämlich als eine Systemdifferenzierung zweiter Stufe, die zunehmend nur noch politisch zählt, während andere Funktionssysteme eigene Formen interner Systemdifferenzierung kennen: Innerwissenschaftliche Systemgrenzen trennen Disziplinen, nicht Staaten; das Religionssystem kennt Weltreligionen, die die Kriterien ihrer Mitgliedschaft universalistisch interpretieren können, und selbst die kritischen Rechts- wie Menschenrechtsfragen stellen sich zunehmend in einem Rahmen, der die Grenzen von Nationalstaaten transzendiert. Seit ihren aristotelischen Anfängen hatte die politische Theorie die Politik für das eigentlich gesellschaftliche Teilsystem gehalten. Inmitten einer funktional differenzierten Weltgesellschaft dürfte es schwer fallen, an dieser Auszeichnung festzuhalten.

4.

Ashby, W. R., 1952, Design for a Brain, London: Chapman & Hall.

Bateson, G./Ruesch, J., 1951, Kommunikation, Heidelberg: Auer 1995.

Foerster, H. v., 1993, Wissen und Gewissen, Frankfurt/M.: Suhrkamp.

Kieserling, A., 2004, Selbstbeschreibung und Fremdbeschreibung, Frankfurt/M.: Suhrkamp.

Luhmann, N., 1981, Soziologische Aufklärung, Bd. 3, Opladen: Westdeutscher Verlag.

Luhmann, N., 1984, Soziale Systeme, Frankfurt/M.: Suhrkamp.

Luhmann, N., 1986: Ökologische Kommunikation, Opladen: Westdeutscher Verlag.

Luhmann, N., 1993, Das Recht der Gesellschaft, Frankfurt/M.: Suhrkamp.

Luhmann, N., 1997, Die Gesellschaft der Gesellschaft, Frankfurt/M.: Suhrkamp.

Maturana, H., 1982, Erkennen, Braunschweig: Vieweg 1985.

Parsons, T., 1951, The Social System, Glencoe: Free Press.

Stichweh, R., 2000, Die Weltgesellschaft, Frankfurt/M.: Suhrkamp.
Stichweh, R., 2005, Inklusion und Exklusion, Bielefeld: Transcript.
Wiener, N., 1948, Cybernetics, or Control and Communication in the Animal and the Machine, Paris: Hermann.

André Kieserling

T

Taylor, Charles (*1931)

1.

Für den in Montréal, Kanada, geborenen Philosophen und Politikwissenschaftler Charles Taylor spielt seine bilinguale franko- und anglophone Herkunft nach eigenem Bekunden eine wichtige Rolle. Das trifft sowohl für seine Sensibilität bezüglich der sprachlichen Dimension kultureller Identitäten zu als auch für sein politisches Engagement in der sozialdemokratischen kanadischen *New Democratic Party* und für Quebec (vgl. Tully 1994, 246). Taylor gilt als herausragender Vertreter des philosophischen Kommunitarismus und als einer der wenigen Denker, welche die analytische Philosophie mit den kontinentalen Strömungen des deutschen Idealismus, der Existenzialphänomenologie und der Hermeneutik zu verbinden verstehen.

2.

Nach frühen Bemühungen um einen humanistischen und ethischen Sozialismus im Kontext der neu entstehenden britischen Zeitschrift *New Left Review* promovierte Taylor 1961 als Fellow am All Souls College in Oxford mit einer an Merleau-Ponty orientierten handlungs- und wissenschaftstheoretischen Kritik des Szientismus und Behaviorismus (vgl. Taylor 1964). Unter dem Einfluss I. Berlins widmete er sich in der Folgezeit dem Werk Hegels; seine umfangreiche Einführung (vgl. Taylor 1975) re-etablierte Hegel in der von der analytischen Philosophie geprägten angelsächsischen Welt. 1989 erschien sein Hauptwerk *Quellen des Selbst. Die Entstehung der neuzeitlichen Identität*, in dem er sich um eine ideengeschichtliche Rekonstruktion des epistemologischen und ethischen Selbstverständnisses der Moderne bemüht. Seine Analyse der politischen Selbstverständigungsdiskurse und -metaphern folgte in *Modern Social Imaginaries* (Taylor 2004). Große Beachtung fand der 1992 publizierte *Multikulturalismus*-Essay, der die Zentralität kultureller (Sprach-) Gemeinschaften für die Entwicklung individueller Identität herausstellt und daraus eine Rechtfertigung für kollektive Schutzrechte, die z. T. individuellen Freiheitsrechten übergeordnet werden, ableitet, aber auch Möglichkeiten interkultureller Verständigung erkundet. Nach zwanzigjähriger Lehrtätigkeit an der McGill Universität in Montréal wurde Taylor 1998 emeritiert.

3.

Taylors Denken kreist um zwei systematisch verknüpfte Fragen: (1) *Was heißt es, ein (handelndes) menschliches Selbst zu sein?* (2) Was heißt es, ein solches Selbst *in der Moderne* zu sein? Auf die erste Frage antwortet er mit dem Entwurf einer philosophischen Anthropologie, die den Menschen als *self-interpreting animal* (vgl. Taylor 1985a, 45 ff.) bestimmt. In geteilten kulturellen Praktiken entwickeln Menschen ihre stets sprachlich vermittelten und expressiv sich entfaltenden Selbstbilder, welche sie erst zu handlungsfähigen Subjekten machen. Diese Idee wird präzisiert durch die zweite Fundamentalkategorie Taylors, das Konzept der *starken Wertung*. Damit bezeichnet er im Anschluss an H. Frankfurt die menschliche Grundeigenschaft, nicht nur Wünsche und Bedürfnisse (als schwache Wertungen) zu haben, sondern diese an tiefer liegenden Vorstellungen des Guten zu messen und zu beurteilen. Starke Wertungen bewerten eigene Wünsche und Entscheidungen und geben unserem Leben Sinn und Richtung, indem sie definieren, *worauf es ankommt* bzw. *was für eine Art von Person wir sein wollen* (vgl. Taylor 1985a, 15 ff.).

Die Einsicht, dass Selbst-Interpretation ein konstitutives Element personaler Identität und sozialer Wirklichkeit überhaupt darstellt, bestimmt Taylors Gegnerschaft zu szientistischen Ansätzen, die Aussagen über menschliches Handeln unabhängig von den Selbstdeutungen der Akteure zu treffen versuchen. Sein »Best-Account-Principle« besagt, dass sozialwissenschaftliche Erklärungen nur dann aufschlussreich sind, wenn die dem Handeln zugrunde liegenden Selbstinterpretationen angemessen in den Erklärungsansatz integriert sind (vgl. Taylor 1989, 114 ff.). Selbstinterpretationen vollziehen sich jedoch niemals monologisch; die Deutungsmuster und die sie fundierenden Vorstellungen des Guten sind immer schon in der Sprache und den kulturellen Praktiken als sozialer Besitz »verkörpert«. Diese Position ist kulturalistisch oder kommunitaristisch insofern, als sie den ontologischen und epistemologischen Vorrang geteilter Praktiken und Selbstdeutungen vor individuellen Selbstentwürfen und die Verankerung aller Vorstellungen des (moralisch) *Richtigen* in vorgängigen Horizonten des *Guten* betont. Sie postuliert jedoch keinen normativen Vorrang der Gemeinschaft vor dem Individuum.

Hinsichtlich der zweiten Frage versucht Taylor, die die Moderne fundierenden starken Wertungen zu rekonstruieren, und gelangt dabei zu der Einsicht, dass ihre Horizonte durch drei konfligierende und sich überlagernde ›moralische Landkarten‹ gebildet werden: Einem dominanten aufklärerisch-rationalen Paradigma des Naturalismus stehen einerseits romantisch-expressivistische Aspirationen und andererseits ältere theistische Restbestände gegenüber. Diese Moralquellen, aus deren Widersprüchen die wiederkehrenden politischen Legitimationskrisen der Moderne resultieren (vgl. Taylor 1985b, 248 ff.), sieht Taylor durch die szientistische Epistemologie der Moderne verschüttet, weshalb er ein Versiegen ihrer motivierenden Kraft befürchtet. Er bemüht sich daher um die Wiedergewinnung jener Quellen als moralische Antriebs- und Korrekturkräfte (vgl. Taylor 1989, 899). Damit gehört Taylor zu den Verteidigern des Projekts der Moderne; er versucht, ihre eigenen Ressourcen zur Überwindung ihrer Unzulänglichkeiten zu mobilisieren. Politisch leitet er daraus die Forderung nach einer Preisgabe des liberalen Neutralitätsgebots ab: Öffentliche bzw. staatliche Institutionen sollten nicht als neutral gegenüber Vorstellungen des Guten konzipiert, sondern als Ausdrucksforen der demokratisch-deliberativen Selbstverständigung pluraler Gemeinwesen begriffen werden.

4.

Taylor, C., 1964, The Explanation of Behaviour, London: Routledge.

Taylor, C., 1975, Hegel, Frankfurt/M.: Suhrkamp 1983.

Taylor, C., 1985a–b, Philosophical Papers, 2 Bde., Cambridge: Cambridge University Press.

Taylor, C., 1989, Quellen des Selbst, Frankfurt/M.: Suhrkamp 1994.

Taylor, C., 1992, Multikulturalismus und die Politik der Anerkennung, Frankfurt/M.: Fischer 1993.

Taylor, C., 2004, Modern Social Imaginaries, Durham: Duke University Press.

Taylor, C., 2007, A Secular Age, Cambridge/MA: Harvard University Press.

Rosa, H., 1998, Identität und kulturelle Praxis. Politische Philosophie nach Charles Taylor, Frankfurt/M.: Campus.

Tully, J. (Hg.), 1994, Philosophy in an Age of Pluralism. The Philosophy of Charles Taylor in Question, Cambridge: Cambridge University Press.

Hartmut Rosa

Terrorismus

1.

1.1. Der Begriff »Terrorismus« ist politisch hochgradig umstritten, weshalb es auch keine universell gültige, völkerrechtlich verbindliche Definition gibt. Stattdessen wird der Begriff in nationalstaatlichen Gesetzen, auf der Ebene der Europäischen Union oder im Kontext anderer Regionalorganisationen unterschiedlich gebraucht. Symptomatisch für die Definitionsprobleme ist die seit Jahren anhaltende Auseinandersetzung um eine umfassende Anti-Terrorismus-Konvention im Rahmen der Vereinten Nationen. Da keine Einigung möglich war, beschränkte man sich darauf, seit 1963 in bisher 13 Konventionen und Protokollen spezifische terroristische Akte zu definieren, die international als geächtet gelten (z.B. Flugzeugentführungen, Geiselnahmen, Nuklearterrorismus). In der Literatur zum Thema finden sich mehr als 100 verschiedene Definitionen, die zum Teil stark voneinander abweichen (vgl. Schmid 1984). Häufig genannt werden allerdings der Aspekt der gewaltsamen Handlung, die politische Motivation der Täter und die Verbreitung von Furcht und Schrecken. Ein sozialwissenschaftlicher Definitionsversuch lautet: Bei Terrorismus handelt es sich um eine »Gewaltstrategie nichtstaatlicher Akteure, die aus dem Untergrund agieren und systematisch versuchen, eine Gesellschaft oder bestimmte Gruppen in Panik und Schrecken zu versetzen, um nach eigener Aussage politische Ziele durchzusetzen« (Schneckener 2006, 21). Als Terroristen oder terroristische Gruppen können jene bezeichnet werden, die sich beim Einsatz von Gewalt in signifikanter Weise terroristischer Mittel und Taktiken bedienen, was nicht ausschließt, dass sie im Laufe der Zeit zu anderen Gewaltstrategien übergehen und insofern ihren Charakter sukzessive verändern.

1.2. Diese Definition lässt sich nach mehreren Seiten hin abgrenzen: (1) bezieht sie sich nicht auf den umgangssprachlichen Gebrauch von »Terror« oder »terrorisieren« im Sinne von aggressiven Verhaltensweisen (z.B. »Telefonterror«); (2) sind von der Definition Einzeltäter ausgeschlossen, die entweder mit ihren Gewalttaten kein eigenes politisches Anliegen verfolgen (z.B. Amokläufer, Serienmörder, Auftragskiller) oder aber mit Hilfe einer Tat versuchen, politische Verhältnisse zu verändern, ohne gleichzeitig die Gesellschaft in Panik versetzen zu wollen (z.B. »Tyrannenmord«); (3) gilt es den Terrorismus von Gewaltstrategien abzugrenzen, bei denen primär kriminelle und ökonomische Motive im Vordergrund stehen – wie etwa die Anwendung oder Androhung von Gewalt durch kriminelle Banden, Mafia-Strukturen, Syndikate, Marodeure oder Söldner; (4) lassen sich Terroristen von anderen politisch motivierten, paramilitärischen Gruppierungen unterscheiden, insbesondere von Rebellen, Guerillakämpfern, Partisanen oder Milizen (vgl. Münkler 1992, 142–175). Während Terroristen auf die psychischen Effekte (»Schrecken«) ihrer Gewaltakte setzen, verfolgen jene ihre Ziele in der Regel durch physische Gewaltausübung in Form einer, wenngleich unkonventionellen, Kriegsführungsstrategie, bei der es darum geht, die militärische Schlagkraft des Gegners (etwa einer staatlichen Armee) zu schwächen, ihn zu besiegen oder zur Aufgabe zu zwingen. Ferner sind Terroristen – anders als Rebellen oder Milizen – typischerweise weder willens noch in der Lage, größere Territorien militärisch zu erobern und zu kontrollieren; (5) beschränkt die Definition »Terrorismus« auf die Aktivitäten nichtstaatlicher Akteure, weshalb Terrorismus und staatlicher Terror (»Staatsterror«) begrifflich voneinander getrennt werden sollten (vgl. Waldmann 1998, 10; Richardson 2006, 5). Für staatlich organisierte oder zu verantwortende Verbrechen an der Zivilbevölkerung oder einzelnen Personen finden sich hingegen in der politikwissenschaftlichen, völker- bzw. strafrechtlichen Terminologie eine Reihe von spezifischen Begriffen wie Kriegsverbrechen, Verbrechen gegen die Menschlichkeit, Genozid, Folter, extralegale Tötungen oder politischer Mord, die die Phänomene des Staatsterrors weitaus genauer erfassen als der Terrorismusbegriff. Der grundlegende Unterschied besteht darin, dass Staatsterror – im Extremfall in Form einer Schreckensherrschaft – an der Absicherung des Status quo orientiert ist, während der Terrorismus nichtstaatlicher Akteure auf die *Veränderung* der bestehenden politischen Verhältnisse abzielt. Zudem agieren staatliche oder im staatlichen Auftrag handelnde Akteure typischerweise nicht verdeckt aus dem Untergrund, sondern nach Möglichkeit offen und sichtbar, um die Bevölkerung insgesamt oder bestimmte Gruppen (etwa Oppositionelle oder Minderheiten) einzuschüchtern. Darüber hinaus sind terroristische Anschläge das Mittel von im militärischen Sinne »schwachen« Akteuren, während Staatsterror einen relativ mächtigen Gewaltapparat voraussetzt. In einer Grauzone bewegt sich gleichwohl der staatlich geduldete, beauftragte oder unterstützte Terrorismus. Staatliche Akteure, zumeist aus Kreisen der Geheimdienste und des Sicherheitsapparates, fördern danach gezielt Terrorgruppen für eigene Zwecke. In manchen Fällen tragen sie auch aktiv zu ihrer Gründung bei oder sind selbst direkt in Terroranschläge verwickelt; unter diesen Bedingungen lassen sich staatliche und nichtstaatliche Akteure in der Tat kaum noch sinnvoll voneinander unterscheiden. In der wissenschaftlichen Literatur, mehr noch in der politischen Praxis ist diese Abgrenzung umstritten. Je nach politischer Opportunität wird demokratischen ebenso wie nicht-demokratischen Regierungen »Staatsterrorismus« vorgeworfen, wobei hier sehr unterschiedliche Phänomene gemeint sein können – von Geheimdienstoperationen und der Unterdrückung von Oppositionellen (»Polizeiterror«) über eine brutale Besatzungspolitik (»Besatzungsterror«) bis hin zur Bombardierung einer Zivilbevölkerung aus der Luft (»Bombenterror«).

2.

Die Schwierigkeiten, den Terminus zu definieren und von verwandten Phänomenen abzugrenzen, belegt auch die Begriffsgeschichte. Dabei zeigt sich, dass die Begriffe »Terror« und »Terrorismus« oftmals synonym behandelt werden, da es im Kern in beiden Fällen um die Verbreitung von Schrecken durch den Einsatz von (eskalierender) Gewalt geht (vgl. Walther 1990, 370–375). Beides sind Begriffe, die historisch stets instrumentalisiert wurden, um der anderen Seite vorzuwerfen, ein »Terrorregime« errichten oder verteidigen zu wollen, um den politischen Gegner zu diffamieren, seine eigenen Aktivitäten normativ zu rechtfertigen und dafür entsprechende Unterstützung zu mobilisieren. Terror und Terrorismus dienten dazu, »Gut« und »Böse« zu unterscheiden und Konflikte zu eskalieren. Historisch wird Terror nicht selten mit Despotie oder Willkürherrschaft gleichgesetzt, paradigmatisch war hier der »Grande Terreur« der jakobinischen Herrschaft (1792/93) während der Französischen Revolution (vgl. Walther 1990, 338–351). In der politischen Philosophie – von Montesquieu bis hin zu den frühen Schriften von Marx –, aber auch im Alltagsverständnis galt Terror gemäß dem französischen Vorbild fast ausschließlich als eine Praxis staatlicher Herrschaftssicherung. Erst die Revolutionen von 1848/49 führten zu einer semantischen Veränderung, indem je nach politischem Standpunkt von »demokratischem Terrorismus« oder »revolutionärem Terrorismus« die Rede war, der auf die Aktivitäten und die Programmatik bestimmter Gruppierungen, sozialer Bewegungen oder gar Schichten (Klassen) bezogen wurde, die sich für eine Änderung der herrschenden Verhältnisse stark machten. Der französische Anarchist und spätere Sozialist Paul Brousse (1844–1912) sowie der italienische Republikaner Carlo Pisacane (1818–1857) bezeichneten Terrorismus als »Propaganda der Tat« (vgl. Waldmann 1999, 49; Hoffman 1999, 18). Nicht zuletzt inspiriert durch dieses sozialrevolutionäre Gedankengut setzten sich ab den 1880er Jahren die russischen Anarchisten gegen die Zarenherrschaft militant und mit gezielten Attentaten zur Wehr – sie gelten vielfach als erste Protagonisten des modernen Terrorismus (vgl. Hoffman 1999, 19–22; Waldmann 1999, 44–53; Walther 1990, 386–394). Aber auch im

Kontext von nationalen Sezessions- oder Befreiungsbewegungen, etwa in Irland oder in Südosteuropa, tauchte Ende des 19. Jahrhunderts eine Reihe von Organisationen auf, die Attentate gegen Vertreter der Obrigkeit verübten (vgl. Hoffman 1999, 23–27; Richardson 2006, 32–37).

3.

3.1. Das rationale Kalkül terroristischer Organisationen und Gruppen hat sich im Prinzip bis heute kaum verändert, auch wenn sich die Art und Weise der Anschläge gewandelt hat (vgl. Schneckener 2006, 21–31; Waldmann 1998, 27–39; Waldmann 2003, 38–55; Townshend 2002). Terrorismus muss dabei verstanden werden als eine Gewaltstrategie, die darauf abzielt, mit Hilfe von Aktionen und Anschlägen, oftmals gegen Ziele mit hohem symbolischem Wert, nicht nur eine Gesellschaft insgesamt oder bestimmte Gruppen zu schockieren und einzuschüchtern, sondern auch die Mobilisierung von Sympathisanten und Unterstützern sowie die Radikalisierung von politisch nahe stehenden Bewegungen zu erreichen. Terroristen handeln daher im Namen von »als interessiert unterstellten Dritten« (vgl. Münkler 1992, 167–170). Sie verstehen sich dabei als Avantgarde, die sich für die ›Unterdrückten‹ oder ›Marginalisierten‹ einsetzt. Daraus speist sich das Bewusstsein moralischer Überlegenheit, mit der Terroristen ihre Taten vor sich selbst und vor anderen rechtfertigen. In diesem Sinne stellt Terrorismus eine Kommunikationsstrategie dar, mit der politische Botschaften gleichermaßen an Freund und Feind übermittelt werden sollen (vgl. Waldmann 1998, 13). Dazu nutzen Terroristen neben der operativen Ebene auch die Ebene der Propaganda, die sie in Form von Bekennerschreiben, Drohungen und politischen Erklärungen verbreiten, heute zumeist über das Internet und per Videoaufnahmen. Propaganda dient nicht nur der Übermittlung von Signalen, sondern auch der gezielten Irreführung und Desinformation, sie bietet den Terroristen gleichzeitig eine mediale Bühne, die sie ›größer‹ und ›mächtiger‹ erscheinen lässt, als es einzelne Anschläge vermögen. Kurz: Ohne Publizität würde Terrorismus nicht funktionieren (vgl. Hoffman 1999, 172–208). Allerdings erreichen Terroristen die gewünschte Mobilisierung von Sympathisanten weniger durch ihre Anschläge oder ihre Propaganda als vielmehr durch die Gegenreaktionen, die sie beim Adressaten des Anschlags hervorrufen. Die Attentate sollen den Gegner zu möglichst brutalen und unverhältnismäßigen Maßnahmen provozieren, die ihn, so das Kalkül der Terroristen, ›delegitimieren‹ und ›demaskieren‹. Der Angegriffene soll als der eigentliche Aggressor entlarvt werden, während die eigenen Aktionen als Form der Selbstverteidigung und Selbstbehauptung dargestellt werden. Terroristen setzen insofern auf eine Aktion-Reaktion-Spirale, bei der sie von der Rolle des Angreifers in die des Angegriffenen, des ›Opfers‹, wechseln können (vgl. Waldmann 2003, 41). Dabei existiert eine asymmetrische Konstellation zwischen den Terrorgruppen und staatlichen Sicherheitsapparaten: Einerseits sind terroristische Akteure typischerweise dem staatlichen Polizei- und Militärpotential in logistischer und personeller Hinsicht unterlegen. Andererseits operieren sie aus dem Untergrund und haben somit das Überraschungsmoment auf ihrer Seite; ihnen genügt es, hin und wieder erfolgreich zu sein, um zu demonstrieren, dass auch umfangreiche und kostenintensive Sicherheitsvorkehrungen keinen lückenlosen Schutz bieten.

Der strategische Vorteil von Untergrund und Überraschungsmoment ist jedoch für die Terroristen ebenfalls nicht ohne Kosten: Sie sind gezwungen, innovativ zu sein – zum einen, weil sie sich in der Regel einem ständigen Verfolgungsdruck ausgesetzt sehen, zum anderen müssen sie das Unerwartete tun, um erfolgreich zu bleiben. Sie dürfen nicht berechenbar sein, sie dürfen nach Möglichkeit kein Profil oder Muster erkennen lassen und müssen daher von Zeit zu Zeit ihre Methoden wechseln. Zugleich wächst damit aber die Gefahr von Fehlschlägen. Gleichzeitig ist nicht jede Gruppe über längere Zeit zu solchen Innovationen in der Lage, weil es an technologischen Voraussetzungen, den notwendigen Ressourcen, der geeigneten Führung oder dem begünstigenden Umfeld fehlt. Terrorgruppen befinden sich in einem Dilemma: Einerseits sind sie gezwungen, nicht unerhebliche Sicherheitsvorkehrungen zu treffen, um nicht enttarnt zu werden, diese schränken aber zumeist die Bewegungs- und Operationsfähigkeit ein. Andererseits sind sie darauf angewiesen, möglichst überraschende Anschläge durchzuführen, um überhaupt als politischer Faktor wahrgenommen zu werden.

Eine weitere Schwierigkeit für Terroristen besteht darin, ihre ökonomische und logistische Basis über längere Zeiträume zu sichern. Bei zahlreichen terroristischen Gruppierungen lässt sich daher beobachten, wie die eingesetzten Mittel mehr und mehr zum Selbstzweck werden bzw. vorrangig zur Sicherung der ökonomischen Grundlagen dienen. Terroristen entfalten zumeist eine Reihe von kriminellen Aktivitäten, die keine primär politischen Ziele haben, sondern schlicht der Beschaffung von Ressourcen dienen. Terroristen weisen daher zwangsläufig enge Verbindungen zur organisierten Kriminalität auf, ohne sich aber selbst als kriminell zu begreifen. Solche illegalen Geschäfte beeinträchtigen in dem Maße, wie sie das eigentliche politische Anliegen der Terroristen überlagern, die gewünschte Mobilisierung von Sympathisanten.

Die Eigendynamik terroristischer Gewalt nimmt jedoch noch weitere Formen an, was nicht zuletzt mit dem konspirativen Charakter der Gruppen zu tun hat. Terroristen neigen dazu, sich ihre ›eigene Wirklichkeit‹ zu schaffen, bei der sämtliche Ereignisse und Informationen im Sinne des eigenen Weltbildes interpretiert und eingeordnet werden. Aus dieser Perspektive mag es zwar Rückschläge geben, die sich aber, so die Überzeugung der Terroristen, letztlich als unbedeutende Etappen auf einem siegreichen Weg erweisen werden. Widersprüchliche Entwicklungen oder gar alternative Strategien werden auf diese Weise ausgeblendet. Der Extrempunkt ist erreicht, wenn sich Terroristen in ihrem Verhalten bestätigt fühlen, unabhängig davon, was um sie herum passiert. Dieser fortschreitende Realitätsverlust ist nicht selten verbunden mit einer zunehmenden Radikalisierung und Brutalisierung. Das Infragestellen der eigenen Position wird zum Tabu. Zweifel, Abweichungen oder gar Kompromisse mit der Gegenseite werden nicht geduldet, da diese die innere Kohärenz der Zelle oder Gruppe gefährden und damit unter Umständen das Überleben der Gruppe. Diese Entwicklung geht einher mit Säuberungen nach innen und mit einer weiteren Enthemmung bei der Gewaltanwendung nach außen. Auf diese Weise geraten Terroristen oftmals in »strategische Sackgassen« (vgl. Münkler 1992, 172–175).

3.2. Terrorismus lässt sich unterschiedlich typologisieren: (1) Eine häufig vorgenommene Unterscheidung setzt bei der politischen *Ideologie* oder Weltanschauung terroristischer Gruppierungen an. Differenziert wird insbesondere zwischen ›sozialrevolutionärem Terrorismus‹, ›(ethno-)nationalistischem, separatistischem Terrorismus‹ und ›religiösem Terrorismus‹ (vgl. Waldmann 1999; Townshend 2002). Teilweise werden auch andere Typen genannt – wie beispielsweise ›rechtsextremer Terrorismus‹, ›vigilantistischer Terrorismus‹ (z.B. die Ku-Klux-Klan-Bewegung in den USA) oder ›apokalyptischer Terrorismus‹ (z.B. die Aum Shinrikyo-Sekte in Japan). (2) Eine weitere Unterscheidung betrifft den jeweiligen Gründungskontext: Terrorismus ist in der Regel der zugespitzte Ausdruck von innergesellschaftlichen oder internationalen Konflikt- und Problemlagen. Typischerweise bilden sich terroristische Organisationen in drei Konstellationen (vgl. Schneckener 2006): Im ersten Fall handelt es sich um einen latenten Konflikt, der nicht offen gewaltsam ausgetragen wird. Unter diesen Vorzeichen dienen terroristische Aktionen dazu, den Konflikt zu eskalieren und Teile der Bevölkerung zu mobilisieren, um eine Massenbewegung auszulösen (z.B. Linksterrorismus in Westeuropa in den 1970er Jahren). Terroristen verstehen sich hier als ›Katalysatoren‹ einer umstürzlerischen Entwicklung oder einer separatistischen Bewegung. Im zweiten Fall entsteht Terrorismus im Kontext eines bereits eskalierten Konflikts. Der militärisch schwächere Akteur, der sich mehr und mehr in die Enge gedrängt sieht, greift dann nicht selten zu terroristischen Methoden. Terrorakte werden demzufolge als ›notwendige‹ Ergänzung zu bis dato praktizierten Gewaltstrategien verstanden (z. B. bei palästinensischen Gruppen). Je nach Lage treten sie sogar gänzlich an deren Stelle, womit sich der Charakter des Gewaltakteurs verändert und terroristische Strukturen manifest werden. Im dritten Fall besteht ein Waffenstillstand oder Friedensabkommen zwischen den maßgeblichen Konfliktparteien. Dieses Ergebnis wird jedoch von radikalen Splittergruppen, oftmals Abspaltungen bisheriger Gewaltakteure, sabotiert und unterminiert; sie setzen den »Kampf« mit Terroranschlägen fort, um den Konflikt erneut gewaltsam zu eskalieren (z. B. die Real IRA in Nordirland nach dem Abkommen von 1998). (3) Die Bereitschaft und Fähigkeit zur *Zerstörung* variiert bei terroristischen Gruppierungen erheblich, weshalb von Pape (2005) drei Formen unterschieden werden: Der ›*demonstrative* Terrorismus‹ beschränkt sich auf eine eher symbolische Gewaltanwendung und versucht größere Schäden zu vermeiden, in dem beispielsweise vorab vor einem Bombenanschlag gewarnt wird. Der ›*destruktive* Terrorismus‹ ist an der gezielten Zerstörung bzw. Tötung eines einmal definierten Zieles interessiert (Gebäude, Infrastruktur bzw. Personen). Beim ›*Selbstmordterrorismus*‹ geht es hingegen darum, einen möglichst großen Schaden anzurichten und für eine wahllose Zerstörung zu sorgen; beispielsweise sind hier die Opfer nicht präzise definiert, sondern letztlich mehr oder minder zufällig. Als weiteren Typ kann man den ›*WMD-Terrorismus*‹ (weapons of mass destruction) dazuzählen, der sich um Anschläge größeren Ausmaßes mit der Hilfe von nuklearen, biologischen, chemischen oder radiologischen Waffen oder waffenähnlichen Materialien bemüht. (4) Terroristische Gruppierungen lassen sich auch hinsichtlich ihrer geographischen Reichweite differenzieren, also danach unterscheiden, ob sie lokal begrenzte Zielsetzungen oder aber eine überregionale, globale Agenda verfolgen (vgl. Schneckener 2006). Vom ›nationalen‹ oder ›internen Terrorismus‹ spricht man daher, wenn Terroristen innerhalb ihres Staates Gewalt gegen andere ausüben, um eine nationale, politische Ordnung zu ändern. Der ›internationale‹ oder ›international operierende Terrorismus‹ bezeichnet eine Strategie der Internationalisierung eines lokalen Konflikts; hier werden Terroranschläge bewusst jenseits der Grenzen des eigenen Staates (z. B. Flugzeugentführungen) oder gegen ausländische Einrichtungen begangen, um die internationale Öffentlichkeit auf ein partikulares Problem aufmerksam zu machen (z. B. palästinensischer Terrorismus der 1970er Jahre). Der ›transnationale Terrorismus‹ verfolgt dagegen eine andere Zielsetzung: Es geht um die Änderung der internationalen bzw. regionalen Ordnung, das heißt, der Terrorismus richtet sich gegen die tatsächliche oder vermeintliche Vormachtstellung bestimmter Staaten, Weltanschauungen oder Lebensweisen (z. B. der ›Westen‹ als Feindbild). Paradigmatisch dafür sind Al-Qaida und andere grenzüberschreitende, zum Teil global agierende Gruppierungen. Diese Orientierung ist verbunden mit einer transnationalen Ideologie, einer multinationalen Mitgliederschaft und transnationalen Netzwerkstrukturen, um über Staaten und Regionen hinweg agieren zu können.

4.

Hoffman, B., 1999, Terrorismus, Frankfurt/M.: Fischer.
Meggle, G. (Hg.), 2005, Ethics of Terrorism and Counter-Terrorism, Frankfurt/M.: Ontos.
Münkler, H., 1992, Gewalt und Ordnung, Frankfurt/M.: Fischer.
Pape, R., 2005, Dying to Win. The Strategic Logic of Suicide Terrorism, New York: Random House.
Richardson, L., 2006, What Terrorists Want, New York: Random House.
Schmid, A., 1984, Political Terrorism, New Brunswick: Transaction.
Schneckener, U., 2006, Transnationaler Terrorismus, Frankfurt/M.: Suhrkamp.

Townshend, C., 2002, Terrorismus, Stuttgart: Reclam.
Waldmann, P., 1998, Terrorismus, München: Gerling.
Waldmann, P., 2003, Terrorismus und Bürgerkrieg, München: Gerling.
Walther, R., 1990, Terror, Terrorismus, in: O. Brunner/W. Conze/R. Koselleck (Hg.), Geschichtliche Grundbegriffe, Bd. 6, Stuttgart: Klett-Cotta.

Ulrich Schneckener

Theologie, politische

1.

1.1. Der Begriff »politische Theologie« bezeichnet in traditioneller und systematischer Hinsicht die »wechselvollen Beziehungen zwischen politischer Gemeinschaft und religiöser Ordnung, kurz: zwischen Herrschaft und Heil« (Assmann 2000, 15). Doch die gegenwärtige Bedeutung und Auswirkungen von politischer Theologie reichen weiter und greifen über auf die zentralen Fragen politischer Philosophie und politischer Theorie hinaus, und zwar sowohl in ihren komparativ-anthropologischen als auch in ihren soziologischen, ökonomischen und juristischen Formen, von denen sie sich jedoch in ihrem ursprünglichen metaphysischen Impetus abgrenzt.

1.2. Historisch lässt sich der Terminus »politische Theologie« bis zu Marcus Terentius Varro (116–27 v. Chr.) zurückverfolgen, der von Augustinus in *De civitate Dei* (412–426) diskutiert wird (vgl. Augustinus IV, 27 und 31) und von einer stoischen Dreiteilung der Theologie spricht, in der eine politische Theologie (*theologia politiké*) einer mythischen (*mythiké*) und einer kosmologischen (*kosmiké*) gegenübergestellt wird. Diese Unterscheidung wird von Varro ins Lateinische als *theologia civilis, fabularis* und *naturalis* übertragen, die jeweils einer sozialen oder kulturellen Gruppe (und zwar Priestern, Dichtern und Philosophen) zugewiesen sind (vgl. Assmann 2000, 17). Nach Varro verschwindet der Terminus »politische Theologie«, doch die Idee wirkt im Verborgenen in einer langen Tradition politischen Denkens fort, die Kantorowicz in seinem klassischen Werk *Die zwei Körper des Königs* (1957) rekonstruiert hat. Er kommt wieder zum Vorschein im Titel eines 1662 in Rostock veröffentlichten Traktats von Daniel Georg Morhof, *Theologiae gentium politicae dissertatio prima de Divinitate Principium*; ebenso in Spinozas 1670 anonym in Amsterdam veröffentlichtem *Tractatus Theologico-Politicus*. Doch Spinoza schöpft aus anderen Quellen (vgl. Moreau 1999). Demgegenüber existiert zwischen Varro und den von Kantorowicz untersuchten mittelalterlichen Juristen eine sorgfältig ausgearbeitete, von Maimonides, Suárez und anderen inspirierte scholastische Tradition. Eine weitere Tradition kann im Motiv der »Allmacht Gottes« und seiner hobbesschen Übertragungen ausgemacht werden (vgl. Foisneau 2000). Seit der radikalen Aufklärung gibt es zudem eine Vielzahl von Arten, die Begriffe des Politischen, der Autorität, des Gesetzes und der Souveränität auf religiöse Quellen zurückzuführen (vgl. Gauchet 1985; Eslin 1999).

2.

Im weiten und breit gefächerten Spektrum der modernen Interpretationen des Begriffs können zwei extreme Positionen unterschieden werden: a) die von Carl Schmitt in der *Politischen Theologie* diskutierte implizite Theologie des Politischen und b) die im theologischen und religiösen Diskurs überhaupt implizite Politologie, Soziologie und Anthropologie, von der Jakob Taubes in *Die politische Theologie des Paulus*, einer unorthodoxen Interpretation des Römerbriefs, spricht. Beide Denker antworten in verschiedener Weise auf die metaphysischen, messianischen und historisch-materialistischen Intuitionen, die in Walter Benjamins Schriften zum Ausdruck kommen. Sie entscheiden sich für einen »Apokalyptizismus von oben« (Schmitt) und

»von unten« (Taubes) und benennen damit zwei intrinsische – positive und negative – Interpretationsmöglichkeiten des Begriffs des Theologisch-Politischen: Paulus' Aussage »Alle Gewalt ist von Gott« (Röm. 13, 1), auf die Schmitt sich beruft, und Christi Diktum »Mein Reich ist nicht von dieser Welt« (Joh. 18, 36), das, gemeinsam mit Benjamins jüdisch-mystischer Behauptung im *Theologisch-Politischen Fragment*, Theokratie sei keine historische Kategorie, Taubes' dialektische Betrachtungen orientiert. Diese beiden extremen Pole konstituieren die entgegengesetzten Richtungen, die der Begriff des Theologisch-Politischen einschlagen kann.

3.

3.1. Auch wenn hier keine unverrückbare Grenzlinie gezogen werden kann, sollte man nicht zu schnell der Versuchung folgen, den deskriptiv-rekonstruktiven (institutionell-juristischen oder »beschreibenden«) und den normativ-konstruktiven (politischen oder »betreibenden«) Gebrauch des Begriffs des Theologisch-Politischen mit den ausdrücklicher konfessionellen (oder »appellativen«) Anwendungen desselben zu assoziieren. Diese sind zu finden in den europäischen katholischen und protestantischen Theologien revolutionärer Hoffnung (Johann Baptist Metz, Jürgen Moltmann, Dorothee Sölle u. a.) und den Befreiungstheologien in Lateinamerika und der Dritten Welt in den 1960er und 1970er Jahren, wie auch in den Schriften der britischen Schule der »Radical Orthodoxy« (John Milbank, Catherine Pickstock, Graham Ward u. a.; vgl. Cavanaugh/Scott 2004). In der Tat sind diese beiden Besetzungen des Begriffs der politischen Theologie lediglich der neueste Ausdruck einer langen und reichen Tradition, die Verbindung zwischen Religion und dem sozial-juristischen, öffentlichen Raum zu artikulieren und zu analysieren. Das Politische wurde, unabhängig von den Modalitäten seiner weltlichen theoretischen Rechtfertigung, oft als inhärent theologisch oder zumindest als auf einem »mystischen Grund« beruhend angesehen, wie Montaigne und Pascal annahmen (vgl. Derrida 1991). Desgleichen muss man Schmitts theologische Voraussetzungen, ganz zu schweigen von seinen fragwürdigeren Sympathien, nicht teilen, um die systematische Relevanz des Göttlichen für das Irdische zu erkennen, die die Form dualistischer, theokratischer oder analogischer (darstellend-metaphorischer) Beziehungen von Auszeichnung, Unterwürfigkeit, gegenseitiger Abhängigkeit oder Musterhaftigkeit annehmen kann: von Augustinus' *De civitate Dei*, das den intellektuellen Standard noch für einen zeitgenössischen Denker wie Adorno setzt (vgl. de Vries 2005), über die von Patrick Riley in *The General Will Before Rousseau* untersuchten Vertragstheorien bis hin zu Michael Theunissens Charakterisierung der hegelschen Doktrin des absoluten Geistes als »theologisch-politischem Traktat«; oder von Hans Kelsens Verflechtung von »Gott und Staat« über Leo Strauss' Studien zum Motiv des *theos nomos* und seiner Transformation im offenbarten, positiven Recht bis zu Ernesto Laclaus Thesen über den leeren Signifikanten der Souveränität und seine Vorgänger in der apophatischen Tradition der göttlichen Namen bei Pseudo-Dionysius und Meister Eckhart – in allen diesen Fällen hat die politische Theologie eine bestimmende, wenn auch oft versteckte Rolle gespielt. In jüngster Zeit ist der Begriff des Theologisch-Politischen erneut zum Gegenstand kritischer Neubetrachtungen in der Psychoanalyse (vgl. Reinhard/Santner/Žižek 2005) sowie in den Schriften Jacques Derridas, Roberto Espositos und Giorgio Agambens geworden. Umgekehrt haben sowohl traditionelle Religionen (die antiken ebenso wie die ›Buchreligionen‹) als auch die die zeitgenössische Vorstellungskraft einnehmenden Religionen (inklusive der alternativen Religionen der New Age-Spiritualität) ihre Glaubenssätze, Rituale und Institutionen um eine praktische Politik und eine abstraktere Interpretation des Politischen ergänzt. Als Ergebnis dieser beiden ineinander übergehenden Tendenzen – der Ausdehnung des Politischen auf das Transzendentale bzw. Transzendente und der »Transformation des Göttlichen in das Bürgerliche« (Riley 1986) –

ist die Trennung der Bereiche der Religion und des Staates (wie die Trennung zwischen Offenbarung und Vernunft, dem Heiligen und dem Profanen, dem Kirchlichen und dem Weltlichen) von Anfang an zumindest ebenso problematisch, künstlich und erzwungen gewesen, wie sie historisch und analytisch vielleicht unvermeidbar war.

3.2. Insbesondere die folgenden weiteren Fragen sind in der jüngsten Forschung diskutiert worden: a) Als ermächtigendes und destabilisierendes Element der öffentlichen Sphäre – wie auch ihrer jüngsten Transformationen – ist Religion weder als vormoderne Schicht oder regressives Stadium der Gesellschaft und ihrer Mitglieder noch als Zeichen ihres falschen Bewusstseins, als Projektion, infantile Neurose, Uneigentlichkeit, böse Absicht oder Heuchelei anzusehen. Claude Lefort weist darauf hin, dass diese Kategorien sowohl in historischer als auch in systematischer Hinsicht wenig hilfreich zum Verständnis der zeitgenössischen politischen Rolle von Religion sind: »Es ist sicherlich eine Tatsache, dass politische Institutionen sich seit langem von religiösen getrennt haben; der Rückzug religiöser Anschauungen in die Sphäre des Privaten ist ebenso eine Tatsache.« Man muss nicht unbedingt mit der von Lefort hier anscheinend fraglos übernommenen schematischen Annahme eines linearen Prozesses von Säkularisierung und Modernisierung, Rationalisierung und sozialer Differenzierung einverstanden sein, um der Analyse zuzustimmen, mit der Lefort effektiv die zentralen Prämissen einiger progressivistischer Theorien hinterfragt: »Kann man sagen, dass Religion angesichts des Politischen einfach verschwunden ist (um nur an dessen Peripherie zu überleben), ohne sich zu fragen, was ihre Investition in die politische Ordnung ehemals bedeutete? Oder sollte man nicht annehmen, dass diese Investition so tief ging, dass sie für genau jene, die ihre Folgen für erschöpft erklären, unkenntlich geworden ist? Kann man nicht zugestehen, dass, den geschehenen Wandlungen zum Trotz, das Religiöse sich hinter der Maske neuer Glaubensformen erhalten hat, und zwar so, dass es in traditioneller oder neuer Form an die Oberfläche zurückkehren kann, wenn die Konflikte akut genug werden, Risse im Gebäude des Staates zu bewirken?« (Lefort 1986, 253 f.) Die von ihm vorgeschlagenen Fragen unterhöhlen die Voraussetzung einer teleologischen Entwicklung der geistigen und politischen Geschichte des Westens, dieses scheinbar unumkehrbaren Lernprozesses. Es geht hier um viel mehr als die wohlbekannten Paradoxien der Moderne oder der Dialektik ihrer Aufklärung. Die »Fortdauer des Theologisch-Politischen« ist, so Lefort, keine unbezweifelbare Gegenwart, sondern vielmehr eine ständige Möglichkeit, im Guten wie im Schlechten. b) Ist es tatsächlich der Fall, dass »[j]e weiter man in der Zeit zurückgeht«, es »desto schwerer wird [...], zwischen religiösen und politischen Institutionen zu unterscheiden« (Assmann 2000, 15), oder ist das Gegenteil genauso plausibel? Gibt es eine »Fortdauer des Theologisch-Politischen« in irgendeiner Form, oder entdeckt die gegenseitige Überlagerung des Theologischen und des Politischen, von Errettung und Macht, Komplexitäten, deren wir uns noch gar nicht bewusst geworden sind? c) In Verbindung damit: Ist es (noch immer) möglich zu argumentieren, dass politische Theologie dort entsteht, »wo solche Probleme in Formen verhandelt werden, die die Götter bzw. Gott einbeziehen« (Assmann 2000, 15), selbst wenn man bereit ist hinzuzufügen, »dass auch Konzepte und Modelle einer ›horizontalen‹ Ordnung des Zusammenlebens zur politischen Theologie gehören, wenn sie dabei das Göttliche einbeziehen« (ebd., 28)? Sollte behauptet werden, eine »Theologie ist dann politisch, und eine Staatslehre ist dann theologisch, wenn sie eine nichtsäkuläre Grundlegung postuliert, etwa in der Form des heiligen und daher letztinstanzlich verpflichtenden Status des politischen Verbandes [...], oder in der des Gottesgnadentums, oder aber auch in der Form des politischen Auftrags der Kirche« (ebd., 20 f.)? Oder ist jeder Bezug auf eine (vertikale oder horizontale) Transzendenz, einen leeren Signifikanten, ein absolutes Performativ, ein Akt der Fundierung, d.h., eine bedingungslose Bedingung, für sich in der Lage, das Motiv und die Motivation politischer Theologie herbeizuzitieren? Kurz gesagt, gibt es eine Relevanz (oder Fortdauer) des Theologisch-Politischen über die doppelte(n) Perspektive(n) auf »die implizite Theologie des Politischen« und »die implizite Politologie, Soziologie und auch Anthropologie theologischer oder allgemein religiöser Diskurse« (ebd., 16) hinaus, eine politische Theologie, die nicht mehr entweder theologisch oder gar politisch (im strengen und einfachen Sinn sowohl der traditionellen als auch der modernen Definitionen dieser Begriffe) ist? d) Assmann erinnert daran, dass Theologie historisch stets als »ein Spezifikum der abendländischen Geschichte und damit des Christentums« (ebd.) zählte, obwohl Bezüge auf das Heidnische (siehe Varro) oder Jüdische (z.B. die hebräische Bibel und Spinoza) nicht fehlen. Dieser Sichtweise zufolge hat nur der vergleichend-religiöse Begriff des Theologischen weitergehende Bezugnahmen auf politische Theologien im Kontext verschiedener außereuropäischer Kulturkreise wie des alten Ägypten, Mesopotamien, Indien, China und der vorkolumbischen Reiche in Nord- und Südamerika ermöglicht. Die neueste Forschung erkennt schließlich an, dass Tendenzen hin zu globaler Interdependenz, befördert von zunehmender Mobilität und technologischen Medien, in einer weiteren *Vervielfachung* politischer Theologien resultierten (vgl. Sullivan/de Vries 2006). Die Bezeichnung ›politische Theologien‹ stünde somit für eine große Anzahl konkreter Probleme kollektiver Identifikation, die sowohl traditionell als auch in der Moderne primär vom Standpunkt der Religion aus formuliert und theoretisiert wurden, und die ebenso Thema des vergleichenden Studiums »öffentlicher Religionen« (Casanova 1994), d.h. einer Anthropologie des Alltags sind wie sie im philosophischen Denken der Gegenwart zunehmend dringlicher werden. Eine solche Neuordnung eines traditionellen und frühmodernen – jedoch noch immer (ein-)dringlichen – Problemkomplexes würde mit einem Ende bzw. Zu-Ende-Kommen der Religion und des Theologischen sich auseinandersetzen müssen, weit über ihr Überleben in erkennbaren Surrogaten, funktionalen Äquivalenten und strukturellen Anologa hinaus.

4.

Assmann, J., 2000, Herrschaft und Heil, München: Hanser.

Benjamin, W., 1972ff., Theologisch-Politisches Fragment, in: Gesammelte Schriften, Frankfurt/M.: Suhrkamp.

Blumenberg, H., 1966, Die Legitimität der Neuzeit, Frankfurt/M.: Suhrkamp 1996.

Casanova, J., 1994, Public Religions in the Modern World, Chicago: University of Chicago Press.

Cavanaugh, W. T./Scott, P. (Hg.), 2004, The Blackwell Companion to Political Theology, Oxford: Blackwell.

Courtine, J.-F., 1999, Problèmes Théologico-Politiques, in: ders., Nature et empire de la loi, Paris: Vrin.

Derrida, J., 1991, Gesetzeskraft, Frankfurt/M.: Suhrkamp 2001.

Eslin, J.-C., 1999, Dieu et le pouvoir, Paris: Seuil.

Foisneau, L., 2000, Hobbes et la toute-puissance de Dieu, Paris: PUF.

Gauchet, M., 1985, Le désenchantement du monde, Paris: Gallimard.

Joas, H./Wiegandt, K. (Hg.), 2007, Säkularisierung und die Weltreligionen, Frankfurt/M.: Fischer.

Kantorowicz, E. H., 1957, Die zwei Körper des Königs, Stuttgart: Klett-Cotta 1992.

Kelsen, H., 1922, Gott und Staat, in: Logos 11.

Lefort, C., 1986, Fortdauer des Theologisch-Politischen?, Wien: Passagen 1999.

Meier, H., 2003, Das theologisch-politische Problem, Stuttgart: Metzler.

Morhof, D. G., 1662, Theologiae gentium politicae dissertatio prima de Divinitate Principium, Rostock.

Moreau, P.-F., 1999, Introduction, in: Spinoza, Œuvres, Bd. III, Paris: PUF.

Reinhard, K./Santer, E. L./Žižek, S., 2005, The Neighbor. Three Inquiries in Political Theology, Chicago: University of Chicago Press.

Riley, P., 1986, The General Will Before Rousseau, Princeton: Princeton University Press.

Sullivan, L. E./Vries, H. de (Hg.), 2006, Political Theologies, New York: Fordham University Press.

Taubes, J., 1993, Die politische Theologie des Paulus, München: Fink.

Theunissen, M., 1970, Hegels Lehre vom absoluten Geist als theologisch-politischer Traktat, Berlin: de Gruyter.

Vries, H. de, 2005, Minimal Theologies. Critiques of Secular Reason in Theodor W. Adorno and Emmanuel Levinas, Baltimore: Johns Hopkins University Press.

Vries, H. de/Weber, S. (Hg.), 2001, Religion and Media, Stanford: Stanford University Press.

HENT DE VRIES

Thomas von Aquin (1224/25–1274)

1.

Thomas von Aquin wurde 1224/25 in Roccasecca bei Neapel geboren, studierte an der Artistenfakultät der Universität Neapel und trat 1244 in den Dominikanerorden ein. Sein Noviziat und Studium führte ihn nach Paris und 1248–1252 als Student und Assistent von Albert dem Großen nach Köln. 1256 wurde er Sentenzenbakkalaureus in Paris und verfasste den *Scriptum super Sententiis*. 1256 promovierte er zum Magister der Theologie und lehrte danach als fungierender Magister der Theologie an der Pariser Universität. 1260–1261 vollendete Thomas die *Summa contra gentiles* und wurde danach Lektor in Orvieto. Ab 1265 war er Studienleiter des Dominikaner-Studiums in Santa Sabina, Rom, und begann die *Summa Theologiae*. 1267 berief ihn Papst Urban IV. als Lektor an seinen Hof zu Viterbo. Thomas kehrte 1269 nach Paris zurück und war bis 1272 zum zweiten Mal fungierender Magister der Theologie. Dort verfasste er den zweiten Teil (Secunda Pars) der *Summa Theologiae* und einige der wichtigsten Aristoteleskommentare. 1272 wurde er Studienleiter und Magister der Theologie am Generalstudium der Dominikaner zu Neapel. Thomas starb 1274 auf dem Weg zum Konzil von Lyon (die Tertia Pars der *Summa Theologiae* bleibt unvollendet).

Wichtig für Thomas' politische und Sozialphilosophie sind neben Teilen der *Summa Theologiae* (v.a. Secunda Pars), *De regno ad regem Cypri* (oder *De regimine principum*, um 1267, unvollendet, ab II, 5 von Ptolemäus von Lucca verfasst), die Kommentare zur aristotelischen *Nikomachischen Ethik* (*Sententia Libri Ethicorum*, 1271/72) und Politik (*Sententia libri Politicorum*, 1269–72, unvollendet) sowie die *Epistola ad ducissam Brabantiae* (auch bekannt unter dem Namen *De regimine Judaeorum*, wahrscheinlich 1271).

2.

2.1. Im Unterschied zu Augustinus und dem auf ihn folgenden politischen Augustinismus, welche den Ursprung von weltlicher Herrschaft und politischer Ordnung als eine Folge des Sündenfalls ansahen, ist für Thomas der Mensch von Natur aus ein gesellschaftliches und politisches Wesen (vgl. De regno I, 1). Politische Herrschaft und Gesetze entsprechen nicht nur der Bedürfnisstruktur des Menschen und den naturgegebenen Erfordernissen des menschlichen Zusammenlebens, sondern sind auch zum »guten Leben« gemäß der Vollkommenheit der Tugend notwendig. Dieser unter dem Einfluss des Aristoteles stehende ›politische Naturalismus‹ (G. de Lagarde) erkennt die Autonomie des Politischen und die Eigengesetzlichkeit säkularer Realitäten an: Während der politische Augustinismus die irdischen Ordnungen ausschließlich hinsichtlich ihrer Funktion, dem ewigen Heil zu dienen, bewertete, ist Thomas der Meinung, dass politische und rechtliche Ordnung – auch diejenige eines nicht-christlichen Gemeinwesens – als solche schon Legitimität besitzt. Göttliches Recht hebt das aus der Vernunft stammende menschliche Recht nicht auf (vgl. S. Th. II-II, 12, 2). Thomas hält aber gleichzeitig am theologischen Postulat einer grundsätzlichen Unterordnung der irdischen Ordnung unter die Erfordernisse der übernatürlichen Zielsetzung des menschlichen Lebens fest. Im gleichen Zug übernimmt er, zumindest teilweise, Aristoteles' polisethische Konzeption, der gemäß den Gesetzen die Aufgabe zukommt, den Bürger zu einem der Tugend entsprechenden Leben im Rahmen des politischen Gemeinwesens zu führen.

2.2. Dabei unterscheidet Thomas jedoch die Aufgabe des menschlichen von derjenigen des göttlichen Gesetzes: Ziel des Ersteren ist die »zeitliche Ruhe des bürgerlichen Gemeinwesens«, Aufgabe des Zweiten hingegen ist, »die Menschen zum Ziel der ewigen Seligkeit hinzuführen« (S. Th. I-II, q. 98, a. 1 c.). Dadurch wird die Aufgabe von Gesetz und Staatsgewalt auf das äußere Tun der Menschen bzw. auf jene Akte der Tugenden, »die auf das Gemeinwohl beziehbar sind«, eingeschränkt; Letzteres ist das »gemeinsame Gut der Gerechtigkeit und des Friedens« (*commune bonum iustitiae et pacis*, ebd., q. 96, a. 3 c.). In der Tradition des aristotelischen Prinzips *bonum commune est melius quam bonum unius* ist zwar auch für Thomas das Wohl des Einzelnen demjenigen der Gesamtheit untergeordnet und nur als Teil desselben denkbar. Als nach dem Ebenbild Gottes geschaffene Person transzendiert jedoch das menschliche Individuum gleichzeitig alle irdisch-gesellschaftliche Realität und steht damit immer auch außerhalb und über der Verfügungsgewalt der politischen Sozietät.

Folge dieser christlich-dualistischen Relativierung des Politischen ist nicht nur die Ausdifferenzierung eines spezifisch politischen Gemeinwohls als »öffentliches Wohl« (*bonum publicum*), welches die politischen Gewalten in ihrer Zuständigkeit einschränkt (vgl. Finnis 1998, 222ff.), sondern auch eine entsprechend minimalistische Auffassung der Gesetzgebung und damit ebenfalls die Relativierung des aristotelischen polisethischen Konzepts: Nur die schlimmsten Laster sollen durch das Gesetz unterdrückt werden, »darunter besonders jene, die sich zum Schaden anderer auswirken und ohne deren Verbot die menschliche Gesellschaft keinen Bestand haben könnte« (S. Th. I-II, q. 96, a. 2 c.). Nicht alle Tugenden sind deshalb Gegenstand staatlicher Gesetzgebung, sondern nur, was in den Bereich der Gerechtigkeit fällt (vgl. ebd., q. 100, a. 2 c.). Begrifflich präsent ist bereits die Unterscheidung von »Sünde« (*peccatum*) und »Verbrechen« (*crimen*) (vgl. Gilby 1958, 175ff.) und damit die Differenzierung zwischen Recht und Moral, die jedoch aufeinander bezogen bleiben, sowie das Prinzip, dass ein Richter nur auf Grund von geschriebenen Gesetzen richten darf.

2.3. Thomas' Lehre von Gesetz und Recht ruht – wie seine Sozialphilosophie insgesamt – auf der Prämisse, dass der Mensch mit seiner Vernunft von Natur aus Gut und Böse zu unterscheiden vermag. Die für menschliches Handeln grundlegenden, vom Verstand natürlicherweise erfassten normativen Unterscheidungen bilden als Imperative der praktischen Vernunft das »natürliche Gesetz« (*lex naturalis*). Durch die Vernunftbestimmtheit seines Handelns nimmt der Mensch teil an der vorsehenden Weisheit der göttlichen Vernunft, dem ewigen Gesetz. Politisches und gesetzgeberisches Handeln und Gestalten, durch die Klugheit geleitet, wird somit als Teil der göttlichen Weltregierung begriffen und muss sich durch Vernunftgründe rechtfertigen. Damit rückt die Figur des Gesetzgebers in den Mittelpunkt, was zudem auf den Einfluss der durch die aristotelische Tradition und das römische Recht inspirierten Auffassung zurückzuführen ist, Gesetze und die politische Ordnung insgesamt seien, entgegen der im Mittelalter vorherrschenden Auffassung vom Gesetz als Gewohnheitsrecht, von Menschen gemacht und deshalb veränderlich.

Das natürliche Gesetz ist die Norm des Rechts (*ratio iuris*). Als Naturrecht (*ius naturale*) gilt, was jemandem aus der »Natur der Sache« zusteht; es unterscheidet sich vom gesetzten Recht, das auf privater oder öffentlicher Vereinbarung beruht (vgl. S. Th. II-II, q. 57, a. 2). Jedes rechtmäßige menschliche Gesetz leitet sich vom natürlichen Gesetz ab: entweder als einfache Schlussfolgerung (*per modum conclusionum*), wie etwa das Tötungsverbot vom naturgesetzlichen Gebot abgeleitet wird, man solle anderen Menschen keinen Schaden zufügen; oder aber durch Konkretisierung (*per modum determinationis*), so etwa Gesetze, welche konkrete Strafen für Tötungshandlungen festlegen. Während die Letzteren ihren Verpflichtungscharakter allein auf Grund menschlicher Setzung besitzen, verpflichten Erstere bereits auf Grund des natürlichen Gesetzes und beziehen aus ihm ihre Rechtskraft (vgl. S. Th. I-II, q. 95, a. 2 c.). Jene allein aus der natürlichen Vernunft stammenden Rechtssätze, die allen Völkern gemeinsam sind, nennt Thomas das *ius gentium* (ebd., a. 3). Ein mit dem natürlichen Gesetz in Widerspruch stehendes positives Gesetz besitzt keine innere Rechtskraft; mehr als ein Gesetz ist es eine »Korrumpierung des Gesetzes« (*legis corruptio*, ebd.) und Gewaltanwendung (*violentia*, ebd., 96 c.). Dennoch leitet Thomas daraus nicht ein unbedingtes Recht des Bürgers ab, sich der Befolgung ungerechter Gesetze zu widersetzen, denn dadurch könnte der Bestand der öffentlichen Ordnung und damit das Gemeinwohl gefährdet werden. Der faktisch-positivrechtlichen Geltungskraft und damit friedenssichernden Funktion von Gesetzen kommt also auch unabhängig von ihrem Rechtscharakter eine gewisse Eigenbedeutung zu. Nur was unmittelbar dem göttlichen Gesetz widerspricht, auferlegt die Pflicht zur Nichtbefolgung.

2.4. Welches für Thomas die beste Staats- bzw. Regierungsform ist, scheint zunächst nicht eindeutig zu sein. Während er in *De Regno* die Monarchie als beste Regierungsform bezeichnet, plädiert er an anderer Stelle für eine Mischverfassung, die monarchische, aristokratische und demokratische Elemente enthält (vgl. S. Th. I-II, q. 105, a. 1 c.). Wesentlich für das Verständnis erscheint die von Thomas übernommene, aber umgeformte aristotelische Unterscheidung zwischen »königlicher« und »politischer Herrschaft«; bei der Letzteren ist die Regierungsgewalt Gesetzen unterworfen und damit beschränkt. Rein metaphysisch-abstrakt betrachtet erscheint bei Thomas die absolute Monarchie als beste Regierungsform; er verwirft jedoch angesichts der menschlichen Natur aus Klugheitsgründen jede nicht an Gesetze gebundene Regierungsform und plädiert für ein gesetzlich beschränktes »politisches« Königtum in einem mit aristokratischen und demokratischen Elementen durchmischten Regierungssystem. Damit gelingt ihm eine »eigenständige Synthese von griechischer politischer Theorie und mittelalterlichem Denken« (Blythe 1986, 564).

Obwohl Thomas grundsätzlich das Widerstandsrecht anerkennt, lehnt er im Unterschied zu Johannes von Salisbury ein Recht zum Tyrannenmord mit dem pragmatischen Argument ab, dass sich sonst jeder Private berechtigt fühlen könnte, einen Tyrannen zu töten; dies aber führe zu noch größerer Unordnung und Gefährdung des Gemeinwohls. Tyrannei wird jedoch nicht wie bei Augustinus als ein von Gott verhängtes Strafübel angesehen, das in Erwartung göttlicher Gerechtigkeit zu ertragen ist. Die rechtmäßige öffentliche Gewalt ist befugt, einen Tyrannen abzusetzen, sei diese öffentliche Gewalt das ganze Volk oder ein Wahlkollegium mit Recht zur Königswahl. Dieses Recht auf Widerstand gründet auf der Voraussetzung, dass jeder Herrscher im Auftrag seiner Untertanen regiert, die ihm die politische Gewalt zur Wahrung des Gemeinwohls übertragen haben; ein Tyrann jedoch handelt nicht im Interesse der Gesamtheit, sondern im eigenen Interesse, und hat deshalb sein Herrscherrecht verwirkt. Diese mittelalterliche Vertrags- und Repräsentationsauffassung von Herrschaft, welche Macht dem Recht unterordnet, enthält wesentliche Voraussetzungen für den neuzeitlichen Konstitutionalismus (*rule of law*). Die Tendenz zur Verrechtlichung der Politik zeigt sich auch darin, dass die thomanische Lehre vom gerechten Krieg und von der Todesstrafe sich als Teil einer Ethik der Gewaltanwendung versteht, die stark vom Rechtsgedanken geprägt ist.

2.5. Thomas' im Zusammenhang der mittelalterlichen Auseinandersetzungen zwischen Papst und Kaiser, *sacerdotium und imperium*, stehenden Auffassungen über die Beziehungen zwischen geistlicher und weltlicher Gewalt erscheinen nicht frei von Ambivalenzen, da er eine vermittelnde Position einzunehmen sucht, die sich von zeitgenössischen Lösungsansätzen abhebt und in die Zukunft weist. Fraglich ist, ob Thomas seine Auffassung in *De regno* geändert hat (s. dazu Weisheipl 1974, 179 ff.). Jedenfalls vertritt er nicht die Lehre einer direkten und vollen Gewalt (*plenitudo potestatis*) des Papstes und dessen Souveränität über die weltliche Sphäre. Damit lehnt er sowohl den Gedanken einer päpstlichen Universalmonarchie wie auch die Priesterherrschaft ab; ebenso bleibt ihm auch der Gedanke der Sakralität weltlicher Macht fremd (vgl. Schockenhoff 2001). Gleichzeitig hält er allerdings an der prinzipiellen Unterordnung *ratione peccati* der weltlichen Gewalt unter die geistliche fest. Ob er damit die spätere Lehre von der *potestas indirecta* des Papstes vorwegnimmt, ist umstritten. Jedenfalls hält auch er an der Forderung der politisch-religiösen Einheit eines mehrheitlich christlichen Staatswesens fest, in dem es für Andersgläubige höchstens Toleranz, aber kein Bürgerrecht gibt.

2.6. Wie die moderne Ökonomie erkennt Thomas in der Ressourcenknappheit die Voraussetzung allen Wirtschaftens. Im Gegensatz zu Aristoteles sind für ihn der Handel mit Geld und der Geldgewinn nicht grundsätzlich lasterhaft; als Mittel zur Erreichung des eigentlichen Zwecks der Wirtschaft, der bedürfnisdeckenden Güterverteilung, sind sie moralisch legitim. Bei Thomas findet sich eine naturrechtliche Lehre über die Funktion des Geldes als Tauschmittel und den gerechten Preis, wobei sich ein gewisses Verständnis für die preisbildende Funktion des Marktes zeigt. Weiter ist die generelle Verurteilung des Zinsnehmens zu nennen sowie eine Lehre über das Privateigentum, das allerdings nicht als Recht im modernen Sinn, sondern als zweckmäßige Einrichtung zur optimalen Sicherstellung nutzbringender und gerechter Güterverteilung verstanden wird. Die Unterordnung des Anspruchs auf Privateigentum unter die Erfordernisse des Gemeinwohls besitzt für Thomas die Bedeutung, wirtschaftliches Handeln an Kriterien der Gerechtigkeit und Klugheit zurückzubinden und Eigentum auch als Verpflichtung zu sozialer Verantwortung und Solidarität zu verstehen.

3.

Thomas' politische Philosophie zeichnet sich durch die Konzeption einer relativen Autonomie der Politik aus: Zum einen handelt es sich bei der Politik um einen zentralen und eigenständigen Bereich menschlichen Handelns; zum anderen ist die Politik an Gesetz und Recht gebunden, die über das natürliche Gesetz wiederum in einer allumfassenden vernünftigen Ordnung verankert sind. Eben dieser Konzeption der Politik, die sie in ein wechselseitiges Verhältnis mit der Moral und dem Recht stellt, verdankt die politische Philosophie des Thomismus – jenseits der Weiterentwicklung des Aristotelismus und der theologischen Bedeutung – auch heute noch ihre Aktualität.

4.

Thomas von Aquin, 1882ff., Opera Omnia iussu Leonis XIII P. M. edita, Roma: Editori di San Tommaso (Bd. 42 [Epistola ad ducissam Brabantiae, De Regno ad Regem Cypri, 1979]; Bd. 47, 2 Teilbde. [Sententia libri Ethicorum, 1969]; Bd. 48 [Sententia libri Politicorum, 1971]).

Thomas von Aquin, 1923, Ausgewählte Schriften zur Staats- und Wirtschaftslehre des Thomas von Aquin, Jena: Fischer.

Thomas von Aquin, 1934ff., Summa Theologica (Die deutsche Thomas Ausgabe), Bd. 13, Bd. 18, Heidelberg/Salzburg: Kerle/Pustet 1977/1953.

Thomas von Aquin, 1954, Opuscula Philosophica, Turin: Marietti (De Regimine Iudaeorum ad Ducissam Brabantiae; De Regimine Principum).

Thomas von Aquin, 1970, Selected Political Writings, Oxford: Blackwell.

Thomas von Aquin, 1975, Über die Herrschaft der Fürsten (De regimine principum), Stuttgart: Reclam.

Thomas von Aquin, 2002, Political Writings, Cambridge: Cambridge University Press.

Beutter, F., 1989, Thomas von Aquin, in: J. Starbatty (Hg.), Klassiker des ökonomischen Denkens, Bd. 1, München: Beck.

Blythe, J. M., 1986, The Mixed Constitution and the Distinction between Regal and Political Power in the Work of Thomas Aquinas, in: Journal of the History of Ideas 47.

Dempf, A., 1969, Die Politik des Thomas von Aquin, in: P. v. Sivers (Hg.), Respublica Christiana, München: List.

Dunn, J./Harris, I. (Hg.), 1997, Aquinas, 2 Bde., Cheltenham: Elgar.
Finnis, J., 1998, Aquinas. Moral, Political, and Legal Theory, Oxford: Oxford University Press.
Gilby, T., 1958, The Political Thought of Thomas Aquinas, Chicago: University of Chicago Press 1973.
Gottzmann, C., 1988, Aspekte der Staatsauffassung des Thomas von Aquin, in: A. Zimmermann (Hg.), Thomas von Aquin, Berlin: de Gruyter.
Koslowski, P./Lobkowicz, N./Recktenwald, H. C. u.a., 1991, Ökonomie, Politik und Ethik in Thomas von Aquins »Summa Theologiae«, Düsseldorf: Verlag Wirtschaft und Finanzen.
Matz, U., 1986, Thomas von Aquin, in: H. Maier/H. Rausch/H. Denzer (Hg.), Klassiker des politischen Denkens, Bd. 1, München: Beck.
Schilling, O., 1930, Die Sozial- und Staatslehre des hl. Thomas von Aquin, München: Hueber.
Schneider, J. H. J., 1990, Thomas von Aquin und die Grundlegung der politischen Philosophie in »De regno«, in: E. Mock/G. Wieland (Hg.), Rechts- und Sozialphilosophie des Mittelalters, Frankfurt/M.: Lang.
Schockenhoff, E., 2001, Dient die Politik dem Glück des Menschen? Zum Verhältnis von geistlicher und weltlicher Gewalt bei Thomas von Aquin, in: Theologie und Philosophie 76.
Torrell, J.-P., 1993, Magister Thomas. Leben und Werk des Thomas von Aquin, Freiburg: Herder 1995.
Weisheipl, J. A., 1974, Thomas von Aquin. Sein Leben und seine Theologie, Graz: Styria 1980.

MARTIN RHONHEIMER

Tierethik

1.

Die Tierethik als Teilbereich der Bioethik beschäftigt sich mit der moralphilosophischen Reflexion der Mensch-Tier-Beziehung (vgl. Wolf/Schaber 1998, 164ff.). Zentral für die Tierethik sind Fragen nach dem moralischen Status von Tieren. Sie befasst sich u.a. mit etwaigen Rechten von Tieren, der möglichen Pflicht der Berücksichtigung ihrer Interessen, der Legitimität ihrer Haltung, ihres Transports, ihrer Nutzung und Tötung (zum Zwecke medizinischer Experimente, der Xenotransplantation oder des Verzehrs) ebenso wie mit Fragestellungen, die den tierischen Artenschutz betreffen.

2.

Erste antike Konzepte der Tierschonung und des Vegetarismus berufen sich bei Pythagoras auf die Wiedergeburt von Mensch und Tier sowie bei Plutarch und Porphyrus auf die empfindende Tierseele (vgl. Dierauer 1998, 1195ff.). Bedeutsamer mit bis in die Gegenwart reichender Wirkungsmacht erweist sich ein ebenso bereits in der Antike vorhandener religiös-metaphysischer Anthropozentrismus, der auf die im Gegensatz zum Tier nur beim Menschen vorhandene vernünftige unsterbliche Seele verweist (vgl. Niewöhner 2001). Mit der Sonderstellung des Menschen durch seine »Gottesebenbildlichkeit« wurde dieser Gedanke von namhaften Vertretern der christlichen Philosophie, insbesondere von Augustinus und Thomas von Aquin weitergeführt und verstärkt. Während in dieser Tradition Tiere teilweise noch als Mitgeschöpfe, obzwar immer mit sterblicher Seele, berücksichtigt wurden, findet sich bei Descartes eine Reduktion derselben auf von Gott geschaffene kunstvoll funktionierende Automaten (vgl. Eckart 1998, 1205ff.). Antiken Wurzeln entstammt auch ein vorrangig an der Vernunft orientierter logozentrischer Anthropozentrismus (vgl. Schütt 1990), der gemeinsam mit dem Personen-Sachen-Dualismus des römischen Rechts (vgl. Caspar 1999, 41) alle Tiere aus der Gemeinschaft der moralisch und rechtlich direkt zu berücksichtigenden Subjekte exkludiert. Diese Position, die nur eine indirekte moralische Berücksichtigung von Tieren zulässt, findet sich noch einflussreich bei Kant (etwa Kant 1797, 579). Im Zeitalter der Aufklärung während des 18. Jahrhunderts finden sich vermehrt Stimmen für eine an den Kriterien der Leidens- und Schmerzensfähigkeit orientierten pathozentrischen Tierethik (vgl. Perkins 2003; Mayr 2003; Wolf/Schaber 1998, 164ff.). Der englische Rechtsphilosoph

Bentham (1789, Kap. 17) artikuliert mit der These »Die Frage ist nicht: können sie *denken*? oder: können sie *sprechen*?, sondern *können sie leiden*?« das basale Argument der in England entstehenden Tierschutzbewegung, die 1822 das weltweit erste Tierschutzgesetz erwirken konnte. Im deutschsprachigen Raum steht Schopenhauers mitleidsethischer Ansatz im Zentrum der Tierschutzdiskussion (Schopenhauer 1840, § 19). Salt (1892) und Nelson (1932) entwickeln die ersten Konzepte von Tierrechten bereits unter Bezugnahme auf deren notwendige Einbindung in die sozialreformatorischen Veränderungen des beginnenden 20. Jahrhunderts.

3.
Eine verstärkte öffentliche Thematisierung von Fragen der Massentierhaltung, Jagd und Tierversuche fördert im englischen Sprachraum ab 1970 im Rahmen der sich etablierenden Bioethik eine systematische tierethische Reflexion (vgl. Ryder 2000). Diese frühe universitäre Verankerung der modernen englischsprachigen Tierethik ermöglicht die Erarbeitung eines bis heute den internationalen Diskurs bestimmenden hoch differenzierten Argumentationsgeflechts (vgl. Sunstein/Nussbaum 2004; Armstrong 2003; Taylor 2003; Kistler 2000; Bekoff 1998; tierethik.org). Ermöglicht wird dies auch durch die Bereitschaft der großteils analytisch orientierten englischsprachigen Ethiktradition (vgl. Wolf/Schaber 1998), welche die Herausforderungen der modernen Evolutionstheorie mit ihrer Annahme einer Mensch-Tier-Kontinuität (vgl. Rachels 1998) sowie die Erkenntnisse der Tierbewussteins- und Kognitionsforschung (vgl. Alan 2006; Perler/Wild 2005) in den gesamten bioethischen Diskurs eingearbeitet hat. Damit einher geht eine weitgehende Verabschiedung der von Günther Anders (vgl. Linnemann 2000, 7) als »anthropozentrischer Größenwahn« bezeichneten Position, die die Gesamtheit aller Tierarten – von Insekten bis hin zu Menschenaffen – in eine einzige Kategorie subsumiert; stattdessen rückt die Bedeutung von »geistigem Erleben« und »moralischem Status« ins Zentrum der Ausführungen (vgl. DeGrazia 1996; Warren 1999; Forrester 1996; Dombrowski 1997).

3.1. In der gegenwärtigen Diskussion findet sich eine Reihe unterschiedlicher tierethischer Begründungsmodelle. Singers (1975) Modell einer *utilitaristischen* Tierbefreiungsethik markiert den Beginn der modernen Tierethikdebatte. Nach Singer (1979, 82ff.) gilt es, Interessen unabhängig von der jeweiligen Spezieszugehörigkeit gleichermaßen (vgl. Kuhse 2002, 77ff.) zu berücksichtigen, um nicht einer – analog zu Rassismus und Sexismus – speziesistischen Diskriminierung anheim zu fallen. Indem Singer die Idee der gleichen Berücksichtigung (vgl. Ach 1999, 48ff.) von aktualisierbaren Interessen von Mensch und Tier abhängig macht, ergibt sich eine Infragestellung des nach wie vor stark präsenten Konzepts der »Heiligkeit des menschlichen Lebens« (vgl. Kuhse 2002). Damit einhergehend wird die zuvor angenommene Unverfügbarkeit menschlichen Lebens in allen Stadien seiner Entwicklung zum Gegenstand ethischer Abwägung. Während Singers Modell im englischen Sprachraum einer der meistdiskutierten tier- und bioethischen Ansätze ist, findet im deutschsprachigen Raum durch seine umstrittenen Überlegungen zum Wert des Lebens (vgl. Nida-Rümelin 1996) und der daraus entstandenen »Singer-debatte« (vgl. Singer 1979, 425ff.) nur ein spärlicher Diskurs hierzu statt. Modifizierte Konzepte eines Utilitarismus zur Berücksichtigung tierischer Interessen finden sich bei Wolf (1992), Birnbacher (2006) und Gesang (2003, 32ff.), eine Kritik derartiger Ansätze bei R. G. Frey (1979).

Nozicks (1974, 39) Forderung »Utilitarismus für Tiere, Kantianismus für Menschen« wurde durch die neuere Tierrechtsdebatte (vgl. Cohen 2001) einer umfassenden Kritik unterzogen. Den Grundstein dieser Debatte legte Regans (1983) monumentales Werk für Tierrechte. Regan behandelt höher entwickelte Tiere als empfindende Subjekte eines Lebens, dem ein Zweck in sich selbst zukommt. Es handle sich um Wesen mit inhärentem Wert. Dieser inhärente Wert gebiete dem Menschen respektvolle Behandlung, die das Zufügen von Schmerz und Leid und insbesondere das Töten dieser ausschließe (vgl. Regan 1983; Flury 1999; Ott 1999). Modifikationen dieses Modells erfolgten durch Pluhar (1995), Rowlands (1998) mit einen kantischen Kontraktualismus und Cavalieri (2001) mit Tierrechten als Erweiterung der Menschenrechte. Ein eher deutschsprachiges Spezifikum stellt die ursprünglich theologisch (vgl. Baranzke 2002) inspirierte Debatte zur »Würde der Kreatur« dar, wobei »*Würde*« für »Wesen mit Eigenwert« steht (Liechti 2002, 72). Ein prinzipielles Hinterfragen des Würdebegriffs im ethischen Diskurs und dessen Anwendung auf Menschen und Tiere findet sich bei Hoerster (2004), Birnbacher (2006) und Singer (1976, 27). Die *rechtsethische* Diskussion über das Zusprechen von Rechten an Tiere als Interessenträger, deren juridische Verankerung und die damit verbundene Aufwertung vom Status »Tier als Sache« zu *Rechtssubjekten*, findet wichtige Ansätze bei Joel Feinberg (1974; vgl. Ach 1999, 53 ff.) und schafft einen der zentralsten Bestandteile der Tierrechtsdebatte (vgl. Wise 2000; Francione 2000; Joerden 1999; Kaplan 1998). Die 2002 erfolgte Aufnahme des Tierschutzes als Staatsziel ins deutsche Grundgesetz (Artikel 20a) stellt einen wichtigen international beachteten Schritt hierzu dar (vgl. Sunstein/Nussbaum 2004, 4). Die Forderung von Menschenrechten für Menschenaffen (vgl. Singer/Cavalieri 1994) bildet einen weiteren intensiv diskutierten Ansatz für die Etablierung von Tierrechten (http://www.greatapeproject.org). Mit der Erarbeitung einer 1998 publizierten *Universal Declaration of Animal Rights* durch die »French Animal Rights League« finden diese Ansätze Eingang in die französische Tierethik. *Tugendethische* Entwürfe finden sich bei Clark (1992), Midgley (1998), Hursthouse (2000), in der erweiterten Mitleidsethik von Wolf (2003) sowie in den feministischen »Care«-Ethiken von Adams (2002) und Donavan (1996). Erste *phänomenologische* Tierethiken in Anknüpfung an Heidegger, Derrida, Levinas und Merleau-Ponty finden sich bei Steeves (1999) und Brenner (2003).

3.2. Die Konzepte der »Rights-Language« (vgl. Silverstein 1996; Nussbaum 2004) dienen der neueren Tierschutzbewegung als Argumentationsgerüst für die öffentlichen rechtspolitischen Diskurse. Die daraus entstandene Tierrechtsbewegung versteht sich von Anfang an als Teil der Civil Rights-Bewegung. Der Ausbeutung von Menschen, Tieren und Natur liege eine »unity of oppression« zugrunde (vgl. Nibert 2002; Patterson 2002), woraus die Notwendigkeit einer Allianz mit anderen gesellschaftlich emanzipatorischen Kräften resultiere (vgl. Armstrong 2003; Guither 1998). Die damit einhergehenden normativen Transformationsprozesse der Mensch-Tier-Beziehungen finden sich als neuer sozialwissenschaftlicher Forschungsbereich bei Mütherich (2000) in Auseinandersetzung mit der Frankfurter Schule, bei Wiedenmann (2004) und seit 1993 in der von den »Psychologists for the Ethical Treatment of Animals« initiierten Zeitschrift *Society and Animals*. Wie Simons (2002) ausführt, findet sich eine zunehmende Bereitschaft zur Thematisierung der Tierrechtsdebatte in der kultur- und literaturwissenschaftlichen Forschung.

3.3. Im Zentrum der Debatten der angewandten Tierethik befinden sich die Bereiche Nutztierhaltung, Tierversuche und Jagd. Das Spektrum der Lösungsvorschläge bewegt sich zwischen pragmatisch reformistischen »Animal-Welfare-Ansätzen« (vgl. Schneider 2001; Garner 2005) und radikalen Forderungen nach dem sofortigen totalen Verbot genannter Ausbeutungsformen (vgl. Regan 2001). Im Konfliktfeld der Tierversuchsproblematik bildet der Ansatz der »3 R« (Reduce, Refine, Replace) seit vielen Jahren den allgemein anerkannten Rahmen für einen kontinuierlichen Dialog zwischen den Wissenschaften (vgl. Armstrong 2003, 289 ff.; tierethik.org). Im Bereich der Nutztierhaltung findet sich die Forderung der tiergerechten Haltung (vgl. Schneider 2001; Garner 2005) und die weitgehende Ablehnung des aus religiösen Gründen geforderten betäubungslosen Schlachtens (Caspar 1999, 318 ff.) als ethischer Minimalkonsens. Die moderne Tierrechtsbewegung argumentiert darüber hinaus für ein Tötungsverbot von höher entwickelten Tieren (vgl. McMahan 2002, 189ff.; Ott 1999; Joerden 1999, 41ff.; Singer 1979, 115ff.). Der Verzehr von Fleisch sei der Ausdruck eines komplexen symbolischen unmoralischen Herrschaftsverhältnisses (vgl. Adams 2002), das Derrida (1991, 39) als »Phallogozentrismus des Fleischessers« bezeichnet (vgl. Steeves 1999, 15ff.). Darüber hinaus verlangen die Probleme des anwachsenden Welthungers, der Umweltverschmutzung und der menschlichen Verrohung durch die Fleischproduktion (vgl. Walters 1999) eine verstärkte moralische Sensibilität, die Habermas (1991, 98) zufolge in einer vegetarischen Lebensweise ihre Konkretisierung finden kann.

3.4. Durch die Integration von nichtmenschlichen Tieren in die moralische Gemeinschaft der moralisch zu berücksichtigenden Subjekte leistet die Tierethik nach Meinung von politischen Philosophen wie Kymlicka (1996) und Nussbaum (2004, 299ff.) einen wesentlichen Beitrag zur Etablierung einer umfassenden globalen Gerechtigkeit.

4.

Ach, J., 1999, Tierversuche und moralischer Individualismus, Erlangen: Fischer.
Adams, C. (Hg.), 1999, Animals and Women, Durham: Duke University Press.
Adams, C., 2002, Zum Verzehr bestimmt, Wien: Guthmann-Peterson.
Allen, C., 2006, Animal Consciousness, in: E. N. Zalta (Hg.), Stanford Encyclopedia of Philosophy, http://plato.stanford.edu/entries/consciousness-animal (Stand 1. Juli 2008).
Armstrong, S. (Hg.), 2003, The Animal Ethics Reader, London: Routledge.
Baranzke, H., 2002, Würde der Kreatur?, Würzburg: Königshausen & Neumann.
Bekoff, M. (Hg.), 1998, Encyclopedia of Animal Rights and Animal Welfare, Westport: Greenwood.
Bentham, J., 1789, An Introduction to the Principles of Morals and Legislation, Oxford: Oxford University Press 1996.
Birnbacher, D., 2006, Bioethik zwischen Natur und Interesse, Frankfurt/M.: Suhrkamp.
Brenner, A. (Hg.), 2003, Tiere beschreiben, Erlangen: Fischer.
Caspar, J., 1999, Tierschutz im Recht der modernen Industriegesellschaft, Baden-Baden: Nomos.
Cavalieri, P./Singer, P. (Hg.), 1994, Menschenrechte für die Großen Menschenaffen, München: Goldmann.
Cavalieri, P., 2002, Die Frage nach den Tieren, Erlangen: Fischer.
Clark, S., 1992, The Moral Status of Animals, Oxford: Oxford University Press.
Cohen, C./Regan, T. (Hg.), 2001, The Animal Rights Debate, Lanham: Rowman.
DeGrazia, D., 1996, Taking Animals Seriously, Cambridge: Cambridge University Press.
Derrida, J., 1991, Gesetzeskraft, Frankfurt/M.: Suhrkamp.
Dierauer, U., 1998, Tier, Antike, in: J. Ritter/K. Gründer/G. Gabriel (Hg.), Historisches Wörterbuch der Philosophie, Bd. 10, Basel: Schwabe.
Dol, M. (Hg.), 1997, Animal Consciousness and Animal Ethics, Assen: Van Gorcum.
Dombrowski, D., 1997, Babies and Beasts, Champaign: University of Illinois Press.
Donavan, J. (Hg.), 1996, Beyond Animal Rights, New York: Continuum.
Eckart, W., 1998, Tier, Mittelalter/Neuzeit, In: J. Ritter/K. Gründer/G. Gabriel (Hg.), Historisches Wörterbuch der Philosophie, Bd., 10, Basel: Schwabe.
Feinberg, J., 1974, The Rights of Animals and Unborn Generations, in: W. Blackstone (Hg.), Philosophy and Environmental Crisis, Athens: University of Georgia Press.
Flury, A., 1999, Der moralische Status der Tiere, Freiburg: Alber.
Forrester, G., 1996, Persons, Animals, and Fetuses, Dordrecht: Kluwer.
Francione, G., 2000, Introduction to Animal Rights, Philadelphia: Temple University Press.
Frey, R., 1979, Rechte, Interessen, Wünsche und Überzeugungen, in: A. Krebs (Hg.), Naturethik, Frankfurt/M.: Suhrkamp 1997.
Garner, R. (Hg.), 2005, Animal Rights, Cambridge: Polity.
Gesang, B., 2003, Eine Verteidigung des Utilitarismus, Stuttgart: Reclam.
Guither, H., 1998, Animal Rights, Carbondale: Southern Illinois University Press.
Habermas, J., 1991, Die Herausforderung der ökologischen Ethik für eine anthropozentrisch ansetzende Konzeption, in: A. Krebs (Hg.), Naturethik, Frankfurt/M.: Suhrkamp 1997.
Hargrove, E. (Hg.), 1992, The Animal Rights/Environmental Ethics Debate, Albany: State University of New York Press.

Hoerster, N., 2004, Haben Tiere eine Würde?, München: Beck.
Hursthouse, R., 2000, Ethics, Humans and Other Animals, London: Routledge.
Joerden, J. (Hg.), 1999, Tiere ohne Rechte?, Berlin: Springer.
Kant, I., 1797, Die Metaphysik der Sitten, Frankfurt/M.: Suhrkamp 1977.
Kaplan, H., 1998, Tiere haben Rechte, Erlangen: Fischer.
Kistler, J., 2000, Animal Rights, Westport: Greenwood.
Kuhse, H. (Hg.), 2002, Peter Singer. Unsanctifying Human Life, Oxford: Blackwell.
Kymlicka, W., 1996, Expanding the Social Contract, in: Etica & Animali 8.
Liechti, M. (Hg.), 2002, Die Würde des Tieres, Erlangen: Fischer.
Linnemann, M. (Hg.), 2000, Brüder-Bestien-Automaten, Erlangen: Fischer.
Mayr, P., 2003, Das pathozentrische Argument als Grundlage einer Tierethik, Münster: Monsenstein.
McMahan, J., 2002, The Ethics of Killing, Oxford: Oxford University Press.
Midgley, M., 1998, Animals and Why They Matter, Athens: University of Georgia Press.
Mütherich, B., 2000, Die Problematik der Mensch-Tier-Beziehung in der Soziologie, Münster: LIT.
Nelson, L., 1932, System der philosophischen Ethik und Pädagogik, Hamburg: Meiner 1970.
Nibert, D., 2002, Animal Rights/Human Rights, Lanham: Rowman & Littlefield.
Nida-Rümelin, J., 1996, Wert des Lebens, in: ders. (Hg.), Angewandte Ethik, Stuttgart: Kröner.
Niewöhner, F. (Hg.), 2001, Die Seele der Tiere, Wiesbaden: Harrassowitz.
Nozick, R., 1974, Anarchy, State, and Utopia, New York: Basic Books.
Nussbaum, M., 2004, Beyond ›Compassion and Humanity‹, in: dies./C. Sunstein (Hg.), Animal Rights, Oxford: Oxford University Press.
Ott, K., 1999, Das Tötungsproblem in der Tierethik der Gegenwart, in: E.-M. Engels (Hg.), Biologie und Ethik, Stuttgart: Reclam.
Patterson, C., 2002, Eternal Treblinka, New York: Lantern.
Perkins, D., 2003, Romanticism and Animal Rights, Cambridge: Cambridge University Press.
Perler, D./Wild, M. (Hg.), 2005, Der Geist der Tiere, Frankfurt/M.: Suhrkamp.
Pluhar, E., 1995, Beyond Prejudice, Durham: Duke University Press.
Rachels, J., 1998, Created from Animals, Oxford: Oxford University Press.
Regan, T., 1983, Die Begründung von Tierrechten, Erlangen: Fischer 2004.
Regan, T., 2001, Defending Animal Rights, Champain: University of Illinois Press.
Rowlands, M., 1998, Animal Rights, London: Macmillan.
Ryder, R., 2000, Animal Revolution, Oxford: Berg.
Salt, H., 1892, Die Rechte der Tiere, Berlin: Schwantje 1907.
Schneider, M. (Hg.), 2001, Den Tieren gerecht werden, Kassel: GHK.
Schopenhauer, A., 1840, Preisschrift über die Grundlage der Moral, Werke, Bd. 3, Zürich: Haffmanns 1988.
Schütt, H. (Hg.), 1990, Die Vernunft der Tiere, Frankfurt/M.: Keip.
Silverstein, H., 1996, Unleashing Rights, Ann Arbor: University of Michigan Press.
Simons, J., 2002, Animal Rights and the Politics of Literary Representation, Basingstoke: Palgrave.
Singer, P., 1975, Befreiung der Tiere, Reinbek: Rowohlt 1996.
Singer, P., 1976, Alle Tiere sind gleich, in: A. Krebs (Hg.), Naturethik, Frankfurt/M.: Suhrkamp 1997.
Singer, P., 1979, Praktische Ethik, Stuttgart: Reclam 1994.
Steeves, P. (Hg.), 1999, Animal Others, Albany: State University of New York Press.
Taylor, A., 2003, Animals and Ethics, Peterborough: Broadview.
Teutsch, G., 1987, Lexikon der Tierschutzethik, Göttingen: Vandenhoeck & Ruprecht.
Walters, K. (Hg.), 1999, Ethical Vegetarianism, Albany: State University of New York Press.
Wiedenmann, R., 2004, Tiere, Moral und Gesellschaft, Wiesbaden: Leske + Budrich.
Warren, M., 1999, Moral Status, Oxford: Oxford University Press.
Wise, S., 2000, Rattling the Cage, Cambridge: Perseus.
Wolf, J.-C., 1992, Tierethik, Freiburg: Paulus.
Wolf, J.-C./Schaber, P., 1990, Analytische Moralphilosophie, Freiburg: Alber.
Wolf, U., 2003, Das Tier in der Moral, Frankfurt/M.: Klostermann.

Erwin Lengauer

Tocqueville, Alexis Charles Henri Clérel de (1805–1859)

1.

Der französische Politiker und Sozialphilosoph Tocqueville wuchs als jüngster Sohn royalistisch und katholisch geprägter Eltern auf. Beide Eltern entstammten altem französischem Adel: Sein Urgroßvater de Malesherbes war als Minister mitverantwortlich für die liberalen Reformen unter Louis XVI. und verteidigte diesen vor dessen Hinrichtung vor dem Revolutionstribunal. »Dieses doppelte Beispiel habe ich nie vergessen und werde es auch niemals vergessen« (Tocqueville 1856, 256). Fast die gesamte Familie Malesherbes' starb ebenfalls durch das Schafott. Tocquevilles Eltern entgingen diesem Schicksal nur durch den Sturz Robespierres am 9. Thermidor (27. Juli) 1794. Der Vater wurde nach der Restauration 1815 Präfekt in mehreren Departements.

Tocqueville erwarb einen Abschluss in Philosophie, studierte in Paris Jura und trat 1827 in den Richterstand ein. Da die Güter der Familie während der Revolutionen nicht verloren gingen, war er Zeit seines Lebens finanziell unabhängig.

Nach der Juli-Revolution 1830 bereiste Tocqueville 1831 im Regierungsauftrag die USA, offiziell, um deren Gefängniswesen zu studieren. Tatsächlich wollte er abwarten, ob und wie sich das ungeliebte neue bürgerliche Regime verfestigt, und zur gleichen Zeit an einer Publikation arbeiten, mit der er sich einen Namen (und eine neue berufliche Zukunft) zu schaffen hoffte (vgl. Jardin 1984, 83f.). Dies gelang auch: Tocqueville wurde durch den 1835 erscheinenden ersten Teil (der zweite erschien 1840) von *Über die Demokratie in Amerika* über Nacht berühmt. 1837 wurde er zum Mitglied der Ehrenlegion ernannt, vier Jahre darauf in die Académie Française aufgenommen.

Tocqueville verließ die Richterlaufbahn und wurde 1839 im zweiten Anlauf für seinen Wahlkreis Valognes zum Abgeordneten gewählt, den er bis zu seinem Rückzug aus der Politik 1852 in den wechselnden Parlamenten vertrat. Für eine politische Karriere schien er jedoch wenig geeignet (was er auch ahnte). Er war zu wenig leutselig, kein mitreißender Redner und moralisch zu kompromisslos, um sich einem der existierenden Lager anzuschließen. Daher hoffte er nicht, innerhalb der von anderen aus persönlichem Ehrgeiz betriebenen Politik seine Ziele verwirklichen zu können. Er nahm sich zur Aufgabe, durch seine Unabhängigkeit und Prinzipientreue seine Ehre zu bewahren und zu zeigen, dass Politik und Moral nicht unvereinbar sind (vgl. Vossler 1973, Kap. 4).

Nach der Februarrevolution 1848 wurde Tocqueville Mitglied der verfassungsgebenden Versammlung und 1849 Außenminister. Doch Louis Napoléon Bonaparte, der bereits seinen Staatsstreich vorbereitete, entließ fünf Monate später das Kabinett; so lässt sich über Tocquevilles Taten als Minister kaum ein Urteil fällen. Der Präsident erwog jedoch im Folgenden, Tocqueville erneut zu berufen. Nach dem Staatsstreich 1852 zog sich Tocqueville endgültig ins Privatleben zurück und begann die Arbeit an *Der alte Staat und die Revolution*, dessen ersten Teil er 1856 veröffentlichte. Er starb 1859 an der bereits 1850 ausgebrochenen Tuberkulose in Cannes.

2.

2.1. *Über die Demokratie in Amerika* gilt auch heute noch als die bedeutendste und einflussreichste Darstellung der US-amerikanischen Gesellschaft und ihrer Staatsform; es ist vermutlich der in den USA meistzitierte Text über die USA. Dabei ist das Buch keine soziologische Untersuchung der Union (als welche sie auch Mängel hätte: vgl. Pierson 1938). Tocqueville hoffte vielmehr, in Amerika, der damals einzigen Demokratie, diese in Reinform zu erleben und von den Tugenden und Fehlern Amerikas lernen zu können, wie eine Gesellschaft von Freien und Gleichen funktionieren kann. Amerika ist für Tocqueville der notwendige Hintergrund für die Analyse der Demokratie als solcher. Diese Analyse ist dabei stets auf die Anwendung der Erkenntnisse auf Frankreich gerichtet:

Tocqueville betrachtet nur, was auch dort anwendbar scheint, und dies auch ausschließlich aus der französischen Perspektive. Weshalb und wie die US-amerikanischen Institutionen tatsächlich entstanden, interessiert ihn nicht.

Ziel seiner Analyse ist es, den Monarchisten zu zeigen, dass ›Demokratie‹ nicht ›Anarchie‹ bedeuten muss, und den Revolutionären zu zeigen, dass nicht die Staatsform allein die Lösung aller sozialen Probleme sein kann, sondern dass sie dafür auch mit Leben gefüllt werden muss. Daher vergleicht Tocqueville die amerikanische Demokratie oft mit den in Europa herrschenden Vorstellungen von Demokratie.

Nachdem zunächst die historischen und geographischen Besonderheiten der USA erläutert werden, untersucht der erste Teil der Studie die Verfassung und die Institutionen der Föderation: also die dezentralistische Verwaltung mit der Gemeinde als Kern der Gesellschaft, das Gerichtswesen mit der Einbeziehung der Bürger, die Bundesregierung, die Versammlungsfreiheit und das Wahlrecht. Davon ausgehend betrachtet Tocqueville Vorteile (Bürgersinn, Achtung vor dem Gesetz) und Nachteile (Individualismus, Allmacht der Mehrheit) der demokratischen Staatsform – und wie den Amerikanern gelingt, was den Franzosen nicht gelang: ihre Republik zu erhalten.

Der zweite Teil der Monographie beschäftigt sich damit, welche Auswirkungen die Demokratie auf das geistige Leben (Religion, Wissenschaft und Künste), das Gefühlsleben und die Sitten der Amerikaner hat und schließt mit einer zusammenfassenden Darstellung der politischen Besonderheiten der Demokratie.

Tocqueville sieht die Freiheit der Bürger in der Republik durch drei Faktoren bedroht: (1) die *Zentralisation der Verwaltung*, die darin besteht, dass lokal regelbare Aufgaben zunehmend von der Zentralregierung übernommen werden, weil es keine anderen Instanzen gibt, die in der Lage sind, etwas Vergleichbares zu bewirken; (2) den *Individualismus*, d.h. den fehlenden Zusammenhalt zwischen Menschen in der Demokratie, die (im Gegensatz zum Feudalismus) nicht in gegenseitigen Abhängigkeits- und Fürsorgeverhältnissen stehen, und die Konzentration ihrer Energien auf das Privatleben, wodurch die Bereitschaft, die Regierung anderen zu überlassen, wächst; (3) die *Allmacht der Mehrheit*, welche die Möglichkeit haben kann, im Namen aller schlechthin alles zu beschließen. Verbunden mit der Zentralisation bewirkt die Mehrheitsregel, dass die Macht nicht in den Händen aller liegt, sondern nur in denen der Mehrheit. Diese Mehrheit hat dann (gibt es keine Schranken wie starke Gerichte) die Möglichkeit, Minderheiten zu unterdrücken. Dass der Mehrheit dieses Recht eingeräumt wird, rührt von der Annahme her, dass in einer großen Menge mehr Weisheit angetroffen werde als bei einem Einzelnen. Die Richtigkeit der Meinung der Mehrheit wird dabei nicht angezweifelt: Das Gleichheitspostulat, auf geistige Fähigkeiten angewandt, bedeutet, dass niemand Meinungsführerschaft beanspruchen kann. Als richtig gilt, was die Mehrheit denkt, abweichende Meinungen werden nicht gehört oder zum Verstummen gebracht, noch öfter aber nicht geäußert: »Ich kenne kein Land, in dem im allgemeinen weniger geistige Unabhängigkeit und Diskussionsfreiheit herrscht als in Amerika.« (Tocqueville 1835/40, 151)

2.2. Tocquevilles zweites Hauptwerk *Der alte Staat und die Revolution* (1856) ist eigentlich nur eine Vorarbeit zu einer unvollendet gebliebenen Studie über das Kaiserreich Napoleons. Es untersucht die Institutionen und Strukturen der Monarchie vor 1789 und erklärt, wie es zum Umsturz kam. Das Werk entsteht in akribischer Arbeit in Archiven in der Provinz und ist in seiner Abkehr von der Ereignisgeschichte und der Einführung der soziologischen Geschichtsschreibung auch methodisch hochgradig modern.

Der erste der drei Teile verwirft die damals herrschende Auffassung über die Französische Revolution: dass sie besonders antireligiös (und nicht nur antiklerikal), dass ihr Ziel die Vernichtung der staatlichen Gewalt und dass sie nicht vorhersehbar gewesen sei. Im Gegenteil sei das Ziel der Erhebung die Abschaffung der Privilegien von Adel und Klerus (und zunächst *nicht* derjenigen des Königs) gewesen. Der zweite Teil zeigt, warum die Revolution ausgerechnet in Frankreich stattfand. Während z.B. in England die Veränderungen schrittweise und unblutig abliefen, wuchs in Frankreich der Zorn des Bürgertums auf den Adel, der zwar alle Pflichten an den König verloren hatte, dem jedoch die Privilegien geblieben waren. Der dritte Teil schildert, warum die Revolution zu dem Zeitpunkt und auf die Weise stattfand, wie sie stattfand.

2.3. Über die Revolution von 1848 und seine Zeit als Minister schreibt Tocqueville nach seinem Rückzug aus der Politik seine *Erinnerungen* nieder. Auch wenn er behauptet, sie nur für sich zu verfassen (1850, 39), sind sie doch eine glänzend geschriebene plastische Darstellung der Ereignisse. Obwohl subjektiv (und keineswegs immer gemäßigt im Urteil), bilden sie ein wichtiges Zeugnis über diese Zeit.

3.
Schon zu Lebzeiten vermied Tocqueville es, sich einer Lehre anzuschließen oder sich von einer Bewegung vereinnahmen zu lassen: »Ich stehe für keine Tradition, ich gehöre keiner Partei an, ich stehe für keine *Sache* außer für die Freiheit und die menschliche Würde.« (an L. de Kergorlay 1850; OC, Bd. 13.2, 233, Brief 229) Zwar ist er selbstverständlich mit den wichtigsten Arbeiten zu seinem Thema vertraut, er übernimmt jedoch wenig von ihnen (so scheint ihn z.B. Montesquieus Arbeitsweise und nicht dessen Thesen am nachhaltigsten beeinflusst zu haben). Methodisch geht Tocqueville in seinen Büchern stets von einem konkreten Gegenstand aus, der ihn zu allgemeineren Beobachtungen führt. Dabei meidet er jedoch komplexe, universale Gültigkeit beanspruchende Theorien: »Die allgemeinen Begriffe zeugen nicht für die Stärke, sondern eher für das Ungenügen des menschlichen Verstandes; denn in der Natur gibt es keine genau gleichen Wesen, keine übereinstimmenden Tatsachen; keine Regeln, die sich unterschiedslos und gleichförmig auf mehrere Dinge zur selben Zeit anwenden ließen.« (Tocqueville 1835/40, 497) Für Tocqueville haben Institutionen wie Verfassungen, Klassen, Dynastien und Gesetze »keine Existenz jenseits ihrer Auswirkungen, die sie hervorbringen« (OC, Bd. 13.2, 233) – und diese Auswirkungen sind von Land zu Land verschieden. Das Verständnis seiner Schriften wird zudem dadurch erschwert, dass er vor der Verfestigung der uns heute vertrauten Kategorien schreibt: »Demokratische Monarchie« oder »feudale Freiheit« sind für ihn keine Widersprüche.

3.1. Tocqueville verfolgt als Politiker wie als Autor ein und dasselbe Ziel: Die Freiheit zu befördern. »Ich hatte den Begriff einer gemäßigten, geordneten und durch Glauben, Sitten und Gesetze gefestigten Freiheit in mich aufgenommen. Die Reize einer solchen Freiheit hatten mich berührt; sie war zur Leidenschaft meines ganzen Lebens geworden.« (Tocqueville 1850, 112) Diese Freiheit zu schützen, die von der stetig zunehmenden Gleichheit bedroht wird (s. 2.1.), nimmt er sich zur Aufgabe.

Dabei bedeutet »Freiheit« keineswegs »Unabhängigkeit«: »Niemand ist weniger unabhängig als ein freier Bürger.« (Tocqueville 1850, 232) Da Menschen außerhalb einer Gemeinschaft überhaupt nichts erreichen können und ständig in Gefahr sind, von anderen beherrscht zu werden, sind sie auf die Zusammenarbeit mit anderen in einer Gemeinschaft angewiesen. Freiheit bedarf immer der Gemeinschaft, in der sie (auch gegen Kräfte innerhalb der Gemeinschaft) *erarbeitet* werden muss. Boesche (1987, 152) bringt Tocquevilles Freiheitsbegriff auf die Formel »Freunde handeln gemeinsam«.

Dabei sieht Tocqueville zwei Bedingungen als konstitutiv für die Freiheit an: (1) Sein eigener Herr zu sein bedeutet, die Dinge selbst in die Hand zu nehmen, sich aktiv in der und für die Gemeinschaft einzusetzen; (2) Freiheit ist nicht möglich ohne die Beherrschung der persönlichen Leidenschaften. An dieser Stelle wird die Bedeutung von Sitten und Religion für Tocqueville deutlich, die den Menschen dazu anleiten, seinen Gelüsten zu widerstehen und seine sozialen Pflichten zu erfüllen. Freiheit ohne Tugend ist für Tocqueville genauso wenig möglich wie Tugend ohne Freiheit. Obwohl sie in seinen Schriften keine prominente Rolle spielt, gründen Tocquevilles Ansichten in einer tiefen Religiosität.

3.2. Schon J. S. Mill meint, dass der Wert von Tocquevilles Arbeit weniger in seinen Thesen als vielmehr in seinen Methoden zu finden sei: Das gleichermaßen induktive wie deduktive, immer mit dem Konkreten abgleichende Vorgehen, die empirische Untersuchung der tatsächlichen Auswirkungen der Institutionen machen Tocqueville zu einem Soziologen *avant la lettre*. Vossler (1973, 219ff.) hingegen vertritt die These, Tocqueville habe seine Untersuchungsergebnisse stets schon vor seinen Untersuchungen vertreten; die Bedeutung der Gemeinden sei schon von seinem Vater hervorgehoben worden.

3.3. Tocqueville nennt mehrere Voraussetzungen für eine stabile Demokratie. (1) Zunächst das, was heute als »horizontale und vertikale Gewaltenteilung« bezeichnet wird: die gegenseitige Kontrolle von Legislative, Exekutive und Judikative (1848 hatte er mit darauf hin gewirkt, dass der Präsident vom Volk gewählt wird, in der irrigen Annahme, das Parlament und nicht der Präsident brauche ein Gegengewicht) sowie die Dezentralisierung der Verwaltung. Diese betont Tocqueville besonders, weil die Bürger dadurch, dass sie lokale Angelegenheiten, die sie selbst überblicken können, regeln, Bedeutung und Wesen des Politischen begreifen. (2) Die Gewöhnung der Bürger an die verantwortliche politische Arbeit auf lokaler Ebene durch Selbstverwaltung (z.B. als Geschworene oder bei der Wahl von Würdenträgern). Die eigentliche, implizite Forderung Tocquevilles an seine Leser ist jedoch nicht die Einführung dieser oder jener Institution, sondern vielmehr das – von ihm selbst vorgelebte – persönliche Engagement in und für die Gesellschaft.

3.4. Bisweilen wird an Tocqueville seine prophetische Gabe gerühmt; und in der Tat hat er u.a. die Revolution von 1848 (vgl. Tocqueville 1850, 49–53), die Rassenunruhen in den USA (vgl. Tocqueville 1835/40, 198–209), den Totalitarismus (vgl. ebd., 340–348) und die Weltherrschaft der USA und Russlands vorausgesagt (vgl. ebd., 215). Jedoch lässt sich heute nur schwer sagen, wie voraussehbar diese Ereignisse damals waren, und inwieweit wir heute nur vage Andeutungen mit unserem Wissen ausfüllen. Zudem sollte nicht vergessen werden, dass Tocqueville u.a. auch das Verschwinden des Protestantismus in den USA prophezeite (vgl. ebd., 236f.). Die Rezeption seiner Schriften wird diesen erst in jüngerer Zeit gerecht. In Frankreich wurde er von den verschiedenen Lagern lange Zeit als Monarchist oder als Revolutionär geschmäht, in den USA hingegen ist ihm das umgekehrte Schicksal beschieden, von allen Parteien vereinnahmt zu werden.

4.

Tocqueville, A. de, 1835/40, Über die Demokratie in Amerika, Stuttgart: Reclam 1985.
Tocqueville, A. de, 1850, Erinnerungen, Stuttgart: Köhler 1955.
Tocqueville, A. de, 1856, Der alte Staat und die Revolution, Reinbek: Rowohlt 1954.
Tocqueville, A. de, 1951ff., Œuvres complètes, Paris: Gallimard (zit. als OC).
Tocqueville, A. de, 1967, Das Zeitalter der Gleichheit. Auswahl aus Werken und Briefen, Köln: Westdeutscher Verlag.
Tocqueville, A. de, 2005, Freiheit oder Gleichheit. Ein Alexis-de-Tocqueville-Brevier, Bern: Ott.

Boesche, R., 1987, The Strange Liberalism of Alexis de Tocqueville, Ithaca: Cornell University Press.
Hereth, M., 1979, Alexis de Tocqueville, Stuttgart: Kohlhammer.
Jardin, A., 1984, Alexis de Tocqueville, Frankfurt/M.: Campus.
Lively, J., 1962, The Social and Political Thought of Alexis de Tocqueville, Oxford: Clarendon Press.

Mann, G., 1961, Tocqueville und das Amerika von heute, in: ders., Geschichte und Geschichten, Frankfurt/M.: Fischer.
Mill, J. S., 1835/40, De Tocqueville on Democracy in America [I] & [II], in: Collected Works, Bd. 18, Toronto/London: Toronto University Press/Routledge 1977.
Pierson, G. W., 1938, Tocqueville and Beaumont in America, New York: Oxford University Press.
Rollet, J., 1998, Tocqueville, Paris: Montchrestien.
Siedentop, L., 1994, Tocqueville, Oxford: Oxford University Press.
Vossler, O., 1973, Alexis de Tocqueville, Frankfurt/M.: Klostermann.
Wolin, S., 2001, Tocqueville Between Two Worlds, Princeton: Princeton University Press.
http://www.tocqueville.org (Stand 1. Juli 2008).

Nils Hodyas

Toleranz

1.

Der Begriff »Toleranz« – lat. *tolerare,* »dulden, zulassen, ertragen« – bezeichnet allgemein das Dulden von Überzeugungen, Handlungen oder Praktiken, die einerseits negativ bewertet, andererseits aber nicht vollkommen abgelehnt bzw. nicht eingeschränkt werden. Eine allgemeine Definition des Begriffs enthält drei Komponenten (vgl. dazu Forst 2003, Kap. 1). Erstens setzt Toleranz eine *Ablehnungs-Komponente* voraus: Die zu tolerierenden Praktiken oder Überzeugungen müssen normativ als falsch oder schlecht verurteilt werden. Ohne diese Komponente lägen entweder Indifferenz oder Bejahung, nicht aber Toleranz vor. Zweitens steht dem eine *Akzeptanz-Komponente* gegenüber, die die negative Bewertung zwar nicht aufhebt, aber andere, positive Gründe nennt, die für Toleranz sprechen. Drittens gehört zum Begriff der Toleranz die Angabe ihrer Grenze, welche dadurch markiert ist, dass die Gründe der Ablehnung stärker als die der Akzeptanz sind (die *Zurückweisungs-Komponente*). Schließlich ist es für eine nähere Bestimmung der Toleranz wichtig, in welchem Kontext sie angesiedelt ist: Wird Toleranz von Personen oder Institutionen ausgeübt, bezieht sie sich auf persönliche Überzeugungen, umfassende ethische Lehren oder Handlungen, und handelt es sich um die Beziehung zwischen Eltern und Kindern, Angehörigen verschiedener Religionen, Staatsbürgern etc.?

Besonders die zweite und dritte Komponente scheinen den Begriff der Toleranz in Paradoxien zu führen. In Bezug auf die Akzeptanz-Komponente erscheint es in dem Fall, in dem die Ablehnung wie auch die Akzeptanz moralisch begründet werden, moralisch richtig oder gar geboten zu sein, das moralisch Schlechte zu tolerieren. Und bei der Zurückweisungs-Komponente scheint es so, dass ein jeder Akt der Grenzziehung gegenüber denen, die als intolerabel – und häufig: als intolerant – angesehen werden, aus deren Sicht zumindest als ein Akt der Intoleranz gilt, als eine willkürliche Grenzziehung. Die Frage, wie diese beiden Paradoxien vermieden werden können, prägt viele der Diskussionen über Toleranz (vgl. Mendus 1988; Heyd 1996; Newey 1999; Forst 2000; ders. 2003).

Historisch und systematisch gesehen hat sich eine Reihe von verschiedenen Toleranzverständnissen ausgebildet, die sich in vier Paradigmen unterteilen lassen. Nach der *Erlaubnis-Konzeption* bezeichnet »Toleranz« die Beziehung zwischen einer Autorität oder Mehrheit und einer von deren Wertvorstellungen abweichenden Minderheit. Die Toleranz besteht darin, dass die Autorität der Minderheit erlaubt, ihren Überzeugungen gemäß zu leben, solange sie die bestehenden Verhältnisse nicht in Frage stellt. Diese Auffassung von Toleranz findet sich besonders in den klassischen Toleranzgesetzgebungen (etwa im Edikt von Nantes 1598). Toleranz ist hier vorrangig pragmatisch begründet, d.h. sie entspringt einer Kalkulation der Kosten und Nutzen des Eingreifens bzw. Gewährenlassens. Die Situation der Toleranz ist nicht reziprok: die eine Seite duldet die andere, welche die gegebenen Machtverhältnisse hinzunehmen hat. Ändert sich diese Konstellation, kann von einer *Koexistenz-Konzeption* gesprochen werden, die sich ergibt, wenn (ungefähr gleich starke) gesellschaftliche Gruppen Toleranz und Frieden in Form eines Modus vivendi dem Konflikt vorziehen. Eine *Respekt-Konzeption* der Toleranz hingegen geht von der wechselseitigen Achtung der Toleranz-Parteien aus, die sich trotz starker Unterschiede in ihren Auffassungen des guten Lebens als politisch und moralisch gleichberechtigte Personen anerkennen. Dazu ist es notwendig, dass die tolerierten Überzeugungen und Praktiken nicht so negativ beurteilt werden, dass gegenseitige Toleranz ausgeschlossen ist. Eine vierte Vorstellung, die *Wertschätzungs-Konzeption*, sieht die Haltung der Toleranz nicht primär in gegenseitigem Respekt, sondern in der ethischen Wertschätzung der anderen Überzeugungen oder Lebensweisen begründet. Innerhalb eines geteilten, wenn auch pluralistischen Wertehorizontes werden diese Überzeugungen und Praktiken als (partiell kritisierbare) Verkörperungen des Guten bzw. der Wahrheit angesehen.

2.

Der Begriff der Toleranz ist im Zuge der ab dem 16. Jahrhundert aufbrechenden religiösen Konflikte zu einem Zentralbegriff der europäischen, politisch-philosophischen Diskussion geworden, seine Geschichte reicht jedoch bis in die Antike zurück. So findet er sich in der Stoa zur Bezeichnung der Tugend des Erduldens von Unglück und Schmerz verschiedener Art. In den Kontext religiöser Differenz rückt er bereits im frühen Christentum ein (vgl. allgemein Forst 2003; zur Begriffsgeschichte Besier/Schreiner 1990). Im christlichen Argumentationsrahmen findet sich eine Reihe von Argumenten für Toleranz, etwa das der Notwendigkeit des gottgefälligen Glaubens aus innerer Überzeugung ohne externen Zwang oder das der begrenzten menschlichen Autorität in Glaubensfragen. Augustinus jedoch, bei dem sich diese Begründungen finden, kommt in späteren Schriften (vgl. Augustinus 1917, Brief Nr. 93) zu dem Schluss, dass die Sorge um das Seelenheil des Menschen auch die Intoleranz zur Pflicht machen kann, wenn sie das einzige Mittel zur Abwehr des ins Verderben führenden, falschen Glaubens ist. Besonders gegenüber Häretikern wurden, so auch bei Thomas von Aquin, deutliche Grenzen christlicher Duldsamkeit gezogen. Die Frage nach dem friedlichen Zusammenleben trotz religiöser Differenz wurde jedoch auch im Mittelalter (etwa von Abailard und Raimundus Lullus, aber auch von Maimonides und Averroës in anderen religiös-philosophischen Traditionen) immer wieder gestellt. *De pace fidei* (1453) von Nikolaus von Kues versucht zu zeigen, inwiefern Kerngehalte des Christentums als »religio una in rituum varietate« ein verbindendes Element zwischen den Religionen darstellen.

In den Schriften des Erasmus von Rotterdam findet sich die fortentwickelte humanistische Idee einer Verständigung verschiedener Glaubensrichtungen durch Reduktion auf wenige fundamentale Lehren. Im Zuge der Reformation tritt demgegenüber die protestantische Betonung der Freiheit des unmittelbar an Gott gebundenen individuellen Gewissens in den Vordergrund, die für Luther (1523) die Grenze der Autorität der »weltlichen Obrigkeit« markiert. Sebastian Castellio (1554) wendet sich gegen die Intoleranz in protestantischen wie auch katholischen Ländern und sieht die Freiheit des Gewissens und der Vernunft als notwendige Bedingung für den Weg zum wahren (christlichen) Glauben an.

In den *Sechs Büchern über den Staat* (1576) von Jean Bodin tritt eine explizit staatstheoretische Toleranz-Begründung in ihr Recht, die für den Vorrang der Erhaltung politischer Souveränität gegenüber religiöser Einheit plädiert. In Bodins *Colloquium heptaplomeres* (1593) gibt es, ein neuzeitliches Novum, im Streit zwischen den Religionen und Konfessionen keine eindeutigen Sieger oder Besiegte. Die Einheit, zu der sie finden, ergibt sich aus dem gegenseitigen Respekt für die authentische Überzeugung der Anderen und der Einsicht in die Unüberwindbarkeit religiöser Differenzen.

Das 17. Jahrhundert, geprägt von tiefgreifenden Religionskonflikten, bringt drei Klassiker der Toleranzbegründung hervor: Baruch de Spinozas *Tractatus Theologico-Politicus* (1670), Pierre Bayles *Commentaire philosophique sur ces paroles de Jésus-Christ: Contrain-les d'entrer* (1686) und John Lockes *A Letter Concerning Toleration* (1689). Spinoza führt in seiner Kritik der positiven Religion den Kern des Glaubens auf die Tugenden von Gerechtigkeit und Liebe zurück und trennt ihn von umstrittenen Dogmen und der philosophischen Wahrheitssuche. Er spricht der weltlichen Autorität das Recht zu, Gerechtigkeit zu definieren und die äußere Religionsausübung zu regeln. Das natürliche Recht auf Gedanken- und Urteilsfreiheit ist jedoch nicht auf den Staat übertragbar. Bayles *Commentaire* kann als der umfassendste und weitreichendste Versuch der Begründung von Toleranz angesehen werden. In seiner Zurückweisung des Glaubenszwanges stellt Bayle das gottgegebene »natürliche Licht« der Vernunft über metaphysisch-theologische Spekulationen und verknüpft es mit Geboten der Moral, die unmittelbar verbindlich und von religiösem Streit unabhängig sind. So wird gegen religiösen Zwang eingewandt, dass er ob der Ermangelung letzter Vernunftevidenz für die ›einzig wahre‹ Religion eine Verletzung des grundsätzlich moralisch geforderten Respekts gegenüber den Gewissensentscheidungen der Einzelnen – auch im Falle eines »irrenden Gewissens« – darstellt. Diese Verknüpfung epistemischer und normativer Argumente erlaubt es Bayle, Toleranz universal auszudehnen – außer auf diejenigen, die das Gebot der Wechselseitigkeit nicht akzeptieren. Bayles Konzeption ist radikaler als die in vielem ähnliche von Locke, welcher die Trennung von Staat und Kirche in naturrechtlicher Perspektive hervorhebt. Während es Aufgabe des Staates ist, sich um »bürgerliche Interessen« und nicht um das individuelle Seelenheil zu kümmern, sind Kirchen »freiwillige Gesellschaften«, die über keinerlei Zwangsrecht verfügen. Die Grenzen der Toleranz liegen Locke zufolge dort, wo eine Religion (wie in seinen Augen die katholische) die staatliche Autorität in Frage stellt und wo die Leugnung Gottes zur Auflösung der moralischen Grundlagen der Gesellschaft führt.

Die naturrechtliche Argumentation führt schließlich dazu, dass im Zuge der Amerikanischen und der Französischen Revolution ein grundlegendes *Recht* auf Religionsfreiheit eingefordert wird. Jean-Jacques Rousseau hingegen konzipiert im *Gesellschaftsvertrag* (1762) einen Staat, der religiösen Streit zu überwinden sucht, indem er ein »bürgerliches Glaubensbekenntnis« festsetzt. Es bildet die Grundlage wechselseitiger Toleranz der über dieses Bekenntnis hinausgehenden, es aber nicht in Frage stellenden religiösen Auffassungen.

Die Idee einer »Vernunftreligion« als Möglichkeit der Überwindung von »überholten« Religionsstreitigkeiten ist für die Aufklärung typisch und findet sich etwa bei Voltaire, den Enzyklopädisten und bei Kant. Mit der Ringparabel in *Nathan der Weise* (1779) bietet Gotthold Ephraim Lessing ein wirkungsmächtiges Bild für den friedlichen Wettstreit unter den Religionen an, das sowohl deren Gemeinsamkeiten im Glauben an den einen Gott unterstreicht als auch ihre Differenzen mit dem Verweis auf unterschiedliche Überlieferungszusammenhänge erklärt.

Den Unterschied zwischen dieser Toleranz-Konzeption, die sich auf die Koexistenz der großen Weltreligionen bezieht, und einer modernen Auffassung, der es um die Respektierung einer Vielzahl religiöser, kultureller und sozialer Unterschiede geht, markiert John Stuart Mills *Über die Freiheit* (1859). Mill zufolge ist die Ausübung staatlichen oder sozialen Zwangs nur dann legitim, wenn sie notwendig ist, die Schädigung anderer zu verhüten. Die Toleranz gegenüber Meinungen sieht Mill vorrangig in der utilitaristischen Überlegung begründet, dass nicht nur wahre, sondern auch falsche Meinungen in der öffentlichen Diskussion positive Lernprozesse hervorrufen. Die Toleranz gegenüber differenten Lebensformen ist nach Mill nicht nur wegen des Eigenwertes der Entfaltung von Individualität gefordert, sondern auch wegen des Nutzens für gesellschaftliche Veränderung und Fortschritt.

3.

In den eingangs erwähnten Konzeptionen der Toleranz sowie dem kurzen Blick auf die Geschichte finden sich die wichtigsten Argumente für Toleranz, seien sie pragmatisch-strategischer oder moralischer Natur oder auch der Ausdruck spezifischer, z. B. religiöser Werthaltungen. Die Palette möglicher Toleranzauffassungen erklärt zudem die unterschiedlichen Bewertungen, die der Begriff der Toleranz immer wieder erfährt: Toleranz kann als repressive und herablassende Form der Machtbehauptung oder als bloße Notlösung kritisiert, aber auch als Ausdruck von Respekt oder wechselseitigem Verständnis angesehen werden. Ob Toleranz überhaupt etwas Gutes ist und welche Konzeption in welcher sozialen Situation angemessen ist, hängt von normativen Prämissen ab, die nicht dem Begriff der Toleranz selbst entstammen. »Toleranz« ist ein *normativ unbestimmter Begriff*, der einer inhaltlichen Füllung bedarf.

Im Kontext einer modernen, pluralistischen bzw. multikulturellen Gesellschaft erscheint die Respekt-Konzeption als normativ vorzugswürdig, da sie die hierarchische Form der Erlaubnis-Konzeption ebenso vermeidet wie die sehr anspruchsvolle Vorstellung gegenseitiger Wertschätzung. Der Begriff »Respekt« lässt sich allerdings auf zweierlei Weise verstehen. Erstens kann damit die Achtung für den Anderen als ethisch autonomes Wesen gemeint sein, dessen Entscheidung für eine bestimmte Konzeption des guten Lebens zu respektieren ist. Dies setzt freilich die – umstrittene – These voraus, dass nur ein ethisch autonomes Leben ein gutes sein kann; ferner erscheinen auch lediglich die Überzeugungen und Praktiken als tolerierbar, die »autonom gewählt« sind, woraus enge Grenzziehungen folgen. Zweitens kann mit Respekt die gegenseitige Achtung als politisch-moralisch gleichberechtigte Bürger gemeint sein, welche ein Recht darauf haben, dass die grundlegenden Normen, denen sie unterworfen sind, ihnen gegenüber gerechtfertigt werden können. So scheiden zur Begründung solcher Normen umstrittene ethische (z. B. religiöse) Argumente aus, die nur den Überzeugungen eines Teils der Bürger entsprechen. Toleranz bedeutet damit die Bereitschaft zu akzeptieren, dass in grundlegenden Fragen des politischen Zusammenlebens nur wechsel- und allseitig teilbare Gründe Legitimität schaffen können. Die Überzeugungen, die nicht in der Lage sind, in dieser Weise Legitimität zu begründen, können weiterhin als Auffassungen des Guten vertreten werden, sie können aber nicht zur Grundlage allgemein bindender Normen werden.

Damit ist das für eine jede Toleranz-Konzeption zentrale Problem aufgeworfen, dass sie selbst nicht auf vernünftigerweise bestreitbaren Grundlagen beruhen darf, dabei aber hinreichend substanziell sein muss, um die Grenzen der Toleranz begründen zu können. Mit dieser Frage nimmt der Toleranz-Diskurs eine reflexive Wendung, wie sie John Rawls (1993) für die Frage der Gerechtigkeit vorgenommen hat. Demzufolge bedarf es grundlegender Prinzipien, die jenseits des Streits ethischer, »umfassender Lehren« als unparteiisch – und bindend – akzeptiert werden können. In epistemischer Hinsicht setzt dies eine Einsicht in die Grenzen der Vernunft voraus, die erklärt, dass in vielen ethischen oder metaphysischen Fragen unüberbrückbare Meinungsunterschiede zwischen vernünftigen und wohlmeinenden Personen aufkommen können. Ob auf solchem Wege eine »tolerante Theorie der Toleranz« (Forst 2003) möglich ist, die die erwähnten Paradoxien vermeiden kann und der Pluralität ethischer Perspektiven gerecht wird, wird die philosophische Diskussion zu zeigen haben.

4.

Augustinus, 1917, Ausgewählte Briefe, 2 Bde., München: Kösel.

Bayle, P., 1686, Commentaire philosophique, in: Œuvres diverses, Bd. 2, Hildesheim: Olms 1965.

Besier, G./Schreiner, K., 1990, Toleranz, in: O. Brunner/W. Conze/R. Koselleck (Hg.), Geschichtliche Grundbegriffe, Bd. 6, Stuttgart: Klett-Cotta.

Bodin, J., 1576, Sechs Bücher über den Staat, München: Beck 1981.
Bodin, J., 1593, Colloquium heptaplomeres, Stuttgart: Frommann-Holzboog 1966.
Castellio, S., 1554, De haereticis, an sint persequendi, Genf: Droz 1954.
Forst, R., 2003, Toleranz im Konflikt, Frankfurt/M.: Suhrkamp.
Forst, R. (Hg.), 2000, Toleranz, Frankfurt/M.: Campus.
Heyd, D. (Hg.), 1996, Toleration, Princeton: Princeton University Press.
Kues, N. v., 1453, Über den Frieden im Glauben, Leipzig: Meiner 1943.
Lessing, G. E., 1779, Nathan der Weise, Stuttgart: Reclam 1990.
Locke, J., 1689, Ein Brief über die Toleranz, Hamburg: Meiner 1975.
Luther, M., 1523, Von weltlicher Obrigkeit, wie weit man ihr Gehorsam schuldig sei, in: Luthers Werke in Auswahl, Bd. 2, Berlin: de Gruyter 1959.
Mendus, S. (Hg.), 1988, Justifying Toleration, Cambridge: Cambridge University Press.
Mill, J. S., 1859, Über die Freiheit, Stuttgart: Reclam 1988.
Newey, G., 1999, Virtue, Reason and Toleration, Edinburgh: Edinburgh University Press.
Rawls, J., 1993, Politischer Liberalismus, Frankfurt/M.: Suhrkamp 1998.
Rousseau, J.-J., 1762, Vom Gesellschaftsvertrag, Stuttgart: Reclam 1977.
Spinoza, B. de, 1670, Theologisch-politischer Traktat, Hamburg: Meiner 1994.

Rainer Forst

Tönnies, Ferdinand (1855–1936)

1.

Tönnies wurde auf dem Hofe De Riep im Kirchspiel Oldenswort (Schleswig-Holstein) geboren. Er gilt als einer der Begründer einer »im prägnanten Sinne wissenschaftlichen Soziologie« (Jacoby 1971, 4). Seine Herkunft aus einer wohlhabenden Bauernfamilie geht über das biographisch Bedeutsame hinaus und begründet eine ›stabilitas loci‹, die ihm eine besondere Perspektive auf die Sphären der sozialen Realität ermöglichte. Er studierte seit 1872 Philologie und Geschichte in Jena, Leipzig, Bonn, Berlin und Tübingen und nach seiner Promotion 1877 meist privat Philosophie und Staatswissenschaften. Unter dem Einfluss Friedrich Paulsens widmete er sich intensiv dem Werk von Hobbes. 1881 habilitierte er sich an der philosophischen Fakultät der Universität Kiel, bekam jedoch wegen seines Rufes als »Krypto-Socialdemokrat« – begründet durch seine Studien zum Hamburger Hafenarbeiterstreik 1896/97 und seine Mitwirkung in der »Gesellschaft für Ethische Kultur« – trotz seines internationalen Renommees erst 1913 eine ordentliche Professur für wirtschaftliche Staatswissenschaften, von der er sich 1916 entpflichten ließ. Mit Max Weber, Georg Simmel u. a. begründete er die Deutsche Gesellschaft für Soziologie, deren Präsidium er angehörte und als deren Präsident er nach der Rekonstruktion der Gesellschaft 1922 bis zu deren Stilllegung 1933 amtierte. Ende jenes Jahres wurde sein Bemühen um die Erhaltung der Weimarer Republik und gegen den Abbau der Sozialgesetzgebung und Sozialversicherung sowie sein ostentativer Beitritt zur SPD 1930 mit dem Verlust der Professur und der Einstellung der Dienstbezüge abgestraft. Tönnies starb »als aktiver Antifaschist« (Rudolph 1995, 46).

2.

Mit seinem Grundtheorem von *Gemeinschaft und Gesellschaft*, der bereits 1887 vorgestellten Fundierung der reinen Soziologie, formuliert Tönnies eine zentrale Differenzierung der sozialphilosophischen Tradition, indem er in seiner begrifflichen Analyse zwei Sphären der sozialen Realität wissenschaftlich genau erfasst: die absichtsvoll hergestellte liberale Gesellschaft (z. B. Verein, Staat) und deren Gegentypus, die historisch gewachsene Gemeinschaft (z. B. Familie, Volk). Beide Typen beruhen auf individuellen Willensakten wechselseitiger Bejahung. Vernunft und Wille stehen dabei jeweils im unterschiedlichen Verhältnis zueinander. Dieses universalgeschichtliche Strukturgerüst wird durch philosophische, wissenschaftstheoretische und zeichenlogische Konzeptionen zwar weiter entwickelt, aber nicht im Detail ausgebildet, sondern geht über empirische Sozialforschungen in eine induktiv beglaubigte Soziologie ein. Tönnies veröffentlichte statistische Studien, Forschungen zu Hobbes, Spinoza, Nietzsche und Schiller, Überlegungen und Untersuchungen zum Verhältnis von Ethik und Wissenschaft, zum Problem der Werturteilsfrage, zum abweichenden Verhalten, zur Diagnose der modernen Arbeits- und Industriegesellschaft, der Kriegschuld, der nationalsozialistischen Bedrohung sowie Sozialreportagen und politische Stellungnahmen.

3.

Tönnies' Position kann man als einen pragmatischen wissenschaftstheoretischen Konstruktivismus charakterisieren, der die vertraute Lebenswelt gleichrangig miteinbezieht. Als Theorie der Rationalisierung und der Reflexivitätssteigerung strebt sie nach dem Vorbild der Naturwissenschaften eine Grundlegung der Kulturwissenschaften an. Dabei orientieren sich die historischen und theoretischen Analysen an juristischen, ökonomischen, psychologischen, anthropologischen und sprachphilosophischen Begriffsbildungen. Reine (modellkonstruktive) und angewandte Wissenschaft werden mit dem Ziel einer Generalwissenschaft und Forschungspraxis des Sozialen unterschieden. Eine eigentliche Tönnies-Forschung findet erst seit dem I. Internationalen Tönnies-Symposion 1980 statt. Zu Lebzeiten wurden Tönnies' theoretische Konzeptionen und Begriffsbildungen anfänglich missachtet, um dann romantischen Fehldeutungen und partikularen Verwertungsinteressen anheim zu fallen.

4.

Tönnies, F., 1887, Gemeinschaft und Gesellschaft, Darmstadt: WBG 2005.
Tönnies, F., 1896, Hobbes, Stuttgart: Frommann-Holzboog 1971.
Tönnies, F., 1906, Philosophische Terminologie in psychologisch-soziologischer Ansicht, Leipzig: Thomas.
Tönnies, F., 1922, Kritik der öffentlichen Meinung, Berlin: Springer.
Tönnies, F., 1925–29, Soziologische Studien und Kritiken, Jena: Fischer.
Tönnies, F., 1931, Einführung in die Soziologie, Stuttgart: Enke 1981.
Tönnies, F., 1935, Geist der Neuzeit, Leipzig: Buske.
Tönnies, F., 1998 ff., Ferdinand Tönnies Gesamtausgabe, Berlin: de Gruyter.

Bickel, C., 1991, Ferdinand Tönnies, Opladen: Westdeutscher Verlag.
Carsten, U., 2005, Ferdinand Tönnies, Norderstedt: BoD.
Carsten, U./Clausen, L./Osterkamp, F./Schlüter-Knauer, C. (Hg.), 2006, Neuordnung der sozialen Leistungen, Kiel: Ferdinand-Tönnies-Gesellschaft.
Clausen, L./Schlüter, C. (Hg.), 1991, Hundert Jahre *Gemeinschaft und Gesellschaft*, Opladen: Leske + Budrich.
Fechner, R., 1992, Ferdinand Tönnies. Werkverzeichnis, Berlin: de Gruyter.
Fechner, R./Clausen, L./Bammé, A. (Hg.), 2005, Öffentliche Meinung zwischen neuer Wissenschaft und neuer Religion, München: Profil.
Jacoby, E. G., 1971, Die moderne Gesellschaft im sozialwissenschaftlichen Denken von Ferdinand Tönnies, Stuttgart: Enke.
Merz-Benz, P.-U., 1995, Tiefsinn und Scharfsinn. Ferdinand Tönnies' begriffliche Konstitution der Sozialwelt, Frankfurt/M.: Suhrkamp.
Osterkamp, F., 2005, Gemeinschaft und Gesellschaft, Berlin: Duncker & Humblot.
Rudolph, G., 1995, Die philosophisch-soziologischen Grundpositionen von Ferdinand Tönnies, Hamburg: Fechner.
Schweizerische Zeitschrift für Soziologie, 2006, Community and Society in the Discourse of Modern Sociology, Zürich: Seismo.

Rolf Fechner

Totalitarismus

1.

Die Kategorie des »Totalitarismus« ist ein genuines Produkt des modernen Zeitalters. Sie entstammt den politischen, philosophischen und theoretischen Auseinandersetzungen um neue diktatorische Regimeformen im Kontext der Massengesellschaften des 20. Jahrhunderts. Den empirischen Hintergrund für das Konzept bildete ursprünglich der italienische Faschismus, dann v.a. die totalitäre Erfahrung des deutschen Nationalsozialismus und des sowjetischen Stalinismus. Der Begriff wurde in der Folge zum Angelpunkt der Theoretisierung jener staatsterroristischen, von radikalen Weltanschauungssystemen bestimmten modernen Politik- und Gesellschaftsformen, die sich in den herkömmlichen Kategorien der politischen Systemlehre nicht mehr fassen ließen. »Totalitarismus« verweist auf neuartige Herrschaftsformen, die eine ›totale‹ ideologische und gewaltförmige Durchdringung von Staat und Gesellschaft anstreben. Als Basis des Totalitarismus gilt eine permanente Massenmobilisierung mit dem Ziel einer umfassenden, mithin globalen Neuordnung der Gesellschaft sowie eine systematische Verfolgung und Vernichtung auserwählter »Feinde« nach ideologischen »Gesetzen«.

1.1. Politikwissenschaftliche, philosophische und alltagssprachliche Verständnisse des »Totalitarismus« unterscheiden sich in Teilen erheblich. In den engsten ›klassischen‹ Versionen seiner wissenschaftlichen Applikation bezieht er sich vornehmlich auf den Nationalsozialismus als totalitäres System sui generis, das erstmals in der modernen Geschichte auf absolute Weltherrschaft und die totale »Vernichtung des auserwählten Feindes« zielte (Adorno 1946, 400; vgl. Neumann 1944). Üblicherweise findet der Begriff sowohl in klassischen Konzeptionen aus der Mitte des 20. Jahrhunderts als auch in neueren politischen und historiographischen Theorien auf den Nazismus einerseits, den Kommunismus oder Stalinismus andererseits Anwendung, auf die er zugleich meist reserviert und begrenzt bleibt. »Totalitarismus« dient dabei als Deutungsmodell, um den spezifischen Charakter und die Struktur- oder Wesensgleichheit jener beiden Regime zu behaupten und deren gesellschaftliche und politisch-ideologische Ursprünge zu erklären. Im Unterschied zu empirisch orientierten politischen Theorien finden die Begriffe »totalitär« und »Totalitarismus« zudem in einem wiederum weiteren, universelleren Verständnis in verschiedenen Traditionssträngen kritischer Philosophie und Theorie Resonanz. Dabei wird u.a. die »totalitäre Erfahrung« als Signum einer negativen Entwicklungstendenz der modernen Massen- und Arbeitsgesellschaften oder destruktive Möglichkeit der »Vermachtung« in der politischen Moderne verstanden. Auch wird Totalitarismus mitunter als eine Denkform und Konsequenzlogik identifiziert, die sich in bestimmten modernen Dispositiven und einer modernen Epistemologie wiederfinde. Das damit einhergehende Problem grober Verallgemeinerung stellt sich erst recht mit dem weitesten, aber auch weitgehend kriterienlosen Verständnis im politischen und alltagssprachlichen Gebrauch. Seit dem Kalten Krieg diente »Totalitarismus« nicht zuletzt als Schlagwort in der politischen Auseinandersetzung. Mitunter dient der stark pejorative Vorwurf des Totalitarismus – ähnlich dem Vorwurf des Faschismus – dabei bis heute selbst innerhalb demokratischer Öffentlichkeiten zur Diskreditierung des Gegners unterschiedlicher politischer Couleur. Zum einen wird »Totalitarismus« vielfach schlicht mit »Diktatur« und signifikanten Einschnitten in die Meinungsfreiheit und Rechtsgleichheit gleichgesetzt, also mit autoritären Regimen, die einen Gegensatz zu (liberalen) demokratischen Verfassungsstaaten bilden. Gerade das Adjektiv »totalitär« findet zum anderen oftmals alltagssprachlich Anwendung auf Phänomene jenseits der Ebene politischer Regime; etwa, wenn sich jemand in seiner Meinungsfreiheit beschnitten fühlt. Signifikante Unterschiede der politisch-diskursiven Verwendung sind auch von politisch-kulturellen Kontextfaktoren abhängig. So ist der politische Gebrauch des Begriffs in den USA – und seit den Debatten zum Kommunismus in den 1970er Jahren in Frankreich – weitaus unumstrittener als etwa in Deutschland, wo die Verwendung bestimmter Totalitarismus-Konzeptionen in einer besonders polarisierten politischen Debatte lange Zeit unter dem – wohl vielfach nicht unbegründeten – Verdacht stand, die nationalsozialistischen Verbrechen relativieren zu sollen. In den verschieden konnotierten Kategorien »Totalitarismus«, »totalitäres System«, »totale Herrschaft« oder »totaler Staat« spiegeln sich schließlich auch unterschiedliche regimetheoretische bzw. macht- und staatskritische Akzentsetzungen. Besonders deutlich wird dies am Beispiel von Hannah Arendts frühem und maßgeblichem Standardwerk zum Totalitarismus, den *Origins of Totalitarianism* (1951). In der von Arendt autorisierten, späteren deutschen Version heißt das dreibändige Opus *Elemente und Ursprünge totaler Herrschaft*, wodurch sich zumindest oberflächlich eine Akzentverschiebung von der konkreten Regimeanalyse zur existenzialeren Herrschaftskritik andeutet, während der umstrittene Begriff des Totalitarismus gleich ganz gemieden wird.

1.2. Die Begriffe des »Totalitarismus«, des »Totalitären« und der »totalen Herrschaft« verweisen auf das Adjektiv »total«, also »allumfassend«. Damit wird zudem eine besondere Drastik des Regimes oder Herrschaftsanspruchs – auch in normativer Hinsicht – verdeutlicht. In der Bedeutungsentwicklung des Konzepts ist dieser normative Überschuss, seit dem Nationalsozialismus einhellig negativ, sowohl als Stärke als auch als Schwäche betrachtet worden.

2.

In begriffs- und ideengeschichtlicher Sicht ist bemerkenswert, dass der ursprünglich in einem Aufsatz vom 12. Mai 1923 durch Giovanni Amendola, einem ausgewiesenen Liberalen, begründete und auf den italienischen Faschismus gemünzte Begriff vom »sistema totalitario« einerseits von antifaschistischen Kräften aufgegriffen und als Kritik absoluter Herrschaft verstanden wurde, andererseits jedoch vom faschistischen Führer Benito Mussolini als praktische Vision eines Gesellschaftsmodells selbst adaptiert und ästhetisiert wurde (vgl. Gentile 1996). In ähnlich glorifizierender Weise extrapolierte Carl Schmitt in der Folge die Idee eines kulturell und politisch umfassend integrierten, »totalen Staates« (Schmitt 1932). Der Begriff des »Totalitarismus« wurde zur Zeit des italienischen Faschismus zugleich zu Kristallisationspunkten des Versuchs einer originären Analyse neuer Regime und Systeme, die in neuer Weise die Gesamtheit der modernen Gesellschaft zu reorganisieren, zu durchdringen und zu unterwerfen schienen. Während die ›Totalität‹ des italienischen Faschismus sich indes laufend zu verringern schien, entstand mit der nationalsozialistischen Bewegung eine neue, radikale, allen bisherigen Regeln und Ordnungsprinzipien von Recht und Staat enthobene Totalität ideologisch begründeter Herrschaft. Sie umfasste eine (national-)revolutionäre »Umwertung aller Werte« im antisemitischen Rassen-Staat. Deutungsmodelle »totalitärer Herrschaft« bildeten schließlich auch angesichts der zeitgleichen stalinistischen Gewaltexzesse bald eine anhaltend einflussreiche Kategorie politischer Theorie, um jene Formen moderner politischer Herrschaft und Bewegungen zu begreifen, die auf Grundlage übermenschlicher ideologischer Gesetze praktisch auf die absolute Negation der Ideen der Französischen Revolution von Freiheit, Gleichheit und Demokratie und die Entäußerung jeglicher Rechte des Individuums zielten. Hierbei formierte sich insbesondere ein gewichtiger Strang einer anti-totalitären, anti-nazistischen und anti-stalinistischen Kritik seitens sozialistischer Intellektueller und Emigranten (vgl. Buchstein 1997; Jones 1999), wie etwa Franz Borkenaus *The Totalitarian Enemy* von 1940 belegt. Entscheidende und wegweisende Werke der Totalitarismus-Theorie entstanden in der frühen Nachkriegszeit der 1950er und frühen 1960er Jahre. Danach kamen entsprechende Theorien akademisch außer Mode, während die Frage nach dem Totalitarismus staatspolitisch zu einer Art Gretchenfrage mutierte; insbesondere im Hinblick auf diese politische Instrumentalisierung des Totalitarismus-Begriffs als Schlagwort im Kalten Krieg wurde das Konzept insgesamt in den USA und Europa dem Vorwurf ausgesetzt, lediglich dazu zu dienen, das post-stalinistische Regime der Sowjetunion zu perhorreszieren oder den nazistischen Holocaust zu verharmlosen. In der Tat wurde der Begriff etwa von Ernst Nolte in den 1980er Jahren aufgegriffen, um die nationalsozialistischen Verbrechen nicht nur mit den stalinistischen gleichzusetzen, sondern jene als »Präventivmord« des Abendlandes gegen die »bolschewistische Drohung« zu relativieren (vgl. zur Kritik Evans 1989). Insbesondere in der französischen Schule der politischen Philosophie des Poststrukturalismus, die »totalitäre Praktiken« in den demokratischen Gesellschaften zu dekonstruieren sucht, hat der Begriff seit den 1980er Jahren eine gewisse Renaissance und kritische Aneignung erfahren, die sich seither auch in der politischen Theorie bei einer neuen Generation von Wissenschaftlern aufzeigen lässt – ohne dass sich der mithin schillernde Begriff in der politischen Philosophie und Theoriebildung je unumstritten durchgesetzt hätte.

3.
Wegen seines stark normativen Gehalts, der ihm inhärenten strukturellen Analogisierung verschiedener Herrschaftsformen und seiner politischen Instrumentalisierung – insbesondere während des Kalten Krieges – ist der Begriff des Totalitarismus Gegenstand mitunter scharfer politischer und wissenschaftlicher Kontroversen geblieben. In der theoretischen Diskussion lassen sich mindestens drei zentrale konkurrierende Stränge ausmachen.

3.1. Herrschaftsstrukturelle Theorien, die Totalitarismus wesentlich anhand eines neuen Syndroms verallgemeinerbarer Strukturmerkmale, Funktionen und institutioneller Praktiken begreifen, basieren auf einer Typologie von demokratischen und totalitären Regierungstypen. Totalitarismus erscheint dabei, im Sinne der Regierungstypen der klassischen politischen Philosophie, als moderne und besonders extreme Variante moderner Despotie und Diktatur.

Die einflussreichste Konzeption geht auf Carl J. Friedrich und Zbignew Brzezinski zurück. Sie vertreten die These, dass die faschistische und die kommunistische Diktatur in ihren wesentlichen Strukturen gleich sind. Konstitutiv für diesen Ansatz ist ein formales Gegensatzpaar zwischen Totalitarismus, den sie auch als »autokratische Art der Demokratie« begreifen, und der »konstitutionellen Demokratie« (Friedrich/Brzezinski 1956, 25). Die Autoren identifizieren in einem idealtypischen Modell sechs miteinander verflochtene Merkmale für das von ihnen diagnostizierte »organische« System der »totalitären Diktatur«, welche für spätere typologische Ansätze maßgeblich als Orientierungspunkte dienen: 1) eine ausgearbeitete Ideologie, die sich auf alle Bereiche menschlichen Lebens erstreckt und einen idealen Endzustand projiziert; 2) eine in der Regel durch einen einzelnen Diktator geführte, herrschende Massen-Partei, der nicht mehr als zehn Prozent der Bevölkerung angehören; 3) ein physisches und psychisches Terrorsystem; 4) ein Indoktrination ermöglichendes Nachrichtenmonopol durch vollständige Kontrolle der modernen Massenkommunikation; 5) ein Waffenmonopol; und 6) eine zentral gelenkte Wirtschaft (vgl. Friedrich/Brzezinski 1956).

Raymond Arons liberale Totalitarismuskritik sieht »totale Staaten« als Form der »monopolistischen Einparteiensysteme«, die »absolute Autorität« und eine »Politisierung und Kontrolle des gesamtgesellschaftlichen Lebens« ausüben (vgl. Aron 1968, 53ff.; 205), wobei Aron zugleich signifikante ideologische Differenzen zwischen den kommunistischen Ideen und dem nationalsozialistischen Rassenwahn betont, insbesondere mit Bezug auf die Utopien des (Anti-)Egalitarismus und (Anti-)Universalismus. Neben materialen Differenzen im Hinblick auf die Verbrechen beider Regime bildet dies den Ansatzpunkt für grundlegende Kritiken totalitarismustheoretischer Konzepte (u.a. Habermas 1995). In weiter gefassten regimetheoretischen Debatten dagegen spielt die Frage eine Rolle, inwieweit das kulturrevolutionäre China Maos oder das kambodschanische Pol Pot-Regime totalitäre staatsterroristische Herrschaftsformen darstellten. Für Juan Linz schließlich ist nicht mehr Terror, sondern fehlender politisch-gesellschaftlicher Pluralismus das konstitutive Kriterium des Totalitarismus (vgl. Linz 2000, 13), wobei offen ist, was dann die *differentia specifica* zur modernen Diktatur oder autoritären Regimeformen darstellt. Im Bestreben, Totalitarismus mittels besonderer herrschaftlicher Strukturmerkmale zu analysieren, enden diese Ansätze freilich vielfach in einer theoretischen Tautologie: Gegenstand und Erklärung fallen in eins. Herrschaftsstrukturelle Zugänge leiden folgerichtig unter einer Erklärungsschwäche. Friedrich und Brzezinski etwa sehen moderne Massenkommunikation und Technologie als zentrale kausale Faktoren, was sie in die Nähe einer undifferenzierten Moderne-Kritik rückt.

3.2. Genealogische Theorien des Totalitarismus finden sich insbesondere im Werk Hannah Arendts begründet, deren Arbeit die Theoriebildung am nachhaltigsten beeinflusst hat (vgl. Halberstam 1999). Arendt rekonstruiert genealogisch die Entstehung totalitärer Massenbewegungen und Regime vor dem Hintergrund der Krisen der Nationalstaaten und ihrer politischen Öffentlichkeiten, der Entwicklung der modernen Arbeits- und Massengesellschaften und Ideologieformen sowie der Geschichte imperialer Eroberungspraktiken. Wie Franz Neumann (1944) erkennt Arendt im Unterschied zu herrschaftsstrukturellen Zugängen eine besondere Struktur- und Ordnungslosigkeit des Totalitarismus, der auf »permanente Bewegung« und totalen Terror angewiesen sei. Der Begriff der totalen Herrschaft bleibt deshalb auf den Nazismus ab 1938 und den Stalinismus bis Stalins Tod beschränkt. Walzer (1983) begreift im Anschluss daran das poststalinistische Sowjetregime als »gescheiterten Totalitarismus«. In Arendts dynamischer Theorie machen umfassender Terror und Ideologie das Wesen und das Bindemittel totaler Herrschaft aus. Diese werde nicht ›von oben‹ ausgeübt, sondern von einer Massenbewegung getragen. Unter totaler Ideologie begreift Arendt eine alles umfassende deduktive Logik von als zwangsläufig oder notwendig erklärten überindividuellen, »objektiven Gesetzen« der »Natur« (Nationalsozialismus) und der »Geschichte« (Stalinismus), welche die Vernichtung vermeintlich »objektiver Feinde« unabhängig von tatsächlicher politischer Gegnerschaft vorsehe. Arendts gesellschaftsgeschichtlich gesättigte Theorie verweist, trotz historischer Ungenauigkeiten und problematischer Verallgemeinerungen, ähnlich wie Jacob Talmon auf die Gefahren einer »totalitären Demokratie« (Talmon 1952), die den modernen Gesellschaften nicht äußerlich ist. Vielmehr können Krisen demokratischer Öffentlichkeiten und Institutionen illiberale Massenbewegungen begünstigen.

3.3. Stärker als den offensichtlichen institutionellen Gegensatz von Totalitarismus und liberaler Demokratie greifen auch kritische Ansätze insbesondere der zeitgenössischen politischen Philosophie die Beziehung zwischen beiden auf. Bei Claude Lefort erscheint Totalitarismus als permanente Herausforderung stets fragiler pluraler Gesellschaften und als eine von »zwei möglichen Entwicklungstendenzen der Demokratie« (Lefort 1990, 50). Zygmunt Bauman diagnostiziert in modernen demokratischen Gesellschaften einen gefährlichen, potenziell totalitären Hang zur Aufhebung von Ambivalenzen (vgl. Bauman 1992). Verschiedene philosophische Analysen von Moderne und Postmoderne verorten in ähnlich kritischer Absicht in gegenwärtigen Gesellschaften »totalitäre Logiken« eines modernen Homogenisierungsdrucks oder einer identitären Gleichmachung, die auf »Ausmerzung der Differenz« (Adorno 1951, 11; Derrida 1988) ziele. Dergestalt wird über die Kritik totalitärer Gefährdungen, die selbst in universalistischen Geltungsansprüchen verborgen liegen können, ein differenzsensibler Universalismus begründet. Hierbei besteht indes zugleich die Gefahr, dass der Begriff des Totalitären seine spezifische Qualität verliert und in beliebigen Formen der Kritik ideologischer Dogmatik oder Exklusion von Andersheit aufgehoben wird.

3.4. Heute ist umstritten, inwieweit sich Elemente totalitarismustheoretischer Deutungen, die sich historisch auf Nazismus und Stalinismus bezogen haben, auf gegenwärtige politische Bewegungen, Zellen und Regime (u. a. des Islamismus) oder »Logiken« transferieren lassen und die Rede von neuen »totalitären Formen« rechtfertigen (vgl. Benhabib 2002; Wahdat-Hagh 2003; zur Kritik Rabinbach 2006) – oder ob es sich mit Hegel gesprochen beim Totalitarismus um einen »toten Hund« der Theoriebildung handelt. In jedem Fall war und ist Totalitarismus »ohne Zweifel auch ein politischer Kampfbegriff« (Bosshart 1996, 256). Der Wert von Totalitarismus-Theorien und -Kritik wird im Zeichen jener politischen und normativen Überfrachtungen selbst immer wieder in Frage gestellt. Es bleibt indes ebenfalls offen, ob nicht der Begriff totalitärer Herrschaft einen heuristischen intellektuellen Mehrwert für kritische politische Philosophie und Theorie bereitstellen könnte, der spezifische Erfahrungen präzedenzloser politischer Gewalt des vergangenen Jahrhunderts reflektiert und für künftige Gefahren sensibilisiert.

4.

Adorno, T. W., 1946, Anti-Semitism and Fascist Propaganda, in: Gesammelte Schriften, Bd. 8, Frankfurt/M.: Suhrkamp 1977.

Adorno, T. W., 1951, Minima Moralia, Frankfurt/M.: Suhrkamp.

Arendt, H., 1951, Elemente und Ursprünge totaler Herrschaft, München: Piper 2001.

Aron, R., 1968, Demokratie und Totalitarismus, Hamburg: Wegner 1970.

Bauman, Z., 1992, Dialektik der Moderne, Hamburg: EVA.

Benhabib, S., 2002, Unholy Politics, in: Constellations 9.

Borkenau, F., 1940, The Totalitarian Enemy, London: Faber and Faber.

Bosshart, D., 1999, Die französische Totalitarismusdiskussion, in: E. Jesse (Hg.), Totalitarismus im 20. Jahrhundert, Baden-Baden: Nomos.

Buchstein, H., 1997, Totalitarismustheorie und empirische Politikforschung, in: A. Söllner/R. Walkenhaus/K. Wieland (Hg.), Totalitarismus, Berlin: Akademie.

Derrida, J., 1988, Wie Meeresrauschen auf dem Grund einer Muschel. Paul de Mans Krieg, Wien: Passagen.

Evans, R., 1989, In Hitler's Shadow. West German Historians and the Attempt to Escape the Nazi Past, New York: Pantheon.

Friedrich, C. J./Brzezinski, Z. K., 1956, Totalitarian Dictatorship and Autocracy, New York: Praeger 1965.

Gentile, E., 1996, The Sacralization of Politics in Fascist Italy, Cambridge/MA: Harvard University Press.

Habermas, J., 1995, Die Normalität einer Berliner Republik, Frankfurt/M.: Suhrkamp.

Halberstam, M., 1999, Totalitarianism and the Modern Concept of Politics, New Haven: Yale University Press.

Jones, W. D., 1999, The Lost Debate. German Socialist Intellectuals and Totalitarianism, Urbana: University of Illinois Press.

Lefort, C., 1990, Die Frage der Demokratie, in: U. Rödel (Hg.), Autonome Gesellschaft und libertäre Demokratie, Frankfurt/M.: Suhrkamp.

Linz, J. J., 2000, Totalitarian and Authoritarian Regimes, Boulder: Rienner.

Neumann, F., 1944, Behemoth. Struktur und Praxis des Nationalsozialismus 1933–1944, Frankfurt/M.: Fischer 2004.

Rabinbach, A., 2006, Totalitarianism Revisited, in: Dissent 53.

Schmitt, C., 1932, Der Begriff des Politischen, Berlin: Duncker & Humblot 1996.

Talmon, J., 1952, The Origins of Totalitarian Democracy, New York: Norton 1970.

Wahdat-Hagh, W., 2003, Die Islamische Republik Iran, Münster: LIT.

Walzer, M., 1983, On ›Failed Totalitarianism‹, in: I. Howe (Hg.), 1984 Revisited. Totalitarianism in Our Century, New York: Harper & Row 1983.

Lars Rensmann

Tradition/Traditionalismus

1.

Unter »Tradition« (von lat. »traditio«, Substantiv zu »tradere« von »trans-dare«) versteht man die kulturelle Weitergabe von Praktiken und Institutionen, materiellen und symbolischen Artefakten, Denk- und Glaubensinhalten sowie Werten durch die Zeit hindurch. »Tradition« bezeichnet eine komplexe, mindestens vierstellige Relation: Ein Traditionssubjekt S_1 (der Tradent) gibt etwas zu Überlieferndes (das Tradendum) mittels bestimmter Vermittlungshandlungen bzw. -mechanismen an ein zweites Traditionssubjekt S_2 (den Traditionsempfänger) weiter. Mit »Tradition« im Singular wird in einem abstrakten Sinne das Prinzip der kulturellen Weitergabe überhaupt, in einem konkreten Sinne der historische Gesamtprozess der kulturellen Weitergabe bezeichnet. Unter »Traditionen« im Plural versteht man einzelne Stränge aus diesem komplexen Gesamtprozess. Der Begriff »Tradition« ist grundlegend für die Beschreibung, Erklärung und Vorhersage von Kontinuität und Wandel in sozialen Systemen.

Unter »Traditionalismus« in einem allgemeinen Sinne versteht man jede Haltung, die den Wert der Tradition sehr hoch veranschlagt. Ein berühmter Traditionalist in diesem Sinne ist der Philosoph und Whig-Parlamentarier Edmund Burke, der die Ideen der Französischen Revolution bekämpfte (vgl. Burke 1790). In der Philosophiegeschichtsschreibung bezieht man sich mit »Traditionalismus« in einem engeren Sinne auf ein geschichtsphilosophisches und politisches Programm, das in Frankreich von der Gegenrevolution entwickelt wurde (J. de Maistre, L. G. A. de Bonald, F. R. de Lamennais). Kennzeichnend für dieses Programm sind ein Anti-Individualismus und Anti-Rationalismus in Erkenntnistheorie und Ethik sowie ein Ultramontanismus in der Politik (vgl. Spaemann 1959).

2.

Die heutige Bedeutung des Terminus »Tradition« entstand durch die Verengung eines ursprünglich weiteren Begriffes aus dem komplexen Begriffsfeld »Weitergeben/Übereignen« auf den soziokulturellen Bereich. Das griechische Wort »parádosis« (Substantiv zu »paradidónai«) und sein lateinisches Äquivalent »traditio« bezeichneten zunächst alltägliche, dann auch institutionalisierte und verrechtlichte Übergaben von Gegenständen, z.B. die Übergabe von Kaufgegenständen oder Geschenken (vgl. Platon, Nom. 915d; Aristoteles, Pol. 1309a10). Im Sachenrecht (vgl. Gaius, Institutionen 2, 19f.; 2; 65) war »traditio« ein Terminus technicus für die formfreie Übergabe, im Depositenrecht (vgl. Digesten 16; 3; 1) für die Hinterlegung von Sachen. Im übertragenen Sinne konnten »parádosis« bzw. »traditio« für die Vermittlung durch Unterricht (vgl. Platon, Nom. 803a; 416a), für überlieferte Lehren (vgl. Diogenes Laertius, Vitae 7; 40) sowie für die Überlieferungstätigkeit im Allgemeinen (vgl. Aristoteles, Sophistische Widerlegungen 184b; Seneca, De beneficiis 6; 17; 2) verwendet werden. Nach Platon und Aristoteles kann alles, was man gelernt und verstanden hat, an andere weitergegeben werden (vgl. Platon, Alc. I 118d1–8; Aristoteles, EN VI 3, 1139b; Met. I, 981b7–10).

Für die meisten Religionen spielt die Tradition eine bedeutsame Rolle; in besonderem Maße gilt dies für die Religionen, die auf Stiftergestalten und ursprüngliche Offenbarungsereignisse zurückgehen. Im Christentum avanciert ein normativer Traditionsbegriff seit Ende des 2. Jahrhunderts zu einem Grundbegriff der Theologie. Tertullian benennt die maßgebliche Traditionskette, wenn er von der die Wahrheit bezeugenden Glaubensregel spricht, »die der Kirche von den Aposteln, den Aposteln von Christus, Christus von Gott übergeben worden ist« (De praescriptione haereticorum 37, 1). Die gelegentlich geäußerte Ansicht (vgl. Pieper 1958, 16f.), von Tradition im strengen Sinne könne nur im Zusammenhang einer durch Erfahrung und Vernunft nicht einholbaren heiligen Überlieferung die Rede sein, liefe freilich auf eine willkürliche Verengung des Traditionsbegriffs hinaus.

Im Mittelalter kristallisierte sich eine Opposition zwischen »auctoritas« und »ratio« heraus, bei der die Tradition die Stelle der »auctoritas« besetzen konnte. Da es mehrere Traditionsinstanzen gab, stellte sich im Konfliktfall die Frage nach der Autoritätshierarchie. Auch im Streit um die Reformation stand das Traditionsprinzip im Mittelpunkt.

In der Neuzeit treten in vielen Bereichen verstärkt traditionskritische und anti-traditionalistische Tendenzen auf. Im Bereich der Wissenschaft wird seit Francis Bacon und Descartes vor überkommenen Idolen, Vorurteilen und »erdichteten Traditionen« (Hobbes 1651, IV, Kap. 46) gewarnt, die unseren Geist okkupieren, und von denen er gereinigt werden muss, bevor wir zu Erkenntnis gelangen können. Pascal votiert für eine Unterscheidung der rein historischen (Traditions-) Wissenschaften, die wie die Geschichtswissenschaften und die Theologie nur von Gedächtnis und Erinnerung abhingen, von den Wissenschaften, die wie die Geometrie oder Physik nur auf Denkakten beruhten und die Wahrheit aufzudecken suchten (Pascal 1647, 130). Immer häufiger werden der Tradition Vernunft und Erfahrung entgegengehalten. Im Bereich der schönen Künste geht es in der berühmten »Querelle des anciens et des modernes« um die Vorbildlichkeit der Antike und spezieller um die Verbindlichkeit ästhetischer Traditionen. Die Radikalität der Traditionskritik in der Aufklärung wird allerdings häufig übertrieben (z.B. bei Gadamer 1965, 254f., 261); es sollte z.B. nicht übersehen werden, dass die Vorurteilslehre der Aufklärung das »praeiudicium novitatis« genauso kritisierte wie das »praeiudicium antiquitatis«. Freilich sollte im »Zeitalter der Kritik« die Vernunft nur demjenigen Achtung gewähren, »was ihre freie und öffentliche Prüfung hat aushalten können« (Kant 1781, A, XI). Im Gegenzug zur kantischen Orientierung an einer übergeschichtlichen Vernunft betonten J. G. Hamann, J. G. Herder und F. Schlegel die Prägung des Menschen durch Sprache und Tradition. Hamann zufolge ist die Sprache »das einzige erste und letzte Organon und Kriterium der Vernunft, ohne ein ander Creditiv als Überlieferung und Usum« (Hamann 1784, 284). Die Geschichte der Menschheit ist nach Herder »eine Kette der Geselligkeit und bildenden Tradition vom Ersten bis zum letzten Gliede« (Herder 1784f., 345); »Tradition und organische Kräfte« sind die Prinzipien einer Philosophie der Geschichte der Menschheit (ebd., 347; vgl. 348, 413). Gemäß Hegels dynamistischer Philosophie ist die Tradition »nicht nur eine Haushälterin, die nur Empfangenes treu verwahrt, und es so den Nachkommen unverändert erhält und überliefert; [...]. Sie ist nicht ein unbewegliches Steinbild, sondern lebendig, und schwillt als ein mächtiger Strom, der sich vergrößert, je weiter er von seinem Ursprunge aus vorgedrungen ist.« (Hegel 1833ff., 29)

Auf der anderen Seite mehren sich im 19. Jahrhundert Stimmen, welche die Tradition vornehmlich als belastend, hemmend oder gar lebensfeindlich bewerten. Zu einem geflügelten Wort wurde Marx' Diktum: »Die Tradition aller toten Geschlechter lastet wie ein Alp auf dem Gehirne der Lebenden.« (Marx 1852, 115)

Im Anschluss an Husserl und Heidegger hat H.-G. Gadamer eine »Phänomenologie der Traditionsaneignung« (Theunissen 2001) und der hermeneutischen Erfahrung entworfen, zu deren programmatischen Zielen die »Rehabilitierung von Autorität und Tradition« gehört (Gadamer 1965, 261ff.). Die damit verbundene neoromantische Metakritik der Aufklärung hat mannigfachen Widerspruch von ideologiekritischer und wissenschaftstheoretischer Seite erfahren (vgl. Apel u.a. 1971). Der Kritische Rationalismus, der die grundsätzliche Angewiesenheit auf Tradition(en) anerkennt, ja betont (vgl. Popper 1948; Albert 1965), macht gleichwohl gegen traditionalistisches und in diesem Sinne ›konservatives‹ Denken geltend, »daß in ihm die Kritisierbarkeit von Traditionen unterschätzt und überlieferte Problemlösungen daher vielfach als sakrosankt betrachtet werden« (Albert 1968, 177).

3.
Eine Theorie der Tradition, die ihren Namen verdient, gibt es noch nicht. Das hat mehrere Gründe. Zum einen besteht der größte Teil der älteren Literatur zum Thema aus extrem parteilichen, sei es traditionalistischen, sei es anti-traditionalistischen Stellungnahmen. Zum anderen müsste eine umfassende Theorie der Tradition schon aufgrund der Verschiedenheit der Tradenda eine überaus komplexe Angelegenheit sein. Im Folgenden können daher nur einige Aufgaben und Ausgangspunkte einer Theorie der Tradition umrissen werden.

3.1. Einen ersten Ausgangspunkt bilden die teils erhellenden, teils irreführenden Metaphern und Analogien, die zur Beschreibung von Traditionsphänomenen ersonnen worden sind. Für die *Struktur der Tradition* sind Bilder wie »Kette« oder »Staffellauf« verbreitet (vgl. Demandt 1978). Berühmt ist das Gleichnis von den Zwergen, die, da sie auf den Schultern von Riesen stehen, weiter sehen können als diese (vgl. Merton 1965). Für die *Traditionsdiffusion* sind die Vererbung im juristischen Sinne (vgl. Ranft 1931; Mauss 1923/24), die Vererbung im biologischen Sinne (vgl. Cavalli-Sforza/Feldman 1981; Boyd/Richerson 1985) und die Ansteckung (vgl. Kitcher 2001) Leitvorstellungen, aus denen je unterschiedliche Modelle der Traditionsdynamik entwickelt werden können.

3.2. Ein beliebter Ausgangspunkt war und ist der Mensch-Tier-Vergleich: »Der Mensch ist einzigartig unter den Tieren wegen der ungeheuer wichtigen Rolle, welche die Tradition im Laufe der Zeit für die generationenübergreifende Kontinuität jener Eigenschaften zu spielen begann, denen er seine biologische Fitness verdankt.« (Medawar 1953, 138) Der große kognitive Vorsprung der Menschen gegenüber Tieren lässt sich durch rein biologische Vererbungsprozesse (Variation, Selektion) nicht erklären. In menschlichen Gemeinschaften kommt es durch besondere Formen kulturellen Lernens – Imitationslernen, Lernen durch Unterricht, Lernen durch Zusammenarbeit – zu einer kumulativen kulturellen Evolution, bei der erworbene Errungenschaften über mehrere Generationen immer weiter verbessert werden. Dieses kulturelle Lernen wird durch eine besondere Form sozialer Kognition ermöglicht, eine kognitive Anpassung, die offenbar nur Menschen entwickelt haben: die Fähigkeit, ihre Artgenossen als ihnen ähnliche intentionale Wesen zu verstehen, die ein geistiges Leben haben wie sie selbst und von denen man infolgedessen lernen kann (vgl. Tomasello 1999).

3.3. Weitere Aufgaben einer Theorie der Tradition lassen sich anhand des obigen Schemasatzes herausarbeiten: Ein Traditionssubjekt S_1 (Tradent) gibt etwas zu Überlieferndes (Tradendum) mittels bestimmter Vermittlungshandlungen bzw. -mechanismen an ein zweites Traditionssubjekt S_2 (Traditionsempfänger) weiter. Die Weitergabe geht oft im Rahmen von Institutionen vonstatten. Typischerweise geben Personen, die einer Institution bereits längere Zeit angehören, Tradenda an Personen weiter, die der Institution noch nicht so lange angehören. Einen Prototyp der Vermittlung von Tradenda von den Älteren auf die Jüngeren bildet die Familie; doch finden ähnliche Vermittlungen in vielen anderen Institutionen statt: Kindergärten, Gemeinden, Schulen, Jugendclubs, Universitäten, Militäreinrichtungen etc. Man unterscheidet zwischen vertikalen (Eltern-Kind, Lehrer-Schüler u.ä.) und horizontalen Traditionsbeziehungen (Geschwister-Geschwister, Schüler-Mitschüler u.ä.). Die Tradenda können aus allen Bereichen der kulturellen und sozialen Welt stammen: Brauchtum, Religion (vgl. Deneffe 1931), Moral, Recht, Wissenschaft (vgl. Kuhn 1962; ders. 1977; Heisenberg 1973), Kunst, Sport, Militär etc. Es kann sich um materielle Objekte, um Gedankeninhalte, um Wertvorstellungen (vgl. Cavalli-Sforza 1993), um Praktiken u.a. handeln. Die Vermittlungs- und Übernahmeakte können mehr oder weniger bewusst und mehr oder weniger absichtlich sein.

3.4. Die geeigneten Vermittlungshandlungen bzw. -mechanismen unterscheiden sich je nach der Art des Tradendums und seiner Identitätsbedingungen (vgl. Shils 1981, Kap. 2–3). Bei *materiellen Objekten* geht es darum, sie zu bewahren, zu pflegen, vor Verfall zu schützen oder ggf. zu restaurieren. *Denkinhalte* können von dem denkenden Individuum zunächst memoriert werden; für die Bewahrung über die Lebensgrenzen eines Individuums hinaus kommt es jedoch auf geeignete externe Symbolisierungen des Denkinhalts an. War die mündliche Weitergabe noch flüchtig, so ermöglichten graphische Bild- und Schriftsysteme die dauerhafte externe symbolische ›Speicherung‹ von Denkinhalten. Die Entwicklung von Bild- und Schriftsystemen und die Erfindung des Buchdrucks gehören zu den wichtigsten technologischen Verbesserungen des Traditionsmechanismus. *Praktisches Wissen* (know-how) wird durch die Nachahmung des Handlungsvollzugs einer anderen Person tradiert; diese Nachahmung kann durch mehr oder weniger explizite Instruktionen gestützt werden.

3.5. Traditionen erfüllen im sozialen Leben einer Gemeinschaft verschiedene Funktionen. Eine Tradition schafft und stabilisiert Regularitäten in einer sozialen Gemeinschaft; dadurch wird das Verhalten der anderen Mitglieder für jeden Einzelnen besser vorhersehbar (vgl. Popper 1948; Schelling 1960, 89ff.; Albert 1965). Wir müssen oft in relativ unstrukturierten Situationen handeln und unser Verhalten mit dem anderer Personen koordinieren. Dazu gehören insbesondere Situationen, in denen zwar ein gemeinsames Interesse der beteiligten Personen vorliegt, aber keine Verständigung über das zu wählende Verhalten möglich ist (Beispiel: gemeinsames Interesse, sich zu treffen; gemeinsames Interesse, ein durch eine technische Störung unterbrochenes Telefongespräch fortzusetzen). Für die Konvergenz der wechselseitigen Erwartungen bei solchen Koordinationsproblemen spielen auffällige gemeinsame Anhaltspunkte und frühere Problemlösungen (Präzedenzfälle; Traditionen) eine Schlüsselrolle (vgl. Schelling 1960, 34, 67, 90f.; Lewis 1969, 37ff.).

Traditionen befriedigen ferner das Bedürfnis nach angemessenen Beziehungen zu den Vorfahren und zu vergangenen Epochen. Durch die Tradition werden die Leistungen früherer Generationen bewahrt; typischerweise dient die Weitergabe dazu, kulturelle Kontinuität zu ermöglichen. Angestrebt werden kann dabei weitgehende Identität (Konservatismus) oder Verbesserung (Progressismus). Traditionen dienen schließlich auch der Legitimierung von Autoritäten, Normen und dergleichen. Zu diesem Zweck kann ihre Altehrwürdigkeit übertrieben werden; notfalls werden Traditionen einfach erfunden (vgl. Hobsbawm/Ranger 1983).

3.6. Traditionen entstehen und vergehen; einige bestehen sehr lange; andere lösen sich rasch wieder auf (vgl. Shils 1981). Ob sich allgemeine Gesetzmäßigkeiten der Traditionsdynamik angeben lassen, erscheint fraglich. Unsere Erklärungen dürften in diesem Bereich sehr unvollständig bleiben.

3.7. Gegenüber Traditionen sind zwei grundsätzliche *Einstellungen* möglich. Die eine besteht darin, eine bestimmte Tradition *unkritisch* zu übernehmen. Das geschieht schon deshalb sehr leicht, weil uns oft nicht bewusst ist, dass unser Verhalten einer Tradition folgt. Ein erster gegensteuernder Schritt besteht somit darin, sich bewusst zu machen, welchen Traditionen man unterliegt. Man kann Traditionen, deren Einfluss einem bewusst ist, weiterhin unkritisch akzeptieren, wenn man etwa einer traditionalistischen Maxime folgt, der zufolge Traditionen »heilig« sind. Die Bewusstmachung ermöglicht aber auch eine *kritische* Einstellung (die natürlich nicht zu einer Ablehnung der jeweiligen Tradition führen muss; sie kann auch zum kritischen Akzeptieren der Tradition oder zu einer Zwischenposition führen). Wir können nicht alle Traditionen abschütteln, was angesichts ihrer positiven Funktionen (s.o.) auch gar nicht wünschenswert wäre, aber wir können uns vom Dogmatismus und den Tabus bestimmter Traditionen befreien, indem wir der Tradition zweiter Ordnung folgen, Traditionen erster Ordnung in rationaler Diskussion mit anderen Personen kritisch zu prüfen und ihr Für und Wider abzuwägen (vgl. Popper 1948; Albert 1965).

4.

Acton, H. B., 1952, Tradition and Some Other Forms of Order, in: Proceedings of the Aristotelian Society 53.

Albert, H., 1965, Tradition und Kritik, in: ders., Plädoyer für kritischen Rationalismus, München: Piper 1971.

Albert, H., 1968, Traktat über kritische Vernunft, Tübingen: Mohr 1969.

Apel, K.-O. u.a., 1971, Hermeneutik und Ideologiekritik, Frankfurt/M.: Suhrkamp.

Boyd, R./Richerson, P. J., 1985, Culture and the Evolutionary Process, Chicago: University of Chicago Press.

Burke, E., 1790, Betrachtungen über die Französische Revolution, Frankfurt/M.: Suhrkamp 1967.

Cavalli-Sforza, L. L., 1993, How Are Values Transmitted?, in: M. Hechter/L. Nadel/R. E. Michod (Hg.), The Origin of Values, New York: de Gruyter.

Cavalli-Sforza, L. L./Feldman, M. W., 1981, Cultural Transmission and Evolution, Princeton: Princeton University Press.

Demandt, A., 1978, Metaphern für Geschichte, München: Beck.

Deneffe, A., 1931, Der Traditionsbegriff, Münster: Aschendorff.

Gadamer, H.-G., 1965, Wahrheit und Methode, Tübingen: Mohr.

Hamann, J. G., 1784, Metakritik über den Purism der Vernunft, in: Sämtliche Werke, Bd. 3, Wien: Herder 1951.

Hegel, G. W. F., 1833ff., Vorlesungen über die Geschichte der Philosophie, in: Sämtliche Werke, Bd. 1, Stuttgart: Frommann-Holzboog 1928.

Heisenberg, W., 1973, Tradition in Science, in: Science and Public Affairs 29.

Herder, J. G., 1784f., Ideen zur Philosophie der Geschichte der Menschheit, in: Sämtliche Werke, Bd. XIII, Hildesheim: Olms 1967.

Hobsbawm, E./Ranger, T. (Hg.), 1983, The Invention of Tradition, Cambridge: Cambridge University Press.

Hobbes, T., 1651, Leviathan, Hamburg: Meiner 1996.

Kant, I., 1781, Kritik der reinen Vernunft, Hamburg: Meiner 1998.

Kitcher, P., 2001, Infectious Ideas, in: The Monist 84.

Kuhn, T. S., 1962, Die Struktur wissenschaftlicher Revolutionen, Frankfurt/M.: Suhrkamp 1973.

Kuhn, T. S., 1977, Die Entstehung des Neuen, Frankfurt/M.: Suhrkamp 1978.

Lewis, D., 1969, Konventionen, Berlin: de Gruyter 1984.

Marx, K., 1852, Der achtzehnte Brumaire des Louis Bonaparte, in: MEW, Bd. 8, Berlin: Dietz 1960.

Mauss, M., 1923/24, Die Gabe. Form und Funktion des Austausches in archaischen Gesellschaften, Frankfurt/M.: Suhrkamp 1968.

Medawar, P. B., 1953, Tradition, in: ders., The Uniqueness of the Individual, London: Methuen 1957.

Merton, R. K., 1965, Auf den Schultern von Riesen, Frankfurt/M.: Suhrkamp 2004.

Pascal, B., 1647, Préface sur le Traité du Vide, in: Œuvres, Bd. 2, Paris: Hachette 1908.

Pieper, J., 1958, Über den Begriff der Tradition, Köln: Westdeutscher Verlag.

Popper, K., 1948, Versuch einer rationalen Theorie der Tradition, in: ders., Vermutungen und Widerlegungen, Tübingen: Mohr 1994.

Ranft, J., 1931, Der Ursprung des katholischen Traditionsprinzips, Würzburg: Triltsch.

Schelling, T. C., 1960, The Strategy of Conflict, Cambridge/MA: Harvard University Press.

Shils, E., 1981, Tradition, London: Faber and Faber.

Spaemann, R., 1959, Der Ursprung der Soziologie aus dem Geist der Restauration, München: Kösel.

Theunissen, M., 2001, Philosophische Hermeneutik als Phänomenologie der Traditionsaneignung, in: »Sein, das verstanden werden kann, ist Sprache«, Frankfurt/M.: Suhrkamp.

Tomasello, M., 1999, Die kulturelle Entwicklung des menschlichen Denkens, Frankfurt/M.: Suhrkamp 2002.

Weber, M., 1922, Wirtschaft und Gesellschaft, Tübingen: Mohr 1972.

Oliver R. Scholz

Tugend

1.

Tugend ist die charakterlich gefestigte Haltung von Menschen, die sie das Richtige und Gute aus eigener Überzeugung erkennen und erstreben lässt. Der Begriff »Tugend« und sein Antonym »Laster« werden gebraucht, um Personen als moralische bzw. sittliche Akteure zu beurteilen. Ein tugendhafter Mensch ist ein guter Mensch. Für die moralphilosophische Erörterung ist entscheidend, ob den Tugenden eine zentrale Bedeutung bei der Bestimmung des moralisch Richtigen und Guten zukommt, oder ob sie bloß als Dispositionen zu verstehen sind, durch die Handelnde motiviert werden, den moralischen Forderungen zu entsprechen, die sich wiederum von einem charakterunabhängigen Standpunkt ergeben. Die erste Sichtweise formuliert eine primär akteursbezogene Moraltheorie – die Tugend*ethik*, die philosophiehistorisch eng mit der antiken Ethik verbunden ist. Sie unterscheidet sich von anderen Formen der Tugend*theorie*, womit ganz allgemein die weitgehend eigenständige Thematisierung des Tugendbegriffs in moralphilosophischen Untersuchungen gemeint ist (vgl. Crisp 1996, 5; Hursthouse 2003).

2.

Die o.g. Charakterisierung des Tugendbegriffs ist in ihren Einzelheiten sicherlich nicht unumstritten. Doch setzt Aristoteles' Analyse in der *Nikomachischen Ethik*, von der die genannte Definition stark beeinflusst ist, die bis heute gültigen Maßstäbe der philosophischen Diskussion (vgl. Wolf 2002, Kap. 3).

Ob jemand eine Tugend besitzt oder nicht, zeigt sich nur bei einer gewissen Stetigkeit des Verhaltens. Sie lässt sich daher nicht in einer einzelnen Handlung unter Beweis stellen. Diese charakterliche Haltung muss eingeübt und durch Erziehung vermittelt werden. Man ist nicht von Natur aus tugendhaft, wenn auch natürliche Anlagen den Erwerb der Tugend erleichtern können.

Der tugendhafte Mensch ist zum guten Handeln motiviert und identifiziert sich somit mit seinen Handlungen. Er tut gerne Gutes. Einer verbreiteten tugendethischen Kritik zufolge kann im Gegensatz dazu das Handeln aus Pflicht, wie Kant es fordert, zu einer Trennung zwischen Handlungsgründen und Handlungsmotiven führen (vgl. Stocker 1976).

Aristoteles vertritt die Meinung, dass sich die Tugend in der Mitte zwischen Extremen zeigt – also in der Ausgewogenheit der Affekte und der Situationsangemessenheit des Handelns. Dazu gehört immer auch – neben der spezifischen charakterlichen Verfasstheit – eine Art praktischer Klugheit. Für Aristoteles manifestiert sie sich in einer besonderen »intellektuellen« Tugend, die alle ethischen Tugenden leitet, nämlich in der *phronēsis*. Sie lässt eine Person erkennen, was in einer Situation das Richtige ist. Ob aber die Tugenden insgesamt als Verwirklichung eines ethischen Wissens gelten sollten (vgl. McDowell 1979), ist eine offene Frage.

3.

Alltagssprachlich, aber auch im philosophischen Wortgebrauch, hat der Ausdruck »Tugend« an Bedeutung verloren, er gilt sogar weithin als antiquiert. Wo er verwendet wird, ist er meist mit solchen Charaktereigenschaften verbunden, die eine Person dazu befähigen, zugunsten anderer zu handeln. Fairness, Toleranz und Aufrichtigkeit sind typische Beispiele moderner Tugenden. Auch Charakterzüge, die dem verbreiteten Verständnis nach kein im engen Sinne moralisch gefordertes Verhalten betreffen, weil Verstöße keine Sanktionen nach sich ziehen, wie beispielsweise Höflichkeit oder Fleiß, sind als (Sekundär-)Tugenden bekannt. Doch andere charakterliche und intellektuelle Vortrefflichkeiten wie Besonnenheit, Tapferkeit oder Weisheit, die lange Zeit zu den Kardinaltugenden gehörten, werden kaum noch als elementar und manchmal gar nicht mehr als Tugenden angesehen. Der Tugendbegriff ist insofern in Inhalt und Umfang historischen Wandlungen unterworfen. Er ändert sich mit der jeweiligen Moralauffassung. Gleichwohl sind universalistische Tugendtheorien möglich, wenn die Grundlage, auf der Charakterhaltungen als Tugenden ausgezeichnet werden, universelle Geltung beansprucht.

3.1. Im Gegensatz zur antiken Ethik kommt der Tugend in den vorherrschenden Moraltheorien der Moderne, Konsequentialismus und deontologische Ethik, nur eine abgeleitete Bedeutung zu. Statt den Handelnden zum primären Gegenstand der moralischen Bewertung zu machen, wird vielmehr in erster Linie auf die Qualität der durch Handlungen bewirkten Zustände der Welt bzw. ihre Übereinstimmung mit Pflichten fokussiert. Wenn Tugend die Disposition zum richtigen Handeln darstellt, das moralisch Richtige aber unabhängig von menschlichen Charakterzügen bestimmt und begründet werden kann, dann kommt ihr nur ein instrumenteller Status zu, insofern sie moralisch geforderte Handlungen wahrscheinlicher macht bzw. deren Übererfüllung ermöglicht. Welche Charaktereigenschaften als Tugenden zu gelten hätten, wäre aus dem moralisch Gesollten deduziert. Genau genommen gäbe es nur eine unspezifische Tugend, nämlich die Disposition zum moralisch vorgeschriebenen Handeln.

Erst in jüngerer Zeit ist in der Moralphilosophie ein erneutes Interesse an einer genuinen Tugendethik entstanden, die Tugenden ins Zentrum der ethischen Analyse rückt. Dieser Rückgriff auf die antike Tradition ergab sich vorrangig aus einer grundsätzlichen Unzufriedenheit mit den modernen Ansätzen in der Ethik. In erster Linie wurden ihre vereinfachenden Analysen der motivationalen Verfassung moralisch handelnder Personen bemängelt und die unterstellte gesetzesartige Struktur des moralisch Gesollten hinterfragt. Das ethische Leben umfasse mehr als bloß moralische Regeln (vgl. Anscombe 1958).

Die Tugendethiker beschäftigen sich entsprechend mit Phänomenen und Problemen, die typischerweise in der modernen Moralphilosophie vernachlässigt und zum Teil sogar ausdrücklich aus dem Bereich der Ethik verdrängt wurden. Nicht die Harmonisierung widerstreitender Interessen oder die Wahrung grundlegender Rechte werden thematisiert, sondern stattdessen ein umfassendes Bild der psychologischen Verfasstheit und der sozialen Beziehungen des moralisch Handelnden gezeichnet. Die Frage »Was für ein Mensch soll ich sein?« bzw. »Wie soll ich leben?« wird zum Ausgangspunkt. Die vermeintlich grundlegende Frage der Moral »Was soll ich tun?« formt die daraus erst abgeleitete Hinsicht der Moraltheorie. Handlungsmotive werden in all ihrer Komplexität untersucht sowie Glück, Wohlergehen bzw. das gute Leben und Phänomene wie Freundschaft, Liebe oder asymmetrische Abhängigkeitsbeziehungen integriert. Für die Tugendethik existiert keine strikte Trennung zwischen dem Bereich der Moral und vermeintlich außermoralischen Themen (vgl. Williams 1985, Kap. 10). Damit schließt der Begriff der Tugend an die antike Wortbedeutung an, nach der mit »Tugend« (*aretē*) ganz allgemein das Gutsein einer spezifischen Eigenschaft bezeichnet wird (vgl. Stemmer 1998). Auch primär selbstbezogene Vortrefflichkeiten wie Besonnenheit und Beharrlichkeit können somit als Tugenden gelten (vgl. Wright 1963, 153).

Der Tugendethik zufolge ist die Handlung richtig, die ein tugendhafter Mensch in der fraglichen Situation vollziehen würde. Diese Auffassung wirkt wenig erhellend, wenn man gewohnt ist, das moralisch Richtige nach Maßgabe der Handlungskonsequenzen oder verallgemeinerbaren Prinzipien zu bestimmen und die Tugend daraus erst abzuleiten. Wenn aber die Tugend selbst die Hinsicht der moralischen Bewertung ausmacht, so ergibt sich eine ganz andere Analyse der Moral.

Klärungsbedürftig wird dann allerdings, auf welcher Grundlage wiederum spezifische Charakterhaltungen als Tugenden ausgezeichnet werden können. Es finden sich aristotelisch inspirierte Ansätze, die sie mit einer normativen Interpretation der menschlichen Natur (vgl. Foot 2001; Geach 1977) bzw. dem guten Leben verbinden (vgl. Hursthouse

1999). Tugenden tragen nach der Auffassung der meisten Tugendethiker zum gedeihlichen Leben (*eudaimonia, flourishing*) bei oder sind dafür sogar konstitutiv. Sie können aber auch in Abhängigkeit von gemeinschaftlichen Praktiken innerhalb einer bestimmten Tradition gesehen werden, in denen inhärente Güter verwirklich werden (vgl. MacIntyre 1981).

Ferner wurde die Fürsorgeethik (*ethics of care*) in einen tugendethischen Kontext transferiert. Im Zentrum steht hier die Sorge um andere bzw. das Wohlwollen, die sich kontextbezogen zeigt und nicht in abstrakten Regeln einzufassen ist (vgl. Slote 2001).

Ob die Tugendethik tatsächlich als gleichrangige Alternative zu konkurrierenden Moraltheorien gelten kann, ist nach wie vor umstritten (vgl. Borchers 2001; Hursthouse 1999). Die Kritik an der eingeschränkten Sichtweise etablierter Moraltheorien wie etwa dem Utilitarismus oder der kantischen Ethik wurde zwar weithin als berechtigt akzeptiert, führte aber meist nicht zu einer Abkehr, sondern zur Ergänzung um tugendtheoretische Elemente bzw. zu deren philosophischer Wiederbelebung (vgl. Driver 2001; O'Neill 1996; Sherman 1997).

3.2. In der politischen Philosophie hat die gegenwärtige Diskussion um die Tugend vorrangig auf die Problemstellung eingewirkt, ob staatliches Handeln gegenüber verschiedenen Konzeptionen des Guten neutral sein kann und sollte (vgl. Chapman 1992). Wenn Tugenden unabdingbar zum guten Leben des Menschen gehören, dann scheint ihre Verwirklichung angestrebt werden zu sollen. Damit verpflichtete man sich aber möglicherweise auf ein perfektionistisches Ideal, das dem modernen Liberalismus nicht zu entsprechen scheint.

Der im genannten Kontext viel zitierte, von J. Rawls (1993) beschworene Vorrang des Rechten vor dem Guten wurde insbesondere in der Auseinandersetzung zwischen Liberalismus und Kommunitarismus in Frage gestellt. Einen wichtigen Anknüpfungspunkt dieses inzwischen abgeflauten Streits bildete A. MacIntyres tugendethisch inspirierte Liberalismuskritik in *Der Verlust der Tugend* (1981). Auch eine stärker in der Tradition des Liberalismus verankerte Strömung betont den Stellenwert des Perfektionismus (vgl. Hurka 1993; Raz 1986; Sher 1997).

Ähnlich wie in der moralphilosophischen Diskussion versuchen darüber hinaus einige politische Philosophen, tugendtheoretische Erwägungen aufzunehmen, ohne sich auf einen stärker tugendethischen Ausgangspunkt einzulassen. Die zeitgenössischen Theoretiker stellen zwar die verbreitete liberale Auffassung in Frage, wonach der moderne Staat sich bloß auf die Gewährleistung der Rechtsbefolgung beschränken müsse, ohne die charakterliche Verfassung der Bürger zu beachten. Aus dieser Kritik folgt allerdings eine Verteidigung des liberalen Denkrahmens, indem spezifisch liberale Tugenden (vgl. Berkowitz 1999; Galston 1991; Macedo 1990) bzw. Laster (vgl. Shklar 1984) herausgearbeitet werden. Auch republikanische Theorien, die um den Begriff der Bürgertugend (vgl. Sandel 1995) sowie der Zivilgesellschaft kreisen, sind hier zu nennen.

3.3. Eine wichtige Schwierigkeit der Tugendethik liegt in dem heutzutage kaum hinterfragbaren Ausgangspunkt des gesellschaftlichen Pluralismus von vernünftigen Vorstellungen des guten Lebens. Selbst wenn man wüsste, was für Menschen gut ist, darf man ihnen nicht paternalistisch vorschreiben, wie sie zu leben haben, solange sie niemanden schädigen oder gefährden. Es scheint, als ob die Tugendethik Gefahr läuft, diesen Pluralismus zu missachten. Insbesondere die Ableitung des Guten für den Menschen aus seiner vermeintlichen Natur stößt immer wieder auf die genannten Vorbehalte. Der Kritik nach wird die angestrebte Perfektionierung der menschlichen Anlagen in den Tugenden zum einseitigen Ideal, das den divergierenden Wünschen und Zielen des Menschen nicht angemessen begegnet.

Doch beruht dieser Einwand auf einer verbreiteten Fehlinterpretation der philosophischen Ansprüche der Tugendethik. Sie will keineswegs ein verbindliches Lebensideal entwerfen. Die Tugenden müssen nicht so einseitig verstanden werden, dass sie keine individuellen Ausformungen mehr zuließen und zur Vereinheitlichung der Lebensweisen führten. Ganz im Gegenteil betont die Tugendethik die Kontextgebundenheit und situationsrelativen Merkmale des ethischen Lebens und Handelns. Was das Gute für den Menschen ist, kann nicht allgemeinverbindlich festgelegt werden, sondern zeigt sich in verschiedenen Situationen auf unterschiedliche Weise. Wo die Umstände allerdings ähnlich sind, da mögen durchaus die gleichen Tugenden von Belang sein (vgl. Nussbaum 1988).

Ebenso wenig sollen Menschen gezwungen werden, das für sie Gute auch zu verwirklichen. Der Erwerb von Tugenden empfiehlt sich, wenn man das für sich und andere Gute anstrebt. Die politische Aufgabe besteht darin, die Bedingungen zu schaffen, unter denen die Entwicklung und Ausübung von Tugenden, letztlich also ein individuell und gemeinschaftlich gutes Leben möglich ist.

Der Stellenwert der Tugend in der Moralphilosophie sollte nicht unterschätzt werden. Mit der Tugendethik existiert eine ernstzunehmende Theoriengruppe, die bereits für neue Impulse in der moralphilosophischen Analyse gesorgt hat. Ihr Einfluss auf die politische Philosophie ist allerdings nach wie vor gering, insbesondere weil philosophische Theorien zum individuell oder gemeinschaftlich Guten der vorherrschenden liberalen Theorie fremd sind. Dort wird der Tugend entsprechend zumeist nur ein systematisch nachrangiger Status zugesprochen.

4.

Annas, J., 1993, The Morality of Happiness, Oxford: Oxford University Press.

Anscombe, G. E. M., 1958, Moderne Moralphilosophie, in: G. Grewendorf/G. Meggle (Hg.), Seminar: Sprache und Ethik, Frankfurt/M.: Suhrkamp 1974.

Berkowitz, P., 1999, Virtue and the Making of Modern Liberalism, Princeton: Princeton University Press.

Borchers, D., 2001, Die neue Tugendethik, Paderborn: Mentis.

Chapman, J./Galston, W. (Hg.), 1992, Virtue, New York: New York University Press.

Crisp, R., 1996, Modern Moral Philosophy and the Virtues, in: ders. (Hg.), How Should One Live?, Oxford: Oxford University Press.

Driver, J., 2001, Uneasy Virtue, Cambridge: Cambridge University Press.

Foot, P., 1978, Tugenden und Laster, in: dies., Die Wirklichkeit des Guten, Frankfurt/M.: Fischer 1997.

Foot, P., 2001, Die Natur des Guten, Frankfurt/M.: Suhrkamp 2004.

Galston, W., 1991, Liberal Purposes. Goods, Virtues, and Diversity in the Liberal State, Cambridge: Cambridge University Press.

Geach, P. T., 1977, The Virtues, Cambridge: Cambridge University Press.

Hurka, T., 1993, Perfectionism, Oxford: Oxford University Press.

Hursthouse, R., 1999, On Virtue Ethics, Oxford: Oxford University Press.

Hursthouse, R., 2003, Virtue Ethics, in: E. N. Zalta (Hg.), Stanford Encyclopedia of Philosophy, http://plato.stanford.edu/entries/ethics-virtue (Stand 1. Juli 2008).

Macedo, S., 1990, Liberal Virtues, Oxford: Clarendon Press.

MacIntyre, A., 1981, Der Verlust der Tugend, Frankfurt/M.: Campus 2006.

McDowell, J., 1979, Tugend und Vernunft, in: ders., Wert und Wirklichkeit, Frankfurt/M.: Suhrkamp 2002.

Müller, A., 1998, Was taugt die Tugend?, Stuttgart: Kohlhammer.

Nussbaum, M., 1988, Nicht-relative Tugenden, in: dies., Gerechtigkeit oder Das gute Leben, Frankfurt/M.: Suhrkamp 1999.

O'Neill, O., 1996, Tugend und Gerechtigkeit, Berlin: Akademie.

Rawls, J., 1993, Politischer Liberalismus, Frankfurt/M.: Suhrkamp 1998.

Raz, J., 1986, The Morality of Freedom, Oxford: Clarendon Press.

Sandel, M., 1995, Liberalismus oder Republikanismus, Wien: Passagen.

Sher, G., 1997, Beyond Neutrality. Perfectionism and Politics, Cambridge: Cambridge University Press.

Sherman, N., 1997, Making a Necessity of Virtue, Cambridge: Cambridge University Press.

Shklar, J., 1984, Ordinary Vices, Cambridge/MA: Harvard University Press.

Slote, M., 2001, Morals From Motives, Oxford: Oxford University Press.

Statman, D. (Hg.), 1997, Virtue Ethics, Washington, D.C.: Georgetown University Press.
Stemmer, P. 1998, Tugend. I. Antike, in: J. Ritter/K. Gründer/G. Gabriel (Hg.), Historisches Wörterbuch der Philosophie, Bd. 10, Darmstadt: WBG.
Stocker, M., 1976, Die Schizophrenie moderner ethischer Theorien, in: K.-P. Rippe/P. Schaber (Hg.), Tugendethik, Stuttgart: Reclam 1998.
Swanton, C., 2003, Virtue Ethics, Oxford: Oxford University Press.
Williams, B., 1985, Ethik und die Grenzen der Philosophie, Hamburg: Rotbuch 1999.
Wolf, U., 2002, Aristoteles' *Nikomachische Ethik*, Darmstadt: WBG.
Wright, G. H. v., 1963, Varieties of Goodness, London: Routledge.

Thomas Schramme

U

Ungehorsam, ziviler

1.

»Ziviler Ungehorsam« (engl. *civil disobedience*) bezeichnet eine politische Protestform, die sich insbesondere in den Entkolonialisierungskonflikten und in der Bürgerrechtsbewegung des 20. Jahrhunderts herausgebildet hat.

1.1. Allgemein wird unter zivilem Ungehorsam ein moralisch legitimationsfähiger Rechtsbruch verstanden, dessen spezifische Differenz gegenüber anderen Formen von Rechtsverstößen und politischem Widerstand an mindestens drei Definitionsmerkmalen festgemacht werden kann. (a) Die *Motivation* zum zivilen Ungehorsam beruht auf dem Gerechtigkeitssinn bzw. auf einer genuin politischen Gewissensentscheidung, in der nicht das eigene Wohl, sondern das Wohl der gesamten Bürgerschaft im Vordergrund steht. (b) Zum zivilen Ungehorsam zählende *Handlungen* zeichnen sich dadurch aus, dass sie in voller Absicht gegen ein Gesetz verstoßen, und zwar entweder indirekt, indem ein als ungerecht beurteiltes Gesetz nicht befolgt wird, oder aber direkt, indem eine Protesthandlung Gesetzwidrigkeiten billigend in Kauf nimmt. In jedem Fall ist ziviler Ungehorsam ein gezielt politischer Akt, der demonstrativ in der Öffentlichkeit ausgeübt wird. Gegenüber dem Terrorismus und anderen Formen revolutionären Widerstands zielt ziviler Ungehorsam in der Regel nicht auf einen Systemwechsel und vermeidet, wenn möglich, gewalttätige Praktiken. Allerdings ist ziviler Ungehorsam nicht von vornherein mit gewaltlosem Widerstand gleichzusetzen. Zum zivilen Ungehorsam zählen auch Praktiken ›leichter‹ Gewalt (wie Landfriedensbruch oder Sachbeschädigung), und es ist umstritten, ob sich in Auseinandersetzung mit einem Unrechtsregime nicht auch stärkere Formen von Gewalt rechtfertigen lassen. (c) Das *Ziel* des zivilen Ungehorsams liegt weder in gesetzloser Anarchie noch in der Durchsetzung partikularer Interessen, sondern in der Stabilisierung rechtsstaatlicher Verhältnisse. Innerhalb einer grundsätzlich gerecht verfassten Gesellschaft visiert ziviler Ungehorsam eine Korrektur einzelner Gesetze und Praktiken im Licht allgemeiner Grundrechte an; innerhalb einer ungerechten Gesellschaft liegt sein Ziel dagegen im Regimewechsel.

1.2. Zusammengefasst definiert sich ziviler Ungehorsam als eine politische, auf einer Gewissensentscheidung beruhende, öffentlich ausgeführte, in der Regel nicht gewalttätige, aber dennoch gesetzeswidrige Protesthandlung, deren Ziel es ist, staatliches bzw. öffentliches Unrecht anzuprangern und zu beseitigen (vgl. Cohen 1971; Rawls 1971, 401).

2.

Ideengeschichtlich ist der Begriff »Ungehorsam« nicht nur in politischen, sondern auch in religiösen und militärischen Kontexten verwurzelt. Für den zivilen Ungehorsam im engeren Sinn ist bezeichnend, dass eine Person zugleich in der Pflicht einer überpositiven Gerechtigkeit und einer positiven Rechtsordnung steht. Dieses Dilemma wird bereits in Sophokles' *Antigone* thematisiert und in den platonischen Dialogen *Kriton* und *Apologie* philosophisch reflektiert.

Die moderne Theorie des zivilen Ungehorsams beginnt mit Henry David Thoreau.

Zwar lässt sich der Ausdruck bei Thoreau selbst nicht nachweisen, aber sein posthum unter dem Titel »Civil Disobedience« (1849) herausgegebener Essay übte einen starken Einfluss auf die Theorie und Praxis des zivilen Ungehorsams im 20. Jahrhundert aus. Thoreau legt in diesem Essay dar, warum er eher bereit ist, ins Gefängnis zu gehen als seine Steuern zu zahlen und damit den Mexikokrieg, die Sklavenpolitik und die Unterdrückung der nordamerikanischen Ureinwohner zu unterstützen. Unter Berufung auf Thoreau haben u.a. Mahatma Gandhi und Martin Luther King Jr. den zivilen Ungehorsam zum effektiven Protestinstrument weiterentwickelt. King unterscheidet rigoros zwischen gerechten und ungerechten Gesetzen und sieht die Aufgabe des zivilen Ungehorsams darin, Ungerechtigkeit in die öffentliche Wahrnehmung zu tragen und den Gesetzgeber auf entsprechende Versäumnisse aufmerksam zu machen (vgl. King 1963, 73f.).

Von den auf die Bürgerrechtsbewegung reagierenden Theoretikern ist insbesondere John Rawls' Definition des zivilen Ungehorsams hervorzuheben (vgl. Rawls 1999, 399ff.). Innerhalb seiner Gerechtigkeitstheorie begründet Rawls die konstitutionalistische Theorie des zivilen Ungehorsams, nach der ziviler Ungehorsam v.a. dann gerechtfertigt ist, wenn er im Einklang mit den Gerechtigkeitsprinzipien steht. Weitere Legitimationskriterien sind, dass er in Reaktion auf eine besonders schwere und lang anhaltende Rechtsverletzung erfolgt, dass er schwerwiegende Rechtsbrüche vermeidet und dass im Vorhinein alle legalen Mittel ausgeschöpft sind.

3.
Die gegenwärtige Theoriebildung zum zivilen Ungehorsam ist durch Kontroversen über einzelne Aspekte der rawlsschen Definition gekennzeichnet. Im Vordergrund stehen Fragen nach der moralischen Rechtfertigung illegaler Handlungen (3.1.), nach der Legitimität minimaler Gewaltanwendung (3.2.) sowie nach dem strafrechtlichen Umgang mit zivilem Ungehorsam (3.3.).

3.1. Abgesehen von Fällen, die im Widerstandsrecht geregelt werden, ist es eine prima facie Pflicht, Gesetze uneingeschränkt zu befolgen. Eine Rechtfertigung zivilen Ungehorsams steht daher vor der Herausforderung, die moralische Legitimität illegaler Handlungen zu verteidigen. Dazu ist es sinnvoll, zwischen zivilem Ungehorsam in demokratischen (a), in nahezu gerechten (b) und in ungerechten (c) Staaten zu unterscheiden.

(a) Demokratien sind dadurch gekennzeichnet, dass sie jeder Person das Recht einräumen, an der politischen Willensbildung zu partizipieren und gleichberechtigt auf die Politik und die Gesetzgebung einer Gesellschaft einzuwirken. Sind diese Partizipationsrechte erfüllt, lässt sich grundsätzlich kein moralisches Recht auf zivilen Ungehorsam geltend machen (vgl. Raz 1991, 166ff.; dagegen argumentiert Zwiebach 1975).

(b) Oft reagiert ziviler Ungehorsam allerdings darauf, dass sich unter de jure gesicherten Partizipationsrechten de facto unfaire Mitbestimmungsmöglichkeiten erhalten. Deswegen bestimmen Rawls und Peter Singer (1991, 124) zivilen Ungehorsam als politisches Korrektiv in nahezu gerechten Gesellschaften. Ziviler Ungehorsam hat für Rawls die Funktion, den öffentlichen Gerechtigkeitssinn für unfaire Verhältnisse zu sensibilisieren und Reformprozesse in Richtung auf eine gerechte Gesellschaft in Gang zu bringen.

(c) Als weitgehend unkontrovers gilt, dass ziviler Ungehorsam innerhalb ungerechter Gesellschaften gerechtfertigt ist. Ist eine Rechtsordnung in toto illegitim, sind illegale Proteste soweit gerechtfertigt, wie sie keine fundamentalen Grund- und Menschenrechte verletzen und das umfassende Ziel einer gerechten Gesellschaftsordnung verfolgen.

3.2. Oft wird ziviler Ungehorsam mit passivem oder gewaltfreiem Widerstand gleichgesetzt. Die wichtigsten Argumente für die Gewaltlosigkeit des zivilen Ungehorsams sind (i), dass er auf Popularität angelegt ist und aus diesem strategischen Grund Dritten möglichst keinen Schaden zufügt, und (ii), dass seine Legitimität davon abhängt, die Grundrechte

Dritter prinzipiell anzuerkennen. Umstritten ist Rawls' These, dass die Legitimität zivilen Ungehorsams nicht nur von seiner Gewaltlosigkeit, sondern auch von der bereitwilligen Akzeptanz eventueller Bestrafung abhängig ist. Für viele Autoren ist ziviler Ungehorsam dagegen weder mit freiwilliger Strafakzeptanz noch mit einem kategorischen Gewaltverzicht verbunden (vgl. Cohen 1971, 24ff.; Zwiebach 1975, 145ff.). Ihnen zufolge sind geringere Formen der Gewalt gerechtfertigt, solange sie als ultima ratio eingesetzt werden und keine weitreichenden Eingriffe in die Persönlichkeitsrechte Dritter nach sich ziehen.

3.3. Je nach Straftheorie sind die mit dem zivilen Ungehorsam verbundenen Rechtsbrüche unterschiedlich zu sanktionieren. Dem Grundsatz gleicher Bestrafung bei gleicher Handlung zufolge sind die durch zivilen Ungehorsam verursachten Rechtsverletzungen genauso zu bestrafen wie vergleichbare Rechtsverletzungen. Für eine auf Abschreckung basierende Straftheorie kommt erschwerend hinzu, dass sich eine Person im zivilen Ungehorsam über das Recht zu stellen scheint. Darüber hinaus haben ihre Rechtsverstöße immer auch eine symbolische Bedeutung und müssten aus konsequentialistischer Sicht besonders hart bestraft werden.

Gegen diese Auffassungen argumentiert Ronald Dworkin (1971) dafür, zivilen Ungehorsam nicht mit einfacher Kriminalität gleichzusetzen und ihn mit besonderem Augenmaß zu beurteilen. Für Dworkin artikuliert sich im zivilen Ungehorsam ein gesellschaftlicher Dissens über die Bedeutung der Grundrechte und über ihr Verhältnis zu einzelnen Gesetzen sowie politischen Praktiken. Über diesen öffentlichen Interpretationsstreit sollte ein Gericht daher nicht eigenmächtig entscheiden; es sollte ihn vielmehr durch ein eher mildes Strafmaß oder sogar durch eine Tolerierung geringfügiger Straftaten offen halten.

4.

Bedau, H. A., 1961, On Civil Disobedience, in: Journal of Philosophy 58.

Cohen, C., 1971, Civil Disobedience, New York: Columbia University Press.

Dworkin, R., 1971, On Not Prosecuting Civil Disobedience, in: G. M. Murphy (Hg.), Civil Disobedience and Violence, Belmont: Wadsworth.

Feinberg, J., 1979, Civil Disobedience in the Modern World, in: Humanities in Societies 2.

Glotz, P. (Hg.), 1983, Ziviler Ungehorsam im Rechtsstaat, Frankfurt/M.: Suhrkamp

Higgins, R. C. A., 2004, The Moral Limits of Law, Oxford: Oxford University Press.

King, M. L., 1963, Letter from Birmingham City Jail, in: H. A. Bedau (Hg.), Civil Disobedience in Focus, London: Routledge 1991.

Laker, T., 1986, Ziviler Ungehorsam, Baden-Baden: Nomos.

Murphy, G. M., 1971, Civil Disobedience and Violence, Belmont: Wadsworth.

Rawls, J., 1971, Eine Theorie der Gerechtigkeit, Frankfurt/M.: Suhrkamp 1999.

Raz, J., 1979, The Authority of Law, Oxford: Clarendon Press.

Singer, P., 1973, Disobedience as a Plea for Reconsideration, in: H. A. Bedau (Hg.), Civil Disobedience in Focus, London: Routledge 1991.

Thoreau, H. D., 1849, Über die Pflicht zum Ungehorsam gegen den Staat, Zürich: Diogenes 2004.

Walzer, M., 1970, Obligations, Cambridge/MA: Harvard University Press.

Zwiebach, B., 1975, Civility and Disobedience, Cambridge: Cambridge University Press.

Henning Hahn

Universalisierbarkeit/ Universalisierung

1.

1.1. Im weitesten Sinn kennzeichnet »Universalisierbarkeit« ganz allgemein die rationale Begründbarkeit eines Urteils. In der Regel wird »Universalisierbarkeit« jedoch als Kennzeichen der rationalen Begründbarkeit *moralischer* Urteile diskutiert. Dies impliziert die rationale Begründbarkeit eines Urteils und umgekehrt, ohne dass jedoch »Universalisierbarkeit« und »rationale Begründbarkeit« identisch wären. Universalisierung ist ein auf Universalisierbarkeit rekurrierendes Verfahren zur Feststellung der rationalen Verbindlichkeit moralischer Prinzipien und Urteile.

1.2. Die Universalisierbarkeit eines Urteils U_1 zeigt sich daran, dass es in Konjunktion mit einem bestimmten Urteil U_2 einen *logischen* Widerspruch ergibt:

U_1: Es gibt eine Situation S_1, so dass gilt: x_1 hat die Eigenschaften $E_1 \ldots E_n$ und ist deswegen F.

U_2: Es gibt eine Situation S_2, so dass gilt: x_2 unterscheidet sich von x_1 nur durch singuläre Eigenschaften und dadurch, dass x_2 nicht F ist.

Unter »singulären Eigenschaften« sind dabei nur Eigenschaften zu verstehen, die x_1 zwar hat, die aber nicht dafür relevant sind, dass x_1 F ist. Dazu zählen in der Regel z. B. die raumzeitliche Lokalisierung von x_1 oder etwa vorkommende Eigennamen.

Die Universalisierbarkeit von Tatsachenbehauptungen der Form U_1 ist leicht zu sehen: Wenn ich von dem Tier »Paula« zu meiner Linken sage, dass es aufgrund dieser und jener Eigenschaften ein Labrador ist, dann lege ich mich darauf fest, das Tier »Lina« zu meiner Rechten, das ebenfalls diese Eigenschaften hat, ceteris paribus ebenfalls als Labrador zu klassifizieren. Es wäre ein logischer Fehler, Paula als Labrador zu klassifizieren, aber von Lina (die sich von Paula nur durch Namen, Geburtsdatum und raumzeitliche Koordinaten unterscheidet) zu behaupten, sie sei kein Labrador. Indem ich Eigenschaften von Paula benenne, deretwegen ich sie als Labrador klassifiziere, beanspruche ich, rationale Gründe für diese Klassifikation zu haben, und wenn diese Gründe für Lina ebenfalls vorliegen, kann ich nur um den Preis meiner Rationalität behaupten, dass Lina kein Labrador sei.

In analoger Weise ist die Universalisierbarkeit für moralische Urteile zu verstehen: Wer behauptet, dass in einer bestimmten Situation eine Handlung mit diesen und jenen Eigenschaften getan bzw. nicht getan werden sollte, legt sich darauf fest, ceteris paribus für bzw. gegen ein weiteres Vorkommnis dieser Handlung zu votieren. Vertreter der Universalisierbarkeit moralischer Urteile würden im moralischen Denken einer Person, die gleiche Fälle nicht gleich beurteilt, einen Rationalitätsdefekt konstatieren. Dabei ist allerdings Vorsicht geboten: Offenbar können erstens gleiche Akteure unter unterschiedlichen internen Bedingungen (etwa in depressiven Phasen im Gegensatz zu Phasen positiver Grundhaltung) gleiche Situationen unterschiedlich einschätzen. Zweitens können aber auch unterschiedliche Akteure (etwa tatkräftige und wagemutige Charaktere im Unterschied zu eher ängstlichen Personen) unter gleichen internen Bedingungen gleiche Situationen unterschiedlich einschätzen, ohne dass umstandslos auf einen kognitiven Defekt geschlossen werden könnte. Wer daher in der Ethik mit Universalisierbarkeitsforderungen arbeitet, muss sensitiv sein für die Verfasstheit der Akteure, die er adressiert. Was auf den ersten Blick als Rationalitätsdefekt erscheint, könnte sich bei näherem Hinsehen als Unterschied in der Verfasstheit des Akteurs entschlüsseln. Im ersten Fall wären »Normalbedingungen der Universalisierung« zu formulieren oder der betreffende Akteur wäre moralisch zu ermuntern (ggf. auch zu bremsen), im zweiten Fall wäre eine fähigkeitsorientierte Ausdifferenzierung eines Moralprinzips in Betracht zu ziehen.

Es wurde bereits angedeutet, wie Universalisierung als Verfahren zur Gewinnung rational akzeptabler Moralprinzipien eingesetzt werden kann: Wird in einer bestimmten Situation S die Anwendung eines bestimmten Moralprinzips M vorgeschlagen, so wird die Rationalität dieses Vorschlags durch ein Gedankenexperiment ermittelt, indem geprüft wird, ob die Befolgung von M in allen möglichen Situationen akzeptabel ist, die S in den relevanten Hinsichten ähnlich sind (d.h. in den Hinsichten, deretwegen man M in S vorgeschlagen hat). Dabei kann die Akzeptabilität der Befolgung von M je nach moralphilosophischer Ausrichtung relativ zu unterschiedlichen Bezugssystemen bestimmt werden. Für Kant (1785) z. B. wäre es entscheidend, die Akzeptabilität von M in S für reine Vernunftwesen zu erweisen, während es R. M. Hare (1963; 1981) auf die Akzeptabilität für rationale Individuen ankommt, die die relevanten Tatsachen und die Präferenzen der von M Betroffenen kennen.

»Universalisierbarkeit« und »Universalisierung« haben ihre deutschen Äquivalente in »Verallgemeinerbarkeit« und »Verallgemeinerung«, dürfen aber nicht mit der Allgemeinheit eines Urteils verwechselt werden. Ein Urteil kann universalisierbar sein, ohne allgemein zu sein und umgekehrt. So ist das Urteil: ›Heute geht es dem Chef ganz gut‹ zwar allgemein, aber nicht universalisierbar, sondern singulär. Auf der anderen Seite ist das Urteil: ›Embryonen im 8-Zell-Stadium sind unbedingt zu schützen‹ universalisierbar, aber nicht allgemein, sondern spezifisch.

»Universalisierbarkeit« und »Universalisierung« sind auch nicht mit einem ethischen »Universalismus« zu verwechseln, demzufolge moralische Prinzipien für alle Menschen als moralische Akteure gleichermaßen gelten bzw. alle Menschen als moralische Objekte unter dem gleichen moralischen Schutz stehen. Universalisierung *kann* auf einen solchen Universalismus hinauslaufen, *muss* es jedoch nicht; worauf Universalisierung hinausläuft, hängt davon ab, welche Eigenschaften als moralisch relevant zu betrachten sind.

2.

Der Ausdruck »Universalisierung« leitet sich von den lateinischen Ausdrücken »universalis« und »universalitas« her, die im Hochmittelalter die Allgemeinheit von Gattungsbegriffen mit den unter die Begriffe fallenden Individuen kontrastieren. Der Sache nach ist die Universalisierung jedoch so alt wie die Philosophie selbst, indem es darum geht, auf der Basis singulärer Befunde im Verbund mit logischen und kognitiven Apparaten zu allgemeingültigen Urteilen zu kommen. In moralphilosophischen Zusammenhängen findet sich der Universalisierungsbegriff implizit bei D. Hume, wenn er davon spricht, dass eine moralisch urteilende Person von ihrer persönlichen Situation absehen und einen allgemein menschlichen Standpunkt einnehmen muss (vgl. Hume 1751, Kap. 9). Auch Kants Verfahren des kategorischen Imperativs als Test für moralische Maximen ist als Universalisierungsverfahren konzipiert, obwohl es nicht ausdrücklich als solches bezeichnet wird. Am Ende des 19. Jahrhunderts formuliert H. Sidgwick ein Prinzip der Gerechtigkeit, demzufolge man sich mit der Behauptung, x sei für einen selbst moralisch richtig, implizit auf das Urteil festlegt, daß x auch für alle ähnlichen Personen in ähnlichen Umständen richtig ist (vgl. Sidgwick 1874, 379). Damit ist der Gedanke der Universalisierung bereits in seiner modernen Form ausgesprochen.

Eine explizite Diskussion der Leistungsfähigkeit von Universalisierbarkeit und Universalisierung in der Ethik beginnt in der zweiten Hälfte des 20. Jahrhunderts mit den Arbeiten von R. M. Hare und M. G. Singer (1963). Dabei sind es v.a. die Arbeiten von Hare, die die Diskussion bestimmen.

3.

3.1. Hares grundlegende Idee besteht darin, dass man mit Hilfe von Universalisierbarkeit und Universalisierung zu einem willkürfreien Auswahlverfahren für moralische Prinzipien kommen kann, das ohne Rückgriff auf vorgängige inhaltliche moralische Intuitionen auskommt. Dem Anspruch nach ist das Verfahren nicht nur in der Lage, moralische Prinzipien auf ihre rationale Akzeptabilität hin zu testen, sondern auch, Konflikte zwischen Moralprinzipien zu lösen.

Nehmen wir an, das Moralprinzip M: ›Spucke keine Lebewesen an‹ stehe zur Diskussion. Da M als moralisches Prinzip mit Anspruch auf Universalisierbarkeit auftritt, muss ein M vorschlagender Akteur A akzeptieren, dass M in allen Situationen befolgt wird, die jene Eigenschaften aufweisen, derethalben A das Prinzip M vorschlägt. Dazu zählt auch die Situation, in der M an A selbst gerichtet wird: Auch A sollte ceteris paribus keine Lebewesen anspucken. Es wäre widersprüchlich und damit moralisch unaufrichtig, wenn A als Proponent von M fordern wollte, dass beliebige Personen gemäß M handeln sollten, A selbst jedoch nicht. Die rationale Akzeptabilität von M zeigt sich daran, dass jedes einzelne Individuum A_i aus der Gemeinschaft moralischer Akteure in einem Gedankenexperiment der Universalisierung M als universelle Verhaltensvorschrift akzeptiert – also auch für den Umgang mit A_i und für das Verhalten von A_i selbst. Rational akzeptierbare moralische Regeln sind diejenigen, die wir im Lichte unseres Wissens und unserer Präferenzen (also unabhängig von vorgängigen moralischen Intuitionen) als Vorschriften auch für den Umgang mit uns selbst akzeptieren könnten.

Hare geht dabei optimistisch davon aus, dass die Präferenzen der möglicherweise von einer Vorschrift Betroffenen insgesamt hinreichend ähnlich beschaffen sind, dass wir alle auf dem Wege der Universalisierung zu den gleichen moralischen Regeln geführt würden, wenn wir gleichermaßen rational und tatsachenkundig wären (Hare 1981, 45 f.).

Wie kann das Universalisierungsverfahren Konflikte zwischen *verschiedenen* moralischen Prinzipien lösen, die einzeln ggf. durchaus diesen Test zu bestehen in der Lage sind? Dazu ist das Verfahren auf die konfligierenden Prinzipien anzuwenden, um zu ermitteln, wie stark die Präferenzen der A_i involviert wären, wenn sie in einer beliebigen der vom Konfliktfall umfassten Rollen stecken würden. Im Anschluss daran sollen die Präferenzen gewichtet werden, und der moralische Zuschlag geht an das Prinzip, das die maximale Erfüllung der Präferenzen bewirkt.

3.2. Gegenüber Hares Theorie ist der Verdacht der Zirkularität erhoben worden. In 1.1. wurde erwähnt, dass Universalisierbarkeit verbietet, über Situationen, die sich in den *relevanten* Hinsichten ähnlich sind, unterschiedliche moralische Urteile zu fällen. Müssen wir dazu aber nicht vorab wissen, welche Hinsichten moralisch relevant sind? Dann wäre das Verfahren zirkulär, weil es die Kenntnis dessen, was es uns zu liefern verspricht, bereits voraussetzt.

Der Zirkularitätsverdacht scheint jedoch nicht triftig. Hares Verfahren ist so angelegt, dass die Universalisierung relativ zu den Präferenzen der Akteure Hinsichten herausgreift, die ihnen relevant erscheinen. Dabei ist keine vorgängige Bestimmung moralisch relevanter Hinsichten erforderlich (vgl. Hare 1981, Kap. 5.1–2). Eigenschaften, die die A_i im Verlauf des Universalisierungsverfahrens als moralisch relevant einstufen, werden in der Regel zwar den Eigenschaften korrespondieren, die auch unsere moralischen Intuitionen als relevant auszeichnen. Deshalb kann man aber doch nicht sagen, dass diese Intuitionen *benutzt* oder *vorausgesetzt* würden. Das Resultat der Universalisierung bleibt kontingent, auch wenn es empirisch wahrscheinlich ist, dass die A_i zu ähnlichen Ergebnissen kommen würden.

3.3. Substantieller ist die Kritik, die J. L. Mackie am Begriff der Universalisierbarkeit in der Moral vorträgt (vgl. Mackie 1985). Nach Mackie ist nicht von *einem Begriff*, sondern von *drei Stufen* der Universalisierung zu sprechen. Die *erste Stufe* scheidet rein *numerische* Unterschiede zwischen Individuen als moralisch irrelevant aus: Ordnen wir allen Individuen Nummern zu, kommt es bei der moralischen Urteilsbildung nicht darauf an, *welche Nummer* ein Individuum hat. Auf der *zweiten Stufe* wird ein Rollentausch durchgeführt, bei dem man sich in die *Lage* der Betroffenen versetzt, *aber den eigenen Charakter und die eigene Verfasstheit beibehält*. Erst auf der *dritten Stufe* werden diese Unterschiede fallengelassen und man versetzt sich in die Lage der Betroffenen *unter Emulierung (Nachahmung) ihres Charakters, ihrer Verfasstheit sowie ihrer Präferenzen und Ideale*.

Nach Mackie sind allenfalls die ersten beiden Stufen der Universalisierbarkeit in der Logik unserer moralischen Sprache verankert, während es für Hares Verfahren entscheidend wäre, dass auch die dritte Stufe in die Logik unserer moralischen Begriffe gehört – andernfalls würde es keine moralischen Prinzipien generieren, sondern von *externen* moralischen Prinzipien abhängen und damit seinen Witz einbüßen. Bleibt man auf der zweiten Stufe der Universalisierung stehen, könnte man sehr gut z.B. als Dauerläufer darauf verzichten, gebrechlichen Mitmenschen in der Straßenbahn seinen Platz anzubieten, denn es würde einem selbst ja nichts ausmachen, wenn man stehen müsste. Diese Konsequenz kann Hare nur dann vermeiden, wenn er zeigt, dass auch die Universalisierbarkeit dritter Stufe in der Bedeutung unserer moralischen Begriffe inkorporiert ist. Davon kann nach Mackie keine Rede sein.

Hare könnte argumentieren, dass Mackie hier zu unrecht Präferenzen und Ideale über einen Kamm schert. Gehört nicht insbesondere ein Ausblenden von *Präferenz*-Unterschieden zu den integralen Bestandteilen der moralischen Urteilsbildung? Es ist doch eher Zynismus denn moralisches Urteilen, wenn jemand Unterschiede in Präferenzen *nicht* fallen lässt. Es wäre eine Karikatur des moralischen Denkens, wenn der Dauerläufer argumentieren würde, die gebrechliche Person solle stehen, denn ihn selbst würde Stehen ja auch nicht stören. In Bezug auf Unterschiede in *Idealen* scheint Mackie richtig zu liegen. Es könnte Nationalsozialisten geben, die auch dann noch die Ausrottung von Juden befürworten würden, wenn sich herausstellt, dass sie selbst Juden sind. Demgegenüber betont Hare, dass die meisten Nationalsozialisten ihre Ideologie aufgeben würden, würden sie sich aufrichtig klarmachen, was diese Ideologie für sie selbst bedeuten würde. »Echte Fanatiker«, die auch dann noch hinter dem Holocaust stehen, wenn sie selbst Juden wären, seien hinreichend selten, dass es für die Theorie keinen Defekt bedeutet, wenn sie an dieser Stelle keine rationale Diskussionsgrundlage mehr sieht (und tatsächlich ist es schwer, eine Moraltheorie zu finden, die an diesem Punkt noch *argumentativen* Spielraum hat).

3.4. Theorien, die Verfahren der Universalisierung in Anspruch nehmen, können auch bei beliebig starken Universalisierbarkeitsforderungen der moralischen Sprache kein *Motiv* zum moralischen Handeln erzeugen. Es bedarf immer subjektiver Entscheidungen, das eigene Handeln moralischen Reglementierungen zu unterwerfen. Die Theorien entwerfen allenfalls Regeln für diejenigen, die am moralischen Leben teilzunehmen *bereit* sind, machen die Individuen jedoch nicht automatisch zu Teilnehmern. Dieser Befund gilt allerdings auch für die Vertreter des Partikularismus (vgl. Dancy 2004), die als Gegner der Universalisierbarkeit betonen, dass es im moralischen Denken eher auf die persönliche Sensitivität für jeweilige Situationen ankommt.

4.

Dancy, J., 2004, Ethics Without Principles, Oxford: Clarendon Press.

Fehige, C./Meggle, G. (Hg.), 1995, Zum moralischen Denken, Frankfurt/M.: Suhrkamp.

Frankena, W. K., 1963, Ethics, Upper Saddle River: Prentice Hall.

Habermas, J., 1983, Moralbewußtsein und kommunikatives Handeln, Frankfurt/M.: Suhrkamp.

Gewirth, A., 1964, The Generalization Principle, Philosophical Review 73.

Hare, R. M., 1963, Freiheit und Vernunft, Frankfurt/M.: Suhrkamp 1983.

Hare, R. M., 1981, Moralisches Denken, Frankfurt/M.: Suhrkamp 1992.

Hume, D., 1751, Eine Untersuchung der Grundlagen der Moral, Göttingen: Vandenhoeck & Ruprecht 2002.

Kant, I., 1785, Grundlegung zur Metaphysik der Sitten, in: Akademie-Ausgabe, Bd. 4, Berlin: de Gruyter 1968.

Mackie, J. L., 1985, The Three Stages of Universalization, in: ders., Persons and Values, Oxford: Clarendon Press.

Rabinowicz, W., 1979, Universalizability. A Study in Morals and Metaphysics, Dordrecht: Reidel.

Schroth, J., 2002, Die Universalisierbarkeit moralischer Urteile, Paderborn: Mentis.

Sidgwick, H., 1874, The Methods of Ethics, London: Macmillan 1907.

Singer, M. G., 1963, Verallgemeinerung in der Ethik, Frankfurt/M.: Suhrkamp 1975.

Wimmer, R., 1980, Universalisierung in der Ethik, Frankfurt/M.: Suhrkamp.

Uwe Czaniera

Universalismus/Partikularismus

1.

Für universalistische Theorien der Moral und der Politik ist die These charakteristisch, dass sich universell gültige Standards des richtigen Handelns formulieren und begründen lassen. Partikularisten stehen dieser Ansicht kritisch gegenüber. Normen und Werte seien kontextsensitiv, und universalistische Konzeptionen könnten diesem Umstand nicht sinnvoll Rechnung tragen. Während Universalisten meist dem Begriff der Norm eine wichtige Rolle zuweisen, machen manche Partikularisten geltend, dass Normen zu abstrakt und allgemein seien, um unsere evaluative Praxis angemessen erfassen zu können. Näher liege es, auf kulturell und lokal gewachsene Werte und Tugenden sowie auf Urteilskraft und auf moralische Sensibilität abzuheben.

Partikularisten sind häufig normative Relativisten. Sie sind dann der Meinung, dass Antworten auf normative moralische und politische Fragen mit Gruppenzugehörigkeiten oder anderen spezifischen Umständen variieren und dass entsprechend die in dieser Hinsicht unqualifizierte Suche nach objektiv richtigen Antworten auf solche Fragen zum Scheitern verurteilt ist. In diesem Zusammenhang kommt der Frage nach der Begründbarkeit universell gültiger Menschenrechte eine besondere Bedeutung zu.

Eine einheitliche und präzise Charakterisierung der Frontstellung zwischen Universalismus und Partikularismus kann nicht gegeben werden. Der Ausdruck »Partikularismus« bezeichnet eine sehr heterogene Theoriengruppe, innerhalb derer tief greifende Differenzen bestehen.

2.

Sobald divergierende Auffassungen darüber aufeinander treffen, wie gesellschaftliches Zusammenleben zu organisieren ist, stellt sich die Frage nach der Gültigkeit von Normen und Werten jenseits partikularer Kontexte und Gruppen. Dementsprechend ist die Konfrontation zwischen universalistischen und partikularistischen Auffassungen so alt wie ethisches und politisches Theoretisieren selbst. Schon Platon lässt den Sokrates seiner Dialoge gegen die partikularistischen Moralauffassungen der Sophisten argumentieren, denen zufolge jeder Versuch, ein Fundament normativer Gültigkeit jenseits der in unterschiedlichen Gruppen jeweils etablierten Konventionen auszumachen, sinnlos ist (vgl. etwa Pol., I). Platon und Aristoteles hingegen versuchen, ihre jeweiligen moral- und politikphilosophischen Überlegungen im Rekurs auf metaphysische Theorien über die Natur des Menschen und die Stellung des Menschen im Kosmos universal zu begründen.

Auf eine metaphysische Hintergrundtheorie stützen sich auch die Vertreter der Stoa, deren Auffassung, dass es jenseits aller moralischen Normen und solchen des positiven Rechts ein ideales Recht gebe, an dem sich die Legitimität faktischer Regelsysteme zu bemessen habe, die Naturrechtstradition begründet. Im Mittelalter führt Thomas von Aquin die Naturrechtslehre zu einer Synthese mit Gedanken der jüdisch-christlichen Tradition. Die liberale Tradition der Neuzeit kann als Versuch angesehen werden, den Gedanken universeller Rechte auf eine möglichst weitgehend säkulare Grundlage zu stellen. Kants in der Blütezeit der Aufklärung entstandene Moral- und Rechtsphilosophie gilt allgemein als Höhepunkt dieser Entwicklung.

Partikularistische Tendenzen sind in der Geistesgeschichte stets ein systematisch wichtiger Gegenpol zu philosophischen Bemühungen gewesen, den universalistischen Anspruch normativer Ethik und Politiktheorie einzulösen. In der gegenwärtigen Moral-, Politik- und Sozialphilosophie erleben partikularistische Positionen eine Renaissance. Diese Entwicklung hat v.a. mit dem Entstehen ›multikultureller Gesellschaften‹ und mit einer verbreiteten Skepsis gegenüber jenem aufklärerischen Optimismus zu tun, der den Versuch einer allgemein einsehbaren Begründung von Verhaltensnormen als ein sinnvolles theoretisches Projekt erscheinen lässt.

3.

Universalisten der moral- und politikphilosophischen Tradition haben zumeist versucht, möglichst allgemeine Prinzipien zu begründen, die als Richtschnur für die Bewertung von Einzelsituationen und -entscheidungen fungieren können. Das in philosophiehistorischer Hinsicht und auch der Sache nach bedeutendste Beispiel für einen solchen Grundsatz ist Kants kategorischer Imperativ, dessen bekannteste Formulierung lautet: »[H]andle nur nach derjenigen Maxime, durch die du zugleich wollen kannst, daß sie ein allgemeines Gesetz werde.« (Kant 1785, 421) Dieses Prinzip ist nach Kant insofern universal gültig, als es sich allen Vernunftwesen gegenüber einsichtig machen lasse.

In der Fachdiskussion des 20. Jahrhunderts werden zentrale Elemente der kantischen Vernunftethik in vielfältiger Weise aufgenommen. So arbeiten eine Reihe von Theoretikern mit dem Gedanken der *Universalisierbarkeit* moralischer und anderer normativer Einzelurteile: Diese müssten auf alle Situationen übertragbar sein, die der ursprünglichen in moralrelevanten Hinsichten gleichen (vgl. Singer 1961; Hare 1963; Gewirth 1978; Wimmer 1980; Schroth 2001). Auch die Diskursethik kann als bedeutende Weiterentwicklung der kantischen Theorie gewertet werden (vgl. insb. Apel 1973; Habermas 1983; ders. 1991; ders. 1992).

Universalisten, die sich auf die Suche nach universell gültigen obersten normativen Prinzipien begeben, stehen vor einer grundsätzlichen Schwierigkeit: Derartige Prinzipien drohen zu abstrakt und allgemein zu sein, als dass sie als normative Richtschnur in Einzelfällen fungieren könnten. Versucht man, diesem Problem durch eine Konkretisierung der fraglichen Grundsätze zu begegnen, so läuft man Gefahr, dass die entsprechenden Prinzipien ihren Anspruch auf unumschränkte Gültigkeit verlieren, da Ausnahmen zugelassen werden müssen.

Universalisten vertreten daher im Allgemeinen die Auffassung, dass zur Anwendung allgemeiner und ggf. recht abstrakter Prinzipien auf konkrete Situationen sowie zur Identifikation von Ausnahmen allgemeiner Regeln mehr als nur die Fähigkeit zur logischen Deduktion erforderlich ist. Schon Kant hat auf die Urteilskraft abgehoben, die erforderlich ist, um den kategorischen Imperativ auf Einzelsituationen anzuwenden.

Wenn jedoch zur angemessenen Beurteilung konkreter Fälle ohnehin Urteilskraft erforderlich ist, dann ist nach Meinung mancher Partikularisten nicht zu sehen, warum man sich überhaupt mit Prinzipien beschäftigen soll. Die Beurteilung von Einzelsituationen habe nichts damit zu tun, allgemeine Regeln anzuwenden, sondern sei vielmehr eine Sache moralischer Sensibilität und geeigneter Charakterdispositionen. In diesem Zusammenhang wird häufig auf Konzepte der antiken Tugendethik zurückgegriffen (zu dieser Form des Partikularismus vgl. Williams 1985; Dancy 2004; kritisch dazu Gesang 2000; zur Rehabilitierung aristotelischer Tugendethik allgemein vgl. Nussbaum 1993). Aufgrund ähnlicher Überlegungen werden auch von Seiten feministischer Ethik Vorschläge dafür formuliert, die Prinzipienorientierung universalistischer Ethik durch alternative Konzeptionen normativer Bewertung zu ersetzen (vgl. Baier 1993).

Andere Partikularisten wenden sich nicht gegen den Begriff der Handlungsnorm per se. Eher sehen sie in der Suche nach allgemeingültigen Grundsätzen eine falsche theoretische Orientierung. Wer den Kontext eines moralischen oder politischen Problems berücksichtigt, der tue gut daran, sich mit Prinzipien oder Werten zu begnügen, deren Anwendungsbereich sich möglicherweise nicht über den fraglichen Kontext hinaus erstreckt.

Der hiermit bezeichnete Kontrast hat sich besonders prominent in der Debatte zwischen universalistisch orientiertem Liberalismus und Kommunitarismus niedergeschlagen. Kommunitaristen haben ihre Positionen ursprünglich in Auseinandersetzung mit und Abgrenzung zu der von John Rawls in seinem Epoche machenden Buch *Eine Theorie der Gerechtigkeit* (1971) vorgelegten liberalen Theorie politischer Gerechtigkeit entwickelt. Rawls operiert mit der Idee, dass es zur Bewertung allgemeiner Gerechtigkeitsprinzipien und basaler institutioneller Arrangements einen neutralen Standpunkt jenseits persönlicher Projekte, individueller Vorstellungen des guten Lebens und ›umfassender Lehren‹ einzunehmen gelte. Kommunitaristen verweisen dagegen auf die kulturelle und gesellschaftliche Gebundenheit gemeinschaftlich geteilter und in dieser Hinsicht vielfach partikularer Wertmaßstäbe. Diese haben nach kommunitaristischer Auffassung den Ausgangs- und Bezugspunkt normativen Theoretisierens zu bilden, während universalistische Konzeptionen eine Art der Neutralität voraussetzen, die an der normativen Realität vorbeigehe (wichtige kommunitaristische Beiträge sind MacIntyre 1981; Sandel 1982; Walzer 1983; zentrale Arbeiten sind in Honneth 1993 zugänglich).

In der gegenwärtigen Fachdiskussion wird kaum bestritten, dass kommunitaristische Entwürfe ein wichtiges Korrektiv universalistischer Positionen waren und sind. Die ursprünglich relativ klare Frontstellung zwischen beiden Lagern ist jedoch unterdessen einer differenzierten Sicht auf die Kontroverse gewichen. Nicht zuletzt eröffnen sich nach verbreiteter Meinung gangbare Wege, die universalistischen Ansprüchen und partikularistischen Bedenken gleichermaßen Rechnung zu tragen versprechen (vgl. Kymlicka 1989; Forst 1994; Kersting 1997, Teil III).

Das Beispiel der Menschenrechtsdiskussion legt nahe, dass einer Harmonisierung von Universalismus und Partikularismus Grenzen gesetzt sind: Einer universalistischen Auffassung von Menschenrechten zufolge handelt es sich bei diesen um substantielle Normen, denen universelle Gültigkeit zukommt. Partikularisten hingegen gehen mitunter so weit, den Versuch, Menschenrechte gruppen-, kultur- und gesellschaftsübergreifend zu etablieren, als einen illegitimen Akt der Ursupation zu sehen (zur Menschenrechtsdiskussion vgl. Gosepath/Lohmann 1998).

Universalisten und Partikularisten sind meist schon über die angemessene Fassung des Normenbegriffs uneins. Einem universalistischen Normenkonzept zufolge gehört der Anspruch auf universale Gültigkeit zum *Begriff* begründbarer Normen, und diesen Anspruch einzulösen ist, nach universalistischer Auffassung, eines der wichtigsten Ziele normativer Moralphilosophie und politischer Philosophie. Partikularisten verweisen demgegenüber häufig auf die kaum bestreitbare Tatsache, dass moralische und politische Normensysteme historisch gewachsene Gebilde sind, die vielfach gar nicht mit dem Anspruch verbunden werden, auf andere Gesellschaften übertragen werden zu können. Dieser Sicht zufolge gibt es universalistische Normensysteme und solche, die dies nicht sind. Ob der Anspruch auf universale Gültigkeit, der mit einer universalistischen Moral erhoben wird, eingelöst werden kann, wäre allererst noch zu zeigen.

Der universalistischen Sichtweise, dass dieser Anspruch in der Tat eingelöst werden kann, halten am Relativismus orientierte Partikularisten unterschiedliche Formen der Kritik entgegen. Am radikalsten ist die Auffassung, dass es für eine vernünftige Diskussion über Norm- und Werturteile ohnehin keine Grundlage gebe. Derartiges wurde und wird von einigen Subjektivisten behauptet, die die Meinung vertreten, dass normative Stellungnahmen nicht Ausdruck von Urteilen, sondern vielmehr von individuellen oder gruppenspezifischen Interessen, Wünschen oder Gefühlen sind (ein *locus classicus* ist Ayer 1936, Kap. 6). Manche postmoderne Skeptiker gegenüber einer dem Projekt der Aufklärung verpflichteten universalen Vernunftmoral greifen Gedanken Friedrich Nietzsches auf und suchen Macht- und andere Hintergrundstrukturen als die eigentlichen Momente zu erweisen, die sich hinter vermeintlich vernünftigen normativen Auseinandersetzungen verbergen. Weniger radikal ist die relativistische Auffassung, dass es auf normative Fragen keine objektiv zutreffenden Antworten unabhängig von unterschiedlichen Hintergrundtheorien oder Normensystemen gibt, zwischen denen prinzipiell keine Entscheidung darüber, welches ›das Richtige‹ ist, getroffen werden könne (unterschiedliche Formen relativistischer Positionen vertreten etwa Harman 1977 und Rorty 1989).

Normative Objektivisten hingegen sind der Meinung, dass ungeachtet des offensichtlichen Faktums, dass zu unterschiedlichen Zeiten und an verschiedenen Orten unterschiedliche moralische Normen akzeptiert wurden, die vernünftige Auseinandersetzung über divergierende moralische und politische Auffassungen auch über Gruppengrenzen oder kulturelle Grenzen hinweg sehr wohl sinnvoll ist. Es ist umstritten, ob diese Sichtweise zwingend mit der von vielen als unplausibel empfundenen These des normativen Realismus verknüpft ist, der zufolge es normative Tatsachen gibt, die unabhängig von unseren Methoden der Begründung normativer Urteile bestehen (vgl. Sayre-McCord 1988).

Der normative Objektivismus ist nicht mit allen Formen des Partikularismus unvereinbar. So vertreten einige der o.g. Partikularisten, die dem Begriff der allgemeinen Handlungsregel skeptisch gegenüberstehen, sehr wohl eine objektivistische Theorie: Es gebe objektiv richtige Antworten auf normative Fragen, bei deren Identifikation normative Prinzipien jedoch keine Rolle spielten (vgl. Dancy 2004).

4.

Apel, K.-O., 1973, Das Apriori der Kommunikationsgemeinschaft und die Grundlagen der Ethik, in: ders., Transformation der Philosophie, Bd. 2, Frankfurt/M.: Suhrkamp.

Ayer, A. J., 1936, Sprache, Wahrheit und Logik, Stuttgart: Reclam 1970.

Baier, A. C., 1987, Hume, der Moraltheoretiker der Frauen?, in: H. Nagl-Docekal/H. Pauer-Studer (Hg.), Jenseits der Geschlechtermoral, Frankfurt/M.: Fischer 1993.

Dancy, J., 2004, Ethics Without Principles, Oxford: Oxford University Press.

Forst, R., 1994, Kontexte der Gerechtigkeit, Frankfurt/M.: Suhrkamp.

Gesang, B., 2000, Kritik des Partikularismus, Paderborn: Mentis.

Gewirth, A., 1978, Reason and Morality, Chicago: University of Chicago Press.

Gosepath, S./Lohmann, G. (Hg.), 1998, Philosophie der Menschenrechte, Frankfurt/M.: Suhrkamp.

Habermas, J., 1983, Moralbewußtsein und kommunikatives Handeln, Frankfurt/M.: Suhrkamp.

Habermas, J., 1991, Erläuterungen zur Diskursethik, Frankfurt/M.: Suhrkamp.

Habermas, J., 1992, Faktizität und Geltung. Beiträge zur Diskurstheorie des Rechts und des demokratischen Rechtsstaats, Frankfurt/M.: Suhrkamp.

Hare, R. M., 1963, Freiheit und Vernunft, Frankfurt/M.: Suhrkamp 1983.

Harman, G., 1977, Das Wesen der Moral, Frankfurt/M.: Suhrkamp 1981.

Höffe, O., 1996, Vernunft und Recht, Frankfurt/M.: Suhrkamp.

Honneth, A. (Hg.), 1993, Kommunitarismus, Frankfurt/M.: Campus.

Kant, I., 1785, Grundlegung zur Metaphysik der Sitten, Akademieausgabe, Bd. 4, Berlin: de Gruyter 1968.

Kant, I., 1797, Die Metaphysik der Sitten, Akademieausgabe, Bd. 6, Berlin: de Gruyter 1968.

Kersting, W., 1997, Recht, Gerechtigkeit und demokratische Tugend, Frankfurt/M.: Suhrkamp.

Koslowski, P. (Hg.), 1999, Das Gemeinwohl zwischen Universalismus und Partikularismus, Stuttgart: Frommann-Holzboog.

Kymlicka, W., 1989, Liberalism, Community and Culture, Oxford: Oxford University Press.

MacIntyre, A., 1981, Der Verlust der Tugend, Frankfurt/M.: Campus 1987.

Nussbaum, M. C., 1993, Nicht-relative Tugenden, in: K. P. Rippe/P. Schaber (Hg.), Tugendethik, Stuttgart: Reclam 1998.

Rawls, J., 1971, Eine Theorie der Gerechtigkeit, Frankfurt/M.: Suhrkamp 1975.

Rorty, R., 1989, Kontingenz, Ironie und Solidarität, Frankfurt/M.: Suhrkamp.

Sandel, M., 1982, Liberalism and the Limits of Justice, Cambridge: Cambridge University Press.

Sayre-McCord, G. (Hg.), 1988, Essays on Moral Realism, Ithaca: Cornell University Press.

Schroth, J., 2001, Die Universalisierbarkeit moralischer Urteile, Paderborn: Mentis.

Singer, M. G., 1961, Verallgemeinerung in der Ethik, Frankfurt/M.: Suhrkamp 1975.

Walzer, M., 1983, Sphären der Gerechtigkeit, Frankfurt/M.: Campus 1992.

Williams, B., 1985, Ethik und die Grenzen der Philosophie, Hamburg: Rotbuch 1999.

Wimmer, R., 1980, Universalisierung in der Ethik, Frankfurt/M.: Suhrkamp.

THOMAS SCHMIDT

Unparteilichkeit

1.

»Unparteilichkeit« wird alltagssprachlich verwendet, um die Perspektive, von der aus praktische Urteile gefällt werden, oder die Urteile selbst als objektiv, neutral, vorurteilsfrei oder fair zu bezeichnen. In der Moralphilosophie gilt Unparteilichkeit neben Universalisierbarkeit als das Charakteristikum des idealen übergeordneten Standpunktes der Moral, von dem aus die handelnde Person von ihren Interessen, Absichten und (Vor-)Urteilen zu abstrahieren vermag und eine allgemeine, in diesem Sinne objektive Betrachtungsweise möglich ist. Unparteilichkeit dient derart v.a. zur Bestimmung der Perspektive des moralisch Urteilenden als eines unvoreingenommenen, distanzierten und reflektierten Beobachters. Darüber hinaus kann Unparteilichkeit als eine Norm für moralische Urteile betrachtet werden, z.B. wenn die gleiche Berücksichtigung der Interessen und Absichten aller von der Handlung Betroffenen gefordert wird, wie es bezeichnend für den Utilitarismus ist, oder wenn moralische Urteile als Ergebnis einer quasi richterlichen Prüfung von subjektiven Handlungsregeln auf formale Gesetzeshaftigkeit verstanden werden, wie es die kantische Deontologie vorschlägt.

2.

Ursprünglich ist »Unparteilichkeit« ein Begriff der Jurisprudenz im Sinne der Unvoreingenommenheit des Richters bzw. der Neutralität der Rechtsprechung (vgl. Riedel 1980; Raban 2003). Man findet hier die Engführung von Unparteilichkeit und Gerechtigkeit, die auch die gegenwärtige Debatte in der politischen Theoriebildung prägt. In der Aufklärung wird Unparteilichkeit zu einem zentralen Begriff der Philosophie, indem er zum einen zur Bestimmung des selbstkritischen, anderen Autoritäten als der Vernunft gegenüber indifferenten philosophischen Denkens dient. Zum anderen etabliert sich Unparteilichkeit in drei historischen Überlegungsschritten als ein Grundbegriff der normativen Ethik: (i) über die Vorstellung, dass es eines Standpunktes der Interesselosigkeit bedarf, damit die Verallgemeinerung von subjektiven moralischen Gefühlen zu allgemeinen moralischen Urteilen gelingt (vgl. Hume 1751); (ii) über die Bestimmung dieses interesselosen Standpunktes als die Perspektive des wohlwollenden, wohlinformierten und unparteiischen Beobachters (vgl. Smith 1757); und schließlich (iii) über die Vorstellung der moralischen Rechtfertigung, wobei (a) die Anwendung des utilitaristischen Nutzenkalküls verlangt, dass das Glück und Unglück jeder einzelnen, einschließlich der eigenen Person, in gleichem Maße berücksichtigt werden (so etwa Mill 1871, 30: »Der Utilitarismus fordert von jedem Handelnden, zwischen seinem eigenen Glück und dem der andern mit ebenso strenger Unparteilichkeit zu unterscheiden wie ein unbeteiligter und wohlwollender Zuschauer.«), und (b) das deontologische Sittengesetz einen Standpunkt der reinen praktischen Vernunft erfordert, von dem aus die formale, d.h. von den Interessen und Absichten als auch den Wirkungen von Handlungen absehende Übereinstimmung von Handlungsmaxime und allgemeinem Gesetz geprüft werden kann (vgl. die Formulierungen des kategorischen Imperativs in Kant 1785).

3.

Unparteilichkeit gilt in denjenigen ethischen Theorien als ein moralisches Kriterium, die die objektive Rechtfertigung von Handlungen und die Richtigkeit von moralischen Urteilen als grundlegend betrachten. In der politischen Philosophie kennzeichnet Unparteilichkeit v.a. liberalistische Theorien, die eine letztlich von Traditionen, Gewohnheiten und Dogmen unabhängige Konzeption der Gerechtigkeit formulieren.

3.1. Die Vorstellung der moralischen Rechtfertigung von Handlungen ist eng mit der Vorstellung eines Standpunktes der Moral verknüpft, von dem aus sich Moral als ein System von allgemeinen Normen darstellt, das für alle rationalen moralischen Akteure ausnahmslos gültig ist. Der moralische Standpunkt lässt sich zum einen durch die Universalisierbarkeit von Handlungsregeln und zum anderen durch die Unparteilichkeit der handelnden Person charakterisieren. Dass moralische Handlungsregeln eine allgemeine Form aufweisen, indem sie sich nicht auf einzelne Individuen oder Gruppen von Individuen beziehen, keine Eigennamen enthalten und keine partikularen Umstände oder Zeiten berücksichtigen, sowie dass moralische Handlungsregeln umfassenden Gültigkeitsanspruch haben, gehört zur Universalisierbarkeit. Unparteilichkeit bringt demgegenüber zum Ausdruck, dass es für die moralische Rechtfertigung irrelevant ist, ob Personen bestimmte Handlungen ausführen wollen, ob sie ihnen persönlich oder für Dritte wichtig erscheinen oder ob ihnen die Ausführung Annehmlichkeiten oder Unangenehmes verheißt. Unparteilichkeit gestattet es der moralischen Person, sich selbst gegenüber eine neutrale, reflektierende Stellung einzunehmen, wie sie für das Ideal eines Richters oder Gesetzgebers, eines unbeteiligten, ›kühlen‹ Beobachters der Handlungssituation typisch wäre. Diese Distanziertheit der Person gegenüber ihren eigenen Interessen, Wünschen und Plänen versichert sie gegen eigennützige Subjektivität und macht moralisches Handeln erst möglich.

Unparteilichkeit lässt sich durch die Aspekte der Desinteressiertheit und Gleichheit weiter präzisieren. (i) Desinteressiertheit bedeutet dabei, dass die partikularen Interessen von Personen bei moralischen Urteilen keine Rolle spielen: weder die persönlichen Interessen der Handelnden, noch diejenigen der von der Handlung Betroffenen, noch individuell präferierte oder abgelehnte Handlungskonsequenzen sind moralisch relevant. Das bedeutet nicht, dass den Interessen von Personen kein moralischer Wert zukommen kann. Interessenmaximierende Moralkonzeptionen operieren jedoch ebenfalls mit Interessen als solchen, unabhängig davon, wer die Träger dieser Interessen sind. (ii) Gleichheit bedeutet in diesem Zusammenhang, dass Personen als Personen in gleicher Weise moralisch berücksichtigt werden. Bei moralischen Urteilen kann keine Person eine besondere Position beanspruchen: Die moralische Person kann sich als handelnde, als Rat gebende, als beobachtende oder als von den Handlungen Dritter betroffene Person verstehen, ohne dass davon das Urteil beeinflusst werden darf.

Während der Aspekt der Desinteressiertheit den Ausschluss von parteilichen Interessenlagen aus der moralischen Urteilsbildung sichert, ist der Aspekt der Gleichheit konstitutiv für das Diskriminierungsverbot und für die Behandlung aller Personen als Gleiche.

3.2. Die Kennzeichnung des moralischen Standpunktes durch Unparteilichkeit, also durch die Aspekte der Desinteressiertheit, Gleichheit, Distanziertheit und der neutralen, ›kühlen‹ Reflexion, stellt zugleich den Ausgangspunkt für eine fundamentale Kritik an der normativen Ethik dar, insbesondere an deren utilitaristischen und deontologischen Varianten. Die Unparteilichkeit des moralischen Standpunktes wird hierbei mit Unpersönlichkeit und achtloser Indifferenz in eins gesetzt und als die Ursache von Entfremdung dargestellt: einer grundlegenden Entfremdung der idealen moralischen Person von sich selbst, von ihren Handlungen, ihren moralischen Intuitionen und Überzeugungen sowie von ihren persönlichen Beziehungen und Vorhaben. Die unparteiliche Moral bedeute eine regelrechte Gefahr für Personen, da die genannten Formen der Entfremdung letztlich zur Fragmentierung von Personen führten. Die Verpflichtung auf Unparteilichkeit untergrabe die Grundlagen der personalen Identität, indem sie Personen systematisch überfordere und jegliche Loyalität gegenüber aus persönlichen Gründen wertgeschätzten Dingen und Personen untersage. Ihrerseits sei die unparteiliche Moral nicht in der Lage, etwas darzustellen, was Personen individuell wichtig ist. Sie könne weder eine Grundlage für ein sinnvolles, gelungenes Leben abgeben, noch das, was als Bedingung des und Beitrag zum gelungenen Leben wertvoll erscheint, berücksichtigen (vgl. Archard 1995; Özmen 2005; Piper 1987; Williams 1973, 1981). Daher argumentieren partikularistische Ethikansätze gegenüber einem moralischen Standpunkt der Unparteilichkeit für die ethische Berücksichtigung etwa (i) von Verpflichtungen, die aus parteilichen Beziehungen wie Familie, Freundschaft und Liebe resultieren (vgl. Blum 1991; Baron 1991), (ii) von der Integrität von Personen (vgl. Herman 1983) sowie (iii) von Tugenden und persönlicher Exzellenz (vgl. Cottingham 1996; Wolf 1982; dies. 1992).

3.3. Unparteilichkeit spielt in der politischen Philosophie – und hier insbesondere im Diskurs um Gleichheit und Gerechtigkeit – eine wichtige Rolle. Der Vorrang des Richtigen vor dem Guten bzw. die Neutralität von Gerechtigkeitsprinzipien gegenüber Konzeptionen des Guten wird normalerweise mit Unparteilichkeit verbunden. Als paradigmatisch können hier die Positionen von John Rawls, Thomas Nagel und Brian Barry gelten.

In Rawls' Theorie der Gerechtigkeit als Fairness wird die utilitaristische Vorstellung eines unparteiischen, mitfühlenden Beobachters kritisiert. Dadurch, dass unter Maßgabe des ›größten Glücks der größten Zahl‹ alle Menschen wie einer betrachtet werden müssten, könne die Verschiedenheit der einzelnen Menschen nicht ernsthaft berücksichtigt werden – ihr komme in der utilitaristischen Abwägung keine Relevanz zu. Darüber hinaus könne der Altruismus und die Unparteilichkeit des idealen utilitaristischen Beobachters nicht zu den Grundsätzen der Gerechtigkeit führen (vgl. Rawls 1971, §§ 5 und 30). Trotz dieser Kritik begreift Rawls Unparteilichkeit als ein nicht aufzugebendes Kriterium für Moral und Gerechtigkeit: Nur diejenigen Prinzipien können als gerechtigkeitskonstituierend gelten, die unter Bedingungen der Unparteilichkeit gewählt werden würden. Diese Bedingungen werden als im Urzustand erfüllt vorgestellt: Personen legen hinter dem Schleier des Nichtwissens, d.h. ohne Kenntnis ihrer späteren Identität, sozialen Position, Interessen, Überzeugungen oder Fähigkeiten, unparteiische Gerechtigkeitsgrundsätze fest. Unparteilichkeit heißt, dass Personen solche Entscheidungen fällen, die sie fällen würden, wenn sie keine Kenntnis von sich hätten, die sie von anderen rationalen Personen zu unterscheiden erlaubt (vgl. Rawls 1971, 217: Es sollten »moralische Urteile in der Tat unparteiisch sein [...]. Ein unparteiisches Urteil [...] ist ein solches, das den Grundsätzen entspricht, die im Urzustand beschlossen würden. Ein unparteiischer Mensch ist einer, dessen Situation und dessen Persönlichkeit es ihm ermöglichen, ohne Voreingenommenheit im Sinne dieser Grundsätze zu urteilen.«).

Für Nagel ist die Frage der Gerechtigkeit nicht durch Fairness, sondern durch Gleichheit und Freiheit zu beantworten. Der Aspekt der Freiheit bringt die unüberwindbare subjektive und parteiliche Perspektive von Personen zum Ausdruck und stellt ein individualistisches Moment in der Theorie Nagels dar. Gerechte Institutionen sind auf die Zustimmung der Bürger aus ihrer je individuellen Perspektive angewiesen, daher sind die Schaffung und der Schutz von Freiräumen individueller Autonomie staatliche Pflicht. Demgegenüber formuliert der Aspekt der Gleichheit eine objektive Perspektive der Unparteilichkeit. Gerechte Institutionen sind neben der genannten Zustimmung aus subjektiven Gründen auf die Rechtfertigung aus objektiven Gründen angewiesen, die von einem unparteilichen Standpunkt aus erfolgt. Solch ein Standpunkt nimmt die Gleichheit und Gleichbehandlung aller Personen in den Blick: Demnach besitzt jede Person die gleichen individuellen Rechte, keine zählt moralisch mehr als die andere, jede verdient die gleiche Berücksichtigung. Selbst ein Weltzustand maximaler, d.h. eine den rechtlich-politischen, ökonomischen und sozialen Bereich umfassende Gleichheit lässt sich laut Nagel vom Standpunkt der Unparteilichkeit aus moralisch rechtfertigen (vgl. Nagel 1991).

Auch Barrys Theorie der Gerechtigkeit als Unparteilichkeit fokussiert letztlich auf die Gleichheit und Gleichberücksichtigung aller Menschen, wobei die Neutralität von Gerechtigkeitskonzeptionen gegenüber Konzeptionen des Guten zentral ist. Barry unterscheidet hierbei zwischen substantiellen Konzeptionen des Guten, die durch bestimmte Ziele oder Lebensformen inhaltlich konkretisiert sind, und rein formalen bzw. prozeduralen Konzeptionen des Guten zweiter Ordnung, wozu insbesondere die Bestimmung der Gerechtigkeit als Unparteilichkeit gehört. Da vernünftigerweise alle Personen einem Entscheidungsverfahren zustimmen würden, das durch Unparteilichkeit gekennzeichnet ist, erlaube es die Unparteilichkeit, gerechte Verfahren zu formulieren, die eine neutrale Beurteilung und Gleichberücksichtigung von konkurrierenden Konzeptionen des guten Lebens und Handelns erst ermöglichen. Somit stelle Gerechtigkeit als Unparteilichkeit das ausgezeichnete Lösungsverfahren für die Konflikte zwischen widersprechenden moralischen, politischen und weltanschaulichen Konzeptionen dar, die die gegenwärtigen pluralistischen Gesellschaften prägen (vgl. Barry 1995).

3.4. Wichtige kritische Einwände gegen die Unparteilichkeit als konstitutives Element einer Theorie der Gerechtigkeit und Gleichheit werden aus kommunitaristischer Perspektive formuliert. Für den Kommunitarismus ist ein abstrakter Standpunkt der Unparteilichkeit, der sich den lebensweltlichen, durch Traditionen, Gewohnheiten und kulturellen Identitäten geprägten Milieus verschließt, eine Unmöglichkeit. Zum einen könne man über einen nicht-situierten, neutralen Standpunkt gar nicht zu substantiellen moralischen Normen gelangen. Zum anderen wohne pluralistischen Gesellschaften ein Partikularismus in Form verschiedener Erfahrungs- und Bewertungsperspektiven inne, der sich nicht durch einen unparteiischen Standpunkt oder Beobachter aufheben bzw. überwinden ließe. Nicht die Rechtfertigung von Unparteilichkeit als gerechtigkeitskonstituierendes Prinzip, sondern das Verständnis der anthropologischen, historischen und kulturellen Grundlagen von gesellschaftlich etablierten Vorstellungen von Gerechtigkeit müsse am Anfang der politischen Theoriebildung stehen (vgl. MacIntyre 1981; Sandel 1982; Walzer 1983).

Des Weiteren wird von der feministischen Ethik der Fürsorge gegen eine als männlich verstandene Theorie der Gerechtigkeit eingewendet, dass nicht der Bezug auf Unparteilichkeit, sondern auf konkrete Situationen und Personen sowie die besondere Berücksichtigung der partikularistischen Interessenlage von Frauen eine Ethik der Fürsorglichkeit und Verantwortung begründen könne (vgl. Friedman 1998; Held 1995; O'Neill 1997; Young 1990).

4.

Archard, D., 1995, Moral Partiality, in: Midwest Studies in Philosophy 20.

Baron, M., 1991, Impartiality and Friendship, in: Ethics 101.

Barry, B., 1995, Justice as Impartiality, Oxford: Oxford University Press.

Blum, L., 1991, Moral Perception and Particularity, in: Ethics 101.

Boran, I., 2004, On Distinguishing Between Types of Impartiality, in: Journal of Value Inquiry 38.

Cottingham, J., 1983, Ethics and Impartiality, in: Philosophical Studies 43.

Cottingham, J., 1996, Partiality and the Virtues, in: R. Crisp (Hg.), How Should One Live?, Oxford: Clarendon.

Double, R., 1999, Morality, Impartiality, and What We Can Ask For Persons, in: American Philosophical Quarterly 36.

Flanagan, O./Adler, J., 1983, Impartiality and Particularity, in: Social Research 50.

Friedman, M., 1989, The Impracticality of Impartiality, in: Journal of Philosophy 86.

Friedman, M., 1998, Impartiality, in: A. M. Jaggar (Hg.), A Companion to Feminist Philosophy, Oxford: Blackwell.

Gert, B., 1995, Moral Impartiality, in: Midwest Studies in Philosophy 20.

Held, V. (Hg.), 1995, Justice and Care, Boulder: Westview Press.

Henberg, M. C., 1978, Impartiality, in: Canadian Journal of Philosophy 8.

Herman, B., 1983, Integrity and Impartiality, in: The Monist 66.

Hume, D., 1751, Eine Untersuchung über die Prinzipien der Moral, Stuttgart: Reclam 1984.

Jollimore, T. A., 2000, Friendship without Partiality?, in: Ratio 13.

Jollimore, T. A., 2006, Impartiality, in: Standford Encyclopedia of Philosophy, http://plato.stanford.edu/entries/impartiality.

Kant, I., 1785, Grundlegung zur Metaphysik der Sitten, Akademie-Textausgabe, Bd. 4, Berlin: de Gruyter 1968.

Kekes, J., 1981, Morality and Impartiality, in: American Philosophical Quarterly 18.
MacIntyre, A., 1981, Der Verlust der Tugend, Frankfurt/M.: Suhrkamp 1995.
Mendus, S., 2002, Impartiality in Moral and Political Philosophy, Oxford: Oxford University Press.
Mill, J. S., 1871, Der Utilitarismus, Stuttgart: Reclam 1976.
Musschenga, A. W., 2005, The Debate on Impartiality: An Introduction, in: Ethical Theory and Moral Practice 8.
Nagel, T., 1991, Eine Abhandlung über Gleichheit und Parteilichkeit und andere Schriften zur politischen Philosophie, Paderborn: Schöningh 1994.
Özmen, E., 2005, Moral, Rationalität und gelungenes Leben, Paderborn: Mentis
O'Neill, S., 1997, Impartiality in Context, Albany: State University of New York Press.
Piper, A., 1987, Moral Theory and Moral Alienation, in: Journal of Philosophy 84.
Piper, A., 1991, Impartiality, Compassion, and Modal Imagination, in: Ethics 101.
Powers, M., 1993, Contractualist Impartiality and Personal Commitments, in: American Philosophical Quarterly 30.
Raban, O., 2003, Modern Legal Theory and Judical Impartiality, London: Routledge.
Rawls, J., 1971, Eine Theorie der Gerechtigkeit, Frankfurt/M.: Suhrkamp 1975.
Riedel, J., 1980, Das Postulat der Unparteilichkeit des Richters, in: Prozeßrecht 65.
Sandel, M., 1982, Liberalism and the Limits of Justice, Cambridge: Cambridge University Press.
Smith, A., 1757, Theorie der ethischen Gefühle, Hamburg: Meiner 2004.
Walzer, M., 1983, Sphären der Gerechtigkeit, Frankfurt/M.: Campus 1992.
Wiggins, D., 1978, Universalizability, Impartiality, Truth, in: ders., Needs, Values, Truth, Oxford: Oxford University Press.
Williams, B., 1973, A Critique of Utilitarianism, in: J. J. C. Smart/B. Williams, Utilitarianism, Cambridge: Cambridge University Press.
Williams, B., 1981, Moralischer Zufall, Königstein: Hain 1984.
Wolf, S., 1982, Moral Saints, in: Journal of Philosophy 89.
Wolf, S., 1992, Morality and Partiality, in: Philosophical Perspectives 6.
Young, I. M., 1990, Impartiality and the Civic Public, in: S. Benhabib/D. Cornell (Hg.), Feminism as Critique, Cambridge: Polity.

ELIF ÖZMEN

Utilitarismus

1.

Der Utilitarismus ist eine normative ethische Theorie, nach der (1) das einzige moralisch intrinsisch (d.h. um seiner selbst willen) Wünschbare die allgemeine Wohlfahrt ist, (2) die selbst wieder aus den Nutzen aller empfindungsfähigen Wesen additiv zusammengesetzt ist und (3) die – je nach Version des Utilitarismus auf unterschiedliche Weise – maximiert werden soll. Die simpelste und am häufigsten vertretene Version der Maximierung ist ein *handlungsutilitaristisches Maximierungsgebot*: ›Maximiere immer die allgemeine Wohlfahrt bzw. die (utilitaristische) moralische Wünschbarkeit!‹ D.h.: ›Tue immer das (utilitaristisch) moralisch Beste!‹

In der deutschen Alltagssprache hat der Ausdruck »Utilitarismus« zwei Konnotationen, die dem korrekten philosophischen Wortgebrauch fremd sind, aber zur schlechten Reputation des Utilitarismus beigetragen haben, nämlich die von einem rein *materiellen* Nützlichkeitsdenken, nach dem das Schöne z.B. nicht nützlich ist, und die von Egoismus. Tatsächlich betonen aber alle Utilitaristen den hohen persönlichen und moralischen Wert z.B. geistiger Freuden oder der Nächstenliebe, die durchaus einen positiven Nutzen im technischen Sinn haben; und das moralische, im Verhältnis zu anderen Ethiken äußerst anspruchsvolle, Ziel ist die Steigerung des Nutzens *aller* – und nicht etwa nur des Handelnden.

Einige wichtige Eigenschaften des Utilitarismus sind: Der Utilitarismus ist *axiologisch*, d.h. moralische *Werte* sind für ihn logisch primär, moralische Normen haben nur die instrumentelle Funktion, zur Realisierung solcher Werte beizutragen. Er steht damit im Gegensatz zum Deontologismus, für den moralische Normen primär sind. Der Utilitarismus ist *konsequentialistisch*, d.h. die (moralische) Qualität (insbesondere die moralische Richtigkeit und der moralische Wert) von Handlungen, Regeln, Normen, Institutionen hängt nur vom Wert ihrer (erwartbaren) Folgen ab; die Handlungen etc. selbst haben also keinen intrinsischen moralischen Wert, sie werden nur wegen ihrer Folgen geboten, verboten, geschätzt usw. (Leider wird der Ausdruck »Konsequentialismus« in der heutigen Diskussion irreführenderweise häufig in viel engeren Bedeutungen verwendet, etwa im Sinne von »Wohlfahrtsethik mit Nutzenmaximierungsgebot« oder gar synonym zu »Handlungsutilitarismus« (vgl. z.B. Scheffler 1988; Nida-Rümelin 1993).) Der Utilitarismus ist *wohlfahrtsethisch* (»welfaristisch«), d.h. nach ihm ist das einzige moralisch intrinsisch Wünschbare die aus den Nutzen der Individuen aggregierte Wohlfahrt. Seine Wohlfahrtsdefinition (oder *Wohlfahrtsfunktion*) ist *linear-additiv*, die moralische (oder soziale) Wünschbarkeit eines Gegenstandes ist also als die Summe der individuellen Nutzen (oder ihrer positiv-linearen Transformationen) dieses Gegenstandes definiert. Der Utilitarismus ist schließlich *(benefiziar-)universalistisch*: Alle von einer Handlung, Regelung o.ä. und ihren Alternativen möglicherweise Betroffenen werden bei deren Bewertung gleichermaßen berücksichtigt; ihr aller Nutzen fließt also in die die moralische Wünschbarkeit definierende Nutzensumme ein.

2.

Einzelne Elemente des Utilitarismus finden sich schon sehr früh in der Philosophiegeschichte: eine konsequentialistische Axiologie und instrumentelle Rationalität bei Aristoteles, eine hedonistische (und damit metaphysikfreie) Konzeption des individuellen Guten oder Nutzens bei den Epikuräern und Stoikern, der ethische Universalismus im Christentum und bei Mozi (vgl. Scarre 1996, 27–47; Trapp 1992, 184–196). Aber erst in der Neuzeit werden diese Elemente in Ethiken zusammengebracht, deren moralische Zielsetzung das (diesseitige) Glück oder der Nutzen der Gesellschaftsmitglieder ist, u.a. bei Spinoza, Locke, v.a. den britischen (Moral-)Intuitionisten Shaftesbury, Hutcheson, Butler, Clarke, Cudworth, Balguy und Price, weniger eindeutig Hume und Adam Smith, aber auch bei den französischen und italienischen Aufklärern Helvétius, Maupertuis, Chastellux und Beccaria (vgl. Trapp 1992, 199–241; Scarre 1996, 48–72).

Bereits Hutcheson, Beccaria, Priestley und Chastellux propagieren die auch von Bentham verwendete Formel des »größten Glücks der größten Zahl« (vgl. Trapp 1992, 208, 238, 240). Diese Formel empfiehlt aber, in zwei Richtungen zu optimieren: die Zahl der Glücklichen und das Niveau des einzelnen Glücks zu erhöhen – die sich empirisch oft ausschließen. Sie betrachtet also optimistisch nur den Fall der konfliktfreien, mehr oder weniger großen Glückssteigerung für alle und stellt sich nicht realistisch dem typischen Fall der intersubjektiv konfligierenden Glückssteigerungen. Eine Lösung dieses Problems lieferte erst Bentham (1748–1832) mit seinem den Utilitarismus begründenden Vorschlag der linear-additiven Aggregation: Das soziale Gute ist identisch mit der Summe aller individuellen Glückswerte (vgl. Bentham 1780/1789, I.2; I.4; IV.5), für deren Ermittlung er einen Glückskalkül entwickelt hat (vgl. Bentham 1780/1789, II.2–4). John Stuart Mill (1806–1873), der zweite Klassiker des Utilitarismus, vertrat ein (regelutilitaristisches) Maximierungsgebot (vgl. Mill 1861, 21). Seine in der Diskussion als wichtiger, wenn auch oft als Rückschritt angesehene Neuerung ist die Einführung eines *qualitativen Hedonismus*. Nach diesem zählt nicht nur die Glücksmenge, sondern diese wird zusätzlich qualitativ nach den Präferenzen der mit den verschiedenen Glücksarten Erfahrenen gewichtet (vgl. Mill 1861, 15f.). Zu den wichtigsten Neuerungen des dritten Klassikers des Utilitarismus, Henry Sidgwick (1838–1900), gehören (1) der Versuch einer Versöhnung mit der Alltagsmoral durch eine *Zwei-Ebenen-Moral*, nach der wir in der Regel nach der Alltagsmoral entscheiden, die aber selbst utilitaristisch begründet, gelegentlich reformiert und im Konfliktfall zugunsten einer utilitaristischen Entscheidung hintangestellt wird (vgl.

Sidgwick 1874, Buch III), und (2) die Einführung präferentialistischer Elemente in die persönliche Nutzentheorie, nach denen die Wünschbarkeit subjektiver Zustände durch die Stärke der Wünsche nach ihnen bestimmt wird (vgl. Sidgwick 1874, 111f., 127–129, 396–398).

Wichtige Diskussionen und Entwicklungen im und um den Utilitarismus waren seitdem: In der ökonomischen Entscheidungstheorie sind, v.a. seit den 1940er Jahren, auf Präferenzen basierende Theorien zur kardinalen Messung des persönlichen Nutzens entwickelt worden. V.a. in den späten 1950er und den 1960er Jahren wurde intensiv diskutiert, ob das Prinzip der Maximierung unmittelbar auf Handlungen (*Handlungsutilitarismus*) oder nur auf Regeln, die dann die Handlungsgebote formulieren, anzuwenden ist (*Regelutilitarismus*), denn im Handlungsutilitarismus ergäben sich zumindest prima facie kontraintuitive Gebote, z.B. dass man Versprechen nicht einhalten dürfe oder stehlen müsse, wenn durch alternative Handlungen eine höhere Nutzensumme realisiert werden könnte. Seit den 1970er Jahren werden Menschenrechtsverletzungen und das Problem der Überforderung durch einen Utilitarismus mit Maximierungsgebot diskutiert. Seit den 1990er Jahren sind verstärkt welfaristische (egalitaristische und prioritaristische) Alternativen zur additiv-linearen Aggregation entwickelt worden.

3.

3.1. Die genannten Eigenschaften des Utilitarismus sichern diesem einige wichtige Vorteile: Er ist metaphysikfrei in dem Sinne, dass er ausschließlich innerweltliche und allgemein akzeptable Ziele befördert und zur Begründung einzelner Handlungen und Normen außer den utilitaristischen Maximen selbst nur empirische Informationen verwendet. Er liefert ein klares und nahezu universell anwendbares Moralkriterium, das entsprechend oft zur Entscheidung moralischer Fragen verwendet worden ist. Dadurch, dass er sich nicht auf Einzelintuitionen beruft, sondern ein klares und allgemeines konsequentialistisch-teleologisches Moralkriterium propagiert (den sozialen Nutzen), an dem moralische und rechtliche Normen gemessen werden können, hat er erheblich zu deren Rationalisierung beigetragen. So haben Utilitaristen Verbote von Unschädlichem (z.B. Zölibat und Asketismus allgemein sowie Verbot der Homosexualität, der einvernehmlichen Ehescheidung kinderloser Ehepaare, der Selbsttötung in ausweglosen Situationen oder der konsentierten Euthanasie) sowie grausame und unnütze Strafen bekämpft (z.B. Bentham 1780/1789, XII-XVII). Der von einem universellen Wohlwollen getragene (Benefiziar-)Universalismus schließlich hat Utilitaristen immer wieder dazu angetrieben, sich für die von den bestehenden Institutionen und der geltenden Moral Vernachlässigten einzusetzen: für Frauen (Kampf für das Frauenwahlrecht), Arme (insbesondere auch in der Dritten Welt), zukünftige Generationen und empfindungsfähige Tiere.

Gleichwohl sind der Utilitarismus oder einzelne seiner Varianten in vielerlei Hinsicht kritisiert worden. Wichtige Kritiken (Überblick: Scheffler 1988; Nida-Rümelin 1993, Teil III) in der aktuellen Diskussion sind etwa: Das Maximierungsgebot überfordere die Subjekte, instrumentalisiere sie vollständig für die Moral und zerstöre so ihre Identität (vgl. Williams 1973, 108–118); der Universalismus missachte persönliche Bindungen – wen sollen wir eher retten, unser Kind oder den berühmten Chirurgen (vgl. Gesang 2003, 98) –; die handlungsutilitaristische Maximierung führe zu einer Missachtung der Menschenrechte (vgl. Sen 1984, 481) und ignoriere die Getrenntheit von individuellen Personen (vgl. Rawls 1979, 48) – es könnte z.B. moralisch optimal sein, einen Gesunden auszuweiden, um fünf Patienten mit Organen zu versorgen und sie dadurch vor dem Tod zu retten (vgl. Hare 1981, II.8.2). Die linear-additive Aggregation sei ungerecht, weil utilitaristische Investitionen immer dahin fließen, wo der größte Nutzen erzeugt wird, unabhängig davon, ob die Benefiziare bedürftig sind oder diese Zuwendungen verdient haben (vgl. Sen 1984, 477f.). Ethiker, die zumindest einigen utilitaristischen Ideen gegenüber aufgeschlossen sind, haben nach Lösungen der angesprochenen Probleme innerhalb oder in der Nähe des Utilitarismus gesucht, wodurch im Laufe der Zeit eine Unzahl von Varianten des Utilitarismus (und von Wohlfahrtsethiken, die alle genannten Vorteile des Utilitarismus auch aufweisen) entstanden ist.

3.2. Vollständige Wohlfahrtsethiken, so auch utilitaristische Theorien, bestehen immer aus einer Theorie des individuellen Nutzens, einer darauf aufbauenden Theorie des moralischen oder sozialen Nutzens und einer daran anschließenden Theorie moralischer Gebote. Diese drei Hauptkomponenten sind aus mehreren Elementen zusammengesetzt, die jeweils Antworten auf bestimmte allgemeine Fragen – im Folgenden auch »Dimensionen« genannt – geben. (Vollständige) utilitaristische Theorien haben einige dieser Elemente gemeinsam, durch die der Utilitarismus definiert und von nichtutilitaristischen Wohlfahrtsethiken unterschieden werden kann. Diese Elemente sind: Aggregation aus individuellen Nutzen, Universalismus, Pathozentrismus und linear-additive Form der Aggregation.

In anderen Dimensionen unterscheiden sich die verschiedenen utilitaristischen Theorien. Im Folgenden werden die wichtigsten Varianten des Utilitarismus in den einzelnen Dimensionen aufgeführt.

Der erste Teil einer vollständigen Wohlfahrtsethik ist, wie gesagt, die *Theorie des individuellen Nutzens*, die mindestens zwei Hauptfragen beantworten muss.

Die erste dieser Dimensionen bei der Konstruktion von Wohlfahrtsethiken ist die *isolierte individuelle Nutzentheorie*, zu der u.a. folgende Ansätze diskutiert werden. Nach dem *quantitativen Hedonismus* haben genau die eigenen Gefühle intrinsischen individuellen Nutzen, und zwar proportional zu ihrer (positiv oder negativ) gerichteten Intensität und Dauer (vgl. Bentham 1780/1789, IV.2–5). Gemäß dem *korrigierten Hedonismus* erfolgt die Nutzenbestimmung hauptsächlich wie im quantitativen Hedonismus, aber mit einigen Modifikationen, etwa dass manipulativ entstandene Gefühle diskontiert werden (vgl. Sumner 1996, 155–171; Lumer 2000, 428–548). Der *qualitative Hedonismus* hingegen gewichtet die einzelnen Gefühlsarten noch gemäß dem Urteil der Experten auf diesem Gebiet (Mill 1861, 15f.). Nach Auffassung des *Erfahrungspräferentialismus* haben nur subjektive Erfahrungen intrinsischen individuellen Nutzen, deren Wert über die Präferenzen des Subjekts bestimmt wird. Der *unkritische Präferentialismus* besagt, dass der individuelle Nutzen sich aus den Präferenzen der Subjekte ergibt, die aus Messgründen zwar formal rational sein müssen (Erfüllung der von-Neumann-Morgenstern-Axiome), ansonsten aber nicht gefiltert werden (vgl. Trapp 306–308, 340–344). Gemäß dem *Ansatz der vollen Information* (full-information approach) ergeben sich die individuellen Nutzen aus denjenigen Präferenzen, die die Subjekte bei voller Information über die (und lebendiger Repräsentation der) Alternativen hätten (vgl. Brandt 1979, 10–13, 70–88, 110–129; Singer 1980, 128f.). Nach dem Ansatz der gewaschenen Präferenzen werden antisoziale (sadistische, faschistische etc.) Präferenzen ignoriert, während ansonsten der individuelle Nutzen wie im unkritischen Präferentialismus bestimmt wird (vgl. Harsanyi 1977, 61f.).

Die zweite Dimension ist der *intersubjektive Nutzenvergleich*. Nutzeneinheiten müssen so bestimmt und umgerechnet werden, dass sie intersubjektiv vergleichbar sind, dass also das Nutzenniveau 1 für Subjekt *i* moralisch genauso wichtig ist wie das Nutzenniveau 1 für *j*. Vorgeschlagen worden sind hier: die empirische Normierung mittels möglichst vollständiger Erklärung von Präferenzen (vgl. Harsanyi 1955, 17), die empirische Normierung anhand physiologisch gleicher Erfahrungen (vgl. Brandt 1979, 262f.) sowie eine normative Setzung gleicher Nutzenniveaus (vgl. Trapp 1988, 486–510).

Der zweite Teil einer Wohlfahrtsethik ist die *Theorie der moralischen Wünschbarkeit*, die Antwort auf mindestens sechs Fragen geben muss. Eine davon betrifft *die Wertgrundlage und die für die Bewertung benötigte Information.* Die Aggregation der moralischen Wünschbarkeit allein aus individuellen Nutzen ist ein definitorisches Element des Utilitarismus und aller reinen Wohlfahrtsethiken. Alternativ hierzu können bei der Aggregation außer individuellen Nutzen auch andere Informationen einbezogen werden, z.B. moralisches Verdienst der Subjekte (Trapp 1988, 304f.). Oder die moralische Wünschbarkeit wird aus (Nicht-Nutzen-)Maßen individuell besessener Güter aggregiert, die – statt des Nutzens – für moralisch primär gehalten werden, wie: Lebensqualität, materielle Güter, Freiheiten, Fähigkeiten (vgl. z.B. Sen 1984; ders. 1985).

Die vierte Dimension betrifft die *temporale und lokale Eingrenzung der Benefiziare.* Bei der moralischen Bewertung sind gemäß dem *(Benefiziar-)Universalismus* alle von der Handlung und ihren Alternativen Betroffenen zu berücksichtigen. Auch der Universalismus ist ein definitorisches Element des Utilitarismus. Alternativen dazu sind u.a. der *Parochialismus*, d.h. die stärkere oder ausschließliche Berücksichtigung der Gruppe, der man zugehört, und der *Präsentismus*, d.h. die stärkere Berücksichtigung der gegenwärtigen Generationen.

Die fünfte Dimension betrifft die *ontologische Eingrenzung der Benefiziare.* In der allgemeinen ethischen Diskussion ist umstritten, welche Arten von Wesen moralisch zu berücksichtigen sind: nur Menschen (*Anthropozentrismus*), empfindungsfähige Wesen (*hierarchischer* oder *egalitärer Pathozentrismus*) oder alle Lebewesen (*Biozentrismus*). Utilitaristen sind so regelmäßig Pathozentristen, dass man dies als weiteres definitorisches Element ansehen kann.

Die sechste Dimension ist die der *grundsätzlichen Aggregationsfunktion:* Wie werden aus den individuellen Nutzen moralische Wünschbarkeiten berechnet? Nach der *linear-additiven Aggregation* ist der moralische Nutzen (in der Hauptsache) identisch mit der Summe der individuellen Nutzen. Die linear-additive Nutzenaggregation ist das charakteristischste definitorische Element des Utilitarismus. Wohlfahrtsethische Alternativen dazu versuchen, in der moralischen Bewertung auch Belange der Verteilungsgerechtigkeit zu berücksichtigen: So honoriert der *(gemäßigte) Egalitarismus* außer der Nutzensumme auch die Gleichverteilung des Nutzens, indem er z.B. von der Nutzensumme ein Maß der Ungleichverteilung des Nutzens subtrahiert (vgl. Trapp 1988, 308, 344–389; Temkin 1993). Der *Prioritarismus* gibt den Belangen der Schlechtergestellten jeweils ein größeres Gewicht, d.h. er gewichtet Nutzenveränderungen für Schlechtergestellte stärker als gleich große Nutzenveränderungen für Bessergestellte (die individuellen Nutzen werden mittels einer konkaven, also monoton, aber immer weniger steigenden, Funktion moralisch bewertet; die moralische Bewertung der individuellen Nutzen ist also nichtlinear) (vgl. Lumer 2000, 589–632; Parfit 1997). Die *Leximin-Regel* räumt Nutzensteigerungen für die am schlechtesten Gestellten den absoluten Vorrang vor (beliebig großen) Nutzensteigerungen anderer Personen ein, Nutzensteigerungen für die am zweitschlechtesten Gestellten Vorrang vor Nutzensteigerungen aller besser Gestellten usw. (vgl. Sen 1984, 480).

Die siebte Dimension ist die *bevölkerungspolitische Komponente der Aggregationsfunktion.* Im *Nutzensummenutilitarismus* ist für die moralische Bewertung die Nutzensumme ausschlaggebend (vgl. Bentham 1780/1789, XVI, 54; Sidgwick 1874, 415f.; Smart 1961, 28; Birnbacher 1988, 103). Dies impliziert, dass ein zusätzliches menschliches Leben als moralisches Plus gewertet wird, solange sein individueller Nutzen positiv ist – und sei er noch so klein. Nach dem *Durchschnittsnutzenutilitarismus* hingegen wird bei der moralischen Bewertung die Nutzensumme durch die Zahl der existierenden Individuen dividiert (vgl. Harsanyi 1977, 50). Dies impliziert, dass zusätzliche Leben mit überdurchschnittlichem individuellem Nutzen moralisch als Gewinn erscheinen, mit unterdurchschnittlichem Nutzen hingegen als Verlust. (Um bösen Missverständnissen vorzubeugen, sei jedoch betont: Dass ein unterdurchschnittlich gutes Leben in der moralischen Bewertung als »Verlust« erscheint, bedeutet *nicht*, dass ein solches Leben, wenn es denn einmal existiert, vernichtet werden sollte; ganz im Gegenteil, dies würde den Durchschnittsnutzen noch einmal senken. Lediglich das *Hervorbringen* eines solchen Lebens wird moralisch negativ bewertet.) Beim *Schwellenwertutilitarismus* (critical-level utilitarianism) wird vor der Nutzenaddition von den individuellen Nutzenwerten immer ein fixer Schwellenwert subtrahiert, der z. B. der Armutsschwelle entspricht (Blackorby/Bossert/Donaldson 1997), so dass also nur die Hervorbringung von Menschenleben oberhalb des kritischen Nutzenniveaus als moralischer Gewinn erscheint.

Die achte Dimension ist die *risikopolitische Komponente der moralischen Bewertungsfunktion.* Nach der *Erwartungsnutzentheorie* werden die moralischen Nutzen der möglichen, aber nicht sicher bekannten Resultate der zur Entscheidung anstehenden Alternativen mit der Wahrscheinlichkeit dieser Resultate multipliziert. Bei *Risikoaversion* werden hingegen sehr große Risiken überproportional (d.h. stärker als es dem Produkt aus moralischem Wert des Resultats und dessen Wahrscheinlichkeit entspricht) gewichtet.

Der dritte Teil einer Wohlfahrtsethik schließlich ist die *Theorie der moralischen Gebote*, die auf mindestens zwei weitere Fragen antworten muss.

Eine davon betrifft den *Sitz der Gebote und Gegenstand der moralischen Bewertung bei der Gebotsprüfung.* Aus den bisher betrachteten Dimensionen ergibt sich nur, welche moralische Wünschbarkeit Sachverhalte haben. Welchen Entitäten soll aber aufgrund entsprechender Bewertungen *normativer* Status verliehen werden? Im *Handlungsutilitarismus* sind dies einzelne Handlungen (vgl. Sidgwick 1874, 411; Lyons 1965; Moore 1903, 58f., 210; Smart 1961, 10–12) – was nicht ausschließt, dass man sich meistens an moralische (Faust-)Regeln halten soll, die aber handlungsutilitaristisch begründet sind (*Zwei-Ebenen-Handlungsutilitarismus*; vgl. Hare 1981, Kap. 2–3; Birnbacher 1988, 101–106, 197–201). Nach dem *Generalisierungsutilitarismus* haben allgemeine Handlungsweisen normativen Status (vgl. Mill 1861, 21), so dass man diejenige Handlungsweise ausführen soll, deren allgemeine Befolgung in gleichen Situationen wie dieser moralisch optimal wäre. Im *Regelutilitarismus* haben gewisse (hypothetische) Regeln oder Normen normativen Status. So fordert der *ideale Regelutilitarismus* diejenige (hypothetische) Regel zu befolgen, deren allgemeine Annahme moralisch optimal wäre (vgl. Brandt 1975, insb. 142; Hooker 2000, 2). Der *reale Regel- oder Normutilitarismus* verlangt hingegen, die jeweils sozial geltenden Regeln bzw. Normen zu befolgen, sofern diese utilitaristisch begründet sind (vgl. Harsanyi 1977, 63; Urmson 1953, 89) – wobei noch zu klären ist, wann dies der Fall ist.

Die zehnte Dimension schließlich ist der *Umfang der aktiven* und *passiven moralischen Pflicht.* Aus moralischer Sicht wäre es (tautologischerweise) optimal, wenn der moralisch beste unter den möglichen normativen Gegenständen realisiert werden würde. Außer der moralischen gibt es aber auch die rationale Perspektive der Individuen; und möglicherweise sollten moralische Gebote nicht das moralische Maximum von den Subjekten fordern. Auf diese Frage des Umfangs des moralischen Engagements und damit der moralischen Pflicht geben Utilitaristen sehr unterschiedliche Antworten. So plädiert ein *Maximalismus* dafür, dass die moralischen Pflichten so angelegt sein sollten, dass aus ihnen das moralisch Beste resultiert. In Kombination mit dem Handlungsutilitarismus führt dieser Maximalismus zum Maximierungsgebot, nach dem immer das moralisch Beste getan werden sollte. Das Maximierungsgebot ist von sehr vielen Utilitaristen vertreten worden (z.B. Mill 1861, 21; Sidgwick 1874, 411; Moore 1903, 58f., 210; Lyons 1965, 136; Smart 1961, 43, 45), aber z.B. nicht von Bentham – weshalb der Maximalismus hier nicht zu den Definientia des Utilitarismus gerechnet wird. Der *negative Utilitarismus* fordert hingegen nur, immer mindestens moralisch Positives zu tun (vgl. Bentham 1780/1789, I.6). *Optimierung der Propaganda* ist ein anderer Versuch, moralischer Überforderung zu entgehen. Danach soll man diejenige Moral propagieren, deren Propagierung die moralisch besten Folgen hat (vgl. Singer 1980, 312–314). Nach dem *beschränkten Maximalismus* wird durch bestimmte Mindestgarantien für die Subjekte der Umfang der moralischen Pflicht eingeschränkt, z.B. durch Grundrechte oder objektive Glücksbedingungen (vgl. Gesang 2003, 105f., 131). Aus dem *idealen Regelutilitarismus* ergibt sich eine Anpassung an jeweils historisch erreichte Umfänge moralischer Verpflichtungen – unterhalb der Maximierung.

3.3. Trotz mancher gegen ihn erhobenen Kritiken ist der Utilitarismus unter den säkularen Ethiken heute weltweit mit am breitesten akzeptiert, wenn nicht sogar die am häufigsten vertretene Ethik. Auch wegen ihrer Klarheit sind utilitaristische Kriterien auf eine Fülle von Problemen angewendet worden, u.a. in der Bio- und Medizinethik auf nahezu alle dort diskutierten Fragen (von der Genethik über die Abtreibungsproblematik, Bevölkerungspolitik, die Bereitstellung sowie Verteilung medizinischer Leistungen oder von Spenderorganen, Fragen des Arzt-Patienten-Verhältnisses, Enhancement bis hin zu Euthanasie und Hirntod), in der Wirtschaftsethik auf eine Fülle von Fragen (wie die Legitimität von grundsätzlichen Wirtschaftssystemen, gerechte nationale und internationale Ressourcen- und Einkommensverteilung, Verhaltenskodizes für Firmen und ihre Mitarbeiter), in der politischen Philosophie (auf Fragen wie gute und legitime politische oder juristische Systeme, Rechte von Frauen und von Minderheiten, Immigration, gerechte Kriege), in der Umweltethik (in Bereichen wie Tierethik, Naturschutz, Klimaschutz, Stadt- und Landschaftsplanung), in der Ethik persönlicher Beziehungen (Partnerbeziehungen, Sexualethik, Kindererziehung, Freundschaft) in der Sportethik (Doping, Fairness, Leistungssport, Körperertüchtigung, Kommerzialisierung) usw.

Utilitaristen kommen bei einigen dieser Fragen zu (nahezu) gemeinsamen Positionen, z.B. den Ansichten, dass die heutige globale ökonomische Situation internationale Einkommensumverteilungen zugunsten der Ärmsten erfordert oder dass der Teilhirntod (irreversibler Ausfall des Bewusstseins) als moralisch relevanter Todeszeitpunkt gelten sollte, ab dem etwa – wenn es keine anderweitigen entgegenstehenden Aspekte gibt – Organe entnommen werden dürfen. Bei einigen anderen Fragen kommen Utilitaristen jedoch auch untereinander zu recht divergierenden moralischen Empfehlungen. Dies liegt z.T. an unterschiedlichen empirischen Faktenannahmen, z.T. an der falschen Anwendung von Prinzipien, z.T. aber auch an der oben dargestellten Pluralität der Varianten des Utilitarismus. So vertreten P. Singer oder N. Hoerster auf der Basis eines hierarchischen Pathozentrismus, der eine vollwertige Berücksichtigung der Interessen eines Individuums erst ab einem bestimmten Entwicklungsstand vorsieht, extrem liberale Abtreibungsregeln (vgl. Singer 1980, Kap. 6; Hoerster 2002, Kap. 6), während z.B. W. Lenzen diese Hierarchisierung ablehnt (außerdem nur das schwache Prinzip ›Schädige niemanden!‹ bzw., wenn dies nicht einzuhalten ist, einen negativen Utilitarismus vertritt) und deshalb ein sehr restriktives Abtreibungsrecht befürwortet (vgl. Lenzen 1999, 249–284). R. Hare schließlich vertritt auf der Basis des Nutzensummenutilitarismus nicht nur ein weitgehendes Abtreibungsverbot, sondern sogar ein moralisches Verbot der Empfängnisverhütung (vgl. Hare 1975).

4.

Bentham, J., 1780/89, An Introduction to the Principles of Morals and Legislation, London: Methuen 1982.

Birnbacher, D., 1988, Verantwortung für zukünftige Generationen, Stuttgart: Reclam.

Blackorby, C./Bossert, W./Donaldson, D., 1997, Critical-Level Utilitarianism and the Population-Ethics Dilemma, in: Economics and Philosophy 13.

Brandt, R. B., 1967, Einige Vorzüge einer bestimmten Form von Regelutilitarismus, in: O. Höffe (Hg.), Einführung in die utilitaristische Ethik, München: Beck 1975.

Brandt, R. B., 1979, A Theory of the Good and the Right, Oxford: Clarendon Press.

Gesang, B., 2003, Eine Verteidigung des Utilitarismus, Stuttgart: Reclam.
Hare, R. M., 1975, Abtreibung und die Goldene Regel, in: A. Leist (Hg.), Um Leben und Tod, Frankfurt/M.: Suhrkamp 1990.
Hare, R. M., 1981, Moralisches Denken, Frankfurt/M.: Suhrkamp 1992.
Harsanyi, J. C., 1955, Cardinal Welfare, Individualistic Ethics, and Interpersonal Comparisons of Utility, in ders., Essays on Ethics, Social Behaviour, and Scientific Explanation, Dordrecht: Reidel 1976.
Harsanyi, J. C., 1977, Rational Behavior and Bargaining Equilibrium in Games and Social Situations, Cambridge: Cambridge University Press.
Hoerster, N., 2002, Ethik des Embryonenschutzes, Stuttgart: Reclam.
Hooker, B., 2000, Ideal Code, Real World, Oxford: Clarendon Press.
Lenzen, W., 1999, Liebe, Leben, Tod, Stuttgart: Reclam.
Lumer, C., 2000, Rationaler Altruismus, Osnabrück: Universitätsverlag Rasch.
Lyons, D., 1965, Forms and Limits of Utilitarianism, Oxford: Clarendon Press.
Mill, J. S., 1861, Der Utilitarismus, Stuttgart: Reclam 1976.
Moore, G. E., 1903, Principia Ethica, Stuttgart: Reclam 1977.
Nida-Rümelin, J., 1993, Kritik des Konsequentialismus, München: Oldenbourg.
Parfit, D., 1997, Gleichheit und Vorrangigkeit, in: A. Krebs (Hg.), Gleichheit oder Gerechtigkeit, Frankfurt/M.: Suhrkamp 2000.
Rawls, J., 1971, Eine Theorie der Gerechtigkeit, Frankfurt/M.: Suhrkamp 1979.
Scarre, G., 1996, Utilitarianism, London: Routledge.
Scheffler, S. (Hg.), 1988, Consequentialism and Its Critics, Oxford: Oxford University Press.
Sen, A., 1984, Equality of What?, in: R. E. Goodin/ P. Pettit (Hg.), Contemporary Political Philosophy, Oxford: Blackwell 1997.
Sen, A., 1985, Commodities and Capabilities, Amsterdam: North-Holland.
Shaw, W. H., 1998, Contemporary Ethics – Taking Account of Utilitarianism, Oxford: Blackwell.
Sidgwick, H., 1874, The Methods of Ethics, Indianapolis: Hackett 1982.
Singer, P., 1980, Praktische Ethik, Stuttgart: Reclam 1994.
Sumner, L. W., 1996, Welfare, Happiness, and Ethics, Oxford: Clarendon Press.
Smart, J. J. C., 1961, An Outline of a System of Utilitarian Ethics, in: ders./B. Williams, Utilitarianism, Cambridge: Cambridge University Press 1973.
Temkin, L. S., 1993, Inequality, Oxford: Oxford University Press.
Trapp, R. W., 1988, »Nicht-klassischer« Utilitarismus, Frankfurt/M.: Klostermann.
Trapp, R. W., 1992, Die ideengeschichtliche und theoretische Entwicklung der Wertbasis des klassischen Utilitarismus, in: U. Gähde/W. H. Schrader (Hg.), Der klassische Utilitarismus, Berlin: Akademie.
Urmson, J. O., 1953, Zur Interpretation der Moralphilosophie J. St. Mills, in: O. Höffe (Hg.), Einführung in die utilitaristische Ethik, München: Beck 1975.
Williams, B., 1973, A Critique of Utilitarianism, in: ders./J. J. C. Smart, Utilitarianism, Cambridge: Cambridge University Press.

Christoph Lumer

Utopie

1.

Das Kunstwort »Utopie« wurde im 16. Jahrhundert aus altgriechisch ou (= nicht) und topos (= Ort) zusammengesetzt und bezeichnet folglich den ›Nichtort‹ oder das Nirgendwo, kann aber in zeitlicher Bedeutung auch das Noch-nicht- bzw. das Nie-Gegenwärtige meinen. Mit dem Gebrauch des Ausdrucks ist eine charakteristische Doppeldeutigkeit verbunden, denn er bezieht sich auf überaus wünschbare Zustände gemeinschaftlicher und individueller Lebensführung, die prinzipiell unerreichbar sind oder nur schwer oder ausnahmsweise erreichbar scheinen (wie die Inseln der Seligen oder das Neue Atlantis). Zumeist wird im alltäglichen wie wissenschaftlichen Sprachgebrauch ein illusionärer Unort »Utopie« genannt. Ihn im Bedürfnis nach Handlungsorientierung oder Gegenwartskritik in den Blick zu nehmen, kann als gefährliche Realitätsverkennung gelten. In einem positiveren Verständnis kann das Wort »Utopie« aber auch ein Irgendwo-Irgendwann der Wunscherfüllung bezeichnen, ein

Idealbild, von dem zu hoffen ist, es könne mit Glück aufgefunden oder unter bestimmten geschichtlichen Voraussetzungen in der Zukunft tatkräftig verwirklicht werden.

Von Dystopien spricht man dagegen, wenn utopische Darstellungen Zustände und Entwicklungstendenzen vor Augen zu führen versuchen, die als solche negativ erscheinen bzw. beurteilt werden sollten.

2.

Als Utopie lässt sich bereits der Entwurf der wohlgeordneten Polis auffassen, den Platon seinen Sokrates in der *Politeia* vorstellen lässt. Denn hier wird ausdrücklich ein mustergültiges Bild einer gut organisierten arbeitsteiligen Gesellschaft entworfen, in der Gerechtigkeit herrscht, weil und solange jeder das Seinige tut und hat. Platon gliedert seinen Idealstaat in drei Stände, die den drei verschiedenen Seelenteilen einer Person entsprechen und wie diese zu einer harmonischen Einheit finden sollen, indem sie sich der Leitung des vernünftigen Teils überlassen. Dafür aber ist gelungene individuelle Seelenbildung und umfassendes Wissen über das an sich und für einen jeden Gute vonnöten. Deswegen müssen Platon zufolge die Philosophen Könige werden bzw. die Gewalthaber lernen, wahrhaft und gründlich zu philosophieren.

Platons Staatsentwurf hat im Laufe seiner gut zweitausendjährigen Rezeptionsgeschichte auch den Anstoß zu utopiekritischen Gegenreden gegeben. So glaubt Karl Popper, einer der schärfsten Kritiker utopischen Denkens überhaupt, den totalitären Grundzug utopischer Denkfiguren exemplarisch an Platons Konzept der Gerechtigkeit aufweisen zu können (Popper 1945, 187 ff.). Weil utopische Sozialtechnik immer aufs Ganze gehe und sich dabei auf untrügliche Kenntnis letzter Handlungszwecke berufe, habe sie prinzipiell dogmatischen Charakter. Gegen die Orientierung an umfassenden Idealbildern gesellschaftlicher Ordnung plädiert Popper daher für eine aus dem Geist des Liberalismus gespeiste Sozialtechnik der kleinen Schritte, die ein geringeres Risiko darstellen und jederzeit revidierbar bleiben sollen.

Die hohe Zeit des utopischen Denkens ist indessen die frühe Neuzeit. Unter dem Titel *Utopia*, der dann im 18. Jahrhundert zur Bezeichnung des gesamten Genres geworden ist, beschreibt Thomas Morus 1516 die Verfassung eines auf einer Insel gelegenen Idealstaats, in dem vollkommene Verteilungsgerechtigkeit herrscht, gerade weil es weder Geld noch Besitz gibt. Die Utopier sind sittlich und wissenschaftlich gleichermaßen gebildet, üben untereinander religiöse Toleranz, bedürfen nur weniger Gesetze zur Regelung des Gemeinwesens und sind überdies bemüht, den vorzeitigen Tod in kriegerischen Auseinandersetzungen mit anderen Völkern zu vermeiden. Eine weit striktere zentrale Organisation des gemeinschaftlichen Lebens bestimmt den von Campanella 1623 beschriebenen *Sonnenstaat*, der ebenfalls ein Modell einer arbeitsteiligen Gemeinschaft vorstellt, in der vollständige Verteilungsgerechtigkeit verwirklicht ist. F. Bacons unter dem Titel *Nova-Atlantis* veröffentlichte Beschreibung des Lebens auf der Insel Bensalem zeichnet dagegen das Bild einer Gelehrtenrepublik, die v.a. auf einem neuen Verständnis von Wissen beruht. Es ist die experimentelle Erforschung der naturgegebenen Kausalzusammenhänge, die in diesem neuen Atlantis die fortwährende Verbesserung der menschlichen Lebensverhältnisse sichert. Die Erweiterung der menschlichen Herrschaft über die Natur bis an die Grenzen des überhaupt Möglichen ist das erklärte Ziel der neu-atlantischen Forschergemeinschaft (vgl. Bacon 1627, 205), die bereits mit Stolz auf ihre Fähigkeit verweist, tierische Organismen auf vielerlei Weise künstlich verändern und so den menschlichen Wünschen anpassen zu können. Dass dieses Projekt fortschreitender Naturbeherrschung und Naturumschaffung in der biotechnischen Umgestaltung des Menschen selbst gipfelt, hat gut dreihundert Jahre später, im Jahre 1931, Aldous Huxley zum Thema seines dystopischen Romans *Brave New World* gemacht.

Im 18. und 19. Jahrhundert wird das Prädikat »utopisch« zumeist in seiner pejorativen Bedeutung verwendet. Als »utopisch« werden in diesem Zeitraum also v.a. Wunschvorstellungen kritisiert, die als vollkommen illusionär durchschaut sind oder doch der nachdrücklichen Belehrung durch Wissenschaft bedürfen, wenn sie nicht Chimären bleiben wollen. Insbesondere in der sozialistischen Tradition von den Frühsozialisten Saint-Simon, Fourier und Owen bis zu den Klassikern Marx und Engels dient der Utopievorwurf immer wieder der Abgrenzung des je eigenen Projekts von anderen, der gesellschaftskritischen Intention nach nah verwandten Ansätzen von Zeitgenossen wie Vorläufern. So plädiert beispielsweise schon Fourier selbst für den Wandel des Sozialismus von der Utopie zur Wissenschaft, den Engels später gerade in der Kritik an Fourier und den anderen Frühsozialisten zum Programm gemacht hat (vgl. Engels 1880). Nachdrücklich rehabilitiert wird das utopische Denken erst zu Beginn des 20. Jahrhunderts durch zwei sehr unterschiedliche Theoretiker, den Wissenssoziologen Karl Mannheim und den neomarxistisch orientierten Philosophen Ernst Bloch.

In einem funktionalistischen Blickwinkel grenzt Mannheim utopische und ideologische Vorstellungen gesellschaftlicher Ordnung gegeneinander ab. Während Ideologien den bestehenden Zustand zu rechtfertigen und die geschichtliche Dynamik einzufrieren versuchten, sprenge utopisches Bewusstsein die bestehenden Strukturen und bringe so zukünftige Wirklichkeiten in den Blick. Einen vollends positiven Sinn verleiht dann Bloch dem Begriff der konkreten im Unterschied zur abstrakten Utopie. Während abstrakte Utopien lediglich Illusionen vorgaukelten, fassten konkrete Utopien realistische Alternativen zum Gegebenen ins Auge. Blochs Untersuchung der gesellschaftverändernden Kraft utopischer Bilder (nicht zuletzt einschlägiger Produkte der verschiedenen Künste) und Konzepte bietet nicht nur eine umfassende historische Bestandsaufnahme des utopischen Denkens. *Das Prinzip Hoffnung* (Bloch 1959) liefert vielmehr eine reichhaltige Phänomenologie alltäglichen Wünschens, die auch Gegenaffekte wie die Angst nicht ausblendet. Schließlich will Bloch die elementare menschliche Sehnsucht nach umfassender Wunscherfüllung nicht nur anthropologisch begreiflich machen, sondern fundiert sie in einer ausgewachsenen Ontologie des Noch-Nicht-Seins, die Motive der jüdisch-christlichen Heilslehre mit einem phantastischen Materialismus verbindet. Dieser Spekulation gemäß sind es in letzter Instanz die Potenzen der Materie als solcher, die auf Neuerungen drängen und auch in dem menschlichen Wunsch wirksam sind, das Dunkel des jeweils gelebten Augenblicks zu lichten und Fremdheit wie Entfremdung zu überwinden. Blochs Plädoyer für den Entwurf konkreter Utopien fand insbesondere in den 1970er und 1980er Jahren in weiteren Kreisen Gehör und hat auch den alltäglichen Sprachgebrauch modifiziert.

3.

Bis heute ist strittig, ob utopische Entwürfe prinzipiell als Wegweiser und Motoren vernünftigen gesellschaftlichen Fortschritts zu würdigen sind oder im Gegenteil als verführerische Ausdrücke von Gegenwartsverneinung und Wirklichkeitsflucht, denn es ist schließlich doch der jeweilige Inhalt utopischer Bilder und Vorstellungen, der in der politischen Debatte in Frage steht, nicht die Form seiner Darstellung. Die Tradition gesellschaftskritischer Sozialphilosophie versucht jedenfalls auch noch in den Debatten der Gegenwart den Begriff der Utopie immer wieder zu beleben.

4.

Bacon, F., 1627, Neu-Atlantis, in: K. J. Heinisch (Hg.), Der utopische Staat, Hamburg: Rowohlt 1960.

Bloch, E., 1959, Das Prinzip Hoffnung, Frankfurt/M.: Suhrkamp 1985.

Campanella, T., 1602, Der Sonnenstaat, in: K. J. Heinisch (Hg.), Der utopische Staat, Hamburg: Rowohlt 1960.

Eickelpasch, R./Nassehi, A. (Hg.), 1996, Utopie und Moderne, Frankfurt/M.: Suhrkamp.

Engels, F., 1880, Die Entwicklung des Sozialismus von der Utopie zur Wissenschaft, in: MEW, Bd. 19, Berlin: Dietz 1962.

Huxley, A., 1931, Brave New World, Stuttgart: Klett 2003.
Mannheim, K., 1929, Ideologie und Utopie, Frankfurt/M.: Klostermann 1995.
Manuel, F. E./Manuel, F. P., 1977, Utopian Thought in the Western World, Cambridge: Harvard University Press.
Morus, T., 1516, Utopia, in: K. J. Heinisch (Hg.), Der utopische Staat, Hamburg: Rowohlt 1960.
Neusüss, A. (Hg.), 1986, Utopie, Frankfurt/M.: Campus.
Popper, K. R., 1945, Die offene Gesellschaft und ihre Feinde, Tübingen: Mohr 1992.
Ricœur, P., 1986, Lectures on Ideology and Utopia, New York: Columbia University Press.
Saage, R., 1997, Utopieforschung, Darmstadt: WBG.
Vester, M. (Hg.), 1970, Die Frühsozialisten 1789–1848, Reinbek: Rowohlt.
Voßkamp, W. (Hg.), 1992, Utopieforschung, Stuttgart: Metzler.

HEIDRUN HESSE

V

Veblen, Thorstein Bunde (1857–1929)

1.

Der US-amerikanische Ökonom und Soziologe Veblen wurde als Sohn norwegischer Immigranten auf einer Farm in Wisconsin geboren. Er studierte in Carleton und promovierte 1884 in Yale im Fach Philosophie. Nach sieben Jahren Arbeitslosigkeit wurde er im Alter von 34 Jahren Fellow in Cornell, im Jahr darauf in Chicago, wo er auch der erste Herausgeber des *Journal of Political Economy* war. Sein Hauptwerk *Die Theorie der feinen Leute* (*The Theory of the Leisure Class*, 1899) machte ihn zum »Gott aller Radikalen« (Dorfman 1934, 196) in den Vereinigten Staaten.

Doch so berühmt er wurde, so umstritten blieb er zugleich. Ob in fachlicher, moralischer, religiöser oder politischer Hinsicht, Veblen hielt sich von den herrschenden Strömungen fern. Daher gelang es ihm nie, eine angemessen bezahlte Stelle für längere Zeit zu halten. Nach dem Weggang aus Chicago arbeitete er nacheinander in Stanford, Missouri und New York und während des Ersten Weltkriegs für die US-amerikanische Bundesregierung. Nach einer langen Herzkrankheit starb Veblen in einer einfachen Hütte in Kalifornien.

2.

In *Die Theorie der feinen Leute* entwirft Veblen, ausgehend von einer für alle entwickelten Gesellschaften geltenden Unterscheidung zwischen ›noblen‹ ausbeutenden und ›niedrigen‹ körperlich schweren Arbeiten, eine Darstellung der Oberschicht, welche sich durch *demonstrativen Müßiggang* (*conspicuous leisure*; z.B. Urlaub oder unbequeme Kleidung, in der man nicht arbeiten kann) und *demonstrativen Konsum* (*conspicuous consumption*; Erwerb und Genuss von unpraktischen, überteuerten, zweckfreien Gegenständen) von den niederen Schichten abgrenzt, indem sie betont, dass sie nicht für den Lebensunterhalt arbeiten muss. *The Theory of Business Enterprise* (1904) und *Absentee Ownership and Business Enterprise in Recent Times* (1923) analysieren den modernen kapitalistischen Konflikt zwischen Produktion (industry) und Geschäft (business). Während erstere Güter zum Wohle der Gemeinschaft hervorbringt, versucht letzteres (unter Umständen auf Kosten der Gemeinschaft) Geld zu verdienen. *The Instinct of Workmanship* (1914) bietet am ehesten eine umfassende Darstellung von Veblens Thesen und seiner Theorie der menschlichen Instinkte, die zum Wohle der Gesellschaft wirken, aber einander entgegenstehen und durch Institutionen behindert werden. *Imperial Germany and the Industrial Revolution* (1915) vergleicht die kulturellen Entwicklungen Deutschlands und Großbritanniens miteinander, die aufgrund unterschiedlicher ökonomischer Bedingungen verschieden verlaufen. *An Inquiry into the Nature of Peace and the Terms of Its Perpetuation* (1917) bezieht sich auf Kants Schrift *Zum ewigen Frieden*. Frieden ist für Veblen nur jenseits der Einzelstaaten möglich, weil deren Charakter ausbeuterisch sei und ihre einzige Funktion in kriegsähnlichen Unternehmungen bestehe. *The Higher Learning in America* (1918) behandelt die Auswirkungen der damaligen Umwandlung der US-amerikanischen Hochschulen zu Wirtschaftsunternehmen auf die Bedingungen für Forschung und Lehre.

3.

Veblen hinterlässt weder einen klar ausgearbeiteten Forschungsansatz noch ein System von Lehrmeinungen, vermutlich, weil er diese bewusst ablehnt (vgl. Dorfman 1934, 311). Er untersucht das Entstehen der (US-amerikanischen) Gesellschaft seiner Zeit und den Wandel, dem sie unterliegt. Dabei gelangt er in seinen unorthodoxen, quer zu allen Lehrmeinungen liegenden und Wirtschafts- und Sozialwissenschaft miteinander verbindenden Arbeiten zur (allerdings nicht anklagenden, sondern ironisch distanziert formulierten) Darstellung einer äußerst ungerechten Gesellschaft. Diese Kritik verbindet sich jedoch nie mit einem reformatorischen Eifer: Veblen formuliert keine soziale Utopie und ist auch nicht politisch tätig; er ist Wissenschaftler.

Veblens Denken ist maßgeblich beeinflusst von Darwin und Marx. Wie der Sozialdarwinismus überträgt er die Evolutionstheorie auf die Gesellschaft, allerdings untersucht er die Evolution *sozialer Institutionen* (d.h. habitueller sozialer Verhaltensweisen) und ihre Rolle bei sozialen Veränderungen. Er teilt auch keineswegs die Auffassung, die herrschende Schicht sei die höchste Form menschlicher Entwicklung; im Gegenteil sieht er ihre Stellung als ein atavistisches Überbleibsel der früheren »barbarischen« Gesellschaft an.

Mit Marx verbindet Veblen die Betonung des Klassenkampfes und der Bedeutung der Technologie für den gesellschaftlichen Wandel. Dessen optimistisches Vertrauen in die menschliche Rationalität und sein teleologisches Geschichtsbild lehnt er hingegen ab. Ziel der Mitglieder der Unterschicht ist für Veblen nicht die Schaffung gerechterer Verhältnisse, sondern der persönliche Aufstieg innerhalb der bestehenden Gesellschaft.

4.

Veblen, T., 1899, Die Theorie der feinen Leute, Köln: Kiepenheuer & Witsch 1958.

Veblen, T., 1904, The Theory of Business Enterprise, London: Routledge 1994 (Collected Works, Bd. 10).

Veblen, T., 1914, The Instinct of Workmanship and the State of the Industrial Arts, London: Routledge 1994 (Collected Works, Bd. 3).

Veblen, T., 1915, Imperial Germany and the Industrial Revolution, London: Routledge 1994 (Collected Works, Bd. 8).

Veblen, T., 1917, An Inquiry into the Nature of Peace and the Terms of Its Perpetuation, London: Routledge 1994 (Collected Works, Bd. 7).

Veblen, T., 1918, The Higher Learning in America, London: Routledge 1994 (Collected Works, Bd. 6).

Veblen, T., 1923, Absentee Ownership and Business Enterprise in Recent Times, London: Routledge 1994 (Collected Works, Bd. 3).

Veblen, T., 1994, The Collected Works, London: Routledge.

Dorfman, J., 1934, Thorstein Veblen and His America, New York: Viking.

Dowd, D. F., 2000, Thorstein Veblen, New Brunswick: Transaction.

Dowd, D. F. (Hg.), 1958, Thorstein Veblen, Ithaca: Cornell University Press.

Jorgensen, E. W./Jorgensen, H. I., 1999, Thorstein Veblen, Armonk: Sharpe.

Penz, R./Wilkop, H. (Hg.), 1996, Zeit der Institutionen, Marburg: Metropolis.

Riesman, D., 1953, Thorstein Veblen, New York: Seabury.

Sowell, T., 1967, The ›Evolutionary‹ Economics of Thorstein Veblen, Oxford Economic Papers 19.

Nils Hodyas

Verantwortung

1.

»Verantwortung« bezieht sich primär darauf, dass man für die eigenen Handlungen verantwortlich ist und sich für sie unter Umständen auch verantworten muss. Von den verschiedenen Bedeutungen dieses Begriffs sind für die politische Philosophie und die Sozialphilosophie zwei besonders wichtig. Sie lassen sich durch zwei Begründungen illustrieren, mit denen jemand den Vorwurf der Unverantwortlichkeit zurückweisen könnte. Stellen wir uns eine Person vor, die ein Kind nicht aus einem brennenden Gebäude gerettet hat. Zu ihrer Verteidigung kann die kritisierte Person anführen, dass sie durch etwas (etwa durch ihre Angst oder eine Verletzung) daran gehindert wurde; oder sie kann darauf verweisen, dass die Verpflichtung, das eigene Leben zu riskieren, um einem ihr unbekannten Kind zu helfen, nicht greift (anders als für die Feuerwehr vor Ort). In der ersten Bedeutung betont die Aussage, dass X für die Folgen ihrer Handlung (oder ihrer Entscheidung, nicht zu handeln) verantwortlich ist, dass X zu dieser Handlung in einem Verhältnis steht, das diese Handlung zu ihrer eigenen Tat macht. Unter Umständen sind dann (etwa moralische oder rechtliche) Anschuldigungen und Schuldgefühle angemessen. X ist die Akteurin, die die Handlung und damit auch ihre Konsequenzen hervorgebracht hat. Wir können hier von Verantwortung als *Urheberschaft* sprechen. In der zweiten Bedeutung betont die Aussage, dass X für eine Handlung verantwortlich ist, dass es falsch wäre, wenn X nicht so handeln würde. Hier wird manchmal von prospektiver (im Gegensatz zu retrospektiver) Verantwortung gesprochen. Da diese aber auch im Nachhinein zugeschrieben werden kann, sollte man eher von Verantwortung als Verpflichtung sprechen. Natürlich gibt es auch andere Bedeutungen von »Verantwortung« – so sagen wir etwa »Das defekte Kabel war für das Feuer verantwortlich«. Diese Bedeutung von Verantwortung als Ursache ist aber abgeleitet von der Kernbedeutung personaler Verantwortung.

2.

Auch wenn der Begriff der Verantwortung erst im 20. Jahrhundert zu besonderer Prominenz gelangt, reichen seine Ursprünge zurück bis an die Anfänge der westlichen Philosophie. Dabei betont eine Entwicklungslinie die Zuschreibung von Verantwortung und damit Verantwortung als *Urheberschaft* (2.1.), die andere die Übernahme von Verantwortung und damit Verantwortung als *Verpflichtung* (2.2.).

2.1. Zwei Aspekte von Aristoteles' Antwort auf die Frage, wann es gerecht ist, jemanden für etwas verantwortlich zu machen, haben die Diskussion nachhaltig geprägt. Zum einen macht Aristoteles die Freiwilligkeit der Handlung zu einer Vorbedingung für Verantwortlichkeit. Zum anderen muss der Akteur die Konsequenzen seiner Handlung voraussehen und verstehen können. Insbesondere die erste Bedingung der Freiheit von Zwang ist im Zusammenhang der Debatten um Determinismus und Willensfreiheit höchst umstritten. Wenn nämlich alle Handlungen Naturgesetzen unterstehen und mit ihren Antezedenzen und Konsequenzen kausal verknüpft sind, scheint es keinen Spielraum für den verantwortlichen Akteur zu geben. Auf diese Frage haben sich zwei Typen von Antworten herausgebildet.

Der erste betont mit Aristoteles die Bedingung der Freiwilligkeit und besteht darauf, dass die Handlung unter der Kontrolle des verantwortlichen Akteurs stehen oder auf andere Weise auf ihn zurückführbar sein muss. So argumentieren etwa Epikur, Augustinus, Thomas von Aquin und Kant. Dabei wird die Verbindung typischerweise durch eine metaphysische Instanz – wie Gott oder die Vernunft – gewährleistet. In jüngster Zeit ist die »Responsivität gegenüber Gründen« als zentrale Bedingung jener für die Verantwortung wesentlichen »Kontrolle durch Führung« (guidance-control) herausgestellt worden (vgl. Fischer/Ravizza 1998).

Der zweite Antworttypus wird von Anhängern des Naturalismus vertreten, die keine außerhalb der natürlichen Welt verorteten Handlungsinstanzen zulassen, aber dennoch die meisten unserer Praktiken und Institutionen im Bereich der Verantwortung aufrechterhalten möchten. Auf diese Weise argumentieren etwa die Stoiker, Hobbes, Hume, die Utilitaristen und Daniel Dennett. Sie alle versuchen, Verantwortlichkeit mit dem Determinismus zu vereinbaren, indem sie Aristoteles' Bindung der Zuschreibung von Verantwortlichkeit (und damit von Tadel und Strafe, Lob und Belohnung) an die Verursachung der Handlung lockern oder ganz aufgeben. Demnach hängt Verantwortlichkeit nicht von der kausalen oder rationalen Kontrolle durch den Akteur ab, sondern von der sozialen Nützlichkeit, der evolutionären Durchsetzung oder der moralischen, politischen oder rechtlichen Notwendigkeit von Kriterien der Verantwortlichkeit.

Drei einflussreiche zeitgenössische Positionen schließen hier an und schwächen den Naturalismus dabei ab. H. L. A. Hart (1968) entwickelt eine rechtspositivistische Konzeption von Verantwortung, die das Gewicht von metaethischen oder metaphysischen Grundlagenfragen auf den »generellen Zweck« des Rechtssystems (und seiner Regeln für die Zuschreibung von Verantwortung) verschiebt. P. F. Strawson (1963) löst die Frage der Verantwortung von Kausalverhältnissen und stellt sie in den Kontext interpersonaler Beziehungen: Ohne die Möglichkeit von Verantwortung würden wesentliche Praktiken und Emotionen unserer Alltagswelt ihren Sinn verlieren (vgl. Wallace 1994). Und schließlich vertritt Harry Frankfurt (2001) die Auffassung, dass nicht die vorangehenden Ursachen und Umstände der Entscheidung für Verantwortlichkeit ausschlaggebend seien, sondern die Einstellungen des Handelnden zu seinen Handlungen. Auch wenn wir gar keine andere Wahl hatten, können wir für eine Handlung verantwortlich sein, die zur Verwirklichung von Wünschen beiträgt, die wir wiederum in unseren »Wünschen zweiter Ordnung« gutheißen.

2.2. Eine hiervon zu unterscheidende Tradition betont die Wichtigkeit der Verantwortungsübernahme und hat sich insbesondere im Republikanismus, im augustinischen Christentum und im Existenzialismus entfaltet. Im Republikanismus (etwa bei Cicero und anders gewendet bei Hegel) findet sich die Idee, dass Individuen nicht nur allgemeine Pflichten zu erfüllen haben, sondern als Personen in bestimmten sozialen und institutionellen Rollen auch besonderen Verantwortlichkeiten für andere Personen und Aufgaben gerecht werden müssen und dafür von bestimmten Autoritäten auch zur Verantwortung gezogen werden können. In den monotheistischen Religionen (insbesondere aber in der auf die *Bekenntnisse* des Augustinus zurückgehenden Tradition) folgt daraus nicht nur, dass es falsch ist, seinen Verantwortlichkeiten nicht gerecht zu werden, sondern auch, dass man sich dafür vor Gott zu verantworten hat. Die Vorstellung eines Tages der Abrechnung wirkt auf doppelte Weise auch in der existenzialistischen Sichtweise nach. Zum einen betont die Idee der Selbstwahl, dass man für sein Leben als Ganzes Verantwortung übernehmen müsse, statt sich als Opfer der Umstände zu sehen. Zum anderen können andere den Akteur für ein Verhalten zur Verantwortung ziehen, das er selbst zunächst mit guten Gründen als richtig eingeschätzt hatte. Dieser Sichtweise zufolge müssen wir akzeptieren, dass auch die besten Absichten kein reines Gewissen garantieren können. Ein solcher Übergang von einer »Gesinnungsethik«, der zufolge die Richtigkeit einer Handlung ganz von den Absichten abhängig ist, zu einer »Verantwortungsethik«, der zufolge moralische Akteure auch die tatsächlichen Konsequenzen ihres Handelns in Betracht ziehen müssen (vgl. Weber 1919), hat in der Folge der Verbrechen der Nationalsozialisten und der Umweltzerstörung an Unterstützung und Dringlichkeit gewonnen. So haben Denker wie Jonas (1979) und (am radikalsten) Levinas (1961) betont, dass die partielle Unverfügbarkeit der Konsequenzen und Umstände unseres Handelns uns nicht der Verpflichtung enthebt, unserer (vielleicht unabsichtlichen) Verstrickung in unmoralische Situationen mutig entgegenzutreten und für die Konsequenzen unseres Handelns die Verantwortung zu übernehmen.

3.

Auch systematisch lassen sich innerhalb der beiden Verständnisse von Verantwortung als Urheberschaft und als Verpflichtung verschiedene Stränge unterscheiden.

3.1. In den gegenwärtigen Diskussionen über »Verantwortung als Urheberschaft« spielen insbesondere fünf Problemkreise eine Rolle: die Bedingung der *Freiheit*, die Rolle von *Einstellungen*, die unsere Handlungsmotive bestätigen, die *Fähigkeit*, unser eigenes Handeln zu verstehen, die *Reichweite kollektiver Verantwortung* und die Bandbreite angemessener *Reaktionen* auf zu verantwortendes Fehlverhalten.

Wenn jemand zu einer Handlung gezwungen wird, ist das eindeutig ein Grund für die Annahme, dass er nicht für diese Handlung verantwortlich ist. In vielen Fällen ist evident, dass diese Bedingung der »negativen« *Freiheit* verletzt wird. Oft, insbesondere im Fall von Drohungen, sind die Kriterien allerdings umstritten. Zudem können innere psychologische Zwänge oft nur schwer von den tiefsten Wünschen der Handelnden unterschieden werden. Und schließlich gibt es auch Bedingungen positiver Freiheit – etwa die erforderlichen Mittel, um bestimmte Handlungen vermeiden zu können –, die schnell zur Entschuldigung allen Fehlverhaltens missbraucht werden können. Diese Diskussionen erinnern daran, dass Verantwortung auf die effektive Kontrolle durch den Akteur angewiesen ist. Damit stehen wir jedoch vor einer Reihe umfassender und komplizierter Fragen über Determinismus und Willensfreiheit, die hier nicht behandelt werden können (vgl. Kane 2005; Bieri 2001). Die grundlegende Intuition ist aber auch für unseren Kontext relevant: Verantwortung setzt voraus, dass man auch anders hätte handeln können. Dieses Prinzip alternativer Handlungsmöglichkeiten erlaubt u.a. eine Operationalisierung der Bedingung, dass Akteure nur für solche Handlungen verantwortlich gemacht werden können, über die sie auch eine effektive Kontrolle haben. Wie oben gesehen, kann man Frankfurt (2001) zufolge aber auch verantwortlich sein, wenn man gar nicht anders hätte handeln können. Das ist der Fall, wenn ich die vollzogene Handlung unabhängig von den verfügbaren Alternativen sowieso vollzogen hätte.

In der Diskussion über Verantwortung lässt sich eine Gewichtsverschiebung weg von den metaphysischen Fragen kausaler Beeinflussbarkeit hin zu den *Einstellungen* der Akteure konstatieren. Aus dieser Perspektive stellt sich etwa die Frage, ob die Motive der Handelnden tatsächlich authentisch sind, zumal ein Großteil dessen, was autonomen Akteuren wichtig ist, das Produkt eines lebensgeschichtlichen Entwicklungsprozesses ist, den sie nicht zur Gänze unter ihrer Kontrolle haben (vgl. Christman 1991). Dieser Sichtweise zufolge können die Einstellungen der Akteure zudem zur Eingrenzung derjenigen Handlungsfolgen herangezogen werden, für die man verantwortlich gemacht werden kann. So ist insbesondere im Zusammenhang mit Fragen der angewandten Ethik mit Bezug auf das Prinzip der Doppelwirkung (principle of double effect) die Auffassung vertreten worden, dass ein Akteur nur für diejenigen Konsequenzen seines Handelns verantwortlich gemacht werden kann, die er intendiert (und nicht nur vorausgesehen) hat (vgl. Woodward 2001). Hier stellt sich jedoch das Problem, dass die Intentionen der Akteure oft nicht ohne weiteres bestimmt werden können.

Zur psychologischen Dimension der Verantwortung gehört auch die Bedingung, dass man *verstehen* muss, was man tut. Eine solche Verknüpfung der mentalen Zustände des Akteurs mit seinen Handlungen wirft etwa im Zusammenhang mit dem rechtlichen Problem des subjektiven Tatbestands (mens rea) schwierige Fragen auf, die neben umstrittenen Fällen der Unzurechnungsfähigkeit auch die wichtigen Unterscheidungen zwischen absichtlichem, wissentlichem und fahrlässigem Handeln betreffen (vgl. Hart 1968, Kap. 6; vgl. 3.2.). In der philosophischen Diskussion stellt sich die Frage, ob der Akteur das Richtige vom Falschen unterscheiden kann und in welchem Maße er für Gründe ansprechbar ist (vgl. Fischer/Ravizza 1998; Wallace 1994).

Können ausschließlich Individuen Verantwortung tragen? Kann etwa dem deutschen Volk die Verantwortung für den Holocaust zugeschrieben werden? Es ist relativ unumstritten, dass politische Führer zur Verantwortung gezogen werden können, wenn sie anderen befehlen, Gräueltaten zu begehen oder sie dazu ermutigen. Kompliziert wird es allerdings, wenn anonyme, amorphe oder dezentralisierte Prozesse hinter den individuellen Handlungen stehen. Reduktionistische individualistische Ansätze verstehen Verantwortung als wesentlich individuelles Phänomen und kollektive Verantwortung als Aggregierung individueller Verantwortungen. Diejenigen, die für eine genuine kollektive, unternehmerische, geteilte oder gemeinsame Verantwortung argumentieren, gehen davon aus, dass ein *Kollektiv* unter bestimmten Umständen zur Verantwortung gezogen werden kann, entweder weil es sich um einen kollektiven Akteur handelt oder weil die Individuen in einem Verhältnis zueinander stehen, das die Verantwortung unter ihnen verteilt (vgl. May 1992; French/Wettstein 2006). Daraus, dass die Verantwortung geteilt ist, folgt jedoch noch nicht, dass den einzelnen eine geringere Verantwortung zukommt.

Auch auf die Frage, was denn aus der Verantwortlichkeit für eine (richtige oder falsche) Handlung im Einzelfall folgt, werden unterschiedliche Antworten gegeben. Einer Sichtweise zufolge hat die Zuschreibung von Verantwortung direkte Implikationen. Insbesondere die Möglichkeit kollektiver Verantwortung wirft dann auch die Frage kollektiver Bestrafungen für Nationen und andere Gruppen auf. Die Zuschreibung von Verantwortung kann aber auch andere Reaktionen wie die Anerkennung von Schuld, das Äußern von Reue, Wiedergutmachung oder Entschädigung erfordern (vgl. Jaspers 1946). Mit Bezug auf lobenswerte Handlungen zielt die Frage nach den Implikationen der Zuschreibung von Verantwortung auf die Unterscheidung von »Verdienst« und »Glück«. In den gegenwärtigen Debatten über soziale Gerechtigkeit und Gleichheit ist höchst umstritten, ob eine faire Verteilung sozialer Güter eine Minimierung der Rolle von Glück und Zufall und eine Verteilung allein auf Grundlage des Verdienstes erfordert (in diesem Fall spricht man von »luck egalitarianism«; vgl. Hurley 2003).

3.2. Wie einleitend bemerkt, kann Verantwortung auch mit Bezug auf die Pflichten verstanden werden, die Akteure haben und für die sie von anderen zur Verantwortung gezogen werden können. Zu sagen, dass jemand nicht verantwortlich gehandelt hat, ist dann kein Freispruch, sondern eine Kritik. In diesem Zusammenhang werden insbesondere Verantwortlichkeiten als *Pflichten*, Nachlässigkeit und Verantwortung für *Unterlassungen*, selbstbezogene *Nachlässigkeit* und die Bereitschaft der *Verantwortungsübernahme* über die Grenzen der vernünftigen Zuschreibung von Verantwortlichkeiten hinaus diskutiert.

Am einfachsten kann man für eine Vernachlässigung von Verantwortlichkeiten kritisiert werden, wenn man (oft in Abhängigkeit von einer sozialen Rolle) einer spezifischen *Verpflichtung* untersteht, sich um etwas oder jemanden zu kümmern. In diesem Sinne sind Eltern verantwortlich für das Wohlergehen ihrer Kinder und Rettungsschwimmer für die Sicherheit am Strand. Insbesondere im Kontext der Berufsethiken ist diese Vorstellung der Rollen-Verantwortung zentral. Sie kann allerdings auch zur Verringerung der Verpflichtungen und Verantwortlichkeiten anderer führen (»Es ist nicht meine Aufgabe, sondern die des Rettungsschwimmers, das Kind vor dem Ertrinken zu retten.«).

Auch wenn man keiner besonderen Verpflichtung zum Handeln untersteht, kann das *Unterlassen* von Handlungen durchaus zu negativen Konsequenzen führen, für die man verantwortlich ist. Es ist allerdings unklar, ob man dann als Urheber dieser Konsequenzen verantwortlich zu machen ist oder für eine Vernachlässigung der eigenen Pflichten. In jedem Fall kann diese Frage – wie auch andere Fragen im Bereich der Verantwortung – nur durch normative Erwägungen und nicht allein anhand metaphysischer Kriterien beantwortet werden. Rechtlich kann man – im Fall der verschuldensunabhängigen Haftung (strict liability) – sogar verantwortlich gemacht werden, wenn man überhaupt nicht wusste, dass man etwas Falsches tut, oder alles Erdenkliche getan hat, um die Risiken zu minimieren.

Mit »selbstbezogener *Nachlässigkeit*« sind jene Fälle der Unverantwortlichkeit gemeint, in denen die Akteure es versäumen, Schritte zur Aufrechterhaltung ihrer eigenen Verantwortlichkeit zu unternehmen. Wenn man weiß, dass man sich unter Alkoholeinfluss aggressiv verhält, ist man dafür verantwortlich, es gar nicht zu den andernfalls entschuldigenden Umständen kommen zu lassen. Daraus folgt, dass auch das Versäumnis, den eigenen Charakter zu verändern, eine Unverantwortlichkeit sein kann (vgl. auch Dennett 1984, Kap. 6). Hier stellt sich dann die Frage, inwiefern Akteure dazu verpflichtet sind, Vorsorgemaßnahmen zu ergreifen, um die Wahrscheinlichkeit unverantwortlichen Verhaltens in der Zukunft zu verringern. Eine solche »Verantwortung für das Selbst« (Taylor 1976) scheint starke perfektionistische Implikationen zu haben. Und die Verfügbarkeit immer neuer Therapien (etwa anti-psychotischer Medikamente) gegen Umstände, die bisher als entschuldigend betrachtet worden sind, wird der Frage nach den Grenzen der Nachlässigkeit und der Fahrlässigkeit noch größeren Nachdruck verleihen.

An den Grenzen der Verantwortung stellt sich die schwierige Frage, ob es nicht feige ist, sich hinter entschuldigenden Umständen zu verstecken, auch wenn diese vorliegen. Führt man sich vor Augen, dass jede Handlung auf eine Situation reagiert, die durch eine Reihe von Ereignissen hervorgerufen worden ist, die sich der Kontrolle des Akteurs weitgehend entziehen, so bekommt die Frage der Verantwortung eine irreduzibel existenzielle und normative Dimension (vgl. Williams 1993). In diesem Sinne können wir manchmal dazu verpflichtet sein, für Konsequenzen einer Handlung die »Verantwortung« zu übernehmen, die wir weder absichtlich noch freiwillig vollzogen haben. Zugleich besteht allerdings die Gefahr, dass die Bereitschaft vieler Politiker, für unglückselige Entwicklungen »die volle Verantwortung« zu übernehmen, daraus eine leere Geste werden lässt.

4.

Bieri, P., 2001, Das Handwerk der Freiheit, München: Hanser.

Christman, J., 1991, Autonomy and Personal History, in: Canadian Journal of Philosophy 21.

Dennett, D., 1984, Ellenbogenfreiheit, Weinheim: Beltz Athenäum 1994.

Fischer, J. M./Ravizza, M., 1998, Responsibility and Control, Cambridge: Cambridge University Press.

Fischer, J. M., 1999, Recent Work on Moral Responsibility, in: Ethics 110.

Frankfurt, H., 2001, Freiheit und Selbstbestimmung, Berlin: Akademie.

French, P./Wettstein, H. (Hg.), 2006, Shared Intentions and Collective Responsibility, Oxford: Blackwell.

Hart, H. L. A., 1968, Punishment and Responsibility, Oxford: Oxford University Press.

Hurley, S., 2003, Justice, Luck and Knowledge, Cambridge/MA: Harvard University Press.

Jaspers, K., 1946, Die Schuldfrage, Heidelberg: Schneider.

Jonas, H., 1979, Das Prinzip Verantwortung, Frankfurt/M.: Suhrkamp.

Kane, R., 2005, A Contemporary Introduction to Free Will, New York: Oxford University Press.

Levinas, E., 1961, Totalität und Unendlichkeit, Freiburg: Alber 1987.

May, L., 1992, Sharing Responsibility, Chicago: University of Chicago Press.

Strawson, P., 1963, Freiheit und Übelnehmen, in: U. Pothast (Hg.), Seminar: Freies Handeln und Determinismus, Frankfurt/M.: Suhrkamp 1988.

Taylor, C., 1976, Responsibility for Self, in: A. O. Rorty (Hg.), The Identities of Persons, Berkeley: University of California Press.

Wallace, R. J., 1994, Responsibility and the Moral Sentiments, Cambridge/MA: Harvard University Press.

Watson, G. (Hg.), 1982, Free Will, Oxford: Oxford University Press.

Weber, M., 1919, Politik als Beruf, in: Gesammelte politische Schriften, Tübingen: Mohr 1988.

Williams, B., 1993, Scham, Schuld und Notwendigkeit, Berlin: Akademie 2000.

Woodward, P. A. (Hg.), 2001, The Doctrine of Double Effect, Notre Dame: University of Notre Dame Press.

JOEL ANDERSON

(AUS DEM ENGLISCHEN VON ROBIN CELIKATES)

Verbrechen

1.

1.1. »Verbrechen« ist ein kriminalwissenschaftlicher (namentlich: strafrechtlicher und kriminologischer) Fachbegriff. Eng angelehnt an die Fachsprache bezeichnet er als – auch politisch-moralisch bedeutender – Begriff der Alltagssprache sowohl *schwere Straftaten* als auch – im übertragenen Sinn – *andere verabscheuungswürdige Untaten*. Das zuerst genannte Verständnis ist nicht weit von dem *formellen Verbrechensbegriff* der Jurisprudenz entfernt, dessen rein positivistische Perspektive heute in Wissenschaft und Praxis verbreitet ist (vgl. 1.2.). Aber auch die zweite alltagssprachliche Verwendung des Begriffs »Verbrechen« – einerseits weiter, nämlich nicht an das Gesetz gebunden, andererseits enger, weil nur besonders gravierende Untaten umfassend – findet ihre Entsprechung in den verschiedenen Versuchen der Kriminalwissenschaften, einen *materiellen* Verbrechensbegriff zu definieren (vgl. 1.2. und 3.1.).

1.2. Innerhalb der Kriminalwissenschaften konkurrieren strafrechtliche und kriminologische Ansätze zur angemessenen Definition des Verbrechensbegriffs. *Strafrechtlich* versteht man unter einem Verbrechen ein menschliches Verhalten (Handlung oder Unterlassung), das durch die geltenden Gesetze als mit Kriminalsanktionen bedrohte Straftat eingestuft ist. Im noch engeren *formell-juristischen* Sinn bezeichnet das geltende deutsche Strafgesetzbuch nur *rechtswidrige Taten, die im Mindeststrafmaß mit Freiheitsstrafe von einem Jahr oder darüber bedroht sind*, als Verbrechen (§ 12 Abs. 1 StGB) und grenzt sie damit – strafrechtlich und strafprozessual folgenreich – von den Vergehen (§ 12 Abs. 2 StGB) ab. In dieser juristischen Perspektive beschreiben Verbrechen und Vergehen die Gesamtheit der *Straftatbestände* (Kriminalität), die von den reinen *Ordnungswidrigkeiten* (Ordnungsverstößen) zu unterscheiden sind. Derartige Differenzierungen, die eine Bewertung der Schwere einer unrechtmäßigen Handlung anhand der für sie angedrohten Sanktion impliziert, sind – mit unterschiedlichen Akzenten – international verbreitet.

Von diesem formellen Verbrechensbegriff abzugrenzen sind einerseits – überwiegend natur*rechtliche* – Versuche, dem Strafgesetzgeber einen (materiellen) Verbrechensbegriff vorzugeben (vgl. 3.2.), andererseits sozialwissenschaftliche Annäherungen an den Begriff, in denen Verbrechen – von einer eher ontologischen Grundlage aus – als Ausschnitt *abweichenden Verhaltens* oder konstruktivistisch als gesellschaftliche Definition gesehen wird (vgl. 3.3.).

2.

2.1. Die Etymologie des seit dem 17. Jahrhundert als Substantiv verwendeten Begriffs »Verbrechen« weist mit dem »brechen« im Sinne von Zerbrechen, Zerstören oder Vernichten des Rechts auf das Gewicht der (Un-)Tat hin. Im Mittelalter wurde das Verb »verbrechen« sowohl für das Brechen des Friedens, als auch (spezieller) des Gesetzes gebraucht. In Abgrenzung dazu ist der heute zum Teil synonym verwendete (fachsprachliche) Begriff des *Delikts* aus dem lateinischen *delictum* (von *delinquere* = in seiner Pflicht fehlen) entlehnt und kennzeichnet (schon im römischen Recht; dort im Gegensatz zum von Staats wegen zu verfolgenden *crimen*) leichtere (ggf. nur zivilrechtlich verfolgbare) Verstöße.

2.2. Begriffs- und Problemgeschichte sind von den Dichotomien »leichtere vs. schwerere Taten« einerseits und »gesetzlich bestimmt vs. dem Gesetz vorgegeben« geprägt, was den politischen und herrschaftstheoretischen Kontext der Problematik widerspiegelt. Geistesgeschichtlich lässt sich die *formelle* Betrachtungsweise bis zu Hobbes (1651, Kap. 27: ein Verbrechen ist »eine Sünde, die begeht, wer durch Taten oder Worte tut, was das Gesetz verbietet, oder unterlässt, was es befiehlt«) zurückverfolgen. Aber der mit solcher Definition mögliche Missbrauch der Macht, Gesetze zu erlassen, hat mit der naturrechtlich begründeten Behauptung der Existenz von (vom Gesetzgeber nicht beeinflussbarer) *mala per se* (z. B. bei Thomas von Aquin) noch weiter zurückreichende Wurzeln.

3.

3.1. Jenseits des wenig aussagekräftigen, juristisch funktionalen, formellen Verbrechensbegriffs (s. 1.2.) gilt unverändert: »Was ein Verbrechen ist, wissen wir und wissen's nicht!« (Enzensberger 1964, 9) Die Auseinandersetzung ist (neben den erst in jüngerer Zeit in den Vordergrund getretenen Methodenunterschieden der verschiedenen kriminalwissenschaftlichen Disziplinen) eine ebenso *rechtsphilosophische* wie *kriminalpolitische*. Aus beiden Perspektiven erscheint es als hoch problematisch, dass ein rein formeller Begriff des Verbrechens seine Inhaltsbestimmung völlig zur Disposition des jeweiligen Gesetzgebers stellt. Diese hängt stets vom jeweiligen sozialen, politischen und kulturellen Kontext einer Rechtsordnung ab. Damit ist das formale Verbrechensverständnis zugleich von dem Wandel dieser Bedingungen sowie den zu einem bestimmten Zeitpunkt vorherrschenden Strafbedürfnissen abhängig und wird daher als tautologisch kritisiert: »Was bestraft wird, ist ein Verbrechen; was ein Verbrechen ist, wird bestraft.« (Enzensberger 1964, 9)

3.2. Diese unbefriedigende Situation hat zur Suche nach einem *materiellen Verbrechensbegriff* geführt, der von den jeweiligen Kulturbedingungen unabhängig ist. Diese Suche reicht bis zu den Anfängen der modernen Geistes- und Rechtswissenschaften zurück. Mit seiner Ausfüllung ist zugleich die Frage, welchen Sinn und Zweck die Strafe als Reaktion auf das Verbrechen haben kann und soll, untrennbar verknüpft. Dabei lassen sich drei große Richtungen von Versuchen unterscheiden, den Begriff mit *überpositiven* Inhalten zu füllen.

Die Konzeption eines *natürlichen Verbrechens* geht von der Existenz eines von Zeit, Ort und Kulturkreis unabhängigen Unrechts aus. Gegen Ende des 19. Jahrhunderts konstatierte der italienische Jurist Garofalo (1885), dass es sich bei Taten wie Mord, Diebstahl und Vergewaltigung um »delitti naturali« handele, die dem Naturrecht zu allen Zeiten zuwiderlaufen würden. Diese naturrechtliche Tradition unterscheidet die Verbrechen als überpositive Unrechtshandlungen (*mala per se*) von den leichteren Taten, die nur durch ihr positivrechtliches Verbotensein zu sozialschädlichem Unrecht deklariert werden (*delicta mere prohibita*). Auch Kant geht von überpositiven Wurzeln des Verbrechensbegriffes aus: Nur Verstöße gegen Normen, deren Kern diese Qualitäten schützen, gelten bei ihm als Verbrechen. Praktisch folgt aus einem solchen Verständnis ein enger, auf nur wenige Verletzungshandlungen beschränkter Verbrechensbegriff. Auch heute wird die Existenz weniger, dafür aber zeitloser Verbrechenstatbestände angenommen, indem der Begriff etwa auf vorsätzliche, mit Unrechtsbewusstsein begangene Angriffe auf Leib, Leben und Freiheit begrenzt wird (vgl. Naucke 1985, 200).

Zwar ist in der Tat zu beobachten, dass bestimmte Handlungen über die Epochen und Kulturkreise hinweg als schweres Unrecht gelten. Dennoch sieht sich der natürliche Verbrechensbegriff bis in die Gegenwart hinein dem Vorwurf großer Subjektivität, Willkür und mangelnder empirischer Überprüfbarkeit ausgesetzt. Bei genauerem Hinsehen stellt sich zudem die Brüchigkeit der Vorstellung von Handlungen, die zeitlos als Verbrechen betrachtet werden, heraus, denkt man etwa an die Relativität des Lebensschutzes während staatlicher Kriege, angesichts der Vollstreckung von Todesstrafen, der sehr weitreichenden individuellen Notwehrrechte und der Diskussion über die Sterbehilfe gegenüber Schwerkranken.

Andere Bestimmungsversuche arbeiten pragmatischer mit *strafrechtlichen Kategorien*, sei es mit einem Schwerpunkt auf normativsozialen oder dogmatisch-philosophischen Aspekten. Hier sind Ansätze einzuordnen, die das Verbrechen vorrangig von den jeweils zu schützenden *Rechtsgütern* her definieren wollen. Rechtsgutsorientierte Betrachtungsweisen lassen sich bis in die Mitte des 19. Jahrhunderts zurückverfolgen (vgl. Birnbaum 1834). Allerdings ist damit zunächst lediglich eine neue Ebene benannt, auf der dann die eigentlichen Probleme der Verbrechensdefinition mit nicht minder großen Schwierigkeiten gelöst werden müssen. Ebenso wie für den Verbrechensbegriff konnte bislang auch für das »Rechtsgut« kein hinreichend bestimmter und konsensfähiger Begriff gefunden werden. Rechtsgüter könnten den *Wertentscheidungen der Verfassung* entnommen werden (vgl. Roxin 1997, § 2). Alternativ kann der Begriff des Rechtsgutes in einem systemkritischen und dynamischen Prozess aus der *Analyse vielfältiger gesellschaftlicher Faktoren* gewonnen werden (vgl. Hassemer 1973). Beide Ansätze lassen Raum für eine stetige Aktualisierung des Begriffes, was zugleich ihre Anfälligkeit für temporäre Macht- und Sozialstrukturen ausmacht. Die jüngere Strafrechtsentwicklung, die durch eine Ausweitung des Strafrechts v.a. im Bereich der abstrakten und kollektiven Güter gekennzeichnet ist, macht dies deutlich. Ob Positionen wie die Umwelt, die Sicherheit der Lebensmittelerzeugung, die »Volksgesundheit«, der Staat selbst oder seine Währung wirklich mit den Mitteln des Strafrechts zu schützen sind und ihre Verletzung, eventuell bereits ihre Gefährdung, als Verbrechen definiert werden können (oder gar müssen), bleibt mit den genannten Bestimmungsansätzen kaum objektiv ermittelbar.

Andere, *funktionale* Betrachtungen stellen in Fortentwicklung der Strafrechtsphilosophie Hegels nicht auf Rechtsgüter, sondern auf den in einer Handlung zum Ausdruck kommenden *Angriff auf die Normgeltung* selbst, das »Sollen«, ab. Funktion der Verbrechensbestimmung, mehr noch der auf die Tat folgenden Sanktion, ist es hier, die in dem Normverstoß liegende soziale Störung auszugleichen. In letzter Konsequenz führt diese Betrachtung zu einem synonymen Gebrauch der Begriffe »Verbrechen«, »strafrechtliche Schuld« und »Strafunrecht« (vgl. Lesch 1999) sowie einer Beschränkung des Verbrechensbegriffes auf die Verletzung elementarer Regeln des menschlichen Zusammenlebens.

3.3. Demgegenüber erweitern *kriminologische und soziologische Ansätze* den Verbrechensbegriff über die Grenzen des (positiven und überpositiven) Rechts hinaus, indem sie einerseits den *gesamten Bereich der sozialen Normen*, andererseits auch den *Prozess der Normgenese, -anwendung und -durchsetzung* in die Analyse einbeziehen. Als ertragreich haben sich dabei Denkrichtungen erwiesen, die sich – ohne Eingrenzung auf den strafrechtlichen Rahmen – den Bedingungen und Hintergründen der Kriminalisierung eines Verhaltens ebenso wie seiner Legalisierung, des Normverstoßes ebenso wie der Konformität widmen (vgl. Sessar 1998). Diese Perspektive kann die zur sozialen und normativen Definition des Verbrechens führenden Prozesse erhellen.

Für die Soziologie ist der Begriff des *abweichenden Verhaltens* oder der *Devianz* als Beschreibung von Normverletzungen zentral. Dabei darf der Terminus jedoch nicht als ein *aliud* oder Gegenkonzept zum Verbrechen verstanden werden. Verbrechen ist vielmehr – ebenso wie die Kriminalität schlechthin – nur eine, wenn auch exponierte, Form des von (existierenden) Normen abweichenden Verhaltens neben z.B. Drogenkonsum, suizidalen Handlungen, Obdachlosigkeit, Betteln, Geisteskrankheit und Prostitution. Abweichung ist also die *Verletzung der in einer Gesellschaft dominanten Erwartungen*, die sich in informellen oder formellen, ethischen, sozialen oder rechtlichen Normen manifestieren können.

Während diese Beschreibung von Abweichung den normativen Rahmen zum Ausgangspunkt macht, stellen die Vertreter des *labeling approach* (Etikettierungsansatz) die Normsetzung in den Mittelpunkt: Für sie stellt sich *Verbrechen als Konstruktion*, als Ergebnis eines Zuschreibungsprozesses dar. Verbrechen ist aus dieser Perspektive, was die Inhaber von politischen und ökonomischen Machtpositionen in einer Gesellschaft als Verbrechen deklarieren (vgl. Sack 1968; Quensel 2003). Diese Perspektiven weisen überraschende Parallelen zum formellen Verbrechensbegriff auf (vgl. Frehsee 2000) und haben den Blick für Phänomene geschärft, die unter den Stichwörtern »Kriminalität der Mächtigen« und »Makrokriminalität« (Jäger 1989) diskutiert werden und einen zentralen Platz in den Debatten der Gegenwart einnehmen: Die globalpolitische Entwicklung seit den 1990er Jahren hat weltweit anzutreffende Menschenrechtsverletzungen durch staatliche Machtapparate, Kriegsverbrechen, Genozide und Vertreibungen erstmals seit den Nürnberger Prozessen gegen führende deutsche Nationalsozialisten wieder in den Mittelpunkt des öffentlichen Interesses gerückt. Fragen der Abgrenzung zwischen Verbrechen, Krieg und Strafverfolgung sowie die Frage der Rechtsdurchsetzung auf globaler Ebene haben dadurch große Aktualität erlangt (vgl. Habermas 2004).

Sowohl für diese Makro- als auch die Mikroebene von Kriminalität gilt: Ein einheitlicher Begriff des Verbrechens wurde auch in der Kriminologie bislang nicht gefunden. Die Abhängigkeit seiner inhaltlichen Ausfüllung von der jeweiligen Forschungsperspektive und den Fragestellungen lässt die Möglichkeit eines weithin konsensfähigen Begriffes auch sehr fraglich erscheinen, da »der Begriff doch selbst zum Werk gehört, es vielleicht ist« (Sessar 1998, 428).

4.

Birnbaum, J. M. F., 1834, Über das Erfordernis einer Rechtsverletzung zum Begriffe des Verbrechens, mit besonderer Rücksicht auf den Begriff der Ehrenkränkung, in: Archiv des Criminalrechts 2.

Enzensberger, H.-M., 1964, Politik und Verbrechen, Frankfurt/M.: Suhrkamp.

Frehsee, D., 2000, Kritische Kriminologie und Strafrechtsdogmatik, in: Kriminologisches Journal 32.

Garofalo, R., 1885, Criminologica, Turin: Bocca.

Habermas, J., 2004, Der gespaltene Westen, Frankfurt/M.: Suhrkamp.

Hassemer, W., 1973, Theorie und Soziologie des Verbrechens, Frankfurt/M.: Athenäum.

Hobbes, T., 1651, Leviathan, Frankfurt/M.: Suhrkamp 2002.

Jäger, H., 1989, Makrokriminalität, Frankfurt/M.: Suhrkamp.

Kaiser, G., 1996, Kriminologie, Heidelberg: Müller.

Lesch, H., 1999, Der Verbrechensbegriff, Köln: Heymanns.

Naucke, W., 1985, Die Wechselwirkung zwischen Strafziel und Verbrechensbegriff, Stuttgart: Steiner.

Quensel, S., 2003, Das Labeling-Paradigma – ein Konstrukt?, in: B. Menzel (Hg.), Grenzenlose Konstruktivität?, Opladen: VS.

Roxin, C., 1997, Strafrecht Allgemeiner Teil, Bd. I, München: Beck.

Sack, F., 1968, Neue Perspektiven in der Kriminologie, in: ders. (Hg.), Kriminalsoziologie, Frankfurt/M.: Akademische Verlagsgesellschaft.

Scheerer, S., 1998, Die Ohnmacht der Rechtsgutsidee und die Dominanz der Problemdefinition, in: K. Lüderssen (Hg.), Aufgeklärte Kriminalpolitik oder Kampf gegen das Böse?, Bd. 1, Baden-Baden: Nomos.

Sessar, K., 1998, Zum Verbrechensbegriff, in: H.-J. Albrecht/F. Dünkel/H.-J. Kerner u.a. (Hg.), Internationale Perspektiven in Kriminologie und Strafrecht, Berlin: Duncker & Humblot.

Cornelius Prittwitz/Michael Jasch

Verdienst

1.

Verdienst (gr. axia, lat. meritum, engl. desert, merit, frz. mérite) erachtet persönliche Eigenschaften oder Tätigkeiten als Berechtigungsgrundlage für Anerkennung, Be- oder Entlohnung. Die alltagssprachliche Verwendung »der Verdienst« im Sinne des Einkommens als Entlohnung für berufliche Tätigkeit ist unter philosophischen Gesichtspunkten nur als ökonomische Spezifikation der Kategorie »das Verdienst« zu verstehen. Verdienst wird in der politischen Philosophie und Sozialphilosophie v.a. in der Gerechtigkeitstheorie thematisch. Im deutschen Sprachraum wird »Verdienst« oft auch nur indirekt unter dem Titel »Leistungsgerechtigkeit und Leistungsprinzip« diskutiert. Leistung und Verdienst fallen jedoch nicht zusammen. Leistung ist, wenn auch am häufigsten genannt, nur ein mögliches Kriterium des Verdienstes. Im Englischen wird die politisch-philosophische Debatte dagegen vom Verdienstbegriff bestimmt. Die beiden zur Verfügung stehenden Termini, »desert« und »merit«, werden meist synonym verwendet, jedoch gibt es elaborierte Versuche, zwischen beiden Begriffen Unterschiede aufzuzeigen: Entweder kann »merit« als eine auf Positionsvergabe und/oder besonders herausragende persönliche Qualitäten und Fähigkeiten bezogene Sonderform von »desert« verstanden werden (vgl. Miller 1999, 125; McLeod 1999, 67) oder »desert« gilt als auf willentliche Handlungen bezogener Sonderfall von »merit«. Das lateinische »meritum« bedeutet neben Verdienst auch Schuld, das Englische kennt mit »demerit« eine eigene Kategorie für die Erachtung von persönlichen Eigenschaften oder Tätigkeiten als berechtigende Grundlage für Bestrafung bzw. Sanktionierung. Alltagssprachlich überlebt diese Verwendungsweise in der Rede von der »wohlverdienten Strafe«.

»Verdienst« wird für die positiv bewerteten Eigenschaften oder Tätigkeiten verwendet, die im Rahmen einer dreistelligen Relation als Verdienstgrundlage fungieren: A verdient Y auf der Basis von Z. Die komparative Dimension der Verdienstethik hatte Aristoteles dagegen deutlicher herausgestellt, indem er die auf Würdigkeit (axia) beruhende gerechte Verteilung als proportionale Gleichheit in einem Viererverhältnis verstand: In dem Verhältnis, in dem sich das Maß an Z bei zwei Personen A und B unterscheidet, muss sich auch das Maß der Belohnung Y zwischen A und B voneinander unterscheiden. Proportionale Gleichheit heißt Ungleichverteilung exakt gemäß den unterschiedlichen Graden des Verdienstes.

2.

Aristoteles verwendet den Verdienstbegriff bei der Einführung des Konzepts distributiver Gerechtigkeit. Er fügt sogleich hinzu, dass eine Pluralität von Vorstellungen des Verdienstlichen existiere: »Denn darin, dass eine gewisse Würdigkeit das Richtmaß der distributiven Gerechtigkeit sein müsse, stimmt man allgemein überein, nur versteht nicht jedermann unter Würdigkeit dasselbe, sondern die Demokraten erblicken sie in der Freiheit, die oligarchisch Gesinnten in Besitz oder Geburtsadel, die Aristokraten in der Tüchtigkeit.« (EN V 6, 1131a) Damit sind die Grundlagen auch der neuzeitlichen Auseinandersetzung mit dem Verdienstbegriff gelegt. Mit der Ablösung des ständischen Ehrprinzips wird Verdienst wieder eine an verschiedene Eigenschaften und Handlungsweisen anknüpfbare Bewertung. Zudem steht jeder Person die Möglichkeit zu, Verdienste zu erwerben – Verdienst wird universalisierungsfähig. Seine inhaltliche Prägung erhält der Verdienst durch die religiöse Legitimation einer methodisch kontrollierten Lebensführung und des beruflichen Leistungsprinzip sowie durch die lockesche Legitimation der Naturaneignung bzw. des Eigentumserwerbs durch Arbeit. Seit Adam Smith ist zudem der Marktwettbewerb als institutionelle Basis der Umsetzung des Leistungsprinzips interpretiert worden. Jedoch gehen in das alltagssprachliche Verständnis von Leistungsgesellschaft v.a. saint-simonistische Denklinien einer rein rationalen kooperativen Produktionsgemeinschaft ein. Seit den Schriften von Michael Young aus dem Jahre 1958, der den Begriff »Meritokratie« (»meritocracy«) einführte, und *The Achieving Society* von David McClelland (1961) wird das Leistungsprinzip in der Sozialtheorie breit diskutiert. Dies mündete Anfang der 1970er Jahre in einer deutlichen Kritik: Auf soziologischer Seite sieht Claus Offe die »Unvernunft des normativen Modells der Leistungsgesellschaft« (1970, 164) darin begründet, dass es dem durch Automation möglichen ökonomischen Niveau allgemeiner Bedürfnisbefriedigung nicht mehr gerecht wird. Stattdessen sind öffentlich sanktionierte Bedürfnisse in Form sozialer und ökonomischer Bürgerrechte zum Kriterium der Verteilung als politischer Statusverteilung zu nehmen. Die sozialphilosophische Kritik des Verdienstes findet sich v.a. bei John Rawls (1971) und Iris Marion Young (1990). Wesentliche Beiträge neben Rawls und den auf ihn folgenden Gerechtigkeitstheorien haben Joel Feinberg (1970) und David Miller (1976; 1999) geliefert (vgl. für einen Überblick zur philosophischen Verdienstdebatte Sher 1987 sowie Pojman/McLeod 1999). Die heutige Diskussion zum Verdienstbegriff ist wenig ideengeschichtlich ausgerichtet – sie greift nur selten auf Beiträge der klassischen Moral- und Gerechtigkeitstheorien zurück. Beziehungen zu empirisch-soziologischen Fragestellungen und zur Akzeptanz des Leistungsprinzips finden sich bei Miller (1999) und in vielen Beiträgen zur Gerechtigkeit von Entlohnungssystemen. Eine emotionspsychologische Sicht auf »Verdienst« bietet Kristjansson (2005).

3.
Systematisch strittig ist bereits, ob Verdienst überhaupt gerechtigkeitstheoretisch relevant ist (vgl. Olsaretti 2003). In den letzten Jahrzehnten dominierten in der praktischen Philosophie verdienstskeptische Positionen. Während Rawls' Theorie der Gerechtigkeit dem Verdienst eine höchst untergeordnete Rolle im Rahmen der vorrangigen gerechtigkeitstheoretischen Fragestellung nach den gerechten Institutionen zuweist und in der hayekschen Marktlegitimation neben dem Begriff sozialer Gerechtigkeit auch der der Leistungsgerechtigkeit als unangemessen zurückgewiesen wird, finden sich jüngst – insbesondere bei David Miller, aber auch bei Axel Honneth – Versuche, den Verdienst- und Leistungsbegriff im Rahmen einer pluralen, auf mehreren Konzepten beruhenden Gerechtigkeitstheorie wieder zu beleben. Die Auseinandersetzung über die gerechtigkeitstheoretische Relevanz des Verdienstbegriffs geht einher mit der Differenz zwischen individualistischen und institutionalistischen Gerechtigkeitstheorien. Setzt die Anwendung eines Kriteriums des Verdienstes einen institutionellen Rahmen voraus, der bestimmt, was jeweils als Verdienst gilt, steht nicht mehr der Verdienst, sondern die Frage der Gerechtigkeit der Institutionen im Zentrum. Gerechtigkeitstheoretische Relevanz erhält der Verdienstbegriff nur, wenn gezeigt werden kann, dass eine individualistische Gerechtigkeitstheorie möglich ist oder »Verdienst« als vorinstitutionelle Größe interpretiert werden kann. Größte *Unterstützung* erfährt die Idee der Leistungsgerechtigkeit durch die Vorstellung, dass Erträge von eigenverantworteten Anstrengungen und Handlungen abhängen; das größte *Problem* stellt die Tatsache dar, dass Leistung und Leistungsfähigkeit des Einzelnen von natürlichen Ausstattungen (Begabungen, Anlagen) und sozialisatorischen Vor- bzw. Nachteilen abhängen, die nicht dem Individuum als selbst verantwortet zugerechnet werden können.

3.1. In Rawls' institutionalistischer Gerechtigkeitskonzeption findet sich eine klare Absage an jede verdienstorientierte Form der Gerechtigkeit: Zum einen spiegelten sich in den als Leistung zu wertenden Beiträgen des einzelnen die Willkür der Natur(-anlagen) und die Vorteile der Herkunft, zum anderen sei kein gesellschaftlicher Konsens über das Gute zu erzielen, zu dem die Tätigkeit des einzelnen einen Beitrag leistet. Rawls' Angriff auf das Denken in Verdienstkategorien ist radikal: »Man hat seinen Platz in der Verteilung der natürlichen Gaben ebenso wenig verdient wie seine Ausgangsposition in der Gesellschaft.« (Rawls 1971, 125) Da die Anlagen, Begabungen und sozialisationsbedingten Unterschiede von Personen diesen moralisch nicht zurechenbar sind, soll der Ertrag dieser Begabungen vom Differenzprinzip bestimmt sein. Die Begabungen sollen so verwirklicht werden, dass sie auch zum Wohl anderer beitragen. Das stellt keine »Vergesellschaftlichung« der angeborenen Talente dar. Vielmehr werden allein die Vorteile der unterschiedlichen Begabungsverteilung als gemeinschaftliches Guthaben betrachtet (vgl. dagegen Nozick 1974) und dem Differenzprinzip unterstellt: »Die Begabteren (die einen moralisch unverdienten, begünstigten Platz in der Verteilung der natürlichen Anlagen einnehmen) werden dazu angeregt, zusätzlich zu den durch ihren bevorzugten Platz in jener Verteilung ohnehin schon genossenen Vorteilen weitere Vorteile zu erringen – unter der Bedingung allerdings, dass sie ihre angeborenen Talente ausbilden und so benutzen, dass sie zum Wohl der weniger Begabten beitragen (deren weniger begünstigter Platz in der Verteilung im moralischen Sinn ebenfalls unverdient ist).« (Rawls 2001, 127)

Verdienst kann zum anderen deshalb keine Grundkategorie der Gerechtigkeitstheorie darstellen, weil es angesichts der Pluralität von Lebensweisen und Konzeptionen des Guten nicht möglich ist, eine Konzeption des moralischen Verdienstes in eine politische Gerechtigkeitskonzeption einzubauen (vgl. Rawls 2001, 121). Der Begriff des moralischen Verdienstes liegt auf der Ebene des Guten. Angesichts widerstreitender Vorstellungen vom Guten ist eine politische Gerechtigkeitskonzeption nur unter Vermeidung verdienstethischer Überlegungen möglich. Als Ersatzkategorie führt Rawls daher den Terminus »legitime Erwartungen« ein. Diese entstehen ausschließlich auf der Grundlage der von den zwei rawlsschen Gerechtigkeitsprinzipien regierten öffentlichen Regeln der sozialen Kooperation. Es gibt daher keine Ansprüche außer jenen, die sich aus dem gerechten Institutionensystem ableiten lassen.

3.2. Friedrich A. v. Hayek gilt als der schärfste Kritiker sozialer Gerechtigkeit. Aufgrund der Struktur von Märkten kann der Begriff »Gerechtigkeit« nur als Bezeichnung für die Qualität der marktlichen Rahmeninstitutionen sinnvoll sein, nicht aber der Begriff der sozialen Gerechtigkeit oder Verteilungsgerechtigkeit (vgl. Hayek 1973). Weniger Beachtung hat dagegen eine Nebenlinie dieser Argumentation gefunden. In dieser stellt Hayek die These auf, dass sich die Marktwirtschaft auch nicht als Leistungsgesellschaft oder als Realisierung des Leistungsprinzips verstehen oder rechtfertigen lässt. Der Mechanismus des Marktwettbewerbs ist ein freiheitlicher Mechanismus der Koordination dezentraler Wissensbestände. Belohnungen in diesem System hängen von den Zufälligkeiten der Angebots-Nachfrage-Verhältnisse ab, nicht vom Können, nicht von der Anstrengung oder von Beiträgen zu einem gesellschaftlichen Ganzen. Belohnt wird in der Marktwirtschaft allein der Markterfolg oder der »feststellbare Verdienst« (Hayek 1960, 122), der sich aber nicht verdienstethisch ›heiligen‹ lässt: »[D]er Gedanke, dass wir das, was wir in der Vergangenheit ehrlich erworben haben, auch moralisch verdient haben, ist weitgehend illusorisch.« (Hayek 1973, 245) Hayek zeigt, dass die Löhne und Gewinne sich in einer Marktwirtschaft aus der Nachfragesituation ergeben und in keiner Relation zu Verdiensten oder Leistungen stehen. Da in den Markterfolg auch Charakteristika der natürlichen, sozialisatorischen oder familiär-ökonomischen Ausgangslage eingehen, ist selbst Chancengleichheit nicht ohne immense staatliche Regulierung realisierbar. Rechtfertigung erhält die Marktgesellschaft aus den Effizienzvorteilen dezentraler Koordination, v.a. aber aus der Idee einer Gesellschaft freier Menschen, die ihr Wissen für ihre eigenen Zwecke nutzen können. Hinter Hayek zurück fallen Deutungen des Leistungsbegriffs, die diesen mit Markterfolg gleichsetzen und den Kapitalismus als beste Institutionalisierung des Verdienstprinzips ansehen (vgl. Kershnar 2005). Während Hayek zwischen Verdienst, Leistung, Anstrengung und situativ bedingtem Erfolg aufgrund von Nachfrage und Angebot unterscheidet, kann eine Marktrechtfertigung, die diese Differenzierung aufgibt, jeden Markterfolg als Leistung der Anpassung und der klugen Voraussicht kommender Angebots-Nachfragelagen ›adeln‹, wird damit aber tautologisch.

3.3. Um dem Verdienst eine gerechtigkeitstheoretisch fundamentale Rolle zuzuweisen, muss die moralische Neutralisierung natürlicher Begabungen und sozialisatorischer Vorteile aufgehoben, die Vorstellung einer einheitlichen und rein institutionell ausgerichteten Gerechtigkeitstheorie aufgegeben und ein vorinstitutionelles Verständnis von Verdienst etabliert werden. Beispielhaft für den ersten Schritt ist Wolfgang Kerstings Versuch einer »Entdramatisierung der Differenz von Natur und Freiheit« (2000, 367), der in einen »verdienstethischen Naturalismus« mündet, dessen zentrale These lautet: »Personen dürfen ihre kontingente Bestimmtheit als Grundlage für den Erwerb legitimer Verdienstansprüche betrachten« (ebd., 269), solange durch ein öffentliches Ausbildungssystem für Chancengleichheit gesorgt ist. Bei Olsaretti (2003) wird diese Konzeption, die Glück als Grundlage moralischer Zuschreibungen stärker zulässt, als »laissez-faire view« von Verdienst bezeichnet. Der zweite Schritt der Aufgabe einer einheitlichen und integrierten Gerechtigkeitstheorie findet sich u.a. bei Charles Taylor, der für eine Berücksichtigung von Gleichheits- und Beitragsprinzip plädiert, weil eine Gesellschaft, »in der das Beitragsprinzip keinen Platz hätte« (Taylor 1988, 180), nicht vorstellbar sei. Und David Miller (1976; 1999) verteidigt eine Verdienstethik als eines von drei zentralen Prinzipien neben Gleichheit und Bedürftigkeit (need) im Rahmen einer pluralen Konzeption von Gerechtigkeit. Bei Miller findet sich im Anschluss an Feinberg (1970) auch der dritte Schritt der Begründung eines vorinstitutionellen Verständnisses von Verdienst (vgl. Schmidtz 2006, 63f.) – basierend auf der These, dass Verdienst auf substantielle Weise einschränkt, welche Institutionen wir als gerecht betrachten können (Miller 1999, 140). Statt aus gerechten Institutionen abgeleitet zu sein, stellt »Verdienst« eine Kategorie dar, die die mögliche Menge gerechter Institutionen einschränkt. Beispielhaft nennt Miller das Äquivalenzgebot als substantielle Implikation von Verdienst, das besagt, dass gleiche Leistungen gleich be- oder entlohnt werden müssen. Auch wenn fraglich ist, ob damit nicht eher eine Explikation des Gleichheitsprinzips als des Verdienstprinzips vorgelegt wird, und Verdienst doch eine »wesentlich derivative« Konzeption darstellt (Sen 2000, 5), wird hier zugleich auf die für jede auf Verdienst gründende Gerechtigkeitstheorie zentrale Frage nach der richtigen Verdienstgrundlage verwiesen.

Meist werden zwei mögliche Grundlagen genannt (vgl. Gosepath 2004, 385ff.): Beiträge als objektive Leistung (contributions) oder Anstrengung als subjektive Leistung (effort). Eine auf Anstrengungen oder den Kosten und Nachteilen, die jemand für eine Tätigkeit in Kauf nehmen muss, beruhende Verdienstkonzeption scheitert jedoch an dem fehlenden gesellschaftlichen Konsens darüber, was als Anstrengung, Entbehrung und Mühe gewertet werden kann. Zudem ist es wohl unmöglich, eine alle Gesellschaftsmitglieder erfassende empirische Berechnung aufzustellen. Eine auf Beiträgen beruhende Verdienstkonzeption wird sich aus den oben ausgeführten Gründen nicht auf eine Berechnung der individuellen Beiträge in Marktpreisen stützen können. Folglich bleibt nur ein nicht-monetärer, aber gleichwohl auf kardinalem Messniveau angesiedelter interpersoneller Vergleich aller produktiven Beiträge in einer Gesellschaft. Auch hier wird sich kein gesamtgesellschaftlicher Konsens darüber herstellen lassen, was als Gut und Beitrag zur Erstellung dieses Gutes zählen kann, da auch einander entgegen gesetzte Konzeptionen des Guten in der Gesellschaft existieren. Die Möglichkeit von Leistungsgerechtigkeit im Sinne des Beitragsprinzips beruht mithin auf der Unterstellung einer konsentierten Wertgemeinschaft. Auch bei dieser auf Beiträgen beruhenden Version des Verdienstprinzips ist es nicht möglich, die Beiträge des einzelnen im Rahmen gemeinschaftlicher Tätigkeitsausübung wirklich exakt zu ermitteln. Zudem scheitert die moralische Zurechnung von Verdienst an der auch bei Kersting nicht positiv geleisteten Rechtfertigung der Verdienstlichkeit von Naturausstattung und Sozialisation sowie der Unmöglichkeit, in jedem einzelnen Handlungsschritt den Anteil der natürlichen Ausstattung und der sozialen Vorleistungen vom Eigenanteil beruhend auf Anstrengung, Ambition und Selbstschulung zu scheiden (vgl. Hinsch 2002, 239ff.).

3.4. In Axel Honneths Theorie der Anerkennung (1992) findet sich eine historischer ansetzende Wiederaufwertung des Prinzips der Leistung und der Leistungsgerechtigkeit. In der Moderne hat sich in Überwindung des ständisch-aristokratischen Ehrprinzips die rechtliche Anerkennungssphäre, basierend auf Achtung und Rechtsgleichheit, von der wertbasierten Sphäre der Solidarität und wechselseitigen sozialen Wertschätzung getrennt. Beginnend mit der religiösen Aufwertung der Berufsarbeit wird die Anerkennungssphäre der Wertschätzung von der Idee der Leistung bestimmt. Der gemäßigt kommunitäre Entwurf Honneths zielt gegenüber den etablierten Institutionalisierungen von Leistung auf eine abstraktere Fassung des Leistungsprinzips. Dieses wird als allgemeiner Werthorizont verstanden, der sowohl Offenheit für verschiedene Arten der Selbstverwirklichung schafft als auch die Einbindung aller in eine integrierte Gesellschaft ermöglicht. Erst eine solche leistungsbasierte Kooperationsgemeinschaft realisiert das Ideal einer wechselseitige Anerkennung und Wertschätzung garantierenden Gesellschaft. Heute wird das Leistungsprinzip jedoch in einer Einseitigkeit interpretiert, die es für Honneth gerade aufzuheben gilt. Weder die Erwerbsarbeitszentrierung noch die damit eng verbundene Orientierung an männlichen Lebensverlaufsmodellen lassen sich noch rechtfertigen. Es gelte, einen Kampf um die Interpretation des Leistungsprinzips zu führen, damit die gegebenen Einseitigkeiten und Partikularismen überwunden werden (vgl. Honneth 2003, 174 ff.). Das zentrale Argument institutionalistischer Gerechtigkeitstheorien, dass Leistung nur bestimmbar ist auf der Basis vorgängig als gerecht bestimmter Institutionen, wird bei Honneth durch Verzeitlichung beantwortet. Im Kampf um die Interpretation des Leistungsprinzips wird jeweils festgelegt, welche Institutionen zum Kern sozialer Kooperationsgemeinschaftlichkeit gehören und dadurch berechtigt sind, Beiträge als Leistung auszuzeichnen. Honneth liefert damit eine abstrakte und zugleich temporalisierte Version eines Kontributionskonzeptes von Leistung, das auf der Intuition beruht, dass die regulative Idee einer gerechten Gesellschaft auf das Leistungsprinzip nicht verzichten kann (vgl. Neckel/Dröge 2002, 112).

4.

Feinberg, J., 1970, Justice and Personal Desert, in: ders., Doing and Deserving, Princeton: Princeton University Press.

Gosepath, S., 2004, Gleiche Gerechtigkeit, Frankfurt/M.: Suhrkamp.

Hayek, F. A. v., 1960, Die Verfassung der Freiheit, Tübingen: Mohr.

Hayek, F. A. v., 1973, Recht, Gesetz und Freiheit, Tübingen: Mohr Siebeck 2003.

Hinsch, W., 2002, Gerechtfertigte Ungleichheiten, Berlin: de Gruyter.

Honneth, A., 1992, Kampf um Anerkennung, Frankfurt/M.: Suhrkamp.

Honneth, A., 2003, Umverteilung als Anerkennung, in: ders./N. Fraser, Umverteilung oder Anerkennung?, Frankfurt/M.: Suhrkamp.

Kershnar, S., 2005, Giving Capitalists Their Due, in: Economics and Philosophy 21.

Kersting, W., 2000, Theorien der sozialen Gerechtigkeit, Stuttgart: Metzler.

Kristjansson, K., 2005, Justice and Desert-Based Emotions, Aldershot: Ashgate.

McClelland, D. C., 1961, The Achieving Society, Princeton: Van Nostrand.

McLeod, O., 1999, Desert and Institutions, in: L. P. Pojman/O. McLeod (Hg.), What Do We Deserve?, Oxford: Oxford University Press.

Miller, D., 1976, Social Justice, Oxford: Clarendon Press.

Miller, D., 1999, Principles of Social Justice, Cambridge/MA: Harvard University Press.

Neckel, S./Dröge, K., 2002, Die Verdienste und ihr Preis, in: A. Honneth (Hg.), Befreiung aus der Mündigkeit, Frankfurt/M.: Campus.

Nozick, R., 1974, Anarchie, Staat, Utopia, München: Olzog 2006.

Offe, C., 1970, Leistungsprinzip und industrielle Arbeit, Frankfurt/M.: EVA.

Olsaretti, S. (Hg.), 2003, Desert and Justice, Oxford: Oxford University Press.

Olsaretti, S., 2006, Justice, Luck, and Desert, in: J. S. Dryszek/B. Honig/A. Philipps (Hg.), Oxford Handbook of Political Theory, Oxford: Oxford University Press.

Pojman, L. P./McLeod, O. (Hg.), 1999, What Do We Deserve?, Oxford: Oxford University Press.

Rawls, J., 1971, Eine Theorie der Gerechtigkeit, Frankfurt/M.: Suhrkamp 1975.

Rawls, J., 2001, Gerechtigkeit als Fairneß, Frankfurt/M.: Suhrkamp 2003.

Schmidtz, D., 2006, Elements of Justice, Cambridge: Cambridge University Press.

Sen, A., 2000, Merit and Justice, in: K. Arrow/S. Bowles/S. Durlauf (Hg.), Meritocracy and Economic Inequality, Princeton: Princeton University Press.

Sher, G., 1987, Desert, Princeton: Princeton University Press.

Taylor, C., 1988: Negative Freiheit?, Frankfurt/M.: Suhrkamp.
Young, I. M., 1990, Justice and the Politics of Difference, Princeton: Princeton University Press.
Young, M., 1958, The Rise of Meritocracy, London: Thames & Hudson.

Frank Nullmeier

Verdinglichung

1.

Als »verdinglichend« werden soziale Akte bezeichnet, in denen Menschen, Prozesse oder Verhältnisse zu Dingen reduziert bzw. Gegenstände in verkürzter Form (in der Regel: reduziert auf ihren Warencharakter) wahrgenommen werden. Der Begriff stammt aus der marxistischen Sozialphilosophie und bezeichnet in erster Linie Aspekte warenförmiger Vergesellschaftung. In jüngeren sozialphilosophischen Debatten wird der Begriff jedoch auch zur Kennzeichnung verkürzender Interaktion bzw. verkürzenden Objektbezugs verwendet, die nicht in marktförmigen (sondern z.B. patriarchalischen) Vergesellschaftungsprozessen ihre Ursache haben.

Im Unterschied zum Begriff der Vergegenständlichung, der allgemeine Dimensionen (oftmals ästhetisch) produktiver Tätigkeit beschreibt, und zum Begriff der Objektivierung, der in der Regel einen epistemisch-distanzierenden Gegenstandsbezug benennt, ist der Begriff der Verdinglichung kritisch pejorativ. Mitunter wird der Begriff der Verdinglichung auf der Ebene von Leiblichkeit jedoch auch ambivalent bewertet. »Verdinglichung« wird ins Englische mit »reification«, mitunter auch »objectification« oder »commodification« (»Zur-Ware-Werden«), ins Französische mit »réification« übersetzt.

2.

Im Wesentlichen lassen sich drei Stufen der Verdinglichungskritik festhalten: ihr Ursprung in der marxschen Fetischismuskritik (2.1.) sowie ihre Fortführung (2.2.) und Kritik (2.3.) im Umfeld der Kritischen Theorie und der jüngeren Sozialphilosophie.

2.1. Karl Marx spricht im *Kapital* von der »Verdinglichung der gesellschaftlichen Verhältnisse«. Die Ware (und auch Kapital und Grundeigentum) wird als dingliche Gestalt der gesellschaftlichen Austauschbeziehungen beschrieben, in denen die Logik der Akkumulation und der Aneignung des gesellschaftlichen Mehrprodukts unsichtbar ist. »Im Kapital [...] ist die Mystifikation der kapitalistischen Produktionsweise, die Verdinglichung der gesellschaftlichen Verhältnisse [...] vollendet: die verzauberte, verkehrte und auf den Kopf gestellte Welt, wo Monsieur le Capital und Madame la Terre als soziale Charaktere und zugleich unmittelbar als bloße Dinge ihren Spuk treiben.« (Marx 1894, 838) So korrespondiert Verdinglichung eng mit Warenfetischismus. In ihm erscheine, so Marx, »das gesellschaftliche Verhältnis der Produzenten zur Gesamtarbeit als ein außer ihnen existierendes gesellschaftliches Verhältnis von Gegenständen« (Marx 1867, 86). Der Warenfetischismus (bzw. die Verdinglichung der gesellschaftlichen Verhältnisse in Ware, Kapital und Grundeigentum) nimmt die Distribution in den Blick, lässt jedoch die Sphäre der Produktion außer Acht. Marx argumentiert dagegen wissenschaftskritisch und politisch-strategisch: Erst auf der Ebene der Produktion lasse sich das Rätsel der Kapitalakkumulation lösen. Die Aneignung produzierten Mehrwerts konstituiere (ökonomisch) die Logik der Akkumulation und (politisch) die Arbeiterklasse als soziale Entität. Die Starrheit der Warenform wird prozessualisiert und die Gesellschaft in ihrer Veränderbarkeit erkennbar.

Eine ausgearbeitete, zugleich von Marx und Georg Simmel (1901) inspirierte Theorie der Verdinglichung entwickelt Georg Lukács in seinem 1923 veröffentlichten Aufsatzband *Geschichte und Klassenbewusstsein*. Der Begriff beschreibt darin v.a. die »Trennung der Arbeitskraft von der Persönlichkeit des Arbeiters« (Lukács 1923, 110) insbesondere durch zeitgenössische tayloristische Produktionsnormen, die Lukács als notwendigen Ausdruck der kapitalistischen Moderne begreift. Neben der Verdinglichung der gesellschaftlichen Verhältnisse (a) nimmt Lukács auch weitere Ebenen der Verdinglichung in den Blick: Verdinglicht werden durch warenförmige Vergesellschaftung (b) die Arbeitskraft und damit (c) das Selbstverhältnis der Lohnabhängigen. Unter dem Primat des Tauschwerts verschwinde zudem (d) tendenziell der Gebrauchswert als sinnliche Komponente der Produktion. Insgesamt konstatiert Lukács mit dieser vierfachen Verdinglichungstendenz eine Verdinglichung des Bewusstseins (e). In Analogie zur ›kontemplativen‹ Haltung des Produzenten, der seiner verdinglichten Arbeitskraft fremd gegenübersteht, wird die Verdinglichung des Bewusstseins als eine der Praxis enthobene Hypostasierung von Gedankentatsachen und von technischem Einzelwissen beschrieben. Verdinglichungskritik erscheint somit als eine Philosophiekritik, mit der gleichermaßen technisch-empiristische und idealistische Ansätze in ihrem statischen bzw. sozial abstrakten Charakter problematisiert werden. Tendenzen der Atomisierung werden dabei als ihr entscheidendes Resultat beschrieben. Als adäquater Ausdruck der kapitalistischen Moderne wird insgesamt die technisch-instrumentelle Logik quantifizierbaren Wissens beschrieben. Damit entfalte sich zugleich die moderne Bürokratie (f).

Lukács' Verdinglichungstheorie erweitert den Anspruch des marxschen Begriffs um die Dimensionen (b)-(f). Gemeinsam ist beiden das methodisch-politische Interesse am Produktionsprozess und der ihm entspringenden Fremdaneignung des Mehrprodukts. Dem atomisierten Bewusstsein des »isolierten Warenbesitzers« steht das proletarische Klassenbewusstsein gegenüber. Es ermögliche die »Auflösung der fetischisierten Dingformen in Prozesse« und akzentuiere die »primären menschlichen Beziehungsformen« (Lukács 1923, 203).

2.2. Im methodisch-politischen Selbstverständnis der frühen Kritischen Theorie bleiben die fünf Dimensionen der Verdinglichung (a-f) relevant. Die ›Verdinglichung des Bewusstseins‹ benennt dort explizit die Verunmöglichung revolutionären Klassenbewusstseins und unterstreicht somit die Integrationsthese, der zufolge die Klassenwidersprüche der spätkapitalistischen Gesellschaft politisch still gestellt seien. Damit wird die Verdinglichungskritik tendenziell auf die Ebene individueller Reflexion und ästhetischer Erfahrung verschoben. Das Konzept der Verdinglichung wird durch Theodor W. Adorno und Max Horkheimer (1947) um die Dimension der verdinglichten Kultur (g) erweitert, die als ›Kulturindustrie‹ bezeichnet wird. Die Abschließung des Sinns wird als deren entscheidendes Merkmal bestimmt. Die Bürokratiethese, die Lukács in den Zusammenhang seiner Theorie der Verdinglichung gerückt hatte, mündet hier in die verallgemeinerte These von der ›verwalteten Welt‹.

Im Zuge der Integrationsthese verschiebt sich die Verdinglichungskritik von den Reflexionen über das Klassenverhältnis tendenziell zum Verhältnis von Individuum und Gesellschaft, Einzelsubjekt und Organisation. »Verdinglichung« wird dabei zu einer dialektischen Figur der Individuation, an deren bestimmter Negation sich spontane Subjektivität gewinnt: »An den verdinglichten Menschen hat Verdinglichung ihre Grenze.« (Adorno 1942, 391)

In der Analyse des Eros und in Auseinandersetzung mit Sartre erkennt Herbert Marcuse eine Ambivalenz der Verdinglichung. Der erotischen Verdinglichung des menschlichen Körpers (h) wird das Potenzial einer emanzipativen, lustbesetzten Leiblichkeit zugeschrieben. »Verdinglichung dient nicht länger zur Aufrechterhaltung und Plackerei, sondern ist völlig vom ›Lustprinzip‹ bestimmt.« (Marcuse 1948, 73) In jüngerer Zeit hat Martha Nussbaum (1995) in vergleichbarer Weise die Ambivalenz erotischer Verdinglichung pointiert. Sie streicht die Einbettung temporärer erotischer Verdinglichung in Anerkennungsverhältnissen als moralische Voraussetzung heraus, um die Grenze zwischen erotischer Verdinglichung und sexistischer Herrschaft bestimmen zu können.

2.3. An der Schnittstelle von kommunitaristischer politischer Philosophie und jüngerer Kritischer Theorie gewinnt der Begriff der Verdinglichung neue Relevanz. Elizabeth Anderson (1993) hat untersucht, welche sozialen Gegenstandsbereiche von einer marktförmigen Verdinglichung bzw. Kommodifizierung ausgenommen sein müssen, um ein Mindestmaß individueller Autonomie und sozialer Gerechtigkeit zu gewährleisten. Sie weist diverse Wertsphären aus, die spezifische Geltung jenseits der Warenform beanspruchen. Damit erscheint das Konzept der Verdinglichung, das Jürgen Habermas (1981) durch das der »Kolonialisierung der Lebenswelt« ersetzt hat, auch an den konzeptuellen Rahmen der jüngeren Kritischen Theorie anschlussfähig.

Explizit hat Axel Honneth den Begriff »Verdinglichung« im Kontext Kritischer Theorie zu rehabilitieren versucht. Dabei stehen die normativen Voraussetzungen der Verdinglichungskritik im Vordergrund. Honneth weist vier Formen der Verdinglichung als ›Anerkennungsvergessenheit‹ aus, die mit den Hauptdimensionen (b)-(e) der Theorie von Lukács korrespondieren. Neben der direkten Instrumentalisierung anderer verweist Honneth auf verdinglichte Selbst- und Objektverhältnisse sowie eine allgemeine theoretische Position, in der geleugnet werde, dass »das Anerkennen dem Erkennen vorausgehen muss« (Honneth 2005, 53). Im intersubjektiven und affektiven Grund des Selbst- und Weltverhältnisses wird ein normatives Fundament der Verdinglichungskritik ausgemacht. Im Gegensatz zur Tradition von Marx und Lukács führt Honneth Verdinglichung jedoch nicht primär auf Tauschprozesse zurück, sondern auf diverse Formen der Entmenschlichung (etwa durch Rassismus und Sexismus).

3.

Anhand des Konzepts der Verdinglichung werden zahlreiche systematische Schwierigkeiten diskutiert, die mit den Voraussetzungen der Sozialkritik überhaupt zu tun haben. Insbesondere stellt sich die Frage, inwieweit Verdinglichung systematisch konsistent kritisierbar ist (3.1.). Zudem basiert die Kritik der Verdinglichung auf anspruchsvollen normativen Voraussetzungen, deren Klärung jedoch zu einer Aufweichung ihrer kritischen Intention geführt hat (3.2.). Nicht zuletzt die Wechselbeziehung von verdinglichter Leiblichkeit und ästhetischer Existenz erweist sich für zeitgenössische Debatten als anschlussfähig (3.3.).

3.1. Im originären Konzept der Verdinglichung von Lukács ist zwar der Standpunkt der Kritik mit dem proletarischen Klassenbewusstsein bestimmt. Lukács vernachlässigt jedoch die empirische Klassensozialisation in proletarischen Milieus, die erst eine plausible Gegenthese zur ›Zerstückelung der Gesamtpersönlichkeit‹ bieten würde. Die normativen Perspektiven der ›Gesamtpersönlichkeit‹ und des Kollektivsubjekts, von denen aus sich die Verdinglichungskritik motiviert, bleiben insofern unausgeführt.

Die Selbstwidersprüchlichkeit des Verdinglichungskonzepts wird deutlich, wo der normative Grund der originären Verdinglichungskritik – Produzentenwissen und politische Praxis – verloren geht (exemplarisch in der Integrationsthese der frühen Kritischen Theorie) und zugleich der Beschreibungsanspruch der Verdinglichung universalisiert wird (exemplarisch in der universalgeschichtlichen Untersuchung des Verhältnisses von Denk- und Tauschabstraktion bei Alfred Sohn-Rethel (1970)). Insofern steht die Tragfähigkeit des klassischen Konzepts der Verdinglichung in direktem Zusammenhang mit der Überzeugungskraft des marxistischen Kritikmodells und dem Ausweis eines immanenten Kritikstandpunktes. Je stärker die Verdinglichungskritik – der Praxis enthoben – als philosophische Metakritik an einer holistisch verstandenen, marktbasierten Moderne formuliert wird, desto problematischer wird ihr normativer Grund.

3.2. Diese Tendenz haben Habermas und Honneth kritisiert, indem sie die Instrumentalitäts- bzw. Verdinglichungskritik unter intersubjektivitätstheoretischen und pragmatistischen Vorzeichen reformuliert haben. Erst die Orientierung an sozialer Praxis lässt Verdinglichung als eine Hypostase ›kontemplativer Bewusstseinstatsachen‹ in plausibler Weise kritisierbar erscheinen. Honneth verzichtet mit seinem anerkennungstheoretischen Verdinglichungskonzept jedoch weitgehend auf Ökonomiekritik und damit auf die emphatische Perspektive praktischer Gesellschaftskritik. Die ursprüngliche Hauptdimension des Begriffs – die Verdinglichung der gesellschaftlichen Verhältnisse (a) bleibt unberücksichtig. In anderem konzeptuellen Rahmen (als Kritik der ›instituierten Gesellschaft‹ oder der ›konstituierten Macht‹) findet sie sich bei Cornelius Castoriadis (1975) und Michael Hardt/Antonio Negri (2000), wenn dort auf die Ursprünge sozialer und politischer Formen in lebendiger Arbeit hingewiesen wird.

Wurde bei Marx, Lukács und in der frühen Kritischen Theorie noch die Ursächlichkeit der Verdinglichung benannt, so wird sie in Honneths Verdinglichungstheorie nicht mehr eindeutig fixiert. Damit bleibt ihr politisch kritischer Einsatz unbestimmt.

3.3. Eine zeitgenössische Korrespondenz von Verdinglichungstheorie und ästhetisch-politischer Philosophie eröffnet sich auf der Ebene einer Theorie der Leiblichkeit. Die Idee der positiven Verdinglichung wird dabei erneut als Einsatz gegen den Zusammenhang sozialer Vermittlung gesetzt.

In Opposition zur Welt des ›Spektakels‹ (Debord 1967) als einer verdinglichten Form der medialen Repräsentation hat Giorgio Agamben die Performanz des Politischen als eine Umbesetzung von Leiblichkeit beschrieben, in der die Dinghaftigkeit des Körpers sich gegen seine Verschiebung in die Repräsentation sperrt. Die Politik der »Lebens-Form« nimmt von der bloßen Materialität des eigenen Körpers ihren Ausgang. In dieser »endgültige[n] Profanierung des Profanen« (Agamben 1990, 97) ist die Ambivalenz von Verdinglichungsprozessen im Spannungsfeld von lustvoller und gewaltsamer Objektivierung erneut gegenwärtig.

4.

Adorno, T. W., 1942, Reflexionen zur Klassentheorie, in: Gesammelte Schriften, Bd. 8.2, Frankfurt/M.: Suhrkamp 1972.

Adorno, T. W./Horkheimer, M., 1947, Dialektik der Aufklärung, Frankfurt/M.: Fischer 1988.

Agamben, G., 1990, Die kommende Gemeinschaft, Berlin: Merve 2003.

Anderson, E., 1993, Value in Ethics and Economics, Cambridge/MA: Harvard University Press.

Castoriadis, C., 1975, Gesellschaft als imaginäre Institution, Frankfurt/M.: Suhrkamp 1984.

Debord, G., 1967, Die Gesellschaft des Spektakels, Berlin: Edition Tiamat 1996.

Demmerling, C., 1994, Sprache und Verdinglichung, Frankfurt/M.: Suhrkamp.

Habermas, J., 1981, Theorie des kommunikativen Handelns, Frankfurt/M.: Suhrkamp.

Hardt, M./Negri, A., 2000, Empire, Frankfurt/M.: Campus 2002.

Honneth, A., 2005, Verdinglichung, Frankfurt/M.: Suhrkamp.

Lukács, G., 1923, Geschichte und Klassenbewusstsein, in: Werke, Bd. 2, Neuwied: Luchterhand 1968.

Marcuse, H., 1948, Existentialismus, in: ders., Kultur und Gesellschaft 2, Frankfurt/M.: Suhrkamp 1965.

Marx, K., 1867, Das Kapital, Bd. 1, MEW, Bd. 23, Berlin: Dietz 1962.

Marx, K., 1894, Das Kapital, Bd. 3, MEW, Bd. 25, Berlin: Dietz 1964.

Nussbaum, M. C., 1995, Verdinglichung, in: dies., Konstruktion der Liebe, des Begehrens und der Fürsorge, Stuttgart: Reclam 2002.

Simmel, G., 1901, Philosophie des Geldes, Frankfurt/M.: Suhrkamp 1989.

Sohn-Rethel, A., 1970, Warenform und Denkform, Frankfurt/M.: Suhrkamp.

Johan Frederik Hartle

Verfassung

1.

Verfassungen geben Gesellschaften eine politisch-rechtliche Form als Einheit – Staat, Nation, Volk, Bund oder Union. Sie legen die Prinzipien, das institutionelle Arrangement und die Entscheidungsverfahren fest, mit denen Gesellschaften die Aufgabe der Selbstregierung bewältigen und ihren Zusammenhalt bewahren wollen. Verfassungen verraten zugleich die Hoffnungen und Ängste ihrer Autoren bezüglich der beiden zentralen Probleme: Begründung legitimer Autorität und Stiftung gesellschaftlicher Integration. Das Grundlegende von Verfassungen – sowohl ihrer Aufgaben wie auch ihres Inhalts – äußert sich juristisch in ihrem Vorrang vor allen anderen Rechtssätzen des nationalen Rechts. Gleichsam als ›Normenadel‹ bilden sie die Spitze der Normenpyramide, nachdem sie in besonderer Form zustande gekommen sind, wie etwa durch ein Referendum. Einmal dort platziert, können sie nur in einem besonderen Verfahren, regelmäßig mit qualifizierter Mehrheit, geändert werden, wenn sie nicht der Revision durch den verfassungsändernden Gesetzgeber gänzlich entzogen sind.

2.

Der Begriff der »Verfassung« und dessen Vorläufer »Konstitution« blicken auf eine Geschichte von über 2500 Jahren zurück. Sie bezeichnen zunächst eine gottgewollte Ordnung, die nicht nur politische Institutionen, sondern auch soziale und wirtschaftliche Strukturen umfasst, einschließlich der diesen zugrunde liegenden ethischen Prinzipien. In der Moderne wird der Verfassungsbegriff juristisch auf die rechtliche Grundordnung eines politischen Gemeinwesens enggeführt (vgl. van Caenegem 1995).

2.1. Im Zentrum steht sowohl im griechischen wie später im römischen Verfassungsdenken die Lehre von den (richtigen) Staatsformen, die, entsprechend der heutigen alltagssprachlichen Verwendung, zugleich einen außerrechtlichen »Zustand« anzeigt. Mittelalter und frühe Neuzeit prägen konkurrierende Verfassungsbegriffe. Neben »constitution« treten »lex fundamentalis«, »status« und »res publica« bei den unterschiedlichen Versuchen, die Idee des Staates und seiner Ordnung auf den Begriff zu bringen (vgl. Mohnhaupt 1990). Noch Montesquieus *Vom Geist der Gesetze* (1748) lässt eine beachtliche Bedeutungsvielfalt des Verfassungsbegriffs mit den Elementen Staatsform, öffentliches Wohl, Zustand, Grundgesetze und Bindungswirkung erkennen.

2.2. Die Verschriftlichung und der Druck von Verfassungen im Zeitalter der Kodifikationen führen schließlich in der zweiten Hälfte des 18. Jahrhunderts zur Verrechtlichung staatlicher Herrschaft und mit dieser zur Konzentration des Verfassungsbegriffs auf seine juristischen Konnotationen: Organisation und Bindung staatlicher Gewalt, Gewaltenteilung und Garantie von fundamentalen Rechten der Bürger in einem grundlegenden Regelwerk, das festlegt, auf welche Weise die staatliche Macht ausgeübt werden soll (vgl. Vattel 1758) oder kurz: »Declaration of Rights and Frame of Government« (so die Verfassung von Pennsylvania von 1776). Verfassungsgeschichte überschreitet damit die Schwelle von disparaten Ereignissen, Publikationen und Ideen zur Epoche verdichteter, sich wechselseitig beeinflussender konstitutioneller Entwicklungen (vgl. Grimm 1990). In rascher Folge signalisieren die Dokumente dieser konstitutionellen »Schwellenzeit«, bis heute vorbildhaft, wenn nicht gar späteren Kodifikationen Maß gebend, die Befreiung von tyrannischer Herrschaft, wie die Unabhängigkeitserklärung der neuenglischen Kolonien von 1776, oder eine Revolution und demokratische Neugründung, wie die nordamerikanische Bundesverfassung von 1787/89 und die französische Erklärung der Menschen- und Bürgerrechte von 1789 nebst den ihnen nachfolgenden Revolutionsverfassungen von 1791 und 1793 (vgl. Arendt 1963; Gauchet 1989). In den folgenden zwei Jahrhunderten steigt die Verfassung zum weltweit kopierten und variierten Muster auf, nach dem Gesellschaften ihre politische Ordnung als republikanisch, demokratisch und rechtsstaatlich ausweisen und auf die Anerkennung der Grund- und Menschenrechte gründen, um Zutritt zum Kreis der »zivilisierten Staaten« zu erhalten.

3.

3.1. Die »varieties of constitutionalism« lassen sich in vier Archetypen abbilden: der Verfassung als Vertrag, Manifest, Plan oder Gesetz. (1) Die Verfassung als *Vertrag* liegt als virtueller Gesellschaftsvertrag den meisten konstitutionellen Bestrebungen und Dokumenten zugrunde. Er bezeichnet zum einen den Prozess der Einigung, d.h. nach klassischer philosophischer Lehre: die Übereinkunft, den Naturzustand zu verlassen (pactum unionis), und zum anderen den Prozess der Errichtung einer Regierungsform (pactum constitutionis), je nach philosophischer Konzeption mit oder ohne Unterwerfungsvertrag (pactum subjectionis). Im Unterschied zum virtuellen Gesellschaftsvertrag kommt der kontraktualistische Archetyp als Realvertrag zur Geltung in Bündnissen von Fürsten (Deutsche Reichsverfassung von 1871), von Einzelstaaten als Gliedern eines Bundesstaates (US-Bundesverfassung) oder souveränen Staaten als Mitgliedern eines Staatenbundes (Commonwealth). Dieser strukturiert den pouvoir constituant intern als Rechtsbeziehung zwischen diskreten Vertragsparteien. Den Inhalt von Verfassungsverträgen prägen die institutionellen und kompetenziellen Modalitäten des Regierens. Grundrechtsfragen treten dahinter zurück. Das jüngste Beispiel einer Verfassung als (Real-)Vertrag ist das Vertragsnetzwerk des »Staatenverbundes« Europäische Union.

(2) Die Verfassung als *Manifest* ist demgegenüber keine Konstitution im strengen Sinne. Nach dem Verständnis seiner Autoren konstituiert das Manifest nichts Neues, sondern erklärt nur, was als Wahrheit oder Konsens angenommen wird. Als Abschluss revolutionärer Kämpfe und politischer Befreiungsbewegungen bringt das Manifest feierlich, apodiktisch und prägnant die politisch-rechtlichen Einsichten und Absichten zur Sprache. Seine Form suggeriert Evidenz, wie z.B. die Virginia Bill of Rights mit der Feststellung: »Alle Menschen sind von Natur aus in gleicher Weise frei und unabhängig und besitzen bestimmte angeborene Rechte«. Unübertroffen als normativer Sprechakt im Stile des Manifests, proklamiert die französische Déclaration von 1789, was die Vertreter des französischen Volkes »beschlossen [...] haben, in einer feierlichen Erklärung darzulegen«. Typisch für das Manifest ist, dass (selbsternannte) Repräsentanten seiner Adressaten im Bewusstsein ihres überlegenen kognitiven Zugriffs auf die historische Wahrheit und das normativ Gebotene – eben: das zu Deklarierende – zur Proklamation schreiten. Im Vergleich zu anderen Verfassungen bleiben Manifeste rudimentär, sprechen gemeinsame Ziele, Werte, Rechte und Grundsätze an, die als fundamental ausgezeichnet werden, und halten sich mit konkreten Aussagen zur Organisation eines politischen Gemeinwesens zurück.

(3) Der real existierende Sozialismus begründete einen dritten Archetyp: die Verfassung als normativen *Plan* bzw. als Programm gesellschaftlicher Entwicklung. Die sozialistischen Führungskader übersetzten die »Gesetze des wissenschaftlichen Sozialismus« in allgemeine konstitutionelle Entwürfe mit begrenzter Lebensdauer. Nach Maßgabe der ideologischen Vorgaben und des jeweils deklarierten Entwicklungsstandes waren die Plan-/Programmverfassungen periodisch total zu revidieren bzw. die Gesellschaften als »Volksdemokratien«, »sozialistische« oder »kommunistische« Demokratien neu zu konstituieren. Als semantische Konzession an den modernen Konstitutionalismus enthalten auch Plan-Verfassungen ein politisch-organisatorisches Design und einen Katalog von Rechten. Angesichts der grundlegenden ideologischen Annahme, dass der Staat bzw. die Führungskader stets in Einklang mit den wahren Interessen des Volkes handeln, und dass der Gebrauch der Rechte nicht den »objektiven Erfordernissen« des sozialistischen Fortschritts widerstreiten darf, fehlt den

»Grundrechten« jegliche machtbegrenzende und freiheitssichernde Funktion.

(4) Die jüngere Verfassungsgeschichte wird dominiert vom Archetyp Verfassung als *Gesetz*. Das Verfassungsgesetz fügt sich aufgrund seiner Form zwanglos in die jeweilige Rechtsordnung ein, ist überdies den anderen Archetypen insofern überlegen, als es Elemente der anderen Archetypen aufnehmen und in Gesetzesform transferieren kann. Manifestcharakter haben durchweg die Präambeln, aber auch bekenntnishafte Verfassungsnormen. So bekennt sich auch »das Deutsche Volk« im Grundgesetz von 1949 »zu unverletzlichen und unveräußerlichen Menschenrechten als Grundlage jeder menschlichen Gemeinschaft« (Art. 1 Abs. 2). Programmatisches, das der Umsetzung durch den Gesetzgeber bedarf, kleiden Gesetzesverfassungen in Staatsziele und Verfassungsaufträge, wie Frauenförderung, Schaffung von Arbeitsplätzen oder Schutz der natürlichen Lebensgrundlagen. Abgesehen von einigen supranationalen Kontrakt-Verfassungen hat sich weltweit das Verfassungsgesetz durchgesetzt. Noch die Lippenbekenntnisse der sozialistischen Plan-Verfassungen unterstreichen die Dominanz dieses Paradigmas. Kennzeichnend für diesen Typus ist, dass die konstitutionellen Akteure regelmäßig das abwesende Volk als pouvoir constituant beschwören. Die semantische Differenz zwischen »We the People« und »We the Undersigned« markiert den ideologischen Unterschied zwischen einer selbst gesetzten und stellvertretend kontrahierten Verfassung. Der Akt der Verfassungsgebung antizipiert das republikanisch-demokratische Regelwerk, das eben erst »konstituiert« wird, und versucht auf diese Weise der Paradoxie einer creatio ex nihilo zu entgehen (vgl. Loughlin/Walker 2007).

3.2. Moderne Verfassungen folgen in ihrer Struktur einem ähnlichen Konstruktionsplan, soweit es sich um vollständige Verfassungen handelt, die darauf angelegt sind, Grundsätze und Grundregeln für die Lösung der wesentlichen Probleme des Zusammenlebens in Gesellschaft und in einer nationalstaatlich organisierten Umwelt vorzugeben. (1) Auf Fragen der Gerechtigkeit geben Grundrechtskataloge, flankiert von rechtsstaatlichen Prinzipien und Prozeduren, weltweit die im Kern identische Antwort: Verfassungen verbürgen mit der gesicherten gleichen Freiheit aller Freiräume individueller und kollektiver Selbstbestimmung, sie institutionalisieren und begrenzen die legitime Macht aller staatlichen bzw. öffentlichen Gewalten. (2) Hinsichtlich der Frage des guten Lebens bzw. des Gemeinwohls bekräftigen Verfassungen Werte, die übersetzt werden in Staatsziele und Verfassungsaufträge, wie etwa Solidarität, Friedenssicherung, Sozialstaatlichkeit oder Frauenförderung, oder in staatliche Schutzpflichten überführt werden, wie Schutz von Leben und Gesundheit oder von Familie und Kindererziehung, oder aber zur Geltung kommen in Bürgerpflichten, wie der Wehrpflicht oder Steuerpflicht. (3) Den größten Raum in Verfassungen nehmen (staats)organisatorische Regelungen ein. Sie beantworten die von der historischen Erfahrung informierten Fragen politischer Klugheit mit Institutionen und Verfahren der politischen Entscheidungsbildung sowie mit der Zuweisung und Verteilung von Kompetenzen auf die staatlichen Organe und deren wechselseitiger Kontrolle. (4) Das vierte Element schließlich betrifft Fragen der Geltung, der Änderung und des Schutzes einer Verfassung. Diese Meta-Regeln prägen die Selbstreflexivität und Modernität von Verfassungen im engeren Sinne. Sie stellen sicher, dass diese ihre Legitimität aus sich heraus schöpfen und schneiden den Rückgriff auf transzendente Legitimitätsquellen ab, indem sie regelmäßig das Volk als Souverän auszeichnen und jede Änderung an einen Beschluss dieses Souveräns oder seiner Repräsentanten rückbinden.

3.3. Die Typisierung von Verfassungen, ihrer Bauelemente und deren je spezifischer Kombination gibt den Blick frei auf die Hoffnungen und Befürchtungen eines Verfassungsgebers in Anbetracht der sich einer Gesellschaft stellenden historischen Herausforderungen und Aufgaben. In autoritätsfixierten Verfassungen dominieren Regelungen der Institutionalisierung und Kontrolle von politischen Machtzentren, welche die für ihre Kompetenzbereiche allgemein verbindlichen Entscheidungen treffen. Prototyp einer solchen Organisationscharta ist die US-amerikanische Bundesverfassung von 1787, der erst 1791 die »Bill of Rights« als Verfassungszusatz angefügt wurde. In dieser Konstruktion spiegeln sich die Debatten der Federalists und Antifederalists sowie die weit verbreiteten Ängste hinsichtlich einer übermächtigen Union wider (vgl. Hamilton/Madison/Jay 1788). In integrationsorientierten Verfassungen übernehmen dagegen die verfassungsmäßig verbürgten Gemeinwohlwerte eine tragende Funktion. Eine nach Umfang und Expliziertheit augenfällige Betonung für integrative Werte verweist auf Einigungskämpfe, die der Verfassungsgebung voraus liegen, oder auf die Brisanz ethnischer oder kultureller Heterogenität. Nicht zufällig beginnt die Weimarer Verfassung mit dem Hinweis, dass Deutschland nunmehr »einig in seinen Stämmen« sei, und entfaltet ein im Hinblick auf die Wirtschafts- und Sozialordnung beachtliches Integrationsprogramm. Verfassungen, die den Akzent auf Grundrechtskataloge legen, haben demgegenüber eine doppelte Stoßrichtung, die durchweg der Erfahrung von Willkürherrschaft geschuldet ist. Zum einen beugen verfassungsmäßig verbürgte Grundrechte im Verbund mit rechtsstaatlichen Grundsätzen – im angloamerikanischen Verfassungsraum: mit der »rule of law« – einer Wiederkehr gesetzwidriger politischer Machtausübung vor und halten Herrschaft zur Freiheitssphäre der Bürgerinnen und Bürger auf Distanz. Zum anderen enthalten sie Integrationsangebote, indem sie gleiche Freiheit vom Staat und gleiche Mitwirkung »am« Staat verheißen. Wie die meisten angloeuropäischen Verfassungen lässt sich auch das Grundgesetz von 1949 als ein solcher janusköpfiger Verfassungstyp kennzeichnen (vgl. Frankenberg 2006). Wesentliche Teile der Grundgesetzkonstruktion sind als »Lehren aus Weimar« der politischen Gefahrenabwehr und institutionellen Stabilität geschuldet, insbesondere die »streitbare Demokratie«, die jeder Änderung entzogenen Fundamente (sog. Ewigkeitsklausel des Art. 79 Abs. 3), die Kanzlerdemokratie und eben die Betonung der Grundrechte. Zugleich ist das Grundgesetz integrativ angelegt: mit der Verbürgung öffentlicher Kommunikation, mit seinen Diskriminierungsverboten und mit den institutionellen Garantien von Ehe und Familie, Eigentum, Presse und Rundfunk, aber auch mit der Einbeziehung der Parteien in den Verfassungskreis. Auch insofern unterscheidet es sich in seiner Struktur und Funktion nicht wesentlich von anderen Verfassungen.

3.4. Eine geschriebene Verfassung als staatliche Grundordnung setzt eine Institution voraus, die den Vorrang der Verfassung vor dem einfachgesetzlichen Recht durchsetzt und die Einhaltung der Bestimmungen einer Verfassung durch die öffentlichen Gewalten kontrolliert und ggf. Verfassungsverstöße, auch durch verfassungswidriges Gesetzesrecht, zurückweist. Die damit umschriebene Rolle eines »Hüters der Verfassung« fällt in der Regel einem Verfassungsgericht zu; sie wird allerdings in einigen Verfassungsordnungen auch in Doppelfunktion von einem obersten Gerichtshof (nach dem Muster des U.S. Supreme Court) wahrgenommen. V.a. die Kompetenz der Normenkontrolle und das darin eingeschlossene Recht, verfassungswidrige Gesetze zu verwerfen, bringt ein Verfassungsgericht in ein Spannungsverhältnis zum Gesetzgeber.

4.

Alexander, L. (Hg.), 2001, Constitutionalism, Cambridge: Cambridge University Press.

Arendt, H., 1963, Über die Revolution, München: Piper.

Böckenförde, E.-W., 1976, Staat, Gesellschaft, Freiheit, Frankfurt/M.: Suhrkamp.

Frankenberg, G., 1996, Die Verfassung der Republik, Frankfurt/M.: Suhrkamp 1997.

Frankenberg, G., 2003, Autorität und Integration, Frankfurt/M.: Suhrkamp.

Frankenberg, G., 2004, Grundgesetz, Frankfurt/M.: Fischer.

Gauchet, M., 1989, Die Erklärung der Menschenrechte, Reinbek: Rowohlt 1991.
Gough, J. W., 1955, Fundamental Law in English Constitutional History, Oxford: Oxford Clarendon Press.
Grimm, D., 1990, Verfassung II, in: O. Brunner/W. Conze/R. Koselleck (Hg.), Geschichtliche Grundbegriffe, Bd. 6, Stuttgart: Klett-Cotta.
Grimm, D., 1991, Die Zukunft der Verfassung, Frankfurt/M.: Suhrkamp.
Hamilton, A./Madison, J./Jay, J., 1788, Die Federalist-Artikel, Paderborn: Schöningh 1994
Loughlin, M./Walker, N. (Hg.), 2007, The Paradox of Constitutionalism, Oxford: Oxford University Press.
Mohnhaupt, H., 1990, Verfassung I, in: O. Brunner/W. Conze/R. Koselleck (Hg.), Geschichtliche Grundbegriffe, Bd. 6, Stuttgart: Klett-Cotta.
Montesquieu, C.-L. de, 1748, Vom Geist der Gesetze, Stuttgart: Reclam 1984.
Preuß, U. K. (Hg.), 1994, Zum Begriff der Verfassung, Frankfurt/M.: Fischer.
Schmitt, C., 1928, Verfassungslehre, Berlin: Duncker & Humblot 1993.
Stourzh, G., 1989, Wege zur Grundrechtsdemokratie, Köln: Böhlau.
Van Caenegem, R. C., 1995, An Historical Introduction to Western Constitutional Law, Oxford: Oxford University Press.
Vattel, E. de, 1758, Das Völkerrecht oder Grundsätze des Naturrechts, Tübingen: Mohr 1959.
Vorländer, H., 2004, Die Verfassung, München: Beck.

Günter Frankenberg

Verfassungsgerichtsbarkeit

1.

»Verfassungsgerichtsbarkeit« bedeutet die Übertragung der Entscheidungszuständigkeit über verfassungsrechtliche Konflikte an ein Gericht in einem justizförmigen Verfahren. Verfassungsgerichtsbarkeit setzt daher notwendigerweise die Existenz einer Verfassung voraus. Verfassungsrechtliche Konflikte treten in zwei unterschiedlichen Typen auf: Sie sind zum einen Kompetenzstreitigkeiten zwischen Staatsorganen, zum anderen Streitigkeiten über verfassungsrechtliche Anforderungen an staatliches Handeln, die – zumeist – zwischen dem Einzelnen und dem Staat verhandelt werden. Heute wird die Möglichkeit der verfassungsrechtlichen Prüfung von Gesetzen (Normenkontrolle) als konstitutiv für Verfassungsgerichtsbarkeit angesehen. Beschränkt sich ein Gericht auf die Entscheidung von Kompetenzstreitigkeiten, wird hierfür in der deutschen Tradition der Begriff des Staatsgerichtshofs verwendet.

Der Begriff der Verfassungsgerichtsbarkeit erfasst in einem weiten Verständnis nicht nur besondere Gerichtshöfe, die allein für die Entscheidung verfassungsrechtlicher Streitigkeiten zuständig sind (wie in Deutschland), sondern auch solche Obersten Gerichte, die Verfassungsrechtsprechung neben ihrer allgemeinen höchstrichterlichen Rechtsprechung zum einfachen Recht ausüben (wie in den USA).

2.

Verfassungsgerichtsbarkeit geht aus der Entwicklung des modernen Staats- und Verfassungsdenkens hervor. Ansätze einer Verfassungsgerichtsbarkeit im Sinne von Staatsgerichtshofstätigkeit lassen sich zwar bis ins Alte Reich zurückverfolgen. Verfassungsgerichtsbarkeit mit der Möglichkeit der Normenkontrolle ist dagegen v.a. im US-amerikanischen Verfassungsdenken zu verorten: Schon Hamilton (1787, 430) forderte die Einrichtung der Normenkontrolle. Tatsächlich ist die Geburtsstunde der Verfassungsgerichtsbarkeit in der Entscheidung des U.S. Supreme Court *Marbury v. Madison* aus dem Jahr 1803 zu sehen. Hier wurde erstmals von einem Gericht ausdrücklich eine Kontollkompetenz gegenüber dem Gesetzgeber in Anspruch genommen.

3.

3.1. Aufgabe der Verfassungsgerichtsbarkeit ist die Sicherung des Vorrangs der Verfassung. Die Verfassung als Grundordnung des

Gemeinwesens wäre wirkungslos, wenn die Einhaltung ihrer Vorschriften nicht irgendwie gesichert würde. Denn allein das Vertrauen auf das politische Kräftespiel sichert die Wirksamkeit der Verfassung nicht; Verfassungsfragen würden zu reinen Machtfragen. Fraglich ist somit, wer »Hüter der Verfassung« sein soll (vgl. Schmitt 1931; Kelsen 1931). Theoretisch sind verschiedene Möglichkeiten denkbar, wem diese Aufgabe übertragen werden könnte. In der Demokratie kommen neben einem Gericht etwa in Betracht: das Parlament, die Regierung oder – wenn es getrennt davon ist – das Staatsoberhaupt.

V.a. zwei Arten von Gründen werden für die Übertragung der Aufgabe der Verfassungssicherung an ein Gericht angeführt: (i) rechtsstaatliche und (ii) Macht verteilende. (i) Verfassungsgerichtsbarkeit wird häufig als »Schlussstein« oder »Vollendung« des Rechtsstaats angesehen. Wenn Rechtsstaatlichkeit den Anspruch kennzeichnet, politische und gesellschaftliche Macht im Gemeinwesen nach Maßgabe des Rechts auszuüben und zugleich die Einhaltung dieser rechtlichen Begrenzungen zu gewährleisten, liegt es in der Tat nahe, die Gewährleistung der höchsten Norm, der Verfassung, an ein Gericht zu übertragen. (ii) Die Macht verteilenden Gründe, die für die Übertragung an ein Gericht sprechen, hat schon Kelsen klar formuliert: »Da gerade in den wichtigsten Fällen von Verfassungsverletzung Parlament und Regierung Streitparteien sind, empfiehlt es sich zur Entscheidung des Streites eine dritte Instanz zu berufen, die außerhalb dieses Gegensatzes steht und selbst in keiner Weise an der Ausübung der Macht beteiligt ist, die die Verfassung im wesentlichen zwischen Parlament und Regierung aufteilt. Daß diese Instanz dadurch selbst eine gewisse Macht erhält, ist unvermeidlich. Aber es ist ein gewaltiger Unterschied, ob man einem Organ keine andere als diese Macht verleiht, die in der Funktion der Verfassungskontrolle liegt, oder ob man die Macht eines der beiden Hauptmachtträger noch verstärkt.« (Kelsen 1931, 38)

Heutzutage werden demgegenüber häufig demokratietheoretische Bedenken erhoben, da die Verfassungsgerichtsbarkeit zu stark in die Kompetenz des demokratisch legitimierten Gesetzgebers übergreife. Gewarnt wird vor einem Weg in den »Jurisdiktionsstaat« (Böckenförde 1991, 194). Im Mittelpunkt der heutigen Diskussion steht daher die Frage nach den Grenzen der Verfassungsgerichtsbarkeit. Die Analyse der Stellung der Verfassungsgerichtsbarkeit muss dabei den institutionellen Rahmen wie auch die Versuche einer inhaltlichen Bindung berücksichtigen.

3.2. Der institutionelle Rahmen wird v.a. durch den Umfang der Zuständigkeiten, die Stellung des Gerichtes sowie die Wahl und die Ausgestaltung der Stellung der Richterinnen und Richter bestimmt.

Verfassungsgerichte sind zuständig für verschiedene Arten von Verfahren, die freilich – je nach Rechtskreis und Rechtstradition – unterschiedlich ausgestaltet sind. Deren wichtigste seien hier genannt: (a) Verfassungsgerichte sind zwingend für Kompetenzstreitigkeiten zwischen verschiedenen Staatsorganen zuständig (Organstreitigkeiten). In Bundesstaaten ist das Verfassungsgericht des Bundes zudem zuständig für die Klärung von Streitigkeiten zwischen Bund und Ländern, insbesondere zur Durchsetzung von Bundesrecht gegenüber Landesrecht. (b) Verfassungsgerichte sind des Weiteren zuständig für die Überprüfung der Verfassungsmäßigkeit von Gesetzen, die sog. Normenkontrolle: Bei der abstrakten Normenkontrolle wird ein Gesetz ohne Anlassfall unmittelbar dem Verfassungsgericht zur Prüfung übergeben. Der Kreis der Antragsberechtigten ist typischerweise sehr eng gefasst; antragsbefugt sind meist nur Staatsorgane wie Bundesregierung oder Landesregierung oder auch ein bestimmter Anteil der Abgeordneten eines Parlaments. Die konkrete Normenkontrolle geht demgegenüber auf einen Anlassfall zurück; sie kann erhoben werden, wenn ein Gericht in einem streitigen Verfahren von der Verfassungswidrigkeit eines Gesetzes überzeugt ist. Der Sache, wenn auch nicht der Bezeichnung nach kann eine Normenkontrolle auch durch die Individual-Rechtssatz-Verfassungsbeschwerde erzielt werden. Etwa in Deutschland ist – freilich nur unter engen Voraussetzungen der eigenen, gegenwärtigen und unmittelbaren Betroffenheit – auch Einzelnen die Möglichkeit eröffnet, das Verfassungsgericht direkt gegen ein Gesetz anzurufen, selbst wenn das Gesetz noch nicht angewendet worden ist. (c) Schließlich sind die meisten Verfassungsgerichte zuständig für die Beschwerden einzelner Bürgerinnen und Bürger gegen Akte öffentlicher Gewalt. Dies setzt freilich typischerweise die Erschöpfung des Rechtswegs voraus. Dabei unterscheiden sich Verfassungsgerichte darin, inwieweit sie verpflichtet sind, Verfassungsbeschwerden, die üblicherweise den weit überwiegenden Teil ihrer tatsächlichen Tätigkeit ausmachen, der Sache nach zu prüfen. Je nachdem, ob die Gewährleistung des objektiven Verfassungsrechts oder der Rechtsschutz im Interesse des Einzelnen stärkeres Gewicht hat, verfügt das Gericht über einen Entscheidungsspielraum dahingehend, ob es eine Verfassungsbeschwerde zur Entscheidung annimmt oder nicht (ein freies Annahmeverfahren gibt es etwa in den USA).

Für die starke Machtposition des Bundesverfassungsgerichts gegenüber dem Gesetzgeber wird in Deutschland vielfach die Einrichtung des Verfahrens der abstrakten Normenkontrolle verantwortlich gemacht (vgl. Habermas 1992, 295). Dies ist indes theoretisch zweifelhaft und empirisch falsch. Freilich kann es so sein, dass der Prüfungsgegenstand im Rahmen eines Verfahrens der abstrakten Normenkontrolle weiter gefasst ist, als bei einem Verfahren, das einen konkreten Fall zum Ausgangspunkt hat. Dies ist aber keineswegs zwingend; viele Verfassungsbeschwerden haben inzidente Normenkontrollprüfungen zum Inhalt; die meisten Entscheidungen des Bundesverfassungsgerichts, die als Übergriffe in den Gestaltungsspielraum des Gesetzgebers kritisiert werden, sind im »normalen« Verfassungsbeschwerdeverfahren ergangen. Auch hat die fehlende Möglichkeit der abstrakten Normenkontrolle in den USA den Supreme Court nicht von der Kritik des zu starken »judicial activism« enthoben.

Um die Faktoren zu bestimmen, die Macht und Einfluss der Verfassungsgerichte konstituieren, ist zunächst festzuhalten, dass es eine normativ vorgesehene Kontrolle eines Verfassungsgerichts nicht geben kann. Über dem Verfassungsgericht als höchstem Gericht eines Staates steht in der Tat nur der »blaue Himmel«. Dennoch wäre es vorschnell, aus diesem Umstand auf eine sehr starke Machtposition der Verfassungsgerichte zu schließen.

Denn Verfassungsgerichte verfügen nicht über Machtmittel, um ihre Entscheidungen durchzusetzen. Zwar ist die Befolgung ihrer Entscheidungen normativ angeordnet, doch fehlt Verfassungsgerichten der unmittelbare Zugriff auf den staatlichen Zwangsapparat, der ansonsten die Befolgung von Gerichtsentscheidungen garantiert. Verfassungsgerichte können die Befolgung ihrer Entscheidungen nur durch ihre Autorität, d.h. den Druck der öffentlichen Meinung, erreichen. Es ist daher nicht erstaunlich, wenn der tatsächliche Einfluss eines Verfassungsgerichts sowohl von Staat zu Staat als auch über verschiedene Perioden der Geschichte variiert. Schließlich kann der Gesetzgeber oder die Exekutive Kontrolle über bestimmte Rahmenbedingungen des Verfassungsgerichts ausüben, indem es etwa über verfügbares Geld, Besetzung der Stellen von Mitarbeitern o.ä. entscheidet.

Von zentraler Bedeutung sind Auswahl und Stellung der Mitglieder des Gerichts. Hier sind ganz unterschiedliche Wege denkbar. Dies betrifft zum einen die Amtszeit der Richter. Sie kann auf Lebenszeit (so in den USA) oder auf eine bestimmte Anzahl von Jahren (in Deutschland: 12 und zusätzlich eine Altershöchstgrenze) befristet sein. Für die Stellung des Gerichts spielen diese Unterschiede freilich nur eine geringe Rolle; wesentlich ist allerdings bei Befristung der Amtszeit der Ausschluss der Wiederwahl, um jegliche Abhängigkeit vom auswählenden Organ zu vermeiden.

Auch die Art, wie die Richter des Verfassungsgerichts bestimmt werden, unterscheidet sich. Denkbar ist zum einen die Ernennung durch die gerade mit Mehrheit regierende politische Strömung; so erfolgt die Ernennung eines Richters am U.S. Supreme Court auf Vorschlag des Präsidenten mit Zustimmung des Senats; dies führt zu klareren unterschiedlichen Profilen des Gerichts in der jeweiligen Zusammensetzung. Demgegenüber ist Deutschland ein Beispiel für ein eher konsensorientiertes Modell, setzt die Ernennung jeden Richters doch eine Zwei-Drittel-Mehrheit in dem wählenden Organ des Bundestages bzw. dem Bundesrat voraus. In der Praxis hat dies dazu geführt, dass die einzelnen Richterstellen nach Quoten auf die politischen Parteien verteilt worden sind.

Schließlich bestehen erhebliche Unterschiede in der Art des Ernennungsverfahrens. Während in Deutschland die Öffentlichkeit von der Ernennung eines Bundesverfassungsrichters im Regelfall erst im Nachhinein erfährt, hat die Öffentlichkeit an der Auswahl der Richter des U.S. Supreme Court großen Anteil. Durch ein öffentliches Verfahren und insbesondere öffentliche Anhörungen, in denen Grundeinstellungen der Richterkandidaten deutlich werden, wird das demokratische Moment bei der Besetzung des Gerichts gestärkt.

3.3. Neben einer angemessenen institutionellen Ausgestaltung könnte auch versucht werden, die Macht des Verfassungsgerichts durch inhaltliche Konzepte zu begrenzen.

(a) Die zunehmende Macht etwa des Bundesverfassungsgerichts wird u.a. auf den Wandel der Grundrechtsdogmatik zurückgeführt (vgl. Böckenförde 1991). So lange Grundrechte im Sinne eines liberalen Staatsverständnisses ausschließlich als Abwehrrechte des Bürgers gegen den Staat verstanden werden, sind die Konfliktfelder, auf die sich Grundrechtsrechtsprechung bezieht, wesentlich kleiner und schärfer konturiert als nach den neuen Entwicklungen, die der objektiven Dimension der Grundrechte Geltung verleihen; danach können Grundrechte auch Auswirkungen auf das Verhältnis zwischen Privaten haben (Drittwirkung) und zu Schutz- und Leistungspflichten des Staates führen. Ob eine Rückkehr zum liberalen Grundrechtsverständnis als Ausweg erscheint, hängt maßgeblich vom Verständnis der Aufgabe der Grundrechte ab. Will man Grundrechte nicht allein auf ein zweipoliges Verhältnis Staat-Bürger verkürzen, sondern hält Grundrechte auch für relevant im Hinblick auf die Einschränkung gesellschaftlicher Macht, zu deren Durchsetzungskraft das Recht immer beiträgt, ist eine Beschränkung auf die abwehrrechtliche Sichtweise nicht gangbar.

(b) Ein aus der US-amerikanischen Verfassungsgerichtsbarkeit stammender Versuch, die Macht des Verfassungsgerichts zu begrenzen, besteht in dem Rückzug des Gerichtes aus Fragen eminent politischer Natur (political question doctrine). Da eine scharfe Trennung von Recht und Politik aber nicht gezogen werden kann, verschleiert dieser Ansatz eher die tatsächlich anstehenden Fragen, als dass er zu ihrer Rationalisierung beitrüge.

(c) Strittig ist, ob die Aufgabe der Verfassungsgerichtsbarkeit in einer Weise umschrieben werden kann, die ein Übergreifen in den Gestaltungsspielraum des Gesetzgebers verhindert. So soll etwa nach Ely (1980) oder einer republikanischen Deutung (vgl. Habermas 1992, 324) das Gericht primär den demokratischen Prozess überwachen und schützen. Fraglich ist indes, ob dieser Ansatz funktionieren kann, wenn man die strukturelle Benachteiligung bestimmter Gruppen, etwa von ethnischen Minderheiten oder Frauen, im politischen Prozess berücksichtigt. Da viele Gesetze Auswirkungen auf den Status dieser Gruppen haben, enthebt auch dieser Ansatz das Gericht nicht der Prüfung, wann eine Verletzung ihrer Rechte vorliegt. Sonst müsste konsequenterweise, so lange eine angemessene Repräsentation nicht gegeben ist, jedes Gesetz, das überhaupt negative Auswirkungen auf Angehörige dieser Gruppen hat, aufgehoben werden.

(d) Auch das Vertrauen in die Disziplinierung durch juristische Methodik reicht nur so weit, wie die Methodendiskussion Verbindlichkeit erreichen kann. Trotz einiger Ansätze zu einer reflektierten Theorie der Verfassungsinterpretation bleibt bei allem

Bemühen um methodisch sauberes Arbeiten das unauflösbare Dilemma, dass Verfassungsinterpretation – wie jede Interpretation – schöpferische Elemente enthält. Eindeutigkeit kann auch durch Methodendiskussion nicht erzielt werden.

(e) Ein anderes Schlagwort, das in der Diskussion um die Begrenzung der Macht der Verfassungsgerichtsbarkeit eine Rolle spielt, ist die Forderung nach »judicial self-restraint«. Allerdings ist eine richterliche Selbstbeschränkung als genereller Interpretationsansatz untauglich. Denn es gibt Bereiche, in denen es gerade Aufgabe des Gerichtes ist, Bürgerrechte durchzusetzen. In Deutschland wird daher eher über funktionell-rechtliche Grenzen der Verfassungsgerichtsbarkeit nachgedacht (vgl. Hesse 1967, 31).

Letztlich kann Verfassungsgerichtsbarkeit ihre Aufgabe nur erfüllen, wenn sie verfassungsrechtliche Fragestellungen in möglichst transparenter und rationaler Weise abarbeitet. Dazu gehört eine Offenlegung der ausschlaggebenden Gründe, die dann wieder öffentlicher und wissenschaftlicher Diskussion zugänglich sind. Hilfreich für einen solchen transparenten Diskussionsprozess ist etwa die Veröffentlichung abweichender Meinungen, wie sie – für die deutsche Rechtskultur ansonsten ganz unüblich, während in den USA selbstverständlich – bei den Entscheidungen des Bundesverfassungsgerichts zugelassen ist.

4.

Badura, P./Dreier, H. (Hg.), 2001, Festschrift 50 Jahre Bundesverfassungsgericht, 2 Bde., Tübingen: Mohr.

Böckenförde, E.-W., 1991, Grundrechte als Grundsatznormen, in: ders., Staat, Verfassung, Demokratie, Frankfurt/M.: Suhrkamp.

Ely, J. H., 1980, Democracy and Distrust, Cambridge/MA: Harvard University Press.

Habermas, J., 1992, Faktizität und Geltung. Beiträge zur Diskurstheorie des Rechts und des demokratischen Rechtsstaats, Frankfurt/M.: Suhrkamp.

Hamilton, A./Madison, J./Jay, J., 1787, Der Föderalist, Wien: Manz 1958.

Hesse, K., 1967, Grundzüge des Verfassungsrechts, Heidelberg: Müller 1999.

Kelsen, H., 1931, Wer soll der Hüter der Verfassung sein?, Berlin: Rothschild.

Schmitt, C., 1931, Der Hüter der Verfassung, Tübingen: Mohr.

Starck, C. (Hg.), 1976, Bundesverfassungsgericht und Grundgesetz, 2 Bde., Tübingen: Mohr.

Zurn, C., 2007, Deliberative Democracy and the Institutions of Judicial Review, Cambridge: Cambridge University Press.

UTE SACKSOFSKY

Vernunft, praktische

1.

Praktische Vernunft ist die allgemeine menschliche Fähigkeit, durch Reflexion die Frage zu beantworten, was man tun sollte. Diese Form des Nachdenkens ist in zweifacher Hinsicht praktisch: einmal in ihrem Gegenstand, da sie sich mit Handlungen beschäftigt, und dann in ihrem Ergebnis oder ihren Konsequenzen, insofern das kritische Nachdenken über Handlungsmöglichkeiten den Menschen direkt zum Handeln bewegt.

2.

Unsere Fähigkeit zu deliberativer Selbstbestimmung wirft philosophische Fragen auf, die sich in zwei Problemkreisen zusammenfassen lassen. Zum einen ergeben sich Fragen danach, wie es durch Überlegung gelingen kann, den Willen zur Mitwirkung zu bewegen und intentionale Handlungen hervorzubringen. Zum anderen stellen sich Fragen bezüglich der Maßstäbe, die bei der Entscheidungsfindung angewendet werden. Philosophiegeschichtlich verdienen drei Autoren besondere Erwähnung, da ihre Überlegungen einen fortwährenden Einfluss auf die Diskussion dieser beiden Problembereiche ausüben: Aristoteles stellt die praktische Weisheit als Vervollkommnung unseres Vermögens dar, über Handlungen rational nachzudenken; Hume gelangt zu dem skeptischen Ergebnis, dass die praktische Vernunft den Leidenschaften unterworfen ist; Kant wiederum betrachtet die Prinzipien der praktischen Vernunft als Gesetze des freien Willens.

3.

3.1. Die praktische Vernunft gleicht einem besonderen Standpunkt der Reflexion. Wenn Handelnde überlegen, was sie tun sollen, denken sie über sich selbst und ihre Lage in einer charakteristischen Weise nach. Eine natürliche Art, diesen Standpunkt zu verdeutlichen, besteht darin, ihn im Gegensatz zur theoretischen Vernunft zu betrachten. So könnte man die theoretische Reflexion als das systematische Nachdenken über Fragen der Erklärung und der Vorhersage auffassen, das seinen paradigmatischen Ausdruck in den Natur- und Sozialwissenschaften findet. Im Unterschied hierzu nimmt die praktische Vernunft ihren Ausgangspunkt in normativen Fragen. Typischerweise handelt es sich darum, angesichts einer Vielzahl alternativer Handlungsmöglichkeiten zu bestimmen, was man tun sollte oder welche Handlung die beste wäre. In der praktischen Vernunft geht es daher um Fragen nach dem Wert oder der Wünschbarkeit von Handlungen. Wenn Handelnde praktische Überlegungen anstellen, versuchen sie, ihre Handlungsgründe zu beurteilen und zu gewichten, d.h. sie denken über das Pro und Kontra der ihnen offen stehenden Alternativen nach (individuell oder kollektiv – Menschen beratschlagen auch gemeinsam darüber, was sie tun sollten).

Es gibt allerdings auch eine andere Möglichkeit, die Abgrenzung zwischen praktischer und theoretischer Vernunft zu verstehen, indem die Gemeinsamkeiten anstelle der Unterschiede in den Vordergrund gestellt werden. Diesem Ansatz zufolge geht es bei der theoretischen Reflexion ebenfalls um die Beschäftigung mit einer normativen Frage, nämlich darum, welche Überzeugungen man vertreten sollte. Die theoretische Vernunft in diesem Sinne beurteilt die Gründe unserer Überzeugungen, indem sie die Überlegungen, die für oder gegen eine bestimmte Schlussfolgerung darüber sprechen, wie die Welt beschaffen ist, untersucht und abwägt. Wichtig ist hierbei die Perspektive der ersten Person: Der Standpunkt theoretischer Überlegung ist die engagierte Einstellung desjenigen, der eine Überzeugung vertritt, nicht die betrachtende Haltung eines distanzierten Beobachters (vgl. Moran 2001). Wenn die Differenz zwischen praktischer und theoretischer Vernunft auf diese Weise verstanden wird, dann handelt es sich im Wesentlichen um die Abgrenzung zweier unterschiedlicher Normensysteme: auf der einen Seite Normen für die Regelung von Handlungen und auf der anderen Normen für die Regelung von Überzeugungen.

In Bezug auf dieses Verständnis der praktischen Vernunft ist noch anzumerken, dass die Abgrenzung auch nicht auf einem Unterschied hinsichtlich der Konsequenzen der theoretischen und praktischen Vernunft beruht, etwa so als bewirke Erstere Veränderungen unserer geistigen Zustände und Letztere körperliche Bewegungen. Praktische Überlegungen rufen intentionale Handlungen hervor, und diese wiederum setzen eine entsprechende geistige Einstellung seitens des Handelnden voraus (vgl. Harman 1986; Bratman 1987). Außerdem ist es wichtig, sich daran zu erinnern, dass die charakteristischen Veränderungen unserer Einstellungen nicht unfehlbar sind. In beiden Bereichen der Vernunft, dem theoretischen wie dem praktischen, besteht die Möglichkeit zur Irrationalität, die in ihrer stärksten Form in dem Versagen besteht, diejenige Haltung auch einzunehmen, die man den angestellten Überlegungen folgend für angemessen hält. Deliberation über Handlungen erzeugt also nur insofern angemessene Intentionen, als der Handelnde rational vorgeht (vgl. Korsgaard 1996).

3.2. Der Zusammenhang zwischen praktischer Vernunft und intentionaler Handlung lässt Zweifel daran aufkommen, ob es sich tatsächlich um eine Fähigkeit zu genuiner Überlegung handelt. Eine Intention zu formen, bedeutet einen Plan zu erstellen, den man durch die eigenen Handlungen zu verwirklichen sucht. In dieser Hinsicht scheinen sich Intentionen auffallend von Überzeugungen zu unterscheiden, die eine repräsentative Funktion haben: Überzeugungen sind darauf ausgerichtet, sich der Beschaffenheit der Welt anzupassen. Und sollte es sich herausstellen, dass die Welt nicht so beschaffen ist, wie man bislang geglaubt hat, so erkennt man mit Notwendigkeit an, die eigenen Überzeugungen in den relevanten Hinsichten abändern zu müssen. Intentionen sind in dieser Hinsicht grundverschieden (vgl. Smith 1987). Sie gleichen eher den Entwürfen eines Architekten als den Zeichnungen bereits fertig gestellter Gebäude (vgl. Anscombe 1957).

Die genauere Analyse des Gegensatzes zwischen Überzeugungen und Intentionen hat einige Philosophen dazu veranlasst, zu fragen, ob der Begriff der praktischen Vernunft nicht eine Fehlbezeichnung sei. Auf den Punkt gebracht besteht die Schwierigkeit darin, verständlich zu machen, wie ein genuin rationaler Prozess allein in der Lage sein kann, Zustände mit der besonderen, nichtrepräsentativen Funktion von Intentionen hervorzurufen. Vernunft scheint eine Fähigkeit spezifisch kognitiver Operationen zu sein, während Intentionen insofern nichtkognitive Zustände sind, als sie nicht darauf ausgerichtet sind, unabhängige Tatsachen über die Beschaffenheit der Welt widerzuspiegeln (vgl. Gibbard 1990).

Die Fähigkeit praktischer Vernunft, intentionale Handlungen hervorzubringen, entzweit selbst diejenigen, die diese Skepsis ihr gegenüber zurückweisen. Davon ausgehend, dass es normative und evaluative Tatsachen und Wahrheiten gibt, akzeptieren diese Philosophen die kognitiven Züge des praktischen Diskurses. Sie unterscheiden sich allerdings in ihren Darstellungen der Wahrheitsbedingungen der normativen und evaluativen Behauptungen, die für diesen Diskurs charakteristisch sind.

Eine Herangehensweise, die oft als Internalismus bezeichnet wird, setzt voraus, dass Handlungsgründe auf bereits bestehenden Motivationen aufbauen müssen (vgl. Williams 1981). Dieser einflussreichen Position zufolge kann ein bestimmter Handelnder S nur dann einen Grund haben, x zu tun, wenn x zu tun eine bereits vorhandene Motivation des Handelnden anspricht oder weiterentwickelt. Eine rationale Verbindung, gleich welcher Art, zwischen dem Tun des Handelnden und den subjektiven Motivationen muss bereits bestehen. Ist dies nicht der Fall, so ist die Behauptung, S habe Grund, x zu tun, unzutreffend. Internalisten behaupten, dass wir die Generierung neuer Intentionen durch Überlegungen nur verständlich machen können, indem wir annehmen, dass diese Art des Überlegens durch die bestehenden motivationalen Ressourcen bedingt ist. Der internalistischen Darstellung zufolge ist praktische Vernunft die Fähigkeit, die Implikationen der Festlegungen herauszuarbeiten, die in den vorliegenden Motivationen des Handelnden bereits enthalten sind. Mit anderen Worten, Motivation geht praktischer Vernunft voraus und begrenzt sie.

Externalisten weisen diese Auffassung zurück, indem sie ihrerseits geltend machen, dass man Handlungsgründe haben kann, die von bereits bestehenden Motivationen unabhängig sind. Zwar stimmen sie mit den Internalisten typischerweise darin überein, dass praktisches Überlegen neue Motivationen und Handlungen hervorbringen kann. Aber sie bestreiten, dass ein derartiger Vernunftgebrauch in signifikanter Weise durch die schon vorhandenen subjektiven Motivationen des Handelnden begrenzt ist. Der externalistischen Darstellung zufolge beinhaltet die praktische Vernunft auch die normative Fähigkeit, darüber nachzudenken, worin eine objektiv gute Handlungsweise besteht, um auf der Grundlage dieser Art evaluativer Reflexion zu handeln. Sie eröffnet gleichsam neue motivationale Möglichkeiten (vgl. Nagel 1978; Parfit 1997; Wallace 1999).

3.3. Die Normen instrumenteller Rationalität scheinen die am wenigsten umstrittenen substanziellen Normen der praktischen Vernunft zu sein. In ihrer einfachsten Form fordert die instrumentelle Rationalität vom

Handelnden, sich derjenigen Mittel zu bedienen, die in Verbindung mit seinen gegebenen Zielen notwendig sind. Das instrumentelle Prinzip macht keinerlei Annahmen darüber, inwieweit die Ziele der Menschen selbst rational überprüfbar sind. Eine solche rationale Kritik setzt offenkundig voraus, dass es objektive Gründe und Werte gibt, die unabhängig von psychologischen Tatsachen darüber, wozu die Menschen zufälligerweise in ihrem Bestreben motiviert sind, als Beurteilungsmaßstäbe der Ziele dienen können. Es darf jedoch bezweifelt werden, ob derartig unabhängige Maßstäbe mit den metaphysischen Voraussetzungen zeitgenössischer wissenschaftlicher Praxis vereinbar sind. Eine Welt, die aller objektiven Werte und Normen entkleidet ist, lässt keinen Raum mehr für die rationale Überprüfung der Ziele einzelner Personen, sondern nur für Zweckrationalität im Sinne Webers.

Es sollte allerdings nicht vergessen werden, dass Zweckrationalität selbst ein normatives Prinzip ist. Denn wir sind in dem Maße rational kritisierbar, in dem es uns nicht gelingt, diese Art instrumenteller Konsistenz an den Tag zu legen. Eine konsequentere naturalistische Position bestünde darin, die Zweckrationalität gänzlich zurückzuweisen, und stattdessen eine skeptische Haltung gegenüber jeglicher Form praktischer Vernunft einzunehmen (vgl. Hampton 1988). Auch unabhängig vom Naturalismus lässt sich der Vorschlag, die instrumentelle Norm erschöpfe die Anforderungen praktischer Vernunft, in Zweifel ziehen. Dieser Norm zufolge sollte man die Mittel ergreifen, die zur Erreichung der gegebenen Ziele notwendig sind. Aber wie kann die Tatsache, dass bestimmte Mittel auf diese Weise notwendig sind, einer Person einen Grund geben, die Mittel zu ergreifen, wenn das Erreichen des Ziels selbst nicht als wertvoll verstanden werden kann (vgl. Korsgaard 1997; Quinn 1993)? Philosophen haben versucht, die rationale Beurteilung individueller Ziele zu berücksichtigen, ohne jedoch vom Grundgedanken der Zweckrationalität abzuweichen, indem sie ihren Blick auf die Gesamtheit der Ziele eines Handelnden gerichtet haben. Selbst wenn es keine Werte gibt, die letztendlich von den Zielen des Handelnden unabhängig sind, lassen sich dennoch einzelne Wünsche einer intrinsischen Überprüfung unterziehen, indem andere Wünsche des Handelnden als Maßstab herangezogen werden. In diesem Sinne könnte argumentiert werden, dass praktische Vernunft ein holistisches Unterfangen ist, das nicht nur mit der Identifizierung geeigneter Mittel zur Verwirklichung individueller Ziele beschäftigt ist, sondern mit der koordinierten Verwirklichung der Gesamtheit der Ziele des Handelnden (vgl. Gosepath 1994).

Die holistische Herangehensweise erreicht ihren vollständigsten Ausdruck im Maximierungsmodell von Rationalität, wie es in der Entscheidungstheorie und der Theorie der rationalen Wahl entwickelt worden ist. Diese Disziplinen artikulieren folgende grundlegende Idee mit mathematischer Genauigkeit: Praktische Vernunft ist eine Frage der Handlungskonsistenz, gegeben die Präferenzen der Handelnden und ihre Überzeugungen über die wahrscheinlichen Konsequenzen der möglichen Handlungsalternativen. Nun ist hinterfragbar, ob es notwendigerweise irrational ist, diejenige Handlung nicht zu wählen, die angesichts der eigenen Präferenzen und Überzeugungen optimal wäre. So scheinen rational Handelnde oftmals mit Umständen zufrieden zu sein, die aus der Sicht ihrer Ziele und Wünsche »gut genug« sind, selbst wenn sie wissen, dass es Alternativen gibt, die einen höheren Gewinn versprechen; sie sind nicht darauf bedacht, den Wert der erreichbaren Endergebnisse durch ihre Handlungen zu maximieren, stattdessen erklären sie sich zufrieden (»satisfice«, Slote 1989). Auch betrachten sie ihre vergangenen Intentionen und Pläne eher als – wenn auch anfechtbare – Vorgaben des Nachdenkens, als dass sie versuchen, ihren subjektiven Nutzen in jeder Situation, mit der sie sich konfrontiert sehen, aufs Neue zu maximieren (vgl. Bratman 1987). Sollten diese Beobachtungen zutreffen, ließe sich daran zweifeln, dass die Nutzenmaximierung eine grundlegende Norm praktischer Vernunft darstellt.

3.4. Was aber sind die Alternativen? Betrachten wir zuerst die Annahme, die kritische Beurteilung der individuellen Zwecke des Handelnden sei ausgeschlossen. Dieser scheinbare Gemeinplatz ist von jenen Philosophen in Zweifel gezogen worden, die darauf hinweisen, dass viele unserer grundlegenden Lebensziele nur ansatzweise durchdacht sind. Viele Menschen finden Erfolg im Beruf und Loyalität gegenüber Freunden erstrebenswert, ohne sich wirklich im Klaren darüber zu sein, was genau diese Ziele von ihnen verlangen. In dem Maße, in dem die eigenen Ziele vage sind, bilden sie jedoch keine effektiven Ausgangspunkte für das instrumentelle, maximierende oder sich zufrieden gebende Nachdenken. Unsere Ziele müssen näher bestimmt werden, bevor wir überlegen können, welche Mittel zu ihrer Erreichung notwendig sind, oder um auf ihrer Grundlage eine Rangordnung möglicher Ergebnisse aufzustellen. Hier besteht anscheinend eine Anforderung an die praktische Vernunft, die sich nicht problemlos in die Kategorien des instrumentellen oder maximierenden Nachdenkens einfügen lässt, wie umfassend diese Kategorien auch gedacht werden (vgl. Wiggins 1987; Richardson 1994).

Praktisches Nachdenken über Ziele ist keine einfache Tätigkeit. Eindeutige Erfolgskriterien für diese Art der Reflexion fehlen, und es bleibt oft unklar, wann sie zu einem zufrieden stellenden Abschluss gelangt ist. Diese Bedenken legen einerseits die Annahme nahe, dass es kein schlüssiges Deliberieren über letzte Zwecke gibt. Andererseits ist unklar, wie man sich über die wichtigsten Ziele Klarheit verschaffen soll, wenn nicht dadurch, dass man in irgendeiner Weise über sie nachdenkt. Statt derartige Überlegungen auszuschließen, weil sie nicht in das eng definierte wissenschaftliche Paradigma passen, sollten wir vielleicht unseren Begriff der praktischen Vernunft so erweitern, dass die klärende Reflexion hinsichtlich unserer Handlungsziele miteinbezogen wird (vgl. Taylor 1985).

Instrumentelle Modelle praktischer Vernunft beruhen auf einer grundlegend konsequentialistischen Auffassung der Verbindung zwischen Handlungen und Werten. Dieser Auffassung zufolge sind es letztendlich Zustände, denen Wert zukommt, da sie die Objekte subjektiver Präferenzordnungen sind. Handlungen werden dann in dem Ausmaß als rational bezeichnet, in dem sie Zustände hervorbringen, die in diesem Sinn wertvoll sind. Es ist allerdings kontrovers, ob diese Vorstellung von Handlungsrationalität plausibel ist (vgl. Nida-Rümelin 1993). Entsprechend wird betont, dass wir eine Handlung selbst dann als rational beurteilen können, wenn sich der von ihr bewirkte Zustand nicht unabhängig als eindeutig besser oder schlechter in Bezug auf seine Alternativen einordnen lässt. Vielleicht sind unsere Urteile über den Wert von Handlungen abhängig von unseren Überzeugungen darüber, was wir begründeterweise tun oder bewundern sollten (vgl. Scanlon 1998, Kap. 2). Ähnliche Fragen stellen sich auch bezüglich der konsequentialistischen Annahme, dass es primär Zustände sind, die Wert besitzen. So verzerrt es unsere Vorstellung von Freundschaft, wenn wir vorgeben, dass Freunde letztendlich Zustände wertschätzen (wie beispielsweise gemeinsame Aktivitäten), und nicht vielmehr die Personen, mit denen sie befreundet sind oder ihre Beziehungen zu diesen Personen. In diesem Sinne ist vorgeschlagen worden, dass Handlungen genau dann als rational gelten sollen, wenn sie Haltungen zum Ausdruck bringen, die rationalerweise gegenüber den wahren Trägern von intrinsischem Wert – Personen, Tieren und Dingen – einzunehmen sind (vgl. Anderson 1993). Ein Vorteil dieser Herangehensweise soll darin bestehen, dass sie die Rationalität von Verhaltensweisen erklären kann, die intuitiv zwar sinnvoll erscheinen, aber nur schwerlich in das konsequentialistische Schema hineinpassen – wie beispielsweise Verpflichtungen, die aus vergangenen Aktivitäten oder Projekten entstanden sind; diese können dem Konsequentialisten als eine irrationale Gewichtung bereits entstandener Kosten erscheinen (vgl. Nozick 1993). Verfechter der konsequentialistischen Auffassung bestehen allerdings darauf, auch diesem Phänomen gerecht werden zu können. Wenn beispielsweise Freunde persönliche Gründe haben, den jeweiligen Interessen des Anderen besondere Beachtung zu schenken – und nicht lediglich Gründe dafür, den neutralen Wert der Freundschaft wo auch immer zu befördern – dann kann dies konsequentialisch ausgedrückt werden, indem man personenindizierte Wertfunktionen einführt, die mögliche Zustände mit Blick auf ihre Wünschbarkeit aus der Sicht des Handelnden in eine Rangordnung bringen (vgl. Sen 2000).

Unabhängig davon, ob wir die konsequentialistische Denkweise akzeptieren oder nicht, scheinen Fragen der Werttheorie ein wichtiger Fokus praktischer Überlegung zu sein. Viele Philosophen finden die Idee attraktiv, dass Handlungsgründe letztendlich aus jenen Werten hervorgehen, die durch Handlungen realisierbar sind (vgl. Raz 1999). Falls dies zutrifft und wir zudem eine nicht-subjektivistische Konzeption von Werten annehmen, dann eröffnet sich uns eine neue Sichtweise auf die Aufgabe der praktischen Vernunft. Wir können sie zunächst als eine Kartografierung der Wertelandschaft betrachten. Einer nach wie vor einflussreichen, von Aristoteles inspirierten Auffassung zufolge, sollte sich praktisches Nachdenken primär der Frage widmen, worin gutes Handeln besteht (vgl. Foot 2001). Diejenigen Werte sind für die Bestimmung der Handlungsgründe eines Handelnden relevant, die speziell mit der menschlichen Handlungsfähigkeit verbunden sind, insofern sie angeben, worin das Gutsein als Handelnder besteht. Die Vertreter einer pluralistischen Auffassung gehen noch weiter, indem sie behaupten, dass jedwede konkrete Wertdimension, die durch Handlungen beeinflusst werden kann, in den Aufgabenbereich praktischer Überlegung fällt (vgl. Raz 1999).

Die *Moral* hat sich als eine besonders fruchtbare Quelle von Beispielen und Problemen für die Theorie der praktischen Vernunft erwiesen. Eine grundlegende Frage der Moralphilosophie ist die nach der rationalen Autorität moralischer Normen: In welchem Umfang und unter welchen Bedingungen verfügen Menschen über zwingende Gründe, den Forderungen konventioneller Moral Folge zu leisten? Das Nachdenken über diese Frage hat einige der bedeutendsten philosophischen Arbeiten in der Theorie der praktischen Vernunft hervorgebracht. Innerhalb dieses Bereichs können zwei divergierende Tendenzen hervorgehoben werden. Einige Interpretationen des moralischen Schließens setzen es zu den Reflexionsmustern in Beziehung, die in anderen, nicht moralischen Bereichen praktiziert werden; dies gilt insbesondere für die Maximierungsmuster in 3.3. Folglich wurde argumentiert, dass Moralität die direkte Verfolgung des individuellen Nutzens zwar beschränkt, diese Beschränkungen aber nach dem Muster gewöhnlicher ökonomischer Rationalität verstanden werden können (vgl. Gauthier 1986). Andere Philosophen haben versucht, die Moral auf direktere Weise der Maximierungskonzeption anzupassen. Dies gilt beispielsweise für die utilitaristische oder andere konsequentialistische Auffassungen der normativen Struktur von Moral, die moralische Richtigkeit im Sinne des Wertes der Konsequenzen interpretieren. Der Reiz dieser Theorien liegt nicht zuletzt darin, dass sie die aus anderen Lebensbereichen vertraute Idee der Maximierungsrationalität auf den Bereich der Moral übertragen. Der ethische Konsequentialismus kann demnach als diejenige Theorie aufgefasst werden, die das Maximierungsgebot mit der eindeutig moralischen Bedingung der Unparteilichkeit kombiniert (vgl. Harsanyi 1982).

Die Gegner dieser Art des ethischen Konsequentialismus betonen hingegen die Diskontinuität zwischen moralischen und nichtmoralischen Reflexionsmustern. Sie argumentieren, dass die Moral eine Quelle von Forderungen ist (wie des Tötungs- oder des Täuschungsverbots), die im Rahmen der Maximierungsrationalität nicht genau dargestellt werden kann (vgl. z.B. Scanlon 1998, Kap. 5). Sollte dies richtig sein, dann werden wir nur dann moralische Forderungen auch als Normen erkennen können, die das Nachdenken individueller Handelnder in angemessener Weise leiten, wenn wir unsere Konzeption der Formen und Möglichkeiten der praktischen Vernunft erweitern.

4.

Anderson, E., 1993, Value in Ethics and Economics, Cambridge/MA: Harvard University Press.
Anscombe, G. E. M., 1957, Absicht, Freiburg: Alber 1968.
Bratman, M., 1987, Intention, Plans, and Practical Reason, Cambridge/MA: Harvard University Press.
Foot, P., 2001, Die Natur des Guten, Frankfurt/M.: Suhrkamp 2004.
Gauthier, D., 1986, Morals by Agreement, Oxford: Clarendon Press.
Gibbard, A., 1990, Wise Choices, Apt Feelings, Cambridge/MA: Harvard University Press.
Gosepath, S., 1994, Aufgeklärtes Eigeninteresse, Frankfurt/M.: Suhrkamp.
Hampton, J., 1998, The Authority of Reason, Cambridge: Cambridge University Press.
Harman, G., 1986, Change in View, Cambridge/MA: MIT Press.
Harsanyi, J. C., 1982, Morality and the Theory of Rational Behavior, in: A. Sen/B. Williams (Hg.), Utilitarianism and Beyond, Cambridge: Cambridge University Press.
Korsgaard, C., 1986, Skeptizismus bezüglich praktischer Vernunft, in: S. Gosepath (Hg.), Motive, Gründe, Zwecke, Frankfurt/M.: Fischer 1999.
Korsgaard, C., 1997, The Normativity of Instrumental Reason, in: G. Cullity/B. Gaut (Hg.), Ethics and Practical Reason, Oxford: Clarendon Press.
Moran, R., 2001, Authority and Estrangement, Princeton: Princeton University Press.
Nagel, T., 1970, Die Möglichkeit des Altruismus, Frankfurt/M.: Philo 1998.
Nida-Rümelin, J., 1993, Kritik des Konsequentialismus, München: Oldenbourg.
Nozick, R., 1993, The Nature of Rationality, Princeton: Princeton University Press.
Parfit, D., 1997, Reasons and Motivation, in: Proceedings of the Aristotelian Society 71.
Quinn, W., 1993, Putting Rationality in its Place, in: ders., Morality and Action, Cambridge: Cambridge University Press.
Raz, J., 1999, Engaging Reason, Oxford: Oxford University Press.
Richardson, H. S., 1994, Practical Reasoning about Final Ends, Cambridge: Cambridge University Press.
Scanlon, T. M., 1998, What We Owe to Each Other, Cambridge/MA: Harvard University Press.
Sen, A., 2000, Consequential Evaluation and Practical Reason, in: Journal of Philosophy 97.
Slote, M., 1989, Beyond Optimizing, Cambridge/MA: Harvard University Press.
Smith, M., 1987, The Humean Theory of Motivation, in: Mind 96.
Taylor, C., 1985, What is Human Agency?, in: ders., Human Agency and Language, Cambridge: Cambridge University Press.
Wallace, R. J., 1999, Three Conceptions of Rational Agency, in: Ethical Theory and Moral Practice 2.
Wiggins, D., 1987, Deliberation and Practical Reason, in: ders., Needs, Values, Truth, Oxford: Blackwell.
Williams, B., 1981, Interne und externe Gründe, in: S. Gosepath (Hg.), Motive, Gründe, Zwecke, Frankfurt/M.: Fischer 1999.

R. Jay Wallace

Verrechtlichung

1.

Der Begriff »Verrechtlichung« wird im Sinne der Erfassung von sozialen Lebenssachverhalten und Kommunikationszusammenhängen durch den spezifischen Code des Rechts verwendet. Beziehen kann sich dies auf die Normierung in einer Verfassung (Konstitutionalisierung) sowie auf die »einfach-gesetzliche« Verankerung, auf nationales Recht wie auf internationales Recht. Auch Justiz und Verwaltung schaffen bei der Anwendung und Auslegung von Gesetzen durch Kasuistik weitere Verrechtlichungen, wie auch bei einem weiten Verständnis privatrechtliche Vereinbarungen dazu gezählt werden können.

Der Begriff der Verrechtlichung kann schlicht für die Schaffung von mehr Rechtsbindung und mehr Rechtsstaatlichkeit verwendet werden, häufig aber steht er in Verbindung mit der Klage über ausufernde »Regulierungswut« von Gesetzgebung und Verwaltung, über »Prozessflut«, die »Macht der Gerichte« und soziopathologische Auswirkungen der Normierungen in der Gesellschaft. Bezogen auf die Methoden der Verrechtlichung erfasst der Begriff also die Prozesse der »Vergesetzlichung«, der »Bürokratisierung« und der »Justizialisierung«, womit zugleich die drei öffentlichen Gewalten angesprochen sind (vgl. Voigt 1980).

Der Verrechtlichung wird sowohl in der politischen als auch in der wissenschaftlichen Diskussion eine expansive Wirkung zugeschrieben, da der moderne Wohlfahrtsstaat angesichts seiner Aufgabenvielfalt und in seinem Bemühen um Massenloyalität versucht, materiale sozialpolitische Ziele auf dem Wege der Verrechtlichung zu realisieren. Dabei bedient er sich in der Regel »interventionistischen« Rechts und unterwirft auch bislang nicht oder nur schwach geregelte Lebensbereiche dem Rechtscode. Diese zunehmende Erfassung durch Recht hat eine in die Breite wirkende (horizontale) Dimension und eine in die Tiefe gehende (vertikale) Dimension.

In der sozialwissenschaftlichen Gesellschaftstheorie, der Rechtstheorie und speziell in der Systemtheorie wird die Frage nach der Steuerbarkeit der Gesellschaft durch Recht bzw. nach der Selbststeuerung des Rechtssystems reflektiert. Erörtert werden auch die negativen Folgewirkungen von Verrechtlichungen und die Grenzen des Mediums »Recht«. Das schließt die Suche nach »anderem Recht« und Alternativen zum Recht, etwa in Form von »Schlichtung« und »Mediation«, mit ein. Der Gegenbegriff der »Entrechtlichung« wurde und wird als Forderung nach oder zur Diagnose von gegenläufigen Erscheinungen des Abbaus von juristischer Normierung, insbesondere von interventionistischem Recht, verwendet (Deregulierung, Entkriminalisierung).

2.

Verrechtlichung ist ein Phänomen des positivierten Rechts. Erst nachdem Recht als »von Menschen gesetztes« betrachtet wird, kann es in seinem Ausmaß und seinen Auswirkungen kritisiert und entsprechend verändert und zugeschnitten werden. Innerhalb dieser Epoche ist die Klage über das Phänomen jedoch relativ alt; immer wieder wurden die steigende Zahl der Rechtsnormen und ihre angeblich sinkende Qualität angeprangert (vgl. Voigt 1980; dagegen Rotthleuthner 1987, 42ff., 111ff.).

In der internationalen Politik ist es umstritten, ob dort überhaupt »Recht« im Sinne von Verbindlichkeiten existiert, die durch eine übergeordnete Gewalt gesetzt werden und im Bedarfsfall auch zwangsmäßig durchgesetzt werden können. Soweit dort von Verrechtlichung gesprochen wird, steht statt der Rechtssetzung durch übergeordnete Gewalten die (Selbstbindung schaffende) Verregelung als solche im Vordergrund, statt der Durchsetzung wird die Befolgung zum Ausgangspunkt des Rechtsverständnisses. Die Legitimität der Regeln lässt sich nach der Integrität der Regelentwicklung und -anwendung beurteilen (vgl. Wolf/Zürn 1993, 12ff.).

Bezogen auf die Weimarer Republik verwendete Otto Kirchheimer im Jahre 1928 den Begriff der Verrechtlichung für seine Beobachtung, dass politische Konflikte (im Gleichgewicht der Klassen) durch juristische Formalisierung neutralisiert würden (vgl. Voigt 1980, 15). In der Bundesrepublik Deutschland fand eine verstärkte öffentliche Diskussion um Verrechtlichung zuletzt Ende der 1970er und Anfang der 1980er Jahre statt (vgl. Geissler 1978). Nach der Steuerungseuphorie der frühen 1970er Jahre war es zur Desillusionierung über die Reformierbarkeit und Steuerung gesellschaftlicher, wirtschaftlicher und sozialer Prozesse gekommen. Relativ einvernehmlich sahen die Kritiker der Verrechtlichung auf der linken, wirtschaftsliberalen wie auf der konservativen Seite und in den Sozialwissenschaften den Interventionsstaat in der Krise. Die Politik gerate immer mehr in die Abhängigkeit von Gerichten, allen voran in die des Bundesverfassungsgerichts; aber auch umgekehrt werde das Recht übermäßig politisiert und partikularisiert. Gesetzgebung verkomme mangels wirklicher Steuerungsfähigkeit und -willigkeit oftmals zur »symbolischen Gesetzgebung«. All dies führe zum politischen Immobilismus (vgl. Voigt 1980, 17). Seitdem ist die generelle Kritik am Phänomen abgeflaut. Diskussionen um Nutzen und Schaden von Verrechtlichung werden allerdings spezifischer, d.h. bezogen auf bestimmte Bereiche weitergeführt (z.B. Umwelt- und Sicherheitsgesetze, Biopolitik, Kündigungsschutz).

Es steht nicht mehr die Frage »Mehr oder weniger Recht?« im Mittelpunkt, sondern die Suche nach dem »Wie« der Verrechtlichung, d.h. nach dem Modus der Regelung durch Recht. Hierzu gibt es eine Fülle von Differenzierungen: So wird z.B. nach dem Grad der Verbindlichkeit und Durchsetzbarkeit »strict law« von »soft law«, nach Intentionalität und Wirkungsmodus »interventionistisches« von »postinterventionistischem« Recht unterschieden, und im Einzelnen setzt sich konditional (wenn-dann-)programmiertes Recht von final (zweck-)programmiertem und prozeduralem Recht (Verfahren) ab. Soweit Letzteres im Sinne von »partizipatorischem Verfahrensrecht« verstanden wird, stellt es eine wesentliche Grundlage für »reflexives« oder »mediales« Recht dar (vgl. Görlitz 1987), d.h. für ein Recht, welches dezentral und durch Aushandlung der Beteiligten/Betroffenen die eigenen Voraussetzungen und Wirkungen bei seiner Schaffung und Anwendung mitreflektiert.

3.

Die gegenwärtige Diskussion ist einerseits geprägt durch eine sozialphilosophische Skepsis gegenüber der Verrechtlichung des Sozialen, andererseits jedoch durch die theoretische Suche nach dem adäquaten Recht.

3.1. Die zunehmende Verrechtlichung gesellschaftlicher Lebensbereiche wurde in der einschlägigen Debatte Ende der 1970er Jahre vornehmlich als Krisensymptom des spätkapitalistischen Interventionsstaates aufgegriffen, insbesondere 1981 von Jürgen Habermas in seinem zweibändigen Werk *Theorie des kommunikativen Handelns*. Habermas diagnostizierte eine Steuerungskrise im erreichten Entwicklungsstadium der Gesellschaft. Es bestehe im sozialen und demokratischen Rechtsstaat vielfach eine Diskrepanz zwischen Legalitätsstruktur und gegenwärtigen gesellschaftlichen Bedürfnissen nach situationsgerechtem Recht. In Teilbereichen der Verrechtlichung sah Habermas eine »Kolonialisierung der Lebenswelt« durch einseitig systemisch geprägte Rationalisierungstendenzen (vgl. Habermas 1981, 229ff., 522ff.). Zu dieser These kam er, indem er grundsätzlich zwischen der moralnah-symbolischen und der materiell-instrumentellen Funktion des Rechts unterschied. In manchen Bereichen, wie z.B. der Schule und der Familie, entwickele das Recht als materiell-instrumentelles Medium kolonialisierende, d.h. die Lebenswelt zerstörende Wirkungen, weil der Modus der Verständigung zugunsten der instrumentellen Logik verdrängt werde.

Auch Habermas' systemtheoretischer »Gegenspieler« Niklas Luhmann sah in der Art der Verrechtlichung und Politisierung des Rechtssystems eine krisenhafte Erscheinung, weil die für das Rechtssystem fremden Leistungsanforderungen des politischen Systems die Selbstreferenz des Rechtssystems störten und daher eine Entdifferenzierung des Rechtssystems zu befürchten sei. Das rematerialisierte Recht sei im Gegensatz zum formalen Recht instrumentalisierbar für das politische System, welches dann die Verantwortung für gesamtgesellschaftliche Entwicklungen übernehme. Dieses sei aber zur Steuerung immer weniger in der Lage (vgl. Luhmann 1981, 94ff.). Anders als Habermas suchte Luhmann den Ausweg in einer Autonomisierung, d.h. Entpolitisierung des Rechtssystems und in einer weiteren Ausdifferenzierung desselben. Luhmann empfahl die Rückkehr zur stringenteren Dogmatik, präziseren Begriffsbildung und Differenzierung sowie zur Schaffung neuer Abstraktionsebenen. »Autopoiesis« lautete das Stichwort, also Selbstreproduktion und Selbststeuerung des Rechtssystems nach eigenen reflexiven sowie dogmatisch und verfahrensmäßig ausgefeilteren Kriterien. Steuerung der Gesellschaft durch Recht ist in dieser Konzeption nicht direkt möglich, weil alle Systeme sich autopoietisch selbst steuern und nur indirekt auf Impulse der Umwelt reagieren.

3.2. In Habermas' Kolonialisierungsthese spielte die Kritik an der Verrechtlichung des Privaten, namentlich der Familie, eine herausgehobene Rolle. Als empirischen Beleg für die pathologischen Auswirkungen von Verrechtlichung wurde angeführt, dass die Verrechtlichung der *Familie* in den letzten Jahrzehnten wohlfahrtsstaatlicher Entwicklung zwar zu einem berechtigten Abbau der autoritären Stellung des Familienvaters und Ehemanns zugunsten der anderen Familienmitglieder geführt habe, dass aber darüber hinaus das Recht immer mehr in die Lebenswelt vorgedrungen sei. Der Handlungsbereich der Familie sei für bürokratische und gerichtliche Eingriffe geöffnet worden. Der Preis werde nun in Form einer immer stärkeren Abhängigkeit der Individuen von bürokratischen Instanzen wie z.B. Jugendämtern, Gerichten und Therapeuten bezahlt. Habermas erklärte diese Dynamik nicht mit einer falschen Implementation der Rechtsstrategie, sondern mit dem »Medium des Rechts selbst, das die kommunikativen Strukturen des verrechtlichten Handlungsbereichs verletzt« (Habermas 1981, 543). Als Gegenstrategie empfahl er damals die *Entjustizialisierung* von verständigungsorientierten Rechtsbereichen (vgl. ebd., 544). Erwartungsgemäß stieß die Kolonialisierungsthese auf vielerlei Kritik, auch und gerade von Seiten feministischer Theoretikerinnen. Die Kritikerinnen und Kritiker (vgl. Fraser 1987; Berghahn 1997) legten zum einen dar, dass der Bereich der Familie keineswegs so rechts- und machtfrei bzw. so ausschließlich auf Verständigung ausgerichtet sei, wie Habermas ihn dargestellt habe. Zum anderen sei ihm trotz gelegentlicher Hinweise auf das Gleichheitsziel der Reformen die *geschlechtsspezifische* Konnotation der gesamten Ver- und Entrechtlichungsentwicklung in der Familie offenbar verborgen geblieben.

In den 1990er Jahren vollzog Habermas mit seinem spezifisch auf das Recht eingehenden Werk *Faktizität und Geltung* eine Kehrtwende (vgl. Habermas 1992). Darin sah er nun sogar das Diskursprinzip durch die prozeduralen Modalitäten der Gesetzgebung verwirklicht, jedenfalls der Theorie nach. Er revidierte die theoretische Aufspaltung des Rechts in Symbol und Instrument, Institution und Medium, die der Ursprung seiner Kolonialisierungsthese war (vgl. ebd., 502). Nunmehr behauptete Habermas nur noch eine »Schichtung zwischen den formal organisierten, rechtsförmig konstituierten, und jenen rechtlich bloß überformten Interaktionsbereichen, die primär durch außerrechtliche Institutionen geregelt sind« (ebd., 240). In den letzteren Bereichen, v.a. in Ehe und Familie, trete das Recht allerdings nur im Konfliktfall aus seiner Hintergrundpräsenz hervor und komme den Beteiligten zu Bewusstsein.

So ließ die Skepsis gegenüber Verrechtlichungsforderungen, insbesondere auf Seiten des Feminismus und der »Kritischen Theorie« nach. Dennoch blieb die »warnende« und Zurückhaltung gebietende Tendenz erhalten, etwa bei der Frage, wie *Gerechtigkeit in der Familie* operationalisiert werden könnte (vgl. Honneth 1995). Dem ist entgegenzuhalten, dass Interventionsbefugnisse, die die Handlungen der Ehegatten oder Familienmitglieder zueinander betreffen, im geltenden Recht ohnehin nur für Konfliktsituationen Anwendung finden (vgl. Berghahn 1997). Relevante Regelungen, die *indirekten* Einfluss auf die innereheliche Macht-, Lasten- und Nutzenverteilung ausüben, sind ohnehin nur noch in *arbeits- und sozialpolitischen Rechtsgebieten* zu finden. Diese Regelungen beeinflussen aber die Arbeitsteilungs- und Machtkonstellationen der Individuen in Ehen und Familien noch immer in traditionell geschlechtsspezifischer Weise.

Verrechtlichungsforderungen von Seiten der Frauenbewegung (auch der »autonomen«) und der feministischen Wissenschaft waren zum Teil inzwischen erfolgreich, z.B. im Hinblick auf die Einbeziehung ehelicher Vergewaltigungen in den Straftatbestand (1997) oder die Schaffung eines zivilrechtlichen Gewaltschutzgesetzes in Deutschland (2001). Obwohl zumindest die autonomen Feministinnen zunächst gegen den Staat und sein Recht (»Weg mit dem § 218«) eingestellt waren, wird heute relativ einvernehmlich im autonomen wie im »staatsfeministischen« Lager auf maßvolle Verrechtlichung gesetzt. Grundsätzlich kritische Beurteilungen des materialisierten Rechts wegen seiner entpolitisierenden und bevormundenden Dynamik im Geschlechterverhältnis sind selten (vgl. aber Wilde 2001). Abgeschwächt wurde – im Rahmen feministischer Theoriedebatten – die einst radikale Kritik an der Trennung von Öffentlichkeit und Privatheit (vgl. Holland-Cunz 1993), der Wert des Privaten gewann explizite Anerkennung (vgl. Rössler 2001).

3.3. In Anknüpfung an Habermas und Luhmann wurden deren rechtsbezogene Theorieansätze bei der Fortentwicklung von Konzeptionen zum Wirkungsmodus des Rechts miteinander kombiniert. So entwarfen Gunther Teubner und Helmut Willke (vgl. Teubner/Willke 1984) im Gefolge der Systemtheorie und mit leichten Zugeständnissen an die Kritische Theorie eine Konzeption des »reflexiven Rechts«. Sie versuchten einen Mittelweg zwischen der reinen autopoietischen und selbstreferenziellen Systemtheorie des Rechts und der Kritischen Theorie zu finden, in der es trotz Integration systemtheoretischer Teile um einen kommunikativen Handlungsansatz geht. Dabei wurde an Konzeptionen des »responsive law« (von Selznick und Nonet) und an die Unterscheidung von drei Dimensionen des Rechts nach Habermas angeknüpft (interne Rationalität, Normrationalität, Systemrationalität). Kernstück einer solchen gestuften Konzeption ist die Prozeduralisierung des Rechts bzw. die dahinter stehende »prozedurale Rationalität«. Klaus Eder beschreibt prozedurales Recht als Regelung von Prozessen, nicht von Ergebnissen. Es erfülle nicht Zwecke, sondern nur einen »Metazweck«. Dieser bestehe darin, der Definition von rechtlich relevanten Zwecken einen geregelten Spielraum zu sichern. Damit solle ein Möglichkeitshorizont für rechtliche Festlegungen eröffnet werden, der Lernprozesse ermöglicht (vgl. Eder 1986, 26).

Tatsächlich lässt sich in der Rechtsentwicklung beobachten, dass zunehmend Verfahren der Beteiligung und Aushandlung an die Stelle von festen materialen Zuteilungsregelungen treten, so etwa in Planungs- und Feststellungsverfahren, Klima- und Energiepolitik (Emissionshandel) oder in der Gleichstellungspolitik (vgl. die EU-weite Strategie des Gender Mainstreaming). Diese Art von rechtlichen Vorgaben ist hauptsächlich dem »soft law« zuzurechnen, das nicht nur freiwillige private Regelung und Festlegung von Standards umfasst, sondern im weiteren Sinne auch bedeutet, dass das staatliche Recht solche Formen der Regulierung (außerhalb der klassischen Rechtssetzungsverfahren) fördert und selbst formal-regulativ daran anknüpft. Hier ergeben sich neue und alte Probleme der Steuerung, da Verfahren allzu ergebnisoffen sind und die Zielerreichung daher kaum kontrolliert werden kann. Die demokratische Einbeziehung von Betroffenen und die Berücksichtigung relevanter Gesichtspunkte unterliegen zudem weiterhin der bekannten Selektion durch die Kontingenz politischer, gesellschaftlicher und medialer Auseinandersetzungsprozesse.

4.

Berghahn, S., 1997, Die Verrechtlichung des Privaten – allgemeines Verhängnis oder Chance für bessere Geschlechterverhältnisse?, in: B. Kerchner/G. Wilde (Hg.), Staat und Privatheit, Opladen: Leske + Budrich.

Eder, K., 1986, Prozedurale Rationalität, in: Zeitschrift für Rechtssoziologie 7.

Fraser, N., 1987, Was ist kritisch an der Kritischen Theorie? Habermas und die Geschlechterfrage, in: dies., Widerspenstige Praktiken, Frankfurt/M.: Suhrkamp 1994.

Geissler, H. (Hg.), 1978, Verwaltete Bürger – Gesellschaft in Fesseln, Frankfurt/M.: Ullstein.

Görlitz, A., 1987, Recht, in: ders./R. Prätorius (Hg.), Handbuch Politikwissenschaft, Reinbek: Rowohlt.

Habermas, J., 1981, Theorie des kommunikativen Handelns, Bd. 2, Frankfurt/M.: Suhrkamp.

Habermas, J., 1992, Faktizität und Geltung. Beiträge zur Diskurstheorie des Rechts und des demokratischen Rechtsstaats, Frankfurt/M.: Suhrkamp.

Holland-Cunz, B., 1993, Öffentlichkeit und Privatheit – Gegenthesen zu einer klassischen Polarität, in: Frei Räume, Sonderheft.

Honneth, A., 1995, Zwischen Gerechtigkeit und affektiver Bindung, in: Deutsche Zeitschrift für Philosophie 43.
Luhmann, N., 1981, Politische Theorie im Wohlfahrtsstaat, München: Olzog.
Rössler, B., 2001, Der Wert des Privaten, Frankfurt/M.: Suhrkamp.
Rottleuthner, H., 1987, Einführung in die Rechtssoziologie, Darmstadt: WBG.
Teubner, G./Willke, H., 1984, Kontext und Autonomie: Gesellschaftliche Selbststeuerung durch reflexives Recht, in: Zeitschrift für Rechtssoziologie 6.
Voigt, R., 1980, Verrechtlichung in Staat und Gesellschaft, in: ders. (Hg.), Verrechtlichung, Königstein: Athenäum.
Wilde, G., 2001, Das Geschlecht des Rechtsstaats, Frankfurt/M.: Campus.
Wolf, K. D./Zürn, M., 1993, Macht Recht einen Unterschied?, in: K. D. Wolf (Hg.), Internationale Verrechtlichung, Pfaffenweiler: Centaurus.

Sabine Berghahn

Vertragstheorie

1.

1.1. Als »Vertragstheorien« bezeichnet man moral-, sozial- und politikphilosophische Konzeptionen, die die moralischen Prinzipien menschlichen Handelns, die rationale Grundlage der institutionellen gesellschaftlichen Ordnung und die Legitimationsbedingungen politischer Herrschaft in einem hypothetischen, zwischen freien und gleichen Individuen in einem wohldefinierten Ausgangszustand geschlossenen Vertrag erblicken und daher die allgemeine Zustimmungsfähigkeit zum grundlegenden Gültigkeitskriterium erklären. Vertragstheorien basieren auf einem *rechtfertigungstheoretischen Prozeduralismus*. Das von ihnen in den Mittelpunkt gestellte Gedankenexperiment ist die systematische Ausarbeitung der modernitätstypischen Überzeugung, dass sich die gesellschaftlichen Rechtfertigungsbedürfnisse nicht mehr durch Rekurs auf den Willen Gottes oder eine objektive natürliche Wertordnung decken lassen. Das Verblassen der theologischen Weltsicht, das Verschwinden der traditionellen qualitativen Naturauffassung unter dem nüchternen Tatsachenblick der modernen Wissenschaften, der Zerfall der fest gefügten und wertintegrierten Sozialordnung unter dem wachsenden Ansturm der Verbürgerlichung und Ökonomisierung der gesellschaftlichen Verhältnisse verlangten eine Neuorganisation der kulturellen Rechtfertigungspraxis, die mit den neu erschaffenen geistigen Grundlagen der Welt der Moderne, mit den neu geprägten Selbst- und Weltverhältnissen der Menschen in Übereinstimmung stand.

1.2. Die Grundstruktur des vertragstheoretischen Arguments sieht folgendermaßen aus: X – und X kann sein: staatliche Herrschaft, eine Rechtsordnung oder eine Verfassung, gesellschaftliche Institutionen und Wirtschaftsformen, Prinzipien der sozialen, politischen, und ökonomischen Gerechtigkeit oder auch moralische Regeln – kann immer dann als legitimiert, begründet oder gerechtfertigt gelten, wenn X auf argumentativ einsichtige Weise als Ergebnis eines Vertrages entwickelt werden kann, auf den sich die Betroffenen in einer ganz bestimmten Problemsituation unter bestimmten wohl definierten und allgemein akzeptierten Bedingungen vernünftigerweise einigen würden.

1.3. Protagonist der kontraktualistischen Legitimationsfigur ist das moderne, autonome Individuum. Menschen gewinnen nicht mehr durch Integration in übergreifende und von Natur aus frühere oder geschichtlich vorgegebene Gemeinschaften Wert und Sinn. Jetzt gilt umgekehrt, dass sich die gesellschaftlichen und politischen Einrichtungen nur dann rechtfertigen lassen, wenn sich in ihren Funktionen die Interessen, Rechte und Glücksvorstellungen der Individuen spiegeln.

Diese individualistische Fundierung aller gesellschaftlichen und politischen Organisationsformen kehrt das traditionelle Verhältnis von Individuum und Gemeinschaft vollständig um. Zum einen schreibt sie dem Individuum eine *rechtfertigungstheoretische Absolutheit* zu, die verlangt, es dem Bereich des Besonderen zu entziehen und jenseits aller geschichtlich entwickelten und kulturell formierten Gemeinschaftlichkeit zu situieren. Nur als entweder naturalisiertes oder universalisiertes Individuum, nur als Bewohner einer vor-sozialen Natur oder einer gesellschaftsjenseitigen Vernunftallgemeinheit vermag es die Rolle zu übernehmen, die ihm eine Rechtfertigungstheorie zuweist, die alles Vertrauen in die Leistungskraft der traditionellen objektivistischen Legitimationsinstanzen verloren hat, gleichwohl aber an dem Allgemeingültigkeitsziel festhalten will. Als gerechtfertigt können gesellschaftliche und politische Institutionen daher nur gelten, wenn sie generellen Präferenzen der menschlichen Natur oder universellen normativen Bestimmungen menschlicher Persönlichkeit entsprechen.

Zum anderen führt die individualistische Fundierung zur Auszeichnung des Legitimationstyps des *prozeduralen Konsentismus*. Da ein Individuum soviel zählt wie jedes andere, hat jedes Individuum gleiches Recht, im Legitimationsdiskurs gehört und an den politischen Konstitutionsentscheidungen beteiligt zu werden. Die rechtfertigungstheoretische Absolutsetzung des Individuums führt also notwendig zum *Egalitarismus*; und dieser wiederum verlangt, die fällige Rechtfertigung *konsensgenerierenden Verfahren* zu übertragen. Das erklärt die nicht nachlassende Attraktivität des Kontraktualismus in der modernen praktischen Philosophie, denn der Vertrag ist das konsensgenerierende Verfahren par excellence.

1.4. Die Verträge des Kontraktualismus sind hypothetisch. Wie aber können hypothetische Verträge wirkliche Verbindlichkeiten erzeugen? Die Rechtfertigungsleistung der kontraktualistischen Begründungstheorie hat nichts mit der Bindewirkung von Verträgen zu tun, sondern liegt ausschließlich in den Gründen, die die Theorie für den Vertragsschluss anführt. Denn eben das ist der metaethische Grundsatz des Kontraktualismus: Nur diejenigen Prinzipien sind allgemein verbindlich, auf die sich Menschen unter bestimmten fairen Bedingungen einigen würden, oder anders formuliert: die von jedermann gegenüber jedermann öffentlich gerechtfertigt werden können.

Diese fairen Bedingungen, unter denen die Verträge des Kontraktualismus stehen müssen, um anerkennungswürdige Ergebnisse zu erzielen, können natürlich nicht ihrerseits mit Hilfe des Vertragsmodells gerechtfertigt werden. Das zeigt, dass der Kontraktualismus nicht letztbegründungskompetent ist. Als philosophische Rechtfertigungstheorie bedarf der philosophische Kontraktualismus stets fremder systematischer Unterstützung, sei es durch eine Menschenrechtstheorie, die die Gleichheits- und Fairnessvoraussetzungen unmittelbar aus der These des menschenrechtlichen Egalitarismus gewinnt, sei es durch eine kohärenztheoretische Begründungsfigur, die die normativen Vertragsvoraussetzungen interpretativ aus den vorfindlichen moralischen Überzeugungen entwickelt.

1.5. In den Verträgen des Kontraktualismus wird nicht verhandelt; in ihnen kommen sich die Parteien nicht auf halbem Wege entgegen; sie halten keine Kompromisse fest. Sie haben eine moralepistemologische, eine heuristische Funktion. Sie werden als Mittel verwandt, um allgemein anerkennungsfähige Freiheitseinschränkungen zu identifizieren. Vertragsargumente haben darum immer einen Konsens zum Inhalt, allerdings keinen deliberativ gewonnenen, im Diskurs ermittelten Konsens, denn derartige Konsense lassen sich durch die Theorie nicht präjudizieren. Der Konsens der Vertragsargumente ist ein theoretisch deduzierter strategischer Konsens; er basiert auf einem generalisierten, in reziproker Instrumentalisierung eingebetteten Egoismus. Erreicht wird er durch radikale Interessenhomogenisierung, denn nur unter der Voraussetzung eines gleichen entscheidungsrelevanten Interesses bei jedermann kann es eine repräsentative, von jedermann, also auch von jedem Leser nachvollziehbare Entscheidung und damit ein allgemein anerkennungsfähiges Ergebnis geben. Die Reduktion der differenzierten subjektiven Präferenzlisten kann sich der Grenzsituationsstrategie bedienen, wie es Hobbes vorgemacht hat, und die Suche nach dem, was vernünftigerweise alle wollen, so weit vorantreiben, dass nur noch das schlechthin transzendentale Selbsterhaltungsinteresse als einziges entscheidungsrelevantes Interesse übrig bleibt; oder sie kann wie bei Rawls bereits bei den sog. primary goods, den sozialen Grundgütern stoppen. In beiden Fällen jedoch dringt die Suche nach konsensgarantierenden identischen Interessen in den Bereich der transzendentalen Voraussetzungen individueller Lebensführungsmuster ein und deckt solche Interessen auf, die von jedermann als immer schon erfüllt und gesichert vorausgesetzt werden müssen, um ein individuelles Leben führen und unterschiedliche Interessen realisieren zu können (vgl. Kersting 1994, 19–58; Kersting 2002, 163–168).

2.

2.1. Gesellschaftsvertragsmotive finden sich bereits im Denken der Sophisten, die sich gegen die tradierte Nomos-Orientierung auflehnten, und im Epikureismus, der sich gegen Platon und das Naturrecht wandte und Gerechtigkeit als interessengeleitete Übereinkunft auslegte. Auch das anti-individualistische Mittelalter griff auf das Vertragsmotiv zurück, um sich die Gegenseitigkeitsstrukturen des Rechtslebens verständlich zu machen (zur Geschichte des Vertragsdenkens vgl. Gough 1936; Kersting 1990; Kersting 1994; Boucher/Kelly 1994).

2.2. Erst in der Neuzeit ist der Vertrag in den Rang eines theoretischen Legitimationskonzepts erhoben worden. Sein Begründer ist Hobbes (vgl. Kersting 1996; ders. 2002). Die von Hobbes entwickelten Konzepte und Argumentationsformen prägen das gesamte neuzeitliche politikphilosophische Denken; sie bilden den kategorialen Rahmen, in dem bis in Kants und Fichtes Zeiten über Herrschaft, Recht und Staat reflektiert wurde. Und in der zeitgenössischen politischen Philosophie des Liberalismus sind sie zu neuerlicher Wirksamkeit gelangt.

Der Kern des frühen *staatsphilosophischen Kontraktualismus* ist die Idee der Herrschaftslegitimation durch freiwillige Selbstbeschränkung aus eigenem Interesse unter der Rationalitätsbedingung einer strikten Wechselseitigkeit. Um das protagonistische unendlich freie Individuum zu dem legitimationsstiftenden Verzicht auf die natürliche Freiheit zu motivieren und das Theorieziel gerechtfertigter Herrschaft und begründeter, in selbstauferlegter Verpflichtung fundierter politischer Obligation zu erreichen, entwickelt die Vertragstheorie das Naturzustandstheorem. Es hat die »exeundum e statu naturali«-Einsicht zu vermitteln, den Nachweis zu liefern, dass ein Zustand, in dem alle staatlichen Ordnungs- und Sicherheitsleistungen fehlen und jeder seine Interessen mit allen ihm geeignet erscheinenden und verfügbaren Mitteln verfolgen würde, zu einem virtuellen Krieg eines jeden gegen einen jeden führen müsste und daher für alle gleichermaßen unerträglich sein würde. So dass es also im fundamentalen Interesse aller läge, den gesetzlosen vorstaatlichen Zustand zu verlassen, die sich als aporetisch entdeckende absolute Ungebundenheit aufzugeben und eine Koexistenz verbürgende, politische, machtbewehrte Ordnung zu etablieren. Die zur Einrichtung des staatlichen Zustandes notwendige individuelle Freiheitseinschränkung ist allerdings nur unter der Bedingung der Reziprozität zumutbar, ist also nur möglich auf der Basis eines Vertrags, in dem die Naturzustandsbewohner sich wechselseitig zur Aufgabe der natürlichen Freiheit und zu politischem Gehorsam verpflichten und zugleich für die Einrichtung einer mit Gewaltmonopol ausgestatteten Vertragsgarantiemacht sorgen.

Der hobbessche Vertrag ist ein Vertrag eines jeden mit einem jeden. Er ist Gesellschaftsvertrag und Staatsvertrag in einem.

Die durch ihn herbeigeführte Errichtung des bürgerlichen Zustandes ist in derselben logischen Sekunde Errichtung einer Herrschaftsordnung und Herstellung einer Gesellschaft. Denn Vergesellschaftung und Herrschaftsetablierung sind unabhängig voneinander nicht denkbar: Der Vertrag ist Grund der Vergesellschaftung der Individuen nur insofern er auch zugleich Grund der Herrschaftserrichtung ist, und er besitzt diese herrschaftsbegründende Funktion nur als eine die Individuen assoziierende und wechselseitig bindende Rechtsfigur. Im hobbesschen Vertrag versprechen sich die Naturzustandsbewohner wechselseitig, auf ihr *ius in omnia et omnes*, auf ihre Freiheit und ihre Macht zu verzichten und eine staatliche Macht zu autorisieren, die unwiderstehlich für die Einhaltung dieses Rechtsverzichtsvertrages sorgt. Durch diesen Vertragsakt wird aus der Menge von Individuen eine politische Einheit. Hobbes' Vertrag ist ein Herrschaftsbegründungsvertrag, kein Herrschaftsbegrenzungsvertrag. Die Individuen entäußern sich ihrer Rechte vorbehaltlos. Hobbes' Vertragsstaat besitzt darum absolute Macht. Er ist weder durch liberale Grundrechte noch durch Menschenrechte, weder durch eine vernunftrechtliche noch durch eine naturrechtliche Verfassung in seiner Herrschaftsbefugnis eingegrenzt. Hobbes' politische Philosophie bietet das merkwürdig-paradoxe Bild einer radikalindividualistischen Begründung absoluter Macht, einer Legitimierung des Staatsabsolutismus aus dem rückhaltlosen Selbstbindungswillen der Individuen.

2.3. Anders als bei Hobbes sind die nach dem Staat rufenden Naturzustandskonflikte bei Locke Rechtskonflikte, in denen sich die Verwirklichungsschwierigkeiten der unveräußerlichen Grundrechte in einem institutionell ungefestigten Zustand spiegeln. Die privatjustizielle Durchsetzung des natürlichen Gesetzes und der in ihm gründenden Individualrechte verwandelt den Naturzustand in einen Kriegszustand, in dem das Recht von jedermann in Gefahr ist. Abhilfe verschafft eine Strategie, in der die alle betreffende und für alle gültige Verwirklichung des natürlichen Gesetzes nicht mehr von jedem einzelnen, sondern von allen gemeinsam wahrgenommen wird. Dies geschieht dadurch, dass sich die Menschen durch ein Netz wechselseitiger Verträge zu einer bürgerlichen Gesellschaft vereinigen. Durch diesen Vertragschluss entsteht eine politische Einheit, die als neues Rechtssubjekt auftritt. Die Defizite des Naturzustandes – keine autoritative Auslegung und gesetzliche Fortbestimmung des natürlichen Gesetzes, keine unparteiliche, allgemein zuständige richterliche Autorität, keine zentrale und unwiderstehliche Macht zur Durchsetzung der Gesetze und der Gerichtsurteile – enthalten *e contrario* die Funktionsbeschreibung des lockeschen Staates. Die politische Herrschaft dient der Durchsetzung des natürlichen Gesetzes, der Sicherung und Verwirklichung der vorstaatlichen, individualrechtlich konstituierten gesellschaftlichen Ordnung freier und gleicher Individuen.

2.4. Die von seinen kontraktualistischen Vorgängern vorgeschlagenen Vertragsmodelle lehnt Rousseau als legitimationstheoretisch unzureichend ab. Im Zentrum seiner Kritik steht ein Freiheitsverständnis, das die Freiheit zur Wesensbestimmung des Menschen erklärt und damit in den Rang eines absoluten rechtfertigungstheoretischen Kriteriums erhebt. Verträge, die nicht Freiheit zum Inhalt haben, die nicht Freiheitssicherungsverträge sind, sind illegitim. Freilich umfasst das Freiheitsrecht der Menschen in den Augen Rousseaus nicht nur die Freiheit von eines anderen nötigender Willkür, nicht nur allgemeine, gesetzlich geschützte Handlungsfreiheit, es umfasst auch einen unveräußerlichen und undelegierbaren Anspruch auf materiale Selbstbestimmung, auf Selbstherrschaft. Aufgrund dieser Bedingung der uneingeschränkten Freiheitsbewahrung muss der Staatsgründungsvertrag Rousseaus notwendig zu einer Republik, zu einer direkten Demokratie führen. Jede andere politische Herrschaftsorganisation ist illegitim. Der Rousseausche Gesellschaftsvertrag ist das Symbol der politischen Selbstermächtigung des Volkes. Indem er jedem die doppelte Rolle eines gleichberechtigten Herrschaftsteilhabers und eines gleichverpflichteten Herrschaftsunterworfenen zuteilt, bildet er die rechtliche Form einer herrschaftsrechtlichen Selbstorganisation der Gesellschaft. In ihr erhält die Freiheit politische Wirklichkeit, weil jeder nur seinem eigenen, von ihm mitverantworteten Gesetz unterworfen ist.

2.5. Die kantische Rechtsmetaphysik gibt dem Argument der Kontraktualisten eine gänzlich neue, eigentümliche Gestalt. Grund dieses Bruchs mit der Tradition ist Kants These von der vernunftrechtlichen Notwendigkeit des Staates. Für Hobbes, Locke und Rousseau erweist sich der Staat als pragmatisch und bedingt notwendig; er ist ein im wohlbedachten Nützlichkeitsurteil der Individuen fundiertes Instrument. Für Kant jedoch ist die staatliche Organisation des Rechts ein Gebot der Rechtsvernunft (vgl. Kersting 1984, 325–512). Nicht im rationalen Willen der Individuen, sondern in der Gesetzgebung der reinen praktischen Vernunft ist der kantische Staat legitimatorisch verankert. Die Konsequenz dieser antivoluntaristischen Staatsbegründung ist eine Modifikation der Staatsvertragslehre. Indem Kant das in der neuzeitlichen Philosophie der Politik vorherrschende Paradigma der instrumentellen Vernunft durch die Orientierung am Konzept praktischer Vernünftigkeit ersetzt, verliert der Vertrag des Kontraktualismus den Charakter privatrechtlicher Normalität und wird zu einem Vertrag *sui generis*, zu einem Vertrag, für den die instrumentelle Funktion und Rationalitätsdimension gänzlich entbehrlich ist, der »von so eigenthümlicher Art ist, daß [...] er sich [...] von allen anderen wesentlich unterscheidet« (Kant 1793, 289). Der Vertrag nimmt bei Kant die Gestalt einer vernunftrechtlichen Organisationsnorm des um des Rechts überhaupt willen einzurichtenden und in seiner rechtlichen Notwendigkeit unabhängig von jedem Vertrag ausweisbaren bürgerlichen Zustandes an. Der Vertrag tritt in den Rang einer vernunftrechtlichen Verfassung des Staates; er formuliert die normative Binnenstruktur eines allein nach Vernunftbegriffen entworfenen Rechtszustandes. Der Vertrag markiert keinen Anfang staatlicher Existenz. Der Vertrag ist nicht die Geschichtsurkunde des Staats, sondern dessen Vernunfturkunde. Der Vertragsstaat ist »die Form des Staates überhaupt, d. i. der Staat in der Idee, wie er nach reinen Rechtsprinzipien sein soll, welcher jeder wirklichen Vereinigung zu einem gemeinen Wesen (also im Inneren) zur Richtschnur (norma) dient« (Kant 1797, 313).

3.

3.1. Der Vertrag ist ein überaus flexibles Begründungsinstrument, das sich mit den unterschiedlichsten Ausgangssituationen, Problemstellungen und Konfliktszenarien verbinden lässt. Das kontraktualistische Theorieprogramm ist daher keinesfalls auf die klassische Problemstellung der Herrschaftslegitimation und Herrschaftslimitation eingeschränkt. Die gegenwärtige praktische Philosophie zeigt, dass man auch die Aufgaben der moralischen Prinzipien- und Institutionenrechtfertigung, der Demokratiebegründung und der Grundlegung einer Theorie kollektiven Handelns aus kontraktualistischer Perspektive angehen kann. Wenn jemand mit anderen eine vertragliche Vereinbarung trifft, gibt er seine Zustimmung zu den Pflichten und korrelativen Rechten, die ihm und dem Partner aufgrund dieser Vereinbarung zugeteilt werden. Sofern seine Zustimmung freiwillig erfolgt ist und faire Vertragsverhandlungen stattgefunden haben, hat er kein Recht, sich über die sich aus dieser vertraglichen Vereinbarung ergebenden normativen Konsequenzen zu beklagen, und muss sie als verbindlich akzeptieren. Die philosophische Grundidee des *modernen gerechtigkeitstheoretischen Kontraktualismus* besteht nun darin, im Zuge einer angemessenen Verallgemeinerung die ganze Gesellschaft mitsamt all ihren verschiedenen institutionellen Strukturen und Arrangements als Vertragsverhältnis zu interpretieren und die Verbindlichkeit der gesellschaftlichen und politischen Institutionen, der sozialen und politischen Verfassung auf eine universale Zustimmung aller Gesellschaftsmitglieder qua Vertragspartner zurückzuführen.

3.2. Begründer des gerechtigkeitsethischen Kontraktualismus der moralischen und politischen Gegenwartsphilosophie ist John Rawls (vgl. Rawls 1971; ders. 2001). Rawls' Grundidee ist, dass gerechtfertigte und objektiv verbindliche Prinzipien der Gerechtigkeit identisch sind mit Prinzipien, die freie und rationale, nur an ihrem eigenen Interesse ausgerichtete Personen wählen würden, wenn sie in einen ursprünglichen Zustand der Gleichheit versetzt wären und die Aufgabe bekämen, die Form, die Grundstruktur und die fundamentalen, alle Folgegesetze bindenden Normen ihrer zukünftigen Gesellschaft zu bestimmen. Die Gerechtigkeitsprinzipien sind das Ergebnis einer rationalen Entscheidung, die darum Anspruch auf allgemeine Gültigkeit erheben kann, weil sie unter fairen Bedingungen erfolgt.

Inwiefern garantiert Rawls' Urzustand eine faire Übereinkunft? Weil die Gerechtigkeitsprinzipien hinter einem »Schleier des Nichtwissens« gewählt werden. Hinter dieser Bedingung steht die folgende einfache und einsichtige Überlegung: Wenn jemand Verfassungsprinzipien auszuwählen hat, über sich selbst aber nichts weiß, somit auch nicht feststellen kann, welche der zur Entscheidung stehenden Verfassungsprinzipien für ihn vorteilhaft sein könnten, so muss er notgedrungen eine Wahl unter allgemeinen Gesichtspunkten vornehmen und kann sich nicht fragen, welche Verfassungsprinzipien seinen besonderen Interessen und Anlagen dienlich sind. Die Entindividualisierung erlaubt nur noch eine allgemeine Orientierung an den formalen, allgemeinen, allen individuellen Lebensplänen und Glücksstrategien gemeinsamen Gelingens- und Optimierungsbedingungen einerseits und an den grundlegenden gesellschaftlichen Gütern (»primary social goods«), deren Besitz über die Lebensqualität und die Zukunftsaussichten eines jeden gleichermaßen entscheidet, andererseits. Die Konzeption der gesellschaftlichen Grundgüter gibt den Individuen im Urzustand ein Instrument an die Hand, um trotz ihrer Unkenntnis eine rationale, am Selbstinteresse orientierte Entscheidung zu treffen. Rawls' »primary social goods« sind keine Neuentdeckung. Sie gehören wesentlich zum Theorieprogramm des Kontraktualismus: Hobbes' existenzielle Sicherheit, Rousseaus Freiheitssicherung, Lockes und Kants Rechtssicherheit sind ebenfalls »primary social goods«; und der durch die staatsphilosophischen Kontraktualisten begründete Staat ist ebenfalls ein Staat, der eine egalitäre Verteilung dieses Guts sicherstellt.

3.3. Es ist ersichtlich, dass auch der rechtfertigungstheoretische Vertrag die prinzipielle begründungstheoretische Defizienz des Kontraktualismus nicht überwinden kann. Seine Eignung als Gerechtigkeitskriterium ist von normativen Voraussetzungen abhängig, die er selbst nicht kontrollieren kann. Die normativen Merkmale der Ausgangssituation, die über die allgemeine Anerkennungsfähigkeit des Verlaufs und des Ergebnisses des vertraglichen Einigungsverfahrens entscheiden, können in einem zirkelfreien Begründungsargument nicht ihrerseits kontraktualistisch gerechtfertigt werden. Der Vertrag vermag rechtfertigungstheoretisch nicht für sich selbst aufzukommen. Aber das schmälert nicht seine philosophische Bedeutung. Im Verein mit einer sowohl moralisch zulässigen als auch hinreichend bestimmten, auf das Gerechtigkeitsproblem genau zugeschnittenen Urzustandskonzeption ist der Vertrag ein attraktives theoretisches Instrument, um die gerechtigkeitsethischen Implikationen der grundlegenden politisch-moralischen Überzeugungen einer kulturellen und politischen Gemeinschaft zu thematisieren und situationsrelativ auszudifferenzieren.

4.

Boucher, D./Kelly, P. (Hg.), 1994, The Social Contract from Hobbes to Rawls, London: Routledge.

Gough, J. W., 1936, The Social Contract, Oxford: Clarendon Press.

Hobbes, T., 1651, Leviathan, Frankfurt/M.: Suhrkamp 1991.

Kant, I., 1793, Über den Gemeinspruch: Das mag in der Theorie richtig sein, taugt aber nicht für die Praxis, in: Akademie Textausgabe, Bd. 8, Berlin: de Gruyter 1968.
Kant, I., 1797, Metaphysik der Sitten, in: Akademie Textausgabe, Bd. 6, Berlin: de Gruyter 1968.
Kersting, W., 1984, Wohlgeordnete Freiheit. Immanuel Kants Rechts- und Staatsphilosophie, Paderborn: Mentis 2007.
Kersting, W., 1990, Vertrag – Gesellschaftsvertrag – Herrschaftsvertrag, in: O. Brunner/W. Conze/R. Koselleck (Hg.), Geschichtliche Grundbegriffe, Bd. 6, Stuttgart: Klett-Cotta.
Kersting, W., 1992, Thomas Hobbes zur Einführung, Hamburg: Junius 2002.
Kersting, W., 1993, John Rawls zur Einführung, Hamburg: Junius 2002.
Kersting, W., 1994, Politische Philosophie des Gesellschaftsvertrags, Darmstadt: WBG.
Kersting, W., 2002, Kontraktualismus, in: M. Düwell/C. Hübenthal/M. Werner (Hg.), Handbuch Ethik, Stuttgart: Metzler.
Kersting, W., 2003, Die Grenzen des Vertrags, in: R. Geiger/J.-C. Merle/N. Scarano (Hg.), Modelle politischer Philosophie, Paderborn: Mentis.
Kersting, W. (Hg.), 1996, Thomas Hobbes: Leviathan, Berlin: Akademie 2008.
Koller, P., 1987, Neue Theorien des Sozialkontrakts, Berlin: Duncker & Humblot.
Lesnoff, M., 1986, Social Contract, Houndmills: Macmillan.
Locke, J., 1690, Zwei Abhandlungen über die Regierung, Frankfurt/M.: Suhrkamp 1977.
Morris, C. (Hg.), 1999, The Social Contract Theories, Totowa: Rowman & Littlefield.
Rawls, J., 1971, Eine Theorie der Gerechtigkeit, Frankfurt/M.: Suhrkamp 1975.
Rawls, J., 2001, Gerechtigkeit als Fairness, Frankfurt: Suhrkamp 2003.
Rousseau, J.-J., 1762, Vom Gesellschaftsvertrag, in: Politische Schriften, Bd. 1, Paderborn: Schöningh 1977.

Wolfgang Kersting

Vertrauen

1.

1.1. Vertrauen ist eine oftmals affektiv getönte Einstellung, die im riskanten Vorgriff auf die Kooperationsbereitschaft anderer Handlungen ermöglicht, die ohne Vertrauen entweder gar nicht oder nur auf andere Weise vollzogen werden könnten. Geht es philosophischen Ansätzen v.a. um die angemessene Situierung des Vertrauens im mentalen Gefüge aus Gefühl, Überzeugung und Wollen, so untersuchen Rational-Choice-Ansätze die Bedingungen einer ›lohnenswerten‹ Vertrauensvergabe; für die politische Theorie wiederum steht die Frage der Institutionalisierbarkeit des Vertrauens im Mittelpunkt.

1.2. Während alltagssprachlich zwischen Formen des Vertrauens zur Welt, zu Personen, zu Institutionen oder zur Technik kaum unterschieden wird, konzentriert sich die Philosophie auf interpersonelles Vertrauen, das als eine ermöglichende Ressource sozialer Kooperation gedeutet wird. Weitgehende Einigkeit besteht über folgende Merkmale: In Akten des Vertrauens gehen wir optimistisch und unter Bezugnahme auf vermutete kooperative Motive des jeweiligen Interaktionspartners davon aus, dass eine für uns wichtige Handlung in Übereinstimmung mit unseren Wünschen und Absichten ausgeführt oder unterlassen wird, ohne dass wir das Ausführen oder Unterlassen dieser Handlung mit Gewissheit vorhersagen können. Neben dieser eher handlungstheoretischen Bestimmung lässt sich Vertrauen auch kommunikationstheoretisch fassen und gilt dann der Aufrichtigkeit oder Wahrhaftigkeit, mit der andere ihre Äußerungen vorbringen. Weitgehend einig ist man sich ferner darüber, dass Vertrauen begründet oder unbegründet sein kann, selbst in gut begründeten Fällen aber riskant bleibt, da Vertrauensverhältnisse nicht nur ohne letzte Gewissheit über die Kooperationswilligkeit des Vertrauensempfängers auskommen, sondern auch dadurch gekennzeichnet sind, dass der Vertrauende in ihnen darauf verzichtet, das Verhalten des Vertrauensempfängers zu überwachen oder zu kontrollieren.

Normative Vertrauensmodelle gehen davon aus, dass Vertrauen auf der Unterstellung wohlwollender Kooperationsmotive beruht. Modelle des rationalen Vertrauens dagegen lassen eine Vielfalt unterschiedlicher Kooperationsmotive zu. Der Vertrauensgeber muss kalkulieren, ob sein Interaktionspartner kooperieren wird oder nicht, er muss sich aber nicht auf ein bestimmtes, zudem noch normativ aufgeladenes Motiv der Vertrauenswürdigkeit festlegen. Ein drittes Modell betrachtet Vertrauen als eine affektive Einstellung, die als Grundlage für die Bildung konkreter Überzeugungen dient, so dass Vertrauen nicht auf Annahmen über die Kooperationswilligkeit anderer beruht, sondern diese Annahmen selbst überhaupt erst begründet.

Innerhalb dieser drei Modelle lassen sich zwei Weisen der weiteren Präzisierung des Vertrauensbegriffs ausmachen. (i) Zum einen wird Vertrauen von Formen des Sich-verlassens-auf (engl. reliance) unterschieden. Diese Unterscheidung tritt in drei Varianten auf. (i.i) Besonders normative Vertrauensmodelle gehen davon aus, dass wir von Akten der Verlässlichkeit immer dann sprechen sollten, wenn Kooperation für den Interaktionspartner eine rationale Option ist, wenn also die Erfüllung einer artikulierten Erwartung in seinem Interesse liegt. Beim Vertrauen dagegen, »verlassen wir uns auf das Wohlwollen der anderen uns gegenüber« (Baier 1986, 42), so dass die Frage, ob sich die Vertrauenswürdigkeit für den Vertrauensempfänger auszahlt, nachrangig ist. (i.ii) Die zweite Variante der Unterscheidung kommt ohne Bezug auf subjektive Motivlagen aus. Wir verlassen uns auf jemanden oder etwas, wenn wir in einer Handlungssituation davon ausgehen, dass wir als Handelnde ohne Alternativen sind, oder aber, wenn wir annehmen können, dass den Akteuren, mit denen wir interagieren, keine anderen Handlungsmöglichkeiten offen stehen (vgl. Jones 1998, 467). Sowohl derjenige, der in einer Situation Vertrauen gibt, als auch derjenige, der Vertrauen empfängt, müssen – in der Perspektive des Vertrauensgebers – über alternative Handlungsmöglichkeiten verfügen, damit Vertrauen überhaupt vergeben werden kann. Diese Tatsache bedingt einerseits ein größeres Maß an subjektiver Zuversicht in das Gelingen eines Handlungsvollzugs, da Vertrauen bei vorliegenden Alternativen nur vergeben wird, wenn genügend Anhaltspunkte über die Vertrauenswürdigkeit des anderen vorliegen, andererseits verhindern die alternativen Handlungsmöglichkeiten des Vertrauensempfängers die Vorhersagbarkeit seines Verhaltens. (i.iii) Eine dritte Variante möchte die Rede vom Vertrauen ausschließlich für interpersonelle Kontexte reservieren; die Rede vom Sich-verlassen-auf besitzt in dieser Perspektive nur Gültigkeit für die Beziehung zwischen Menschen und unbelebten Gegenständen oder Prozessen. Wir verlassen uns darauf, dass die Sonne am nächsten Tag aufgeht, dass das Flugzeug nicht abstürzt etc. Vertrauen ist reziprok, es verändert den, der es empfängt und der so oder so reagiert, während Sich-verlassen-auf eine einseitige Haltung des Menschen gegenüber Welt und Technik bleibt, die ihre Quelle in vorhersagbaren Regelmäßigkeiten hat (vgl. Solomon/Flores 2001, 68 ff., 106).

(ii) Eine ähnliche Unterscheidung wie (i.ii) differenziert Vertrauen (engl. trust) und Zuversicht (engl. confidence). Auch hier ist die Frage entscheidend, ob ein einmal eingeschlagener Handlungskurs ohne wahrgenommene Alternativen ist (Zuversicht) oder ob man auch anders hätte handeln können, sich aber für den riskanten Handlungskurs entschieden hat (Vertrauen). Hinzu kommt ein Unterschied der Zurechnungspraxis: Enttäuschte Zuversicht wird äußeren Umständen zugeschrieben, enttäuschtes Vertrauen dagegen eigener Fehleinschätzung (vgl. Luhmann 1988, 147 f.).

Weitgehend unstrittig ist schließlich, dass Vertrauen keinen kontradiktorischen Gegenbegriff kennt, da Misstrauen lediglich konträr zum Vertrauen steht. Wer ohne Vertrauen ist, ist nicht unbedingt misstrauisch. Misstrauen setzt wie Vertrauen Engagement und Interesse voraus, häufig wird das verfolgte Ziel von der misstrauischen Person lediglich anders verfolgt als von der vertrauenden Person.

2.

Das deutsche Substantiv »Vertrauen« ist im 15. Jahrhundert zuerst nachgewiesen (vgl. Frevert 2003, 14). In theologischen Kontexten war das Vertrauen zu seinen Mitmenschen dem Gottesvertrauen untergeordnet. Nur dem konnte vertraut werden, der seinen Glauben, seine Hoffnung und seine Liebe auf Gott richtete (vgl. Dunn/Gloyna 2001, 986). Luther geht später so weit, das Vertrauen zu seinen Mitmenschen grundsätzlich als »Abgötterei« zu bezeichnen, da Vertrauen als eine Übergabe von Macht gedeutet wird, die man nur Gott, aber keinem Menschen schuldet (vgl. Weltecke 2003, 87). In vormoderner Zeit trägt der Vertrauensbegriff Elemente von Verbindlichkeit und Verpflichtung an sich und ist gebunden an Formen normierter Religiosität. Thomas von Aquin umschreibt Vertrauen (fiducia) bündig als »Kraft der Hoffnung« (S. Th., II-II, q. 129, a 6).

Auch außerhalb des theologischen Kontextes finden sich Spuren eines reglementierten Vertrauens. So bleiben Vertrauensverhältnisse im frühen Mittelalter beschränkt auf substaatlich-exklusive Gruppenbildungen, die den Zweck verfolgen, über persönliche Freundschaften, Klientel- oder Gefolgschaftsbeziehungen intern stabile Kooperationsformen zu ermöglichen, die Schutz- und Verteidigungsfunktionen erfüllen (vgl. Silver 1989, 282). Das intern gewährte Vertrauen grenzt damit Freunde und Feinde ab und verlangt nach Einhaltung vorgeschriebener Verhaltensmuster. Den strategischen Charakter, den das Vertrauen damit gewinnt, offenbart auch Machiavelli (vgl. Machiavelli 1532, 73; Dunn 1988). Für Hobbes wiederum steht außer Zweifel, »daß der Sinn der Menschen von Natur so beschaffen ist, daß, wenn die Furcht vor einer über alle bestehenden Macht sie nicht zurückhielte, sie einander mißtrauen und einander fürchten würden« (Hobbes 1658, 68). Nur der absoluten Sanktionsgewalt der Staatsmacht sei es zu verdanken, dass die Staatsbürger einander Vertrauen entgegenbringen können. Erst unter den spezifischen Bedingungen des englischen Parlamentarismus gelingt es Locke, einen Begriff des Vertrauens zu formulieren, der Raum schafft für nicht-strategische Elemente. Indem Locke das Verhältnis zwischen Volk und Gesetzgeber als »treuhänderisch« bezeichnet, deutet er an, dass der Gesetzgeber die ihm anvertraute Macht nur für einen bestimmten Zeitraum ausleiht (vgl. Locke 1690, 115, § 149). Damit profitiert der Vertrauensempfänger nicht mehr unmittelbar von seiner Vertrauenswürdigkeit; er ist vielmehr gehalten, das in ihn gesetzte Vertrauen nicht zu enttäuschen, da sonst seine Abwahl droht, aber auch aufgrund einer moralischen Verpflichtung, die aus jenem nicht vertraglich zu regelndem »stillschweigendem« Vertrauen entspringt (tacit trust), das Regierende und Regierte aneinander bindet (vgl. ebd., 131–132, § 171; Hartmann 2002).

Mit der Entwicklung der kapitalistischen Marktwirtschaft im 17. und 18. Jahrhundert wird es möglich, den Begriff eines allgemeinen sozialen Vertrauens zu formulieren. In dem Maße, in dem aus den potentiell gefährlichen Fremden schlicht Fremde werden, mit denen man in eigeninteressierte ökonomische Transaktionen tritt, benötigt man eine neutrale Moral des allgemeinen Wohlwollens, die als Basis für Verträge und Formen gegenseitigen Versprechens dienen kann. V.a. die Autoren der schottischen Aufklärung haben den »neuen Universalismus« der Marktgesellschaft beschrieben, der den friedlichen Austausch zwischen eigeninteressierten Fremden ermöglicht (vgl. Silver 1990, 1482). Zugleich kristallisiert sich eine vom Marktgeschehen differenzierte Sphäre intimer Freundschaft heraus, in der ich, in den Worten Humes, »den Menschen, die ich liebe und die ich näher kenne, immer noch Dienste leisten [kann], ohne irgend welche Aussicht auf einen Vorteil« (Hume 1740, Bd. 2, 269).

Im Laufe des 17. und 18. Jahrhunderts bilden sich also die sozialen und politischen Grundlagen heraus, die es möglich machen, Formen des intimen, des ökonomischen und des politischen Vertrauens zu konzeptualisieren und aufeinander zu beziehen. Gleichwohl dauert es bis zum Ende des 20. Jahrhunderts, bis die Kategorie des Vertrauens in Philosophie, Soziologie und Politikwissenschaft ausführlich thematisch wird.

3.

3.1. In der Philosophie legen die einflussreichen Arbeiten Annette Baiers (vgl. Baier 1994) ihr Augenmerk auf Formen des *intimen Vertrauens*. Durch die Orientierung am Begriff der Pflicht verfehlt ein gängiger Typ von Moralphilosophie nach Baier all jene normativ relevanten Interaktionen, die durch freiwillige und personenrelative Formen der Bindung gekennzeichnet sind (vgl. Baier 1994, 170). Darüber hinaus müssen moralische Richtlinien erlernt werden, so dass die Lernenden dem als überlegen empfundenen Urteilsvermögen der Lehrenden ohne Rekurs auf Pflichten und Prinzipien vertrauen müssen (vgl. ebd., 12–14). Vertrauen wird als eine Weise »akzeptierter Verletzbarkeit« bestimmt, die durch gegenseitiges Wohlwollen gekennzeichnet ist (vgl. Baier 1986, 43; Hartmann 2003).

Unabhängig von der spezifischen Struktur der Beziehungen, in denen Vertrauen eine Rolle spielt, lassen sich allgemeine moralische Charakteristika vertrauensvoller Einstellungen benennen. Im Vertrauen erkennen wir den anderen als ein Wesen an, dem vertraut werden kann, und geben damit zugleich zu verstehen, dass uns an der Beziehung selbst etwas liegt (vgl. Jones 1998, 467). Vertrauensverhältnisse besitzen damit an sich eine moralische Qualität und können nicht nur instrumentalistisch gedeutet werden; sie sind für die Beteiligten normativ wertvoll, da sie konstitutiv zur Verwirklichung von Werten beitragen, die ohne intaktes Vertrauen nicht zu verwirklichen wären (vgl. Williams 2002, 142 f.). Die Initiation eines Vertrauensverhältnisses lässt sich in dieser Perspektive als einseitig geleistetes »Geschenk« deuten, durch das die Bereitschaft zur Vertrauenswürdigkeit des anderen unter Verzicht auf eine Kalkulation der Erfolgsbedingungen des eigenen vertrauensvollen Aktes kreativ geweckt wird (vgl. Pettit 1995, 218; Mansbridge 1999, 291).

3.2. Autoren, die im Rahmen von Rational-Choice-Theorien arbeiten, orientieren sich implizit oder explizit an *ökonomischen Transaktionen*. Vertrauenswürdigkeit kann in dieser Perspektive auf unterschiedlichen Motiven beruhen, wobei eigeninteressierte Motive im Mittelpunkt stehen (vgl. Hardin 1992, 307). In einer Rational-Choice-Perspektive brauchen die Akteure bestimmte Anreize, um eine vertrauensvolle Kooperation zu initiieren, und sie müssen rational abwägen, wie groß die Wahrscheinlichkeit ist, dass der je andere kooperieren wird; rational wird die Vergabe von Vertrauen dabei genau dann, wenn der aus einem gelungenen Vertrauensverhältnis resultierende Gewinn größer ist als der berechnete Verlust im Falle eines Vertrauensbruchs (vgl. Coleman 1990, Bd. 1, 125). Vertrauen manifestiert sich in Überzeugungen, die den möglichen Motiven des anderen gelten, und es nimmt einen instrumentellen Charakter an, da vertrauensvolle Kooperationen explizit der Förderung der eigenen Interessen dienen. Üblich ist in diesen Kontext der Vergleich des Vertrauens mit einer Wette, der suggeriert, Vertrauen sei eine entscheidbare Angelegenheit.

3.3. Politische Ansätze der Vertrauensforschung erörtern das genauere *Verhältnis zwischen Regierenden und Regierten* sowie die Frage, ob interpersonelles Vertrauen durch ein Vertrauen zu Institutionen ersetzt werden kann. Die Machtkonzentration moderner Staatsapparate und die Gefahr des Machtmissbrauchs durch das politische Personal legen Misstrauen als zentrale Haltung einer wachsamen Bürgerschaft nahe. Schon Lockes Konzeption eines treuhänderischen Vertrauens aber kombiniert eine vertrauensvolle Delegation von Macht und Einfluss mit der Möglichkeit, den Missbrauch dieses Vertrauens zu sanktionieren. Durch die Errichtung rechtsstaatlicher Institutionen und das Prinzip der Gewaltenteilung wird es auf »paradoxe« Weise möglich, denjenigen, denen man eigentlich misstrauen sollte, dennoch zu vertrauen (vgl. Parry 1976, 137; Sztompka 1999, 146). Rechtsstaatliche Institutionen dienen darüber hinaus in vielen Ansätzen als »funktionales Äquivalent« eines interpersonellen Vertrauens, das nötig ist, weil unter den anonymisierten Bedingungen differenzierter Gesellschaften persönliche Begegnungen zwischen den Bürgern und ihrem politischen Personal kaum noch üblich sind (vgl. Cohen 1999, 222). Die Frage, über welche Qualitäten politische Institutionen verfügen müssen, um Vertrauen zu generieren, steht dementsprechend im Mittelpunkt sowohl normativer als auch empirischer Ansätze der politischen Vertrauensforschung (vgl. Gabriel 1999; Offe 2001).

3.4. Zu den besonders umstrittenen Punkten des Vertrauensbegriffs gehört die Frage nach dem genaueren Ort des Vertrauens im mentalen Gefüge aus Überzeugung, Gefühl und Wollen. So gehen viele der normativen und so gut wie alle ökonomischen und politischen Ansätze davon aus, dass Vertrauen auf Überzeugungen beruht, die sich auf die Motive der potenziellen Vertrauensempfänger beziehen. Andere Autoren aber beschreiben Vertrauen explizit als eine »nichtkognitive« Einstellung (vgl. Becker 1996), betonen seine affektive Seite (vgl. Jones 1996) oder bezeichnen es als eine praktische Einstellung (attitude), die als *Basis* der Gewinnung neuer Überzeugungen dient (vgl. Holton 1994, 74). Gegenüber diesen einseitigen Auslegungen scheint es sinnvoll, vertrauensvolle Einstellungen einer komplexen, phänomenologisch angereicherten Analyse zu unterziehen, die offen ist für spezifisch gegenstandsbezogene Gewichtungen. So wird kaum bestritten, dass die Rechtfertigungsstandards für Überzeugungen auch auf Vertrauen zutreffen. Unser Vertrauen zu anderen kann gerechfertigt sein oder nicht, je nachdem, wie gut oder schlecht die Gründe sind, die für dieses Vertrauen sprechen. Im Vertrauen sind wir uns der Gründe, die für oder gegen dieses Vertrauen sprechen, zumeist aber nicht bewusst, sie offenbaren sich häufig erst ex post oder werden im Zweifel an der Vertrauenswürdigkeit eines anderen thematisch (vgl. Lagerspetz 1998).

Der Hinweis auf den affektiven Charakter des Vertrauens kann die insbesondere in Rational-Choice-Theorien verbreitete Reduktion von Vertrauen auf Überzeugungen umgehen. Vertrauen teilt zahlreiche Eigenschaften mit anderen Gefühlen oder Affekten: (a) Vertrauen manifestiert sich im Verhalten einer Person; (b) es kann, wie etwa Wut oder Zorn, stärker oder schwächer sein; (c) wie viele Gefühle enthält Vertrauen eine evaluative Komponente (im Vertrauen bewerten wir den anderen als vertrauenswürdig); (d) Vertrauen involviert uns anders als reine Überzeugungen. Die negativen Reaktionen auf gebrochenes Vertrauen offenbaren die normative Infrastruktur aller Vertrauensverhältnisse. Auch im ökonomischen und politischen Bereich geht es im Falle eines gebrochenen Vertrauens nicht schlicht um einen an sich selbst adressierten Vorwurf der Fehlkalkulation, sondern um die wahrgenommene Gefährdung einer kooperativ strukturierten intersubjektiven Praxis.

Umstritten ist, ob Vertrauen zum Gegenstand einer Entscheidung gemacht werden kann oder nicht. Beruht Vertrauen auf Überzeugungen, dann kann es nicht willentlich herbeigeführt werden, da Überzeugungen in ihrem Wahrheitsgehalt nicht entscheidungsabhängig sind (vgl. Baier 1986, 60; Jones 1996, 18). Wird allerdings eingeräumt, dass Vertrauen nicht mit bestimmten Überzeugungen identisch ist, sondern nur auf Überzeugungen »beruht«, dann kann es als eine praktisch relevante Einstellung beschrieben werden, die Gegenstand unseres Entscheidens sein kann. Nicht die Überzeugungen werden gewählt, aber die Art und Weise unseres praktischen Umgangs mit ihnen. Dies dürfte besonders für die kreativen ersten Züge eines Vertrauensverhältnisses gelten, die häufig auf der Basis nur sehr geringer Evidenzen einen Vertrauensvorschuss gewähren.

In dieser Perspektive bleiben die geistigen oder affektiven Einstellungen einzelner Individuen der methodische Ausgangspunkt der Beschreibung vertrauensvoller Akte. Ungeklärt bleiben damit die sozialen Bedingungen der Entstehung individuellen Vertrauens und individueller Vertrauenswürdigkeit. Die Existenz größerer Kontexte intersubjektiven Vertrauens dürfte auf der allgemein habitualisierten Annahme einer Kultur des Vertrauens beruhen, in deren Rahmen Akte gegenseitiger Vertrauenswürdigkeit als intrinsisch und nicht nur instrumentell wertvoll betrachtet werden (vgl. Williams 1996; Williams 2002, 139). Motiv der Vertrauenswürdigkeit ist dann die bejahende Haltung zu einer Gemeinschaft, in der solche einzelnen Vertrauensakte möglich sind. Die Frage, welche sozialen oder politischen Bedingungen gegeben sein müssen, um eine solche Kultur des Vertrauens zu etablieren oder zu zerstören, ist in der Philosophie bisher aber nur unzureichend gestellt worden.

4.

Baier, A., 1994, Moral Prejudices, Cambridge/MA: Harvard University Press.

Baier, A., 1986, Vertrauen und seine Grenzen, in: M. Hartmann/C. Offe (Hg.), Vertrauen, Frankfurt/M.: Campus 2001.

Becker, L. C., 1996, Trust as Noncognitive Security about Motives, in: Ethics 107.

Cohen, J., 1999, Trust, Voluntary Association and Workable Democracy, in: M. Warren (Hg.), Democracy and Trust, Cambridge: Cambridge University Press.

Coleman, J., 1990, Grundlagen der Sozialtheorie, 3 Bde., München: Oldenbourg 1991.

Dunn, J., 1988, Trust and Political Agency, in: D. Gambetta (Hg.), Trust, Oxford: Blackwell.

Dunn, J./Gloyna, T., 2001, Vertrauen, in: J. Ritter/K. Gründer/G. Gabriel (Hg.), Historisches Wörterbuch der Philosophie, Bd. 11, Darmstadt: WBG.

Frevert, U., 2003, Vertrauen – eine historische Spurensuche, in: dies. (Hg.), Vertrauen, Göttingen: Vandenhoeck & Ruprecht.

Gabriel, O. W., 1999, Integration durch Institutionenvertrauen?, in: J. Friedrichs/W. Jagodzinski (Hg.), Soziale Integration, Opladen: Westdeutscher Verlag.

Hardin, R., 1992, Die Alltagsepistemologie von Vertrauen, in: M. Hartmann/C. Offe (Hg.), Vertrauen, Frankfurt/M.: Campus 2001.

Hartmann, M., 2002, Aussichten auf Vorteile? Grenzen rationaler Vertrauensmodelle in der Politikanalyse, in: Österreichische Zeitschrift für Politikwissenschaft 31.

Hartmann, M., 2003, Akzeptierte Verletzbarkeit. Gründzüge einer normativen Theorie des Vertrauens, in: Deutsche Zeitschrift für Philosophie 51.

Hobbes, T., 1658, Vom Menschen, Hamburg: Meiner 1959.

Holton, R., 1994, Deciding to Trust, Coming to Believe, in: Australasian Journal of Philosophy 72.

Hume, D., 1740, Ein Traktat über die menschliche Natur, 2 Bde., Hamburg: Meiner 1978.

Jones, K., 1996, Trust as an Affective Attitude, in: Ethics 107.

Jones, K., 1998, Trust, in: E. Craig (Hg.), Routledge Encyclopedia of Philosophy, Bd. 9, London: Routledge.

Lagerspetz, O., 1998, Trust, Dordrecht: Kluwer.

Locke, J., 1690, Über die Regierung, Stuttgart: Reclam 1974.

Luhmann, N., 1988, Vertrautheit, Zuversicht, Vertrauen, in: M. Hartmann/C. Offe (Hg.), Vertrauen, Frankfurt/M.: Campus 2001.

Machiavelli, N., 1532, Der Fürst, Stuttgart: Kröner 1972.

Mansbridge, J., 1999, Altruistic Trust, in: M. E. Warren (Hg.), Democracy and Trust, Cambridge: Cambridge University Press.

Offe, C., 2001, Wie können wir unseren Mitbürgern vertrauen?, in: M. Hartmann/C. Offe (Hg.), Vertrauen, Frankfurt/M.: Campus.

Parry, G., 1976, Trust, Distrust, and Consensus, in: British Journal of Political Science 6.

Pettit, P., 1995, The Cunning of Trust, in: Philosophy and Public Affairs 24.

Silver, A., 1989, Friendship and Trust as Moral Ideals, in: European Journal of Sociology 30.

Silver, A., 1990, Friendship in Commercial Society, in: American Journal of Sociology 95.

Thomas, D. O., 1978, The Duty to Trust, in: Proceedings of the Aristotelian Society 79.

Solomon, R. C./Flores, F., 2001, Building Trust in Business, Politics, Relationships, and Life, Oxford: Oxford University Press.

Sztompka, P., 1999, Trust, Cambridge: Cambridge University Press.

Weltecke, D., 2003, Gab es ›Vertrauen‹ im Mittelalter?, in: U. Frevert (Hg.), Vertrauen, Göttingen: Vandenhock & Ruprecht.

Williams, B., 1996, The Politics of Trust, in: P. Yaeger (Hg.), The Geography of Identity, Ann Arbor: University of Michigan Press.

Williams, B., 2002, Wahrheit und Wahrhaftigkeit, Frankfurt/M.: Suhrkamp 2003.

Martin Hartmann

Verwaltung

1.

Als »Verwaltung« bezeichnet man üblicher Weise eine Tätigkeit, die im Rahmen vorgegebener Entscheidungen bestimmte Lebensgebiete ordnet und gestaltet. Die Tätigkeit kann sich sowohl auf eigene wie auf fremde Angelegenheiten beziehen. So kann sich jemand der Verwaltung seines eigenen Vermögens widmen oder das Vermögen eines anderen treuhänderisch verwalten. Als Verwaltung wird aber zugleich auch eine organisatorische Einheit bezeichnet, die die Funktion der Verwaltung innerhalb eines größeren sozialen Gebildes erfüllt. Dieses Gebilde kann der Staat, eine Kommune, ein Unternehmen, die katholische Kirche Deutschlands oder ein Krankenhaus sein. Generell wird zwischen privater und öffentlicher Verwaltung unterschieden. Häufig wird »Verwaltung« synonym mit »öffentlicher Verwaltung« benutzt. Unter »öffentlicher Verwaltung« wird eine bestimmt geartete Tätigkeit des Staates oder anderer Träger der öffentlichen Gewalt verstanden. Sie wird als Tätigkeit wie als soziale Untereinheit meist negativ durch die Abgrenzung von Legislative, Regierung und Gerichtsbarkeit bestimmt. Während die öffentliche Verwaltung auf die Erfüllung von Gemeinschaftsaufgaben gerichtet ist, dient die betriebliche Verwaltung oder Unternehmensverwaltung der Erfüllung der primären Betriebsaufgabe (Produktion von Gütern oder Dienstleistungen) nach Maßgabe der jeweiligen Unternehmensziele (Gewinn, Wachstum etc.). Die betriebliche Verwaltung wird gegen andere Untereinheiten bzw. Tätigkeitsbereiche wie Leitung, Forschung und Entwicklung, Produktion und Verkauf abgegrenzt.

2.

Die systematische Beschäftigung mit Verwaltung ist eng verknüpft mit dem Entstehen moderner Großorganisationen und des modernen Staates. Das arbeitsteilige Zusammenwirken vieler Menschen muss planmäßig geordnet und fortlaufend so geregelt werden, dass der Zweck der politischen Herrschaft bzw. eines Betriebes erfüllt wird. Diesem praktischen Problem wollte man zunehmend auch wissenschaftlich begegnen. In Preußen wurden schon im 18. Jahrhundert von Friedrich Wilhelm I. verwaltungswissenschaftliche Lehrstühle und eine entsprechende Ausbildung eingeführt; die damals als Kameralwissenschaft oder Kameralistik bezeichnete Disziplin war multidisziplinär und sehr praktisch orientiert. Die rapide Entwicklung des Verwaltungsrechts und die Juridifizerung staatlichen Handelns unter den Auspizien des liberalen Rechtsstaats führten später zu einer Umorientierung der Ausbildung. Nun wurde das Jurastudium zur wichtigsten Bildungsvoraussetzung für den Eintritt in den höheren Verwaltungsdienst; in Deutschland ist das trotz gewisser Gegentendenzen bis heute so geblieben (vgl. Bleek 1972).

Mit der Industrialisierung wurde auch die Fabrikorganisation zu einem Problem, das man gegen Ende des 19. Jahrhunderts systematisch zu durchdringen begann. In England erschien 1914 ein Lehrbuch über »Factory Administration« (Dunsire 1973, 42), während in den USA Frederic Taylor sein einflussreiches System wissenschaftlicher Betriebsführung entwickelte (vgl. Taylor 1911). Der nach ihm benannte Taylorismus baute auf den Prinzipien von Arbeitsteilung und Spezialisierung auf und benutzte Zeit- und Bewegungsstudien, um den effizientesten Zuschnitt von Aufgaben zu ermitteln.

3.

3.1. Bei der wissenschaftlichen Behandlung der privaten und öffentlichen Verwaltung lassen sich zwei Ansätze unterscheiden: ein stärker präskriptiver und ein primär theoretisch orientierter analytischer. Im Unternehmensbereich verfolgt die Betriebswirtschaftslehre vornehmlich den ersten, die sozialwissenschaftliche Organisationstheorie den zweiten Ansatz. Kennzeichnend für beide Disziplinen ist, dass sie nicht speziell die Unternehmensverwaltung, sondern den Wertschöpfungsprozess im Unternehmen zum Gegenstand haben und sich deshalb mit Fragen von Unternehmensorganisation und Unternehmensführung insgesamt befassen; in der Betriebswirtschaftslehre beschäftigen sich jedoch spezielle Teilgebiete mit Verwaltungstätigkeiten wie dem Rechnungswesen und Personalwesen. In der sozialwissenschaftlichen Organisationstheorie spielt der Teilbereich der Unternehmensverwaltung keine besondere Rolle. Vielmehr wird im Gefolge von Herbert Simon (1947) versucht, die tatsächliche Beschaffenheit von Entscheidungsprozessen in Unternehmen darzustellen und die Faktoren zu ermitteln, die zu unterschiedlichen Organisationsformen führen.

Im Bereich der öffentlichen Verwaltung finden wir eine ähnliche Doppelung der Ansätze. Auf der einen Seite gibt es – neben einschlägigen juristischen Fächern wie dem Verwaltungsrecht – eine stark am Recht orientierte, präskriptive Verwaltungslehre (vgl. z.B. Thieme 1977). Daneben hat sich eine sozialwissenschaftlich orientierte Verwaltungswissenschaft bzw. Verwaltungssoziologie entwickelt (vgl. Luhmann 1966; Mayntz 1985). Für die sozialwissenschaftliche Behandlung der öffentlichen Verwaltung war das Werk Max Webers besonders bedeutsam, obwohl der Begriff »Verwaltung« bei ihm keine eigenständige Rolle spielt. Vielmehr hat Weber die Verwaltung zunächst im Zusammenhang mit dem für ihn zentralen Begriff des Verbandes und dann v.a. in seiner Herrschaftssoziologie behandelt, in der er den für die Moderne kennzeichnenden Typus der legalen Herrschaft u.a. durch die Existenz eines bürokratischen Verwaltungsstabes definiert (vgl. Weber 1921, 26–30, 126–130). Der ursprünglich kritisch gemeinte Begriff der Bürokratie wurde von ihm zu einem normativen Modell für die Gestaltung einer effektiven, effizienten und als neutrales Instrument agierenden Staatsverwaltung entwickelt (vgl. ebd., 650–678).

Private und öffentliche Verwaltung sind nach und nach zum Gegenstand deutlich gegeneinander abgegrenzter Disziplinen geworden. Neuerdings kommen die lange Zeit getrennt voneinander geführten wissenschaftlichen Diskurse einander wieder durch den Versuch näher, Prinzipien wirtschaftlicher Unternehmensführung auch auf die öffentliche Verwaltung, v.a. auf die Leistungsverwaltung anzuwenden.

3.2. Die faktische Entwicklung der öffentlichen Verwaltung ebenso wie die wissenschaftliche Diskussion darüber haben (und hatten) es mit zwei herausragenden, eng miteinander verknüpften Problemen zu tun: dem Problem der Wirksamkeit bzw. Effizienz und der problematischen Beziehung zwischen Verwaltung und Politik. Die zentrale Frage ist dabei, wie sich Wirksamkeit und reine Instrumentalität verbinden lassen.

Die Zunahme von öffentlichen Aufgaben in demokratischen Verfassungsstaaten verlangt für ihre wirksame Erledigung den Auf- und Ausbau einer umfangreichen professionellen Verwaltung. Zu dieser Einsicht ist man zunächst in Frankreich und Preußen, in der zweiten Hälfte des 19. Jahrhunderts auch in England und schließlich in den USA gekommen, wo bis dahin ein politisches Patronagesystem herrschte. Aber eine Verwaltung, die Fachwissen und praktische Erfahrung besitzt, mit ihren Einzelentscheidungen die öffentlichen Ressourcen verteilt und über den Vollzug oder die Konterkarierung des von Legislative und Regierung formulierten politischen Willens bestimmt, wird zwangsläufig selbst zu einer Macht. Schon Max Weber beschäftigte denn auch die Frage, wieweit eine umfangreiche und durch das in ihr konzentrierte Fachwissen qualifizierte Bürokratie noch als neutrales Vollzugsinstrument fungiert oder sich zu einem eigenen Machtzentrum verselbstständigt und der Kontrolle des »Souveräns« entzieht. Die hier angesprochene Spannung kommt im Englischen durch die Mehrdeutigkeit des vom lateinischen »administrare« abgeleiteten Begriffs »Administration« zum Ausdruck; dieser Begriff wurde nicht nur im Sinne von Helfen, sondern auch im Sinne von Führen oder von Vollziehen benutzt (vgl. Dunsire 1973, Kap. 1).

Beim planmäßigen Vollzug vorgegebener Entscheidungen bzw. Zwecke erfüllt Verwaltung eine untergeordnete, dienende Funktion. So verstanden wurde »Verwaltung« im 19. Jahrhundert etwa von Saint Simon oder von Friedrich Engels als positiver Gegenbegriff zu »Herrschaft« benutzt, was in der Hoffnung zum Ausdruck kam, dass in der Gesellschaft der Zukunft die Herrschaft über Menschen abgelöst würde von der bloßen Verwaltung der Dinge. Verwaltung besteht jedoch im Kern darin, Entscheidungen zu treffen, die für andere bindend sind. Jede Verwaltung übt insofern auch Herrschaft aus. Angesichts der Ermessensspielräume, über die die Verwaltung bei ihren Einzelentscheidungen verfügt, handelt sie auch nicht nur als neutrales Herrschaftsinstrument. Das gilt besonders für die planende Verwaltung (z.B. in den Bereichen Raumordnung und Infrastruktur). Aber auch die nicht nur durch vorgegebene Zwecke geleitete, sondern an feste Regeln gebundene Leistungsverwaltung (z.B. Sozialhilfe) und die Hoheitsfunktionen erfüllende Ordnungsverwaltung (z.B. die Gewerbeaufsicht) sind keine Automaten, die nur der Aktivierung durch einen ›Fall‹ bedürfen und daraufhin die vorprogrammierte Entscheidung generieren. Jeder Gesetzesvollzug ist praktisch eine Gesetzesanwendung, und jede Anwendung fordert – und erlaubt – eine Eigenleistung des Anwendenden. Die empirische Implementationsforschung hat in zahlreichen Fallstudien gezeigt, wie der »Wille des Gesetzgebers« im Verwaltungsvollzug gedeutet, umgedeutet und sogar sabotiert werden kann (vgl. Nakamura/Smallwood 1980; Mayntz 1983).

Die problematische Beziehung zwischen Politik und Verwaltung wird durch die Tatsache verschärft, dass die Funktion der Politikentwicklung heute faktisch zum guten Teil auf die Ministerialverwaltung übergegangen ist (vgl. Dogan 1975; Mayntz/Scharpf 1975). Damit ist zunächst der verfassungsmäßige Primat der Politik und im nächsten Schritt die (partei-)politische Neutralität der Verwaltung gefährdet. Um den Primat der Politik zu sichern, versucht man, die Berücksichtigung politischer Gesichtspunkte bereits bei der gesetzesvorbereitenden Tätigkeit der Ministerialverwaltung zu gewährleisten. In Deutschland geschieht das formell durch die Einführung von Parlamentarischen Staatssekretären und die Einrichtung des (jederzeit in den vorläufigen Ruhestand versetzbaren) ›politischen Beamten‹. Faktisch wird jedoch (partei-)politische Loyalität zunehmend auch bei der Rekrutierung und Beförderung von Karrierebeamten zum Auswahlkriterium (vgl. Mayntz/Derlien 1989). In anderen Staaten verfolgt man ein ähnliches Ziel durch die Rekrutierung einer großen Zahl von political appointees, die oft aus anderen Berufen kommen und einer neuen Regierung bzw. einzelnen Ministern unmittelbar zuarbeiten.

Das über Jahrzehnte ungebrochene Größenwachstum der öffentlichen Verwaltung hat schließlich in der zweiten Hälfte des 20. Jahrhunderts zu einer zunehmend als Problem betrachteten finanziellen Belastung der öffentlichen Haushalte geführt. Dieses nicht gradlinig, sondern in wiederholten Schüben erfolgte Größenwachstum war zum Teil die Folge davon, dass der Staat immer neue Aufgaben übernahm, so im Bereich von Infrastruktursystemen (Transport und Telekommunikation) und, wie u.a. bei der Verstaatlichung des Bergbaus in England, selbst im Bereich der Produktion (vgl. Barker 1945). Neben dem politisch gewollten Zuwachs an Staatsaufgaben wirkten sich auch in der Verwaltung, wie in jeder großen Organisation, endogene Wachstumstendenzen aus, etwa in Gestalt von Versuchen der Budgetmaximierung und der Aufgabenausweitung auf der Ebene einzelner Behörden (vgl. Weber 1994). Derartigen Kräften steht in der öffentlichen Verwaltung, anders als in der privaten Wirtschaft, kein durch Wettbewerb vermittelter Zwang zur Effizienz gegenüber. Das Ergebnis war eine ständige Zunahme des Anteils der im öffentlichen Dienst Beschäftigten an der Erwerbsbevölkerung, ein Prozess, der keineswegs nur für die europäischen Kontinentalstaaten galt (vgl. Rose 1976). Gleichzeitig wuchsen die öffentlichen Haushalte und damit die Staatsquote. Dieses Wachstum wurde zum Problem, als die Periode des wirtschaftlichen Aufschwungs nach dem Zweiten Weltkrieg zu Ende ging und sich das Verhältnis zwischen konsumtiven und investiven Staatsausgaben zunehmend ungünstiger gestaltete. In einem politischen Meinungsklima, das sich vom Keynesianismus ab- und dem ökonomischen Neoliberalismus zuwandte, reagierte man auf die Ausdehnung der Verwaltung und der Staatshaushalte zunächst mit Maßnahmen der Privatisierung. Dabei wurden nicht nur einzelne Dienstleistungen wie etwa die Müllabfuhr an Privatunternehmen übertragen, sondern ganze Infrastrukturbereiche wie Luftfahrt, Bahn, Post und Telekommunikation wurden liberalisiert, d.h. in privatwirtschaftliche Unternehmen umgewandelt und so das Wachstum des öffentlichen Sektors gebremst. In einem zweiten Ansatz versuchte man, die Prinzipien wirtschaftlichen Handelns auch auf öffentliche Einrichtungen zu übertragen, sie an Kosten/Nutzen-Kalkulationen zu binden und sie an Effizienzkriterien zu messen (vgl. Naschold 1995; Lynn 1996). Unter der Bezeichnung New Public Management sind diese Reformbestrebungen v.a. im kommunalen Bereich wirksam geworden. Deregulierung, Privatisierung und New Public Management haben ohne Zweifel zu Rationalisierungsgewinnen geführt. Höhere Effizienz ist jedoch nicht gleichbedeutend mit Dienstleistungsqualität aus der Perspektive der zu Kunden gewordenen Bürger. Hier tut sich ein neues Spannungsfeld mit der Frage auf, ob die Erfüllung öffentlicher Aufgaben an den gleichen Kriterien gemessen werden sollte wie der Erfolg privatwirtschaftlicher Unternehmen. Sicher ist aber, dass sich die Rolle des Staates im Zuge weltwirtschaftlicher und weltpolitischer Entwicklungen verändert, und damit auch die Funktion der öffentlichen Verwaltung.

4.

Barker, E., 1945, The Development of Public Services in Western Europe 1610–1960, London: Oxford University Press.

Bleek, W., 1972, Von der Kameralausbildung zum Juristen-Privileg, Berlin: Colloquium.

Dogan, M. (Hg.), 1975, The Mandarins of Western Europe, New York: Wiley.

Dunsire, A., 1973, Administration, London: Robertson.

Luhmann, N., 1966, Theorie der Verwaltungswissenschaft, Köln: Grote.

Lynn, L. E., 1996, Public Management as Art, Science and Profession, Chatham: Chatham House.

Mayntz, R., 1978, Soziologie der öffentlichen Verwaltung, Heidelberg: Müller 1985.

Mayntz, R. (Hg.), 1983, Implementation politischer Programme II, Opladen: Westdeutscher Verlag.

Mayntz, R./Derlien, H.-U., 1989, Party Patronage and Politicization of the West German Administrative Elite 1970–1987, in: Governance 2.

Mayntz, R./Scharpf, F. W., 1975, Policy-Making in the German Federal Bureaucracy, Amsterdam: Elsevier.

Nakamura, R. T./Smallwood, F., 1980, The Politics of Policy Implementation, New York: St. Martin's.

Naschold, F., 1995, Ergebnissteuerung, Wettbewerb, Qualitätspolitik, Berlin: Edition Sigma.

Rose, R., 1976, On Priorities of Government, in: European Journal of Political Research 4.

Simon, H. A., 1947, Administrative Behavior, New York: Macmillan.

Taylor, F. W., 1911, The Principles of Scientific Management, New York: Harper.

Thieme, W., 1977, Verwaltungslehre, Köln: Heymanns.

Weber, M., 1921, Wirtschaft und Gesellschaft, Tübingen: Mohr 1947.

Weber, M., 1994, Das Wachstum von Verwaltungsorganisationen, Opladen: Westdeutscher Verlag.

RENATE MAYNTZ

Vico, Giambattista [Giovanni Battista] (1668–1744)

1.

Vico wurde 1668 in Neapel geboren und starb dort 1744. Nach dem Studium der Rechte, der Geschichte, Philosophie und Philologie wurde Vico 1699 zum Professor für Rhetorik an der Universität Neapel ernannt (bis 1741) und 1735 außerdem zum Historiographen des Königs von Neapel. Die Frage nach dem einheitlichen Grundprinzip der Rechtswissenschaft bildet den Gegenstand der 1708 erschienenen Universitätsrede *De nostri temporis studiorum ratione* (*Von der Methode der Studien in unserer Zeit*), in der er sich gegen die cartesianische Methode der akademischen Studien seiner Zeit wendet. Auf Latein verfasste er ein dreiteiliges Werk über das System der Jurisprudenz (mit dem italienischen Titel *Il Diritto Universale*, 1720–1722): Dort wird der Versuch unternommen, den Zusammenhang zwischen gesellschaftlichen Prinzipien und gesellschaftlicher Praxis zu erfassen und ein nicht-cartesisches System der Humanwissenschaften zu begründen (vgl. Burke 1987, 33). Der 1710 erschienene *Liber metaphysicus* enthält neben metaphysischen und naturphilosophischen Überlegungen die Begründung des verum-factum-Prinzips, des später sog. Vico-Axioms, das in seinem Hauptwerk *Prinzipien einer neuen Wissenschaft über die gemeinsame Natur der Völker* auf die Geschichte übertragen wird. Das Prinzip der Konvertibilität des Wahren und Gemachten wird im *Liber metaphysicus* vor dem Hintergrund einer metaphysischen Untersuchung des menschlichen und göttlichen Geistes entwickelt. In scharfer Abgrenzung zu Descartes' Evidenzkriterium (vgl. Hösle 1990, LXX ff.) überträgt Vico das verum-factum-Prinzip als Wahrheitskriterium auf den Bereich der gesellschaftlichen Welt. In seinem in drei Auflagen (1725, 1730 und 1744) erschienenen Hauptwerk wird die philosophische Reflexion geschichtlicher Wirklichkeit zum zentralen erkenntnistheoretischen und methodologischen Forschungsgegenstand.

2.

Die Frage nach der Einheit des Wissens bildet das Leitprinzip von Vicos Denken, von dem ausgehend er die Erkennbarkeit der Geschichte postuliert. Durch die philosophische Betrachtung der Formen der Sprache, des Rechts, der Religionen, der Sitten, der Mythen und der Institutionen lassen sich Gesetzmäßigkeiten und Strukturen der Geschichte erkennen. Der Mensch hat aufgrund des verum-factum-Prinzips und durch den Rückgriff auf den menschlichen Geist in seinen Modifikationen die Möglichkeit, seine Welt und seine Geschichte erkennen zu können: Kriterium des Wahren ist das Gemachthaben, und der Modus des Machens lässt Rückschlüsse auf die Modifikationen des Geistes zu. Die Dreiteilung der Geschichte (göttliches, heroisches, menschliches Zeitalter) mündet in ein zyklisches Geschichtsmodell, bei dem Lauf (corso) und Gegenlauf (ricorso) einander bedingen: Das Ziel jedes Zyklus besteht darin, Humanität und Vernünftigkeit zu verwirklichen, doch trotz des Wirkens der Vorsehung (vgl. Lilla 1993, 155f.) kann die Vernünftigkeit in eine »Barbarei der Reflexion« umschlagen. Aufgrund der Disparität der in der *Neuen Wissenschaft* behandelten Teilgebiete (Sprachphilosophie, Metaphysik, Ethik, Religionsphilosophie, Rechtsphilosophie und Politik) hat Vicos Hauptwerk nicht nur zu seiner Zeit kaum Beachtung gefunden, sondern darüber hinaus bis in die Moderne hinein Zweifel an der systematischen Kohärenz des Werkes aufkommen lassen (vgl. Erny 1994, 14ff.).

3.

In Abgrenzung zu Descartes schreibt Vico dem Wahrscheinlichen und der Funktion des Gemeinsinns für die Erkenntnis besondere Bedeutung zu. Ausgehend von im *Liber metaphysicus* entwickelten Ansätzen, in denen unter Bezugnahme auf die ciceronische Topik die Synthese von Kritik und Topik postuliert wird, entwickelt er für die *Neue Wissenschaft* ein neues methodologisches Verfahren, eine ›kritische Kunst‹ (ars critica), durch die das Verhältnis zwischen Universalem und Partikularem erkennbar werden soll. Notwendig für die Erkenntnis der historischen Welt ist die Reflexion der Relation von Wahrem (verum), Gewissem (certum) und Gemachtem (factum). Durch die Vermittlung von Philosophie und Philologie sollen philosophisches und philologisches, d.h. hier politisch-historisches Denken, zu einer sich gegenseitig durchdringenden Einheit gelangen. Durch das verum-factum-Prinzip wird der Wahrheitsaspekt des Gewissen und Partikularen deutlich, das auf diese Weise seine Universalität offenbart, während das Wahre als Wirkliches und Konkretes fassbar wird. Von dieser erkenntnistheoretischen Grundlegung gelangt Vico nicht nur zu einer Verteidigung der Fächer der humanistischen Bildungstradition, die Descartes aus der wissenschaftlichen Erkenntnis ausgeschlossen hatte, sondern auch zur Begründung einer neuen Wissenschaft, die den Beginn der Geschichtsphilosophie markiert.

4.

Vico, G. B., 1710, Liber metaphysicus. De antiquissima Italorum spientia liber primis 1710, Rispsoste 1711/1712, Müchen: Fink 1979.

Vico, G. B., 1725, Prinzipien einer neuen Wissenschaft über die gemeinsame Natur der Völker, 2 Bde., Hamburg: Meiner 1990.

Vico, G. B., 1914–41, Opere, 8 Bde., Bari: Laterza.

Apel, K.-O., 1963, Die Idee der Sprache in der Tradition des Humanismus von Dante bis Vico, Bonn: Bouvier.

Berlin, I., 2000, Three Critics of the Enlightenment. Vico, Hamann, Herder, Princeton: Princeton University Press.

Burke, P., 1987, Vico, Berlin: Wagenbach.

Cacciatore, G., 2002, Metaphysik, Poesie und Geschichte, Berlin: Akademie.

Croce, B., 1927, Die Philosophie Giambattista Vicos, Tübingen: Mohr.

Erny, N., 1994, Theorie und System der Neuen Wissenschaft von Giambattista Vico, Würzburg: Königshausen & Neumann.

Fellmann, F., 1976, Das Vico-Axiom, Freiburg: Alber.

Haddock, B. A., 1986, Vico's Political Thought, Swansea: Mortlake.

Hösle, V., 1990, Vico und die Idee der Kulturwissenschaft, in: G. Vico, Prinzipien einer neuen Wissenschaft über die gemeinsame Natur der Völker, Hamburg: Meiner.

Lilla, M., 1993, G. B. Vico, Cambridge/MA: Harvard University Press.

Otto, S., 1989, Giambattista Vico, Stuttgart: Kohlhammer.

Remaud, O., 2004, Les archives de l'humanité. Essai sur la philosophie de Vico, Paris: Seuil.

Verene, D. P., 1987, Vicos Wissenschaft der Imagination, München: Fink.

Nicola Erny

Vitoria, Francisco de (um 1482/83 bzw. 1492/93–1546)

1.

Francisco de Vitoria wurde in der nordspanischen Stadt Vitoria geboren. Sein Geburtsjahr wird entweder auf 1482/83 oder 1492/1493 datiert. 1502 trat er dem Dominikanerorden in Burgos bei und studierte ab 1506 in Paris Theologie und Philosophie. Nachdem Vitoria promoviert hatte, kehrte er 1523 nach Spanien zurück und setzte dort die bereits in Paris begonnenen Studien fort. 1526 übernahm er den renommierten Primar-Lehrstuhl für Theologie an der Universität von Salamanca, den er bis zu seinem Tod im Jahre 1546 innehatte.

2.

In Paris besonders von seinem Lehrer Petrus Crockaert an die Lehren des Thomas von Aquin herangeführt, widmet er sich in seiner eigenen Lehre der Kommentierung der Summa theologiae des Aquinaten. Der Einfluss von Aquins Schriften zeigt sich auch an Vitorias Diskussion aktueller Themen seiner Zeit, mit denen er sich in fünfzehn Sondervorträgen (Relectiones) befasst. Im Rahmen dieser Auseinandersetzung – allerdings noch nicht stringent systematisiert – formuliert Vitoria seine eigenen rechtsphilosophischen (3.1.) und staatsphilosophischen (3.2.) Positionen. Beachtung erfährt er heute insbesondere für seine grundlegenden Überlegungen zum Völkerrecht (3.3.), welche er v.a. in Auseinandersetzung mit den spanischen Eroberungen in Amerika formuliert.

3.

3.1. Vitorias Rechtsphilosophie erschließt sich in erster Linie aus seinen Kommentaren zur *Summa theologiae* und der Relectio »De potestate civili«. Seine Naturrechtslehre vermittelt zwischen der Vernunft und dem Willen Gottes als Quellen des Naturrechts. Er nimmt eine von Gott geschaffene Naturordnung an, nach der allem ein eigenes Ziel innewohnt, zu dessen Erreichung es existiert. Die Erkenntnis des Ziels und des zur Erlangung dieses Ziels Nützlichen und Notwendigen, und damit die Unterscheidung zwischen Recht und Unrecht, liegen jedoch beim Menschen und sind allen Menschen aufgrund ihrer Vernunftbegabung möglich. Hinsichtlich der Verbindlichkeit der Naturordnung stellt sich Vitoria sowohl gegen die theologisch-positivistische Überzeugung, dass Gesetze aufgrund des in Geboten und Verboten geoffenbarten göttlichen Willens gelten, sowie gegen die Position, die besagt, dass die Geltung der Gesetze aus der Natur selbst und der diese erkennenden Vernunft unmittelbar erwächst. Der Grad der Verpflichtung einer Norm im Vergleich zu einer anderen sowie Grund und Inhalt von Recht und Unrecht ergeben sich aus der Natur der zu regelnden Sache selbst. Der Grund für die Verbindlichkeit an sich jedoch erwächst aus der Autorität Gottes als Schöpfer der Naturordnung (vgl. Böckenförde 2006, 347 ff.).

3.2. Die politische Gemeinschaft ist in der Natur des Menschen, der seine physische und geistige Vollendung nur in der Gemeinschaft finden kann, notwendig angelegt. Für das Fortbestehen der politischen Gemeinschaft wiederum ist eine Herrschaft notwendig, die ordnend im Sinne des Gemeinwohls handelt. Die politische Gemeinschaft sowie die Herrschaftsgewalt sind damit naturrechtlich begründet, jedoch vom Menschen gestaltet. Die Herrschaftsgewalt liegt dabei bei der Gemeinschaft als solcher, welche sie auf den Herrscher überträgt.

3.3. Für Vitorias Überlegungen zum Völkerrecht sind insbesondere seine Relectiones »De indis recenter inventis« und »De iure belli Hispanorum in barbaros« (1539) von Bedeutung. Überlegungen zum Begriff der Völkerrechtssubjekte und der Völkergemeinschaft, zur völkerrechtlichen Stellung des Vatikan sowie zur Problematik, das Recht auf Missionierung oder sündhaftes Verhalten als Rechtfertigung für Kriege anzusehen, enthalten darüber hinaus die Relectiones »De potestate civili« (1528), »De potestate Ecclesiae« I (1532) und II (1533), »De eo quod tenetur veniens ad usum rationis« (1535) und »De temperantia« (1536/37).

Erstmals formuliert Vitoria die Weltgemeinschaft als Gemeinschaft gleichgestellter staatlich organisierter Völker, deren Zusammenleben durch das Recht zwischen Völkern (ius gentium) geregelt ist. Wie der einzelne Mensch zu seiner Vollendung auf die politische Gemeinschaft angewiesen ist (vgl. 3.2.), so bilden die einzelnen politischen Gemeinschaften unabhängige und gleiche Teile der weltumspannenden Gemeinschaft, dem totus orbis. Das ius gentium ist durch die Menschen, basierend auf ihrer Vernunft, festgesetzt. Über die Angewiesenheit des Menschen auf die Gemeinschaft gründet es aber, wie die Völkergemeinschaft, auf dem Naturrecht. Für Ableitungen aus dem Naturrecht, die sich nicht direkt aus der Sache selbst ergeben, kommt, insbesondere auf völkerrechtlicher Ebene, dem consensus omnium zentrale Bedeutung zu. Danach wird die Zugehörigkeit zum Naturrecht durch Einigung aller Vernünftigen erkannt und dem Völkerrecht damit Rechtsverbindlichkeit verliehen. Neben den Grundsätzen der Gleichheit und der Unabhängigkeit ergeben sich aus der natürlichen Gemeinschaft und Kommunikation der Menschen (titulus naturalis societas et communicationis) die Rechte auf Reise- und Handelsfreiheit zwischen den Völkern sowie die Freiheit der Meere und die Missionsfreiheit.

In seiner Auseinandersetzung mit dem gerechten Krieg wendet sich Vitoria gegen verschiedene zu seiner Zeit von weltlichen oder kirchlichen Vertretern formulierte Rechtfertigungsgründe zur kriegerischen Unterwerfung und Beherrschung der Ureinwohner Amerikas. Er rechtfertigt diese jedoch unter bestimmten Voraussetzungen und erhält dabei insbesondere die Möglichkeit des kirchlichen Einflusses auf die Völker Amerikas aufrecht. Die Besitz- und Souveränitätsrechte sowie grundsätzlich die Vernunftfähigkeit der Ureinwohner anerkennend verwirft er sowohl die Auffassung, dass ihre Vernunftlosigkeit Herrschaft über sie, als »Sklaven von Natur aus« (Aristoteles), gebiete, als auch christlich-kirchliche und säkulare Weltherrschaftsansprüche. Auch die Weigerung, den christlichen Glauben anzunehmen, sowie das Recht auf Entdeckung können nicht als legitime Titel für kriegerische Gewalt herangezogen werden. Als solche erkennt Vitoria nur objektive Verletzungen naturrechtlich begründeter Rechte an. Verstöße gegen das Naturrecht, wie z.B. Kannibalismus, liefern demnach einen gerechten Kriegsgrund, weil eine Verletzung der Rechte der Opfer vorliegt, nicht aber weil die Spanier oder die Kirche Gerichtsgewalt besäßen. Legitime Kriegsgründe stellen außerdem Eingriffe in die Reise-, Niederlassungs- und Handelsfreiheit dar. Da Vitoria zudem die Missionierung als Recht anerkennt, darf diese zwar nicht per se mit Gewalt verbunden sein; werden die Missionare jedoch an ihrer Missionstätigkeit gehindert, rechtfertigt auch dies kriegerische Gewalt.

Seine Position zur Missionierung ist Hauptgrund für den Vorwurf an Vitoria, die postulierte Gleichheit sowohl hinsichtlich der Rechte der Christen gegenüber den Rechten der Nicht-Christen als auch hinsichtlich der Rechte der Spanier gegenüber den Rechten der Ureinwohner nicht durchzuhalten (vgl. Fisch 1984, Kap. 4).

Vitoria vertritt erstmals die Auffassung, dass ein Krieg aus Sicht beider Kriegsparteien gerecht sein kann. Wenngleich mit Einschränkungen formuliert er damit die Grundlage für den im klassischen Völkerrecht vertretenen nicht-diskriminierenden Kriegsbegriff, der beiden Parteien die gleiche Rechtsstellung zuschreibt.

4.

Victoria, F. de, 1539a, De indis et de iure belli relectiones, Buffalo: Hein 1995.

Victoria, F. de, 1539b, De indis recenter inventis et de jure belli hispanorum in barbaros, Tübingen: Mohr 1952.

Vitoria, F. de, 1932–52, Comentarios a la Secunda secundae de Santo Tomás, Salamanca: Spartado.

Vitoria, F. de, 1995–97, Vorlesungen (Relectiones), 2 Bde., Stuttgart: Kohlhammer.

Böckenförde, E.-W., 2006, Geschichte der Rechts- und Staatsphilosophie, Tübingen: Mohr Siebeck.

Deckers, D., 1991, Gerechtigkeit und Recht. Eine historisch-kritische Untersuchung der Gerechtigkeitslehre des Francisco de Vitoria, Fribourg: Universitätsverlag.

Fisch, J., 1984, Die europäische Expansion und das Völkerrecht, Stuttgart: Steiner.

Hadrossek, P., 1962, Leben und Werk des Franciscus de Victoria, in: W. Schätzel (Hg.), Franciscus de Vitoria, De indis recenter inventis et de jure belli hispanorum in barbaros relectiones, Tübingen: Mohr.

Horst, U., 1995, Leben und Werk des Francisco de Vitoria, in: U. Horst/H. G. Justenhoven/J. Stüben (Hg.), Francisco de Vitoria: Vorlesungen (Relectiones) I: Völkerrecht, Politik, Kirche, Stuttgart: Kohlhammer.

Horst, U., 2003, Die Lehrautorität des Papstes und die Dominikaner-Theologen der Schule von Salamanca, Berlin: Akademie.

Soder, J., 1955, Die Idee der Völkergemeinschaft. Francisco de Vitoria und die philosophischen Grundlagen des Völkerrechts, Frankfurt/M.: Metzner.

Anna Goppel

Voegelin, Eric (1901–1985)

1.

Voegelin wurde in Köln (als Erich Hermann Wilhelm Vögelin) geboren, studierte ab 1919 an der staatswissenschaftlichen Fakultät in Wien, wo er 1922 zum Dr. rer. pol. bei Othmar Spann und Hans Kelsen promoviert wurde. 1924 ging er als Rockefeller-Stipendiat für zwei Jahre in die USA, dann ein Jahr an die Pariser Sorbonne; ab 1929 war er Privatdozent in Wien. Nachdem er 1936 außerordentlicher Professor an der Universität Wien geworden war, emigrierte Voegelin 1938 in die USA, wo er an verschiedenen Universitäten lehrte (u.a. 1942 bis 1958 an der Louisiana State University in Baton Rouge). 1944 wurde er US-amerikanischer Staatsbürger. Voegelin kehrte schließlich nach Deutschland zurück und war 1958–1969 ordentlicher Professor an der Universität München, wo er das dortige Institut für Politikwissenschaften aufbaute. Nach seiner Emeritierung arbeitete Voegelin als Fellow an der Hoover Institution on War, Revolution and Peace an der Stanford University, Kalifornien. Er starb in Palo Alto, Kalifornien.

2.

Noch vor der Veröffentlichung der beachtlichen Studie *Über die Form des amerikanischen Geistes* (1928) beginnt Voegelin, sich ab Mitte der 1920er Jahre kritisch von der Reinen Rechtslehre seines Lehrers Kelsen zu distanzieren, und veröffentlicht in der Folge eine Reihe von Schriften, in denen er nach einer spezifischen, über die Rechts- und Verfassungstheorie hinausgehenden Methode zur Untersuchung des Problems politischer Ordnung sucht. Dabei ist in der Forschung, die sich Voegelins Frühwerk erst in jüngster Zeit zugewandt hat, umstritten, ob die beiden Schriften zur »Rassenfrage« (*Rasse und Staat* von 1933 und *Die Rassenidee in der Geistesgeschichte von Ray bis Caus*, ebenfalls von 1933) sowie die Studie über die österreichische Ständeverfassung (*Der autoritäre Staat: Ein Versuch über das österreichische Staatsproblem* aus dem Jahre 1936) zusammen mit dem Essay *Die Politischen Religionen* (1938) im Lichte seiner späteren Werke gedeutet oder eher als für sich stehende Ansätze betrachtet werden sollten (vgl. Henkel 2004). Bereits 1939 beginnt Voegelin mit der Abfassung einer als einbändig geplanten *History of Political Ideas* (vgl. Opitz 1999, 60ff.); seine diesbezüglichen Vorarbeiten umfassen jedoch bald mehrere tausend Seiten zur Geistesgeschichte des Abendlandes, und schließlich kommt er ganz von dem Konzept einer politischen Ideengeschichte ab, die sich als chronologische Reihung politischer Ideen ohne Bezug zur politischen Realität und Conditio humana versteht. Er ordnet die Ideengeschichte einer politischen Philosophie unter – seine Kritiker akzeptieren in diesem Konzept allerdings nur die Ideengeschichte als solche. In der *New Science of Politics* (1952) formuliert er dieses neue Verständnis politischer Ideen, das auch den ersten drei Bänden seines Hauptwerkes *Order and History* zugrunde liegt (vgl. Opitz 2003). Gleichwohl greift er für weite Teile dieses Werkes auf die Materialien der unveröffentlichten *History of Political Ideas* (erstmals 1997–1999 in den *Collected Works* publiziert) zurück. Eine weitere wichtige Wende zeichnet sich mit der Veröffentlichung des Sammelbands *Anamnesis* (1966) ab; dort wendet sich Voegelin verstärkt bewusstseinstheoretischen Überlegungen zu, die auch die letzten beiden Bände von *Order and History* maßgeblich beeinflussen.

3.

Eine systematische Darstellung der Position Voegelins ist nur in Momentaufnahmen möglich. Dies liegt insbesondere an der beständigen Revision und Weiterentwicklung seiner theoretischen Ansätze, die sich v.a. im Spätwerk eher als »Meditation« denn als wissenschaftliche Abhandlung im klassischen Sinne verstehen.

Zwei zentrale Motive, die sich aus Voegelins Bestimmung der (politischen) Realität unter Einbeziehung der Öffnung des Menschen zur Transzendenz ergeben, lassen sich dennoch benennen: (1) Die Kritik der gesellschaftspolitischen und wissenschaftstheoretischen Entwicklungen der Moderne, die zu einer methodisch und im Hinblick auf ihren Gegenstand verengten Sicht der Realität geführt hätten: Positivismus, Fortschrittsglaube und Transzendenzverlust seien zumindest mitverantwortlich für das Aufkommen »politischer Religionen«, so Voegelins Charakterisierung der kommunistischen und nationalsozialistischen Bewegungen, die das »Paradies auf Erden« mit Gewalt errichten wollen. (2) Der Versuch der Rekonstruktion eines umfassenden Politikbegriffs im Rückgriff auf die platonisch-aristotelische Bestimmung des Politischen sowie eine geschichts- und später zunehmend bewusstseinsphilosophische Analyse der (politischen) Realität als Voraussetzung für die Begründung einer »Neuen Wissenschaft der Politik«.

Ungleich seinem Zeitgenossen Leo Strauss gelang es Voegelin nicht, eine »Schule« zu etablieren. Trotz seiner Verdienste um den Aufbau des politikwissenschaftlichen Instituts in München und des Wirkens seiner Schüler blieb sein Werk v.a. in Deutschland von geringem Einfluss. Mit der Edition der 34-bändigen *Collected Works* in den USA und der Übersetzung von *Order and History* ins Deutsche ist Voegelins Werk nunmehr immerhin nahezu vollständig zugänglich.

4.

Voegelin, E., 1938, Die politischen Religionen, München: Fink 1993.
Voegelin, E., 1952, Die Neue Wissenschaft der Politik, Freiburg: Alber 1991.
Voegelin, E., 1956–1987, Ordnung und Geschichte, 10 Bde., München: Fink 2001–04.
Voegelin, E., 1966, Anamnesis: Zur Theorie der Geschichte und Politik, München: Piper.
Voegelin, E., 1990 ff., The Collected Works, 34 Bde., Columbia: University of Missouri Press.
Henkel, M., 1998, Eric Voegelin zur Einführung, Hamburg: Junius.
Henkel, M., 2003, Positivismuskritik und autoritärer Staat. Die Grundlagendebatte in der Weimarer Staatsrechtslehre und Eric Voegelins Weg zu einer neuen Wissenschaft der Politik (bis 1938), Occasional Paper XXXVI, München: Eric-Voegelin-Archiv.
Price, G. L., 2000, Eric Voegelin. International Bibliography 1921–2000, München: Fink.
Opitz, P. J., 1999, Zwischen Evokation und Kontemplation. Eric Voegelins »Introduction« zur »History of Political Ideas«, Occasional Paper XI, München: Eric-Voegelin-Archiv.
Opitz, P. J., 2003, Eric Voegelins *New Science of Politics*, Occasional Papers XL, München: Eric-Voegelin-Archiv.
Opitz, P. J./Herz, D. (Hg.), 1996 ff., Occasional Papers, München: Eric-Voegelin-Archiv.
Opitz, P. J./Herz, D. (Hg.), 1994 ff., Periagoge-Studien, München: Eric-Voegelin-Archiv.

VERONIKA WEINBERGER

Völkerrecht

1.

Das Völkerrecht (»droit des gens«, »law of nations«) kann als das Recht verstanden werden, das die hoheitlichen Beziehungen der Staaten, der Internationalen Organisationen und anderer Völkerrechtssubjekte regelt. Es ist damit nicht ausschließlich zwischen*staatliches* Recht, sondern »Zwischenmächterecht« oder sogar »Recht der internationalen Gemeinschaft«. Dies gilt, auch wenn seine wichtigste Funktion heute immer noch ist, die Beziehungen souveräner Staaten zu regeln. Der jüngere Begriff »Internationales öffentliches Recht« hat sich im deutschen Sprachraum, im Unterschied zu den entsprechenden Begriffen im anglo-amerikanischen und französischen Sprachraum (»public international law«, »droit international public«), für die Bezeichnung des Völkerrechts nicht durchgesetzt.

Nicht zum *Völker*recht, sondern zum innerstaatlichen Recht der einzelnen Staaten gehören das internationale Privat-, Straf- und Verwaltungsrecht. Diese nationalen Normen regeln als Kollisions- oder Rechtsanwendungsregeln, welches oder inwieweit nationales Recht bei internationalen Sachverhalten zur Anwendung gelangen soll bzw. welche inländische Behörde in Fällen mit Auslandsbezug zuständig ist. Wegen des Rechtscharakters der Normen des Völkerrechts gehören nicht zum Völker*recht* im engen Sinne die Regeln der Völkermoral und der Völkersitte (»comity«, »courtoisie«), d.h. solche Regeln, die in der internationalen Gemeinschaft erwünscht oder üblich sind, ohne dass ihnen rechtliche Verbindlichkeit zukommt.

2.

Das deutsche Wort »Völkerrecht« entstand im 16. Jahrhundert aus dem lateinischen »ius gentium«. Mit Beginn der Neuzeit bildete sich der jüngere Begriff des »ius inter gentes« heraus.

Auch wenn teilweise die Auffassung vertreten wird, dass zum Völkerrecht nur das moderne Völkerrecht zu zählen ist, wie es sich seit dem Ende des Mittelalters gebildet hat, ist davon auszugehen, dass die wesentlichen Grundsätze des Völkerrechts mit dem Bestand unabhängiger Gemeinschaften entstanden sind, das Völkerrecht also so alt ist wie die in organisierten Verbänden auftretende Menschheit. Die Untersuchungen der Völkerrechtsgeschichte können damit weder zeitlich auf den Beginn der Neuzeit noch geographisch auf den europäischen Rechtsraum beschränkt werden. Dennoch besteht Übereinstimmung darüber, dass der *primäre* Ursprung des heutigen, modernen Völkerrechts im christlichen Europa des 16. und 17. Jahrhunderts liegt. Wegen dieser europäischen Wurzeln haben nachkoloniale, außereuropäische Staaten zeitweise die Bindungswirkung bestimmter Normen des Völkerrechts in Frage gestellt.

3.

3.1. Völkerrecht ist grundsätzlich *Koordinationsrecht* gleichberechtigter Rechtssubjekte, nicht Subordinationsrecht. Es verfügt über kein dem innerstaatlichen Recht vergleichbares zentrales Gesetzgebungsorgan und auch über keine zentralen Sanktions- und Durchsetzungsmechanismen. Nicht übersehen werden kann aber eine zunehmende Hierarchisierung der Völkerrechtsordnung in Teilbereichen, u.a. durch die deutliche Zunahme internationaler Gerichte. Mit Blick auf die Satzung der Vereinten Nationen vom 26. Juni 1945 und den Sicherheitsrat als »Gesetzgeber« wird zum Teil sogar von einer »Konstitutionalisierung« der Völkerrechtsordnung insgesamt gesprochen.

Trotz dieser Eigenheiten wird der Rechtscharakter des Völkerrechts in der Regel nicht mehr bestritten. Umstritten ist hingegen der *Geltungsgrund* des Völkerrechts. Neben den Vertretern der voluntaristischen Theorie, die den Geltungsgrund im Willen der einzelnen Staaten bzw. der Rechtsunterworfenen sehen, finden sich Anhänger der These Kelsens, nach der der Geltungsgrund des Völkerrechts eine Grundnorm ist, und schließlich andere, die den Geltungsgrund aus einem wie auch immer gearteten Naturrecht ableiten.

Völkerrecht heute ist nicht mehr, wie das klassische Völkerrecht, nur ein Koexistenzrecht, das den Staaten insbesondere Unterlassungspflichten auferlegt. Wie die Satzung der Vereinten Nationen verpflichten immer mehr völkerrechtliche Normen die Staaten zur aktiven Zusammenarbeit. Völkerrecht heute ist daher auch Kooperationsrecht. Die Völkerrechtsordnung nach dem Zweiten Weltkrieg ist zudem auch eine Werteordnung. Zu ihren wichtigsten Prinzipien gehören das Gewaltverbot, die Pflicht zur friedlichen Streitbeilegung und die Achtung der Menschenrechte.

3.2. *Völkerrechtssubjekt* ist, wer Völkerrechtsfähigkeit besitzt, d.h. wer Träger völkerrechtlicher Rechte und Pflichten ist. Nur Völkerrechtssubjekte können völkerrechtliche Handlungen vornehmen, Subjekt oder Objekt eines völkerrechtlichen Deliktes sein oder vor internationalen Gerichten klagen oder verklagt werden.

Die wichtigsten Völkerrechtssubjekte sind die *Staaten*. Staaten sind generelle Völkerrechtssubjekte, d.h. sie können Träger aller Rechte und Pflichten sein. Sie sind auch originäre Völkerrechtssubjekte, da sie aus eigenem Recht völkerrechtsfähig sind. Dagegen werden sekundäre Völkerrechtssubjekte von anderen Völkerrechtssubjekten geschaffen oder anerkannt. Zu diesen gehören die Internationalen Organisationen, die als kriegführende Partei oder neue Regierung anerkannten Aufständischen und Völkerrechtssubjekte sui generis wie der Heilige Stuhl, der Souveräne Malteser-Ritterorden oder das Internationale Komitee vom Roten Kreuz.

Individuen können (partikulare) Völkerrechtssubjekte sein. Sie sind es aber nur dann, wenn sie – als Ausnahme vom Grundsatz der Mediatisierung – durch völkerrechtliche Normen *unmittelbar* berechtigt oder verpflichtet werden. Völkerrechtliche unmittelbar auf Individuen anwendbare Normen finden sich u.a. in der Europäischen Menschenrechtskonvention und im Kriegsvölkerrecht.

3.3. Die primären *Völkerrechtsquellen* sind die völkerrechtlichen Verträge, das Völkergewohnheitsrecht und die allgemeinen Rechtsgrundsätze. Zu den sekundären Völkerrechtsquellen, den Hilfsmitteln zur Feststellung der Rechtsnormen, gehören richterliche Entscheidungen nationaler und internationaler Gerichte und Lehrmeinungen der anerkanntesten Völkerrechtler der verschiedenen Nationen (Art. 38 Abs. 1, Statut des Internationalen Gerichtshofs vom 26. Juni 1945).

Grundsätzlich sind alle primären Völkerrechtsquellen gleichrangig. Bei den immer mehr zunehmenden Problemen der Normenkollisionen geht die spätere der früheren Norm vor und die speziellere der allgemeineren. Ausnahmen von der Gleichrangigkeit können zum einen in völkerrechtlichen Verträgen durch Vorrangklauseln vereinbart werden. Als zweite wichtige Ausnahme von der Gleichrangigkeit werden überwiegend die Normen des völkerrechtlichen *ius cogens* angesehen. Zu diesen, dem zwingenden Völkerrecht, gehören alle die Normen, die nicht abänderbar sind, außer durch eine spätere Norm derselben Rechtsnatur. Ein völkerrechtlicher Vertrag ist nichtig, wenn er im Widerspruch zu einer solchen zwingenden Norm steht. Beispiele für zwingendes Völkerrecht sind u.a. die Verbote der Sklaverei, der Folter, des Völkermordes und des Angriffskrieges. Diese Normen zeichnen sich dadurch aus, dass sie für den Bestand des Völkerrechts als *unerlässlich angesehen werden* und ihre Beachtung alle Mitglieder der Staatengemeinschaft verlangen können.

Völkerrechtliche *Verträge* sind heute die wichtigste Rechtsquelle des Völkerrechts. Ein völkerrechtlicher Vertrag ist eine Willenseinigung zwischen zwei oder mehr Völkerrechtssubjekten, die darauf gerichtet ist, die völkerrechtlichen Beziehungen der Parteien zu regeln. Nach der Zahl der Vertragsparteien unterscheidet man bilaterale und multilaterale Verträge. Zum Teil wird nach dem Regelungsgegenstand der Verträge zwischen rechtsgeschäftlichen Verträgen und rechtssetzenden (law-making treaties) unterschieden. Erstere haben den Austausch von Leistungen zum Ziel, letztere vereinbaren generelle Normen in bestimmten Gebieten des Völkerrechts. Zu solchen gehört z.B. das Wiener Übereinkommen über das Recht der Verträge vom 23. Mai 1969, das Regeln für schriftliche Verträge zwischen Staaten festlegt.

Völkergewohnheitsrecht ist Ausdruck einer allgemeinen, als Recht anerkannten Staatenpraxis. Für das Vorliegen der »Staatenpraxis« ist es notwendig, dass sich die überwiegende Mehrheit der sachlich beteiligten Staaten übereinstimmend verhält. Darüber hinaus müssen die Staaten der Überzeugung sein, dass die übereinstimmende Praxis *rechtlich* erlaubt oder geboten ist *(opinio iuris)*.

Allgemeine Rechtsgrundsätze sind Rechtsprinzipien, die weitgehend übereinstimmenden Regeln der nationalen Rechtsordnungen entsprechen. Dazu gehören z.B. die Grundsätze »Treu und Glauben«, »pacta sunt servanda« oder das allgemeine Rechtsmissbrauchsverbot.

Die Rechtsquellen des Völkerrechts sind nicht immer so unterschieden, wie es den ersten Anschein hat. Zum einen können z.B. in völkerrechtlichen Verträgen Normen aufgenommen werden, die Völkergewohnheitsrecht oder allgemeine Rechtsgrundsätze deklaratorisch wiederholen. Zum anderen kann späteres Gewohnheitsrecht früheres Vertragsrecht aufheben, sofern zu der Nichtbeachtung des Vertrages die Überzeugung der Parteien tritt, nicht mehr an den Vertrag gebunden zu sein.

Nicht zu den Rechtsquellen gehört das sog. soft law. Als solches werden von Völkerrechtssubjekten erzeugte Verhaltensregeln bezeichnet, die keine rechtliche Verbindlichkeit besitzen. Dazu gehören u.a. unverbindliche Resolutionen internationaler Organisationen oder zwischenstaatliche Übereinkünfte, die keinen völkerrechtlichen Vertrag darstellen. Es wird jedoch überwiegend angenommen, dass »soft law«-Regeln – wie die Rio-Deklaration von 1992 – zum Nachweis einer für das Bestehen von Gewohnheitsrecht notwendigen *opinio iuris* oder Staatenpraxis herangezogen werden können.

3.4. Im Völkerrecht finden sich vielfältige Reaktionsformen auf abweichendes Verhalten, weil die Rechtssätze des Völkerrechts nicht durch eine Zentralgewalt zwangsweise durchgesetzt werden können. Es ist auch die Modifikation oder Kombination von Mitteln möglich, ebenso wie – grundsätzlich – die freie Wahl zwischen den Mitteln. Dabei unterliegen die Staaten jedoch der Pflicht zur friedlichen Streitbeilegung (Art. 2 Nr. 3, Satzung der Vereinten Nationen): Gegenmaßnahmen, die der betroffene Staat ergreift, sind grundsätzlich nur zulässig, solange sie nicht die Schwelle des Gewaltverbotes überschreiten.

Unterschieden werden können Formen einer konfrontativen Durchsetzung von den nichtkonfrontativen Verfahren der *Streitbeilegung* und der Streitbeilegung durch Gerichte. Nichtkonfrontativ sind die Verfahren der Diplomatie (Verhandlung, Vermittlung, Untersuchung, Vergleich). Dagegen sind Sanktionen (Retorsion und Repressalie) Maßnahmen, die auf eine Völkerrechtsverletzung reagieren, indem sie den verantwortlichen Staat mittels Zufügung von (Rechts-)Nachteilen zur Einstellung des völkerrechtlichen Verhaltens zu bewegen versuchen. Diese autonome Sanktionsgewalt des verletzten Völkerrechtssubjektes begünstigt typischerweise die stärkere Partei. Insgesamt sind die »Machtsensibilität« der einzelnen Streitbeilegungs- und *Zwangsmittel* und ihre grundsätzliche Staatenzentriertheit zu beachten. Das Problem, wie auch nicht-staatliche Akteure in die Streitbeilegung mit einbezogen werden können, ist bisher noch ungelöst.

Als Sonderform der Durchsetzung bestimmter materieller Normen gibt es die Möglichkeit zur Bestrafung von Einzelpersonen aufgrund des Völkerstrafrechts. Individuen können oder müssen bei bestimmten Verstößen gegen das Völkerrecht, insbesondere bei Kriegsverbrechen, Verbrechen gegen die Menschlichkeit und Völkermord, mit Strafsanktionen belegt werden. Dabei stehen grundsätzlich zwei Möglichkeiten der Durchsetzung der Bestrafung zur Verfügung: die Bestrafung durch ein nationales Gericht oder durch ein internationales Gericht.

Im Falle eines rechtswidrigen bewaffneten Angriffs haben die Staaten als Ausnahmen vom Gewaltverbot das naturgegebene Recht zur individuellen oder kollektiven Selbstverteidigung, bis der Sicherheitsrat die zur Wahrung des Weltfriedens und der internationalen Sicherheit erforderlichen Maßnahmen getroffen hat (Art. 51, Satzung der Vereinten Nationen). Nach überwiegender Ansicht ist für das Vorliegen einer Selbstverteidigungslage ein unmittelbar bevorstehender Angriff ausreichend, nicht aber eine bloß abstrakte Bedrohungslage, die in der Zukunft einmal einen Angriff ermöglichen könnte. Präventivkriege sind daher völkerrechtlich nicht zulässig. Ferner ist davon auszugehen, dass auch bei Angriffen von Privatpersonen, etwa bei terroristischen Anschlägen mit großer Zerstörungskraft, Staaten das Recht zur Selbstverteidigung gegen den Angreifer gegeben ist.

Keine einhellige Ansicht besteht darüber, ob und unter welchen Voraussetzungen bei massiven Menschenrechtsverletzungen die sog. Humanitäre Intervention, d.h. das gewaltsame Eingreifen eines oder mehrerer Staaten ohne Resolution des Sicherheitsrates als *ultima ratio* völkerrechtlich zulässig ist.

3.5. Neben den bisher aufgeführten Regeln gibt es weitere Normen des *besonderen Völkerrechts*, die sich mit speziellen Sachmaterien befassen. Dazu gehören das völkerrechtliche Fremdenrecht, die Menschenrechte, das internationale Seerecht, das internationale Luft- und Weltraumrecht, das internationale Umweltrecht, das internationale Wirtschaftsrecht, das Kriegsvölkerrecht und das Recht der Internationalen Organisationen.

Besondere Bedeutung kommt dem Recht der Vereinten Nationen zu. Die 1946 vereinbarte Satzung der Vereinten Nationen wird als »Grundordnung«, zum Teil auch als »Verfassung« des gegenwärtigen universellen Völkerrechts bezeichnet. Oberstes Ziel der Vereinten Nationen ist die Wahrung oder Wiederherstellung des Weltfriedens und der internationalen Sicherheit (Art. 1 Nr. 1). Oberster Grundsatz ist der der souveränen Gleichheit aller Mitglieder (Art. 2 Nr. 1). Ethischer und rechtlicher Grundpfeiler und wesentliches Ziel zugleich sind die Achtung der Menschenrechte und der Grundfreiheiten sowie von Würde und Wert der menschlichen Persönlichkeit (Art. 1 Nr. 2). Durch die Charta als Friedensordnung werden die Mitglieder verpflichtet, sich jeder Drohung mit Gewalt oder Gewaltanwendung zu enthalten, die mit den Zielen der Vereinten Nationen unvereinbar ist (Art. 2 Nr. 4).

Der Sicherheitsrat als eines der Hauptorgane trägt die Hauptverantwortung für die Erhaltung des Weltfriedens (Art. 24 Abs. 1). Die Mitglieder sind verpflichtet, die Beschlüsse, die der Sicherheitsrat im Einklang mit der Charta gefasst hat, anzunehmen und durchzuführen. Dies gilt insbesondere auch für Beschlüsse im Rahmen des Systems der kollektiven Sicherheit (Kapitel VII). Konnte der Sicherheitsrat nach dem Ende des Kalten Krieges seine ihm zugedachte zentrale Rolle bei der Erhaltung des Weltfriedens grundsätzlich wieder einnehmen, stellt sich nach dem Kosovo-Konflikt und dem Irak-Krieg 2003 die Frage, ob und wie durch eine Reform und Verrechtlichung des Sicherheitsrates Schwächen dieses Systems kollektiver Sicherheit überwunden werden müssen und können.

4.

Beyerlin, U., 2000, Umweltvölkerrecht, München: Beck.

Brownlie, I., 1998, Principles of Public International Law, Oxford: Clarendon Press.

Buchanan, A., 2003, Justice, Legitimacy, and Self-Determination, Oxford: Oxford University Press.

Cassese, A., 2001, International Law, Oxford: Oxford University Press.

Dahm, G./Delbrück, J./Wolfrum, R., 1989/2002, Völkerrecht, Bd. I: Die Grundlagen, 3 Teilbde., Berlin: de Gruyter.

Doehring, K., 1999, Völkerrecht, Heidelberg: Müller.

Fleck, D. (Hg.), 1994, Handbuch des humanitären Völkerrechts in bewaffneten Konflikten, München: Beck.

Ipsen, K. (Hg.), 2003, Völkerrecht, München: Beck.

Jennigs, R. Y., 1995, International Law, in: R. Bernhardt (Hg.), Encyclopedia of Public International Law, Amsterdam: Elsevier.

Koskenniemi, M., 2003, The Gentle Civilizer of Nations. The Rise and Fall of International Law 1870–1960, Cambridge: Cambridge University Press.

Verdross, A./Simma, B., 1984, Universelles Völkerrecht, Berlin: Duncker & Humblot.

Vitzthum, W. (Hg.), 2001, Völkerrecht, Berlin: de Gruyter.

Ziegler, K.-H., 1994, Völkerrechtsgeschichte, München: Beck.

Silja Vöneky

Voltaire (1694–1778)

1.

Voltaire (eigentlich François-Marie Arouet) wurde 1694 als Sohn eines Advokaten in Paris geboren. Er absolvierte das jesuitische Collège Louis-le-Grand und begann 1711 auf väterlichen Druck hin das Studium der Rechte. 1717 wurde er wegen satirischer Verse in der Bastille gefangen gesetzt. Im darauf folgenden Jahr verhalf ihm die Tragödie *Œdipe* zu erster öffentlicher Anerkennung. Arouet, der sich seit 1719 »de Voltaire« nannte und damit selbst nobilitierte, ging 1726 für drei Jahre ins englische Exil, wo er dank der Vermittlung von H. Bolingbroke mit dem Denken von J. Locke und I. Newton in Berührung kam und sich für die politischen und religiösen Freiheiten im Vereinigten Königreich begeisterte. Die unter diesem Eindruck entstandenen, 1734 erschienenen *Lettres philosophiques* kritisieren unverblümt die gesellschaftlichen Zustände in Frankreich. Ihre öffentliche Verbrennung nötigte Voltaire ein weiteres Mal zur Flucht, diesmal nach Cirey zu Mme du Châtelet, mit der er einige Jahre fruchtbarer philosophischer und historischer Zusammenarbeit verlebte. Nach ihrem Tod nahm er 1750 eine Einladung Friedrichs II. nach Potsdam an. 1753 kam es zum Bruch mit dem König. Daraufhin zog sich Voltaire, der durch geschickte Spekulationen ein beträchtliches Vermögen erwirtschaften konnte, in ein Landhaus bei Genf zurück. Nach Konflikten mit der calvinistischen Obrigkeit erwarb er Dorf und Schloss Ferney auf französischem Boden nahe der Schweiz, um dort das Leben eines reichen Gutsherrn und ungemein umtriebigen Intellektuellen zu führen. Dabei engagierte er sich vehement für die Verbesserung der sozialen Lage der Bauern und kämpfte im Namen der Vernunft mit europaweiter Ausstrahlung unentwegt gegen Fanatismus und Intoleranz. So erreichte er 1763 durch seine *Traité sur la tolérance à l'occasion de la mort de Jean Calas* die Revision des Prozesses gegen den wegen angeblichen Ritualmords hingerichteten Hugenotten Calas in Toulouse. 1778 kehrte er heimlich nach Paris zurück, wo ihm als leibhaftiger Verkörperung der Aufklärung ein triumphaler Empfang bereitet wurde, und wo er 1778 starb.

2.

Zur Popularisierung aufklärerischer Ideen bedient sich Voltaire verschiedenster literarischer Gattungen. Früh erringt er Erfolge mit Verstragödien im Stil der französischen Klassik, die Vernunftwahrheiten exemplarisch veranschaulichen sollen. Der tragische Konflikt fällt aus, stattdessen wird z.B. gegen Fanatismus agitiert (*Mahomet*, 1741), den Voltaire insbesondere im (katholischen) Christentum repräsentiert findet. Den Briefessay erprobt Voltaire in den *Lettres philosophiques*, die die religiöse und weltanschauliche Toleranz der englischen Gesellschaft gegen die französische ausspielen und im politischen System Englands das positive Beispiel einer austarierten Monarchie glorifizieren. Lockes Empirismus gehört fortan zu Voltaires philosophischen Grundüberzeugungen, die er gegen metaphysische Verstiegenheiten ins Feld führt, nicht ohne selbst rationaler Theist zu bleiben. Die *Elémens de la philosophie de Neuton* (1738) bringen der breiteren Öffentlichkeit die neue Physik Newtons ebenso nahe wie deren erkenntnistheoretische Grundlagen und verhelfen so einer naturwissenschaftlichen Orientierung in Frankreich zum Durchbruch. Im *Essai sur les mœurs et l'esprit des nations* (1756) wird die Historiographie kultur- und geistesgeschichtlich fokussiert und die Vorsehung als Leitinstanz der Geschichte eliminiert. Zum ersten Mal taucht hier – in kritischer Absicht – der Begriff ›philosophie de l'histoire‹ auf. Die Quintessenz seiner philosophischen und politischen Anschauungen legt Voltaire in den häufig anekdotischen Artikeln seines *Dictionnaire philosophique portatif* (1764) nieder, das sich als Kompendium des Aufklärungsdenkens darstellt. Dessen Hauptinstrument ist beißende Ironie. Das Werk plädiert – neben ständigen antichristlichen Invektiven – für Gerechtigkeit und Toleranz als Leitwerte des Staates, den Voltaire unter Beibehaltung der Unterscheidung von Elite und Pöbel allerdings nicht als demokratisches Gemeinwesen konzeptualisiert. Gegen den Atheismus hält Voltaire an einem vernünftig moralisch legitimierten Theismus fest. Am nachhaltigsten artikuliert er seinen moderaten, epikuräisch gefärbten Skeptizismus in den leichtfüßigen *contes philosophiques*. Während als lebenspraktische Konsequenz aus dem *Zadig* (1747) trotz des berühmten »Mais« des Protagonisten noch ein gemäßigter Optimismus und ein Sich-Schicken in die Anordnungen des Schicksals geraten scheint, verfällt im *Candide* (1759) Leibniz' beste aller möglichen Welten ätzendem Spott.

3.

Als politischer Denker ist Voltaire der Forderung nach Freiheit und Gleichheit aller Menschen verpflichtet, ohne dass er Rousseaus revolutionäre Konsequenzen zöge. An denkerischer Radikalität mag Voltaire von manchen Zeitgenossen übertroffen worden sein, und wenige seiner philosophischen (im Unterschied zu seinen geschichtstheoretischen) Ideen können Anspruch auf Originalität erheben. Voltaires Bedeutung liegt in seiner Bündelungskraft, seiner Fähigkeit, den Tendenzen seiner Epoche eine gültige, pointierte Form zu geben. Nach wie vor gibt er ein Vorbild gelingender philosophischer Schriftstellerei ab.

4.

Voltaire, 1968ff., The Complete Works, Oxford: Voltaire Foundation.

Baader, H. (Hg.), 1980, Voltaire, Darmstadt: WBG.

Besterman, T., 1969, Voltaire, München: Winkler 1971.

Brockmeier, P./Desné, R./Voss, H. (Hg.), 1979, Voltaire und Deutschland, Stuttgart: Metzler.

Brumfitt, J. H., 1958, Voltaire Historian, London: Oxford University Press.

Lepape, P., 1994, Voltaire oder die Geburt der Intellektuellen, Frankfurt/M.: Campus 1996.

Martin-Haag, E., 2002, Voltaire, Paris: Vrin.

Pomeau, R. u.a., 1985ff., Voltaire en son temps, 5 Bde., Oxford: Voltaire Foundation.

Stackelberg, J. v., 1998, Über Voltaire, München: Fink.

Wade, I. O., 1969, The Intellectual Development of Voltaire, Princeton: Princeton University Press.

Andreas Urs Sommer

W

Walzer, Michael (*1935)

1.

Walzer wurde als Sohn ostjüdischer Immigranten in New York geboren, studierte an der Brandeis University (BA-Abschluss 1956) und promovierte nach einem einjährigen Aufenthalt an der Cambridge University 1961 an der Harvard University mit einer Studie über die Puritaner, die 1965 unter dem Titel *The Revolution of the Saints* publiziert wurde. Von 1962–1966 lehrte Walzer an der Princeton University, von 1966–1980 als Professor in Harvard und seitdem am Institute for Advanced Study in Princeton. 1977 erschien mit *Gibt es den gerechten Krieg?* ein umfangreiches und intensiv diskutiertes Buch zur Frage nach der Legitimität kriegerischen Handelns, 1983 das für die politische Philosophie des Kommunitarismus mehr als bedeutsame Werk *Sphären der Gerechtigkeit*. In der Folgezeit publizierte Walzer eine Reihe von Aufsätzen und Sammelbänden, in denen er sich mit Fragen der politischen Philosophie, der Sozialphilosophie und der Gesellschaftskritik, aber auch mit Themen der Moralphilosophie befasste. Er ist u.a. Mitherausgeber von *Dissent* und *The New Republic*.

2.

Walzer selbst bekundet immer wieder seine ursprüngliche Nähe zur politischen undogmatischen Linken in den USA, befasste sich früh mit der Thematik des zivilen Ungehorsams, engagierte sich für die »New Left«, unterstützte 1968 sowie 1972 demokratische Präsidentschaftskandidaten und näherte sich auch liberalen Positionen an. Seit dem Erscheinen von *Gibt es den gerechten Krieg?* (1977) ist er aus den Diskussionen um die Frage nach der Rechtmäßigkeit von Kriegen und Interventionen nicht mehr wegzudenken, zumal er publizistisch auch zu (tages-)aktuellen politischen Entscheidungen aus diesem Themenspektrum Stellung bezieht (z.B. zu den Konflikten im Nahen Osten oder in Südosteuropa). V.a. seit 1983 steht er zudem mit im Zentrum der Kontroversen zwischen Liberalismus und Kommunitarismus bzw. der aktuellen Debatten um politische Gerechtigkeit.

3.

Systematisch bedeutsame Arbeiten hat Walzer in verschiedenen Teilgebieten der praktischen Philosophie vorgelegt. Zentral scheinen seine gerechtigkeitstheoretischen Arbeiten zur politischen Philosophie im allgemeinen (3.1.), seine vielfältigen Überlegungen zu kriegerischen Handlungen (3.2.) sowie zur Gesellschaftskritik und Moralphilosophie (3.3.).

3.1. Als Walzers Hauptwerk zur politischen Philosophie gilt *Sphären der Gerechtigkeit* (Walzer 1983). In ihm entwickelt Walzer (in deutlicher Absetzung von Rawls) eine kommunitaristische Theorie, nach der gesellschaftlich relevante soziale Güter nicht nach einem Kriterium, sondern nach bereichsspezifischen Kriterien gerecht verteilt werden, mit dem damit verbundenen Ziel, eine *komplexe* Gleichheit herzustellen, die keinen totalitären Gefährdungen ausgesetzt ist, aber auch ungerechtfertigte Privilegierungen Einzelner ausschließt. Dazu sollen die einzelnen Gesellschaften gemäß ihrem jeweiligen Selbstverständnis nach verschiedenen Distributionskriterien (freier Austausch, Verdienst und Bedürfnis) Sicherheit und Wohlfahrt, Geld und

Waren, Ämter, »harte Arbeit«, Freizeit, Erziehung und Bildung, Verwandtschaft und Liebe, göttliche Gnade und Anerkennung ebenso wie politische Macht verteilen. Es besteht also nach Walzer eine Pluralität von zur Verteilung anstehenden Gütern in jeweils zu trennenden »Sphären«, und zu vermeiden sei die Dominanz eines Gutes bzw. der Verlust der Autonomie der Sphären.

Kritisch diskutiert hinsichtlich der walzerschen Konzeption wird u. a., inwieweit solche Verteilungen – als »gerechte« – überhaupt durchführbar sind, da der Staat nicht alle diese Güter verteilen kann, ob es tatsächlich Aufgabe gesellschaftlicher Einrichtungen sein soll, all diese Güter zu verteilen, und ob es für die Gerechtigkeit nicht eines Maßstabes bedarf, der über die Selbstverständnisse der einzelnen Gesellschaften hinausgeht (Problem des Relativismus bzw. des fehlenden Universalismus) (vgl. z. B. Miller/Walzer 2003).

3.2. Auch im Kontext der moralphilosophischen Frage nach (un)gerechten Kriegen (ausführlich, detailliert und anhand zahlreicher historischer Exempel diskutiert in Walzer 1977) und gerechtfertigten humanitären Interventionen verzichtet Walzer auf umfassendere universalistische Argumentationen, insistiert aber zugleich auf der Wahrung von grundlegenden Menschenrechten. Sind diese massiv gefährdet, erscheinen ihm Interventionen aus humanitären Gründen akzeptabel (vgl. z.B. Walzer 2003, 82–97). Gleichwohl mahnt er die (sonst geltende) Respektierung der staatlichen Souveränität an, deren Funktion im Schutz des hohen Gutes der Gemeinschaft bestehe.

3.3. Kommunitaristisch geprägt ist auch Walzers Moralphilosophie: Moralische Gehalte stammen nach seiner Auffassung nicht aus Entdeckungen oder Erfindungen (von Philosophen), sondern aus den jeweiligen Gesellschaften. Ihre Weiterentwicklungen würden durch *Interpretationen* erfolgen (vgl. Walzer 1987, 9–42). Diese könnten durchaus kritischer Natur sein, auch wenn Gesellschaftskritiker nicht zu distanziert zur jeweils kritisierten Gesellschaft stehen dürften, sollen sie Erfolgschancen haben. Zugleich sieht Walzer hierin die Möglichkeit eines (gewissen) minimalen, reiterativen Universalismus in der Ethik, der aufgrund geteilter Erfahrungen verschiedener Gesellschaften durch Konvergenzen entstehen kann (vgl. Walzer 1994, 139–168), der aber nicht durch diskursethische oder prozedurale Überlegungen (wie bei Habermas oder Rawls) zustande kommt (vgl. Walzer 1996, 13–36; kritisch hierzu und insbesondere zur Begründungsproblematik Kellerwessel 2005a; ders. 2005b).

4.

Walzer, M., 1977, Gibt es den gerechten Krieg?, Stuttgart: Klett-Cotta 1982.

Walzer, M., 1983, Sphären der Gerechtigkeit, Frankfurt/M.: Campus 2006.

Walzer, M., 1987, Kritik und Gemeinsinn, Frankfurt/M.: Fischer 1993.

Walzer, M., 1994, Lokale Kritik – globale Standards, Hamburg: Rotbuch 1996.

Walzer, M., 1997, Über Toleranz, Hamburg: Rotbuch 1998.

Walzer, M., 2003, Erklärte Kriege – Kriegserklärungen, Hamburg: EVA.

Dworkin, R., 1985, What Justice Isn't, in: ders., A Matter of Principle, Cambridge/MA: Harvard University Press.

Haus, M., 2000, Die politische Philosophie Michael Walzers, Wiesbaden: VS.

Kellerwessel, W., 2005a, Michael Walzers kommunitaristische Moralphilosophie, Münster: LIT.

Kellerwessel, W., 2005b, Walzers Kritik an der Diskursethik, in: ders./W.-J. Cramm/D. Krause/C. Kupfer (Hg.), Diskurs und Reflexion, Würzburg: Königshausen & Neumann.

Krause, S./Malowitz, K., 1998, Michael Walzer zur Einführung, Hamburg: Junius.

Miller, D./Walzer, M. (Hg.), 2003, Pluralism, Justice, and Equality, Oxford: Oxford University Press.

Orend, B. (Hg.), 2000, Michael Walzer on War and Justice, Cardiff: University of Wales Press.

Rössler, B., 1993, Kommunitaristische Sehnsucht und liberale Rechte, in: Deutsche Zeitschrift für Philosophie 41.

Seibert, C., 2004, Politische Ethik und Menschenbild, Stuttgart: Kohlhammer.

Wulf Kellerwessel

Weber, Alfred (1868–1958)

1.

Als Sohn des nationalliberalen Politikers Max Weber und seiner Frau Helene, geb. Fallenstein, wurde Alfred Weber in Erfurt geboren. Er ist der jüngere Bruder des Soziologen Max Weber. Nach seiner Promotion 1897 habilitierte er sich im Jahre 1900 bei Gustav Schmoller in Berlin und arbeitete ab 1904 als Professor für Nationalökonomie an der Deutschen Universität Prag. Im Jahre 1907 wechselte Weber an die Universität Heidelberg und engagierte sich als führendes Mitglied im Verein für Socialpolitik. 1909 veröffentlichte er *Über den Standort der Industrien. Teil 1: Reine Theorie des Standorts* (AWG, Bd. 6, 29–265). Während des Ersten Weltkrieges kämpfte er zunächst an der Front, bevor er als Referent im Reichsschatzamt eingesetzt wurde. Nach Kriegsende war Weber Mitbegründer und erster Vorsitzender der Deutschen Demokratischen Partei. 1925 erschien *Die Krise des modernen Staatsgedankens in Europa* (AWG, Bd. 7, 233–346). Nach der Machtergreifung durch Hitler 1933 ließ sich Weber vorzeitig emeritieren und entschied sich zunächst für die »innere Emigration«, in der er jedoch seine Arbeit fortsetzte. 1935 veröffentlichte er im Ausland *Kulturgeschichte als Kultursoziologie*, das 1950/51 stark überarbeitet auch in Deutschland erschien (AWG, Bd. 1). Später trat er aus seiner inneren Emigration heraus und engagierte sich im Widerstand. Nach Kriegsende engagierte er sich für die Demokratisierung, Wiedervereinigung sowie Neutralität Deutschlands; zudem befasste er sich mit ökonomischen und kultursoziologischen Themen. 1958 starb Alfred Weber in Heidelberg.

2.

Zunächst untersucht Weber Probleme der Hausindustrie sowie die Rolle von Standortfaktoren für die kostengünstigste Industrieproduktion und setzt sich für eine Humanisierung der Arbeitswelt ein. Um 1910 wendet er sich der Kultursoziologie zu. Seine idealistisch-metaphysische Kritik an Bürokratie und Arbeitswelt gipfelt in der Forderung nach »Rettung der Persönlichkeit vor Absorption im Apparat« (AWG, Bd. 5, 482). Insbesondere sein Artikel »Der Beamte« (AWG, Bd. 6, 98–117) rüttelt die Öffentlichkeit auf und beeinflusst insbesondere Franz Kafka nachhaltig.

Im Ersten Weltkrieg beschäftigt sich Alfred Weber im Reichsschatzamt mit Steuerfragen, tritt aber v.a. als einer der führenden deutschen Kriegszielpropagandisten hervor und agiert hinter den Kulissen für die Errichtung deutscher Satellitenstaaten in Polen und Litauen. In den 1920er Jahren wendet sich Weber politischen Tagesfragen zu. In dieser Zeit erscheint sein staatssoziologisches Hauptwerk *Die Krise des modernen Staatsgedankens in Europas*, in der er seine Theorie der »Führerdemokratie« propagiert: alle Entscheidungen liegen bei den politischen Führern, diese werden jedoch von der Bevölkerung demokratisch ausgesucht, gewählt und kontrolliert – »eine optimale Lösung des demokratischen Problems« (Eschenburg 1995, 182), die die bekannte Demokratietheorie von J. A. Schumpeter vorwegnimmt.

Zwischen 1935 und 1950 entwickelt er in seinem Buch *Kulturgeschichte als Kultursoziologie* seinen kultursoziologischen Ansatz weiter – eine Interpretation der Universalgeschichte, die er in weiteren Büchern vertieft. Nach 1945 engagiert er sich auch in der Tagespolitik, verfasst gemeinsam mit Alexander Mitscherlich das Aktionsprogramm »Freier Sozialismus« und veröffentlicht 1953 das kultursoziologische Werk *Der dritte oder der vierte Mensch* (AWG, Bd. 3, 257–487).

3.

Alfred Webers Bürokratiekritik folgt seiner These, dass der bürokratische Apparat das Individuum beherrscht und damit Kreativität, Freiheit und Demokratie erstickt. Ein zentrales Thema sind die Veränderungen des Menschentypus im Spannungsfeld von demokratischer Freiheit und bürokratischer Herrschaft in den verschiedenen Kulturen und Geschichtsepochen. In seinem Werk *Der dritte oder der vierte Mensch* ist der dritte Mensch der

Freiheit und Humanität verkörpernde Gestalter der Hochkulturen; der vierte Mensch hingegen repräsentiert den »Schreibtischtäter« totalitärer Staaten oder steht für den gewissenlosen Technokraten der modernen Industriegesellschaft.

In seinem Kampf für die Emanzipation des Proletariats unterstützt Weber vor 1914 dessen Forderungen nach Streikrecht und kollektiven Arbeitsverträgen und engagiert sich außerdem für eine Humanisierung der Arbeitswelt, deren Verwirklichung er durch häufige Arbeitsplatzrotation, die Umverteilung der Arbeit zwischen Arbeitern und Arbeitslosen sowie einer Altersprämie für weniger leistungsfähige Arbeiter über 40 Jahre anstrebt. In den 1950er Jahren setzt er sich für das politische Mandat der Gewerkschaften ein.

In seinem »Freien Sozialismus« fordert er u.a. eine charakterbildende Erziehung zur Schaffung eines freiheitlich orientierten Menschen. In einem Dritten Weg zwischen neoliberalem Kapitalismus und sozialistischer Planwirtschaft sieht Weber die Möglichkeit zur Herstellung demokratischer Strukturen. So verlangt er eine Marktwirtschaft mit Investitionssteuerung sowie die Kontrolle der Großbetriebe nach dem Vorbild der Carl Zeiss-Stiftung. Durch den von Weber geforderten Verzicht auf den Beitritt West-Deutschlands zu EVG bzw. NATO sollte Deutschland unter neutralem Vorzeichen wiedervereinigt werden können.

Nach Webers Überzeugung wird das menschliche Handeln von transzendenten Kräften bestimmt, die außerhalb des Menschen existieren und sich immanent in ihm als Ideen und Wertvorstellungen manifestieren. Das Forschungsobjekt der Kultursoziologie ist »die in der Geschichte vor sich gehende Entfaltung und Umwandlung des Menschenwesens« (AWG, Bd. 1, 469), d.h. die Veränderung des sozialen Habitus in den einzelnen Kulturen, die durch die Analyse der kulturellen Produktivität des Menschen (»Kulturbewegung«) erfasst werden kann.

4.

Weber, A., 1997–2003, Alfred Weber-Gesamtausgabe, 10 Bde., Marburg: Metropolis (zit. als AWG).

Demm, E. (Hg.), 1986, Alfred Weber als Politiker und Gelehrter, Stuttgart: Steiner.

Demm, E., 1990, Ein Liberaler in Kaiserreich und Republik. Der politische Weg Alfred Webers bis 1920, Boppard: Boldt.

Demm, E., 1999, Von der Weimarer Republik zur Bundesrepublik. Der politische Weg Alfred Webers von 1920 bis 1958, Düsseldorf: Droste.

Demm, E. (Hg.), 2000a, Alfred Weber zum Gedächtnis, Frankfurt/M.: Lang.

Demm, E., 2000b, Geist und Politik im 20. Jahrhundert. Gesammelte Aufsätze zu Alfred Weber, Frankfurt/M.: Lang.

Demm, E. (Hg.), 2003, Soziologie, Politik und Kultur. Von Alfred Weber zur Frankfurter Schule, Frankfurt/M.: Lang.

Eckert, R., 1970, Kultur, Zivilisation und Gesellschaft. Die Geschichtstheorie Alfred Webers, Tübingen: Mohr.

Eschenburg, T., 1995, Also hören Sie mal zu. Geschichte und Geschichten 1904–1933, Berlin: Siedler.

Kruse, V., 1990, Soziologie und »Gegenwartskrise«. Die Zeitdiagnose Franz Oppenheimers und Alfred Webers, Wiesbaden: DUV.

Parton, T. A./Černyj, J. J., 2006, Čelovek v potoke istorii; vvedenie v sociologiju kul'tury Al'freda Vebera [Der Mensch im Strom der Geschichte. Einführung in die Kultursoziologie Alfred Webers], Moskau: Nauka.

Nutzinger, H. (Hg.), 1995, Zwischen Nationalökonomie und Universalgeschichte. Alfred Webers Entwurf einer umfassenden Sozialwissenschaft in heutiger Sicht, Marburg: Metropolis.

Sarti, G., 1999, Alfred Weber. Economia politica, sociologia della cultura e filosofia della storia, Florenz: Olschki.

Eberhard Demm

Weber, Max (1864–1920)

1.

Max Weber entstammt dem wohlhabenden und einflussreichen Besitz- und Bildungsbürgertum. Aus dieser Herkunft und den durch sie eröffneten vielfältigen Begegnungen und Erfahrungen, verbunden mit einer außerordentlichen Begabung und Lernbegierde, erklärt sich die besondere Prägung, aber auch die Weite und Gründlichkeit seines Wissens, dessen allgemeine Konturen sich schon früh abzeichnen. Nach dem Studium in Heidelberg, Straßburg und v.a. Berlin (Hauptfach Jurisprudenz, daneben Nationalökonomie, Geschichte, Philosophie, Theologie) promovierte Weber 1889 mit einer Arbeit zur Geschichte der Handelsgesellschaften im Mittelalter, um sich danach (1891/92) mit einer Untersuchung zur *Römischen Agrargeschichte in ihrer Bedeutung für das Staats- und Privatrecht* zu habilitieren. Er engagierte sich für die »evangelisch-sozialen« Bestrebungen und übernahm im Auftrag des Vereins für Socialpolitik, dem er 1888 beigetreten ist, die Auswertung desjenigen Teils einer großangelegten Enquête, der die »Verhältnisse der Landarbeiter im ostelbischen Deutschland« untersucht. Dieses Werk v.a. trug ihm, der 1893 Professor für Handels- und Deutsches Recht in Berlin geworden war, ein Jahr später die Berufung auf ein nationalökonomisches Ordinariat in Freiburg ein; die Antrittsrede »Der Nationalstaat und die Volkswirtschaftspolitik« (1895) brachte seine damalige, entschieden nationale und machtpolitische Stellung zum Ausdruck. Kurz nach der Berufung (1896) auf ein Ordinariat für Nationalökonomie in Heidelberg erlitt Weber einen schweren psycho-physischen Zusammenbruch, von dem er sich erst nach Jahren (1903) erholte. Zur selben Zeit trat er, nach vorhergehender Dispensierung und Beurlaubung, endgültig vom Lehramt zurück und blieb der Heidelberger Universität nur als Honorarprofessor mit Lehrauftrag verbunden. Mit der Übernahme der Herausgeberschaft des *Archivs für Sozialwissenschaften und Sozialpolitik* (mit E. Jaffé und W. Sombart) 1904 begann eine Reihe von Untersuchungen zur Methodologie der kultur- und sozialwissenschaftlichen Erkenntnis. Die Abhandlung *Die Protestantische Ethik und der ›Geist‹ des Kapitalismus* wird zum Ausgangspunkt eines Forschungsprogramms, aus dem später die umfassenden vergleichenden Untersuchungen zur Wirtschaftsethik der Weltreligionen hervorgehen. 1905 (und wieder 1917) setzte sich Weber intensiv mit den vorrevolutionären Ereignissen in Russland auseinander, 1909 gründete er, zusammen mit G. Simmel, W. Sombart, F. Tönnies u.a. die Deutsche Gesellschaft für Soziologie. Seine Erwartung, damit ein Forum für eine »wertfreie« sozialwissenschaftliche Forschung geschaffen zu haben, wurde jedoch enttäuscht. Der anfängliche Kriegsenthusiasmus war nicht von Dauer. Weber wandelte sich zu einem entschiedenen Fürsprecher einer demokratischen Umgestaltung Deutschlands. Mit der Kriegsschuld-These der Siegermächte setzte er sich (als Mitglied der Friedensdelegation in Versailles) kritisch auseinander, ebenso mit den revolutionären Bestrebungen, durch die er die politische und ökonomische Zukunft Deutschlands aufs schwerste gefährdet sah. Nachdem er 1918 probeweise einen Lehrstuhl in Wien übernommen hatte, folgte Weber 1919 dem Ruf an die Universität München. Dort hielt er 1917 bzw. 1919 auf Einladung des Freistudentischen Bundes die Vorträge über »Wissenschaft als Beruf« und »Politik als Beruf«. Sie gelten zu Recht als sein philosophisches und politisches Vermächtnis. 1920 starb Weber nach kurzer Krankheit in München.

2.

Webers Werk ist außerordentlich vielgestaltig, und das betrifft die Gegenstände, die Art ihrer Behandlung und die Zweckbestimmung der Arbeiten gleichermaßen. Allerdings ist ein Leitmotiv bestimmend: die Frage nach der Eigenart und den spezifischen Entstehungs- und Entwicklungsbedingungen des Kapitalismus, insbesondere des modernen okzidentalen Kapitalismus, sowie nach den unaufhaltsamen und weitreichenden Folgen dieser Wirtschaftsordnung für das

Ganze des menschlichen Lebens, ja für das Schicksal des »Menschentums« überhaupt (vgl. Hennis 1987; ders. 1996). In Webers empirischen Analysen zur zeitgenössischen deutschen Gesellschaft, insbesondere zu den Arbeits- und Lebensverhältnissen der Land- und Industriearbeiter tritt dieses Motiv deutlich hervor, und es bestimmt ausdrücklich die Untersuchung über den Zusammenhang von asketischem Protestantismus und kapitalistischem Geist sowie die davon ausgehenden, vergleichenden Forschungen zur Wirtschaftsethik der Weltreligionen. Ein verwandtes Erkenntnisinteresse ist in Webers politikwissenschaftlichen Analysen und politischen Stellungnahmen erkennbar, jedenfalls in dem Maße, in dem die zunächst vorrangige Orientierung an deutscher Machtpolitik vom Interesse an der Sicherung persönlicher Freiheit unter den Bedingungen der ökonomischen und politischen Rationalisierung überlagert wurde. Webers methodologische Arbeiten fragen nach derjenigen Form kultur- und sozialwissenschaftlicher Erkenntnis, der sich die Freiheitsspielräume menschlichen Handelns ebenso erschließen wie deren Gefährdungen, und zwar einschließlich derer, die sich aus der Verwissenschaftlichung des menschlichen Welt- und Selbstverhältnisses ergeben. Auch das von Weber in seinen späten Jahren konzipierte, in großen Teilen ausgearbeitete, aber doch unvollendete »System« der Soziologie entspricht in Anlage und Durchführung diesem durchaus praktischen oder existenziellen Interesse, und zwar insbesondere dadurch, dass es sich prinzipiell jeder begrifflich-theoretischen »Hypostasierung von Kollektivbegriffen« entgegenstellt und auch die komplexesten sowie dauerhaftesten sozialen Gebilde auf das »Zusammenhandeln« und den je individuellen, »subjektiv gemeinten Sinn« von Menschen zurückzuführen strebt.

3.

3.1. Die Philosophie bildete keinen Schwerpunkt von Webers akademischen Studien und Qualifikationen, er hat sie nie »von Berufs wegen« vertreten und betrieben, und sie ist von ihm auch nie zur Selbstbeschreibung beansprucht worden. Weber verstand und betätigte sich als empirischer, vornehmlich historisch arbeitender Kultur- und Sozialwissenschaftler – als Rechts-, Wirtschafts-, Sozial- und Kulturhistoriker, Ökonom, Staatswissenschaftler und auch, im letzten Jahrzehnt seines Lebens, als Soziologe. So wenig er sich selbst systematisch auf substantielle Probleme der Philosophie einließ, so sehr war Weber doch überzeugt, dass diese Probleme nicht durch ihre Übersetzung in empirische Fragen angemessen beantwortet und gelöst oder aber als wissenschaftlich irrelevante Scheinprobleme erwiesen werden könnten. Das eigene Recht, die besondere Wichtigkeit und die Schwierigkeit philosophischer Fragen, nicht etwa ihre Irrelevanz oder geschichtliche Überholtheit, waren es, die ihn zur Zurückhaltung motivierten.

Ungeachtet dieser Zurückhaltung war Weber überzeugt, dass die empirischen Wissenschaften, zumal die Kultur- und Sozialwissenschaften, ihre Aufgaben nur dann angemessen bewältigen können, wenn ihnen einige dieser philosophischen Fragen und der darauf vernünftigerweise zu gebenden Antworten vertraut sind. So erklärt es sich, dass und in welcher Weise er sich auf bestimmte philosophische Probleme eingelassen hat. Es handelt sich dabei im Wesentlichen um zwei Fragenkomplexe. Der erste betrifft die Methodologie kulturwissenschaftlicher Erkenntnis (3.2.), der zweite diejenigen ethischen und ethisch-politischen Fragen, die sich im Umkreis solcher Erkenntnis unvermeidlich aufdrängen (3.3.).

3.2. Statt von »Methodologie« spricht Weber auch von »Logik« oder »Wissenschaftslehre«. Unter »Methodologie« versteht er keine Methodenlehre im technischen Sinne. Seine Analysen richten sich auf die Eigenart, die besonderen Voraussetzungen und Möglichkeiten sowie die besonderen Schwierigkeiten kultur- und sozialwissenschaftlicher Erkenntnis. Das gilt für seine Erörterungen der Kategorie der Kausalität und des kausalen Erklärens ebenso wie für seine Ausführungen über Sinn und Verstehen (und das Verhältnis von kausalem Erklären und Sinn-Verstehen), und auch für das, was er über die Unvermeidlichkeit und Eigentümlichkeit idealtypischer Begriffe sagt. Weber betont zwar nachdrücklich den bloß instrumentellen, also forschungsdienlichen Zweck dieser Erörterungen, doch sieht er diesen Zweck zunächst und v.a. darin zu klären, um welche Erkenntnisgegenstände und welche Art der Erkenntnis es sich hier überhaupt handelt und inwiefern auch auf diesem Felde eine streng erfahrungswissenschaftliche Forschung möglich ist, die auf ihre Weise den Anforderungen der Objektivität und der intersubjektiven Überprüfbarkeit zu entsprechen vermag.

Der Bezugsrahmen dieser Analysen ist mithin viel eher philosophischer, nämlich erkenntnistheoretischer, als forschungspraktischer Natur. Grundsätzlich hat Weber sich selbst in erkenntnistheoretischer (und dann auch in ethischer) Hinsicht der auf Kant zurückgehenden Denktradition zugeordnet und geäußert, dass er in der Erkenntnis- und Wissenschaftstheorie des Neukantianismus (v.a. von H. Rickert) die angemessenste Begründung für die eigenen methodologischen Reflexionen sehe. Das hat ihn allerdings nicht davon abgehalten, hinsichtlich seiner Konzeption einer verstehenden Soziologie auf grundlegende Arbeiten von W. Dilthey zu verweisen. Insbesondere widerspricht die scharfe neukantianische Entgegensetzung von idiographischer und nomothetischer Erkenntnis seinem Bestreben, die kultur- und sozialwissenschaftliche Erkenntnis so zu konzipieren, dass der Geschichtlichkeit der Erkenntnisgegenstände und des Erkennens selbst entsprochen, zugleich aber jede Möglichkeit zur begrifflich-theoretischen Generalisierung genutzt wird. Aus demselben Grund fasst er das Sinnverstehen und das kausale Erklären durchaus nicht als Alternativen auf, sondern verwendet viel Mühe auf eine Klärung ihres Verhältnisses und ihres Zusammenspiels.

Derselbe Wille, sich weder mit vereinfachenden Entgegensetzungen noch mit vorschnellen Synthesen abzufinden, erklärt Webers viel zitierte, oft kritisierte und sehr oft missverstandene Vorstellungen von der »Wertfreiheit« aller erfahrungswissenschaftlichen und so auch aller sozialwissenschaftlichen Erkenntnis. Mit ihnen tritt Weber allen Versuchen entgegen, die Erklärungskraft solcher Erkenntnis aus der moralisch-politischen Richtigkeit der erkenntnisleitenden Wertsetzungen abzuleiten und/oder umgekehrt diese Richtigkeit selbst erfahrungswissenschaftlich zu begründen. Damit widerspricht er konstitutiven Annahmen Rickerts ebenso wie allen Varianten eines hegelianischen oder nachhegelianischen, etwa historisch-materialistischen »Emanantismus«, der politischen Funktionalisierung der Wissenschaft ebenso wie der Idee einer Verwissenschaftlichung der Politik.

Gerade wegen der logischen Heterogenität von Tatsachenurteilen und Werturteilen beschäftigt sich Weber mit der Unverzichtbarkeit und der Bedeutung von Wertsetzungen in der wissenschaftlichen Forschung. Alles forschende Erkennen ist, wie alles menschliche Handeln überhaupt, auf ein vielstufiges wertendes Entscheiden angewiesen. Dabei kommen auch moralische oder politische Werte unvermeidlich ins Spiel, und zwar v.a., aber nicht nur, bei der »Auswahl und Formung« von Forschungsgegenständen sowie bei der Verwertung von Forschungsresultaten. Das gilt für alle Wissenschaften, in besonderer Weise aber für Wissenschaften, die diejenige Wirklichkeit erforschen, deren Dasein und Entwicklung allein aus menschlicher Sinngebung und Wertsetzung entspringen – also für die Wissenschaften von der »Kultur« als der »vom Standpunkt des *Menschen* aus mit Sinn und Bedeutung bedachte endliche Ausschnitt aus der sinnlosen Unendlichkeit des Weltgeschehens« (Weber 1922b, 180).

Für die konstitutive, der Wertfreiheit korrespondierende Wertgebundenheit der kulturwissenschaftlichen Forschung übernimmt Weber von Rickert u.a. den Terminus »Wertbeziehung«. Damit unterstellt er jedoch nicht, dass die »Objektivität« (also die Gegenstandsgemäßheit *und* Wahrheit) aller Erkenntnis von der absoluten Gültigkeit der gewählten Wertgesichtspunkte abhänge, und offenbar bezweifelt er auch, dass für irgendwelche Werte, einschließlich der ethischen, eine absolute Gültigkeit erwiesen werden könne. Wohl aber fordert er, die Forschenden sollten bei ihren Wertpräferenzen nicht beliebigen Meinungen oder Interessen folgen, sondern sich an diejenigen Werte (»Kulturideale«) halten, denen in der gegebenen geschichtlichen Lage mit guten Gründen eine allgemeine Bedeutung zugesprochen werden könne. Dieses webersche Postulat wird gemeinhin übersehen, obwohl es die Behauptung widerlegt, ein Verzicht auf absolute Begründungsansprüche führe immer, so auch bei Weber, in einen Dezisionismus.

Die »Einheit der Wissenschaftslehre Max Webers« (Henrich 1952) gründet weder im Gegenstandsbereich (der Gesellschaft, der Kultur oder der Geschichte) noch in einem letzten Prinzip der Erkenntnis und den daraus entspringenden fundamentalen Kategorien und Regeln. Vielmehr findet und vollzieht sich diese Einheit in jenem übergreifenden, obzwar höchst spannungsvollen Zusammenhang, in dem der Mensch sich selbst und seine Lebensverhältnisse zum Objekt der Forschung macht und sich doch zugleich als ein Subjekt erfährt, das sich der Aufgabe, sich zu sich selbst und zu diesen Verhältnissen verantwortlich zu verhalten, nicht entziehen kann. Es geht nach Weber um die »transzendentale Voraussetzung« aller kultur- und sozialwissenschaftlichen Erkenntnis, »dass wir Kulturmenschen sind, begabt mit der Fähigkeit und dem Willen, bewußt zur Welt Stellung zu nehmen und ihr einen Sinn zu verleihen« (Weber 1922b, 180).

3.3. Weber geht es nicht nur um erkenntnislogische, sondern auch um ethische Fragen, also um Fragen nach dem moralisch richtigen Verhältnis des Menschen zu sich selbst und seinesgleichen. Deshalb ist es ganz zutreffend, wenn Henrich den Kern jener »Einheit« in einer bestimmten *normativen* Idee von »Persönlichkeit« sieht (Henrich 1952, 119 ff.). Persönlichkeit im hier gemeinten Sinne zeigt und bewährt sich nach Weber »in der Konstanz [eines] inneren Verhältnisses zu bestimmten letzten ›Werten‹ und Lebensbedeutungen« (Weber 1922b, 132). Dies ist das fundamentale Prinzip der von Weber vertretenen, aber nie systematisch entwickelten Ethik, und zwar in enger Verknüpfung mit einem von ihm immer aufs Neue ausgesprochenen Postulat – dem Postulat der »intellektuellen Rechtschaffenheit«. In beidem wirkt in deutlich erkennbarer, obzwar auch – v.a. unter dem Einfluss Nietzsches (vgl. Weiß 1991; Hennis 1987, 167 ff.) – deutlich relativierter Form Kants praktische Philosophie nach. Das kommt auch in der zornigen Entschiedenheit zum Ausdruck, mit der Weber sich gegen die – nicht nur zu seiner Zeit – übliche Umdeutung moralischer Urteile in »Geschmacksurteile« und die damit einhergehende »subjektivistische Inappelabilität« (Weber 1922a, 366) in ethischen Fragen wendet. Alle wissenschaftliche Forschung und alle darauf sich beziehende Praxis ist in den Geltungsbereich dieser Ethik *wesentlich* einbezogen. Der oberste Zweck aller Wissenschaft besteht Weber zufolge darin, der »Selbstbesinnung verantwortlich handelnder Menschen« (Weber 1922b, 150) zu dienen – und nicht etwa darin, die Selbstbesinnung und Selbstverantwortung auszublenden, außer Kraft zu setzen oder als Fiktion zu erweisen. Gerade die »Wertfreiheit« dient genau diesem Zweck, weil sie eine notwendige, wenn auch gewiss nicht zureichende Bedingung jeder gründlichen und möglichst vorurteilsfreien Erforschung menschlicher Wirklichkeiten ist.

Für Weber, den empirischen Forscher, ist es aber ebenso wichtig zu fragen, ob und inwiefern eine Berücksichtigung des jeweils verfügbaren empirischen Wissens zur Moralität menschlichen Urteilens und Handelns gehören oder beitragen kann. Auf diese Frage gibt es keine einfache, allgemeingültige Antwort. Die bedingungslose Forderung, das Gute zu tun, ohne Rücksicht auf die Bedingungen und die nicht intendierten oder unwillkommenen Folgen des Handelns zu nehmen, hält er nicht nur für weltfremd, sondern auch für ethisch problematisch. Das bringt ihn dazu, eine solche »Gesinnungsethik«, etwa die Liebesethik des Christentums oder eine strikt aufgefasste kantische Ethik, mit der »Verantwortungsethik« zu konfrontieren. Als deren wichtigster Anwendungsbereich gilt Weber die Politik; deshalb spricht er zunächst auch von einer »Ethik der Macht«. Darin liegt eine bewusste Paradoxie, aber auch etwas Missverständliches, weil nicht der Macht als solcher eine eigene moralische Qualität zugesprochen werden soll. Politisches Handeln zielt nach Weber wesentlich auf den Erwerb, die Erhaltung und Mehrung von Macht, und genau deshalb ist ihm eine verantwortungsethische Orientierung und Bindung abzufordern: Seine Effekte sind regelmäßig so weitreichend und indirekt, seine Bedingungen so komplex und so schwer zu kontrollieren, dass eine noch so gründliche Gewissensprüfung der Akteure die genaueste und umfassendste Tatsachenprüfung nicht erübrigt. Dies ist eine moralische Frage, weil es nicht nur um den Erfolg oder die Effizienz politischen Handelns, sondern um die Übernahme und Zurechnung von Verantwortung geht. So liegt in der Idee der Verantwortungsethik eine scharfe Kritik aller sog. Macht- und Realpolitik.

Die persönliche Freiheit in einem sehr individualistischen, also weniger auf Kant als auf Herder und Nietzsche verweisenden Sinne ist der »Wertgesichtspunkt«, von dem aus das webersche Denken im Ganzen seine innere Einheit erhält. In unterschiedlicher Weise dient er als Leitfaden der empirischen, methodologischen bzw. begrifflich-theoretischen sowie ethischen Analysen, und sorgt dafür, dass alle diese Analysen trotz ihrer thematischen und logischen Heterogenität in einer inneren Beziehung zueinander stehen.

3.4. Aus diesem Grunde kann in der Liberalität das unterscheidende Merkmal des weberschen Denkens und Handelns gesehen werden. Allerdings ist darunter nicht in erster Linie eine politische Position und Parteinahme (vgl. Mommsen 1959), sondern der intellektuelle und moralische Gesamthabitus Webers zu verstehen (vgl. Hennis 1987; ders. 1996; Ringer 2004). Diese Liberalität hat mit subjektiver Beliebigkeit im Urteilen und Opportunismus im Handeln ebenso wenig zu tun wie mit Dezisionismus in der Politik.

Weber hat seine Weise, den widerstreitenden Anforderungen der geschichtlichen Lage zu entsprechen, nie zu einem Programm und Projekt mit Allgemeinheitsanspruch erhoben. Das Ganze seiner Philosophie resümiert und erfüllt sich nicht in einer »Lehre«, einem neuen Denksystem oder einer Weltanschauung, sondern in der »Tatsächlichkeit seines Lebens« (Henrich 1988, 10; vgl. Jaspers 1988, 53), das sich mit größtmöglicher Klarheit den unauflöslichen Widersprüchen des Erkennens und Handelns aussetzt, ohne dem Streben nach Konstanz im »inneren Verhältnis« zu letzten »Lebensbedeutungen« zu entsagen.

Webers Rede von der »Entzauberung der Welt« (vgl. Weiß 1991) steht in der Linie großer Deutungen der Moderne von Fichte bis Nietzsche, unterscheidet sich aber zugleich von Verlustdiagnosen durch eine prinzipielle Absage an jedes politische Heilsversprechen und jeden Versuch, vermittels neuer weltanschaulicher Synthesen eine neue »Einheitskultur« zu stiften.

Die ideellen und institutionellen Ordnungen der modernen Wissenschaft, Wirtschaft und Staatlichkeit müssen in der sie verbindenden und zugleich unterscheidenden »Rationalität« als herausragende kulturelle Errungenschaften von »*universeller* Bedeutung und Gültigkeit« gelten – »wie wenigstens wir uns gern vorstellen« (Weber 1920, 1). Mit ihrer Lebensnotwendigkeit wächst aber auch die Einsicht in ihre Lebensfeindlichkeit, nämlich in die ihnen eingeborene Tendenz zur Verdinglichung, Normierung und Versteinerung der menschlichen Verhältnisse, die zu einem »stahlharten Gehäuse der Hörigkeit« zu werden drohen. Der Glaube, dass der moderne rationale Kapitalismus dieser Tendenz aus eigener Kraft entgegenwirken könne, erscheint Weber ebenso erfahrungslos wie die Hoffnung auf einen »rationalen« Sozialismus, der die Bürokratisierungsdynamik nur zusätzlich fördern werde (vgl. Weber 1918). Die – mittlerweile selbst entzauberten – Wissenschaften sind seines Erachtens ungeeignet, die durch sie entzauberte Welt mit neuem Sinn zu erfüllen, und die in seiner Zeit modisch gewordene »intellektualistische Romantik des Irrationalen« (Weber 1922b, 598) verstößt allzu eklatant gegen das Gebot intellektueller Rechtschaffenheit. Zur Erneuerung der lebensbestimmenden Macht der Religion bedürfte es exzeptioneller prophetischer Gestalten, von denen aber keine ernstzunehmende Spur zu erkennen ist.

Das aus denselben Einsichten und Motiven gespeiste Eintreten Webers für starke Führerpersönlichkeiten in der demokratischen Politik hat etwas Verzweifeltes an sich. Jedenfalls hält er die zu erfüllende Aufgabe und die Anforderungen an die zur Politik Berufenen für so anspruchsvoll, dass nur ein »Held« ihnen gewachsen sei. Dass in der Folgezeit auftretende und ihre Macht schrecklich missbrauchende Führer wie Hitler oder Stalin diesen Anforderungen nicht entsprachen, versteht sich von selbst. Deshalb ist es unangebracht, Hitlers »Machtergreifung« und Führerkult auch nur mittelbar, etwa über Carl Schmitts »Weiterentwicklung« vermittelt (vgl. Mommsen 1959, 409; Löwith 1939/40, 413), mit Webers Idee einer »Führerdemokratie mit Maschine« zusammenzubringen.

4.

Weber, M., 1918, Der Sozialismus, Weinheim: Beltz 1995.

Weber, M., 1918–20, Zur Neuordnung Deutschlands. Schriften und Reden 1918–1920, Tübingen: Mohr 1991.

Weber, M., 1920, Gesammelte Aufsätze zur Religionssoziologie, 3 Bde., Tübingen: Mohr 1947.

Weber, M., 1921, Gesammelte politische Schriften, Tübingen: Mohr 1971.

Weber, M., 1922a, Wirtschaft und Gesellschaft. Grundriss der verstehenden Soziologie, Tübingen: Mohr 1980.

Weber, M., 1922b, Gesammelte Aufsätze zur Wissenschaftslehre, Tübingen: Mohr 1968.

Weber, M., 1984ff., Gesamtausgabe, Tübingen: Mohr.

Aron, R., 1965, Max Weber und die Machtpolitik, in: Deutsche Gesellschaft für Soziologie (Hg.), Max Weber und die Soziologie heute, Tübingen: Mohr.

Breuer, S., 1991, Max Webers Herrschaftssoziologie, Frankfurt/M.: Campus.

Eberl, M., 1994, Die Legitimität der Moderne. Kulturkritik und Herrschaftskonzeption bei Max Weber und bei Carl Schmitt, Marburg: Tectum.

Habermas, J., 1981, Theorie des kommunikativen Handelns, Frankfurt/M.: Suhrkamp.

Hennis, W., 1987, Max Webers Fragestellung, Tübingen: Mohr.

Hennis, W., 1996, Max Webers Wissenschaft vom Menschen, Tübingen: Mohr.

Henrich, D., 1952, Die Einheit der Wissenschaftslehre Max Webers, Tübingen: Mohr.

Henrich, D., 1988, Denken im Blick auf Max Weber. Eine Einführung, in: K. Jaspers, Max Weber, München: Piper.

Jaspers, K., 1988, Max Weber, München: Piper.

Löwith, K., 1939/40, Max Weber und seine Nachfolger, in: Sämtliche Schriften, Bd. V, Stuttgart: Metzler 1988.

Lübbe, W., 1991, Legitimität kraft Legalität. Sinnverstehen und Institutionenanalyse bei Max Weber und seinen Kritikern, Tübingen: Mohr.

Mommsen, W. J., 1959, Max Weber und die deutsche Politik 1890–1920, Tübingen: Mohr 1974.

Radkau, J., 2005, Max Weber, München: Hanser.

Ringer, F., 2004, Max Weber, Chicago: University of Chicago Press.

Schluchter, W., 1980, Rationalismus der Weltbeherrschung. Studien zu Max Weber, Frankfurt/M.: Suhrkamp.

Schmitt, C., 1922, Politische Theologie, Berlin: Duncker & Humblot 1979.

Ulmen, G. L., 1988, Politische Theologie und Politische Ökonomie. Über Carl Schmitt und Max Weber, in: H. Quaritsch (Hg.), Complexio Oppositorum, Berlin: Duncker & Humblot.

Vollrath, E., 1990, Max Weber. Sozialwissenschaft zwischen Staatsrechtslehre und Kulturkritik, in: Politische Vierteljahresschrift 31.

Weiß, J., 1975, Max Webers Grundlegung der Soziologie, München: Saur 1992.

Weiß, J., 1991, Max Weber. Die Entzauberung der Welt, in: J. Speck (Hg.), Grundprobleme der großen Philosophen, Philosophie der Gegenwart IV, Göttingen: Vandenhoeck & Ruprecht.

Weiß, J. (Hg.), 1989, Max Weber heute. Erträge und Probleme der Forschung, Frankfurt/M.: Suhrkamp.

Johannes Weiß

Wert/Tatsache

1.

In der Philosophie gibt es eine intensive Debatte darüber, was Werte und was Tatsachen sind. Zugleich wird darüber nachgedacht, wie Werte und Tatsachen sich zueinander verhalten. Unter dem Einfluss des logischen Positivismus wird dabei von verschiedener Seite die Auffassung vertreten, Werte und Tatsachen seien strikt getrennt. Dieser sog. Trennungsthese zufolge sind Werte keine Tatsachen und Tatsachen keine Werte. In der Regel wird dabei der Unterschied von Werten und Tatsachen am Gegensatz von deskriptiven und evaluativen Aussagen expliziert. Deskriptive Aussagen (»Die Erde dreht sich um die Sonne«) *sagen*, was der Fall ist, evaluative Aussagen (»Es ist schlecht, Menschen zu quälen«) *bewerten* das, was der Fall ist. Diese Bewertung fügt der Beschreibung dessen, was der Fall ist, nach Ansicht der Vertreter der Trennungsthese nichts hinzu. Mit der Aussage »Es ist schlecht, Menschen zu quälen« bringen wir lediglich zum Ausdruck, dass wir diese Handlungsweise missbilligen (vgl. Ayer 1936, 141). Bewertungen sind demnach subjektive Zuschreibungen, die in evaluativen Aussagen ausgedrückt werden.

2.

Die Trennungsthese geht zurück auf David Hume, dem zufolge moralische Bewertungen nichts behaupten, was der Fall ist: »Erklärt Ihr eine Handlung oder einen Charakter für lasterhaft, so meint Ihr [damit] nichts anderes, als dass Ihr zufolge der Beschaffenheit Eurer Natur ein unmittelbares Bewusstsein oder Gefühl des Tadels bei der Betrachtung dieser Handlung oder dieses Charakters habt.« (Hume 1739/40, 211) Moralische Bewertungen haben demnach anders als deskriptive Aussagen eine rein expressive Bedeutung. Hume fügt dieser Unterscheidung von deskriptiven und evaluativen Aussagen die Unterscheidung von deskriptiven (oder Seins-) Aussagen und Sollensaussagen hinzu. Auch Sollensaussagen bringen nach Hume keine Fakten zum Ausdruck. Und deshalb sind sie, wie Hume meint, auch nicht aus deskriptiven Aussagen ableitbar (vgl. Hume 1739/40, 211).

3.

3.1. Zugunsten der Trennungsthese werden verschiedene Argumente vorgebracht: (a) Dem *empiristischen* Argument zufolge lassen sich evaluative Aussagen im Gegensatz zu deskriptiven Aussagen empirisch nicht überprüfen und können deshalb nicht falsifiziert werden (vgl. Ayer 1936, 140). Es handelt sich bei evaluativen Aussagen allerdings nicht um analytische Aussagen, für die es per definitionem kein empirisches Überprüfungsverfahren geben kann, sondern um synthetische Aussagen, deren Richtigkeit sich nicht aus einer Analyse der Bedeutung ihrer Begriffe ergibt. (b) Dem Argument der *offenen Frage* zufolge, das etwa Ayer und Stevenson vorbringen, lassen sich evaluative Begriffe wie »gut« oder »schlecht« nicht auf empirische Begriffe reduzieren (vgl. Ayer 1936, 140; Stevenson 1937, 15–18). Dabei beziehen sich die beiden Autoren auf Überlegungen, die George Edward Moore in seiner *Principia Ethica* entwickelt hat (vgl. Moore 1903, 43–53). Wenn das Wort »gut« dasselbe wie ein empirisches Prädikat N (z.B. »wird von allen gewünscht«) bedeuten würde, wäre es laut Moore selbstwidersprüchlich zu sagen »Ja, x ist N, aber x ist nicht gut«. Ein solcher Selbstwiderspruch liegt jedoch nicht vor (vgl. Ayer 1936, 138). Es gibt kein empirisches Prädikat, für das gelten würde, dass man sich selbst widerspricht, wenn man es einem Gegenstand x zuspricht und gleichzeitig bestreitet, dass x gut ist. Zudem wäre es dann auch keine offene Frage mehr, ob ein x, das N ist, auch gut ist. Genau dies ist aber nach Ansicht von Moore der Fall: Es ist in jedem Fall sinnvoll zu fragen »x ist N, aber ist es auch wirklich gut?« (vgl. Moore 1903, 16; Stevenson 1937, 189). Daraus ziehen Ayer und Stevenson den Schluss, dass evaluative Begriffe wie »gut« eine Bedeutung haben, die sich nicht auf die Bedeutung empirischer Ausdrücke reduzieren lässt. Und die Erklärung dafür ist ihrer Ansicht nach leicht zu finden: Evaluative Ausdrücke haben keinen empirischen Gehalt. (c) Das *Indifferenzargument* kann sich auf Hume beziehen, dem zufolge für die Trennungsthese der Umstand spricht, dass das, was wir mit moralischen Aussagen zum Ausdruck bringen, motivational wirksam sein kann und »über die ruhigen und gleichgültigen Urteile unseres Verstandes hinausgeht« (Hume 1739/40, 197). Wir tun bestimmte Dinge, weil wir sie für gut oder richtig halten; wir unterlassen andere Dinge, weil wir sie für verwerflich ansehen. Der Gehalt moralischer Aussagen könnte uns nach Hume aber nicht zum Handeln motivieren, würde es sich dabei um Tatsachen handeln, denn Tatsachen gegenüber können wir indifferent sein (vgl. ebd., 152). Deshalb können Ansichten darüber, was der Fall ist, wie Hume meint, als solche, d.h. allein nicht motivational wirksam werden (vgl. ebd., 197f.). Dazu brauchen sie die Unterstützung von Leidenschaften und Wünschen.

3.2. Die Trennungsthese ist in der philosophischen Diskussion nicht unumstritten. Verschiedene Autoren und Autorinnen sind der Meinung, dass Werte und Tatsachen sich nicht trennen lassen. Ihrer Ansicht nach gehören Werte zur Welt der Tatsachen. Deutlich wird das, so Gegner der Trennungsthese, an der Bedeutung sog. konkreter Wertausdrücke (»dichte ethische Begriffe«) (vgl. Foot 1978; McDowell 1981; Putnam 1981, Kap. 9; Putnam 2003, 28–45). Konkrete Wertausdrücke wie »grausam«, »unhöflich«, »gerecht« oder »großzügig« haben einen bewertenden und zugleich beschreibenden Bedeutungsgehalt. Mit dem konkreten Wertausdruck »unhöflich« beispielsweise werden Handlungen und Personen negativ bewertet. Gleichzeitig informiert uns dieser Begriff darüber, wie jemand sich verhalten hat (vgl. Foot 1978, 102; vgl. auch Williams 1985, 182f.: »Die Verwendungsweise dieser Begriffe ist durch die Beschaffenheit der Welt bestimmt (z.B. dadurch, wie sich jemand verhalten hat), zugleich beinhaltet aber ihre Verwendung normalerweise eine bestimmte Bewertung der Situation, also von Personen oder Handlungen.«). Mit dem Ausdruck »unhöflich« nehmen wir auf einen Wert und zugleich auf etwas Bezug, was der Fall ist.

3.3. Richard M. Hare und John L. Mackie dagegen glauben, dass sich der beschreibende und der bewertende Gehalt konkreter Wertausdrücke trennen lassen und die Bedeutung konkreter Wertausdrücke deshalb kein Argument liefert, die Trennungsthese aufzugeben (vgl. Hare 1981, 123–127; Mackie 1977, 47f.). Ein konkreter Wertausdruck bezieht sich auf eine deskriptive Eigenschaft, der in der Regel ein positiver oder ein negativer Wert zugeschrieben wird, aber ohne dass diese Wertzuschreibung direkt aus der Beschreibung folgt. Die deskriptive Eigenschaft, auf die sich der Ausdruck »unhöflich« bezieht, wird in unserer Kultur üblicherweise negativ bewertet – jedoch nicht notwendigerweise. Nach Hare können wir einer unhöflichen Handlung positiv, negativ, aber auch indifferent gegenüberstehen (vgl. Hare 1981, 126). Man kann das Wort »unhöflich« in einem rein deskriptiven Sinn verwenden – »Ich habe mich unhöflich verhalten, weil du mich beleidigt hast« – d.h. man kann eine Handlung als »unhöflich« bezeichnen, ohne sie zugleich negativ zu bewerten (vgl. Hare 1981, 126). Ich teile anderen mit, wie ich mich verhalten habe, ohne dabei mein Tun negativ oder positiv zu bewerten. Wir können eine Handlung auch als unhöflich bezeichnen und sie gleichzeitig positiv bewerten: »Hans wird etwas dazu lernen, wenn man sich ihm gegenüber auch einmal unhöflich verhält.« Wichtig ist: Nach Hare und Mackie ist dieser Zusammenhang von Beschreibung und Bewertung kontingent.

3.4. Kritiker der Trennungsthese bestreiten dies. Ihre diesbezüglichen Zweifel beziehen sich auf die Möglichkeit, die deskriptive Eigenschaft zu isolieren, auf die sich konkrete Wertausdrücke jeweils beziehen (vgl. McDowell 1981, 201). Es ist nicht klar, so wird argumentiert, worum es sich bei dieser rein deskriptiven Eigenschaft handeln soll. Wäre es diejenige Eigenschaft, auf die man in einer rein deskriptiven Verwendung eines konkreten Wertausdruckes Bezug nimmt? Kritiker der Trennungsthese meinen, dass sich ein konkreter Wertausdruck, der rein deskriptiv verwendet wird, nicht auf dieselben Sachverhalte bezieht, wie der in einem bewertenden Sinn verwendete Begriff. Putnam illustriert das am konkreten Wertausdruck »grausam«: »Es ist nicht der Fall, dass der Umfang von ›grausam‹ [...] schlicht ›großes Leiden verursachend‹ bedeutet, noch ist die Aussage ›verursacht großes Leiden‹ selbst frei von jeder wertenden Kraft, wie Hare selbst hätte bemerken müssen. ›Leiden‹ meint nicht einfach ›Schmerzen‹, noch meint ›groß‹ einfach ›viel‹. Vor der Einführung der Anästhesie Ende des neunzehnten Jahrhunderts verursachte jede Operation große Schmerzen, aber Chirurgen waren in der Regel nicht *grausam* [...].« (Putnam 2003, 38) Weder mit dem Ausdruck »Verursachung von großem Leiden« noch mit dem Ausdruck »Verursachung von großen Schmerzen« beziehen wir uns nach Putnam auf den rein deskriptiven Bedeutungsgehalt von »grausam«. Deshalb glaubt er, dass sich der beschreibende und der bewertende Bedeutungsgehalt von konkreten Wertausdrücken nicht trennen lassen. Putnam ist darüber hinaus auch der Ansicht, dass die Vermischung von Werten und Tatsachen nicht auf den Bereich der moralischen Werte beschränkt ist. Eine entsprechende Vermischung finden wir auch bei dem, was er als »epistemische Werte« bezeichnet (vgl. ebd., 30ff.). Deskriptive Urteile werden als wahr oder falsch, als korrekt oder nicht korrekt, als plausibel oder unplausibel bezeichnet. Nach Putnam liefern diese Begriffe keine Beschreibung der Welt. Sie leiten uns vielmehr in unserer Suche nach der richtigen Beschreibung der Welt und sind gleichzeitig rationalen Standards unterworfen (vgl. ebd., 33).

3.5. Für Kritiker der Trennungsthese sind Werte Tatsachen. Wenn eine Handlung verwerflich ist, ist es eine Tatsache, dass ihr diese Werteigenschaft zukommt. Dabei sind nach einer breit geteilten Auffassung diese Werteigenschaften von natürlichen Eigenschaften des jeweils in Frage stehenden Gegenstandes abhängig (für eine abweichende Ansicht vgl. Scheler 1913, 40). Diese Abhängigkeit wird als Verhältnis der *Supervenienz* bezeichnet (vgl. Blackburn 1984, 182–184). Dass ein solches Verhältnis besteht, bedeutet beispielsweise: Die Werteigenschaften einer Handlung können sich nicht ändern, ohne dass sich nicht auch die zugrunde liegenden natürlichen Eigenschaften ändern.

Auch Vertreter der Trennungsthese können das Verhältnis von Bewertung und bewertetem Gegenstand als ein Verhältnis der Supervenienz verstehen. Dieses Verhältnis kann, muss aber, wie Hare meint, kein Verhältnis verschiedener Eigenschaften sein. Unter »Supervenienz« von Bewertung und bewertetem Gegenstand sollte nach Hare nichts anders als das Universalisierungsprinzip moralischer Aussagen verstanden werden (vgl. Hare 1984, 72ff.). Danach gilt: Wenn x gut ist und y x in allen relevanten Hinsichten ähnlich ist, dann muss y auch gut sein. Die Bewertung von x, so Hare, kann nur dann begründeterweise verändert werden, wenn sich auch deskriptive Eigenschaften von x ändern. Dies ist nach Hare mit Supervenienz im Blick auf das Verhältnis von Werten und Tatsachen gemeint: Dinge dürfen bloß dann unterschiedlich bewertet werden, wenn sie sich auch in ihren deskriptiven Eigenschaften unterscheiden.

4.

Ayer, A., 1936, Sprache, Wahrheit und Logik, Stuttgart: Reclam 1970.

Blackburn, S., 1984, Spreading the Word, Oxford: Oxford University Press.

Foot, P., 1978, Moral Arguments, in: dies., Virtues and Vices, Oxford: Blackwell.

Hare, R. M., 1981, Moralisches Denken, Frankfurt/M.: Suhrkamp 2002.

Hare, R. M., 1984, Supervenience, in: ders., Essays in Ethical Theory, Oxford: Clarendon 1993.

Hume, D., 1739/40, Ein Traktat über die menschliche Natur. Buch II. Über die Affekte. Buch III. Über die Moral, Hamburg: Meiner 1978.

Mackie, J. L., 1977, Ethik, Stuttgart: Reclam 1981.

McDowell, J., 1981, Non-Cognitivism and Rule-Following, in: ders., Mind, Value and Reality, Cambridge/MA: Harvard University Press 1998.

Moore, G. E., 1903, Principia Ethica, Stuttgart: Reclam 1996.
Putnam, H., 1981, Vernunft, Wahrheit und Geschichte, Frankfurt/M.: Suhrkamp 1990.
Putnam, H., 2003, The Collapse of the Fact/Value Dichotomy, in: ders., The Collapse of the Fact/Value Dichotomy and Other Essays, Cambridge/MA: Harvard University Press.
Scheler, M., 1913, Der Formalismus in der Ethik und die materiale Wertethik, in: Gesammelte Werke, Bd. 2, Bern: Francke 1954.
Stevenson, C., 1937, The Emotive Meaning of Ethical Terms, in: Mind 46.
Williams, B., 1985, Ethik und die Grenzen der Philosophie, Hamburg: Rotbuch 1999.

Peter Schaber

Wert/Werte

1.

Sowohl in der öffentlichen Diskussion als auch in wissenschaftlichen Diskursen erfreut sich die Rede von Werten großer Beliebtheit; bezeichnet wird mit »Wert« allerdings sehr Unterschiedliches: Zum einen dient ein deskriptiver Wertbegriff zur Erfassung verschiedener individualpsychologischer und soziologischer Sachverhalte, zum anderen wird eine Vielfalt im weitesten Sinn normativer Fragen im Vokabular von Werten formuliert. Zu dieser Dualität einer normativen und einer deskriptiven Bedeutung kommt hinzu, dass »Wert« je nach Verwendungszusammenhang zu unterschiedlichen Begriffen in Kontrast steht (z.B. Werte vs. Tatsachen, Werte vs. Wünsche, Werte vs. Normen) und überdies je nach Theorie mit äußerst verschiedenen Konnotationen versehen ist. Kontroversen entzünden sich daher nicht nur an spezifischen Werten wie etwa Freiheit oder Solidarität und der Frage, wie diese zu verstehen sind. Auch der Wertbegriff selbst wird kritisch thematisiert und stößt bei aller Popularität z.T. auf vehemente Ablehnung.

1.1. In seiner *deskriptiven* Verwendung bezeichnet der Wertbegriff die Vorstellungen, die Individuen oder Gruppen in ihrem Urteilen und Handeln leiten. Die Definition von C. Kluckhohn kann für die Sozialwissenschaften als repräsentativ gelten: »Ein Wert ist eine Auffassung vom Wünschenswerten, die explizit oder implizit sowie für ein Individuum oder für eine Gruppe kennzeichnend ist und welche die Auswahl der zugänglichen Weisen, Mittel und Ziele des Handelns beeinflusst.« (Kluckhohn 1951, 395) Der deskriptive Wertbegriff der Sozialwissenschaften ist v.a. durch zwei Abgrenzungen bestimmt: (a) Von anderen subjektiven Einstellungen wie Wünschen unterscheiden sich Werte dadurch, dass es sich bei ihnen um höherstufige Standards handelt, mit denen wir zu unseren Wünschen Stellung nehmen und uns ggf. auch von diesen zu distanzieren vermögen. Was wir für wünschens*wert* halten, muss nicht mit dem faktisch Gewünschten übereinstimmen. (b) Gegenüber Normen zeichnen sich Werte dadurch aus, dass sie Personen nicht als von externen Instanzen auferlegt erscheinen und nicht mittels Sanktionen stabilisiert werden müssen, sondern von den Subjekten selbst, zumindest soweit es um die eigenen Werte geht, für attraktiv und wichtig gehalten werden (vgl. Joas 1997, 258). Werten im Sinne von Idealen, an denen sich Subjekte orientieren, wird deshalb häufig eine für die Identität von Personen bzw. Gruppen konstitutive Bedeutung zugeschrieben; dies gilt nicht nur für empirische, sondern auch für philosophische Kontexte (vgl. Taylor 1989, Teil 1). Um Missverständnisse zu vermeiden, empfiehlt es sich, wenn diese faktischen Orientierungen von Subjekten gemeint sind, konsequent von Wert*bindungen* zu sprechen. Auf solche Wertbindungen bezieht sich die psychologische und soziologische Diskussion über die Entstehung, den Wandel oder den Zerfall von Werten.

1.2. In seiner *normativen* Verwendung bezeichnet der Wertbegriff dagegen jene Gesichtspunkte, die das Urteilen und Handeln leiten *sollen*. Dem Anspruch nach besteht diese Geltung unabhängig davon, woran sich Individuen oder Kollektive faktisch orientieren: So wäre z.B. Gerechtigkeit selbst dann ein Wert, wenn es niemanden gäbe, der gerechte Verhältnisse tatsächlich für wichtig hält. Da es beim normativen Begriff von Werten um das Wünschenswerte selbst geht, also etwa Schönheit, Autonomie oder eben Gerechtigkeit, handelt es sich auch ontologisch um etwas anderes als bei den subjektiven Auffassungen darüber, worin das Wünschenswerte besteht. Bezüglich des normativen Wertbegriffs ergibt es (im Gegensatz zur Verwendung im Sinne von Wertbindungen) keinen Sinn, von ›meinen persönlichen Werten‹ oder von ›christlichen Werten‹ zu sprechen (genauso wie etwas zwar ›meine‹ Überzeugung, aber eben nicht ›meine‹ Tatsache sein kann).

Das normative Verständnis ist das primäre: Wenn wir den Wert von personaler Autonomie und Freundschaft erwägen oder über den Wert von Solidarität und Gerechtigkeit diskutieren, interessieren wir uns nicht primär für unsere oder anderer Leute Wertbindungen, sondern unmittelbar dafür, was ein Leben bzw. eine Gesellschaft gut macht. Wir wollen z.B. wissen, ob es richtig ist, nach Autonomie zu streben und wie viel Gewicht wir ihr in unserem Leben geben sollen. Zudem betrachten wir faktische Wertbindungen von Individuen und Gruppen als legitimen Gegenstand normativer Beurteilung. Wir unterscheiden ›gute oder richtige Werte‹ (z.B. sozial funktionale wie Ehrlichkeit oder Solidarität) von ›schlechten oder falschen Werten‹ (z.B. destruktiven wie überzogenen Vorstellungen von Ehre oder Gruppenloyalität); es werden andere Werte gefordert oder es wird im Gegenteil die Rückkehr zu den alten Werten angemahnt. Solche Urteile und Forderungen setzen voraus, dass es Maßstäbe gibt, die ihrerseits nicht von den für Subjekte leitenden Wertbindungen abhängig sind, sondern im Gegenteil die Grundlage für deren Evaluation liefern.

Im Alltag wird »Wert« oft als undifferenzierter Sammelbegriff verwendet, der Prinzipien, Regeln, Tugenden, Ideale, aber auch Institutionen wie etwa die Ehe oder den Rechtsstaat umfasst. In philosophischen Kontexten hat der Wertbegriff meist eine engere Bedeutung, die sich primär aus dem Gegensatz zu deontischen Begriffen wie ›richtig‹ oder ›sollen‹ ergibt. Darüber hinaus variiert sein Gehalt aber von Theorie zu Theorie beträchtlich. So wird z.B. im Konsequentialismus – der Moraltheorie, die besagt, dass wir jene Handlung ausführen sollen, die am meisten Wert realisiert – ein Wertbegriff verwendet, der sich ausschließlich auf das Gute von realisierbaren Objekten bzw. Zuständen bezieht und diesem das Richtige von Handlungen gegenüberstellt. In anderen Theorien, z.B. in der Diskursethik, ist für Werte kennzeichnend, dass ihnen im Unterschied zu Normen keine universale Verbindlichkeit, sondern bloß partikulare Geltung zukommt (vgl. Habermas 1992, 309–311). Dies entspricht einer v.a. in der politischen Philosophie verbreiteten Tendenz, Werte als umfassende, aber nicht allgemeingültige Konzeptionen des guten Lebens zu verstehen und diesen die allen gegenüber begründbare politische Ordnung entgegenzusetzen.

Angesichts der Popularität des Wertbegriffs ist es wichtig, sich der Vielfalt seiner theoriespezifischen Bedeutungen bewusst zu sein, damit Diskussionen über Werte nicht zu einem fruchtlosen Streit um Worte geraten. Zudem gilt es zu beachten, dass mit Regelungen, wie der Wertbegriff innerhalb einer Theorie verwendet werden soll, noch keine sachlichen Einsichten gewonnen sind: Es ist z.B. eine offene Frage, ob es allgemeingültige Konzeptionen des guten Lebens gibt oder nicht. Die bloße Kontrastierung von Werten mit Normen vermag diese Frage nicht zu entscheiden.

1.3. Eine die verschiedenen Verwendungsweisen sowohl in den Sozialwissenschaften als auch innerhalb der Philosophie erfassende Definition des Wertbegriffs ist nicht möglich. Klärend ist aber ein allgemeines Schema, das zwischen *Werten* und *Wert* unterscheidet und beide zum Begriff eines *Gutes* in Beziehung setzt: Werte (im Plural, qualitativ) sind normativ relevante Standards; konkrete Objekte haben Wert (im Singular, quantitativ), insofern sie solche Standards erfüllen; diese wertvollen Objekte stellen Güter dar. Dass etwas ein Gut ist und also Wert hat, bedeutet schließlich in praktischer Hinsicht, dass es angebracht ist, es *wertzuschätzen* (vgl. Anderson 1993, 1–5; Zimmerman 2001, 2–4, 84–86). Eine bestimmte Vase hat z.B. Wert, weil und in dem Maß, in dem sie den Wert der Schönheit realisiert; eine bestimmte Gesellschaftsordnung hat z.B. Wert, weil und in dem Maß, in dem sie den Wert der Gerechtigkeit realisiert; die schöne Vase und die gerechte Gesellschaftsordnung sind wertvolle Güter, denen gegenüber jeweils bestimmte Formen der Wertschätzung angebracht sind.

2.

Die Vieldeutigkeit des Wertbegriffs spiegelt seine unterschiedlichen historischen Verwendungsweisen. Seine Ursprünge liegen im Bereich der Wirtschaft; das althochdeutsche »werd« bezeichnete Preis und Lohn, konnte aber auch für die wertvolle Ware selbst stehen. Diese Verwendungsweise hält sich bis heute, etwa wenn von einem Diamanten oder einer Information gesagt wird, sie seien wertvoll oder viel wert, und damit bald ihr Tauschwert, bald ihr Gebrauchswert gemeint ist. Erst im 19. Jahrhundert griff die (deutschsprachige) Philosophie den Wertbegriff auf, in der er indes bald zum Leitbegriff schlechthin avancierte (vgl. Schnädelbach 1983, 197 ff.). Seine überragende Bedeutung bis in die 1930er Jahre erklärt sich aus einem neuen Verständnis von Werten, das diese im Kontrast zu empirisch fassbaren *Tatsachen* begreift: Der Wertbegriff sollte die Diskussion und Beantwortung von Sinnfragen erlauben, für die in einer rein positivistisch beschriebenen Wirklichkeit kein Platz mehr gefunden werden konnte. In den sich etablierenden Kulturwissenschaften wurde der Begriff der Werte zu einer zentralen Verstehenskategorie. Er bezeichnet die für eine Kultur jeweils prägenden Ideale und Zielsetzungen, die historischem Wandel unterworfen sind oder sich gar, wie in Nietzsches Parole von der ›Umwertung aller Werte‹ gefordert, gezielt verändern lassen. Diese Auffassung bildet den Hintergrund des deskriptiven Wertverständnisses (vgl. 1.1). Dagegen orientieren sich die axiologischen Wertlehren, wie sie am prominentesten und einflussreichsten in der phänomenologisch ausgerichteten materialen Wertethik von M. Scheler (1913) artikuliert wurden, am normativen Wertbegriff: Werte werden demnach ebenso wie die unveränderliche Rangordnung, in der sie stehen, nicht von uns geschaffen, sondern vielmehr entdeckt. Differenzen im Ethos sind damit zu erklären, dass verschiedene Individuen und Kulturen in unterschiedlicher Weise Zugang zu diesen Werten haben.

In der analytischen Werttheorie dominiert seit ihren Anfängen der normative Wertbegriff. G. E. Moore, dessen Arbeiten (1903; 1922) den wichtigsten Ausgangspunkt für die analytische Wertphilosophie bilden, verwendet »value« synonym zu »good«. Im Zentrum steht die Frage, was um seiner selbst willen gut und erstrebenswert ist; hingegen spielen Vorstellungen wie ›Sinn‹, ›Kultur‹ oder ›Orientierung‹ bei Moore und in der analytischen Werttheorie insgesamt eher eine marginale Rolle (vgl. Scanlon 1998, Kap. 2; Zimmerman 2001).

3.

Zum Wertbegriff bzw. zu Werten wird in den verschiedenen Geistes- und Sozialwissenschaften intensive Forschung betrieben. Zwischen empirischen Untersuchungen zu den von Individuen oder Gruppen für verbindlich gehaltenen Orientierungen, d.h. zu Wertbindungen, und den im Folgenden ausschließlich thematisierten Fragen der philosophischen Werttheorie besteht allerdings kaum ein Zusammenhang.

3.1. Ein zentraler Streitpunkt ist seit jeher die Frage nach der Grundlage für die normative Relevanz von Wertstandards. Was ist es, das einen Standard verbindlich und eine Wertschätzung gegenüber einem Objekt ›angebracht‹ macht (vgl. 1.2.)? Unter den Antworten auf diese Frage lassen sich drei Positionen unterscheiden, von denen jede sowohl in der philosophischen Tradition als auch in der gegenwärtigen metaethischen Diskussion ihre Vertreter hat.

(i) Nach Auffassung des *Wertobjektivismus* (Platon, M. Scheler, G. E. Moore, D. Parfit, J. Dancy) gelten diese Standards unabhängig von unseren Überzeugungen und Einstellungen. Werte werden nicht von uns gesetzt; vielmehr bemisst es sich an den Eigenschaften der Dinge selbst, ob sie gut sind und unsere Wertschätzung verdienen. Das muss nicht heißen, dass anthropologische Gegebenheiten keine Rolle spielen. So werden z.B. Autonomie und Freundschaft oft als Beispiele für etwas angeführt, das (in der Regel) für uns objektiv gut ist. Objektivisten können einräumen, dass Menschen womöglich keinen Grund hätten, nach diesen Dingen zu streben, wenn sie radikal anders konstituierte Wesen wären. Entscheidend für die objektivistische Position ist, dass für einen solchen ›Wertewandel‹ die Beschaffenheit der Menschen sich ändern müsste, nicht deren Einstellungen.

(ii) Für den *Wertsubjektivismus* (Hobbes, Hume, R. Brandt, J. L. Mackie) hingegen verdient etwas nicht deshalb unsere Wertschätzung, weil es objektiv wertvoll ist, sondern Objekte sind wertvoll, weil und insofern Subjekte wie wir sie wertschätzen. Diese Auffassung läuft nicht zwangsläufig auf die eher unplausible These hinaus, dass alles und nur das, was wir faktisch wertschätzen, auch wertvoll ist. Um ›angebrachte‹ Wertschätzung von Fällen zu unterscheiden, in denen ein Objekt fälschlich (nicht) für gut gehalten wird, verweisen Subjektivisten in der Regel auf Wertschätzung, wie sie unter idealisierten Bedingungen erfolgen würde: Objekte gelten etwa dann als wertvoll, wenn wir sie bei vollständiger Informiertheit wertschätzen würden.

(iii) Als *Wertkonstruktivismus* (Kant, E. Anderson, C. Korsgaard) schließlich kann jene Position bezeichnet werden, für die Standards weder unabhängig von menschlichem Dazutun bestehen noch sich aus unseren faktischen oder hypothetischen Wertschätzungen ergeben, sondern als ein Konstrukt der praktischen Vernunft zu verstehen sind. Objekte sind demnach wertvoll, wenn sie Standards erfüllen, an denen sich zu orientieren für uns rational ist. Tests für die Rationalität von Standards können formaler Art sein; darüber hinaus versuchen Konstruktivisten, aus Überlegungen zum praktischen Selbstverständnis von Personen und zum Sinn von sozialen Praktiken Kriterien zu gewinnen.

Die Debatte über die Grundlage von Werten ist keineswegs entschieden. Die lebhaft geführte gegenwärtige philosophische Diskussion zeigt vielmehr, dass keine dieser drei Auffassungen als ›erledigt‹ abgeschrieben werden kann. An die Stelle relativ krude formulierter Positionen sind inzwischen nämlich anspruchsvolle Theorien getreten, die eine weitere Auseinandersetzung erfordern. Überdies besteht auch in dieser Debatte Raum für Zwischenpositionen: So können z.B. vergleichsweise abstrakte Werte wie Schönheit oder persönliche Beziehungen objektivistisch verstanden, konkrete Standards wie etwa ›die gotische Kathedrale‹ oder ›die antike Vorstellung von Freundschaft‹ dagegen als historisch kontingente Konstrukte betrachtet werden (vgl. Raz 2003).

3.2. (i) Werte im Sinne von Standards (s. 1.3.) lassen sich nach dem Gesichtspunkt klassifizieren, der für eine Beurteilung relevant ist. So werden prudentielle Werte (individuelles Wohlergehen – was ein Leben für die Person, deren Leben es ist, gut macht), ästhetische Werte, moralische Werte, politische Werte und religiöse Werte unterschieden. Die Relevanz dieser Differenzierungen zeigt sich z.B. bei der Frage, ob Rechte und politische Institutionen auf Werten begründet sein können. Je nachdem, ob politische Werte oder moralische oder gar religiöse Werte gemeint sind, wird die Antwort anders ausfallen müssen. (ii) Güter, die um ihrer selbst willen gut sind, haben *finalen* Wert (häufig auch als *intrinsischer* Wert bezeichnet; vgl. dazu kritisch Korsgaard 1983). Dagegen kommt demjenigen, das nur insofern erstrebenswert ist, als es zur Realisierung eines anderen Gutes dient, lediglich *in-*

strumenteller Wert zu. Gesundheit ist ein aussichtsreicher Kandidat für einen finalen Wert, während das heilende Medikament bloß instrumentellen Wert hat.

3.3. Wer der Auffassung ist, dass bei unseren Evaluationen letztlich nur eine einzige Eigenschaft zählt, vertritt einen *Wertmonismus*. Meist wird eine derartige Position lediglich eingeschränkt auf einen bestimmten Bereich vertreten, etwa als Hedonismus in der Theorie des guten Lebens. Von einem *Wertpluralismus* lässt sich dagegen sprechen, wenn eine irreduzible Vielzahl von normativ relevanten Standards behauptet wird. Politische Theorien gelten z.B. als pluralistisch, wenn die Sicherung von Freiheit nicht als die einzige Aufgabe des Staates betrachtet wird, sondern es auch auf andere Werte wie Wohlfahrt oder Gleichheit ankommt. In vielen Kontexten steht ›Pluralismus der Werte‹ indes nicht für eine axiologische These, sondern bezieht sich auf die Heterogenität von Wertbindungen. Auch diese Verwendung ist zweideutig: Sie schillert zwischen dem empirischen Befund unterschiedlicher Wertvorstellungen und der normativen These, dass es eine Vielzahl legitimer Konzeptionen des guten Lebens gibt.

Eine Pluralität normativ relevanter Standards scheint eine Reihe von Problemen aufzuwerfen, die gewöhnlich unter dem Stichwort »*Inkommensurabilität*« von Werten diskutiert werden. Dazu gehören etwa Fragen wie diese: Lässt sich die ökologische Bedeutung einer Landschaft gegen ihren ökonomischen Nutzen abwägen? Kann der Verlust von Freiheit gegen den Gewinn von Sicherheit verrechnet werden? Im Zentrum steht die Frage, ob verschiedene Güter immer auf ihren Wert hin verglichen, d.h. als besser, schlechter oder gleich gut eingestuft werden können. Ist dies nicht der Fall, sind die Güter unvergleichbar und es scheint unmöglich, zwischen ihnen eine begründete Wahl zu treffen. Ob es solche Situationen von Unvergleichbarkeit tatsächlich gibt, ist strittig (vgl. Chang 1997).

3.4. Zwei einflussreiche Einwände gegen den Wertbegriff sind mit Vorstellungen zur sog. Logik von Werten (vgl. Schmitt 1979, 11ff.) verbunden. Gemeint ist damit, wie Werte im Unterschied zu anderen normativen Konzepten wie etwa denen einer Pflicht oder eines Rechts funktionieren.

(i) Ein erster Vorbehalt ergibt sich aus der Spannung zwischen dem qualitativen Wertbegriff – etwas *ist* ein Wert – und dem quantitativen Wertbegriff – etwas *hat* so-und-soviel Wert (s. 1.3.). Zum quantitativen Wertbegriff gehören die *Graduierbarkeit* – ein Gut hat mehr oder weniger Wert, abhängig davon, in welchem Grad es einen normativen Standard erfüllt –, sowie die zumindest prinzipielle *Abwägbarkeit* des Wertes verschiedener Güter. Diese Eigenschaften entsprechen dem ökonomischen Hintergrund des Wertbegriffs (s. 2.), vertragen sich jedoch schlecht mit den Anliegen jener, die z.B. für den Wert des Lebens oder den Wert der Wahrheit eintreten. Die Vorstellung, dass es sich dabei um Güter handelt, die gegen andere Güter abgewogen werden können, scheint unangemessen; bereits die Frage, wie viel Wert denn das Leben oder die Wahrheit habe, erregt Anstoß (vgl. Schmitt 1979, 14; ausführliche Diskussionen in Chang 1997). Dem quantitativen Wertverständnis wird deshalb gelegentlich ein an Kant orientierter Begriff der *Würde* entgegengehalten, die nicht steigerbar und aller Abwägung entzogen sein soll.

(ii) Der von C. Schmitt (1979) popularisierte Slogan von der ›Tyrannei der Werte‹ benennt einen weiteren Einwand gegen den Wertbegriff. Inspiriert durch M. Webers Schilderungen vom unerbittlichen Kampf der Wertordnungen (vgl. Weber 1919), diagnostiziert Schmitt eine dem Wertdenken immanente Aggressivität: Demnach gehört es zum Wesen von Werten, dass sie um jeden Preis durchgesetzt werden müssen, wobei niedere Werte zugunsten von höheren geopfert werden dürfen, ja sollen. Dieser Realisierungsdruck besteht nach Schmitt unabhängig davon, ob Werte als subjektive Setzungen oder als in einer objektiven Ordnung verankert verstanden werden.

Schmitts Kritik des Wertdenkens hat die deutschsprachige Diskussion v.a. in der

Rechtsphilosophie, aber auch in der evangelischen Theologie nachhaltig beeinflusst (vgl. Böckenförde 1990, 38–41; Werner 2002, 108–113). Verteidiger des Wertbegriffes weisen jedoch darauf hin, dass in den meisten Kontexten, in denen evaluative Urteile gefällt werden, das Moment der Aggressivität gänzlich fehlt. Es scheint überzogen, stets einen Kampf oder gar eine ›Tyrannei‹ von Werten am Werk zu sehen. Und dass wir nicht umhin können, gewisse Dinge als schlecht zu bewerten, legt uns nicht auf die belastete Rede von ›Unwert‹ fest. Grund zum Zweifeln an der Tauglichkeit des Wertbegriffs für die Konzipierung und Bearbeitung normativer Fragen scheint weniger zu sein, dass er eine ganz bestimmte fragwürdige Denkweise mit sich bringt. Im Gegenteil dürfte M. Heideggers Diagnose nach wie vor das zentrale Problem treffen: »Der Häufigkeit des Redens von Werten entspricht die Unbestimmtheit des Begriffes.« (1943, 233; vgl. auch Zimmerman 2001, 2ff.)

4.

Anderson, E., 1993, Value in Ethics and Economics, Cambridge/MA: Harvard University Press.

Böckenförde, E.-W., 1990, Zur Kritik der Wertbegründung des Rechts, in: Archiv für Rechts- und Sozialphilosophie 37.

Chang, R. (Hg.), 1997, Incommensurability, Incomparability, and Practical Reason, Cambridge/MA: Harvard University Press.

Habermas, J., 1992, Faktizität und Geltung. Beiträge zur Diskurstheorie des Rechts und des demokratischen Rechtsstaats, Frankfurt/M.: Suhrkamp.

Heidegger, M., 1943, Nietzsches Wort »Gott ist tot«, in: ders., Holzwege, Frankfurt/M.: Klostermann 1980.

Joas, H., 1997, Die Entstehung der Werte, Frankfurt/M.: Suhrkamp.

Kluckhohn, C., 1951, Values and Value-Orientations in the Theory of Action, in: T. Parsons/E. A. Shils (Hg.), Toward a General Theory of Action, Cambridge/MA: Harvard University Press.

Koorsgaard, C., 1983, Two Distinctions in Goodness, in: Philosophical Review 92.

Korsgaard, C., 1996, The Sources of Normativity, Cambridge: Cambridge University Press.

Moore, G. E., 1903, Principia Ethica, Stuttgart: Reclam 1996.

Moore, G. E., 1922, The Conception of Intrinsic Value, in: ders., Philosophical Studies, London: Routledge & Kegan Paul.

Raz, J., 2003, The Practice of Value, Oxford: Oxford University Press.

Scanlon, T. M., 1998, What We Owe to Each Other, Cambridge/MA: Harvard University Press.

Scheler, M., 1913, Der Formalismus in der Ethik und die materiale Wertethik, Bern: Francke 1954.

Schnädelbach, H., 1983, Philosophie in Deutschland 1831–1933, Frankfurt/M.: Suhrkamp.

Schmitt, C., 1979, Die Tyrannei der Werte, in: S. Schelz (Hg.), Die Tyrannei der Werte, Hamburg: Lutherisches Verlagshaus.

Werner, F., 2002, Vom Wert der Werte, Münster: LIT.

Taylor, C., 1989, Quellen des Selbst, Frankfurt/M: Suhrkamp 1996.

Weber, M., 1919, Politik als Beruf, in: ders., Gesammelte politische Schriften, Tübingen: Mohr 1971.

Zimmerman, M., 2001, The Nature of Intrinsic Value, Lanham: Rowman & Littlefield.

NORBERT ANWANDER

Widerspruch

1.

1.1. Jede Theorie, die den Begriff des Widerspruchs klären will, muss die Entitäten benennen, von denen ein widersprüchliches Verhältnis ausgesagt wird. Maßgeblich für fast alle Widerspruchsbegriffe ist dabei in der Regel eine logische Fassung. In logischer Perspektive treten Aussagen oder Sätze in einen Widerspruch, wenn sie sich wie Behauptung und Verneinung zueinander verhalten und zugleich beanspruchen, wahr zu sein. Neben einer im strengen Sinne logischen Verwendung des Widerspruchsbegriffs finden sich auch sozialphilosophische und gesellschaftstheoretische Verwendungen, die v.a. Anschluss an Hegel und Marx suchen. Diese Verwendungen lehnen sich häufig an bestimmte

Aspekte des logischen Widerspruchsbegriffs an, suchen sich zugleich aber von einer allzu engen logischen Deutung zu emanzipieren. Je nach Theorieansatz ist in diesem Zusammenhang von widersprüchlichen Überzeugungen, Wünschen, Ansprüchen, Intentionen, Interessen, Systemen oder Strukturen die Rede. In der marxistischen Tradition wird der Widerspruch zwischen den Klassen (z.B. Kapitalisten-Proletariat) als Motor geschichtlicher Veränderung gesehen. Mit dem Einflussverlust des Marxismus ist der Widerspruchsbegriff allerdings weitgehend aus der Sozialphilosophie und Gesellschaftstheorie verschwunden. Größere Prominenz haben gegenwärtig Analysen, die moderne Gesellschaften oder die Moderne insgesamt als »ambivalent«, »antinomisch« oder »paradox« kennzeichnen.

1.2. Die vielfältige Verwendung des Widerspruchsbegriffs in der Philosophie hat Versuche der Reglementierung des Begriffs nach sich gezogen. Der Ausdruck »Widerspruch« sei demnach einzig für logische Widersprüche »zu reservieren«. Wo z.B. Interessen, Intentionen oder Klassen aufeinandertreffen, sollten Begriffe wie »Repugnanz«, »Konflikt«, »Gegensatz«, »Antagonismus« oder »Widerstreit« verwendet werden (vgl. Patzig 1974, 1698). Im Hintergrund steht dabei die Annahme, der Widerspruchsbegriff folge einem erfahrungsfreien Begründungsmuster, das nur im Rahmen logischer Analysen angemessen entschlüsselt werden könne. Doch auch Ansätze, die von widersprüchlichen Wünschen, Überzeugungen, Ansprüchen, Intentionen, Strukturen etc. ausgehen, verzichten zumeist nicht darauf, den Widerspruchsbegriff logisch zu konturieren. Nach Jon Elster läuft etwa der Wunsch, von einem anderen anerkannt zu werden, ohne ihn selbst anzuerkennen, auf eine »begriffliche Unmöglichkeit« hinaus, da schon der Wunsch nach Anerkennung den anderen »implizit« als moralisch kompetent anerkenne (vgl. Elster 1978, 122). Marxistisch inspirierte Widerspruchsbegriffe hoffen die Nähe zur Logik zu wahren, indem sie für die von ihnen postulierten Widersprüche Unausweichlichkeit oder die Abwesenheit bewusster Intentionalität annehmen. Die in den 1960er und –70er Jahren gängige Wendung von den »Grundwidersprüchen« des (Spät-)Kapitalismus zielt auf die Struktur einer Gesellschaftsformation, aus deren »Organisationsprinzip die Notwendigkeit abgeleitet werden kann, daß sich in diesem System (immer wieder) Individuen und Gruppen mit (auf die Dauer) unvereinbaren Ansprüchen und Intentionen gegenübertreten werden« (Habermas 1973, 44). Manifeste Konflikte zwischen Klassen bilden dieser Sicht nach nur die Oberfläche eines intentionslos sich entfaltenden Widerspruchs zwischen Produktionsverhältnissen und Produktivkräften. Der strukturalistische Marxismus hat diesen Punkt pointiert und von der »funktionellen Unvereinbarkeit« zwischen der Vergesellschaftung der Produktivkräfte und der privatisierten Produktionsverhältnisse gesprochen (vgl. Offe 1972, 13; Godelier 1966). Logisch seien diese von marxistischen Ansätzen formulierten Widersprüche, weil sie gewissermaßen Eigenschaften mit den Widersprüchen teilen, die im Kontext der philosophischen Logik thematisch werden. Damit handelt es sich letztlich um einen abgeleiteten Begriff der Logik: »Die Tiefenstrukturen einer Gesellschaft sind nicht im engeren Sinne logische Strukturen.« (Habermas 1973, 44)

2.

Trotz der Nähe des sozialphilosophischen oder gesellschaftstheoretischen Widerspruchsbegriffs zum logischen Widerspruchsbegriff bemühen sich wesentliche neuzeitliche Philosophien um eine gewisse Emanzipation von den aristotelischen Fassungen des Satzes vom Widerspruch. So geht es Kant in seinem *Versuch den Begriff der negativen Größen in die Weltweisheit einzuführen* (1763) darum, den Begriff der ›Realrepugnanz‹ gegen den Begriff der ›logischen Repugnanz‹ in Anschlag zu bringen. Die Geltung des Satzes vom Widerspruch wird eingeschränkt durch den Verweis auf reale, aber nicht-widersprüchliche Entgegensetzungen: »Bewegkraft eines Körpers nach einer Gegend und eine gleiche Bestrebung eben desselben Körpers in entgegengesetzter Richtung widersprechen einander nicht und sind als Prädicate in einem Körper zugleich möglich.« (Kant 1763, 171; vgl. Losurdo 1990, 876) Trifft in diesem Sinne eine Kraft auf eine andere, ihr entgegenstehende Kraft, ergibt sich eine Folge, die »Etwas« ist, nämlich Ruhe (vgl. Kant 1763, 171). Negativität ist nicht bloße Abwesenheit, sondern entfaltet eine positive Wirkung. Hegel führt in seiner *Wissenschaft der Logik* das, was Kant mit den Begriffen der ›logischen‹ und der ›realen‹ Repugnanz noch trennt, zusammen. In Anlehnung an das berühmte Pfeilparadox Zenos heißt es: »Man muß den alten Dialektikern die Widersprüche zugeben, die sie in der Bewegung aufzeigen, aber daraus folgt nicht, daß darum Bewegung nicht ist, sondern vielmehr, daß die Bewegung der *daseiende* Widerspruch selbst ist.« (Hegel 1812/16, 76) Widersprüche werden damit endgültig aus der Logik in die Realität gehoben, ihre Entfaltung wird geradezu zum Kennzeichen des Lebendigen. Marx hat die hegelschen Überlegungen fortgeführt und ihnen eine explizit gesellschaftstheoretische Wende gegeben. Im Vorwort zur *Kritik der politischen Ökonomie* von 1859 wird der Widerspruchsbegriff eingeführt, der dann für die gesamte marxistische Tradition maßgeblich wird: »Auf einer gewissen Stufe ihrer Entwicklung geraten die materiellen Produktivkräfte der Gesellschaft in Widerspruch mit den vorhandenen Produktionsverhältnissen. [...] Aus Entwicklungsformen der Produktivkräfte schlagen diese Verhältnisse in Fesseln derselben um.« (Marx 1859, 9) Die ökonomische Organisation der Gesellschaft hindert die lohnabhängige Bevölkerung am vollen Gebrauch ihrer produktiven Fähigkeiten, die Konsequenz daraus ist »eine Epoche sozialer Revolution« (ebd.).

3.

Der marxistisch inspirierte Widerspruchsbegriff zehrt von mindestens drei zentralen Annahmen, deren Geltung durch die Kritik am Marxismus zunehmend fragwürdig geworden ist: (a) Die gesellschaftliche Entwicklungsdynamik wird ökonomistisch gedeutet; es sind, mit anderen Worten, Widersprüche im kapitalistischen System, die revolutionäre Bewegungen provozieren; (b) auch wenn umstritten ist, ob der für kapitalistische Gesellschaften typische Widerspruch im Verhältnis zwischen Produktionsverhältnissen und Produktivkräften oder aber im Innern der Produktionsverhältnisse selbst angesiedelt werden muss (vgl. Young 1976), ist innerhalb der marxistischen Theoriebildungen weitgehend unbestritten, dass sich dieser Widerspruch früher oder später im Klassenantagonismus manifestiert; (c) die marxistische Geschichtsphilosophie folgt einer fortschrittsorientierten Logik; Widersprüche lösen sich auf, und zwar im Sinne einer Überwindung des geschichtsbildenden Antagonismus.

Schon die Theorien des Spätkapitalismus haben an einzelnen Punkten diese Annahmen modifiziert. Anders als liberalkapitalistische Gesellschaften zeichnen sich spätkapitalistische Gesellschaften durch eine wohlfahrtsstaatliche Bändigung der kapitalismusspezifischen Konfliktkonstellation aus. Zwar stehen die Widersprüche im Innern der ökonomischen Sphäre im Mittelpunkt staatsinterventionistischer Maßnahmen, aber da die staatlichen Instanzen unter demokratischen Rahmenbedingungen legitimationsbedürftiger sind als die Sphäre ökonomischen Handelns, *politisiert* sich der ökonomische Grundwiderspruch. Mit anderen Worten, die enttäuschten Erwartungen und Bedürfnisse der lohnabhängigen Arbeitnehmerschaft rufen ein Protestpotenzial hervor, das sich ggf. gegen die politischen Instanzen richtet. Damit ist ein erster Schritt aus der ökonomistischen Ausrichtung klassisch marxistischer Positionen geleistet. Darüber hinaus bemühen sich manche Theorien des Spätkapitalismus darum, das »Abbildungsverhältnis« zwischen Strukturwidersprüchen und Klassengegensätzen zu lockern (vgl. Offe 1972, 13). Kapitalistische Gesellschaften können von Strukturwidersprüchen gekennzeichnet sein, ohne dass sich dieser Widerspruch notwendig in explizit ausgetragenen Klassenkonflikten manifestiert. Schließlich lassen die Theorien des Spätkapitalismus offen, ob der konstatierte ›Grundwiderspruch‹ zwischen Vergesellschaftung der Produktion und privater Aneignung der Produktionsgewinne eine revolutionäre Lösung erfährt. Werden die staatlichen Instanzen mit gestiegenen Erwartungen konfrontiert, die sie nicht befriedigen können, kann es genau dann zu einer ernsthaften Legitimationskrise kommen, wenn ihnen keine ideologischen oder materiellen Kompensationsmittel zur Verfügung stehen. Für das Ausbrechen dieser Krise wird aber nur »eine gewisse Plausibilität«, keinesfalls aber historische Notwendigkeit beansprucht (vgl. Habermas 1973, 129).

Das marxistische Widerspruchsmodell büßt folglich in dem Maße seine Überzeugungskraft ein, in dem die wesentlichen gesellschaftlichen Antriebskräfte nicht länger ökonomistisch gedeutet werden, in dem die Existenz klar abgrenzbarer Klassen unplausibel wird und in dem das geschichtsphilosophische Fortschrittsmodell seinen Einfluss verliert. Dennoch hat es auch nach dem Einflussverlust der marxistischen Philosophie sozialtheoretische Modelle gegeben, in deren Rahmen der Widerspruchsbegriff eine prominente Rolle spielt. Zentral ist dabei Daniel Bells Modell der »kulturellen« Widersprüche des Kapitalismus geworden. Während das kapitalistische Wirtschaftssystem Subjekte fordert, die zu »Selbstdisziplin, Aufschub von Befriedigung und Enthaltsamkeit« in der Lage sind, wächst auf dem Boden dieses Wirtschaftssystems (v.a. über einen sich ausweitenden Massenkonsum und mit Hilfe der Medien) eine Kultur des Hedonismus heran, die die puritanische Arbeitsethik untergräbt (vgl. Bell 1976, 53). Dieser Konflikt zweier Wertsphären wird von Bell nicht mehr auf konkrete Personengruppen bezogen, so dass die kollektivistische Struktur des marxistischen Klassenantagonismus entfällt. Es bleibt allerdings bei der Annahme eines gesellschaftsprägenden Grundwiderspruchs, der nur gelöst werden kann, so die konservative Pointe Bells, wenn es dem normativ entkernten Kapitalismus gelingt, neue, vornehmlich religiöse Wertbindungen zu generieren (vgl. ebd., 37ff.).

Endgültig überwunden wird die Annahme eines gesellschaftlichen Grundwiderspruchs im Rahmen methodisch individualistischer Widerspruchskonzeptionen. Ausgangspunkt sind hier einzelne Individuen, deren individuell rationales Handeln dann irrationale oder zumindest unerwünschte Konsequenzen zeitigt, wenn andere Individuen in gleicher Weise handeln (häufiges Beispiel: der Verkehrsstau). Die Rede ist in diesem Zusammenhang von »Kompositions-« oder »Aggregationseffekten« (Boudon 1971/77, 62), die der soziologisch einflussreichen Theoriefigur der ›unbeabsichtigten Konsequenzen‹ zugeordnet werden (vgl. Elster 1978). Im Unterschied zu den marxistisch inspirierten Widerspruchstheorien arbeiten methodisch individualistische Widerspruchstheorien mit einer intentionalistischen Grundthese: Um widersprüchliche Effekte zu beschreiben ist es nötig, die handlungsleitenden Ziele der Individuen zu spezifizieren (vgl. Boudon 1971/77, 63). Der Strukturfunktionalismus, der noch die Theorien des Spätkapitalismus prägte und der davon ausging, dass sich die widersprüchliche Entfaltung des Kapitalismus über die Köpfe der Individuen hinweg vollziehen würde, erfährt damit eine sinnvolle Korrektur. Zu wenig Gespür haben die im Rahmen des methodologischen Individualismus verbleibenden Ansätze allerdings für die Handlungsumstände, unter denen Subjekte ihre Ziele wählen oder verfolgen (vgl. Giddens 1979, 140).

Die marxistisch inspirierten Widerspruchstheorien wurden am ehesten von jenen Ansätzen beerbt, die die Ambivalenzen und Antinomien *moderner* Gesellschaften in den Blick nehmen (z.B. Bauman 1991; Eisenstadt 1998). Diese Ansätze thematisieren in der Regel die uneindeutigen Effekte, die mit einem Handeln einhergehen, das sich implizit oder explizit an modernen Prinzipien orientiert. Die ambivalenten oder antinomischen Effekte ereignen sich dabei in allen sozial relevanten Handlungssphären und werden nicht mehr auf die ökonomische, politische oder kulturelle Sphäre reduziert. Erst in jüngster Zeit gibt es wieder gesellschaftstheoretische Ansätze, die unter stärkerer Berücksichtigung der kapitalistischen Ökonomie eine Theorie der Paradoxien kapitalistischer Modernisierung entwerfen (vgl. Hartmann 2002; ders. 2005; Hartmann/Honneth 2004).

4.

Bauman, Z., 1991, Moderne und Ambivalenz, Hamburg: Hamburger Edition 1992.
Bell, D., 1976, Die kulturellen Widersprüche des Kapitalismus, Frankfurt/M.: Campus 1991.
Boudon, R., 1971/77, Widersprüche sozialen Handelns, Neuwied: Luchterhand 1979.
Eisenstadt, S., 1998, Die Antinomien der Moderne, Frankfurt/M.: Suhrkamp.
Elster, J., 1978, Logik und Gesellschaft, Frankfurt/M.: Suhrkamp 1981.
Giddens, A., 1979, Central Problems in Social Theory, London: Macmillan.
Godelier, M., 1966, System, Struktur und Widerspruch im *Kapital*, Berlin: Merve 1970.
Habermas, J., 1973, Legitimationsprobleme im Spätkapitalismus, Frankfurt/M.: Suhrkamp.
Hartmann, M., 2002, Widersprüche, Ambivalenzen, Paradoxien, in: A. Honneth (Hg.), Befreiung aus der Mündigkeit, Frankfurt/M.: Campus.
Hartmann, M., 2005, Paradoxien des ›neuen‹ Kapitalismus, in: A. Geis/D. Strecker (Hg.), Blockaden staatlicher Politik, Frankfurt/M.: Campus.
Hartmann, M./Honneth, A., 2004, Paradoxien des Kapitalismus, in: Berliner Debatte Initial 15.
Hegel, G.W.F., 1812/16, Wissenschaft der Logik II, Werke, Bd. 6, Frankfurt/M.: Suhrkamp 1969.
Kant, I., 1763, Versuch den Begriff der negativen Größen in die Weltweisheit einzuführen, in: Akademie-Ausgabe, Bd. 2, Berlin: de Gruyter 1968.
Losurdo, D., 1990, Widerspruch (sozialer), in: H. J. Sandkühler (Hg.), Europäische Enzyklopädie zu Philosophie und Wissenschaften, Bd. 4, Hamburg: Meiner.
Marx, K., 1859, Zur Kritik der politischen Ökonomie, in: MEW, Bd. 13, Berlin: Dietz 1985.
Offe, C., 1972, Strukturprobleme des kapitalistischen Staates, Frankfurt/M.: Suhrkamp.
Patzig, G., 1974, Widerspruch, in: H. Krings/H.-M. Baumgartner/C. Wild (Hg.), Handbuch philosophischer Grundbegriffe, Bd. 3, München: Kösel.
Young, G., 1976, The Fundamental Contradiction of Capitalist Production, in: Philosophy & Public Affairs 5.

MARTIN HARTMANN

Widerstandsrecht

1.

Ein Widerstandsrecht besteht dann, wenn es legitim ist, gegen die Politik eines Staates auch mit durch die Rechtsordnung gewöhnlich verbotenen Mitteln Widerstand zu leisten. Es sind zwei Arten von Widerstand zu unterscheiden: Solange Widerstand gewaltfrei ausgeübt und in der Öffentlichkeit gerechtfertigt wird, handelt es sich um *zivilen Ungehorsam*. Ziviler Ungehorsam bestreitet nicht die Legitimität eines Staates insgesamt, sondern wendet sich gegen spezifische Ungerechtigkeiten in diesem Staat. Wenn Widerstand dagegen zu gewaltsamen Mitteln greift oder im Verborgenen ausgeübt wird und somit die Legitimität des Staates auf radikalere Weise angreift, handelt es sich um *Widerstand* im engeren Sinne. Beispiele für Akte des Widerstands in diesem Sinne sind Sabotage gegen die Staatsverwaltung, die Ermordung von Amtsträgern oder die Durchführung eines bewaffneten Aufstands. Im Folgenden ist der Widerstand im engeren Sinne thematisch.

2.

Aus vielen Kulturen sind Überlegungen bekannt, unter welchen Umständen sich Untertanen gegen den Herrscher auflehnen dürfen. Wird ein solches Recht anerkannt, dann in der Regel im Falle des Bruches fundamentaler, altgewohnter Regeln durch den Herrscher. Nicht jede Ungerechtigkeit rechtfertigt jedoch Widerstand. In Platons *Kriton* (48c ff.) nennt Sokrates Gründe, warum er sich dem Todesurteil gegen ihn nicht entziehen darf, obwohl er dieses für ungerecht hält. Im frühen Christentum wird ein Widerstandsrecht gegen die Staatsgewalt unter Berufung auf Paulus (Römer 13) verworfen: Die weltliche Gewalt wird als von Gott eingesetzt vorgestellt und entzieht sich somit einer Gestaltung durch die Untertanen. Im Hochmittelalter wird der Politik dagegen im Zuge der Aristoteles-Rezeption zunehmend eine gewisse Eigenständigkeit gegenüber jenseitigen Zwecken eingeräumt. Bereits Johannes von Salisbury (1159, Kap. III 15) rechtfertigt den Tyrannenmord, wenn ein Herrscher von den göttlichen Gesetzen abweicht. Thomas von Aquin (1156, II D.44 Qu.2 Ar.2) unterscheidet zwei Fälle, in denen Widerstand gegen den Herrscher erlaubt ist: erstens die Usurpation, die unrechtmäßige Machtergreifung, und zweitens die ungerechte Herrschaftsausübung, die den legitimen Herrscher zum Tyrannen werden lässt. Im zweiten Fall muss der Widerstand jedoch von derjenigen Macht ausgehen, die den Herrscher eingesetzt hat (vgl. Thomas von Aquin 1267, I 6). Ein frühes Zeugnis eines rechtlich festgeschriebenen Widerstandsrechts ist die Magna Charta (1215), in der der englische Hochadel zum Widerstand gegen den König ermächtigt wird, falls dieser gegen bestimmte Pflichten verstößt.

Durch die Reformation kommt es zu einem weiteren Aufschwung von Widerstandslehren. Luther selbst hält zwar den ungerechten Herrscher für eine Strafe Gottes, die ertragen werden muss. Im Zuge der Konflikte zwischen Herrschern und andersgläubigen Untertanen wird jedoch bald ein Recht auf Verteidigung des eigenen Glaubens eingefordert. Die sog. Monarchomachen (sowohl Calvinisten wie Johannes Althusius, Theodor Beza, François Hotman und Hubert Languet als auch Jesuiten wie Juan de Mariana und Roberto Bellarmin) halten eine Absetzung des Königs durch die Stände für legitim, in manchen Fällen auch den Tyrannenmord durch einen Einzelnen. Demgegenüber stellt der Absolutismus den Versuch dar, den Monarchen als souveräne, unanfechtbar höchste Autorität im Staat zu etablieren. Während die absolutistischen Monarchen ihren Machtanspruch oft aus dem Gottesgnadentum herleiten, versuchen Philosophen wie Hobbes zu zeigen, dass die Anerkennung der unbeschränkten Gewalt des Souveräns für den Einzelnen rational ist. Auch die Naturrechtler Grotius (1625, I 4 § 7) und Pufendorf (1711, VIII 8 §§ 5, 7) lehnen als Theoretiker der Souveränität ein Widerstandsrecht weitgehend ab und erlauben Widerstand allenfalls als kollektive Verteidigung, wenn das Leben vieler Menschen bedroht ist. Wie schon Hobbes begründen auch andere Vertragstheoretiker des 17. und 18 Jahrhunderts politische Macht radikal von den Interessen des einzelnen Individuums her, kommen dabei aber zu anderen Ergebnissen. Locke und Rousseau verteidigen ein weitgehendes Widerstandsrecht des Einzelnen bzw. des Volkes. Ihre Ideen beeinflussen die Amerikanische Unabhängigkeitsbewegung und die Französische Revolution: Die Virginia Bill of Rights (1776) reklamiert für das Volk ein »unveräußerliches und unverletzliches Recht, eine Regierung zu verändern oder abzuschaffen«, wenn diese ihre Zwecke nicht mehr erfüllt; die Erklärung der Menschen- und Bürgerrechte von 1789 zählt in Art. 2 »Widerstand gegen Unterdrückung« zu den Menschenrechten.

Aus mehreren Gründen verlieren Überlegungen zum Widerstandsrecht während des 19. und frühen 20. Jahrhunderts an Bedeutung. Zum einen wird Widerstand durch die Entwicklung des zunehmend demokratischen Rechtsstaats teilweise obsolet. Zum anderen trennt der Rechtspositivismus die Geltung positiven Rechts scharf von dessen moralischem Wert und verdrängt das Widerstandsrecht aus der juristischen Diskussion. Radikale und revolutionäre Strömungen wie der Marxismus berufen sich oft auf historische Gesetzmäßigkeiten und lehnen normative Überlegungen im Namen einer vorgeblichen wissenschaftlichen Methode ab. Das Fehlen widerstandsrechtlicher Theorien macht sich während des Nationalsozialismus bemerkbar und ist einer der Gründe dafür, dass sich Widerstand in Deutschland nur zögerlich entwickelt und schließlich keinen Erfolg hat. Nach dem Zweiten Weltkrieg spielten Widerstandsbewegungen hingegen im Zuge der Dekolonisierung eine bedeutende Rolle.

3.

3.1. In der politischen Philosophie versteht man unter »Widerstandsrecht« die moralische Berechtigung, Widerstand gegen die Staatsgewalt zu leisten. Es ist dabei sekundär, ob ein solches moralisches Recht durch positive Rechtssysteme anerkannt wird bzw. überhaupt anerkannt werden kann. Es stellt sich somit die Frage, ob Einzelne oder Gruppen gegen das geltende Recht verstoßen und dabei gewaltsame Mittel einsetzen dürfen, und wenn ja, unter welchen Umständen dies legitim ist. Gegen ein Widerstandsrecht spricht das Gewaltmonopol des modernen Staates, das die Bedingung für die Sicherheit des Einzelnen und das Funktionieren zahlreicher gesellschaftlicher Prozesse darstellt. Wer durch den Staat in seinen Rechten verletzt wird, hat diese gewaltfrei und auf dem Rechtsweg durchzusetzen. Auch wenn sich die Rechtsverletzung auf diese Weise nicht beheben lässt, kann die Einhaltung des Gewaltmonopols wichtiger sein als die Herstellung von Gerechtigkeit. Dennoch sind Situationen möglich, in denen der Staat den Anspruch auf Gehorsam gegenüber dem geltenden Recht und auf Einhaltung des Gewaltmonopols verliert. Dies ist dann der Fall, wenn er gegen diejenigen Normen verstößt, die sein Bestehen legitimieren. Die Frage nach dem Widerstandsrecht verweist also auf die Frage, welche Bedingungen ein Staat erfüllen muss, damit seine Herrschaft legitim ist.

Wenn man die Sicherung von Stabilität und innerem Frieden für die ihn legitimierende Aufgabe des Staates hält, dann wird das Widerstandsrecht in enge Grenzen verwiesen. Nach diesem Muster argumentiert Hobbes (1651, Kap. 17f.): Um den Kriegszustand zwischen den Menschen einer Gesellschaft und die damit einhergehende allgemeine Gefährdung des Lebens zu vermeiden, ist es notwendig, dass jeder Einzelne sich bedingungslos einem übermächtigen Souverän unterwirft. Der Einzelne darf gegen den Staat weder Widerstand leisten, wenn die Herrschaft durch Unterwerfung zustande gekommen ist, noch wenn die Freiheiten des Einzelnen, etwa die Religionsfreiheit, beschnitten werden. Erst in dem Fall, in dem der Staat das Leben des Einzelnen akut bedroht, ist Widerstand zur Selbstverteidigung erlaubt (vgl. ebd., 107, 168ff.).

Auch Kant (1797, 437ff.) lehnt Widerstand gegen die Staatsgewalt weitgehend ab. Er fordert zwar im Gegensatz zu Hobbes, dass die gesetzgebende Gewalt demokratisch verfasst sein soll. Dieses Ziel soll aber nicht durch Revolution, sondern durch Reform erreicht werden. Nur wenn sich der Einzelne dem Souverän unterwirft, ist ein rechtlicher Zustand möglich, in dem der Staat jedem Bürger seine Rechte garantiert. Für Kant beruht die eigentliche Legitimität des Staates darauf, dass er einen solchen rechtlichen Zustand schafft (vgl. ebd., §§ 41f.).

Demgegenüber wird jedoch die Legitimität staatlicher Herrschaft häufig an die Erfüllung anspruchsvollerer und konkreterer Bedingungen gebunden. Zwei Bedingungen sind nahe liegend: erstens die Achtung gewisser individueller Rechte durch das Herrschaftssystem, und zweitens prozedurale Bedingungen der Machtausübung wie etwa die Zustimmung der Regierten oder die Beachtung von verfassungsmäßigen Schranken. Beide Bedingungen finden sich in der politischen Theorie Lockes wieder. Nach Locke sind der Gesellschaftsgründung individuelle Freiheits- und Eigentumsrechte vorgeordnet, in die keine Staatsmacht eingreifen darf. Wenn sie es dennoch tut, ist Widerstand erlaubt (vgl. Locke 1690, II §§ 199ff.). Außerdem lässt sich die Staatsmacht nur mit der Zustimmung des Volkes zu den Gesetzen und Amtsträgern rechtfertigen. Daher ist Widerstand erlaubt, wenn diese Zustimmung nicht mehr gegeben ist, etwa weil einzelne Staatsorgane ihre verfassungsmäßigen Kompetenzen überschreiten (vgl. ebd., II §§ 211ff.). Auch die Eroberung eines Landes durch eine fremde Macht widerspricht der Bindung legitimer Herrschaft an die Zustimmung der Regierten (vgl. ebd., II §§ 175ff.).

Schließlich ist eine noch anspruchsvollere Konzeption staatlicher Legitimität denkbar, wenn man eine radikale Auffassung von Volkssouveränität zugrundelegt. Nach dieser Auffassung darf das Volk jederzeit unmittelbare Kontrolle über die Staatsmacht ausüben. Das Volk als Ganzes, nicht aber jeder Einzelne, ist somit berechtigt, die Regierung auch ohne besonderen Anlass auszutauschen und, falls die bestehende Regierung sich nicht fügt, Widerstand gegen diese zu leisten. Eine solche Auffassung findet sich bei Rousseau (1762, III 18).

Unabhängig davon, welche dieser Bedingungen man als einen Grund für Widerstand ansieht, muss jeder Akt von Widerstand weitere Bedingungen erfüllen, damit er als legitim gelten kann. Dabei sind drei Bedingungen allgemein anerkannt: Erstens darf Gewalt nur subsidiär angewandt werden: Legale und gewaltfreie Mittel müssen ausgeschöpft oder zwecklos sein, bevor man zu anderen Mitteln greifen darf. Zweitens muss die Gewalt streng auf das Ziel ausgerichtet sein, das die Gewaltanwendung legitimiert. Drittens darf Gewalt nur verhältnismäßig eingesetzt werden.

Darüber hinaus wird häufig gefordert, dass – analog zu der Unterscheidung zwischen Kombattanten und Nichtkombattanten im humanitären Völkerrecht – lediglich Träger staatlicher Gewalt legitime Ziele gewaltsamer Aktionen sein können, gewöhnliche Bürger jedoch nicht (vgl. Honoré 1988, 54). Honderich (2003, 192 ff.) rechtfertigt dagegen politische Gewalt allein mit ihrer zu erwartenden Wirkung und schließt dabei nicht aus, dass in manchen Fällen gewöhnliche Bürger Ziel legitimer terroristischer Aktionen sein können.

Schließlich stellt sich die Frage, ob ein Widerstandsrecht ein bloß moralisches Recht bleiben muss oder auch von positiven Rechtssystemen anerkannt werden soll. Feinberg (1992, 158 ff.) hält es für unmöglich, ein Recht auf Rebellion gegen eine tyrannische Staatsmacht als juridisches Recht zu garantieren; es kann daher nur ein moralisches Recht sein. Für Honoré (1988, 43) ist ein Recht auf Rebellion jedoch mehr als ein informelles Recht; es besitzt halb-formalen Status, da es auf den Normen beruht, die die internationale Gemeinschaft angenommen hat.

3.2. Das deutsche Recht ist eines der wenigen Rechtssysteme, die versuchen, ein Widerstandsrecht als positives Recht zu fassen. Laut Art. 20 (4) Grundgesetz haben alle Deutschen das Recht zum Widerstand gegen jeden, der die verfassungsmäßige Ordnung zu beseitigen versucht, wenn dieser Versuch nicht auf andere Weise vereitelt werden kann. Dieses Widerstandsrecht, das 1968 im Zuge der Notstandsgesetzgebung ins Grundgesetz aufgenommen wurde, richtet sich somit primär auf den Erhalt der bestehenden staatlichen Ordnung. Nach Herzog (1980) lässt es sich jedoch auch auf massive Angriffe auf Art. 1 GG anwenden, legitimiert also auch Widerstand gegen die Verletzung von individuellen Menschenrechten.

Gegen die Positivierung des Widerstandsrechts wird angeführt, dass ein solches Recht in der Praxis wirkungslos bleibt: Solange demokratisch-rechtsstaatliche Strukturen existieren, sind die Voraussetzungen für rechtmäßigen Widerstand nicht gegeben; wenn sie dagegen aufgehoben worden sind, z. B. durch einen Putsch, so wird die putschende Macht dieses Recht ebenso wenig wie andere Gesetze respektieren. Dem wird wiederum entgegnet, dass das Widerstandsrecht eine psychologische Wirkung besitzt: Viele Menschen haben sich während des Nationalsozialismus aus formaljuristischen Bedenken nicht am Widerstand beteiligt; solche Bedenken würden durch ein positiviertes Widerstandsrecht aufgehoben.

3.3. Das Völkerrecht sieht in Art. 2 (4) der UN-Charta ein grundsätzliches Gewaltverbot vor, von dem nur in bestimmten Fällen abgewichen werden darf. Das Recht auf Anwendung von Gewalt wird durch die UN-Charta lediglich Staaten eingeräumt, die sich gegen Angriffe verteidigen oder vom UNO-Sicherheitsrat dazu ermächtigt wurden. Daneben wird diskutiert, ob und unter welchen Umständen die Anwendung von Gewalt durch nicht-staatliche Gruppen völkerrechtlich erlaubt ist. Nach Ansicht vieler Staaten der »Dritten Welt« steht Völkern das Recht auf gewaltsamen Widerstand zu, wenn ihnen das Recht auf Selbstbestimmung, etwa durch eine

Kolonialmacht, verwehrt wird. Mehrere Resolutionen der UN-Generalversammlung, wie 32/14 (7. 11. 1977, Israel/Palästina) und 39/50A (12. 12. 1984, Namibia), bekräftigen ein Recht auf Gewaltanwendung für Befreiungsbewegungen. Nach Cassese (1995, 153 f.) dürfen Befreiungsbewegungen zur Durchsetzung des Rechts auf Selbstbestimmung Gewalt anwenden, während der bekämpfte Staat dies nicht tun darf; Drittstaaten dürfen den Befreiungskampf begrenzt unterstützen, nicht jedoch die Staatsmacht. Insgesamt bleibt die völkerrechtliche Legitimation von Befreiungskämpfen jedoch umstritten. Die Arabische Charta der Menschenrechte in der Fassung von 2004 spricht in Art. 2 (4) allen Völkern das Recht zu, gegen fremde Besatzung Widerstand zu leisten. An dieser Bestimmung (von der angenommen werden darf, dass sie auf den palästinensischen Widerstand gegen Israel abzielt) wurde kritisiert, dass sie nicht explizit macht, dass Widerstand nur im Einklang mit den Prinzipien des humanitären Völkerrechts (Schonung der Zivilbevölkerung etc.) geleistet werden darf.

Darüber hinaus wird ein Widerstandsrecht auch für den Fall diskutiert, dass der Widerstand nicht durch eine Verletzung des Rechts auf Selbstbestimmung, sondern durch andere schwere Menschenrechtsverletzungen ausgelöst wird. Mehrere Resolutionen der UN-Generalversammlung bekräftigen das Recht auf gewalttätigen Widerstand gegen die Apartheid-Politik in Südafrika (z. B. 39/72, 13. 12. 1984). Tesón (1988, 165 f.) argumentiert, dass Widerstand daher auch bei anders gelagerten, aber ebenso schweren Menschenrechtsverletzungen völkerrechtlich gedeckt sein muss. Auch diese Auffassung ist jedoch nicht allgemein anerkannt.

4.

Cassese, A., 1995, Self-Determination of Peoples, Cambridge: Cambridge University Press.

Feinberg, J., 1992, In Defence of Moral Rights, in: Oxford Journal of Legal Studies 12.

Grotius, H., 1625, Drei Bücher vom Recht des Krieges und des Friedens, Tübingen: Mohr 1950.

Herzog, R., 1980, Art. 20, in: T. Maunz/G. Dürig (Hg.), Kommentar zum Grundgesetz, München: Beck.

Hobbes, T., 1651, Leviathan, Frankfurt/M.: Suhrkamp 1998.

Honderich, T., 2003, Terrorism for Humanity, London: Pluto.

Honoré, T., 1988, The Right to Rebel, in: Oxford Journal of Legal Studies 8.

Isensee, J., 1969, Das legalisierte Widerstandsrecht, Bad Homburg: Gehlen.

John of Salisbury, 1159, Policraticus, Cambridge: Cambridge University Press 1990.

Kant, I., 1797, Die Metaphysik der Sitten. Metaphysische Anfangsgründe der Rechtslehre, Frankfurt/M.: Suhrkamp 1997.

Locke, J., 1690, Zwei Abhandlungen über die Regierung, Frankfurt/M.: Suhrkamp 1998.

Maus, I., 1992, Zur Aufklärung der Demokratietheorie, Frankfurt/M.: Suhrkamp.

Peters, K., 2005, Widerstandsrecht und humanitäre Intervention, Köln: Heymanns.

Pufendorf, S., 1711, Acht Bücher vom Natur- und Völkerrecht, Hildesheim: Olms 2001.

Roth, K./Ladwig, B., 2006, Recht auf Widerstand?, Potsdam: Menschenrechtszentrum.

Rousseau, J.-J., 1762, Vom Gesellschaftsvertrag, Stuttgart: Reclam 2003.

Tesón, F. R., 1988, Humanitarian Intervention, New York: Transnational.

Thomas von Aquin, 1256, In quattuor libros sententiarum, Stuttgart: Frommann-Holzboog 1980.

Thomas von Aquin, 1267, Über die Herrschaft der Fürsten, Stuttgart: Reclam 1990.

Matthias Katzer

Wirtschaftsethik

1.

Wirtschaftsethik ist ein vieldeutiger und vielfältig verwendeter Begriff für »Ethik für die Wirtschaft«, »Ethik in der Wirtschaft« und »Ethik mit ökonomischen Mitteln«. Wieder entdeckt wurde die Wirtschaftsethik im 20. Jahrhundert als Reaktion auf soziale Probleme und Umweltfragen. Die Ökonomisierung und die neoliberale Durchdringung aller Lebensbereiche, die Shareholder-Value-

Ideologie und die Globalisierung taten ein Übriges. Ob es eine eigenständige *theoretische* Disziplin »Wirtschaftsethik« mit eigenen Prinzipien und Kriterien und ob es eine Sondermoral *für* die Ökonomie gibt, ist umstritten. In der *Praxis* hat sich tatsächlich eine Sonderdisziplin Wirtschafts- bzw. Unternehmensethik entwickelt, für die auch Lehrstühle, Institute und eigene Kurse eingerichtet worden sind.

1.1. Die Wirtschaftsethik lässt sich – wie die allgemeine Ethik selbst – in eine deskriptive, normative und metaethische (metatheoretische) einteilen: Die deskriptive Wirtschaftsethik (bzw. Unternehmensethik) untersucht beschreibend und u.a. auch mit erfahrungswissenschaftlichen Mitteln reale moralische Phänomene in der Wirtschaft (z.B. Einstellungen von Führungskräften); die normative Wirtschaftsethik begründet die Grundsätze und -regeln ›guten‹ und richtigen wirtschaftlichen Handelns und beurteilt entsprechende Normen bzw. führt Fallanalysen durch; die metatheoretische Wirtschaftsethik analysiert Begriffe, Konzepte und Sprache wirtschaftsethischer Sätze einschließlich der Methoden ihrer Rechtfertigung. Die normative (präskriptive) Wirtschaftsethik ist die eigentliche, inhaltliche Wirtschaftsethik. Wirtschaftsethik gilt meist als angewandte Ethik (dies ist aber strittig, s.u. 1.2.), welche die Maßstäbe des guten Handelns, der Gerechtigkeit, der Gleichberechtigung und Fairness, der Anerkennung der Menschenwürde, der Leistungsangemessenheit, der sozialen Partnerschaft und Solidarität sowie ein Wohlwollens- und Wohltunsprinzip einbezieht. Sie verbindet Individual-, Institutionen-, Korporationen- und Sozialethik sowie inhaltlich orientierte (materiale) Ethikansätze und formale Prinzipien der Verallgemeinerbarkeit, prädistributive Rechte (Menschenrechte, Befriedigung von – existenziellen – Grundbedürfnissen etc.), Gerechtigkeitsüberlegungen usw. Die übliche Unterscheidung von Wirtschaftsethik und Unternehmensethik führt keineswegs zu eindeutigen Abgrenzungen. Sie sollte bei der Diskussion ethischer Fragen (in) der Ökonomie verfeinert werden. Wirtschaftsethik umfasst im Allgemein die Unternehmensethik; das englischsprachige Äquivalent hierfür ist »Business Ethics« (weniger gebräuchlich ist der Ausdruck »Economic Ethics« für Wirtschaftsethik im engeren Sinne). Wirtschaftsethik im engeren Sinne befasst sich mit der Wirtschafts- und Rahmenordnung auf der Makroebene. Je nach spezifischem Aspekt werden auch Konsumethik, Managementethik, Führungsethik, Organisationsethik usw. unterschieden.

1.2. Wirtschaftsethik wird auch als Teilbereich der praktischen Philosophie bzw. (Anwendung) der normativen ökonomischen Theorie (Ökonomik) aufgefasst. Für Homann (z.B. 2002, 27ff.) ist die Wirtschaftsethik u.a. Anreiz-, Ordnungs- und Institutionenethik; der systematische, nicht der alleinige »Ort der Moral« ist die Rahmenordnung. Nach Homanns ökonomischer Theorie der Moral bzw. der normativen Regeln befasst sich Wirtschaftsethik mit der Frage, wie und »welche moralische[n] Normen und Ideale unter den Bedingungen der modernen Wirtschaft und Gesellschaft [...] zur Geltung gebracht werden können« (Homann/Blome-Drees 1992, 14). Priorität hat also die ökonomische Funktionslogik, eine Analyse der modelltheoretischen, institutionenökonomischen Anreiz(system)e, erst dann kommt die ›schlichte‹ Moral. Für Ulrich (2001, z.B. 126) ist Wirtschaftsethik »republikanische« integrative Diskursethik, eine »Vernunftethik des Wirtschaftens«; er verbindet damit die grundlegende doppelte Kritik an der »›angewandte[n]‹« Bindestrich-Ethik und an der »normative[n reinen] Ökonomik« (ebd. 16). Für Koslowski (1988, 31ff.) ist Wirtschaftsethik »Korrektiv von Ökonomieversagen«, d.h. von Marktversagen. Kontrovers wird auch das Gewinnprinzip diskutiert: Während in der dialogischen Unternehmensethik (etwa Steinmann/Löhr 1991, 7ff.) das Gewinnprinzip – nahezu – ungefragt vorausgesetzt wird (dies gilt auch – auf der Unternehmensebene – für Homann/Blome-Drees 1992, 182f.), ordnet Ulrich (2001, 428) dieses Ziel »kategorisch der normativen Bedingung der Legitimität« unter. Diese Frage wird auch in den Stockholder- vs. Stakeholder-Ansätzen behandelt – ebenso jene nach den – faktischen bzw. theoretischen – Handlungsspielräumen von Marktakteuren, wie z.B. Unternehmen. Weitere Stichworte hierzu sind: Systemdominanz, Sachzwänge und Autonomie gesellschaftlicher Subsysteme.

2.

Die Anfänge der Wirtschaftsethik lassen sich – ohne dass der Begriff selbst verwendet wurde – im magischen, mythischen und religiösen Denken finden (vgl. Surányi-Unger 1965, 84). Von der Antike bis zum Beginn der Neuzeit gab es einen »Primat der Ethik« und keine Trennung von Ethik und Ökonomie (vgl. ebd., auch zur Geschichte); dieser wird zum Teil auch noch heute vertreten (z.B. Lenk/Maring 1992, 18). Wichtige kontrovers diskutierte Themen waren (vgl. Korff u.a. 1999) u.a.: Bedürfnisse, Eigentum, »gerechter Preis«, Zinsverbot, Arbeit, Armut, Bevölkerungsentwicklung, Ökologie, Individual- und Gemeinwohl sowie Arten der Gerechtigkeit. Eine explizite Trennung von Ethik und Ökonomie fand erst im Liberalismus des 18. und 19. Jahrhunderts statt: Charakteristisch sind gesellschaftliche Ausdifferenzierung, autonome gesellschaftliche Subsysteme und Selbstinteresse, Wettbewerb, Rahmenordnung sowie Privateigentum; alles dies solle zum größten Gemeinwohl führen (Mandeville, A. Smith, Bentham). Der typische ökonomische Utilitarismus führte zur (dem Anspruch nach deskriptiven) Wohlfahrtsökonomie. Die Werturteilsfreiheitsthesen der Neoklassik ab ca. 1870 und im Neoliberalismus des 20. Jahrhunderts vollendeten die Trennung. Aktuell und wieder belebt wurde die Wirtschaftsethik zunächst in den USA in den 1960er Jahren und im deutschsprachigen Raum in den 1980er Jahren.

3.

3.1. Zum Verhältnis von Ökonomik und Ethik: Angesichts der wechselseitigen Beeinflussung von Ökonomik und realer Ökonomie reicht es weder, sich nur mit der realen Wirtschaft allein zu befassen noch bloß mit der ökonomischen Theorie. Die Güte einer Wirtschaftsethik hängt entscheidend von der Sachanalyse der Wirtschaft und vom Verständnis des Ökonomischen ab: Versteht man unter Ökonomik eine deskriptive, empirisch-theoretische (Sozial-)Wissenschaft, die sich auf einen – nur unscharf abgrenzbaren – Phänomenbereich Wirtschaft oder allgemeiner auf Knappheitsbereiche und Tauschbeziehungen bezieht, so besteht die Aufgabe des Ökonomen (u.a.) in der Beschreibung, Erklärung und Prognose ökonomischer/sozialer Phänomene und nicht in der Formulierung (krypto-)normativer Empfehlungen. Normative Aussagen sind dann ein genuines Feld der Ethik. – Versteht man unter Ökonomik die traditionelle neoklassische Gleichgewichtstheorie, dann schließt diese Position jegliche Wirtschaftsethik aus: In Modellwelten, in denen nicht gehandelt wird, sondern lediglich reaktive Anpassungen geschehen, ist für ethische Überlegungen kein Platz. – Versteht man unter Ökonomie eine (u.a.) Handlungsanweisungen formulierende präskriptive Wissenschaft, in deren Mittelpunkt ein normativ-vorschreibendes ökonomi(sti)sches Rationalprinzip (Zweck-Mittel-Prinzip) steht, dann können die betreffenden Sollens-Aussagen eines (in der Regel individuenorientierten) Kosten-Nutzen-Kalküls in Konflikt oder Widerspruch mit nicht-ökonomischen normativen (ethischen) Aussagen stehen, aber auch mit diesen übereinstimmen.

3.2. In der abendländischen Tradition bezogen sich ethische Begründungen, universalmoralische Regeln und die Konzepte des *Homo oeconomicus* fast ausschließlich auf das Handeln und Leben von Individuen. In den heutigen (Industrie-)Gesellschaften treten demgegenüber Phänomene des kollektiven und korporativen Handelns auf, etwa bei Großprojekten. Es gibt synergetische und kumulative Wirkungen von strategisch Handelnden sowie Gerechtigkeitsprobleme der Verteilung (öffentlicher und kollektiver) sozialer Güter mit Einzelansprüchen an das erwirtschaftete Gemeinschaftsgut – Probleme, die mit einer streng individualistischen Universalmoral nicht mehr erfasst werden können. Man denke nur an die »Tragödie der Gemeingüter« (Hardin 1968, vgl. Lenk 1998, 349ff.) in der Umweltproblematik. Hier wie auch allgemeiner stellen sich »soziale Fallen«, indem einzelne Handelnde Vorteile ausschließlich daraus beziehen, dass alle anderen sich an Gemeinschaftsregeln halten (die Bedeutung von Dilemma-Strukturen für die Wirtschaftsethik betonen auch u.a. Homann 2002, z.B. 94ff. und Koslowski 1988, z.B. 7ff.).

Wählt man einen systemtheoretischen Ansatz, so ergeben sich drei eng verzahnte wirtschaftsethische Problembereiche (vgl. Enderle 1993, 65ff., Maring 2001, 327ff., Zimmerli/Aßländer 1996, 307): (1) die Makroebene des (Wettbewerbs-)Systems und der (Welt-)Gesellschaft, (2) die Mesoebene der Korporationen und (3) die Mikroebene der Individuen. Auf der Mikroebene stellen sich Fragen individuellen Handelns; dieses ist in eine Mesoebene – mit Unternehmen, Korporationen, Märkten, Arbeitsteilung usw. – und in die Makroebene – Staat, Gesamtgesellschaft, Moral, Recht usw. – eingebettet und wird von Faktoren dieser Ebenen beeinflusst. Typisch sind hier Verantwortungs- und Rollenkonflikte im Rahmen von Arbeitsverhältnissen (betriebliche Interessen vs. Sicherheit usw.). Die Mesoebene stellt wegen der Bedeutung korporativen Handelns einen besonders wichtigen unternehmensethischen Bereich dar. Einschlägig sind etwa die Fragen der (internen und externen) Verantwortung von und in Unternehmen, Probleme der Arten der Verantwortung: Wem gegenüber sind Korporationen (Institutionen und Unternehmen) in welcher Hinsicht verantwortlich? Können Korporationen selbst handeln, sei es in sekundärer bzw. nicht-reduzierbarer Art, und insofern moralisch verantwortlich sein? Zur Mesoebene gehören neben den Unternehmen auch intermediäre Organisationen wie Gewerkschaften, Arbeitgeberverbände oder Konsumentenorganisationen. Zur Makroebene zählen die Ethik der Eigentums- und Wirtschaftsordnung, der wirtschaftsrelevanten Gesetze, der Steuer- und Sozialpolitik (usw.), der nationalen und internationalen Arbeitsteilung und Wirtschaftsordnung z.B. im Hinblick auf (Tausch- und Verteilungs-) Gerechtigkeit.

Für diese Ebenen sind handhabbare Modelle der Verantwortungsverteilung und ein (ebenenintern differenzierendes) Hierarchiemodell zu entwickeln, das die Verantwortlichkeiten auf den jeweiligen Ebenen lokalisiert bzw. verbindet und das den sozial geregelten Verantwortungsverteilungen gerecht wird. Es geht also um eine *Ergänzung* und *Vermittlung* der Verantwortungstypen und nicht um eine Ersetzung oder Abschiebung von Verantwortlichkeiten. Als Leitlinie könnte ein *Prinzip der größtmöglichen Eigenverantwortung* bzw. ein *Prinzip der Subsidiarität* (Maring 2001, 345ff.) für alle Hierarchieebenen gelten: soviel (individuelle) Selbst- und Eigenverantwortung wie möglich, soviel Verantwortung auf der nächsten Ebene wie nötig – unter Beachtung der Verantwortbarkeit, Zumutbarkeit sowie des Prinzips ›Ultra posse nemo obligatur‹. Was die untere Ebene (faktisch) nicht leisten kann, ist auf einer übergeordneten Ebene anzugehen und zu regeln. Und generell gilt gemäß dem Subsidiaritätsprinzip: so wenig Eingriffe von ranghöheren gesellschaftlichen Ebenen wie möglich, so viele wie eben gerade nötig!

In systemtheoretischer Sicht erweisen sich Konflikte von Ökonomie und Ökologie, auch die von Unternehmen und Haushalten verursachten externen Effekte, als Probleme der Systemgrenzfestlegung. Auch die kontroversen Fragen nach dem Verhältnis von Individual- und Gemeinwohl und die ›Sektoralisierung‹ der Gesellschaft, die scheinbare Autonomie – ›Moralresistenz‹ – der gesellschaftlichen Subsysteme – insbesondere der Wirtschaft könnten so realitätsnäher untersucht werden.

Zudem ist der Unterschied zwischen Korporationen und Institutionen bei der Diskussion korporativer bzw. institutioneller Verantwortung bedeutsam, da Institutionen als gesellschaftliche *Strukturen* keine korporativen Akteure mit entsprechender Verantwortung sind. Eine *Institutionenethik*, in der gesellschaftliche Institutionen ethisch-moralisch beurteilt und bewertet werden, ist ein allgemein wichtiges Desiderat der Ethik. In Bezug auf institutionelle Regelungsmechanismen lässt sich z.B. fragen, zu welchen Ergebnissen diese führen, und ob diese – ein entsprechender Beurteilungsmaßstab sei vorausgesetzt – (moralisch) wünschenswert sind. Bei Marktmechanismen ließe sich etwa fragen: Schützen diese die Minderheiten, ergibt sich eine gerechte Verteilung usw.? Institutionen lassen sich überdies als Kollektivgüter auffassen; doch damit ist ein weiteres strukturelles Problem verbunden: Es entstehen die für soziale Fallen typischen Fragen der Verantwortung(sverteilung).

3.3. Bezüglich der Wirtschaftsethik ist zwischen theoretischen und praktischen Fragen zu unterscheiden. *Theoretische* Fragen der Wirtschaftsethik sind beispielsweise begriffliche »Rückfragen der Wirtschaftsethik an die Ethik und Metaethik« und die »wirtschaftsethische Aufarbeitung ökonomischer Grundbegriffe und Theorien« (Enderle 1983, 18ff.): So werden Arten der Rationalität und Nutzenbegriffe, die Wirklichkeitsadäquatheit und Ceteris-paribus-Klauseln ökonomischer Theorien analysiert. Eher theoretisch, aber durchaus mit praxisrelevanten Folgen, sind Fragen der Wert(urteils)freiheit (auch heute noch kontrovers diskutiert), der reflexiven (selbstbezüglichen) Prognosen, der welt- und menschenbildprägenden Potenz ökonomischer Modelle und der Zweck-Mittel-Neutralität.

Schwerpunkte *praktischer* Wirtschaftsethik bzw. der »*Institutionalisierung der Wirtschaftsethik*« (vgl. Enderle 1983, 23ff.) sind (u.a.) Umwelt- und Sozialbilanzen, Eide für Ökonomen, (internationale) Verhaltens- und Ethikkodizes, Unternehmensethiken, Unternehmenskulturen, Unternehmensleitbilder, Ethik-Audits(-Programme), Verbands- sowie Branchenkodizes, Ethikbeauftragte, Ethikkomitees, Ethikkurse und Fallstudien, Ethik-Hot-Lines, Ethik-Netzwerke und Trainingskurse. Hierzu zu rechnen sind auch u.a. Konzepte der Nachhaltigkeit als Konkretisierung der Wirtschaftsethik sowie das Durchsetzungsproblem wirtschaftsethischer Überlegungen.

4.

Enderle, G., 1983, Wirtschaftsethik in den USA, St. Gallen: Forschungsstelle für Wirtschaftsethik.

Enderle, G., 1993, Handlungsorientierte Wirtschaftsethik, Bern: Haupt.

Enderle, G. u.a. (Hg.), 1993, Lexikon der Wirtschaftsethik, Freiburg: Herder.

Hardin, G., 1968, The Tragedy of the Commons, in: Science 162.

Homann, K., 2002, Vorteile und Anreize. Zur Grundlegung einer Ethik der Zukunft, Tübingen: Mohr Siebeck.

Homann, K./Blome-Drees, F., 1992, Wirtschafts- und Unternehmensethik, Göttingen: Vandenhoeck & Ruprecht.

Korff, W. u.a. (Hg.), 1999, Handbuch der Wirtschaftsethik, 4 Bde., Gütersloh: Gütersloher Verlagshaus.

Koslowski, P., 1988, Prinzipien der ethischen Ökonomie, Tübingen: Mohr.

Lenk, H., 1998, Konkrete Humanität, Frankfurt/M.: Suhrkamp.

Lenk, H./Maring, M., 1992, Wirtschaftsethik – ein Widerspruch in sich selbst?, in: dies. (Hg.), Wirtschaft und Ethik, Stuttgart: Reclam.

Maring, M., 2001, Kollektive und korporative Verantwortung, Münster: LIT.

Rawls, J., 1972, Eine Theorie der Gerechtigkeit, Frankfurt/M.: Suhrkamp 1975.

Steinmann, H./Löhr, A., 1991, Einleitung, in: H. Steinmann/A. Löhr (Hg.), Unternehmensethik, Stuttgart: Poeschel.

Surányi-Unger, T., 1965, Wirtschaftsethik, in: Handwörterbuch der Sozialwissenschaften, Bd. 12, Tübingen: Mohr.

Ulrich, P., 2001, Integrative Wirtschaftsethik, Bern: Haupt.

Zimmerli, W. C./Aßländer, M., 1996, Wirtschaftsethik, in: J. Nida-Rümelin (Hg.), Angewandte Ethik, Stuttgart: Kröner.

Hans Lenk/Matthias Maring

Wissenschaftstheorie der Sozialwissenschaften

1.

Die Wissenschaftstheorie ist die Lehre von den Regeln des wissenschaftlichen Arbeitens. Diese Regeln leiten sich aus dem Oberziel der Wissenschaften allgemein ab, der am Kriterium der Wahrheit orientierten Lösung von Rätseln. Der Gegenstand der Wissenschaftstheorie sind die Aussagen, die in den Wissenschaften gemacht werden, speziell die von ihnen aufgestellten Theorien. Die Regeln beziehen sich auf die formale Struktur, die empirische Prüfbarkeit und die Begründung der Aussagen. Insoweit die Wissenschaftstheorie sich mit den Wissenschaften selbst befasst, ist sie eine Meta-Wissenschaft. Andere Meta-Wissenschaften wären etwa die Wissenschaftsgeschichte, die Wissenschaftssoziologie oder die Wissenschaftspsychologie. Im Unterschied zu diesen Meta-Wissenschaften macht die Wissenschaftstheorie jedoch keine empirischen Aussagen, sondern formuliert analytisch gewonnene Empfehlungen, die vor dem Hintergrund des Oberzieles der Erklärung auch normativ gemeint sind. Als Teil der Wissenschaften allgemein gilt das Oberziel der Erklärung auch für die Sozialwissenschaften. Entsprechend ihrer speziellen Besonderheiten ergeben sich hier jedoch besondere Probleme und daran anschließend auch einige besondere wissenschaftstheoretische Regeln.

2.

Die Besonderheiten der Sozialwissenschaften haben zu einigen, teilweise bis heute nicht beigelegten Kontroversen geführt. Zu nennen sind hier insbesondere der Ältere und der Jüngere Methodenstreit zum Ende des 19. und zu Beginn des 20. Jahrhunderts, sowie der Positivismusstreit in den 1960er Jahren. Letztlich ging es dabei um die Frage des sog. Methodendualismus: Lassen sich auf die Sozialwissenschaften die gleichen Regeln anwenden wie auf die Naturwissenschaften? In den Sozialwissenschaften hat sich dies in einer grundlegenden Trennung zwischen den sog. analytisch-nomologischen und den hermeneutisch-kritischen Ansätzen niedergeschlagen. Daran anschließend haben sich inzwischen diverse sozialwissenschaftliche ›Paradigmen‹ und Ansätze etabliert, darunter auch ›konstruktivistische‹ Ansätze der Abkehr von der Vorstellung einer real existierenden (sozialen) Wirklichkeit bis hin zur kompletten ›Dekonstruktion‹ der (Sozial-)Wissenschaften und aller Regeln. Es gab und gibt jedoch auch Bemühungen um eine ›Einheit der Gesellschaftswissenschaften‹ speziell in Hinsicht auf ihre methodologischen Regeln.

3.

Als Bezugspunkt aller Auseinandersetzungen gilt die Analytische Wissenschaftstheorie, speziell in der als Kritischer Rationalismus bekannt gewordenen Variante, wie sie von Karl R. Popper in Kritik am Logischen Positivismus des Wiener Kreises in seiner *Logik der Forschung* (Popper 1935) entwickelt wurde und auch derzeit im Prinzip als Grundlage der empirisch orientierten (Natur-)Wissenschaften allgemein anerkannt ist (vgl. auch Albert 1969). Die Analytische Wissenschaftstheorie ist in den 1960er und –70er Jahren einer deutlichen internen Kritik unterzogen worden, in deren Verlauf die Vorstellung von eindeutig formulierbaren Regeln der Beurteilung wissenschaftlicher Aussagen und der (grundsätzlichen) Möglichkeit eines (linearen) Wissenschaftsfortschritts angezweifelt wurden. Außerdem ist inzwischen anerkannt, dass die Sozialwissenschaften einige Besonderheiten aufweisen, zu denen es in der Tat in den Naturwissenschaften kein Äquivalent gibt. Letztlich drehen sich die aktuellen Diskussionen in der Fortsetzung der älteren Auseinandersetzungen weiter um die Frage, ob trotz aller dieser Einwände das Konzept der Analytischen Wissenschaftstheorie auch auf die Sozialwissenschaften anwendbar ist und ob die Besonderheiten des Gegenstandes der Sozialwissenschaften eine Vielfalt von theoretischen Ansätzen erzwingen oder ob ein einheitlicher theoretischer und methodologischer Kern möglich ist.

3.1. Im Zentrum des Modells der Analytischen Wissenschaftstheorie steht das Konzept der kausalen Erklärung nach Hempel-Oppenheim (vgl. zu den Einzelheiten der Analytischen Wissenschaftstheorie insgesamt insbesondere Stegmüller 1969; Chalmers 1976; Poser 2001; sowie die Übersichten bei Hügli/Lübcke 1993; siehe zum Bezug auf die Anwendung in den Sozialwissenschaften Esser/Klenovits/Zehnpfennig 1977; Schnell/Hill/Esser 1988; Opp 1976). Darin wird ein zu erklärender Sachverhalt, das Explanandum, aus (mindestens) einem allgemeinen Gesetz und aus spezifischen Randbedingungen abgeleitet. Begriffe und Beschreibungen alleine leisten nach Auffassung der Analytischen Wissenschaftstheorie die angestrebten Erklärungen nicht. Für die Beurteilung der Brauchbarkeit von Theorien lassen sich drei typische Schritte und Kriterien angeben: die Überprüfung ihres logischen Gehalts, ihre empirische Interpretation und die Begründung ihrer Haltbarkeit. Der logische Gehalt bzw. der Informationsgehalt einer Aussage bzw. einer Theorie variiert mit dem (relativen) Anteil von möglichen Zuständen der (empirischen) Welt, mit denen die Theorie nicht übereinstimmt. Für brauchbare Theorien kommen nur solche Aussagen in Frage, die wahr sein können, aber möglichst riskant sind und dennoch gelten. Daher steht im Mittelpunkt der Bemühungen die Suche nach ›allgemeinen‹ Theorien mit möglichst großer Reichweite. Die empirische Interpretation bezieht sich auf die Frage der Verbindung zwischen den theoretischen Aussagen und der Wirklichkeit, auf die sie sich beziehen. Die Analytische Wissenschaftstheorie geht von der erkenntnistheoretischen Hypothese aus, dass es eine ›Wirklichkeit‹ tatsächlich gibt und dass diese nicht allein über theoretische Aussagen ›konstruierbar‹ ist. Die Verbindung zwischen den theoretischen Aussagen und den empirischen Sachverhalten wird über Messoperationen und damit verknüpfte Hilfshypothesen hergestellt. Für die Begründung von Theorien wird insgesamt die sog. Korrespondenztheorie der Wahrheit angenommen, wonach eine Aussage genau dann wahr ist, wenn sie enthält, was der Fall ist. Nach Auffassung der Analytischen Wissenschaftstheorie ist diese Korrespondenz jedoch nicht letztgültig feststellbar. Als Alternative zu den klassischen Begründungsverfahren der Deduktion und der Induktion hat Popper im sog. Falsifikationismus die empirische Überprüfung deduktiv formulierter Hypothesen benannt. Theorien können danach zwar nicht bewiesen werden, sie können sich aber in möglichst strengen Prüfungen bewähren. Theorienfortschritt besteht in der sukzessiven Fehlerelimination und einer dadurch möglichen, wenngleich nicht sicher feststellbaren Wahrheitsannäherung. Eine besondere Bedeutung haben hierbei Erklärungen für das Auftreten von Fehlern durch eine die zunächst falsifizierte Theorie wiederum übergreifende Theorie. Man spricht in diesem Zusammenhang auch von Tiefenerklärungen bzw. von der Reduktion einer speziellen Theorie auf eine allgemeinere.

3.2. Das Konzept der Analytischen Wissenschaftstheorie ist auf eine Reihe von allgemeinen und speziellen Kritikpunkten gestoßen. Insbesondere ist die Möglichkeit einer sukzessiven Wahrheitsannäherung durch Fehlereliminierung angezweifelt worden. Dies setze die begriffliche und logische Vergleichbarkeit der Theorien, die Sicherheit der Hilfshypothesen und damit die beweisbare Gültigkeit der Beobachtungsaussagen, der sog. Basissätze, voraus, auf denen die Falsifikationen beruhen. Die Vergleichbarkeit der Theorien sei jedoch schon deshalb nicht gegeben, weil jede Theorie die Bedeutung ihrer Begriffe nur in einem Gesamtkontext von Aussagen erhalten könne, der sich mit jeder Modifikation zwingend ändere. Und die Hilfshypothesen, und damit die Basissätze, seien wie alle hypothetischen Aussagen nicht begründbar. Jede Beurteilung einer Theorie enthalte damit unvermeidlicherweise ein konventionelles Element. Von daher könne es auch keinen Theoriefortschritt im Sinne der Fehlereliminierung geben, sondern nur den auch von sozialen Bedingungen gesteuerten Wechsel bestimmter Perspektiven und Gesamtkonzepte, die dann selbst wieder miteinander unvergleichbar und unvereinbar sind. Das Konzept der wissenschaftlichen Revolutionen eines Wechsels von sog. Paradigmen statt der sukzessiven Wahrheitsannäherung durch Thomas Kuhn und die Behauptung der grundsätzlichen Inkommensurabilität von Theorien im methodologischen Anarchismus von Paul K. Feyerabend waren die sichtbarsten Ausdrücke dieser Einwände. Einen Versuch zur Verbindung der beiden Vorstellungen lieferte Imre Lakatos mit seiner Idee der Möglichkeit von progressiven und degenerativen Forschungsprogrammen: Zwar sei eine einzelne Anomalie kein Grund für die Widerlegung einer Theorie bzw. die Aufgabe eines Paradigmas, aber mit der Höhe des Aufwandes zur Rettung von Theorien steige ihre Belastung, die schließlich die Aufgabe nahe lege (vgl. für eine zusammenfassende Darstellung der Positionen Blaug 1980 oder Andersson 1988).

3.3. Die Vorstellung von der Inkommensurabilität verschiedener theoretischer Ansätze passte auf die Auseinandersetzungen über die Grundsätze ihrer Methoden und Theorien, die die Sozialwissenschaften von Beginn an begleiteten. Diese Auseinandersetzungen fanden ihren sichtbarsten Niederschlag in drei Methodenstreiten: dem »Älteren Methodenstreit«, dem »Jüngeren Methodenstreit« und dem sog. Positivismusstreit. Im Älteren Methodenstreit zwischen Gustav Schmoller (1883) und Carl Menger (1883) ging es insbesondere um die Frage nach der Möglichkeit allgemeiner, ahistorischer Gesetze, wie die des Marktes, gegenüber der Vorstellung, dass letztlich nur detaillierte historische Beschreibungen und das Verstehen des Sinns der sozialen Vorgänge möglich sind, und um die Möglichkeiten einer individualistischen Erklärung gesellschaftlicher Vorgänge. Der Jüngere Methodenstreit, der sog. Werturteilsstreit, zwischen Schmoller, Wilhelm Roscher und Max Weber (vgl. Weber 1968), befasste sich mit der Frage der Möglichkeit von Wertbegründungen und dem Problem der Trennung von deskriptiven und normativen Aussagen. Weber vertrat dabei die Auffassung, dass Wertungen, wie deskriptive Aussagen, nicht objektiv begründet werden können und dass sie bei der Beurteilung wissenschaftlicher Aussagen möglichst offen deklariert und kontrolliert werden sollten. Im Positivismusstreit, der im Wesentlichen zwischen Hans Albert und Jürgen Habermas ausgetragen wurde (vgl. Adorno u.a. 1969), ging es speziell um die Frage, ob sich angesichts gewisser ›objektiver‹ historischer Prozesse übergreifende Erkenntnisinteressen für das wissenschaftliche Arbeiten ableiten lassen. Der allgemeine Hintergrund war die Annahme der Kritischen Theorie um Theodor W. Adorno u.a., wonach es solche unhintergehbaren historischen Prozesse gäbe. Der spezielle Anlass war die Kritik an der Übertragung der (oben skizzierten) Regeln der Analytischen Wissenschaftstheorie auf die Sozialwissenschaften und an deren ›positivistischer‹ Ausrichtung. Das Hauptargument war, dass die jeweiligen gesellschaftlichen Verhältnisse den wissenschaftlichen Erkenntnisprozess durchdrängen, dass das Werturteilspostulat und die Vorstellung von der kritischen Prüfung von Theorien durch empirische Daten nur einen Schein der Objektivität erzeugen und dass die eigentliche Voraussetzung zur wahren Erkenntnis die ›emanzipatorische‹ Umgestaltung der gesellschaftlichen Verhältnisse sei.

3.4. Alle diese Auseinandersetzungen drehen sich letztlich um die These vom Methodendualismus: Erfordern die Besonderheiten der Sozialwissenschaften eine von den Naturwissenschaften grundsätzlich zu unterscheidende Methodologie oder nicht? Die hierbei reklamierten Besonderheiten lassen sich in vier Aspekten zusammenfassen. Erstens beruhen alle sozialen Prozesse auf einem gewissen ›Sinn‹, den die Akteure, die sie hervorbringen, damit verbinden, und haben damit, ganz anders als die Naturwissenschaften, eine unhintergehbare hermeneutische Dimension. Zweitens sind alle sozialen Strukturen das Ergebnis von punktuell immer wieder neu erzeugten ›Konstruktionen‹, beruhen also nicht zuletzt auf Ideen, kulturellen Modellen und gedanklichen Fiktionen der Akteure. Drittens weisen alle sozialen Prozesse eine deutliche Historizität auf, angesichts derer die Möglichkeiten allgemeiner Theorien sehr beschränkt erscheinen. Und viertens weisen – dennoch – die sozialen Prozesse oft deutliche Eigengesetzlichkeiten und Emergenzen auf, die sich womöglich auf das Handeln individueller Akteure und nomologische Theorien über sie nicht reduzieren lassen. Die verschiedenen Besonderheiten verweisen auf ein mehrdimensionales Feld denkbarer methodologischer Festlegungen und Kontroversen über die Möglichkeit und die Art der Anknüpfung an die Regeln der Analytischen Wissenschaftstheorie. Vier Dimensionen lassen sich unterscheiden. Erstens, die Frage nach dem Ausgangspunkt der Theoriebildung: Akteure bzw. Handlungen oder gesellschaftliche Systeme? Hierin unterscheiden sich individualistische Theorien der Sozialwissenschaften von kollektivistischen Theorien. Zweitens, die Unterscheidung von Erklären und Verstehen und die Vorstellung, dass angesichts der hermeneutischen Dimension des Sozialen nomologische Erklärungen ausgeschlossen und nur die ›dichte Beschreibung‹ von historisch-spezifischem Sinn möglich sei. Hieran anschließend, drittens, die Frage nach dem Status quantifizierender empirischer Forschung gegenüber qualitativen Methoden, speziell der Einzelfallanalyse. Und viertens, das Problem der objektiven Verankerung der Prozesse der ›Konstruktion der gesellschaftlichen Wirklichkeit‹ als Voraussetzung für jede Anknüpfung an die Realismusannahme der Analytischen Wissenschaftstheorie.

3.5. In den Sozialwissenschaften hat sich diese Mehrdimensionalität der Ausgangspunkte und Problemkreise in der Etablierung einiger typischer Paradigmen niedergeschlagen. Vier sind in diesem Zusammenhang besonders einflussreich geworden: das normative, das strukturtheoretische, das interpretative und das utilitaristische Paradigma (vgl. Collins 1994). Das normative Paradigma geht davon aus, dass gesellschaftliche Werte und Normen die grundlegenden Mechanismen der gleichgewichtigen Steuerung der sozialen Prozesse sind, und dass die sozialen Prozesse auf der Ebene der Gesamtheit sozialer Systeme verankert sind. Das strukturtheoretische Paradigma sieht die sozialen Vorgänge als Folge von (in erster Linie: materiellen) Opportunitätsstrukturen an und damit ebenfalls als Ergebnis der Eigendynamik kollektiver Bedingungen. Das interpretative Paradigma betont demgegenüber den konstruktiven Beitrag individueller Akteure bei der Konstitution der sozialen Prozesse. Es verlagert damit den Bezug der Analyse auf die Ebene der symbolisch gesteuerten Interaktionen und der interpretierenden Lösung von Problemen. Das utilitaristische Paradigma geht auch von der Mikroebene des Handelns individueller Akteure aus. Hierbei werden eine spezielle Theorie des Handelns, die der rationalen Wahl, angewandt und zusätzlich, anders als im interpretativen Paradigma, die – zumeist unintendierten – kollektiven Folgen dieses Handelns zu erklären versucht. Die vier Paradigmen bündeln jeweils typische Muster der genannten methodologischen Streitpunkte. Das normative und das strukturtheoretische Paradigma knüpfen an kollektivistische, das interpretative und das utilitaristische Paradigma an individualistische Traditionen an. Das normative und speziell das interpretative Paradigma stehen in der Tradition der Analyse kulturell und symbolisch vermittelter Bedeutungen und arbeiten mit den Mitteln begriffsrealistischer Typologien einerseits bzw. verstehender Rekonstruktionen von Sinn andererseits. Das strukturelle und speziell das utilitaristische Paradigma streben nach (kausalen) Erklärungen im Anschluss an die Regeln der Analytischen Wissenschaftstheorie.

3.6. Die neueren methodologischen Diskussionen sind von der Auseinandersetzung darüber geprägt, ob die paradigmatische Vielfalt der Sozialwissenschaften eine zwingende Folge der Vielschichtigkeit und der Besonderheiten des Gegenstandes ist oder nicht (vgl. Schmid 2001). Die wichtigsten aktuellen theoretischen Positionen und Entwicklungen, etwa nach Elias, Alexander, Giddens, Bourdieu, faktisch auch Habermas und Luhmann, gehen dabei – mehr oder weniger explizit – von einer Überwindung einiger der wichtigsten Trennlinien aus: Sozialwissenschaftliche Theorien müssten die kollektive Ebene der Strukturen mit der individuellen Ebene des Handelns verbinden. Soziale Prozesse seien ebenso Hervorbringungen des intentionalen, mit Sinn verbundenen Handelns von Akteuren, wie der Sinn des Handelns und die Befindlichkeit der Akteure durch die sozialen Strukturen geprägt würden. Soziale Systeme und menschliche Akteure stünden in einem Verhältnis der ununterbrochenen wechselseitigen Konstitution. Vor dem Hintergrund dieser inzwischen weithin geteilten Orientierungshypothesen gibt es aber auch weiterhin dezidierte paradigmatische Abgrenzungen und Versuche der ›dekonstruktivistischen‹ Auflösung jeder methodologischen Bindung an wissenschaftstheoretische Regeln (vgl. Camic 1998), in besonders extremer Form im Konzept des sog. Radikalen Konstruktivismus (vgl. dazu u. a. Schmidt 1987 und zur Kritik aus der Perspektive der Analytischen Wissenschaftstheorie u. a. Wendel 1990).

3.7. An aktuellen Ansätzen zur Überwindung der paradigmatischen Spaltungen der Sozialwissenschaften sind insbesondere die soziologische Systemtheorie (nach Luhmann 1984; ders. 1997) und das Konzept der soziologischen Erklärung (vgl. dazu Esser 1993, 1999 ff.) zu nennen. Beide streben die Integration der Mehrdimensionalität der Besonderheiten der Sozialwissenschaften an. Die soziologische Systemtheorie versteht sich als eine Fortsetzung des kollektivistischen Programms in Kombination mit hermeneutischen Elementen: Die grundlegende Ebene bilden das eigenständige Prozessieren sozialer Systeme, die als in ihrem ›Sinn‹ aneinander anschließende Prozesse von Kommunikationen aufgefasst werden. Sie distanziert sich dabei dezidiert von allen methodologischen Regeln der (Analytischen) Wissenschaftstheorie: Erklärungen sind nicht das Ziel, und das wichtigste Instrument der Theoriekonstruktion sind begriffliche Analysen. Demgegenüber versteht sich das Konzept der soziologischen Erklärung als ein Ansatz zur Umsetzung der Regeln der Analytischen Wissenschaftstheorie in eine Methodologie der Sozialwissenschaften unter Berücksichtigung der beschriebenen Besonderheiten der Sozialwissenschaften. Der Ausgangspunkt des Konzeptes der soziologischen Erklärung ist die Feststellung des Scheiterns der einseitig individualistischen wie kollektivistischen Konzepte: Die für kollektivistische Erklärungen nötigen Gesetze auf der Makroebene gibt es nicht, und die (strikt) individualistischen Ansätze verfehlen das Problem möglicher Eigendynamiken und Emergenzen. Im Zentrum steht die Modellierung der systematischen Verbindung von Makro- und Mikroebene über drei grundlegende Schritte: die (typisierende) Beschreibung der spezifischen Logik der Situation für die jeweiligen Akteure, die Spezifikation der Logik der Selektion für das daran anschließende Handeln über eine allgemeine Theorie des Handelns und die Transformation der (unintendierten und emergenten) Folgen des Handelns in kollektive Phänomene. Der für die Erklärungen erforderliche allgemeine nomologische Kern wird durch den Bezug auf eine nomologische Handlungstheorie bestimmt. Die besonderen historischen und sozialen Bedingungen gehen in die Beschreibungen der Logik der Situation und (teilweise) in die Transformationen bei der Logik der Aggregation ein. Insoweit sich die verwendete Handlungstheorie auch auf Intentionen, Erwartungen und kulturelle Vorstellungen der Akteure bezieht, wird der hermeneutischen, kulturellen und interpretativen Dimension und dem Sinn des Handelns Rechnung getragen. Dadurch wird der Dualismus zwischen Erklären und Verstehen und zwischen qualitativen und quantitativen Methoden aufgelöst. Das elementare Modell kann zu beliebig komplexen Mehrebenensystemen und Sequenzen zusammengefügt werden. Hierüber werden die Modellierung von eigendynamischen Prozessen aller Art und damit funktionale, historische und evolutionäre Erklärungen auch von singulären Ereignissen möglich. Da die sozialen Prozesse bei aller Emergenz und Eigenständigkeit letztlich als Folgen des (verständigen) Handelns von Akteuren erklärt werden, wird auch der konstruktive Charakter der Vorgänge systematisch berücksichtigt. Das Konzept geht insgesamt von der gleichgewichtigen Bedeutung der Mikro- und der Makroebene aus und überwindet damit die Einseitigkeiten der (strikt) individualistischen und kollektivistischen Theorien.

3.8. Das Konzept der soziologischen Erklärung ist die Fortsetzung und Weiterentwicklung der Tradition der situationslogischen Analyse, wie sie, im Anschluss an den Methodologischen Individualismus nach Weber, insbesondere von Popper (1945) vorgeschlagen wurde (vgl. zu verschiedenen Vorläufern und Varianten Lindenberg/Wippler 1978; Boudon 1979; Coleman 1990). In seiner grundlegenden Struktur schließt es an die in den Naturwissenschaften geläufige Form der Aufdeckung allgemeiner (Mikro-)›Mechanismen‹ zur Erklärung von (Makro-)Kovariationen an (vgl. dazu allgemein Hedström/Swedberg 1998). Eine Folge dieser Klärungen ist, dass es mit dem Konzept der soziologischen Erklärung zwar eine allgemeine analytische Methodologie der Sozialwissenschaften gibt, dass aber an übergreifende gesellschaftswissenschaftliche Theorien, speziell über historische Entwicklungsgesetze, nicht mehr gedacht werden kann: Es gibt keine übergreifenden Gesetze auf der Makroebene, und die Situationslogik der sozialen Prozesse ist derart von manchmal auch zufälligen Umständen abhängig, dass es allenfalls Modelle und ›Theorien begrenzter Reichweite‹ für spezifische Gegenstandsbereiche oder relativ isolierte Vorgänge geben kann.

4.

Adorno, T. W. u.a., 1969, Der Positivismusstreit in der deutschen Soziologie, Neuwied: Luchterhand 1982.

Albert, H., 1968, Traktat über kritische Vernunft, Tübingen: Mohr.

Andersson, G., 1988, Kritik und Wissenschaftsgeschichte, Tübingen: Mohr.

Blaug, M., 1980, The Methodology of Economics, Cambridge: Cambridge University Press.

Boudon, R., 1979, Die Logik des gesellschaftlichen Handelns, Neuwied: Luchterhand 1980.

Camic, C./Gross, N., 1998, Contemporary Developments in Sociological Theory, in: Annual Review of Sociology 24.

Chalmers, A. F., 1976, Wege der Wissenschaft, Berlin: Springer 1986.

Coleman, J. S., 1990, Foundations of Social Theory, Cambridge/MA: Harvard University Press.

Collins, R., 1994, Four Sociological Traditions, New York: Oxford University Press.

Esser, H., 1993, Soziologie. Allgemeine Grundlagen, Frankfurt/M.: Campus.

Esser, H., 1999–2001, Soziologie. Spezielle Grundlagen, 6 Bde., Frankfurt/M.: Campus.

Esser, H./Klenovits, K./Zehnpfennig, H., 1977, Wissenschaftstheorie, Bd. 1: Grundlagen und Analytische Wissenschaftstheorie, Stuttgart: Teubner.

Hedström, P./Swedberg, R., 1998, Social Mechanisms, in: dies. (Hg.), Social Mechanisms, Cambridge: Cambridge University Press.

Hollis, M., 1994, Soziales Handeln, Berlin: Akademie 1995.

Hügli, A./Lübcke, P., 1993, Philosophie im 20. Jahrhundert, Bd. 2: Wissenschaftstheorie und Analytische Philosophie, Reinbek: Rowohlt.

Lindenberg, S./Wippler, R., 1978, Theorienvergleich, in: K. O. Hondrich/J. Matthes (Hg.), Theorienvergleich in den Sozialwissenschaften, Neuwied: Luchterhand.

Luhmann, N., 1984, Soziale Systeme, Frankfurt/M.: Suhrkamp.

Luhmann, N., 1997, Die Gesellschaft der Gesellschaft, Frankfurt/M.: Suhrkamp.

Menger, C., 1883, Untersuchungen über die Methode der Socialwissenschaften und der Politischen Ökonomie insbesondere, Leipzig: Duncker & Humblot.

Opp, K.-D., 1976, Methodologie der Sozialwissenschaften, Wiesbaden: Westdeutscher Verlag 2002.

Popper, K. R., 1935, Logik der Forschung, Tübingen: Mohr 1971.

Popper, K. R., 1945, Die offene Gesellschaft und ihre Feinde, Bd. 2: Falsche Propheten, München: Francke 1977.

Poser, H., 2001, Wissenschaftstheorie, Stuttgart: Reclam.

Schmid, M., 2001, Theorienvergleich in den Sozialwissenschaften, in: Ethik und Sozialwissenschaften 12.

Schmidt, S. J., 1987, Der Radikale Konstruktivismus, in: ders. (Hg.), Der Diskurs des Radikalen Konstruktivismus, Frankfurt/M.: Suhrkamp.
Schmoller, G., 1883, Zur Methodologie der Staats- und Sozialwissenschaften, in: Jahrbuch für Gesetzgebung, Verwaltung und Volkswirthschaft im Deutschen Reich 7.
Schnell, R./Hill, P. B./Esser, E., 1988, Methoden der empirischen Sozialforschung, München: Oldenbourg 1999.
Stegmüller, W., 1969, Probleme und Resultate der Wissenschaftstheorie und Analytischen Philosophie, Bd. 1: Wissenschaftliche Erklärung und Begründung, Berlin: Springer.
Weber, M., 1968, Methodologische Schriften, Frankfurt/M.: Fischer.
Wendel, H. J., 1990, Moderner Relativismus, Tübingen: Mohr.

Hartmut Esser

Wissenssoziologie/ Wissenschaftssoziologie

1.

Die *Wissenssoziologie* untersucht mit soziologischen Methoden die Wechselbeziehungen zwischen sozialen Faktoren (sozialer Standort, Interessen, Gender, Generation, Institution) und kognitiven Inhalten jeder Art und Komplexität (Begriffe, Überzeugungen, Wertvorstellungen, Religionen, Wissenschaften, Ideologien). Die *Wissenschaftssoziologie* untersucht Wissenschaft als soziale Praxis, insbesondere die Wechselbeziehungen zwischen sozialen Faktoren und wissenschaftlich anerkannten Überzeugungen. Dabei geht es um die Frage, ob und wie soziale Bedingungen die Genese, Ausbreitung, Veränderung und Anerkennung von Überzeugungsinhalten bestimmen oder zumindest beeinflussen. Die Wissenssoziologie und die Wissenschaftssoziologie begnügen sich in der Regel nicht damit, zu beschreiben, welche Überzeugungen in welchen Gruppen wie verbreitet sind und wie diese gegen Widerstände verteidigt werden, sondern schlagen darüber hinaus Erklärungen für die Entstehung, Beschaffenheit und Veränderung der Überzeugungssysteme vor. Solche Erklärungen können auf die folgenden soziologischen Ressourcen zurückgreifen: (a) die Ermittlung der Ziele und Interessen der Mitglieder einer Gruppe, (b) die Ermittlung der in einer Gruppe implizit geltenden Regeln, (c) die Untersuchung der Organisation der wissensbezogenen Institutionen, (d) die Analyse der Sozialisationsprozesse, durch die eine Gruppe Überzeugungen und Praktiken an neue Gruppenmitglieder weitergibt, (e) die Analyse der Aushandlungsprozesse, durch die Konsense erzielt werden, sowie (f) die Untersuchung der Mittel und Strategien zur Überredung Andersdenkender.

2.

2.1. Die Wissenssoziologie konstituiert sich seit den 1920er Jahren als eigene soziologische Teildisziplin. Im Jahre 1909 hatte Wilhelm Jerusalem bereits eine »Soziologie des Erkennens« gefordert; bahnbrechend waren jedoch erst die programmatischen Schriften von Max Scheler und Karl Mannheim. Als Gründungsurkunde kann der 1924 von Scheler herausgegebene Sammelband *Versuche zu einer Soziologie des Wissens* gelten.

Soweit die Wissenssoziologie den Ideologiebegriff ins Zentrum rückt, gehören zu ihrer Vorgeschichte die Vorurteilstheorien der Aufklärung (Francis Bacon, Voltaire, Holbach u.a.), die deskriptive Ideenwissenschaft der französischen Ideologenschule (Etienne Bonnot de Condillac, Destutt de Tracy u.a.) sowie die Basis-Überbau-These und die Ideologiekritik von Marx und Engels (vgl. Lenk 1961). In Frankreich können Auguste Comte mit seinem Dreistadiengesetz des Kulturfortschritts (Theologie – Metaphysik – positive Wissenschaft) sowie Emile Durkheim, Marcel Mauss und Lucien Lévy-Bruhl mit ihren Analysen zu elementaren Formen der religiösen Begriffsbildung zu den Wegbereitern gezählt werden. Als deutsche Einflüsse auf die Wissenssoziologie sind Nietzsches Perspektivismus,

Diltheys historistische Typologie der Weltanschauungen und Max Webers Arbeiten zur Religionssoziologie hervorzuheben.

Für die Etablierung einer eigenen soziologischen Teildisziplin waren die Arbeiten von Scheler und Mannheim in der Weimarer Zeit von entscheidender Bedeutung. Die frühen Wissenssoziologen wenden sich unterschiedlich radikal von der traditionellen philosophischen Erkenntnistheorie ab. Nach Schelers gemäßigter Variante ist »zwar nicht der Inhalt alles Wissens und noch weniger seine Sachgültigkeit, wohl aber die Auswahl der Gegenstände des Wissens nach der herrschenden sozialen Interessenperspektive [...] mitbedingt« (Scheler 1926, 55). Scheler unterscheidet drei oberste Wissensformen: Herrschaftswissen (positive Wissenschaften), Bildungswissen (Philosophie) und Heilswissen (Religion) und versucht ihre je verschiedene Eigengesetzlichkeit herauszuarbeiten.

In Mannheims radikalerem Programm erstreckt sich die These einer »Seinsverbundenheit« jeden Wissens auch auf die Inhalte: »Die Wissenssoziologie ist eine neuerdings entstandene soziologische Disziplin, die als Theorie [...] eine Lehre von der sog. Seinsverbundenheit des Wissens aufzustellen und auszubauen und als historisch-soziologische Forschung [...] diese ›Seinsverbundenheit‹ an den verschiedenen Wissensgehalten der Vergangenheit und Gegenwart herauszustellen bestrebt ist.« (Mannheim 1931, 659) Denkinhalte sind durch den sozialen Standort des Denkenden beeinflusst (ausgenommen sind bei Mannheim noch die Inhalte der Mathematik und der exakten Naturwissenschaften). Aus der soziologischen Diagnose der Seinsverbundenheit soll eine wissenschaftlich fundierte politische Therapie gewonnen werden. Die Selbstbefreiung von Totalideologien traut Mannheim der mit sozialen Traditionen nur lose verbundenen »freischwebenden Intelligenz« zu. Während Mannheims Lehren v.a. im angelsächsischen Sprachraum Verbreitung fanden, gerieten Schelers wissenssoziologische Arbeiten nach seinem frühen Tod in Vergessenheit.

In dem seit ihrer Inauguration andauernden »Streit um die Wissenssoziologie« dominierten programmatische Entwürfe, Polemiken und abstrakte methodologische und weltanschauliche Diskussionen (vgl. Meja/Stehr 1982). Nur allmählich etablierte sich die Wissenssoziologie als Teildisziplin der Soziologie. Entsprechend den soziologischen Schulrichtungen entwickelten sich phänomenologische (A. Schütz; T. Luckmann), systemtheoretische (T. Parsons; N. Luhmann), machttheoretische (M. Foucault) und sozialkonstruktivistische (P. Berger; T. Luckmann) Spielarten der Wissenssoziologie.

Einen Neuanfang beanspruchen Berger/Luckmann (1966), die im Anschluss an Husserls Phänomenologie und Schütz' verstehende Soziologie das vortheoretische, lebensweltliche Alltagswissen zum Hauptuntersuchungsgegenstand der Wissenssoziologie machen. Die menschliche Wirklichkeit wird dabei als gesellschaftlich konstruierte Wirklichkeit aufgefasst; der Wissenssoziologie stellt sich die Aufgabe der Rekonstruktion dieser »sozialen Konstruktion der Wirklichkeit«. Mit Berger und Luckmann beginnt die Karriere der vieldeutig schillernden Rede von »sozialer Konstruktion«, die seither in den Sozialwissenschaften verbreitet ist und zu einer Kampfvokabel in den »science wars« avancierte (vgl. Hacking 1999; Kukla 2000). Weitere Impulse erhielt die Wissenssoziologie durch die fortschreitende Einbeziehung der »harten« Wissenschaften, die bei Mannheim noch ausgeklammert blieben, und durch detaillierte Fallstudien von Wissenschaftshistorikern und -soziologen (s.u.).

2.2. Zu den Pionieren der modernen Wissenschaftssoziologie gehört der Medizinhistoriker L. Fleck. Ausgehend von einer Untersuchung des Syphilisbegriffs und der Entwicklung eines Testverfahrens gelangt er zu allgemeineren wissenschaftssoziologischen Thesen. Forschung ist wesentlich ein interaktiver Prozess innerhalb eines »Denkkollektivs«. Das wirkt sich bereits auf der Ebene der Wahrnehmung aus: Sie ist ein aktiver und von Erwartungen gesteuerter selektiver Vorgang.

Das denkstilgebundene Aspektsehen ist zwar einerseits sehr effizient, kann aber andererseits auch zur Blindheit für andere Aspekte und zu Denkzwängen führen. Fleck beeinflusste mit diesen Ideen u.a. den Wissenschaftshistoriker T. S. Kuhn (vgl. Kuhn 1962), der mit seinen Thesen zur Wissenschaftsentwicklung seinerseits einen großen Einfluss auf die Wissenschaftssoziologie hatte, sich jedoch später von ihren radikaleren Spielarten distanzierte (vgl. Kuhn 2000).

Als eigentlicher Begründer der Wissenschaftssoziologie darf R. K. Merton gelten, der seit den 1950er Jahren darum bemüht war, das System von Werten und Normen herauszuarbeiten, durch welches sich moderne Wissenschaftler gebunden fühlen. Dieses »scientific ethos« besteht aus vier Komplexen institutionalisierter Imperative: Universalismus, gemeinsamer Besitz von Gütern (communism), Interesselosigkeit (disinterestedness) und organisierte wechselseitige Kritik (organized skepticism). Vor diesem Hintergrund hat Merton u.a. das Belohnungssystem in der Wissenschaft im Detail analysiert (vgl. Merton 1973; 1985).

Die Projekte der Wissenschaftssoziologie, die sich im Sinne einer Soziologie des Irrtums auf das Aufdecken des Einflusses von Vorurteilen, Interessen und Ideologien auf die Wissenschaft beschränken, werden von den radikaleren Vertretern als »Weak Programme« in der Wissenschaftssoziologie bezeichnet. Das Anfang der 1970er Jahre von einer Forschergruppe in Edinburgh (D. Bloor, B. Barnes, S. Shapin u.a.) formulierte »Strong Programme« betrachtet dagegen alle Wissensansprüche als soziale Phänomene, die grundsätzlich gleich problematisch sind. Das »Strong Programme« erhebt einen außerordentlich starken Erklärungsanspruch; zu den zentralen methodologischen Postulaten gehören: (a) Kausalerklärungsanspruch: Es sollen kausale Erklärungen der Wissensinhalte gegeben werden; (b) Unparteilichkeit: Sowohl wahre als auch falsche, sowohl rationale als auch irrationale Überzeugungen bedürfen der soziologischen Erklärung; (c) Symmetrie: Es sollen dieselben Arten von Ursachen für wahre und falsche, für rationale und irrationale Überzeugungen gesucht werden; (d) Reflexivität: Keine soziologische Wissenstheorie ist akzeptabel, wenn sie nicht auf sich selbst angewendet werden kann (vgl. Bloor 1976, 7; 1992, 494).

In der Annahme der Realisierbarkeit des »Strong Programme« fühlen sich seine Vertreter durch empirische und theoretische Gründe bestärkt: (a) Zum einen gibt es inzwischen eine ganze Reihe soziologisch orientierter wissenschaftshistorischer Detailuntersuchungen. Die Themen reichen von Debatten in der Royal Society bis hin zur Elementarteilchenphysik (vgl. u.a. MacKenzie 1981; Pickering 1984; Shapin/Shaffer 1985; Shapin 1994; Überblicke in Shapin 1982; Heintz 1993; Kritik bei Koertge 1998; Friedman 1998; Lipton 1998). (b) Zu den theoretischen Erwägungen gehören die These von der Theoriegeladenheit der Beobachtung und die These von der Unterbestimmtheit wissenschaftlicher Theorien durch die empirischen Daten. Während die Wissenschaftstheorie fragt, wie die Lücken rationalerweise zu schließen wären, untersucht die Wissenschaftssoziologie, wie sie faktisch geschlossen wurden. Die neueren Wissenschaftssoziologen berufen sich auch gerne auf die von W. V. Quine u.a. geforderte naturalistische Wende in der Erkenntnis- und Wissenschaftstheorie. Während Quine die Erkenntnistheorie jedoch in Kognitionspsychologie aufgehen lassen wollte, favorisiert die Wissenschaftssoziologie eine ›Entzauberung‹ mit soziologischen Mitteln.

Eine andere Richtung der Wissenschaftssoziologie wendet sich der innerwissenschaftlichen Praxis, insbesondere Kommunikations-, Deutungs-, Aushandlungs- und Durchsetzungsprozessen in Wissenschaftlergemeinschaften zu (vgl. Engelhardt/Caplan 1987; Pickering 1992). Erwähnenswert sind hier mikrosoziologische Untersuchungen des Labors (»Laborstudien«), bei denen beobachtet werden soll, wie wissenschaftliche Tatsachen »konstruiert« werden (vgl. Latour/Woolgar 1979; Knorr-Cetina 1981), sowie Untersuchungen zum Experiment und zur Rolle von technischen Apparaturen (vgl. Gooding/Schaffer/Pinch 1989).

3.

Zumindest den frühen Vertretern der Wissenssoziologie (Scheler, Mannheim u. a.) kann der Vorwurf nicht erspart werden, dass sie nicht oder nur unzureichend von soziologischen Methoden Gebrauch gemacht haben. K. Popper hat darüber hinaus an der mannheimschen Wissenssoziologie kritisiert, dass die Zuschreibung von Totalideologien die Grundlage rationaler Diskussion zerstört und so ein verstärkter Dogmatismus droht. Ironischerweise verkenne gerade diese Wissenssoziologie den entscheidenden sozialen Aspekt der Wissenschaft: Wissenschaftliche Objektivität beruht nicht auf erfolgreicher »Sozioanalyse« und daraufhin selbstbescheinigter Unparteilichkeit des einzelnen Wissenschaftlers, sondern auf der Intersubjektivität der wissenschaftlichen Methode, für welche die Möglichkeit der freien und öffentlichen wechselseitigen Prüfung und Korrektur wesentlich ist. Zur Förderung dieser Möglichkeit können schrittweise geeignete soziale Institutionen geschaffen werden (vgl. Popper 1945, Bd. 2, Kap. 13).

Das größte Problem bei der Einschätzung der neueren, oft noch radikaleren Formen von Wissenssoziologie und Wissenschaftssoziologie besteht in Unklarheiten in ihren Behauptungen bzw. dem Offenbleiben wichtiger Fragen: Welche Beziehungen sollen genau zwischen sozialen Faktoren und Überzeugungen bestehen? Wie stark sind die Thesen gemeint? Was genau soll konstruiert sein, und was genau heißt »konstruiert« dabei? Was das »Strong Programme« angeht, so scheint sein Anspruch überzogen. Seine Behauptungen wirken nicht nur recht unplausibel; bei Selbstanwendung scheint ihr selbstwiderlegender Charakter offensichtlich (vgl. Lipton 1998; Boghossian 2006). Viele Wissenschaftssoziologen untersuchen deshalb heute mit vielerlei Methoden die soziale Praxis der Wissenschaft, ohne sich vorab auf das »Strong Programme« festzulegen (vgl. Heintz 1993; Knoblauch 2005).

4.

Berger, P. L./Luckmann, T., 1966, Die gesellschaftliche Konstruktion der Wirklichkeit, Frankfurt/M.: Fischer 1972.

Bloor, D., 1976, Knowledge and Social Imagery, Chicago: University of Chicago Press 1991.

Bloor, D., 1992, Strong Programme, in: J. Dancy/E. Sosa (Hg.), A Companion to Epistemology, Oxford: Blackwell.

Boghossian, P., 2006, Fear of Knowledge, Oxford: Oxford University Press.

Engelhardt, T./Caplan, A. L. (Hg.), 1987, Scientific Controversies, Cambridge: Cambridge University Press.

Fleck, L., 1935, Entstehung und Entwicklung einer wissenschaftlichen Tatsache, Frankfurt/M.: Suhrkamp 1980.

Fleck, L., 1983, Erfahrung und Tatsache, Frankfurt/M.: Suhrkamp.

Foucault, M., 1976, Historisches Wissen der Kämpfe und Macht, in: ders., Dispositive der Macht, Berlin: Merve 1978.

Friedman, M., 1998, On the Sociology of Scientific Knowledge and its Philosophical Agenda, in: Studies in History and Philosophy of Science 29.

Fuller, S., 1988, Social Epistemology, Bloomington: Indiana University Press.

Gooding, D./Schaffer, S./Pinch, T. (Hg.), 1989, The Uses of Experiment, Cambridge: Cambridge University Press.

Hacking, I., 1999, Was heißt ›soziale Konstruktion‹?, Frankfurt/M.: Fischer.

Heintz, B., 1993, Wissenschaft im Kontext, in: Kölner Zeitschrift für Soziologie und Sozialpsychologie 45.

Hesse, M., 1980, Revolutions and Reconstructions in the Philosophy of Science, Brighton: Harvester Press.

Jerusalem, W., 1909, Soziologie des Erkennens, in: Die Zukunft 67.

Knoblauch, H., 2005, Wissenssoziologie, Konstanz: UVK.

Knorr-Cetina, K., 1981, Die Fabrikation von Erkenntnis, Frankfurt/M.: Suhrkamp 1984.

Koertge, N. (Hg.), 1998, A House Built on Sand. Exposing Postmodernist Myths about Science, Oxford: Oxford University Press.

Kuhn, T. S., 1962, Die Struktur wissenschaftlicher Revolutionen, Frankfurt/M.: Suhrkamp 2003.

Kuhn, T. S., 2000, The Road since *Structure*, Chicago: University of Chicago Press.

Kukla, A., 2000, Social Constructivism and the Philosophy of Science, London: Routledge.

Latour, B., 1987, Science in Action, Cambridge/MA: Harvard University Press.

Latour, B./Woolgar, S., 1979, Laboratory Life. The Construction of Scientific Facts, Beverly Hills: Sage.
Lenk, K. (Hg.), 1961, Ideologie. Ideologiekritik und Wissenssoziologie, Neuwied: Luchterhand.
Lipton, P., 1998, The Epistemology of Testimony, in: Studies in History and Philosophy of Science 29.
MacKenzie, D., 1981, Statistics in Britain 1865–1930, Edinburgh: Edinburgh University Press.
Mannheim, K., 1925, Das Problem einer Soziologie des Wissens, in: Archiv für Sozialwissenschaft und Sozialpolitik 53.
Mannheim, K., 1929, Ideologie und Utopie, Frankfurt/M.: Klostermann 1995.
Mannheim, K., 1931, Wissenssoziologie, in: A. Vierkandt (Hg.), Handwörterbuch der Soziologie, Stuttgart: Enke.
Meja, V./Stehr, N. (Hg.), 1982, Der Streit um die Wissenssoziologie, 2 Bde., Frankfurt/M.: Suhrkamp.
Merton, R. K., 1973, The Sociology of Science, Chicago: University of Chicago Press.
Merton, R. K., 1985, Entwicklung und Wandel von Forschungsinteressen, Frankfurt/M.: Suhrkamp.
Pickering, A., 1984, Constructing Quarks, Chicago: University of Chicago Press.
Pickering, A. (Hg.), 1992, Science as Practice and Culture, Chicago: University of Chicago Press.
Pickering, A., 1995, The Mangle of Practice: Time, Agency & Science, Chicago: University of Chicago Press.
Popper, K., 1945, Die offene Gesellschaft und ihre Feinde, 2 Bde., Tübingen: Mohr 1992.
Scheler, M., 1921, Die positivistische Geschichtsphilosophie des Wissens und die Aufgaben einer Soziologie der Erkenntnis, in: Kölner Vierteljahreshefte für Sozialwissenschaften 1.
Scheler, M., 1926, Die Wissensformen und die Gesellschaft, Bern: Francke 1960.
Scheler, M. (Hg.), 1924, Versuche zu einer Soziologie des Wissens, München: Duncker & Humblot.
Shapin, S., 1982, History of Science and Its Sociological Reconstructions, in: History of Science 20.
Shapin, S., 1994, A Social History of Truth, Chicago: University of Chicago Press.
Shapin, S./Shaffer, S., 1985, Leviathan and the Air-Pump: Hobbes, Boyle, and the Experimental Life, Princeton: Princeton University Press.

Oliver R. Scholz

Wohlergehen, individuelles

1.

Mit dem Begriff des individuellen Wohlergehens bezieht man sich auf die Verfassung einer Person und ihre Lebensumstände, wobei sich der jeweilige Grad des Wohlergehens daran bemisst, inwieweit die Elemente, die für die Person gut sind, ihr zur Verfügung stehen und von ihr sinnvoll genutzt werden können. Es werden bei einer solchen Feststellung individuellen Wohlergehens sog. prudentielle Güter oder Werte identifiziert, also dasjenige, was man klugerweise anstreben sollte, um ein gelingendes Leben führen zu können.

2.

In der Ethik und der politischen Philosophie zeigt sich deutlich die Relevanz einer überzeugenden Theorie des individuellen Wohlergehens. Auch wenn mitunter die Auffassung vertreten wird, dass das Wohlergehen nicht den primären Fokus der Moral bildet (vgl. Scanlon 1998), zielen doch der Mehrheitsmeinung nach sowohl moralisches Handeln als auch die gerechte Verteilung von Gütern in einer näher zu bestimmenden Weise auf die Bewahrung und möglicherweise Steigerung des Wohls. Der Utilitarismus beispielsweise bemisst die moralische Qualität einer Handlung danach, inwieweit sie zum Wohl der betroffenen Personen beiträgt.

Auch staatliches Handeln zielt nach verbreiteter Meinung auf das menschliche Wohlergehen, allerdings sinnvollerweise nur auf den Teilbereich, der die Voraussetzungen des individuell bestimmten Guten betrifft (z.B. Einkommen) bzw. auf generell erwünschte Bestandteile des Wohlergehens wie Gesundheit. Die weitergehende Erfüllung individueller Wünsche kann unter modernen Bedingungen weder ein praktikables noch ein erwünschtes Ziel staatlich garantierter Fürsorge sein. Der genannte engere Bereich wird bisweilen mit dem Terminus »Wohlfahrt«

bezeichnet, doch in verschiedenen sozialpolitischen Bereichen setzen sich spätestens seit den 1970er Jahren die Begriffe der Lebensqualität und des Lebensstandards durch (vgl. Glatzer 1992; Nussbaum/Sen 1993; Sen 1987).

3.

Der grundlegendste Streitpunkt zwischen verschiedenen Theorien individuellen Wohlergehens besteht darin, ob »Wohlergehen« objektiv oder subjektiv bestimmt werden sollte. Keinesfalls scheint etwas prudentiell wertvoll sein zu können, wenn es nicht wertvoll *für* jemanden ist. Diese Subjekt-Relationalität des prudentiell Guten impliziert zwar nicht, dass etwas nur deshalb zum individuellen Wohl beitragen kann, *weil* jemand selbst es für gut hält (vgl. Darwall 2002); gleichwohl könnte darin ein unüberwindbarer Stolperstein für objektive Theorien des Wohls gesehen werden (vgl. Sumner 1996).

Um Missverständnissen vorzubeugen, sollte zwischen mindestens zwei verschiedenen Weisen unterschieden werden, die Subjektivität oder Objektivität des Wohlergehens aufzufassen. Aus dieser Unterteilung ergibt sich eine Klassifikation in vier Theoriengruppen: Erstens muss differenziert werden zwischen Theorien, die das individuelle Wohlergehen durch subjektiv erlebte Zustände des Wohl*befindens* bestimmen, und solchen, die es unabhängig vom individuellen Empfinden – beispielsweise durch materielle Ausstattungen – determiniert sehen. Diese Auseinandersetzung bezieht sich darauf, ob das menschliche Wohlergehen (vollständig oder in erster Linie) durch subjektive mentale Erlebnisse erfasst ist oder nicht, d.h. welche Art von Zustand das Wohlergehen darstellt: einen Modus des Bewusstseins oder des Daseins bzw. der Existenz (ontologische Subjektivität/Objektivität). Zweitens sollte man Theorien, welche die Inhalte des individuellen Wohlergehens (ausschließlich oder vorrangig) von subjektiven Bewertungen abhängig machen, von solchen unterscheiden, die objektive bzw. intersubjektive Determinanten ins Spiel bringen (evaluative Subjektivität/Objektivität). Hier dreht sich der Streit um die Kriterien des Wohls. Nach Meinung der Vertreter einer objektiven Theorie des Wohlergehens existieren Elemente des Wohls, die unabhängig von unserem Dafürhalten einfach gut für uns sind (z.B. Gesundheit).

Man kann ferner thematisieren, ob eine Person als unfehlbarer Experte für das individuelle Wohlergehen gelten kann oder ob man sich über sein eigenes Wohl täuschen kann. Doch damit wird eine Interpretation der Dichotomie thematisch – man kann sie »epistemische Subjektivität/Objektivität« nennen –, die keine eigene Klassifikationshinsicht erfordert, da sie in den anderen beiden Gesichtspunkten aufgeht.

Klärungsbedarf besteht in diesem Zusammenhang hinsichtlich der in der empirisch arbeitenden Sozialpsychologie verbreiteten Behauptung, sie messe das objektive Wohlergehen (vgl. Kahneman 1999). Tatsächlich kann unter *Voraussetzung* eines bestimmten Bewertungsrahmens – also unter Angabe von spezifischen Komponenten des Wohls – das individuelle Wohlergehen objektiv bzw. wertfrei festgestellt werden. Doch auch dabei wird das Wesen des Wohlergehens durch subjektive Faktoren festgelegt, zumindest wenn die abgefragten Elemente entweder solche des Wohlbefindens sind oder auf subjektiven Präferenzen beruhen.

Unter Berücksichtigung der genannten Unterscheidungen ergeben sich vier Varianten von Theorien des Wohlergehens: Erlebnistheorien (3.1.); Daseinstheorien (3.2.); Wunschtheorien (3.3.); und Gattungs- oder Wesenstheorien (3.4.).

Entgegen dieser Einteilung unterscheidet Parfit (1984) in einer einflussreichen Klassifikation zwischen *hedonism*, *desire-fulfilment* sowie *objective list theories*. Scanlon (1993) ersetzt die dritte Kategorie durch *substantive good theories*. Diese Kategorien führen aber insbesondere gegenüber den zuletzt genannten Theorien zu Missverständnissen, da zum einen alle Varianten der Wohlergehenstheorien eine Liste oder substantielle Güter benennen *könnten* (die im Extremfall nur ein Element anführt), zum anderen eine Liste alleine keine Theorie menschlichen Wohlergehens hervorbringt, solange sie nicht ein Kriterium nennt, dass erklärt, warum die Elemente auf der Liste erscheinen.

3.1. Als *Erlebnistheorie* ist in erster Linie der Hedonismus anzusehen, dem zufolge alles für den Menschen Gute durch Lust bzw. die Vermeidung von Schmerz bestimmt ist. Er stellt aber nur *eine mögliche* (wenn auch die wichtigste) Variante dieser Theoriengruppe dar. Das in den Mittelpunkt gestellte Erleben angenehmer mentaler Zustände muss keineswegs zwingend durch Lust und die Vermeidung von Schmerz charakterisiert werden. Es existieren Formen der Zufriedenheit oder positiven Gestimmtheit, die in empirischen Untersuchungen abgefragt und mit hedonistischen Termini nur unzureichend erfasst werden (vgl. Kagan 1992).

Der Hedonismus erfuhr eine weite Verbreitung im klassischen Utilitarismus, insbesondere in der Theorie Benthams (1789), doch bereits für Epikur (Brief an Menoikeus) ist Gutes und Schlechtes für den Menschen nur in der Empfindung gegeben. Im Gegensatz zu Bentham ist für Epikur allerdings auch selbstverständlich, dass Lust keinesfalls im Ausleben zielloser Begierden und im Genuss zu finden sei. Hedonistische Theorien menschlichen Wohls müssen also nicht auf ihre alltagssprachliche Bedeutung verengt werden. Will der Hedonismus die Schwierigkeit vermeiden, jegliche Erlebnisse als gleichwertige Einflüsse auf das Wohlergehen ansehen zu müssen, bedarf er zusätzlicher Kriterien, die das subjektive Erleben einer Bewertungsinstanz unterwerfen. Beispielsweise hat Mill (1861) einen »qualitativen Hedonismus« entwickelt, zwischen »höheren« und »niederen« Lüsten unterschieden und sich damit den evaluativ objektiven Theorien des Wohlergehens angenähert.

Nichtsdestotrotz mag eine Voraussetzung, die von der Erlebnistheorie ins Zentrum gestellt wird, als unumgänglich gelten: Etwas kann demnach nur gut oder schlecht für uns sein, wenn es grundsätzlich als angenehm oder unangenehm erlebt werden kann (wenn auch nicht unbedingt de facto als solches erlebt wird) bzw. als Mittel dient, Angenehmes zu erreichen. Eine jede Theorie des menschlichen Wohls benötigte demnach eine Erlebnisbedingung (vgl. Griffin 1986).

3.2. In die Kategorie der *Daseinstheorien* fallen alle Ansätze, die das individuelle Wohl durch bestimmte Existenzweisen sowie innere und äußere Ausstattungen einer Person gegeben sehen und damit den ausschließlichen Bezug auf das erlebte Wohlbefinden ablehnen. Bestimmte Fähigkeiten können demnach genauso Bestandteil des Guten für eine Person sein wie auch der Besitz von Ressourcen, wobei die jeweiligen Elemente des Wohls trotz ihrer ontologischen Objektivität durchaus evaluativ subjektiv bestimmt sein können.

Manche Varianten der Daseinstheorien können dem Vorwurf ausgesetzt werden, dass sie lediglich die *Mittel* zum individuellen Wohlergehen zu fassen bekommen statt das Wohl selbst. Rawls' Theorie der Grundgüter beispielsweise, die von ihm als allzweckdienliche Mittel zur Erfüllung eines Lebensplans angesehen werden (vgl. Rawls 1971, § 15), wird von Sen des »Ressourcenfetischismus« bezichtigt (vgl. Sen 1980). Der Streit innerhalb der Daseinstheorien bezieht sich demnach auf die Frage, welche Bereiche der personalen Existenz zur Bestimmung des individuellen Wohls herangezogen werden müssen. Damit begibt man sich auf die zweite Ebene der oben eingeführten Klassifikation, denn nun werden Kriterien thematisch, die etwas als konstitutives oder beitragendes Element des individuellen Wohls auszeichnen.

3.3. Der *Wunschtheorie* zufolge determinieren Vorlieben und Präferenzen, was gut für eine Person ist. Die Qualität des eigenen Lebens hängt demnach von der Erfüllung wenigstens einiger gewichtiger Wünsche der betroffenen Person ab. Doch so eingängig dieser Ansatz auch zu sein scheint – viele halten es für unstrittig, dass das, was für eine Person gut ist, in erster Linie davon abhängt, was *sie* als gut erachtet –, so ist er doch auch Einwänden ausgesetzt. Menschen erstreben allerlei Ungereimtes, sie hegen offensichtlich irrationale und auch moralisch verwerfliche Wünsche. Ihre Vorlieben können sich außerdem entbehrungsreichen Umständen so anpassen, dass die meisten ihrer Wünsche durchaus erfüllt werden können. Gleichwohl erschiene es unplausibel anzunehmen, dass es ihnen in einem solchen Fall tatsächlich wohl ergeht. Es muss daher zumindest ein weiteres Kriterium in Anschlag gebracht werden, nämlich die Prüfung der Wünsche an einem von ihnen unabhängigen Maßstab wie etwa dem der Informiertheit, Rationalität, Autonomie oder Authentizität. Welcher der Prüfsteine auch immer in verschiedenen Varianten der Wunschtheorie zum Tragen kommt, nur die Erfüllung der jeweils qualifizierten Wünsche steigert ihr zufolge das Wohlergehen. Ob unmoralische Präferenzen ebenfalls aus dem Kreis der für das Wohlergehen relevanten Elemente gestrichen werden sollten, ist umstritten. Die Frage nach der Vereinbarkeit von moralisch schlechtem Handeln und gutem Leben wird seit Jahrhunderten kontrovers diskutiert und spielt insbesondere in der Tugendethik eine große Rolle.

Ein weiterer Einwand gegen die Wunschtheorien besteht darin, dass anscheinend einige Elemente unseres Wohls schlichtweg unabhängig von unseren individuellen Vorlieben gut für uns sind. Damit wird zwar nicht ausgeschlossen, dass wir sie auch wünschen, doch der prudentielle Wert ist nicht dadurch determiniert. Griffin (1991) hat in diesem Zusammenhang ein Geschmacksmodell (*taste model*: etwas ist wertvoll, weil es gewünscht wird) von einem Wahrnehmungsmodell (*perception model*: etwas ist erwünscht, weil es als wertvoll erkannt wird) unterschieden. Letzteres wird häufig von Wesenstheorien vertreten.

3.4. *Wesenstheorien* postulieren eine bestimmte Auffassung von der Natur des Menschen. Sie glauben, dass das für den Menschen Gute in erster Linie davon abhängt, was für eine Art von Lebewesen er ist. Das menschliche Wohlergehen wird daher unabhängig von subjektiven Wünschen und Vorlieben bestimmt. Wie bereits am Beispiel von Mills qualitativem Hedonismus deutlich wurde (vgl. 3.1.), muss eine Wesenstheorie keineswegs ontologisch objektiv sein, obwohl sie evaluativ objektiv ist (auch wenn diese Verbindung nahe liegt).

Aristoteles unterstellt eine teleologische Struktur des menschlichen Strebens. In diesem Modell existiert ein höchstes Ziel des Handelns, das Aristoteles mit der *eudaimonia* identifiziert. Diese wiederum sieht er in der dem Menschen eigentümlichen Tätigkeit, die das *ergon* des Menschen – seine spezifische Funktion – verwirklicht.

Moderne aristotelische Wesenstheorien stimmen zu, dass die Beantwortung der Frage, was für den Menschen gut ist, durch Überlegungen zur menschlichen Existenzweise bestimmt sein muss (vgl. Foot 2001). Nicht alle Vertreter solcher Positionen verschreiben sich allerdings der teleologischen Struktur des aristotelischen Modells. Nussbaum, die einen der einflussreichsten Ansätze dieser Richtung entwickelt hat (vgl. Nussbaum 1999), beginnt ihre Untersuchungen mit einer Bestandsaufnahme der konstitutiven Umstände, die das menschliche Leben prägen, etwa »Körperlichkeit« und »Sterblichkeit«. Damit sind keine biologischen Konstanten gemeint, sondern es werden weithin geteilte Überzeugungen über das menschliche Dasein zum Ausdruck gebracht, die sich in einem evaluativen, selbst-interpretierenden Untersuchungsprozess ergeben. Aus diesen Bedingungen versucht Nussbaum eine Liste von Funktionsfähigkeiten (*capabilities*) zu generieren, die gemeinsam eine ›dichte, offene (*thick vague*) Theorie des Guten‹ formen. Nussbaum bleibt allerdings eine überzeugende Begründung dafür schuldig, warum gerade die von ihr vorgeschlagenen Elemente auf der Liste basaler Funktionsfähigkeiten erscheinen. Ihre Ausführungen beschränken sich auf Aussagen zu wesentlichen Eigenschaften des Menschseins, deren Fehlen einem Leben die Eigenschaft des Menschlichen nehmen würde. Nun sind aber Aussagen zu notwendigen Bedingungen eines menschlichen Lebens notorisch schwer zu belegen. Solange Nussbaum ihre Ausführungen nicht biologisch versteht, bleiben sie offenbar bloße Behauptung einer gemeinsamen evaluativen Basis. Jede Theorie des menschlichen Wohls aber, die stattdessen auf biologische Erkenntnisse baut, sieht sich dem Vorwurf des Sein-Sollen-Fehlschlusses ausgesetzt.

4.

Bentham, J., 1789, Eine Einführung in die Prinzipien der Moral und der Gesetzgebung, in: O. Höffe (Hg.), Einführung in die utilitaristische Ethik, Tübingen: Francke 1992.
Brandt, R. B., 1979, A Theory of the Good and the Right, Oxford: Clarendon Press.
Darwall, S., 2002, Welfare and Rational Care, Princeton: Princeton University Press.
Epikur, Brief an Menoikeus, in: ders., Briefe, Sprüche, Werkfragmente, Stuttgart: Reclam 2000.
Foot, P., 2001, Die Natur des Guten, Frankfurt/M.: Suhrkamp 2004.
Glatzer, W., 1992, Lebensqualität und subjektives Wohlbefinden, in: A. Bellebaum (Hg.), Glück und Zufriedenheit, Opladen: Westdeutscher Verlag.
Griffin, J., 1986, Well-Being, Oxford: Clarendon Press.
Griffin, J., 1991, Against the Taste Model, in: J. Elster/J. E. Roemer (Hg.), Interpersonal Comparisons of Well-Being, Cambridge: Cambridge University Press.
Kagan, S., 1992, The Limits of Well-Being, in: Social Philosophy and Policy 2.
Kahneman, D., 1999, Objective Happiness, in: D. Kahneman u.a. (Hg.), Well-Being, New York: Sage Foundation.
Mill, J. S., 1861, Der Utilitarismus, Stuttgart: Reclam 1985.
Parfit, D., 1984, Reasons and Persons, Oxford: Clarendon Press.
Nussbaum, M./Sen, A. (Hg.), 1993, The Quality of Life, Oxford: Clarendon Press.
Nussbaum, M., 1999, Gerechtigkeit oder Das gute Leben, Frankfurt/M.: Suhrkamp.
Rawls, J., 1971, Eine Theorie der Gerechtigkeit, Frankfurt/M.: Suhrkamp 1975.
Rescher, N., 1972, Welfare, Pittsburgh: Pittsburgh University Press.
Scanlon, T., 1993, Value, Desire, and Quality of Life, in: M. Nussbaum/A. Sen (Hg.), The Quality of Life, Oxford: Clarendon Press.
Scanlon, T., 1998, What We Owe to Each Other, Cambridge/MA: Harvard University Press.
Schaber, P., 1998, Gründe für eine objektive Theorie des menschlichen Wohls, in: H. Steinfath (Hg.), Was ist ein gutes Leben?, Frankfurt/M.: Suhrkamp.
Seel, M., 1996, Wohlergehen, in: ders., Ethisch-ästhetische Studien, Frankfurt/M.: Suhrkamp.
Sen, A., 1980, Equality of What?, in: The Tanner Lectures on Human Values, Bd. 1, Cambridge: Cambridge University Press.
Sen, A., 1987, Der Lebensstandard, Hamburg: Rotbuch 2000.
Steinfath, H., 2001, Orientierung am Guten, Frankfurt/M.: Suhrkamp.
Sumner, L. W., 1996, Welfare, Happiness and Ethics, Oxford: Clarendon Press.

THOMAS SCHRAMME

Wollstonecraft, Mary (1759–1797)

1.

Die englische Frauenrechtlerin, Schriftstellerin und Pädagogin Mary Wollstonecraft wurde v.a. mit ihrem Werk *A Vindication of the Rights of Woman* (1792) über die Grenzen ihres Landes hinaus bekannt und galt im ausgehenden 18. Jahrhundert als herausragende Anwältin für die Rechte der Frau. Wollstonecraft trat auch als Romanautorin, Literaturkritikerin und Reiseschriftstellerin hervor. In ihrem letzten Lebensjahr heiratete sie den Philosophen und Schriftsteller William Godwin (1756–1836). Aus der Ehe ging die Tochter Mary Godwin hervor, die nach ihrer Heirat mit dem Dichter Percy B. Shelley als Verfasserin des Erfolgsromans *Frankenstein* bekannt wurde. Bei der Geburt dieser Tochter, ihres zweiten Kindes, starb Mary Wollstonecraft im Alter von 38 Jahren am Kindbettfieber. Als alleinerziehende Mutter einer unehelichen Tochter war Wollstonecraft Zeit ihres Lebens wegen ihres unkonventionellen Lebenswandels und ihres frauenpolitischen Engagements öffentlicher Diffamierung ausgesetzt. Nach ihrem frühen Tod war sie lange Zeit vergessen und wurde erst in den siebziger Jahren des letzten Jahrhunderts als Vorkämpferin für die Emanzipation der Frau wiederentdeckt.

2.

Mary Wollstonecraft wuchs als Tochter eines verarmten Seidenwebers in einer kinderreichen Familie unter schwierigen Bedingungen auf und hatte nur eine geringe Bildung genossen. Wirtschaftlich war sie früh auf sich gestellt und bahnte sich als Autodidaktin ihren Weg. Als Gouvernante und Lehrerin, den einzigen Frauen damals zugänglichen Berufen, sammelte sie pädagogische Erfahrungen und stand geistig unter dem Einfluss des englischen *Dissent*, einer protestantischen, sozialkritischen Reformbewegung, die sich u.a. für die Hebung der Volksbildung einsetzte.

Nach der Veröffentlichung ihres ersten, stark autobiographischen Romans *Mary, A Fiction* und einer Schrift zur Mädchenerziehung war Wollstonecraft als Verlagsassistentin, Journalistin und Übersetzerin in London im Kreis gesellschaftskritischer Künstler und Intellektueller tätig. Von besonderem Einfluss waren der unitarisch-dissidentische Theologe und politische Schriftsteller Richard Price und der Schweizer Maler und Schriftsteller Heinrich Füssli. Zwischen 1792 und 1795 lebte Wollstonecraft in Frankreich und wurde Augenzeugin der Französischen Revolution in der Phase der Jakobinerherrschaft. In Paris pflegte sie u.a. Umgang mit dem Weltreisenden, Schriftsteller und Jakobiner Georg Forster (1754–1794) und dem schlesischen Gelehrten Gustav Graf von Schlabrendorf (1750–1824). Ihre Sympathie galt dem bürgerlich-liberalen Flügel der Girondisten. Sie stand den Ideen des Philosophen Condorcet nahe, der schon 1789/90 für die Zulassung der Frauen zum Bürgerrecht eingetreten war.

3.

Als politische Schriftstellerin trat Wollstonecraft 1790 hervor mit einer Kampfschrift gegen den konservativen Politiker und Theoretiker Edmund Burke. Gegen diesen entschiedenen Gegner der Revolution und Anwalt der bestehenden gesellschaftlichen Ordnung nahm Wollstonecraft die von der Französischen Revolution ausgehenden Impulse auf und trat für universale Menschen- und Bürgerrechte, für politisch-soziale Reformen, für Chancengleichheit und soziale Gerechtigkeit in ihrem Lande ein.

International bekannt wurde sie als Vorkämpferin für die Rechte der Frau zwei Jahre später mit ihrem Werk *Eine Verteidigung der Rechte der Frau*, das der Pädagoge und Philanthrop Christian Gotthilf Salzmann wenig später ins Deutsche übersetzte (Schnepfenthal 1793/4). Vor dem Hintergrund der sozialen und rechtlichen Lage der bürgerlichen Frauen im ausgehenden 18. Jahrhundert plädiert Wollstonecraft v.a. für deren Recht auf Bildung als Voraussetzung für berufliche Tätigkeit und menschliche Selbstbestimmung. Unter dem Einfluss von John Locke und der Aufklärungspädagogik tritt Wollstonecraft für eine vernunftgemäße, natürliche, lebensnahe Erziehung ein. Sie habe – im Gegensatz zu den Thesen Rousseaus – auf drei Ebenen anzusetzen: der Sinnesschärfung durch die Erfahrung der Dinge, der emotionalen und charakterlichen Bildung und der Einübung der Verstandestätigkeit. Wollstonecraft fordert, darin ihrer Zeit weit voraus, die Koedukation (vgl. Wollstonecraft 1792, Kap. 12).

Ihr besonderes Interesse gilt der Rolle der Frau als Staatsbürgerin und Partnerin des Mannes. Das Verhältnis der Geschlechter müsse von gegenseitigem Respekt geprägt werden durch bessere Bildungschancen für Frauen als Voraussetzung für ihre gesellschaftliche Anerkennung, berufliche Entfaltungsmöglichkeit und staatsbürgerliche Teilhabe. Als Vertreterin des aufstrebenden Bürgertums vertritt Wollstonecraft das pädagogische und gesellschaftstheoretische Ideal individueller Autonomie. Selbstständigkeit, auch in ökonomischer Hinsicht, Selbsttätigkeit, Lebenstüchtigkeit, Praxis- und Lebensnähe durch einen handlungsorientierten Unterricht und ein öffentliches Schulwesen für alle lauten ihre Ziele.

Eines ihrer letzten Werke, die *Reisebriefe aus Skandinavien*, geschrieben während einer dreimonatigen Reise durch Nordeuropa, fand bei den englischen Romantikern große Beachtung. Das Buch zeigt Wollstonecraft als eine Autorin mit romantischem Empfindungsvermögen, mystisch-religiösen Neigungen, aber auch scharfer Gesellschaftskritik am neuen, bürgerlichen Geldadel. Es bereichert das Bild dieser Frau, deren Werk als Einheit von Theorie und gelebter Praxis auch in ihren Widersprüchen lebendig bleibt.

4.

Wollstonecraft, M., 1792, Ein Plädoyer für die Rechte der Frau, Weimar: Böhlaus Nachfahren 1999.

Wollstonecraft, M., 1796, Reisebriefe aus Südskandinavien, Leipzig: Reclam 1991.

Wollstonecraft, M., 1989, Collected Works, 7 Bde., London: Pickering & Chatto 1989.

Falco, M. (Hg.), 1996, Feminist Interpretations of Mary Wollstonecraft, University Park: Pennsylvania State University Press.

Priester, K., 2002, Mary Wollstonecraft, München: Langen/Müller.

Todd, J. M., 2000, Mary Wollstonecraft, London: Weidenfeld & Nicolson.

KARIN PRIESTER

Würde/Menschenwürde

1.

Würde ist eine hypostasierte Grundlage dafür, gegenüber dem Inhaber der Würde (dem *Würdenträger*) Verhaltensbeschränkungen unterworfen zu sein. Diese Restriktionen betreffen üblicherweise sowohl das eigene Verhalten des Würdenträgers wie auch das Verhalten anderer ihm gegenüber. In Anlehnung an die etymologische Verwandtschaft zu »Wert« gilt die Würde als etwas Wertvolles, dem deshalb *Achtung* gezollt werden müsse. Missachtungen der Würde sind (immer oder manchmal) entwürdigend, demütigend oder erniedrigend.

Häufig wird die Würde an eine bestimmte soziale Position oder Kenntnisse und Fähigkeiten geknüpft (z.B. die Würde *als* Bundespräsident), oder Würde wird der betreffenden Position selbst zugeschrieben (die Würde des Präsidentenamtes). Entsprechend ist *Menschenwürde* diejenige Würde, die einem Menschen *als Mensch* zukommt bzw. die Würde seiner ›Menschheit‹. Um die individuelle Würde, unabhängig von ihrem Geltungsgrund, von der Menschenwürde abzugrenzen, wird sie in der Diskussion als *kontingente Würde* bezeichnet.

Das Wort »Würde« findet sich in einer Reihe von stehenden Redewendungen wie »in Amt und Würden sein« oder »etwas unter seiner Würde finden«. Bedeutungsüberlappungen gibt es mit »Ehre«, »Integrität« und »Dekorum«. »Würde« wird nicht nur für die Würde selbst, sondern auch für den *Ausdruck* von Würde verwendet (»etwas mit Würde meistern«). Dasselbe gilt auch für das Adjektiv »würdig«, das seltener »eine Würde haben« bedeutet als »eine Würde ausdrücken« (würdiger Gang) oder »einer Würde angemessen/passend sein« (würdige Behausung). Entsprechend bezeichnen »unwürdig« und »würdelos« nicht so sehr das Fehlen einer Würde als vielmehr deren Missachtung.

2.

Historisch war zunächst die »kontingente Würde« Thema der Philosophie, und zwar im Rahmen der antiken Frage nach dem geglückten Leben. Im weiteren historischen Verlauf dominierte aber die Betrachtung der Menschenwürde.

2.1. Als erste philosophische Darstellung der Würde in der Antike gilt Aristoteles' Charakterisierung des ›Hochgesinnten‹, eines Menschen, der in seinem Anspruch, Auftreten, seiner sozialen Stellung und sittlichen Integrität einem aristokratischen Ideal von Erhabenheit entspricht (vgl. EN, 1123–1125). Cicero verbindet dieses Idealbild des würdigen Menschen mit dem ausgeprägten Würdebegriff der römischen Ständegesellschaft (vgl. Forschner 1998; Pöschel 1989): Es zieme sich für den Menschen, sich der Würde seiner jeweiligen

Stellung gemäß zu benehmen. In diesem Zusammenhang ist auch erstmals ausdrücklich von einer Würde *aller* Menschen die Rede, die sich auf ihre Vernunft gründet und der sie ebenso gerecht werden müssen wie ihrem sozialen Rang (vgl. off. 105f.).

2.2. Eine zweite historische Wurzel hat der Menschenwürdebegriff in der jüdischen und christlichen Lehre von der *Gottesebenbildlichkeit des Menschen* (Gen. 1,26) (vgl. Balderman 2000). Das in diesem Sinn ausgezeichnete Wesen wurde seit der Patristik als die *Vernunftnatur* des Menschen gedeutet. Würde ist im *Neuen Testament* in der Verspottung Jesu Thema (vgl. Mt. 27, 27–31). Für Paulus haben die Menschen durch ihre Sünden die ihnen verliehene Gottesebenbildlichkeit und Würde verloren, erst Jesus eröffnet ihnen die Chance, sie wiederzuerlangen (vgl. Röm. 3,23). Damit klingt ein Grundthema der mittelalterlichen Würdediskussion an: die Frage, inwieweit die menschliche Würde durch die Sünde verwirkt wird. Diese Frage wurde unterschiedlich beantwortet, u.a. durch die Unterscheidung zwischen einer unverlierbaren Wesenswürde und einer zu bewährenden menschlichen Ehre. Charakteristika der menschlichen Würde sind die Willensfreiheit und der aufrechte Gang des Menschen, die teilweise in emphatischen Urteilen über den die ganze Schöpfung überragenden Rang des Menschen münden (vgl. Bruch 1981). In der reformatorischen Theologie wird dagegen bestritten, dass die Menschenwürde auf einer ausgezeichneten Eigenschaft des Menschen beruht, sie wird vielmehr ganz an die Beziehung des Menschen zu Gott geknüpft, der den sündigen Menschen in Gnade annimmt.

Die These vom Elend des sündigen Menschen hat im Humanismus und der Renaissance eine Reihe von Gegenreaktionen provoziert. Am bekanntesten ist Pico della Mirandolas Rede *Über die Würde des Menschen* (1496), der zufolge die Menschen als einzige unter allen Geschöpfen von Gott die Freiheit erhalten haben, sich ihren Platz im Kosmos frei zu wählen. Aus Sicht der Renaissancephilosophie ist es nicht nur die Beziehung zu Gott, auf die sich eine besondere Würde des Menschen als Menschen gründet, es sind die besonderen Eigenschaften des Menschen selbst.

2.3. Die philosophischen und religiösen Diskussionen der menschlichen Würde bis ins 17. Jahrhundert hinein betreffen nahezu ausschließlich die theoretische Frage, worin das Besondere des Menschen (z.B. gegenüber Tieren) liege, sowie die praktischen Konsequenzen für das dieser Würde angemessene *eigene* Verhalten des Menschen. Rückschlüsse für die Behandlung *anderer* Menschen zieht erstmals Samuel Pufendorf in seinem verbreiteten Unterrichtswerk *Über die Pflicht des Menschen und des Bürgers nach dem Gesetz der Natur* (1673): Die Würde, als Mensch geboren zu sein, verpflichtet die anderen Menschen zur Hilfe und Gerechtigkeit und verbietet entwürdigendes und demütigendes Verhalten.

Auch Kant thematisiert dic menschliche Würde aus Sicht der praktischen Philosophie und zudem ohne Rückgriff auf die Gottesebenbildlichkeit. In der *Grundlegung zur Metaphysik der Sitten* übernimmt Kant die Unterscheidung Senecas zwischen dem Preis und der Würde eines Handlungszwecks und bezieht sie auf die sog. Zweckformel des kategorischen Imperativs: Die ›Menschheit‹, verstanden als die Befähigung zur Sittlichkeit, als die *Autonomie der Vernunft*, ist dasjenige, was in allen Handlungen als Zweck vorausgesetzt werden muss, während andere Handlungszwecke durch gleichwertige ersetzbar sind. Letztere haben deshalb nur einen Preis, die Menschheit hingegen hat eine Würde (vgl. Kant 1785, 434f.). Die Würde eines Menschen zu achten bedeutet, ihm gegenüber den kategorischen Imperativ in seiner Zweckformel zu befolgen.

Seit dem Ende des 18. Jahrhunderts versteht es sich von selbst, dass Haltungen zur Menschenwürde Konsequenzen für die Ethik der zwischenmenschlichen Beziehungen haben. Neben die Diskussion von Kants Würdebegriff durch Schiller (Schiller 1793) tritt die sozialistische und sozialromantische Betonung eines *menschenwürdigen* Daseins. Ablehnend spöttisch stehen dem Begriff hingegen

Schopenhauer (Schopenhauer 1840) und Nietzsche (Nietzsche 1872) gegenüber, beide vor dem Hintergrund des ursprünglichen, aristokratischen Würdeverständnisses.

2.4. Die heutige Prominenz des Menschenwürdebegriffs verdankt sich maßgeblich der *rechtlichen Funktion* dieses Begriffs nach dem Zweiten Weltkrieg (vgl. Enders 1997; Vögele 2000; Jaber 2003). Während die Menschenwürde zuvor juristisch kaum eine Rolle gespielt hat und auch in den großen Menschenrechtserklärungen des 18. Jahrhunderts nicht erwähnt wird, steht sie an prominenter Stelle in der UN-Charta, in Art. 1 des Grundgesetzes, in der UN-Menschenrechtserklärung und seitdem auch in den meisten Grundsatzerklärungen und Verfassungen (bis hin zur sog. Bioethikkonvention der Europäischen Union, die den Titel trägt: »Übereinkommen zum Schutz der Menschenrechte und der Menschenwürde im Hinblick auf die Anwendung von Biologie und Medizin«, und zu den konstitutionellen Veränderungen des Vertrags über die Europäische Union durch den Vertrag von Lissabon). Diese juristische Besinnung auf die Menschenwürde erklärt sich aus den Erfahrungen mit dem unmenschlichen Charakter des Naziregimes, insbesondere mit der gezielten Entwertung bestimmter Menschengruppen. In Artikel 1 GG wird deshalb mit dem Verweis auf die Menschenwürde die überpositive Grundlage der nachfolgend aufgeführten Grundrechte betont.

Politisch spielte der Hinweis auf die Menschenwürde in den 1960er und –70er Jahren eine wesentliche Rolle in der kritischen Auseinandersetzung mit Ungerechtigkeit, Imperialismus, Rassismus, Rechtlosigkeit, Armut und Folter. Erst Ende der 1980er Jahre gerät die Menschenwürde in den Fokus der *bioethischen Debatten*, wobei die Befürworter eines starken Menschenwürdebegriffs zunächst vor einem christlichen Hintergrund argumentieren und/oder in der Tradition der kritischen Auseinandersetzung mit einer »Medizin ohne Menschlichkeit« (vgl. Mitscherlich/Mielke 1960) stehen. Anders als beispielsweise in den USA und England ist inzwischen in der deutschen Bioethik »Menschenwürde« vermutlich der prominenteste ethische Begriff überhaupt, was einige Autoren allerdings darauf zurückführen, dass er sich gut als beliebig einsetzbarer ›conversation stopper‹ eigne (vgl. Birnbacher 2004).

3.

Inhaltlich geht es in der philosophischen Diskussion der menschlichen Würde um drei aufeinander aufbauende Fragen: Worin besteht diese Würde? Wer hat sie? Und welche ethischen Konsequenzen ergeben sich daraus?

3.1. Zweifellos haben viele Menschen eine *kontingente Würde*, insofern es in ihrem sozialen Umfeld Verhaltensbeschränkungen für sie und andere gibt, deren Missachtung unter bestimmten Umständen als erniedrigend, entwürdigend, demütigend oder beleidigend gilt. Aus dem sozialen Umfeld ergibt sich auch, wer überhaupt eine kontingente Würde hat.

Die ethische Bedeutung der kontingenten Würde hängt zunächst mit der *Selbstachtung* der Würdenträger zusammen. Selbstachtung ist eine Wertschätzung der eigenen Würde, die sich darin äußert, dass man entwürdigende Behandlungen als unangenehm empfindet und versucht, ihnen entgegenzuwirken (vgl. Stoecker 2004). Deshalb sind Missachtungen der kontingenten Würde wie jedes Zufügen von Leid prima facie unmoralisch, außerdem drohen sie, die für sich gesehen wertvolle Fähigkeit zur Selbstachtung zu untergraben. Umstritten ist aber, ob es jenseits dieser Nebenfolgen einen weiteren moralischen Grund gibt, die kontingente Würde eines Menschen zu achten, und wenn ja, unter welchen Umständen. Denn offenkundig gibt es Situationen, in denen man sich über die Würde eines Menschen hinwegsetzen darf (z. B. wenn sie bloß angemaßt ist oder er selbst sich würdelos verhält). Außerdem fragt es sich, ob auch jemand, der zeitweilig, dauerhaft oder schon immer unfähig ist, eine verächtliche Behandlung wahrzunehmen (z. B. weil er im Koma liegt), trotzdem eine zu achtende kontingente Würde hat. Kaum bestreitbar ist jedenfalls, dass ungeborene und neugeborene Kinder noch keine kontingente Würde haben. Umstritten ist weiterhin, ob es eine moralische Verpflichtung gibt, die *eigene* Würde zu achten und z.B. nicht vor anderen Menschen zu kriechen, sich nicht selbst zu verleugnen, zu prostituieren oder lächerlich zu machen (vgl. Hill 1991).

3.2. Im Zentrum der philosophischen Debatten steht nicht die kontingente Würde, sondern die *Menschen*würde. Die verschiedenen philosophischen Positionen unterscheiden sich allerdings darin, wie eng sie diese beiden Würdebegriffe verknüpfen.

Unmittelbar aufbauend auf den Begriff der kontingenten Würde und ihrer Missachtung wird Menschenwürde manchmal als das *Recht* angesehen, in der kontingenten Würde nicht entwürdigt, sondern respektiert zu werden (vgl. Balzer/Rippe/Schaber 1998; Baumann 2003; Ladwig 2003). Der Vorteil dieses Vorschlags liegt darin, dem Würdecharakter der Menschenwürde gerecht zu werden, denn auch Missachtungen der Menschenwürde werden von den Betroffenen üblicherweise als demütigend empfunden. Zudem passt er gut zum historischen Anliegen, nicht nur den Mühseligen und Beladenen, sondern auch den Erniedrigten und Beleidigten zu ihrem Recht zu verhelfen (vgl. Bloch 1961). Problematisch an dem Vorschlag sind allerdings die (unter 3.1.) genannten Zweifel, erstens, ob es tatsächlich ein moralisches Recht verletzt, jemanden in seiner kontingenten Würde zu missachten, und zweitens, ob eine als Recht verstandene Menschenwürde der fundamentalen Rolle für den moralischen Status des Menschen gerecht wird, die der Menschenwürde üblicherweise zugesprochen wird. Gerade wenn Ungeborenen, Babys oder dauerhaft komatösen Menschen keine kontingente Würde zukommen sollte, hätte für sie ein Recht auf Würde keinerlei Schutzfunktion; zudem scheint man auch allen anderen Menschen moralisch viel antun zu können, ohne sie in ihrer kontingenten Würde zu verletzen.

Auch wenn man den Menschen nicht unbedingt ein Recht auf Respektierung ihrer spezifischen kontingenten Würde einräumen möchte, haben sie vielleicht zumindest ein Recht auf irgendeine Form von Würde. Das ist der Ausgangspunkt für Vorschläge, die sich an den Überlegungen von Niklas Luhmann orientieren, der im Rahmen seiner soziologischen Erklärung der Grundrechte die Unantastbarkeit der Menschenwürde aus dem gesellschaftlichen Bedürfnis nach Individualität herleitet (vgl. Luhmann 1965). Luhmann zufolge sind moderne Gesellschaften dadurch charakterisiert, dass jeder Mensch in eine ganze Vielfalt wechselnder sozialer Rollen eingespannt ist, so dass das System nur funktionieren könne, wenn der Einzelne über diese Rollen hinaus eine *Identität als Individuum* aufbaut. Auf den mit dieser individuellen Rolle verbundenen Verhaltenserwartungen beruht die kontingente Würde des Menschen. Aus dieser soziologischen These kann man die ethische Konsequenz ziehen, dass jede Missachtung von Würde tendenziell die gesellschaftlich erwünschte Individualität des Menschen untergräbt und insofern prima facie falsch ist, v.a. dann, wenn sie es dem Würdenträger unmöglich macht, irgendeine für ihn akzeptable Rolle aufrecht zu erhalten. Solche existenziellen Beeinträchtigungen der individuellen Darstellung bzw. Repräsentation sind deshalb Verletzungen der allen Menschen gemeinsamen Menschenwürde (vgl. Seelmann 2004; Stoecker 2003). Der Vorteil dieses Vorschlags liegt abermals darin, dass er dem demütigenden Charakter der Menschenwürdeverletzungen gerecht wird. Außerdem lässt sich im Rahmen dieser Konzeption gut erklären, warum bestimmte Verhaltensweisen oder gesellschaftliche Strukturen (z.B. Rassismus, Sexismus) auch dann als menschenunwürdig erachtet werden, wenn sie das Opfer auf den ersten Blick nicht besonders beeinträchtigen (vgl. Margalit 1996). Problematisch ist allerdings auch hier, dass möglicherweise nicht alle Menschen unter den Schutz der Menschenwürde fallen. Dieser Aspekt des Vorschlags wird durch die übliche Bezeichnung als »*Leistungskonzeption*« betont, denn offenkundig haben nicht alle Menschen die Fähigkeit, eine mit der individuellen

Rolle verbundene Darstellungsleistung zu erbringen. Zudem ist es ohnehin eine gesellschaftliche Aufgabe, den einzelnen Bürger bei dieser Leistung zu unterstützen bzw. sie ihm zu ermöglichen. Menschenwürde begründet aus dieser Sicht nicht nur Abwehrrechte, sondern auch *Anspruchsrechte*, z.B. auf Solidarität (vgl. Maihofer 1967).

Die bislang genannten Vorschläge verstehen die Menschenwürde relational, als Charakteristikum zwischenmenschlicher Beziehungen. Zumeist wird aber angenommen, dass die Menschenwürde ein ausgezeichnetes Merkmal des Menschen selbst ist, so dass man fragen kann, worin die spezielle Eigenschaft liegt, die seine Würde ausmacht. Die historisch prominenteste Antwort (s. 2.2.) lautet: Menschen haben, anders als Tiere und die unbelebte Natur, die Fähigkeiten, vernünftig, frei und im Lichte moralischer Erwägungen zu entscheiden. Darin liegt ihr besonderer Wert, der mit dem Ausdruck »Menschenwürde« bezeichnet wird. Dieser Vorschlag hat den großen Vorteil, sich gut in die anthropologische Tradition einzufügen, Vernunft, Freiheit und Moralität als Besonderheiten ›des‹ Menschen zu betrachten. Zudem sind diese Merkmale zweifellos wertvoll und könnten somit die herausragende moralische Bedeutung der Menschenwürde begründen. Darüber hinaus haben manche Autoren versucht, das Gebot, die Würde zu achten, im Anschluss an Kant als Bedingung der Möglichkeit praktischer Vernunft auszuzeichnen (vgl. Habermas 2001). Wie schon Kant betont hat, setzt dieser Vorschlag allerdings voraus, *dass* Menschen überhaupt frei handeln können, was im Umkehrschluss bedeutet, dass sie ohne Handlungsfreiheit auch keine Würde hätten (vgl. Skinner 1971). Außerdem passt die ungleiche Verteilung von Vernunft und Handlungskompetenz schlecht zum egalitären Charakter der Menschenwürde; man würde eigentlich annehmen, dass man einen Menschen umso höher achten müsse, je stärker Vernunft und Sittlichkeit bei ihm ausgeprägt sind, was zwar für die kontingente Würde stimmen mag, aber gerade nicht für seine Menschenwürde. Das Hauptproblem des Vorschlags liegt allerdings abermals in der Ausgrenzung derjenigen Menschen, die noch nicht, nicht mehr oder niemals über die Fähigkeiten verfügen, vernünftig und frei zu handeln. Es gibt zwei mögliche Strategien, im Rahmen dieses Vorschlags mit diesem Hauptproblem umzugehen. Die erste besteht darin, zu akzeptieren, dass nur Menschen mit einem Minimum an Vernunftfähigkeiten Menschenwürde zukommt. Hier ist dann gelegentlich auch von der »*Personenwürde*« anstelle von »Menschenwürde« die Rede, in Anlehnung an die Unterscheidung zwischen der biologischen Zugehörigkeit zur menschlichen Spezies und dem Besitz ›personaler‹ Eigenschaften. Autoren, die diese Sichtweise vertreten, sehen sich allerdings mit der Entscheidung konfrontiert, entweder zu bezweifeln, dass die Menschen- bzw. Personen-Würde den fundamentalen ethischen Status des Menschen bildet, oder den nichtpersonalen Menschen diesen Status abzusprechen (um ihnen dann unter Umständen einen minderen Status vergleichbar dem der Tiere zuzubilligen). V.a. letztere Position scheint aber der ursprünglichen, verbreiteten Erwartung entgegen zu stehen, in der Menschenwürde ein Bollwerk gegen die Aussonderung bestimmter Menschengruppen zu finden; sie hat deshalb z.T. heftige Reaktionen auch bei Nichtphilosophen ausgelöst (vgl. exemplarisch Herrmann/Lüpke 1991). Die zweite Strategie besteht darin, von den tatsächlichen Fähigkeiten eines Menschen zu seinem Wesen oder seiner Natur überzugehen und in dieser *Vernunftnatur* die Basis für die Menschenwürde zu sehen. Dieser Vorschlag setzt allerdings voraus, dass es überhaupt sinnvoll ist, von der ›Natur‹ des Menschen zu sprechen. V.a. aber wirft er die Frage auf, weshalb es wertvoll und achtenswert (anstatt bloß bedauernswert) sein soll, nur eine *Anlage* zu bestimmten Eigenschaften oder Fertigkeiten zu haben, wenn man die Eigenschaften und Fertigkeiten selbst nicht hat und vielleicht sogar feststeht, dass man sie niemals haben wird. Dieser Einwand verweist auf die generelle Frage, was es überhaupt heißt, die Menschenwürde zu achten, wenn diese auf Vernunft, Freiheit oder Sittlichkeit beruht. Eine nahe liegende erste Antwort ist wertethisch: Weil Vernunft, Freiheit und Sittlichkeit wertvoll sind, muss man sie erhalten und darf sie nicht verhindern bzw. zunichte machen. Insofern ließen sich die Rechte auf Leben, Freiheit und Selbstbestimmung, aber auch ein starker Zwang zur Reproduktion begründen. Im Gefolge von Kants Selbstzweckformel des kategorischen Imperativs ist darüber hinaus versucht worden, auch andere Handlungen als unmoralisch zu erweisen, weil sie die betroffene Person *nur als Mittel*, nicht auch als *Zweck* behandelten. In der juristischen Tradition hat dieses Gebot als die sog. Objektformel der Achtung der Menschenwürde eine wichtige Rolle gespielt (vgl. Düring 1956; Überblick in Herdegen 2003). Allerdings ist auch wiederholt darauf hingewiesen worden, dass bei paradigmatischen Menschenwürdeverletzungen (Vergewaltigung, Folter) das Opfer häufig Zweck und keineswegs nur Mittel der Tat sei, während sich andererseits in vielen alltäglichen Interaktionen die Akteure bloß funktional begegnen.

Offenkundig liegt das zentrale Problem der philosophischen Menschenwürde-Diskussion darin, eine Grundlage für die besondere Würdigung zu finden, die sich bei allen Menschen und nur den Menschen findet, ohne sich aber in einem kruden Speziesismus einfach auf die biologische Artzugehörigkeit zu berufen. Die historisch prominente Antwort auf dieses Problem ist religiös: Menschen sind so wertvoll und haben deshalb einen Anspruch auf Achtung, weil Gott ihnen ihre wertvolle Wesensnatur, ihre Anlage zu Vernunft, Freiheit und Moralität geschenkt hat, mit der sie geboren werden und die sie zeitlebens nicht verlieren. Insofern ist diese Konzeption paradigmatisch für sog. *Mitgifttheorien*, denen zufolge ein Mensch eine Menschenwürde hat, so lange er lebt (oder existiert) und unabhängig davon, was ihm dabei zustößt.

Basierend auf dieser religiösen Prämisse lässt sich die Menschenwürde also mühelos aus der Vernunftnatur des Menschen herleiten, während andere Versuche, sie mit der menschlichen Vernünftigkeit zu verbinden, kaum um eine Selektion zwischen Menschen, die eine zu achtende Würde haben, und solchen, denen die dafür nötigen Voraussetzungen fehlen, herumkommen. Daraus haben sowohl säkulare als auch christliche Theoretiker den Schluss gezogen, dass sich eine attraktive, den moralischen Status des Menschen begründende Menschenwürde nur im Rahmen einer religiösen Ethik behaupten lasse, woraus dann allerdings die einen den skeptischen Schluss gezogen haben, dass die Ethik am besten ganz auf den Begriff der Menschenwürde verzichten sollte (vgl. Hoerster 2002), während die anderen ihn bereitwillig in ihr christliches Moralverständnis integrieren (vgl. Spaemann 1985). Ein dritter Ausweg besteht darin, ganz grundsätzlich zu bezweifeln, dass es möglich sei, eine weitere, tiefere Begründung für die Menschenwürde zu finden (vgl. Höffe 2001). Das Gebot, die Menschenwürde zu achten, könne man nur erläutern, aber selbst nicht herleiten.

Man kann aber auch den Schluss ziehen, dass man in der Menschenwürde nicht die Grundlage für den besonderen moralischen Status des Menschen sehen sollte, sondern eine Art Sammelbezeichnung für dessen verschiedene Elemente. Die Annahme, dass der moralische Status auf der Menschenwürde beruhe, aus der sich dann v.a. die Menschenrechte ableiten ließen, wird gewöhnlich im Rückgriff auf Art. 1 GG Abs. 2 erläutert. Der Blick über Art. 1 GG hinaus in andere juristische Verwendungen der Menschenwürde seit dem Zweiten Weltkrieg ergibt allerdings ein uneinheitliches Bild. In vielen anderen rechtlichen Kodizes wird der Zusammenhang zwischen Menschenwürde und Menschenrechten wesentlich zurückhaltender formuliert (so z.B. in der Allgemeinen Erklärung der Menschenrechte, in der die Würde gleichrangig neben den Menschenrechten steht). Diese Variationen zwischen Begründungsbeziehung und bloßem Nebeneinander stützen die Vermutung einiger Autoren, dass die Menschenwürde nicht als Grundlage, sondern als Bezeichnung für einen besonders schutzbedürftigen *Kernbereich der Menschenrechte* betrachtet werden sollte, etwa für ein Mindestmaß an Existenzmitteln, Freiheit und Selbstachtung (vgl. Birnbacher 2004; Stepanians 2003). Wodurch sich die Existenz solcher Rechte philosophisch begründen ließe, bleibt dabei offen.

3.3. Die philosophische Menschenwürde-Debatte ist nicht aus einem moraltheoretischen Interesse erwachsen, sondern aus konkreten Problemen in der angewandten Ethik, zu deren Lösung einzelne Autoren auf den Menschenwürdebegriff zurückgegriffen haben. Inwieweit dieser Rückgriff gelingt, hängt grundsätzlich von der jeweils vertretenen Menschenwürdekonzeption ab. In manchen Bereichen dient der Rekurs auf die Menschenwürde dazu, einen moralisch akzeptablen Umgang mit den Betroffenen überhaupt erst einzufordern, z.B. in der Ethik der Psychiatrie (vgl. als Überblick Borsi 1989). Zumeist wird aber versucht, die Menschenwürde zur Lösung moralischer Konflikte heranzuziehen (vgl. Knoepffler/Haniel 2000). Hier hat sich die Debatte v.a. auf drei Themen konzentriert: Sterbehilfe, den Umgang mit Embryonen und Eingriffe in das menschliche Genom.

Charakteristisch für die *Sterbehilfedebatte* ist, dass sich sowohl Befürworter wie Gegner einer aktiven Sterbehilfe auf die Menschenwürde berufen. Aus Sicht der Befürworter gehört es (manchmal) zu einem menschenwürdigen Sterben, den Zeitpunkt des Todes selbst bestimmen zu können, um dadurch ein Lebensende unter leidvollen, erniedrigenden Umständen zu vermeiden (vgl. exemplarisch Jens/Küng 1996). Für die Gegner der aktiven Sterbehilfe ist hingegen das Tötungsverbot eine direkte Konsequenz der Menschenwürde; zudem betrachten sie die Option, den eigenen Todeszeitpunkt zu bestimmen, als menschenunwürdige Zumutung (vgl. exemplarisch Schockenhoff 1991).

Die ethische Debatte über den *Umgang mit Embryonen* reagiert auf zwei medizinische Entwicklungen, die Möglichkeit der Präimplantationsdiagnostik und das Interesse an der Erforschung embryonaler Stammzellen. Beide Entwicklungen sind damit verbunden, frühe menschliche Embryonen aktiv zu töten bzw. ihren Tod regelmäßig in Kauf zu nehmen. Aus Sicht vieler Autoren ist dies nur dann zulässig, wenn Embryonen keine zu achtende Menschenwürde haben. Ob sie ebenso wie geborene Menschen eine Menschenwürde haben, wird gewöhnlich auf vier Argumentationswegen diskutiert (vgl. Damschen/Schönecker 2003): Das *Speziesargument* knüpft die Menschenwürde an die Zugehörigkeit zur menschlichen Spezies, das *Kontinuumsargument* an die stufenlose Entwicklung zum geborenen Menschen, das *Identitätsargument* an die individuelle Identität jedes Menschen mit dem Embryo, aus dem er entstanden ist, und das *Potentialitätsargument* schließlich an die schon im Embryo vorhandene Anlage für die Eigenschaften, die die Menschenwürde ausmachen.

Ein wichtiger Grund für die Erforschung menschlicher Embryonen ist die Hoffnung, durch gezielte Eingriffe in das Erbgut, genetische Erkrankungen nachhaltig zu bekämpfen. Die moralische Zulässigkeit einer solchen *Keimbahntherapie* (im Unterschied zur somatischen Gentherapie) wird ebenfalls mit Rekurs auf die Menschenwürde diskutiert, und zwar nicht als Missachtung der individuellen Würde der betroffenen Menschen (denen Erbkrankheiten erspart blieben), sondern als Beeinträchtigung der menschlichen *Gattungswürde*. Ob es eine solche Gattungswürde gibt, ist allerdings umstritten, ebenso welchen Stellenwert sie haben könnte und inwieweit sie durch Eingriffe in die ›Natur‹ des Menschen beschädigt werden könnte (vgl. Birnbacher 2004).

4.

Angehrn, E./Baertschi, B. (Hg.), 2004, Menschenwürde, Studia Philosophica 63.

Balderman, I., u.a. (Hg.), 2000, Menschenwürde, Jahrbuch für Biblische Theologie 15.

Balzer, P./Rippe, K.-P./Schaber, P., 1998, Menschenwürde vs. Würde der Kreatur, Freiburg: Alber.

Baumann, 2003, Menschenwürde und das Bedürfnis nach Respekt, in: R. Stoecker (Hg.), Menschenwürde, Wien: öbv & hpt.

Bayertz, K. (Hg.), 1996, Sanctity of Life and Human Dignity, Dordrecht: Kluwer.
Birnbacher, D., 2004, Menschenwürde – abwägbar oder unabwägbar?, in M. Kettner (Hg.), Biomedizin und Menschenwürde, Frankfurt/M.: Suhrkamp.
Bloch, E., 1961, Naturrecht und menschliche Würde, Frankfurt/M.: Suhrkamp.
Borsi, G. (Hg.), 1989, Die Würde des Menschen im psychiatrischen Alltag, Göttingen: Verlag für medizinische Psychiatrie.
Bruch, R., 1981, Die Würde des Menschen in der partistischen und scholastischen Tradition, in: W. Gruber u.a. (Hg.), Wissen, Glaube, Politik, Graz: Styria.
Damschen, G./Schönecker D. (Hg.), 2003, Der moralische Status menschlicher Embryonen, Berlin: de Gruyter.
Düring, G., 1956, Der Grundrechtssatz von der Menschenwürde, in: Archiv des öffentlichen Rechts 81.
Enders, C., 1997, Die Menschenwürde in der Verfassungsordnung, Tübingen: Mohr Siebeck.
Forschner, M., 1998, Marktpreis und Würde oder vom Adel der menschlichen Natur, in: H. Kössler (Hg.), Die Würde des Menschen, Erlangen: Universitätsbibliothek.
Habermas, J., 2001, Die Zukunft der menschlichen Natur, Frankfurt/M.: Suhrkamp.
Herdegen, M., 2003, Artikel 1, Absatz 1, in: T. Maunz/G. Düring u.a. (Hg.), Grundgesetz Kommentar, Bd. 1, München: Beck.
Herrmann, G./Lüpke, K. v., 1991, Lebensrecht und Menschenwürde, Essen: Klartext.
Hill, T., 1991, Autonomy and Self-Respect, Cambridge: Cambridge University Press.
Hoerster, N., 2002, Ethik des Embryonenschutzes, Stuttgart: Reclam.
Höffe, O., 2001, Wessen Menschenwürde?, in: C. Geyer (Hg.), Biopolitik, Frankfurt/M.: Suhrkamp.
Jaber, D., 2003, Über den mehrfachen Sinn von Menschenwürdegarantien, Frankfurt/M.: Ontos.
Jens, W./Küng, H., 1996, Menschenwürdig sterben, München: Piper.
Kant, I., 1785, Grundlegung zur Metaphysik der Sitten, in: Akademie-Ausgabe, Bd. 4, Berlin: de Gruyter 1968.
Knoepffler, N./Haniel, A., 2000, Menschenwürde und medizinethische Konfliktfälle, Stuttgart: Hirzel.
Ladwig, B., 2003, Ist Menschenwürde ein Grundbegriff der Moral gleicher Achtung?, in: R. Stoecker (Hg.), Menschenwürde, Wien: öbv & hpt.
Luhmann, N., 1965, Grundrechte als Institution, Berlin: Duncker & Humblot.
Maihofer, H., 1967, Die Würde des Menschen, Hannover: Niedersächsische Landeszentrale für Politische Bildung.
Margalit, A., 1996, Politik der Würde, Frankfurt/M.: Fischer.
Menke, C./Pollmann, A., 2007, Philosophie der Menschenrechte, Hamburg: Junius.
Mitscherlich, A./Mielke, F., 1960, Medizin ohne Menschlichkeit, Frankfurt/M.: Fischer.
Nietzsche, F., 1872, Fünf Vorreden zu fünf ungeschriebenen Büchern, in: KSA, Bd. 1, München/Berlin: dtv/de Gruyter 1980.
Pico della Mirandola, G., 1496, Über die Würde des Menschen, Hamburg: Meiner 1990.
Pöschel, V., 1989, Der Begriff der Würde im antiken Rom und später, Heidelberg: Winter.
Pufendorf, S. v., 1673, Über die Pflicht des Menschen und des Bürgers nach dem Gesetz der Natur, Frankfurt/M.: Insel 1994.
Schiller, F., 1793, Über Anmuth und Würde, in: Sämtliche Werke, Bd. 5, München: Hanser 1994.
Schockenhoff, E., 1991, Sterbehilfe und Menschenwürde, Regensburg: Pustet.
Schopenhauer, A., 1840, Preisschrift über die Grundlage der Moral, in: Werke, Bd. 3, Zürich: Haffmans 1988.
Seelmann, K., 2004, Repräsentation als Element von Menschenwürde, in: E. Angehrn/B. Baertschi (Hg.), Menschenwürde, Studia Philosophica 63.
Skinner, B. F., 1971, Jenseits von Freiheit und Würde, Reinbeck: Rowohlt 1973.
Spaemann, R., 1985, Über den Begriff der Menschenwürde, in: ders., Das Natürliche und das Vernünftige, München: Piper 1987.
Stepanians, M., 2003, Gleiche Würde, gleiche Rechte, in: R. Stoecker (Hg.), Menschenwürde, Wien: öbv & hpt.
Stoecker, R., 2004, Selbstachtung und Menschenwürde, in: E. Angehrn/B. Baertschi (Hg.), Menschenwürde, Studia Philosophica 63.
Stoecker, R. (Hg.), 2003, Menschenwürde, Wien: öbv & hpt.
Vögele, W., 2000, Menschenwürde zwischen Recht und Theologie, Gütersloh: Kaiser.
Wetz, F., 2005, Illusion Menschenwürde, Stuttgart: Klett-Cotta.

Ralf Stoecker

Z

Zivilgesellschaft

1.

Die Begriffe »Zivilgesellschaft« und »bürgerliche Gesellschaft« fanden durch die lateinische Übersetzung des aristotelischen Begriffs der »politike koinonia« als »societas civilis« Eingang in die europäische politische Philosophie der Moderne. Aristoteles bestimmte die »politike koinonia« als ethisch-politische Gemeinschaft freier und gleicher Bürger, die im Rahmen eines Systems öffentlicher Verfahren und geteilter Werte zugleich beherrscht werden und selbst herrschen (Pol., 1252a6f., 1279a21, 1328a35ff.). Obwohl unter dem Terminus »Zivilgesellschaft« in der Folge sehr unterschiedliche Institutionen der Sphäre des öffentlichen Rechts verstanden worden sind, hat sich die aristotelische Gleichsetzung von politischer Ordnung und Zivilgesellschaft bis ins 18. Jahrhundert hinein gehalten (vgl. Riedel 1975).

Durch die Gegenüberstellung von Gesellschaft und Staat im frühen Liberalismus (vgl. Montesquieu 1748, I, 3), die ihre Wurzeln in vorrevolutionären absolutismuskritischen Intellektuellendiskursen hatte, kam es jedoch zu einem entscheidenden Bedeutungswandel des Begriffs der Zivilgesellschaft. Seither wird unter Zivilgesellschaft eine vom Staat unterschiedene Sphäre des Handelns und der Institutionen verstanden. Da dieser zivilgesellschaftlichen Ordnung als solcher Legitimität zukommt, sollen ihr die zweckmäßig eingerichteten politischen Institutionen dienen. Das normative Ideal eines aus freien und gleichen Bürgern bestehenden politischen Gemeinwesens blieb also bestehen – das politische Gemeinwesen selbst löste sich als Zivilgesellschaft jedoch in vielfacher Weise vom Staat ab.

Der Liberalismus hat den Dualismus von Staat und Gesellschaft in allen seinen Varianten durch das gesamte 19. Jahrhundert hindurch aufrechterhalten. Die Kategorie der Zivilgesellschaft wurde jedoch hauptsächlich an den konservativen, revolutionären und republikanischen ›Rändern‹ des liberalen Denkens entwickelt. Obwohl Hegel die Würde des modernen Staates betonte, entwickelte er eine Konzeption der bürgerlichen Gesellschaft als komplexem Rahmen ökonomischer Aktivitäten, rechtlicher Institutionen und vermittelnder Assoziationen, auf dem die politische Kultur und Identität der Moderne aufruhen sollten (vgl. Hegel 1821). Mit Bezug auf Hegels Begriff eines »Systems der Bedürfnisse« setzte Marx das Bürgerliche mit dem Bourgeoisen gleich und verstand Zivilgesellschaft in doppelter Perspektive: als Klassengesellschaft und als Wirtschaftsgesellschaft (vgl. Marx 1843a; ders. 1843b). Auch Marx arbeitete mit einem ausdifferenzierten Modell; anders als Hegel ging es ihm jedoch um die revolutionäre Wiedervereinigung des Zivilgesellschaftlichen und des Politischen. Schließlich führte Tocqueville ein dreigliedriges Modell ein, das zwischen einer Zivilgesellschaft freier Assoziationen und Öffentlichkeiten, einer politischen Gesellschaft regionaler und nationaler Versammlungen und dem administrativen Apparat des Staates unterschied (vgl. Tocqueville 1835/40). Aus seiner Sicht hing die Möglichkeit einer republikanischen Regierung in einer demokratischen (egalitären) Gesellschaft von der Unterschiedenheit und Komplementarität dieser drei Ebenen ab. Im 19. Jahrhundert findet man also ein vielschichtiges Modell der Zivilgesellschaft, das durch das Zusammenspiel dreier Elemente gekennzeichnet ist: Pluralität (in Form freier Assoziationen), Öffentlichkeit (in Form zivilgesellschaftlicher Öffentlichkeiten, die durch Massenmedien verbunden sind) und Privatheit (als Sphäre individueller Autonomie). Ein an den Prinzipien der Herrschaft des Rechts und an den Normen der Unparteilichkeit ausgerichtetes Rechtssystem wurde als unerlässlich angesehen, um den sich innerhalb der Zivilgesellschaft frei vereinigenden Individuen in ihren partikularistischen Projekten eine Orientierung an den universalistischen Prinzipien moderner konstitutioneller Demokratien zu ermöglichen. Das gilt auch für die Generalisierung von Vertrauen (vgl. Brunkhorst 2002).

Diese Elemente der Zivilgesellschaft wurden als in einer wechselseitigen Beziehung mit den institutionalisierten und entscheidungsbefugten Öffentlichkeiten des politischen und rechtlichen Systems (Parlamente und Gerichte) stehend verstanden. Vermittelt wurde diese Beziehung durch die Organisationen der »politischen Gesellschaft« (Parteien), deren Ziel in der Erlangung und Ausübung staatlicher Macht bestand (vgl. etwa Kelsen 1929). Im Rahmen dieser Konzeption spielten der Einfluss der Zivilgesellschaft auf das politische System und die Vermittlung durch repräsentative Organisationen (an der Interessenaggregation beteiligte Parteien) und staatliche Einrichtungen (an der kollektiven Willensbildung beteiligte Parlamente) die entscheidende Rolle.

Durch die Professionalisierung der Philosophie und die Ausdifferenzierung der Sozialwissenschaften im 20. Jahrhundert schien der Begriff der Zivilgesellschaft intellektuell heimatlos geworden zu sein. Dennoch war er sowohl innerhalb wie außerhalb dieser akademischen Disziplinen auch weiterhin von Bedeutung. Im Rahmen der marxistischen Sozialphilosophie stellten Gramsci und seine Anhänger den Begriff der Zivilgesellschaft ins Zentrum ihrer Strategie, dem Sowjetmarxismus einen von Hegel beeinflussten westlichen Marxismus entgegenzustellen (vgl. Gramsci 1929ff.). Gramsci bestimmte die politisch zentrale kulturelle Dimension der Zivilgesellschaft als umstrittenes symbolisches Feld sowie als Netzwerk von Institutionen und Praktiken, die für die Herstellung von Konsens (Hegemonie), sozialer Integration und kollektiver Identitäten entscheidend sind. Ohne Bezug auf den Begriff der Zivilgesellschaft entwickelte die an Durkheim und Parsons orientierte Soziologie ein Verständnis intermediärer Assoziationen und sozialer Gemeinschaften, in deren Rahmen die politisch bedeutsamen Formen der Sozialisierung, der Identitätsbildung, der Aufrechterhaltung von Normen und der kulturellen Entwicklung stattfinden (vgl. Parsons 1971). Diese sollten den nivellierenden und vereinzelnden Tendenzen des modernen Staates und der kapitalistischen Wirtschaftsordnung entgegenwirken. In der politischen Theorie kam der Idee pluralistischer Grenzen des modernen Staates von Otto von Gierke bis zu den Vertretern des Pluralismus wie Robert Dahl auch weiterhin große Bedeutung zu. Mit dem Aufstieg des strukturalistischen Marxismus sowie dem Niedergang des Funktionalismus und des Pluralismus schienen die Bemühungen um die Übersetzung der ursprünglich philosophischen Konzeption der Zivilgesellschaft in die Sprache der Sozialwissenschaften an ein Ende gelangt zu sein.

2.

Das Wiederaufleben des Diskurses über die Zivilgesellschaft nahm Mitte der 1970er Jahre im Milieu der neomarxistischen Kritiker des sozialistischen Autoritarismus seinen Anfang. Die führenden Theoretiker dieses Diskurses (etwa Kolakowski, Mlynar, Vajda und Michnik im Osten, Habermas, Lefort, Touraine, Bobbio, Arato, Cohen und Rosanvallon im Westen, Weffort, Cardoso und O'Donnell im Süden) waren mit den Werken Hegels, des jungen Marx und Gramscis und damit mit dem Begriff der Zivilgesellschaft und der Unterscheidung von Staat und Gesellschaft bestens vertraut. Auf einer früheren Stufe hatte der Neomarxismus versucht, zu einer gehaltvolleren marxistischen Sozialphilosophie zu kommen, indem ein erneut an Hegel angenäherter Marx mit nicht-marxistischen Theoretikern wie M. Weber, Simmel, Croce und Freud verbunden wurde. Die Wiederbelebung des Begriffs der Zivilgesellschaft im späten 20. Jahrhundert scheint einer ähnlichen Logik zu folgen, da schon das Auftauchen des Begriffs beim jungen Marx seine kritische Aneignung durch eine Reihe nichtmarxistischer Denker von Tocqueville bis zu Carl Schmitt und H. Arendt ermöglicht hatte. Dies führte jedoch nicht dazu, dass das Beste an Marx gegen das Schlechteste am orthodoxen Marxismus gewendet wurde. Vielmehr gestattete es die neue Konzentration auf die Zivilgesellschaft, die begriffliche Basis für die autoritäre Wende der marxistischen Tradition auszumachen, in der scheinbar von Anfang an Staatssozialismus und kommunistische Politik verbunden waren. Die Forderung des jungen Marx nach einer Überwindung der Trennung von Staat und Zivilgesellschaft wurde nun als Ursache und Grund der ›totalitaristischen‹ Tendenz des Kommunismus gesehen, alle Aspekte der Gesellschaft staatlicher Regulation und Kontrolle zu unterwerfen. Mit dieser Selbstkritik wurden die Neomarxisten zu Postmarxisten (vgl. Cohen 1982).

Der historische Erfolg der Wiederbelebung des Begriffs der Zivilgesellschaft verdankte sich der Tatsache, dass sie die neue radikal-reformistische Strategie der politischen Transformation von Diktaturen im Osten und danach auch in Lateinamerika antizipierte und begleitete. Das diesen Transformationen zugrunde liegende Projekt »gesellschaftlicher Selbstorganisation« zielte auf den Neuaufbau gesellschaftlicher Solidarität außerhalb des autoritären Staates. Dabei spielte eine von allen offiziellen, staatlichen und parteigesteuerten Kommunikations- und Organisationsformen unabhängige Sphäre der Öffentlichkeit und der zivilgesellschaftlichen Assoziation eine zentrale Rolle. V.a. in dieser Bedeutung wurde die Zivilgesellschaft zu einem Hauptbezugspunkt, zuerst in Polen, zeitweise in Frankreich und Brasilien, schließlich in ganz Osteuropa und Lateinamerika. Dadurch kam eine breitenwirksame Debatte auch in solchen westlichen Staaten in Gang, in denen sich, wie in den USA, Zivilgesellschaften schon weitgehend etabliert hatten: Hier begann die Suche nach neuen Möglichkeiten für die weitere Demokratisierung der existierenden Demokratie (vgl. Cohen/Arato 1992).

Zahlreiche Beiträge zur Theorie der Zivilgesellschaft aus dem späten 20. Jahrhundert greifen Gramscis Analyse wieder auf, brechen aber mit seinem funktionalistischen Ansatz, der alle kulturellen Institutionen und zivilgesellschaftlichen Assoziationen als Ausdruck der Hegemonie verschiedener Klassen verstand. Am bemerkenswertesten ist hier die Betonung, die Alain Touraine auf die dynamischen und konflikhaften Momente der Zivilgesellschaft legt. Diese äußern sich in informellen Netzwerken, Initiativen und sozialen Bewegungen, die sich von stärker formalisierten freien Assoziationen und Institutionen sowie von Klassenorganisationen (wie Parteien und Gewerkschaften) abheben (vgl. Touraine 1978). Die Anerkennung dieser Dimension erlaubt es, zwei Perspektiven zu artikulieren und zwischen ihnen zu wechseln: In der einen erscheint die Zivilgesellschaft als dynamische und innovative Quelle der Thematisierung neuer Anliegen, Projekte, Werte und kollektiver Identitäten, in der anderen als institutionalisierte Form öffentlicher Autonomie.

Ein weiterer Hauptbeitrag aus dieser Zeit besteht in der v.a. von J. Habermas und seinen Anhängern entwickelten deliberativen Konzeption der Öffentlichkeit (vgl. Habermas 1962). Die Kategorie der Öffentlichkeit war bereits im 18. und 19. Jahrhundert von zentraler Bedeutung für das Verständnis der Zivilgesellschaft; ihr normatives Gewicht und ihre Rolle als Vermittlerin zwischen Besonderem und Allgemeinem wurden jedoch erst relativ spät herausgestellt. In zivilgesellschaftlichen Öffentlichkeiten können Personen ihre Anliegen als Gleiche diskutieren, die Meinungen, Interessen und Perspektiven der anderen kennen lernen sowie Normen, Gesetze und politische Programme kritisch beurteilen. Generalisierte Kommunikationsmedien vermitteln dabei zwischen der Vielzahl von »Mini-Öffentlichkeiten«, die innerhalb von und zwischen Assoziationen, Bewegungen, religiösen Organisationen u.ä. entstehen. Dabei existieren ausdifferenzierte zivilgesellschaftliche und politische, starke und schwache Öffentlichkeiten. In liberalen Demokratien werden diese auf vielfältige Weise verbunden, abhängig von der relativen Stärke der in der Öffentlichkeit präsenten liberalen und demokratischen Normen. Liberal-demokratische Konzeptionen teilen jedoch die Annahme, dass eine diskursiv zustande gekommene öffentliche Meinung einen Einfluss auf die Debatten innerhalb der politischen Öffentlichkeit (Legislative) haben sollte, um die Entscheidungen der Herrscher und Gesetzgeber einer informellen Kontrolle zu unterwerfen (Prinzip der Responsivität) (vgl. etwa Habermas 1992). Der offene Zugang und die gleichberechtigte Partizipation (in Form eines gleichen Stimmrechts) sind zentrale Bestandteile des regulativen Ideals, das allen demokratische Legitimität beanspruchenden institutionellen Arrangements zugrunde liegt.

Im Begriff der zivilgesellschaftlichen Öffentlichkeit kommen so das Normative und das Empirische, das Universelle und das Partikulare zusammen. Politische Legitimität ist in modernen konstitutionellen Demokratien in einem Prinzip begründet, demzufolge handlungsleitende Normen, politische Entscheidungen und Herrschaftsansprüche von den Bürgern in der Zivilgesellschaft angefochten werden können und sich dort diskursiv bewähren müssen. Der (durch Rechte abgesicherte) uneingeschränkte kritische Diskurs in der Zivilgesellschaft stellt jene Form institutionalisierten »Misstrauens« dar, die für die Aufrechterhaltung von Vertrauen – Legitimitätsglauben – in konstitutionellen Demokratien konstitutiv ist.

3.

3.1. Die Konzeptionen der Zivilgesellschaft des späten 20. Jahrhunderts teilen eine unhinterfragte Voraussetzung: Zivilgesellschaft und Staat haben die gleiche Ausdehnung. Die Einflussnahme zivilgesellschaftlicher Akteure zielt auf die Exekutive, Legislative und Judikative des souveränen Staates. Man ging stillschweigend davon aus, dass es sich bei den Individuen, denen Pluralität, Öffentlichkeit, Privatheit und subjektive Rechte zugeschrieben werden, um Bürger desjenigen Staates handle, dessen Jurisdiktion sie unterworfen sind und auf dessen Territorium sie leben. Die öffentliche Meinung besteht in der Meinung der Bürgerschaft eines Staates. Die Bürger wurden als Autoren und Adressaten des Rechts verstanden, sie waren Subjekte einer einheitlichen Jurisdiktion, Teile einer ›Schicksalsgemeinschaft‹. Die geteilte Staatsbürgerschaft und die gemeinsame Mitgliedschaft in einer nationalen Zivilgesellschaft waren die Grundlage für wohlfahrtsstaatliche Solidarität und soziale Gerechtigkeit.

Diese staatszentrierte Sichtweise erscheint heute anachronistisch, und zwar auf Grund der mit der Globalisierung verbundenen Entwicklungen, die vielen Beobachtern zufolge zu einer Schwächung staatlicher Souveränität führen. Damit aber scheint die Relevanz nationaler politischer Gemeinschaften als Referenzpunkt und Ziel der Einflussnahme durch zivilgesellschaftliche Akteure zu schwinden. Der transnationale Charakter der neuartigen, von ökologischen Problemen bis zum Terrorismus reichenden »Risiken« lässt den scheinbaren Kontrollverlust des modernen Nationalstaats über sein Territorium, seine Grenzen, seine Bevölkerung sowie über die Gefahren, denen seine Bürger ausgesetzt sind, hervortreten. Zudem werden wichtige Entscheidungen jenseits des Einflussbereichs nationaler Legislativen getroffen. Eine Vielzahl supranationaler Organisationen beteiligt sich zusammen mit zahlreichen globalen privaten Akteuren und transgouvernementalen Netzwerken an Regulierung und Rechtssetzung. So legen die scheinbare Entkopplung des Rechts vom Territorialstaat sowie die Multiplikation der Quellen des Rechts und der Rechtsprechung nahe, dass der Staat in der Tat sowohl seine rechtliche als auch seine politische Souveränität verloren hat. Neue Formen des Regierens kompensieren diesen Souveränitätsverlust und die eingeschränkte Steuerungsfähigkeit zum Teil, allerdings ohne demokratisch und repräsentativ strukturiert oder einer Bürgerschaft bzw. einem demos verantwortlich zu sein. Dieser Zustand spiegelt sich auch diskursiv im Wechsel von »Regierung« (government) zu »Regieren« (governance). So verwundert es kaum, dass zahlreiche Demokratietheoretiker ihre Hoffnungen einmal mehr in die Zivilgesellschaft setzen: Diese soll die Entstehung von Solidarität, Öffentlichkeit und Problembewusstsein fördern sowie die Entwicklung liberaler und demokratischer Werte in einer entstehenden globalen Ordnung vorantreiben. Auf globaler Ebene soll die Zivilgesellschaft das Demokratiedefizit der neuen Weltordnung ausgleichen und die durch Staaten oder transnationale Organisationen bedrohten Rechte schützen helfen (vgl. etwa Keane 2003).

Auch der Begriff der »globalen Zivilgesellschaft« ist jedoch bereits heftig umstritten. In vielen Ansätzen werden empirische Beschreibungen transnationaler Nicht-Regierungsorganisationen (NGOs), Bewegungen und Netzwerke mit normativen Theorien vermengt, in denen eine globale Zivilgesellschaft als potentieller Ort einer globalen Demokratie verstanden wird, die ein funktionales Äquivalent zum Nationalstaat darstellen soll. Die globale Zivilgesellschaft kommt demnach zum Zuge, wenn Staaten nicht länger mit der Entwicklung Schritt halten können: bei der Bereitstellung von Quellen der Solidarität, der Koordination, der Regulierung und der Kontrolle (insbesondere der Weltwirtschaft). Andere Ansätze verstehen die globale Zivilgesellschaft nicht als Ort, sondern als Vehikel der Demokratisierung globalen und regionalen Regierens. Diesem kulturorientierten Ansatz zufolge stellt die Zivilgesellschaft eine Quelle demokratischer und liberaler Normen sowie einer toleranten kosmopolitischen Kultur dar, in der sich eine (um den Respekt für Menschenrechte und Demokratie zentrierte) »globale öffentliche Meinung« herausbildet, die zur Orientierung und Kontrolle globaler Akteure beitragen kann. Des Weiteren gibt es eher an Formen des Managements orientierte Modelle, die von der Zerstreuung und Auflösung der Regierungsmacht in zivilgesellschaftlichen und ökonomischen Institutionen ausgehen. Aus dieser Perspektive ist mit »Zivilgesellschaft« v.a. die Rolle privater Akteure und Organisationen bei Regelsetzung und -vollstreckung gemeint, die sich in funktional differenzierten transnationalen Arrangements herausbildet: Ihre Aufgabe besteht v.a. in der Überwachung der Einhaltung von Regeln und in der Ausübung von Funktionen des Regierens, die der Staat nicht mehr ausüben kann. In Verbindung mit sich selbst organisierenden polyzentrischen Systemen der Selbststeuerung, die adaptives Lernen, Experimentieren und die Zusammenarbeit mit anderen relevanten Gruppen fördern, soll die Zivilgesellschaft zu innovativen Problemlösungen und zur Inklusion beitragen – so zumindest die einflussreichen Theorien des »demokratischen Experimentalismus« und der »Zivilverfassung« (vgl. Brunkhorst 1998; Teubner 2003).

3.2. Auf der methodologischen und analytischen Ebene kommt dem Begriff der Zivilgesellschaft eine problematische Mehrdeutigkeit zu. Unterscheidet man die Zivilgesellschaft sowohl von der politischen als auch von der ökonomischen Gesellschaftssphäre, wird unklar, was darunter eigentlich noch verstanden werden soll. Wenn zivilgesellschaftliche Öffentlichkeiten, soziale Bewegungen, freie Assoziationen (Vereine etc.) und Familien sowie deren Absicherung durch Grundrechte unter den Begriff der Zivilgesellschaft fallen sollen, wird man der Heterogenität dieser Institutionen kaum gerecht werden. In allen ausdifferenzierten Bereichen der Gesellschaft, etwa in Wissenschaft, Kunst, Recht und Religion, gibt es Öffentlichkeiten, zu denen der Zugang nicht allen offenstehen kann. Bewegungen und freie Assoziationen variieren stark in Größe, Zweck und politischer Funktion. Auch die Familie kann höchst unterschiedliche Formen annehmen. Damit stellt sich die unausweichliche Frage, warum man diesen ganzen Komplex als »Zivilgesellschaft« bezeichnen sollte.

Dieselbe Frage ließe sich natürlich mit Bezug auf »die Wirtschaft« und »den Staat« stellen. In beiden Fällen scheinen jedoch die Medien des Geldes und der (politischen) Macht tatsächlich die Grenzen dieser ausdifferenzierten Bereiche zu markieren. Die von Habermas rekonstruierte Konzeption der Koordination durch kommunikatives Handeln löst dieses Problem auf einer prinzipiellen Ebene zwar auch für die Zivilgesellschaft, auf der institutionellen Ebene bleiben jedoch alle Mehrdeutigkeiten bestehen (vgl. Habermas 1981). Parlamente und Unternehmensvorstände schließen freie Kommunikation ebenso wenig aus wie zivilgesellschaftliche Assoziationen und Öffentlichkeiten Geld und Macht ausschließen. Die Frage ist dann allerdings, ob sich die Organisationsprinzipien, denen der Staat, die Wirtschaft und zivilgesellschaftliche Institutionen folgen, doch nur graduell unterscheiden.

Eine mögliche Antwort besteht darin, die Einheitlichkeit und Unterschiedenheit der Zivilgesellschaft aus einer normativen Perspektive zu begründen. Die Akteure und Institutionen der politischen und der ökonomischen Gesellschaftssphären stehen in einem direkten Verhältnis zu staatlicher Macht und ökonomischer Produktion. Entscheidungen müssen getroffen werden, und zeitliche Beschränkungen der Deliberation sind deshalb unumgehbar. In diesen Bereichen kann man es sich nicht leisten, strategische und instrumentelle Kriterien den für die Zivilgesellschaft charakteristischen Mustern der normativen Integration unterzuordnen. Auch das als Standard der zivilgesellschaftlichen Interaktion fungierende (und oft kontrafaktische) Prinzip der grundsätzlich unabschließbaren Kommunikation kann hier kaum Anwendung finden. Natürlich gibt es auch zivilgesellschaftliche Assoziationen, die hauptsächlich auf Geld und Macht aus sind; und manche politischen Parteien verhalten sich wie soziale Bewegungen und fordern die direkte Demokratie als Organisationsform. In diesem Fall können funktionale Argumente mit empirischer Vorhersagekraft (wie Michels' »ehernes Gesetz der Oligarchie«) die damit verbundenen Schwierigkeiten offenlegen. Wenn die Institutionen der politischen und der ökonomischen Gesellschaftssphären sich nicht voneinander unterscheiden lassen, werden sie entweder scheitern oder sich in einer strategisch oder instrumentell bestimmten Richtung fortentwickeln. Dasselbe trifft auf zivilgesellschaftliche Institutionen nicht zu, auch wenn ihre Unterwerfung unter die Logik des Marktes oder der staatlichen Macht zu einem Zusammenbruch der Sozialintegration führen könnte.

Auch auf der Ebene der normativen politischen Theorie hat der Begriff der Zivilgesellschaft aber ernste Probleme zu gewärtigen. Inwiefern geht eine Konzeption, in der Rechte, Partizipation und Öffentlichkeit zusammengebracht werden, über die liberalen, demokratischen und republikanischen Theorieangebote hinaus? Sollten die Widersprüche zwischen diesen Positionen durch eine analytisch weniger trennscharfe Begrifflichkeit verdeckt werden?

Die Theorie der Zivilgesellschaft ist angewiesen auf die Begriffsbildung im Rahmen der Rechtsphilosophie und der politischen Philosophie. Diese Theorie ist zu soziologisch und zu nahe am Diskurs der politischen Akteure, um die philosophische Reflexion ersetzen zu können. Von einem theoretischen Standpunkt aus ist die Unterscheidung zwischen normativen, philosophischen, empirischen und soziologischen Aspekten von großer Wichtigkeit. Aus der Perspektive des Handelns ergeben sich jedoch Fragen, bei deren Beantwortung diese Aspekte verbunden werden müssen. Erstens kann die Ausarbeitung einer normativen politischen Theorie als Selbstzweck verstanden werden. Zweitens ist aus Sicht der Akteure eine Beurteilung der Chancen der Institutionalisierung normativer Forderungen entscheidend. Dementsprechend wird die Theorieentwicklung von der Politik angetrieben und muss auf Gerechtigkeit abzielen: Normative Forderungen sind immer an politische Projekte und Zielvorstellungen gekoppelt. Umgekehrt müssen sich soziale Akteure auch auf sozialwissenschaftliche Diagnosen und normative Argumente beziehen. Diese können an Bedeutung gewinnen, wenn sie durch eine Theorie der mittleren Ebene vermittelt werden, die sich Fragen der Institutionalisierung stellt und in einer den Akteuren verständlichen Sprache formuliert ist. Die Theorie der Zivilgesellschaft ist in diesem Zusammenhang in der Lage, wichtige begriffliche Brücken zu schlagen, die zur empirischen Aktivierung normativer Konzeptionen beitragen können, ohne einem utopischen Exzess oder einem unkritischen Verhältnis zur politischen Realität zu verfallen. Dasselbe trifft auf rein normative Theorien und auf Theorien, die auf die normative Perspektive völlig verzichten, sicherlich nicht zu. Ob diese Begründung der anhaltenden Wichtigkeit des Begriffs der Zivilgesellschaft all jene Probleme lösen kann, die sie aufwirft, wird sich zeigen.

4.

Adloff, F., 2005, Zivilgesellschaft, Frankfurt/M.: Campus.
Brunkhorst, H., 2002, Solidarität, Frankfurt/M.: Suhrkamp.
Brunkhorst, H. (Hg.), 1998, Demokratischer Experimentalismus, Frankfurt/M.: Suhrkamp.
Cohen, J. L., 1982, Class and Civil Society, Amherst: University of Massachusetts Press.
Cohen, J. L./Arato, A., 1992, Civil Society and Political Theory, Cambridge/MA: MIT.
Elliott, C. (Hg.), 2006, Civil Society and Democracy, Oxford: Oxford University Press.
Gramsci, A., 1929ff., Gefängnishefte, Hamburg: Argument 1991ff.
Habermas, J., 1962, Strukturwandel der Öffentlichkeit, Frankfurt/M.: Suhrkamp 1990.
Habermas, J., 1981, Theorie des kommunikativen Handelns, Frankfurt/M.: Suhrkamp 1997.
Habermas, J., 1992, Faktizität und Geltung. Beiträge zur Diskurstheorie des Rechts und des demokratischen Rechtsstaats, Frankfurt/M.: Suhrkamp.
Hegel, G. W. F., 1821, Grundlinien der Philosophie des Rechts, Frankfurt/M.: Suhrkamp 2000.
Keane, J., 2003, Global Civil Society?, Cambridge: Cambridge University Press.
Keane, J. (Hg.), 1988, Civil Society and the State, London: Verso.
Kelsen, H., 1929, Vom Wesen und Wert der Demokratie, Aalen: Scientia 1981.
Klein, A., 2001, Der Diskurs der Zivilgesellschaft, Opladen: Leske + Budrich.
Marx, K., 1843a, Zur Kritik der Hegelschen Rechtsphilosophie, in: MEW, Bd. 1, Berlin: Dietz 1976.
Marx, K., 1843b, Zur Judenfrage, in: MEW, Bd.1, Berlin: Dietz 1976.
Montesquieu, C. de, 1748, Vom Geist der Gesetze, Stuttgart: Reclam 1994.
Parsons, T., 1971, Das System moderner Gesellschaften, Weinheim: Juventa 1996.
Riedel, M., 1975, Gesellschaft, bürgerliche, in: O. Brunner/W. Conze/R. Koselleck (Hg.), Geschichtliche Grundbegriffe, Bd. 2, Stuttgart: Klett-Cotta.
Teubner, G., 2003, Globale Zivilverfassungen, in: Zeitschrift für ausländisches öffentliches Recht und Völkerrecht 63.
Tocqueville, A., 1835/40, Über die Demokratie in Amerika, Stuttgart: Reclam 1985.
Touraine, A., 1978, La voix et le regard, Paris: Seuil 1993.

Jean L. Cohen
(Aus dem Englischen von Robin Celikates)

Zwang

1.

Zwang ist die Beeinflussung der Entscheidungs- und Handlungsfreiheit gegen den Willen des Handelnden. In erster Linie bezeichnet der Begriff im Kontext von Politik und Gesellschaft staatliche Zwangsmittel zur Aufrechterhaltung der gesellschaftlichen Ordnung. Darüber hinaus gewinnt der Begriff auch in sozialpsychologischen Analysen (von neurotischen Zwangshandlungen oder psychischen Zwangsphänomenen allgemein) eine sozialtheoretische Relevanz.

Die Übersetzungen des Begriffs sind so vielfältig wie die Zwangsphänomene selbst. Im Altgriechischen bezeichnen ›anánke‹ und ›bía‹ eine natürliche Gewalt, die sich als Zwang auswirken kann. Lateinisch ›necessitas‹ nuanciert den unvermeidlichen Zwang, während ›vis‹ eine rohe Zwangsgewalt benennt. Die ›potestas coercendi‹ meint in der philosophischen Tradition die staatliche Zwangsgewalt. Im Englischen wie in den romanischen Sprachen wird Zwang oftmals mit Ableitungen aus ›coercitio‹ (lat.: Strafe) wiedergegeben (engl.: coercion, franz: coercition, coercitif, ital.: coercizione). Ferner werden im Englischen ›constraint‹ und ›compulsion‹ und im Französischen ›contrainte‹ und ›compulsion‹ verwendet, die auf ›constringere‹ (lat. für: binden, fesseln) bzw. ›compulsare‹ (drängen) zurückgehen.

2.

2.1. Seit der Antike wird Zwang neben Einsicht und Überzeugung als eine Hauptkomponente gesellschaftlicher Ordnung herausgestellt. Platon zufolge findet die Polis explizit »teils durch Lehren, teils durch Zwang zu einer Einheit« (Rep., 519c). Aristoteles definiert den Zwang (bía) in der *Nikomachischen Ethik* gemeinsam mit dem Irrtum trennscharf als eine von zwei Ursachen unfreiwilligen Handelns: »Gewaltsam [bíaios] ist, was seinen Ursprung außerhalb hat, und zwar so, dass der Handelnde oder Leidende keinen Einfluss darauf nehmen kann.« (EN, 1109a1) Dabei betont Aristoteles, dass die meisten »eher dem Zwang als der Rede und Strafen eher als dem Edlen« gehorchen (EN, 1180a4).

2.2. In der politischen Philosophie der Neuzeit tritt zunehmend die soziale Konstitution von Zwangsphänomenen hervor. Die Trennung von legitimer Zwangsgewalt und tyrannischem Zwang ist dabei jedoch oftmals unscharf. So ist der Zwang für Machiavelli der entscheidende Faktor sowohl gesellschaftlicher Ordnung als auch sozialer Entwicklung. »Die größte Kraftentfaltung zeigt sich« ihm zufolge »immer da, wo der freien Wahl am wenigsten Spielraum bleibt« (Machiavelli 1531, 9). Machiavelli betont die Angemessenheit und pragmatische Notwendigkeit von Zwangsmitteln, da sich ein Fürst nicht auf die Zustimmung, sondern lediglich »auf das verlassen [könne], was von ihm abhängt« (Machiavelli 1524, 86). In der Folgezeit wird zunehmend die zerstörerische Wirkung reinen Zwanges zum Thema. Bodin hebt hervor: »Je stärkerem Zwang die Menschen unterliegen, desto störrischer werden sie.« (Bodin 1583, 94) In La Boéties Schrift *Von der freiwilligen Knechtschaft* ist die Einsicht leitend, dass nicht Zwang sozialen Zusammenhalt erzeugt, sondern das konstitutive Vermögen der Beherrschten. Damit stellt sich die Frage, wie »so viele Menschen [...] einen einzigen Tyrannen erdulden, der nicht mehr Macht hat, als sie ihm verleihen« (La Boétie 1549, 33). Hobbes und Spinoza führen die staatliche Zwangsgewalt in Fortsetzung dieses Gedankens paradigmatisch für ein neuzeitliches Demokratieverständnis auf das konstitutive Vermögen des ›dêmos‹ zurück. Damit wird Zwangsgewalt theoretisch relativiert und demokratisch gewendet. Gleichwohl betont insbesondere Hobbes, dass »kein Staat ohne Staatsgewalt und das Recht zum Zwange« (Hobbes 1642, 170) bestehen könne. Die Funktion des modernen Staates, Recht zu sichern, ist untrennbar mit seinem Vermögen zum Zwang verbunden.

2.3. Die Tradition der Aufklärung und ihre Kritik der absolutistischen Zwangsgewalt ist der Scheidepunkt der politischen Moderne. Rousseau betont die grundsätzliche Unmöglichkeit, durch Zwang legitime Macht zu stiften. »Wenn man gezwungen wird zu gehorchen, ist es nicht mehr nötig, es aus Pflicht zu tun, und wenn man nicht mehr gezwungen ist, zu gehorchen, ist man dazu auch nicht mehr verpflichtet.« (Rousseau 1762b, 9) Analog versteht sich die Pädagogik des *Emile* (vgl. Rousseau 1762a) als Pädagogik einer Vermeidung des Zwangs und als Ausdruck seiner natürlichen Ablehnung.

Nicht zuletzt aufgrund ihres Verhältnisses zum staatlichen Zwang gewinnen die drei großen Traditionen der politischen Moderne – Konservatismus, Liberalismus und Sozialismus – ihre Konturen. Burke sieht die Legitimität des Zwangs exemplarisch für die Tradition des Konservatismus in einer mythischen Erfahrung begründet, die eine Ästhetisierung der Souveränität (und der Tyrannei) einschließt (vgl. Burke 1790, 114). Diese Tendenz zur Ästhetisierung des Zwangs setzt sich bei Nietzsche fort. Ihm zufolge ist Subordination auf eine »angeerbte Adoration vor dem Fürstlichen wie vor etwas Übermenschlichem« angewiesen – dies v.a., da der reine »physische Zwang« dazu nicht einmal »in Militärstaaten« ausreiche (Nietzsche 1886, 288). Nietzsches Kulturkritik beklagt darüber hinaus arbiträre Zwangsverhältnisse, die durch einen Verfall tradierter Gemeinschaften entstanden seien: »Wo aber Recht nicht mehr [...] Herkommen ist, da kann es nur befohlen, Zwang sein.« (Nietzsche 1886, 297)

Die liberale Tradition setzt im Zuge der Aufklärungsphilosophie auf den sukzessiven Abbau von Zwangsverhältnissen, gestützt durch eine rationale, Freiheit gewährende Zwangsgewalt. Damit gewinnt das moderne Konzept der Autonomie sozialtheoretische Konturen, bleibt jedoch gleichzeitig auf rationale Zwangsverhältnisse zur Sicherung individueller Freiheit angewiesen. Kant zufolge ist der Zwang des Gesetzes eine legitime Einschränkung der Freiheit, damit diese »mit jedes anderen Freiheit und eben dadurch mit dem gemeinen Besten zusammen bestehen könne« (Kant 1781, A 752). Beispielhaft für diese Ambivalenz von Freiheit und Zwang ist Kants Aufklärungsschrift, die den unbedingten Gehorsam gegenüber dem Souverän mit der publizistischen Arbeit des Aufklärers kombiniert und als wechselseitige Bedingungen formuliert.

Ambivalent bleibt die moderne Überwindung offener Zwangsgewalt, insofern ›der gesellschaftliche Zwang zum Selbstzwang‹ (vgl. Elias 1969, Bd. 2, 312ff.) an ihre Stelle tritt. Für Kant wird diese Überwindung in der moralischen Pflicht erkennbar. »Der Pflichtbegriff«, schreibt Kant, »ist an sich schon der Begriff von einer Nötigung (Zwang) der freien Willkür durchs Gesetz; dieser Zwang mag nun ein äußerer oder ein Selbstzwang sein« (Kant 1785, 379).

Als Schlüsselschrift der liberalen Ausbalancierung und Kritik des Zwangs kann Mills *Über die Freiheit* gelten. Mills Kritik des Zwangs erfolgt paradigmatisch in der Perspektive der »Vervollkommnung des Menschen [...] durch Überzeugung und Überredung« (Mill 1859, 18). Rationale Nützlichkeitserwägungen spielen für seine Diskussion von individueller Freiheit und Ordnung sicherndem Zwang eine entscheidende Rolle. Einschlägig beschreibt er (neben Gesetz und Gewalt) auch die öffentliche Meinung als eine normalisierende Zwangsinstanz, gegen die individuelle Freiheitsrechte zu verteidigen sind.

In den politisch-historischen Schriften von Marx und in Lenins Schrift über *Staat und Revolution* ist die sozialistische Perspektive einer Aufhebung des Zwangs formuliert. Lenin spricht von der utopischen Perspektive einer Einhaltung der »Regeln des gesellschaftlichen Zusammenlebens«, die »ohne Gewalt, ohne Zwang, ohne Unterordnung, ohne den besonderen Zwangsapparat, der sich Staat nennt« möglich werden soll (Lenin 1918, 551). In dieser Kritik berührt sich die marxistische mit der anarchistischen Utopie einer Aufhebung staatlicher Zwangsgewalt. Eine solche utopische Gesellschaft war für den Anarchisten Gustav Landauer eine »Vereinigung nicht aus dem Zwang, sondern [...] gegründet auf das freie selbständige Individuum« (Landauer 1910, 213).

2.4. Im 20. Jahrhundert, angeregt u.a. durch die Psychoanalyse Freuds tritt der Begriff des Zwangs zunehmend als ein psychologisches bzw. subjektives Phänomen hervor. Damit spiegelt sich in der Theoriegeschichte die Entwicklung, dass sich Zwangsverhältnisse kontinuierlich als subjektive Struktur etablieren. In der jüngeren Philosophiegeschichte setzt daher Foucaults genealogische Liberalismus- und Aufklärungskritik konsequenterweise bei diesem Übergang von souveräner Zwangsgewalt in Disziplinarmacht an.

3.

Mit der zunehmenden Bedeutung intrasubjektiver sowie anonymer Zwangsphänomene gewinnt die Sozialphilosophie an Kompetenz. Für die politische Theorie im engeren Sinn bleibt der Begriff des Zwangs jedoch auf der Ebene der Rechts- und Staatstheorie relevant (3.1.). In der Gesellschaftstheorie werden darüber hinaus die Sozialpsychologie des Zwangs (3.2.) sowie funktionale Zwänge relevant, die dem ökonomischen Feld entstammen (3.3.). Dieses Ensemble sozialer Zwangsverhältnisse setzt den Maßstab für eine Kritik des Zwangs (3.4.).

3.1. In der Rechtssoziologie sind die Vorarbeiten Max Webers besonders maßgeblich. Weber zufolge ist soziale Ordnung auf Konvention oder Recht gegründet. Er nennt eine Ordnung »Recht, wenn sie äußerlich garantiert ist durch die Chance [des] (physischen oder psychischen) Zwanges durch ein auf Erzwingung der Innehaltung oder Ahndung der Verletzung gerichtetes Handeln eines eigens darauf eingestellten Stabes von Menschen« (Weber 1922, 17).

Auch aufgrund dieser elementaren Funktion des Zwangs betont die Soziologie Webers die Bedeutung des staatlichen Gewaltmonopols als eines Zwangsmonopols. Sie setzt damit den Kerngedanken der politischen Philosophie von Hobbes fort.

Die Formen indirekten Zwangs untersucht in der Staatstheorie Gramsci anhand des Begriffs der Hegemonie. Diese ist ein Phänomen des ›erweiterten Staates‹, der offenen Zwang tendenziell in politisch und strategisch erzeugten Konsens zurücktreten lässt. »Die ›normale‹ Ausübung der Hegemonie [...] zeichnet sich durch eine Kombination von Zwang und Konsens aus, [...] ohne dass der Zwang den Konsens zu sehr überwiegt.« (Gramsci 1929, 120) Gramsci analysiert die historische Alternative von Zwang und Überzeugung anhand von Klassenbündnissen, die als ›historischer Block‹ sozialen Konsens je möglich werden lassen.

3.2. Ein Ausdruck der tendenziellen Anonymisierung offenen staatlichen Zwangs im bürgerlichen Zeitalter ist die zunehmende Fokussierung intrasubjektiver Zwangsphänomene. In der Psychoanalyse Freuds wird der Begriff des Zwangs als eine triebdynamische und charakterpsychologische Disposition eingeführt. Schon bei Freud verbindet sich damit eine Reihe von sozialtheoretischen Implikationen, die in der analytischen Sozialpsychologie von Erich Fromm und Wilhelm Reich fortentwickelt werden. Mit dem Begriff der ›Zwangsneurose‹ beschreibt Freud eine innere Macht, die ein Subjekt dazu bringt, etwas gegen den eigenen Willen zu tun. Darüber hinaus benennt seine Theorie Formen von ›Wiederholungszwang‹ und ›Schicksalszwang‹, in denen sich keine unmittelbaren Handlungszwänge, sondern lediglich unbewusste Handlungsmuster zeigen. Neurotische Handlungszwänge stehen Freud zufolge »unter der Herrschaft eines *Schuldbewusstseins*« (Freud 1907, 18) und gewinnen ihre besondere Gewalt als Kompensation von subjektiver Zerrissenheit und Zweifel. In Analogie zur staatlich-politischen Ordnung wird die Zwangshandlung als Reaktion auf Widersprüche beschrieben, die das psychische System überfordern. Sozialtheoretisch gehaltvoll verweist Freud vor diesem Hintergrund auf Analogien zwischen psychopathologischen und religiösen, d.h. sozialrituellen Zwangshandlungen (neurotischem und religiösem Zeremoniell). Dass analog zum internalisierten Zwang, der der Familie entstammt, auch die Internalisierung staatlicher Normen zu Zwangshandlungen führen kann, lässt Freud allenfalls assoziieren.

Fromm betont u.a. den ›patrizentrischen Zwang‹, d.h. die immanenten Zwänge der vaterrechtlichen Ordnung als subjektive Voraussetzungen des Erwerbszwangs. Dieser ist für Fromm die einschlägige Quelle der kapitalistischen Arbeitsdisziplin, in deren Konsequenz das, was zuvor »durch Mittel der physischen Gewalt erzwungen wurde, freiwillig erfolgte« (Fromm 1934, 107). In Engführung damit deutet Fromm den neurotischen Zwangscharakter als Resultat einer gesteigerten Über-Ich-Funktion. Grundsätzlich sei der bürgerliche Sozialcharakter aufgrund analer Prägung (die Geiz, Pedanterie und Eigensinn zur Folge habe) latent zwanghaft. Reich erkennt die Ursachen sozialen Zwangsverhaltens simpler in ›sexueller Zwangsmoral‹, d.h. einer auf Monogamie und Kleinfamilie ausgerichteten Disposition sexueller Triebunterdrückung.

Die Kritik des bürgerlichen Zwangscharakters wird in der Kritischen Theorie der Frankfurter Schule zu einem Angelpunkt sowohl der Sozialkritik als auch der philosophischen Metakritik. Adorno versteht Kritische Theorie als Kritik einer unter neurotischem Zwang verkümmerten Erfahrung, die sich in den Strukturen positivistischer und ontologischer Philosophie widerspiegelt.

3.3. Im Zeichen der bürgerlichen Liberalisierung staatlicher Gewaltverhältnisse tritt staatlicher Zwang grundsätzlich gegenüber anonymisierten Marktprozessen und bürokratischer Verfahrensrationalität in den Hintergrund. Strukturelle Gewaltverhältnisse gewinnen an Gewicht und finden im Begriff des ›Sachzwangs‹ sowie dem des ›Wettbewerbszwanges‹ ihren Ausdruck. Die Ausübung von Zwangsgewalt durch institutionalisierte Politik erfährt durch den Verweis auf diese Zwänge zugleich eine objektivistische Legitimation. Zu den mehr oder minder anonymen Zwängen des Marktes, die die Handlungsfähigkeit ganzer Gesellschaften betreffen, gesellt sich auf der Ebene individueller Disziplinierung der ›Erwerbszwang‹. Seine Verschärfung erhält gerade in Konjunkturkrisen Bedeutung zur Aufrechterhaltung der ökonomischen Ordnung.

In der marxschen Theorie impliziert dieser Zwang wiederum auch die Fremdaneignung des ›gesellschaftlichen Mehrprodukts‹ als ein latentes Zwangsphänomen. Marx zufolge ist das Kapital in diesem Sinne insgesamt ein »Zwangsverhältnis, welches die Arbeiterklasse nötigt, mehr Arbeit zu verrichten, als der enge Umkreis ihrer eignen Lebensbedürfnisse vorschrieb« (Marx 1867, 328). Die Fokussierung lediglich staatlich-politischer Zwangsverhältnisse greift aus diesen Gründen prinzipiell zu kurz.

3.4. Die Kritik des Zwangs in der Tradition von Liberalismus, Anarchismus und Sozialismus steht der Komplexität ausdifferenzierter moderner Gesellschaften gegenüber, die ohne die institutionelle Rationalität des bürgerlichen Staates und seines Zwangsapparates kaum denkbar sind.

Grundsätzlich findet diese Kritik in vier theoretischen Paradigmen statt. Vertreter des Libertarismus fordern eine Minimierung des staatlichen Zwangsapparates ohne die Akzentuierung der (damit noch wachsenden) ökonomischen Zwänge. Hier sticht v.a. Nozicks Ablehnung der distributiven Gerechtigkeit und mit ihr verbundener Steuererhebung (vgl. Nozick 1974, 150ff.) hervor. Sie kritisiert die staatliche Zwangsgewalt vor dem Hintergrund eines quasi vorstaatlichen Rechts auf Eigentum. Gerechtigkeitsdebatten über Grundeinkommen und Verteilungsgerechtigkeit implizieren dagegen eine Kritik des Erwerbszwangs und der Übermacht ökonomischer Zwänge, ohne engeren Zusammenhang mit staatlichen Zwangsphänomenen.

Ansätze einer systematischen Kritik des systemweltlichen Zwangs finden sich einerseits in der Sozialtheorie von Habermas (vgl. Habermas 1981, Bd. 2, 470ff.). Paradigmatisch ist hier die Orientierung an der lebensweltlichen Rationalität der Kommunikation und dem ›zwanglosen Zwang des besseren Arguments‹. Diese Perspektive einer Zurückdrängung systemweltlicher Zwänge beerbt sowohl die sozialistische als auch die liberalistische Tradition. Andererseits hebt die Sozialtheorie von Michael Hardt und Antonio Negri (vgl. Hardt/Negri 2000) die Kontingenz staatlicher und ökonomischer Zwangsapparate hervor, indem sie auf die konstitutive Macht sozialer Produzenten verweist. Damit akzentuiert sie eine freie Selbstgestaltung gesellschaftlicher Formen, die sich diesseits der Grenze zur staatlichen und ökonomischen Repräsentation befindet und der Zwangsgesetzlichkeit politischer und ökonomischer Repräsentation tendenziell entgehen könnte. Obgleich diese Perspektive theoretisch unterbestimmt ist, bleibt der Gedanke grundlegend, dass sich Zwangsphänomene ohne einen immanenztheoretischen Gedanken der Konstitution auch in Zukunft nicht kritisch werden denken lassen.

4.

Bodin, J., 1583, Über den Staat, Stuttgart: Reclam 1976.
Burke, E., 1790, Über die französische Revolution, Berlin: Akademie 1991.
Elias, N., 1969, Über den Prozeß der Zivilisation, Bd. 2, Frankfurt/M.: Suhrkamp 1976.
Freud, S., 1907, Zwangshandlungen und Religionsübungen, in: Studienausgabe, Bd. 7, Frankfurt/M.: Fischer 1973.
Fromm, E., 1934, Die sozialpsychologische Bedeutung der Mutterrechtstheorie, in: Gesamtausgabe, Bd. 1, Stuttgart: DVA 1980.
Gramsci, A., 1929, Gefängnishefte, Bd. 1, Hamburg: Argument 1991.
Habermas, J., 1981, Theorie des kommunikativen Handelns, Bd. 2, Frankfurt/M.: Suhrkamp.
Hardt, M./Negri, A., 2000, Empire. Die neue Weltordnung, Frankfurt/M.: Campus 2002.
Hobbes, T., 1642, Vom Bürger, in: ders., Elemente der Philosophie II/III, Hamburg: Meiner 1994.
Kant, I., 1781, Kritik der reinen Vernunft, Hamburg: Meiner 1990.
Kant, I., 1785, Metaphysik der Sitten, Akademie Textausgabe, Bd. 6, Berlin: de Gruyter 1968.
La Boétie, E., 1549, Von der freiwilligen Knechtschaft, Frankfurt/M.: EVA 1980.
Landauer, G., 1910, Von der Ehe, in: ders., Zwang und Befreiung, Köln: Hegner 1968.
Lenin, W. I., 1918, Staat und Revolution, in: Ausgewählte Werke, Bd. 3, Berlin: Dietz 1975.
Machiavelli, N., 1524, Der Fürst, Frankfurt/M.: Insel 2001.
Machiavelli, N., 1531, Discorsi, Stuttgart: Kröner 1977.
Marx, K., 1867, Das Kapital, Bd. 1, in: MEW, Bd. 23, Berlin: Dietz 1962.
Mill, J. S., 1859, Über die Freiheit, Stuttgart: Reclam 1974.
Nietzsche, F., 1886, Menschliches Allzumenschliches, in: KSA, Bd. 2, München/Berlin: dtv/de Gruyter 1988.
Nozick, R., 1974, Anarchie, Staat, Utopia, München: MVG 1979.
Rousseau, J.-J., 1762a, Emil oder Über die Erziehung, Paderborn: Schöningh 1998.
Rousseau, J.-J., 1762b, Vom Gesellschaftsvertrag oder Grundsätze des Staatsrechts, Stuttgart: Reclam 1977.
Weber, M., 1922, Wirtschaft und Gesellschaft, Tübingen: Mohr 1956.

Johan Frederik Hartle

Siglenverzeichnis

Aristoteles:
EN: Nikomachische Ethik
Met.: Metaphysik
Pol.: Politik
Rhet.: Rhetorik

Augustinus:
civ.: Vom Gottesstaat
conf.: Bekenntnisse
lib. arb.: De libero arbitrio/Der freie Wille

Bundesverfassungsgericht:
BVerfGE: Entscheidungen des Bundesverfassungsgerichts

Cicero:
leg.: De legibus
off.: De officiis
rep.: De Re Publica

Karl Marx/Friedrich Engels:
MEW: Werke

Friedrich Nietzsche:
KSA: Kritische Studienausgabe

Platon:
Alc.: Alkibiades
Ap.: Apologie
Charm.: Charmides
Euthd.: Euthydemos
Gorg.: Gorgias
Nom.: Nomoi
Prot.: Protagoras
Rep.: Politeia/Der Staat

Thomas von Aquin:
S. Th.: Summa Theologiae

Autorenverzeichnis

Albrecht, Christian: Protestantismus
Altvater, Elmar: Kapitalismus
Anderson, Joel: Verantwortung
Angermüller, Johannes: Intellektuelle
Ansprenger, Franz: Afrika
Anwander, Norbert: Wert/Werte
Assmann, Aleida: Gedächtnis, kollektives
Assmann, Jan: Mythen, politische
Bader, Veit: Bürgerschaft/Staatsbürgerschaft
Bartuschat, Wolfgang: Pflicht; Baruch de Spinoza
Bauböck, Rainer: Migration
Baumann, Peter: Achtung
Baumann, Ursula: Ehre; Revolution
Bayertz, Kurt: Materialismus; Solidarität (mit Susanne Boshammer)
Beck, Ulrich: Familie (mit Elisabeth Beck-Gernsheim)
Beck, Valentin: Bildung
Beck-Gernsheim, Elisabeth: Familie (mit Ulrich Beck)
Benz, Wolfgang: Antisemitismus; Faschismus
Berger, Johannes: Modernisierung/Modernisierungstheorie
Berghahn, Sabine: Verrechtlichung
Betzler, Monika: Schmutzige Hände
Birnbacher, Dieter: Bioethik
Blättler, Sidonia: Politik, Begriff der
Bluhm, Harald: Leo Strauss
Bouillon, Hardy: Friedrich August von Hayek; Kritischer Rationalismus; Karl Popper
Boshammer, Susanne: Diskriminierung; Gleichberechtigung; Sexismus; Solidarität (mit Kurt Bayertz)
Braun, Dietmar: Handeln, kollektives
Braun, Sebastian: Sozialkapital (mit Christina Weiß)
Breidenbach, Joana: Anthropologie, soziale (mit Pál Nyíri)
Broszies, Christoph: Richard Rorty
Brumlik, Micha: Judentum
Brunkhorst, Hauke: Gesellschaftstheorie; Republikanismus
Buchstein, Hubertus: Ernst Fraenkel; Hermann Heller; Franz L. Neumann; Staatsformen
Butler, Judith: Subjekt
Celikates, Robin: Isaiah Berlin; Edmund Burke; Cornelius Castoriadis; Georg Lukács; Alasdair MacIntyre; Robert Nozick; Kritische Theorie (mit Rahel Jaeggi)
Christman, John: Autonomie
Cohen, Jean L.: Zivilgesellschaft
Cooke, Maeve: Diskurstheorie; Jürgen Habermas
Czaniera, Uwe: Universalisierbarkeit/Universalisierung
Dahms, Hans-Joachim: Positivismusstreit
Daniels, Detlef von: John Finnis; Otto von Gierke
Delitz, Heike: Gemeinschaft; Helmuth Plessner
Demm, Eberhard: Alfred Weber
Demmerling, Christoph: Erfahrung
Detel, Wolfgang: Konstruktivismus
Dietrich, Frank: Güterabwägung
Eichwede, Wolfgang: Kommunismus
Endreß, Martin: Alfred Schütz
Erny, Nicola: Giambattista Vico
Esser, Hartmut: Wissenschaftstheorie der Sozialwissenschaften
Euchner, Walter: John Locke
Fechner, Rolf: Ferdinand Tönnies
Fischer, Joachim: Max Scheler
Fischer, Karsten: Gemeinwohl (mit Herfried Münkler)

Føllesdal, Andreas: Subsidiarität
Forst, Rainer: Kommunitarismus; Multikulturalismus; Toleranz
Frank, Martin: Minderheiten
Frankenberg, Günter: Verfassung
Frede, Dorothea: Platon
Fricke, Christel: Francis Hutcheson; Moral sense; Adam Smith
Gaertner, Wulf: Sozialwahltheorie
Gil, Thomas: Max Stirner
Goehr, Lydia: Kunst und Politik
Goppel, Anna: Gustav Radbruch; Francisco de Vitoria
Gosepath, Stefan: Gerechtigkeit; Politische Philosophie
Gräb, Wilhelm: Kirche
Gräfrath, Bernd: Charles Darwin; John Stuart Mill; Sozialdarwinismus; Soziobiologie
Greiffenhagen, Martin: Kompromiss
Greven, Michael Th.: Politik, Theorien der
Grötker, Ralf: Information
Große Kracht, Hermann-Josef: Katholizismus
Guckes, Barbara: Dilemma
Günther, Klaus: Rechtsphilosophie
Haase, Kerstin: John Rawls
Hacke, Jens: Konservatismus; Skeptizismus, politischer/Skepsis, politische
Hahn, Henning: John Austin; Ungehorsam, ziviler
Halsema, Annemie: Luce Irigaray
Hanisch, Christoph: Rosa Luxemburg
Hartle, Johan Frederik: Disziplin; Antonio Gramsci; Verdinglichung; Zwang
Hartmann, Martin: Vertrauen; Widerspruch
Hartmann, Michael: Elite
Heinig, Hans Michael: Religionsfreiheit
Heinle, Andreas: Nation (mit Georg Kohler); Patriotismus (mit Georg Kohler)
Heitmeyer, Wilhelm: Gewalt
Herrmann, Martina: Fürsorge/Fürsorgeethik; Paternalismus, staatlicher
Herz, Dietmar: Federalist Papers
Hesse, Heidrun: Theodor W. Adorno; Max Horkheimer; Utopie
Heuer, Ulrike: Moralische Motivation
Heun, Werner: Thomas Jefferson
Heyer, Andreas: Tommaso Campanella (mit Richard Saage); Thomas Morus (mit Richard Saage)
Hilpert, Konrad: Kind/Kinderrechte; Laizismus
Himmelmann, Beatrix: Friedrich Nietzsche; Nihilismus
Hinsch, Wilfried: Legitimität
Hodyas, Nils: Bernard Mandeville; Vilfredo Pareto; Alexis de Tocqueville; Thorstein Veblen
Höffe, Otfried: Immanuel Kant
Holzleithner, Elisabeth: Quotierung
Homann, Harald: Ideologie; Herbert Marcuse
Honneth, Axel: Sozialphilosophie; Louis Althusser (mit Martin Saar)
Horn, Christoph: Augustinus von Hippo
Hübsch, Stefan: Gewissen
Huster, Stefan: Rechtsstaat
Imbusch, Peter: Konflikt
Immergut, Ellen M.: Institution (mit Alexander Jäger)
Iorio, Marco: Friedrich Engels; Karl Marx; Marxismus; David Ricardo; Joseph Schumpeter
Iser, Mattias: Loyalität
Jäger, Alexander: Institution (mit Ellen M. Immergut)
Jaeggi, Rahel: Hannah Arendt; Ausbeutung; Entfremdung; Kritische Theorie (mit Robin Celikates)
Janssen, Dieter: Hugo Grotius; Krieg; Francisco Suárez
Jasch, Michael: Verbrechen (mit Cornelius Prittwitz)
Joas, Hans: George Herbert Mead
Jörke, Dirk: Martha C. Nussbaum
Kalyvas, Andreas: Georges Sorel (mit Martin Saar)
Katzer, Matthias: Widerstandsrecht
Kaufmann, Matthias: Anarchismus; Michail Bakunin; Pjotr Alexejewitsch Kropotkin; Pierre-Joseph Proudhon
Kellerwessel, Wulf: Denis Diderot; Liberalismus; Relativismus; Michael Walzer
Kerner, Ina: Frantz Fanon; Gender/Geschlecht; Rassismus
Kersting, Wolfgang: Niccolò Machiavelli; Vertragstheorie
Kettner, Matthias: Konsens
Kieserling, André: Systemtheorie
Kirchhof, Paul: Steuern

Kirstein, Roland: Markt/Marktwirtschaft
Kleemeier, Ulrike: Herrschaft
Klein, Gabriele: Masse/Massengesellschaft
Kleger, Heinz: Nationalismus
Kliemt, Hartmut: James M. Buchanan; Politische Ökonomie
Klinger, Cornelia: Patriarchat/Patriarchalismus
Koch, Felix: Joseph Raz; Friedrich Carl von Savigny
Koch, Gertrud: Ästhetik, politische
Kocka, Jürgen: Arbeit
Kohler, Georg: Nation (mit Andreas Heinle); Patriotismus (mit Andreas Heinle)
Koller, Peter: Gleichheit; Norm
Konitzer, Werner: Nationalsozialismus
Korsch, Dietrich: Martin Luther; Reformation
Krüger, Hans-Peter: Anthropologie, philosophische; John Dewey
Kuchler, Barbara: Niklas Luhmann
Kübler, Dorothea: Marktliberalismus
Kulenkampff, Jens: David Hume
Ladwig, Bernd: Armut
Lengauer, Erwin: Tierethik
Lenk, Hans: Wirtschaftsethik (mit Matthias Maring)
Leschke, Martin: Eigentum
Leutner, Mechthild: Mao Zedong
Liebert, Ulrike: Parlamentarismus
Liebsch, Burkhard: Emmanuel Levinas
Llanque, Marcus: Rudolf Smend
Löchte, Anne: Johann Gottfried Herder
Löw-Beer, Martin: Sigmund Freud; Erich Fromm
Lohmann, Georg: Georg Simmel; Menschenrechte (mit Arnd Pollmann)
Ludwig, Bernd: Thomas Hobbes
Lumer, Christoph: Utilitarismus
Märtens, Gesine: José Ortega y Gasset
Mahlert, Bettina: Talcott Parsons
Mahlmann, Matthias: Noam Chomsky; Gewaltenteilung; Bertrand Russell
Maring, Matthias: Wirtschaftsethik (mit Hans Lenk)
Marti, Urs: Böse, das; Sicherheit, soziale
Mayntz, Renate: Verwaltung
Meja, Volker: Karl Mannheim (mit Nico Stehr)
Menke, Christoph: Sittlichkeit
Merker, Barbara: Bedürfnis
Merle, Jean-Christophe: Cesare Beccaria; Johann Gottlieb Fichte; Gemeinwille; Samuel von Pufendorf; Strafe
Meyer, Kirsten: Ökologie
Meyer, Lukas H.: Autorität, normative; Gerechtigkeit, intergenerationelle
Meyer, Thomas: Fundamentalismus
Möllers, Christoph: Staat
Mohr, Georg: Rechtskultur
Montada, Leo: Gerechtigkeitsforschung, empirische
Muchlinski, Elke: John Maynard Keynes
Müller, Hans-Peter: Emile Durkheim
Müller, Harald: Frieden
Münch, Ursula: Asyl
Münkler, Herfried: Gemeinwohl (mit Karsten Fischer)
Nagel, Tilman: Islam
Nagl-Docekal, Herta: Feminismus
Nau, Heino Heinrich: Thomas Malthus; Werner Sombart
Neckel, Sighard: Pierre Bourdieu
Niederberger, Andreas: Conditio humana
Niesen, Peter: Meinungsfreiheit; Souveränität
Nippel, Wilfried: Marcus Tullius Cicero
Nullmeier, Frank: Neid; Verdienst
Nunner-Winkler, Gertrud: Moralische Entwicklung; Sozialisation/Sozialisationstheorie
Nyíri, Pál: Anthropologie, soziale (mit Joana Breidenbach)
Obinger, Herbert: Parteientheorie (mit Reimut Zohlnhöfer)
Oelkers, Jürgen: Erziehung/Pädagogik
Offe, Claus: Sozialstaat
Osterhammel, Jürgen: Imperialismus
Ostner, Ilona: Arbeitsteilung
Oswalt, Walter: Thomas Paine
Ott, Walter: Rechtspositivismus
Otten, Henrique Ricardo: Romantik, politische
Özmen, Elif: Interesse; Unparteilichkeit
Parthe, Eva-Maria: Hans Kelsen; Lorenz von Stein
Pauer-Studer, Herlinde: Freiheit
Pins, Markus: Föderalismus; Neutralität
Pollack, Detlef: Individualisierung

Pollmann, Arnd: Anerkennung; Menschenrechte (mit Georg Lohmann)
Post, Werner: Lenin
Pries, Christine: Jean-François Lyotard
Priester, Karin: Mary Wollstonecraft
Prittwitz, Cornelius: Verbrechen (mit Michael Jasch)
Quante, Michael: Dialektik; Person; Georg Wilhelm Friedrich Hegel (mit Hans-Christoph Schmidt am Busch)
Rapp, Christof: Aristoteles
Raters, Marie Luise: Pragmatismus
Reckwitz, Andreas: Kultur
Rehberg, Karl-Siegbert: Norbert Elias; Arnold Gehlen
Rehm, Michaela: Benjamin Constant; Montesquieu; Jean-Jacques Rousseau
Reitz, Tilman: Hegemonie
Rendtorff, Barbara: Jacques Lacan
Rensmann, Lars: Totalitarismus
Rhonheimer, Martin: Thomas von Aquin
Richardson, Henry S.: Demokratie
Richter, Norbert Axel: Ausnahmezustand
Rössler, Beate: Privatheit
Roetz, Heiner: China
Rosa, Hartmut: Identität; Charles Taylor
Rosenmüller, Joachim: Spieltheorie
Rucht, Dieter: Bewegung, soziale
Saage, Richard: Tommaso Campanella (mit Andreas Heyer); Thomas Morus (mit Andreas Heyer)
Saar, Martin: Walter Benjamin; Strukturalismus; Louis Althusser (mit Axel Honneth); Georges Sorel (mit Andreas Kalyvas)
Sacksofsky, Ute: Verfassungsgerichtsbarkeit
Sander, Uwe: Anomie
Sarasin, Philipp: Biopolitik (mit Dieter Thomä)
Sauer, Birgit: Emanzipation; Carole Pateman
Schaber, Peter: Wert/Tatsache
Schäfer, Thomas: Michel Foucault
Scharifi, Gilbert: Jeremy Bentham
Schimank, Uwe: Differenzierung, gesellschaftliche; Integration, gesellschaftliche
Schimany, Peter: Demographie
Schmid, Hans Bernhard: Intentionalität, kollektive
Schmidt, Rainer: Michael Oakeshott
Schmidt, Thomas: Universalismus/Partikularismus
Schmidt am Busch, Hans-Christoph: Georg Wilhelm Friedrich Hegel (mit Michael Quante)
Schmidtchen, Dieter: Ordnung; Recht, Ökonomische Analyse
Schmitz, Bettina: Julia Kristeva
Schmücker, Reinold: Sezession
Schneckener, Ulrich: Terrorismus
Schneiders, Werner: Aufklärung
Schoch, Daniel: Abstimmungsverfahren; Kenneth J. Arrow; Condorcet; Arthur Cecil Pigou; Amartya Sen
Scholz, Leander: Georges Bataille
Scholz, Oliver R.: Erkenntnistheorie, soziale; Sozialontologie; Tradition/Traditionalismus; Wissenssoziologie/Wissenschaftssoziologie
Schönwälder-Kuntze, Tatjana: Existenzialismus; Jean-Paul Sartre
Schramme, Thomas: Glück; Tugend; Wohlergehen, individuelles
Schroth, Jörg: Henry Sidgwick
Schuffenhauer, Werner: Ludwig Feuerbach
Schultz, Tanjev: Öffentlichkeit
Schwan, Gesine: Schuld
Schwinn, Thomas: Rationalität, soziale
Siekmann, Jan: Logik, deontische
Somek, Alexander: Adel/Aristokratie
Sommer, Andreas Urs: Voltaire
Sonderegger, Ruth: Kritik
Spitz, Jean-Fabien: Jean Bodin
Stehr, Nico: Karl Mannheim (mit Volker Meja)
Steinfath, Holmer: Moraltheorien
Stepanians, Markus S.: H. L. A. Hart; Wesley Newcomb Hohfeld; Naturrecht; Rechte/Grundrechte
Stoecker, Ralf: Handlung/Handlungstheorie; Würde/Menschenwürde
Strecker, David: Macht
Streeck, Wolfgang: Korporatismus
Šuber, Daniel: Auguste Comte
Thiele, Ulrich: Carl Schmitt
Thomä, Dieter: Martin Heidegger; Biopolitik (mit Philipp Sarasin)
Thumfart, Alexander: Dante Alighieri; Erasmus von Rotterdam; Humanismus; Repräsentation
Thurner, Paul W.: Entscheidungsfindung, Verfahren der kollektiven

Trabant, Jürgen: Wilhelm von Humboldt
Van den Brink, Bert: Perfektionismus, politischer; Pluralismus
Vintges, Karen: Simone de Beauvoir
Vöneky, Silja: Völkerrecht
Vogel, Matthias: Kommunikation
Vogl, Joseph: Gilles Deleuze
Vogt, Katja: Freundschaft
Voss, Christiane: Gefühl/Affekt/Emotion
Vries, Hent de: Jacques Derrida; Theologie, politische
Wagner, Peter: Metaphern, politische; Moderne/Postmoderne
Wahl, Anke: Geld
Waldenfels, Bernhard: Maurice Merleau-Ponty
Wallace, R. Jay: Vernunft, praktische
Weinberger, Veronika: Eric Voegelin
Weiß, Christina: Sozialkapital (mit Sebastian Braun)
Weiß, Johannes: Max Weber
Werner, Welf: Milton Friedman
Wessels, Ulla: Sinn des Lebens
Wessler, Hartmut: Medien
Weyembergh, Maurice: Albert Camus
Wieland, Josef: Korruption
Wild, Markus: Michel de Montaigne
Wilde, Marc de: Marsilius von Padua
Wildt, Andreas: Sozialismus
Zanetti, Véronique: Ronald Dworkin; Gerechtigkeit, internationale
Zangl, Bernhard: Internationale Beziehungen
Zohlnhöfer, Reimut: Parteientheorie (mit Herbert Obinger)
Zürn, Michael: Globalisierung

Namensregister

[Vgl. zu den fett gedruckten Namen insbesondere den entsprechenden Eintrag.]

Sachregister

[Vgl. zu den fett gedruckten Begriffen insbesondere den entsprechenden Eintrag.]